Der große
Johnson

Die Enzyklopädie der Weine, Weinbaugebiete und Weinerzeuger der Welt

Der große Johnson

Die Enzyklopädie der Weine, Weinbaugebiete und Weinerzeuger der Welt

 **Hallwag**

Die englische Originalausgabe ist 1983 bei Mitchell Beazley, einem
Imprint der Octopus Publishing Group Ltd., 2-4 Heron Quays,
London E14 4JP, unter dem Titel »Hugh Johnson's Wine
Companion« erschienen.

Der große Johnson
Vollständig überarbeitet und aktualisiert von Stephen Brook

17., vollständig überarbeitete und aktualisierte Auflage 2004
HALLWAG ist ein Unternehmen der GRÄFE UND UNZER VERLAG
GmbH, München, GANSKE VERLAGSGRUPPE
www.hallwag-leserservice@graefe-und-unzer.de

Programmleitung: Dorothee Seeliger
Projektleitung: Marc Strittmatter
Übersetzung: Manfred Mothes und Britta Nord
auf der Grundlage der Übersetzung von Wolfgang Kissel
Lektorat: Werkstatt München · Buchproduktion
Satz: Anja Dengler, Werkstatt München · Buchproduktion
Herstellung: Maike Harmeier
Umschlaggestaltung: KMS Team, München

Druck und Bindung: Rotolito, Italien

ISBN 3-7742-6582-8

Inhalt

Einführung

Einführung

Seit dieses Buch zum ersten Mal veröffentlicht wurde, sind nun bereits zwanzig Jahre vergangen, und es waren ohne jeden Zweifel gleichzeitig auch die ereignisreichsten Jahre in der Geschichte des Weins. In vier vorangehenden Ausgaben hat dieses Werk versucht, mit der immer rasanter werdenden Entwicklung Schritt zu halten. Für die nun vorliegende fünfte Ausgabe konnte ich die Unterstützung einer der bekanntesten und bestinformierten Persönlichkeiten in der Welt des Weins gewinnen: Stephen Brooks, selbst Autor von fünf Büchern zu diesem Thema, hat meine gesammelten Werke durchgesehen, auf den neuesten Stand gebracht und den Erfordernissen des 21. Jahrhunderts angepasst, wobei ihm sämtliche vorhandenen Quellen zur Verfügung standen, und er sich auf meine tätige Mitarbeit verlassen konnte. Die Darstellung der heutigen Welt des Weins, ihrer Methoden und Menschen ist viel zu komplex geworden, um von einer Person allein bewältigt zu werden.

Bei all ihren scheinbar nahtlosen Übergängen, bei allen Traditionen, Klassifizierungen und Vorschriften gibt es in der Welt des Weins doch keinen Stillstand. Ein großer Teil ihrer Faszination entsteht daraus, dass kein Jahrgang dem anderen gleicht und sich in Fass und Flasche mit jedem Jahr der Reife weiter verändert – und das keineswegs mit berechenbarem Tempo. Die Jagd auf ein flüchtiges Wild könnte kaum spannender sein.

Doch nicht nur Qualität und Reife der Jahrgänge ändern sich ständig; Weingüter wechseln die Besitzer, neue Regeln und Gesetzte werden erlassen, Produktionstechniken entwickelt und neue Philosophien gebildet – alles ist ebenso ständig im Fluss, wie die Qualität des Produkts selbst.

Eine Konstante jedoch bleibt: das Terroir, der Boden also und darüber hinaus die gesamte natürliche Umgebung, in der die Rebe wächst und der Wein gewonnen und ausgebaut wird. Das Terroir ist der entscheidende Faktor für Charakter und Qualität des Weins. Weniger konstant hingegen ist der Markt. Der Weintrinker mit seinem Geschmack, seinen Vorstellungen, Wünschen und Ideen spielt eine wesentliche Rolle in der Welt des Weins, die im Zusammenspiel mit den anderen Faktoren nicht übersehen werden darf.

All dies sind starke Gründe dafür, dass ein Weinführer aus dem Jahr 2003 völlig anders gewichtet sein muss, als seine 1997er Fassung, ganz zu schweigen von der Erstausgabe aus dem Jahr 1983. Damals verglich ich die aktuellen Veränderungen mit denen, die im 19. Jahrhundert den Autor Cyrus Redding dazu veranlasst hatten, den Begriff »moderner Wein« zu prägen. Redding unterschied mit dem Wort »modern« den Wein seiner Zeit von jenem der Antike. Doch die für Redding »modernen« Methoden sind heute antiquiert. Nach ihnen entstanden die meisten Weine, die man heute als Klassiker bezeichnet. Die Geschichte jedoch ist inzwischen wiederum vorangeschritten. Für uns ist moderner Wein ein Kind der Technik, die sich in den letzten Jahren des 20. und zu Beginn des 21. Jahrhunderts entwickelt hat. Mag das Wort Technik auch vielleicht zu nüchtern klingen, hinter der Art und Weise, wie die Weinproduzenten heute vorgehen, steckt nicht weniger als wissenschaftliche Philosophie.

Unsere moderne Welt des Weins begann mit so radikalen Entdeckungen wie der Wirkung unterschiedlicher Temperaturen auf den Gärprozess (wobei man nicht vergessen darf, dass die Natur der Gärung ja erst in den Sechzigerjahren des 19. Jahrhunderts von Louis Pasteur entdeckt worden war). Die Möglichkeit, den Gärvorgang durch Kühlen zu verzögern, bedeutete den ersten großen Durchbruch. Ohne sie hätte die Neue Welt des Weins, und darin speziell jene Regionen, deren Potenzial von mediterranem Klima beschränkt gewesen war, niemals gegen die Alte Welt antreten können.

Doch gerade diese Herausforderung ab Mitte der 1960er-Jahre zwang die Alte Welt, ihre eingefahrenen Methoden neu zu überdenken, alte Dogmen anzupassen oder gar zu verwerfen bis schließlich dem ganzen Konzept der Welten nur noch geographische Bedeutung zukam. Heute sind Alte und Neue Welt zusammengerückt, um etwas völlig Neues entstehen zu lassen: den globalen Weinort.

Doch solche Nachbarlichkeit birgt auch Gefahren. Die erste liegt im Bestreben, den gleichen Wein zu produzieren wie alle anderen. Das war der Trend der 1980er. Er ist auch heute noch zu bemerken, hat jedoch glücklicherweise an Vehemenz verloren. Seinen deutlichsten Ausdruck fand er in der Tatsache, dass Cabernet Sauvignon und Chardonnay praktisch überall angebaut wurden. Schlimmer noch war die übermäßige Verwendung von

Eichenholz. Doch nicht, wie es ursprünglich gedacht war, um den Wein zum Abfüllen in die rechte Verfassung zu bringen, sondern ähnlich einem Schuss Ketchup als Geschmacksbeigabe, wozu Eichenspäne oder gar Essenzen verwendet wurden. Eine ganze Generation ist in dem Irrtum aufgewachsen, Chardonnay schmecke nach Eichenholz, wo er doch, wenn dies der Fall ist, in Wahrheit nur schlecht bereitet oder noch nicht genussreif ist.

Seit Ende des 20. Jahrhunderts scheint auch eine grundlegend unterschiedliche Geschmacksvorliebe die Weintrinker auf beiden Seiten des Atlantiks zu trennen. Auf den Punkt gebrachte Bewertungen maßgeblicher amerikanischer Kritiker beurteilen Weine mehr nach ihrer Wirkung als nach jenen Qualitäten, die sie zu angenehmen Gesellschaftern machen: Das Betörende und Verlockende darin, die Fähigkeit, Speisen zu begleiten und den Durst zu stillen. Europa stört sich nicht daran – noch nicht. Doch wir sollten aufmerksam die Entwicklung beobachten.

Dieses Buch ist ein Abbild der Welt des Weins unserer Zeit: ihrer Methoden, ihrer Weinberge und -keller und vor allem der Menschen, die darin wirken. Es soll ein praktischer Helfer sein, wenn es gilt, aus einem immer größer werdenden Angebot den richtigen Wein auszuwählen. Wie eine Momentaufnahme soll es die Realität des Augenblicks festhalten. Die Kamera klickt, und der Moment ist vorüber. Je schärfer die Linse, desto mehr Details bildet sie ab, die sich ständig verändern und schon bald das Bild veralten lassen. Die vorliegende Ausgabe meines Buchs ist ein Abbild der Realität des Jahres 2003.

Um es wirklich praxisgerecht zu machen, enthält es die wichtigsten Informationen über jedes Weinland und jedes Anbaugebiet, das Ihnen begegnen wird oder das man zumindest kennen sollte. Auf eine genaue Darstellung gesetzlicher Strukturen, die die Weinwirtschaft mit jedem Jahr mehr umgeben, habe ich verzichtet. Sie würde wenig erklären und dem Objekt unserer Begierde nichts hinzufügen können – das ja am Ende doch nur entweder gut oder schlecht bereitet ist.

Worauf es wirklich ankommt, so will mir scheinen, sind die Namen und, soweit dies möglich ist, die Beschreibung der wichtigsten Weine unserer Welt: Wer sie bereitet, wie viel es davon gibt, wie gut sie lagerfähig sind und wie sie in unser Leben passen – das, leider, zu kurz ist, um allen Weinen gerecht zu werden. Auch werden Sie Antworten auf immer wiederkehrende Fragen nach Rebsorten, Anbau und Weinbereitung finden. Was Sie nicht finden werden, sind geschichtliche Darstellungen und technische Abhandlungen, stattdessen jedoch das richtige Maß an Informationen, so hoffe ich zumindest, um sich über grundlegende Unterschiede und die Trends in der heutigen Weinbereitung klar zu sein.

Das Herzstück dieses Buchs ist eine Auflistung der Weinnationen nach demselben System wie in *Der kleine Johnson,* mit einem Register als alphabetische Hilfe, falls Sie einen Namen nicht sofort national oder regional zuordnen können. *Der große Johnson* wird weit weniger oft neu aufgelegt als sein jährlich erscheinender kleiner Bruder, der ausführlicher auf kurzlebige Themen wie Qualität und Reifegrad der aktuellen Jahrgänge eingehen kann. Aus beiden Werken zieht man noch weit mehr Erhellendes, wenn man die aktuelle (fünfte) Ausgabe des *Weinatlas* zur Verfügung hat, in dem die einzelnen Weinregionen geographisch dargestellt sind.

Jedes Kapitel enthält alle erforderlichen Hintergrundinformationen zu den besprochenen Weinen und stellt anschließend kurz und prägnant die wichtigsten Erzeuger vor. Für einige wohl bekannte Regionen ergibt sich diese Liste fast von selbst. Für die meisten anderen wäre eine komplette Aufstellung weder hilfreich noch machbar. In diesem Fall wende ich meine (jetzt: unsere) altbewährte Methode an, zuerst auf die eigene Erfahrung zurückzugreifen und dann auf den Rat von Freunden, einheimischen Weinhändlern und anderen vertrauenswürdigen Personen zu hören. Wir führen Korrespondenz mit so vielen Erzeugern wie möglich und bitten sie um Beantwortung spezifischer Fragen zu ihren Weingütern oder Betrieben, ihren Produktionsmethoden und Philosophien. Leider waren wir aus Platzmangel oft gezwungen, gute Hersteller unberücksichtigt zu lassen, obwohl sie es verdient hätten, erwähnt zu werden. In einigen Ländern haben wir uns die Dienste von Vermittlern gesichert, die für uns Forschungen und Befragungen durchführten. Wo immer dies möglich war, haben wir die besprochenen Weine selbst probiert (weshalb einige Degustationsaufzeichnungen zehn Jahre und älter sind).

Der Weingenuss ist eine sehr persönliche Sache. Wenn Sie ihm Ihre Liebe schenken und sich mit anderen Weinliebhabern regelmäßig austauschen, werden Sie jedoch bald erfahren, dass eine bemerkenswerte Einigkeit darüber besteht, welche Weine unsere ganze Begeisterung und Zustimmung verdienen. Dabei geht es nicht um Vorurteile, sondern um Vorlieben – und auch mit unseren eigenen werden wir in diesem Buch nicht hinter dem Berg halten.

Über das Bewertungssystem

Neu in diesem Buch ist die Bewertung eines Erzeugers mit Sternen. Dabei bedeuten:

☆☆☆☆ ausnehmend feine oder großartige Qualität, beständig über viele Jahrgänge
☆☆☆ beständig hohe Qualität
☆☆ mindestens gute Qualität
☆ ordentliche Qualität

Ein besonders hervorzuhebendes Preis-Leistungs-Verhältnis in der betreffenden Güteklasse ist mit roten Sternen ausgezeichnet. Ist keine Bewertung angegeben, so handelt es sich entweder um neue Erzeuger, deren Weine noch zu jung sind, um beurteilt werden zu können, oder um Betriebe, die gerade den Besitzer gewechselt haben.

Moderner Wein

Die einfachste Form der Weinbereitung besteht darin, Trauben auszupressen und dann abzuwarten, bis die auf den Traubenschalen natürlich vorkommenden Hefen den Zucker im Saft der Trauben zu Alkohol verwandelt haben. Es ist dies der Vorgang der Gärung. Mehr menschliches Zutun, als durch Keltern den Saft von den Schalen zu trennen, ist eigentlich nicht nötig. In solcher Weise gekeltert und vergoren, liefern weiße Trauben weißen Wein und rote Trauben roten Wein.

Die Kunst des Weinbereiters lässt sich ebenso einfach darstellen. Sie besteht darin, gute Trauben auszuwählen, sie zu keltern, gären zu lassen, mit äußerster Sorgfalt und Hygiene zu behandeln und den Wein dann durch Entfernen der Hefen und aller Fremdkörper zu reinigen und trinkfertig zu machen. Manche Weine verlangen hierbei nach einer längeren Zeit der Reifung. Für andere ist es besser, möglichst schnell auf den Markt gebracht zu werden.

Dies sind die unabänderlichen Wahrheiten des Weins und der Weinbereitung, die schon seit Hunderten von Jahren wohl verstanden und beachtet werden. Sie können auch ohne moderne Wissenschaft und ihre Apparaturen zu höchster Vollkommenheit gelangen – aber Glück gehört dazu. Große Weine entstanden immer dort, wo es die Natur gut gemeint hatte. War eine schöne Ernte reifer, gesunder Trauben vorhanden, dann hing der Erfolg vor allem von der Temperatur des Kellers während und nach dem Gärungsprozess ab. In Frankreich (außer im Süden), Deutschland, den Alpen und in Ungarn bestanden diese guten Voraussetzungen, im Mittelmeerraum und in Regionen mit ähnlichem Klima hingegen nicht.

Die eine Neuerung, die den größten Beitrag zum Unterschied zwischen der früheren und der modernen Weinberei-

tung geleistet hat, ist die Kühltechnik. Durch Kühlung und Klimatisierung konnte das ganze große Gebiet mit mediterranem Klima mit in den Kreis der Länder rücken, die feinen Wein erzeugen können.

Doch die Technik ist auf breiter Front vorangeschritten. Alle Aspekte des Traubenanbaus und der Weinbereitung werden inzwischen in einem Maß beherrscht, von dem man früher nicht zu träumen gewagt hätte. Dieses Fachwissen gelangt heute in allen größeren und neueren Unternehmen zur Anwendung, und selbst in traditionsgebundenen Gegenden und kleinen Betrieben werden die wissenschaftlichen Grundlagen verstanden.

Ein kalifornischer Professor hat unumwunden zugegeben, dass den heutigen Weinerzeugern mehr Einflussmöglichkeiten zur Verfügung stehen, als sie mit Verstand und Vernunft anzuwenden vermögen. In Kalifornien, das sich stets als Bannerträger des Fortschritts verstand, wird die Weißweinbereitung zu derart klinischer Perfektion getrieben, dass eines der Hauptprobleme darin besteht zu entscheiden, welche Art von Wein denn nun hergestellt werden soll.

Auf der anderen Seite steht die Meinung Professor Peynauds von der Universität Bordeaux, der sagte: »Das eigentliche Ziel der modernen Weinbaukunde ist, jede Behandlung des Weins überhaupt zu vermeiden.«

Auf den folgenden Seiten werden einige wichtige moderne Techniken und Meinungen bezüglich der unterschiedlichen Faktoren vorgestellt, die die Weinqualität beeinflussen. Sie richten sich fast protokollarisch nach der zeitlichen Abfolge der bei Traubenanbau und Weinbereitung stattfindenden Arbeitsschritte und können als Glossar verwendet werden. Manche Prozesse sind nur dem Weißwein vorbehalten, andere dem Rotwein, wieder andere gelten für beide. Schematisch werden die einzelnen Stufen der Weinbereitung auf den Seiten 34 und 35 dargestellt.

Die Reb- & Traubensorten

Ein Winzer im Clos de Vougeot hat keine Wahl, welche Rebsorten er pflanzen soll, denn hier gibt es seit Jahrhunderten nur ein Meer von Pinot noir, und nichts anderes ist zugelassen. Ein Winzer im Médoc hat sehr wohl die Wahl zwischen einem halben Dutzend Sorten aus der Familie Cabernet. Je nachdem, ob er sich für die strengeren oder die milderen Sorten entscheidet, fällt sein »Stil des Hauses« aus.

Ein Winzer der Neuen Welt ist, was dies betrifft, so frei wie ein Vogel. Nur sein eigener Geschmack und seine Einschätzung des Marktes lassen ihn entscheiden. Diese Wahlmöglichkeit und die Debatten, die sich daran entzündet haben, sind der Grund, warum Weinliebhaber heute viel bewusster auf die Traubensorte achten. Immer mehr Weine werden deshalb nach ihrer Rebe benannt, und der Aufstieg so mancher Traubensorte rückte ins Blickfeld der Öffentlichkeit.

Was ist das nun, eine Traubensorte? Es ist eine Selektion aus der unendlichen Anzahl von Formen, die eine Pflanze durch natürliche Mutation annehmen kann. Grundsätzlich muss der Winzer zunächst einmal auf Eigenschaften wie Fruchtbarkeit, Klimafestigkeit und Widerstandsfähigkeit gegen Krankheiten achten, sodann auf die Fähigkeit einer Sorte, ihre Frucht vor dem Ende der warmen Herbsttage zur Reife zu bringen,

und erst an letzter Stelle kann er auf Geschmack und Charakter sehen. Seit der Entdeckung des Weins hatte der Mensch viel, sehr viel Zeit, sich unter den verschiedenen Traubensorten die besten herauszusuchen.

In der Gattung *Vitis*, Rebe, gibt es über 20 Arten. Die Weinrebe, *Vitis vinifera*, eine wilde Waldpflanze aus Europa und Ostasien, ist nur eine davon. Sie schlang sich schon lange durch die Baumwipfel Frankreichs, ehe man begann, ihre Trauben auszupressen und gären zu lassen, eine Idee, die über Griechenland aus dem Nahen Osten ihren Weg nach Europa gefunden hatte.

Niemand kennt genau den Ursprung der Rebsorten, die sich in Frankreich, Spanien, Italien, entlang der Donau und im übrigen weinbauenden Europa hier und dort allmählich entwickelt haben. Es wird jedoch angenommen, dass sie aufgrund von Erfahrungen mit lokalen Rebsorten ausgewählt, vielleicht auch mit besonders guten importierten Sorten gekreuzt wurden. In Deutschland beispielsweise entdeckten die Römer eine einheimische Traube, die sich perfekt an das kühle, nördliche Klima angepasst hatte: den Riesling, oder vielmehr seinen Stammvater. Alle anderen Trauben des deutschen Stils sind Selektionen, Adaptionen oder Abkömmlinge dieser Urtraube.

Heute gibt es auf der Erde rund 4000 namentlich bekannte Sorten der Weintraube. Etwa 100 von ihnen haben einen deutlich erkennbaren Geschmack und Charakter, und wiederum ein knappes Dutzend davon hat internationale Verbreitung gefunden, und dieses Dutzend kann dann noch einmal auf eine Hand voll Sorten reduziert werden, die eine so ausgeprägte und spezielle Persönlichkeit haben, dass sie die Grundlage des gesamten international anerkannten Weins bilden. Es sind dies die wichtigsten roten und weißen Trauben von Bordeaux und Burgund, der Riesling aus Deutschland, der Gewürztraminer aus dem Elsass, die Syrah von der Rhône und ihr aller Urahn, der Muskateller.

In unserer Zeit ist eine wachsende Tendenz zu beobachten, diese großartigsten aller Trauben praktisch überall anzubauen Die Erzeuger allerdings geraten in einen beträchtlichen Widerstreit zwischen der Qualität und dem nicht minder kostbaren Attribut des Abwechslungsreichtums.

Die klassischen Trauben

Riesling

Johannisberg Riesling, Rheinriesling, Weißer Riesling
Die klassische Traube Deutschlands bewirbt sich mit dem Chardonnay um den Titel der besten weißen Traube der Welt. Der Riesling erbringt Weine von frischer, fruchtiger Säuerlichkeit und transparenter Klarheit im Geschmack. Schon sein Duft ist erfrischend. In Deutschland präsentiert er sich von blassgrün, leicht und spritzig von der Mosel bis zu goldfarben mit üppiger Fülle besonders in der Rheinpfalz. In wärmeren Klimazonen ist er bemerkenswert vielfältig, am typischsten wahrscheinlich im Elsass und in Österreich, während er in Kalifornien und Australien, wo er schneller reift, sein eigenartiges, an Zitronen und Benzin erinnerndes Bukett voller zur Reife bringt.

Chardonnay

Die weiße Traube von Burgund liefert »fetteren«, weinigeren, einfach stärkeren Wein als Riesling. Er entwickelt mit der Zeit einen breiteren, volleren, manchmal buttrigen, manchmal rauchigen, ja moschusartigen Duft und Geschmack. In der Finesse eines Blanc-de-Blancs-Champagners, dem mineralischen Duft des Chablis, dem Nussgeschmack des Meursault, dem reifen Fruchtgeruch von Sonoma-Valley-Weinen beweist er seine Wandlungsfähigkeit. Chardonnay weiß sich perfekt seinem Anbaugebiet anzupassen, sei dies Australien, Oregon, Neuseeland oder Norditalien.

Cabernet Sauvignon

Die Médoc-Traube. Sie ist die am sichersten erkennbare und die vielseitigste aller Rotweintrauben und zudem offensichtlich imstande, auf jedem warmen Boden in so gut wie allen Weinbauregionen der Welt erstklassigen Wein zu erbringen. Kleine, dunkle, ziemlich spät reifende Beeren liefern intensive Farbe, ein starkes Aroma von schwarzen Johannisbeeren, auch von Kräutern, und so viel Tannin, dass ihr Wein die längste Reifezeit in Fass und Flasche braucht. Am besten bewährt sie sich in der Mischung mit Merlot, wie etwa in einem Bordeaux. Außerhalb von Bordeaux findet man nach wie vor Beispiele sortenreiner Cabernet-Sauvignon-Weine, doch entscheiden sich heute mehr und mehr Erzeuger in so unterschiedlichen Gebieten wie Kalifornien, Südafrika und Italien für die subtileren Mischungen im Bordeaux-Stil.

Pinot noir

Die rote Burgunder- und Champagnertraube. Bisher zeigt sie sich etwas widerspenstig gegen Weinbaugebiete außerhalb ihrer Heimat: Dort ist die feine Ausgewogenheit eines roten Burgunders kaum zustande zu bringen. Der Wein ist süßer, weniger tanninreich, dichter gefügt als der Cabernet und trinkt sich daher schon weit jünger mit Genuss. Außerhalb der Champagne wird er nur selten verschnitten. Inzwischen feiert Pinot noir Erfolge in Oregon, Kalifornien und Neuseeland und in gewissem Umfang auch im Mittelmeerraum.

Syrah oder Shiraz

Die große, weit verbreitete Traube von der Rhône ergibt tanninreichen, pfeffrigen, dunklen Wein, der sich großartig entfalten kann. In Australien kommt der Sorte als Shiraz enorme Bedeutung zu. Im französischen Midi wird sie für AC-Weine und Vins de pays ebenso zunehmend angebaut wie in Südafrika und Kalifornien.

Gewürztraminer

Mit seinem unverkennbaren, würzigen Duft und Geschmack ist Gewürztraminer ein idealer Ausgangspunkt für die Anfänger unter den Weinliebhabern. Ehemals fast ausschließlich dem Elsass vorbehalten, findet man ihn heute auch in Italien, Österreich, Deutschland, Neuseeland und Nordamerika.

Sauvignon blanc

Der Anklang an das französische Wort *sauvage* (wild) gibt zugleich eine passende Beschreibung des grasigen, stachelbeerartigen Geschmacks. Die Traube ist in Bordeaux sehr verbreitet und wird dort zusammen mit Sémillon zu süßen wie zu trockenen Weinen verarbeitet, am charakteristischsten aber ist sie in Sancerre. In der Neuen Welt, insbesondere in Neuseeland und Südafrika, bewährt sie sich großartig. Der Wein kann leicht und aromatisch ausfallen, aber auch voller, weiniger, dem Chardonnay nicht unähnlich.

Muscat

Muscat blanc à petits grains, Moscato di Canelli
Die feinste aus dem alten Muskateller-Stamm ist die kleinbeerige weiße Traube, die den süßen Vin doux naturel aus Südfrankreich sowie den Asti Spumante liefert. Die trockenen Muscat-Weine aus dem Elsass stammen größtenteils von dem regelmäßigere Erträge bringenden Muscat d'Ottonel.

Die wichtigsten Trauben Europas
Frankreich

Alle acht klassischen Traubensorten erreichen in Frankreich höchste Vollkommenheit. Muskateller, Riesling und Gewürztraminer sind schon vor langer Zeit ins Land gekommen, die übrigen fünf aber, die roten und weißen Trauben von Burgund und Bordeaux, sind wohl waschechte Franzosen und stellen so etwas dar wie eine östliche und eine westliche Tradition: die der Alpen und die des Atlantiks, und beide begegnen sich an der Loire.

Niemand kann mit Sicherheit sagen, wie viele weitere Rebsorten noch zu diesen großen Traditionen beitragen: Eine einzige Sorte kann in verschiedenen, nicht einmal weit auseinander liegenden Gegenden vier oder fünf verschiedene Namen tragen – oder es mag sich um eine lokale Unterart, also eben doch nicht genau dieselbe Sorte handeln. Darunter sind viele Lokalcharaktere, von der weit verbreiteten roten Carignan-Traube aus dem Midi über den einst auf die Rhône beschränkten, jetzt aber in so manchem Vin de pays neu populär gewordenen zarten weißen Viognier bis zu solch seltenen Sorten wie den weißen Tressalier, den es nur in einem winzigen Gebiet an der oberen Loire gibt.

Rotweintrauben

Abouriou Traube in den Côtes du Marmandais (Südwestfrankreich).

Aleatico Rote Muskateller-Sorte auf Korsika, erbringt den gleichnamigen Wein.

Alicante Bouschet Tafelweinsorte aus Südfrankreich.

Aramon Ertragreiche südliche Tafelweinsorte, nun im Rückgang.

Aspiran Alte Sorte im Languedoc.

Auxerrois In Cahors Synonym für Malbec.

Bouchet In St-Emilion Synonym für Cabernet franc.

Braquet Hauptsorte von Bellet bei Nizza.

Brocol In Gaillac Synonym für Valdiguié.

Cabernet franc Hochwertiger Verwandter des Cabernet Sauvignon, angebaut in Bordeaux (v.a. St-Emilion) und an der Loire.

Cabernet Sauvignon Siehe Seite 12.

Carignan Führende Massenertragssorte des Midi; nur interessant, wenn von alten Reben stammend. Durch Kohlensäuremaischung *(macération carbonique)* stark zu verbessern.

Carmenère Alte Traubensorte in Bordeaux. Heute selten.

César Gerbstofffreie traditionelle Sorte von Irancy (Yonne).

Cinsaut oder **Cinsault** Traube an der südlichen Rhône (verwendet v.a. in Châteauneuf-du-Pape) sowie im Midi.

Cot An der Loire Synonym für Malbec.

Duras Lokaltraube in Gaillac.

Fer oder **Fer Servadou** Traube für mehrere Weine in Südwestfrankreich, v.a. Marcillac.

Fuelle noir oder **Folle noire** Sorte aus Bellet.

Grenache Kraftvolle Rotweintraube als Bestandteil des Châteauneuf-du-Pape und des Côtes du Rhône; ebenso für Rosés (z.B. Tavel) und als Dessertwein im Roussillon.

Grolleau oder **Groslot** Rote Traube an der Loire, z.B. für Rosé d'Anjou.

Jurançon noir Traube von Gaillac (Tarn). In Jurançon selbst nicht verwendet.

Malbec Bedeutende Sorte, im Bordeaux jedoch im Rückgang. In Cahors grundlegende Traube.

Mataro Synonym für Mourvèdre.

Merlot Wichtiger Bestandteil in feinem Bordeaux; vorherrschende Sorte in Pomerol.

Meunier oder **Pinot Meunier** Geringerer Verwandter des Pinot noir, in der Champagne »geduldet«.

Mondeuse Hauptrotweintraube von Savoyen.

Mourvèdre Haupttraube in Bandol (Provence); im Midi als *cépage améliorateur* (verbessernde Rebsorte) anerkannt.

Négrette In den Côtes du Frontonnais und Gaillac heimische Traube.

Nielluccio Korsische Sorte, möglicherweise mit Sangiovese verwandt.

Petit Verdot Hochwertige Sorte; Bestandteil im Bordeaux.

Pineau d'Aunis Lokaltraube im Loire-Tal, besonders in Anjou und Touraine.

Pinot noir Siehe Seite 12.

Portugais bleu Früher in Gaillac weit verbreitete, jetzt im Rückgang begriffene Traube.

Poulsard Hellrote Sorte im Jura.

Pressac In St-Emilion Synonym für Malbec.

Sciacarello Korsische Sorte.

Syrah Siehe Seite 12.

Tannat Tanninreiche Sorte im Südwesten, besonders in Madiran.

Tempranillo Spanische Sorte (Rioja), im Midi angebaut.

Trousseau Hauptbestandteil in Jura-Rotweinen, aber geringerwertig als Poulsard.

Weißweintrauben

Aligoté Zweitrangige Traube mit hohem Säuregehalt in Burgund. Ihre Weine schmecken jung am besten.

Altesse Sorte in Savoyen. Die Weine tragen häufig den Namen Roussette.

Arrufiac Sorte im Béarnais (Pacherenc du Vic-Bilh).

Auvergnat oder **Auvernat** An der Loire Name der Pinot-Familie.

Baroque In Béarn für Tursan-Wein verwendet.

Beaunois Synonym für Chardonnay in Chablis.

Beurot In Burgund Synonym für Pinot gris.

Blanc Fumé In Pouilly-sur-Loire Synonym für Sauvignon blanc.

Blanquette Synonym für Mauzac blanc und Clairette blanche.

Bourboulenc Sorte im Midi (Minervois, La Clape), auch Bestandteil des (roten und weißen) Châteauneuf-du-Pape.

Camaralet Seltene Sorte in Jurançon.

Chardonnay Siehe Seite 12.

Chasselas Neutrale Sorte; in Savoyen, Pouilly-sur-Loire und im Elsass viel verwendet.

Clairette Im Midi verbreitete, geschmacksneutrale Traube, dient auch zur Herstellung des Rhône-Schaumweins Clairette de Die.

Colombard Einfache Sorte im Bordelais, v.a. in den Côtes de Gascogne. Auch zur Destillation für Cognac und Armagnac bestimmt.

Courbu oder **Sarreat** Sorte in Jurançon.

Folle blanche Früher die Haupttraube für Cognac, auch im Bordelais und in der Bretagne angebaut.

Gamay blanc Synonym für Chardonnay im Jura.

Gewürztraminer Siehe Seite 12.

Gros Manseng Eine der Haupttrauben von Jurançon.

Gros Plant An der westlichen Loire Synonym für Folle blanche.

Jacquère Die Traube von Apremont und Chignin in Savoyen.

Jurançon blanc Einfache Traube für Armagnac (nicht in Jurançon).

Klevner Im Elsass Name für Pinot blanc.

Len de l'El oder **Loin de l'Œil** Sorte in Gaillac.

Maccabeu oder **Maccabéo** Katalanische Sorte. Im Roussillon für Dessertweine (Vin doux naturel) angebaut.

Malvoisie Synonym für Bourboulenc im Languedoc, für Torbato im Roussillon und für Vermentino auf Korsika.

Marsanne Zusammen mit Roussanne die weiße Traube des Hermitage und der nördlichen Rhône.

Mauzac In Blanquette de Limoux und Gaillac verwendet.

Morillon Synonym für Chardonnay.

Muscadelle Sorte mit leichtem Muskateller-Aroma, in Sauternes und einigen trockenen weißen Bordeaux-Weinen.

Muscadet oder **Melon de Bourgogne** Der Wein von der westlichen Loire trägt den Namen dieser Traube.

Muscat Siehe Seite 12.

Ondenc Sorte in Gaillac.

Petit Manseng Hervorragende Sorte im Südwesten, die u. a. in den Weinen von Jurançon verwendet wird.

Petite Sainte-Marie Synonym für Chardonnay in Savoyen.

Picpoul Synonym für Folle blanche in Armagnac; an der südlichen Rhône und im Midi (Picpoul de Pinet) handelt es sich jedoch um eine andere Sorte: Picpoul blanc.

Pineau de la Loire Synonym für Chenin blanc an der Loire (kein Pinot).

Pinot blanc Naher Verwandter des Pinot noir; angebaut in Burgund, in der Champagne und im Elsass.

Pinot gris (Tokay d'Alsace). Eine im Elsass verbreitete Mutation des Pinot noir

Piquepoul Siehe Picpoul.

Riesling Siehe Seite 12.

Rolle Italienischer Vermentino in der Provence.

Romorantin Nur bei Cheverny an der Loire angebaut; trockener, oft säuerlicher Wein.

Roussanne Mit Marsanne für weißen Hermitage angebaut.

Roussette In Savoyen Synonym für Altesse.

Sacy Sorte in der Champagne und an der Yonne.

St-Emilion In Cognac Synonym für Ugni blanc.

Sauvignon blanc Siehe Seite 12.

Savagnin Die »gelbe Weintraube« von Château-Chalon (Jura).

Sylvaner Die Standardtraube für leichten elsässer Weißwein.

Traminer Siehe Gewürztraminer.

Tressallier Sorte an der oberen Loire (St-Pourçain-sur-Sioule), stark im Rückgang.

Ugni blanc Im Midi verbreitete Sorte. In Italien Trebbiano, in Cognac St-Emilion genannt.

Vermentino Italienische Traube, in der Provence als Rolle bekannt; möglicherweise der Malvoisie Korsikas.

Viognier Aromatische Sorte von Condrieu an der nördlichen Rhône. Zunehmend im Midi anzutreffen, u. a. für sortenreinen Vin de pays beliebt.

Italien

Die Liste der italienischen Traubensorten ist sicherlich eine der längsten der Welt. In einem Land, wo der Weinbau im Volksleben eine so universelle Rolle spielt und bis zum Ausbruch der Reblausplage schon eine jahrtausendealte Tradition bildete, hat die lokale Sortenselektion die Ursprünge verwischt und die Zusammenhänge zwischen vielen Sorten unkenntlich gemacht. Wäre ein Fisch, der vor der Küste Tunesiens gefangen und mit einem arabischen Namen bezeichnet wird ein anderer, wenn man ihn aus der Adria gezogen und so genannt hätte, wie es in der Romagna üblich ist? Zugegebenermaßen sind die Trauben Italiens nicht ganz so schlüpfrige Objekte.

Ganz allgemein kann man sagen, dass die Selektion in Italien auf der Grundlage der Fruchtbarkeit und kräftiger Gesundheit gemeinsam mit der Anpassungsfähigkeit an den Boden und einer zuverlässigen Reife stattgefunden hat und nicht so sehr nach Gesichtspunkten großer Geschmacksqualitäten oder langer Haltbarkeit. Die große Masse der italienischen Traubensorten ist deshalb eher robust und gesund als inspirierend, ihr Geschmack ist verhalten bis neutral. Die einzige Traube von internationaler Klasse, die (möglicherweise) aus Italien stammt, ist der Traminer (Gewürztraminer) aus Südtirol.

Fängt man aber erst einmal an, die Ausnahmen – also die italienischen Traubensorten mit echter Persönlichkeit und potenziell ausgezeichneter Qualität – aufzuzählen, dann kommt es einem seltsam vor, dass erst so wenige von ihnen sich in der Welt einen echten Namen gemacht haben: Nebbiolo, Barbera, Teroldego, Sangiovese, Montepulciano und Aglianico sind Rotweinsorten, in denen viel Gutes steckt. Erstklassige Weißweintrauben gibt es weniger, aber Ribolla, Cortese, Greco, Tocai, Verdicchio und Vermentino erbringen durchaus eigenständige Weine, und der piemontesische Moscato ist zwar kein exklusiver Italiener, wohl aber eine unverkennbare italienische Interpretation dieser ältesten aller Traubensorten.

Inzwischen tauchen immer häufiger die Namen Cabernet, Merlot, Pinot bianco und sogar Chardonnay und Riesling auf, während Pinot grigio in Deutschland und Nordamerika äußerst beliebt geworden ist. Der Nordosten Italiens ist mit seinen Traubensorten schon fast so international wie die Weinbaugebiete der Neuen Welt. Das in letzter Zeit zu beobachtende Auftauchen von Cabernet Sauvignon, Syrah und Chardonnay in der Toskana ist der Vorbote für einen baldigen Wandel.

Was die Zukunft des italienischen Weins betrifft, ist die zentrale Frage daher, ob es Italien gelingt, durch Festhalten an den einheimischen Rebsorten seine Traditionen zu bewahren (deshalb die DOC-Erlasse), oder ob es sich dem internationalen Trend beugt, wie dies in der Weinbereitungstechnik ja bereits geschieht.

Die Welt beginnt allmählich zu würdigen, welchen Abwechslungsreichtum Italien zu bieten hat. So wird man gut daran tun, den ureigenen, landestypischen Geschmack aufs Höchste zu entwickeln, denn was die Vielfalt seiner Weine betrifft, muss Italien hinter keinem anderen Land – Frankreich eingeschlossen – zurückstehen.

Was die Nennung der Traubensorten auf den Etiketten betrifft, gibt es keine allgemein gültigen Regeln: Die lokale Tradition entscheidet, ob ein Wein nach dem Ortsnamen, nach der Traube oder mit einem anderen, von beiden völlig unabhängigen Namen benannt wird. Bei dem gegenwärtig steigenden Sortenbewusstsein ist es wahrscheinlich, dass die Erzeuger hierauf künftig mehr Rücksicht nehmen werden, zumindest bei Weinen für den Export.

Rotweintrauben

Aglianico Liefert körperreichen Taurasi in Kampanien sowie Aglianico del Vulture in der Basilikata.

Aleatico Muskateller-Geschmack, erbringt auf Elba und in Latium, Apulien usw. dunkle Dessertweine.

Barbera Dunkle, säurereiche Sorte aus Piemont, im ganzen Nordwesten verbreitet.

Bombino nero Traube für Roséwein aus dem apulischen Castel del Monte.

Bonarda Weniger bedeutende Sorte, in der Lombardei und im Piemont verbreitet.

Brachetto Traube für perlende Weine in Piemont.

Brunello di Montalcino Edle Abart der Sangiovese-Traube aus der Toskana.

Cabernet (v. a. Cabernet franc) Im Nordosten bereits stark verbreitet, in anderen Regionen auf dem Vormarsch.

Calabrese Synonym für Nero d'Avola aus Sizilien.

Cannonau Die französische Grenache-Traube. Wichtigste dunkle Sorte Sardiniens für DOC-Weine.

Carignano Die französische Carignan-Traube ist auch in Sardinien verbreitet.

Cesanese Gute Rotweinsorte aus Latium.

Chiavennasca Name der Nebbiolo-Traube im Veltlin (Lombardei).

Corvina veronese Haupttraube für Valpolicella.

Croatina Im Oltrepò Pavese (Lombardei) und in der Emilia–Romagna stark verbreitet.

Dolcetto Säurearme piemontesische Sorte, Grundlage mehrerer DOC-Weine.

Freisa Sorte aus Piemont, liefert liebliche, oft perlende Weine, seltener auch trockene.

Gaglioppo Grundlage der meisten Rotweine in Kalabrien, u. a. Cirò.

Grignolino Leichte gefällige Weine um Asti (Piemont).

Guarnaccia Rotweintraube in Kampanien, speziell auf Ischia.

Lagrein In Südtirol angebaut, bringt leicht bittere Rotweine und dunkle Rosés.

Lambrusco Quelle prickelnder Weine in der Emilia.

Malbec In Apulien und Venetien gelegentlich anzutreffen.

Malvasia nera Für süße, duftige, manchmal schäumende DOC-Rotweine in Piemont sowie feine Dessertweine in Apulien.

Marzemino Dunkle Trauben im Trentino und in der Lombardei.

Merlot Traube aus Bordeaux, wird v. a. im Nordosten verbreitet angebaut.

Monica Traube für süße oder trockene sardische Rotweine.

Montepulciano Vorherrschende dunkle Traube in Mittelitalien.

Nebbiolo Die große Traube Piemonts. Grundlage für Barolo, Barbaresco, Gattinara usw. Die hervorragend reifenden Weine variieren zwischen geschmeidig-fruchtig und beißend.

Negroamaro Starke Weine erbringende Sorte auf der apulischen Halbinsel Salento.

Nerello mascalese Sizilianische Sorte, Grundlage für Rot- und Roséweine aus dem Ätna-Bereich.

Petit Rouge Traube einiger Rotweine im Aostatal.

Piedirosso oder **Pér'e Palummo** Bestandteil kampanischer Rotweine.

Pinot nero Der burgundische Pinot noir (siehe Seite 12) wird in Nordostitalien viel angebaut.

Primitivo Apulische Traube, identisch mit dem kalifornischen Zinfandel.

Raboso Sorte aus Venetien, empfehlenswert, wenn tanninreich.

Refosco Grundlage für trockene, körperreiche Rotweine im Friaul. In Frankreich als Mondeuse bekannt.

Rossese Feine ligurische Sorte für DOC-Weine in Dolceacqua.

Sangiovese Hauptbestandteil des Chianti und eine von Italiens meistangebauten Sorten mit zahlreichen Klonen und *noms de verre*. Kann hervorragende Weine ergeben, herb, aber körperreich und viele Jahre reifend.

Schiava In Südtirol verbreitete Sorte.

Spanna Synonym für Nebbiolo.

Teroldego Kommt nur im Trentino vor, erbringt Teroldego Rotaliano.

Tocai rosso oder **Tocai nero** Erbringt in den Colli Berici (Venetien) DOC-Rotwein.

Uva di Troia Haupttraube mehrerer DOC-Weine in Nordapulien.

Vespolina Wird im Osten des Piemonts oft mit Nebbiolo verschnitten.

Weißweintrauben

Albana Romagna Sorte in der Romagna für trockene und liebliche Weine.

Arneis Piemontesische Sorte, wird zurzeit wiederbelebt.

Biancolella Auf Ischia heimische Traubensorte.

Blanc de Valdigne Im Aostatal Grundlage für Blanc de Morgex et de La Salle.

Bombino bianco Haupttraube in Apulien und den Abruzzen, dort als Trebbiano d'Abbruzzo bezeichnet.

Bosco In Ligurien Hauptbestandteil von Cinqueterre.

Catarratto In Westsizilien verbreitete Sorte für Marsala.

Chardonnay In Trentino–Südtirol, Venetien und Friaul angebaut; heute u. a. in der Toskana, in Umbrien und Piemont für IGT-Weine *(Indicazione Geografica Tipica)* verwendet.

Cortese Traube für die feinsten Weißweine Südpiemonts; auch im Oltrepò Pavese (Lombardei) anzutreffen.

Fiano Traube für Fiano di Avellino in Kampanien.

Forastera Partner von Biancolella in den Weißweinen von Ischia.

Garganega Haupttraube für Soave.

Grechetto Traube in Umbrien, wichtig im Orvieto.

Greco Beste Weißweinsorte Kampaniens.

Grillo Zumeist mit Catarratto zu Marsala verarbeitet.

Inzolia Traube für sizilianische Weißweine, u. a. Bestandteil in Marsala.

Malvasia Für trockene und süße Weine sehr verbreitet, v. a. in Latium (für Frascati usw.).

Moscato (Muscat, siehe Seite 12). Verbreitet angebaut für Schaumwein (z. B. Asti Spumante) und Dessertweine (z. B. die Moscato-Weine Siziliens).

Müller-Thurgau Im Friaul, Trentino und Südtirol anzutreffen.

Nuragus Alte Traubensorte Sardiniens.

Picolit Im Friaul Grundlage der teuersten Dessertweine Italiens.

Pigato Nur im Südwesten Liguriens angebaut; Quelle guter Tafelweine.

Pinot bianco Der Pinot blanc Burgunds wird in ganz Norditalien angebaut. In Südtirol heißt er Weißburgunder.

Prosecco In Venetien für Schaumweine beliebt.

Rheinriesling Siehe Riesling renano.

Riesling italico Nicht die echte Riesling-Traube. Stammt wahrscheinlich aus Nordostitalien.

Riesling renano Die echte Riesling-Traube ist Riesling italico überlegen.

Sauvignon blanc In Teilen Nordostitaliens (u. a. Friaul) angebaut. Siehe Seite 12.

Tocai friulano Traube für DOC-Weißweine in der Lombardei und Venetien ebenso wie in ihrer Heimat Friaul.

Traminer In Südtirol heimische Traube.

Trebbiano d'Abruzzo Siehe Bombino bianco.

Verdeca Apulische Traube für DOC-Weißweine aus Süditalien.

Verdicchio Wichtigste Traube der Marken.

Verduzzo Sorte aus dem Friaul, wird auch in Venetien zu trockenen und zu Dessertweinen verarbeitet.

Vermentino Traube für DOC-Weißweine in Sardinien und gute Tafelweine in Ligurien.

Vernaccia di Oristano Liefert in Sardinien Sherry-ähnlichen Dessertwein.

Vernaccia di San Gimignano Alte toskanische Sorte, der Wein trägt denselben Namen.

Deutschland

Der internationale Ruf des deutschen Weins und seiner einmalig blumigen Eleganz beruht ganz und gar auf einer einzigen Traubensorte, dem Riesling. Die uns heute bekannte Art des Rieslings ist aber kaum älter als 200 bis 300 Jahre.

Deutschland hat mehrere alte Traubensorten mit mehr oder weniger lokaler Bedeutung, die sich auf dem Markt behaupten. Darüber hinaus haben sich die deutschen Rebenzüchter ein Jahrhundert lang darum bemüht, eine neue Rebe herauszubringen, die die Qualitäten des Rieslings ohne seinen gravierendsten Nachteil besitzt: Er reift nämlich erst so spät, dass jeder Jahrgang auf des Messers Schneide steht. Der 100. Jahrestag der ersten bedeutenden Riesling-Kreuzung (mit Silvaner) konnte 1982 gefeiert werden. Im Lauf von 100 Jahren hat sich die damalige Neuzüchtung Müller-Thurgau in Deutschland durchgesetzt und den Riesling zeitweise auf den zweiten Platz verwiesen.

Trotzdem hat keine der neuen Züchtungen, auch nicht der Müller-Thurgau, den Riesling aus den besten und wärmsten Lagen verdrängen können. In keiner war mehr als nur ein ferner Anklang an seine Brillanz, Ausgewogenheit und Finesse enthalten. Auch hat keine von ihnen eine derartige Katastrophe überstanden, wie sie im Januar 1979 hereinbrach, als die Temperatur innerhalb von 24 Stunden um über 20 ˚C fiel und Tiefstwerte von minus 29˚C erreichte. Damals erfroren Tausende von Reben. Der Riesling aber hielt stand.

76% der deutschen Rebfläche sind mit Weißweintrauben besetzt. Auf den 24%, die auf Rotweintrauben entfallen, hat der Spätburgunder (Pinot noir) schon lange den zweitrangigen Portugieser überholt.

Rot- & Weißweintrauben

Albalonga Rieslaner × Silvaner. Weißweintraube, die nach extremer Reife verlangt. Heute im Rückgang.

Bacchus Früh reifende Kreuzung (Silvaner × Riesling) × Müller-Thurgau. Würzige, aber ziemlich weiche Weine, am besten als Auslesen, oft auch als Süßreserve verwendet.

Cabernet Cubin Eine der vielen Cabernet-Kreuzungen. Sie wurde in den 1990er-Jahren in Franken entwickelt mit dem Ziel, dunkelrote Weine großer Reifefähigkeit zu erzielen. Wird nur zögerlich angenommen.

Domina Pinot noir × Portugieser. Eine dunkelfarbige Kreuzung, die nun allmählich an der Ahr und in Süddeutschland angebaut wird.

Dornfelder Die bereits in den 1950er-Jahren entwickelte Kreuzung mit vielen Beteiligten wird erst seit etwa zehn Jahren speziell in der Pfalz in größerem Umfang angebaut. Ergibt selbst bei hohen Erträgen dunkle, süffige Rotweine.

Ehrenfelser Riesling × Silvaner. Gute Neuzüchtung, liegt qualitativ zwischen Müller-Thurgau und Riesling.

Elbling Die einst wichtigste Traube der Mosel wird heute nur noch an deren Oberlauf angebaut. Neutral und säurereich, aber gut für Schaumwein geeignet.

Faber Weißburgunder × Müller-Thurgau, wird in Rheinhessen und an der Nahe angebaut.

Frühburgunder Kleinbeerige Mutation der Pinot-noir-Traube. Reift früher als diese und hat weniger Säure. Gute Qualitätstraube.

Gewürztraminer Siehe Seite 12.

Gutedel In Südbaden verbreitet (in Frankreich Chasselas, in der Schweiz Fendant). Leichter, erfrischender, aber kurzlebiger Wein.

Huxelrebe Gutedel × Courtillier musqué. Ertragreiche weiße Neuzüchtung, sehr würzig, mit gutem Zuckergehalt und schöner Säure. In Rheinhessen verbreitet, doch langsam im Rückgang.

Kerner Trollinger × Riesling. Eine der häufig angebauten besseren neuen Traubensorten. Bei moderatem Ertrag geschmacklich zwischen Silvaner und Riesling.

Lemberger Synonym für die österreichische Blaufränkisch-Traube. Erbringt in Württemberg komplexe Weine mit schöner Säure.

Morio-Muskat Kaum zu glauben, dass diese früh reifende Kreuzung zwischen Silvaner und Weißburgunder kein Muskateller-Blut in den Adern hat. In der Rheinpfalz und in Rheinhessen manchmal überwürzige Weine.

Müller-Thurgau Galt lange als Kreuzung von Riesling mit Silvaner, doch lassen neueste DNA-Analysen auf eine Kreuzung Riesling × Madeleine royale schließen. 1882 entstanden, aber erst nach 1930 großflächig angebaut. Sehr populäre Traube, obwohl ihre Weine schnell an Fülle und Geschmack verlieren, wenn die Erträge nicht radikal beschränkt werden. Auch als Rivaner bekannt.

Optima Silvaner × Riesling × Müller-Thurgau. Eine verbesserte Bacchus-Rebe, vor allem in der Rheinpfalz verbreitet. Zarte Würze.

Ortega Müller-Thurgau × Siegerrebe. Sehr früh reifend, aromatisch und würzig mit guter Ausgewogenheit. An der Mosel und in Franken angebaut. Ergibt jedoch häufig übersüße Weine.

Perle Gewürztraminer × Müller-Thurgau. Sehr aromatische Neuzüchtung in Rheinhessen und Franken. Inzwischen im Rückgang.

Portugieser Sehr beliebte, ertragreiche rote Traube, im Wesentlichen aber ausdruckslos.

Regent Eine der besseren neuen roten Sorten. Zunehmend populär in der Pfalz und Rheinhessen.

Reichensteiner Müller-Thurgau × (Madeleine Angevine × Calabreser Fröhlich). Eine »europäische« Neuzüchtung, in Zucker- und Säuregehalt etwas besser als Müller-Thurgau.

Rieslaner Silvaner × Riesling. Eine im Jahr 1921 entstandene, hervorragende, aber schwer anzubauende Sorte. Ergibt wunderbare liebliche Weine, die im Säuregehalt sogar den Riesling übertreffen.

Riesling Siehe Seite 12.

Samtrot Die in Württemberg anzutreffende Mutation des Pinot Meunier ergibt weiche, trotzdem elegante Weine.

Scheurebe Deutsche Neuzüchtung (Riesling × Silvaner), die zu größerem Ruhm gelangt ist. Inzwischen hat sie sich mit kräftig aromatischen Weinen etabliert (Rheinhessen, Rheinpfalz), denen es aber manchmal an Subtilität mangelt. Lieblich am besten.

Schwarzriesling Deutsches Synonym für Pinot Meunier. In Baden und Württemberg anzutreffen.

Silvaner Wie der Riesling eine spät reifende Sorte und in leichten Böden ebenso empfindlich gegen Trockenheit wie dieser. Sie wird allmählich durch Müller-Thurgau und andere verdrängt. Nicht wirklich edel, in bestimmten Gegenden, z. B. Franken und Rheinhessen, aber stets charakterfest, zuverlässig und von ungeahnter Tiefe.

Trollinger Die beliebteste Sorte Württembergs ergibt leichte Rotweine, die dort in großen Mengen konsumiert werden, was außerhalb der Region niemand so recht verstehen kann.

Weißburgunder (Pinot blanc) Liefert in Baden gute, frische, körperreiche Weine.

Spanien & Portugal

Die spanischen und portugiesischen Rebsorten sind zumindest zum Teil über die Grenzen ihrer Länder hinaus in die Welt gelangt, während die wenigen internationalen Rebsorten, die in Spanien und Portugal Eingang gefunden haben, die dortige Weinkultur kaum beeinflussen konnten. Zu den

Traubensorten, die ihren Weg nach draußen genommen haben, gehören der Palomino (nach Kalifornien, Südafrika und Australien), der Verdelho (nach Australien) und vermutlich auch die Carignan-Traube, die ja in Südfrankreich so ziemlich die verbreitetste rote Sorte sein dürfte.

Früher wurden in Spanien und Portugal kaum sortenreine Weine produziert; hierin aber ist – wie anderswo auch – inzwischen ein Wandel eingetreten. Die meisten bestehen jedoch noch immer aus mindestens drei Traubensorten, deren Verhältnis sich nach dem gewünschten Gleichgewicht ihrer Eigenschaften richtet. Die bekanntesten Ausnahmen hiervon sind die vier Madeira-Sorten: Sercial, Verdelho, Bual und Malmsey.

Rotweintrauben

Agua santa Früh reifende Sorte aus Bairrada, erbringt stärkere Weine als die Baga-Traube.

Alfrocheiro Preto Preisgekrönte Sorte im portugiesischen Dão und Alentejo.

Alvarelhão Traube in Dão, u. a. für Portwein angebaut. Auch in Galicien anzutreffen.

Aragonez Der portugiesische Tempranillo, in Alentejo beliebt.

Azal tinto Rote Sorte mit hohem Weinsäuregehalt, wird zu Vinho verde verarbeitet.

Baga Dunkle, gerbstoffreiche, potenziell edle Traube in Bairrada von beerigem Aroma.

Bastardo Ziemlich helle, säurearme, aber aromatische und wohl ausgewogene Sorte für Port und Dão.

Borraçal Rote Traube für Vinho verde mit hohem Gehalt an Apfelsäure.

Cabernet Sauvignon (siehe Seite 12). In Spanien zunehmend angebaut, u. a. von Torres in Penedès für Mas la Plana, von Sarría in Navarra, von Vega Sicilia für Ribera del Duero und von Riscal in Rioja.

Cariñena Frankreichs Carignan-Traube nahm ihren Ursprung in Cariñena (Aragón), wird aber heute mehr in Katalonien angebaut.

Castelão Weniger bedeutende Sorte von Bairrada, weich und neutral.

Castelão frances Synonym für Periquita seit 2002; im Süden Portugals großflächig angebaut.

Cencibel Synonym für Tempranillo in La Mancha und Valdepeñas.

Garnacha tinta Erbringt in Rioja Baja kräftige, aber helle Rotweine, in Penedès und Navarra die vorherrschende Sorte. In Frankreich heißt sie Grenache noir.

Graciano Die eleganteste und aromatischste der Rioja-Reben, erbringt schnell reifende Weine.

Jaen Bestandteil in rotem Dão.

Mazuelo Sorte in Rioja, vermutlich Synonym für Cariñena.

Mencía Sorte für leichte Rotweine in León und Galicien.

Monastrell Verbreitet angebaute Sorte, die Weine mit schöner Farbe und gutem Gefüge erbringt; speziell in Penedès, der Levante und Valdepeñas.

Periquita Siehe Castelão frances.

Pinot noir (siehe Seite 12). Torres baut Pinot für seinen Rotwein Santa Digna an. Auch in Navarra anzutreffen.

Ramisco Das tanninreiche, blauschwarze Geheimnis von Colares. Benötigt sehr lange Reifezeit.

Samsó Sorte in Penedès.

Souzão Tiefdunkle, ausgezeichnete Portweintraube.

Tempranillo Feine, aromatische, früh reifende Sorte. Auch Grundlage für Rioja. Wird unter verschiedenen Synonymen in ganz Spanien angebaut.

Tinta barroca Ertragreiche, robuste Sorte für Portwein.

Tinta Pinheira Weniger bedeutende Sorte von Bairrada; hell, säurearm, aber alkoholstark.

Tinto Cão Wenig ertragreiche, rote Rebsorte für Portwein und Dão.

Tintorera Eine der Valdepeñas-Trauben.

Touriga franca Duftige rote Sorte für Portwein. Früherer Name: Touriga francesa.

Touriga nacional Tiefdunkle, ertragreiche Portweintraube, auch für Dão.

Trincadeira Ergibt in Alentejo körperreiche Rotweine. Am Douro als Tinta amarela bezeichnet.

Ull de Llebre In Penedès Synonym für Tempranillo.

Vinhão Rote Traube für Vinho verde, wegen der relativ hohen Alkoholstärke angebaut.

Weißweintrauben

Airén Die wichtigste weiße Traube von Valdepeñas und La Mancha.

Albariño Beste Sorte in Galicien für trockenen, sauberen, oft perlenden Weißwein; wird auch in Portugal (Alvarinho) für Vinho verde angebaut.

Albillo Wird zusammen mit roten Trauben im Vega Sicilia verwendet.

Arinto Sorte für zitronenfruchtigen weißen Dão und Bairrada sowie für den seltenen trockenen Bucelas und süßen Carcavelos.

Barcelos Empfohlene weiße Sorte für Dão.

Bical Duftige, feine Bairrada-Traube. Ergänzung zur schärferen Arinto.

Bual Süße Madeira-Traube mit üppigem Aroma. Auch im Carcavelos und Alentejo verwendet.

Chardonnay (siehe Seite 12). In Spanien für Weine u. a. aus Penedès und Somontano bereits etabliert; gelegentlich auch in Portugal angebaut.

Fernão Pires Verbreitet angebaute portugiesische Traube.

Gouveio Weniger bedeutende weiße Portweintraube. Vermutlich Synonym für Verdelho.

Lairén Siehe Airén.

Listan Synonym für Palomino.

Loureiro Ertragreiche Vinho-verde-Traube.

Macabeo In Katalonien Synonym für Viura. Sorte für Schaumwein.

Malvasía Wichtige weiße Traube für Portwein sowie in Rioja, Navarra, Katalonien und auf den Kanaren.

Maria Gomes Die weiße Haupttraube von Bairrada.

Moscatel Verbreitete süße Weintraube.

Pansa In Alella angebaute Sorte; Synonym für Xarel-lo in Penedès.

Parellada Sorte für zartfruchtige Weiß- und Schaumweine in Penedès.

Pedro Ximénez Als Verschnittsorte in Jerez und Málaga, als Haupttraube in Montilla angebaut. In getrockneter Form für intensive Süße und Farbe verantwortlich.

Traminer Von Torres zusammen mit Moscatel zu Viña Esmeralda verarbeitet.

Verdelho Weiße Dão-Traube, in Madeira bekannter.

Viura Die Haupttraube für weißen Rioja wird auch in Navarra angebaut. Ebenfalls bekannt als Macabeo.

Xarel-lo Katalanische Traube, die insbesondere in Penedès Bedeutung hat.

Zalema Hauptsorte im *vino generoso* von Condado de Huelva, wird durch Palomino verdrängt.

Mittel- & Südosteuropa

Die Rebsorten Südosteuropas und der Anrainerstaaten des Schwarzen Meers sind ebenso alt wie die des Westens, da die Kolonisierung des Donauraums durch die Römern gleichzeitig mit der des Rheingebiets stattfand. Zur Zeit der österreichisch-ungarischen Monarchie erlangten nur die Weine aus Ungarn, an ihrer Spitze der Tokajer, internationalen Ruhm. Die Entwicklung der Lokaltrauben wurde dadurch kaum beeinflusst; ihre Weine – die Weißen würzig und oft ziemlich süß, die Roten trocken und gerbstoffreich – bewahrten ihren eigentümlichen Charakter. Der östliche Rand der Alpen, von Slowenien über Österreich bis weit nach Norden ins Böhmische (Tschechien) hinein, ist in erster Linie Weißweinland. Hier herrscht eine lokale Form des Rieslings vor, der als italienischer oder Welschriesling, Olasz oder Laski bezeichnet wird, in Österreich auch noch der saftige, kräftige Grüne Veltliner. Ungarn hat besonders viele einheimische weiße Trauben mit Kraft und eigener Art. An ihrer Spitze steht die Tokajer-Traube Furmint. Eine auf dem Balkan weit verbreitete Rotweintraube ist die ungarische Kadarka; ihr haben sich in letzter Zeit Pinot noir (Nagyburgundi) und die Gamay-Traube (Kékfrankos) angeschlossen. Das wärmere Klima an der Adria und am Schwarzen Meer begünstigt Rotwein und süßen Weißwein. Die klassischen Trauben aus dem Westen sind hier seit rund 20 Jahren überall auf dem Vormarsch.

Rot- & Weißweintrauben

Ezerjó Weiße Rebsorte, liefert in Mór einen der besten trockenen Weißweine Ungarns. Ferner Massensorte an der serbischen Grenze zu Ungarn und Rumänien. Eine der besten ungarischen Sorten für trockenen Weißwein.

Furmint Die klassische weiße Traube von Tokaji. In Slowenien als Sipon bekannt.

Hárslevelű Zweite Hauptrebsorte für den Tokajer; voll und aromatisch.

Kadarka Die große Rotweintraube Ungarns ist in der gesamten Region verbreitet und liefert straffen, würzigen, lang haltbaren Wein. In Bulgarien als Gamza bekannt.

Kékfrankos (in Österreich Blaufränkisch). Zuverlässiger als Kadarka, wird deshalb v. a. in Ungarn ersatzweise angebaut.

Kéknyelű Weiße, wenig ertragreiche Sorte in der ungarischen Weinbauregion nördlich des Plattensees für konzentrierte, goldgrüne Weine.

Kraski Teran Die Refosco-Traube Italiens erbringt in Slowenien frischen, pikanten Rotwein.

Leányka Zarter trockener Weißwein speziell aus Eger in Nordungarn.

Mavrud Liefert den besten Rotwein Bulgariens, dunkel, pflaumenwürzig, bis zu 20 Jahre haltbar.

Mezesfehér Ungarische Weißweintraube («kleiner Honig»), inzwischen nicht mehr verbreitet angebaut.

Misket In Bulgarien heimische Traube, wird in Rot- und Weißweinverschnitten zur Kräftigung verwendet.

Muscat Lunel Der Gelbe Muskateller heißt in Ungarn Sargamuskotály. Eine der vier im Tokajer zugelassenen Traubensorten.

Muscat Ottonel In Osteuropa, v. a. in Rumänien, verbreitete Muskateller-Sorte.

Olaszrizling Ungarischer Name für Riesling italico (Welschriesling). In Slowenien und Kroatien Graševina genannt.

Oremus Furmint × Bouvier; in Tokaji seit 1994 zugelassen.

Plovdina Dunkle Rotweintraube, die in Mazedonien heimisch ist.

Prokupac Rotweintraube in Serbien und Mazedonien, ergibt im Verschnitt den Zupsko Crno; wird auch viel zu Rosé verarbeitet.

Rebula oder **Ribolla** Italienische weiße Traube, liefert in Slowenien leicht cremigen, gelblichen Wein.

Rkatsiteli Russische Rebsorte für die dort beliebten starken, süßen Weißweine. Wird darüber hinaus auch in Nordostbulgarien angebaut.

Saperavi In Georgien heimische Rotweintraube, liefert dort intensiven, pfeffrigen, Syrah-ähnlichen Wein.

Smederevka Weiße Hauptrebsorte in Serbien und im Kosovo, liefert frische, trockene Weine.

Szürkebarát Variante von Pinot gris (Grauburgunder); wird in Ungarn in der Region Badacsony für vollen Weißwein angebaut, der nicht unbedingt süß sein muss.

Vranac Liefert in Montenegro kräftige Rotweine.

Zilavka Weiße Traube in Südserbien mit leichtem Aprikosenaroma.

Zweigelt Rote Traube für dunklen, angenehm duftenden, würzigen Wein.

Im Weinberg

Rebsorten

Die wichtigste Entscheidung, die zu treffen ist, ist die Wahl der Rebsorten. Näheres dazu auf den Seiten 12–18.

Herkunft der Trauben

Ob ein Weinerzeuger auch selbst Trauben anbauen soll oder nicht, ist ein Thema, über das die Meinungen geteilt sind. Die Befürworter des Eigenanbaus meinen, nur auf diese Weise habe man eine vollständige Kontrolle über die Führung und Behandlung des Weinbergs und damit über die Qualität der Trauben. Das Argument für die Gegenseite lautet, dass eine unabhängige Kellerei unter den besten Trauben der spezialisierten Anbauer in verschiedenen Gebieten aussuchen und wählen kann.

In Frankreich und im größten Teil Europas stammen fast alle Qualitätsweine (ausgenommen die meisten Schaumweine) aus Eigenanbau. In Kalifornien und Australien sind die Verhältnisse weniger stringent. Weinkellereien, die ihre Trauben ankaufen (übrigens fast immer von denselben Zulieferern), gehören zu den besten ihres Fachs. Immer mehr setzt sich die Praxis durch, Traubenlieferanten vertraglich an sich zu binden, wobei ihnen entscheidende Faktoren wie Ertragsraten und Erntezeiten vorgeschrieben – und höhere Preise garantiert werden.

Virusfreie Reben

Manche Experten (vor allem an der Universität von Kalifornien in Davis) sind überzeugt, dass man gesunde Weingärten nur erreichen könne, indem man die in ihnen wachsenden Rebstöcke von Virusinfektionen jeglicher Art befreit. Es ist auch noch nicht lange her, als erkannt wurde, dass die herrliche Rotfärbung des Weinlaubs im Herbst im Allgemeinen ein Symptom für an einer Virusinfektion erkrankten und daher möglicherweise geschwächten Pflanze ist.

Heute gibt es die Möglichkeit der virusfreien Vermehrung, indem man Pflanzen in sehr warmen Gewächshäusern sehr schnell treibt, dann die Triebspitzen abschneidet und sie als Stecklinge von mikroskopischer Größe auf einem Substrat in Nährstoffgel aufzieht. Die sich rapide entwickelnden Triebe laufen auf diese Art dem Virenbefall einfach davon; sie sind daher zu dem Zeitpunkt, an dem sie geschnitten werden, noch »rein« und im Vollbesitz ihrer natürlichen Lebenskraft.

Die Vermeidung von Virusbefall kann jedoch kein Ersatz für die sorgfältige Auswahl der besten Reben zu Vermehrungszwecken bilden. Im Jahr 1980 gab das *Office International du Vin* die offizielle Erklärung ab, dass es illusorisch sei, einen von allen Viruskrankheiten freien Rebenbestand erreichen zu wollen, und empfahl seinen Mitgliedern daher die Auswahl solcher Klone, die gegen gefährliche Viruskrankheiten resistent sind und auch bei Befall einen in Qualität und Quantität befriedigenden Ertrag gewährleisten. (Siehe auch Klone)

Klone

Bei genauer Betrachtung eines Weinstocks wird man erkennen, dass manche Triebe kräftiger wachsen, mehr Früchte tragen, früher reifen oder andere wünschenswerte Eigenschaften aufweisen. Bei solchen Trieben und ihren »Augen« handelt es sich um Mutationen, die sich genetisch von der Mutterpflanze leicht unterscheiden. Je länger eine Rebsorte kultiviert worden ist, desto mehr degeneriert sie, wird genetisch instabil und beginnt zu mutieren. Die Pinot-Familie ist außerordentlich alt und neigt in besonderem Maß zu Mutationen.

Man ist neuerdings dazu übergegangen, solche Triebe herauszusuchen und sie als Edelreiser für die Vermehrung zu verwenden. So kann ein ganzer Weinberg gewissermaßen aus einer einzigen Pflanze angelegt werden, die man als Klon bezeichnet. Es gibt in Burgund nicht nur eine einzige Pinot-noir-Varietät, sondern unzählige Klone, die nach verschiedenen Gesichtspunkten ausgewählt worden sind. Ein Erzeuger, der sehr ertragreiche Klone anpflanzt, wird kaum je einen Wein der Spitzenqualität erreichen, während ein anderer, der einen schwächer tragenden Klon mit kleineren Beeren wegen deren Farb- und Geschmacksstoffen aussucht, eben auch mit kleineren Erträgen rechnen muss.

Ein Vorteil eines mit einem einzigen Klon besetzten Weinbergs ist, dass die Trauben gleichzeitig reifen. Ein Nachteil liegt darin, dass bei einem Krankheitsbefall ausnahmslos alle betroffen sind. So scheint bereits der gesunde Menschenverstand zu sagen, dass die althergebrachte Methode, Edelreiser von vielen verschiedenen gesunden Reben (Massenselektion) und nicht von nur einem einzelnen Rebstock auszuwählen, auf lange Sicht die besseren Erfolgschancen bietet.

Wahl der Unterlage

Die weitaus meisten modernen Weingärten bestehen jeweils aus einer ausgewählten europäischen Rebsorte, die auf eine entsprechend dazu gewählte amerikanische Unterlage mit natürlicher Resistenz gegen Reblausbefall veredelt ist. Gut verträgliche, virusfreie Unterlagen wurden inzwischen für die verschiedenen Bodenarten ausgesucht oder gezüchtet. Zum Teil eignen sie sich für saure und neutrale Böden (wie in Kalifornien), während andere auf den kalkhaltigen oder basischen Böden gedeihen, wie sie in den meisten Spitzenlagen Europas vorhanden sind. In reblausfreien Teilen der Welt, vor allem in Südamerika, ist es üblich (wenn auch mit abnehmender Tendenz), Reben auf ihre eigenen Unterlagen zu pflanzen.

Veredelung

Das Aufpropfen von Edelreisern der gewählten Rebsorte auf eine geeignete Unterlage geschieht entweder in der Rebschule (Mengenveredelung) oder aber direkt auf bereits vorhandene Wurzelstöcke im Weinberg (Freilandveredelung). In Kalifornien ist es neuerdings geradezu üblich geworden, dass ein Anbauer, der sich nach einigen Jahren der Zinfandel-Erzeugung die Sache anders überlegt und lieber mehr Chardonnay haben möchte, ganz einfach die Zinfandel Rebstöcke knapp über dem Boden absägt und mit einem so genannten T-Schnitt Chardonnay-Reiser aufpropft. Zwei Jahre danach kann er Weißwein anstatt Rotwein produzieren. Auf diese Weise geht den Weinbauern nicht nur weniger Ertrag verloren, sie können mit ihren neuen Reben auch auf die fest eingewachsenen Wurzelsysteme reifer Weinstöcke vertrauen.

Hybriden

Nach der großen Reblausseuche in Europa vor rund einem Jahrhundert machten sich führende französische Biologen daran, Hybridreben zu züchten, indem sie die klassischen Reben Europas mit reblausresistenten amerikanischen Arten kreuzten. Als sich dann aber die Verbindung französischer Originalreben mit amerikanischen Unterlagen etabliert hatte, wollten die Franzosen von den als *producteurs directes* (PD) – unmittelbar aus der eigenen Wurzel produzierend – bezeichneten Hybriden nichts mehr wissen. So gut und widerstandsfähig und ertragreich viele der Hybridreben auch sind, aus den französischen Appellationen sind sie ein für allemal verbannt, weil eine Veränderung ihrer kostbaren Identität befürchtet wird. Dank der amerikanischen Abstammung aber sind diese Hybridreben für den Anbau im Osten der Vereinigten Staaten, wo es auf Witterungsfestigkeit besonders ankommt (siehe Seite 511–513), sehr gut geeignet. Auch in Neuseeland waren sie einst sehr willkommen, und einige der besseren Sorten werden heute in England großflächig angebaut.

Neue Kreuzungen europäischer Reben

Deutschland ist der Mittelpunkt züchterischer Bemühungen ganz anderer Art als der um Hybridreben. Hier wird das Ziel verfolgt, innerhalb der verschiedenen Arten der *Vitis vinifera* eine Kombination wünschenswerter Eigenschaften zu finden, die insbesondere den Riesling ersetzen soll. Der Riesling ist zwar Deutschlands feinste Weinrebe, aber er reift relativ spät, und das bedeutet ein hohes Ernterisiko. Bisher hat ihm jedoch noch keine Kreuzung auch nur annähernd den Rang ablaufen können, weder in Geschmacksfeinheit noch Widerstandsfähigkeit, wenn ihm auch einige im Ertrag überlegen sind oder stark aromatischen Most liefern und früher reifen. Die Müller-Thurgau-Traube war die erste und ist bis heute die bekannteste dieser Art.

Die Universität von Kalifornien hat ebenfalls ein *Vinifera*-Züchtungsprogramm laufen, aus dem bereits einige brauchbare Neuheiten hervorgegangen sind, insbesondere sehr ertragreiche Sorten für warme Regionen, die ein gutes Aroma bei kräftiger Säure liefern. Die bekanntesten Beispiele sind Ruby Cabernet (Cabernet Sauvignon × Carignan), Carnelian und Centurion (Cabernet Sauvignon × Grenache), Carmine (Cabernet Sauvignon × Merlot), Emerald Riesling (Riesling × Muscadelle) und Flora (Gewürztraminer × Sémillon), alles Züchtungen von Dr. Harold Olmo in Davis.

Südafrika hat die Pinotage-Rebe hervorgebracht, die eine Kreuzung zwischen Pinot noir und Cinsaut sein soll, leider aber kaum eine der Qualitäten dieser beiden Sorten aufweist. Bei derzeit über 3000 neuen Varietäten scheint mir die Auswahl mehr als ausreichend, um im Züchten um des Züchtens willen noch viel Sinn zu erkennen.

Boden

Die verschiedenen Bodenarten werden in Frankreich bei Diskussionen um den Lagencharakter und die Weinqualität mit größter Aufmerksamkeit behandelt und nach zwei Aspekten beurteilt: ihren chemischen und ihren physikalischen Eigenschaften. Nach gegenwärtiger Überzeugung kommt den letztgenannten bei weitem die größere Bedeutung zu, da die meisten Böden ohnehin all die chemischen Elemente enthalten, die die Weinrebe braucht. Die physikalischen Eigenschaften, die einen Einfluss auf die Qualität ausüben, sind das Bodengefüge, die Durchlässigkeit, der Wasserabzug, die Tiefgründigkeit und selbst die Farbe. In kühlen Klimazonen erweist sich alles als günstig, was zur Erwärmung des Bodens beiträgt (die Sonnenwärme absorbiert und speichert). Steine an der Ober-

fläche speichern die Wärme und strahlen sie nachts wieder ab. Dunklere Böden absorbieren die Sonnenstrahlung. In Deutschland sind die Rebzeilen so ausgerichtet, dass der Boden so lange wie nur irgend möglich dem wärmenden Sonnenschein ausgesetzt wird. Trockener Boden erwärmt sich rascher. Der wichtige Vorteil eines guten Wasserabzugs (etwa in den Kiesböden im Médoc) liegt darin, dass die Rebe gezwungen wird, tief zu wurzeln, um an Feuchtigkeit zu gelangen. Tief gehende Wurzeln aber tragen zu einer stabilen Umgebung bei: Die Trauben werden nicht mehr so leicht durch Wasser aufgeschwemmt, wenn vor der Lese unvermittelt starke Regengüsse niedergehen. Andererseits geht aus neueren Experimenten in Davis (Kalifornien) hervor, dass ein Boden, der kühler ist als die oberirdischen Teile der Rebe, einen günstigen Einfluss auf die Pigmentbildung ausübt und kräftiger gefärbten Rotwein entstehen lässt. Château Pétrus auf dem stark eisenhaltigen Lehm von Pomerol könnte als Beweis hierfür herangezogen werden. Auch St-Estèphe hat einen größeren Lehmanteil im Boden, und die dortigen Weine sind oft tiefer in der Farbe als andere Médoc-Weine.

In Kalifornien scheint Lehm darüber hinaus zu besserer Stabilität bei Weißweinen beizutragen; solche Weine oxidieren nicht so leicht und reifen deshalb besser aus. Der allzu schnelle Reifenvorgang der Trauben in Kalifornien führt oft dazu, dass die Weine wenig Säure haben und deshalb oxidationsgefährdet sind. Kühler Lehmboden verlangsamt vermutlich den Reifeprozess, und das wäre dann genau das Gegenteil dessen, was beispielsweise in Deutschland wünschenswert ist.

Eine vernünftige Schlussfolgerung aus alledem wäre, dass der beste Boden derjenige ist, der die Trauben stetig zur Reife gelangen lässt: warmer Boden in kühlen Gegenden, einigermaßen kühler Boden in warmen Gegenden. Auch muss er tiefgründig genug sein, um die Wurzeln ständig Feuchtigkeit finden zu lassen, denn bei akuter Trockenheit schließt die Rebe die Poren ihrer Blätter, womit die Photosynthese unterbunden und die Entwicklung der Trauben zur vollen Reife unterbrochen wird. Fachleute gehen davon aus, dass Böden so großartiger Lagen wie etwa die Premiers crus in Bordeaux nur deshalb mehr Gehalt an Nährstoffen und Mineralen (insbesondere Kali) aufweisen, weil ihre Besitzer intensiver um sie bemüht sind. Eine eingehende Untersuchung der Côte d'Or hat keine grundlegenden chemischen Unterschiede zwischen den Böden der verschiedenen Lagen erkennen lassen, die eine Erklärung für die anerkannten Unterschiede im Geschmack der Weine bieten könnten.

Lage & Mikroklima

Es ist eine Binsenweisheit, dass Wein von Hanglagen besser ist. Die Bezeichnungen *Côtes* und *Coteaux*, die beide »Hänge« bedeuten, tauchen in Frankreich immer wieder auf. Der einfache Grund dafür ist die stärkere Sonneneinstrahlung auf eine in Richtung zur Sonne geneigten Fläche, sodass sich der Boden stärker erwärmt und auch kalte Luft besser abgeführt wird, wodurch wiederum weniger Frostrisiko besteht. Ein Südhang (in der nördlichen Hemisphäre) kann fast immer als ideale Lage angesehen werden, von örtlich Verschiedenheiten einmal abgesehen. In Gegenden mit starken Herbstnebeln am Morgen ist ein Westhang noch besser, weil die Sonne normalerweise erst am Nachmittag den Nebel richtig durchbricht. Der Rheingau ist hierfür ein Beispiel. In Burgund und im Elsass dagegen genießen Osthänge den Vorteil, dass die Sonne den ganzen Vormittag über den Boden erwärmt, der dann die Wärme speichert, während gegen Nachmittag der Einstrahlungswinkel der Sonne flacher wird. Das Elsass wird noch zusätzlich durch ein sonnenreiches Lokalklima begünstigt, da die westlich gelegenen Vogesen den Regen abhalten.

Viele der besten Anbaugebiete der Alten Welt, etwa in Deutschland, im Rhône-Tal und im Douro-Tal, sind an steilen Hängen terrassenförmig ausgebildet, um die Vorteile der Hanglage mit zusätzlicher Tiefe des Bodens zu vereinen. Da diese Terrassen mit Maschinen schlecht zu bearbeiten sind, kommen sie inzwischen weitgehend aus der Mode. In Deutschland wurden im Zuge der Flurbereinigung gewaltige Erdbewegungsarbeiten durchgeführt, um mit Traktoren befahrbare Anlagen zu schaffen. Im Douro-Tal ist man ebenfalls dabei, die einst schmalen, flachen Terrassen in breite und sanft geneigte zu verwandeln. Experimente mit »vertikaler Bepflanzung« an den steilen Hängen des Douro waren wenig überzeugend. Starker Regen neigt dazu, die im Boden gelösten Nährstoffe in Richtung Talboden auszuwaschen. Flache Talsohlen wie im kalifornischen Napa Valley bergen für den Rebenanbau die größten Risiken, weil sie in Frühlingsnächten, wenn die Reben noch zarte Austriebe haben, von kalten Luftströmen geradezu überflutet werden können (siehe Frostschutz).

Bemerkenswerterweise haben in Burgund die Grand-cru-Lagen weniger häufig Frostschäden zu erleiden als die Premiers crus, vermutlich weil die Winzer dort die kalten Stellen aus Erfahrung kennen und den sichereren Lagen von vornherein den Vorzug geben. Seltsamerweise gilt dasselbe auch für Hagelschäden. Der Begriff Klein- oder Mikroklima bezieht sich auf die unmittelbare Umgebung der Rebe. In der langen Zeit zwischen dem Aufspringen der Knospen und der Weinlese kann schon eine winzige Veränderung große Folgen haben. Im Rheingau gilt der Wind als großer Widersacher, weil er die angestaute Wärme aus den Rebzeilen bläst – weshalb man diese dort quer zum Wind aus Südwesten anlegt, der Hauptwindrichtung im Sommer.

Weitere das Mikroklima beeinflussende Faktoren sind Schatten und Feuchtigkeitsbildung unter dichten Laubdächern (siehe Erziehung). Wieder ein anderer Faktor ist die größere Häufigkeit von Frösten über einem mit Gras bewachsenen Boden als über der nackten Erde. Hieraus wird verständlich, warum im Frühjahr Gras und Unkraut zwischen den Rebzeilen bekämpft werden. Kleinklimatische Einflüsse sind nicht leicht exakt zu bestimmen, doch gibt es keinen Zweifel daran, dass Sonneneinstrahlung, Wind, Höhenlage, Frost und Bodenerosion die Weinqualität nachhaltig beeinflussen.

Frostschutz

Im winterlichen Ruhezustand übersteht die *Vinifera*-Rebe Temperaturen bis zu minus 28 °C. In Gegenden, wo regelmäßig noch tiefere Temperaturen vorkommen (etwa in Russland und in Teilen des östlichen Nordamerikas), wird die untere Hälfte des Rebstocks im Spätherbst durch Erdaufschüttung »eingeschlagen«. Am frostempfindlichsten ist die Rebe im Frühjahr, wenn die frischen Austriebe grün und saftreich sind. Früher bestand der einzige Schutz darin, in klaren Frühlingsnächten in den Weinbergen Wärmeöfen aufzustellen (was an manchen Orten heute noch praktiziert wird) – leider oft vergebens. In frostgefährdeten Gebieten Kaliforniens versuchte man mit riesigen Gebläsen die Luft in den Weingärten umzuwälzen und die Ansammlung von Kaltluft zu verhindern, doch erwiesen sich unbeheizte Gebläse als wenig wirkungsvoll. Ähnliches gilt für den teuren Einsatz von über den Weinbergen kreisenden Hubschraubern. Eine weitere Schutzmaßnahme ist die Beregnungsanlage. Sie hüllt die Rebe, bevor sie erfriert,

in dichten Regen, das Wasser gefriert, wenn es auf die jungen Austriebe trifft, und bildet um sie eine schützende Eisschicht. Das sieht gefährlich aus, aber da Eis isolierend wirkt, verhindert es die Schädigung des Austriebs durch noch tiefere Temperaturen. Eine solche Beregnungsanlage kann sich als sehr lohnende Investition erweisen, weil sie in trockenen, heißen Sommern gleichzeitig zur Bewässerung dient.

Rebenerziehung

Die meisten Weinberge bestanden früher aus zahllosen Einzelbüschen, einzelnen Rebstöcken, die jedes Jahr auf einige Augen über dem Stamm zurückgeschnitten wurden. Mit wenigen Ausnahmen (so an der Mosel, in Teilen an der Rhône und im Beaujolais) werden heute die modernen Weinberge verspannt: Die Reben werden an einem oder mehreren Drähten, die parallel zum Boden gespannt und von Pfählen gehalten sind, entlanggezogen. Neuere Entwicklungen, gestützt auf die Notwendigkeit des Einsatzes von Lesemaschinen, arbeiten mit höheren Spalieren, die oft so ausgebildet sind, dass das Laub oben auf Querstreben mit zwei im Abstand von etwa 1,20 m parallel gespannten Drähten liegt. Das erste Spalier dieser Art wurde in den 1930er-Jahren von Lenz Moser in Österreich entwickelt. Hochspaliere sind in kühleren Gegenden wie etwa in Deutschland, wo die Wärmebestrahlung des Bodens für das Ausreifen der Trauben wichtig ist, nicht geeignet. Dagegen sind sie in Nordportugal mit großem Erfolg eingesetzt worden, wo man absichtlich säurereichen Wein hervorbringen wollte. Weit ausgebreitete, herabfallende »Laubvorhänge«, manchmal sogar Doppelvorhänge *(double curtain)*, die durch das Verzweigen der Rebe auf zwei hohen Stützdrähten entstehen, haben in warmen Gegenden große Vorteile. Hierbei wird eine größere Lauboberfläche für die Photosynthese genutzt, und gleichzeitig werden die Trauben darunter gegen die direkte Sonneneinstrahlung abgeschirmt. Auf fruchtbaren Böden, die kräftiges Wachstum fördern, erweist sich die so genannte Lyra-Erziehung als äußerst erfolgreich. Sie erbringt zumindest hohe Erträge reifer Trauben, wenn auch nicht Weine von höchster Qualität.

Laubpflege

Die Traubenanbauer, insbesondere in den neueren Weinregionen, haben sich zunehmend auf das Konzept der Laubpflege *(canopy management)* eingestellt. Dabei handelt es sich um ein System der Rebenmanipulation, mit dem Ziel, einerseits die Sonnenbestrahlung der Trauben zu verbessern und andererseits das Blattwachstum so zu beschränken, dass sich die unter dem Blätterdach bildende Feuchtigkeit nicht krankheitsfördernd auswirken kann. Zurzeit werden alle möglichen Erziehungsformen entwickelt (speziell von dem australischen Fachmann Dr. Richard Smart), darunter neben den bekannten Double-Curtain- und Lyra-Techniken auch die Scott Henry- und Sylvoz-Erziehung – alle mit demselben Zweck: höchste Traubenqualität ohne Ertragseinbuße zu erreichen.

Schnitt

Das Schneiden der Reben hat sich den neuen Methoden der Rebenerziehung inzwischen angepasst. Die wichtigste Neuentwicklung ist das maschinelle Schneiden, das der mühsamen Handarbeit mitten im Winter ein Ende setzen soll. Hierbei wird die Rebzeile ganz einfach wie eine Hecke behandelt, mit ästhetisch durchaus befriedigendem Ergebnis. Diese Methode hat sich in Australien, wo ein System kleiner Kreissägen über die Reben geführt wird, das alle Holzteile kappt, die über ein bestimmtes, ziemlich eng gehaltenes Maß hervorstehen, durchaus so gut bewährt wie das geübte Auge und die geschickte Hand. Wohl mag es nötig sein, hier und da von Hand nachzuschneiden, doch besteht kein Zweifel daran, dass sich diese Technik im Weinbau durchsetzen wird. Erfahrungen in Kalifornien zeigen, dass sich die Kosten für das maschinelle Schneiden auf nur etwa 15 % der Kosten für das Schneiden von Hand belaufen.

Wachstumsregulierung

Bisher war es üblich, allzu lange Laubtriebe oben und seitlich am Rebstock im Sommer einzukürzen. Eine Neuentwicklung ist das Spritzen mit einem wachstumsregulierenden Mittel. Ethephon ist eine Chemikalie, die langsam Äthylengas freisetzt. Man spritzt es auf das Laub, wenn es einen idealen Entwicklungszustand erreicht hat, und unterbindet damit das weitere Wachstum der Blätter, was verhindert, dass das Laubdach zu dicht wird. Außerdem werden die Kohlehydratreserven der Pflanze für die Ausbildung der Frucht nutzbar gemacht und gehen nicht in Form überflüssig langer Triebe verloren. Auch der Reifevorgang wird anscheinend begünstigt und darüber hinaus die maschinelle Traubenernte erleichtert, weil die Trauben einfacher von den Stängeln abzutrennen sind.

Übermäßiges Wachstum ist ein Problem, dem mit unterschiedlichen Rebenerziehungs- und Schnittmethoden begegnet wird. Auch eine intelligente Zusatzbepflanzung wirkt sich vorteilhaft aus, so zum Beispiel eine Begrünung mit Wegwarte (Zichorie), deren tiefe Pfahlwurzel mit der Weinrebe konkurrieren und ihr Wachstum einschränken.

Pilzbekämpfung

Der traditionelle Schutz gegen Mehltau und anderen Pilzbefall im Weinberg ist das Besprühen mit der so genannten Bordeauxbrühe, einer bläulichen Kupfersulfatlösung. Ihr Nach-

teil ist, dass sie mit dem nächsten Regen wieder abgewaschen wird. Neu entwickelte »systemische« Chemikalien werden vom Saftsystem der Pflanze resorbiert und bekämpfen einen Pilzoder Insektenbefall aus dem Inneren des Blatts oder der Traube heraus. Leider können Schadpilze und Rebstockschädlinge wie etwa die rote Spinnmilbe schnell Resistenzen gegen systemisch wirkende Mittel aufbauen, weshalb deren Zusammensetzung häufig kostenintensiv geändert werden muss. Benomyl, das bekannteste Fungizid dieser Art, hat bereits einen Großteil seiner Wirkungskraft verloren.

Ökologischer Anbau

Wie jede andere Feldfrucht kann auch Wein ökologisch angebaut werden, wobei Kunstdüngemittel, Insektizide und andere Chemikalien ausgeschlossen sind. Drei Jahre müssen nach der letzten Kunstbedüngung vergangen sein, bevor sich ein Wein »ökologisch angebaut« nennen darf. Nicht alle Spritzmittel sind verboten, so darf etwa das bewährte Kupfersulfat (Bordeauxbrühe) in gewissem Umfang eingesetzt werden. Die Prinzipien des ökologischen Anbaus dürfen jedoch nicht im Weinberg enden, sondern müssen im Weinkeller fortgesetzt werden. Noch strenger als der ökologische ist der biodynamische Anbau geregelt, der den Grundsätzen von Rudolf Steiner folgt. Er richtet sich beispielsweise nach einem eigenen Kalender, der – auch gemäß der Mondphasen – festlegt, wann welche Arbeitsschritte vorzunehmen sind. Manche sehen in der Biodynamik die Rückkehr zur Natur, für andere ist sie schlicht Teufelswerk oder Aberglaube, doch entstehen aus ihrer konsequenten Anwendung (die extrem hohe Anforderungen an den Erzeuger stellt) derart hervorragende Weine, dass sie eigentlich niemand mehr ignorieren darf. Ökologischer und biodynamischer Weinanbau sind auf dem Vormarsch, da den Erzeugern die wachsende Kritik am Einsatz von Chemikalien nicht verborgen geblieben ist. So gewinnt etwa die Bekämpfung von Schädlingen durch den Einsatz ihrer natürlichen Feinde an Bedeutung, wie zum Beispiel in Westaustralien, wo Perlhühner Spinnmilben massenweise abfressen.

Von der Traube zum Wein

Ertragsbeschränkung

Mehr Quantität bedeutet weniger Qualität – dieser goldenen Regel wird in den Appellationsvorschriften Frankreichs, Italiens und der meisten übrigen Weinbau treibenden Länder Rechnung getragen. In Frankreich ist in manchen Bereichen die Obergrenze des *rendement,* des Ertrags, auf 35 hl/ha oder noch weniger festgesetzt, nur für Bordeaux gilt die Ausnahme von 50 bis 60 hl/ha. Für Vin de pays ist der zulässige Höchstertrag 80 hl/ha und darüber. In Italien wird die Ertragsbegrenzung ähnlich ausgedrückt: Soundso viel Doppelzentner Trauben je Hektar, wobei auch noch die Mostmenge, die jeweils aus einem Doppelzentner ausgepresst werden darf, Beschränkungen unterliegt. Allgemein anerkannt ist, dass in Teilen Deutschlands und Italiens die offiziell abgesegneten Ertragsmengen für die Herstellung von Qualitätsweinen zu hoch angesetzt sind, weshalb die besten Winzer- und Erzeugerverbände, so der deutsche VDP (Verband Deutscher Prädikats- und Qualitätsweingüter), für ihre Mitglieder auf weitaus niedrigere Erträge bestehen.

In der Neuen Welt gibt es hierzu bisher noch keine Vorschriften. Verantwortliche Weinproduzenten sind sich jedoch durchaus über die negative Auswirkung zu hoher Erträge im Klaren; viele führen deshalb die so genannte Behangausdünnung beziehungsweise einen Sommerschnitt durch, wenn der erwartete Ertrag droht, zu hoch zu werden. Dabei wird ein Teil der heranwachsenden Frucht ausgeglichen, sodass sich der Rebstock auf den Reifeprozess der zurückbleibenden Trauben konzentrieren kann. Kritische Stimmen sehen darin einen Eingriff in das natürliche Gleichgewicht der Rebe und empfehlen stattdessen, sie rechtzeitig einem sorgfältigeren Rebschnitt zu unterziehen. Die allgemeine atmosphärische Erwärmung und der Einsatz immer ertragreicherer Rebsorten zwingt aber häufig auch den gewissenhaftesten Weinbauern zum Sommerschnitt. Diese Methode birgt außerdem den Vorteil, dass die verbliebenen Trauben einerseits schneller reifen (was sich speziell in nördlichen Klimazonen positiv auswirkt, wo die Ernte fast immer von Regen und Hagel bedroht ist), andererseits weniger dicht gepackt an der Rebe hängen und daher feuchtigkeitsbedingter Fäulnis entgehen.

Bewässerung

Als Binsenweisheit gilt die Meinung, dass künstliche Bewässerung mit hoher Weinqualität nicht vereinbar sei. Doch für den Weinbau in so wichtigen Regionen wie Argentinien, Chile, im US-Bundesstaat Washington und in großen Teilen Australiens ist sie geradezu überlebenswichtig. Dabei ist die Qualität der besten Weine dieser Länder über jeden Zweifel erhaben. Abermals geht es letztendlich nur um das richtige Verständnis des Rebenwachstums. Moderne Erzeuger können mit Neutronenmessungen und Drucksonden sicherstellen, dass die Rebe zur richtigen Zeit die richtige Menge Wasser erhält. Intelligente Bewässerung kann zu besseren Ergebnissen führen, als das Sich-Verlassen auf den zufälligen Regenguss, der in Regionen, wo künstliche Bewässerung verboten ist, die einzige Wasserquelle bildet.

Maschinelle Weinlese

Eine Maschine für die Traubenernte erspart Zehntausenden von Lesehelfern, die Jahr für Jahr in die Weinberge ziehen, viel Rückenschmerzen – und den Winzern hohe Lohnkosten. Eine solche Maschine wurde erst in den 1960er-Jahren entwickelt und im US-Bundesstaat New York bei der Ernte der Concord-Trauben eingesetzt. In den Achtzigerjahren ernteten Maschinen bereits ein Drittel aller amerikanischen Weintrauben, und heute liegt der Anteil um einiges darüber. Die Weinlesemaschine ist ein fortschrittliches Verfahren, das sich zweifellos behaupten wird. In Frankreich hat sie sich im Einsatz auf großen Rebflächen weitgehend durchgesetzt. Nur in einigen Spitzenanbaugebieten gibt es noch ernsthafte Vorbehalte, besonders dort, wo ihr steile Lagen ein natürliches Hindernis in den Weg stellen. Auch an vielen Hanglagen in Deutschland, Portugal und Nordostitalien ist die Lese per Hand nach wie vor die einzig praktikable Methode

Die Maschine umgreift die Rebzeile von oben her und schüttelt die Rebstöcke kräftig, während sie gleichzeitig mit flexiblen Paddeln oder Schlagleisten auf die äußeren Zweige schlägt. Die Trauben fallen auf ein Förderband, das sie von unten her auf eine über den Rebstöcken befindliche Rutsche trägt. Nachdem ein Gebläse lose Blätter entfernt hat, werden sie in einen von einem Schlepper in der benachbarten Rebzeile gezogenen Anhänger abgeladen. Oft geht es von diesem Anhänger aus direkt in eine Kelter und von dort in einen geschlossenen Tank, sodass die Trauben bereits gekeltert und mit einer Dosis Schwefeldioxid gegen Oxidation versehen, völlig geschützt gegen Sonnenlicht und Insekten, aus dem Weinberg transportiert werden können.

Die Weinlesemaschine bietet viele Vorteile: Sie kann nachts arbeiten, wenn die Früchte kühl sind, und braucht nur zwei Mann Bedienung. Während die herkömmlichen Lesetrupps ihre Arbeit beginnen, wenn die Trauben zum Teil noch unreif sind, und damit erst zu Ende kommen, wenn andere schon überreif sind, arbeitet die Maschine so schnell, dass eine ganze Weinbergfläche zum idealen Reifezeitpunkt abgeerntet werden kann. In Kalifornien liegt die Ernteleistung bei 150 t bzw. 16 ha pro Tag. Freilich gibt es auch Nachteile: So braucht man entsprechend robust gebaute Spaliere, eine Mengeneinbuße von etwa 10 % muss einkalkuliert werden, und es besteht ein gewisses Risiko, dass Blätter und Insekten in die Kelter gelangen. Auch der Kontakt des Saftes mit den Schalen ist unvermeidlich, weshalb Lesemaschinen in der Champagne und im Beaujolais verboten sind, wo unversehrte Traubenbüschel für die Weinbereitung unverzichtbar sind. Die Technik der maschinelle Weinlese wird von Jahr zu Jahr verbessert, doch ist ihr Einsatz nach wie vor umstritten, besonders in jenen Weinbaugebieten, wo auf besonders hohe Qualität geachtet wird.

Botrytis

Mit dem Schimmelpilz *Botrytis cinerea* wird im Allgemeinen nur noch seine wohltätige Eigenschaft verbunden, dass er nämlich als »Edelfäule« die großen süßen Weine dieser Welt hervorzubringen vermag. Sein negatives Erscheinungsbild im Weinberg, wenn er zur unrechten Zeit auftritt, gerät darüber völlig in den Hintergrund. In vielen Gegenden (vor allem in Deutschland) verbindet sich durch das verbreitete Auftreten dieses Pilzes jedoch auch die gefährlichste Krankheit, die der Winzer zu bekämpfen hat. Je fruchtbarer der Weinberg und je üppiger der Wuchs der Rebe, umso mehr besteht die Gefahr, dass der Pilz die unreifen oder die besonders empfindlichen halbreifen Trauben befällt und schädigende Fäulnis verursacht. Zuerst greift er Trauben an, die von Insekten oder vom »Sauerwurm« angestochen sind; diese Schadinsekten unter Kontrolle zu halten, ist deshalb eine der vorrangigsten Bekämpfungsmaßnahmen. Erst wenn der Zuckergehalt in den Trauben etwa 70° Öchsle erreicht hat und damit so hoch liegt, dass ein Wein von rund 9% natürlichem Alkoholgehalt entstehen kann, wird die unedle zur edlen Fäule. Näheres über die Edelfäule auf Seite 73 (Château d'Yquem). In der Neuen Welt wurden Botrytis-Experimente durchgeführt und Weinberge absichtlich mit Pilzsporen infiziert. Auf diese Weise entstanden zwar einige gute süße Weine, doch sind die Ergebnisse allgemein noch wenig aufschlussreich.

Zucker- & Säuregehalt

Die wichtige Entscheidung, wann die Trauben gelesen werden sollen, richtet sich nach der Messung des Zucker- und des Säuregehalts. Während des Reifens steigt der Zuckergehalt, und der Säuregehalt nimmt ab. Für jede Art Wein gibt es deshalb einen Zeitpunkt, an dem das Verhältnis gerade richtig ist.

Véraison nennen die Franzosen den Zeitpunkt der einsetzenden Reife, wenn die Traube, die bisher durch Zellteilung langsam gewachsen und noch hart und hellgrün ist, nun durch Vergrößerung der einzelnen Zellen schneller zu wachsen beginnt. Von diesem Zeitpunkt an beginnen rote Trauben Farbe anzunehmen.

Der Zuckergehalt wird heute meistens mit einem Handrefraktometer gemessen, wobei ein Tropfen Saft zwischen zwei Prismen positioniert wird. Das durchfallende Licht wird je nach Zuckergehalt in unterschiedlichem Winkel abgelenkt und der gemessene Wert auf einer in Öchsle-, Brix- oder Baumé-Graden geeichten Skala (entsprechend dem deutschen, amerikanischen oder französischen System) direkt abgelesen.

Bei warmer Witterung kann der Zuckergehalt jeden Tag bis zu 0,4° Brix anwachsen (um einmal das freilich ungewohnte kalifornische Maß zu verwenden; dieser Wert entspricht etwa 1,7° Öchsle), während der Säuregehalt entsprechend sinkt. »Reife« Trauben haben zwischen 18 und 26° Brix, also einen potenziellen Alkoholgehalt von 9,3–14 Volumenprozent. Beim Säuregehalt gelten für verschiedene Arten von Wein unterschiedliche Werte als ideal. In Deutschland wird ein Säuregehalt von 0,9% bei einem Wein von 11,3% potenziellem Alkoholgehalt (90° Öchsle) für durchaus wünschenswert gehalten. In Frankreich und Kalifornien liegt der empfohlene Säuregehalt bei Trauben für den gleichen Zuckergehalt etwa bei 0,7% für Weißwein und für Rotwein noch etwas tiefer. In warmen Regionen besteht die Gefahr eines zu schnell ansteigenden Zuckergehalts, was dazu nötigt, die Trauben zu ernten, bevor sie voll ausgereift sind; ein strenges, »grünes«, tanninherbes Aroma ist die Folge. Worauf es unter solchen Klimabedingungen ankommt, ist eine »phenolische« Reife zu erzielen (die Reife der Kerne und Gerbsäuren), bevor der Zuckergehalt der Trauben so stark angestiegen ist, dass daraus ein brandiger, hochalkoholischer Wein entstehen würde.

Als dritter Parameter ist der pH-Wert des Traubensafts zu berücksichtigen. Er gibt das Maß für die Stärke und nicht den Volumenanteil der Säure an. Je kleiner der Wert, desto saurer ist der Saft. Ein normaler pH-Wert liegt beim Wein zwischen 2,8 und 3,8. Niedrige pH-Werte erhöhen die Stabilität und sorgen (bei Rotwein) für gute Farbe.

Wissenschaftliche Messmethoden können hervorragende Dienste leisten, wenn es den richtigen Zeitpunkt der Lese zu bestimmen gilt. Viele Weinbauern halten jedoch an der bewährten Methode fest, sich nur auf ihre eigenen Geschmacksproben zu verlassen.

Behandlung der Frucht

Ein guter Erzeuger nimmt Trauben nicht an, die auf dem Transport beschädigt wurden oder unverhältnismäßig viel Schimmel, Fäulnis und Fremdstoffe wie Blätter, Steine sowie Erde enthalten. Legt man höchste Qualitätsmaßstäbe an, muss das Lesegut von Hand sortiert *(triage)* und von faulen Trauben befreit werden. Diese Arbeit kann bereits im Weinberg vorgenommen werden. Die meisten Erzeuger setzen dazu jedoch in der Kellerei Förderbänder ein, an denen erfahrene Arbeiter mit scharfem Auge und schneller Hand die schlechten Trauben aussortieren. Bei der Verarbeitung großer Traubenmengen muss jedoch immer ein gewisser Grad an Unvollkommenheit in Kauf genommen werden.

In verschiedenen Gegenden Europas sind Größe und Form der Sammelbehälter für das Einbringen des Leseguts vorgeschrieben. Damit soll verhindert werden, dass die Trauben am Boden des Behälters vom Gewicht der oben aufliegenden zerquetscht werden, bevor sie zur Kelter gelangen. Die in Kalifornien zum Traubentransport verwendeten riesigen *gondolas* sind das beste Beispiel dafür: das zuunterst liegende Lesegut wird vom Gewicht der Ladung zerdrückt und ist schon eingemaischt, vor allem unter heißer Sonne, bevor die Ernte in der sorgfältig kontrollierten hygienischen Atmosphäre der Kellerei eintrifft.

Schwefeldioxid

Die erste Stufe der Weinbereitung besteht für gewöhnlich in der Zugabe einer kleinen Dosis Schwefeldioxid (SO_2) zum Most oder zur Maische. Bisher gibt es noch keinen Ersatz für dieses universelle, uralte »Antiseptikum«, das dem Kellermeister zum Schutz des Mosts gegen vorzeitige oder wilde Gärung zur Verfügung steht. SO_2 kann Most und Wein vor Oxidation bewahren, wenn auch moderne Weinerzeuger nur wenig davon verwenden und bestrebt sind, es möglichst ganz wegzulassen. Man versucht stattdessen Most und Wein mit Schutzgasen vom Luftsauerstoff physikalisch zu trennen.

Wie viel SO_2 verwendet werden darf, ist durch Gesetze geregelt. Zu viel davon verleiht dem Wein einen scharfen, schwefligen Geruch und verursacht ein brennendes Gefühl in der Kehle. Früher kam dies ziemlich oft vor, insbesondere bei lieblichen Weinen, die mit Schwefel behandelt worden waren, um eine Nachgärung in der Flasche zu verhindern. Inzwischen haben sterile Filter eine derartige Behandlung überflüssig gemacht, und der Verbraucher dürfte heute kaum noch bemerken, dass dieser alte Konservierungsstoff des Weins überhaupt verwendet wird. Da manche Menschen empfindlich auf Schwefel in Nahrungsmitteln reagieren, gibt es in den USA die Vorschrift, dass auf dem Etikett angegeben sein muss, wenn ein Wein *sulfites* enthält.

Weißwein – Hülsenmaischung ja oder nein?

Bei den heute beliebten frischen, fruchtigen, leichten Weißweinen werden die Trauben so schnell wie möglich nach der Lese gekeltert. Dadurch soll verhindert werden, dass der Saft Geschmacks- und Extraktstoffe aus den Traubenschalen (den »Hülsen«) annimmt. Die Trauben werden sanft angequetscht (die Franzosen sagen *foulé*), gerade so stark, dass die Beerenhaut aufbricht. Die so entstandene Maische kommt nun in die Presse. In manchen Kellereien, in denen man besonders auf Frische bedacht ist, werden der Saft und sogar die Trauben gekühlt.

In vielen größeren Kellereien wird heute zwischen dem Mahlen und dem eigentlichen Auspressen ein Entsaftungsvorgang eingeschaltet. Das geschieht mit Hilfe eines Siebs, manchmal in Form eines Förderbands, durch das der »Vorlauf« abläuft. Durch dieses Entsaften wird das mühselige Beladen und Entladen der Keltern auf ein Mindestmaß beschränkt, allerdings wird dadurch auch das Oxidationsrisiko erhöht. Eine besondere Form einer solchen Entsaftungsanlage, bei der die Oxidationsgefahr verringert wird, besteht aus einem Edelstahltank mit einem zylindrischen Siebeinsatz. Die Maische wird um diesen Zylinder herum eingefüllt und dann in den leeren Raum Kohlendioxidgas gepresst. Der freie Saft wird so unter sanftem Druck durch die Siebwand des Zylinders abgezogen, und es bleibt wenig Maische übrig, die noch gepresst werden müsste. Bis zu 70 % des Safts können auf diese Weise durch freies Ablaufen gewonnen werden.

Vollere und robustere Weine mit einem höheren Gehalt an Gerbstoffen, die während der Reifezeit als Konservierungsmittel dienen, belässt man bis zu 24 Stunden nach dem Anquetschen in einem Tank, in dem Saft und Traubenschalen gemeinsam lagern. Bei dieser Einmaischung (bei niedriger Temperatur und vor Beginn der Gärung) werden die auch Tannine genannten Gerbstoffe, die sich nur in der Beerenhaut und nicht im Saft befinden, aus dieser herausgezogen. Anschließend wird die Maische wie sonst entsaftet und abgepresst. Es gibt altmodische Weinerzeuger, die noch weiter gehen und auch weißen Wein zusammen mit den Schalen vergären lassen, so wie es bei Rotwein gehandhabt wird. Der so entstehende Wein ist aber für den heutigen Geschmack zu »schwer«. Die Hülsenmaischung ist inzwischen aus der Mode gekommen, da sie nur dann wirklich Vorteile bringt, wenn die Traubenschalen gesundheitlich in perfektem Zustand sind. Moderne Erzeuger befürchten, dass Schalenkontakt zu Phenol- oder Tanningeschmack führt und sich auf die Frische des Weins negativ auswirkt.

Weißwein – mit oder ohne Stiele?

Weiße Trauben werden zumeist mit den »Kämmen« oder Stielen gekeltert, sofern sie nicht maschinell geerntet wurden. Unvergorener Most ist reich an Fruchtfleisch mit Pektin und Zucker und daher schlüpfrig und zugleich klebrig. Sind die Stiele mit dabei, arbeitet die Presse besser, vor allem lässt sich der »Presskuchen« vor dem zweiten Pressen leichter auflockern. Die Presse sollte allerdings nie so viel Druck ausüben, dass Bitterstoffe aus den Stielen und Kernen austreten. Bei vielen Qualitätsweinen wird heute die Methode der Ganztraubenpressung angewendet, die das Aroma bewahrt und einen niedrigen pH-Wert verspricht.

Keltern

Es gibt die verschiedenartigsten Weinpressen, von der alten Spindelkelter (auch Korbpresse), in der eine Platte, der »Pressdeckel«, auf die in den zylindrischen Presskorb mit seitlichen Auslaufschlitzen eingefüllte Maische niedergedrückt wird, bis hin zur kontinuierlichen Schneckenpresse für die Massenproduktion. Die alte Korbpresse erfordert den meisten Arbeitsaufwand, aber sie liefert noch immer den reinsten Most; die neue Bauart hingegen ist sehr preisgünstig und leicht zu bedienen, liefert aber höchstens mittelmäßigen Wein. Bis vor kurzem setzten die meisten guten Weinkellereien eine Horizontalpresse ein, die im Prinzip ähnlich funktioniert wie die alte Spindelkelter – bei ihr wird die Maische zwischen Pressdeckeln ausgepresst, die dann durch eine in der Mitte laufende Spindel zusammengeführt werden.

Technisch fortschrittlicher ist jedoch das Prinzip der pneumatischen Membranpresse, in der ein länglicher Gummiballon unter Druck gesetzt wird und dabei die Maische gegen das um ihn herum angeordnete Siebgitter drückt. Beide Typen sind so genannte Einzelchargenpressen, das heißt, sie müssen jeweils mit einer bestimmten Menge Maische beschickt und wieder entleert werden, während die kontinuierlich arbeitende Presse am unteren Ende einen stetigen Strom Most und hinten den Presskuchen ausspeit.

Weißwein – kühle Gärung

Die revolutionärste Neuerung in der Weinbereitung ist die Gärung bei geregelter Temperatur – das gilt vor allem für Weißwein, der in wärmeren Gegenden früher flach, säurearm und glanzlos ausfiel. Was ehemals auf natürlichem Wege durch Verwendung kleiner Fässer in den kalten Kellern Europas zustande kam, wird heute in industriellem Maßstab in Kalifornien, Australien und in anderen Ländern dadurch praktiziert, dass man Stahltanks von oft kolossalen Ausmaßen künstlich kühlt. Die meisten Tanks dieser Art sind doppelwandig, der Zwischenraum ist mit Glykol oder Ammoniak als Kühlmittel gefüllt. Alternativ kann auch kaltes Wasser, das ständig zur Bespülung der Außenfläche über den Tank läuft, als Kühlmittel verwendet werden. Bei einer weniger effektiven Methode wird der Wein durch einen Wärmetauscher gepumpt, eine außerhalb des Tanks in kaltes Wasser getauchte Kühlschlange.

Jeder Erzeuger hat seine eigenen Vorstellungen, was die richtige Gärtemperatur angeht. Lange kühle Gärung ist angeblich gut für fruchtigen Geschmack; wird sie aber bei bestimmten Traubensorten, vor allem den nichtaromatischen, zu weit getrieben, macht sich dies im Wein durch einen Acetongeruch (wie Nagellackentferner) bemerkbar. Viele italienische Weiß- und manchmal auch Rotweine werden durch übertriebene Kühlung verdorben. In Deutschland dagegen ist eine sehr kühle Gärung aus der Mode gekommen. Die normalen Temperaturen beim Vergären von Weißweinen liegen in Kalifornien zwischen 8 und 15 °C; in Frankreich gelten 18 °C schon als kalt. Ist die Temperatur zu niedrig, bleibt der Gärprozess stecken und die Hefen stellen ihre Tätigkeit ein. Es kann dann recht schwierig sein, den Prozess wieder in Gang zu bringen; der Wein allerdings wird unweigerlich darunter leiden.

Bei der Bereitung gehaltvollerer, eleganterer und körperreicherer Weine aus Chardonnay und manchmal Sauvignon blanc geht man hingegen ganz anders vor. Hier liegt die Gärungstemperatur zwischen 15 und 20 °C, bei Fassgärung sogar bei bis zu 25 °C. Der relativ kleine Inhalt eines Holzfasses lässt die Temperatur jedoch nie in übertriebene Höhen steigen.

Weißwein – Klärung des Mosts

Moderne Pressen sind leistungsfähiger als die guten alten Keltern, aber es geraten bei ihnen mehr Schwebeteilchen (Schalenstückchen, Fruchtfleisch, Kerne oder auch Schmutz) in den Most. Vergärt man ihn mit diesen Verunreinigungen, entsteht oft ein Bittergeschmack. Es ist also besser, zunächst den Most zu reinigen. Dazu lässt man ihn entweder etwa einen Tag lang in einem Klärbehälter kühl stehen, in dem sich die Schwebeteilchen am Boden absetzen, oder man filtert ihn mit einem guten Vakuumfilter oder (das geht am schnellsten) in einer Zentrifuge, die alle festen Teilchen auswirft. Zentrifugiert man den Wein zu stark, so kann er mit den unerwünschten Bestandteilen auch erwünschte verlieren; größte Sorgfalt ist also geboten, und viele Weinkellereien haben diese Technik bereits wieder aufgegeben.

Weißwein – Säureregulierung

Je nachdem, wie das Erntegut ausgefallen ist, kann es erforderlich werden, den Weißweinmost entweder zu entsäuern oder aber ihm Säure hinzuzufügen. Zu saurer Most wird durch Zugabe von Kalziumkarbonat von überschüssiger Weinsäure befreit, oder es wird eine Substanz namens Acidex beigegeben, die darüber hinaus durch so genannte Doppelsalzfällung auch die Apfelsäure beseitigt. In Deutschland wird der Säureanteil bei Weinen der Kategorie QbA (siehe Seite 253) und darunter durch Anreicherung mit Zucker (Chaptalisierung) unter Zugabe von bis zu 15 % Wasser reguliert. In Frankreich ist in den mittleren und nördlichen Bereichen Chaptalisierung durch Trockenzuckerung zugelassen. Sie erfüllt in geringerem Maß denselben Zweck. Im Süden Frankreichs darf dagegen kein Zucker, sondern nur Traubenmostkonzentrat beigemischt werden, um den Alkoholgehalt zu erhöhen, dabei wird gleichzeitig auch der Säuregehalt angehoben.

In Australien und in anderen wärmeren Gegenden, wo meistens zu wenig Säure anfällt, ist es erlaubt, eine der in der Traube natürlich vorkommenden Säuren, Apfel-, Zitronen- und Weinsäure, zuzugeben. Der Weinsäure gebührt dabei der Vorzug, weil sie keinen spürbaren Eigengeschmack hat und zur Stabilisierung beiträgt (siehe Kaltstabilisierung). Sie ist allerdings auch am teuersten.

Tanks & Bottiche

Die traditionellen Gärfässer und Bottiche aus Eichenholz – manchmal auch aus anderen Holzarten wie Kastanie, Akazie oder dem amerikanischen Redwood (Mammutbaum) – haben bei all ihrer unbezweifelbaren Herrlichkeit auch ihre Nachteile. Die meisten Schwierigkeiten macht es, sie zu desinfizieren und in den Zeiten, in denen sie leer stehen, wasserdicht zu halten.

Am Anfang des 20. Jahrhunderts kamen in den neueren und größeren Weinkellereien Gärbehälter aus Beton in Gebrauch. Sie sind kräftig, dauerhaft und leicht zu reinigen. Außerdem kann man sie in jeder beliebigen Form herstellen, sie passen in jede Ecke und sind deshalb platzsparend. Obwohl sie nach der Einführung der Edelstahltanks aus der Mode kamen, erinnern sich die Weinhersteller immer öfter wieder ihrer Vorteile, besonders der Tatsache, das darin der Wein niemals extremen Temperaturen ausgesetzt ist. So hat in Argentinien im Jahr 2003 eine neue, mit Betontanks ausgestattete Weinkellerei eröffnet.

Trotzdem hat sich in modernen Weinkellereien der Tank aus rostfreiem Edelstahl durchgesetzt. Er ist widerstandsfähig, zeigt keine chemischen Reaktionen, er ist bequem zu reinigen und, da Stahl ein guter Wärmeleiter ist, auch leicht zu kühlen. Darüber hinaus ist er vielseitig, denn man kann denselben Tank zuerst als Gärbehälter und später im Jahr zur Lagerung und zum Verschneiden des Weins gebrauchen. Seine relativ hohen Anschaffungskosten amortisieren sich daher schon in kurzer Zeit.

Eine Kellerei, die guten Wein bereitet, braucht sehr viel Lagerkapazität. Bei einer reichlichen Ernte kommt es häufig vor,

dass der Platz knapp wird. Die Trauben selbst kann man nicht lagern, daher bleibt nichts weiter übrig, als die Gärdauer am Anfang zu beschneiden. Bei Rotwein bedeutet dies kürzere Maischung mit den Schalen und damit leichteren Wein. Eine gut eingerichtete moderne Weinkellerei verfügt nicht nur über reichliche Tankkapazität, sie hat auch Tanks in unterschiedlichen Größen, damit nicht kleinere Mengen Wein in halb vollen Großbehältern gelagert oder mit anderen Posten gemischt werden müssen.

Auch Gärbehälter aus Holz werden wiederentdeckt, nicht nur in Bordeaux, sondern auch in der Neuen Welt, wo sie beispielsweise von Mondavi kürzlich unter enormen Investitionskosten installiert wurden. Trotz der zusätzlichen Pflege- und Erhaltungskosten sind sie für Puristen das ideale Behältnis für eine lange, gleichmäßige Gärung.

Hefen

In jedem Weinberg und in jeder Kellerei kommen natürliche Hefen vor, die den Gärprozess in Gang setzen, wenn man sie lässt. Manche Winzer sehen in ihnen einen Teil der Eigentümlichkeit oder Persönlichkeit ihres eigenen Weinguts und schwören darauf, dass sie zur Individualität ihrer Weine beitragen. Tatsächlich hat ein Experiment, bei dem die Hefen verschiedenen Bordeaux-Châteaux vertauscht wurden, gezeigt, wie einzigartig jede Art ist: Graves-Weine ähnelten plötzlich denen von Pauillac.

In vielen modernen Weinkellereien, die alles genau unter Kontrolle behalten möchten, entfernt man die natürlichen Hefen durch Filtern oder Zentrifugieren oder macht sie mit einer kräftigen Dosis SO$_2$ unwirksam. In manchen Fällen wird sogar der Most durch kurzes Erhitzen auf 55 °C pasteurisiert, um Bakterien abzutöten und die »wilden« Hefen an ihrer Aktivität zu hindern. Dann wird der Most mit einer Reinkulturhefe eigener Wahl geimpft, von der man weiß, dass sie sich bei der gewählten Gärtemperatur in der gewünschten Weise verhält. In Kalifornien tragen übrigens populäre Hefesorten so berühmte Namen wie »Montrachet«, »Champagne« und »Steinberg«. Wichtig ist, den Gärprozess mit einer großzügigen Gabe aktiver Hefe in Gang zu setzen.

Ist erst einmal der ganze Behälter in Gärung begriffen, kann man die Oxidationsgefahr für eine Weile vergessen. Die Aktivität der Hefe wächst mit steigender Temperatur. Mit jedem zusätzlichen Grad Celsius verwandelt sie in einer gegebenen Zeitspanne 10 % mehr Zucker in Alkohol. Die Obergrenze dieser rasanten Entwicklung liegt bei 30 bis 35 °C, wo die Hefen der Wärme zum Opfer fallen. Eine außer Kontrolle geratene Gärung bleibt bei dieser Temperatur ebenso stecken wie bei unter 10 °C.

Zweifellos ist der Einsatz kultivierter Hefen weniger riskant, als sich auf die Wirkung natürlicher Hefen zu verlassen, aber sie haben auch ihre Kehrseiten. Wird dieselbe Hefesorte für unterschiedliche Weine eingesetzt, können sie monotone Geschmacksnoten entwickeln. Darüber hinaus können sich kultivierte Hefen als derart effektiv erweisen, dass sie schnell zu viel Zucker in Alkohol verwandeln, und der Wein Gefahr läuft, zu alkoholisch zu werden: ein häufig anzutreffendes Problem bei den Weinen Kaliforniens und Australiens.

Florhefe ist eine Spezialhefe für die Sherry-Herstellung; ihre Anwendung hat in den letzten Jahren große Fortschritte gemacht. Dabei wurden neue Methoden für die viel schnellere und sicherere Hervorbringung des Sherry-Effekts als mit der naturgewachsenen, auf dem Wein schwimmenden Florhefeschicht entwickelt.

Weißwein – malolaktische Säureumwandlung

Die auch als Zweitgärung bezeichnete malolaktische Säureumwandlung ist bei Weißwein weniger allgemein verbreitet als bei Rotwein (siehe Seite 30, Rotwein – malolaktische Säureumwandlung). Manchmal wird sie gefördert, um einen Säureüberschuss im Wein, vor allem in kühleren Gegenden (in Chablis und anderen Teilen Burgunds, an der Loire, in der Schweiz, in geringerem Maß auch in Deutschland), zu mildern. Der dabei stattfindende komplexe biologische Vorgang hilft sogar bei der Ausbildung der Geschmacksvielfalt. In Gegenden, wo der Wein von Natur aus bereits wenig Säure enthält, etwa in Kalifornien und Australien, wird die malolaktische Säureumwandlung bei Weißweinen allgemein unterbunden.

Weißwein – Restsüße

Eine vollständige natürliche Gärung verwandelt den gesamten Zuckergehalt in Alkohol und führt zu einem völlig trockenen Wein. Eine Ausnahme hiervon bilden nur Weine von so süßen Trauben, dass entweder der Alkoholgehalt oder der Zucker oder beide zusammen die Tätigkeit der Hefen lahm legen. Will man leichten, lieblichen Wein gewinnen, muss man entweder die Gärung künstlich abbrechen oder dem trockenen Wein süßen Most beimischen. Die erstgenannte ist die alte Methode. Mit einer kräftigen Dosis SO_2 wird die Gärung unterbrochen, und eine weitere Dosis davon in die Flasche gegeben, um zu verhindern, dass die Gärung erneut einsetzt. Mit dem Einsatz von Filtern, die so fein sind, dass sie alle Hefen zurückhalten, sowie von Abfülleinrichtungen, die vollkommen steril arbeiten, vermeidet man heute das Problem der Überschwefelung.

Die zweite Methode, das Mischen mit »Süßreserve«, wird heute weitgehend von deutschen Erzeugern bevorzugt. Es ist zum Standardverfahren bei der Herstellung lieblicher und süßer Weine einschließlich Auslesen (siehe Seite 252) geworden. Das Verfahren ist einfach: Eine gewisse Menge Most wird unvergoren sterilisiert und als Eisblock in der Tiefkühltruhe gelagert. Der übrige Most wird auf normale Art vergoren, bis er keinen Zucker mehr enthält. Dann wird nach Bedarf die Süßreserve beigemischt und das Fertigprodukt steril auf Flaschen gezogen. Durch die Zugabe unvergorenen Mosts wird natürlich der Alkoholgehalt des Weins herabgesetzt.

In den besten Weinkellereien Deutschlands wird Süßreserve allerdings nicht mehr verwendet. Stattdessen lässt man die Weine natürlich ausgären, wobei sich unterschiedliche Grade der so genannten Restsüße (Restzucker) ergeben. Durch Verschneiden versucht man anschließend, daraus einen ausgewogenen Wein zu gewinnen.

Obwohl es heute modern ist, trockenen Weinen den Vorzug zu geben, wäre mancher Konsument erstaunt zu erfahren, dass viele angeblich trockenen Weine doch ein gewisses Maß an Restzucker enthalten, darunter eine große Anzahl der Chardonnay-Weine aus der Neuen Welt. Auch wenn die Restsüße kaum merklich hervortritt, verbessert sie doch eindeutig die Struktur des Weins.

Weißwein – nach der Gärung

Ist der Weißwein vergoren, muss er geklärt werden. Die herkömmliche Methode besteht darin, dass man ihn sich absetzen lässt und ihn dann vom Bodensatz (vorwiegend tote Hefezellen) abzieht (absticht). Genau das geschieht etwa beim Abfüllen eines Muscadet *sur lie* in die Flasche. In modernen Kellereien werden jedoch für die Klärung Filter eingesetzt, und notfalls wird der Wein zusätzlich mit einem Tonpulver namens Bentonit (aus Wyoming) geschönt, wobei überschüssige Proteine, die später zu Trübungen des Weins führen können, entfernt werden. Mit Bentonit wird gelegentlich auch schon der Most vor der Gärung behandelt.

Weißweine, die nicht für längere Lagerung bestimmt sind, also die meisten handelsüblichen leichten Weine, brauchen jetzt nur noch stabilisiert und gefiltert zu werden, dann kann man sie in Flaschen abfüllen und auf den Markt bringen. Die für längere Lebensdauer vorgesehenen Weine kommen zum Klären zunächst ins Fass, es wird ihnen also ein ähnlicher Fassausbau zuteil wie Rotweinen. Sie liegen oft mehrere Monate lang auf dem feinen Geläger, das in einem *bâtonnage* genannten Arbeitsgang regelmäßig aufgerührt wird, wodurch sie eine aus der Autolyse (der Auflösung) der Hefen stammende zusätzliche Geschmackskomplexität erhalten.

Weißwein – Kaltstabilisierung

Die Weinsäure – wie der Name schon sagt, ein wesentlicher Bestandteil aller Weine und weitgehend für Ausgewogenheit und Geschmacksfülle verantwortlich – hat leider die Angewohnheit, im Zusammenwirken mit Kalium ziemlich große, zuckerkornähnliche und mit Kalzium feinere, weißpulverige Kristalle zu bilden. Früher lagerten die Weine jahrelang in kühlen Kellern und dabei setzten sich die Kristalle als eine harte Weinsteinschicht an den Wänden der Fässer ab. Bei den moderneren Methoden, bei denen es auf Schnelligkeit ankommt, halten es viele Weinkellereien für nötig, die Bildung von Weinsteinkristallen nach dem Abfüllen des Weins in Flaschen zu verhindern. Obwohl Weinstein keinerlei Eigengeschmack hat und vollkommen natürlich und harmlos ist, gibt es unter den Weinkunden immer wieder ahnungslose Zeitgenossen, die jede Flasche, in der sich nur die geringste Ablagerung zeigt, prompt zurückgeben.

Leider ist die Bekämpfung der Weinsteinbildung eine kostspielige Angelegenheit. Die einfachste Methode ist, den Wein einige Tage lang bis dicht über dem Gefrierpunkt abzukühlen. Ein Zusetzen von Weinsteinkristallen beschleunigt den Vorgang, da sie als Kristallisationskerne dienen, an denen sich der Weinstein anlagert. Nach rationelleren Methoden zur Erfüllung dieses eigentlich vollkommen unnötigen Zwecks werden die Chemiker noch jahrelang zu suchen haben.

Rotwein – Stiele oder keine Stiele

Jeder Rotweinerzeuger hat darüber, ob die Stiele (auch Kämme oder Rappen genannt) der Trauben ganz oder teilweise mit vergoren oder aber herausgelassen werden sollen, seine eigenen Ansichten – und die können bei jedem Jahrgang unterschiedlich sein. An der Rhône werden sie manchmal mit vergoren, in Burgund nur selten, in Bordeaux nur ein kleiner Teil davon oder gar nichts, und in Chinon an der Loire belässt man sie gleich am Rebstock. Außerhalb Europas werden sie meist weggelassen.

Verfechter für das Entrappen der Trauben argumentieren, dass Stiele nur Bitterstoffe in den Wein bringen, den Alkoholgehalt heruntersetzen, die Farbe blasser werden lassen und obendrein im Gärfass wertvollen Platz einnehmen. Dagegen wird als Argument für das Mitvergären von mindestens einem Teil der Stiele genannt, dass sie den Gärungsprozess durch bessere Durchlüftung der Masse im Fass unterstützen, den

Säuregehalt verringern und das Pressen erleichtern. Auf jeden Fall aber müssen die Stiele ausgereift sein, damit sie keine »grüne« Geschmackskomponente in den Wein bringen.

Mostkonzentrierung

In den späten 1980er-Jahren entwickelten französische Önologen Verfahren, Trauben überschüssiges Wasser zu entziehen, die etwa unter feuchten Witterungsverhältnissen geerntet wurden. Am bekanntesten wurde die Methode der Umkehrosmose. Bei sachgerechter Anwendung konnte man damit die Verdünnung des Mosts verhindern, die durch auf oder unter der Schale angesammeltes Wasser entsteht. Sie konnte aber ebenso den potenziellen Alkoholgehalt erhöhen, weshalb europäische Behörden die Chaptalisierung von konzentriertem Most untersagten. Die Methode der Umkehrosmose ist in Frankreich bereits seit einigen Jahren zugelassen, in Deutschland seit 2002. Geräte zur Mostkonzentration gehören mittlerweile zur Standardausrüstung vieler Kellereien.

Die Technik bleibt jedoch umstritten, da sie eindeutig zum Missbrauch einlädt. Weniger Sorgfalt bei der zeitlichen Festlegung der Weinlese, wenn sie etwa zu früh oder bei feuchter Witterung stattfindet, wird damit begründet, dass eventuelle Qualitätsverluste durch die Mostkonzentrierung wieder ausgeglichen werden können. Ein wenig seriöses Argument, denn es verschweigt, dass Konzentrationsverfahren alle Bestandteile im Wein verstärken und jede unreife Geschmacksnuance nur umso deutlicher zum Vorschein kommen lassen. Mit der nötigen Umsicht und Zurückhaltung eingesetzt, kann die Mostkonzentration die allgemeine Weinqualität speziell in Problemjahrgängen jedoch deutlich verbessern.

Rotwein – Umpumpen

Wenn Rotwein gärt, schwimmen die Traubenschalen an der Oberfläche, weil sie von den Kohlensäurebläschen, die sich an festen Teilen ansetzen, Auftrieb erhalten. Dieser »Hut« (franz. *chapeau*, span. *sombrero*) aus den obenauf schwimmenden Schalen enthält die wichtigen Farbstoffe, entwickelt beträchtliche Wärme und ist dem Angriff von Bakterien ausgesetzt. Wichtig ist deshalb, ihn immer wieder mit der darunter liegenden Flüssigkeit zu vermischen. Hierfür gibt es verschiedene Methoden.

In Bordeaux wird der Hut oft von Hand mit langen Stangen nach unten gestoßen. In Burgund wird er bei kleineren Gärfässern untergestampft *(pigeage)*; früher taten das Männer, die nackt ins Fass sprangen. Weit verbreitet ist auch die Methode, unterhalb des Füllstands im Fass ein Sieb anzubringen, das den Hut untergetaucht hält *(chapeau immerge)*, aber auch über eine Kurbelwelle betätigte Tauchstößel werden eingesetzt. Am häufigsten wird aber heutzutage der Wein umgepumpt, das heißt, er wird mit einem Schlauch am Boden des Fasses abgesaugt und über den Hut wieder zurückgesprüht. Das geschieht gewöhnlich mehrmals am Tag.

Selbstverständlich gibt es auch aufwendigere technische Einrichtungen für diesen Zweck. Der Rototank beispielsweise ist ein geschlossener, liegender Zylinder, der sich langsam dreht und dabei Flüssigkeit und Feststoffe stetig durchmischt. Sein Vorteil liegt in der Schnelligkeit der Extraktion, doch die meisten qualitätsbewussten Weinerzeuger vertrauen auf die langsamere Fermentierung mit regelmäßigem Umpumpen.

Eine in Portugal entwickelte Umwälzautomatik hat die traditionelle Methode verdrängt, bei der alle Dorfjungen nächtelang zum Klang von Akkordeons den Wein stampften. Das neue System wird durch den in einem dicht verschlossenen Tank entstehenden Kohlensäuredruck betätigt.

Mikrooxidation

Eine umstrittene Methode, die in den späten 1980er-Jahren von dem Erzeuger Patrick Ducournau in Madiran entwickelt wurde. Madiran-Weine entstehen aus der bekanntermaßen sehr gerbstoffreichen Tannat-Traube, und die neue Technik hatte zum Ziel, durch wohldosierte Gaben von Sauerstoff während der Gärungsphase und/oder der Fassreifung den Tanningeschmack abzumildern. Zweifellos funktioniert die Methode, denn sie verhindert weitgehend die Bildung von rauen Tannin- und unreifen Geschmacksnoten. Die Mikrooxidation hat sich zu einer wichtigen Waffe im Arsenal der industriellen Weinproduktion gemausert, wird jedoch auch von einigen Spitzenkellereien in Bordeaux und in anderen Regionen eingesetzt. Das vorsichtige Einbringen von Sauerstoff während der Fassreifung vermindert die Notwendigkeit des Abstechens, das von den Fürsprechern der Mikrooxidation als zu brutale und unkontrollierbare Methode der Sauerstoffbehandlung des Weins angesehen wird. Das mag zwar den Tatsachen entsprechen, doch kann noch niemand sagen, welche Wirkung die neue Methode auf die Alterungsfähigkeit jener Weine hat, die für eine jahre- oder gar jahrzehntelange Lagerung vorgesehen sind.

Rotwein – Pressen

Ist die Gärung des Rotweins mehr oder minder abgeschlossen, wird er in 85 % der Fälle von den festen Bestandteilen getrennt (separiert) und läuft frei aus dem Gärfass ab. Dieser »Vorlaufwein« oder *vin de goutte* wird dann in andere Fässer oder in einen anderen Tank abgeleitet. Was noch an Maische übrig bleibt, wird anschließend gepresst. Das Abpressen geschieht in Keltern derselben Art wie bei Weißwein, doch nach der Gärung haben sich Fruchtfleisch und Traubenschalen zum Teil aufgelöst und bieten beim Pressen weniger Widerstand.

Bei relativ sanftem Druck kann ein *vin de presse* (Presswein) von sehr guter Qualität gewonnen werden, der reicher an den äußerst erwünschten Extrakt- und Geschmacksstoffen ist als der Vorlaufwein. Freilich muss er eventuell geschönt werden, um die adstringierende Wirkung zu mildern und Schwebeteilchen zu entfernen; in den meisten Fällen aber verspricht er als Zugabe zum Vorlauf einen besseren Wein mit längerer Haltbarkeit. Der aus einer zweiten, kräftigeren Nachpressung gewonnene Wein ist fast immer zu bitter und wird deshalb getrennt zu billigeren Verschnitten verarbeitet. Die Menge des mit dem Vorlaufwein verschnittenen *vin de presse* ist von Jahrgang zu Jahrgang unterschiedlich und hängt vom individuellen Stil des Erzeugers ab.

Das Fass und sein Wert

Die Entwicklung der Weinproduktion in der Neuen Welt, bei der viele Dinge hinterfragt wurden, hat viel Aufmerksamkeit auf einen Gegenstand gelenkt, der in Frankreich und anderswo längst bekannt war und als selbstverständlich galt: auf die Tatsache nämlich, dass neue Fässer tief greifende Auswirkungen auf den Geschmack des in ihnen gelagerten und noch mehr des in ihnen vergorenen Weins haben. Kalifornische Chardonnay-Weine, die in denselben französischen Eichenfässern wie weißer Burgunder vergoren werden, können eine erstaunliche Ähnlichkeit im Geschmack aufweisen.

Das Fass wurde (wahrscheinlich von den Galliern) aus der Notwendigkeit heraus erfunden, ein sehr dauerhaftes und gut zu transportierendes Gefäß zu haben, das die Amphore und den Weinschlauch überall dort verdrängte, wo man es sich leisten konnte. Die heute bekannten Standardgrößen und -formen entwickelten sich aus den Erfahrungen vieler Jahrhunderte. Die in Bordeaux, Burgund und Rioja üblichen Fässer mit rund 200 Litern können von einem Mann gerollt oder von zwei gerade noch getragen werden und bieten zudem das beste Oberflächenverhältnis zwischen Holz und Wein in einem praktisch noch zu bewältigenden Format.

Die Vorzüge dieser Berührungsfläche liegen zum einen in dem ganz allmählichen Eindringen von Sauerstoff durch die Fassdauben hindurch und zum anderen darin, dass der Wein Gerbstoffe und andere Substanzen aus dem Holz selbst herauslöst. Am leichtesten erkennbar (im Geschmack oder im Geruch) ist Vanillin durch sein deutliches Vanillearoma. Das Tannin von Eichenholz erweist sich als nützlich, indem es die im Wein natürlich vorkommenden Gerbstoffe als Konservierungsmittel unterstützt und in Duft und Geschmack verändert. Andere Geruchs- und Geschmacksstoffe sind schwerer zu definieren; alles in allem lassen sie sich als »Schreinereigeruch« recht bildhaft ausdrücken.

Welchen Weinen nützt nun wirklich eine solche Zufuhr an fremden Aromastoffen? Doch nur solchen, die selbst einen starken Charakter und eine feste Konstitution besitzen. Für einen fragilen Mosel oder einen Beaujolais Nouveau würde sich eine solche Behandlung katastrophal auswirken. Je »größer« ein Wein ist und je länger er zum Reifen braucht, desto mehr Eichenholz kann er vertragen.

Neue Fässer sind ziemlich teuer. Für 2002 war ein Preis von 510 Euro durchaus typisch. Die Intensität des Eichenholzaromas nimmt aber nach den ersten zwei, drei Jahren des Gebrauchs rasch ab. Trotzdem gibt es einen lebhaften Handel mit gebrauchten Fässern, vor allem solchen, in denen einmal große Weine gelagert waren. Man kann Fässer auch restaurieren, indem man die vom Wein ausgelaugten Innenwände bis auf das frische Holz abhobelt. Ein billiges, aber wirksames Mittel, dem Wein Eichenholzgeschmack zu verleihen, sind Eichenspäne. In Frankreich ist diese Praxis streng verboten und als anstößig verschrien, in der Neuen Welt für billigere Weine jedoch durchaus gang und gäbe. Eichenspäne gibt es in verschiedenen Formen, von Sägemehl bis zu Streichholzgröße, und sie müssen gut abgelagert sein, damit sie keinen strengen Geschmack abgeben. Darüber hinaus bedarf es einer genauen Berechnung, wie viel davon für eine bestimmte Menge Wein und die gewünschte Geschmacksintensität benötigt wird; sodann werden die Späne in einem Musselinsäckchen in den Wein gegeben. Bei richtiger Anwendung ist dies eine höchst wirkungsvolle Möglichkeit, Chardonnay- und Rotweine so zu würzen, dass sie denen zusagen, die einen derartigen Eichenton mögen (ich mag ihn nicht.) Eine bessere, wenn auch immer noch fragwürdige Methode ist das Einbringen angerösteter Fassdauben in den Wein.

Eine ganz andere Rolle spielen die riesigen Lagerfässer aus Eichenholz, die man in Frankreich *foudres* oder *demi-muids* und in Deutschland Fuder oder Stück nennt. Sie sind in Südfrankreich, Deutschland, Italien, Spanien und Osteuropa gebräuchlich. Ihr Eichenaroma hat sich durch die ständige Imprägnierung mit Wein stark verringert oder gänzlich neutralisiert, und oft sind die Innenwände mit einer dicken Schicht Weinstein bedeckt. Ihr Wert scheint vor allem darin zu liegen, dass sie dem Wein ein ideales Umfeld zum langsamen Reifen und Stabilisieren mit nur ganz allmählicher Oxidation bieten.

Vor dem Aufkommen leistungsfähiger steriler Abfüllanlagen war ein großes Eichenfass ganz einfach der sicherste Platz für die Aufbewahrung des Weins – er konnte dort jahrelang liegen, wenn er bei Bedarf mit frischem Wein aufgefüllt wurde.

Die Küferei ist inzwischen so etwas wie ein Fetisch geworden. Es werden Weinproben abgehalten, bei denen der gleiche Wein begutachtet wird, der in Eichenfässern aus verschiedenen Wäldern Frankreichs, manchmal auch aus ein und demselben Wald, jedoch von verschiedenen Fassbauern, gelagert worden war. Namen wie Demptos und Nadalié aus Bordeaux, Taransaud und Séguin-Moreau aus Cognac sowie François Frères und die Tonnelleries de Bourgogne aus Burgund sind im Napa Valley genauso bekannt wie in Frankreich (70 % der französischen Fässer werden exportiert).

Gegenwärtig scheint die Ansicht vorzuherrschen, dass die rascher wachsende und breitere Jahresringe aufweisende Limousin-Eiche dem Wein gröbere Geschmacksnoten verleiht, während die dichter gemaserten Eichenhölzer aus den Wäldern des Massif Central, also aus dem Tronçais, aus Allier und Nevers, sowie aus den Vogesen viel feinere Nuancen in Rot- und Weißweinen hervorbringen.

Auch Bourbon-Fässer aus nicht angekohlter amerikanischer Weißeiche werden verwendet. Sie enthalten weniger Gerb- und Geschmacksstoffe, dafür aber ein höheres Verhältnis von Tannin zu Geschmacksstoffen – das ist gut für Cabernet und Zinfandel, aber nicht so gut für Weißwein. Amerikanische Eiche ist bedeutend billiger als französische, weshalb sich einige französische Küfereien, z. B. Demptos und Séguin-Moreau, in Kalifornien niedergelassen haben und dort mit einigem Erfolg amerikanische Eiche nach französischen Verfahren verarbeiten.

Auch baltische Eiche, Balkaneiche und andere Eichenholzsorten sind im Gebrauch, und es ist schon viel über ihre jeweiligen Vorzüge gesagt und geschrieben worden. Da nun aber diese Hölzer keine sichtbaren Unterscheidungsmerkmale bieten und in einer Küferwerkstatt sicherlich Eichenhölzer verschiedenster Herkunft lagern, darf man freilich über die feinen Unterschiede, die hier gemacht werden, schon seine skeptischen Gedanken haben. Vielerlei – wie beispielsweise die Dicke der Dauben oder ob sie gespalten oder gesägt, luft- oder ofengetrocknet, gedämpft oder in unterschiedlichem Maß »angeröstet«, ja selbst ob die Fässer mit heißem oder mit kaltem Wasser gespült wurden – kann unter Eingeweihten recht hitzige Debatten in Gang setzen. Jedenfalls messen die einen der Holzart, die anderen dem Küfer den größeren Wert bei.

Rotwein – Kohlensäuremaischung

Die als *macération carbonique* bekannte Methode (Näheres auf Seite 139), unzerkleinerte Trauben zu vergären, wurde seit 1935 in Frankreich von Professor Michel Flanzy und anderen entwickelt. Wirklich durchgesetzt hat sie sich erst Anfang der Siebzigerjahre, als sie die Qualität der besseren Weine aus dem Midi merklich anhob, besonders jener aus problematischen Traubensorten wie Carignan. Heute ist die Methode in Frankreich als das beste Verfahren für die Erzeugung fruchtiger, geschmeidiger, jung zu trinkender Rotweine mit kräftiger Farbe weithin eingeführt, während sie in anderen Ländern nur überraschend langsam an Boden gewinnt. Zwar ist durch den geringen Säuregehalt die Lebensdauer der auf solche Art gewonnenen Weine ziemlich kurz, und das ist für feinere Gewächse unbefriedigend, doch ein gewisser Anteil im Verschnitt mit gerbstoffreichen oder säuerlichen Rotweinen wäre ein willkommenes Element der Abwechslung.

Abstich

Sobald sich die groben Trubstoffe am Fassboden abgesetzt haben, wird der Wein abgestochen oder abgezogen: Die geklärte Flüssigkeit wird einfach durch ein Spundloch oberhalb des Bodensatzes abgelassen. Bei Weinen, die über einen längeren Zeitraum hinweg in Fässern lagern, wird immer dann von Fass zu Fass umgefüllt, wenn sich nach Monaten ein neuer Bodensatz gebildet hat. Ist der Kellermeister der Meinung, dass der Wein mehr Sauerstoff braucht, leitet er ihn über ein offenes Becken – andernfalls geht das Abziehen direkt durch einen Schlauch von einem Fass in das andere.

Rotwein – malolaktische Säureumwandlung

Winzern ist seit jeher aufgefallen, dass sich im Frühling nach der Ernte in den Fässern mit neuem Wein abermals einiges tut. Im Volksmund sprach man von einer »natürlichen Gleichgestimmtheit« zwischen dem Wein und den steigenden Säften in den Rebstöcken. Was da passierte, schien eine erneute Gärung zu sein, obwohl im Wein kein Zucker mehr vorhanden war, der gären konnte.

Die Wissenschaft der Mikrobiologie fand die Erklärung: Es handelt sich nicht um eine von Hefepilzen bewirkte Gärung, sondern um die Aktivität von Bakterien, die sich von der Apfelsäure im Wein ernähren und sie in Milchsäure umwandeln, wobei Kohlendioxid freigesetzt wird und im Wein Perlen bildet. Dieser Vorgang zeitigt mehrere Resultate: Die Menge und die Schärfe der Säure verringern sich (Milchsäure schmeckt milder als Apfelsäure), die Stabilität des Weins wird verbessert und der Geschmack des Weins wird geschmeidiger und komplexer – höchst wünschenswerte Entwicklungen bei fast allen Rotweinen, weshalb die Kellermeister dafür sorgen, dass die malolaktische Säureumwandlung auch tatsächlich eintritt.

Meistens genügt es, die Kellertemperatur allmählich bis auf etwa 20 °C anzuheben. Manchmal aber muss man auch die richtigen Bakterien künstlich einführen, und verbesserte Techniken ermöglichen es heute, den Umwandlungsprozess durch Impfen einzuleiten. Man kann sogar erreichen – und das gilt ebenfalls als höchst willkommen –, dass die malolaktische Säureumwandlung gleichzeitig mit der alkoholischen Gärung stattfindet.

Verschneiden & Verbessern

Champagner, roter und weißer Bordeaux, Rotweine von der südlichen Rhône, Chianti, Rioja und Portwein sind Beispiele für Weine, die aus verschiedenen Traubensorten bereitet werden. Burgunder, Barolo, Sherry, deutsche und Elsässer Weine bestehen fast immer aus einer einzigen Traubensorte. Die amerikanischen *varietals* verdanken ihr Aufkommen der eher vereinfachenden Vorstellung, dass »Sortenreinheit« grundsätzlich am besten sei. Neuere Forschungen aber haben den Nachweis erbracht, dass ein Wein aus zwei Sorten oft besser ist als ein zu 100 % aus der geringeren der beiden Sorten bereiteter und im Allgemeinen auch besser als der von der besseren Traubensorte – und das gilt selbst bei Weinen bescheidenerer Qualität. Damit kann es als erwiesen gelten, dass Komplexität für sich allein schon eine wünschenswerte Qualität im Wein ist und dass eine Sorte eine andere »würzen« kann, so wie Butter und Salz ein Ei würzen.

Wo Weine im Stil des Bordeaux beliebt sind, etwa in Kalifornien und der Toskana, ist ein eindeutiger Trend zum Verschnei-

den von Merlot und Cabernet zu verzeichnen. Anderseits hat sich noch keine Traubensorte gefunden, die einen Pinot noir, Chardonnay oder Riesling verbessern könnte. Zusätzliche Komplexität erhält deren schon köstlicher Geschmack nur durch Fassalterung beziehungsweise beim Riesling durch die Edelfäule oder ganz einfach durch jahrelanges Reifen in der Flasche.

Schönen

Die uralte Technik, geschlagenes Eiweiß, Gelatine, Hausenblase (Fischleim), Rinderblut oder ähnliche Mittel auf den Wein zu geben, ist trotz aller modernen Filter und Zentrifugen noch immer weit verbreitet. Damit soll die Flüssigkeit von den feinsten Schwebeteilchen befreit werden, die zu leicht sind, um von der Schwerkraft getrieben zu Boden zu sinken. Das vorsichtig auf die Oberfläche gegossene Schönungsmittel sinkt langsam wie ein ganz feines Filtertuch nach unten und nimmt dabei alle Schwebstoffe mit sich. Bestimmte Schönungsmittel wie etwa Bentonit (siehe Seite 25, Weißwein – kühle Gärung) sind für spezielle unerwünschte Bestandteile einzusetzen. Mit Blauschönung (gelbes Blutlaugensalz oder auch Kaliumferrocyanid) beispielsweise wird dem Wein überschüssiges Eisen entzogen.

Filtrierung

Die Firma Seitz in Bad Kreuznach an der Nahe leistet Pionierarbeit in der Entwicklung immer feinerer Filter, mit denen man so gut wie alles aus dem Wein herausfiltern kann, sogar den Geschmack, wenn man nicht richtig damit umgeht. Diese Filter bestehen aus mehreren zwischen Platten eingeschlossenen Filterlagen, durch die der Wein hindurchgepresst wird. Der Grad der Filterung hängt von der Porengröße der Filterlagen ab. Bei 0,65 µm werden die Hefen, bei 0,45 µm auch Bakterien ausgeschieden. Um die Filter zu schonen, wird der Wein fast immer vor der Filtrierung auf andere Weise, zum Beispiel durch Schönen oder Zentrifugieren, geklärt.

Pasteurisierung

Louis Pasteur, der große französische Chemiker des späten 19. Jahrhunderts, entdeckte die Wirkung des Luftsauerstoffs auf Wein und damit auch die Ursache für die Entstehung von Essig. Er hat seinen Namen einem Sterilisierungsverfahren gegeben, bei dem schädliche Organismen durch Hitzebehandlung abgetötet werden. Beim Wein sind dies alle Hefen und Bakterien, die ihn zum Nachgären bringen könnten.

Man benötigt hierzu eine Temperatur von 60 °C für die Dauer von etwa 30 Minuten. Heute allerdings setzt man (nur bei Weinen für Tanklieferung) die Schnellpasteurisierung ein, bei viel höherer Temperatur (85 °C) und viel kürzerer Dauer (höchstens eine Minute). Normalerweise werden nur billige Weine pasteurisiert, bei denen ein weiteres Reifen nicht infrage kommt; doch hat es sich bereits gezeigt, dass durch Pasteurisieren eine weitere Entwicklung nicht unbedingt auf Dauer unterdrückt wird. Die heute übliche sterile Behandlung und Filtrierung verdrängt die Pasteurisierung zunehmend aus den modernen Weinkellereien.

Alterung

Es gibt zwei völlig unterschiedliche Arten der Weinalterung: die Oxidationsalterung in Berührung mit dem Luftsauerstoff und die Reduktionsalterung unter Luftabschluss. Bei der Lagerung im Fass kommt es zu einer Oxidationsalterung. Sie ermöglicht zahlreiche, vielfältige Reaktionen zwischen den Säuren, Zuckern, Tanninen, Pigmenten und einer Unzahl sonstiger Bestandteile mit zungenbrecherischen Namen.

Bei der Flaschenlagerung hingegen altert der Wein reduktiv. Ist die Flasche erst verschlossen, gibt es darin nur noch die geringe Mengen des im Wein gelösten Sauerstoffs und die unter dem Korken eingeschlossene Luft, denn durch den Korken gelangt kein Sauerstoff in die Flasche. In Weinen mit sehr hohem CO_2-Gehalt, zum Beispiel in Champagner, befindet sich noch sehr viel weniger Sauerstoff. Sauerstoffabhängige Lebensformen werden damit in ihrer Aktivität stark eingeschränkt. Reduktion bedeutet, dass der Anteil freien Sauerstoffs reduziert und schließlich ganz aufgebraucht wird. Unter diesen Bedingungen kommt es zu ganz anderen, vielfältigen Reaktionen zwischen denselben Bestandteilen, und sie laufen viel langsamer ab. Die am Ende stehende Qualität und Mannigfaltigkeit kommt bei den meisten Weinen nur durch eine Kombination dieser beiden Formen der Alterung zustande, wobei das Verhältnis zwischen beiden recht unterschiedlich sein kann. Viele Weißweine werden sehr jung in Flaschen abgefüllt, wo sie noch erstaunlich an Qualität gewinnen. Champagner und Jahrgangs-Port reifen fast ausschließlich in der Flasche. Feine Rotweine bringen bis zu drei Jahre im Fass zu und reifen dann vielleicht zwei- bis dreimal so lange in der Flasche nach. Tawny-Port und Sherry werden fast ausschließlich im Fass gealtert, eine weitere Flaschenalterung ist bei ihnen normalerweise nicht vorgesehen.

Verschlüsse

Traditionell werden Weinflaschen mit Korken verschlossen. Sie sind absolut dicht und gestatten es alterungsfähigen Weinen, über Jahre oder Jahrzehnte in der Flasche zu reifen. Doch leider entwickeln viele Korken einen Makel, der als TCA (Trichloranisol) bekannt ist und den Wein entweder komplett ungenießbar macht oder zumindest seinen Geschmack nachhaltig beeinträchtigt. Ob TCA zufällig auftritt oder ein Ergebnis nachlässiger Verarbeitung ist, wird nach wie vor hitzig diskutiert und kann an dieser Stelle nicht geklärt werden.

Das häufige Auftreten von TCA hat jedoch dazu geführt, mit anderen Materialien und Verschlussformen zu experimentieren, etwa mit Kronenkorken, »Korken« aus Kunststoff und Schraubverschlüssen. Letztere stießen auf großen Zuspruch beispielsweise bei australischen Riesling- und neuseeländischen Sauvignon-blanc-Erzeugern. Vergleichende Weinproben mit unterschiedlichen Flaschenverschlüssen scheinen zu bestätigen, dass die Schraubkappe allen anderen Verschlussarten überlegen ist, weshalb sie speziell für rasch zu konsumierende Weine vorzuziehen ist. Wie sie sich allerdings auf die Entwicklung großer Rotweine wie Burgunder und Bordeaux auswirkt, ist noch unbekannt.

Abfüllung

Wo und von wem der Wein in Flaschen abgefüllt werden soll, ist eine heiß umstrittene Frage. Seitdem aber in Frankreich in den 1960er-Jahren die mobile Abfüllstation eingeführt wurde, ist es eher die Regel als die Ausnahme, dass selbst kleine Erzeuger ihren Wein selbst abfüllen. Eine solche Station besteht aus einem Lastwagen, auf dem eine moderne halbautomatische Abfüllanlage aufgebaut ist. So kommt es, dass die anspruchsvollen Worte *mis en bouteille au château* oder *du do-*

maine, die einst vor allem in Amerika als eine Garantie für Exklusivität und Qualität angesehen wurden, heute auch von allen kleinen Gütern benutzt werden können, die früher das Abfüllen ihrer Weine den Weinhändlern überließen. Und unter diesen wiederum übernahm manch ein Name die zuverlässige Gewähr für gut ausgewählten und gut behandelten Wein.

Moderne, automatische Abfüllanlagen ähneln manchmal einer Kreuzung zwischen einem Operationssaal und einem Raumfahrzeug mit ihren Druckschleusen zur Aufrechterhaltung völlig aseptischer Sterilität. Oft wird der Wein mit CO_2 oder Stickstoff als Schutzgas in die Flasche gedrückt, um den Zutritt von Luftsauerstoff zu verhindern. Die Flasche wird zunächst mit Stickstoff gefüllt und der Wein dann durch eine lange Auslaufdüse (einen Moselhahn) auf den Boden der Flasche geführt, sodass der allmählich steigende Flüssigkeitsspiegel das Gas vor sich her aus der Flasche treibt. Bei Standardweinen ist auch die Heißabfüllung gebräuchlich; der Wein wird beim Einfüllen in die Flasche auf etwa 55 °C erhitzt. Alles dies geschieht, um jedes Risiko auszuschließen, dass der Wein nachgären könnte. Bei auf natürlichem Weg stabilisierten Weinen, die lange Zeit in einem Fass zugebracht haben, dürften solche Vorsichtsmaßnahmen überflüssig sein.

Spritzigkeit durch Kohlensäure

Manchen leichten Weißweinen, Rosés und manchmal auch Rotweinen tut es durchaus gut, wenn beim Abfüllen noch etwas CO_2 in ihnen gelöst ist – gerade so viel, dass am Rand oder am Boden des Glases ein paar winzige Bläschen erscheinen. Bei manchen Weinen kommt dies von Natur aus vor. Bei anderen, die sonst nur fade, flach oder neutral wären, kann so auf einfache und wirksame Weise künstlich ein erfrischendes Prickeln erzeugt werden.

Winzergenossenschaften

Es steht außer Frage, dass für die große Mehrheit der Winzer in Europa das Aufkommen des Genossenschaftswesens die bedeutendste Entwicklung darstellte. Mit vereinten Kräften und staatlicher Förderung wurden die Weinbauern von einst fast sämtlich zu Traubenanbauern, die ihre ganze Ernte bei einer Zentralkellerei ablieferten. Die meisten sind inzwischen hochmodern ausgerüstet und verfügen über weit bessere Tanks und Pressen, als sie sich ein Kleinerzeuger je leisten könnte, dazu über geschulte Önologen als Kellermeister.

Manche nehmen in ihrer Region fast eine Monopolstellung ein: Niemand sonst kann sich so große Investitionen in moderne Ausrüstung leisten. Fast alle zahlen ihren Mitgliedern Prämien, um die Erzeugung reiferen, gesünderen und sauberen Leseguts zu fördern, und berechnen Strafabschläge für Verschmutzungen durch Fäule, Laub oder Erde.

Genossenschaftskellereien werden jedoch für und manchmal von ihren Mitgliedern geführt, und die können geradezu dickköpfig konservativ sein, wenn es um die Anpassung ihrer Weinberge an die Erfordernisse des Marktes geht. Ohne eine intelligente Betriebsführung kann es daher geschehen, dass Winzergenossenschaften wie im Languedoc ihren Mitgliedern die Produktion großer Mengen von Weinen gestatten, die am Markt längst chancenlos sind.

»Fliegende Kellermeister«

Die so genannten *flying winemakers* traten zuerst in den großen Genossenschaftskellereien Südfrankreichs und Italiens in Erscheinung, denen der Zufluss von Technik und Know-how aus der Neuen Welt, insbesondere auf den Gebieten der Hygiene und Temperaturregelung, sehr zugute kam. Konzeption und Begriff stammen von dem ideenreichen englischen Weinkaufmann Tony Laithwaite.

Viele Absolventen des Roseworthy College in Australien sammeln ihre ersten Erfahrungen in der Kellerpraxis, indem sie möglichst jede Saison in beiden Hemisphären mitmachen. Vor allem Mittel- und Osteuropa nehmen ihre Leistungen gern in Anspruch.

Oft werden diese jungen Kellertechniker von erfahrenen und etablierten *flying winemakers,* zum Beispiel von Kym Milne und Jacques Lurton, in der Produktion bestimmter Weine für bestimmte Kunden, nicht selten britische Supermärkte, beschäftigt. Die Kritik wurde laut, dass manche fliegenden Kellermeister jeder Kellerei, für die sie arbeiten, ihre persönliche, immer gleiche Standardformel aufdrücken und so die Weine vereinheitlichen; doch scheint man hierbei die Gefahr zu übertreiben. Unabhängig von technologischer Perfektion wird sich in Weinen immer die Qualität und der Charakter der Trauben widerspiegeln, aus denen sie gemacht sind.

Chemische Analyse

Wer auch immer es gewesen sein mag, der den Wein einmal eine chemische »Sinfonie« nannte, hat den Nagel genau auf den Kopf getroffen (freilich gibt es auch Weine, die man höchstens als Kammermusik bezeichnen kann). Guter Wein erhält die unendliche Vielfalt seines Geschmacks vom Zusammenwirken unzähliger organischer und anorganischer Substanzen in so winzigen Mengen, dass man sie bisher noch nicht alle aufspüren konnte.

Doch das ändert sich nun mit dem Gas-Chromatographen, ein Instrument, mit dem man gegenwärtig bis zu 250 verschiedene Substanzen im Wein nachweisen und messen kann.

Es ist ein Gerät, das ein »chemisches Profil« in grafischer Form erstellt. An der University of California spielen Forscher ein faszinierendes Computerspiel, indem sie versuchen, die Sinneswahrnehmungen (Geruch und Geschmack) von Weinverkostern auf die vom Chromatographen gezeichneten Kurven zu übertragen und herauszufinden, welche Substanz für welche Geschmacksnuance zuständig ist – dahinter mag wohl die Vorstellung stecken, dass wir, sobald wir dies wissen, ohne Weinberge und Trauben auskommen können. Auf einem bescheideneren Niveau ist es ein durchaus normales Verfahren, mit einfachen Labortests etwa 20 Bestandteile – von Alkohol und Säure bis zu Zucker und Schwefel – zu bestimmen, bevor ein Wein seine Gesundheitsbescheinigung erhält.

Das kritische Publikum

Die Aufzählung der Einflüsse und Fortschritte beim modernen Wein wäre unvollständig, bliebe der Verbraucher unerwähnt. Mindestens so eklatant wie die technischen Errungenschaften der letzten 25 Jahre ist das lawinenartige Anwachsen des Interesses am Wein – als Sachthema und als Getränk.

Es nahm seinen eigentlichen Anfang in England, breitete sich rasch nach Amerika, Holland, Deutschland und Skandinavien aus und hat in den letzten Jahren auch in den Hochburgen des Konservatismus und der Selbstgefälligkeit, also in den Haupterzeugerländern Frankreich, Italien und Spanien, Fuß gefasst.

Bücher und Artikel über Wein, aber auch Vergleichsverkostungen, Kommentare und Medienberichte haben den einzel-nen Weinerzeuger ins Scheinwerferlicht gerückt. Die Motivation ist also groß, nicht nur guten, sondern hervorragenden Wein zu produzieren. Ein gesundes Wettbewerbsdenken und die wohlwollende Konfrontation von Erzeuger und Verbraucher dürften die eigentlichen Triebfedern dieser Entwicklung sein. Den Nutzen davon haben wir alle, die wir guten Wein lieben.

Weinstile

Wein ist gegorener Traubensaft. Die grundlegenden Schritte der Weinbereitung wurden auf den Seiten 23–32 dargestellt; die Variationen zum Thema finden Sie hier.

Trockene Weißweine

Der einfache trockene Weißwein ohne besonderen Charakter, voll ausgegoren und nicht für die Lagerung vorgesehen, wird im Allgemeinen aus nichtaromatischen Trauben bereitet, besonders in Italien, Südfrankreich, Spanien und Kalifornien. Als herausragende Vertreter dieser Kategorie sind Muscadet und Soave zu nennen. Die Weinbereitung geschieht nach standardisierten Verfahren, wobei ein besonderes Augenmerk auf Frische gerichtet wird, die durch Ausschluss von Sauerstoff und kühle Gärung erreicht wird.

Frische, fruchtige, trockene bis halbtrockene, jung zu trinkende Weine werden aus aromatischen Traubensorten bereitet, darunter Riesling, Sauvignon blanc, Gewürztraminer und Muscat blanc. Höchster Wert wird auf den korrekten Lesezeitpunkt, sauberen Most, kühle Gärung und frühe Flaschenabfüllung gelegt.

Trockene, aber körperreiche und geschmeidige Weißweine erhalten für gewöhnlich ein gewisses Maß an Schalenkontakt und gären bei höheren Temperaturen, oft auch im Fass. Sie werden erst nach mindestens neun Monaten Lagerung abgefüllt und sind für eine weitere Flaschenreifung vorgesehen. Als klassisches Beispiel hierfür gilt Chardonnay aus Burgund, den man in der Neuen Welt immer wieder nachzuahmen sucht. Auch Sauvignon blanc wird gelegentlich auf diese Weise bereitet.

Liebliche Weißweine

Sie sind frisch, fruchtig, mit geringem Alkoholgehalt und im deutschen Stil halbtrocken bis lieblich. Manchmal zunächst wie ein trockener Weißer ausgebaut, dem dann unvergorener Most zugegeben wird.

Ein vergleichbarer Stil wird durch das Unterbrechen des Gärungsprozesses erreicht, wobei eine gewisse Menge an Restzucker erhalten bleibt, während gleichzeitig ein höherer Alkohol gehalt und ein eher wein- als traubenspezifisches Aroma entsteht. In dieser Kategorie findet man die meisten halbtrockenen Weißweine aus Frankreich, Spanien, Italien und viele aus der Neuen Welt.

Der Ausbau edelfauler Süßweine richtet sich entweder nach dem deutschen Stil mit wenig Alkohol und sehr hohem Zuckeranteil oder dem Sauternes-Stil mit sehr hohem Alkoholanteil und relativ viel Zucker. Der ungarische Tokaji Aszú liegt etwa in der Mitte zwischen diesen beiden und verbindet einen hohen Zuckeranteil mit einer gemäßigten Dosis Alkohol und viel Säure.

Sehr süße Weine entstehen aus sehr reifen oder teilweise rosinierten Trauben mit hochkonzentriertem Zuckergehalt. Der italienische Vin santo ist dafür ein klassische Beispiel.

Roséweine

Sehr heller Rosé entsteht aus roten Trauben, die sofort gepresst werden, um farbarmen Most zu gewinnen. Er wird auch *vin gris* (wörtl. grauer Wein) oder bei Schaumweinen Blanc de Noirs genannt.

Farbintensiverer Rosé wird dadurch gewonnen, dass man den roten Schalenfarbstoffen in der Traubenmühle gestattet, in den Most zu »bluten« *(saigné)* und ihn dadurch anzufärben. Nach einer kurzen rotweinähnlichen Maischung wird der Most von den Schalen getrennt und wie Weißwein gepresst und vergoren. Nach dieser allgemein gebräuchlichen Methode entstehen u. a. Rosé aus Tavel und Anjou, italienischer Chiaretto und *vin d'une nuit*.

Rosé-Champagner kann auf zwei verschiedene Arten bereitet werden: Bei der Maischemethode bleiben die Schalen roter Trauben während der ersten Gärungsphase in Kontakt mit dem Most, wodurch ein leichter, heller Rosé entsteht. Erst in der Flasche geschieht die Zweitgärung, mit der der »Schaum« gebildet wird. Die zweite Methode mischt weißen und roten Stillwein nach deren jeweiliger Erstgärung. In der Flasche erfolgt die Zweitgärung.

Rotweine

Leichte, fruchtige Weine mit geringem Tanningehalt bei kurzer Maischung. Sie sollten jung getrunken werden, da alle für eine Alterung notwendigen Anteile fehlen: Extrakt, Farb- und Gerbstoffe. Solche Weine können zwar aus aromatischen Trauben bereitet werden, üblich ist jedoch einfaches, fruchtiges oder neutrales Lesegut.

Geschmeidigere, körperreichere, schmackhaftere Weine von dunklerer Farbe (aber trotzdem noch gerbstoffarm) entstehen durch Kohlensäuremaischung, einem intrazellulärem Gärungsprozess in den Beeren vor der Pressung. Auch durch Erwärmen des Mosts entsteht Farbe und Geschmeidigkeit. Für die Lagerung geeignete Rotweine *(vins de garde)* entstehen durch langen Kontakt des Mosts mit den Schalen, um Farbstoffe, Gerbstoffe, Phenole usw. zu extrahieren. Alle großen Rotweine werden auf diese Weise bereitet.

Gespritete Weine

Bei Vin doux naturel, wörtlich natursüßer Wein, wird die Gärung durch Zugabe von Weingeist künstlich unterbrochen *(mutage)*, wobei Restzucker und ein hoher Alkoholanteil verbleiben (15 – 16 %). Auch Portwein wird im Prinzip nach der Vin-doux-naturel-Methode bereitet, seine Gärung wird jedoch früher, bei 4 – 6 % Alkoholgehalt, und mit einer höheren Dosis Alkohol gestoppt: einem Viertel des Endvolumens. Sherry ist ein von Natur aus starker, voll ausgegorener und daher trockener Weißwein. Während er anschließend unter Luftkontakt reift, wird ihm eine geringe Menge Branntwein zur Stabilisierung zugesetzt. Madeira ist ein Weißwein mit natürlichem hohem Säuregehalt. Bei süßeren Versionen wurde der Gärungsprozess durch Zugabe von Alkohol angehalten, bevor er von allein zum Erliegen gekommen wäre. Anschließend wird der Wein erwärmt und reift dann in Fässern oder großen Glasballons.

Schaumweine

Weißer (seltener auch roter) Wein, der durch Zusatz von Hefe und Zucker zum Nachgären gebracht wurde. Dabei löst sich das Gas aus der zweiten Gärung vollständig im Wein. Bei der Champagnermethode findet die Nachgärung in derselben Flasche statt, in der der Wein anschließend verkauft wird; dabei sind aufwendige und arbeitsintensive Produktionsschritte nötig, die den Preis zwangsläufig in die Höhe treiben. Die *méthode champenoise* (die »klassische Methode«, wie sie inzwischen genannt werden muss, weil die Champagne den Begriff zu Recht für sich allein vorbehalten sehen will) bietet kaum Möglichkeiten für Rationalisierung oder Einsparung von Arbeitskräften; allerdings werden für die meisten mühsam von Hand auszuführenden Arbeitsgänge inzwischen Maschinen eingesetzt. Die neueste und bemerkenswerteste ist das automatische Rüttelgestell, das die langwierige manuelle Arbeit des Rüttelns und Drehens jeder einzelnen Flasche überflüssig macht. Es besteht aus einem massiven Rahmen, der in regelmäßigen Abständen automatisch vibriert und sich ein Stück neigt; in Frankreich nennt man ihn *gyropalette,* in den USA kurz VLM (Very Large Machine). Ähnliche Weine aus anderen Regionen dürfen lediglich von sich behaupten, nach der klassischen beziehungsweise traditionellen Methode (in Frankreich *méthode traditionnelle)* entstanden zu sein. Billigere Verfahren für die Herstellung von Schaumwein, von denen jedoch keines denselben Grad an im Wein gelösten Kohlendioxid erzielt, sind:

Transvasierverfahren Der Wein wird über einen Filter unter Druck in eine andere Flasche gepresst.

Tankgärungs- oder **Charmat-Verfahren** Hier findet die Zweitgärung im Tank statt. Anschließend wird der Wein unter Druck gefiltert und abgefüllt.

Karbonisierung oder **Imprägnierung** Das Einpumpen von Kohlendioxid in Stillwein (das zu kurzlebiger Bläschenbildung führt).

Weißwein

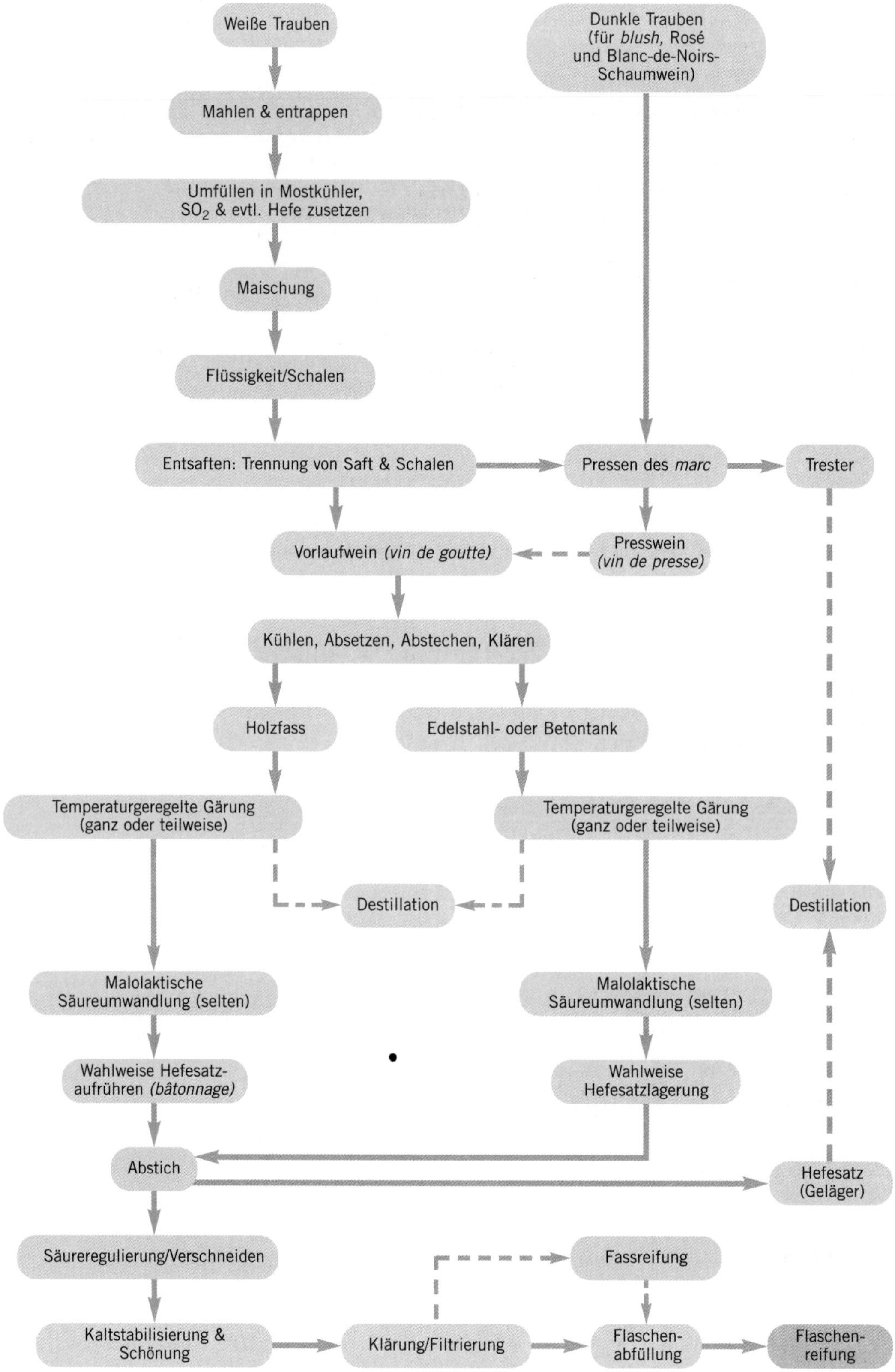

```
                    Weiße Trauben                          Dunkle Trauben
                                                          (für blush, Rosé
                          │                               und Blanc-de-Noirs-
                          ▼                                  Schaumwein)
                   Mahlen & entrappen                            │
                          │                                      │
                          ▼                                      │
              Umfüllen in Mostkühler,                            │
             SO₂ & evtl. Hefe zusetzen                           │
                          │                                      │
                          ▼                                      │
                      Maischung                                  │
                          │                                      │
                          ▼                                      │
                Flüssigkeit/Schalen                              │
                          │                                      │
                          ▼                                      ▼
      Entsaften: Trennung von Saft & Schalen  ──→  Pressen des marc  ──→  Trester
                          │                              │                    │
                          ▼                              ▼                    │
                Vorlaufwein (vin de goutte) ◄--     Presswein                 │
                          │                        (vin de presse)            │
                          ▼                                                    │
          Kühlen, Absetzen, Abstechen, Klären                                  │
                   │              │                                            │
                   ▼              ▼                                            │
               Holzfass     Edelstahl- oder Betontank                          │
                   │              │                                            │
                   ▼              ▼                                            │
        Temperaturgeregelte Gärung    Temperaturgeregelte Gärung               │
          (ganz oder teilweise)         (ganz oder teilweise)                  │
                   │    └--→ Destillation ◄--┘                                 ▼
                   ▼                          ▼                          Destillation
            Malolaktische              Malolaktische                          │
         Säureumwandlung (selten)   Säureumwandlung (selten)                  │
                   │                          │                               │
                   ▼                          ▼                               │
          Wahlweise Hefesatz-           Wahlweise                             │
          aufrühren (bâtonnage)       Hefesatzlagerung                        │
                   │                          │                               │
                   ▼                          └──────────────┐                │
                Abstich ◄─────────────────────────────────── │                │
                   │     └──────────────────────────→ Hefesatz ───────────────┘
                   ▼                                  (Geläger)
      Säureregulierung/Verschneiden
                   │                            ┌--→ Fassreifung
                   ▼                            │          │
       Kaltstabilisierung &  ──→  Klärung/Filtrierung  ──→  Flaschen-  ──→  Flaschen-
            Schönung                                        abfüllung         reifung
```

Rotwein

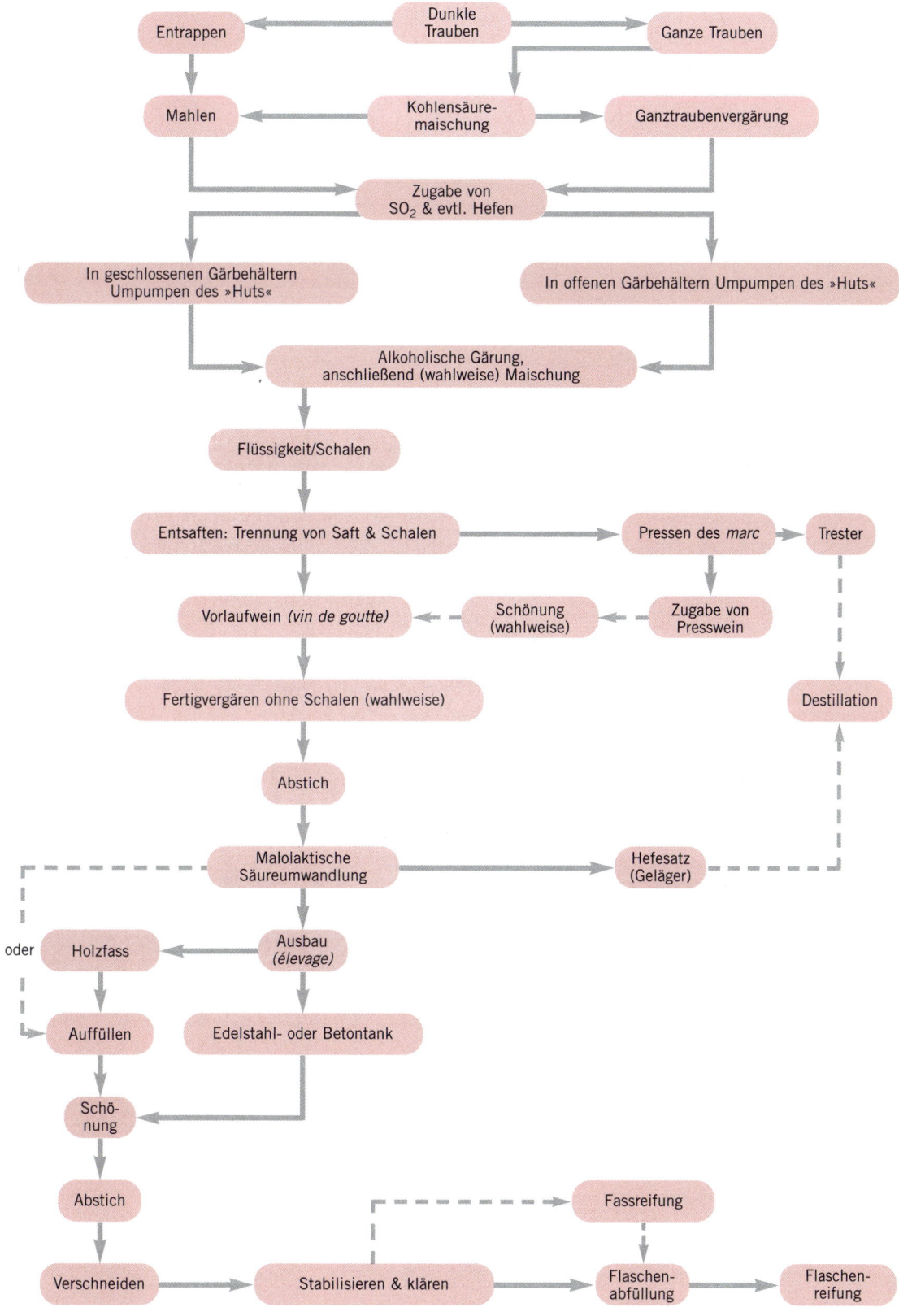

Weine, Weinbaugebiete & Weinerzeuger der Welt

2

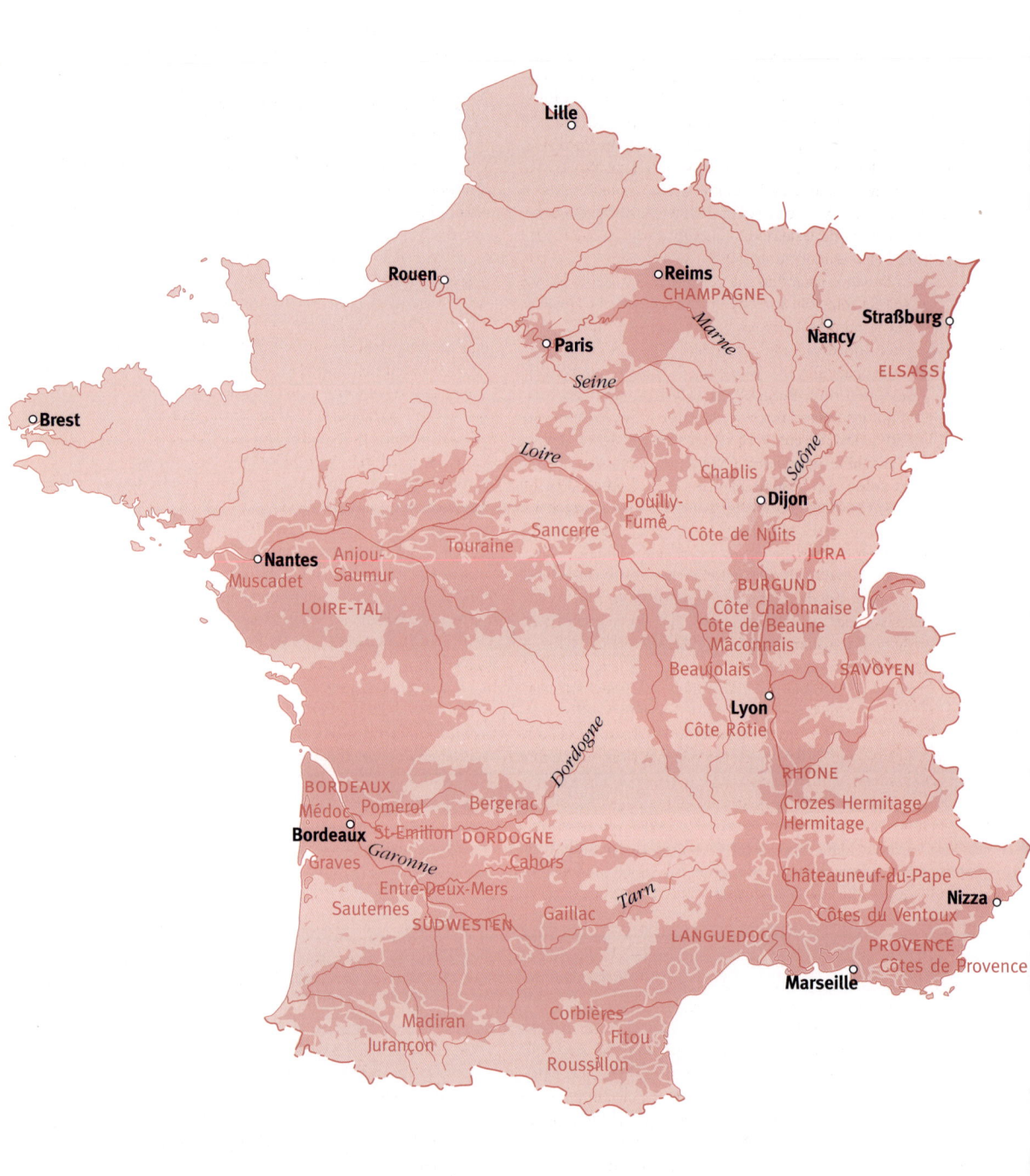

Lille

Rouen

Reims
CHAMPAGNE

Straßburg

Nancy

ELSASS

Paris

Marne

Seine

Chablis

Saône

Loire

Pouilly-
Fumé

Dijon

Brest

Sancerre

Côte de Nuits

JURA

Touraine

Nantes
Muscadet

Anjou-
Saumur

LOIRE-TAL

BURGUND
Côte Chalonnaise
Côte de Beaune
Mâconnais

Beaujolais

SAVOYEN

Lyon
Côte Rôtie

Dordogne

RHONE

BORDEAUX
Médoc   Pomerol
St-Emilion
Bordeaux

Bergerac

Crozes Hermitage
Hermitage

DORDOGNE

Graves

Garonne

Cahors

Entre-Deux-Mers

Sauternes

SÜDWESTEN

Tarn

Gaillac

Châteauneuf-du-Pape

Nizza

Côtes du Ventoux

LANGUEDOC

PROVENCE
Côtes de Provence

Madiran
Jurançon

Corbières

Fitou

Marseille

Roussillon

Frankreich

Niemand wird den Vorrang Frankreichs als das Land, das für die Beurteilung des Weins die internationalen Maßstäbe setzt, bestreiten. Der Riesling aus Deutschland, der Sherry aus Spanien und der Portwein aus Portugal sind die einzigen nicht französischen Weine, die universell als Muster und Vorbild anerkannt sind. Damit sollen weder der Chianti noch der Barolo noch der Rioja abgewertet werden, aber sie sind und bleiben landesspezifische Erzeugnisse, während der Bordeaux, der Burgunder, der Champagner und zahlreiche Weine von Loire und Rhône oder aus dem Elsass gewissermaßen Ideale bilden, die vielen Weinerzeugern in aller Welt so erstrebenswert erscheinen, dass sie deren Traubensorten anbauen und ähnliche Weine daraus zu erzeugen versuchen.

In Frankreich entstanden die Vorstellungen darüber, wie und was Wein sein soll, sozusagen durch natürliche Auslese. Die ersten Weinberge Frankreichs wurden im 6. und 7. Jahrhundert vor Christus im Midi angelegt. Die Römer begründeten schon damals alle die Weinbaugebiete, die auch heute noch die besten sind. Burgund, Bordeaux, Champagne, das Rhône- und das Loire-Tal sowie das Elsass. Sie suchten diese Gegenden deshalb aus, weil sie viel versprechende Hanglagen in der Nähe besiedelter Gebiete und günstiger Transportwege boten: am besten am Wasser, andernfalls aber an einer großen Handelsstraße mit guten Voraussetzungen für schwere Frachtwagen. Nachdem sie aus ihrer Heimat mitgebrachte Reben erprobt hatten, bepflanzten sie diese Hänge mit ausgewählten einheimischen Reben aus den Wäldern Galliens, Spaniens, aus dem Rheinland und aus den Alpen. Man darf mit ziemlicher Sicherheit annehmen, dass die heute angebauten Reben Abkömmlinge dieser Ahnen sind.

Die Böden sind dieselben geblieben; das Klima und auch die Voraussetzungen bei der Kellerlagerung dürften sich seither kaum geändert haben. Sieht man von den Verschiedenheiten der Techniken und Geschmacksrichtungen ab, so kann man davon ausgehen, dass sich die französischen Weine ihre jeweilige Identität im Laufe von 2000 Jahren erworben haben. Sind Identität und Ruhm erst einmal etabliert, gilt es, die gewonnenen Standards zu erhalten und Betrügereien zu vermeiden. Auf jeden Menschen, der weiß, wie ein bestimmter Wein tatsächlich schmecken muss, kommen hundert andere, die ihr gutes Geld für etwas auszugeben bereit sind, das sie nicht wirklich kennen.

Dieses Problem ist uralt. Es sind viele Gesetze erlassen (und Steuern erhoben) worden, um festzulegen, wie ein Wein bereitet werden muss und wie viel davon wann und wo, von wem, aus welchen Trauben, unter welchem Namen und schließlich noch zu welchem Preis verkauft werden darf. Am Anfang des 20. Jahrhunderts wurde das Problem akut. Die durch die Reblaus verursachten Schäden hatten in Europa eine Weinknappheit zur Folge, und eine nationale Kontrollinstanz war dringend vonnöten. 1932 wurde in Paris das *Institut National des Appellations d'Origine* (INAO) gegründet, um den Qualitäts weinbau in ganz Frankreich in geordnete Bahnen zu lenken. Die ersten AC-Weine entstanden im Jahr 1936. Eine weitere zentrale Organisation, das *Office National Interprofessionnel des Vins de Table*, wurde ins Leben gerufen, um Ordnung zu schaffen.

Diese Unterscheidung gilt heute für den Weinbau in ganz Europa. Nach EU-Begriffen ist ein Wein entweder ein *Vin de Qualité Produit dans une Région Déterminée* (VQPRD) oder ein *vin de table* – übrigens eine absurde Bezeichnung, denn schließlich sind so gut wie alle Weine für die Tafel bestimmt, weshalb es durchaus in Ordnung ist zu sagen, dass ein Château Lafite ein Tafelwein sei. In Frankreich hat das System noch weitere Stufen. Abgesehen vom einfachsten *vin de consommation courante*, dessen Preis sich lediglich nach dem Alkoholgehalt richtet, gibt es heute folgende drei Kategorien, nach denen französischer Wein klassifiziert wird:

Appellation (d'Origine) Contrôlée (AC oder AOC)

Eine mehr oder weniger strikte Kontrolle der Herkunft der Traubensorten und der Verarbeitungsmethoden sowie des Alkoholgehalts und der Produktionsmenge. So liegt den meisten AC-Weinen in der jeweiligen Region eine Ertragsbeschränkung zwischen 25 und 50 hl/ha zugrunde. Ein kompliziertes System einer jedes Jahr neu erfolgenden Bewertung erlaubt jedoch meist mehr, manchmal sogar sehr viel mehr.

Auch die Art und Weise der AC-Kontrolle ist von Region zu Region verschieden. Im Bordelais ist die spezifischste, am engsten umgrenzte Appellation jeweils ein Ort, und innerhalb seiner Grenzen können die einzelnen Weingüter (Châteaux) weitgehend nach eigenem Ermessen anpflanzen, wo und was sie wollen (innerhalb der regionalen Tradition). Demgegenüber hat in den besten Lagen Burgunds jede Flur ihre eigene Appellation. Die Appellation Champagne wiederum erfasst die ganze Region und die Verarbeitungsmethode noch dazu. So ist jede Region ein Sonderfall mit eigener Logik. Die Zahl der Appellationen ist ständig im Steigen begriffen, einerseits durch weitere Unterteilung der Anbaugebiete, andererseits weil lokalen Winzern nach Antrag manchmal vom INAO eine eigene AC-Lizenz ausgestellt wird.

Der höchstzulässige Ertrag, der *Plafond Limité de Classement* (PLC), liegt für Grands crus (in Regionen, wo es solche gibt) stets niedriger als für die bescheideneren Appellationen. Unterschiedliche Gesetzesauslegungen gaben dabei genügend Spielraum für die üblichen Schiebereien; heute aber wird mit noch strengeren Kontrollen sicherzustellen versucht, dass jede Appellation im Keller des Erzeugers und des Handelshauses auch wirklich individuell behandelt wird.

Der Zweck des AC-Systems war ursprünglich nicht eine Qualitätskontrolle, sondern lediglich eine Garantie für Herkunft und Echtheit. Qualitätskontrollen durch zwingend vorgeschriebene Weinproben sind nun wenigstens in der Theorie eingeführt. In der Praxis lässt man jedoch 97 % der zur Geschmacksprüfung eingereichten Weine mit einem Kopfnicken passieren: Die Beziehungen zwischen Erzeugern und Inspektoren sind viel enger, als für das System gut ist. Das INAO ist dabei, sich dieses Problems anzunehmen; allzu eilig hat das Institut es damit jedoch nicht. Was ergibt sich daraus? Eine AOC ist eine sichere Angabe für die Herkunft des Weins, doch für seine Qualität bürgt nicht einmal der Name des Erzeugers. Er lässt lediglich Schlüsse zu.

Vin Délimité de Qualité Supérieure (VDQS)

Diese zweite Kategorie wurde 1945 für diejenigen Regionen eingeführt, die über eine bestimmte Eigenart und Tradition verfügen, deren Weine jedoch nicht »erstklassig« sind. Hier gilt ein ähnliches Kontrollsystem, das sich in der Praxis zum Sprungbrett für die Erlangung des echten AC-Siegels entwickelt hat. Ohne Zustrom neuer Mitglieder wird die Liga der VDQS-

Weine jedoch allmählich verschwinden, da immer mehr ihrer Erzeuger den begehrten AC-Status beantragen und zugesprochen bekommen.

Vin de pays

Inzwischen hat der Vin de pays den eigentlichen zweiten Rang unterhalb der AC erobert. Der Begriff des »Landweins« wurde in den 1970er-Jahren geprägt und ähnlich wie die AC mit unterschiedlichen Präzisionsstufen organisiert: Der regionale Vin de pays ist die am weitesten gefasste, der zonale Vin de pays die am exaktesten definierte, mit den höchsten Standards versehene Stufe.

Es gibt fünf regionale Vins de pays: Jardin de la France für das Loire-Tal, Comté Tolosan für den Südwesten, Comtés Rho-daniens für die Region Rhône, d'Oc für den ganzen Midi und Portes de Méditerranée. Weitere Vins de pays tragen die Namen von rund 50 Departements, in deren Grenzen sie und (bis zu einem gewissen Grad) ihre Weinbautraditionen fußen. Und nicht weniger als derzeit 94 exakt umgrenzte Bereiche – die meisten im Midi – bringen zonale Vins de pays hervor. Hier liegt logischerweise das eigentliche Zuchtbeet für neue Ideen, ob sie nun auf der Rebsorte oder auf einem markanten Terroir beruhen.

Diejenigen, die attraktive Qualität und verlässliche Identität vorweisen können und sich vielleicht einmal zur AC mausern, vereinen in ihrer Definition stets eine oder mehrere Rebsorten mit dem Terroir. Auf keine andere Weise lässt sich bestimmen oder eingrenzen, was einen Wein besonders hervorhebt.

Bordeaux

Es sind vier Faktoren, die Bordeaux (oder das Bordelais) zum bedeutendsten aller Weinbaugebiete machen: seine Qualität, Größe, Vielfalt und Einheitlichkeit. Die beiden letzten widersprechen sich dabei nicht, sie ergänzen sich vielmehr und sind auch der Grund, warum man des Bordeaux-Weins nie überdrüssig wird. Die Vielfalt seiner Stile und Arten ist so groß, dass jeder das findet, was er sucht; es gibt keine zwei Weine, die einander gleich wären, und dennoch verbindet sie eine unverwechselbare Identität, eine klare, ansprechende, anregende Qualität, wie nur Bordeaux-Wein sie zu bieten hat.

Der spezielle Bordeaux-Charakter beruht auf Traubensorten und Klima viel eher als auf dem Boden (von kiesigem Sandboden bis Kalkstein und Mergel gibt es hier alles Mögliche), und außerdem auf den ganz besonderen Traditionen der Bereitung, Behandlung und des Genießens eines Weins, der den Geschmack der Franzosen mit dem ihrer nördlichen Nachbarn – der Engländer, Belgier, Holländer, Deutschen und Skandinavier – verbindet.

2001 gingen 36 % des Bordeaux-Weins in den Export. Bei den besten Gewächsen (Pauillac, Graves und Margaux etwa) liegt der Exportanteil noch weit darüber. Es wird mehr als das Siebenfache an Rotwein produziert als an Weißwein, und er ist auf dem Exportmarkt mehr als das Fünffache wert.

Beim Bordeaux-Wein lassen sich grundsätzlich vier verschiedene Stile erkennen: leichte Rotweine für jeden Tag, feine Rotweine, trockene Weißweine und süße, sogar sehr süße weiße »Likörweine«. Über die erste Art ist nicht viel zu sagen, außer dass es gewaltig viel davon gibt: bis zu 2,5 Mio. hl (330 Mio. Flaschen) im Jahr, von wunderbar süffigen über gerade passable bis hin zu dünnen, wässrigen Weinen. Sie treten unter Markennamen oder als Erzeugnisse kleinerer Châteaux auf.

Zwischen dieser alltäglichen Art und den »feinen« Rotweinen ist die Grenze fließend dort, wo die erstere Art sich selbst übertrifft und die letztere nicht ganz auf der Höhe ist. Eigentlich aber ist der feine Rotwein eine Klasse für sich, für lange Lebensdauer bereitet, in Eichenfässern gereift. Hier entstehen auch aus den Einflüssen verschiedenartiger Böden und Lagen bemerkenswerte Unterschiede in Geschmack und Lebensdauer, die sich mehr oder weniger scharf umrissen im System der Appellationen und in der Klassifizierung innerhalb dieser Appellationen niederschlagen.

Die in dieser Güteklasse produzierten Mengen sind sogar noch eindrucksvoller: Es kommt schon fast eine Flasche davon auf zwei Flaschen des einfachen Weins.

Die trockenen Weißweine stehen im Großen und Ganzen auf der Stufe der einfachen Rotweine. Ganz wenige nur kommen den feinen weißen Burgundern nahe; auf diesem Gebiet hat Bordeaux jedoch in letzter Zeit enorme Fortschritte gemacht. Moderne Techniken holen aus den traditionellen Weißweintrauben von Bordeaux großen Charakter heraus, und der Ausbau im Eichenfass verhilft den Weinen zu noch mehr Statur. Mengenmäßig kommt diese Art Weißwein auf knapp die Hälfte des einfachen Rotweins. Die süßen Weißweine sind nur ein Tropfen in diesem Ozean, es kommt etwa nur eine Flasche auf 40 andere, aber sie stellen eine kostbare Spezialität dar, die ganz superbe Qualität erreichen kann, und selbst die bescheidenen Vertreter dieser Art sind im Bordelais als Aperitif sehr geschätzt.

Die Weinernte hängt in Bordeaux Jahr für Jahr sehr vom dort höchst eigenwilligen Klima ab. Hauptverantwortlich dafür

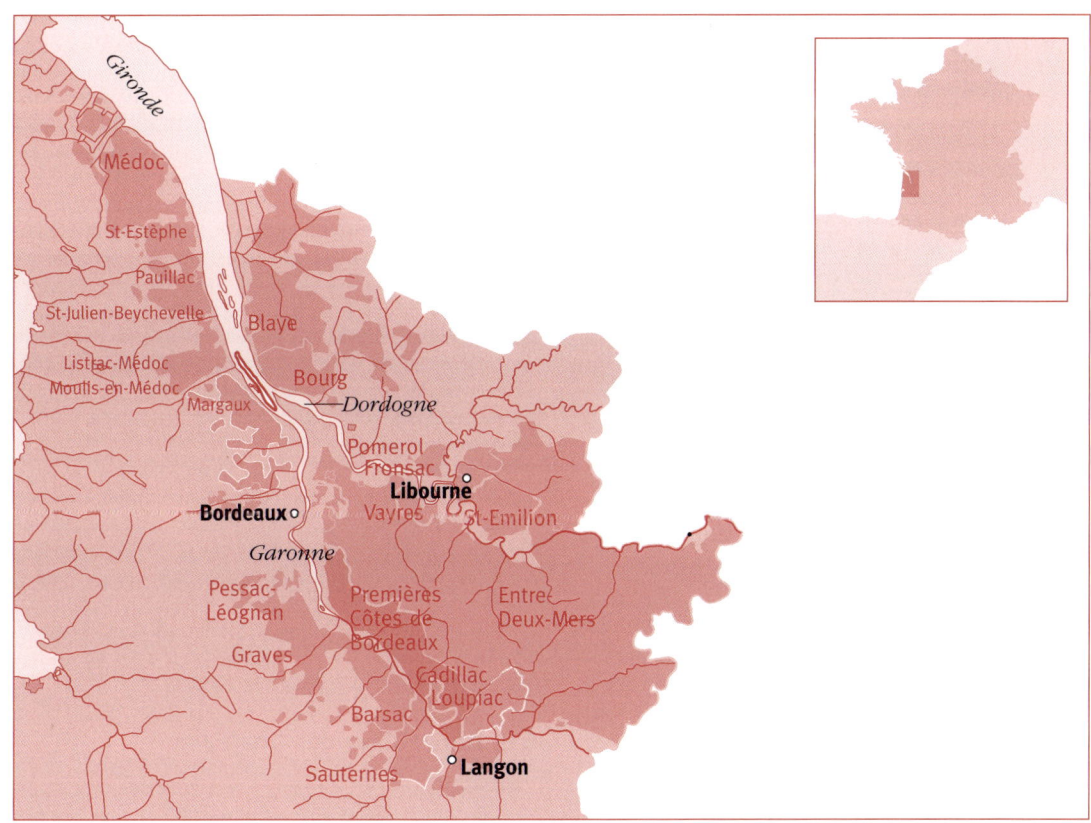

Der einzigartige Weinmarkt von Bordeaux

Mit wenigen Ausnahmen ist es in Bordeaux nicht möglich, auch nur eine Flasche Wein direkt von einem Spitzenerzeuger zu kaufen. Die netten Picknick-Tische und Degustationsräume, die in kalifornischen und australischen Weinbauregionen so beliebt sind, sucht man hier vergebens. Das liegt daran, dass die berühmten Weingutsbesitzer seit über zwei Jahrhunderten keinen Gedanken daran verschwenden, sich mit so niedrigen Geschäften wie dem Weinhandel abzugeben. Sie überlassen ihn stattdessen den in der Stadt Bordeaux ansässigen Händlern (négociants) ihres Vertrauens.

Dieses System besteht fast unverändert bis zum heutigen Tag. Gutsbesitzer waren oft Politiker, Bankleute oder Adlige, die eben jene geschäftlichen Kontakte mieden oder einfach nicht besaßen, die notwendig sind, um große Mengen Wein zu verkaufen. Die häufig von Engländern, Iren, Holländern oder Deutschen gegründeten Handelshäuser hingegen hatten Zugang zu den Verteilerwegen Europas und nahmen den Château-Besitzern die Aufgabe ab, ihre Weine auf den Markt zu bringen. Auch lagerten sie die Fässer mit dem jungen Wein in ihren eigenen Kontoren und zogen ihn auf Flaschen.

Wie vor Hunderten von Jahren schlägt auch heute noch der Eigentümer einen Anfangspreis für seinen Wein vor, den ein *courtier*, ein Makler, gegen ein geringes Honorar dem Händler übermittelt. Dieser kauft daraufhin einen Teil oder die Gesamtmenge des neuen Jahrgangs und bietet den Wein mit einem beträchtlichen Aufschlag einem ganzen Netzwerk von Importeuren, Einzelhändlern, Restaurants usw. an.

Jeder profitierte von diesem System. Die Châteaux kamen schnell zu einer ordentlichen Summe Geld und konnten darauf bauen, dass ihr Wein den Weg auf die Märkte fand. Auch die gesamten, mit dem Marketing einhergehenden Unkosten blieben ihnen erspart. Der Makler erhielt seine 2 % Provision dafür, dass er nicht gerade viel zu tun hatte, und die Handelshäuser konnten so viel Gewinn erwirtschaften, wie der Markt hergab.

Die Machtverteilung änderte sich von Zeit zu Zeit ein wenig. Manchmal hatten die Händler das Sagen, manchmal die Erzeuger. Die Zuverlässigkeit des Systems lag darin, dass ein Händler auch Wein solcher Jahrgänge zu kaufen hatte, der nicht optimal zu sein versprach. Hätte er sich geweigert, wäre ihm der nächste gute Jahrgang erst gar nicht angeboten worden.

Mit leichten Modifikationen funktioniert dieses System bis zum heutigen Tag. Die meisten Châteaux füllen jedoch ihren Wein mittlerweile selbst ab, auch der Direktverkauf an den Verbraucher hat zugenommen, speziell in den weniger prestigeträchtigen Regionen wie Côtes de Bourg und den Grenznachbarn von St-Emilion. Trotzdem sind die Nachfahren der großen Handelsfamilien, der Lawtons und Schylers und vieler anderer, auch heute noch dem Bordeaux-Weinhandel fest verbunden. In guten Zeiten verdienen sie alle – und der Verbraucher bezahlt.

ist die vom Meer heranziehende unberechenbare Witterung. In einem großen Jahrgang kann selbst der gewöhnlichste Wein ganz ungewöhnliche Vitalität erreichen, umgekehrt aber kann die Kategorie der feinen Weine durch ein schlechtes Jahr auf einen kümmerlichen Rest vermindert und der Süßwein ganz zunichte gemacht werden.

Die wechselvollen Charaktere der Jahrgänge vor dem schon für sich komplizierten Hintergrund der Appellationen und Besitztümer sowie die Langlebigkeit der guten Weine machen die Würdigung des Bordeaux-Weins zu einer unwiderstehlich faszinierenden Aufgabe.

Bordeaux in runden Zahlen

Im Verlauf der 30 Jahre von 1963 bis 1993 ging die AC-Gesamtrebfläche von Bordeaux zunächst langsam zurück, nahm später aber wieder zu. 2001 erreichte sie etwa 119 669 ha mit einem Gesamtertrag von 6,56 Mio. hl. Nur 1% der gesamten Rebfläche an der Gironde gehört zurzeit nicht zu einer Appellation. Rotwein trägt heute mit 88% zur Gesamterzeugung von Bordeaux bei – zwischen 1990 und 1995 im Durchschnitt 4,5 Mio. hl –, dagegen ist der Weißweinanteil dramatisch von 60% in den 1950er-Jahren auf 12% im Jahr 2001 gefallen. Ungefähr 24% der Gesamtweinproduktion geht auf das Konto von Winzergenossenschaften.

Inzwischen geht die Zahl der einzelnen Weingüter stetig zurück. 1950 waren es 60 327 und 1994 nur noch 13 957 – ein Minus von 77%. Im Jahre 2001 waren es gar nur noch 11 385. Die durchschnittliche Größe der einzelnen Weingüter steigt dagegen an: von 1,3 ha 1950 auf 13,5 ha im Jahr 2000.

Mit dieser Konzentration in den Besitzverhältnissen ging eine erhebliche Effizienzsteigerung einher. In den 1950er-Jahren wurden durchschnittlich 30 hl/ha produziert (wobei allerdings die verheerenden Frostschäden von 1956 berücksichtigt werden müssen). In den zehn Jahren von 1985 bis 1994 lag der Durchschnitt bei 52 hl/ha. Katastrophale Jahresergebnisse können jedoch immer wieder vorkommen. So vernichtete der Frühjahrsfrost 1991 zwei Drittel der Ernte.

Klassifizierung

Die Appellationen in Bordeaux stellen an sich schon eine Art provisorischer Qualitätseinteilung der Weine in dem Sinne dar, dass, je enger sie definiert sind, umso höher auch das Qualitätsniveau des jeweiligen Gebiets liegt. Weiter als das ist die (offizielle) Einstufung nie gegangen. Alle genaueren Klassifizierungen gelten nur lokal für einen bestimmten Bereich ohne Vergleich mit anderen Bereichen. Am besten kann man den Qualitätsstand der einzelnen Châteaux in den verschiedenen Regionen über den Preis vergleichen – das war auch die Methode der ersten und berühmtesten aller Klassifizierungen, wie sie zur Weltausstellung in Paris 1855 für das Médoc angewandt wurde.

Damals wurde als Hauptkriterium der Preis herangezogen, den ein Wein im Schnitt über lange Zeiträume, bis zu 100 Jahren, erzielte, wobei auch der aktuelle Qualitätsstand und der Zustand des Besitztums berücksichtigt wurden. Die damalige Einstufung kann noch heute, nach fast 150 Jahren, als Vergleichsmaßstab gelten.

Einige Châteaux haben sich nicht halten können; die meisten konnten von ihrem berühmten Namen profitieren und weniger erfolgreiche Nachbarn schlucken. Sicher ist, dass die ursprüngliche Klassifizierung den größten Teil des besten Reblands im Médoc erfasste und dessen Eigentümern gerecht wurde.

Was sie später damit anfingen, hat sich als weniger bedeutsam herausgestellt als die großartige Qualität der Kiesböden, auf denen die Reben gepflanzt wurden.

Die Konzeption der Châteaux

Die Grundlage der Klassifizierung ist in Bordeaux nicht eigentlich der Grund und Boden selbst wie in Burgund, sondern vielmehr das Besitztum, das Weingut oder »Château«. Ein Château ist entweder Premier cru oder Quatrième cru oder Cru bourgeois. Kauft ein Château-Besitzer Land von einem Nachbarn mit höherer oder niedrigerer Einstufung und verleibt es seinem Besitz ein, dann erhält es, sofern es sich um geeignetes Gelände handelt, den Rang des neuen Besitzers. Eine Lage kann also auf- oder abgewertet werden, je nachdem, wer ihr Besitzer ist.

Ein Beispiel: Château Gloria ist ein Weingut mit hohem Qualitätsstand in St-Julien, das nach dem Zweiten Weltkrieg aus zusammengekauften Grundstücken benachbarter Crus classés entstand. Vor dem Verkauf waren diese Lagen also »classés«, aber da der neue Besitzer selbst keine derartige Klassifizierung mitbrachte, wurde der Grund und Boden zum Cru bourgeois abgestuft.

Umgekehrt haben viele Crus classés ihren Besitzstand durch Zukauf benachbarter Crus bourgeois vergrößert. Als die Rothschilds von Château Lafite das nahe gelegene Château Duhart-Milon kauften, hätten sie theoretisch den ganzen dort geernteten Wein als Lafite ausgeben können.

Begründet wird diese scheinbare Ungerechtigkeit damit, dass ein Château eher als »Marke« anzusehen ist denn als ein Grundstück. Seine Identität und Kontinuität beruhen so sehr auf den immer wiederkehrenden Entscheidungen, die sein Besitzer zu treffen hat – wann und wie nämlich jede einzelne Arbeit, vom Pflanzen der Reben bis zum Abfüllen des Weins in Flaschen, geschehen soll –, dass ihm auch die endgültige Entscheidung darüber anvertraut werden muss, aus was sich sein Wein zusammensetzen soll. Ein immer häufiger zu bemerkendes Anzeichen dafür, wie ernst die Château-Besitzer ihre Verantwortung nehmen, ist die wachsende Zahl von »Zweitetiketten« für Weine, die den selbst aufgestellten Anforderungen nicht entsprechen. Doch gibt es auch nicht wenige Cru-classé-Besitzer, die gleichgültig oder ignorant genug sind, minderwertigen Wein zu produzieren, und von denen ihre Nachbarn mit nur wenig Ironie in der Stimme sagen, sie seien allergisch gegen das Zahlen von Steuern.

So wird es im Médoc gehandhabt. In St-Emilion ist es anders. Dort fällt ein Teil der Châteaux, die so genannten Premiers grands crus, in eine zeitlich begrenzte Einstufung, die (theoretisch) nach jeweils zehn Jahren erneuerbar ist. Die letzte Überprüfung fand 1996 statt. Andere, die Grands crus, müssen jeden Jahrgang anhand einer Weinprobe prüfen lassen.

1855 wurde die Klassifizierung nur für das Médoc und das Château Haut-Brion in Graves aufgestellt. Die Einstufung sieht fünf Klassen vor, doch wird immer wieder betont, dass die Reihenfolge innerhalb dieser Klassen ohne Bedeutung ist. Seither wurde nur eine offizielle Änderung vorgenommen: die Aufwertung von Château Mouton-Rothschild aus der zweiten in die erste Cru-Klasse im Jahr 1973.

Crus bourgeois & Petits Châteaux

Ob ein nicht zu den Crus classés gehörendes Château offiziellen Rang besitzt oder nicht, ist auch nicht einfach zu entscheiden. Es hängt zum Teil davon ab, ob der Besitzer eher eigenbrötlerisch oder gesellig veranlagt ist. Die Mitgliedschaft im *Syndicat des Crus bourgeois,* dem zuständigen Verband, ist nämlich ganz und gar freiwillig. Die im September 1996 revidierte Mitgliederliste des *Syndicat des Crus bourgeois du Médoc* weist 321 Weingüter aus; davon entfallen 108 auf die AC Médoc, 109 auf die AC Haut-Médoc (24 in St-Seurin de Cadourne), 16 auf die AC Moulis, 24 auf die AC Listrac, 34 auf die AC St-Estèphe, 10 auf die AC Pauillac, 6 auf die AC

St-Julien und 14 auf die AC Margaux. Die Konfusion um die Crus grands bourgeois und die Crus grands bourgeois exceptionnels ist aufgrund einer der wenigen begrüßenswerten Regelungen, die die EU inzwischen erlassen hat, fast behoben, obwohl man diese Benennungen immer noch auf Etiketten finden kann.

Die Bezeichnungen Cru artisan und Cru paysan sind gelegentlich für Weingüter gebräuchlich, die aufgrund ihrer Größe oder Qualität hinter den Crus bourgeois rangieren. 1989 wurde das *Syndicat des Crus artisans* für Besitzungen von unter 7 ha gebildet. Die Mitgliederzahl beträgt 236. Meist fasst der Weinhandel sie alle unter der Bezeichnung Petits Châteaux zusammen – eine höchst relative Bezeichnung, denn schon ein Cru bourgeois kommt den Rothschilds sicher klein vor.

Zu Beginn des neuen Jahrtausends wurde das gesamte Konzept des Cru bourgeois einer Überprüfung unterzogen; ein unabhängiges Gremium wird darüber entscheiden, wer dieses Prädikat tragen darf. Im Jahr 2001 legte das Landwirtschaftsministerium drei Kategorien fest – Cru bourgeois, Cru bourgeois supérieur und Cru bourgeois exceptionnel – deren Mitglieder nach jeweils zehn Jahren neu zu bewerten sind.

Viele der besseren Crus bourgeois sind mit dieser Bezeichnung jedoch alles andere als glücklich, da sie sich selbst mit einer gewissen Berechtigung eher als Cru-classé-Kandidaten sehen, die ihr Ziel vorerst nur knapp verfehlt haben. Der Begriff Cru bourgeois taucht nicht auf ihren Etiketten auf, und den Syndikaten bleiben sie fern. Die gesamte Szene ist zurzeit nicht recht durchschaubar.

Um die Verwirrung noch etwas größer zu machen, benutzten plötzlich auch diverse Weingüter der Côtes de Bourg und Côtes de Blaye die Bezeichnung Cru bourgeois, auf die die *Médocains* den alleinigen Anspruch erhoben. Sie gingen vor Gericht und verloren.

Viele der kleineren Güter, die es früher zu Tausenden gab, sind heute mit den *Caves coopératives* verbunden, aber die Négociants suchen sich immer häufiger einzelne Betriebe heraus und würdigen sie eines eigenen Etiketts. Tatsächlich gehen viele zuerst in der Anonymität der Genossenschaft auf und finden dann wunderbarerweise zu ihrer Identität zurück. Es wäre wenig sinnvoll, an dieser Stelle die endlose Liste ihrer klangvollen Namen zu präsentieren, doch für den aufgeschlossenen Liebhaber des Bordeaux-Weins lohnt es sich, sie aufzuspüren: In guten Jahrgängen, die nicht älter als drei bis vier Jahre sind, findet man hier hervorragenden Wein zu einem günstigen Preis.

Die Bordeaux-Klassifizierung von 1855

Premiers crus

Château Lafite-Rothschild, Pauillac
Château Latour, Pauillac
Château Margaux, Margaux
Château Haut-Brion, Graves
Château Mouton-Rothschild, Pauillac
  (1973 zum Premier cru erhoben)

Deuxièmes crus

Château Rauzan-Ségla, Margaux
Château Rauzan-Gassies, Margaux
Château Léoville-Las Cases, St-Julien
Château Léoville-Poyferré, St-Julien
Château Léoville-Barton, St-Julien
Château Durfort-Vivens, Margaux

Château Lascombes, Margaux
Château Gruaud-Larose, St-Julien
Château Brane-Cantenac,
    Cantenac-Margaux
Château Pichon-Longueville, Pauillac-Margaux
Château Pichon-Lalande, Pauillac
Château Ducru-Beaucaillou, St-Julien
Château Cos d'Estournel, St-Estèphe
Château Montrose, St-Estèphe

Troisièmes crus

Château Giscours, Labarde-Margaux
Château Kirwan, Cantenac-Margaux
Château d'Issan, Cantenac-Margaux
Château Lagrange, St-Julien
Château Langoa-Barton, St-Julien
Château Malescot St-Exupéry, Margaux
Château Cantenac-Brown, Cantenac-Margaux
Château Palmer, Cantenac-Margaux
Château La Lagune, Ludon
Château Desmirail, Margaux
Château Calon-Ségur, St-Estèphe
Château Ferrière, Margaux
Château Marquis d'Alesme Becker, Margaux
Château Boyd-Cantenac, Cantenac-Margaux

Quatrièmes crus

Château St-Pierre, St-Julien
Château Branaire-Ducru, St-Julien
Château Talbot, St-Julien
Château Duhart-Milon-Rothschild, Pauillac
Château Pouget, Cantenac-Margaux
Château La Tour-Carnet, St-Laurent
Château Lafon-Rochet, St-Estèphe
Château Beychevelle, St-Julien
Château Prieuré-Lichine,
    Cantenac-Margaux
Château Marquis-de-Terme, Margaux

Cinquièmes crus

Château Pontet-Canet, Pauillac
Château Batailley, Pauillac
Château Grand-Puy-Lacoste, Pauillac
Château Grand-Puy-Ducasse, Pauillac
Château Haut-Batailley, Pauillac
Château Lynch-Bages, Pauillac
Château Lynch-Moussas, Pauillac
Château Dauzac, Labarde-Margaux
Château d'Armailhac, Pauillac (früher Mouton
    d'Armailhacq bzw. Mouton Baronne-Philippe)
Château Du Tertre, Arsac-Margaux
Château Haut-Bages-Libéral, Pauillac
Château Pédesclaux, Pauillac
Château Belgrave, St-Laurent
Château de Camensac, St-Laurent
Château Cos-Labory, St-Estèphe
Château Clerc-Milon-Rothschild, Pauillac
Château Croizet-Bages, Pauillac
Château Cantemerle, Macau

Die roten Bordeaux-Trauben

Die für die wichtigsten Châteaux von Bordeaux gemachten
Angaben auf den folgenden Seiten führen auch die Mengen-
verhältnisse der verschiedenen Traubensorten in ihren Weinbergen an, soweit diese bekannt sind.

Die klassischen roten Bordeaux-Trauben sind alle miteinander verwandt. Sie sind wahrscheinlich Abkömmlinge der
antiken Biturica-Rebe, deren Name noch in der Bezeichnung
Vidure zu finden ist, einem Synonym für Cabernet Sauvignon
in Graves. Im Lauf der Jahrhunderte stellten sich aufgrund
ihrer Fruchtbarkeit, Widerstandsfähigkeit gegen Krankheiten,
Geschmacksfülle und Anpassungsfähigkeit an die Böden im
Bordelais vier Haupt-Rebsorten als bestgeeignet heraus.

Cabernet Sauvignon ist die im Médoc vorherrschende Sorte. Sie ist am aromaintensivsten, mit kleinen Beeren, die einen
dunklen, gerbstoffreichen Wein ergeben, der lange lagern muss,
dann aber Tiefe und Ausdruck zeigt. Cabernet Sauvignon blüht
willig und gleichmäßig, bringt einen ziemlich spät reifenden,
mittleren Ertrag hervor und ist fäulnisresistenter als Sorten mit
weicheren und dünnerschaligen Beeren. Als spät reifende Sorte braucht sie warmen Boden. Sie gedeiht deshalb gut auf
Kiesböden, der kältere Lehmboden von Pomerol bekommt
ihr dagegen nicht.

Eine enge Verwandte ist Cabernet franc, die größere, saftigere Trauben erbringt. Sie war vor der Einführung von Cabernet Sauvignon im 18. Jahrhundert die Hauptstütze des Bordeaux-Weins und wird noch heute vor allem in Pomerol und
St-Emilion, wo sie Bouchet heißt, großflächig angebaut. Ein
Cabernet franc wartet mit einem köstlichen, sanft fruchtigen
Geschmack auf (der sich auch besonders gut in einem Chinon und Bourgueil von der Loire ausprägt), hat aber weniger Gerbstoffgehalt und Tiefe. Die nicht so regelmäßige Blüte und die dünnere Schale erweisen sich vor allem im Médoc
als weniger vorteilhaft.

Größere Bedeutung kommt heute Merlot zu, einer Sorte,
die früh treibt, blüht und reift. Dadurch ist sie zwar im Frühling empfindlicher, ermöglicht anderseits aber eine frühere
Lese und bringt durch höheren Zuckergehalt mehr Alkohol
in den Wein. Bedauerlicherweise muss es aber zur Erntezeit
nur leicht regnen, schon beginnen die sehr dicht besetzten
Trauben zu faulen. Der Merlot-Wein hat schöne Farbe und
einen ebenso würzigen, aber milderen Geschmack als Cabernet Sauvignon. Im Médoc wird Merlot in mäßigem Verhältnis – selten über 40 % – mit verwendet, in Graves in höherem Maße, noch mehr in St-Emilion und in Pomerol bis zu
95 %. Diese Sorte ist es auch, die für den opulenten Körper
und die Geschmacksfülle eines Château Pétrus verantwortlich zeichnet.

Eine vierte rote Traube, die im Médoc noch in kleinen Mengen angebaut wird, ist Petit Verdot, auch eine Verwandte der
Cabernet-Traube, die spät reift, gutes Aroma und Alterungspotenzial mitbringt, aber unregelmäßig blüht und auch noch
andere Schwächen hat. Ein wenig davon verleiht dem Wein
allerdings mehr Komplexität und vor allem ein kräftigeres
»Rückgrat«.

Eine vor allem in der Gegend von St-Emilion und in den
weniger berühmten Bereichen vorkommende fünfte Sorte ist
die Malbec (auch Pressac), eine große, saftreiche, früh reifende Traube, die aber ernste Schwierigkeiten mit der Blüte hat
(Verrieseln, franz. *coulure*). Sie wird an der Gironde mehr der
Ertragsmenge als der Qualität wegen angebaut. Paradoxerweise ist sie unter ihrem Synonym Auxerrois (oder Cot) die
Haupttraube des berühmten »schwarzen Weins« von Cahors.
Die trockene Klimazone der Anden bekommt ihr besser.

Ein Château-Besitzer »kreiert« seinen Wein auf lange Sicht
durch die Auswahl der zu kombinierenden Rebsorten und
das Mengenverhältnis, in dem er sie anpflanzt.

Die weißen Bordeaux-Trauben

Der klassische Weinberg mit hellen Trauben ist im Bordelais ein Gemisch aus zwei Hauptsorten und einer oder zwei Nebensorten in ebenso unterschiedlichem Verhältnis zueinander wie bei den Rotweinreben.

Die besten Weinberge sind zu mindestens 90% mit Sauvignon blanc und Sémillon bepflanzt – Sauvignon blanc wegen seines feinen Aromas und der guten Säure, Sémillon wegen seiner Neigung zur Edelfäule. In den Weinbergen der süßen Sauternes-Weine stehen daher mehr Sémillon-Reben, oft auch ein kleinerer Bestand der würzigeren Muscadelle-Traube. Unglücklicherweise zeigt Sauvignon blanc im Bordelais Blüteprobleme, was zu unzuverlässigen Erträgen führt. Will man Sauvignon-Trauben in gleichmäßiger Menge ernten, muss man eine unverhältnismäßig große Zahl von Reben kultivieren. Ebenfalls interessant ist die Variante Sauvignon gris, die in den Rebbeständen einiger der besten Güter von Graves zu finden ist. Neuerdings wird auch in gewissem Umfang ein frischer, trockener Weißwein ganz aus Sémillon-Trauben gekeltert. Weitere helle Traubensorten sind Ugni blanc, Folle blanche, Colombard und Riesling.

Der Weinhandel in Bordeaux

Seit der Römerzeit, aus der berichtet wird, dass ein *negotiator britannicus* in Burdigala Wein gekauft habe, spielt der Handel mit dem Ausland im Leben der Stadt eine maßgebliche Rolle. Im Mittelalter war England der Hauptabnehmer. Vom 17. Jahrhundert an waren die Holländer, dann die Deutschen, darauf wieder die Engländer und am Ende die Amerikaner die Hauptkunden. In den 1980er-Jahren kamen die Japaner hinzu. Nordfrankreich und Belgien nehmen heute den Großteil ab, vor allem im Direktverkauf.

Zwei Jahrhunderte lang bis zwischen 1960 und 1970 lag der Weinhandel vornehmlich in den Händen einer Gruppe von *négociants,* die fast alle aus dem Ausland kamen und ihre Kontore und Keller am Quai des Chartrons nördlich vom Stadtzentrum hatten. Das älteste heute noch bestehende Handelshaus ist die holländische Firma Beyermann, gegründet 1620. Die »Chartronnais«-Familien wie Cruse, Caivet, Barton & Guestier, Johnston und Eschenauer waren weithin bekannte Häuser mit beträchtlichem Einfluss.

Die meisten dieser Firmen sind in Übernahmen aufgegangen, oder ihre Namen wurden aufgekauft; ihre Bedeutung ist mit dem Anwachsen der Direktverkäufe ab Château, der Château-Abfüllungen und vor allem der Kosten für die Vorratshaltung geschwunden. Neue Methoden im Absatz neuer Markenweine an weniger zahlreiche, aber finanzstärkere Einzelhandelsunternehmen haben im Handel eine neue Klasse geschaffen. Auch sind die meisten Handelshäuser aus der Stadt hinaus in leichter zugängliche Anwesen gezogen. Es folgen die Namen der wichtigsten Firmen.

Alias
Bordeaux. Geschäftsführer: Pierre Lawton.
www.aliasbordeaux.com
1992 gegründetes, dynamisches Handelshaus, spezialisiert auf Crus classés, besonders für den Markt in Fernost.

Barton et Guestier
Blanquefort.
Geschäftsführer: Etienne Brault.
www.barton-guestier.com

Im Besitz von Diageo. Nur noch ein Drittel des Geschäfts entfällt heute auf Bordeaux; die Verbindung mit der ursprünglichen, 1725 von einem Iren gegründeten Firma, dessen Nachkommen heute noch Besitzer von Château Langoa-Barton sind, beschränkt sich auf den Namen. Das Haus exportiert jährlich zwei Millionen Kisten Wein.

Bordeaux Millésimes
Bordeaux. Geschäftsführer: Dominique Renard
Spezialisiert auf Crus classés, mit einem großen Lagerbestand an neuen und alten Jahrgängen.

Borie-Manoux
Bordeaux. Geschäftsführer: Philippe Castéja
Großlieferant von Bordeaux-Weinen für Hotels, Restaurants und spezialisierte Einzelhändler auf dem französischen Markt. Besitzer von »Beau Rivage«, der zweitgrößten Bordeaux-Marke. Kontrolliert über 240 ha Anbaufläche in den wichtigen Appellationen: Châteaux Batailley, Haut-Bages-Montpelou, Beau-Site, Trottevieille, Bergat und Domaine de l'Eglise.

Calvet SA
Bordeaux. Geschäftsführer/Besitzer: Jacques Drounau.
www.calvet.com
Gegründet 1870, ursprünglich von der Rhône mit weiterhin guten Verbindungen dorthin und nach Burgund. Das Programm wurde von einem jungen Kellertechnikerteam wieder belebt.

Castel Frères
Niederlassung in Blanquefort. Geschäftsführer: Pierre Castel.
www.castel-freres.com
Ein Haus mit riesigem Weinumsatz, der von Bier und Wasser jedoch noch übertroffen wird. Castel besitzt oder verwaltet 600 ha Weinland in Bordeaux. Eigentümer von Château d'Arcins im Haut-Médoc und den Domaines Virginie im Languedoc sowie weiteren Gütern.

Cheval Quancard
Lagrave d'Ambares.
www.cheval-quancard.com
Das Familienunternehmen ist u. a. im Besitz des Château Terrefort Quancard, der Marke »Le Chai des Bordes« und von 200 ha Rebfläche in Bordeaux.

Cordier
Blanquefort. www.cordier-wines.com
Die Familie Cordier verkaufte 1984 die Mehrheit am Unternehmen an die große Finanzgruppe Suez Lyonnaise des Eaux. Heute gehört es zur Val-d'Orbieu-Gruppe. Eigentümer von 450 ha Weinbergen in Bordeaux, darunter Châteaux Lafaurie-Peyraguey, Meyney und Clos de Jacobins.

CVBG (Compagnie des Vins de Bordeaux et de la Gironde)
Parempuyre. Geschäftsführer: Jean-Marie Chadronnier.
www.cvbg.com
Hierzu gehören Dourthe und Kressmann. Das für den Weinhandel in Bordeaux bedeutende Haus hat seinen Sitz und Keller in Parempuyre (Médoc), besitzt die Châteaux Belgrave und La Garde und entwickelte u. a. die Erfolgsmarken »Dourthe N° 1« und »Essence«.

Madame Jean Descaves
Bordeaux

Mme. Descaves besaß den größten Lagerbestand an seltenen alten Spitzenweinen, den sie zu ständig steigenden Preisen verkaufte. Nach ihrem Tod 1999 im hohen Alter von 97 Jahren ging ihr Besitz an Duclot.

Duclot
Bordeaux. Geschäftsführer: Jean-François Moueix.
www.duclot.fr
Jean-François Moueix, der Bruder von Christian Moueix und anteiliger Eigner des mächtigen Familienunternehmens in Libourne, besitzt eine Firmengruppe, die sich auf Bordeaux-Spitzenweine spezialisiert hat. Sie werden hauptsächlich an Privatkunden abgegeben. Auch die bekannten Weinhandlungen Badie und L'Intendant in Bordeaux zählen zum Besitz.

Dulong Frères & Fils
Floirac. Geschäftsführer: Eric Dulong. www.dulong.com
Ein Familienunternehmen mit stetig steigendem Export von Vin de table und AC-Bordeaux in Flasche und Tank.

Robert Giraud
St André de Cubzac. Geschäftsführer: Philippe Giraud.
www.robertgiraud.com
Wichtiges Handelshaus für den französischen Markt mit seiner Marke »Blason Timberlay«.

Grands Vins de Gironde
St Loubes. Geschäftsführer: Pierre-Michel Alsac. www.gvg.fr
Eine 1991 von Rémy Cointreau zusammengestellte Gruppe aus de Luze, de Rivoyre, Diprovin Chantecaille und Teilen der ehemaligen S.D.V.F. Als Zweig für feine Weine dient La Grande Cave.

Joanne
Fargues St Hilaire
Die Gebrüder Pierre-Antoine, Olivier und Eric Castéja haben sich mit Erfolg auf Crus classés und Weine in Château-Abfüllung spezialisiert.

Nathaniel Johnston & Fils
Bordeaux. www.nath-johnston.com
Ein Familienunternehmen, 1734 in Bordeaux gegründet, das heute – in der neunten Generation – von Denis und Archibald Johnston geleitet wird. 60% vorwiegend feiner Weine gehen in den Export.

Mähler-Besse
Bordeaux. Geschäftsführer: Franck Mähler-Besse.
www.mahler-besse.com
Familienfirma in Bordeaux sowie in Holland, Belgien, Spanien und Portugal, mit Mehrheitsbeteiligung an Château Palmer und prachtvollen Beständen an alten Jahrgängen.

Yvon Mau
Gironde sur Dropt. Geschäftsführer: Jean-François Mau.
www.yvonmau.fr
Sehr rühriger Betrieb, 2001 vom spanischen Getränkekonzern Freixenet aufgekauft. Durch geschickte Handhabung von Alleinrechten an Marken und Châteaux beträchtliche Erfolge bei großen Einzelhandelsunternehmen. »Yvescourt« ist der meistverkaufte französische Rosé. Besitzer von Château Preuillac.

Mestrezat
Bordeaux. Geschäftsführer: Alain Duhau

Großhändler für Bordeaux-Weine, in erster Linie Flaschenweine von Petits Châteaux bis Premiers crus. Gehört zur Finanzgruppe Paribas, in deren Besitz sich u. a. die Châteaux Grand-Puy-Ducasse, Rayne Vigneau und Lamothe Bergeron befinden. Wie Cordier (siehe dort) nun eine Tochter der Val-d'Orbieu-Gruppe.

Millésima
Bordeaux. Geschäftsführer: Patrick Bernard.
www.millesima.com
Ein Weinhandelsbetrieb, der sich auf den Mailorder-Verkauf von Crus classés Weinen an Privatkunden spezialisiert hat.

J.-P. Moueix
Libourne. Geschäftsführer: Christian Moueix
Eines der führenden Weinhandelshäuser am rechten Flussufer, besser bekannt jedoch als Eigner von Château Pétrus und zahlreichen anderen Spitzenweingütern in Pomerol und St-Emilion. Im Jahr 2000 verkaufte Moueix alle seine Besitztümer in Fronsac.

Baron Philippe de Rothschild SA
Pauillac.
www.bpdr.com
Für Philippine de Rothschild geleitet von Xavier de Eizaguirre, der 1996 Nachfolger von Philippe Cottin, einem der klügsten Köpfe in ganz Bordeaux, wurde. Die im Médoc beheimatete Firma vertreibt die bekannteste Bordeaux-Marke »Mouton-Cadet« sowie das Baron-Philippe-Programm und hat kürzlich Weingüter im Languedoc erworben. Sie ist Mitbesitzerin an den Unternehmen Opus One (Napa Valley, Kalifornien) und Almaviva (Chile).

William Pitters
Lormont. Geschäftsführer: Bernard Magrez.
www.williampitters.com
Unternehmungsfreudiges Handelshaus in Bordeaux: »Malesan« ist die bedeutendste Bordeaux-Handelsmarke innerhalb Frankreichs. Weiterhin im Besitz der algerischen Marke »Sidi Brahmin« und von Weinbergen in Marokko, China und Südamerika. Bernard Magrez hat darüber hinaus mehrere Weingüter in Bordeaux erworben, darunter Château Pape-Clément.

André Quancard
St André de Cubzac.
Geschäftsführer: Joel Quancard.
www.andrequancard.com
Handelshaus mit gutem Ruf, speziell für Crus bourgeois und Petits Châteaux.

Sichel
Bordeaux. Geschäftsführer: Peter Sichel. www.sichel.fr
Teilhaber an Château Palmer und Alleinbesitzer von Château d'Angludet sowie der bahnbrechenden Kellerei Bel Air in den Premières Côtes, wo fruchtige, moderne Bordeaux-Rotweine entstehen. Unter der exzellenten Marke »Sirius« werden hier auch ein fassvergorener weißer Bordeaux und ein in Eiche ausgebauter roter Bordeaux produziert.

Taillan
Bordeaux. Geschäftsführer: Merlaut
Von Jacques Merlaut gegründete angesehene Handelsfirma; Eigentümerin von Ginestet und der Châteaux Gruaud-Larose, Chasse-Spleen und Haut-Bages-Libéral.

Médoc

Das Médoc ist das keilförmige Gebiet nördlich von Bordeaux zwischen dem Atlantik und der breiten Mündung der Gironde, dem Zusammenfluss von Garonne und Dordogne. Die Weinberge liegen hier sämtlich wenige Kilometer vom östlichen Mündungsufer entfernt auf einer Reihe flacher Hügel oder vielmehr Plateaus mit mehr oder weniger steinigem Boden, durchzogen von zahlreichen kleinen Bächen; das Unterland besteht vor allem aus Schwemmsand.

Holländische Bauleute gruben diese *jalles* im 17. Jahrhundert, um die neuen Weinberge zu entwässern. Sie haben die äußerst wichtige Funktion, den Wasserspiegel zu senken, weil der Boden trotz des starken Kiesgehalts in zwei bis drei Metern Tiefe, also dort, wohin die Rebwurzeln vordringen, oft aus sehr schwerem Lehm besteht.

Der Anteil an *graves* (grober Kies) im Boden ist in der Landschaft Graves, stromaufwärts von Bordeaux, am höchsten und nimmt talabwärts dem Médoc-Gebiet entlang allmählich ab. Die Ablagerungen sind aber stets ungleichmäßig, der Boden und der Untergrund bestehen in unterschiedlicher Zusammensetzung aus Sand, Kies und Lehm. Die untere Grenze des Haut-Médoc, nördlich von St-Estèphe, ist auch die Stelle, wo der Lehm- über den Kiesgehalt zu überwiegen beginnt.

Die Bepflanzung der *croupes* (so heißen die Kiesplateaus) geschah in einem Jahrhundert großen Wohlstands in Bordeaux unter seinem *parlement*. Die Namen seiner adeligen Mitglieder leben in vielen der Weingüter weiter, die sie zwischen 1650 und 1750 anlegten. Damals nahm das Médoc unter den Pichons, Rauzans, Ségurs und Léovilles einen ähnlichen Aufschwung wie heute das Napa Valley in Kalifornien unter den Krugs, Martinis, de la Tours und Beringers.

Der Stil und die Wucht des Weins, den diese Granden heranzogen, findet nirgendwo sonst wirklich seinesgleichen. In wundersamer Weise wirken hier die Kargheit des Bodens, die Kraft der Reben, die Weichheit der Luft und sogar das schimmernde Licht der Meeresküste zusammen. Obwohl der englische Name für Bordeaux-Wein, *claret,* eigentlich nichts mit *clarity* (Klarheit) zu tun hat, gibt er doch einen rechten Begriff von der Farbe, dem Duft, dem Körper, der Kraft und dem Bukett eines Médoc.

In Jahrhunderten hat sich bestätigt, was die damaligen Investoren offenbar intuitiv wussten: dass nämlich auf den Kiesbänken an den Flussufern die feinsten Weine wachsen. Immerhin sind die Namen derer, die den Anfang machten, auch stets an der Spitze geblieben. Der Begriff »Premier cru« ist so alt wie diese Weingüter selbst.

Heute teilt sich das Médoc in acht Appellationen auf: Fünf davon sind auf jeweils eine Gemeinde beschränkt (St-Estèphe, Pauillac, Moulis, Listrac und St-Julien), eine (Margaux) bezieht sich auf eine Gruppe von fünf kleinen Gemeinden, eine weitere (Haut-Médoc) auf eine Zusammenfassung von Bereichen mit gleichartiger Qualität außerhalb der ersten sechs, und die letzte (Médoc) steht für das nördliche Ende.

Margaux

Die Appellation Margaux erstreckt sich nicht nur auf den Ort selbst, sondern auf die gesamte Gemarkung Margaux sowie die Nachbargemeinden Cantenac, Labarde, Arsac und Soussans. Mit insgesamt 1408 ha ist die AC um einiges größer als Pauillac und St-Estèphe. Hier wachsen mehr Crus classés als irgendwo sonst und sie sind auch höher einzustufen.

Margaux ist ein großes, verschlafenes Dorf mit einem kleinen *maison du vin,* wo sich der Tourist Auskünfte holen kann. Der Wein aus Margaux selbst wächst auf dem leichtesten, am stärksten kieshaltigen Boden im Médoc und gilt potenziell als der feinste und bukettreichste aller Médoc-Gewächse. Der Wein aus Cantenac hat theoretisch etwas mehr Körper, der von Soussans, der auf etwas schwererem, nach Norden hin tiefer liegendem Boden gedeiht, weniger Klasse. Die Châteaux von Margaux stehen zumeist im Dorf zusammengedrängt, ihr Landbesitz ist in kleinen Parzellen über die Umgebung verstreut.

Margaux Premier cru

Château Margaux ☆☆☆☆
Besitzer: SCA Château Margaux. 78 ha Rotwein, 12 ha Weißwein. Rebsorten, rot: Cabernet Sauvignon 75%, Merlot 20%, Petit Verdot und Cabernet franc 5%; weiß: Sauvignon blanc 100%. www.chateau-margaux.com

Neben Château Lafite der stilvollste Premier cru und offensichtlich sowohl im Wein als auch in den herrschaftlichen Gebäuden das aristokratischste Château. Der Wein ist auch in großen Jahren nie plump oder dick; bester Château Margaux ist vielmehr rassig wie ein Rennpferd mit dem typischen feinen Bukett eines Bordeaux – in Duft und Geschmack ein Musterbeispiel an Eleganz.

Wie Lafite hat sich auch Margaux in den späten 1970er-Jahren nach rund 15 minderwertigen Jahrgängen wieder erholt. Der inzwischen verstorbene André Mentzelopoulos, dessen Tochter Corinne heute die Leitung innehat, kaufte den Besitz 1977 für umgerechnet rund 9,15 Mio Euro und investierte ungeheure Summen in eine Generalrestaurierung des Châteaus, der Weinberge und kellertechnischen Einrichtungen. Sein Streben nach Perfektion zeigte sich sofort im exzellenten 78er. Auf den Rat von Professor Peynaud hin wurden tief greifende Änderungen vorgenommen, die dem Weingut seine Spitzenstellung wiedergaben. 1983 wurde der junge Paul Pontallier Geschäftsführer und sorgt seitdem dafür, dass Château Margaux in jedem Jahrgang Spitzenweine produziert.

Das Château selbst ist ein im Médoc einmaliges Landhaus mit Säulenvorbau aus der Zeit des Ersten Kaiserreichs; die pfeilergetragenen luftigen *chais* und Keller fügen sich dem Gesamteindruck ein. Herrliche Platanenalleen durchziehen das Besitztum. Ein Teil des tiefstgelegenen Landes am Flussufer ist mit Sauvignon blanc bepflanzt und liefert einen leichten, angemessen eleganten trockenen Weißwein, »Pavillon Blanc«. Das Zweitetikett für Rotwein heißt »Pavillon Rouge«.

Margaux Crus classés

Château Boyd-Cantenac ☆
3ème cru classé. Besitzer: P. Guillemet. 18 ha.
Rebsorten: Cabernet Sauvignon 67%, Cabernet franc 7 %,
Merlot 20 %, Petit Verdot 6 %.
www.boyd-cantenac.fr
Der eigenartige Name kommt wie beim Cantenac-Brown von einem englischen Besitzer im 19. Jh. Ein kleiner, weder von weitem zu sehender noch groß gerühmter Besitz, aber voll bodenständiger, althergebrachter guter Art mit langlebigen, vollduftigen Weinen aus hervorragenden Jahren wie 1970, 1982, 1986, 1989 und 1990.

Château Brane-Cantenac ☆☆–☆☆☆
2ème cru classé. Besitzer: Henri Lurton. 85 ha. Rebsorten:
Cabernet Sauvignon 70%, Cabernet franc 10%, Merlot 20%.
www.lucienlurton.com
Einer der geachtetsten Namen unter den 2èmes crus von Margaux; ein sehr großes, gut geführtes Besitztum auf einem markanten Plateau mit hellem Kiesboden. Der Wein ist schon ziemlich früh genussreif und dabei sehr geschmeidig, hält sich aber auch. Gelungene Jahrgänge der 80er-Jahre können durchaus unter den guten 2èmes crus bestehen. Nachdem Lucien Lurton die Leitung seinem Sohn Henri übertragen hatte, kehrte dieser zur Lese per Hand zurück und verbesserte die *cuverie*. Seit 1998 ist die Qualität merklich gestiegen. Zweitetiketten: »Château Notton« und »Baron de Brane«.

Château Cantenac-Brown ☆☆–☆☆☆
3ème cru classé. Besitzer: AXA Millésimes. 52 ha. Rebsorten:
Cabernet Sauvignon 65%, Cabernet franc 10%, Merlot 25%.
www.cantenacbrown.com
Ein nüchternes, an ein Schulhaus erinnerndes Gebäude an der Landstraße südlich von Margaux. Konservative Weine, die ein unerhörtes Bukett entwickeln können. Schwächeperiode bis zum Besitzerwechsel (1987), dann erfolgten kräftige Investitionen in Weinberg und Keller. Vorerst ist der Cantenac jedoch noch nicht ganz so fein wie der klassische Margaux. Zweitetikett: »Canuet«.

Château Dauzac ☆☆–☆☆☆
5ème cru classé. Besitzer: MAIF. 40 ha. Rebsorten: Cabernet
Sauvignon 58%, Cabernet franc 5%, Merlot 37%
Die neuen Besitzer (eine Versicherungsgesellschaft) beriefen 1992 André Lurton von La Louvière als Berater und bauten 1994 einen neuen Keller. Der Wein ist zuverlässig mild, jedoch nicht begeisternd. 1998 und 1999 gerieten aber besser. Zweitetikett: ›La Bastide Dauzac‹.

Château Desmirail ☆☆
3ème cru classé. Besitzer: Denis Lurton. 30 ha. Rebsorten:
Cabernet Sauvignon 80%, Cabernet franc 5%, Merlot 15%
Jahrelang war dieses Gut Teil der Châteaux Palmer und Brane-Cantenac, ist jetzt aber wieder selbstständig. Bisher zarte, duftige, früh genussreife Weine. Zweitetikett: ›Château de Fontarney‹.

Château Durfort-Vivens ☆☆–☆☆☆
2ème cru classé. Besitzer: Gonzague Lurton. 30 ha. Rebsorten:
Cabernet Sauvignon 65%, Cabernet franc 15%, Merlot 20%
Der Name Durfort, der an Strenge und Stärke denken lässt, bezeichnete früher treffend den Charakter dieses fast ganz aus Cabernet bestehenden Weins, der anscheinend unendliche Lagerung brauchte. Ein 2ème cru nur dem Namen nach. Ab 1992 setzte die neue Generation den Merlot-Anteil herauf. Der Wein hat meist festere Struktur als Brane-Cantenac, aber verfeinert sich seit 1998 zusehends.

Château Ferrière ☆☆–☆☆☆
3ème cru classé. Besitzerin: Claire Villars/Familie Merlaut.
8 ha. Rebsorten: Cabernet Sauvignon 80%, Merlot 15%,
Petit Verdot 5%. www.ferriere.com
Bis 1992 Teil von Lascombes. Jetzt in denselben tüchtigen Händen wie Haut-Bages-Libéral. Seit 1995 hervorragende Qualität von alten Rebstöcken.

Château Giscours ☆☆–☆☆☆
3ème cru classé. Besitzer: Eric Albada Jelgersma. 80 ha.
Rebsorten: Cabernet Sauvignon 60%, Cabernet franc 5%,
Merlot 35%. www.chateau-giscours.fr
Erfolgreich in den 1970er-Jahren dank eines exzellenten 70ers und eines exzeptionellen 75ers, in den 80ern dagegen unstet. Das große, im Stil der Belle Epoque erbaute Gut wurde seit den 50er-Jahren von der Familie Tari völlig restauriert; u. a. wurde ein großer See zur Veränderung des Mikroklimas angelegt. Er bewirkt Luftströmungen zwischen dem Rebgelände und dem angrenzenden Wald und trägt dazu bei, die Spätfröste im Frühling abzuwehren. Die Weine sind gerbstoffreich, von robuster Fruchtigkeit, oft trocken, aber voll verhaltener Lebendigkeit, wie sie einen erstklassigen Bordeaux kennzeichnet – nicht der geschmeidig zarte Stil eines Margaux. Die Weine haben seit 1995 unter dem neuen holländischen Besitzer an Verlässlichkeit gewonnen.

Château d'Issan ☆☆☆☆

3ème cru classé. Besitzer: Emmanuel Cruse. 30 ha.
Rebsorten: Cabernet Sauvignon 70%, Merlot 30%.
www.chateau-issan.com

Eine der wenigen zauberhaften Stellen im Médoc: ein Landhaus aus dem 17. Jh. mit einem Burggraben, und mit Pappeln am Flussufer, wo das Rebland in Wiesen übergeht. Der Issan ist kaum je ein großer Wein, aber alte Jahrgänge halten sich in wundervoller Milde. Einige neuere Jahrgänge erscheinen zu leicht, als dass sie ebenso lange leben könnten; doch die 82er, 83er, 85er, 88er, 89er, 90er, 95er und 2000er sind ausgezeichnet.

Château Kirwan ☆☆☆

3ème cru classé. Besitzer: Familie Schyler (anteilig). 35 ha.
Rebsorten: Cabernet Sauvignon 40%, Cabernet franc 20%,
Merlot 30%, Petit Verdot 10%. www.chsteau-kirwan.com

Das 3ème-cru-Nachbargut von Brane-Cantenac scheint bis vor kurzem unter den Kennern nicht viele Freunde gehabt zu haben, obwohl es stets mit Sorgfalt und Liebe bewirtschaftet wurde. Die besten Jahrgänge (1961, 1970, 1975, 1979) sind ebenso langlebig und klassisch wie andere 2èmes crus aus Margaux: elegante Bordeaux-Weine der sanfteren Art. Seit 1992 fungiert Michel Rolland als Berater; der Wein hat inzwischen an Frucht, Wucht und Eichenton zugenommen. Der 98er, 99er und 2000er waren erstklassig.

Château Lascombes ☆☆

2ème cru classé. Besitzer: Colony Capital. 83 ha. Rebsorten:
Cabernet Sauvignon 60%, Cabernet franc 4%, Merlot 35%,
Petit Verdot 1%. www.chateau-lascombes.com

Ein potenziell superbes, großes Gut (eines der größten im Médoc), das in den 1950er-Jahren von Alexis Lichine mit viel Energie restauriert wurde und köstlichen, geschmeidigen, vollmundigen Bordeaux hervorbrachte. Einige der von Lichine zusammengefassten Weinberge wurden dann dem 2ème-cru-Rang nicht mehr gerecht. Die neuen Eigner setzten Dr. Alain Raynaud 2001 als Geschäftsführer ein; sein Erfolg ist umstritten. Eine endgültige Bewertung seiner Politik (riesiger Ertrag, mehr neue Eiche) muss noch zurückgestellt werden. Zweitetikett: »Château Ségonnes«.

Château Malescot St-Exupéry ☆☆–☆☆☆

3ème cru classé. Besitzer: Jean-Luc Zuger. 31 ha.
Rebsorten: Cabernet Sauvignon 50%, Cabernet franc 10%,
Merlot 35%, Petit Verdot 5%. www.chateau-malescot.com

Hübsches Haus in der Hauptstraße von Margaux mit verstreutem Weinbergbesitz nördlich des Orts. Wurde viele Jahre lang gemeinsam mit Château Marquis d'Alesme Becker betrieben, ist aber seit 1979 flügge geworden und verspricht noch feiner zu werden, wobei sich fruchtige Geschmacksfülle in der Jugend unter herber Strenge verbirgt. 1996 und 2000 hervorragende Weine.

Château Marquis d'Alesme Becker ☆☆

3ème cru classé. Besitzer: Jean-Claude Zuger. 18 ha.
Rebsorten: Cabernet Sauvignon 30%, Cabernet franc 30%,
Merlot 30%, Petit Verdot 10%

Kleiner Besitz in Soussans, gehört derselben Familie wie Château Malescot (siehe dort). Die Weine sind bekannt für altmodische Robustheit mit entsprechender Langlebigkeit; man schmeckt den schwereren Boden von Soussans. Die Weinbereitung ist modern, doch sollte ein Margaux-Wein weitaus mehr Charme besitzen, als hier hervorgebracht wird.

Château Marquis de Terme ☆☆

4ème cru classé. Besitzer: Philippe Sénéclauze. 38 ha.
Rebsorten: Cabernet Sauvignon 55%, Cabernet franc 3%,
Merlot 35%, Petit Verdot 7%.
www.chateau-marquis-de-terme.com

Ein geachteter alter Name, der im Handel zu wenig in Erscheinung tritt: Der größere Teil des Weins geht direkt an Privatkunden in Frankreich. Bereitet wird er mit spürbarem Gerbstoffgehalt für sehr lange Lebensdauer, obgleich er seit 1985 durch sanftere Noten an Charme gewonnen hat.

Château Palmer ☆☆☆–☆☆☆☆

3ème cru classé. Besitzer: Société Civile du Château Palmer.
51 ha. Rebsorten: Cabernet Sauvignon 47%, Merlot 47%,
Petit Verdot 6%. www.chateau-palmer.com

Möglicher Kandidat für die Aufstufung zum Premier cru, dessen beste Jahrgänge (1961, 1966, 1970, 1978, 1983, 1986, 1988, 1990, 1996, 2000) für das ganze Médoc die Maßstäbe setzen. In ihnen vereint sich Finesse mit üppigster Reife als Folge einer bevorzugten Lage auf dem Kieshang unmittelbar oberhalb von Château Margaux sowie eines altmodisch langen Gärungsprozesses in nicht zu vielen neuen Fässern. Die wichtigste Rolle spielt dabei wahrscheinlich aber die fachmännische Behandlung durch die drei Besitzer (ein Franzose, ein Holländer und ein Engländer), deren Fahnen vom Dach des romantischen Châteaus flattern.

Château Pouget ☆

4ème cru classé. Besitzer: Pierre Guillemet. 10 ha.
Rebsorten: Cabernet Sauvignon 66%, Merlot 30%,
Cabernet franc 4%

Derselbe Besitzer wie von Château Boyd-Cantenac und dieselben Resultate.

Château Prieuré-Lichine ☆☆–☆☆☆☆

4ème cru classé. Besitzer: Ballande-Gruppe. 70 ha.
Rebsorten: Cabernet Sauvignon 52%, Cabernet franc 4%,
Merlot 40%, Petit Verdot 4%

Von dem inzwischen verstorbenen Alexis Lichine durch Zusammenlegung weit verstreuter kleiner Parzellen um Margaux in den 1950er-Jahren ins Leben gerufen. Hier wurde ein zuverlässiger und erfreulich moderner Margaux-Weine gekeltert, harmonisch und zuweilen mit großer Fülle, bis die Dinge aus dem Ruder liefen.

1999 verkaufte Sacha Lichine, und heute fungieren hier der Önologe Michel Rolland aus Libourne als Berater und Stéphane Derenoncourt aus St-Emilion als Kellermeister. Ein klar definierter neuer Stil muss sich erst noch herausbilden. Zweitetikett: »Château de Clairefont«.

Château Rauzan-Gassies ☆–☆☆

2ème cru classé. Besitzer: Jean-Michel Quié. 30 ha.
Rebsorten: Cabernet Sauvignon 65%, Cabernet franc 10%,
Merlot 25%

In den letzten 20 Jahren stets enttäuschend, erst seit 1996 eine gewisse Hoffnung auf Verbesserung. Der Besitzer ist anscheinend zufrieden damit.

Château Rauzan-Ségla ☆☆☆–☆☆☆☆

2ème cru classé. Besitzer: Familie Wertheimer (Chanel). 51 ha.
Rebsorten: Cabernet Sauvignon 54%, Cabernet franc 1%,
Merlot 41%, Petit Verdot 4%

Der größere von zwei Teilen eines Besitzes, der früher gleich nach Château Margaux kam, war von den 50er bis zu den

90er-Jahren jedoch weit zurückgefallen. Die besten Jahrgänge (1961, 1975, 1983, 1986 und 1990) hatten zwar das überreiche Margaux-Bukett, über viele Jahre jedoch nicht die große Vielfalt, wie ein 2ème cru sie haben sollte. Die neuen Besitzer (seit 1994) haben inzwischen aber die Qualität eines 2ème cru in jeder Beziehung wieder hergestellt. Zweitetikett: »Ségla«.

Château du Tertre ☆☆–☆☆☆
5ème cru classé. Besitzer: Eric Albada Jelgersma. 50 ha.
Rebsorten: Cabernet Sauvignon 85%, Cabernet franc 5%,
Merlot 10%

Das hinterwäldlerische Weingut in Arsac blieb lange Jahre hinter den Erwartungen zurück. Der neue Besitzer (seit 1997) hat allerdings umfangreiche Investitionen vorgenommen, die die ersten positiven Ergebnisse zeigen. Hoher Cabernet-Anteil.

Weitere Châteaux in Margaux

Château d'Angludet ☆☆
Cantenac. Besitzer: Benjamin Sichel. 32 ha.
www.chateau-angludet.fr

Sitz des englischen Partners von Château Palmer und wie dieses in der offiziellen Klassifizierung stark unterbewertet. Feste, kräftige Weine, die ihre unbestreitbare Klasse erst mit der Zeit zeigen.

Château Bel-Air-Marquis d'Aligre ☆☆
Margaux. Besitzer: Pierre Boyer. 17 ha

Trotz des grandiosen Namens einer der einfacheren Margaux-Weine. Verbesserungen seit Mitte der 90er-Jahre. Geduld lohnt sich bei ihm meistens.

Château Deyrem-Valentin ☆☆
Soussans. Besitzer: Jean Sorge. 12 ha

Eleganter, mittelschwerer Margaux, manchmal etwas gestreckt.

Château la Gurgue ☆☆
Margaux. Besitzer: Claire Villars/Familie Merlaut. 10 ha.
www.lagurgue.com

Ein früher recht heruntergekommenes Château mitten in Margaux. Seit 1978 steht es unter derselben energischen Leitung wie Château Chasse-Spleen. Modern und zugänglich mit vollem, fruchtigem Stil.

Château Haut-Breton-Larigaudière ☆–☆☆
Soussans. Besitzer: Jacques de Schepper. 13 ha

Sehr kleines Weingut, als eines der wenigen guten Restaurants im Médoc besser bekannt.

Château Labégorce ☆☆
Margaux. Besitzer: Hubert und Joel Perrodo. 41 ha.
www.chateau-labegorce.com

Potenziell ein Spitzenweingut mit großartigem Landhaus und allem, was dazugehört. Der Wein kam lange nicht ganz an wirkliche Margaux-Eleganz heran, doch seit dem hervorragenden 2000er hat sich das geändert.

Château Labégorce-Zédé ☆☆
Soussans. Besitzer: Luc Thienpont. 28 ha.
www.labegorce-zede.com

Gehört zu den besten einfachen Margaux; im Besitz derselben flämischen Familie wie das berühmte Vieux-Château-Certan. Der 1978er war 1999 noch fein.

Château Marojallia
Arsac. Besitzer: Philippe Porcheron. 2,5 ha

Margauxs erster *vin de garage*. Geistiges Kind von Jean-Luc Thunevin, Beratung durch Michel Rolland.

Château Marsac-Séguineau ☆–☆☆
Soussans. Besitzer: Société Civile du Château/Mestrezat. 10 ha

Gehört zu derselben Gruppe wie Château Grand-Puy-Ducasse (Pauillac). Fortschrittliche Weine.

Château Martinens ☆–☆☆
Cantenac-Margaux. Besitzer: Jean-Pierre Seynat-Dulos. 31 ha

Ein gutes Weingut, das nach Modernisierung im Jahr 1989 noch Besseres verspricht. Das Château aus dem 18. Jh. wurde angeblich von drei englischen Schwestern (aus Limerick) namens White erbaut.

Château Monbrison ☆☆–☆☆☆
Arsac. Besitzer: Laurent Vonderheyden. 21 ha

Der allzu früh verstorbene Jean-Luc Vonderheyden verschaffte diesem Weingut in den 1980er-Jahren mit Weinen von großer Dichte und Finesse einen guten Ruf. Sein Bruder hält diese Tradition aufrecht.

Château Paveil de Luze ☆–☆☆
Soussans. Besitzer: Baron Geoffrey de Luze. 27 ha

Ein herrschaftliches Gut mit den dazu passenden gepflegten Weinen, die relativ jung getrunken werden wollen.

Château Siran ☆☆–☆☆☆
Labarde. Besitzer: William Alain Miailhe. 24 ha.
www.chateausiran.com

Feiner Besitz in der Hand eines Enthusiasten, der mit Regelmäßigkeit höchst ansprechenden Wein baut und entschlossen ist, den Cru-classé-Status zu erringen (der vor dem Besitzerwechsel schon für 40% seiner Weinberge gegolten hatte). Miailhe hat eine historische Karte in Auftrag gegeben, mit der er nachweisen will, dass viele Crus classés weniger des 1855 anerkannten Landes in sich vereinigen als Siran. Ein Hubschrauberlandeplatz und ein Atomschutzbunker lassen auf einen Mann schließen, der sich – über den Weinbau hinaus – auf allerhand eingerichtet hat.

Château la Tour de Mons ☆☆
Soussans. Besitzer: Bertrand Clauzel. 35 ha

Romantisches, altmodisches Weingut, seit langem im Besitz der Familie, die 1981 Château Cantemerle verkauft hat. Runde, gut strukturierte Weine (45% Merlot).

Moulis & Listrac

Moulis und Listrac sind zwei Gemeinden im mittleren Haut-Médoc, jede mit einer eigenen Appellation, die mehr von Beharrlichkeit als von großem Glanz leben. Die ausgedehnten Kiesbänke liegen zwischen Margaux und St-Julien etwas weiter zurück vom Fluss und haben schwereren Boden. Keines der Châteaux hier wurde 1855 in die Klassifizierung aufgenommen, aber ein Dutzend Crus bourgeois liefern bewundernswürdigen Wein der kargeren Art. Der beste Boden ist hier auf einer großen Kiesdüne zu finden, die sich von Grand Poujeaux in Moulis (wo die beiden Châteaux Chasse-Spleen und Maucaillou zum Besten gehören, was das Haut-Médoc zu bieten hat) bis Listrac erstreckt.

In Moulis beträgt die Gesamtrebfläche 608 ha, in Listrac 694 ha. Beide Bereiche erlebten in der hektischen Atmosphäre der 1980er-Jahre eine kräftige Expansion. Die magereren Jahre zu Beginn der 90er stellten dann die Châteaux im Inneren des Médoc, wo der Cabernet später reift als nahe an der Gironde, auf eine harte Probe. Dessen ungeachtet dürfen die näher am Fluss gelegenen Dörfer Arcins, Lamarque und Cussac nur die Appellation Haut-Médoc (siehe dort) führen.

Die führenden Châteaux in Moulis & Listrac

Château Baudan ☆☆
Listrac. Besitzer: Alain Blasquez. 4,5 ha
Kleines Weingut, das konzentrierten Wein direkt an Restaurants und den Einzelhandel verkauft.

Château Biston-Brillette ☆☆–☆☆☆
Moulis. Besitzer: Michel Barbarin. 22 ha
Eleganter mittelschwerer Wein von dauerhaft hoher Qualität.

Château Brillette ☆☆
Moulis. Besitzer: Jean-Louis Flageul. 36 ha
Auf dem den Poujeaux nächstgelegenen Plateau angebaut, ist Brilettes Wein von geschmeidigem Eichenaroma.

Château Cap Léon Veyrin ☆–☆☆
Listrac. Besitzer: Alain Meyre. 17 ha
Immer besser werdendes Weingut, dessen Reben durchschnittlich 25 Jahre alt sind.

Château Chasse-Spleen ☆☆–☆☆☆
Moulis. Besitzer: Familie Merlaut. 83 ha.
www.chasse-spleen.com
Großes Weingut. Seines Stils und seiner Langlebigkeit wegen immer wieder mit Crus classés verglichen. Mit großem Sachverstand hervorragend bereiteter Wein.

Château Clarke ☆☆
Listrac. Besitzer: Baron Benjamin de Rothschild.
55 ha
Ende der 1970er-Jahre komplett neu bepflanzt, doch trotz der enormen Investitionen ergaben sich Probleme, verlässlich gute Weine zu produzieren. Manche Jahrgänge sind wohlschmeckend, andere zu hart und tanninreich.

Château la Closerie du Grand-Poujeaux ☆
Moulis. Besitzer: Jean-Paul Bacquey. 7 ha
Kleines Gut, langlebige Weine.

Château Ducluzeau ☆☆
Listrac. Besitzer: Familie Borie. 4,5 ha
Bewundernswerter Wein (90 % Merlot), vom Besitzer von Château Ducru-Beaucaillou in winzigen Mengen produziert.

Château Duplessis-Fabre ☆
Moulis. Besitzer: Philippe Dourthe. 17 ha
Gleicher Besitzer wie von Château Maucaillou.

Château Duplessis-Hauchecorne ☆
Moulis. Besitzer: Marie-Laure Lurton-Roux. 18 ha
Leichterer, gefälligerer Wein als die meisten anderen aus der Gemarkung.

Château Dutruch Grand Poujeaux ☆☆–☆☆☆
Moulis. Besitzer: François Cordonnier. 25 ha
Alter Familienbesitz. Gut strukturierter Wein mit langer Reifezeit, wie er für Moulis typisch ist.

Château Fonréaud ☆
Listrac. Besitzer: Jean Chanfreau. 30 ha.
www.chateau-fonreaud.com
Bekanntes Weingut mit allerdings oft zu säurereichen Weinen ohne Charme.

Château Fourcas ☆☆–☆☆☆
Loubaney. Besitzer: Altus Finance. 46 ha
Ein großes Weingut mit hochklassigem, kräftigem Wein von leichtem Eichenton.

Château Fourcas-Dupré ☆☆
Listrac (Teile der Rebfläche in Moulis).
Besitzer: Patrice Pagès. 44 ha.
www.chateaufourcasdupre.com
Meist tadelloser, fruchtiger Wein, manchmal aber zu tanninreich.

Château Fourcas-Hosten ☆☆–☆☆☆
Listrac. Besitzer: Bertrand de Rivoyre und Patrice Pagès. 43 ha
Mit Anklängen an Eiche und schwarze Johannisbeeren, manchmal jedoch etwas spröde. Benötigt lange Flaschenreifung zur Milderung der Tannine.

Die Commanderie du Bontemps de Médoc et des Graves

Médoc und Grave sind in einer gemeinsamen Wein-Loge vereinigt, der *Commanderie du Bontemps de Médoc et des Graves,* die in ihrer heutigen Form seit 1950 besteht. Auf Initiative des damaligen Regionalabgeordneten Emile Liquard warfen sich die Mitglieder einer unternehmungslustigen Gruppe von Château-Besitzern in rote Roben und begannen auf ausgedehnten und sehr fidelen Festbanketts im *chais* eines größeren Châteaus Würdenträger zu benennen und Berühmtheiten zu ehren, die sich um den Bordeaux-Wein verdient gemacht hatten, darunter Journalisten und Weinhändler.

Die Commanderie beansprucht, etwas gewagt, die Nachfolgerschaft eines 1154 in St-Laurent im Médoc ansässigen Malteserordens aus der Organisation der Tempelritter. Ihre drei jährlich abgehaltenen Bankette bestehen aus dem Fest des St. Vincent (dem Schutzheiligen der Winzer) im Januar, der *Fête de la Fleur* (zur Weinblüte) im Juni und dem *Ban des Vendanges,* dem offiziellen Erntebeginn im September. Männliche Neumitglieder der Commanderie werden *Commandeur d'Honneur* genannt und weibliche *Gourmette* – ein Wortspiel mit der weiblichen Form von Gourmet und dem Namen des silbernen Kettchens, mit dem der Korken um den Hals des Dekantiergefäßes gehängt wird.

Mit Witz und Geschick verbindet die Commanderie die Förderung des Weinverkaufs mit selbstironischem Pomp und einem guten Schuss Humor.

Château Gressier Grand-Poujeaux ☆☆–☆☆☆
Moulis. Besitzer: Bertrand Marcellus. 22 ha
Nachbargut von Chasse-Spleen. Voller, gewichtiger Wein. Lagerung lohnt sich.

Château Lafon ☆
Listrac. Besitzer: J.-P. Théron. 13 ha
Tadelloser, leicht rustikaler Wein.

Château Lestage ☆
Listrac. Besitzer: Familie Chanfreau. 44 ha
Gleicher Besitzer wie von Château Fonréaud. Bekannter, aber wenig bemerkenswerter Wein.

Château Malmaison ☆–☆☆
Moulis. Besitzerin: Baronne Nadine de Rothschild. 24 ha
Grenzt an Château Clarke. Tadelloser, geschmeidiger Wein.

Château Maucaillou ☆☆–☆☆☆
Moulis. Besitzer: Philippe Dourthe. 68 ha.
www.chateau-maucaillou.com
Bedeutendes Weingut mit eigenem Museum. Guter Wein mit Tiefe: samtig, saftig und fruchtig.

Château Mauvesin ☆
Moulis. Besitzer: Société Viticole de France. 60 ha
Großes Weingut, dessen Wein jedoch generell etwas reizlos ist.

Château Mayne-Lalande ☆☆
Listrac. Besitzer: Bernard Lartigue. 16 ha
Voller Wein und manchmal eine außergewöhnliche Grande Réserve mit längerer Fassreifung.

Château Moulin à Vent ☆☆
Moulis. Besitzer: Dominique Hessel. 25 ha.
www.moulin-a-vent.com
Tadelloser, fruchtiger Wein, der ständig verbessert wird.

Château Peyre-Lebade ☆–☆☆
Listrac. Besitzer: Baron Benjamin de Rothschild. 56 ha
Einst das Heim des Malers Odilon Redon. Nachbar von Château Clarke. 1989 neu bepflanzt.

Château Poujeaux ☆☆☆
Moulis. Besitzer: Familie Theil. 52 ha.
www.chateaupoujeaux.com
Das bedeutendste Gut auf dem Poujeaux-Plateau. Konkurriert mit Chasse-Spleen um die Spitzenstellung in der Gemeinde. In neueren Jahrgängen zunehmend feiner Wein. Der hervorragende 1988er war 2002 auf dem Höhepunkt.

Château Ruat-Petit-Poujeaux ☆
Moulis. Besitzer: Pierre Goffre-Viaud. 16 ha
Eher rustikale Weine.

Château Sansarot-Dupré ☆–☆☆
Listrac. Besitzer: Yves Raymond. 14 ha
Vollmundiger Wein auf Merlot-Basis. Ferner 2 ha für weißen Bordeaux.

Château Sémeillan Mazeau ☆☆
Listrac. Besitzer: Familie Mazeau. 15 ha.
www.vignobles-jander.com

Gehaltvoller, stämmiger Wein, der sich erst nach einigen Jahren öffnet.

Cave Coopérative de Listrac ☆–☆☆
Listrac. 160 ha
Eine der größten Genossenschaften im Médoc mit gutem Ruf.

St-Julien

St-Julien, mit seinem hohen Anteil an Crus classés, ist mit nur 880 ha Rebfläche die kleinste der Spitzen-Appellationen im Médoc, aber 80 % dieser Fläche sind Deuxièmes, Troisièmes oder Quatrièmes crus (weder Premiers noch Cinquièmes crus und nur wenige Crus bourgeois). Dem auffallenden Kiesplateau am Fluss sieht man schon an, dass es eine der besten Lagen im Bordelais ist.

In einem St-Julien verbinden sich Kraft und Fülle harmonisch mit einmaliger Eleganz, und so bildet er den Gradmesser, ja womöglich sogar die eigentliche Spitze aller Bordeaux-Weine. Weiter landeinwärts, zum nächsten Ort, St-Laurent, hin, ist der Wein schon nicht mehr so fein abgerundet.

Ansonsten ist an den Dörfern St-Julien und Beychevelle nicht viel Bemerkenswertes.

St-Julien Crus classés

Château Beychevelle ☆☆☆
4ème cru classé. Besitzer: Grands Millésimes de France und Suntory. 90 ha. Rebsorten: Cabernet Sauvignon 60%, Merlot 28%, Cabernet franc 8%, Petit Verdot 4%.
www.beychevelle.com
Hochherrschaftliches Château aus dem 17. Jh. mit Weinbergen am Fluss, die von Süden her den Hügel Richtung St-Julien emporsteigen. Der seidig-geschmeidige Wein passt in meiner Vorstellung am idealsten zu vornehmen englischen Landhäusern. Berühmte Jahrgänge der 1950er- und 1960er-Jahre stellten Marksteine dar, von einer Art, an die die im Großfirmenbesitz befindlichen Weingüter heute nicht mehr heranreichen. Das eigentümliche Schiff auf dem Etikett ist ein Andenken an den Gründer, einen Admiral, den die auf der Gironde vorbeifahrenden Schiffe durch ihr *baisse-voiles,* ihr Segelstreichen, grüßten – woher, so die Legende, der Name Beychevelle stammt. Zweitetikett: »Amiral de Beychevelle«.

Château Branaire ☆☆☆
4ème cru classé. Besitzer: Patrick Maroteau. 50 ha. Rebsorten: Cabernet Sauvignon 70%, Cabernet franc 5%, Merlot 22%, Petit Verdot 3%. www.branaire.com
Weinberge in verschiedenen Teilen der Gemarkung. Das Château liegt Beychevelle gegenüber. Musterbeispiel für St-Julien mit mehr Betonung auf Bukett als auf Stärke; große Geschmacksfülle und Harmonie bei bekannter Zuverlässigkeit. Geschäftsführer Philippe Dhalluin sorgt mit Ruhe und Überblick für die gleichbleibende Qualität dieses ausnehmend reinen, würdigen Weins. Zweitetikett: »Château Duluc«.

Château Ducru-Beaucaillou ☆☆☆–☆☆☆☆
2ème cru classé. Besitzer: François-Xavier Borie. 49 ha. Rebsorten: Cabernet Sauvignon 65%, Cabernet franc 5%, Merlot 25%, Petit Verdot 5%
Neben Château Beychevelle am Fluss gelegen; der über den Kellern errichtete Bau kann sich in »Grandeur«, wenn auch

nicht in Schönheit, mit dem Nachbargut fast messen. Der Familie Borie gehören auch die Châteaux Grand-Puy-Lacoste und Haut-Batailley in Pauillac. Nach einer Phase der Mittelmäßigkeit zu Beginn der 90er seit 1995 wieder in Spitzenform. Bietet die feste, verführerische Geschmacksfülle der besten St-Julien-Weine.

Château Gruaud-Larose ☆☆☆–☆☆☆☆
2ème cru classé. Besitzer: Jean Merlaut. 82 ha. Rebsorten: Cabernet Sauvignon 57%, Cabernet franc 7%, Merlot 32%, Petit Verdot 4%. www.chateau-gruaud-larose.fr
Weingut mit hervorragenden Lagen am Südhang von St-Julien, jahrelang der Stolz des Handelshauses Cordier. Wurde im Jahr 1997 an Merlaut verkauft, steht aber noch immer unter der Leitung von Georges Pauli. Regelmäßig einer der fruchtigsten, mildesten, ansprechendsten unter den großen Bordeaux-Weinen, trotzdem so langlebig wie die meisten und vom Gegenwert her fast allen überlegen. Höchste Qualität seit 1995. Zweitetikett: »Sarget de Gruaud-Larose«.

Château Lagrange ☆☆–☆☆☆
3ème cru classé. Besitzer: Suntory. 113 ha. Rebsorten: Cabernet Sauvignon 67%, Merlot 26%, Petit Verdot 7%. www.chateau-lagrange.com
Schönes Gut mit Waldbestand landeinwärts von St-Julien. Ab 1983 unter neuen japanischen Besitzern durch Erweiterung und Renovierung Aufstieg zum größten Erzeuger in St-Julien. Unaufdringliche, süffige Weine, immer angenehm, selten begeisternd. Zweitetikett: »Les Fiefs-de-Lagrange«.

Château Langoa-Barton ☆☆–☆☆☆
3ème cru classé. Besitzer: Familie Barton. 15 ha. Rebsorten: Cabernet Sauvignon 72%, Cabernet franc 8%, Merlot 20%
Das noble Schwester-Château von Léoville-Barton ist auch das Heim der Bartons. Ebenso hervorragender Wein, dem Ruf nach jedoch immer einen Schritt hinter Léoville.

Château Léoville-Barton ☆☆☆–☆☆☆☆
2ème cru classé. Besitzer: Familie Barton. 45 ha. Rebsorten: Cabernet Sauvignon 72%, Cabernet franc 8%, Merlot 20%
Der dritte Teil der ursprünglichen Léoville-Besitzung, seit 1821 Eigentum der irischen Familie Barton. Einer der feinsten und typischsten St-Julien-Weine, oft voller als Léoville-Las-Cases. Nach sehr konservativen Methoden in alten Eichenfässern bereitet, und zwar im schönen, über seinen Kellern erbauten Château Langoa aus dem 18. Jh. Durch bedeutende neuere Investitionen wurde der Qualitätsstand weiter angehoben, die Preise sind dabei jedoch bemerkenswert stabil geblieben. Eckpfeiler der angelsächsischen Kellerei.

Château Léoville-Las-Cases ☆☆☆☆
2ème cru classé. Besitzer: Jean-Hubert Delon. 97 ha. Rebsorten: Cabernet Sauvignon 65%, Cabernet franc 12%, Merlot 20%, Petit Verdot 3%
Der größte Teil des alten dreiteiligen Léoville-Besitzes an der Grenze zu Pauillac, direkt neben Château Latour. Gehört in die Spitze seiner Gruppe und findet weithin viel Lob; erzeugt regelmäßig feinsten Bordeaux-Wein für Kenner, außerordentlich bukettreich und für einen St-Julien sehr trocken, mit langer Reifezeit und zur Strenge neigend. Das steinerne Tor des Weinbergs ist ein Wahrzeichen der Landschaft, die *chais* liegen aber mitten in St-Julien neben dem Château, das zu Léoville-Poyferré gehört. Infolge strenger Auslese entfällt auf den *grand vin* oft weniger als die Hälfte der Gesamtproduk-

tion. Zweitetikett: »Clos du Marquis«. Siehe auch Château Potensac (Médoc).

Château Léoville-Poyferre ☆☆☆
2ème cru classé. Besitzer: Familie Cuvelier. 80 ha. Rebsorten: Cabernet Sauvignon 60%, Merlot 30%, Petit Verdot 8%, Cabernet franc 2%. www.leoville-poyferre.fr
Der mittlere Teil des Léoville-Besitzes mit dem Château. Der Wein ist potenziell ebenso groß wie der Léoville-Las-Cases, und Didier Cuvelier, der neue Direktor aus der Familie Cuvelier, bemüht sich mit Hilfe des Önologen Michel Rolland, seinem Nachbarn den Rang abzulaufen. Das Zweitetikett trägt den Namen eines Cru bourgeois, »Château Moulin-Riche«.

Château St-Pierre (-Sevaistre) ☆☆☆
4ème cru classé. Besitzer: Domaines Martin. 17 ha. Rebsorten: Cabernet Sauvignon 70%, Cabernet franc 10%, Merlot 20%
Das kleinste und am wenigsten bekannte unter den Crus classés von St-Julien, aber in großartiger Lage. 1982 kaufte es Henri Martin von Château Gloria (siehe dort) und führte es zu neuen Höhen; heute steht es unter der Leitung seines Schwiegersohns Jean-Louis Triaud. Kein glanzvoller, jedoch fruchtiger Wein mit tiefer Farbe von alten Reben.

Château Talbot ☆☆☆
4ème cru classé. Besitzer: Familie Cordier. 102 ha. Rebsorten: Cabernet Sauvignon 66%, Cabernet franc 3%, Merlot 24%, Petit Verdot 5%, Malbec 2%. www.chateau-talbot.com
Eines der größten und ertragreichsten Weingüter von Bordeaux, landeinwärts von den Léoville-Gütern gelegen. Marschall Talbot war der letzte englische Befehlshaber in Aquitanien. Wie Gruaud-Larose ein voller, fruchtiger, milder Wein, jedoch mit nicht ganz so viel Fülle und Körper. 5 ha erbringen kleine Mengen an trockenem Weißwein »Caillou Blanc«, der die Behauptung Lügen straft, dass das Médoc keinen Weißwein produzieren könne. Zweitetikett: »Connétable Talbot«.

Weitere Châteaux in St-Julien

Château la Bridane ☆☆
Besitzer: Pierre Saintout. 15 ha
Attraktiver, solider Wein mit der Frucht von schwarzen Johannisbeeren, für mittlere Lagerung.

Château du Glana ☆☆
Besitzer: Vignobles Meffre. 42 ha
Eines der beiden großen Güter in St-Julien, die nicht zu den Crus classés gehören. Der Eigentümer ist ein Weinhändler mit mehreren Besitzungen; er hat nördlich von St-Julien einen riesigen *chai*, fast ein Lagerhaus, gebaut. Aus seinen hervorragenden Lagen wird ein beachtlicher Wein gewonnen von Reben, die fast ausschließlich maschinell geerntet werden.

Château Gloria ☆☆–☆☆☆
Besitzerin: Françoise Triaud. 48 ha
Das klassische Beispiel für ein Château ohne offiziellen Rang, jedoch mit ausnehmender Qualität, geschaffen vom berühmten Bürgermeister von St-Julien. Der inzwischen verstorbene Henri Martin stellte den Weinbergbesitz in den 1940er-Jahren aus benachbarten Parzellen von Crus classés, besonders Château St-Pierre, zusammen. Der Wein ist voll und langlebig, reift teilweise in großen Fässern und hat daher weniger Eichen-

Château Lafite-Rothschild – So entsteht ein großer Bordeaux

Wenn die Begeisterung mit uns, den Autoren dieses Buchs, jemals durchzugehen drohen sollte, dann hier, bei diesem Thema. Im Château Lafite-Rothschild werden seit weit mehr als 200 Jahren Weine für Millionäre mit Intelligenz und Geschmack gekeltert. Als hier einmal Stichproben aus 36 Jahrgängen, die bis auf das Jahr 1799 zurückgingen, verkostet und miteinander verglichen wurden, stellten die Beteiligten bewundernd fest, wie viel gleichmäßige Güte sie vorfanden. Bei allen Unterschieden in Qualität, Art und Reifegrad dieser Jahrgänge zeigte sich eine unverkennbare Verwandtschaft zwischen allen Weinen über anderthalb Jahrhunderte hinweg.

Das mag man in Zweifel ziehen, denn die Konzeption eines Bordeaux Cru ist nicht so einfach zu verstehen. Als Kombination aus Boden, Lage, Tradition und Fachwissen beruht seine Beständigkeit in höchstem Maße auf dem Faktor »Mensch« (selbst Homer würde hier ausnahmsweise einmal die Götter aus dem Spiel lassen). Lafite hatte in den 1960er- und frühen 1970er-Jahren eine Pechsträhne. Seit 1976 ist es wieder der Inbegriff eines traditionsreichen Bordeaux-Château in bester Form.

Das Gutshaus Lafite ist eher von tadelloser Eleganz als grandios: eine stattliche, aber nicht klassische Villa aus dem 18. Jh., erbaut auf einer Terrasse über einem höchst nüchternen und

zugleich dem besten Gemüsegarten im Médoc. Hier gibt es keine großartigen Räume; der rote Salon, das hellblaue Speisezimmer und die dunkelgrüne Bibliothek sind gemütlich, bewohnt und persönlich. Die Familie Rothschild kaufte diesen Besitz im Jahr 1868 und hat ihn seither wie ihren Augapfel gehütet. 1974 übernahm ihn der 34-jährige Baron Eric de Rothschild.

Grandeur beginnt dagegen im *cuvier,* in dem die Gärbehälter stehen, und in den weiten, niedrigen scheunenartigen *chais,* wo die Fässer mit scheinbar unendlich sich wiederholender Perspektive Ring an Ring beieinander stehen. 1989 wurde ein einzigartiger, spektakulärer neuer *chai* eingeweiht, mit kreisförmigem Grundriss und mächtigen Säulen, der tief in die Weinberge eingegraben ist. In den düstern, moosbewachsenen Flaschenkellern, die Jahrgänge bis zurück ins Jahr 1797 bergen – der wahrscheinlich erste Bordeaux, der je in einem Château auf Flaschen gezogen wurde, liegt hier noch im Originalgebinde –, ist die Vergangenheit gegenwärtig.

Die Qualität beginnt beim Boden: tiefgründige Kiesbänke auf Kalkgestein. Viel hängt auch vom Alter der Reben ab: Bei Lafite beträgt das Durchschnittsalter 40 Jahre. Noch mehr kommt es darauf an, den Ertrag zu beschränken: Strenger Schnitt drückt ihn auf 40 bis 45 hl/ha.

Die Weinlese beginnt im Médoc irgendwann zwischen Anfang September und Ende Oktober. In einem großen Weinbergbesitz (bei Lafite sind es 100 ha) ist es natürlich nicht möglich, alle Trauben genau zum idealen Zeitpunkt zu ernten. Die Lesehelfer beginnen mit der Merlot-Traube, die ja am frühesten reift, und arbeiten sich dann so schnell sie können durch. Lafite beschäftigt in dieser Zeit 250 Leute, um die Ernte so rasch wie möglich einzubringen.

Die wichtige Arbeit des Auslesens beginnt schon im Weinberg. Ungleichmäßig reife oder fäulnisbefallene Trauben werden gleich ausgeschieden. Im *cuvier* wird wieder eine Inspektion vorgenommen, ehe das Lesegut in den *égrappoir-fouloir* gekippt wird, eine einfache Mühle, die zuerst die Beeren von den Stielen trennt und sie dann zerkleinert (die meisten Weingüter benutzen einen *égrappoir-fouloir,* der beides gleichzeitig erledigt. Perfektionisten wie hier entfernen die Stiele zuerst).

---

holzgeschmack als die meisten Médocs. Mitte der 1990er-Jahre gab es einen weiteren Qualitätsanstieg. »Château Haut-Beychevelle-Gloria« und »Château Peymartin« sind Namen von Auslesen für bestimmte Absatzmärkte.

Château Lalande Borie ☆☆
Besitzer: Familie Borie. 18 ha
Ein 1970 vom Besitzer des Château Ducru-Beaucaillou, wo der Wein auch bereitet wird, aus Teilen des ehemaligen Château Lagrange geschaffenes Weingut. Also praktisch ein kleiner Ableger von Ducru.

Château Moulin de la Rose ☆☆
Besitzer: Guy Delon. 4,5 ha
Ein nur wenig bekannter Besitz, der von Crus-classés-Lagen umgeben ist. Gut bereitete Weine.

Château Terrey-Gros-Caillou & Château Hortevie ☆☆
Besitzer: Henri Pradère. 15 ha
Vereinigung von zwei kleineren Besitztümern, die einen sehr anerkennenswerten St-Julien hervorbringen.

Pauillac

Pauillac ist die einzige Stadt im Weinbaugebiet des Médoc und eine recht stille noch dazu. Vor noch nicht allzu langer Zeit wurde sie belebt (wenn man so sagen darf) durch eine riesige, inzwischen (1986) stillgelegte und teilweise abgerissene Shell-Ölraffinerie unmittelbar nördlich am Fluss. Die wenigen Hotels des Orts liegen alle am Fluss hinter einer baumbestandenen Uferpromenade. Nur das besuchenswerte *maison du vin* gibt einen Hinweis auf den Weltruf dieser Stadt. Hinzu kommen die berühmten Château-Namen, die man überall auf Schildern in den Weinbergen antrifft.

Im Wein von Pauillac kommen die Qualitäten aller roten Bordeaux-Weine zum Ausdruck. Er ist ein kraftvoller Ästhet, ein Zusammentreffen von Wucht und Finesse, die in die Extreme gehen können (Latour und Lafite sind die Pole), in Bestform jedoch erreicht er eine so vollkommene Ausgewogenheit, dass kein Abend lang genug sein kann, um ihm gerecht zu werden. Auf der Rebfläche von 1200 ha finden sich mehr Crus classés beisammen als in irgendeiner anderen Gemeinde außer Margaux – dabei liegt das Hauptgewicht überra-

Bei entsprechender Drehzahlregelung der Rollen kann das Mitgemahlen-Werden von grünen Trauben verhindert werden. Die zerquetschten Trauben werden getrennt nach den vier Sorten in aufrecht stehende Eichenbottiche gepumpt, von denen jeder zwischen 15 750 und 20 250 Liter fasst. Reicht der natürliche Zuckergehalt der Trauben nicht aus, wird chaptalisiert. Bei milder Witterung beginnen Saft und Fruchtfleisch schon innerhalb eines Tages gewaltig zu gären.

Die Gärungstemperatur wird so reguliert, dass sie nicht höher als auf 30 °C steigt – das ist gerade richtig, um möglichst viel Farbstoff aus den Schalen oder »Hülsen« zu ziehen, aber nicht so viel, dass die Hefen in ihrer Entwicklung gehindert werden, was den stetigen Gärungsverlauf beeinträchtigen würde. Wenn die Gefahr besteht, dass die Temperatur höher ansteigt, wird der Most vom Boden des Bottichs durch ein Kühlsystem nach oben gepumpt. Dabei fließt er über den »Hut«, d. h. über die obenauf schwimmenden Traubenschalen, was zusätzlich zur Extraktion der Farbstoffe beiträgt.

Der Gärvorgang dauert je nach den vorhandenen Hefen, dem Reifegrad der Trauben und der Witterung etwa eine bis drei Wochen. Der Wein kann, wenn es nötig ist, bis zu 21 Tage lang bei den Schalen belassen werden, um ein Höchstmaß an Farb- und Geschmacksstoffen aus diesen herauszulaugen. Mit etwas Glück ist bis dahin auch die mälolaktische Säureumwandlung in Gang gekommen oder sogar schon beendet. Jetzt wird der Most in neue 225-l-Barriques abgezogen, die im Château selbst aus Eichenholz, das vom Tronçais-Wald der zentralfranzösischen Region Allier stammt, gebaut werden. Die im Bottich verbliebenen festen Rückstände aus Schalen und Kernen kommen in eine hydraulische Presse. Ein Teil (bis zu 10 %) des so gewonnenen extrem gerbstoffreichen Weins kann mit verwendet werden.

Die Barriques – in einem ertragreichen Jahr bis zu 1100 Stück – stehen in Reihen im *chai*, mit einem Pfropfen oben leicht verschlossen, bis die malolaktische Säureumwandlung beendet ist. Zu Beginn des neuen Jahres probieren dann der Gutsherr, sein Verwalter, der *maître de chai* und der als Berater fungierende Önologe Professor Boissenot den tintigen,

scharfen neuen Wein und treffen eine ganz wesentliche Auswahl: welche Fässer für den Hauptwein, den *grand vin* des Château, gut genug sind, welche für das Zweitetikett »Carruades de Lafite« und welche für den einfachen »Pauillac« taugen. Jetzt ist die Zeit gekommen für die *assemblage,* die Zusammenstellung der Weine aus den vier verschiedenen Rebsorten, die bis jetzt noch immer getrennt lagern. Nach dem Verschneiden wird der Wein in saubere Fässer zurückgefüllt.

Ein weiteres Jahr stehen die Fässer nun mit nach oben liegendem losem Spund und werden wöchentlich aufgefüllt, um den Schwund (Verdunstungsverlust) auszugleichen. Zwischendurch wird der Wein zwei- bis dreimal in saubere Fässer abgezogen und mit geschlagenem Eiweiß »geschönt«. Das Eiweiß wird auf die Oberfläche gegossen, gerinnt dort und sinkt allmählich zu Boden, wobei es alle Schwebeteilchen bindet. Wenn das Jahr vorüber ist, werden die Spunde mit einem Hammer fest eingeschlagen und die Fässer *bondes de côte* – mit dem Spund zur Seite – aufgestellt. Fortan kann man Kostproben nur noch durch das winzige, mit einem hölzernen Pfropfen verschlossene Zapfloch am Boden des Fasses entnehmen.

Im Château Lafite bleibt der Wein weitere neun bis zwölf Monate im Fass, bis er im zweiten Sommer oder Herbst nach der Lese noch einmal abgezogen und in den großen Behälter gegeben wird, der die Flaschenabfüllmaschine versorgt. Würde der Wein direkt aus den einzelnen Fässern auf Flaschen gezogen, gäbe es zu viel Ungleichmäßigkeit.

So kompliziert sich dies alles auch anhören mag, es gibt keine einfachere und natürlichere Weise der Weinbereitung. Was die Erzeugung eines Premier-cru-Weins von anspruchsloseren Gewächsen unterscheidet, hat mit der aufgewendeten Zeit zu tun, mit Taktik und rigoroser Auslese.

Seit einiger Zeit setzt Rothschild'scher Unternehmergeist die technische (und finanzielle) Stärke von Lafite nah und fern für neue Aufgaben ein. So wurde das Nachbar-Château Duhart-Milon gekauft und renoviert; Château Rieussec in Sauternes sowie das Spitzen-Château L'Evangile in Pomerol wurden ebenfalls erworben, und in Chile (1988), Kalifornien (1989) und Portugal (1992) Gemeinschaftsunternehmungen initiiert.

---

schenderweise auf den Weinen der fünften Klasse, obwohl viele darunter Besseres verdient hätten.

Pauillac Premiers crus

Château Lafite-Rothschild ☆☆☆☆
Besitzer: Domaines Baron de Rothschild. 100 ha.
Rebsorten: Cabernet Sauvignon 70%, Cabernet franc 3%,
Merlot 25%, Petit Verdot 2%. www.lafite.com
Siehe Kasten «Château Lafite-Rothschild – So entsteht ein großer Bordeaux».

Château Latour ☆☆☆☆
Besitzer: Pinault-Printemps-Gruppe. 65 ha.
Rebsorten: Cabernet Sauvignon 78%, Cabernet franc 4%,
Merlot 16%, Petit Verdot 2%. www.chateau-latour.fr
Château Latour steht zu Château Lafite in jeder Hinsicht im Gegensatz. Dort wächst der Wein auf anderem Boden und wird auf andere Weise bereitet; die Qualitäten des einen werden daher durch die des anderen besonders klar ins Licht

gerückt. Lafite ist ein Tenor, Latour ein Bass. Lafite ist Lyrik, Latour ein Epos. Lafite ist ein zarter Reigen, Latour eine schmetternde Parade.

Lafite liegt an der nördlichen Grenze von Pauillac zu St-Estèphe, Latour an der südlichen Grenze der Gemarkung nach St-Julien zu, 6,5 km weiter auf dem letzten flachen Hügel aus vom Fluss angeschwemmtem Kiesboden vor dem Sumpfgebiet und dem Wasserlauf, welche die beiden Gemarkungen trennen. Der alte Weinberg, dessen Name von einer mittelalterlichen Feste am Fluss stammt, umgibt das bescheidene Gutshaus mit dem berühmten kuppelgekrönten Steinturm und den weitläufigen, an Stallungen erinnernden *chais.* Zwei weitere kleinere Weinberge liegen etwa einen Kilometer landeinwärts nahe bei Château Batailley.

Fast drei Jahrhunderte lang war das Gut im Besitz ein und derselben Familie und bis 1760 mit Lafite vereint. Seine moderne Geschichte begann 1963, als die Familie de Beaumont ihren mehrheitlichen Anteil an eine englische Gruppe mit dem Bankier Lord Cowdray an der Spitze, zu der auch die Weinhändler Harveys in Bristol gehörten, verkaufte. Sie führten eine grundlegende Modernisierung durch, beginnend mit temperaturgeregelten Gärbehältern aus rostfreiem Edelstahl anstelle der alten Eichenfässer. Seither haben englische und französische Talente im Verein das Gut von Grund auf rationalisiert und perfektioniert und dabei solche Maßstäbe gesetzt, dass Latour ziemlich zu Unrecht für seine minderen Jahrgänge berühmter geworden ist als für die Pracht und Herrlichkeit solcher Weine wie die 61er, 66er, 70er, 75er, 78er, 82er, 86er, 88er, 89er, 90er, 95er, 96er und 2000er. Gleichmäßigkeit und tiefe, nachhaltige Art wirken auch hinüber auf das Zweitetikett »Les Forts de Latour«, das Preise erzielt wie ein 2ème-cru-Château. »Les Forts« kommt zum Teil aus Fässern, die den Standard für einen *grand vin* nicht ganz erfüllen. Sein Ursprung sind zwei kleinere Weinberge (18 ha), weiter landeinwärts nach Batailley zu. Sie wurden 1966 neu angepflanzt, und die dort geernteten Trauben gelangten erstmals in die Weine der frühen 70er-Jahre. Unter dem bescheidenen Etikett »Pauillac« wurde in den 90er-Jahren noch ein dritter Wein bereitet, der aber seinen großen Brüdern beileibe keine Schande machte.

1989 kaufte die Allied-Lyons Ltd. (Eigentümer von Harveys in Bristol) den Cowdray-Pearson-Anteil, wobei der Besitz auf 100 Mio. US-Dollar veranschlagt wurde und daher als das teuerste Weingut der Welt gelten darf. Die über drei Jahrzehnte während englische Herrschaft endete 1994 mit dem Verkauf an den französischen Unternehmer François Pinault für umgerechnet über 100 Mio. Euro (also gut das Zehnfache dessen, was Mentzelopoulos 1977 für Château Margaux bezahlt hatte). Pinaults rechte Hand Frédéric Engerer überwachte eine weitere komplette Modernisierung der Kelleranlagen, die 2002 abgeschlossen war. Hier gibt es keine Kompromisse.

Château Mouton-Rothschild ☆☆☆☆
Besitzer: Baronne Philippine de Rothschild. 80 ha (davon 4 ha Weißwein). Rebsorten: Cabernet Sauvignon 80%, Cabernet franc 10%, Merlot 8%. Petit Verdot 2%. www.bpdr.com
Mouton-Rothschild ist geographischer Nachbar von Lafite, steht in puncto Genuss aber Latour näher. Kennzeichnend für ihn ist eine tiefe Konzentration an Cabernet-Sauvignon-Geschmack, von dem oft behauptet wird, er erinnere an schwarze Johannisbeeren, und der in seinem Gerbstoffreichtum wie zwischen den Polen eines Magneten eingespannt ist – ein Balanceakt, der sich jahrzehntelang hinziehen kann und dabei ständig an Faszination und Grazie gewinnt. 1976 notierte ich über einen 49er Mouton: »Tiefes, unverbliches Rot; gewaltiger Duft fast kalifornischer Art; harzig und würzig; noch tanninstreng, aber überwältigend in Fülle und feiner Süße. In jeder Hinsicht großartig.«

Mehr als jedes andere Château wird Mouton-Rothschild mit einem einzigen Mann identifiziert, dem 1988 verstorbenen Baron Philippe de Rothschild, der es als vernachlässigtes Gut des englischen Zweigs der Familie Rothschild im Jahr 1922 übernahm. Dieser bemerkenswerte Mann mit vielen Talenten (Dichter, Dramatiker, Rennfahrer und vieles mehr) war entschlossen, Mouton vom ersten Platz in der Liste der 2èmes crus von 1855 auf die gleiche Ebene wie Lafite zu heben. 51 Jahre lang bemühte er sich, dann war es so weit: 1973 errang er die offizielle Aufstufung, und das war die einzige Änderung, die bisher an der Klassifizierung von 1855 vorgenommen worden ist.

Baron Philippe und seine amerikanische Ehefrau Pauline bauten im steinernen Stallungsgebäude ein ganz neues Haus, und sie stellten darin ein einzigartiges Museum von Kunstwerken zusammen, die den Wein zum Gegenstand haben. (Besichtigung ist nach Anmeldung möglich.) Seit 1989 führt nun Tochter Philippine, die vom Vater den unstillbaren Lebens-

hunger geerbt zu haben scheint, das Werk weiter und kümmert sich mit geschickter Hand auch um das kalifornische Weinimperium, das er zusammen mit Robert Moldavi in den 1980er-Jahren ins Leben gerufen hatte.

Durch seine Liebe zur Kunst (und seinen Sinn für Publizität) kam der Baron auf die Idee, den oberen Teil des Mouton-Etiketts von 1945 an Jahr um Jahr von einem anderen berühmten Künstler entwerfen zu lassen. Von diesen Jahrgängen sind die berühmtesten der 49er (einst der bevorzugte Jahrgang des Besitzers) sowie 53er, 59er, 61er, 66er, 70er, 75er, 82er, 85er, 86er, 88er, 89er, 90er, 95er, 98er und 2000er. Im Lauf der Jahre erweiterte sich das Bordeaux-Imperium des Barons um die Châteaux d'Armailhacq und Clerc-Milon sowie La Baronnie, die Firma, die den Bestseller unter den Bordeaux-Weinen, Mouton-Cadet, erzeugt und vertreibt. Mouton selbst hatte kein Zweitetikett, bis 1994 »Le Petit Mouton« eingeführt wurde. Seit 1991 wird in kleinen Mengen auch der intensive, trockene Weißwein »Aile d'Argent« produziert, der sich aber erst noch bewähren muss.

Pauillac Crus classés

Château d'Armailhac ☆☆☆
5ème cru classé. Besitzer: Baronne Philippine de Rothschild. 52 ha. Rebsorten: Cabernet Sauvignon 55%, Cabernet franc 25%, Merlot 20%
Ursprünglich Mouton-d'Armailhacq wurde dieses Château 1933 von Baron Philippe de Rothschild erworben und zweimal umbenannt. Das Weingut liegt südlich von Mouton, grenzt an Pontet-Canet, liegt aber auf leichterem, sogar sandigem Boden, der neben den höheren Anteilen an Cabernet Sauvignon und Merlot zu einem leichteren, schneller reifenden Wein im Mouton-Stil beiträgt.

Château Batailley ☆☆–☆☆☆
5ème cru classé. Besitzer: Emile Castéja. 52 ha. Rebsorten: Cabernet Sauvignon 70%, Cabernet franc 5%, Merlot 25%
Der Name des Besitzes – ein weiterer, der durch seine Aufteilung in Batailley und das benachbarte Haut-Batailley Verwirrung stiftet – ist aus einem englisch-französischen Missverständnis im 15. Jh. entstanden: Joseph Bataihé war der Lieblingsweinhändler von Charles II. – er muss wohl aus diesem bewaldeten Gebiet im Inneren von Pauillac gebürtig gewesen sein. Batailley ist der größere Teil, in ihm steht das hübsche kleine Château aus dem 19. Jh. mit seinem englischen Park. Der Wein ist tanninreich, nie wirklich anmutig, aber schließlich gleicht sich seine Strenge durch feine Süße aus; in alten Flaschen (20 Jahre) erhalten sich Saft und Kraft. Solche Pauillac-Weine nähern sich bereits der Art von St-Estèphe, und sind für gewöhnlich ihren Preis mehr als wert.

Château Clerc-Milon ☆☆☆
5ème cru classé. Besitzer: Baronne Philippine de Rothschild S.A. 30 ha. Rebsorten: Cabernet Sauvignon 70%, Cabernet franc 10, Merlot 20%
Das kaum bekannte, kleine Gut mit dem Namen Clerc-Milon-Mondon wurde 1970 von Baron Philippe de Rothschild gekauft. Der Weinbergbesitz (ein eigentliches Château gibt es nicht) besteht aus viel versprechenden Lagen nahe bei den Châteaux Lafite und Mouton-Rothschild. Der typische Rothschild-Perfektionismus, viel Energie und Geld haben eine Reihe guter Jahrgänge hervorgebracht, beginnend mit einem bemerkenswert feinen 70er. Nach einer Zeit der Unsicherheit

produziert Clerc-Milon nun wieder zuverlässige klassische Weine. Der 2000er ist beispielhaft.

Château Croizet-Bages ☆–☆☆

5ème cru classé. Besitzer: Jean-Michel Quié. 30 ha. Rebsorten: Cabernet Sauvignon 50%, Cabernet franc 10%, Merlot 40%

Das Gut gehört den Besitzern von Château Rauzan-Gassies in Margaux (siehe dort). Ein Château existiert nicht, dafür Weinberge auf dem Bages-Plateau zwischen Lynch-Bages und Grand-Puy-Lacoste. Verglichen mit der Festigkeit und Lebendigkeit des Lynch-Bages aus dem gleichen Jahrgang, war der 61er nach 20 Jahren fast eine alte Dame: lieblich, aber schwächlich. Neuere Jahrgänge sind selbst in Spitzenjahren deutlich leicht ausgefallen.

Château Duhart-Milon-Rothschild ☆☆☆

4ème cru classé. Besitzer: Domaines Baron de Rothschild. 50 ha. Rebsorten: Cabernet Sauvignon 65%, Cabernet franc 5%, Merlot 30%. www.lafite.com

Das kleine Schwestergut von Château Lafite, auf dem nächsten, Carruades genannten Hügel landeinwärts. Es wurde 1964 von den Rothschilds gekauft und inzwischen völlig neu bepflanzt und erweitert. Früher brachte es harte Weine ohne viel Eleganz, aber mit dem Heranwachsen der noch jungen Reben wird es wieder zu einem großen Château, das langlebigen Bordeaux zu bieten hat. Zweitetikett: »Moulin de Duhart«.

Château Grand-Puy-Ducasse ☆☆

5ème cru classé. Besitzer: Mestrezat. 37 ha. Rebsorten: Cabernet Sauvignon 62%, Merlot 38%

Weit auseinander liegender, dreigeteilter Weinbergbesitz: einer neben Grand-Puy-Lacoste, einer bei Pontet-Canet, der dritte näher bei Batailley; die *chais* und das Château liegen am Ufer in Pauillac. Trotz vieler Neuanpflanzungen und häufiger Renovierungen hat sich das Gut aber bereits mit großen, schön ausgebauten, langlebigen Weinen (z. B. 1961, '64, '66, '67, '70) einen guten Namen gemacht. Die 86er und 89er waren Stars der 80er-Jahre, doch oft mangelte es an Brillanz. Ausnahme: der superbe 1996er. Zweitetikett: »Artigues-Arnaud«.

Château Grand-Puy-Lacoste ☆☆☆–☆☆☆☆

5ème cru classé. Besitzer: Familie Borie. 50 ha. Rebsorten: Cabernet Sauvignon 70%, Cabernet franc 5%, Merlot 25%

Der größte Gastronom des Médoc, Raymond Dupin, verkaufte den Besitz 1978 an einen der tatkräftigsten Weingutbesitzer, Jean-Eugène Borie (von Ducru-Beaucaillou, Haut-Batailley usw.). Dessen Sohn François-Xavier wohnt heute im Château und bewirtschaftet das Gut. Ein ziemlich abgelegener, aber attraktiver Besitz mit einem wunderschönen romantischen Garten, der gar nicht recht in das Médoc passen will, auf dem nächsten Hügel landeinwärts vom Bages-Plateau. Der Wein hat gewaltigen Biss, tiefe Farbe, Festigkeit und große Klasse. Zweitetikett: »Lacoste-Borie«.

Château Haut-Bages-Libéral ☆☆–☆☆☆☆

5ème cru classé. Besitzerin: Claire Villars. 28 ha. Rebsorten: Cabernet Sauvignon 75%, Merlot 22%, Petit Verdot 3%. www.hautbagesliberal.com

Weinberg nördlich angrenzend an Château Latour. Die Merlaut-Familie hat enorm investiert, und so wird hier viel besserer Wein erzeugt, als der nicht so große Ruf ahnen lässt: echter Pauillac, kräftig, gerbstoffreich und langlebig. Zweitetikett: »Chapelle de Bages«.

Château Haut-Batailley ☆☆–☆☆☆

5ème cru classé. Besitzer: Familie Borie. 22 ha. Rebsorten: Cabernet Sauvignon 65%, Cabernet franc 10%, Merlot 25%

Ein Wein mit mehr Charme als Fülle, im Stil viel eher ein St-Julien als ein Pauillac. Wenn es auf reine Schmackhaftigkeit ankommt, kann man auf diese Weine bauen. Zweitetikett: »La Tour l'Aspic«.

Château Lynch-Bages ☆☆☆–☆☆☆☆☆

5ème cru classé. Besitzer: Familie Cazes. 90 ha. Rebsorten: Cabernet Sauvignon 75%, Cabernet franc 10%, Merlot 15%. www.lynchbages.com

Ein großes Gut, das wegen seines milden, vollen Weins mit ausgeprägtem Cabernet-Geschmack als Inbegriff eines herzhaften Pauillac viele Freunde hat. Das Bages-Plateau südlich der Stadt hat relativ kräftigen Boden auf einem Untergrund aus Lehm. Die besten Jahrgänge (1982, 1985, 1986, 1988, 1989, 1990 und alle Jahrgänge ab 1995) sind äußerst langlebig; der 61er dürfte jetzt erst auf seinem Höhepunkt sein.

Jean-Michel Cazes, auch ein führender Versicherungskaufmann in Pauillac, hat das verfallene Château und die alten, höhlenartigen, düsteren *chais* in den 80er-Jahren wieder aufgebaut und das Gut zu neuen Höhen geführt. Bis 2001 war er auch Direktor der AXA-Weingüter. Les Ormes-de-Pez in St-Estèphe gehört ihm ebenfalls. Zweitetikett: »Haut-Bages-Averous«.

Château Lynch-Moussas ☆–☆☆

5ème cru classé. Besitzer: Emile Castéja. 50 ha. Rebsorten: Cabernet Sauvignon 60%, Merlot 40%

Seit 1969 Stallgefährte des benachbarten Château Batailley. Castéja hat auf dem großen, aber fast schon in Vergessenheit geratenen Gut Neuanpflanzungen vorgenommen und die *chais* renoviert. Mit dem Heranwachsen der jungen Reben zeigen die Weine der 1990er-Jahre bereits größere Geschmackstiefe, doch im Grunde sind sie eher Leichtgewichte.

Château Pédesclaux ☆

5ème cru classé. Besitzer: Bernard Jugla. 20 ha. Rebsorten: Cabernet Sauvignon 65%, Cabernet franc 7%, Merlot 25%, Petit Verdot 3%

Einer der am wenigsten bekannten Crus classés aus Pauillac mit über die Gemarkung verstreutem Weinbergbesitz, wie Grand-Puy-Ducasse. Hier wird sanfter Wein, vor allem im Geschmack der Hauptkunden, der Belgier, erzeugt. Jugla (siehe auch Château Colombier Monpelou) benützt die Namen zweier seiner Crus bourgeois, »Grand Duroc Milon« und »Belle Rose«, als Zweitetiketten.

Château Pichon-Longueville ☆☆☆–☆☆☆☆

2ème cru classé. Besitzer: AXA Millésimes. 68 ha. Rebsorten: Cabernet Sauvignon 70%, Cabernet franc 5%, Merlot 25%. www.pichonlongueville.com

Der neue Besitzer, die Versicherungsgesellschaft AXA, geht seit 1987 mit großem Eifer daran, mit dem Nachbargut der Comtesse auf der anderen Straßenseite (die langatmige und verwirrende Namensgebung wird im nächsten Eintrag erklärt), das jahrelang viel besseren Wein zu bieten hatte, in Konkurrenz zu treten. Unter der Leitung von Jean-Michel Cazes (siehe Château Lynch-Bages) wurde das Gut mit anscheinend unerschöpflichen Mitteln durch ein radikales Umbauprogramm völlig verwandelt. Der Wein ist dem des Nachbarguts inzwischen ebenbürtig; vielleicht ist er mit seinem größeren Cabernet-Anteil sogar der vollblütigere Pauillac. Hervorragende Qualität seit dem herrlichen 90er. Zweitwein: »Les Tourelles de Longueville«.

Château Pichon-Longueville, Comtesse de Lalande
☆☆☆–☆☆☆☆

2ème cru classé. Besitzerin: Mme. May-Eliane de Lencquesaing. 75 ha.
Rebsorten: Cabernet Sauvignon 45%, Cabernet franc 12%, Merlot 35%, Petit Verdot 8%. www.pichon-lalande.com

Zwei Châteaux teilen sich den herrlichen Weinbergbesitz, der im 17. Jh. von dem Mann angepflanzt wurde, der auch das Gut Rauzan in Margaux angelegt hat. Die Châteaux befanden sich noch lange im Besitz von Nachkommen der Barone de Pichon-Longueville. Zwei Drittel des Besitztums entfielen schließlich auf eine Tochter, die Comtesse de Lalande – daher der lange Name, der oft auf Pichon Lalande oder Pichon Comtesse verkürzt wird. Die jetzige Besitzerfamilie kaufte es im Jahr 1925.

Das Gutshaus liegt in den Weinbergen von Château Latour, die Rebflächen erstrecken sich jedoch größtenteils auf der anderen Straßenseite auf kieshaltigem Boden mit lehmigem Untergrund, umgeben von Trauben des anderen Château Pichon sowie von Besitzungen, die zu Latour, Ducru-Beaucaillou und Léoville-Las-Cases gehören. Der südliche Teil des Weinbergs liegt eigentlich in St-Julien. Der relativ hohe Anteil an Merlot lässt einen Wein entstehen, der an die konzentrierte Wucht eines Latour nicht herankommt, aber dafür eine verlockende duftige Milde hat, weshalb er mit zu den beliebtesten 2èmes crus gehört.

Inzwischen baut das Pichon-Lalande-Team hervorragende Weine von der Art aus, wie jedermann sie mag: stilvoller Pauillac mit der ansprechenden St-Julien-Art, nicht so tanninstreng und extraktreich, dass er Jahrzehnte zum Reifen braucht. Die Jahrgänge seit 1975 zählen alle zu den besten der jeweiligen Jahre. Besonders große Erfolge waren die 81er, 82er, 83er, 84er, 86er, 89er und fast alle nach 1995. Zweitetikett: »Réserve de la Comtesse«.

Château Pontet-Canet ☆☆☆

5ème cru classé.
Besitzer: Alfred Tesseron. 79 ha.
Rebsorten: Cabernet Sauvignon 62%, Cabernet franc 6%, Merlot 32%. www.pontet-canet.com

Allein schon seiner Größe und auch der Tatsache wegen, dass es sich über ein Jahrhundert im Besitz der Weinhändler Cruse & Fils Frères befand, verdankt Pontet-Canet seine Bekanntheit. Die Lage in der Nähe von Mouton verspricht Spitzenqualität (der 1929er etwa wurde für besser befunden als der Mouton dieses großen Jahrgangs), allerdings stammt der letzte große Jahrgang von 1961. Aber auch er ist – wie alle anderen Pontet-Canet-Weine aus dieser Zeit – von Flasche zu Flasche sehr unterschiedlich. Die Familie Cruse hielt nicht viel von Erzeugerabfüllung. 1975 wurde das Gut an Guy Tesseron aus Cognac, den Schwiegersohn von Emanuel Cruse, verkauft. In den 80er-Jahren gab es stetige Verbesserungen, und strikte Auswahl hat den Weinen bis Ende der 1990er-Jahre zu einem neuen Höhenflug verholfen, die nun mit Stolz und Kraft daherkommen. Der doppelstöckige *cuvier*, die *chais* und die Flaschenkeller sind selbst für die im Médoc üblichen Maßstäbe enorm groß. Das Zweitetikett, »Les Hauts de Pontet«, wurde 1982 eingeführt.

Weitere Châteaux in Pauillac

Château la Bécasse ☆–☆☆
Besitzer: Roland Fonteneau. 4,2 ha.
Kleines, aber bewundernswertes Gut mit Weinen von großer Geschmackstiefe.

Château Colombier Monpelou ☆
17 ha
Meist ansprechender, wenn auch leichtgewichtiger Wein. Gehört zum Cru-classé-Château Pédesclaux (siehe dort).

Château Cordeillan Bages ☆☆–☆☆☆
Besitzer: J.M. Cazes. 2 ha
Nur 1000 Kisten aus dem Weinberg des Château-Hotels.

Château la Fleur Milon ☆☆
Besitzer: Familie Mirand. 13 ha. www.lafleurmilon.com
Robuster, langlebiger Wein mit rustikalen Anklängen, aber auch echter Pauillac-Art.

Château Fonbadet ☆☆–☆☆☆
Besitzer: Pierre Peyronie. 20 ha. www.chateaufonbadet.com
Volle, dichte, traditionelle Weine aus sehr alten Reben. In guten Jahren überragend.

Les Forts de Latour ☆☆☆
Siehe Château Latour
Der erste und immer noch beste »Zweitwein« aus dem Médoc.

Château Gaudin ☆
Besitzerin: Mme. Capdevielle. 10 ha
Fruchtige Weine, denen es an Komplexität mangelt.

Château Haut-Bages Monpelou ☆–☆☆
Besitzer: Emile Castéja. 15 ha
Bis 1948 Teil von Château Duhart-Milon, jetzt in denselben Händen wie Château Batailley und praktisch dessen Zweitwein.

Château Pibran ☆☆–☆☆☆
Besitzer: AXA Millésimes. 19 ha
Fülliger, robuster, oft geradezu üppiger Wein. 2001 konnte das Nachbar-Château Tour Pibran hinzugekauft werden.

Château Plantey ☆
Besitzer: Claude Meffre. 26 ha
Früher Teil von Château Fonbadet. Dem Weinhändler Meffre gehört auch Château du Glana in St-Julien (siehe dort). Kommerzieller Wein, dem es an Eleganz fehlt.

La Tour l'Aspic ☆
Besitzer: Familie Borie
Zweitetikett von Château Haut-Batailley.

Cave Coopérative la Rose Pauillac ☆–☆☆
Winzergenossenschaft mit einer Gesamtrebfläche von 78 ha. Guter, wenn auch rustikaler Pauillac.

St-Estèphe

St-Estèphe ist ländlicher als Pauillac, sechs verstreute Weiler mit steilen Hängen und (bei Marbuzet) bewaldeten Parks. Die

Rebfläche von 1378 ha (vor allem Crus bourgeois) besteht aus schwererem Boden, auf dem in der Regel Merlot in höherem Verhältnis zu Cabernet angepflanzt ist als in den südlicheren Gemeinden. Ein typischer St-Estèphe behält lange eine kräftige Farbe, entwickelt seine Qualitäten langsam, hat weniger Bukett und einen kräftigeren, herzhafteren Geschmack als der Pauillac und besitzt nicht so viel von der Vitalität, wie sie die besten Médoc-Weine auszeichnet. Mit einigen Ausnahmen darf man die St-Estèphe-Weine das Fußvolk in einer durch und durch aristokratischen Armee nennen.

St-Estèphe Crus classés

Château Calon-Ségur ☆☆☆
3ème cru classé. Besitzer: Philippe Capbern-Gasqueton. 74 ha. Rebsorten: Cabernet Sauvignon 65%, Cabernet franc 15%, Merlot 20%. www.calon-segur.com
Der nördlichste Cru classé des Médoc, benannt nach dem Comte de Ségur aus dem 18. Jh., dem auch Lafite und Latour gehörten, dessen »Herz aber in Calon war« – woran heute noch ein rotes Herz auf dem Etikett erinnert. Nach Jahren tanninreicher Weine hat sich die Qualität seit Mitte der 1990er ständig verbessert, und Calon-Ségur ist heute zweifellos einer der Spitzenweine aus der Region. Der mit Mauern umgebene Weinberg liegt um das schöne Château herum.

Château Cos d'Estournel ☆☆☆–☆☆☆☆
2ème cru classé. Besitzer: Taillan-Gruppe mit Investoren. 64 ha. Rebsorten: Cabernet Sauvignon 58%, Cabernet franc 2%, Merlot 40%. www.cosestournel.com
Herrlich an einem Südhang nach Château Lafite hin gelegener Weinberg. Kein Haus, aber ein bizarres, chinesisch anmutendes *chai*. Vielleicht der einzige glanzvolle St-Estèphe, einer der Spitzen-2èmes-crus, sowohl mit Saft und Kraft eines großen Bordeaux als auch mit großer Beständigkeit in der Qualität. Trotz des Verkaufs im Jahr 1998 bleibt mit Jean-Guillaume Prats der Sohn des ehemaligen Besitzers am Ruder.

In diesem Château ist die gesamte qualitätsgarantierende Technologie vertreten. Es entsteht ein langlebiger, sehr fruchtiger und eichenholzduftiger Wein. 15–20 Jahre bis zur Trinkreife sind nicht übertrieben. Zweitetikett: »Les Pagodes de Cos«. Das »s« von Cos wird, wie viele Endkonsonanten in Südwestfrankreich, ausgesprochen.

Château Cos-Labory ☆☆–☆☆☆
5ème cru classé. Besitzer: Bernard Audoy. 18 ha. Rebsorten: Cabernet Sauvignon 55%, Cabernet franc 10%, Merlot 35%
Geschäftsmäßiges kleines Weingut unmittelbar neben Cos d'Estournel, aber das gilt nur geographisch. Der ziemlich verstreute Weinbergbesitz mit einem hohen Anteil an Merlot-Reben liefert einen einfachen, ehrlichen, ziemlich weichen und fruchtigen St-Estèphe, der in 4–5 Jahren trinkreif ist. Was dem Wein jedoch fehlt, ist Finesse.

Château Lafon-Rochet ☆☆☆
4ème cru classé. Besitzer: Michel Tesseron. 40 ha. Rebsorten: Cabernet Sauvignon 554%, Cabernet franc 4%, Merlot 41%. www.lafon-rochet.com
Ein einziger großer, nach Süden geneigter Weinberg hinter Château Lafite am südlichen Rand von St-Estèphe. Das Château wurde in den 1960er-Jahren von dem Cognac-Händler Guy Tesseron wieder aufgebaut, dessen Sohn Michel (Bruder von Alfred Tesseron von Château Pontet-Canet) keine Kosten

scheut, um guten Wein zu erzielen und den Besitz durch weitere Investitionen stetig zu verbessern. Sein Wein ist körperreich, saftig und kraftvoll, und es lohnt sich, ihn zu lagern; er gewinnt an Eleganz, gelangt aber kaum je zu großer Finesse. Der 98er und 2000er sind hervorragend.

Château Montrose ☆☆☆–☆☆☆☆
2ème cru classé. Besitzer: Jean-Louis Charmolüe. 68 ha. Rebsorten: Cabernet Sauvignon 65%, Cabernet franc 10%, Merlot 25%
Weit abgelegenes Weingut oberhalb der Gironde, nördlich von St-Estèphe, mit einem ganz eigenen Stil; seit jeher einer der »festesten« unter den Bordeaux-Weinen, lange Zeit hart und unangenehm, bemerkenswert kraftvoll im Geschmack, auch noch bei voller Reife. Die tiefe Farbe und der Geschmack kommen wahrscheinlich vom lehmigen Untergrund unter rötlichem, stark eisenhaltigem Kiesboden. Die Lage dicht am Fluss verhilft den Trauben zu früher Reife. In der Zeit zwischen 1978 und 1985 ging der Standard zurück, und es entstanden ziemlich weiche, gefällige Weine. In den frühen 90ern wurde der Ton jedoch wieder deutlicher, weshalb Montrose auch »Latour von St-Estèphe« genannt wird. Exzellent sind 1990, 1995, 1996 und 2000. Zweitetikett: »La Dame de Montrose«.

Weitere Châteaux in St-Estèphe

Château Andron-Blanquet ☆
Besitzer: Bernard Audoy. 16 ha
Der Wein wird in Cos Labory bereitet (siehe dort). Preisgünstig, aber glanzlos.

Château Beau-Site ☆☆
Besitzer: Borie-Manoux. 35 ha
Gute Lage im Weiler St-Corbin. Guter robuster Wein, sollte jedoch jung getrunken werden.

Château le Bosq ☆☆
Besitzer: CVBG. 16 ha
Sehr gute, geschmeidige Weine von mittellanger Haltbarkeit.

Château Capbern-Gasqueton ☆–☆☆
Besitzer: Philippe Capbern-Gasqueton. 20 ha
Voller kräftiger Wein aus demselben Stall wie Château Calon-Ségur.

Château Chambert-Marbuzet ☆–☆☆
Siehe Château Haut-Marbuzet

Château Coutelin-Merville ☆–☆☆
Besitzer: Bernard Estager. 20 ha
Leichter Wein, der nicht lange lagern sollte.

Château le Crock ☆☆
Besitzer: Familie Cuvelier. 33 ha. www.cuvelier-bordeaux.com
Klassisches Gutshaus; gleiche Besitzer wie Château Léoville-Poyferré (Cru classé, St-Julien). Beständig und gut bereitet mit reichlich Fülle und Frucht. Kann jung getrunken werden.

Château Haut-Beauséjour ☆☆
Besitzer: Roederer. 18 ha
Ein 1992 von Jean-Claude Rouzaud, dem Eigentümer von Château de Pez (siehe dort), wieder zum Leben erwecktes Weingut.

Château Haut-Marbuzet ★★★
Besitzer: Henri Duboscq. 58 ha
Heute der großartigste Cru bourgeois in St-Estèphe: eichen-holzduftig, extraktreich, üppig, unmittelbar ansprechend. Die Châteaux Chambert-Marbuzet und MacCarthy sind Crus bourgeois desselben Besitzers. Zweitetikett: »Château Tour de Marbuzet«.

Château Houissant ★
Besitzer: Jean Ardouin. 28 ha
Fruchtiger, von Merlot dominierter Wein.

Château Laffitte-Carcasset ★–★★
Besitzer: Vicomte de Padirac. 42 ha
Gut bereiteter Wein mit recht hohem Anteil an neuem Eichenholz.

Château Lilian Ladouys ★★
Besitzer: Investoren. 40 ha. www.chateau-lilian-ladouys.com
Die neuen Eigentümer, die 1989 das Gut übernahmen, investierten damals eine Menge; und die ersten Jahrgänge fielen glänzend, wenn auch sehr eichenholzlastig aus. Am Ende der 90er musste der Betrieb allerdings Konkurs anmelden. Heute ist der hier erzeugte Wein nach wie vor tadellos, wenn auch nicht mehr so extravagant wie zuvor.

Château MacCarthy ★–★★
Siehe Château Haut-Marbuzet

Château (de) Marbuzet ★★
Besitzer: Taillan-Gruppe mit Investoren
Nicht mehr das Zweitetikett von Cos d'Estournel (siehe dort), gehört jedoch demselben Besitzern.

Château Meyney ★★
Besitzer: Cordier. 50 ha
Einer der bestgelegenen und haltbarsten von vielen zuverlässigen Crus bourgeois in St-Estèphe. Kräftiger, dunkler Wein, manchmal etwas streng. Zweitetikett: »Prieur de Meyney«.

Château Morin ★
Besitzer: Familie Sidaine. 10 ha
Ein alter Besitz, dessen Wein rustikal sein kann.

Château Les Ormes-de-Pez ★★–★★★
Besitzer: Jean-Michel Cazes. 33 ha. www.ormesdepez.com
Zu Recht sehr beliebtes und geschätztes Weingut, mit vollem, fleischigem, elegantem, wunderbar ausgewogenem Wein.

Château de Pez ★★
Besitzer: Louis Roederer. 24 ha
Edler, sehr langlebiger Wein, der sich mit Crus classés messen kann. Nach 20 Jahren war der 70er vorzüglich. Seit Roederer Champagner 1995 das Gut erwarb, wurden die Weine sanfter und eleganter.

Château Phélan-Ségur ★★–★★★
Besitzer: Xavier Gardinier. 70 ha
Bedeutender, 1985 nach Übernahme durch die Gardiniers (den früheren Besitzern von Pommery) komplett wieder aufgebauter Besitz, der mit viel Engagement geführt wird. Manchmal unterbewertet, da der Wein eher elegant als kräftig oder aufregend daherkommt. Sollte innerhalb von zehn Jahren getrunken werden.

Château Pomys ★★
Besitzer: François Arnaud. 10 ha
Bekanntes Gut (mit Hotel), das einen klassischen, gut strukturierten St-Estèphe erzeugt.

Château Ségur de Cabanac ★★
Besitzer: Guy Delon. 6 ha
Nur 3000 Kisten in bester Qualität.

Château Tour de Pez ★★
Besitzer: Familie Bouchara. 23 ha
Gut mit Aufwärtstendenz. Weine mit ausladender Frucht und angemessener Intensität.

Château Tronquoy-Lalande ★★
Besitzerin: Mme. Arlette Castéja. 17 ha
Ehemals dunkel und tanninreich, wurde der Wein in den 1990er-Jahren geschmeidiger. Kein Qualitätsverlust, eher ein Stilwechsel.

Haut-Médoc

Haut-Médoc ist eine umfassende Appellation für die Randbereiche des Gebiets, in dem die meisten berühmten Gemeinden liegen. Die Qualitätsspanne reicht von Spitzenerzeugnissen – im Süden, wo Château la Lagune in Ludon und Château Cantemerle abseits liegen – bis zu einem Niveau, das nur wenig über dem Besten aus dem niedriger gelegenen nördlichen Ende des Médoc steht. Das Land liegt zum Teil am Fluss entlang in der Mitte der Appellation in den tiefer gelegenen Gemeinden Arcins, Lamarque und Cussac, wo allerdings ebenfalls sehr guter Kiesboden vorhanden ist. Ein Teil des Gebiets liegt auch weiter landeinwärts am Rand der Kiefernwälder.

Die Appellation Haut-Médoc (insgesamt etwa 4380 ha) ist lediglich ein Hinweis auf, nicht aber eine Garantie für hohe Qualität.

Haut-Médoc Crus classés

Château Belgrave ★★–★★★
5ème cru classé. Besitzer: CVBG. 55 ha.
Rebsorten: Cabernet Sauvignon 55%, Cabernet franc 12%, Merlot 32%, Petit Verdot 1%
Bis 1980 ein vernachlässigtes Gut, das seitdem jedoch zuverlässig sehr schönen Wein hervorbringt. Nach einem weiteren Qualitätssprung Ende der 1990er hat der Wein an Intensität und Klasse gewonnen.

Château de Camensac ★–★★
5ème cru classé. Besitzer: Familie Forner. 75 ha.
Rebsorten: Cabernet Sauvignon 60%, Merlot 40%
Nachbar der Châteaux Belgrave, la Tour-Carnet und Lagrange (siehe jeweils dort) in der St-Laurent-Gruppe, landeinwärts von St-Julien. Wurde von dem früheren Besitzer, M. Forner, des benachbarten Château Larose-Trintaudon seit 1965 weitgehend neu angepflanzt. Das Ergebnis ist guter, körperreicher, anständiger Wein mit Saft und Kraft.

Château Cantemerle ★★–★★★
5ème cru classé. Besitzer: SMABTP-Gruppe. 87 ha.
Rebsorten: Cabernet Sauvignon 45%, Cabernet franc 10%, Merlot 40%, Petit Verdot 5%. www.chateau-cantemerle.com

Das nächste Château nördlich von la Lagune, versteckt in einem schattigen Park von geheimnisvoller Schönheit. Der Baum neben dem Haus auf dem hübschen Etikett ist eine riesige Platane, die inzwischen das ganze Haus beschattet.

In den von leichtem Boden und hohem Merlot-Anteil geprägten Weinbergen entsteht ein Wein von unglaublichem Charme und trotzdem außerordentlicher Haltbarkeit. Die Jahrgänge aus den 50er- und 60er-Jahren waren hervorragend, die aus den 70ern nicht ganz so gut, aber 1982 und 1983 nahm die Qualität wieder einen Aufschwung und hält seitdem ihren hohen Stand. Auch der 2000er ist ein sehr feiner Wein, doch kann er seinen ganzen Charme noch aufbieten? Zweitetikett: »Les Allées de Cantemerle«.

Château la Lagune ☆☆–☆☆☆
3ème cru classé. Besitzer: Familie Ducellier. 70 ha.
Rebsorten: Cabernet Sauvignon 55%, Cabernet franc 15%, Merlot 20%, Petit Verdot 10%

Das Bordeaux am nächsten gelegene bedeutende Médoc-Château, eine charmante Villa aus dem 18. Jh. In den 1950er-Jahren war es fast völlig von der Bildfläche verschwunden, damals wurde es komplett neu angepflanzt und mit modernsten Stahltanks usw. ausgerüstet. 1961 kauften es die Besitzer von Ayala-Champagner, und seither wird der Wein mit zunehmend tieferer Verwurzelung der Reben im leichten, sandigen Kiesboden immer besser. Seine feine Süße, Würze und Körper sind die Qualitäten, die von Kennern geschätzt werden. In schlechten Jahren allerdings kann er beinahe zur Karikatur seiner selbst werden, in großen dagegen sich mit so manchem berühmterem Cru messen. In la Lagune werden jedes Jahr zu 100% neue Fässer verwendet, weshalb der Eichenton oft überdeutlich hervortritt.

Château la Tour-Carnet ☆–☆☆☆
4ème cru classé. Besitzer: Bernard Magrez. 48 ha.
Rebsorten: Cabernet Sauvignon 47%, Cabernet franc 10%, Merlot 39%, Petit Verdot 4%.
www.latour-carnet.com

Mittelalterliche Burg mit Wall und Graben im flachhügeligen Waldland bei St-Laurent. Das Gut wurde in den 1960er-Jahren restauriert. Der Wein war für gewöhnlich hell und von hübscher Art. Doch Bernard Magrez, der das Gut 1997 erwarb, verbesserte ihn rasch durch Investitionen in Weinberg und Kellerei. Hervorragende Qualität seit 1998.

Sonstige Châteaux im Haut-Médoc

Château d'Agassac ☆☆
Ludon. Besitzer: Groupama. 38 ha
Das romantischste Château im Médoc, ein mittelalterlicher Bau mit Burggraben, tief im Wald gelegen. Der neue Besitzer (eine Versicherungsgesellschaft) kaufte Agassac 1996 und investierte in großem Umfang. Die Weine sind kräftig, doch es fehlt ihnen etwas an Konzentration.

Château d'Arche ☆–☆☆
Ludon. Besitzer: Mähler-Besse.
8 ha
Guter, eichenholzduftiger Wein mit reiner Frucht.

Château d'Arcins ☆–☆☆
Arcins. Besitzer: Castel Frères. 97 ha

Die bekannte Weinhändlerfamilie Castel renovierte das Weingut und schenkte ihm ein gewaltiges Lagerhaus, das den ganzen Ort überragt. Hier entsteht ein schlanker, kräftiger Wein mit einem gewissen Eichenton.

Château d'Arnauld ☆☆
Arcins. Besitzer: Familie Theil. 35 ha
Sehr guter Wein aus 50% Merlot. (siehe auch Château Poujeaux, Moulis)

Château Barreyres ☆
Arcins. Besitzer: Castel Frères. 109 ha
Imposantes Gut nahe am Fluss, heute mit Château d'Arcins (siehe dort) verbunden.

Château Beaumont ☆–☆☆
Cussac. Besitzer: GMF. 105 ha.
www.chateau-beaumont.com
Großartiges Château in den Wäldern nördlich von Poujeaux, in denselben Händen wie Château Beychevelle (siehe dort); produziert stilvollen, preisgünstigen, früh zu trinkenden Wein.

Château Bel-Orme-Tronquoy-de-Lalande ☆
St-Seurin. Besitzer: Jean-Michel Quié. 26 ha
Schön gelegenes Gut im Besitz der Familie, der auch die Châteaux Rauzan-Gassies und Croizet-Bages gehören (siehe jeweils dort). Ein strammer, gerbstoffreicher Wein in den 1970ern und 1980ern; geschmeidiger seit Mitte der 90er. Leicht zu verwechseln mit Château Tronquoy-Lalande in St-Estèphe.

Château Bernardotte ☆☆
Besitzer: Château Pichon-Lalande. 30 ha
Am Rande von Pauillac gelegenes Weingut; 1997 von Château Pichon-Lalande erworben, wonach die ohnehin beachtliche Qualität noch einmal gesteigert wurde. Zweitetikett: »Château Fournas- Bernardotte«.

Château le Bourdieu ☆
Vertheuil. Besitzer: Guy Bailly. 55 ha
Unmittelbar landeinwärts von St-Estèphe auf ähnlich lehmigem Kiesboden gelegen. Das große Gut, zu dem das Château mit dem viel versprechenden Namen Victoria gehört, kann guten Wein im Stil von St-Estèphe liefern.

Château du Breuil ☆–☆☆
Cissac. Besitzerin: Danielle Vialard. 25 ha
Am Rand der Gemarkung, unmittelbar hinter dem Carruades-Plateau bei Pauillac. Stilvolle Weine.

Château Cambon-la-Pelouse ☆☆
Macau. Besitzer: Jean-Pierre Marie. 60 ha.
www.cambon-la-pelouse.com
Großes Gut zwischen Cantemerle und Giscours. Zu 50% mit Merlot bepflanzt. Weine werden zunehmend gehaltvoll.

Château Caronne-Ste-Gemme ☆–☆☆
St-Laurent. Besitzer: Jean und François Nony.
45 ha
Großes Weingut. Gut gemachter, etwas karger Wein, der mit der Zeit Charme entwickeln kann; seit 1995 gerät er runder.

Château Charmail ☆☆
St-Seurin. Besitzer: Olivier Sèze. 22 ha
Voller, fruchtiger Bordeaux mit seidiger Textur.

Château Cissac ☆☆
Cissac. Besitzer: Louis Vialard. 50 ha. www.chateau-cissac.com
Ein Pfeiler der Bourgeoisie. Zuverlässiger, robuster Médoc, wie ihn alle gern mögen. Dank des hohen Cabernet-Sauvignon-Anteils nach etwa zehn Jahren am besten (früher waren es 20).

Château Citran ☆☆
Avensan. Besitzer: Antoine Merlaut. 90 ha.
www.citran.com
Bahnbrechender Cru bourgeois exceptionnel mit großer Gefolgschaft und vielen guten Jahrgängen. Runder, voller Wein (42 % Merlot) mit Alterungspotenzial. Seit 1987 durch japanische Investitionen gestärkt und 1996 von Merlaut (Taillan-Gruppe) erworben.

Château Clément Pichon ☆–☆☆
Parempuyre. Besitzer: Clément Fayat. 25 ha
Früher eher ausdruckslos und vordergründig, haben die Weine seit Mitte der 1990er-Jahre an Fülle und Komplexität gewonnen.

Château Coufran ☆☆
St-Seurin. Besitzer: Familie Miailhe. 75 ha
Das nördlichste Weingut im Haut-Médoc, fällt mit 85 % Merlot etwas aus dem Rahmen, dadurch weicherer, körperreicherer Wein als beim benachbarten Schwestergut Château Verdignan (siehe dort).

Château Dillon ☆
Blanquefort. Besitzer: Ecole d'Agriculture. 35 ha.
www.chateau-dillon.com
Die örtliche Landwirtschaftsschule erzeugt einige gute Weine, darunter den trockenen weißen »Château Linas«.

Château Fontesteau ☆
St-Sauveur. Besitzer: die Familien Fouin und Renaud. 22 ha
Guter, konservative Weiner im klassischen Médoc-Stil, für lange Lagerung.

Château de Gironville ☆
Macau. Besitzer: Besitzer: die Familien Fouin und Raoult.
9 ha
1929 angelegt und danach erst 1987 wieder neu bepflanzt.

Château Grandis ☆
St-Seurin-de-Cadourne. Besitzer: François-Joseph Vergez.
9 ha
Einfache, oft recht trockene Weine von sehr alten Reben.

Château Grand Moulin ☆
St-Seurin. Besitzer: Robert Gonzalvez. 18 ha
Auch unter dem Namen Château la Mothe. Artiger, wenig komplexer Wein.

Château Hanteillan ☆–☆☆
Cissac. Besitzerin: Catherine Blasco. 55 ha.
www.chateau-hanteillan.com
Altes, seit 1973 großzügig restauriertes und neu angepflanztes Gut; angenehmer, ausgewogener, früh zu trinkender Wein.

Château Hourtin-Ducasse ☆
St-Sauveur. Besitzer: Maurice Marengo. 25 ha
Eleganter Wein.

Château Lamarque ☆☆
Lamarque. Besitzer: Pierre-Gilles Gromand. 50 ha
Die schönste noch erhaltene mittelalterliche Festung im Médoc, in dem Ort, wo die Fähre nach Blaye abgeht. Der Wein ist geschmeidig und würzig, mit einem Anflug von schwarzen Johannisbeeren, und zeigt deutlich, was im mittleren Médoc an Gutem steckt. Zweitetikett: »Cap de Haut«.

Château Lamothe-Bergeron ☆–☆☆
Cussac. Besitzer: Mestrezat. 66 ha
Dieselben Besitzer wie Château Grand-Puy-Ducasse erzeugen hier einen robusten, ausgewogenen Wein.

Château Lamothe-Cissac ☆
Cissac. Besitzer: Familie Fabre. 33 ha
Recht strenger Wein, dem es an Finesse fehlt.

Château Lanessan ☆☆–☆☆☆
Cussac. Besitzer: Familie Bouteiller. 40 ha
Ein extravagantes viktorianisches Gutshaus mit Park und einem viel besuchten Kutschenmuseum. Das bekannteste Weingut in Cussac, oft auf der Stufe eines Cru classé. Der Wein ist eher elegant als aufregend, hält sich aber gut.

Château Larose-Trintaudon ☆
St-Laurent. Besitzer: Assurances Générales de France. 172 ha.
www.chateau-larose-trintaudon.fr
Das größte Weingut im Médoc. 1965 angepflanzt, aufgebaut von der Familie Forner (der immer noch das Château de Camensac gehört, siehe dort) und 1986 verkauft. Moderne Methoden, maschinelle Ernte; Quantität scheint einer gleichmäßigen, erfreulichen Qualität nicht im Wege zu stehen, selbst wenn der Wein an sich etwas ausdruckslos ist.

Château Larrivaux ☆
Cissac. Besitzer: Familie Carlsberg. 24 ha
Leichter, eher unauffälliger Wein.

Château Lestage Simon ☆☆
St-Seurin. Besitzer: Familie Simon. 40 ha
Konzentriert, fruchtig und zuverlässig.

Château Lieujean ☆
St-Sauveur. Besitzer: die Familien Lieujean und Penot. 66 ha
Tanninreicher Wein. Firmiert auch unter dem Etikett Château Haut-Laborde.

Château Liversan ☆–☆☆
St-Sauveur. Besitzer: Fürst Guy de Polignac. 40 ha
BezauberndesWeingut, zu dem auch Château Fonpiqueyre gehört. Gewissenhafte Weinbereitung, gestützt auf neue Investitionen.

Château Magnol ☆
Blanquefort. Besitzer: Barton et Guestier. 17 ha
Jeweils zur Hälfte Cabernet und Merlot, geschmeidig und von mittlerem Körper.

Château Malescasse ☆–☆
Lamarque. Besitzer: Alcatel Alsthom. 37 ha.
www.chateau-malescasse.com
Das Gut wurde in den 1970er-Jahren von den Tesserons neu angepflanzt, die es 1992 wieder verkauften. Der 82er, 85er und 86er waren ausgezeichnet. Die neuen Besitzer investier-

ten kräftig, wodurch der Wein intensiver und feiner wurde. Viel verkauft und sehr beliebt.

Château de Malleret ☆–☆☆
Le Pian. Besitzer: Comte Bertrand du Vivier. 31 ha
Ausgewogener Wein, vollfruchtig und charmant.

Château Maucamps ☆–☆☆
Macau. Besitzer: Alain Tessandier. 18 ha
Sanfter Wein, der Finesse zeigt. Sollte mittelfristig getrunken werden.

Château le Meynieu ☆
Vertheuil. Besitzer: Jacques Pédro. 16 ha
Stämmiger Wein mit reichlich Tannin und Eiche, aber wenig Eleganz.

Château du Moulin Rouge ☆
Cussac. Besitzer. Guy Pelon. 16 ha
Deftiger, gut strukturierter Wein.

Château Peyrabon ☆–☆☆
St-Sauveur. Besitzer: Patrick Bernard. 41 ha
1998 von Patrick Bernard (Millésima) gekauft. Der Wein kommt noch etwas unbedarft daher.

Château Pontoise-Cabarrus ☆–☆☆
St-Seurin. Besitzer: François Tereygeol. 30 ha
Seriöses und gut geführtes Weingut.

Château Puy-Castéra ☆
Cissac. Besitzer: Familie Marès. 25 ha
1973 komplett renoviert. Tadelloser, wenn auch einfacher Wein.

Château Ramage la Batisse ☆
St-Sauveur. Besitzer: MACIF. 56 ha
1961 entstandenes Weingut. Ausbau mit modernen Methoden, aber in traditionellem Stil. Schnell reifend.

Château Reysson ☆
Vertheuil. Besitzer: Mercian Corporation. 67 ha
1987 von einer japanischen Firma erworben. Einfacher Stil, früh zu trinken.

Château Saint-Ahon ☆
Blanquefort. Besitzer: Bernard de Colbert. 31 ha.
www.saintahon.com
Gepflegter, wohlschmeckender, nicht zu extraktreicher Wein.

Château de St-Paul ☆–☆☆
St-Seurin. Besitzer: M. Boucher. 20 ha
Altmodischer Stil, erfordert lange Flaschenreifung.

Château Ségur ☆
Parempuyre. Besitzer: Jean-Pierre Grazioli. 38 ha
Früh genussreifer Bordeaux aus Lagen auf gutem, tiefgründigem Kiesboden im äußersten Süden des Médoc. In Holland sehr beliebt.

Château Sénéjac ☆ ☆
Le Pian. Besitzer: Thierry Rustman. 28 ha
1989 und 1990 wirklich gute Qualität, seither ungleichmäßiger. 1999 von einem der Besitzer von Château Talbot gekauft.

Sénéjac hatte einen guten Ruf für seinen Weißwein, doch die Reben wurden vom neuen Besitzer gerodet. Seit 1999 gibt es jedoch eine Prestige Cuvée mit Namen »Karolus«.

Château Senilhac ☆
St-Seurin. Besitzer: M. Grassin. 20 ha
Ehrlicher Bordeaux-Wein für baldigen Verbrauch.

Château Sociando-Mallet ☆☆☆
St-Seurin. Besitzer: Jean Gautreau. 58 ha
1969 von Jean Gautreau erworben und seit 1980 sehr erfolgreich, dank gewissenhafter Weinbereitung und hervorragender Lage. Die neueren Jahrgänge brauchen lange Reifezeit, stellen aber manchen Cru classé in den Schatten. Zweitwein: »Demoiselle de Sociando-Mallet«.

Château Soudars ☆–☆☆
St-Seurin. Besitzer: Eric Miailhe. 26 ha
Eigentlich ein neues Weingut, das von Jean Miailhes Sohn Eric seit 1973 aufgebaut wurde. Gut bereiteter, geschmeidiger Wein mit viel reifer Fruchtigkeit.

Château du Taillan ☆
Le Taillan. Besitzer: Mme. Henri-François Cruse. 30 ha
Gefälliger Rotwein aus 40 % Merlot von einem schönen Besitz unmittelbar nördlich von Bordeaux. »La Dame Blanche« heißt der Weißwein.

Château Tour du Haut Moulin ☆–☆☆
Cussac. Besitzer. Laurent Poitou. 30 ha
Wein mit großer Geschmacksfülle (50 % Merlot), hat viele Anhänger. Das Gut liegt unweit von Beaumont.

Château la Tour du Mirail ☆
Cissac. Besitzer: Hélène und Danielle Vialard (siehe Château Cissac). 18 ha
Einfacher Wein mit einem gewissen Charme.

Château Tour du Roc ☆
Arcins. Besitzer: Philippe Robert. 12 ha
Leicht rustikaler Wein für frühen Verbrauch.

Château la Tour St-Joseph ☆
Cissac. Besitzer: Familie Quancard. 10 ha
Kräftiger Wein mit deutlichem Eichenaroma.

Château Verdignan ☆–☆☆
St-Seurin. Besitzer: Jean Miailhe. 60 ha
Im Gegensatz zum Schwester-Château Coufran (siehe dort) hat Château Verdignan den klassischen Médoc-Anteil an Cabernet und braucht daher zwei bis drei Jahre länger.

Château Villegeorge ☆☆
Avensan. Besitzer: Marie-Laure Lurton-Roux. 15 ha
Ein weiteres Château im Lurton-Besitz. Tiefer Wein mit großem Geschmacksreichtum von einem Weinberg mit 60 % Merlot. Feiner 90er.

Caves Coopératives Fort Médoc ☆
Cussac. 60 ha
Tadellose Genossenschaftskellerei in dem eindrucksvollen Fort, das Vauban über die Gironde erbaute.

Appellation Médoc

Das untere Médoc, d.h. weiter abwärts an der Gironde, hieß früher Bas-Médoc, um zu verdeutlichen, dass es sich nur um diesen Bereich und nicht um die ganze Halbinsel handelt. Der Boden und damit auch der Wein gelten hier als weniger gut. Der letzte Rest groben Kieses wurde von den Gletschern weiter oben auf dem Gebiet zwischen Graves und St-Estèphe abgelagert.

Die Gegend ist noch sanft hügelig, jedoch liegen die kleinen Hügel mehr vereinzelt, und der Boden mit seinem hohen Anteil an hellem, kaltem Lehm ist viel schwerer, eignet sich daher besser für Merlot als für Cabernet (allerdings gibt es hier und da auch sandigeren Boden).

Der Wein hat ganz deutlich weniger Finesse und Bukett, aber guten Körper und Extraktgehalt und etwas von dem tanninherben »Biss«, der alle Médoc-Weine bei Tisch so angenehm macht. Gute Jahrgänge halten sich in der Flasche ordentlich, entfalten aber nicht die feine Süße und Vielfalt der Besten aus dem Haut-Médoc.

In den letzten zehn Jahren hat sich das Interesse an diesem fruchtbaren Bereich stark belebt. Ein halbes Dutzend großer Weingüter ist dabei im Rennen und bietet heute günstige, ja sogar sehr günstige Preise. 1972 waren in der Appellation Médoc 1836 ha in voller Produktion. Bis 2000 war die Fläche auf 5040 ha angewachsen.

Die bedeutendste Gemeinde ist wohl Bégadan. Hier befinden sich die meisten prominenten Weingüter und eine sehr große Winzergenossenschaft. Fast ein Drittel der Erzeugung in der gesamten Appellation kommt allein aus dieser Gemarkung. In der Reihenfolge der Produktion folgen dann St-Yzans, Prignac, Ordonnac, Blaignan, St-Christoly und St-Germain.

Nachstehend sind die wichtigsten Erzeuger in alphabetischer Reihenfolge aufgeführt, der Ortsname steht jeweils dabei. Der städtische Mittelpunkt des ganzen Bereichs ist Lesparre.

Die führenden Châteaux des unteren Médoc

Château Bellevue ☆
Valeyrac. Besitzer: Yves Lassalle. 23 ha
Schwarze Frucht und Würze zeichnen diesen von Merlot dominierten Wein aus.

Château Blaignan ☆
Blaignan. Besitzer: Mestrezat. 75 ha
Das größte Weingut in Blaignan, mit eingängigen, früh genussreifen Weinen.

Château le Boscq ☆
St-Christoly. Besitzer: Jean-Michel Lapalu (siehe auch Château Patache d'Aux)
Der Grundwein ist nicht allzu interessant, doch die »Cuvée Vieilles Vignes« ist komplexer und fester in der Struktur.

Château Bournac ☆
Civrac. Besitzer: Bruno Secret. 13 ha
Solider, gar rustikaler Wein.

Château la Cardonne ☆☆
Blaignan. Besitzer: Guy Charloux. 86 ha
In den frühen 1970er-Jahren von den Rothschilds neu aufgebaut; ihr Prestige und ihr erwartungsgemäß guter Wein tru-

gen viel zum Aufschwung des unteren Médoc bei. Es folgten jedoch häufige Besitzerwechsel; zurzeit gehören auch die Châteaux Ramafort und Grivière (siehe jeweils dort) zur selben Gruppe. Unverhohlen kommerziell: maschinell gelesen und niemals *en primeur* verkauft. Trotzdem gute, tadellos bereitete Weine.

Château Castéra ☆
St-Germain. Besitzer: Deugro. 63 ha
Herrlicher alter Bau mit Zugbrücke, einem Relikt aus ungemütlicheren Zeiten. (Im 14. Jh. wurde er von den Engländern belagert.) Die deutschen Besitzer erzeugen aromatischen Wein.

Es dürfte dem Touristen im Médoc kaum schwer fallen, ein Château zu finden, wo man ihm gerne zeigt, wie man dort Wein macht, und ihm eine Kostprobe aus dem Fass zukommen lässt. Ganz einfach lässt sich eine Château-Besichtigung arrangieren, indem man in einem der kleinen Büros mit dem Namen *maison du vin* vorspricht. Das größte befindet sich mitten in Bordeaux, nahe beim Grand Théâtre. In Margaux, Pauillac, St-Estèphe und mehreren anderen Orten gibt es ebenfalls welche. Dort bekommt man Vorschläge für Besichtigungstouren, und es werden auch die nötigen Kontakte hergestellt.

Noch einfacher, wenn auch freilich nur für Leute praktikabel, die etwas Französisch sprechen, ist es, an einem der vielen Châteaux anzuhalten, an denen auf einem Schild an der Straße *vente directe* (Direktverkauf) oder *dégustation* (Verkostung) angeschrieben ist. Hierzu gehören manche größeren Châteaux, aber auch viele bescheidenere. Zu jeder vernünftigen Zeit (d. h. nicht während der Lese und in Zeiten dringend anfallender Arbeiten, auch nicht während der Mittagszeit von 12–14 Uhr) kann man durchaus mit einem mehr oder weniger freundlichen Willkommensgruß vom *maître de chai,* dem Kellermeister, rechnen.

In großen Châteaux ist er ein Mann von beträchtlichem Ansehen und mit vielen Befugnissen. Er hat schon viele Besucher kommen und gehen sehen und beschließt durchaus eigenwillig, wie viel er seinen Gästen zeigen will. Natürlich erwartet er ein angemessenes Lob für das kühle, herbe und dem Unerfahrenen fast ungenießbar erscheinende Getränk, das er als Probe aus einem Fass zieht und dem Besucher in einem Glas überreicht. Ist kein entsprechender Behälter (oft eine mit Sägemehl gefüllte Wanne) eindeutig für diesen Zweck aufgestellt, dann dürfen Sie – ja Sie müssen sogar – die Kostprobe auf den Boden spucken. Ich selbst versuche meist, mich ein wenig zur Tür hin zu drücken und ins Freie zu spucken. Das gibt mir Gelegenheit, meine Gedanken zu sammeln – und meine Grimasse zu verbergen.

In größeren Châteaux werden manchmal geführte Touren angeboten, bei denen man – so unpersönlich sie auch sein mögen – in kurzer Zeit eine Menge lernen kann. Wenn es schon *vente directe* heißt, dann ist damit natürlich gemeint, dass man eine oder zwei Flaschen kaufen sollte, eine Pflicht dazu besteht jedoch nicht. Nicht alle Châteaux führen einen Direktverkauf durch, und solche, die es tun, verlangen oft höhere Flaschenpreise, als man sie im Weinhandel findet, weshalb Sie beim Einkauf kritisch vergleichen sollten.

Erwarten Sie keine ausgedehnten Degustationsorgien. Im Bordelais ist eine Fassprobe oder ein Gläschen des neuen Jahrgangs üblich – mehr gibt es nicht.

Château la Clare ☆
Bégadan. Besitzer: Paul de Rozières. 27 ha
Von Cabernet dominierter, fleischiger Wein.

Château d'Escurac ☆☆
Civrac. Besitzer: Jean-Marc Landureau. 10 ha
Erste Flaschenabfüllung 1990. Brillanter 96er.

Château les Grands Chênes ☆☆–☆☆☆
St-Christoly. Besitzer: Bernard Magrez. 7 ha
Seit 1998 haben Magrez und sein Team ihre ganze Intelligenz und Schaffenskraft in diesen schon vorher eleganten Wein gesteckt. Die »Cuvée Prestige« ist hervorragend, wenn auch ziemlich eichenlastig.

Château Greysac ☆☆
Bégadan. Besitzer: Domaine Codem. 60 ha
Großes, rationell arbeitendes Weingut, besonders in den USA bekannt. Greysac ist jung trinkbar, jedoch auch alterungsfähig.

Château Grivière ☆–☆☆
Prignac. Besitzer: Guy Charloux. 22 ha.
Siehe auch Château la Cardonne
Vollmundiger Wein mit fast 60% Merlot.

Château Haut-Condissas ☆☆–☆☆☆
Bégadan. Besitzer: Jean Guyon
(Besitzer von Château Rollan de By) 5 ha.
www.rollandeby.com
Dieselben hohen Standards wie Château Rollan de By – und dieselben hohen Preise.

Château Laujac ☆
Bégadan. Besitzer: Familie Cruse. 27 ha. www.laujac.com
Ein Heim der berühmten Händlerfamilie, daher im Ausland viel früher bekannt als andere Châteaux der Gegend. Ehrlicher, stilvoller Wein.

Château Livran ☆
St-Germain. Besitzer: Familie Godfrin. 52 ha
Schönes, altes Landhaus, alte Rebenbestände (55% Merlot). Große Mengen meist durchschnittlichen Weins.

Château Loudenne ☆–☆☆
St-Yzans. Besitzer: Jean-Paul Lafragette. 65 ha
Ein niedriges, blass rosafarbenes Château auf einem Hügel mit lehmigem Kiesboden über dem Fluss, das über ein Jahrhundert in englischem Besitz war und Händlern und Journalisten als eine Art Clubhaus diente. Sorgfältige Weinbereitung brachte ausgewogenen, langlebigen Rotwein und einen der besten trockenen Weißweine von Bordeaux, bis es 1999 den Besitzer wechselte.

Château Monthil ☆
Bégadan. Besitzer: Domaine Codem. 20 ha
Frischer Wein von mittlerem Körper.

Château les-Ormes-Sorbet ☆☆
Couquèques. Besitzer: Jean Boivert. 21 ha
Voller, eichenholzwürziger Wein mit fruchtiger Tiefe.

Château de Panigon ☆
Civrac. Besitzer: Familie Leveilley. 50 ha
Schlanker, manchmal gar grüner Wein.

Château Patache d'Aux ☆☆
Bégadan. Besitzer: Claude Lapalu. 43 ha
Beliebter, geschmacksintensiver Médoc aus 70% Cabernet Sauvignon; inzwischen mit dem herrschaftlichen Château Liversan verbunden (siehe dort).

Château Potensac ☆☆☆
Ordonnac. Besitzer: Jean-Hubert Delon. 53 ha
Ein sehr erfolgreiches Unternehmen des Besitzers von Château Léoville-Las-Cases. Gut gebauter, fruchtiger, sehr erfreulicher Bordeaux mit stilvollem Eichenholzgeschmack und überraschend langer Lebensdauer, wenn auch keiner wirklichen Finesse.

Château Preuillac ☆–☆☆
Lesparre. Besitzer: Yvon Mau. 30 ha
Von Großhändler Mau 1998 erworben. Das Terroir ist nicht ideal, doch die gewissenhafte Arbeit in Weinberg und Kellerei zeigt Wirkung.

Château Ramafort ☆☆
Blaignan. Besitzer: Guy Charloux. 24 ha
Gehört zu der in La Cardonne ansässigen Gruppe (siehe dort). Stilvolle Weine mit einer gewissen Komplexität.

Château Rolland de By ☆☆–☆☆☆
Bégadan. Besitzer: Jean Guyon. 37 ha. www.rollandeby.com
Hier lässt sich Guyons Absicht erkennen, im Médoc etwas Besonderes zu erzeugen: fest strukturierter, eichenholzwürziger Wein. Siehe auch Château Haut-Condissas.

Château St-Bonnet ☆
St-Christoly. Besitzer: Gérard Soliverès. 52 ha
Mittelschwer und zuverlässig.

Château Sestignan ☆
Jau-Dignac-et-Loirac. Besitzer: Bertrand de Rozières. 20 ha
Mittelschwerer Wein mit einer gewissen Finesse.

Château Sigognac ☆
Yzans. Besitzerin: Mme. Colette Bonny. 47 ha
Guter, wenn auch leichter Wein.

Château la Tour-Blanche ☆
St-Christoly. Besitzer: Dominique Hessel (siehe auch Château Moulin à Vent, Moulis). 36 ha
Angenehmer, wenn auch kaum auffälliger Wein.

Château la Tour-de-By ☆☆
Bégadan. Besitzer: Marc Pagés. 55 ha
Sehr erfolgreiches Weingut mit bestem Ruf für erfreulichen und dauerhaften, wenn auch nicht unbedingt feinen Wein.

Château la Tour-Haut-Caussan ☆☆–☆☆☆
Blaignan. Besitzer: Philippe Courrian. 17 ha
Feine Weine in minderen Jahrgängen gehören mit zu den besten Leistungen im Médoc. Äußerst traditionelle Weinbereitung mit zuverlässig befriedigendem Ergebnis.

Château la Tour-Prignac ☆
Prignac. Besitzer: Philippe Castel Frères. 140 ha
Sehr großes neues Unternehmen der Castelvin-Familie, deren Haut-Médoc-Niederlassung sich in Arcins befindet (siehe Château d'Arcins).

Château la Tour St-Bonnet ☆
St-Christoly. Besitzer: Jacques Merlet. 40 ha

Ein Pionier der Renaissance des unteren Médoc. Preisgünstiger, traditionell bereiteter, in der Jugend gerbstoffreicher Wein.

Vieux-Château Landon ☆–☆☆
Bégadan. Besitzer: Philippe Gillet. 36 ha

Energischer Besitzer mit großem Ehrgeiz. Sauberer, lebendiger Wein.

Château Vieux-Robin ☆☆
Bégadan. Besitzer: Maryse Roba. 18 ha.
www.chateauvieuxrobin.com

Die in neuen Eichenfässern gereifte «Cuvée Bois de Lunier» ist besser als der normale Wein. Gewissenhafte Weinbereitung mit oft eindrucksvollen Ergebnissen.

Caves Coopératives im Médoc

Bégadan
Die größte Genossenschaft des Bereichs; verarbeitet Trauben von rund 500 ha. Etikett u. a.: «Château Bégadanais».

Prignac
Etwa 300 ha.

St-Yzans
Etwa 200 ha. Um nur ein Beispiel für die Qualität des Genossenschaftsweins zu geben: Der 70er war auch nach zwölf Jahren noch hervorragend.

Graves

In Bordeaux wurde Wein zuerst in der Gegend gebaut, wo sich heute die Stadt selbst und ihre Vorstädte unmittelbar über den Fluss und nach Süden erstrecken. Der Name Graves gilt für das ganze linke Garonne-Ufer (in der Stadt) bis 65 km flussaufwärts über die kleine Stadt Langon hinaus und dann vom Fluss weg in die Kiefernwälder der Landes hinein – ein Bereich etwa von der Größe des Weinbaugebiets Médoc, der aber stärker von Wald und Ackerland durchzogen ist und in dem es nur wenige größere Weinberge und große Châteaux gibt. Das Hauptmerkmal von Graves (das ihm auch den Namen gegeben hat) ist der offene, stark kieshaltige Boden, eine Hinterlassenschaft der eiszeitlichen Pyrenäengletscher. Die Bodenverhältnisse innerhalb der Region sind allerdings genauso unterschiedlich wie im Médoc. Es kommt viel Sand vor, auch gelber und roter Lehm. Wie im Médoc steht jedoch außer Frage, dass inzwischen der größte Teil des potenziell guten Rebenlands ausgenützt wird. Insgesamt beträgt die Rebfläche der Appellation heute rund 5040 ha gegenüber 1494 ha im Jahr 1983.

Graves ist aber sehr diffus und nicht leicht zu erfassen. Es wäre nützlich (und korrekt) gewesen, wenn die Behörden eine Appellation Haut-Graves gebildet hätten, um die Gemeinden des nördlichen Teils, wo alle Crus classés beisammen sind, von den anderen zu unterscheiden. Stattdessen wurde die AC Pessac-Léognan geschaffen, die ein viel größeres Gebiet umfasst. Im Süden gibt es eine Enklave der Region mit völlig anderen Strukturen – hinsichtlich der Landschaft, der Besitzverhältnisse und des Weins. Es handelt sich um Sauternes.

In Graves entfallen zwei Drittel der Produktion auf Rotwein und ein Drittel auf Weißwein, wobei die meisten Spitzengewächse Rotweine sind. Die Begriffe, die gewöhnlich verwendet werden, um zu veranschaulichen, wie sich roter Graves von einem Médoc unterscheidet, klingen alle nicht gerade begeisternd: »erdig«, »weich«, »früher reifend«. Der leider schon verstorbene Maurice Healey drückte es bildlich aus, als er sagte, Médoc und Graves seien wie ein Hochglanzbild und ein matter Abzug der gleichen Fotografie. Der matte Abzug kann zwar ebenso schön sein, aber er ist weniger kontrastreich und randscharf, die Farben haben weniger Glanz.

Weißer Graves in Bestform ist ein seltenes Erlebnis – und ein teures dazu. Nur wenige Weingüter bemühen sich überhaupt erst um die einzigartige Kombination von Fülle und innerer Kraft, die dem weißen Graves mit der Zeit zuwächst. Der beste dieser Art kann sich in der Qualität mit großen weißen Burgundern messen. Die Meinungen sind sogar darüber geteilt, aus welchen Trauben er gekeltert werden soll. Manche bevorzugen Sémillon allein, manche Sauvignon blanc allein und wieder andere eine Mischung in unterschiedlichem Verhältnis. Manche bereiten ihn in Edelstahl und ziehen ihn Anfang des Frühjahrs auf Flaschen, andere wieder (hierzu gehören die Besten) bereiten ihn in neuen Eichenfässern und lassen ihn auch eine gewisse Zeit darin reifen. Bei den minderen Gewächsen für trockenen Wein besteht die Tendenz, so früh zu lesen, dass die Trauben noch nicht voll ausgereift sind. Die Sauvignon-blanc-Traube reift hier sowieso ungleichmäßig. Die besseren Erzeuger aber lassen die Trauben mittlerweile voll ausreifen und auch voll ausgären, wodurch sauberer, trockener Wein mit großem Geschmacksreichtum entsteht.

Die Gemeinden im Bereich, den man »Haut-Graves« nennen könnte, sind die Folgenden, beginnend im Norden vor den Toren von Bordeaux: Pessac und Talence (im Vorstadtbereich); Gradignan und Villenave-d'Ornon (heute nur noch wenig Weinbau), Léognan, das umfangreichste Gebiet mit sechs Crus classés, Cadaujac und Martillac. Bis 1987 gehörten sie alle der Appellation Graves an. Im selben Jahr wurde dann die AC Pessac-Léognan geschaffen, für 55 Châteaux und Domaines in zehn Gemeinden. Von der Gesamtrebfläche entfallen 1150 ha auf Rot- und 250 ha auf Weißwein. Südlich dieses Bezirks liegt Portets, das mit ähnlichem Wein zunehmend an Bedeutung gewinnt. Cérons auf der Schwelle zu Barsac und Sauternes liefert sowohl süßen als auch trockenen Weißwein; Letzterer gewinnt zurzeit an Qualität und bei den Weinfreunden an Beliebtheit. Die Rotweinerzeugung nimmt auf Kosten der Weißweine, sowohl der trockenen als auch der süßen, stetig zu.

Die Châteaux von Graves wurden 1953 und 1959 nach einem groben Schwarzweißmuster klassifiziert, eine Einstufung, aus der wenig abzulesen ist. Château Haut-Brion war ja schon 100 Jahre vorher in die Médoc-Klassifizierung aufgenommen worden (1855), zwölf weitere Châteaux wurden als Crus classés für ihren Rotwein in alphabetischer Reihenfolge aufgelistet. 1959 erhielten sechs von ihnen sowie zwei weitere Châteaux den Status von Crus classés für Weißwein. Eine andere offizielle Rangeinteilung gibt es in Graves nicht, weshalb sich alle übrigen Crus bourgeois nennen dürfen.

Graves Premier Cru

Château Haut-Brion ☆☆☆
Pessac. Besitzer: Domaine Clarence Dillon.
AC: Pessac-Léognan. 46 ha.
Rebsorten: Cabernet Sauvignon 45%, Cabernet franc 18%,
Merlot 37%. www.hautbrion.com

Château Haut-Brion ist das älteste, seit dem Ende des 17. Jhs. namentlich bekannte Weingut. Obwohl inzwischen die Vorstädte von Bordeaux bis zu ihm hinausgewachsen sind, ist es noch immer eines der besten und hält ständig seinen offiziellen Platz neben den vier Premiers crus des Médoc.

Die Lage des Gutshauses der Pontacs aus dem 16. Jh. ist zwar nichts Besonderes mehr, aber der 9 m tiefe Kiesgrund liefert Wein von tiefem Geschmacksreichtum, der ein bemerkenswertes Gleichgewicht aus fruchtigen und erdigen Aromen über Jahrzehnte hinweg bewahrt. Mouton hat Resonanz, Margaux hat Koloratur, aber Haut Brion hat Harmonie – zwischen Kraft und Finesse, Herbheit und Süße. Nie werde ich den Geschmack eines Impérial von 1899 vergessen – das war der faszinierendste Bordeaux, der mir je auf die Zunge gekommen ist. Die gegenwärtigen Besitzer, die Familie des amerikanischen Bankiers Clarence Dillon, kauften das Gut 1935 in sehr verfallenem Zustand. 1983 kam das Nachbar-Château la-Mission-Haut-Brion hinzu. Heute ist Dillons Enkelin Generaldirektorin, die Duchesse de Mouchy. Haut-Brion hat als Erster der Premiers crus Edelstahltanks installiert, in denen eine rasche und relativ warme Gärung, wie sie zu den Betriebsgrundsätzen des Guts gehört, stattfindet. Der Verwalter, M. Delmas, selektiert bei den Reben nicht die »besten« Spielarten heraus, er glaubt vielmehr an Vielfalt. Seiner Schätzung nach befinden sich im Rebenbestand etwa 400 verschiedene Klone. In Verbindung mit dem ziemlich hohen Anteil an Cabernet franc trägt dies zu Komplexität und Harmonie bei. Ein Haut-Brion muss alt sein. Die guten Jahrgänge aus den 1970er-Jahren – 71, 75, 78, 79 – gelangten erst vor kurzem auf den Gipfel ihrer Entwicklung, und der Höhepunkt der Weine aus den 80ern lässt noch auf sich warten. Der 89er Haut-Brion ist schon jetzt zur Legende geworden. Auch eine kleine Menge sehr guter weißer Graves (37:63 Sauvignon/Sémillon) wird hier auf 3 ha Rebfläche angebaut und zu extravaganten Preisen verkauft. Das Zweitetikett, »Bahans-Haut-Brion«, war bis 1983 ungewöhnlicherweise ein jahrgangloser Verschnitt.

Graves Crus classés

Château Bouscaut ☆☆
Cadaujac. Besitzer: Sophie Lurton. AC: Pessac-Léognan. 47 ha, 7 davon weiß. Rebsorten, rot: Merlot 50%, Cabernet Sauvignon 35%, Cabernet franc und Malbec 15%; weiß: Sémillon 70%, Sauvignon blanc 30%

Das hübsche Haus aus dem 18. Jh. mit ziemlich tief gelegenen Weinbergen wurde 1979 von Lucien Lurton (aus der allgegenwärtigen Familie) den amerikanischen Vorbesitzern abgekauft. Der Stil ist verhalten; vielleicht besteht auch ein Hang zu allzu reichlichen Erträgen, doch der 90er ist köstlich, und die von der neuen Generation produzierten jüngeren Jahrgänge machen einen guten Eindruck.

Château Carbonnieux ☆☆–☆☆☆
Léognan. Besitzer: Antony Perrin. AC: Pessac-Léognan. 90 ha, 47 davon rot. Rebsorten, rot: Cabernet Sauvignon 60%, Merlot 30%, Cabernet franc 7%, Malbec 2%, Petit Verdot 1%; weiß: Sauvignon 60%, Sémillon 38%, Muscadelle 2%. www.carbonnieux.com

Das alte, einst stark mitgenommene Kloster mit Kreuzgang wurde in den 1950er-Jahren von der aus Algerien eingewanderten Familie Perrin restauriert und seither betrieben. Größer und daher bekannter als die meisten Weingüter in Graves, besonders durch seinen Weißwein, der zu den Bannerträgern des weißen Graves gehört. Er wird kurz in neuen Barriques gelagert und noch jung auf Flaschen gezogen. Dadurch behält er Frische und bekommt doch etwas vom echten Eichenholzgeschmack mit. Ende der 80er-Jahre zeigten sich deutliche Qualitätsfortschritte. Nach 3–4 Jahren in der Flasche ist er voll ausgereift. Der Rotwein hat mehr Konkurrenz, aber er ist ein guter, typischer Graves, trocken und nachhaltig.

Perrin ist auch Eigentümer von Château le Sartre (siehe dort). Zweitetikett: »La Tour Léognan«.

Domaine de Chevalier ☆☆☆–☆☆☆☆
Léognan. Besitzer: Olivier Bernard. AC: Pessac-Léognan. 38 ha, 5 davon weiß. Rebsorten, rot: Cabernet Sauvignon 65%, Cabernet franc 5%, Merlot 30%; weiß: Sauvignon blanc 70%, Sémillon 30%

Ein seltsamer Platz für einen Weinberg, mitten in einem Wald. Eine Umgestaltung in den 80er-Jahren veränderte den etwas düsteren Ort völlig. Der Boden und auch der Stil des Rotweins sind ähnlich wie im nahe gelegenen Haut-Bailly: anfangs streng, reift der Wein konzentriert und voll Saft und Kraft aus. Die 61er, 64er und 66er waren alle prachtvoll und die 80er Jahrgänge überaus fein. Das Château hat oft Erfolg, wenn andere Misserfolg haben, so 1974 und 1991. Im Rotwein steckt eher Finesse als Körper, weshalb er bei Blindverkostungen nicht gut abschneidet. Doch bei Tisch kann man sich keinen besseren Wein wünschen.

Der Weißwein steht in der Güte nur Laville-Haut-Brion (siehe dort) nach und hat eine erstaunliche Lebensdauer. Er wird wie ein großer Sauternes mit Sorgfalt bereitet, gärt und reift in Fässern. Ihn früher als nach fünf Jahren zu trinken wäre ein Jammer, und die Geschmacksfülle eines 15 Jahre alten Weins kann atemberaubend sein.

Château Couhins
Villenave-d'Ornon. Besitzer: Institut National de la Recherche Agronomique (INRA). 13,5 ha, 6 davon weiß. Rebsorten: Sauvignon blanc 80%, Sémillon 20%

Das *Institut National de la Recherche Agronomique* kaufte 1968 das Land für Zwecke der Weinbauforschung.

Château Couhins-Lurton ☆☆–☆☆☆
Léognan. Besitzer: André Lurton. AC: Pessac-Léognan. 6 ha. Rebsorten: 100% Sauvignon blanc

Ein Teilstück von Château Couhins. 1970 kaufte André Lurton 6 ha dieses Cru classé, das er seit 1967 bewirtschaftet hatte. Der hier produzierte Wein ist ungewöhnlicherweise ein in Eiche vergorener und gereifter reiner Sauvignon; es lohnt sich, ihn 5–10 Jahre lang aufzubewahren. 1992 kauften die Lurtons auch das Château und den alten Keller.

Château de Fieuzal ☆☆☆
Léognan. Besitzer: Lochlainn Quinn. AC: Pessac-Léognan. 48 ha, 8 davon weiß. Rebsorten, rot: Cabernet Sauvignon 60%, Merlot 33%, Petit Verdot und Cabernet franc 7%; weiß: Sauvignon blanc 50%, Sémillon 50%

Bis zum Verkauf 2001 hatte Gérard Gribelin hier den männlichen, gerbstoffherben, erdigen Stil der Region in seinen Weinen in feiner Harmonie zum Ausdruck gebracht, die sich seit Mitte der 1980er-Jahre in bester Form präsentierten.

Château Haut-Bailly ☆☆☆
Léognan. Besitzer: Robert Wilmers. AC: Pessac-Léognan. 28 ha. Rebsorten: Cabernet Sauvignon 65%, Cabernet franc 10%, Merlot 25%. www.chateau-haut-bailly.com

Bescheidenes, an einen Bauernhof erinnerndes Weingut. Bis 1998 im Besitz der belgischen Familie Sanders; gilt allgemein als eines der fünf Spitzen-Châteaux für (roten) Graves. Weißwein wird nicht erzeugt. Ein Viertel des Bestands ist eine Mischpflanzung sehr alter Reben. Der relativ flache, steinige Boden über hartem Lehm ist nicht gerade ideal für einen ambitionierten Weinberg, daher kann es bei Trockenheit Probleme geben.

Die großen Jahrgänge (1966, 70, 78, 79, 86, 88, 89, 96, 2000) kann ich eigentlich nur als nahrhaft – wie Fleischbrühe, die lange auf dem Feuer war – beschreiben; sie sind tief und rund, schmecken nach dem Boden, ich mag sie sehr. Zweitetikett: »La Parde de Haut Bailly«. Trotz des Besitzerwechsels bleibt Familie Sander, die sich so lange liebevoll um ihr Stück Land gekümmert hatte, hier weiter am Ruder.

Château Laville-Haut-Brion ☆☆☆☆
Talence. Besitzer: Domaine Clarence Dillon. AC: Pessac-Léognan. 3,5 ha. Rebsorten: Sémillon 70%, Sauvignon blanc 27%, Muscadelle 3%. www.haut-brion.com

Der weiße La Mission-Haut-Brion (siehe dort) wurde erstmals 1928 von einem Stück Weinberg erzeugt, wo dem früheren Besitzer Woltner der Boden für Rotweinreben zu schwer erschien. Es ist der beste trockene weiße Bordeaux. Trinkt man ihn jung, bleibt seine Qualität vielleicht unbemerkt, und der Preis erscheint bestimmt zu hoch. Der Wein gärt in Eichen-Barriques und wird im darauf folgenden Frühjahr direkt auf Flaschen gezogen. Abgesehen von einem mit den Jahren immer betörender werdenden Geschmack liegen die Qualitäten in seiner Konzentriertheit und in jenem vollen und doch trockenen Charakter, wie ihn der »Y«, der trockene Wein von Château d'Yquem, hat, jedoch mit mehr Anmut. Die 88er, 89er, 94er, 96er und 98er sind ganz hervorragend.

Château Malartic-Lagravière ☆☆☆
Léognan. Besitzer: Alfred-Alexandre Bonnie. 44 ha, 7 davon weiß. Rebsorten, rot: Cabernet Sauvignon 40%, Cabernet franc 10%, Merlot 50%; weiß: Sauvignon blanc 85%, Sémillon 15%. www.malartic-lagraviere.com

Meist unterbewertetes Château mit Rot- und Weißwein von bemerkenswerter Qualität. Ein gedrungenes Steinhaus in einer typischen Graves-Landschaft mit kleinen Flecken Wald und sanft geneigten Weinbergen. Der Rotwein ist ein robuster, herber, dunkler *vin de garde,* im Abgang eher fein als eindrucksvoll; doch seit 1994 erscheint der Stil runder.

Der Weißwein (ungewöhnlicherweise größtenteils aus Sauvignon blanc) ist in der Jugend schon eine Überraschung und wird nach 5–10 Jahren in der Flasche sogar noch besser und für einen Graves typischer. Umfangreiche Investitionen durch den neuen Besitzer, seit 1998 Bonnie, machen sich mit noch besserer Qualität und Finesse bereits bezahlt.

Château la Mission-Haut-Brion ☆☆☆–☆☆☆☆
**Talence. Besitzer: Domaine Clarence Dillon.
AC: Pessac-Léognan. 21 ha. Rebsorten: Cabernet Sauvignon 48%, Cabernet franc 7%, Merlot 45%.
www.haut-brion.com**

Der unmittelbare Nachbar und frühere Rivale von Haut-Brion, ebenfalls in den Vorstädten von Bordeaux, Pessac und Talence gelegen. Die Bahnlinie Paris–Madrid verläuft in einem Einschnitt durch den Weinberg (gut für den Wasserabzug). Seit 1983 bilden la Mission-Haut-Brion und Haut-Brion einen gemeinsamen Besitz. Es heißt, dass sich die städtische Lage günstig auswirkt, weil hier die Temperatur um ein Grad höher liegt als auf dem

flachen Land und weil zur Lesezeit rasch eine große Erntemannschaft zusammengebracht werden kann.

Den Weinen merkt man die Wirkung der warmen, trockenen Lage an: Konzentriertheit und Kraft. Neben dem Haut-Brion, der ja wahrlich auch kein Schwächling ist, nehmen sie sich fast kraftstrotzend aus. Michael Broadbent bedient sich in seinen Notizen über verschiedene Jahrgänge solcher Ausdrücke wie Eisen, Erde, Saft und Pfeffer. Nach entsprechender Reifezeit (oft 20 Jahre und länger) vereinen sie Wärme und feine Süße in gewaltig orgelnden Tönen und werden dadurch zu einem ganz superben »Zweiten«. Der Weißwein »Laville-Haut-Brion« wird an anderer Stelle besprochen.

Château Olivier ☆☆
**Léognan. Besitzer: Jean-Jacques de Bethmann.
AC: Pessac-Léognan. 48 ha, 12 davon weiß.**

Bordeaux-Glossar

Barrique Das Standardfass in Bordeaux für Lagerung und manchmal auch Versand; Inhalt 225 l.

Cépage; encépagement Rebsorte; Rebsortenbestand in einem Weinberg.

Chai; maître de chai Lagergebäude für Wein in Fässern, im Médoc meist ebenerdig oder zur besseren Kühlung etwas versenkt, in St-Emilion oft ein Keller; der Kellermeister, dessen Amt die eigentliche Weinbereitung ist.

Chef de culture In größeren Gütern das für die Weinberge zuständige »Gegenstück« des *maître de chai,* sozusagen der Weinbergmeister.

Collage Schönung – Klärung des Weins, meist mit geschlagenem Eiweiß.

Cru »Gewächs« – Bezeichnung eines Weinguts wie Cru classé, Cru bourgeois usw.

Cuve; cuvier; cuvaison Bottich bzw. Tank; Fasshaus; Fassgärung (d. h. die Zeit, die der Wein zum Gären im Tank oder Fass bleibt).

Engrais *(chimique, biologique)* Dünger (Kunst-, Naturdünger).

Fouloir-égrappoir *(foulage, éraflage)* Maschine zum Entrappen und Zerquetschen der Trauben; *foulage* = Quetschen, *éraflage* = Entrappen.

Gérant Geschäftsführer, Gutsleiter.

Grand vin Allgemein gebräuchliche Bezeichnung für den ersten oder ausgewählten Wein eines Guts, im Gegensatz zu den Zweit- oder weiteren Weinen.

Millésime Jahrgang (z. B. 1990).

Monopole Vertrag zwischen Winzer und Händler über das Alleinrecht für den Vertrieb des Weins.

Négociant Händler bzw. »Versender«.

Oenologue Önologe, technischer Berater für die Weinbereitung.

Porte-greffe Reblausfeste Unterlage, auf welche die jeweils gewünschte Rebsorte aufgepfropft wird.

Propriétaire Besitzer.

Récolte Ernte, Lese.

Régisseur Leiter oder Verwalter eines Guts.

Rendement *(à l'hectare)* Ertrag (in Hektoliter pro Hektar, hl/ha).

Taille Schnitt.

Tonneau Das Maß, das im Bordelais heute noch bei Kauf und Verkauf des Weins ab Château zugrunde gelegt wird (900 Liter = 4 Barriques oder 100 Dutzend Flaschen), obwohl so große Fässer heute gar nicht mehr gebräuchlich sind.

Viticulteur Weinbauer.

Rebsorten rot: Cabernet Sauvignon 51%, Cabernet franc 8%, Merlot 41%; weiß: Sémillon 48%, Sauvignon blanc 44%, Muscadelle 8%. www.chateau-olivier.com

Eine Burg mit Wall und Graben und mit Weinbergbesitz, der bis 1981 von der Handelsfirma Eschenauer & Co. für den Eigentümer bewirtschaftet wurde, jetzt aber wieder ganz in der Hand der Familie ist. Der schlanke Rotwein hat es trotz stetiger Verbesserung seit 1989 bisher noch nicht geschafft, den Ruhm des weißen Bruders einzuholen, der ein gefälliger Graves aus der modernen Schule ist, ein guter, leichter Wein zur Eröffnung eines Mahls. Qualitätsverbesserung in den 90ern, jedoch weniger als bei vielen Nachbar-Châteaux.

Château Pape-Clément ☆☆☆

Pessac. Besitzer: Bernard Magrez. AC: Pessac-Léognan. 33 ha, 3 davon weiß. Rebsorten, rot: Cabernet Sauvignon 60%, Merlot 40%; weiß: Sémillon 45%, Sauvignon blanc 45%, Muscadelle 10%. www.pape-clement.com

Einstmals Besitz von Bertrand de Goth, der im 14. Jh. zuerst Bischof von Bordeaux war und dann als Papst Clemens V. nach Avignon ging. Der Weinbergbesitz besteht aus kleinen, verstreuten Parzellen und einem größeren zusammenhängenden Block am äußersten Rand von Pessac, wo es schon wieder ländlicher wird und der Kiesboden feiner, aber deshalb nicht weniger tiefgründig ist. Im Rebenbestand fehlt Cabernet franc, dafür enthält er relativ viel Merlot. Abhängig vom Jahrgang werden zwischen 70–95 % neue Fässer verwendet. Die Weine waren früher glanzlos, doch in den 1990er-Jahren trat ein grundlegender qualitativer Wandel ein: Der 2000er ist ein ganz herrlicher Wein. Auch kleine Mengen an würzigem, eichenduftigem Weißwein entstehen hier.

Château Smith-Haut-Lafitte ☆☆☆

Martillac. Besitzer: Florence und Daniel Cathiard. AC: Pessac-Léognan. 56 ha, 11 davon weiß. Rebsorten, rot: Cabernet Sauvignon 45%, Cabernet franc 20%, Merlot 35%; weiß: Sauvignon blanc 95%, Sauvignon gris 5%. www.smith-haut-lafitte.com

Mit Geld aus ihrem Sportbekleidungsgeschäft, großem Flair und viel Enthusiasmus haben die Cathiards seit 1990 die Reputation ihres berühmten alten Weinguts durch Modernisierungen in Weinberg, Keller und Château wieder aufpoliert. Der Weißwein (kein Cru classé) ist einer der Besten der Region (und am deutlichsten eichenwürzig), und der Rotwein wird immer besser. Zweitetikett ist der preisgünstige »Les Hauts de Smith«. Im Château integriert sind Hotel, Restaurant und Heilbad.

Château la Tour-Haut-Brion ☆☆–☆☆☆

Talence. Besitzer: Domaine Clarence Dillon. AC: Pessac-Léognan. 5 ha. Rebsorten: Cabernet Sauvignon 42%, Cabernet franc 35%, Merlot 23%. www.haut-brion.com

Früher Zweitetikett von Château la Mission-Haut-Brion (siehe dort), jetzt aber ein selbstständiges Weingut. Bis 1993 war der Wein wuchtig und tanninreich, doch neuerdings gestaltet man ihn bei gesteigertem Cabernet-franc-Anteil eleganter.

Château la Tour-Martillac ☆☆–☆☆☆

Martillac. Besitzer: Domaines Kressmann. AC: Pessac-Léognan. 40 ha, 10 davon weiß. Rebsorten, rot: Cabernet Sauvignon 60%, Merlot 35%, Malbec 1%, Cabernet franc 54%; weiß: Sémillon 55%, Sauvignon blanc 40%, Muscadelle 5%. www.latour-martillac.com

Ehemaliger Besitz der Familie Montesquieu (der auch das in der Nähe liegende prächtige la Brède gehörte). Die bekannte Weinhändler-Familie Kressmann aus Bordeaux kultiviert mit viel Geduld alte Reben ihrer Qualität wegen. Der jetzt in kleinen Mengen bereitete Weißwein ist ein klassischer Graves, kraftvoll und toastig und nach Flaschenlagerung am besten. Der Rotwein ist ein gutes Beispiel für die robuste, saft- und kraftvolle Art der Gegend.

Weitere Châteaux in Graves

Château d'Archambeau

Illats. Besitzer: Familie Dubourdieu. 10 ha

Guter, fruchtiger trockener Weißwein und duftiger, fassgereifter Rotwein.

Château d'Arricaud ☆–☆☆

Landiras. Besitzer: Albert Bouyx. 23 ha

Besitztum über dem Tal der Garonne südlich von Barsac. Die rote und weiße »Cuvée Prestige« sind eichenwürziger und konzentrierter als die Standardweine.

Château Baret ☆☆

Villenave-d'Ornon. Besitzer: Familie Ballande. AC: Pessac-Léognan. 20 ha

Weingut im Herzen des »Haut-Graves«, früher berühmt für 2èmes crus. Erdige Rote und eichenwürzige Weiße. Exklusiv vertreten von Borie-Manoux (siehe Seite 45).

Château Brown ☆☆

Léognan. Besitzer: Bernard Barthe. AC: Pessac-Léognan. 27 ha. www.chateau-brown.com

1994 von neuen Besitzern mit großen Investitionen wieder belebt. Elegante, ausgewogene Weiß- und Rotweine.

Château Cantelys ☆☆

Martillac. Besitzer: Florence und Daniel Cathiard. AC: Pessac-Léognan. 31 ha. www.smith-haut-lafitte.com

Von den Cathiards geleast, die den Wein in Château Smith-Haut-Lafitte ausbauen (siehe dort). Weniger komplexe Weine als die Crus classés, aber gut bereitet und mittellang lagerfähig.

Château les Carmes Haut-Brion ☆☆

Pessac. Besitzer: Didier Furt. AC: Pessac-Léognan. 4 ha. www.les-carmes-haut-brion.com

Kleiner Nachbar von Haut-Brion, neu belebt, seit Didier Furt 1986 ans Ruder kam. Guter, schmackhafter Wein, der noch an Komplexität zulegen könnte.

Château Cazebonne ☆☆

St Pierre-de-Mons. Besitzer: Jean-Marc Bridet. 13 ha rot

Volle, eichenwürzige Rotweine und ein duftiger Weißer.

Château de Chantegrive ☆☆–☆☆☆

Podensac. Besitzer: Henri und Françoise Lévêque. 90 ha. www.chantegrive.com

Größeres Weingut mit modernen Methoden. Die Familie bewirtschaftet noch weitere Güter – Château Moulin de Marc sowie Domaine du Bourdieu – und erzeugt zuverlässige Weine. Erwähnenswert ist v. a. die sehr eichenholzwürzige »Cuvée Caroline«.

Château Cheret-Pitres ☆–☆☆
Portets. Besitzer: Pascal Dulugat. 14 ha
Feste, erdige Rotweine.

Château Chicane ☆
Toulenne. Besitzer: François Gauthier. 6 ha
Obgleich der Rote von Cabernet dominiert wird, ist er eher zart und sollte jung getrunken werden.

Château de Cruzeau
St-Médard-d'Eyrans. Besitzer: André Lurton.
AC: Pessac-Léognan. 60 ha
1973 von Lurton gekauft und neu angepflanzt. St-Médard hat tiefgründigen Kiesboden, was also guten Wein erbringen sollte. Der Rotwein ist ein wenig spröde, doch der Weißwein füllig und würzig.

Château Ferrande ☆–☆☆
Castres. Besitzer: Castel Frères. 43 ha
Das bedeutendste Weingut in Castres, nördlich von Portet. Früh trinkreife Rot- und Weißweine.

Clos Floridène ☆☆–☆☆☆
Bequey. Besitzer: Denis und Florence Dubourdieu. 16 ha
Origineller, gehalt- und charaktervoller Weißwein, produziert von Denis Dubourdieu, der für den weißen Bordeaux das geleistet hat, was Emile Peynaud (siehe Seite 78) für den Rotwein getan hat. Auch interessanter Roter.

Château de France ☆☆
Léognan. Besitzer: Bernard Thomassin. AC: Pessac-Léognan.
32 ha. www.chateau-de-france.com
Großes Gut, gehört zu den besten der Gegend, seit 1971 modernisiert und vergrößert. Die Investitionen machten sich in den späten 1990ern bezahlt, als Rot- und Weißweine an Körper und Komplexität gewannen.

Domaine de Gaillat ☆–☆☆
Langon. Besitzer: Familie Coste. 11 ha
Ein fülliger, geschmackvoller Rotwein für frühen Verbrauch.

Château la Garde ☆☆
Martillac. Besitzer: Domaines Kressmann. AC: Pessac-Léognan.
55 ha
Der Rotwein ist in guten Jahrgängen robust und geschmacksintensiv, der Weißwein traubig und eichenholzwürzig. Enormer Qualitätszuwachs seit Mitte der 1990er.

Château du Grand Abord ☆–☆☆
Portets. Besitzer: Marc Dugoua. 20 ha
Saftiger Rotwein aus fast reinem Merlot und ein zitronenduftiger Weißer.

Château Haut-Bergey ☆☆
Léognan. Besitzerin: Sylviane Garcin-Cathiard.
AC: Pessac-Léognan. 26 ha. www.chateau-haut-bergey.com
Die Schwester von Daniel Cathiard von Château Smith-Haut-Lafitte (siehe dort) kaufte den Besitz 1991. Immer besser werdende, rauchige Rotweine und Weißweine mit Grapefruit-Noten.

Château Haut-Gardère ☆☆
Léognan. Besitzer: Banque Populaire. AC: Pessac-Léognan.
25 ha
Das 1979 wieder erstandene Gut in der Nähe von Fieuzal bereitet tadellose eichenwürzige Rote und toastige Weiße.

Château Haut-Lagrange ☆☆
Léognan. Besitzer: Francis Boutemy. AC: Pessac-Léognan.
17 ha
In den frühen 90ern komplett neu angepflanzt, weshalb das volle Potenzial noch nicht erreicht ist. Boutemy hält nichts von modernen Trends wie Tankreifung. Die Rotweine sind geschmeidig, die Weißweine ausgeprägt zitronenwürzig.

Château Haut-Nouchet ☆–☆☆
Martillac. Besitzer: Louis Lurton. AC: Pessac-Léognan. 38 ha.
www.louis-lurton.fr
Angenehme, preisgünstige Weine von jungen Reben. Ökologischer Anbau.

Château Haut-Selve ☆–☆☆
Cadillac-en-Fronsadais. Besitzer: Jean-Jacques Lesgourgues.
68 ha
Großes Gut, mittelschwere Weine; der Weiße ist frischer und lebendiger als der kantige Rotwein.

Château Jean Gervais ☆
Portets. Besitzer: Familie Counilh. 54 ha
Verhaltene Weine mit wenig Komplexität.

Château Larrivet-Haut-Brion ☆☆
Léognan. Besitzer: Philippe Gervoson. AC: Pessac-Léognan.
50 ha
Eines der besseren Graves-Weingüter der zweiten Klasse, freilich in jeder Hinsicht weit entfernt von Haut-Brion. Die neuen Besitzer haben die Rebflächen beträchtlich vergrößert und Michel Rolland als Berater gewonnen. Schlanke, rassige Weißweine und recht tanninreiche, schokoladige Rotweine.

Château la Louvière ☆☆–☆☆☆
Léognan. Besitzer: André Lurton. AC: Pessac-Léognan.
48 ha
Das Prunkstück unter den sowieso schon beachtlichen Lurton'schen Gütern, ein nobles Haus aus dem 18. Jh. Hier entstehen ein avantgardistischer trockener, Sauvignon-blanc-dominierter Weißer mit Loire-ähnlicher Frische und ein typisch maskuliner, erdiger Rotwein in Cru-classé-Qualität.

Château Millet ☆
Portets. Besitzer: Henri und Thierry de la Mette. 78 ha
Das imposanteste Château in Portets. Moderate Weine: ein geschmeidig-weicher Roter und ein ausgewogener Weißwein.

Château Montalivet ☆☆
Pujols-sur-Ciron. Besitzer: Pierre Coste und Pierre Dubourdieu.
14 ha
Frische, gut bereitete Weine.

Château Pique-Caillou ☆☆
Mérignac. Besitzer: Calvet Paulin. AC: Pessac-Léognan.
20 ha
Der einzige Cru in Mérignac, nahe beim Flughafen. Recht tanninreiche Weine mit dem Aroma von schwarzen Kirschen.

Château Piron ☆☆
St-Morilion. Besitzer: Paul Boyreau.
20 ha

Alter Familienbesitz im Hinterland von Graves, auf Hängen mit Kies- und Kalkboden, der für Weißwein sehr günstig ist; doch auch der Rotwein ist aromatisch und komplex.

Château de Portets ☆☆
Portets. Besitzer: Jean-Pierre Théron. 38 ha
Der Ruf von Portets festigt sich immer mehr, v. a. beim Rotwein, einer würzigen Mischung aus Cabernet und Merlot zu gleichen Teilen.

Château Rahoul ☆☆
Portets. Besitzer: Alain Thienot. 20 ha
Stilvolle, fassgereifte Rotweine und spritzige Weißweine.

Château Respide ☆☆
Langon. Besitzer: Franck Bonnet & Fils. 35 ha
Alte Weinberge auf dem sandigen Boden von Langon. Weine, die eine gewisse Komplexität zeigen, speziell die in Barriques gereifte »Cuvée Callipyge«.

Château Respide-Médeville ☆☆–☆☆☆
Toulenne. Besitzer: Christian Médeville. 12 ha
Ein kleines Weingut, das seit vielen Jahren tiefe, konzentrierte Rotweine und Weißweine mit deutlichen Zitronennoten erzeugt.

Château de Rochemorin
Martillac. Besitzer: André Lurton. AC: Pessac-Léognan. 90 ha
Größeres altes Weingut, in den 1930er-Jahren aufgegeben, seit 1973 von M. Lurton neu angelegt. Moderne, fruchtige Rotweine; trockene, aromatische Weißweine.

Château Roquetaillade la Grange ☆☆
Mazères. Besitzer: Familie Guignard. 45 ha
Ein sehr zuverlässiges Weingut, seit Jahren etabliert.

Château St-Robert ☆☆–☆☆☆
Pujols. Besitzer: Crédit Foncier de France. 34 ha
Dieselben Besitzer wie von Château Bastor-Lamontagne im nahen Sauternes. Sehr zuverlässiges Weingut, und zuverlässig eichenholzwürzig sind die weißen und roten »Poncet Deville« Spitzen-Cuvées.

Château le Sartre ☆☆
Léognan. Besitzer: Antony Perrin. AC: Pessac-Léognan. 25 ha.
www.chateau-le-sartre.com
Gleicher Ausbau wie bei Perrins anderem Wein, Château Carbonnieux, jedoch von leichterem Stil.

Château Tourteau-Chollet ☆
Arbanants. Besitzer: Mestrezat. 67 ha
Großes Gut; erfreuliche, kommerzielle Rote und Weiße.

Château le Tuquet
Beautiran. Besitzer: Paul Ragon. 52 ha
Das bedeutendste Weingut in Beautiran, an der Straße von Bordeaux nach Langon. In reifen Jahrgängen ist der Rotwein geschmeidig und charmant.

Château la Vieille France ☆–☆☆
Portets. Besitzer: Michel Dugoua. 24 ha.
www.chateau-la-vieille-france.com
Tadelloses, unternehmungsfreudiges Weingut, dessen beste Weine in Eichenfässern reifen und »Cuvée Marie« heißen.

Vieux-Château Gaubert ☆☆–☆☆☆
Portets. Besitzer: Dominique Haverlan. 16 ha
Seit Haverlan dieses Besitztum 1988 erwarb, baut er dort exzellente Weine, Weiße und Rote, die ungewöhnlich intensiv und komplex sind.

Villa Bel Air ☆☆
St-Morillon. Besitzer: Jean-Michel Cazes. 46 ha.
www.villabelair.com
Weine für unmittelbares Trinkvergnügen: mittelschwere Rote und reife, in Barriques vergorene Weißweine.

Sauternes

Südwärts der Gegend von Bordeaux schwindet die Rotweinerzeugung im Vergleich zu Weißwein fast bis zur Bedeutungslosigkeit. Ein etwas wärmeres und trockeneres Klima und der stark kalkhaltige Boden schaffen beste Konditionen für Weißweintrauben. Der Wein hat das, was die Franzosen *sève* nennen: Saft und Kraft, eine Kombination aus Vitalität und Fülle.

Der beste Teil der Gegend ist die relativ hügelige Enklave Sauternes, eine Appellation, die für fünf Orte südlich eines kleinen Nebenflusses der Garonne mit dem Namen Ciron gilt. Auf der anderen Seite des Ciron (auf flacherem Land) liegt Barsac, das ebenfalls das Recht auf diese Appellation besitzt. Wenn im Herbst das kalte Wasser des Ciron auf die warmen Ströme der Garonne treffen, bilden sich die Nebel, die das Entstehen der berühmten Edelfäule begünstigen und mithin die Produktion von *vin liquoreux*. Seit 250 Jahren ist dieser außerordentlich konzentrierte goldene Dessertwein eine Spezialität von Sauternes, und zwischen 1982 und 1990 war ihm das Glück besonders hold, dank einer ganzen Reihe exzellenter Jahrgänge. Dann aber kam mit schlechten Jahren in den 1990ern ein harter Rückschlag.

Anders als in der Region Graves gibt es in Sauternes viele große Weingüter wie im Médoc. Die Lage an der landeinwärts führenden Straße die Garonne hinauf hat dem Gebiet einst militärische Bedeutung verliehen. Später dann wurden wegen des guten Klimas und der feinen Weine die Burgen durch Landschlösser ersetzt. Viele von ihnen waren längst durch ihren »saftigen« Weißwein berühmt, bevor die Klassifizierung von 1855 aus Anlass der Pariser Weltausstellung vorgenommen wurde. Sie wurden in drei Klassen eingeteilt: Château d'Yquem kam allein in die erste, neun Güter wurden als Premiers crus und weitere neun als Deuxièmes crus eingestuft – ganz allgemein ist diese Klassifizierung noch immer in Ordnung; die Zahl der Premiers crus ist durch Aufteilung von Besitztümern allerdings auf elf und die der Deuxièmes crus auf zwölf gestiegen. Um sie herum liegen unzählige inoffizielle Crus bourgeois, manche davon mit vergleichbarer Qualität. Die Rebfläche der sechs Gemeinden beträgt zusammen 2240 ha. Eine Genossenschaftskellerei gibt es hier nicht.

Der arbeitsaufwendige Prozess zur Bereitung eines großen Sauternes wird auf Seite 73 beschrieben. Als in den 1960er- und 70er-Jahren die süßen Weine aus der Mode kamen, wurde diese Arbeitsweise für die meisten Weingutbesitzer unwirtschaftlich, weil sie sich die Arbeitskräfte, die zum Auslesen der einzelnen Beeren gebraucht werden, ebenso wenig leisten konnten wie die neuen Fässer und die jahrelange Wartezeit. Neuerdings aber hat sich die Mode – und anscheinend auch das Klima – wieder so radikal gewandelt, dass Sauternes einem neuen goldenen Zeitalter entgegengeht.

Viele der bescheideneren Winzer erleichtern sich die Sache einfach dadurch, dass sie auf das volle Ausreifen der Trauben warten (und darauf hoffen, dass wenigstens ein paar davon »edelfaul« sind). Dann werden die Trauben alle zusammen gelesen, es wird Zucker zugegeben, um den potenziellen Alkoholgehalt auf etwa 18% zu bringen, und schließlich wird der Gärungsprozess mit Schwefeldioxid abgestoppt, wenn er es auf 13 bis 14% gebracht hat, wodurch der Wein süß bleibt – eine recht armselige Methode der Weinbereitung mit entsprechenden Ergebnissen. Ein solcher Wein hat nichts von dem klassischen Sauternes-Aroma und verdient den Namen nicht.

Doch was ist nun das klassische Sauternes-Aroma? Es hängt vom Jahrgang ab: Manchmal ist es kraftvoll, würzig und sirupartig süß, in anderen Jahren ist es voll, ja sogar fast übervoll, aber nahezu buchstäblich als saftig und nicht sehr süß zu bezeichnen. In den besten Jahren, wenn alles Gute zusammenkommt und die Trauben vollständig von der Edelfäule befallen wurden, ist es dick, süß, aber auch zart und cremig, mit Nuss- und Honiggeschmack. Die Barsac-Weine sind meist etwas weniger reichhaltig als die Sauternes, sie können aber ein ganz eigenes, bezauberndes Gleichgewicht zwischen Fülle und Frische erreichen. In der Flasche kann der Wein noch nach 40 oder sogar 50 Jahren immer besser werden.

Die Erträge schwanken in Sauternes beunruhigend je nach Wetterverlauf. In manchen Jahren kann kaum Süßwein produziert werden, ja es kann sogar passieren, dass die gesamte Ernte nicht zu Dessertwein verarbeitet werden kann. Selbst in einem guten Jahr kommt oft ein Durchschnittsertrag von nur 18 hl/ha zustande, während beispielsweise ein Cru classé in St-Julien mühelos das Dreifache erbringt.

Sauternes Premier cru supérieur

Château d'Yquem ☆☆☆☆
Besitzer: LVMH. AC: Sauternes. 103 ha. Rebsorten: Sémillon 80%, Sauvignon blanc 20%. www.chateau-yquem.com
Unbestreitbar der größte aller süßen Weine Frankreichs, doch war er auch schon als der beste aller weißen Bordeaux-Weine anerkannt, lange bevor süßer Wein im 19. Jh. in Mode kam. Die außerordentlich mühselige Bereitung dieses Weins ist auf der gegenüberliegenden Seite ausführlich beschrieben.

Aus manchen Jahrgängen erzeugt Yquem ferner auch einen trockenen, seltenen Weißen je zur Hälfte aus Sauvignon und Sémillon mit dem Namen »Y« (gesprochen: Ygrec). In Geschmacksfülle und Alkoholgehalt ist er dem Yquem ähnlich, hat aber nur eine feine Spur Süße. Nach Jahrhunderten im Besitz der Familie Lur-Saluces wurde der gesamte Besitz 1999 an die LVMH-Gruppe verkauft.

Die Übernahme war durchaus nicht »freundlich« zu nennen, doch mit der Einsetzung von Comte Alexandre de Lur Saluces als Geschäftsführer desselben Betriebs, den er jahrzehntelang so bewundernswert geführt hatte, scheint nun wieder Frieden eingekehrt zu sein.

Sauternes Premiers crus

Château Climens ☆☆☆☆
Besitzer: Bérénice Lurton. AC: Barsac. 29 ha.
Rebsorte: Sémillon 100%
Der süßeste und vollste Wein von Barsac, nach der alten Methode bereitet und aus ebenso peinlich genau wie in Yquem ausgelesenen Trauben, die ihm im Alter fast karamellartige Konzentriertheit verleihen. Der für Barsac typische Hauch von Eleganz fehlt ihm dabei nicht. Das Gut wurde 1971 (also in einem erstklassigen Jahr) verkauft. Seither hat es seinen guten Ruf mit exzellentem 83er, 86er, 88er, 89er, 90er, 97er und 2001er noch verbessert. Die Einheimischen betonen das »ns« am Schluss des Namens nachdrücklich. Zweitetikett: »Les Cyprès de Climens«.

Château Coutet ☆☆☆–☆☆☆☆
Besitzer: Familie Baly. AC : Barsac. 39 ha.
Rebsorten: Sémillon 75%, Sauvignon blanc 23%,
Muscadelle 2%. www.chateau-coutet.com
Neben Château Climens das führende Weingut in Barsac; es arbeitet mit den traditionellen Methoden der Fassgärung und erzielt dabei ausnehmend feinen und stilvollen Wein. Das alte Gutshaus stammt noch aus der Zeit der englischen Herrschaft in Aquitanien. In den besten Jahren (1971, 75, 83, 86, 88, 89 und 90) erhält eine besonders üppige Auslese das Etikett »Cuvée Madame«. Zweitwein: »Chartreuse de Coutet«.

Château Guiraud ☆☆☆
Besitzer: Familie Narby. AC: Sauternes. 100 ha.
Rebsorten: Sémillon 70%, Sauvignon blanc 30%.
www.chateau-guiraud.fr
Der südliche Nachbar von Yquem unterscheidet sich von diesem jedoch durch seinen hohen Sauvignon-blanc-Anteil. Die Jahrgänge der 80er fielen unterschiedlich aus, manchmal überwog die Wucht gegenüber der Finesse, jetzt aber hat Guiraud unter der Leitung von Kellermeister Xavier Planty wieder Tritt gefasst. Der 90er und 99er sind superb.

Château Clos Haut-Peyraguey ☆☆☆
Bommes. Besitzer: Jacques Pauly. AC: Sauternes. 12 ha.
Rebsorten: Sémillon 90%, Sauvignon blanc 10%
Früher der obere Teil des Besitzes von Château Lafaurie-Peyraguey, 1879 abgetrennt und seit 1914 im Besitz der Familie Pauly. Ein bescheidenes Weingut, wo mit Sorgfalt ein relativ leichter, aber sehr eleganter Wein gebaut wird. Den Besitzern gehört auch Château Haut-Bommes, dessen Wein den Zweitwein bildet.

Château Lafaurie-Peyraguey ☆☆☆–☆☆☆☆
Bommes. Besitzer: Familie Cordier. AC: Sauternes. 40 ha.
Rebsorten: Sémillon 90%, Sauvignon blanc 5%,
Muscadelle 5%. www.cordier-wines.com
Eine Feste, die – militärisch gesprochen – den Anstürmen von Yquem trotzen kann. Das Gut hat den Ruf, wundervoll körperreichen, langlebigen Sauternes zu erzeugen, insbesondere seit 1979. Der 83er war der erste einer ganzen Serie großartiger Jahrgänge.

Château Rabaud-Promis ☆☆–☆☆☆
Bommes. Besitzer: Philippe Dejean. AC: Sauternes. 30 ha.
Rebsorten: Sémillon 80%, Sauvignon blanc 20%
Der größere Teil des einst bedeutenden Besitzes Rabaud liefert vollen, öligen, aber trotzdem nicht schwerfälligen Wein. Seit 1986 ein beobachtenswertes, zuverlässiges Weingut, aber selten wirklich außergewöhnlich.

Château Rayne-Vigneau ☆☆–☆☆☆
Bommes. Besitzer: Mestrezat. AC: Sauternes. 80 ha.
Rebsorten: Sémillon 74%, Sauvignon blanc 24%,
Muscadelle 2%

Château d'Yquem – So entsteht ein großer Sauternes

Auf der Welt gibt es nur wenige Orte mit solch sagenumwobenem Wein wie die alte Feste Yquem mit ihrem goldenen Nektar. Wo anders als in Frankreich hätte auch ein derartiges Monument aristokratischer Kunstfertigkeit entstehen können.

1785 heiratete Josephine Sauvage d'Yquem, deren Familie das Gut noch über 200 Jahre im Besitz haben sollte, den Comte de Lur Saluces. Zwei Jahre später besuchte Thomas Jefferson das Château und fand den Wein so überaus gut, dass er sich davon eine Sendung nach Amerika schicken ließ. Ob der damalige Wein schon genauso süß und likörähnlich war, wie er es heute ist, ist nicht bekannt. Süß war er jedoch bestimmt. Fraglich ist auch, wann man damit begann, Zeit und Mühe im Übermaß zu investieren, um diesen ganz besonderen Wein zu gewinnen. Die peinlich genaue Sorgfalt in Yquem ist kaum zu überbieten. Die hier beschriebenen Yquem-Methoden sind das Ideal, dem andere Châteaux nur mehr oder weniger nahe kommen.

Zunächst müssen die Grundlagen erläutert werden: Unter bestimmten herbstlichen Witterungsverhältnissen mit Nebel am Morgen und Sonnenschein am Nachmittag macht eine der in Weinbergen vorkommenden Schimmelarten eine seltsame Wandlung durch: Anstatt die Trauben zu verderben, bewirkt sie nun Erstaunliches. Bei ansonsten gesunden, reifen und durch keinen anderen Pilzbefall geschädigten Trauben beginnt sie sich von dem Zucker und der Weinsäure in den einzelnen Trauben zu nähren, indem sie Würzelchen in sie hineinsenkt, die so fein sind, dass sie die mikroskopisch kleinen Poren der Traubenschale durchdringen können. Die Beeren schrumpfen rasch ein, werden zunächst schimmelig grau, dann violettbraun, ihre Schalen werden weich. Inzwischen haben sie über die Hälfte an Gewicht eingebüßt, aber weniger als die Hälfte ihres Zuckergehalts. Der Saft ist hochkonzentriert, außerordentlich süß und reich an Glyzerin. Bei idealen Verhältnissen (z. B. 1967, 1989

und 2001) geht dieser Prozess ganz plötzlich und vollständig vor sich: Nicht eine einzige Beere ist mehr als solche zu erkennen – ein wahrhaft widerlicher Anblick.

Leider läuft dieser Prozess in den meisten Jahren nur allmählich ab. Die Beeren werden nur stellenweise, manchmal auch nur einzeln, von der so genannten Edelfäule befallen. In Yquem gehen die Erntehelfer in vier Gruppen zu je 40 Personen im Schneckentempo durch die Rebzeilen und lesen die gewünschten Beeren – wenn es sein muss, einzeln – heraus. Auf diese Weise wird der ganze Weinberg wieder und wieder durchgelesen, bis zu zehnmal, in einem Jahr sogar elfmal. Der Ertrag ist äußerst dürftig: etwa ein Glas Wein von jedem Rebstock.

Im *cuvier* werden die Trauben leicht geschwefelt, durch einen sanften hölzernen *fouloir* (eine Kelter) gegeben und dann unmittelbar in altmodischen Spindelpressen dreimal abgepresst, wobei der Presskuchen mit Schaufeln geteilt und in eine spezielle Mühle geworfen wird, wo zwischen den Pressvorgängen die Stile entfernt werden. Die Lese eines ganzen Tages – bis zu 40 Fässer – kommt in ein großes Fass und von dort aus direkt zur Gärung in neue Barriques aus Eichenholz, die zu drei Vierteln gefüllt werden. Die Tagesernte, die *journée,* bildet jeweils eine Einheit, die wieder und wieder abgeschmeckt wird, um festzustellen, ob sie die Qualitäten für den *grand vin* hat. Hat sie diese nicht, wird sie als anonymer Sauternes an Händler verkauft. In Yquem gibt es keine Kompromisse, keinen »Zweitwein«.

Der *chai* wird nun auf 20 °C geheizt, um eine gleichmäßige Gärung zu begünstigen, die zwischen zwei und sechs Wochen dauert. Wenn etwa 14 % Alkohol erreicht sind, kommt die Wirkung der Hefen zum Erliegen, wobei ein Restzuckergehalt von 120g/l verbleibt. Der Zuckergehalt ist eine kritische Größe. 20% Gesamtzucker (d.h. potenzieller Alkohol) im Most sind ideal. Bei 25 % würde der Gärungsvorgang wie bei der Trockenbeerenauslese bereits bei 9 bis 10 % Alkohol enden. (Ein Extremfall ist der Tokaji Eszencia mit so viel Zucker, dass der potenzielle Alkoholgehalt 35 % beträgt und eine wirkliche Gärung gar nicht erst in Gang kommt.)

Der Château d'Yquem lagert mindestens dreieinhalb Jahre im Fass. Er wird alle drei Monate abgezogen und nie ganz dicht verspundet – was bedeutet, dass über die gesamte Lagerzeit alle zwei Wochen aufgefüllt werden muss, denn der Schwund durch Verdunstung beträgt 20 %. Der Wein ist so dick, dass er sich niemals von alleine klärt. Die Schwebstoffe, genauso hochkonzentriert wie alles andere, sedimentieren nicht mehr durch die Schwerkraft. Der Wein muss geklärt werden – doch niemals mit Eiweiß, wie Alexandre de Lur Saluces schnell hinzufügt; eines der Eier könnte schlecht sein.

Dieses einmalige Anwesen ist heute nicht mehr im Besitz der Familie, doch Alexandre de Lur Saluces bleibt ihm als Geschäftsführer erhalten und überwacht nach wie vor die Einhaltung der hohen Standards für diesen ganz außergewöhnlichen Wein.

Ein großer Besitz, heute vom Château getrennt, jedoch historisch berühmt wegen seines Bodens, der buchstäblich voller Edelsteine war. Der Glückspilz Vicomte de Roton (ein Pontac, dessen Nachkommen noch heute das Château gehört) soll hier nämlich auf einmal statt Trauben Saphire, Topase, Amethyste und Opale zu Tausenden aufgelesen haben (sonst gibt es hier nur Kies). Moderne Methoden bringen vollen und guten, wenn

auch nicht allzu ehrgeizigen Sauternes und ein wenig trockenen Rayne-Vigneau hervor. Zweitetikett: «Clos L'Abeille».

Château Rieussec ☆☆☆–☆☆☆☆
Fargues. Besitzer: Domaines Baron de Rothschild.
AC: Sauternes. 75 ha. Rebsorten: Sémillon 90%,
Sauvignon blanc 8%, Muscadelle 2%. www.lafite.com

Das östliche Nachbar-Château von Yquem sitzt noch höher auf derselben Hügelkette. Der früher aromatische, elegante und doch kraftvolle Rieussec hat sich in den 1970er-Jahren unter dem vorigen Besitzer beträchtlich verändert, er ist dunkler, reichhaltiger und voll Honigsüße und Edelfäule im Charakter geworden.

Der 62er war jahrelang einer meiner Lieblingsweine. Die 71er, 75er, 79er, 88er und 89er sind alle erstklassig. Ein durch das »Y«, von Yquem inspirierter trockener Weißwein führt den Namen »R«. Die Lafite-Rothschilds, die das Gut 1985 erwarben, haben zu einem klassischeren, weniger teerigen Stil gefunden. Die Jahrgänge der späten 90er sind erwartungsgemäß hervorragend ausgefallen. Zweitwein: »Clos Labére«.

Château Sigalas Rabaud ☆☆☆
Bommes. Besitzer: Marquis de Lambert des Granges.
AC: Sauternes. 14 ha.
Rebsorten: Sémillon 85%, Sauvignon blanc 15%.
www.cordier-wines.com
Ein Drittel des früheren Rabaud-Besitzes, der über ein Jahrhundert lang in der Hand der Familie Sigalas war. Der Wein wurde bis 1988 meist in Tanks bereitet und gelagert, weil er keinen Eichenholzgeschmack annehmen sollte. Inzwischen wird er zur Hälfte in Eichenfässern ausgebaut, aber noch immer relativ früh abgefüllt, um Frische und Frucht zu bewahren. 1994 wurde das Gut vom Haus Cordier gepachtet, und der Wein gewann daraufhin an Komplexität, ohne seinen ureigenen Charakter zu verlieren. Die Weinbereitung entspricht jener des anderen Cordier-Besitztums: Château Lafaurie-Peyraguey (siehe dort).

Château Suduiraut ☆☆☆–☆☆☆☆
Preignac. Besitzer: AXA Millésimes. AC: Sauternes. 90 ha.
Rebsorten: Sémillon 90%, Sauvignon blanc 10%.
www.suduiraut.com
Ein prachtvolles Château mit einem wundervollen, aber inzwischen etwas verwilderter Park; der nächste Nachbar von Yquem in Richtung Norden. Trotz einer gewissen Vernachlässigung in den 1970er-Jahren einer der höchstgeachteten Namen.

Der neue Leiter, Alain Pascaud, löste seinen Vater Pierre ab und hat hier einen verlässlich hohen Standard der Weinbereitung etabliert. Die besten Suduiraut-Weine (1967er, 76er, 82er, 88er, 90er, 97er und 99er) sind üppig und ölig, wahrhaftig *liquoreux* – der Yquem des kleinen Mannes. Zweitwein seit 1993: »Castelnau de Suduiraut«.

Château la Tour Blanche
Bommes. Besitzer: Ministère de l'Agriculture.
AC: Sauternes. 37 ha. Rebsorten: Sémillon 77%,
Sauvignon blanc 20%, Muscadelle 3%.
www.tourblanche.com
Vermutlich der erste Besitz, auf dem man süßen Sauternes bereitete, wurde in der Klassifizierung von 1855 auf den nächsten Platz hinter Yquem gesetzt. M. Osiris (ein Schirmfabikant), dessen Name noch immer auf dem Etikett steht, vermachte ihn 1912 dem französischen Staat. Der Weinberg fällt steil nach Westen zum Ciron ab. Von 1983 bis zu seinem Ruhestand 2001 wurde die Weinbereitung von Jean-Pierre Jausserand mit Elan und Erfolg betrieben.

Seit 1989 wird der gesamte Ertrag in neuen Eichenfässern vergoren; vorher hatte die Vinifikation in Edelstahltanks stattgefunden. Hier befindet sich auch eine, vom Weingut jedoch streng getrennte, Weinbaufachschule.

Sauternes Deuxièmes crus

Château d'Arche ☆☆–☆☆☆
Besitzer: Ein Investoren-Konsortium. AC: Sauternes. 29 ha.
Rebsorten: Sémillon 90%, Sauvignon blanc 10%
Sehr üppiger, manchmal sogar schwerer Sauternes. Beste Jahrgänge: 1983 und 1990. Seit 1983 von Jean Perromat geführt.

Château Broustet ☆☆–☆☆☆
Besitzer: Didier Laulan. AC: Barsac. 15 ha. Rebsorten:
Sémillon 63%, Sauvignon blanc 25%, Muscadelle 12%
Ehemaliger Besitz eines Küfers, der die inzwischen allgemein gebräuchliche Bordeaux-Barrique standardisiert hat. Seine Nachkommen (sie betrieben auch das großartige Château Canon in St-Emilion) bauten einen anständigen, aber kaum vornehm zu nennenden vollen Wein. Der neue Besitzer Didier Laulan (seit 1994) konnte nach einer Reihe guter Jahrgänge seit 1996 die Qualität stark verbessern.

Château Caillou ☆–☆☆☆
Besitzer: Marie-Josée Pierre. AC: Barsac. 16 ha. Rebsorten:
Sémillon 90%, Sauvignon blanc 10%. www.chateaucaillou.fr
Geschäftsmäßiges Weingut im höher gelegenen Teil von »Haut«-Barsac, nahe Château Climens. In Spitzenjahren wird in kleinen Mengen eine hochwertige »Private Cuvée« produziert. Familiäre Streitigkeiten in den 1980ern sorgten dafür, dass dieses Château jahrelang weit unter seinem Standard produzierte und nur eintönige Qualität zustande brachte. Starke Verbesserung seit Mitte der 90er-Jahre.

Château Doisy-Daëne ☆☆☆
Besitzer: Pierre Dubourdieu. AC: Barsac. 15 ha.
Rebsorten: Sémillon 80%, Sauvignon blanc 20%
Steht in der vordersten Reihe moderner Weinbereitung; durch raffinierten Einsatz von Edelstahl und neuem Eichenholz wird ein frischer, lebendiger Süßwein von echter Klasse erzeugt. Pierre Dubourdieu, unterstützt von seinem als Önologe sehr erfolgreichen Sohn Denis, ist selbst kein Freund süßer Weine, erzeugt aber ganz hervorragende elegante Beispiele, darunter in Spitzenjahrgängen kleine Mengen eines berechtigterweise »L'Extravagant« genannten extrem süßen (und extrem teuren) Weins. Auch ein hervorragender trockener Graves entsteht hier.

Château Doisy-Dubroca ☆☆–☆☆☆
Besitzer: Lucien Louis Lurton. AC: Barsac. 4 ha.
Rebsorten: Sémillon 100%. www.louis-lurton.fr
Kleines Weingut, ein Jahrhundert lang mit dem benachbarten Château Climens verbunden; der Wein wird heute mit denselben traditionellen Techniken und ungeheurer Sorgfalt bereitet.

Château Doisy-Védrines
Besitzer: Pierre Castéja. AC: Barsac. 27 ha. Rebsorten:
Sémillon 80%, Sauvignon blanc 15%, Muscadelle 5%
Seiner Qualität nach hatte ich immer angenommen, es sei ein Gewächs der ersten, nicht der zweiten Klasse. Es ist einer der vollsten Barsac-Weine, im Fass vergoren und auf lange Lebensdauer angelegt.

Château Filhot ☆☆
Besitzer: Comte Henri de Vaucelles.
AC: Sauternes. 60 ha. Rebsorten: Sémillon 60%,
Sauvignon blanc 35%, Muscadelle 5%.
www.filhot.com

Geradezu ein Palast, den sich die Familie Lur Saluces Anfang des 19. Jh. am Rand der Wälder südlich von Sauternes erbaut hat. Der große Weinberg mit sandigem Boden bringt leichte Weine hervor, jedenfalls gemessen am klassischen Sauternes-Standard. Sie sind deshalb nicht weniger anregend und wohlschmeckend. Da die Weine selten in Holz ausgebaut wurden, litt ihre Komplexität. Dies änderte sich jedoch dauerhaft Mitte der 1990er-Jahre. Comte Henris Sohn Gabriel übernahm 2002 die Leitung des Guts.

Château Lamothe-Despujols ☆
Besitzer: Guy Despujols. AC: Sauternes. 7,5 ha.
Rebsorten: Sémillon 85%, Sauvignon blanc 10%,
Muscadelle 5%. www.guy-despujols.free.fr
Einfacher Sauternes, wird innerhalb eines Jahres abgefüllt und ist für baldigen Verbrauch bestimmt.

Château Lamothe Guignard ☆
Besitzer: Familie Guignard. AC: Sauternes.18 ha. Rebsorten:
Sémillon 90%, Sauvignon blanc 5%, Muscadelle 5%
Die Winzerfamilie Guignard aus Graves kaufte 1981 dem Besitzer von Château d'Arche (siehe dort) diesen Teil des Weinguts ab und produzierte anfangs exzellenten, würzig-fruchtigen, üppigen Sauternes zu vernünftigen Preisen. Die Qualität hat in den 90ern leider nachgelassen.

Château de Malle
Preignac. Besitzerin: Comtesse Nancy de Bournazel.
AC : Sauternes (und Graves). 29 ha.
Rebsorten, weiß: Sémillon 75%, Sauvignon blanc 25%.
www.chateau-de-malle.fr
Das schönste Haus mit Garten in Sauternes – vielleicht sogar im ganzen Bordelais – wird von Touristen sehr bewundert. Wurde etwa um 1600 für die Besitzerfamilie (Verwandte von Lur Saluces) erbaut, 100 Jahre später kamen die italienischen Gärten hinzu. Die Weinberge mit leichtem sandigem Boden liegen in Sauternes und Graves und bringen in etwa gleichen Mengen süßen Weißwein und Rotwein hervor.

Bis in die späten 80er war die Qualität eher ordentlich als außergewöhnlich, doch seit Ende der 90er hat der Wein erheblich an Fülle und Komplexität gewonnen. Zweitwein: »Château de Sainte-Hélène«; der exzellente weiße Graves heißt »M de Malle«.

Château de Myrat ☆–☆☆
Barsac. Besitzer: M. Familie de Pontac. AC Barsac. 22 ha.
Rebsorten: Sémillon 85%, Sauvignon 10%, Muscadelle 5%
Der Vater des heutigen Besitzers rodete 1976 den gesamten Rebenbestand. 1988 wurde neu bestockt, aber die ersten Jahrgänge fielen in die katastrophalen frühen 90er. Die besseren Jahrgänge gegen Ende des Jahrzehnts erbrachten gute, wenn auch unzuverlässige Ergebnisse.

Château Nairac ☆☆☆
Barsac. Besitzerin: Mme. Nicole Tari-Heeter. AC Sauternes.
17 ha. Rebsorten: Sémillon 90%, Sauvignon blanc 6%,
Muscadelle 4%
Der Amerikaner Tom Heeter verwandelte den ehemals heruntergekommenen Besitz in eines der führenden Weingüter der Gegend, indem er die Weine im nicht so klebrig-süßen Barsac-Stil ausbaute, der zehn Jahre Lagerung und mehr verträgt.

Heute produziert sein Sohn Nicolas Tari-Heeter den Wein – ein wahrer Perfektionist, der nur die wirklich edelfaulen Trauben liest und gnadenlos alle Weine abstößt, die ihm nicht ge-

fallen. Der Wein, der übrig bleibt, ist hochkonzentriert und von beachtlicher Qualität.

Château Romer-du-Hayot ☆–☆☆
Besitzer: André du Hayot. AC Sauternes. 16 ha.
Rebsorten: Sémillon 70%, Sauvignon blanc 25%,
Muscadelle 5%
Das Château wurde wegen der neuen *autoroute* abgerissen, und der Wein wird jetzt im Château Guiteronde desselben Besitzers in Barsac bereitet. Die über viele Jahre hinweg einfachen, nur in Tanks gereiften Weine gewinnen neuerdings an Komplexität durch ein Reifejahr in Barriques.

Château Suau ☆
Besitzer: M. Roger Biarnès. AC: Barsac. 8 ha.
Rebsorten: Sémillon 80%, Sauvignon blanc 10%,
Muscadelle 10%
Das Überbleibsel eines größeren Besitzes nahe der Garonne liegt auf schwererem Boden als die besten Gewächse. Der Wein reift zum Teil in Barriques, zum Teil in Tanks und ist leider ziemlich rau.

Weitere Erzeuger in Sauternes

Château d'Armajan des Ormes ☆–☆☆
Preignac. Besitzer: Familie Perromat. 19 ha
Guter, aprikosenfruchtiger Wein. In Spitzenjahren wird ein »Crème de Tête« bereitet.

Château Bastor-Lamontagne
Preignac. Besitzer: Crédit Foncier de France. 58 ha.
www.bastor-lamontagne.com
Ein bedeutendes, gut geführtes Weingut, das auf eine Reihe guter Jahrgänge zurückblicken kann, die seinen Anspruch, es sei »so gut wie ein 2ème cru«, durchaus belegen.

Château Cantegril ☆–☆☆
Barsac. Besitzer: Messieurs Dubourdieu und Masencal. 20 ha
Ein Teil des früheren Weinbergs von Château de Myrat (siehe dort), wunderbar instand gehalten, aber bis 1988 in puncto Wein wenig anspruchsvoll. Der von Pierre Dubourdieu produzierte 90er ist fabelhaft.

Cru Barréjats ☆☆☆
Barsac. Besitzerin: Dr. Mireille Daret. 5 ha
Kleines, erstklassiges Gut seit 1990, zwischen den Châteaux Climens und Caillou.

Château de Fargues ☆☆☆
Fargues. Besitzer: Comte Alexandre de Lur Saluces. 15 ha.
Rebsorten: Sémillon 80%, Sauvignon blanc 20%.
www.chateau-de-fargues.com
Eine stolze Ruine mit einem winzigen Weinberg, aber demselben hohen Anspruch wie Yquem. Leichterer Wein, aber makellos und manchmal brillant (z. B. 1967, 1975, 1980, 1986, 1990, 1995).

Château Gilette ☆–☆☆☆
Besitzer: Christian Médeville. 5 ha
Einzigartiger Erzeuger von lang gereiftem Sauternes mit großartiger Fülle, z. B. 1949, 1955, 1959, 1961, 1962, 1967. Abgefüllt wird der in großen Tanks gereifte Wein erst, wenn er nach

den idealistischen Vorstellungen des Besitzers wirklich trinkreif ist, also nach etwa 25 Jahren. Außerdem produziert Monsieur Médeville den konventionelleren »Château les Justices«.

Château Haut-Bergeron ☆☆–☆☆☆
Preignac. Besitzer: Familie Lamothe. 29 ha
Üppige, pfirsischfruchtige Weine von Cru-classé-Qualität.

Château Liot ☆
Barsac. Besitzer: J. David. 20 ha
Großes Weingut auf den besten Hängen in Barsac. Im Allgemeinen gute, kommerzielle Weine, die manchmal überschwefelt
sind.

Château du Mayne ☆–☆☆
Barsac. Besitzer: Jean Sanders. 8 ha
Sehr alte Reben (z. T. 80 Jahre), die für sehr guten Wein in
kleinen Mengen kultiviert werden.

Château Piada ☆☆
Barsac. Besitzer: Jean Lalande. 10 ha
Eines der bekannteren Barsac-Weingüter mit Wein von großer
Finesse. Zweitetikett: »Clos du Roy«.

Château Raymond-Lafon ☆☆☆
Sauternes. Besitzer: Familie Meslier. 16 ha.
www.chateau-raymond-lafon.fr
Der Besitzer war früher Geschäftsführer des benachbarten
Château d'Yquem; der Wein wird mit gleicher Sorgfalt bereitet und reift drei Jahre in Eichenfässern. Gehört regelmäßig
zur Spitze (z. B. 1975, 1978, 1988, 1989, 1990, 1997).

Château de Rolland ☆–☆☆
Barsac. Besitzer: Jean und Pierre Guignard. 17 ha.
www.chateaurolland.com
Attraktive, honigwürzige Weine. Sie könnten an Eleganz und
Komplexität jedoch noch zulegen.

Château Roumieu ☆
Barsac. Besitzer: Olivier Bernadet. 19 ha
Weinberg neben Château Climens. Die Weine sind schätzens-
wert, doch nicht aufregend.

Château Roumieu-Lacoste ☆☆
Barsac. Besitzer: Hervé Dubourdieu. 12 ha
Hier baut der Neffe des Besitzers von Spitzen-Château Doisy-
Daëne guten, gehaltvollen Wein.

Château St-Amand ☆–☆☆
Preignac. Besitzer: Familie Ricard. 20 ha
Bewundernswürdige Qualität im Stil von Barsac, mit dem
Augenmerk auf Fruchtigkeit statt Eichenaroma oder Komple-
xität. Vertrieb durch Sichel als »La Chartreuse«.

Château Simon ☆–☆☆
Barsac. Besitzer: Familie Dufour. 17 ha
Der gut geführte Besitz erzeugt neben trockenem Graves auch
Süßwein aus weiteren 23 ha Rebland.

St-Emilion

Als Stadt ist St-Emilion für den Weinliebhaber der Himmel,
als Appellation bei weitem der größte Bereich mit hochwertigem Wein in Frankreich; es wird dort nicht viel weniger Wein
erzeugt als an der ganzen Côte d'Or in Burgund. Nirgendwo
sonst ist das bürgerliche und sogar das geistige Leben eines
Städtchens so tief durchtränkt von der Passion, guten Wein
zu erzeugen.

St-Emilion, in einen geschützten Winkel des Berges geschmiegt, kann sich nicht ausdehnen. Wo andere Städte nichts
sagende Straßenzüge in die Landschaft hinausstrecken, liegen
um St-Emilion kostbare, ja die allerkostbarsten Weinberge bis
an die Stadtmauern heran. So gräbt sich die Stadt in das Kalkgestein hinein, um Bausteine zu gewinnen und den Wein zu
lagern – ja selbst um ihre Riten zu feiern. Die alte Kirche ist
eine mächtige gewölbte Höhle, heute dient sie den Zusam-
menkünften der Jurade (siehe Seite 84).

Die Weinberge weisen mehrere völlig verschiedene Bodenarten und Aspekte auf, besitzen aber doch einen gewissen
gemeinsamen Charakter. Die Weine von St-Emilion sind ein
wenig stärker als Médocs, aber enthalten weniger Tannin. Sie
sind zugänglich, solide und schmackhaft und reifen zu warmer, wunderbarer Süße heran. In der Jugend sind sie weniger verschlossen als Médoc-Weine, sie reifen auch schneller,
können aber im Alter immer noch genug unlösbare Rätsel
aufgeben.

Die besten St-Emilions kommen von den ziemlich steilen
côtes, den Weinbergen an den Hängen, und von der Kuppe
des Steilabbruchs um die Stadt herum sowie von einem abgelegenen Flecken Kiesboden auf einem Kalksteinplateau (*graves),* 3 km weiter nordwestlich, d. h. fast schon in Pomerol.
Der Charakter der Weine von den *côtes* ist wie ein Lächeln –
in Stufen von geheimnisvoll bis strahlend; die Weine von den
graves sind ernster, gesetzter. Michael Broadbent bezeichnet
den Unterschied zwischen ihnen mit »offen« *(côtes)* und »fest«
(graves). Man kann sie aber leicht miteinander verwechseln,
auch mit Médocs, mit den Weinen von Graves, und sogar mit
Burgundern. Die gleichen Qualitäten finden sich darüber hinaus auch in Weinbergen auf ganz andersartigen Böden:
sowohl auf den Sandböden *(sables)* im Dordogne-Tal unterhalb der Stadt als auch in den fünf »Satelliten« von St-Emilion
im Norden und Osten.

Die Klassifizierung von St-Emilion hat ein eigenes Schema.
Sie wurde 1954 festgelegt und ist die einzige, die regelmäßig
revidiert werden soll; in der dritten Qualitätsstufe sogar jedes
Jahr.

Seit dem Jahrgang 1985 gelten zwei Appellationen: AC St-
Emilion und AC St-Emilion Grand cru. Die Crus classés unterteilen sich in zwei Klassen: Premier grand cru classé und
Grand cru classé, wobei die Spitzenklasse nochmals in die
Gruppen »A« und »B« zerfällt. Die derzeit gültige Klassifizierung benennt zwei Châteaux (Cheval Blanc und Ausone) als
Premiers grands crus classés »A« und elf weitere als »B«. Die
Châteaux der »B«-Kategorie entsprechen etwa den Deuxièmes
und Troisièmes crus im Médoc. Dann kommen 55 Grands
crus classés, die für rund zehn Jahre ausgewählt werden. Revi-
sionen fanden 1969, 1986 und 1996 statt.

Die Qualitätsstufe St-Emilion Grand cru, für die sich die Winzer jedes Jahr neu bewerben müssen, indem sie ihre Weine einer
Geschmacksprüfung unterwerfen, gehört zur Appellation.

Im Bereich St-Emilion gibt es keine sehr großen Weingüter. Das durchschnittliche Besitztum hat eine Größe von etwa
8 ha, die größten haben nicht viel mehr als 40 ha, und viele
kleine Besitzungen haben nur 2 bis 3 ha und erzeugen nur
ein paar 100 Kisten Wein. Eigentlich stellen die Grands crus
(ohne den Zusatz »classés«) von St-Emilion dieselbe breite
Schicht wie die Crus bourgeois im Médoc dar.

Seit den frühen 1990er-Jahren haben viele Weine St-Emilions eine deutliche Veränderung durchgemacht. Nirgendwo sonst in Bordeaux wurden neue Techniken wie Mostkonzentration und Mikrooxidation so willkommen geheißen wie hier. Angewendet auf extrem ertragsbeschränkten Wein, ergeben diese Verfahren neben tiefdunkler Farbe eine immense Konzentriertheit und Stärke, hohen Alkoholgehalt und teuflisch guten Geschmack. Zweifellos gibt es eine enorme Anhängerschaft für diese Weine, speziell unter amerikanischen Weinkritikern, doch hört man auch andere Stimmen, die davor warnen, dass St-Emilion Gefahr laufe, nicht nur seine Eleganz zu verlieren, sondern auch seine *typicité*.

St-Emilion Premiers grands crus classés

Château Ausone ☆☆☆☆
Besitzer: Alain Vauthier. 7 ha.
Rebsorten: Merlot 50%, Cabernet franc 50%.
www.chateau-ausone.com

Wenn man nach der eindeutig vielversprechendsten Lage eines Weinbergs in ganz Bordeaux suchen wollte, hier würde man sie finden. Kein Wunder also, dass sich ihr Name mit dem römischen Dichter Ausonius verbindet (im Übrigen auch ein Kenner der Moselweine). Diese Lage fällt nach Süden und Osten vom Rand des Steilabbruchs ab, dessen Kalksteinkuppe außer Bausteinen auch wunderbar kühle, geräumige Keller hergab. Der Boden ist heller, kalkhaltiger Lehm in einer flachen Schicht über durchlässigem Kalkgestein, in dem sich die Rebwurzeln wohl fühlen. Das Château ist ein zierliches Gebäude, das über und zwischen den Reben steht, in denen eine alte, weiße Stute halb verdeckt vom Weinlaub treu ihre Arbeit verrichtet.

Château Ausone hat eine lange Zeit des Niedergangs durchgemacht, als der Wein wohl gut, aber nicht gut genug war. Und seine Nachbargüter scheinen zur selben Zeit ihr Licht ebenfalls unter den Scheffel gestellt zu haben.

Die Dinge sind seit 1975 durch den neuen Geschäftsführer, Pascal Delbeck, wieder zurechtgerückt worden, und jeder gute Jahrgang nimmt seither wieder seinen gebührenden Platz unter den ersten Gewächsen ein. Die 76er, 78er und 79er waren alle hervorragend, und die 82er, 83er, 89er und 90er entsprachen ebenfalls diesem hohen Stand. Der 95er, der erste von Alain Vauthier mit Beratung durch Michel Rolland produzierte Jahrgang, stellt sich als ein neuer, voller, verführerischer, nicht mehr so eigenwilliger Ausone dar, mit einer Offenbarung an Dichte und Komplexität, die sich in allen Folgejahrgängen wiederholte und im 2000er den vorläufigen Höhepunkt erreichte.

Die Weinbereitung geschieht hier nach dem gleichen Prinzip wie im Médoc. Für den ganzen, lächerlich kleinen Ertrag werden stets neue Fässer verwendet. Zufällig war ich bei einer Kellerprobe eines Ausone dabei, der aus Fässern entnommen wurde, die vor dem Füllen entweder mit Dampf oder mit heißem bzw. kaltem Wasser gespült worden waren. Die Unterschiede waren enorm; das heiße Wasser der klare Sieger. Der Wein wird hier etwas früher auf Flaschen gezogen als die Premiers crus im Médoc, und er entwickelt sich auch etwas rascher zur Trinkreife. Seine potenzielle Lebensdauer ist aber, nach einigen sehr seltenen alten Flaschen zu schließen, durchaus nicht kürzer. Am Ende steht ein einmalig zauberhafter Bordeaux von lebendiger Harmonie und feiner Süße mit unergründlichen Tiefen.

Château Cheval Blanc ☆☆☆☆
Besitzer: Bernard Arnault und Albert Frère.
Geschäftsführer/Leitung: Pierre Lurton. 37 ha.
Rebsorten: Cabernet franc 58%, Merlot, 41%,
Cabernet Sauvignon 1%. www.chateau-cheval-blanc.com

Obwohl Cheval Blanc sich in St-Emilion mit Ausone den ersten Platz teilt, hat es doch einen ganz anderen Boden, eine andere Lage und andere Traditionen. Es liegt oben auf dem Plateau nahe an der Grenze zu Pomerol auf viel tiefgründigerem Boden, einem ungleichmäßigen Gemenge aus Kies, Sand und Lehm über lehmigem Untergrund. Die Haupttraube ist hier Cabernet franc (die in dieser Gegend Bouchet genannt wird).

Ein weißes Pferd habe ich hier vergeblich gesucht, und das Château ist ein fantasieloses, cremefarben gestrichenes Haus, das mich aus unerfindlichen Gründen immer wieder an Virginia erinnert. Die neuen *chais* sind dafür umso imposanter. Das Gut ist lange, seit dem 19. Jh., im Besitz derselben Familie gewesen, doch machte 1998 die Privatpartnerschaft zweier extrem reicher Geschäftsmänner all dem ein Ende.

Cheval Blanc ist in St-Emilion, was Mouton im Médoc ist: der Kraftprotz. Der 47er ist eine Legende, ein Wein von heroischer Art mit den vereinten Qualitäten eines Bordeaux und eines Portweins, mit dem Körperbau eines Hermes oder eines Preisboxers – oder ist das Majestätsbeleidigung? Der 61er ist gerade erst genussreif – wie ein zäher Brocken Fleisch, der erst jahrelang in der Marinade weich werden musste. Nicht alle Jahrgänge sind so ehrfurchtgebietend, aber die 75er, 82er, 83er, 89er, 90er, 95er und 98er stehen in bester Tradition. Pierre Lurton führt den Besitz seit 1991 fehlerlos. Zweitwein: »Le Petit Cheval« (im Frostjahr 1991 als einziger Wein herausgekommen).

Château l'Angélus ☆☆☆☆
Besitzer: Familie Boüard de Laforest. 23 ha.
Rebsorten: Merlot 50%, Cabernet franc 47%,
Cabernet Sauvignon 3%. www.angelus.com

Am Hang unterhalb von Château Beauséjour, wo der Boden schwer ist. Die Besitzer erreichten durch leidenschaftliches Streben nach höchster Qualität die Aufstufung von Angélus im Jahr 1996, nach einer Serie erstklassiger Jahrgänge in der zweiten Hälfte der 1980er-Jahre und in den schwierigeren ersten 90er-Jahren. Der Wein ist so opulent und explosiv, wie ein Bordeaux nur sein kann.

Château Beau-Séjour-Bécot ☆☆☆
Besitzer: Gérard und Dominique Bécot. 17 ha.
Rebsorten: Merlot 70%, Cabernet franc 24%,
Cabernet Sauvignon 6%. www.beausejour-becot.com

Zwei Drittel eines 1869 geteilten Besitzes (das Château kam zum kleineren Teil). Der Weinberg liegt am Hang auf der Westseite der Hügelkette hinter Château Ausone. Seit 1969 wurde das Gut mit einem ganz neuen *cuvier* modernisiert und sein ramponierter Ruf wieder auf den Stand eines Spitzenguts in den Côtes von St-Emilion gehoben. Der Wein ist von jener vollen Art mit mittlerer Lebensdauer (etwa zehn Jahre), die den St-Emilion so beliebt gemacht hat. Das Gut wurde in der Klassifizierung von 1985 abgestuft, weil es durch den Zukauf zweier Weinberge erweitert worden war, erhielt aber 1996 zu Recht den alten Rang wieder zuerkannt. Der Geschmack ist üppig, fast pflaumig, und bis auf 1999 waren alle neueren Jahrgänge exzellent.

Château Beauséjour (Duffau-Lagarosse) ☆☆–☆☆☆☆
Besitzer: Duffau-Lagarosse Erben. 7 ha. Rebsorten:
Merlot 65%, Cabernet franc 25%, Cabernet Sauvignon 10%

Der kleinere Teil des früheren Beauséjour mit dem bezaubernden alten Haus und Garten. Es wird im traditionellen Stil der kleinen Familien-Châteaux geführt; körper- und extraktreicher Wein, dem es etwas an Finesse mangelt, allerdings hat der 90er eine sensationelle Reputation.

Château Belair ☆☆–☆☆☆

Besitzerin: Mme. J. Dubois-Challon. 12,5 ha.
Rebsorten: Merlot 80%, Cabernet franc 20%

Bis 1995 der größere, aber jüngere Bruder von Château Ausone mit demselben Besitzer, z. T. auch demselben Weinberg auf demselben Hang, dazu aber kommt noch ein Stück auf der flachen Kuppe dahinter. Das Gut hat eigene Höhlenkeller, durch die es einmal zu einem schweren Bergrutsch in den Weinbergen kam, und wie viele Châteaux in St-Emilion eine eigene Kapelle (zurzeit ein Bretterlager). Der Wein ist jetzt hervorragend (z. B. der 89er, 95er und 98er); er kommt dem Ausone nahe, ist aber – wenn man schon Haarspalterei betreiben will – vielleicht um ein Haar plumper. Zehn Jahre sind ein gutes Alter für ihn.

Château Canon ☆☆–☆☆☆

Besitzer: Familie Wertheimer (Chanel). 22 ha.
Rebsorten: Merlot 65%, Cabernet franc 35%

Nomen est omen: Ein schweres bronzenes Kanonenrohr (nicht etwa ein sanfter Kanoniker) wäre das rechte Sinnbild für den Canon. Gäbe es nur mehr davon, er wäre bestimmt einer der berühmtesten Bordeaux-Weine: generös, maskulin, in der Jugend nicht allzu aggressiv, nach 20 Jahren in der Flasche jedoch eine Pracht.

Die Fourniers verkauften 1997 an die Wertheimers von Chanel, denen auch Château Rauzan-Ségla gehört (siehe dort). Ein großer Teil der Rebfläche musste neu bepflanzt werden, und, sehr zur Überraschung einiger Zeitgenossen in St-Emilion, gestattete die INAO den Weinbergen von Château Curé-Bon, das ebenfalls von den Wertheimers erworben worden war, eine Statusaufwertung, damit sie jenen von Canon angeschlossen werden konnten.

Château Figeac ☆☆☆

Besitzer: Thierry Manoncourt. 40 ha.
Rebsorten: Cabernet Sauvignon 35%, Cabernet franc 35%,
Merlot 30%. www.chateau-figeac.com

Château Figeac hat die aristokratische Art eines Cru-classé-Guts im Médoc und war früher auch ein Besitz im Médoc-Maßstab, als das heutige Château Cheval Blanc und zwei weitere Weingüter, die Figeac immer noch als Bestandteil in ihren Namen tragen, dazugehörten. Das Haus könnte man ein Landschloss nennen, und der Park hat einen herrschaftlichen Anstrich, wie man ihn im Libournais nicht oft findet. Selbst der Besitzer hat die Züge eines Aristokraten der alten Schule. Der heutige Weinbergbesitz, noch immer einer der größten in St-Emilion, hat steinigeren Boden und trägt einen höheren Anteil an Cabernet Sauvignon als die übrigen – was dafür verantwortlich sein mag, dass der Wein ganz anders ist als Cheval blanc. Der Figeac ist entgegenkommender, nicht so dicht und kompakt, in seinem Gefüge eher wie ein Médoc, mit feinsüßem Körper um ein festes Rückgrat. Er ist groß, aber nicht kolossal und reift relativ früh zu schöner Süße heran – ein stets individueller Wein. Der 70er trank sich schon nach fünf Jahren erstaunlich gut. Die Jahrgänge 1982, 85, 86, 89, 90 und 98 sind besonders gut ausgefallen.

Der Zweitwein »La Grange Neuve de Figeac« wurde 1983 ins Leben gerufen. Es handelt sich dabei um den seit 1954 gekelterten ehemaligen Hauswein der Familie Manoncourt.

Clos Fourtet ☆☆–☆☆☆

Besitzer: Philippe Cuvelier. 20 ha. Rebsorten: Merlot 80%,
Cabernet franc 8%, Cabernet Sauvignon 12%

Auf dieses Cru-classé-Gut stößt der Fremde zuerst, wenn er die Mauern der schönen alten Stadt verlässt und in die Weinberge hinaustritt. Ein bescheiden aussehendes Haus, jedoch mit einem wahren Kaninchenbau von Kellern im Kalkgestein. Angeblich ziehen sich die alten Steinbruchhöhlen meilenweit unter dem Plateau hin und verbinden die Keller der Châteaux miteinander. (Das müsste ein Paradies für Höhlenforscher sein, die einen guten Tropfen zu schätzen wissen.) Alte Jahr-

---

Professor Emile Peynaud und seine Nachfolger

Es gibt keinen anderen, der in der zweiten Hälfte des 20. Jahrhunderts über 40 Jahre lang so viel Einfluss auf Stil und Qualitätsstand der Weinbereitung in Bordeaux gehabt hätte wie Emile Peynaud. Der frühere Leiter der *Station Œnologique* der Universität Bordeaux war der berühmteste Weinbauberater Frankreichs mit einer erstaunlich umfangreichen Liste von Kunden unter den Château und Winzergenossenschaften im Bordelais.

Er riet seinen Klienten immer wieder dazu, bei der Ernte sehr wählerisch zu sein und nur die besten Trauben für den *grand vin* zu verwenden. Auch drang er darauf, die Trauben so reif wie möglich zu lesen und dem Vorlaufwein wenigstens etwas von dem gerbstoffreicheren Presswein zuzusetzen, um ein festeres Gefüge zu erzielen. Auch war er der erste Önologe in Bordeaux, der die malolaktische Säureumwandlung wirklich verstand.

In seinen Anweisungen setzte er die Ergebnisse seiner Forschungen an der Universität um. Andere folgten ihm nach, so etwa Pascal Ribéreau-Gayon und Denis Dubourdieu. Mit seinen Forschungen über Hülsenmaischung und Hefesatzaufrühren ist Dubourdieu der anerkannte Spezialist der Weißweinvergärung.

Das gesamte Bordelais, ja die ganze Weinwelt zieht enormen Nutzen aus der Arbeit der hiesigen Wissenschaftler, die immer wieder neue Techniken wie etwa die Mostkonzentration entwickeln und Bordeaux an der Weltspitze der önologischen Forschung halten. Viele Bordelaiser Erzeuger rümpfen die Nase, wenn von »technologischem« Wein die Rede ist (und meinen damit die australischen), doch kaum eine Region ist geschickter, wenn es darum geht, aus neuer Technologie Nutzen zu ziehen.

Andere önologische Berater sind fast ebenso einflussreich, auch wenn sie keinen akademischen Titel vorweisen können. Weltbekannt ist beispielsweise Michel Rolland, der regelmäßig Weingüter in Argentinien, Kalifornien, Südafrika und natürlich auch in Bordeaux berät. Weniger reisefreudig dagegen sind seine Kollegen Jacques Boissenot und Gilles Pauquet.

Keiner dieser Spitzenönologen ist dabei ein abgehobener Theoretiker. Rolland besitzt sein eigenes Weingut in Pomerol und Dubourdier zwei in Graves. Aus der tiefen Verbundenheit zum Land, zum Terroir von Bordeaux, gewinnen sie ihr Verständnis für die Weinbereitung, das im Labor verfeinert und wissenschaftlich umgesetzt wird.

gänge von Clos Fourtet waren über Jahre hinweg sehr streng. Der 66er etwa war selbst 1982 noch nicht reif. Die späteren Jahrgänge wurden etwas freundlicher gestaltet, haben aber in Qualität und Preis noch nicht zur Spitze aufgeschlossen. Das Jahr 2000, in dem der geniale Geschäftsmann Philippe Cuvelier das Gut von Familie Lurton übernahm, erbrachte einen grandiosen Jahrgang.

Château la Gaffelière ☆☆☆
Besitzer: Comte Léo de Malet-Roquefort. 22 ha.
Rebsorten: Merlot 65%, Cabernet franc 30%,
Cabernet Sauvignon 5%. www.chateau-la-gaffeliere.com
Ein hohes gotisches Gebäude am Fuß des nach St-Emilion hinaufführenden Hügels, die Weinberge schließen unten an Ausone und Pavie an. Seit drei Jahrhunderten im Besitz der Familie de Malet-Roquefort: eine geschichtsträchtige Reihe edler Jahrgänge, die sich gut und anmutig gehalten haben (der 55er war etwas ganz Besonderes). Die neueren Ergebnisse waren nicht ganz so gleichmäßig, aber der 82er und der 83er sind feine Weine. Der allgegenwärtige Michel Rolland war auch hier seit 1995 als Berater tätig, und der Wein veränderte sich entsprechend: mehr vordergründige Frucht mit Johannisbeer- und Brombeeraromen. Sein Auftrag endete jedoch im Jahr 2000, und man wird sehen, ob die von ihm gesetzten hohen Standards erhalten bleiben.

Château Magdelaine ☆☆☆
Besitzer: Ets J-P Moueix. 10 ha.
Rebsorten: Merlot 85%, Cabernet franc 15%
Tadellos geführtes kleines Gut neben Château Belair mit einem Weinberg auf dem Plateau und einem weiteren auf dem Südhang. Der Wein wird von Christian Moueix und Jean-Claude Berrouet, dem brillanten Önologen aus dem Haus J.P. Moueix in Libourne, bereitet. Der hohe Anteil an Merlot rückt ihn an einen Pomerol heran, aber er hat nicht so viel Pflaumengeschmack, dafür die Kernigkeit von St-Emilion und große Finesse. Man kann von Jahr zu Jahr kaum einen zuverlässigeren oder faszinierenderen St-Emilion ausmachen.

Château Pavie ☆☆☆
Besitzer: Gérard Perse. 37 ha. Rebsorten: Merlot 80%,
Cabernet franc 15%, Cabernet Sauvignon 5%.
www.chateaupavie.com
Eine unbezahlbare Lage: der ganze Südwesthang der mittleren *côtes* von St-Emilion, der größte Weinberg auf dem Hügel. Er kommt in den Genuss aller Vorteile, von unten wie von oben. Die geräumigen Keller sind unter dem oberen Teil des Weinbergs vorgetrieben, und so sieht man die Rebenwurzeln bis in die duftgeschwängerte Feuchte vordringen. Pavie war früher bekannt für warmen, runden, mittelschweren Bordeaux, mehr köstlich als tiefernst – geschmeidig könnte man sagen. Seit das Gut (und auch das nachbarliche Château Pavie-Decesse) von Supermarkt Magnat Gérard Perse aufgekauft wurden, sind radikale Veränderungen eingetreten. Ein herrlicher neuer *chai* wurde gebaut, aber was noch wichtiger war: Perse bestand auf Ertragsminderung sowie höchster Reife und Konzentration. Nach wenigen Jahrgängen hatte sich der Preis verdreifacht. Die Weinwelt ist geteilter Meinung. Generell gesprochen sind die Amerikaner begeistert, die Briten missbilligen die atypische Fülle.

Château Trottevieille ☆☆
Besitzer: Familie Castéja. 10 ha. Rebsorten: Merlot 50%,
Cabernet franc 45%, Cabernet Sauvignon 5%

Abseits von den dicht gedrängten Crus classés an den Côtes liegt dieses Gut auf dem Plateau östlich der Stadt auf fetter aussehendem, aber immer noch flachem, mit Kieselsteinen besetztem Lehmboden über Kalkgestein. Bukettreicher Wein mit viel Charakter; seit 1985 ist er aufgrund strengerer Auslese in Weinberg und Keller noch besser geworden. Doch irgendwie scheint Trottevieille immer seinem Potenzial hinterherzuhinken. Der Wein hat kein Flair.

St-Emilion Grands crus classés

Château L'Arrosée ☆☆
Besitzer: François Rodhain. 10 ha.
Rebsorten: Merlot 55%, Cabernet Sauvignon 30%,
Cabernet franc 15%
Das Gut liegt am Fuß der *côtes* in der Nähe der Stadt. Arrosé heißt »begossen« (mit Wasser), was aber nichts über den Wein aussagt. Er ist mittelschwer, aber konzentriert und seriös, wenn auch nicht wirklich beständig.

Château Balestard la Tonelle ☆☆
Besitzer: Familie Capdemourlin. 11 ha.
Rebsorten: Merlot 70%, Cabernet franc 25%,
Cabernet Sauvignon 5%
Im Besitz der Familie Capdemourlin seit dem 15. Jh., in dem der Dichter Villon den Wein als *le divin nectar* bezeichnete. Eher prosaisch gesprochen, bin ich mit diesem kräftigen, kernigen Wein einfach zufrieden. 1995 wurde ein neuer Keller gebaut.

Château Bellevue
Besitzerinnen: die Töchter von Louis Horeau. 6 ha.
Rebsorten: Merlot 80%, Cabernet franc 20%
Der Name passt gut zur Lage hoch oben am Hang der *côtes*. Im Jahr 2000 wurde Stéphane Derenoncourt (siehe Château Canon-La-Gaffelière) beratender Kellermeister, der den entscheidenden Qualitätssprung vom leichten, fruchtigen 99er zum dunklen, dichten, exotischen 2000er bewirkte. Bellevue sollte man im Auge behalten.

Château Bergat ☆–☆☆
Besitzer: die Familien Castéja und Preben-Hansen. 4 ha.
Rebsorten: Merlot 55%, Cabernet franc 35%,
Cabernet Sauvignon 10%
Winziger Weinberg im geschützten Einschnitt östlich der Stadt. Besitzmäßig mit Château Trottevieille verbunden (siehe dort).

Château Berliquet ☆☆–☆☆☆
Besitzer: Vicomte Patrick de Lesquen. 9 ha.
Rebsorten: Merlot 67%, Cabernet franc 25%,
Cabernet Sauvignon 8%
Altes, 1970 modernisiertes und 1985 aufgestuftes Weingut. Der Wein wurde bis in die frühen 90er von der Winzergenossenschaft St-Emilion bereitet und vermarktet. Seit 1997 verleiht der beratende Kellermeister Patrick Valette den Weinen mehr Eichenwürze und Konzentration.

Château Cadet-Bon ☆☆
Besitzer: Bernard Gans. 5 ha.
Rebsorten: Merlot 80%, Cabernet franc 20%
Das Terroir gestattet keine große Fülle, doch die letzten Jahrgänge zeigen gute Frucht und reichlich Finesse.

Château Cadet-Piola ☆☆
Besitzer: Familie Jabiol. 7 ha. Rebsorten: Merlot 51%, Cabernet Sauvignon 28%, Cabernet franc 18%, Malbec 3%
Denkwürdig wegen des Etiketts, des einzigen in Bordeaux, auf dem ein (übrigens sehr hübscher) weiblicher Busen prangt. Der Wein dagegen ist robust und eher maskulin.

Château Canon-La-Gaffelière ☆☆☆
Besitzer: Graf zu Neipperg. 19 ha. Rebsorten: Merlot 55%, Cabernet franc 40%, Cabernet Sauvignon 5%.
www.neipperg.com
Weingut in deutschem Besitz, auf sandigem Boden, an der Bahnlinie unterhalb der *côtes*. Die 1985 durchgeführte Komplettrenovierung hat erstaunlich gute Weine hervorgebracht. Geschäftsführer Stephan von Neipperg und sein Kellermeister Stéphane Derenoncourt gehören zur vordersten Linie moderner Weinbereitung in St-Emilion: geringste Erträge und Ernte bei perfekter Reife. Auch sind sie gläubige Anhänger der Mikrooxidation. Die Weine sind schwer, samtig und üppig – sehr üppig – vielleicht etwas zu üppig, um ungetrübten Genuss bis zum letzten Tropfen zu garantieren. Siehe auch La Mondotte.

Château Cap-de-Mourlin ☆☆–☆☆☆
Besitzer: Familie Capdemourlin (siehe Château Balestard). 14 ha. Rebsorten: Merlot 65%, Cabernet franc 25%, Cabernet Sauvignon 10%
1,5 km nördlich von St-Emilion auf Lehmboden. Bis 1982 war das Gut jahrelang geteilt, ist jetzt aber wieder vereinigt und bringt Wein von auffallender Geschmacksfülle hervor.

Château Chauvin ☆☆–☆☆☆
Besitzerinnen: Marie-France Février und Béatrice Ondet. 15 ha. Rebsorten: Merlot 80%, Cabernet franc 15%, Cabernet Sauvignon 5%. www.chateauchauvin.com
Weingut mit ungleichmäßigen Leistungen; hat sich mit Michel Rollands Hilfe seit 1995 verbessert.

Château Clos des Jacobins
Besitzerrinnen: Gérard Frydman. 7,5 ha. Rebsorten: Merlot 70%, Cabernet franc 30%
Gelegen im Zentrum der Gemeinde, wo die *côtes* in die *graves* überzugehen beginnen. Nach Jahren im Besitz des Hauses Cordier wurde das Château 2001 verkauft. Parfüm-Hersteller Frydman führte Hubert de Bouard von Château l'Angélus als Kellermeister ein, weshalb sich hier demnächst etwas tun wird.

Clos St Martin ☆☆–☆☆☆
Besitzer: Familie Reiffers. 1,3 ha. Rebsorten: Merlot 65%, Cabernet franc 20%, Cabernet Sauvignon 15%
Der kleinste der Grands crus classés mit einer winzigen Produktion, daher eigentlich ein »Garagenwein«, bereitet von Sophie Fourcade.

Château la Clotte ☆–☆☆
Besitzer: Héritiers Chailleau. 4 ha. Rebsorten: Merlot 70%, Cabernet franc 30%
Wunderschön in der Hügelfalte östlich der Stadt gelegen.

Château la Clusière ☆☆
Besitzer: Gérard Perse. 2,5 ha. Rebsorten: Merlot 100%
Teil des Weinbergbesitzes von Château Pavie (siehe dort), aber nicht ganz auf dem Stand eines Premier grand cru. Gleicher Stil wie Pavie seit 1998.

Château Corbin ☆☆
Besitzer: Domaines Giraud. 13 ha. Rebsorten: Merlot 80%, Cabernet franc 17%, Malbec 3%
Corbin ist der nördlichste Weiler der *graves* von St-Emilion, nahe der Grenze zu Pomerol, auf einem sanften Nordosthang. Der Wein hat zwar Körper und Tannin, ist aber alles in allem wenig charaktervoll.

Château Corbin-Michotte ☆☆
Besitzer: Jean Noël Boidron. 7 ha. Rebsorten: Merlot 65%, Cabernet franc 30%, Cabernet Sauvignon 5%
Siehe Château Corbin; dieser Wein kommt mir delikater und geschmeidiger vor. Jung zu trinken.

Château la Couspaude ☆☆–☆☆☆
Besitzer: Vignobles Aubert. 7 ha. Rebsorten: Merlot 70%, Cabernet franc 15%, Cabernet Sauvignon 15%.
www.la-couspaude.com
1996 wieder in die Klassifizierung aufgenommen. Seit Einführung der Château-Abfüllung erlebt das schön gelegene Gut unter Anleitung von Michel Rolland einen Aufschwung. Hochkonzentriert, sehr eichenholzwürzig und teuer ist der 1998er.

Château Couvent-des-Jacobins ☆☆–☆☆☆
Besitzerin: Familie Joinaud-Borde. 10 ha. Rebsorten: Merlot 65%, Cabernet franc 25%, Cabernet Sauvignon 10%
Hervorragender *côtes*-Weinberg unmittelbar an der Stadtmauer im Osten und altehrwürdige Keller mitten in der Stadt. Fest gefügter, reifer, saftiger Wein.

Château Dassault ☆☆–☆☆☆
Besitzer: SARL Château Dassault. 24 ha. Rebsorten: Merlot 65%, Cabernet franc 30%, Cabernet Sauvignon 5%
Eines der größten Weingüter der *graves* nordöstlich der Stadt. Eher beständig als vornehm, obwohl die Weine seit 1995 konzentrierter und eleganter geraten.

Château la Dominique ☆☆☆
Besitzer: Clément Fayat. 22 ha. Rebsorten: Merlot 80%, Cabernet franc 15%, Cabernet Sauvignon 5%
Nachbar von Cheval Blanc (siehe dort). Die privilegierte Lage macht sich in einer nahezu ununterbrochenen Folge von konzentrierten, gehaltvollen Weinen mit dem Michel-Rolland-Touch bemerkbar.

Château Faurie-de-Souchard ☆☆
Besitzer: Familie Jabiol. 11 ha. Rebsorten: Merlot 65%, Cabernet franc 26%, Cabernet Sauvignon 9%
Leicht mit dem sehr ähnlich geschriebenen Nachbargut Petit-Faurie-de-Soutard (siehe dort) zu verwechseln. Dieselben Besitzer wie Châteaux Cadet-Piola und Cadet-Peychez; das Gut fasst nunmehr Tritt.

Château Fonplégade ☆☆
Besitzer: Familie Armand Moueix. 18 ha. Rebsorten: Merlot 60%, Cabernet franc 35%, Cabernet Sauvignon 5%
Eines der besseren Châteaux; auf den *côtes* eines der besten, doch nie wirklich unter den ganz großen Namen. Köstlicher, gehaltvoller Wein, der anscheinend beharrlich unterbewertet wird. Exzellenter Jahrgang 2000.

Château Fonroque ☆☆
**Besitzer: Ets J.-P. Moueix. 18 ha. Rebsorten: Merlot 85%,
Cabernet franc 15%. www.chateaufonroque.com**
Ein relativ bescheidenes Pferd im tadellosen Moueix-Stall.
Dunkler, fester Wein von klarem Charakter; hält sich gut.

Château Franc-Mayne ☆☆
**Besitzer: M. Georgy Fourcroy. 7 ha. Rebsorten: Merlot 90%,
Cabernet franc 10%. www.chateau-francmayne.com**
Ein seriöses kleines Gut auf den westlichen *côtes,* 1996 vom
belgischen Weinhändler Fourcroy erworben. Er beschränkte
den Ertrag und entschied sich für den Ausbau in neuen Eichenfässern, wodurch Fruchtigkeit geopfert wurde.

Château Grand Mayne ☆☆☆
**Besitzer: Jean-Pierre Nony. 19 ha. Rebsorten: Merlot 76%,
Cabernet franc 13%, Cabernet Sauvignon 11%.
www.chateau-grand-mayne.com**
Das schön gelegene Gut nimmt sein beträchtliches Potenzial
für geschmacksintensiven, seriösen Bordeaux wahr. Michel
Rolland ist auch hier als Berater tätig.

Château Grandes Murailles ☆☆
**Besitzer: Familie Reiffers. 2 ha. Rebsorten: Merlot 70%,
Cabernet franc 30%**
Wein aus einem winzigen Weinberg unterhalb des verfalle-
nen Gemäuers der Dominikanerkirche aus dem 13. Jh., eines
Wahrzeichens außerhalb der Stadt.

Château Grand-Pontet
**Besitzer: Familien Bécot und Pourquet. 14 ha. Rebsorten:
Merlot 75%, Cabernet franc 15%, Cabernet Sauvignon 10%**
Neben Château Beau-Séjour-Bécot und wie dieses seit 1985
neu belebt. Wein in schöner Aufmachung.

Château Guadet-St-Julien ☆☆
**Besitzer: Robert Lignac. 6 ha. Rebsorten: Merlot 75%,
Cabernet franc 25%**
Weinbergbesitz unmittelbar nördlich der Stadt. Delikate Wei-
ne mit Finesse.

Château Haut-Corbin ☆☆
**Besitzer: Soc Haut-Corbin. 7 ha.
Rebsorten: Merlot 70%, Cabernet Sauvignon 20%,
Cabernet franc 10%**
Das geringste unter den Corbin-Gütern, nahe der Grenze zu
Pomerol. Seit den 90ern im Aufwind.

Château Haut-Sarpe ☆☆
**Besitzer: Familie Janoueix. 12 ha. Rebsorten: Merlot 70%,
Cabernet franc 30%. www.j-janoueix-bordeaux.com**
Die Familie Janoueix betreibt in Libourne einen Weinhandel
und besitzt in Pomerol sechs kleine Weingüter. Haut-Sarpe
liegt östlich von St-Emilion und ist eines von mehreren Gütern,
die feste, erdige Tropfen bereiten.

Château Laniote ☆
**Besitzer: Familie Filolie. 5 ha. Rebsorten: Merlot 70%,
Cabernet Sauvignon 20%, Cabernet franc 10%**
Eines der vielen kleinen Güter, die in Belgien so viele Freunde haben, dass man sie anderswo gar nicht kennen zu lernen
bekommt. Recht rustikaler Wein. Die Höhle, in der im 7. Jh.
der Heilige Emilion lebte, liegt auf dem Grund und Boden
dieses Guts.

Château Larcis-Ducasse ☆☆–☆☆☆
**Besitzerin: Mme. H. Gratiot-Alphandery. 11 ha.
Rebsorten: Merlot 65%, Cabernet franc 25%,
Cabernet Sauvignon 10%**
Der beste Weinberg von St-Laurent-des-Combes, in herrlicher
Lage auf den *côtes* östlich von Château Pavie (siehe dort). Ele-
ganter Wein, der nach Geduld verlangt, um seine Komplexi-
tät zeigen zu können. Außergewöhnlich der Jahrgang 2000.
Personalveränderungen 2002 könnten auf einen zukünftig
eher fruchtbetonten Wein schließen lassen.

Château Larmande ☆☆
**Besitzer: Groupe d'Assurance la Mondiale. 25 ha.
Rebsorten: Merlot 65%, Cabernet franc 30%,
Cabernet Sauvignon 5%. www.chateau-larmande.com**
Eine Reihe gefälliger Weine in den 80er-Jahren (1983, 85, 86
und 88) verschaffte dem Château einen guten Ruf, der dann
durch die neuen Besitzer ab 1991 noch verbessert wurde. In
den späten 90ern kamen die Weine recht gerbstoffreich und
extraktlastig daher, sollten aber zu mehr Harmonie heranreifen können.

Château Laroque ☆☆
**Besitzer: Familie Beaumartin. 27 ha.
Rebsorten: Merlot 87%, Cabernet franc 11%,
Cabernet Sauvignon 2%. www.chateau-laroque.com**
Großes Besitztum auf den *côtes* von St-Emilion in St-Chris-
tophe. Zuverlässiger, mittelschwerer Wein.

Château Laroze ☆☆
**Besitzer: Guy Meslin. 27 ha. Rebsorten: Merlot 59%,
Cabernet franc 38%, Cabernet Sauvignon 3%**
Auf den westlichen *côtes* tief auf sandigem Boden gelegen.
Nicht gerade eine der erstklassigen Lagen, doch das modern
und gut geführte Château kann sehr guten Wein für 4–5 Jah-
re Reifezeit hervorbringen.

Château Matras ☆–☆☆
**Besitzerin: Véronique Gaboriaud. 8 ha.
Rebsorten: Cabernet franc 50%, Merlot 50%**
Wunderschön am Fuß der westlichen *côtes* neben Château
l'Angélus gelegenes Weingut. Mäßige Qualität, jung zu trinken.

Château Moulin du Cadet ☆☆
**Besitzer: Ets J.-P. Moueix. 5 ha.
Rebsorten: Merlot 90%, Cabernet franc 10%**
Tadellos bereiteter Wein, typisch im Moueix-Stil. Der Lehm-
boden verleiht ihm zusammen mit der Lage auf den *côtes* So-
lidität und Süße.

Château Pavie-Decesse ☆☆☆
**Besitzer: Gérard Perse. 9 ha. Rebsorten: Merlot 90%,
Cabernet franc 10%**
Kleinerer Partner von Château Pavie auf flacherem Land oben
auf den *côtes.* 1997 von Perse gekauft, wird der Wein heute
auf die gleiche Art bereitet wie in Château Pavie, mit ähnlich
zwiespältigem Ergebnis.

Château Pavie-Macquin ☆☆☆
**Besitzer: Familie Corre-Macquin. 15 ha.
Rebsorten: Merlot 70%, Cabernet franc 30%**
Ökologischer Anbau und feine Weinbereitung durch Nicolas
Thienpont und Stéphane Derenoncourt. Üppiger und hoch-
konzentrierter Wein für lange Lagerung.

Château Petit-Faurie-de-Soutard ☆–☆☆
Besitzerin: Mme. Françoise Capdemourlin. 8 ha.
Rebsorten: Merlot 60%, Cabernet franc 30%,
Cabernet Sauvignon 10%
Nachbargut von Château Cap-de-Mourlin. Wird leicht mit Faurie-de-Souchard verwechselt. Eigentlich ein *côtes*-Wein, aber wie Château Soutard (zu dem es früher gehörte) nicht so leicht zu durchschauen.

Château le Prieuré ☆
Besitzer: SCE Baronne Guichard. 5,5 ha.
Rebsorten: Merlot 60%, Cabernet franc 30%,
Cabernet Sauvignon 10%
Auf den östlichen *côtes* in idealer Lage, aber anscheinend klappt es dort zurzeit nicht so recht.

Château Ripeau ☆☆
Besitzerin: Mme. Françoise de Wilde. 15 ha.
Rebsorten: Merlot 60%, Cabernet franc 30%,
Cabernet Sauvignon 10%
Früher ein bekanntes Château in den *graves,* galt als gleichwertig mit Château la Dominique (siehe dort). Nach einer Zeit der Stagnation jetzt wieder im Aufschwung, mit stark gesenktem Ertrag im Jahr 2000.

Château St-Georges (Côte-Pavie) ☆–☆☆
Besitzer: Jacques Masson. 5,5 ha.
Rebsorten: Merlot 75%, Cabernet franc 25%
Beneidenswerte Lage zwischen den Châteaux Pavie und la Gaffelière. Frischer, mittelschwerer Wein, den es sich zu suchen lohnt.

Château la Serre ☆–☆☆
Besitzer: Luc d'Arfeuille. 7 ha. Rebsorten: Merlot 80%,
Cabernet franc 20%
Unmittelbar vor der Stadt auf den *côtes* nach Osten hin. Trotz des erstaunlich hohen Merlot-Anteils fehlte es dem Wein in den 80er-Jahren etwas an Charme, doch scheint sich das zu bessern.

Château Soutard ☆☆–☆☆☆
Besitzer: Familie des Ligneris. 27 ha.
Rebsorten: Merlot 65%, Cabernet franc 35%
Bedeutendes Weingut auf felsigem Grund nordöstlich der Stadt. Guter, warmer, kraftvoller Wein. Die großen Jahrgänge sind langlebige Klassiker. Ein von Holzarbeiten im Keller bewirktes TCA-Problem (Trichloranisol) konnte behoben werden.

Château Tertre-Daugay ☆☆
Besitzer: Léo de Malet-Roquefort. 18 ha.
Rebsorten: Merlot 60%, Cabernet franc 40%.
www.chateau-tertre-daugay.com
Besitz auf den letzten Ausläufern der *côtes* westlich von Château Ausone mit besonders guter Lage; einige Jahre lang nicht in Hochform, seit 1978 aber in denselben Händen wie Château la Gaffelière. Umfangreiche Neuanpflanzungen. Neuere Jahrgänge beweisen die wahre Klasse des Weinguts.

Château la Tour Figeac ☆☆–☆☆☆
Besitzer: Otte Rettenmaier. 15 ha.
Rebsorten: Merlot 60%, Cabernet franc 40%
Früher Teil von Château Figeac, heute unter der Leitung eines deutschen Besitzers mit biodynamischen Prinzipien, der von Stéphane Derenoncourt unterstützt wird. Sehr beachtlicher Wein, geschmeidig und konzentriert.

Château la Tour-du-Pin-Figeac ☆☆–☆☆☆
Besitzer: Jean-Michel Moueix. 9 ha.
Rebsorten: Merlot 70%, Cabernet franc 30%
Kraftvolle, pikante Weine aus einer besonders guten Lage; eines der großartigen Weingüter auf dem Plateau.

Château la Tour-du-Pin-Figeac (Giraud-Bélievier) ☆–☆☆
Besitzer: GFA Giraud-Bélievier. 11 ha.
Rebsorten: Merlot 70%, Cabernet franc 30%
Weinberg nördlich von Figeac, neben Château Cheval Blanc. In puncto Qualität nicht überdurchschnittlich.

Château Troplong-Mondot ☆☆☆
Besitzerin: Christine Valette. 30 ha. Rebsorten: Merlot 80%,
Cabernet Sauvignon 10%, Cabernet franc 10%
Berühmte Lage auf der Kuppe der *côtes* östlich der Stadt, oberhalb von Château Pavie. In den 1980er-Jahren zuverlässig gut; seit 1988 wuchtig konzentrierte, eichenwürzige Weine mit begeisterter Anhängerschaft.

Château Villemaurine ☆☆
Besitzer: Robert Giraud. 76 ha. Rebsorten: Merlot 70%,
Cabernet Sauvignon 30%. www.robertgiraud.com
Vor den Toren der Stadt; ein *côtes*-Weinberg mit mehr Cabernet Sauvignon als sonst üblich, daher nicht so gefällig, aber es lohnt sich, auf ihn zu warten. Prachtvolle Keller.

Château Yon-Figeac
Besitzer: Bernard Germain. 25 ha.
Rebsorten: Merlot 80%, Cabernet franc 20%.
www.ygas.com
Früher Teil von Château Figeac; nicht sehr konzentrierter, aber schöner Wein für mittelfristigen Verbrauch. Reift in neuen 400-l-Fässern.

St-Emilion Grands crus & weitere Châteaux

Die Qualität einer derart großen Anzahl von Châteaux ist naturgemäß sehr unterschiedlich. Hier werden nur jene mit besonders hohen, zuverlässigen Standards aufgeführt sowie einige *vins de garage,* die seit Mitte der 1990er-Jahre in Mode sind.

Château L'Archange ☆☆–☆☆☆
Besitzer: Pascal Chatonnet
Ein von Chatonnet wieder belebtes Gut, das seit dem Jahr 2000 lobenswerte Weine produziert.

Château Barde-Haut ☆☆
Besitzerin: Sylviane Garcin-Cathiard.
17 ha
Besitztum direkt neben Château Troplong-Mondot. 2000 vom Besitzer des Château Haut-Bergey aus Graves erworben. Eichenholzduft und Würze im 2000er Jahrgang.

Château Bellefont-Belcier ☆☆–☆☆☆
Besitzer: Jean Labusquière. 13 ha
Mittelschwerer Wein mit ordentlich Eichenholzwürze darin, von Louis Mitjavile ausgebaut.

Château Cardinal Villemaurine ☆–☆☆
Besitzer: Jean-François Carrille. 7 ha
Wein mit Toastnoten für mittelfristigen Verbrauch.

Château Carteau-Côtes-Daugay
Besitzer: Jacques Bertrand. 16 ha
Traditioneller, kompakter Wein, dem Flaschenreifung gut tut.

Clos de l'Oratoire ☆☆–☆☆☆
Besitzer: Stephan von Neipperg. 10 ha. www.neipperg.com
1991 vom Besitzer des Château Canon-La-Gaffelière erworben, der hier nun dunklen, dichten, schokoladigen Wein erzeugt; genau das, was man sich unter einem typischen St-Emilion vorstellt.

Château Cormeil-Figeac ☆–☆☆
Besitzer: Familie Moreaud. 10 ha
Weinberg auf sandigem Grund westlich der Stadt. Recht rustikaler Wein.

Château Faugères
Besitzerin: Corinne Guisez. 55 ha. www.chateau-faugeres.com
Das komplexe Besitztum, dessen eine Hälfte innerhalb der Côte de Castillon liegt; wird energisch geführt von Mme. Guisez. Ein kleiner Abschnitt des St-Emilion-Weinbergs dient allein dem ultrakonzentrierten »Péby Faugères«. Der Standardwein ist gut und preisgünstig.

Château de Ferrand ☆–☆☆
Besitzer: Familie Bich. 28 ha
Feiner Besitz – der Wein ist weniger anspruchsvoll, doch gut gemacht.

Château Fombrauge ☆☆–☆☆☆
Besitzer: Bernard Magrez. 52 ha. www.fombrauge.com
Das große Weingut wechselte 1999 den Besitzer. Die früher eher langweiligen Weine repräsentieren bereits jetzt– nach umfangreichen Neuerungen durch Magrez und Michel Rolland – einen beeindruckenden Wandel. Auch eine sehr kleine Menge eines *vin de garage* namens »Magrez-Fombrauge« entsteht hier, der jedoch sehr teuer ist.

La Gomerie ☆☆–☆☆☆
Besitzer: Gérard und Dominique Bécot. 2,5 ha
Ein Garagenwein ohne Wenn und Aber, seit 1995 von den Besitzern des Château Beau-Séjour-Bécot produziert. Überaus üppig, aber säurearm.

Château Grand-Corbin-Despagne
Besitzer: François Despagne. 26 ha. www.grand-corbin-despagne.com
Gewissenhaft geführtes Weingut, das auf Wiederaufwertung zum Cru classé hofft.

Château Haut Brisson ☆☆
9 ha
Unter neuem Besitzer. Der Wein wird fleischiger und konzentrierter.

Château Monbousquet ☆☆–☆☆☆
Besitzer: Gérard Perse. 31 ha
Es ist kein Geheimnis, dass der größte Teil des Weinbergs auf mittelmäßigem Land in der Nähe des Flusses liegt, doch seit das Gut von Gérard Perse 1993 erworben wurde, schnellte die Qualität in die Höhe, wofür neben der Ertragsreduzierung auch die Beratung durch Michel Rolland verantwortlich ist.

La Mondotte ☆☆☆
Besitzer: Stephan von Neipperg. 4,5 ha. www.neipperg.com
Neipperg erhielt vom INAO keine Erlaubnis, diese wenigen Hektar gut gelegenen Reblands seinem Château Canon-la-Gaffelière anzuschließen, weshalb er 1996 die daraus entstandene Produktion zu einer Art Garagenwein machte. Tiefdunkle, vielleicht sogar etwas übertrieben üppige Weine, die hohe Preise erzielen.

Château Moulin St-Georges ☆☆–☆☆☆
Besitzer: Alain Vauthier. 8 ha
Hervorragende, in neuen Eichenfässern ausgebaute Weine von einem kleinen Gut, das demselben Besitzer wie Château Ausone (siehe dort) gehört.

Château Quinault ☆☆
Besitzer: Dr. Alain Raynaud. 15 ha. www.chateau-quinault.com
Reben im stolzen Alter von 50 Jahren auf gewöhnlichem Schwemmland. Im selben Stil wie ein Garagenwein bereitet, um höchste Konzentration zu erreichen.

Château Rochebelle ☆☆–☆☆☆
Besitzer: Philippe Faniest. 3 ha
Aufgehender Stern seit dem superben 98er.

Château Rol Valentin ☆☆–☆☆☆
Besitzer: Eric Prisette. 4 ha
Kleines Gut nahe Château Cheval Blanc. Kellermeister Stéphane Derenoncourt legt äußersten Wert auf Perfektion. Bekannt durch den Namen des Besitzers (ein berühmter Fußballspieler) und die gute Qualität.

Château Sansonnet ☆☆
Besitzer: François d'Aulan. 7,5 ha
Weingut nahe Château Trotteveille (siehe dort), 1999 vom Industriellen d'Aulan erworben.

Château Tertre-Rôtebœuf ☆☆☆
Besitzer: François Mitjaville. 5 ha
François Mitjaville – Pionier der späten Ernte und damit wahrscheinlich der Vorreiter aller »Garagisten«.

Château Teyssier ☆–☆☆☆
Besitzer: Jonathan Maltus. 17 ha. www.teyssier.fr
In der Ebene bei Viognet entsteht ein eingängiger, anspruchsloser Wein. Auf anderen Weinbergen in St-Emilion baut Maltus zwei exzellente und viel bewunderte Weine: »La Forge« (90 % Merlot) und »Le Dôme« (75 % Cabernet franc).

Château Valandraud ☆☆☆
Besitzer: Jean-Luc Thunevin. 8 ha. www.thunevin.com
Prototyp des *vin de garage:* Das Rebgut von zweitklassigen und besseren Lagen bei sehr niedrigem Ertrag wird so ausgebaut, dass üppigster Wein entsteht. Dieser hier ist jedoch zu teuer.

Château Vieux Sarpe ☆☆
Besitzer: Familie Janoueix. 7 ha. www.j-janoueix-bordeaux.com
Eher charmanter als gewichtiger Wein.

Die Satelliten von St-Emilion

Neben den fünf so genannten »heiligen« Dörfern (St-Emilion, St-Laurent, St-Christophe, St-Etienne und St-Hippolyte), die alle zur Appellation St-Emilion gehören, haben noch vier Orte, die weiter im Norden und Osten liegen, den Vorzug, den Namen St-Emilion an den eigenen Ortsnamen anfügen zu dürfen. Man nennt sie auch die Satelliten.

Sie liegen unmittelbar nördlich des Flüsschens Barbanne, das die eigentliche Nordgrenze jenes ruhmreichen Landstrichs bildet. Die Bewohner dieser Orte behaupten, dass infolge der Talformation wenigstens in zweien davon, nämlich St-Georges (183 ha) und Montagne (1430 ha), bessere Lagen bestünden als manche in St-Emilion.

Sei dem, wie es will, jedenfalls sind diese beiden sowie Puisseguin (740 ha) und Lussac (1440 ha) allgemein anerkannt. Die Winzer in St-Georges dürfen, wenn sie wollen, ihren Wein Montagne St-Emilion nennen; es gibt hier aber ein so prächtiges Château, dass man mit außerordentlich viel Stolz den eigenen Namen anführt. Der Wein dieser Orte ist tatsächlich dem St-Emilion durchaus gleich und wird auch fast genauso extraktreich und langlebig ausgebaut.

Immer mehr Winzer gehen jedoch dazu über, einen größeren Anteil Merlot zu verwenden und dadurch weicheren, aber unverändert starken Wein zu bereiten, der schon nach zwei bis drei Jahren ein wahrer Genuss sein kann. Andere bauen aber leider nach wie vor einen bestenfalls rustikal zu nennenden Wein.

La Jurade de St-Emilion

Die für zeremonielle Anlässe und die Weinwerbung zuständige Organisation von St-Emilion ist wahrscheinlich die älteste ihrer Art in Frankreich. *La Jurade de St-Emilion* wurde 1199 von König John von England und Frankreich formell als Gremium eingesetzt, das die kleine Stadt und ihr Umland regieren sollte – eine Ehre, die damals nicht vielen Regionen zuteil wurde. Niemand will ernstlich behaupten, dass die heutige Institution ein direkter Nachkomme dieses Gremiums sei; die eindrucksvollen Prozessionen zur Messe in der großen Pfarrkirche sowie die eigenen Feierlichkeiten bei Kerzenlicht in den aus dem Kalkfels in der Stadtmitte geschlagenen Felskammern sind jedoch voll Würde und Fröhlichkeit.

Die Jurade spielte auch bei der Qualitätskontrolle und bei der Verwaltung der verschiedenen Kategorien von Châteaux eine bedeutende Rolle. Die von ihr veranstalteten jährlichen Weinproben sind der Qualität des St-Emilion in ähnlicher Weise förderlich wie die *tastevinage* der *Chevaliers de Tastevin* in Burgund. An einem denkwürdigen Herbstwochenende im Jahr 1981 besuchte die Jurade die großartige mittelalterliche Stadt York in England. Sie kam dort auf dem Fluss in einem Staatsschiff an, wallte zum Münster, um einem vom Erzbischof gehaltenen Gottesdienst beizuwohnen, und dinierte schließlich in aller Pracht im Castle Howard. Wenn schon Staatsbesuche, dann mit Stil.

Die führenden Châteaux in Puisseguin-St-Emilion

Château Bel-Air ☆–☆☆
Besitzer: die Brüder Gebrüder Adoue.
42 ha
Großes Weingut mit der speziellen »Cuvée de Bacchus« – extra gehaltvoll und stark.

Château Branda ☆☆–☆☆☆
Besitzer: Arnaud Delaire und Yves Blanc. 6 ha
Eichenholzwürzig und überaus konzentriert.

Château Durand-Laplagne ☆–☆☆
Besitzer: J. Bessou.
14 ha
Der beste Wein hier: »Cuvée Sélection«.

Château Guibeau la Fourvieille ☆–☆☆
Besitzer: Henri Bourlon. 10 ha
Fast reiner Merlot mit sanften Tanninen.

Château des Laurets ☆☆
Besitzer: SA Château des Laurets. 70 ha
Gehaltvolle und trotzdem überraschend elegante Weine.

Château la Mauriane ☆☆
Besitzer: Josette Taix. 3,5 ha
Vin de garage. Hohe Qualität durch sorgfältige Auswahl. Der Wein ist geschmeidig und gehaltvoll.

Château Soleil ☆
Besitzer: Jean Soleil. 20 ha
Runde, reife Weine mit einem Schuss Eichenholzaroma.

Die führenden Châteaux in Lussac-St-Emilion

Château de Barbe Blanche ☆–☆☆
Besitzer: André Lurton. 28 ha
Frischer, eleganter Wein. Die spezielle »Cuvée Henri IV« (ab 2000 in »Réserve« umbenannt) verrät den Einfluss neuer Eiche.

Château Bel-Air
Besitzer: Jean-Noël Noel Roi. 21 ha
Die Hälfte des Weins reift in Eichenfässern. 1998 führte Roi jedoch seine »Cuvée Jean-Gabriel« ein, die komplett in neuen Barriques ausgebaut wird.

Château du Courlat ☆☆
Besitzer: Pierre Bourotte. 17 ha
Wein mit guter Struktur, der jung getrunken oder bis zu fünf Jahre gelagert werden kann. Die »Cuvée Jean-Baptiste« ist von älteren Reben und dichter.

Château Lyonnat ☆
Besitzer: Familie Milhade. 45 ha
Großes, zu 80 % mit Merlot bepflanztes Weingut.

Château Mayne-Blanc ☆–☆☆
Besitzer: Jean Boncheau.
23 ha
»Cuvée Tradition« reift in gebrauchten Fässern, »Cuvée St Vincent« (von alten Reben) hingegen hauptsächlich in neuen.

Château du Moulin Noir ☆
Besitzer: Familie Tessander.
15 ha
Gut ausgestattetes Gut. Schöne, leicht eichenholzwürzige Weine.

Château Tour de Grenet ☆
Besitzer: Familie Brunot. 33 ha
Leichter, charmanter Wein.

Die führenden Châteaux in Montagne-St-Emilion

Château Beauséjour ☆☆
Besitzer: Bernard Germain. 14 ha
Der »Clos de l'Église« ist ein Wein im modernen Stil, von Merlot dominiert und aus alten Reben.

Château Faizeau ☆☆
Besitzer: Chantal Lebreton. 10 ha
Zu 50 % in neuer Eiche ausgebaut. Ein reifer, pflaumiger Wein. Dafür sorgt neben einem großen Merlot-Anteil von alten Reben auch die Beratung von Michel Rolland.

Maison Blanche ☆–☆☆
Besitzer: Nicolas Despange. 32 ha
Der meiste Wein reift in alten Fässern, nur die »Cuvée Louis Rapin« wird in neuer Eiche ausgebaut.

Château Montaiguillon ☆–☆☆
Besitzer: Roger Amart. 28 ha
Bekanntes Weingut, das guten, würzigen Wein für mittelfristigen Verbrauch erzeugt.

Château Roudier ☆
Besitzer: Jacques Capdemourlin.
30 ha
Verlässlicher Wein vom Besitzer zweier führender Weingüter.

Château Teyssier ☆
Besitzer: Familie Durand Teyssier. 8 ha
Geschäftsführung durch das Handelshaus CVBG. Viel neue Eiche kommt hier zum Einsatz, doch der Wein bleibt im Grunde rustikal.

Vieux-Château St-André
Besitzer: Jean-Claude Berrouet. 10 ha
Persönlicher Besitz des Kellermeisters von Château Pétrus. Fruchtige, ausgewogene Weine.

Die führenden Châteaux in St-Georges-St-Emilion

Château Belair
Besitzerin: Nadine Pocci-le Menn.
4 ha
Klein aber hoch geschätzt, hauptsächlich mit Merlot bepflanzt.

Château Griffe de Cap d'Or
Weingut in belgischem Besitz, von Jean-Luc Thunevin geführt, der hier einen dichten *vin de garage* erzeugt.

Château St-Georges ☆☆–☆☆☆
Besitzer: Familie Desbois. 45 ha.
www.chateau-saint-georges.com
Das alte Herrenhaus aus dem 18. Jh. ist einer der Anziehungspunkte der Gegend – und auch der Wein will dazu passen: elegant und eindrucksvoll.

Pomerol

Wer daran zweifelt (und es gibt noch Zweifler), dass unterschiedliche Bodenbeschaffenheiten einen Einfluss auf den Wein ausüben, der sollte sich eingehend mit Pomerol befassen. In diesem kleinen Gebiet, das sich neben der Weite und Breite von St-Emilion wie das Vorgärtchen von Libourne auf dem Nordufer der Dordogne ausnimmt, gibt es Weine, wie sie wuchtiger und mächtiger in ganz Frankreich nicht zu finden sind, Seite an Seite mit Weinen von flüchtiger Fruchtigkeit und zartem Charme – und auch mit ganz gewöhnlichen Weinen.

Die Bodenzusammensetzung geht von geröllhaltigem Sand um Libourne in immer schwerer werdenden Boden bis auf ein Plateau über, wo der lehmige Untergrund sehr nahe an der Oberfläche liegt. Schon in einem Meter Tiefe ist der Lehm fast steinhart und mit Körnchen von Eisen durchsetzt. Hier, in einer Höhe von 15 Metern über dem Umland, liegt in jeder Hinsicht der Gipfel von Pomerol.

Trotz seines (noch jungen) internationalen Renommees wird Pomerol wohl immer eine schwer verständliche und schwer ergründbare Ecke in der Welt des Weins bleiben. Seine Rebfläche ist nicht größer als die von St-Julien, der kleinsten unter den Spitzengemarkungen des Médoc. Vielleicht gerade die Hälfte davon (gegenüber zwei Dritteln in St-Julien) hat eindeutigen Cru-classé-Standard.

Die Größe der einzelnen Anwesen ist entsprechend klein. Der Winzerverband zählt 126 Mitglieder, die sich 800 ha teilen müssen: Das sind im Durchschnitt 6 ha für jeden. Der größte Besitz hat 50 ha. Die Jahresgesamterzeugung beträgt rund 358 000 Kisten Wein mit Anspruch auf die Appellation. Eine Genossenschaft gibt es nicht; die kleinen Winzer machen ihren Wein lieber selbst und verkaufen ihn direkt an Kunden in ganz Frankreich und vor allem auch in Belgien.

Es ist gerade erst 100 Jahre her, dass der Name Pomerol über die Grenzen des unmittelbaren Umlands hinausgedrungen ist, und doch hat er sich bereits eine klare Identität geschaffen. Der beste Boden hier ist Lehm, also kalt. Der früh reifende Merlot gedeiht darauf besser als die späteren Cabernet-Sorten, und von diesen wieder der Franc (hier Bouchet genannt) besser als der Sauvignon. Der milde brombeerige Merlot und der lebendige himbeerige Bouchet ziehen das Eisen aus dem Lehm, beide reifen in aromatischem Eichenholz – *et voilà,* das ist schon, wenn auch sehr stark vereinfacht, das Rezept für einen Pomerol. Woher aber bekommt er die einzigartige samtige Textur, die üppige Konsistenz, den Duft nach reifen Pflaumen, ja Rahm und sogar Honig? Woher auch immer, doch bestimmt nicht aus dem Behördenerlass, der die Appellationen festlegt.

Kennern zufolge ist die Art der Pomerol-Weine zwischen jenen aus St-Emilion und dem Médoc anzusiedeln. Für meinen Geschmack liegt er näher beim St-Emilion; er ist breiter, kraftvoller im Geschmack und zeigt weniger Strenge als vergleichbare Médoc-Gewächse. Der Pomerol reift in fünf Jahren so weit wie ein Médoc in zehn – weshalb er ihn bei Weinproben oft ähnlich aussticht wie kalifornische Weine die französischen. Große Pomerol-Weine sind jedoch alles andere als kurzlebig.

Eine amtliche Klassifizierung für Pomerol hat es nie gegeben. Professor Roger stellte 1960 in *Die Weine von Bordeaux* eine persönliche Rangfolge auf, in der 63 Châteaux in vier Klassen eingeteilt wurden mit Château Pétrus einsam an der Spitze, ähnlich wie Château d'Yquem.

Pomerol Premier cru

Château Pétrus ☆☆☆☆
Besitzer: Ets J.-P. Moueix. 11 ha.
Rebsorten: Merlot 95%, Cabernet franc 5%
Siehe Château Pétrus, Seite 88.

Die führenden Châteaux in Pomerol

Château Beauregard ☆☆☆
Besitzer: Crédit Foncier de France. 17 ha.
Rebsorten: Merlot 65%, Cabernet franc 35%.
www.chateau-beauregard.com
Im Gegensatz zu den sonst bescheidenen Châteaux von Pomerol ist das aus dem 17. Jh. stammende Château Beauregard so begehrenswert, dass Daniel Guggenheim es Stein für Stein auf Long Island nachbauen ließ. Unter den neuen Besitzern seit 1991 vollerer und fruchtigerer Wein. Opulenter und aromastarker Jahrgang 2000.

Château Bonalgue ☆☆–☆☆☆
Besitzer: Pierre Bourotte. 6,5 ha.
Rebsorten: Merlot 80%, Cabernet franc 20%
Körperreiche Weine mit guter Konsistenz, die wohl zu den elegantesten Vertretern von Pomerol gehören.

Château le Bon-Pasteur ☆☆☆
Besitzer: Michel Rolland. 7 ha.
Rebsorten: Merlot 90%, Cabernet franc 10%
Der Besitzer ist nicht nur als Erzeuger eines üppig vollen Pomerol, sondern auch als hoch geschätzter Berater bekannt geworden, der viel zu der neuen Ära reichhaltigerer Pomerol- und neuerdings auch Médoc-Weine beigetragen hat.

Château Bourgneuf-Vayron ☆☆–☆☆☆
Besitzer: Familie Vayron. 9 ha.
Rebsorten: Merlot 90%, Cabernet franc 10%
Im Herzen von Pomerol zwischen den Châteaux Trotanoy und Latour gelegen. Kraftvoller, pflaumiger Wein, der nicht zu den stilvollsten zählt, doch gibt es Anzeichen für mehr Finesse und Ausgewogenheit seit den späten 1990er Jahrgängen.

Château la Cabanne ☆☆
Besitzer: Jean-Pierre Estager. 10 ha.
Rebsorten: Merlot 92%, Cabernet franc 8%
Der Name bedeutet »Hütte« oder »Bude«, freilich ein wenig zu bescheiden für ein inzwischen modernisiertes Weingut im Herzen von Pomerol. Nachbar von Trotanoy. Der Boden enthält Kies und Lehm zugleich; der Wein ist nicht sehr bemerkenswert.

Château le Caillou ☆–☆☆
Besitzer: André Giraud.
7 ha
Auf eisenhaltigem Boden aus Kies und Sand gewachsen, ist der Wein eher von zupackender als charmanter Art.

Château Cantelauze ☆☆–☆☆☆
Besitzer: Jean-Noël Boidron. 1 ha.
Rebsorten: Merlot 90%, Cabernet franc 10%
Winziges Château mit winziger Produktion. Was Cantelauze jedoch an Wein erzeugt, ist elegant und ausgewogen.

Château Certan de May ☆☆
Besitzerin: Mme. Barreau-Badear. 5 ha.
Rebsorten: Merlot 70%, Cabernet franc 25%,
Cabernet Sauvignon 5%
Früher Château Certan. Hervorragende Lage neben Vieux-Château-Certan und Château Pétrus (siehe jeweils dort), tendiert in Fülle und Konzentration mehr zu Pétrus hin. Die letzten Jahrgänge waren ungleichmäßig und ließen Fruchtigkeit vermissen.

Château Certan-Giraud
Siehe Hosanna

Château Clinet ☆☆☆
Besitzer: Jean-Marie Laborde. 9 ha.
Rebsorten: Merlot 80%, Cabernet Sauvignon 10%,
Cabernet franc 10%
In der Nähe von Pétrus und Lafleur. Ehemals schlanker, fast Médoc-artiger Wein, neuerdings dagegen viel üppiger. Späte Traubenlese gibt dem Wein Fülle und Kraft, auch wenn Finesse etwas zu kurz kommt.

Château la Conseillante ☆☆☆
Besitzer: Héritiers Louis Nicolas. 12 ha.
Rebsorten: Merlot 80%, Cabernet franc 20%
Prachtvolles, Silber auf Weiß gehaltenes Design des Etiketts mit dem charakteristischen »N« für den Namen der Familie, der das Gut schon über ein Jahrhundert lang gehört. Zufälligerweise hat das Londoner »Café Royal« ein ähnliches Motiv aus ähnlichem Grund. La Conseillante liegt zwischen Pétrus und Cheval Blanc, es wird hier aber ein delikaterer Wein bereitet, manchmal so fein und bukettreich, wie ein Pomerol nur sein kann, aber weniger pflaumig und ölig.

Château la Croix ☆–☆☆
Besitzer: J. Janoueix. 10 ha. Rebsorten: Merlot 60%,
Cabernet Sauvignon 20%, Cabernet franc 20%.
www.j-janoueix.bordeaux.com
Hierzu gehören auch die 2,5 ha von Château la Croix-Toulifaut; beide liegen im Süden der Gemarkung auf eher leichtem Boden mit hohem Eisengehalt. Nicht zu verwechseln mit La Croix-de-Gay am Nordrand. Robuster, fülliger Wein, nicht gerade für große Finesse bekannt; Flaschenalterung lohnt sich. Das Château la Croix-de-St-Georges ist im selben Besitz.

Château la Croix-du-Casse ☆☆
Besitzer: Familie Audy. 9 ha.
Rebsorten: Merlot 70%, Cabernet franc 30%.
www.chateau-lacroixducasse.com
Auf leichtem Boden wächst ein reifer, fleischiger Wein. Er wurde bis zu dessen Tod im Jahr 2001 von Jean-Michel Arcaute von Château Clinet ausgebaut.

Château la Croix-de-Gay ☆☆–☆☆☆
Besitzer: Familie Raynaud. 10 ha.
Rebsorten: Merlot 90%, Cabernet Sauvignon 5%,
Cabernet franc 5%
Gut geführtes Château auf kiesigem Lehmboden, der nordwärts zum Flüsschen Barbanne hin abfällt. Wie in vielen Pomerol-Gütern wird der Wein mit besonderer Sorgfalt für ein besonders anspruchsvolles Publikum bereitet. Den besten Teil (rund 1200 Kisten) des Ertrags stellt die seit 1982 rein von Merlot erzeugte Cuvée Prestige »Fleur du Gay« dar. Die normalen Weine scheinen dafür den Tribut zu zahlen.

Château du Domaine de l'Eglise ☆–☆☆
Besitzer: die Familien Castéja und Preben-Hansen. 7 ha.
Rebsorten: Merlot 90%, Cabernet franc 10%
Wein von mittlerem Körper mit deutlichem Eichenholzaroma.

Château L'Eglise-Clinet ☆☆☆–☆☆☆☆
Besitzer: Denis Durantou. 5,5 ha.
Rebsorten: Merlot 80%, Cabernet franc 20%.
www.eglise-clinet.com
Allgemein höher als Château Clinet eingestuft; ein stattlicher, tanninreicher Wein, der die Muskeln spielen lässt. Neuerdings noch besser mit üppig tiefen Weinen der Spitzenklasse. Der Zweitwein »La Petite Eglise« stammt von jungen oder zugekauften Reben.

Château L'Enclos ☆☆–☆☆☆
Besitzer: Société Civile du Château l'Enclos. 10 ha.
Rebsorten: Merlot 82%, Cabernet franc 17%, Malbec 1%
Zusammen mit Clos René eines der am höchsten geachteten Châteaux in der westlichen Hälfte von Pomerol; der Wein ist von jener tief fruchtigen und zutiefst befriedigenden Art, die schon in der Jugend verspricht, was sie erst nach wenigstens 7–8 Jahren in der Flasche preisgibt.

Château L'Evangile ☆☆☆
Besitzer: Dom. Barons de Rothschild. 14 ha.
Rebsorten: Merlot 78%, Cabernet franc 22%.
www.lafite.com
Gehört hinsichtlich Qualität und Größe zu den zehn führenden Châteaux in Pomerol. In den besten Jahren (z. B. 1990, 95 und 98) ein überaus üppiger, konzentrierter Wein mit langer Lebensdauer. 1990 erwarben die Rothschilds von Lafite eine Mehrheitsbeteiligung. Die geographische Lage zwischen den Châteaux Pétrus und Cheval Blanc ist gelinde gesagt sehr günstig.

Château Feytit-Clinet ☆☆
Besitzer: Familie Domergue. 7 ha.
Rebsorten: Merlot 85%, Cabernet franc 15%
Ich kenne einige ganz wunderbare alte Weine aus diesem kleinen Château gegenüber dem illustren Latour à Pomerol (siehe dort). Seit 1966 unter Moueix-Leitung.

Château la Fleur-Gazin
Besitzerin: Mme. Delfour Borderie. 9 ha.
Rebsorten: Merlot 80%, Cabernet franc 20%
Der nördliche Nachbar von Château Gazin; eleganter, geschmeidiger, schön ausgebauter Wein. In Verwaltung und Weinkeller hat J.-P. Moueix das Sagen.

Château la Fleur-Pétrus ☆☆☆
Besitzer: Ets Jean-Pierre Moueix. 7 ha.
Rebsorten: Merlot 85%, Cabernet franc 15%
Der drittbeste Moueix-Pomerol – und das ist ein hohes Lob. Der Boden des Weinbergs enthält mehr Kies als bei Pétrus und Trotanoy. Der Wein ist nicht so ölig und extraktreich, hat zunächst mehr spürbares Tannin, ist verschlossen, streng und verlangt nach Alterung. Das Gut wurde 1985 um einen mit sehr alten Reben besetzten Teil des Nachbarguts Le Gay erweitert.

Château Franc-Maillet ☆☆
Besitzer: G. Arpin. 5 ha.
Rebsorten: Merlot 80%, Cabernet franc 20%

Seit 1919 im Besitz der Familie Arpin. Ein solider, tanninreicher Wein. Die »Cuvée Jean-Baptiste« erfährt eine längere Reifezeit in Eiche.

Château le Gay ☆☆–☆☆☆
Besitzer: Jacques und Sylvie Guinadeau. 9 ha.
Rebsorten: Merlot 80%, Cabernet franc 20%
Siehe Château Lafleur.

Château Gazin ☆☆☆
Besitzer: Nicolas de Bailliencourt. 24 ha.
Rebsorten: Merlot 90%, Cabernet franc 3%,
Cabernet Sauvignon 7%. www.chateau-gazin.com
Obschon 1970 ein Teil an den Nachbarn Château Pétrus verkauft wurde, immer noch eines der größten Güter von Pomerol. Die Ergebnisse sind ungleichmäßig, die besten Weine sind gebührend fruchtig und konzentriert, meist aber etwas stumpf. Ab 1987 verzichtete man dann einerseits auf die maschinelle Lese und erntete andererseits die Trauben in einem höheren Reifezustand. Der 89er scheint als exzellenter, langlebiger Wein einen Wendepunkt zu markieren, und die 90er sind aufregend gut. Zweitetikett: »Château l'Hospitalet«.

Château Gombaude-Guillot
Besitzer: Familie Laval. 7 ha.
Rebsorten: Merlot 68%, Cabernet franc 30%, Malbec 2%
Ökologischer Anbau auf diesem Weingut (Prof. Roger führt es als Premier cru) in der Mitte von Pomerol bei der Kirche. Schlankerer Stil als die meisten anderen, der Wein jedoch ist harmonisch und alterungsfähig.

Château la Grave (Trigant de Boisset) ☆☆–☆☆☆
Besitzer: Ets J.-P. Moueix. 9 ha.
Rebsorten: Merlot 89%, Cabernet franc 11%
In den 1920er-Jahren ein sagenhafter Wein, doch einige der besten Rebparzellen wurden an La Fleur-Pétrus und andere abgegeben. Heute nicht gerade der körperreichste Pomerol, aber ganz besonders gut ausgewogen und stilvoll, mit so viel Tannin, dass man ihn sich gern lange entwickeln lässt. Der Boden hier ist Kies, nicht Lehm – daher die Finesse bei nicht so viel Körper.

Château Guillot ☆☆–☆☆☆
Besitzer: GFA Luquot Frères. 4,7 ha.
Rebsorten: Merlot 70%, Cabernet franc 30%
Meist nicht so sehr von neuer Eiche geprägt wie mancher Nachbar (z. B. Clinet), in Jahren wie 1985, 1989 und 1990 je-

Château Pétrus – Der Premier cru von Pomerol

Was Château d'Yquem für Sauternes ist, das ist Château Pétrus für Pomerol: vollendeter Ausdruck der Region und ihrer Bestrebungen. Auch in der Größe entspricht Château Pétrus der Region Pomerol: In einem guten Jahr erreicht seine Produktion gerade einmal 4000 Kisten Wein, oft bleibt sie sogar weit unter dieser Marke! Unter den Premiers crus hat Pétrus insofern eine Sonderstellung, als es nie eine offizielle Klassifizierung erhielt und überhaupt erst 1945 in Erscheinung trat, obwohl sein Wein gleichwertig oder besser ist als irgendein anderer roter Bordeaux. Es war die Familie Loubat, die seine Qualität und seinen Status erkannte und förderte. Ab 1961 war das Weingut Gemeinschaftsbesitz der Nichte von Madame Loubat, Madame Lacoste, und von Jean-Pierre Moueix, bis das Haus Moueix Mehrheitseigner wurde.

Das Haus Moueix, das nach Jean-Pierre Moueixs Tod im Jahr 2003 nun unter der Leitung seines Sohnes Christian steht, besitzt in Pomerol eine Führungsstellung. Die bescheidenen Büros und mächtigen *chais* am Flussufer in Libourne sind von einem Prestige umgeben, das in Frankreich nicht seinesgleichen hat. Chef-Önologe ist Jean-Claude Berrouet, der auch die technische Leitung vieler erstrangiger Güter in St-Emilion und Pomerol innehat.

Pétrus aber ist das Flaggschiff. Äußerlich ist es ein bescheidenes kleines Gut. Der *cuvier* ist zwischen Batterien schmaler Betontanks eingeklemmt. Die vor einiger Zeit neu gestalteten *chais* sind geräumiger, haben aber ebenfalls nichts Grandioses an sich.

Das Geheimnis liegt im Boden. Kein englischer Rasen könnte mit peinlicherer Sorgfalt gepflegt sein als dieser Weinberg. Als einmal ein Stück mit zu alt gewordenen Reben (der Durchschnitt liegt bei 40 Jahren) gerodet und neu angelegt wurde, sah ich mit Staunen, wie ein Bulldozer die flache Schicht Mutterboden von dem ganzen, knapp 1 ha großen Stück abschob und dann dem Untergrund eine kaum merkliche Neigung verliehen wurde, um den Wasserabzug noch etwas zu verbessern. Wie wenig einladend dieser berühmte Lehm von Pomerol da aussah, soll nicht unerwähnt bleiben.

Das Prinzip der Weinbehandlung besteht im Château Pétrus aus optimaler Reife und unnachsichtiger Auslese des Rebguts. Wenn es die Oktobersonne gut meint, dann darf der Merlot in ihr »baden«. Er wird auf keinen Fall vor der Mittagszeit gelesen, damit kein Tau in den Most gelangt. Der Ernteertrag ist klein; der neue Wein so dunkel und konzentriert, dass ihm das frischgesägte Eichenholz mit all seinem intensiven Geruch keinen Eindruck zu machen scheint. Nach einem Jahr duftet der Wein nach schwarzen Johannisbeeren. Nach zwei Jahren gesellt sich eine Tabaknote hinzu. Aber alle diese Beschreibungen sind nur irreführende Vereinfachungen. Wie jeder große Wein besticht der Pétrus durch sein fast architektonisch zu nennendes Gefüge aus sich einander ausbalancierenden Kräften und Spannungen. Wie kann ein Wein nur so viel Tannin haben und gleichzeitig eine solche Zartheit?

Weil der Pétrus ölig ist, fleischig, nicht so streng und eindringlich wie ein Médoc, dafür aber dicht im Gefüge wie ein Cabernet aus dem Napa-Valley, scheint er nach etwa zehn Jahren spätestens »fertig« zu sein. Zigarrenraucher sollten ihn trinken (und das tun sie wohl auch), solange er noch seine volle Wucht besitzt. Für meinen Geschmack braucht er mehr Zeit auf seinem Weg zum perfekten Bordeaux, und die großen Jahrgänge kommen gewissermaßen nie zum Ende.

doch vollfruchtig. Nach einer unsteten Phase sind die Weine seit den späten 90ern wieder exzellent.

Hosanna ☆☆☆
Besitzer: Ets Jean-Pierre Moueix.
Rebsorten: Merlot 80%, Cabernet franc 20%
Besteht aus Teilen des ehemaligen Château Certan-Giraud, das Moueix 1999 aufkaufte, umstrukturierte und umbenannte. Seidiger Wein, der durch die alten Cabernet-franc-Rebstöcke an Intensität gewinnt.

Château Lafleur ☆☆☆–☆☆☆☆
Besitzer: Jacques und Sylvie Guinadeau. 4,5 ha.
Rebsorten: Merlot 50%, Cabernet franc 50%
Zwei nebeneinander liegende Güter sind in der Statistik vereint, in der Qualität aber deutlich unterschiedlich. Lafleur (neben la Fleur-Pétrus) ist ein Musterbeispiel an Ausgewogenheit, Körper, Finesse und großem Stil. Einer der wuchtigsten Weine Pomerols – er altert hervorragend. Le Gay (7 ha, auf der anderen Straßenseite) ist etwas einfacher und weniger massiv; er braucht stets gute acht Jahre Reifezeit. Beide werden von ihren Besitzern wie Kinder »gehätschelt« und gehören bestimmt zu den gleichmäßigsten guten Pomerol-Weinen. Zweitwein: »Les Pensées de Lafleur«.

Château Lafleur du Roy ☆–☆☆
Besitzer: Yvon Dubost. 4 ha.
Rebsorten: Merlot 80%, Cabernet franc 10%,
Cabernet Sauvignon 10%
Kleines Gut in den Außenbezirken von Libourne, nahe Château Plince. Ein einfacherer Wein mit einem guten Namen.

Château Lagrange
Besitzer: Ets Jean-Pierre Moueix. 8 ha.
Rebsorten: Merlot 95%, Cabernet franc 5%
Noch ein Moueix-Gut aus der Pétrus-Gruppe auf dem Plateau. Nicht so spektakulär in der Geschmacksfülle wie manche seiner Nachbarn, in letzter Zeit jedoch gut.

Château Latour à Pomerol ☆☆☆
Besitzerin: Mme. Lacoste-Loubat. 8 ha.
Rebsorten: Merlot 90%, Cabernet franc 10%

Das Gut wird vom Haus Moueix für ein Familienmitglied geführt, das einen Anteil an Pétrus besaß. Der Wein ist voller und fruchtiger in der Art als la Fleur-Pétrus, öliger und nicht so sehnig – Worte sind geduldig. Paradoxerweise stammt er von den *graves* am Westrand der fetten Lehmerde. Sehr langlebig.

Château Mazeyres ☆☆
Besitzer: Société Générale. 20 ha.
Rebsorten: Merlot 80%, Cabernet franc 20%.
www.mazeyres.com

Nahe bei Libourne gelegen und von Alain Moueix geführt. Sandiger Kiesboden ergibt Weine von mehr Eleganz als Kraft.

Château Montviel ☆☆
Besitzerin: Cathérine Peré-Vergé. 5 ha.
Rebsorten: Merlot 80%, Cabernet franc 20%

Anspruchsloser, aber gut bereiteter, beständig erfreulicher Wein für mittelfristigen Verbrauch.

Château Moulinet ☆–☆☆
Besitzer: Natalie und Marie-José Moueix. 18 ha.
Rebsorten: Merlot 60%, Cabernet Sauvignon 30%,
Cabernet franc 10%

Abgelegenes Gut am Nordrand von Pomerol, wo nicht nur der Boden leichter ist, sondern auch der Wein; stilvoll ist er trotzdem.

Château Nenin ☆–☆☆☆
Besitzer: Jean-Hubert Delon. 34 ha.
Rebsorten: Merlot 70%, Cabernet franc 30%

Eines der flächenreichsten Weingüter, zwischen den »Großen«, Trotanoy und La Pointe (siehe jeweils dort), gelegen; der Wein entlockt den Kennern schon lange nur gedämpftes Lob, doch mit der Übernahme des Besitzes 1997 durch die Delons von Château Léoville-Las-Cases (die auch die vernachlässigten Rebflächen wieder instand gesetzt haben) und etwas Geduld sollte es wieder bergauf gehen.

Château Petit-Village ☆☆☆
Besitzer: AXA Millésimes. 11 ha.
Rebsorten: Merlot 80%, Cabernet Sauvignon 10%,
Cabernet franc 10%. www.petit-villages.com

Das höchstgelegene Weingut auf dem Plateau von Château Cheval-Blanc. 2002 war AXA bereit, an Gérard Perse von Château Pavie zu verkaufen, doch der Deal kam nicht zustande. Ein Besitzerwechsel scheint dennoch kurz bevorzustehen. Feine, kräftige Weine 1998 und 2000, allerdings könnte der Stil sich nach einem Verkauf ändern.

Château le Pin ☆☆☆
Besitzer: Familie Thienpont. 2,3 ha.
Rebsorte: Merlot 100%

Die Thienponts kauften 1979 das kleine Gut oben auf dem Pomerol-Plateau neben Certan de May, um hier Wein zu produzieren, der es mit dem Pétrus aufnehmen können sollte. Sie bringen denn auch Superbes zustande: Der 82er war wohl der Spitzenwein dieses Jahrgangs, und neuere Jahrgänge erzielen (vor allem in Asien) Preise, die manchen vor Neid erblassen lassen. Üppiger, mokkawürziger Wein, dessen Alterungsfähigkeit nicht über jeden Zweifel erhaben ist.

Château Plince
Besitzer: Familie Moreau. 10 ha. Rebsorten: Merlot 75%,
Cabernet franc 20%, Cabernet Sauvignon 5%

Die Besitzer von Clos l'Eglise erzeugen hier auf sandigerem Boden einen eher geschmeidigen, fruchtigen Wein.

Château la Pointe ☆☆–☆☆☆
Besitzer: Bernard d'Arfeuille. 25 ha.
Rebsorten: Merlot 80%, Cabernet franc 20%

Schwester-Château von La Serre (St-Emilion) und allein wegen seiner Größe schon weithin bekannt. Der Weinberg liegt vor der Haustür von Libourne auf Kies und Sand über dem berühmten eisenhaltigen Lehm. Hat sich während der 1990er-Jahre unglaublich verbessert.

Château Rouget ☆☆–☆☆☆
Besitzer: Jean-Pierre Labruyère. 17,5 ha.
Rebsorten: Merlot 85%, Cabernet franc 15%

Jedes Mal, wenn ich hier vorbeikomme, werfe ich neidische Blicke auf Château Rouget: Es hat die schönste Lage in Pomerol, in einem reizenden Wäldchen, das sanft zur Barbanne hinab verläuft. Hier werden konservative Ideen gepflegt; der Wein war für moderne Begriffe streng, doch hat er seit den späten 90ern wieder an Fülle und Struktur gewonnen.

Château de Sales ☆–☆☆
Besitzer: Bruno de Lambert. 48 ha.
Rebsorten: Merlot 70%, Cabernet franc 15%,
Cabernet Sauvignon 15%

Das einzige adlige Château in Pomerol. Es liegt in vornehmer Zurückgezogenheit am Ende langer Alleen in nordwestlicher Richtung – nur die Bahnlinie, die mitten durch den Garten verläuft, stört das malerische Bild. Der große Weinberg ist wunderbar geführt, und der Wein wird von Mal zu Mal besser, obwohl er nicht die Konzentration und die echte Persönlichkeit der großen Pomerol-Weine aufweist.

Château du Tailhas ☆☆
Besitzer: Nebout & Fils. 11 ha. Rebsorten: Merlot 80%,
Cabernet franc 10%, Cabernet Sauvignon 10%

Der südlichste Weinberg von Pomerol, nur einen Steinwurf weit vom Rand des sandigen Ufergebiets von St-Emilion entfernt. Er hat aber noch den eisenreichen Lehmuntergrund von Pomerol, daher der dichte, freilich etwas rustikale Charakter des Weins, der in Belgien besonders beliebt ist.

Château Taillefer ☆☆–☆☆☆
Besitzer: Bernard Moueix. 10 ha.
Rebsorten: Merlot 80%, Cabernet franc 20%

Seit 1923 im Besitz der Familie Moueix. Viele Jahre unscheinbar, doch seit den späten 90ern viel mehr Finesse.

Château Trotanoy ☆☆☆–☆☆☆☆
Besitzer: Ets Jean-Pierre Moueix. 7,5 ha.
Rebsorten: Merlot 90%, Cabernet franc 10%

Steht an zweiter Stelle hinter Château Pétrus. Das Gut befindet sich in denselben Händen, und der Wein wird nach dem gleichen Rolls-Royce-mäßigen Standard bereitet. Der kleine Weinberg liegt am Westhang (wenn man von einem solchen reden kann) des Zentralplateaus. Die Reben sind alt, der Ertrag ist gering, der überaus konzentrierte Wein reift in neuen Barriques (die ihm in der Jugend einen fast Médoc-artigen Duft verleihen). Die besten Jahrgänge haben zehn Jahre oder länger eine Vollmundigkeit wie kalifornischer Cabernet, aber Tannin und Eisen sind durch den »Samthandschuh« hindurch spürbar. Die 71er, 76er, 79er, 82er, 90er, 95er und 98er gelten als die besten neueren Jahrgänge.

Vieux-Château-Certan ☆☆☆–☆☆☆☆
Besitzer: Familie Thienpont. 13,5 ha.
Rebsorten: Merlot 60%, Cabernet franc 30%,
Cabernet Sauvignon 10%. www.vieux-chateau-certan.com
Der erste große Name von Pomerol, allerdings seit 30 oder 40 Jahren von Château Pétrus in leichtem Galopp überholt. Der Stil ist ganz anders: trockener, nicht so fleischig, aber ausgewogen in der Manier eines Médoc oder Graves. Bei ersten Weinproben mag es an Substanz mangeln, die sich aber später nur umso triumphaler einstellt. Der 45er war 1980 ein unvergessliches Erlebnis. Das hübsche alte Château liegt auf halbem Weg zwischen Pétrus und Cheval Blanc. Die belgischen Besitzer sind überaus stolz auf seine Eigenart. Die 85er, 89er, 90er, 98er und 2000er haben neuerdings ihren Siegeszug angetreten.

Château Vray-Croix-de-Gay ☆–☆☆
Besitzer: SCE Baronne Guichard. 3,6 ha.
Rebsorten: Merlot 90%, Cabernet franc 10%
Der Name bedeutet »das echte Croix-de-Gay«, womit zu verstehen gegeben wird, dass die Nachbarn sich den Namen unter den Nagel gerissen haben. Das Gerangel um die Plätze scheint hier am Nordrand des kostbaren Plateaus wohl auch nötig zu sein. Guter, unkomplizierter Pomerol, aber über wirklich bemerkenswerte Flaschen habe ich keine Notizen.

Clos du Clocher ☆☆
Besitzer: Familie Audy. 4 ha.
Rebsorten: Merlot 80%, Cabernet franc 20%
Zentral gelegener Weinberg, unweit von den Certan-Châteaux. Ausgewogener, mittelschwerer, aromatischer Wein.

Clos L'Eglise ☆☆☆
Besitzerin: Sylviane Garcin-Cathiard. 6 ha.
Rebsorten: Merlot 60%, Cabernet franc 40%
Vorzüglicher kleiner Weinberg am Nordrand des Plateaus. 1997 zusammen mit Châteaux in Graves und St-Emilion »eingekauft«. Alte Clos-L'Eglise-Jahrgänge sind altmodische, langlebige Weine. Der neue Stil ist viel konzentrierter, saftig und eichenholzwürzig.

Clos René ☆☆–☆☆☆
Besitzer: die Familien Garde und Lasserre. 12 ha.
Rebsorten: Merlot 70%, Cabernet franc 20%, Malbec 10%
Bescheidenes Weingut an der weniger berühmten Westflanke der Gemeinde, doch auch hier entsteht echter Pomerol. Der Wein wurde in den 1980ern saftiger.

Lalande-de-Pomerol

Die Nordgrenze von Pomerol wird von dem Flüsschen Barbanne gebildet. Die beiden Gemarkungen auf dem anderen Ufer, Lalande und Néac, genießen gemeinsam das Recht auf den Namen Lalande-de-Pomerol für ihren Rotwein, der in Bestform in der Juniorliga der Pomerol-Klasse mitspielt. Hier wird traditionellerweise Malbec (auch Pressac genannt) angebaut, eine schwierige Traube, die inzwischen langsam aus der Mode kommt. Der Kiesboden über lehmigem Untergrund ist stellenweise gut, was einigen Châteaux beträchtliches Renom-

mee verschafft hat. Insgesamt beträgt die Rebfläche 1120 ha, das sind 840 ha mehr als in Pomerol. 195 Winzer keltern im Durchschnitt zusammen 600 000 Kisten Wein (eine Genossenschaftskellerei gibt es nicht).

Die führenden Châteaux in Lalande-de-Pomerol

Château des Annereaux
Lalande-de-Pomerol. Besitzer: Familie Milhade. 20 ha
Feste Weine mit schwarzbeerigen Obertönen.

Château de Bel-Air ☆–☆☆
Lalande-de-Pomerol. Besitzer: Jean-Pierre Musset. 16 ha
Ein deutlich tanninhaltiger Wein, der ein paar Jahre benötigt, um seine Balance zu finden.

Château Belles-Graves ☆–☆☆
Néac. Besitzer: Familie Theallet. 16 ha.
www.belles-graves.com
Fülliger Wein mit Eichenholzaroma, der unmittelbares Vergnügen beschert.

Château Bertineau St-Vincent ☆☆
Néac. Besitzer: Michel Rolland. 6 ha
Elegante Weine, vinifiziert in Michel Rollands Hauptbesitztum Château le Bon-Pasteur in Pomerol (siehe dort).

Château la Croix-St-André ☆☆
Néac. Besitzer: Familie Carayon. 17 ha
Körperreiche Weine, beliebtes Château.

Château la Fleur de Boüard ☆☆–☆☆☆
Néac. Besitzer: Hubert de Boüard de Laforest. 17 ha.
www.lafleurdebouard.com
De Boüard von Château L'Angelus erwarb dieses Château im Jahr 1998 und gab ihm den neuen Namen. Der reichhaltige, dunkle Wein setzt neue Standards in der Appellation.

Château Garraud
Néac. Besitzer: Jean-Marc Nony. 37 ha
Niedrige Erträge und gewissenhafter Ausbau sichern seit Jahren eine gute Qualität.

Château Grand Ormeau ☆☆–☆☆☆
Lalande-de-Pomerol. Besitzer: Jean-Claude Beton. 12 ha
Gehaltvolle, gut strukturierte Weine seit den 1980er-Jahren, speziell die «Cuvée Madeleine» von alten Rebstöcken.

Château Haut-Chaigneau ☆☆
Lalande-de-Pomerol. Besitzer: André Chatonnet. 21 ha
Chatonnet ist ein geschickter Kellermeister, wie sein geschmeidiger, fruchtbeladener Wein beweist.

Château les Hauts-Conseillants ☆–☆☆
Lalande-de-Pomerol. Besitzer: Pierre Bourotte. 10 ha
Eichenwürziger Wein vom Besitzer des Château Bonalgue in Pomerol (siehe dort).

Château Moncets ☆–☆☆
Néac. Besitzer: Familie de Jerphanion. 24 ha.
www.moncets.com
Gehaltvolle, samtige Weine für den mittelfristigen Verbrauch.

Château la Sergue ☆☆
Néac. Besitzer: André Chatonnet. 5 ha
Hauptsächlich ins Holz ausgebauter intensiver Merlot.

Château les Templiers ☆
Néac. Besitzer: Jean Servant. 7 ha
Solider, würziger Wein.

Weitere Bereiche in Bordeaux

Wie groß die Rebanbaufläche im Departement Gironde ist, beginnt einem klar zu werden, wenn man die Zahl und Größe der über das Land verstreuten Genossenschaftskellereien näher in Augenschein nimmt. In den meisten Gemeinden finden sich zudem ein oder zwei alteingesessene Châteaux mit alten Gutshäusern – seit undenklichen Zeiten Familienunternehmen ohne übertriebenen Ehrgeiz, was ihre Weine anbelangt.

Oft haben kleine Winzer ihre Weinberge lieber größeren Gütern verkauft, als sich einer Winzergenossenschaft anzuschließen. Dadurch konnte sich manches gut geführte größere Château ausdehnen, seine Produktionsmethoden verbessern und sich dann entweder auf Rot- oder Weißwein spezialisieren, anstatt zweigleisig weiterzuwursteln. Zu einem höheren Preis als dem Standardwein bieten viele inzwischen einen Teil ihrer besten Gewächse als fassgereifte Spitzen-Cuvée an. So manches Château hat von drittklassigem süßem auf mindestens eine Klasse besseren (gelegentlich sogar erstklassigen) trockenen Wein umgestellt. Ohne Zweifel führt der neue Sachverstand in Weinbau und Kellertechnik zusammen mit einer neuen Generation anspruchsvoller Weinverbraucher große Veränderungen in den Randgebieten des Bordelais herbei. Unternehmerisch gesinnte Weinliebhaber fanden hier preiswertes Land, und heute erzeugt so mancher kleine Betrieb, der früher sein Rebgut an die örtliche Genossenschaft lieferte, Wein von immer besserer Qualität unter dem eigenen Etikett.

Fronsac & Canon-Fronsac

Die Stadt Libourne liegt an der Dordogne, dort, wo der kleine Nebenfluss Isle mündet. Bei ihrer beneidenswerten Lage mit Pomerol als »Hausgarten« und St-Emilion als östlichem Nachbarn hat sie auch gerade mal 1,5 km weiter westlich noch einen weiteren und ganz andersartigen kleinen Weinbaubereich direkt vor der Tür.

Fronsac ist ein Dorf an der Dordogne am Fuß einer Reihe von steilen Buckeln mit Tälern dazwischen – ein Miniaturgebirge mit bis zu 90 Meter hohen Hügeln. Viele der Châteaux wurden offenbar eher als Landhäuser gebaut und nicht so sehr als wirkliche Bauernhöfe. Und alles das steht auf Kalkgestein. Es gibt hier fast nur Rotweinreben in den üblichen Bordeaux-Sorten. Traditionell ist der weiche, saftreiche Malbec jedoch stärker vertreten als anderswo. Der Fronsac-Wein mit seiner kräftigen Farbe und seinem hohen Alkoholgehalt ist in früheren Zeiten oft als *vin médecin* für Schwächlinge berühmter Herkunft benutzt worden.

Einst stand Fronsac in weit höherem Ansehen als Pomerol. Im 18. Jahrhundert wurden seine Weine sogar bei Hof getrunken. Dann aber gab die Gunst der Verhältnisse Pomerol so manchen Vorteil in die Hand, den es auch prompt nutzte. Erst in den letzten 25 Jahren hat für das zwischenzeitlich in Ver-

gessenheit geratene Fronsac der Wiederaufstieg begonnen – und in den letzten 15 Jahren veränderten kräftige Investitionen sein Image.

Die Rebfläche von insgesamt 1350 ha teilt sich in zwei Appellationen. Über zwei Drittel der Hügel (die unteren Partien) nennen sich Fronsac, der Rest, wo der Boden dünner und kalkhaltiger ist, nennt sich Canon-Fronsac. Die Weine hier können ein Genuss sein, voller Kraft und Würze, ihrer Härte nach ähneln sie einem Graves oder St-Emilion eher als einem Pomerol, und gute fünf Jahre Lagerung lohnen sich durchaus. Der Stil ist in Änderung begriffen und nähert sich jenem des rechten Gironde-Ufers an, was fülligere, dickere, eichenwürzigere Weine bedeutet, manchmal auf Kosten von Säure und Finesse.

Die führenden Châteaux in Fronsac & Canon-Fronsac

Château Barrabaque ☆–☆☆
Fronsac. Besitzer: Familie Noël. 9 ha
Schöne, runde Weine und eine eichenholzwürzige Cuvée Prestige.

Vin de garage

Ab den frühen 1990er-Jahren traten Weine in Erscheinung, die (zunächst scherzhaft) als *vins de garage* bezeichnet wurden. Wie das Wort »Garage« andeutet, wurden diese Weine nur in winzigen Mengen produziert. Die ganz von Hand bereiteten Tropfen basierten auf extrem geringen Erträgen, minutiöser Selektion der Trauben, manuellem Entstielen usw. Das Ergebnis war, zumindest in der Theorie, ein Wein von außergewöhnlicher Qualität.

Le Pin in Pomerol wird im Allgemeinen als erster Garagenwein von Bordeaux angesehen. Doch obgleich das Anwesen sehr klein und auch die Kellerei mehr als einfach ist, steht Château Le Pin für ein mehr oder weniger vergleichbares normales Weingut. Der Prototyp des Garagenweins dagegen kommt mit Sicherheit von Château Valandraud in St-Emilion, von Rebgut bereitet, das, wie der Besitzer gerne zugibt, auf bestenfalls mittelmäßigem Boden wuchs. Eine Mischung aus maximaler Konzentration und massenhaft neuer Eiche machten den Wein jedoch berühmt, und wie Le Pin erzielte er unglaubliche Preise.

Daraus entstand ein Trend. Mehr und mehr Weinerzeuger trennten eine kleine Rebfläche vom Rest ab oder kauften eine wenig bemerkenswerte Parzelle dazu und begannen, ihren *vin de garage* zu erzeugen. Wohlgemerkt immer nur in kleinen Mengen, schon um die hohen Verkaufspreise zu rechtfertigen. Im Jahr 2000 jedenfalls gab es um die 60 Garagenweine, doch die Wogen der Begeisterung glätteten sich zusehends. Nicht zuletzt widersprach dieser Trend dem fundamentalen Selbstverständnis des gesamten Weinbaus in Bordeaux: dass außergewöhnlicher Wein nur auf außergewöhnlichem Boden wachsen kann.

Die *vins de garage* sind eine Spezialität des rechten Gironde-Ufers, etwa von St-Emilion. Dagegen können die Besitzer der viel größeren Châteaux in Médoc und Graves der Idee nicht das Geringste abgewinnen. Am Ende wird der Verbraucher entscheiden, ob Garagenweine die hohen Preise wert sind, die er für sie bezahlen muss.

Château Canon ☆☆
Canon-Fronsac. Besitzer: Jean Halley. 1,3 ha
Tiefdunkler Wein; gut lagerungsfähig.

Château Canon-de-Brem ☆–☆☆
Canon-Fronsac. Besitzer: Jean Halley. 4,5 ha
Der hohe Anteil von Cabernet franc zeichnet verantwortlich
für den ungewöhnlichen Duft dieses Weins.

Château de Carles ☆☆
Saillans. Besitzer: Antoine Chastenet de Castaing.
8 ha
Saftige, erfreuliche Weine. Die beste Frucht steckt im »Château
Haut Carles«.

Château Cassagne-Haut-Canon ☆–☆☆
St-Michel-de-Fronsac. Besitzer: Jean-Jacques Dubois.
13 ha
Milde, eichenwürzige Weine; reif, doch fehlt die Kraft.

Château Coustolle ☆–☆☆
Fronsac. Besitzer: Alain Roux. 20 ha
Großer Besitz. Tanninreiche Weine.

Château Dalem ☆☆
Saillans. Besitzer: Michel Rullier. 13 ha
Unter der Beratung von Michel Rolland entstehen hier milde,
saftige, samtige Weine, hauptsächlich aus Merlot.

Château de la Dauphine ☆–☆☆
Fronsac. Besitzer: Jean Halley. 33 ha
Früher im Besitz von Moueix, im Jahr 2000 jedoch verkauft.
Weine von mittlerem Körper.

Château Fontenil ☆–☆☆
Saillans. Besitzer: Michel Rolland. 9 ha
Recht pralle Weine; zu 50% in neuen Eichenfässern gereift.

Château du Gaby ☆☆
Fronsac. Besitzer: Antoine Khayat. 9,5 ha
Feiner Wein von einem Spitzenweinberg mit neuem Besitzer.

Château Grand Renouil ☆☆–☆☆☆
Fronsac. Besitzer: Michel Ponty. 11 ha
Körperreiche Weine von beträchtlicher Komplexität.

Château Mazeris ☆–☆☆
St-Michel-de-Fronsac. Besitzer: Familie Cournuaud. 14 ha
Der hiesige Spitzenwein kommt von alten Merlot-Reben und
heißt »La Part des Anges«.

Château Mazeris-Bellevue ☆
St-Michel-de-Fronsac. Besitzer: Jacques Bussier. 11 ha
Eher leichte Weine mit geschmeidigem Himbeeraroma.

Château Moulin ☆–☆☆
Haut-Laroque. Besitzer: Jean-Noël Hervé. 15 ha.
www.moulinhautlaroque.fr
Reifer Stil mit Wucht und Struktur.

Château Moulin Pey-Labrie ☆☆
Fronsac. Besitzer: Gregoire Hubau. 6,5 ha
Als Berater fungiert auch hier Michel Rolland. Deutlich eichen-
würzige Weine.

Château de la Rivière ☆☆–☆☆☆
La Rivière, Fronsac. Besitzer: Jean Leprince. 59 ha.
www.chateau-de-la-riviere.com
Das bedeutendste Weingut der Region, mit einem Schloss wie
aus der Oper. Wohl ausgewogene, gut alterungsfähige Weine. Seit 2000 gibt es auch »Aria«, eine opulente Cuvée rein aus
Merlot.

Château la Rouselle ☆
Fronsac. Besitzer: Jacques Davau.
4,5 ha
Ordentlicher Wein, der jung getrunken werden will.

Château les Trois Croix ☆☆–☆☆☆
Canon-Fronsac. Besitzer: Patrick Léon. 14 ha
Im Besitz des Kellermeisters von Château Mouton-Rothschild.
Gehaltvolle Weine mit guter Struktur.

Château la Vieille Cure ☆–☆☆
Saillans. Besitzer: Colin Ferenbach. 18 ha
In amerikanischem Besitz. Sehr reife, konzentrierte Weine.

Château Villars ☆☆–☆☆☆
Saillans. Besitzer: Jean-Claude Gaudrie. 20 ha
Einige eindrucksvolle Weine mit reifer, durch feine Tannine
ausgeglichene Toastwürze.

Côtes de Castillon &
Côtes de Francs

Von den beiden östlich an die Satelliten von St-Emilion anschließenden Bereiche, die auch heute noch zur allgemeinen
Appellation Bordeaux gehören, erhielt der größere 1989 eine
eigene Appellation zuerkannt: Côtes de Castillon liegt am
Nordrand des Dordogne-Tals in den Bergen über Castillon-
la-Bataille, wo die Franzosen im Jahr 1453 die Engländer schlu-
gen und damit der englischen Herrschaft in Aquitanien ein
Ende setzten. Zu diesem Bereich gehören zehn Gemeinden
mit einer Gesamtrebfläche von 3019 ha. Nach Norden hin erstreckt sich die viel kleinere Appellation Bordeaux Côtes de
Francs mit 512 ha auf die Gemeinden Francs, Les Salles, St-Cibard und Tayac. Die ruhige, abgeschiedene Gegend ist schon
seit langem für guten Bordeaux Supérieur bekannt, wurde jedoch erst jetzt als eigenständig anerkannt.

Die Weine der Côtes de Castillon und der Côtes de Francs
nehmen sich im Allgemeinen wie leichter St-Emilion aus, manche allerdings sind wie eh und je recht rustikal, was zum großen Teil daran liegt, dass sich die Weinbergsbesitzer kaum Investitionen leisten konnten. Doch man sollte diesen Bereich
nicht mit leichter Hand abtun. Einige Châteaux beweisen echte Ambitionen und bringen Weine hervor, die mindestens fünf
Jahre Reifezeit lohnen.

Die führenden Châteaux
in den Côtes de Castillon

Château d'Aiguilhe ☆☆
St-Philippe-d'Aiguilhe. Besitzer: Stephan von Neipperg.
37 ha
Derselbe Besitzer wie von Château Canon-La-Gaffelière (siehe dort). Sehr eichenholzwürzige Weine.

Château Ampélia

**St-Philippe-d'Aiguilhe. Besitzer: François Despagne.
4 ha**

Erster Jahrgang 2000.

Château Beauséjour ☆☆

**St-Magne-de-Castillon. Besitzer: Familie Verger.
20 ha**

Ökologisch arbeitendes Gut. Geschmeidige Weine.

Château Cap de Faugères ☆☆

Ste-Colombe. Besitzerin: Corinne Guisez. 27 ha

Eine Erweiterung von Château Faugères in St-Emilion (siehe dort). Attraktive Weine für den mittelfristigen Verbrauch.

Château la Clarière-Laithwaite ☆☆–☆☆☆

Ste-Colombe. Besitzer: Tony Laithwaite. 5 ha

Ein Château mit herrlichen Felsenkellern. Seit 1998 perfektionistisch anmutende Weine, die von Laithwaites Firma Direct Wines hauptsächlich in Großbritannien abgesetzt werden. »Le Presbytère« ist eine großartige Cuvée von alten Reben.

Château Côte Montpezat ☆

**Belvès-de-Castillon. Besitzer: D. Bessineau. 30 ha.
www.cote-montpezat.com**

Charmante Weine für den unbeschwerten Genuss.

Château Lapeyronie ☆–☆☆

Ste-Colombe. Besitzer: Jean-Frédéric Lapeyronie. 8 ha

Volle, geschmeidige Weine von beständiger Qualität.

Château Pervenche Puy Arnaud ☆

Belvès-de-Castillon. Besitzer: Thierry Valette. 8 ha

Nach ökologischen Methoden geführtes Weingut mit Stéphane Derenoncourt als Berater.

Château de Pitray ☆☆

**Gardegan. Besitzerin: Comtesse de Boigne. 36 ha.
www.pitray.com**

Kräftige, nach Kirschen duftende Weine.

Château Robin ☆

Belvès-de-Castillon. Besitzer: Sté Lurckroft. 12 ha

Ausgewogene Weine, die in den Genuss von ein wenig neuer Eiche kommen.

Clos de l'Église ☆☆

Besitzer: Gérard Perse und Alain Raynaud. 17 ha

Die Besitzer der Châteaux Pavie und Quinault (siehe jeweils dort) bauen die Weine wie Spitzen-St-Emilions aus. Etwas zu extraktreich.

Domaine de l'A ☆☆

Ste-Colombe. Besitzer: Stéphane Derenoncourt. 4 ha

Der persönliche Besitz eines der besten Kellermeister von St-Emilion. Biodynamischer Anbau. Eigentlich ein Versuchslabor, wo Derenoncourt seine Ideen ausprobiert.

Vieux-Château-Champs de Mars ☆–☆☆

**St-Philippe-d'Aiguilhe. Besitzer: Regis Moro.
17 ha**

In diesen duftigen Weinen gibt es nichts Rustikales. Gutes Preis-Leistungs-Verhältnis außer bei der überteuerten »Cuvée Johanna«. Auch Côtes de Franc wird hier erzeugt.

Die führenden Châteaux in den Côtes de Francs

Château les Charmes-Godard ☆–☆☆

St-Cibard. Besitzer: Nicolas Thienpont. 4 ha

Kleines Gut mit gutem Weiß- und vollem Rotwein.

Château de Francs ☆☆

**Francs. Besitzer: die Familien Hébrard und de Boüard.
29 ha**

Üppige Weine mit mittellanger Haltbarkeit. Der Spitzenwein ist »Les Cersiers«.

Château Laclaverie ☆–☆☆

St-Cibard. Besitzer: Nicolas Thienpont. 10 ha

Moderne, eichenholzwürzige Weine.

Château Marsau ☆–☆☆

St-Cibard. Besitzer: Jean-Marie Chadronnier. 10 ha

Es gibt ausschließlich Merlot auf diesem Weingut, das dem Direktor von CVBG gehört.

Château Puyguéraud ☆☆

St-Cibard. Besitzer: Familie Thienpont. 30 ha

Solide, aber durchaus elegante Weine, die zu den besten Gewächsen des Bereichs gehören.

Côtes de Bourg

Das rechte Gironde-Ufer war bereits ein blühender Weinberg, bevor das Médoc auf der anderen Seite des Flusses angelegt wurde. Bourg, nördlich der Dordogne gelegen, wo sie mit der Garonne zusammenfließt, um dann mit ihr die Gironde zu bilden, ist wie ein zweites Fronsac, aber größer als dieses: steil vom Ufer bis auf 60 Meter und mehr aufsteigende Hügel, aber, anders als in Fronsac, fast ganz mit Reben bepflanzt.

In den Côtes de Bourg (3876 ha) wird ebenso viel Wein erzeugt wie im unteren Médoc – und auch ebenso viel wie im unmittelbar nördlich anschließenden Nachbargebiet Côtes de Blaye (5800 ha). Bourg ist auf Rotwein von beachtlicher Qualität spezialisiert, der vor allem aus Merlot und Cabernet franc gewonnen wird: rund und körperreich, sollte er ohne Eile innerhalb von vier bis fünf Jahren getrunken werden. Die Châteaux entlang dem Flussufer sind allem Anschein nach mit perfekten Lagen gesegnet. Weiter vom Fluss entfernt liegt vor allem Genossenschaftsland, wo immer mehr Weißwein, allerdings ohne besondere Note, erzeugt wird.

Die führenden Châteaux in den Côtes de Bourg

Château de Barbe ☆

Villeneuve. Besitzer: Sovivi. 64 ha

Großes Château, tadelloser Wein.

Château du Bousquet ☆

Bourg. Besitzer: Castel Frères. 62 ha

Leichte Weine.

Château Brûlesécaille

Tauriac. Besitzer: Familie Rodet. 27 ha

55% Merlot verleihen dem Wein Geschmeidigkeit und Harmonie, der ansonsten der regionalen Tradition entspricht.

Château Falfas
Bayon. Besitzer: John Cochrane. 22 ha
Biodynamischer Anbau mit tanninbetonten Weinen. Der Spitzenwein »Cuvée Chevalier« stammt von 70-jährigen Rebstöcken und reift in neuen Eichenfässern.

Château Grand-Jour ☆
Prignac-et-Marcamps. Besitzer: Vignobles Rocher-Cap. 98 ha
Großer Erzeuger recht milder, Merlot-dominierter Weine.

Château de la Grave ☆–☆☆
Bourg. Besitzer: Philippe Bassereau. 40 ha
Hier entstehen recht stilvolle Weine und eine spezielle Cuvée mit dem viel versprechenden Namen »Nectar«.

Château Guerry
Tauriac. Besitzer: Bernard de Rivoyre. 22 ha
Robuster, bukettreicherWein von beständiger Qualität mit einem ordentlichen Anteil Malbec.

Château Guionne ☆
Lansac. Besitzer: Alain Fabre. 23 ha
Zwei Stile: mit und ohne Eichenfassreifung. Der 2000 erfolgte Besitzerwechsel könnte Änderungen bewirken.

Château Haut-Macô ☆☆
Tauriac. Besitzer: Bernard und Jean Mallet. 50 ha
Die »Cuvée Jean-Bernard« reift in neuen Eichenfässern.

Château Labadie ☆
Mombrier. Besitzer: Joel Dupuy. 45 ha
Großes kommerzielles Gut; maschinelle Ernte. Verschiedene Cuvées, alle von tadelloser Qualität.

Château Macay ☆
Samonac. Besitzer: Eric Latouche. 30 ha
Alte Rebstöcke und eingeschränkter Ertrag ergeben gute Weine.

Château de Mendoce ☆
Villeneuve. Besitzer: Philippe Darricarrère. 15 ha
Recht leichte, unproblematische Weine.

Château Mercier ☆–☆☆
St-Trojan. Besitzer: Christophe Chéty. 23 ha
Eine beachtenswerte Cuvée Prestige.

Château Peychaud ☆☆
Berson. Besitzer: Bernard Germaine. 29 ha.
www.vgas.com
Die »Cuvée Maisonneuve« ist fleischig und eichenholzwürzig.

Château le Roc des Cambes ☆☆–☆☆☆
Bourg. Besitzer: François Mitjaville. 10 ha
Stallgefährte von Château Tertre-Rôtebœuf (siehe dort). Die sehr dichten, hochkonzentrierten Weine gehören zu den besten und teuersten der Region.

Château Tayac ☆☆☆
Bourg. Besitzer: Pierre Saturny. 30 ha
Kräftige, tanninreiche Weine, denen fünf Jahre im Keller nur gut tun.

Premières Côtes de Blaye

Eine Wasserfläche von drei Kilometern, nämlich die sich verbreiternde Gironde, trennt Blaye vom Herzen des Médoc. Blaye ist das nördlichste Weinbaugebiet auf dem »rechten Ufer«, das letzte an dieser Küste, wo guter Rotwein entsteht. Nördlich davon beginnt Weißweinland, die Randgebiete von Cognac. Doch bereits in Blaye besteht ein Drittel der Produktion aus Weißwein.

Die Appellation Premières Côtes de Blaye ist den besseren Lagen vorbehalten, die fast alle Rotweinreben tragen und einen Wein liefern, der in jeder Hinsicht dem von Bourg gleicht – wenn er auch allgemein als nicht ganz so gut oder körperreich gilt. Die im Jahr 2000 neu geschaffene AC Blaye verlangt eine etwas höhere Mindestreife. Es gibt fünf Genossenschaftskellereien, und die folgenden Châteaux sind durchaus bemerkenswert.

Die führenden Châteaux in den Premières Côtes de Blaye

Châteaux Bertinerie und Haut-Bertinerie
Cavignac. Besitzer: Daniel Bantegnies. 60 ha
Sehr gut geführtes Gut, dessen Weine (rot und weiß) unmittelbar ansprechen. Das Etikett »Haut-Bertinerie« steht für die besten Gewächse und kostet entsprechend.

Château les Bertrands ☆
Reignac. Besitzer: Laurent Dubois. 80 ha
Großes kommerzielles Weingut mit rein maschineller Traubenlese. Sauber bereitete, häufig jedoch verwässerte Weine, mit Ausnahme der »Prestige Cuvée Nectar«.

Château Chante Alouette ☆
Plassac. Besitzer: Georges Lorteaud. 25 ha
Robuster Wein, gereift in einer beachtlichen Anzahl neuer Eichenfässer.

Château Charron
St-Martin-Lacaussade. Besitzer: Bernard Germain. 26 ha
Die vielen alten Rebstöcke (rot und weiß) erbringen Weine von beachtlicher Fülle und Stärke. »Cuvée Acacia« ist der beste Weißwein, »Les Gruppes« der eindrucksvollste Rote.

Château du Grand Barrail ☆–☆☆
Cars. Besitzer: Denis Lafon. 33 ha
Seit 1998 produziert Lafon die »Cuvée Révélation« aus den ältesten Reben und lässt sie, vielleicht etwas zu lange, in neuer Eiche reifen.

Château Haut-Sociondo ☆
Cars. Besitzer: Familie Martinaud. 16 ha
Zugänglicher Wein, jung zu trinken.

Château les Jonqueyres ☆☆–☆☆☆
St-Paul. Besitzer: Pascal Montaut. 15 ha
Eines der Spitzenweingüter. Die Weine sind sehr gefragt.

Château le Menaudat ☆
St-Androny. Besitzerin: Mme. Edouard Cruse. 15 ha
Sanfter Wein, am besten jung zu trinken.

In den 1980er-Jahren wurde eine neue Art des Weineinkaufs modern. Statt wie üblich den Wein in der Flasche zu kaufen, war es nun möglich, ihn bereits gut ein halbes Jahr nach der Ernte und noch viele Monate vor der Flaschenabfüllung zu erwerben. Der Vorteil für den Verbraucher lag zumindest theoretisch einerseits im geringeren Preis, andererseits konnte er sich so die eine oder andere Kiste eines seltenen Weins (Pomerol z. B.) sichern, die später schwer oder unmöglich aufzutreiben gewesen wäre. Für Château-Besitzer und Weinhändler lag der Vorteil auf der Hand: bares Geld. Statt zwei oder drei Jahre auf den Verkauf warten zu müssen, konnten sie ihr Geld bereits nach einem halben Jahr auf die Bank tragen.

In manchen Jahren machte sich das bezahlt. Jeder, der den Jahrgang 1995 *en primeur* kaufte, hatte ein Geschäft gemacht. Bei anderen Jahrgängen, so beim 1997er, als die Preise hoch und die Qualität mittelmäßig war, kam es zu Verlusten.

In Bordeaux ist das *En-primeur*-System sehr beliebt. Fast jeder neue Jahrgang wird aufgeregt unter die Lupe genommen. Alle Bewertungen des neuen Weins, ob durch Handel oder Presse, beruhen jedoch zwangsläufig auf Fassproben, ohne dass diese einer näheren Kontrolle unterlägen. Meistens geht es dabei reell zu, obwohl natürlich die Versuchung groß ist, den Verkostern nur das beste Fass mit dem besten Wein unter die Nase zu schieben. Der Weinkauf *en primeur* ist immer riskant – aus mehreren Gründen und nicht zuletzt deshalb, weil der Wein noch im Entwicklungsstadium ist, wenn er bewertet und gekauft wird.

Château Mondésir-Gazin ☆☆
Plassac. Besitzer: Marc Plaquet. 14 ha
Das ernst zu nehmende Weingut eines ernst zu nehmenden Mannes. Hier entstehen konzentrierte Weine und dazu ein guter Côtes de Bourg.

Château Prieuré Malesan ☆
St-Genès. Besitzer: William Pitters International. 53 ha
Geschmeidige, fruchtige Weine.

Château la Rivalerie ☆
St-Paul-de-Blaye. Besitzer: Georges Gillibert. 35 ha
Ein ehemals verlassenes, 1972 wieder zum Leben erwecktes Château. Leichte Weiß- und Rotweine.

Château Roland la Garde ☆☆
St-Seurin. Besitzer: Bruno Martin. 28 ha
Nur die besten Weine werden von Martin auf Flaschen gezogen, nach einer luxuriösen Behandlung in neuen Eichenfässern.

Château Segonzac ☆–☆☆
St-Genès. Besitzer: Jacques Marmet. 30 ha.
www.chateau-segonzac.com
Die in neuen Barriques gereifte Cuvée Prestige ist hier der Spitzenwein.

Château des Tourtes ☆–☆☆
St-Caprais. Besitzer: Familie Raguenot.
47 ha
Die weißen und roten Cuvées prestiges sind volle, geschmeidige Weine für baldigen Trinkgenuss.

Premières Côtes de Bordeaux

Ein langer, schmaler Streifen auf dem Ostufer der Garonne gegenüber Graves genießt das zweifelhafte Prestige dieser Appellation. Das Hinterland heißt Entre-Deux-Mers. Am nördlichen Ende lagen einst in der Römerzeit und im Mittelalter die ursprünglichen Bordeaux-Weinberge – heute stehen hier Häuser. Am südlichen Ende bei Cadillac und nach Sainte-Croix-du-Mont zu wachsen süße Weine, die besten davon mit Sauternes-Standard. Dazwischen ist der Anbau gemischt, 80 % rot und 20 % weiß; die Weißweine werden neuerdings viel trockener und frischer bereitet als früher (Château Reynon ist vielleicht das beste Beispiel). Der rote Premières Côtes ist potenziell sehr viel besser als einfacher Bordeaux Supérieur aus weniger günstigen Lagen, und diese Erkenntnis setzt sich allmählich durch. Mangelnde Initiative ist hier das Problem. Allerdings gibt es Winzer, die sich anstrengen, und es sind bereits ein paar große und bekannte Namen unter den Weingutsbesitzern zu finden, die sich um die Verbesserung dieses Teils von Bordeaux kümmern. So leistet etwa der Weinhändler Peter Sichel Pionierarbeit mit seiner in kalifornischem Stil aufgebauten Kellerei in Verdelais, wo er Trauben verarbeitet, die er in dieser Gegend kauft, und daraus den sehr fruchtigen und ansprechenden, jung zu trinkenden Rotwein »Cave Bel Air« erzeugt. Seltsamerweise ist die Praxis des Traubenankaufs in Bordeaux weitgehend unbekannt beziehungsweise auf die Genossenschaftskellereien beschränkt.

Die führenden Châteaux in den Premières Côtes & in Cadillac

Château Birot ☆☆
Béguey. Besitzer: die Familien Fournier und Castéja. 17 ha
Ernsthafte Weine kommen aus diesem über der Garonne gelegenen Château.

Château Brethous ☆☆
Camblanes. Besitzer: Familie Verdier. 13 ha
Ausgewogene Weine, speziell die Cuvée Prestige.

Château Carsin ☆☆
Rions. Besitzer: Juha Berglund. 55 ha.
www.carsin.com
Sehr gute Weine im modernen Stil. Weingut in finnischem Besitz.

Château Cayla ☆☆–☆☆☆
Rions. Besitzer: Patrick Doche. 30 ha
Exzellenter Cadillac-Wein, in neuer Eiche gereift.

Château de Chelivcttc ☆ ☆☆
Ste-Eulalie. Besitzer: Jean-Louis Boulière. 10 ha
Nur Rotwein. Elegant und mittelschwer.

Château Fayau ☆–☆☆
Cadillac. Besitzer: Jean Médeville. 140 ha
Das Parade-Château der Region. Großes Angebot an Weinen, darunter ein langlebiger Cadillac.

Château Grand Moueys ☆
Capian. Besitzer: Familie Bömer. 80 ha
Viele verschiedene Weine im Angebot. Meist jung zu trinken.

Château Haut-Rian ☆
Rions. Besitzer: Michel Dietrich. 76 ha
Knackige, moderne Weine; auch Cadillac.

Château de Haux ☆☆
Haux. Besitzer: Familie Jorgensen. 28 ha
Sehr guter Rotwein, fest und ausgewogen.

Château du Juge ☆–☆☆
Cadillac. Besitzer: Chantal Dupleich. 30 ha.
www.chateau-du-juge.com
Rote Fruchtigkeit kennzeichnet die Rotweine dieses Weinguts.

Château Lagarosse ☆
Tabanac. Besitzer: Gérard Laurencin. 32 ha
Sanft eichenholzwürzige Rotweine.

Château Lamothe de Haux ☆–☆☆
Haux. Besitzer: Fabrice Néel. 71 ha.
www.chateau-lamothe.com
»Première Cuvée« ist der beste Wein dieses gut geführten Châteaus.

Château Laroche ☆–☆☆
Baurech. Besitzer: Julien Palau. 25 ha.
www.chateaularoche.com
Feste Weine, die eine gewisse Kellerzeit verdienen.

Château Lezongars ☆
Villenave de Rions. Besitzer: SC Château Lezongars. 10 ha.
www.chateau-lezongars.com
Guter Rotwein, wenn auch manchmal etwas zu hart.

Château de Marsan ☆
Lestiac-sur-Garonne. Besitzer: Paul Gonfrier. 30 ha
Ein recht milder Rotwein und ein charmanter *clairet* (dunkler Rosé).

Château du Peyrat ☆
Capian. Besitzer: Familie Lambert. 100 ha
Riesiger Besitz mit einem großen Weinangebot.

Château Plaisance ☆–☆☆
Capian. Besitzer. Patrick Bayle. 25 ha
Seriöse Weine, rot und weiß, einige stark eichenholzwürzig.

Château Puy Bardens ☆–☆☆
Cambes. Besitzer: Yves Lamiable. 17 ha
Interessante Weine, die vom Aroma roter Beeren und Eichenwürze gekennzeichnet sind.

Château Reynon ☆☆
Béguey. Besitzer: Denis und Florence Dubourdieu. 35 ha
Tadellose leichte Rotweine und sehr gute Weißweine, speziell die »Cuvée Vieilles Vignes« und der Cadillac.

Château Suau ☆☆
Capian. Besitzerin: Monique Bonnet. 60 ha
Frische Rotweine. Die Cuvée Prestige ist gewichtiger.

Château Tanesse ☆
Langoiran. Besitzer: Domaines Cordier. 40 ha
Leichte Rotweine für baldigen Trinkgenuss.

Entre-Deux-Mers

Die beiden »Meere«, die hier in Rede stehen, sind die Flüsse Dordogne und Garonne. Ihre aufeinander zustrebenden Flussläufe bilden mehr oder weniger die Grenzen dieser großen keilförmigen Region, des diffusesten und gebietsmäßig größten Teils von Bordeaux mit einer Gesamtrebfläche von 23 000 ha. Die Appellation Entre-Deux-Mers ist heute allein den trockenen Weißwein vorbehalten, weshalb die Erzeuger nur ihre besten Weißen als Entre-Deux-Mers deklarieren, während sie die anderen unter der Bordeaux- oder Bordeaux-Supérieur-Appellation führen, die sie sich jedoch mit der gesamten Region Bordeaux teilen müssen. Drei Viertel der Produktion ist Rotwein. Auch dieser wird als Bordeaux oder Bordeaux Supérieur auf den Markt gebracht.

Der Süden der Region besteht zu ungefähr gleichen Anteilen abwechselnd aus Wald, Weideland und Weinbergen. Der Norden ist nahezu eine Monokultur in Reben. Die größte Genossenschaftskellerei in Rauzan erzeugt 1,4 Mio. Kisten Wein im Jahr. Die Genossenschaften verarbeiten ein Drittel der Produktion an trockenem Bordeaux-Weißwein.

Der Entre-Deux-Mers ist unter den Bordeaux-Weinen der einzige, der nach modernen Marketinggesichtspunkten mit Erfolg ganz neu gestaltet wurde, nachdem die Region auf billigem süßem Wein, den niemand mehr haben wollte, sitzen geblieben war. Ein paar helle Köpfe erdachten Slogans wie »Entre deux huitres, Entre-Deux-Mers« (zwischen zwei Austern ein Entre-Deux-Mers), und schon tat sich eine rosige Zukunft für einen trockenen Weißwein auf: den Muscadet des Südwestens.

Ein Entre-Deux-Mers, der in Kalifornien eine Medaille gewinnen könnte, ist mir jedoch noch nicht untergekommen, aber die Welt braucht auch Massenware. Und so findet man hier Weine von frischer, anregender Art bis hin zu richtigen Langweilern – aber das weiß man meistens erst, wenn die Flasche offen ist. Aus einer guten Genossenschaftskellerei können ebenso gut saubere, erfrischende Weine kommen wie aus einem Weingut mit einem langen Namen. Eine Hand voll Privaterzeuger wie Francis Courselle von Château Thieuley und Jean-Louis Despagne von Château Tour Mirambeau (siehe jeweils dort) setzen hier Maßstäbe, denen andere nacheifern. Ein beständig guter Genossenschaftswein ist der »La Gamage«, und Ähnliches gilt für Markenweine wie »Dourthe N° 1«.

Kaum hatten die Winzer, das Ohr am Puls der Zeit, ihre Weinberge mit Weißweinreben neu bepflanzt, trat das so genannte French Paradox auf den Plan, und der Trend änderte sich weltweit wieder hin zum Rotwein. So ist die absurde Situation zu erklären, dass Bordeaux einige der weltbesten und teuersten Rotweine erzeugt, aber gleichzeitig auch einige der billigsten Weißweine.

Innerhalb der Appellation Entre-Deux-Mers darf ein Bereich, der auf die südlichen Gemarkungen mit theoretisch besserem Wein beschränkt ist, den Beinamen »Haut-Benauge« zusätzlich zu »Entre-Deux-Mers« oder auch »Bordeaux« führen. Auf den Etiketten findet man ihn aber höchst selten.

Die führenden Châteaux in Entre-Deux-Mers

(und einige Weingüter, die die AC Bordeaux verwenden)

Château Bauduc ☆–☆☆
Créon. Besitzer: Gavin Quinney. 30 ha. www.bauduc.com
Charmante, blumige Weißweine.

Château Bel-Air Perponcher

Naujan et Postiac. Besitzer: J.-L. Despagne. 30 ha.
www.vignobles-despagne.com
Exzellente Weißweine mit für die Region ungewöhnlicher Komplexität. Die rote »Grande Cuvée« ist intensiv duftig.

Château Bonnet

Grézillac. Besitzer: André Lurton. 225 ha
André Lurton zeigt seit Jahren, wie man aus den Trauben von Entre-Deux-Mers einfache, aber schmackhafte Weiß- und Rotweine macht. Im Jahr 2000 brachte er eine besondere Cuvée heraus mit Namen »Divinus«.

Château de Camarsac ☆–☆☆

Camarsac. Besitzerin: Bérénice Lurton. 50 ha
Delikate Weine aus den Weinbergen einer mittelalterlichen Festung.

Clos Chaumont ☆☆–☆☆☆

Haux. Besitzer: Pieter Verbeek
Kleines Weingut, von einem holländischen Weinhändler erworben und neu angepflanzt. Ambitionierte Rot- und Weißweine, die in viel neuer Eiche ausgebaut werden.

Château Ducla ☆–☆☆

Gironde-sur-Dropt. Besitzer: Yvon Mau.
www.chateau-ducla.com
Tadellose, wenn auch nicht unbedingt begeisterungswürdige Weine, gewissenhaft bereitet vom bekannten Weinhändler.

Château Fonchereau

Montussan. Besitzerin: Mme. Georges Vinot-Postry. 25 ha.
www.foncherau.com
Guter, von Merlot dominierter Rotwein.

Château Grand Monteil ☆

Sallebœuf. Besitzer: Jean Téchenet. 130 ha
Großes Weingut, einst in Besitz von Gustave Eiffel. Attraktive Rote.

Château Guibon ☆

Daignac. Besitzer: André Lurton. 30 ha
Ein weiteres Weingut im Lurton-Besitz, mit Rot- und Weißweinen.

Château Launay ☆–☆☆

Soussac. Besitzer: François Greffier. 61 ha
Hauptsächlich Weißwein, frisch und gut bereitet.

Château Marjosse

Tizac de Curton. Besitzer: Pierre Lurton. 6 ha
Wenn er nicht gerade in Château Cheval Blanc (siehe dort) seinen sagenhaften Wein bereitet, erholt sich Pierre Lurton hier auf seinem eigenen Besitz – mit frischem Weißwein.

Château Queyret-Pouillac ☆

Ste-Antoine-de-Queyret. Besitzer: M. Charland. 65 ha.
www.queyret-pouillac.com
1783 gegründet. Rotwein, Weißwein und *clairet* (ein dunkler Rosé).

Château Rauzan-Despagne ☆☆–☆☆☆

Naujan-et-Postiac. Besitzer: J.-L. Despagne. 64 ha.
www.vignobles-despagne.com
Hier entstehen einige bemerkenswerte Rotweine, besonders die »Cuvée Passion« mit langer Lebensdauer, und ein schmackhafter Sauvignon blanc.

Château Sainte-Marie

Targon. Besitzer: Gilles Dupuch. 40 ha
Zwei feine Weißweine: einer in Eiche ausgebaut, der andere nicht. Dazu ein geschmeidiger roter Bordeaux.

Château Thieuley ☆☆–☆☆☆

La Sauve. Besitzer: Francis Courselle. 80 ha
Der herausragende Erzeuger der Gegend. Bester Wein ist die »Cuvée Francis Courselle«, vergoren und gereift in neuen Barriques.

Château Tour de Mirambeau

Naujan-et-Postiac. Besitzer: J.-L. Despagne. 109 ha.
www.vignobles-despagne.com
Riesiges Angebot sehr beständiger Rot- und Weißweine.

Domaine de Courteillac

Ruch. Besitzer: Dominique Méneret. 27 ha
Seit 1998 in neuem Besitz. Bekannt für geschmeidige Rotweine und einen eichenwürzigen Weißwein mit Namen »Cuvée Antholien«.

Vignobles Ducourt ☆–☆☆

Ladaux. Besitzer: Familie Ducourt.
250 ha
Bedeutendes Handelshaus mit einem Ausstoß von 2 Mio. Flaschen. Man verwendet die Etiketten verschiedener Weingüter, darunter Château de Beauregard.

Ste-Croix-du-Mont & Loupiac

Das südliche Ende der Premières Côtes de Bordeaux liegt auf der anderen Garonne-Seite, Barsac und Sauternes gegenüber. Von Cadillac südwärts ist süßer Weißwein die Landesspezialität, und je näher man Sauternes kommt, desto mehr *liquoreux* wird er.

Ste-Croix-du-Mont schaut vom höheren Flussufer herüber auf Sauternes, und oft herrscht hier dieselbe herbstliche Witterung, die der Edelfäule so förderlich ist. Der Boden gibt hier nicht ganz so viel her, und es mangelt auch an Stolz auf die Tradition, vor allem aber kann man sich den enormen Aufwand an Arbeitskräften nicht leisten, der für großartige Weine nun mal erforderlich ist. Trotzdem werden erstaunlich viele Tropfen hervorgebracht, die oft besser (und viel billiger) sind als ein mittelmäßiger Sauternes.

Zu meiner Überraschung setzte mir einmal ein für seine Beerenauslesen berühmter Winzer in der Pfalz einen Ste-Croix-du Mont vor und war überzeugt davon, dass er sich mit seinen eigenen Weinen recht gut vergleichen ließe (ich gebe zu, dass sein Riesling mehr nach meinem Geschmack war).

Für einen Sauternes und die Weine vom rechten Ufer sind die gleichen Traubensorten und der gleiche Alkoholgehalt vorgeschrieben, nur darf ein Winzer hier 40 hl/ha ernten, gegenüber 25 hl/ha in Sauternes. Freilich bedeutet das nicht, dass ein auf Qualität bedachter Weinerzeuger diese Quote auch voll ausschöpfen muss. Trockene Weißweine von potenziell feiner Qualität und kleine Mengen eines leichten Rotweins, der als Bordeaux verkauft wird, ergänzen die Erzeugung. Die Anbaufläche von 429 ha teilen sich rund 100 Besitzer.

Loupiac hat keine so gute Lage, und die Weine, die hier auf 400 ha erzeugt werden, sind nicht ganz so *liquoreux*. Etwa 70 Weingüter produzieren in Loupiac, aber nur 50 füllen selbst ab. Auch trockene Weiß- und Rotweine werden erzeugt.

Die führenden Châteaux in Ste-Croix-du-Mont

Château Crabitan-Bellevue
Besitzer: Bernard Solane. 22 ha
Üppige, orangenfruchtige Weine und in Spitzenjahrgängen eine exzellente, in Barriques gereifte »Cuvée Spéciale«.

Château la Grave
Besitzer: Jean-Marie Trinon. 15 ha
Weine mit und ohne Eichenholzwürze. Der »Grand Peyrot« stammt von anderen Böden.

Château Loubens ☆☆–☆☆☆
Besitzer: Arnaud de Sèze. 21 ha
Sehr reichhaltige, manchmal ziemlich alkoholstarke Weine, die kein Eichenholz zu sehen bekommen.

Château Lousteau-Vieil ☆
Besitzer: Familie Sessacq. 17 ha
Alteingesessenes Weingut. Den Weinen fehlt echte Konzentration.

Château des Mailles ☆–☆☆
Besitzer: Daniel Larrieu. 14 ha
Viele alte Reben gehen in diesen üppigen Wein ein. In Spitzenjahrgängen entsteht eine eichenwürzige Cuvée.

Château du Pavillon ☆☆
Besitzer: Alain Fertal. 4 ha
Ein ehrgeiziges Gut, das nach 100 % edelfaulen Weinen strebt, wann immer dies möglich ist.

Château la Rame ☆☆–☆☆☆
Besitzer: Yves Armand.
40 ha (20 davon in Ste-Croix)
Der Spitzenerzeuger hier. Die honig- und eichenholzwürzigen »Réserve« könnte man leicht mit einem feinen Barsac verwechseln.

Die führenden Châteaux in Loupiac

Clos Jean ☆
Besitzer: Lionel Bord. 17 ha
Bekanntes Weingut, das kommerzielle Weine mit ein wenig Edelfäule-Charakter erzeugt.

Château du Cros
Besitzer: Michel Boyer. 43 ha. www.chateauducros.com
Ein begeisterter Erzeuger guten Loupiacs, teilweise fassgereift.

Château Grand Peyruchet ☆–☆☆
Besitzer: Bernard Queyrens. 8 ha
Die Hälfte des Weins reift in Barriques. Er hat eine frische Aprikosennote.

Château Loupiac-Gaudet ☆☆
Besitzer: Marc Ducau. 26 ha
Guter, ehrlicher Wein. Er dürfte demnächst an Komplexität zulegen, da hier 1998 die Fassreifung eingeführt wurde.

Domaine de Noble ☆–☆☆☆
Besitzer: Patrick Dejean. 15 ha
Der führende Erzeuger in dieser Gegend. Weine mit und ohne Eichenwürze, konzentriert und mit schwungvoller Säure.

Château de Ricaud ☆
Besitzer: Alain Thienot.
70 ha (14 davon in Loupiac)
Weine von mittlerem Körper aus einem Gut, das einem führenden Champagnererzeuger gehört.

Château les Roques ☆☆
Besitzer: Alain Fertal. 3,5 ha
Dem Besitzer gehört auch Château du Pavillon in Ste-Croix (siehe dort).

Graves de Vayres & Ste-Foy-Bordeaux

In einem geschlossenen Rebflächenblock haben zwei kleinere Zonen eigene Appellationen, die mit echt gallischer Präzision definiert sind: die eine aufgrund des Bodens und des Potenzials für Außergewöhnliches, die andere wahrscheinlich aus politischen Gründen.

Graves de Vayres (360 ha), Libourne gegenüber auf der anderen Flussseite gelegen, hat mehr Kies im Boden als die Umgebung. Leider verleitet der Name zu Vergleichen mit Graves, denen Graves de Vayres aber nicht standhalten kann. Die Weißweine geraten manchmal etwas süßer als Entre-Deux-Mers, und die rasch reifenden Rotweine werden von besonders wohlmeinenden Zeitgenossen dann und wann mit einfachen Pomerols verglichen.

Die andere Appellation, Ste-Foy-Bordeaux (358 ha), ist eigentlich ein natürlicher Bestandteil der Region Bergerac, den man künstlich an Bordeaux geheftet hat. Die Weine dort sind nicht merklich anders als die von Bergerac – Gleiches gilt für die Geschichte. Jahrhundertelang kamen die Holländer wegen zweier sehr gefragter Handelswaren hierher: Süßwein und Destillierwein.

Côtes de Bordeaux St-Macaire

Zehn hinter Ste-Croix-du-Mont gelegene Dörfer erfreuen sich dieser Appellation für lieblichen Wein, von dem ein paar Flaschen sogar bis nach Belgien gelangen. Der als Bordeaux oder Bordeaux Supérieur verkaufte Rotwein hat weit mehr Bedeutung.

Cérons

Die Appellation Cérons gilt für die drei Graves-Dörfer (Podensac und Illats sind die beiden anderen), die im Norden an Barsac angrenzen, wo süße Weine sozusagen naturgegeben sind. Die Weine werden nach dem natürlichen Alkoholgehalt klassifiziert, und zwar entweder als Graves oder als Graves Supérieur (mit 11 oder 12 % Alkohol und trocken) oder, wenn sie ein halbes Prozent mehr haben, als Cérons, der zu *moelleux* tendiert, jenem Zwischenstadium zwischen süß und noch nicht *liquoreux*. Manchmal wird er tatsächlich *liquoreux,* doch das hängt vom Herbst und von der Bereitungsmethode ab, die sich früher auf das Schwefeln stützte und viel zu wünschen übrig ließ. Mit modernen Methoden können hier sauberere und zufriedenstellendere Ergebnisse erzielt werden, wie der immer besser werdende Ruf einiger Weingüter beweist.

Die Produktion von Cérons ist zurückgegangen, da es den Winzern freigestellt ist, aus denselben Weinbergen auch trockenen Weißwein (Graves) zu erzeugen, mit höheren Erträgen und ohne die risikobehaftete Süßweinproduktion. Nur noch 20 Erzeuger füllen Cérons ab – die am Markt erzielten Preise sind bescheiden, und fast die ganze Produktion bleibt in Frankreich.

Die führenden Châteaux in Cérons

Château de Cérons ☆☆–☆☆☆
Cérons. Besitzer: Jean Perromat.
10 ha
Jean Perromat ist ein großer Fürsprecher dieser Appellation und erzeugt einige ihrer besten Weine, mit deutlichem aprikosen- oder zitronenfruchtigem Charakter. Kellerlagerung bekommt ihnen ähnlich gut wie guten Sauternes-Weinen.

Château de Chantegrive ☆☆
Podensac (siehe Graves)
Wird nicht in jedem Jahr erzeugt. Weine mit Finesse und Konzentration.

Château Huradin ☆–☆☆
Cérons. Besitzer: Daniel Lafosse
Würzige, lebendige Weine, manchmal mit Botrytis-Charakter.

Clos Bourgelat ☆
Cérons. Besitzer: Dominique Lafosse
Einfache, frische, lebendige Weine.

Grand Enclos du Château de Cérons ☆☆–☆☆☆
Cérons. Besitzer: Olivier Lataste
Feine Qualität, wird aber nicht jedes Jahr produziert.

Bordeaux & Bordeaux Supérieur

Diese beiden grundlegenden Appellationen, auf denen die spezifischeren und größeren Namen von Bordeaux aufbauen, stehen jedermann zur Verfügung, der die zugelassenen Traubensorten verarbeitet, dabei einen bestimmten Alkoholgehalt erzielt und den Ernteertrag auf eine satzungsgemäße Höchstmenge, die jedes Jahr neu bestimmt wird, beschränkt.

Die allgemeinen Definitionen für Rotweine lauten: Bordeaux muss nach der Vergärung mindestens 10 % Alkohol haben, die maximale Ertragsmenge darf 55 hl/ha nicht überschreiten. Bordeaux Supérieur verlangt mindestens 10,5 % Alkohol bei einem maximalen Ertrag von 40 hl/ha – er ist deshalb konzentrierter und schmackhafter.

Für Weißweine gelten folgende Eckdaten: Bordeaux muss 10,5 % Alkohol bei 65 hl/ha aufweisen. Für Bordeaux Supérieur sind 11,5 % bei 40 hl/ha vorgeschrieben.

In der Praxis werden diese Ertragsmengen durch die so genannte PLC-Regelung *(plafond limite de classement)* jedoch deutlich überschritten.

Cubzac

Zu den Distrikten, die nur die einfache Appellation führen, weil sie keine andere haben, gehören St-André-de-Cubzac und das nahe gelegene Cubzac-Les-Ponts sowie Guitres und Coutras. Cubzac liegt dort, wo die große, von Eiffel (dem Turmbauer) erbaute Eisenbrücke auf dem Weg von Bordeaux nach Paris die Dordogne überspannt, zwischen den Hügeln von Fronsac und Bourg auf flachem Land. Trotzdem entsteht dort anerkennenswerter Wein.

Guitres & Coutras

Guitres und Coutras liegen schon ziemlich im Randbereich nördlich von Cubzac, wo der Weinbau bereits größtenteils von der Region Cognac bestimmt wird. Eines der Weingüter dort arbeitet mit einem typischen Pomerol-Mischsatz von 75 % Merlot, der auf Lehmboden kultiviert wird, und erzielt damit viel versprechende Ergebnisse.

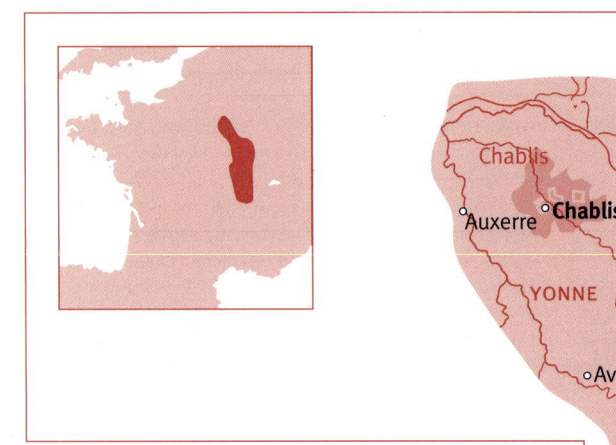

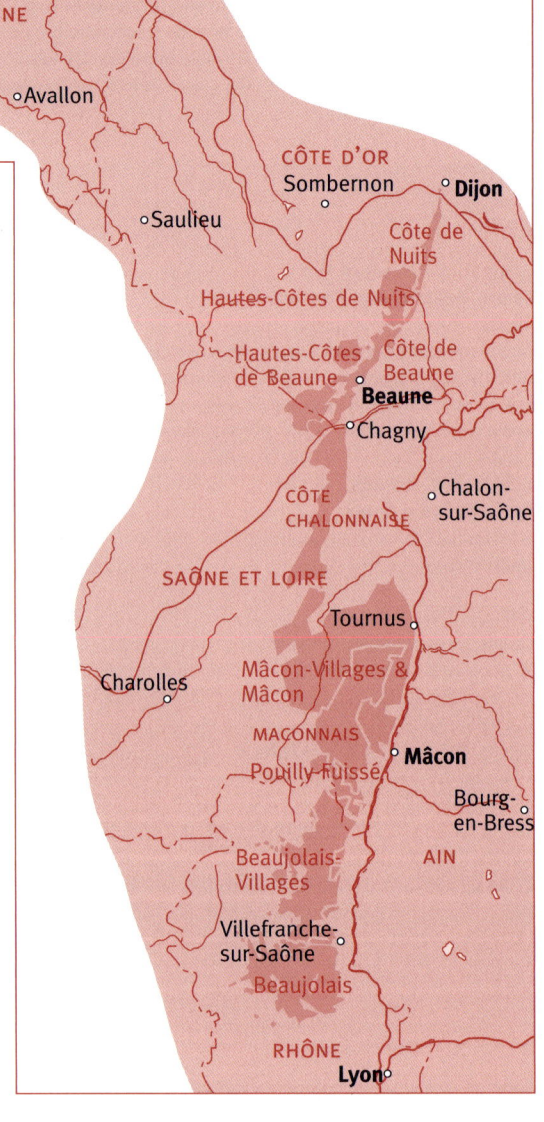

Burgund

Was den Wein anbetrifft, ist Burgund das großartigste Schaufenster Frankreichs, vielleicht sogar ganz Europas. Die Mächtigen, die Einflussreichen, die Unternehmungslustigen und die Neugierigen aus zwei Jahrtausenden zogen die große Straße Frankreichs entlang in den Süden, zum Teil aus den Niederlanden kommend, vom Rhein, von Paris, zuerst nach Lyon und dann weiter nach Italien, und jeder, ob Fürst, Kaufmann, Soldat oder Scholar, sah die Côte d'Or, machte Rast in Beaune oder Dijon, kostete den sagenhaften Wein von den schmalen, mit Gestrüpp bewachsenen Hängen und hörte lange Geschichten über ihn.

Wohl kann man spekulieren, ob auf der Welt noch ein zweiter Berghang existiert, der dem Wein geben kann, was die Côte d'Or ihm gibt – nur eine Antwort wird man schwerlich finden. Und was gibt die Côte d'Or dem Wein? Ein paar Fetzen Land und ein launisches Wetter, und damit gelangen zwei Traubensorten zu einer Vollkommenheit, wie man sie anderswo nirgends findet. In manchen Lagen und in gewissen Jahren erreichen Pinot noir und Chardonnay ein Aroma, das von keinem Wohlgeschmack auf Erden übertroffen wird.

So eng umgrenzt sind die Lagen und so schwierig die Bedingungen für dieses hohe Ziel, dass jede Wahrscheinlichkeit nur dagegen spricht. Ein sicherer Broterwerb ist das nicht. Daher hat sich Burgund ein System ausgeklügelt, das für Missernten, Fehlentscheidungen und Zufälligkeiten aller Art Vorsorge trifft. Diese Ordnung ist ein zerbrechliches Konstrukt, und kaum einer ist sich der Tatsache bewusst, dass sie dem burgundischen Weinbau immer nur gerade eine Nasenlänge Vorsprung vor dem ihm hinterherhetzenden Markt garantiert.

Das Weinland Burgund unterteilt sich in fünf klar voneinander getrennte Bereiche. Alles was man über die Côte d'Or sagen kann, gilt fast gleichermaßen für Chablis, den nördlichen Vorposten, aber viel weniger für die Gegend von Mercurey und die Regionen Mâcon und Beaujolais im Süden. Die Kapitel über diese Bereiche bringen eine Zusammenfassung der dort herrschenden Voraussetzungen und Verhältnisse.

Auf das Rätsel Burgund eine klare, eindeutige Antwort zu finden ist einfach nicht möglich. Deshalb werden hier die wesentlichen Informationen in Form geographischer Zusammenstellungen der Weinberge, ihrer Appellationen und ihres amtlich festgelegten Ranges sowie alphabetischer Zusammenstellungen der Weinbauern und Weinhändler gegeben, aus denen ersichtlich wird, wem was gehört und welcher Ruf ihm vorausgeht.

Die Klassifizierung in Burgund

Während in Bordeaux die Qualitätseinstufung oft willkürlich und auf lokaler Grundlage erfolgt, verfügt Burgund über ein zentrales System, das jeden einzelnen Weinberg an der Côte d'Or und in Chablis (allerdings nicht im Beaujolais und im Mâconnais) genau nach seiner Appellation erfasst. An der Spitze stehen über 40 Grands crus mit jeweils eigener Appellation. Außer in Chablis tragen sie dabei nicht den Namen ihrer jeweiligen Gemeinde. In stolzer Einfachheit heißen sie eben nur Le Corton, Le Musigny, Le Montrachet. Im 19. Jahrhundert setzten die Orte, die glückliche Besitzer solchen Landes waren, den Namen des Grand cru zum Ortsnamen hinzu: So wurde Aloxe zu Aloxe-Corton und Chambolle zu Chambolle-Musigny; Puligny und Chassagne bekamen beide Montrachet an ihren Ortsnamen angehängt. Daraus ergibt sich die ungewöhnliche Tatsache: je kürzer der Name, desto besser der Wein.

In Klammern muss hinzugefügt werden, dass die Entscheidung darüber, welche Lagen Grands crus sein dürfen, schon weit zurückliegt und manchmal nicht ganz nachzuvollziehen ist. Sie beruhte auf langjähriger Beobachtung der Qualität, auf der Eignung des Bodens und auch auf der Tatsache, dass diese Lagen im Frühjahr vom Frost, im Sommer vom Hagel und im Herbst von Fäulnis weniger betroffen sind als andere. Ein Weinberg kann aber auch gut oder schlecht geführt sein, und deshalb findet sich in der »zweiten Liga«, in der Klasse der Premiers crus nämlich, so mancher Kandidat, der einem Grand cru durchaus ebenbürtig ist – und manchmal sogar überlegen. Der Rang eines Premier cru wird nach genauer Prüfung 562 der besten nicht zu den Grands crus gehörenden Weinbergen der besten Weinorte zuerkannt. Über viele Jahre wurden so oft winzige Parzellen in einem Prüfungsverfahren herausgelesen; eine Aktion, die erst 1984 zum Abschluss kam. Dabei ergab sich zum Beispiel, dass in der Lage (hier *climat* genannt) Les Petits Epenots in Pommard die Parzellen 2–8 und 13–19 als Premiers crus einzustufen sind, während die Parzellen 9–12 nicht dazugehören. Ich erwähne das nicht etwa, um die Verwirrung noch zu vergrößern, sondern um zu veranschaulichen, wie ernsthaft die Sache vonseiten der Behörden betrieben wird.

Die größten und besten Premiers crus haben ihren eigenen Ruf, insbesondere an der Côte de Beaune, wo Le Corton der einzige (rote) Grand cru ist. Von Weinbergen wie Volnay Caillerets und Pommard Rugiens darf man bei guten Voraussetzungen sagenhaft gute Weine erwarten, und dann setzt der Erzeuger den Lagennamen selbstverständlich mit Stolz auf das Etikett. Nach dem Gesetz darf er dort in gleich großen Buchstaben erscheinen wie der Ortsname. Es gibt aber auch kleinere Premiers crus, die nicht über genügend Mittel verfügen, um ein großes Renommee aufzubauen. Deren Wein wird dann oft nur als Volnay Premier cru angeboten, um ein Beispiel zu nennen. Häufig ist der Anteil eines Erzeugers an bestimmten Lagen auch so klein, dass er Trauben von verschiedenen Grundstücken zusammentragen muss, allein um den Gärbehälter zu füllen. Solcher Wein muss sich dann mit einem einfachen Namen zufrieden geben.

Die Grands crus und die Premiers crus bilden zusammen einen fast ununterbrochenen Streifen von Weinbergen, die den größten Teil der Hänge am Ostrand der Côte d'Or bedecken und dadurch der Morgensonne zugewandt sind. Die Weinorte mit den bekanntesten Namen – Gevrey-Chambertin, Aloxe-Corton, Pommard – liegen am Fuß dieser Hänge. Zu ihren Gemarkungen gehören sowohl die besten (oberen) als auch einige nicht ganz so gute oder auch deutlich geringerwertige Lagen in der Ebene oder in Hangwinkeln, die nach der »falschen« Seite gelegen sind. Auch diese Lagen sind klassifiziert. Die besten von ihnen, die aber nicht ganz an die Premiers crus herankommen, dürfen den Ortsnamen und den Lagennamen führen. In der Praxis erscheinen unterhalb des Premier-cru-Ranges aber nicht viele Lagennamen auf den Etiketten; auch darf der Lagenname nur halb so groß gesetzt

sein wie der Ortsname. Die Appellation contrôlée bezieht sich hierbei nur auf den Ortsnamen, nicht auf die Lage. In den folgenden Angaben über die einzelnen Weingüter verwende ich hierfür die Bezeichnung »Village«-Weine.

Für Land von noch geringerem Wert darf nicht einmal mehr der Ortsname benützt werden. Es fällt unter die so genannten Appellations régionales, und der Wein darf bestenfalls als Bourgogne (wenn er aus den klassischen roten oder weißen Trauben der Region gewonnen wird) oder als Bourgogne Passetoutgrain, Bourgogne Aligoté oder Bourgogne Grand Ordinaire bezeichnet werden. Näheres hierüber auf Seite 104.

Trauben & Wein

Ein Burgunder ist leichter zu verkosten, aber schwerer zu ergründen und zu beurteilen als ein Bordeaux. Die Pinot-noir-Rebe, die alle guten Rotweine der Côte d'Or liefert, hat einen einzigartigen, einprägsamen Duft und Geschmack, der manchmal Vergleiche mit Pfefferminze nahe legt, manchmal die Aromen von Himbeeren und Veilchen, das Wurzelige der Roten Bete und die Wärme des Alkohols in sich trägt – sicher ist nur, dass ich keine ausreichenden Worte dafür finden kann.

Einzigartig ist auch, wie Pinot noir – mehr als jede andere Traube – von einer Lage zur anderen und von einem Jahrgang zum anderen große Geschmacksunterschiede aufweisen kann. In Jahren, in denen er nicht ausreift, riecht er billig, dünn und wässrig (deutsche Rotweine fallen oft ähnlich aus). Im anderen Extrem kann er bis zu einem rosinenartigen Charakter umschlagen (eine geschmackliche Disharmonie, die vielen kalifornischen Pinot-noir-Weinen eigen ist).

Ein idealer junger roter Burgunder hat reifen Traubenduft ohne solche Mängel, leicht, aber merklich durchsetzt mit einem Duft von Eichenholz. Der Geschmack ist dem Duft sehr ähnlich, kräftig herb, aber nicht mit dem pelzigen, undurchdringlichen Gerbstoffgeschmack eines großen jungen Bordeaux. Guter Burgunder schmeckt immer gut – vom ersten Tag an.

Bei der Fasslagerung soll der Wein nicht einfach nur Eichenholzaroma annehmen, sondern seine Tannine ausbilden, eine leichte Oxidation in Gang setzen und eine natürliche Stabilisierung erreichen. In der Flasche reift der Burgunder dann zu samtigem Körper und jener komplexen Vielfalt von Geschmacks- und Duftstoffen heran, die wohl aus der Traube stammen und dennoch kaum an sie erinnern. Ein feiner alter roter Burgunder erlangt dann ein intensives prachtvolles Rot mit orangem Schimmer (die Textilfarbe »Burgunderrot« entspricht dem jungen Wein). Er schmeichelt Zunge und Gaumen mit samtiger Zartheit und büßt trotz Milde nichts an Kraft ein. Er duftet und schmeckt nach traumhaften Augenblicken im Frühling oder Herbst, nach uralten Erinnerungen, die man längst vergessen glaubte.

Seltsam genug: Weißer Burgunder kann ganz ähnlich sein wie roter – nicht wirklich in Duft oder Geschmack, aber im Körper und in seiner »Frucht« und auch in der Art und Weise, wie er sich entwickelt.

Neuer Wein aus der Chardonnay-Traube ist nicht ausgesprochen duftig; er ist dann nur lebhaft und erinnert bestenfalls an frische Äpfel. Die traditionelle burgundische Methode der Vergärung in kleinen Fässern verleiht ihm unmittelbar einen Eichenholzduft, doch ein erfahrener Kellermeister sorgt dafür, dass er nicht überhand nimmt und sich harmonisch integriert. Danach hängt die Entwicklung in Fass und Flasche weitgehend davon ab, aus welcher Gegend der Wein kommt und welches Verhältnis zwischen Säure und Alkohol der Jahrgang mitbringt.

Ideal ausgewogene Jahrgänge wie der 1990er, 95er oder 99er behalten eine Spannung zwischen der in der Reife zunehmenden Geschmacksfülle und einer gewissen Stahligkeit über Jahre hinweg. Scharfe, schlecht ausgereifte Jahrgänge wie der 87er neigen sich allzu sehr auf die stahlige Seite – und es handelt sich beileibe nicht um Federstahl. Ein sehr reifer Jahrgang wie der 76er oder 92er wiederum bringt Weine hervor, die zu »dick« sind und denen es an »Biss« fehlt. Alles in allem ist aber die Erfolgsbilanz des weißen Burgunders über die Jahrgänge hinweg viel besser als die des roten.

So entsteht der rote Burgunder

Roter Burgunder wird üblicherweise in einem oben offenen runden Bottich, *cuve* genannt, bereitet, der zu etwa zwei Dritteln mit in einer Kelter zerkleinerten Trauben gefüllt wird. In

Biodynamischer Weinbau

Nicolas Joly, ein Erzeuger von der Loire, hatte als Erster die Idee, die Erkenntnisse des Anthroposophie-Begründers Rudolf Steiner auf den Traubenanbau anzuwenden. Die Theorie der Biodynamik ist schwer zu erklären, schon wegen ihrer Tendenz zum Mystischen. Sie rät – nicht nur im Weinbau – zu einer biologisch-organischen Bewirtschaftung, der dann weitere Maßnahmen folgen müssen. So führt sie u. a. aus, dass kosmische, speziell lunare Kräfte in hohem Maß die pflanzliche Entwicklung auf der Erde beeinflussen. Solche Ideen sind weder überspannt noch neu: Das Abstechen der Weinfässer und das Abfüllen in Flaschen richtet sich traditionell seit langem nach der Stellung des Mondes, der, nach gängiger Winzermeinung, den Trübungsgrad des Weins beeinflusst.

Weiterhin empfiehlt die Biodynamik, nein, sie verlangt sogar, dass die Weinberge gepflügt werden, dass Kompost von genau geregelter Zusammensetzung verwendet wird und dass der Boden mit Mineralien und anderen Materialien in homöopathischen Dosen zu behandeln ist, weshalb man beispielsweise mit Dung gefüllte Kuhhörner für eine gewisse Zeit im Weinberg vergräbt. Solche Präparate werden in Lösungen und nach rituellen Regeln verrührt (»dynamisiert«), bevor sie wiederum zu genau festgelegten Zeiten an bestimmten Tagen (oder Nächten) des Monats im Weinberg versprüht werden. Diesem Teil der Biodynamik haftet fraglos ein gewisser Hokuspokus-Charakter an (auf entlegenen Weingütern soll sogar Hexenwerk zum Einsatz kommen), weshalb er vielen diesseitig orientierten Winzern ein doch zu harter Brocken ist, um ihn einfach so zu schlucken. Trotzdem haben sich gerade einige der berühmtesten (und nüchtern denkenden) burgundischen Weinerzeuger mit Leidenschaft dieser Methode verschrieben – darunter Leflaive, Leroy und Lafon. Mancher von ihnen gibt gerne zu, eigentlich nicht zu verstehen, wie das Ganze funktioniert, doch ihre Weinberge seien nun gesünder. Mikroorganismen und Nährstoffträger beginnen sich zu vermehren, und – so wiederum die Biodynamiker – weil der Boden kerngesund ist, ist auch die Frucht gesünder und geschmacksintensiver, die aus ihm hervorgeht. In manchen Jahren scheinen biodynamisch betriebene Weinberge anfälliger für Krankheiten zu sein, besonders für Mehltau, in anderen sind sie widerstandsfähiger als ihre konventionell bewirtschafteten Nachbarn. Ein letztes Urteil steht noch aus, doch immer mehr Winzer lassen sich von der Biodynamik »bekehren«, und das nicht nur in Burgund, sondern in ganz Frankreich.

der Kelter (*égrappoir-fouloir*) werden die Stiele ganz oder zum Teil entfernt. Jeder Winzer hat hier seine eigenen Vorstellungen darüber, wie viele Stiele in der Maische belassen werden. Das kommt ganz auf den Reifezustand der Trauben (und der Stiele), auf die Farbe und die Konzentration des Leseguts und darauf an, ob ein tanninreicher *vin de garde* oder ein milderer, schneller reifender Wein gewonnen werden soll. Sehr konservative Winzer lassen die Stiele noch heute ganz bei den Trauben. Als Grund wird angegeben, dass dadurch das Pressen erleichtert wird – und ein Gegenargument lautet, dass dadurch die Farbe des Weins verdirbt und zu viel bitterer Gerbstoff in den Wein gebracht wird. Heute wird die so genannte Kaltmaischung häufig eingesetzt, bei der die Schalen im Most verbleiben, um ihnen Farbe und Aromen zu entziehen, die Temperatur aber so niedrig gehalten wird, dass keine Gärung stattfindet.

Um die breiige Maische zum Gären zu bringen, ist es manchmal nötig, eine gewisse Menge in kräftiger Gärung befindlichen Weins aus einem anderen Bottich, also aktive Hefen, hinzuzufügen. Man nennt dies den *pied de cuve*. Bei kühlem Wetter muss darüber hinaus der Hut aufgebrochen und gleichmäßig im Gärbehälter verteilt werden. Früher brachte man die Gärung dadurch in Gang, dass alle (männlichen) Arbeitskräfte nackt in den Bottich sprangen, um die Hefe durch ihre Körperwärme zu aktivieren. In einem 1862 von Agoston Haraszthy an die Regierung von Kalifornien gelieferten Bericht heißt es: »An der Côte d'Or genügen im Allgemeinen fünf Tage, um den Wein zur Gärung zu bringen. Nur bei kühlem Wetter schickt der Aufseher seine Männer etwas öfter im Adamskostüm hinein, um die nötige Wärme zuzuführen.« Und er setzt hinzu: »Dies ist in meinen Augen eine recht unreine Prozedur, die man dadurch umgehen könnte, dass man erwärmte Steine hineinwirft oder mit Dampf oder heißem Wasser gefüllte Rohre hindurchführt.« Tatsächlich wird das heute so gemacht. Der Pinot noir muss warm gären, damit genügend Farbe und Geschmacksstoffe aus den Schalen extrahiert werden.

Das *pigeage* genannte Verfahren des Untermischens des auf dem gärenden Saft schwimmenden Huts aus Schalen wird heute in kleineren Kellereien gelegentlich noch so praktiziert, dass der *vigneron* oder seine Söhne, freilich frisch gewaschen und in Badehosen, die Maische unterrühren, aber in moderneren Betrieben geschieht dies mechanisch mit einer Tauchvorrichtung. Zusätzlich oder alternativ kann der Most vom Boden des Fasses über den *chapeau* gepumpt werden (*remontage*), oder man verwendet einen Rost, der den Hut daran hindert, aufzuschwimmen (*chapeau immergé*). Praktiker haben mir auseinander gesetzt, dass gerade durch den kräftigen Körpereinsatz beim Untermischen des *marc* »wichtige Stoffe« freigesetzt würden und dass dies beim Remontage- oder Chapeau-immergé-Verfahren natürlich nicht möglich sei.

Die individuellen Vorstellungen über die richtige Dauer dieser *macération* der Schalen in der *cuve* schwanken zwischen ein paar Tagen und fast drei Wochen, abhängig von der gewünschten Art und Intensität der Extraktion. Der Vorlaufwein wird dann abgezogen und das *marc* in Keltern der verschiedensten Arten abgepresst. Der Wein der ersten Pressung wird dem vorgelaufenen Most meist zugefügt, und alles zusammen in Fässer gefüllt, die je nach Finanzkraft und Beweggründen des Erzeugers alt oder neu sein können. Dort durchläuft der Wein die ruhige zweite Gärungsphase – die malolaktische Säureumwandlung, die oft durch eine erhöhte Kellertemperatur begünstigt wird. Für viele besteht aber kein Grund zur Eile, und nicht selten bitzelt der junge Wein bis in den ersten Frühling nach der Ernte still vor sich hin. Ist das

Rumoren beendet, wird er in saubere Fässer abgezogen und dabei geklärt.

Feiner roter Burgunder bleibt meist 12–18 Monate im Fass. Anders als Bordeaux wird Burgunder so wenig wie möglich von Fass zu Fass umgefüllt, um zusätzliche Luftberührung zu vermeiden. Zwei Monate vor dem Abfüllen muss eventuell geschönt werden, um auch den letzten Rest an Trubstoffen zu beseitigen. In manchen Kellereien wird der Wein gefiltert, andere Winzer wollen davon nichts wissen.

So entsteht der weiße Burgunder

Das Verfahren zur Bereitung trockener Weißweine, auch des weißen Burgunders, ist heute praktisch überall das gleiche (siehe Seite 34). Man bemüht sich um ein Höchstmaß an Frische durch geringstmöglichen Luftkontakt. Auf sorgsame, saubere und kühle Behandlung der Trauben folgen rasches Keltern und eine langsame, kühle Gärung.

In großen, modernen Kellereien in Chablis und in den besten Genossenschaften im Mâconnais wird auf diese peinlich saubere Weise gearbeitet, und der so entstehende Wein verdankt in Duft und Geschmack alles nur der Traube und dem Boden. Der Chablis mit seiner kräftigen Säure und dem ausgeprägteren Aroma kann eine Reifung in einem Stahl- oder Betontank und dann noch über längere Zeit in der Flasche durchaus vertragen. Der einfachere, rundere Geschmack der Mâcon-Weine gewinnt durch Lagerung nur noch wenig.

Die klassischen weißen Burgunder von der Côte d'Or aber unterscheiden sich hiervon beträchtlich. Bei ihnen findet die Gärung in kleinen Eichenfässern statt. Einem Grand cru oder Spitzen-Premier-cru lässt man jedes Jahr in hohem Maß neue Eichenfässer angedeihen, eine feste Regel gibt es hierfür jedoch nicht. So gehört der scharfe, fast beißende Geruch des frischen Eichenholzes von Anfang an zur Eigenart des Weins, mildert sich allerdings mit zunehmendem Alter.

Die meisten Winzer, inbesondere die Besitzer von guten, aber nicht allerfeinsten Lagen, begnügen sich mit gebrauchten Fässern, von denen jedes Jahr vielleicht ein paar durch neue ersetzt werden. Der Wein nimmt dann weniger den »Schreinereigeruch« des Eichenholzes an. Das Fass ist der am besten geeignete Behälter für eine gleichmäßige Fermentierung in der kühlen, feuchten Kelleratmosphäre. In größeren Behältern würde sich zu viel Gärungswärme anstauen.

Ist die Gärung beendet, bleibt der Wein auf dem hefigen Satz im Fass so lange liegen, bis er sich geklärt hat. In Burgund ist es üblich, diesen Satz regelmäßig aufzurühren, damit der Wein Nährstoffe daraus aufnehmen kann und an Fülle und Struktur gewinnt. Anschließend wird er in saubere Fässer umgefüllt und darin gelagert, bis er nach Meinung des Kellermeisters reif zum Abfüllen ist. Dadurch wird ein sanftes und kontrolliertes Oxidieren des Weins ermöglicht, sodass sich Geschmacksnuancen und eine Aromapalette entwickeln, die sonst nicht entstehen könnten. Der Wein ist nun trinkreif, außer wenn der Käufer es für richtig hält, den Alterungsprozess in der Flasche noch weitergehen zu lassen. In der Möglichkeit dieser Flaschenalterung liegt für mich der eigentliche Sinn beim Kauf großer weißer Burgunder. Kein anderer Weißwein (außer Riesling) belohnt Geduld in so erfreulicher Weise.

Zuckerung

In Burgund ist es wie im größten Teil Frankreichs eine reguläre Praxis, dem Most, also dem unvergorenen Traubensaft, Zucker beizumischen. Die Winzer erklären, dass ein etwas höherer als der natürliche Zuckergehalt erfahrungsgemäß den Gärungsprozess verbessert und zu einem insgesamt zufriedenstellenderen Endprodukt führt. Dabei geht es nicht etwa nur um ein oder zwei Prozent mehr Alkohol, vielmehr wird die gesamte Entwicklung und die Ausgewogenheit des Weins günstig beeinflusst (so sagen die Winzer). Die klimatischen Veränderungen der 90er-Jahre haben die Notwendigkeit für eine routinemäßige *chaptalisation* verringert, doch bis heute verzichten nur wenige Kellermeister ganz darauf.

Die Chaptalisierung steht unter strenger gesetzlicher Kontrolle. Niemand darf innerhalb einer Appellation durch Zuckerung mehr als 2% Alkohol zusätzlich in einen Wein bringen. Die Versuchung, die maximal zulässige Menge zuzugeben, ist groß: Zuckern fördert den Verkauf. Der zusätzliche Alkohol verleiht dem Wein mehr Eindruck und schmeichelt seinem Geschmack, gerade in der Jugend, wenn ihn die Käufer im Keller probieren.

Im Jahr 1987 besagten die Vorschriften in Burgund, dass für die bescheidenste Appellation von Rotwein, nämlich Bourgogne, der Wein einen natürlichen Alkoholgehalt von 10% haben muss. Der höchstzulässige Alkoholgehalt nach Zuckerung wurde auf 13% festgesetzt. So durfte ein Wein mit 10% auf 12%, einer mit 10,5% auf 12,5% und einer mit 11% und darüber bis auf 13% gesteigert werden. Die für Weißwein gültigen Werte liegen jeweils um 0,5% darüber; ein Bourgogne Blanc etwa muss von Natur aus 10,5% haben und darf bis auf 13,5% hochgetrieben werden.

Schon immer war es illegal, dem Wein neben Zucker auch noch Säure zuzusetzen. Man kann sich für das eine oder das andere entscheiden – beide zusammen sind verboten. Dass die meisten burgundischen Weinerzeuger trotzdem beide Verfahren anwenden, ist ein offenes Geheimnis. Damit soll nicht etwa auf billige Art der Wein »verbessert« werden, sondern man will ihm zu besserer Balance verhelfen, wo dies notwendig erscheint. Als sich gegen Ende der 1990er-Jahre einer der berühmtesten Weinproduzenten dazu bekannte, brach die Hölle aus. Moralisch gesehen war ihm jedoch aus seiner Ehrlichkeit kein Strick zu drehen, schon weil alle anderen es genauso machten. Er hatte nicht einmal gegen das Gesetz verstoßen, das kaum dümmer hätte formuliert sein können: Es war nämlich durchaus nicht illegal, ein Fass Wein zu chaptalisieren, einem anderen Säure zuzugeben und anschließend beide zusammenzuschütten.

Die burgundische Revolution

Solche und ähnliche Feinabstimmungen während der Weinbereitung und Lagerung verblassen vor den weinbautechnischen Umwälzungen der letzten zehn Jahre. Allgemein wird heute zugegeben, dass in den 60er- und 70er-Jahren große Fehler gemacht wurden: zu viel Dünger und falsche Klone, die den Ertrag, nicht die Qualität steigerten. Heute gibt es nur noch wenige qualitätsbewusste Weinerzeuger, die sich der Einsicht verweigern, dass die Wahl des Pflanzenmaterials, ob durch Massen- oder Klonenselektion, von entscheidender Bedeutung ist. Auch der routinemäßige Einsatz von Pflanzenschutzmitteln ist zurückgegangen. Durch intensiven Rebschnitt und/oder Behangausdünnung werden die Erträge in Grenzen gehalten, und einige Spitzenerzeuger haben sich gar dem biodynamischen Anbau verschrieben (siehe Kasten). Die Qualität des Burgunders hat in den letzten Jahren einen deutlichen Sprung nach oben gemacht, und ein hohes Niveau ist schon lange nicht mehr ein paar wenigen Spitzengütern vorbehalten.

Allgemeine Appellationen

Den Winzern in Burgund stehen vier Appellationen zur Verfügung, wobei bestimmte Voraussetzungen erfüllt werden müssen.

Bourgogne

Rot-, Weiß- oder Roséweine. Die Weißweine müssen aus der Chardonnay- und/oder der Pinot-gris-Traube (die in Burgund Pinot-Beurot heißt) gekeltert sein. Die Rotweine müssen von Pinot noir oder Pinot Liébault stammen, ausgenommen im Departement Yonne, wo die César- und die Tressot-Trauben heimisch und anerkannt sind. Ähnliches gilt für die Crus von Beaujolais, also Gamay-Weine, die ebenfalls als »Bourgogne« bezeichnet werden dürfen. Einige Dörfer wie Epineul und Chitry dürfen auf den Etiketten ihre Namen an Bourgogne anhängen. Auch gibt es getrennte Appellationen für Bourgogne Côte Chalonnaise und Bourgogne Côte du Couchois.

Der Höchstertrag beläuft sich auf 55 hl/ha für Rotwein und Rosé und auf 60 hl/ha für Weißwein. Mindestalkoholgehalt: 10% für Rotwein und Rosé, 10,5% für Weißwein. Ein Bourgogne Rouge lohnt Lagerung über mindestens zwei Jahre. Wein der AC Bourgogne, produziert von Spitzenerzeugern aus Lagen unmittelbar außerhalb der Grenzen der Hauptweinorte, ist am preisgünstigsten. In Burgund bedeutet der Name des Erzeugers alles.

Bourgogne Passetoutgrains

Rotwein oder Rosé aus allen Bereichen, bereitet aus bis zu zwei Drittel Gamay und mindestens einem Drittel Pinot noir, die gemeinsam vergoren werden. Höchstertrag: 55 hl/ha. Mindestalkoholgehalt: 9,5%. Passetoutgrains kann nach mindestens einem Jahr Lagerung ganz köstlich sein und steigt nicht so zu Kopf wie Beaujolais.

Bourgogne Aligoté

Weißwein von der Aligoté-Traube, mit oder ohne Beimischung von Chardonnay, aus allen Bereichen des Burgund. Höchstertrag: 60 hl/ha. Mindestalkoholgehalt 9,5%. Eine Gemeinde, Bouzeron in der Côte Chalonnaise, besitzt eine eigene Appellation für Aligoté mit einem zulässigen Höchstertrag von 45 hl/ha. Die Aligoté-Traube liefert einen in der Jugend oft scharfen Wein mit ausgeprägtem Lokalcharakter – die klassische Basis für den *vin blanc cassis,* den Kir.

Bourgogne Grand Ordinaire (oder Bourgogne Ordinaire)

Rot-, Weiß- oder Roséwein aus einer beliebigen zugelassenen Burgundertraube. Höchstertrag: 55 hl/ha für Rot- und Roséwein und 60 hl/ha für Weißwein. Mindestalkoholgehalt: 9% für Rot- und Roséweine, 9,5% für Weißweine. Diese Appellation wird heute nur noch wenig in Anspruch genommen.

Burgund in runden Zahlen

»Großburgund«, das heißt die Region, zu der nicht nur die Côte d'Or, sondern auch das Beaujolais, das Mâconnais, Mercurey sowie die Yonne (Chablis) gehören, erzeugt inzwischen 15% aller AC-Weine. In Burgund (ohne Beaujolais) gibt es über 25 000 ha bepflanzte AC-Rebfläche und weitere 22 500 im Beaujolais. Während die Produktionszahlen von Rotwein weitgehend stabil geblieben sind, hat die Weißweinproduktion zugelegt, besonders in Chablis und dem Mâconnais. Gleichzeitig ist die nicht klassifizierte Rebfläche, die *vins de consommation courante* hervorbringt, stark geschrumpft.

Der Trend geht wie in Bordeaux und in anderen Teilen Frankreichs in Richtung verstärkter Spezialisierung bei verringerter Anzahl, aber jeweils vergrößerter Fläche der Einzelbesitzungen. Beispielsweise besaßen an der Côte d'Or 16 500 Winzer im Jahr 1955 Weinberge unter 1 ha. Heute sind es weniger als 2000. Demgegenüber hat sich die Zahl der Betriebe mit 5 bis 10 ha mehr als verdoppelt, solche mit 10 bis 20 ha verdreifacht und über 20 ha vervierfacht. In den anderen Regionen Burgunds ist die Entwicklung vergleichbar, auch wenn sie etwas langsamer verläuft. Die Gesamtproduktion Burgunds, Beaujolais eingeschlossen, beträgt heute 2,9 Mio. hl (was ungefähr 30 Millionen Kisten entspricht).

Die Durchschnittserzeugung der wichtigsten Appellationen Burgunds in den fünf Jahren von 1995 bis 1999 beziffert sich wie folgt:

WEISSWEIN	hl	Kisten
Côte d'Or Grands crus	3800	42 180
Côte d'Or Premiers crus	22 230	246 750
Côte d'Or Sonstige (Village-Weine)	55 500	616 000
Chablis	248 000	2 752 000
Côte Chalonnaise	33 270	370 000
Mâcon Crus (z.B. Pouilly-Fuissé)	92 800	1 030 000
Mâcon Blanc (Sonstige)	209 300	2 323 000
Beaujolais	13 000	144 000
Regionale Appellationen (einfacher Bourgogne usw.)	225 000	2 497 500
Gesamterzeugung Weißwein	**902 900**	**10 021 430**

ROTWEIN	hl	Kisten
Côte d'Or Grands crus	13 000	144 400
Côte d'Or Premiers crus	66 641	728 615
Côte d'Or Sonstige (Village-Weine)	189 000	2 097 900
Côte Chalonnaise	40 310	447 400
Mâcon	47 625	528 600
Beaujolais und Beaujolais-Villages	980 000	10 878 000
Beaujolais Crus (z.B. Fleurie)	360 000	3 996 100
Regionale Appellationen (einfacher Bourgogne usw.)	286 640	3 181 700
Gesamterzeugung Rotwein	**1 982 216**	**22 002 715**
Gesamterzeugung Rot- und Weißwein	**2 885 116**	**32 024 145**

Chablis

Chablis und noch ein paar verstreute Weinberge im Departement Yonne sind der winzige Rest des einstmals größten Weinbaugebiets in Frankreich. 40 000 ha um die Stadt Auxerre herum lieferten früher den täglichen Wein für ganz Paris, bis dann nach dem Bau der Eisenbahnen im Midi eine unschlagbare Konkurrenz erwuchs. Ob es erlaubt ist, aus der Tatsache Schlüsse zu ziehen, dass der beste Weinberg damals den Namen La Migraine trug, soll dahingestellt sein.

In jedem Fall ist Weinbau in so weit nördlich gelegenen Breiten immer ein risikoreiches Unternehmen. Zum marktbedingten Rückgang im Weinabsatz kam schließlich noch die katastrophale Reblausplage, und bald wandte man sich in Auxerre anderen Formen der landwirtschaftlichen Nutzung

Die Weinlagen in Chablis

Chablis-Weine teilen sich in vier Gruppen: Chablis AC (auch als Villages bekannt), Petit Chablis (1550 ha im Jahr 2001), Premier cru (750 ha) und Grand cru (102 ha). Die hier aufgeführten Premier-cru-Lagennamen werden oft zusammen mit den Namen der Premier-cru-Weine benutzt. In den 1990er-Jahren wurden in Chablis in solch hohem Maß Neuanpflanzungen vorgenommen, dass die Gesamtrebfläche im Jahr 2000 bereits die 4000-ha-Grenze überschritten hatte (1988 waren es 2280 ha).

Premiers crus

Die Chablis Premiers crus dürfen entweder unter dem Namen einer Einzellage oder dem Namen einer Lagengruppe angeboten werden. Letzteres ist das Übliche, daher gibt es in der Praxis verhältnismäßig wenige eigenständige Namen. Sie lauten seit 1986 in alphabetischer Reihenfolge (in Klammern die Lagen, die den betreffenden Namen führen dürfen): Les Beauregards (Côte de Cuissy), Beauroy (Troesmes, Côte de Savant), Berdiot, Chaume de Talvat, Fourchaume (Vaupulent, Côte de Fontenay, l'Homme Mort, Vaulorent), Les Fourneaux (Morein, Côte des Prés-Girots), Côte de Jouan, Les Landes et Verjuts, Côte de Léchet, Mont de Milieu, Montée de Tonnerre (Chapelot, Pied d'Aloue, Côte de Bréchain), Montmains (Forêts, Butteaux); Vaillons (Châtains, Séchet, Beugnons, Les Lys, Mélinots, Roncières, Les Epinottes), Côte de Vaubarousse, Vaucoupin, Vau de Vey (Vaux Ragons), Vau Ligneau und Vosgros (Vaugiraut).

Grands crus

Blanchots (12 ha), Bougros (13 ha), Les Clos (25 ha), Grenouilles (10 ha), Preuses (11,5 ha), Valmur (13 ha), Vaudésir (15 ha). La Moutonne ist ein 2,5 ha großer Weinberg, der zum Teil in die Lage Vaudésir und zum Teil in die Lage Preuses fällt. Die Unterschiede dieser einzelnen Lagen zu studieren gehört zu den wahren Freuden im Leben eines jeden Weinliebhabers.

zuverlässiger denn je, und er steigt ständig weiter. Inzwischen ist die Gesamtrebfläche über 4000 ha groß, und ein durchschnittlicher Jahresertrag erbringt ein Viertel bis ein Drittel der Gesamtmenge an weißem Burgunder.

Natürlich gibt es auch eine »alte Garde«, die mit Vehemenz gegen die Zuerkennung der Appellation an so viel neues Land angeht. Wie in ganz Burgund sind übrigens die Grands crus und Premiers crus mehr oder weniger sakrosankt; nur bei einfachem Chablis oder Village-Weinen ohne Lagennamen ist heute noch Raum für Expansion.

Der einfache, nicht näher bezeichnete Chablis-Village, so wie er heute meist bereitet wird, liegt auf dem Markt mit den Mâcon-Villages in Konkurrenz. Er ist in der Art leichter, schärfer, trockener und sauberer. Gute Vertreter sind ausgeprägt fruchtig in einer Qualität, wie sie nur die Chardonnay-Traube erbringt. Die weniger guten sind dagegen einfach neutral und mehr oder weniger scharf. Kleine Mengen Wein von geringerwertigem Land dürfen nur die Appellation Petit Chablis tragen. Ein guter, nach dem regionalen Stil bereiteter Petit Chablis kann sogar sanft sein und saftig, wenn der Kellermeister sein Handwerk wirklich versteht. Doch viele meinen, solche Weine sollten sich erst gar nicht Chablis nennen dürfen.

Die Premiers crus und Grands crus spielen in einer ganz anderen Liga und weisen deutlich mehr Körper, Geschmack und Individualität auf. Viele halten die besten Premiers crus für die erfreulichsten typischen Chablis-Weine, mit reichhaltigem Bukett und ausgeprägter, angenehmer Säure. Bei den Grands crus kommen Fülle und Stärke hinzu, die den Wein abrunden, manchmal mehr, als ihm gut tut. Will man solche Weine wirklich in ihrer größten Qualität erleben, muss man sie mindestens vier, manchmal sogar bis zu zehn Jahre in der Flasche liegen lassen.

In den 1980er-Jahren rollte die Modewelle des »Reifens in neuen Eichenfässern« auch über Chablis hinweg. Die Meinungen klafften weit auseinander, bei den Erzeugern ebenso wie bei den Verbrauchern. Glücklicherweise ist die Welle nun am Abebben, und Grands crus Weingüter, die ihre Weine ausnahmslos in neuen Eichenfässern reifen ließen, sind heute um einiges wählerischer. Natürlich kann der moderate Einsatz von Barriques, darunter ein Anteil neuer Fässer, dem Wein mehr Komplexität und Struktur geben. Die Kunst liegt darin, am Ende nicht auf einem Wein zu sitzen, der zwar wunderbar modisch vor Eichenholzwürze strotzt, aber alles verloren hat, was man als *typicité chablisienne* bezeichnen könnte. Viele Winzer lassen diese Mode auch einfach Mode sein und bauen ihren Wein nach wie vor in den vertrauten Edelstahltanks aus, ohne dass ihm deshalb etwas abginge.

Der Duft und Geschmack, die ein Chablis entwickelt, sind die Quintessenz eines schwer bestimmbaren Charakters, die einem leicht entgehen kann, wenn man diesen Wein nur jung trinkt. Um seine Aromafülle zu beschreiben, kann ich nur eine Kombination aus Apfel- und Heuaromen anführen, mit einer leichten Bonbon-Note darin, zu denen sich noch ein mineralischer Unterton gesellt, der aus den tiefsten Tiefen der Erde zu stammen scheint. Ein guter Jahrgang erreicht mit der Zeit einen derart tiefgoldenen Farbton, dass man sich unweigerlich an einen Sauternes erinnert fühlt.

Der Preis des Chablis hat mit seinem steigenden Wert nicht Schritt gehalten. Chablis Grands crus sind glücklicherweise in größerer Menge vorhanden als Bâtard-Montrachet, sonst würde der Preis sicher genauso hoch ausfallen. Ein Chablis Premier cru von einem guten Erzeuger ist wohl das Beste, was man an weißem Burgunder zu günstigem Preis derzeit bekommen kann.

zu. Chablis verzeichnete einen kräftigen Rückgang, doch der kam irgendwann zum Stillstand. Bei der Festlegung der Appellation in den 1930er-Jahren betrug die Anbaufläche nicht mehr als rund 400 ha. Hierzu gehörten aber die Hanglage mit den sieben Grands crus, und die Qualität dieses Weins war unbestreitbar. Eine 45 Jahre alte halbe Flasche 1923er Les Clos ist mir als einer der besten Weißweine, die ich je getrunken habe, in Erinnerung geblieben.

Die Weinhändler in Beaune haben Chablis berühmt gemacht. In der guten alten Zeit, als Beaune mit seinem leicht zu merkenden Namen der Inbegriff für roten Burgunder war, war Chablis der Inbegriff für den Weißen. Der Name Chablis stand in der ganzen Weinbauwelt als Synonym für trockenen Weißwein – und in Kalifornien ist er es heute noch.

Echter Chablis blieb aber immer rar. Jahr um Jahr wurden die Weinberge von Frühjahrsfrösten heimgesucht, und den Winzern verging die Lust auf Neuanpflanzungen. Erst in den 1960er-Jahren brachten neue Frostschutzmethoden die Wende. Mit der Installation von Sprinkler-Systemen anstelle der zwischen den Reben in kalten Frühlingsnächten aufgestellten Öfen wurde Chablis wieder rentabel. Fortschritte bei Unkraut- und Fäulnisbekämpfungsmitteln ließen Investitionen in einen Namen, der ja bereits weltberühmt war, wieder attraktiv erscheinen. Im Lauf von zehn Jahren verdoppelte sich die Anbaufläche, der Hektarertrag ist heute höher und

Die führenden Erzeuger in Chablis

Billaud-Simon ☆☆☆
Chablis

Hauptsächlich Premiers-crus- und Grands-crus-Land, zum letztgenannten gehören 1,7 ha in Les Clos, Les Preuses und Vaudésir. Fast alle Weine werden ohne Eichenholz ausgebaut, reifen vor der Abfüllung lange in Tank oder Fass und sind von stahliger Eleganz.

Jean-Marc Brocard ☆☆–☆☆☆
Préhy. www.brocard.fr

Brocard hat diese große Domaine mit 80 ha völlig eigenständig aufgebaut. Als Négociant kauft er zwei Drittel seines Traubenbedarfs ein. Er verfügt über eine große Palette verschiedener Weine. Neben Chablis erzeugt er auch noch erstklassige Bourgogne Blancs, alle von unterschiedlichen Böden und entsprechend etikettiert. Die Chablis-Weine sind eichenholzfrei ausgebaut, und obwohl ihr Stil eher nach frühem Verbrauch ausgelegt ist, altern die Besten unter ihnen hervorragend.

Cave Coopérative la Chablisienne ☆☆–☆☆☆
Chablis. www.chablisienne.com

Ein Viertel der Chablis-Erzeugung stammt von dieser 1923 gegründeten Winzergenossenschaft. Bei 278 Mitgliedern verarbeitet sie heute Trauben von 1130 ha Rebfläche (nicht nur in Chablis), davon 13 ha Grands crus: Die wichtigsten sind 3,3 ha von Les Preuses und das 7,2 ha große Monopol, das als Château Grenouille bekannt und seit 2000 im Genossenschaftsbesitz ist. Fourchaume ist mit Abstand ihr wichtigster Premier cru. Die Methoden sind modern, die Weine gut bereitet und erstaunlich raffiniert. Die Art des Ausbaus wird jeweils der Lage und der Traubenqualität angepasst und auch der Einsatz von Barriques flexibel gehandhabt. Eichenholzliebhaber sollten die »Grande Cuvée« probieren, einen fassvergorenen Premier-cru-Verschnitt. Gleiches gilt für Château Grenouille.

René & Vincent Dauvissat ☆☆☆☆
Chablis

Vincent Dauvissats Ur-Urgroßvater war Küfer. Deshalb ist es kaum erstaunlich, dass seine Keller, anders als die übrigen in Chablis, noch voller Fässer sind, darunter auch die traditionellen *feuillettes,* die kleiner sind als die normalen Fässer in Burgund. Dauvissat baut den Wein aus seinen 11 ha Weinbergen nach alter Art etwa acht Monate in meist älteren Holzfässern aus. Spitzentropfen sind die Grands crus Les Clos und Les Preuses. Die übrige Fläche liefert vorwiegend Premiers crus. Eine äußerst zuverlässige Quelle hervorragender Chablis-Weine.

Etienne Defaix ☆☆–☆☆☆
Château de Milly

Ungefähr die Hälfte der Anbaufläche, 25 ha, liegt auf Premiercru-Land mit vielen Parzellen alter Rebstöcke. Ungewöhnlicherweise reifen die Premiers crus bis zu drei Jahre in Tanks, wobei der Hefesatz regelmäßig aufgerührt wird. Familie Defaix besteht darauf, dass dies der Tradition entspricht. Der Wein jedenfalls nimmt einen interessanten, gleichsam eichenholzwürzigen Charakter an.

Jean-Paul Droin ☆☆–☆☆☆☆
Chablis. www.jeanpaul-droin.fr

Droins Urgroßvater gab seine Weine Napoleon III. zu kosten, als dieser 1866 Auxerre besuchte. Die Keller haben sich seither nicht sehr verändert. Droin ist im glücklichen Besitz von 7 ha Premiers crus (vor allem Vaillons) und weiteren Parzellen in vier Grand-cru-Lagen. Der ehemalige Verfechter des Vergärens und Reifens in ausschließlich neuen Barriques hat seine Ansichten inzwischen etwas gemäßigt, was seinen Weinen seit Mitte der 1990er-Jahre zu mehr Ausgewogenheit verhilft. Sie gehören zum Feinsten, was Chablis heute zu bieten hat.

Joseph Drouhin ☆☆☆
Beaune

Der bekannte Weinhändler aus Beaune hat seit 1979 seine Weinberge um 36 ha Chablis erweitert und gewinnt makellosen, wundervoll zarten und edlen Wein aus den Grand-cru-Lagen Vaudésir, Les Clos und Les Preuses und lebendige, typische Premiers crus von seinen zahlreichen anderen Besitzungen.

Jean Durup ☆☆–☆☆☆
Maligny

Das große Weingut Jean Durups, des Vorsitzenden der Lobby, die für die Erweiterung der Appellation Chablis eintritt. Sein Besitz umfasst insgesamt 170 ha, 35 davon Premiers crus (hauptsächlich Fourchaume und Vau de Vey). Alle Weine werden ohne Eichenholz ausgebaut. Die Weine der untadeligen, modernen Kellerei tragen die Namen »Domaine de l'Eglantière« und »Château de Maligny«.

William Fèvre ☆☆☆–☆☆☆☆
Chablis

Fèvre war der Besitzer der größten Grand-cru-Fläche in Chablis und ein glühender Befürworter der Vergärung in neuen Eichenfässern. Die 16 ha Grands crus umfassen 4 ha von Les Clos, 6 ha von Bougros und 3 ha von Les Preuses, zu denen sich weitere kleine, aber erstklassige Rebflächen von Valmur, Vaudésir und Grenouilles gesellen. Die vergleichbar große Premier-cru-Fläche ist auf sieben Weinberge verteilt. Zum Besitz gehören ferner 20 ha Chablis *simple.* 1998 ging das gesamte Weingut an Bouchard Père & Fils aus Beaune (siehe dort). Ab 1999 wurde der Ertrag vermindert, auf strikte Handlese umgestellt und die Verwendung neuer Barriques stark eingeschränkt. Heute gehören die Weine zu den feinsten der gesamten Region.

Alain Geoffroy ☆☆
Beines. www.chablis-geoffroy.com

Ein Drittel der 40-ha-Domaine besteht aus Premiers crus, vor allem Beauroy (7 ha), und Grands crus in Les Clos und Vaudésir. Geoffroy ist kein Freund des Holzfasses und schwört auf frühe Flaschenabfüllung zur Bewahrung von Frische und *typicité.*

Jean-Pierre & Corinne Grossot ☆☆–☆☆☆
Fleys

Enthusiastische Winzer mit 18 ha, darunter in den Premiers-crus-Lagen Fourchaume, Fourneaux, Vauçoupin, Mont de Milieu und dem selten in Erscheinung tretenden Troemes. Die Vinifikation erfolgt größtenteils in Edelstahl, nur für die besseren Weine werden auch Eichenfässer eingesetzt.

Domaine Laroche ☆☆–☆☆☆☆
Chablis. www.michellaroche.com

Michel Laroche ist in fünfter Generation Besitzer eines Weinguts von 99 ha. Dazu gehören 6 ha Chablis Grands crus, vor allem Les Blanchots, und 28 ha Premiers crus. Mit modernen Einrichtungen wird hier ein Wein in herbem, kraftvollem Stil erzeugt; die Grands und Premiers crus werden teilweise in neuen Eichenfässern ausgebaut. Erstere verlangen drei bis acht Jahre Lagerung.

Der Spitzenwein mit Namen »Réserve de l'Obédiencerie« entsteht aus einer Selektion alter Blanchots-Reben. Der Name Laroche steht darüber hinaus für eine große Anzahl nicht von Domaine-Lagen stammender Weine, darunter der einfache, aber gute Chablis »St Martin«. Auch werden gute Verschnitte von nicht regionalen Chardonnay-Trauben und neuerdings eine ganze Serie von Languedoc-Weinen angeboten. Laroche ist ein leidenschaftlicher Fürsprecher der Appellation und gehört zu den treibenden Kräften hinter der neuen *Union des Grands Crus*.

Long-Depaquit ☆☆☆
Chablis

Das alte Familienunternehmen wurde 1967 vom Handelshaus Bischot in Beaune übernommen, wird aber weiterhin selbstständig geführt. Von den 62 ha entfallen 15 ha auf Premiers crus und 9 ha auf Grands crus, davon mehr als 2 ha in Vaudésir. Der berühmteste Besitz ist der 2-ha-Weinberg Moutonne, Teil der Grands crus Vaudésir und Les Preuses, dessen Geschichte auf die Abtei Pontigny und ihre Mönche zurückgeht; sie sollen unter der Wirkung des Weins Sprünge wie junge Schafe gemacht haben. Long-Depaquit-Weine werden mit viel Bedacht und Sachkenntnis nach modernen Methoden bereitet, sind aber nicht für den sofortigen Verbrauch bestimmt. Seit 1993 wird beim Ausbau der Grands crus ganz vorsichtig Eichenholz eingesetzt.

Domaine des Malandes ☆☆☆
Chablis

23-ha-Domaine mit 0,9 ha Grand cru Vaudésir und 7 ha Premiers crus, u. a. Fourchaume und Montmains. Chablis in modernem Stil: hell, frisch und eichenholzfrei.

Louis Michel & Fils ☆☆–☆☆☆
Chablis

Louis und sein Sohn Jean-Loup haben aus kleinen Anfängen ein beachtliches Weingut geschaffen. Heute verfügen sie über 20 ha Rebfläche, 13 davon Premiers crus (z. T. in Montmains und Montée de Tonnerre) und 2 ha Grands crus (Vaudésir, Grenouilles und Les Clos). Michel meint, man solle den Wein so weit wie möglich sich selbst überlassen. Er benützt keine Fässer, erzielt aber bei bescheidenen Erträgen und sorgfältiger Behandlung gehaltvolle Weine, bei denen sich jahrelange Flaschenalterung lohnt.

Jean-Marie Raveneau ☆☆☆☆
Chablis

Eine 7,5-ha-Domaine, die nur aus Grands crus (Blanchots, Valmur, Les Clos) und Premiers crus besteht; sie gehören nach Meinung vieler zum Besten, was Chablis zu bieten hat. Die Weine werden in Tanks vergoren, reifen jedoch mindestens ein Jahr in Fässern verschiedener Größe und unterschiedlichen Alters. Zu früh getrunken, können sie herb und mineralisch wirken, doch altern sie ganz hervorragend.

A. Regnard & Fils ☆
Chablis

Das 1860 gegründete Familienunternehmen, ein Handelshaus, ist heute z. T. im Besitz von Patrick de Ladoucette, einem Wein-

magnaten von der Loire. Von den Grands crus Vaudésir und Valmur kommen häufig die Spitzenweine. Außer Chablis sind auch Aligoté und Sauvignon de St-Bris im Sortiment. Weitere Etiketten: »Michel Rémon« und »Albert Pic«.

Simmonet-Febvre & Fils ☆☆
Chablis

Eine kleine Domaine mit 4 ha, aber seit fünf Generationen ein bekanntes Handelshaus. Der Wein stammt aus zugekauftem Most sowie aus eigenen Weinbergen, insbesondere vom Grand cru Preuses und diversen Premiers-crus-Lagen.

Robert Vocoret ☆☆
Chablis

Jahrhundertealte Familien-Domaine mit 45 ha, davon 4 ha Grands crus (Les Clos, Valmur, Blanchots) und 15 ha Premiers crus. Einige der besseren Weine reifen in großen Fässern, werden jedoch recht früh auf Flaschen gezogen. Damit wird zwar kein Höchstmaß an unmittelbar ansprechender Fruchtigkeit erzielt, jedoch eine feste Art, die längere Lagerung lohnt.

Weitere Erzeuger in Chablis

Zu den führenden Chablis-Erzeugern gehören auch: Barat, Jean-Claude Bessin, Pascal Bouchard, Jean Collet, Daniel Dampt, Gérard Duplessis, Bernard Legland, Gilbert Picq, Louis Pinson, Denis Race, Olivier Savary, Servin, Gérard Tremblay, Tribut-Dauvissat und Domaine de Vauroux.

Côte d'Or – Côte de Nuits

Das Herz von Burgund ist eine knapp 50 km lange Reihe von Hügeln, von Marsannay am Südrand von Dijon zuerst südwärts verlaufend, dann westlich drehend, wobei ein sich ständig verbreiternder Streifen von nach Südosten geneigten Hängen gebildet wird, der bis nach Santenay verläuft. Die acht Dörfer des nördlichen Teils, der bei Prémeaux endet, bilden die Côte de Nuits; die 20 Dörfer von Aloxe-Corton südwärts bilden die Côte de Beaune. An der Côte de Nuits wird fast nur Rotwein, so gut wie ausschließlich aus der Pinot-noir-Traube, angebaut. Von den steilen Rebhängen dieser Gegend, besonders von ihren mittelhohen Lagen, kommen Weine mit dem kräftigsten Bukett, mit dem konzentriertesten Geschmack, mit viel Milde und Duftigkeit.

Die Dörfer werden hier in der Reihenfolge von Norden nach Süden aufgeführt, jeweils mit einer kurzen Beschreibung und Würdigung des Weins sowie einer Liste der Grands crus (soweit vorhanden) und der Premiers crus. Die angegebenen Hektar wurden 1984 nach langer amtlicher Bearbeitung festgelegt.

Die Namen der Erzeuger werden nicht mehr unter den Abschnitten für die einzelnen Ortschaften genannt, da sie zu zahlreich geworden sind. Ab Seite 118 finden Sie jedoch eine Auflistung der wichtigsten Côte-d'Or-Erzeuger mit näheren Angaben – eine Liste, die bei weitem nicht vollständig ist. Die Angaben über die jeweiligen Güter, besonders die Nennung der Besitzanteile der einzelnen Erzeuger, vermitteln jedoch ein lebhaftes Bild davon, wie komplex und verwoben die Struktur dieser Weinregion tatsächlich ist, die zu den kostbarsten der Welt gehört.

Marsannay-la-Côte

Der früher nur für seinen exzellenten Rosé de Marsannay bekannte Ort hat heute – einzigartig in Burgund – eine AC für alle drei Farben. Die Weißweine verdienen kein gesteigertes Interesse, die Rosés sind schön duftig und elegant und die Rotweine leicht, aber überaus erfreulich. Neuerdings werden auch ein paar gewichtigere Rote produziert. In die AC Marsannay fallen auch die wenigen noch übrigen Weinberge (z. B. der Clos du Roy) von Chenove, das heute ein Industrie- und Gewerbevorort von Dijon ist. Die Rebfläche der AC Marsannay umfasst 188 ha, enthält aber keine Premiers-crus-Lagen.

Fixin

Die Premiers-crus-Lagen sind hervorragend und können ebenso gute Weine hervorbringen wie die von Gevrey-Chambertin. Selbst die Village-Weine sind kraftstrotzend und langlebig. Die Rebfläche der Gemeinde beträgt heute 97 ha. Der zwischen Fixin und Gevrey-Chambertin gelegene Ort Brochon hat keine eigene Appellation. Seine besseren Lagen gehören zu Gevrey-Chambertin, die weniger guten sind einfache Côte de Nuits-Villages.

PREMIERS CRUS

Arvelets (3,4 ha)
Clos du Chapitre (4,8 ha)
Clos Napoléon (1,8 ha)
Clos de la Perrière (6,8 ha)
Hervelets (4,3 ha)

Gevrey-Chambertin

Die Erzeugung von Gevrey, der größten Ortschaft an der Côte d'Or, weist beträchtliche Qualitätsunterschiede auf. Einige Lagen auf der Talsohle jenseits der Straße sind nur mittelmäßig. Die Konstellation der Grands crus in der Gemarkung wird aber von niemandem in Frage gestellt. Chambertin und Clos de Bèze sind die anerkannten Spitzenreiter, sie verdanken ihren Vorsprung einer unerreichten feurigen Fülle. Die sieben übrigen müssen »Chambertin« stets an ihren eigenen Namen anhängen; Clos de Bèze darf es voranstellen oder sich ganz einfach nur »Chambertin« nennen. Alle diese Weine sind herb und (in der Sprache der Franzosen, die auch dem Wein geschlechtsspezifische Merkmale zuordnen) kraftvoll männlich; selbst Asterix hätte sie wohl kaum humpenweise hinunterstürzen können (Obelix vielleicht). Französische Kenner behaupten, Chambertin habe die Zartheit eines Musigny, vereint mit der Kraft eines Corton, der Samtigkeit eines Romanée und dem Bukett eines Clos de Vougeot. Ich habe sehr wohl eine fabelhafte Vielfalt auf der Zunge gespürt, aber Zartheit ist kaum der Ausdruck, den ich hier gebrauchen möchte. Die mag sich vielleicht nach langen Jahren einstellen. Von den Premiers crus auf dem Berg hinter dem Ort gilt Clos St-Jacques weithin als gleichwertig mit den Großen mit Bindestrich und Chambertin hinter dem Namen.

GRANDS CRUS

Chambertin (12,6 ha)
Chambertin Clos de Bèze (15,4 ha)
Chapelle-Chambertin (5,4 ha)
Charmes- (und/oder Mazoyères-) Chambertin (30,4 ha)
Griotte-Chambertin (2,4 ha)
Latricières-Chambertin (7,4 ha)
Mazis-Chambertin (9 ha)
Ruchottes-Chambertin (3,1 ha)

PREMIERS CRUS

Bel Air (2,6 ha)
La Boissière*
Cazetiers (9 ha)
Champeaux (6,7 ha)
Champitonnois (auch Petit Chapelle genannt; 4 ha)
Champonnets (3,2 ha)
Cherbaudes (2 ha)
Clos du Chapitre (1 ha)
Clos Prieur (teilweise; 2 ha)
Clos St-Jacques (6,7 ha)
Clos des Varoilles (6 ha)
Closeau (0,5 ha)
Combe-aux-Moines (4,7 ha)
Combottes (4,5 ha)
Corbeaux (3 ha)
Craipillot (2,7 ha)
Ergot (1,2 ha)
Estournelles (2 ha)
Fonteny (3,6 ha)
Gémeaux*
Goulots (1,8 ha)
Issarts (0,6 ha)
Lavaux St-Jacques (10 ha)
Perrière (2,4 ha)
Petits Cazetiers (0,45 ha)
Poissenot (2,2 ha)
Clos Prieur-Haut (2 ha)
La Romanée (1 ha)
* Keine amtlichen Angaben über die Fläche verfügbar.
Appellation communale: 330 ha

Morey-St-Denis

Der am wenigsten bekannte Ort der Côte de Nuits, obwohl es hier vier Grands crus und einen Teil eines fünften gibt. Clos de la Roche erzeugt Wein mit ebenso viel martialischer Kraft wie Chambertin; Clos St-Denis steht dem nur wenig nach; Clos de Lambrays ist von ungewöhnlicher Opulenz; Clos de Tart war viel leichter, hat neuerdings jedoch mächtig an Gewicht zugelegt. Alle Weine aus Morey sind einer genaueren Prüfung wert: ihrer Authentizität wegen und der Möglichkeit, einen guten Fang zu machen.

GRANDS CRUS

Bonnes Mares (ein kleiner Teil; 1,5 ha)
Clos des Lambrays (8,6 ha)
Clos de la Roche (16 ha)
Clos St-Denis (6,6 ha)
Clos de Tart (7,5 ha)

PREMIERS CRUS

Blanchards (2 ha)
Bouchots
Maison Brûlée (1 ha)
Calouères
Chabiots
Chaffots (2,6 ha)
Charmes (1,2 ha)
Charrières (2,3 ha)
Chénevery (3 ha)

Chéseaux (1,5 ha)
Clos Baulet (0,9 ha)
Clos de la Bussière (2,6 ha)
Clos des Ormes (3,2 ha)
Clos Sorbé (3,5 ha)
Côte Rôtie (1,2 ha)
Façonnières (1,7 ha)
Fremières
Froichots
Genavrières (1,2 ha)
Gruenchers (0,5 ha)
Meix-Rentiers
Les Millandes (4,2 ha)
Monts-Luisants (5,4 ha)
Riotte (2,5 ha)
Ruchots (2,6 ha)
Les Sorbés (2,6 ha)
Le Village (0,9 ha)
Appellation communale: 64 ha

Chambolle-Musigny

Der Klang des Namens passt großartig zum Wein aus dieser Gemarkung – ebenso der Anklang an Musen. Reime und Hymnen drängen sich auf, die den viel zitierten Weisen von Burgund zur Ehre gereicht hätten. Gaston Roupnel bringt es auf den Punkt, wenn er sagt, der Musigny habe »den Duft eines Gartens, wenn der Tag anbricht, der Rosen und Veilchen im Morgenlicht«. Er ist der rote Burgunder, den ich am meisten liebe; dicht gefolgt von den Premiers crus Les Amoureuses und Les Charmes und dem zweiten Grand cru Bonnes Mares.

GRANDS CRUS
Bonnes Mares
    (13 ha; siehe auch Morey St-Denis)
Musigny (9,3 ha)

PREMIERS CRUS
Les Amoureuses (5,4 ha)
Les Batudes (3,4 ha)
Aux Beaux Bruns (1,5 ha)
Borniques (1,4 ha)
Carrières
Chabiots (1,5 ha)
Charmes (9,5 ha)
Châtelots (3 ha)
Combe d'Orveau (2,4 ha)
Combottes (1,6 ha)
Aux Combottes (2 ha)
Cras (3,4 ha)
Derrière la Grange (0,4 ha)
Echanges
Feusselottes (4,5 ha)
Fuées (4,4 ha)
Grands Murs
Groseilles (1,3 ha)
Gruenchers (2,8 ha)
Hauts Doix (0,9 ha)
Lavrottes (0,9 ha)
Noirots (2,8 ha)
Plantes (2,6 ha)
Sentiers (4,9 ha)
Veroilles (0,37 ha)
Appellation communale: 99 ha

Vougeot

Von alters her hallt ganz Burgund vom Ruhm des großen Clos (de) Vougeot wider: Der 50 ha große Weinberg ist umfriedet von einer einzigen, zusammenhängenden Mauer, das Werk der Mönche von Cîteaux im 14. Jh. Das ist gewiss einmalig, und fraglos ist die Lage oben am Berg direkt neben Musigny und Grands Echézeaux eine der besten in Burgund. Bei der jetzigen Aufsplitterung aber (rund 80 Erzeuger haben hier Parzellen) findet man selten eine Flasche, die dem entspricht. Klassische Schilderungen haben stets das besondere Bukett dieses Weins betont, doch für mich ist er ein extraktreicher, höchst zufriedenstellender, aber nicht so außergewöhnlicher Wein, wie es seine Nachbarn sind.

GRAND CRU
Clos de Vougeot (50 ha)

PREMIERS CRUS ROT
Clos de la Perrière (2,2 ha)
Cras (3 ha)
Petits Vougeots (3,5 ha)

PREMIERS CRUS WEISS
Clos Blanc (3 ha)
Appellation communale: 5 ha

Flagey-Echézeaux

Der Ort hat keine eigene Appellation, obschon in der Gemarkung zwei Grands crus beheimatet sind. Sie werden als zu Vosne-Romanée gehörig behandelt und haben das Recht, ihren Wein unter dem Namen Vosne zu vertreiben. Tatsächlich steht Grands Echézeaux auf der Grand-cru-Stufe – eine ideale Lage, unmittelbar neben dem besten Teil von Clos de Vougeot. Seine Weine können all das Flair und die schmeichlerische Tiefe der größten Burgunder haben. Doch wäre es demgegenüber realistischer, die 34 ha von Les Echézeaux als einen oder mehrere Premiers crus zu klassifizieren, denn hier fehlt es an unmittelbar erkennbarer Persönlichkeit. Dies und der etwas »unhandliche« Name tragen dazu bei, dass die Weine zu einem vernünftigen Preis zu haben sind. Ein guter Echézeaux ist geprägt von leichter Eleganz, sanfter Süße und zartem Duft, und das macht ihn viel weniger zu einer Herausforderung als es die größten Burgunder vermögen.

Vosne-Romanée

Wenn sich mit dem Namen Chambertin Würde verbindet, so umgibt den Namen Romanée Glanz und Schimmer. Nur die ganz Reichen und ihre Gäste haben je einen Romanée-Conti zu kosten bekommen. Der exotische Glanz der Domaine de la Romanée-Conti, Alleineigentümerin dieser und der nächstgrößten Lage La Tâche, strahlt auch auf Richebourg, Romanée-St-Vivant und Grands Echézeaux hernieder, die ebenfalls zum Besitz gehören oder von hier aus bewirtschaftet werden. Die Weine der Domaine haben einen ausgeprägten Charakter, der ihnen ganz eigen und nicht der von Vosne-Romanée insgesamt zu sein scheint. Aus der Fülle der Beschreibungen, die sich seit Jahrhunderten um Vosne und seinen geheiligten Boden ranken, möchte ich drei Begriffe nennen: »Feuer«, »Samt«, »Ausgeglichenheit«. In der Begeisterung über die Grands crus kann man die Premiers crus von Vosne glatt übersehen – sehr zu Unrecht.

GRANDS CRUS

Echézeaux (34 ha)
Grande Rue (1,6 ha)
Grands Echézeaux (8,6 ha)
Richebourg (7 ha)

La Romanée (0,8 ha)
Romanée-Conti (1,8 ha)
Romanée-St-Vivant
  (9,3 ha)
La Tâche (6 ha)

Domaine de la Romanée-Conti – ein großes Weingut in Burgund

Die gemeinschaftlichen Besitzer der Domaine sind heute die Familien Leroy und de Villaine mit Aubert de Villaine als Geschäftsführer. Er lebt in Bouzeron bei Chagny, wo er einen außergewöhnlich guten Aligoté keltert. 1992 kam es zu einem brisanten betriebsinternen Streit, der vor Gericht ging. Dabei wurde Mme. Bize-Leroy all ihrer Verantwortlichkeiten innerhalb der Firma enthoben und ihr Neffe Henry-Frédéric Roch als Nachfolger eingesetzt.

Die Weinberge werden nach ökologischen Prinzipien bestellt, und neues Pflanzenmaterial mit Umsicht aus vorhandenem Rebgut selektiert. Grundsätzlich wird die Lese so lange hinausgeschoben, bis alle Trauben ausgereift sind, wobei Herbststürme und Fäulnisgefahr in Kauf genommen werden. Alle Trauben, die nicht absolut einwandfrei sind, werden unnachsichtig aussortiert. Wie viele Stiele mit in den Gärbottich kommen, hängt ganz vom Jahrgang ab. Der Gärungsprozess dauert außergewöhnlich lang: zwischen drei Wochen und einem ganzen Monat. Der gesamte Wein reift jedes Jahr in neuen Fässern; Abziehen, Umfüllen und Filtrieren werden auf das Mindestmaß beschränkt. Es sind tatsächlich die Trauben, die alles zuwege bringen.

Bei den geradezu spektakulären Preisen dieser Weine erwartet man von ihnen nicht nur einen außergewöhnlichen Charakter, sondern auch höchste Vollkommenheit. Im Wesentlichen sind es Weine für lange Flaschenlagerung. Die sofort erkennbare exotische Fülle ist fast das Markenzeichen der DRC-Weine (DRC = Domaine de la Romanée-Conti). Früher wurde direkt ab Einzelfass abgefüllt, was zu Ungleichmäßigkeiten und manchmal sogar zu unverhohlen schlechten Flaschen führte. Die Sünden der Vergangenheit sind jedoch ausgemerzt – seit 1993 gab es keine Fehler mehr.

Über eine Flasche 1962er La Tâche, der jahrelang wirklich zu den allerbesten Burgundern gehörte (zumindest meiner Meinung nach), notierte ich mir 1982: »Überwältigender, intensiver Veilchenduft am Anfang, wandelt sich innerhalb von 20 Minuten zu tieferem und fruchtigerem Bukett, das zunächst an Orangen und dann mehr an schwarze Johannisbeeren erinnert. Eine halbe Stunde nach dem Öffnen der Flasche ist der Geschmack auf dem Höhepunkt – exotische Fülle und Wärme –, scheint sich dann etwas zu sehr alkoholischer Stärke zuzuneigen und einiges an Milde einzubüßen. Ein höchst erlebnisreicher Wein – nicht zuletzt wegen der Schnelligkeit und Breite seiner Metamorphosen.«

Alle Rätsel um den Wein gipfeln in diesem außerordentlichen Weingut. Seit drei Jahrhunderten gilt es als ausgemacht, dass auf diesem kleinen Hügelland ein Wein von unnachahmlicher Art und Faszination entsteht, während die umliegenden Lagen einen deutlich andersartigen, trotzdem nur eine Spur weniger faszinierenden Wein hervorbringen. Romanée-Conti tritt auf wie das perfekte Public-Relations-Produkt, die Marketingerfolgsstory schlechthin, und in mancher Hinsicht mag das auch stimmen. Aber es ist kein Trick dabei. Auf so kleinem Raum und mit der Wirtschaftskraft von Millionären im Rücken, die auf jeden Tropfen geradezu versessen sind, lässt sich totaler Perfektionismus praktizieren. Er wäre nichts ohne die einzigartige Kombination von Boden und Lage, doch ohne ihn wäre die Möglichkeit vertan. Aber nicht die Natur, Menschenhand hat diesen einzigartigen Weinberg erschaffen. Im 18. Jahrhundert ließ Fürst de Conti, der dem Gut seinen Namen gab, frischen Lehm in Wagenladungen von den Weiden im Saône-Tal heraufschaffen, um dem Boden neues Leben zu verleihen, eine durchaus übliche Praxis in dieser Zeit. Es mutet wie Ironie an, dass heute die Behörden verbieten, auch nur einen Eimer voll Erde von außerhalb der Appellation hereinzubringen. Ist der große Weinberg deshalb zum Niedergang verdammt?

Der Grundbesitz der Domaine und ihre durchschnittlichen Produktionszahlen sind wie folgt:

La Romanée-Conti: 1,8 ha, 6000 Flaschen
La Tâche: 6 ha, 17 000 Flaschen
Richebourg: 3,5 ha, 13 000 Flaschen
Grands Echézeaux: 3,5 ha, 13 000 Flaschen
Echézeaux: 4,67 ha, 19 000 Flaschen
Romanée-St-Vivant: 5,28 ha, 21 000 Flaschen
Le Montrachet: 0,67 ha, 3500 Flaschen

PREMIERS CRUS

Beaux Monts (11,4 ha)
Aux Brûlées (4,5 ha)
Chaumes (6,5 ha)
Clos de Réas (2,1 ha)
Croix Rameau (0,6 ha)
Cros Parantoux (1 ha)
Gaudichots (1 ha)
Malconsorts (7 ha)
En Orveaux (1,8 ha)
Petits Monts (3,7 ha)
Reignots (1,6 ha)
Rouges du Dessus (2,6 ha)
Suchots (13 ha)
Appellation communale: 97 ha, davon 13,3 in Flagey-Echézeaux

Nuits-St-Georges

Als Stadt hält Nuits-St-Georges den Vergleich mit dem malerischen Beaune nicht stand; die Stadtmauern sind verschwunden, und große Sehenswürdigkeiten gibt es nicht. Aber Nuits ist das Handelszentrum der Côte de Nuits, Sitz eines runden Dutzends von Handelshäusern; in den endlosen, stillen Kellern reifen zahllose dickbäuchige *pièces* heran. In einer Hinsicht jedoch ist die Ähnlichkeit mit Beaune unverkennbar: Der lang gestreckte Rebenhügel liefert hoch gelobte berühmte Weine – ohne einen wirklichen Spitzenreiter. Hätte Nuits eine Grand-cru-Lage, es wäre Les St-Georges und vielleicht auch Les Vaucrains, Les Cailles und Les Porrets auf dem Hang darüber und daneben. Aber keine dieser Lagen konnte die Welt bisher mit einem Wein überzeugen, der sich beständig über den Premier-cru-Stand erhebt.

Die gelegentlichen Vergleiche mit den Weinen von Beaune finden in den Gewächsen aus Nuits mehr Härte und weniger Frucht in jungen Jahren und manchmal noch darüber hinaus. Es ist schwer zu verstehen, weshalb sie in den angelsächsischen Ländern so sehr beliebt sind, denn oft dauert es zehn Jahre, bis sich die Strenge in Wärme und Geschmackstiefe verwandelt hat. Der beste Nuits wartet mit einem enormen Vorrat an unergründlichen Charaktereigenschaften auf, die mit Muße erforscht sein wollen.

Prémeaux, der südliche Nachbarort, gehört mit zur Appellation Nuits-St-Georges und besitzt eine Reihe von Premiers crus ähnlicher Wertigkeit, die eingezwängt in einem schmalen, steilen Hang zwischen Straße und Wald liegen.

PREMIERS CRUS

Aux Argillas (1,8 ha)
Les Argillières, Prémeaux (0,2 ha)
Boudots (6,2 ha)
Bousselots (4,2 ha)
Cailles (7 ha)
Chabœufs (3 ha)
Chaignots (5,8 ha)
Chaines-Carteaux (3 ha)
Champs Perdrix (0,7 ha)
Château Gris (*monopole* innerhalb von Les Crofts; 2,8 ha)
Clos de l'Arlot, Prémeaux (4 ha)
Clos des Argillières, Prémeaux (4,2 ha)
Clos des Corvées, Prémeaux (5 ha)
Clos des Corvées Pagets, Prémeaux (1,5 ha)
Clos des Forêts St-Georges, Prémeaux (7 ha)
Clos des Grandes Vignes (2,1 ha)
Clos de la Maréchale, Prémeaux (9,5 ha)

Clos des Porrets St-Georges (3,5 ha)
Clos de Thorey (4,1 ha)
Corvées, Prémeaux (7,7 ha)
Cras (3 ha)
Crots (1,2 ha)
Damodes (8,5 ha)
Didiers, Prémeaux (2,5 ha)
Haut-Pruliers (0,4 ha)
Murgers (5 ha)
Aux Perdrix, Préfneaux (3,5 ha)
Perrières (3 ha)
Perrière-Noblot (0,3 ha)
Porrets (4 ha)
Poulettes (2 ha)
Procès (1,4 ha)
Pruliers (7 ha)
Richemone (2 ha)
Roncières (1 ha)
Rue de Chaux (2 ha)
Les St-Georges (7,5 ha)
Terres Blanches, Prémeaux (0,9 ha)
Vallerots (0,8 ha)
Vaucrains (6 ha)
Vignes Rondes (3,8 ha)
Appellation communale: 161 ha

Côte de Nuits-Villages

Diese Appellation ist eine Art Trostpreis für die Gemarkungen an beiden Enden der Haupt-Côtes: Prissey, Comblanchien und Corgoloin, anschließend an Prémeaux an der Straße nach Süden, sowie Fixin, Brochon und Marsannay an der Straße nach Dijon, jenseits von Gevrey-Chambertin. Fixin und Marsannay haben ihre eigenen Appellationen.

An der Straße nach Beaune sieht man mehr Steinbrüche als Weinberge. Der hier gewonnene Marmor gehört zu Frankreichs schönstem. Nur ein Weinberg sticht hervor, den man als »Premier cru manqué« bezeichnen könnte: Clos des Langres, Besitz von La Reine Pédauque, an der äußersten Südspitze der Côte de Nuits.

Côte d'Or – Côte de Beaune

Das Kernland des großen weißen Burgunders, Heimat der sagenhaften Weinberge von Corton-Charlemagne, Meursault und Montrachet. Auch die Rotweine sind aller Ehren wert, vom kraftvollen Pommard über den eleganten Volnays bis hin zu den immer wieder unterbewerteten Weinen von Beaune selbst. Hier findet sich auch eine Spielwiese für Schnäppchenjäger, auf der sich die stetig eleganter werdenden, beachtlichen Weine der weniger bekannten Ortschaften wie Savigny, Monthélie und St-Aubin tummeln. Die größten Schätze aber bleiben wohl der gehaltvolle, buttrige Meursault, die rassigen Weine von Puligny und Chassagne, der ungemein kraftvolle, mineralische weiße Corton und die mächtigen Grands crus von Montrachet und Bâtard-Montrachet.

Ladoix-Serrigny

Die Côte de Beaune beginnt mit ihrem berühmtesten Wahrzeichen, der ovalen Kuppel (wenn es so etwas gibt) des Corton-Bergs. Er trägt eine Kappe aus Wäldern, aber seine Süd-, Ost- und Westflanke sind ganz von Reben bedeckt, die zu drei verschiedenen Gemarkungen gehören. In der Reihenfolge, wie man sie von Norden kommend findet, sind es Ladoix-Serrigny, Aloxe-Corton und – um die Ecke versteckt – Pernand-Vergelesses. Die besten Lagen sind in allen drei Orten diejenigen auf dem oberen und mittleren Teil der Hänge, die sich in die Appellation Corton Grand cru (der einzige rote Grand cru der Côte de Beaune) und zum Teil Corton-Charlemagne (für Weißwein) teilen.

Ladoix-Serrigny hat den kleinsten und nicht den besten Anteil an Corton, und zwar mit seinen Lagen Rognet-Corton und Les Vergennes, die aber als Namen nicht in Erscheinung treten, sondern – wie es mit dem ganzen Grand-cru-Gebiet gehandhabt werden kann – in der allgemeinen Bezeichnung Corton aufgehen. In ähnlicher Weise profitieren auch die Village-Weine von Ladoix, deren Namen nur wenig bekannt sind, von der Appellation Côte de Beaune-Villages.

GRANDS CRUS

Corton-Charlemagne, nur Weißwein:
Basses-Mourottes (1 ha)
Hautes-Mourottes (1,8 ha)
Le Rognet-et-Corton (3,2 ha)

Corton, Rot- und Weißwein:
Les Carrières (0,4 ha)
Les Grandes Lolières (3 ha)
Les Moutottes (0,8 ha)
Le Rognet et Corton (8,4 ha)
La Toppe au Vert (0,1 ha)
Les Vergennes (3,4 ha)
Ein Teil der Ladoix-Serrigny-Weine darf unter dem Namen der Appellation Aloxe-Corton verkauft werden, der Rest als Côte de Beaune-Villages.

PREMIERS CRUS

Gesamtfläche 24 ha:
Basses-Mourottes (0,9 ha)
Bois Roussot (1,8 ha)
Les Buis
Le Clou d'Orge (1,6 ha)
La Corvée (7 ha)
Les Grenchons et Foutrières
Hautes-Mourottes (0,6 ha)
Les Joyeuses (0,8 ha)
Les Lolières
La Micaude (1,6 ha)
En Naget
Le Rognet
Appellation communale: 118 ha

Aloxe-Corton

Der größere Teil der Grands crus Corton und Corton-Charlemagne fällt in diese Gemarkung, trotzdem verbleibt noch reichlich (und tiefer gelegenes) Land für die Appellation Aloxe-Corton, mit Premiers-crus- und Villages-Weinen. Vergessen sollte man dabei nicht, dass der kurze Name Corton die höher bewertete Appellation gegenüber Aloxe-Corton bezeichnet, ähnlich wie Chambertin gegenüber Gevrey-Chambertin.

Es ist so gut wie unmöglich (und eigentlich auch kaum wesentlich), die legalen Verhältnisse der Grands crus hier zu begreifen. Corton umfasst ein Dutzend verschiedener benach-

barter Weinberge, von denen der höchstgelegene tatsächlich den Namen Le Corton trägt. Die anderen heißen entweder einfach Corton oder zum Beispiel Corton Clos du Roi oder Corton-Bressandes. Auf einem so großen Berghang gibt es natürlich Unterschiede in Art und Qualität. Bressandes, der tiefstgelegene der Grand-cru-Weinberge, liefert volleren Wein von einem kräftigeren Boden als Clos du Roi weiter oben … und so fort.

Es gibt 120 ha Grand-cru-Fläche in Aloxe-Corton, von denen 49 ha Corton-Charlemagne produzieren dürfen. Doch ist es den Winzern gestattet, innerhalb von Corton-Charlemagne auch rote Trauben anzupflanzen, was allerdings wenige tun. Es ist deshalb so gut wie unmöglich, exakte Zahlen für die jeweiligen Rebflächen zu nennen, wie wir es bei anderen Gemeinden getan haben. Jedenfalls kann man sagen, dass etwa zwei Drittel der Grand-cru-Weinberge für roten Corton sind (darunter auch Weinberge wie Les Bressandes), fast ein weiteres Drittel für Corton-Charlemagne und nur knapp ein Prozent für weißen Corton.

Corton-Charlemagne ist ein weißer Grand cru, der aus einigen Weinbergen stammt, die auch roten Corton liefern: nämlich denen am Südhang und oben am Berg, wo der Boden heller und kalkhaltiger ist. Es gibt verwirrenderweise aber auch noch einen weißen Grand cru Corton, den man allerdings selten antrifft.

Getreu ihrer nationalen Vorliebe schätzen die Franzosen den roten Corton als den besten Wein vom Berg und vergleichen ihn der Kraft seiner Persönlichkeit wegen mit Chambertin. Die Engländer hingegen lieben Corton-Charlemagne und heben ihn auf dieselbe Stufe wie Le Montrachet, während ich mit Überraschung feststellen musste, dass französische Autoren denselben Wein mit Meursault vergleichen. Er bringt große, drängende Kraft in einer Art zum Ausdruck, die einem eichenholzwürzigen Grand-cru-Chablis entspricht, allerdings mit mehr Würze, ja Bodengeschmack und dafür weniger von jenem einfachen Zauber reifer Frucht. Es liegt in der Natur des Corton-Charlemagne, dass, ähnlich wie bei Rotweinen, seine Qualitäten 7–8 Jahre verborgen bleiben und seine Wucht erst dann zur Geltung kommt. Roter Corton braucht ebenso lange Lagerung wie die Grands crus von der Côte de Nuits.

Der beherrschende Name unter den Corton-Erzeugern heißt sowohl bei Rotwein als auch bei Weißwein Louis Latour, dessen Kelterhaus und Keller in den Fuß des Berges getrieben sind und der den Namen seines Château, Grancey, einer Corton-Auslese von noch größerer Wucht als üblich verleiht.

GRANDS CRUS

Lieux-dits (Lagennamen) für roten Corton:
Bressandes (17,4 ha)
Maréchaudes (4,2 ha)
Perrières (10 ha)
Renardes (11,3 ha)
Clos du Roi (10,7 ha)
Teile (kleiner als 4 ha) von Chaumes und Voirosses, Combes, Fiètres, Grèves, Meix, Meix Lallemand, Pauland, Le Village und La Vigne au Saint in Aloxe-Corton.

PREMIERS CRUS

Chaillots (4,6 ha)
Clos des Maréchaudes (1,4 ha)
Coutière (2,5 ha)
Les Fournières (5,5 ha)
Les Guérets (2,5 ha)
Les Maréchaudes (2,3 ha)

Les Meix (2 ha)
Moutottes (0,9 ha)
Paulands (1,6 ha)
Petits Lolières (1,6 ha)
Yoppe au Vert (1,7 ha)
Les Valozières (6,6 ha)
Les Vercots (4,2 ha)
Appellation communale: 89 ha

Pernand-Vergelesses

Der Grand cru von Pernand-Vergelesses ist Corton-Charlemagne; roten Corton gibt es am Westhang des Bergs (dem einzigen Westhang an der ganzen Côte d'Or) nicht. Die Premiers crus aber liegen ganz anders, dem Corton-Charlemagne direkt gegenüber auf der anderen Seite des schmale Tals, das zu diesem versteckten Dorf führt. Die Premiers crus sind Rotweine; sie bilden die Fortsetzung der besten Lagen des Nachbarorts Savigny und in gewissem Sinne auch derjenigen von Beaune.

GRANDS CRUS
Charlemagne (nur weiß) und Corton (nur rot) liegen in derselben Parzelle.

PREMIERS CRUS
Basses-Vergelesses (auch als Les Vergelesses bekannt; 18 ha)
Caradeux (12 ha)
Clos Berthet
Clos Le Village
Creux de la Net (3,4 ha)
Croix de Pierre (2,8 ha)
Fichots (11 ha)
Ile des Vergelesses (9 ha)
Sous Frétille
Appellation communale: 137 ha

Savigny-lès-Beaune

Savigny liegt wie Pernand-Vergelesses am Ende eines Tals, das in die Côte hineinschneidet, und es wachsen auch beiderseits des Tals Reben. Auf der Seite von Pernand sind die Hänge nach Süden geneigt, auf der Seite von Beaune nach Nordosten. Die besten Lagen sind an den äußersten Enden der Gemarkung, wo sich beide Hänge am meisten nach Osten wenden, nämlich Les Vergelesses und Lavières sowie La Dominode und Marconnets. Durch das Tal fließt das Flüsschen Rhoin.

Savigny hat ein beachtliches Château, eine große Anzahl guter Erzeuger sowie – und das ist das Beste – eine Tendenz zu bescheideneren Preisen als die Nachbarorte. Die Weine könnte man als sanfte Klassiker beschreiben, die alterungsfähig, aber niemals »ultrachic« sind. Nur in guten Jahrgängen kommen sie zur vollen Kraft. Aber wo wäre das anders?

PREMIERS CRUS
Bas Marconnets (3 ha)
Basses-Vergelesses (1,7 ha)
Bataillere (1,8 ha)
Champ-Chevrey (1,5 ha)
Charnières (2 ha)
Clous (10 ha)
Dominode (8 ha)
Fourneaux (6,4 ha)

Gravains (6 ha)
Guettes (14 ha)
Hauts-Jarrons (4,5 ha)
Hauts-Marconnets (5,4 ha)
Jarrons (1,4 ha)
Lavières (17 ha)
Narbantons (9,5 ha)
Petits Godeaux (0,7 ha)
Peuillets (16 ha)
Redrescut (0,5 ha)
Rouvrettes (2,8 ha)
Serpentières (12 ha)
Talmettes (3 ha)
Aux Vergelesses (15 ha)
Appellation communale: 212 ha

Beaune

Wie keine andere Stadt bringt Beaune die Versuchung mit sich, ein Weinhandbuch in einen Fremdenführer zu verwandeln. Es lädt nicht nur zum Besuch ein – es bittet geradezu darum. Ein Gang durch die buckligen Gassen zwischen den herrlich riechenden Kellern ist schon eine der großen Freuden dieser Welt. Die ältesten, größten, berühmtesten und auch die meisten der besten Weinhändler haben hier ihr Revier, und ihnen gehört auch der größere Teil der ausgedehnten Weinberge. Von Beaune darf man weder die stattlichsten noch die ausgefallensten Weine erwarten: *franc de goût* lautet die schwer übersetzbare klassische Beschreibung. *Franc* bedeutet freimütig, offen, ehrlich, anständig, reell, aufrichtig – aber freilich nicht langweilig. Junger Beaune trinkt sich bereits gut, mit dem Alter wird er weicher, und sein Bukett wird vielfältiger.

Wollte man unbedingt eine Rangfolge der Premiers crus aufstellen, dann müsste sie etwa so beginnen: Les Grèves, Fèves, Cras, Teurons, Marconnets und Clos des Mouches (woher auch ein hervorragender Weißwein kommt). Niemand aber würde behaupten, er könne sie alle auseinander halten, und so hängt mehr vom Erzeuger ab als von der Lage. Das ist auch der Grund, weshalb die verschiedenen *monopoles* der Négociants meist ihren Preis wert sind. Vor den Namen dieser Weinberglagen steht meist *Clos*. Die drei größten Grundbesitzer sind Bouchard Père & Fils, Chanson und die Hospices de Beaune.

PREMIERS CRUS
Aigrots (18 ha)
Avaux (11,5 ha)
Bas Teurons (6,3 ha)
Beaux Fougets (0,3 ha)
Bélissand (5 ha)
Blanche Fleur (0,4 ha)
Boucherottes (8,5 ha)
Bressandes (17 ha)
Cent Vignes (24 ha)
Champs Pimont (16 ha)
Chouacheux (5 ha)
Clos des Avaux (3,7 ha)
Clos de l'Ecu (2,4 ha)
Clos de la Féguine (1,9 ha)
Clos Landry (2 ha)
Clos des Mouches (25 ha)
Clos de la Mousse (3,4 ha)
Clos du Roi (8,4 ha)
Clos Ste-Anne (0,7 ha)

Coucherias (7,7 ha)
Cras (5 ha)
A l'Ecu (2,6 ha)
Epenottes (8 ha)
Fèves (4,5 ha)
En Genèt (4,5 ha)
Grèves (32 ha)
Marconnets (9,5 ha)
Mignotte (2,4 ha)
Montées Rouges (3,7 ha)
Montrevenots (8 ha)
En l'Orme (2 ha)
Perrières (3,2 ha)
Pertuisots (5,2 ha)
Reversées (4,8 ha)
Seurey (1,2 ha)
Sizies (8,6 ha)
Sur les Grèves (3 ha)
Teurons (21 ha)
Toussaints (6,5 ha)
Tuvilains (9 ha)
Vignes Franches (10 ha)
Appellation communale: 128 ha

Chorey-lès-Beaune

Die kleine Appellation Chorey-lès-Beaune leitet aus dem Tal in die Ebene über. Der Wein wird meist als Côte de Beaune-Villages auf den Markt gebracht. Es sind durchaus köstliche Tropfen, doch sollten sie jung getrunken werden.

Côte de Beaune

Diese Appellation scheint für all jene eingeführt worden zu sein, die bei der Vergabe der Appellation Côte de Beaune-Villages (siehe Seite 118) geschlafen haben. Sie gilt nur für Weine aus Beaune (die sie nicht nötig haben) oder von benachbarten 9 ha, die ebenfalls wohl Besseres verdient hätten. Soweit mir bekannt ist, wird sie nur für hervorragende Weiß- und Rotweine von La Grande Châtelaine, Clos de Topes und Clos de Monsnières verwendet. Da nur auf 30 ha angebaut wird, dürfte sie recht selten anzutreffen sein.

Pommard

Im Krieg der Worte, in dem versucht wird, den Weinbauorten Individualität zu verleihen, werden die Weine von Pommard kurz und knapp als *loyaux et marchands* abgestempelt – loyal und marktgerecht. In Pommard werden solide, markige Weine von kräftiger Farbe gekeltert, die anfangs aggressiv sind und auch im Alter nur wenig nachgiebiger werden. Les Rugiens mit seinem eisenroten Boden ist der Weinberg, der die meisten dieser Qualitäten vereinigt; er gilt als der beste Pommard. Les Epenots am Rand von Beaune liefert zugänglichere Weine. Stolz und Loyalität kann man den örtlichen Winzern kaum absprechen, aber die Tannine ihres Weins in den Griff zu kriegen haben nur die wenigsten geschafft.

PREMIERS CRUS

Argillières (4 ha)
Arvelets (8,5 ha)
Bertins (3,5 ha)
Boucherottes (1,5 ha)
Chanière (2,8 ha)

Vom rechten Genuss eines Burgunders

Weißer Burgunder ist unvergleichlich gut geeignet als Begleiter zum ersten Gang eines festlichen Essens und als Wegbereiter für einen feinen Rotwein – sei es ein Burgunder oder ein Bordeaux. Leichtere, säurehaltigere Weine passen ideal zu Schweinefleisch und Pasteten; reife und vollmundigere Weißweine können zu Geflügel und Kalbfleisch einen Rotwein würdig vertreten.

Roter Burgunder kann so fein sein, dass er geradezu danach verlangt, für sich allein und ohne begleitende Speisen genossen zu werden. Andererseits kann er in Fülle und Weinigkeit so mächtig sein, dass ihn selbst der kräftige Geschmack von abgehangenem Wild nicht aussticht. Leichteren Weinen tut es gut, wenn man sie kühl serviert. Nur schwere, voll ausgereifte Burgunder sollten »Raumtemperatur« haben wie Bordeaux. In Burgund wird Rotwein selten dekantiert. Die burgundische Gepflogenheit, scharfen Käse, sogar Epoisses, zum Wein zu servieren, erscheint mir jedoch übertrieben.

Chanlins Bas (4,4 ha)
Chaponnières (2,8 ha)
Charmots (9,7 ha)
Clos Blanc (4,2 ha)
Clos de la Commaraine (3,8 ha)
Clos des Epeneaux (5,2 ha)
Clos Micot (2,8 ha)
Clos de Verger (2 ha)
Combes-Dessus (2,7 ha)
Croix Noires (1,3 ha)
Fremiers (5 ha)
Grands-Epenots (10 ha)
Les Jarollières (3,2 ha)
Petits Epenots (15 ha)
Pézerolles (6 ha)
Platière (2,5 ha)
Poutures (4,1 ha)
Refène (2,3 ha)
Rugiens-Bas (5,8 ha)
Rugiens-Hauts (6,8 ha)
Saussilles (3,9 ha)
Appellation communale: 210 ha

Volnay

Corton und Volnay bilden die Stilextreme an der Côte de Beaune: der erste majestätisch, robust, von tiefer Farbe und von Natur aus dominant, der zweite zart, filigran, ein hellerer Rotwein mit weichfruchtigem Duft, ganz Harmonie und Hochgenuss. Es heißt, der Volnay sei der Chambolle-Musigny der Côte de Beaune, und ich finde, das stimmt. Beide sind mir aus ihrer jeweiligen Gegend die liebsten. Um weitere Vergleiche anzustellen: Corton ähnelt dem Château Latour und Volnay dem Lafite, und es ist eine echte Schande, wie heute einige Volnay-Erzeuger auf der krampfhaften Suche nach Gehalt und Extrakt ihren Wein verderben.

Das hübsche kleine Dorf liegt höher auf dem Hügel als seine Nachbargemeinden, seine 136 ha Premiers crus befinden sich auf halber Höhe darunter. Der weite Rebhang, der hinunter nach Meursault verläuft, umfasst unter anderem Les Caillerets, diejenige Premier-cru-Lage in Volnay, die wohl am ehesten an Grand-cru-Qualität heranreicht. Champans, gleich nebenan unterhalb des Städtchens, spielt ebenso wie Clos de

Chênes in dieser Güteklasse mit. Eine klare Trennungslinie zwischen Volnay und seinen südlichen Nachbarn, Meursault im Tal und Monthélie auf dem Berg, gibt es nicht; die gleiche Art von Wein, ja sogar die gleichen Lagennamen setzen sich fort. Meursault darf den Namen Volnay für Rotwein mit benutzen, sofern er in den Lagen Caillerets, Santenots, Pitures und Cras wächst (und von Pinot noir gekeltert wird). Kostet man sie neben den weißen Premier crus von Meursault, entdeckt man, dass roter und weißer Wein durchaus nicht wie »Hund und Katz« sein müssen.

PREMIERS CRUS

Angles (3,4 ha)
Aussy (1,7 ha)
Brouillards (5,6 ha)
Caillerets (14,4 ha)
Carelle Sous la Chapelle (3,7 ha)
Carelles Dessous (1,5 ha)
Champans (11 ha)
Chanlins (2,9 ha)
Chevret (6,4 ha)
Clos de l'Audignac (1,1 ha)
Clos de la Barre (1,3 ha)
Clos de la Bousse d'Or (2,2 ha)
Clos du Château des Ducs (0,6 ha)
Clos des Chênes (15 ha)
Clos de la Cave des Ducs (0,6 ha)
Clos des Ducs (2,4 ha)
En l'Ormeau (4,3 ha)
Frémiets (7,4 ha)
Gigotte (0,5 ha)
Grand-Champs (0,2 ha)
Lurets (2 ha)
Mitans (4 ha)
Pitures Dessus (4 ha)
Pointes d'Angles (1,2 ha)
Robardele (3 ha)
Ronceret (1,9 ha)
Santenots (22 ha)
Taille Pieds (7 ha)
Clos du Verseuil (0,7 ha)
Appellation communale: 100 ha

Monthélie

Wie Corton-Charlemagne sich um die Ecke nach Pernand-Vergelesses erstreckt, so verläuft die beste Lage von Volnay in die weniger bekannte Gemarkung Monthélie, und der Name wandelt sich zu Les Champs-Fulliot. Besonderes Interesse gebührt im Ort Monthélie dem Château, Eigentum eines der besten Erzeuger im Ort: Robert de Suremain.

PREMIERS CRUS

Cas Rougeot (0,6 ha)
Champs-Fulliot (8 ha)
Château Gaillard (0,5 ha)
Clos Gauthey (1,8 ha)
Duresses (6,7 ha)
Meix-Bataille (2,3 ha)
Riottes (0,7 ha)
Sur la Velle (6 ha)
Taupine (1,5 ha)
Vignes Rondes (2,7 ha)
Appellation communale: 110 ha

Meursault

Der Ortschaft Meursault ist es bisher nicht gelungen, ihre Besucher von den Annehmlichkeiten und Attraktivitäten einer Weinstadt zu überzeugen, als die sie sich selbst empfindet. Ganze Wälder von Reklameschildern stehen in den Straßen, mit denen Touristen in die Weinkeller gelockt werden sollen – die einzige *raison d'être* dieses Ortes. Auch die Einstellung zum Kunden lässt nicht selten zu wünschen übrig. So sagte man mir in einem mit einladender Werbung zugepflasterten Weingut kurz und bündig, dass ich Wein nur zu kosten bekäme, wenn ich ihn auch kaufen würde. Auf meinen schwachen Protest hin, dass ich schließlich nicht wissen könne, ob ich kaufen wolle, bevor ich probiert hätte, bekam ich ein Schulterzucken zur Antwort.

Meursault-Weine gibt es in Mengen – und sie sind höchst unterschiedlich. In Bestform ist es ein Wein, an den ich nur denken muss, und das Wasser läuft mir im Mund zusammen, eine Verbindung von Milde und Saftigkeit mit durstlöschender Sauberkeit und kräftigem Biss. Ein Meursault-Village ist mild, doch je weiter man die Stufenleiter hinaufgeht, umso mehr Gewicht und Biss bekommt der Wein. Ich erinnere mich noch deutlich an einen dreijährigen 78er Premier cru Charmes von Joseph Matrot, der im Mund fast schmerzte, so schwer und konzentriert war dieser erstklassige Wein aus einem großen Jahrgang. Mit zunehmendem Alter wird er runder; es bilden sich Geschmacksnuancen aus, die manchmal mit Worten wie Haferflocken, Haselnüsse und Butter beschrieben werden – jedenfalls satte, sanfte Aromen.

Die Weißweinlagen von Meursault verlaufen ununterbrochen nach Puligny-Montrachet im Süden, und die besten sind die, die der Gemarkungsgrenze am nächsten liegen: Les Perrières, Les Charmes, Les Genevrières. Das Dörfchen Blagny, noch weiter oben auf demselben Weinberg, ist ebenfalls an den Meursault-Premiers-crus der Spitzenqualität beteiligt: Sous le Dos d'Ane und La Pièce Sous le Bois – Namen, die eine rustikale Schlichtheit zum Ausdruck zu bringen scheinen, was aber bei weitem nicht stimmt.

Die Village-Weine vom oberen Teil des Berges (Les Tillets, Les Narvaux) sind vorzüglich, mit schärferer Säure. Wie ein Blagny brauchen sie Zeit zur Entfaltung. Die besten Rotweine von Meursault kommen als Volnay-Santenots auf den Markt.

PREMIERS CRUS

Bouchères (4,4 ha)
Charmes (31 ha)
Clos des Perrières (1 ha)
Cras (3,5 ha)
Genevrières (16,5 ha)
Gouttes d'Or (5,4 ha)
Jeunelotte (5 ha)
Perrières (Dessous und Dessus) (13,7 ha)
La Pièce Sous le Bois (11 ha)
Poruzots (11,4 ha
Santenots (22 ha)
Sous Blagny (2,2 ha)
Sous le Dos d'Ane (5 ha)
Appellation communale: 305 ha

Blagny

Blagny besitzt keine eigene Appellation für Weißwein, wohl aber vorzügliche Weinberge sowohl in Meursault als auch in Puligny-Montrachet. Die Roten laufen unter der AC Blagny.

PULIGNY-MONTRACHET PREMIERS CRUS

La Garenne (10 ha)

Hameau de Blagny (4,2 ha)

Sous le Puits (6,8 ha)

Appellation communale: 8 ha

MEURSAULT PREMIERS CRUS

La Jeunelotte (5 ha)

La Pièce Sous le Bois (11 ha)

Sous Blagny (2,2 ha)

Sous le Dos d'Ane (5 ha)

Appellation communale: 2 ha

Auxey-Duresses

Das Dorf oberhalb von Meursault und dahinter, wo ein Tal rechtwinklig zur Côte verläuft und einen Südhang auf halber Höhe des Berges bildet, ist gerade recht für ein kleines Stück Premier cru, das hauptsächlich mit Pinot noir bepflanzt ist. Neben anderen Winzern baut hier der Duc de Magenta einen Weißwein ganz ähnlich wie sehr spritziger Meursault an, der mir besser schmeckt als der rote Auxey. Ein großer Teil des Rotweins wird, soweit ich weiß, als Côte de Beaune-Villages verkauft. Der Ort beherbergt auch das legendäre Lagerhaus »Gardienne des Grands Millésimes« von Mme. Bize-Leroy (siehe Maison Leroy).

PREMIERS CRUS

Bas des Duresses (2,4 ha)

Bréterins (1,7 ha)

Chapelle (1,3 ha)

Climat du Val (8,4 ha)

Clos du Val (1 ha)

Duresses (8 ha)

Ecusseaux (3,1 ha)

Grands Champs (4 ha)

Reugne(2 ha)

Appellation communale: 138 ha

St-Romain

Ein hübsches Dörfchen, in der zweiten Hügelwelle hinter Auxey-Duresses versteckt und erst 1967 in die Appellation Côte de Beaune-Villages aufgenommen. Es hat kein Premier-cru-Land, weil es zu hoch liegt, und es liefert mehr und besseren weißen als roten Wein. In kühlen Jahren können sie allerdings zu scharf geraten.

Puligny-Montrachet

Puligny und Chassagne erscheinen auf den ersten Blick wie siamesische Zwillinge, miteinander verbunden durch die gemeinsame Grand-cru-Lage Le Montrachet. Der erste Eindruck täuscht aber. Puligny hat sich ganz dem Weißwein verschrieben. Chassagne war lange trotz seines Namensbestandteils Montrachet sehr dem Rotwein verbunden, und nach wie vor sind 40 % der Weinberge mit Pinot noir bepflanzt.

Es steckt keine Hexerei dahinter, dass Weißwein von Meursault-Charmes anders schmecken muss als der Puligny Premier cru Les Combettes, der direkt an ihn angrenzt. Von einem Puligny-Montrachet erwarte ich einen etwas lebhafteren Fruchtgeschmack, ein klein wenig mehr Frische und vielleicht eine Blumigkeit, die für den Meursault einfach nicht charakteristisch ist. Alte Notizen über Weinproben widersprechen

sich an jeder Ecke, meine Beschreibung ist deshalb reiner Impressionismus – letzten Endes beweisen all diese luftigen Metaphern, diese hingetupften Obstgärten nur, dass mir die Worte fehlen, um diesen Geschmack zu beschreiben.

Greifbarer ist da schon die Höherwertigkeit der Premiers crus. Les Combettes und Champs Canet an der Grenze zu Meursault und der Teil von Blagny, der in dieser Gemarkung liegt und die (rote) Appellation Blagny Premier cru trägt, werden natürlich der Art des Meursault näher sein. Für diejenigen, die neben den Grands crus liegen, nämlich Caillerets und Pucelles, wird meist ein geringfügig höherer Preis bezahlt.

Zwei der Grands crus, die den Gipfelpunkt des Weißweins in Burgund bilden, liegen vollständig in Puligny-Montrachet: Chevalier-Montrachet, der Hügelstreifen oberhalb von Montrachet, und Bienvenues-Bâtard-Montrachet, der halbe flachere Hang darunter. Anerkanntermaßen hat der »Chevalier« den feinen Geschmack des Montrachet, wenn auch in nicht so konzentrierter Form (und Konzentration ist nun einmal das Kennzeichen dieses großartigsten aller Weißweine.) Kenner machen üblicherweise keinen Unterschied zwischen »Bienvenues« und »Bâtard« (um die umständlichen Namen etwas abzukürzen). Doch derartige Verallgemeinerungen werden bei der nächsten Weinprobe wieder über den Haufen geworfen, wenn ein anderer Jahrgang zur Debatte steht, oder der Wein eines anderen Erzeugers.

Selbst für schlichten Puligny-Montrachet-Village zahlt man gesalzene Preise. Wohl eher nicht, denn die besseren Village-Weine aus Meursault bieten mehr Genuss. Puligny-Montrachet dürfte knapp der teurere von beiden sein.

GRANDS CRUS

Bâtard-Montrachet (6 ha)

Bienvenues-Bâtard-Montrachet (3,6 ha)

Chevalier-Montrachet (7,25 ha)

Montrachet (4 ha)

PREMIERS CRUS

Caillerets (3,4 ha)

Chalumeaux (5,8 ha)

Champs Canet (4 ha)

Champ Gain (10,7 ha)

Clavoillon (5,6 ha)

Clos de la Garenne (1,5 ha)

Clos des Meix (1,6 ha)

Combettes (6,8 ha)

Demoiselles (0,6 ha)

Folatières (17,7 ha)

Garenne (10 ha)

Hameau de Blagny (4,3 ha)

Perrières (8,4 ha)

Pucelles (5,1 ha)

Referts (5,5 ha)

Sous le Puits (6,8 ha)

Truffière (2,5 ha)

Appellation communale: 114 ha

Chassagne-Montrachet

Fast die Hälfte der Grands crus Le Montrachet und Bâtard-Montrachet sowie ganz Criots-Bâtard-Montrachet liegen auf der Ecke des Hügels, die das nördliche Ende der Gemarkung bildet. Leider hat der steile Südhang, der rechtwinklig zu ihnen entlang der Straße nach St-Aubin in den Hügeln verläuft, nicht genug Boden für Reben. Läge diese Gegend im portugiesischen Douro-Tal, dann wären längst Terrassen angelegt. Zwischen hier und dem Ort selbst liegt etwas Premier-cru-Land, aber die berühmten Weine beginnen erst dort, wo die Côte im Clos St-Jean oberhalb der kleinen Ortschaft wieder ausgeprägter und steiler wird. Caillerets, Ruchottes und Morgeot sind Namen, die man auf teuren und denkwürdigen Weißweinflaschen findet. Clos St-Jean, Boudriotte und alle übrigen Lagen tragen vor allem Rotweinreben.

Sollte jemand auf die Idee kommen, dass der Rotwein aus Chassagne leicht sein müsste, dann ist er auf dem Holzweg. Der Wein ist weit davon entfernt, ein sanfter Ausklang des Volnay zu sein: Er hat so viel Saft und Kraft wie der Corton von der Côte de Nuits. Das brillanteste Beispiel, das von der doppelten Qualität dieses Landstrichs zeugt, habe ich im Clos de la Chapelle von Duc de Magenta gefunden, der ein Teil des Premier cru Abbaye de Morgeot und halb rot und halb weiß bestockt ist – zumindest Anfang der 1970er-Jahre – in beiden Formen ganz hervorragend war. Übrigens wird roter Chassagne zum gleichen Preis verkauft wie der Wein aus weniger bekannten Villages – viel billiger also als die großen Namen von der Côte de Nuit, dabei aber genauso zufrieden stellend.

Viele der hiesigen Premier crus dürfen unter bekannteren Etiketten aus der gleichen Klasse ihren Weg in die Flaschen finden, weshalb einige Namen selten oder nie zu lesen sind.

GRANDS CRUS
Bâtard-Montrachet (6 ha)
Criots-Bâtard-Montrachet (1,6 ha)
Montrachet (4 ha)

PREMIERS CRUS
Sowohl Rot als auch Weiß; En Cailleret erbringt nur Rotwein, Caillerets, auch als Chassagne bekannt, nur Weißwein:

Abbaye de Morgeot (8,5)
Baudines (3,6)
Blanchot Dessus (1,3)
Bois de Chassagne (4,4)
Bondues (1,7)
Boudriotte (Teil von Morgeot)
Brussonnes (Teil von Morgeot)
Caillerets (20)
Champs Gain (4,6)
Chaumées (7,5)
Chenevottes (9,3)
Clos Stjean (14,2)
Dents de Chien (0,65)
Embrazées (5,2)
En Cailleret
En Remilly (1,6)
Grande Montagne (2,8)
Grandes Ruchottes (2,1)
Macherelles (5)
Maltroie (11,6)
Morgeot (54)
Romanée (3,4)
Vergers (9,4)
Vide-Bourse (1,2)
Appellation communale: 180 ha

St-Aubin

St-Aubin ist ein Zwillingsbruder von St-Romain, versteckt im ersten Tal hinter der Côte, aber mit einem gewissen Lagevor-

teil, der ihm einige Premiers crus verschafft. Etwa die Hälfte des Landes dieser Appellation entfällt auf das Dorf Gamay (vermutlich der Herkunftsort der Beaujolais-Traube, aber zur Côte d'Or gehörig). Es gibt hier einige gute Weißweine, die sich stilistisch gesehen einem Puligny (oder doch vielleicht Meursault?) annähern; die meisten der besten Lagen (En Remilly, Murgers des Dents de Chien, Chantenière und Charmots) liegen in direkter Nachbarschaft gleichwertiger Lagen von Puligny und Chassagne. Die Weine haben in den letzten Jahren ordentlich an Qualität zugelegt und können sehr preiswert sein. Die Gesamtrebfläche beträgt 142 ha.

Santenay

Es ist Einbildung, ich weiß, aber mir ist es immer so vorgekommen, als ob in den burgundischen Ortsnamen Hinweise auf die Art ihrer Weine steckten. Chambertin hat einen Trommelklang, Chambolle-Musigny eine lyrische Note, Pommard passt perfekt zu seinem markigen Rotwein und in Volnay klingt ein eher seidener Ton an. Santenay hört sich für mich nach Gesundheit an (und lustigerweise gibt es hier ein etwas aus der Mode geratenes Heilbad für Gicht- und Rheumaleiden).

»Gesund« ist auch genau das richtige Wort für die Weine, die hier wachsen. Sie sind recht einfach im Geschmack, ohne großartigen Duft und ohne Raffinesse, aber höchst genussvoll zu trinken. In ihrer besten Verfassung wuchtig und langlebig, gehören Les Gravières, La Comme und Le Clos de Tavannes in dieselbe Klasse wie Chassagne-Montrachet. Andere Teile der Gemarkung mit steinigerem, stärker kalkhaltigem Boden liefern hellere Rotweine und auch ein wenig Weißwein.

PREMIERS CRUS
Beauregard (18 ha)
Beaurepaire (15,5 ha)
Clos Foubard (5,2 ha)
Clos des Mouches (1,5 ha)
Clos Rousseau (10 ha)
Clos de Tavannes (5,3 ha)
Comme (22 ha)
Fourneaux (6 ha)
Grand Clos Rousseau (7,7 ha)
Gravières (24 ha)
Maladière (13,5 ha)
Passe Temps (11,5 ha)
Appellation communale: 254 ha

Maranges

Die 1989 eingeführte Appellation erstreckt sich auf drei ziemlich abgelegene Orte, die sich die Lage Les Maranges am Hügel unmittelbar westlich von Santenay teilen und zu ihrem großen Bedauern gerade außerhalb der Departement-Grenze der Côte d'Or im »Niemandsland« von Saône-et-Loire liegen. Die Dörfer heißen Sampigny, Dézize und Cheilly, aber auf den Etiketten ihrer Flaschen dürfte eher die Bezeichnung Côte de Beaune-Villages auftauchen. Die gut strukturierten Weine mit tiefer Farbe sind meist ziemlich tanninhaltig. Sie halten sich gut und sind nach acht Jahren ausgezeichnet trinkbar, wovon sich schon viele überzeugen konnten, die hier vor Ort kaufen.

CHEILLY-LES-MARANGES PREMIERS CRUS
Boutières, Maranges und Plantes de Maranges (zusammen 42 ha)

DEZIZE-LES-MARANGES PREMIER CRU
Maranges (60 ha)

SAMPIGNY-LES-MARANGES PREMIERS CRUS
Clos des Rois, Maranges (zusammen 28 ha)

Le Montrachet

Kenner sind sich einig, dass der beste Montrachet zugleich auch der beste weiße Burgunder überhaupt ist. Alle Eigenschaften, die einem in Erinnerung ebenso wie in Vorfreude den Mund wässrig machen, erreichen in ihm den Gipfel der Vollendung. Was ihn beim Vergleich mit benachbarten Weinen sofort kenntlich macht, ist seine Geschmackskonzentration. Ich habe mich oft gefragt, wie viel davon auf die einzigartige Lage und den Boden zurückzuführen ist und wie viel auf den Ertrag, der (durch Vorschriften und gesunden Menschenverstand) extrem niedrig gehalten wird. Auch in anderen guten Lagen könnte man Besseres aus den Weinstöcken herausholen, wenn sie strenger geschnitten und magerer gedüngt würden, wenn die Lese später stattfände und nur die besten Trauben gekeltert würden. Doch um sich dies leisten zu können, müsste der Wein verkauft sein, bevor es ihn überhaupt gibt, und zwar an Kunden, die jeden Preis zu zahlen bereit sind. Die Hauptbesitzer von Le Montrachet sind der Marquis de Laguiche (dessen Wein von Drouhin in Beaune verkauft wird), der Baron Thénard, Bouchard Père & Fils, Jacques Prieur und die Domaine de la Romanée-Conti.

Côte de Beaune-Villages

Alle Ortschaften der Côte de Beaune, außer Beaune selbst, Pommard, Volnay und Aloxe-Corton können auf diese Basis-Appellation (nur) für ihre Rotweine zurückgreifen.

Die führenden Erzeuger an der Côte d'Or

Das buchstäblich unbezahlbare Land der Côte d'Or ist in zahllose kleine Besitztümer aufgeteilt, deren Größe unterschiedlich in *ares* (1/100 ha) oder *ouvrées* (ein altes Flächenmaß, 1/24 ha) angegeben wird. Ihre Entstehung verdanken diese winzigen Flecken zum einen dem französischen Erbrecht, zum anderen der Tatsache, dass der Zukauf von Land so teuer ist, und darüber hinaus der Angst der Winzer, bei örtlichen Missernten und anderem Unbill gleich alles auf einmal zu verlieren. Die 10 ha große Rebfläche (um eine beliebige Zahl zu nennen) eines Erzeugers kann demnach an 30 verschiedenen Stellen liegen, oft nur durch ein paar Reihen Reben voneinander getrennt in ein und demselben Weinberg.

Von alters her ist das kostbare Land auch noch in ein Mosaik von *climats* (Fluren) unterteilt, deren Grenzen natürlichen Strukturen folgen können, manchmal aber auch völlig willkürlich gewählt scheinen. Jedem *climat* wird ein spezielles Charakteristikum zugesprochen und jedes hat für die Winzer vor Ort eine Bedeutung und einen Wert, die für Außenstehende schwer zu begreifen sind.

Würde man nun diese beiden »Landkarten« übereinander pausen, hätte man die Zersplitterung der Besitztümer vor Augen, die dem Käufer von Burgunderwein so zu schaffen macht. Während ein Bordelaiser Château eine zusammenhängende Einheit ist, die einen oder vielleicht zwei Weine in angemessen großer Menge hervorbringt, besteht die Domaine in Burgund oft nur aus einem Mann mit seiner Familie, der sich mit einem Dutzend verschiedener Weine herumschlägt, die alle unterschiedlich behandelt sein wollen. Kennt er sich gut mit den Reben aus, ist noch lange nicht gesagt, dass er auch ein guter Kellermeister ist – und umgekehrt. Uneinheitlichkeit ist deshalb aus vielen Gründen geradezu unvermeidlich.

Freilich gibt es auch Ausnahmen, also größere Weinberge mit reicheren Besitzern, doch der kleine Mann, der alles selber zu machen versucht, bleibt die Regel. Daraus erklärt sich die Bedeutung der Négociants und Handelshäuser, deren traditionelle Rolle darin besteht, das Lesegut oder den Jungwein der vielen Winzer aufzukaufen, ihn auszubauen und mit anderen Weinen aus derselben Lage, demselben Dorf oder Bezirk so zu verschneiden, dass einheitliche Weine in absatzfähigen Mengen zustande kommen.

Der Gedanke liegt nahe, dass sich ein skrupelloser Händler bei diesem System so ziemlich alles erlauben kann. Wahrscheinlich hatten die Weintrinker schon zur Zeit der Römer Grund zur Klage, denn das »Strecken« begrenzter Vorräte mit Importen aus dem Süden ist ebenso alt wie einträglich. Heute versucht man dem durch die Anwendung strikter Appellationsbestimmungen einen Riegel vorzuschieben, doch im Bereich der Qualität gibt es noch immer genug Bewegungsspielraum. Amtliche Inspektionen finden zwar statt, aber niemand würde behaupten, dass sie sachgerecht oder gar wirksam wären.

Hat der Verbraucher erst einmal gelernt, dass Händlern nicht zu trauen ist, geht er auf der Suche nach unverfälschtem Wein meist direkt zum Winzer. Als Lösung wurde daher die Domaine-Abfüllung propagiert. Sie aber führt uns zurück zu der Frage nach Kompetenz und Sorgfalt. Ein kleiner Landbesitz in berühmter Lage garantiert noch lange nicht die Sachkenntnis und Erfahrung eines Kellermeisters im Bereiten, Lagern und Abfüllen des Weins.

Es kann ein trauriges Erlebnis sein, Proben aus guten Lagen und einem guten Jahr zu kosten, die einem Händler angeliefert werden. Ein großer Teil der neuen Weine ist überzuckert oder in kümmerlicher Verfassung oder beides.

Der stärkste Wandel, der sich in den letzten 20 Jahren in Burgund vollzogen hat, ist jedoch die wachsende Kompetenz einer neuen Generation gut ausgebildeter, innovativer Winzer, die oft besseren Wein hervorbringt, als Burgund ihn je gekannt hat. Mehr als ihre Väter wissen sie um die Notwen-

---

Marc de Bourgogne & Cassis

Die Trester, also die Rückstände von Schalen, Kernen und Stielen, die nach dem Abpressen des Weins übrig bleiben, werden oft zu einem anfangs klaren Schnaps namens Marc gebrannt, der anschließend in Eichenfässern reift, wo er Farbe und mit etwas Glück auch Finesse annimmt. Meistens brennen die Winzer ihren Marc für den privaten Hausgebrauch. Einige große Häuser, beispielsweise Bouchard Père & Fils und Louis Latour, bringen aber auch sorgfältig gereifte Versionen in den Handel. Eine noch ältere, über viele Jahre in neuen Eichenfässern gealterte Version wird von de Vogüé angeboten.

Cassis ist ein Likör aus schwarzen Johannisbeeren, der sehr säurehaltige Weißweine abmildert. In Burgund wird er meistens Aligoté im Verhältnis von einem Teil Cassis auf drei bis vier Teile Wein beigemischt. Das so entstehende Getränk nennt sich häufig Kir, nach einer von Canon Félix Kir (früherer Bürgermeister von Dijon) entwickelten Cassis-Marke.

digkeit eines ausgewogenen Weinbaus frei von Kunstdünger und Hochertragsklonen.

Ambroise ☆☆–☆☆☆
Nuits-St-Georges. www.ambroise.com

Der vor Begeisterung sprühende Bertrand Ambroise geht den Weinbau mit *gusto* an! Die Hälfte seiner 17 ha sind gepachtet, und er kauft auch Trauben zu. Hier gibt es dichte, kirschenfruchtige Nuits-Weine (besonders die hervorragenden Vieilles vignes) und weiße wie rote Corton Grands crus. Fast alle Weine reifen in neuen Eichenfässern – was manchmal ein bisschen zu viel des Guten ist.

Guy Amiot ☆☆
Chassagne-Montrachet

Wenig bekanntes Gut mit 12 ha Rebfläche in unterschiedlichen Premier-cru-Lagen in Chassagne, deren Weinstöcke meist älter sind als 30 Jahre. Der Stil ist fest, eichenwürzig, kraftvoll und mineralisch. Die besten Crus sind oft Baudines und Cailleret.

Pierre Amiot ☆☆
Morey-St-Denis

Traditioneller Anbau auf 8,5 ha verteilter Grand-cru-Rebfläche: Clos de la Roche, Clos St-Denis, Gevrey-Chambertin Les Combottes und Chambolle-Musigny. Heute führen die beiden Söhne von Pierre das Weingut. Seit den späten 1990ern steigt die Qualität.

Robert Ampeau ☆☆–☆☆☆
Meursault

Ausgezeichnete Domaine mit 10 ha, deren Weißweine besonders hoch geschätzt sind. Am bekanntesten sind Meursault Perrières, Charmes und La Piece Sous le Bois (teilweise in Blagny) und eine Parzelle in Puligny-Combettes. Ungewöhnlicherweise verkauft Ampeau nur Weine, die im eigenen Keller ausgiebig in der Flasche gereift sind. Zu den Rotweinen gehören: Beaune Clos du Roi, Savigny Premier cru (Lavières und Fourneaux), Pommard und Volnay Santenots. Die Rotweine sind weniger gleichmäßig. Ähnlich wie die Weißen werden sie erst verkauft, wenn Herr Ambeau sie für trinkbereit hält.

Pierre André ☆–☆☆☆
Château de Corton-André, Aloxe-Corton

Handelshaus und großer Erzeuger. Pierre André begründete La Reine Pédauque. Sein Château in Corton ist Mittelpunkt des großen Besitzes mit 56 ha an der Côte d'Or und weiteren Weinbergen in anderen Regionen. Zu den Grand-cru-Lagen gehören 6 ha Corton. Diese Cortons sind mit Abstand die besten Weine.

Marquis d'Angerville ☆☆☆
Volnay. www.angerville.com

Die makellose Domaine eines Edelmanns, der sich ganz dem Wein verschrieben hat, umschließt 15 ha hauptsächlich in Volnay. Der Vater des Marquis war ein Vorreiter der Domaine-Abfüllung: seine Antwort auf betrügerische Händlerpraktiken, die den guten Namen Volnay missbrauchten.

Das *monopole* Clos de Duc ist ein ungewöhnlich steiler, kalkreicher Hang von 2,4 ha, dessen Wein das Samtige der besten Volnay-Weine etwas vermissen lässt, doch hervorragend alterungsfähig ist. Ich mag den fülligeren Champans (4 ha) und die Caillerets der Domaine lieber. Diese Weine

sind ausgezeichnet bereitet, enttäuschten nur in den letzten Jahrgängen ein wenig, weil sie zwar elegant, aber zu leicht ausfielen.

Hervé Arlaud ☆☆☆
Morey-St-Denis

1949 gegründetes und inzwischen auf 12 ha angewachsenes Gut. Seit 1998 baut Cyprien Arlaud hier die Weine und sorgt für einen fruchtigen, geschmeidigen Stil bei moderatem Extraktgehalt. Seine ersten Jahrgänge sind wohl ausgewogen: üppige Frucht und reife Tannine.

Domaine de l'Arlot ☆☆
Nuits-St-Georges

Neuerdings im Besitz der Versicherungsgruppe AXA, wird dieses Prémaux-Gut heute jedoch von Jean-Pierre de Smet genauso geführt wie vor 15 Jahren. Die 4-ha-Lage Clos de l'Arlot ist ebenso ein *monopole* wie der 7 ha große Clos de Forêts St-Georges. Elegante, etwas zu leichte Weine.

Comte Armand ☆☆☆–☆☆☆☆
Pommard. www.domaine-d-epeneaux.com

Dieser Domaine, die im Alleinbesitz der exzellenten Premier-cru-Lage Clos des Epeneaux in Pommard ist, wurde neues Leben eingehaucht, als 1985 der junge Pascal Marchand aus Quebec ans Ruder kam. Seine dunklen, intensiven Weine brauchen lange Reifezeit.

Seit 1995 wird auch das Lesegut von gepachtetem Rebland in Auxey-Duresses (für Rot- und Weißwein), Volnay und Meursault verarbeitet. Marchand, der 1999 als Kellermeister zur Domaine de la Vougeraie (siehe dort) wechselte, wird seitdem würdig von Benjamin Leroux vertreten. Seit 2002 arbeitet das Gut nach biodynamischen Richtlinien.

Robert Arnoux ☆☆☆
Vosne-Romanée

Heute leitet Pascal Lachaux, der Schwiegersohn des 1995 verstorbenen Robert Arnoux, das 13-ha-Weingut, das neben Anteilen an den Grand-cru-Lagen Echézeaux, Romanée-St-Vivant und Clos de Vougeot auch Premier-cru-Land in Nuits und Vosne besitzt. Oft sind die besten Weine der Vosne Suchots und der Romanée-St-Vivant. Von elegantem, eichenholzaromatischem Stil, gehören diese Weine zum Besten (und Teuersten), was die Gemeinde zu bieten hat.

Domaine d'Auvenay ☆☆☆☆
Meursault

Die kleine 4-ha-Domaine ist im persönlichen Besitz der Familie Leroy und wird unabhängig von der jüngeren Domaine Leroy (siehe dort) geführt. Die Weine entstehen jedoch auf dieselbe Art, mit kleinsten Erträgen, besonders von den Grands crus wie Chevalier-Montrachet. Sie sind superb, kaum erhältlich und sehr teuer.

Denis Bachelet ☆☆☆
Gevrey-Chambertin

Kleiner Einmannbetrieb in Gevrey-Chambertin mit den Premiers crus Les Corbeux und Charmes-Chambertin. Wunderbar stilvolle Weine.

Bart ☆
Marsannay

Der Besitz umfasst 20 ha, wovon der größte Teil in Marsannay liegt; hinzu kommen Rebflächen in Fixin und gar nicht mal so kleine Parzellen in den Grands crus Bonnes Mares und Clos de Bèze. Die Weine sind jetzt konzentrierter und weniger rustikal als in der Vergangenheit.

Ghislaine Barthod ☆☆☆
Chambolle-Musigny
Von 6 ha hauptsächlich Premier-cru-Land kommt eine Reihe verführerischer, ausgewogener Weine mit guter Textur. Mme. Barthod setzt neue Eichenfässer mit Maß ein, selten sind es mehr als 30%. Der beste Cru ist oft Les Cras.

Domaine de Beaumont ☆☆
Morey-St-Denis
Das neue Weingut brachte seinen ersten Jahrgang 1999 heraus, und zwar von 5 ha überwiegend Premier-cru-Fläche – das hat Seltenheitswert in Burgund. Noch ist es zu früh für ein abschließendes Urteil, aber die Erstausgabe war reif, eichenholzwürzig und grazil.

Roger Belland ☆
Santenay
Eine der vielen Belland-Besitzungen hier. Diese, mit einem großen Angebot an Weinen aus der gesamten Region Côte de Beaune, wird allgemein am höchsten eingeschätzt. Am interessantesten sind die Santenay- und Marange-Weine, die gehaltvoll, aber nie rustikal geraten.

Domaine Bertagna ☆☆☆
Vougeot
Besitzt einen Premier-cru-Anteil (rot und weiß) am Vougeot, einschließlich des *monopole* Clos de la Perrière (2 ha), des Hügels unmittelbar unterhalb von Le Musigny. Insgesamt ist Bertagna Eigentümer von 16 ha, darunter sind auch Anteile an Grands crus wie Chamberin, Clos St-Denis, Corton und Corton-Charlemagne. 1999 trat Claire Forestier als neue Kellermeisterin an, woraufhin die bereits gute Qualität noch einmal einen gewaltigen Sprung nach oben machte. Der Bertagna-Stil schwelgt in neuer Eiche.

Besancenot ☆
Beaune
Eine 10-ha-Domaine, von M. Besancenot, einem berühmten und gebildeten Bürger Beaunes, gegründet, der 1981 leider verstarb. Der größte Teil des Besitzes liegt im Premier-cru-Land von Beaune (Bressandes, Clos du Roi, Toussaints usw.), die Hälfte davon ist eine Parzelle von Cent Vignes mit 50-jährigen Reben. Manchmal fehlt es den Weinen an Flair.

Albert Bichot ☆–☆☆
Beaune
Gegründet 1831 in Beaune, entwickelte sich die Firma bis 1927 zum größten Exporteur von Burgunderwein. Das Handelshaus Bichot arbeitet auch unter dem Namen mehrerer übernommener Firmen, z.B. Paul Bouchard, Charles Drapier, Rémy Gauthier usw. Als Erzeugerbetrieb besitzt es zwei Domaines: Clos Frantin in Vosne und Long-Depaquit in Chablis. Die Weine der Oberliga, besonders die aus eigenem Haus, können erstklassig sein.

Simon Bize ☆☆
Savigny
Domaine mit 22 ha fast ausschließlich in Savigny (es existiert auch eine Parzelle Corton-Charlemagne), mit Premiers crus in Vergelesses, Guettes und Marconnets. Patrick Bize verwen-

det für ein Drittel der Ernte stets neue Fässer. Die Qualität schwankt, auf den Vergelesses aber ist immer Verlass, und es gibt auch einige gute Weißweine.

Blaine-Gagnard ☆☆☆
Chassagne-Montrachet
Jean-Marc Blain ist ein äußerst gewissenhafter Erzeuger, der etwa 30% seiner Chassagne Premiers crus in neuen Eichenfässern reifen lässt. Die Weine von Boudriotte und Caillerets sind außergewöhnlich gut. Blaine besitzt darüber hinaus kleine Parzellen in Bâtard-Montrachet, Criots und seit 2000 auch in Montrachet selbst.

Jean Boillot ☆☆–☆☆☆
Volnay
Eine beachtliche Domaine unter der Leitung von Henri Boillot, die nicht nur in Volnay Rebland besitzt, sondern auch 4 ha in Puligny-Montrachet (darunter das *monopole* Clos de la Mouchère) sowie Premiers crus in Beaune und Pommard. Die Volnay-Weine sind ungewöhnlich gehaltvoll.

Jean-Marc Boillot ☆☆–☆☆☆
Pommard
Das Erbe, das Jean-Marcs 1988 antrat, stammt zum Teil von seinem Großvater väterlicherseits, Henri, und zum Teil von seinem Großvater mütterlicherseits, Etienne Sauzet (siehe dort). Er beweist eine geschickte Hand in der Bereitung von kräftig eichenwürzigen Weißweinen aus mehreren Lagen, v.a. in Puligny-Montrachet, und von geradlinigen Rotweinen aus Volnay und Pommard. Jean-Marc ist aber auch als Négociant tätig; diese Weine werden ohne das Wort *propriétaire* etikettiert.

Lucien Boillot ☆☆☆
Gevrey-Chambertin
Zwei weitere Enkel von Henri Boillot, Louis und Pierre, betreiben diese blühende 14-ha-Domaine mit Lagen in Gevrey, Nuits, Pommard, Volnay und Fixin. Ausgezeichnete Qualität.

Pierre Boillot
Meursault
Der ehrwürdige Weinbau-Veteran Pierre Boillot ist dabei, die Domaine seinem Neffen François Mikulski zu übertragen.

Jean Claude Boisset ☆
Nuits-St-Georges. www.boisset.com
Eine für burgundische Verhältnisse neuere Gründung (1961), die seitdem viele lang etablierte Firmen geschluckt hat, darunter Charles Viénot, Bouchard Aîné, Pierre Ponnelle, Jaffelin, Ropiteau, Moreaux in Chablis und Cellier des Samsons im Beaujolais. Im Allgemeinen wird Boisset eher Geschäftstüchtigkeit und Marketinggeschick bescheinigt als eine besonders hohe Weinqualität. Das bekannteste Etikett ist »Charles de France«, ein von außerhalb der Côte d'Or stammender, aber im Meursault-Stil vinifizierter weißer Burgunder. 1999 wurden die verschiedenen Zweige des Unternehmens unter dem Namen Domaine de la Vougeraie zusammengefasst (siehe dort).

Bonneau du Martray ☆☆☆☆
Pernand-Vergelesses
Der größte Erzeuger des unnachahmlichen Corton-Charlemagne mit einem zusammenhängenden Besitz von 9,5 ha alter Rebstöcke und mit benachbarten 1,5 ha, die roten Corton bringen. Die berühmte »Cuvée François de Salins«, der teuerste Wein der Hospices de Beaune, kommt von dersel-

ben großartigen Hügellage. Neben der Domaine de la Romanée-Conti ist Bonneau das einzige Gut in Burgund, das ausschließlich Grands-crus-Weinberge besitzt.

Die Qualität war schon immer fein, doch die junge Mannschaft um Jean-Charles Le Bault de la Morinière – der den Betrieb des Vaters übernommen hat – setzt noch höhere Maßstäbe. Inzwischen ist in der vergrößerten Kellerei die Technik des Hefesatzaufrührens eingeführt und Filtration so weit wie möglich verbannt. Der Corton-Charlemagne nimmt sich in puncto Alterung fast wie ein Rotwein aus: eine majestätische Entwicklung, die ihn nach zehn Jahren zu sublimen Höhen führt. Aber nichts spricht dagegen, ihn auch noch länger zu lagern.

Bouchard Père & Fils ☆☆☆–☆☆☆☆
Beaune

Die größte Domaine in Burgund und eines der besten Handelshäuser, seit 1731 von Bouchard-Vätern auf die Söhne übergegangen, bis die Firma 1995 an das Champagnerhaus Henriot verkauft wurde. Joseph Henriot leitete unverzüglich eine Reihe von Maßnahmen ein, um das Ansehen der Weine zu heben, u.a. stufte er Grand-cru-Bestände herunter, etwa Le Montrachet, die er nicht für erstklassig ansah – ein für diesen tüchtigen Geschäftsmann und Hüter hoher Qualität typisches Verhalten.

Die größten Besitzungen von Bouchard liegen in Beaune, wo seine Premier-cru-Lagen die *monopoles* an den berühmten 4 ha Grèves Vigne de l'Enfant Jésus, den 3,5 ha Clos de la Mousse und den 2 ha Clos Landry umfassen. Darüber hinaus ist Bouchard der größte Landeigner in Meursault. Beeindruckende Grands crus sind ebenfalls vorzuweisen: Montrachet natürlich, aber auch noch 2 ha Chevalier-Montrachet und beträchtliche Parzellen von Corton. Bemerkenswert sind ferner die Weine von Volnay Caillerets, die als »Ancienne Cuvée Carnot« etikettiert werden. Es sind ungewöhnlich feste, langlebige Volnay-Gewächse von sehr alten Reben.

In den frühen 1990er-Jahren hatte das Haus Bouchard eine sehr unglückliche, von Skandalen und Vertrauensverlust geprägte Phase zu durchleiden. In wenigen Jahren gelang es Henriot jedoch, die Altlasten auszuräumen. Der Name Bouchard erstrahlt nun wieder im alten Glanz, und die Weine des Hauses sind wieder das, was man von ihnen erwartet.

Pierre Bourrée & Fils ☆
Gevrey-Chambertin

Pierre Bourrée ist Weinhändler und Winzer. Der größere Teil des 4-ha-Guts liegt im *monopole* Clos de la Justice. Die Weine werden entschieden rustikal bereitet: kein Entrappen und Ausbau in alten Fässern. Auch unter dem Namen Vallet Frères bekannt.

Michel Bouzereau ☆☆☆
Meursault

Michel und sein Sohn Jean-Baptiste erzeugen gehaltvolle, würzige Genevrières und Charmes Premiers crus, doch auch die Village-Weine aus Teurons und Limozins können ausgesprochen fein geraten mit ihrem zarten Eichenduft. Beachtlich ist selbst der Aligoté.

Alain Burguet ☆☆–☆☆☆
Gevrey-Chambertin

Kleines Gut, hauptsächlich mit Village-Lagen. Bemerkenswert ist das Durchschnittsalter der Reben von 50 Jahren. Die »Cuvée Vieilles Vignes« kann sich mit so manchem Premiers crus des

Ortes messen. Der einzige Premier cru von Burguet ist Champeaux.

Louis Carillon ☆☆–☆☆☆
Puligny-Montrachet

Stolze Familien-Domaine mit 12 ha, die auf 350 Jahre Geschichte zurückblicken kann, jetzt von Louis und seinen beiden Söhnen betrieben. Der Besitz umfasst ein kleines Stück Bienvenues-Bâtard-Montrachet, 3 ha Puligny Premier cru, 5 ha Puligny-Village sowie kleinere Parzellen Chassagne und Mercurey. Besonders interessant an den Puligny-Weinen: der zitronige »Pfiff«. Da nur 20% neue Eiche eingesetzt wird, behält die Frucht die Oberhand.

Carré-Courbin ☆☆
Beaune

Kleines Gut mit nur 4,5 ha, aber feinen Premiers-crus-Lagen in Volnay und Pommard. Die Weine sind dezent eichenwürzig, ausgewogen und süffig.

Château de Chambolle-Musigny ☆☆☆
Chambolle-Musigny

4 ha Weinberge in den besten Lagen des Ortes erbringen erstklassigen, delikaten Chambolle-Musigny. Der Besitz umfasst u. a. 0,5 ha Premier cru in Amoreuses, 1,1 ha Musigny und eine Parzelle Bonnes-Mares. Der eher schüchterne Frédéric Mugnier hat seit 1984 hier das Sagen. Auch wenn er selbst nie mit seinen Weinen zufrieden ist, sind alle anderen des Lobes voll. Das lange von Faiveley gepachtete *monopole* Clos de la Maréchale (Nuits-St-Georges) ist seit 2002 wieder in Mugniers Besitz.

Champy ☆☆–☆☆☆
Beaune

Das wahrscheinlich älteste Négociant-Haus von Beaune, gegründet 1720, wurde 1990 an die Weinhändler Henri und Pierre Meurgey verkauft. Das geachtete Vater-Sohn-Gespann besitzt selbst nur etwa 10 ha Rebland, kauft den größten Teil des Leseguts hinzu und bietet etwa 60 verschiedene Weine an. Deren Qualität ist genauso hoch, wie man sie von einer großartigen Domaine erwarten würde.

Domaine Chandon de Briailles ☆☆☆
Savigny-lès-Beaune

Ein bedeutendes Weingut mit 13 ha Rebfläche, die weitgehend in den besten (roten) Lagen von Savigny (Les Lavières) und der benachbarten Ile des Vergelesses in Pernand liegt. Heute von Mutter und Tochter auf sehr hohem Qualitätsniveau betrieben. Größerer Besitz auch in Corton mit 1,7 ha Bressandes, dazu Clos du Roi und ein wenig Corton Blanc. Hier entstehen dezente Weine mit Finesse, die sich ausgewogen und elegant geben.

Chanson Père & Fils ☆–☆☆☆
Beaune

Weinhändler und Winzer (seit 1750) mit einer schönen Domaine von 38 ha, ein Großteil davon in den Premier-cru-Lagen von Beaune und weiteren Weinbergen in Savigny und Pernand-Vergelesses. Die besten Weine des Hauses sind vielleicht Beaune Clos des Fèves (3,8 ha) und Clos des Mouches. Im Jahr 2002 durchgeführte Weinproben mit Flaschen aus den ersten Jahrzehnten des 20. Jhs. zeigten, wie exzellent die vermeintlich leichten Beaune-Weine reifen können. Gegen Ende des Jahrhunderts ließ die Qualität jedoch nach; das Haus wurde 1999 an Bollinger verkauft. Die Sofortmaßnahmen der neuen Führung hießen Ertragsreduzierung und Abschaffung der maschinellen Lese: Die Weine haben davon unmittelbar profitiert.

Philippe Charlopin ☆☆☆–☆☆☆☆
Gevrey-Chambertin
Ein neuer Stern an der Côte de Nuits. Nach Erfolgen mit Weinen aus Gevrey und Marsannay konnte der Betrieb seine 14 ha Rebfläche in Clos St-Denis und Chambertin durch Zukäufe von Parzellen in Echézeaux und Clos Vougeot erweitern. Charlopin erntet zum spätestmöglichen Termin und bereitet gehaltvolle, fleischige, geradezu wuchtige Weine.

Chartron & Trébuchet ☆
Puligny-Montrachet. www.chartron-trebuchet.com
Aus der Vereinigung der Domaine Chartron mit dem Handelshaus Trébuchet entsprangen erwartungsgemäß recht eichenholzwürzige Weine. Die Qualität war tadellos, aber selten außerordentlich trotz beeindruckender Rebflächen v. a. in Puligny-Montrachet. Mit dem jungen Jean-Michel Chartron scheint sich aber ein Sprung nach vorne abzuzeichnen.

Robert Chevillon ☆☆☆
Nuits-St-Georges
Typisches Familiengut mit 13 ha, z.T. Eigentum und z.T. gepachtet. Sehr alte Weinstöcke und ausgezeichnete Kellertechnik bringen prachtvollen Premier cru Nuits-St-Georges hervor, hauptsächlich von Les Cailles, Les St-Georges, Les Vaucrains usw. Auch kleine Mengen von weißem Nuits werden bereitet.

Bruno Clair ☆☆–☆☆☆☆
Marsannay
Als die Domaine Clair Daü 1985 geteilt wurde, erhielt Bruno Clair 21 ha, die über 230 Appellationen verstreut waren. Heute bietet er sehr guten Wein unter dem eigenen Namen an. Ein knapper Hektar Chambertin Clos de Bèze mit einigen über 90-jährigen Rebstöcken sowie 3,5 ha Premier cru in Gevrey-Chambertin und Savigny-lès-Beaune (die hervorragende Lage Les Dominodes) gehören zu seinem Besitz. Ferner gibt es 5,5 ha Marsannay, aus denen drei rote Einzellagenweine entstehen, die zu den besten des Ortes gehören. Seit 1993 hat Clair auch Rebland in Corton-Charlemagne gepachtet. Für alle angebotenen Weine eine zuverlässige Bezugsquelle.

Denis Clair ☆☆
Santenay
Obwohl in Santenay ansässig, liegt der größte Teil der 11 ha großen Rebfläche in St-Aubin. Hervorragende Weine mit der mineralischen Fülle eines guten weißen Burgunders.

Bruno Clavelier ☆☆
Vosne-Romanée
Ein aufgehender Stern an der Côte de Nuits mit 6 ha ökologisch bestellter Lagen in Vosne, Chambolle, Gevrey-Chambertin und Corton. Körperreiche, gut strukturierte Weine, manchmal etwas plump, aber gehaltvoll und fruchtbetont.

Christian Clerget ☆☆–☆☆☆
Vougeot
Kleine 6-ha-Domaine mit einem Anteil sehr alter Reben in Chambolle, Echézeaux und Vougeot. In jungen Jahren können die Weine im Widerstreit zwischen Reife und Tanninen liegen, nichtsdestotrotz sind es echte rote Burgunder mit gehöriger Dichte und Fülle.

Yves Clerget ☆☆☆
Volnay
Domaine mit 5 ha und einer unerhört langen Geschichte: Die Clergets waren offensichtlich schon 1268 Winzer in Volnay. Der Stolz des Hauses ist ein herrlicher Pommard Rugiens. Die Volnay-Parzellen liegen in den Premiers crus Carelle Sous la Chapelle, dem *monopole* Clos du Verseuil und Caillerets. Ein leider häufig unterschätztes Weingut.

Clos de Tart ☆☆☆☆
Morey-St-Denis
Die berühmte 7,5 ha große Grand-cru-Lage ist seit 1932 im Alleinbesitz von Mommessin aus dem Beaujolais. Die Qualität war enttäuschend, bis 1995 Sylvain Pitiot die Leitung übernahm. Jetzt werden die Reben nach ökologischen Richtlinien kultiviert, die Erträge niedrig gehalten und mindestens 18 Monate in neuen Eichenfässern ausgebaut. Die neuen Maßnahmen machen sich bezahlt, der Wein ist üppig und konzentriert, wenn auch sehr eichenwürzig in der Jugend.

Jean-François Coche-Dury ☆☆☆
Meursault
Jean-François stellt die dritte Generation auf dem 11-ha-Gut dar und besitzt Weinberge in Meursault und Corton-Charlemagne. Er verfügt über eine fast fanatische Anhängerschaft für seine kraftvollen, eichenholzwürzigen Weißweine – das gilt selbst für seinen Bourgogne Blanc. Die Weine aus Corton-Charlemagne erzielen auf Auktionen regelmäßig extravagante Preise, doch bleibt die Qualität oftmals hinter ihrem Ruf zurück.

Marc Colin ☆☆–☆☆☆
St-Aubin
Die Hälfte der 20 ha großen Rebfläche liegt in St-Aubin, wo Colin feste, gut strukturierte und trotzdem fruchtige Weine baut. Weiteres Rebland befindet sich in den Premiers crus von Chassagne- sowie Puligny-Montrachet; eine kleine Parzelle Montrachet ist das »Sahnehäubchen« des Hauses.

Colin-Deléger ☆☆
Chassagne-Montrachet
Neben sechs Premier crus in Chassagne besitzt Michel Colin weitere Weinberge in Puligny und Santenay. Der Stil der Weißweine ist verlässlich fruchtig, mit exotischen Anklängen von Mango und Banane in reifen Jahrgängen. Colin ist auch Négociant; er kauft überwiegend rote Trauben ein, um seine eigene Produktion zu ergänzen.

Jean-Jacques Confuron ☆☆–☆☆☆
Nuits-St-Georges
Eine Tochter Confurons heiratete Alain Meunier, der nun neben dem Gut noch ein kleines Négociant-Geschäft mit Namen Féry-Meunier leitet. Die Weine sind ausdrucksstark und sehr gut bereitet. Anteile an zwei Grand-cru-Lagen: Romanée-St-Vivant und Clos de Vougeot.

Confuron-Coteditot ☆☆–☆☆☆
Vosne-Romanée
Eine 11-ha-Domaine mit Rebland in vielen Appellationen, von Chambolle bis Charmes-Chambertin. Zu Beginn der 1990er-Jahre hatte sich Jean-Pierre Confuron einigen umstrittenen Vinifikationspraktiken verschrieben, die dunkle, extraktreiche Weine mit wenig *typicité* ergaben. Erst der 1999er Jahrgang lässt eine Kehrtwende wieder hin zum klassischeren Stil erkennen.

Coste-Caumartin ☆–☆☆
Pommard

Gute Quelle körperreicher, aber nicht übermäßig tanninbetonter Pommard-Weine, besonders der Premier cru Les Boucherottes, ein *monopole*.

Domaine de Courcel ☆☆☆
Pommard

Seit 400 Jahren keltern die Courcels hier Pommard. Zu ihrer 8-ha-Domaine gehören 5 ha Grand Clos des Epenots innerhalb der Premier-cru-Lagen Epenots und 1 ha Rugiens. Als ich einmal eine 16 Jahre alte Flasche 66er Courcel Rugiens öffnete, stellte ich fest, dass sie durchaus Anlass zur Begeisterung gibt. Pommard ist eigentlich nicht mein Lieblings-Burgunder. Dieser Wein zeigte eine erstaunlich dunkle Farbe, Geruch und Geschmack waren zunächst abweisend und hart. Nach zwei Stunden in einer Karaffe gab der Wein einen verführerischen öligen Duft nach Nüssen und Pflaumen ab, der sich zu dem entwickelte, was Michael Broadbent mit »Fischleim« bezeichnet – auf jeden Fall war es der Duft eines sehr feinen alten Burgunders. Eigentümlicherweise blieb der Geschmack dabei herb und straff. Gute, wenn auch nicht große Qualität. Die jüngeren Jahrgänge, z.B. der 99er, sind nach wie vor wuchtig und gerbstoffreich; durchaus eindrucksvoll, aber mit mehr Konzentration als ihnen – und uns – gut tut.

Pierre Damoy ☆☆☆
Gevrey-Chambertin

Der größte zusammenhängende Anteil an Chambertin und Clos de Bèze (6 ha) gehört der Familie Damoy. Die Weine waren jedoch wenig überzeugend, bis 1992 Pierre Damoy das Ruder übernahm und auf Erfolgskurs ging. Er stutzte die Erträge gnadenlos zusammen und begann mit biodynamischem Anbau. Das Ergebnis waren dichte, tanninreiche Weine – eindrucksvoll, aber streng. Mit den Jahren mäßigte sich der Stil, und die Weine wurden lebendiger. Neben zahlreichen Grands crus bereitet Damoy einen hervorragenden Village-Wein aus seinem *monopole* Clos du Tamisot.

Darnat ☆☆
Meursault

Henri Darnat ist der Besitzer des winzigen Clos Richemont und einer kleinen Parzelle im Premier cru Goutte d'Or.

Doudet-Naudin ☆
Savigny

Das Haus ist bekannt für »altmodische«, sehr dunkle, konzentrierte, fast dickliche Weine, die früher in England viele Anhänger hatten. Sie halten sich lange; eine 20 Jahre alte Flasche kann wunderbar samtig und gehaltvoll sein. Inzwischen ist der Stil leichter geworden und besser auf den heutigen Geschmack abgestellt, der Frische verlangt. Der 6-ha-Besitz umfasst Premiers crus in Savigny und Beaune Clos du Roi sowie Grands crus in Corton-Charlemagne und Corton-Maréchaudes.

Joseph Drouhin ☆☆–☆☆☆☆
Beaune

Führendes Handelshaus (gegründet 1880) mit einer der größten Domaines in Burgund: 25 ha Grand-cru- und Premier-cru-Fläche an der Côte d'Or und weitere 40 ha in Chablis. Seit 1988 wird nach ökologischen Richtlinien angebaut. Chef im Haus (trotz japanischer Mehrheitsbeteiligung seit 1994) ist weiterhin Robert Drouhin, unterstützt von seinen drei Kindern. Die Weine aller Klassen sind gewissenhaft bereitet und erreichen bei den Grands crus die angemessene Qualität. Spezialität des Hauses ist der hervorragende Beaune Clos des Mouches, ein langlebiger, körperreicher Wein (rot und weiß). Drouhin verfügt auch über das Alleinrecht am superben Montrachet des Marquis de Laguiche. Die Drouhins verwenden neue Eichenfässer nur mit Bedacht und sind äußerst verantwortlich, was die *élevage* betrifft. So lassen sie beispielsweise ihr Fassholz vor der Verarbeitung an der Luft trocknen. Der Stil des Hauses ist auf Finesse ausgerichtet, weshalb all jene manchmal von den Drouhin-Weinen enttäuscht sind, denen der Sinn nach vollen, extraktreichen Burgundern steht. Doch sie altern hervorragend und gewinnen dabei an Komplexität. Drouhin war das erste burgundische Weingut, das Pinot noir in den USA anbaute – im Willamette Valley in Oregon (siehe dort).

Robert Dubois ☆☆
Nuits-St-Georges

Familienweingut mit 22 ha, davon 1 ha in den Premier-cru-Lagen Les Porrets und Clos des Argillières. Die Weine geraten ziemlich stämmig und robust.

Dubreuil-Fontaine ☆
Pernand-Vergelesses

Bernard Dubreuil, der heutige Leiter, ist der Enkel des Gründers der Domaine. Zu ihren 20 ha Grundbesitz zählen 3,5 ha Grands crus Corton (hauptsächlich Bressandes) und Corton-Charlemagne, Premier-cru-Rebfläche in Savigny (Vergelesses) sowie der 1-ha-Clos Berthet in Pernand. Viele Weinstöcke sind jung, da sie erst kürzlich neu angepflanzt wurden. Es wird daher wohl noch ein paar Jahre dauern, bis hier wieder normale Verhältnisse eingekehrt sind.

Claude Dugat ☆☆☆
Gevrey-Chambertin

Claude Dugat erzeugt in seiner kleinen 3,5-ha-Domaine Weine erster Klasse. Premiers und Grands crus (Griottes-Chambertin, Charmes-Chambertin) werden ausschließlich in neuem Eichenholz ausgebaut.

Dugat-Py ☆☆☆☆
Gevrey-Chambertin

Bernard Dugat lässt auf seinen 7 ha Rebland von Vosne-Romanée bis Gevrey (Grands crus in Mazis und Charmes-Chambertin) sehr gute Weine entstehen. Wie sein Cousin Claude Dugat (siehe dort) baut auch er die ganze beeindruckende Palette seiner Weine nur in neuen Eichenfässern aus.

Dujac ☆☆☆–☆☆☆☆
Morey-St-Denis. www.dujac.com

Das »jac« im Namen leitet sich von Jacques Seysses her. Zu seiner eigenen Überraschung – der ehemalige Bankier wechselte 1969 zum Winzerhandwerk – wurde er von einer ganzen Reihe führender Weinerzeuger in Burgund zum Mentor der gemeinsamen Sache auserkoren. Nach wie vor ist er mit unermüdlicher Experimentierfreude am Werk, im Weinberg genauso wie im Weinkeller, hält aber an ein paar wenigen Prinzipien fest, die weitgehend auf Nichteinmischung beruhen. Die Trauben werden nicht entrappt, alles wird so lange wie möglich mit vergoren, es werden durchweg neue Fässer verwendet, die Weine nie filtriert. Heraus kommen Eleganz und Tiefe – genau das, was ein roter Burgunder haben soll. Clos de la Roche, von dem Seysses 2 ha besitzt, erbringt meistens den besten Wein, doch sein Bonnes Mares wird mit jedem weiteren Lebensjahr der Reben besser.

Vieilles vignes

Obwohl man diesen Begriff – er bedeutet »alte Reben« – oft auf Etiketten finden kann, ist er durch keine offizielle Vorschrift geregelt. Man sollte annehmen, dass Rebstöcke mindestens 30 Jahre alt sein müssen, bevor sie *vieilles vignes* genannt werden dürfen, doch ist es jedem Erzeuger selbst überlassen, diese Altersgrenze zu bestimmen. Nur so viel: In Chablis, dessen Rebfläche sich in letzter Zeit enorm vergrößert hat, sind 72 % der Weinstöcke jünger als 20 Jahre, an der Côte d'Or hingegen 60 % über 30 Jahre alt, wobei rote Reben älter werden als weiße.

Dazu kommen Premiers crus von Chambolle und Gevrey-Chambertin sowie Grands crus von Charmes-Chambertin und Echézeaux. Die Weine aus dem Haus Dujac sind nie übermäßig tanninreich oder dunkel, da Jacques Seysses mehr auf Finesse achtet als auf Extrakt. Man könnte meinen, sie seien zu vornehm für lange Alterung, aber selbst 30 Jahre alte Flaschen bewiesen Frische und Wohlgeschmack.

René Engel ☆☆☆
Vosne-Romanée

Philippe Engel hat die Leitung dieses hoch geachteten Weinguts inne, das 1901 gegründet wurde. Die Domaine von 7 ha umfasst 1,5 ha am oberen Hang des Clos Vougeot sowie Parzellen in Grands-Echézeaux, Echézeaux und Vosne-Romanée (Premier cru und Village). Feine Weine, maskulin und kraftvoll.

Michel & Sylvie Esmonin ☆☆–☆☆☆
Gevrey-Chambertin

Erst nachdem Sylvie ihr Studium abgeschlossen hatte und nach Hause zurückgekehrt war, wurde hier die Domaine-Abfüllung eingeführt – das war 1989. Spitzenwein ist der Clos St-Jacques, von dem das Familiengut 1,6 ha besitzt.

Faiveley ☆☆–☆☆☆☆
Nuits-St-Georges

Die Faiveleys besitzen in ununterbrochener Familienfolge seit 1825 die größte Domaine in Burgund: 122 ha, die sich auf 35 Appellationen an der Côte d'Or verteilen. 75 ha liegen in Rully und Mercurey, wo das 6,3 ha große *monopole* Clos des Myglands den bekanntesten und Clos du Roi im Allgemeinen den besten Wein des Hauses liefert. Der beträchtliche Grand-cru-Besitz umfasst Mazis, Latricières und Clos de Bèze sowie Clos Vougeot, Corton-Charlemagne und Corton. Faiveley wurde darüber hinaus vor allem mit Weinen des gepachteten Nuits-St-Georges *monopole* Clos de la Maréchal bekannt, das allerdings im Jahr 2002 an seine Besitzer, Château de Chambolle-Musigny (siehe dort), zurückging. In Gemeinden, wo das Haus keinen eigenen Landbesitz hat, werden Trauben angekauft und in Nuits verarbeitet.

François Faiveley, der auch die anderen Handelsunternehmen der Familie führt, ist ein sehr ernsthafter Erzeuger, der keine Mühe scheut, wenn es um seine Weine geht. Das geht bis zur Abfüllung der Spitzenweine, die direkt vom Fass und per Hand erfolgt. Zwar erschienen die Weine der frühen 1990er-Jahre fast zu dicht gewirkt und strukturiert, doch zeigen sie heute eine viel feinere Ausgewogenheit. Faiveley-Weine sind auf hohes Alter ausgelegt – und das erreichen sie auch.

Fougeray de Beauclair ☆
Marsannay

Obwohl weit im Norden gelegen, besitzt dieses Weingut 1,5 ha Bonnes Mares, die einen guten, wenn auch nicht großen Wein erbringen, dem ein deutliches Eichenaroma anhaftet.

Jean-Marie Fourrier ☆
Gevrey-Chambertin

Ein Generationswechsel innerhalb des Hauses führte 1997 zu einer merklichen Verbesserung der Weinqualität dieses 9-ha-Guts. Der einzige Grand cru (Griottes-Chambertin, 90 Jahre alte Reben) hat oft keinen leichten Stand gegen den grazilen, konzentrierten Clos St-Jacques.

Jean-Noël Gagnard ☆☆☆–☆☆☆☆
Chassagne-Montrachet

Gagnards Tochter Caroline Lestimé ist hier die Kellermeisterin. Sie baut Weine von 7,5 ha hervorragender Chassagne-Weinberge, darunter eine Parzelle Bâtard. Sie sind in höchstem Maße beständig mit ihrem kraftvollen, mineralischen Charakter, der jung besonders anspricht; doch die Weine altern auch ausgezeichnet. Eine hervorragende Bezugsquelle.

Jean-Michel Gaunoux ☆☆
Meursault

François Gaunoux hat die Leitung des Guts inzwischen seinem Sohn Jean-Michel übertragen. Die 6-ha-Domaine umfasst die Premiers crus Perrières und Goutte d'Or sowie Volnay Clos des Chênes und Corton Renardes. Die Meursault-Weine sind makellos und nicht zu eichenwürzig.

Michel Gaunoux ☆☆
Pommard

Die Hälfte des 10-ha-Besitzes ist Pommard Premier cru, der größte Teil davon in Epenots und der beste in Rugiens. Es gibt weiterhin 1,2 ha Corton Renardes und Rebflächen in Beaune, darunter Premier cru Boucherottes. Der Wein ist fest, robust und langlebig.

Géantet-Pansiot ☆☆☆
Gevrey-Chambertin

Vincent Géantet ist der Herr dieser 13 ha großen Domaine, die viele sehr alten Reben ihr Eigen nennt. Die Weine sind reif und fleischig, und der einzige Grand cru Charmes-Chambertin kann darüber hinaus mit zusätzlichen Dimensionen von Eleganz und nachhaltigem Geschmack aufwarten.

Pierre Gelin ☆☆
Fixin

Die führende Domaine in Fixin wurde bis 1995 gemeinsam von Stéphane Gelin (der Sohn von Pierre) und André Molin geleitet. Nachdem Molin sich zur Ruhe gesetzt hatte, wurde das Gut zwischen den Familien aufgeteilt. Gelin besitzt Rebflächen in Clos de Bèze und Mazis-Chambertin.

Germain Père & Fils ☆☆☆
Château de Chorey-lès-Beaune

Das turmbewehrte mittelalterliche Château de Chorey von François Germain, unterhalb der Côtes nördlich von Beaune, verfügt über 5 ha in Chorey und 7 ha Premier cru in Beaune, wo einige Parzellen auf das Jahr 1948 zurückgehen. Die Beaune-Lagen sind Teurons, Cent Vignes, Vignes Franches, Cras und Boucherottes. Heute führt Benoît Germain das Weingut und erzeugt überraschend ernst zu nehmende Weine aus diesen oft unterbewerteten Lagen. Der Anteil neuer Eiche ist hoch, selbst für den Chorey. Les Cras ist meist der beste Wein hier, gefolgt von Teurons. Es sind konzentrierte Tropfen, die nach Alterung verlangen und eindrücklich Finesse zeigen.

Vincent Girardin ☆☆–☆☆☆
Santenay

Girardin besitzt insgesamt 14 ha in so verschiedenartigen Appellationen wie Rully, Echézeaux und Corton-Charlemagne und natürlich Santenay. Für seine Négociant-Weine kauft er Trauben dazu. Den modern bereiteten Burgundern wird eine gehörige Dosis Eichenholz verliehen, in deren Genuss auch die einfacheren Gewächse wie etwa Bourgogne Blanc kommen. Doch Girardin ist ein zu geschickter Kellermeister, als dass seine Weine nicht große Genugtuung verschafften.

Camille Giroud ☆
Beaune

Außergewöhnliches Haus, gegründet 1865 in Beaune, das sich auf Weine mit großem Alterungspotenzial spezialisiert hat. Die überwiegend von der Côte de Beaune stammenden Weine sind kräftige, häufig eindrucksvolle Exemplare. Ein großer Teil der Vorräte wird erst freigegeben, wenn der Wein genussreif ist – so kam z. B. ein 79er Pouilly-Fuissé erst 1996 in den Handel. Der Betrieb wurde 2002 von einer amerikanischen Investorengruppe gekauft, seine Zukunft ist deshalb ungewiss.

Henri Gouges ☆☆☆☆
Nuits-St-Georges. www.gouges.com

In den Augen vieler Kenner über viele Jahre hinweg der Spitzenerzeuger von Nuits mit einem Grundbesitz von 15 ha fast ausschließlich in Premier-cru-Lagen, einschließlich des gesamten Clos des Porrets. Nach einer Pechsträhne in den 1980er-Jahren ist das Gut nun wieder voll leistungsfähig und erzeugt Weine, die oft an Grand-cru-Qualität heranreichen: kraftvolle, sich langsam entwickelnde Gewächse mit langem Abgang. Daneben gibt es einen ganz seltenen Weißwein von im Weinberg mutierten Pinot-Reben.

Alain Gras ☆
St-Romain

Auf 12 ha erzeugt Alain Gras Weine – rot und weiß – die zu den besten dieser relativ unbekannten Gemeinde zählen.

Albert Grivault ☆☆☆
Meursault

Die kleine 5-ha-Domaine, in deren Mittelpunkt das *monopole* Clos de Perrières steht, bringt gehaltvolle, aber rassige Weine mit großer Persönlichkeit hervor.

Jean Grivot ☆☆☆–☆☆☆☆
Vosne-Romanée

Etienne Grivot, Sohn von Jean und mit Leib und Seele Winzer, besitzt eine Anzahl kleinerer Parzellen ausnehmend guten Reblands: 15 ha, verteilt auf 21 Appellationen. Darunter befinden sich 1,9 ha Clos Vougeot und 4 ha Vosne-Romanée mit dem hervorragenden Premier cru Beaumonts und kleineren Stücken Suchots und Brûlées, die eingezwängt zwischen den Grands crus Richebourg und Echézeaux liegen.

In den späteren 1980er-Jahren wirkten die Weine zu dicht und extraktreich und ließen sogar *typicité* vermissen. Etienne Grivot hat das Problem jedoch in den Griff bekommen, seine Weine sind wieder superb: sehr konzentriert, aber nie zu schwer oder undurchdringlich, und von intensiver, gleichzeitig vornehmer Fruchtigkeit. Diese Weine werden hervorragend altern.

Robert Groffier ☆☆☆
Morey-St-Denis

Ausgezeichnete 8-ha-Domaine mit Anteilen an besten Lagen: Bonnes Mares, Clos de Bèze und vor allem an den Favoriten des Besitzers: Chambolle-Musigny, d. h. Les Amoureuses und Les Sentiers. Wunderbare Weine, doch extrem teuer.

Anne Gros ☆☆☆–☆☆☆☆
Vosne-Romanée

Eine kleine, nur 5 ha große Domaine mit erlesenen Weinbergen: 0,6 ha Richebourg, 0,9 ha Clos Vougeot und je ein kleines Stück Echézeaux und Chambolle-Musigny. Erlesen sind auch die Weine: ölig und toastwürzig, doch mit spürbarer Finesse.

Jean Gros ☆☆☆
Vosne-Romanée

Jean Gros hat 1995 die Leitung des Hauses seinem Sohn Michel übertragen. Ein anderer Sohn, Bernard, ist für die Domaine Gros Frère et Sœur verantwortlich, während Tochter Anne-Françoise (Domaine A.-F. Gros) und Nichte Anne (Domaine Anne Gros) aus ihren jeweils eigenen Anteilen exzellente Weine bauen. Der beste Wein kommt vom *monopole* Clos de Réas, ein von einer Mauer umgebener Weinberg von über 2 ha. Alle Weine des Hauses sind eher von Reife und Charme geprägt als von Kraft.

Antonin Guyon ☆☆
Savigny-lès-Beaune

Eine große Domaine mit 50 ha, davon 3 ha Corton Grand cru, 2,5 ha Pernand-Vergelesses Premier cru, 3,5 ha Chambolle-Musigny und eine winzige Parzelle Charmes-Chambertin. Ein wahres Arsenal aus hervorragenden Lagen, und man muss sich wundern, dass dieser Name nicht bekannter ist. Besonderen Stolz setzt man in die Cortons. Die Weine können in der Jugend recht kantig auftreten, reifen aber gut.

Hudelot-Noëllat ☆☆–☆☆☆
Vougeot

Hoch angesehenes 10-ha-Gut mit Anteilen an Clos Vougeot, Richebourg und Romanée-St-Vivant sowie Premiers crus in Chambolle-Musigny und Nuits. Der Besitzer Alain Hudelot erzeugt besonders aus seinen Grand-cru-Lagen konzentrierte, eichenholzwürzige Weine.

Louis Jadot ☆☆–☆☆☆☆
Beaune. www.louisjadot.com

Der amerikanische Konzern Kobrand ist heute als Besitzer dieses im mittelalterlichen Couvent des Jacobins gelegenen Weinguts eingetragen, das jedoch nach wie vor von den Vorbesitzern, Familie Gagey, bewirtschaftet wird. Die Domaine Louis Jadot umfasst heute knapp 60 ha, darunter den ursprünglichen Besitz Clos des Ursules (2,7 ha), ein Teil des Premier cru Vignes Franches. Hinzu kommen ausgedehnte Rebflächen in anderen Premier-cru-Lagen von Beaune. In Aloxe-Corton hat das Haus Anteile an Corton Pougets (Grand cru) und Corton-Charlemagne, ferner Parzellen in Puligny-Montrachet, vor allem Les Folatières und Chevalier-Montrachet (darin das Grundstück »Les Demoiselles«, benannt nach den ihr Leben lang der Verheiratung entgangenen Schwestern Adèle und Julie Voillot, die es 1846 verkauften).

Seit 1985 bereitet Louis Jadot die Weine der Domaine du Duc de Magenta (siehe dort), die aber unter deren Etikett in den Handel kommen. Mit Recht ist das Haus stolz auf seine herrlichen Weißweine, allen voran Corton-Charlemagne und Chevalier-Montrachet. Zuverlässig gut sind auch immer die Rotweine.

Ein 1972er Jadot Musigny war im Jahr 2002 auf dem Gipfel der Vollendung. Die Liste der seit über 30 Jahren von Kellermeister Jacques Lardière mit Leidenschaft gepflegten Weine ist beispielgebend für erstklassigen Burgunder. Louis Jadot ist ein leuchtendes Beispiel für die Kombination von Erzeuger und Weinhändler.

Jaffelin
Beaune

Ein altes Handelshaus mit dem prächtigen Keller aus dem 13. Jh. der einstigen Chorherren der Kirche Notre-Dame in Beaune. Die Firma wurde 1969 von Joseph Drouhin (siehe dort) übernommen und später an Jean-Claude Boisset (siehe dort) weiterverkauft. Stärke des Hauses waren Village-Weine wie Monthélie und Rully; die Qualität der letzten Jahrgänge hat jedoch nachgelassen.

François Jobard ☆☆☆
Meursault

Alle in Meursault zollen dem stillen, hageren und drahtigen François Jobard großen Respekt, denn kein Winzer ist akribischer als er. Superbe Meursaults, u.a. aus den Lagen Poruzots, Charmes und Genevrières. Der natürliche hohe Säuregehalt der Weine in Verbindung mit der ungewöhnlichen Kühle der Weinkeller sorgt für eine langsame Reifung. Lange Lagerung macht sich bezahlt.

Rémi Jobard ☆☆☆
Meursault

Seit Neffe Rémi 1997 die Leitung von François Jobard übernahm, zog die Qualität merklich an mit wunderbaren Meursault Premiers crus Genevrières und Charmes. Schon jetzt eine ähnlich zuverlässige Quelle für Weine mit großem Alterungspotenzial wie François Jobard (siehe dort).

Labouré-Roi ☆☆
Nuits-St-Georges

Das Handelshaus ist eines der beständigsten und zuverlässigsten und bietet seine Weine zu gemäßigten Preisen an. Es fehlt ihnen jedoch an Glanz.

Michel Lafarge ☆☆☆☆
Volnay

Ein alter Familienbesitz, der die Flaute in Burgund in den 1930er-Jahren dank der Initiative des Großvaters von Michel Lafarge überstand, der seinen Wein selbst auf Flaschen zog und eigenhändig auf den Markt nach Paris brachte. Die 10 ha der Rebfläche liegen hauptsächlich in Volnay, ein kleinerer Teil in Meursault und Beaune Grèves. Unter den Premiers crus finden sich Clos de Chêne (immer exzellent aus diesem Haus) und das *monopole* Clos du Château des Ducs. Gewissenhaftes Arbeiten in Weinberg und Keller und mit 30% ein maßvoller Einsatz von neuen Fässern erbringen elegante, langlebige Weine, fraglos die besten von Volnay. Seit 2000 wird biodynamisch angebaut; die Leitung liegt nun in der Hand von Michels Sohn Frédéric.

Comtes Lafon ☆☆☆☆
Meursault

Einer der wenigen Erzeugerbetriebe, deren Rotweine ebenso großartig sind wie ihre Weißweine. Erst seit 1984, als Domi-

nique Lafon als Kellermeister die Fülirung übernahm, wird auf diesem Gut hauptberuflich Wein bereitet. Dominique bringt sublimen Meursault aus den Premier-cru-Lagen Charmes, Genevrières und Perrières sowie aus dem eigenen »Hausgarten« Clos de la Barre hervor, daneben auch in ganz kleinen Mengen Grand cru Le Montrachet.

Seit 1999 werden alle Weinberge nach den Prinzipien des biodynamischen Anbaus bewirtschaftet. Die Rotweine stammen alle aus Volnay: Champans, Clos des Chênes und v.a. aus einem großen Anteil an Santenots-du-Milieu; hinzu kommt etwas Monthélie. So exzellent die Rotweine aus dem Haus Lafon auch sein mögen, andere kommen ihnen gleich und übertreffen sie sogar. Der weiße Burgunder von Dominique Lafon jedoch ist unübertroffen.

Laleure Piot ☆
Pernand-Vergelesses

Die 10-ha-Domaine liefert anständigen, aber unspektakulären Pernand-Vergelesses und Premier cru Vergelesses aus Savigny.

Lamarche ☆☆–☆☆☆
Vosne-Romanée

Eine Familien-Domaine in der vierten Generation, die das Glück hat, über das *monopole* an La Grande Rue zu verfügen, ein schmaler Streifen von 1,6 ha, der zwischen den Grands crus Romanée-Conti und La Tâche hügelan verläuft. Eine Flasche von 1961 war – 21 Jahre alt – ein Wunder an subtiler Sinnenfreude. Im Vergleich mit La Tâche, ein Wein mit weniger ausgeprägtem Geschmack, aber in seiner ruhigeren Art einer der ganz Großen in meiner Erinnerung.

Der Rest des 9-ha-Besitzes umfasst 1 ha Clos de Vougeot sowie Parzellen von Grands-Echézeaux und die Vosne-Romanée Premiers crus Malconsorts und Suchots. Lamarche erzeugte aus ihnen glanzlose Weine bis zur Mitte der 1990er-Jahre, als die Aufwertung von La Grand Rue in den Grand-cru-Rang wie eine Art Initialzündung gewirkt haben muss: die Qualität stieg sprunghaft an.

Domaine des Lambrays ☆☆☆☆
Morey-St-Denis

Die Domaine besitzt fast den gesamte Grand cru Clos de Lambrays. Kellermeister Thierry Brouin findet in dem deutschen Industriemagnaten Gunter Freund, dem die Domaine seit 1996 gehört, tatkräftige Unterstützung. Seitdem trifft man hier nahezu überirdische Qualität an. In der Domaine entstehen auch kleine Mengen Puligny Folatières und Cailleret – superb, aber teuer.

Hubert und Olivier Lamy ☆☆☆
St-Aubin

Seit Olivier Lamy das Weingut der Familie 1995 übernahm, hat sich die Qualität enorm verbessert. Selbst die St-Aubin-Rotweine (normalerweise keine Himmelsstürmer) sind hier sehr gut und werden nur noch von den wunderbaren weißen Premiers crus übertroffen. Etwa 30% neue Eichenfässer kommen zum Einsatz.

Louis Latour ☆–☆☆☆
Beaune. www.louislatour.com

Einer der wahrhaft großen Namen in Burgund, 1797 gegründet und seit 1867 im Besitz und unter der Leitung der Latours, vom Vater jeweils an den Sohn mit Namen Louis weitergegeben. Das Zentrum der Domaine ist das Château de Grancey in Aloxe-Corton, eine der ersten großen Kellerei-Zweckbauten in

Frankreich. Die Domaine hat insgesamt 50 ha, davon rund 35 ha in Corton und Aloxe-Corton einschließlich 10 ha Corton-Charlemagne und 2 ha *monopole* am Grand cru Clos de la Vigne au Saint. Zu den weiteren Grands crus zählen Romanée-St-Vivan und 0,5 ha Chevalier-Montrachet Les Demoiselles.

Am berühmtesten ist Latour für seine Weißweine, vor allem Corton-Charlemagne, der am Ende des 19. Jhs. von einem Latour buchstäblich auf die Landkarte gezaubert worden war. Diese Weine sind wuchtig und müssen lange liegen. Eigensinnig hält Latour an der in der Rotweinbereitung ungewöhnlichen Praxis der Schnellpasteurisierung fest. Möglicherweise liegt darin der Grund, dass die Roten erheblich leichter und weniger komplex sind als die wunderbaren Weißweine.

Auf die Domaine-Weine entfällt ein Zehntel des Umsatzes. Die Auswahl an anderen Weinen, vor allem weißen, ist zuverlässig. Besonders beachtenswert ist der Montagny, und der Chardonnay Vin de pays d'Ardèche besticht mit besonderer Fülle und Charakter.

Dominique Laurent ☆☆☆
Nuits-St-Georges

Der ehemalige *pâtissier* weiß mit Leidenschaft zu erklären, was für ihn einen echten Burgunder ausmacht: Er muss von alten, ertragsarmen Reben stammen. Ein ungewöhnlicher Négociant, der nach dem genannten Rezept eng mit Weinbergbesitzern zusammenarbeitet, die solche Weinstöcke ihr Eigen nennen – und er zahlt Spitzenpreise. Obwohl Laurent seit einiger Zeit bei der Weinbereitung in mehreren Gütern mitwirkt, liegt seine eigentliche Begabung in der Kunst der *élevage*, des Fassausbaus.

Er besitzt eine eigene Küferei, und seine Weine lagern mindestens 18 Monate auf den edlen Hefen in Fässern, von denen ein hoher Prozentsatz aus neuer Eiche ist. Auf Flaschen gezogen wird direkt vom Fass.

Das ist althergebrachte Weinbereitung in Vollendung, und die Ergebnisse sind fürwahr beeindruckend: konzentriert, voll und dicht. Die Anzahl der verschiedenen Cuvées zeigt auf, welche Vielfalt einer einzigen Gemeinde wie Nuits-St-Georges entspringen kann.

Alle Weine von Laurent werden in fast winzig zu nennenden Mengen produziert, unter ihren Anhängern genießen sie Kultstatus. Mögen manchmal auch Zweifel an ihrer Alterungsfähigkeit aufkommen, sind sie doch alle mutige Interpretationen des Begriffs Burgunder.

Philippe Leclerc ☆☆
Gevrey-Chambertin

Dynamische Weine entstehen bei Philippe Leclerc. Man muss allerdings ein Faible für viel neues Holz, protzige Etiketten und den frechen Umgangston ihres Meisters haben.

Domaine Leflaive ☆☆☆☆
Puligny-Montrachet

Vincent Leflaive, der große alte Mann von Puligny-Montrachet, hat seinem Puligny-Montrachet aus den Lagen Clavoillons, Combettes und Pucelles sowie den Grands crus Bâtard-Montrachet, Bienvenue-Bâtard-Montrachet und Chevalier-Montrachet eine fabelhafte Reputation verschafft. Nun ist auch Le Montrachet als Kronjuwel hinzugekommen. Vielleicht war Vincent im Alter die Qualität etwas aus der Hand geglitten, doch seine Tochter Anne-Claude hat mit Hilfe eines aufgefrischten Teams und dem festen Glauben an biodynamische Methoden rasch das Image dieser großartigen Domaine wieder aufgerichtet.

Olivier Leflaive ☆☆
Puligny-Montrachet

Der Neffe von Vincent Leflaive ist dank Kellermeister Franck Grux heute der angesehenste Négociant in der ganzen Gegend. Er kann brillanten Puligny, exzellenten St-Romain, St-Aubin, Auxey-Duresses usw. bieten – alles mustergültige Weine von der Côte de Beaune. Am bekanntesten ist Leflaive für seine stilvollen Weißweine, und das mit Recht. Gut sind jedoch auch die Roten, die hauptsächlich auf dem Inlandsmarkt abgesetzt werden.

Lejeune ☆
Pommard

Ein bekannter Name in Pommard, wenngleich diese Weine selbst nach über 10 Jahren noch hart und streng aus der Flasche kommen. Nichts für den schnellen Genuss.

Domaine Leroy ☆☆☆☆
Vosne-Romanée

Die ebenso ehrgeizige wie anspruchsvolle Mme. Lalou Bize-Leroy war bereits mit der Leitung der Domaine de la Romanée-Conti (D.R.C.) und des familieneigenen Négociant-Hauses Maison Leroy (siehe dort) beschäftigt, als sie durch Ankauf abgewirtschafteter Domänen, wie z. B. Charles Noëllat, erstklassige Weinberge zu sammeln begann. Ihr Engagement bei der Erweiterung ihrer eigenen Domaine (derzeit 22,5 ha) war 1992 wohl mit ein Grund für den Hauskrach bei Romanée-Conti und ihre anschließende Entlassung. Von den Ereignissen unerschüttert, betrieb sie weiterhin den Aufbau ihrer wahrlich großartigen eigenen Domaine. Neben einer Palette an Grands crus, die in Burgund ihresgleichen suchen, besitzt sie auch eine Auswahl hervorragender Premiers crus. Die seit den frühen 90er-Jahren leidenschaftliche Verfechterin der Biodynamik hält ihre Erträge so niedrig, dass sie kaum noch wirtschaftlich sein können. Die meisten Weine reifen 18 Monate in neuen Eichenfässern, doch ihre natürliche Konzentration ist so hoch, dass die Eichenwürze den eigentlichen Charakter der Weine nicht beeinflussen kann. Ein mehrstündiges Verkosten der gesamten Palette in Mme. Lalou Bize-Leroys Weinkeller ist ein Privileg, das nur wenige erfahren: Ein wahrhaft erhebendes und wahrhaft niederschmetterndes Erlebnis, denn ein perfekter Wein folgt auf den anderen. Wenn die Domaine Leroy heute zur absoluten Oberklasse französischer Weingüter gehört, können Sie mit Sicherheit davon ausgehen, dass sich das auch auf die Preise auswirkt.

Maison Leroy ☆☆☆
Auxey-Duresses

Lalou Bize-Leroy erbte dieses familiengeführte Handelshaus bereits 1955 und entschied, dass nur voll ausgereifte Weine in den Verkauf kommen dürfen. Die Geduld macht sich bezahlt: Die Weine kosten ein Vermögen. Über die »Gardienne des Grands Millésimes«, das Lagerhaus von Madame, hört man, dass 2,5 Mio. Flaschen eingelagert sein sollen.

Chantal Lescure ☆☆–☆☆☆
Nuits-St-Georges. www.domaine-lescure.com

Das 1975 gegründete Weingut besitzt heute 18 ha Rebland von Chambolle bis Volnay. Es war ehemals dem Négociant-Haus Labouré-Roi angegliedert, doch diese Liaison endete 1996 mit einer neuen Geschäftsführung. Neuinvestitionen (1999 z. B. entstand eine neue Kellerei) machten sich bezahlt: Die Weine sind nun wirklich eindrucksvoll, wobei der Vosne Suchots den Clos Vougeot des Öfteren in den Schatten stellt.

Vicomte Ligier Belair ☆☆
Vosne-Romanée

Bis 2000 wurden die Weine dieses Guts von Bouchard Père & Fils (siehe dort) vertrieben; heute liegt neben der Erzeugung auch der Verkauf in eigenen Händen. Die Weinberge befinden sich in Vosne. Zu ihnen gehört auch der Alleinbesitz des Clos du Château. Der Jahrgang 2000 ist vielversprechend, besonders der Vosne Chaumes, doch noch ist Geduld angeraten.

Hubert Lignier ☆☆–☆☆☆
Morey-St-Denis

Die einst in Morey hoch angesehene Domaine von Georges Lignier ließ in den 1990er-Jahren rapide nach, während sich das Weingut von Hubert Lignier enorm verbesserte. Zurzeit beträgt die Rebfläche 8 ha, davon 1 ha Clos de la Roche sowie kleine Parzellen in den Premiers crus Chambolle-Musigny und Gevrey-Chambertin. Unter Romain Lignier ist der Weinstil voller und konzentrierter geworden, unterstützt von einer angemessenen Dosis neuer Eiche.

Bertrand Machard de Gramont ☆☆
Nuits-St-Georges

Die Weinberge der Domaine sind über die Jahre unter den Familienmitgliedern aufgeteilt worden. Auf den restlichen 5 ha Spitzenlagen in Nuits-St-Georges entstehen gehaltvolle, robuste Weine.

Duc de Magenta ☆☆☆
Meursault

Der Nachkomme des französischen Siegers der Schlacht von Magenta (1859 mit Piemont gegen die Österreicher) ist Besitzer von Clos de la Chapelle und dem Premier cru Clos de la Garenne in Puligny sowie weiteren Weinbergen in Auxey-Duresses und Meursault. Seit 1985 liegt die Weinbereitung bei Louis Jadot (siehe dort).

Château de la Maltroye ☆☆☆
Chassagne-Montrachet

Quelle vieler ausgezeichneter Flaschen von weißem Chassagne unter dem Etikett des gleichnamigen *monopole* des Hauses. Der 15-ha-Besitz umfasst auch ein kleines Stück Bâtard-Montrachet und Rotweinlagen in Chassagne Clos St-Jean.

Matrot ☆☆–☆☆☆
Meursault

Eine 18-ha-Domaine, die heute von Thierry Matrot geleitet wird. Sie ist bekannt für ihre guten Weißweine aus dem zu Blagny zählenden Teil Meursaults, für die Meursault Premiers crus Charmes und Perrières sowie die Puligny Premiers crus Combettes und Chalumeaux. Weiterhin gibt es 1,5 ha an rotem Volnay-Santenots und einen ungewöhnlichen roten Blagny von La Pièce Sous le Bois, ein lebendiger, leicht strenger Wein, der mit dem sanfteren Volnay kontrastiert. Die Weißweine können in der Jugend herb sein, gewinnen jedoch mit dem Alter an Harmonie und Komplexität.

Prosper Maufoux ☆☆–☆☆☆
Santenay

Sehr geschätztes Négociant-Haus einer Familie, die 1994 an ihren amerikanischen Importeur Robert Fairchild verkaufte. Der Stil der Maufoux-Rotweine ist auf Alterungsfähigkeit gerichtet, die Qualität war jedoch in letzter Zeit unbeständig. Ein weiterer Handelsname lautet »Marcel Amance«.

Maume ☆☆☆
Gevrey-Chambertin. www.domaine-maume.com

Bernard Maume ist Professor für Biochemie an der Universität Dijon und Besitzer der 4-ha-Domaine. Sein Sohn Bertrand steht ihm zur Seite. Die größte und beste Parzelle liegt im Grand cru Mazis-Chambertin, ferner gibt es kleine Anteile am Grand cru Charmes-Chambertin und an drei Premiers crus.

Louis Max ☆–☆☆☆
Nuits-St-Georges

Das 1859 gegründete Weinhandelshaus des russischen Immigranten Louis Max wird heute von seinem Nachfahren Laurent Max geführt. In den 1990er-Jahren wurden umfangreiche technische Verbesserungen durchgeführt und mit dem Ankauf eigener Rebflächen begonnen.

Méo-Camuzet ☆☆☆–☆☆☆☆
Vosne-Romanée

Seit 1983 werden Jean Méos Weinberge, die über viele Jahre hinweg verpachtet waren, wieder von der Familie selbt bewirtschaftet. Heute bringt Sohn Jean-Nicolas unter der Anleitung des legendären Kellermeisters Henri Jayer aus den hervorragenden Weinbergen geradezu majestätische, extrem gehaltvolle Weine hervor.

Richebourg, Echézeaux, Clos Vougeot und Corton sind die Grands crus des Hauses. Weiterhin gibt es zwei Premiers crus in Nuits und drei in Vosne, darunter der seltene und wundersame Cros Parantoux. Auf einer prächtigen Weinprobe im Jahr 2001 bewiesen die Weine, wie schön sie altern und dabei an Komplexität gewinnen können.

Prince Florent de Mérode ☆
Ladoix-Serrigny

Obwohl in Serrigny ansässig, liegt der größte Teil der Rebfläche des Hauses in Corton, darunter 4 ha Grands crus. Nach Jahren der Mittelmäßigkeit ist der Stil der Weine inzwischen üppiger und körperreicher geworden.

Mestre Père & Fils ☆
Santenay

Eine der größeren Domaines von Santenay (20 ha), mit Premiers crus in den besten Lagen und kleineren Besitzungen in Aloxe-Corton, Chassagne-Montrachet sowie Ladoix (Appellation Côte de Beaune). Eine gute Quelle für mittelschwere Weine.

Château de Meursault ☆☆
Meursault

Eine 1973 vom Handelshaus Patriarche in Beaune aufgekaufte, inzwischen zur Touristenattraktion ausgebaute 60-ha-Domaine. Die Meursault Premiers crus sind Verschnitte und werden als Château de Meursault verkauft. Hinzu kommen Premier-cru-Rotweine aus Pommard, Savigny und Beaune. Die Preise sind hoch.

Moillard ☆–☆☆
Nuits-St-Georges

Familienbetrieb in der fünften Generationen (der Name lautet heute Thomas) mit einer eigenen 40-ha-Domaine (siehe Charles Thomas). Erzeugt aber auch Wein von zugekauften Trauben aus einem sehr viel größeren Gebiet (darunter Beaujolais und Rhône) und betätigt sich in traditioneller Weise als Négociant mit Kellerbeständen von mindestens 8 Mio. Flaschen – bestimmt das größte Lager in Nuits.

Crémant

Drei französische Regionen mit hochwertigen Weißweinen haben mit Erfolg eine neue Appellation für Qualitätsschaumweine eingeführt. Der Begriff *crémant* wurde zunächst in der Champagne für Schaumweine geprägt, deren Kohlensäuredruck nur halb so hoch war wie bei Champagner, die also sanft perlten, ohne wirklich Schaum zu bilden. Er wurde dann mit Zustimmung der Champagne für vollschäumende Qualitätsweine aus anderen Regionen entlehnt. Eine neue Bezeichnung war notwendig geworden, weil das alte *mousseux* inzwischen einen abfälligen Beiklang angenommen hatte: Jeder billige »Industriesekt« durfte und darf sich so nennen. Also einigten sich Burgund und die Loire 1975 und das Elsass 1976 zusammen darauf, dass die Bereitung von Crémant strengen Produktionsbedingungen – ähnlich wie in der Champagne – unterliegen müsse.

Dabei wurden insbesondere die zu verwendenden Traubensorten, die Ertragshöhe, die Art und Weise der Anlieferung unbeschädigten Rebguts zur Kelter und der beim Keltern anzuwendende Druck festgelegt (wobei das Mostgewicht höchstens zwei Drittel des Traubengewichts betragen darf). Danach gelten die Regeln des Champagnerverfahrens: So ist in Burgund und im Elsass eine Mindestlagerzeit in der Flasche und auf der Hefe von neun Monaten und an der Loire von zwölf Monaten vorgeschrieben. (Eine einflussreiche Lobby will immer noch erreichen, dass sie einheitlich auf zwölf Monate festgesetzt wird – bisher ohne Erfolg.)

Als Ergebnis dieser Regelungen entsteht eine Klasse von Schaumweinen guter, wenn auch selten hervorragender Qualität. Hohe Anfangsinvestitionen haben so manche Kellerei davon abgehalten, ihre Betriebe von Mousseux auf Crémant umzustellen. Auch werden für Crémant oft Trauben unzulänglicher Qualität verwendet, die, etwa zu einem Stillwein wie Bourgogne Blanc verarbeitet, nicht die gewünschten Preise erzielen würden. Crémant-Weine aus dem Süden Burgunds sind im Allgemeinen gehaltvoller als solche aus dem Norden, beispielsweise aus Yonne, ähnlich wie ein Montagny breitschultriger daherkommt als ein Chablis. 2001 belief sich die Crémant-Produktion insgesamt immerhin schon auf 8 Mio. Flaschen – ein Zeichen dafür, dass sich der Begriff Crémant in seiner neuen Bedeutung durchgesetzt hat.

Zu den über 100 Erzeugern von Crémant de Bourgogne zählen:

Ambroise, Nuits-St-Georges
André Bonhomme, Mâcon
Louis Bouillot, Nuits-St-Georges
Cave d'Azé, Azé
Caves de Bailly, St-Bris-le-Vineux
Caves des Grands Crus Blancs, Vinzelles
Cave de Lugny, Lugny
Cave de Viré, Viré
Bernard Cros, Cercot
Deliance, Dracy-le-Fort
André Delorme, Rully
Roger Luquet, Fuissé
Domaine des Moirots, Bissey-sous-Cruchaud
Picamelot, Rully
Simonnet-Febvre, Chablis
Lucien Thomas, Prissé
Verret, St-Bris-le-Vineux
Vitteaut Alberti, Rully

Mongeard-Mugneret ☆☆–☆☆☆
Vosne-Romanée

Weingut mit 25 ha; erzeugt tadellose, langlebige Grands crus Echézeaux, Grands-Echézeaux, Clos de Vougeot und Richebourg sowie eine Auswahl von Premiers crus aus Vosne, Nuits, Vougeot und Savigny.

René Monnier ☆☆
Meursault

Die Familie Monnier hat im Lauf von 150 Jahren eine 17 ha große Domaine an der Côte de Beaune aufgebaut. Die ausgedehntesten Besitzungen liegen in Meursault Chevalières und in den Premiers crus Charmes, Beaune Cent Vignes und Toussaints sowie Puligny Folatières. Weitere Weinberge in Pommard, Volnay und Santenay. Die Rotweine gären so lange wie möglich, 30 % reift in neuer Eiche.

Domaine Monthélie-Douhairet-Porcheret ☆☆
Monthélie

Die weit über 90-jährige Besitzerin der Domaine, Mlle. Armande Douhairet, ist in Burgund eine historische Figur. Ihr 6-ha-Besitz umfasst diverse Premier-cru-Weinberge in Pommard, Volnay und Meursault.

Hubert de Montille ☆☆☆
Volnay

Das 7 ha große Gut eines Rechtsanwalts aus Dijon wird heute von dessen Sohn Etienne geführt. Die Rebflächen liegen in den Premiers crus von Volnay (Champans, Taille Pieds, Mitans) und Pommard (Epenots, Rugiens, Pézerolles) verstreut. Sowohl Pommard als auch Volnay sind tiefdunkle, aromareiche, alterungsfähige Weine. Chaptalisierung kommt im Hause Montille nicht infrage, weshalb die Weine in der Jugend schlank und ziemlich hart sein können. Mehr als alle anderen Volnay-Weine brauchen sie zehn Jahre Flaschenreifung, um beachtliche Komplexität zu entwickeln.

Bernard Morey ☆☆–☆☆☆
Chassagne-Montrachet

Alte Familien-Domaine mit 14 ha vorwiegend in Chassagne, fast gleichmäßig auf Weiß- und Rotweinreben verteilt. Ihr bekanntester Weißwein ist der Premier cru Les Embrasées, aber auch Caillerets und Morgeot bringen ausgezeichnete Gewächse. Die Weine sind fruchtig und kraftvoll, wenn auch nicht die elegantesten in Chassagne.

Marc Morey ☆☆–☆☆☆
Chassagne-Montrachet

Seit 15 Jahren bereitet hier Moreys Schwiegersohn Bernard Mollard die Weine. Es gibt eine Reihe Premiers crus und kleine Parzellen in Bâtard-Montrachet und Chevalier-Montrachet. Allgemein ist der Stil der Weine fruchtig, ausgewogen und zugänglich. Man kann sie also bereits jung trinken, obwohl sie auch gut altern.

Pierre Morey ☆☆☆
Meursault

Pierre Morey ist seit 1989 Kellermeister der Domaine Leflaive (siehe dort) und erzeugt aus seinen eigenen 8 ha feine Meursault- und Bâtard-Montrachet-Weine. Als Négociant kauft er für seine Marke Morey Blanc auch Trauben an.

Albert Morot ☆☆–☆☆☆
Beaune

7 ha Beaune Premiers crus in Teurons, Grèves, Cent Vignes, Toussaints, Bressandes und Marconnets sowie 2 ha Savigny-Vergelesses Clos la Bataillère. Mlle. Françoise-Guigone Choppin übertrug die Weinbereitung des Hauses im Jahr 2000 an ihren Neffen Geoffrey de Janvry. Er verschärfte die Auswahlkriterien bei der Lese, verwendet bis zu 50 % neue Eichenfässer und verzichtet vollständig auf Schönung und Filtrierung. Ein feines Weingut, das Musterbeispiele der Appellation Beaune hervorbringt.

Denis Mortet ☆☆☆☆
Gevrey-Chambertin

Denis Mortet ist wahrscheinlich der Beste aus der neuen Winzergeneration des Ortes, dank ökologischem Anbau, Ernte bei höchster Reife und einem hohen Anteil neuer Eichenfässer. Seine Weine, sogar die aus Lagen wie Motrot und En Champs, sind gehaltvoll, dunkel, konzentriert und von schöner Ausgewogenheit. Eine längere Flaschenlagerung tut jedoch allen recht gut. Mit der starken Nachfrage aus dem Ausland sind auch die Preise gestiegen.

Thierry Mortet ☆☆
Gevrey-Chambertin

Hinter dem Erfolg seines älteren Bruders Denis steht Thierry Mortet etwas zurück (das Weingut wurde 1992 aufgeteilt). Gute Weine mit süßer Frucht und Würze.

Mugneret-Gibourg ☆☆☆
Vosne-Romanée

Von den sieben Weingütern in Vosne mit dem Namen Mugneret ist dies wohl das beste. Seit dem Tod Georges Mugnerets (einige Weine erscheinen noch unter seinem Namen) führen seine Witwe und die zwei Töchter die 9-ha-Domaine. Die Erträge werden niedrig gehalten, der Anteil neuer Eichenfässer variiert, überschreitet aber nie 80 %. Hier entstehen saftige Weine: fester Vosne, köstlicher Feussellottes mit dem ganzen Charme von Chambolle, exotischer Echézeaux, tanninbetonter Clos Vougeot und ein paar gehaltvolle Ruchottes-Chambertin. Eine überaus empfehlenswerte Quelle.

Jacques-Frédéric Mugnier
Siehe Château de Chambolle-Musigny

André Mussy ☆
Pommard

Ganz und gar ein Familienbetrieb. Die 6-ha-Domaine umfasst Premier cru Epenots in Pommard und Premier cru Epenottes in Beaune. Die Weine sind jedoch eher rustikal.

Lucien Muzard ☆
Santenay

Dieser 22-ha-Familienbetrieb bietet herrlichen, dezent eichenholzduftigen Wein zu einem fairen Preis an.

Michel Niellon ☆☆–☆☆☆
Chassagne-Montrachet

Kleines, aber hoch geschätztes Weingut mit großer Nachfrage in den USA. Die Weine sind von reifem, rundem Stil, aber selten lange lagerfähig, mit Ausnahme der Grands crus.

Hospices de Nuits-St-Georges ☆☆
Nuits-St-Georges

Das weniger bekannte und kleinere Gegenstück zum großartigen Hospices de Beaune wurde in Nuits im Jahr 1634 gegründet und ist heute mit 8 ha Rebfläche, hauptsächlich Nuits Premier cru, ausgestattet. Die besten Cuvées werden jeweils im März versteigert. Wie im Falle der Hospices de Beaune ist die Qualität der Weine in erster Linie davon abhängig, welche Domaine als *éleveur* fungiert.

Domaine Parent ☆☆
Pommard. www.domaine-parent.com

Eine 1750 gegründete Domaine mit 15 ha, am bekanntesten durch ihre festen Pommard-Weine und mittelschweren Gewächse aus Volnay und Beaune. Das Weingut wurde 1999 aufgeteilt. François Parent bereitet auf seinem Drittel die Weine in Eigenregie.

Patriarche ☆–☆☆
Beaune

Wahrscheinlich die größte Handelsfirma in Burgund (nach eigenen Angaben jedenfalls mit den größten Kellern) mit einer bis ins Jahr 1780 zurückgehenden Geschichte und einer Jahresproduktion von 20 Mio. Flaschen. Patriarche, immer noch im Besitz der Familie, hat ein paradoxes Image: einerseits Eigentümer des exzellenten Château de Meursault (siehe dort), des Château de Marsannay und von Domaines mit einer Gesamtfläche von 110 ha, der auch als regelmäßiger Großeinkäufer auf den Auktionen der Hospices de Beaune in Erscheinung tritt, auf der anderen Seite eine Marke, die ich einmal naserümpfend als Massenware bezeichnen möchte. Der größte Verkaufsschlager ist offenbar der »Kriter Brut de Brut«, ein Anfang der 1960er-Jahre kreierter Qualitätsschaumwein ohne Appellation. Im Jahr 2000 wurde eine neue Serie regionaler Weine unter dem Namen »Terroirs et Secrets de Bourgogne« herausgebracht. Zu den weiteren Markennamen gehören u.a. »Père Patriarche«, »Cuvée Jean Baptiste« und »Noémie Vernaux«.

Pavelot ☆☆
Savigny

Die Pavelots sind seit dem 18. Jh. Winzer in Savigny. Ihre Domaine umfasst 12 ha, davon rund die Hälfte in den Premiercru-Hanglagen, mit sehr alten Reben in Dominode. Die Weine sind tadellos bereitet und zuverlässig, aber wenig aufregend.

Domaine des Perdrix ☆☆–☆☆☆
Nuits-St-Georges

Die 12-ha-Domaine ist seit 1996 im Besitz von Maison Rodet (siehe dort) und besitzt das Alleinrecht an Aux Pedrix. Die Weine sind gehaltvoll, dicht und extraktreich.

Domaine de la Perrière ☆
Fixin

Ein im 12. Jh. von den Zisterziensermönchen von Citeaux gegründetes Gut. Es erzeugt nur einen einzigen Wein, den berühmten Fixin Clos de la Perrière. Das ursprüngliche Gutshaus, die Keller und die 700 Jahre alte große Kelter sind noch erhalten. 7 ha liefern geradlinigen ungekünstelten Wein, der einen langen Gärprozess durchläuft und langen Fassausbau erfährt. Der Wein wird seiner Wucht, weniger der Finesse wegen oft mit Chambertin verglichen.

Perrot-Minot ☆☆–☆☆☆
Morey-St-Denis. www.perrot-minot.com

Die feinste Lage dieser Domaine, die insgesamt 10 ha Rebfläche ihr Eigen nennt, ist eine 1,5-ha-Parzelle in Charmes-Chambertin. Hinzu kommen zwei Premiers crus in Chambolle-Musigny: Fuées und Combe d'Orveau. Christophe Perrot-Minot ist Modernist, seine Weine sind fleischige, ausdrucksstarke Tropfen, denen man vielleicht nicht Subtilität, auf alle Fälle aber große Konzentration nachsagen kann.

Château de Pommard ☆☆–☆☆☆
Pommard

Das von der Hauptstraße aus augenfällige Château suggeriert mit seinen Etiketten und Werbestrategien, es sei in erster Linie als Touristenattraktion gedacht. In Wahrheit ist es ein äußerst seriös geführtes Unternehmen. Der Wein stammt aus dem größten *clos* Burgunds: ein umfriedeter 25-ha-Weinberg. Der Besitzer, Jean-Louis Laplanche – nebenbei ein Freud-Experte –, verwendet jedes Jahr neue Fässer, lagert den Wein zwei Jahre in Holz und verzichtet auf Filtrierung. Im Jahr 2002 übertrug Laplanche, der keine Erben hat, das Management an Daniel Cathard von Château Smith Haut-Lafitte in Bordeaux (siehe dort).

Jean-Marie Ponsot ☆☆–☆☆☆
Morey-St-Denis

Eine über ein Jahrhundert alte Domaine mit 9 ha ganz in Morey-St-Denis, außer kleinen Parzellen Latricières-Chambertin und Le Chambertin. Fast die Hälfte des Besitzes besteht aus der großartigen Lage Clos de la Roche, die einen konzentrierten, langlebigen Wein liefert, ohne dass dieser neues Eichenholz benötigte. Ponsots andere Spezialität ist weißer Premier cru Morey Monts-Luisants, der hauptsächlich von altehrwürdigen Aligoté-Reben entsteht. Sein hoher Säuregehalt erfordert lange Flaschenreifung. In Bestform sind die Weine Ponsots wirklich beachtlich, umso bestürzender sind die enormen Qualitätsschwankungen.

Nicolas Potel ☆☆–☆☆☆
Nuits-St-Georges

Nicolas Potel wuchs als designierter Erbe der Domaine Pousse d'Or (siehe nächsten Eintrag) in Volnay auf, doch der frühe Tod seines Vaters und der anschließende Verkauf des Guts im Jahr 1997 durchkreuzten seine Pläne. Mit Hilfe einer Menge guten Willens seitens vieler burgundischer Weinerzeuger und ihres Vertrauens in Potels fast einzigartige Fähigkeiten als international erfahrener Winzer konnte er sich als Négociant niederlassen.

Eine »Politik der Nichteinmischung« prägt den Stil der Vinifikation in seinem Haus, und er ist fast ständig auf der Suche nach Weinbergen mit alten Reben, für deren Erträge er gute Preise bezahlt. Manch anderer hätte nach der allgemeinen Begeisterung über seine ersten Jahrgänge die Produktion erweitert – nicht so Potel: Im Jahr 2000 reduzierte er sie sogar, um die Qualität noch weiter zu verbessern.

Domaine de la Pousse d'Or ☆☆
Volnay. www.lapoussedor.fr

12 ha in den Premier-cru-Lagen von Volnay, Pommard und Santenay und seit kurzem rote Grands crus in Corton. Die Domaine hat an der Côte de Beaune einen ausgezeichneten Ruf, der auf das Wirken Gérard Potels zurückgeht. Als Potel 1997 unerwartet starb, musste die Domaine verkauft werden. Sie verfügt über drei *monopoles* in Volnay: Clos de la Bousse (sic!) d'Or, Clos des 60 Ouvrées und Clos d'Audignac. Von Erster und Letzterem kommen typische sanfte und angenehme Volnays, voll Zartheit und Eleganz, an deren Spitze Bousse d'Or steht; der 60 Ouvrées dagegen ist das Musterbeispiel eines Caillerets, ein kraftvollerer Wein, der langer Lagerung bedarf. Eine weitere, etwa gleich große Parzelle Caillerets liefert leichtere Tropfen. In den besten Premier-cru-Lagen von

Santenay (Tavannes und Gravières) hat die Domaine jeweils einen Anteil und schließlich noch 1 ha Pommard Jarollières.

Dem neuen Besitzer Patrick Landanger war von vornherein klar, dass es schwer sein würde, Potels Nachfolge anzutreten, und tatsächlich waren seine ersten Jahrgänge enttäuschend. Obwohl die Qualität inzwischen angezogen hat, fehlt noch ein ganzes Stück zu jener überragenden Eleganz, die Gérard Potels Weine ausgezeichnet hat.

Jacques Prieur ☆☆☆
Meursault

Eines der bemerkenswertesten Weingüter Burgunds mit Teilen von Chambertin und Montrachet; der gesamte Besitz von 15 ha besteht aus großartigen Lagen. Geschaffen wurde es von Jacques Prieur. Gemeinsam mit Bertrand Devillard, dem Direktor der Domaine Antonin Rodet (siehe dort), die die Hälfte des Guts 1988 erwarb, wird die Firma heute von Jacques Prieurs Enkel Martin geführt. Die Rebfläche umfasst 1,1 ha in Chambertin und Clos de Bèze, 0,75 ha in Musigny, 1,25 ha Clos Vougeot, 0,75 ha in Corton-Bressandes und 2 ha in Beaune (Clos de la Féguine). Hinzu kommen große Parzellen in den Premiers crus von Volnay (besonders Clos des Santenots), in Meursault Clos de Mazeray und in Puligny Les Combettes, Chevalier-Montrachet und 0,6 ha Le Montrachet. Der Ruf der Rot- und Weißweine dieser Domaine war ins Wanken geraten, aber Antonin Rodet hat ihn mit großer Entschiedenheit wieder gerade gerückt. Bis vor kurzem traten die Rotweine kraftvoll und extraktreich auf, die neueren Jahrgänge zeigen mehr Ausgewogenheit.

Ramonet ☆☆☆
Chassagne-Montrachet

Einer der großen Namen in Chassagne. Die Hälfte der 14-ha-Domaine entfällt auf Weißwein, darunter Bâtard-, Bienvenues-Bâtard-Montrachet und Le Montrachet, rassiger Chassagne Premier cru von Les Ruchottes und anderen Lagen sowie Chas-sagne Village-Weine. Die Rotweine haben weniger große Namen, sind aber bemerkenswert fein: Clos de la Boudriotte, Clos St-Jean und roter Chassagne Village können sich ohne weiteres mit jedem anderen Rotwein von der südlichen Côte de Beaune messen. Seit dem Tod des großen alten Pierre Ramonet bereiten seine Enkel Noël und Jean-Claude die Weine.

Rapet ☆
Pernand-Vergelesses

Hoch geschätzte 12-ha-Domaine mit Parzellen von Corton-Charlemagne und rotem Corton Grand cru sowie Pernand-Vergelesses Premier cru. Keine herausragende Qualität, aber Weine, die ihren Preis wert sind. Inzwischen führt Vincent Rapet das Weingut.

La Reine Pédauque ☆
Beaune

Sehr bekanntes Handelshaus, das Pierre André gehört. 50 ha eigene Weinberge, darunter die 4 ha Clos des Langres (Côte de Nuits-Villages) und Parzellen in Corton-Renards und Corton-Charlemagne. 1990 wurde in Savigny eine neue Weinkellerei eröffnet. Die Qualität war nie bemerkenswert, doch bemüht man sich um Verbesserung. Die hauptsächlich französische Abnehmerschaft erwartet jedoch eher Beständigkeit als Vortrefflichkeit.

Remoissenet ☆
Beaune

Les Hospices de Beaune

Die Hospices de Beaune stehen für Kontinuität, Wohlstand und Wohltätigkeit in Burgund. Sie wurden 1443 als Hospital für die Kranken, Armen und Alten von Beaune vom Kanzler des Herzogs von Burgund, Nicolas Rolin, und seiner Frau Guigone de Salins gegründet und mit Land an der Côte de Beaune als Einkommensquelle ausgestattet. Viele wohlhabende Winzer, Händler und Bürger von Beaune sind seither diesem Beispiel gefolgt. Zum Besitz der Hospices gehören heute 62 ha Weinberge und weit mehr Ackerland. Der Wein aus den verstreuten Lagen wird zu Cuvées verarbeitet, die nicht unbedingt jeweils aus einem bestimmten *climat* stammen müssen, sondern viel-

mehr so zusammengestellt werden, dass in praktikabler Weise ansprechende Weine entstehen. Jede Cuvée trägt den Namen eines spendablen Gönners der Hospices. Insgesamt werden 38 Cuvées bereitet, von denen nur eine nicht von der Côte de Beaune stammt.

Verkauft wird der Wein Cuvée für Cuvée und Fass für Fass in einer großen Auktion, die am dritten Sonntag im November in der Markthalle gegenüber den Hospices stattfindet. Der Ertrag wird für das Hospital verwendet, das heute über modernste Einrichtungen verfügt. Die ursprünglichen Krankensäle, die Kapelle und die Kunstwerke sind der Öffentlichkeit zugänglich.

Als Käufer treten Händler, Restaurants, Privatpersonen und Organisationen aus allen Teilen der Welt auf, denen die karitative Idee genauso gefällt wie die damit verbundene Werbewirkung. Die Art der Weinbereitung der Hospices wurde in den frühen 1990er-Jahren oft kritisiert, doch der Kurs stimmt mittlerweile wieder. Mehr als schwierig aber bleibt es, die Weine so kurz nach der Ernte beurteilen und eine Wahl treffen zu müssen, was den Käufern auferlegt ist. Ist der Wein dann verkauft, geht er an ortsansässige Handelshäuser, die die *élevage* übernehmen. Von ihrem Können in der »Aufzucht«, also dem Ausbau des Weins hängen in hohem Maß seine späteren Qualitäten ab.

Das dritte Wochenende im November ist der wichtigste Termin im burgundischen Kalender, denn dann halten *Les Trois Glorieuses* Einzug: drei aufeinander folgenden Feste, die einem großes Stehvermögen abverlangen. Sie beginnen am Samstagabend mit einem Festbankett der Chevaliers de Tastevin im Clos de Vougeot, am Sonntag findet nach der Auktion das Diner in den Hospices statt und am Montag das Mittagessen im Rahmen des unter dem Namen Paulée bekannten Winzerfestes in Meursault, bei dem einer ungeheuren Anzahl von Flaschen die Hälse gebrochen werden.

Kleine Domaine mit 2,5 ha Beaune Premier cru (die besten Weine kommen von Grèves und Toussaints), aber auch ein bedeutender Weinmakler und Négociant. Neben der französischen Firma Nicolas beliefert er das englische Weinhandelshaus Avery's in Bristol, von dem ich schon viele gute Flaschen, besonders Weißwein, bezogen habe.

Remoriquet ☆
Nuits-St-Georges

Alteingesessene Winzerfamilie in Nuits, nun angeführt von Gilles Remoriquet. Die Premiers crus sind Les St-Georges, Rue de Chaux, Les Bousselots und Les Damodes. Die konservative Weinbereitung unter Einsatz wenig neuer Eiche bringt robuste Weine mit gutem Alterungspotenzial hervor.

Daniel Rion ☆☆
Nuits-St-Georges

Eine 8-ha-Domaine mit gutem Ruf. Die Weinberge liegen in Vosne-Romanée, Chambolle-Musigny und Clos Vougeot sowie in Nuits. 2001 verkaufte Patrice Rion seinen Anteil an seine Brüder und baute einen eigenen Erzeuger- und Handelsbetrieb unter dem Namen Michelle und Patrice Rion auf.

Domaine de la Romanée-Conti ☆☆☆☆
Vosne-Romanée

Siehe Seite 110.

Ropiteau Frères ☆
Meursault

Das ehemals geschätzte Haus, das sich auf Weiße aus Meursault und Puligny spezialisiert hatte, wurde 1994 von Boisset (siehe dort) erworben. Das Weinangebot wurde zunächst kräftig verkleinert, wächst aber seit Anfang 2000 wieder.

Philippe Rossignol ☆☆
Gevrey-Chambertin

6 ha Village-Rebfläche gibt dem Winzer nicht viel Bewegungsspielraum, doch Rossignol macht daraus das Beste, und die Qualität ist hoch.

Joseph Roty ☆☆☆
Gevrey-Chambertin

Joseph Roty, Winzer aus Leidenschaft, erzeugt auf seiner fast ausschließlich in Gevrey liegenden 8-ha-Rebfläche üppige, körperreiche Weine. Alle Grands crus reifen in neuer Eiche.

Emmanuel Rouget ☆☆☆
Flagey-Echézeaux

Der Neffe von Henry Jayer und Erbe seines legendären Guts verfügt über Grand cru Echézeaux, die Vosne-Romanée Premiers crus Beaumonts und Cros Parantoux sowie Lagen in Nuits-St-Georges. Prachtvolle Weine (vor allem der Cros Parantoux), aber sehr teuer.

Guy Roulot ☆☆

Meursault. www.domaineroulot.com

Familien-Domaine mit 11 ha; die größte Fläche in Meursault, zu der die Premiers crus Charmes und Perrières zählen, aber auch Village-Weine aus hervorragenden Lagen wie Tessons, Luchets und Les Meix Chavaux. Weitere Weinberge liegen in Auxey-Duresses und Monthélie. Seriöse, von Jean-Marc Roulot seit 1989 gut bereitete Weine.

Domaine G. Roumier ☆☆☆–☆☆☆☆

Chambolle-Musigny

Christophe Roumier hat das Familiengut 1982 übernommen und inzwischen auf höchstes Niveau geführt. Es umfasst 12 ha, der größte Teil davon in Chambolle, doch gibt es auch einen Premier cru in Morey-St-Denis (*monopole* Clos de le Bussière) und kleinere Parzellen in Ruchottes- und Charmes-Chambertin. Roumier ist unzufrieden mit der Qualität seines Rebguts von Clos Vougeot und hat dessen Verarbeitung vorläufig eingestellt. Zwar sind alle seine Weine von beispielhafter Tiefe und Harmonie, am feinsten aber zeigt sich sein Können im unvergleichlichen Bonnes Mares, wo er verschiedene Parzellen mit einer Gesamtfläche von 1,45 ha besitzt.

Seit 1999 wird ökologisch angebaut, eine Tatsache, mit der Roumier allerdings nicht hausieren geht. Sein Hauptaugenmerk richtet er auf die Pflege der Weinberge, denn die Methoden der Weinbereitung sind auf diesem Gut unstrittig und nicht von großen Mengen Eichenfässern abhängig. Mit seiner bedächtigen, maßvollen und pragmatischen Herangehensweise ist es Christophe Roumier gelungen, für sein Weingut einen Spitzenplatz zu erobern.

Armand Rousseau ☆☆☆☆

Gevrey-Chambertin

Charles Rousseau ist ohne Zweifel der höchstgeachtete Erzeuger von Chambertin. Der 14-ha-Besitz umfasst 2,2 ha Chambertin, 1,5 ha Clos de Bèze, mehrere Parzellen in Mazis und Charmes-Chambertin, Clos de la Roche in Morey und (sein besonderer Stolz) 2,2 ha Gevrey Clos St-Jacques. Die Weine mögen nicht die kraftvollsten Burgunder sein, doch ihr Duft und ihre Finesse sind einmalig.

Etienne Sauzet ☆☆–☆☆☆☆

Puligny-Montrachet

Der 1975 verstorbene Etienne Sauzet repräsentierte die dritte von fünf Generationen, die einen guten Ruf für überaus aromatische weiße Burgunder aufgebaut haben. Seit nunmehr fast 30 Jahren führt sein Schwiegersohn Gérard Boudot das Weingut. Weil der ursprüngliche Besitz nach Familienstreitigkeiten unter Sauzets Enkeln aufgeteilt wurde, ist Boudot gezwungen, Trauben anzukaufen, mit denen er den Verlust der einstigen Weinberge auszugleichen versucht.

Der Stil des Hauses besteht darin, den Wein ein Jahr lang auf der Hefe zu belassen, damit er Aroma und Fülle gewinnt. Die wichtigsten Besitzungen liegen in den Premiers crus von Puligny mit jeweils 1,5 ha Combettes (der bekannteste Wein des Hauses) und Champ-Canet, des Weiteren existiert eine Parzelle Bâtard-Montrachet. Obwohl bereits jung trinkbar, sind die Puligny-Weine aus dem Haus Sauzet mit fünf oder mehr Jahren noch wesentlich besser.

Comte Senard ☆☆

Beaune. www.domainessenard.com

Philippe Senard bewirtschaftet 9 ha eigenes Land, darunter große Teile in den Grand-cru-Lagen von Corton, Clos du Roi und Bressandes sowie die gesamten 2 ha von Clos Meix. Nach einer problematischen Phase in den frühen 1990er-Jahren sind die Weine jetzt wieder frisch und kraftvoll, was sie nicht zuletzt der neuen modernen Kellerei verdanken.

Domaine de Suremain ☆

Château de Monthélie

Ein kleines, altmodisches, aber berühmtes Gut, dessen 11 ha alte Rebenbestände in Monthélie einen Rotwein liefern, der sich mit guten Volnays vergleichen lässt. Seit 1995 wird hier biodynamisch angebaut. Alle anderen Aspekte der Weinbereitung sind eher konservativ; so werden beispielsweise nie mehr als 20 % neue Eichenfässer eingesetzt. Im Bestzustand sind die Weine duftig und elegant.

Domaine Thénard

Siehe Domaine Thénard, Côte Chalonnaise

Charles Thomas ☆☆

Nuits-St-Georges

Der 40-ha-Besitz gehört der Händlerfamilie Thomas von Maison Moillard (siehe dort). Ihre Domaine-Weine, die teils auch noch unter anderen Namen abgefüllt wurden, stammen von Rebflächen in acht Premier-cru-Lagen von Nuits (Clos de Thorey und Clos des Grandes Vignes sind *monopoles*), Chambertin, Clos de Bèze, Bonnes Mares, Clos Vougeot, Romanée St-Vivant, Vosne-Romanée Beaux Monts, Malconsorts, Corton Clos du Roi und Corton-Charlemagne.

Tollot-Beaut ☆☆

Chorey-lès-Beaune

Familiengut seit 1880 mit tadellosem Qualitätsstand. Von insgesamt 20 ha entfällt etwa ein Drittel auf Chorey, der Rest verteilt sich auf verschiedene Premiers crus von Beaune, Savigny und Aloxe-Corton sowie auf die Grands crus von Corton-Bressandes, Le Corton und Corton-Charlemagne. Geheimnis des Erfolgs ist eine überaus sorgfältige traditionelle Weinbereitung. Der besondere Stolz des Hauses sind der Corton-Bressandes und Beaune Clos du Roi. Die Weine scheinen anfangs leicht zu sein, doch sie altern gut.

Trapet ☆☆–☆☆☆

Gevrey-Chambertin. www.domaine-trapet.com

Jean Trapet und sein Sohn Jean-Louis sind Besitzer einer Hälfte der 1990 geteilten Domaine Louis Trapet. Seit 1997 wird biodynamisch angebaut. Das Glanzstück des Hauses ist nach wie vor der auf traditionelle Art bereitete Chambertin, der sich durch große Delikatesse und Finesse auszeichnet.

Domaine des Varoilles ☆☆

Gevrey-Chambertin

Die 14-ha-Domaine war bekannt für ihre seriösen *vins de garde,* die tatsächlich eine sehr lange Reifezeit verlangten. Der Name des Guts rührt von der Premier-cru-Lage Clos des Varoilles her, die auf dem Südhang oberhalb von Gevrey von Mönchen angelegt wurde. Weitere *monopoles* in Gevrey sind Clos du Couvent, Clos du Meix des Ouches und La Romanée. Hinzu kommen Parzellen von Charmes- und Mazoyères-Chambertin, Bonnes Mares und Clos de Vougeot. Heute gehört der Besitz einer Schweizer Firma. Die Weine sind fleischiger geworden, als Gegenpol zu dem stets festen Tanningerüst.

Henri de Villamont ☆

Savigny

Handelshaus und Erzeuger; gegründet 1964 von der großen Schweizer Firma Schenk durch den Kauf von Domaines in Savigny, Chambolle-Musigny und Grands-Echézeaux. 1969 wurde der Betrieb von Arthur Barolet in Beaune erworben, ein Name, der für die Firma eine große Rolle spielt, seit der berühmte »Schatz des Dr. Barolet« an feinen alten Burgundern 1968 aufgefunden und auf den Markt gebracht wurde.

Michel Voarick ☆
Aloxe-Corton

9-ha-Familienbetrieb, der auch die Rebflächen in Corton für die berühmte »Cuvée Dr. Peste« der Hospices de Beaune bewirtschaftet. Voarick besitzt 2,5 ha Corton Grand cru (Clos du Roi, Bressandes, Languettes, Renardes) und 1 ha Corton-Charlemagne, ferner Rebflächen in Pernand-Vergelesses und Aloxe-Corton. Altergebrachte Methoden, u. a. die Vergärung mit Stielen und Schalen in Eichenbottichen, erbringen *vins de garde* mit vollem Körper, aber wenig Finesse.

Domaine Comte Georges de Vogüé ☆☆☆☆
Chambolle-Musigny

Sie gilt bei vielen als die feinste Domaine in Burgund und wird seit 1450 in der Familie weitervererbt. Der Name de Vogüé taucht erstmals 1766 auf. Herrliche Gewölbekeller unter dem Haus aus dem 15. Jh. beherbergen die Ernte von 12 ha, davon 7,2 ha in Musigny, 2,7 ha Bonnes Mares, 0,6 ha Premier cru Les Amoureuses und 2 ha in der Appellation Chambolle-Musigny. Bis 1994 erbrachten rund 3000 Chardonnay-Stöcke in Musigny vergleichsweise winzige Mengen eines einzigartigen Musigny Blanc, dann wurden hier umfangreiche Neuanpflanzungen vorgenommen. Bis die Reben alt genug sind, um den Grand-cru-Status würdig zu vertreten, wird der aus ihnen gewonnene Wein zwar nur als Bourgogne Blanc bezeichnet, aber trotzdem teuer verkauft. Nach einer Schwächeperiode in den 1970er- und 80er-Jahren sind die Weine nun wieder überragend. Der »Amoureuses« ist der verführerischste unter ihnen, am großartigsten aber der sublime »Musigny Vieilles Vignes«. Bezeichnend für den überragenden Standard dieses Hauses ist, dass der Wein von weniger als 20 Jahre alten Musigny-Reben das begehrte Prädikat nicht erhält und nur als Chambolle Premier cru in den Handel kommt. Seit 1990 gehört die Domaine wieder zum Kreis der großartigsten Weingüter Frankreichs.

Domaine de la Vougeraie ☆☆–☆☆☆
Nuits-St-Georges. www.domainedelavougeraie.com

Eine neue Domaine, mit der das Handelshaus Boisset (siehe dort) seine über die Jahre gesammelten 37 ha Rebfläche zusammenfasst. Pascal Marchand (siehe Comte Armand) konnte als Kellermeister gewonnen werden; der Weinbau folgt ökologischen Richtlinien. Marchand schätzt sich glücklich, mit diesen wunderbaren Weinbergen arbeiten zu können, angefangen bei alten Reben in Village-Appellationen bis hin zu edelsten Grands crus wie etwa Corton-Charlemagne und Musigny. Die ersten Jahrgänge waren dunkelfarbig und gehaltvoll und eindeutige Abkömmlinge ihrer jeweiligen Heimat.

Côte Chalonnaise

Santenay bildet das Südende der Côte d'Or. Dem Weinreisenden bleibt gerade Zeit zum Mittagessen im luxuriösen Lameloise in Chagny, um sich für die fünf Dörfer zu stärken, die nun an der Côte Chalonnaise auf ihn warten. Chalon-sur-Saône selbst hat nicht mehr viel mit dem Distrikt zu tun. In der Römerzeit aber war Chalon einer der großen Weinumschlaghäfen des Imperiums. Hier wurde der Wein, der von Norden kam oder nach Norden ging – etwa nach Paris oder von und nach der Mosel –, von Flussschiffen auf Karren umgeladen. Bei Baggerarbeiten in der Saône wurden in Chalon 25 000 Amphoren gefunden.

Eine neue Appellation, Bourgogne Côte Chalonnaise, wurde 1990 eingeführt; sie unterscheidet die Weine der Côte Chalonnaise von denen der umfassenderen und nur recht vage definierten Appellation Bourgogne. Von Chagny aus südwärts ist die Landschaft der Côte weniger ausgeprägt und einheitlich als nördlich von Santenay. Ebenso steht es mit dem Wein. Erst seit kürzerer Zeit hat der Anstieg der Nachfrage und der Preise den hier bisher nur nebenbei betriebenen Weinbau wieder rentabel gemacht und die Neubepflanzung von Land begünstigt, das nach der großen Reblausplage brach lag. Nur 1500 ha sind derzeit bestockt, obwohl die Appellation wesentlich mehr zuließe. Pinot noir ist die führende Rebe, doch in einigen Gemeinden wie Montagny und Bouzeron spielen weiße Trauben die Hauptrolle. Die besten Weine dieser Gegend

Die Region in runden Zahlen			
Appellation	**Durchschnittliche Jahresproduktion**		
Bouzeron	3603 hl	40 000 Kisten	(weiß)
Rully	11 000 hl	122 000 Kisten	(weiß)
	6000 hl	66 600 Kisten	(rot)
Mercurey	29 230 hl	325 000 Kisten	(v. a. rot)
Givry	11 700 hl	130 000 Kisten	(v. a. rot)
Montagny	15 500 hl	172 000 Kisten	(weiß)

entsprechen den minderen Côte-de-Beaune-Standards, doch ist es schwer, einen regionalen Charakter festzustellen.

Mercurey und Givry widmen sich zu 90 % dem Rotwein – festem und schmackhaftem Pinot noir, der zumindest auf demselben Niveau wie etwa Côte de Beaune-Villages sein dürfte, höchstens etwas härter und herber. Dabei kommt traditionell aus Givry der größere Wein, der auch eine längere Lagerung braucht. Die Tannine, besonders die im Mercurey, können einen erdigen Ton annehmen, doch mit modernerer Kellertechnik entstehen inzwischen Weine, die deutlich weniger rustikal sind als früher.

Zwei Drittel des in Rully erzeugten Weins ist heute weiß. Die besten Vertreter seiner Art sind wunderbar spritzig mit einem Anflug von echter Klasse. Der Rotwein, so wie er von den meisten Erzeugern bereitet wird, kann im Vergleich mit Mercurey ziemlich dünn ausfallen. Der hohe Säureanteil im weißen Rully macht ihn ideal für die Schaumweinherstellung.

Montagny ist ganz und gar eine Weißwein-Appellation mit der Eigentümlichkeit, dass alle Weine mit 11,5 % Alkoholgehalt und mehr als Premier cru bezeichnet werden dürfen – was kaum fair erscheinen kann, wenn man an die streng regulierten Premiers crus der anderen Weinorte denkt. Die Weißweine von Montagny haben meist etwas mehr Körper und dafür weniger Finesse als die von Rully. Auf jeden Fall sind sie mehr in Mode.

Die fünfte Appellation an der Côte Chalonnaise gilt als einzige in Burgund ganz speziell für die Aligoté-Traube. Was anderswo normalerweise nur ein schlichter, ungewohnt scharfer Aperitifwein wäre, wird in der Ortschaft Bouzeron, zwischen Rully und Chagny, zu einer Spezialität ausgebaut. Ihm wurde 1979 die Appellation Bourgogne Aligoté de Bouzeron zuerkannt, die Ende der 1990er-Jahre in AC Bouzeron umbenannt wurde.

Neben diesen ortsspezifischen Appellationen liefert die Région de Mercurey beträchtliche Mengen an anständigem Bourgogne Rouge, der zumeist im Fass verkauft wird.

Eine weitere regionale Spezialität ist Crémant de Bourgogne, ein Schaumwein, dessen Qualität selbst den eingefleischten Champagnertrinker in Erstaunen versetzen kann (siehe Kasten Seite 129). Drei bedeutende Erzeuger sind für den größten Teil der Crémant-Produktion verantwortlich: Delorme in Rully, R. Chevillard in La Rochepot an der Straße nach Paris und Parigot-Richard in Savigny-lès-Beaune.

Die führenden Erzeuger an der Côte Chalonnaise

Brintet ☆
Mercurey

Gute, kompakte Rotweine aus vielen Weinbergen, darunter der Premier cru La Levrière, ein *monopole*.

Château de Chamirey ☆☆
Siehe Antonin Rodet

Daniel Chanzy ☆
Bouzeron

Eine beachtliche Domaine mit 36 ha, die auch in Rully und Mercurey Rebland besitzt. Die in Bouzeron gelegenen Bourgogne-Weinberge des Hauses (also die mit Pinot noir und Chardonnay bestockten) heißen Clos de la Fortune. Guter Aligoté entsteht hier ebenfalls. Insgesamt ist die Qualität durchschnittlich.

Clos Salomon ☆☆
Givry

Geschichtsträchtiger und namhafter Weinberg Givrys, dessen Ruf in den 1990er-Jahren wiederhergestellt wurde.

Domaine de la Renarde (Jean-François Delorme) ☆–☆☆
Rully

Das bemerkenswerteste Unternehmen der Region; ein Weingut von 69 ha, über viele Jahre aus dem Nichts aufgebaut, und zwar weitgehend durch Rekultivierung von vor langer Zeit aufgegeben Weinbergen, die zu Brachland verkommen waren. Jean-François Delorme ist ebenfalls als einer der burgundischen Spezialisten für Schaumwein bekannt. Varot heißt das 17-ha-Monopol in Rully, das hier den besten Weißwein liefert, der sich durch Frische und Finesse auszeichnet.

Michel Derain ☆
St-Désert

Kleiner Erzeuger von seriösen Bourgogne Rouge und Givry Blanc auf 6 ha.

Dureuil-Janthial ☆
Rully

Eine 6-ha-Domaine mit gleichen Anteilen an Rot- und Weißwein. Ordentliche Qualität.

Domaine de la Folie ☆
Rully

Ein großes Weingut mit 1000-jähriger Geschichte, das zwar in Chagny gelegen ist, aber zur Appellation Rully gehört. Der gesamte 18-ha-Weinberg besteht aus einer zusammenhängenden, zum größten Teil mit Chardonny bestockten Rebfläche, in deren Mitte sich das Gutshaus befindet. Hier entstehen Rully Blanc Clos St-Jacques, Rully Rouge Clos de Bellecroix und eine kleinere Menge Aligoté. Die Weine, besonders die weißen, haben einen guten Ruf.

Michel Goubard ☆
St-Désert

Ein Musterbeispiel dafür, wie gut ein Bourgogne Côte Chalonnaise ohne spezielle Appellation sein kann.

Paul & Henri Jacquesson ☆☆–☆☆☆
Rully

Vater und Sohn sind stolz auf diese kleine Domaine mit 7 ha, aus der sie nach alter Art Wein gewinnen. Die besten Weine sind die Premiers crus, besonders Les Pucelles (weiß) und Les Clous (rot). Von Zugeständnissen will das Vater-Sohn-Gespann nichts wissen. So werden etwa die Dauben für neue Eichenfässer im eigenen Haus getrocknet, um optimale Qualität sicherzustellen. Exzellente Weine.

Joblot ☆☆
Givry

Aus guten Gründen sind die Weine Joblots sehr gefragt. Von 13 ha Rebland, davon 9 ha Premiers crus, kommen mit die besten Gewächse der Côte Chalonnaise.

Michel Juillot ☆☆
Mercurey. www.domaine-michel-juillot.fr

Viele Jahre lang galt Michel als einer der besten Mercurey-Erzeuger, der mit Lob überschüttet wurde für seine aus 30 ha Rebfläche gewonnenen Rotweine Clos de Barraults und Champs Martin. Corton Perrières und Corton-Charlemagne entstehen hier ebenfalls. Die Leitung des Hauses geht allmählich an seinen Sohn Laurent über.

Lorenzon ☆
Mercurey

Herrliche, wenn auch etwas eichenholzbetonte Champs-Martin-Weine, die Spitzen-Cuvées dieser 5-ha-Domaine.

Jean Maréchal ☆
Mercurey

Die Maréchals bereiten ihren Mercurey bereits seit 300 Jahren. Die meisten ihrer 10 ha sind Premier-cru-Lagen und fast ganz dem Rotwein vorbehalten. Langlebige Weine.

Maurice Protheau & Fils
Mercurey

Große Domaine mit 60 ha in Mercurey und Rully. Konkurs im Jahre 2002 und Übernahme der Vermögensmasse durch die Firma Béjot in Meursault.

Ragot ☆☆
Givry

Domaine in der vierten Generation mit 8 ha Rebfläche und einem würdevollen Château. Der Anteil an Weißwein ist für Givry ungewöhnlich hoch, die Lebensdauer des Weins bemerkenswert – besonders bei säurereichen Jahrgängen.

J. & F. Raquillet ☆☆–☆☆☆
Mercurey

Robuste Weine aus unterschiedlichen Crus. Der beste ist oft Clos l'Eveque.

Antonin Rodet ☆☆–☆☆☆
Mercurey

Bedeutendes Handelshaus und Weingut in Mercurey. Die vierte Generation der Familie Rodet wird von Marquis de Jouennes d'Herville repräsentiert, dessen Tochter mit dem hoch geschätzten Geschäftsführer des Unternehmens, Bertrand Devillard, verheiratet ist. Rodet vertreibt seit 1934 die exzellenten Weine von Château de Chamirey in Mercurey und ist Pächter des eindrucksvollen Château de Rully. 1988 erwarb die Firma die Hälfte der Domaine Jacques Prieur (siehe dort) und im Jahr 2000 ein weiteres führendes Weingut in Limoux.

Als Négociant handelt sie mit Weinen aus ganz Burgund, Paradepferde sind der Bourgogne Rodet sowie Mercurey, Meursault und Gevrey-Chambertin. Die jeweiligen Spitzenweine aus den einzelnen Appellationen tragen den Zusatz »Cave Privé« auf dem Etikett.

Château de la Saule ☆
Montagny

Ein Weingut mit 11 ha, das fast ausschließlich frischen, kräftigen weißen Montagny erzeugt. Obgleich auf Frische ausgelegt, können große Jahrgänge über acht bis zehn Jahre noch dazugewinnen. Einige Weine erscheinen unter dem Namen des Besitzers Alain Roy.

Hugues de Suremain ☆☆
Mercurey

Führender Erzeuger mit 25 ha Rebfläche in Mercurey, dessen Weine für konzentrierte Fülle und Langlebigkeit bekannt sind.

Domaine Thénard ☆☆–☆☆☆
Givry

So ziemlich das grandioseste Weingut in Givry mit 20 ha Rebland am Ort (fast alles rote Premiers crus), in der Welt aber besser bekannt als Eigentümer des zweitgrößten Anteils, nämlich 1,8 ha, an Le Montrachet sowie von beträchtlichen Anteilen an Corton Clos du Roi, Iles des Vergelesses und Grands-Echézeaux. Die Domaine ist seit fast 250 Jahren im Besitz der Familie. Der gesamte Wein wird in der stilvollen, mit Eichenbalken ausgestatteten *cuverie* und den Kellern in Givry bereitet.

Cave des Vignerons de Buxy ☆–☆☆
Buxy

Die bedeutende und heute sehr modern ausgestattete Winzergenossenschaft für Buxy und Montagny wurde bereits 1931 gegründet. Ihren Mitgliedern gehören 750 ha Rebfläche, wovon knapp die Hälfte in den allgemeineren Appellationen wie Bourgogne Rouge, Passetoutgrains und Aligoté liegt, auf die auch die Haupterzeugung der Genossenschaft entfällt. Der Rest ist weißer Montagny, Rully, roter Côte Chalonnaise und Crémant de Bourgogne.

A. & P. de Villaine ☆☆☆
Bouzeron

Aubert de Villaine ist vor allem bekannt als Miteigentümer und Geschäftsführer der Domaine de la Romanée-Conti. Doch ebenso stolz ist er darauf, 1979 die Anerkennung einer eigenen Aligoté-Appellation für das vorher kaum bekannte Bouzeron mit bewirkt zu haben. Dieser geradlinige Wein ist nach wie vor das Flaggschiff des Weinguts, daneben gibt es hier aber auch einen sehr guten Bourgogne Côte Chalonnaise mit Namen »La Digoine«. Seit 1994 stehen auch weißer Rully und roter Mercurey auf dem Programm.

Mâconnais

Wenn man heute zu einem Weinliebhaber Mâconnais sagt, wird er spontan *blanc* hinzufügen. Die Region lebt ganz von der Zuverlässigkeit und Unkompliziertheit ihrer Chardonnay-Weißweine, die sich unmittelbar und eindeutig als weiße Burgunder erweisen, aber nur halb so viel kosten wie die Weine von der Côte d'Or. Die Auswahl unter ihnen fällt leicht, da die allermeisten von versierten Genossenschaftskellereien bereitet werden, die gern Besucher empfangen.

Das Mâconnais ist eine weitläufige, unzusammenhängende Landschaft; sie hat ihren Namen von der großen Handelsstadt an der Saône, die im Osten gerade außerhalb der Region liegt. Eine Monokultur wie im Beaujolais ist hier nicht zu finden. Mit seiner gemischten landwirtschaftlichen Nutzung ist das Mâconnais um einiges attraktiver und an manchen Stellen auch geologisch ungemein interessant. Die einzige Appellation mit dem Anspruch auf *grand vin* ist Pouilly-Fuissé.

Mâcon-Wein war früher fast ausschließlich Rotwein aus der Gamay-Traube, doch sie wuchs auf schwererem, kalkhaltigem Boden, weshalb ihren Weinen die Weichheit und Lebendigkeit des Beaujolais versagt blieb. Mâcon Rouge war daher eher ein *vin ordinaire* mit eigener Appellation, bis die kellertechnischen Methoden aus dem Beaujolais eingeführt wurden. Daher gibt es neuerdings sehr viel bessere Weine, die den Beaujolais-Villages-Standard erreichen.

Pinot-noir-Weine aus dem Mâconnais können keine höherwertige Appellation als Bourgogne Rouge oder (wenn sie mit Gamay-Wein verschnitten sind) Passetoutgrains beanspruchen. Die überlicherweise hohen Erträge führen größtenteils zu dünnen und langweiligen Weinen. Bei einem vorgeschriebenen minimalen Mostgewicht von lächerlichen 9–10 % widerstehen nur die gewissenhaftesten Winzer der Versuchung, unreife Trauben zu lesen und den Most anschließend mit der maximal zulässigen Zuckermenge zu chaptalisieren.

Heute nimmt die Chardonnay-Rebe zwei Drittel der Anbaufläche ein, einschließlich einer (vor allem in den nördlicheren Gemeinden verbreiteten) Abart mit dem Namen »Musqué«, die sich durch ein ausgeprägtes melonen- und moschusähnliches Aroma hervortut. Wird zu viel von ihr in den Wein gegeben, dann wird er unangenehm und grobschlächtig, aber im rechten Verhältnis beigemischt, bringt sie eine gewisse Fülle in einen ansonsten einfachen, trockenen Weißwein. Diese Chardonnay-Version hat sicherlich zur Popularität des weißen Mâcon bzw. Mâcon-Villages beigetragen.

Pouilly-Fuissé steht in der Qualitätsskala ein ganzes Stück höher, was im Boden und in der Lage begründet liegt, allerdings weit niedriger, als sein Preis vermuten lässt. Die vier Weinorte der Appellation sind schon seit Jahrhunderten bekannt, zum Teil, weil sie in der Nähe von Mâcon liegen, zum Teil, weil die gewaltigen Kalksteinfelsen ihrer Landschaft eine Touristenattraktion darstellen und hier viele prähistorische Relikte zu finden sind, zum Teil aber auch, weil auf dem kalkhaltigen Lehmboden und den sonnigen Hängen ein Wein wächst, der jedem anderen südlichen weißen Burgunder mindestens ebenbürtig ist.

Verallgemeinerungen über den Pouilly-Fuissé sind riskant, da es in der von Hügeln und Tälern geprägten Landschaft von Lage zu Lage erhebliche Qualitätsunterschiede gibt. Was diese im Einzelnen bedingt, lässt sich nicht leicht ergründen, da es hier sehr wenige Domaines mit mehr als ein paar Hektar Rebfläche gibt. Die Winzergenossenschaft in Chaintré ist mit Abstand der größte Erzeuger von Pouilly-Fuissé.

Da in der Umgebung fast gleichwertige Weine erzeugt wurden, konnte es nicht ausbleiben, diesen früher oder später zwei eigene Appellationen zuzugestehen. Der kleineren, Pouilly-Vinzelles (zu der auch Pouilly-Loché gehört), ist es aus unerfindlichen Gründen bis heute nicht gelungen, angemessen auf sich aufmerksam zu machen. Die viel größere Appellation St-Véran, in der sechs Orte und auch die Landschaft am Nordrand des Beaujolais zusammengeschlossen sind, kam 1971 dazu und bietet heute Weine mit einem sehr guten Preis-Leistungs-Verhältnis.

Im Laufe der 1990er-Jahre hat sich der Weinstil merklich geändert. Waren Mâcon-Weine früher frische und bescheidene Tropfen, versuchen Erzeuger in den prestigeträchtigeren Appellationen nun durch späte Lese einen möglichst hohen Grad an potenziellem Alkoholgehalt zu erzielen und lassen ihre Weine in neuen Eichenfässern reifen unter Verwendung der *bâtonnage* (Hefesatzaufrühren). Das Ergebnis sind ölige, opulente Gewächse, die ohne Zweifel gehaltvoll, aber manchmal geradezu mastig und ungeschlacht wirken. Es gibt exzellente Beispiele dieses neuen Stils, doch oft genug fehlt ihnen die rechte Säure, die in den Spitzenweißweinen der Côte de Beaune derartige Fülle zu tragen weiß.

Die Appellationen im Mâconnais

Das Mâconnais hat sieben eigene Appellationen und teilt sich das Recht auf fünf weitere mit dem übrigen Burgund.

FÜR WEISSWEIN
Mâcon Blanc Chardonnay-Weine aus festgelegten Bereichen mit einem natürlichen Alkoholgehalt von mindestens 10%.

Mâcon Supérieur Wie oben, jedoch mit 1% mehr Alkohol.

Mâcon-Villages (bzw. Mâcon und mit Bindestrich angeschlossen der Name eines der 43 Orte in der östlichen Hälfte der Region). Die bekanntesten Orte, Clessé und Viré, erhielten 1999 ihre eigene AC Viré-Clessé (196 ha). Der minimale Alkoholgehalt beträgt wie bei Mâcon Supérieur 11%. Alle Mâcon-Appellationen zusammen umfassen 3100 ha.

St-Véran 560 ha. Wie Mâcon-Villages, aber aus sechs der südlichsten Gemeinden, bei St-Amour in das Beaujolais übergreifend. Die sechs Orte heißen Chânes, Chasselas, Davayé, Leynes, Prissé und St-Vérand (sic!). Davayé und Prissé liegen nördlich von Pouilly-Fuissé auf klassischem burgundischem Kalkstein, der den Weinen Wucht und Konzentration verleiht, die übrigen südlich von Pouilly-Fuissé auf dem Granitsandboden des Beaujolais, der für die Weißweinproduktion weitaus weniger geeignet ist. Hier wachsen dünnere, leichtere Weine, die je nach Bedarf auch als Beaujolais Blanc, Mâcon-Villages oder Bourgogne Blanc in den Verkauf gehen dürfen. Wird auf dem Etikett eine bestimmte Lage genannt, muss der Alkoholgehalt mindestens 12% betragen, und es wird vorausgesetzt, dass der Wein besser und konzentrierter ist.

Pouilly-Fuissé 767 ha. Chardonnay-Wein mit 11% natürlichem Alkoholgehalt aus bestimmten Gemarkungen der Orte Pouilly, Fuissé, Solutré, Vergisson und Chaintré. Wird ein Lagenname angegeben, muss der Alkoholgehalt 12% betragen.

Pouilly-Loché 28 ha. Wird unter dem eigenen Namen angeboten oder als Pouilly-Vinzelles.

Pouilly-Vinzelles 54 ha. Die gleichen Vorschriften wie bei Pouilly-Fuissé, jedoch nur für Wein aus den beiden Orten Vinzelles und Loché weiter östlich. Die Qualität ist nur geringfügig niedriger, der Preis aber beträchtlich günstiger.

FÜR ROTWEIN
Mâcon Rouge Gamay-Rotwein mit einem Alkoholgehalt von mindestens 9%. Kann auch als Mâcon Rosé bereitet werden.

Mâcon Supérieur Wie oben, aber mit 1% Alkohol mehr und aus bestimmten Bereichen. Er darf auch als Mâcon- mit anschließendem Ortsnamen etikettiert werden.

Mâcon- (gefolgt vom Namen der Gemeinde), aber nicht Mâcon-Villages (nur für Weißwein), muss einen Alkoholgehalt von mindestens 11% Alkohol aufweisen. Zusammen umfassen die Appellationen 750 ha.

ALLGEMEINE APPELLATIONEN
Aligoté Wie im übrigen Burgund.

Bourgogne Für Chardonnay-Weißweine und Pinot-noir-Rotweine.

Crémant de Bourgogne Wie im übrigen Burgund.

Passetoutgrains Für Rotweinverschnitte aus Gamay und Pinot noir im Verhältnis 2:1.

Die führenden Erzeuger im Mâconnais

Der allergrößte Teil des roten und weißen Mâcon wird von den 18 Winzergenossenschaften der Region erzeugt. Am bekanntesten sind die Genossenschaftskellereien von Chaintré (für Pouilly-Fuissé), Lugny (Mâcon-Lugny und Mâcon Rouge Supérieur), Mancey (roter und weißer Mâcon), Prissé (Mâcon-Prissé und St-Véran) und Viré (Viré-Classé).

Die wenigen privaten Erzeuger mit einem über die Ortsgrenzen hinausreichenden Ruf sind nachstehend aufgeführt.

Pouilly-Fuissé

Auvigue
Charnay
Zahlreiche Weine kommen von dieser 5-ha-Domaine.

Daniel Barraud
Vergisson
Viele Cuvées, einige in Barriques vergoren.

Christophe Cordier
Fuissé
Mehrere Cuvées von Pouilly-Fuissé und Pouilly-Loché.

Domaine Corsin
Davayé

Ferret
Fuissé
15 ha vorwiegend alte Weinstöcke gestatten den Ferrets, zahlreiche Cuvées von Pouilly-Fuissé mit unterschiedlicher Lagerzeit in neuen Eichenfässern zu erzeugen.

Château de Fuissé
Fuissé
Jean-Jacques Vincent ist die Nummer eins des Bereichs.

Lassarat
Vergisson
Üppige, eichenholzwürzige Weine.

Manciat-Poncet
Levigny
Exzellente, teils eichenholzwürzige Weine aus Hochlagen.

Saumaize-Michelin
Vergisson
Unter anderem guter St-Véran.

Domaine de la Soufrandise
Fuissé

Gérard Valette
Chaintré
Eine großartige Palette guter Weine aus einigen der besten Lagen der Appellation.

Pouilly-Loché

Alain Delaye
Loché

Pouilly-Vinzelles

Domaine de la Soufrandière
Davayé
Volle, reife Weine.

St-Véran

Domaine de la Croix Senaillet
Davayé
Guter eichenholzfreier Wein.

Mâcon-Davayé
St-Veran & Pouilly-Fuissé

Lycée Agricole Davayé
Pouilly-Vinzelles

Domaine de Deux Roches
Davayé

Viré-Clessé

André Bonhomme
Viré
Zuverlässige Quelle.

Laurent Huet
Clessé

René Michel
Clessé

Domaine Rijckaert
Leynes

Jean Thévenet
Quintaine-Clessé
Zu den Etiketten gehören »Domaine Emilian Gillet« und »Domaine de la Bongran«.

Mâcon

Guffens-Heynen
Vergisson

Domaine des Heritiers des Comtes Lafon
Milly-Lamartine
Dominique Lafon erzeugt drei Cuvées. 2001 war der erste Jahrgang. Bei hoher Qualität sind die Preise erträglich.

Olivier Merlin
La Roche Vineuse
7 ha. Große Sorgfalt in Weinberg und Kellerei.

Alain Normand
La Roche Vineuse

Domaine de Roally
Viré

Domaine de la Sarrazinière
Bussières

Verget
Sologny
1991 vom belgischen Makler Jean-Marie Guffens gegründetes Négociant-Haus, das auf hohe Qualität bedacht ist. Zusätzlich werden sehr gute Weine von mehreren für ihre guten Beaujolais-Weine bekannten Handelshäusern angeboten.

Caves Coopératives

Azé
Lugny

Chaintré
Chaintré
Große Palette an Weinen unterschiedlicher Appellationen, darunter auch Beaujolais und St-Véran. Am bekanntesten jedoch für Pouilly-Fuissé.

Cave de Grands Crus Blancs
Pouilly-Vinzelles

Igé
Pierreclos

Lugny
Lugny
Der größte Erzeuger von allen.

Mancey Sennecey-Le-Grand
Sennecey-le-Grand

Prissé
Pierreclos

Viré
Viré

Beaujolais

Die Region Beaujolais ist ebenso wenig komplex wie ihr leichter, beschwingter Wein. 13 Appellationen erfassen eine Gesamtrebfläche von 22 500 ha. Freilich könnte man die Appellationen auch auf ein halbes Dutzend zusammenstutzen, ohne dass dies irgendjemandem wehtäte, außer den Gastronomen in Lyon vielleicht. Man braucht eigentlich nur das rechte Verständnis der wesentlichen Qualitätsstufen und eine gute Adressenliste – und die muss nicht einmal lang sein.

Der meiste Beaujolais wird entweder von Winzergenossenschaften oder von sehr kleinen Weingütern erzeugt. Es gibt über 3600 Beaujolais-Winzer mit zwischen 7 und 10 ha Besitz. Zwangsläufig können nur wenige von ihnen ihre Weine selbst abfüllen und vermarkten, weshalb sie ihre Trauben oder Weine an eines der zahlreichen großen Handelshäuser der Gegend verkaufen. Gerade einmal 17 % der Produktion wird im eigenen Haus auf Flaschen gezogen; Händler und 19 Winzergenossenschaften erledigen den Rest und bringen ihn auf den Markt.

Heute hat die Welt ein ganz anderes Bild von einem Beaujolais als noch vor rund 25 Jahren. Über die eigene Region und Paris hinaus – wo er der Café-Wein schlechthin war – wurde er früher als ein billigerer Burgunder gehandelt, der die Wucht eines Pinot noir von der Côte d'Or dadurch imitierte, dass er möglichst ausgereift gelesen und mit viel Zucker aufgepulvert wurde, wodurch aber nur Stärke ohne Grazie entstand. Noch heute setzen mich Zahlen aus der Mitte des 19. Jahrhunderts in Erstaunen, die für Beaujolais Crus 15 % Alkohol angeben (während die Médoc-Weine 9 oder 10 % aufwiesen).

Nur sehr wenige Rotweine brauchen überhaupt so viel Alkohol, und am allerwenigsten der Wein aus der Gamay-Traube, dem die Geschmacksfülle fehlt, die nötig wäre, um so viel Schwere etwa entgegenzuhalten. Die Gamay-Traube im Beaujolais hat keine große Frucht. Ein guter und mit modernen Methoden bereiteter Beaujolais gewinnt durch seinen saftigen Geruch und die Kombination von milder Traubigkeit und einer gewissen frischen Säuerlichkeit – der perfekte Durstlöscher.

Das Image des Beaujolais hat in den letzten Jahren zweifellos gelitten, und die Nachfrage für die verschiedenen Nouveau-Stile ist kräftig zurückgegangen, was man durchaus positiv werten kann. Heute ist der Markt übersättigt, weshalb massive Strukturveränderungen im Weinbergsystem der Region unvermeidlich sind. Um die Preise zu stützen, wurden im Jahr 2002 über 100 000 hl Beaujolais zum Destillieren gegeben, da eine riesige Menge von Weinen aus den beiden zurückliegenden Jahrgängen einfach nicht verkauft worden war. Wie üblich hatten die Winzer ihre Weinstöcke auf Kosten der Qualität zu maximalen Erträgen getrieben – viele von ihnen schienen einfach nicht einsehen zu wollen, dass der Markt für wassrigen, schnell überalternden roten Beaujolais am Schrumpfen war. Und am Schrumpfen ist inzwischen auch die Menge des Weins, der durch *macération carbonique* (Kohlensäuremaischung) entsteht, seit die führenden Erzeuger ihr Möglichstes tun, um zu beweisen, dass die Gamay-Traube hier durchaus in der Lage ist, seriöse Weine zu erbringen.

So entsteht der Beaujolais

Das Geheimnis des frischen, traubigen Geschmacks des Beaujolais liegt in der Art und Weise, wie die Gamay-Traube – die nur bescheidenen Anspruch auf Qualität erheben kann – verarbeitet und vergoren wird. Die Weinbereitung im Beaujolais ist eine Kombination der klassischen Burgunder-Methode mit der *macération carbonique:* Sie beruht auf der Aktivität von Enzymen in den unzerkleinerten, von Kohlensäuregas umhüllten Trauben und führt zu einer intrazellulären Gärung, wobei die Farb- und Geschmacksstoffe von innen her aus der Schale gezogen werden.

Wichtig dabei ist, dass das Gärfass mit den ganzen Trauben samt Stielen gefüllt wird und die Beeren dabei möglichst wenig zerdrückt oder zerquetscht werden. Durch das Gewicht der oben aufliegenden Trauben werden die unten liegenden zerquetscht, und ihre natürlichen Hefen setzen nach einer gewissen Zeit eine normale Gärung in Gang. Das dabei entstehende Kohlendioxid (notfalls wird auch noch mit CO_2 aus einer Flasche nachgeholfen) schließt die unzerquetschten oberen Lagen gegen die Luft ab. Nunmehr beginnt in den Trauben eine langsame Gärung, in deren Verlauf viele von ihnen aufplatzen.

Nach sechs bis sieben Tagen ist das Fass zu etwa einem Drittel voll Most, dem so genannten Vorlauf. Diese Flüssigkeit wird nun abgezogen, die festen Rückstände werden gepresst und die beiden Flüssigkeiten miteinander vermischt. Bei der normalen Rotweinbereitung wird – wenn überhaupt – nur eine kleiner Teil dieses Presswins *(vin de presse)* zugegeben, bei der Beaujolais-Methode macht er zwei Drittel bis drei Viertel der Gesamtmenge aus. In diesem Stadium enthält der Most noch unvergorenen Zucker, der Gärungsprozess muss aber beendet sein, wenn ein stabiler Wein entstehen soll. Die Beaujolais-Vorschrift besagt, dass dies bis zum dritten Donnerstag im November zu geschehen habe, und so muss man in manchen Jahren, wenn sehr spät gelesen wurde, zu geradezu brutalen Methoden greifen, damit der Wein rechtzeitig »fertig« wird.

Einige wenige Erzeuger bereiten ihren Wein noch nach althergebrachten Methoden, die sich nur wenig von jenen der weiter nördlich gelegenen Côte d'Or unterscheiden. Die Weine danken es ihnen mit mehr Struktur und Komplexität, besonders wenn sie in Barriques reifen konnten, lassen jedoch das Überschwängliche vermissen, das die *typicité* eines frischen jungen Beaujolais-Villages ausmacht.

Die Appellationen von Beaujolais

Der einfachste Beaujolais kommt aus der Südhälfte der Region, südlich von Villefranche, wo die Gamay-Traube auf schweren Böden zu hohen Erträgen gebracht wird (Winzer im gesamten Beaujolais dürfen diese Appellation ebenso verwenden). Diesem Wein steht »jetzt oder nie« ins Gesicht geschrieben. Er war ursprünglich als Schankwein für Cafés und als Karaffenwein für Restaurants gedacht und sollte so jung wie möglich getrunken werden. Der Ausdruck *nouveau* bezeichnet eigentlich nur den Wein der letzten Ernte. 9 % Alkohol sind vorgeschrieben, werden aber regelmäßig entweder durch den natürlichen Alkoholgehalt oder durch Zuckerung überschritten.

Aus diesem Grund wird die Appellation Beaujolais Supérieur, die 10 % Alkohol vorschreibt, wenig benützt. »Beaujolais« steht für Rot-, Rosé- und Weißwein, wobei weißer Beaujolais nur 1 % ausmacht. Die Gesamtrebfläche beträgt 10 480 ha.

Beaujolais-Villages

Die AC Beaujolais-Villages umfasst eine Gesamtrebfläche von 6020 ha. Die nördliche Hälfte der Region, das Haut-Beaujolais, hat steilere Hügel und wärmeren (nämlich leichteren und sandigeren) Boden, auf dem besserer Wein entsteht. Dieses ganze Gebiet mit 38 Ortschaften wird von der Appellation Beaujolais-Villages erfasst. Nur zehn kleine Zonen im Norden, die sich durch jeweils ganz eigentümliche Zusammenstellungen von Bodenarten und -formen auszeichnen, sind hiervon abgetrennt und bilden die Beaujolais Crus, die Aristokraten unter den Beaujolais-Weinen.

Beaujolais-Villages ist ein besserer Primeur- bzw. Nouveau-Wein als der einfache Beaujolais, außer vielleicht in sehr heißen Jahren. Er hat einen Mindestalkoholgehalt von 10 % und als Grundlage mehr Körper und Frucht, einfach mehr Geschmacksfülle, die einen Ausgleich zur Rauheit des jungen Weins bildet. Sowohl *en primeur* als auch in gereiftem Zustand ist er seinen bescheidenen Mehrpreis durchaus wert. Ein guter Beaujolais-Villages ist im Sommer nach der Ernte am besten, kann aber auch noch ein Jahr länger halten. Außer den eigentlichen Crus gibt es in der gesamten Region auch noch einzelne Erzeuger, deren Weine regelmäßig auf Cru-Standard sind.

Beaujolais Crus

Zwischen der Bahnlinie im Saône-Tal im Osten und der 450 m hohen Kette der Beaujolais-Hügel im Westen sowie von knapp südlich der Ortschaft Belleville bis zur nördlichen Grenze mit dem Mâconnais wird die Landschaft von der Rebe beherrscht. Sandige, steinige oder schieferige Böden auf Granituntergrund und ohne Kalk verleihen hier der Gamay-Traube eine Rundheit und Geschmackstiefe, die ihr anderswo abgeht. In diesem Teil des Beaujolais erfolgt strenger Rebschnitt und Rückschnitt jeder Einzelpflanze. Für den Wein ist ein Mindestalkoholgehalt von 10 % vorgeschrieben; wenn auf dem Etikett ein Lagenname angegeben wird, muss er 1 % höher liegen. Die meisten Weine werden jedoch durch Chaptalisierung auf 13 % und mehr gebracht.

Auch ein Beaujolais Cru darf *en primeur* verkauft werden, aber erst einen Monat später als Beaujolais und Beaujolais-Villages, das heißt nach dem 15. Dezember (alles andere wäre ja auch im Hinblick auf weihnachtlichen Trinkgenuss unverzeihlich). Die besten Crus allerdings bleiben mindestens bis zum folgenden März im Fass oder Bottich. Zur Entfaltung ihrer vollen Individualität und süßen, traubigen Milde brauchen sie zwischen sechs Monaten und sechs Jahren Flaschenreife. Drei der Crus, nämlich Morgon, Chénas und vor allem Moulin-à-Vent, werden, zumindest nach Beaujolais-Maßstäben, als *vins de garde* angesehen.

Brouilly 1315 ha. Das südlichste und größte Cru-Gebiet umfasst sechs Dörfer (Odenas, St-Lager, Cercié, Charentay, St-Etienne-la-Varenne und Quincié), die sich um den allein stehenden Mont de Brouilly gruppieren (siehe Côte de Brouilly). Für den Brouilly wird am häufigsten der Begriff »typisch« gebraucht, was nicht überrascht, denn der ertragreichste Cru liegt genau im Herzen des Gebiets. Ein typischer Brouilly ist demnach voll traubiger Würze und lebendiger Kraft und muss schon im ersten Jahr zugänglich sein.

Chénas 285 ha. Das kleinste Cru-Gebiet ist nach Westen hin durch einen bewaldeten Berg geschützt (Chénas kommt von *chêne* = Eiche) und umfasst einen Teil der Gemeinde La Chapelle-de-Guinchay. Chénas-Weine können enorm kräftig werden, die Lagen aber sind so unterschiedlich, dass ein Appellationsstil weder ohne weiteres erkennbar ist noch in der Art zuverlässig genannt werden kann.

Chiroubles 374 ha. Alle Weinberge dieser Appellation sind nach Südosten geneigte Hochlagen, die höchstgelegenen des Beaujolais. Sie erbringen einen der ausgewogensten und gesuchtesten Beaujolais-Weine in recht kleinen Mengen. Durch die Höhe der Lagen haben es die Weinstöcke oft nicht leicht, die Trauben zur vollen Reife zu bringen. Dieses Gewächs ist auch im Sinne der Pariser Restaurantbesitzer »zart und geschmeidig«.

Côte de Brouilly 325 ha. Die Hänge des Mont de Brouilly liefern einen schwereren, konzentrierteren Wein als die um ihn herum liegende Appellation Brouilly, aber in sehr viel geringeren Mengen. Als Mindestalkoholgehalt sind 10,5 % – der höchste im Beaujolais – vorgeschrieben. Es heißt, dass die Weine nach zwei bis drei Jahren in der Flasche einen auffälligen Veilchenduft entwickeln. Nach einem warmen Jahr kann ihnen eine so lange Lagerung auf jeden Fall nicht schaden.

Fleurie 875 ha. Der hübsche Name, ein reichliches Angebot und ein einmalig frischer Geschmack tragen gemeinsam zur Beliebtheit dieses Beaujolais Cru bei. Fleurie ist im ersten Jahr oft schon so unwiderstehlich, dass er seine volle, seidig zarte Süße, die er nach drei bis vier Jahren erreichen kann, nur selten zeigen kann.

Juliénas 600 ha. Zusammen mit St-Amour ist Juliénas das nördlichste Cru-Gebiet (dazwischen verläuft die Departementgrenze von Rhône und Saône-et-Loire). Substanz, tiefe Farbe und kraftvolle Lebendigkeit, ja sogar sein Tanningehalt erfordern es, dass ein Juliénas mindestens zwei Jahre reifen muss. Er ist ein Beaujolais, der Mahlzeiten begleiten sollte, auf keinen Fall ein Durstlöscher.

Morgon 1115 ha. Die ausgedehnten Weinbergflächen um Villié-Morgon, zwischen den Crus Brouilly und Fleurie, bringen einen so eigentümlichen Wesenszug hervor, dass er in der Verbform *morgonner* (morgonnieren) in die Weinsprache Einzug gehalten hat. Die Eigentümlichkeit, von der die Rede ist und die dem schieferhaltigen Terroir entspringt, wird im Bukett und Geschmack des Weins gefunden, die an Wildkirschen erinnern sollen. Ich selbst habe das nie so eindeutig feststellen können. Auf jeden Fall gehören Morgon-Weine zu den größeren und langlebigsten Gewächsen des Beaujolais.

Moulin-à-Vent 767 ha. Eine Gemeinde Moulin-à-Vent gibt es nicht, nur eine alte Windmühle zwischen den Dörfern Romanèche-Thorins und Chénas, dem seriösesten und teuersten Beaujolais den Namen gibt. Moulin-à-Vent *en primeur* ist fast ein Widerspruch in sich, denn er sollte fest, gehaltvoll und würzig sein und ohne den Duft, den ein Beaujolais im ersten Jahr verströmt, vielmehr ein an Burgunder erinnerndes Bukett in der Flasche entwickeln. Kenner führen seine Kraft auf den Mangangehalt des Bodens zurück. Manche Erzeuger lassen ihn kurz in kleinen Eichenfässern reifen, um sein Gefüge zu stärken, das ihn altern lässt. Im Beaujolais wird Moulin-à-Vent immer nach der Mahlzeit serviert, oft zu Käsesorten, die leichtere Weine »erschlagen« würden.

Régnié 746 ha. Der neueste Beaujolais Cru westlich von Brouilly und Morgon erhielt seinen Namen nach der Gemeinde Régnié-Durette. Die Weine zeigen zwar große Ähnlichkeit mit Brouilly, weisen aber dank ihrer klar konturierten roten Frucht eine schöne Eigenständigkeit auf. Die Böden von Régnié enthalten mehr Sand als die der anderen Crus. Eine eigene Reputation zu entwickeln fiel dem Bereich jedoch schwer, und die Weinpreise fielen oft unter jene für Beaujolais-Villages.

St-Amour 317 ha. Die einzige Beaujolais-Appellation im Mâconnais; der Weißwein hat Anrecht auf die Appellation St-Véran. Suggestivkraft ist etwas Mächtiges; vielleicht fühle ich mich schon wegen des Namens zu diesem Wein hingezogen. Ich stelle ihn unmittelbar neben Fleurie und Chiroubles, was Zartheit und Süße anbelangt, und finde ihn nach zwei bis drei Jahren in der Flasche noch besser als jung, wie er häufig getrunken wird. Leider nur selten zu finden.

Die führenden Erzeuger im Beaujolais

Jean-Marc Burgaud ☆☆
Villié-Morgon. 12,5 ha
In Morgon ansässig, erzeugt Burgaud kraftvollen Morgon Côte du Py. Zusätzlich entstehen hier ein runder Morgon Charmes, ein fruchtiger Beaujolais-Villages und ein seltenes Beispiel für einen bemerkenswert komplexen Wein aus Régnié.

F. & J. Calot ☆☆–☆☆☆
Villié-Morgon.
10 ha
Für die Kohlensäuremaischung hat Jean Calot nicht viel übrig und erklärt, dass er seinen Weinen lieber zu guter Struktur verhilft. Dabei hilft ihm die Tatsache, dass er sehr alte Weinstöcke besitzt; seine »Cuvée Vieilles Vignes« beispielsweise entsteht von Reben, die mindestens 70 Jahre alt sind. Es ist ein würziger, konzentrierter Wein mit Brombeeranklängen. Denkwürdig ist auch seine pflaumige »Cuvée Jeanne«, für die bereits leicht überreife Trauben gelesen werden und die einer kurzen, aber sehr warmen *cuvaison* unterzogen wird.

Domaine Emile Cheysson ☆☆
Chiroubles. 26 ha
Die reine Größe seines Reblands gibt Jean-Pierre Large die Möglichkeit, die Zutaten seiner Chiroubles-Verschnitte mit Bedacht zu wählen. Schon der einfache Wein zeigt mit Deutlichkeit den ganzen Charme, zu dem ein Chiroubles fähig ist, und der in Eichenholz gereifte »Prestige« kommt zusätzlich mit Wucht und Komplexität daher, wenn auch die *typicité* darunter etwas leiden mag.

Vom rechten Genuss eines Beaujolais

Beaujolais Nouveau wird oft allein, etwa als leicht gekühlter Party-Wein, gereicht. Doch dann kann er schnell »in den Kopf steigen« und durstig machen, vor allem, wenn sein Alkoholgehalt recht hoch ist. Sein fröhliches Wesen kommt besser zur Geltung, wenn man ihn zu Pasteten oder Käse genießt, beim Picknick oder am Buffet. Beaujolais Crus aus guten Jahrgängen nehmen nach drei bis vier Jahren in der Flasche oft die feine Art von Rhône-Weinen an, in Ausnahmefällen sogar von Weinen der Côte d'Or. Dann sollte man sie mit der gleichen Temperatur wie roten Burgunder trinken und zu den gleichen Speisen. Viele dieser Weine reifen mittlerweile in Barriques. Bei Degustationen erzielen sie häufig hohe Bewertungen und am Markt hohe Preise. Doch ob die Fruchtigkeit der Gamay-Traube zur Würze frischer Eiche passt, sollte jeder für sich entscheiden.

Michel Chignard ☆☆
Fleurie. 8 ha
Die gehaltvollen, verführerischen Weine gehören zu den feinsten dieses beliebten Cru. Die »Cuvée Spéciale« dürfte manchem Beaujolais-Liebhaber jedoch zu eichenwürzig sein. Die Preise sind relativ hoch.

Domaine Desperrier ☆☆–☆☆☆
Romanèche-Thorins. 10 ha
Ein Moulin-à-Vent, wie man ihn erwartet: deutliche Geschmacksfülle und reich an Tanninen. Der Spitzen-Cuvée »Clos de la Pierre« tut Flaschenreife gut.

Louis-Claude Desvignes ☆☆
Villié-Morgon. 13 ha
Ein geschätzter Morgon-Erzeuger mit Weinen voll Frucht und Tiefe, besonders aus dem *climat* Côte du Py.

Jean Foillard ☆☆
Villié-Morgon. 8 ha
Eine zwar kleine Domaine, doch Foillard schätzt sich glücklich, Reben im *climat* Côte du Py zu besitzen, einem der besten Weinberge der Region. Ein Wein, der von optimal gereiftem Rebgut bereitet wird und Lagerung belohnt.

Château des Jacques ☆☆☆
Romanèche-Thorins.
36 ha
Ein großes Moulin-à-Vent-Weingut, seit 1996 im Besitz des Handelshauses Jadot in Burgund. Es ist in fünf verschiedene Lagen unterteilt (zu denen noch Mâcon-Village- und Beaujolais-Village-Weinberge hinzukommen), deren Weine getrennt ausgebaut und angeboten werden. Die Vinifikation geschieht im Wesentlichen nach burgundischem Muster, die Trauben werden entrappt. So ergeben sich dichte, komplexe Weine, die anfangs Frucht vermissen lassen, weshalb sie lagern sollten.

Paul Janin ☆☆–☆☆☆
Romanèche-Thorins. 12 ha
Ein Drittel dieses Weinguts liegt in Beaujolais-Village, der Rest in Moulin-à-Vent. Ein Teil des Reblands wird biodynamisch bewirtschaftet. Janin lässt seine Weine bei hoher Temperatur gären und baut sie in Tanks oder großen Fässern aus. Daraus ergeben sich dichte Tropfen mit unterschiedlichen Aromen von Kirschen und Lakritze, von denen der beste regelmäßig der »Clos du Temblay« ist. Direkt an den Cru-Weinberg schließt die Beaujolais-Village-Rebfläche an, die Gewächse von überraschender Substanz und Struktur hervorbringt.

Hubert Lapierre ☆☆
La Chapelle-de-Guinchay. 7,5 ha.
www.domaine-lapierre.com
Lapierres Rebfläche verteilt sich fast gleichmäßig auf Chénas und Moulin-à-Vent. Die Weine werden recht lange vergoren und in Tanks gereift, außer einer Cuvée aus Chénas, die zehn Monate in neuen Eichenfässern lagert. Ob sie jedoch besser ist als ihre eichenfreien Stallgefährten, ist fraglich. Alle Etiketten altern gut.

Domaine des Marrans ☆☆
Fleurie. 10 ha
Die Reben der Familie Méland sind durchschnittlich 40 Jahre alt. Als zweiter Wein entsteht hier ein Juliénas. Beide besitzen das volle, dichte Aroma von schwarzen Beeren.

Domaine Gilbert Picolet ☆☆
Moulin-à-Vent

Der größte Teil von Picolets Weinen wird an Négociants verkauft und nur die besten selbst abgefüllt. Er besitzt sehr alte Weinstöcke sowohl in Moulin-à-Vent als auch in Chénas, aus denen Vieilles-vignes-Weine entstehen.

Jean-Charles Pivot ☆☆
Quincié. 13 ha

Ein guter Erzeuger von Côte de Brouilly, der darüber hinaus auch für seinen Beaujolais-Villages bekannt ist.

Domaine des Terres Dorées ☆☆☆
Crière. 17 ha

Jean-Paul Brun ist zweifellos der originellste und kreativste Weinerzeuger der Region, auch wenn manche in ihm lediglich einen Exzentriker sehen. Er war der Erste, der ausprobierte, was inzwischen zur Mode geworden ist: die Rückkehr zu alten Traditionen der Weinbereitung, weg von der Kohlensäuremaischung und der dabei entstehenden aufdringlichen Fruchtigkeit der meisten Beaujolais-Tropfen. Einem großen Teil seiner Etiketten verweigert man die AC-Weihen, doch das stört ihn nicht im Geringsten. Er erzeugt auch gewichtige Weiße aus Chardonnay und einen Pinot noir unter der armseligen AC Bourgogne Grand Ordinaire. Und doch haben seine Weine eine derart beachtliche Konzentration und Finesse, dass sie zu den interessantesten und charakterstärksten aller Beaujolais-Gewächse gehören.

Michel Tête ☆☆–☆☆☆
Juliénas. 13 ha

Die Hälfte des Besitztums liegt in Juliénas, der Rest in St-Amour und Beaujolais-Villages. Die Weine des Letzteren erhalten zusätzliche Fülle durch granitgründigen Boden. Seit 1990 gibt es hier eine Juliénas «Cuvée Prestige», die zu 50 % in Eiche gereift ist. Der lebhafte, kirschfruchtige St-Amour ist beständig gut.

Château Thivin ☆☆–☆☆☆
Odenas. 26 ha. www.chateau-thivin.com

Der Beaujolais-Villages ist hier der preiswerteste Wein, die besten jedoch sind gewiss die eindrucksvollen Cuvées von der Côte de Brouilly, die mit geschmacklicher Tiefe aufwarten können ohne übertriebene Extrakte. «Cuvée Zacharie» wird in Barriques gereift.

Domaine du Vissoux ☆☆
Fleurie. 20 ha

Pierre-Marie Chermette vinifiziert seine Weine bei geringstmöglicher Einflussnahme und vermeidet, wann immer dies möglich ist, Zuckerung und den Einsatz künstlicher Hefen. Er erzeugt zwei Fleurie-Weine und einen Moulin-à-Vent. Echte Schnäppchen sind die verschiedenen Cuvées von einfachem, jung zu trinkendem Beaujolais.

Die führenden Handelshäuser im Beaujolais

Georges Dubœuf ☆–☆☆☆
Romanéche-Thorins. www.duboeuf.com

Eine Winzerfamilie, die seit 400 Jahren mit der Region verwachsen ist. In Georges Dubœufs Adern fließt Beaujolais.Bereits in den frühen 1950er-Jahren bereitete er aus dem Rebgut seines Bruders Wein und verkaufte ihn an örtliche Restaurants. Nicht nur der berühmte Koch Georges Blanc war von ihnen begeistert, und Georges Dubœuf ging seinen Weg. Über die Jahrzehnte wuchs seine kleine Kellerei zu einem perfekt eingerichteten, erfolgreichen Weingut und Handelshaus, das von 400 Winzern und 15 Genossenschaften Weine bezieht, und zwar hauptsächlich solche aus dem Beaujolais und Mâconnais, aber auch von der Rhône. Selbst heute verkostet der über 70-jährige Georges noch jeden Tag zwei Stunden lang Weine, unterstützt von seinem Sohn Franck, um die korrekten Mischungen seiner Verschnitte zu bestimmen. Darüber hinaus entwirft er das Design seiner Etiketten, darunter die berühmten Blumenmotive, die viele seiner besten Weine schmücken. Scheinbar mühelos verbindet Dubœuf exzellente Weinbereitung und -zusammenstellung mit intelligentem Marketing, und sein *Hameau du Vin* in Romanèche-Thorins ist eines der besten Weinmuseen Frankreichs.

Eventail de Vignerons Producteurs
Corcelles

Eine Marketing-Gesellschaft, die mit der Produktion einer großen Anzahl guter, unabhängiger Weingüter arbeitet. Sie wird nicht als Erzeuger gewertet.

Henry Fessy ☆–☆☆
St-Jean-d'Ardières. 11 ha.
www.vins-henry-fessy.com

Fessy erzeugt eine enorme Palette von Weinen aller Qualitätsstufen aus dem gesamten Beaujolais. Die einfachen Beaujolais-Weine haben Schwung und wunderbare Fruchtigkeit, während die Crus in der Qualität unterschiedlicher und im Ausdruck subtiler sind. Alle Weine werden bei Fessy selbst vinifiziert. Die Gesamtproduktion liegt bei 2 Mio. Flaschen.

Loron & Fils ☆–☆☆
Fleurie. www.loron-et-fils.com

Großes Familienunternehmen mit hohem Qualitätsstand, das sich früher hauptsächlich mit Fassweinen befasste und heute zunehmend mit Flaschenweinen unter mehreren Etiketten handelt. Es bietet auch gute Domaine-Weine und preiswerte *vins de marque* ohne Appellation an.

Mommessin ☆–☆☆
Charnay-lès-Mâcon

Bis vor kurzem ein sehr traditionsgebundenes Familienunternehmen, das seine Geschäfte nunmehr aber auch auf *vins de marque* und Beaujolais ausweitet, wo Exklusivvereinbarungen mit mehreren guten Domaines bestehen.

Potel-Aviron ☆☆

Eine außergewöhnliche Gemeinschaftsunternehmung des burgundischen Handelshauses Nicolas Potel mit Stéphane Aviron aus einer Weinmaklerfamilie im Beaujolais. Ziel ist es, Weine im Stil des Burgunder zu erzeugen. Die ersten Flaschen aus dem 2000er Jahrgang zeigten eine deutliche Eichenholzdominanz, die im Jahrgang 2001 nachgelassen hatte.

Louis Tête ☆☆
St-Didier sur Beaujeu. www.tete-beaujolais.com

Ein Spezialist für die Belieferung hochklassiger Restaurants, sehr bekannt auch in Großbritannien und der Schweiz. Zu den vertretenen Weingütern gehören Château des Alouettes in Beaujolais-Villages und Domaine de le Chapelle in Brouilly-Villages.

Weitere Erzeuger im Beaujolais

Domaine Noël Aucœur ☆–☆☆
Villié-Morgon

Guter Erzeuger in Morgon mit einem tadellosen Beaujolais-Villages und einer eichenholzwürzigen »Cuvée Jean-Claude Aucœur« aus Morgon.

Paul Beaudet ☆–☆☆
La-Chapelle-de-Guinchay. www.paulbeaudet.com

Ein wegen seiner zehn Cru-Abfüllungen und anderer guter Weine in US-amerikanischen Spitzenrestaurants wohl bekanntes Weinhandelshaus.

Christian Bernard ☆–☆☆
Fleurie

Saftige, sehr zugängliche Weine aus Moulin-à-Vent und Fleurie.

Clos de la Roilette ☆☆–☆☆☆
Fleurie

Familie Coudert bereitet saftigen Fleurie von sehr alten Reben.

Bernard Diochon ☆☆
Romanèche-Thorins

Ein kleines, mit alten Reben ausgestattetes Weingut in Moulin-à-Vent.

Domaine du Granit ☆–☆☆
Chénas

Kleines Weingut in Chénas mit robustem Moulin-à-Vent.

Marcel Lapierre ☆☆
La-Chapelle-de-Guinchay.
www.marcel-lapierre.com

Intensive, fruchtbeladene Weine aus Weinbergen in Morgon.

Domaine de la Madone ☆–☆☆
Fleurie

Jean-Marc Desprès erzeugt sowohl einen normalen Fleurie als auch eine »Cuvée Vieilles Vignes« mit erheblich höherer Konzentration.

Dominique Piron ☆
Villié-Morgon

Neben seinen eigenen bewirtschaftet Dominique Piron auch die Weinberge von Eignern, die anderen Berufen nachgehen, kauft anschließend ihre Trauben und kann so aus einer Gesamtrebfläche von 50 ha schöpfen.

Jura

Kenner der französischen Landschaften haben stets ihre Lieblingsflecken. Ich hoffe, dass ich nie gezwungen sein werde, mich festzulegen, aber eine kleine Liste von solchen Regionen habe ich doch, und auf ihr steht auch der Jura. Dieses Kalksteingebirge (das einer ganzen erdgeschichtlichen Epoche seinen Namen gibt) erhebt sich aus der Saône-Ebene in Burgund bis in die Schweiz hinein. Etwa auf halbem Weg zwischen Beaune und Genf gelangt man in die hübsche, aus Holz und Ziegelsteinen erbaute Kleinstadt Arbois, wo Louis Pasteur lebte, dann nach Poligny, nach Château-Chalon und in das Herz eines ganz und gar originellen Weinlands. Die Weinanbaufläche des Jura ist klein, viel kleiner, als sie einmal war, sie beträgt zurzeit nur noch 1828 ha. Ihre Ursprünge sind jedoch so alt wie in Burgund, und ihr Klima und Boden genauso einzigartig wie die Trauben, die dort wachsen.

Die Winzer im Jura bereiten die unterschiedlichsten Weine: von Schaumwein nach der *méthode traditionnelle* bis zum Vin jaune, dem »gelben Wein«. Als allgemeine Appellation gilt die Bezeichnung Côtes du Jura. Sie bezieht sich auf einen lang gestreckten Streifen, der nördlich von Arbois beginnt und südlich von Cousance endet. Arbois lautet eine weitere allgemeine AC, die einen höheren Alkoholgehalt vorschreibt. L'Etoile gilt für Weißwein und Vin de paille (»Strohwein«) aus dem Tal um den Ort L'Etoile bis zum Süden der Region. Die Appellation Château-Chalon mit 45 ha gilt ausschließlich für Vin jaune.

Die Weinberge befinden sich auf einem Streifen schweren, kalkreichen Lehmbodens entlang der Berghänge in einer Höhe von 275 bis 410 m. Die Rebflächen sind immer wieder von Wäldern, Weideland und schroffen Kalksteinfelsen unterbrochen. Anders als im Elsass weiter im Norden, das im Regenschatten der Vogesen liegt, ist der nach Westen offene Jura im Sommer dem Regen ausgesetzt, und Hagelschäden sind nicht selten. Im September und Oktober aber ist es meist sonnig. Die im Jura vorkommenden Rebsorten haben sich hier gehalten, weil sie auf tiefem, feuchtem Boden gedeihen, wenn sie nur einen guten, sonnendurchwärmten Hang vorfinden. Sehr verbreitet ist die einheimische Poulsard (die in der Gegend von Pupillin verwirrenderweise auch Plousard genannt wird), eine Rotweintraube, die so hell ist, dass man sie fast als »Rosétraube« bezeichnen möchte. Wenig bekannt ist die tanninreiche rote Sorte Trousseau, die mit Poulsard zusammen angebaut wird, um dem ansonsten zu weichen Wein Rückgrat zu verleihen. Pinot noir kommt immer mehr zu Ehren, denn er liefert einen in Farbe und Körper kräftigeren Rotwein. Doch nach wie vor besteht der größte Teil der Produktion aus dunklem Roséwein von der Poulsard-Traube.

Chardonnay ist heute die Standardsorte für leichte Weißweine; sie (hier auch Melon d'Arbois oder Gamay blanc genannt) gedeiht gut, wenn auch nicht spektakulär. Ihre Trauben werden meist zu Schaumwein verarbeitet. Eine echte Spezialität aber ist eine Traube mit Namen Savagnin oder Naturé, die angeblich eine lokale Variante der Elsässer Traminer-Traube sein soll – sie schmeckt nur nicht so. Savagnin ist eine spät reifende Sorte, die nur kleine Erträge bringt, aber ihr Wein ist reich an Alkohol und Aroma. Wird Savagnin nur zum Auffüllen von Fässern mit Chardonnay verwendet, dann verleiht er diesem nach einiger Reifezeit einen herrlich rustikalen Stil, der manchmal als *vin typé* bezeichnet wird.

Für sich allein verarbeitet, verhält sich Savagnin dagegen ganz eigentümlich und lässt sich mit Fino Sherry vergleichen.

Das Endresultat ist der leicht oxidierte Vin jaune, der nur von Weinstöcken stammen darf, deren Ertrag bei höchstens 20 hl/ha liegt. Der Wein wird jung in alte Fässer gegeben, die schon früher für die Bereitung von Vin dienten. Sie werden nicht ganz gefüllt, sondern es wird etwas Luft darin belassen. Ein Hefepilz, der vermutlich im Holz der Fässer sitzt, breitet sich nun rasch wie ein Film auf der Oberfläche des Weins aus und schließt ihn gegen die unmittelbare Berührung mit Sauerstoff ab. So lässt man den Wein vorschriftsmäßig für mindestens sechs Jahre und drei Monate ruhen, und die Fässer werden auch nicht aufgefüllt. Am Ende dieser Reifeperiode sind nur noch rund zwei Drittel des ursprünglichen Fassinhalts übrig, doch hat sich ein wundersames Gleichgewicht eingestellt (oder sollte sich eingestellt haben): Ein fertiger Vin jaune ist ein eindrucksvoller, geschmacksintensiver Aperitifwein, zwar leicht oxidiert, aber fein und nachhaltig und durch und durch angenehm zu trinken. Besonders die Gemeinde Château-Chalon (nicht das Château selbst) und einige ihrer Nachbarn werden für diese Spezialität gerühmt, obwohl in der ganzen Region guter Vin jaune erzeugt wird.

Es versteht sich von selbst, dass ein Wein, der in so kleinen Mengen (und auch nicht jedes Jahr) bereitet wird und dann mehr als sechs Jahre lang reifen muss, nicht billig sein kann. Wie Tokajer wird er in kleineren Flaschen als üblich angeboten (die langhalsige, breitschultrige Flasche des Jura, *clavelin* genannt, enthält 62 cl). Ich will nun nicht behaupten, dass der Vin jaune auch nur annähernd so preiswert, so zuverlässig oder auch so gut wäre wie ein erstklassiger Fino Sherry – aber es gibt ihn, und als Weinliebhaber sollten wir Vielfalt dankbar begrüßen und sie auch unterstützen, vor allem in so altehrwürdiger Form.

Eine ebenfalls altehrwürdige regionale Spezialität, der Vin de paille, war praktisch schon ausgestorben, konnte aber wieder zum Leben erweckt werden. Zu seiner Bereitung gehört es, die Trauben im Dachgebälk aufzuhängen oder auf Strohmatten (*paille* bedeutet Stroh) auszulegen. In ähnlicher Weise wie der italienische Vin santo erhalten sie durch diese Trocknungsphase, die mindestens zwei Monate dauert, eine sehr konzentrierte Süße. Anschließend muss der Wein für mindestens drei Jahre im Fass liegen, traditionell waren es sogar zehn Jahre. Dabei entsteht ein Wein mit 15,5–16% Alkohol und einem Restzuckergehalt von rund 100 g.

Die Weinberge des Jura sind in der Vergangenheit durch die Reblaus stark dezimiert worden, und es hat viele Jahre gedauert, bis sie sich davon erholten. Heute blüht der Weinbau wieder, vor allem dank des Fremdenverkehrs und treuer Privatkunden in Frankreich. Von den 250 ansässigen Erzeugern besitzen nur etwa 20 mehr als 13 ha Rebfläche. Einer der bedeutendsten von ihnen ist Henri Mairie, Weinhändler und Erzeuger in Personalunion, der eine bedeutende Rolle für die Region und ihre Weine spielt.

Eine weitere lokale Spezialität ist Macvin, der allerdings nichts mit der bekannten Fastfood-Kette zu tun hat. Er entsteht durch eine Mischung aus zwei Dritteln Traubensaft und einem Drittel *marc*, die anschließend bis zu 30 Monate in Großfässern reift – ein Produkt, das seit 1991 seine eigene AC besitzt.

Die führenden Erzeuger im Jura

Château d'Arlay ☆–☆☆
Arlay. 25 ha. www.arlay.com
Der einzige herrschaftliche Besitz im Jura, in den Händen der Familie seit dem 12. Jh., als er noch eine Feste der Habsburger

war. Der heutige Besitzer, der Comte Alain de Laguiche, besitzt verwandtschaftliche Verbindungen zu Marquis de Laguiche von Montrachet, den de Vogüés aus der Champagne und Chambolle-Musigny und den Ladoucettes von Pouilly-Fumé. Von traditionellen Jura-Rebsorten wird eine exzellente Auswahl an Weinen produziert, u. a. ein ungewöhnlicher, dunkler Rotwein von Poulsard, Trousseau und Pinot noir, ein von Nuss- und Gewürzaroma erfüllter Vin jaune sowie ein Vin de paille.

Berthet-Bondet ☆☆–☆☆☆
Château-Chalon. 9 ha
Eine erst 1985 entstandene Domaine. Zu den Weinen gehören ein erdiger Chardonnay, ein ziemlich herber Savagnin und ein ungewöhnlich eleganter Vin jaune.

Jean Bourdy ☆☆–☆☆☆
Arlay. 7 ha
Ein Eckpfeiler des Weinbaus im Jura. Das Gut geht auf das 16. Jh. zurück. Flaschen so berühmter Jahrgänge wie 1865 werden immer noch angeboten. Als sich Jean Bourdy 1979 nach 52-jähriger Tätigkeit zurückzog, übernahm sein Sohn Christian das Gut. Von Rebgut aus Château-Chalon (Savagnin) und Arlay erzeugt er vorbildlichen Rotwein, Rosé und Weißwein (Chardonnay) sowie einen exzellenten Vin jaune.

Caveau des Jacobins ☆–☆☆
Poligny. 35 ha
Kleine Genossenschaft mit einer Auswahl an Côtes-du-Jura-Weinen und gutem Crémant. Der traditionell ausgebaute Poulsard findet großen Zuspruch. Ebenfalls guter Chardonnay, der in Barriques reift.

Pascal Clairet ☆☆
Arbois. 6 ha
Clairet arbeitete jahrelang als Önologe für die Handelskammer und gründete 1991 sein eigenes Weingut. Zu seinen Weinen gehören ein kraftvoller Savagnin und ein schöner, erdbeerduftiger Poulsard.

Château de l'Etoile ☆–☆☆☆
L'Etoile. 25 ha. www.chateau-etoile.com
Das Château de l'Etoile selbst existiert nicht mehr, doch der Name wird von Familie Vandelle seit 1883 geführt. Berühmt sind die nach der traditionellen Methode bereiteten Schaumweine, ein ungemein zupackender Vin jaune und der weiße Côtes du Jura. Eine kleine Menge Rotwein entsteht hier ebenfalls. Die besten Weine sind wahrscheinlich die weißen Verschnitte: kraftsprühend, nusswürzig und von großer Tiefe.

Fruitière Vinicole d'Arbois ☆–☆☆☆
Arbois. 200 ha
Die älteste (seit 1906) und größte (140 Mitglieder) Winzergenossenschaft im Jura produziert Rot- und Weißweine sowie Vin jaune. Alle Weine haben AC-Status und werden entweder als Stillwein oder *mousseux* bereitet. Guter Savagnin und Chardonnay sowie eine »Cuvée Bethanie«, ein Verschnitt aus beiden. Der größte Erzeuger von Vin jaune hat seit 1989 auch Vin de paille im Angebot.

Fruitière Vinicole de Pupillin ☆☆
Pupillin. 50 ha
Kleine Genossenschaftskellerei mit 35 Mitgliedern und besonders interessanten Weißweinen; auch bekannt für einen speziellen, würzigen Vin jaune. Pupillin ist das perfekte Beispiel einer kleinen Landgemeinde im Jura (200 Einwohner), deren Leben vom Wein geprägt ist.

Michel Geneletti ☆–☆☆
L'Etoile. 11 ha
Hauptsächlich Chardonnay, toastig und würzig. Fein sind aber auch der Savagnin und der Vin jaune.

Château Gréa ☆☆
Rotalier. 6 ha
Seit 300 Jahren der Stolz der Familie Gréa und ein führendes Weingut in den südlichen Côtes du Jura. Die beiden Spezialitäten des Hauses sind »Le Chanet«, ein *brut méthode traditionnelle* aus einer Mischung von Chardonnay und Savagnin, sowie ein Vin jaune ganz von Savagnin.

Labet ☆☆–☆☆☆
Rotalier. 9 ha
Alain Labet hat sich auf sehr gehaltvollen Côtes-du-Jura-Weißwein von Einzellagen spezialisiert.

Jean Macle ☆☆–☆☆☆
Château-Chalon. 12 ha
Bedeutender Erzeuger eines herausragenden Château-Chalon und eines feinen Côtes-du-Jura-Weißweins.

Henri Maire ☆–☆☆
Château-Montfort, Arbois. 300 ha. www.henri-maire.com
Bei weitem der größte Erzeuger im Jura. Er verkauft die Hälfte aller Weine der Region. Durch seine einfallsreichen, geradezu aggressiven Marketing-Strategien wurde der Name Maire allgemein bekannt. In den modern ausgestatteten Domaines entsteht neben Wein aus anderen Regionen eine breite Palette von Jura-Weinen aller Appellationen. Der Schaumwein »Vin Fou« ist in Frankreich landesweit bekannt, sein Name prangt an jeder Straßenecke. Einer meiner Favoriten ist der helle, trockene Rosé »Cendré de Novembre«, ein Vin gris. Die Rotweine sind zum Teil deutlich süß, was weniger nach meinem Geschmack ist.

François Mossu ☆☆–☆☆☆
Voiteur, Château-Chalon. 4 ha
Ein leidenschaftlich engagierter Winzer, ein fein ausbalancierter Vin jaune mit charakteristischem Meerwasserduft und ein ziemlich alkoholstarker Vin de paille mit Anklängen von Jod, Gerstenzucker und karamellisierten Orangen.

Pierre Overnoy ☆☆
Pupillin. 2 ha
Aus ökologischem Anbau entstehen ein feiner Chardonnay und ein aromatischer Savagnin. Die ohne Schwefeldioxid bereiteten Rotweine können jedoch höchst sonderbar sein.

Désiré Petit ☆☆
Pupillin, Arbois. 12 ha
Ein alter Familienbesitz, verstreut über die Talmulde von Pupillin und die Nachbargemeinden Arbois und Grozon. Edelstahltanks und große Holzfässer stehen Seite an Seite. Die neue Kellereinrichtung sorgt dafür, dass die Weine (rot, weiß und rosé) jetzt auch jung getrunken werden können. Der feste, mineralische Chardonnay ist alterungsfähig.

Pignier ☆–☆☆
Montaigu. 15 ha

Erlesener Keller in einem ehemaligen Kartäuserkloster. Die meisten Weine von Pignier sind sortenrein, die Weißen fallen zuweilen recht schwer und ölig aus. Produziert wird auch ein Vin jaune mit deutlichen Zitronennoten.

Domaine de la Pinte ☆–☆☆☆
Arbois. 30 ha. www.domainedelapinte.com
Großes, modernes Weingut, 1955 von Roger Martin aufgebaut, der brachliegende Weinberge auf kalkigem Lehmboden neu bepflanzte, den die Savagnin-Traube so liebt. Sie nimmt fast die Hälfte der Rebfläche dieses Guts ein. Das Terroir der Domaine gehört zu den besten in Arbois. Hier entsteht die gesamte Palette der Arbois-Weine, und sowohl der Vin jaune als auch der Vin de paille sind erstklassig.

Jacques Puffeney ☆–☆☆☆
Montigny-lès-Arsures. 7,5 ha
Ein außergewöhnlicher weißer Arbois mit nusswürzigem Aroma, den Rotweinen weit überlegen, und ein sehr intensiver Vin jaune.

Xavier Reverchon ☆–☆☆☆
Poligny. 6 ha
Xavier Reverchon erzeugt eine typisch große Auswahl an »handgemachten« Weinen in kleinen Mengen, darunter ein intensiver Vin jaune, Schaumwein nach der *méthode traditionnelle* sowie roter und weißer Macvin.

Domaine Rolet ☆☆–☆☆☆
Arbois. 65 ha. www.rolet-arbois.com
Nach Henri Maire (siehe dort) der größte Erzeuger im Jura, der Weine aus allen bedeutenden Appellationen bereitet. Schwerpunkt im Programm sind sortenreine Einzellagengewächse von Chardonnay und Poulsard sowie Trousseau, der für Alterung bestimmt ist. Der frische, fruchtige Rosé von Poulsard ist aus Experimenten mit kürzerer Vinifikationsdauer hervorgegangen und repräsentiert sozusagen die Abkehr vom tradionellen Jura-Stil. Der Traditionalist des Hauses dagegen, ein weißer Verschnitt von Savagnin und Chardonnay, wird bis zu 36 Monate in Fässern ausgebaut und zeigt mineralische Geschmacksfülle. Rolet produziert auch einen kraftvollen Vin jaune.

André & Mireille Tissot ☆☆–☆☆☆
Montigny-lès-Arsures. 29 ha
Familien-Domaine mit guten Arbois- und Côtes-du-Jura-Weinen in allen Farben, einschließlich eines nusswürzigen Vin jaune, sowie einem üppigen, honigartigen Vin de paille, der von den vier traditionellen Rebsorten bereitet wird. Die Weißweine, vor allem der Chardonnay aus Arbois, sind vorbildlich.

Jacques Tissot ☆–☆☆
Arbois. 30 ha.
www.domaine-jacques-tissot.fr
Louis Pasteur führte seine Gärungsexperimente zum Teil im *chai* dieser Domaine im Zentrum von Arbois durch. Alle Weine von Jacques Tissot sind sauber bereitet. Besonders gut aber ist sein Trousseau mit dem Duft roter Beeren. Auch der vollmundige Vin jaune mit Mango-Noten im Aroma ist empfehlenswert.

Savoyen

Das Weinland Savoyen erstreckt sich vom Genfer See aus südwärts entlang der Rhône, säumt dann den Lac du Bourget (den größten See Frankreichs) um Aix les-Bains, zieht sich an den Hängen südlich von Chambéry entlang und dann ostwärts in das Val d'Isère hinein. Die Nähe der Alpen prägt den Charakter der gesamten Weinregion. Sie gleicht mehr einer Zusammenfassung willkürlich angelegter Rebflächen in zwei Departements als einem zusammenhängenden Anbaugebiet. Kein Wunder also, dass die 1800 ha Rebland umfassenden vier Appellationen ziemlich kompliziert strukturiert sind, weit mehr als der einfache, frische, belebende Wein.

Drei Viertel des Savoyer Weins sind weiß und stammen von einem halben Dutzend Traubensorten. Am Südufer des Genfer Sees (im Departement Haute-Savoie) ist es die Chasselas-Traube, in der Schweiz als Fendant bekannt. Zusammen mit Marignan, Ripaille und Marin ist Crépy hier der bekannteste Cru, mit einer eigenen AC nur für Weißwein, die wahrscheinlich schon verschwunden wäre, hätten sich Léon Mercier und sein Sohn Louis ihrer nicht so hilfreich angenommen. All dies sind leichte, oft scharfe Weiße, von denen die besseren oft *sur lie* abgefüllt werden, was sie leicht spritzig macht. Auch Ayze ist durch seinen säuerlich-scharfen *pétillant* bekannt.

Mit der Appellation Seyssel sind wir beim nördlichsten Rhône-Wein Frankreichs angelangt – kaum einer weiß das oder erinnert sich daran. Die hier vorherrschenden weißen Traubensorten heißen Roussette (auch Altesse genannt) für Stillwein und Molette für Schaumwein. Roussette, die edelste Rebe in Savoyen, erreicht einen relativ hohen Zuckergehalt, recht guten Körper und Geschmack. Molette dagegen ist ein mildes Träubchen. Die nach der *méthode traditionnelle* bereiteten Schaumweine der AC haben sich vor allem durch die Firma Varichon & Clerc einen internationalen Ruf erworben.

Roussette-Weine von lokaler Bedeutung werden als Stillweine oder *pétillants,* trocken und manchmal auch lieblich, überall im Rhône-Tal und am Lac du Bourget bei Frangy, Marestel, Monterminod und Monthoux gekeltert. Gelegentliche Superjahrgänge heben sie auf die Qualitätsstufe eines Vouvray.

Die dritte wichtige Weißweintraube der Region, übrigens auch die verbreitetste, ist Jacquère. Südlich von Seyssel, noch immer an der Rhône, beherrscht die Jacquère-Traube in der Gegend von Chautagne das Bild, mit der Winzergenossenschaft Ruffieux als Mittelpunkt, und ebenso südlich von Chambéry: Chignin, Apremont, Abymes und Montmélian. Chignin hat die beste Südhanglage und erzielt deshalb etwas höhere Preise als Apremont und Les Abymes. Für Rotwein kommen Gamay, Pinot noir und Mondeuse Bedeutung zu.

Leider wuchern die Vorstädte immer mehr in die friedliche Gegend hinein. Montmélian etwa, unlängst noch ein kleines Alpendorf, strotzt heute von unschönen Wohnsiedlungen. Bisher sind die Weinberge an den Hängen des Val d'Isère noch einigermaßen intakt, doch wer weiß wie lange noch? Ihr Zentrum ist die Genossenschaftskellerei in Cruet, die für Cruet, Arbin, Montmélian und St-Jean-de-la-Porte zuständig ist. Nach meinem Geschmack ihr bester Wein ist der Mondeuse, besonders der aus Arbin, obgleich Gamay und Pinot noir die teureren Tropfen sind. Mondeuse ist der Charakterwein: dunkel, leicht tanninherb, geschmeidig, aber voller Lebendigkeit. Dieser Wein erinnert mich immer ein wenig an den Chinon, den »Himbeerwein« von der Loire.

Aber es gibt hier noch weitere lokale Spezialitäten: Der Roussette-Wein ist der Weiße aus der Coopérative Cruet, der die höchsten Preise erzielt – gelblich, körperreich, leicht bitter, man könnte ihn für einen Italiener halten. In Chignin wird die Bergeron-Rebe angebaut; sie ist entweder eine seltene Lokalrebe oder (so behaupten manche) die Roussanne von der unteren Rhône. Sie liefert den einzigen Weißwein Savoyens, der sich mit Würde über längere Zeit hält.

Die AC-Weine Savoyens stehen im Schatten des VDQS Bugey weiter westlich auf dem Weg nach Lyon, eine Appellation von gerade einmal 240 ha, aber mit einer noch komplizierteren Namensgebung als in Savoyen (man weiß nicht so recht warum). Der weiße VDQS heißt Roussette de Bugey, obwohl die Vorschrift nur dann die exklusive Verwendung von Roussette-Trauben verlangt, wenn einer der Ortsnamen Anglefort, Arbignieu, Chanay, Langieu, Montagnieu und Virieu-le-Grand genannt wird. Einfacher Roussette de Bugey darf auch Chardonnay enthalten, ebenso wie der Roussette du Savoie. Im Vin de Bugey Blanc sind Jacquère, Aligoté und Chardonnay zugelassen. Der VDQS Vin de Bugey ist entweder rot, rosé oder weiß, und auch er hat seine Crus: Virieu-le-Grand, Montagnieu, Manicle, Machuraz und Cerdon. Diesen Letzteren gibt es auch als Einzel-VDQS für Schaumwein *(mousseux),* darunter ein Rosé, und leicht schäumenden *pétillant.*

Die führenden Erzeuger in Savoyen

Abymes

Cave Coopérative »Le Vigneron Savoyard« ☆
Apremont
Erzeugt auch Apremont, Gamay, Mondeuse, Vin de pays de Grésivaudan.

Claude Tardy ☆
Chapareillan. 3 ha
Weine aus hohen Isère-Lagen.

Apremont

Pierre Boniface ☆☆
Les Marches. 7 ha
Bekannt für seinen guten Jacquère.

Michel Magne ☆☆
Chapareillan
Saftiger Apremont »Tête du Cuvée«.

Jean Perrier ☆–☆☆
Apremont. 21 ha. www.vins-perrier.com
Preisgünstige Apremont-Weine.

Gilbert Tardy ☆–☆☆
Apremont
Blumige Weine.

Ayze

Domaine Belluard ☆–☆☆
Ayze
Spezialist für schäumenden *méthode traditionnelle* und einen seltenen Weißwein aus der Gringet-Traube.

Marcel Fert ☆
Marignier

Chautagne

Cave Coopérative de Chautagne ☆
Ruffieux
Winzergenossenschaft mit 180 Mitgliedern.

Chignin & Chignin-Bergeron

Quénard ☆☆
Chignin. (Fünf getrennte Familienunternehmen: André mit Sohn Michel, Claude, Jean-Pierre, Raymond mit Sohn Pascal, René.)
Raymond (10 ha) wird am höchsten eingeschätzt, André und Michel (20 ha) knapp dahinter. Hohe Standards jedoch bei allen fünf.

Crépy

L. Mercier & Fils ☆
Douvaine

Cruet

Cave des Vins Fins ☆
Cruet. www.cavedecruet.com
Erzeugt eine Reihe von Rotweinen wie Roussette de Savoie, Gamay, Mondeuse und Pinot; ebenso Jacquère, *mousseux* und *pétillant*.

Domaine de l'Idylle ☆–☆☆
Cruet. 8 ha
Guter Jacquère von den Gebrüdern Tiollier.

Frangy

Domaine Dupasquier ☆☆–☆☆☆
Aimavigne, Jongieux. 12 ha
Exzellenter Roussette.

Marestel

Henri Jeandet ☆
Jongieux

Monterminod

Château de Monterminod ☆
Challes-les-Eaux

Monthoux

Michel Million Rousseau ☆☆
St-Jean-de-Chevelu
Feine Weißweine, speziell Jacquère vom Coteau de Monthoux.

Montmélian

Cave Coopérative de Vente des Vins Fins ☆
Montmélian
Winzergenossenschaft mit einer großen Angebotspalette auch mit Weinen aus anderen Gebieten.

Louis Magnin ☆☆–☆☆☆
Arbin. 6 ha
Guter Roussette und Mondeuse, der Letztere ist alterungsfähig.

J. Perrier & Fils ☆–☆☆
Montmélian

Ripaille

Château de Ripaille ☆–☆☆
Thonon-les-Bains
Guter Chasselas.

Seyssel

Maison Mollex ☆☆
Corbonod. 25 ha
Ein Großerzeuger in dieser Appellation. Neben feinen Schaumweinen nach der *méthode traditionnelle* führt das Haus einen toastwürzigen Altesse in seinem Sortiment.

Varichon & Clerc ☆–☆☆
Seyssel. www.boisset.com
Das Handelshaus für Schaumwein aus Savoyen im Besitz des burgundischen Weinhändlers Boisset. 1999 erste Auflage des Prestigeweins »Brut des Cimes« aus Molette und Altesse.

Loire-Tal

Durch welch glückliche Fügung, mit welch gastronomischem *savoir-vivre* ergänzen sich doch die Flüsse Rhône und Loire auf ihrem Weg durch Frankreich! Auf einer Strecke von rund 160 km verlaufen sie sogar parallel und fließen dabei etwa 50 km voneinander entfernt in entgegengesetzte Richtungen.

Zwischen ihnen gibt es keine Rivalität, sie ergänzen sich in jeder Hinsicht: Die Rhône liefert Frankreich kräftige, wärmende Winterweine, die Loire die Durstlöscher für sommerliche Tage.

Die Loire entspringt rund 160 km vom Mittelmeer entfernt. Ernsthafter Weinbau wird an ihren Ufern auf einer Strecke von etwa 400 km und auch an ihren unteren Nebenflüssen betrieben. Das ist ein großer Bereich, und unwillkürlich macht man sich auf eine Vielfalt an Weinen gefasst. Die lange Liste der Appellationen nährt diesen Gedanken noch. Aber sie lässt sich ohne weiteres auf ein halbes Dutzend beherrschende Stile zusammenstreichen, die auf die Traubensorten zurückgehen.

An der Loire werden in der Hauptsache drei Weiß- und zwei Rotweinreben angebaut (doch nur eine der beiden erbringt wirklich feinen Wein). Bei den Weißweinreben gebührt Chenin blanc (hier auch Pineau de la Loire genannt) eindeutig der erste Platz. Diese Sorte beherrscht die Touraine und in noch höherem Maß auch Anjou. Ihre Weine liegen zwischen neutral-säuerlichem Grundstoff für schäumenden Saumur und karamellsüßen, scheinbar grenzenlos alterungsfähigen Dessertweinen. Die Vielseitigkeit dieser Traube liegt in der Palette ihrer subtilen Nuancen begründet (Quitten, Zitrusfrüchte, grüne Äpfel); ihre besonderen Qualitäten sind Ausgewogenheit und Vitalität. Sie behält einen hohen Säuregehalt selbst dann, wenn sie in der Reife einen extrem hohen Zuckergehalt erlangt (was durchaus vorkommt). Im Aroma ist sie zunächst unverbindlich – bis der Wein ausreift –, und selbst dann gehören ausgeprägte Frucht und *crème brûlée* noch mit zum Repertoire.

Stromabwärts von Anjou ist Muscadet die vorherrschende Weißweintraube – auch eine eher unauffällige Sorte, die früh reift, verhältnismäßig wenig Säure entwickelt und auch kein großes Aroma hat. Jung getrunken ist der Wein ideal zu *fruits de mer*.

Stromaufwärts in der Touraine, östlich von Vouvray-Montlouis und darüber hinaus bis Pouilly und Sancerre, beherrscht Sauvignon blanc die Szenerie; in diesem Klima ist sie eine der aromatischsten Trauben Frankreichs.

Cabernet franc ist die Qualitätsrotweintraube der Loire. Sie erreicht ihre Höchstform um Chinon in der Touraine und in Teilen von Anjou. Überall aber steht sie im Schatten der Gamay-Rebe, die saftige, frische, leichte bis mittelschwere, oft köstliche Rotweine liefern kann. Darüber hinaus erbringen diese beiden Sorten zusammen mit Grolleau sehr große Mengen an mehr oder weniger liebenswertem Rosé – eine der Haupterwerbsquellen der Region.

Eine ganze Reihe weiterer Traubensorten finden sich auf Loire-Etiketten: weißer Gros Plant in der Muscadet-Region (eine scharfe Traube, die sich als regionaler Aligoté charakterisieren ließe), Pinot noir, aus dem in Sancerre Rotwein gewonnen wird, und Chardonnay in Haut-Poitou. Ein paar andere Sorten sind aus Traditionsgründen anerkannt, so zum Beispiel eine weiße Sorte mit dem Namen Romorantin, die den dünnen Wein von Cour-Cheverny liefert. Auch eine ganze Reihe nicht edler Reben pflegte hier großflächig angebaut zu werden, doch in den letzten 35 Jahren wurden sie von den Hauptsorten und durch vereinzelt angebauten Cabernet Sauvignon,

Malbec (hier Cot genannt), Pinot Meunier und Lokalgrößen wie Arbois und Pineau d'Aunis, ja sogar Furmint aus Ungarn und Verdelho aus Madeira, allmählich verdrängt.

Wie die Trauben, so auch die Region: Die Loire lässt sich einfach einteilen in den Oberlauf, oberhalb von Orléans, wo an ihren Ufern und im Hinterland bei Bourges Weißweine aus Sauvignon blanc entstehen, den behäbig dahinfließenden Mittellauf, wo sie in der Touraine und in Anjou an der fast endlos scheinenden Reihe der berühmten Loire-Schlösser vorüberzieht, und den ausgedehnten, maritim geprägten Bereich ihres Unterlaufs, wo der Wind den Geruch von Krabben ins Land trägt.

Loire-Weine

Es folgt eine Liste sämtlicher Loire-AC- und VDQS-Weine. Die Gesamtrebfläche beträgt 73 000 ha und wird von 13 000 Winzern bewirtschaftet. Alle Angaben beziehen sich auf den Jahrgang 2000.

Coteaux d'Ancenis (rot, weiß und rosé) VDQS. Untere Loire. 254 ha. 16 500 hl. Leichter Gamay, gelegentlich Cabernet, Rot- und Roséweine vom Nordufer gegenüber Muscadet. Dem Weißwein kommt wenig Bedeutung zu. Er wird aus Chenin blanc und in sehr kleinen Mengen aus Malvoisie (Pinot gris) erzeugt.

Anjou (rot und weiß) AC. Mitte (West). 164 500 hl. Leichte Rotweine, hauptsächlich Cabernet franc, aus einem großen Gebiet (eine Alternative zu Saumur). Weißwein wird etwas weniger erzeugt, hauptsächlich aus Chenin blanc, oft lieblich. Ohne besonderen Charakter.

Anjou-Coteaux de la Loire (weiß) AC. Mitte (West). 600 hl. Eine begrenzte Zone entlang beider Flussufer westlich von Angers. Chenin blanc von unterschiedlicher Qualität, doch oft ganz schmackhafte halbtrockene oder süße Weine. Nur sehr wenige Erzeuger.

Anjou Gamay (rot) AC. Mitte (West). 16 640 hl. Leichte, aber schmackhafte Rotweine, die im ersten Jahr getrunken werden sollten. Oft sind sie charakterstärker als mancher Beaujolais.

Anjou Mousseux (weiß und rosé) AC. Mitte (West). 3400 hl. Wird im gesamten Anjou-Gebiet erzeugt. Die Weißweine werden vorwiegend von Chenin blanc gekeltert, obwohl Cabernet, Cot, Gamay, Grolleau und Pineau d'Aunis auch erlaubt sind (bis zu 60 %). Eine kleine Menge Rosé entsteht aus Cabernet, Cot, Gamay, Grolleau und Pineau d'Aunis.

Anjou-Villages (rot) AC. Mitte (West). 17 350 hl. 48 Gemeinden haben Anspruch auf diese Appellation für Cabernet franc und Cabernet Sauvignon. Der Verkauf wird erst ab September nach der Ernte freigegeben. Seit 1998 darf ein knappes Dutzend Erzeuger auch die Appellation Anjou-Villages Brissac benutzen, benannt nach einer der bekanntesten Städte der Region.

Cabernet d'Anjou (rosé) AC. Mitte (West). 167 300 hl. Der beste Qualitäts-Rosé, meist ziemlich süß; der feinste kommt von Martigné-Briand, Tigné und La Fosse-Tigné in den Coteaux du Layon.

Rosé d'Anjou (rosé) AC. Mitte (West). 190 000 hl. Heller, süßer Rosé, vorwiegend von Grolleau.

Map labels: La Flèche, Angers, Anjou Coteaux de la Loire, Savennières, Coteaux de l'Aubance & Anjou-Villages-Brissac, Muscadet, Muscat des Coteaux de la Loire, LOIRE, St-Nazaire, Nantes, Muscadet, MAINE-ET-LOIRE, Saumur & Saumur-Champigny, Saumur, Bourgueil, St-Nicolas-de-Bourgueil & Chinon, VIENNE, Coteaux du Layon, ATLANTIQUE, Muscadet de Sèvre-et-Maine, Muscadet, Muscadet Côtes de Grand Lieu, Cholet, DEUX SÈVRES, VENDÉE

Coteaux de l'Aubance (weiß) AC. Mitte (West). 4710 hl. Chenin blanc in vielen Stilen von halbtrocken bis *doux,* vom Südufer gegenüber von Angers, nördlich der (nicht unbedingt besseren) Coteaux du Layon. Die Qualität verbessert sich ständig.

Côtes d'Auvergne (rot, weiß und rosé) VDQS. Äußerstes Ende der oberen Loire. 374 ha. 17 360 hl. Nähe Clermont-Ferrand. Chanturgues, Châteaugay, Corent und Madargues werden als Crus geführt und erscheinen auf den Etiketten. Unkomplizierte Weine hauptsächlich aus Gamay und Pinot noir. Relativ unbedeutend der Weiße: ein sehr leichter Chardonnay.

Bonnezeaux (weiß) AC. Mitte (West). 130 ha. 1965 hl. Grand-cru-Lage mit Chenin blanc in den Coteaux du Layon (Anjou). In guten Jahren mit Edelfäule oder hochreifen Trauben ein großartiger Süßwein; ansonsten »nervig« und fein.

Bourgueil (rot und rosé) AC. Mitte. 1250 ha. 77 860 hl. Ausgezeichneter Cabernet franc vom Nordufer gegenüber Chinon, Touraine. Schmeckt jung und kühl sehr gut, lässt sich aber wie Bordeaux lange aufheben.

Châteaumeillant (rot und rosé) VDQS. Obere Loire. 84 ha. 4770 hl. Kleineres Gebiet mit Gamay und Pinot noir südlich von Bourges. Leichte Rot- oder sehr helle Roséweine *(gris).*

Cheverny (rot, weiß und rosé) AC. Mitte (Ost). 400 ha. 22 370 hl. Kleine, aber beständig zunehmende Mengen an Rotwein von Gamay und Pinot noir mit bis zu 15 % Cabernet oder Cot sowie Rosé rein von Gamay oder als Verschnitt. Säuerlicher Weißwein, vorwiegend von Sauvignon mit einem »Schuss« Chardonnay aus der Gegend südlich von Blois.

Chinon (rot, weiß und rosé) AC. Mitte. 2000 ha. 118 880 hl. Feiner Cabernet franc, manchmal superb und haltbar, wird aber meist jung und kühl getrunken. Der bedeutendste Rotwein von der Loire. Eine kleine Menge von Weißwein wird aus Chenin blanc gewonnen.

Cour-Cheverny (weiß) AC. 2320 hl. Ein scharfer Wein von der Lokaltraube Romorantin im Herzen des Bereichs Cheverny.

Fiefs Vendéens (rot, weiß und rosé) VDQS. West. 450 ha. 26 000 hl. Leichte Rot- und Roséweine, vorwiegend von Gamay, Pinot noir und Cabernet. Ungefähr ein Viertel der Gesamtproduktion entfällt auf Weißwein, meist sehr süffigen Chenin blanc.

Côtes du Forez (rot und rosé) AC. Äußerstes Ende der oberen Loire. 181 ha. 6860 hl. Am weitesten im Süden, noch südlicher als Lyon. Gamay im Beaujolais-Stil.

Coteaux du Giennois (rot, weiß und rosé) AC. Obere Loire. 148 ha. 7000 hl. Leichte bis mittelschwere Rotweine von unmittelbar stromabwärts von Pouilly/Sancerre in Richtung Gien. Sauber bereitet, sind sie oft köstlich. Eine neue Vorschrift for-

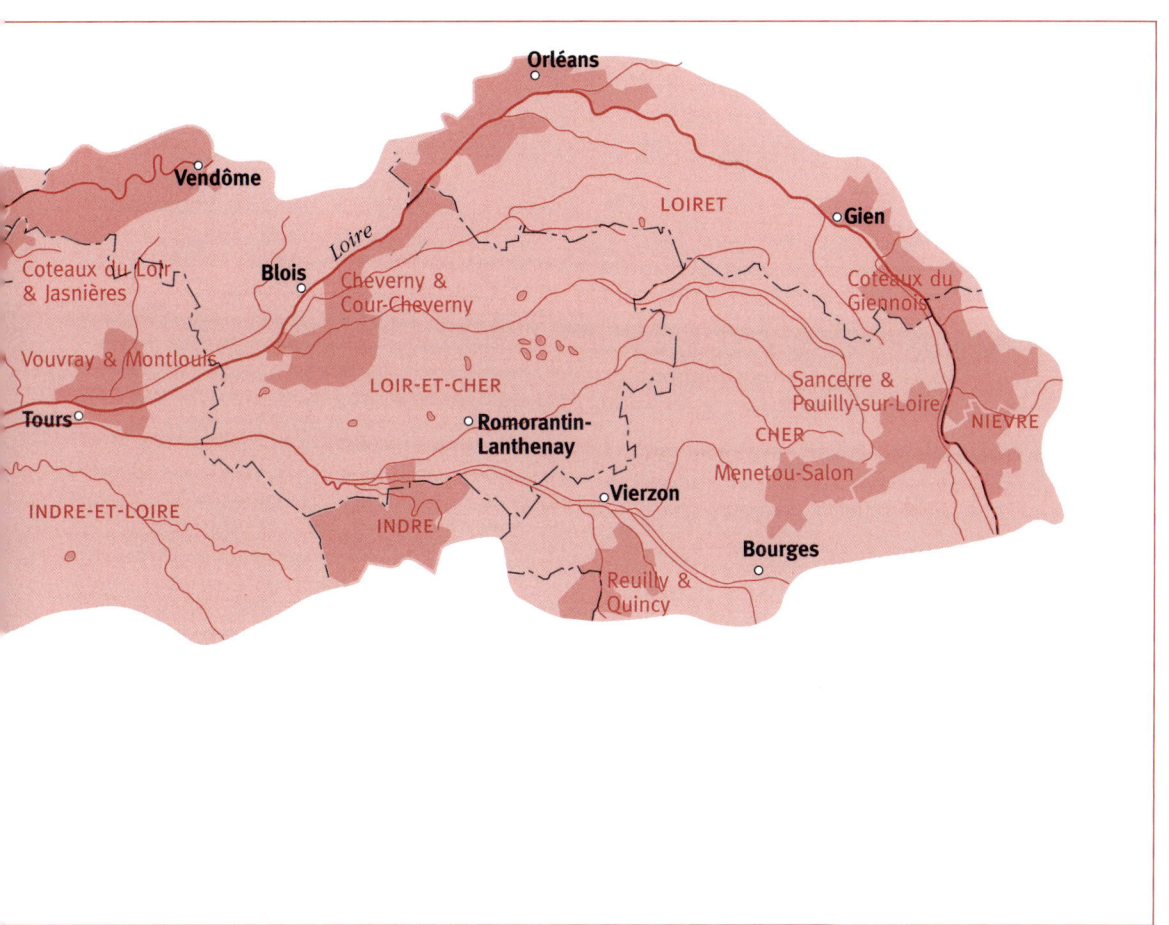

dert Verschnitte von Pinot noir mit Gamay. Ungefähr ein Drittel der Produktion ist Weißwein, rein aus Sauvignon blanc.

Haut-Poitou (Vin du) (rot, weiß und rosé) VDQS. Mitte (Süd). 28 325 hl. Blühendes Anbaugebiet südlich von Anjou, vorwiegend mit Gamay und Cabernet sowie Merlot, Pinot noir, Cot und Grolleau. Die Erzeugung von Sauvignon blanc, Chardonnay, Chenin blanc und Pinot blanc nimmt stetig zu.

Jasnières (weiß) AC. Mitte (Nord). 2630 hl. Ein Cru innerhalb der Coteaux du Loir. Kleines Chenin-blanc-Gebiet nördlich von Tours. Vouvray-ähnlicher Wein, aber nicht so gehaltvoll. Hält sich lange und gut.

Coteaux du Layon (weiß) AC. Mitte (West). 50 250 hl. Größtes Anbaugebiet, südlich von Angers, von qualitativ hochwertigem, meist süßem Chenin blanc *(moelleux* oder *liquoreux)*. Die Grands crus Quarts de Chaume und Bonnezeaux gehören dazu.

Coteaux du Layon-Villages mit höherem Reifegrad, aus einer der sechs Gemeinden Beaulieu-sur-Layon, Faye-d'Anjou, Rochefort-sur-Loire, Rablay-sur-Layon, St-Aubin-de-Luigné, St-Lambert-du-Lattay.

Coteaux du Layon-Chaume (weiß) AC. Mitte (West). 78 ha. 1270 hl. Eine Spitzenappellation für Coteaux du Layon mit besonders hohem Reifegrad, vergleichbar mit einer Villages-AC von der Rhône.

Coteaux du Loir (rot, weiß und rosé) AC. Mitte (Nord). 3270 ha. Kleines Anbaugebiet mit Pineau d'Aunis, Gamay und etwas Cot und Cabernet, nördlich von Tours am Loir, einem Nebenfluss der Loire. Rund ein Drittel ist Weißwein von Chenin blanc.

Crémant de Loire (weiß und rosé) AC. Anjou-Saumur-Touraine. 38 000 hl. Appellation für Qualitätsschaumwein, der mindestens 12 Monate auf der Hefe reifen muss.

Rosé de Loire (rosé) AC. Anjou-Saumur-Touraine. 65 000 hl. Appellation für trockene Rosés mit 30 % Cabernet; oft guter Wein. Die Appellation wird selten benutzt. Nur etwa 20 Erzeuger.

Menetou-Salon (rot, weiß und rosé) AC. Obere Loire. 374 ha. 24 500 hl. Rivale von Sancerre mit ähnlichem leichtem Pinot noir, zu Rot- oder Roséwein verarbeitet. Der wichtigere Weiße wird, ähnlich wie Sancerre, aus Sauvignon blanc erzeugt.

Montlouis (weiß) AC. Mitte (Ost). 1000 ha. 16 900 hl. Das Spiegelbild von Vouvray auf der anderen Loire-Seite: trockene, liebliche und zum Teil auch süße Weine. Auch zu Schaumwein ausgebaut, *pétillant* und *mousseux*.

Muscadet (weiß) AC. Untere Loire. 3077 ha. 200 500 hl. Ein großer Bereich, aber nur ein kleiner Teil der Muscadet-Erzeugung insgesamt (siehe Muscadet de Sèvre-et-Maine).

Muscadet Coteaux de la Loire (weiß) AC. Untere Loire. 284 ha. 15 000 hl. Das kleinste Muscadet-Gebiet Loire-aufwärts von Muscadet de Sèvre-et-Maine.

Muscadet Côtes de Grand Lieu (weiß) AC. Untere Loire. 320 ha. 18 400 hl. Der neueste Muscadet-Unterbereich erstreckt sich westlich vom Flughafen Nantes.

Muscadet de Sèvre-et-Maine (weiß) AC. Untere Loire. 9360 ha. 528 300 hl. Bei weitem die größte AC an der Loire: der beste Teil von Muscadet, östlich und südlich von Nantes.

Gros Plant du Pays Nantais (weiß) VDQS. Untere Loire. 2213 ha. 162 870 hl. Scharfer Weißwein von Gros Plant (oder Folle blanche) aus dem Muscadet-Bereich.

Orléanais (Vin de l') (rot, weiß und rosé) VDQS. Obere Loire. 107 ha. 5700 hl. Leichter Rotwein von Pinot Meunier, Cabernet franc und Pinot noir. Der Weißwein ist ein leichter Chardonnay.

Pouilly-Fumé (weiß) AC. Obere Loire. 1078 ha. 72 000 hl. Kraftvoller, aromatischer Sauvignon blanc aus den Weinbergen gegenüber Sancerre.

Pouilly-sur-Loire (weiß) AC. Obere Loire. 38 ha. 2400 hl. Neutraler Chasselas-Wein aus denselben Lagen wie Pouilly-Fumé, der jung getrunken werden muss.

Quarts de Chaume (weiß) AC. Mitte (West). 40 ha. 575 hl. Grand cru von den Coteaux du Layon, mit auf 20 hl/ha festgelegter Ertragsbeschränkung. In manchen Jahren wunderbar gehaltvolle Weine von Chenin blanc.

Quincy (weiß) AC. Obere Loire. 171 ha. 10 300 hl. Kleines Gebiet mit ansprechendem Sauvignon blanc, westlich von Bourges gelegen.

Reuilly (rot, weiß und rosé) AC. Obere Loire. 138 ha. 8700 hl. Weißwein von Sauvignon blanc, Rot- und Roséweine von Pinot noir und Pinot gris.

Côte Roannaises (rot und rosé) AC. Äußerstes Ende der oberen Loire. 183 ha. 11 350 hl. Stetig wachsende Gamay-Region in der Nähe des Beaujolais, sowohl geographisch wie im Stil der Weine.

St-Nicolas-de-Bourgueil (rot und rosé) AC. Mitte. 790 ha. 58 460 hl. Nachbar von Bourgueil mit ähnlich ausgezeichnetem Cabernet franc.

St-Pourçain-sur-Sioule (rot, weiß und rosé) VDQS. Äußerstes Ende der oberen Loire. 512 ha. 32 680 hl. Der berühmte Lokalwein von Vichy: Gamay und Pinot noir, auf Kreideboden gewachsen – ein guter Bistro-Wein. Ein großer Teil der Produktion geht auf das Konto eines sehr hellen Rosé. Der meist bessere Weißwein ist aus Tresallier, Chardonnay und Sauvignon. Empfehlenswerte Landweine.

Sancerre (rot, weiß und rosé) AC. Obere Loire. 2540 ha. 162 630 hl. Leichte Rot- und Roséweine aus Pinot noir von kreidigem Boden. Macht große Fortschritte: Die besten Weine sind inzwischen voller und langlebiger. Vor allem bekannt für Weißwein, von dem fünfmal mehr erzeugt wird: frischer, ausgeprägt fruchtiger und aromatischer Sauvignon blanc.

Vom rechten Genuss der Loire-Weine

Die Weine der Loire werden mit ihrer Vielfalt an Stilen so ziemlich allen gastronomischen Anforderungen gerecht. Als Aperitif stehen die ausgezeichneten Schaumweine und die noch besseren Crémants von Saumur und Vouvray oder auch die kräftigen trockenen Chenin-blanc-Weine von Savennières zur Verfügung (die Einheimischen nehmen aber auch gern einen *demi-sec* oder jungen *moelleux* als Aperitif). Ein gereifter *moelleux* ist gehaltvoll genug, um den Begleiter für *foie gras* abzugeben.

Zu Meeresfrüchten passt nichts besser als Muscadet; zu *charcuterie* eignet sich Gros Plant du Pays Nantais, ein junger Pouilly-Fumé, Chenin blanc, ein leichter, kühler Rotwein oder ein trockener bis halbtrockener Rosé; ein guter Begleiter zu schwereren Fischgerichten mit Saucen ist wieder ein Muscadet – vielleicht einmal ein besserer – oder ein Sancerre oder Pouilly-Fumé im Alter von zwei bis drei Jahren.

Zu *entrées* passen Chinon, Bourgueil oder Saumur-Champigny, entweder jung und mit frischer Fruchtigkeit nach Beaujolais-Art oder in reiferen Jahrgängen fünf bis sechs Jahre alte Weine. Reifer Savennières oder Vouvray als *sec* oder *demi-sec* bieten eine interessante Alternative zu weißem Burgunder als Begleiter für Gerichte mit gehaltvollen Rahmsaucen.

Zu kräftigem Käse greift man an der Loire stets einen Sancerre; zu milderen Käsesorten passen hingegen die süßen Weine von den Coteaux du Layon ganz ausgezeichnet.

Leichter junger Coteaux du Layon mit der süßen Frische eines Apfels kann gut gekühlt ein herrliches Picknick-Getränk abgeben. Die durch Edelfäule verfeinerten süßen Weine von Bonnezeaux und Quarts-de-Chaume gehören zu den besten Dessertweinen Frankreichs. Wie die großen süßen Weine Deutschlands sind sie für sich allein schon vollkommen – und darum vielleicht auch besser ohne irgendwelche Speisen zu genießen.

Saumur (rot und weiß) AC. Mitte (West). 91 440 hl. Leichter Cabernet-Rotwein aus der Gegend südlich von Saumur; darf auch als Anjou verkauft werden. Der Weißwein ist ein sehr frischer Chenin blanc mit bis zu 20% Chardonnay und/oder Sauvignon. Rund ein Drittel des Leseguts wird zu Schaumwein verarbeitet.

Cabernet de Saumur (rosé) AC. Mitte (West). 3174 hl. Das etwas trockenere Pendant zum Cabernet d'Anjou, aus der Gegend weiter stromaufwärts. Die vorschriftsmäßige direkte Pressung garantiert frühe Trinkbarkeit.

Saumur-Champigny (rot) AC. Mitte (West). 1300 ha. 85 820 hl. Wahrscheinlich die besten Cabernet-Rotweine in Anjou, aus dem nördlichsten Teil des Bereichs Saumur, unmittelbar östlich der Stadt.

Coteaux de Saumur (weiß) AC. Mitte (West). 110 hl. Seltener Chenin blanc, oft halbtrocken, manchmal *moelleux*, aus einem ähnlichen, aber etwas größeren Bereich als Saumur-Champigny.

Saumur Mousseux (rosé) AC. Mitte (West). 88 140 hl. Rosé-Schaumwein nach der *méthode traditionnelle* von Cabernet, Gamay, Grolleau, Pinot noir und Pineau d'Aunis. Den größten Anteil am Weißwein hat Chenin blanc (doch dürfen bis zu 60% Grolleau, Pinot noir und Pineau d'Aunis zugemischt werden). Zunehmend beliebt und teilweise wirklich gut.

Savennières (weiß) AC. Mitte (West). 4770 hl. Manchmal ganz vorzüglicher schwerer, langlebiger, trockener Chenin blanc aus der Gegend westlich von Angers. Hierzu gehören auch die Grands crus Roche-aux-Moines (19 ha) und Coulée-de-Serrant (6,8 ha).

Vins de Thouarsais (rot, weiß und rosé) VDQS. Mitte (West). 24 ha. 1000 hl. In den Weinbergen des Thouet-Tals südlich von Saumur entsteht Rotwein und Rosé aus Gamay und Weißwein aus Chenin blanc.

Touraine (rot, weiß und rosé) AC. Mitte (Ost). 5250 ha. 343 800 hl. Die Haupttrauben für Rotwein und Rosé sind Gamay, Cabernet und Cot (die Sorte steht auf dem Etikett). Die Gamay-Weine stechen – zumindest in warmen Jahren – so manchen Beaujolais aus. Im Westen der Touraine wird meist sortenreiner Cabernet abgefüllt, im Osten werden Verschnitte durch die Behörden gefördert.

Für Rosé dürfen auch Pineau d'Aunis und Grolleau mit verarbeitet werden. Der Weißwein ist üblicherweise aus Sauvignon blanc, eine passable Imitation des Sancerre. Chenin blanc, Menu Pineau (Arbois) und Chardonnay spielen mittlerweile eine wichtige Rolle. Auch den halb- und vollschäumenden Versionen kommt eine gewisse Bedeutung zu.

Den Weißen auf der Grundlage von Chenin blanc können bis zu 30% rote Trauben beigegeben werden, darunter Cabernet, Pinot noir, Pinot gris, Pinot Meunier, Pineau d'Aunis, Cot und Grolleau. Die Rotweine sind von Cabernet franc, die Rosés von Cabernet franc, Cot, Gamay und Grolleau.

Touraine Amboise (rot, weiß und rosé) AC. Mitte (Ost). 208 ha. 12 600 hl. Leichte Gamay-, Cabernet- und Cot-Rotweine aus den Lagen östlich von Vouvray. Der Weißwein ist aus Chenin blanc und kann es zu Vouvray-ähnlichen Qualitäten bringen.

Touraine Azay-Le-Rideau (weiß und rosé) AC. Mitte (Ost). 150 ha. 2660 hl. Winziger Chenin blanc-Bereich, dessen Weine oft so gehaltvoll wie Vouvray sind. Die Rosés könnte man als Vorposten der Grolleau-Traube bezeichnen, denen auch etwas Gamay, Cot oder Cabernet beigemischt werden darf.

Touraine Mesland (rot, weiß und rosé) AC. Mitte (Ost). 200 ha. 6200 hl. Recht gute Verschnitte von Gamay, Cabernet franc und Cot für Rotwein und 80% Gamay für Rosé vom Nordufer der Loire gegenüber von Chaumont. Weniger bedeutend ist der trockene Weißwein, meist aus Chenin blanc, manchmal im Verschnitt mit Chardonnay und Sauvignon.

Touraine Noble-Joué (rosé) AC. Mitte (Ost). 25 ha. 1030 hl. Der fast schon vergessene geschichtsträchtige Bereich wurde kürzlich mit einer eigenen AC wieder belebt. Kleine Mengen Rosé aus Pinot Meunier, Pinot noir und/oder Pinot gris.

Valençay (rot, weiß und rosé) VDQS. Obere Loire. 300 ha. 4700 hl. Trockener Weißer aus Chenin blanc, Sauvignon und anderen. Mit ihren Rot- und Roséweinen bildet die Gamay-Traube hier quasi einen Brückenkopf an der Ostgrenze der Touraine.

Coteaux du Vendômois (rot, weiß und rosé) AC. Mitte (Nord). 8750 hl. Die Weine, besonders die Rosés, entstehen vorwiegend von Pineau d'Aunis, unterstützt durch Gamay, Cabernet und Pinot noir. Der Weißwein ist aus Chenin blanc, sortenrein oder verschnitten mit Chardonnay.

Vouvray (weiß) AC. Mitte (Ost). 2000 ha. 116 400 hl. Trockener, lieblicher und süßer Chenin blanc, kann je nach Jahrgang superb ausfallen. Wird auch als Schaumwein angeboten.

Muscadet

Es ist ein geradezu unwiderstehlicher Gedanke, sich Muscadet als den Weinberg Neptuns vorzustellen: Nirgendwo sonst geht die gastronomische Gleichung so einfach und klar auf – oder so appetitlich. Die Bretagne liefert die »Früchte des Meeres«, die Weinberge südlich und östlich von Nantes das ideal dazu passende »Meer von Weißwein«, zur Freude vieler Feinschmecker.

Der Name Muscadet steht für die Traubensorte und den Wein – und für die Gegend, wo er wächst. Die Traube stammt aus Burgund, wo man sie heute noch gelegentlich unter dem Namen Melon de Bourgogne finden kann. Sie reift früh und ist mit einem mageren, steinigen Boden zufrieden. Da der Reifezeitpunkt schon um den 15. September liegt, kann sie unter dem oft wolkenverhangenen stürmischen Himmel noch vor den ersten Herbstregen eingebracht werden. Die Muscadet- oder Melon-Traube hat nur wenig natürliche Säure und ist deshalb besonders empfindlich für die Berührung mit Luftsauerstoff. Um Oxidation zu vermeiden und den Wein so frisch und schmackhaft wie nur möglich in die Flasche zu bringen, wird er traditionsgemäß nach beendeter Gärung auf dem hefigen Bodensatz *(sur lie)* im Fass oder Tank belassen und im März oder April direkt aus seinem Behältnis, so wie er ist, abgefüllt, ohne Schönen oder Filtrieren. Eine gewisse Menge Kohlensäure ist dann noch im Wein gelöst und trägt dazu bei, ihm neben der Frische auch ein leichtes Prickeln zu erhalten.

Bei den heutzutage anfallenden Mengen und den marktwirtschaftlichen Vorgaben wird dieses sorgfältige Abfüllen Fass um Fass freilich seltener, obwohl noch immer derselbe Stil angestrebt wird – außer bei einigen Erzeugern, die einen besser entwickelten Wein mit größerem Lagerpotenzial zu bereiten versuchen. Neueste Vorschriften stellen die Abfüllung *sur lie* unter eine eigene Appellation. Deshalb gibt es nun etwa neben Muscadet de Sèvre-et-Maine auch Muscadet de Sèvre-et-Maine *sur lie*. Inzwischen ist eine besonders geformte Flasche für Sur-lie-Weine in Gebrauch gekommen. Die Hauptunterschiede zwischen den beiden Versionen liegen im Hektarertrag und im Zeitpunkt der Abfüllung. So darf etwa bei Sur-lie-Weinen der Ertrag 55 hl/ha nicht überschreiten (bei allgemeinem Muscadet sind es 65 hl/ha). Seit 1997 muss Sur-lie-Wein im selben Keller abgefüllt werden, in dem er bereitet wurde.

Es gibt also durchaus verschiedene Muscadet-Stile, doch man kann sie nur durch Probieren der Weine verschiedener Erzeuger herausfinden. Die Extreme sind ein sehr leichter, fruchtiger, aber eigentlich ziemlich milder Wein einerseits und ein ausgeprägt vegetabiler Wein mit einem »wilden« Aroma andererseits, der zu Austern oder Muscheln etwas besonders Feines sein kann. Die letztere Art kann sich übrigens erstaunlich gut entwickeln: Ich hatte eine fünf Jahre alte Flasche 76er, die eine seltsame Hochform trockener Weichheit erlangt hatte; sie hat mir zu Steinbutt fantastisch geschmeckt. Flaschengereifte Weine dürfen auf dem Etikett die Bezeichnung »Muscadet Haute Expression« führen.

Am stärksten konzentriert sich der Muscadet-Anbau unmittelbar östlich von Nantes und südlich der Loire, in einem Gebiet, das nach den Flüssen Sèvre und Maine benannt ist. Rund 75 % der Gesamtanbaufläche von 13 041 ha entfallen auf Sèvre-et-Maine; der Rest verteilt sich auf die ostwärts nach Anjou hin verstreuten 284 ha der Coteaux de la Loire, auf die Côtes de Grand Lieu mit 320 ha und auf die in einem weiten Bereich südlich von Nantes eingesprengt liegende 3077 ha große Rebfläche für einfachen Muscadet.

Alle fünf Appellationen sind durchsetzt mit Anpflanzungen (insgesamt 2213 ha) der weißen Zweitrebe des Bereichs, der Gros Plant oder Folle blanche, die zum Muscadet in einem ähnlichen Verhältnis steht wie der Aligoté zum Chardonnay: anerkanntermaßen weniger wertvoll, jedoch mit einer getreuen Anhängerschaft. Gros Plant du Pays Nantais ist ein VDQS, kein Appellationswein in der Art wie der Aligoté. Er ist stets scharf, oft »grün«, manchmal derb; in kundiger Hand aber kann er zu einem sehr frischen, wenn auch empfindlichen Wein werden. Es entspräche echter bretonischer Art, eine Flasche Gros Plant zu Austern und dann einen Muscadet zu Seezunge zu trinken. Der Gros Plant hat einen vorgeschriebenen maximalen Alkoholgehalt von 11 %; für den Muscadet gilt 12 %. Eine Vorschrift für den Höchstgehalt ist ungewöhnlich, in einer Region aber, in der Zuckerung normal und der natürliche Säuregehalt niedrig ist, zwingend. Ein überzuckerter Muscadet wäre ein Unding ohne jeglichen Charme.

Und das Gleiche gilt – so zumindest einige kritische Stimmen –, wenn er in neuer Eiche ausgebaut wurde, eine vorübergehende Marotte in den späten 90ern. Man darf den Fassausbau zwar nicht leichtfertig als komplette Geschmacksverirrung abtun, doch in diesem Fall ist jede Kritik gerechtfertigt: Man wollte damit einen Wein »aufpolieren«, der gerade durch seinen unkomplizierten Charme zu bestechen imstande ist. Etwas subtiler mutet dagegen die Methode an, den Wein abzufüllen, wenn er noch ein gewisses Maß an Restzucker besitzt.

An Rotwein hat die Region wenig zu bieten. Auf 250 ha wachsen mitten im Muscadet-Weinbaugebiet der Coteaux de la Loire um die Stadt Ancenis auch Gamay-Reben und ein wenig Cabernet für leichte Rot- und Roséweine, die als VDQS Coteaux d'Ancenis in den Handel kommen. Auch gibt es den Malvoisie (Pinot gris), eine halbtrockene Spezialität von Ancenis, die einen exzellenten Aperitif abgeben kann. Verschnitte von Cabernet, Gamay und Pinot noir bilden die viel versprechenden VDQS-Weine Fiefs Vendéens aus der Vendée an der Atlantikküste südlich der Muscadet-Region.

Der Name Vin de pays du Jardin de la France wird zunehmend für Weine von Chardonnay und Gamay aus einem weiten Gebiet benutzt, das sich über 13 Departements erstreckt. Andere Vins de pays tragen gegebenenfalls den Namen der jeweiligen Region, z.B. Marches de Bretagne, Retz, beziehungsweise den des Departements, etwa Vin de pays de Loire-Atlantique.

Die führenden Erzeuger von Muscadet

Domaine du Bois-Joly ☆☆
Le Pallet
Familie Bouchard erzeugt hier erfrischende Sur-lie-Weine, speziell die Cuvée »Harmonie«.

Boullault & Fils ☆–☆☆
La Touche, Vallet. 40 ha
Erstklassiges Gut mit Hanglage, von Familie Boullault kompetent geleitet. Die Weine kommen je nach Absatzmarkt unter dem Etikett »Domaine des Dorices« oder »Château la Touche« in den Handel, andere Unterschiede gibt es nicht. Es gibt jedoch drei unterschiedliche Cuvées. Die erste, »Cuvée Choisie«, macht den größten Teil der Produktion aus und sollte jung getrunken werden. Die beiden anderen, »Hermine d'Or« und in guten Jahrgängen die »Cuvée Grande Garde« (die bis zu zwei Jahren auf ihrem Hefesatz ruht), sollten drei oder mehr Jahre lagern. Boullault erzeugt auch einen Gros-Plant-Schaumwein nach der *méthode traditionnelle*.

Château de Briacé ☆–☆☆
Le Landreau. 10 ha
Das Château ist eine private Weinbaufachhochschule und wird von ihren Weinbau- und Önologiestudenten selbst bewirtschaftet. Sie produzieren stets sauberen, korrekten Muscadet de Sèvre-et-Maine, Gros Plant und Vin de pays in mehreren Ausführungen.

Chereau-Carré ☆☆
St-Fiacre-sur-Maine. 120 ha. www.chereau-carre.fr
Familie Chereau-Carré gehört zu den größten Weingutbesitzern der Muscadet-Region und betreibt ein großes, auf Loire-Weine spezialisiertes Handelshaus, das jährlich 4 Mio. Flaschen absetzt – die eine Hälfte zugekaufte Weine, die andere aus den Weingütern der sechs verschiedenen Familienunternehmen.

Es sind dies: Château de Chasseloir, das Hauptquartier der Familie Chereau-Carré. Ein 25-ha-Gut an den Ufern des Flüsschens Maine mit einer 3-ha-Parzelle 100-jähriger Reben, deren Frucht als »Comte Leloup de Chasseloir« getrennt verarbeitet wird. Im Château du Coing, ein 50-ha-Gut am Zusammenfluss von Sèvre und Maine, werden Auslesen von Château du Coing und Chasseloir in neuen Eichenfässern vergoren. Es sind wahrscheinlich die elegantesten Weine der gesamten Familienpalette. Domaine du Bois Bruley, ein 20-ha-Gut in Basse Goulaine, liefert dem Haus den Gros Plant du Pays Nantais sowie Muscadet de Sèvre-et-Maine *sur lie*. Grand Fief de la Cormeraie ist ein 5-ha-Gut in der Gemeinde Monnière. Der herrliche Wein von alten Reben heißt »Commandeur«. Von Château de la Gravelle, ein 12-ha-Gut in Gorges, kommen die beiden Cuvées Muscadet de Sèvre-et-Maine, die eine von alten Reben mit Namen »Don Quichotte«. Château de l'Oiselinière de la Ramée ist ein 10-ha-Gut in Vertou. Seine Cuvée von alten Reben heißt »L'Aigle d'Or«.

Xavier Coirier ☆
Pissote. 20 ha
Tüchtiger Winzer mit Weinbergen im VDQS-Bereich Fiefs Vendéens. Frische, duftige Weiß-, Rosé- und Rotweine für den sommerlichen Durst.

Donatien-Bahuaud & Cie ☆☆
Château de la Cassemichère, La Chapelle-Heulin
Das große Handels- und Erzeugerhaus vermarktet jährlich 10 Mio. Flaschen Loire-Wein, davon 25 % Muscadet. Der berühmteste Muscadet des Hauses heißt »Le Master de Donatien« und besteht aus Cuvées, die nach Blindverkostung durch eine gastronomische Fach-Jury ausgewählt, vom jeweiligen Erzeuger abgefüllt und in aufwendig bedruckten Flaschen verkauft werden. Donatien-Bahuaud produziert ferner Muscadet aus eigenen Weinbergen im Château de la Cassemichère sowie acht weitere Muscadet-Weine, u.a. den früh trinkreifen »Fringant«. Als eine der ersten Firmen im Nantais, die auch Char-

donnay anbieten, vermarktet Donatien zwei Abfüllungen: Chardonnay und Chenin blanc ergeben im Verschnitt den »Blanc de Mer« sowie einen Vin de pays.

Domaine de l'Ecu ☆☆☆
La Bretonnière, Le Landreau. 21 ha

Guy Bossard war Vorreiter zuerst des ökologischen, später des biodynamischen Anbaus in Sèvre-et-Maine. Auf seiner mittelgroßen Domaine entsteht eine ganze Reihe von Weinen. Ein neueres Projekt befasst sich mit der Erzeugung spezieller Cuvées aus unterschiedlichen Bodentypen: »Gneiss«, »Orthogneiss« und »Granit«. Die reich gefügte, mineralische Cuvée »Hermine d'Or« demonstriert eindrucksvoll das Flaschenalterungspotenzial der Weine. Des Weiteren finden sich im Angebot ein sehr feiner Gros Plant du Pays Nantais und ein nuancenreicher Schaumwein nach der *méthode traditionnelle* hauptsächlich von Gros Plant.

La Ferme des Ardilliers ☆
Mareuil-sur-Lay

Ein fortschrittlicher Erzeuger und Négociant in der VDQS Fiefs Vendéens, dessen beste Weine saftige, unkomplizierte Cabernets aus den eigenen Weinbergen sind.

Domaine de la Foliette ☆☆
La Haye-Fouassière. 32 ha

Ein großes, traditionell ausgerichtetes Weingut mit einem gehaltvollen, apfelfruchtigen Muscadet de Sèvre-et-Maine *sur lie*.

Marquis de Goulaine ☆–☆☆
Château de Goulaine, Basse-Goulaine. 50 ha

Als westlichstes der großen Renaissance-Schlösser der Loire ist Château de Goulaine das Muscadet-Vorzeigeweingut schlechthin und beispielgebend für die effiziente Eigenvermarktung. Aus eigenen Trauben und zugekauftem Wein entsteht eine breite Angebotspalette: neben Gros Plant und Chardonnay drei verschiedene Muscadet-Weine, alle *sur lie* abgefüllt. Die »Cuvée du Millénaire«, der Spitzenwein der Domaine, ist ein Muscadet von 50-jährigen Reben aus Goulaines 4-ha-Weinberg Clos la Tâche, verschnitten mit verschiedenen Weinen anderer Herkunft.

Guilbaud Frères ☆–☆☆
Mouzillon, Vallet. www.guilbaud-muscadet.com

1927 gegründetes Handelshaus mit einer Jahresproduktion von 3 Mio. Flaschen überdurchschnittlicher Muscadet-Weine unter verschiedenen Namen, darunter auch die aus den eigenen Gütern Domaine de la Moutonnière und Domaine de la Pingossière. Beide erzeugen je zwei Weine, einen allgemeinen Muscadet de Sèvre-et-Maine *sur lie* und eine Luxus-Cuvée, teilweise in alten Eichenfässern gereift. Der »Clos du Pont« aus La Moutonnière ist Guilbauds feinster Wein, doch auch »Château de la Pingossière« ist empfehlenswert. »Le Soleil Nantais«, Guilbauds bester Négociant-Wein, hält ein gleich bleibend hohes Niveau.

Domaine Guindon ☆☆–☆☆☆
La Couleuverdière, St-Géréon. 28 ha

Pierre Guindon bietet neben drei Arten von Muscadet des Coteaux de la Loire auch Gros Plant und Coteaux d'Ancenis (Gamay rot und rosé) sowie einen ungewöhnlichen halbtrockenen Malvoisie (Pinot gris) an. Eine weitere Besonderheit des Hauses ist ein Muscadet, der vor der Gärung ausgiebigen Schalenkontakt erhält.

Domaine de la Haute-Févrie ☆☆
La Févrie, Maisdon-sur-Sèvre. 21 ha

Claude Branger erzeugt eleganten Muscadet de Sèvre-et-Maine *sur lie*. »L'Excellence« heißt ein Wein von mindestens 50-jährigen Reben. »Clos Joubert« reift in Barriques.

Domaine des Herbauges ☆☆
Bouaye. 40 ha.
www.domaine-des-herbauges.com

Luc Choblet bereitet hochwertigen Muscadet Côtes de Grand Lieu aus seinen Weinbergen westlich des Flughafens von Nantes, darunter die beiden bemerkenswerten Einzellagenweine »Clos de la Sénaigerie« und »Clos de la Fine«. Außerdem bringt er gefälligen Gros Plant du Pays Nantais hervor.

Domaine de la Louvetrie ☆☆–☆☆☆
Les Brandières, La Haye-Fouassière. 26 ha

Joseph Landron ist ein faszinierender Winzer, der seine Weine getrennt nach dem Bodentyp ihrer jeweiligen Rebfläche abfüllt. Seine leichteste Cuvée, »Amphibolite«, ist nach der Gesteinsart benannt und sollte im ersten Jahr getrunken werden. »Hermine d'Or« und »Fief du Breil« wachsen auf härteren Böden – feldspathaltigem Orthogneis – und sollten mindestens ein Jahr lagern. Letztgenannte Cuvée ist der Spitzenwein des Hauses und stammt von alten Reben aus Südhanglage. Auch gibt es eine »Cuvée Bois«, die allerdings nicht nach jedermanns Geschmack ist.

Domaines Pierre & Rémy Luneau ☆☆–☆☆☆
Domaine Pierre de la Grange, Le Landreau. 35 ha

Pierre Luneau, ein tüchtiger Winzer und Kellermeister, produziert eine Reihe von Muscadet-Weinen *sur lie:* einen schlanken, eleganten Muscadet des Coteaux de la Loire sowie mehrere Muscadets de Sèvre-et-Maine *sur lie*, darunter zwei Einzellagenweine »Les Allées« (von alten Reben) und »Les Pierres Blanches«, ferner den fassvergorenen »Manoir la Grange« und die in neuer Eiche ausgebaute Cuvée »Le 'L' d'Or«.

Louis Métaireau ☆☆–☆☆☆
La Févrie, Maisdon-sur-Sèvre. 29 ha

Alle Métaireau-Weine sind klassische frische Muscadets ohne übertriebenes Aroma; der Nachdruck liegt auf Finesse. Typisch für den Stil sind die beiden Luxusweine »Cuvée LM« und »Number One«. Die Firma ist auch an der 28 ha großen Domaine du Grand Mouton beteiligt. Auf diesem Gut werden die Trauben absichtlich etwas unreif gelesen, was die Weine in den ersten 1–2 Jahren *trés sauvage* macht (sie passen dann gut zu Muscheln und Austern). Nach 3–4 Jahren schmecken sie als gereifte Tropfen gut zu Seezunge. Métaireau füllt 10% des Grand Mouton ohne Filtrierung direkt vom Geläger ab.

Als unermüdlicher Neuerer hat Métaireau sein Programm inzwischen durch zwei Vins de pays de Loire-Atlantique von Melon-Trauben sowie um zwei Muscadets de Sèvre-et-Maine *sur lie* erweitert: »Premier Jour« (von am ersten Lesetag geernteten Trauben) und »10,5« (alkoholarm).

Château la Noë ☆–☆☆
Vallet. 70 ha

Eine für Muscadet ungewöhnliche herrschaftliche Domaine mit einem stattlichen neoklassizistischen Gutshaus. Sie gehört seit 1740 der Familie des Comte de Malestroit de Bruc. Das Gut erzeugt einen körperreichen Muscadet von kleinen Erträgen. Ein Teil wird *sur lie* abgefüllt, und allen bekommt ein Jahr Flaschenreife.

Henri Poiron & Fils ☆☆
Les Quatre Routes, Maisdon-sur-Sèvre. 36 ha.
www.henri-poiron.com

Ein Erzeuger mit zwei Weingütern; er produziert drei vollmundige Muscadets de Sèvre-et-Maine *sur lie:* »Domaine des Quatre Routes«, »Domaine du Manoir« und »Château des Grandes Noëlles«. Gros Plant du Pays Nantais, Vin de pays du Jardin de la France (aus Cabernet und Gamay) und ein Schaumwein *méthode traditionnelle* vervollständigen das Angebot.

Château de la Ragotière ☆☆–☆☆☆
Vallet-la-Regrippière. 68 ha. www.freres-coulliaud.com

Das bis auf das Mittelalter zurückgehende Weingut ist seit 1979 im Besitz der Gebrüder Coulliaud. Sie erzeugen neben einer Reihe von Muscadet-Weinen, deren gehaltvollster oft der »Vieilles Vignes« ist, auch einige sortenreine Weine, darunter Chardonnay. Der Muscadet »Collection Privée« reift mehr als zwei Jahre lang *sur lie.*

Marcel Sautejeau ☆–☆☆
Domaine de l'Hyvernière, Le Pallet, Vallet. 90 ha.
www.marcel-sautejeau.fr

Eines der größeren Handelshäuser im Departement Loire-Atlantique, ein Familienunternehmen. Die Domaine de l'Hyvernière gehört Marcel Sautejeau und das Château de la Botinière seinem Partner Jean Beauquin.

Der Muscadet wird maschinell geerntet und *sur lie* abgefüllt; er will innerhalb von zwei Jahren getrunken sein. Der »Clos des Orfeuilles« stammt aus einer Lage der Domaine l'Hyvernière. Die Luxusabfüllung des Négociant-Hauses heißt »L'Exceptionnel«. Insgesamt beläuft sich der Absatz an Wein aus dem Loire-Tal auf über 17 Mio. Flaschen im Jahr.

Sauvion & Fils ☆☆
Château du Cléray, Vallet. 30 ha

Ein blühendes Familienunternehmen, Winzer und Weinhändler. Das Weingut ist das historische Château du Cléray. Der *sur lie* bereitete Domaine-Wein ist leicht und ansprechend, doch die Sonderabfüllungen des Hauses übertreffen ihn oft. »Allégorie du Cléray« ist ein in neuen Eichenfässern vergorener und ausgebauter Muscadet. Sauvions »Découvertes« (Entdeckungen) sind Muscadets in Gutsabfüllung aus kleinen Domänen, deren Weine in Blindverkostungen von Profis ausgewählt werden. Unter dem Etikett »Cardinal Richard« bietet Sauvion Wein an, der von mehreren Jurys auf den ersten Platz gesetzt wurde.

Les Vignerons de la Noëlle ☆–☆☆
Ancenis. 570 ha.
www.vignerons-de-la-noelle.com

Die 1955 gegründete Genossenschaft hat 150 Mitglieder mit Weinbergen im Nantais und am Westrand von Anjou. Der Hauptteil der Produktion besteht aus Muscadet – Sèvre-et-Maine und Coteaux de la Loire –, darunter Gutsabfüllungen aus jeder Appellation: »Domaine la Mallonière« und »Domaine des Hautes-Noëlles« in Sèvre-et-Maine und »Château de la Varenne« in den Coteaux de la Loire. Hinzu kommen Gros Plant du Pays Nantais, Gamay Coteaux d'Ancenis (rot und rosé), Anjou Coteaux de la Loire, Anjou Rouge und Anjou-Villages sowie Crémant de Loire.

Daniel & Gérard Vinet ☆☆
La Quilla, La Haye-Fouassière. 13 ha

Die Brüder Vinet sind ehrgeizige junge Winzer für hochwertigen, *sur lie* abgefüllten Muscadet de Sèvre-et-Maine. »Domaine de la Quilla« heißt der feine, einfache Muscadet; »Clos de la Houssaie« kommt aus einer kleinen Parzelle, die jährlich 5000 Flaschen liefert. Die Prestige-Cuvée »Le« ist eine in mehreren Verkostungen getroffene Auswahl *(assemblage)* der besten Weine der Vinets.

Anjou-Saumur

Während Muscadet das einseitigste aller französischen Anbaugebiete ist, kann sein östlicher Nachbar Anjou mit einer ganzen Liste von Weinen aufwarten, die so komplett ist, wie sie in Frankreich nur sein kann. Früher entfiel der größte Anteil auf Rosé, bis starke Schäden durch Frühjahrsfröste entstanden. Die Schaumweinindustrie von Anjou jedoch steht der Größe nach nur hinter der Champagne zurück. Die besten Rotweine von Anjou sind beachtliche Cabernets, während die feinsten Anjou-Weißweine – trockener und süßer Chenin blanc – zu den großen Aperitif- und Dessertweinen Frankreichs gehören. Der prächtige Jahrgang 1989 hat sie in der Gunst des Publikums ganz nach oben gebracht.

Rosé d'Anjou ist ein süßlicher hellrosa Wein, von dem niemand sehr viel erwartet – ein Verschnitt aus vorwiegend Grolleau mit Cabernet, Cot, Gamay und der Lokalrebe Pineau d'Aunis. Seine frühere Stellung im Exportmarkt hat er nicht wiedergewonnen, man findet ihn aber in jedem französischen Supermarkt. Der Cabernet d'Anjou, der hauptsächlich im Inland abgesetzt wird, macht eine bessere Figur. Auch er ist ein Rosé (kein Rotwein), aber von einer Appellation, die mehr Respekt verdient. Cabernet franc (er wird hier oft auch Breton genannt) ist die beste Rotweintraube an der Loire, und der von ihr gekelterte Rosé kann ebenfalls jenes an Himbeeren erinnernde Aroma besitzen. Die besten Beispiele kommen aus Martigné-Briand, Tigné und La Fosse-Tigné in dem als Haut-Layon bekannten Teil der Coteaux du Layon, der zugleich auch der bedeutendste Bereich für zur Süße neigende Chenin-blanc-Weißweine ist.

Mit einer Ausnahme liegen alle wichtigen Weinberge von Anjou am Südufer der Loire und an ihren Nebenflüssen Layon, Aubance und Thouet. Die erwähnte Ausnahme ist Savennières, der Hausweinberg der Stadt Angers, wo der Chenin blanc auf eigene Weise zur Geltung gelangt: als ein kraftvoller, intensiver, trockener Wein. Savennières umfasst zwei kleine Grand-cru-Lagen: La Roche-aux-Moines und La Coulée-de-Serrant. Die Weine aus diesen Lagen sind wie alle Weine der Qualitätserzeuger von Savennières zuerst ungebärdig und eckig, mit hohem Säuregehalt und beißender Geschmackskonzentration. Sie brauchen manchmal bis zu 15 Jahre, um ihre honigduftige Fülle zu entfalten. Jünger sollte man sie nur zu Speisen trinken, die sie ausgleichend begleiten können. Viele Erzeuger scheinen heute aber umzuschwenken und ihre Weine den Erfordernissen des Marktes entsprechend in zugänglicherem Stil auszubauen – allerdings mit dem Risiko, die *typicité* eines Savennières preiszugeben.

Savennières gegenüber, auf der anderen Seite des breiten, inselreichen Flusses, liegt Rochefort-sur-Loire. Es ist das Tor zum lang gestreckten Layon-Tal, wo der Chenin blanc trocken (auch säuerlich und unerfreulich) ausfallen kann, wo aber alle feinen Weine zumindest die frische Süße eines Apfels aufweisen und die besten Weine eine tiefe cremige Süße mit der Saftigkeit eines Sauternes verbinden. In diesem Coteaux de Layon genannten Bereich liegen zwei größere Grands crus: Quarts-de-Chaume und Bonnezeaux. Hier tritt die Edelfäule ziemlich häufig auf (wenn auch seltener als in Sauternes), und die Weine erreichen durch natürliche Konzentration einen Alkoholgehalt von 13–14%.

Auch große Layons kommen zustande, wenn die Trauben in eingeschrumpftem Zustand *(passerillés)*, das heißt überreif geerntet werden. Allmählich kehren die Winzer zur so genannten *tris* zurück, zur Lese in mehreren Durchgängen, und Weine aus Layon und Aubance, die den entsprechenden Kriterien genügen, dürfen auf dem Etikett den Vermerk »Sélection de grains nobles« tragen. Seltsamerweise werden nur wenige von ihnen in Fässern ausgebaut. Sie sind gewissermaßen die Jahrgangs-Portweine unter den Weißen: Wie dieser werden sie jung auf Flaschen gezogen, um die weitere Entwicklung bei geringstmöglichem Sauerstoffkontakt vonstatten gehen zu lassen. Das dabei sich entfaltende Bukett ist infolgedessen so sauber, blumig und frisch-fruchtig wie die Traube selbst, mit der Ausdruckskraft und honigsüßen Wärme des Alters. Große, alte Vouvray-Gewächse sind diesen Weinen so ähnlich, dass man schon recht vermessen (oder einheimisch) sein müsste, um zu behaupten, den einen vom anderen unterscheiden zu können. Wie deutsche Weine aus feinsten Jahrgängen vollbringen sie einen Balanceakt zwischen Süße und lebenserhaltender Säure. Doch kaum ein heutiger deutscher Wein würde dieses Gleichgewicht auch nur halb so lang durchhalten.

Die Trends in der Süßweinbereitung setzen sich in zunehmend fortschrittlichen Methoden bei der Produktion der anderen Weinstile in Anjou fort. Sowohl die trockenen Weißen (Anjou Blanc) als auch die Roten (Anjou Rouge und Anjou-Villages) zeigen deutliche Verbesserungen. Unter der Appellation Anjou-Villages werden die besseren Rotweine von vier Dutzend Gemeinden zusammengefasst.

Saumur ist das Zentrum des östlichen Anjou mit einer Reihe von eigenen Appellationen für trockene und halbtrockene Weißweine aus Chenin blanc (zunehmend in sortenreiner Ausführung, gelegentlich aber auch verschnitten mit bis zu 20% Chardonnay und/oder Sauvignon) und für schäumende Versionen. Die Schaumweinindustrie von Saumur stützt sich auf die Chenin-blanc-Traube, die über genügend Säure für einen Ausbau nach der *méthode traditionnelle* verfügt. Die wichtigsten Produzenten, von denen viele auch Weinhändler mit einer breiten Auswahl an Loire-Weinen sind, sind nachfolgend aufgeführt. Mit Ausnahme von Sauvignon blanc darf Crémant aus vielen, auch dunklen Traubensorten bereitet werden.

Saumur verfügt darüber hinaus über Appellationen für Rot- und Roséweine aus Cabernet franc und Pineau d'Aunis. Der Rotweinanbau liegt südlich der Stadt verstreut. Seit einigen Jahren erfreut sich die Appellation Saumur-Champigny eines regelrechten Booms wegen ihrer leichten, saftigen, kräuterwürzigen Rotweine. Die ungewöhnlich guten Jahrgänge 1976 und 1989, in denen die besten Weine eine ungeahnte Tiefe und Fülle annahmen, steigerten ihre Popularität ungemein. Normale Jahrgänge erreichen kaum eine solche Konzentriertheit.

Die führenden Erzeuger in Anjou-Saumur

Domaine de Bablut ☆☆–☆☆☆
Brissac-Quincé. 80 ha

Unter der Leitung von Christophe Daviau schlägt das altetablierte Familiengut hochinteressante neue Richtungen ein, insbesondere in der Produktion von Coteaux de l'Aubance und in der Umsetzung ökologischer Richtlinien. Die besten Weine sind »Vin Noble« und »Grandpierre« aus edelfaulen Trauben; sie werden zum Teil in neuen Eichenfässern vergoren und ausgebaut. Sie sind ebenso köstlich wie reich nuanciert. Die Domaine produziert außerdem das übliche Programm an Anjou-Weinen und bereitet auch die Weine des nahe gelegenen Château de Brissas.

Domaine des Baumard ☆☆☆
Rochefort-sur-Loire. 43 ha

Jean Baumard ist an der Loire eine bekannte Figur. Er stammt aus einer seit 1634 in Rochefort ansässigen Familie und war Professor für Weinbau in Angers. Sein Sohn Florent hat inzwischen das Gut übernommen. Zu den weit verstreuten Weinbergen gehören ausgedehnte Rebflächen in Quarts de Chaume, Savennières (einschließlich eines Teils des Clos du Papillon) und in den Coteaux du Layon (Clos de Ste-Catherine). Von jeweils 5 ha Cabernet franc und Cabernet Sauvignon gewinnt die Domaine den Anjou Rouge »Logis de la Giraudière«. Aus Chardonnay und Chenin blanc entsteht Crémant de Loire. Baumard benützt keine Holzfässer, da er den reduktiven Stil bevorzugt, der Luftkontakt weitgehend ausschließt. Der »Clos de Ste-Catherine« ist schwer einzuordnen: weder lieblich noch trocken, aber sehr lebendig – zu empfehlen mit Sommerfrüchten oder als Aperitif. Der beste Wein ist eindeutig der noble, elegante Quarts de Chaume.

Château de Bellerive ☆☆–☆☆☆
Rochefort-sur-Loire. 22 ha

Bedeutendes Weingut im Grand cru Quarts de Chaume, seit 1993 im Besitz von Serge und Michel Malinge. Es werden nahezu Yquem-ähnliche Methoden angewandt, d. h. von alten Reben nur winzige Erträge und ausschließlich edelfaule Trauben zugelassen, die in mehreren aufeinander folgenden *tris* durch den Weinberg ausgelesen werden. Das Vergären in Holzfässern dehnt sich über den größten Teil des Winters aus. Der große Unterschied zwischen diesem Wein und einem Sauternes (abgesehen von der Traubensorte) besteht darin, dass die Abfüllung Ende April bei »zunehmendem Mond« erfolgt und das Ausreifen in der Flasche und nicht im Fass stattfindet. Dieser Wein ist kaum vor fünf oder manchmal sogar zehn Jahren genussreif – er hält ein halbes Jahrhundert.

Château du Breuil ☆☆
Beaulieu-sur-Layon. 35 ha

Zuverlässiges Familiengut mit dem vollen Programm an Anjou-Weinen. Die interessantesten darunter sind die verschiedenen Cuvées aus den Coteaux du Layon-Beaulieu, deren Luxusversion der in neuen Eichenfässern ausgebaute Vieilles vignes ist.

Domaine de Brizé ☆☆
Martigné-Briand. 40 ha

Schönes Familienweingut, heute unter der Leitung der fünften Delhumeaus-Generation. Die Produktion umfasst das Spektrum an Anjou-Weinen, darunter robuster Anjou-Villages »Clos Médecin«, beispielhafter Layon, glänzender Anjou-Gamay und preisgekrönter Crémant de Loire.

Philippe Cady ☆☆–☆☆☆
St-Aubin-de-Luigné. 20 ha

Köstlicher, honigwürziger Coteaux du Layon-St-Aubin und etwas Chaume. Die üppigsten Cuvées heißen »Volupté«, und die konzentrierteste ist normalerweise »Cuvée Eléonore«.

Les Caves de la Loire ☆–☆☆
Brissac-Quincé. 1800 ha

Eine Vereinigung von drei Genossenschaftskellereien in Brissac, Beaulieu-sur-Layon und Tigné. Sie erzeugen mit moderner Gerätschaft rund 1 Mio. Kisten der allgemeinen Anjou-Appellationen.

Cave des Vignerons de Saumur ☆

St-Cyr-en-Bourg. 1400 ha. www.vignerons-de-saumur.com

Die Winzergenossenschaft mit 300 Mitgliedern erzeugt das volle Spektrum der Saumur-Schaumweine, darunter Saumur Brut (unter diversen Etiketten), Saumur Rosé Brut, Crémant de Loire »Cuvée de la Chevalerie« Brut und Rosé und einen Rouge Mousseux *demi-sec,* die zusammengenommen rund 30% der Gesamtproduktion jeder Appellation ausmachen.

Château de Chaintres ☆☆

Dampierre-sur-Loire. 20 ha. www.chaintres.com

Ein reizendes altes Landhaus und ehemaliges Kloster im Besitz von Baron Gaël de Tigny mit beachtlicher Erzeugung von Saumur-Champigny aus ummauerten Weinbergen. Die Weine werden eichenfrei ausgebaut.

Clos de Coulaine ☆☆

Savennières

Angesehener Erzeugerbetrieb mit frischem, blumigen Savennières und seidigem Anjou Rouge und -Villages. Seit 1992 wird die Domaine von Claude Papin, einem der Spitzenerzeuger der Coteaux du Layon, geführt (siehe Château de Pierre-Bise).

Clos Rougéard ☆☆☆

Chacé. 8 ha

Die Familie Foucault, bereits in der achten Generation, erzeugt hier drei Cuvées von Saumur-Champigny. »Les Poyeux« kommt von einem ganz besonderen Weinberg und wird in ein Jahr alten Barriques gereift. »Le Bourg« hingegen wird in neuer Eiche ausgebaut. Langlebige Weine mit Tiefe.

Domaine du Closel ☆☆

Savennières. 16 ha. www.savennieres.closel.com

Weingut mit klassischem weißem Savennières, einem konzentrierten, größtenteils im Tank vergorenen und dann im Fass ausgebauten Wein (ausgenommen bestimmte Cuvées, z. B. »Clos du Papillon«, die noch in Fässern vergoren werden), sowie kleinen Mengen Cabernet der Appellationen Anjou und Anjou-Villages. »Les Caillardières« ist ein halbtrockener Savennières, und in manchen Jahren entsteht »Cuvée d'Avant« von alten Reben in leicht oxidativem Stil.

Château de la Coulée de Serrant ☆☆☆–☆☆☆☆

Château de la Roche-aux-Moines, Savennières. 15 ha.
www.coulee-de-serrant.com

Wunderschönes kleines Gut in hervorragender Lage, die im 12. Jh. von Mönchen ausgesucht wurde. Der wichtigste Weinberg des Château heißt Clos de la Coulée de Serrant. Die Leitung hat Nicolas Joly inne, der mit höchst individuellen biodynamischen Anbau- und Kellertechniken, ohne Dünge- und Schädlingsbekämpfungsmittel und ohne moderne Techniken arbeitet und überaus langlebige Weine hervorbringt. Außerdem gehören Joly 3 ha von La Roche-aux-Moines, der Clos de la Bergerie sowie einige Parzellen Cabernet für »Château de la Roche«. Die Cuvée »Becherelle« von 3 ha Savennières ergänzt seit kurzem das Joly-Programm. Hier erbringt die Chenin-blanc-Rebe mit die besten trockenen und halbtrockenen Weine von außerordentlichem Wohlgeschmack und Alterungspotenzial. Bei einem Ausstoß von nur etwa 1700 Kisten

wird der Wein zu einem entsprechend hohen Preis nur in kleinen Mengen abgegeben. Nicolas Jolys edle Ziele stehen außer Frage, doch hört man dann und wann Kritik am oxidativen Charakter, den manche seiner Weine mit der Zeit annehmen. Joly hingegen besteht darauf, dass sie 24 Stunden im Dekantiergefäß gelüftet werden müssten, um ihre volle Größe und Komplexität entfalten zu können.

Philippe Delesvaux ☆☆–☆☆☆☆

St-Aubin-de-Luigné. 15 ha

Ein ambitionierter Winzer, der in Paris lebte, bevor er sich 1983 hier niederließ. Er produziert gefälligen trockenen Anjou Blanc und schmackhaften Anjou Rouge, doch seine Layon-Weine, vor allem die Cuvées aus den *lieux-dits* La Moque und Clos du Pavillon, und die üppige Sélection de grains nobles sind die Glanzstücke.

Château de Fesles ☆☆–☆☆☆☆

Thouarcé. 35 ha.
www.vgas.com

Ein historisches, durch seinen bemerkenswerten Bonnezeaux aus 14 ha Rebfläche bekannt gewordenes Gut. Lange im Besitz der Familie Boivin, die diese Appellation im wahrsten Sinne selbst geschaffen hatte, wechselte es in den 1990er-Jahren mehrfach den Besitzer. Heute ist es eines der 16 Güter, die Bernard Germain in Bordeaux und Anjou besitzt. Alle Weißweine, trocken oder süß, werden in 400-l-Fässern vergoren. Obwohl hier eine ganze Reihe von Anjou-Weinen entstehen, ist der Bonnezeaux der begehrteste: Üppig, pfirsichfruchtig und von Edelfäule gekennzeichnet, bleibt er dank seiner überaus lieblichen und doch reichen Säure jahrzehntelang frisch.

Domaine des Forges ☆☆–☆☆☆

St-Aubin-de-Luigné. 37 ha

Claude Branchereau produziert das volle Programm an Anjou-Weinen, sein Herz aber gehört dem Coteaux du Layon, von dem er mehrere herrliche Cuvées bereitet, darunter eine Version von alten Reben aus dem *lieu-dit* Les Onnis (auch Aunis geschrieben). Die gehaltvollsten sind die zahlreichen Sélections de grains nobles, doch auch die einfacheren Weine mit ihrer strahlenden, apfelfruchtigen Frische können hervorragend munden.

Château de la Genaiserie ☆☆–☆☆☆

St-Aubin-de-Luigné. 42 ha

1990 erwarb Yves Soulez das alte Château mit seinen erstklassigen Layon-Weinbergen, nachdem er seinen Anteil an der Familien-Domaine in Savennières verkauft hatte. Die vollsten, konzentriertesten und feinsten seiner vielen Layon-Cuvées werden aus ertragsschwachen alten Reben von den *lieux-dits* Les Petits Houx, Les Simonelies und La Roche gewonnen.

Domaine Jean-Yves Lebreton ☆☆–☆☆☆

St-Jean des Mauvrets. 52 ha

Die Lebretons waren die Wegbereiter der Rotweinerzeugung in Anjou. Auch heute noch gehören die Cabernet-Gewächse von Jean-Yves zu den besten, besonders die von Cabernet Sauvignon dominierte »Cuvée Croix de Mission«.

Domaine des Moines ☆☆

Savennières. 8 ha

Geradezu ein Großgrundbesitzer auf dem Savennières-Spitzenweinberg La Roche-aux-Moines. Die Weine sind traditionell bereitet und langlebig.

Rémy Pannier ☆–☆☆

St-Hilaire-St-Florent.

www.remy-pannier.com

Der größte Négociant von Loire-Weinen bringt jährlich 30 Mio. Flaschen auf den Markt. Ihm gehören auch die Schaumweinhäuser Ackerman-Laurance und De Neuville (siehe dort).

Domaine des Petits Quarts ☆☆☆

Faye. 12 ha

Jean-Pascal Godineau hat sich auf Bonnezeaux spezialisiert und erzeugt fünf verschiedene Cuvées, von denen drei aus Einzellagen stammen. In manchen Jahren gelingt es ihm, die erstaunlich süße und konzentrierte Cuvée namens »Quintessence« hervorzubringen.

Château de Pierre-Bise ☆☆☆

Beaulieu-sur-Layon. 53 ha

Als einer der Spitzenerzeuger von Coteaux du Layon füllt Claude Papin seine Weine gemäß der Bodenarten ihrer Weinberge ab und bietet bis zu einem Dutzend verschiedene Cuvées an, darunter Layon-Chaume und Quarts de Chaume. Ferner produziert Papin exzellenten Anjou Blanc, Anjou-Villages und Anjou-Gamay sowie Savennières von Clos de Coulaine (siehe dort).

Domaine des Roches Neuves ☆☆–☆☆☆

Varrains. 21 ha.

www.roches-neuves.com

Der junge Thierry Germain aus dem Bordelais kaufte 1991 dieses 15-ha-Gut und bringt seither wohlschmeckenden Saumur-Champigny hervor; am konzentriertesten sind die »Cuvée Vieilles Vignes Terres Chaudes« und die »Cuvée Marginale«, die in neuer Eiche reift. Von sehr alten Chenin-blanc-Reben wird der beeindruckende weiße »L'Insolite« gewonnen.

Domaine de la Sansonnière ☆☆☆

Thouarcé. 8 ha

Mark Angeli geht eigene Wege. Der überzeugte Anhänger des biodynamischen Weinbaus erzeugt nur Weißwein: zwei extrem körperreiche Anjou-Tropfen und in guten Jahrgängen Bonnezeaux.

Château Soucherie ☆☆–☆☆☆

Beaulieu-sur-Layon. 35 ha

Seit 1952 im Besitz der Familie Tijou. Der größte Teil ist Coteaux du Layon mit Chenin blanc, hinzu kommen Cabernet und Gamay für Rot- und Roséweine. Die besten Layons des Hauses sind oft der Vieilles vignes, der Chaume und der »Beaulieu Cuvée de la Tour« von 90-jährigen Rebstöcken. Von den Süßweinen wird nur der Beaulieu in neuer Eiche ausgebaut. Beim Anjou Blanc wird Chenin blanc manchmal bis zu 20 % Sauvignon beigemischt, um mehr Aroma zu erzielen. In Savennières besitzt Tijou weitere 2 ha, den Clos des Perrières.

Domaine Pierre Soulez ☆☆–☆☆☆

Château de Chamboureau, Savennières. 25 ha

Großer Erzeuger von Savennières-Weinen, sowohl trocken als auch *moelleux*. Die besten kommen von seinem Roche-aux-Moines-Rebgut. Rotwein und Rosé sind weniger interessant.

Château du Suronde ☆☆☆–☆☆☆☆

Rochefort-sur-Loire. 8 ha

1995 von Francis Poirel erworben, dessen Karriere als Schifffahrtsunternehmer ihn nicht daran hindern konnte, sich zum engagiertesten Winzer von Quarts de Chaume zu entwickeln. Die Erträge sind minimal – zwischen 8 und 16 hl/ha, abhängig vom Jahrgang. Für eine seiner Cuvées, »Trie Victor et Joseph«, werden die Trauben im Zustand höchster Reife Beere für Beere von Hand gelesen.

Château de Targé ☆☆

Parnay. 25 ha. www.chateaudetarge.fr

Ein *manoir* (Landsitz) mit vier Türmen, seit 1655 im Besitz der Familie Pisani-Ferry, die hier viel gelobte Saumur-Champigny-Weine erzeugt, speziell »Cuvée Ferry«.

Château la Varière ☆☆–☆☆☆

Brissac. 95 ha

Jacques Beaujeau ist für seinen robusten Anjou-Villages bekannt, doch in Spitzenjahrgängen wie 1997 bereitet er auch üppigen Bonnezeaux und Quarts de Chaume.

Château de Villeneuve ☆☆☆

Souzay-Champigny. 28 ha. www.chateau-de-villeneuve.com

Exzellente Familien-Domaine unter Führung von Jean-Pierre Chevallier. Die kraftvollste der Cuvées von Saumur-Champigny ist die fassgereifte Version von alten Reben aus dem *lieu-dit* Le Grand Clos. Außerdem werden zwei Cuvées eines Saumur Blanc produziert, darunter der in neuen Eichenfässern vergorene und ausgebaute »Les Cormiers«.

Schaumwein aus Saumur

Die der Chenin-blanc-Traube eigene kräftige Säure liefert die Existenzgrundlage für die Schaumweinindustrie von Saumur, die in den Kalksteinkellern von St-Hilaire-St-Florent westlich von Saumur beheimatet ist. Nach der klassischen Methode werden hier klar fruchtige, zumeist sehr trockene Schaumweine erzeugt, die nur halb so viel kosten wie Champagner. Sie sind zwar nicht so charaktervoll und komplex wie dieser, aber ebenso anregend und belebend. Allerdings gehen die Erzeuger nun zunehmend zu Crémant de Loire über; die Zahl der Luxus-Cuvées ist entsprechend groß. Manche von ihnen nähern sich zusehends den Preisen von Champagner an – und manchmal auch der Qualität.

Die führenden Erzeuger von Saumur-Schaumwein

Ackerman-Laurance ☆–☆☆

Saumur

Das ursprünglich 1811 von einem Belgier namens Ackerman gegründete Haus etablierte die *méthode traditionnelle* an der Loire. Es ist mit seinem hochwertigem Crémant de Loire heute noch führend. Gehört jetzt Rémy Pannier (siehe dort).

Bouvet-Ladubay ☆☆–☆☆☆

St-Hilaire-St-Florent, Saumur. www.bouvet-ladubay.fr

Die zweitälteste Schaumweinfirma (gegründet 1851). 1974 wurde das Haus Teil der Taittinger-Gruppe. Ausgezeichnete Saumur-Schaumweine, u.a. »Bouvet Brut«, »Saphir« (ein Jahrgangs-Brut), »Rubis« (ein halbtrockener roter Schaumwein auf Cabernet-Basis) sowie drei ganz oder teilweise fassvergorene Luxus-Cuvées: »Trésor«, »Trésor Rosé« und »Grand Vin de Dessert« *demi-sec*. Einen interessanten neuen Ansatz bilden die seriösen, konzentrierten Schaumweine der Serie »Nonpareils« –

kontrovers wegen ihres Ausbaus in neuer Eiche. Die Gesamt-jahresproduktion beträgt über 3 Mio. Flaschen.

Gratien & Meyer ☆–☆☆
Saumur. 20 ha.
www.gratienmeyer.com
Schwesterfirma des Champagnerhauses Alfred Gratien. Die 20 ha große Rebfläche mit Chenin blanc und Cabernet liegt über den Kellern. Die Produktion umfasst u. a.: Saumur Brut, Saumur Rosé Brut, Blanc de Noirs, Crémant de Loire Brut sowie »Argent Extra Dry« und »Cuvée Flamme«, die Spitzenversionen des Saumur Brut.

Langlois-Château ☆☆
St-Hilaire-St-Florent, Saumur. 60 ha.
www.langlois-chateau.com
Das alte Unternehmen fusionierte 1973 mit Bollinger. Es erzeugt hauptsächlich feinen Crémant de Loire (weiß, rosé und Jahrgangs-Weine), aber auch stille Loire-Weine von Muscadet bis Sancerre. Die besten stammen aus eigenem Weinbergbesitz: Château de Fontaine Audon in Sancerre und Domaine Langlois-Château mit rotem und weißem Saumur. »Château de Varrains« ist ein Saumur-Champigny, der in neuen so genannten Puncheon-Fässern reift.

De Neuville ☆
St-Hilaire-St-Florent
Produziert Saumur-Schaumwein und Crémant de Loire; gehört nun zu Rémy Pannier (siehe dort).

Weitere Erzeuger in Anjou-Saumur

Veuve Amiot ☆
St-Hilaire-St-Florent. www.veuve-amiot.com
Gegründet 1884, jetzt im Besitz von Martini & Rossi. Bedeutender Erzeuger von Saumur-, Anjou- und Crémant-de-Loire-Schaumwein. Spitzenprodukt ist die toastwürzige «Cuvée Elisabeth Amiot».

Patrick Baudouin ☆☆☆
Chaudefonds-sur-Layon. 8 ha.
www.patrick-baudouin-layon.com
Erzeugt Coteaux du Layon aus sehr niedrigen Erträgen. Die Spitzen-Cuvées sind »Marie Juby« und »Après Minuit«, beide sehr intensiv, sehr süß und sehr teuer.

Château d'Epiré ☆☆–☆☆☆
St-Georges-sur-Loire. 11 ha.
www.chateau-epire.com
Seit 1749 im Familienbesitz, heute von Luc Bizard geleitet, dessen Ziel darin besteht, Savennières mit großem Alterungspotenzial zu erzeugen. Auch Vorreiter eines halbtrockenen Stils.

Domaine Filliatreau ☆☆
Chaintres. 50 ha
Paul Filliatreau ist jener Winzer, der Saumur-Champigny auf die Landkarte gezaubert hat. Die Qualität der Weine bleibt jedoch seit einiger Zeit hinter der Konkurrenz zurück.

Domaine les Grandes Vignes ☆–☆☆
Thouarcé. 51 ha

Großes, zuverlässiges Weingut mit einem tadellosen Angebot an trockenen Anjou-Weinen aller Stile.

Château de la Guimonière ☆☆–☆☆☆
Rochefort-sur-Loire. 23 ha
Von Bernard Germain 1996 zusammen mit Château de Fesles (siehe dort) erworben. Ein Spitzenweingut dieser Gegend, das aus 15 ha in Chaume samtweiche, pralle, süße Weine erzeugt.

Domaine de Haute-Perche ☆–☆☆
St-Melaine-sur-Aubance. 34 ha
Christian Papins Weingut hat sich in den letzten Jahren vergrößert. Er erzeugt die gesamte Palette von Anjou-Weinen. Die besten sind meistens der warme, saftige Anjou-Villages, der honigwürzige Coteaux de l'Aubance und köstlicher Anjou-Gamay.

Château du Hureau ☆☆–☆☆☆
Dampierre-sur-Loire. 21 ha.
www.domaine-hureau.fr
Philippe Vatan erzeugt drei beispielhafte Saumur-Champigny-Cuvées, sehr fein ausbalanciert zwischen Frucht und Eiche.

Domaine de Montgilet ☆☆
Juigné-sur-Loire. 37 ha
Vincent und Victor Lebreton sind erstklassige Erzeuger von Coteaux de l'Aubance. Die besten Cuvées sind »Le Tertereaux« und »Les Trois Schistes«.

Domaine Musset-Rouillier ☆–☆☆
Le Pélican, La Pommeraye. 28 ha
Ein Gemeinschaftsunternehmen der beiden Winzer Gilles Musset und Serge Rouillier, das seit 1994 besteht. Sie erzeugen beispielhaften Anjou Coteaux de la Loire sowie großartigen Anjou Blanc *sec* und Anjou-Villages.

Domaine Ogereau ☆☆
St-Lambert-du-Lattay. 23 ha
Coteaux du Layon-St-Lambert von mittlerem Körper, der mit Bedacht den extrem konzentrierten Stil vermeidet. Üppige »Cuvée Prestige« und »Clos des Bonnes Blanches« aus einer Einzellage. Auch die roten und weißen Anjou-Weine sind von beeindruckender Qualität.

Château de Passavant ☆
Passavant-sur-Layon. 35 ha. www.perso.wanadoo.fr/passavant
Traditionell bereiteter Anjou; weiß, rot, und rosé. Ökologischer Anbau seit 1998.

Domaine de Petit Val ☆☆
Chavagnes. 19 ha
Denis Goizil erzeugt extrem gehaltvollen Bonnezeaux, dessen Qualität manchmal von einem zu hohen Alkoholgehalt beeinträchtigt wird.

Joel Pithon ☆☆–☆☆☆
St-Lambert-du-Lattay. 10 ha.
www.domaine-jopithon.com
Spezialist für ultrakonzentrierten Coteaux du Layon und Quarts de Chaume; bereitet auch einen feinen, trockenen Anjou.

René Renou ☆–☆☆☆
Thouarcé. 10 ha

Als langjähriger Vorsitzender des INAO war René Renou mit der Aufgabe betraut, die *typicité* der französischen Weinregionen zu erhalten. Sein eigenes Weingut spezialisiert sich auf Bonnezeaux-Weine. Die einfachen Cuvées sind nichtssagend, doch »Anne« und »Zenith« sind seidig und elegant.

Domaine Richou ☆–☆☆

Mozé-sur-Louet. 36 ha

Guter Coteaux de l'Aubance, besonders »Trois Demoiselles« und »Pavillon«, beide von alten Reben. Außerdem hervorragende Beispiele für Anjou Gamay und Anjou-Villages.

Château de la Roulerie ☆☆

St-Aubin. 21 ha.

www.vgas.com

Wie Château de Fesles seit 1996 im Besitz von Bernard Germain. Weine im selben Stil wie Fesles und La Guimonière (siehe jeweils dort). Guter Chaume.

Domaine de St-Just ☆–☆☆

St-Just-sur-Clive. 35 ha.

www.st-just.net

Guter, fruchtbetonter Saumur-Champigny und weißer Saumur modernen Stils.

Domaine du Sauveroy ☆☆

St-Lambert-du-Lattay. 27 ha.

www.isasite.net/domainesauveroy

Pascal Cailleau, der Kellermeister dieses Familienguts, verwendet moderne Weinbereitungsmethoden beim Ausbau seines roten Anjou und der oft außergewöhnlich guten Coteaux du Layon-St-Lambert »Cuvée Nectar«.

Château de Tigné ☆☆

Tigné. 50 ha

Großes, ökologisch anbauendes Weingut im Besitz des Schauspielers Gérard Depardieu. Die Spitzen-Cuvées heißen »Mozart« und »Cyrano«.

Château de Varennes ☆☆

Savennières. 7 ha. www.vgas.com

Seit 1996 im Besitz von Bernard Germain. Der Savennières wird in neuen 400-l-Fässern vergoren. Zugänglicher Stil für frühen Trinkgenuss.

Domaine des Varinelles

Varrains. 40 ha

Die Daheuillers sind eine alteingesessene Familie, die sich hauptsächlich der Erzeugung roter Saumur-Champigny-Weine widmet. Ihre Vieilles-vignes-Auslese verbringt längere Zeit im Fass.

Touraine

Am genauesten lässt sich die Touraine umschreiben als die östliche Hälfte der mittleren Loire mit der Stadt Tours als Mittelpunkt und den drei ansehnlichen Flüssen Cher, Indre und Vienne, die dem majestätischen Strom von Süden her zufließen.

Fast an der Grenze zu Anjou wachsen hier die besten Rotweine der Loire. Chinon und Bourgueil liegen auf demselben Breitengrad wie die Côte de Beaune und auf demselben Längengrad wie St-Emilion – und diese geographische Lage bringt einen Rotwein hervor, der sich durch erstaunliche Lebendig-

keit und großen Charme auszeichnet. Die Cabernet-franc-Traube lässt hier im Verein mit ganz wenig Cabernet Sauvignon eine Art Pastellzeichnung eines großen Médoc entstehen, einen Wein mit süßem Duft nach Himbeeren, der im ersten Sommer kellerkühl getrunken werden möchte, leicht und manchmal kräftig herb, aber überraschend solide in der Struktur: Reife Jahrgänge halten sich, ähnlich wie ein Bordeaux, über 7–8 Jahre.

Viel hängt vom Boden ab: Sand und Kies in Flussnähe erbringen leichtere, rascher reifende Weine als der Lehmboden auf Kalktuff an den Hängen (Coteaux). Die verschiedenen Bodentypen wirken sich offenbar stärker aus als die geographischen Unterschiede zwischen beispielsweise Chinon und Bourgueil und mehr noch zwischen Bourgueil und seinem unmittelbaren Nachbarn auf dem Nordufer, St-Nicolas-de-Bourgueil, obwohl dieser Ort über eine eigene Appellation verfügt.

Der andere berühmte Wein aus der Touraine ist der Vouvray, potenziell der üppigste und langlebigste aller süßen Chenin-blanc-Weine, obwohl bei ihm wie etwa auch bei deutschen Weinen viel mehr vom Jahrgang als von der Lage abhängt, weil es um den alles entscheidenden Zuckergehalt geht, der den Charakter des Weins bestimmt.

Die besten Lagen befinden sich auf den warmen Mergelböden an den Tuffsteinhängen nahe am Fluss und in geschützten Winkeln der Seitentäler. Ein warmer trockener Herbst (1989 und 1997 waren optimal) kann hier die Trauben einfach durch Hitze zur Überreife bringen, ein warmer nebliger Herbst kann die Edelfäule hervorrufen, die die Trauben zum Einschrumpfen bringt.

In beiden Fällen entsteht ein großer süßer Vouvray, entweder mit oder ohne den typischen Geruch und Geschmack, der durch *Botrytis cinerea,* die Edelfäule, verursacht wird. Kühle Jahre erbringen Weine von weniger ausdrucksvoller (dennoch oft sehr feiner und angenehmer) Lieblichkeit, manchmal sogar trockene Weine – stets aber mit jener Säure, die einen Chenin-blanc-Wein lebendig, bisweilen aber auch nicht ganz leicht trinkbar macht. Bei zu viel Säure eignen sich Weine wie die in Saumur noch immer für Schaumwein nach der *méthode traditionnelle.* Eine andere Möglichkeit ist der Ausbau im Stil *sec tendre,* einem Mittelweg zwischen trocken und *demi-sec.*

Ein seltsamer Zufall ist, dass jeder der großen Loire-Weine auf der jeweils gegenüberliegenden Flussseite ein Pendant hat – Savennières den Coteaux du Layon, Bourgueil den Chinon, Sancerre den Pouilly und schließlich Vouvray den Montlouis. Montlouis liegt eingeklemmt zwischen dem Südufer der Loire und dem Nordufer des spitzwinklig herbeifließenden Cher. Der hier gewonnene Wein gilt bei Kennern als nicht ganz so sehr mit Wucht und Größe ausgestattet wie der Vouvray – seine Erzeuger sehen das allerdings anders. Die Lagen sind weniger begünstigt, die Weine weicher und zaghafter, aber sie prickeln genauso munter und reifen fast ebenso süß aus.

Außerhalb dieser vier Appellationen hat die Region mit der einfachen Allzweck-Appellation Touraine nur eine bescheidene Reputation; allerdings verbessert sich dieser Wein stetig. Ich denke, dass die Zukunft bei den allgemeinen (und für sich sprechenden) Appellationen Sauvignon beziehungsweise Gamay de Touraine liegt; manche Sauvignons der Spitzenklasse und die besten Gamays können dem Sancerre beziehungsweise Beaujolais durchaus Konkurrenz machen. Sicherlich sind sie nicht so fein wie diese, dafür aber um ein Vielfaches billiger. Die Weinbaubehörden fördern zunehmend Verschnitte (im Fall des Touraine-Mesland schreiben sie diese sogar vor) von Gamay, Cabernet und Cot.

Die führenden Erzeuger in der Touraine

Domaine Philippe Alliet ☆☆☆
Cravant-les-Côteaux. 9 ha

Niedrige Erträge sind der Schlüssel zum Erfolg dieses kleinen Chinon-Weinguts, dessen Rebstöcke auf tiefem Kiesboden wachsen. Die komplexen Weine reifen nach einer langen Gärphase in Barriques und werden ohne Filtrierung auf Flaschen gezogen. Kennzeichnend für sie sind ein sanftes Gefüge und ungewöhnliche Fruchttiefe.

Domaine Yannick Amirault ☆☆–☆☆☆
Bourgueil. 17 ha

Amirault erzeugt St-Nicolas-de-Bourgueil sowie drei Cuvées von Bourgueil. All diese Weine sind gleich bleibend gut, variieren jedoch in Stil und Fülle. Der konzentrierteste ist für gewöhnlich der herrliche, von alten Reben bereitete Bourgueil »La Petite Cave«. Fast alle diese Weine sind es wert, 3–5 Jahre gelagert zu werden.

Domaine des Aubuisières ☆☆–☆☆☆
Vouvray. 22 ha.
www.vouvrayfouquet.com

Bernard Fouquet produziert sublimen *sec, demi-sec* und *moelleux* aus drei verschiedenen Lagen: Le Marigny, Les Girardières und Le Bouchet. In manchen Jahrgängen entsteht die hochkonzentrierte *moelleux*-Auslese »Cuvée Alexandre«. Fouquets Vouvray-Schaumwein nach der *méthode traditionnelle* ist körperreich und schmackhaft.

Audebert & Fils ☆–☆☆
Bourgueil. 39 ha.
www.audebert.fr

Einer der größten Négociants und Erzeuger mit Bourgueil, St-Nicolas-de-Bourgueil, Chinon und Saumur-Champigny. »Domaine du Grand Clos« und »La Marquise« sind gefällige, am besten jung und kühl zu trinkende Weine von besonderen Lagen, obgleich der »Grand Clos« mit seinen fein eingebundenen Tanninen auch altern kann.

Bernard Baudry ☆☆–☆☆☆
Cravant-les-Côteaux. 30 ha

Baudry und sein Sohn Mathieu bieten verschiedene Cuvées von Chinon an, die ihrem Herkunftsgebiet entsprechend zusammengestellt werden. Daher stammen »Les Granges« und »Haies Martels« von jungen Reben und »Les Grézeaux« von alten Stöcken, die auf lehmigem Kiesboden wachsen. »Cuvée Croix Boissée« ist normalerweise der Spitzenwein des Hauses; er ist kraftvoll und langlebig. Baudry erzeugt auch einen verlockenden weißen Chinon.

Marc Brédif ☆–☆☆
Rochecorbon. 20 ha

Erzeuger- und Handelshaus mit gastlichen Kellern in den Felsenhöhlen unter Rochecorbon. Das Haus gehört der Firma Ladoucette in Pouilly. Die Weine sind sämtlich Vouvrays in stillen und schäumenden Versionen. Brédif erfand in den 1920er Jahren den Vouvray *pétillant*. Ein wenig Chinon wird hier ebenfalls produziert.

Domaine Cathérine & Pierre Breton ☆☆
Restigné. 14 ha

Das 1982 gegründete Weingut nahm von Anfang an in Bourgueil eine führende Stellung ein. Es gibt verschiedene Cuvées, doch alle Weine stammen von Reben, deren Ertrag auf 40 hl/ha beschränkt ist. »Clos Sénéchal« ist meist der eleganteste, »Les Perrières« der üppigste. Nur Rotwein.

Caslot-Galbrun ☆☆
Benais. 20 ha

Eine der ältesten Winzerfamilien von Bourgueil, deren Weine zu den saftigsten, dunkelsten und haltbarsten zählen. Der ummauerte Clos de la Gaucherie bei Restigné gehört zum Besitz.

Cave du Haut-Poitou ☆–☆☆
Neuville de Poitou. 900 ha

Das VDQS-Gebiet Haut-Poitou liegt ein ziemliches Stück südlich der Loire an der Straße nach Poitiers, wo 47 auf dem Kalkboden eines Plateaus gelegene Gemeinden Wein für die Destillen von Cognac zu liefern pflegten. 1948 wurde eine Genossenschaftskellerei gegründet, die es fertigbrachte, den Qualitätsstand so anzuheben, dass das Gebiet 1970 den VDQS-Status erhielt. Im September 1995 erwarb Georges Duboeuf aus dem Beaujolais eine 40%ige Beteiligung an der Kellerei, womit er ihrem genossenschaftliche Status zwar ein Ende setzte, dafür aber ihre beträchtlichen Schulden abdeckte und gleichzeitig zu einer Quelle sortenreiner Weine – Sauvignon blanc, Chardonnay, Gamay und Cabernet – kam. 90% der Produktion der gesamten Appellation entsteht hier.

Cave des Producteurs la Vallée Coquette ☆–☆☆
Vouvray. 350 ha

Die 1953 gegründete Genossenschaftskellerei ist eine von zweien in Vouvray und liefert rund 15% der Weine dieser Appellation. Sie spezialisiert sich auf tadellosen Vouvray-Schaumwein, sowohl *pétillant* als auch *méthode traditionnelle,* und der *moelleux* kann beachtlich gut sein. Vouvrays andere Genossenschaft, Cave de Vaudenuits, hatte mit solchen Weinen ähnliche Erfolge.

Domaine de Cézin ☆☆
Marçon. 10 ha

Die Familie Fresnau besitzt Rebflächen in Jasnières und vor allem in den Coteaux du Loir. Der Jasnières und der Pineau d'Aunis Rouge haben immensen rustikalen Charme und Charakter.

Domaine Champalou ☆☆–☆☆☆
Vouvray. 20 ha

Die Önologen Didier und Catherine Champalou erschufen 1985 dieses Gut. Ihre Weine, trocken wie süß, sind zuverlässig gut. In Spitzenjahrgängen entsteht zudem ein »Trie de Vendange« aus den reifsten edelfaulen Trauben: Das Ergebnis ist samtweich, hochkonzentriert und praktisch ein Leben lang haltbar.

Domaine de la Chevalerie ☆–☆☆
Restigné. 33 ha. www.domaine-de-la-chevalerie.com

Mit Pierre Caslot ist nunmehr die dreizehnte Generation dieser Winzerfamilie am Werk. Aus seinen Cabernet-Reben lässt er festen, dunklen Bourgueil entstehen, der bis zu 18 Monate in Holz reift. Die »Cuvée des Busardières« stammt von 50-jährigen Reben und sollte fünf oder mehr Jahre lagern.

François Chidaine ☆☆–☆☆☆
Husseau, Montlouis. 15 ha

Einer der Spitzenerzeuger von Montlouis. Sein superber Süßwein »Les Lys« entsteht von Reben, die zwischen 60 und 90 Jahre alt sind. Dabei wird Beere für Beere von Hand gelesen. Auch feste, trockene Weine entstehen hier.

Clos Baudoin ☆☆
Vallée de Nouy, Vouvray. 14 ha
Erzeuger eines unsterblichen Vouvray aus drei Spitzenlagen: Clos Baudoin, Clos des Patys und Clos de l'Avenir. Die feinen Jahrgänge haben, wie es ihr Besitzer Philippe Poniatowski nennt, »Rasse«, die erst nach 25 bis 30 Jahren zur vollen Blüte gelangt. Der 1854er ist in seinem Keller jedenfalls exzellent. Den letzten Jahrgängen mangelte es an Flair, doch der neue Kellermeister Nicolas Renard will für Abhilfe sorgen. Leider wird der Stil des Weins nicht auf dem Etikett erwähnt, was den Verbraucher verunsichern kann.

Clos Naudin ☆☆☆–☆☆☆☆
Vouvray. 12 ha
Philippe Foreau ist ein Perfektionist: keine Chemie, sehr geringe Erträge, keine Zusatzhefe, keine Zuckerung, und alle Weine gären in 300-l-Fässern, aber nicht in neuer Eiche. Die trockenen Weine bringen es zu ungeahnter Qualität, doch erst die wunderbar eleganten *moelleux* mit ihrem Aroma nach Aprikosen, Birnen und Trockenfrüchten sind wahrhaft denkwürdig. Das Wort *réserve* auf dem Etikett besagt, dass der Wein von edelfaulen Trauben stammt.

Confrérie des Vignerons de Oisly & Thesée ☆–☆☆
Oisly. 310 ha
Erst 1961 gegründete Genossenschaft mit 58 Mitgliedern, die sich erfolgreich darum bemüht hat, einen neuen Stil und ein eigenes Image für das Cher-Tal im Osten der Touraine zu schaffen. Fast die Hälfte der Produktion ist Sauvignon. Hier bemüht man sich um gut ausbalancierte, leichte rote und weiße Verschnitte. Für den Weißwein wird Sauvignon blanc, Chenin blanc und Chardonnay verwendet, der Rotwein besteht aus Cabernet franc, Cot und Gamay. Die Spitzen-Cuvées beider Farben nennen sich »Baronnie d'Aignan«. »Château de Vallagon« und »Domaine de la Châtoire« sind Gutsabfüllungen; »Excellence« ist eine neue Cuvée aus Sauvignon und Gamay, die aus jeweils handverlesenen alten Reben bereitet wird. Die Etikettnamen können allerdings je nach Absatzmarkt unterschiedlich sein.

Couly-Dutheil ☆☆–☆☆☆
Chinon. 85 ha. www.coulydutheil-chinon.com
Erzeuger von Chinon und Saumur-Champigny und Négociant für andere Loire-Weine. Gegründet 1910 von B. Dutheil, aufgebaut von René Couly und nun gemeinsam geführt von Renés Sohn und Enkel. Die Weinberge werden nach Tal- und Plateau-Lagen unterschieden, entsprechend ihre Weine: »Les Gravières d'Amador Abbé de Turpenay« (der leichteste) und »Domaine René Couly« stammen von den unteren Lagen, »Clos de l'Echo« und »Clos de l'Olive« werden als (bessere) Coteaux-Weine verkauft. Von einer kürzlich erworbenen Südlage wird »La Diligence« erzeugt, ein bedingt lagerfähiger Wein. Mit der Auslese »Baronnie Madeleine« steht ein weiterer Spitzenwein im Programm, dem die beiden Clos-Weine jedoch im Allgemeinen überlegen sind. Die meisten Cuvées können jung getrunken werden, die Coteaux-Weine hingegen jahrelang reifen und einen harmonisch-sanften Charakter entwickeln. Lobenswerterweise bietet die Domaine auch noch kleine Mengen älterer Jahrgänge zum Verkauf an.

Robert Denis ☆–☆☆
La Chapelle-St-Blaise. 4 ha
Der sehr engagierte Winzer produziert körperreiche Rosés und fein strukturierten trockenen und halbtrockenen Chenin blanc, alle fassvergoren, unter der AC Touraine Azay-le-Rideau.

Pierre-Jacques Druet ☆☆☆
Benais. 22 ha
Druet, einer der besten Erzeuger von Bourgueil, bietet fünf Cuvées von Bourgueil und zwei von Chinon an, darunter »Clos du Danzay«. In Bourgueil erzeugt er einen fleischigen, fassvergorenen Rosé sowie, in der Reihenfolge ihres Alterungspotenzials, »Les Cents Boissellées«, »Beauvais«, »Le Grand Mont« und den oft grandiosen »Vaumoreau«.

Domaine Dutertre ☆–☆☆
Limeray. 36 ha
Das Familiengut produziert Cabernet, Malbec und Gamay für roten und rosé Touraine Amboise. In den aus dem Felsen gehauenen Kellern bereiten die Dutertres auch schäumende und stille trockene Weißweine.

Domaine du Four à Chaux ☆☆
Thoré la Rochette. 25 ha
Dominique Norguet erzeugt den besten Wein im VDQS-Bereich Coteaux du Vendômois, insbesondere einen Vin gris von Pineau d'Aunis und rote Verschnitte, entweder aus Gamay und Pineau d'Aunis oder aus Pinot noir und Pineau d'Aunis.

Château Gaillard ☆☆
Mesland. 33 ha
Vincent Girault kultiviert seine Reben nach biodynamischen Grundsätzen. Sein bester Wein ist der rote Touraine Mesland Vieilles vignes, ein vollmundiger Verschnitt aus Gamay mit Cot und Cabernet.

Château Gaudrelle ☆–☆☆☆
Vouvray. 14 ha
Alexandre Monmousseau bietet eine breite Palette von Vouvray-Weinen: *sec tendre*, Schaumwein und *moelleux*. »Moelleux Réserve Spéciale« ist weniger konzentriert als »Réserve Personnelle«, der aus Trauben bereitet wird, deren Zuckergehalt dem Sauternes-Stil entspricht.

Domaine des Huards ☆☆
Cour-Cheverny. 24 ha
Die Rebflächen der Familie Gendrier liegen in den AC Cheverny und Cour-Cheverny. In Cheverny erzeugen sie einen achtenswerten trockenen Weißen auf Sauvignon-blanc-Basis sowie Rot- und Roséweine aus Gamay und Cabernet. In Cour-Cheverny entsteht ein einzigartiger trockener Weißwein, der beispielhaft für die Leistungsfähigkeit der lokalen Romorantin-Traube ist.

Domaine Huet ☆☆☆–☆☆☆☆
Vouvray. 35 ha
Gaston Huet war wohl der meistrespektierte Winzer in Vouvray. Noch im Jahr 1997, wenige Jahre vor seinem Tod, konnte er seine Bewunderer mit einem 1937er beglücken. Huet stammt aus einer Winzerfamilie, die seit Jahrzehnten Weine höchster Qualität aus drei Weinbergen erzeugte: Le Haut-Lieu, Le Mont und Le Clos du Bourg – je nach Jahrgang süß oder trocken, still oder schäumend. Heute ist sein Schwiegersohn Noël Pinguet der Kellermeister und hat die Domaine auf biody-

namischen Anbau umgestellt. 2003 ging der Besitz an den Tokaji-Erzeuger István Szepsy und den amerikanischen Finanzier Anthony Hwang.

Charles Joguet ☆–☆☆☆
Sazilly. 38 ha. www.charlesjoguet.com

Künstler und Winzer in einer Person: Maler, Bildhauer und einer der besten Erzeuger in Chinon, auch wenn er sich 1997 von der aktiven Tagesarbeit auf seinem Gut zurückgezogen hat. Die mit über 80 Jahren besten alten Reben stehen im Clos de la Dioterie. Clos du Chêne Vert heißt eine weitere bekannte Lage in seinem Besitz. Man sollte sich an die etwas teureren Spitzen-Cuvées halten, da die anderen Weine zu leicht ausfallen können.

Lamé-Delille-Boucard ☆☆
Domaine des Chesnaies, Ingrandes de Touraine. 35 ha

Größeres Gut, das fast gleichmäßig auf vier Gemeinden der Appellation Bourgueil verteilt ist: Ingrandes, St-Patrice, Restigné und Benais. Das Weinangebot ist klar in zwei Linien unterteilt: Die »Cuvée Lucien Lamé« ist zart, aber nicht schwach gefügt, der Vieilles vignes eher robust und konzentriert.

Domaine des Liards ☆☆
Montlouis. 19 ha

Familiengut der Bergers in der dritten Generation. 80 % der Rebfläche ist mit Chenin blanc bestockt, für stillen, schäumenden und *pétillant* Montlouis, der Rest ist Sauvignon blanc für Touraine Blanc und Cabernet franc für Touraine Rouge.

Domaine Frédéric Mabileau ☆☆
St-Nicolas-de-Bourgueil. 15 ha

Mabileau leitet diese Domaine seit 1991, und seine Weine haben an Qualität hinzugewonnen. Alle reifen in Barriques, doch nur die »Cuvée Eclipse« in neuen Fässern. Mit zunehmendem Alter entwickeln die Weine ein deutliches Wildaroma.

Domaine Henry Marionnet ☆☆–☆☆☆
Soings en Sologne. 60 ha

Henry Marionnet von der Domaine de la Charmoise ist ein modern eingestellter Winzer, der das ganze Potenzial der Gamay- und Sauvignon-blanc-Traube bereits in Touraine unter Beweis gestellt hat. Mit der Kohlensäuremaischung verleiht er seinem Gamay die Art eines Beaujolais, und für den Sauvignon strebt er einen runden, fruchtigen Stil an. Zu den besonderen Cuvées zählen »M de Marionnet«, ein Sauvignon aus spät gelesenen Trauben von alten Weinstöcken, »Première Vendange«, ein handverlesener Gamay, der ohne Schwefel, Zucker und zusätzliche Hefen auskommt, sowie »Provignage«, ein ganz seltener Wein aus 100-jährigen Romorantin-Reben mit Grapefruitnoten.

Domaine Jacky Marteau ☆☆
Pouillé. 24 ha

Marteau, ein zuverlässiger Erzeuger von superbem Gamay de Touraine, produziert auch feinen Sauvignon de Touraine und Cabernet sowie einen Rosé von Pineau d'Aunis.

Dominique Moyer ☆☆
Husseau, Montlouis. 12 ha

Eine geachtete Winzerfamilie (seit 1830) mit sehr alten Reben (30 % sind über 70 Jahre alt). Die Moyers machen sich die Arbeit und lesen mehrmals nacheinander, um nur wirklich

reifes Traubengut zu verarbeiten; sowohl der *sec* als auch der *demi-sec* werden dadurch besonders reif und rund. Auch etwas Schaumwein gehört jetzt zum Programm.

Domaine des Ouches ☆☆–☆☆☆
Ingrandes-de-Touraine. 14 ha

Seit Jahrzehnten bereitet Familie Gambier hier exzellente Weine. Der beste ist für gewöhnlich der Vieilles vignes, wie die meisten anderen auch in alten Barriques gereift.

Jean-Maurice Raffault ☆☆
Savigny-en-Véron. 50 ha

Im Lauf von 25 Jahren hat M. Raffault, dessen Familie seit 1693 Weinbau treibt, seine Rebfläche erheblich vergrößern können und besitzt nun Parzellen, die über sieben Gemeinden in der Appellation Chinon verstreut sind. Er keltert Weine, die von verschiedenen Böden stammen, getrennt. »Les Galluches«, ein leichter Chinon, kommt von Sandböden, seine langlebigsten Chinons stammen aus den *lieux-dits* Les Picasses und Isoré. Raffault bevorzugt einen robusten, tanninstarken Stil, und seine Weine sind meist für viele Jahre Flaschenreifung vorgesehen.

Olga Raffault ☆☆
Savigny-en-Véron. 20 ha

Es gibt verschiedene Raffault-Clans in und um diese Ortschaft am westlichen Ende der Appellation Chinon, die nicht notwendigerweise miteinander verwandt sind (so gehört die Domaine du Raffault wiederum einem anderen Raffault, nämlich Raymond). Die Weine aus unterschiedlichen Lagen werden hier getrennt vinifiziert. Man kann aus einer ganzen Skala fruchtiger und recht körperreicher Weine wählen, von denen der langlebigste die Cuvée »Les Picasses Vieilles Vignes« ist. Olga Raffault erzeugt auch Chinon Blanc in kleinen Mengen.

Domaine du Roncée ☆☆–☆☆☆
Panzoult. 30 ha. www.roncee.com

Dieses früher Donabella genannte Weingut hat seit Anfang der 1990er-Jahren einige Besitzer gesehen. Nun erzeugt hier Jean-Martin Dutour körperreiche Weine aus zwei Lagen: den »Clos des Marronniers« und »Coteau des Chenanceaux«.

Domaine de la Taille aux Loups ☆☆☆
Montlouis. 14 ha

Jacky Blot gründete die Domaine 1988 und betreibt konsequente Auslese bei niedrigen Erträgen. Für manche Weine wie die trockene »Cuvée Remus« bevorzugt er neue Eiche. Das süße Gegenstück dazu, »Cuvée Romulus«, ist eine geballte Ladung aus Äpfeln und Honig mit würzigem Abgang. Eine kleine Menge trockener Vouvray kommt aus Clos des Venise. Alle diese Weine, einerlei welchen Stils, können bedenkenlos als die charakterstärksten der gesamten Region empfohlen werden.

Domaine Taluau & Foltzenlogel ☆☆
Chevrette, St-Nicolas-de-Bourgueil. 22 ha

Auch wenn der gewöhnungsbedürftige Zusatzname anderes vermuten lässt, ist dieses zuverlässige Weingut nach wie vor fest in der Hand von Joël Taluau. Aus den Weinbergen in St-Nicolas und ein paar weiteren in Bourgueil erzeugt er duftig-charmante leichte Rotweine. Taluau lässt seine Weine nicht nur in Edelstahl vergären, er hält auch nichts von Holzfassreifung. Für ihn haben Frische und Charme den Vorrang vor Kraft und Konzentration.

Vigneau-Chevreau ☆☆–☆☆☆
Chancay. 12 ha
Biodynamisches Weingut, das sich zur Hälfte der Schaumwein-produktion widmet. Der *demi-sec* ist oft harmonischer als der herbe *sec*. Der *moelleux* ist konzentriert, stilvoll und pikant.

Weitere Erzeuger in der Touraine

Domaine Allias ☆–☆☆
Le Petit Mont, Vouvray. 12 ha
Daniel und Sohn Dominique erzeugen Wein aus den Hügel-lagen über ihren Felsenkellern. Klassische trockene Vouvray-Weine, die es auch in den Versionen *demi-sec* und *moelleux* gibt.

Domaine de Bellivière ☆☆
Lhomme. 9 ha. www.belliviere.com
Exzellente Quelle für Jasnières und Coteaux du Loir von er-tragsbeschränkten Reben.

Bourillon Dorleans ☆–☆☆
Vouvray. 19 ha
Frédéric Bourillon hat gezielt mit der malolaktischen Säu-reumwandlung experimentiert, um seinen Weinen mehr Sanft-heit zu verleihen – ein Ansatz, den er vielleicht noch einmal überdenken sollte. Guter *moelleux*.

Château de Chenonceaux ☆–☆☆
Chenonceaux. 35 ha
Ein Weingut im wahrscheinlich schönsten aller Vorzeige-Châ-teaux an der Loire, mit einer bestens ausgestatteten kleinen Kel-lerei im Innenhof, wo eine ganze Reihe von Weinen entsteht.

Clos de la Briderie ☆–☆☆
Monteaux. 10 ha
François Girault erzeugt einige der attraktivsten Weine von Touraine Mesland, darunter ein fassvergorener Weißer.

Clos des Quarterons ☆–☆☆
St-Nicolas-de-Bourgueil. 20 ha
Thierry Amiraults Besitz ist über die leichten Böden von St-Nicolas verteilt. Fruchtige Weine mit deutlichem Holzeinfluss.

Clos Roche Blanche ☆☆
Mareuil-sur-Cher. 25 ha
In der allgemeinen Appellation Touraine ist es nicht leicht, ein erfolgreicher Winzer zu sein, da die niedrigen Preise einer hohen Qualität entgegenzustehen scheinen. Dieses Weingut bildet jedoch eine Ausnahme mit seinen stilvollen, sortenrei-nen Weinen aus z.B. Sauvignon und Cot.

Max Cognard ☆–☆☆
St-Nicolas-de-Bourgueil. 10 ha
Gute Weine, die genau die Feinheit und Balance besitzen, die man von St-Nicolas-de-Bourgueil erwartet.

Deletang ☆
St-Martin-le-Beau. 22 ha
Guter Montlouis und nach der *méthode traditionnelle* berei-tete schäumende Chenin-blanc-Weine.

Catherine Dhoye-Deruet ☆☆
Vouvray. 5 ha
Mme. Dhoye-Deruet drückt den Weinen, die sie ohne künst-liche Hefen und ohne Chaptalisierung erzeugt ihren Stempel auf. Fester *sec* und eine Reihe von *moelleux,* darunter der in neuer Eiche gereifte »La Fontainerie«.

Jean-Pierre Freslier ☆☆
Vouvray. 9 ha
Jean-Pierre, der das Weingut von seinem Vater André Freslier übernahm, erzeugt seriösen, trockenen Vouvray, schmack-haften *moelleux* und exzellenten Vouvray *pétillant.*

Domaine des Geslets ☆☆
Bourgueil. 16 ha
Eine feine Bezugsquelle für elegante Cabernet-Weine aus Bourgueil und St-Nicolas-de-Bourgueil. Die »Cuvée de Garde« stammt von sehr alten Reben. Da hier erst seit 1998 produ-ziert wird, muss sich noch erweisen, wie gut die Weine altern.

Jean-Pierre Laisement ☆–☆☆
Vouvray. 13 ha
Alle Weine werden in 600-l-Fässern ausgebaut, die in den kühlen Kellern des Guts lagern. Guter *moelleux,* der manch-mal ungewöhnlich herbe Noten mitbringt.

Levasseur ☆☆
Montlouis. 13 ha
Erzeuger eines cremigen, saftigen *moelleux* mit Aromen von Apfel und Quitte.

Domaine de la Perrière ☆☆
Cravant-les-Côteaux. 44 ha
Christophe Baudry bietet eine tadellose Palette von Chinon-Weinen an, vorwiegend rot, nur wenig weiß.

Domaine Pichot ☆☆–☆☆☆
Vouvray. 27 ha
Christophe und Jean-Claude Pichot haben sich einen guten Ruf erworben mit Weinen in allen Stilen, angefangen bei *sec* bis hin zum ultrakonzentrierten »Les Larmes de Bacchus«.

François Pinon ☆–☆☆
Vallée de Cousse, Vernou-sur-Brenne. 13 ha
Pinon ist in Weinberg und Keller sehr gewissenhaft. Er erzeugt *sec, demi-sec, moelleux* und *liquoreux* von hoher Qualität so-wie einen charaktervollen *pétillant.* Sein Standardwein, die »Cu-vée Tradition«, ist ein *demi-sec.* Der *moelleux* ist recht stilvoll, mit apfelfruchtigen Anklängen, doch es fehlt ihm an Konzen-tration.

Domaine des Raguenières ☆
Benais. 19 ha
Ein Bourgueil-Weingut, das neben etwas Rosé einen saube-ren, ziemlich gerbstoffherben, herrlich duftigen Rotwein er-zeugt. Allerdings geraten die Weine häufig recht rustikal und vegetabil.

Die obere Loire

Die *vignerons* von Sancerre und Pouilly am Oberlauf der Loire wären sicherlich recht erstaunt zu erfahren, welch tief greifen-den Einfluss ihr Wein auf die aktuelle Geschmacksentwick-lung beim Weißwein gehabt hat. Abgesehen von einer oder zwei Ausnahmen ist es ein Gebiet mit meist kleinen, einfachen Weingütern, aber auch mit einem leicht erkennbaren Stil: durchdringende, einprägsame Weine mit dem Duft und der lebendigen Säure, wie sie die Sauvignon-blanc-Traube in kühlem Klima zu erreichen vermag. Obwohl Sauvignon blanc im Bordelais in sehr viel größerem Umfang angebaut wird, duften und schmecken seine Weine dort doch nie so kraftvoll-charakteristisch wie an der Loire. In Bordeaux wurde der Rebe traditionsgemäß die mildere und neutralere Sémillon-Traube zur Seite gestellt. Seit man aber gemerkt hat, dass auf dem Weltmarkt für den zugänglichen (manche sagen durchsichtigen) Loire-Stil Preise wie für weißen Burgunder erzielt werden, bringt man der Traube eine neue Form der Wertschätzung entgegen.

Man könnte sagen, die Welt habe die Sauvignon-blanc-Traube und ihr einzigartiges Geschmacks- und Aromabild durch das kleine Weinbaugebiet von Sancerre und das noch kleinere von Pouilly-sur-Loire entdeckt. Wie kann man diese Einzigartigkeit beschreiben? Sie beginnt mit dem kraftvollen Aroma von Feuerstein, manche sagen Schießpulver, also etwa der Geruch, der entsteht, wenn Stein an Metall Funken schlägt. Dieser Eindruck bedarf keiner Wiederholung. In unreifen Jahrgängen finden Weinverkoster die berühmte »Katzenpisse«, ich selbst werde an den Geruch nasser Wolle erinnert. Guter Sancerre und Pouilly-Fumé entwickeln angenehme Geruchs- und Geschmacksnoten von frischen schwarzen Johannisbeeren und ihren Blättern und haben von Natur aus einen hohen Säuregehalt, der ihnen ein erfrischendes Gepräge verleiht. Sancerre hat normalerweise mehr Körper und Schwung (sowie Säure) als ein Pouilly-Fumé, infolgedessen tun ihm zwei oder drei Jahre Lagerung gut, während der Pouilly mit etwa einem Jahr auskommt. Obgleich es keine formelle Reblandklassifizierung in Sancerre gibt, werden einige Lagen doch als außergewöhnlich angesehen. Ihre Namen erscheinen manchmal auf den Etiketten. Die bekanntesten sind Le Chêne Marchand und Monts Damnés.

Aus Traditionsgründen wird in den Weinbergen von Pouilly auch eine gewisse Menge der neutralen Chasselas-Rebe angebaut, die aber nicht als Fumé verkauft werden darf, sondern nur als Pouilly-sur-Loire – ein heller, anständiger, aber relativ nichts sagender Wein, der sehr jung getrunken werden muss. In Sancerre ist man andererseits fast genauso stolz auf den Rot- und Roséwein von Pinot noir wie auf den Weißwein. Er erreicht aber in keinem Fall die Fülle und Kraft eines großen Burgunders, obschon Rotweine aus der Hand von Spitzenerzeugern leichteren Burgundern durchaus gleichkommen. Häufiger aber fallen sie eher im Stil der leicht wässrigen deutschen Spätburgunder aus (es handelt sich ja um die gleiche Traube) und halten bestenfalls 5–10 Jahre. In der Gegend selbst aber mag man sie sehr.

Die führenden Erzeuger in Sancerre

Bailly-Reverdy ☆☆
Bué. 20 ha

Ein traditionsbewusster Winzer mit Anteilen in gleich 15 verschiedenen Lagen. Der Wein aus der berühmten Lage Clos du Chêne Marchand trägt jetzt den Namen »Caillottes«. Der Weißwein aus anderen Lagen heißt »Domaine de la Mercy Dieu«; hinzu kommt ein Wein aus Monts Damnés. Bailly sucht (und findet) die Balance zwischen Frucht und Finesse, besonders in seinen Weißweinen. Auf den roten Sancerre, saftig und mit Kirscharoma, entfällt ein Drittel der Produktion.

Domaine Joseph Balland-Chapuis ☆–☆☆☆
Bué. 34 ha. www.balland-chapuis.com

Ein alteingesessenes Weingut mit Rebland größtenteils in Sancerre, aber auch in den Coteaux du Giennois und einer kleinen Parzelle in Pouilly. Viele Cuvées aus Sancerre, darunter zwei ausgezeichnete Weißweine: »Chêne Marchand« (50 % neue Eiche) und »Comte Thibault«. Auch der Luxusrotwein »Comte Thibault Vieilles Vignes« reift in neuen Eichenfässern. »Cuvée Pierre« und »Cuvée Marguerite Marceau« (aus Giennois) sind Sauvignon-Spätlesen von unterschiedlichen Süßegraden, die in neuer Eiche vergoren werden. Heute gehört das Gut zur Guy-Saget-Gruppe (siehe dort).

Domaine Henri Bourgeois ☆☆–☆☆☆
Bué. 65 ha. www.bourgeois-sancerre.com

Eines der wichtigsten Erzeuger- und Handelshäuser in Sancerre. Neben der Bewirtschaftung eines eigenen Weinguts betätigt sich das Haus als Négociant in Sancerre, Pouilly, Reuilly, Menetou-Salon und Quincy. Bourgeois bietet zahlreiche Cuvées der gehobenen Preisklasse an, u. a. »La Bourgeoise« (rot und weiß), »Grande Réserve«, »Etienne Henri« und »Les Monts Damnés«. Ebenfalls im Angebot sind die Sancerre-Weine der Domaine Laporte, die 1987 erworben wurde. All dies sind schmackhafte Weine, die sich zwar von Cuvée zu Cuvée unterscheiden, aber eindeutig aus Sancerre stammen.

Cave Coopérative des Vins de Sancerre ☆
Sancerre. 200 ha. www.vins-sancerre.com

1963 gegründete und nur Sancerre erzeugende Genossenschaft. 2001 wurden neue Keller bezogen. Ernsthafter Produzent typischer Sancerre-Weine unter verschiedenen Etiketten. Der Prestige-Abfüllung heißt »Le Duc de Tarente«.

François Cotat ☆☆
Chavignol. 2 ha

Ein sehr kleines, höchst traditionsgebundenes und prestigereiches Weingut. Die Cotats machen alles selbst, arbeiten mit einer alten hölzernen Kelter, lassen den Wein in Fässern gären und schönen oder filtrieren nie. Die Weinberge teilt man sich mit Pascal-Francis Cotat (siehe dort).

Pascal-Francis Cotat ☆☆
Chavignol. 2 ha

Winziges Weingut an den Hängen von Monts Damnés. Großer Wert wird auf Qualität gelegt, doch infolge des Bestrebens nach höchster Erntereife verbleibt in manchen Jahrgängen Restzucker in den Weinen.

Domaine Lucien Crochet ☆☆–☆☆☆
Bué. 31 ha

Weingut in Familienbesitz, zu drei Vierteln mit Sauvignon bestockt, der Rest mit Pinot noir. Crochet kauft für seine leistungsfähige, moderne Kellerei auch Trauben zu. Klassische Methoden erbringen ausgezeichnete Weine, besonders den »Clos du Chêne Marchand« von 5 ha Rebfläche (die Bezeichnung Chêne Marchand wird allerdings nicht mehr verwendet). Weitere Weine sind u. a. »La Croix du Roy« (rot und weiß) und die ebenfalls in roter und weißer Version angebotene »Cuvée Prestige LC« von alten Reben, die oft erst mehrere Jahre nach der Lese freigegeben wird. »Cuvée Prestige« ist eichenholzgereift.

Domaine Vincent Delaporte ☆–☆☆
Chavignol. 20 ha

Rund ein Fünftel der Produktion Vincent Delaportes und seines Sohns Jean-Yves besteht aus Pinot noir. Die meisten Weine werden in Edelstahltanks vergoren, nur Sancerre »Cuvée Maxime« in Eiche. Die Roten reifen im Fass.

André Dezat ☆☆−☆☆☆
Verdigny. 38 ha

André Dezat ist ein Winzer der alten Schule, arbeitet in Holzpantinen und mit Baskenmütze und liebt seine Rotweine, wenn sie etwas älter sind – ich selbst mag sie lieber jung. Er bewirtschaftet Rebflächen in Pouilly und Sancerre. Seine Weißweine sind außerordentlich fein, sogar elegant. Heute wird er von seinen Söhnen Simon und Louis unterstützt.

Gitton Père & Fils ☆☆
Ménétréol. 36 ha. www.gitton.fr

Ein Familiengut in Sancerre, Pouilly und den Coteaux du Giennois, das 1945 gegründet wurde und heute von Pascal Gitton geleitet wird. Er bereitet seinen Wein, fast nur Sauvignon, in vielen verschiedenen Einzelposten, die nach Bodenarten getrennt sind: mindestens 15 Sancerre-Cuvées mit verschiedenen Etiketten, darunter »Les Belles Dames«, »Le Gelinot«, »Les Romains« usw., sowie zwei Pouilly-Fumé-Abfüllungen. Die Weißweine gären in Fässern oder Tanks und reifen acht Monate in *cuves*, die Rotweine gären in *cuves* und reifen dann zwei Winter in Fässern. Alles in allem ein originelles Haus mit einem ganz eigenen, vollen, saftigen Weinstil.

Pascal Jolivet ☆☆−☆☆☆
Sancerre. 20 ha.
www.pascal-jolivet.com

Dynamischer junger Winzer und Négociant mit Weinbergen in Sancerre und Pouilly (siehe dort). Jolivet kauft weiterhin Trauben und Wein zu, bietet jedoch auch eine Reihe eigener Gewächse an. In Sancerre sind dies u. a. »Le Chêne Marchand« und »La Grande Cuvée«, Letzterer ein Wein von alten Reben, der nur in guten Jahren erzeugt wird. Die Weißweine werden eichenholzfrei ausgebaut.

Château de Maimbray ☆
Sury-en-Vaux. 14 ha

Die Roblins, eine vertrauenswürdige Winzerfamilie, produzieren robusten Sancerre (rot, weiß und rosé) von ihrem eigenen Besitz.

Alphonse Mellot ☆☆☆
Sancerre. 48 ha

Erzeuger, Händler und Fürsprecher des Sancerre-Weins mit einer großen Domaine in guten Lagen, hauptsächlich in La Moussière. Heute steht Alphonse der Mellot-Familie vor, die auf das 16. Jh. zurückgeht. Die Erträge werden moderat gehalten und die Weine sind über die gesamte Palette hinweg makellos. Zu den Luxusweinen zählen »Cuvée Edmond«, teilweise in neuer Eiche gereift, und »Génération XIX«, den es in einer roten und einer toastwürzigen weißen Version gibt. Mellot strebt ein großes Alterungspotenzial für seine Weine an, die jedoch auch jung bereits gut trinkbar sind.

Paul Millerioux ☆−☆☆
Crézancy. 17 ha

Ein Winzer des alten Stils mit modernen Kellern, in denen er schmackhaften Sancerre (rot, rosé und weiß) produziert. Die Weine sind gut und aufrichtig, aber alles andere als komplex, was kein Schaden ist.

Henry Natter ☆☆
Montigny. 20 ha.
www.henrynatter.fr

Das 1974 gegründete Weingut entwickelte in kurzer Zeit einen guten Ruf für seine agilen, fruchtigen Weine, besonders für die knackigen Weißen. Der beste Wein stammt von alten Reben und heißt »Cuvée François de la Grange«.

Vincent Pinard ☆☆−☆☆☆
Bué. 15 ha

Kleines Weingut mit verschiedenen Cuvées von handverlesenen Trauben. Obwohl die Rotweine hier eindeutig die Oberhand haben, sind die Weißen vollmundig und elegant.

Pierre Prieur & Fils ☆☆
Verdigny. 12 ha

Seit Generationen eine prominente Winzerfamilie mit mehreren guten Lagen, einschließlich Les Monts-Damnés (Mergelboden) und der steinigeren Lage Pichon, auf der ein ungewöhnlich hoher Anteil Pinot noir der Domaine wächst. Der Weißwein wird auf 2–3 Jahre Alterung ausgelegt, was der Rosé aus Pinot noir auf geheimnisvolle Art mit ihm zu teilen scheint – sogar das Sauvignon-Aroma. Der Rotwein ähnelt einem sehr leichter Burgunder. Der Luxuswein »Cuvée Maréchal Prieur« wird teilweise in neuen Eichenfässern vergoren und ausgebaut.

Jean Reverdy & Fils ☆☆
Verdigny. 12 ha

Bis ins Jahr 1646 können die Reverdys auf eine lange Ahnenreihe Weinbau treibender Familienmitglieder zurückblicken. Heute entsteht mit Hilfe moderner Kellertechnik feiner klassischer Wein; der weiße »Clos de la Reine Blanche« verdient besondere Erwähnung . Er kann 3−4 Jahre reifen.

Pascal & Nicolas Reverdy ☆☆
Maimbray. 12 ha

Eleganter, zitronenfruchtiger Sancerre aus diesem kleinen Weingut. Die »Cuvée Vieilles Vignes« stammt von 60 Jahre alten Rebstöcken und wird ungefiltert auf Flaschen gezogen. Der Rotwein ist für Sancerre ungewöhnlich gehaltvoll; auch er wird nicht filtriert.

Jean-Max Roger ☆☆
Bué. 27 ha

Jean-Max Roger ist ein bedeutendes Erzeuger- und Handelshaus in Sancerre und Menetou-Salon. Besondere Beachtung verdienen der Sancerre Vieilles vignes aus eigenen Weinbergen und zahlreiche Cuvées aus einigen der besten Weinberge der Region.

Domaine Vacheron ☆☆☆
Sancerre. 37 ha

Eine ganz besonders gastfreundliche Winzerfamilie. Man kann ihre Weine im Sommer mitten in Sancerre bei Le Grenier à Sel verkosten.

Nach Jean Vacherons Tod im Jahr 1988 haben seine Söhne Jean-Louis und Denis die Nachfolge angetreten. Ihre Weine sind der weiße »Le Paradis«, der rote »Belle Dame« und der Rosé »Les Romains«. Trotz moderner Einrichtungen und Ideen reift der Rotwein ohne Schönen oder Filtrierung ein Jahr in Burgunder-Fässern. Die Erträge sind beschränkt. Der rote Sancerre ist einer der konzentriertesten und komplexesten der ganzen Region.

André Vatan ☆☆
Verdigny. 12 ha

Blumiger weißer Sancerre und zartwürziger Rotwein und Rosé von einem alteingesessenen Winzer.

Die führenden Erzeuger in Pouilly

Caves de Pouilly-sur-Loire ☆
Pouilly-sur-Loire. 200 ha

Die Genossenschaft erzeugt rund 20 % aller Weine der Appellation. Die Weine sind solide und anständig, der Pouilly-Fumé »Les Vieillottes« ein bisschen mehr als das. Coteaux du Giennois entsteht hier ebenfalls.

Jean-Claude Chatelain ☆–☆☆
St-Andelain. 19 ha

Ein führendes Erzeuger- und Handelshaus in Pouilly mit vielen Weinen, u. a. »St-Laurent-l'Abbaye«, »Domaine des Chailloux« und die trockene (!) Spätlese »Cuvée Prestige Vieilles Vignes«. Chatelain und sein Sohn Vincent sind auch an einem neuen Besitz bei La Charité-sur-Loire südlich von Pouilly beteiligt, wo sie Chardonnay und Pinot noir verarbeiten.

Didier Dagueneau ☆☆☆☆
St-Andelain. 12 ha

Der leidenschaftliche Didier Dagueneau ist mit Abstand der beste Kellermeister der gesamten Appellation. Er erzeugt hier vier richtungweisende Cuvées aus Pouilly-Fumé: »En Chailloux«, »Buisson Ménard«, »Pur Sang« und »Silex«, von denen die beiden letztgenannten in neuen Eichenfässern vergoren und ausgebaut werden. Weiterhin gibt es geringe Mengen eines Weins von nicht veredelten Reben namens »L'Astéroïde«.

Nachdem er vor vielen Jahren in privaten Weinkellern erfahren konnte, welches Potenzial in den Pouilly-Weinen steckt, stellte Dagueneau seinen Vinifikationsstil um: vom »schnellen Weißen«, der in erster Linie dem leichten Trinkgenuss gewidmet war, zum voll strukturierten, eichenfassgereiften Wein, der seine Fruchtfülle in langen Jahren der Flaschenreifung zu entfalten imstande ist. Der Stil mag umstritten sein, doch Dagueneau ist sein Großmeister, und kein anderer Wein kann dieser Kraft und Eleganz, diesem üppigen, mit mineralischen Noten erfüllten Körper etwas Gleichwertiges entgegensetzen.

Serge Dagueneau & Filles ☆☆
St-Andelain. 15 ha

Hoch angesehen für seine typisch fruchtigen, sehr aromatischen Pouilly-Fumé- und Pouilly-sur-Loire-Weine. Die Cuvée von alten Weinstöcken heißt »Clos des Chaudoux«.

Pascal Jolivet ☆☆
Sancerre. 20 ha

Der in Sancerre ansässige Pascal Jolivet besitzt außerdem Rebflächen in Pouilly, von denen er zahlreiche Weine gewinnt, darunter »Les Griottes« und »La Grande Cuvée«, die in guten Jahrgängen von alten Reben erzeugt werden.

Domaine Masson-Blondelet ☆☆–☆☆☆
Pouilly-sur-Loire. 19 ha

Die Familien Masson und Blondelet, 1974 durch Heirat vereinigt, erzeugen hauptsächlich Sauvignon und eine kleinere Menge Chasselas. Die Trauben aus den besten Lagen werden getrennt verarbeitet: »Les Criots« ist von recht jungen Reben,

»Les Bascoins« von älteren – und zeigt deutlich mehr Finesse. Die Cuvée prestige heißt »Tradition Cullus« und ist teilweise eichenholzgereift.

Château Nozet ☆☆
Pouilly-sur-Loire. 52 ha

Das Haus gilt als der bedeutendste Erzeuger und Förderer feiner Weine von Pouilly aus eigenem Weinbergbesitz genauso wie aus zugekauftem Wein. Baron Patrick de Ladoucette ist Chef der Familienfirma, die unter drei Etiketten verkauft: »Pouilly-Fumé de Ladoucette«, »Sancerre Comte Lafond« (aus angekauften Trauben) und »Pouilly-Fumé Baron de L«, eine Cuvée prestige. Vor einiger Zeit wurden die Weinberge der Maison Cordier von La Poussie in Sancerre hinzuerworben. Die Pouilly-Fumé-Weine waren und sind unverhältnismäßig teuer.

Michel Redde ☆–☆☆☆
La Moynerie, St-Andelain. 35 ha. www.michel-redde.fr

Einer der bekanntesten Erzeuger von Pouilly-Fumé, nun in der siebten Generation unter Thierry Redde. Sein Vorgänger Michel vertrat die Ansicht, dass durch maschinelle Ernte ein besseres Lesegut entstünde und eine kurzzeitige malolaktischen Gärung den Wein besser abrunde. »Cuvée Majorum« von alten Reben ist der Spitzenwein, doch Eichenausbau kommt nicht in Frage. Pouilly-sur-Loire entsteht hier ebenfalls.

Guy Saget ☆–☆☆
Pouilly-sur-Loire. 240 ha. www.guy-saget.com

Ein Familienunternehmen in der fünften Generation, das 1976 zu einem Handelshaus erweitert wurde und von den Brüdern Saget betrieben wird. Der Absatz beläuft sich auf jährlich 4 Mio. Flaschen aus 25 verschiedenen Appellationen. Zur Technik des Hauses gehört eine lange Phase der Kaltgärung mit minimalen Eingriffen seitens des Kellermeisters. Außerdem wird von der malolaktischen Säureumwandlung abgesehen, um die hohe natürliche Azidität zu erhalten. Siehe auch Balland-Chapuis.

Château de Tracy ☆☆
Tracy-sur-Loire. 28 ha

Die Familie des Comte d'Estutt d'Assay besitzt das Château an der Loire gleich unterhalb von Pouilly seit dem 16. Jh. Relativ runde Weine, die jung getrunken werden sollten. Nach einer Schwächeperiode zeigen die Weine der späten 1990er-Jahre wieder mehr Konzentration und Stilsicherheit.

Weitere Bereiche an der oberen Loire

Der Erfolg von Sancerre und Pouilly hat die Winzer in Bereichen, die infolge ihrer weniger günstigen Lage westlich der Loire schon im Schwinden begriffen waren, dazu ermutigt, ihre Weinberge wieder zu vergrößern. Namen wie Menetou-Salon, Quincy und Reuilly sind heute als Sancerre-ähnliche Weine weithin anerkannt. Sie werden etwas billiger gehandelt, denn die Chancen, Weine von gut ausgereiftem Lesegut zu bekommen, sind geringer. Inzwischen haben drei weitere Bereiche an der oberen Loire einen neuen Status erlangt: die Coteaux du Giennois das AC-Siegel und das kleine Châteaumeillant (mit gutem Rosé) sowie Vins de l'Orléanais den VDQS-Rang.

Einige noch weiter stromaufwärts gelegene Bereiche, dort, wo die Loire das Massif Central durchfließt, sind weniger mit der Loire als mit dem südlichen Burgund und der Rhône verwandt. Von ihnen ist der berühmteste St-Pourçain-sur-Sioule, ein ehemaliger Klosterweinberg. Der dort gewonnene Wein wird heute fast ganz und gar von den Badekurgästen in Vichy aufgebraucht, und mehr als eine lokale Anhängerschaft sollte man ihm auch nicht zutrauen. Für die übrigen Bereiche an der oberen Loire spricht vor allem der Preis, aber auch die Qualität wird immer besser. In der Côte Roannaise (jetzt AC), der AC Côtes du Forez und dem VDQS-Bereich Côtes d'Auvergne werden Qualitätstrauben kultiviert – Gamay, Chardonnay, etwas Pinot noir und Syrah.

Reuilly

Claude Lafond ☆☆
Le Bois St-Denis, Reuilly. 25 ha
Der dynamische junge Lafond erzeugt hier einige der besten Weine der gesamten Appellation, darunter der trockene weiße »Clos des Messieurs«, der Rosé »La Grande Pièce« und ein leichter Pinot noir »Les Grandes Vignes«.

Menetou-Salon

Domaine de Chatenoy ☆–☆☆
St-Martin-d'Auxigny. 28 ha
Dieses Gut gehört seit 1560 den Vorfahren von Bernard Clément, der hier Menetou-Salon erzeugt (rot, weiß und rosé). Trotz aller Frische können die Weine bis zu 13% Alkohol enthalten. Clément empfiehlt sie als Aperitifs und als Tischweine.

Domaine Henry Pellé ☆–☆☆☆
Morogues. 40 ha
Das Familienweingut produziert kräftige Weißweine und gefällige, leichte Rote. Die weiße Spitzen-Cuvée »Clos des Blanchais« stammt von alten Reben. Morogues grenzt direkt an den Bereich Sancerre und darf als einziger Ort seinen Namen an die Appellation Menetou-Salon anhängen. Auch Sancerre wird in kleinen Mengen erzeugt.

Quincy

Domaine Mardon ☆–☆☆
Quincy. 14 ha
Guter Familienbetrieb mit säuerlich-frischen Weißweinen, die zu den besten der Appellation zählen.

Coteaux du Giennois

Alain Paulat ☆☆
Villemoison. 5 ha
Der passionierte junge Winzer arbeitet mit ökologischen Anbaumethoden und erzeugt schmackhafte leichte Rotweine von Gamay und Pinot noir.

Balland-Chapuis & Gitton (siehe dort) ☆☆
Sancerre
Zuverlässig guter Coteaux du Giennois.

Vin de l'Orléanais

Clos St-Fiacre ☆
Mareau-aux-Près. 18 ha

Ansprechende leichte Rotweine aus Pinot Meunier und Pinot noir sowie leichte Chardonnay- und etwas vegetabile Cabernet-Weine.

Châteaumeillant

Maurice & Patrick Lanoix ☆
Châteaumeillant. 19 ha
Vater Maurice und Sohn Patrick produzieren gefällige Rot- und Roséweine (vorwiegend von Gamay) unter zwei Etiketten: »Domaine du Feuillat« (von Maurice) und »Cellier du Chêne Combeau« (von Patrick).

Côtes d'Auvergne

Cave St-Verny ☆
Veyre-Monton
Das Haus wurde 1950 als Genossenschaft gegründet und 1991 an Limagrain verkauft, den größten Saatgutspezialisten Europas. In ultramodernen Kellern wird fast die Hälfte des Weins der Gegend produziert: saubere Weißweine, Rosés (besonders bemerkenswert die von Corent) und leichte Rotweine auf Gamay-Basis. Die Luxusabfüllung heißt »Première Cuvée«.

Côtes du Forez

Les Vignerons Foreziens ☆
Trelins. 200 ha
Die Genossenschaftskellerei erzeugt 98% der AC Côtes du Forez (Gamay) und 60% des Vin de pays d'Urfe (vorwiegend Chardonnay).

Côte Roannaise

Alain Demon ☆–☆☆
Ambierle. 4 ha
Aus steilen Hanglagen über der Loire produziert Demon seidigen, charaktervollen Gamay. Seine »Réserve« stammt von 50- bis 100-jährigen Reben.

Paul Lapandéry & Fils ☆–☆☆
St-Haon-le-Vieux. 8 ha
Ein Familienbetrieb mit Rebflächen in halsbrecherischer Steilhanglage von 72°. Die überaus eigenwilligen leichten Rotweine beruhen auf sehr niedrigen Erträgen und sehr langem Fassausbau.

St-Pourçain

Union des Vignerons ☆
St-Pourçain-sur-Sioule. 300 ha
Die 1952 gegründete Genossenschaft mit 160 Mitgliedern beherrscht diesen einst berühmten, fast in der Mitte Frankreichs gelegenen Weinbaubereich, der sich früher in Klosterbesitz befand. Die Rebsorten für Weißwein sind Sauvignon, Sacy, Aligoté, Chardonnay und Tressallier sowie Pinot noir und Gamay für Rote. Die genossenschaftliche Produktion umfasst bis zu 65% der Weine dieser Appellation. Zu den besonderen Abfüllungen der Genossenschaft gehören neben dem populären »Ficelle« ein süffiger Gamay sowie »Réserve Spéciale« (weiß und rot) und die Rot- und Weißweine aus den beiden Weingütern Domaine de Chinière und Domaine de la Croix d'Or. Auch eine ganze Anzahl eigenständiger Erzeuger engagiert sich mit Erfolg.

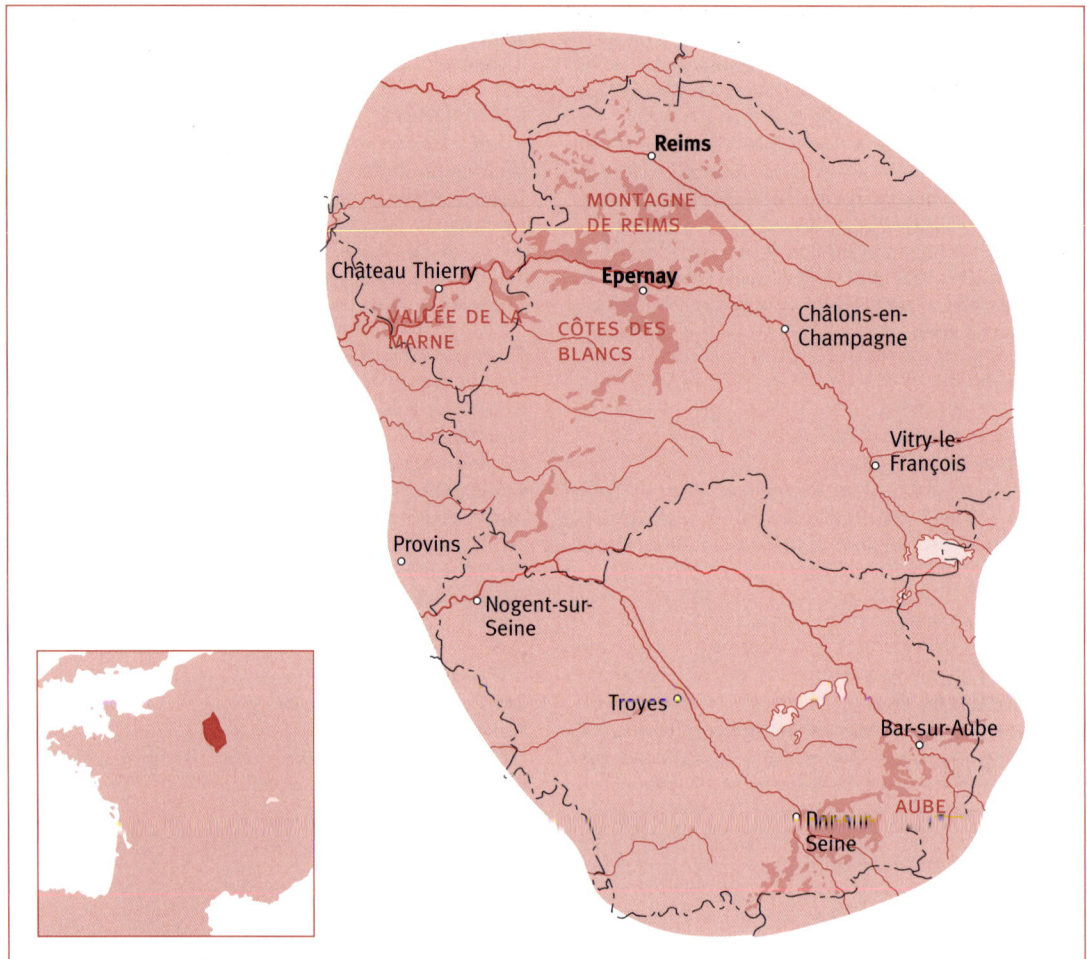

Reims

MONTAGNE DE REIMS

Château Thierry

VALLÉE DE LA MARNE

Epernay

CÔTES DES BLANCS

Châlons-en-Champagne

Vitry-le-François

Provins

Nogent-sur-Seine

Bar-sur-Aube

Troyes

AUBE

Seine

Champagne

Der Wein aus den nördlichsten Weinbergen Frankreichs ist der Champagner, gewissermaßen der Lokalwein von Paris. Mit dem so genannten Champagnerverfahren (oder, wie Brüssel jetzt vorschreibt, »traditionellen Verfahren«) bringt man Wein zum Schäumen – und das kann auf jeden Wein angewendet werden. Schaumweinhersteller in anderen Regionen, die diesem Verfahren folgen, möchten uns glauben machen, dass es diese Art der Herstellung ist, auf die es am Ende ankommt. Worauf es aber wirklich ankommt, ist der Wein.

Der Champagner gehörte zu den besten Weinen Frankreichs, schon lange bevor das Verfahren erfunden wurde. Die Unterschiede zwischen dem besten und dem einfach nur guten Champagner beruhen fast ganz auf der Wahl und der Behandlung der Trauben, auf der Traubensorte, dem Reifegrad, der Verarbeitung und dem Boden, auf dem die Trauben wachsen. Außerhalb Frankreichs wird der Champagnermarkt weitgehend von den *grandes marques* beherrscht, d. h. von den rund 20 größten Firmen mit der stärksten Verbreitung.

Doch da diesen großen Handelshäusern nur 10 % der Rebfläche gehören, sind sie auf die 19 600 kleinen Winzer angewiesen, die sie mit Trauben beliefern. Viele Winzer in der Champagne verkaufen aber auch ihr Lesegut an Genossenschaften, und wieder andere, die *récoltants-manipulants,* stellen in kleineren Mengen selbst Champagner her. Alles in allem entstehen so insgesamt 5000 Marken, die aber nicht zwangsläufig jeweils im eigenen Haus vinifiziert wurden. Die führenden Erzeuger werden auf den Seiten 171–179 vorgestellt.

Da jeder Händler, der Champagner kauft, diesem einen eigenen Namen (eine »Handelsmarke«) geben und ein entsprechendes Etikett drucken lassen darf, ist die Zahl der Marken theoretisch unbegrenzt. Das stärkt natürlich die großen Firmen mit den bekannten Namen, denn oft greift man, schon um sicher zu gehen, auf ihre Weine zurück. Doch mit ihrem Ruf und Reichtum sind die *grandes marques* auch in der Lage, die besten Trauben und Weine anzukaufen, die besten Fachleute zu beschäftigen und die Weine am längsten zu lagern (die Lagerzeit ist für die Entfaltung der Geschmacksstoffe außerordentlich wichtig). Nur die großen Champagnerhäuser können bis zur höchsten Konsequenz veredeln und vervollkommnen, was letzten Endes ein landwirtschaftliches Produkt ist.

Das »Verfahren« entsprang vor rund 200 Jahren dem genialen Einfall des Benediktinermönchs Dom Pérignon aus Hautvillers. Er kam offenbar als Erster auf die Idee, einen Wein zu »bauen«, indem er Weine von unterschiedlichen Traubensorten und aus verschiedenen Lagen so mischte, dass das Ergebnis besser, feiner und großartiger war als die Summe seiner Einzelteile. Diese Mischung, die Cuvée, ist traditionell das Geheimnis jedes Kellermeisters, obwohl heute auch schon mal Weinhandel und Fachpresse dazu eingeladen werden, dem Prozess der *assemblage* unmittelbar beizuwohnen.

Wie man Champagner auswählt

Beim Kauf eines Champagners, der dem eigenen Geschmack entsprechen soll, muss man vor allem den Stil und den Ruf der verschiedenen Häuser und die Palette ihrer Weine kennen. Weitere wichtige Angaben, die sich auf diesen Seiten finden lassen, sind die Besitzverhältnisse, das Gründungsdatum, ob man die Kellereien besichtigen kann, woher die Trauben in der Hauptsache kommen, der Jahresabsatz und die Größe der Vorratsbestände sowie die wichtigsten Absatzmärkte der einzelnen Firmen. In gewissem Umfang kann man die Art und die Qualität der Erzeugnisse aus der Herkunft der Trauben und ihrer Bewertung in der Tabelle auf Seite 178 in Verbindung mit dem Durchschnittsalter des Weins (Bestände geteilt durch Jahresabsatz) entnehmen.

Die meisten Champagnerfirmen bieten Weine in den folgenden Kategorien an:

Ohne Jahrgang (o.J.) Eine Cuvée, die Jahr für Jahr möglichst genau auf dem gleichen Standard gehalten wird, meist ziemlich jung. Gewissermaßen der Maßstab für den »Stil des Hauses«. Im Grunde ein Aperitif-Champagner.

Jahrgangs-Champagner Die Spitzenweine aus einem Jahrgang mit so hoher Qualität, dass man der Meinung ist, er sei zu schade, um in einer anonymen Cuvée unterzugehen. Er wird meist länger auf der Hefe belassen als der jahrgangslose Schaumwein, ist körperreicher, hat mehr Geschmacksfülle und gewinnt voraussichtlich noch über einige weitere Jahre an Qualität. Wegen des volleren Körpers ist er als Tafelwein besser geeignet.

Rosé Eine Mischung aus einem kleinen Teil roten Pinot-noir-Stillweins (meist aus Aÿ oder Bouzy) mit weißem Stillwein. Bei der Zweitgärung entstehen die Perlen. Nur ganz wenige Erzeuger, etwa Krug, setzen bei der Rosé-Bereitung eine kurze Maischung der roten Trauben an, was viel schwerer zu kontrollieren ist als das Verschneiden mit Rotwein. Vielfach hinreißend fruchtig und fein, oft eine der besten Cuvées eines Hauses.

Blanc de Blancs Eine Cuvée nur aus Chardonnay-Trauben mit viel Grazie, dafür nicht so schwergewichtig wie der traditionelle Champagner.

Blanc de Noirs Eine Cuvée nur aus dunklen Trauben, manchmal ganz zart rötlich oder *gris* und immer voll und aromaintensiv.

Cuvée de Prestige (unter den verschiedensten Namen). Ein Super-Champagner nach dem Motto »der Preis spielt keine Rolle«. Der Dom Pérignon von Moët war der erste dieser Art, heute hat fast jedes Haus einen derartigen Wein. So fabelhaft die meisten auch sein mögen, ist doch der Gedanke nicht von der Hand zu weisen, dass man zwei Flaschen jahrgangslosen Champagner zum Preis einer solchen Cuvée bekommt. (Siehe Seite 175.)

Crémant Die alte Bezeichnung für Champagner mit nur dem halben Kohlensäuredruck für Leute, denen der normale vor allem beim Essen zu prickeln ist. Seit 1994 ist die Verwendung des Begriffs auf Champagnerfrontetiketten nicht mehr gestattet.

Coteaux Champenois Stiller Weiß- oder Rotwein aus den Weinbergen der Champagne; er wird in kleinen Mengen gekeltert, wenn es das Angebot an Trauben gestattet. Von Natur aus sehr säurereich, kann aber doch ganz exquisit ausfallen.

Brut, Extra Dry usw. Was immer man an Einheitlichem in diesen Bezeichnungen des Süßegrads feststellen kann, ist auf Seite 177 näher erläutert.

Die besten Cuvées sind von erstaunlicher Vielfalt. Sie bestehen aus nicht weniger als 30 bis 40 Weinen verschiedenen Ursprungs und Alters, die nur nach Duft und Geschmack ausgewählt und aufeinander abgestimmt werden. Firmen mit eigenen Weinbergen legen besonderen Wert auf die Traubensorten, die sie selbst ziehen: den schweren Pinot noir von der Montagne de Reims oder den leichteren Chardonnay von der Côte des Blancs – von Lage zu Lage gibt es da die feinsten Unterschiede. Nur wenige aber können ihren Bedarf allein aus eigener Produktion decken. Die Traubenpreise werden nach einem prozentualen Bewertungssystem festgesetzt, das auf Seite 178 näher beschrieben ist.

Nicht Dom Pérignon, sondern seine Zeitgenossen entdeckten dann, wie man den Wein durch eine zweite Gärung in einer fest verkorkten Flasche zum Schäumen bringen kann – ein Verfahren mit so vielen Risiken und Unwägbarkeiten, dass es noch einmal 100 Jahre dauerte, bis es ganz gemeistert wurde. (Auf Seite 33 wurde das Champagnerverfahren bereits in Kurzform dargestellt). Das Aufsteigen der Perlen beruht auf einem beträchtlichen Anteil Kohlensäure, die im Wein gelöst ist. Die *mousse,* der Schaum im Glas, ist davon nur ein kleiner Teil, den größeren Teil trinkt man mit. Kohlensäure wird von den Magenwänden unmittelbar aufgenommen. Sie beschleunigt den Blutkreislauf, wodurch der Alkohol schneller zum Gehirn transportiert wird. Nicht umsonst heißt es, dass der Champagner den Geist beflügele, und darum wird er auch gern zum Feiern getrunken. Andere, nach dem gleichen Verfahren bereitete Schaumweine dürfen mit Recht dieselbe Wirkung für sich in Anspruch nehmen – nicht aber denselben Geschmack.

Die führenden Erzeuger von Champagner

Besserat de Bellefon ☆☆–☆☆☆
Epernay. www.besseratdebellefon.com. Gegr. 1843. Besitzer: Marne et Champagne seit 1992. Besuche: nur nach Anmeldung. O.J.: Cuvée Blanc de Blancs, Brut, Cuvée des Moines Brut, Blanc de Blancs und Rosé. Grande Tradition, Vintage, Grande Cuvée

Bis 1959 Familienunternehmen, seither im Besitz verschiedener Konzerne, gegenwärtig Marne et Champagne. Der Stil des Hauses besteht in einer sehr feinen, leichten Art und ist in französischen Spitzenrestaurants äußerst geschätzt. Die «Cuvée des Moines Blanc de Blancs» mit sanftem Schaum und vollem Geschmack eignet sich gut als Aperitif, dagegen zeichnet sich »Cuvée des Moines Rosé« durch große Finesse aus. »Grande Cuvée« ist eine Mischung aus jeweils zur Hälfte Chardonnay und Pinot noir. Frankreich bestreitet 80 % des Gesamtabsatzes von jährlich 2,2 Mio. Flaschen.

Billecart-Salmon ☆☆☆
Mareuil-sur-Aÿ. www.champagne-billecart.fr. Gegr. 1818. Besitzer: Familie Roland-Billecart. 6 ha. Besuche: nur nach Anmeldung. O.J.: Brut Réserve, Brut Rosé. Jahrgangs-Champagner: Cuvée Nicolas-François Billecart, Blanc de Blancs, Cuvée Elisabeth Salmon Rosé, Grande Cuvée

Das kleine, als *grande marque* hoch angesehene Familienunternehmen produziert exquisite Champagner von der leichten, eleganten Sorte. Bei aller Beachtung der traditionellen Zusammensetzung der Cuvées arbeitet Billecart doch mit sehr modernen Vinifizierungstechniken, u.a. dem »Kaltabsetzen« des Mosts und einer langen, kühlen Gärung.

Auf diese Weise entsteht Wein mit blumigem Aroma und zarter Geschmacksfülle, der sein Vermögen, sich über lange Zeit schön zu entfalten, nicht ohne weiteres zu erkennen gibt: Ein 59er erwies sich 1996 noch immer als taufrisch. Der »Brut Réserve« ist außergewöhnlich gut; trotz ungebrochener Vorherrschaft der beiden Pinots hat er durch seinen 30%igen Chardonnay-Anteil eine weitere Dimension an Finesse und Eleganz gewonnen. In den USA ist der subtile, lachsfarbene Rosé das Flaggschiff des Hauses Billecart. Hervorragende Jahrgangs-Champagner zeigen ein perfektes Gleichgewicht zwischen Frische und Reife. Dies gilt speziell für die spät degorgierte »Grande Cuvée«, ein ehemaliger Jahrgangswein, der zehn Jahre auf der Hefe gereift ist.

Bollinger ☆☆☆–☆☆☆☆

Aÿ. www.champagne-bollinger.fr. Gegr. 1829. Besitzer: Familie Bizot. Beteiligungen: Langlois-Château (Loire), Chanson (Burgund). 152 ha. Besuche: nur nach Anmeldung.
O.J.: Special Cuvée Brut. Jahrgangs-Champagner: Grande Année Brut und Rosé, RD, Vieilles Vignes Françaises.
Stillweine: Aÿ, Côte aux Enfants

Einer der Großen der Champagne, ein traditionsbewusstes Haus mit kraftvollem Wein voll Körper, Länge, Tiefe und jeder anderen erdenklichen Dimension. Ein Großteil des Leseguts wird im Fass vergoren, die Weine bleiben möglichst lange auf dem Geläger – der »RD« (Récemment Dégorgé) etwa zehn Jahre –, sodass eine besondere Geschmacksbreite entsteht.

Eine winzige Parzelle mit ungepfropften Pinot-noir-Reben aus der Zeit vor der Reblausplage in Aÿ und Bouzy liefert den »Vieilles Vignes Françaises«: sehr rar und teuer. »Er vereint die Kraft der Neuen Welt mit der Eleganz der Alten«, sagte Guy Bizot, der Großneffe von Madame Lily Bollinger. 60% der Trauben stammen aus dem eigenen Weinbergbesitz und stehen in der *échelle des crus* (siehe Kasten Seite 178) auf 97%. Der Rest wird von der Côte des Blancs und von Verteuil im Marne-Tal bezogen. Produktion: 1,8 Mio. Flaschen bei einem Lagerbestand von 7 Mio.

Delamotte ☆☆–☆☆☆

Le Mesnil-sur-Oger. www.laurent-perrier.fr. Gegr. 1760. Besitzer: Laurent-Perrier. 5 ha. Besuche: nur nach Anmeldung.
O.J.: Brut, Blanc de Blancs, Rosé. Jahrgangs-Champagner: Blanc de Blancs Vintage

Das sechstälteste Champagnerhaus. Seit der Übernahme von Salon (siehe dort) durch Laurent-Perrier im Jahr 1989 werden die beiden in benachbarten Anwesen aus dem 18. Jh. ansässigen Firmen gemeinsam geleitet. Das Haus besitzt Grand-cru-Chardonnay in Le Mesnil, der zwar nur 25% des Traubenbedarfs deckt, aber dennoch den Chardonnay-betonten Stil des Champagner bestimmt: frisch, aromatisch, langlebig. Am interessantesten ist der Jahrgangs-Champagner Blanc de Blancs, voll und pfirsichfruchtig, im großen Jahrgang 1990 besonders erfolgreich.

Deutz ☆☆☆

Aÿ. Gegr. 1838. Besitzer: Louis Roederer. 110 ha. Tochtergesellschaften und Beteiligungen: Delas (Rhône), l'Aulée (Loire), Deutz (Neuseeland). Besuche: nur nach Anmeldung. O.J.: Brut Classic. Jahrgangs-Champagner: Brut, Blanc de Blancs, Rosé. Prestige: Cuvée William Deutz Brut und Rosé, Amour de Deutz

Wie viele andere große Champagnerhäuser wurde auch diese Firma von deutschen Einwanderern gegründet. Zwar ist die Familie Lallier-Deutz noch im Geschäft tätig, doch die

Majorität der Firma ging 1993 an Louis Roederer über, woraufhin die Qualität sprunghaft zunahm. Der Nutzen der Investitionen Roederers zeigt sich mit Deutlichkeit im »Brut Classique«, einer erstklassigen, vollen und cremigen jahrgangslosen Cuvée, aber der Deutz-Tradition entsprechend ausgesprochen trocken. Der Jahrgangs-Champagner Blanc de Blancs »Amour de Deutz« von Grand-cru-Lesegut ist exquisit, ebenso die »Cuvée William Deutz«, ein Prestige-Verschnitt von großer Subtilität. *Echelle des crus:* durchschnittlich 97%.

Drappier ☆☆☆

Urville. www.champagne-drappier.com. Gegr. 1808. Besitzer: Familie Drappier. 40 ha. Besuche: nur nach Anmeldung. O.J.: Brut Zéro, Carte d'Or Brut, Carte Blanche, Dry Nature, Rosé Val des Demoiselles, Signature Blanc de Blancs. Jahrgangs-Champagner: Grande Sendrée Brut

Vignerons in der Aube seit Napoleons Zeiten und mittlerweile ein dynamisches Erzeuger- und Handelshaus mit charaktervollem Champagner für Genießer. Den Kern des Unternehmens bildet die vorwiegend mit Pinot noir bestockte Domaine auf den kalksteinreichen Südhängen von Urville. Sorgfältige Verarbeitung in einer blitzsauberen *cuverie* über kühlen, von Zisterziensermönchen gebauten Kellern aus dem 12. Jh. erbringt denkwürdige Flaschen: «Carte d'Or Brut« – voll mit dem Aroma und Geschmack roter Früchte (der Drappier-Stil), »Brut Zéro« – wuchtig, kompromisslos, knochentrocken, aber keineswegs adstringierend oder bitter, »Grande Sendrée« – vollmundig, prachtvoll, durch und durch Pinot, doch mit dem richtigen Schuss Chardonnay für Konturenschärfe und feine Art.

Duval-Leroy ☆–☆☆☆

Vertus. www.duval-leroy.com. Gegr. 1859. Besitzer: Familie Duval. 150 ha. Besuche: nur nach Anmeldung. O.J.: Fleur de Champagne, Blanc de Noirs, Demi-Sec. Jahrgangs-Champagner: Fleur de Champagne, Femme de Champagne, Extra Brut, Blanc de Chardonnay, Cuvée des Roys, Cuvée Leroy Neiman

Die qualitätsbewusste Familienfirma zog enormen Nutzen aus dem Erwerb erstklassiger Chardonnay-Weinberge vorwiegend an der Côte des Blancs. Bis noch vor kurzem bestand das Exportgeschäft des Hauses größtenteils in der Lieferung von Hausmarken für Handelshäuser in England, Belgien und Deutschland. Erst seit den 1990er-Jahren ist die Marketingstrategie darauf gerichtet, die Marke Duval-Leroy auf dem Weltmarkt zu etablieren. Unter Leitung der willensstarken Direktorin Carol Duval wurde diese Vorgabe weitgehend realisiert. Der subtile, frische, aromatische Stil des Hauses wird durch den Chardonnay-betonten »Fleur de Champagne« gut repräsentiert. Der superbe Blanc de Blancs ist ein Jahrgangs-Champagner und der klassische 90er vorbildlich für die Art.

Gosset ☆☆–☆☆☆

Aÿ. www.champagne-gosset.com. Gegr. 1584. Besitzer: Frapin Cognac. 100 ha. Besuche: nur nach Anmeldung. O.J.: Brut Excellence, Grande Réserve, Grand Rosé. Jahrgangs-Champagner: Grand Millésime. Prestige: Gosset Celebris. Stillwein: Bouzy Rouge

Gosset kann Anspruch darauf erheben, das älteste Weinhaus im Marne-Tal zu sein, auch wenn Ruinart (siehe dort) die erste Firma war, die Champagner in größeren Mengen herstellte. Nach 410 Jahren im Besitz der Familie Gosset ging das Haus 1994 an die qualitätsbewusste Familie Cointreau von Frapin Cognac über. Der frische, rassige, Chardonnay-betonte (61%)

neue »Brut Excellence« eignet sich hervorragend als Aperitif. Doch die wahren Stars des Hauses sind die blumige, milde, komplexe »Grande Réserve« – ein klassischer Pinot-Chardonnay-Verschnitt aus drei großen Jahren – und der üppige, samtzarte, sehr elegante Rosé, ein Jahrgangs-Champagner. Gosset-Champagner sind für lange Haltbarkeit gebaut; die malolaktische Säureumwandlung wird absichtlich vermieden, um eine lange Lebensdauer sicherzustellen.

Alfred Gratien ☆☆–☆☆☆

Epernay. www.alfredgratien.com. Gegr. 1864. Besitzer: Familie Seydoux von Gratien & Meyer (Saumur). Keine eigenen Weinberge. Besuche: nur nach Anmeldung. O.J.: Brut. Jahrgangs-Champagner: Brut Vintage. Prestige: Cuvée Paradis

Kleines, traditionsgebundenes Haus mit jährlich 15 000 Flaschen an exzellenten, sehr trockenen, in kleinen Fässern vergorenen Champagnern; die malolaktische Säureumwandlung wird vermieden, um maximale Lebendigkeit und höchste Lebensdauer zu gewährleisten. Der Jahrgangs-Champagner zeichnet sich durch einen ungewöhnlich hohen Chardonnay-Anteil aus, allerdings sieht der Stil des Hauses auch eine nicht unerhebliche Beteiligung von Pinot Meunier im Verschnitt vor, um Würze und üppige Frucht einzubringen. Die zugleich elegante und exotische »Cuvée Paradis« gehört zu den allerfeinsten Champagnern und ist im Gegensatz zu den meisten anderen Prestige-Abfüllungen eine jahrgangslose Mischung aus den besten Lagen.

Charles Heidsieck ☆☆☆

Reims. www.charlesheidsieck.com. Gegr. 1851. Besitzer: Rémy-Cointreau. 70 ha (anteilig mit Piper-Heidsieck). Besuche: nur nach Anmeldung. O.J.: Brut Réserve, Mis en Cave. Jahrgangs-Champagner: Brut und Rosé. Prestige: Blanc des Millénaires

Der ursprüngliche Charles Heidsieck war der viel besungene »Champagne Charlie«, der in den USA zuerst reich wurde und dann im Bürgerkrieg fast alles wieder verlor. 1985 wurde Daniel Thibault Kellermeister, und in wenigen Jahren stieg die Qualität vor allem der »Brut Réserve« merklich an. Seinen einzigartiger Charakter verdankt sie einer natürlichen Vinifikation, bei der alle technischen Eingriffe auf ein Mindestmaß beschränkt werden, aber auch der Komplexität des Verschnitts, der sich aus 300 Komponenten mit mindestens 40 % Réserve-Weinen zusammensetzt. Dieser honigartige, vollmundige, diskret weinige Champagner eignet sich wundervoll als Begleiter für feine Speisen. Der Prestige »Blanc des Millénaires« (1983 und 1989 großartig), ein prachtvoller Blanc de Blancs, ist ein Balanceakt zwischen deutlich ausgeprägtem, reifem Chardonnay-Geschmack und exotischer Fruchtigkeit. Ein interessantes Experiment ist die Reihe »Mis en cave« (Kellerabfüllung), die mit dem 92er Jahrgang erstmals lanciert wurde. Dabei handelt es sich um jahrgangslose Weine, auf deren Etiketten das Jahr vermerkt ist, in dem die Kellerreifung begann. Die zusätzliche Flaschenreifung und möglicherweise die hohe Qualität der Verschnittweine verleihen diesen Champagnern das harmonische, toastwürzige Aroma.

Henriot ☆☆–☆☆☆

Reims. Gegr. 1808. Besitzer: Familie Henriot seit 1994. Beteiligung: Bouchard Père & Fils, William Fèvre. Besuche: nur nach Anmeldung. O.J.: Brut Souverain, Blanc de Blancs, Brut und Rosé. Jahrgangs-Champagner: Cuvée des Enchanteleurs

Das seit dem 17. Jh. in Reims ansässige Erzeuger- und Handelshaus Henriot gehört zur Champagne wie die Windmühle von Verzenay. 1994 führte Joseph Henriot die Firma wieder in den Besitz der Familie zurück. Als Preis für die Unabhängigkeit von der LVMH-Gruppe musste das Eigentumsrecht an den sehr feinen 100 ha Weinbergen an der Côte des Blancs aufgegeben werden, allerdings ist die Belieferung mit Lesegut aus diesen großartigen Lagen langfristig gesichert. Henriot-Champagner sind sehr trocken und im Geschmack rein; sie beruhen ganz auf Pinot noir und Chardonnay, wobei der Letztere zu dominieren scheint. »Cuvée des Enchanteleurs« ist eine Prestige cuvée, die sich über lange Zeit schön entfaltet. 1995 erwarb Joseph Henriot das Burgunder-Handelshaus Bouchard Père & Fils (siehe dort).

Jacquesson ☆☆☆

Dizy. Gegr. 1798. Besitzer: Familie Chiquet. 33 ha. Besuche: nur nach Anmeldung. O.J.: Brut und Rosé Perfection. Jahrgangs-Champagner: Blanc de Blancs. Prestige: Signature Brut und Rosé Vintage, Dégorgement Tardif

Johann Joseph Krug, Gründer des unübertroffenen gleichnamigen Champagnerhauses, lernte die Kunst des Verschneidens bei Jacquesson, einem bescheidenen Haus, das aber nach wie vor zu den besten Vertretern klassischer Champagnerherstellung gehört. Subtil fassgereifte Réserve-Weine tragen zum geschmeidigen, gehaltvollen und doch fest strukturierten Stil des Hauses bei. Die in der *échelle des crus* mit 95 % bewerteten Weinberge der Familie Chiquet in Dizy, Aÿ, Hautvillers und Avize liefern 40 % des Traubenbedarfs. Der »Brut Perfection« ist ein Verschnitt im Verhältnis 70:30 zwischen dunklen Trauben und Chardonnay – schön golden in der Farbe, sanft und voll im Geschmack mit langem Abgang. Der hervorragende Jahrgangs-Champagner Blanc de Blancs stammt aus den Weinbergen der Familie in Avize. Die ganz im Fass vergorenen Prestige-Abfüllungen »Signature« in Weiß und Rosé sind faszinierende Champagner mit vielschichtiger Komplexität.

Krug ☆☆☆☆

Reims. www.krug.com. Gegr. 1843. Besitzer: Gruppe Moët Hennessy-Louis Vuitton (LVMH). 20 ha. Besuche: nur nach Anmeldung. O.J.: Grande Cuvée, Rosé. Jahrgangs-Champagner: Clos du Mesnil

Das Haus Krug ordnet sich selbst nicht in die Reihe der anderen Champagnerhäuser ein, und tatsächlich sind seine Champagner auch ganz anders als alle übrigen. Die Weine werden unbeirrbar in kleinen Eichenfässern vergoren und dann ungewöhnlich lange in der Flasche gereift, bis sie in den Handel kommen. Die »Grande Cuvée« besitzt einen hohen Chardonnay-Anteil, der brillant mit Pinot noir und Pinot Meunier zu einem meisterhaften Ganzen abgestimmt ist, das aus 7–10 verschiedenen Jahrgängen und 20–25 unterschiedlichen Gewächsen besteht. Dieser sehr trockene, hintergründig fruchtige, sanfte und doch zugleich ausgeprägte Champagner darf den Anspruch erheben, einer der feinsten von allen zu sein. Der 1983 erstmals eingeführte »Krug Rosé« ist ebenfalls ein Meisterstück an Frucht und Aroma und geeignet, die feinsten kulinarischen Kreationen zu begleiten. Die Jahrgangs-Champagner werden nur in sehr kleinen Mengen erzeugt und nicht vor dem neunten Jahr angeboten. Sie brauchen eine lange Reifezeit, manchmal 15, 20, ja 25 Jahre, bis sie auf den Höhepunkt gelangen. Das gilt vor allem für den Einzellagen-Jahrgangs-Champagner »Clos du Mesnil«, ein reiner Chardonnay, in der Jugend herb, nach einem Vierteljahrhundert in der Flasche aber das schäumende Gegenstück zum Corton Charlemagne. Der »Clos« liegt den Krugs schon deshalb am Herzen, weil er ein einzigartiges Terroir repräsentiert, sie behaupten allerdings nicht, dass er dem Jahrgangs-Champagner immer überlegen sei.

Lanson ☆–☆☆☆

Reims. www.lanson.fr. Gegr. 1760.
Besitzer: Marne et Champagne. Keine eigenen Weinberge.
Besuche: nur nach Anmeldung. O.J.: Black Label Brut,
Demi-Sec, Rosé. Jahrgangs-Champagner: Brut und Rosé,
Blanc de Blancs. Prestige: Noble Cuvée

1991 standen die Dinge schlecht, als Lanson seine über 200 ha prachtvollen Weinberge als Teil der Verkaufsbedingungen an die jetzigen Besitzer verlor. Das Haus hat jedoch Zugriff auf 800 ha Rebfläche von Marne et Champagne. Das ursprüngliche Missbehagen scheint sich inzwischen als unbegründet zu erweisen, denn der ebenso gewissenhafte wie altgediente *chef de caves* von Lanson, Jean-Paul Gandon, produziert nach wie vor den höchst populären »Black Label«: Sein lebendiger, sprühender Stil beruht auf viel Pinot noir (50%) und der Vermeidung malolaktischer Säureumwandlung, was den ausgeprägt fruchtige Charakter verstärkt. Der gut gereifte Rosé ist aromatisch und fein gezeichnet, der *demi-sec* nicht so süß wie andere seiner Art. Der von Pinot noir beherrschte Lanson-Jahrgangs-Champagner zeigt sich breitschultrig mit großer Geschmackstiefe. Chardonnay (70%) ist der Motor der Prestige-Abfüllung »Noble Cuvée«: blumig, ungemein elegant, doch mit fester, dauerhafter Struktur und mithin einer der langlebigsten Champagner.

Laurent-Perrier ☆☆–☆☆☆

Tours-sur-Marne. www.laurent-perrier.co.uk. Gegr. 1812.
Besitzer: Familie Nonancourt. 870 ha. Beteiligungen: Salon,
Delamotte. Besuche: während der Geschäftszeiten.
O.J.: Brut, Ultra Brut, Rosé Brut, Demi-Sec. Jahrgangs-
Champagner: Brut. Prestige: Grand Siècle o.J. und Vintage,
Grand Siècle Alexandra Rosé

Der jahrgangslose »Brut« ist mittlerweile ein verlässlich guter Champagner, frisch, rassig, mit Chablis-ähnlichem mineralischem Charakter. »Ultra Brut« ist vollkommen trocken, d. h. ohne jeden Restzuckergehalt, aber doch nicht rau, da er immer vom Lesegut eines reifen Jahres bereitet wird. Der überaus erfolgreiche Rosé wird auf arbeitsintensive Weise gewonnen, denn die Pinot-noir-Trauben werden einer Maischung unterzogen, um die gewünschte Farbe zu erzielen; anschließend reift der Wein vier Jahre lang. Die eigentliche Krone des Hauses aber ist »Grand Siècle«, eine üppige, stilvolle, lang reifende Cuvée, in der drei Jahrgänge verschnitten werden; manchmal wird sie auch mit einem Jahrgangsetikett verkauft. Das Lesegut stammt von eigenem oder durch langfristige Lieferverträge gebundenem Besitz in den besten Lagen der Montagne de Reims, der Côte des Blancs und des Marne-Tals. *Echelle des crus:* durchschnittlich 96%.

Mercier ☆

Epernay. www.champagnemercier.fr. Gegr. 1858.
Besitzer: LVMH-Gruppe. 218 ha. Besuche: während der
Geschäftszeiten. O.J.: Brut, Rosé, Demi-Sec.
Jahrgangs-Champagner: Brut Millésimé

Mercier verfügt wie alle Firmen der Moët-Gruppe über den Vorteil der Größe: Gleichmäßige Vorratsbestände bedeuten Verlässlichkeit. Die Trauben kommen zum Teil aus dem eigenen Weinbergbesitz vor allem im Marne-Tal, zum Teil aus Lieferverträgen, die schon seit 1945 bestehen. Die Betonung liegt auf trockenem Brut-Champagner in einem weichen, auf dunk-

len Trauben beruhenden Stil. Der roséfarbene Brut zeigt ein gutes Gleichgewicht zwischen Frucht und Säure und der exzellente *demi-sec* ist dank des hohen Chardonnay-Anteils (55%) sauber und prägnant.

Der Firmengründer Eugène Mercier sorgte gegen Ende des 19. Jhs. dafür, dass der Champagner auch für Normalbürger erschwinglich wurde. Zur Weltausstellung 1889 in Paris ließ er ein riesiges Weinfass bauen, das von 24 Ochsen in drei Wochen in die Hauptstadt gezogen wurde. Das dauerhafteste Andenken an ihn dürfte aber wohl das Kellerlabyrinth sein, das er unter der Avenue de Champagne in Epernay anlegen ließ; es ist 16 km lang und wird durch eine firmeneigene Elektrokleinbahn befahren.

Moët & Chandon ☆☆–☆☆☆☆

Epernay. www.moet.com. Gegr. 1743.
Besitzer: LVMH-Gruppe. 630 ha.
Beteiligungen: Mercier, Ruinart, Domaine Chandon in
Kalifornien, Australien, Spanien, Argentinien und Brasilien.
Besuche: während der Geschäftszeiten. O.J.: Brut Impérial,
White Star Demi-Sec, Réserve Impériale, Brut Premier Cru,
Rosé. Jahrgangs-Champagner: Brut Impérial und Rosé.
Prestige: Dom Pérignon Blanc und Rosé

Die verschiedenen Moët-Cuvées zeigen einen eleganten, leichten, gefälligen Stil, der sich aber im Alter fein abrundet. Die breit angelegten Bezugsquellen für das Lesegut garantieren Gleichmäßigkeit für den in großen Mengen erzeugten jahrgangslosen »Brut Impérial«. Der 1996 herausgebrachte »Brut Premier Cru« stammt von höher klassifizierten Trauben; auf seinem Rückenetikett wird erläutert, wie dieser Champagner bereitet wird. Der Jahrgangs-Champagner ist stets ein echter, für den Charakter des jeweiligen Jahrgangs repräsentativer Verschnitt der drei Hauptraubensorten, immer in dem geschmeidigen, vollen Stil, der das ganze Moët-Programm auszeichnet.

Dank der großartigen Kellertechnik des ehemaligen Arztes Richard Geoffroy wird der »Dom Pérignon« mit seiner ausgeprägt luxuriösen, gleichzeitig diskreten und eleganten Art auch in den neueren klassischen Jahrgängen 1982, 1985, 1988 und 1990 seinem berühmten Ruf vollauf gerecht. Die pfirsichfarbene, subtile, nuancenreiche Rosé-Version dieses Champagners ist herausragend. Die Moët-Gruppe verfügt über Weinberge in zehn von 17 Grand-cru-Lagen, die außer Moët auch Ruinart (siehe dort) mit Trauben versorgen.

Mumm ☆–☆☆

Reims. www.mumm.com. Gegr. 1827. Besitzer: Hicks, Muse,
Tate & Furst seit 1999. 300 ha. Besuche: während der
Geschäftszeiten. O.J.: Première Cuvée, Chardonnay Réserve
Privée, Rosé Première Cuvée, Cordon Rouge, Cordon Vert
(Demi-Sec), Mumm de Cramant. Jahrgangs-Champagner:
Brut und Rosé, Blanc de Blancs. Prestige: René Lalou, Grand
Cordon, Grand Cordon Rosé

Es ist schwierig, über Qualität und Stil des Mumm-Champagners Allgemeingültiges auszusagen, denn das Programm ist weit gespannt. Alles in allem sind die vorwiegend von Pinot noir gewonnenen Weine solide und schlicht. In letzter Zeit hat es dem jahrgangslosen Cordon Rouge etwas an Charakter gemangelt. Der Rosé (mit Jahrgang) und der leicht perlende »Mumm de Cramant« von Chardonnay-Trauben eines bestimmten Jahrgangs aus dem Ort Cramant sind beide vorzüglich. »René Lalou« ist eine sehr präsentable Spitzen-Cuvée in körperreichem Stil, wenngleich manchmal recht herb. Der Chardonnay-betonte »Grand Cordon«, der mit dem 85er Jahrgang erstmals angeboten wurde, ist der subtile, rassige Star des Hauses.

Die Hausweinberge der Firma erzielen in der *échelle des crus* einen Durchschnittswert von 94% (siehe Kasten Seite 178) und decken 20% des Bedarfs. Sie sind über den ganzen Bereich verteilt, am stärksten jedoch in Mailly, Ambonnay, Bouzy, Vaudemanges, Avenay, Aÿ, Avize und Cramant konzentriert. Die Jahresproduktion beträgt rund 9 Mio. Flaschen. Mumm nimmt seit 1971 in der Weinbauforschung der Champagne eine führende Stellung ein.

Bruno Paillard ☆☆–☆☆☆

Reims. www.champagnebrunopaillard.com. Gegr. 1981.
Besitzer: Familie Paillard. Keine eigenen Weinberge. Besuche: nur nach Anmeldung. Beteiligungen: Boizel, De Venoge.
O.J.: Première Cuvée, Blanc de Blancs Réserve Privée, Rosé Première Cuvée. Jahrgangs-Champagner: Brut, Ne Plus Ultra

Das jüngste klassische Champagnerhaus wurde 1981 von dem Weinmakler Paillard, einem tief in der Branche verwurzelten Perfektionisten, gegründet.

Seine Champagner sind Muster an Eleganz und Finesse in stets gleich bleibender Qualität – sehr trocken, fast herb und für ein langes Leben ausgelegt. Die erstklassige »Première Cuvée« wird inzwischen teilweise im Fass vergoren, »Réserve Privée« entsteht nach dem alten Crémant-Verfahren als schwach schäumender Champagner. Paillards Jahrgangs-Champagner tragen schöne, von prominenten Künstlern entworfene Etiketten, auf denen das Datum des Degorgierens stets vermerkt ist. Der Inhalt ist ebenso außergewöhnlich wie die Aufmachung.

Im Jahr 2000 wurde erstmals der Prestige-Wein »Ne Plus Ultra« angeboten. Er wird aus fassvergorenen Grand-cru-Trauben bereitet und reift vor dem Degorgieren acht Jahre. Der Jahresabsatz beläuft sich auf rund 600 000 Flaschen.

Der Höhenflug der Cuvée Prestige

Der Erfolg des Champagners basiert seit jeher auf cleverem Marketing, das ihn als den einzig richtigen Wein zu lancieren wusste, mit dem es sich zu feiern lohnt. Jedes der großen Champagnerhäuser ist deshalb sehr um sein Image bemüht: Veuve Clicquot etwa tritt bei Sportveranstaltungen als Sponsor auf, Krug organisiert im Gegenzug medienwirksame High-Society-Partys.

Benötigt ein Champagnerhaus eine »Vitaminspritze«, entwickelt es ein neues Produkt. Dom Pérignon wurde von Moët & Chandon erstmals 1936 herausgebracht, obwohl der Wein ein 21er Jahrgang war. Der Erfolg war schlichtweg kolossal, was durch die einzigartige Qualität auch voll und ganz gerechtfertigt war.

Moët hatte damit den Weg bereitet, dem andere bald nachfolgten. 1950 kam Taittinger mit dem luxuriösen Blanc de Blancs namens »Comtes de Champagne« auf den Markt, und Laurent-Perrier stellte den »Grand Siècle« vor. In den 1960er-Jahren beglückte Perrier-Jouët die Champagnerwelt mit seinem »Belle Epoque« in der berühmten Emaille-Flasche, Veuve Clicquot zog mit der »Grande Dame« nach. Fast 100 Jahre vorher (1870) hatte Roederer für den russischen Zarenhof den ungemein chicen »Cristal« entwickelt, von dem man wohl mit Fug und Recht behaupten kann, dass er der Urahn all dieser neuen Weine ist.

Eine Cuvée Prestige ist inhärent mit Luxus und Exklusivität verbunden, deshalb ist sie teuer. Diese Weine sind mit wenigen Ausnahmen – wie die »Cuvée Paradis« von Gratien – aus einem einzigen Jahrgang, was unweigerlich zu der Frage führt, ob es denn überhaupt einen Unterschied zwischen einem Jahrgangs-

Champagner und der Cuvée Prestige eines Hauses gibt. Im Allgemeinen gibt es ihn. Er kann z. B. in der extremen Fülle des Stils liegen, wie Charles Heidsiecks kraftvoll toastwürziger »Blanc des Millénaires« schlagend beweist.

Andere Erzeuger trachten nach höchster Finesse, die z. B. in »Grande Dame« und »Dom Pérignon« zu finden ist. Veuve Clicquot und Moët sind redlich um den entscheidenden Unterschied bemüht, der ihren exzellenten Jahrgangs-Champagner von der noch exzellenteren Cuvée Prestige trennt. Doch geben sie unumwunden zu, dass in außergewöhnlichen Jahrgängen wie 1988 und 1990 die verschiedenen Stile zwar noch erkennbar sind, von einem wirklichen Qualitätsunterschied aber nicht mehr gesprochen werden kann.

Krug würde argumentieren, dass der Basis-Champagner ihres Hauses bereits die bestmögliche Mischung verschiedener Jahrgangsweine darstellt und daher per Definition (und Preis) bereits eine Cuvée Prestige sei. Ein wirklich neues Produkt sah das Haus deshalb allein darin, einen Einzellagen-Champagner zu kreieren: die Geburt des »Clos de Mesnil«. Nur wenige andere Häuser folgten dieser Ansicht mit Ausnahme von Philipponnats noblem »Clos de Goisses«, und auch Leclerc-Briant hält beharrlich an dieser Meinung fest. Wir sollten uns allerdings nicht dazu verführen lassen, darin die eigentlichen Meisterwerke zu sehen, denn die Kunst der Champagnerbereitung basiert nach wie vor auf der Kunst des Verschneidens.

Einige Prestige-Champagner basieren auf striktester Traubenselektion von edelsten Grand-cru-Lagen und werden daher nur in verschwindend geringen Mengen produziert. Andere kommen – »Dom Pérignon« ist der bekannteste unter ihnen – in überraschend großer Anzahl auf den Markt. Diese Champagner sind bei weitem weniger exklusiv, als ihre Hersteller uns glauben machen wollen. So machen die Cuvée-Prestige-Abfüllungen seit zehn Jahren zwischen 5 % und 6 % des gesamten Champagnerexportvolumens aus, wovon der größte Teil in die USA geht.

Es steht außer Frage, dass viele von ihnen ganz exzellente Champagner sind. Den oben bereits genannten sollte man noch »Cuvée Louise« von Pommery, »Grand Cordon« von Mumm, »Cuvée Sir Winston Churchill« von Pol Roger und »Signature« von Jacquesson hinzufügen. Andere, die hier namentlich besser nicht erwähnt werden, scheinen Qualitätsmängel durch anbiederndes Marketing ersetzen zu wollen.

Joseph Perrier ☆☆–☆☆☆

Châlons-en-Champagne. www.joseph-perrier.com. Gegr. 1825. Besitzer: Alain Thiénot und Teilhaber seit 1998. 21 ha. Besuche: nur nach Anmeldung. O.J.: Cuvée Royale, Blanc de Blancs, Cuvée Royale Rosé. Jahrgangs-Champagner: Cuvée Royale. Prestige: Cuvée Joséphine

Um die stilvollen, fruchtbeladenen Champagner des Familienunternehmens in Châlons zu beschreiben, sind Superlative gerade gut genug. Die jahrgangslose »Cuvée Royale« ist ein Musterbeispiel für saftige, reife Pinot-noir- und -Meunier-Frucht in brillantem Verschnitt mit 35% Chardonnay. Die Chardonnay-betonte Prestige »Cuvée Joséphine« erweist sich meist als denkwürdig. Die Weinberge liegen in Cumières, Damery, Hautvillers und Verneuil und decken ein Drittel des Traubenbedarfs der Firma. Der Jahresabsatz beträgt rund 650 000 Flaschen; drei Réserve-Jahrgänge für den Champagner o.J. werden vorrätig gehalten. Die Jahrgangs-Champagner kommen erst im Alter von 7–8 Jahren in den Handel.

Perrier-Jouët ☆☆–☆☆☆

Epernay. www.perrier-jouet.com. Gegr. 1811. Besitzer: Hicks, Muse, Tate & Furst seit 1999. 60 ha. Besuche: nur nach Anmeldung. O.J.: Brut. Jahrgangs-Champagner: Brut, Rosé. Prestige: Blason de France Blanc und Rosé o.J., Belle Epoque Blanc und Rosé

Seit langem geachtet für erstklassigen, sehr frischen und lebendigen, aber keineswegs leichten Champagner o.J. und Luxus-Cuvées mit großem Geschmacksreichtum. »Blason de France« ist ein rarer Verschnitt guter Jahrgänge, komplex und langlebig. Der bekanntere »Belle Epoque« in der mit Blumen bemalten Flasche ist das Flaggschiff des Hauses, eine Cuvée Prestige in beständig vollem, harmonischem Stil. Zu den erstklassigen Weinbergen gehören superbe Chardonnay-Lagen in Cramant und Avize sowie Pinot-Rebflächen in Aÿ. Von dort stammt das samtene Haselnussaroma der exzellenten Jahrgangs-Champagner. Weitere Trauben werden von 30 anderen Crus zugekauft. Durchschnittlicher Absatz 3 Mio. Flaschen pro Jahr bei Vorratsbeständen von rund 10 Mio. 1999 wurde Perrier-Jouët zusammen mit dem Schwester-Weingut Mumm von einer amerikanischen Investorengruppe gekauft.

Piper-Heidsieck ☆–☆☆

Reims. www.piper-heidsieck.com. Gegr. 1785. Besitzer: Rémy-Cointreau. 70 ha (anteilig mit Charles Heidsieck). Besuche: jederzeit. O.J.: Brut. Jahrgangs-Champagner: Brut, Rosé. Prestige : Brut Sauvage, Champagne Rare

Diese hoch geschätzten, sehr trockenen Champagner haben sich seit der Übernahme durch Rémy-Cointreau im Jahr 1989 im Stil etwas verändert. Sie sind zwar immer noch frisch, haben aber eine zusätzliche blumige Dimension im Duft und Fruchtigkeit im Geschmack. Der Rosé gibt dem noch jugendlichen Pinot noir überschäumenden Ausdruck, hält sich aber auch gut über längere Zeit. Der völlig trockene, ohne Dosage bereitete »Brut Sauvage« wird nicht länger erzeugt. Der Chardonnay-betonte »Champagne Rare« mit seinem anhaltenden Geschmack von Zitrusfrüchten und einem Entfaltungspotenzial von bis zu 15 Jahren ist außergewöhnlich. Diese mittelgroße *grande marque* verkauft rund 5 Mio. Flaschen pro Jahr und verfügt über einen Lagerbestand von 18 Mio.

Pol Roger ☆☆☆

Epernay. www.polroger.co.uk. Gegr. 1849. Besitzer: Familie Pol Roger. 200 ha. Besuche: nur nach Anmeldung. O.J.: White Foil, Sec, Demi-Sec. Jahrgangs-Champagner: Brut,

---

Vom rechten Genuss eines Champagners

Wann? Bei allen Feiern, als Aperitif, gelegentlich zu leichten Mahlzeiten, zum Dessert (nur süßen oder *demi-sec*) und in Notfällen als Stärkungsmittel.

Wie? Mit 7–10 °C servieren, preiswertere Champagner auch kühler, sehr feinen, ausgereiften Champagner mit bis zu 13 °C; aus einem hohen, farblosen Glas trinken, keinesfalls aus einer »Sektschale«. Das Perlen bleibt am längsten erhalten, wenn man langsam in das schräg gehaltene Glas eingießt.

Wie viel? Für eine Champagnerparty sollte man eine halbe Flasche (drei Gläser) pro Kopf veranschlagen, als Aperitif – wenn es später noch anderen Wein gibt – nur halb so viel.

Worauf ist zu achten? Viel Druck unter dem Korken, völlig klare Flüssigkeit, reichliches, nicht nachlassendes Perlen, Kraft und Reinheit in Geschmack und Abgang, Ausgeglichenheit – nicht so trocken oder sauer, dass es einem den Mund zusammenzieht, aber auch nicht klebrig-süß. Kurz gesagt: Champagner soll nach »mehr« schmecken.

Brut Chardonnay. Prestige: Sir Winston Churchill, Réserve Spéciale PR

Eines der kleineren *grande-marque*-Häuser, das allgemein zu den sechs besten gezählt wird und seit über 40 Jahren mein persönlicher Favorit ist. Außergewöhnlich sauberer, blumiger, frischer Champagner o.J., stilvolle, langlebige Jahrgangs-Champagner, einer der besten Rosé-Champagner und duftiger, exquisiter »Blanc de Chardonnay«. Der Pinot-betonte »Sir Winston Churchill« (mit dem ein Freund der Familie geehrt wird) ist ungehemmt üppig, mit exotischem Duft und seidigem Gefüge. »Reserve PR« aus 50% Chardonnay zeigt vollkommene Eleganz. Alle Trauben stammen von Weinbergen, die in der *échelle* mit 100% bewertet werden. Die Keller des Hauses sollen die tiefsten und kältesten der Region sein. Die Weinberge des Hauses befinden sich hauptsächlich an der Côte des Blancs. Jahresproduktion: 1,8 Mio. Flaschen. Lagerbestand: 7 Mio. Flaschen. 60% gehen in den Export, der größte Teil nach Großbritannien, gefolgt von Deutschland und der Schweiz.

Pommery ☆–☆☆☆

Reims. www.pommery.fr. Gegr. 1836. Besitzer: Vranken seit 2002. Besuche: während der Geschäftszeiten. O.J.: Brut Royal, Brut Rosé. Jahrgangs-Champagner: Brut, Rosé. Prestige: Louise Pommery, Flacons d'Exception

Die LVMH-Gruppe erwarb 1990 diese bekannte *grande marque* und führte die Tradition des Hauses für sehr feine und trockene Champagner mit dem »Brut Royal«, einem eleganten Gewächs mit makellosem Geschmack und geringer Dosage, fort. Delikatesse und Finesse sind die Markenzeichen der Jahrgangs-Champagner. »Louise Pommery« (seit 1979) ist eine Offenbarung der Pommery-Qualität: stilvoll, frisch, tiefgründig weinig und wohl strukturiert. Seit 1996 werden gereifte Jahrgangs-Champagner in Magnum-Flaschen unter dem Namen »Flacons d'Exception« in kleinen Mengen an Kenner abgegeben. Die Weine werden erst bei Auftragseingang degorgiert und dann innerhalb eines Monats an den Empfänger ausgeliefert, um größtmögliche Frische zu gewährleisten. (Der 79er ist hervorragend.)

Im Jahr 2002 verkaufte LVMH Pommery an das Haus Vranken, das nicht gerade für höchste Qualität bekannt ist. Nicht nur das, LVMH behielt die wunderbar gelegenen Pommery-Weinberge mit einer durchschnittlichen Bewertung von 99%. Zu Pommerys Weinkellern gehört das 14 km lange Stollensystem eines Kreidebergwerks aus römischer Zeit, in dem noch antike Wandreliefs zu finden sind. Es werden jährlich rund 6,6 Mio. Flaschen herausgegeben, bei einem Lagerbestand von 28 Mio.

Louis Roederer ☆☆☆–☆☆☆☆

Reims. www.champagne-roederer.com. Gegr. 1776. Besitzer: Jean-Claude Rouzaud. 200 ha. Beteiligungen: Roederer Estate, Kalifornien; Ramos Pinto, Portugal; Château de Pez, Bordeaux. Besuche: nur nach Anmeldung. O.J.: Brut Premier, Rich, Demi-Sec, Carte Blanche (süß). Jahrgangs-Champagner: Brut, Blanc de Blancs. Prestige: Cristal Brut, Cristal Rosé

Großartiges Champagnerhaus in Familienbesitz. Seine unvergleichliche Reputation beruht auf hervorragendem Weinbergbesitz (*échelle* 98 %), der 70 % des Traubenbedarfs liefert, sowie auf einer kaum zu übertreffenden Kollektion von Réserve-Weinen, die die Höchststandards für »Brut Premier« garantieren. Der Stil des Hauses ist vor allem durch Geschmeidigkeit und Reife gekennzeichnet. Er findet seinen höchsten Ausdruck im vorzüglichen, körperreichen »Brut Premier« und dem legendären »Cristal«, einem der köstlichsten Champagner überhaupt, der Rasse mit großer Geschmackstiefe verbindet; neuere Jahrgänge wie 1985, 1989 und 1990 gehören zu den allerfeinsten seiner Art.

Ebenfalls sehr erfolgreich war die in den 80er-Jahren begonnene Unternehmung Roederer Estate (siehe dort) in der kalifornischen Schaumweinindustrie. Mitte der 90er-Jahre dehnte das Haus durch Erwerbung der Portweinfirma Ramos Pinto und von Château de Pez in St-Estèphe sein Geschäft auf weitere Zweige der Weinindustrie aus. Die Lagerbestände der Firma umfassen nicht weniger als 12 Mio. Flaschen, das entspricht dem Bedarf von vier Jahren. Bis 1917 ging die Hälfte der Produktion nach Russland, wo Zar Alexander III eine besondere Vorliebe für die »Kristallflaschen« entwickelt hatte.

Ruinart ☆☆☆

Reims. www.ruinart.com. Gegr. 1729 (ältestes schriftlich belegtes Champagnerhaus). Besitzer: LVMH-Gruppe. 17 ha. Besuche: nur nach Anmeldung. O.J.: R de Ruinart Brut und Rosé. Jahrgangs-Champagner: R de Ruinart Brut Millésime. Prestige: Dom Ruinart Blanc de Blancs, Dom Ruinart Rosé

Napoleons Gattin Joséphine liebte Ruinart-Champagner. Leider vergaß sie jedoch nach ihrer Scheidung die Rechnungen zu bezahlen, die sie als Kaiserin hatte auflaufen lassen. Unter den leichteren Champagnern gehört Ruinart zu den beson-

---

Wer erzeugt Champagner?

1970 gab es 2900 Winzer, die eigenen Champagner bereiteten. Bis 1997 hatte sich diese Zahl nach Schwankungen auf 5100 erhöht. Der auf Winzer mit eigener Erzeugung und Genossenschaften entfallende Marktanteil stieg von 25 % im Jahr 1970 auf 28 % im Jahr 1997. Der größte Teil des Zuwachses bezieht sich auf Frankreich, zunächst im Direktverkauf oder Versand an Privatkunden, dann auch an Nobel-Restaurants. Der Export wird weiterhin von den großen Champagnerhäusern beherrscht. Ihre Position wird aber immer mehr von Genossenschaften und in geringerem Umfang auch von Winzern mit eigener Produktion angefochten, die ihre Champagner preisgünstiger anbieten.

Dosage & Süßegrad

Nach dem Degorgieren, dem Entfernen des gefrorenen Depotpfropfens, muss die Flasche wieder aufgefüllt werden. Dabei wird gleichzeitig der Süßegrad des fertigen Schaumweins durch Zugabe (Dosage) von *liqueur d'expédition,* einer Mischung aus Wein mit Zucker und manchmal sogar Branntwein, abgestimmt. Einige Firmen stellen einen vollkommen trockenen Champagner her, der nur mit Wein aufgefüllt wird und durch Namen wie »Brut Nature« oder »Brut Intégral« kenntlich ist. In den meisten Fällen wird jedoch etwas Zucker zugegeben. In der folgenden Aufstellung wird der Zuckeranteil in Gramm pro Liter angegeben, wie er bei der Dosage der verschiedenen Stile üblich ist. Extra brut: 0–6 g/l – knochentrocken. Brut: 3–15 g/l – sehr trocken. Extra sec: 12–20 g/l – trocken. Sec: 17–35 g/l – leicht süß. Demi-sec: 33–50 g/l – deutlich süß. Doux: über 50 g/l – sehr süß.

---

ders stilvollen, sowohl in jahrgangslosen Versionen als auch als Jahrgangs-Champagner. Das Luxusprodukt »Dom Ruinart« gehört zu den bemerkenswertesten Blancs de Blancs: einzigartig gehaltvoll und abgerundet durch die Chardonnay-Trauben aus der Montagne de Reims und mit den neueren Jahrgängen (1982, 1983, 1985, 1988, 1989 und 1993) ungemein erfolgreich. Ebenso hervorragend ist der »Dom Ruinart Rosé«. Das Haus besitzt Chardonnay-Reben in den Grand-cru-Lagen Sillery und Puisieulx der Montagne, die den Dom-Ruinart-Cuvées vorbehalten sind. Jahresabsatz: 2,2 Mio. Flaschen.

Salon ☆☆☆☆

Le Mesnil-sur-Oger. Gegr. 1920. Besitzer: Laurent-Perrier. 1 ha

Dieses einzigartige Haus erzeugt nur Jahrgangs-Blanc-de-Blancs aus der Gemeinde Mesnil, und das seit seiner Gründung höchstens viermal in einem Jahrzehnt. Mit Pionierleistungen auf dem Gebiet der Blanc-de-Blancs-Erzeugung gehört die Firma zwar in puncto Qualität noch heute zur absoluten Spitze, nicht aber in quantitativer Hinsicht, da die Jahrgangsproduktion nie 80 000 Flaschen übersteigt. Es sind subtil gehaltvolle, sehr trockene Champagner, in Handarbeit bereitet und an Wucht und Komplexität gemessen einem Grand-cru-Burgunder vergleichbar, die mit 15 Jahren gerade im richtigen Alter sind. Jedenfalls nichts für Leute, die sprühende Lebendigkeit suchen. Der Jahrgang 1990, Salons 33. Jahrgangs-Champagner, kam erst 2001 in den Verkauf. Aus dem 1 ha des eigenen Weinbergs kann das Haus gerade 15 % seines Bedarfs decken. Das übrige Traubengut stammt seit dem Beginn des 20. Jh. von immer denselben Grand-cru-Lagen in Mesnil.

Salon gibt nur 30 000 Flaschen pro Jahr frei, hält aber 270 000 Flaschen vorrätig, was einem Bestand von neun Jahren und proportional dem höchsten Verhältnis zwischen Absatz und Lagerhaltung in der Champagne entspricht.

Taittinger ☆☆–☆☆☆☆

Reims. www.taittingercom. Gegr. 1734 als Forest Forneaux, 1931 in Taittinger geändert. Besitzer: Familie Taittinger. 270 ha. Besuche: nur nach Anmeldung. Beteiligung: Domaine Carneros. O.J.: Brut Réserve, Demi-Sec, Prestige Rosé. Jahrgangs-Champagner: Brut. Prestige: Comtes de Champagne, Comtes de Champagne Rosé

Seit 1945 eine bedeutende Kraft in der Welt des Champagners und noch immer in Familienbesitz. Der Stil der Brut-Weine ergibt sich aus der vorherrschenden Verwendung von Char-

Champagner – ein Neubeginn

Anfang der Neunzigerjahre erlebte die Champagne ein Trauma. Ein scharfer Absatzrückgang ließ die Preise fallen und füllte die Lager bis zum Bersten. Rekordernten in den Jahren 1989 bis 1996 verschlimmerten die Situation zusätzlich. Alle Champagnerproduzenten – Handelshäuser, Genossenschaften, Winzer – erlitten so schwere Verluste, wie es sie seit der Wirtschaftskrise in den 30er-Jahren nicht mehr gegeben hatte.

Gegen Ende des Jahrzehnts war das Schlimmste überstanden. Nur durch drakonische Maßnahmen seitens der Weinbaubehörden im Jahr 1992, namentlich durch Einschränkung der Erträge und Verbesserungen beim Keltern des Leseguts – immer eine kritische Phase in der Champagnerherstellung –, konnte die Katastrophe verhindert werden. Seitdem dürfen nur noch zwei Pressungen (*cuvée* und *taille*) durchgeführt werden. Die bis dahin übliche dritte Pressung ist praktisch abgeschafft, und das mit gutem Grund, denn mit jeder Pressung nimmt die Qualität des Mosts ab. Die Weine liegen jetzt länger auf der Hefe (drei Jahre bei einem jahrgangslosen Champagner aus gutem Hause), was einen echten Qualitätsgewinn bedeutet.

Das Bewertungssystem

In jedem Herbst werden die Traubenpreise von einer Kommission festgesetzt, die aus Mitarbeitern des *Comité Interprofessionnel du Vin de Champagne* (CIVC), Winzern, Erzeugern und einem Regierungsvertreter besteht. Noch bis vor wenigen Jahren oblag dies allein dem CIVC.

CIVC ist ein offizielles Gremium, das die Interessen der Branche regelt, fördert und verteidigt. Die Weinberge der Region werden nach einem Prozentsystem in eine Bewertungsskala eingestuft, die so genannte *échelle des crus*. Sie orientiert sich zwar an geographischen Gegebenheiten, ist aber praktisch ein Preisindex, der die Qualiät der Rebflächen und ihres Traubenguts gemäß ihrer Reputation widerspiegelt. So erhalten die 17 Grands crus jeweils 100 %, die Premiers crus 90 bis 99 %, die Deuxiémes crus 80 bis 89 %. Wie die meisten Klassifikationssysteme hat auch die *échelle* die eindeutige Schwäche, dass keine qualitative Unterscheidung zwischen den einzelnen Lagen innerhalb eines Cru erfolgt. Deshalb richten sich die besseren Kellermeister auch nicht sklavisch nach dieser Skala, wenn sie das Lesegut für ihre Champagner aussuchen.

Die führenden Lagen und ihre Bewertung in Prozenten sind:

Marne-Tal

Avenay	93 %	alle Trauben
Aÿ	100 %	dunkle Trauben
Bisseuil	95 %	dunkle Trauben
Champillon	93 %	alle Trauben
Cumières	93 %	alle Trauben
Dizy	95 %	alle Trauben
Hautvillers	93 %	alle Trauben
Mareuil-sur-Aÿ	99 %	dunkle Trauben
Mutigny	93 %	alle Trauben

Côte d'Ambonnay

Ambonnay	100 %	dunkle Trauben
Bouzy	100 %	alle Trauben
Louvois	100 %	alle Trauben
Tauxières-Mutry	99 %	alle Trauben
Tours-sur-Marne	100 %	dunkle Trauben
Tours-sur-Marne	90 %	helle Trauben

Côte d'Epernay

Chouilly	100 %	helle Trauben
Chouilly	95 %	dunkle Trauben
Grauves	95 %	helle Trauben
Pierry	90 %	alle Trauben

Côte des Blancs

Avize	100 %	alle Trauben
Cramant	100 %	alle Trauben
Cuis	95 %	helle Trauben
Cuis	90 %	dunkle Trauben
Grauves	90 %	alle Trauben
Le Mesnil-sur-Oger	100 %	alle Trauben
Oger	100 %	alle Trauben
Oiry	100 %	alle Trauben

Côte de Vertus

Bergères-les-Vertus	95 %	alle Trauben
Vertus	95 %	alle Trauben

Montagne de Reims

Beaumond-sur-Vesle	100 %	alle Trauben
Chigny-les-Roses	94 %	alle Trauben
Ludes	94 %	alle Trauben
Mailly	100 %	alle Trauben
Montbré	94 %	helle Trauben
Puisieulx	100 %	alle Trauben
Rilly-la-Montagne	94 %	alle Trauben
Sillery	100 %	alle Trauben
Trépail	95 %	helle Trauben
Verzenay	100 %	alle Trauben
Verzy	100 %	alle Trauben
Villers-Allerand	90 %	alle Trauben
Villers-Marmery	95 %	alle Trauben

donnay im Verschnitt. Durch längere Flaschenreife ergab sich bei den jahrgangslosen Gewächsen gegen Ende der 1990er-Jahre ein spürbarer Qualitätsgewinn. »Comtes de Champagne« ist eine der haltbarsten, exquisitesten und luxuriösesten Cuvée-Prestige-Abfüllungen überhaupt. »Taittinger Collection«, eine Champagnerserie in Designer-Flaschen, ist im Grunde derselbe Wein wie Jahrgangs-Champagner, nur eben als Sammlerobjekt in entsprechender Aufmachung. Die Hälfte der Rebflächen sind mit Chardonnay bepflanzt und decken rund 50 % des Eigenbedarfs. Das Lesegut stammt hauptsächlich aus Avize,

Chouilly, Cramant, Mesnil und Oger. Absatz: rund 5 Mio. Flaschen jährlich; Bestände: 15 Mio Flaschen.

Alain Thiénot ☆☆–☆☆☆

Reims. www.alain-thienot.fr. Gegr. 1980.
Besitzer: Alain Thiénot. 14 ha.
Besuche: nur nach Anmeldung. Beteiligungen: Champagnes
Joseph Perrier und Marie Stuart; Château Rahoul, Graves;
Château Ricaud, Loupiac. O.J.: Brut. Jahrgangs-Champagner:
Brut, Rosé. Prestige: Grande Cuvée

Alain Thienot, ein ehemaliger Weinmakler aus alteingesessener Familie, hat ein neues Champagnerhaus geschaffen, das man im Auge behalten sollte. Die Trauben stammen aus exzellenten Lagen, von denen Aÿ und Le Mesnil-sur-Oger besondere Erwähnung verdienen. Der Stil ist auf natürliche, sehr trockene Champagner gerichtet, charakteristische und geschickt zusammengestellte Verschnitte der drei Haupttraubensorten. Frisch und spritzig ist der Jahrgangslose, hat aber trotzdem einen schönen Anflug von Reife. Der Jahrgangs-Rosé ist fein gefügt, aber mit fester Struktur. In der außergewöhnlichen »Grande Cuvée« vereinen sich schöne, geschmeidige Fruchtigkeit und beträchtliche Komplexität. Jahresproduktion: 600 000 Flaschen.

Veuve Clicquot-Ponsardin ☆☆☆

Reims. www.clicquot.com. Gegr. 1772. Besitzer: LVMH-Gruppe. 286 ha. Besuche: nur nach Anmeldung. Beteiligungen: Cape Mentelle, Australien. Cloudy Bay, Neuseeland. O.J.: Yellow Label, Demi-Sec, White Label Rich. Jahrgangs-Champagner: Gold Label, Rosé, Rich Réserve. Prestige: La Grande Dame, La Grande Dame Rosé

Großes, äußerst renommiertes und einflussreiches Haus, Erzeuger von exzellentem klassischem Champagner in festem, reichhaltigem, vollaromatischem Stil. Der Erfolg des Hauses geht auf »die Witwe« Clicquot zurück, die 1805 im Alter von nur 27 Jahren die Geschäfte des Hauses übernahm, nachdem ihr Mann gestorben war. Sie erfand das heute überall übliche *remuage*-Verfahren (Rüttelverfahren) zur Klärung des Weins und brachte den ersten Rosé-Champagner heraus. Seit 1928 gab es nur vier Kellermeister, zurzeit (seit 1985) bekleidet Jacques Peters das hohe Amt des *chef de caves*. Bei allem Traditionsbewusstsein ist die Kellertechnik durch und durch modern, so werden z. B. seit 1961 keine Holzfässer mehr benutzt. Die Cuvée Prestige »La Grande Dame« ist ein Meisterstück an Ausgewogenheit zwischen Körperreichtum und Finesse, und seit seinem Erscheinen im Jahr 1996 hat sich der »Grande Dame Rosé« rasch Anerkennung als einer der besten Rosé-Champagner erworben. Die Weinberge sind gleichmäßig über die klassischen Bereiche verteilt; die Durchschnittsbewertung der *échelle* liegt bei 97 %. Produktion: 8 Mio. Flaschen; Bestände: 40 Mio. Flaschen.

Weitere Erzeuger von Champagner

Aufgeführt sind Erzeuger mit eigenen Weinbergen, Genossenschaften und Handelshäuser.

Agrapart ☆☆

Avize. www.champagne-agrapart.com

Blanc de Blancs ist die Spezialität des Hauses, ein Wein von Rasse und Eleganz. Auch feiner Rosé.

Ayala ☆–☆☆

Aÿ. www.chateau-ayala.fr

Traditionsbewusstes Haus, war früher sehr in Mode, mit sauberen, mittelschweren, preiswerten Champagnern. Am besten ist der Jahrgangs-Blanc-de-Blancs.

Paul Bara ☆☆–☆☆☆

Bouzy

Führender *récoltant-manipulant* in Bouzy mit fülligen Pinotbetonten Champagnern. Außergewöhnlicher »Grand Rosé«.

Barancourt ☆☆

Bouzy. www.vranken.fr

1994 an Champagne Vranken (siehe dort) übergegangen. Kleines Haus, spezialisiert auf dicht strukturierten Blanc de Noirs mit Jahrgang und exzellenten roten Bouzy-Stillwein.

Edmond Barnaut ☆☆

Bouzy. www.champagne-barnaut.com

Hier wird mit einem ungewöhnlichen Solera-Verfahren (siehe Seite 409) die »Grande Réserve« bereitet. Auch voller, weiniger Blanc de Noirs.

Beaumont des Crayères ☆–☆☆

Mardeuil

Kleine Genossenschaft westlich von Epernay mit sehr guten, von Pinot Meunier beherrschten, frischen und fruchtigen Champagnern zu erschwinglichen Preisen.

Boizel ☆☆

Epernay. www.champagne-boizel.fr

1834 gegründeter Familienbetrieb; jetzt mehrheitlich im Besitz von Bruno Paillard (siehe dort) und Chanoine Frères. Gut bereitete, fruchtige Champagner zu günstigen Preisen.

Alexandre Bonnet ☆☆

Les Riceys. www.champagnebonnet.com

Erzeuger des raren Rosé des Riceys. Die Familie ist seit 1932 im Handel tätig. 1998 ging das Haus in den Besitz von Bruno Paillard (siehe dort) über. Die Trauben stammen aus eigenem Weinbergbesitz um Les Riceys und aus besten Lagen an der Marne, besonders der Côte des Blancs. Der Jahrgangs-Champagner »Cuvée Madrigal« ist besonders füllig.

Ferdinand Bonnet ☆

Reims

Die Firma, jetzt im Besitz von Rémy-Cointreau, wurde in den späten 90ern großzügig ausgebaut. 10 ha exzellente Chardonnay-Lagen an der Côte des Blancs. Stilvoller Blanc-de-Blancs-Jahrgangs-Champagner.

Bricout ☆–☆☆

Avize. www.chateau-bricout.com

Was das Etikett aussagt

Die Champagnerindustrie verwendet auf den Flaschenetiketten eine Reihe von Abkürzungen, aus denen man die Herkunft des Weins erkennen kann:

NM négociant-manipulant Ein Erzeuger, der zugekaufte Trauben vinifiziert.
RM récoltant-manipulant Erzeugt Champagner aus eigenen Trauben.
CM coopérative-manipulant Erzeuger, der einer Genossenschaft angeschlossen ist.
ND négociant-distributeur Handelshaus, das Champagner verkauft, aber nicht erzeugt.
SR société de récoltants Teilhabergesellschaft, meistens innerhalb einer Familie.
MA marque d'achateur Champagner, der unter der Handelsmarke eines Einzelhandelsunternehmens verkauft wird, meistens eine Supermarktkette.

Rosé de Riceys

Les Riceys, ganz im Süden der Champagne, verfügt über eine der eigentümlichsten kleinen Appellationen Frankreichs, die ganz speziell für einen Rosé aus Pinot-noir-Trauben gilt. In den meisten Jahren wird hier nur Champagner produziert, aber in guten, reifen Jahrgängen werden die besten Pinot-noir-Trauben mit einem potenziellen Alkoholgehalt von mindestens 10 % ausgelesen. Zunächst wird der Boden eines offenen Holzbottichs mit Trauben bedeckt, die dann mit den Füßen zertreten werden. Anschließend füllt man den Bottich mit ganzen, unversehrten Trauben auf. Die Gärung beginnt am Boden, und der gärende Most wird über die oben liegenden Trauben gepumpt. Zu einem sorgfältig gewählten Zeitpunkt wird der Most dann abgezogen, die Trauben gepresst und die beiden Flüssigkeiten »vereint«. Daraus entsteht ein dunkler Roséwein von der »Farbe des Abendrots« – wie die Winzer dort sagen – und einem Geschmack nach Stachelbeeren. Alexandre Bonnet (siehe dort) war der Meister dieser Kellertechnik; seine Söhne führen jetzt die gute Tradition fort. Zwischen 1983 und 1996 wurde dieser Wein nur fünfmal produziert. Ein weiterer Erzeuger ist Defrance (siehe dort).

Kleines Champagnerhaus in deutschem Besitz mit leichten, rassigen Weinen. Bei weitem am besten ist die Chardonnay-dominierte Cuvée Prestige »Arthur Bricout«.

Canard-Duchêne ☆–☆☆
Ludes.
www.canard-duchene.fr
Nach einer Schwächeperiode zu Beginn der 90er-Jahre – die Champagner wurden dem Rang einer *grande marque* nicht mehr gerecht – ist nun eine reformierende Hand am Werk. Verbesserter, auf Pinot beruhender jahrgangsloser Champagner, der sich lebendig und frisch gibt, sowie eine gehaltvolle Prestige-Abfüllung namens »Charles VII«. Im Besitz von LVMH.

de Castellane ☆
Epernay. www.castellane.com
Alteingesessenens Haus mit großer Vergangenheit, für die ein zinnenbewehrter Turm als Symbol steht. Sauberer, recht leichter jahrgangsloser Champagner und die gehaltvollere »Cuvée Commodore« mit Jahrgang.

Delbeck ☆☆
Reims. www.delbeck.com
Feines, kleines Champagnerhaus, seit 1994 im Besitz von Bruno Paillard (siehe dort). Grand-cru-Champagner werden aus verschiedenen Lagen erzeugt, darunter Aÿ und Bouzy. Ebenfalls feine Jahrgangs-Champagner.

Jacques Defrance ☆–☆☆
Les Riceys
Ein weiterer hervorragender Erzeuger des raren Rosé des Riceys. Körperreiche, Pinot-dominierte Champagner.

Daniel Dumont ☆–☆☆
Rilly-la-Montagne
Exzellente Champagner, besonders die gut gereifte, Pinot-beherrschte »Grande Réserve« und der feine *demi-sec*.

Egly-Ouriet ☆☆–☆☆☆
Ambonnay
Volle, komplexe, Pinot-dominierte Champagner von der nur 8 ha großen Rebfläche dieses exzellenten kleinen Weinguts.

Nicolas Feuillatte ☆–☆☆☆
Chouilly.www.feuillatte.com
Die Marke ist eine Kreation des weltweit in der Werbung tätigen M. Feuillate und des Centre Vinicole de la Champagne (CVC), der größten Genossenschaft der Region. Hochmoderne Kellertechnik und korrekte Qualität, dazu gelegentlich eine außergewöhnliche Cuvée, z.B. der Jahrgangs-Champagner »Palme d'Or«. Im Jahr 2001 bot man Weine aus vier verschiedenen Grand-cru-Lagen an. Der Gesamtverkauf im Jahr 2001 betrug 5 Mio. Flaschen.

Georges Gardet ☆
Chigny-les-Roses.
www.chateau-gardet.com
Volle, gut gereifte Champagner vorwiegend von Pinot-noir-Trauben aus der Montagne de Reims. Alle Flaschen tragen das Datum des Degorgierens.

Gatinois ☆☆–☆☆☆
Aÿ
Konzentrierter, auf Pinot noir beruhender Champagner aus Grand-cru-Lagen und in guten Jahren stiller roter Coteaux Champenois. Hohe Qualität.

René Geoffroy ☆☆
Cumières. www.chateau-geoffroy.com
Seit dem 16. Jh. *vignerons* im Marne-Tal mit feinem Premier-cru-Weinbergbesitz. Ein Erzeugerbetrieb der guten traditionellen Art, der teilweise mit Fassgärung sowie spätem Degorgieren bei Jahrgangs-Champagnern arbeitet und ferner exzellenten roten Cumières produziert.

Pierre Gimmonet ☆☆–☆☆☆
Cuis
Der ansehnliche Erzeugerbetrieb mit beneidenswert schönem Weinbergbesitz an der Côte des Blancs verfügt auch über eine exzellente Kellertechnik: brillanter, knochentrockener »Maxi-Brut« und eindrucksvolle »Cuvée Gastronome«: Finesse durch und durch.

Emile Hamm ☆–☆☆
Aÿ
Früher Erzeugerbetrieb in Aÿ, seit 1930 Handelshaus. Exzellenter, sehr trockener Champagner.

Heidsieck Monopole ☆–☆☆
Epernay. www.vranken.fr
Eines der ältesten Champagnerhäuser (gegründet 1777) und *grande marque* wurde 1996 von Mumm an die Vranken-Gruppe verkauft. Die Qualität des jahrgangslosen »Brut Dry Monopole« ist zu Beginn der 90er-Jahre etwas abgerutscht, doch der »Diamant Bleu« ist nach wie vor eine der großen Luxus-Cuvées der Champagne: ein wuchtiger, über viele Jahre hinweg entfaltungsfähiger Charakter.

Jacquart ☆–☆☆
Reims. www.jacquart-champagne.fr
Diese zum Handelshaus umgestaltete Genossenschaft gehört heute der Alliance Champagne, ist Herr über 850 ha Rebland und verkauft 10 Mio. Flaschen pro Jahr. Die knackig-frische, prägnante »Brut Sélection« (vorwiegend aus Chardonnay) ist

ein Schnäppchen. Spitzen-Erzeugnisse laufen unter den Namen »Nominée«.

Larmandier-Bernier ☆☆–☆☆☆
Vertus. www.larmandier.com
Exzellente Chardonnay-Lagen an der Côte des Blancs erbringen im Verein mit Pierre Larmandiers Talent Blanc de Blancs von unbestechlichem Geschmack. Außergewöhnlicher Cramant Grand Cru und ultratrockener, ohne Dosage bereiteter Vertus Premier Cru.

Leclerc-Briant ☆☆
Epernay. ww.leclercbriant.com
Betrieb mit 30 ha Weinbergen in mehreren Gemeinden, der sich vor Innovationen nicht scheut: drei Einzellagen-Champagner von Premier-cru-Lagen werden unter dem Namen »Les Authentiques« erzeugt, außerdem wird gerade auf biodynamische Anbaumethoden umgestellt.

R. & L. Legras ☆☆
Chouilly
Winzer seit dem 18. Jh., heute ein modisches kleines Champagnerhaus, das mit seinem liebenswerten Grand cru Blanc de Blancs eine Marktnische bei französischen Restaurants mit Michelin-Sternen für sich aufgetan hat.

Mailly Grand Cru ☆☆
Mailly. www.chateau-mailly.com
Kleine, exklusive Genossenschaft. Alle 70 Mitglieder besitzen Grand-cru-Lagen in Mailly in der Montagne de Reims. Volle, muskulöse Champagner (mit mindestens 75 % Pinot noir), die frühestens nach vier Jahren Flaschenreife ihr Bestes geben.

Serge Mathieu ☆☆–☆☆☆
Avirey-Ligney
Spitzenerzeuger der Region Aube mit gehaltvollen und doch superfeinen Champagnern. Superber Rosé und besonders frischer und schmackhafter roter Coteaux Champenois.

Pierre Moncuit ☆☆–☆☆☆
Le Mesnil-sur-Oger
Erstklassiger Blanc de Blancs aus einer der besten Côte-des-Blancs-Gemeinden.

Philipponnat ☆☆–☆☆☆
Mareuil-sur-Aÿ. www.champagnephilipponnat.com
Kleiner traditionsbewusster Betrieb, der nun zu Bruno Paillard (siehe dort) gehört. Champagner mit guter Konstitution, die auf Langlebigkeit ausgelegt sind. Besonders fein und gewichtig gibt sich der Einzellagen-Champagner »Clos des Goisses« – ein Wunder an Pinot-noir-Konzentration –, der nur in Spitzenjahrgängen wie 1985, 1988, 1989 und 1990 erzeugt wird.

Alain Robert ☆–☆☆☆
Le Mesnil-sur-Oger. www.champagne-robert.fr
Hervorragender Winzer und perfektionistischer Champagnererzeuger. Seine stets mindestens zwölf Jahre alte »Mesnil Sélection« ist ein großer Blanc de Blancs. Viele seiner Weine werden erst nach Eingang der Bestellung degorgiert.

Jacques Selosse ☆☆
Avize. www.champagne-selosse.com

Champagner bei Tisch

Es gibt kein Gericht, zu dem ausdrücklich ein Champagner zu empfehlen wäre, wohingegen die Champagnerhersteller gerne betonen, dass er zu fast jeder Speise passt (und es wird auch vor Wild und Käse nicht Halt gemacht). Sicherlich ist die Geschmacksfülle eines Jahrgangs-Champagners in der Lage, fast jedes Essen zu begleiten, doch einen schäumenden Wein bei Tisch halten viele für unpassend. Champagner ist der Aperitifwein par excellence und kann im Gegenzug eine wunderbare Erfrischung nach einem reichhaltigen Mahl sein. Alternativen sind mittlerweile der nur leicht perlende Crémant (im ursprünglichen Sinne der Champagne) oder der stille weiße oder rote Coteaux Champenois. Letzterer vor allem aus Bouzy.

Origineller Winzer, der ausschließlich in Holzfässern vergärt. Zu seinem großen, ausgewogenen Programm an erstklassigen Blancs de Blancs zählen auch ein knochentrockener *Extra sec* sowie die in neuen Eichenfässern bereitete »Cuvée d'Origine«. Die Meinungen sind geteilt darüber, ob diese Champagner nun wunderbar oder nur wunderlich sind.

Tarlant ☆☆
Oeuilly. www.tarlant.com
Ein Winzer, der zur Spitzenklasse zählt. Die Weine werden nach Lagen getrennt in Holzfässern vergärt, um dem Spezifischen ihrer Böden bestmöglichen Ausdruck zu verleihen. Die im Stil den Weinen von Krug ähnelnde »Cuvée Louis« ist umwerfend.

Union Champagne ☆☆
Avize
Die Genossenschaft mit der besten Qualität in der Champagne. Ihre Mitglieder besitzen prachtvolle Chardonnay-Lagen an der Côte des Blancs. Die Hauptmarke ist »De Saint-Gall«. Die Prestige-Abfüllung »Cuvée Orpale« gehört zu den besten Blanc-de-Blancs-Champagnern.

de Venoge ☆–☆☆
Epernay.
www.champagnedevenoge.com
Jetzt im Besitz der Bruno-Paillard-Gruppe (siehe dort); das relativ große Haus erzeugt gefällige, sanfte, geschmeidige Champagner. Sehr guter Jahrgangs-Blanc-de-Blancs. Die Qualität ist nicht immer gleichmäßig.

Vilmart ☆☆
Rilly-la-Montàgne.
www.champagnevilmart.fr
Winziger Betrieb mit Champagner von sehr hoher Qualität, der in Holz vergoren wird und lange in der Flasche reift. Vilmart verwendet in seinen Weinbergen nur die geringstmögliche Menge an Herbiziden und keine Düngemittel.

Vranken ☆
Epernay. www.vranken.fr
»Demoiselle« ist die führende Marke dieser Champagnergruppe, die 1976 von Paul-François Vranken, einem belgischen Marketingspezialisten, gegründet wurde. Leichte, Chardonnaybetonte Champagner in vernünftiger Qualität. »Veuve Monnier« und »Charles Lafitte« sind weitere Marken. Die Gruppe übernahm 1994 die Kontrolle über Barancourt, 1996 über Heidsieck Monopole und 2002 über Pommery (siehe jeweils dort).

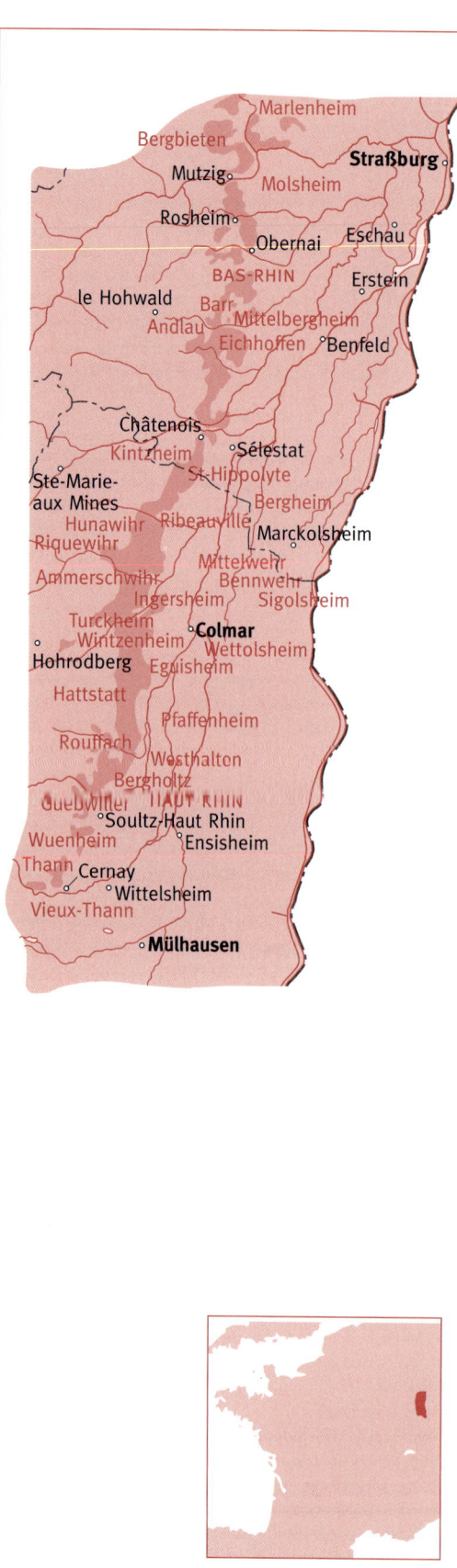

Elsass

Nach all den französischen Regionen, deren Appellations-systeme von mittelalterlichen Theologen erdacht zu sein scheinen, herrscht im Elsass geradezu märchenhafte Einfachheit: Eine einzige Appellation, Alsace, gilt für die ganze Region, eine zweite, Alsace Grand cru, bezeichnet dagegen ausgewählte Lagen.

Auch die aus Deutschland bekannten Komplikationen mit Reifegraden spielen hier keine Rolle. Die Elsässer Etiketten sind so einfach und klar wie die kalifornischen: der Name des Erzeugers und die Traubensorte, viel mehr ist nicht zu finden. Im Elsass sorgt jedoch eine ganze Reihe streng gehandhabter Gesetze dafür, dass es zu keinen bösen Überraschungen kommt. Sortenreine Weine müssen zu 100 % der angegebenen Sorte entsprechen, weshalb die Weine berechenbar und zuverlässig sind. Ihre Erzeuger würden ihnen gern ein glanzvolleres Image geben und sie in die Liste der »Großen« aufsteigen sehen. Deshalb wird zunehmend Wert auf späte Lese und auf Grand-cru-Weinberge oder ähnliche ausgewählte Lagen gelegt. Dem Weintrinker dagegen ist wichtiger, dass das Elsass die Qualität und den Stil seiner Weine mit mehr Sicherheit gewährleistet als irgendein anderes Weinbaugebiet. Es bietet klar konturierte, aromatische, brillant-appetitliche Tischweine zu vernünftigen Preisen.

Das elsässische Weinbaugebiet erstreckt sich über 113 km Länge und zwei oder drei Kilometer Breite an der Ostflanke der Vogesen. Hier befinden sich in den Departements Haut-Rhin und Bas-Rhin zwischen 200 und 400 m hohe Vorberge, die südost- und südwärts geneigte Hänge mit gutem Wasserabzug im Schutz der Hohen und Wälder der Vogesen bieten. Die ganze Region liegt im Regenschatten des Gebirges und kann mit die geringste Niederschlagsmenge und die meisten Sonnenstunden in ganz Frankreich verzeichnen.

Wenn man Wasserscheiden als natürliche Grenzen betrachtet, müsste man das Elsass als Landschaft zu Deutschland zählen. Früher war es ja auch politisch ein Teil Deutschlands, seit aber der Rhein die Landesgrenze bildet, ist das Elsass französisch. In der Sprache und in der Architektur hat es jedoch seine Nähe zu Deutschland behalten, und auch seine Traubensorten sind hauptsächlich dieselben wie die deutschen; da sie aber französisch behandelt werden, bringen sie einen ganz anderen Wein hervor. Worin liegt nun der Unterschied? Die Weinberge auf der anderen Rheinseite erbringen die gleichen Weine aus den gleichen Reben, ihre Struktur jedoch ist meistens eine völlig andere.

Der badische Riesling ist eher rassig als gehaltvoll, der Pinot gris (Grauburgunder) häufig so mit Eichenholz überladen, dass er seine herrliche Moschuswürze erst gar nicht entwickeln kann, und auch der deutsche Pinot blanc (Weißburgunder) wird oft in Fässern gereift. Im Gegensatz dazu findet bei vielen der besten Elsässer Weinen die Gärung zwar nach wie vor in Eichenfässern statt, aber sie sind so alt und derart dick mit Weinstein verkrustet, dass kein Holzgeschmack und kein Luftsauerstoff an den Wein gelangt und er deshalb den aromatischen (oder nicht aromatischen) Charakter seiner Trauben klar und unverfälscht wiedergeben kann.

Elsässer Weine werden im Frühjahr nach der Ernte (spätestens im Herbst) abgefüllt und leider meist bereits jung getrunken. Bei Flaschenlagerung würden sie eine Komplexität entwickeln, die so zu kurz kommt. Ein guter Riesling, Gewurztraminer (im Elsass werden keine Umlaute verwendet, was ich aber im Folgenden tun werde) oder Pinot gris verdient min-

Vendange tardive

Mit Hilfe der Spätlese, *vendange tardive*, wollen die Elsässer Weinerzeuger zur Spitze des Ruhms aufsteigen, die von Burgund und Bordeaux bis jetzt alleine beansprucht wurde. Wenn ein warmer Herbst auf einen warmen Sommer folgt (zuletzt in den Jahren 1989, 1990, 1994 und 1998), bildet sich derart viel Zucker in den Trauben, dass nach Beendigung der Gärung noch eine erhebliche Restsüße vorhanden ist und der Alkoholgehalt im Allgemeinen höher liegt als bei deutschen Auslesen. Die einzigartige Kombination von Stärke, Süße und hoch konzentriertem fruchtigem Geschmack ist nur im Elsass anzutreffen. Das Haus Hugel aus Riquewihr war federführend bei der Erstellung einer Rahmenregelung für die Bereitung der *vendange tardive*. Hochreife Trauben, die unter dem Einfluss von Edelfäule zu noch höheren Zuckerkonzentrationen herangewachsen sind, erbringen Weine, die unter der Bezeichnung Sélection de grains nobles (SGN) zusammengefasst werden.

Im Jahr 2001 wurden strengere Vorschriften erlassen und der minimale potenzielle Alkoholgehalt für jede Traubensorte angehoben. Für Vendange tardive müssen die Sorten Muscat und Riesling nun bei 14 % (vorher 13,1 %) gelesen werden, Pinot gris und Gewürztraminer bei 15,3 % (vorher 14,4 %). Für SGN gilt bei Muscat und Riesling der neue Wert 16,4 % und bei Pinot gris und Gewürztraminer 18,2 %.

Diese Neuregelung war überfällig. Durch Ertragsbeschränkung und globale Erwärmung war es für die Winzer ein Leichtes, hohe Mostgewichte zu erzielen, was dazu führte, dass Vendange tardive und sogar SGN in viel zu großen Mengen erzeugt wurden. Die besten Häuser hatten sich zwar bereits freiwillig strengeren Bedingungen unterworfen, einige Handelshäuser und Genossenschaften hielten sich jedoch weiterhin nur an die gesetzlichen Vorgaben und produzierten Weine, deren Qualität weit hinter die von Hugel und anderen angestrebten Standards zurückfiel.

Nun sollten die Weine also bald wieder voller und süßer werden, und es wird leichter sein, einen Grand cru Pinot gris von einer Vendange tardive Pinot gris zu unterscheiden. Es wäre jedoch ausgesprochen schade, wenn die Weinerzeuger des Elsass ihr Faible für die Spätlesen so weit treiben würden, dass ihre trocknen Weine darunter zu leiden begännen.

---

destens vier Jahre in der Flasche und oft bis zu zehn. Dies gilt vor allem für die süßeren Weine, die in immer größeren Mengen erzeugt werden (siehe Kasten). Süßweine erzielen höhere Preise, bieten aber nicht die vollen, knackigen Aromen, die die besten Weine der Region hervorbringen können.

Das Zentrum des besten Teils der Weinbauregion Elsass besteht aus einer Gruppe von Orten nördlich und südlich von Colmar im Departement Haut-Rhin. Der berühmteste ist die mit großzügigen Fachwerkbauten herausgeputzte, blumengeschmückte kleine Stadt Riquewihr: das St-Emilion der Vogesen.

Im Süden ist das Klima am wärmsten und trockensten, aber der Unterschied zum nördlichen Teil ist kaum so groß, dass der oft zitierte Vergleich des Haut-Rhin mit dem Haut-Médoc zulässig wäre. Nichts rechtfertigt die Annahme, dass es rheinabwärts, also im Bas-Rhin, auch mit der Weinqualität »bergab« ginge. Noch weiter im Norden schließt sich das deutsche Weinbaugebiet der Rheinpfalz an, aus dem die vollsten und zum Teil auch größten aller deutschen Rieslinge kommen.

Von großer Bedeutung sind einzelne Weinlagen mit bestem Boden und Mikroklima. 30 oder 40 Hänge an den Vogesen sind so berühmt, dass sie in Burgund schon vor ewigen Zeiten von einer Mauer aus Gesetzen umgeben worden wären – im Elsass gibt es das erst seit 1983.

Zwar hatte man im Elsass schon länger die Möglichkeit diskutiert, bestimmte Rebflächen als Grands crus namentlich zu erfassen, doch erst Mitte der Siebzigerjahre war die Zeit reif, eine geeignete Klassifizierung der großen Lagen auszuarbeiten. Es wurde eine Liste mit 94 möglichen Kandidaten (*lieux-dits*) erstellt, von denen im Jahr 1983 die ersten 25 den Grand-cru-Status zuerkannt bekamen. 1985 folgten weitere 23 und 1988 schließlich nochmals zwei. Diese Gesamtzahl von 50 Lagen dürfte vermutlich auf längere Sicht erhalten bleiben, wobei die Grands crus recht großzügig angesetzte 12 % der Gesamtfläche repräsentieren.

Einige Grand-cru-Namen sind von Etiketten her vertraut. Schoenenbourg in Riquewihr ist besonders für seinen Riesling bekannt, weitere Beispiele sind der Schlossberg in Kaysersberg, Kitterlé in Guebwiller, die Lagen Eichberg und Brand in Turckheim und der Rangen von Thann. Die Besitzverhältnisse an diesen Lagen sind in den Angaben über die Erzeuger näher beschrieben.

Grand-cru-Weine müssen aus bestimmten Hanglagen stammen und jeweils ausschließlich von einer der inzwischen in der Region zunehmend angepflanzten »edlen« Rebsorten – Riesling, Gewürztraminer, Pinot gris und Muscat – gekeltert sein. Die zulässigen Hektarerträge sind niedriger, die Anforderungen an den Mindestalkoholgehalt höher als bei anderen Elsässer Weinen. Seit 2001 dürfen die einzelnen Weingüter innerhalb der Grand-cru-Bereiche auf freiwilliger Basis noch strengere Regeln anwenden, als die Appellation vorschreibt. Die meisten Erzeuger sind sich einig, dass ihnen die Grand-cru-Bestimmungen die Möglichkeit geben, das Terroir ihrer besten Weine zur Geltung zu bringen; doch gerade einige der großen Häuser (Trimbach, Beyer, Hugel) sind anderer Überzeugung und verzichten auf die Nennung der Grand-cru-Lagen auf den Etiketten.

Ein weiterer großer Fortschritt im Elsass ist mit der wachsenden Beliebtheit des seit Anfang des 20. Jahrhunderts produzierten, aber erst seit kurzem wirklich erfolgreichen Crémant d'Alsace verknüpft. Es handelt sich dabei um nach der *méthode traditionnelle* bereiteten Schaumwein von beliebigen Elsässer Rebsorten – allerdings erwiesen sich in der Praxis Muscat und Gewürztraminer als zu aromatisch. Meist wird Pinot blanc verwendet, wobei etwas Chardonnay beigemischt sein kann (der in Stillweinen jedoch nicht zugelassen ist). Der Crémant Rosé hingegen wird ausschließlich aus Pinot-noir-Trauben bereitet.

In den letzten 15 Jahren sind auch Rotweine wieder aufgekommen (ebenfalls aus Pinot noir). Sie scheinen aber nur den einheimischen Winzern und Konsumenten am Herzen zu liegen, alle anderen greifen bisher lieber auf die Rotweine berühmterer Anbaugebiete zurück.

Es war nicht immer leicht, Farbe und Substanz in den Elsässer Rotweinen zu entdecken, doch hat sich dies inzwischen durch sorgfältige Auswahl der Pinot-noir-Klone und gewissenhafte Farb- und Aromaextraktion dahingehend gebessert, dass nun vollere, charakterstärkere Weine angeboten werden, die manchmal sogar an feinen Burgunder heranreichen.

Erzeuger & Genossenschaften

Der Weinbergbesitz ist im Elsass noch stärker aufgesplittert als im übrigen Frankreich. 6100 Winzer teilen sich die Gesamtfläche von 14 400 ha – was für den einzelnen Winzer im

Durchschnitt nur knapp über 2 ha bedeutet (in Wirklichkeit entfallen aber auf 2000 Erzeuger bereits 85 % der Rebfläche).

Im Zuge der wechselvollen europäischen Geschichte fielen – auf welche Weise auch immer – einer Hand voll Familien größere Besitztümer im Elsass zu, die allerdings bis heute nur selten mehr als 40 ha umfassen. Diese Familien können ihre Wurzeln zuverlässig bis in das 17. Jahrhundert zurückverfolgen, als der Dreißigjährige Krieg die Provinz schwer mitnahm. Beim Wiederaufbau des Weinbaus nach den beiden Weltkriegen versammelten sie kleinere Winzer der Region um sich und kümmerten sich außer um die eigene Domaine auch um die Bereitung und den Vertrieb der Produkte ihrer Nachbarn. Im Rahmen von Verträgen kaufen sie heute deren Trauben auf und keltern ihren Wein – wobei die Weine der eigenen Domaine aber regelmäßig als die Spitzenklasse geführt werden.

Dem kleinen Winzer steht als Alternative zur vertraglichen Bindung an einen solchen *producteur-négociant* (oder auch nur Négociant) die örtliche Genossenschaft zur Verfügung. Im Elsass wurden um die vorletzte Jahrhundertwende die ersten Winzergenossenschaften Frankreichs gegründet, und heute ist die Genossenschaftsbewegung hier eine der weltweit stärksten. Die Qualitätsmaßstäbe sind außerordentlich hoch, und oft sind die Genossenschaftsweine auch die preiswertesten.

Die führenden Erzeuger im Elsass

Lucien Albrecht ☆☆
Orschwihr. 30 ha. www.lucien-albrecht.fr
Jean Albrecht ist der wichtigste Erzeuger in den Pfingstberg-Grand-cru-Lagen, aus denen er beeindruckenden Riesling, Pinot gris und Gewürztraminer gewinnt. Die einfacheren Weine sind fein und fruchtig und immer recht preiswert.

Jean Becker ☆–☆☆
Zellenberg. 18 ha
Die Familie Becker treibt seit 1618 in Riquewihr Weinbau und -handel. Ein Viertel ihres Besitzes ist Grand-cru-Rebland (Froehn in Zellenberg und Sonnenglanz in Beblenheim). Weitere Weinberge liegen in Riquewihr, Beblenheim, Ribeauville und Hunnawihr. Die Hauptrebsorte ist Riesling; es wird aber auch außergewöhnliche Vendange tardive und SGN aus Muscat erzeugt. Becker versteht sich außerdem auf exzellenten Gewürztraminer.

Léon Beyer ☆☆–☆☆☆
Eguisheim. 21 ha
1867 gegründete Familienfirma; die Beyers sind jedoch bereits seit 1580 Winzer im Elsass. Alle Rebflächen liegen in Eguisheim. Die besten Beyer-Weine sind körperreich, kräftig und trocken, eindeutig als Tischweine gedacht und oft in französischen Spitzenrestaurants anzutreffen. Die feinsten Weine tragen das Etikett »Cuvée des Comtes d'Eguisheim« und altern hervorragend.

Domaine Paul Blanck & Fils ☆☆☆
Kientzheim. 36 ha. www.blanck.com
Erstklassiges, 1922 gegründetes Weingut, zu dem auch Teile der Grand-cru-Lagen Furstentum und Schlossberg in Kientzheim gehören (die Blancks sind seit 1620 eingetragene Besitzer am Schlossberg) sowie vom Grand cru Mambourg. Den Anbau kann man fast als ökologisch bezeichnen. Alle Trau-

ben werden von Hand gelesen. Die temperaturgeregelte Gärung in Edelstahltanks bringt großartige Ergebnisse. Die gehaltvollsten Weine scheinen aus Furstentum zu stammen, viele von ihnen enthalten etwas Restzucker. Hingegen zeichnet die Schlossberg-Weine ein eher mineralischer Charakter aus, und sie sind deutlich trockner. Blanck-Weine aller Preisklassen sind erstklassig bereitet, und der Pinot-noir von Furstentum gehört zu den besten Weinen des Elsass.

Bott-Geyl ☆☆
Beblenheim. 13 ha
Dieses weitgehend ökologisch wirtschaftende Weingut wird von Jean-Christophe Bott geleitet und erzeugt eine beachtenswerte Palette voller, ultrareifer, würziger, wenn auch gelegentlich etwas schlaffer Weine aus den Haupttraubensorten. Die Grand-cru-Lagen des Hauses sind Furstentum und Sonnenglanz, aus denen ein sehr exotischer Pinot gris entsteht.

Ernest Burn ☆☆–☆☆☆
Gueberschwihr. 10 ha
Feines Weingut unter der Leitung von Francis und Joseph Burn. Die Hälfte der Weinberge liegt in Clos St-Imer und dessen Grand-cru-Lage Goldert, die seit 1934 im Familienbesitz ist. Beachtlich die Pinot-gris-Weine (Honig und Würze in Fülle, doch niemals überladen) und der Muscat aus dem Clos kann ungewöhnlich elegant sein.

Domaine Marcel Deiss ☆☆–☆☆☆☆
Bergheim. 20 ha
Familie Deiss treibt seit 1744 im Elsass Weinbau, die heutige Domaine wurde 1949 gegründet. Zu ihren besten Weinbergen gehören 2,5 ha Grand cru Altenberg de Bergheim und knapp 1 ha Grand cru Schoenenbourg. Das Hauptziel des von Jean-Michel Deiss geleiteten, biodynamisch anbauenden Weinguts ist, das Terroir zur Geltung zu bringen, da, wie er sagt, dessen ureigener Charakter wichtiger sei als die Rebsorte. Die besten Weine sind dementsprechend Verschnitte. Niedrige Erträge und späte Ernte bedeuten auch, dass sie deutlich süß sind – zu süß für manche.

Dirler ☆–☆☆☆
Guebwiller. 12 ha
Neben Schlumberger (siehe dort) eines der besten Weingüter im südlichen Elsass (biodynamischer Anbau seit 1998), mit Grand-cru-Weinbergen in Saering, Spiegel, Kitterlé und Kessler. Aus allen erzeugt Jean Dirler sortenreine Weine, anhand derer man die verschiedenen Charaktere der einzelnen Lagen gut vergleichen kann. Es sind sehr seriöse Weine, trocken, aber feurig und mit viel Extrakt. Bei einer derart großen Auswahl gibt es neben Volltreffern zwangsläufig auch Nieten. Der Muscat ist ein Volltreffer, der Barrique-vergorene weiße Pinot noir eine Niete.

Dopff au Moulin ☆☆
Riquewihr. 76 ha. www.dopff-au-moulin.fr
Eine auf das 17. Jh. zurückgehende Familienfirma mit dem größten Weinbergbesitz im mittleren Elsass, vor allem im Schoenenbourg bei Riquewihr (Riesling) und im Eichberg bei Turckheim (Gewürztraminer). In den Hardt-Weinbergen bei Colmar wird Pinot blanc speziell für Crémant d'Alsace kultiviert, den Dopff um 1900 hier eingeführt hat. Ein wachsender Anteil des für delikate und individuelle Weine bekannten Geschäfts entfällt auf Crémant. Die Weine aus zugekauften Trauben tragen ein rautenförmiges Etikett. Die besten Still-

weine sind fraglos die Grands crus, besonders der Schoenenbourg-Riesling. Bis in die späten 1990er-Jahre war die Qualität mittelmäßig, doch mit dem jetzigen Kellermeister kam neuer Schwung ins Haus.

Dopff & Irion ☆–☆☆
Riquewihr. 27 ha. www.dopff-irion.com
Eines der größten Erzeuger- und Handelshäuser im Elsass, das regelmäßig von 300 Winzern mit insgesamt 200 ha Rebfläche beliefert wird. Die Familien Dopff und Irion, deren Vorfahren seit drei Jahrhunderten in Riquewihr Wein angebaut haben, taten sich 1945 zusammen; ihnen gehören ebenfalls die Weinberge von Château Isenbourg in Rouffach. Am bekanntesten ist das Haus für seinen Riesling »Les Murailles« (Schoenenbourg), den Gewürztraminer »Les Sorcières«, den vorzüglichen Muscat »Les Amandiers« und den Pinot gris »Les Maquisards«. Die Qualität schwächelte ein paar Jahre lang; striktere Selektionskriterien und weniger Angebote unter fremden Etiketten sollten aber für Abhilfe sorgen.

Hugel & Fils ☆–☆☆☆
Riquewihr. 126 ha. www.hugel.net
Das in der angelsächsischen Welt bekannteste Elsässer Etikett. Eine Kombination von Weingut und Handelshaus, seit 1639 in Familienbesitz. Die Spitzenweine des Hauses kommen aus Riquewihr von den Grand-cru-Lagen Schoenenbourg und Sporen. Die Hugels verzichten jedoch darauf, ihre Weine als Grands crus zu bezeichnen. Der Stil des Hauses ist voll, rund und geschmeidig; die Weine sind trocken ausgegoren, jedoch nicht überdeutlich. Die Pionierleistungen, die Hugel auf dem Gebiet der Spätlese leistete, fanden 1976 zum ersten Mal internationale Anerkennung. Die qualitativ unterschiedliche Etikettenfolge für Riesling, Gewürztraminer usw. lautet Régulaire, Tradition, Jubilée, Vendange tardive und in bestimmten Jahren SGN. Markennamen für Verschnittweine aus zugekauften Trauben sind »Fleur d'Alsace« und »Gentil d'Alsace«. Letzterer ist eine Wiederbelebung des traditionellen Edelzwickers, bei Hugel ein Verschnitt aus hochwertigen Trauben. Gesamtabsatz: rund 100 000 Kisten jährlich.

Josmeyer ☆☆–☆☆☆
Wintzenheim. 32 ha.
www.josmeyer.com
Seit 1854 in Familienbesitz befindliches Weingut und Handelshaus mit Rebland in Wintzenheim und Turckheim (u. a. Grand cru Hengst und Brand). Besondere Beliebtheit genießen die vollaromatischen Gewürztraminer und kraftvollen Riesling-Weine, am bekanntesten aber ist das Haus für die große Auswahl an Traubensorten, darunter neben Chasselas auch Pinot blanc, der ohne Chaptalisierung bereitet wird, um einen leichten, erfrischenden Wein zu erzielen. Seit 2001 wird der größte Teil des Weinguts biodynamisch bewirtschaftet.

André Kientzler ☆☆–☆☆☆
Ribeauvillé. 11 ha
Fast die Hälfte der Weinberge liegt in den Grands crus Geisberg, Osterberg und Kirchberg. Osterberg erbringt die trockensten, pikantesten Rieslinge, aus der Lage Geisberg kommen gehaltvollere Versionen. Die Auxerrois- und Chasselas-Weine dieser Domaine gehören zu den besten des Elsass, und auch der Pinot gris ist von hoher Qualität.

Marc Kreydenweiss ☆☆–☆☆☆
Andlau. 13 ha

Aus den Grand-cru-Lagen Wiebelsberg, Kastelberg und Moenchberg bringt das Haus Kreydenweiss schön bereitete, konzentrierte Weine hervor. Die Rieslinge von alten Reben aus der Steillage Kastelberg sind für eine lange Lebensdauer bestimmt. Die Gärung erfolgt mit Temperaturregelung, und die Weine ruhen bis kurz vor der Abfüllung auf der Hefe. Auch eine ungewöhnliche Pinot-blanc-Spätlese produziert diese Domaine, die nach der Lage »Kritt« benannt wird, eine Anlehnung an Klevner, den alten Elsässer Namen für Pinot blanc.

Weiterhin gibt es den Verschnitt »Clos du Val d'Eleons« von 70 % Riesling und 30 % Pinot gris. In den 1980er-Jahren waren die Weine recht herb, doch seit der Umstellung auf biodynamischen Weinbau 1989 haben sie deutlich an Gewicht hinzugewonnen, was wohl auch auf die malolaktische Säureumwandlung zurückzuführen ist, die ein Teil der Weine durch läuft.

Kuentz-Bas ☆–☆☆☆
Husseren-les-Châteaux. 17 ha. www.kuentz-bas.fr
Weingut und Handelshaus in Familienbesitz mit Weinbergen in Husseren, Eguisheim und Obermorschwihr. Zum Besitz gehören Anteile an den Grand-cru-Lagen Eichberg und Pfersigberg in Eguisheim. Das Haus wurde 1795 von Joseph Kuentz gegründet und 1919 in Kuentz-Bas umbenannt. Die Weine sind fest, trocken, schön ausgeglichen sowie elegant und zeichnen sich durch vorzügliche Säure aus. Die superben Vendanges tardives heißen »Cuvée Caroline«, die SGN-Versionen »Cuvée Jeremy«. »Collection Rare« stammt von alten Reben und von Weinbergen, die nicht das Grand-cru-Prädikat tragen.

Seppi Landmann ☆☆
Soultzmatt. 8 ha. www.seppi-landmann.fr
Der ganze Stolz dieses kleinen Weinguts sind die Grand-cru-Parzellen von Zinnkoepflé, deren Kalksteinböden gut alternde Weine erbringen. Landmann ist einer der wenigen Spezialisten für den oft unterschätzten Sylvaner. Er erzeugt daraus eine Reihe von Weinen in unterschiedlichen Stilen, ohne sich darum zu kümmern, ob dies zulässig ist oder nicht.

Gustave Lorentz ☆☆
Bergheim. 30 ha.
www.vins-lorentz.com
Altehrwürdige Familienfirma, Erzeuger- und Handelshaus. Die besten Lagen befinden sich in den Grands crus Altenberg und Kanzlerberg bei Bergheim. Weiteres Lesegut wird in der Nachbarschaft zugekauft. Der Name »Cuvée Particulière« auf den Etiketten bezeichnet die Weine aus den eigenen Rebflächen. Spezialitäten sind Gewürztraminer und Riesling. Der Stil des Hauses ist ausgerichtet auf Weine mit feinem, zartem Duft und rundem, vollem Geschmack bei so kräftiger Säure, dass vor allem bei den Spitzenerzeugnissen gute Haltbarkeit gewährleistet ist. Die Qualität ist überraschend hoch, wenn man bedenkt, dass immerhin 2 Mio. Flaschen pro Jahr produziert werden

Albert Mann ☆–☆☆☆
Wettolsheim. 19 ha
Maurice und Jacky Barthelmé leiten dieses feine Weingut mit Grand-cru-Weinbergen in Furstentum, Schlossberg und Altenberg. Sie glänzen mit üppiger, ultrareifer Vendange tardive und SGN aus Gewürztraminer sowie Pinot gris und manchmal aus Riesling.

Meyer-Fonné ☆☆
Katzenthal. 10 ha

Elsässer Traubensorten

Die Anbaufläche der einzelnen Sorten ist jeweils prozentual zur Gesamtrebfläche des Elsass angegeben.

Auxerrois Ein Mitglied der Pinot-Familie, die genaue Identität aber ist nicht bekannt. Auxerrois-Weine sind voller und ausladender als die verwandten Pinots blancs. Die im Elsass mit Auxerrois bepflanzte Rebfläche ist statistisch nicht erfasst.

Chasselas (1%) Die in Deutschland Gutedel und in der Schweiz Fendant genannte Rebe war früher eine der verbreitetsten Sorten, aber selten auf einem Etikett auch nur erwähnt; wird ihrer Milde wegen in einfachen Verschnittweinen verwendet, z.B. auch im Edelzwicker.

Clevner oder **Klevner** Elsässer Name für Pinot blanc (siehe dort).

Gewürztraminer (17,6%) Wohl die am leichtesten erkennbare unter allen feinen Weintrauben; ihre besondere, würzige Rasse ist Inbegriff des Elsässer Weins. Die meisten Elsässer Gewürztraminer sind vollkommen trocken, jedoch intensiv fruchtig, in der Jugend gelegentlich sogar etwas überzogen. Im Alter stellen sich immer kräftigere Aromen von Rosenblättern und Zitrusfrüchten ein, Letztere können an Grapefruit und Litschi erinnern. Ein Gewürztraminer aus einem guten Jahrgang, ob trocken oder in der lieblicheren Version Vendange tardive, verdient eine fast so lange Lagerung wie ein Riesling. Weniger gut ausgefallene Gewürztraminer sind oft weich und verschwommen oder überschwer und unelegant. In einer Servierfolge von Elsässer Weinen sollte man den Gewürztraminer erst als Letzten nach Riesling und Pinot anbieten.

Pinot blanc (21,1%) Die Sorte gewinnt stetig an Beliebtheit, sie erbringt die leichtesten der »edlen« Rebengewächse; einfach, frisch und appetitlich, ohne groß Komplexität mit als die Elsässer Antwort auf Chardonnay und liefert den Grundwein für einen großen Teil des Crémant d'Alsace.

Pinot gris, früher **Tokay d'Alsace** (10%) Im Elsass nach Riesling und Gewürztraminer die dritte (potenziell) große Traube. Erstklassiger Pinot gris ist kräftig, voll und verführerisch in Duft und Geschmack – das genaue Gegenteil des frischen und fruchtigen Pinot blanc –, aber er vereitelt die Bemühungen von Nase und Gaumen, auch der letzten Geschmacksnuance auf die Spur zu kommen. Pinot gris reift mit der Zeit prachtvoll zu Breite, Fülle und Tiefe heran – nur erfrischend ist er nicht. Der alte Name »Tokay« darf wegen der Verwechslungsgefahr mit dem ungarischen Tokajer nicht mehr verwendet werden.

Pinot noir (8,7%) Diese Traube liefert im Elsass Rotwein und Rosé, doch manchmal hilft nur der Blick aufs Etikett, um zu wissen, welchen von beiden man vor sich hat. Nicht selten wird der Most für Rotwein sogar erwärmt, um genügend Farbstoffe zu extrahieren, aber auch dabei kommt kaum mehr als ein heller Wein zustande, ohne den klassischen Pinot-Geschmack, der beispielsweise den roten Bouzy aus der Champagne auszeichnet. Erst in letzter Zeit begegnet man auch kräftigeren Weinen, die zum Teil in Barriques gereift werden.

Riesling (23,3%) Wie in Deutschland ist Riesling auch im Elsass die feinste Traube, hier aber wird sie ganz anders interpretiert. Elsässer Rieslinge sind voll ausgereifte und meist voll vergorene Weine, d. h. der Zucker ist ganz in Alkohol umgewandelt. Dadurch fallen sie fester und zumeist kerniger aus als der entsprechende deutsche Weine. Weil sie so trocken sind und ihr fruchtiges Aroma zugleich so intensiv hervortritt, erscheinen sie manchem streng und hart. Alles in allem aber ist die Palette der Elsässer Rieslinge sehr breit, vom leichten, erfrischenden Getränk in manchen Jahren bis hin zu den aromatischsten, charakterstärksten, langlebigsten aller Weißweine überhaupt. In den letzten Jahren ist bedauernswerterweise zunehmend die Tendenz zu vermerken, auch im Riesling Restzucker zu belassen. Spitzenerzeuger wie Trimbach und Beyer widersetzen sich diesem Trend jedoch mit aller Macht.

Muscat (2,3%) Bis vor nicht all zu langer Zeit war das Elsass die einzige Weinregion, die Muscat in trockenem Stil ausbaute. Auch wenn sein Aroma nach wie vor der Nase köstliche Süße verspricht, ist der Geschmack doch herrlich frisch und sauber, oft mit einer gewissen Nusswürze. Muscat ist leicht genug, um einen exzellenten Aperitif abzugeben.

Sylvaner (14,2%) Von Pinot noir und Pinot blanc immer mehr verdrängt, bleibt der Sylvaner jedoch in seiner besten Form (beispielsweise in Mittelbergheim) ein klassischer, leicht perlender, ganz zart vegetabiler, aber immer aromatischer und gut alternder Wein.

Riesling und Gewürztraminer sind meist die besten Weine dieses sich ständig verbessernden Weinguts. Die Standard-Weine sind überaus preisgünstig. Wer allerdings nach mehr Persönlichkeit sucht, sollte zu einem der Grands crus greifen.

Muré ☆☆–☆☆☆
Rouffach. 21 ha.
www.mure.com

Eine Winzerfamilie in der 11. Generation. Das Herz des Weinguts bildet der ehemalige Klosterbesitz Clos St-Landelin, eine 1935 erworbene 15-ha-Parzelle im Grand cru Vorbourg. Im Clos mit seinem warmen, steinigen, kalkreichen Boden und auffallend geringer Niederschlagsmenge werden die Erträge sehr niedrig gehalten. Die Weine sind charaktervoll und rund, sie eignen sich daher als *vins de garde,* also zur Lagerung. Pinot noir und Muscat gehören zu den tiefsten und vollsten Tropfen im Elsass, Riesling und Gewürztraminer sind extrem gehaltvoll, fast ein wenig ausladend. Wie Jean-Michel Deiss (siehe Domaine Marcel Deiss) ist René Muré der Überzeugung, dass das Terroir wichtiger als die Rebsorte ist, weshalb er seit 1998 einen speziellen Verschnitt ausschließlich aus den Trauben des Clos bereitet. Weine aus zugekauften Trauben werden unter dem Etikett »Côte de Rouffach« angeboten.

Domaine Ostertag ☆☆
Epfig. 12 ha

Biodynamisch ausgerichtetes Gut mit 2 ha Anteil an der Grandcru-Lage Muenchberg (Riesling und Pinot gris). Eine Besonderheit dieser Domaine bildet die im Elsass ungewöhnliche Praxis, Pinot blanc und Pinot gris in Barriques auszubauen (zum Teil sogar in neuen). Die Ergebnisse wurden erwartungsgemäß nicht nur mit Lob überschüttet, doch André Ostertag hält mutig an seiner Methode fest. Weitere Spezialitäten sind Sylvaner Vieilles vignes und Riesling aus der Lage Muenchberg.

Rolly Gassmann ☆
Rorschwihr. 33 ha

Das 1676 gegründete Gut liegt vorwiegend in Rorschwihr, zum Teil in Bergheim und Rodern. Spezialisiert ist es auf Muscat und Auxerrois, der im *lieu-dit* Moenchreben besonders gut gedeiht. Ausgewogene, runde Weine mit (manchmal zu viel) Restsüße.

Domaines Schlumberger ☆–☆☆☆
Guebwiller. 140 ha

Die größte Elsässer Domaine, in Familienbesitz. Weinberge in Guebwiller und Rouffach am Südende der Region. Die Hälfte des Besitzes entfällt auf die Grand-cru-Lagen Kitterlé, Saering und Kessler. Warmes Klima, sandiger Boden und geschützte Lagen sorgen im Verein mit althergebrachten Methoden, bewusst eingeschränkten Erträgen und sorgfältigem Ausbau in Holzfässern dafür, dass die Schlumberger-Weine zu den vollsten und rundesten Elsässern zählen, mit ganz eigener Lieblichkeit und herzhaftem Erdgeschmack. Die besten Weine stammen aus der Lage Kitterlé und verdienen mehrere Jahre Flaschenreifung. Die Vendange-tardive- und SGN-Versionen sind nach verschiedenen Familienmitgliedern »Anne«, »Christine« und »Clarice« benannt; sie gehören zu den Feinsten dieses Stils im gesamten Elsass.

Schoffit ☆☆–☆☆☆
Colmar. 16 ha

Bernard Schoffits wichtigster Besitz ist der Clos St-Théobald innerhalb der Grand-cru-Lage Rangen in Thann. Die Weine sind voll und seidig und enthalten wegen des hohen Reifepotenzials dieser bevorzugten Lage manchmal eine gewisse Restsüße. Superber Riesling von Rangen und würziger, konzentrierter Pinot gris mit ungewöhnlich langem Nachgeschmack.

Bruno Sorg ☆☆–☆☆☆
Eguisheim. 10 ha

François Sorg ist ein vorbildlicher Winzer, der die Balance zwischen optimaler Reife und erträglichen Alkoholgraden sucht. Die Standardweine aus Sylvaner und Muscat sind schon hervorragend, doch wie nicht anders zu erwarten, kommen seine edelsten Weine, Riesling und Pinots gris, aus den Grands crus Florimont und Pfersigberg.

Pierre Sparr ☆–☆☆
Sigolsheim. 32 ha

Ebenfalls eine aus dem 17. Jh. stammende Familie von Winzern und Weinhändlern. Der eigene Besitz liegt in sechs Gemeinden zwischen Turckheim und Bennwihr, darunter die Grand-cru-Lagen Schlossberg und Altenberg, Brand in Turckheim und Mambourg in Sigolsheim. Von hier kommen die Spitzenweine des Hauses. Die Reihe der einfacheren Weine nennt sich »Carte d'Or«; eine Stufe höher findet sich »Réserve«. Nach dem Stil des Hauses verbleibt eine kleine Menge Restzucker in den runden, saftigen Weinen. Zu den Spezialitäten zählen der Kaefferkopf-Verschnitt (75 % Gewürztraminer und 25 % Pinot gris), der Klevner de Heiligenstein und die Crémants.

Marc Tempé ☆–☆☆
Zellenberg. 8 ha

1995 war hier der erste Jahrgang. Im folgenden Jahr wurde auf biodynamischen Anbau umgestellt. Alle Weine werden in Fässern ausgebaut, die meisten bleiben ohne Abstich zwei Jahre auf der Hefe. Die Weine des ehemaligen INAO-Technikers Marc Tempé sind zurzeit zwar modisch-chic, leider aber etwas unzuverlässig.

F. E. Trimbach ☆☆☆–☆☆☆☆
Ribeauvillé. 25 ha. www.maison-trimbach.fr

Historische Familien-Domaine (1626) und Handelshaus mit allerbestem Ruf für besonders feine und rassige trockene Weine. Der besondere Stolz des Hauses ist Clos Ste-Hune in Hunawihr, der den unangefochten besten Elsässer Riesling er-

bringt – leider nicht mehr als 7000 Flaschen pro Jahr. Bei einer faszinierenden Weinprobe alter Jahrgänge zeigte sich dieser Wein nach sieben Jahren in bester Verfassung. Jede Sorte wird in der modernisierten Kellerei in drei Qualitätsstufen bereitet: Standard (mit Jahrgang), *réserve* und *réserve personnelle*. Letztere stammt immer exklusiv aus den eigenen Weinbergen. Der prächtige Riesling »Cuvée Frédéric Emile« wächst in den Grand-cru-Lagen Osterberg und Eichberg, obwohl das Haus Trimbach den Grand-cru-Status nicht auf den Etiketten aufführt. Auf dem gleichen Qualitätsniveau liegt der Gewürztraminer »Cuvée des Seigneurs de Ribeaupierre«.

Domaine Weinbach ☆☆☆–☆☆☆☆
Kaysersberg. 23 ha.
www.domaineweinbach.com

Eine alteingesessene Domaine mit dem ehemals klösterlichen Reblandbesitz Clos des Capucins (gegründet 1898). Witwe und Töchter des verstorbenen Théo Faller führen heute das Gut. Laurence Faller leitet die Kellerei, Cathérine den Verkauf. Gemäß den Prinzipien der Familie wird bei maximaler Reife, also spät geerntet, damit die Weine ein Höchstmaß an Charakter, Struktur, Länge am Gaumen und Alterungsfähigkeit annehmen. Zehn Jahre sind für die Riesling-Weine nicht übertrieben, deren Standardname ebenso wie das der Gewürztraminer »Réserve Particulière« lautet. Daneben gibt es mehrere Cuvées, die, mit Namen von Familienmitgliedern versehen, jeweils einen besonderen Weinstil repräsentieren. Der Grand-cru-Riesling vom Schlossberg gilt als Inbegriff von Eleganz. Unzufrieden mit den begrenzten Möglichkeiten von Vendange tardive und SGN, bringt die Domaine seit 1989 in idealen Jahren noch einen Super-SGN namens »Quintessence« hervor, für den die Trauben buchstäblich Beere für Beere von Hand gelesen werden.

Alsace Willm ☆–☆☆
Barr. 15 ha. www.alsace-willm.com

Traditionsreiche, hoch angesehene Firma, am bekanntesten durch ihre Gewürztraminer-Lage Clos Gaensbroennel (7 ha) und ihren Riesling von Kirchberg. Der Gewürztraminer, gut ausgereift und zur Gänze trocken vergoren, ergibt einen festen, eindrucksvollen *vin de garde*. Der delikate Riesling und der sehr frische, saubere »Gentil« (Sylvaner und Gewürztraminer aus Gaensbroennel) sind ebenfalls höchst ansprechend.

Die Appellationen im Elsass

Auf Elsässer Weinetiketten wird üblicherweise der Name der »edlen« Traubensorten oder die Bezeichnung »Edelzwicker« (eine Mischung verschiedener Sorten) in den Vordergrund gerückt. Mit zunehmendem Qualitätsbewusstsein verliert der Edelzwicker allerdings an Bedeutung.

AC Alsace (einschließlich **Crémant d'Alsace**)
Wein aus allen zugelassenen Rebsorten mit einem Höchstertrag von 80 hl/ha.

AC Alsace Grand cru
Wein aus einer der »edlen« Reben (Riesling, Gewürztraminer, Pinot gris oder Muscat), die in einer ausgewiesenen Grand-cru-Lage wachsen. Der maximale Ertrag ist bei 55 hl/ha festgelegt (unter PLC-Bedingungen jedoch 66 hl/ha) und der minimale potenzielle Alkoholgehalt bei 10 % für Riesling und Muscat beziehungsweise bei 12 % für Gewürztraminer und Pinot gris (Tokay).

Domaine Zind-Humbrecht ☆☆☆☆
Turckheim. 40 ha

Die Domaines der Humbrechts in Gueberschwihr (seit 1620) und der Zinds in Wintzenheim wurden 1959 vereinigt und werden heute von Léonard und Olivier Humbrecht geleitet (einem der wenigen Masters of Wine). Léonard, bekannt für seinen wunderbaren Riesling, den er in Eigenregie erzeugte, gab Anfang der 1990er-Jahre offiziell die Leitung des Guts an seinen Sohn ab.

Olivier ist besessen von der Idee, die Individualität jedes einzelnen Weinbergs im Charakter seiner Weine auszudrücken. So entstanden im höchsten Maße »persönliche« Weine aus vier Grand-cru-Lagen: Brand in Turckheim (opulenter, oft sogar exotischer Riesling), Goldert in Gueberschwihr (körperreicher Gewürztraminer), Hengst in Wintzenheim (noch körperreicherer *vin de garde*) und Rangen in Thann, wo aus den 4 ha von Clos St-Urbain wunderbare Rieslinge gewonnen werden.

Die Produktion umfasst 30 verschiedene Weine, die jeweils die besten Aspekte ihres Terroirs repräsentieren – alle kommen von speziellen *lieux-dits* wie Clos Windsbuhl und Clos Jebsal. Humbrecht achtet auf optimale Reifegrade und natürliche Vergärung in großen Fässern. Einige Weine enthalten daher unweigerlich etwas Restsüße, die jedoch durch die ebenso vorhandene Kraft und Extraktfülle selten hervortritt.

Winzergenossenschaften im Elsass

Cleebourg ☆☆
Cleebourg. www.cave-cleebourg.com. Gegr. 1946. 180 Mitglieder mit 180 ha. 133 000 Kisten

Die Genossenschaft ist auf Pinot-Weine, besonders Auxerrois, spezialisiert. Es gibt zwei Crémants, einer aus 100 % Auxerrois und einer aus 100 % Pinot gris.

Eguisheim ☆
Eguisheim.
www.wolfberger.com. Gegr. 1902.
470 Mitglieder mit 670 ha, darunter 51 Grands crus.
1 250 000 Kisten

Spezialitäten dieser Genossenschaft sind die sortenreinen Weine der Reihe »Armorié«, die in braunen, mit einer Tiara verzierten Flaschen angeboten werden, zur Erinnerung daran, dass Papst Leo IX. in Eguisheim geboren wurde. Der Handelsname aller Etiketten lautet Wolfberger. Mit Abstand der größte Erzeuger im Elsass.

Hunawihr ☆–☆☆
Hunawihr. www.cave-hunawihr.com. Gegr. 1954.
130 Mitglieder mit 200 ha, darunter 10 ha Grand cru.
175 000 Kisten

Riesling und Gewürztraminer aus dem *lieu-dit* Muehlforst sind die Spezialitäten, auf die man hier besonders stolz ist. Auch ein Crémant namens »Calixte« wird angeboten.

Kientzheim-Kaysersberg ☆–☆☆
Kientzheim. www.vinsalsace-kaysersberg.com. Gegr. 1955.
150 Mitglieder mit 180 ha, darunter 20 ha Grand cru.
140 000 Kisten

Zu den Spezialitäten zählen Crémant, die Riesling-Weine von Kaefferkopf und Schlossberg sowie der Gewürztraminer von Altenberg.

Pfaffenheim ☆☆
Pfaffenheim. www.pfaffenheim.com. Gegr. 1957.
200 Mitglieder mit 235 ha. 180 000 Kisten

»Cuvée Rabelais« von Pinot noir oder Pinot gris, »Cuvée Lafayette« von Chasselas und ein Gewürztraminer aus dem Grand cru Goldert sind die Flaggschiffe. Trockene Weine mit ordentlicher Konzentration.

Ribeauvillé ☆–☆☆
Ribeauvillé. www.cave-ribeauville.com.
Gegr. 1895. 40 Mitglieder mit 262 ha.
240 000 Kisten

Die älteste Winzergenossenschaft Frankreichs produziert 13 verschiedene Grands crus. Spezialitäten sind »Le Clos du Zahnacker« (ein Verschnitt aus Riesling, Gewürztraminer und Pinot gris zu gleichen Teilen) und Riesling-Weine aus Altenberg und Osterberg.

Turckheim ☆☆
Turckheim. www.cave-turckheim.com. Gegr. 1955. 300 Mitglieder mit 310 ha, darunter 18 Grands crus. 280 000 Kisten

Herausragende Produkte der Genossenschaft sind der Gewürztraminer »Baron de Turckheim«, »Val St-Grégoire« (Pinot blanc und Auxerrois zu gleichen Teilen), Pinot noir »Cuvée à l'Ancienne« *(en barrique)* und »Crémant Meyerling«. Die Genossenschaft widersteht der Versuchung der Massenvinifikation. Es gibt mehrere sortenreine Weine aus speziellen *lieux-dits* und Grands crus, von denen Brand der feinste ist.

Westhalten ☆–☆☆
Westhalten. Gegr. 1955. 180 Mitglieder mit 200 ha.
250 000 Kisten

Spezialitäten: die Crémants »Producteur« (je zur Hälfte Pinot blanc und Auxerrois), »Maréchal Lefèvre« (30 % Auxerrois, 20 % Pinot gris, 50 % Pinot blanc) und »Madame Sans Gêne« (100 % Pinot blanc). Der Pinot gris ist dem Riesling hier gewöhnlich überlegen. Weiteres Etikett: »Heim«.

Wolfberger
Siehe Eguisheim

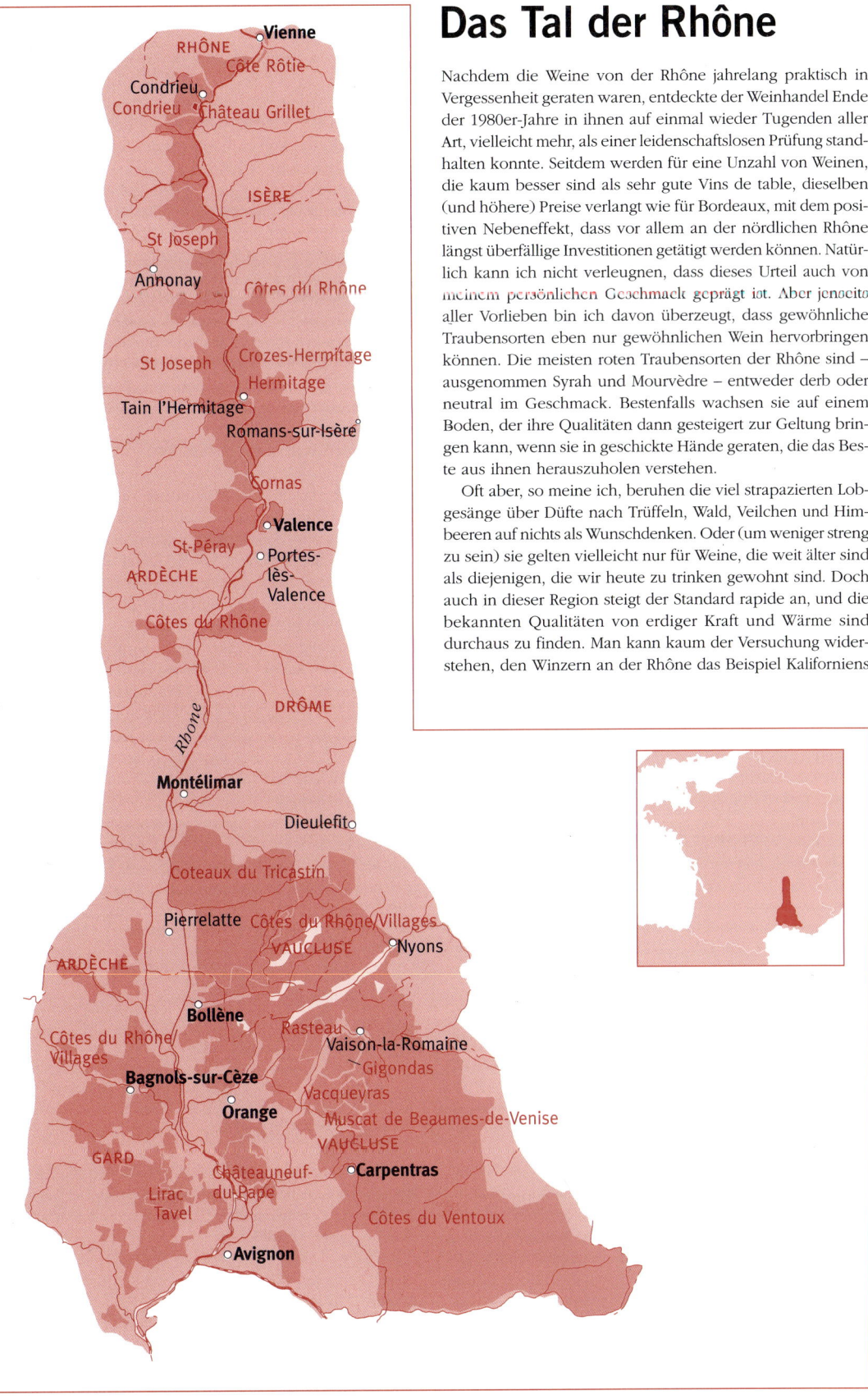

Das Tal der Rhône

Nachdem die Weine von der Rhône jahrelang praktisch in Vergessenheit geraten waren, entdeckte der Weinhandel Ende der 1980er-Jahre in ihnen auf einmal wieder Tugenden aller Art, vielleicht mehr, als einer leidenschaftslosen Prüfung standhalten konnte. Seitdem werden für eine Unzahl von Weinen, die kaum besser sind als sehr gute Vins de table, dieselben (und höhere) Preise verlangt wie für Bordeaux, mit dem positiven Nebeneffekt, dass vor allem an der nördlichen Rhône längst überfällige Investitionen getätigt werden können. Natürlich kann ich nicht verleugnen, dass dieses Urteil auch von meinem persönlichen Geschmack geprägt ist. Aber jenseits aller Vorlieben bin ich davon überzeugt, dass gewöhnliche Traubensorten eben nur gewöhnlichen Wein hervorbringen können. Die meisten roten Traubensorten der Rhône sind – ausgenommen Syrah und Mourvèdre – entweder derb oder neutral im Geschmack. Bestenfalls wachsen sie auf einem Boden, der ihre Qualitäten dann gesteigert zur Geltung bringen kann, wenn sie in geschickte Hände geraten, die das Beste aus ihnen herauszuholen verstehen.

Oft aber, so meine ich, beruhen die viel strapazierten Lobgesänge über Düfte nach Trüffeln, Wald, Veilchen und Himbeeren auf nichts als Wunschdenken. Oder (um weniger streng zu sein) sie gelten vielleicht nur für Weine, die weit älter sind als diejenigen, die wir heute zu trinken gewohnt sind. Doch auch in dieser Region steigt der Standard rapide an, und die bekannten Qualitäten von erdiger Kraft und Wärme sind durchaus zu finden. Man kann kaum der Versuchung widerstehen, den Winzern an der Rhône das Beispiel Kaliforniens vorzuhalten und die Fortschritte aufzuzeigen, die dort im Lauf der letzten 25 Jahre erzielt wurden.

Die nördliche Rhône

Charakteristisch für die nördliche Rhône ist eine starrsinnige Einseitigkeit: Eine einzige Traubensorte wächst hier auf felsigen Hängen, die terrassiert werden müssen, um die Krume festzuhalten – die dunkle, gerbstoffreiche, edle Syrah mit konzentriert fruchtigem Geschmack.

Die Appellation Côte Rôtie bezog sich früher auf nur 100 ha terrassierter Hügel oberhalb des Ortes Ampuis. Nicht unumstritten war ihre spätere Erweiterung um 100 ha Plateau-Fläche hinter der eigentlichen Côte. Côte Rôtie heißt »gerösteter Hang«; er besteht aus zwei Abschnitten, der eine mit hellerem (kalkhaltigem) und der andere mit dunklerem Boden, die als Côte Blonde beziehungsweise Côte Brune bezeichnet werden. Ihre Weine werden von den Winzern, die meistens kaum mehr als ein paar Hektar Land besitzen, miteinander verschnitten. Es wird freilich mehr angeblich von der Côte stammender Wein angeboten, als überhaupt produziert werden könnte – manche Erzeuger benutzen anscheinend die Begriffe *blonde* und *brune* als Unterscheidung für eine leichtere und eine schwerere Art, ohne dass diese Etikettierung gesetzlich geregelt wäre. Früher wurde die Syrah-Traube hier mit bis zu 20 % weißem Viognier verschnitten (heute in der Regel deutlich weniger oder gar nicht). Es mag diese aromatische Beigabe sein, aber wahrscheinlich noch weit mehr die einzigartigen Böden oder das kühlste Mikroklima des Hangs, das den Côte Rôtie zum feinsten, wenn nicht kraftvollsten aller Rhône-Weine werden lässt. Nach 10–20 Jahren kommt er einem großen Bordeaux näher als irgendein anderer französischer Wein; er nimmt ein aufgeschlossenes, weichfruchtiges, unter Umständen an Himbeeren erinnerndes Bukett an, das an einen Médoc – jedoch mit wärmerem Körper – denken lässt. In letzter Zeit wird ihm allerdings mehr Eichenholzaroma zugemutet, als er zu vertragen scheint.

Condrieu, wo die einst rare Viognier-Traube zu Weißwein gekeltert wird, liegt nur etwa 5 km stromabwärts von Ampuis, ebenfalls auf dem nach Süden geneigten rechten Ufer. Durch Klonen ist diese schwierige Sorte inzwischen stark verbessert und zuverlässiger gemacht worden. Deshalb erlebt sie an der Rhône nun eine kleine Renaissance (und breitet sich mit Erfolg u. a. in Südfrankreich und Kalifornien aus).

St-Joseph erstreckt sich über 50 km Länge und eine Fläche von 300 ha ebenfalls auf diesem Flussufer und umfasst das unmittelbare Hinterland mit einigen sehr guten Lagen, aber wenig einheitlicher Qualität. 1992 erlassene Bestimmungen haben das Gebiet der Appellation so verändert, dass ein Rückzug vom Plateau und von der Talsohle in die Hanglagen erzwungen werden soll; allerdings haben die Winzer dafür Zeit bis 2022! Ein guter St-Joseph ist sauberer, dunkler und recht fruchtiger Syrah, jedoch ohne die Kraft oder Tiefe eines Hermitage – ein Wein, der mit vier oder fünf Jahren trinkreif ist.

Dasselbe gilt ganz allgemein auch für Crozes-Hermitage, die Appellation für das Ostufer um Tain-l'Hermitage, die nicht den Vorteil der großen, zur Oberfläche durchbrechenden Granitmasse besitzt, welche die Trauben »rösten« hilft. Es ist dies die größte Appellation an der nördlichen Rhône und auch die preisgünstigste, daher eignen sich ihre Gewächse oft durchaus als Einführung in den Rhône-Wein.

Es wurden einige Anstrengungen unternommen, um den Qualitätsstand des Crozes grundsätzlich zu verbessern. Erzeu-

ger wie Jaboulet und Graillot zeigen auf, was in diesem Wein stecken kann.

Nur ein paar berühmte Lagen sind so gleichmäßig wie Hermitage. Die gesamte Fläche von 130 ha ist nach Süden ausgerichtet, mit einem Neigungswinkel, der die Sonnenwärme ideal ausnutzt. Vier Fünftel dieser Fläche sind mit Syrah besetzt, der Rest mit zwei weißen Traubensorten, Roussanne und Marsanne. Sie liefern einen Wein, der auf seine Weise nicht weniger hervorragend ist als der Rotwein. Vor einem Jahrhundert galt der Hermitage (damals nur von Roussanne) als der beste Weißwein in Frankreich, der sich viel länger hielt als der Rotwein, nämlich bis zu 100 Jahre. Erstaunlich ist die Tatsache, dass Weißweine mit einem derart niedrigen Säuregehalt überhaupt lange leben. Doch nach zehn Jahren (das ist heutzutage ein gutes Alter für ihn) hat der Hermitage echte Breite und Tiefe im Verein mit zarter, einschmeichelnder Zitronenfrische.

Übrigens haben auch St-Joseph und Crozes-Hermitage Weißweine von diesen Traubensorten, die ebenfalls ganz ausgezeichnet sein können, aber nicht ganz so langlebig sind wie der Hermitage.

Roter Hermitage hat von allen Rhône-Weinen den klarsten, eindeutigsten, unverholen ansprechendsten Charakter. Solange er jung ist, hat er eine tief purpurschwarze Farbe, sein Duft wird selten durch neues Eichenholz verkompliziert (Jaboulets »La Chapelle« bekommt inzwischen einen Hauch davon ab); er ist kraftvoll fruchtig, fast süß unter der Gerbstoffherbheit und verliert seine dunkle Farbe erst nach Jahren. Doch so weit lassen es die meisten erst gar nicht kommen – alte Flaschen findet man selten.

Cornas beendet den Reigen der Rotwein-Appellationen an der nördlichen Rhône und ist für den Hermitage so etwas wie ein Vetter vom Land – ebenfalls ein dunkler, männlich kraftvoller Syrah, der für verwöhnte Zungen erst nach jahrelangem Aufenthalt in der Flasche trinkbar wird. Der Bereich ist mit rund 500 ha ziemlich groß, doch derzeit sind nur 93 ha bestockt. Er liegt fast ausschließlich auf den steilen Hängen hinter der Ortschaft.

Südlich von Cornas bringt die Appellation St-Péray eine Überraschung: Schaumwein nach der *méthode traditionnelle* von Marsanne- und Roussanne-Trauben, für den allerhand spricht, vorausgesetzt, man misst ihn nicht gerade an der Finesse von Champagner oder Crémant aus dem nördlichen Frankreich. Er ist ein kräftiger Schaumwein von fast klebriger Konsistenz, selbst wenn er trocken ist. Im Alter entwickelt er einen sehr angenehmen Nussgeschmack. Einen St-Péray-Stillwein gibt es ebenfalls.

Die führenden Erzeuger an der nördlichen Rhône

Thierry Allemand ☆☆–☆☆☆☆
Cornas. 3,5 ha
Allemand absolvierte seine Lehrzeit bei Robert Michel (siehe dort), bevor er seine eigene Domaine gründete. Der beste Wein ist »Cuvée Reynards« aus über 30 Jahre alten Reben. Kleine Produktion, große Qualität.

Gilles Barge ☆☆
Ampuis. 7 ha
Aufstrebender Erzeuger mit feinem Côte Rôtie und etwas Condrieu. Gute, manchmal exzellente Weine, die rund zehn Jahre Lagerung brauchen. Die Qualität wird immer besser, und die Weine gewinnen an Finesse.

Bernard Burgaud ★★★
Ampuis. 4 ha

Burgaud ist ein Verfechter von kräftigen, wohl strukturierten Weinen, meidet den Verschnitt mit Viognier und hält Einzel-Cuvées für eine Modetorheit. Er verwendet jedes Jahr 20 % neue Eiche; die Weine werden weder geschönt noch filtriert. Makellose Qualität.

Caves de Tain-l'Hermitage ★–★★★
Tain-l'Hermitage. 1120 ha

Erstklassige Genossenschaft mit exzellentem Crozes-Hermitage, Hermitage, St-Joseph und Cornas. 2001 wurden unter einem neuen Geschäftsführer enorme Investitionen getätigt, um die Qualität weiter zu verbessern. Einige der Spitzen-Cuvées, darunter Crozes »Hauts de Fief« und Hermitage »Gombert de Loche«, gehören zu den besten ihrer Appellationen.

Emile Champet ★–★★
Ampuis. 2 ha

Ein altmodisches Weingut mit altmodischem, tanninreichem Côte Rôtie, der seine rustikalen Ecken kaum verbergen kann.

Chapoutier ★★★–★★★★★
Tain-l'Hermitage. 300 ha (85 ha an der nördlichen Rhône).
www.chapoutier.com

Diese 1808 gegründete Domaine hat einen der geachtetsten Namen an der Rhône, als Erzeuger ebenso wie als Handelshaus. Sie besitzt neben der mit 35 ha größten Hermitage-Rebfläche auch beachtliche Weinberge an der Côte Rôtie, Crozes-Hermitages, St-Joseph und Châteauneuf-du-Pape.

Als Michel Chapoutier in den späten 1980er-Jahren die Firma übernahm, fegte er mit eisernem Besen die Sünden der Vergangenheit aus: Alte Kastanienfässer wurden durch Barriques ersetzt und die Erträge derart zusammengestutzt, dass die Produktion um mehr als die Hälfte sank. Ein Großteil der Rebfläche wird heute biodynamisch bewirtschaftet. Zu den alten Marken wie Crozes »Meyssoniers« und Hermitage »Chante Alouette« (weiß), für die Chapoutier am bekanntesten war, führte das Haus aus jeder Appellation eine neue Luxus-Cuvée ein.

Neben all diesen in der heimischen Domaine stattfindenden Veränderungen kaufte bzw. erschloss Michel Chapoutier Weingüter in der Provence und im Roussillon sowie in Australien. Einige seiner Unternehmungen sind nicht unumstritten; was ihm jedoch niemand absprechen kann, ist sein Qualitätsbewusstsein, der hohe Stellenwert, den er dem Terroir einräumt und das exzellente Marketing des Hauses, das sich viel zu lange auf seinen Lorbeeren ausgeruht hatte.

Gérard Chave ★★★★
Mauves. 15 ha

Gérard Chave konnte 1981 den 500. Jahrestag der direkten Familiennachfolge seiner Hermitage-Weinberge feiern. Seine Rot- und Weißweine gehören zu den besten und langlebigsten in Frankreich. Die Weinberge sind über sieben verschiedene Hermitage-Lagen verteilt, weshalb jeder Jahrgang sorgfältigen Verschneidens bedarf, um die besten Ergebnisse zu erhalten. In den späten 80er-Jahren wurde »Cuvée Cathelin« eingeführt, doch bereits der Standard-Hermitage ist so fein, dass »Cathelin« kaum den erheblichen Preisunterschied rechtfertigt.

Sohn Jean-Louis, der nun im Begriff ist, die Leitung des Weinguts von seinem Vater zu übernehmen, betreibt nebenbei das kleine Négociant-Geschäft J. L. Sélections.

Auguste Clape ★★–★★★
Cornas. 4 ha

Neben den Weinbergen in Cornas besitzt Clape auch einige Parzellen von St-Péray. Sein Cornas ist dunkel purpurrot, beinahe schon schwarz, und intensiv gerbstoffhaltig. Die Kellertechnik hält sich an die Tradition: Reifung in alten Fässern, kein Filtern, kein Schönen. Die Weine sind extrem alterungsfähig. Weiterhin gibt es einen sehr preisgünstigen Côtes du Rhône, einen sortenreinen Syrah von Reben, die gerade außerhalb der Appellation wachsen, und einen sortenreinen Marsanne aus St-Péray.

Clusel-Roch ★★–★★★
Verenay, Ampuis. 4 ha

Zwei Cuvées Côte Rôtie entstehen in diesem erstklassigen Weingut; die feinere heißt »Les Grandes Places«. Der Stil ist moderat: nicht zu viel Alkohol, kein übertriebener Eichenholzeinsatz. Die Weine sind fest, rund und elegant.

Domaine du Colombier ★★
Mercurol. 15 ha

Laurent Viale erzeugt delikate Weine von alten Crozes-Hermitage-Parzellen. Die Spitzen-Cuvée nennt sich »Gaby« und reift in älteren 500-l-Fässern. Die Weine sind gerbstoffreich, wildwürzig und gewinnen mit zunehmendem Alter an Komplexität; der Weiße ist von exotischem Pfirsicharoma. Etwas Hermitage entsteht hier ebenfalls.

Jean-Luc Colombo ★★–★★★
Cornas

Jean-Luc Colombo – önologischer Berater für viele große Namen und »Guru« der Winzergenossenschaft Rhône Vignobles – produziert auf seinem eigenen Besitz kräftigen, pflaumigen Cornas für lange Lebensdauer (Spitzen-Cuvée »Les Ruchets«). Auch als Négociant lässt er eine ganze Palette wunderbarer Weine entstehen, darunter Hermitage und Côtes du Rhône sowie die Weine einer Domaine nahe Marseille mit Namen »Côte Bleue«.

Zu den Gemeinsamkeiten aller Abfüllungen zählen höchste Reife, vollständiges Entrappen und ein großzügiger Anteil neuer Eichenfässer.

Domaine Combier ★★–★★★
Pont de l'Isère. 15 ha

Laurent Combier ist im zweiten Beruf Obstbauer. Ein fruchtiges Wesen ist auch seinen Weinen eigen, rot wie weiß. »Clos des Grives« ist die Spitzen-Cuvée; sie zeigt wundervoll reine Syrah-Frucht und ist einer der lustvollsten Crozes-Hermitage-Weine überhaupt. Der Weißwein ist zum größten Teil aus Roussanne und ungewöhnlich würzig.

Courbis ★★–★★★
Châteaubourg. 28 ha

Seriöse Domaine, die ihren St-Joseph je nach Herkunft und Qualität entweder in Tanks oder Barriques reift. Der Spitzenwein ist »Les Royes«. Auch guter Cornas entsteht hier, hauptsächlich von alten Reben.

Pierre Coursodon ★–★★
Mauve. 12 ha

Familiengut mit 19 ha sehr alter Reben an den besseren Hängen von St-Joseph. Rot- und Weißweine entfalten sich mit den Jahren. Mit der Übernahme der Geschäfte 1998 durch den jungen Jérôme Coursodon kam neuer Schwung ins Haus.

Yves Cuilleron ☆☆–☆☆☆

Chavanay. 25 ha.
www.cuilleron.com

Seit Yves das 16-ha-Gut im Jahr 1986 von seinem Vater übernahm, hat er spektakuläre Verbesserungen vorgenommen. Bessere Weinbergpraxis, selektive Lese und sorgfältige Weinbereitung erbringen superben Condrieu, insbesondere einen außergewöhnlichen »Récolte Tardive«. Hinzu kommen drei Cuvées von St-Joseph, von denen die konzentrierteste, »Les Serines«, von 60-jährigen Reben stammt, sowie eine kleine Menge Côte Rôtie.

Delas Frères ☆–☆☆☆

St-Jean-de-Muzols. 14 ha

Alteingesessene Erzeuger- und Handelsfirma, heute im Besitz von Deutz Champagne (und damit Louis Roederer). Das Gut umfasst 10 ha Hermitage (rot und weiß); zugekauft wird aus den meisten Appellationen. Mit dem Besitzerwechsel kam Vitalität ins Haus: Neue Ideen und neue Investitionen ließen die Qualität seit den späten 1990ern sprunghaft steigen. Speziell die Rotweine haben an Fruchtigkeit gewonnen, ohne dabei ihr Alterungs- und Entwicklungspotenzial einzubüßen.

Pierre Dumazet ☆☆

Serrières. 2 ha

Die winzige Menge Condrieu geht an Nobelrestaurants und Privatkunden. Die Spitzencuvée heißt »La Myriade«.

Ferraton Père & Fils ☆☆–☆☆☆

Tain l'Hermitage. 10 ha

Aus 4 ha Hermitage und Rebland in Crozes entstehen solide traditionelle Weine. Der rote Hermitage reift mindestens zwei Jahre im Fass.

Pierre Gaillard ☆☆–☆☆☆

Malleval. 16 ha

Die in St-Joseph ansässige Firma besitzt auch Weinberge an der Côte Rôtie und in Condrieu. Aus allen Appellationen entstehen exzellente, recht eichenwürzige Weine. Gaillard sichert einen zuverlässig hohen Qualitätsstandard, indem er all jene Weine in Großgebinden verkauft, die seinen Ansprüchen nicht genügen.

Gerin ☆☆☆

Verenay, Ampuis. 9 ha

Jean-Michel Gerin gründete seine Domaine im Jahr 1990, und seitdem gab es für ihn nur große Jahre. Er bereitet drei Cuvées von der Côte Rôtie, von denen »Les Grandes Places« und »La Landonne« gänzlich in neuer Eiche reifen. Es gibt eine große Anhängerschaft für die modernen, gepflegten, stilvollen Weine, die denen des Hauses Guigal ähnlich sind. Auch Gerins Condrieu kann exzellent ausfallen.

Alain Graillot ☆☆–☆☆☆

La Roche de Glun. 20 ha

Größtenteils in Crozes-Hermitage gelegen, aber auch ein paar Hektar in St-Joseph. Produziert werden Rot- und Weißweine. Die Erträge werden absichtlich niedrig gehalten und die Trauben möglichst spät gelesen; auf diese Weise entsteht neben dem sehr stilvollen weißen Crozes, der längere Flaschenreife lohnt, der ebenso eindrucksvolle rote »La Guiraude«.

Château Grillet ☆☆

Verin. 3 ha

Das kleinste Weingut Frankreichs mit einer eigenen AC gehört seit 1830 der Familie Neyret-Gachet. Der Weinberg besteht aus halsbrecherischen Terrassen, die 150 m über der Rhône die Sonnenwärme geradezu aufsaugen. 22 000 Viognier-Weinstöcke erbringen im Jahr durchschnittlich 600–800 Kisten hocharomatischen Wein, der 18 Monate in Eichenfässern ausgebaut wird. Ob Viognier sich durch Alterung überhaupt verbessern lässt, darüber sind die Meinungen jedoch geteilt. Der Ruf des Hauses war für einige Zeit ins Wanken geraten, seine Preise blieben davon jedoch unbeeindruckt.

Bernard Gripa ☆–☆☆

Mauves. 10 ha

Ein traditionell orientierter St-Joseph-Erzeuger. Seine mit den Stielen vergorenen und ein Jahr in Holzfässern gelagerten Weine sind dicht und gut strukturiert. Die Weißweine bestehen zu 90 % aus Marsanne.

E. & M. Guigal ☆☆☆☆

Ampuis. 43 ha

Die Familie Guigal ist der führende Erzeuger von Weinen der Côte Rôtie. Neben der eigenen Produktion aus 20 ha kaufen sie das Lesegut vieler kleiner Winzer hinzu. Sie reifen ihre Weine drei Jahre in neuen Eichenfässern und vermeiden Schönen und Filtrierung, wann immer dies möglich ist, mit dem Ziel, extreme Langlebigkeit zu erreichen. »Côtes Brune et Blonde« ist die Standardabfüllung. Daneben gibt es die vier Einzellagenweine »La Mouline«, »La Landonne«, »La Turque« und (seit 1995) »Château d'Ampuis«. Ob Guigals eichenwürziger Stil dem Wesen und den Traditionen der Côte Rôtie entspricht, ist eine Frage, in der ich anderer Meinung bin als die meisten. Er erhält auf jeden Fall außerordentliches Lob, erreicht weltweite Nachfrage und sagenhafte Preise.

1985 wurde die Firma Vidal-Fleury (siehe dort) erworben. Später kamen De Vallouit und Jean-Louis Grippat hinzu und brachten dem Haus die kostbaren St-Joseph- und Hermitage-Lagen ein. Guigal erzeugt weiterhin üppigen Condrieu, robusten Hermitage, guten Gigondas und einige der besten Côtes-du-Rhône-Weine.

Paul Jaboulet Aîné ☆☆–☆☆☆☆

Tain-l'Hermitage. 100 ha.
www.jaboulet.com

Erzeuger und Handelshaus seit 1834, das heute noch von Mitgliedern der Gründerfamilie betrieben wird. Das Unternehmen ist in beiden Geschäftszweigen Schrittmacher für die ganze Rhône. Die Domaine liegt in Hermitage und Crozes-Hermitage und erzeugt aus beiden Appellationen eine Reihe von Cuvées.

Der rote Hermitage »La Chapelle« ist in guten Jahrgängen ('61, '78, '83, '85, '90 und '99) einer der größten Weine Frankreichs und reift 25 Jahre und länger. Auch der weiße Hermitage »Le Chevalier de Sterimberg« ist denkwürdig. Der Crozes-Hermitage »Domaine de Thalabert« nimmt es mit jedem anderen Wein dieser Appellation auf, und Gleiches gilt für den weißen Crozes »Mule Blanche«. Zu den weiteren exzellenten Weinen zählen St-Joseph »Le Grand Pompée«, Côte Rôtie »Les Jumelles«, Cornas »St Pierre«, Châteauneuf-du-Pape »Les Cèdres« und der sehr volle und fruchtige Côtes du Rhône »Parallèle 45«. In den späten 90ern kaufte Jaboulet die Domaine Roure in Crozes und erwarb damit einige der besten Weinberge dieser Appellation.

Joseph Jamet ☆☆☆

Ampuis. 7 ha

Die Brüder Jean-Paul und Jean-Luc besitzen 25 verschiedene Parzellen an der Côte Rôtie. Ihr Wein zeigt selbst in schwierigen Jahren gute Struktur und feine Frucht.

Robert Jasmin ☆☆
Ampuis. 5 ha

Kleines Weingut mit großem Namen und mit Reben, die im Durchschnitt 30 Jahre alt sind. Seit Robert Jasmins Tod im Jahr 1999 wird das Gut von seinem Sohn Patrick geleitet. Er hält an den traditionellen Bereitungsmethoden fest, darunter die Zugabe von 5 % weißem Viognier zum schwarzen Syrah und 12 bis 18 Monaten Lagerung in älteren Fässern. Die Weine haben keine besonders ausgeprägte Struktur und sollten am besten nach ungefähr fünf Jahren Flaschenreifung getrunken werden.

Robert Michel ☆☆
Cornas. 5 ha

Ein Familienbesitz der alten Schule. Von den Hanglagen kommt der typisch strenge Rotwein und von der Talsohle die leichteren Varianten. Filtriert wird keiner. Der Erstgenannte erreicht ein Alter von mindestens zehn Jahren. »La Geynale« ist die Spitzenabfüllung von alten Reben, die auf exakt südwärts gerichteten Terassen stehen.

Ogier ☆☆☆
Ampuis. 6 ha

Mit großer Energie vom jungen Stéphane Ogier geführter Familienbesitz an der Côte Rôtie. Sein Standardwein ist exzellent, geprägt von dunklen Beerenfrüchten und Lakriznoten. Die eichenholzwürzige Spitzen-Cuvée »Belle Hélène« ist von massiverer Statur, deshalb aber nicht unbedingt besser.

Domaine Pochon ☆☆
Château de Curson, Chanos-Curson. 15 ha

Es gibt zwei Crozes-Hermitage-Versionen von diesem zuverlässigen Weingut. Die Normalabfüllung trägt das Etikett »Pochon«, der Auslesewein firmiert unter »Château de Curson« und ist mit seiner gewinnenden fruchtigen Fülle mit Abstand der interessantere. Delikate Weißweine mit mehr Persönlichkeit als die meisten anderen Crozes-Weine.

Gilles Robin ☆☆☆
Mercurol. 10 ha

Aufgehender Stern in Crozes-Hermitage; der erste Jahrgang war 1996. Robin baut die Weine im Stil seines Großvaters: Das bedeutet Umpflügen der Weinberge, minimale Behandlung und lange Gärzeiten. Das Ergebnis sind üppige, fruchtige Weine mit der für die Syrah-Traube so typischen Wildwürze.

René Rostaing ☆☆☆
Ampuis. 8 ha

Herrliches Gut mit einigen der besten Lagen an der Côte Rôtie (La Viallière, La Landonne). René Rostaing produziert elegante Weine mit tiefer Farbe wie einst sein Schwiegervater Albert Dervieux-Thaize und sein Onkel Marius Gentaz-Dervieux, die ihm beim Eintritt in den Ruhestand 1990 beziehungsweise 1993 ihre erstklassigen Lagen überließen. Auch hervorragender Condrieu.

Domaine Marc Sorrel ☆–☆☆
Tain-l'Hermitage. 4 ha

Marc Sorrels weißer Hermitage »Les Rocoules« und die rote Hermitage-Spitzen-Cuvée »Le Gréal« gehören oft zu den besten der Gemeinde. Der Crozes-Hermitage ist weniger auffällig.

Georges Vernay ☆☆–☆☆☆
Condrieu. 16 ha. www.georges-vernay.fr

Heute der führende Mann in Condrieu mit Rebflächen, die zumeist auf ehemals aufgegebenen Terrassen neu angepflanzt wurden. Sein Wein wird im Frühjahr nach der Lese (oder schon im Winter) auf Flaschen gezogen, um einerseits Frische zu gewährleisten, aber auch, weil die Nachfrage dem Angebot davonläuft. Eine kleine Menge des Weins, der von den ältesten Reben des Guts stammt, bleibt länger im Fass und wird zu »Coteau de Vernon« und »Chaillées de l'Enfer« – die deutlich besseren Abfüllungen. Der Besitz umfasst auch 2 ha an der Côte Rôtie und kleine Weinberge in St-Joseph und an den Côtes du Rhône. Von der Côte Rôtie kommen eine Normalversion und die »Cuvée Maison Rouge«, mit mehr Eichenund Pfefferwürze. Seit 1997 führt Georges' Tochter Christine den Besitz.

J. Vidal-Fleury ☆–☆☆
Ampuis

Die älteste (1781 gegründet) und größte Domaine der Côte Rôtie. Sie ging 1985 an die Familie Guigal über (siehe dort), wird aber unabhängig geführt. »La Chatillonne« ist der Spitzenwein; die anderen sind gut gemachte, doch wenig aufregende Tropfen.

François Villard ☆☆–☆☆☆
St-Michel-sur-Rhône. 6 ha

Der ehemalige Küchenchef schlägt mit seinen opulenten Weinen aus Condrieu, den roten und weißen St-Joseph und Côte Rôtie große Wellen. Er folgt dem Trend, Condrieu als Spätlese anzubieten, seine eindrucksvolle Version kommt als »Quintessence« in den Handel. Villard ist auch einer der Partner bei Vins de Vienne (siehe dort).

Vins de Vienne ☆☆–☆☆☆☆
Seyssuel. 25 ha

Ein Gemeinschaftsunternehmen von drei St-Joseph-Erzeugern: François Villard, Yves Cuilleron und Pierre Gaillard (siehe jeweils dort). Im Grunde ein Négociant-Betrieb, ist das Haus jedoch auch im Besitz von Rebflächen nahe Vienne mit Syrah und Viognier. Die erstmals 1999 erzeugten Weine stammen aus allen wichtigen Rhône-Appellationen, sind eichenwürzig und teuer.

Alain Voge ☆–☆☆
Cornas. 7 ha

Die Familie Voge erzeugt hier in der vierten Generation traditionell bereiteten Cornas und St-Péray-Schaumwein nach der *méthode traditionnelle*.

Weitere Erzeuger an der nördlichen Rhône

Albert Belle ☆☆
Larnage. 17,5 ha

Ein tadelloser Erzeuger von Crozes-Hermitage, der auch roten Hermitage in kleinen Mengen produziert.

Bonnefond ☆☆
Ampuis. 7 ha

Die Familie begann erst 1990 mit der eigenen Abfüllung ihrer Côte-Rôtie- und Condrieu-Weine, die sich inzwischen einen guten Ruf erworben haben.

J. F. Chaboud ☆
St-Péray. 13 ha
Fast die gesamte Produktion ist St-Péray nach der *méthode traditionnelle*.

Bernard Chave ☆☆
Mercurol. 15 ha
Bernard und sein Sohn Yann produzieren saftigen, pflaumigen roten Crozes-Hermitage und einen Weißen aus ultrareifen Trauben. Sehr gute Weine in modernem Stil.

Caves des Clairmonts ☆
Crozes-Hermitage. www.cave-clairmont.com
Kleine qualitätsbewusste Genossenschaft, 1972 gegründet.

Collonge ☆
Mercurol. 38 ha
Verlässlicher Erzeuger von Crozes-Hermitage und St-Joseph, rot und weiß.

Domaine des Entrefaux ☆–☆☆
Chanos-Curson. 24 ha
Familienstreitigkeiten haben die Situation in diesem Crozes-Hermitage-Gut getrübt. Der beste Wein ist der rote »Les Machonnières« mit Brombeeraroma.

Garon ☆☆
Ampuis. 2,5 ha
Bis 1995 verkauften die Garons ihre Côte-Rôtie-Trauben an Guigal (siehe dort). Heute erzeugen sie kleine Mengen eines würzigen, pflaumigen Weins.

Marcel Juge ☆–☆☆
Cornas. 1,5 ha
Kleiner Erzeuger eines traditionell bereiteten, herzhaften roten Cornas, der Struktur und Frucht aufweist– doch nicht ganz an den Spitzenwein »Cuvée SC« seines Nachbarn Clape (siehe dort) heranreicht.

Jean Lionnet ☆☆
Cornas. 11 ha
Gute, abgerundete, fleischige Cornas-Weine, besonders die eichenduftige »Cuvée de Rochepertuis«.

Niero-Pinchon ☆☆
Condrieu. 5 ha
Kleines Weingut, dem Robert Niero zwei Condrieu-Abfüllungen und einen Côte Rôtie entlockt.

André Perret ☆–☆☆
Chavanay. 10 ha
Zuverlässiger Erzeuger von St-Joseph und Condrieu.

Domaine des Remizières ☆–☆☆
Mercurol. 27 ha
Wohl etablierte Domaine im Besitz der Familie Desmeure. Zahlreiche Cuvées von leicht rustikalen Crozes-Hermitage und St-Joseph.

Die südliche Rhône

Die alles umfassende Appellation für die riesigen Anbaugebiete der südlichen Rhône heißt Côtes du Rhône. Sie stellt keinen sehr anspruchsvollen Titel dar, sondern entspricht etwa der AC Bordeaux Rouge. Sie erlaubt hohe Erträge bis zu 52 hl/ha (plus PLC), sofern ein Mindestalkoholgehalt von 10% erreicht wird.

Insgesamt umfasst der Bereich 41 000 ha in über 100 Ortschaften nördlich von Avignon und beschreibt einen großen Kreis in den niedrigen Hügeln zu beiden Seiten der breiter werdenden Rhône. Davon ausgenommen ist nur das Schwemmland in der Flussniederung selbst. In einem Durchschnittsjahr wird hier fast doppelt so viel Wein produziert wie in der Appellation Beaujolais – kaum weniger als in ganz Burgund. 97% davon sind Rot- oder Roséweine.

In diesem Weinmeer gibt es einige Inseln – Güter, die eigene Qualitätsmaßstäbe setzen, und gute Händler, die sich auf das Auswählen und Verschneiden verstehen. Behalten wir dabei aber im Blick, dass die Weine der Côtes du Rhône jung getrunken werden müssen, solange sie noch einigermaßen fruchtig sind.

In dieser Gegend war es Tradition, einen sehr leichten Bistro-Wein zu bereiten, den so genannten *vin d'une nuit,* der tatsächlich nur eine Nacht im Gärfass verbrachte. Inzwischen wurde diese Methode durch die Beaujolais-Technik verdrängt, die einen Rhône Primeur mit ähnlichen Qualitäten wie entsprechender Beaujolais erzeugt – ihm fehlt freilich der erregende Duft der Gamay-Traube. Der normale Côtes du Rhône ist unberechenbar, als Getränk für den Alltag aber im Vergleich mit einfachen Bordeaux-Weinen wärmer und weiniger, wenn auch nicht so frisch und belebend.

Côtes du Rhône-Villages ist schon eine Stufe besser. Vor rund 40 Jahren einigten sich Winzer aus zwei Gemeinden östlich des Rhône-Tals, Gigondas und Cairanne, und aus zwei Orten im Westen, Chusclan und Laudun, darauf, einen kräftigeren, konzentrierteren *vin de garde* zu bauen, wobei für ihre Weine die Crus der südlichen Rhône als Muster dienten (auf Grenache-Basis, dazu Syrah, Mourvèdre und Cinsaut). Sie beschränkten ihre Erträge auf 42 hl/ha (plus PLC, wie immer) und ließen ihre Trauben so weit ausreifen, dass ein Alkoholgehalt von 12,5% zustande kam. Auf diese Weise erzielten sie bessere Weine und bessere Preise.

Viele ihrer Nachbarn folgten dem Beispiel. 1967 wurde für diese Gruppe, die inzwischen auf 15 Ortschaften mit 4787 ha angewachsen ist, die Appellation Côtes du Rhône-Villages eingeführt. Nur sie dürfen auch anstelle von »Villages« den eigenen Gemeindenamen (sie sind auf Seite 196 aufgelistet) auf den Etiketten führen. 64 weitere Ortschaften mit 3240 ha Rebland können auf dem Etikett weiterhin nur AC Côtes du Rhône-Villages, also nicht den eigenen Ortsnamen, nennen, ihre Weine müssen deshalb auch nicht ausschließlich aus der jeweiligen Gemeinde stammen. Gigondas, Vacqueyras und Rasteau besitzen einen eigenen AC-Status. Eine Ehre, die bald auch weiteren Gruppenmitgliedern zuteil werden dürfte, die dabei sind, eigene Identitäten und Absatzmärkte zu bilden.

Vacqueyras hat mit Sicherheit diese Anerkennung verdient. Um den Stil dieses Gebiets zu veranschaulichen, könnte man ihn mit Gigondas vergleichen, doch im direkten Vergleich erweist sich der Gigondas als voller und runder, mit mehr Körper, der Vacqueyras dagegen als »nerviger«, anfangs strenger, aber mit einem sehr angenehm trockenen, leicht würzigen Bukett. Die Weine der besten Erzeuger von Vacqueyras und Gigondas sind ausgesprochene *vins de garde:* Selbst nach fünf bis sechs Jahren muss man sie noch dekantieren – oder weitere drei Jahre ruhen lassen.

An der südlichen Rhône ist allgemein die Tendenz erkennbar, vermehrt bessere Traubensorten (vor allem Syrah und Mourvèdre) in die Verschnitte einzubringen und das Arbeitspferd Grenache zunehmend zu meiden, das nur dann wirklich gute Weine erbringt, wenn seine Erträge extrem niedrig gehalten werden. Auch unter den nicht zu den speziellen »Villages« zählenden Gemeinden wie Uchaux und Châteauneuf-de-Gadagne gibt es Anlass zur Hoffnung. Auf etwa der gleichen Qualitätsstufe wie Côtes du Rhône steht die Appellation Coteaux du Tricastin, die 1974 für die höher gelegenen Weinberge am Ostufer der Rhône eingerichtet wurde.

Es gibt auch eine kleine Produktion gespriteter Weine in der Appellation Côtes du Rhône, von denen der köstliche Muscat aus Beaumes-de-Venise der mit Abstand bekannteste ist. Trotz seines hohen Alkoholgehalts wartet er mit einer bemerkenswerten Frische und Delikatesse auf. Von diesem Wein waren in den 1980er-Jahren besonders die Genossenschafts- und Négociant-Versionen wie jene von Jaboulet extrem beliebt – ein Boom, der so schnell vergangen ist, wie er gekommen war, obwohl der Wein selbst noch genauso schmackhaft ist wie immer. Aus Rasteau kommt ein weiterer besonderer Wein, der Vin doux naturel, der hauptsächlich aus Grenache bereitet wird.

Die führenden Erzeuger an der südlichen Rhône

Domaine des Anges ☆–☆☆
Mormoiron. 18 ha
Ein Weingut im Besitz des Iren Gay McGuinness. Hier entstehen ein fruchtiger Côtes du Ventoux aus Grenache und ein Syrah, der jung getrunken werden sollte. Der Weißwein besteht hauptsächlich aus Marsanne und Roussanne, und es gibt auch recht einfache Vins de pays von Chardonnay und Cabernet.

Domaine Brusset ☆☆
Cairanne. 86 ha. www.domainebrusset.com
Daniel Brussets »Cuvée des Templiers«, ein traditioneller Cairanne, ist einer der besten Weine der Gemeinde. Das Gut ist ebenfalls bekannt für seinen Gigondas, besonders für »Les Hauts de Montmirail«, der zum Teil in neuen Barriques reift.

Cave de Cairanne ☆☆
Cairanne. 1250 ha. www.cave-cairanne.fr
Die 1929 gegründete Genossenschaft hat 260 Mitglieder, denen über 80% der Rebfläche der AC Cairanne gehören. Sie bieten eine breite Palette von Weinen an. Die besten sind »Cuvée Antique« aus 80 Jahre alten Reben und die rauchige, konzentrierte »Réserve des Voconces«.

Domaine du Cayron ☆☆☆
Gigondas. 15 ha
Michel Faraud produziert aus 45 Jahre alten, über die ganze Appellation verstreuten Weinstocken einen der feinsten Gigondas. Die Weinbereitung ist durch und durch traditionell: kein Entstielen, kein Hefezusatz, Reifung in Großfässern und Abfüllung ohne Schönung und Filtrierung.

Didier Charavin ☆–☆☆
Rasteau. 50 ha
Ein Familiengut, das auf die Zeit der Französischen Revolution zurückgeht. Klassischer, süßer Rasteau ganz aus Grenache sowie ein Rotwein im alten Stil aus Grenache, Syrah und Carignan, der ein Jahr in Eichenfässern reift. Der Spitzenwein ist üblicherweise die kraftvolle »Cuvée Parpaïouns«.

Clos des Cazaux ☆☆–☆☆☆
Vacqueyras. 40 ha
Die begeisterte Winzerfamilie Archimbaud-Vache erzeugt hier exzellenten Vacqueyras: »St Roch«, in traditionellem Stil, schmeckt nach schwarzen Kirschen, »Cuvée des Templiers« ist fast gänzlich aus Syrah – nicht ganz typisch, aber überaus köstlich. Der Gigondas, hauptsächlich Grenache von alten Reben, führt das Etikett »Tour Sarrazine« und ist zuverlässig fein und komplex.

Domaine du Devoy ☆–☆☆
St-Laurent-des-Arbes.
40 ha
Im Besitz der Brüder Lombardo. Ein hervorragendes Lirac-Weingut mit farbintensiven, charaktervollen, sogar eleganten Rotweinen, die ohne Fassreifung ausgebaut werden. Ebenfalls etwas Rosé.

Domaine Durban ☆☆
Beaumes-de-Venise. 57 ha
Die Leydiers sind hervorragende Erzeuger von Muscat de Beaumes-de-Venise und rotem Côtes du Rhône-Villages.

Domaine les Goubert ☆–☆☆☆
Gigondas. 23 ha
Jean-Pierre Cartiers Weinberge verteilen sich auf zahlreiche Appellationen. Sein Beaumes-de-Venise ist immer gut, doch sein bestes Pferd im Stall ist der Gigondas. Er wird in zwei Versionen angeboten: die erste wird ganz traditionell bereitet, die zweite, »Cuvée Florence«, in Barriques ausgebaut. Dies war gleichzeitig einer der ersten eichenholzbehandelten Weine in Gigondas – ein nach wie vor umstrittener Stil, der jedoch in den USA sehr erfolgreich ist.

Domaine du Grand Montmirail ☆–☆☆
Gigondas. 35 ha
Ein Gigondas-Weingut im Besitz von Yves Cheron. Die ehemals geringe Weinproduktion von alten Grenache-Reben wurde zuerst auf mehr Syrah umgestellt, Mourvèdre und Cinsault kamen inzwischen hinzu und geben den Weinen mehr Nachdruck.

Château du Grand Moulas ☆–☆☆
Mornas. 29 ha
Marc Ryckwaert erzeugt hier neben drei Rotweinen (Spitzenwein ist die Syrah-dominierte »Cuvée de l'Ecu«) auch einen Weißwein von den Côtes du Rhône – alles sehr feine Beispiele für die Appellation. Holzfreier Ausbau.

Domaine Maby ☆–☆☆
Tavel. 55 ha
Großes etabliertes Familiengut in Tavel und Lirac. Die weißen und roten Lirac-Gewächse verdienen besondere Erwähnung. Der rote »La Fermade« bezieht sein Rückgrat aus dem 45%igen Mourvèdre-Anteil.

Gabriel Meffre ☆☆
Gigondas. Keine eigenen Weinberge. www.gabriel-meffre.fr
1936 gründete Gabriel Meffre eine Domaine, die sich mit 800 ha zur größten ganz Frankreichs entwickeln sollte. Nach seinem Tod gab es viele Veränderungen, doch seit 1997 ist das Weingut im Besitz des ehemaligen Großindustriellen Bertrand Bonnet und einer Investorengruppe.

Die Weinberge selbst (Domaines des Bosquets, Raspail und la Daysse in Gigondas) blieben bei den Meffres, weshalb die

Côtes du Rhône-Villages

Die 15 Weinorte der Appellation, die ihren eigenen Namen aufführen dürfen, sind:
Drôme Rochegude, Rousset-lès-Vignes, St-Maurice-sur-Eygues, St-Panthaléon-lès-Vignes, Valréas, Visan, Vinsobres, Vaucluse Cairanne, Roaix, Sablet, Séguret, Beaumes-de-Venise, Gard Chusclan, Laudun und St-Gervais.

Firma heute Trauben einkauft. Sie erzeugt rund 12 % aller Gigondas-Weine. »Longue Toque« ist ein üppiger Verschnitt, der jung getrunken werden will; der eichengereifte »Laurus« ist für Spitzenrestaurants gemacht.

Domaine de la Mordorée ☆☆–☆☆☆
Lirac. 55 ha
Ein nach vorne blickendes, ökologisch wirtschaftendes Weingut mit sanft-aromatischem Weißwein und robustem Lirac. Sein wahrscheinlich bekanntester Wein ist jedoch der Châteauneuf »Cuvée Reine des Bois«. Seit 1999 gilt die Domaine in Lirac als führend.

Domaine de l'Oratoire St-Martin ☆☆–☆☆☆
Cairanne. 24 ha
Frédéric und François Alary leiten eine der besten Domaines dieser immer einträglicheren AC. Ihre Spitzenweine sind die eichenfrei ausgebaute »Cuvée Prestige« von alten Reben und die eichenwürzige »Cuvée Haut-Coustias« in roter und weißer Version. Es sind moderne Weine mit elegant eingebundenen Tanninen und unverfälschter Frucht.

Domaine Les Pallières ☆☆
Gigondas. 25 ha. www.vignoblesbrunier.fr
500 Jahre lang kelterte die Familie Roux in Gigondas Wein in der Art von Châteauneuf-du-Pape. 1998 wurde die Firma – in Ermangelung von Erben – an die Bruniers von Vieux Télégraphe (siehe dort) verkauft. Die getätigten Investitionen deuten darauf hin, dass zukünftige Weine weniger rustikal ausfallen werden als die der Rouxs, vielleicht aber auch weniger individuell.

Domaine du Pesquier ☆☆–☆☆☆
Gigondas. 16 ha
Die traditionelle Weinbereitung in Tanks und Großfässern und ohne Filtrierung ergibt üppige Gigondas-Weine mit Wildnoten und seidiger Textur.

Domaine de Piaugier ☆☆
Sablet. 30 ha
Jean-Marc Autran erzeugt seriösen Sablet und Gigondas aus Einzellagen. Einige sind recht ungewöhnlich, so z. B. »Cuvée Tenébi«, die im Verschnitt mindestens 50 % der seltenen Counoise-Traube enthält.

Domaine Rabasse-Charavin ☆☆
Cairanne. 68 ha
Als Spitzenerzeugerin von Cairanne baut Corinne Couturier verschiedene Weine, darunter einen festen Syrah und die »Cuvée d'Estevenas« von sehr alten Grenache-Reben.

Domaine Raspail-Ay ☆☆☆
Gigondas. 18 ha

Eine der besten Domaines in Gigondas. Dominique Ay erzeugt einen wunderbar strukturierten, fruchtigen Wein von Reben, die durchschnittlich 30 Jahre alt sind.

Cave de Rasteau ☆–☆☆
Rasteau. 750 ha
Gut geführte Genossenschaft mit süßem Vin doux naturel (rot und weiß) und Côtes du Rhône-Villages, und die, wie nicht anders zu erwarten, bei weitem mehr Rasteau erzeugt als irgendein anderer Weinbaubetrieb.

Domaine Richaud ☆☆☆
Cairanne. 40 ha
Vielleicht ist Marcel Richaud der beste Erzeuger in Cairanne. Sein einfacher Roter ist lebhaft und frisch, und »Cuvée L'Ebrascades« von 100-jährigen Mourvèdre-, Syrah- und Grenache-Stöcken gehört zu seinen Spitzengewächsen. Mit dem roten »Les Estramborts«, meistens sortenrein aus Grenache oder Mourvèdre, stellt Richaud den jeweils besten Wein eines Jahrgangs vor.

Château de St-Cosme ☆☆☆
Gigondas. 15 ha
Louis Barruol kann sich glücklich schätzen, Reben mit einem Durchschnittsalter von 60 Jahren zu besitzen. Der Standard-Gigondas ist reif und üppig, und in Spitzenjahren baut Barruol seine »Cuvée Valbelle«, die in 50 % neuer Eiche reift – ganz superb im Jahrgang 1998. Barruol betreibt auch einen kleines, auf Qualität bedachtes Négociant-Geschäft.

Château St-Esteve ☆–☆☆
Uchaux. 60 ha. www.chateau-saint-esteve-d-uchaux.com
Seit 1809 im Besitz der Familie Français-Monier. Uchaux liegt auf einem sandigen Hügel nördlich von Orange; dort wachsen reife, warme Weine mit Körper und Charakter. Das Gut bringt drei Rotweine hervor und nicht weniger als drei Viogniers, darunter die seltene »Cuvée Thérèse«.

Domaine St-Gayan ☆☆–☆☆☆
Gigondas. 38 ha
Jean-Pierre Meffre blickt auf eine 400-jährige Ahnenreihe von Gigondas-Winzern zurück. Er erzeugt von alten Reben hoch geschätzte, fruchtduftige, gerbstofffreie Gigondas-Weine mit bis zu 14,5 % Alkohol. In großen Mengen entstehen auch Côtes du Rhône-Villages aus Sablet und Rasteau. Weiterhin gibt es den eichenwürzigen Gigondas »Fontmaria«, von dessen Stil Meffre selbst zwar nicht so überzeugt ist, mit dem er aber auf eine große Nachfrage, v. a. aus den USA, reagiert.

Château St-Roch ☆☆
Roquemaure. 65 ha. www.chateau-saint-roch.com
Das große Lirac-Weingut des Antoine Verda ging 1998 in den Besitz von Château de la Gardine aus Châteauneuf-du-Pape (siehe dort) über. Angesichts der dortigen Vorliebe für Barriques dürfte sich der Weinstil ändern – Eichenholz war auf St-Roch bisher unbekannt.

Domaine Sainte-Anne ☆–☆☆
St-Gervais. 33 ha
Familie Steinmaier erzeugt konzentrierten Côtes du Rhône und Côtes du Rhône-Villages (rot und weiß) sowie guten Viognier.

Domaine Le Sang des Cailloux ☆☆
Sarrians

1990 von Serge Férigoule erworben. Eine gute Quelle für Vacqueyras. Besonders erwähnenswert ist die gehaltvolle »Cuvée Lopy« von 80-jährigen Grenache-Reben.

Domaine de Santa Duc ☆☆☆
Gigondas. 21 ha
Yves Gras erzeugt aus verstreuten, hauptsächlich ökologisch bestellten Weinbergen Gigondas-Weine der Superlative. Der Spitzenwein ist »Cuvée Hautes Garrigues«, eine Mischung aus Grenache und Mourvèdre. Gras verwendet einen ordentlichen Anteil neuer Eichenfässer, doch eigentlich widerstrebt ihm der ganze Eichenholzboom. Barriques sind für ihn lediglich ein Werkzeug zur Verbesserung von Komplexität und Gefüge.

Château La Soumade ☆☆–☆☆☆
Rasteau. 26 ha
André Romero ist der dynamischste aller Rasteau-Erzeuger. Seine Weine sind für langes Altern ausgelegt, und sowohl »Cuvée Fleur« als auch die seltene »Cuvée Confiance« stammen von sehr alten Grenache-Reben. »Rasteau Doux« ist ein Jahrgangswein aus 90 % Grenache. Alle Weine Romeros sind ausgeprägt alkoholstark und nichts für zarte Gemüter.

Tardieu-Laurent ☆☆☆
Lourmarin. Keine eigenen Weinberge.
www.tardieu-laurent.com
Dieses Négociant-Haus ist ein Joint Venture von Dominique Laurent von Nuits-St-Georges (siehe dort) und Michel Tardieu. Sie kaufen Weine von Winzern, die alte Reben besitzen, und bauen sie im eigenen Keller aus. Die Ergebnisse sind gehaltvoll und dicht, sowohl von der nördlichen Rhône als auch von allen südlichen Appellationen. Viel zu extraktreich und furchterregend für manch verzagten Zeitgenossen, doch immer eindrucksvoll – und teuer.

Château du Trignon ☆☆
Sablet. 53 ha
Altes Weingut (1898) mit neuen Ideen und exzellentem Wein. Charles Roux benutzt die *macération carbonique* und lässt wohlschmeckende Gigondas entstehen, die in jungen Jahren nun mehr Frucht und weniger Tannin enthalten als die im alten Stil bereiteten Weine und trotzdem bis zu acht Jahre altern können. Die Weinberge liegen in Gigondas, Sablet und Rasteau.

Château de Trinquevedel ☆☆
Tavel. 31 ha
François Demoulin ist einer der führenden Erzeuger in Tavel mit interessanten Ideen in puncto Zustand und Behandlung des Leseguts. Er setzt alte und neue Kellertechniken ein (Kühlung und *macération carbonique*) und ist überzeugt, dass ein wenig Flaschenreifung seinem Tavel nur gut tun kann.

Château Valcombe ☆☆
St-Pierre-de-Vassols. 17 ha
Weingut mit hohem Qualitätsanspruch in den Côtes du Ventoux. Üppiger, in neuer Eiche ausgebauter weißer »La Sereine« aus Grenache blanc und Roussanne; sein rotes Gegenstück wird von Syrah beherrscht, mit harmonisch eingebundener Holzwürze.

Vieille Ferme ☆☆
Orange.
www.lavieilleferme.com

Clairette de Die

Verglichen mit den Gewächsen der nördlichen und südlichen Rhône ist Clairette de Die wie ein erfrischendes Sorbet zwischen den beiden Hauptgängen. Der Tatkraft der örtlichen Genossenschaft ist es zu verdanken, dass die einst schwächelnde Appellation am Leben erhalten wurde. Clairette de Die ist als Schaumwein am besten. Einige wenige traditionsgebundene Winzer erzeugen daraus jedoch auch einen ordentlichen, nusswürzigen Stillwein. Einfacher Clairette-Schaumwein muss 75 % Muscat enthalten, Crémant de Die muss aus 100 % Clairette bestehen.

Cave Coopérative de Clairette de Die
Drei Viertel der Appellation werden von den gut 500 Mitgliedern dieser Winzergenossenschaft abgedeckt, die 273 000 Kisten Brut, Tradition und Stillwein von 800 ha Rebfläche erzeugt.
Der Brut ist ein trockener Schaumwein mit Aromen von Flieder und Lavendel – das jedenfalls ist der Anspruch. Tradition ist eine süße Variante aus Muscat de Frontignan. Zur Bereitungstechnik gehört Flaschengärung (doch anders als bei Champagner wird hier der ursprüngliche Traubenzucker vergoren) mit anschließender Filtrierung und Abstich in eine zweite Flasche unter Druck. Weitere Weine sind roter Gamay und weißer Aligoté/Chardonnay, für die wiederum die eigene AC Châtillon-en-Diois existiert (50 ha).

Die Négociant-Marke der durch ihren Châteauneuf-du-Pape »Château de Beaucastel« bekannten Familie Perrin. Der exzellente rote Côtes du Ventoux wird als *vin de garde* bereitet; der frische Weißwein stammt von Hochlagen aus der Montagne de Lubéron. Beide sind ihren Preis mehr als wert. Vor kurzem wurde die Palette um einige seriöse Tropfen aus Gigondas, Vacqueyras und anderen Appellationen erweitert.

Weitere Erzeuger an der südlichen Rhône

Daniel & Denis Alary ☆☆
Cairanne. 25 ha
Exzellente Rotweine, besonders die »Cuvée Font d'Estévenas«.

Pierre Amadieu ☆
Gigondas. 130 ha.
www.pierre-amadieu.com
Größtes Weingut der Region, das Weine aus einer ganzen Reihe von Appellationen erzeugt. Der Gigondas, das Markenzeichen des Hauses, ist ziemlich tanninreich und ledern.

Château d'Aquéria ☆–☆☆
Tavel. 65 ha. www.aqueria.com
Weingut aus dem 17. Jh. mit Rebland in Lirac und Tavel. Robuste, traditionelle Weine.

Domaine de Cabasse ☆☆
Séguret. 20 ha. www.domaine-de-cabasse.fr
Weingut in Schweizer Besitz mit modernen, gepflegten Gigondas und Côtes du Rhône-Séguret. Auch feiner Rosé.

Caves de Vigneron de Chusclan ☆–☆☆
Chusclan

Chusclan ist Roséland, und diese Genossenschaft erzeugt erst-klassige Beispiele dafür. Daneben Côtes du Rhône von alten Grenache-Reben.

Domaine de la Citadelle ☆–☆☆
Ménerbes.
40 ha

Eine der wenigen ernst zu nehmenden Domaines in den Côtes du Lubéron. Der beste Wein ist die Barrique-gereifte »Cuvée Le Gouverneur«, ein Verschnitt aus Syrah und Grenache.

Domaine de Deurre ☆
Vinsobres.
56 ha

Côtes-du-Rhône-Weine mit deutlich säuregeprägter Struktur. Alle werden eichenfrei ausgebaut, außer »Cuvée Jean-Marie Valayer«, die bittere Noten aus der Barrique annehmen kann.

Domaine La Fourmone ☆–☆☆
Vacqueyras. 37 ha.
www.domaine-la-fourmone.com

Im Besitz der Familie Combe. Zuverlässiger Erzeuger von Vac-queyras und Gigondas (unter dem Etikett »Oustau Fouquet«) von mittlerer Lagerfähigkeit.

Domaine du Gour de Chaulé ☆☆
Gigondas.
10 ha

Besitzerin Mme. Aline Bonfils erzeugt kraftvolle, nichtsdesto-trotz elegante Weine, die man mittelfristig trinken sollte.

Domaine Gourt de Mautens ☆☆–☆☆☆
Rasteau. 14 ha

Jérôme Bressy ist ein aufgehender Stern in Rasteau, wo er un-gewöhnlich konzentrierte Rot- und Weißweine baut und zu hohen Preisen verkauft.

Domaine de la Grapillon d'Or ☆☆
Gigondas. 23 ha

Stämmiger Gigondas mit mehr Kraft als Finesse, außerdem pfeffriger, pflaumiger Vacqueyras.

Domaine Les Hautes Cances ☆☆
Cairanne. 16 ha.
www.hautescances.chez.tiscali.fr

Ökologischer Anbau, der erste Jahrgang war 1995. Alte Reben und geringe Erträge sorgen für eine hohe Allgemeinqualität.

Domaine de la Monardière ☆☆
Vacqueyras

Christian Vache übernahm das Gut 1987, setzte es instand und produziert mittlerweile gute Weine mit reichlich Gewicht und Frucht.

Domaine Pelaquié ☆
Laudun. 70 ha. www.domaine-pelaquie.com

Gute, aber etwas glanzlose Weine kommen von diesem großen Gut aus einer der Villages der Côtes du Rhône.

Château des Tours ☆
Sarrians. 39 ha

Weingut im Besitz von Emmanuel Reynard, Eigner des Châ-teau Rayas in Châteauneuf (siehe dort). Auch hier regiert Gre-nache und erbringt üppigen Côtes du Rhône und Vacqueyras.

Tavel & Lirac

Der Châteauneuf-du-Pape ähnliche Bereich, ein paar Kilo-meter weiter westlich auf der anderen Seite der Rhône, hat eine lange Tradition für einen berühmten Rosé.

Tavel ist ein körperreicher trockener Rosé, der nicht wie die meisten anderen durch kurzes Mitvergären der (roten) Traubenschalen, sondern durch eine bis zu zweitägige Mai-schung vor Beginn der Gärung bereitet wird. (Die Tätigkeit der Hefen muss dabei durch Zugabe von SO_2 beziehungswei-se in modernen Kellereien durch Kühlung gebremst werden.) Das Keltern und Vergären erfolgt anschließend wie bei Weiß-wein. Für mich ist dieser schwere, trockene, orange-rosafarbe-ne Wein nicht ansprechender als ähnliche Rosés aus der Pro-vence, doch er gehört zu den Klassikern – die man ja immer mal wieder trinken (und lesen) sollte.

Lirac, der nördliche Nachbarbereich von Tavel, hat sich neu-erdings mehr auf Rote spezialisiert, die in Bestform angenehm fruchtig und lebendig, ansonsten schwer und dumpf sind.

Ventoux & Lubéron

Dort, wo das Rhône-Tal nach Osten hin in die Provence über-geht, hat die AC Côtes du Ventoux ihre Erzeugung beträcht-lich gesteigert und produziert heute mehr als alle Côtes du Rhône-Villages zusammen. Der hervorragendste unter vielen anständigen Rotweinen ist La Vieille Ferme (siehe dort) von Jean-Pierre Perrin, Bruder des Besitzers von Château de Beau-castel (siehe dort). Die Côtes du Lubéron, die Hügel entlang der Nordseite des Durance-Tals (in ganz Frankreich wegen seines Spargels berühmt) sind ebenfalls ein Teil dieses gro-ßen Rotweinlandes. Lubéron hat inzwischen AC-Rang erlangt; seine roten und weißen Weine sind wegen ihres frischen, klar konturierten Geschmacks gefälliger als manche der schlich-teren Erzeugnisse von der Rhône. Auch sehr ordentlicher wei-ßer Lubéron-Schaumwein wird produziert.

Châteauneuf-du-Pape

Die größte und bedeutendste Einzel-Appellation an der Rhône ist Châteauneuf-du-Pape. Würde die Rebfläche dieses Bereichs mit seinen 3080 ha ebenso reichliche Erträge bringen wie die der Nachbargebiete, dann gäbe es fast so viel Châteauneuf-du-Pape wie Côtes du Rhône-Villages. Aber die Vorschrift ver-langt kleine Erträge: Für Châteauneuf-du-Pape wurden 35 hl/ha festgesetzt, für Côtes du Rhône-Villages sind bis zu 42 hl/ha erlaubt. Konzentration ist der Wesenszug dieses Weins. Die Reben wachsen auf einem Boden, der aussieht wie ein Kies-strand mit dicken, glatten, ovalen Steinen, die oft die ganze Fläche eines Weinbergs bedecken. Jeder Rebstock ist ein nied-riger Einzelbusch.

Während für alle anderen französischen Appellationen nur eine oder zwei, höchstens vier Traubensorten mit gleicharti-gem Charakter vorgeschrieben sind, ist es in Châteauneuf-du-Pape Tradition, bis zu 13 Sorten zu kultivieren, die sich in ih-rer Art beträchtlich voneinander unterscheiden. Nicht ganz klar ist, ob diese Vielfalt vor allem eine Art Versicherung gegen Miss-ernten darstellt oder sich aus gewachsenen Traditionen erge-ben hat. Manche Winzer sind überzeugt davon, dass jede die-ser Sorten, selbst die derben oder neutralen, zur Komplexität des Weins beitragen.

Bei Neuanpflanzungen beschränkt man sich freilich auf vier bis fünf Sorten. Die Grenache-Traube ist die Grundlage des Weins. Sie liefert immer den größten Anteil, manchmal zwischen 80 und 100 %. Wichtig sind ferner Cinsaut, Syrah und Mourvèdre. Optional ist die Zugabe der roten Sorten Counoise, Muscardin, Vaccarèse und Terret noir sowie der weißen Picardan, Clairette, Picpoul, Roussanne und Bourboulenc. Früher wurden die weißen Trauben im Rotwein mit verwendet oder zu weißem Châteauneuf-du-Pape verarbeitet, für den es heute wieder eine stärkere Nachfrage gibt.

Von Grenache und Cinsaut heißt es, dass sie Stärke, Wärme und Weichheit liefern, Mourvèdre, Syrah, Muscardin und Vaccarèse bringen Körper, Farbe, »Biss« und frischen Geschmack ein sowie genug Alterungspotenzial zur Bukett-Entwicklung. Der vorgeschriebene Mindestalkoholgehalt beträgt 12,5 %, doch die besten Winzer akzeptieren nichts unter 13,5 %, und 14,5 % und darüber sind keine Seltenheit.

Und was kommt dabei heraus? Wer hätte nicht schon einen der schweren, dumpfen, Kopfschmerzen verursachenden Weine namens Châteauneuf-du-Pape getrunken, die weder im Aroma- noch im Geschmacksbild ihre Zugehörigkeit zu einer Traubensorte bekennen. Kommerzielle Versionen werden meist sehr warm, »aufgeschlossen« und ein klein wenig fruchtig angelegt.

Aus den besten Weingütern kommen jedoch großartige *vins de garde,* die sich erst nach fünf Jahren zu erschließen beginnen und weitere zehn Jahre und mehr zur Entfaltung benötigen. Anfangs ist ihr Bukett undefinierbar; es ist Teil einer röstkastanienwürzigen Wärme, die dem Wein entströmt. Bei den besten Beispielen wird schließlich eine latente Finesse und die essenzielle Süße eines großen Weins in Erscheinung treten. Mein bester Châteauneuf-du-Pape war ein 1937er, der sich 1997 noch in hervorragender Verfassung zeigte. Zu den jüngeren Jahrgängen mit erstklassigem Alterungspotenzial zählen 1990 und 1998.

Weißer Châteauneuf-du-Pape war früher ein langlebiger, voller und schwer bestimmbarer Wein; heute sollte er innerhalb von zwei bis drei Jahren getrunken werden. Einige Weingüter geben ihm jedoch auch zehn und mehr Jahre mit auf den Weg. Wie sie das machen, bleibt ihr Geheimnis, denn eigentlich enthält der Wein dafür viel zu wenig Säure.

Die führenden Erzeuger in Châteauneuf-du-Pape

Château de Beaucastel ☆☆☆–☆☆☆☆
Courthézon. 100 ha. www.beaucastel.com

Die vierte Generation der Familie Perrin, die Brüder Jean-Pierre und François, erzeugt auf ihrem großen, aus dem 17. Jh. stammenden Gut den besten Wein der Region. Neben Châteauneuf-Weinbergen besitzen sie auch Côtes-du-Rhône-Rebflächen, die gerade außerhalb der Appellation liegen.

Alle 13 zugelassenen Traubensorten (mit einem relativ hohen Anteil von Syrah und Mourvèdre) werden verarbeitet. Der Ertrag liegt bei 25 hl/ha, die Gärung in den traditionellen Quadersteinbottichen dauert 15 Tage; anschließend reift der Wein zwei Jahre in Eichenholzfässern. Alles zusammen verleiht ihm Tiefe und Langlebigkeit. Die Weinberge werden ökologisch bestellt, die Weine ohne Filterierung abgefüllt; so entsteht zwar manch glorreicher Tropfen, allzu oft aber auch ein Duft nach Bauernhof. Ein köstlicher weißer Châteauneuf aus 85 % Roussanne und 15 % Grenache blanc wird in kleinen Mengen produziert, noch besser ist die »Cuvée Roussanne Vieilles Vignes«.

Der Côtes du Rhône (für seine Qualität besonders preisgünstig) trägt den Namen »Cru de Coudoulet de Beaucastel«. Ebenfalls empfehlenswert ist der Côtes du Ventoux »La Vieille Ferme«.

Domaine de Beaurenard ☆☆
Châteauneuf-du-Pape. 30 ha. www.beaurenard.fr

Mit Paul Coulon ist die siebte Generation dieser Winzerfamilie am Werk. Ihm gehören 40 ha Côtes du Rhône in Rasteau, die mit 70 % Grenache und je 10 % Syrah, Cinsaut und Mourvèdre bestockt sind. Im Weinberg legt er auf sorgfältige Auslese von Hand und im Keller auf die *cuvaison à l'ancienne,* die lange, genau kontrollierte Gärzeit. Eine Zeit lang favorisierte die Domaine die Kohlensäuremaischung, kam dann aber wieder davon ab. Die Spitzen-Cuvée heißt »Beaurenard«: wuchtig und gehaltvoll, aber manchmal plump.

Domaine Bois de Boursan ☆☆☆
Châteauneuf-du-Pape. 15 ha

Sehr erfolgreiches Weingut von Jean-Paul Versino, das 1955 von seinem aus dem Piemont stammenden Vater gegründet wurde. In Spitzenjahren wird die »Cuvée des Félix« erzeugt, die in älteren Barriques zu einem gereiften, intensiven Wein heranwächst und eher fruchtige als fleischige oder lederne Noten bekundet.

Henri Bonneau ☆☆☆
Châteauneuf-du-Pape. 6 ha

In seinen labyrinthartigen Kellergewölben im Ort baut der überzeugte Traditionalist Bonneau die »Cuvée Marie Beurier« sowie die »Réserve des Célestins«, einen festen, würzigen, ziemlich wuchtigen Rotwein. Im Allgemeinen ist der Stil des Hauses kraftvoll und konzentriert, manchmal übermütig.

Domaine Bosquet des Papes ☆☆–☆☆☆
Châteauneuf-du-Pape. 30 ha

Maurice Boiron und Sohn Nicolas erzeugen traditionelle Weine von sehr alten Reben. Seit 1990 entsteht »Cuvée Chante Le Merle« von 90-jährigen Weinstöcken, ein wunderbarer Wein mit Anklängen von Kaffee und Leder.

Domaine Chante-Cigale ☆☆–☆☆☆
Châteauneuf-du-Pape. 40 ha

Der Domaine-Name bedeutet »Zikadengesang« – falls Gesang das rechte Wort ist. Noël Sabon repräsentiert gemeinsam mit seinem Schwiegersohn Christian Favier die dritte und vierte Generation auf diesem Weingut. Der Rebenbestand setzt sich aus 80 % Grenache, 10 % Syrah und je 5 % Mourvèdre und Cinsaut zusammen – es gibt keine Weißweintrauben und keinen Weißwein. Althergebrachte Bereitungsmethoden und bis zu zwei Jahre Fassreifung ergeben seriösen *vin de garde*.

Clus Mont Olivet ☆☆☆
Châteauneuf-du-Pape. 25 ha

Die drei Söhne von Joseph Sabon stellen die vierte Winzergeneration dar, die hier einen, wie sie selbst sagen, »gut strukturierten, höchst aromatischen und nachhaltigen« Wein bereiten. Die Spitzen-Cuvée heißt »Papet«, gewonnen von alten Reben mit sehr niedrigem Ertrag. Die Weine sind tanninstark und brauchen eine lange Lagerzeit. Weitere 8 ha in Bollène (Vaucluse) erbringen Côtes du Rhône.

Clos des Papes ☆☆☆
Châteauneuf-du-Pape. 32 ha

Ein Weingut, das seit 300 Jahren direkt vom Vater auf den Sohn übergeht. Die Weinberge sind mit 70 % Grenache, 20 % Mourvèdre, etwas Syrah, Muscardin und Vaccarèse bepflanzt. Vincent Avril baut Weine, deren Kraft und Struktur von Finesse ausgeglichen wird. Die Weißen wie die Roten haben großes Alterungspotenzial.

Domaine Font de Michelle ☆☆

Châteauneuf-du-Pape. 30 ha. www.font-de-michelle.com
Das Weingut der Brüder Gonnet bringt roten und weißen Châteauneuf-du-Pape hervor. Der Rotwein ist eher elegant als kraftvoll, der Weißwein frisch und attraktiv. Die Spitzen-Cuvée heißt nach ihrem Vater »Etienne Gonnet«.

Château Fortia ☆

Châteauneuf-du-Pape. 30 ha. www.chateau-fortia.com
Familiengut des Baron Le Roy de Boiseaumarie, dem Initiator des AC-Systems. Er definierte 1923 als Erster das beste Weinland der Region nach den dort wachsenden Wildpflanzen Thymian und Lavendel, also ein früher Ökologe. Trotz des guten Rufs der Domaine ist der Qualitätsstand seit Jahren enttäuschend, da es den Weinen beständig an Konzentration mangelt. 8 % der Erzeugung entfallen auf weißen Châteauneuf-du-Pape.

Château de la Gardine ☆☆–☆☆☆

Châteauneuf-du-Pape. 54 ha. www.chateau-de-la-gardine.com
Die Weinberge liegen zur Hälfte in Châteauneuf-du-Pape, der Rest ist Côtes du Rhône und Côtes du Rhône-Villages in Rasteau und Roaix. Die Brunels wollen einen üppigen, eleganten Wein, keinen Koloss. Der Spitzenwein »Cuvée des Générations« reift teilweise in neuen Eichenfässern. Da man hier bereits seit 1980 Barriques verwendet, sollte man den Einfluss des Eichenholzes in Grenzen zu halten wissen. Trotzdem ist der weiße »Générations« viel zu holzwürzig; viel besser ist die überaus schmackhafte Standard-Cuvée.

Domaine Grand Veneur ☆☆–☆☆☆

Châteauneuf-du-Pape. 40 ha. www.domaine-grand-veneur.com
Ein großes Weingut, dessen Rebflächen größtenteils in den Côtes du Rhône liegen. Die Familie Jaume hat in den letzten Jahren enorme Anstrengungen unternommen, besonders was ihre volle, eichenwürzige »Cuvée les Origines« angeht, mit Aromen von Schokolade und schwarzer Frucht. Es gibt auch einen weichen, molligen Weißwein ganz aus Roussanne-Trauben mit Namen »La Fontaine«.

Domaine de la Janasse ☆☆☆

Courthézon. 50 ha
Christophe Sabon produziert Côtes du Rhône und Châteauneuf-du-Pape aus seinem größtenteils mit alten Reben (manche sind 80–100 Jahre alt) bestockten Gut in Châteauneuf. Niedrige Erträge und lange *cuvaison* erbringen stets sehr kräftige Weine, die inzwischen zu den besten der Appellation zählen. Spitzenweine sind die »Cuvée Chaupin« (meist 100 % Grenache) und die Vieilles-vignes-Abfüllung (95 % Grenache). Ferner außergewöhnlicher Weißwein und seit 1996 eine Prestige Cuvée aus 70 % Roussanne, die größtenteils in neuen Eichenfässern reift.

Domaine de Mont-Redon ☆☆

Châteauneuf-du-Pape. 120 ha. www.chateaumontredon.fr
Der größte zusammenhängende Weinberg in Châteauneuf mit einer langen Geschichte (»Mourredon« stand bereits 1334 als

Teil des bischöflichen Besitzes unter Reben). Henri Plantin kaufte ihn 1921, und heute wird er von seinen Enkeln Jean Abeille und Didier Fabre bewirtschaftet. Von seinem immens steinigen Boden kam früher mustergültiger Châteauneuf-du-Pape mit unendlicher Lebensdauer; heute stellt er sich als gutes Mittelgewicht dar. Mont-Redon ist der größte Erzeuger von weißem Châteauneuf, der wegen seiner nusswürzigen Frische bereits jung gut trinkbar ist. Zum Besitz gehören auch 20 ha Côtes du Rhône in Roquemaure.

Domaine de Nalys ☆

Châteauneuf-du-Pape. 50 ha
Das Weingut, das früher *macération carbonique* im Keller einsetzte, erzeugt heute eines der frischeren Beispiele für Châteauneuf, das höchstens ein Jahr im Fass reift und dann abgefüllt wird. Der Rotwein ist nach wie vor mittelmäßig, doch der Weißwein ist bemerkenswert gut und früh trinkreif.

Château de la Nerthe ☆☆☆

Châteauneuf-du-Pape. 90 ha.
www.chateau-la-nerthe.com
Einer der großen Namen in Châteauneuf, im 19. Jh. als ein eigener und etwas besserer Wein als sonst üblich erwähnt. Unter der Leitung von Alain Dugas wurde für die 90er Jahrgänge auf einen neuen Weinstil umgestellt: fruchtiger im Geschmack und ungewöhnlicherweise in neuer Eiche ausgebaut. Die Spitzen-Cuvées »Cadettes« (rot) und »Beauvenir« (weiß) sind hervorragend. La Nerthe schafft es trotz vollreifen Leseguts, übermäßigen Alkoholgehalt zu vermeiden.

Domaine du Pégau ☆☆☆

Châteauneuf-du-Pape. 12 ha. www.pegau.com
Paul Féraud baute seine Domaine 1987 auf; die Anfangserfolge scheinen ihm aber zu Kopf gestiegen zu sein. Neben einer guten, ledernen Normalabfüllung gibt es ein ganzes Heer von speziellen Cuvées, die meisten Barrique-gereift und zu unglaublich hohen Preisen angeboten. Meiner Meinung nach schrappen diese Weine jedoch nur knapp an Oxidation und Modrigkeit vorbei.

Père Anselme ☆

Châteauneuf-du-Pape. Keine eigenen Weinberge
Der Name steht zur Erinnerung an einen weisen alten Vorfahren dieser Händler- und Erzeugerfamilie, die Weine aus den meisten Rhône-Appellationen erzeugt. Das Etikett »Jean-Pierre Brotte« wird für die an Restaurants verkauften Weine benutzt. Zu den weiteren Unternehmungen des Hauses gehört ein Weinmuseum.

Château Rayas ☆☆☆

Châteauneuf-du-Pape. 13 ha
Kleiner, aber hervorragender Betrieb, der oft als der beste von Châteauneuf bezeichnet wird. Emmanuel Reynauds Weingut liegt auf untypischen Lehmböden und ist zum allergrößten Teil mit alten Grenache-Reben bestockt, daneben etwas Cinsaut und Syrah. Der Rotwein ruht je nach Jahrgang 2–3 Jahre in Holzfässern. Obwohl aus Rayas über mehrere Jahrzehnte immer wieder volle, profunde Jahrgänge kamen, war die Qualität doch nie wirklich zuverlässig. Seit Emmanuel Reynaud 1997 seinen eigenbrötlerischen Onkel Jacques am Ruder ablöste, scheinen sich die Wogen allerdings zu glätten. Der Zweitwein heißt »Pingan«. Auf Rayas entsteht auch »Château Fonsalette«, ein Côtes du Rhône der Spitzenklasse. Fonsalette »Cuvée Syrah« hat Vorbildcharakter für die Appellation.

Domaine de la Vieille Julienne ☆☆–☆☆☆
Les Grès, Orange. 30 ha. ww.vieillejulienne.com

Jean-Paul Daumen besitzt 10 ha in Châteauneuf, aus denen er drei Weine erzeugt. Die Spitzenweine »Cuvée Réserve« und »Cuvée Vieilles Vignes« entstehen dabei nicht in jedem Jahr. Die Freude über die schier unglaubliche Konzentration und Fruchtfülle dieser Rotweine wird jedoch häufig durch zu viel Alkohol getrübt.

Vieux Donjon ☆☆–☆☆☆
Châteauneuf-du-Pape. 13 ha

Ein klassisches Weingut mit reifen, leicht rauchigen Weißweinen und einem einzigen kraftvollen Rotwein aus 80 % Grenache. Er ist straff und gerbstoffreich, scheint aber immer ein fruchtig-reifes Herz zu besitzen. In der Jugend mögen diese Weine etwas zu gewaltig erscheinen, doch sie altern wunderschön und tragen süße Brombeeren im Aroma.

Domaine du Vieux Télégraphe ☆☆☆
Bédarrides. 70 ha. www.vignoblesbrunier.fr

Ein seit langem etabliertes Weingut, das nach dem alten Signalturm auf einem der Hügel benannt ist. Die dritte und vierte Generation der Familie Brunier erzeugt 10 000 Kisten eines recht konservativen Châteauneuf – dunkel, pfefferig und intensiv.

65 % Grenache, 15 % Syrah und 15 % Mourvèdre bilden die Sorten-Grundlage der Domaine. Der steinige Boden, niedrige Erträge und lange Gärung der ganzen Trauben geben dem Wein eine beachtliche Konzentriertheit. Noch ein weiteres Châteauneuf-Weingut, Château de la Roquette, gehört zum Besitz der Bruniers.

Weitere Erzeuger in Châteauneuf-du-Pape

Domaine les Cailloux ☆☆
Châteauneuf-du-Pape. 22 ha

Die moderne Domaine im Besitz von André Brunel erzeugt mittlerweile zugängliche Châteauneuf-Weine. Dieser neue seidigere Stil ist der Umstellung auf andere Vinifikationsmethoden in den späten 1980er-Jahren zu verdanken, die u. a. Entrappen und längere *cuvaison* beinhalten.

Les Cèdres ☆☆
Siehe Paul Jaboulet Aîné

Exzellente Marke von Paul Jaboulet Aîné für Châteauneuf-Weine.

Domaine Chante-Perdrix ☆☆
Châteauneuf-du-Pape. 18 ha.
www.chante-perdrix.com

Weingut im Süden von Châteauneuf, nahe an der Rhône. Mittelschwerer Wein mit mehr Finesse als Wucht.

Les Clefs d'Or ☆–☆☆
Châteauneuf-du-Pape. 25 ha

Die Weinbereitungsmethoden dieses traditionell orientierten Guts sind über viele Jahre gleich geblieben. Die Weine sind in guten Jahren exzellent und fallen in weniger guten ab.

Domaine du Grand Tinel ☆
Châteauneuf-du-Pape. 53 ha

Traditionell bewirtschaftete Domaine im Besitz von Elie Jeune, dem ehemaligen Bürgermeister der Gemeinde.

Domaine de Marcoux ☆–☆☆
Châteauneuf-du-Pape. 21 ha

Das erste biodynamische Weingut der Region hat eine treue Anhängerschaft, auch wenn die Weine noch nie durchgängig überzeugend waren.

Domaine Roger Sabon ☆–☆☆☆
Châteauneuf-du-Pape. 15 ha

Vier verschiedene Châteauneuf-Weine werden hier erzeugt, und, wie fast nicht anders zu erwarten, fehlt es dem einfachsten unter ihnen, »Les Olivets«, an Gewicht. Das Spitzenetikett bildet der seltene »Les Secrets de Sabon«, der aus 100 Jahre alten Reben entsteht.

Pierre Usseglio ☆☆
Châteauneuf-du-Pape. 22 ha

Thierry Usseglio hat für seine Spitzenweine »Mon Aeuil« und »Deux Frères« viel Lob erfahren, doch sie können zuweilen unter zu viel Alkohol und ruppigen Tanninen leiden.

Domaine de Villeneuve ☆☆–☆☆☆
Courthézon. 9 ha

Ein aufgehender Stern, seit Philippe du Roy de Blicquy 1993 die Leitung übernahm. Sehr alte Reben; biodynamischer Anbau.

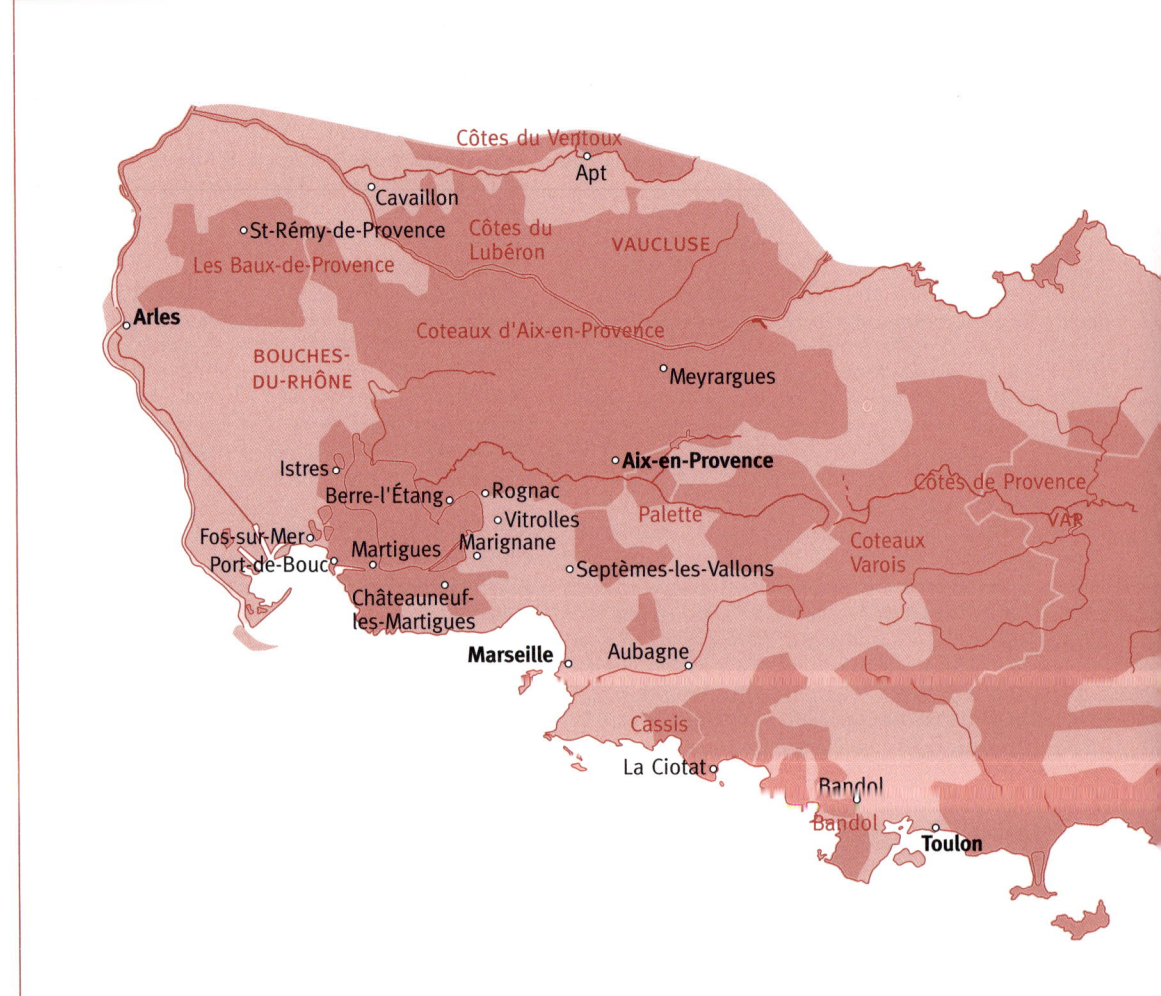

Provence

Noch vor kurzem war man gut beraten, sich den hiesigen Weinen ohne allzu hohen Erwartungen zu nähern. Das Gros war nicht mehr als passabel: zu viel Alkohol und zu wenig Geschmack. Es gab einige Rote mit Charakter, und gewissenhafte Winzer bereiteten sogar Weißwein, den man fast erfrischend nennen konnte, die Qualität aber war dem Preis selten angemessen. An der Rhône und sogar in den Hügeln des Midi waren ebenso gute Weine für weniger Geld zu haben.

Die Provence hat sich allzu lange auf den Durst der Feriengäste verlassen. Ich habe oft, aber stets vergeblich versucht, mich mit dem traditionell bereiteten, schweren, trockenen Rosé aus den nicht aromatischen Trauben der Region anzufreunden: Carignan, Cinsaut und Grenache wie an der Rhône, denen ein kleiner Anteil von Syrah und Mourvèdre etwas mehr Geschmack geben sollte.

Die Zeiten haben sich geändert. Es gibt inzwischen neben köstlich leichten Rosés eine große Anzahl seriöser Rotweine und gut bereiteter Weißweine. In ihnen finden sich zuweilen Aromen von Kräutern und Pinien, die den sonnendurch-tränkten Duft ihrer Heimat widerspiegeln. Bessere Rebsorten wurden angepflanzt (der Nachdruck liegt immer mehr auf Syrah und Mourvèdre und bei Rosés auf Tibouren) und zeitgemäße Kontrollen eingeführt. 1977 wurden die Côtes de Provence vom VDQS- zum AC-Status befördert. Für einige Weingüter bedeutete dies die Anerkennung echter Qualität, für die meisten aber wohl eher einen Ansporn zu höheren Leistungen und die Aussicht auf zukünftige Erfolge, die sich bei einigen kleineren Erzeugern bereits abzeichnen. Einzelne Produzenten machen sich das Klima, das dem kalifornischen nicht unähnlich ist, sowie die zunehmende Verfügbarkeit klassischer Traubensorten zunutze.

In der Provence, wo früher alles vom Namen des Weinguts oder des Erzeugers abhing, sind nun auch die Appellationen zu verlässlichen Leitfäden für Qualität geworden: Coteaux d'Aix-en-Provence und insbesondere Les Baux-de-Provence sind inzwischen ernsthafte Mitbewerber um die oberen Ränge. Auch manche Gegenden der Côtes de Provence, zum Beispiel Mont Ste-Victoire, verfügen heute über eine Reihe guter Erzeuger, vor allem von Rotwein.

Die Côtes de Provence waren ein viel zu großes Gebiet, um unter einer einzigen Appellation zusammengefasst zu wer-

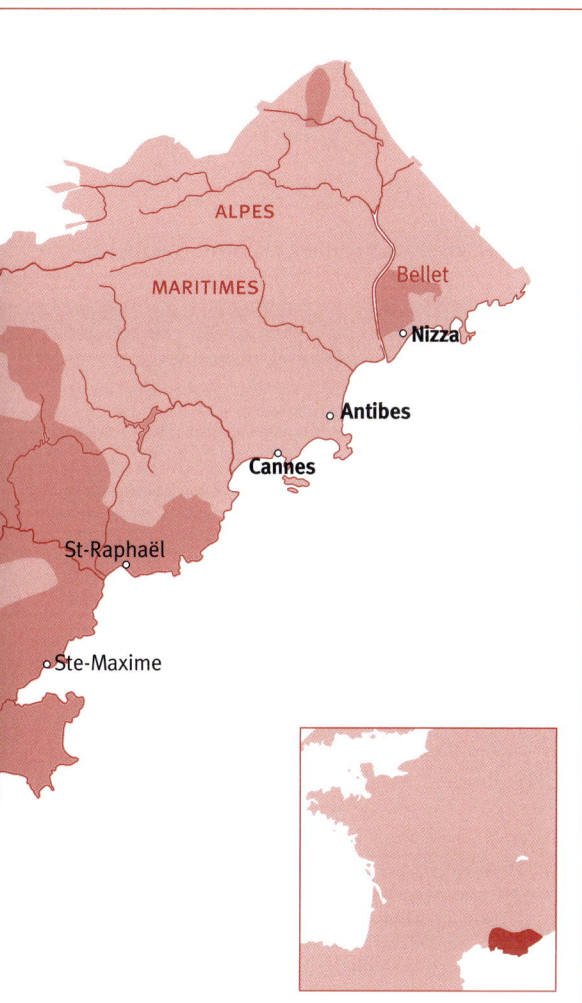

ALPES
MARITIMES
Bellet
Nizza
Antibes
Cannes
St-Raphaël
Ste-Maxime

wohl fühlt. Vor Ort ist man übrigens davon überzeugt, dass Bandol mit der Nähe zur manchmal dunstverhangenen Küste mehr an Finesse gewinnt als im Hinterland.

Es gibt, speziell aus Mourvèdre, auch feinen Rosé aus Bandol und Weißwein, der weniger überzeugt. Weiter nach Westen, fast in den Randgebieten von Marseille, liegt das Fischerstädtchen Cassis, das dem 177 ha großen AC-Bereich seinen Namen gab. Er ist vor allem für seinen (relativ) lebhaften, aromatischen Weißwein bekannt, für den in den Bouillabaisse-Restaurants von Marseille dieselben Preise wie für einen *grand vin* verlangt werden.

Die Weine aus dem Distrikt von Aix-en-Provence nördlich von Marseille sind unter der AC Coteaux d'Aix-en-Provence (3900 ha) zusammengefasst. Die winzige 40-ha-Enklave Palette, eine Appellation unmittelbar östlich von Aix, wird beherrscht von Château Simone (siehe dort). Seit 1994 hat der Nachbarbereich Les Baux für seine Rot- und Roséweine eigenen AC-Status erlangt: Les Baux-de-Provence (der Weißwein verbleibt vorerst in der allgemeineren Appellation Coteaux d'Aix). Viele Erzeuger der Spitzenklasse in Les Baux arbeiten inzwischen mit Cabernet Sauvignon, und die meisten bewirtschaften ihre Weinberge nach ökologischen Richtlinien.

Hinter Nizza in den Bergen am anderen Ende der Provence liegt die 40 ha große Appellation Bellet. Sie verdient sich ihren Rang mit Weinen, die beträchtlich besser sind als die Erzeugnisse der umliegenden Nachbarbereiche, wobei die Weißweine den Rotweinen stets einiges voraushaben. Für die Côte d'Azur dagegen scheint die Theorie, dass eine verwöhnte Klientel zur Erzeugung feiner Weine ansporne, keine Gültigkeit zu besitzen.

Rund 20 Weingüter in der Provence nehmen Cru-classé-Status für sich in Anspruch. Diese Klassifizierung geht auf den in den 1950er-Jahren unternommenen Versuch zurück, den Qualitätsstand der Gegend anzuheben. Er wurde ursprünglich von den ersten Erzeugern verwendet, die ihre Weine selbst abfüllten. Hier freilich darf man diesen Status nicht allzu ernst nehmen.

Die führenden Erzeuger in der Provence

Bandol

Domaines Bunan ☆☆–☆☆☆
La Cadière d'Azur.
www.bunan.com
Die Brüder Paul und Pierre Bunan sowie Pauls Sohn Laurent besitzen steile Weinberge bei La Cadière (Moulin des Costes) und dem nahe gelegenen Le Castellet (Mas de la Rouvière). Sie bereiten einen ausgezeichneten und zunehmend an Bedeutung gewinnenden langlebigen Rotwein (70% Mourvèdre, 30% Grenache – kein Cinsaut) und in besonderen Jahren auch eine Spezial-Cuvée aus reinem Mourvèdre unter dem Etikett »Château de la Rouvière«. Auch die sortenreinen Vins de pays (Mourvèdre und Cabernet Sauvignon) sind sehr gut. Außerdem bewirtschaften die Bunans die 25-ha-Domaine de Belouve.

Domaine de Pibarnon ☆☆☆
La Cadière d'Azur. 51 ha
1977 gab der Comte Henri de St-Victor seine Geschäfte in Paris auf, kaufte diese abgewirtschaftete Domaine und machte daraus in nur zehn Jahren eines der besten Weingüter Bandols. Der Rotwein ist fast reiner Mourvèdre, und der Rosé

den: von der Küste bei St-Tropez bis nach Westen über Toulon hinaus, dann über einen breiten Landstreifen im Inneren nördlich vom Massif des Maures bis nach Draguignan und zu den letzten Ausläufern der Alpen. Bevor dieses ganze Gebiet einen AC-Status erhielt, gab es allerdings bereits vier kleine lokale Appellationen, deren Weine als gleich bleibend überdurchschnittlich galten.

Der größte und fraglos auch beste Teilbereich ist Bandol, ein 16 km langer Küstenstreifen mit seinem Hinterland unmittelbar westlich von Toulon mit 1420 ha Rebfläche, dessen Rotweine inzwischen zu den besten Frankreichs gezählt werden müssen. Guter roter Bandol hat Qualitäten, die in der Provence bisher selten waren: Er ist tanninreich und fest, braucht deshalb mindestens drei Jahre Reife, um trinkbar zu werden, altert problemlos und kann sich dabei ohne weiteres über zehn und mehr Jahre entfalten. Die Vorschrift verlangt ein Rebenalter von mindestens acht Jahren sowie mindestens 18 Monate Fassausbau, wenn der Wein für den Status der AC Bandol zugelassen werden soll. Grund dafür ist der hohe Anteil der Mourvèdre-Traube (der Vorschrift nach mindestens 50%, doch viele der besten Weingüter verwenden heute 100%), die sich in der Hitze auf den Felsenterrassen offenbar

(50 % Mourvèdre) kann überraschend langlebig sein. In der Jugend duftet der Pibarnon nach Veilchen und Heidelbeeren, mit zunehmendem Alter nimmt er, wie andere Bandol-Weine auch, Noten von Tabak und Trüffeln an.

Domaine Pradeaux ☆☆–☆☆☆
St-Cyr. 26 ha
Die sehr traditionelle Bandol-Domaine erzeugt robuste Weine, die im Alter einem guten Bordeaux ähneln. Die Reben sind fast 50 Jahre alt und sorgen im Verbund mit niedrigen Erträgen für Fülle und Kraft im Wein. Mit zunehmendem Alter entwickeln sich Wildnoten.

Domaine Tempier ☆☆☆–☆☆☆☆
Le Plan du Castellet. 29 ha
Lucien Peyraud gilt als der »Vater der AC Bandol«, da er tatkräftig an ihrer Rettung vor dem Niedergang beteiligt war. Seine Söhne und Enkel, unterstützt von Kellermeister Daniel Ravier, produzieren die feinsten Weine von Bandol, wenn nicht gar der ganzen Provence: wunderbar geschmacksintensive, langlebige Rote und Rosés. Viele Reben sind bis zu 70 Jahre alt, das Durchschnittsalter liegt bei 35 Jahren. Der Rotwein (zwei Drittel der Erzeugung) besteht zu mindestens 70 % aus Mourvèdre, der Rest ist Grenache, Cinsaut und etwas Carignan von sehr alten Reben. Die sortenrein aus Mourvèdre erzeugte »Cuvée Cabasson« ist vortrefflich, und die beiden Einzellagenweine »La Tourtine« und »Le Migoua« stehen ihr kaum nach.

Domaine de la Tour du Bon ☆☆
Le Brûlat-du-Castellet. 12 ha
Agnès Henri-Hocquard leitet diese feine Domaine mit einem drallen Rosé und einem vollen Rotwein aus 70 % Mourvèdre. »Cuvée St Ferréol« ist rein aus Mourvèdre und reift teilweise in neuer Eiche.

Château Vannières ☆☆–☆☆☆
La Cadière d'Azur. 33 ha. www.chateauvannieres.com
Führender Erzeuger in Bandol mit einem Weingut, das sich bis ins Jahr 1532 zurückverfolgen lässt. Der stilvolle, mittelschwere Rote aus 90 % Mourvèdre reift lange in Großfässern.

Domaine de la Vivonne ☆☆–☆☆☆
Le Castellet. 15 ha. www.vivonne.com
Eine weitere Spitzen-Domaine der AC Bandol. Walter Gilpin bereitet robuste Weine auf traditionelle Art, wenn auch ab und zu neue Barriques zum Einsatz kommen. Die Weine sind von tiefdunkler Farbe und strotzen von schwarzkirschartiger Saftigkeit.

Les Baux-de-Provence

Mas de la Dame ☆☆
Maussanne. 60 ha. www.masdeladame.com
Auf ihrem ökologisch ausgerichteten Weingut erzeugen die beiden Damen Poniatowski und Misoffe einen der besten Weine von Les Baux. Seit den späten 1990er-Jahren steht ihnen Jean-Luc Colombo als beratender Önologe zur Seite. Er modernisierte die Weinbereitung und kreierte die Spitzen-Cuvée »Coin Caché« aus Grenache und Syrah: ein in der Jugend von strengen Tanninen und Eichenwürze geprägter Rotwein. Ähnliches gilt für die zweite, sehr konzentrierte »Cuvée de la Stèle«.

Château Romanin ☆☆
St-Rémy. 51 ha. www.romanin.com

Ein Gemeinschaftsunternehmen von Jean-Pierre Reynaud und Jean-André Charial, den Besitzern der beiden Nobelrestaurants in Les Baux. Von Anfang an wurde hier ökologischer Anbau betrieben. Einige Jahrgänge wiesen deutlich krautige Noten auf. Eine Spezialität des Hauses ist der traditionelle *vin cuit,* dessen Most erwärmt wird.

Domaine des Terres Blanches ☆☆
St-Rémy. 40 ha
Großes, ökologisch bewirtschaftetes Weingut in Les Baux, das sich seit 1968 im Besitz von Noël Michelin befindet. Spezial-Cuvées sind »Cuvée Aurélia« mit Cabernet Sauvignon, die nur in besonderen Jahrgängen wie 1990 und '95 entsteht, und »Cuvée Berengere«, hauptsächlich aus Mourvèdre.

Domaine de Trévallon ☆☆☆–☆☆☆☆
St-Etienne-du-Grés. 20 ha.
www.trevallon.com
Der volle, intensive Verschnitt aus jeweils 50 % Cabernet Sauvignon und Syrah ist zwar der beste Wein von Les Baux, darf jedoch nicht den Appellationsnamen führen, da das INAO nur 20 % Cabernet Sauvignon gestattet. Daher erzeugt Eloi Durrbach seinen Wein der Superlative seit 1994 als roten Vin de pays des Bouches-du-Rhône. Eine eindeutige Eselei der Gesetzgebung. Weiterhin entsteht eine kleine Menge üppigen Weißweins aus 60 % Marsanne und 40 % Roussanne.

Weitere Appellationen & Erzeuger in der Provence

Domaine les Bastides ☆☆–☆☆☆
Le Puy-Ste-Réparade. 28 ha
(Coteaux d'Aix). Jean Salen und Tochter Carole erzeugen eine glänzende »Cuvée Valéria« aus Cabernet Sauvignon und Grenache – ein komplexer Wein, der ohne kleine Eichenfässer auskommt. Der Rosé ist ungewöhnlich körperreich.

Domaine des Béates ☆☆–☆☆☆
Lambesc. 27 ha.
www.domaine-des-beates.com
(Coteaux d'Aix). Seit 1996 im Besitz der Familie Chapoutier von der Rhône. Der normale Wein der Domaine ist eine dunkle, körperreiche, kraftvolle Mischung aus Cabernet, Syrah und Grenache. Der (unsäglich teure) Spitzenwein »Cuvée Terra d'Or« aus Cabernet und Syrah reift in Barriques heran und ist auf lange Alterung ausgelegt.

Château Calissanne ☆–☆☆☆
Lançon-Provence. 100 ha
Ein großes Weingut, seit 2001 im Besitz des Industriellen Philippe Kessler. Die Vorbesitzer erzeugten zwei exzellente Weine: »Cuvée Prestige« und den in neuen Eichenfässern ausgebauten »Clos Victoire«. Der rote »Victoire« war ein sehr feiner Verschnitt von Cabernet Sauvignon und Syrah, der gleichnamige Rosé ein lebendiger, sortenreiner, erdbeerfruchtiger Syrah.

Commanderie de Peyrassol ☆–☆☆
Flassans-sur-Issole
Die Commanderie wurde 1204 von den Templern gegründet und von der Familie Rigord 1790 erworben. Die Normalabfüllung heißt »Cuvée Eperon d'Or«, »Cuvée Marie Estelle« dagegen entsteht von älteren Reben. Beide Rotweine haben einen

beträchtlichen Anteil an Cabernet Sauvignon und Syrah und werden in neuen Eichenfässern ausgebaut. In jungen Jahren geben sie sich streng.

Château la Coste ☆☆
Le Puy-Ste-Réparade. 148 ha. www.chateaulacoste.com

Eines der größten Weingüter in der Provence. Der Familie Bordonado gehören neben Château la Coste auch noch zwei ihm angeschlossene Güter: Domaine de la Grand Séouve und Domaine de la Boulangère. Die Kellertechnik für Weiß- und Roséweine ist modern, die Rotweine jedoch werden traditionell bereitet. Gemessen an der erheblichen Produktionsmenge ist die Weinqualität gut – besonders die der Rotweine. Es gibt zahlreiche Abfüllungen, die sich vor allem durch unterschiedliche Traubenanteile im Verschnitt unterscheiden.

Domaine de la Courtade ☆☆–☆☆☆
Ile de Porquerolles. 35 ha.
www.la-courtade.com

Der experimentierfreudige Außenposten auf einer Insel westlich von Toulon ging 1983 in Betrieb. Die konzentrierten Rotweine sind fast gänzlich aus Mourvèdre, die Barrique-gereiften Weißweine aus Rolle. Die hohe Qualität hat allerdings ihren Preis. Das Zweitetikett lautet »L'Alycastre«.

Château de Crémat ☆☆
Nizza. 12 ha. www.chateau-cremat.com

Ein führendes Weingut der winzigen Appellation Bellet in den Hügeln über Nizza, den Cote-d'Azur-Bewanderten bestens bekannt. Seit 1995 in Besitz von Jean-Pierre Pisoni, der inzwischen erhebliche Summen in die bis dato vernachlässigten Weinberge gesteckt hat.

Domaine du Deffends ☆☆–☆☆☆
St-Maximin. 14 ha

Eines der besten Weingüter in den wenig beachteten Coteaux Varois. Ein weißer Vin de pays entsteht aus Rolle und Viognier, doch die Produktion wird von Rotwein beherrscht. Die Spitzen-Cuvée ist »Clos de la Truffière«, eine Mischung aus Cabernet und Syrah, die sich gleichermaßen rotbeerig wie trüffelwürzig im Aroma gibt.

Domaine des Féraud ☆–☆☆
Vidauban. 40 ha

Seit drei Generationen in der Hand der Familie Laudon-Rival. Paul Rival, der frühere Besitzer von Château Guiraud in Sauternes, leitete das Gut in den Côtes de Provence 25 Jahre lang, bis er es 1955 seinem Neffen Bernard Laudon übergab. Cabernet Sauvignon, Syrah und Grenache-Rotweine, die Médoc-Gewächsen nachempfunden sind. Weißweine von Sémillon und Rosé aus der Tibouren-Traube.

Château de Fonscolombe ☆
Le Puy-Ste-Réparade. 150 ha

Der Marquis de Saporta besitzt nördlich von Aix zwei Coteaux-d'Aix-Güter: dieses noble Renaissance-Château (82 ha) und die Domaine de la Crémade (44 ha). Beide gehören seit 1810 der Familie Saporta, die sich um das Niveau der lokalen Weine, besonders der weißen, verdient gemacht hat. Moderne Kellertechnik kommt bei der Weiß- und Roséweinbereitung zum Einsatz, nach traditioneller Art werden die Roten in Eiche vinifiziert. Die rote »Cuvée Spé-ciale« enthält 15–20% Cabernet. Alles in allem fehlt es den Weinen zwar an Konzentration, doch bieten sie großes Trinkvergnügen.

Domaine Gavoty ☆☆–☆☆☆
Le Luc. 25 ha. www.gavoty.com

Bernard Gavoty, der unter dem schriftstellerischen Pseudonym Clarendon schrieb, war in den 1970er-Jahren Musikkritiker für *Le Figaro*. Seine Domaine wird heute von Roselyne und Pierre Gavoty geleitet. Von hier kommen mit die besten Weine der Côtes de Provence, allen voran die üppige »Cuvée Clarendon«, mit der an die familiären Bindungen erinnert wird. Der Rotwein ist hauptsächlich aus Syrah, der Rosé aus Grenache.

Les Maîtres Vignerons de la Presqu'île de St-Tropez ☆☆
Gassin. 690 ha

Neun Domaines sind unter dem Dach dieser ungewöhnlichen Firma vereinigt. Jede vinifiziert ihre Weine selbst, die anschließend von den *vignerons* abgefüllt und vermarktet werden. »Château de Pampelonne« ist das Spitzenetikett, »Château St-Martin-la-Touche« ebenfalls ein Einzellagenwein. Preisgünstige gute Rote und Rosés erscheinen unter den Etiketten »Cuvée du Chasseur«, »Carte Noire« u. a.

Château Minuty ☆–☆☆
Gassin. 100 ha

Jean-Etienne Matton leitet dieses große Weingut in der Nähe von St-Tropez, das sich mit seinem eichengereiften Rotwein »Cuvée Prestige Antica« einen seriösen Ruf erworben hat.

Domaines Ott ☆☆–☆☆☆
Le Castellet. 156 ha. www.domaines-ott.com

1896 von einem gebürtigen Elsässer gegründet; heute gehören drei Besitzungen zur Domaine: Clos Mireille (Côtes de Provence; nur Weißwein), Château Romasson (Bandol) und Château de Selle (Côtes de Provence). Sie erbringen nach traditionellen, ökologisch orientierten Methoden (beschränkter Ertrag, kein Schwefeleinsatz, Ausbau in Eichenholzfässern) gute, aber teure Provence-Weine. Vor allem die Rosés sind superb.

Château Réal Martin
Le Val. 30 ha

Ein allzeit verlässliches Gut für roten und weißen Côtes de Provence, das sich seit den späten 90ern enorm verbessert hat: Die Rotweine sind nun gewichtiger und besser strukturiert, besonders »Cuvée Optimum«.

Château Revelette ☆☆
Jouques. 25 ha

Besitzer Peter Fischer studierte Weinbau an der University of California in Davis, bevor er 1985 dieses Gut erwarb. Es liegt 400 m hoch in den Coteaux d'Aix, weshalb die Weine in ihrer Jugend recht herb ausfallen können. Doch diese Höhenlage verleiht etwa seinem Chardonnay trotz aller Eichenwürze auch große Frische. Der rote »Grand Vin« aus Cabernet Sauvignon und Syrah ist intensiv beerenfruchtig.

Domaine Richeaume ☆☆
Puyloubier. 22 ha

Der deutsche Besitzer Henning Hoesch erzeugt Rotwein aus Cabernet Sauvignon und Syrah, der zwei Jahre in Holz reift. Hoesch ist übrigens davon überzeugt, dass auch seine Rosé- und Weißweine Alterungspotenzial haben. Daneben wird ein sortenreiner Syrah produziert sowie ein Rosé aus Grenache, der nach einem speziellen, in Frankreich als *saignée* bekannten Verfahren bereitet wird.

Domaine de St-André de Figuière ☆☆

La Londe-les-Maures. 16 ha.

www.figuiere-provence.com

Alain Combards Weingut liegt zwischen St-Tropez und Toulon und erzeugt guten Rotwein und Rosé. Es gibt verschiedene Qualitätsstufen: Der beste Wein ist ein Vieilles vignes, knapp gefolgt von der roten »Réserve«, einem Barrique-betonten Mourvèdre. Auch guter Rosé.

Château Ste-Roseline ☆☆–☆☆☆

Les Arcs-sur-Argens. 60 ha.

www.sainte-roseline.com

Bernard Teillaud erwarb und renovierte dieses alte klösterliche Gut in den Côtes de Provence im Jahr 1994 und pflanzte viele Weinberge neu an. Der Mourvèdre-dominierte Rotwein »Cuvée Prieure« ist das beste Gewächs dieser Domaine, knapp gefolgt vom Rosé, der viel Tibouren enthält.

Château Simone ☆☆

Palette, Meyreuil. 17 ha

Eines der beiden Güter der kleinen AC Palette. Es befindet sich in der sechsten Generation im Besitz der Familie Rougier und beliefert die Restaurants der Umgebung mit einer beliebten Spezialität: unaufdringlich rustikale Weine, die wirklich nach den Kräutern und dem Pinienholz dieser Landschaft schmecken. Die Reben sind im Durchschnitt 60 Jahre alt. Der Rotwein altert gut, der hauptsächlich aus Clairette bestehende Weißwein ist gewöhnungsbedürftig, gewinnt aber nach einigen Jahren in der Flasche häufig an Größe. Sehr angenehmer Rosé.

Châteaux Elie Sumeire ☆

Marseille. 140 ha.

www.chateaux-elie-sumeire.fr

Die Familie Sumeire besitzt drei Weingüter (Château Coussin Ste-Victoire, Château de Maupague und Château l'Afrique) in verschiedenen Gegenden der Côtes de Provence – eine der größten Landbesitzungen der Appellation. Die Weiß- und Roséweine werden jung verkauft, die Rotweine zwischen 6 und 24 Monate ausgebaut.

Domaine de Triennes ☆–☆☆

Nans-les-Pins. 40 ha. www.triennes.com

Dieses Weingut in den Coteaux Varois hat vornehme Mitbesitzer in Burgund: die de Villaines von Romanée-Conti und die Seysses von Domaine Dujac. Viognier und Syrah sind hier die Spitzenweine, daneben die »Réserve«-Versionen von Cabernet und Syrah.

Château Vignelaure ☆

Rians. 60 ha

Dieses Gut lieferte als erstes den Beweis, dass auch in den küstenfernen Regionen der Provence sehr gute Weine wachsen können, die über die Grenzen des Landes hinaus Interesse finden. Georges Brunet, der bereits Château La Lagune im Médoc wieder aufgebaut hatte, kam in den 1960er-Jahren hierher und pflanzte bereits Cabernet Sauvignon neben den lokalen Reben. Der Wein des Guts galt weithin als der beste aus den Coteaux d'Aix-en-Provence, trotzdem verkaufte Brunet seinen Besitz Ende der 80er. Unter den häufig wechselnden Eignern ging es mit der Qualität schließlich bergab.

1998 wurde die irische Familie O'Brien Alleinbesitzer, nachdem sie vorher bereits von dem ehemaligen Miteigner und Interims-Kellermeister Hugh Ryman beraten worden war. Mit strenger Auslese kam die Qualität zurück. Die O'Briens versuchen so viel ausgereiftes Cabernet-Sauvignon-Lesegut wie möglich ihren Weinen mitzugeben, was in diesen Höhen wahrhaftig nicht leicht ist.

Weitere Erzeuger in der Provence

Domaine du Bagnol ☆–☆☆

Cassis

Das kleine Gut von Michelle Génovési bringt guten Weißwein und exzellenten Rosé hervor.

Château Bas ☆☆

Vernègues

Seit den späten 1990er-Jahren unter der Leitung eines neuen Teams, das Qualitätsverbesserungen in diesem Coteaux-d'Aix-Weingut anstrebt. Die Spitzenabfüllungen sind »Cuvée du Temple«, ein schwerer Weißwein vorwiegend aus Rolle, sowie ein extraktreicher Rotwein aus Syrah.

Domaine de la Bastide Neuve ☆–☆☆

Le Cannet-des-Maures

Hugo Wiestner bereitet seine Weine entweder nach traditioneller Art, wie etwa die eichenfassgereifte »Cuvée d'Antan« aus Syrah und Mourvèdre, oder er verwendet *macération carbonique*, z. B. für die »Cuvée Beaun Sarmento« aus Cinsaut und Cabernet Sauvignon.

Château de Beaulieu ☆

Rognes. 240 ha

Sehr großes Gut in der Region Coteaux d'Aix. Die Rotweine werden nur zu 20 % in Barriques ausgebaut, »Cuvée Exceptionnelle« hingegen komplett. Der Rosé ist uninteressant.

Château du Beaupré ☆

St-Cannat

Seit Mitte der 90er-Jahre ist Familie Double auf verbessertem Qualitätskurs, etwa durch einen höhren Barrique-Anteil für ihre besten Weine, die unter dem Etikett »Collection« auf den Markt gebracht werden. Zuverlässig wie sie auch sein mögen, fehlt es den Weinen doch an Konzentration.

Château de Bellet ☆☆

Nizza. 10 ha

Dieser Besitz von Ghislain de Charnacé ist neben Château de Crémat (siehe dort) eines der beiden größeren Weingüter in der AC Bellet. Die besten Weine kommen als »Cuvée Baron G« in den Handel.

Château La Bernarde ☆☆

Le Luc. 33 ha

Erzeuger mit gut gelegenen Rebflächen auf kieseldurchsetzten Kalksteinböden. Der beste Wein, »Clos Bernarde«, wird nur in Spitzenjahren erzeugt; Ausbau in Eiche wird nicht praktiziert. Das Preis-Leistungs-Verhältnis stimmt hier allerdings nicht.

Château de Berne ☆

Lorgues. www.chateauberne.com

Auch wenn dieser in britischem Besitz befindliche und inmitten von Pinienhainen gelegene Weinbaubetrieb anfänglich etwas Hollywood-mäßig anmuten mag, erzeugt er doch modernen Côtes de Provence von guter Qualität. Rotwein entsteht in zwei Stilen: eine Standard-Cuvée und eine »Cuvée Spéciale«.

Clos Ste-Magdelaine ☆☆
Cassis

Zuverlässige Weißwein-Domaine an der Mittelmeerküste ober-halb von Cassis, und mit ihren reifen, lebendigen, blumigen Weinen dort wahrscheinlich auch die beste.

Vignobles Crocé-Spinelli ☆
Les Arcs

Monsieur Crocé-Spinelli besitzt drei Weingüter in den Côtes de Provence: Château des Clarettes bei Les Arcs, Domaine du St-Esprit und Domaine de Fontselves bei Draguignan. Der Wein von St-Esprit hat einen hohen Syrah-Anteil, der Clarettes ist mehr von Mourvèdre bestimmt.

Domaine de Curebasse ☆–☆☆
Fréjus

Verlässlicher Erzeuger in den Côtes de Provence. Die Hälfte der Produktion ist exzellenter Rosé, der einen hohen Tibou-ren-Anteil enthält. Der beste Rote ist ein Verschnitt aus Syrah und Cabernet, der Weiße wird von Rolle-Trauben bereitet.

Domaine Ferme Blanche ☆
Cassis

Ein führendes Weingut dieses beliebten Fischerstädtchens, mit relativ blumigem Weiß- und derbem Rotwein.

Domaine Le Galantin ☆☆
Le Plan du Castellet

Die Pascals sind gewissenhafte Erzeuger eines leicht rustika-len, aber langlebigen Bandol. Im Jahr 2000 wurde die Leitung an die nächste Generation übergeben, der Stil der Weine könn-te sich also ändern.

Château du Galoupet ☆
La Londe-les-Maures. www.galoupet.com

Das in britischem Besitz befindliche, auf die Zeit von Lud-wig XIV. zurückgehende Château du Galoupet (der ältere Teil des Kellers datiert sogar aus der Römerzeit) ist bestrebt, die traditionellen Rebsorten der Côtes de Provence mit moder-ner Kellertechnik zu kombinieren. Das Gut ging 1993 an die derzeitigen Eigentümer über und wurde von Grund auf moder-nisiert.

Château la Gordonne ☆
Pierrefeu du Var. 188 ha.
www.listel.fr

Weingut im Besitz der Domaines Listel. Es liefert Côtes de Provence in Rot, Weiß und Rosé von schieferhaltigen Böden in den Vorbergen des Massif des Maures.

Domaine Hauvette ☆☆
St-Rémy. 12 ha

Ein stetig wachsendes, ökologisch wirtschaftendes Les-Baux-Weingut, das feine Rotweine von Grenache, Syrah und Caber-net hervorbringt.

Domaine Lafran-Veyrolles ☆☆
La Cadière d'Azur. 10 ha

Verlässliche Rot- und Roséweine aus Bandol sowie eine oft außergewöhnliche »Cuvée Longe Garde«.

Mas de Gourgonnier ☆☆
Mouriès. 42 ha

Alteingesessenes, ökologisch anbauendes Gut im Herzen der Berge von Les Baux. Recht rustikale, aber erfreuliche Weine.

Mas Ste-Berthe ☆–☆☆
Les Baux-de-Provence. 38 ha

Ein großes, unverhohlen kommerzielles Weingut, das verläss-lich gut trinkbare, preiswerte Weine aller drei Farben.

Domaine Rabiega ☆☆
Flayosc

Kleines Weingut in schwedischem Besitz mit eindrucksvollen Weinen reifer, eichenwürziger Art: »Clos d'Ière N° 1« (vorwie-gend Syrah) und »N° 2« (Verschnitt aus Grenache, Carignan und Cabernet Sauvignon).

Domaine de Rimauresq ☆–☆☆
Pignans. 35 ha.
www.rimauresq.net

Ein seit 1988 in schottischem Besitz befindliches Weingut mit teilweise über 50 Jahre alten Rebstöcken. Von ihnen entsteht die spezielle »Cuvée 'R'«. Die Weine sind überwiegend Weiße und Rosés der Côtes de Provence.

Château de St-Martin ☆
Taradeau

Ein schönes altes Haus mit tiefen Kellern, seit dem 17. Jh. im Besitz derselben Familie. Die heutige Besitzerin Comtesse de Gasquet erzeugt einen verlässlichen Côtes de Provence Cru classé von 40 ha Rebland.

Château Ste-Anne ☆☆
Ste-Anne d'Evenos

Dieses Gut ist seit Jahrhunderten im Besitz der Familie Dut-heil de la Rochère. Neben Bandol entsteht hier Côtes de Pro-vence Rosé. Die terrassierten Weinberge liegen auf sandreichen Unterböden, die einen leichteren, eher eleganten Weinstil er-geben. 1989 wurde »Vin de Collection« eingeführt, ein sorten-reiner Mourvèdre.

Château du Seuil ☆☆
Puyricard

Großes Weingut, das hoch in den Coteaux d'Aix gelegen und daher Frühjahrsfrösten ausgesetzt ist. Die besten Weine kom-men aus der Reihe »Grand Seuil«. Die Qualität ist in den spä-ten 1990er-Jahren sprunghaft angestiegen.

Château la Suffrene ☆☆
La Cadière-d'Azur

Bis Mitte der 1990er-Jahre verkaufte dieses Bandol-Weingut seine Trauben an die Genossenschaftskellerei, jetzt erzeugt es seine eigenen Weine. Der Standard-Rotwein kann jung getrunken werden, »Cuvée des Lauves« hingegen, die vorwie-gend aus Mourvèdre bereitet wird, hat Alterungspotenzial.

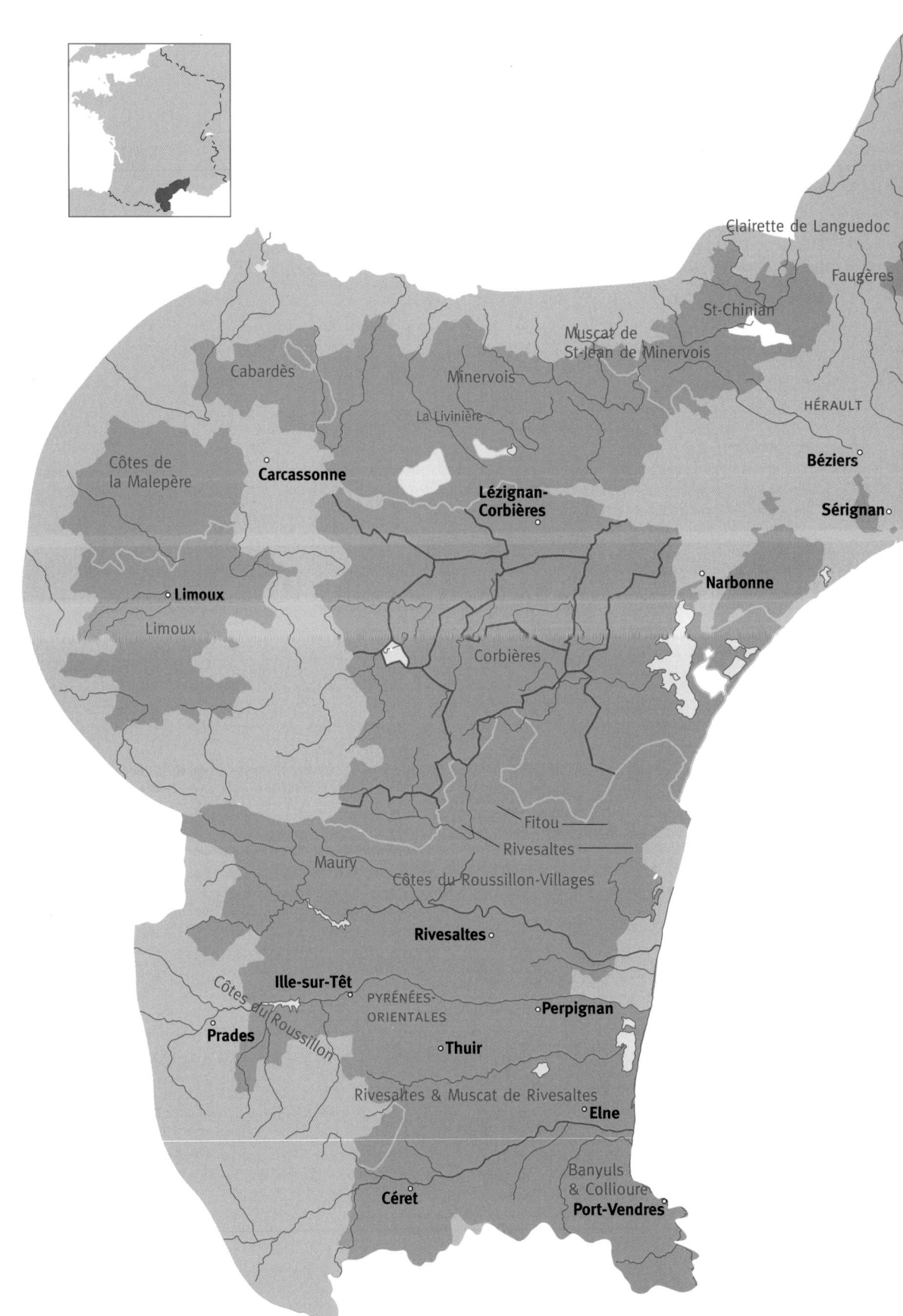

Clairette de Languedoc

Faugères

St-Chinian

Muscat de
St-Jean de Minervois

Cabardès

Minervois

La Livinière

HÉRAULT

Côtes de
la Malepère

Carcassonne

Lézignan-
Corbières

Béziers

Sérignan

Limoux

Narbonne

Limoux

Corbières

Fitou

Rivesaltes

Maury

Côtes du Roussillon-Villages

Rivesaltes

Ille-sur-Têt

Côtes du Roussillon

PYRÉNÉES-
ORIENTALES

Perpignan

Prades

Thuir

Rivesaltes & Muscat de Rivesaltes

Elne

Banyuls
& Collioure

Céret

Port-Vendres

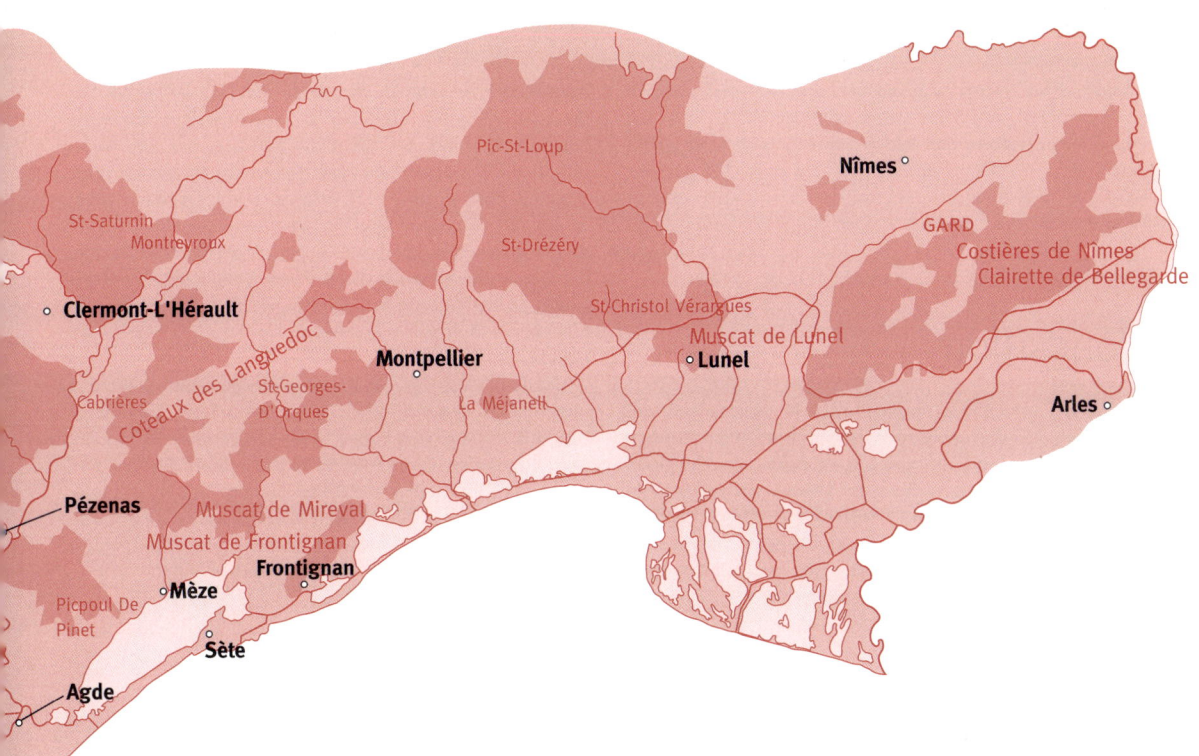

Der Midi

Das Land im Küstenbogen von der spanischen Grenze bis zur Mündung der Rhône ist vielleicht das älteste Weinanbaugebiet Frankreichs, ganz bestimmt aber das größte und inzwischen auch das experimentierfreudigste – so ändern sich die Zeiten. Einst floss hier zur Verzweiflung der Politiker ganz Europas unerwünschter Wein in Strömen.

Bis noch vor 15 Jahren war über den Midi sonst nicht viel zu sagen. Bessere Weinbautraditionen gab es nur in den Bergen, aber unter so schwierigen wirtschaftlichen Bedingungen, dass ihnen kaum Zukunftsaussichten eingeräumt wurden. Jetzt werden den alten Traditionen neue Techniken aufgepfropft, was – zumindest ein paar – denkwürdigen Weinen aus dem Midi zum Leben verhilft. Dabei haben finanzielle Beteiligungen aus Australien für Aufsehen gesorgt. Die Region ist wieder auf der Weinkarte zu finden, allen voran das Languedoc, Corbières und Minervois und nicht zuletzt das Roussillon.

Bis in die 1960er-Jahre hinein gab es weder die Nachfrage noch besondere Anreize für größere Bemühungen um Qualität. Dann dämmerte cleveren Winzern und Weinhändlern, dass ihre ganze Misere nur an den falschen Traubensorten lag, denn die Bodenarten und klimatischen Voraussetzungen in Hunderten von Bergdörfern boten eigentlich enorme Möglichkeiten. Der Groschen fiel etwa um dieselbe Zeit, als auch Kalifornien endlich aufwachte. Im Midi erwiesen sich allerdings jahrelang Antriebslosigkeit, Bürokratie, bäuerlicher Konservatismus und komplizierte Besitzverhältnisse als Bremsen des Fortschritts, sonst hätte es schon viel früher große Cabernet-Weine aus Corbières gegeben. Warum also schaffte es Kalifornien, der Süden Frankreichs aber nicht? Es ist nun einmal französische Art, sich vorsichtig auf eingetretenen Pfaden vorwärts zu arbeiten: Die Weine erfahren zwar Verbesserungen, nicht aber Veränderungen.

Verbessert wurde zunächst der Vinifikationsprozess, am Ende kamen neue Vermarktungs- und Vertriebsstrukturen dazu. Der wichtige erste Schritt war die Einführung der *macération carbonique,* die aus so langweiligen Trauben wie Carignan saftige Aromen herausholte, die niemand in ihnen vermutet hätte. Heute ist das Verfahren fest etabliert, und es gibt bereits eine beachtliche Liste von Weingütern und Genossenschaften, die gute und vom Publikum willkommen geheißene Tropfen dieser »aromatisch« gemachten Traubensorten zu bieten haben. Von wenigen Ausnahmen abgesehen sind es inzwischen die Weingüter, die die Qualität voranbringen. Viele Genossenschaften haben sich leider als hoffnungslos rückschrittlich entpuppt, da sie nach wie vor einer antiquierten Winzerpraxis Vorschub leisten, aus ihren Trauben mengenweise dünnen, langweiligen Wein zu quetschen, den niemand mehr kaufen will. Nur wenige haben die Zeichen der Zeit erkannt und orientieren sich an den Wünschen einer neuen Generation von Weintrinkern, die gute, fruchtige Weine zu fairen Preisen erwartet.

Der Midi des Qualitätsweins teilt sich in vier Regionen. Folgt man dem Küstenbogen von der spanischen Grenze nach Norden, dann sind dies: Roussillon in den Ausläufern der Pyrenäen, das berühmt ist für seine süßen Aperitif- und Dessertweine, dann Corbières, das Rotweinland, schließlich das kleinere Minervois in den südlichsten Ausläufern der Cevennen, ebenfalls bekannt für seinen Rotwein, und am Ende das weit verstreute Anbaugebiet Coteaux du Languedoc mit Rot-, Weiß- und Roséweinen, deren Qualitätsskala von *vin ordinaire* bis hin zu wirklich großen Gewächsen reicht.

Was einen Qualitätsbereich wirklich ausmacht und welches die »richtigen« Traubensorten für ihn sind, wird hier mit ebenso viel gallischer Genauigkeit studiert wie an den Hängen von Beaune. Es ist noch nicht lange her, dass VDQS der höchste Rang in diesen Breiten war. Heute, wo ihr wahres Potenzial offenkundig ist, haben viele Bereiche bereits das AC-Siegel erworben, und andere stehen kurz davor.

Hier ist auch das Land der Vins de pays. Näheres über die unzähligen französischen Landweindistrikte finden Sie auf den Seiten 243–246. Der Vin de pays stellt eine interessante

Alternative für Erzeuger dar, die das starre Korsett der Appellationsvorschriften nicht zu tragen bereit sind. Die Sache hat jedoch einen Haken, den Italien bereits kennt. Dort glaubt manch begabter Winzer nämlich (und das zu Recht), dass der Wein von Bedeutung ist und nicht das Etikett, unter dem er firmieren darf. Auch im Midi werden einige der besten Tropfen als Vin de pays verkauft, weil Cabernet oder Merlot vor dem hier geltenden Gesetz noch als »Outlaws« gelten.

Roussillon

Das sonnendurchglühte Roussillon hat im Bewusstsein der Franzosen einen bevorzugten Platz. Ihm kommt das Prestige eines sehr alten und einzigartigen Produkts, des Vin doux naturel, zugute, der außerhalb des Landes praktisch unbekannt ist. Die Franzosen sind jedoch so stolz darauf, dass der vergleichbare Portwein für sie nur ein schnöder Abklatsch ist.

Die Weine aus den kleineren Gütern im Roussillon werden ständig besser. Hier entwickelt sich eine Art »Boutique-Stil«, der neue Fässer für Vergärung und Ausbau maßvoll einsetzt und hohe Qualität anstrebt, weil für gute Weine auch gute Preise erzielt werden. Das färbt auf die Genossenschaften ab, die sich nun die kleinen Weingüter, insbesondere bei Prestige-Weinen, zum Vorbild nehmen.

An den geschützten Hügeln entlang der Küste um Perpignan und landeinwärts in den Tälern von Agly und Têt wächst sehr guter Rotwein, der kräftigste und dunkelste von all den vielen Weinen an der Küste, die die Carignan-Traube zur Grundlage haben. Die besten Beispiele, noch durch würzigere Trauben verstärkt, haben eine ähnliche Art wie Châteauneuf-du-Pape, sind aber runder und weicher.

Viele dieser Weine sind jung am besten, wenn ihr fruchtiger Geschmack auf dem Höhepunkt ist, doch gehen mehr und mehr Erzeuger dazu über, ihren Wein in Eichenfässern und manchmal auch in den Flaschen reifen zu lassen, um der schieren Kraft auch Komplexität hinzuzufügen. Bessere Traubensorten wie Syrah und Mourvèdre setzen sich nach und nach durch. Die besten Rotweine dürfen die AC Côtes du Roussillon (4750 ha) oder Côtes du Roussillon-Villages führen (2260 ha, verteilt auf 32 Gemeinden), und Winzer wie Gérard Gauby (siehe dort) zeigen gleichzeitig, was aus weißen Trauben werden kann, selbst in einem derart heißen Klima.

Ein kleiner Rotweinbereich um den Badeort Collioure an der spanischen Grenze hat schon seit 1949 eine eigene Appellation für einen eigentümlichen, konzentrierten Wein, in dem die Carignan-Traube nur eine kleine Rolle spielt. Er ist in der Hauptsache eine Mischung aus Mourvèdre und Grenache noir mit einem intensiven Geschmack, der sich von allem, was es nördlich der spanischen Grenze gibt, unterscheidet. Leider ist die Appellation im Niedergang, denn die Baulanderschließung frisst sich in den felsigen Weinbaubereich hinein. Zu den Spitzenerzeugern zählen die Genossenschaft Château de Jau in Banyuls und die Domaine du Mas Blanc (siehe jeweils dort).

Der Vin doux naturel verdankt seinen Ursprung dem berühmten Gelehrten und Arzt Arnaldus de Villanova, der im 13. Jahrhundert in Montpellier lebte und die Kunst des Destillierens aus dem maurischen Spanien mitbrachte. Er mischte als Erster einem von Natur aus sehr starken Wein eau de vie (Weingeist) bei, um die Gärung zu stoppen und einen hohen Gehalt an natürlichem Zucker zu erhalten – daher der Ausdruck doux naturel (natursüß).

Während aber beim Portwein der zugesetzte Weingeist etwa ein Viertel des Endvolumens und über die Hälfte des Alko-

holgehalts ausmacht, ist der Anteil von eau de vie bei Vin doux naturel gesetzlich auf 10 % des endgültigen Volumens beschränkt, wobei der natürliche Alkoholgehalt des Weins mindestens 15 % erreichen muss. Ein Ausländer wie ich, noch dazu ein Portweinspezialist, sollte sich zurückhalten, wenn es um die Qualitäten des Vin doux naturel geht. Im Alter nimmt er einen oxidierten Geschmack an, den die Spanier mit dem Ausdruck rancio bezeichnen. Traditionelle Erzeuger lassen diesen Wein in birnenförmigen 30-l-Glasballons reifen, die in Frankreich bonbonnes (in Spanien bombonas) heißen.

Vin doux naturel gibt es in vielen verschiedenen Stilen und unterschiedlichen Reife- und Süßegraden. Edle Versionen können sich 20 Jahre und länger in großen Fässern entwickeln. Neben den als Rivesaltes (9190 ha), Banyuls (1360 ha) und Maury (1670 ha) verkauften Grenache-Verschnitten oder dem sortenreinen Muscat de Rivesaltes (4330 ha) ist eine wachsende Beliebtheit für Weine im Stil eines Jahrgangs-Ports zu verzeichnen, die oft rimage genannt werden.

Die führenden Erzeuger im Roussillon

Cave des Vignerons de Baixas ☆–☆☆
Baixas. 2100 ha. www.dom-brial.com
Eine bedeutende Genossenschaft, die 1923 gegründet wurde. Sie erzeugt ein umfangreiches Programm von Weinen aller zugelassenen Stile, sowohl Stillweine als auch gespritete Versionen. »Dom Brial« ist der allgemeine Markenname, »Château Les Pins« heißt das Spitzenetikett. Mit Abstand der größte Erzeuger von Muscat de Rivesaltes.

Château de Caladroy ☆
Bélesta. 120 ha
Ein großes Gut mit einer schönen Burg aus dem 12. Jh. Eintönig waren die Weine bis in die späten 1990er hinein, dann wandelte sich die Qualität zum Besseren. Seitdem wird auch teilweise Eichenholzreifung praktiziert.

Domaine de Canterrane ☆–☆☆
Trouillas. 227 ha. www.canterrane.com
Bedeutendes Weingut im Roussillon, das ungleich den meisten anderen eine große Auswahl älterer Jahrgänge Côtes du Roussillon auf Lager hält und anbietet. So war 2002 noch der 1976er erhältlich. Auch guter Rivesaltes.

Château de Casenove ☆☆
Trouillas. 50 ha
Im Besitz des ehemaligen Pressefotografen Etienne Montès, der in enger Zusammenarbeit mit dem Önologen Jean-Luc Colombo die Qualität seiner Weine verbessert. Der weiße Côtes du Roussillon ist gut, wenn auch kein Aromariese, und sollte in der Flasche reifen. Der beste Rotwein ist meistens »Cuvée Jaubert«: rein aus Syrah und teilweise in Barriques ausgebaut.

Domaine Cazes ☆☆☆
Rivesaltes. 160 ha. www.cazes-rivesaltes.com
Die Brüder Cazes, seit Jahrzehnten führende Roussillon-Erzeuger, sind weiterhin dabei, ihre Kellerei zu modernisieren und ihre großen Rebflächen mit Grenache, Syrah, Mourvèdre und Malvoisie neu zu bestocken. Ihr Rivesaltes und Muscat de Rivesaltes sind absolut verlässlich, und die in alten Fässern gereiften Weine wie »Cuvée Aimé Cazes« ihr Geld wert. In den

vergangenen Jahren machten die Cazes große Fortschritte mit ihren roten Côtes du Roussillon, Côtes du Roussillon-Villages und dem üppigen »Canon de Maréchal«, der durch Kohlensäuremaischung entsteht. 1993 kam »Credo« heraus, ein Vin de pays aus Cabernet Sauvignon und Merlot, der schlagend beweist, wie wohl sich Bordeaux-Trauben hier fühlen können.

Domaine des Chênes ☆☆–☆☆☆
Vingrau. 30 ha

Alain Razungles ist Professor der Önologie in Montpellier. Daher sollte man erwarten, dass er in seiner eigenen Familien-Domaine guten Wein erzeugen kann. Und das kann er mit Bravour, wie die gehaltvollen Cuvées von Côtes du Roussillon Villages und die exzellenten Weißweine auf Grenacheblanc-Basis beweisen.

Domaine du Clos des Fées ☆☆–☆☆☆
Vingrau. 9 ha. www.closdesfees.com

Ein ehrgeiziges kleines Weingut, das sich darauf konzentriert, mit modernen Techniken wie Hefesatzaufrühren und Mikrooxidation einen intensiven, sehr eichenwürzigen Côtes du Roussillon-Villages zu erzeugen. Besitzer Hervé Bizeuil, ein ehemaliger Sommelier, zielt auf den Verkauf an Top-Restaurants ab. Feine Qualität und hohe Preise.

Coume del Mas
Banyuls-sur-Mer

Ein 2002 gegründetes Gemeinschaftsprojekt von GICB (siehe dort) und Dr. Alain Raynaud aus Bordeaux, aus dem der Barrique-gereifte Banyuls »Quintessence« und ein Collioure namens »Quadratur« hervorgehen.

L'Etoile ☆–☆☆☆
Banyuls-sur-Mer. 152 ha.
www.banyuls-etoile.com

1921 gegründete Winzergenossenschaft mit einer umfangreichen Palette von Banyuls und Collioure-Weinen in Rot und Rosé, die meisten fassgereift. Ältere Abfüllungen sind aromatisch und fein, mit Anklängen von Orangen, Kaffee und Karamell. Hin und wieder werden auch Jahrgangsweine erzeugt.

Domaine Força-Réal ☆☆
Millas. 40 ha. www.forca-real.com

Jean-Paul Henríques produziert vor einer spektakulären Bergkulisse roten und weißen Côtes du Roussillon und Rivesaltes auf seinem Weingut, das 1989 restauriert und neu bestockt wurde. Der Zweitwein ist der einfachen Trinkgenuss versprechende »Mas de la Garrigue«, die Spitze bildet der fassgereifte »Les Hauts de Força-Réal«. Henríques' ganzer Stolz ist der Rivesaltes »Hors d'Age« mit Karamell- und Kaffeenoten.

Domaine Gardiès ☆☆
Vingrau. 45 ha

Seit den frühen 1990er-Jahren erzeugt Jean Gardiès schmackhafte Côtes du Roussillon-Villages, speziell den Syrah-dominierten »Tautavel«. Besonderen Wert legt die Domaine auf ihre »Cuvée La Torre«, der der hohe Mourvèdre-Anteil das tanninstarke Rückgrat verleiht.

Domaine Gauby ☆☆☆
Calce. 42 ha

Gérard Gauby erzeugt eine faszinierende Reihe von Weinen, u. a. roten und weißen Côtes du Roussillon in unterschiedlicher Zusammensetzung und mehrere Vins de pays, die zum Teil in neuen Barriques reifen. Der weiße Vin de pays des Côtes Catalanes (ein Verschnitt aus Carignan blanc, Grenache blanc und Maccabéo) erzielt höhere Preise als der Côtes du Roussillon.

50-jährige Reben erbringen den Vieilles vignes. »Muntada« mit seinem rotbeerigen Aroma ist der bemerkenswerteste Syrah im gesamten Roussillon. Die Produktion beschränkt sich auf 7000 Kisten, da gemäß der Auswahlkriterien des Hauses 60 % des Leseguts an die örtliche Winzergenossenschaft abgegeben wird.

GICB (Groupement Interproducteurs du Cru Banyuls) ☆–☆☆☆
Banyuls-sur-Mer. 1200 ha

Der Zusammenschluss dreier Genossenschaften fungiert auch als Négociant und beherrscht mit über zwei Dritteln der Gesamtproduktion die AC-Bereiche Collioure und Banyuls. In die Kellerausrüstung wurde kräftig investiert, die Qualität ist allgemein gut, und der wichtigste Markenname dieses Unternehmens ist »Cellier des Templiers«. Weit über ein Dutzend Banyuls-Weine in unterschiedlichen Stilen finden sich im Angebot, hauptsächlich im traditionellen Stil, doch auch als *rimage* (Jahrgangswein). Darüber hinaus wird ein Collioure bereitet, in der Regel aus 70 % Grenache noir plus Mourvèdre und Carignan.

Château de Jau ☆☆
Cases de Péné.
134 ha

Familie Dauré besitzt ein Dreigestirn exzellenter Domaines in dieser Region. Hier in Jau erzeugen sie neben einem der besten Côtes du Roussillon einen außergewöhnlichen Muscat und gute Weißweine aus Malvoisie und Maccabéo. Der Côtes du Roussillon-Villages ist eine von Syrah und Mourvèdre dominierte Mischung. Die beiden anderen Weingüter sind das 80 ha große Clos des Paulilles mit Collioure- und Banyuls-Weinen und Mas Cristine, das sich auf Rivesaltes konzentriert.

Domaine Lhéritier ☆☆
Rivesaltes. 35 ha

Henri Lhéritier erzeugt Weine aus zwei deutlich unterschiedlichen Terroirs. »Crest« ist ein in Barriques ausgebauter und gereifter Grenache, »Romani« reift ohne Eiche heran und hat deutlich fruchtige Noten. Verschiedene Muscat- und Rivesaltes-Weine, einige davon unter dem Etikett »Domaine de Moulin«, runden das Angebot ab.

Mas Amiel ☆☆☆
Maury. 155 ha

Der beste Erzeugerbetrieb in der AC Maury bietet neben traditionellen, fassgereiften Gewächsen auch den modernen Jahrgangswein. Unter Charles Dupuy konnte seit 1990 mit verbesserten Auslese- und Vinifizierungstechniken die Qualität ständig verbessert werden. Nach seinem Tod im Jahr 1999 ging Mas Amiel an Olivier Decelle über.

Domaine du Mas Blanc ☆☆–☆☆☆
Banyuls-sur-Mer. 21 ha

Dr. André Parcé war viele Jahre lang der führende Erzeuger der Appellationen Banyuls und Collioure (und machte Schlagzeilen mit seinem Widerstand als Kernmitglied des INAO gegen die Aufstufung von Château Mouton-Rothschild zum Premier cru). Heute führt sein Sohn Jean-Michel das Weingut. Zu den nach wie vor traditionellen Weinen zählen auch seltene Stile wie Banyuls Blanc, Banyuls Dry und eine nach dem Solera-System (siehe Seite 409) gereifte Version. In den 1980ern ließ Dr. Parcé unter enormen Kosten die Terrassen seiner Collioure-Weinberge neu aufschütten, von denen heute verschiedene kräftige rote Cuvées stammen.

Domaine du Mas Crémat ☆☆–☆☆☆
Espira de l'Agly. 30 ha. www.mascremat.com
Seit 1990 im Besitz der burgundischen Familie Jeannin-Mongeard, erzeugt dieses Weingut weißen und roten Côtes du Roussillon auf dunklen Schiefer- und Kalksteinböden. Der Barrique-vergorene Grenache blanc ist bemerkenswert.

Domaine du Mas Rous ☆☆
Montesquieu-des-Albères. 40 ha. www.mas-rous.com
José Pujol bietet ein volles Programm von Roussillon-Weinen, darunter ein würziger, eichenholzgereifter Côtes du Roussillon mit dem Aroma roter Beeren.

Vignerons de Maury ☆–☆☆
Maury. 1700 ha. www.vigneronsdemaury.com
Die 1910 gegründete Genossenschaft erbringt 85 % der Maury-Produktion. Der Stil des Jahrgangsweins wurde 1982 eingeführt. Die Spitzen-Cuvée eines Jahrgangs, »Chabert«, besteht vorwiegend aus Grenache. Das Programm umfasst ferner Côtes du Roussillon und Vins de pays in großen Mengen.

Vignerons de Pézilla ☆–☆☆
Pézilla-La-Rivière. 750 ha.
Eine der fortschrittlichsten Genossenschaften der Region. Neben einer faszinierenden Reihe von Vins de pays (darunter Chardonnay und Viognier) produzieren sie auch Weine der AC Côtes du Roussillon aus mehreren Gütern (Château de Blanes wird zu 50% in neuer Eiche vinifiziert) und eine Auswahl an Rivesaltes.

Domaine Piétri-Géraud ☆☆
Collioure. 13 ha.
Kleines, von Mutter und Tochter geführtes Weingut mit Collioure aus Grenache und Syrah, der nicht filtriert wird, sowie fassgereiftem Banyuls und Muscat de Rivesaltes.

Domaine Piquemal ☆☆
Espira de l'Agly. 50 ha.
www.domaine-piquemal.com
In mehreren Kellern in Espira de l'Agly produziert Pierre Piquemal eine beträchtliche Auswahl an Weinen, beispielsweise einen von Merlot beherrschten Rotwein und Rosé sowie einen trockenen weißen Muscat. Die neueren Jahrgänge des Côtes du Roussillon werden in Fässern vinifiziert; der Nachdruck liegt auf sanften Tanninen und reifer Frucht. Auch Rivesaltes gehört zum Programm.

Domaine La Pleiade ☆☆
Perpignan. 12 ha.
Kleines Weingut im Besitz des ehemaligen Direktors der Winzergenossenschaft in Maury. Neben sortenreinen Maury-Weinen aus Grenache noir entsteht eine kleine Menge Côtes du Roussillon-Villages.

Domaine de la Rectorie ☆☆–☆☆☆
Banyuls. 30 ha. www.la-rectorie.com
Marc und Thierry Parcé leiten dieses hervorragende Weingut und erzeugen neben einigen der feinsten Collioure-Weinen

eine Reihe von Banyuls. Auch gibt es diverse Vins de pays aus Trauben, die für AC-Weine nicht zugelassen sind. Zwei ungewöhnliche Gewächse sind die »Vendange Tardive« aus hochreifen Trauben, die ohne Zugabe von Alkohol vergoren werden, und der trockene »Vin de Pierre« im *rancio*-Stil.

Les Vignerons du Rivesaltais ☆
Rivesaltes. 1600 ha
Eine der größten Genossenschaften in der Region und der größte Erzeugerbetrieb für Côtes du Roussillon und Rivesaltes. Die Spitzen-Cuvée des Côtes du Roussillon ist der fassgereifte »Arnaud de Villeneuve«. Ferner werden immer mehr *vins de cépage* produziert: sortenreine Vins de pays d'Oc, z. B. von Malvoisie, Cabernet Sauvignon, Sauvignon blanc oder Chardonnay.

Domaine Sarda-Malet ☆☆–☆☆☆
Perpignan. 48 ha
Das von der dynamischen Suzy Malet geführte Gut ist neben Vin doux naturel Rivesaltes vor allem auf AC Côtes du Roussillon spezialisiert, darunter zwei weiße Verschnitte von Grenache, Roussanne, Marsanne, Malvoisie und Maccabéo – der eine im Tank, der andere (»Etiquette Verte«) im Holzfass vergoren. Die Reihe der Rotweine schließt den fassgereiften »Etiquette Noire« ein, der vier bis fünf Jahre Flaschenreife braucht. Der Spitzenwein ist ein in neuer Eiche gereifter Syrah-Mourvèdre-Verschnitt namens »Terroir Mailloles«. Als Vin doux naturel wird roter Rivesaltes und Muscat de Rivesaltes angeboten.

Domaine des Schistes ☆☆
Estagel. 18 ha
Jacques Sire trat 1989 aus der örtlichen Winzergenossenschaft aus, um seinen eigenen Wein zu produzieren. Seitdem entstehen auf seinen Schieferböden einige wirklich bemerkenswerte Rotweine, deren bester der »Les Terrasses« ist. Er besteht aus 60 % Syrah mit Carignan und Grenache und reift zu 30 % in neuer Eiche.

Les Maîtres Vignerons de Tautavel ☆
Tautavel
Die 1927 gegründete Genossenschaft erzeugt feinen roten Côtes du Roussillon-Villages, darunter eine eichengereifte Version, sowie gehaltvollen Rivesaltes.

Cellier des Templiers
Siehe GICB

Domaine Tour Vieille ☆☆–☆☆☆
Collioure. 13 ha
Christine Campadieu und Vincent Cantié entwickelten gemeinschaftlich eines der besten Weingüter der Region. Für gewöhnlich gibt es zwei Collioure-Weine: Der erste ist ein Verschnitt aus Grenache und Syrah, der zweite aus Grenache und Mourvèdre. Eine Spezialität ist »Cap de Creus« im Stil eines *rancio*, von dem Mme. Campadieu sagt, es sei einer der traditionellen Weine der Region: trocken und sehr stark.

Domaine Vaquer ☆☆
Tresserre. 32 ha
Die ungewöhnliche Spezialität des Hauses ist ein weißer Maccabéo, der problemlos 15 Jahre lagern kann. Die roten Spitzenweine sind »L'Exception«, ein Vier-Sorten-Verschnitt, und ein lebhafter reiner Carignan. Alle Weine sind Vins de pays.

Domaine Vial Magnères ☆☆
Banyuls-sur-Mer. 10 ha

Kleines Weingut unter der Leitung des ehemaligen Lebensmittelchemikers Bernard Sapéras. Er erzeugt guten Collioure und verschiedene Stile von Banyuls. Sein bester Wein ist normalerweise »Al Tragou«, ein *rancio*-Wein aus Grenache noir, teilweise nach der Solera-Methode (siehe Seite 409) ausgebaut.

Les Vignerons Catalans ☆
Perpignan. 10 600 ha.
www.vigneronscatalans.com

Eine riesige Erzeugergemeinschaft, die sowohl mit Winzergenossenschaften im Roussillon als auch mit privaten Weingütern zusammenarbeitet und dabei 3 Mio. Kisten pro Jahr auf den Markt bringt. Viele der Weine werden unter Anwendung der Kohlensäuremaischung bereitet (die *vignerons* waren Vorreiter dieser Technik) und erscheinen unter verschiedensten Etiketten.

Corbières

Justitia hat lange gebraucht, bis sie 1985 aus Corbières, dem bis dahin größten VDQS-Bereich Frankreichs, eine vollgültige Appellation contrôlée machte. Die riesige Region erstreckt sich von Narbonne landeinwärts bis fast nach Carcassonne und dann ebenso weit nach Süden bis zur Grenze des Roussillon. Die Landschaft hebt und senkt sich in dürren Hügelketten aus hellem Kalkgestein, die hier und da mit Weinbergen wie mit grünen Mustern überzogen sind. Hier hat die neutrale rote Carignan-Traube lange den Weinbau beherrscht, darf inzwischen aber nur noch zu maximal 60% in die Verschnitte eingehen, der Rest ist Syrah, Mourvèdre und Grenache.

Eine gute Lage, begrenzte Erträge und sorgfältige Weinbereitung erbringen mehr als solide Weine, die allerdings häufig Geschmack und Charakter vermissen lassen. Verbesserungen in der Kellertechnik wurden vor allem durch die *macération carbonique* erzielt, mit deren Hilfe wenigstens eine Spur Fruchtigkeit aus den Trauben herausgeholt wird, mehr aber noch im Weinbau selbst durch radikale Neuanpflanzungen charakterstärkerer Traubensorten als Carignan. Zudem kommt nun auch öfter Holz zum Einsatz, in dem die Weine vergoren und ausgebaut werden, was zusätzliche Geschmackskomponenten einbringt. Ein kleiner, aber bedeutsamer Zuwachs ist in der Region bei Weißwein zu verzeichnen, von dem es auch fassvergorene oder in neuer Eiche gereifte Exemplare gibt. Corbières aber bleibt mit 93% der Produktion ein Rotweinland.

Zu diesem Gesamtbild tragen einerseits ein paar große Weingüter bei, genauso aber Tausende kleiner Winzer mit ihren Genossenschaften, die 70% der gesamten regionalen Erzeugung bestreiten. Zwei Bereiche in der südöstlichen Ecke von Corbières, weitgehend in der Hand von Genossenschaften, haben schon seit langem Anspruch auf die Appellation Fitou für ihre Rotweine, die als alterungswürdiger gelten als alle anderen. 2600 ha Rebfläche sind für diese AC zugelassen; die Erzeuger dürfen ihre Weine nach Belieben aber auch einfach nur Corbières nennen. Vor nicht allzu langer Zeit wurde die Appellation Corbières zudem in elf Zonen unterteilt, um der Verschiedenheit der Terroirs Rechnung zu tragen. Die Klimazonen der Region reichen von maritim bis sehr trocken.

In den folgenden Einträgen sind die derzeit besten Erzeuger aufgeführt und diejenigen, die für die Zukunft Gutes versprechen: Namen, die man sich merken sollte.

Die führenden Erzeuger in Corbières

Château Aiguilloux ☆☆
Thézan-des-Corbières. 38 ha

François Lemarié erzeugt strukturierten, tanninbetonten Rotwein und frischen, fruchtigen Rosé.

Château la Baronne ☆–☆☆
Fontcouverte. 60 ha

Neben dem mit Kohlensäuremaischung bereiteten Corbières erzeugt die Familie Lignières seit 1999 aus ihrer Hochlage in der Montagne d'Alaric die Prestige Cuvée »Les Vals«. Sie ist von Mourvèdre dominiert und erhält eine längere Reifezeit in 30% neuer Eiche.

Château de Cabriac ☆
Douzens. 115 ha

Roter und weißer Corbières entstehen in diesem Weingut, von denen die meisten auf relativ frühe Genussreife ausgelegt sind. In Spitzenjahren wird »Cuvée Spéciale« aus Syrah und Mourvèdre bereitet.

Château de Caraguilhes ☆–☆☆
St-Laurent-de-la-Cabrerisse.
125 ha

Großes, ökologisch ausgerichtetes Weingut, das sich seit 1998 im Besitz des burgundischen Négociant-Hauses Louis Max befindet. Neben dem Standard-Corbières entstehen die beiden Sonder-Cuvées »Prestige« und »Solus«. »Prestige« lagert neun Monate in Barriques; »Solus« ist eine Auslese aus 50% Carignan. Das Aroma von Schwarzkirschen tut sich schwer neben den lauten Eichenholztönen, die auch die Weißweine stören. Die Preise der Spitzenweine liegen auf Burgunderniveau.

Château Cascadais ☆☆
St-Laurent-de-la-Cabrerisse. 34 ha

Weingut im Besitz von Philippe Courrian von Château Tour Haut-Caussan im Médoc (siehe dort). Der Rotwein wird behutsam in neuer Eiche ausgebaut.

Cave Coopérative de Castelmaure ☆–☆☆
Embres-et-Castelmaure. 300 ha

Gut geführte Genossenschaft, die moderne Kellertechniken wie Mikrooxidation einsetzt, um die rustikalen Ecken der Carignan-Traube zu glätten. Zu den besten Weinen zählen »Cuvée Pompadour«, die in älteren Barriques reift und »Grande Cuvée« aus Syrah und Grenache.

Château la Domècque ☆
Lézignan. 52 ha

1985 gegründet, als Familie Roger die örtliche Winzergenossenschaft verließ. Seit 1992 ist sie außerdem als Négociant unter dem Namen Frédéric Roger tätig. »Grand Millésime« ist häufig der Spitzenwein, mit rund 50% Syrah im Verschnitt. Die Rot- und Weißweine sind alles in allem unkompliziert.

Château Etang des Colombes ☆☆
Lézignan. 77 ha

Christophe Gualco erzeugt hier eine Reihe von Weinen, von denen die besten »Cuvée Bois des Dames« und die von alten Reben gewonnene, preiselbeerfruchtige »Cuvée Centenaire« sind. Das Durchschnittsalter der Reben beträgt 90 Jahre.

Domaine de Fontsainte ☆☆–☆☆☆
Boutenac. 45 ha

Yves Laboucarié ist nicht nur einer der gewissenhaftesten und akribischsten Winzer der Region, er kann auch auf mehrere brillante Weinberge unterschiedlichen Charakters zurückgreifen. Neben einem ungewöhnlich würzigen, frischen *vin gris* (Rosé) bereitet er zwei Rotweine: »Domaine« erhält nur wenig Eichenreifung, »Réserve La Demoiselle«, die aus sehr alten Reben entsteht, reift zehn Monate in älteren Barriques. Es sind bedeutende Weine, die sich zehn Jahre und mehr entwickeln können.

Château Gléon-Montanié ☆☆–☆☆☆
Villesèque-des-Corbières. 50 ha. www.gleon-montanie.com

Kraft und Lebendigkeit kennzeichnen die Weine der Familie Montanié. Der *grand vin* des Hauses, »Cuvée Gascon Bonnes«, ist extraktreicher, mit fruchtiger Fülle und dichten Tanninen. Der normale Corbières ist jedoch schwer zu schlagen, wenn es um reine Lebendigkeit und pfeffrigen Charakter geht.

Château du Grand Caumont ☆☆
Lézignan. 105 ha

Das alte Familiengut der Rigals in der Nähe des Orbieu-Ufers wurde aufwendig modernisiert. »Cuvée Tradition« entsteht mit Kohlensäuremaischung, »Cuvée Spéciale« basiert auf einer Auslese alter Carignan-Reben.

Domaine du Grand Crès ☆☆–☆☆☆
Ferrals. 15 ha

Hervé Leferrer ist kein Anhänger der Kohlensäuremaischung, und all seine Rotweintrauben werden entrappt. »Cuvée Classique« wächst in älteren Fässern heran. Die reife, fleischige »Cuvée Majeure« entsteht aus ertragsreduzierten Syrah- und Grenache-Weinstöcken und wird zu 25 % in neuer Eiche ausgebaut, was dem Wein eine dezent eingebundene Eichenwürze mit auf den Weg gibt. Hier entsteht auch einer der besseren Corbières-Weißweine, ein Vin de pays aus Viognier und Roussanne, der kein Holz sieht.

Château Grand Moulin ☆☆–☆☆☆
Lézignan. 60 ha

Seit 1988 füllt Jean-Noël Bousquet seine Weine selbst ab. Alle roten Trauben werden entstielt. Die beiden Spitzenrotweine des Hauses sind »Fûts de Chêne Vieilles Vignes« und »Terres Rouges«, der einen höheren Anteil an Syrah enthält. Beide reifen bis zu 50 % in neuer Eiche. Es sind üppige, trotzdem pfeffrige, rauchige Weine, die eine Menge Charakter und Konzentration vorweisen können. Der eichenwürzige Weiße ist ein schwerer Tropfen.

Château Haut-Gléon ☆☆–☆☆☆
Villesèque-des-Corbières. 29 ha.
www.hautgleon.com

Besitzer Léon-Claude Duhamel besteht bei seinen besten Weinen auf Reifung in neuen Eichenfässern. Dabei entsteht neben einem recht plumpen Weißwein aus Bourboulenc und Roussanne die feine, Syrah-dominierte »Cuvée Eric Liot«, die sich dezent wildduftig in der Nase gibt, den Gaumen aber mit eleganter rotbeeriger Fruchtigkeit umschmeichelt. Nur die Kapelle aus dem 12. Jh., die zum Weingut gehört, zeugt hier noch von Altertum, alles andere ist durch und durch modern.

Château Hélène ☆☆
Barbaira. 42 ha

Marie-Hélène Gau war über viele Jahre eine verlässliche Corbières-Erzeugerin. Ihre Weine trugen Namen aus der griechischen Mythologie: »Cuvée Penelope«, mit einem hohen Syrah-Anteil, »Cuvée Ulysse«, ein eher traditioneller, in älteren Barriques gereifter Verschnitt, und »Cuvée Hélène de Troie«, hauptsächlich aus Syrah und in neuer Eiche gereift. Es gab auch eine weiße Version von »Hélène de Troie« aus Grenache blanc und Roussanne. 2001 verkaufte Madame Gau ihr Weingut an Robert Baudoin.

Château de Lastours ☆☆–☆☆☆
Portel-des-Corbières. 170 ha

In das Château integriert ist ein Heim für geistig Behinderte, von denen die meisten auf dem bemerkenswerten Weingut beschäftigt sind. Die Rebgärten liegen geschützt in einem von zerklüfteten Bergen umgebenen Talkessel, der dem Leiter des Anwesens, Jean-Marie Lignières, u. a. auch ausreichend Platz für seine motorsportlichen Ambitionen bietet, was der Seriosität der Weine jedoch keinen Abbruch tut. »Cuvée Simone Descamps« und »Arnaud de Berre« sind komplexe Rotweine mit gutem Alterungspotenzial. In guten Jahren entsteht auch ein kraftvoller, Barrique-gereifter Roter mit dem lakonischen Namen »Château de Lastours«.

Château Mansenoble ☆☆☆
Moux. 20 ha. www.mansenoble.com

Guido Jansegers gab 1992 seine angehende Karriere in Belgien auf, um aus seiner Liebe zum Wein einen neuen Beruf zu machen. Mansenoble ist heute eines der Spitzenweingüter der Region, was Jansegers auf seine peinlich genauen Auslesekriterien zurückführt, die nur Trauben im vollen Reifezustand zur Weiterverarbeitung zulassen. Es gibt keine Kohlensäuremaischung. »Réserve« enthält rund 50 % Syrah und durchläuft eine lange Gärzeit, bevor der Wein in älteren Barriques heranreift. »Cuvée Marie-Annick« hat mehr Mourvèdre im Verschnitt.

Château Meunier St-Louis ☆☆
Boutenac. 113 ha

Die Standard-Cuvées sind gut, aber nicht außergewöhnlich. Die besten Weine sind der weiße »A Capella«, eine eichenwürzige, cremige Mischung aus Grenache blanc und Vermentino, und ein vorwiegend aus Carignan und Syrah bestehender Rotwein, der in 20 % neuer Eiche reift, was ihm einen runden, reifen, würzigen und durchaus eleganten Charakter gibt.

Domaine de Montjoie ☆
St-André-de-la-Cabrerisse. 37 ha

Durch Neubestockung aufgewertete Weinberge, die einen stilvollen, aromareichen Rotwein und einen leichten Rosé hervorbringen.

Cave Coopérative Mont Tauch ☆☆
Tuchan. 1000 ha.
www.cru-fitou.com

Eine sehr erfolgreiche Winzergenossenschaft, in der erst kürzlich einige benachbarte Kooperativen wie zum Beispiel Paziols aufgegangen sind. Im Jahr 2000 war sie verantwortlich für 60 % der gesamten Fitou-Produktion. Sobald die Trauben in der Kellerei eingetroffen sind, wird alles Erdenkliche für die Qualitätssicherung getan. Es gibt eine große Anzahl einzelner Domaine-Abfüllungen, darunter der exzellente »Château de Ségures«, und nicht weniger eindrucksvolle Prestige-Weine wie »L'Exception«, der 21 Monate in Eiche verbringt.

Château de Nouvelles ☆
Tuchan. 77 ha

Sowohl Corbières als auch Fitou entstehen hier, der Letztere unter deutlich geringerem Einsatz von Kohlensäuremaischung. Die Weine sind robust und »altmodisch«, aber von verlässlicher Qualität.

Château les Ollieux ☆☆
Montséret. 53 ha

Auf dem Gut von Mme. Surbézy-Cartier entsteht nur Rotwein. 1988 führte sie einen Barrique-gereiften Wein ein, dem allerdings keine spezielle Auslese zugrunde liegt. Weinberge und Kellerei wurden 1990 aufwendig renoviert.

Château les Palais ☆☆
St-Laurent-de-la-Cabrerisse. 100 ha

Das Weingut machte sich in den 1960er-Jahren durch die Einführung der *macération carbonique* für roten Corbières einen Namen. Noch heute erzeugt es sanfte, frische, fruchtige Weine, die zu den bekanntesten aus Corbières zählen.

Château de Pech Latt ☆☆–☆☆☆
Lagrasse. 124 ha

Ein schönes ehemaliges Klostergut mit einer reichen Auswahl an Rot-, Rosé- und Weißwein. Die weiße Normalabfüllung ist rein aus Marsanne und weitgehend uninteressant. Unter den Roten sticht die von 50 Jahre alten Reben stammende »Cuvée Alix« mit ihrer weichen, schwarzbeerigen Fülle hervor.

Domaine des Pensées Sauvages ☆
Albas. 11 ha

Das Weingut im Besitz der englischen Familie Bradford konzentriert sich weitgehend auf einen einzigen Wein: ein in Barriques und größeren Fässern gereifter roter Corbières. Neuerdings wurden die Rebflächen mit mehr Syrah bestockt, aber auch mit Viognier für Weißwein.

Château Prieuré Borde-Rouge ☆☆
Lagrasse. 23 ha.
www.borderouge.com

Alain und Natasha Devillers-Quénehen verließen in den frühen 1990er-Jahren Paris und bauten dieses Weingut auf, das sehr alte Carignan- und Grenache-Reben besitzt. Die besten Weine erscheinen unter dem Etikett »Signature«: der Weiße ist mit Eichenholz überladen, der Rote jedoch ein solider Tropfen.

Domaine du Révérend / Domaine du Trillol ☆–☆☆
Cucugnan. 80 ha.
www.sichel.fr

Eine zweigeteilte Domaine im Besitz des Handelshauses Peter Sichel in Bordeaux. Die Domaine du Révérend, das größere Gut, liegt im schönen Bergstädtchen Cucugnan, die Domaine du Trillol hingegen abgeschieden in Rouffiac. Die Weine verbringen nach Bordeaux-Art lange Zeit im Fass. Beide Güter produzieren weißen und roten Corbières, die Domaine du Révérend auch Rosé in kleinen Mengen. Obgleich alle tadellos bereitet sind, könnte man mehr aus ihnen machen.

Roque Sestière ☆☆
Ornaisons. 27 ha

Jean Bérail und Tochter Isabel unterscheiden sich vom Gros ihrer Winzerkollegen dadurch, dass sie gut bereitete Weißweine aus lokalen Traubensorten wie Grenache blanc und Bourboulenc anbieten.

Château St-Auriol ☆☆–☆☆☆
Lagrasse. 97 ha. www.saint-auriol.com

Roter Corbières ist der Schwerpunkt dieses hoch angesehenen, von Claude Vialade und ihrem Mann Jean-Paul Salvagnac geleiteten Guts. Beide betonen die Verschiedenheit der Terroirs von Corbières und sind überzeugt, dass die Gegend von Lagrasse ein für den Weinbau besonders günstiges mildes Klima hat. Ihre Weine jedenfalls sind in puncto Reichhaltigkeit nicht kleinlich. Die Roten reifen sechs Monate, die Weißen drei Monate in neuer Eiche. Ende der 1990er-Jahre wurde die Cuvée »La Folie du Château St-Auriol« herausgebracht, eine hauptsächlich in neuer Eiche gereifte und von erfrischender Säure im Gleichgewicht gehaltene »Torheit«.

Château de Vaugelas ☆
Camplong. 110 ha

Großes Gut, das auf niedrige Erträge setzt. Es ging Mitte der 1990er an Gérard Daspet aus St-Emilion über.

Domaine de Villemajou ☆–☆☆
Boutenac. 70 ha

Eines der vielen Güter des rührigen Gérard Bertrand. Die Weine – ein leichter, frischer Rosé und die mit Kohlensäuremaischung bereiteten üppigen, fruchtigen Roten – sollten jung getrunken werden.

Cave Pilote de Villeneuve ☆
Durban Corbières. 450 ha

Die 1948 gegründete Genossenschaft in Fitou bereitet fast alle ihre Weine mit Hilfe der Kohlensäuremaischung. Neben den Standardabfüllungen gibt es Domaine-Weine wie etwa »Château de Montmal« und »Domaine de Courtal«.

Château la Voulte-Gasparets ☆☆☆
Boutenac. 45 ha

Idealer Boden und umsichtiger Einsatz von Kohlensäuremaischung und Fassreifung erbringen volle, geschmeidige Weine. »Cuvée Romain Pauc« ist das beste Pferd im Stall, vorwiegend von alten Carignan-Reben, denen man einen »Hauch« neuer Eiche angedeihen lässt. Die Weinqualität auf Patrick Reverdys viel gelobtem Gut ist seit vielen Jahren gleich bleibend hoch.

Crémant de Limoux

Der originellste Wein des Midi, ein erstaunlich hochwertiger Schaumwein, kommt aus Limoux, das versteckt hinter Corbières am Oberlauf des Flusses Aude noch oberhalb von Carcassonne liegt. Alle Anzeichen deuten darauf hin, dass in dieser einsamen, hügeligen Gegend Frankreichs der erste Schaumwein erzeugt wurde, rund 200 Jahre bevor in der Champagne ähnliche Weine entstanden. Der üblicherweise Blanquette de Limoux genannte Schaumwein erhielt diesen Namen nicht etwa wegen seiner Farbe, sondern wegen des weißlichen Flaums an der Unterseite der Blätter der Mauzac-Traube, von der er gekeltert wird.

Mauzac (oder eben Blanquette) ist die Traube »mit leichtem Cidre-Duft«. Sie liefert auch den rustikalen Perlwein von Gaillac, das schon zur Römerzeit eine Weinstadt war, weshalb niemand genau sagen kann, wie weit die Ursprünge der Rebe zurückgehen. Das traditionelle Rezept von Limoux bestand aus Mauzac für Spritzigkeit und Clairette für Milde, früher nur als *pétillant,* heute aber nach der *méthode traditionnelle,* also unter vollem Druck bereitet: ein Schaumwein bester Qualität, mit fein abgestimmten Geschmacksnoten. Clairette ist inzwischen mehr oder weniger aus der Mischung verschwunden und hat Platz gemacht für Chenin blanc und vor allem Chardonnay. Die burgundische Traube mit ihrer Geschmacksfülle ergänzt sich mit den etwas kargen, von zitroniger Magerkeit gekennzeichneten Eigenschaften der Blanquette-Traube vortrefflich, und findet Eingang in den besten Cuvées.

Mehrere Weinstile sind in Limoux zu verzeichnen: Crémant de Limoux ist eine Schaumweinversion, die zu 90 % aus Chenin blanc und Chardonnay bestehen muss. Blanquette muss einen mindestens 90%igen Mauzac-Anteil haben, der Rest ist Chardonnay und/oder Chenin blanc. Der seltene Blanquette *méthode ancestrale* ist rein aus Mauzac.

Für die weißen Stillweine der Region gibt es seit 1993 die AC Limoux, und seit 2003 dürfen auch rote Limoux-Gewächse ein AC-Siegel tragen. Im Unterschied zur Champagne und zu Burgund sollten die Weine aus Limoux nach 1–2 Jahren getrunken werden.

70 % der Gesamterzeugung von 3200 ha Rebfläche liegt in den Händen der großen, hochmodernen Winzergenossenschaft Caves du Sieur d'Arques. 1946 gegründet, hat sie heute rund 460 Mitglieder. Kürzlich wurde eine Auswahl der besten Rotweine aus den Weinbergen ihrer Mitglieder ins Programm aufgenommen, darunter ein überraschend großer Anteil an Cabernet und Merlot. Das Etikett für die Stillweine lautet »Toques et Clochers«; sortenreine Vins de pays erscheinen als »Le Sept Sœurs«.

Es gibt auch eine Reihe guter unabhängiger Erzeuger, zum Beispiel die Domaine de Martinolles bei St-Hilaire, Domaine Collin, Domaine des Terres Blanches, Domaine de la Noureille und Domaine de l'Aigle.

Minervois

Der Fluss Aude scheidet die letzten Ausläufer der Pyrenäen von den ersten Vorbergen des Massif Central und Corbières vom Minervois, der Landschaft, die sich 65 km entlang des Nordufers erstreckt und sowohl die Kiesebene am Fluss als auch die dahinter liegenden, ganz andersartigen Hügel erfasst, über denen ein 180 m hoch gelegenes Plateau beginnt. Flüsse und Bäche haben tiefe Schluchten in das weiche, braune Gestein gezogen und an einer Stelle mitten im Fluss eine Insel für die kleine Stadt Minerve gelassen. Das Plateau ist trocken, eine baumlose *garrigue*-Landschaft, in der die Rebe hart zu kämpfen hat. Selbst die Carignan-Traube bringt hier einen Wein voll Nervigkeit und Kraft zustande.

Moderne Weinbereitungsmethoden ermöglichen im hoch gelegenen Minervois gut gebaute Weine von köstlicher Vitalität, mit einer Struktur, die nicht im Mindesten aus alten Eichenbalken gefügt ist, wie das Wort *charpente* nahe legen könnte, sondern eher an ein leichtes und doch robustes Flugwerk erinnert. Einige Weißweine entstehen hier aus südfranzösischen Traubensorten, doch sie machen nur 3 % der Produktion aus. Unten in der Ebene liegt das kommerzielle Zentrum der Region, wo nicht weniger als zehn Genossenschaften große Mengen Wein produzieren.

In den letzten Jahren jedoch haben die kleineren Weingüter mehr Bedeutung gewonnen als die Kooperativen. Minervois erhielt den AC-Status im Jahr 1985; langsam werden nun auch zur Verbesserung bestimmte Anpassungen der zugelassenen Traubensorten vorgenommen. 1998 erhielt Minervois La Livinière eine eigene Appellation zugesprochen. Sie umfasst 2600 ha, von denen zurzeit jedoch nur 165 ha unter Reben stehen. Diese Weine müssen mindestens 15 Monate reifen, bevor sie in den Handel kommen dürfen.

Von der 18 000 ha großen Gesamtfläche werden 4500 ha bewirtschaftet, die sich auf rund 180 private Erzeuger und 24 Genossenschaften verteilen. Im Minervois entsteht ebenfalls ein delikat süßer Vin doux naturel namens Muscat de St-Jean-de-Minervois.

Die führenden Erzeuger im Minervois

Domaine des Aires Hautes ☆☆
Siran. 27 ha
In den 1970er-Jahren großflächig neu bepflanzt, wurden die ersten Weine dieser Domaine nicht vor 1991 abgefüllt. Syrah dominiert in den beiden Spitzenweinen »Sélection« und dem pflaumigen »Clos de l'Escandil«, der 20 Monate in 30 % neuer Eiche reift.

Domaine de Barroubio ☆☆
St-Jean-de-Minervois. 25 ha
Das Gut erzeugt einen einfachen Minervois, ist aber besser bekannt für seine brillanten Muscat-Weine, besonders die extrem volle, rosinenwürzige »Cuvée Nicolas«.

Château Borie du Maurel ☆☆–☆☆☆
Felines-Minervois. 26 ha
Die Weinberge dieses Guts sind einem Amphitheater gleich angelegt. Besitzer Michel Escande hält die Erträge bewusst niedrig auf 30 hl/ha. Gelesen wird bei optimaler Reife, weshalb die Weißweine alkoholstark und andeutungsweise süß ausfallen können. Der einfache Minervois ist sanft und unkompliziert. »Cuvée la Féline« aus 70 % Syrah gibt sich elegant-geschmeidig, wohingegen die reinsortige »Cuvée Sylla« aus Syrah von recht herber Art ist und hohe Preise erzielt.

Clos des Centeilles ☆☆–☆☆☆
Siran. 15 ha
Patricia Boyer-Domergue ist diesem untypischen Weingut mit Herz und Seele verbunden. Sie erzeugt, wie sie selbst sagt, sehr traditionelle Weine, auch wenn einige nicht die AC-Bedingungen erfüllen. »Carignanissime« ist ein reiner Carignan von alten Reben und »Cuvée Capitelle« ein seltener, pflaumiger Cinsault aus ertragsbeschränktem Lesegut. Clos Centeilles heißt der umfriedete Weinberg mit altem Rebbestand von Carignan, Syrah, Grenache und Mourvèdre; seine Weine reifen zwei Jahre in älteren Fässern. Ab und zu bereitet Patricia einen Pinot noir sowie den edelfaulen »Erme de Centeilles« aus Grenache gris.

Château Coupe Roses ☆☆
La Caunette. 32 ha
Françoise Le Calvez ist Besitzer und Kellermeister dieses auf den sonnigen Hängen von La Caunette gelegenen Weinguts. »Cuvée Prestige« ist ein warmer, üppiger, sortenreiner Grenache, die schlankere, elegantere »Cuvée Orience« stammt vorwiegend von Syrah-Trauben. Der Weißwein wird von Grenache blanc und Roussanne bereitet.

Château du Donjon ☆–☆☆
Bagnoles. 50 ha. www.chateau-du-donjon.com
Alter Familienbesitz, heute unter der Leitung von Jean Panis. Der beste Wein ist die kirschenfruchtige, Barrique-gereifte

»Cuvée Prestige«. Ein Vin de pays aus Merlot wird unter dem Etikett »Domaine La Gardinière« abgefüllt.

Château de Fabas ☆☆
Laure-Minervois. 50 ha

Roland Augustin erwarb 1996 das angesehene Gut, das mit einem hohen Anteil an Syrah und Mourvèdre bestockt ist. Syrah dominiert die beiden Weine »Cuvée Tradition« und »Réserve«, von denen nur der Letztgenannte in Barriques reift, und gibt ihnen die Würze. Der *grand vin* des Hauses, »Cuvée Alexandre«, enthält 60 % Mourvèdre, wodurch er Struktur und Langlebigkeit erhält.

Château de Gourgazaud ☆–☆☆
La Livinière. 90 ha

Ein sehr einflussreicher Erzeuger, der in der Region die Kohlensäuremaischung einführte. Carignan ist aus den Weinbergen größtenteils verschwunden und wurde durch Syrah und Mourvèdre ersetzt. »Cuvée Mathilde« enthält 80 % Syrah, »Réserve« ist der gleiche Wein, nur reift er in neuer Eiche. Darüber hinaus gibt ein ganzes Repertoire von Vins de pays aus Cabernet, Chardonnay, Viognier und anderen Sorten.

Château la Grave ☆
Badens. 96 ha

Ein großes Weingut im Besitz der Familie Orosquette, mit geschmeidigen, Syrah-betonten Verschnitten und aromatischen Weißweinen.

Domaine Lignon ☆
Aigues-Vives. 26 ha

Anführer ist hier ein abgerundeter Syrah namens »Les Vignes d'Antan«, der mittels Kohlensäuremaischung bereitet wird.

Cave Coopérative de La Livinière ☆☆
La Livinière

Eine hervorragende Genossenschaft, die von der neuen Appellation profitiert. Spitzenwein ist der »Grand Terroir«, größtenteils aus Syrah und Grenache. Zum geschmeidigen Gefüge kommt das Aroma eingekochter roter Früchte hinzu.

Château Maris ☆☆
La Livinière. 60 ha. www.comtecathare.com

Bedeutendes Weingut im Besitz der Comte-Cathare-Gruppe. *Grand vin* ist ein bemerkenswerter Vieilles vignes rein aus Carignan-Reben mit sehr niedrigem Ertrag. Er wird mittels Kohlensäuremaischung bereitet und ungefiltert auf Flaschen gezogen.

Cave Coopérative de Peyriac ☆–☆☆
Peyriac. 620 ha

Die 1930 gegründete rührige Genossenschaft hat 200 Mitglieder und ist auch unter dem Namen Cellier Tour St-Martin bekannt. Nur die Hälfte der Produktion sind AC-Weine, der Rest sortenreine Vins de pays. Eine führende Reihe heißt »Château de Peyriac«, deren Weiße aus Marsanne, die Barrique-gereiften Roten aus Syrah und Mourvèdre bestehen. »Domaine des Ginestières« wird überwiegend aus Grenache gewonnen.

Domaine Piccinini ☆☆
La Livinière. 30 ha

Maurice Piccinini ist eine der treibenden Kräfte, die schließlich zum Aufbau der neuen Appellation La Livinière geführt haben. Domaine Piccinini wird heute von seinem Sohn Jean-

Christophe geleitet. Der normale Minervois ist gleich bleibend gut und fruchtig, aber bester Wein im Haus ist die Syrah-beherrschte »Cuvée Line et Laetitia«.

Domaine de Ste-Eulalie ☆–☆☆
La Livinière. 13 ha

Von einem Önologenpaar 1996 gekauft und geleitet. »Cuvée Cantilène« ist ein draller, geschmeidiger Wein der neuen AC La Livinière.

Domaine la Tour Boisée ☆☆
Laure-Minervois. 60 ha.
www.domainelatourboisee.com

Jean-Louis Poudou unterteilt seine Produktion in AC-Weine und auf den Export ausgerichtete sortenreine Vins de pays. Der kräftigste unter den Weißweinen ist »Cuvée Marie-Claude« von alten Weinstöcken lokaler Rebsorten. Sein rotes Gegenstück ist eine Carignan-Syrah-Mischung von runder, etwas plumper Art.

Château de Villerambert-Julien ☆☆–☆☆☆☆
Caunes-Minervois. 75 ha

Mitglieder der Familie Julien leiten dieses Gut seit 1852 und sind überzeugte Fürsprecher der AC-Weine. Der Einsatz der Kohlensäuremaischung wurde vor einigen Jahren aufgegeben. Heute reifen die meisten Weine in Barriques, doch die Juliens verwenden neue Eiche nur mit Bedacht. Die preisgünstigen Normalabfüllungen laufen unter dem Etikett »Opéra« und umfassen einen warmen und geschmeidigen Rotwein sowie einen ungewöhnlich lebendigen, frischen Rosé. Die Spitzen-Cuvée hieß früher »Trianon«, trägt aber nun den Namen des Château. Ihre Verschnittanteile werden Jahr für Jahr neu bestimmt.

Château de Villerambert-Moureau ☆–☆☆
Caunes-Minervois. 120 ha

Die drei Brüder Moureau erzeugen große Mengen angenehmen, süffigen Weins, vorwiegend aus Syrah.

Château de Violet ☆–☆☆
Peyriac. 40 ha.
www.chateau-de-violet.com

Es ist immer wieder eine Freude, alte Weingüter (mit Hotel und kleinem Museum) wie dieses zu entdecken. Die Vieilles-vignes-Abfüllung besteht zu 50 % aus Mourvèdre und reift in alten Barriques. Die ungewöhnliche »Cuvée de Violet« wird rein von alten Carignan-Reben gewonnen.

Coteaux du Languedoc

Bei diesem Namen liegt der Nachdruck auf Coteaux, denn in den Ebenen des Languedoc zwischen Narbonne und Montpellier wird lediglich eine Unmenge schwächlichen Verschnittweins erzeugt, weshalb die Rebflächen dort auch langsam im Schwinden begriffen sind. Die Winzer scheinen begriffen zu haben, dass Europa kein uferloses Meer aus Wein benötigt. Einige der Hanglagen aber haben AC-Status und kaum weniger Chancen, echte Qualität zu produzieren, als Corbières und Roussillon.

Ein Dutzend weit über die Landschaft verstreute Bezirke bringen beachtenswerte Weine hervor, und in den Achtzigerjahren zeigte eine einzige Domaine, was außergewöhnliche Qualität wirklich bedeuten kann: das völlig auf sich gestellte Mas de Daumas Gassac in Aniane. Heute ist Daumas Gassac in vielen anderen Weingütern Konkurrenz erwachsen – Konkurrenz bezüglich Ansehen, Qualität und Preis.

8500 ha Rebland können Anspruch auf die Appellation erheben. Verwirrenderweise ist sie nicht zuletzt aufgrund der Vielfalt ihrer Bodenarten in zahlreiche so genannte *dénominations* unterteilt, Bezeichnungen, die an die AC Coteaux du Languedoc anhängt werden dürfen. Im Einzelnen sind dies Cabrières, Coteaux de la Méjanelle, Montpeyroux, Picpoul de Pinet, Quatourze, St-Christol, St-Drézéry, St-Georges-d'Orques, St-Saturnin und Coteaux de Vérargues. Einige von ihnen bemühen sich zurzeit um einen eigenen AC-Status, vergleichbar mit dem von Faugères, St-Chinian, Clairette du Languedoc und Cabardès. Zusätzlich wird auch noch nach »klimatischen Regionen« unterschieden: Terrasses du Larzac, Sommières, Pézenas, La Clape, Terrasses de Béziers, Pic-St-Loup und Grès de Montpellier.

Nördlich von Bézieres sind die meisten Anbauflächen konzentriert, in den ersten Vorbergen der Cevennen, wo ein reißender Gebirgsfluss sich in den sanft zwischen Pappeln dahinfließenden Hérault verwandelt. Cabrières, Faugères und St-Saturnin sind solche Lagen. Die bekanntesten unter ihnen sind Faugères und St-Chinian, in den westlichen Hügeln nach Minervois hin. Ihre Rotweine können körperreich und sehr schmackhaft sein. St-Chinian, zum Teil auf Mergelboden und auf dunkel purpurrotem, manganhaltigem Schiefer gelegen, verdient daher größere Beachtung.

Die verschiedenen Bodenarten dieser Hügelformationen geben den Weinen ihr Gepräge. Das schieferreiche Berlou-Tal zeichnet sich durch reifere und rundere Rotweine aus, als man sie in der übrigen Region findet. Die charakterlich eigenständigste Gegend mit dem interessantesten Potenzial ist La Clape, ein allein stehendes Kalksteinmassiv, wie eine Insel an der Mündung des Flusses Aude zwischen Narbonne und dem Meer gelegen. Die Boden- und Klimaverhältnisse von La Clape können ausgeprägte Weißweine hervorbringen, was nicht zuletzt durch das ganz eigene, von kühlen Meeresbrisen geprägte Mikroklima begründet ist. Einzelne Domaines haben ihre Weinberge hier auch mit Chardonnay bestockt. Stilvolle Weine, oft mit einem hohen Syrah-Anteil, kommen zudem aus St-Saturnin.

Viele Erzeuger in den Coteaux nutzen mittlerweile die Regelungen für Vin de pays, um in der AC nicht zugelassene Weine wie Merlot und Chardonnay produzieren zu können. Sie fallen häufig ganz hervorragend aus. Achten Sie auf renommierte »Domaine«-Namen, auch wenn Sie eigentlich das Wort »Château« suchen, das auf einem Vin-de-pays-Etikett aber nicht erscheinen darf. Erste Hoffnungen, dass diese sortenreinen Weine mit gleichartigen Produkten *(varietals)* aus der Neuen Welt ernsthaft in Konkurrenz treten könnten, haben sich bis jetzt nicht erfüllt.

Die führenden Erzeuger in den Coteaux du Languedoc

Domaine Clavel ☆☆–☆☆☆
Assas. 44 ha.
www.vins-clavel.fr
Jean Clavel ist der AC-Status für die Coteaux mit zu verdanken. Heute setzt Sohn Pierre das Streben seines Vaters nach Qualität fort. Die Normalabfüllung ist der saftige »Les Garrigues« aus Syrah und Grenache, doch mit »Copa Santa« stieß Clavel

auf große Begeisterung: der Syrah-Mourvèdre-Verschnitt lagert 15 Monate in Eiche und wird nicht filtriert. Der robuste, reife Wein wartet mit rauchigen Noten auf und hat einen bemerkenswert langen Abgang.

Domaine La Grange des Pères ☆☆☆
Aniane. 7 ha
Laurent Vallié war auf einigen Spitzenweingütern in Südfrankreich beschäftigt, ehe er seine eigene Domaine aufbaute, die 1992 zu produzieren begann. Die Erträge sind minimal und der Reifegrad der Trauben entsprechend hoch. Die als Vins de pays verkauften Weine werden mindestens zwei Jahre in Holzfässern ausgebaut und sind ebenso kräftig wie die des Nachbarn Daumas Gassac, liegen preislich aber noch darüber. Der Rotwein ist von Cabernet, Syrah und Mourvèdre; der Weiße vorwiegend aus Roussanne.

Domaine La Grange de Quatre Sous ☆☆
Assignan. 8 ha
Eine breite Palette von Weinen kommt aus diesem kleinen Gut. Sie werden als Vins de pays vermarktet, da die Besitzerin Hildegard Horat auch Sorten wie Chardonnay, Cabernet Sauvignon und Cabernet franc nach Belieben einsetzt.

Mas de Daumas Gassac ☆☆☆
Aniane. 25 ha.
www.daumas-gassac.com
Aimé Guibert, Spiritus Rector dieses außergewöhnlichen Weinguts, darf als Begründer des neuen Selbstwertgefühls im Languedoc gelten. Nachdem er das hügelige Rebland vulkanischen Ursprungs gekauft hatte, schwärmten die Fachberater aus Bordeaux von der Qualität seiner Böden. Sie hatten Recht. Guiberts Cabernet Sauvignon ist ein ungemein kraftvoller, langlebiger Wein mit der Struktur eines Bordeaux und der wildwürzigen Art der heimischen *garrigue*. Der Weiße ist ein Verschnitt aus Chardonnay und Viognier und überaus aromatisch. Guibert hat auch eng mit ortsansässigen Winzergenossenschaften zusammengearbeitet, um große Mengen Qualitätswein zu fairen Preisen anbieten zu können.

Mas Jullien ☆–☆☆☆
Jonquières. 16 ha
Olivier Jullien leitet dieses innovative, biodynamisch arbeitende Weingut in den Terrasses du Larzac. Er verbindet seine Experimentierfreude mit dem Respekt vor der Tradition und verwendet lokale Traubensorten trotz der damit verbundenen Absatzprobleme. In der langen Weinliste finden sich u. a. »Depierres«, vorwiegend aus Syrah von Schieferböden, und »Vignes Oubliées«, eine ungewöhnliche Weißweinmischung aus Terret, Carignan blanc und Grenache blanc. Auch wenn die Qualität unbeständig ist, bleibt Mas Jullien eine bewundernswerte Domaine.

Domaine Peyre Rose ☆☆☆
St-Pargoire. 20 ha
Weit abgelegen und hoch oben in der *garrigue* erzeugt Marlène Soria in ihrer Domaine nur zwei Weine, beide vorwiegend von Syrah, aber aus unterschiedlichen Lagen: »Clos Léone« und »Clos des Cistes«. Die extrem niedrigen Erträge liegen bei etwa 20 hl/ha. Die Weine reifen in Tanks und Großfässern – eine willkommene Abkehr vom allgegenwärtigen Eichen-Boom. Beide sind opulente, kraftvolle und langlebige Tropfen, der »Clos des Cistes« dichter gefügt und tanninreicher, der »Léone« mit mehr unmittelbar ansprechender Beerenfrucht.

Prieuré de St-Jean-de-Bébian ☆☆–☆☆☆
Pézenas. 28 ha. www.bebian.com
Alain Roux, der Vorbesitzer dieses Weinguts, brachte Steck-linge von den feinsten Domaines an der Rhône mit hierher, und als die Weinstöcke das passende Alter erreicht hatten, begann er, seine eigenen kraftvollen, langlebigen Weine zu kreieren. 1994 ging der Besitz an die Weinautorin Chantal Lecouty und ihren Ehemann Jean-Claude Le Brun über. Ge-meinsam stellten sie die Vinifikationsmethoden um und führ-ten Barrique-Ausbau ein. Obwohl der Wein etwas eleganter geworden sein dürfte, scheint er einen Teil seines unbändigen Temperaments verloren zu haben. Sehr teuer.

Domaine de la Prose ☆☆–☆☆☆
Pignan. 15 ha
Alexandre de Mortillet erwarb diesen Besitz im Jahr 1990 und ließ zehn Jahre später neue Keller errichten. Der Rotwein ist ein reiner Syrah und erhält eine längere Reifezeit in neuen Barriques; der fassvergorene Weißwein aus Vermentino und Grenache blanc tritt ungemein schwer auf. Die rote »Grande Cuvée« und ihr weniger eichenwürziges Gegenstück »Cuvée d'Embruns« sind erfolgreicher.

Château Puech-Haut ☆☆–☆☆☆
St-Drézery. 100 ha
Ganz exzellente Weine gibt es hier seit 1995. Der rote »Pres-tige« ist vorwiegend aus Grenache und offen gesagt für mei-nen Geschmack zu erdig, doch das in neuer Eiche ausgebaute Spitzenetikett »Tête de Cuvée« aus 60% Syrah besticht durch große Intensität. Ferner sehr gute Weißweine hauptsächlich von Roussanne und Marsanne.

Skalli ☆–☆☆☆
Sète. 7000 ha. www.vinskalli.com
Robert Skalli ist der Revolutionär unter den Erzeugern stil-voller Vins de pays d'Oc aus Cabernet, Merlot, Viognier und Chardonnay. »Fortant de France« ist die Standardmarke des Hauses; Stützpunkt sind die großen alten Lagerhäuser am Ha-fen von Sète. Skalli hat erst vor kurzem seine Aktivitäten auf die Vermarktung von Weinen aus unterschiedlichen Regionen Südfrankreichs erweitert, darunter Minervois und Corbières, und besitzt darüber hinaus das Château St-Supéry im kalifor-nischen Napa Valley (siehe dort).

Die Dénominations in den Coteaux du Languedoc

Cabardès

1999 zur AC aufgewertet; 850 ha Rebland, das von 16 priva-ten Weingütern und den Mitgliedern von vier Genossen-schaften bewirtschaftet wird. Die Weinstile sind mit Bedacht in Vent d'Est (mediterrane Sorten wie Syrah und Grenache) und Vent d'Ouest (atlantische Sorten wie Cabernet und Mer-lot) geordnet. Die AC-Regeln schreiben die Verwendung von jeweils 40% dieser Sorten vor.

Château de Pennautier ☆☆
Pennautier. 300 ha. www.vignobles-lorgeril.com
Fast die Hälfte des großflächigen Reblands der Familie Lor-geril sind AC-Weinberge. Die zwei besten Weine, jeweils in Barriques gereift, sind »Grande Cuvée« und »L'Esprit de la Bastide«; der Letztere enthält einen Großteil Syrah. Schon weil die Weine hier in großen Mengen produziert werden, kön-nen sie je nach Absatzmarkt unter verschiedenen Etiketten auftreten.

Domaine de Cabrol ☆☆
Aragon. 21 ha
Auf südwärts geneigten Hängen lässt Familie Carayol die bei-den klassischen Weinstile der Region entstehen: Vent d'Est und den etwas saftigeren Vent d'Ouest. Beide sind konzen-triert, würzig und tanninreich.

Cabrières

In der Gegend von Clermont l'Hérault in den Ausläufern der Cevennen nahe bei Faugères. Ist am bekanntesten durch leich-ten Rosé, der nicht gepresst wird. Der Schieferboden gilt auch als geeignet für die Produktion von würzigen Syrah-Rotweinen.

Cave Coopérative Les Coteaux de Cabrières ☆
Clermont-l'Hérault
Die Genossenschaft ist mit Abstand der wichtigste Produzent des Bereichs und erzeugt sowohl Cabrières als auch Clairette du Languedoc. Die rote »Cuvée Cabanon« ist zu 90% aus Syrah.

La Clape

Eine 1000 ha umfassende Rebfläche auf den Kalksteinhügeln des Küstenstreifens zwischen Narbonne und dem Mittelmeer. Die Höhe der Lagen und der unablässig wehende Wind geben den Weißweinen einen erfrischenden Säuregehalt, doch auch die Rotweine werden immer besser. Die komplexen AC-Vor-schriften sind den südfranzösischen Traubensorten auf den Leib geschnitten. Es gibt 38 private Erzeuger und zwei Ge-nossenschaften.

Abbaye des Monges ☆☆
Narbonne
Das Gut wechselte 1997 den Besitzer. Die Weine mit dem Abbaye-Etikett sind eichenfrei ausgebaut, der rote »Château des Monges« reift jedoch in Barriques. Recht dickliche Rot-weine, aber gehaltvolle, pfirsischfruchtige Weiße.

Château de Capitoul ☆☆–☆☆☆
Narbonne. 66 ha
Charles Mock leitet eines der größten Besitztümer der Region. In den 1990er-Jahren nahm er eine Umstrukturierung seiner Weinberge vor und modernisierte die Kellerei. Die Standard-weine heißen »Lavandines«, »Les Rocailles« heißt die Reihe von älteren Reben. Beide Serien bieten gut gemachte Weine, allen voran der cremige, aprikosenfruchtige Weiße. Der Vin de pays aus Viognier ist einer der besten in Südfrankreich, und in manchen Jahren entsteht davon auch eine Spätleseversion, die leicht oxidierte Züge aufweist.

Domaine de l'Hospitalet ☆–☆☆
Narbonne. 52 ha
Mit all ihren Restaurants und Museen mutet diese Domaine eher wie ein Touristikzentrum an. Gegründet von Familie Ribourel, wurde sie 2002 an den Négociant Gérard Bertrand aus Corbières verkauft. Die Änderungen in Besitz und Ma-nagement wirkten sich wenig positiv auf die Weine aus, doch die Lagen sind immer noch hervorragend und die besten Weißweine ein Vorbild für die gesamte Region.

Château de la Négly ☆☆–☆☆☆
Fleury d'Aude. 50 ha

Bis 1992 wurden die Weine an eine Genossenschaft verkauft. Nach umfassenden Neuanpflanzungen füllt Jean Paux-Rosset seit 1997 selbst ab. Der Beste in seinem Angebot scheint »La Falaise« aus Syrah und Grenache zu sein. Die in winzigen Mengen produzierten Einzellagenweine haben eine große Anhängerschaft, die Preise zu zahlen bereit ist, von denen die meisten Grands crus aus Burgund nur träumen können.

Château Pech-Celeyran ☆☆
Salles d'Aude. 95 ha. www.pech-celeyran.com

Seit Generationen in Familienbesitz der St-Exupérys befindliches großes Weingut, das sich auf La-Clape- und Vin-de-pays-Weinberge verteilt. Bekannt für Viognier, Chardonnay und Barrique-gereifte Rotweine.

Domaine de Pech-Redon ☆–☆☆☆
Narbonne. 42 ha

Modernisiertes altes Weingut in schöner Lage hoch oben auf den Hügeln von La Clape, nahe dem Meer. Christophe Bousquet führt es mit ganzem Einsatz. Neben guten AC-Weinen wird auch Ungewöhnliches angeboten: ein eichenfrei ausgebauter Roter von Alicante Bouschet und ein Mourvèdre/Cabernet Sauvignon, der ziemlich trocken ist. Der beste Wein ist häufig der erstmals 1998 erschienene »La Centaurée«, vorwiegend aus Syrah.

Château Ricardelle ☆☆–☆☆☆
Narbonne. 43 ha

Bruno Pellgrini war immer sehr um eine Verbesserung der hiesigen Qualität bemüht und glaubt, diese im Jahr 2000 endlich erreicht zu haben. Zwei feine Rotweine: »Closalbières« und der sehr eichenwürzige »Blason«. Der Erstgenannte scheint nachdrücklicher und ausgewogener zu sein.

Château de Rouquette-sur-Mer ☆☆
Narbonne. 50 ha

Ein bemerkenswertes Weingut, das in einem ehemaligen Jagdreservat hoch oben in den felsigen Hängen von La Clape in der Nähe der Küste liegt. Die moderne Weinbereitung erbringt frische, handwerklich gut gemachte Rot-, Weiß- und Roséweine, womöglich die besten dieser Gegend.

Coteaux de Vérargues

In der Nähe von Lunel, zwischen Montpellier und Nîmes. (Siehe »Die Muscat-Weine aus dem Languedoc«, Seite 224.) Ehemals berühmt für seine leichten Bistro-Weine, produziert dieser Bezirk heute sanfte, von Wildnoten geprägte Verschnitte von Syrah und Mourvèdre. Ordentliche Rotweine kommen von den Merlot-Weinbergen der Genossenschaft Lunel-Viel und Privatgütern wie Château de la Devèze.

Faugères

Die seit 1982 bestehende AC umfasst 1865 ha und ist der am weitesten westlich gelegene Bereich in den Vorbergen der Cevennen. Hier gibt es eine Reihe kompetenter Erzeuger von Rot- und Roséwein. Die Vorschriften verlangen mindestens 20 % Syrah oder Mourvèdre und nicht mehr als 40 % Carignan.

Domaine Jean-Michel Alquier ☆☆☆
Faugères. 27 ha

Jean-Michel Alquier leitet dieses makellose Weingut, das sein Vater in den 1950er-Jahren gegründet hat. Zwei Cuvées, »Maison Jaune« und der Syrah-dominierte »Les Bastides«, werden mit Umsicht in bis zu 50 % neuer Eiche ausgebaut. Nichts ist übertrieben an diesen Weinen, die zu den elegantesten des gesamten Languedoc zählen. Ebenfalls eindrucksvoller Weißwein und Rosé.

Château des Estanilles ☆☆☆
Lenthéric. 35 ha

Michel Louison ist ein Außenseiter, zumindest wenn es um die Segnungen der AC-Bestimmungen geht, um die er sich einen Teufel schert. Lieber gestaltet er seine Weine nach eigenem Gusto. Obwohl auch seine normalen Faugères-Abfüllungen sehr gut sind, wird er v. a. für seinen sortenreinen Syrah und für den ganz bemerkenswerten Barrique-vergorenen Rosé aus Mourvèdre gerühmt. Tochter Sophie beteiligt sich zunehmend an der Weinbereitung.

Château la Liquière ☆–☆☆☆
Cabrerolles. 70 ha

Familie Vidal erzeugt seit Jahren qualitativ erstklassige Weine. Bernard Vidals Vorliebe gilt Carignan-Gewächsen von alten Reben, vorausgesetzt, sie werden mittels Kohlensäuremaischung bereitet. Seine Standardserie heißt »Les Amandiers«; am besten ist die konzentrierte und schon fast dicklich zu nennende »Cuvée Cistus«.

Château Moulin de Ciffre ☆☆
Autignac. 40 ha

Familie Lésineau besaß ein Gut in Pessac-Léognan, bevor sie 1998 hierher zog. Der Neustart ist vielversprechend mit einem grazil-eleganten, leicht eukalyptuswürzigen Faugères und der noch stilvolleren, konzentrierteren Spezial-Cuvée »Eole«.

Montpeyroux

Nördlicher Bezirk mit körperreichen, vollmundigen Rotweinen aus den Vorbergen des Larzac-Gebirges, in der Nähe der berühmten Gorges de l'Hérault.

Domaine de l'Aiguilière ☆☆☆
Montpeyroux. 25 ha

Zwei ganz besonders gehaltvolle, opulente Rotweine kommen von dieser Domaine: »Côte Dorée« und »Côte Rousse«, der Erste mit mehr Struktur, der Zweite mit mehr Charme.

Domaine d'Aupilhac ☆☆☆
Montpeyroux. 15 ha

Sylvain Fadat ist im Languedoc einer der angesehensten Kellermeister. Sein Standard-Montpeyroux mit tanninstarkem Rückgrat steht für die traditionellen Weine dieser Gegend. Doch mehr noch ist Fadat sortenreinen Gewächsen zugeneigt, weshalb er einen dichten, brombeerfarbenen reinen Carignan, einen reinen Cinsault aus 100 Jahre alten Reben sowie den Vin de pays »Plos de Baumes« aus Bordeaux-Sorten erzeugt. Der beste Wein von allen ist vielleicht »Le Clos«, eine sehr eichenwürzige, pflaumige Mischung aus Grenache, Mourvèdre und Syrah.

Domaine Font-Caude ☆☆–☆☆☆
Lagamas. 18 ha

Alain Chabanon verkauft ein Drittel seines Leseguts an die Winzergenossenschaft, um die Qualität seiner eigenen Weine zu sichern. Bereits der normale Montpeyroux ist frei von rustikalen Ecken. Chabanon erzeugt auch Spezial-Cuvées aus reinem Merlot und Grenache. Sein Weißwein ist ungewöhnlicherweise aus Chenin blanc. 2002 führte das Gut offiziell die Biodynamik ein.

Pic-St-Loup

Eine 600 m hoch gelegene Bergspitze genau nördlich von Montpellier, an deren Flanken 800 ha Rebfläche von 36 privaten Weingütern und drei Genossenschaften bewirtschaftet werden. Die hiesigen Bestimmungen verlangen mindestens 90 % Grenache, Syrah und Mourvèdre in den Verschnitten. Nur 9 % der Erzeugung entfällt auf Weißwein, der als Coteaux du Languedoc verkauft werden muss.

Mas Bruguière ☆☆
Valflaunès. 20 ha

Die Weinberge liegen in der Nachbarschaft der Domaine de l'Hortus (siehe dort) in einem engen Tal. Sie verfügen über einen guten Wasserabzug, und der ständig wehende frische Wind hält Rebkrankheiten weitgehend in Schach. Der tankgereifte »L'Arbouse« ist ein würziger, körperreicher Verschnitt aus Grenache und Syrah, die eichenfassgereifte Version »La Grenadière« hat Stil und entwickelt mit zunehmendem Alter ein wildwürziges Aroma.

Château de Cazeneuve ☆☆
Lauret. 22 ha

Der Belgier André Leenhardt erwarb das Gut 1988 und brachte seinen ersten Jahrgang 1992 heraus. Seit mehreren Jahren ist es eines der zuverlässigsten der Region. Der Weißwein, überwiegend aus Roussanne, sollte jung getrunken werden, ebenso der gehaltvolle, schwarzbeerenfruchtige »Les Calcaires«, ein Verschnitt aus Syrah und Mourvèdre. Die Cuvée Prestige des Hauses, »Roc des Mates«, ist vorwiegend aus Syrah und reift zu 40 % in neuer Eiche. »Les Calcaires« ist zwar leichter, aber manchmal ausgewogener.

Domaine de l'Hortus ☆☆☆
Valflaunès. 34 ha

Jean Orliac ist der Mann, der der hiesigen Weinbauregion ihr Selbstverständnis gab. Seit den 1980er-Jahren erzeugt er exzellente Weine, v.a. Rote. Sowohl der einfache »Bergerie de l'Hortus« als auch die in Eiche ausgebaute »Grande Cuvée« sind vorbildlich. Die Holznoten sind vollendet eingebunden, die Weine stets ausgewogen. Der Weißwein ist ein eichenfreier Verschnitt aus Viognier, Sauvignon blanc und Chardonnay.

Château de Lascaux ☆☆
Vacquières. 35 ha

Jean-Benoît Cavaliers Weinberge sind eng an die Vorberge der Cevennen geschmiegt. Der Spitzenwein »Nobles Pierres« ist ein relativ leichter, kirschenfruchtiger Wein, vorwiegend aus Syrah. Sein weißes Gegenstück, »Les Pierres d'Argent«, scheint manchmal in Eichenwürze unterzugehen, und oft ist die eichenfreie Version, ebenfalls aus Roussanne, Marsanne und Vermentino, vorzuziehen. Allgemein beständige Qualität, doch nicht selten fehlt es den Weinen an Konzentration.

Mas de Mortiès ☆☆–☆☆☆
St-Jean-de-Cuculles. 21 ha

Ein guter, stämmiger Pic-St-Loup, ein geschmeidigerer, mit Genuss zu trinkender roter Coteaux du Languedoc sowie die umwerfende Prestige Cuvée »Jamais Content« mit süßer, ei-

chenwürziger Nase und schön eingebundenen Tanninen kommen von diesem Gut.

Château La Roque ☆☆
Fontanès. 42 ha

Ein 1985 von Jack Boutin erworbenes ehemaliges Benediktiner-Weingut. Ordentliche, meist eichenfrei ausgebaute Weine, darunter die feste, lederne »Cuvée Tradition« und die etwas gewichtigere »Cuvée Mourvèdre«. In Boutins Spitzenwein »Cupa Numismae« gehen Mourvèdre und Syrah ein; er reift zu 50 % in neuen Barriques und bietet neben Aromen von Menthol und Kirschen auch straffe Tannine.

Château de Valflaunès ☆☆–☆☆☆
Valflaunès

Zahlreiche Cuvées mit unterschiedlichen Anteilen von Grenache und Syrah. »Un Peu de Toi« hingegen besteht zu 75 % aus Carignan, »Tem Tem« ist ein reiner Syrah. Trotz ihrer etwas schrulligen Namen sind dies ernst zu nehmende Weine, die sich durch im Languedoc selten anzutreffende Intensität und Eleganz auszeichnen.

Picpoul de Pinet

Die oberhalb des Etang de Thau wachsenden Picpoul-Weinstöcke von Pinet erbringen angenehme, trockene Weiße mit 12 % Alkohol, denen es nicht an Frische mangelt. Ist es Zufall oder erklärter Wille, dass sie so perfekt zu den Austern passen, die in den nahe gelegenen Lagunen gezüchtet werden? 650 ha Rebland werden von 23 privaten Weingütern und fünf Genossenschaften bewirtschaftet. Die von ausländischen Märkten angefachte bedauerliche Eichenholzmarotte wird hier glücklicherweise nur recht zögerlich aufgenommen.

Cave de l'Ormarine ☆–☆☆
Pinet

Die Genossenschaft deckt die Hälfte der Gesamtproduktion des Bereichs ab. Die Standard-Cuvée ist »Carte Noire«, die einen frischen, an Zitronengras erinnernden Duft verströmt. »Duc de Morny« ist noch besser.

Château de Pinet ☆☆
Pinet. 45 ha

Gewissenhaft bereiteter weißer Picpoul, darunter eine seltene Spätlese.

St-Chinian

Ein in den westlichen Vorbergen der Cevennen gelegener bedeutender Bereich, der 1982 AC-Status erhielt. Die 3000 ha Rebland werden von 90 privaten Weingütern und zehn Genossenschaften bewirtschaftet. Carignan ist im Niedergang begriffen, und die Rotweine werden in zunehmendem Maß als Verschnitte von Syrah oder Mourvèdre erzeugt. Die Qualität wird stetig besser.

Château Borie La Vitarèle ☆–☆☆
St-Nazaire-de-Ladarez. 13 ha

Die Reben für den St-Chinian von Jean-François Izarn wachsen auf Schiefer-, die für den Coteaux auf Kalksteinböden. Ersterer, »Les Schistes«, ist der Spitzenwein, eine Mischung aus Grenache und Syrah. Das Besondere an »Cuvée Les Crès« ist der steinige Weinberg, von dem sie stammt. Alle Weine sind gehaltvolle, aber erdige Tropfen.

Domaine Canet Valette ☆☆–☆☆☆
Cessenon. 18 ha

Ein von Marc Valette perfektionistisch geführtes, ökologisch ausgerichtetes Weingut. »Mille et Une Nuits« ist ein Verschnitt aus traditionellen Traubensorten, der Wildnoten aufweist, »Maghani« stammt von ertragsreduzierten Grenache- und Syrah-Reben, und »Les Galejades« ist eine bemerkenswerte rote Spätlese mit dem Aroma eingekochter Kirschen. Alle Weine sind sehr teuer, aber von ausgeprägt individueller Persönlichkeit.

Château Cazal-Viel ☆☆–☆☆☆
Cessenon. 67 ha. www.cazal-viel.com

Von Familie Miquel geleitetes, bedeutendes Weingut. Syrah dominiert alle Rotweine. Die sich nur nach Intensität und Grad der Eichenwürze unterscheidenden Hauptweine sind »Cuvée des Fées« und »Larmes des Fées«, beide von außergewöhnlich hoher Qualität. Unter den Vins de pays ist auch ein voller Viognier.

Mas Champart ☆☆☆
Bramefan. 16 ha

Die Weine sind von den unterschiedlichen Böden der Domaine geprägt. Alle sind exzellent, wie z. B. der blumenduftige weiße Coteaux du Languedoc. Der Star des Hauses ist jedoch »Clos de la Simonette«, der nur in Spitzenjahren entsteht und 70 % Mourvèdre enthält – ein fleischiger Wein mit hoher Lebenserwartung.

Weitere Erzeuger in den Coteaux du Languedoc

Abbaye de Sylva Plana ☆☆
Laurens. www.vignoblesbouchard.com

Seit 2000 gibt es die exzellente »Cuvée Songe d'Abbé« von alten Reben in Faugères.

Abbaye de Valmagne ☆–☆☆
Mèze

Ein spektakuläres altes Zisterzienserkloster, in dessen Kirchenschiff die Weinfässer aufgereiht sind. Um einiges moderner sind die Weinberge, von denen der gehaltvolle, fassvergorene Roussanne und die Rotweine stammen.

Domaine des Aurelles ☆–☆☆
Nizas

Kleiner Besitz in den Coteaux du Languedoc mit eichenfreien Rotweinen aus Carignan, Grenache und Mourvèdre sowie einem in Barriques vergorenen Weißen aus Roussanne und Clairette, der »Aurel« heißt.

La Baume ☆–☆☆
Wichtiges, exportorientiertes Weinhandelshaus im Besitz des australischen Großkonzerns Constellation-Hardy. Drei Qualitätsreihen: Weine mit Sortenbezeichnung, »Sélection« und »Domaine de la Baume«.

Bessière ☆–☆☆
Mèze

Ein 1902 gegründetes, gewissenhaft geführtes Négociant-Haus in Familienbesitz, das mit über 30 Weingütern im Languedoc kooperiert.

Château de Camplazens ☆☆
Armissan. www.camplazens.com

Seit 1998 im Besitz des niederländischen Händlers Hans Walraven. Verzweigtes Besitztum mit Weinbergen in La Clape und den Coteaux du Languedoc. Die ersten Abfüllungen waren eindrucksvoll (und übrigens mit schön gestalteten Etiketten).

Domaine Capion ☆☆
Gignac

Im Besitz von Adrian Buhrer, dem auch Saxenburg in Südafrika gehört. »La Garenne« ist ein Bordeaux-Verschnitt und »Le Juge« eine Mischung im Rhône-Stil; beide reifen in neuer Eiche.

Domaine la Chevalière ☆–☆☆
Béziers

Neu bestocktes Weingut, seit 1997 im Besitz des Chablis-Erzeugers M. Laroche. Die meisten Weine werden aus zugekauftem Lesegut bereitet. Der nur in außergewöhnlichen Jahren erzeugte Spitzenverschnitt ist »La Croix Chevalière«, während die einfachen sortenreinen Weine seit 2002 unter dem Etikett »M. Laroche South of France« vermarktet werden.

Clos Bagatelle ☆☆
St-Chinian

Gute St-Chinian-Weine, besonders die schlanke, eichenwürzige »Cuvée Gloire de Mon Père«.

Clos Marie ☆☆
Pic-St-Loup

Ein viel gelobtes Weingut, aber sowohl der 50%ige Syrah »Olivette« als auch der Spitzenwein »Cuvée Simon« können sich als zu eichenholzlastig erweisen.

Domaine de Clovallon ☆☆
Bédarieux

Catherine Roque erzeugt eine große Palette von Weinen, darunter der seltene Clairette du Languedoc.

Comte Cathare ☆☆–☆☆☆
1994 von Robert Eden und Partnern gegründetes, qualitätsorientiertes Handelshaus. Die Firma besitzt fünf Domaines in unterschiedlichen Appellationen und erzeugt auch Vin de pays aus Syrah und anderen Sorten.

Château Coujan ☆–☆☆☆
Murviel

Florence Guy leitet diese große Domaine in St-Chinian. Der beste St-Chinian-Wein ist »Cuvée Gabrielle de Spinola« mit 50 % Mourvèdre. Besser bekannt ist das Weingut jedoch für sein großes Angebot sortenreiner Weine.

Domaine Félines ☆–☆☆
Mèze

Guter Erzeuger von Picpoul, mit lebhaften, knackig-frischen Weinen.

Château de Figuières ☆–☆☆
Narbonne

Ein seit 1994 im Besitz der Familie Dupressoir befindliches La-Clape-Weingut mit Stephanie Dupressoir als Kellermeisterin. Sie erzeugt neben verschiedenen Cuvées vor allem weiche, würzige Weine, die jung getrunken werden wollen.

Château de Flaugergues ☆–☆☆
Montpellier. www.flaugergues.com

Das beste Weingut in der kleinen, kiesreichen Region Méjanelle, seit drei Jahrhunderten im Besitz der Comtes de Colbert. Gute Verschnitte aus Grenache und Syrah.

Foncalieu ☆–☆☆

Arzens. www.foncalieuvignobles.com

Eine 1967 gegründete Gesellschaft zur Vermarktung der Produkte von 18 Winzergenossenschaften mit insgesamt 9000 ha Rebfläche. Die Gesellschaft vertreibt ihre Erzeugnisse unter vielen verschiedenen Markennamen; die meisten Weine werden als Vin de pays verkauft. Die Jahresproduktion beträgt 2 Mio. Kisten.

Domaine Fontaine Marcousse ☆☆

Puisserguier

Die Domaine begann erst 1999 mit der Abfüllung ihrer St-Chinian-Weine. »Cuvée Quercus« ist der konzentrierteste unter ihnen, er reift zu 50 % in neuer Eiche. Carignan-Liebhaber sollten die geschmeidige »Cuvée Capellou« probieren.

Château Haut-Fabrègues ☆–☆☆

Faugères

Großer Besitz. Gute Rotweine mit und ohne Eiche.

Domaine Henry ☆–☆☆

St-Georges-d'Orques

Spitzenwein dieser Domaine ist »Cuvée St-Georges d'Orques«, ein überraschend feingliedriger Wein mit Erdbeer- und Kirschnoten.

Maison Jeanjean ☆

St-Felix-de-Lodez

Großes Handelshaus in Familienbesitz mit Weinen aus dem gesamten Süden Frankreichs.

Domaine des Jougla ☆☆

Prades-sur-Vernasobres

Vor Hunderten von Jahren gegründetes Familienweingut am Fuß der Cevennen. Tadelloser St-Chinian, hauptsächlich auf Schieferböden gewachsen.

Cave Coopérative de Laurens ☆☆

Laurens

Rund ein Drittel der gesamten Faugères-Produktion geht auf das Konto dieser zuverlässigen Genossenschaft. Auch zahlreiche Vins de pays.

Listel

Siehe Domaines Viticoles des Salins du Midi

Château Maurel Fonsalade ☆☆

Causses et Veyran

Besonders schönes Weingut in St-Chinian, mit eleganten Weinen ohne jede Spur von Rustikalität.

Domaine de Météore ☆

Cabrerolles

Die Noten von Lakritze sind das Markenzeichen des Faugères aus dieser kleinen Domaine. Die eichenfreie Version ist ein wenig besser als die fassgereifte.

Domaine de la Mirande ☆–☆☆

Pinet

Schwungvoller, zitronenenfrischer Picpoul de Pinet.

Domaine de Nizas Caux

Caux

Großes Gut, seit 1998 im Besitz von John Goelet, dem Eigentümer von Clos du Val in Napa, Kalifornien, und Taltarni im australischen Victoria (siehe jeweils dort). Bernard Portet von Clos du Val ist für die Weinbereitung verantwortlich.

Château Notre Dame du Quatourze ☆

Narbonne

Das führende Weingut von Quatourze nahe Narbonne. Der körperreiche Carignan gedeiht auf Quarzböden.

Les Coteaux du Rieu-Berlou ☆

Berlou

Eine der führenden Winzergenossenschaften in St-Chinian, am bekanntesten für ihre Marke »Schisteil«. Die Weine sind korrekt, doch ohne Persönlichkeit.

Cave Les Vins de Roquebrun ☆☆

Roquebrun

Die beste der St-Chinian-Genossenschaften, mit eindrucksvollen Roussanne-Weißweinen und Mourvèdre-dominierten Roten.

Château St-Martin-de-la-Garrigue ☆☆

Montagnac

Nicht weniger als 17 Traubensorten wachsen in Jean-Claude Zabalias Weinbergen, und sein Sortiment ist entsprechend umfangreich. Sowohl »Cuvée St-Martin« aus Syrah und Mourvèdre als auch »Cuvée Bronzinelle« (eine Mischung im Rhône-Stil) sind vorzüglich.

Cave Coopérative de St-Saturnin

☆–☆☆

St-Saturnin

Weinberge in der *garrigue* am Fuß der Cevennen, mit einer wildwürzigen, kirschfruchtigen Cuvée namens »Seigneur des Deux Vierges«.

Domaines Viticoles des Salins du Midi

☆–☆☆

Sète

Ein großes Unternehmen, das unter dem Namen Listel bekannter ist. Es produziert gleichermaßen Salz wie preisgünstige Weine von 1700 ha Rebfläche. Neben den reblausresistenten, sandigen Weinbergen am Golfe du Lion gehören der Gesellschaft 250 ha Rebland im Departement Var bei Pierrefeu und Ollières, wo Côtes de Provence, Vin de pays des Maures und Coteaux Varois entstehen.

Domaine du Tabatau ☆☆

Assignan

Bruno Garcia, früher verantwortlich für die Weinberge von Mas de Daumas Gassac (siehe dort), gründete 1997 zusammen mit seinem Bruder dieses St-Chinian-Weingut. Sehr extraktreiche Rotweine.

Domaine Terre Mégère

☆–☆☆

Cournonsec

Weingut westlich von Montpellier mit zunehmend gutem Ruf. »La Galopine« aus Viognier und Chardonnay ist der empfehlenswerte Weißwein, daneben ein beständig guter roter Vin de pays.

Die Muscat-Weine aus dem Languedoc

Drei kleine Bereiche entlang der mittleren Südküste zwischen der Hafenstadt Sète und den Marschen der Camargue besitzen Appellationen (und ein uraltes Renommee) für süße braune Vins doux naturels aus der Muscat-Traube – zusammen 1350 ha. Frontignan ist der größte und bekannteste. Seine Weinberge erstrecken sich an der Küste entlang durch Mireval (die zweite Appellation) in Richtung Montpellier.

Die einzige zugelassene Traubensorte heißt Muscat à petits grains, aus der ein kraftvoll aromatischer Wein von brauner Farbe und klebrig-süßer Konsistenz gewonnen wird, dem jedoch (zumindest in seiner heutigen Form) die Frische und Finesse eines Muscat de Beaumes-de-Venise fehlt. Ein eigenständiger Erzeuger, Yves Pastourel von Château de la Peyrade, ist seit den frühen 1980er-Jahren darum bemüht, diesen Zustand zu verbessern, was ihm mit leichteren, feineren Weinen auch gelungen ist. Der dritte Bereich ist Lunel, auf halbem Weg zwischen Montpellier und Nîmes, unmittelbar landeinwärts von der Camargue.

Hauptproduzenten sind die Winzergenossenschaften von Frontignan und Lunel, aber auch die Kooperative in Vérargues erzeugt Muscat. Erstklassige private Domaines gibt es nur wenige, und sie sind weit verstreut. Neben La Peyrade gehören Mas de Bellevue und Domaine Lacoste dazu, beide in Lunel; die Letztgenannte erzeugt auch eine ungewöhnliche Spätleseversion aus am Weinstock rosinierten Trauben.

Clairette du Languedoc

Eine kaum verdiente Appellation für einen allgemein uninteressanten und ausdruckslosen trockenen Weißwein aus Clairette-Trauben, der in mehreren Gemeinden des Hérault erzeugt wird. Zum großen Teil wird er als gespriteter, billiger Aperitif unter Bezeichnungen wie »Amber Dry« verkauft.

Einige Winzer bemühen sich trotzdem, das Bestmögliche aus der Clairette-Traube herauszuholen, und auch einige süße Versionen entstehen. Zu den herausragenden Erzeugern gehören Domaine de Clovallon (siehe dort) in den Coteaux du Languedoc und Château St-André in Pézenas. Der wichtigste Erzeuger ist jedoch wieder einmal eine Genossenschaft, die Caves Coopérative de La Clairette d'Adissan in Adissan.

Costières de Nîmes

Diese rapide an Qualität gewinnende Region lag eine Zeit lang im Kampf mit ihrer eigenen Identität, wusste man doch nie so recht, ob sie denn nun ein Teil des Languedoc oder doch der Provence war. Ihrer Lage nach, südlich von Nîmes auf den zum Mittelmeer hin abfallenden welligen Hängen, sollte es eher die Provence sein, tatsächlich ist sie aber Teil des Languedoc. Es ist eine heiße, steinige Gegend mit leicht maritimem Charakter, und groß ist sie außerdem, mit 3300 ha Weinbergen, die von über 80 Privatgütern und 17 Genossenschaften bewirtschaftet werden.

Die traditionellen Traubensorten sind genau die, die man im Midi erwartet, doch in den letzten Jahren ist ein großer Anteil Syrah hinzugekommen – mit gutem Erfolg. Syrah erbringt hier intensive und saubere Weine, die großen Charme haben. Charme und Geschmeidigkeit sind gegenwärtig wohl die reizvollsten Charakterzüge der Costières-Weine, denn große Tiefe und Komplexität sind vorerst nicht von ihnen zu erwarten, auch wenn einige Winzer der Überzeugung sind, dass sich dies in Zukunft ändern wird. Daneben gibt es einige recht attraktive Weiße aus Viognier, Marsanne und Roussanne, die aber nicht unbedingt AC-Weine sind, und rund ein Drittel der Produktion entfällt auf Rosé. Die Weingüter sind meistens groß; viele lesen maschinell, was die Kosten niedrig hält und die moderaten Preise selbst für die besten Weine erklärt. In den Costières ist eine weitere kleine Appellation versteckt: die unscheinbare 40-ha-AC Clairette de Bellegarde.

Château Beaubois ☆☆
Franquevaux. 60 ha
Familie Boyer-Moutret übernahm dieses Weingut 1985. Sie erzeugt eine ausgewogene »Cuvée Tradition« und in manchen Jahren auch eine in Eiche gereifte »Cuvée Elegance«. Anfänglich übermäßig holzwürzig, ist »Elegance« inzwischen harmonischer geworden. Duftiger Weißwein aus Roussanne und Grenache blanc.

Château de Belle Coste ☆☆
Caissargues. 65 ha
Seriöses Weingut gerade außerhalb von Nîmes. Der Standardrotwein ist aus Grenache und Syrah; dem Spitzenwein »Cuvée St Marc« gibt der Mourvèdre-Anteil mehr Rückgrat. Im Weißwein ist hier immer ein ordentlicher Anteil Viognier, der in den späten 80ern zunächst auf der »Experimentierbühne« zugelassen wurde und seither aus den Weinen nicht mehr wegzudenken ist.

Château de Campuget ☆☆
Manduel. 160 ha. www.campuget.com
Familie Dalle besitzt zwei gute Domainen mit modern eingerichteten Kellereien: Campuget und, nicht weit davon entfernt, Château L'Amarine. Den Standard-Cuvées kann es an Konzentration fehlen, besser ist »Prestige«. »Cuvée Sommelière«, ein reiner, in neuen 500-l-Fässern gereifter Syrah, ist Spitzenklasse, mit herrlich rotbeerigem Fruchtcharakter und langem Abgang.

Château Grande Cassagne ☆☆–☆☆☆
St-Gilles. 32 ha
Seit 1994 bereiten die Brüder Dardé schmackhafte fruchtige Rot-, Weiß- und Roséweine. Der rasche kommerzielle Erfolg gestattete es ihnen, besser auszulesen, was in den letzten Jahren zu einigen neuen Cuvées führte. Der weiße »Hippolyte« ist vorwiegend aus Roussanne und in Eiche vinifiziert, der rote »Hippolyte« eine Auslese ihrer besten Syrah-Trauben. »Cuvée Civette« dagegen besteht hauptsächlich aus Grenache.

Mas de Bressades ☆☆–☆☆☆
Manduel. 22 ha
»Cuvée Tradition« und »Cuvée Excellence« stehen für die zwei verschiedenen Produktreihen dieses Weinguts. Der weiße »Excellence« ist in neuer Eiche vergoren und vorwiegend aus Roussanne, mit würzigem, zitrusfruchtigem Charakter. Der rote Stallgefährte wird überwiegend aus Syrah mit etwas Grenache bereitet und kann in manchen Jahrgängen ziemlich tanninreich ausfallen. Auch ein exzellenter Rosé aus dieser Reihe wird angeboten.

Mas Carlot ☆
Bellegarde. 72 ha
Im Besitz eines Pariser Gastronomen hat die Domaine Mas Carlot, die ihre in Eiche ausgebauten Weine auch unter dem

Etikett »Château Paul Blanc« vertreibt, einen guten Ruf. Die Rotweine sind jedoch häufig zu stark von Wildnoten dominiert und die Weißweine zu schwer. Nathalie Blanc ist auch eine bedeutende Erzeugerin von Clairette de Bellegarde.

Mas de Tourelles ☆
Beaucaire. 85 ha

Hervé Durands Weingut ist weniger für die Qualität seiner Costières-Weine zu loben als für die sorgfältige Nachbildung einer römischen Weinkellerei, zu der auch der altrömische Weinstil passt: gewürzt mit Honig und Meerwasser.

Château Masneuf ☆–☆☆
Vauvert. 120 ha

Der überschwängliche Olivier Gibelin, Vorsitzender des hiesigen Syndicat seit 1997, ist eine der bekanntesten Persönlichkeiten der Region. Er sprüht nur so vor Energie und neuen Ideen und erzeugt seinen Wein unter zahlreichen Etiketten, u. a. »Domaine de Pierrefeu«. Die Qualität allerdings ist schwankend.

Château Mourgues du Grès ☆☆–☆☆☆
Beaucaire. 40 ha

François Collard bevorzugt für seinen roten Costières einen sehr reifen Stil. Manchmal tendiert er schon zum Dicklichen, doch meistens bringt er die schöne klare Frucht zur Geltung, in der sich der hohe Syrah-Anteil Ausdruck verschafft. Die besten Ausleseweine erscheinen als »Terre d'Argence«, und es gibt auch eine in Eiche gereifte Cuvée »Les Capitelles«, deren Stil dieselbe exzellente Frucht auf andere Weise interpretiert. Der Rosé gehört mit seinem zarten Erdbeeraroma zu den feinsten der Region. Ein weiterer Rosé, »Capitelles«, ist hauptsächlich aus Mourvèdre.

Château de la Tuilerie ☆–☆☆
Route de St-Gilles, Nîmes. 70 ha. www.chateautuilerie.com

Untadelig gepflegter Weinbaubetrieb im Besitz von Mme. Chantal Comte. Das Gut umfasst auch große Pfirsich- und Apfelplantagen. Der beste Wein ist meistens der Vieilles vignes, der überwiegend aus Syrah bereitet wird und sich ungewöhnlich dicht und würzig zeigt.

Korsika – L'Ile de Beauté

Die Bedeutung der gebirgsten Mittelmeerinsel Korsika für den Wein lag bisher fast ausschließlich in der Produktion von Massenware für Alltagsverschnitte. In den 1960er-Jahren, insbesondere nach der algerischen Unabhängigkeit, siedelten Abertausende Winzer auf die Insel um und bepflanzten die Ebenen an der Ostküste mit den einfachen Rebsorten Algeriens und des Midi – Carignan, Grenache und Cinsaut. In der Zeit von 1960 bis 1973 vergrößerte sich die Anbaufläche Korsikas von 8000 auf 31 000 ha. 1974 kam es zu einem Skandal, der Betrugsanschuldigungen und den Verdacht illegaler Machenschaften beinhaltete. Es folgte eine Zeit des Rückgangs, in der 3800 ha Rebland wieder gerodet wurden. Von 1983 ab wurden die korsischen Weinberge einer Restrukturierung unterzogen, was viele kleine Weingüter zum Aufgeben zwang, die großen aber an Größe zunehmen ließ. Sie produzierten nach dem Motto »je mehr desto besser«: der Durchschnittsertrag auf Korsika lag in dieser Zeit bei nicht weniger als 76 hl/ha. Bereits 1976 war die Appellation Vin de Corse eingerichtet worden, um solchen Massenerträgen entgegenzuwirken.

Das Hauptinteresse am korsischen Wein ist auf die Crus des Vin de Corse sowie auf drei sehr viel kleinere Appellationen (Patrimonio, Cap Corse und Ajaccio) gerichtet, deren Weinbaubereiche zu den besten der Insel gehören und traditionelle Traubensorten kultivieren, darunter die roten Nielluccio (in Italien Sangiovese) und Sciacarello (der möglicherweise von hier abstammt) sowie den weißen Vermentino. Die Produktion der Gesamtrebfläche von gegenwärtig 7500 ha entfällt zur Hälfte auf Rotwein, traditionsgemäß meist noch in sortenreiner Ausführung, inzwischen werden aber auch Syrah und Mourvèdre für Verschnitte mit Sciacarello angepflanzt. Die Korsen selbst haben für Weißwein nicht viel übrig. Sie trinken lieber ihre kräftigen, trockenen Rosés zu Fischgerichten in den Restaurants von Bastia und Ajaccio. Patrimonio in La Conca d'Oro im Norden der Insel ist schon ziemlich lange auf die Erzeugung von Rosé und Rotwein eingestellt, vor allem aus der Nielluccio-Traube, sowie von Weißwein aus Vermentino, für den 1% mehr Alkohol (12,5%) als für die übrigen Weine der Insel vorgeschrieben ist. Die Hauptstadt Ajaccio liefert Sciacarello in Rot und Rosé sowie weißen Vermentino. Calvi und die Region Balagne im Nordwesten verfügen über einen relativ hohen Anteil an AC-Weinen. Cap Corse spezialisiert sich auf Dessertweine, darunter süßen Muscat.

Porto-Vecchio und Figari sowie die Ebenen im Südwesten haben mehr Rebflächen aufzuweisen, in denen zum großen Teil Nielluccio wächst. In Sartène, um Propriano im Südwesten, erbringen kleine Winzer auf guten Hanglagen den höchsten Anteil an AC-Weinen (75%), die größtenteils aus korsischen Traubensorten, hauptsächlich Sciacarello, und im traditionellen Stil bereitet werden. Auf der Ebene im Osten südlich von Bastia wachsen Cabernet Sauvignon, Merlot, Chardonnay und Chenin blanc und gehen in den zunehmend interessanten Vin de pays de L'Ile de Beauté ein. Zwei große Winzergenossenschaften, UVAL und UVIB, und Großfirmen wie Skalli mit ihrem Etikett »Coteaux de Diana« dominieren die hiesige Produktion.

In Ajaccio sind die wichtigsten Erzeuger Clos d'Alzeto, Clos Capitoro (schlanke, elegante, langlebige Rotweine), Alain Courreges, Domaine de Peraldi (guter Sciacarello) und Domaine de Pratavone (lederne, erdbeerfruchtige Rotweine, blumige Weißweine). In Calvi sind die Domaine d'Alzipratu und

Clos Culumbu (beide mit pfeffrigem Rosé) sowie Domaine Maestracci führend. In Figari zählen die Domaines de la Murta (voller Rosé), Petra Bianca und Tanella (insbesondere »Cuvée Alexandra«) zu den führenden Erzeugern.

Auch in Patrimonio gibt es eine Reihe qualitätsbewusster Weingüter, vor allem Antoine Arena (seriöser Rotwein und Vermentino Spätlese), Clos de Bernardi, Domaine du Catarelli, Dom Gentile (nur tadellose Weine), Domaine Leccia (sehr gut bereitete, moderne Weine), Clos Marfisi, Orenga du Gaffroy (größtes Weingut der Region, mit einer guten eichenwürzigen »Cuvée des Gouverneurs«), Domaine San Quilico im selben Besitz und Domaine de Pastricciola. Das einzige ernst zu nehmende Weingut in Porto-Vecchio ist Christian Imberts Domaine de Torraccia mit der vorzüglichen »Cuvée Oriu«, vorwiegend aus Nielluccio. In Sartène sind die wichtigsten Güter Domaine Fiumicicoli mit attraktiven Weiß- und eichenwürzigen Rotweinen sowie Domaine San Michele.

Der Südwesten

Die Südwestecke Frankreichs lebt in stiller Selbstgenügsamkeit vor sich hin. Für seine Bewohner scheinen das gute Essen und die sehr beachtlichen Weine ebenso wie die Schönheit und Geruhsamkeit ihres Landes eine reine Privatangelegenheit zu sein. Zwischen den weiten Rebflächen des Languedoc im Osten, den Weinbergen von Bordeaux im Norden und der Grenze zu Spanien liegt der Bereich in den Ausläufern der Pyrenäen, in den Flusstälern des Tarn, der Garonne, des Lot und des Gers, des Adour und des Gave. Hier wächst eine andere Art von Wein, die mit dem Midi nichts zu tun hat und sich auch von Bordeaux klar unterscheidet. Früher wurden die Weine, vor allem aus Cahors und Gaillac, von Bordeaux aus kontrolliert und exportiert und waren bekannt als die Weine aus dem *haut pays,* dem »Oberland«. Manche von ihnen werden aus Bordeaux-Sorten gewonnen, alle anderen aber außer jenen, die nahe am Nachbarbereich Gironde liegen (etwa Buzet), haben eigenständigen Charakter. Eine Reihe von Rebsorten mit ausgefallenen lokalen Namen, manche davon baskisch, bringen Geschmacksnuancen ein, die man anderswo nicht findet. In den 1990er-Jahren wurde die Weinwelt auf sie aufmerksam, was ein Wiederanwachsen der stark zurückgegangenen Anbauflächen nach sich zog. Gegenwärtig ist die Mode den regionalen Eigentümlichkeiten, die der Südwesten zu bieten hat, durchaus günstig.

Bergerac

Die Rebfläche von Bergerac erstreckt sich entlang der Dordogne, die erst unterhalb von Bordeaux mit der Garonne zusammenfließt. Daher entgingen die hiesigen Winzer dem gierigen Zugriff der Kaufleute von Bordeaux, die den Weinhandelsweg des *haut pays,* etwa Cahors und Gaillac, kontrollierten. Bergerac dagegen hatte freien Zugang zu den überseeischen Märkten, vor allem in das wohlhabende Holland. Nach der Aufhebung des Edikts von Nantes mussten viele Hugenotten am Ende des 17. Jahrhunderts aus Bergerac fliehen, das bis dahin einer der so genannten Sicherheitsplätze gewesen war, und fanden in Holland eine neue Heimat, was den Weinexport dorthin weiter stärkte. Die Holländer hatten eine Vorliebe für süße Weißweine, die infolgedessen der Stolz der Region Bergerac wurden und es auch bis heute geblieben sind. Der berühmteste Name ist Monbazillac. Im 20. Jahrhundert aber verkaufte sich diese Art von Wein nur schwer, weshalb man in Bergerac auf Rotwein umzustellen begann. Doch wann immer die Nachfrage zwischen Rot- und Weißwein hin und her schwankte, war Bergerac eine Nasenlänge hinter der Entwicklung zurück.

Die hier angepflanzten roten Bordeaux-Sorten bewähren sich ausgezeichnet, vor allem Merlot, und mit dem inzwischen erreichten Gleichgewicht zwischen roten und weißen Rebsorten liegt Bergerac marktpolitisch endlich richtig. Was dieses blühende Gemeinwesen auf kulinarischem Gebiet vollbringt – man denke nur an seine berühmte Leberpastete *(foie gras)* –, sollte es nun endlich auch seiner Weinproduktion angedeihen lassen.

Bergerac ist nicht eine einzige homogene Appellation, sondern wie die AC Bordeaux eine mit vielen Unterbereichen, die sich durch ihre Lage, Bodenarten und Mikroklimata unterscheiden. Bergerac ohne nähere Bezeichnung ist ein leichter Rotwein (Mindestalkoholgehalt 10 %), der unverkennbare Ähnlichkeit mit Bordeaux hat und einen fast identischen Ersatz für viele leichte Bordeaux-Rotweine zu einem deutlich günstigeren Preis darstellt. Côtes de Bergerac ist kräftiger, und die Weine der AC Pécharmant (390 ha) vom kalkhaltigen Boden im Osten der Region sind es mit einem Mindestgehalt von 12 % Alkohol noch mehr – wie Bordeaux gewinnen sie mit dem Alter. Der Jahrgang 2000 hatte Weine zu bieten, die jeden Kritiker überzeugen durften.

Der trockene Weißwein wird als AC Bergerac Sec verkauft. Einige Erzeuger erproben durch Zugabe von Sauvignon blanc die Möglichkeit, ihrem Wein, der noch immer vor allem von Sémillon und in geringerem Umfang von Muscadelle gekeltert wird, einen ausgeprägteren Geschmack zu geben. Eine neue Generation von Winzern bevorzugt für ihre gehaltvollsten Tropfen den Ausbau in Barriques, doch nach wie vor ist hier eine besondere Vorliebe für den halbtrockenen Stil anzutreffen, der dem Vorurteilslosen äußerst charmante Weine bieten kann.

Fünf innere Bereiche von Bergerac verfügen über Appellationen für süße und liebliche Weißweine von Sémillon-Trauben, die von der Hoffnung auf etwas Edelfäule leben. Südlich von Bergerac liegt Monbazillac (1770 ha) mit seinem prunkvollen Château, das sich im Besitz der örtlichen Winzergenossenschaft befindet. Hier können wahrhaft üppige und kraftvolle Weine im Stil eines Sauternes entstehen. Die besten zeigen sich in jener wunderbaren Harmonie mit ihrer fruchtigen Säure, die auch einen großen Sauternes auszeichnet, und ihre Lebensdauer ist nicht kürzer. Ich habe lange über einem 40 Jahre alten Monbazillac zugebracht, der eine feine tabakbraune Farbe angenommen hatte.

Saussignac ist eine kleine, aber stetig wachsende Appellation (62 ha) für liebliche *moelleux,* mancher Erzeuger bringt aber auch Weine der gehaltvollen Art eines Monbazillac zuwege. Zurzeit wird viel darüber diskutiert, ob für edelfaule Qualitätsweine eine eigene Appellation eingerichtet werden sollte. Auf jeden Fall muss man sich den Namen Saussignac merken.

Nördlich der Dordogne wächst der Montravel (378 ha), meist ein besserer Bergerac Sec – die Namen sind austauschbar. Allerdings macht die Unterscheidung zwischen den Appellationen Côtes de Montravel *(moelleux)* und Haut-Montravel (sehr süß) die sowieso schon komplizierte Situation für die hiesigen Winzer nicht leichter, die übrigens ihren Rotwein lange nicht Montravel nennen durften. Sie mussten ihn als Bergerac verkaufen, bis 2001 schließlich die Appellation Montravel Rouge eingerichtet wurde.

Rosette, eine fast untergegangene Appellation, erlebt eine kleine Renaissance. Die Bezeichnung steht ebenfalls für einen halbtrocknen Weißwein, der aus den Bergen nördlich und westlich der Stadt Bergerac kommt.

Schließlich bedeutet Côtes de Bergerac als Bezeichnung für Weißwein einen *moelleux* und steht Erzeugern zur Verfügung, die entweder keinen Anspruch auf eine der inneren Appellationen haben oder diese nicht benutzen wollen. Der Süßegrad reicht von 4 bis 54 g/l Restzucker, und die Qualität ist nicht umwerfend.

Die führenden Erzeuger in Bergerac

Fast alle Winzer in der gesamten Region produzieren einfachen roten und weißen Bergerac, selbst wenn sie zum Kreis der inneren Appellationen gehören. Wem die folgende Auflistung etwas willkürlich erscheint, muss wissen, dass die meisten Bergerac-Erzeuger auch Monbazillac (und andere Süßweine) bereiten und umgekehrt.

Bergerac

Château Bélingard ☆–☆☆
Pomport. 90 ha.
www.chateaubelingard.com
Laurent de Bosredon baut voller Begeisterung seinen roten und weißen Bergerac, dessen Qualität verlässlich, wenn auch nicht außergewöhnlich ist, sowie einen feinen, vollen Monbazillac mit Namen »Blanche de Bosredon«. Ein rassiger, eleganter Monbazillac-Stil ist für de Bosredon immer erstrebenswerter, als die wuchtige, teerige Art.

Château de la Colline ☆☆
Thénac. 17 ha.
Ein neues, 1994 gegründetes Weingut. Der Rotwein ist zum allergrößten Teil aus Merlot und entsprechend saftig. Der Sémillon-dominierte Weißwein ist fassgereift. Alte Sémillon-Reben sind die Quelle für einen sehr vollen, edelfaulen Wein mit Namen »Confit de la Colline«.

Château Grinou ☆☆
Monestier. 35 ha.
Guy Cuisset ist ein Allround-Talent mit gutem rotem Bergerac, speziell dem eichengereiften »Reserve«, sowie trockenem weißem Bergerac und feinem Saussignac.

Domaine de la Jaubertie
Colombier. 50 ha
Eine prächtige Domaine, die seit einigen Jahren in Unordnung geraten ist. Nick Ryman baute das Gut in den 1970er-Jahren auf, und sein Sohn Hugh, der später zum bekanntesten aller »fliegenden Kellermeister« werden sollte, verdiente sich seine Sporen mit runden, eleganten Rot- und schmackhaften Weißweinen, darunter ein seltener reiner Muscadelle. Familiäre Probleme lassen die Zukunft des Guts unsicher erscheinen.

Château Masburel ☆☆
Ste-Foy-la-Grande. 25 ha.
www.chateau-masburel.com
Neil und Olivia Donnan haben sich für einen vollen, kräftigen Stil für ihren Bergerac entschieden, den es in Rot und Weiß gibt.

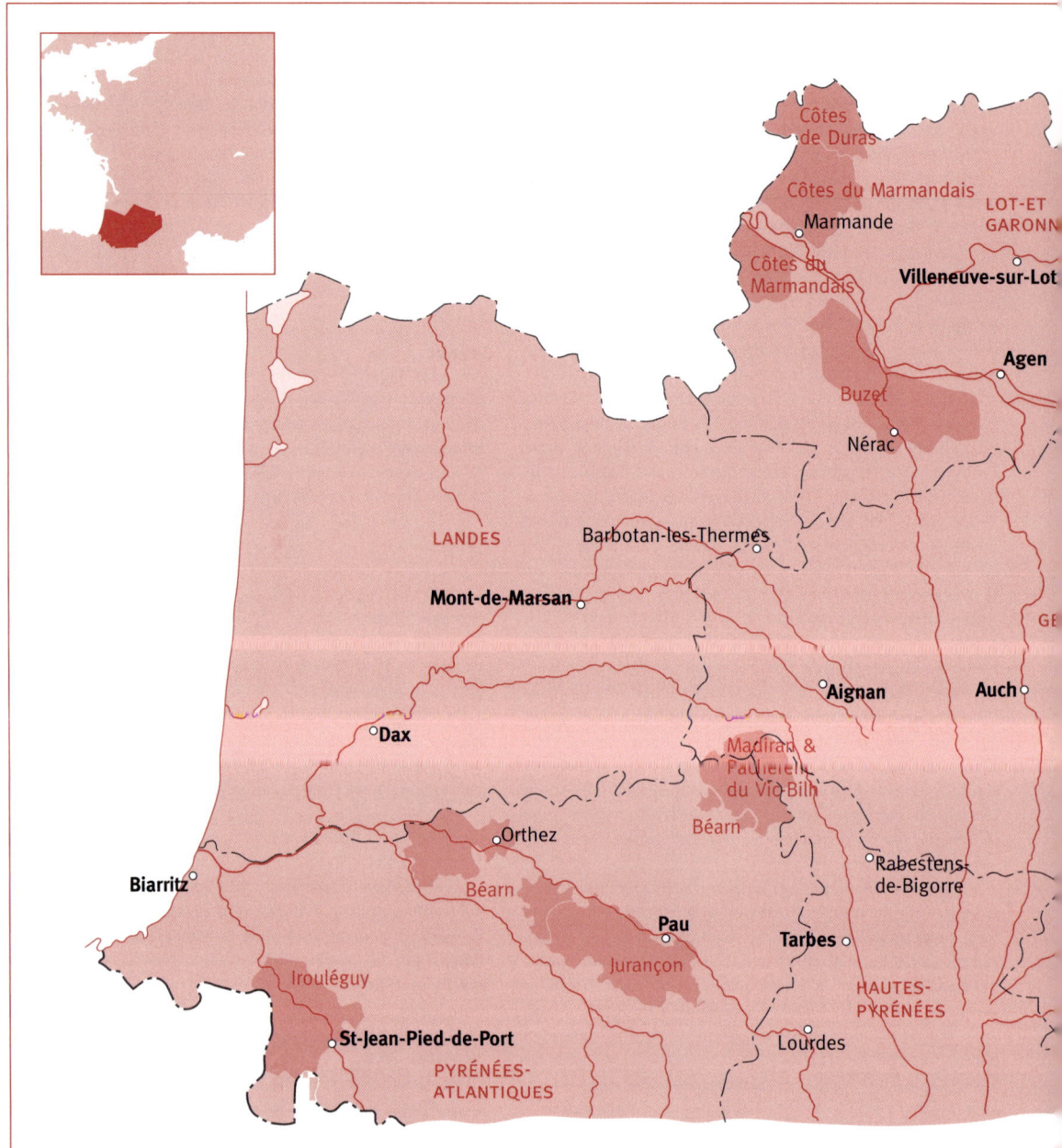

Château de Panisseau ☆
Thénac.
70 ha

Ein bekanntes Gut, das 1990 von der Suez-Gruppe erworben wurde. Tadellose Weine, sowohl weiß als auch rot, mit und ohne Eiche.

Château Theulet ☆☆
Monbazillac. **50 ha**

Das Gut geht zurück auf die Zeit der besonderen Beziehungen zu Holland. Besitzer Pierre Alard erzeugt geschmeidigen, herrlich trinkbaren roten Bergerac, hauptsächlich aus Merlot, und einen schwungvollen »Sec Prestige«. Darüber hinaus wird mit der »Cuvée Prestige« ein guter Monbazillac bereitet, der zu 50 % in neuer Eiche reift.

Château la Tour des Gendres ☆☆☆
Ribagnac.
44 ha

Aus seinen weitgehend biodynamisch bestellten Weinbergen mit unterschiedlichen Böden südlich von Monbazillac lässt Luc de Conti stilvolle Weine mit eigenem Charakter entstehen. Neben dem weißen Bergerac »Moulin des Dames« gibt es noch die vorwiegend aus Sémillon bestehende »Cuvée des Conti«, die kurz in neuer Eiche reift und ein ausgeprägtes Aroma von Zitrusfrüchten besitzt. Eine Spezial-Cuvée mit Namen »Anthologia« ist eine eichengereifte Sauvignon-Spätlese. Die rote Version von »Anthologia« wird mit der handwerklich sehr aufwendigen Vergärungsmethode in 500-l-Fässern bereitet. Die auf ihrem feinen Geläger gereiften Rotweine sind die teuersten in Bergerac, besonders »Moulin des Dames« aus Cabernet

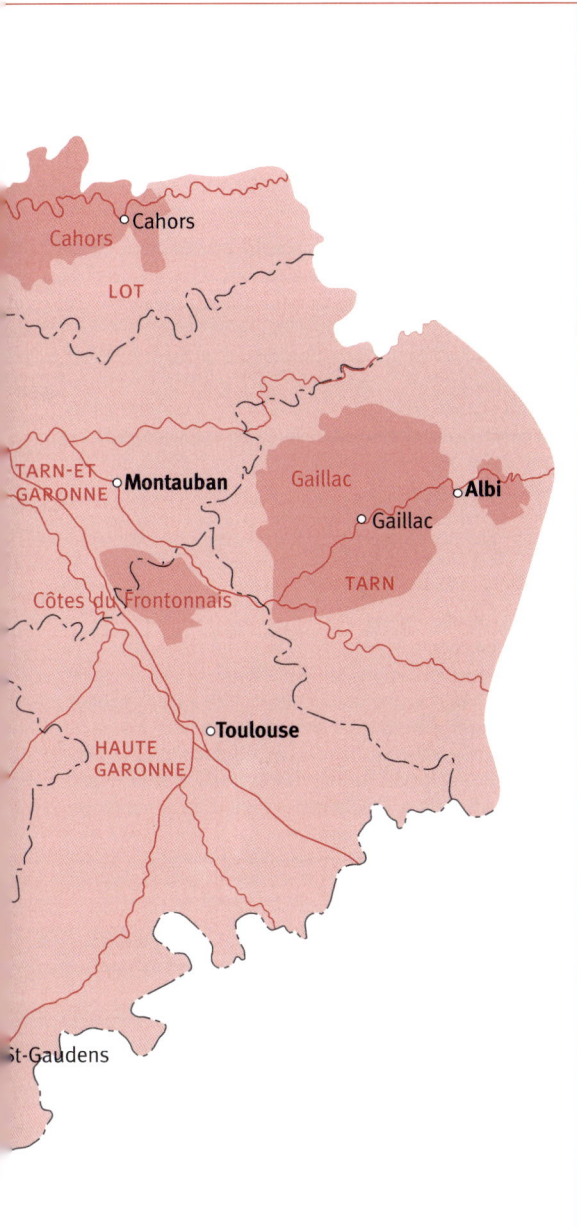

Pécharmant

Château Beauportail ☆☆
Bergerac. 10 ha

Fabrice Feytout erzeugt in seinem recht kleinen Weingut in Stadtnähe einen vollen, dezent holzwürzigen Wein, der sich lange halten dürfte.

Château Champarel ☆
Pécharmant. 8 ha

Guter robuster Wein, dessen Tannine und Fruchtaromen sich aber noch mit den Jahren zusammenraufen müssen.

Domaine du Haut-Pécharmant ☆☆
Bergerac. 45 ha

Zweitgrößtes Gut in Pécharmant. Besitzer Michel Roches bereitet seine langlebigen Weine in traditioneller Art, und nur die »Cuvée Prestige« ist in Eiche gereift. Sein charaktervollster Wein ist »Cuvée Veuve Roches« aus 70 % Cabernet franc.

Domaine la Métairie ☆☆
Creyssensac-et-Pissot. 6 ha

Ein Pécharmant mit eichenwürzigem Charakter, der ihm sehr gut steht. In den letzten Jahren wurde sein Merlot-Anteil erhöht. Besitzer Guy-Jean Kreusch erzeugt auch gehaltvollen trockenen weißen Montravel.

Château Tiregand ☆☆
Creysse. 35 ha

Das größte Gut in Pécharmant; nach dem Frostschaden 1956 von Familie St-Exupéry neu bestockt. Der eisenhaltige Boden verleiht den Weinen ein Gefüge, das nach Flaschenreife verlangt. Nur in den besten Cuvées findet sich zarte Eichenholzwürze. Der viel leichtere Wein von jungen Reben wird als »Clos de la Montalbanie« auf den Markt gebracht.

Monbazillac

Domaine de l'Ancienne Cure ☆☆
Colombier.
35 ha

Christian Roche, Besitzer und Kellermeister dieses Weinguts, verkauft einen großen Teil seiner Produktion an Großhändler, nur die besten Weine füllt er selbst ab. Der normale Monbazillac ist fruchtig, aber es fehlt ihm an Individualität. Der bessere, nur in guten Jahren entstehende Wein ist »Cuvée Abbaye«, aus sorgfältig ausgewähltem Lesegut bereitet und in neuen Barriques vergoren. Roche erzeugt auch den sehr reizvollen, in älteren Fässern reifenden »Abbaye Sec« aus Sauvignon und Muscadelle und den gehaltvollen roten »L'Extase«.

Château la Borderie ☆–☆☆☆
Sigoulès.
63 ha

Armand Vidal gehört seit Jahrzehnten zu den führenden Produzenten von Monbazillac und Bergerac. Insbesondere seine »Cuvée Prestige«, die 18 Monate in Fässern reift, zeugt von der außerordentlichen Qualität dieses Erzeugers. Den Vidals gehört auch das nahe gelegene Château Treuil de Nailhac, das ältere und kleinere Weingut der Familie. »Treuil de Nailhac« hat wegen seines hohen Muscadelle-Anteils einen deutlichen Muscat-Geschmack. Die Eltern Vidal werden demnächst in den Ruhestand gehen. Sohn Dominique baut sein eigenes Weingut in Château Fonmourgues auf (siehe dort).

und Merlot. Preisgünstiger sind die exzellenten Weine der Reihe »Gloire de Mon Père« mit gekonnt eingebundener Holzwürze.

Domaine les Verdots ☆☆–☆☆☆
Conne-de-Labarde.
21 ha

David Fourtout erzeugt eine höchst verwirrende Menge von Weinen mit verschiedenen Etiketten. Die besten erscheinen unter dem ebenso simplen wie ausdrucksstarken Namen »Le Vin«. Der Weißwein ist sehr individuell, da er einen Anteil edelfauler Trauben enthält. Es gibt auch eine kleine Menge Monbazillac aus gepachteten Weinbergen sowie den wahrscheinlich einzigen Bergerac *moelleux,* der zum Teil in neuer Eiche reift.

Château Caillavel ☆–☆☆
Pomport. 19 ha
M. Lacoste, seit 1996 Besitzer von Caillavel, vergärt seinen Süßwein in neuen Eichenfässern, was dieser durch eine gewisse Cremigkeit kundtut. Sein kommerziellerer und billigerer Monbazillac wird unter dem Namen eines seiner weiteren Weingüter verkauft: »Château Haut-Theulet«.

Cave Coopérative de Monbazillac ☆
Sigoulès. 800 ha. www.chateau-monbazillac.com
Rund die Hälfte der Produktion der Genossenschaft ist Süßwein, und der beste stammt meistens von der 22-ha-Rebfläche von Château de Monbazillac. Zu den weiteren Weingütern gehören die Châteaux Septy, la Croix Poulvère und la Brie. Die Qualität war in den 80er- und 90er-Jahren stark abgerutscht, doch der 1999 neu eingestellte Geschäftsführer will Abhilfe schaffen. Normalerweise werden die Weine in Tanks vinifiziert, mittlerweile aber gärt der Château de Monbazillac in Fässern und soll dabei an Komplexität gewinnen.

Clos Fontindoule ☆☆
Monbazillac. 17 ha
Gilles Cros, das Urbild eines *vigneron* alter Schule, produziert ohne moderne Kellertechnik einige der erstaunlichsten Weine der Gegend. Der einzige Dünger, den er verwendet, stammt von den eigenen Kühen, und die Trauben der edleren Lagen wurden schon von Hand gelesen, bevor dies 1992 für den Monbazillac Vorschrift wurde. Die Weine reifen in mächtigen alten Fässern und werden erst nach sechs oder mehr Jahren abgefüllt. Sie sind dick, sogar zähflüssig zu nennen, ziemlich orangenfruchtig, und eher füllig als elegant.

Château le Fagé ☆–☆☆
Pomport. 40 ha
Zwar sieht sich François Gérardin selbst gern als Allround-Erzeuger, doch es ist sein bei niedriger Temperatur vergorener und lange in emaillierten Zementbehältern gereifter Monbazillac von 90% Sémillon, der den großen Beifall findet. In Spitzenjahren entsteht auch eine »Grande Réserve«, die über zwei Jahre in Fässern reift.

Château Fonmourgues ☆☆–☆☆☆
Monbazillac. 19 ha
Dominique Vidal erzeugt einen volleren, opulenteren Monbazillac-Stil als sein Vater in Château la Borderie (siehe dort) und ebenfalls roten und weißen Bergerac von guter Qualität.

Domaine Grande Maison ☆☆☆
Monbazillac. 20 ha
Thierry Després übernahm das Gut 1990 und leitete umgehend die Neubepflanzungen eines Großteils der ökologisch angebauten Weinberge ein. Er setzt eigenwillige Vinifikationstechniken ein, wie etwa die Kühlung edelfauler Trauben vor der Vergärung. Die ältesten Reben sind für »Cuvée Diana« reserviert, und der in Eiche ausgebaute Spitzenwein trägt den ungewöhnlichen Namen »Les Monstres«.

Château Haut-Bernasse ☆☆–☆☆☆
Monbazillac. 27 ha
Jacques Blais ist Cellist und autodidaktischer Weinerzeuger. An seinem Monbazillac liegt ihm viel, weshalb er die Lese so weit wie möglich hinausschiebt. Seit Mitte der 1990er-Jahre werden alle Weine im Fass vergoren und zwischen 18 und 32 Monaten in Eiche ausgebaut.

Château Poulvère ☆–☆☆
Sigoulès. 86 ha
Ein großes Weingut, das eine große Auswahl an Bergerac-Stilen im Programm hat, darunter den Pécharmant »Domaine les Grangettes«. Der Monbazillac ist gut, aber nicht außergewöhnlich.

Château Tirecul la Gravière ☆☆☆
Monbazillac. 9 ha
Weingut mit perfektionistischem Anspruch im Besitz des Önologen Bruno Bilancini. Ungewöhnlicherweise besteht die Hälfte des Rebbestands aus Muscadelle. Bilancini geht bei der Weinbereitung vor, als führe er eine Spitzen-Domaine in Sauternes: selektive Lese, hoher Zuckergehalt und eine beträchtliche Anzahl neuer Eichenfässer für die Fassgärung. Fülle und Intensität kennzeichnen die Weine. Der fast schon sirupartige Spitzenwein heißt »Cuvée Madame«. Er übersteigt preislich bei weitem den normalen Monbazillac, der seinerseits zu den besten der Region gehört.

Saussignac

Clos d'Yvigne ☆☆–☆☆☆
Gageac-et-Rouillac. 20 ha.
www.cdywine.com
Die Hälfte der Produktion entfällt auf Rotwein und ein wenig guten Rosé, doch unübertroffen bleibt der wunderbare Saussignac. Besitzerin Patricia Atkinson verschiebt die Lese oft bis weit in den November hinein, um den höchstmöglichen Grad an Edelfäule und Konzentration zu erreichen. Der Wein besteht zu 90% aus Sémillon, reift in neuer Eiche, macht mit Honignuancen in der Nase und gedörrten Aprikosen am Gaumen auf sich aufmerksam – und ist keineswegs billig.

Château Court-les-Mûts ☆–☆☆
Razac. 68 ha
Der Önologe Pierre-Jean Sadoux war maßgeblich für das Weiterbestehen der Appellation Saussignac verantwortlich, nachdem die meisten Winzer die Produktion eingestellt hatten. Er produziert ferner die volle Palette an Bergerac-Weinen, insbesondere einen der besten roten aus 50% Merlot sowie zwei Cabernets.

Château la Maurigne ☆–☆☆
Razac-et-Saussignac. 6 ha
1996 erwarben Patrick und Chantal Gérardin dieses Gut und sind seitdem mit vollem Einsatz dabei, Weine von hoher Qualität zu erzeugen. Der ananasfruchtige Saussignac ist vorwiegend aus Sémillon und reift in neuen Barriques. Auch ein trockener Bergerac aus sehr reifem Lesegut und ein leicht rustikaler Rotwein entstehen hier.

Château les Miaudoux ☆☆–☆☆☆
Saussignac.
18 ha
Gérard Cuisset war einer der Pioniere des neuen Stils von Saussignac, vollsüße Weißweine nach dem Vorbild des benachbarten Monbazillac zu erzeugen. Sie werden direkt aus der Kelter in neue Fässer gefüllt, wo sie vergären und 20 Monate reifen. Der nur winzige Ertrag, der durch überreifes Lesegut zu erzielen ist, erklärt die hohen Preise dieser Weine.

Domaine Richard ☆☆–☆☆☆
Monestier. 18 ha

Der englische Besitzer Richard Doughty verdient sich, wie Gérard Cuisset von Ch. les Miaudoux, seinen Lebensunterhalt mit trockenem weißem Bergerac, doch sein Herz hängt am vollsüßen Saussignac. Das Weingut wird nach ökologischen Richtlinien bewirtschaftet.

Montravel

Château Calabre & Château Puy-Servain ☆☆
Port Ste-Foy. 10 ha

Als führender Erzeuger der Region hatte Besitzer Daniel Hecquet schon immer auf mehr Qualitätsbewusstsein und ein Umschwenken auf einen süßeren, volleren *liquoreux*-Stil gedrängt. Hier dreht sich alles um Weißwein. »Calabre« wird ohne Holz bereitet, »Puy-Servain« dagegen reift in Eiche. Ersterer ist ausgesprochen trocken, die »Marjolaine« genannte eichenfassgereifte Version körperreich und fett. Die süßen Haut-Montravel-Gewächse orientieren sich am derzeitigen Stil von Monbazillac und Saussignac, reichen vorerst aber nicht an deren beste Weine heran.

Domaine de Krével
Port Ste-Foy-et-Ponchapt

Siehe Domaine la Métairie (Pécharmant).

Château Pique-Segue ☆☆
Port Ste-Foy. 76 ha

Ein großes Weingut, das einige seiner eichengereiften Tropfen unter dem Etikett »Château Dauzan-la-Vergne« in den Handel bringt, darunter einen sehr eichenwürzigen Merlot. Der süße Haut-Montravel ist fast ganz aus Sémillon, gärt im Fass und wird rund acht Monate ausgebaut. Seine attraktive, ausgewogene Art ist nicht übermäßig konzentriert.

Rosette

Nur noch wenige Weingüter produzieren diesen Aperitifwein. Als *moelleux* mehr denn als *liquoreux* hat er einen schweren Stand gegen die weitaus gehaltvolleren Weine aus Monbazillac und Saussignac. Zu den Erzeugern passabler Rosette-Weine zählen Château Monplaisir und Domaine de Coutancie.

Cahors

Von den Rotweinen aus den verstreuten Weinbaugebieten im Südwesten Frankreichs ist der Cahors gewiss der berühmteste. Die alte Stadt am Fluss Lot mit ihrer berühmten Brücke ist unlösbar mit dem dramatisch klingenden Namen »schwarzer Wein« verbunden. Für die häufig dünnen, kaum die Exportwege überstehenden Bordeaux-Weine von einst war er bei den Händlern in Bordeaux als Zusatz gefragt, der Kraft und Körper beisteuerte. Die Vormachtstellung der Kaufleute, die die Transportwege über die Garonne kontrollierten, erlaubte es ihnen, in Cahors den Ton anzugeben und die dortigen Winzer anzuhalten, durch Einkochen des Mosts oder gar Spriten der Weine ein dickes, dunkles Gebräu herzustellen. Dieser »schwarze Wein von Cahors« erlangte gleichsam sagenhafte Berühmtheit: Erzeuger auf der Krim-Halbinsel beispielsweise erwiesen ihm durch den dort bereiteten »Cahorski« ihre Ehre.

Der echte Cahors ist seit eh und je ganz anders, obwohl das traditionelle Verfahren einer langen Gärung sowie die überwiegende Verwendung der Malbec-Traube (die in Cahors Auxerrois genannt wird) von vornherein zu einem dunkle-

ren, rustikaleren Wein führen, als es der Bordeaux ist. Doch nach wie vor tut die Region sich schwer, die Last abzuschütteln, die ihr der »schwarze Wein« aufgebürdet hat.

Der Rebenbestand von Cahors wurde in den 1880er-Jahren von der Reblaus vernichtet und dann fast ein zweites Mal im schweren Frost von 1956. Die Gegend hat lange gebraucht, um sich von diesen Schlägen zu erholen. Bis zum Ende der 60er-Jahre kam sie über den VDQS-Status nicht hinaus, wurde dann aber von einer tüchtigen Genossenschaft und einer Hand voll alteingesessener Winzer wieder hochgebracht. 1971 erhielt der Bereich den Status der Appellation contrôlée – nicht um den »schwarzen Wein« wieder aufleben zu lassen, sondern wegen seiner ausgewogenen, kraftvollen, gefälligen Rotweine. Die Auxerrois-Traube darf nun mit dem milderen Merlot und mit Tannat (der Traube von Madiran) verschnitten werden. Andere Rebsorten sind nicht mehr zugelassen.

Heute liegt die 4300-ha-Rebfläche vor allem auf dem Schwemmland im Talgrund, das an manchen Stellen stark kieshaltig ist; weitere Anpflanzungen finden sich auf den *causses*, den Kalkstein-Plateaus über den Flusswindungen. Trotz der beiden verschiedenen Terroirs unterscheiden sich die Weine von den *causses* weniger von denen aus dem Tal, als man annehmen sollte. Die hiesigen Winzer behaupten, dass auf dem Plateau die eleganteren Weine entstehen, während die Qualität der Schwemmland-Weinberge eher unbeständig sei. Der eigentliche Kontrast besteht jedoch zwischen den traditionellen Weinbereitungsmethoden und den Techniken, wie die Newcomer der Region sie anwenden, das heißt die zu Winzern gewordenen Négociants und die Unternehmer, die oft ein Vermögen in den Aufbau modern ausgerüsteter Weinkellereien gesteckt haben. Nur zu häufig geben gerade sie jedoch Musterbeispiele dafür ab, wie große Investitionen Leistung und Qualität auch vermindern können. Manche von ihnen haben selbst vor der *macération carbonique* nicht zurückgescheut und versucht, einen Beaujolais-ähnlichen Wein zu erzeugen, ohne dabei zu bedenken, dass die Auxerrois-Traube mit ihrer dicken Schale für dieses Verfahren höchst ungeeignet ist. Im Allgemeinen sind die Ergebnisse zwar stets saubere, süffige Weine, die aber keine eigene Persönlichkeit haben und schon gar nicht die *typicité* von Cahors. Deshalb findet man den besten Cahors heute meist bei den alteingesessenen Winzern und bei einigen jüngeren aus der Region, die wie ihre Kollegen in Madiran verstanden haben, wie wichtig es ist, den typischen Charakter ihrer Weine zu bewahren. Bei Cahors gehört Robustheit dazu, Vitalität und Kraft, nicht unbedingt Gewicht, und ein Anflug von Wildgeschmack, der sich mit dem Alter entwickelt.

Die führenden Erzeuger in Cahors

Château de Caix ☆–☆☆
Luzech. 15 ha.
www.caix.com

Prinz Henrik von Dänemark ist der Besitzer dieses Weinguts, das bis 1993 seine Produktion an die örtliche Genossenschaft abgegeben hatte. Der Cahors-Wein ist deutlich fett und fruchtig und sollte innerhalb von fünf Jahren getrunken werden. Es gibt auch einen fassgereiften Weißwein aus Sauvignon und Chardonnay.

Château la Caminade ☆–☆☆
Parnac. 35 ha

Die Kellerei der Familie Resses ist schon wegen ihrer Architektur einen Besuch wert: ein schönes Pfarrhaus im Stil von Quercy mit Zinnen und Türmchen, in dem jetzt hochklassiger Wein bereitet wird. Neben der Normalabfülung entstehen hier der eichenfassgereifte Spitzenwein »Clos la Commendary« aus 100 % Auxerrois und ein leichterer, eichenfrei ausgebauter »Château Peyrouse«.

Cave Coopérative les Côtes d'Olt ☆–☆☆
Parnac. 1100 ha

Über 300 Winzer beteiligen sich an dieser zukunftsorientierten Genossenschaft. Die Angebotsliste ist lang, die Qualität im Allgemeinen tadellos. Zu den holzfreien Weinen gehören »Comte André der Monpezat« und »Château Vignals«, die zu 50 % in Eiche gereiften Cuvées sind »Impernal« und »Château les Bouysses«. »Impernal« ist reiner Auxerrois, »Les Bouysses« enthält hingegen 20 % Merlot. »Impernal« ist zurückhaltender und besser strukturiert.

Château du Cèdre ☆☆☆
Vire-sur-Lot. 25 ha

Pascal und Jean-Marc Verhaeghe übernahmen das Gut von ihrem Vater und mussten 1995 zunächst mit ansehen, wie beinahe ihr kompletter Ertrag in einem sommerlichen Hagelschlag zugrunde ging. Sie gehören zweifellos zu den besten Weinerzeugern der Appellation. Da sie mehr Auxerrois als gewöhnlich im Rebbestand haben, wird der normale Cahors mit etwas Merlot gemildert, während in der »Cuvée Prestige« Tannat zugegeben wird. Beide Weine werden unter Einsatz der Mikrooxidation bereitet, »Prestige« reift außerdem zu rund einem Drittel in neuer Eiche. Ebenfalls in neuer Eiche ausgebaut wird die Luxus-Cuvée mit dem einfachen Namen »Le Cèdre«. 1998 wurde Viognier angepflanzt und erbringt volle, fette Weine mit reichlich Alkohol.

Château de Chambert ☆–☆☆
Floressas. 60 ha. www.chateaudechambert.com

Schon im 18. Jh. gab es hier Weinberge. Der gesamte Rebenbestand wurde aber 1974 neu angepflanzt. Die Böden sind steinig und karg, die Weinbergsarbeit gestaltet sich äußerst traditionell. Die Weine sind von mittlerem Körper und elegant, wenn es ihnen auch etwas an Kraft und Extrakt fehlt; trotzdem altern sie gut.

Clos la Coutale ☆☆
Vire. 55 ha. www.clos-la-coutale.com

Schon vor der Französischen Revolution betrieb die Familie Bernède hier Weinbau. Heute sind ihre Weine für reiche Fruchtigkeit bekannt, die sich auf ein festes Tanningerüst stützen kann, für eine tiefdunkle Farbe und das toastwürzige Bukett, das manchmal auch einen Hauch von Lakritz mit sich trägt, und geraten selbst in schwierigen Jahren recht erfolgreich.

Clos de Gamot & Château de Cayrou ☆☆–☆☆☆
Prayssac und Puy l'Evêque. 40 ha

Es war nicht leicht, die Nachfolge des 1996 verstorbenen Jean Jouffreau anzutreten, einer überaus farbigen Persönlichkeit, doch sein Schwiegersohn Yves Hermann-Jouffreau ist entschlossen, die hier erreichten Standards zu halten. Der ausschließlich mit Auxerrois bestockte Weinberg Clos de Gamot befindet sich seit 1610 im Besitz der Familie; Château de Cayrou wurde 1971 hinzuerworben und ist mit einer zeitgemäßeren Mischung aus 73 % Auxerrois, 20 % Merlot und 7 % Tannat besetzt. Die Weine von beiden Gütern werden in der modernen Kellerei auf höchst traditionelle Weise bereitet. Der zupackende, konzentrierte »Gamot« kann in guten Jahren so langlebig sein wie ein großer Bordeaux. »Cayrou« ist etwas leichter in der Art und sehr elegant.

Clos Triguedina ☆☆☆
Puy-l'Evêque. 60 ha. www.clos-triguedina.com

Das Gut von Jean-Luc Baldès geht auf das Jahr 1830 zurück und produziert Weine, die einige Reifezeit brauchen. Neben der Normalabfüllung (aus 70 % Auxerrois) gibt es die recht eichenwürzige Spezial-Cuvée »Prince Probus« von alten Reben sowie einen leichteren, früher trinkreifen Wein, der als »Domaine Labrande« angeboten wird. Baldès bemühte sich Mitte der 1990er-Jahre um eine Wiederbelebung des »schwarzen Cahors«, für den der Most 30 Minuten in Tanks erwärmt und der Wein anschließend in neuer Eiche ausgebaut wurde. Das Ergebnis war dicklich und tanninherb und dem wunderbaren »Probus« weit unterlegen.

Château Eugénie ☆–☆☆
Albas. 30 ha

Wenn man den Brüdern Couture Glauben schenken darf, ist ihre Familie schon seit 500 Jahren auf diesem Gut ansässig. Wie dem auch sei, die beiden kennen ihre Böden und lassen Cuvées entstehen, die den Charakter jedes einzelnen Terroirs widerspiegeln. Der Spitzenwein »Réserve de l'Aïeul« ist fast ausschließlich aus Auxerrois bereitet und reift zum größten Teil in neuer Eiche. Die beiden anderen, »Etiquette Noire« und »Cuvées des Tsars«, werden dagegen in älteren Fässern ausgebaut. Oft haben sie zu wenig Frucht und mit den strengen Tanninen einen zu rustikalen Charakter.

Château de Gaudou ☆–☆☆
Vire. 35 ha.
www.chateaudegaudou.com

Drei Cuvées entstehen hier von unterschiedlichen Böden: »Tradition«, die in Großfässern reift, »Prestige«, die aus 85 % Auxerrois besteht und in Barriques ausgebaut wird, und schließlich »Renaissance«, rein aus Auxerrois und übermäßig eichenholzwürzig.

Château Gautoul ☆☆
Puy-l'Evêque. 30 ha

Der bekannte Pariser Küchenchef Alain Senderens baute dieses Weingut auf, das 1998 an Eric Swenden verkauft wurde. Weine modernen Stils, die jung getrunken werden können.

Château Haut-Serre ☆–☆☆
Cieurac. 66 ha.
www.g-vigouroux.fr

Der höchstgelegene Weinberg von Cahors – eine einzige steinige Parzelle oben auf dem Plateau. Sein Besitzer Georges Vigouroux behauptet, dass das Weingut bereits im 19. Jh. sehr bekannt war. Eine komplette Neubestockung wurde 1972 vorgenommen. Nur ein Drittel der Weine wird in Barriques ausgebaut, um übertriebene Holzwürze zu vermeiden. Die Auslese »Géron Dadine« hat oft ein deutliches Aroma von schwarzen Kirschen.

Château les Ifs ☆☆
Pescadoires. 10 ha

Die Rebflächen der Familie Buri liegen auf fruchtbarem Schwemmlandboden nahe am Fluss – trotzdem entstehen hier sehr gute Weine. Die überraschend gehaltvollen, üppigen

Tropfen zeigen den für Auxerrois so typischen ausgeprägten Geschmack von Mandeln und Damaszenerpflaumen und halten sich gut.

Château Lagrézette ☆☆–☆☆☆
Caillac. 60 ha.
www.chateau-lagrezette.com

Lagrézette war Vorreiter und treibende Kraft bei der Wiedererstarkung der Region in den 1980er-Jahren. Besitzer Alain-Dominique Perrin ist der Chef des Hauses Cartier und scheut keine Kosten, um Weine entstehen zu lassen, die sowohl konzentriert als auch elegant sind. Zur Erreichung dieses Ziels arbeiten die von Michel Rolland beratenen Kellermeister mit modernen Methoden wie Kaltmaischung und Mikrooxidation. Die Flaggschiffe des Hauses sind »Le Pigeonnier«, ein reiner, längere Zeit in Barriques gereifter Auxerrois aus Erträgen von nur 20 hl/ha, und »Dame Honneur«. Die ungemein vollen, üppigen Tropfen sind vielleicht nicht wirklich typisch für Cahors, dafür atemberaubend teuer.

Château Lamartine ☆☆–☆☆☆
Soturac. 30 ha

Alteingesessenes Gut mit sehr modernen Weinbereitungsmethoden für geschmeidige, eichenwürzige, sehr erfreuliche Weine. Daneben wird die gehaltvollere und extraktreichere »Cuvée Expression« bereitet.

Château de Mercuès ☆☆–☆☆☆
Mercuès. 40 ha

Luxushotel und Weingut im Besitz der sehr rührigen Familie Vigouroux. Geschmeidige, leicht schokoladige Weine und eine körperreiche Spezial-Cuvée, die zur Gänze in neuer Eiche reift.

Château Pech de Jammes ☆☆
Flaujac-Poujols. 9 ha.
www.g-vigouroux.fr

Das in amerikanischem Besitz befindliche Weingut ist zurzeit von Négociant Georges Vigouroux gepachtet, der sich überall in der Region bemerkbar macht. Die Lage auf den *causses* bringt Alterungspotenzial und beträchtlichen Körper ein; im Bukett der Weine finden sich häufig rote Früchte und manchmal sogar die Trüffeln, die in dieser Gegend wachsen.

Domaine Pineraie ☆☆
Puy-l'Evêque. 37 ha

Familie Burc hat ihre Rebflächen zu 85 % mit Auxerrois bestockt, der Rest ist Merlot. Der beste Wein, »Cuvée Authentique«, ist reiner Auxerrois von der zu den *causses* aufsteigenden Hanglage. Ein robuster und dennoch stilvoller Wein.

Prieuré de Cénac ☆☆–☆☆☆
Parnac. 35 ha

Seit 1979 im Besitz der Familie Rigal, deren Rebbestand mit rund 80 % Auxerrois sich auf unterschiedliche Böden verteilt und niedrige Erträge erbringt. Rigal verwendet ein gutes Maß an neuer Eiche für einen der beststrukturierten Weine der Region.

Château St-Didier-Parnac ☆☆
Parnac. 70 ha

Ein weiterer Besitz aus der Sammlung der Rigals. Ein Großteil des Weins wird verkauft und nur der beste selbst abgefüllt. Er ist gut und fruchtig, nicht gerade tanninreich oder konzentriert, dafür unkompliziert, saftig und würzig.

Domaine des Savarines ☆☆
Trespoux. 4 ha

Danielle Biesbrouck legte ihren heute biodynamisch bewirtschafteten kleinen Weinberg 1970 weit droben auf den *causses* an. Der Wein hat angenehme Tannine, einen anziehenden Duft und ein sanftes Gefüge.

Aveyron & oberer Lot

Etwa 110 km flussaufwärts von Cahors weichen die *causses* den Ausläufern des Massif Central, und die Landschaft am Lot wird enger. Hier wird schon seit Jahrhunderten an fast senkrecht aufsteigenden, in mühsamer Arbeit terrassierten und mit Stützmauern versehenen Hängen Weinbau betrieben.

In Marcillac hatten die reichen Bürger von Rodez ihre Landhäuser, wo sie einheimische Winzer beschäftigten, die sie mit Wein versorgten. Später, nach der Reblauskatastrophe, wurde hier Wein für den Durst der Bergleute in den Kohlenzechen von Decazeville gebaut.

Als in den 1950er-Jahren die Bergwerke geschlossen wurden, taten sich die Winzer von Marcillac in einer Genossenschaft zusammen, die bessere Produktionsbedingungen bieten und einen neuen Markt für ihren hochoriginellen Wein erschließen sollte, der ganz aus der Fer-Servadou-Traube, die hier Mansois genannt wird, entsteht. Sie hat etwas Ähnlichkeit mit Cabernet franc, dieselbe grasige Art und das Aroma von weicher roter Frucht, vor allem roten und schwarzen Johannisbeeren, manchmal auch Brombeeren. Marcillac gibt es nur als Rot- und Roséwein. Die 146 ha große Rebfläche genießt erst seit 1990 AC-Rang.

Der Weißwein der Gegend kommt von weiter flussaufwärts, aus den 9 ha Weinbergen von Entraygues, wo das Flüsschen Truyère in den Lot mündet, und aus Estaing (nur 7 ha). Hier wird aus der Chenin-blanc-Traube ein stilvoller, knochentrockener, im Geschmack erstaunlich moderner Wein gekeltert, in Estaing zum Teil auch aus der Mauzac-Traube. Die Produktion ist sehr klein und hat nur lokale Bedeutung. Außerhalb der Region ist dieser Wein nur selten anzutreffen, hier findet er sich aber auf den Weinkarten aller Restaurants.

Auch Rotwein wird in den beiden Orten produziert. Entraygues und Estaing haben VDQS-Rang, ebenso die Weine aus dem oberen Tal des Tarn um die Stadt Millau. Entraygues hat keine Genossenschaft und auch nur etwa sieben Erzeugerbetriebe, in Estaing und Millau dagegen gibt es neben einer Hand voll privater Winzer auch kleine Genossenschaftskellereien. Entraygues wäre wahrscheinlich längst von der Weinlandkarte verschwunden, hätte sich nicht eine kleine Gruppe von Winzern um François Avallon und Jean-Marc Viguier mit aller Kraft für seine Erhaltung eingesetzt und lokale Restaurants ihm die Treue gehalten. Ähnliches gilt für Estaing, das von Les Vignerons d'Olt beherrscht wird (wenn man das bei der winzigen Größe der Appellation überhaupt so sagen kann).

In Millau sind nur die Cave des Vignerons des Gorges du Tarn und Domaine du Vieux Noyer erwähnenswert.

Die führenden Erzeuger in Aveyron

Marcillac

Cave des Vignerons du Vallon ☆–☆☆
Valady

Da ihre Mitglieder über insgesamt 110 ha Rebfläche verfügen, ist diese Genossenschaft mit Abstand der größte Weinerzeuger. Die meisten, wenn auch nicht alle Weine sind eichenfrei.

Domaine du Cros ☆–☆☆
Goutrens

Philippe Teulier hat über die Jahre in zähem Bemühen seinen Besitz auf 22 ha vergrößert. Weine mit Substanz, allen voran »Cuvée Vieilles Vignes«.

Jean-Luc Matha ☆–☆☆
Le Vieux Roche, Clairvaux

Zwei erwähnenswerte Weine aus 14 ha: der eine ist eichenfrei ausgebaut, »Cuvée Spéciale« das in Eiche gereifte Gegenstück.

Gaillac

Gaillac gehört zu den produktivsten und wirtschaftlich bedeutendsten Weinbaugebieten im Südwesten Frankreichs. Früher belieferte es nicht nur die Hauptstadt des Departements, Albi, und die Umgebung, sondern seine Weine fanden auch in viel weiter entfernten Gegenden Absatzmöglichkeiten – die Rotweine sind für ihre erstaunliche Transportfähigkeit und Langlebigkeit bekannt. Als Weinbaugebiet entstand Gaillac im 1. Jahrhundert n. Chr. zur Zeit der römischen Besatzung des Midi, lange bevor in Bordeaux Reben gepflanzt wurden.

Hier wachsen einheimische Trauben mit den ausgefallensten Namen – dem fortschrittlichen Erzeuger ein Dorn im Auge, doch der ganze Stolz so manches anderen –, die den antiquierten Eindruck noch verstärken. Die Rotweinreben heißen Duras (sie haben nichts mit dem gleichnamigen Weinbaugebiet zu tun) und Braucol (der hiesige Name für Fer Servadou), die Weißweinreben Mauzac, Len de l'El (oder Loin de l'Œil) und Ondenc. Die Ondenc-Rebe war bereits fast völlig verschwunden, bis ihr Robert Plageoles durch Neubepflanzung von 2 ha neues Leben einhauchte.

Vor einem Jahrhundert, das heißt kurz vor der großen Reblausepidemie, entstand in Gaillac fast ausschließlich Rotwein. Der wenige Weißwein war entweder süß oder schäumend oder auch beides zugleich oder im Stil eines leichten Sherry. Die Rotweine waren schwer und robust und wurden meist als Verschnittweine flussabwärts nach Bordeaux verkauft. Als dann die Weinberge neu bepflanzt werden mussten, verschob sich das Gewicht wegen der Konkurrenz der Rotweine aus dem Midi zum Weißwein.

Mauzac, die traditionelle weiße Traube von Gaillac, wurde zur Erzeugung süßer Weine mit apfelfruchtigem Charakter verwendet. AC-Status erhielten die Weißweine 1938. Die Rotweine mussten bis 1970 auf diese Anerkennung warten, hauptsächlich weil die Winzer es bei der Neubestockung nach der Reblauszeit versäumt hatten, Qualitätsreben anzusetzen und lieber an den alten, recht gewöhnlichen Sorten festhielten.

Das von den Genossenschaften vor nicht allzu langer Zeit in Gang gebrachte Wiedererstarken des Weinbaus orientiert sich an einer eher standardisierten Produktion. Das traditionelle Abfüllen des Weißweins in Flaschen nach einer unterbrochenen ersten Gärung zugunsten des in der Champagne üblichen Verfahrens mehr oder weniger aufgegeben, obwohl diese *méthode gaillaçoise* genannte Technik Jahrhunderte älter ist als die *méthode champenoise*. Sauvignon, Merlot, Gamay und Syrah wurden in der Region eingeführt und erbringen Weine, die leichter und neutraler sind als die früheren Gewächse.

Neben den drei Genossenschaften gibt es heute rund 100 private Erzeuger – zehnmal so viel wie noch 1970; über 3100 ha stehen unter Reben. Viele Winzer greifen inzwischen auf der Suche nach *typicité* und Individualität auf die alten Gaillac-Trauben zurück. Daher ist die Weinpalette in Gaillac heute verwirrend vielfältig: Es gibt trockene Weißweine in stiller Ausführung oder als *perlé*, das heißt mit einem leichten, durch Lagerung auf der Hefe erzeugten Prickeln, ferner trockene und halbtrockene Schaumweine und schließlich mehr oder weniger süße Stillweine.

Produziert werden Rotweine mit und ohne Eichenfassausbau sowie ein *vin de l'année,* im Stil dem Beaujolais Nouveau nachempfunden, aber oft erheblich besser als dieser, und selbstverständlich auch Roséweine. In qualitativer Hinsicht ist die Bandbreite ebenfalls groß und kompliziert deshalb, weil die Erzeuger oft bei ihrem Lieblingsweinstil Großartiges leisten und ihre anderen Gewächse vernachlässigen.

Die führenden Erzeuger in Gaillac

Domaine de Balagès ☆–☆☆
Lagrave. 14 ha

Atypisches Weingut, da hier nur Rotweine entstehen. Erwähnenswert ist die fassgereifte »Cuvée Rêveline«.

Domaine de Causses Marine ☆☆–☆☆☆
Vieux. 13 ha

Patrice Lescarret ist für seine exzellenten Süßweine bekannt, etwa »Délires d'Automne« (ein oxidativer Stil) und »Grain de Folle«, die in puncto Intensität und Verschnittanteilen variieren. Der einem Vin jaune (siehe Jura) nachempfundene »Mystère« reift unter dem Einfluss filmbildender Hefen.

Domaine de Gineste ☆–☆☆☆
Técou. 23 ha

Seit dieses Weingut 1991 von Vincent Laillier gekauft wurde, hat es sich hohes Ansehen erworben, v. a. mit »La Coulée d'Or«. Trotz all der vielen Ungereimtheiten in den Vorschriften der AC Gaillac konnte sich dieser Wein nicht für die Appellation qualifizieren, da er eine Spätlese aus Chardonnay und Mauzac ist. Die trockenen Rot- und Weißweine des Hauses können mit »La Coulée d'Or« nicht ganz mithalten. Laillier ist inzwischen in seine alte Heimat Elsass zurückgekehrt, weshalb die Zukunft der Domaine ungewiss ist.

Domaine de Labarthe ☆☆
Castanet. 48 ha

Jean-Paul Albert enttäuscht in keinem Teil seines umfangreichen Gaillac-Programms. Besonders empfehlenswert sind sein weißer *perlé* aus Mauzac, sein süßer Weißwein »Grains d'Or« aus Len de l'El, sein einfacher Rotwein und sein *rouge primeur* aus Gamay. Der Spitzenrotwein »Cuvée Guillaume« zeigt ein ausgeprägtes Eichenholzaroma.

Mas d'Aurel ☆☆
Donnazac.
13 ha

Albert Ribots Weinberge liegen sozusagen auf dem Dach der Welt, gleich südlich von Cordes. Seine Rotweine sind stets zuverlässig, speziell die von leichten Minzenoten geprägte »Cuvée Alexandra«, aber auch die süße »Cuvée Clara« genießt einen guten Ruf.

Mas Pignou ☆–☆☆
Laborie. 35 ha

Ein Weingut mit umfassendem Angebot und dem schönsten Blick auf die Stadt Gaillac und das Tal des Tarn. Der trockene Weißwein (halb Sauvignon, halb Len de l'El) durchläuft eine Zweitgärung, bevor er ein weiteres Jahr im Fass ausgebaut wird, und anders als die meisten trockenen Weißen aus Gaillac altert er gut. Umwerfend ist der Süßwein des Hauses, der aus der Mauzac-Traube bereitet wird. »Cuvée Mélanie« ist der Prestigewein aus der auch so schon exzellenten Rotweinriege.

Château Montels ☆–☆☆
Souel-Cordes. 22 ha

Eine tadellose Palette von Rot- und Weißweinen, von denen einer der besten »Cuvée Prestige« ist, ein Verschnitt aus Braucol und Cabernet Sauvignon.

Robert Plageoles ☆☆☆
Cahuzac-sur-Vere. 20 ha

Aus ihrer Domaine des Très Cantous bringen Robert Plageoles und Sohn Bernard eine erstaunliche Auswahl an sortenreinen Weinen hervor, die, abgesehen von einem Sauvignon, alle aus traditionellen Gaillac-Rebsorten gekeltert sind: ein Duras, ein Gamay, trockene und süße Weißweine aus Mauzac, ein trockener Schaumwein nach der *méthode gaillaçoise* und Süßweine aus Ondenc sowie Muscadelle. Die sehr süßen, honigartigen »Vin d'Autan« und »Grain d'Autan« sind Ondenc-Spätlesen, die Letztgenannte von edelfaulen Trauben. Abgerundet wird die Palette von »Vin de Voile«, der im Stil einem Vin jaune aus dem Jura sehr ähnlich ist, jedoch aus Mauzac entsteht. Die gesamte Region hat den Plageoles sehr viel zu verdanken.

Domaine Rotier ☆☆
Petit-Nareye. 30 ha

Die Rotiers bereiten ein schönes Programm von Weinen unterschiedlicher Gaillac-Stile: Rotwein, fassgereifte Weißweine und natürlich auch Süßweine. Die besten finden sich in der Reihe »Renaissance«.

Cave Coopérative de Técou ☆
Técou. www.cavedetecou.fr

Der erfolgreichste Allround-Betrieb unter den drei Genossenschaften. Die 220 Mitglieder verfügen nicht gerade über die besten Weinberge: meist liegen sie in der Ebene am Südufer des Flusses. Umso bemerkenswerter ist die Qualität der Kellertechnik. Der Spitzenrotwein ist »Gaillac Passion«, ein Verschnitt aus Braucol und Merlot und in neuer Eiche ausgebaut.

Côtes du Frontonnais

Die Hänge um Fronton und Villaudric, 25 km nördlich von Toulouse und nur etwa 30 km westlich von Gaillac, erlangten 1975 den AC-Status für ihre reifen, fruchtigen Rot- und Roséweine, die bis dahin »unter Ausschluss der Öffentlichkeit« scheinbar nur von den Bürgern der Stadt Toulouse getrunken worden waren. Der Roséwein wird heute noch als »Le Rosé de la Ville Rose« bezeichnet. Die rote Lokalrebe ist Négrette, die zur Zeit der Kreuzzüge von den Tempelrittern, denen damals ein großer Teil des heutigen Weinberglands von Fronton gehörte, aus Zypern mitgebracht worden war. Wer Freude an den Komplikationen der Ampelographie hat, wird gern hören, dass Négrette (ausgerechnet) an der Charente als Le Petit Noir wieder auftaucht. AC-Rang hat sie jedoch nur im Frontonnais.

Die Négrette-Traube, die der Vorschrift nach mindestens 50 % des Rebbestands ausmachen muss, hat – wie der Name schon sagt – sehr dunkle Schalen, und auch ihr Saft ist dunkel. Die Beeren sind klein und die Schalen dünn, weshalb sich zumindest ein guter Erzeuger dazu veranlasst sah, *macération carbonique* zu versuchen. Im Bukett der Négrette findet man angeblich Veilchen, rote Früchte und/oder Lakritze, und ihr Geschmack erinnert oft an Kirschen und Mandeln.

Problematisch ist an der Négrette ihre Anfälligkeit für Graufäule, doch da das Klima in Toulouse während der Wachstumsperiode heiß und trocken ist, gedeiht sie dort gut. Vorteilhaft ist ihre große Anpassungsfähigkeit. Wegen ihres geringen Säure- und Tanningehalts ergibt sie sortenrein einen leichten, süffigen Wein mit Charakter, kann aber im Verschnitt mit den beiden Cabernet-Sorten, Gamay und/oder Syrah auch einen gehaltvolleren Tropfen erbringen, der 4–5 Jahre lagern kann.

Die wichtigsten Erzeuger im Frontonnais

Château Baudare ☆
Campsas. 35 ha

Neben Négrette wachsen auch Gamay und Syrah in den Weinbergen von Claude Vigouroux. Daraus entstehen neben Vins de pays eine Reihe mittelschwerer, jung zu trinkender Weine.

Château Bellevue-la-Forêt ☆–☆☆
Fronton. 115 ha

Patrick Germain gehört einer der größten privaten Erzeugerbetriebe des Südwestens. 1975 hatte er bei Null begonnen, nur gestützt auf die Beratung durch Emile Peynaud. Zu seinen Weinen gehören »Ce Vin«, ein sortenreiner leichter Négrette, der ursprünglich von dem bekannten lokalen Gastronomen André Daguin kreiert wurde, weiterhin ein traditioneller Rotwein, der als Bestseller des Hauses gelten darf, und diverse eichenholzwürzige Spitzenweine wie »Cuvée Prestige« (vorwiegend aus Cabernet) sowie die holzfreie »Cuvée d'Or«. Eichenfässer sind in Fronton übrigens umstritten; die meisten Winzer glauben, dass sie nicht zur Traube passen. Der beliebte Rosé des Guts ist ebenfalls sehr gut.

Château Cahuzac ☆
Fabas. 55 ha

Alteingesessenes Weingut im Besitz der Familie Ferran. Ihr teuerster Wein, »Fleuron de Guillaume«, ist ein Kind des Eichenholz-Booms und damit dem seidenweichen roten »L'Authentique« nicht unbedingt überlegen.

Domaine de Callory ☆
Labastide-St-Pierre.
27 ha

Ein traditionelles Weingut, das den Holzausbau meidet, aber tadellose Verschnitte aus Négrette, Syrah und Cabernet Sauvignon bereitet.

Château Clamens ☆–☆☆
Caillol. 5 ha

Eine kleine Domaine, die 1998 mit der Weinerzeugung begann. Der traditionelle Stil enthält 50 % Negrette, doch die eichenbehandelte Cuvée ist fast reiner Cabernet Sauvignon.

Château la Colombière ☆
Villaudric.
20 ha

Schön zu trinkende, rotfruchtige Weine aus Négrette, mit Kohlensäuremaischung bereitet.

Château Joliet ☆–☆☆
Fronton.
20 ha

Die Spezialität von François und Marie-Claire Daubert ist ein sortenreiner Roter aus Négrette, vielleicht der beste seiner Art in der Region. Einen weißen Fronton gibt es nicht, doch Daubert produziert einen köstlichen süßen Vin de pays aus Mauzac.

Château Marguerite ☆
Campsas. 75 ha

Sehr großes Besitztum mit mittelschweren Rotweinen und einem überraschend gehaltvollen Rosé.

Château Montauriol ☆–☆☆
Villematiuer. 35 ha

Nach einem Besitzerwechsel 1998 verbesserte sich hier die Qualität der in traditionellem Stil bereiteten Weine, die aus mindestens 50 % Négrette bestehen.

Château Plaisance ☆
Vacquiers. 24 ha

Marc Pénavayre erzeugt Fronton-Weine in drei verschiedenen Stilen: außer einem guten Rosé, der als sogenannter *vin de printemps* für sich selbst spricht, einen exzellenten einfachen Rotwein und die eichenfassgereifte »Cuvée Thibault de Plaisance«, die Syrah enthält.

Château le Roc ☆☆
Fronton. 25 ha

Frédéric Ribes' Weine sind strukturierter als üblich und brauchen eine gewisse Lagerzeit. Seit 1995 liest er die besten Négrette- und Syrah-Trauben für seine »Cuvée Don Quichotte« aus, die trotz ihrer hohen Qualität zu fairen Preisen angeboten wird.

Château St-Louis ☆
Labastide-St-Pierre. 25 ha

Gute, runde Weine und eine fleischig-volle, in Eiche gereifte »Cuvée l'Esprit«.

Lavilledieu-du-Temple

Die Besitzer der am Zusammenfluss von Tarn und Garonne gelegenen Weinberge im kleinen, nordwestlich von Montauban gelegenen Städtchen Lavilledieu-du-Temple bauten 1949 eine kleine Genossenschaftskellerei auf. 1952 erhielten sie den VDQS-Status für ihre Rot- und Roséweine, doch bis vor wenigen Jahren wurde der Name kaum verwendet, da sich die Genossenschaftsmitglieder vorerst lieber auf die Namen der verschiedenen einheimischen Vins de pays verließen.

Heute können 150 ha Weinberge in 13 Gemeinden den VDQS-Status beanspruchen; der Wein muss 30 % Négrette neben den zugelassenen Rebsorten Gamay, Syrah, Cabernet franc und Tannat enthalten. Aus einem solchen Cocktail kann kaum ein charakteristischer Wein entstehen, meistens ist er aber ein gefälliger Tropfen, der in seiner runden, fruchtigen und weichen Art anspruchslosen Trinkgenuss bereitet.

Die Bordeaux-Satelliten

Côtes de Duras

Die Côtes de Duras haben wie Bergerac das Pech, gerade jenseits der Departementgrenze des Bordelais, genauer gesagt von Entre-Deux-Mers, zu liegen. Die Weine sind in jeder Hinsicht mit denen der Nachbarn vergleichbar. Die Hälfte der Produktion besteht aus trockenen Weißen, immer häufiger von Sauvignon, obwohl auch Sémillon und Muscadelle sowie in kleineren Mengen Ugni blanc und Colombard weitläufig angebaut werden. Die Rotweine enthalten bis zu 60 % Cabernet Sauvignon, 30 % Merlot und ein wenig Cabernet franc und Malbec. Eine wichtige Rolle spielen die Genossenschaftskellereien, obgleich die besten Weine von rund 50 unabhängigen Erzeugern kommen. Rund 2000 ha Rebland verteilen sich fast zu gleichen Anteilen auf Weiß- und Rotwein.

Die führenden Erzeuger in den Côtes de Duras

Domaine Amblard ☆
St-Sernin-de-Duras. 110 ha

Fabrice Pauvert leitet diesen großen Besitz und erzeugt tadellose Weine, die alle in Tanks reifen. Sein trockener, auf Sauvignon basierender Weißwein ist gelegentlich unter dem Namen »Domaine la Croix-Haute« anzutreffen.

Vignerons Landerrouat-Duras Berticot ☆
Duras. 1000 ha

Wahrscheinlich die beste der Genossenschaftskellereien mit frischem Sauvignon und einem Merlot, der mit Kohlensäuremaischung bereitet wird.

Château la Grave-Béchade ☆☆
Baleyssagues. 64 ha

Daniel Amars feudales Landhaus ist wohl das einzige Weingut in der Region, das mit Recht als Château gelten darf. Mit Hilfe ultramoderner Einrichtungen entstehen Weine, die in jeder Hinsicht dem Cru-bourgeois-Status von Bordeaux entsprechen. Ein reiner Rotweinbetrieb mit sowohl fassgereiften wie auch eichenfrei ausgebauten Cabernet- und Merlot-Abfüllungen.

Domaine Lafon ☆☆
Loubès-Bernac. 13 ha

Sehr reife Weine von gut ausgerichteten Weinbergen, oft in sortenreinen Versionen aus Merlot und sogar Malbec. Ein wenig *moelleux* entsteht ebenfalls.

Domaine de Laulan ☆☆
Duras. 30 ha

Der aus Chablis stammende Gilbert Geoffroy erzeugt ganz hervorragende Weißweine. Sie entstehen sortenrein aus Sauvignon blanc mit und ohne Ausbau im Eichenfass und zeigen auf köstlich fruchtige Art, wie anders diese Traube in südlichen Breiten geraten kann.

Château la Moulière ☆–☆☆
Duras. 26 ha

Die Brüder Blancheton warten mit einer vollständigen Palette an Stilen auf, besonders stolz aber sind sie auf ihren *vin doux*.

Obgleich ohne edelfaule Trauben bereitet, ist er ein wundervoll honigartiger, ausgewogener Wein.

Côtes du Marmandais

Die Côtes du Marmandais liegen unmittelbar am Rand von Bordeaux. Ihr Hauptprodukt, ein leichter Rotwein, hätte lange Zeit als Bordeaux gelten können, und auch der Weißwein von Sauvignon und Sémillon ist mit einfachem weißem Bordeaux vergleichbar. Auf dem Weg zum 1990 erlangten AC-Status mussten die Winzer, um dem Marmandais eine gegenüber dem Bordeaux eigenständige *typicité* zu geben, nach eigenem Ermessen aus einer ganzen Liste von für Südwestfrankreich typischen Rebsorten wählen, darunter Malbec, Fer Servadou und insbesondere die rare Lokalspezialität Abouriou.

Auf diese Weise hat der Wein von den Côtes du Marmandais zu einem eigenen Charakter gefunden und dabei seine frische, fruchtige Art bewahrt. Zwei konkurrierende, ungefähr gleich große Genossenschaften erbringen fast die gesamte Produktion: die eine in Beaupuy für die Winzer am rechten Ufer der Garonne, die andere in Cocumont für die Winzer auf der linken Flussseite.

Die führenden Erzeuger in den Côtes du Marmandais

Château de Beaulieu ☆☆
St-Sauveur-de-Meilhan. 29 ha.
www.chateaudebeaulieu.com
Hier wachsen (neben Syrah) nur Bordelaiser Traubensorten, und entsprechend ist der Stil der Weine. Die zuverlässig gute Qualität dieses Erzeugers trifft auch auf die vollere, sehr eichenwürzige »Cuvée l'Oratoire« zu.

Les Vignerons de Beaupuy ☆
Beaupuy.
www.cavedebeaupuy.com
Die ältere der beiden Genossenschaftskellereien (Gründungsjahr 1948) ist ständig dem Druck der Konkurrenz von der anderen Flussseite ausgesetzt. Angeblich reifen die Weine hier auf dem rechten Garonne-Ufer langsamer, weshalb die Genossenschaft einige ihrer Tropfen in neuen Fässern ausbaut. Hier wird auch mehr Abouriou kultiviert als auf der linken Seite. Rund 40 % der Produktion von Beaupuy entfallen auf Vin de pays d'Agenais oder *vin de table,* manchmal von traditionellen Rebsorten wie Bouchalès.

Cave de Cocumont ☆–☆☆
Cocumont. 1000 ha
Die Segnungen des AC-Rangs veranlassten die Genossenschaft, in hochmoderne Technik zu investieren. Der einfache Rotwein namens »Tradition« ist in seiner Klasse exzellent und besser als der Bordeaux, den die Genossenschaft für diejenigen ihrer Mitglieder produziert, die Weinberge jenseits der Appellationsgrenze besitzen. Wem der eichenwürzige Stil gefällt, findet ihn in der »Cuvée Tap de Perbos«. »Cuvée Beroy« erhält Struktur von ihrem hohen Cabernet-Sauvignon-Anteil.

Buzet

Als das Bordelais endgültig auf das Departement Gironde begrenzt wurde, war eine der davon am stärksten betroffenen Regionen Buzet südlich der Garonne im Armagnac-Land.

Glücklicherweise gab es dort als Alternative noch Weißwein für Destillationszwecke, jedoch waren von den Kies- und Mergelböden an guten Südosthängen schon seit langem sehr erfreuliche Rotweine gewonnen worden. In den letzten 30 Jahren haben sie ein Comeback erlebt und leisten inzwischen Besseres als je zuvor.

Die Winzergenossenschaft Damazan in Buzet dominiert die 1850 ha große Rebfläche dieser Gegend; sie erzeugt Rotwein in guter Bordeaux-Qualität. Dennoch hält sich neben ihr eine Hand voll privater Erzeugerbetriebe, die eine wohltuende Konkurrenz bilden.

Die führenden Erzeuger in Buzet

Château Sauvagnères ☆
Ste-Colombe-en-Bruilhois. 20 ha
Tadellose, wenn auch wenig aufregende Rotweine aus den drei Hauptrebsorten von Bordeaux.

Les Vignerons Réunis de Buzet ☆☆
Damazan. 1600 ha.
www.vignerons-buzet.fr
Die überwiegende Mehrzahl aller Buzet-Weine stammt von dieser Winzergenossenschaft, einem Musterbetrieb (mit eigener Küferei), der seit 1955 die Rebfläche dieser Gegend stetig erweitert und verbessert hat und dem auch die Aufwertung zur AC im Jahr 1973 zu verdanken ist. Die Rotweine erhalten Ausbau in Fässern aus eigener Fertigung, die im Neuzustand für das Spitzengewächs »Baron d'Ardeuil« eingesetzt, dann an den Zweitbesten, »Carte d'Or«, und schließlich an den preiswertesten Wein, »Tradition«, weitergereicht werden. Kleine Mengen an Weiß- und Roséwein ergänzen das Programm. Es werden auch Weine für mehrere Privatweingüter bereitet, u. a. Domaine Padère und Château de Gueyze (der beste Wein der Genossenschaft) sowie die Châteaux du Bouchet, de Gache, Larché, de Piis, Bougigues und Tauzia. Zwischen der unverhohlen eine Monopolstellung anstrebenden Genossenschaft und manchen Privatweingütern, die übrigens Wein mit mehr Lokalcharakter bieten, gibt es bedauerlicherweise Spannungen.

Côtes du Brulhois

Der kleine 200-ha-VDQS-Bereich bringt rustikalere Weine hervor als das westlich angrenzende Buzet, weil Brulhois außer den beiden Cabernet-Sorten und Merlot beispielsweise auch Tannat, Malbec und Fer Servadou enthalten darf. Manche Winzer verfügen sogar über noch rustikalere Sorten, die aber in den VDQS-Vorschriften nicht zugelassen sind und deshalb vielfach aufgegeben wurden. Die Produktion liegt fast ganz in den Händen von zwei Genossenschaften: Vignerons du Brulhois in Dunes und Cave de Donzac.

Madiran & Pacherenc

Ein Wein, der vom Reich der Toten wieder auferstanden ist, ist der Madiran. 1948 war die Rebfläche in den Vic-Bilh-Bergen am Südrand von Armagnac, rund 40 km nördlich von Pau, bis auf 50 ha zusammengeschmolzen. Heute sind es wieder 1300 ha, und es gibt Leute, die behaupten, der Madiran sei der beste Rotwein aus dem Südwesten, besser selbst als der Cahors. Zwar genießt er nicht den Ruhm und den Standortvorteil von Cahors, hat dafür aber auch keine Identitätskrise zu bewältigen, wie sie Cahors nach wie vor zu schaffen macht, weil sich noch heute mit seinem Namen die Vorstellung vom »schwarzen Wein« verbindet, obwohl er doch in Wirklichkeit prachtvoll rot ist.

Eine Eigentümlichkeit des Madiran ist seine anfänglich geradezu beunruhigende Härte, die sich aber sehr bald mildert und einen Rotwein höchst eigenwilligen Stils und besonderer Beschaffenheit entstehen lässt. Sein Bukett ist so verlockend wie das eines guten Médoc oder Graves. Als ich einmal einen neun Jahre alten, von der größten Genossenschaft der Region stammenden 73er Madiran verkostete, war mir vor allem seine auf der Zunge zergehende Seidigkeit aufgefallen, und um diesen Eindruck in Worte zu fassen, erschien mir die eher lahme Vokabel »sanft« nicht gut genug, sodass ich mich schließlich für »schmelzend« entschied. Später las ich über den Madiran in Paul de Cassagnacs Buch über französische Weine nach – ein wenig bekanntes, aber höchst aufschlussreiches Werk aus dem Jahr 1936 – und stieß auf den Satz: »ein sich unendlich sanft ausbreitender Wohlgeschmack«. So beständig also ist der Madiran über all die Zeiten hinweg geblieben und schmeichelt seit nunmehr wieder über 55 Jahren dem Gaumen auf unglaublich verführerische Art.

Das ist umso eigenartiger, als Paul de Cassagnac gegen die »minderwertige Tannat«, eine »gewöhnliche Traube«, wettert, die in der Region ihres höheren Ertrags wegen als Ersatz für die Cabernet-Rebe eingeführt worden sei. Echter Madiran, so sagt er, müsse Cabernet sein. Heute aber versichern uns die Winzer, dass das Geheimnis des besonderen Charakters eben in jener Traube liegt, die sich so sehr nach Tannin anhört und mit ihrer Strenge dem Namen alle Ehre macht. Sie ist eine kleinbeerige Verwandte des Malbec, der auch Cot oder (in Cahors) Auxerrois genannt wird. Tannat, so heißt es, muss mit einem großen Anteil am Wein beteiligt sein. Dieser Meinung sind auch die Weinbaubehörden, denn die Vorschrift besagt, dass in Madiran der Rebbestand 40 bis 60% Tannat enthalten muss, und manche Winzer verwenden sogar außer Tannat nichts anderes. Der bekannteste Erzeuger der Region, Alain Brumont, geht sogar so weit zu behaupten, alle anderen Rebsorten müssten aus der Appellation verbannt werden – er muss es wissen.

Das als Mikrooxidation bekannte Verfahren – die kontrollierte Zufuhr von Sauerstoff in den Most während der Gärung oder Reifung – wurde hier von Patrick Ducournau entwickelt, und es zielte ursprünglich allein auf die Abmilderung der harten Tannine der Tannat-Traube. Das scheint zu funktionieren, denn der Wein ist nun viel früher trinkbar als zuvor. Viel umstrittener ist diese Technik, wenn man sie auf weniger robuste Sorten anwendet, zum Beispiel auf Merlot in St-Emilion.

Die Vic-Bilh-Berge, sozusagen ein sanfter Vorgeschmack auf die im Süden parallel dazu verlaufenden, steil gen Himmel ragenden Pyrenäen, leihen ihren Namen einem Weißwein, dem Pacherenc du Vic-Bilh. »Pacherenc« ist die mundartliche Variante eines *piquets en rangs* (Pfähle in Reihen) genannten Rebenerziehungssystems. Manchmal wird Pacherenc auch als zweiter Name für die Arrufiac-Traube benutzt, die früher ein Bestandteil dieses Weins war. Die Sorten Gros Manseng, Petit Manseng und Petit Courbu werden ebenfalls verarbeitet. Früher war dieser Wein, ähnlich dem Vouvray, so süß, wie der Herbst ihn überhaupt nur werden ließ, doch heute versuchen die meisten Erzeuger, sowohl eine trockene als auch eine süße Version zu bereiten, indem sie die Rebsorten in unterschiedlichem Verhältnis mischen. Die Pacherenc-Produktion war stets klein und lokal begrenzt, inzwischen haben jedoch die meisten Madiran-Erzeuger auch diesen Wein im Programm.

Die führenden Erzeuger in Madiran & Pacherenc

Château d'Aydie (Domaines Laplace) ☆–☆☆☆
Aydie. 65 ha

Familie Laplace gehört zu den wenigen, die den Madiran nie aufgegeben haben; als Beweis kann sie noch etliche Reben aus der Zeit vor der Reblausplage vorzeigen. Heute bewohnt die Familie das Château d'Aydie, das auch dem Prestigewein aus reinem Tannat den Namen gibt, der zur Hälfte in neuer Eiche ausgebaut wird. Der nach dem Großvater Frédéric Laplace benannte, nicht ganz so strukturierte andere Rotwein enthält 60% Tannat sowie die beiden Cabernet-Sorten zu gleichen Teilen. Sie alle sind der *typicité* der Tannat-Traube und damit des Madiran hundertprozentig treu. Unter dem Etikett »Fleury-Laplace« werden Weine aus zugekauften Trauben bereitet. Pierre Laplace sieht für den Pacherenc eine große Zukunft; seine eigene süße Version ist superb und entsteht aus Trauben, die üblicherweise erst im November geerntet und in neuer Eiche vergoren werden.

Château Barréjat ☆☆☆
Maumusson. 16 ha

Denis Capmartin ist seit 1992 Besitzer dieses Weinguts und wendet mit voller Überzeugung die Mikrooxidation an. Seine Spitzen-Cuvée ist »Vieux Ceps« aus 80% Tannat. Der allgemeine Stil des Hauses zielt auf geschmeidige Weine mit brombeerfruchtigen Tiefe, die ebenso beeindruckend wie verführerisch ist.

Domaine Berthoumieu ☆☆–☆☆☆
Viella. 24 ha

Didier Barrés Madiran-Weine besitzen unmittelbare Anziehungskraft. Sie sind viel weniger streng und abweisend als manch andere und scheinen auch rascher genussreif zu werden, obwohl die in neuer Eiche gereifte Prestige-Version »Charles de Batz« bis zu 90% Tannat enthalten kann. Bei den Weißweinreben leistet Barré sich nicht weniger als fünf Erntedurchgänge, wobei der süße Pacherenc von den drei letzten *triages* gekeltert wird.

Domaine Capmartin ☆☆
Maumusson. 10 ha

Besitzer Guy Capmartin ist der Bruder von Denis (siehe Château Barréjat). Seine »Cuvée Tradition« ist bereits jung recht zugänglich, doch der eichenwürzigeren und fester gefügten »Cuvée du Couvent« sollte man fünf Jahre in der Flasche gönnen, denn ihre angriffslustige, robuste Art verwandelt sich mit zunehmendem Alter in ein harmonisches Gefüge.

Chapelle Lenclos
Siehe Domaine Mouréou

Domaine du Crampilh ☆☆
Arions-sur-Idernes. 28 ha

Ein bekanntes Weingut, dessen Qualität während der 1990er-Jahre kontinuierlich gestiegen ist. Alain Oulié verwendet die Technik der Mikrooxidation, um eine Reihe wohlschmeckender Weine zu bereiten, von denen der konzentrierteste, »Cuvée Baron«, aus 90 % Tannat besteht.

Domaine Labranche-Laffont ☆☆
Maumusson. 18 ha

Familie Dupuy, zumindest ihre weiblichen Mitglieder, hat sich in der von Männern beherrschten Appellation rasch einen Namen gemacht. Ihre »Cuvée Vieilles Vignes« stammt aus einer kleinen Parzelle mit Reben, die noch auf die Zeit vor der Reblausepidemie zurückgehen. Die Weine sind gehaltvoll und körperreich, fein abgemildert mit Hilfe der Mikrooxidation.

Château Laffitte-Teston ☆☆–☆☆☆☆
Maumusson. 40 ha

Jean-Marc Laffittes rote Madiran-Weine, darunter ein Vieilles vignes aus 100 % Tannat, gehören zum Besten, was die Region zu bieten hat. Auch seine beiden Pacherencs sind immer wieder prächtig.

Château Montus und Domaine Bouscassé ☆☆–☆☆☆☆
Maumusson. 140 ha. www.montus-madiran.com

Alain Brumont ist der Hohepriester der Tannat-Traube. Die Spitzenweine (»Montus Prestige« und »Bouscassé Vieilles Vignes«) seiner beiden Güter bestehen rein aus Tannat, werden fünf Wochen lang vinifiziert und dann in neuen Barriques ausgebaut. Man muss wohl kaum darauf hinweisen, dass sie nach mehrjähriger Flaschenreife verlangen.

Die von Kiesböden stammende Normalabfüllung von Château Montus enthält 80 % Tannat und 20 % Cabernet Sauvignon, während im Wein der Domaine Bouscassé, deren Böden aus Ton und Kalkstein bestehen, 65 % Tannat mit 25 % Cabernet Sauvignon und 10 % Cabernet franc ergänzt werden. Ein dritter, sehr preisgünstiger Wein, »Domaine Meinjarre«, ist je zur Hälfte aus Tannat und Cabernet franc, und ein vierter, »Torus«, beschrieben als *charnu, profond, puissant, chatoyant, fruit noir, cassis, mûre* (aber nicht als teuer), wurde mit dem 2000er Jahrgang eingeführt.

Auch Pacherenc steht auf dem Programm, der je nach Lesezeitpunkt unterschiedlich süß ausfällt. Brumont hält es darüber hinaus nicht für unter seiner Würde, auch guten Vin de pays zu produzieren; er brachte Mitte der 90er-Jahre eine Reihe von sortenreinen Weinen heraus, die zum Teil von kaum bekannten lokalen Rebsorten stammen.

Am anderen Ende der Skala steht das unerlässliche Bemühen Brumonts, seinen Madiran-Weinen alles zu entlocken, was nur möglich ist. »Montus la Tyre« etwa ist ein Tannat aus den höchsten Lagen der Region, der mitunter (so der Jahrgang '94 und jetzt der 2000er) über fünf Jahre in Barriques ausgebaut wird. Obwohl die Mikrooxidation gerade für den Madiran viele

Anhänger hat, verzichtet Brumont auf diese Methode. Außer »Meinjarre« und »Torus« brauchen alle seine Weine eine gute Portion Geduld, bis sich Sturm und Drang ihrer Jugend gelegt haben.

Domaine Mouréou ☆☆
Maumusson-Laguian. 18 ha

Patrick Ducournau gilt als der Vordenker von Madiran und ist ein viel bewunderter junger Hoffnungsträger des Südwestens. Zwar befürwortet auch er sortenreine Tannat-Weine – wovon sein Spitzenwein »Chapelle Lenclos« zeugt–, sucht aber ständig nach Wegen, ihren eckigen Tanninen »die Kanten abzuschleifen«. Die von ihm entwickelte Mikrooxidation, die auch hier Erfolge feiert, ist einer davon. Ducournaus Weine sind zweifellos sehr erfreulich, doch fehlt ihnen die kompromisslose *typicité,* wie man sie in den Weinen von Brumont und anderen Erzeugern finden kann. Auch ganz wunderbarer süßer Pacherenc.

Domaine Pichard ☆–☆☆
Soublecause. 12 ha. www.dom-pichard.com

Eine gute Quelle für gehaltvollen Madiran in etwas antiquiertem Stil von den Südhängen der Region. In Großfässern gereift, sind diese Weine vital, langlebig und leicht rustikal.

La Cave de Crouseilles ☆–☆☆
Crouseilles. 520 ha

Eine erstklassige Genossenschaftskellerei, deren Spitzenwein »Château de Crouseilles« (Weingut im eigenen Besitz) zu den besten der Region gehört. Die normalen Madiran- und Pacherenc-Abfüllungen sind ebenfalls gut, und es wird auch in großen Mengen Béarn (rosé und rot) und Vin de pays erzeugt.

Côtes de St-Mont & ihre führenden Erzeuger

1974 gründete André Dubosc im Tal des Adour, nördlich von Madiran und südlich der Armagnac-Region, eine Winzergenossenschaft mit drei Niederlassungen in Plaisance, St-Aignan und St-Mont, weshalb der Name Plaimont gewählt wurde. Ziel der Unternehmung war, einen Alternativmarkt für den hier zur Armagnac-Destillation produzierten trockenen Weißwein zu finden, da die Nachfrage nach Armagnac zurückgegangen war. Damit landete Dubosc einen Volltreffer, denn es dauerte nur bis 1981, bis er fast im Alleingang einen eigenen VDQS-Bereich, Côtes de St-Mont, für Weine in allen drei Farben geschaffen hatte. Es gelang ihm auch, Mitglieder aus den Côtes de Gascogne zu gewinnen, die er von der Notwendigkeit überzeugt hatte, den Qualitätsstand der Colombard-Traube anzuheben. Auch Winzer aus dem nördlichen Teil der Appellation Madiran schlossen sich ihm an. Eine weitere Genossenschaft, die Vignoble de Gascogne in Riscle, ist inzwischen dem Beispiel von Plaimont gefolgt.

Producteurs Plaimont ☆☆
St-Mont. 2500 ha (davon 1000 in St-Mont). www.plaimont.com

Heute erzeugt die Genossenschaft Madiran- und Pacherenc-Weine von exzellenter Qualität, roten und weißen St-Mont aus den gleichen Trauben wie Madiran und Pacherenc und die volle Palette an Vins de pays des Côtes de Gascogne, die eine Art Unterabteilung des Sauvignon-Stils zu einem günstigen Preis bilden und enorm beliebt sind. In den 90er-Jahren entwickelte Dubosc neue Versionen von St-Mont-Weinen, wie z. B. »Le Faite de St-Mont«, der gänzlich aus lokalen Traubensorten erzeugt wird, von denen einige, wie etwa Pinenc, bereits dem Untergang geweiht waren.

Tursan & seine führenden Erzeuger

Die Produktion des wichtigsten Weinbaugebiets im Departement Landes stammt fast ganz aus der Genossenschaftskellerei Les Vignerons de Tursan in Geaune, deren 250 Mitglieder zusammen über rund 350 der 460 ha Appellationsrebfläche verfügen. 1958 wurde den Weinen VDQS-Status zuerkannt, aber etwa die Hälfte der Erzeugung entfällt weiterhin auf Vin de pays des Landes.

Die Rotweine entstehen meist aus Cabernet franc mit etwas Tannat, die Weißweine dagegen aus einer Lokalrebsorte namens Baroque und etwas Sauvignon blanc, der für Schwung sorgt. Auch Roséweine auf Cabernet-Basis werden produziert.

Der Stil von Tursan ist vor allem dem Tourismus der Atlantikküste verpflichtet: leichte, fruchtige und anspruchslos zu genießende Tropfen, was für die Roten eine kurze *cuvaison* bei nicht zu hoher Temperatur bedeutet, für die Weißen kühle Gärung. Das Flaggschiff der Genossenschaft ist der von ihr produzierte Rotwein aus der Domaine de Castèle.

Château de Bachen ☆☆
Duhort-Bachen. 20 ha
Das elegante Domizil des berühmten Küchenchefs Michel Guérard, der hier nach Architektenentwürfen eine Weinkellerei erbauen ließ, deren Produktion zum großen Teil in seinen Restaurants in Eugénie-lès-Bains angeboten wird. Das Haus ist nur Weißwein spezialisiert, von dem eine süße Version vorerst nur als Prototyp existiert. Der Rebbestand umfasst 50% Baroque, der Rest ist Gros Manseng, Petit Manseng, Sauvignon blanc und Sémillon. Die beiden trockenen Weißweine, »Château de Bachen« und der sehr eichenwürzige »Baron de Bachen«, sind hochklassig, aber für die Appellation Tursan kaum typisch. Die Rotweine sind sehr einfach.

Domaine de Perchade ☆
Payros-Cazautets. 15 ha
Alain Dulucq erzeugt einen Weißwein aus 90–100% Baroque, einen Rosé vorwiegend aus Cabernet franc und einen Rotwein von einer Mischung aus Tannat und den beiden Cabernets.

Béarn & die Pyrenäen

Béarn

Weine im ländlichen Stil entstehen im Bereich Béarn schon seit Jahrhunderten. In jüngerer Zeit wurde die Gegend vor allem durch ihren Rosé bekannt, der um die Mitte des 20. Jahrhunderts in ganz Frankreich in Mode kam.

Die Rotweine werden heute zwar von Madiran und Irouléguy, die Weißweine von Jurançon in den Schatten gestellt, aber die Winzergenossenschaft in Bellocq nahe dem schönen Städtchen Salies-de-Béarn produziert gute Weine aller Stilrichtungen. Die Rotweine bestehen aus alten lokalen Rebsorten mit Tannat und den Cabernets. Unter der AC Béarn verkaufen die Erzeuger in Madiran ihren Rosé ebenso wie die Winzer in Jurançon ihren Rotwein, zum Beispiel den Clos Guirouilh. Wirklich guter Wein kommt nur aus einem einzigen unabhängigen Weingut in Béarn, der Domaine Lapeyre am Rand von

Salies, die auch den Namen Domaine Guilhémas benutzt. Auch die Genossenschaftskellerei von Gan aus dem Jurançon erzeugt Béarn-Weine.

Jurançon

Alle Gespräche über Jurançon beginnen mit der Geschichte des späteren Königs Henri IV., dem bei seiner Taufe die Lippen mit einer Knoblauchzehe bestrichen und mit Jurançon-Wein benetzt wurden – eine Sitte, die heute noch in der Familie der Bourbonen lebendig sein soll, obwohl sie nie wieder Taten eines Henri IV. nach sich zog. Der Jurançon ist stark, nicht nur an Alkohol, sondern auch an Charakter. Seine hocharomatischen Trauben reifen in den Ausläufern der Pyrenäen südlich von Pau in der Herbstwärme, die der Südwind aus Spanien herüberträgt. Die Geschmacksfülle wird durch kleine Ertragsmengen noch gesteigert, insbesondere bei den Süßweinen, deren Trauben erst spät im November gelesen werden sollten, wenn sie durch Sonnenwärme und Nachtfrost so stark geschrumpft sind *(passerillage)*, dass ihr Saft ein Höchstmaß an Konzentration erreicht hat.

Die beiden weißen Hauptrauben heißen Gros Manseng und Petit Manseng, wobei Letztere nicht nur kleiner ist, sondern auch viel mehr Zucker enthält. Sie ergeben einen alkoholreichen Wein mit einer bemerkenswert strammen, sehr bestimmten Struktur im Mund, der sich in der Jugend geradezu grimmig gibt, später aber zu Düften und Geschmacksnuancen heranreift, die mit so unterschiedlichen exotischen Aromen wie Mango, Guave und Zimt verglichen werden.

Der beste Süßwein entsteht aus reinem Petit Manseng; Gros Manseng wird dagegen im Allgemeinen für trockene Weißweine verwendet. Einige Winzer mischen ihren trockenen Weißen auch etwas Petit Courbu bei, um ihnen mehr Biss zu verleihen. Die berühmte französische Schriftstellerin Colette gibt eine Beschreibung, der ich nichts hinzufügen kann: »Ich war noch ein Mädchen, als der Prinz mir begegnete: strahlend, gebieterisch, trügerisch wie alle großen Verführer – der Jurançon.«

Jurançon Sec und Jurançon sind die beiden Appellationen, wobei Letztere ausschließlich für Weine von lieblich bis *liquoreux* gilt. Neben der bedeutenden Genossenschaft in Gan gibt es fast 60 private Erzeugerbetriebe, die generell drei Jurançon-Versionen produzieren: *sec, moelleux* und vollsüß, manchmal mit Eichenholzaroma. Die große Tugend des Süßweins ist seine Fähigkeit, viel Säure und damit Frische zu bewahren, ein herrlicher Aperitif in den Restaurants der Region. Viele Winzer ernten in mehreren Durchgängen und bereiten je nach Lesezeitpunkt im Oktober, November oder Dezember unterschiedliche Weine mit entsprechend ansteigendem Süßegrad.

In den 1980er-Jahren ging die Produktion zurück, und die Weine gerieten etwas in Vergessenheit. Glücklicherweise nahmen jedoch ein paar tatkräftige Winzer das Ruder wieder in die Hand: Die Rebfläche verdoppelte sich in nur 15 Jahren auf 1000 ha. Heute erfahren die besten Weine von Jurançon große Bewunderung und sind äußerst begehrt.

Die führenden Erzeuger in Jurançon

Domaine Bellegarde ☆–☆☆☆
Monein. 18 ha
Pascal Labasse hat als typischer Vertreter der neuen Winzergeneration keine Vorurteile, wenn es um den Einsatz neuer Fässer beim Ausbau seiner Jurançon-Weine geht. Er produ-

ziert einen knochentrockenen *sec,* der gut altert, einen *moelleux* namens »Cuvée Thibault« und eine eindeutig an den gehaltvollsten Weinen von Henri Ramonteu (siehe Domaine Cauhapé) orientierte vollsüße »Sélection Petit Manseng«, die sortenrein von dieser Traube erzeugt wird.

Domaine Bru-Baché ☆☆–☆☆☆
Monein. 8 ha

Claude Loustalot übernahm 1994 den Betrieb seines Onkels Georges Bru-Baché und produziert nun den süßen Jurançon-Wein weiter auf dieselbe exzentrische Art, wobei Cuvées von höchster Intensität entstehen. »Quintessence« ist aus Petit Manseng, der zu rund 50 % in neuer Eiche gereift ist und herrliche Aromen von Aprikosen und Quitten zeigt. Der komplett in neuen Eichenfässern ausgebaute »L'Eminence« wird seit 1991 angeboten und stammt von Petit-Manseng-Trauben, die im Dezember gelesen werden.

Domaine Castéra ☆☆
Monein. 12 ha

Christian Lihour lehnt zwar Eichenfässer ab, bringt aber trotzdem sehr gute Weine aller drei Stilrichtungen hervor. Der *sec* besteht ganz aus Gros Manseng, der *moelleux* zum größten Teil. Der *liquoreux* ist rein aus Petit Manseng, und seine beste Version heißt »Cuvée Privilège«.

Domaine Cauhapé ☆☆–☆☆☆☆
Monein. 34 ha

Henri Ramonteu ist der bekannteste private Erzeuger und besitzt die zweitgrößte Rebfläche des Bereichs. Er erzeugt vier Versionen trockenen Jurançon, alle aus Gros Manseng, und einen bemerkenswerten, zum Teil in neuer Eiche vergorenen und gereiften »Sec Noblesse du Petit Manseng«, dessen Trauben bei hohem Zuckergehalt gelesen wurden. Ebenso ungewöhnlich ist sein einfacher *moelleux* »Ballet d'Octobre« ausschließlich aus Gros Manseng. Schließlich produziert er in sehr kleinen Mengen die beiden extrem teuren vollsüßen »Noblesse« und »Quintessence du Petit Manseng«. Für »Quintessence« werden rosinierte Traubenbüschel vom Rebstock abgeschnitten und an Drähten frei hängend wieder daran befestigt, was ihre Zuckerkonzentration nochmals erhöht. Die Intensität dieses Weins ist geradezu außergewöhnlich, mit Aromen von getrockneten Früchten und einer dezent rauchigen Note.

Cave des Producteurs de Jurançon ☆–☆☆
Gari. 550 ha.
www.cavedejurancon.com

Der größte Teil der Produktion dieser Genossenschaft entfällt auf trockenen Wein in drei Qualitätsstufen, von denen die höchste »Peyre d'Or« ist. Auch drei *moelleux* werden erzeugt, an ihrer Spitze der ebenfalis hervorragende »Privilège d'Automne«. Ein vierter *moelleux,* »Croix de Prince«, wird in neuen Fässern ausgebaut.

Clos Guirouilh ☆☆
Lasseube. 7 ha

Jean Guirouilhs trockener Jurançon enthält 10 % Petit Courbu, besteht aber ansonsten aus Gros Manseng und zeigt viel Stil und Eleganz; der anfänglich an Äpfel und Birnen erinnernde Geschmack nimmt im Alter das Aroma von Zitrusfrüchten an. Der *moelleux* wird zu etwa gleichen Teilen aus den beiden Manseng-Sorten bereitet, wobei der Petit teilweise in neuen Eichenfässern reift. In guten Jahren entsteht ein *liquoreux* rein aus Petit Manseng.

Clos Lapeyre ☆☆–☆☆☆
La Chapelle-de-Rousse. 12 ha

Neben dem üblichen *sec* produziert Jean-Bernard Larrieu eine trockene Cuvée »Vitatge Vielh« aus alten Gros-Manseng-Reben, die ein Jahr Fassausbau erhält, danach aber in der Flasche noch länger lagern sollte. Der feinste unter den Süßweinen ist »Sélection«, ein superber sortenreiner Petit Manseng mit herrlichen Aromen von Mango und Zitronen.

Clos Uroulat ☆☆–☆☆☆
Monein. 7 ha

Charles Hours war schon immer ein großer Anhänger der regionalen Weine und erzeugt selbst eher die eleganten und stilvollen als die fetten, üppigen Versionen. Seine vorzügliche trockene »Cuvée Marie« ist knackig frisch und doch gewichtig. Seit 1990 verwendet Hours neue Fässer für einen Teil seines Süßweins aus Petit Manseng.

Château Jolys ☆–☆☆
La Chapelle-de-Rousse. 36 ha

Robert Latrille ist der größte Winzer in Jurançon und war maßgeblich am Wiederaufbau der Region in den 1980er-Jahren beteiligt. Die Rebflächen von La Chapelle-de-Rousse liegen viel höher als die von Monein und sind meist in so genannten *cirques* angelegt – amphitheaterähnlichen Mulden in den Bergen. Latrille pflanzt in vertikalen Reihen und nicht terrassenförmig an. Seine Weine sind gute Jurançons aus der Mitte des Qualitätsspektrums, der *sec* aus Gros Manseng, der *moelleux* jeweils zur Hälfte aus Gros und Petit Manseng und sein *liquoreux* »Cuvée Jean« ganz aus Petit Manseng.

Cru Lamouroux ☆–☆☆
La Chapelle-de-Rousse. 6 ha

Richard Ziemeck-Chigé erzeugt mittlerweile die Weine auf dem Gut, das früher seinem Schwiegervater gehörte, und zwar völlig traditionsverhaftet und ohne Rücksicht auf Modeerscheinungen wie neue Eichenfässer. Auch von trockenem Jurançon hält er nichts und bereitet nur Jurançon verschiedener Süßegrade, wie es früher hier üblich war. Der Name des hinzuerworbenen Nachbarguts Clos Mirabel wird für den roten AC Béarn von Cabernet franc benutzt.

Weitere Erzeuger in Jurançon

Domaine Bordenave ☆☆
Monein

Ein altes Weingut, das erst seit 1993 seine Weine selbst abfüllt. Der beste ist die in Eiche ausgebaute »Cuvée Savin« aus reinem Petit Manseng.

Domaine Gaillot ☆ ☆☆
Monein

Eine alte Domaine, die seit den 1970er-Jahren selbst abfüllt. Anspruchsvoller trockener Jurançon und die feine süße, aprikosenfruchtige »Sélection«.

Domaine Larrédya ☆☆–☆☆☆
La Chapelle-de-Rousse

Der *sec* ist eichenfrei, aber die in drei Versionen angebotenen Süßweine erhalten unterschiedliche Anteile von Eichenholzreifung. Der feinste ist »Cuvée Simon« (früher bekannt als »François«); er wird nur in Spitzenjahren bereitet, reift zwei

Jahre in Barriques und ist würzig und sehr konzentriert mit einer deutlichen Zitrusnote.

Domaine de Souch ☆☆
Laroin
Biodynamisches Weingut im Besitz von Yvonne Hégoborul. Das große Angebot an unterschiedlichen Weinen macht die Auswahl schwierig, doch die meisten sind blumig mit schöner Säure und guter Länge.

Irouléguy

Die baskischen Winzer erzeugen Weine im Stil von Rugby und Stierkampf: kraftstrotzende, robuste Gewächse, die dem Madiran die Stirn bieten und sich als Begleiter für die hiesige Küche hervorragend eignen. Sie beruhen wie der Madiran auf der Tannat-Traube, doch die meisten Erzeuger verarbeiten auch die beiden Cabernet-Sorten. Die Reben stehen auf steilen Terrassen, weshalb etwas anderes als die Lese von Hand nicht in Frage kommt.

Die Erträge sind gering, und die Weine brauchen Flaschenreife. Der Rosé ist hervorragend, und inzwischen hat es bei dem auf den Jurançon-Sorten beruhenden Weißwein eine kleine Renaissance gegeben. Über viele Jahren gab die exzellente Genossenschaft allein den Ton an, jetzt aber machen sich auch einige gute unabhängige Erzeugerbetriebe einen Namen. Eine 200 ha große Appellation, die man im Auge behalten sollte.

Die führenden Erzeuger in Irouléguy

Domaine Arretxea
Irouléguy. 6 ha
Ein kleines, ökologisch anbauendes Weingut mit einer kräftigen, eichenwürzigen »Cuvée Haitza«, zum größten Teil aus Tannat. Sie braucht Flaschenlagerung, damit sich ihre würzigen Beerenaromen herausbilden können. Der exzellente Weißwein aus Jurançon-Trauben heißt »Hegoxuri«.

Domaine Brana ☆☆
St-Jean Pied-de-Port. 40 ha

Etienne Brana, der Vater von Jean und Martine, starb 1985 auf tragische Weise, gerade als die Familie, alteingesessene Négociants im Südwesten, ihre Weinberge gepflanzt hatte. Das malerisch gelegene Gut, die Kellerei ist in den Berg hineingebaut, verfügt über Terrassen an fast senkrechten Hängen – und über eine atemberaubende Aussicht. Die Erträge sind sehr gering, und die Weine teuer. Der Bestand an Rotweinreben enthält lediglich 30 % Tannat, der Rest ist ungefähr gleichmäßig auf die beiden Cabernets verteilt. Die Weine sind sehr gut trinkbar, wenn sie jung sind.

Domaine Etxegaraya ☆☆
St-Etienne-de-Baïgorry.
7 ha
Die Familie Hillau füllt seit 1994 ihre Weine selbst ab, die alle eichenfrei ausgebaut werden. Schon der einfache Rotwein ist sehr gut, geradezu üppig, und die außergewöhnliche »Cuvée Lehengoa« entsteht aus 100-jährigen Reben.

Domaine Ilarria ☆☆
Irouléguy. 10 ha
Diese Weine setzen Maßstäbe für echten Irouléguy, und die beiden Rotweine aus 80 und 100 % Tannat sind die Top-Kandidaten. Letzterer heißt »Cuvée Bixintzo« (baskisch für St-Vincent). Nach einer langen *cuvaison* reifen die Weine 18 Monate in neuen und alten Fässern. Demnächst wird auf ökologischen Anbau umgestellt, und auch etwas Petit Manseng ist mittlerweile angepflanzt worden.

Les Vignerons du Pays Basque ☆–☆☆
St-Etienne-de-Baïgorry. 130 ha
Die Genossenschaft wurde 1952 gegründet, um den damals erlangten VDQS-Rang, der 1970 zur AC erhoben wurde, zu nutzen. Es gibt 230 Mitglieder, d. h. viele Besitzungen sind sehr klein. Etwa die Hälfte der Produktion entfällt auf Rosé, dessen einfache Version den wohlklingenden baskischen Namen »Argi d'Ansa« führt; die bessere Version, je zur Hälfte aus Tannat und Cabernet, heißt »Terrasses d'Arradoy«. Die einfache rote Version ist »Gorri d'Ansa«, daneben werden aber auch Spezial-Cuvées erzeugt: »Domaine de Mignaberry« (von alten Reben), »Domaine Iturritze« (früher genussreif) und »Domaine Mendisokoä«. Die kleine Produktion an Weißwein trägt das Etikett »Xuri d'Ansa«.

Vin de pays

In den Jahren 1981 und 1982 ergoss sich aus dem Landwirtschaftsministerium in Paris eine Flut von Verordnungen, in denen die Regeln für die neu geschaffene Kategorie Vin de pays festgelegt wurden. Beabsichtigt war damit, Weine zu fördern, die außer einer lokalen Bedeutung keine Identität besaßen. Seither hat sich beim französischen Landwein eine wahre Revolution vollzogen.

Weine, die bis dahin nur für Verschnittzwecke oder bestenfalls als namenlose Karaffenweine ausgeschenkt wurden, müssen jetzt Mindestanforderungen entsprechen und dürfen nur in bestimmten Mengen erzeugt werden. Inzwischen sind über 140 Vin-de-pays-Namen in aktivem – manchmal hyperaktivem – Gebrauch, wobei der Süden, der Midi, das Tempo vorgibt. Einflüsse von außen, nicht zuletzt auch Investitionen aus Weinbauländern der Neuen Welt, *flying winemakers* und Einkäufer ausländischer Supermärkte sorgten für steigende Qualitätsstandards und warfen die überkommenen Vorstellungen konservativer Winzer völlig über den Haufen. Auf jeden Fall garantieren viele Vins de pays das beste Preis-Leistungs-Verhältnis, das französischer Wein zu bieten hat.

Auch heute noch ist Bewegung in der langen Liste der Vins de pays. Manche Weine haben inzwischen VDQS- oder gar AC-Status erlangt, weitere Vins de pays sind hinzugekommen; von Jahrgang zu Jahrgang tauchen neue Erzeuger auf und innovative Ideen stehen zur Diskussion.

Die folgende Liste erhebt keinen Anspruch auf Vollständigkeit – viele Vins de pays sind zu wenig bekannt und werden nur in kleinsten Mengen produziert –, doch stellt sie einige für Vin de pays festgelegte (geographische) Bereiche und ihre Bezeichnungen vor. Manche bestehen aus nicht mehr als drei oder vier Gemeinden einer Anbauzone, andere decken ganze Departements ab wie zum Beispiel Vin de pays de Loire Atlantique, und wieder andere umfassen eine ganze Region wie beispielsweise den Midi (Vin de pays d'Oc) oder das Loire-Tal (Vin de pays du Jardin de la France). Die letzten beiden so genannten regionalen Vins de pays, es sind insgesamt vier, waren dafür gedacht, traditionellen Weinbaugebieten neues Leben einzuhauchen und als Experimentierfeld für neue Ideen zu dienen – diesen Zweck haben sie erfüllt.

Darüber hinaus werden in den Vorschriften für die Vins de pays die anzupflanzenden Rebsorten bestimmt. In manchen Fällen sind dabei ein oder zwei klassische Sorten fest vorgeschrieben und weitere in bestimmten Anteilen geduldet, in anderen Gegenden gibt es diesbezüglich überhaupt keine Festlegungen.

Die erfolgreichsten neuen Vins de pays sind Erzeugnisse aus einer einzigen Traubensorte – 85% davon kommen aus dem Midi – und werden als Frankreichs Antwort auf die Sortenweine der Neuen Welt verstanden. Weit großzügiger gefasst als bei AC- und VDQS-Weinen sind die zulässigen Erträge, die ebenfalls in den Bestimmungen für die Vins de pays aufgenommen wurden.

Rhône & Provence

Die meisten Weinbaugebiete an der Rhône und in der Provence haben Anspruch auf Benutzung der weit gefassten AC Côtes du Rhône beziehungsweise Côtes du Provence. Unter die Vins de pays fallen abseits gelegene, oft sehr interessante Distrikte sowie einzelne Zonen innerhalb der AC-Gebiete.

Die Weine sind meist rote Verschnitte der traditionellen Traubensorten des Südens, doch auch Bordeaux-Reben treten immer häufiger in Erscheinung.

Alpes-de-Haute-Provence
Provence. Vorwiegend Rotweine aus dem Durance-Tal. Auch etwas Rosé.

Alpes-Maritimes
Provence. Beschränkt auf das Umland von Nizza. Selten.

l'Ardèche
14 Gemeinden in den Tälern von Ardèche und Chassezac. Hauptsächlich Rotweine aus lokalen und internationalen Traubensorten sowie Weißweine aus südfranzösischen Sorten plus Chardonnay.

d'Argens
Provence. Aus Gemeinden um Draguignan und les Arcs im Argens-Tal. Vorwiegend Rotwein.

Bouches-du-Rhône
Die Weine kommen aus drei getrennten Anbauzonen: aus dem Gebiet um Aix-en-Provence, aus dem Hauptgebiet der Côtes de Provence im östlichen Teil des Departements und aus der Camargue. Die meisten Weine sind rot und werden von den südlichen Rebsorten zusammen mit etwas Cabernet bereitet. Dank der ablehnenden Haltung des INAO ist dies auch die stolze Heimat eines der größten Weine Südfrankreichs: Domaine de Trévallon (Provence, siehe dort).

Collines Rhodaniennes
Hierzu gehört die gesamte nördliche Rhône. Trauben für Rot- und Roséweine sind Syrah, Gamay, in einigen Gebieten auch Pinot noir, Merlot und Cabernet franc, sowie bis zu 30% zweitrangige Sorten. Weiße Trauben sind die traditionellen Rhône-Sorten und in einigen Gebieten auch Chardonnay.

Comtés Rhodaniens
Einer der vier regionalen Vins de pays, der acht Departements (Ain, Ardèche, Drôme, Isère, Loire, Rhône, Savoie und das Haute-Savoie) erfasst.

Coteaux des Baronnies
Das Gebiet um Rémuzat und Nyons nördlich des Mont Ventoux in den Ausläufern der Alpen, speziell für Rotwein: Cinsault, Grenache, Gamay, Syrah, Pinot noir mit bis zu 30% anderen Sorten. Für Weißwein: Rhône-Sorten mit Aligoté und Chardonnay.

Coteaux du Verdon
Provence. Vom Gebiet des nördlichen Var, hauptsächlich für Rotwein und Rosé aus lokalen Sorten und/oder Cabernet Sauvignon.

Drôme
Der östliche Teil des Rhône-Tals, südlich von Valence und östlich von Montélimar. Über 80% ist Rotwein aus Carignan, Cinsault und Syrah, ergänzt durch Gamay, Cabernet Sauvignon und Merlot.

Maures
Provence. Rotwein und Rosé aus der Gegend um St-Tropez, vorwiegend aus lokalen Sorten, doch auch Cabernet Sauvignon und Merlot sind zugelassen.

Mont-Caume
Provence. Zwölf Gemeinden um Bandol. Einer der besten Weine ist der Bunan aus reinem Cabernet Sauvignon.

Principauté d'Orange
Das Gebiet um Bollène, Orange, Vaison-la-Romaine und Valréas östlich der Rhône im Gebiet von Côtes du Rhône-Villages und Châteauneuf-du-Pape. Hier entstehen viele Grenache-dominierte Rotweine.

Var
Der wichtigste Vin-de-pays-Bereich in der Provence. Er deckt das gesamte Departement Var ab. Große Mengen Rosé und Rotwein aus Grenache, Cinsault, Carignan, Syrah und anderen Sorten, darunter Cabernet Sauvignon.

Vaucluse
Hierzu gehört der östliche Teil der Côtes du Rhône und Côtes du Ventoux.

Ähnlicher Rotweinstil wie Côtes du Rhône, obwohl Cabernet Sauvignon in der Mischung ist. Der uninteressante Weißwein ist aus Ugni blanc.

Gard

Das Departement Gard erstreckt sich von der Rhône bei Avignon nach Westen bis in die Cevennen. Die Hauptstadt ist Nîmes. Der größte Teil des Departements ist Weinland, und Vin de pays du Gard gilt für den gesamten Bereich. Andere Vins de pays für Teilgebiete unterschiedlicher Größe sind nachstehend aufgeführt. Es gibt keine vorgeschriebenen Traubensorten.

Mont Bouquet
Ein Unterbereich mit 19 Gemeinden um Vézenobres, nordwestlich von Nîmes.

Coteaux Cévennois
24 Gemeinden nordöstlich von Alès in den Ausläufern der Cevennen.

Coteaux Flaviens
Neun Gemeinden südwestlich von Nîmes.

Coteaux du Pont-du-Gard
19 Gemeinden um Remoulins zwischen Nîmes und Avignon. Der größte Teil der Produktion stammt von acht Genossenschaften.

Sables-du-Golfe-du-Lion
Sanddünen und Küstenstreifen auf dem Gebiet von zwölf Gemeinden in der Camargue westlich des Rhône-Deltas. Trauben für Rot- und Roséwein sind Cabernet Sauvignon, Cabernet franc, Carignan, Cinsault, Grenache, Lladoner Pelut, Merlot, Syrah und bis zu 30 % andere. Weiße Trauben sind Ugni blanc, Clairette, Carignan, Muscat, Sauvignon blanc und gleichfalls bis zu 30 % andere.

Uzège
26 Gemeinden um Uzès, nördlich von Nîmes.

Côtes du Vidourle
15 Gemeinden um Sommières, westlich von Nîmes.

Hérault

Hérault ist das Departement mit der größten Weinproduktion in Frankreich. Die Bezeichnung Vin de pays de l'Hérault deckt den gesamten Bereich ab. Darüber hinaus gelten für 27 Teildistrikte eigene Bestimmungen. Zu manchen dieser Distrikte gehört Land, das unter die AC St-Chinian beziehungsweise Minervois fällt, sowie Gemeinden, die die Bezeichnung AC Coteaux du Languedoc führen dürfen. Die Tatsache, dass sich hier eines der Spitzenweingüter des Midi – Mas de Daumas Gassac – befindet, ist der Beweis dafür, dass dies nicht nur ein Billigweingebiet ist.

Ardailhou
Bereich im südlichsten Teil des Departements Hérault an der Mündung der Flüsse Hérault und Orb. Genossenschaften in Portiragnes, Vias, Villeneuve-les-Béziers und Sérignan.

Cassan
Vier Gemeinden um Roujan im mittleren Hérault.

Côtes du Brian
13 Gemeinden im östlichen Minervois. Bekanntester Erzeuger ist Clos des Centeilles, der kühne Wege geht.

Coteaux de Fontcaude
Sechs Gemeinden südlich von St-Chinian.

Coteaux du Libron
Sechs Gemeinden um Béziers.

Collines de la Moure
27 Gemeinden um Frontagnan und Mireval. Von privaten Gütern und Genossenschaften gleichermaßen häufig benutzt.

Coteaux de Murviel
Der östliche Teil von St-Chinian. Château Coujan ist der bekannteste Erzeuger.

Côtes de Thau
Fünf Gemeinden um Florensac nahe der Küste bei Agde.

Côtes de Thongue
Hérault. Rot und Weiß. 14 Gemeinden um Pézenas und Béziers.

Gorges de l'Hérault
Drei Gemeinden im oberen Hérault-Tal um Gignac.

Mont-Baudile
Um St-Jean de la Blaquière nördlich von Clermont l'Hérault. Zwei Drittel der Produktion sind Rotwein, der Rest Rosé und etwas Weißwein.

Aude

Das gesamte Departement Aude, das sich von Narbonne aus landeinwärts erstreckt, darf die Bezeichnung Vin de pays de l'Aude verwenden.

Haute-Vallée de l'Aude
55 Gemeinden um Limoux. Trauben für Rot- und Roséwein: Cabernet Sauvignon, Cabernet franc, Cot und Merlot. Weiße

Trauben: Chenin, Chardonnay, Sémillon, Terret blanc und Terret gris.

Coteaux de la Cité de Carcassonne
Elf Gemeinden um Carcassonne. Eine große Anzahl verschiedener Traubensorten ist zugelassen.

Cucugnan
Gemeinde von Corbières. Hauptsächlich von der Genossenschaftskellerei benutzt.

Coteaux de Miramont
Neun Gemeinden um Capendu östlich von Carcassone.

Val d'Orbieu
Zwölf Gemeinden im Orbieu-Tal westlich von Narbonne. Trauben für Rot- und Roséwein: Carignan, Cinsault, Grenache, Alicante Bouschet, Picpoul und Terret noir. Weiße Trauben: Clairette, Macabeu, Bourboulenc, Carignan blanc und Grenache blanc.

Coteaux de Peyriac
17 Gemeinden im westlichen Minervois.

Roussillon & Corbières

Die Corbières-Berge, die zum Teil in das Departement Pyrénées-Orientales und in das Departement Aude weiter nördlich fallen, haben mehrere interessante Vins de pays aufzuweisen, die hier und unter Aude aufgeführt sind. Vin de pays des Pyrénées-Orientales ist die Bezeichnung für die in den meisten Bereichen des Departements, mit Ausnahme des Südostens, produzierten, vorwiegend roten Weine. Das Gebiet im Süden, das aus Ebenen und den Vorbergen der Pyrenäen besteht, benutzt den Namen Catalan für zwei festgelegte Distrikte.

Catalan
Roussillon. Das Gebiet landeinwärts von Perpignan und Argelès.

Côtes Catalanes
Roussillon. Im Norden und Westen von Perpignan.

Côte Vermeille
Roussillon. Das Gebiet um Banyuls und Collioure entlang der Küste.

Der Südwesten

Fast alle Teile des Südwestens gehören zu einem der vielen Vins de pays, die dort jetzt aus dem Boden schießen. Manche überschneiden sich mit den auf Seite 226–242 beschriebenen AC- und VDQS-Bereichen. Die besten Vins de pays werden von Winzern produziert, die keinen anderen Wein im Programm haben, und nicht von Erzeugern, die den Landwein neben höher gewerteten Appellationen führen.

L'Agenais
Das ganze Departement Lot-et-Garonne vom Armagnac-Gebiet bis zur Grenze von Cahors. Vorwiegend für die Rotweine der Genossenschaften.

Aveyron
Nicht häufig anzutreffen, außer im Programm der Genossenschaft in Aguessac bei Millau. VDQS Millau wird, wenn er zu viel Cabernet Sauvignon (!) enthält, zu diesem Vin de pays abgestuft.

Bigorre
Hautes-Pyrénées. Bestimmte Gemeinden um Madiran and Vic-de-Bigorre im Süden. Auch die Genossenschaft Plaimont in St-Mont und Alain Brumont in Madiran (siehe jeweils dort) benutzen Bigorre zur Bezeichnung einiger Sortenweine.

Charentais
Charente und Charente-Maritime. Maximaler Ertrag: 70 hl/ha. Trauben für Rot- und Roséwein: Cabernet franc, Cabernet Sauvignon, Merlot, Tannat (nur Ile de Ré) und bis zu 20% andere. Weiße Trauben: Chenin blanc, Colombard, Folle blanche, Muscadelle, Sauvignon blanc, Sémillon und Ugni blanc. Meistens schlank und rustikal.

Corrèze
Eine Genossenschaft in Branceilles zwischen Brive und der Dordogne sowie ein privater Erzeugerbetrieb in Voutézac nordwestlich von Brive (Domaine de la Mégénie) erzeugen diesen Vin de pays.

Dordogne
Eine meist von Genossenschaften verwendete Bezeichnung für nicht qualifizierte oder abgestufte Rot- und Weißweine der AC Bergerac.

Côtes de Gascogne
Fast das gesamte Departement Gers (Armagnac-Gebiet). Große Anzahl traditioneller und Qualitätstrauben.

Gers
Erfasst das gesamte Departement und überschneidet sich mit Côtes de Gascogne. Viele Weißweine aus Ugni blanc und Colombard.

Côteaux de Glanes
Glanes ist eine Gemeinde in den Bergen östlich von Bretenoux (Lot). Eine kleine Genossenschaft ist der einzige Erzeuger. Attraktiver, in den Restaurants der Gegend beliebter Wein aus Merlot und Gamay sowie ein Verschnitt aus Jurançon noir und Portugais bleu namens Ségalin.

Coteaux et Terrasses de Montauban
Gedacht für Weine aus dem Niemandsland zwischen den Coteaux de Quercy, Fronton und Lavilledieu. Zu den Traubensorten gehören Gamay, Merlot, Syrah, Tannat und die beiden Cabernets. Haupterzeuger ist die Genossenschaft in Lavilledieu.

Coteaux du Quercy
Das Gebiet wurde früher Bas-Quercy genannt; es umfasst die von Cahors südwärts verlaufenden *causses*. Im Norden herrschen die Cahors-Trauben Malbec, Merlot und Tannat vor, weiter im Süden werden auch Cabernet franc, Gamay und etwas Cabernet Sauvignon verarbeitet.

Côtes du Tarn
Erfasst das Gebiet der AC Gaillac sowie weiteres Land südwärts bis zum Fluss Agout. Große und bedeutende Produktion von trockenem Weißwein, Rosé und Rotwein. Manchmal

Auffangbecken für abgestuften Gaillac beziehungsweise für in der AC nicht zugelassene Traubensorten, zum Beispiel Jurançon noir und Portugais bleu. Hauptstütze der Genossenschaften in Técou und Labastide-de-Lévis, auch von unabhängigen Gaillac-Erzeugern genutzt.

Thézac-Perricard

Im Südwesten von Cahors, für Rotweine in Cahors-ähnlichem, aber leichterem Stil und für etwas Rosé. Die Genossenschaft in Thézac ist der einzige Erzeuger.

Comté Tolosan

Bezeichnung für weite Teile des Südwestens, in der Praxis aber nur für die Gegend von Toulouse nordwärts bis Montauban und südwärts bis Pamiers benutzt. Kann für fast jede Art von Wein gelten.

Pyrénées-Atlantiques

Erfasst das ganze Departement, vor allem aber Weine aus Béarn und Jurançon. Vorwiegend Rotwein und Rosé.

St-Sardos

VDQS-Anwärter, erzeugt von einer ambitionierten Genossenschaft im Land des Knoblauchs westlich von Montauban. Rotwein und Rosé aus Syrah, Cabernet franc, Gamay und Tannat. Der im *saigné*-Verfahren produzierte Rosé ist aus denselben Trauben; hinzu kommt eine Cuvée aus dunkelbeerigem Muscat.

Terroirs Landais

Erfasst das gesamte Departement Landes; wird meist für Weine im Stil der Gascogne (Colombard und Ugni blanc für Weißwein, Tannat und Cabernet-Sorten für Rotwein) aus der Gegend jenseits der Grenze von Gers benutzt, ferner für kleinere Produktionen im Westen des Departements, speziell für *vin de table,* vorwiegend aus Cabernet franc, der nahe der Atlantikküste wächst.

Loire

Coteaux Charitois

Das Gebiet um la Charité-sur-Loire südlich von Pouilly-sur-Loire. Hauptsächlich Sauvignon blanc.

Coteaux du Cher et de l'Arnon

Zehn Gemeinden um Quincy und Reuilly. Trauben für Rot-

und Roséwein: Gamay, Pinot noir plus 30 % andere. Weiße Trauben: Chardonnay, Sauvignon blanc, Pinot gris plus 30 % andere.

Jardin de la France

Der größte Teil des unteren und mittleren Loire-Beckens. Das Gebiet umfasst 13 Departements. Eine erfolgreiche Appellation, die oft für einfachen Chardonnay benutzt wird; Chenin und Sauvignon blanc sind ebenfalls gestattet.

Loire-Atlantique

Vin de pays aus dem Muscadet-Gebiet. Rotwein und Rosé aus Gamay und Grolleau; Weißwein aus Muscadet, Gros Plant und Chardonnay.

La Vienne

Im Haut-Poitou-Gebiet. Rotwein und Rosé aus Gamay; Weißwein aus Chenin blanc und Chardonnay.

Burgund

l'Yonne

Meistens Chardonnay-Weine aus dem nördlichen Burgund um Auxerre. Der einzige Vin de pays, der überall in Burgund anzutreffen ist.

Midi & Korsika

d'Oc

Erfasst das gesamte Languedoc-Roussillon. Die Bezeichnung gilt für Weine von nicht traditionellen Traubensorten der Region. Es gibt daher Vin de pays d'Oc von Cabernet Sauvignon, Cabernet franc, Merlot, Syrah und Mourvèdre beziehungsweise in Weiß von Chardonnay, Sauvignon blanc, Chenin blanc, Viognier und Vermentino. 70 % der Produktion entfallen auf sortenreine Weine. Viele der interessantesten neuen südfranzösischen Weine verwenden diesen Vin-de-pays-Namen. Zu den Spitzenerzeugern gehören Skalli Fortant de France und la Baume.

L'Ile de Beauté

Korsika. Hauptsächlich Rotwein, für den viele Sorten zugelassen sind; allerdings dürfen Carignan und Cinsault 25 % beziehungsweise 50 % der Rebfläche nicht überschreiten. Einige Weine sind durchaus gut.

Hamburg

Bremen

Elbe

Hannover

Berlin

Rhein

Weser

Leipzig

SAALE-UNSTRUT

Erfurt

SACHSEN

Bonn

Dresden

AHR   MITTELRHEIN

Koblenz

RHEINGAU

MOSEL-
SAAR-RUWER

Frankfurt

FRANKEN

RHEINHESSEN

Würzburg

Trier

Mannheim

NAHE

Nürnberg

PFALZ

HESSISCHE
BERGSTRASSE

WÜRTTEMBERG

Main

Stuttgart

Baden-Baden

Donau

BADEN

München

Freiburg

Bodensee

Deutschland

Bis zu den 1970er-Jahren produzierte Deutschland anerkanntermaßen die feinsten Weißweine der Welt, denen allenfalls weißer Burgunder das Wasser reichen konnte. Kein edles Diner konnte ohne eine Spätlese von der Mosel oder vom Rhein beginnen. Die Riesling-Traube galt als die Königin der hellen Rebsorten (und von Chardonnay hatte, auch wenn es schwer vorstellbar ist, kaum jemand auch nur gehört).

Manchmal scheint es jedoch, dass Deutschland das einzige Weinbau treibende Land ist, dessen internationales Ansehen in den letzten zehn Jahren nicht gestiegen ist. In den Augen der restlichen Welt entsteht deutscher Wein mit wenigen Ausnahmen in einem Katastrophengebiet.

Der Abstieg begann mit dem deutschen Weingesetz von 1971, das, Ironie des Schicksals, mit einem wirklich großartigen Jahrgang zusammenfiel. Das Gesetz schlug sich klar auf die Seite des kleinen Mannes, des Genossenschaftsmitglieds, dessen Gunst – so kann man nicht umhin zu denken – sich die Politiker sichern wollten.

Das neue Gesetz erlaubte es ihm, seinen Wein mit wohlklingenden Namen zu bedenken, die kaum etwas mit dessen Ursprung zu tun hatten. Das Wort »Qualität« durfte auch dort verwendet werden, wo es nichts zu suchen hatte, und so aussagekräftige Bezeichnungen wie »Auslese« wurden zu bloßen Grenzwerten für den Zuckergehalt degradiert. Es gab keine Bestimmungen zu Ertragsbeschränkungen, mit der Folge, dass viele Weine bald nur noch wie Zuckerwasser (mit Betonung auf Wasser) schmeckten. Mit der Qualität gingen auch die Preise in den Keller; sie liegen im europäischen Vergleich inzwischen auf niedrigstem Niveau. Das Land mit dem höchsten Lebensstandard und den höchsten Lohnkosten erzeugt einige der billigsten Weine Europas.

Diese traurige Vorrede ist leider unabdingbar für das Verständnis des heutigen deutschen Weins. Die gute Nachricht ist, dass eine stetig wachsende Anzahl anspruchsvoller Erzeuger ihren eigenen Weg geht und die ihrer Meinung nach viel zu freizügigen gesetzlichen Mindestanforderungen praktisch außer Acht lässt. Manche gehen sogar so weit, ihren Wein umzubenennen, um zu erreichen, dass ihre eigenen Namen als Marken bekannter werden als die der Lagen, die sie bewirtschaften.

Viele deutsche Weinberge liegen so weit nördlich, dass die Lage der Rebflächen von entscheidender Bedeutung ist. Man denke nur an die weiten Schleifen der Mosel, wo die Sonneneinstrahlung im Weinberg je nach Geländeform und Ausrichtung stärker schwankt als irgendwo sonst auf der Welt. Der durchlässige Schieferboden ist hier eine notwendige Voraussetzung für das Ausreifen der Riesling-Trauben; jeder weiß, wodurch sich die besten Lagen auszeichnen – und dass es unmöglich ist, an Nordhängen oder auf flachem Schwemmland feinen Wein zu produzieren.

Man vergleiche dies mit der Côte d'Or in Burgund. Über Jahrhunderte hinweg wurde sie peinlich genau in Grands crus, Premiers crus und Village-Lagen unterteilt. Ihr Weltruhm beruht auf dieser Klassifizierung – das funktioniert ganz einfach. Von offizieller deutscher Seite her wird eine solche Festschreibung natürlicher Qualitäten als elitär und undemokratisch abgelehnt.

Noch wesentlicher ist, dass roter Burgunder sortenrein Pinot noir und weißer Burgunder sortenrein Chardonnay ist, während als »Bernkasteler« oder »Piesporter« verkaufter deutscher Wein keineswegs aus Riesling bestehen muss, sondern völlig legal von minderwertigen Massenertragssorten wie Müller-Thurgau oder Kerner gekeltert werden kann. Wenn ein Anbaugebiet seinen guten Namen nicht selbst wahrt, wird es auch niemand andere tun. Jedes französische *syndicat* sieht seine Bestimmung im Schutz der jeweiligen Appellation, doch in Deutschland gibt es keine Appellationen, die man schützen könnte. Und genau da liegt der Hund begraben.

Andererseits muss, was auf die Mosel oder den Rheingau zutrifft, wo der Riesling die klassische Haupttraube ist, nicht unbedingt auch für die Pfalz oder Baden im Süden gelten, oder für Franken, die Heimat des Silvaner. Andere Böden und andere Traditionen, ganz zu schweigen von längeren Wachstumsperioden, bieten andere Möglichkeiten, die umsichtige Winzer ergreifen müssen.

Für deutsche Begriffe ist – und das aus gutem Grund – die Reife alles. Alle deutschen Qualitätskriterien (zumindest die amtlichen) beruhen auf dem Zuckergehalt der Trauben zur Lesezeit. Es gibt keine offizielle Rangfolge der Lagen wie in Frankreich, keine speziellen Rebsortenrezepte wie in Italien. Deutsche Etiketten, zumindest die auf Qualitätswein, machen unmissverständliche Aussagen. Abgesehen von der schwer zu entziffernden gotischen Schrift auf manchen sind sie außerordentlich schlüssig und informativ – bis zu einem gewissen Punkt.

Seit 1971 wurde das Weingesetz mehrfach ergänzt, seine Grundzüge blieben jedoch unverändert. Das Spektrum der deutschen Weine wird in drei Ebenen unterteilt. Der Tafelwein auf der untersten Ebene unterliegt einer relativ geringen Kontrolle und darf sich daher auch nicht auf besondere Herkunftslagen berufen. Meist handelt es sich um einen Verschnitt von Weinen, die der Zuckerung bedurften. Der einzige formale Aspekt, den es zu beachten gilt, ist der Unterschied zwischen deutschem Tafelwein, der aus Deutschland stammen muss, und Tafelwein ohne den Zusatz »deutsch«, der Wein aus anderen europäischen Ländern (früher Italien, heute häufiger Osteuropa) enthalten darf. Dabei wird ein alkoholschwacher neutraler Grundwein durch Zugabe von Süßreserve aufpoliert und zu einem typisch deutschen Wein gemacht. Auch die Verwendung gotisch anmutender Lettern auf dem Etikett soll offensichtlich bei Unkundigen den Eindruck verstärken, dass sie es mit einem deutschen Wein zu tun haben. 1982 wurde mit dem Landwein eine neue Kategorie von Tafelwein mit etwas strikteren Vorschriften eingeführt. Im Hinblick auf seine Beliebtheit und das Engagement seiner Erzeuger hat dieser jedoch kaum etwas mit seinem französischen Pendant, dem Vin de pays, gemein. Wichtiger ist der rebellische Gebrauch der Tafelwein-Bezeichnung durch anspruchsvolle Erzeuger, die von den offiziellen Kategorien enttäuscht sind und ihren eigenen Qualitätskriterien mehr Wert beimessen als der gesetzlichen Anerkennung.

Auf der zweiten Ebene ist der Qualitätswein bestimmter Anbaugebiete, kurz QbA, angesiedelt. Einem Deutschen mag der Unterschied zwischen dieser und der Spitzenkategorie deutscher Weine, dem Qualitätswein mit Prädikat (QmP), vielleicht einleuchten, für ausländische Weinliebhaber ist es jedoch schwer verständlich, dass die beiden Arten von Qualitätswein meilenweit auseinander liegen, ja grundsätzlich verschieden sind. Beim QbA darf zur Erhöhung des Alkoholgehalts im Wein während der Gärung Zucker zugesetzt werden; QmP ist hingegen das, was vor 1971 knapper und treffender als »naturrein« bezeichnet wurde, will heißen: Der natürliche Zuckergehalt der Trauben ist hoch genug, damit Wein entstehen kann. Der Ausdruck »mit Prädikat« ist alles in allem recht schwammig und lässt kaum darauf schließen, dass dieser Kategorie fast ausnahmslos alle deutschen Spitzenweine angehören.

(Die Ausnahme sind Jahrgänge, in denen die Trauben nicht voll ausreifen und Weine, die andernfalls dünn und unterernährt schmecken würden, durch einen leichten Zuckerzusatz verbessert werden.)

QmP-Weine tragen eine Zusatzbezeichnung, die Auskunft über den Reifegrad der Trauben gibt, und zwar in dieser Reihenfolge: Kabinett bei reifen Trauben aus dem normalen Lesegut; Spätlese bei später gelesenen und daher reiferen Trauben; Auslese bei ausgewählten, vollreifen Trauben. Der in dem jeweiligen Anbaugebiet für jede Kategorie erforderliche Zuckergehalt (das Mostgewicht) und damit der potenzielle Alkoholgehalt ist in den Bestimmungen festgelegt. Bei diesen Werten behält der Wein meist bereits eine ausgeprägte natürliche Süße. Wenn eine Auslese trocken ausgegoren wird, bekommt sie einen ausgesprochen hohen Alkoholgehalt, der viele Weine aus dem Gleichgewicht bringt. Zwei weitere Bezeichnungen gehen, was Reifegrad und Traubenauswahl anbetrifft, noch über die Auslese hinaus: die Beerenauslese, bei der einzelne extrem ausgereifte und konzentrierte Beeren ausgewählt werden, und die Trockenbeerenauslese, bei der nur Beeren verwendet werden, die durch Edelfäule (manchmal auch durch ungewöhnlich große Hitze) eingeschrumpft sind. Der Zuckergehalt ist bei solchen Weinen oft so hoch, dass der Gärungsprozess gehemmt wird und es Monate dauert bis ein bescheidener Alkoholgehalt erreicht wird. Trockenbeerenauslesen besitzen für gewöhnlich einen sehr geringen Alkoholgehalt (rund 5,5 %) und außerordentlich viel Süße. Sie sind nicht einmal halb so stark wie ein Château d'Yquem, der in ganz ähnlicher Weise bereitet wird, und dementsprechend doppelt so süß (große Trockenbeerenauslesen können jedoch konzentrierter und intensiver ausfallen als Yquem – sind aber nicht unbedingt besser).

Eine weitere QmP-Kategorie, die aufgrund der Bereitungsmethoden gesonderte Erwähnung verdient, ist der Eiswein. Er wird aus Trauben gekeltert, die am Rebstock gefroren sind. Presst man diese Trauben, bevor sie auftauen, wird das zu Eis gewordene fast reine Wasser vom Zucker, der Säure und den anderen Bestandteilen, die einen niedrigeren Gefrierpunkt haben, getrennt. So entsteht wie bei der Trockenbeerenauslese ein hochkonzentrierter Most, der aber meist einen geringeren Reifegrad und unweigerlich mehr Säure aufweist. Der Wein kann ganz außergewöhnlich sein, und der hohe Säuregehalt macht ihn fast unbegrenzt haltbar.

Die Reihenfolge der Angaben auf dem Etikett eines QmP-Weins ist so gut wie immer gleich: An erster Stelle wird die Gemeinde genannt, dann die Lage, die Rebsorte und schließlich die Zusatzbezeichnung für den Reifegrad (Kabinett, Spätlese etc.). Hinzu kommt gelegentlich ein Hinweis darauf, ob der Wein trocken oder halbtrocken ist, worauf ich noch zu sprechen komme.

Die Eindeutigkeit dieser Angaben wird durch einen Aspekt beeinträchtigt, im Übrigen der gröbste Fehler im deutschen Weingesetz von 1971: dem Konzept der Großlage. Leider steht – von Gesetzes wegen – auf keinem Etikett, ob es sich um eine Einzellage oder eine aus mehreren Einzellagen bestehende Einheit mit weniger ausgeprägtem Charakter, also eine Großlage, handelt. Die Großlagen wurden eingeführt, um Weine aus weniger bekannten Einzellagen besser verkaufen zu können, ganz nach dem Motto: je größer, desto besser (bekannt). Doch die Namen der Großlagen sind in keiner Weise von Einzellagenbezeichnungen zu unterscheiden, und mir ist auch noch niemand begegnet, der sie alle im Gedächtnis hätte. Dem Verbraucher wird damit eine wesentliche Information vorenthalten. Weitere Verwirrung stiftet die Tatsache, dass in manchen Gebieten als Einzellage gelten darf, was selbst wieder aus mehreren einzelnen Weinbergen besteht, denen nichts weiter als ein einheitlicher Charakter nachgesagt wird. Wirklich klar unterschieden sind diese beiden Lagenbegriffe also nicht.

Im schlimmsten Fall sind Großlagennamen schlicht ein Schwindel. Zwei bekannte Beispiele sind Niersteiner Gutes Domtal und Piesporter Michelsberg. Beide müssen nicht einen Tropfen des Weins aus dem auf dem Etikett angegebenen Ort enthalten, im Gegenteil: Ziemlich sicher enthält Gutes Domtal nichts weiter als Müller-Thurgau, der in der für den Kartoffelanbau prädestinierten Ebene gewachsen ist. Auf Frankreich angewendet, hieße das, dass jeder Médoc als Margaux verkauft werden könnte.

Eine oft zitierte Faustregel für die Kabinett-Spätlese-Auslese-Skala lautet: »Je süßer der Wein, desto höher die Qualität.« Zwar kann man nach wie vor von einem direkten Zusammenhang zwischen Reifegrad und Qualität ausgehen, doch wie süß ein Wein sein soll, liegt inzwischen weitgehend im Ermessen des Kellermeisters (und des Verbrauchers). Die Süße der handelsüblichen modernen deutschen Weine wird auf die Verbraucherwünsche abgestimmt, indem man einem voll ausgegorenen ganz trockenen Wein unmittelbar vor dem Abfüllen unvergorenen Traubensaft zusetzt (oder eben nicht). Außerdem werden die Winzer von Genossenschaften und Großhändlern dazu ermutigt, neue Kreuzungen mit einem hohen Zuckergehalt anzupflanzen – der Nachteil ist, dass diese Trauben nicht genug Säure haben, um die Süße auszugleichen. Kreuzungen wie Albalonga oder Optima bringen so regelmäßig Trauben mit dem Zuckergehalt einer Auslese hervor, dass das Prinzip, das eigentlich hinter der Kategorie Auslese steht, an sich pervertiert wird. In Weinen von deutschen Spitzengütern, namentlich von der Mosel, ist die Süße völlig natürlich – das Ergebnis einer von selbst zum Erliegen gekommenen oder gestoppten Gärung. Die Winzer bemühen sich um eine harmonische Ausgewogenheit zwischen Säure, Alkohol und fruchtiger Süße in ihrem Wein.

Der große Wandel im Geschmack der Deutschen war in den letzten zehn Jahren die Nachfrage nach ganz trockenen, ungesüßten Weinen, die man zum Essen trinken kann. Um auf dem Etikett als »trocken« ausgewiesen zu werden, darf ein Wein höchstens 9 g/l Restsüße enthalten. Die Vorliebe für trockenen Wein entstand und wuchs mit der zunehmenden Verwendung typisch französischer Rebsorten, hauptsächlich aus der Burgunderfamilie, für »Tafelweine« im eigentlichen Sinne, die es traditionellerweise in Deutschland so nicht gegeben hatte. Dadurch verlagerte sich der Schwerpunkt von den nördlichen Anbaugebieten, in denen der Riesling herrscht, südwärts in die Pfalz und nach Baden, wo die Burgundertrauben und ähnliche Sorten zu Hause sind. Wenn man trockene Riesling-Weine probiert, wird einem schnell klar, wie sehr ein bisschen natürliche Süße zu der Anmut, Ausgewogenheit und Trinkbarkeit der meisten deutschen Weine beiträgt. Ein trockener Wein dagegen muss schon eine ungewöhnlich gute Statur haben, um – derart entkleidet – einer kritischen Prüfung standzuhalten. Andererseits haben engagierte Erzeuger gerade auf diesem Gebiet neuerdings die größten Fortschritte erzielt, vor allem in wärmeren Riesling-Anbaugebieten wie der Pfalz. In der Zwischenstufe »halbtrocken« mit bis zu 18 g/l Restsüße ist das erforderliche Gleichgewicht zwischen Fülle und Biss für einen Wein, der das Essen begleiten soll, viel leichter gegeben.

Deutsche Winzer produzieren erstaunliche Mengen. In Frankreich, Italien und anderen Ländern sind niedrige Erträge in

Das neue Klassifizierungssystem

In den 1980er-Jahren machten sich fortschrittliche Erzeuger, vor allem im Rheingau, daran, durch die Wiedereinführung einer Lagenklassifizierung einige der Schäden, die das Weingesetz von 1971 angerichtet hatte, zu beheben. Ein Argument war, dass man sich unmöglich 3000 Lagennamen merken könne. Deshalb sollten die besten unter ihnen ausgezeichnet, die weniger guten dagegen nicht mehr namentlich genannt und ihre Trauben zu Guts- oder Ortsweinen verarbeitet werden. Als Grundlage der für ganz Deutschland geltenden Lagenklassifizierung sollten Karten aus dem 19. Jahrhundert dienen, auf denen die für jede Lage zu entrichtende Steuer verzeichnet war: Je höher die Steuer, desto besser der Weinberg. Keine unfehlbare Leitlinie, aber ein brauchbarer Ausgangspunkt für eine Klassifizierung.

Die Vorschläge aus dem Rheingau waren sinnvoll, stießen aber verständlicherweise auf Widerstand, besonders von guten Winzern, die nicht mit Spitzenlagen gesegnet waren. Dennoch war das im Rheingau entwickelte Klassifizierungssystem Ende der 1990er-Jahre so weit gediehen, dass es amtlich anerkannt wurde. Leider wurde nach diesem System ein Drittel des Rheingau und damit deutlich zu viel als so genanntes Erstes Gewächs eingestuft. Als fataler Fehler erwies sich dabei die Anwendung einer komplizierten Bewertungsskala, die auf dem in diesen Lagen normalerweise erreichten Reifegrad beruhte. Damit wurden wärmere Lagen in Flussnähe, in denen die Trauben früher reifen, bevorzugt und weiter vom Fluss entfernte, höher gelegene Weinberge abgestraft. Zum Ärger mancher Erzeuger qualifizierten sich durchschnittliche Lagen als Erstes Gewächs, während andere mit besseren Erfolgsstatistiken leer ausgingen.

Bis jetzt wird nur ein Bruchteil der Weine aus Lagen, denen der Titel »Erstes Gewächs« zusteht, unter dieser Bezeichnung abgefüllt. In der Praxis nutzen die Güter die Bezeichnung als eine Art Gütesiegel für ihre im Einklang mit den jeweiligen Bestimmungen erzeugten Spitzenweine. Führende Erzeuger wie Frank Künstler in Hochheim kanzeln das ganze System als unnütz ab und wollen nichts damit zu tun haben. Andere bemängeln, dass ein Erstes Gewächs ohne Zusatzbezeichnung für den Stil des Weins auskommen muss und dass bei diesen vermeintlich großen Weinen die Anreicherung zugelassen ist.

In anderen Anbaugebieten, namentlich Pfalz, Rheinhessen und Nahe, wurden 2002 auf Initiative des VDP eigene Kriterien eingeführt, nach denen trockene Weine aus bestimmten Lagen als »Große Gewächse« klassifiziert werden. Wenn alles nach Plan läuft, werden diese Kriterien wohl in den kommenden Jahren in allen deutschen Anbaugebieten verbindlich werden. Einige Kritiker zeigen sich erstaunt darüber, dass trockene Weine unabhängig von den süßen Weinen aus der gleichen Lage klassifiziert werden, das könnte sich in Zukunft also durchaus noch ändern. Die Kriterien sind nicht in allen Gebieten einheitlich, aber für ein Großes Gewächs gelten folgende Anforderungen:

- Der Wein muss trocken sein (höchstens 8 g Restzucker). Edle süße Weine wie Beeren- oder Trockenbeerenauslesen werden zwar als erstklassig anerkannt, dürfen jedoch nicht als Großes Gewächs ausgewiesen werden.
- Der Wein muss aus traditionellen regionalen Rebsorten erzeugt werden.
- Der maximale Ertrag ist auf 50 hl/ha begrenzt.
- Das Lesegut muss im Hinblick auf das Mostgewicht mindestens Spätlesequalität haben.
- Die klassifizierten Weinberge werden regelmäßig kontrolliert, die Weine unterliegen strengen organoleptischen Prüfungen.
- Es werden spezielle Flaschen mit Schmucketikett und einem Traubenadler auf der Kapsel verwendet.

Für eine zweite Gruppe von Lagen gilt die Bezeichnung »Klassifizierte Lagenweine«. Diese sind ebenfalls erstklassig, reichen in der Qualität jedoch nicht an die Großen Gewächse heran, was sich in erster Linie darin ausdrückt, dass die Ertragsgrenze bei 65 hl/ha liegt.

Alle anderen Weine sind Guts- oder Ortsweine ohne Lagenangabe auf dem Etikett.

Obwohl das System vom VDP entwickelt wurde, soll es allen Erzeugern offen stehen, die die Qualitätskriterien einhalten.

---

den Appellationsbestimmungen festgeschrieben, in Deutschland zählt allein das Mostgewicht. Die Durchschnittserträge stiegen von 25 hl/ha im Jahr 1900 auf 40 hl/ha im Jahr 1939 und betrugen in den 1970er-Jahren über 100 hl/ha. 1982 war ein Rekordjahr mit durchschnittlich 173 hl/ha und einem Spitzenwert von knapp 400 hl/ha. Allerdings sind das die Durchschnittswerte für ganz (West-) Deutschland einschließlich der Genossenschaften, in denen schlichtweg alles möglich ist.

Begrüßenswerte Schritte zur Verschärfung der Gesetze und zur Eindämmung der Erträge unternahm 1989 die Landesregierung von Rheinland-Pfalz (die über zwei Drittel der deutschen Weinerzeugung entscheidet). Für alle Anbaugebiete, Rebsorten und Qualitätsstufen wurden Höchsterträge festgesetzt. So wurden im Gebiet Mosel-Saar-Ruwer 130 hl/ha für Müller-Thurgau und 120 hl/ha für Riesling vorgeschrieben. In anderen Regionen wurde eine gleitende Skala eingeführt: An der Nahe zum Beispiel dürfen die Winzer 120 hl/ha Tafelwein, 110 hl/ha QbA, aber nur 85 hl/ha Prädikatswein erzeugen.

Doch wie ernst kann man es mit einem Gesetz meinen, das die Verrechnung der Übererträge eines Jahres mit denen des nächsten zulässt? Der politische Wille zur Einschränkung der Überproduktion scheint nicht allzu ausgeprägt zu sein.

Inzwischen halten alle qualitätsbewussten Erzeuger Ertragsgrenzen ein, die weit unter den gesetzlichen Höchstwerten liegen: Maximin Grünhaus und Robert Weil 55 hl/ha, Dr. Loosen 50 hl/ha, Egon Müller und Schlossgut Diel 45 hl/ha.

Sehr bedenklich ist auch, dass die Winzer durch den vorgeschriebenen Mindestreifegrad für Auslesen und andere Spitzenkategorien dazu verleitet werden, sich auf die Erfüllung dieser Mindestanforderungen zu beschränken. Nach den alten Regeln konnten ehrgeizige Kellermeister bessere Erzeugnisse als »feine« oder »feinste« Auslese von Standard-Auslesen unterscheiden. Natürlich wurde mit diesen Bezeichnungen Missbrauch getrieben, aber sie waren auch ein gerechter Lohn für anspruchsvolle Perfektionisten. Diese lassen ihre Kunden heute immer noch wissen, welche ihrer Fässer den besten Wein enthalten, aber die dezenten Hinweise, zum Beispiel in Form von goldenen Kapseln, stehen dem Missbrauch ebenfalls offen, schon weil Uneingeweihte sie nicht durchschauen.

Um alle Zweifel an der Qualität und Echtheit von QbA und QmP auszuräumen, wird jeder Wein einer offiziellen Analyse und Geschmacksprüfung unterzogen und danach mit einer Amtlichen Prüfungsnummer (AP-Nummer) versehen, die auf dem Etikett erscheint. Die AP-Nummer wird jedem Wein zuerkannt, der 1,5 von 5 Punkten erhält, was nicht gerade auf hohe Ansprüche schließen lässt. Bei der amtlichen Verkostung wird ein einheitliches Punktesystem angewandt, das auch der Vergabe von goldenen, silbernen und bronzenen Preismünzen der Deutschen Landwirtschaftsgesellschaft (DLG) und der regionalen Landwirtschaftsverbände zugrunde liegt. Doch auch hier werden die eigentlichen Maßstäbe durch die selbst auferlegten Kriterien qualitätsbewusster Erzeuger gesetzt. In diesem Bereich hat der Verband Deutscher Prädikats- und Qualitätsweingüter (VDP) mit Qualitätsanforderungen (Ertragshöchstgrenzen und Mindestmostgewichte), die weit strenger sind als die von staatlicher Seite, die Führungsrolle übernommen. Mitglieder im VDP (derzeit sind es rund 200) können alle Winzer werden, die sich zur Selbstdisziplin verpflichten. Die Standards werden genau überwacht, und wer sich nicht daran hält, wird ausgeschlossen. Der VDP hat auch die längst überfällige, aber immer noch nicht gesetzlich verankerte Klassifizierung deutscher Lagen (siehe Kasten Seite 250) vorangetrieben. Die Zukunft des deutschen Qualitätsweinbaus ruht auf den Schultern des VDP und seiner Mitglieder.

Der Fairness halber sei erwähnt, dass 2001 mit der Einführung der zwei Kategorien Classic und Selection eine neue Initiative vonseiten der deutschen Behörden ergriffen wurde. Die recht komplizierten Bestimmungen können wie folgt zusammengefasst werden: Classic ist ein guter QbA von einer einzigen Rebsorte mit höchstens 15 g Restzucker. Für Selection müssen die Trauben aus einem einzigen Weinberg stammen mit einem Höchstertrag von 60 hl/ha, einem potenziellen Alkoholgehalt von mindestens 12,2 % und höchstens 12 g Restsüße. Ziel dieser neuen Klassifizierungen ist es, die Angaben auf dem Etikett zu vereinfachen und für den Verbraucher leicht verständliche Kategorien zu etablieren. Einige Spitzengüter wie Selbach-Oster, Kruger-Rumpf und Diel haben diese Kategorien übernommen, bleiben jedoch die Ausnahme. Ob sie sich auf dem wichtigen Exportmarkt durchsetzen, kann man zum jetzigen Zeitpunkt noch nicht sagen.

Deutsche Anbaugebiete

Die feinsten deutschen Weine entstehen auf Südwest-, Süd- und Südosthanglagen. In dem nördlichen Klima Deutschlands ist die durch die Ausrichtung verstärkte Sonneneinstrahlung häufig unabdingbar für das Ausreifen der Trauben. Aber auch andere Faktoren spielen eine Rolle: die für ein milderes Klima sorgenden Wasserflächen, Schutz vor Wind, wärmespeichernde Böden mit gutem Wasserabzug.

Feine deutsche Weine entstehen auf praktisch jeder Art von Boden, von Schiefer über Kalkstein bis Lehm und Sand, sofern die sonstigen Voraussetzungen optimal sind. Der Einfluss verschiedenartiger Böden auf den Charakter von Weinen derselben Rebsorte, nämlich Riesling, ist ein spannendes Unterkapitel der deutschen Önologie. Doch Klima und Mikroklima, Lage und Ausrichtung stehen an erster Stelle.

Die 13 Hauptanbaugebiete lassen sich fünf großen Regionen zuordnen. Die wichtigste ist das Rheintal mit seinen Nebenflüssen, von der Pfalz im Süden über Rheinhessen, die Hessische Bergstraße, den Rheingau und die Nahe bis zum Mittelrhein und zur Ahr bei Bonn im Norden. Die zweite Region umfasst die Mosel mit ihren Nebenflüssen Saar und Ruwer von der französischen Grenze bis zur Einmündung in den Rhein bei Koblenz. An dritter Stelle kommt die ausgedehnte, aber zersplitterte Region Baden, die sich von Heidelberg bis zur Schweizer Grenze erstreckt. Die vierte Region ist Franken mit seinen Weinbergen am Main. Als fünfte Region ist Würt-

Deutschland in runden Zahlen

Die Gesamtanbaufläche in Deutschland beläuft sich auf 105 000 ha und wird von rund 75 000 Winzern bewirtschaftet, wovon allerdings nur 5415 mehr als 90 % ihres Weins selbst abfüllen und verkaufen. Die 13 Anbaugebiete unterscheiden sich erheblich in der Größe. In der nachstehenden Tabelle ist für jede Region die Rebfläche in Hektar sowie die Hauptrebsorte und deren Anteil an der Rebfläche angegeben.

Mosel-Saar-Ruwer	11 239
Riesling (54 %)	
Ahr	525
Pinot noir (58 %)	
Mittelrhein	547
Riesling (72 %)	
Rheingau	3219
Riesling (79 %)	
Nahe	4536
Riesling (25 %)	
Rheinhessen	26 456
Müller-Thurgau (21 %)	
Pfalz	23 460
Riesling (21 %)	
Hessische Bergstraße	456
Riesling (54 %)	
Franken	6030
Müller-Thurgau (40 %)	
Württemberg	11 264
Trollinger (23 %)	
Baden	15 880
Pinot noir (32 %)	
Saale-Unstrut	643
Müller-Thurgau (23 %)	
Sachsen	445
Müller-Thurgau (23 %)	

Nachstehend sind die meistangebauten Trauben mit dem jeweiligen Anteil ihrer Anbaufläche an der Gesamttrebfläche aufgelistet.

Riesling	21 %
Müller-Thurgau	19 %
Pinot noir (Blau-, Spätburgunder)	9 %
Silvaner	6,4 %
Kerner	6,2 %
Portugieser	4,8 %
Dornfelder	4,4 %
Bacchus	3,1 %
Scheurebe	2,8 %
Pinot gris (Grauburgunder)	2,6 %
Pinot blanc (Weißburgunder)	2,5 %
Trollinger	2,5 %
Pinot Meunier	2,3 %
Faberrebe	1,4 %
Andere	12 %

temberg zu nennen, dessen verstreut liegende und sehr unterschiedliche Weinberge außerhalb von Deutschland kaum bekannt sind. Saale-Unstrut und Sachsen sind zwei separate kleine Anbaugebiete im Osten Deutschlands.

Auf dem Exportmarkt belegen Rhein und Mosel mit Abstand den Spitzenrang. In Deutschland selbst bietet sich ein ganz anderes Bild: Hier hält man den Weinen aus Baden, Franken und Württemberg die Treue (und bezahlt sie teuer). Im Ausland begegnet man dem deutschen Wein entweder als kommerzieller Verschnitt, etwa »Liebfrau(en)milch« – eine ziemlich unscharfe Kategorie für in den ertragreichsten Anbaugebieten von bestimmten Rebsorten erzeugte Weine mit 18–40 g Restsüße – oder als Produkt eines der vielen großen historischen Weingüter an Rhein und Mosel. Nur selten schaffen Weine von kleineren Erzeugern den Sprung über die Grenze. Oft verkörpern jedoch gerade diese Winzer und Wirte (viele verkaufen ihren Wein offen in der eigenen Weinstube) den Stil und die Vitalität des jeweiligen Anbaugebiets. Ihre Weine sind im Allgemeinen nicht so fein wie die der renommierten Nobelgüter, aber sie haben Charakter, oft auch Charme und manchmal einen herrlichen Schwung und Feuer.

Kleines Glossar deutscher Weinbegriffe

Amtliche Prüfung Seit 1971 für alle QbA und QmP vorgeschriebene Qualitätskontrolle durch eine chemische Analyse und eine organoleptische Prüfung. Jeder Wein erhält eine Amtliche Prüfungsnummer (AP-Nummer), die auf dem Etikett stehen muss.

Anreichern Gesetzlich zugelassene Zugabe von Zucker zum Most zur Erhöhung des Alkoholgehalts im Wein (was der Chaptalisierung in Frankreich entspricht). In Deutschland dürfen Weine der Kategorie QmP nicht angereichert werden, sondern nur Tafelweine und QbA.

AP-Nummer Siehe Amtliche Prüfung.

Auslese Die dritthöchste Qualitätsstufe von QmP wird nur in reifen Jahrgängen bereitet und ist meist natursüß. Auch Edelfäule kommt in Auslesen in gewissem Maße vor, was ihre fruchtige Süße noch feiner macht. Gute Auslesen verlangen mehrere Jahre Flaschenlagerung, damit ihre jugendliche Süße zu reiferen Geschmacksnoten finden kann.

Barriquewein In kleinen neuen Eichenfässern vergorener und/oder ausgebauter Wein. Bei guten Rotweinen ist der Ausbau in neuer Eiche inzwischen gängige Praxis. Bei Weißweinen ist ihr Gebrauch unterschiedlich.

Beerenauslese QmP, der im Süßegrad, Preis und theoretisch in der Qualität eine Stufe über der Auslese steht. Einzelne überreife oder edelfaule Beeren werden zu intensiv süßen Weinen mit meist dunkler Farbe verarbeitet, die sich bei längerer Lagerung bewundernswert entfalten.

Bereich Die 13 Anbaugebiete sind in insgesamt 34 Bereiche unterteilt (z. B. Bereich Bernkastel). Einfachere Verschnittweine aus weniger guten Lagen eines Bereichs werden häufig unter dem Bereichsnamen abgefüllt (was sowohl für QbA als auch für QmP zulässig ist).

Bundesweinprämierung Die DLG vergibt bei ihren Weinprämierungen in Heilbronn an die Sieger regionaler Wettbewerbe bronzene (3,5 von 5 Punkten) und silberne (4 Punkte) Preismünzen sowie den Großen Preis (4,5 Punkte). Die Preismünzen sind oft auf den Halsetiketten der prämierten Weine abgebildet.

Deutscher Tafelwein Ausschließlich aus in Deutschland gewachsenen Trauben erzeugter Tafelwein.

Deutsches Weinsiegel Gütesiegel der DLG für Weine, deren Qualität um ein gewisses Maß höher ist, als für die Zuteilung der AP-Nummer erforderlich. Das Weinsiegel für liebliche bzw. süße Weine ist rot; daneben gibt es ein grünes Siegel für halbtrockene und ein gelbes Siegel für trockene Weine, die die DLG-Anforderungen erfüllen.

Diabetikerwein Im klassischen Sinn der trockenste deutsche Wein mit weniger als 4 g/l unvergorenem Zucker und daher – nach Konsultation des Arztes – auch für Diabetiker geeignet. Seit 1995 bestehen jedoch für Diabetikerweine neue Regelungen, da mit moderner Gärtechnik heute weniger Glukose, dafür aber mehr diabetikerfreundliche Fruktose im Wein entstehen kann, weshalb nun auch halbtrockene Diabetikerweine anzutreffen sind.

DLG Deutsche Landwirtschaftsgesellschaft, u. a. zuständig für die Weinprämierungen.

Domäne Meist für Weingüter im Besitz der Bundesländer verwendeter Ausdruck.

Edelfäule Siehe Seite 73, Château d'Yquem.

Einzellage In Deutschland gibt es rund 2600 Einzellagen. Offiziell sollte eine Einzellage mindestens 5 ha umfassen, weshalb manche Einzellagen, v. a. in Baden und Württemberg, aus nicht aneinander angrenzenden Parzellen bestehen. Mehrere Einzellagen, die im Hinblick auf Qualität und Charakter als gleich gelten, werden zu einer Großlage zusammengefasst. Der Name der Einzel- oder Großlage steht auf dem Etikett hinter dem Namen der Gemeinde.

Eiswein Wein aus Trauben, die bis in den Winter hinein (manchmal bis Januar) am Rebstock hängen bleiben und frühmorgens in gefrorenem Zustand gelesen und verarbeitet werden. Da nur das in den Beeren enthaltene Wasser gefriert, ist der vom Eis getrennte Saft besonders reich an Zucker, Säuren und Geschmacksstoffen. Es entstehen außerordentlich süße und würzige Weine mit nahezu unbegrenzter Haltbarkeit, die weniger gehaltvoll, aber eindringlicher als Beeren- oder Trockenbeerenauslesen sind und spektakuläre Preise erzielen.

Erstes Gewächs Oberste Stufe eines im Rheingau entwickelten Klassifizierungssystems, das sich jedoch nicht bundesweit durchgesetzt hat; Bezeichnung für Wein aus erstklassigen Lagen.

Erzeugerabfüllung Zugelassene Bezeichnung für Wein, den der Erzeuger aus eigenem Lesegut selbst abfüllt. Entspricht der französischen Angabe *mis au domaine* oder *mis au château*.

Fuder Ovales Eichenfass von der Mosel mit 1000 l Fassungsvermögen.

Großes Gewächs Oberste Qualitätsstufe eines vom VDP entwickelten Klassifizierungssystems.

Großlage Zusammenfassung mehrerer Einzellagen ähnlicher Qualität. Leider darf nach dem Weingesetz auf dem Etikett nicht zwischen Groß- und Einzellage unterschieden werden. Großlagennamen werden meist für QbA verwendet, manchmal aber selbst für z. B. Trockenbeerenauslesen, wenn das Lesegut einer Einzellage nicht einmal für ein kleines Fass ausreicht.

Halbtrocken Wein mit höchstens 18 g/l unvergorenem Zucker, d. h. trockener als die meisten modernen deutschen Weine, aber süßer als trockener Wein.

Kabinett Die niedrigste Stufe der Qualitätsweine mit Prädikat (QmP), die ohne Anreicherung bereitet werden. Feine Kabinettweine sind leicht und zart und daher schön erfrischend; unter den entsprechenden Bedingungen sind sie den schwereren (und teureren) Spätlesen und Auslesen nicht unterlegen.

Landwein 1982 eingeführte Kategorie für trockenen oder halbtrockenen Tafelwein.

Liebfrauenmilch Eine ziemlich strapazierte Markenbezeichnung für einen Wein mit 18–40 g Restzucker, ursprünglich aus den Anbaugebieten Pfalz, Rheinhessen, Rheingau und Nahe. Er muss die QbA-Kriterien erfüllen und sollte hauptsächlich von Riesling, Silvaner oder Müller-Thurgau gekeltert sein. Da Charakter und Qualität beträchtlich schwanken, kann man sich die Beliebtheit des Weins nur mit dem eingängigen Namen erklären.

Mostgewicht Das mit der Mostwaage gemessene spezifische Gewicht des Traubensafts ist die Größe, mit der der Zuckergehalt der Trauben angegeben wird. Die Maßeinheit sind Öchslegrade.

Öchsle / Oechsle Das spezifische Gewicht und damit der Süßegrad des Mosts wird in Deutschland mit der von Ferdinand Öchsle (1774–1852) erfundenen Methode gemessen. Jedes Gramm, um das ein Liter Traubensaft schwerer ist als ein Liter Wasser, entspricht 1° Öchsle. Wenn man die Öchslegrade durch 8 teilt, erhält man den potenziellen Alkoholgehalt des Weins.

Ortsteil Teil einer Gemeinde oder eines Ortes mit eigenständigem Status, z. B. Erbach im Rheingau, das zu Eltville gehört. Einige berühmte Weingüter wie etwa Schloss Vollrads dürfen den Namen der Gemeinde auf dem Etikett weglassen.

Perlwein Leicht schäumender Tafelwein, oft mit Kohlensäure versetzt. Damit werden einfache Weine aufgefrischt.

Prädikat Siehe QmP.

QbA / Qualitätswein bestimmter Anbaugebiete Die Kategorie zwischen Tafelwein und QmP. Bei QbA wird der Alkoholgehalt häufig durch Anreichern gesteigert. Er muss (unverschnitten) aus einem der 13 Anbaugebiete stammen, von zugelassenen Rebsorten gewonnen sein, einen bestimmten Reifegrad vor der Zugabe von Zucker aufweisen und eine chemische und organoleptische Prüfung bestehen, um eine AP-Nummer zu erhalten. In Jahrgängen, in denen die Trauben nicht voll ausreifen, fällt ein großer Teil deutscher Weine in diese Kategorie. Sie können von sehr guter Qualität sein, reichen jedoch nicht an einen QmP heran.

QmP / Qualitätswein mit Prädikat Offizielle Bezeichnung für die feinsten deutschen Weine, von Kabinett über Spätlese, Auslese und Beerenauslese bis Trockenbeerenauslese. QmP müssen aus einem bestimmten Bereich stammen und unterliegen von der Lese an regelmäßigen amtlichen Qualitätskontrollen.

Restzucker / Restsüße Der bei der Abfüllung in einem Wein vorhandene unvergorene Zucker unabhängig davon, ob die Gärung von selbst zum Erliegen gekommen ist oder gestoppt wurde. Manche trockenen Weine haben weniger als 1 g/l Restsüße. In einer Trockenbeerenauslese kann der Restzucker den sensationellen Wert von mehr als 200 g/l erreichen, wenn nur sehr wenig Zucker in Alkohol verwandelt wurde.

Rotling Hellroter Wein aus einer Mischung von roten und weißen Trauben.

Säure Wichtigster Faktor für den Ausgleich der Süße im (nicht nur deutschen) Wein. Die Faustregel lautet, dass ein ausgewogener Wein auf 10° Öchsle 1‰ Säure enthält.

Schaumwein Allgemeine Bezeichnung für Wein, der aufgrund eines gewissen Kohlesäuregehalts schäumt. In Deutschland ist der Ausdruck Sekt gebräuchlicher.

Schillerwein Ein nur in Württemberg erzeuger Rotling mit QbA- oder QmP-Status.

Schoppenwein Offener Wein.

Sekt Deutscher Qualitätsschaumwein, der ähnlichen Kontrollen wie QbA unterliegt.

Spätlese QmP-Kategorie zwischen Kabinett und Auslese für Wein mit einem höheren Alkoholgehalt, mehr Körper und häufig, aber nicht grundsätzlich, mehr Süße als Kabinett. Wenn ein Winzer eine Spätlese zu erzeugen beabsichtigt, muss er dies den Behörden mitteilen; eine Prüfungskommission legt dann fest, welche Anforderungen eine Spätlese in dem jeweiligen Jahrgang und dem betreffenden Gebiet erfüllen muss.

Stück Das traditionelle Standardeichenfass vom Rhein mit einem Fassungsvermögen von 1200 l oder 133 Kisten. Es gibt auch Doppel-, Halb- und Viertelstücke.

Süßreserve Unvergorener Traubensaft mit dem vollen Gehalt an natürlicher Süße wird aufbewahrt und später trockenen, voll ausgegorenen Weinen beigemischt, um die Idealvorstellung des Kellermeisters von einem ausgewogenen Wein zu verwirklichen. Diese Süßung (durch die auch der Alkoholgehalt herabgesetzt wird) wird manchmal übertrieben, aber ein vernünftiges Maß an zusätzlicher Süße kann durchaus die Fruchtigkeit erhöhen und einen durchschnittlichen Wein ansprechender machen.

Tafelwein Die unterste Kategorie deutschen Weins (fehlt der Zusatz »deutsch«, kann der Wein aus anderen Ländern kommen, daran ändere auch die gotischen Lettern auf dem Etikett nichts). Herkunft, Alkoholgehalt und Rebsorten unterliegen amtlichen Kontrollen; dennoch ist Tafelwein nie mehr als ein leichter Wein zum Durstlöschen.

Trocken In Deutschland offiziell ein Wein mit weniger als 9 g/l unvergorenem Zucker. Trockene Weine werden inzwischen sehr gerne zum Essen getrunken. Früher waren sie oft hohl und sauer, doch in den letzten Jahren hat sich die Qualität trockener deutscher Weine um einiges verbessert.

Trockenbeerenauslese Alles andere als ein trockener Wein, denn das »trocken« bezieht sich hier auf den Zustand der Trauben, die durch Edelfäule oder durch das Austrocknen am Rebstock eingeschrumpft sind, bevor sie gelesen werden. Der Gehalt an Zucker, Säure und Geschmacksstoffen ist so hoch, dass der (immer nur in kleinen Mengen gewonnene) Most mehr als 300° Öchsle erreichen kann. Trockenbeerenauslesen gären nur zögernd und kommen selten über 7% Alkohol hinaus; die verbleibende intensive Süße wirkt als natürliches Konservierungsmittel und sorgt für eine langsame Reife des Weins über viele Jahre hinweg.

VDP / Verband Deutscher Prädikats- und Qualitätsweingüter Vereinigung deutscher Spitzenerzeuger.

Weingut Erzeugerbetrieb, der nur Trauben aus eigenem Anbau verarbeitet.

Weinstein Ablagerung von Kaliumtartrat in Form von farblosen, weißen oder farbig erscheinenden Kristallen im Wein bzw. einer festen Kruste in alten Fässern. Durch die Weinsteinausfällung bauen gute Weine ihre überschüssige Säure ab. In Flaschen auftretender Weinstein beeinträchtigt daher die Qualität des Weins nicht.

Weißherbst Roséwein mit QbA- oder QmP-Status, der von roten Trauben einer einzigen Sorte gewonnen wird; eine Spezialität von Baden, Württemberg und der Pfalz. Die Bezeichnung wird auch für besonders helle süße Rotweine aus anderen Anbaugebieten verwendet (so greift z.B. die Edelfäule die Pigmente an, wodurch rote Auslesen sehr blass ausfallen).

Mosel-Saar-Ruwer

Die Mosel schlängelt sich über mehr als 190 km von der deutsch-französisch-luxemburgischen Grenze bis zur Mündung in den Rhein bei Koblenz. Sie frisst sich tief in das Hügelland der Eifel und des Hunsrück hinein: eine gewaltige, 400 Millionen Jahre alte Schiefermasse, die zu einem grauen steinigen Boden verwittert ist. Auf den steilen Hängen der engen Täler der Mosel und ihrer Nebenflüsse Saar und Ruwer entstehen die funkelndsten, spritzigsten, aromatischsten und feinsten aller deutschen Riesling-Weine. Hier herrscht der Riesling unangefochten; kein anderer Boden und keine andere Lage bringen die faszinierende Persönlichkeit der feinsten aller Weißweintrauben besser zur Geltung.

Die vielfältige Landschaft und das kühle nördliche Klima sorgen für große mikroklimatische Unterschiede zwischen Weinbergen, die nur einen Steinwurf voneinander entfernt liegen. Die steilen Südhänge in geschützter Lage bringen edle, ausdrucksvolle und elegante Rieslinge hervor, während auf flachem Grund mit schweren Böden einfache, wässrige Weine von ertragreichen Rebsorten wie Müller-Thurgau und Kerner entstehen. Leider tut das deutsche Weingesetz nichts, um zwischen diesen beiden Welten zu unterscheiden, sondern wirft im Gegenteil beide in einen Topf. Billige Standardweine kommen unter wohlklingenden Großlagennamen wie Piesporter Michelsberg oder Ürziger Schwarzlay auf den Markt, obwohl wenig oder nichts von dem Wein in der Flasche aus den genannten Orten stammt. Diese Weine sind von den Rieslingen aus den erstklassigen Lagen Piesporter Goldtröpfchen und Ürziger Würzgarten himmelweit entfernt.

Die Mosel trifft in Frankreich auf die ersten, ansatzweise vorhandenen Weingärten, fließt dann durch Luxemburg und schließlich bei Trier, einst Hauptstadt des Römischen Reichs, nach Deutschland hinein. Südwestlich und nordöstlich der Stadt münden Saar und Ruwer in die Mosel. In diesen Seitentälern und nicht an der Mosel selbst liegen die ersten großen Weinberge des Anbaugebiets. Die Gewächse von der Obermosel sind bestenfalls leicht und erfrischend. Hier dominiert die uralte Elbling-Traube, die apfelfrische, angenehm säuerliche trockene Weine erbringt. Auch der Riesling hat an Saar und Ruwer Schwierigkeiten mit dem Reifen. Doch wenn es ihm – in den besten Lagen – gelingt, entstehen Weine, denen nichts in der Welt gleichkommt: Musterbeispiele von stahliger Reinheit, die vergessen geglaubte Duftkompositionen in Erinnerung bringen.

Von Trier flussabwärts schließt sich zunächst die Mittelmosel an, wo berühmte Lagen am Fluss aufgereiht sind wie Perlen auf einer Schnur. Die Weine sind etwas voller und aromatischer als die von Saar und Ruwer, aber genauso langlebig. Die Grenze zwischen Mittelmosel und Untermosel (Terrassenmosel) ist seit langem umstritten, doch logisch wäre es, sie bei Zell anzusetzen. Von diesem Punkt an stehen die Reben eher auf schmalen Terrassen, anstatt sich wie sonst an der Mosel direkt die steilen Hänge hinaufzuziehen. Hier wachsen die vollsten, geschmeidigsten Mosel-Rieslinge.

Spitzenlagen an der Saar

Ayler Kupp Einige der anmutigsten und ansprechendsten Saarweine. Wichtigste Besitzer: Bischöfliche Weingüter, Peter Lauer, Johann Peter Reinert.

Filzener Pulchen Schlanke, stahlige Weine mit zartem Apfel- und Beerenaroma. Wichtigster Besitzer: Piedmont.

Kanzemer Altenberg Überaus klassische Saar-Rieslinge: Subtilität und Finesse im Verein mit rassiger Säure. Wichtigste Besitzer: von Kesselstatt, von Othegraven.

Oberemmeler Hütte Im Alleinbesitz des Weinguts von Hövel. Elegante und langlebige Weine mit ausgeprägtem blumigem Aroma.

Ockfener Bockstein Leider vor kurzem beträchtlich erweitert. Die Rieslinge vereinen das klare Aroma des Moselweins mit der Stahligkeit des Saarweins. Wichtigste Besitzer: Dr. Fischer, von Kesselstatt, Sankt Urbanshof, Dr. Wagner, Zilliken.

Saarburger Rausch Sich langsam entfaltende, langlebige Weine mit ausgeprägtem Zitrus- und Mineralcharakter. Wichtigste Besitzer: Dr. Wagner, Zilliken.

Scharzhofberg Die großartigste und berühmteste Lage an der Saar erbringt in guten Jahren Weine von höchster Eleganz und feinstem Adel. Ihre Langlebigkeit ist außerordentlich, selbst Kabinettweine halten sich 25 Jahre und länger. Dieser Status wurde im Weingesetz von 1971 dadurch berücksichtigt, dass die 28 ha große Lage als Ortsteil von Wiltingen deklariert wurde: Somit erscheint der Name der Gemeinde nicht auf dem Etikett. Wichtigste Besitzer: Bischöfliche Weingüter (Hohe Domkirche), von Hövel, von Kesselstatt, Egon Müller-Scharzhof, van Volxem, Vereinigte Hospitien.

Serriger Schloss Saarstein Im Alleinbesitz von Schloss Saarstein. Durchdringende Säure und ein Aroma von schwarzen Johannisbeeren zeichnen diese sehr markanten Saarweine aus.

Wiltinger Braune Kupp Riesling-Lage im Alleinbesitz des Weinguts Le Gallais (siehe Kasten Seite 256) mit kräftigen Weinen, die häufig einen kräuterwürzigen Charakter aufweisen. Nur QmP werden unter dem Namen Braune Kupp verkauft; der Großlagenname Scharzberg wird für QbA verwendet, von denen einige aus Egon Müllers eigenem Weingut stammen. Die Kabinettweine sind leicht, die der höheren Qualitätsstufen aromatisch und würzig.

Wiltinger Gottesfuß Die kleine Lage erbringt intensive, saftige Weine, in guten Jahren mit einer Ananasnote. Wichtigste Besitzer: van Volxem, von Kesselstatt, Reverchon.

Spitzenlagen an der Ruwer

Eitelsbacher Karthäuserhofberg Im Alleinbesitz der Familie Tyrell, die auf ihrem Weingut Karthäuserhof, einem ehemaligen Kloster, geradezu explosiv aromatische Weine mit angenehm pikantem Zusammenspiel von Frucht und Säure erzeugt.

Kaseler Kehrnagel Schlanker als die Weine aus der Lage Nies'chen, sonst aber ähnlich. Wichtigste Besitzer: Bischöfliche Weingüter, Karlsmühle.

Kaseler Nies'chen Komplexe Weine mit einem ausgeprägten Aroma von schwarzen Johannisbeeren und mehr Körper als die meisten anderen Ruwer-Rieslinge. Wichtigste Besitzer: Bischöfliche Weingüter, Karlsmühle, von Kesselstatt, von Beulwitz.

Maximin Grünhäuser Abtsberg Diese Lage ist das Kernstück des berühmten Weinguts Grünhaus. Wie die Lage Herrenberg ist sie im Alleinbesitz der Familie von Schubert. Die Weine sind außerordentlich elegant und fein und können sich über Jahrzehnte hinweg entfalten.

Maximin Grünhäuser Herrenberg Von dem roten Schieferboden des gleichfalls berühmten Herrenberg kommen etwas schlankere und aromatischere Gewächse als von seinem großartigen Nachbarn, dem Abtsberg. Die Namen der beiden Grünhäuser Lagen erinnern an die klösterliche Vergangenheit des Guts: Herrenberg-Weine wurden hauptsächlich für die Mönche bereitet, die Weine vom Abtsberg waren – wie der Name schon andeutet – den Äbten vorbehalten.

Spitzenlagen an der Mittelmosel

Bernkasteler Badstube (Alte Badstube am Doctorberg, Bratenhöfchen, Graben, Lay, Matheisbildchen) Kleine, nur aus erstklassigen Lagen bestehende Großlage. Meist schlanke, rassige mustergültige Mosel-Rieslinge. In Spitzenjahren bringen Lay und Graben oft herrliche Weine hervor. Wichtigste Besitzer: Dr. Pauly-Bergweiler, Dr. Loosen, Dr. Thanisch, Heribert Kerpen, Joh. Jos. Prüm, S. A. Prüm, Selbach-Oster, Studert-Prüm, J. Wegeler (Deinhard), Dr. Weins-Prüm.

Bernkasteler Doctor Legendäre 3,26-ha-Lage hoch über den Dächern des alten Ortskerns von Bernkastel. Intensive und schlanke Weine, die große Finesse entwickeln können. Viele Weinkenner behaupten, in ihnen ein rauchiges Aroma zu entdecken. Wichtigste Besitzer: Dr. Thanisch, J. Wegeler (Deinhard).

Brauneberger Juffer Die große Lage rund um die Lage Juffer-Sonnenuhr erbringt nicht ganz so feine Weine, aber mit ähnlichem Körper und mineralischem Charakter. Wichtigste Besitzer: Fritz Haag, Willi Haag, Max. Ferd. Richter.

Brauneberger Juffer-Sonnenuhr Jahrhundertelang machte das Zusammenspiel von mineralischer Wucht und rassiger Eleganz die Weine von Braunebergs Spitzenlage zu den gefragtesten Mosel-Rieslingen. Sie gewinnen wieder an Ansehen. Wichtigste Besitzer: Fritz Haag, Willi Haag, Paulinshof, Max Ferd. Richter, Dr. Thanisch.

Dhroner Hofberg Kaum bekannte Lage, deren bester Teil äußerst saftige, gefällige, schon in der Jugend ansprechende Weine hervorbringt. Wichtigster Besitzer: Bischöfliche Weingüter.

Erdener Prälat Die zwischen massive rote Schieferfelsen und das Flussufer gebettete winzige Lage ist mit dem wärmsten Mikroklima des ganzen Mosel-Saar-Ruwer-Gebiets gesegnet. Das Ergebnis sind volle Weine mit einem verschwenderischen Aroma von Mandeln, Aprikosen und exotischen Früchten und großem Alterungspotenzial. Wichtigste Besitzer: Bischöfliche

Egon Müller – ein großes Weingut an der Saar

Deutsche Weinkultur auf höchstem Niveau lässt sich am besten mit dem Ausdruck »Wein um des Weines willen« umreißen. In einem guten Jahr übt sich der Winzer in Geduld, wie ein Maler vor dem Sonnenuntergang. Er versucht nicht, den Jahrgang seinen Idealvorstellungen anzupassen, sondern er gibt sich ganz der Aufgabe hin, das zu verwerten, was die Natur ihm liefert. Wenn ein Weingut diese Einstellung zum Wein verkörpert, dann ist es das von Egon Müller. Der Familie des mittlerweile vierten Egon Müller gehört seit 1797 das Gut Scharzhof in Wiltingen an der Saar und ein 8-ha-Anteil an dem steilen Scharzhofberg, der sich darüber erhebt. Ihre Spätlesen erzielen bei der jährlichen Auktion des Großen Rings, des Verbands der Spitzenerzeuger im Gebiet Mosel-Saar-Ruwer, in Trier regelmäßig Weltrekordpreise. Egon Müllers Urururgroßvater erwarb den Besitz, wie viele gute Lagen in Deutschland ein ehemaliges Kirchengut, nach der Säkularisierung unter Napoleon. Das alte Familienhaus mit den Jagdtrophäen in der Halle und den ledergebundenen Büchern in der Bibliothek ist weitgehend unverändert geblieben. Die Verkostung des neuen Jahrgangs mit Egon Müller findet im Dämmerlicht der Halle statt, an einem runden Tisch aus schwarzem Marmor, auf dem grüne Flaschen und elegante Probiergläser im Kreis aufgestellt sind. Der Riesling, den er auf dem grauen Schiefer des Scharzhofbergs anbaut, ist Riesling und nichts als Riesling. Unter dem Namen des Guts und seiner Lage werden nur Weine von Kabinett aufwärts angeboten, und jeder wird für sich in seinem eigenen Fass vergoren. Die Kostproben stammen aus verschiedenen Fässern. Je weiter man sich dem Ende der Lese nähert, desto deutlicher werden die Unterschiede zwischen den Fässern. Die Kabinettweine werden oft zusammen abgefüllt, aber die Spätlesen bleiben normalerweise getrennt, und Auslesen kann es fünf bis sechs verschiedene geben, weil sich die honigwürzige Süße mit jedem Tag, an dem später gelesen wird, weiter intensiviert. An der kühlen Saar werden selten Trauben geerntet, die reif genug für eine Beerenauslese sind; Trockenbeerenauslesen sind noch seltener. Aber eine Goldkapsel-Auslese (die goldene Kapsel ersetzt die Bezeichnung »Feinste Auslese«) von Egon Müller hat einen eindringlicheren Duft, mehr Vitalität und Rasse als viele andere deutsche Weine. Ihrer zurückhaltenden Süße steht so viel rassige Säure gegenüber, dass sie jung einem fast den Atem verschlägt. Doch die Zeit schleift die Extreme zu einem vollkommenen Gleichklang ab, zu einer prickelnden Üppigkeit, die nur Riesling, nur die Saar, nur der Scharzhofberg hervorbringen können. Und wenn doch einmal eine Trockenbeerenauslese ensteht, dann ist sie so gut und so rar, dass nur die vermögendsten Sammler sie sich leisten können. Eine Kiste der 1994er Trockenbeerenauslese erzielte 2001 über 30 000 Euro.

Egon Müller besitzt (gemeinsam mit Gerard Villanova) noch ein zweites Weingut an der Saar, das 4 ha große Le Gallais, das die gesamte Lage Wiltinger Braune Kupp umfasst. Die dort gewachsenen Trauben werden in den Kellern des Guts Scharzhof zu Weinen verarbeitet, die voller, aber weniger fein sind als die vom Scharzhofberg.

Weingüter, Dr. Loosen, Mönchhof, Vereinigte Hospitien, Dr. Weins-Prüm.

Erdener Treppchen Die Weine haben große Ähnlichkeit mit denen aus der Lage Prälat, sind aber verhaltener und rassiger – manche würden sagen klassischer. Der östliche Teil der Lage ist am besten. Wichtigste Besitzer: Bischöfliche Weingüter, Joh. Jos. Christoffel, Dr. Loosen, Merkelbach, Meulenhof, Mönchhof, Peter Nicolay.

Graacher Domprobst Der tiefe Schieferboden der besten Lage von Graach liefert feste, intensiv mineralische, in heißen Jahren extrem langlebige Rieslinge mit einem ausgeprägten Aroma von schwarzen Johannisbeeren. Wichtigste Besitzer: Friedrich-Wilhelm-Gymnasium, Kees-Kieren, Heribert Kerpen, Max Ferd. Richter, Willi Schaefer, Selbach-Oster, Dr. Weins-Prüm.

Graacher Himmelreich Große Lage mit Weinbergen unterschiedlicher Güte. Die Weine sind anmutiger und geschmeidiger als die der Nachbarlage Domprobst. Wichtigste Besitzer: Dr. Pauly-Bergweiler, Friedrich-Wilhelm-Gymnasium, Kees-Kieren, Dr. Loosen, Markus Molitor, Joh. Jos. Prüm, S. A. Prüm, Willi Schaefer, Studert-Prüm, Dr. Weins-Prüm.

Josephshöfer Die 4,7-ha-Lage im Alleinbesitz von Kesselstatt bringt gehaltvolle Rieslinge mit einer ausgeprägten erdigen Note und ausgezeichnetem Entfaltungspotenzial hervor.

Leiwener Laurentiuslay Diese Lage hat das Zeug dazu, volle und zugleich feine Mosel-Rieslinge hervorzubringen, was infolge des Qualitätsaufschwungs in Leiwen auf wachsende Anerkennung stößt. Wichtigste Besitzer: Grans-Fassian, Carl Loewen, Rosch, Sankt Urbanshof.

Lieserer Niederberg-Helden Von der einst berühmten Lage kommen Weine, die große Ähnlichkeit mit denen aus dem nahe gelegenen Brauneberg aufweisen. Wichtigster Besitzer: Schloss Lieser.

Piesporter Domherr Die kleine Lage innerhalb der berühmten Lage Goldtröpfchen bringt zartere, aber ebenso große Rieslinge hervor, die sowohl in jungen Jahren als auch als reife Weine Klasse beweisen. Wichtigste Besitzer: von Kesselstatt, Reinhold Haart, Kurt Hain.

Piesporter Goldtröpfchen Der äußerst tiefe Schieferboden dieser Lage bringt die prunkvollsten aller Mosel-Rieslinge hervor. Das explosive Aroma von schwarzen Johannisbeeren, Zitrusfrüchten und Pfirsichen der jungen Weine mag für manch einen des Guten zu viel sein, doch im Alter entfalten sie großartige Eleganz. In heißen Jahren wie 1989 und 1983 kommen viele der besten Moselweine aus dieser Lage. Wichtigste Besitzer: von Kesselstatt, Reinhold Haart, Kurt Hain, Lehnert-Veit, Reuscher-Haart, Sankt Urbanshof, Weller-Lehnert.

Pündericher Marienburg Die steilen Hänge unterhalb von Schloss Marienburg liefern die feinsten und vollsten Rieslinge aus diesem Teil des Moseltals. Wichtigster Besitzer: Clemens Busch.

Thörnicher Ritsch Kaum bekannte Lage mit hervorragender Ausrichtung, die Rieslinge mit Saar-ähnlicher Reinheit und stahliger Intensität zu erbringen imstande ist. Wichtigster Besitzer: Carl Loewen.

Trittenheimer Apotheke Die besten Teile dieser Lage sind extrem steil und verfügen über einen steinigen Schieferboden. Weine mit beträchtlicher Eleganz und Subtilität. Wichtigste Besitzer: Ernst Clüsserath, Clüsserath-Weiler, Friedrich-Wilhelm-Gymnasium, Grans-Fassian, Milz, Rosch.

Trittenheimer Leiterchen 1-ha-Lage im Alleinbesitz von Milz mitten in der Lage Apotheke. Der äußerst felsige Boden erbringt oft Weine mit Kräuternote.

Ürziger Würzgarten Der rote Sandsteinboden bringt erstaunlich kraftvolle, würzige Mosel-Rieslinge hervor, die viele Jahre reifen müssen, bis sie ihren Höhepunkt erreichen. Nur das Kerngebiet dieser Lage ist als erstklassig eingestuft. Wichtigste Besitzer: Bischöfliche Weingüter, Joh. Jos. Christoffel, Dr. Loosen, Merkelbach, Mönchhof, Peter Nicolay, Dr. Weins-Prüm.

Wehlener Sonnenuhr Der steinige Schieferboden dieser berühmtesten aller Mosel-Lagen erbringt Weine mit fast übernatürlicher Anmut und Feinheit. Gewöhnlich sind sie schon in früher Jugend überaus charmant, haben aber ein langes Leben vor sich. Die am höchsten gelegenen Teile der Lage sind am besten. Wichtigste Besitzer: Dr. Pauly-Bergweiler, Heribert Kerpen, Dr. Loosen, Joh. Jos. Prüm, S. A. Prüm, Max Ferd. Richter, Selbach-Oster, Studert-Prüm, J. Wegeler (Deinhard), Dr. Weins-Prüm.

Zeltinger Sonnenuhr Die besten Teile dieser Lage sind der unmittelbar angrenzenden berühmteren Wehlener Sonnenuhr ebenbürtig. Der etwas fettere Boden erbringt allerdings gewichtigere, festere Weine. Wichtigste Besitzer: Markus Molitor, Joh. Jos. Prüm, Selbach-Oster.

Spitzenlagen an der Terrassenmosel

Bremer Calmont Das herrliche rebenbesetzte Amphitheater ist der steilste Weinberg in ganz Europa. Auf den schmalen Terrassen entstehen fest strukturierte Rieslinge mit ausgeprägtem mineralischem Charakter. Wichtigster Besitzer: Reinhold Franzen.

Neefer Frauenberg Liefert viel blumigere, charmantere Weine als Calmont. Wichtigster Besitzer: Reinhold Franzen.

Winninger Röttgen Die aromatischen, seidigen Weine dieser Lage unmittelbar flussabwärts von Winningen sind seit Hunderten von Jahren berühmt. Wichtigste Besitzer: von Heddesdorf, Heymann-Löwenstein, Knebel.

Winninger Uhlen Die hoch aufragende Wand aus schmalen Terrassen ist einer der imposantesten Weinberge an der Mosel – ein spektakulärer Anblick von der Autobahnbrücke über den Fluss. Die fest strukturierten, mineralischen Rieslinge gehören zu den feinsten von der Terrassenmosel. Wichtigste Besitzer: von Heddesdorf, Heymann-Löwenstein, Knebel.

Die führenden Erzeuger an Mosel-Saar-Ruwer

Weingut Bastgen ☆☆
Kesten

Seitdem Mona Bastgen und Armin Vogel das winzige 4-ha-Gut übernommen haben, zeigt sich das wahre Potenzial der Lagen

Kestener Paulinshofberg und Cueser Weisenstein. Kräftige Weine mit viel Frucht und Charakter.

Weingut von Beulwitz ☆☆–☆☆☆
Mertesdorf
Herbert Weis erwarb 1982 ein Hotel und ein 5,5-ha-Gut an der Ruwer, die er beide auch heute noch führt. Seine besten Weine kommen vom Kaseler Nies'chen und sind intensiv fruchtig; allerdings fehlt es ihnen manchmal etwas an Schwung.

Bischöfliche Weingüter ☆–☆☆
Trier. 107 ha. www.bwgtrier.de
Das größte Weinbauunternehmen unter einheitlicher Leitung im Anbaugebiet Mosel-Saar-Ruwer entstand 1966 durch den Zusammenschluss dreier vormals voneinander unabhängiger kirchlicher Besitzungen: der Güter des Priesterseminars, der Domkirche und des Bischöflichen Konvikts. Die Rebfläche umfasst ausgezeichnete Weinberge in den Lagen Scharzhofberg, Kaseler Nies'chen und Trittenheimer Apotheke. Verkeltert werden die Trauben auf den drei Gütern selbst, danach wird der Most zur Weinbereitung und zum Ausbau in die alte Zentralkellerei in Trier gebracht. 98 % der Rebfläche ist mit Riesling bestockt, der meist trocken oder halbtrocken bereitet wird. Nach einer unspektakulären Phase in den 80ern nimmt die Qualität seit Anfang der 1990er-Jahre stetig zu. Ältere Jahrgänge, nach denen unerklärlicherweise wenig Nachfrage besteht, werden zu vernünftigen Preisen in der Verkaufsstelle des Guts in Trier angeboten.

Weingut Clemens Busch ☆–☆☆☆
Pünderich
Busch ist nicht nur der führende Erzeuger mit ökologischem Anbau an der Mosel, sondern produziert auch die feinsten Weine von der ausgezeichneten Lage Marienburg. Sehr individuelle trockene Rieslinge mit Limonenduft sind seine Spezialität, doch wenn die klimatischen Voraussetzungen stimmen, erzeugt Busch auch gerne intensive edelsüße Weine. Die trockenen Weine sind manchmal zu alkoholstark, aber ihre mineralische Pracht ist unbestritten.

Weingut Joh. Jos. Christoffel Erben ☆☆☆
Ürzig
2001 beschloss Hans-Leo Christoffel, der Besitzer dieses kleinen, aber hoch angesehenen Weinguts, sich aus dem Geschäft zurückzuziehen und seine Weinberge an seinen Nachbarn vom Mönchhof (siehe dort) zu verpachten. Die Weine werden weiterhin unter dem Namen Christoffel herauskommen. Sie sind seit langem die am feinsten ausgefeilten, elegantesten Rieslinge dieser landschaftlich berückenden Gegend der Mittelmosel. Mit maximal fünf Sternen auf dem Etikett werden in guten Jahren verschiedene Abfüllungen von Würzgarten Auslese unterschieden – je mehr von ihnen, desto besser.

Weingut Ernst Clüsserath ☆☆–☆☆☆
Trittenheim. 3 ha
Winziges Gut, dessen Weine stetig steigender Qualität dem anspruchsvollen jungen Besitzer und Kellermeister Ernst Clüsserath schon viel Anerkennung eingetragen haben. Die Erträge sind sehr gering, die trockenen oder natursüßen Weine zart und eindringlich.

Weingut Clüsserath-Weiler ☆☆☆
Trittenheim.
www.cluesserath-weiler.de

Die Hälfte von Helmut Clüsseraths Weinbergen gehört zur Lage Apotheke, und besonders stolz ist er auf eine mit 100-jährigen Reben bestockte winzige Parzelle namens Fährfehls, deren Weine gesondert abgefüllt werden. Alle Gewächse sind elegant, mineralisch und mittelschwer; die verschiedenen Auslesen werden je nach ihrer Qualität mit unterschiedlich vielen Sternen gekennzeichnet.

Friedrich-Wilhelm-Gymnasium ☆–☆☆
Trier. www.fwg-weingut-trier.com
Das Gut wurde 1561 von Jesuiten gegründet und gehört zu ihrer Schule, die immer noch in Betrieb ist. Der Weinbergbesitz, zum großen Teil in erlesenen Lagen von Ockfen bis Graach, geht auf Schenkungen von Eltern zurück. Eine Reihe von Nicht-Riesling-Weinen soll jüngere Leute ansprechen, doch besonders zu empfehlen sind die klassischen Weine aus guten Lagen. Die Qualität ist insgesamt gut, einige Weine aber sind hervorragend.

Weingut Forstmeister Geltz-Zilliken ☆☆☆
Saarburg
Das Gut des königlich-preußischen Forstmeisters Ferdinand Geltz (1851–1925) wird heute von seinem Urenkel Hans-Joachim Zilliken geführt. Die Weine werden sehr traditionell in Fässern bereitet und für lange Flaschenalterung ausgebaut. Die intensiv mineralischen, rassigen Weine aus der Lage Rausch gehören zu den feinsten von der Saar. Der Eiswein ist oft besonders hervorragend.

Weingut Grans-Fassian ☆☆☆–☆☆☆☆
Leiwen. www.grans-fassian.de
Gerhard Grans besitzt ausgezeichnete Parzellen in den Lagen Leiwener Laurentiuslay, Piesporter Goldtröpfchen und Trittenheimer Apotheke und hat mehr als jeder andere gezeigt, was die Reben in Trittenheim und Leiwen zu leisten imstande sind. Seine Auslesen sind oft außerordentlich elegant, und sein Eiswein ist stets überragend. Die einfachen Gewächse sind ebenfalls ausgezeichnet und von mustergültiger Reinheit, sowohl in den trockenen als auch in den natursüßen Versionen.

Weingut Fritz Haag ☆☆☆–☆☆☆☆
Brauneberg
Vornehmes Gut, dessen Geschichte bis ins Jahr 1605 zurückverfolgt werden kann, und seit langem eine der Spitzenadressen für vollendete, elegante, fassgereifte Riesling-Weine, v. a. aus der Lage Juffer-Sonnenuhr. Wilhelm Haag hat das einst hervorragende Ansehen der Weine wiederhergestellt; durch Neuanpflanzungen Anfang der 1990er-Jahre wurde allerdings das Gleichgewicht auf dem Gut gestört: Es gibt jetzt zu viele junge Reben. In Bestform sind die Weine anregend mineralisch und kraftvoll ohne jede Schwere.

Weingut Willi Haag ☆☆
Brauneberg
Durch familiäre Probleme kam es zu einem Qualitätseinbruch, doch unter der Leitung von Markus Haag hat das Gut zu seiner alten Form zurückgefunden und bringt saubere, ansprechende Rieslinge von den besten Brauneberger Lagen hervor.

Weingut Reinhold Haart ☆☆☆–☆☆☆☆
Piesport. www.haart.de
Theo Haart führt das Spitzenweingut in Piesport mit ruhiger Entschlossenheit und erzeugt Weine, in denen sich die elegante Persönlichkeit der Lagen mit Charme und Delikatesse

vereint. Außerdem produziert er eindrucksvolle Weine von Reben der nicht klassifizierten Lage Wintricher Ohligsberg, die er 1990 erwarb.

Weingut Kurt Hain ☆☆–☆☆☆
Piesport. 5 ha

Gernot Hain übernahm das gut eingeführte Gut 1988 und erzeugt köstliche trockene und natursüße Weine aus der Lage Goldtröpfchen.

Weingut Heymann-Löwenstein ☆☆☆–☆☆☆☆
Winningen. www.heymann-loewenstein.com

Reinhard Löwenstein wird seinem Ruf als Rebell vollauf gerecht, nicht zuletzt wegen seines leidenschaftlichen Kampfes um Spitzenqualität – in einer Gegend, in der Mittelmäßigkeit noch immer die Regel ist. Er lehnt künstliche Zusätze wie Kulturhefen, Enzyme und Bentonit bei der Weinbereitung ab. Seine ungewöhnlich körperreichen trockenen Rieslinge gehören zu den besten ihrer Art in der Gegend. Neben hoch gepriesenen Einzellagenweinen erzeugt er ansprechende Verschnitte, die ihre Herkunft von Schieferböden im Namen tragen, sowie imposante Spätlesen. Die 1994er Riesling Trockenbeerenauslese aus der Lage Uhlen war nicht nur der teuerste, sondern auch einer der großartigsten Weine, die je an der Terrassenmosel gekeltert wurden.

Weingut von Hövel ☆☆
Konz-Oberemmel

Eberhard von Kunow erzeugt mit die am unmittelbarsten ansprechenden Saar-Rieslinge. Sie sind schon als junge Weine voll und aromatisch und gewinnen mit dem Alter an Eleganz. Die Scharzhofberg-Weine sind etwas üppiger als die aus der Lage Hütte im Alleinbesitz des Guts, in der viele großartige Auslesen und Weine noch höherer Prädikatsstufen entstehen. Die Kabinett- und Spätleseweine sind äußerst preiswert.

Weingut Immich – Batterieberg ☆☆–☆☆☆
Enkirch. www.batterieberg.de

Gert Bastgen übernahm 1989 das Gut samt des historischen Gutshauses. Die im Alleinbesitz befindliche Lage Batterieberg wurde 1844 in den Schieferfelsen gesprengt. Aufgrund der geringen Erträge erreichen die Trauben einen hohen Reifegrad, was der Erzeugung von – oft überragenden – trockenen Weinen zugute kommt.

Weingut Alberg Kallfelz ☆☆
Zell-Merl. www.kallfelz.de

Das Gut an der Grenze zwischen Mittelmosel und Terrassenmosel ist rasch gewachsen und umfasst nun 38 ha. Die besten Weine kommen aus der Lage Merler Königslay-Terrassen, von denen zwei Drittel dem Gut gehören. Fast alle Weine sind trocken oder halbtrocken.

Karlsmühle ☆☆☆
Mertesdorf.

www.weingut-karlsmuehle.de

Peter Geiben hat seinen Hotelierberuf an den Nagel gehängt, um sich ganz seinen Weinbergen in Kasel und seinem Lorenzhöfer Alleinbesitz zu widmen. Er erzeugt Ruwerweine mit großartiger Persönlichkeit: trocken und spritzig oder süß und rassig.

Karthäuserhof ☆☆☆
Trier-Eitelsbach. www.karthaeuserhof-tyrell.de

Ein schönes altes Anwesen der Kartäuser an einem Seitenarm der Ruwer, das 1811 bei der Säkularisierung der Kirchengüter unter Napoleon an einen Vorfahren des heutigen Besitzers überging. Es liegt am Fuß des steilen Eitelsbacher Karthäuserhofbergs, der im Alleinbesitz des Guts ist. Seit Christoph Tyrell 1986 das Ruder übernahm, ist die Qualität sprunghaft angestiegen. Heute gehören die trockenen und natursüßen Rieslinge des Guts zu den feinsten an Mosel, Saar und Ruwer. Ein intensives Aroma von schwarzen Johannisbeeren und Pfirsichen und rassige Säure sind ihr Markenzeichen. Die Flaschen sind unverwechselbar: Sie tragen nur ein schmales Etikett am Hals.

Weingut Heribert Kerpen ☆☆–☆☆☆
Wehlen. www.weingut-kerpen.de

Martin Kerpen hat das seltene Glück, 3 ha größtenteils ungepropfter Reben in der Lage Wehlener Sonnenuhr zu besitzen. Er produzierte als einer der Ersten an der Mosel trockene Weine, doch seine eleganten, blumigen Spätlesen und Auslesen mit natürlicher Süße sind stets beeindruckend.

Reichsgraf von Kesselstatt ☆☆–☆☆☆
Morscheid. www.kesselstatt.com

Dies war das großartigste private Weingut im Anbaugebiet Mosel-Saar-Ruwer, als Günther Reh es 1978 erwarb. Seit 1983 wird es von seiner Tochter Annegret geleitet. Zum Besitz gehören Weinberge in den besten Lagen des Gebiets (Scharzhofberg, Piesporter Goldtröpfchen, Kaseler Nies'chen) und die gesamte Lage Josephshöfer in Graach, die zu 100% mit Riesling bestockt ist. 60–70% der Weine sind trocken oder halbtrocken, darunter auch der erstklassige Riesling des Guts »Palais Kesselstatt«. Alle Versionen sind fruchtbeladene Tropfen mit lebendiger, aber nie dominierender Säure.

Weingut Reinhard Knebel ☆☆☆
Winningen

Das ausgezeichnete Gut an der Terrassenmosel entstand 1990 durch die Aufteilung eines Familienbesitzes. Die halbtrockenen Riesling-Weine sind sehr gut, die Auslesen von der Lage Uhlen hervorragend. Knebel erzeugt auch einige fabelhafte rare Trockenbeerenauslesen von der Lage Röttgen.

Weingut Sybille Kuntz ☆☆
Lieser. www.sybillekuntz.de

Viele der Kuntz-Weine sind trocken, und am besten ist meist die Cuvée namens »Gold-Quadrat« von ungepropften Reben. Wenn die Bedingungen es zulassen, werden auch sehr süße edelfaule Weine erzeugt.

Weingut Schloss Lieser ☆☆☆
Lieser. www.weingut-schloss-lieser.de

Thomas Haag, der Sohn von Wilhelm Haag aus Brauneberg, zog 1992 ins Nachbardorf, um die Leitung des einstigen Weinguts Freiherr von Schorlemer zu übernehmen. 1997 konnte er den Besitz erwerben, auf dem er nun konzentrierte, langlebige Weine produziert, die sich nicht durch gewaltige Kraft auszeichnen, aber Charme, Rasse und einen außergewöhnlich lang anhaltenden Geschmack besitzen.

Weingut Carl Loewen ☆–☆☆☆
Leiwen. www.weingut-loewen.de

Karl-Josef Loewen erweist sich mit der Rettung vergessener Lagen wie Thörnicher Ritsch als Visionär. Die trockenen und halbtrockenen Weine sind gut; mit Abstand am besten sind jedoch die Auslesen aus der Lage Leiwener Laurentiuslay.

Weingut Dr. Loosen ☆☆☆☆
Bernkastel. www.drloosen.de

Von alten ungepropften Reben in erstklassigen Lagen von Bernkastel bis Erden erzeugt der dynamische Ernst Loosen einige der feinsten Rieslinge der Mosel – und ganz Deutschlands. Ihre Markenzeichen sind Konzentration, komplexe Geschmacksnoten von Mineralen, Kräutern und Gewürzen und ein deutlich trockeneres Gleichgewicht, als es in diesem Anbaugebiet die Regel ist. Jede Lage hat ihren eigenen markanten Charakter. Die Krönung im breit gefächerten Angebot des Guts sind die überwältigenden Auslesen aus der Lage Erdener Prälat. Siehe auch J. J. Wolf in der Pfalz.

Weingut Milz ☆–☆☆
Trittenheim

Das im 17. Jh. gegründete Gut ist nicht nur mit guten Parzellen in der Apotheke gesegnet, sondern auch alleiniger Besitzer zweier weiterer Lagen in Trittenheim: Felsenkopf und Leiterchen. Die Qualität reicht von ordentlich bis hervorragend.

Weingut Markus Molitor ☆☆☆
Wehlen. 35 ha. www.wein-markus-molitor.de

Das größte Gut an der Mittelmosel. Nicht alle Lagen sind überragend, aber Markus Molitor verfügt über ausgezeichnete Parzellen in der Zeltinger Sonnenuhr. Etwa die Hälfte der Weine sind trocken, aber für viele Weinliebhaber sind die exquisiten Auslesen vom Wehlener Klosterberg am verlockendsten. Sensationell sind die sehr teuren edlen Süßweine.

Mönchhof ☆☆–☆☆☆
Ürzig

Das alte Gutshaus des Mönchhofs ist ein Wahrzeichen von Ürzig. In den Kellern aus dem 16. Jh. lagern klassische Rieslinge aus Ürzig und Erden. Es wird nur wenig trockener Wein erzeugt. Vernünftige Preise und gute Qualität sind eine Empfehlung für die Weine dieses Guts. Seit 2001 betreibt der Besitzer Robert Eymael auch das benachbarte Weingut Joh. Jos. Christoffel (siehe dort).

Paulinshof ☆☆–☆☆☆
Kesten. www.paulinshof.de

Das ehemalige Klostergut ist seit 1969 im Besitz der Familie Jüngling. Klaus Jüngling hat sich auf trockene Weine spezialisiert und liest die Trauben so spät wie möglich, um den Säuregehalt niedrig zu halten. Die trockenen und halbtrockenen Weine, v. a. aus der Brauneberger Juffer-Sonnenuhr und dem Alleinbesitz Brauneberger Kammer, sind erstklassig.

Weingut Dr. Pauly-Bergweiler & Weingut Peter Nicolay ☆☆–☆☆☆
Bernkastel-Kues. www.pauly-bergweiler.com

Durch die Heirat von Peter Pauly und Helga Pauly-Berres kamen einige der besten Weinberge der Mittelmosel zusammen, darunter Bernkasteler Alte Badstube am Doctorberg, Graacher Domprobst und Himmelreich, Wehlener Sonnenuhr, Erdener Prälat und Ürziger Goldwingert (Alleinbesitz). Viel Wert wird auf trockene Weine gelegt, aber auch fabelhafte süße Versionen entstehen hier, z. B. üppige Trockenbeerenauslesen aus dem Ürziger Würzgarten und Eiswein aus der Lage Bernkasteler Lay. Die Stars des Nicolay-Programms sind meist die reichhaltigen Weine aus dem Ürziger Goldwingert.

Weingut Piedmont ☆
Konz-Filzen

Seit vielen Jahren erzeugt Claus Piedmont hauptsächlich trockene leichte, rassige Saar-Rieslinge aus der Lage Filzener Pulchen.

Weingut J. J. Prüm ☆☆☆☆
Wehlen

Das berühmteste von den vielen Gütern der berühmtesten Winzerfamilie an der Mittelmosel. Vom Gutshaus unten am Fluss blickt man über das Wasser hinüber auf die großartige Lage Sonnenuhr, von der das Gut einen der größten Anteile besitzt. Die riesigen Sonnenuhren hier und in Zeltingen wurden von einem älteren Prüm gebaut. Das Markenzeichen des Guts sind Weine von großartiger fruchtiger Reife, in denen die Rasse des auf Schiefer gewachsenen Rieslings mit tiefgründigen Gewürz- und Honignoten zur Geltung kommt. Sehr junge Weine haben oft noch einen hefigen Geschmack von der Gärung, doch der verliert sich bald. Ihr Entfaltungspotenzial ist sagenhaft: Spätlese und Auslese brauchen häufig zehn Jahre und länger, bis sie ihren Höhepunkt erreichen. Selbst der einfachste Riesling von Prüm ist ein feiner Wein, der mehrere Jahre altern kann.

Weingut S. A. Prüm ☆☆
Wehlen. www.sapruem.com

Ein Teil des ursprünglichen Prüm-Besitzes, der 1911 zwischen sieben Kindern aufgeteilt wurde. Seit 1971 erzeugt Raimund Prüm kraftvolle Weine, v. a. aus der Wehlener Sonnenuhr. Insgesamt sind die Prüm-Mitglieder recht konservative Winzer, aber Raimund Prüm hat keine Skrupel, zu seinen frischen Weinen passende farbenfrohe Etiketten zu verwenden. 70 % seiner Weine sind trocken oder halbtrocken.

Weingut Johann Peter Reinert ☆
Kanzem. 4 ha

Johann Peter Reinert erzeugt fruchtige Weine mit beträchtlichem Charme. Die feinsten kommen vom Kanzemer Altenberg.

Weingut Max Ferd. Richter ☆☆–☆☆☆
Mülheim. www.maxferdrichter.com

Das große Gut, dessen Besitzungen über die ganze Mittelmosel verstreut sind, bringt klassische Mosel-Rieslinge äußerst beständiger Qualität in trockenen und natursüßen Versionen hervor. Dirk Richters feinste Weine sind die kraftvollen, mineralischen Rieslinge aus den Spitzenlagen in Brauneberg. Eiswein wird fast jedes Jahr von Trauben aus dem Alleinbesitz Mülheimer Helenenkloster erzeugt. Daneben hat Richter ein Handelsunternehmen, in dem die Weinbereitung ebenfalls durch Tradition und Sorgfalt geprägt ist; der einzige Unterschied ist, dass die Trauben angekauft werden, meist von Anbauern mit langfristigen Verträgen.

Weingut Josef Rosch ☆☆–☆☆☆
Leiwen

Werner Rosch ist einer von mehreren Winzern, die die Weinberge in Leiwen und Trittenheim aus ihrem Schattendasein befreiten. Die meisten seiner Weine sind trocken und etwas herb, er erzeugt aber auch feine natursüße Weine, v. a. Auslesen höchster Eleganz.

Weingut Sankt-Urbans-Hof ☆☆☆
Leiwen. www.weingut-st-urbans-hof.de

Der Rebschulenbesitzer Herrmann Weis führt zusammen mit seinem Sohn Nik das drittgrößte private Weingut im Anbaugebiet Mosel-Saar-Ruwer. Die trockenen Rieslinge aus der Lage

Leiwener Laurentiuslay sind sehr gut, werden jedoch von den köstlichen natursüßen Weinen aus den Lagen Piesporter Goldtröpfchen und Ockfener Bockstein noch übertrumpft.

Weingut Schloss Saarstein ☆☆
Serrig

Christian und Andrea Ebert, beide sehr sympathisch und engagiert, betreiben eines der qualitativ beständigsten Weingüter an der Saar. Die meisten Weine kommen aus ihrem Alleinbesitz Serriger Schloss Saarstein. Vollendete geschmackliche Reinheit und stahlige Intensität kennzeichnen sowohl die trockenen als auch die natursüßen Weine. Die Beeren- und Trockenbeerenauslesen sowie der Eiswein gehören zu den besten des gesamten Anbaugebiets Mosel-Saar-Ruwer und verfügen über ein enormes Alterungspotenzial.

Weingut Willi Schaefer ☆☆☆–☆☆☆☆
Graach. 2,7 ha

Das Miniweingut an der Mittelmosel erzeugt regelmäßig den feinsten Riesling aus den besten Lagen in Graach. Das Zusammentreffen von äußerst geringem Angebot und großer Nachfrage führt dazu, dass Auslese und Weine höherer Prädikatsstufen fast augenblicklich ausverkauft sind. Es dürfte schwer sein, Moselweine zu finden, die mehr Entfaltungspotenzial haben als diese herrlich gebauten, schlanken, rassigen Gewächse.

C. von Schubert'sche, Maximin Grünhaus ☆☆☆☆
Grünhaus, Trier.
www.vonschubert.com

Das 1882 von den Vorfahren Dr. Carl von Schuberts erworbene wunderschöne Weingut an der Ruwer ist zugleich eines der besten in Deutschland. Ein ungeteilter Weinberg erhebt sich über dem Gutshaus, einst im Besitz der Benediktiner, mit seinen aus der Römerzeit stammenden Kellern.

Die drei Weinberge des Guts, Herrenberg, Abtsberg und der weniger günstig ausgerichtete Bruderberg, bringen sehr unterschiedliche Weine hervor. Seit Anfang des 20. Jh. kommen die wunderbar zarten Weine mit einem extravaganten Jugendstil-Etikett auf den Markt. Trotz ihres leichten Körpers halten sich selbst die »einfachsten« Grünhäuser Rieslinge prächtig – der Inbegriff großer deutscher Riesling-Weine. Die natursüßen Auslesen aus guten Jahren sind überragend: unendlich subtil, aber überraschend würzig und kraftvoll; sie entfalten sich über 20 Jahre und länger. Das Gut gehört außerdem zu den zuverlässigsten Erzeugern von trockenem Riesling im Anbaugebiet Mosel-Saar-Ruwer.

Weingut Selbach-Oster ☆☆☆
Zeltingen. 11 ha

Hans Selbach und sein Sohn Johannes erzeugen herrlich gebaute Mosel-Rieslinge. Die Weine unterhalb der Auslese-Stufe zeichnen sich durch einen eindeutig trockenen Abgang aus. Die feinsten Weine kommen fast immer aus mehreren Parzellen in der Zeltinger Sonnenuhr; sie vereinen Fülle mit großer Subtilität und besitzen ein ausgezeichnetes Entfaltungspotenzial. Unter dem Namen J. & H. Selbach führt die Familie auch ein erstklassiges Handelsunternehmen.

Weingut Studert-Prüm ☆☆
Wehlen. www.weingut-studert-pruem.de

Die Familie Studert, Winzer seit dem 16. Jh., erwarb 1805 den Wehlener Weinbergbesitz des Benediktinerklosters St. Maximin in Trier. Seit Anfang der 1990er-Jahre ist die Qualität deut-

lich gestiegen. Die trockenen Weine sind manchmal herb, aber die natursüßen Gewächse von der Wehlener Sonnenuhr sind köstlich und stellen den größten Anteil der Produktion.

Weingut Wwe. Dr. H. Thanisch – Erben Müller-Burggraef ☆☆
Bernkastel

Das Weingut Thanisch, das die legendäre 1921er Trockenbeerenauslese aus der Lage Bernkasteler Doctor erzeugte, wurde Ende der 1980er-Jahre zwischen zwei Zweigen der Familie aufgeteilt. Dies ist das größere der zwei Güter. Trotz des erstklassigen Weinbergbesitzes in Brauneberg und Wehlen sowie in Bernkastel war die Qualität bis Ende der 1990er-Jahre wenig bemerkenswert. Inzwischen werden einige ausgezeichnete süße Weine erzeugt, die sich eher durch Extravaganz als Finesse auszeichnen.

Weingut Wwe. Dr. H. Thanisch – Erben Thanisch ☆☆–☆☆☆
Bernkastel

Das kleinere der beiden Thanisch-Güter ist am VDP-Logo zu erkennen. Fast alle Weine sind natursüß, darunter einige großartige Gewächse aus der Lage Doctor. Aufgrund ihres Renommees sind sie sehr teuer, doch die Weine aus anderen Lagen, etwa Bernkasteler Badstube, sind ebenfalls sehr gut und viel preisgünstiger.

Vereinigte Hospitien ☆
Trier

Eine der größten karitativen Einrichtungen Triers mit den ältesten Kellern in Deutschland, die von den Römern als Lagerräume errichtet wurden. Die Hospitien betreiben noch heute ein kostenloses Krankenhaus, das über den Weinbergbesitz und andere große Güter finanziert wird. Obwohl ausgezeichnete Weinberge in Scharzhofberg und Goldtröpfchen sowie in anderen Lagen an der Saar zum Besitz zählen, sind die Weine eher enttäuschend.

Van Volxem ☆☆☆
Wiltingen.
www.vanvolxem.de

Familie Jordan erwarb 1993 das Weingut van Volxem und änderte seinen Namen. Doch es hatte mit zahlreichen Problemen zu kämpfen und wurde schließlich im Jahr 2000 von Roman Niewodniczanski übernommen, dem Erben eines Brauereivermögens. Er hat es geschafft, die Tradition großer trockener Saar-Rieslinge wiederzubeleben: Diese Spitzengewächse aus Lagen wie Scharzhofberg und Wiltinger Gottesfuß sind im Hinblick auf ihren Restzuckergehalt nicht wirklich trocken zu nennen, schmecken aber aufgrund ihres hohen natürlichen Säuregehalts so. Außerdem werden einige schöne süße Weine erzeugt. Da er nicht auf Geld angewiesen ist, kann Niewodniczanski die Erträge äußerst niedrig halten, was den Weinen Kraft und Konzentration verleiht.

Weingut Dr. Heinz Wagner ☆☆–☆☆☆
Saarburg

Im tiefen Keller unter seinem imposanten Gutshaus aus dem 19. Jh. nahe des Saarburger Bahnhofs erzeugt Heinz Wagner ungewöhnlich gehaltvolle Saarweine. Die aus der Lage Bockstein sind subtil und verführerisch, die aus der Lage Rausch tief und langlebig. Eine der wenigen zuverlässigen Quellen für trockene Weine in einer Gegend, in der diese selten harmonisch ausfallen.

Wegeler-Deinhard ☆

Bernkastel. 17 ha. www.wegeler.com

Das Moselweingut des einst berühmten Koblenzer Handelsunternehmens startete 1900 mit dem sensationellen Kauf von Teilen der Lage Doctor, und das über die Jahre hinzuerworbene Rebland liegt gleichfalls größtenteils in Spitzenlagen. 2001 übernahm Oliver Haag, der Bruder Thomas Haags von Schloss Lieser (siehe dort), die Leitung des Guts, wodurch sich die bereits ordentliche Qualität vermutlich weiter verbessern wird.

Weingut Dr. F. Weins-Prüm ☆☆☆

Wehlen

Der zurückhaltende Bert Selbach erzeugt leichte, aber lebhafte Mosel-Rieslinge von einer ganzen Reihe ausgezeichneter Lagen. Fast alle Weine sind natursüß und zeichnen sich durch eine klassische Ausgewogenheit zwischen Frucht und Säure aus. Die aus den Lagen Erdener Prälat und Wehlener Sonnenuhr sind am charaktervollsten. Sie entfalten sich nach fünf Jahren Alterung oder mehr ganz hervorragend.

Ahr & Mittelrhein

So absurd das auch klingen mag: Eines der nördlichsten Anbaugebiete Deutschlands ist auf Rotwein spezialisiert. Das Ahrtal ist eine herrliche Landschaft mit terrassierten Weinbergen, bewaldeten Hügeln und felsigem Boden. Die Ahr ist ein westlicher Nebenfluss des Rheins etwas südlich von Bonn; die steilen Wände des Tals sind über eine Strecke von 16 km fast durchgehend mit Reben überzogen, insgesamt 500 ha, von denen über zwei Drittel mit Spätburgunder, Portugieser und anderen Rotweinreben bestockt sind. Auf dem übrigen Drittel wachsen Weißweinreben, vorwiegend Riesling und Müller-Thurgau. In geschützten Winkeln wird es bei Sonnenschein recht warm und in guten Sommern reifen die Spätburgunder-Trauben voll aus. Die hellen, dünnen, süß-säuerlichen Weine von früher waren in erster Linie das Ergebnis einer Fehlkonzeption. Seit Ende der 1980er-Jahre führt eine Reihe von Pionieren vor, dass man mit den richtigen Maischungstechniken und einem planvollen Barrique-Ausbau durchaus »echte« Rotweine erzeugen kann, deren Stärken eher Duft und Grazie als Wucht und Fülle sind. Die Weißweine des Gebiets sind meist trocken, können sich aber nur selten mit denen vom Mittelrhein oder von Mosel-Saar-Ruwer messen.

Die führenden Erzeuger an der Ahr

Weingut J. J. Adeneuer ☆☆
Ahrweiler

Die Adeneuers sind in der Qualitätsrotweinproduktion noch Neulinge, haben aber schnell gelernt. Die meisten Weine werden in großen Fässern ausgebaut, die Spitzen-Cuvées jedoch zu einem Drittel in neuen Barriques. Die beste Lage ist die Walporzheimer Gärkammer, deren Wein gesondert abgefüllt wird. Ebenfalls hervorragend ist der Spätburgunder »No. 1«. Die Weine sollte man relativ jung, d. h. nach 3–5 Jahren, trinken.

Weingut Deutzerhof ☆☆☆
Mayschoss. www.weingut-deutzerhof.de

Auf keinem anderen Gut an der Ahr ist die Qualität in den letzten zehn Jahren so auffallend gestiegen wie hier. Die Hälfte der Produktion entfällt auf tiefroten Spätburgunder mit nicht zu viel und nicht zu wenig neuer Eiche. Die Spitzenweine kommen aus dem Altenahrer Eck, doch es gibt auch hervorragende Verschnitte, z. B. »Caspar C« und »Grand Duc«. Einige Weißweine, etwa die Riesling-Spätlesen, sind ebenfalls bemerkenswert, aber man sollte v. a. die Rotweine im Auge behalten.

Staatliche Weinbaudomände Kloster Marienthal ☆
Marienthal/Ahr

Die bewusst mit traditionellen Vinifizierungstechniken bereiteten und größtenteils in alten deutschen Fässern ausgebauten Rotweine sind typisch für die Ahr. Dank niedrig gehaltener Erträge entstehen Weine mit gutem Charakter und Tiefe. Das ehemalige Augustinerkloster, in dem der Betrieb untergebracht ist, lohnt auch architektonisch einen Besuch.

Weingut Meyer-Näkel ☆☆☆
Dernau. www.meyer-naekel.de

Werner Näkel, ehemaliger Lehrer und Autodidakt in Sachen Weinbau, war die treibende Kraft bei der Revolution der deutschen Rotweinbereitung in den 1980er-Jahren. Er erzeugt die elegantesten und raffiniertesten Spätburgunder des Gebiets und klassifiziert sie nach einem ungewöhnlichen, von ihm selbst entwickelten System: »G« steht für leichte, früh trinkreife Weine, »Blauschiefer« für ausgefeiltere Gewächse vom gleichnamigen Boden und »S« für die wuchtigsten, am festesten gebauten, langsam reifenden Weine. Außerdem werden ausgezeichnete Weine von der ausgefallenen Rebsorte Frühburgunder produziert. Neue Eichenfässer werden mit Bedacht eingesetzt. Werner Näkels Weine müssten eigentlich auch die größten Skeptiker davon überzeugen, dass die Ahr ein ernst zu nehmendes Anbaugebiet ist.

Jean Stodden ☆☆–☆☆☆
Rech. 6 ha. www.stodden.de

Der größte Teil von Gerhard Stoddens Rebfläche befindet sich auf steilen Terrassen. Die besten Weine unter dem Etikett »JS« bzw. »JS☆☆☆« in Spitzenjahrgängen werden in Barriques ausgebaut und sind meist durch ausgeprägte Tannine gekennzeichnet. Sie sind sehr teuer, aber äußerst geschätzt in Deutschland.

Spitzenlagen am Mittelrhein

Wenn man an den Rhein denkt, hat man sofort das enge Tal zwischen Bingen und Koblenz mit seinen Burgen und den sich an steile Hänge klammernden Reben vor Augen. Zusammen mit den vereinzelten Weinbergen zwischen Koblenz und Bonn bildet es das relativ unbekannte Anbaugebiet Mittelrhein. Ein treffenderer Name wäre vielleicht »unterer Rhein«, denn dies sind die letzten Weinberge direkt am Fluss.

Seit 1950 ist die Rebfläche von 1200 auf 550 ha geschrumpft. Das ist mehr als bedauerlich, denn hier erbringen die guten Lagen Riesling-Weine, die sich durchaus mit denen des westlichen Rheingaus messen können, und oft wurden gerade die besten – weil steilsten – Lagen aufgegeben. Ganze 72 % der Fläche sind mit der edlen Riesling-Traube besetzt. Die von den Spitzengütern des Gebiets in den letzten Jahren erzeugten eleganten, mittelschweren trockenen und natursüßen Rieslinge haben das Interesse an den Weinen vom Mittelrhein wieder aufleben lassen. Bislang war Bacharach im Süden das Zentrum der Produktion, doch nun beginnt sich auch weiter nördlich um Boppard Konkurrenz zu regen.

Bacharacher Hahn Die wohl beste Lage am südlichen Mittelrhein. Der steinige Schieferboden erbringt körperreiche Rieslinge mit voller Pfirsichfrucht. Praktisch im Alleinbesitz von Toni Jost.

Bacharacher Posten Wie dem Hahn kommt auch dem Posten die Wärme des Rheins zugute. Die Weine können Fülle und Finesse aufweisen. Wichtigste Besitzer: Fritz Bastian, Mades, Ratzenberger.

Bacharacher Wolfshöhle Urtypische Bacharacher Rieslinge: schlanke, rassige Weine mit einem ausgeprägten mineralischen Charakter vom Schieferboden. Wichtigste Besitzer: Fritz Bastian, Toni Jost, Kauer, Mades, Ratzenberger.

Bopparder Hamm Das riesige rebenbesetzte Amphitheater ist in fünf Lagen unterteilt. Feuerlay, Mandelstein und Ohlenberg können großartige Rieslinge hervorbringen, aber nur wenige ansässige Winzer nutzen dieses Potenzial regelmäßig. Wichtigste Besitzer: Müller, August Perll, Walter Perll, Weingart.

Sekt

In Deutschland hat man einen Weg gefunden, den Überschuss an unreifem Wein, der sich zwangsweise aus der nördlichen Lage ergibt, in jeder Hinsicht gewinnbringend zu nutzen: Er wird zu Sekt verarbeitet, der durch Flaschen- oder Tankgärung bereitet wird und für den Reben jeder Sorte aus allen Anbaugebieten und sogar importierte Weine verwendet werden dürfen.

Die besseren Sekte werden im Einklang mit dem deutschen Weingesetz jedoch entweder als Deutscher Sekt (der zu 100 % aus in Deutschland angebauten Trauben stammt) oder als Deutscher Sekt bA (für den nur Trauben aus einem bestimmten Anbaugebiet verwendet werden dürfen) klassifiziert.

Auf vielen guten Sekten ist angegeben, dass sie z. B. ganz aus Riesling bestehen, und bei manchen wird sogar die Herkunft genannt. Das Qualitätsspektrum ist riesig und reicht von einfachen bis zu äußerst feinen Tropfen. Mit Champagner haben auch die deutschen Spitzensekte nur das Schäumen gemein: Ihr Geschmack ist im Wesentlichen blumig und fruchtig; an die Stelle der tieferen Frucht und der Hefe des Champagners tritt das unnachahmliche Aroma der Riesling-Traube.

Führende Sekterzeuger sind Heymann-Löwenstein, Kesselstatt, Selbach-Oster, Dr. Wagner (Mosel); Ratzenberger (Mittelrhein); Diel (Nahe); Hans Barth, Georg Breuer, Johannishof, Schloss Reinhartshausen (Rheingau); Bergdolt, Koehler-Ruprecht, Rebholz, Wilhelmshof (Pfalz); Schloss Sommerhausen (Franken); Bernhard Huber, Schloss Neuweier (Baden).

Steeger St. Jost Die Lage bringt stahlige Rieslinge mit dem intensivsten Bukett am Mittelrhein hervor. Wichtigste Besitzer: Mades, Ratzenberger.

Die führenden Erzeuger am Mittelrhein

Bastian ☆☆–☆☆☆
Bacharach

Das kleine Gut ist auf feste, stahlige Rieslinge von Spitzenlagen am Ort spezialisiert. 2001 wurden sehr eindrucksvolle Große Gewächse erzeugt.

Weingut Toni Jost ☆☆
Bacharach

Peter Josts vollfruchtige trockene und natursüße Rieslinge sind charmant und temperamentvoll wie er selbst. Am besten sind die Spätlesen aus der Spitzenlage Hahn, die den feinsten Rheingauweinen ernsthaft Konkurrenz machen.

Weingut Dr. Randolf Kauer ☆
Bacharach. 3 ha

Dr. Kauer ist Lehrer an der Geisenheimer Weinfachschule. Sein Ökoweingut bringt rassige, Mosel-artige Rieslinge hervor, die Zeit brauchen, um sich von ihrer besten Seite zu zeigen. Obwohl wenige Weine in Spitzenlagen entstehen, ist der Standard sehr hoch, außer in kühlen Jahren, in denen die Trauben nicht immer voll ausreifen.

Weingut Lanius-Knab ☆☆–☆☆☆
Oberwesel

Bis die Qualität in den 1990er-Jahren wieder zu ihrem Recht kam, fristeten die Weine aus Oberwesel ein Dasein im Schatten derer aus Bacharach. Die trockenen und natursüßen Weine von Jörg Lanius sind rassige Mittelrhein-Rieslinge von kristallklarer Reinheit.

Weingut Helmut Mades ☆
Bacharach. 3,5 ha

Das Gut gehört zu den verlässlichsten Erzeugern am Mittelrhein. Jahr für Jahr sind Helmut Mades' Rieslinge aus den Spitzenlagen in Bacharach voller Frucht und wunderbar ausgewogen.

Weingut Matthias Müller ☆
Spay

Matthias Müller hat seiner Jugend zum Trotz bereits bewiesen, dass er Weine zu erzeugen vermag, die die wahre Klasse der Lage Bopparder Hamm zum Ausdruck bringen. Im Vordergrund stehen stets reife Frucht, Frische und harmonische Säure.

August Perll ☆
Boppard

Thomas Perll erzeugt überraschend reichhaltige Weine von intensiver Farbe, die sich mehr durch Frucht als durch Frische auszeichnen.

Weingut Ratzenberger ☆☆–☆☆☆
Bacharach

Jochen Ratzenberger hält die von seinem Vater gesetzten hohen Standards aufrecht. Dank selektiver Lese sind die Erträge hier gering. Erzeugt werden klassische, rassige, bemerkenswert langlebige Mittelrhein-Rieslinge. Der drei Jahre auf dem Hefesatz gelagerte Sekt ist ausgezeichnet.

Rheingau

Der Rheingau ist das Anbaugebiet, das Anfang des 19. Jahrhunderts den Ruf Deutschlands als Lieferant für Weißweine der Weltklasse begründete. Es erstreckt sich auf dem rechten Rheinufer über 32 km in Ost-West-Richtung von Wiesbaden bis nach Bingen. Der größte Teil der Rebfläche liegt auf sanften Südhängen, die durch die Gebirgsmasse des Taunus hinreichend von nördlichen Luftströmungen abgeschirmt werden. Hier bringt die Riesling-Rebe auf Schiefer-, Löss- und Mergelböden Weine hervor, die so edel sind wie die berühmten Weingüter des Gebiets. Auf Riesling entfallen 79 % der Anbaufläche, den zweiten Rang nimmt Spätburgunder mit 12 % ein.

Dass Mensch und Natur hier in einzigartigem Zusammenspiel ihr Bestes geben, lässt die in letzter Zeit aufgetretenen Probleme des Rheingaus umso unverständlicher erscheinen. Seit Mitte der 1980er-Jahre ist eine Reihe namhafter Güter mit ruhmvoller Tradition in Schwierigkeiten geraten. Dürftige Qualität war das Hauptproblem der großen Güter; die meisten wurden von ehrgeizigen jungen Kellermeistern mit kleinen Betrieben überholt. Zum Glück rissen die Kritik in der Fachpresse und die Konkurrenz vonseiten weniger berühmter Nachbarn die meisten großen Güter aus ihrem Dämmerschlaf. Langsam nimmt man dem Rheingau wieder ab, dass seine Weißweine zu den großartigsten der Welt zählen können.

Der Rheingau trieb die Bemühungen um eine Lagenklassifikation entscheidend voran, versagte dann aber leider bei deren Umsetzung: Einem Drittel der Lagen wurde die Fähigkeit zuerkannt, Erste Gewächse hervorzubringen. In der Praxis ist der Anteil viel geringer, weil die Erzeuger einsehen, dass nur wirklich herausragende Weine mit diesem Titel ausgezeichnet werden sollten.

Das Anbaugebiet lässt sich mehrfach unterteilen: In dem Untergebiet um Hochheim am Main zwischen Wiesbaden und Frankfurt entstehen kraftvolle, intensive Weine. Die relativ fruchtbaren Böden der Orte am Rheinufer zwischen Walluf und Winkel erbringen die typischen Rheingauweine: elegant und fast bis zur Kargheit subtil. Weiter oben, näher an den Wäldern des Taunus, sind die Weine rassiger und haben einen ausgeprägten mineralischen Bodencharakter. Die Weine vom Johannisberg und aus Rüdesheim weiter im Westen teilen diesen Wesenszug, sind aber körperreicher. Assmannshausen ist bekannt für seinen Spätburgunder.

Spitzenlagen im Rheingau

Assmannshauser Höllenberg Der steinige Schieferboden der 55-ha-Lage erbringt leichte, elegante, duftige Spätburgunder. Wichtigste Besitzer: August Kesseler, Krone, Staatsweingüter.

Eltville Sonnenberg Mittelschwere Rieslinge mit ausladender Frucht und geschmeidiger Säure, die schon in der Jugend angenehm zu trinken sind, sich aber auch lange gut halten. Wichtigster Besitzer: von Simmern.

Erbacher Hohenrain/Steinmorgen Rassige Rieslinge mit fester Säure, die einige Jahre brauchen, um sich zu entfalten und ihre wahre Klasse zu erkennen zu geben. Wichtigste Besitzer: Jakob Jung, von Knyphausen.

Erbacher Marcobrunn/Schlossberg/Siegelsberg Die berühmte Lage Marcobrunn bringt die kraftvollsten aller Rheingau-Rieslinge hervor; der schwere Mergelboden verleiht ihnen reiche Frucht, feste Struktur und lange Lebensdauer. Auf den Nachbarlagen entstehen etwas leichtere Weine mit ähnlichem Charakter. Wichtigste Besitzer: August Eser, Schloss Reinhartshausen (Alleinbesitz Schlossberg), Schloss Schönborn, von Simmern, Staatsweingüter.

Geisenheimer Fuchsberg/Kläuserweg Auf den schweren Mergelböden dieser beiden Lagen entstehen gehaltvolle Rieslinge mit ausgeprägter Säure, die einige Jahre reifen müssen. Wichtigster Besitzer: H. H. Eser.

Geisenheimer Rothenberg Vor 100 Jahren eine der berühmtesten Lagen im Rheingau. Der rote Schieferboden bringt verschwenderisch aromatische Weine, oft mit einem Aroma von exotischen Früchten, mit einem schönen Gleichgewicht zwischen Frucht und Säure hervor. Wichtigste Besitzer: Schloss Schönborn, J. Wegeler (Deinhard).

Hallgartener Schönhell Aus dieser Lage kommen die vollsten und harmonischsten Hallgartener Wein, obgleich ihre Säure in jungen Jahren sehr ausgeprägt sein kann. Wichtigste Besitzer: Fürst Löwenstein, Querbach.

Hattenheimer Nussbrunnen/Wisselbrunnen/Mannberg Die berühmte Lage Nussbrunnen liefert volle, aromatische Weine, deren reiche Frucht oft die Säure überdeckt. Die Weine des sich früher entwickelnden Wisselbrunnen sind schlanker und eleganter. Auf dem Mannberg entstehen leichtere, rassige Weine. Wichtigste Besitzer: August Eser, Schloss Reinhartshausen, Ress, Schloss Schönborn, von Simmern.

Hattenheimer Pfaffenberg Im Alleinbesitz von Schloss Schönborn. Der leichte Sandboden bringt volle, aromatische Rieslinge mit besonders eleganter Säure hervor.

Hochheimer Domdechaney/Kirchenstück Die Gewächse aus den beiden berühmtesten Lagen in Hochheim könnten kaum gegensätzlicher sein: Der schwere Mergelboden von Domdechaney erbringt kraftvolle, erdige Weine, der leichtere Boden von Kirchenstück hingegen elegante, ausgefeilte Tropfen. Wichtigste Besitzer: Künstler, Schloss Schönborn, Staatsweingüter, Domdechant Werner.

Hochheimer Hölle/Königin-Victoria-Berg Die Lagen direkt am Main verfügen über ein außergewöhnliches Mikroklima und tiefe mergelhaltige Lehmböden. Aus dieser Kombination entstehen wuchtige, kräftig strukturierte Rieslinge. Wichtigste Besitzer: Hupfeld (Alleinbesitz Königin-Victoria-Berg), Künstler, Domdechant Werner.

Johannisberger Hölle/Klaus Auf dem tiefen steinigen Boden der Hölle wachsen feste, gehaltvolle Weine mit ausgezeichnetem Alterungspotenzial. Die aus der Lage Klaus sind filigraner und eleganter. Wichtigste Besitzer: Prinz von Hessen, Johannishof, von Mumm.

Kiedricher Gräfenberg/Wasseros Der mit blättrigem Schiefergestein durchsetzte Boden dieser steilen Lagen bringt gehaltvolle, aromatische Weine mit eleganter Säure und enormem Entfaltungspotenzial hervor. Wichtigster Besitzer: Weil.

Martinsthaler Boden und Ausrichtung sind mit Rauenthal vergleichbar. Elegante, rassige Weine, die schon in früher Jugend angenehm zu trinken sind.

Mittelheimer St. Nikolaus Der leichte Boden und die Ufer-lage sorgen für reife, saftige Weine mit viel Charme. Wichtigste Besitzer: August Eser, Hupfeld.

Oestricher Doosberg/Lenchen Die tiefgründigen Lössböden um Oestrich erbringen körperreiche, saftige Weine mit fester Säure. Die Weine aus der Lage Lenchen sind etwas leichter und eleganter, die vom Doosberg kraftvoller und in trockenen Jahren oft besser. Wichtigste Besitzer: August Eser, Kühn, Querbach, Schloss Schönborn, Wegeler.

Rauenthaler Baiken/Gehrn/Nonnenberg/Rothenberg/Wulfen Die Rieslinge vom Rauenthaler Berg gehören zu den gefragtesten Rheingauer Weinen. Blättriges Schiefergestein im Boden und die hervorragende Lage hoch über dem Fluss sorgen für außerordentlich elegante, rassige Weine mit ausgeprägter Würze und großem Entfaltungspotenzial. Am feinsten sind die aus der Lage Baiken, am lebendigsten die vom Rothenberg. Wichtigste Besitzer: Breuer (Alleinbesitz Nonnenberg), August Eser, von Simmern, Staatsweingüter.

Rüdesheimer Berg-Rottland/Roseneck/Schlossberg Die Lagen am Rüdesheimer Berg steigen dort, wo der Rhein sich wieder nach Norden wendet, steil vom Ufer auf. Hier bringt die Riesling-Traube volle, geschmeidige Weine hervor, die dennoch lange brauchen, um sich in Bestform zu zeigen. Wichtigste Besitzer: Breuer, Johannishof, Leitz, Dr. Nägler, Ress, Schloss Schönborn, Staatsweingüter.

Schloss Johannisberg(er) Im Alleinbesitz des gleichnamigen Guts. Eine der großartigsten Lagen am ganzen Rhein. Die Weine sind vielleicht nicht die reichhaltigsten, verfügen in Höchstform jedoch über eine sublime Eleganz.

Schloss Vollrads Die recht weit vom Rhein entfernte Lage im Alleinbesitz des gleichnamigen Weinguts blieb viele Jahre unter ihrem Niveau. Seitdem 1999 ein neues Team das Ruder übernommen hat, scheint es glücklicherweise wieder aufwärts zu gehen.

Steinberg Ein im 12. Jh. von den Mönchen des Klosters Eberbach angelegter ummauerter Weinberg in Hattenheim. Die Weine sind in Bestform rassig, intensiv und sehr fein. Im Alleinbesitz der Staatsweingüter.

Wallufer Walkenberg Die wenig bekannte Lage erbringt kraftvolle, feste Weine, die viele Jahre reifen müssen, bevor sie ihr Bestes geben. Wichtigster Besitzer: J. B. Becker.

Winkeler Hasensprung/Jesuitengarten Die Lage Hasensprung direkt neben den Weinbergen von Schloss Johannisberg liefert ähnliche, aber saftigere Weine, die sich rascher entwickeln. Die Weine aus dem Jesuitengarten näher am Flussufer sind schlanker und rassiger. Wichtigste Besitzer: Allendorf, August Eser, Johannishof, Wegeler.

Die führenden Erzeuger im Rheingau

Weingut Fritz Allendorf ☆
Oestrich-Winkel. 5,5 ha. www.allendorf.de
Zu dem Gut gehört ein großer Anteil am Winkeler Jesuitengarten. Die Weine sind leicht, meist trocken oder halbtrocken

und zeichnen sich oft durch Eindringlichkeit und einen beträchtlichen Säuregehalt aus.

Weingut Hans Barth ☆☆
Hattenheim. 12 ha. www.weingut-barth.de
Dieses Gut ist besonders für seinen Sekt bekannt, u. a. den hervorragenden «Ultra». Die stillen, meist trockenen Rieslinge schwanken etwas in der Qualität, aber es gibt einige ausgezeichnete edelsüße Weine.

Weingut J. B. Becker ☆☆☆–☆☆☆☆
Walluf
Das Gut wurde 1893 gegründet und wird seit 1971 von dem extravaganten, aber umsichtigen Hans-Josef Becker und seiner Schwester Maria geleitet. Zum Besitz gehören große Anteile an der ausgezeichneten Lage Wallufer Walkenberg, von der kraftvolle trockene Weine erzeugt werden. Die trockene Auslese ist denn auch oft kraftvoller, als es ihr gut tut. Die Trauben für den guten Spätburgunder wurden zum ersten Mal 1903 am Walkenberg angepflanzt. Eine Besonderheit sind Beckers Beerenauslesen mit einem hohen Alkoholgehalt und relativ wenig Restsüße – ein Wein für Kenner.

Weingut Georg Breuer ☆☆☆–☆☆☆☆
Rüdesheim. www.georg-breuer.com
Anfang der 1990er-Jahre stieg das Gut dank Kellermeister Hermann Schmoranz und Direktor Bernhard Breuer in die Spitzenriege der Rheingau-Erzeuger auf, und dort ist es auch geblieben. Bernhard Breuer, Gründungsmitglied des Rheingauer Erzeugerverbands Charta, war ein ausgesprochener Befürworter der Lagenklassifizierung für den Rheingau. Auf seinem eigenen Gut wurde schon vor langer Zeit eine interne Klassifikation eingeführt: Nur die besten trockenen und süßen Weine aus den Spitzenlagen (Berg Schlossberg und Alleinbesitz Rauenthaler Nonnenberg) werden mit Lagenbezeichnung angeboten. Ebenfalls ausgezeichnete Weine kommen unter den Namen »Rüdesheim« und »Rauenthal« heraus. Der Sekt ist stattlich und teuer, der Spätburgunder recht hart.

Weingut August Eser ☆
Oestrich. 10 ha. www.eser-wein.de
Auf dem seit 1759 in Familienbesitz befindlichen Gut erzeugt Joachim Eser das volle Programm an trockenen und süßen Weinen. Der Qualitätsstandard ist insgesamt hoch, doch um wirklich zu brillieren, braucht das Gut einen Spitzenjahrgang.

Weingut Joachim Flick ☆–☆☆
Flörsheim-Wicke
Reiner Flick bereitet einige der besten Weine im östlichen Rheingau, obwohl er über wenig Rebflächen in Spitzenlagen außer der Hochheimer Hölle verfügt. Es sind besonders runde, zugängliche Rieslinge. Weniger interessant sind die Rotweine von Spätburgunder und Dornfelder.

Weingut Prinz von Hessen ☆☆–☆☆☆
Geisenheim. www.prinz-von-hessen.com
Der Landgraf von Hessen erwarb dieses große Gut 1958. Nach einer Flaute Ende der 1980er-, Anfang der 1990er-Jahre verbesserte der neue Direktor Markus Sieben die Qualität beträchtlich. Die Auslesen und höhere süße Prädikatsstufen waren schon immer beeindruckend.

Weingut Hupfeld ☆
Oestrich-Winkel

Die Familie Hupfeld ist besonders für ihre Lage Königin-Victoria-Berg in Hochheim bekannt, wo die gleichnamige englische Königin 1850 der Lese beiwohnte. Die damaligen Besitzer, Familie Pabstmann, erbaten zur Erinnerung an diesen Besuch die Erlaubnis, den Weinberg umzubenennen, errichteten ein Denkmal im gotischen Stil und entwarfen ein verschnörkeltes Etikett. Der Wein ist nicht der beste aus Hochheim, aber voll, weich und blumig. Die Familie besitzt auch Weinberge in Oestrich-Winkel.

Schloss Johannisberg ☆☆
Johannisberg. www.schloss-johannisberg.de
Der Besitz in herrlicher Lage ist zweifellos das berühmteste Weingut am Rhein und geradezu ein Synonym für den echten Riesling. Das erste Kloster auf dem Hügel über dem Rhein entstand 1100; seine Blüte erreichte es im 18. Jh. unter dem Fürstabt von Fulda. 1775 war der erste Jahrgang, in dem die Trauben überreif gelesen wurden, weil der Bote des Abts mit der Ernteerlaubnis verspätet eintraf: Diesem Zwischenfall sind angeblich der Begriff Spätlese und die Entdeckung der besonderen Eigenschaften der Edelfäule zu verdanken – in anderen Teilen Europas waren solche Weine allerdings zu jener Zeit schon bekannt.

Das Gut wurde unter Napoleon säkularisiert; 1816 schenkte der österreichische Kaiser es seinem Kanzler Fürst Metternich in Anerkennung seiner diplomatischen Verdienste. 1942 wurden Kloster und Schloss Johannisberg (aber nicht die Keller) bei einem Luftangriff zerstört und später wieder aufgebaut. Die Rebfläche, ein zusammenhängendes Stück mit idealer Neigung auf dem Schlosshügel, ist seit 250 Jahren vollständig mit Riesling bestockt. Formell handelt es sich um einen Ortsteil – eine geographische Einheit, die keinen Einzellagennamen braucht.

In Bestform sind die Weine von Schloss Johannisberg außerordentlich fest gebaut, konzentriert und langlebig mit allen Eigenschaften eines klassischen Rieslings aus einer hervorragenden Lage. Weine aus den 1860er- und 1870er-Jahren erwiesen sich bei Verkostungen in jüngster Vergangenheit als immer noch kraftvoll und ließen Spuren ihres ursprünglichen Aromas erahnen. 1992 wurde das Gut von dem großen Unternehmen Henkell & Söhnlein übernommen. Seitdem haben die Weine abgesehen von den höchsten Prädikatsstufen viel von ihrem Flair verloren.

Weingut Johannishof ☆☆–☆☆☆
Johannisberg. www.weingut-johannishof.de
Hans Hermann Eser, inzwischen unterstützt von seinem sympathischen Sohn, stammt aus einer alten Winzerfamilie und hat sich mit rassigen, geschmacksintensiven Weinen, u. a. den feinsten Rieslingen Johannisbergs, einen Namen gemacht. Die Keller neun Meter unter dem Hügel sind ein Hort der Tradition: kühl und feucht, mit ovalen Fässern, in denen charaktervoller Wein reift. Mit dem Erwerb von 6 ha in Rüdesheim beginnt ein neues Kapitel in der langen Geschichte dieses schönen Guts.

Weingut Jakob Jung ☆☆
Erbach. www.weingut-jung.de
Ludwig Jungs meist trockene Rieslinge bieten in einem teuren Anbaugebiet ungewöhnlich viel für ihr Geld. Am besten sind die eleganten Weine vom Erbacher Hohenrain.

Weingut Graf von Kanitz ☆☆–☆☆☆
Lorch. www.reinerwein.de

Der Adelsfamilie von Kanitz gehört das Gut erst seit 1926. Die Reben wachsen auf steilen Hängen am Nordostrand des Rheingaus. Die Weine sind lebhaft und eindringlich mit ausladender Frucht und halten sich lange.

Weingut August Kesseler ☆☆–☆☆☆
Assmannshausen. www.august-kesseler.de
Bemerkenswertes junges Gut mit überaus erfolgreichem tiefdunklem, Barrique-gereiftem Assmannshausen Spätburgunder und raffiniertem natursüßem Rüdesheimer Riesling. Trotz hoher Preise finden die Weine bei Spitzenrestaurants und Privatkunden großen Anklang.

Weingut Freiherr zu Knyphausen ☆☆
Erbach. www.knyphausen.de
Das ehemalige Klostergut wurde 1818 von den Vorfahren des Freiherrn erworben. Es wird nach traditioneller Art geführt und bringt vollmundige, zu 70% trockene und halbtrockene Weine hervor. Die Qualität ist beständig, aber einigen Weinen fehlen der Biss und die Konzentration der feinsten Rheingau-Gewächse.

Weingut Robert König ☆☆
Assmannshausen
Eine Seltenheit im Rheingau: ein Gut, das fast ausschließlich Rotwein von Spät- und Frühburgunder erzeugt, fassgereifte Weine traditioneller Art mit viel Charakter.

Weingut Krone ☆☆–☆☆☆
Assmannshausen
Das Gut des wohl berühmtesten gleichnamigen Hotels am Rhein. Seit der junge Peter Perabo 1995 das Amt des Kellermeisters übernahm, machen die Spätburgunder denen des Nachbarn August Kesseler (siehe dort) Konkurrenz. Neben zahlreichen Cuvées gibt es eine Reihe von Weißherbst-Auslesen. Der ideale Ort zum Verkosten der faszinierenden Weine ist das Hotelrestaurant, auf dessen Karte 1300 Gewächse verzeichnet sind.

Weingut Peter Jakob Kühn ☆☆☆–☆☆☆☆
Oestrich. www.weingutpjkuehn.de
Oestricher Lenchen und Doosberg sind vielleicht nicht die gefeiertsten Lagen des Rheingaus, aber Peter Kühn erzeugt dort herrliche, zu 80% trockene Weine. Kühn probiert unermüdlich neue Techniken aus, die er auf seinen Reisen kennen lernt. Große Frucht und harmonische Säure zeichnen alle seine Weine aus. Die Spätlesen sind manchmal, zuletzt 1998 und 1999, sensationell.

Weingut Franz Künstler ☆☆☆–☆☆☆☆
Hochheim. www.weingut-kuenstler.de
Gunter Künstler ist einer der talentiertesten jungen Kellermeister am Rhein. Seine kraftvollen, mineralischen trockenen Rieslinge machten ihn Ende der 1980er-Jahre schlagartig berühmt und gehen weiterhin als Sieger aus Blindverkostungen hervor. Aber auch die weniger bekannten Auslesen und höheren Prädikatsstufen verdienen größte Anerkennung. 1996 verdreifachte Künstler seinen Besitz durch den Erwerb des renommierten Guts Aschrott in Hochheim und erhielt Zugang zu weiteren Spitzenlagen. Künstler kann der Klassifizierung Erstes Gewächs nichts abgewinnen und empfiehlt, sie zu ignorieren.

Weingut Hans Lang ☆☆–☆☆☆
Hattenheim. www.lang-wein.de

Der vielseitige Betrieb erzeugt neben leichten, aber eleganten Rieslingen verschiedene andere Weine: einen schönen Silvaner, fassvergorene Grau- und Weißburgunder sowie einen ziemlich extraktreichen Spätburgunder. Am besten sind die Rieslinge: viel Charakter und Säure.

Freiherr Langwerth von Simmern ☆☆
Eltville

Mittelpunkt des 1464 gegründeten Guts sind die schönen Renaissance-Bauten des Langwerther Hofs in der Altstadt von Eltville, einer der herrlichsten Ecken im Rheingau. Das mit Wappensymbolen reich verzierte (und daher kaum lesbare) rote Etikett war eines der verlässlichsten Gütesiegel für klassischen Riesling in Deutschland, doch in den 1990er-Jahren brach die Qualität dramatisch ein. Ende der 1990er-Jahre übernahm ein Mitglied der Familie das Ruder, 2001 wurde mit Dirk Roth ein neuer Kellermeister verpflichtet, und seitdem geht es wieder aufwärts.

Weingut Josef Leitz ☆☆☆
Rüdesheim. www.leitz-wein.de

Als Johannes Leitz Mitte der 1980er-Jahre hier mit der Weinerzeugung begann, folgte er dem damaligen High-Tech-Trend, war jedoch mit den Ergebnissen nicht zufrieden und optierte daher in den 1990er-Jahren für niedrige Erträge, Naturhefen, langsame Gärung und Hefesatzlagerung. Die Qualität wurde schlagartig besser. Inzwischen gehört Leitz zur Spitzenriege der Erzeuger im Rheingau und bereitet sehr individuelle, elegante Rieslinge. Am feinsten sind die trockenen Weine aus der Lage Berg Rottland und die natursüßen Spätlesen vom Berg Schlossberg.

Weingut Dr. Nägler ☆
Rüdesheim. www.weingut-dr-naegler.de

Seit einiger Zeit ist die Qualität hier nicht gerade spektakulär. 2001 übernahm jedoch Tilberg Nägler die Leitung, sodass nun Hoffnung auf Besserung besteht. Die Preise sind sehr vernünftig.

Weingut Prinz ☆
Hallgarten

Von gerade mal 1,6 ha Hallgartener Lagen im Besitz seiner Frau erzeugt Fred Prinz, der früher mit Bernhard Breuer zusammenarbeitete, beeindruckende trockene und natursüße Rieslinge.

Weingut Querbach ☆
Oestrich-Winkel. www.querbach.com

1998 führten die Querbachs ihr eigenes Klassifizierungssystem ein: »No. 2« steht für angereicherten Kabinett, »No. 1« für trockene Spätlese. Daneben gibt es ein Erstes Gewächs vom Oestricher Doosberg. Außerdem verzichten sie mutigerweise auf Korkverschlüsse. Durchweg gute Qualität.

Schloss Reinhartshausen ☆☆
Erbach. 82 ha. www.schloss-reinhartshausen.de

Mehr als 100 Jahre lang gehörte dieses Gut der preußischen Königsfamilie, bis es 1988 von einem Konsortium übernommen wurde. Trotz der beträchtlichen Größe ist die Qualität verlässlich. Am besten sind die kraftvollen, aristokratischen Weine aus der Lage Erbacher Marcobrunn und die rassigen Gewächse vom Hattenheimer Wisselbrunnen. Ihr Nachteil ist der hohe Preis. Eine Spezialität des Guts ist Sekt, der zu den besten im Rheingau gehört. Die Qualität befindet sich weiter

im Aufwind, seitdem im Jahr 2000 nach einer wechselhaften Phase Andreas Blaurock die Leitung übernahm.

Balthasar Ress ☆☆
Hattenheim. www.ress-wine.com

Stefan Ress, inzwischen unterstützt durch seinen Sohn Christian, ist ein etablierter Händler und Winzer mit einer breiten Auswahl von Weinen aus dem ganzen Anbaugebiet. 1978 pachtete er Schloss Reichhartshausen, ein etwas vernachlässigtes ehemaliges Zisterziensergut mit 4 ha. Die Weine sind kompromisslos modern im Stil, werden in Edelstahltanks gekeltert und zugunsten größtmöglicher Frische früh abgefüllt. Die Qualität schwankt; die meisten Weine trinken sich jung am besten.

Domänenweingut Schloss Schönborn ☆☆–☆☆☆
Hattenheim. 65 ha. www.schoenborn.de

Seit 1349 ist dieses große Privatgut im Rheingau, mit Rebflächen in meist hervorragenden Lagen, im Besitz einer Familie mit viel Einfluss in Politik und Kultur. Kenner sind im Hinblick auf die heutigen Schönborner Weine geteilter Meinung: Manche beschreiben sie als »Rubens des Rheingaus«, andere finden sie zu schwer und plump. Die äußerst breite Palette reicht von der Lage Marcobrunn in der Mitte bis nach Lorch im Westen und Hochheim im Osten. Seit 1995 der neue Leiter Günter Thies ans Ruder kam, mehren sich die Anzeichen für eine Besserung, doch bis das Gut wieder auf dem Stand von vor 1971 ankommt, wird noch viel Wasser den Rhein hinunterfließen.

Staatsweingüter Kloster Eberbach ☆–☆☆☆
Eltville. 197 ha. www.staatsweingüterhessen.de

Die Staatsweingüter in Eltville sind aus einem ehemaligen Klosterbesitz hervorgegangen, der unter Napoleon an den Herzog von Nassau, dann an das Königreich Preußen und schließlich an das Land Hessen kam. Die Prunkstücke des Guts sind das wunderschöne, perfekt erhaltene Zisterzienserkloster Eberbach (1135) in einem bewaldeten Tal hinter Hattenheim und die berühmteste Lage, der Steinberg, die an einen ummauerten burgundischen Clos erinnert. Kloster Eberbach ist auch Schauplatz der jährlich stattfindenden Weinauktionen und der Sitz der Deutschen Weinakademie, die regelmäßig Kurse für Liebhaber und Profis veranstaltet. Hier wurde erstmals (für den Jahrgang 1712) der Ausdruck »Cabinet« gebraucht, und zwar für einen Wein mit Reserve-Qualität, der in der modernen Gesetzgebung eine völlig andere Bedeutung angenommen hat.

Zu den Besitzungen gehören auch Rebflächen in Assmannshausen und an der Hessischen Bergstraße, die an anderer Stelle behandelt werden. Trotz seiner langen Tradition arbeitet das Gut mit sehr moderner Kellertechnik; die meisten Weine werden in Edelstahltanks vinifiziert. Ab Mitte der 1970er-Jahre ging es mit der Qualität rapide abwärts, obwohl das Gut über einige der besten Lagen im Rheingau verfügt. Dieter Greiner, der seit 2000 die Leitung innehat, weiß genau, was zu tun ist, um das Gut in die Spitzenriege zurückzuführen. Ob die Politiker, denen er untersteht, ihn gewähren lassen, bleibt abzuwarten.

Schloss Vollrads ☆☆–☆☆☆
Oestrich-Winkel. www.schlossvollrads.com

Wenige Menschen haben sich mehr für den Rheingau und seine Weine eingesetzt als Graf Erwein Matuschka-Greiffenclau, der dem herrlichen Gut in den Hügeln oberhalb von Winkel vorstand und auf eine lange Reihe von adligen Vorfahren zurückblickte, die mindestens seit 1100 in Winkel lebten. Der ursprüngliche Familiensitz, das romanische Graue Haus in Winkel, das älteste Wohnhaus aus Stein in Deutschland, ist heute ein Weinrestaurant. Die Weinberge wurden als Ortsteil ausgewiesen, eine Einheit für sich, die weder einen Gemeinde- noch einen Einzellagennamen führt. Schloss Vollrads ist auf trockene Weine mit minimaler Restsüße spezialisiert. Graf Matuschka pachtete außerdem das Weingut Fürst Löwenstein (siehe dort) in Hallgarten.

Doch die Weine waren selten so gut, wie sie hätten sein sollen; zudem wurden solch geächtete Verfahren wie maschinelle Lese praktiziert. In den 1990er-Jahren geriet Graf Matuschka zunehmend in finanzielle Schwierigkeiten; 1997 nahm er sich das Leben. Das Gut ging in den Besitz seiner Banken über und nach einigem Hin und Her beschloss die Nassauische Sparkasse, es doch nicht aufzuteilen und übertrug die Leitung dem erfahrenen Dr. Rowald Hepp. Seit 1999 geht es mit der Qualität deutlich aufwärts.

Geheimrat J. Wegeler ☆☆
Oestrich-Winkel. 55 ha. www.wegeler.com

In den 1990er-Jahren ruhte sich das Weingut, das früher zum Koblenzer Handelsunternehmen Deinhard gehörte, auf seinen Lorbeeren aus. 2000 wurde Oliver Haag, der Sohn von Wilhelm Haag aus Brauneberg an der Mosel (siehe dort), als Kellermeister verpflichtet. Bereits 1999 war eine Besserung zu verzeichnen und Haag wird diese sicherlich weiter ausbauen. Die Lagen sind einmalig: Oestricher Lenchen, Winkeler Hasensprung, Geisenheimer Rothenberg und Rüdesheimer Berg. Es gibt keinen Grund, warum dieses Gut nicht zu den besten im Rheingau gehören sollte.

Weingut Robert Weil ☆☆☆–☆☆☆☆
Kiedrich. www.weingut-robert-weil.com

Das historische Gut gehört seit 1988 dem japanischen Getränkemulti Suntory, der hier massiv investierte, den Besitz mehr als verdoppelte und die modernste Weinbereitungsanlage der Region errichtete. So wichtig das auch war, ist es doch maßgeblich der Arbeit des Direktors Wilhelm Weil zu verdanken, dass das Gut wieder in die Spitzenriege der Rheingau-Erzeuger aufrückte. Riesling Auslese, Beerenauslese, Trockenbeerenauslese und Eiswein gehören zu den besten ihrer Art in Deutschland. Die Trauben werden mehrfach ausgelesen, und die Mostgewichte liegen weit über den gesetzlichen Mindestwerten, was manche zu der Aussage veranlasst, dass die Weine von Weil es mit der Großartigkeit übertreiben. Die trotz der hohen Preise konstante Nachfrage lässt jedoch vermuten, dass die Weine so, wie sie sind, gut ankommen. Die trockenen Weine sind zwar auch gut, aber längst nicht solche Gipfelstürmer.

Domdechant Werner'sches Weingut ☆☆–☆☆☆
Hochheim. www.domdechantwerner.com

Die Familie Werner erwarb das Gutshaus in herrlicher Lage oberhalb des Zusammenflusses von Rhein und Main 1780 vom Duke of York. Der Sohn des Käufers, Dr. Franz Werner, war der berühmte Dechant, der den Mainzer Dom vor der Zerstörung durch die Franzosen bewahrte. Dieselbe Familie (die heute Michel heißt) besitzt und führt nach wie vor das Gut und erzeugt von einigen der besten Lagen mit die stattlichsten und vollmundigsten Hochheimer Weine. Mit traditioneller Fassreifung entstehen langlebige, geschmacksintensive trockene und natursüße Weine.

Nahe

Die Nahe mündet bei Bingen in den Rhein. Die besten Rieslinge von den 4600 ha Rebland gelten unter Kennern schon lange als mit die feinsten, die Deutschland zu bieten hat. Dennoch ist das Anbaugebiet im In- und Ausland recht unbekannt.

Da das Gebiet zwischen Mosel-Saar-Ruwer und dem Rheingau liegt, werden seine Weine gemeinhin als Mittelding zwischen Mosel- und Rheinweinen bzw. genauer zwischen Saar- und Rheingauweinen angesehen. Das trifft auf Gewicht und Ausgewogenheit, Körper und Struktur der Weine von der mittleren Nahe auch tatsächlich zu: Sie haben die Nervigkeit und das Rückgrat der Weine von der Saar und gleichzeitig etwas von der Wucht und Geschmacksdichte der Rheingauweine. Der vulkanische Boden verleiht ihnen jedoch etwas sehr Eigenes; ich jedenfalls entdecke in großen Naheweinen oft einen feinen Anflug von schwarzen Johannisbeeren mit köstlichen mineralischen Untertönen. In ihrer zarten und doch voll abgerundeten Art üben sie eine geradezu hypnotische Wirkung aus.

Die besten und bekanntesten Weinberge der Nahe liegen in dem felsigen, gewundenen Abschnitt des Tals flussaufwärts von Bad Kreuznach, hauptsächlich um Niederhausen, Norheim, Traisen und Schloßböckelheim. Dort gelingt den Weinen häufig der wundersame Balanceakt zwischen Reife und Frische, dessen nur die Riesling-Traube fähig ist. Weiter flussaufwärts, wo das Tal breiter und sanfter gewellt ist, hat Monzingen die besten Lagen vorzuweisen. Die Bad Kreuznacher Weine kommen von schwererem, fetterem Boden und sind entsprechend gehaltvoller und saftiger. Nach einem heißen Sommer können sie bombastisch ausfallen, in klimatisch weniger extremen Jahren sind sie hingegen ein Muster an Charme und Harmonie. Flussabwärts zum Rhein hin ragen wieder Felsen und Steilhänge auf. In Orten wie Münster-Sarmsheim und Dorsheim an der unteren Nahe haben die Weine einen ähnlich mineralischen Charakter wie an der mittleren Nahe, sind jedoch voller und imposanter.

Spitzenlagen an der Nahe

Altenbamberger Rotenberg Die Steillage mit rötlichem Rhyolithboden erbringt saftige, aromatische Rieslinge mit geschmeidiger Säure. Wichtigster Besitzer: Gutsverwaltung Niederhausen-Schloßböckelheim.

Dorsheimer Burgberg/Goldloch/Pittermännchen Auf dem rötlichen Schieferboden von Goldloch und Burgberg entstehen volle Rieslinge mit Aprikosenfrucht und fester Struktur; der graue Schieferboden der Lage Pittermännchen liefert hingegen schlanke, rassige Weine, die eine große Ähnlichkeit mit feinen Mosel-Rieslingen aufweisen. Wichtigster Besitzer: Diel.

Kreuznacher Brückes/Kahlenberg/Krotenpfühl Die besten Weinberge Bad Kreuznachs befinden sich in geschützer Lage am Stadtrand. Die tiefgründigen Lehmböden über rötlichem Schiefer erbringen reichhaltige, fleischige Weine. Wichtigste Besitzer: Anheuser, Anton Finkenauer, von Plettenberg.

Langenlonsheimer Rothenberg/Löhrer Berg Auf Lehm und rötlichem Schiefer entstehen mittelschwere Rieslinge voll reifer Frucht, die sich schon in der Jugend gut trinken lassen. Wichtigste Besitzer: Schweinhardt, Wilhelm Sitzius, Tesch.

Laubenheimer Karthäuser/St. Remigiusberg Die unmittelbar nördlich von Langenlonsheim gelegenen Weinberge verfügen meist über Lehmboden, auf dem Riesling gut ausreift, weshalb sie sich hervorragend für trockene Weine eignen. Wichtigster Besitzer: Tesch.

Monzinger Frühlingsplätzchen/Halenberg Die hiesigen Steillagen haben unterschiedliche Böden. Der rötliche Schiefer im Frühlingsplätzchen erbringt unmittelbarer ansprechende, geschmeidige Weine, der blaue Schiefer am Halenberg hingegen sehr elegante, rassige Rieslinge. Wichtigste Besitzer: Anheuser, Emrich-Schönleber.

Münsterer Dautenpflänzer/Kapellenberg/Pittersberg Der sanfte Schwung dieser ausgezeichneten Lagen ist gut zu erkennen, wenn man auf der A61 über die Nahe fährt. Schiefer über Lehm-Lössgrund liefert intensiv aromatische, rassige Rieslinge. Die aus dem Dautenpflänzer sind am kraftvollsten, die vom Pittersberg am elegantesten. Wichtigste Besitzer: Göttelmann, Kruger-Rumpf.

Niederhäuser Hermannsberg/Oberhäuser Brücke Die beiden Lagen erstrecken sich über einen einzigen Südwesthang mit steinigem Boden über Porphyrgrund und sind für intensive, mineralische Rieslinge bekannt. Wichtigste Besitzer: Dönnhoff (Alleinbesitz Brücke), Gutsverwaltung Niederhausen-Schloßböckelheim (Alleinbesitz Hermannsberg).

Niederhäuser Hermannshöhle Seit der von Preußen vorgenommenen und 1902 in Kartenform veröffentlichten Klassifizierung der Weinberge an der Nahe gilt diese Lage als die beste des Anbaugebiets. Die ideale Ausrichtung und ein sehr steiniger Boden (ein komplexes Gemisch aller hier vorkommenden Bodenarten) lassen Rieslinge mit höchster Eleganz und aromatischer Komplexität entstehen. Wichtigste Besitzer: Dönnhoff, Jakob Schneider, Wilhem Sitzius, Gutsverwaltung Niederhausen-Schloßböckelheim.

Niederhäuser Kertz/Klamm/Rosenheck Dies sind zwar nicht die besten Lagen in Niederhausen, sie lassen auf ihrem Porphyrboden aber trotzdem raffinierte, rassige Rieslinge mit ausgeprägt mineralischem Charakter entstehen. Wichtigste Besitzer: Crusius, Mathern, Jakob Schneider.

Norheimer Dellchen/Kafels/Kirschheck Die äußerst steilen Terrassenhänge mit steinigem Porphyrboden sind die am wenigsten bekannten Spitzenlagen an der mittleren Nahe und können sich doch ohne weiteres mit Niederhausen und Schloßböckelheim messen. Wichtigste Besitzer: Crusius, Dönnhoff, Lötzbeyer, Mathern, Jakob Schneider, Staatsweingut Bad Kreuznach.

Roxheimer Berg/Birkenberg/Höllenpfad/Hüttenberg/Mühlenberg Die besten Lagen von Roxheim nordwestlich von Bad Kreuznach liegen außerhalb des Nahetals, aber die Kombination aus Südhang und rötlichem Schieferboden sorgt für reife, aromatische Weine mit eleganter Säure. Wichtigste Besitzer: Anheuser, Prinz zu Salm-Dalberg (Schloss Wallhausen).

Schloßböckelheimer Felsenberg/Kupfergrube Die beiden Spitzenlagen von Schloßböckelheim liegen direkt nebeneinander, liefern aber sehr unterschiedliche Weine. Auf dem Felsenberg wird schon seit Jahrhunderten Wein angebaut; der sehr steinige Melaphyrboden erbringt vollaromatische Rieslinge mit seidiger Säure. Die Kupfergrube entstand 1902 aus einem ehemaligen Kupferstollen; dort entstehen schlankere, intensiv rassige Weine mit beträchtlichem Entfaltungspotenzial. Wichtigste Besitzer: Crusius, Dönnhoff, Gutsverwaltung Niederhausen-Schloßböckelheim.

Schloßböckelheimer In den Felsen/Königsfels Die Weine kommen meist nicht an die der Spitzenlagen in Schloßböckelheim heran, sind jedoch ebenfalls rassige Rieslinge mit sehr ausgeprägtem mineralischem Charakter. Wichtigste Besitzer: Anheuser, Hehner-Kilz.

Traiser Bastei/Rotenfels Die berühmte Bastei liegt zwischen dem Ufer der Nahe und dem 180 m hohen Rotenfels. Auf sehr steinigem Porphyrboden wachsen kraftvolle, auffällig mineralische Weine. Die Gewächse vom benachbarten Rotenfels sind ähnlich, aber weniger extrem. Wichtigste Besitzer: Crusius, Gutsverwaltung Niederhausen-Schloßböckelheim.

Wallhäuser Felseneck/Johannisberg/Pastorenberg Die steilen Weinberge in geschützter Lage hoch oben im Gräfenbachtal bringen auf schieferreichem Boden bemerkenswert Moselähnliche Rieslinge hervor. Wichtigster Besitzer: Schloss Wallhausen.

Wintzenheimer Rosenheck/Bretzenheimer Pastorei Die nebeneinander liegenden Weinberge liefern ähnliche, aber etwas elegantere Weine als Bad Kreuznachs Spitzenlagen. Wichtigster Besitzer: von Plattenberg.

Die führenden Erzeuger an der Nahe

Weingut Paul Anheuser ☆
Bad Kreuznach. 68 ha. www.anheuser.de
Das Gut kann seine Geschichte bis ins Jahr 1627 zurückverfolgen und ist das einzige überlebende der ehemals drei Anheuser-Güter in der Stadt. In den 1880er-Jahren pflanzte Rudolf Anheuser als Erster Riesling an der Nahe an. Der große Rebbestand verteilt sich auf viele Weinberge an der mittleren Nahe. Die Weine reifen in Holzfässern in tiefen, kühlen Kellern. Das Ziel ist Frische und Frucht. Seit einiger Zeit wird das Gut den in den 1970er- und 1980er-Jahren gesetzten hohen Standards nicht mehr gerecht.

Weingut Hans Crusius ☆☆–☆☆☆
Traisen. 13 ha. www.weingut-crusius.de
Hans Crusius, der Grandseigneur des Weinbaus an der Nahe, hat die Leitung des Familienbetriebs seit Ende der 1980er-Jahre nach und nach an seinen Sohn Dr. Peter Crusius abgetreten. Die Rieslinge sind sauber und schön gebaut; die aus den Lagen Traisener Bastei und Rotenfels haben Kraft und Persönlichkeit.

Schlossgut Diel ☆☆☆
Burg Layen. www.schlossgut-diel.com
Das Multitalent Armin Diel, Winzer, Weinjournalist, Restaurantkritiker und Fernsehmoderator, ist eine der herausragendsten Persönlichkeiten des modernen deutschen Weinbaus. Seine ausgedehnten Besitzungen in allen drei Dorsheimer Spitzenlagen machen ihn zu einem führenden Erzeuger an der unteren Nahe. Trockene und natursüße Rieslinge der oberen Prädikatsstufen stellen den Löwenanteil der Produktion, aber

auch Weiß- und Grauburgunder sowie »Victor« (ein kraftvoller Verschnitt aus beiden Rebsorten), alle in neuer Eiche ausgebaut, genießen hohes Ansehen; Gleiches gilt für den Sekt. Der schwierige 2000er Jahrgang war hier ein großer Erfolg und zeitigte einige exquisite Auslesen.

Weingut Hermann Dönnhoff ☆☆☆☆
Oberhausen. www.doennhoff.com
Helmut Dönnhoffs Rieslinge sind der vollendete Ausdruck der Spitzenlagen an der mittleren Nahe. Hinter seiner zurückhaltenden Art verbergen sich ein fanatisches Engagement für Qualität und ein bemerkenswertes Naturtalent für die Weinbereitung. Praktisch jedes Fass (und Holz ist für Dönnhoff ein Glaubensartikel) aus diesem Keller wird einzeln abgefüllt, was zu einer verwirrend breiten Palette von Weinen führt. Doch das fällt bei so großer Qualität und Beständigkeit kaum ins Gewicht. Am kraftvollsten sind die Weine von der Oberhäuser Brücke; die aus der Hermannshöhle bieten hingegen ein Höchstmaß an Eleganz und Komplexität. Dönnhoffs Eiswein gehört regelmäßig zu den besten in Deutschland.

Weingut Emrich-Schönleber ☆☆☆
Monzingen. www.emrich-schoenleber.com
Seit Ende der 1980er-Jahre hat sich dieses Gut kontinuierlich an die Spitze vorgearbeitet. Die Rieslinge, sowohl die trockenen als auch die natursüßen, sind wunderbar reintönig und ausdrucksvoll mit lebendiger Frucht und rassiger Säure. Die Weine vom Halenberg geraten feiner, die vom Frühlingsplätzchen gehaltvoller. Schönlebers Eiswein reicht in Pracht und Intensität an den von Dönnhoff heran.

Weingut Göttelmann ☆
Münster-Sarmsheim
Götz Blessing heiratete in die Familie Göttelmann ein und ist seit 1984 für die Gutsleitung und die Weinbereitung zuständig. Trockener Riesling und Grauburgunder sind oft besser als die natursüßen Weinen, die manchmal etwas schlaff ausfallen. Die Qualität schwankt, aber die besten Weine sind wirklich sehr gut.

Weingut Hahnmühle ☆
Mannweiler-Cölln
Peter Linxweiler ist besonders für schlanke, stahlige Rieslinge von den felsigen Weinbergen im Alsenztal bekannt. Chardonnay aus zwei Lagen in Oberndorf ist die Spezialität des Hauses.

Weingut Hehner-Kilz ☆
Waldböckelheim. www.hehner-kilz.de
Georg und Helmut Hehner führen einen der besten Landgasthöfe an der Nahe und produzieren zwar etwas wechselhafte, aber oft gute trockene und natursüße Rieslinge aus den Spitzenlagen in Schloßböckelheim.

Weingut Kruger-Rumpf ☆☆–☆☆☆
Münster-Sarmsheim. 19 ha. www.kruger-rumpf.com
Das Gut, zu dessen Rebflächen viele der besten Lagen in Münster-Sarmsheim zählen, wird zu Recht für seine stilvollen, festen trockenen Weine von Riesling, Silvaner, Weiß- und Spätburgunder bewundert. 2001 überschritt Stefan Rumpf die Grenze zu Rheinhessen und erwarb Weinberge am Binger Scharlachberg. Alle Weine können im ausgezeichneten Weinrestaurant des Guts gekostet werden, das mit die beste traditionelle Küche an der Nahe bietet.

Weingut Lötzbeyer ☆☆
Feilbingert

Adolf Lötzbeyers eindrucksvolle natursüße Riesling- und Scheurebe-Weine haben sich in den USA viel Ansehen und eine große Anhängerschaft erworben. Auch die natursüßen Kabinette und Spätlesen sind oft beeindruckend, die trockenen Weine dagegen ziemlich rustikal.

Weingut Mathern ☆☆–☆☆☆
Niederhausen. www.weingut-mathern.de

Helmut Mathern besitzt eine Reihe schöner Steillagen in Niederhausen und Norheim und holte in den 1990er-Jahren das Beste aus ihnen heraus. Die vollaromatischen Rieslinge, größtenteils mit einem gewissen Grad an Natursüße, sind von beständig hoher Qualität. Die trockenen Weine können hingegen etwas herb ausfallen. Mathern ist eigentlich nicht so sehr an edelsüßen Rieslingen interessiert, aber die 1999er Auslesen waren großartig.

Gutsverwaltung Niederhausen-Schloßböckelheim
☆☆–☆☆☆
Niederhausen.
www.riesling-domaene.de

Die ehemalige Staatsdomäne an der Nahe, die einst als die beste in Deutschland galt, wurde 1902 von Kaiser Wilhelm II. gegründet und leistete Pionierarbeit im Riesling-Anbau auf den Steilhängen eines stillgelegten Kupferbergwerks, der heute berühmten Lage Kupfergrube. Bereits 1920 waren ihre Weine als herausragend anerkannt, und dies blieb bis in die 1980er-Jahre so. Nach einer etwas wechselhaften Phase zu Beginn der 1990er-Jahre wurde der Betrieb radikal umstrukturiert und Kurt Gabelmann zum Direktor ernannt. 1998 wurde der gesamte Besitz von Erich Maurer, einem Hersteller landwirtschaftlicher Produkte, erworben; Gabelmann blieb Kellermeister. Zu Beginn der 1980er-Jahre bot dieses Gut wie kein anderes den lebendigen Beweis für die Subtilität und Finesse deutscher Weine von feiner Blumigkeit bis zu üppiger Eleganz, und Maurer ist wild entschlossen, dorthin zurückzukehren. Die Schloßböckelheimer Weine sind am stilvollsten und zartesten, die Niederhäuser voller und verführerischer, die Traiser gehaltvoll, reif und langlebig, die Weine von der unteren Nahe körperreich und würzig. Rund 60 % der Weine sind trocken.

Weingut Reichsgraf von Plettenberg
Bad Kreuznach

Das Gut ist seit dem 18. Jh. im Besitz der Familie von Plettenberg und brachte in den 1970er-Jahren herausragende Weine hervor. Obwohl der Besitz gute Lagen rund um Bad Kreuznach umfasst, geht es mit der Qualität leider seit vielen Jahren stetig bergab.

Prinz zu Salm-Dalberg'sches Weingut Schloss Wallhausen ☆
Wallhausen. www.salm-salm.de

Das Ökoweingut von Michael Prinz zu Salm-Salm, dem Präsidenten des VDP, liegt in einem unberührten Winkel des Anbaugebiets Nahe. Zwei Marken, »Der Salm« und »Prinz Salm«, bieten angenehm zu trinkende sortenreine Weine aus größtenteils zugekauften Trauben (nicht unbedingt aus ökologischem Anbau). Die seriösesten Weine sind Gutsabfüllungen aus Einzellagen. Die trockenen Rieslinge besitzen eine herbe Eleganz, den süßeren Versionen fehlt es bisweilen an Konzentration.

Weingut Bürgermeister Willi Schweinhardt ☆
Langenlonsheim. www.schweinhardt.de

Die alteingesessene Winzerfamilie erzeugt mittelsüße Riesling- und Scheurebe-Weine sowie körperreiche Weiß- und Grauburgunder. Die traubigen, leichten, charmanten Weine trinkt man am besten jung. Das Gut ist auch eine verlässliche Quelle für preiswerten Riesling-Eiswein.

Weingut Wilhelm Sitzius ☆–☆☆
Langenlonsheim. www.sitzius.de

Nur die Hälfte der Weinberge ist mit Riesling bestockt. Die normalen Weine sind nichts Besonderes, aber die trockenen Spitzenweine können gut sein, v. a. die aus der Niederhäuser Hermannshöhle. Der in deutscher Eiche ausgebaute Spätburgunder kann äußerst ansprechend ausfallen.

Weingut Tesch ☆☆–☆☆☆
Langenlonsheim. www.weingut-tesch.de

Das 1723 gegründete Gut genoss früher einen ausgezeichneten Ruf, und die neue Generation in Person von Dr. Martin Tesch ist entschlossen, ihn wiederherzustellen. Am besten sind die trockenen Rieslinge aus Lagen in Langenlonsheim und Laubenheim, in denen die Trauben gut ausreifen. Die Weine sind gehaltvoll, fruchtig und recht ausladend gebaut, aber dadurch auch in der Jugend schon schön zugänglich. Die besten süßen Weine kommen vom Laubenheimer St. Remigiusberg.

Rheinhessen

Ein namenloses Dasein im Schatten von Liebfrauenmilch und anderen wässrigen Verschnitten ist das Schicksal der meisten rheinhessischen Weine. Mengenmäßig dominieren weicher, sanft blumiger Müller-Thurgau, schlichter, rustikaler Silvaner und oberflächliche, würzige Weine von neuen Rebsorten.

Nur 10 % der 26 450 ha großen Rebfläche sind mit Riesling bestockt, und zwar konzentriert auf einige wenige hervorragende Lagen. Die bedeutendsten unter ihnen liegen um Nackenheim, Nierstein und Oppenheim südlich von Mainz an der so genannten Rheinfront. Die Steillagen erbringen einige der gehaltvollsten Rieslinge Deutschlands mit so viel Körper und Würze, dass sie es mit den besten aus dem Elsass und aus Österreich aufnehmen können. In Bingen am Nordwestrand des Anbaugebiets liefern Weinberge mit ähnlichem (nicht immer genutztem) Qualitätspotenzial verhaltenere, klassische Rieslinge.

In dem Meer aus Reben, das den Großteil des rheinhessischen Hügellands bedeckt, finden sich einige Lagen, die das Potenzial für guten trockenen Riesling, Weiß- und Grauburgunder sowie traditionellen trockenen Silvaner haben. Es wurden und werden durchaus Anstrengungen unternommen, diesen Weinen mehr Profil zu verleihen und sie aus der Massenware herauszuheben, vor allem im Rahmen der Initiative »Selection Rheinhessen«; die Fortschritte wurden zudem durch die Einführung der Lagenklassifikation Großes Gewächs beschleunigt. Auch der Erfolg einiger engagierter Erzeuger an der Rheinfront und im Hinterland trägt seinen Teil zum Imagewandel des Anbaugebiets bei.

Aber der Weg ist noch weit. Winzer, die bestrebt sind, ihren Wein zu verbessern und in ein höheres Marktsegment aufzusteigen, scheitern an den niedrigen Preisen, die Verbraucher für rheinhessische Weine zu zahlen bereit sind: Investitionen in Weinbau und Weinbereitung sind schlicht nicht finanzierbar. Zum Glück gibt es auch Erfolgsmeldungen, und Erzeuger wie Keller und Wittmann machen vor, was alles erreicht werden kann – auch höhere Preise. Es besteht also Hoffnung.

Spitzenlagen in Rheinhessen

Binger Scharlachberg Eleganter, vornehmer Riesling vom Taunus-Quarzitboden dieses terrassierten Südhangs mit 27 ha. Der historische Kern der Lage wurde in den 1980er-Jahren aufgelassen und nicht mehr neu bepflanzt. Wichtigster Besitzer: Villa Sachsen.

Dalsheimer Bürgel 30-ha-Lage, teilweise mit Kalksteinboden und mit jeder Menge Spätburgunder bestockt. 2 ha sind im Besitz von Keller.

Dalsheimer Hubacker Lehm mit etwas Kalkstein. Aus der besten Parzelle erzeugt Keller ausgezeichneten Riesling.

Nackenheimer Rothenberg Die Nordspitze des Roten Hangs, eine äußerst steile Lage mit steinigem rötlichem Schieferboden und idealer Ausrichtung, erbringt mit die aromatischsten und langlebigsten Rieslinge am ganzen Rhein. Praktisch im Alleinbesitz von Gunderloch.

Niersteiner Brudersberg Kleine Lage im Alleinbesitz von Heyl zu Herrnsheim. Der steile Südhang mit rötlichem Schieferboden lässt Riesling mit Fülle und Eleganz entstehen.

Niersteiner Heiligenbaum Wegen des hier vorherrschenden unvorteilhaften Lehmbodens gilt nur ein kleiner Teil der Lage als erstklassig.

Niersteiner Hipping Die Qualitäten dieser Lage sind umstritten. Einig ist man sich lediglich darüber, dass das für ihre Weine typische Ananasaroma diese schon jung sehr ansprechend macht. Wichtigste Besitzer: St. Antony, Gunderloch, Heyl zu Herrnsheim, Schneider, Seebrich, Strub.

Niersteiner Ölberg Der tiefgründigste Boden aller Niersteiner Lagen erbringt kraftvolle Weine, die lange reifen müssen, bis sie ihre Tiefe zu erkennen geben, aber auch sehr langlebig sind. Wichtigste Besitzer: St. Antony, Heinrich Braun, Guntrum, Heyl zu Herrnsheim, Rappenhof, Schneider, Seebrich, Strub.

Niersteiner Orbel Die steinige Steillage westlich von Nierstein bringt Weine hervor, die mineralische Intensität mit rassiger Säure vereinen. Wichtigste Besitzer: St. Antony, Braun, Schneider, Strub.

Niersteiner Pettenthal Obwohl die Lage die gleiche Ausrichtung hat wie der Nackenheimer Rothenberg, sorgt der flachgründige Boden für Rieslinge, die sich schneller entfalten und einen stark ausgeprägten mineralischen Charakter aufweisen. Wichtigste Besitzer: St. Antony, Braun, Heyl zu Herrnsheim, Rappenhof, Schneider, Strub.

Oppenheimer Herrenberg/Kreuz/Sackträger Der schwere Mergelboden dieser Lagen bringt ganz andere Weine hervor als die Niersteiner Spitzenlagen. Hier entstehen selbst aus Riesling gewichtige, korpulente Weine mit fester Säure im Hintergrund, die schwer und reizlos ausfallen können, wenn es dem Kellermeister am nötigen Geschick fehlt. Wichtigste Besitzer: Guntrum, Carl Koch, Kühling-Gillot, Rappenhof.

Westhofener Morstein Die Lage mit Lehmboden über Kalksteingrund und guter Ausrichtung erbringt recht mineralische Weine. Wichtigster Besitzer: Wittmann.

Die führenden Erzeuger in Rheinhessen

Weingut Brüder Dr. Becker ☆☆
Ludwigshöhe. www.brueder-dr-becker.de
Das von Lotte Pfeffer-Müller geführte Ökoweingut genießt zu Recht einen guten Ruf für fassgereiften trockenen Riesling und Silvaner in traditionellem Stil und für die lebhaft fruchtige moderne Scheurebe mit Natursüße. Einige Weine kommen vom kalkhaltigen Lehmboden der Lage Dienheimer Tafelstein.

Weingut Gunderloch ☆☆☆☆
Nackenheim. www.gunderloch.de
Seit Ende der 1980er-Jahre haben konzentrierte, explosiv aromatische Rieslinge vom großartigen Nackenheimer Rothenberg Fritz Hasselbach zu Weltruhm verholfen. Auch Auslesen und höhere Prädikatsstufen sind hervorragend. Der halbtrockene Riesling Kabinett »Jean Baptiste« ist ein Musterbeispiel für diesen klassischen deutschen Weinstil, und selbst der einfache trockene Riesling bewegt sich auf hohem Niveau – beide geben vorzügliche Begleiter zum Essen ab. Mit dem Erwerb des Weinguts Balbach verdoppelte sich 1996 der Besitz.

Schlichtere Weine für ein jüngeres Publikum kommen mit bunten Etiketten als »Balbach« auf den Markt; »Gunderloch« bleibt die Marke für klassische Weine.

Weinkellerei Louis Guntrum ☆–☆☆
Nierstein.
www.guntrum.com
Der Familienbetrieb wurde 1824 gegründet und wird heute von der fünften Generation geleitet. Die Gutsweine sind oft reife, lebhafte Tropfen mit großer Geschmackspalette, sie werden je nach Rebsorte und Lage getrennt abgefüllt. Die letzten Jahrgänge waren qualitativ aber unbeständig, mit vielen recht derben Weinen.

Weingut Gutzler ☆–☆☆
Gundheim. 10 ha.
www.gutzler.de
Gutzlers Rebflächen liegen versprengt in verschiedenen Gemeinden des südlichen Rheinhessen. Sein Basissortiment ist uninteressant, aber es gibt einige anspruchsvolle Weißweine, z. B. eine feste trockene Riesling-Spätlese vom Liebfrauenstift und fassgereiften Auxerrois. Die Rotweine sind recht extraktreich und manchmal zu eiig.

Weingut Freiherr Heyl zu Herrnsheim ☆☆☆☆
Nierstein.
www.heyl-zu-herrnsheim.de
Der ehemalige Astrophysiker Peter von Weymarn war in den 1970er-Jahren ein Pionier des ökologischen Weinbaus in Deutschland und spezialisierte sich als einer der Ersten auf trockenere Versionen von Riesling. 1994 verkaufte er das Gut an die Familie Ahr, die seinen Qualitätsanspruch fortsetzt und an dem Ausbau in großen Eichenfässern festhält. Das Spektrum der Weine jedoch wurde reduziert.

Es gibt einfache Gutsweine, eine Reihe mit Namen »Rotschiefer« für Silvaner, Weißburgunder und Riesling sowie die großartigen Einzellagen-Abfüllungen vom Brudersberg (Alleinbesitz) und aus der Lage Pettenthal: Weine mit adliger Zurückhaltung, die oft erst nach jahrelanger Flaschenreife ihr Bestes geben. Mit einer 1997er Spätlese dieses Guts wurde 2002 in Hamburg auf die fünfte Auflage des *Weinatlas* angestoßen. Die meisten Weine sind trocken, es gibt aber auch einige rare und kostspielige Beeren- und Trockenbeerenauslesen.

Weingut Keller ☆☆☆☆
Flörsheim-Dalsheim. 12 ha
Keller setzte im südlichen Hügelland von Rheinhessen neue Qualitätsmaßstäbe. Die Rieslinge und Rieslaner sind beachtlich, wenn man bedenkt, dass Flörsheim-Dalsheim über keine berühmten Lagen verfügt. Doch Klaus Keller und sein Sohn Klaus-Peter haben sich die besten Parzellen aus Lagen wie Bürgel und Hubacker herausgepickt und erzielen wunderbare Ergebnisse. Dank der äußerst niedrigen Erträge können sie vollreife, intensive trockene Weine erzeugen. Reintönigkeit, überbordende Frucht und rassige Säure sind die unveränderlichen Kennzeichen aller Keller-Weine, ob trocken, mit einem Hauch Natursüße oder vollsüß.

Weingut Klaus Knobloch ☆☆
Oberflörsheim. 30 ha. www.weingut-klausknobloch.de
Das Gut wird seit 1988 ökologisch bewirtschaftet. Knobloch erzeugt eine interessante Auswahl an Rotweinen von Rebsorten wie St. Laurent, Lemberger und Spätburgunder. Bei den Weißweinen ist oft der Weißburgunder am besten.

Bürgermeister Carl Koch Erben ☆
Oppenheim
Einst eine verlässliche Quelle für Oppenheimer Weine, hat sich dieser Betrieb nicht gerade durch Beständigkeit hervorgetan. Die süßen Rieslinge, v. a. die Auslesen, sind manchmal jedoch ausgezeichnet.

Weingut Kühling-Gillot ☆–☆☆
Bodenheim.
www.kuehling-gillot.com
Roland Gillot ist besonders für seine kraftvollen, opulenten süßen Weine bekannt, die manchmal zu den besten Rheinhessens gehören. Seine trockenen Rieslinge sind weniger bemerkenswert und aufgrund der schweren Böden der Lagen in Bodenheim und Oppenheim häufig zu plump.

Weingut Michel-Pfannebecker ☆☆
Flomborn. 11 ha.
www.michel-pfannebecker.de
Seitdem sie in den 1970er-Jahren die ersten Weine abfüllten, haben die Pfannebecker-Brüder gehörig umstrukturiert, viele der minderwertigen Kreuzungen abgeschafft und sich auf Riesling, Silvaner und Spätburgunder konzentriert. Die Rieslinge besitzen Eleganz und Länge, aber die Silvaner-Weine haben mehr Persönlichkeit – im Fall der Barrique-gereiften Version allerdings eine unerfreuliche. Grauburgunder und Chardonnay können lebhaft und komplex ausfallen.

Weingut Rappenhof ☆
Alsheim. 53 ha.
www.weingut-rappenhof.de
Der sehr alte Familienbetrieb ist eines der größten Weingüter in Rheinhessen. Obwohl Klaus Muth viel Energie in Experimente mit Chardonnay, Rotweine im Nouveau-Stil und Barrique-Ausbau gesteckt hat, ist die Qualität oft nicht sonderlich bemerkenswert.

Weingut St. Antony ☆☆☆
Nierstein. 23 ha.
www.st-antony.com
Dr. Alex Michalsky leitet seit vielen Jahren dieses Weingut für die Firma MAN, die in München LKWs und Busse baut. Es ist mit einer Reihe schöner Steillagen mit niedrigem Ertrag am Roten Hang gesegnet und hat als anerkannter Erzeuger trockener Rieslinge seine stilistischen Möglichkeiten immer weiter ausgedehnt: kraftvolle, konzentrierte Weine, die einerseits großes Lob ernteten, andererseits aber als untypisch für deutschen Riesling abgelehnt wurden. Sicherlich gehören sie zu den herberen trockenen Rieslingen des Anbaugebiets und müssen einige Zeit in der Flasche reifen, damit ihre eigentliche Komplexität sich entfalten kann. Neuerdings bemüht man sich verstärkt um natursüße Auslesen und höhere Prädikatsstufen. St. Antony ist unbestritten eines der Spitzenweingüter in Rheinhessen.

Weingut Schales ☆–☆☆
Flörsheim-Dalsheim.
www.schales.de
Der alteingesessene Familienbetrieb erzeugt eine große Auswahl an Weinen von Kalksteinböden in Dalsheim, allerdings alle ohne Lagennamen. Die kraftvollen Grau- und Weißburgunder sind bisweilen eindrucksvoll. Die meisten Rot- und Weißweine zielen auf den Geschmack der breiten Masse ab, was aber kein Nachteil sein muss. Die üppigen, recht schwe-

ren süßen Weine werden meist von Rebsorten wie Huxelrebe und Siegerrebe erzeugt.

Weingut Georg Albrecht Schneider ☆☆–☆☆☆
Nierstein

Albrecht Schneider, nach eigenem Bekunden keiner, der sich selbst oder seine Produkte gerne anpreist, erzeugt mit die elegantesten und am feinsten ausgefeilten Riesling-Weine aus Spitzenlagen in Nierstein. Ein gewissenhafter Blick fürs Detail in Weinberg und Keller ist das Geheimnis der hohen Qualitätsstandards dieses wenig bekannten Guts.

Weingut J. & H. A. Strub ☆
Nierstein

Alter Familienbetrieb mit gutem Ruf für sanfte, milde Weine aus einigen Spitzenlagen Niersteins: angenehm zu trinken, aber nichts Besonderes.

Weingut Villa Sachsen ☆–☆☆☆
Bingen. www.villa-sachsen.com

Nach Schwierigkeiten Ende der 1980er-, Anfang der 1990er-Jahre ging das Gut an ein Konsortium unter dem Vorsitz von Michael Prinz zu Salm-Salm aus Wallhausen an der Nahe. Erzeugt werden einerseits einfache, saubere sortenreine Weine und andererseits feine Rieslinge, v. a. Große Gewächse, vom Binger Scharlachberg. Die meisten Weine sind trocken, es gibt aber auch opulente, fast zu ausladende, edelsüße Rieslinge vom Scharlachberg.

Pfalz

Kein deutsches Anbaugebiet ist so vom Klima verwöhnt wie die Pfalz. Nirgendwo sonst ist es wärmer und trockener als auf den 80 km entlang der östlichen Flanke der Haardt vom Südrand Rheinhessens bis zur französischen Grenze, wo die Haardt in die Vogesen übergeht. Aus der Kombination von vorteilhaftem Klima und vorwiegend leichten Sandböden entstehen viele der besten trockenen Weine Deutschlands und einige beachtliche süße Gewächse. Trotz der Nähe zum Elsass sind die Weine ganz anders als dort: eher von frischem Aroma und prickelnder Säure geprägt als von saftiger Weinigkeit (obgleich auch diese im Bereich des Möglichen liegt).

Mit fast 24 000 ha Rebfläche belegt die Pfalz der Größe nach nur den zweiten Platz hinter Rheinhessen; aufgrund des intensiven, in hohem Maße mechanisierten Weinbaus in der Rheinebene sind die Produktionszahlen jedoch häufig etwas höher als dort. Hier können Massenweine effizienter produziert werden als irgendwo sonst in Deutschland. Von sich reden macht die Pfalz in letzter Zeit allerdings eher mit Weinen vom anderen Ende des Qualitätsspektrums.

Das traditionelle Erzeugungsgebiet für Qualitätsweine ist die Mittelhaardt um Bad Dürkheim. Hier begründeten im 19. und Anfang des 20. Jahrhunderts die »drei großen B« – die Spitzengüter Dr. von Bassermann-Jordan, Reichsrat von Buhl und Dr. Bürklin-Wolf – und einige kleinere Betriebe den Ruf der Pfalz für edle Rieslinge. Zu jener Zeit traute man dem Rest des Anbaugebiets, namentlich der Südlichen Weinstraße, nicht mehr zu als die Produktion einfacher, süffiger Weine. Die neue Generation räumte mit diesem Vorurteil auf und bewies, dass der Norden und der Süden der Pfalz durchaus eindrucksvolle Weißweine hervorbringen können. Viele Spitzenweine werden von relativ neuen Rebsorten erzeugt: den Riesling-Kreuzungen Rieslaner und Scheurebe, Weiß- und Grauburgunder sowie den roten Sorten Spätburgunder, St. Laurent und Dornfelder. Dankenswerterweise nahmen die führenden Erzeuger an der Mittelhaardt die Herausforderung an und verstärkten ihre Bemühungen, sodass in der Region nun ein intensiver Wettbewerb um die beste Qualität ausgetragen wird.

Der Vorstoß der ehrgeizigen jungen Winzer an der Südlichen Weinstraße machte den Besitzern der großen Güter an der Mittelhaardt klar, dass ihre Weine nicht so gut waren, wie sie hätten sein sollen. Ein Wandel zeichnete sich Mitte der 1990er-Jahre ab, als die Selbstgefälligkeit dem Engagement und einer deutlichen Verpflichtung zur Qualität wich.

Die Lagenklassifikation des VDP wurde von fast allen Spitzengütern begeistert aufgenommen, und die Großen Gewächse von Riesling und Spätburgunder zählen nun zur ersten Riege. Und nirgendwo sonst in Deutschland werden kraftvolle trockene Riesling so beständiger Qualität produziert.

Die Landschaft der Pfalz ist vielleicht nicht so spektakulär wie die an der Mosel, im Rheingau oder am Mittelrhein, aber die sanften grünen Hügel machen sie zu einem der reizvollsten Anbaugebiete in Deutschland. Die Pfälzer sind für ihre Lust am guten Essen und am Wein bekannt und am schönsten kann man das beim Bad Dürkheimer Wurstmarkt im September beobachten, wo führende Winzer gemeinsam mit örtlichen Bauern ihren Schoppen genießen.

Spitzenlagen in der Pfalz

Birkweiler Kastanienbusch Die einzige Pfälzer Lage mit steinigem rötlichen Boden, der die Wärme speichert und feinaromatische Riesling mit seidiger Säure erbringt. Wichtigste Besitzer: Rebholz, Wehrheim.

Burrweiler Schäwer Die einzige Lage in der Pfalz mit Schieferboden wie an der Mosel. Darauf entstehen außerordentlich feine Rieslinge mit Pfirsicharoma, die für das Anbaugebiet untypisch sind. Wichtigster Besitzer: Messmer.

Deidesheimer Grainhübel/Hohenmorgen/Kalkofen/Kieselberg/Langenmorgen/Leinhöhle/Maushöhle Auf diese dicht beieinander liegenden kleinen Weinberge geht Deidesheims Ruf als Erzeuger reichhaltiger, saftiger Rieslinge zurück. Der Grainhübel gilt von jeher als die beste Lage. Wie auch der Kalkofen hat er einen Kalksteinunterboden. Die Weine aus diesen Lagen entfalten sich langsam, sind aber langlebig. Die Leinhöhle ist mit ihrem sehr leichten Sandboden besonders dürreempfindlich. Wichtigste Besitzer: Bassermann-Jordan, Biffar, Reichsrat von Buhl, Bürklin-Wolf, Deinhard, Georg Siben, Werlé, W. G. Deidesheim.

Dürkheimer Michelsberg/Spielberg/Ungsteiner Herrenberg Die drei schönen Lagen erstrecken sich über den Süd-, West- und Osthang eines Hügels unmittelbar nördlich von Bad Dürkheim. Der steinige Kalksteinboden und die günstige Ausrichtung lassen intensive, schön ausgewogene Rieslinge entstehen, die sich besonders für die trockene Bereitung eignen. Wichtigste Besitzer: Darting, Pfeffingen, Fitz-Ritter, Karl Schaefer.

Duttweiler Kalkberg Die Lage mit leichtem Sand- und Lehmboden südöstlich von Neustadt erbringt oft ausgezeichneten Riesling und Spätburgunder. Wichtigster Besitzer: Bergdolt.

Forster Freundstück/Jesuitengarten/Kirchenstück/Pechstein/Ungeheuer Die großen Weinberge von Forst befinden sich in so geschützter Lage, wie sie in der Pfalz sonst selten anzutreffen ist. Diese lässt im Verein mit einem leichten, sich schnell erwärmenden Boden und einem tiefgründigen, Wasser speichernden Unterboden beachtliche Rieslinge entstehen. Die vom Pechstein (benannt nach dem großen Basaltanteil im Boden) sind am rassigsten, die vom Ungeheuer voll und fleischig; Jesuitengarten und Kirchenstück liefern Weine mit höchster Eleganz. Alle diese Lagen gelten spätestens seit Mitte des 19. Jh. als die besten in der Pfalz. Wichtigste Besitzer: Bassermann-Jordan, Reichsrat von Buhl, Bürklin-Wolf, Deinhard, Mosbacher, Eugen Müller, Karl Schaefer, W. G. Forst, J. L. Wolf.

Gimmeldinger Mandelgarten In der Lage mit verwittertem Sandstein nördlich von Neustadt produziert Christmann (siehe dort) ein Großes Gewächs.

Haardter Bürgergarten/Herrenletten/Herzog Die besten Lagen der Haardt bei Neustadt haben für die Pfalz ungewöhnlich tiefgründige, schwere Böden, die kraftvolle Weine mit fester, säuregestützter Struktur und großem Entfaltungspotenzial erbringen. Bei hohem Reifegrad weisen sie manchmal ein überwältigendes Bukett von Aprikosen und Ananas auf. Wichtigste Besitzer: Müller-Catoir, Weegmüller.

Kallstadter Annaberg/Saumagen Der Kalksteinboden und die Südhanglage des besten Teils von Saumagen lassen außerordentlich wuchtige, fest gebaute Weine entstehen, die jahrelang reifen müssen, bis sich das typische Aroma der Passionsfrucht voll entfaltet. Der Saumagen liegt in einer Art Amphitheater und ist eine überaus warme Lage. Die Weine vom Annaberg sind weniger überschwänglich, besitzen jedoch in heißen Jahren oft eine herrliche Eleganz und ein ausgeprägtes Feuersteinaroma. Wichtigste Besitzer: Henninger IV, Koehler-Ruprecht.

Königsbacher Idig Die mittelschweren Weine sind denen aus Ruppertsberg ähnlich, haben aber eine etwas festere Struktur. Wichtigster Besitzer: Christmann.

Mussbacher Eselshaut Der sehr leichte Sandboden erbringt körperreiche Weine mit extravagantem Aroma, u. a. mit Noten von exotischen Früchten. Wichtigster Besitzer: Müller-Catoir.

Ruppertsberger Gaisböhl/Nussbien/Reiterpfad Die ausgedehnte Anbaufläche westlich von Ruppertsberg bringt meist Rieslinge mit deutlich blumigem Aroma hervor, die schon von früher Jugend an sehr charmant sind. Die Weine von Reiterpfad und Nussbien sind gewöhnlich tiefer und komplexer. Wichtigste Besitzer: Bassermann-Jordan, Biffar, Reichsrat von Buhl, Bürklin-Wolf, Christmann, Deinhard, Werlé.

Siebeldinger im Sonnenschein Nomen est omen: überaus sonnige Lage mit steinigem Sandboden. Spitzenlage für die Güter Rebholz und Wilhelmshof.

Ungsteiner Weilberg Die Lage mit günstiger Ausrichtung erbringt urtypische, saftige, aromatische Pfälzer Rieslinge, die sich schon in früher Jugend gut machen, sich aber trotzdem lange halten. Wichtigster Besitzer: Pfeffingen.

Wachenheimer Belz/Goldbächel/Gerümpel/Rechbächel Die Spitzenlagen von Wachenheim liefern Rieslinge, die die rassige Eleganz des Rheingaus mit Pfälzer Fülle vereinen. Die trockenen Weine sind ebenso eindrucksvoll wie die süßen. Wichtigste Besitzer: Biffar, Bürklin-Wolf (u. a. Alleinbesitz Rechbächel), J. L. Wolf.

Die führenden Erzeuger in der Pfalz

Weingut Dr. von Bassermann-Jordan ☆☆☆–☆☆☆☆
Deidesheim. www.bassermann-jordan.de
Nach dem Tod von Dr. Ludwig von Bassermann-Jordan im Jahr 1995 ging der berühmte historische Besitz an seine Tochter und seine Witwe über. Seit der Gründer Andreas Jordan Anfang des 18. Jh. die ersten Weine mit Lagennamen und die ersten Auslesen in dieser Gegend bereitete, bringt das Gut feine Pfälzer Rieslinge beständiger Qualität aus erstklassigen Lagen in Deidesheim, Forst und Ruppertsberg hervor. Nach einer wechselhaften Phase während Dr. von Bassermann-Jordans letzten Lebensjahren kehrte das Gut mit der Berufung des talentierten Kellermeisters Ulrich Mell, der sich seine Sporen bei Biffar (siehe dort) verdient hatte, rasch zu seiner einstigen Form zurück. Mell schaffte das Zentrifugieren des Mosts und die maschinelle Lese ab und reduzierte die Erträge, die viel zu hoch gewesen waren. Am besten sind meist die trockenen Rieslinge aus den Spitzenlagen und die überaus konzentrierten edelsüßen Weine. Einen Besuch lohnt das Gut nicht nur wegen des Weins, sondern auch wegen der prachtvollen Sammlung römischer Fundstücke, die im Keller zwischen den Fässern ausgestellt sind, in denen noch heute der Wein bereitet wird (Besichtigung nur nach Voranmeldung).

Weingut Friedrich Becker ☆–☆☆☆
Schweigen. www.weingut-friedrich-becker.de
Fritz Becker ist besonders für die hohe Qualität seiner Rotweine, v. a. Spätburgunder, bekannt. Die höchste der drei Spätburgunder-Qualitätsstufen ist immens – eigentlich übertrieben – teuer. Die Weißweine sind wechselhafter, aber Chardonnay, Gewürztraminer sowie Weiß- und Grauburgunder zeichnen sich oft durch das gleiche Zusammenspiel von berauschender Fülle und reifer Frucht aus wie die Rotweine.

Weingut Bergdolt ☆☆–☆☆☆
Duttweiler. www.weingut-bergdolt.de
Der Löss-Lehmboden in Rainer Bergdolts Weinbergen mag dem, was er mit der Riesling-Traube erreichen kann, Grenzen setzen, aber seine trockenen Weißburgunder gehören zu den feinsten Weinen von dieser unterschätzten Rebsorte in ganz Deutschland. Die trockenen Spätlesen sind stets herrlich ausgewogen, allerdings die trockene Auslese kann sehr alkoholstark ausfallen. Wenige Weine werden in Barriques ausgebaut, und die im Fass bereiteten Gewächse haben häufig einen dominanten Holzton. In den letzten Jahren haben Bergdolts Spätburgunder, alle vom Duttweiler Kalkberg, einen riesigen Sprung vorwärts gemacht. Sie werden in robustem Stil erzeugt, haben seit Ende der 1990er-Jahre aber beträchtlich an Finesse gewonnen.

Weingut Josef Biffar ☆☆☆
Deidesheim. 12 ha. www.biffar.com
Das Gut der Familie führt Gerhard Biffar gemeinsam mit seiner Tochter Lilli. Mit einer Reihe konzentrierter, wunderbar ausgefeilter trockener und natursüßer Rieslinge aus den besten Lagen von Deidesheim, Wachenheim und Ruppertsberg stieß Biffar Anfang der 1990er-Jahre mit Ulrich Mell als Kellermeister in die erste Riege der Pfälzer Erzeuger vor. Ende der 1990er-Jahre gaben sich die Kellermeister des Guts die Klinke in die Hand, was die Qualität etwas aus dem Tritt brachte, doch nun scheint der Betrieb sich wieder gefangen zu haben.

Weingut Reichsrat von Buhl ☆☆☆☆
Deidesheim. www.reichsrat-von-buhl.de
In den 1980er-Jahren lief auf dem berühmten Gut einiges schief; die Trauben wurden früh gelesen, um kein Risiko einzugehen, und die Erträge waren hoch. Ende der 1980er-Jahre verpachtete der an Wein kaum interessierte Besitzer Freiherr von und zu Gutenberg den Besitz an japanische Investoren. Anfang der 1990er-Jahre wurde klar, dass die Ergebnisse angesichts der großartigen Lagen immer mehr zu wünschen übrig ließen, und 1994 wurde ein neuer Kellermeister verpflichtet. Frank John hatte zuvor für Müller-Catoir (siehe dort) gearbeitet und dabei gelernt, aus den natürlichen Ressourcen das Beste herauszuholen. Außerdem verringerte er die Erträge und betreibt eine rigorose Auslese. Riesling ist noch immer die vorherrschende Rebe (88 %), doch Grauburgunder, Spätburgunder und Scheurebe wurden als Spezialitäten eingeführt. Seit 1992 wird eine Reihe einfacher Rieslinge verschiedener Stile für den Export erzeugt, aber die besten Weine sind die trockenen Großen Gewächse aus den Lagen Forster Kirchenstück und Pechstein. In günstigen Jahren wie 1994, 1996 und 1998 produziert John spektakuläre Trockenbeerenauslesen sowie Eiswein, und unter den Süßweinen finden sich auch einige köstliche Rieslaner-Auslesen.

Weingut Dr. Bürklin-Wolf ☆☆☆☆
Wachenheim. 68 ha. www.buerklin-wolf.de

Das berühmte Gut ist einer der größten Privatbetriebe in Deutschland. Nachdem Christian von Guradze, Ehemann der Besitzerin Bettina Bürklin, 1992 die Leitung übernommen hatte, schaffte er es durch manch radikale Änderung, das Gut rasch wieder an die Spitze der Pfälzer Weinerzeuger zurückzuführen. Heute kommen nur noch Weine aus erstklassischen Weinbergen mit Lagennamen auf den Markt, und ausgcklügelte Etiketten (und Preise) unterscheiden sie als Grands crus und Premiers crus. Früher war Bürklin-Wolf v. a. für Auslesen, Beeren- und Trockenbeerenauslesen sowie Eiswein berühmt, doch diese werden heute zugunsten der kraftvollen trockenen Rieslinge links liegen gelassen

Weingut Christmann ☆☆☆–☆☆☆☆
Gimmeldingen

Steffen Christmann übernahm 1994 den Familienbetrieb und führte rasch eine Weinhierarchie nach burgundischem Vorbild ein. Die Weinberge liegen an der unteren Mittelhaardt und als überzeugter Befürworter einer Klassifikation für die Pfalz wählte Christmann seine besten Lagen – Ruppertberger Reiterpfad, Königsbacher Idig und Ölberg – für seine Großen Gewächse. Die Rieslinge sind meist trocken, doch bei geeigneten Voraussetzungen werden auch Auslesen und höhere Prädikatsstufen produziert. Es gibt darüber hinaus gehaltvollen, eleganten Spätburgunder, die Erträge sind allerdings so niedrig, dass die Verarbeitung kaum rentabel ist.

Weingut Kurt Darting ☆☆
Bad Dürkheim

1989 traten die Dartings aus der örtlichen Genossenschaft aus und bereiten seitdem ihre Weine selbst – die stets frisch und lebhaft fruchtig, aber selten raffiniert sind. Am besten geraten die Rieslinge vom Ungsteiner Herrenberg, daneben gibt es ausgezeichnete Scheurebe-Weine und süße Weine von Rieslaner und Muskateller. Im Sortiment sind auch wesentlich weniger interessante Rotweine. Alle Gewächse sollten möglichst jung getrunken werden und locken mit vernünftigen Preisen.

Weingut Dr. Deinhard ☆–☆☆
Deidesheim

Das bekannte Gut wurde 1849 von den berühmten Deinhards aus Koblenz gegründet. Obwohl der Besitz ausgezeichnete Lagen in Deidesheim und Ruppertsberg umfasst, sind die Weine etwas glanzlos. Sie werden mit relativ viel natürlicher Kohlensäure abgefüllt, was ihnen in der Jugend Schwung verleiht, es fehlt ihnen jedoch an Gewicht und Komplexität.

Weingut K. Fitz-Ritter ☆☆
Bad Dürkheim. www.fitz-ritter.com

Konrad Fitz führt in der achten Generation den Familienbetrieb mit einem 1785 erbauten schönen Gutshaus inmitten eines Parks, in dem der größte Ginkgo-Baum Deutschlands steht. 1837 gründete die Familie Fitz hier auch eine der ersten Sektkellereien in Deutschland. Der Anbau ist weitgehend ökologisch. Die Weine in modernem Stil sind stets frisch und fruchtig. Zwei Drittel des Rebbestands entfällt auf Riesling, es werden aber auch einige ansprechende Spätburgunder und Dornfelder erzeugt.

Weingut Knipser ☆☆–☆☆☆
Laumersheim

Die Knipser-Brüder spielten eine führende Rolle in der Pfälzer Rotweinrevolution. Seit Ende der 1980er-Jahre erzeugen sie eine Reihe beeindruckend voller, tanninreicher Rotweine von Spätburgunder, St. Laurent und Dornfelder aus wenig bekannten Lagen in Großkarlbach und Laumersheim. 1991 wurden Cabernet Sauvignon und Merlot angepflanzt, 1994 folgte Syrah. Der Spätburgunder ist meist der beste Rotwein; die Weine von Bordeaux- und Rhône-Reben sind oft nicht besonders sortentypisch, und in Barriques ausgebauter Silvaner wird immer ein Nischenprodukt bleiben. Die trockenen Rieslinge sind sehr gut; die trockenen Auslesen können übermäßig alkoholstark ausfallen. Die vollsüßen Weine sind oft hervorragend.

Weingut Koehler-Ruprecht ☆☆☆–☆☆☆☆
Kallstadt

Das Gut ist auf zwei sehr unterschiedliche Weinstile spezialisiert. Die trockenen Rieslinge, die unter dem Namen des Guts herauskommen, sind vielleicht die am traditionellsten bereiteten Weine der Pfalz: Sie verbringen 1–2 Jahre in Holzfässern. Die aus der Lage Saumagen besitzen außerordentliche Wucht und enormes Alterungspotenzial und gehören zu den besten trockenen Weinen in Deutschland. Die Weine mit dem Namen »Philippi« werden in bewusst internationalem Stil in 50–100 % neuen Barriques vinifiziert. Die Spät-, Weiß- und Grauburgunder dieser Reihe sind oft beeindruckend konzentriert und sehr gut gebaut. Der Dessertwein »Elysium«, der von verschiedenen Rebsorten gekeltert und mehrere Jahre in neuen Barriques ausgebaut wird, steht einem (alkoholreichen) Sauternes in nichts nach.

Weingut Lingenfelder ☆–☆☆
Großkarlbach. 15 ha

Der Familienbetrieb erzeugt reichhaltige, geschmeidige Rieslinge und Scheurebe-Weine, deren recht ausladende Art auf dem von Rainer Lingenfelder sorgsam gepflegten Exportmarkt gut ankommt. Einige seiner Weine sind einem neuen Stil verpflichtet, etwa »Ypsilon«, ein in neuen ovalen Pfälzer Eichenfässern ausgebauter Silvaner. Lingenfelder war einer der Pioniere des Barrique-gereiften Spätburgunders in der Pfalz, doch die kompetente Weinbereitung konnte nicht darüber hinwegtäuschen, dass das Rebmaterial nicht erstklassig war. Verdienten Erfolg bescherte dem Gut der saftige, muntere Dornfelder.

Weingut Lucashof ☆☆
Forst

Klaus Lucas erzeugt saubere, frische Rieslinge mit viel Charakter, hauptsächlich trocken bereitet. Die besten kommen aus den erstklassigen Forster Lagen Pechstein und Ungeheuer.

Weingut Herbert Messmer ☆☆
Burrweiler. 26 ha

Das 1960 gegründete Gut war lange einer der wenigen dynamischen Erzeugerbetriebe, die den Ruf der Südlichen Weinstraße als Quelle für anspruchslosen Wein widerlegten. Gregor Messmer ist ein talentierter junger Kellermeister mit einigen beachtlichen Lagen in seinem Portefeuille, u. a. dem erstklassigen Burrweiler Schäwer, dem einzigen Weinberg in der Pfalz mit Schieferboden wie an der Mosel. Die eleganten, geschmacksintensiven trockenen und süßen Rieslinge dieser Lage gehören oft zu den besten Pfälzer Weinen von dieser Traube. Die trockenen Weiß- und Grauburgunder sind viel typischer für die Pfalz, aber ebenso gut gebaut. Messmers Spätburgunder, St. Laurent und Dornfelder sind etwas zu extraktreich. Die besten Weine kommen unter dem Namen »Selection« heraus, was nichts mit der 2001 eingeführten Qualitätskategorie zu tun hat.

Weingut Theo Minges ☆–☆☆
Flemlingen

Wie an der Südlichen Weinstraße üblich, produziert Minges eine große Auswahl an Weinen von verschiedenen Rebsorten. Die weiße »Cuvée Libelle« (Weißburgunder/Grauburgunder/Chardonnay) ist viel ansprechender als die eigentlich höherwertigen, aber sehr holzbetonten Barrique-gereiften sortenreinen Weine. Auch bei Spätburgunder und Dornfelder macht sich die neue Eiche etwas zu deutlich bemerkbar.

Weingut Georg Mosbacher ☆☆☆
Forst

Das Gut gehört seit langem zu den führenden Erzeugern von Riesling aus den Spitzenlagen in Forst. Kellermeister Richard Mosbacher ist die Bescheidenheit in Person, setzt aber höchste Maßstäbe für trockene und süße Weine. Volles Aroma, saftige Frucht und lebendige Säure sind die Markenzeichen seiner Weine. 1998 war ein Erfolgsjahr für die trockenen Rieslinge. Mosbachers Tochter Sabine und ihr Mann Jürgen Düringer, beide Absolventen der Geisenheimer FH für Weinbau, steigen nun mit in die Leitung ein. Die Erträge wurden weiter verringert, doch die Weinbereitungsmethoden bleiben weitgehend dieselben.

Weingut Eugen Müller ☆☆–☆☆☆
Forst. 17 ha. www.weingut-eugen-mueller.de

Zu dem Besitz von Kurt Müller, dem nun Sohn Stephan zur Seite steht, gehören die einzigen alten Reben in Forster Spitzenlagen, die die Flurbereinigung überlebt haben. Sie liefern kräftige, volle, muskulöse Weine. Die normalen Rieslinge fallen bisweilen recht erdig aus.

Weingut Müller-Catoir ☆☆☆☆
Neustadt

Zwei schillernde Persönlichkeiten, der Besitzer Heinrich Catoir und der Kellermeister Hans-Günther Schwarz, haben dieses Gut zur unangefochtenen Nummer 1 in der Pfalz gemacht. Siehe Seite 280.

Weingut Münzberg ☆☆–☆☆☆
Godramstein. www.weingut-muenzberg.de

Das Gut der Familie Kessler in der Nähe von Landau bringt mit den besten Weißburgunder, Chardonnay (der einzige fassgereifte Weißwein) und Grauburgunder der Pfalz hervor. Der Boden ist relativ schwer für Riesling, aber die Kesslers holen aus dieser Rebe einiges an Frische heraus. Auch die Rotweine haben sich in den letzten Jahren deutlich verbessert. 1989 wurde Barrique-Ausbau eingeführt, und Ende der 1990er-Jahre gewannen die Spätburgunder an Konzentration.

Weingut Neckerauer ☆
Weißenheim. www.weingut-neckerauer.de

Die sandigen Lehmböden hier sind nichts für Riesling, und das Gut fährt weit besser mit Burgundertrauben. Die Rotweine schwanken sehr in der Qualität, die süßen Weine können überaus reichhaltig ausfallen. Ein insgesamt wenig beständiges Gut.

Weingut Karl Pfaffmann ☆☆–☆☆☆
Walsheim. 30 ha

Markus Pfaffmann schloss 1999 sein Studium in Geisenheim ab und trat in den Betrieb seines Vaters ein, ein modernes Wirtschaftsunternehmen, in dem die meisten Weinberge maschinell abgeerntet und die Trauben in Edelstahltanks verarbeitet werden. Die Weine sind sehr gut bereitet, v. a. die frischen Rieslinge und der zarte Gewürztraminer. Etwa ein Drittel der Weine sind rot, meist Spätburgunder.

Weingut Pfeffingen ☆☆☆
Bad Dürkheim. www.pfeffingen.de

Das angesehene Gut machte sich zwischen 1950 und 1970 unter Karl Fuhrmann einen Namen. Heute wird es von dessen Tochter Doris geführt, einer der führenden Kellermeisterinnen in Deutschland. Riesling dominiert in den Weinbergen, v. a. Ungsteiner Herrenberg, aber auch die Scheurebe nimmt einen wichtigen Platz ein und liefert vollsaftige Weine. Die Rieslinge, egal ob trocken oder natursüß, besitzen beträchtliche Finesse. Selbst Weine aus nicht so guten Jahrgängen entfalten sich über viele Jahre hinweg gut.

Weingut Ökonomierat Rebholz ☆☆☆–☆☆☆☆
Siebeldingen. www.oekonomierat-rebholz.de

Die Familie Rebholz war Wegbereiterin des Qualitätsweinbaus an der Südlichen Weinstraße und erzeugte dort die ersten Beeren- und Trockenbeerenauslesen, als diese noch als Privileg der Mittelhaardt galten. Bekannt ist das Gut jedoch v. a. für seine intensiven trockenen Weine. Anfang der 1990er-Jahre fielen die Rieslinge von Hans-Jörg Rebholz teilweise noch sehr herb aus, doch neuere Jahrgänge sind ausgezeichnet. Zu den zwei Großen Gewächsen zählen Kastanienbusch, der Anisnoten mit sich führt, und der opulente, aprikosenfruchtige Sonnenschein. Riesling hat den größten Anteil am Rebbestand, doch auch die Weiß- und Grauburgunder, Gewürztraminer und Muskateller sowie die Spätburgunder (mit und ohne Ausbau in neuer Eiche) des Guts sind äußerst angesehen. Alle Weine gewinnen durch 1–2 Jahre in der Flasche, in denen sich ihre jugendliche Eindringlichkeit auswächst. Spitzenweine sind mit einem »R« auf dem Etikett gekennzeichnet.

Weingut Karl Schaefer ☆
Bad Dürkheim. www.weingutschaefer.de

Der 1843 gegründete Familienbetrieb wird sehr traditionell geführt. Riesling herrscht vor, und die Weine werden langsam in Eichenfässern vergoren. Nach dem Tod des Besitzers Dr. Wolf Fleischmann hat seine Tochter die Leitung übernommen; es scheint, dass die Weine etwas an Flair und Konzentration eingebüßt haben.

Weingut Georg Siben Erben ☆☆
Deidesheim

Wolfgang Siben war einer der ersten Pfälzer Winzer, die sich auf Riesling spezialisierten. 1997 übergab er das Gut seinem Sohn Andreas, mit dem nun die elfte Generation am Zug ist. Die Weine sind eindringlich und weniger opulent als viele Pfälzer Rieslinge.

Weingut Thomas Siegrist ☆☆
Leinsweiler.
www.weingut-siegrist.de

Thomas Siegrist war ein Pionier der in Barriques ausgebauten Pfälzer Rotweine und erzeugte 1985 seinen ersten Jahrgang. Gemeinsam mit seinem Schwiegersohn Bruno Schimpf bereitet er rote Verschnitte, etwa »Johann Adam Hausch« (75 % Spätburgunder/25 % Dornfelder) und »Bergacker« (Spätburgunder/Dornfelder/Cabernet Sauvignon), die jedoch meist weniger erfolgreich sind als die komplexen Spätburgunder-Versionen. Über deren Qualität gibt ein Klassifizierungssystem mit Sternen Auskunft. Die früher recht strengen Weißweine

Müller-Catoir – ein Spitzenweingut in der Pfalz

Der Ruf der Pfalz als Deutschlands dynamischstes Weinbaugebiet wäre ohne das Weingut Müller-Catoir undenkbar. Es wurde 1744 von der Hugenottenfamilie Catoir gegründet, schrieb jedoch erst in jüngster Vergangenheit Geschichte. Das Gut liegt in Haardt, einem Vorort von Neustadt an der Weinstraße.

Kein Mensch interessierte sich für die Haardter Lagen, bis 1962 der zurückhaltende Gutsbesitzer Heinrich Catoir und sein quirliger Kellermeister Hans-Günther Schwarz hier auftauchten. Seitdem haben sie mit einer ganzen Palette von Rebsorten einen völlig neuen deutschen Weinstil geschaffen und dem Gut zur unangefochtenen Führungsrolle in der Pfalz verholfen. Dies ist umso bemerkenswerter, als das Gut keine Lagen in berühmten Orten wie Deidesheim und Forst besitzt, sondern nur Weinberge in der Nähe von Neustadt, die nie besonders hoch angesehen waren. Und doch hat jeder Wein von Müller-Catoir, ob trocken oder süß, eine eigene Persönlichkeit. In den feinsten Gewächsen spiegelt sich in einzigartiger Weise das milde Klima der Region wider.

Von den 20 ha Rebfläche entfallen 60 % auf Riesling. Er liefert mit die gehaltvollsten und aromatischsten Weine, die von dieser edlen Traube in Deutschland gekeltert werden. Einen Namen gemacht haben sich Catoir und Schwarz allerdings mit ausgefalleneren Reben wie Rieslaner und aus der Mode gekommenen wie Scheurebe (beides Kreuzungen aus Silvaner und Riesling). In ihren Händen verleiht die Rieslaner-Traube Auslesen und höheren Prädikatsstufen funkelnde Frische und ölige Fülle; Scheurebe-Weine fallen üppig und exotisch, gleichzeitig jedoch seidig und elegant aus. Beide Sorten halten je rund 10 % der Rebfläche besetzt.

In Spitzenjahren erbringen Grauburgunder (3 %) und Weißburgunder (8 %) trockene Weine, die so prachtvoll sind wie die Fassade, die das barocke Gutshaus seit der letzten Jahrhundertwende ziert. Der hinreißend duftige trockene Muskateller wird nur produziert, wenn die Natur es mit dieser launischen Traube einmal gut meint. 1993 entstand der erste erfolgreiche Spätburgunder.

Wenn die Großartigkeit der Weine nicht in erster Linie auf das Terroir zurückzuführen ist, dann muss man sie wohl dem Geschick des Kellermeisters zuschreiben. Dabei ist Schwarz kein Meister der Kunstgriffe. Während die meisten deutschen Kellereien technisch immer weiter aufrüsteten, plädiert Schwarz für möglichst wenig Einmischung. Er hat keine Zentrifugen, keine Chemikalien zur Entsäuerung, keine Kulturhefen, und auch auf Schönung wird, wenn möglich, verzichtet. Genauso anspruchsvoll ist Schwarz im Weinberg: Statt Dünger stehen Pflügen und ein radikaler Rebschnitt zur Verringerung der Erträge auf dem Programm. Natürlich kostet all das Zeit und Geld und ist nur möglich, weil Heinrich Catoir die Qualitätsoffensive finanziert.

Der Weinstil und das Qualitätsstreben des Weinguts Müller-Catoir dienten einer ganzen Generation junger Pfälzer Winzer als Vorbild. Viele der führenden Kellermeister haben auf dem Gut gearbeitet oder wurden von Schwarz beraten. Ohne ihn hätte in den letzten 30 Jahren in der Pfalz keine derartige Qualitätsrevolution stattfinden können.

---

haben neuerdings an Charme gewonnen, v. a. Chardonnay und Weißburgunder.

Weingut Weegmüller ☆–☆☆
Neustadt.
www.weegmüller.de
Die engagierte Kellermeisterin Stephanie Weegmüller erzeugt ein großes Sortiment an Weinen von vielen Rebsorten aus Lagen in drei verschiedenen Orten. Daher ist es schwierig, einen einheitlichen Stil zu erkennen, und manchen Weinen fehlt es an Schwung. Der Haardter Herrenletten bringt einige sehr gute trockene Rieslinge und Grauburgunder hervor. Die süßen Weine sind opulent, aber etwas schwer.

Weingut Dr. Wehrheim ☆☆–☆☆☆
Birkweiler.
www.weingut-wehrheim.de
Karl-Heinz Wehrheim erzeugt einige der besten trockenen Rieslinge, Weiß- und Grauburgunder in der Südpfalz. Die vollen, eleganten Spitzenweine entstehen auf dem steinigen rötlichen Boden der steilen Lage Birkweiler Kastanienbusch und Birkweiler Mandelberg (beide Große Gewächse). Besonders

der Weißburgunder des Guts, aber auch die Roten sind interessant (bereits seit 1974 wird St. Laurent kultiviert). Mitte der 1990er-Jahre kam erstmals der Cabernet-Merlot-Verschnitt »Carolus« heraus, für den es bis zur Eleganz des Kastanienbusch Spätburgunders noch ein weiter Weg ist.

Weingut Werlé Erben ☆☆☆
Forst

Es ist wohl nicht verwunderlich, dass eine Familie, die seit mehr als 200 Jahren in einem der schönsten Häuser der Pfalz lebt, unbeirrt an ihrer Weinbautradition festhält. Claus und Hardy Werlé erzeugen Riesling-Weine mit so aristokratischer Zurückhaltung, dass manche Pfälzer Weine modernen Stils sich daneben geradezu ungeschlacht ausnehmen. Alle Weine des Guts brauchen Zeit, um ihre wahre Tiefe und Klasse zu erkennen zu geben. Am beachtlichsten sind die Gewächse aus den erstklassigen Forster Lagen Jesuitengarten und Kirchenstück: Rieslinge, die dem sagenhaften Ruf dieser Lagen vollauf gerecht werden.

Weingut Wilhemshof ☆☆
Siebeldingen. www.wilhelmshof.de

Die Familie Roth ist auf Sekt spezialisiert und erzeugt mit die besten Schaumweine in der Pfalz neben beachtlichen Rotweinen und körperreichen Weiß- und Grauburgundern aus der Lage Im Sonnenschein.

Weingut J. L. Wolf ☆☆☆
Wachenheim.
www.drloosen.de
1996 wurde das vernachlässigte Gut von einem Konsortium übernommen, an dessen Spitze der Geschäftsmann Christoph Hindenfeld und Ernst Loosen vom Weingut Dr. Loosen in Bernkastel an der Mosel (siehe dort) stehen. Loosen brauchte nicht lange, um zu beweisen, dass er für köstliche trockene Rieslinge ebenso ein Händchen hat wie für traditionelle natursüße Mosel-Rieslinge. Die Weine aus Spitzenlagen in Wachenheim, Forst und Deidesheim bestechen durch Reinheit und Schwung, und selbst die einfacheren Rieslinge sind hervorragend.

Winzergenossenschaften in der Pfalz

Jetzt, wo es in allen Teilen der Pfalz viele ausgezeichnete Weingüter gibt, verlieren die einst mächtigen Genossenschaften an Einfluss. Im Spitzensegment erzeugen sie nach wie vor gute, schön gebaute Weine. Die besten kommen vom Winzerverein Forst, dem Ruppertsberger Winzerverein Hoheburg und der Winzergenossenschaft Vier Jahreszeiten in Bad Dürkheim.

Hessische Bergstraße

Mit ihren 450 ha Rebland auf terrassierten Hängen nördlich von Heidelberg ist die Hessische Bergstraße eines der schönsten deutschen Anbaugebiete. Da der größte Teil des Weins jedoch in der Gegend selbst getrunken oder an Wochenendurlauber verkauft wird, ist er außerhalb der näheren Umgebung kaum bekannt. Das ist schade, denn in den Spitzenlagen entstehen elegante, raffinierte Rieslinge ausgezeichneter Qualität.

Die Steilhänge des Heppenheimer Steinkopfs, der Bensheimer Kalkgasse und des Streichlings sind die drei besten Lagen der Hessischen Bergstraße. Der karge Sandsteinboden am Steinkopf erbringt die mineralischsten, rassigsten Weine, der Kalksteinboden der Kalkgasse gehaltvollere, rundere Gewächse; der Streichling ist für ein zartes Bukett und Subtilität bekannt. Die Löss-Lehmböden der unteren Hänge liefern Weiß- und Grauburgunder, die den nordbadischen ähneln – was insofern nicht verwunderlich ist, als die Hessische Bergstraße unmittelbar an Badens nördlichste Weinberge anschließt. Müller-Thurgau ist wie in vielen anderen deutschen Anbaugebieten die Traube fürs Grobe.

Die führenden Erzeuger an der Hessischen Bergstraße

Weingut der Stadt Bensheim ☆
Bensheim. 13 ha. www.bensheim.de

Die Stadt Bensheim besitzt ein kleines Gut, auf dem vorwiegend Riesling kultiviert wird. Axel Seiberth leitet es seit 1987, die Weine tragen unverkennbar seine Handschrift. Die Rieslinge sind überraschend weich, was der malolaktischen Säureumwandlung zuzuschreiben ist, die hier grundsätzlich zum Einsatz kommt – eine in Deutschland für Riesling unübliche Praxis. Dieser Geschmeidigkeit und frühen Trinkreife fallen allerdings Schwung und Typenechtheit zum Opfer. Der in älteren Barriques ausgebaute Spätburgunder ist ein gefälliger Tropfen.

Staatsweingut Bergstraße ☆–☆☆☆
Bensheim

Offiziell gehört dieses Gut zur großen hessischen Staatsdomäne Kloster Eberbach, aber es genoss immer ein relativ hohes Maß an Selbstständigkeit. Heinrich Hillenbrand vertrat in der dritten Generation die Familie, die das Gut seit seiner Gründung 1904 führte, setzte sich jedoch 2001 zur Ruhe. Zu seinen vielen Verdiensten zählt die Erzeugung der ersten Trockenbeerenauslese der Region im Jahr 1971 und des ersten Eisweins im darauf folgenden Jahr. Heute werden hauptsächlich trockene Rieslinge, Weiß- und Grauburgunder produziert, aber der Eiswein ist manchmal immer noch hervorragend. Alles in allem ist es das beste Gut an der Hessischen Bergstraße.

Weingut Simon-Bürkle ☆☆
Zwingenberg.
12 ha

Das Gut wurde Anfang der 1990er-Jahre von zwei jungen Absolventen der Weinsberger Weinbauschule gegründet. Die Qualität ist zwar noch etwas wechselhaft, aber alles weist darauf hin, dass es sich bei Riesling und dem roten St. Laurent als einer der führenden Erzeugerbetriebe etablieren wird. Man sollte es im Auge behalten.

Franken

Rund 80 km östlich des Rheingaus, jenseits von Frankfurt, schreibt der Main auf seinem Weg zum Rhein ein großes W in die bewegte Kalkstein- und rote Mergellandschaft Frankens am Nordrand von Bayern.

Mittelpunkt des Anbaugebiets ist die Barockstadt Würzburg. Dort liegt auf einem Hang, der zum Main hin abfällt, auch der berühmteste Weinberg Frankens, der Stein. Der Name wurde früher von Ausländern verallgemeinernd für jede Art von Frankenwein verwendet (genauso wie die englische Kurzform »Hock« für Hochheim und damit für alle Rheinweine steht). Frankenwein kommt in kleinen bauchigen Flaschen namens Bocksbeutel auf den Markt und unterscheidet sich damit von allen anderen deutschen Weinen, die in elegante schlanke Flaschen abgefüllt werden. Das ist schon so ziemlich alles, was normale Menschen über Frankenwein wissen. Da er in der Gegend selbst sehr beliebt ist und so gut, dass jedermann seinen Preis zu zahlen bereit ist, kennt ihn außerhalb Deutschlands kaum jemand.

Das Gebiet mit insgesamt 6000 ha ist mitnichten einheitlich zu nennen und schwer auf einen Nenner zu bringen. Reben findet man nur an besonders günstigen Südhängen. Das wichtigste Teilgebiet erstreckt sich rund um Würzburg und heißt Maindreieck. Weiter östlich liegt der Steigerwald mit schwereren Böden; der westliche Teil um Bürgstadt macht sich zunehmend mit Rotweinen einen Namen. Das Klima in Franken ist rau, strenge Fröste sind keine Seltenheit. Die Wachstumsperiode ist zu kurz, als dass man sich von Riesling beständige Erfolge erhoffen könnte, obgleich die Auswirkungen des Klimawandels in den letzten Jahren eine wachsende Anzahl exzellenter Weine zeitigte. Die besten Gewächse wurden in Franken allerdings von jeher aus Silvaner erzeugt. Nur hier und an einigen Stellen der Rheinfront erbringt diese Traube Wein überzeugender Qualität. In Franken liefert Silvaner körperreiche trockene (seltener auch süße) Weine mit edler Breite und Substanz, die manchmal mit weißem Burgunder verglichen werden, nicht wegen ihres Geschmacks, sondern wegen der Weinigkeit und weil sie sich so gut als Begleiter zu gehaltvollen Speisen eignen.

Leider hat Müller-Thurgau inzwischen die Oberhand gewonnen und hält 40% der Rebfläche besetzt. Wenn die Erträge nicht zu hoch getrieben werden, bringt er zwar passable, unkomplizierte und schmackhafte Weine hervor, aber sie reichen nur selten an die verhalten stilvolle Art des Silvaners heran. Die Scheurebe leistet mehr. Die immer noch auf 12% der Rebfläche angebaute Bacchus-Rebe fällt oft allzu würzig aus, hat aber ihre Anhänger in der Gegend. Kerner ist ebenfalls zu aromatisch, doch viele finden das in Ordnung. In reifen Jahren erbringt Rieslaner hervorragende Auslesen mit der Breite eines Silvaners und der Tiefe eines Rieslings. Auch trockene Rieslaner können sehr interessant sein.

Etwa die Hälfte des Weins wird von Genossenschaften erzeugt. Dafür hat Würzburg drei der ältesten, größten und besten Weingüter Deutschlands vorzuweisen: das Bürgerspital, das Juliusspital und den Staatlichen Hofkeller. Doch dieses imposante Trio erhält zunehmend Konkurrenz von einer wachsenden Anzahl kleiner Güter, die nach höchster Qualität streben und sie häufig auch erreichen.

Spitzenlagen in Franken

Bürgstadter Centgrafenberg Die westlichste Spitzenlage Frankens ist zugleich die wärmste; sie liegt an einem geschützten Südhang in dem kleinen Becken um Miltenberg. Auch der rote Sandsteinboden trägt dazu bei, dass hier ungewöhnlich aromatische, rassige Frankenweine entstehen. Die Spätburgunder-Traube ist hier genauso wichtig wie Riesling.

Casteller Schlossberg Der abschüssige Hang über dem Ort Castell ist eine der besten Lagen im Steigerwald. Die Kombination aus hervorragender Ausrichtung und schwerem Gips-Mergelboden lässt kraftvolle, rassige Weine entstehen. Rieslaner, Riesling und Silvaner streben hier in mehrfacher Hinsicht nach oben.

Escherndorfer Lump Eine der eindrucksvollsten Lagen Frankens: ein großes Amphitheater aus Reben in einer der spektakulärsten Windungen des Mains. Besonders bekannt für vollen, saftigen trockenen Silvaner.

Frickenhäuser Kapellenberg Der schönste Weinberg Frickenhausens ist gleichzeitig eine der am wenigsten bekannten Spitzenlagen in Franken. Der Südhang steigt direkt vom Mainufer auf. Die Weine sind vielleicht nicht die kraftvollsten der Gegend, zeichnen sich aber durch volle Frucht und herrliche Ausgewogenheit aus.

Homburger Kallmuth Die hoch aufragende Wand aus Reben ist eine der wenigen noch nicht flurbereinigten Spitzenlagen Frankens und für ihren Wildpflanzenbewuchs berühmt. Sie wurde erstmals 1102 erwähnt. Der rötliche Sandsteinboden erbringt vollfruchtige Weine mit kräftigem mineralischem Charakter.

Iphöfer Julius-Echter-Berg/Kronsberg Die nach dem Würzburger Fürstbischof Julius Echter von Mespelbrunn (1573 bis 1617) benannte Lage an der Südwestspitze des Steigerwalds ist unbestreitbar eine der großartigsten in Franken. Ihre ideale Ausrichtung und der Gips-Mergelboden lassen Weine mit enormer Kraft und kräftigem, erdigem Charakter entstehen. Die Weine vom benachbarten Kronsberg sind nicht minder eindrucksvoll.

Randersackerer Marsberg/Pfülben/Sonnenstuhl/Teufelskeller Das alte Randersacker ist mit mehr guten Weinbergen gesegnet als jeder andere Ort in Franken. So viel Körper und Fülle die Weine hier auch besitzen mögen, sie lassen ihre Muskeln nicht so spielen wie andere Frankenweine. Ein schönes Gleichgewicht und ein subtiler würzig-rauchiger Charakter sind ihre Markenzeichen. Die einzelnen Lagen, alle mit Kalksteinboden, unterscheiden sich in erster Linie durch die Ausrichtung. Primus inter pares ist der 15 ha große Pfülben.

Rödelseer Küchenmeister Rödelsee liegt nördlich von Iphofen, und seine schönste Lage, der Küchenmeister, grenzt unmittelbar an die Spitzenlagen des Nachbarorts an. Die Weine sind vom Charakter her ähnlich, aber etwas leichter.

Volkacher Ratsherr Der imposante Hang liegt nur 8 km vom berühmten Escherndorfer Lump entfernt in ähnlich günstiger Lage direkt am Main. Er bringt volle, kräftige Weine mit guter Säurestruktur hervor.

Würzburger Abtsleite/Innere Leiste Beide Lagen sind zwar nicht so berühmt wie der Stein, aber ebenfalls günstig gelegen und bringen z.T. erstklassige Rieslinge und Silvaner hervor. Auf der Inneren Leiste unmittelbar unterhalb der Festung

Marienberg entstehen die kraftvollsten Weine Würzburgs. Was den Gewächsen aus der Abtsleite an Volumen fehlt, machen sie durch rassige Eleganz mehr als wett.

Würzburger Stein/Stein-Harfe Der Stein und sein Teilstück Stein-Harfe (Alleinbesitz Bürgerspital) erstrecken sich über einen mehr als 8 km langen Hang im Nordwesten von Würzburg. Lange Zeit wurde die markante rauchige Note der Weine auf die Nähe der Bahnlinie zurückgeführt, aber seitdem keine Dampfloks mehr eingesetzt werden, ist klar, dass der Kalksteinboden für diese Eigenschaft verantwortlich ist. Kein Frankenwein übertrifft die feinsten Rieslinge und Silvaner aus dieser Lage an Eleganz, Subtilität und Frucht; letztere erinnert oft deutlich an Zitrus- oder sogar ein wenig an Tropenfrüchte.

Die führenden Erzeuger in Franken

Weingut Bickel-Stumpf
Frickenhausen. www.bickel-stumpf.de
Trockene Weine, ja sogar einfache Kabinette von Silvaner und Müller-Thurgau, können hier köstlich ausfallen und sind häufig besser als die süßen. Andererseits sind die edelsüßen Weine wie die 1999er Scheurebe- und Rieslaner-Trockenbeerenauslesen oft hervorragend. Reimund Stumpf hat die neuen Kategorien »Classic« und »Selection« eingeführt, was sein Weinsortiment übersichtlicher gestalten wird.

Bürgerspital zum Heiligen Geist ☆–☆☆
Würzburg. 140 ha. www.buergerspital.de
Die Wohlfahrtseinrichtung, die Johannes von Steren 1319 für die alten Bürger Würzburgs stiftete, steht heute etwas im Schatten der noch reicheren Kirchenstiftung Juliusspital (siehe dort). Zu ihren Anbauflächen zählen der größte Anteil am berühmten Würzburger Stein und andere gute Südhänge. Neben 26 % Riesling umfasst der Rebbestand 21 % Silvaner und 18 % Müller-Thurgau; der Rest verteilt sich auf Kerner, Scheurebe, Spätburgunder und andere. Zu den Spezialitäten des Hauses gehören natürlich Silvaner, eine trockene und eine weniger erfolgreiche halbtrockene Version namens »Feinherb«, sowie Riesling vom Stein, der den Erwartungen nicht ganz entspricht, und ein breiter, voller Weißburgunder. Die Weine können in der riesigen Weinstube in den ehrwürdigen Räumen des Spitals verkostet werden. In den letzten Jahren war die Qualität durchwachsen.

Fürstlich Castell'sches Domänenamt ☆☆–☆☆☆
Castell
Castell ist ein winziges Fürstentum mit Schloss und allem Drum und Dran; die Weinberge sind wie die Banken und die Eichenwälder immer noch im Besitz der Familie, die bis 1806 sogar eine eigene Armee hatte. 1997 übernahm Ferdinand, der Sohn des aktuellen Fürsten, die Gutsleitung und traf die nötigen Personalentscheidungen, um die Qualität weiter zu verbessern. Müller-Thurgau und Silvaner sind neben Riesling und Rieslaner die wichtigsten Rebsorten; Letzterer bringt kraftvolle, üppige, pikante süße Weine hervor. Bei den Weinen der Schloss-Castell-Reihe sind nur Rebsorten und Jahrgang auf dem Etikett angegeben; sie sind jung angenehm zu trinken. Überlegener sind die Einzellagenweine, von denen der Schlossberg stets am besten ist. Auch die Süßweine können herausragend sein: Silvaner-Eiswein sowie Beeren- und Trockenbeerenauslese von Riesling und Rieslaner.

Weingut Michael Fröhlich ☆–☆☆
Escherndorf. www.weingut-michael-froehlich.de
Michael Fröhlichs frische, saubere Weine gehören zu den besten in diesem Teil des Maintals; besonders empfehlenswert sind die Rieslinge.

Weingut Fürst ☆☆☆–☆☆☆☆
Bürgstadt. www.weingut-rudolf-fuerst.de
Paul Fürst ist einer der talentiertesten Kellermeister in Deutschland. Neben eindrucksvollen, wenn auch herben trockenen Rieslingen erzeugt er in neuer Eiche ausgebauten kraftvollen Weißburgunder. Doch berühmt ist er v. a. für seine stattlichen Rotweine: konzentrierten Spätburgunder und samtig-vollen Frühburgunder. Die besten Weine sind mit einem »R« (wohl für Reserve) gekennzeichnet. Es gibt auch einen Verschnitt von Spätburgunder und Domina namens »Parzifal«. Insgesamt die besten Rotweine Frankens.

Juliusspital-Weingut ☆☆☆☆
Würzburg. 160 ha. www.juliusspital.de
Eine wohltätige Stiftung noch größerer Dimensionen als die Hospices de Beaune in Burgund, 1576 vom Fürstbischof Julius Echter von Mespelbrunn gegründet und heute eines der größten Weingüter in Deutschland, das ein Krankenhaus und andere Wohlfahrtseinrichtungen für die Bürger Würzburgs unterhält. In dem 1699 errichteten, 243 m langen niedrigen Gewölbekeller lagern noch immer die vollen Weinfässer. Der Rebbestand besteht aus 40 % Silvaner und je 18 % Müller-Thurgau und Riesling; der Rest verteilt sich auf Gewürztraminer, Ruländer, Weißburgunder, Muskateller, Scheurebe, Spätburgunder (in Bürgstadt) und einige neue Rebsorten. Das von Horst Kolesch geführte Gut gilt heute allgemein als das beste der drei Würzburger Spitzengüter. Silvaner erbringt lebhaft fruchtige, elegante Weine in mannigfaltiger Form, meist aus Einzellagen. Die trockenen Rieslinge zeigen, wozu die Traube in diesem Anbaugebiet fähig ist. Außerdem gibt es köstlichen trockenen Rieslaner und rare Beeren- und Trockenbeerenauslese vom Würzburger Stein.

Weingut Fürst Löwenstein ☆☆–☆☆☆☆
Kreuzwertheim. www.loewenstein.de
Nach einer Flaute befindet sich das berühmte Gut, das mit dem in Hallgarten im Rheingau (siehe dort) zusammengehört, wieder im Aufwind. Am interessantesten sind die eindrucksvollen Silvaner im traditionellen Stil von den Steilhängen der außergewöhnlichen Lage Homburger Kallmuth. Spätburgunder vom Bürgstadter Centgrafenberg kann würzig und stilvoll ausfallen.

Weingut Gerhard Roth ☆–☆☆
Wiesenbronn. www.weingut-roth.de
Gerhard Roths kleines Gut im Steigerwald ist besonders für seine tanninreichen, eichigen Rotweine von Spätburgunder und Domina bekannt, aber die fruchtigen, gehaltvollen trockenen Rieslinge verdienen ebenso viel Anerkennung.

Weingut Johann Ruck ☆☆☆
Iphofen. www.ruckwein.de
Seit Ende der 1980er-Jahre erzeugt Johann Ruck prachtvolle, sorgfältig bereitete Frankenweine, in denen sich die für die Weine aus Iphofens Spitzenlagen typischen erdigen, kräuterwürzigen Noten mit großartiger Frische und rassiger Säure vereinen. Neben feinem trockenem Riesling und Silvaner produziert Ruck den konzentriertesten Grauburgunder in Fran-

ken von alten Reben in Rödelsee. Alle Weine können in dem historischen Gutshaus in der Iphofener Ortsmitte probiert werden.

Weingut Horst Sauer ☆☆–☆☆☆
Escherndorf. 10 ha

Dieses Gut hat sich rasch zu einem der beständigsten Erzeugerbetriebe in Franken gemausert. Das Geheimnis von Sauers Erfolg ist die selektive Lese in der ausgezeichneten Lage Lump. Die Silvaner sind frisch und mineralisch, die Rieslinge rassig und spritzig. Besonders erfolgreich ist Sauer mit seinen edelsüßen Weinen; er schafft es oft, dem Lump Silvaner-Eiswein und Silvaner- oder Riesling-Trockenbeerenauslesen abzuringen. Trockene und vollsüße Weine sind von außergewöhnlicher Qualität.

Weingut Egon Schäffer ☆
Escherndorf. 3 ha.
www.weingut-schaeffer.de

Früher kamen von diesem winzigen Gut verführerisch volle trockene Silvaner aus der berühmten Lage Lump, in den letzten Jahren ist die Qualität jedoch eingebrochen.

Weingut Schmitts Kinder ☆☆
Randersacker. 14 ha.
www.schmitts-kinder.de

Sechs Töchter und ein Sohn erbten 1917 das Gut, und anstatt es aufzuteilen, taten sie sich zusammen. Karl Martin Schmitt erzeugt Weine in modernem Stil und hat keine Probleme damit, den Most mit neuester Technik sauber zu halten. Trotzdem werden die meisten Weine in großen Fässern ausgebaut, einige auch in Barriques, obwohl Barrique-gereifter Müller-Thurgau nicht unbedingt das höchste der Gefühle ist. Aber die Silvaner und mehr noch die Rieslinge strotzen vor Frucht und Aroma und sind reintönig und sauber im Geschmack. Der Bacchus ist fast zu opulent, die Rieslaner können jedoch ausgezeichnet ausfallen.

Weingut Graf von Schönborn ☆
Volkach. 30 ha

Der Familie Schönborn gehört neben einem bedeutenden Gut im Rheingau seit 1806 auch dieser Besitz in Franken. Seit einigen Jahren sind die Weine etwas glanzlos, die trockenen zu erdig, die süßen ziemlich nichtssagend.

Weingut Schloss Sommerhausen ☆–☆☆
Sommerhausen. 20 ha.
www.weingut-schloss-sommerhausen.de

1968 erwarb die ehemalige Verwalterfamilie Steinmann das zum Schloss Sommerhausen gehörige Weingut. Trockener Riesling, Silvaner und Müller-Thurgau machen den Hauptanteil der Produktion aus, aber besonders bekannt ist Sommerhausen für die Weine von weißen Burgundertrauben und Chardonnay. Auch Sekte sind im Angebot, von denen der Jahrgangs-Auxerrois oft am interessantesten ist.

Staatlicher Hofkeller ☆☆–☆☆☆
Würzburg. www.hofkeller.de

Der auf das 12. Jh. zurückgehende herrliche Weinbergbesitz der Fürstbischöfe von Würzburg ist seit 1816 die bayerische Staatsdomäne. Die mit Fresken von Tiepolo ausgeschmückte barocke Residenz wurde im Zweiten Weltkrieg stark beschädigt, aber der große Weinkeller blieb erhalten und ist eine der überwältigendsten Sehenswürdigkeiten in der Welt des Weins. Durch Wechsel in der Gutsleitung schwankte die Qualität in den letzten Jahren etwas, was angesichts der erstklassigen Lagen, über die das Gut verfügt, sehr bedauerlich ist. Einige der trockenen Rieslinge und die Rieslaner sind nichtsdestotrotz Musterbeispiele für Frankenwein, in denen die Säure durch kraftvollen Geschmack ausgeglichen wird. Der Hofkeller ist stolz auf seine Rotweine von Domina, Früh- und Spätburgunder, denen es jedoch manchmal an Eleganz fehlt. 2001 kam ein weißer Verschnitt namens »Franconia« heraus, in stilvoller Verpackung und eindeutig für den Export bestimmt, weil in Burgunderflaschen anstatt in behäbige Bocksbeutel abgefüllt.

Weingut Josef Störrlein ☆–☆☆☆
Randersacker. www.stoerrlein.de

Das kleine Gut hat, seitdem es 1970 von Armin Störrlein aus dem Nichts heraus geschaffen wurde, einen steilen Aufstieg hingelegt. Störrlein weiß genau, wie er seinen Wein haben will: ganz trocken, aber nicht zu säurereich. Dieses Ziel scheint sich besser mit Weißburgunder als mit Silvaner verwirklichen zu lassen. Die Spitzenmarke ist »SE«. Dem besten Spätburgunder hat das Eichenbad nicht wirklich gut getan, aber es gibt auch einen weicheren, fruchtigeren Verschnitt (von Domina, Spätburgunder und Pinot Meunier) namens »Casparus«.

Weingut Hans Wirsching ☆☆–☆☆☆
Iphofen. 70 ha. www.wirsching.de

Das größte Gut in Iphofen ist seit 1630 in Familienbesitz und wird mittlerweile von der 14. Generation betrieben. Silvaner ist die Hauptrebsorte; die besten, stets trockenen Weine tragen ein »S« auf dem Etikett. Die Rieslinge sind schwungvoll, ihre Spitzenvertreter haben einen ausgeprägten mineralischen Charakter. Es gibt gute Gewächse von Scheurebe, Gewürztraminer und Rieslaner, aber der zu einem Drittel in neuen Allier-Fässern ausgebaute Grauburgunder ist bestimmt nicht jedermanns Geschmack. Die Rotweine sind erstaunlich schlank im Stil.

Weingut Zehnthof ☆
Sulzfeld. 12 ha. www.weingut-zehnthof.de

Von Familie Luckert 1970 erworben, erzeugen heute Wolfgang und Ulrich Luckert schlanke, geschmeidige trockene Weißweine von vielen verschiedenen Rebsorten (v. a. Silvaner, Müller-Thurgau, Riesling und Weißburgunder) sowie, wenn die Voraussetzungen stimmen, großartige Süßweine. Die Rotweine von Domina und anderen Trauben sind oft zu eichig und wirken gekünstelt.

Württemberg

Vor 300 Jahren war Württemberg mit Abstand das größte deutsche Anbaugebiet, doch Kriege und Seuchen ließen viele Weinberge verwildern. 1963 betrug die Rebfläche nur noch 7000 ha, inzwischen ist sie aber wieder auf 11 250 ha angewachsen. Wie in Franken liegen die Weinberge verstreut, hauptsächlich zwischen Heilbronn und Stuttgart. Typisch für Württemberg ist, dass hier wie an der Ahr die Rotweintrauben vorherrschen (62 % des Reblands). Württemberg liefert 40 % der deutschen Rotweine.

Leider ist die bevorzugte Rebsorte des Anbaugebiets der mittelmäßige Trollinger. Auswärtige können den Reiz des hellen, leichten Rotweins schwer nachvollziehen, aber er ist ein fester Bestandteil des schwäbischen Lifestyle und geht in Stuttgarter Restaurants und Kneipen in rauen Mengen über die Theke. Auch Schwarzriesling (Pinot Meunier) wartet nicht mit Bestleistungen auf, aber die aus Lemberger, Spätburgunder und Samtrot (eine Variante von Pinot Meunier) gekelterten Weine können sich durchaus sehen lassen.

Riesling ist die wichtigste Weißweintraube, erbringt hier jedoch völlig andere Weine als an Rhein und Mosel. Das kontinentale Klima und die für rote Reben so günstigen Gips-Mergelböden bringen volle, breite, erdige Weißweine hervor, und es bleibt dem Kellermeister überlassen, ihnen wenigstens ein bisschen Eleganz beizubringen. Die besten kommen von den steilen Terrassenhängen im Neckartal.

In keinem deutschen Anbaugebiet wird das Potenzial so wenig genutzt wie in Württemberg. Weil solide Alltagsweine in der Gegend reißenden Absatz finden, fühlen sich nur einige wenige Winzer dazu angespornt, nach höherer Qualität – und Anerkennung – zu streben. Doch ihre Zahl wächst, und die besten Güter erobern sich einen festen Platz auf dem deutschen Markt; der Export spielt kaum eine Rolle.

Neue Kreuzungen aus der Versuchsanstalt für Weinbau in Weinsberg sollen den Württemberger Rotweinen mehr Körper und Farbe verleihen, werden bisher jedoch nur in kleinem Rahmen angebaut und fast ausschließlich für Verschnitte verwendet. Die besten Rotweingüter erzielen gute reife Ergebnisse durch Behangausdünnung im Sommer und haben den Barrique-Ausbau in den Griff bekommen. Anfang der 1990er-Jahre waren viele Württemberger Rotweine zu tanninreich, zu eichig und zu schwerfällig, doch 2000 hatte sich der anfängliche Übereifer gelegt und es entstanden ausgewogene, charaktervolle, ja elegante Weine.

Das Anbaugebiet unterteilt sich in drei Bereiche. Am ausgedehntesten ist das Württembergische Unterland, das sich vom Neckartal nördlich von Stuttgart bis zum Bottwartal im Osten erstreckt; Remstal-Stuttgart verfügt über einige der besten Lagen, und der kleinste Bereich Kocher-Jagst-Tauber im Norden ist auf Weißwein spezialisiert.

Die führenden Erzeuger in Württemberg

Weingut Graf Adelmann ☆☆☆
Kleinbottwar.

www.graf-adelmann.com

Eines der bekanntesten Güter in Württemberg, dessen Flaschen leicht an den hellblauen und roten Etiketten mit Spitzenmuster und dem Namen »Brüssele« (nach einem früheren Besitzer) zu erkennen sind. Die schöne Burg Schaubeck ist

wohl römischen Ursprungs und seit 1914 im Besitz der Familie Adelmann.

Besonders bekannt ist das heute von Graf Michael Adelmann geführte Gut für seine Rotweine, die in günstigen Jahren zu den besten in Deutschland zählen. Am kraftvollsten sind die Lemberger und die »Cuvée Vignette«, ein Verschnitt von Lemberger, Dornfelder und Burgundertrauben. Weitere Cuvées sind der zwei Jahre in Eiche gereifte »Carpe Diem« auf Lemberger-Basis und der weichere »Herbst im Park«. Nach einigen enttäuschenden Rieslingen Anfang der 1990er-Jahre wurde die Weißweinvinifizierung zugunsten von mehr Frucht und Frische radikal verändert. Einige Auslesen zeichnen sich durch einen hohen Alkoholgehalt und entsprechend wenig Restsüße aus – ein Wein für Kenner.

Adelmann erzeugt auch zwei weiße Cuvées – die bessere, »Mauern von Schaubeck« genannt, von Riesling und Silvaner. Anfang der 1990er-Jahre wiesen einige Weine zu ausgeprägte Eichennoten auf, doch inzwischen wird der Fassausbau mit mehr Bedacht gehandhabt.

Weingut Gerhard Aldinger ☆☆–☆☆☆☆
Fellbach. 20 ha. www.weingut-aldinger.de

Das Gut bei Stuttgart ist für seine seriösen Rotweine bekannt, von denen die »Cuvée C« am eindrucksvollsten ist: ein würziger Bordeaux-artiger Wein, der 16 Monate in neuen Barriques ausgebaut wird. Seine weißen Pendants sind »Cuvée S«, ein Barrique-gereifter Sauvignon blanc von der Lage Untertürkheimer Gips im Alleinbesitz des Guts, und »Cuvée A«, ein merkwürdiger, in neuen Barriques ausgebauter Riesling-Gewürztraminer-Verschnitt. Den stilvollen Rotweinen jedoch ist der eigentliche Ruf des Guts zu verdanken.

Weingut Amalienhof ☆
Heilbronn. www.weingut-amalienhof.de
Die Familie Strecker übernahm 1969 den Besitz inklusive der Lage Beilsteiner Steinberg und machte ein erfolgreiches Weingut daraus. Die Rieslinge sind sauber bereitet, aber noch besser sind die traditionell erzeugten Rotweine von Lemberger und Samtrot. Ende der 1990er-Jahre führten die Streckers eine Bordeaux-artige Cuvée namens »Bariton« ein.

Graf von Bentzel-Sturmfeder ☆–☆☆
Ilsfeld-Schozach. www.sturmfeder.de
Ein Gut mit Ursprüngen im 14. Jh. und Kellern aus dem 18. Jh. Zwei Drittel der Weine sind rot und reifen mehrere Jahre im Fass. Lemberger und Samtrot sind meist am eindrucksvollsten. Die Rieslinge sind recht breit und haben wenig Schwung. Kellermeister Hermann Blankenhorn hat sich nach 30 Jahren mittlerweile zur Ruhe gesetzt; ein neues Team lässt auf Qualitätsverbesserungen hoffen. Die Weine halten sich auch mit relativ wenig Säure gut: Fassausbau verleiht ihnen Stabilität.

Weingut Ernst Dautel ☆☆–☆☆☆
Bönnigheim. www.weingut-dautel.de
Die Dautels treiben seit dem 16. Jh. Weinbau, doch erst 1978 trat Ernst Dautel aus der örtlichen Genossenschaft aus und begann, seine eigenen Weine zu erzeugen. Mit der Zeit ist er zu einem der besten Erzeuger in Württemberg aufgestiegen. Am eindrucksvollsten sind seine Rotweine. Seit 1986 verwendet er kleine Fässer aus Eiche verschiedensten Ursprungs. Die einfachen Spätburgunder sind nichts Besonderes, aber die Spitzenweine, v. a. die mit »S« gekennzeichneten Reserve-Abfüllungen, sind wirklich üppig mit einem festen, tanninreichen Abgang. 1995 brachte Dautel den Verschnitt »Kreation« von Merlot, Cabernet Sauvignon und Lemberger heraus: Der Lemberger sorgt für das nötige Rückgrat an Säure und ist auch sortenrein verkeltert gut. Die Rieslinge sind erstaunlich kraftvoll, und der Weißburgunder ist dem Chardonnay mit zu viel Eiche vorzuziehen.

Weingut Drautz-Able ☆☆
Heilbronn. 18 ha
Chistel Able und ihr Bruder Richard Drautz führen das Gut, das eine immense Auswahl an Weinen hervorbringt. Obwohl Riesling und Trollinger mehr als die Hälfte der Produktion bestreiten, sorgen die in neuer Eiche ausgebauten kraftvollen Lemberger für das größte Aufsehen. Der komplexe Verschnitt »Jodokus« von Cabernet Sauvignon und Lemberger reift zwei Jahre in neuer Eiche. Die Weißweine sind gut, aber nicht spektakulär. Den Barrique-gereiften Riesling kann man getrost vergessen.

Weingut Jürgen Ellwanger ☆☆
Winterbach. 20 ha. www.weingut-ellwanger.de
Jürgen Ellwanger baut auf seinem Gut östlich von Stuttgart viele verschiedene Rebsorten an. Er ist ein Fan neuer (deutscher und französischer) Eiche, aber Weine wie der »Nicodemus Candidus«, ein Barrique-gereifter Kerner, sind nur etwas für ausgemachte Holzliebhaber. Die Rotweine sind eindrucksvoller, v. a. der fruchtige, tanninreiche Zweigelt, der geschmeidige Dornfelder, der eichige Merlot und der pfeffrige eichenfassgereifte Lemberger. Die Rieslinge des Guts sind eher uninteressant.

Weingärtnergenossenschaft Grantschen ☆–☆☆
Grantschen. www.grantschen.de
Die imposante Genossenschaft hat 200 Mitglieder und ein breites Angebot. Die Weißweine sind enttäuschend, aber zwei Drittel der Weine sind rot. Der Barrique-gereifte Lemberger ist fein und schön strukturiert, allerdings das Spitzengewächs ist »Grandor«, ein in Barriques ausgebauter dichter, pfeffriger Lemberger mit ausgezeichneter Frucht.

Weingut Karl Haidle ☆☆–☆☆☆
Kernen-Stetten. www.weingut-karl-haidle.de
Wenn Hans Haidles Gut in Württemberg nicht bekannter ist, so nur weil er ein Weißweinspezialist ist in einem Gebiet, in dem die Rotweine mehr im Rampenlicht stehen. Seine trockenen Riesling und Weißburgunder gehören zu den besten in Württemberg. Die Roten sind keineswegs weniger gut, u. a. ein pflaumiger Zweigelt, ein kräuterwürziger Barrique-gereifter Lemberger und einige elegante Spätburgunder.

Weingut Heinrich ☆–☆☆
Heilbronn. www.weingut-heinrich.de
Martin Heinrich ist auf Riesling und einen eichigen Rotwein spezialisiert, die einiges Aufsehen erregt haben. Die besten Weine sind die Lemberger und die kraftvolle Cuvée »Wollendieb«.

Schloßgut Hohenbeilstein ☆
Beilstein. www.schlossgut-hohenbeilstein.de
Hartmann Dippon übernahm 1987 den Familienbetrieb und stellte bald auf ökologischen Anbau um. Rotwein ist der Schwerpunkt des breiten Angebots, am besten sind die Spätburgunder. Doch viele Rotweine, auch Lemberger, haben zu wenig Frucht, um den Barrique-Ausbau unbeschadet zu überstehen.

Weingut Fürst zu Hohenlohe-Öhringen ☆–☆☆
Öhringen. www.verrenberg.de
Ein herrschaftlicher Besitz aus dem 14. Jh. mit einem Keller aus dem 17. Jh. (und einem Fass mit dem Datum 1702). Der Alleinbesitz Verrenberg ist ungewöhnlicherweise ein geschlossener Rebenbestand, der vorwiegend trockene Weine erbringt. Bekannt ist das Gut jedoch für seine Rotweine; 1983 wurden erstmals Barriques eingesetzt. Von den drei roten Cuvées ist »Ex Flammis Orior« am besten.

Weingut Burg Hornberg ☆☆
Neckarzimmern. www.burg-hornberg.de
Baron Dajo von Gemmingen-Hornberg besitzt das wohl älteste Weingut in Württemberg, das jedoch erst seit dem 18. Jh. in der Hand der Familie ist. Ein Drittel der Rebfläche ist mit Riesling bestockt, es gibt aber auch viel Weißburgunder. Die Weine werden nach traditionellen Methoden bereitet, und die besten sind körperreich und eindrucksvoll.

Weingut des Grafen Neipperg ☆☆–☆☆☆
Schwaigern
Urkunden belegen, dass die Familie Neipperg hier seit 1248, kurz nach dem Bau der ursprünglichen Burg, Wein erzeugt. Zwei Lagen befinden sich im Alleinbesitz: die terrassierte

Schwaigener Ruthe und der Neipperger Schlossberg rund um die Burgruine. Einer Legende zufolge führten die Neippergs Lemberger ein, um dunkle, tanninreiche Rotweine zu erzeugen. Graf von Neipperg glaubt nicht, dass das stimmt, aber sicher ist, dass Lemberger im 17. Jh. aus Österreich (wo er Blaufränkisch heißt) hierher kam und immer noch eine Spezialität des Guts ist. Eine weitere Spezialität ist würziger Traminer. Neben den angesehenen säurereichen Rieslingen gibt es einen köstlichen Gelben Muskateller. Die besten Lemberger sind die Einzellagenabfüllungen von Ruthe und Schlossberg, der eichenfassgereifte Samtrot ist füllig und ansprechend. Edelsüße Weine sind rar; gelegentlich wird eine Trockenbeerenauslese von Gelbem Muskateller erzeugt. Die Neippergs haben auch Besitzungen in St-Emilion, namentlich Château Canon-la-Gaffelière und La Mondotte, die von Stephan von Neipperg geleitet werden.

Weingut Albrecht Schwegler ☆☆–☆☆☆

Korb. 1,5 ha

Es wäre lächerlich, ein so winziges Gut in einem Buch wie diesem zu erwähnen, wäre Albrecht Schweglers voller, konzentrierter »Granat« nicht einer der feinsten Rotweine Württembergs. Er besteht hauptsächlich aus Merlot. Weitere Cuvées sind »Beryll« (Lemberger/Zweigelt) und »Saphir« (Merlot/Zweigelt). Die 2000er Trockenbeerenauslese, deren Trauben mit 316° Öchsle gelesen wurden, heißt mit Fug und Recht »Monster«.

Weingut Sonnenhof ☆☆

Vaihingen-Enz. 30 ha.
www.weingutsonnenhof.de

Die Weinberge des Guts befinden sich größtenteils auf Steilhängen nördlich von Stuttgart. Die meisten Weine sind rot, u. a. ein eleganter eichenfassgereifter Lemberger.

Staatsweingut Weinsberg ☆

Weinsberg. www.lvwo.de

Das 1868 von Karl von Württemberg als Königliche Weinschule gegründete Gut ist immer noch an eine der führenden deutschen Ausbildungsstätten für Weinbau angeschlossen. Riesling ist mit 20 % der Rebfläche die wichtigste Traube, doch bekannt ist Weinsberg v. a. für seine Rotweine, die teils traditionell bereitet, teils in Eiche ausgebaut werden. Viele neue Kreuzungen wurden hier entwickelt und einige werden von der Schule zu sortenreinen Weinen verarbeitet. Die ansprechenderen unter den traditionellen Rotweinen sind Clevner (Frühburgunder) und Lemberger.

Weingut Wöhrwag ☆☆☆

Untertürkheim

Mit dem Untertürkheimer Herzogenberg zu seiner alleinigen Verfügung erzeugte Hans-Peter Wöhrwag in den letzten Jahren einige der feinsten Rieslinge in Württemberg. Sie sind insofern untypisch, als sie eher schlank und rassig als breit ausfallen, und vereinen Finesse und Kraft. Wöhrwag versucht sich jedes Jahr an Eiswein, meist mit Erfolg. Von den zwei roten Cuvées ist »Philipp«, ein Lemberger-Spätburgunder-Verschnitt, die bessere. Wöhrwag ist einer der wenigen deutschen Kellermeister, der Mostkonzentrationsverfahren anwendet – und das auch zugibt.

Weingut des Hauses Württemberg – Hofkammerkellerei ☆☆

Schloss Monrepos, Ludwigsburg. 40 ha. www.hofkammer.de

Das 1677 gegründete Gut ist immer noch im Besitz des Hauses Württemberg und umfasst einige gute Lagen. Riesling aus dem Untertürkheimer Mönchberg ist meist reichhaltig und eindringlich; der beste Spätburgunder kommt aus dem terrassierten Mundelsheimer Käsberg.

Baden

Wie die Pfalz ist Baden mit einem relativ milden Klima gesegnet und daher mit idealen Bedingungen für eine ganze Reihe von Rebsorten, vor allem die Burgundertrauben. Es könnte somit durchaus in aller Welt bekannt sein – ist es aber nicht. 16 000 ha gegenüber vom Elsass auf der anderen Seite des Rheins haben in den letzten Jahren einen radikalen Umbruch erlebt: Die Rebflächen wurden fast komplett flurbereinigt und sind auf das Doppelte angewachsen.

Baden ist Deutschlands wärmstes (wenn auch nicht unbedingt sonnigstes) Anbaugebiet mit entsprechend reifen, alkoholstarken und säureärmeren Weinen, also in Stil und Funktion das genaue Gegenteil der Moselweine. Hier entstehen echte Tischweine mit einer warmen Weinigkeit fast französischer Art. Von den elsässischen Weinen unterscheiden sie sich durch die Rebsorten und durch den Hang zu einer Spur Süße. Verstärkt wird der Unterschied noch durch das Klima, das nicht ganz so günstig ist wie in den von der Sonne verwöhnten Ausläufern der Vogesen.

80 % der badischen Rebfläche liegen in einem 130 km langen Streifen, der sich in südwestlicher Richtung zwischen dem Schwarzwald und der Rheinebene von Baden-Baden bis nach Basel erstreckt. Die wichtigsten Bereiche sind hier von Norden nach Süden die Ortenau (zu einem Viertel mit Riesling bestockt), das Breisgau, der sonnige vulkanische Kaiserstuhl, Tuniberg und das von Gutedel beherrschte Markgräflerland. Der Rest verteilt sich auf Weinberge im Südosten am Bodensee, im Norden im Kraichgau und an der Badischen Bergstraße südlich bzw. nördlich von Heidelberg (zu einem Bereich mit beiden Namen zusammengefasst) und noch weiter im Norden an der Grenze zu Franken im Bereich Badisches Frankenland. Das Herz des badischen Weinbaus schlägt folglich am Rhein, vom Bodensee bis auf die Höhe der Pfalz.

Baden ist, mehr noch als die Südpfalz, das Reich der Genossenschaften: 120 an der Zahl mit 28 000 Mitgliedern verarbeiten knapp 75 % der Ernte, und die Hälfte ihrer Produktion läuft im Badischen Winzerkeller in Breisach am Rhein zusammen. Die riesige Kellerei füllt 400 bis 500 verschiedene Weine ab. Baden hat keine besondere Vorliebe für eine bestimmte Rebsorte. Müller-Thurgau (26 % der Rebfläche) ist das Standardmaterial; Spätburgunder für Rotwein und roséfarbenen Weißherbst hat sich zur meistangebauten Rebsorte mit 32 % aufgeschwungen, die nächsten Plätze belegen Ruländer (Grauburgunder), Gutedel, Riesling, Silvaner, Weißburgunder und Gewürztraminer. Die hocharomatischen Neuzüchtungen entsprechen offensichtlich nicht dem badischen Geschmack, denn die meisten Weißweine werden von relativ »neutralen« Trauben erzeugt. Die besten badischen Weine sind in jedem Fall Riesling, Weißburgunder und Ruländer.

Dass Badens Weine vor allem im Ausland nicht besser gehen, hat zwei Gründe. Erstens bedienen die mächtigen Genossenschaften vorwiegend einen regionalen Markt und haben kaum Interesse daran, Produkte zu erzeugen, die ein breiteres Publikum ansprechen könnten. Zweitens ist deren Vielfalt schlicht zu groß. Eine Genossenschaft bietet oft zehn oder mehr verschiedene Spätburgunder an – trockenen, lieblichen, Rosé, Barriquewein, und jeden davon in mehreren Qualitätsstufen –, die werbe- und vertriebstechnisch einfach nicht zu bewältigen sind, egal wie gut sie sind. Erzeuger wie Johner und Huber, die ihr Angebot gestrafft haben und der Qualität oberste Priorität einräumen, verlangen zu Recht hohe Preise, die die Verbraucher im Ausland nicht zu zahlen bereit sind.

Spitzenlagen in Baden

Achkarrer Schlossberg Der vulkanische Tuffsteinboden der steilen Hänge erbringt trockene Weiß- und Grauburgunder, die Kraft und Eleganz in vollendeter Weise vereinen.

Durbacher Plauelrain/Kapellenberg/Ölberg/Schloßberg/ Schloß Grohl/Steinberg Die Südhänge im Durbachtal gehören zu den steilsten in ganz Baden; ihr Granitboden ist ideal für Riesling, Scheurebe und Gewürztraminer. Der Plauelrain ist die größte und bekannteste dieser ausgezeichneten Lagen.

Ihringer Winklerberg Der terrassierte, steile Winklerberg an der Südwestspitze des Kaiserstuhls ist die wärmste Lage in ganz Deutschland. Auf dem vulkanischen Tuffsteinboden entstehen körperreiche, mineralische trockene Grauburgunder und Spätburgunder, die zum Feinsten gehören, was Baden zu bieten hat. Die Lage wurde 1971 auf 150 ha verdreifacht, weshalb die Qualität schwanken kann.

Neuweier Mauerberg/Schlossberg Die terrassierten Südhänge liegen bei Baden-Baden am Nordrand der Ortenau. Sie liefern intensive, elegante Rieslinge, die mehrere Jahre reifen müssen, um ihr Bestes zu geben.

Oberrotweiler Eichberg/Henkenberg/Kirchberg Oberrotweil auf der Westseite des Kaiserstuhls hat drei erstklassige Lagen vorzuweisen, die allesamt eindrucksvoll reichhaltige, fest strukturierte trockene Weiß- und Grauburgunder hervorbringen.

Ortenberger Schlossberg Auf den schmalen Terrassen dieser kleinen Lage mit kargem Granitboden entstehen die vielleicht am intensivsten mineralischen Rieslinge der Ortenau. Im Alleinbesitz von Schloss Ortenberg.

Zell-Weinerbacher Abtsberg Die Spitzenlage östlich von Offenburg erbringt mit die vollsten Weine der Ortenau. Riesling, Grauburgunder und Gewürztraminer fallen am besten aus.

Die führenden Erzeuger in Baden

Weingut Abril ☆
Bischoffingen. 7 ha. www.abril.de
Hans Friedrich Abrils Gut ist eine verlässliche Quelle für körperreichen trockenen Weiß- und Grauburgunder, aber auch interessanten Spätburgunder.

Winzergenossenschaft Achkarren ☆
Achkarren
Die 320 Mitglieder produzieren eine große Auswahl an Weinen aus einigen der besten Lagen am Kaiserstuhl. Der Grauburgunder kann sehr gut ausfallen, wenn auch manchmal mit beängstigender Alkoholstärke.

Weingut Bercher ☆☆☆
Burkheim
Eckhardt Bercher und sein Bruder Rainer führen eines der schönsten Güter Badens. Das beeindruckende Gutshaus aus dem 17. Jh. steht im schön erhaltenen Ortskern von Burkheim. Ob einfacher Müller-Thurgau, schlanker trockener Riesling Kabinett oder massive Weißburgunder-Auslese – alle

Weißweine sind von gleich bleibend hoher Qualität. Seit Ende der 1980er-Jahre wird auch großartiger eichenfassgereifter Spätburgunder erzeugt, der zu Deutschlands feinsten Rotweinen zählt. Die meisten Gewächse sind genussreif, wenn sie auf den Markt kommen, aber alle von Spätlese aufwärts gewinnen durch fünf Jahre Flaschenreife oder mehr. Bei diesem Gut ergänzen sich Tradition und Innovation auf hervorragende Weise. Die Berchers sind Meister ihrer Zunft und auf ihre Weine ist 100%ig Verlass.

Weingut Bercher-Schmidt ☆☆–☆☆☆
Oberrotwell

Franz Schmidt hat die ursprünglichen und besten Parzellen in den Weinbergen am Kaiserstuhl ausfindig gemacht. Weine aus diesen Lagen sind mit Sternen gekennzeichnet. Die Weißweine sind frisch und ansprechend und kommen nicht mit Eiche in Kontakt. Beim Rotwein hat Schmidt große Fortschritte gemacht; er pflanzte französische Klone, um die Qualität weiter zu verbessern. Die edelsüßen Weine, etwa die 2001er Muskateller-Trockenbeerenauslese, sind oft hervorragend.

Weingut Blankenhorn ☆☆
Schliengen. www.gutedel.de

Seitdem Rosemarie Blankenhorn den Familienbetrieb 1989 übernahm, hat sie ihn grundlegend umstrukturiert und auf ökologischen Anbau umgestellt. Bekannt ist das Gut v. a. für seinen Gutedel, aber es werden auch ordentliche Grau- und Weißburgunder sowie Müller-Thurgau erzeugt. Die Weißweine sind deutlich besser als die Rotweine.

Weingut Duijn ☆☆–☆☆☆
Bühl-Kappelwindeck. www.weingut-duijn.com

Der Niederländer Jacob Duijn, ein ehemaliger Sommelier, ist auf erstklassigen Spätburgunder spezialisiert, der bis zu 21 Monate in größtenteils neuen Barriques reift.

Winzergenossenschaft Durbach ☆☆
Durbach. www.durbacher.de

Eine der besten Genossenschaften in Deutschland, auf Riesling und Spätburgunder spezialisiert. Die Hänge in Durbach bieten ideale Bedingungen für Riesling, und die meisten werden von den 320 Mitgliedern bewirtschaftet. Sauvignon blanc, eine Rarität in Baden, ist hier oft sehr gut.

Weingut Freiherr von und zu Franckenstein ☆
Offenburg. 14 ha

Hubert Doll, Leiter und Kellermeister des Guts, erzeugt saftige, elegante trockene Rieslinge, Grauburgunder und Gewürztraminer von den Granithängen von Zell-Weierbach und Berghaupten in der Ortenau.

Weingut Freiherr von Gleichenstein ☆☆
Oberrotweil. 24 ha. www.gleichenstein.de

Das Gut bringt hauptsächlich körperreiche, volle trockene Weißweine hervor. Nachdem 1999 Odin Bauer als Kellermeister verpflichtet wurde, wird die bereits jetzt tadellose Qualität weiter steigen.

Weingut Dr. Heger ☆☆☆☆
Ihringen. www.heger-weine.de

Der 1935 von dem Landarzt Dr. Max Heger gegründete Betrieb gewann rasch an Fläche und Ansehen. Hegers Enkel, der engagierte Joachim Heger, hat es zu einem der bekanntesten Güter in Baden gemacht. Sein Ruhm beruht v. a. auf den kraft-

Das beste Alter für deutsche Weine

Deutsche Weine von guter Qualität sind wesentlich langlebiger und lohnen die Lagerung in der Flasche viel mehr, als moderne Trends vermuten lassen. Das gilt natürlich nicht für einfache Verschnitte und Marken, die bewusst auf frühe Trinkreife wenige Monate nach der Abfüllung ausgelegt sind. Weine dieser Art – also von sehr hohen Erträgen und (daraus resultierendem) hohem Wassergehalt – lohnen keine weitere Lagerung.

Doch fast alle Prädikatsweine, so köstlich sie in ihrer blumigen, fruchtigen Jugend auch schmecken mögen, haben das Zeug dazu, beim Reifen ganz andere geschmackliche Dimensionen zu entwickeln. Wenn sie auf den Markt kommen, sind sie bestenfalls frisch und lebendig; Säure und Frucht treten in einen faszinierenden Wettstreit miteinander. Manche feinen Weine (v. a. Riesling) haben in diesem Stadium erstaunlich wenig Aroma. Bisweilen verschwindet dieser erste Reiz nach ein bis zwei Jahren Flaschenreife, ohne dass reifere Geschmacksnuancen an seine Stelle treten: Der Wein, den man mit so viel Begeisterung gekauft hat, scheint sich als Enttäuschung zu entpuppen. Geduld! Die wundersamen Vorgänge brauchen ihre Zeit. Es kann vier oder fünf Jahre dauern, bis die herrliche Mischung aus Zitrus-, Gewürz- und öligen Noten in Erscheinung tritt. Die helle Farbe eines jungen Rieslings verwandelt sich nach und nach in ein leuchtendes Goldgelb, und sein Aroma nimmt komplexere, honigähnliche Züge an.

Jeder Jahrgang hat seine eigene Lebensdauer, aber im Allgemeinen brauchen Kabinettweine eines erstklassigen Erzeugers mindestens drei Jahre in der Flasche und entwickeln sich über sieben oder acht Jahre immer noch weiter; bei Spätlesen dauert es vier bis zehn Jahre; Auslesen vertragen fünf bis sechs, oft aber auch 20 und mehr Jahre in der Flasche. Die höchstkonzentrierten süßen Weine – Eiswein, Beeren- und Trockenbeerenauslese – sind nahezu unzerstörbar, erreichen aber meist nach 25 Jahren ihren Höhepunkt.

Riesling ist der langlebigste deutsche Wein, aber auch Gewächse von Scheurebe und Rieslaner gewinnen bei längerer Lagerung in der Flasche. Bis in die 1980er-Jahre war Rotwein für sofortigen Genuss bestimmt, doch seitdem die Weine konzentrierter sind und durch Barrique-Ausbau über mehr Struktur verfügen, hält sich ein guter Spätburgunder aus der Pfalz, Franken oder Baden ohne weiteres bis zu zehn Jahre.

vollen trockenen Weiß- und Grauburgundern, von denen die besten einen Hauch neuer Eiche abbekommen. Andere Weißweine wie Muskateller, Silvaner und sogar Rieslinge sind oft ebenfalls außerordentlich gut. In den 1990er-Jahren erregten auch die in neuer Eiche ausgebauten Spätburgunder großes Interesse, die vielleicht nicht die seidigsten und elegantesten in Deutschland, aber an Konzentration kaum zu schlagen sind. 1997 erwarb Heger das 16-ha-Weingut Fischer in Bottingen und verdoppelte damit seine Rebfläche. Spitzenweine werden unter dem Namen »Dr. Heger« abgefüllt, Weine aus nicht erstklassigen oder gepachteten Lagen, die ebenfalls ausgezeichnet ausfallen können, unter dem Namen »Weinhaus Joachim Heger«.

Weingut Reichsgraf und Marquis zu Hoensbroech ☆–☆☆
Angelbachtal-Michelfeld

Die flämische Familie Hoensbroech lebt seit dem 17. Jh. in Deutschland; das Gut im Kraichgau, südlich von Heidelberg, gibt es allerdings noch nicht so lange. Am besten ist meist der kraftvolle trockene Weißburgunder. Daneben werden einige Rotweine erzeugt, v. a. Lemberger und Schwarzriesling, die häufiger in Württemberg anzutreffen sind.

Weingut Bernhard Huber ☆☆☆
Malterdingen

Bernhard Huber trat 1987 aus der örtlichen Genossenschaft aus und machte sich mit seinem selbst erzeugten Spätburgunder schnell einen Namen. Die besten der vier Cuvées (mit »R« für Reserve gekennzeichnet) gehören zu den feinsten Rotweinen in Deutschland. Der in neuer Eiche ausgebaute »Malterer« ist ein individueller trockener Weißwein (ein Verschnitt von Weißburgunder und der seltenen Kreuzung Freisamer) mit einigem Charakter – besser als der kraftvolle, aber sehr eichige Chardonnay.

Weingut Karl H. Johner ☆☆☆
Bischoffingen. www.johner.de

In zehn Jahren hat Karl Heinz Johner nicht nur aus dem Nichts ein Weingut aufgebaut, sondern es auch zu einem der erfolgreichsten Qualitätserzeuger in Baden gebracht. Niemand hat sich mehr bemüht, das Spektrum der angebotenen Weine zu vereinfachen. Sie sind fast alle sortenrein, trocken und in Eiche ausgebaut; die Spitzenreiter mit »SJ« (für Selektion Johner) gekennzeichnet. Am besten sind meist die trockenen Weißburgunder und die Spätburgunder. Die Erträge werden sehr niedrig gehalten, was den Weinen Konzentration, Kraft und so viel Struktur verleiht, dass sie den Ausbau in Eiche vertragen. Das ist allerdings auf dem Rückzug: Früher reiften einige Weine ganz in neuer Eiche, jetzt sind es meist nur noch 50 %. Johner ist zweifellos Badens erfolgreichster Erzeuger von Weinen im internationalen Stil.

Weingut Franz Keller – Schwarzer Adler ☆☆–☆☆☆
Oberbergen.
www.franz-keller.de

Seit vielen Jahren ist Franz Keller ein überzeugter Gegner der Süßreserve: Seine Weine gären entweder trocken aus oder die Gärung kommt von allein zum Stillstand. Auch Barrique-Ausbau wird seit einiger Zeit praktiziert, die Gewächse werden zum Teil als hochpreisige Tafelweine verkauft.

Für eine Kostprobe kehrt man am besten im familieneigenen Schwarzen Adler ein, einem der besten Restaurants in Baden, dessen Angebot an französischen Etiketten allerdings auch sehr verlockend ist. Das Gut wird heute von Franz Kellers Sohn Fritz geführt, der teure unterirdische Keller errichten ließ und den Weinen einen frischeren, moderneren Stil verpasste. Auch große Mengen von Trauben benachbarter Güter werden verarbeitet.

Winzergenossenschaft Königsschaffhausen ☆–☆☆☆
Königsschaffhausen.
www.koenigsschaffhauser-wein.de

Die Genossenschaft am Kaiserstuhl genießt einen ausgezeichneten Ruf für ihre majestätischen süßen Weine und brachte 1962 den ersten badischen Eiswein heraus. Die Ruländer-Trockenbeerenauslesen sind besonders fein. Nachdem aber kein Erzeuger mit süßem Wein allein überleben kann, wartet die Königsschaffhauser Genossenschaft mit beachtenswerten trockenen Weiß-, Grau- und Spätburgundern auf. Anders als das Gros der Konkurrenz hat sie den Umgang mit Barriques schnell gelernt und erzeugt einige ausgewogene, langlebige eichenfassgereifte Weiß- und Rotweine.

Weingut Andreas Laible ☆☆☆–☆☆☆☆
Durbach

Da Andreas Laible keine Eigenwerbung betreibt, offenbarte sich sein Talent erst in den 1990er-Jahren einem breiteren Publikum. Seine eleganten, intensiv fruchtigen trockenen und natursüßen Rieslinge haben einen fast Mosel-ähnlichen Charakter. Der beste trockene Riesling heißt »Achat«. Genauso eindrucksvoll wie seine kraftvollen süßen Scheurebe- und Traminer-Auslesen sind auch die Dessertweine der höheren Prädikatsstufen, die zu den feinsten Weinen in Baden zählen.

Weingut Lämmlin-Schindler ☆☆
Mauchen. www. laemmlin-schindler.de

Das erst 1962 gegründete Ökoweingut ist heute der führende Erzeugerbetrieb im Markgräflerland. Weiß- und Grauburgunder gehören zu den raffiniertesten trockenen Weißweinen in Baden, und selbst der einfache Gutedel ist außerordentlich gut gebaut. Die Rotweine bekommen die Schindlers erst langsam in den Griff, aber in den letzten Jahren wurden einige Fortschritte erzielt.

Weingut Markgraf von Baden – Schloss Staufenberg ☆☆
Durbach

Das schöne alte Gut auf einem von Weinbergen umgebenen Hügel bringt zarte, manchmal markante trockene Rieslinge hervor. Riesling und Gewürztraminer wurden hier bereits im 18. Jh. angepflanzt. Die Rotweine reichen in der Qualität nicht an die Weißweine heran.

Staatsweingut Meersburg ☆
Meersburg

Das ehemalige Gut der Fürstbischöfe von Meersburg wurde 1802 Deutschlands erste Staatsdomäne, deren Rebland vorwiegend in Meersburg am Ufer des Bodensees liegt. Die Spezialitäten sind Müller-Thurgau der sanfteren Art und rötlich goldener, spritziger Spätburgunder. Trotz des Rufs als bedeutendstes Gut am Bodensee lässt die Qualität zu wünschen übrig.

Weingut Gebrüder Müller ☆
Breisach. 10 ha

Peter Bercher verfügt über einen beträchtlichen Anteil am erstklassigen Ihringer Winklerberg, sein Gut begründete in der ersten Hälfte des 19. Jhs. den Ruf dieser Lage. Die trockenen Weißweine sind zwar gut, aber weitaus beachtlicher sind die gehaltvollen Spätburgunder.

Weingut Schloß Neuweier ☆☆☆
Neuweier. www.weingut-schloss-neuweier.de

Gisela Joos und ihr Kellermeister Alexander Spinner übernahmen das heruntergekommene Gut 1992 und führten es wieder in die Spitzenriege der badischen Erzeuger zurück. Der Hauptteil der Produktion entfällt auf fein ausgefeilten, langlebigen trockenen Riesling. Die Weine vom Mauerberg sind deutlich mineralisch, die vom Schlossberg etwas gewichtiger.

Weingut Schloss Ortenberg ☆–☆☆
Ortenberg. 42 ha. www.weingut-schloss-ortenberg.de

Das Schloss gehört dem Deutschen Jugendherbergswerk, die Weinberge wurden 1950 vom Landkreis erworben. Durch den Zusammenschluss mit einem anderen Gut 1997 wuchs die Anbaufläche auf ihre heutige Größe an. Seit Winfried Köninger 1992 die Leitung übernahm, hat sich die Qualität beträchtlich verbessert. Es wird eine Vielzahl von Reben angebaut; die besten Ergebnisse werden mit Riesling und Spätburgunder erzielt.

Weingut Salwey ☆☆–☆☆☆

Oberrotweil. www.salwey.de

Wolf-Dietrich Salwey erzeugt nicht nur mit die feinsten Obstbrände in Deutschland, sondern auch mit die feinsten Weißweine am Kaiserstuhl. Im Gegensatz zu vielen seiner Kollegen widerstand er der Versuchung, mit neuer Eiche zu experimentieren, und blieb den traditionellen Bereitungsmethoden treu. Das Ergebnis sind volle, aber elegante Weiß- und Grauburgunder mit ausgezeichnetem Entfaltungspotenzial. Der trockene Spätburgunder Weißherbst aus dem Glottertal gehört zu den feinsten Roséweinen in Deutschland. Auch die gelegentlich erzeugten süßen Weine sind eindrucksvoll. Nur die Rotweine entsprechen nicht den höchsten Anforderungen.

Winzergenossenschaft Sasbach ☆

Sasbach. www.sasbacher.de

Die kleinste Genossenschaft am Kaiserstuhl ist auf Spätburgunder spezialisiert, der für die Hälfte der Produktion aufkommt. Sasbach ist Mitglied des Barrique-Forums seit dessen Gründung 1991. Die Weine bleiben schön fruchtig und sind nur selten zu sehr von Eiche geprägt.

Weingut Hartmut Schlumberger ☆–☆☆

Laufen. www.schlumbergerwein.de

Der alte Familienbesitz im Markgräflerland zwischen Freiburg und Basel ist größtenteils mit Spätburgunder, Weißburgunder und Gutedel bestockt. Hartmut Schlumberger nutzt nach wie vor die alten Fässer in seinem Keller, die Weinbereitung ist also sehr traditionell. Seit sein Schwiegersohn Ulrich Bernhart Kellermeister ist, hat sich die Qualität noch weiter verbessert.

Weingut Reinhold und Cornelia Schneider ☆☆–☆☆☆

Endingen. 8 ha. www.weingutschneider.com

Reinhold Schneider bewirtschaftet sein Gut weitgehend nach ökologischen Richtlinien. Da er über verschiedenartige, aber nicht herausragende Böden verfügt, weist er auf den Etiketten nicht die Lage, sondern die Bodenart aus: vulkanisch, Löss oder Lehm. Weine mit dem Namen »Trio« sind ein Verschnitt aller drei. Das Angebot bewegt sich auf hohem Niveau und weist mehr Frische und Schwung auf als am Kaiserstuhl üblich. Die Rotweine sind weniger interessant.

Weingut Seeger ☆☆–☆☆☆

Leimen. 8 ha. www.seegerweingut.de

Das Gut südlich von Heidelberg hat in den letzten Jahren gewaltig an Qualität zugelegt. Thomas Seegers in neuer Eiche ausgebaute Spätburgunder können mit den besten Badens mithalten, sind jedoch sehr extraktreich und ausgesprochen teuer. »Cuvée Anna« von Spätburgunder, Lemberger und Portugieser reift 20 Monate – deutlich zu lang – in Barriques. Riesling, Weiß- und Grauburgunder haben sich sehr verbessert und verdienen Beachtung.

Weingut Rudolf Stigler ☆☆–☆☆☆

Ihringen

Eines der besten Privatgüter am Kaiserstuhl, besonders für seine Rieslinge vom Winklerberg bekannt: Weine mit Gewicht, mineralischem Charakter und sehr nachhaltigem Geschmack. Der Stil ist eindeutig traditionell, wenn nicht gar altmodisch, denn er betont Körper und Extrakt stärker als die Frucht.

Gräflich Wolff-Metternich'sches Weingut ☆☆

Durbach. 36 ha. www.weingut-metternich.de

Unter der Leitung von Ottmar Schilli stieß das vornehme Gut in den Spitzenrang der Qualitätserzeuger der Ortenau vor. Nach fast 40 Jahren trat Schilli seinen Platz nun an Franz Schwörer ab. Trockener Riesling spielt eine große Rolle, aber die Spezialität des Hauses ist Sauvignon blanc von Reben, die offenbar 1830 von Château d'Yquem hierher gelangten. Die Weine gewinnen mit einigen Jahren Flaschenlagerung.

Saale-Unstrut

Etwas südlich von Halle und westlich von Leipzig liegen die 640 ha Rebfläche des Anbaugebiets Saale-Unstrut. Seinen Namen hat es von den beiden idyllischen Flusstälern, die den nördlichsten Weinbergen Deutschlands Schutz bieten. Der Mittelpunkt des Gebiets ist das historische Naumburg mit seinem berühmten romanisch-gotischen Dom. Die Kirche war es auch, die mit der Gründung des Zisterzienserklosters Pforta 1137 den Weinbau in der Gegend entscheidend vorantrieb.

Auch mehr als zehn Jahre nach der Wende leidet Saale-Unstrut noch an den Nachwehen der sozialistischen Planwirtschaft. Fast die Hälfte der Weine wird von der Winzergenossenschaft Freyburg erzeugt, und bekannt ist das Gebiet in erster Linie für den preiswerten Rotkäppchen-Sekt, der zum größten Teil aus importiertem Grundwein hergestellt wird.

Einige selbstständige Winzer haben jedoch ihre in DDR-Zeiten verstaatlichten Weinberge zurückerhalten, weitere dazuerworben und beweisen nun, dass die Kalksteinböden der besten Lagen durchaus subtil aromatische, mittelschwere trockene Weißburgunder, Rieslinge und Traminer hervorbringen können, wenn auch Müller-Thurgau die meistangebaute Traube ist.

Spätburgunder war hier vor 100 Jahren weit verbreitet, fiel jedoch in den 1960er-Jahren in Ungnade, weil weder die Reife noch die Verarbeitung mit den industriellen Standards der DDR zu bewältigen waren. Die Traube wird inzwischen wieder angebaut, und auch Riesling gewinnt an Bedeutung.

Die führenden Erzeuger in Saale-Unstrut

Weingut Gussek ☆
Naumburg

André Gussek war Kellermeister im Kloster Pforta (siehe dort), hat aber nach und nach sein eigenes Gut aufgebaut. Sein Steckenpferd sind Rotweine, die ein Viertel der Produktion ausmachen; am besten ist meist der Zweigelt. Der Silvaner ist tadellos, der Weißburgunder erstaunlich alkoholstark.

Landesweingut Kloster Pforta ☆
Bad Kösen

Das Gut wurde 1899 vom preußischen Staat gegründet und mit ausgezeichneten Weinbergterrassen an der Saale ausgestattet. In den 1990er-Jahren wechselte die Leitung mehrfach und die Qualität schwankte, 2000 hatte sich die Lage jedoch stabilisiert. Kloster Pforta verfügt über einen höheren Anteil an Riesling als andere Betriebe im Gebiet, und sowohl Riesling als auch Weißburgunder sind fest und mineralisch. Angesichts der Lagen ist die Qualität noch enttäuschend, aber aller Anfang ist schwer.

Weingut Lützkendorf ☆☆–☆☆☆
Bad Kösen. www.weingut-luetzkendorf.de

Nach der Wende gab Udo Lützkendorf die Leitung des Landesweinguts Kloster Pforta ab und gründete sein eigenes Gut. Inzwischen wird es von seinem Sohn Uwe geführt, der bereits hohe Standards setzt: Seine trockenen Weißburgunder, Rieslinge und Silvaner sind eindeutig die besten Weine des Anbaugebiets. Sie sind voll Frucht und spritziger Säure, haben genug Kraft, um sich bis zu fünf Jahre in der Flasche zu entfalten, und beweisen, was das schöne Gebiet hervorbringen kann.

Sachsen

Mit 440 ha Weinbergen, die im Tal der Elbe rund um die historischen Städte Dresden und Meißen verstreut liegen, ist Sachsen das kleinste deutsche Anbaugebiet. Unter der Herrschaft des mächtigen Sachsenkönigs August des Starken in der ersten Hälfte des 18. Jh. war die Rebfläche viel größer als heute, und aus Urkunden geht hervor, dass die Weine aus Sachsens besten Lagen zu den feinsten in Deutschland zählten.

Seitdem ging der Weinbau an der Reblausplage Ende des 19. Jahrhunderts, an Wirtschaftskrisen, Kriegen und 40 Jahren DDR fast zugrunde. Wie das andere ostdeutsche Anbaugebiet wird auch Sachsen von zwei großen Erzeugerbetrieben dominiert: von der Winzergenossenschaft Meißen, die ein Drittel der Weine produziert, und der Sächsischen Winzergenossenschaft, die ein weiteres knappes Drittel beiträgt.

In den letzten fünf Jahren erzeugte ein Dutzend eigenständiger Betriebe jedoch zunehmend ausgefeilte Weine von verschiedenen Rebsorten, die hoffen lassen, dass Sachsen in Zukunft wieder markante Gewächse hervorbringen wird. Traminer, Riesling, Weiß- und Grauburgunder haben das größte Potenzial. Auf vulkanischem Urgestein und Granit entstehen rassigere und mineralischere Weine als im Gebiet Saale-Unstrut. Für eine Klassifizierung der Lagen ist es zwar noch zu früh, doch drei Kandidaten haben sich bereits jetzt qualifiziert: Meißener Katzensprung, Pillnitzer Königlicher Weinberg und Radebeuler Goldener Wagen.

Die führenden Erzeuger in Sachsen

Weingut Schloss Proschwitz ☆☆
Zadel über Meißen. www.schloss-proschwitz.de
Dr. Georg Prinz zur Lippe erwarb 1991 die Meißener Weinberge seiner Familie zurück und baute das alte Gut Proschwitz

wieder auf. In den Weinbergen bleibt noch viel zu tun, aber einige gute Weine wurden bereits erzeugt, v. a. saubere, feste, ausgefeilte Weiß- und Grauburgunder. Die Rotweine sind bisher recht dünn.

Weingut Vincenz Richter ☆
Meißen. 8 ha. www.vincenz-richter.de
Thomas Herrlich ergänzt die Ernte seines eigenen Leseguts um zugekaufte Trauben. Die Rieslinge, Weißburgunder und Traminer sind meist trocken und halbtrocken.

Weingut Schloss Wackerbarth ☆–☆☆
Radebeul. www.schloss-wackerbarth.de
Die besten Lagen befinden sich auf terrassierten Hängen hinter dem barocken Gutshaus am Rand von Dresden. 1989 war das Gut in einem furchtbaren Zustand, was der Renovierung von Weinbergen und Kellerei viel Mühe abverlangte. Die Wende trat hier 1999 ein, als schlaffe, glanzlose Weine durch schwungvollere abgelöst wurden. Ein Großteil der Produktion entfällt auf Schaumwein, meist süß und nicht sehr gewinnend. Doch Schloss Wackerbarth, inzwischen im Besitz einer Bank, hat die nötigen Ressourcen, mehr zu leisten. Den Beweis trat Kellermeister Jan Kux 2000 mit einer Riesling-Trockenbeerenauslese an, wahrscheinlich die erste, die jemals in Sachsen bereitet wurde.

Weingut Klaus Zimmerling ☆☆
Pillnitz
Sachsens interessantestes Gut entstand 1987, als der Winzer Klaus Zimmerling mit Hilfe von Freunden alte Weinbergterrassen in Ordnung zu bringen und neu zu bepflanzen begann. Trotz des Klimas entschied er sich für ökologischen Anbau und extrem niedrige Erträge. Heute genießt er wachsendes Ansehen für raffinierte trockene Rieslinge, Traminer und Grauburgunder. Die Etiketten, auf denen von seiner Frau geschaffene Skulpturen abgebildet sind, gehören zu den stilvollsten aus dem Osten Deutschlands.

Luxemburg

Das kleine Luxemburg verfügt über rund 1350 ha an der oberen Mosel flussaufwärts von Trier. Es gibt etwa 1000 Erzeugerbetriebe, doch 65 % des luxemburgischen Weins werden von Genossenschaften produziert. Seit 1985 werden alle Weine einer von fünf Kategorien zugeordnet: *non admis* (nicht anerkannt), *marque nationale, vin classé, premier cru* und *grand premier cru*. Im Jahr 1991 wurde in Ergänzung der bis dahin einzigen Appellation Moselle Luxembourgeoise eine neue Appellation für Crémant du Luxembourg geschaffen. Die außerordentlich frischen Schaumweine bieten oft viel für ihr Geld.

Unter den Rebsorten belegen Rivaner (Müller-Thurgau) rund 35 %, Elbling 12 %, Riesling und Auxerrois je 10 %, daneben werden ein wenig Gewürztraminer, Pinot gris, blanc und noir kultiviert. Der Durchschnittsertrag beläuft sich auf stattliche 160 hl/ha – da kann selbst Deutschland nicht mithalten. Elbling allein bringt einen faden Saft hervor, doch beträchtliche Mengen leichter, häufig perlender, erfrischender Weine entstehen aus einem Verschnitt von Elbling mit Rivaner. Rivaner ist verlässlich, Auxerrois (vor allem die Weine aus Wasserbillig) bisweilen äußerst charmant – eine sehr eigene Spezialität, die mit nichts vergleichbar ist –, Riesling immer schlank, manchmal auch klassisch. Gefällige Weine liefert der sehr helle Pinot noir.

Der 1988 gegründete Weingüterverband Domaine et Tradition fördert Qualität von edlen Rebsorten, besonders durch eine Begrenzung der Erträge auf 85 hl/ha. Spitzenerzeuger sind Caves Bernard-Massard in Grevenmacher (»Cuvée de l'Ecusson«, guter Schaumwein nach der klassischer Methode) und Les Domaines de Vinsmoselles in Stadtbredimus (Genossenschaftsverband), ferner Cep d'Or in Hëttermillen (feiner Crémant), Alice Hartmann in Wormeldange (eleganter Riesling), Kohll-Reuland in Ehnen (guter Crémant), Aly Duhr in Ahn (nussiger eichenfassgereifter Pinot blanc), Mathis Bastian, Caves Krier Frères, Caves Gales und Caves St-Rémy in Remich (auch Sitz der Staatlichen Weinbauanstalt) sowie Henri Ruppert (guter Auxerrois) und Thill Fréres in Schengen.

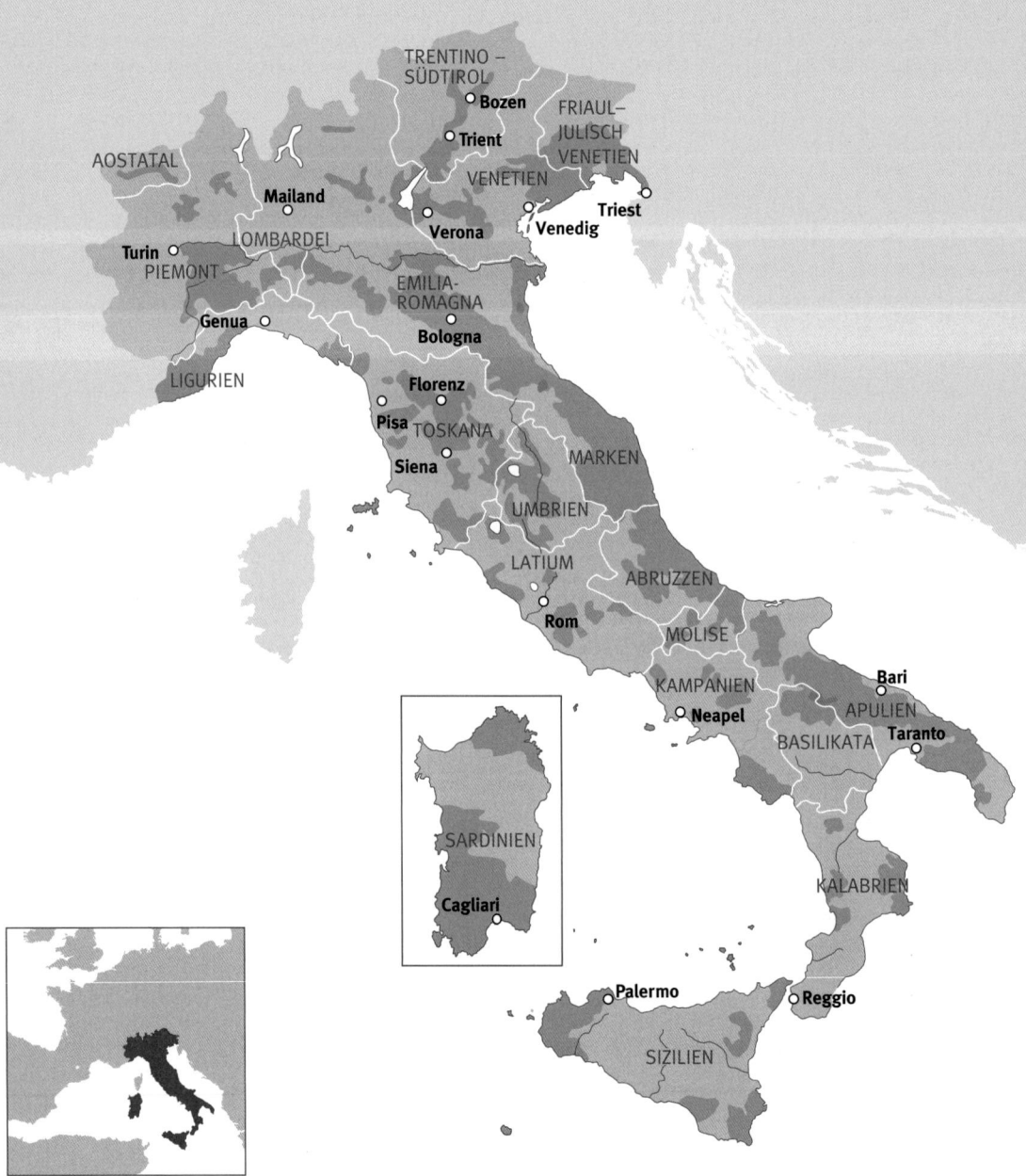

AOSTATAL

TRENTINO –
SÜDTIROL
○ Bozen

FRIAUL–
JULISCH
VENETIEN

○ Trient

VENETIEN

Mailand
○

LOMBARDEI

Verona
○

Triest
○

Venedig
○

Turin ○
PIEMONT

EMILIA-
ROMAGNA

Genua ○

Bologna
○

LIGURIEN

Florenz
○

Pisa ○
TOSKANA

MARKEN

Siena ○

UMBRIEN

LATIUM

ABRUZZEN

Rom ○

MOLISE

KAMPANIEN

Bari
○

Neapel
○

APULIEN

BASILIKATA

Taranto
○

SARDINIEN

KALABRIEN

Cagliari
○

Palermo
○

Reggio
○

SIZILIEN

Italien

Was die reinen Produktionszahlen angeht, liefert sich Italien seit einigen Jahren ein Kopf-an-Kopf-Rennen mit Frankreich, obgleich sowohl die Erzeugung als auch der Verbrauch wie in den meisten anderen Weinbauländern stetig zurückgehen. Nichtsdestotrotz spielt der Wein in jeder der 20 italienischen Regionen eine gewisse Rolle. Die geographischen Gegebenheiten des Landes, die im Wesentlichen von einem gewaltigen Gebirgszug geprägt sind, der sich von den Alpen in südlicher und östlicher Richtung bis in subtropische Gebiete erstreckt, sorgen für eine so große Vielfalt an günstigen Lagen und Mikroklimata wie in kaum einem anderen Land. Außergewöhnlich ist auch das Spektrum der Trauben: Es werden rund 1000 Sorten kultiviert, von denen allerdings die Hälfte nicht mehr als lokale Kuriositäten sind.

Tatsache ist, dass heute einige der besten Weine der Welt aus Italien kommen – und darüber kann man sich immer noch wundern. Während der 250 Jahre, in denen Frankreich die Qualität und die Reputation seines Weinbaus vorantrieb und seine erstklassigen Reben vermehrte, tat Italien nichts dergleichen. Der Weinbau blieb wie vieles andere in diesem Land eine Privatangelegenheit. Wein war eine Selbstverständlichkeit, ein Grundnahrungsmittel wie Brot, und wurde als solches bis weit ins vergangene Jahrhundert hinein nicht an nationalen, geschweige denn an internationalen Standards gemessen. Als der italienische Wein aber schließlich doch daran gemessen wurde, konnte es nicht ausbleiben, dass das Land als Lieferant von einfachem Wein abgestempelt wurde, der für wenig Geld im Supermarkt angeboten oder irgendwo als etwas ganz anderes ausgegeben wurde. Bis zum heutigen Tag werden still und leise unvorstellbare Mengen in andere Teile der EU transportiert.

Mit ihrer Begeisterung für immer noch kompliziertere Etiketten haben sich die Italiener lange Zeit ebenfalls keinen Gefallen getan. Auch der geneigteste Nichtitaliener kapitulierte früher oder später vor der Litanei klangvoller Wortungetüme, in der nicht nur der Name des Weins und seines Erzeugers, sondern auch der des Guts – und häufig eine zusätzliche Fantasiebezeichnung für den Gütegrad – gleichberechtigt nebeneinander standen.

In den letzten Jahren haben sich Einstellung und Praxis radikal gewandelt. Spitzenerzeuger experimentieren mit ungewöhnlichen Ideen, Rebsorten und Kellertechniken und liefern ausgefallene Weine mit kunstvollen Etiketten (und Flaschen) zu höchst vornehmen Preisen, die nicht immer der Qualität in der Flasche entsprechen. Diese Weine umgehen oder verstoßen bewusst gegen die Regeln des weiter unten beschriebenen DOC-Systems.

Neue Entwicklungen auf offizieller Ebene haben sich als gleichermaßen bedeutend erwiesen. Ein frischer Wind in den Behörden hat endlich Schluss gemacht mit der skandalösen Praxis bewusster Überschussproduktion, also dem Anbau von Trauben, die von vornherein für die Destillation zu unerwünschtem Industriealkohol bestimmt sind. Die Umarbeitung der Vorschriften in Richtung eines der französischen Qualitätspyramide ähnlichen Systems regionaler Appellationen beginnt langsam Früchte zu tragen. DOCs, die niemand in Anspruch nimmt, wurden wieder abgeschafft.

Mit dem 1992 verabschiedeten Weingesetz wurde ein hierarchisches System von Gütesiegeln eingeführt, das Weine strengsten Kontrollen unterwirft: Ganz oben steht die DOCG (Denominazione di Origine Controllata e Garantita), ihr folgen die DOC-Weine (Denominazione di Origine Controllata), von denen es über 325 gibt und auf die 20% der italienischen Produktion entfallen, und vor den *vini da tavola* (Tafelweine) wurde die neue Kategorie IGT *(Indicazione Geografica Tipica)* eingeschoben. Sie gilt für Weine mit Rebsorten aus einem größeren Ursprungsgebiet und stellt weniger hohe Anforderungen an die Qualität als das DOC-Siegel. Weinen, die früher in der anonymen Flut der *vini da tavola* untergingen, hat diese Kategorie zu einer klareren Identität verholfen, und sie ermöglicht darüber hinaus bessere Produktionskontrollen, weil – anders als für *vini da tavola* – Höchsterträge vorgeschrieben sind.

Der folgende Überblick soll das Erkennen und Beurteilen italienischer Weine möglichst einfach machen. Das funktioniert so: Jeder der 20 Regionen ist ein eigenes Kapitel gewidmet. Im ersten Teil jedes Kapitels werden die Weine der Region beim Namen genannt und beschrieben. Der zweite Teil ist ein Verzeichnis der wichtigsten Erzeuger samt Angaben zu ihrem Status, ihren Methoden, der Größe des Betriebs und ihren Weinen. Wenn man den Namen eines Weins oder den Erzeuger kennt, aber nicht weiß, aus welcher Region er stammt, schlägt man im Register am Ende des Buchs nach. Wenn die Region bekannt ist, kann man im jeweiligen Kapitel direkt unter dem Namen des Weins oder des Erzeugers nachschlagen. Bei den Erzeugern wird auf die Weine verwiesen, aber (um allzu viele Wiederholungen zu vermeiden) bis auf wenige Ausnahmen nicht umgekehrt. So werden die Erzeuger von, sagen wir, Chianti Classico in der Liste der Erzeuger in der Toskana aufgeführt, der man entnehmen kann, dass viele Chianti-Erzeuger auch andere Weine bereiten.

Auf den ersten Blick besteht ein klarer Unterschied zwischen amtlich kontrollierten (DOC-) und anderen Weinen. Das DOC-System wurde 1963 zur Regulierung der italienischen Qualitätsweinerzeugung geschaffen und ist ein Pendant des französischen AC-Systems. Eine DOC ist eine genaue gesetzliche Festlegung der Eigenschaften, des Ursprungs, der Rebsorten, der Ertragsmengen, des Alkoholgehalts, der Bereitungsmethoden und der Lagerungszeit eines bestimmten Weins oder einer Gruppe von Weinen, auf die sich das Konsortium seiner Erzeuger und eine Expertenkommission in Rom einigen. Der Höchstertrag wird in diesem Buch in Hektoliter pro Hektar angegeben, um den Vergleich mit anderen Ländern zu ermöglichen, obwohl die DOC-Bestimmungen nicht nur einen Höchstwert für die zulässige Erntemenge in Doppelzentnern (100 kg) vorschreiben, sondern auch, welcher Prozentsatz dieser Menge zu Wein verarbeitet werden darf – damit soll dem Drang Einhalt geboten werden, auch noch den letzten Tropfen aus den Trauben herauszuquetschen.

In früheren Ausgaben dieses Buchs wurden die einzelnen DOC-Vorschriften detailliert wiedergegeben. In der Praxis sieht es allerdings so aus, dass die meisten guten Erzeuger diejenigen Regeln befolgen, die ihrer Meinung nach zur Qualität oder zum Charakter des Weins beitragen, und diejenigen missachten, die sie dafür als ungeeignet ansehen – etwa den der Tradition geschuldeten übertrieben langen Ausbau in Holzfässern. Bis vor einigen Jahren schrieb eine weitere (absurde) Regel zum Beispiel vor, dass Chianti Classico einen gewissen Anteil an Weißweintrauben, nämlich Trebbiano, enthalten muss, von der aber nur Winzer profitierten, deren Weinberge ohnehin voll mit dieser Rebsorte waren. Denn diese Traube ist in keinster Weise dazu imstande, die Qualität eines Weins auf der Basis von Sangiovese zu verbessern. Also taten die besten Erzeuger einfach so, als gäbe es diese Vorschrift nicht. In den nachfolgenden DOC-Listen werden deshalb statt einer vollständigen Aufzählung aller Vorschriften nur die wichtigsten Merkmale der jeweiligen DOC zusammengefasst.

Darüber hinaus werden im Folgenden Weine aufgeführt, die nicht unter eine DOC fallen und keiner offiziellen Definition unterliegen. Was das DOC-System nämlich so widersprüchlich und zum Teil sogar unsinnig macht, ist die Tatsache, dass es ungeachtet eines bestimmten Qualitätsanspruchs die Festschreibung einer Tradition zementiert, das heißt einen bestimmten Typ von Wein zu einem bestimmten Zeitpunkt so und nicht anders definiert. Und das in einer Zeit, in der Weinbau- und Kellertechnik einen Stand erreicht haben, von dem man früher nicht einmal zu träumen wagte. Kalifornien (in dieser Hinsicht ein Extrembeispiel) macht vor, was es bedeuten kann, Freiheiten zu nutzen, die Jahr um Jahr zu noch aufregenderen Weinen führen.

Italiens Spitzenerzeuger sind natürlich ebenso erpicht darauf, Neues auszuprobieren. Sie setzen sich deshalb entweder über die DOC-Bestimmungen hinweg oder ergänzen ihre traditionelle Produktpalette um neue, nicht offiziell abgesegnete Kreationen, mit denen sie ihre Ideen und Wünsche für die Zukunft verwirklichen. Wie gut diese Weine – zu denen fast alle modernen Spitzengewächse Italiens zählen – auch sein mögen, bisher mussten sie es sich gefallen lassen, offiziell als *vini da tavola,* einfache Verschnittweine für den täglichen Gebrauch, eingestuft zu werden. Manche dieser Weine dürfen jetzt als IGT ausgewiesen werden, aber die Anerkennung als DOC- oder DOCG-Wein wird ihnen wohl auch weiterhin verwehrt bleiben. Dem Leser dieses Buchs sei daher empfohlen, keinen kategorischen Unterschied zwischen DOC- und anderen Weinen zu machen, sondern lediglich zur Kenntnis zu nehmen, dass DOC-Weine »traditionell« bereitet und amtlichen Vorschriften unterworfen sind.

Ein Schritt zur Regulierung mancher DOC war die Einführung der zusätzlichen Kategorie DOCG. Das »G« steht für *garantita,* woraus man schließen könnte, dass diese Weine garantiert die besten Italiens sind. Tatsächlich sind sie die am besten geographisch eingegrenzten Weine. Barbaresco, Barolo, Brunello di Montalcino und Vino Nobile di Montepulciano waren die ersten Gewächse mit DOCG-Auszeichnung. Es folgte Albana di Romagna, bei dem man sich fragt, wie ernst das »G« zu nehmen ist, und Kandidaten wie Carmignano und Torgiano geben sich alle erdenkliche Mühe, wieder vertrauenswürdig zu erscheinen. Neuere DOCGs sind Asti, Franciacorta (nur für Spumante), Gattinara, Taurasi, Vernaccia di San Gimi-

gnano und Bracchetto d'Acqui. Amarone di Valpolicella wird wohl bald folgen.

Es ist schwer, den gegenwärtigen Zustand des italienischen Weinbaus in wenigen Worten zusammenzufassen. Investitionen in moderne Ausrüstungen und neue Ideen haben in jüngster Zeit wunderbare Ergebnisse gezeitigt, aber auch gute alte Freunde ihres Charakters beraubt. Bis jetzt hat die moderne Schule sowohl außerordentlich langweilige als auch höchst brillante Weine hervorgebracht. Wer fürchtete, Italien würde in einer Flut internationaler Rebsorten ertrinken, wurde eines Besseren belehrt. Italienische Erzeuger haben sich zwar an Cabernet Sauvignon, Merlot, Chardonnay und Syrah versucht (und warum auch nicht), aber sie sind trotzdem ihren traditionellen Rebsorten treu geblieben. Es muss (bei den Rebsorten, im Keller und in allen Phasen der Weinbereitung) einen Mittelweg zwischen Tradition und Fortschritt geben, und Italien ist eifrig auf der Suche danach.

Italien in runden Zahlen

1 Regionale DOC-Weinerzeugung in hl (1999)
2 Anteil der regionalen Produktion an der Gesamtproduktion Italiens in %

	1	2
Piemont	1 837 201	16,5
Aostatal	7298	0,1
Lombardei	678 230	6,1
Trentino – Südtirol	865 011	7,8
Venetien	1 965 086	17,4
Friaul – Julisch Venetien	721 790	6,5
Ligurien	27 075	0,2
Emilia-Romagna	1 001 423	9,0
Toskana	1 368 584	12,3
Umbrien	176 786	1,6
Marken	342 748	3,1
Latium	606 153	5,4
Abruzzen	687 089	6,2
Molise	40 580	0,4
Kampanien	134 564	1,2
Apulien	259 906	2,3
Basilikata	17 550	0,2
Kalabrien	53 708	0,5
Sizilien	166 834	1,5
Sardinien	194 342	1,7
Italien	**11 151 958**	**100,0**

Piemont

Keine andere italienische Region erzeugt mehr Wein als das Piemont. Was die ungehemmte Erforschung von Rebsorten und der daraus zu gewinnenden Produkte angeht, sucht es in Europa seinesgleichen. Der Turiner Wermut zeigt, dass die Produktion feiner Getränke hier in der Gegend Tradition hat. An Zutaten liefern die piemontesischen Hügel ein so breit gefächertes Sortiment einheimischer Trauben, dass die anerkannten internationalen Rebsorten nur sehr selten angepflanzt wurden.

Jede dieser indigenen Trauben ist ein Original, das etwas Besonderes zu bieten hat. Jede wird zu einem sortenreinen Wein verarbeitet, häufig in verschiedenen Stilen, und mit anderen in Verschnitten kombiniert, die teils traditionell, teils experimentell, teils gängig, teils ungewöhnlich sind. Erstere sind oft mit DOCs und DOCGs ausgezeichnet, Letztere nicht – aber das sagt nichts über ihre Qualität aus.

Der Schwerpunkt liegt auf Rotwein. Nur ein einziger Piemonteser Weißwein kann seit über 20 Jahren für sich in Anspruch nehmen, über lokale Grenzen hinaus bekannt zu sein, und das ist der Asti Spumante. Cortese ist eine gute Weißweintraube, die sich jetzt auch im Gavi bewährt, aber wer von bedeutenden Weinen des Piemont spricht, muss mit einer Liste der dunklen Reben beginnen, die sich im rauen Klima dieser subalpinen Region wohl fühlen.

Nebbiolo ist qualitativ der Spitzenreiter. Sein Name leitet sich vom Nebel *(nebbia)* ab, der typisch für den Herbst in dieser Gegend ist und nicht nur regelmäßig den Mailänder Flughafen blockiert, sondern auch die satten Bilder goldblättriger Reben, die sich zu den grauen Dörfern auf den Gipfeln der Hügel hinaufziehen, wunderbar weichzeichnet.

Der südlich von Alba am Ufer des Tanaro bis auf 490 m ansteigende Bereich der Langhe stellt die geschützten Hänge, den Boden, Sonne und Feuchtigkeit zur Verfügung, die den Nebbiolo in Barolo (südwestlich von Alba) und den Barbaresco (im Osten) zu ihrer Bestform auflaufen lassen. Der Stil des Barolo, eines Weins mit einem Höchstmaß an Konzentration, Tanninen und Alkohol, hat keine lange Geschichte, aber Überzeugungskraft, und die Gaumen seiner Erzeuger akzeptieren die urwüchsige Fülle, die ihre Reben dem Wein mitgeben. Unerfahrene, Vorsichtige und Bordeaux-Liebhaber sollten mit sanfteren, weniger wuchtigen Nebbiolo-Erzeugnissen wie Nebbiolo d'Alba oder Roero beginnen.

Barbera ist quantitativ der Spitzenreiter. Aber die Traube besitzt, anders als die gängigen südfranzösischen Rebsorten, ebenfalls Überzeugungskraft. Der Wein kann schwerfällig sein, aber guter Barbera – das heißt Barbera ohne Überertrag – hat genau das richtige Maß an Fülle und Festigkeit.

Dolcetto ist ganz anders. Keine andere Rotweinrebe vermittelt bei manchmal verblüffender Trockenheit einen so weichen Eindruck. Es mag seltsam klingen, aber zu gehaltvollem Essen ist Dolcetto der perfekte Auftakt: ein großartiger Begleiter zu Antipasti, vor allem kalten Fleischgerichten. Ein Wein, der in der Regel nicht auf lange Alterung ausgelegt ist.

Im Gegensatz dazu neigt Freisa zur Spritzigkeit und ist manchmal sogar süß. Grignolino wiederum führt zu dem blassen, milden, aber merklich bitteren Weinstil, der in Nordwestitalien üblich ist. Nimmt man dann noch die lebhaften, leichten Sorten wie Bonarda, Croatina und Vespolina hinzu, scheint das Spektrum möglicher Mischungen nahezu unbegrenzt.

Die nachfolgende Liste spiegelt die Komplexität dieser Region wider, die übrigens mehr DOCs und DOCGs als jede andere Region ihr Eigen nennt und darüber hinaus viele »Tafelweine« ohne Gütesiegel im Angebot hat. Inzwischen verfügt das Piemont auch über drei neue DOC-Bereiche: Langhe, Monferrato und Piemonte. Sie geben nicht nur einer Menge Weinen nunmehr einen gesetzlichen Rahmen, sondern ermöglichen auch das Verschneiden von zwei und mehr Rebsorten unter dem Namen einer offiziellen Appellation.

Nirgends in Italien ist die Verwendung französischer Eiche umstrittener als im Piemont. Traditionalisten lassen Weine wie Barolo, Barbera und Dolcetto von jeher in großen Fässern reifen, wohingegen Modernisten wie Elio Altare und Angelo Gaja ihre Weine seit den 1980er-Jahren auch in Barriques ausbauen. Es hat wenig Sinn, die eine Haltung gutzuheißen und die andere zu verdammen. Es gibt erstklassige »traditionalistische« Piemonteser Weine und erstklassige »modernistische«. Die Qualität der gelesenen Trauben ist meist von viel größerer Bedeutung als der Behälter, in dem der Wein reift.

Ich wollte, es bliebe Raum für mehr als eine tiefe Verneigung vor der feinsten Küche Italiens: Trüffel, *fonduta*, Wild und all die anderen einfachen, aber die Sinne erfreuenden Dinge, die eine würdige Kulisse für diese Weine abgeben.

Die Weine des Piemonts

Barbaresco DOCG. Rotwein. Provinz: Cuneo. Gemeinden: Barbaresco, Neive, Treiso. Rebsorte: Nebbiolo.

Der direkte Nachbar des Barolo hat mit diesem viele Qualitäten gemein: Kraft und Tiefe, Strenge in der Jugend und schließlich duftende Süße. Großer Barbaresco hat eine schwer zu beschreibende vollendete Art. Der Franzose in mir ist versucht, ihn mit Côte Rôtie gleichzusetzen, wenn Barolo der Hermitage unter den italienischen Weinen ist, aber die Rechnung geht natürlich nicht auf: Keiner von ihnen ist so langlebig und entfaltet sich so prächtig wie die besten Rhône-Weine. Doch neuere Abfüllungen (insbesondere Weine von Gaja) erweitern Italiens Weinvokabular um einige Superlative: der luxuriöseste, kraftvollste, seidigste, eindringlichste, denkwürdigste …

Barbera d'Alba DOC. Rotwein. Provinz: Cuneo. Gemeinden: viele rund um Alba. Rebsorte: Barbera.

Barbera-Weine sind im Piemont allgegenwärtig, aber die besten fallen unter eine der drei DOCs. Alba steht für körperreichen, langlebigen Barbera – obgleich der Stil ganz im Ermessen des Erzeugers liegt. Die günstigsten Lagen in Alba sind allerdings der Nebbiolo-Traube vorbehalten, Barbera muss sich daher mit weniger guten Hängen bescheiden.

Barbera d'Asti DOC. Rotwein. Provinzen: Asti und Alessandria. Gemeinden: von Casale Monferrato bis Acqui Terme. Rebsorte: Barbera.

Kenner sind sich nicht einig, ob der beste Barbera aus dieser DOC oder aus Alba kommt. In den letzten zehn Jahren bringt die Barbera-Traube hier – oft in Spitzenlagen angepflanzt, da sie kaum mit Nebbiolo konkurrieren muss – überragende Weine hervor.

Barbera del Monferrato DOC. Rotwein. Provinzen: Asti und Alessandria. Gemeinden: viele Gemeinden der genannten Provinzen. Rebsorten: Barbera 85–90 %, Freisa, Grignolino und Dolcetto 10–15 %.

Da hier andere Sorten beigemischt werden dürfen, ist dieser Barbera der am wenigsten seriöse der drei DOC-Weine, auch wenn er manchmal sehr gut ist.

Barolo DOCG. Rotwein. Provinz: Cuneo. Gemeinden: Barolo, Castiglione Falletto, Serralunga d'Alba, La Morra, Monforte d'Alba, Verduno und Teile anderer Gemeinden. Rebsorte: Nebbiolo.

Wenn der Barolo den Gaumen auch zum Ringkampf auffordert, so ist der Genuss, wenn er sich schließlich ergibt, doch umso größer. Es erfordert etwas Übung, diesen kraftvollen, herben Wein zu verstehen. Über Jahre hinweg bleibt der Geschmack und viel von seinem Duft verborgen und unzugänglich. Hinter dieser Maske aber steckt eine außergewöhnliche Vielfalt: Teer, Trüffeln, Veilchen, verblühte Rosen, Weihrauch, Pflaumen, Himbeeren …

Eine Verkostungsnotiz von 1981 über einen 1974er Barolo lehrt, wie langsam die Demaskierung vonstatten geht: »Noch immer eine schwärzliche Pflaumenfarbe, ein strenger, undeutlicher Geruch. Stark und hart im Geschmack, voller Glut, aber unentschlossen. Bei näherer Beschäftigung offenbaren sich Süße und Fruchtgeschmack, wenn nicht gar Tiefe; die Süße und eine angenehme Wärme wie von gerösteten Kastanien nehmen mit wachsender Gewöhnung (und mehr Luft) zu. Noch keine wirkliche Entfaltung.«

Bei solch traditionellen Barolo-Weinen tritt die Reife nach etwa zehn Jahren ganz plötzlich ein, und man hat nicht viel davon, wenn man sie länger als weitere fünf Jahre aufbewahrt. Der Trend geht allerdings zu generöseren, aber keineswegs einfacheren Weinen, deren sanftere Tannine sie früher zugänglich machen, ohne ihre Langlebigkeit zu beeinträchtigen – eher das Gegenteil ist der Fall. In wenigen Gegenden hat moderne Philosophie einen Klassiker so erfolgreich aufgemöbelt.

Die besten Lagen sind auf den Etiketten oft mit den Dialektwörtern *sorì* (geschützter Steilhang) oder *bricco* (Hügelkamm) angegeben. Aus La Morra kommen die Weine, die sich am schnellsten entwickeln, aus Serralunga die, die am längsten brauchen.

Barolo Chinato Unter Barolo-Erzeugern ist es Brauch, aus eigenen Weinen Aperitifs und Liköre zu bereiten. Barolo Chinato, der bekannteste *amaro* (siehe Seite 302), erhält durch einen Aufguss aus Chinarinde seinen typischen Bittergeschmack. Nach einem anderen Rezept werden grüne Walnüsse, Rainfarn, Knoblauch, Nelken und Zimt verwendet.

Boca DOC. Rotwein. Provinz: Novara. Gemeinden: Boca, ein Teil von Maggiora, Cavallirio, Prato Sesia, Rignasco. Rebsorten: Nebbiolo (Spanna) 45–70 %, plus Vespolina, Bonarda novarese (Uva rara).

Einer von mehreren trockenen Rotweinen aus den Hügeln nördlich von Novara, wo die Nebbiolo-Traube Spanna genannt wird. Im Verschnitt mit anderen Rebsorten wird dieser Wein leichter. Sehr kleine Produktion.

Bonarda piemontese Bonarda ist eine hellrote Traube, die vor allem für Verschnittzwecke im Norden des Piemont angebaut wird. Unverschnitten liefert sie einen frischen, gefälligen Wein. Ihr eigener DOC-Bereich ist Piemonte Bonarda.

Brachetto d'Acqui DOCG. Rotwein. Provinzen: Asti, Alessandria. Gemeinden: Acqui Terme, Nizza Monferrato und 24 weitere. Rebsorte: Brachetto.

Ein leichter, süßer, perlender Rotwein mit mehr als nur einem Hauch Muskateller-Aroma. Villa Banfi bereitet wundervolle Tropfen, die zeigen, wie italienische Traditionen mit modernen Ideen in Einklang zu bringen sind. Brachetto hat,

wie häufig auch Moscato d'Asti, einen sehr geringen Alkoholgehalt.

Bramaterra DOC. Rotwein. Provinz: Vercelli. Gemeinden: Massarano, Brusnengo, Cruino Roasio, Villa del Bosco, Sostegno und Lozzolo. Rebsorten: Nebbiolo (Spanna) 50–70 % plus Croatina, Bonarda und/oder Vespolina.

Ein kräftiger, solider roter Verschnitt aus den Hügeln um Vercelli, der im Alter besser wird. Er kommt in Bordeaux-ähnlichen Flaschen auf den Markt.

Bricco Manzoni Der Nebbiolo-Barbera-Verschnitt ist die ausgezeichnete Erfindung von Rocche dei Manzoni in Monforte d'Alba und wird inzwischen eifrig kopiert.

Caramino Ein Verschnitt von Spanna (Nebbiolo) aus der Lage Dessilani im DOC-Bereich Fara (siehe dort), der bis zu zehn Jahre Alterung lohnt.

Carema DOC. Rotwein. Provinz: Turin. Gemeinde: Carema. Rebsorte: Nebbiolo (Picutener, Pugnet).

Ein relativ leichter Nebbiolo von der Grenze zwischen Piemont und Aostatal, der mangelnde Kraft durch Finesse wettmacht. Das Gelände ist steil und terrassiert, das Klima kühl und der Preis mitunter (besonders in Skiorten) überhöht.

Colli Tortonesi DOC. Rot- und Weißwein. Provinz: Alessandria. Gemeinden: Tortona und 29 weitere. Rebsorten, rot: Barbera 100 % oder mit bis zu 15 % Freisa, Bonarda und Dolcetto; weiß: Cortese.

Ein guter Barbera-Verschnitt mit Alterungspotenzial und ein sehr leichter, trockener Cortese-Weißwein, manchmal ein wenig scharf; auch perlend anzutreffen.

Cortese dell'Alto Monferrato DOC. Weißwein. Provinzen: Asti und Alessandria. Rebsorte: Cortese 85 %.

Eine immer beliebter werdende DOC für trockenen Cortese, still oder schäumend, auf bescheidenerem Niveau als Gavi (siehe dort).

Dolcetto d'Acqui DOC. Rotwein. Provinz: Alessandria. Gemeinden: Acqui Terme und 24 weitere. Rebsorte: Dolcetto.

Ein leichter Alltagsrotwein mit kräftiger Farbe und einem gewissen Charakter.

Dolcetto d'Alba DOC. Rotwein. Provinz: Cuneo. Gemeinden: Alba, Barolo, Barbaresco, La Morra und 30 weitere. Rebsorte: Dolcetto.

Wie Barbera wird auch Dolcetto hier nicht in den besten Lagen angebaut, aber Können und Renommee der Erzeuger machen das wett und sorgen für einen erstklassigen Wein. Der Stil ist unterschiedlich: traditionell weich, aber staubtrocken, oder fruchtiger und erfrischend. Bei den meisten dieser Weine ist Jugend eine Tugend.

Dolcetto d'Asti DOC. Rotwein. Provinz: Asti. Gemeinden: Calamandrana, Canelli, Nizza Monferrato und 22 weitere. Rebsorte: Dolcetto.

Weniger verbreitet als Dolcetto d'Acqui, diesem aber ähnlich.

Dolcetto delle Langhe Monregalesi DOC. Rotwein. Provinz: Cuneo. Gemeinden: Briaglia und viele andere. Rebsorte: Dolcetto.

Die selten in Anspruch genommene DOC wurde 1974 für einen leichten, aromatischeren Dolcetto eingerichtet.

Dolcetto di Diano d'Alba oder **Diano d'Alba** DOC. Rotwein. Provinz: Cuneo. Gemeinde: Diano d'Alba. Rebsorte: Dolcetto.

Ein ausgezeichneter Dolcetto, im Allgemeinen kräftiger und konzentrierter als Dolcetto d'Alba.

Dolcetto di Dogliani DOC. Rotwein. Provinz: Cuneo. Gemeinden: Dogliani, Monchiero und andere. Rebsorte: Dolcetto.

Möglicherweise der ursprüngliche Dolcetto; oft ein guter Wein, griffiger (oder weniger weich) als andere. Manche Erzeuger streben einen dichteren, reichhaltigeren, Barrique-gereiften Stil an.

Dolcetto di Ovada DOC. Rotwein. Provinz: Alessandria. Gemeinden: Ovada und 21 weitere. Rebsorte: Dolcetto.

Die besten Erzeuger produzieren sehr lebhaften Wein, fruchtig im Geschmack wie alle Dolcetto-Weine und zur Entfaltung in der Flasche fähig wie ein guter Beaujolais-Cru.

Erbaluce di Caluso oder **Caluso** DOC. Weißwein. Provinzen: Turin, Vercelli. Gemeinden: Caluso und 35 weitere. Rebsorte: Erbaluce.

Meist als trockener Wein erhältlich, aber auch als hervorragender Passito.

Fara DOC. Rotwein. Provinz: Novara. Gemeinden: Fara, Briona. Rebsorten: Nebbiolo (Spanna) 30–50 % plus Vespolina und Bonarda novarese (Uva rara).

Fara, Boca und ihr Nachbar Sizzano, einander ähnliche Rotweine derselben Qualität, gehörten zu den ersten DOCs, werden jedoch noch immer nur in kleinen Mengen erzeugt.

Favorita Dieser trockene Weißwein von der im Roero und in den Langhe angebauten Traube gleichen Namens feierte vor kurzem sein Comeback. Er trinkt sich jung am besten.

Freisa d'Asti DOC. Rotwein. Provinz: Asti. Bereich: Hügelgebiet um Asti. Rebsorte: Freisa.

Ein munterer, fruchtiger, säuerlicher Rotwein, manchmal auch süß und häufig perlend. Er kann außerordentlich schmackhaft sein, aber der Freisa d'Alba (keine DOC) ist oft besser bereitet, manchmal als ein körperreicher Rotwein.

Freisa di Chieri DOC. Rotwein. Provinz: Turin. Gemeinden: Chieri und elf weitere. Rebsorte: Freisa.

Das unmittelbar südöstlich von Turin gelegene Chieri ist auf die lieblichere, oft perlende Freisa-Version spezialisiert und kann auch seriösere Rotweine hervorbringen.

Gabiano DOC. Rotwein. Provinz: Alessandria. Gemeinden: Gabiano, Montecéstino. Rebsorten: Barbera 90–95 % plus Freisa und/oder Grignolino.

Aus dem Ort Gabiano nördlich von Asti kommt ein sehr langlebiger Barbera in winzigen Mengen.

Gattinara DOCG. Rotwein. Provinz: Vercelli. Gemeinde: Gattinara. Rebsorten: Nebbiolo (Spanna) mit bis zu 10 % Bonarda.

Der bekannteste Spanna (Nebbiolo) aus den Hügeln nördlich von Novara, ziemlich weit entfernt von Barolo und den Langhe, mit einem breitschultrigeren, saftigeren, weniger strengen Wein. Nur wenige Gattinara-Weine erreichen die Klasse eines Spitzen-Barolo, aber sie sind einprägsam und gefällig.

Gavi oder **Cortese di Gavi** DOC. Weißwein. Provinz: Alessandria. Gemeinden: Gavi und drei weitere. Rebsorte: Cortese.

Der neue internationale Star wurde durch den Gavi di Gavi von La Scolca berühmt. Das Gleichgewicht zwischen Säure und Fülle ist nicht perfekt genug, um ihn mit einem weißen Burgunder vergleichen zu können, und zu oft wird der Geschmack durch eine zu kühle Gärung verstümmelt. Aber die Traube gedeiht in diesem Gebiet ganz hervorragend.

Ghemme DOC. Rotwein. Provinz: Novara. Gemeinden: Ghemme und ein Teil von Romagnano Sesia. Rebsorten: Nebbiolo (Spanna) 65–85 % plus Vespolina und Bonarda novarese (Uva rara).

Ein dem Gattinara sehr ähnlicher Wein, der im Allgemeinen etwas geringer eingeschätzt wird, wobei manche (wie ich) seine feinere, weniger herzhafte Art lieber mögen. Die besten entfalten nach 5–6 Jahren ein Bordeaux-ähnliches Gefüge.

Grignolino d'Asti DOC. Rotwein. Provinz: Asti. Gemeinden: 35 der Provinz Asti. Rebsorten: Grignolino 100 % oder mit bis zu 10 % Freisa.

Guter Grignolino ist erfrischend und lebendig, leicht bitter, hell, aber nicht blass.

Grignolino del Monferrato Casalese DOC. Rotwein. Provinz: Alessandria. Gemeinden: 35 rund um Casale Monferrato. Rebsorten: Grignolino 100 % oder mit bis zu 10 % Freisa.

Ein zweiter Grignolino-Bereich weiter im Norden, dem ein Jahr nach Grignolino d'Asti der DOC-Status zuerkannt wurde.

Langhe DOC. Rot- und Weißwein. Provinz: Cuneo. Rebsorten: fast alle, die in der Provinz Cuneo angebaut werden.

Die DOC wurde vor kurzem für abgestufte oder noch nicht in einer DOC erfasste Langhe-Weine eingerichtet: Langhe Bianco, Rosso, Nebbiolo, Freisa, Dolcetto, Arneis, Favorita, Chardonnay.

Lessona DOC. Rotwein. Provinz: Vercelli. Gemeinde: Lessona. Rebsorten: Nebbiolo (Spanna) mit bis zu 25 % Vespolina und Bonarda.

Dieser bemerkenswert feine Nebbiolo-Verschnitt mit Bordeaux-ähnlichem Gewicht ist rar. Sechs Jahre sind ein gutes Alter für ihn.

Loazzolo DOC. Weißwein. Provinz: Asti. Gemeinde: Loazzolo. Rebsorte: Moscato.

Ein Moscato Passito mit Geschichte und oft ein sündhaft süßer Traum. Er wurde in den 1980er-Jahren von Giancarlo Scaglione und Giacomo Bologna wiederentdeckt und wird nur in sehr kleinen Mengen erzeugt. »Forteto della Luja« ist der beste.

Malvasia di Castelnuovo Don Bosco DOC. Rotwein. Provinz: Asti. Gemeinden: Castelnuovo Don Bosco und fünf weitere. Rebsorten: Malvasia di Schierano 100 % oder mit bis zu 15 % Freisa.

Ein leichter, süßer, duftiger Perl- oder Schaumwein.

Monferrato DOC. Rot-, Weiß- und Roséwein. Provinzen: Alessandria, Asti. Rebsorten: fast alle, die in dieser Gegend angebaut werden.

Die DOC wurde Mitte der 1990er-Jahre eingerichtet, um vielen ehemaligen Tafelweinen aus den Hügeln zwischen Po und Apenninen einen achtbareren Status zu verleihen: Mon-

Kleines Glossar italienischer Weinbegriffe

Abboccato Leicht lieblich.

Amabile Lieblich; etwas süßer als *abboccato*.

Amaro Bitter; bitterer Kräuterlikör.

Annata Jahrgang.

Asciutto Sehr trocken.

Azienda (Auf dem Etikett) Weingut.

Bianco Weiß; Weißwein.

Botte Fass.

Bottiglia Flasche.

Cantina Kellerei.

Cantina sociale oder **cooperativa** Genossenschaftskellerei.

Casa vinicola Kellerei, die meist aus zugekauftem Lesegut
Weine erzeugt; siehe auch *tenimenti*.

Cascina Weingut (in Norditalien gebräuchlicher Ausdruck).

Chiaretto Sehr heller Rotwein oder Rosé.

Classico »Klassisches« Kerngebiet einer DOC, meist auch ihr
bester Teil.

Consorzio Zusammenschluss von Erzeugern zur Produktions-
kontrolle und Vermarktung.

Dolce Süß (in Zahlen ausgedrückt: mit 5–10 % Restsüße).

Enoteca Vinothek. In Italien gibt es zahlreiche Einrichtungen
dieses Namens, in denen man Weine aus ganz Italien oder aus
der jeweiligen Region »besichtigen« und meist auch probieren
und kaufen kann.

Etichetta Etikett.

Fattoria Hof oder Weingut (in der Toskana gebräuchlicher Ausdruck).

Fiasco (Plural *fiaschi*) Flasche; gemeint ist die traditionelle
strohumflochtene Chianti-Flasche.

Frizzante Perlend, also mit viel weniger Druck als Schaumwein.

Gradazione alcoolica (grad. alc.) Alkoholgehalt in Volumenprozent (Vol.-%).

Imbottigliato (oder **messo in bottiglia**) **nell'origine** (oder **del produttore all'origine**) Erzeugerabfüllung.

Liquoroso Alkoholstarker, meist gespriteter, süßer oder trockener
Wein.

Marchio depositato Eingetragenes Warenzeichen.

Metodo tradizionale oder **classico** Gesetzlich vorgeschriebener
Ausdruck für nach dem Champagnerverfahren (mit Flaschengärung) hergestellten Schaumwein.

Nero Schwarz bzw. von sehr dunklem Rot.

Passito Wein von (entweder auf Matten in Scheunen oder in der
Sonne) getrockneten und daher hochkonzentrierten Trauben;
stark und meist süß.

Podere Hof oder Weingut.

Produttore Erzeuger.

Ripasso Bereitungsverfahren, bei dem Valpolicella nach vollendeter Gärung im Frühjahr mit Traubenschalen aus der Amaro-
ne-Erzeugung versetzt wird, damit Geschmacksfülle und Alkoholgehalt gesteigert werden.

Riserva, riserva speciale DOC Wein nach einer in den jeweiligen
Vorschriften festgelegten Lagerzeit (*riserva speciale* ist älter).
Außer im Chianti-Bereich wird der Ausdruck immer seltener
verwendet.

Rosato Rosé; Roséwein.

Rosso Rot; Rotwein.

Secco Trocken.

Semisecco Halbtrocken (in der Praxis eher lieblich).

Spumante Schäumend; Schaumwein.

Stravecchio Sehr alt (in DOC-Bestimmungen festgelegter
Begriff, sonst nicht zulässig).

Superiore Höher, nicht im Hinblick auf Qualität, sondern auf
bestimmte in den DOC-Vorschriften festgelegte Aspekte (z. B.
mit höherem Alkoholgehalt).

Tenimenti oder **tenuta** Weingut.

Uva Traube.

Vecchio Alt.

Vendemmia Lese; (auf dem Etikett) Jahrgang.

Vigna, vigneto Weinberg.

Vignaiolo oder **viticoltore** Winzer.

Vino da arrosto »Wein zu Braten«, d. h. ein körperreicher, reifer
Rotwein als Festtagswein.

Vino cotto »Eingekochter«, d. h. stärker konzentrierter Wein.

Vino novello Neuer Wein, Wein des aktuellen Jahrgangs (wie
Beaujolais nouveau).

Vino da pasto Tischwein.

Vin(o) santo Von während des Winters in einem Raum
getrockneten Trauben erzeugter, mehrere Jahre in kleinen
Fässern ausgebauter Wein; meist süß.

Vino da taglio Verschnittwein mit hohem Alkoholgehalt.

Vino da tavola Vorgeschriebener Ausdruck für Nicht-DOC-Wein,
das Pendant zum französischen *vin de table* (nicht aber zum
deutschen Tafelwein).

Vite Rebe.

Vitigno Rebsorte.

---

ferrato Rosso, Bianco, Chiaretto, Dolcetto, Freisa, Casalese
(ein Weißwein von Cortese).

Moscato d'Asti und Asti DOCG. Weißer Schaum- oder Still-
wein. Provinzen: Asti, Cuneo, Alessandria. Rebsorte: Moscato bianco.

Moscato d'Asti und Asti sind im Wesentlichen gleich, die
Vorschriften gestehen dem Moscato d'Asti lediglich etwas mehr
Süße und einen geringeren Alkoholgehalt zu. Im Allgemeinen ist Moscato d'Asti besser als Asti: In den richtigen Händen
kann ein umwerfend aromatischer, süßer, leicht perlender
Wein entstehen, der so jung wie möglich getrunken werden
sollte.

Asti ist einer der unnachahmlichen Klassiker Italiens: süß,
vor Frucht strotzend, aber mit seinem duftenden Schaum äußerst lebendig. Seine Erzeugung ist ein bedeutender Wirtschaftszweig und wird von den großen Namen der Wermut-
industrie beherrscht. Meist wird er in Tanks bereitet, was den
bescheidenen Preis erklärt.

Nebbiolo oder Nebbiolo del Piemonte Eine Alternativbezeich-
nung für jede Art von nicht als DOC oder DOCG klassifizierten Nebbiolo-Wein. Durchschnittliche bis ausgezeichnete Qualität.

Nebbiolo d'Alba DOC. Rotwein. Provinz: Cuneo. Gemeinden: Alba und 16 weitere. Rebsorte: Nebbiolo.

Die DOC für all diejenigen, die ohne die majestätische Strenge des Barolo auskommen, aber den Geschmack seiner Rebe
mögen. Vier Jahre sind im Allgemeinen genug für ihn, um ein
köstliches Bukett von Pflaumen und Himbeeren sowie, wenn
man Glück hat, Trüffeln zu entwickeln.

Piemonte DOC. Rot-, Weiß- und Roséwein. Provinzen: Alessandria, Asti, Cuneo. Rebsorten: Barbera, Bonarda, Grignolino, Brachetto, Cortese, Chardonnay, Moscato; für Schaumwein auch Pinot bianco, Pinot grigio und Pinot nero.

Die neue übergeordnete DOC für die ganze Region umfasst Piemonte Barbera, Bonarda, Brachetto, Cortese, Grignolino, Chardonnay, Moscato, Spumante (gilt für Schaumwein *metodo tradizionale* oder nach dem Charmat-Verfahren).

Pinot Pinot nero, bianco und grigio werden in Teilen des Piemont angebaut. Fontanafredda (siehe dort) erzeugt erstklassigen Pinot-nero-Schaumwein (Vigna Gattinara). Außerdem gibt es einige interessante Rotweine aus den Bereichen Langhe und Monferrato.

Roero DOC. Rotwein. Provinz: Cuneo. Gemeinden: 19 der Provinz. Rebsorte: Nebbiolo 95–98%.

Eine neue DOC für Rotweine von Nebbiolo-Trauben, die im Roero nördlich von Alba angebaut werden; die Erzeuger können jedoch zwischen den Bezeichnungen Nebbiolo d'Alba und Roero wählen. Ansprechende, in der Jugend gute, aber manchmal auch 5–6 Jahre lagerfähige Rotweine.

Roero Arneis DOC. Weißwein. Provinz: Cuneo. Gemeinden: 19 der Provinz. Rebsorte: Arneis.

Die Arneis-Traube wird in den Hügeln des Roero angebaut. Die weichen, reich gefügten Weine mit Bittermandel-Nachgeschmack werden immer beliebter. Bestseller ist der Blangé von Ceretto.

Ruchè de Castagnole Monferrato DOC. Rotwein. Provinz: Asti. Gemeinden: Castagnole Monferrato und sechs weitere. Rebsorte: Ruchè 90%.

Die seltene dunkle Traube, die manchmal auch Rouchet geschrieben wird, ist nur in den Voralpen oberhalb von Castagnole Monferrato anzutreffen und erbringt dort einen tanninherben Wein, der sich im Alter zu einem duftenden, feinen Tropfen entwickelt.

Sizzano DOC. Rotwein. Provinz: Novara. Gemeinde: Sizzano. Rebsorten: Nebbiolo (Spanna) 40–60% plus Vespolina und Bonarda novarese (Uva rara).

Viele halten Sizzano für einen der besten Verschnitte von Nebbiolo (Spanna) im Nordpiemont; er ist mit Boca und Fara vergleichbar und kann bis zu zehn Jahre altern.

Spanna Der in den nordpiemontesischen Provinzen Novara und Vercelli gebräuchliche Name für Nebbiolo dient auch als Bezeichnung für Weine im Gattinara-Stil.

Die führenden Erzeuger im Piemont

Alario ☆☆
Diano d'Alba, Cuneo
Ein engagierter Erzeuger von köstlichem Dolcetto sowie frischem Barbera und konzentriertem Barolo »Riva«.

Elio Altare ☆☆☆☆
La Morra, Cuneo. 9 ha
Trotz der geringen Größe dieses Besitzes haben sich die Weine dieses Erzeugers international einen Namen gemacht. 1978 schockierte Altare seine Familie und die Nachbarn, als er zur Verringerung der Erträge das Prinzip der Behangausdünnung anwandte und, wie um das Maß der Sünde voll zu machen, einige seiner Weine in Barriques ausbaute. Er war zweifelsohne der couragierteste Wegbereiter moderner Barolo- und Barbera-Weine erstklassiger Qualität. Sein gesamter 1997er Jahrgang wurde durch schlechte Korken verdorben und vom Markt genommen.

Antichi Vigneti di Cantalupo ☆☆
Ghemme, Novara. 30 ha. www.cantalupovigneti.it
Einer der besten Erzeuger im Nordpiemont und auf Ghemme spezialisiert.

Antoniolo ☆☆
Gattinara, Vercelli
Ein führender Erzeuger in Gattinara; in den letzten Jahren sind seine Weine noch besser geworden.

Marchesi di Barolo ☆–☆☆
Barolo, Cuneo. www.marchesidibarolo.com
Eines der größeren Barolo-Weingüter, das 1861 gegründet wurde und heute aus allen wichtigen Piemonteser Rebsorten 1,3 Mio. Flaschen Wein erzeugt. Der beste ist der Barolo Cannubi.

Batasiolo ☆–☆☆☆
La Morra, Cuneo. 105 ha. www.batasiolo.com
Das sehr große Gut mit ausgezeichneten Weinlagen wird zusehends besser. Guter Barolo und Dolcetto.

Bava ☆☆–☆☆☆
Cocconato d'Asti, Asti. www.bava.com
Großes Gut mit breitem Sortiment. Barbera d'Asti »Stradivario« ist gehaltvoll und komplex, der Chardonnay lebhaft.

Bersano & Riccadonna ☆–☆☆☆
Nizza Monferrato, Asti. 170 ha. www.bersano.it
Der zweitgrößte Erzeuger im Piemont, dessen 300 000 Kisten von den eigenen und von zugekauften Trauben stammen. Ausgezeichneter Barbera, die anderen sind Nullachtfünfzehn-Weine. Das von dem verstorbenen Arturo Bersano gegründete Weinmuseum ist an fünf Tagen in der Woche geöffnet.

A. Bertelli ☆☆☆
Costigliole d'Asti, Asti. 8 ha
Bertelli erzeugt eine Reihe von intensiven Barbera-Weinen und – für hiesige Verhältnisse sehr ungewöhnlich – exzellente Tropfen von Rhône-Rebsorten.

Alfiero Boffa ☆☆☆
San Marzano Oliveto, Asti. www.alfieroboffa.com
Boffa hat eine Leidenschaft für alte Barbera-Weinstöcke, von deren Trauben er eine Reihe großartiger Weine erzeugt.

Braida – Giacomo Bologna ☆☆☆–☆☆☆☆
Rocchetta Tanaro, Asti. www.braida.it
Giacomo Bologna war nicht nur ein begnadeter Winzer, sondern auch eine bedeutende Persönlichkeit des italienischen Weinbaus und Pionier eines neuen Barbera-Stils: moderne, hochkonzentrierte, langlebige Weine, für die die Versionen von Bricco dell'Uccellone und Bricco della Bigotta Musterbeispiele sind. Der Barbera »Ai Suma« ist eine kraftvolle Spätlese, die nur in dafür geeigneten Jahren erzeugt wird. Bologna starb 1990 in noch jungem Alter, aber seine Witwe und seine Kinder führen den von ihm gesetzten Standard fort.

Angelo Gaja

Angelo Gaja aus Barbaresco ist heute der profilierteste Erzeuger im Piemont, der, was Methoden, Rebsorten, Weinstil und Preise angeht, mit Entschlossenheit seinen eigenen Weg geht. Sein 85 ha großes Rebland bringt jedes Jahr knapp 30 000 Kisten Barbaresco und andere Alba-Gewächse hervor, darunter einen Barolo, einen Cabernet Sauvignon namens »Darmagi«, die beiden Chardonnay-Weine »Gaia & Rey« und einen erstaunlich langlebigen Sauvignon blanc. Die größte Anerkennung ernten von jeher seine Einzellagen-Barbarescos, etwa der »Sorì San Lorenzo« und der äußerst reife und volle »Sorì Tildin«. Die Weinwelt reagierte deshalb mehr als überrascht, als er im Jahr 2000 ankündigte, er werde genau diese Weine zu Langhe Rosso abstufen. Gaja begründete seine Entscheidung damit, dass er die Aufmerksamkeit wieder auf seinen normalen Barbaresco lenken wolle, aber manch einer fragte sich, ob er nicht eher die Voraussetzung dafür schaffen wollte, auch andere Rebsorten in seine Crus einbringen zu können. Nach den DOC-Bestimmungen für Barbaresco ist dies nicht, in den Vorschriften für den Langhe jedoch sehr wohl zulässig.

Außerhalb des Piemont erwarb Angelo Gaja das Brunello-Weingut Pieve di Santa Restituta in der Toskana und gründete mit Ca' Marcanda (siehe dort) ein neues Gut an der toskanischen Küste, dessen erste Weine im Bordeaux-Stil 2002 auf den Markt kamen.

Der dynamischste Erzeuger Italiens lässt nicht locker, und unangefochten von den Kontroversen, die er anzettelt, stellt er auch weiterhin all seine Kraft und Begeisterung in den Dienst der Qualität.

Cascina Castlet ☆☆–☆☆☆
Costigliole d'Asti, Asti

Maria Borio erzeugt köstlichen Moscato und verschiedene Barbera d'Asti, darunter die Spätlese »Passum« von teilrosinierten Trauben.

Caudrina ☆☆☆
Castiglione Tinella, Cuneo. 25 ha

Familie Dogliotti gehört mit zu den besten Moscato-Erzeugern.

Ceretto ☆☆☆
Alba, Cuneo

Die Ceretto-Brüder haben den Familienbetrieb um beispielhafte Weingüter wie Bricco Asili in Barbaresco und Bricco Rocche in Barolo sowie Blangé im Roero, das stilvollen Arneis hervorbringt, erweitert. Außerdem sind sie Teilhaber an I Vignaioli di Santo Stefano (Asti und Moscato d'Asti) und an dem neuen Weingut Cornarea. Der Barolo und der Barbaresco von Ceretto sind Musterbeispiele für in Barriques ausgebauten Nebbiolo-Wein.

Pio Cesare ☆☆–☆☆☆
Alba, Cuneo. 40 ha

Ein Pfeiler der Tradition in Alba, 1881 von Pio Cesare gegründet, dem Urgroßvater von Pio Boffa, der dem Betrieb eine moderne Prägung verliehen hat. Von den Reben der eigenen Rebflächen in Barolo und Barbaresco und ausgewählten Trauben bewährter Zulieferer werden ausgezeichnete Piemont-Weine erzeugt.

Michele Chiarlo ☆☆–☆☆☆
Calamandrana, Asti. www.chiarlo.it

Tadellose, manchmal hervorragende Weine aus einer wachsenden Anzahl von Weinbergen, v.a. in Barolo und Barbaresco.

Chionetti ☆☆☆
Dogliani, Cuneo

Herausragender Erzeuger von tiefem, vollem, saftigem Dolcetto di Dogliani.

Cigliuti ☆☆☆
Neive, Cuneo

Neuer Star in Barbaresco, der auch ausgezeichneten Barbera d'Alba erzeugt. Der Barbaresco wird teils in großen Fässern, teils in Barriques ausgebaut.

Francesco Cinzano ☆
Turin

Das im 18. Jh. gegründete Unternehmen ist besonders bekannt für seinen Asti sowie die Schaumweine »Cinzano Brut« und »Principe di Piemonte Blanc de Blancs«. Zu Cinzano gehören auch Florio in Marsala und Col d'Orcia in Montalcino.

Clerico ☆☆☆☆
Monforte d'Alba, Cuneo

Domenico Clerico ist ein vorausschauender Erzeuger, der seit Anfang der 1980er-Jahre eine Reihe großartiger Barolo- und geschmeidiger Dolcetto-Weine sowie einen in Barriques ausgebauten Verschnitt namens »Arte« auf den Markt gebracht hat.

Aldo Conterno ☆☆☆–☆☆☆☆
Monforte d'Alba, Cuneo. www.aldoconterno.com

Conternos Können als Winzer und Kellermeister speist sich aus der Erfahrung von fünf Generationen. Sein Dolcetto ist weich, sein Freisa lebhaft, sein Barbera würzig, und sein Einzellagen-Barolo trägt ebenfalls den unverkennbaren Conterno-Stempel: bemerkenswert harmonisch trotz massiven Tanningerüsts.

Giacomo Conterno ☆☆☆–☆☆☆☆
Monforte d'Alba, Cuneo

Aldo Conternos (siehe oben) Bruder Giovanni, dem mittlerweile sein Sohn zur Seite steht, ist besonders bekannt für seinen fantastischen Barolo Monfertino, eine Auslese aus den besten Jahrgängen, die acht Jahre in großen Fässern reift. Alle seine Weine sind kraftvoll und wuchtig und gehören zu den besten Beispielen eines extrem traditionellen Stils.

Conterno-Fantino ☆☆☆
Monforte d'Alba, Cuneo

Sehr verlässlicher Erzeuger von Barolo aus den Lagen Ginestra und Vigna del Gris sowie eines in neuer Eiche ausgebauten Nebbiolo-Barbera-Verschnitts namens »Monprà«.

Giuseppe Contratto ☆☆–☆☆☆
Canelli, Asti. www.contratto.it
Der 1867 gegründete Betrieb ist inzwischen im Besitz des Grappa-Herstellers Bocchino. Ausgezeichneter Asti und Schaumweine *metodo tradizionale*.

Coppo ☆☆–☆☆☆
Canelli, Asti
Ein etablierter Schaumweinhersteller, der sich nun auch durch seinen herrlichen kräftigen Barbera und einen faszinierenden in Barriques ausgebauten Freisa hervortut.

Cordero di Montezemolo ☆☆☆
La Morra, Cuneo. 26 ha.
www.corderodimontezemolo.com
Giovanni und Enrico Cordero bauen die Reputation ihres Vaters, des Firmengründers, beständig aus. Von den eigenen Rebflächen erzeugen sie v. a. einen feinen Barolo, »Enrico VI«, der für relativ frühen Trinkgenuss gemacht ist, aber trotzdem über Tiefe und Intensität verfügt.

Giovanni Corino ☆☆☆–☆☆☆☆
La Morra, Cuneo
Seit 1995 werden alle Weine dieses 17-ha-Guts in Barriques ausgebaut. Die Barolo-Crus sind einzigartig, tanninreich und trotzdem üppig. Der Barbera Pozzo hat den gleichen wuchtigen Stil und ist nichts für Zaghafte.

Correggia ☆☆☆
Canale, Asti. www.matteocorreggia.com
Ein tragischer Unfall entriss dem Roero einen seiner talentiertesten jungen Erzeuger, der sich innerhalb kürzester Zeit mit köstlichem Barbera und hervorragenden Roero-Crus einen Namen gemacht hatte. Seine Familie ist entschlossen, die von ihm gesetzten Standards aufrechtzuerhalten.

Einaudi ☆☆–☆☆☆
Dogliani, Cuneo. 33 ha
Das 1897 von Luigi Einaudi, der später Staatspräsident werden sollte, gegründete Gut ist immer noch im Besitz der Familie. Hier entstehen erstklassiger Dolcetto di Dogliani, reichhaltiger, dichter Barolo Cannubi und ein feiner Verschnitt aus Piemont- und Bordeaux-Rebsorten, der als Langhe Rosso »Luigi Einaudi« bekannt ist.

Luigi Ferrando ☆☆–☆☆☆
Ivrea, Turin. www.ferrandovini.it
Hochwertiger Carema mit schwarzem Etikett für besonders feine Jahrgänge und kleine Mengen nicht als DOC klassifizierter süßer Weine, etwa der in Barriques ausgebaute Solativa aus dem Anbaugebiet Caluso.

Fontanafredda ☆–☆☆☆
Serralunga d'Alba, Cuneo.
www.fontanafredda.it
Das eindrucksvollste Weingut im Piemont wurde 1878 von Graf Emanuele Guerrieri, dem Sohn König Viktor Emanuels II., gegründet und hat seinen Sitz in einer königlichen Villa in Serralunga. Die Qualität der dort in großem Stil erzeugten Barolo und Asti war wechselhaft, bis 1999 mit Danilo Drocco ein neuer Kellermeister kam, der das Blatt rasch wendete. Durchweg feine Weine, von kraftvollem Einzellagen-Barolo bis hin zu saftigem Dolcetto und charaktervollen Schaumweinen.

Angelo Gaja ☆☆☆☆
Barbaresco, Cuneo
Siehe Kasten Seite 304.

Fratelli Gancia ☆
Canelli, Asti
Ein Familienbetrieb, der in Italien die traditionelle Methode in der Schaumweinherstellung lancierte und mit jährlich mehr als 1,5 Mio. Kisten nach wie vor einer der führenden Erzeuger ist. Auch Wermut und Spirituosen werden produziert.

Bruno Giacosa ☆☆–☆☆☆☆
Neive, Cuneo. www.brunogiacosa.it
Bruno Giacosa ist einer der bedeutendsten Erzeuger im Piemont und berühmt für kraftvolle, mit Würde alternde Alba-Rotweine (vor allem die Riserva mit rotem Etikett, die es nur in Spitzenjahrgängen gibt) und einen ausgezeichneten Spumante *metodo tradizionale* von Pinot nero. Sein Barolo und Barbaresco wären, wenn man noch eines solchen bedürfte, der beste Beweis dafür, dass man auch ohne französische Eiche große, komplexe Nebbiolo-Weine erzeugen kann. Spitzengewächse kommen mit dem Falletto-Etikett auf den Markt.

Elio Grasso ☆☆☆
Monforte d'Alba, Cuneo
An der Qualität ist hier selten zu rütteln. Die Barolo-Crus sind einzigartig (»Chiniera« wird im traditionellen Stil bereitet, »Runcot« reift in neuen Barriques), und auch Dolcetto und Barbera sind reichhaltig und zutiefst befriedigend.

Marchesi di Gresy ☆☆
Barbaresco, Cuneo. 35 ha.
www.marchesidigresy.com
Im vorletzten Jahrhundert auf dem Gelände einer römischen Villa gegründetes Gut. Alberto di Gresy erzeugt seit 1973 aus den Spitzenlagen Martinenga und Rabajà ungewöhnlich elegante Barbaresco-Weine mittleren Körpers: »Martinenga« und »Gaiun« sowie den körperreicheren und gewichtigeren »Camp Gros«.

Martinetti ☆☆☆
Turin
Franco Martinetti ist in der Werbebranche tätig und, neuerdings unterstützt von seinem Sohn Guido, Teilzeitwinzer. Er hat keine eigenen Weinberge, sondern kauft Trauben von Vertragspartnern. Bekannt ist er eigentlich für seine drei Barbera-Weine, darunter der großartige »Sulbric«, der etwas Cabernet enthält. Einzigartig und brillant sind aber auch die körperreichen Weißweine »Minaia« (Cortese) und »Martin« (von der seltenen Timorasso-Traube).

Bartolo Mascarello ☆☆
Barolo, Cuneo
Ein kleiner Barolo-Erzeuger, der an seinen traditionellen Methoden festhält und jährlich 2000 Kisten eines einzigen Weins produziert.

Giuseppe Mascarello ☆☆☆
Monchiero, Cuneo. 7 ha. www.mascarello1881.com
Mauro Mascarello bereitet ausgezeichneten und sehr traditionellen Barolo Monprivato und wunderbaren Dolcetto.

Mauro Molino ☆☆☆–☆☆☆☆
La Morra, Cuneo

Zwei Barolo-Crus: Der zu 60% in neuer Eiche ausgebaute »Conca« ist angesehener als der »Gancia«, doch beide sind vorzüglich und extrem beständig. Der konzentrierte, eichige Barbera »Gattera« ist einer der besten aus Alba.

Nervi ☆☆
Gattinara, Vercelli
Der beste Wein ist der feine Einzellagen-Gattinara aus Molsino.

Pecchenino ☆☆☆
Dogliani, Cuneo
Orlando Pecchenino ist ein zielstrebiger Erzeuger, der Dolcetto di Dogliani zu neuem Ansehen verhelfen will. Seine Begeisterung für Barrique-Ausbau und Mikrooxidation ist umstritten, aber die Weine sind von außerordentlicher Qualität.

Pelissero ☆☆☆
Treiso, Cuneo. www.pelissero.com
Giorgio Pelissero, einer der talentiertesten Erzeuger der neuen Generation aufgeschlossener Modernisten, erzeugt den reichhaltigen Barbaresco »Vanotu« und üppigen Barrique-gereiften Barbera.

E. Pira ☆☆☆
Barolo, Cuneo
Das von Dr. Chiara Boschis geführte winzige Gut konzentriert sich auf den Barolo Cannubi modernen Stils, der kraftvoll und fruchtig ist, obwohl er zu 100% in neuen Barriques ausgebaut wird.

Produttori del Barbaresco ☆☆–☆☆☆
Barbaresco, Cuneo. 96 ha.
www.produttori-barbaresco.it
Diese außergewöhnliche Genossenschaft, in der 56 Winzer mit ausgezeichneten Lagen zusammengeschlossen sind, erzeugt eine Reihe von Barbaresco-Crus, die mit großer Sorgfalt in äußerst traditioneller Weise bereitet werden.

Prunotto ☆☆☆
Alba, Cuneo.
www.prunotto.it
Der 1904 als Genossenschaft gegründete Betrieb wurde 1920 von Alfredo Prunotto erworben und ist heute im Besitz von Piero Antinori. Sorgfältig und traditionell werden mustergültige Alba-Weine erzeugt: Der sanfte, pflaumige Nebbiolo, der komplexe Barolo und die lebhaften Barbera-Crus sind erstklassig.

Renato Ratti ☆☆–☆☆☆
La Morra, Cuneo. 30 ha
Der verstorbene Gründer Renato Ratti war Vorsitzender des Erzeugerkonsortiums in Asti sowie ein angesehener Schriftsteller und Lokalhistoriker. Seine Söhne und sein Neffe führen die Weinerzeugung auf eigenem Rebland fort. Nach einer Flaute ist die Qualität der Weine wieder im Aufwind begriffen.

Vigna Regali ☆☆
Strevi, Alessandria
Die piemontesische Dependance von Villa Banfi verfügt auch über riesige Besitzungen in Montalcino. Der Gavi »Principessa Gavia« ist ein besonders gutes Beispiel für einen modernen, durch kühle Gärung gewonnenen Weißwein. Auch guter Dolcetto d'Acqui und Brachetto, aber der köstliche Moscato wurde leider aus dem Programm genommen.

Bruno Rocca ☆☆☆
Barbaresco, Cuneo
Imposanter moderner Wein aus den Einzellagen Rabajà und Coparossa und ein kraftvoller, wenn auch sehr extraktreicher Cabernet-Nebbiolo-Barbera-Verschnitt namens »Langhe Rabajolo«. Die saftigen Dolcetto- und Barbera-Weine sind ausgewogener.

Rocche dei Manzoni ☆☆☆
Monforte d'Alba, Cuneo. 40 ha
Der innovationsfreudige Valentino Migliorini erzeugt herrlichen Barolo sowie den ausgezeichneten Bricco Manzoni, einen in Barriques ausgebauten Verschnitt von Nebbiolo und Barbera.

Luciano Sandrone ☆☆☆
Barolo, Cuneo. 17 ha. www.sandroneluciano.com
Der Besitzer und sein Bruder Luca erzeugen erstklassigen Barolo und Barbera sowie bewundernswerten Dolcetto. Die Preise haben es allerdings in sich.

Scarpa ☆☆–☆☆☆
Nizza Monferrato, Asti
Der außergewöhnliche Familienbetrieb wurde 1854 gegründet. Die Weine sind alle mustergültige Exemplare ihrer Art. Neben gutem Barolo gibt es feinen Brachetto und Barbera, einen einmaligen, bemerkenswert reichhaltigen roten Rouchet und geschmeidigen Nebbiolo.

Paolo Scavino ☆☆☆–☆☆☆☆
Castiglione Falletto, Cuneo
Der Barolo »Bric del Fiasc« ist immer außergewöhnlich, in modernem, aber nicht internationalem Stil. Enrico Scavino ist gleichfalls ein Meister des Barbera und Dolcetto.

La Scolca ☆☆
Rovereto di Gavi, Alessandria. 55 ha. www.scolca.it
Der Betrieb wird vom Sohn des Gründers Giorgio Soldati geführt, dessen Gavi di Gavi der Cortese-Traube weltweit zu Anerkennung verhalf. Es werden auch gute Schaumweine erzeugt.

Sella ☆☆
Lessona, Vercelli
Die Familie Sella ist führend in der Erzeugung der raren Bramaterra- und Lessona-Weine.

Sottimano ☆☆☆
Neive, Cuneo
Andrea Sottimano erzeugt vier Barbaresco-Crus, jeder trotz eines großen Anteils neuer Eiche mit einem Jahr für Jahr klar erkennbaren Charakter. »Currà« und »Cottà« sind meist besonders herausragend. Die Produktion ist klein, soll aber erweitert werden.

La Spinetta – Rivetti ☆☆☆☆
Castagnole Lanze, Asti
Familie Rivetti machte sich mit Barbera d'Asti und Moscato d'Asti einen Namen; im Lauf der letzten zehn Jahre gewannen die Weine unter der Ägide des dynamischen Giorgio Rivetti an Qualität. Sie werden in größtenteils neuen Barriques ausgebaut, aber die hochkonzentrierte Frucht wird durch das Holz nicht erdrückt. Die Barbera-Weine sind ebenso reizvoll wie die Barbaresco-Crus.

Vajra ☆☆☆
Barolo, Cuneo

Der bescheidene, aber perfektionistische Aldo Vajra erzeugt ausgezeichneten Barolo, aber auch alle anderen Weine halten den hohen Standard: Dolcetto aus Einzellagen und Barbera d'Alba.

Mauro Veglio ☆☆☆
La Morra, Cuneo. 10 ha

Veglio produziert vier verschiedene Barolo-Weine. »Rocche« ist für lange Alterung bestimmt, »Casteletto« trotz seiner festen Tannine üppig. Diese Weine brauchen Zeit, um ihre majestätische Harmonie zu entfalten. Auch großartiger Barbera d'Alba.

Vietti ☆☆–☆☆☆
Castiglione Falletto, Cuneo. www.vietti.com

Alfredo Currado steht einem großen Weingut vor, das sich etwas zu lange auf den Lorbeeren von einst ausruhte, jetzt aber einen Sprung vorwärts gemacht hat und wieder feinen Barolo und lebhaften Barbera sowie eine Reihe anderer Alba-Weine erzeugt.

Vigna Rionda – Massolino ☆☆–☆☆☆
Serralunga d'Alba, Cuneo

Ein neuer Stern am Piemonteser Himmel mit einem tadellosen Sortiment an gut strukturierten Barolo-Crus und einem intensiven Barbera d'Alba.

Roberto Voerzio ☆☆☆☆
La Morra, Cuneo

Vor vielen Jahren verließ Roberto Voerzio den Familienbetrieb (der jetzt von seinem Bruder Gianni Voerzio geführt wird), um sein eigenes Unternehmen zu gründen, das heute eines der besten Barolo-Weingüter ist. Die Erträge sind sehr niedrig, und die Spitzenweine werden in Barriques ausgebaut. Brillante Qualität zu hohen Preisen.

Weitere Erzeuger im Piemont

Anna Maria Abbona ☆☆–☆☆☆
Farigliano, Cuneo

Ehrgeiziger Erzeuger von Dolcetto di Dogliani, am besten ist »Maioli«.

Gianfranco Alessandria ☆☆–☆☆☆
Monforte d'Alba, Cuneo

Modernistischer Erzeuger von Barolo, der manchmal zu viel Tannin hat.

Ascheri ☆☆–☆☆☆
Brà, Cuneo

Das 1880 gegründete und immer noch im Familienbesitz befindliche Gut produziert sehr verlässlichen Barolo und einen Syrah namens »Montalupa«.

Azelia ☆☆
Castiglione Falletto, Cuneo

Großartiger Barolo »Bricco Fiasco«.

Cascina La Barbatella ☆–☆☆
Nizza Monferrato, Asti

Gute Quelle für Barbera und Monferrato.

Terre del Barolo ☆–☆☆
Castiglione Falletto, Cuneo

Große Genossenschaft mit ordentlichem Qualitätsstandard.

Bera ☆☆
Cuneo. www.bera.it

Aufstrebendes Gut mit Moscato d'Asti und Barbera.

Nicola Bergaglio ☆☆
Rovereto di Gavi, Alessandria

Sehr angesehener Erzeuger von Gavi DOC.

Giacomo Borgogno & Figli ☆☆
Barolo, Cuneo. www.borgogno-wine.it

Traditioneller Barolo-Erzeuger mit klassischen Weinen.

Gianfranco Bovio ☆☆–☆☆☆
La Morra, Cuneo

Bovios ausgezeichnete Weine probiert man am besten in seinem berühmten Restaurant Belvedere in La Morra.

Brema Incisa ☆☆–☆☆☆
Scapaccino, Asti

Kleine Mengen von überragendem Barbera.

Brezza II ☆☆
Barolo, Cuneo. www.brezza.it

Der Barolo »Sarmassa« ist wunderbar altmodisch und langlebig.

Bricco Maiolica ☆☆–☆☆☆
Diano d'Alba, Cuneo

Ausgezeichnetes Weinsortiment: saftiger Dolcetto, feiner Barbera und eichenwürziger Nebbiolo.

Bricco Mondalino ☆☆
Vignale Monferrato, Alessandria

Bekannt für ausgezeichneten Barbera d'Asti und Grignolino.

Brovia ☆☆–☆☆☆
Castiglione Falletto, Cuneo. www.brovia.net

Äußerst beständiger Barolo sowie ungewöhnlich eleganter Dolcetto.

Burlotto ☆–☆☆
Verduno, Cuneo

Gute Alba-Rotweine aller Stilrichtungen.

Piero Busso ☆☆
Neive, Cuneo

Gleichmäßig guter in Barriques ausgebauter Barbaresco.

Ca' Bianca ☆–☆☆
Alice Bel Colle, Alessandria

Guter Barbera d'Asti und Gavi aus einer Kellerei, die zum Konzern Gruppo Italiano Vini gehört.

Ca' d'Carussin ☆–☆☆
San Marzano Oliveto, Asti

Bruna Ferro erzeugt ansprechenden, preisgünstigen Barbera d'Asti und einen raren Barbera Passito.

Ca' Romé ☆☆–☆☆☆
Barbaresco, Cuneo

Komplexer Barbaresco, allen voran der »Maria di Brun«.

Ca' Viola ☆☆–☆☆☆

Montelupo, Cuneo

Weingut des renommierten Önologen Giuseppe Caviola und Versuchsstation für seine Ideen. Ausgezeichneter Dolcetto und vorwiegend von Barbera gekelterter Langhe Rosso.

Giorgio Carnevale ☆☆

Rocchetta Tanaro, Asti

Tadelloser Barbera, besonders »Il Crotino«.

Castellari Bergaglio ☆☆

Rovereto di Gavi, Alessandria.
www.castellaribergaglio.it

Ein führender Gavi-Erzeuger.

Cavallotto ☆☆–☆☆☆

Castiglione Falletto, Cuneo.
www.cavallotto.com

Sehr traditioneller Erzeuger von langlebigem Barolo.

La Chiara ☆–☆☆

Vallegge, Alessandria

Verlässlicher Erzeuger von Gavi.

Cogno ☆☆

Novello, Cuneo. 9 ha. www.elviocogno.com

Sauberer Barolo und köstlicher Dolcetto.

Poderi Colla ☆☆

San Rocco Seno d'Elvio, Cuneo.
www.podericolla.it

Traditioneller Erzeuger mit Barolo und Barbaresco von guter Qualität sowie dem Dolcetto-Nebbiolo-Verschnitt »Bricco del Drago«.

Giuseppe Cortese ☆☆

Barbaresco, Cuneo

Beständiger Barbaresco aus der Lage Rabajà.

Dessilani ☆–☆☆☆

Fara, Novara

»Fara Carmino« und Gattinara sind die bewundernswertesten Weine eines großen Sortiments.

Dezzani ☆☆

Cocconato, Asti

Das Gut erzeugt große Mengen von tadellosem Barbera und Dolcetto d'Ovada.

Fontanabianca ☆☆☆

Neive, Cuneo

Aldo Pola und Bruno Ferro haben sich mit ihrem Barrique-gereiften samtigen Barbaresco »Sorì Burdin« großes Ansehen erworben.

Forteto della Luja ☆☆☆

Loazzolo, Asti

Giancarlo Scaglione erzeugt einen bejubelten süßen Moscato Passito unter der DOC Loazzolo.

Gastaldi ☆–☆☆

Neive, Cuneo

Bekannt für seinen Dolcetto und den eichenfrei ausgebauten Rotwein von Nebbiolo.

Gatti ☆☆

Santo Stefano Belbo, Cuneo

Köstlicher Moscato und Brachetto d'Asti.

Fratelli Giocosa ☆☆–☆☆☆

Neive, Cuneo

Sehr guter Barolo in modernem Stil.

Gillardi ☆☆–☆☆☆

Farigliano, Cuneo. www.gillardi.it

Der individuelle Erzeuger ist auf Dolcetto di Dogliani und einen feinen Syrah namens »Harys« spezialisiert.

Cantina del Glicine ☆☆

Neive, Cuneo

Winziges Weingut mit Barbaresco konstant guter Qualität.

La Giustiniana ☆☆–☆☆☆

Rovereto di Gavi, Alessandria

Bekannter Erzeuger von Gavi und Monferrato.

Silvio Grasso ☆☆–☆☆☆

La Morra, Cuneo

Ein Sortiment feiner, komplexer Barolos von Einzellagen.

Domenico Ivaldi ☆☆

Strevi, Alessandria

Ausgezeichneter Moscato Passito »Casarito«.

Luisin ☆☆☆

Barbaresco, Cuneo

Großartiger traditioneller Barbaresco aus einer der Spitzenlagen des Gebiets: Rabajà.

Malvirà ☆☆

Canale, Cuneo. www.malvira.com

Eine gute Quelle für seriösen Roero und frischen Arneis.

Marcarini ☆☆

La Morra, Cuneo. www.marcarini.it

Ein großer Teil der Weinberge dieses Guts wurde 1986 durch Hagelschlag zerstört. Es hat also eine Weile gedauert, bis das alte Produktions- und Qualitätsniveau wieder erreicht wurde. Eleganter Barolo von mittlerem Körper.

Moccagatta ☆☆☆

Barbaresco, Cuneo

Ausgezeichneter Barbaresco und fantastischer in Barriques ausgebauter Barbera.

Mossio ☆☆–☆☆☆

Rodello, Cuneo. www.mossio.com

Köstlicher Dolcetto von alten Reben. »Caramelli« ist der Spitzen-Cru.

Fratelli Oddero ☆☆

La Morra, Cuneo

Der angesehene Familienbetrieb bietet schön gearbeitete, traditionell bereitete Barolo-Crus.

Orsolani ☆☆

San Giorgio Canavese, Turin. www.orsolani.it

Bekannt für festen Erbaluce di Caluso und intensiven Caluso Passito in sehr kleinen Mengen.

I Paglieri ☆☆
Barbaresco, Cuneo
Luca Roagna erzeugt Einzellagen-Barbaresco von stetig steigender Qualität.

Armando Parusso ☆☆–☆☆☆
Monforte d'Alba, Cuneo.
www.parusso.com
Tanninreiche, aber zugängliche Barolo-Crus feiner Qualität.

I Vignaioli Elvio Pertinace ☆–☆☆☆
Treiso, Cuneo
Die private Genossenschaft erzeugt guten, wenn auch leicht nach Wild schmeckenden Barbaresco. Die »Nervo« etikettierten Abfüllungen kommen normalerweise von der besten Lage der Genossenschaft.

Punset ☆☆–☆☆☆
Neive, Cuneo
Kleine Mengen an robustem, manchmal herbem Barbaresco.

Fratelli Revello ☆☆–☆☆☆
La Morra, Cuneo
Eindrucksvolle Barolo-Crus, die zu einem großen Anteil in neuer Eiche reifen und trotzdem elegant sind.

Albino Rocca ☆–☆☆☆
Barbaresco, Cuneo
Köstlicher Barbera »Gepin«, aber der Einzellagen-Barbaresco ist etwas unbeständig: manchmal großartig, manchmal herb und bitter.

Rocche Costamagna ☆–☆☆
La Morra, Cuneo.
www.rocchecostamagna.it
Das traditionelle Gut erzeugt einen etwas harten Barolo.

Gigi Rosso ☆–☆☆
Castiglione Falletto, Cuneo.
www.gigirosso.com
Familienbetrieb mit dem ganzen Spektrum an Alba-Weinen. Verlässlich, aber selten außergewöhnlich.

I Vignaioli di Santo Stefano ☆☆☆
Santo Stefano Belbo, Cuneo
Die von Cerretto (siehe dort) gegründete kleine Privatgenossenschaft erzeugt außergewöhnlichen Moscato d'Asti.

Saracco ☆☆
Castiglione Tinella, Cuneo. www.paolosaracco.com
Ein Spezialist für Weißwein. Hier findet sich selbstverständlich ein ausgezeichneter Moscato, aber auch guter Chardonnay.

Scarzello ☆☆
Barolo, Cuneo. 5 ha
Das Gut bereitet Barolo, der von Jahr zu Jahr besser wird.

Scrimaglio ☆☆
Nizza Monferrato, Asti
Sehr beständiger Erzeuger von Barbera d'Asti.

Mauro Sebaste ☆–☆☆
Alba, Cuneo
Robuster Barolo, dem es manchmal an Frucht fehlt.

La Spinona ☆☆
Barbaresco, Cuneo
Die Familie Berutti erzeugt seit vielen Jahren guten, gelegentlich ausgezeichneten Barbaresco und Barolo.

Terre da Vino ☆
Moriondo, Turin
Im gemeinsamen Besitz einer Gruppe von Genossenschaften und Weingütern. Barolo erstaunlich hoher Qualität, was für ein so großes Unternehmen ungewöhnlich ist.

Travaglini ☆–☆☆☆
Gattinara, Vercelli. 40 ha
Exzellente Gattinara.

Vallana ☆–☆☆
Maggiora, Novara
Erzeuger von langlebigem Spanna und verlässlichem Boca.

Castello di Verduno ☆☆
Verduno, Cuneo
Das Gut, einst im Besitz des italienischen Königshauses, gehört nun der Familie Burlotto, die tadellosen traditionellen Barolo und Barbaresco sowie den raren Pelaverga erzeugt.

Gianni Voerzio ☆☆☆
La Morra, Cuneo
Nach dem Bruch mit seinem berühmteren Bruder Roberto Voerzio (siehe dort) übernahm Gianni den Familienbetrieb. Ausgezeichneter Barolo und Barbera.

Aostatal

Das Aostatal (auf Italienisch *Valle d'Aosta*) ist die Nabelschnur, die Italien mit Frankreich verbindet (und umgekehrt). Als schmales Band zieht es sich zum Montblanc-Tunnel und zum Sankt-Bernhard-Pass hinauf. Die sich das ganze Tal entlang tapfer an steile Südhänge klammernden kleinen Weingärten setzen den Weinbau von Piemont bis nach Savoyen fast lückenlos fort und sind daher auch ein Treffpunkt für die Rebsorten der beiden Regionen. Nebbiolo und Barbera aus dem Süden stoßen zu Gamay und Petit Rouge (die verdächtig ähnlich wie Mondeuse schmeckt) aus dem Norden; hinzu gesellen sich die schweizerische Petite Arvine, ein wenig Moscato und Malvoisie (Pinot gris) sowie zwei einheimische Trauben: Blanc de Valdigne und die rote Vien de Nus.

Es werden sehr geringe Mengen erzeugt, die mehr oder weniger von den Skiurlaubern in Courmayeur und den Einwohnern von Aosta aufgebraucht werden. 1986 wurde mit dem Bereich Valle d'Aosta/Vallée d'Aoste Italiens umfassendste regionale DOC geschaffen, unter die 18 Weine mit zweisprachigen Bezeichnungen fallen. DOC hin oder her, die Weine des Aostatals kann man durchaus trinken, wenn man in der Gegend ist, man bekommt aber nicht viel Qualität für sein Geld.

Die führenden Erzeuger im Aostatal

Anselmet ☆☆–☆☆☆
Villeneuve, Aosta. 1,5 ha
Das kleine Gut erzeugt geschätzten eichenfassgereiften Chardonnay und Pinot noir sowie eine Pinot-gris-Spätlese.

Caves Coopératives de Donnas ☆
Donnas, Aosta. 25 ha. www.donnasvini.com
Die kleine Genossenschaft bereitet hauptsächlich Rotweine auf Nebbiolo-Basis.

Cave du Vin Blanc de Morgex et de la Salle ☆–☆☆
Morgex, Aosta. 19 ha
Genossenschaft, die auf Blanc de Morgex et de la Salle spezialisiert ist. Die Weinberge liegen auf bis zu 1040 m und gehören damit zu den höchsten Lagen Europas. Der Wein ist leicht, manchmal scharf. Neu im Angebot ist eine Spätlese namens »Chaudelune«.

Cave des Onze Communes ☆
Aymavilles, Aosta
Genossenschaft mit über 200 Winzern, aber weniger als 60 ha. Saubere, frische, jung zu trinkende sortenreine Weine.

Costantino Charrère ☆☆–☆☆☆
Aymavilles, Aosta
Charrère erzeugt in kleinen Mengen Weine von seltenen, ertragsarmen einheimischen Reben, oft im Verschnitt. »La Sabla« ist ein feiner, ohne Eiche ausgebauter Rotwein von Petit Rouge, Fumin und Barbera.

Coopérative de l'Enfer d'Arvier ☆
Arvier
Winzige Genossenschaft, deren 130 Winzer sehr kleine Rebflächen bewirtschaften. Es wird ausschließlich ein mit wenig Eiche ausgebauter Rotwein auf Petit-Rouge-Basis erzeugt.

Les Crêtes ☆☆
Aymavilles, Aosta
Die Genossenschaft ist angesehen für eichenfassgereiften Chardonnay und ohne Holz ausgebaute Weine von Petite Arvine, Syrah und Pinot noir.

La Crotta di Vegneron ☆☆
Chambave, Aosta.
www.lacrottadivegneron.it
Die Genossenschaft bietet tadellosen Fumin, Muscat und Pinot gris sowie saftige Passito-Weine von Moscato und Pinot gris.

Di Barro ☆
Villeneuve, Aosta.
www.mediavallee.it
Sauberer, frischer Chardonnay und Pinot noir sowie ein Moscato Passito namens »Lo Flapì«.

Grosjean ☆–☆☆
Quart, Aosta
Familie Grosjean erzeugt sortenreine Weine von Gamay, Fumin und Petite Arvine sowie im Barrique ausgebauten Pinot noir.

Institut Agricole Régional ☆☆–☆☆☆
Aosta. www.iaraosta.it
Die Versuchskellerei der regionalen Landwirtschaftsfachschule wurde 1969 gegründet und jahrelang von Joseph Vaudan, einem Priester, geleitet. Einige der besten Weine des Aostatals werden hier erzeugt. Es gibt zwei Produktlinien: erstens die jung zu trinkenden Weine von Reben wie Müller-Thurgau, Petite Arvine und Pinot gris und zweitens etwas internationalere, im Barrique ausgebaute Weine, darunter ein Viognier (»L'Elite«), ein Chardonnay, ein Pinot noir namens »Sang de Salasses«, der Bordeaux-Verschnitt »Vin du Prévôt« und ein Syrah (»Trésor du Caveau«).

La Kiuva ☆
Arnad, Aosta
Die Genossenschaft produziert nur 3000 Kisten im Jahr von mit und ohne Eiche ausgebautem Chardonnay.

Lo Triolet ☆–☆☆
Introd, Aosta
Marco Martin ist auf Pinot gris und einen als »Coteau Barrage« etikettierten Rotwein auf Syrah-Basis spezialisiert.

Albert Vevey ☆
Morgex, Aosta
Mario Vevey führt die Familientradition fort und erzeugt einen frischen, aromatischen Blanc de Morgex.

Ezio Voyat ☆☆–☆☆☆
Chambave, Aosta
Klassische Chambave-Weine, die Voyat allerdings als *vini da tavola* verkauft: »Rosso Le Muraglie« (vorwiegend Petit Rouge), »La Gazzella« (Moscato) und »Passito Le Muraglie« (Moscato Passito). Letzterer ist einfach großartig.

Ligurien

Der halbmondförmige Streifen der ligurischen Küste zwischen Frankreich und der Toskana wird kaum als Weinbaugebiet wahrgenommen und hat nie Wein exportiert. Doch in der Mitte der Region liegt Genua: Italiens wichtigster Hafen und eine der weltoffensten Städte des Landes.

Genua braucht natürlich Weißweine zu seinem Fisch und Rotweine zu seinem Braten und bekommt diese auch aus den verstreut liegenden Weinbergen der gebirgigen Küste. Es wird mehr Weißwein – der übrigens viel besser ist als man denkt – als Rotwein erzeugt.

Es gibt sieben DOC-Bereiche in Ligurien: Colline di Levanto in den Hügeln hinter La Spezia, Cinqueterre an der Küste bei La Spezia für Weißwein, Rossese di Dolceacqua an der französischen Grenze für Rotwein, den großen Bereich Riviera Ligure di Ponente an der westlichen Riviera, den neuen Bereich Colli di Luni im unteren Magra- und Vora-Tal hinter La Spezia für Weißwein sowie Golfo del Tigullio in den Hügeln um Genua und Val Polcevera an den Ufern des gleichnamigen Flusses.

Ligurien hat weitaus mehr Weine als DOC-Bereiche, aber wenn selbst die offiziell anerkannten Gewächse selten über die Grenzen der Region hinaus gelangen, dann natürlich die individualistischen Produkte der vielen kleinen Winzer noch viel weniger.

Die Weine Liguriens

Cinqueterre DOC. Weißwein. Provinz: La Spezia. Gemeinden: Riomaggiore, Vernazza, Monterosso, La Spezia. Ein Jahr Alterung für Sciacchetrà. Jahresproduktion: 39 000 Kisten Cinqueterre; 550 Kisten Sciacchetrà.

Ein sehr berühmter trockener Weißwein (vorwiegend von Bosco mit Albarola und Vermentino) von der wunderschönen ligurischen Küste südöstlich von Genua. Er sollte sauber und fruchtig sein. Die bekannte Spezialität Sciacchetrà wird von den gleichen Trauben erzeugt, die in der Sonne getrocknet werden, um mehr Konzentration, Süße und sagenhafte 16 % oder mehr Alkohol zu erlangen. Die Reben wachsen auf teilweise nur mit dem Boot zu erreichenden steilen Terrassen hoch über dem Meer. Wenn ein Winzer seine Rebschere fallen lässt, wird er sie kaum wiederfinden. Wie lange wird es diese Weine noch geben?

Colli di Luni DOC. Rot- und Weißwein. Provinzen: La Spezia, Massa e Carrara. Gemeinden: 18.

Weinbau wird in diesem Gebiet seit der Römerzeit getrieben, aber der DOC-Rang wurde ihm erst vor kurzem (1989) zuerkannt. Hier entstehen gute rote Verschnitte auf Sangiovese-Basis und Weißweine, vorwiegend von Vermentino und etwas Trebbiano, die es durchaus mit denen der Riviera Ligure di Ponente aufnehmen können. Die führenden Erzeuger der Gegend investieren große Summe in Anlagen und Knowhow und scheinen wild entschlossen, ihr Renommee in Zukunft zu vergrößern.

Riviera Ligure di Ponente DOC. Rot- und Weißwein. Provinzen: Savona, Imperia und Genua. Gemeinden: 67 in der Provinz Imperia, 46 in der Provinz Savona und 2 in der Provinz Genua.

Die Rot- und Weißweine dieses relativ neuen Bereichs westlich von Genua entstehen zwischen Savona und Imperia. Die wichtigsten dunklen Rebsorten sind Rossese und Ormeasco, letztere ähnelt dem Dolcetto. Die Weißweine von Vermentino und Pigato sind jung am besten, die Rotweine entwickeln sich über eine gewisse Zeit.

Rossese di Dolceacqua oder **Dolceacqua** DOC. Rotwein. Provinz: Imperia. Gemeinden: Dolceacqua, Ventimiglia und 13 andere.

Der Rotwein von der Küste nahe der französischen Grenze ist ein Landwein von Rossese, in dem sich Frucht und Biss schön die Waage halten. Er ist nach 2–5 Jahren am besten und entwickelt dann ein Bukett, bei dem man gerne ein bisschen verweilt.

Vermentino Die an der Küste am weitesten verbreitete Weißweintraube wird vornehmlich westlich von Genua angebaut. Die Qualität schwankt, aber der Wein sollte leicht aromatisch und trocken sein: vor Ort ein wunderbarer Begleiter zu Fisch. Wird in den DOC-Bereichen Riviera di Ponente und Colli di Luni sortenrein bereitet und geht in Verschnitte der Cinqueterre DOC ein.

Die führenden Erzeuger in Ligurien

Walter de Batté ☆☆–☆☆☆
Riomaggiore, La Spezia
Vermutlich der beste Erzeuger von Cinqueterre und Sciacchetrà.

Maria Donata Bianchi ☆
Diano Castello, Imperia
Wer Vermentino und Pigato gerne in französischer Eiche ausgebaut haben möchte, kommt an diesem Erzeuger nicht vorbei: diese Cuvées heißen »Eretico«. Daneben gibt es auch Weine ohne Eiche.

Bisson ☆
Chiavari, Genua. 9 ha
Piero Luganos Gut bringt Vermentino und Ciliegiolo sowie einen roten Verschnitt namens »Il Musaico« hervor, außerdem guten Cinqueterre Sciacchetrà.

Lunae Bosoni ☆☆
Ortonovo, La Spezia
Großes Spektrum von Weiß- und Rotweinen aus den Colli di Luni.

Riccardo Bruna ☆☆
Ranzo, Imperia
Mit der beste Pigato der Gegend, der leider nur in kleinen Mengen erzeugt wird.

Cane ☆☆
Dolceacqua, Imperia
Kleine Mengen von angesehenem Rossese di Dolceacqua.

Colle dei Bardellini ☆☆
Sant'Agata, Imperia. 5 ha
Schwungvolle Weine von Vermentino, Pigato und Rossese.

La Colombiera ☆–☆☆
Castelnuovo Magra

Führende Adresse für feinen Colli di Luni Vermentino; außerdem ein Wein namens »Terrizzo« von Cabernet.

Cooperativa Agricola di Riomaggiore ☆–☆☆
Riomaggiore, La Spezia
Sortiment an trockenem weißem DOC Cinqueterre beständiger Qualität, Sciacchetrà ist der Spitzenwein.

Fèipu dei Massaretti ☆–☆☆
Albenga, Savona
Guter Pigato und Rossese sowie ein Verschnitt (Rossese/Sangiovese/Brachetto) namens »Russu du Fèipu«.

Foresti ☆☆
Camporosso, Imperia. 15 ha
Familie Foresti erzeugt ein Sortiment eindrucksvoller Crus der DOC Rossese di Dolceacqua.

Forlini e Capellini ☆
Manarola, La Spezia
Der Weinberg der Familie bringt einen guten, körperreichen Cinqueterre hervor.

Giuncheo ☆☆
Camporosso, Imperia
In Zusammenarbeit mit dem Önologen Donato Lanati wird ausgezeichneter Vermentino und Rossese di Dolceacqua bereitet.

Enzo Guglielmi ☆
Soldano, Imperia
Guglielmis Rossese di Dolceacqua ist stets gut.

Ottaviano Lambruschi ☆☆
Castelnuovo Magra, La Spezia
Sehr guter Vermentino der DOC Colli di Luni.

Lupi ☆☆
Pieve di Teco, Imperia
Der Betrieb der Familie Lupi, die von dem Önologen Donato Lanati beraten wird, gehört zu den besten Erzeugern der Region. Der Ormeasco, dessen Trauben im Gebirge wachsen, beweist ungewöhnliche Finesse und kann sich über sechs Jahre und länger entfalten. Außerdem guter Pigato und Vermentino.

Cascina delle Terre Rosse ☆☆–☆☆☆
Finale Ligure, Savona
Neben dem ausgezeichneten Riviera Ligure di Ponente Pigato verdient auch der »Solitario« Erwähnung, ein roter Verschnitt von Grenache, Barbera und Rossese.

Vecchia Cantina ☆☆
Albenga, Savona
Spezialist für vollen Pigato und Vermentino der DOC Riviera Ligure di Ponente.

Lombardei

Die Lombardei hat im Zusammenhang mit Wein nie besonders von sich reden gemacht. Sie verfügt über keine international bekannten Namen und mit dem Oltrepò Pavese, dem in jeder Hinsicht ertragreichen Hauptanbaugebiet, kann man keinen großen Staat machen. Valtellina, das letzte Alpental vor der Schweizer Grenze, verdient da mit seinen eleganten Nebbiolo-Rotweinen schon etwas mehr Respekt. Und die Weine von den Ufern des Gardasees haben ein romantisches Flair.

Die Weinbautradition hält sich wacker, doch eine Region braucht eine Galionsfigur, die ihre besonderen Qualitäten verkörpert, und eine solche hat die Lombardei erst seit kurzem: Unter der DOCG Franciacorta wird eine wachsende Anzahl von Schaumweinen nach der traditionellen Methode hergestellt, darunter einige Spitzenweine.

Im Gegensatz zum Piemont mit seiner Fülle von DOC-Bereichen kann die Lombardei nur mit 13 aufwarten, wobei das Oltrepò Pavese und in etwas geringerem Maße auch das Valtellina Sammelbecken für eine Reihe unterschiedlicher Weintypen sind.

Angebaut werden sowohl die piemontesischen Rebsorten als auch die aus Nordostitalien, und häufig werden sie miteinander verschnitten. Die Lombardei ist eindeutig ein Übergangsgebiet: zwar mit großen Möglichkeiten, aber ohne klare Identität. Die Erzeuger kümmert das wenig, denn sie finden in Mailand und anderen norditalienischen Städten einen sicheren Absatzmarkt. Leider besteht daher auch wenig Anreiz, die Qualität der Weine, etwa der DOC Oltrepò Pavese, zu verbessern.

Die Weine der Lombardei

Barbacarlo Eine Enklave im Oltrepò Pavese (siehe dort) bei Broni, bekannt für den ungewöhnlich körperreichen roten *frizzante* von Lino Maga (siehe dort), der trocken oder lieblich ist, aber immer einen leichten Bittergeschmack im Abgang aufweist.

Barbera Eine der in der Lombardei am weitesten verbreiteten roten Trauben für Verschnitte und sortenreine Weine. Im Oltrepò Pavese auch DOC.

Bonarda Eine weitere Rotweintraube mit DOC-Anspruch im Oltrepò Pavese. Dunkel, weich und bitter im Abgang.

Botticino DOC. Rotwein. Provinz: Brescia. Gemeinden: Botticino, Brescia, Rezzato. Rebsorten: Barbera, Schiava gentile, Marzemino, Sangiovese 10–20%.

Ziemlich kraftvoller, lieblicher Rotwein, der besonders zu dunklem Fleisch getrunken wird. Mit 3–4 Jahren am besten.

Bullafuoco Kräftiger, konzentrierter Rotwein von Barbera, Uva rara und Croatina aus der Gegend um Castana (DOC Oltrepò Pavese).

Capriano del Colle DOC. Rot- und Weißwein. Provinz: Brescia. Gemeinden: Capriano del Colle, Poncarale. Rebsorten, rot: Sangiovese, Marzemino, Barbera, Merlot; weiß: Trebbiano.

DOC für leichte Weine aus der Gegend.

Cellatica DOC. Rotwein. Provinz: Brescia. Gemeinden: westlich von Brescia. Rebsorten: Schiava gentile, Barbera, Marzemino, Incrocio Terzi No. 1 (Barbera × Cabernet franc).

Respektabler milder Rotwein, der in der Gegend seit dem 16. Jh. gern getrunken wird; nach 2–4 Jahren am besten.

Franciacorta DOCG seit 1995. Provinz und Gemeinden: siehe Terre di Franciacorta. Rebsorten: Chardonnay und/oder Pinot bianco und/oder Pinot nero und/oder Pinot grigio.

Der nach der klassischen Methode hergestellte weiße und rosé Schaumwein kommt aus demselben Erzeugungsgebiet wie der Terre di Franciacorta. Der beste Wein der Lombardei. Die führenden Erzeuger sind Ca' del Bosco, Bellavista, Contadi Castaldi, Cavalleri und Ricci Curbastro.

Garda und **Garda Classico** Neue DOCs für Weine von internationalen und einheimischen Reben aus den Provinzen Brescia und Mantua. Zu umfassend, um eine eigene Identität zu entwickeln. Erstrecken sich nach Venetien hinein.

Garda Colli Mantovani DOC. Rot-, Weiß- und Roséwein. Provinz: Mantua. Rebsorten, weiß: Garganega, Trebbiano giallo und/oder Trebbiano toscano und/oder Pinot bianco; rot und rosé: Rossanella (Molinara), Sangiovese, Negrara.

Leichte Weine mit langer Geschichte, die bereits Vergil erwähnte. Der Weißwein ähnelt Soave.

Groppello Am Südwestufer des Gardasees heimische Traube.

Grumello Unterbereich von Valtellina Superiore (siehe dort).

Inferno Unterbereich von Valtellina Superiore (siehe dort).

Lambrusco Mantovano DOC. Rotwein. Provinz: Mantua. Bereich: entlang des Po und an der Grenze zur Emilia-Romagna. Rebsorten: Lambrusco viadanese und andere Unterarten, Ancellotta/Fortana (Uva d'Oro) bis zu 15%.

1987 eingeführte DOC für Weine von der örtlichen Rebsortenvariante Lambrusco viadanese, die im Westen des Bereichs robust, weiter östlich leichter, trocken, häufig perlend sind und es ohne weiteres mit ihren Artgenossen aus der Emilia aufnehmen können.

Lugana DOC. Weißwein. Provinzen: Brescia, Verona. Bereich: Südufer des Gardasees zwischen Desenzano und Peschiera. Rebsorten: Trebbiano di Lugana 100% oder mit bis zu 10% anderen hellen Trauben.

Früher eine Rarität, nach der man in so herrlichen Orten wie Sirmione lange suchen musste. Heute ein sehr gefälliger, leichter trockener Weißwein, der sich kaum von einem guten Soave unterscheidet.

Maurizio Zanella Nach seinem Erzeuger benannter Verschnitt von Cabernet Sauvignon und Cabernet franc mit Merlot aus der Franciacorta.

Merlot In der Lombardei immer mehr für sehr ansprechenden, aber nicht mit einer DOC ausgezeichneten sortenreinen Wein angebaut. In Franciacorta und Valcalepio Verschnittbestandteil.

Moscato di Scanzo Passito Eine Rarität aus Bergamo: ein ausgezeichneter goldbrauner Muskateller-Dessertwein aus einem Valcalepio-Unterbereich.

Müller-Thurgau Erfolgreich im Oltrepò Pavese angebaut, aber nicht in der DOC zugelassen.

Narbusto Langlebiger *vino da tavola* von den Rotweintrauben des Oltrepò (reift mindestens acht Jahre).

Oltrepò Pavese DOC. Rot- und Weißwein. Provinz: Pavia. Rebsorten, rot: Barbera, Croatina, Uva rara und/oder Ughetta; weiß: Pinot grigio oder Riesling renano, sonstige bis zu 15 %.

DOC für große Mengen an Rot- und Weißwein aus dem Oltrepò Pavese. Die meisten markanteren Weine des Gebiets tragen entweder spezielle Namen (z. B. Barbacarlo, Buttafuoco) oder sind nach der vorherrschenden Rebsorte benannt (z. B. Barbera, Pinot, Chardonnay, Sauvignon).

Pinot Pinot nero, grigio und bianco werden in der Lombardei verbreitet angebaut. Oltrepò Pavese ist ein wichtiger Lieferant für Pinot-Trauben, die im Piemont und anderswo zu Spumante verarbeitet werden.

Riesling In der DOC Oltrepò Pavese werden Riesling italico und Riesling renano unterschiedslos verwendet. Beide gedeihen hier gut.

Riviera del Garda Bresciano DOC. Rot- und Roséwein. Provinz: Brescia. Gemeinden: 30 am West- und Südwestufer des Gardasees. Rebsorten: Groppello, Sangiovese, Barbera, Marzemino.

Das Pendant zu Valpolicella und Bardolino auf der anderen Seite des Gardasees. Die kommerziellen Versionen ähneln einander, der klassische Valpolicella ist jedoch um einiges tiefer im Geschmack. In der Gemeinde Moniga del Garda wird ein heller Chiaretto erzeugt, der in sehr jungen Jahren lebhaft und frisch ist. Der Bereich wurde teilweise durch die neue DOC Garda Bresciano ersetzt.

San Colombano al Lambro oder **San Colombano** DOC. Rotwein. Provinzen: Mailand, Pavia. Gemeinden: San Colombano al Lambro, Graffignana, Sant'Angelo Lodigiano. Rebsorten: Croatina, Barbera, Uva rara, sonstige rote Sorten bis zu 15 %.

Herzhafte Rotweine von den Hängen rund um San Colombano. Nach 2–4 Jahren genussreif.

Sangue di Giuda Der oft süße rote *frizzante* »Judasblut« ist genau die Sorte Wein, bei der ernsthafte Weinkenner die Augen verdrehen. Man sollte ihn unvoreingenommen probieren: Es gibt durchaus gute Versionen.

San Martino della Battaglia DOC. Weißwein. Provinzen: Brescia, Verona. Gemeinden: Sirmione, Desenzano, Lonato, Pozzolengo, Peschiera. Rebsorte: Tocai friulano.

Eine eigenständige Persönlichkeit unter den Weinen vom Gardasee: trocken, gelb, schmackhaft, mit einem Anflug des hier üblichen bitteren Nachgeschmacks. Möglichst jung zu trinken. Auch als gespriteter *liquoroso* erhältlich.

Sassella Unterbereich von Valtellina Superiore (siehe dort).

Sfursat oder **Sfurzat** oder **Sforzato** Valtellinas Gegenstück zum Recioto aus Valpolicella in Venetien: ein starker (14,5 %) Rotwein von teilgetrockneten Trauben, hier Nebbiolo. Bei längerer Lagerung wird er goldbraun und gewiss auch besser, doch er bleibt Geschmackssache.

Terre di Franciacorta DOC. Rot- und Weißwein. Provinz: Brescia. Gemeinden: 23 südlich des Iseo-Sees. Rebsorten, rot (Franciacorta Rosso): Cabernet franc, Barbera, Nebbiolo, Merlot; sonstige bis 15 %; weiß (Franciacorta Bianco): Chardonnay und/oder Pinot bianco.

Seit 1995 DOC für den ehemaligen Bereich Franciacorta; die DOCG Franciacorta gilt nur für Schaumwein. Der rote Franciacorta ist ein sehr gefälliger, leichter Wein mit einigem Charakter.

Valcalepio DOC. Rot- und Weißwein. Provinz: Bergamo. Gemeinden: 15 im Calepio-Tal. Rebsorten, weiß: Pinot bianco, Chardonnay, Pinot grigio; rot: Merlot, Cabernet Sauvignon.

Kleine Mengen von leichten, meist roten Weinen mit einem alten Namen, aber modernen Rebsorten. Es gibt auch einen Moscato Passito.

Valgella Unterbereich von Valtellina Superiore (siehe dort).

Valtellina und **Valtellina Superiore** DOC. Rotwein. Provinz: Sondrio. Gemeinden: 12 für Valtellina. Unterbereiche für Superiore: Sassella, Grumello, Inferno, Valgella. Rebsorten: Nebbiolo (hier Chiavennasca genannt) 70 % sowie Pinot nero, Merlot, Rossola, Brugnola oder Pignola valtellinese; Superiore besteht zu 90 % aus Nebbiolo. Mindestens zwei Jahre Lagerung, davon eines im Fass; Riserva vier Jahre.

Der größte Erfolg für Nebbiolo außerhalb seiner Heimat Piemont. Einfacher Valtellina ist meist ein recht harter, leichter Rotwein. Die Superiore-Weine der Unterbereiche entwickeln einen beachtlichen Charakter: trockene, mittelschwere Rote mit einem Anflug herbstlich-milder Reife. Guter Valtellina zeichnet sich vor allem durch Frische und Eleganz aus. Obwohl zwischen Sassello, Inferno usw. kaum nennenswerte Unterschiede festgestellt werden können, gilt Ersterer gemeinhin als der beste. Die Schweiz (St. Moritz liegt just auf der anderen Seite des Berges) ist ein Hauptabnehmer. Siehe auch Sfursat.

Die führenden Erzeuger in der Lombardei

Bellavista ☆☆☆
Erbusco, Brescia. 50 ha. www.terramoretti.it
Vittorio Morettis berühmtes Gut ist seit geraumer Zeit einer der besten Erzeugerbetriebe von Franciacorta. Seine Weine sind stilvoll und hoch angesehen, besonders der sortenreine Chardonnay »Gran Cuvée Brut« und »Rosé«. Die Stillweine sind ebenfalls sehr gut, allen voran Pinot nero. Bellavista ist der schärfste Konkurrent von Ca' del Bosco, die Preise sind hoch.

Guido Berlucchi ☆☆☆
Borgonato di Cortefranca, Brescia. www.berlucchi.it
Seit 1962 hat sich dieses Unternehmen zu einem der größten italienischen Erzeuger von Schaumwein nach der klassischen Methode gemausert (jährlich über 400 000 Kisten). Zu Berlucchi gehört auch die Antica Cantina Fratta, und unter dieser Marke wird ebenfalls *tradizionale* produziert.

Ca' del Bosco ☆☆☆–☆☆☆☆
Erbusco, Brescia. www.cadelbosco.com
Maurizio Zanella stammt aus einer wohlhabenden Familie, aber er ist keineswegs ein Dilettant und hat alles daran gesetzt, den vermutlich besten Erzeugerbetrieb der Lombardei zu dem zu machen, was er ist. Wenn auch der »Pinero« von Pinot nero seinen gesalzenen Preis nie ganz wert ist, so sind die Franciacorta-Schaumweine doch großartig, genauso wie der Char-

donnay und der Verschnitt von Cabernet und Merlot mit dem kecken Namen »Maurizio Zanella«. Der noble »Dosage Zéro« ist häufig der beste Spumante überhaupt.

Cavalleri ☆☆☆
Erbusco, Brescia. www.cavalleri.it
Feiner Franciacorta, vor allem die »Collezione Brut« und der schnörkellose »Pas Dosé Brut«. Außerdem fassvergorener Chardonnay »Seradina« und »Tajardino«, ein Cabernet-Merlot-Verschnitt nach französischem Vorbild.

Contadi Castaldi ☆☆☆
Adro, Brescia. www.contadicastaldi.it
Ein herausragender Franciacorta-Betrieb im Besitz von Vittorio Moretti (siehe Bellavista). »Magno Brut« führt die Spitze an, zu der Cuvées zählen wie der elegante »Satèn« und der zurückhaltende »Brut Zero«. Bei den Tafelweinen ist ein feiner Cabernet Sauvignon namens »Marconero« zu erwähnen.

Mazzolino ☆☆
Corvino San Quirico, Pavia.
www.tenutamazzolino.com
Eine feine Auswahl an Oltrepò-Weinen, vor allem Barriquegereifte von Pinot nero, Chardonnay und Cabernet Sauvignon.

Monte Rossa ☆☆☆
Cazzago San Martino, Brescia. www.monterossa.com
Die Familie Rabotti erzeugt ein Sortiment von ausgezeichnetem Franciacorta, allen voran den langlebigen »Brut Cabochon«.

Nino Negri ☆☆☆
Chiuro, Sondrio
1897 gegründet, inzwischen Teil des Konzerns Gruppo Italiano Vini. Die größte Kellerei im Valtellina profitiert von moderner Technik und bleibt unter der Leitung des erfahrenen Önologen Casimiro Maule einer der führenden Erzeugerbetriebe. Ausgezeichnete feine, geschmeidige Weine aus allen Einzellagen der Region und herrlicher Sfursat »5 Stelle«. Die Produktion beläuft sich auf knapp 1 Mio. Flaschen.

Aldo Rainoldi ☆☆☆
Chiuro, Sondrio.
www.rainoldi.com
Elegante, verlässliche Weine aus allen wichtigen Einzellagen des Valtellina. Rainoldi hat den Barrique-Einsatz perfektioniert, v. a. bei dem bemerkenswert stilvollen Sfursat »Fruttaio«.

Conti Sertoli Salis ☆☆–☆☆☆
Tirano, Sondrio.
www.sertolisalis.com
Das ehemalige Spitzenweingut leitete mit dem 1989er Jahrgang ein ehrgeiziges Comeback ein. Ausgezeichnete Auswahl von Weinen, die in großen und kleinen Fässern ausgebaut werden. Hervorragender Sforzato »Canua«.

Triacca ☆☆☆
Villa di Tirano, Sondrio.
www.triacca.com
Domenico Triacca hat beträchtliche Summen investiert, um die besten Nebbiolo-Klone zu selektieren und sicherzustellen, dass sie fachkundig verarbeitet werden. Der »Prestigio« erntet großen Beifall – aber nur bei Liebhabern neuer Eiche. Andere mögen vielleicht die stilvolle Riserva lieber. Auch feiner Sforzato.

Weitere Erzeuger in der Lombardei

Agnes ☆☆
Rovescala, Pavia
Bonarda ist die Spezialität dieses angesehenen Oltrepò-Pavese-Erzeugers. »Millenium« ist eine interessante Version von spät gelesenen Trauben.

Riccardo Albani ☆–☆☆
Casteggio, Pavia
Frischer, gut bereiteter Riesling renano und Bonarda sowie ein feiner roter Verschnitt namens »Vigna della Casona« von Barbera, Croatina, Uva rara und Pinot nero.

Anteo ☆☆
Rocca de' Giorgio, Pavia
Wichtiger Erzeuger von Spumante *tradizionale* aus dem Oltrepò Pavese, allen voran »Nature« von Chardonnay und Pinot nero.

Balgera ☆☆
Sondrio
Guter Valtellina.

Fratelli Berlucchi ☆
Borgonato di Cortefranca, Brescia. www.berlucchifranciacorta.it
Tadelloser Franciacorta »Brut« und »Rosé«.

Conti Bettoni ☆–☆☆
Cazzago San Martino, Brescia
Guter Franciacorta, insbesondere die Spitzen-Cuvée »Tetellus«.

Tenuta Il Bosco ☆–☆☆
Zenevredo, Pavia. www.ilbosco.com
Genauso wie San Zeno in Stradella im Besitz von Zonin; große Schaumweinproduktion.

La Brugherata ☆☆
Scanzorosciate, Bergamo
Führender Erzeuger von weißem und rotem Valcalepio.

Ca' dei Frati ☆☆–☆☆☆
Lugana, Sirmione. www.cadeifrati.it
Spitzenerzeuger von Lugana und »Tre Filer«, einem saftigen Passito von Trebbiano und Chardonnay.

Cornaleto ☆☆
Adro, Brescia. www.cornaleto.it
Luigi Lancini erzeugt sehr eleganten Franciacorta und Terre di Franciacorta.

Costaripa ☆☆–☆☆☆
Moniga del Garda, Brescia
Mattia Vezzola, auch Kellermeister bei Bellavista (siehe dort), verwendet die neue DOC Garda Classico für ein großes Spektrum an Weinen, einige davon in Barriques ausgebaut. »Pradamonte« ist von Cabernet Sauvignon, »Maim« ein sortenreiner Groppello.

Doria ☆☆
Montalto Pavese, Pavia
Adriano Doria erzeugt ein Sortiment von Oltrepò-Pavese-Weinen: Barrique-gereifter Pinot nero, »Roncorosso« auf Barbera-Basis und Bonarda.

DOC – eine Nachlese

Mit gewaltigem Aufwand wurden in den 20 Jahren nach 1962 rund 300 DOCs mit über 1000 einzelnen Weinen geschaffen, genau das Regelwerk, das Italien brauchte, um einerseits die Erzeuger zu Qualität zu erziehen und andererseits den Rest der Welt davon zu überzeugen, dass man es ernst meinte und dass auf die Etiketten Verlass war.

Die DOCs sind ein genaues Abbild dessen, was zum Zeitpunkt ihrer Entstehung im Weinbau der jeweiligen Region üblich war. Alle Praktiken, die die Winzer einvernehmlich für normal und gut erachteten, wurden nach Rücksprache mit Rom in Stein gemeißelt.

Was man sich normalerweise nicht klar macht, ist, dass die angewandten und anerkannten Methoden in den seltensten Fällen dem Ideal entsprachen. In den DOC-Regeln wurden die Rebsorten festgeschrieben, die die Winzer in ihren Weinbergen anbauten, und nicht die, die sie hätten anbauen können oder sollen, um den bestmöglichen Wein zu produzieren. So war zum Beispiel im Chianti ein Anteil von Weißweintrauben zugelassen, der ihn zum Rosé hätte werden lassen können.

Die Winzer erlaubten sich überdies meist höhere Erträge, als es für feinen Wein zuträglich ist, und aus der alten Angst vor leicht verderblichen Weinen heraus setzten sie den Mindestalkoholgehalt sehr hoch an – während doch ein geringerer Alkoholgehalt nicht nur wünschenswert, sondern beim heutigen Stand der Technik auch machbar ist.

In ihrem Streben nach Haltbarkeit (und mit der angeborenen Vorliebe für Weine, die bis an die Grenze des Erträglichen in Eichenfässern gelagert werden) schrieben sie zudem Ausbauzeiten vor, die dem modernen Trend zu fruchtigen, duftenden oder auch in der Flasche gereiften komplexen Weinen zuwiderlaufen.

Als schließlich auch in den langsam mahlenden Mühlen der Bürokratie all diese Probleme erkannt waren, führte man die neue Kategorie *Indicazione Geografica Tipica* (IGT) ein: Sie lässt den Winzern viel mehr Spielraum für die Erzeugung von Weinen, die die traditionellen Vorschriften nicht erfüllen. Sie hat auch endlich dafür gesorgt, dass einige der besten italienischen Gewächse nicht länger als einfache *vini da tavola* ausgewiesen werden müssen.

Faccoli Lorenzo ☆☆
Coccaglia, Brescia

Eine gute Quelle für tadellos bereitete Franciacorta-Schaumweine.

Sandro Fay ☆☆
San Giacomo di Teglio, Sondrio

Gute Weine, u. a. »Valgella Ca' Morei« und in Barriques ausgebauter »Valgella Carteria«.

Ferghettina ☆☆–☆☆☆☆
Erbusco, Brescia

Feiner Franciacorta, aber auch für den Merlot »Baladello« und Chardonnay bekannt.

Le Fracce ☆☆
Casteggio, Pavia.
www.le-fracce.it

Sehr verlässliche Auswahl von vornehmlich sortenreinen Oltrepò-Pavese-Weinen.

Frecciarossa ☆☆–☆☆☆☆
Casteggio, Pavia. 22 ha. www.frecciarossa.com

Das 1923 von Giorgio Odero gegründete Gut wird nun von seinen Erben betrieben. Guter Oltrepò Pavese, allen voran der traditionelle rote Verschnitt »Villa Odero«.

Lantieri de Paratico ☆
Capriolo, Brescia

Tadelloser Jahrgangs- und Nicht-Jahrgangs-Franciacorta.

Lino Maga ☆
Broni, Pavia

Dieses Oltrepò-Pavese-Gut hob den Barbacarlo aus der Taufe (heute ein Markenwein), einen der haltbarsten roten Perlweine Italiens.

Majolini ☆☆
Ome, Brescia. www.majolini.it

Aufstrebendes Gut mit immer anspruchsvollerem Franciacorta.

Villa Mazzucchelli ☆☆–☆☆☆☆
Ciliverghe, Brescia

Spitzen-Spumante von Verschnitten aus Chardonnay und Pinot nero.

Monsupello ☆☆–☆☆☆☆
Torricello Verzate, Pavia. www.monsupello.it

1893 gegründet und ein angesehener Lieferant von sortenreinen Oltrepò-Pavese-Weinen sowie ausgezeichneten Schaumweinen von Pinot nero.

Montelio ☆–☆☆
Codevilla, Pavia

Tadellose Weine aus dem Oltrepò Pavese und überraschend schmackhafter Müller-Thurgau.

Mosnel ☆☆–☆☆☆☆
Camignone di Passirano, Brescia.
www.ilmosnel.com

Ausgezeichneter Franciacorta und stilvoller, in Eiche ausgebauter Pinot nero.

Nera ☆☆
Chiuro, Sondrio. www.neravini.com

Tadellose Valtellina-Crus und Sforzato.

Pasini ☆☆
Raffa di Puegnago, Brescia. www.pasiniproduttori. it

Der Garda Classico »Montezalto« ist ein Barrique-gereifter Cabernet Sauvignon; der Groppello ist ebenfalls empfehlenswert.

Pelizzati ☆–☆☆
Perego, Sondrio

Altmodischer Erzeuger von zarten Valtellina-Crus.

Cascina La Pertica ☆☆–☆☆☆☆
Polpenazze, Brescia

Ruggero Brunoris Spitzenprodukt ist meist der Bordeaux-ähnliche rote »Le Zalte«, der mit beratender Unterstützung des Önologen Franco Bernabei erzeugt wird.

Barone Pizzini ☆☆–☆☆☆☆
Cortefranca, Brescia. www.baronepizzini.it

Angesehener Erzeuger von Franciacorta, allen voran der sortenreine Chardonnay »Satèn«.

Ricci Curbastro ☆☆
Capriolo, Brescia. www.riccicurbastro.com
Gehaltvoller sortenreiner Franciacorta Chardonnay »Satèn« und ein stiller Pinot nero mit Eichenaroma.

Travaglino ☆☆
Calvignano, Pavia
Gute Quelle für Oltrepò Pavese von Riesling und Pinot nero sowie für ansprechende Schaumweine.

Uberti Erbusco ☆☆☆
Brescia
Eindrucksvolle, wenn auch teure Franciacorta-Cuvées auf Chardonnay-Basis: »Francesco I Brut« und »Brut Magnificentia«.

Bruno Verdi ☆☆–☆☆☆
Canneto Pavese, Pavia
Verlässliche Quelle für Oltrepò Pavese von Bonarda, Pinot grigio und anderen Rebsorten. Außerdem »Sangue di Giuda Dolce«.

Cantina Sociale La Versa ☆☆
Santa Maria della Versa, Pavia. 1300 ha.
www.laversa.it
Angesehene Genossenschaft im Oltrepò Pavese mit 750 Mitgliedern und einem Ausstoß von 8 Mio. Flaschen im Jahr. Ein Teil der Produktion wird unter eigenem Namen verkauft, v. a. Spumante *classico* und Pinot nero brut *tradizionale*.

Virgili ☆
Mantua
Führender Erzeuger von Lambrusco Mantovano DOC.

Trentino – Südtirol

Das Etschtal ist Italiens Korridor zum germanischen Norden, ein schmaler Graben mit steilen Felswänden, doch überraschend flacher Sohle und wenig Windungen zwischen hohen Bergen, der Jahrtausende lang den Verkehr vom Land der Olivenbäume in das Reich der Tannenwälder und zurück kanalisierte.

Alto Adige, also Südtirol, ist die nördliche Hälfte der Region und so eng mit dem deutschen Kulturraum verbunden, dass die Einheimischen Italien als Ausland betrachten. Ein Großteil des hier produzierten Weins geht mit deutschsprachigen Etiketten über die Grenze nach Norden.

Das Trentino hat eine südlichere Kultur, aber auch seine Hauptstadt Trient fühlt sich nur halbwegs zu Italien gehörig. Die Weine der Region sind dementsprechend kosmopolitisch und überwiegend von den bekannten internationalen Rebsorten bereitet.

Aus Südtirol kommen schon seit längerem immer erfolgreichere Versionen klassischer Weißweine. Die geschützte Lage und Wärme der besten Hänge sorgen im Verbund mit großer Höhe für ein optimales Gleichgewicht zwischen Reife und Säure. Die Genossenschaften spielen eine bedeutende Rolle und manche von ihnen legen ebenso hohe Qualitätsmaßstäbe an wie die besten privaten Erzeuger.

Auch weiter südlich im Trentino geht der Trend in Richtung Weißwein. Doch glücklicherweise sind die traditionellen Rotweine in der Gegend selbst nach wie vor so beliebt, dass ihr Überleben gesichert ist. Schiava, Lagrein und Teroldego wirken wie die Gebirgsvarianten der Valpolicella-Trauben. Mit kleinen Unterschieden ist ihnen der milde, verlockende Geschmack zu Beginn und der anhaltende Bitterton am Ende gemein, also das, was man den *goût de terroir* Nordostitaliens nennen könnte.

Eine ganz andere Spezialität der Gegend ist der Rosenmuskateller (Moscato rosa), ein von einer wahrscheinlich aus Sizilien stammenden Unterart erzeugter ungemein duftender Muskateller, der auf wunderbare Weise sein intensives Aroma mit Zartheit und hohem natürlichem Alkoholgehalt vereint.

Die Weine im Trentino & in Südtirol

Alto Adige/Südtirol DOC. Rot-, Rosé- und Weißwein. Provinz: Bozen. Gemeinden: 33 mit Rebflächen in Höhen bis zu 700 m für Rotweintrauben und bis zu 1000 m für Weißweintrauben. Rebsorten: 95 % einer der Sorten Moscato giallo (Goldmuskateller), Pinot bianco (Weißburgunder), Pinot grigio (Ruländer), Riesling italico (Welschriesling), Müller-Thurgau, Riesling renano (Rheinriesling), Sylvaner, Sauvignon blanc, Traminer aromatico (Gewürztraminer), Cabernet, Lagrein, Malvasia (Malvasier), Merlot, Moscato rosa (Rosenmuskateller), Pinot nero (Blauburgunder), Schiava (Vernatsch), Chardonnay plus 5 % einer anderen Sorte; 85 % Schiava plus 15 % einer anderen Sorte. Zulässiger Höchstertrag: zwischen 98 hl/ha (für Schiava und Lagrein) und 56 hl/ha (für Moscato giallo).

Die allgemeine DOC erstreckt sich über ein großes Gebiet entlang der Etsch und des Eisack mit dem Bozener Becken. Die zugelassenen Rebsorten sind zum Großteil klassische internationale Trauben, von denen einige hier besser gedeihen als im übrigen Italien. Cabernet, Gewürztraminer, Pinot bianco und Rheinriesling können zu Hochform auflaufen. Die Lokalmatadoren sind Lagrein, der fruchtigen, vollen, geschmeidigen Rotwein (Lagrein scuro/Dunkel) oder Rosé (Lagrein

rosato/Kretzer) mit einem leichten Bittergeschmack hervorbringt, und Schiava, deren Wein einer munteren abgespeckten Version des Lagrein gleichkommt. Auch der Traminer kann als Lokalmatador angesehen werden, denn er stammt aus Tramin, unmittelbar südlich von Bozen. Das gleiche Gebiet wird auch von einigen enger gefassten DOCs abgedeckt (z. B. Santa Maddalena/Sankt Magdalener), die aber nicht unbedingt bessere Qualität liefern.

Alto Adige Meranese di Collina/Südtiroler Meraner Hügel DOC. Rotwein. Provinz: Bozen. Gemeinden: auf beiden Seiten der Etsch um Meran. Rebsorte: Schiava.

Der leichte Hauswein von Meran, am besten jung und kühl zu trinken.

Alto Adige Santa Maddalena/Südtiroler Sankt Magdalener DOC. Rotwein. Provinz: Bozen. Gemeinden: in den nördlichen Hügeln oberhalb von Bozen (Classico kommt aus der Gemeinde Sankt Magdalena). Rebsorten: Schiava, Lagrein; Pinot nero bis zu 10 %.

Eindeutig ein Verwandter des Kalterersees, aber aus besseren Lagen, konzentrierter und kräftiger. Unter Mussolini wurde er aus unerfindlichen Gründen zu einem der drei besten Weine Italiens gekrönt (die anderen beiden waren Barolo und Barbaresco). Neben Lagrein Dunkel ist er die erste Wahl unter den typischen Rotweinen aus Bozen.

Alto Adige Terlano/Südtiroler Terlaner DOC. Die ehemalige DOC Terlano/Terlaner ist seit 1993 Teil der DOC Alto Adige/Südtiroler für Weißwein. Provinz: Bozen. Gemeinden: Terlan, Mölten, Nals, Andrian, Eppan, Kaltern (Terlan und Nals bilden das Classico-Gebiet). Rebsorten: 90 % Chardonnay, Müller-Thurgau, Pinot bianco, Riesling italico, Riesling renano, Sauvignon, Sylvaner.

Die besten Weißweine Südtirols entstehen in diesem Teil des Tals, insbesondere unmittelbar westlich von Bozen, wo Terlan über ausgezeichnete Südwesthanglagen verfügt. Pinot bianco, Riesling renano, Sauvignon und manchmal auch Sylvaner erbringen Weine mit viel Körper und schöner Ausgewogenheit, die gelegentlich zur internationalen Spitzenklasse gehören. Terlaner ohne Rebsortenbezeichnung enthält mindestens 50 % Pinot bianco oder Chardonnay, kann auch ein Verschnitt aus beiden sein und ist oft sehr preiswert.

Alto Adige Valle Isarco/Südtiroler Eisacktaler DOC. Die ehemalige DOC Valle Isarco/Eisacktaler ist seit 1993 Teil der DOC Alto Adige/Südtiroler für Weißwein. Provinz: Bozen. Gemeinden: Teile von 12 Gemeinden im Eisacktal nordöstlich von Bozen bis nach Brixen. Rebsorten: Traminer aromatico, Pinot grigio, Veltliner, Sylvaner oder Müller-Thurgau.

Die Weißweine aus diesem Alpental sind alle leicht und müssen, im Gegensatz zu den kräftigeren Nachbarn im Westen, den Terlanern, jung getrunken werden.

Caldaro/Kaltern oder **Lago di Caldaro/Kalterersee** DOC. Rotwein. Provinzen: Bozen, Trient. Gemeinden: 9 in Bozen, 8 in Trient. Rebsorten: Schiava 85–100 %, Pinot nero und Lagrein 15 %.

Diesen leichten, oft lieblichen Rotwein trifft man häufiger unter seinem deutschen Namen Kalterersee als seinem italienischen an. Ursprünglich entstand er an den Ufern des Sees südwestlich von Bozen (heute das Classico-Gebiet), wo das Mikroklima für den Weinbau außergewöhnlich günstig ist. Wie alle Schiava-Weine hat er einen leicht bitteren Nachgeschmack, der ihn erfrischend macht. Allerdings ist ein Teil des nach Deutschland exportierten Weins so schrecklich süß, dass man ihn nur starkt gekühlt trinken kann.

Castel San Michele Ein hoch angesehener Cabernet-Merlot-Verschnitt aus der Landwirtschaftsfachschule in San Michele, nördlich von Trient. Er braucht 5–6 Jahre Flaschenreife.

Casteller DOC. Rotwein. Provinz: Trient Gemeinden: 27 mit Höhen bis zu 600 m. Rebsorten: Schiava mind. 30 %, Lambrusco bis zu 60 % und Merlot, Lagrein oder Teroldego 20 %.

Der leichte trockene Alltagsrotwein der südlichen Hälfte der Region zwischen Trient und dem Gardasee ist selten außerhalb dieser Gegend anzutreffen.

Kolbenhofer Ein erstklassiger Schiava-Rotwein (und ein Gewürztraminer) von Hofstätter in Tramin.

Nosiola Der Wein von der im Trentino heimischen Traube ist fruchtig, trocken und hat – wer hätte das gedacht – einen bitteren Nachgeschmack sowie einen ausgeprägten Haselnussduft (*nosiola* ist das Dialektwort für Haselnuss). Die Traube wird auch zu einem köstlichen Vin Santo verarbeitet.

San Leonardo Einer der erfolgreichen Cabernet-Merlot-Weine des Trentino. Siehe San Leonardo (Gonzaga).

Teroldego Rotaliano DOC. Rotwein. Provinz: Trient. Gemeinden: Mezzocorona, Mezzolombardo, San Michele all'Adige. Rebsorte: Teroldego.

Die auf dem Schwemmlandkies des Campo Rotaliano an Pergolen erzogenen Reben erbringen die besten unter den für die Region typischen milden, fleischigen Rotweinen mit bitterem Nachgeschmack. Die Weine sind in jungen Jahren ansprechend, können sich aber auch durchaus über einige Zeit entfalten.

Trentino DOC. Rot- und Weißwein. Provinz: Trient. Gemeinden: von Mezzocorona nördlich von Trient bis 25 km nördlich von Verona. Unter die DOC fallen 25 verschiedene Weine: Kretzer, Cabernet franc, Cabernet Sauvignon, Chardonnay, Lagrein, Marzemino, Merlot, Moscato giallo, Moscato rosa, Rebo, Müller-Thurgau, Nosiola, Pinot bianco, Pinot grigio, Pinot nero, Riesling italico, Riesling renano, Sauvignon, Traminer aromatico, Rosso, Bianco, Vin Santo und die Rot- und Weißweine des Unterbereichs Sorni (siehe dort); Trentino Rosso ist ein Cabernet-Merlot-Verschnitt; Trentino Bianco besteht vorwiegend aus Chardonnay und Pinot bianco.

Das südliche Gegenstück zur DOC Alto Adige umfasst eine fast ebenso große Auswahl an Weinen, misst den Rotweinen jedoch mehr Bedeutung bei. Cabernet ist gut eingelebt und erbringt ausgezeichnete Ergebnisse; Lagrein liefert mit die mustergültigsten Beispiele für den typischen Stil der Region. Merlot ist weit verbreitet und am besten in Verschnitten mit Cabernet. Pinot bianco und Traminer sind unter den trockenen Weißweinen am besten; Moscato bringt einen manchmal hervorragenden Dessertwein hervor.

Trentino Sorni DOC. Rot- und Weißwein. Provinz: Trient. Gemeinden: Lavis, Giovo, San Michele all'Adige nördlich von Trient. Rebsorten, rot: Schiava 70 %, Teroldego 20–30 %, Lagrein bis zu 10 %; weiß: Nosiola 70 %, sonstige bis zu 30 %.

DOC für Rot- und Weißweine aus der Gegend um Sorni. Beide sind leichte trockene Sommerweine.

Trento DOC. Weißwein und Rosé. Provinz: Trient. Rebsorten: Chardonnay und/oder Pinot bianco und/oder Pinot nero und/oder Pinot Meunier.

Schaumwein nach der klassischen Methode; vorgeschrieben sind 15 Monate Lagerung auf der Hefe in der Flasche (3 Jahre für Riserva). Einer der erfolgreichsten Weine des Trentino.

Valdadige/Etschtaler DOC. Rot- und Weißwein. Provinzen: Trient, Bozen, Verona. Gemeinden: 38 in Trient, 33 in Bozen und 4 in Verona. Rebsorten, rot: Schiava und/oder Lambrusco 30 %, Merlot, Pinot nero, Lagrein, Teroldego und/oder Negrara bis zu 70 %; weiß: Pinot bianco, Pinot grigio, Riesling italico oder Müller-Thurgau 20 %, Bianchetta trevigiana, Trebbiano toscano, Nosiola, Vernaccia bis zu 80 %.

Allgemeine DOC für fast das ganze Etschtal von Meran bis nach Verona.

Die führenden Erzeuger im Trentino & in Südtirol

Abbazia di Novacella/Stiftskellerei Neustift ☆☆
Vahrn, Bozen. www.kloster-neustift.it
In dem schönen Kloster aus dem 12. Jh. wird Valle Isarco DOC erzeugt. Die Spitzenweine von Pinot nero und anderen Rebsorten laufen unter dem Namen »Praepositus«.

Ca' Vit (Cantina Viticoltori Trento) ☆–☆☆☆
Ravina, Trient. 7000 ha. www.cavit.it
Das 1950 gegründete Konsortium von 13 Winzergenossenschaften zählt 5600 Mitglieder; sie erzeugen rund 75 % des Weins der Provinz Trient. Nur ein ausgewählter Teil wird unter dem Namen Ca' Vit vertrieben. Neben großen Mengen von sortenreinen Weinen aus verschiedenen Teilgebieten werden kleine Mengen außergewöhnlicher Gewächse erzeugt, u. a. ein Vin Santo von Nosiola, ein Bordeaux-Verschnitt und ein Barrique-gereifter Chardonnay, die beiden Letzteren unter dem Namen »Maso Toresella«. Das sehr große Unternehmen bietet gute Qualität zu vernünftigen Preisen.

Cantina Produttori Colterenzio/Schreckbichl ☆–☆☆☆
Girlan, Bozen. www.colterenzio.com
Ehrgeiziger Verbund von 310 Winzern mit einer Auswahl von Weinen der DOC Alto Adige, Terlano, Santa Maddalena und Lago di Caldaro, darunter auch Einzellagenabfüllungen. Hinter dem Namen »Cornell« verbergen sich ausgewählte Weine, namentlich in Barriques ausgebauter Chardonnay; das Etikett »Praedium« steht für Weine aus Spitzenlagen.

Concilio ☆☆
Volano, Trient. www.concilio.it
Ein 1972 gegründeter Zusammenschluss von zwei älteren Kellereien, der inzwischen sehr verlässliche sortenreine Weine erzeugt, darunter einen Merlot, der zu den besten im Trentino zählt.

Donati ☆☆–☆☆☆
Mezzocorona, Trient
Marco Donati ist ein herausragender Erzeuger von Teroldego, allen voran der konzentrierte »Sangue del Drago«.

Ferrari ☆☆–☆☆☆
Trient. www.cantineferrari.it

Der 1902 gegründete Betrieb im Herzen von Trient war lange Zeit Spitzenreiter in der Schaumweinherstellung nach der klassischen Methode und wird inzwischen von der Familie Lunelli geführt. Das Flaggschiff ist der zu jeder Zeit herausragende Blanc de Blancs »Giulio Ferrari Riserva del Fondatore«.

Foradori ☆☆–☆☆☆☆
Mezzolombardo, Trient. www.elisabettaforadori.com
Das 1930 gegründete, von Elisabetta Foradori geführte Gut hat sich seit langem dem Teroldego verschrieben und produziert einige der besten Weine dieser Art im Trentino, v. a. den Barrique-gereiften Granato. Ebenfalls ausgezeichnet sind der Bordeaux-Verschnitt »Karanbar« und ein Syrah IGT namens »Ailanpa«.

Franz Haas ☆☆–☆☆☆
Montagna, Bozen. www.franz-haas.it
Ein kleines Gut mit eleganten Weißweinen, dem feinen Bordeaux-Verschnitt »Istante« und einem köstlichen Rosenmuskateller.

J. Hofstätter ☆☆–☆☆☆
Tramin, Bozen. www.hofstatter.com
Der 1907 gegründete Familienbetrieb wird heute von Martin Foradori geleitet. Seit Jahrzehnten bietet er eine ausgezeichnete Auswahl Südtiroler Weine, teilweise von 45 ha gutseigenem Rebland. Der Pinot nero von Barthenau ist überragend.

Istituto Agrario Provinciale San Michele all'Adige ☆☆
San Michele all' Adige, Trient. www.ismaa.it
Die um das Castel San Michele herum erbaute landwirtschaftliche Fachschule ist eines der renommiertesten Weinbauforschungsinstitute Italiens und erzeugt auf den eigenen Anbauflächen verschiedene Weine zu Versuchszwecken und für den Verkauf, u. a. den ausgezeichneten Castel San Michele (Cabernet/Merlot) und viele ansprechende Weißweine.

Alois Lageder ☆☆☆–☆☆☆☆
Magreid, Bozen. www.lageder.com
Der bekannte Familienbetrieb besitzt selbst 17 ha, verarbeitet aber Trauben von weiteren 300 ha und erzeugt einige der feinsten sortenreinen Weine der Region. Die meisten davon gibt es in verschiedenen Qualitätsstufen; am eindrucksvollsten sind in der Regel der Chardonnay »Löwengang« und der Cabernet Sauvignon »Römigberg«. Unter dem Namen »Casòn Hirschprunn« werden IGT-Weine von einem 1991 erworbenen Gut produziert.

Longariva ☆☆–☆☆☆
Rovereto, Trient. www.longariva.it
Bewundernswerte Rotweine von ertragsbeschränktem Pinot nero (»Zinzèle«), Merlot (»Tovi«) und anderen Rebsorten. Außerdem stilvoller Barrique-gereifter Chardonnay.

Pojer & Sandri ☆☆☆
Faedo, Trient. www.pojeresandri.it
Mario Pojer ist der Önologe, Fiorentino Sandri der Weinbautechniker. Sie erzeugen einige der hervorragendsten Weißweine des Trentino, darunter Chardonnay, Müller-Thurgau, Nosiola und ansprechenden Pinot nero. Die Weine zeichnen sich durch einen zarten blumigen Duft und fruchtige Frische aus.

San Leonardo ☆☆☆
Avio, Trient. www.sanleonardo.it

Der Besitzer Marchese Carlo Gonzaga verwendet Barriques, um aus Bordeaux-Rebsorten Weine mit Finesse zu erzeugen, v. a. Merlot und »San Leonardo«, ein Verschnitt, der zum Klassiker des Trentino geworden ist.

Tiefenbrunner (Castel Turmhoff) ☆☆
Kurtatsch, Bozen. www.tiefenbrunner.com
Herbert Tiefenbrunners alteingesessener Familienbetrieb erzeugt einige der aufregendsten Südtiroler Weißweine. Der »Feldmarschall« (Müller-Thurgau) kommt aus Weinbergen auf 990 m über dem Meeresspiegel.

Vallarom ☆☆–☆☆☆
Avio, Trient. www.vallarom.com
Die Familie Scienza bereitet guten Marzemino und Chardonnay sowie weiße und rote Verschnitte unter dem Namen »Campi Sarni«. Der Syrah ist verheißungsvoll.

Zeni ☆☆–☆☆☆
Grumo di San Michele all'Adige, Trient. www.zeni.it
Roberto Zeni leitet diesen Spitzenbetrieb seit 1975. Er ist ein herausragender Kellermeister: Sein Chardonnay und sein Pinot bianco sind duftig, sein Teroldego ist harmonisch. Auch ausgezeichneter Amarone.

Weitere Erzeuger im Trentino & in Südtirol

Arunda Vivaldi ☆☆–☆☆☆
Mölten, Bozen
Josef Reiterer erzeugt mustergültigen Spumante *metodo tradizionale* von Weinbergen auf 1200 m Höhe.

Bolognani ☆☆
Lavis, Trient
Qualitätserzeuger von weißem Nosiola, Müller-Thurgau und Chardonnay.

A Cadalora ☆☆
Ala, Trient. 10 ha
Hier hat man sich auf frischen, gut bereiteten Weißwein spezialisiert.

Barone de Cles ☆☆
Mezzolombardo, Trient
Das historische Gut erzeugt sehr guten Teroldego Rotaliano und Lagrein.

Cantina Sociale Cornaiano/Girlan ☆☆
Girlan, Bozen. www.girlan.it
Tadellose sortenreine Weine aus einer guten Genossenschaft, u. a. einige seriöse Rotweine unter dem Namen »Optimum«.

Dorigati ☆☆
Mezzocorona, Trient
Die Familie Dorigati ist in beträchtlichem Maße an der Führung der Kellerei beteiligt, die ausgezeichneten Teroldego erzeugt.

Endrizzi ☆☆☆–☆☆☆☆
San Michele all'Adige, Trient.
www.endirizzi.it
Gute sortenreine Weine sowie interessante rote und weiße Verschnitte unter dem Namen »Masetto«.

Giuseppe Fanti ☆☆–☆☆☆
Pressano di Lavis, Trient
Die Spitzenweine dieser Kellerei sind meist der Chardonnay und der ungewöhnliche Weißwein von Incrocio Manzoni (Riesling × Pinot bianco), aber auch der Nosiola ist gut.

Gaierhof ☆☆
Rovere della Luna, Trient
Der Besitzer Luigi Togn erzeugt feine Weißweine, v. a. Chardonnay, und guten Teroldego Rotaliano. Einige Weine tragen das Etikett seines anderen Guts Maso Poli (siehe dort).

Gojer – Glögglhof ☆☆
Bozen
Guter Sankt Magdalener und Barrique-gereifter Lagrein Dunkel.

Haderburg ☆☆
Salurn, Bozen
Die Familie Ochsenreiter produziert gute Schaumweine; die Chardonnay- und Pinot-nero-Stillweine werden immer besser.

Cantina d'Isera ☆
Isera, Trient
Eine gute Genossenschaft, die ausgezeichneten Marzemino erzeugt.

Kettmeir ☆–☆☆
Kaltern, Bozen
Ein großer, alteingesessener Betrieb, der in den 1990er-Jahren an die Kellerei Santa Margherita aus Venetien verkauft wurde. Gute Weißweine.

Graf Kuenburg – Schloss Sallegg ☆–☆☆☆
Kaltern, Bozen
Eine erstklassige Rosenmuskateller-Spätlese und eine feine Auswahl an Rotweinen.

Letrari ☆☆
Rovereto, Trient. www.letrari.com
1976 von Leonello Letrari gegründet. Neben Schaumweinen werden feiner Rosenmuskateller und ein guter Bordeaux-Verschnitt namens »Ballistarius« erzeugt.

Lunelli ☆☆–☆☆☆
Ravina, Trient
Der Stillwein-Ableger von Ferrari (siehe dort). Guter Chardonnay und Pinot nero aus Einzellagen sowie ein Bordeaux-Verschnitt namens »Maso Le Viane«.

Karl Martini & Sohn ☆☆
Girlan, Bozen
Der »Sohn« ist Gabriele Martini, der das Qualitätsniveau enorm angehoben hat. Ein sehr guter Lagrein-Cabernet-Verschnitt und eleganter Rosenmuskateller.

Maso Cantanghel ☆☆
Civezzano, Trient. 5 ha
Feiner, Barrique-gereifter Chardonnay »Vigna Piccola«, Pinot nero und Cabernet Sauvignon von den gutseigenen Rebflächen.

Maso Furli ☆☆
Lavis, Trient
Köstliche Weißweine, insbesondere Traminer und Chardonnay.

Maso Poli ☆☆
San Michele all'Adige, Trient
Das alte Gut ist im Besitz von Luigi Togn und erzeugt guten weißen Sorni und Pinot nero.

Cantina MezzaCorona ☆☆
Mezzocorona, Trient
Eine bedeutende, qualitätsbewusste Genossenschaft, aus der guter Teroldego und Schaumweine kommen.

Klosterkellerei Muri-Gries ☆–☆☆
Bozen
In den alten Kellern dieses (sehr sehenswerten) Benediktinerklosters wird eine große Auswahl typischer sortenreiner Weine unter verschiedenen Alto-Adige-DOCs erzeugt. Die Spezialität ist Lagrein.

Niedrist ☆☆–☆☆☆
Eppan, Bozen
Elegante Rot- und Weißweine der DOC Alto Adige; überzeugender Pinot nero.

Pisoni ☆☆
Lasino, Trient.
www.pisoniepisoni.it
Gute Weißweine, allen voran »San Siro« (Chardonnay/Pinot bianco) und Vin Santo.

Plattner-Waldgries ☆–☆☆☆
Bozen
Kleiner Familienbetrieb. Besonders erfolgreich sind der Rosenmuskateller und ein Passito namens »Peperum«.

Praeclarus ☆☆
Eppan, Bozen
Bemerkenswerter Spumante *tradizionale* in den Versionen Brut und Extra Brut.

Pravis ☆☆–☆☆☆
Lasino, Trient
Kleines, fortschrittliches Gut, das den feinen weißen Verschnitt »Stravino di Stravino« und viel versprechenden Syrah produziert.

Castel Rametz ☆
Meran, Bozen
Guter Alto Adige Chardonnay und Riesling.

Cantina Rotaliana ☆–☆☆☆
Mezzolombardo, Trient.
www.cantinarotaliana.it
Bewundernswerter Teroldego sowie Lagrein und Weine der DOC Trentino.

Hans Rottensteiner ☆
Bozen
Tadellose Auswahl an DOC-Weinen, u. a. guter Sankt Magdalener.

Heinrich Rottensteiner ☆
Rencio, Bozen
Engagierter Winzer mit ausgezeichnetem Sankt Magdalener und einem würzigen Cabernet-Merlot-Verschnitt mit dem unvorteilhaften Namen »Putz«.

Cantina Produttori San Michele Appiano/ St. Michael Eppan ☆☆☆

Eppan, Bozen.
www.stmichael.it

Hervorragende Genossenschaft mit einer sehr guten Aus-wahl an Weinen der DOC Alto Adige. Die Spitzenreihe heißt »Sankt Valentin« (u. a. Sauvignon, Chardonnay, Pinot nero, Pinot bianco).

Cantina Santa Maddalena/Sankt Magdalena ☆☆

Bozen. www.kellereimagdalena.com

Die Genossenschaft mit 65 Mitgliedern produziert u. a. ausge-zeichneten Lagrein.

Castel Schwanburg ☆☆

Nals, Bozen

Das historische Gut ist für seinen Cabernet Sauvignon berühmt.

Armando Simoncelli ☆☆

Rovereto, Trient

Führendes Weingut mit feinem Marzemino und Lagrein sowie frischem Pinot bianco.

Enrico Spagnolli ☆–☆☆

Isera, Trient

Auswahl von sortenreinen Weinen der DOC Trentino, darun-ter feiner Marzemino und Müller-Thurgau.

De Tarczal ☆☆

Marano d'Isera, Trient. www.detarczal.com

Bewundernswerte Auswahl an Weinen der DOC Trentino, u. a. mustergültiger Marzemino, und ein Bordeaux-Verschnitt namens »Pragiara«.

Cantina Terlano ☆☆–☆☆☆

Terlan, Bozen. www.cantina-terlano.com

Elegante, kostspielige Weißweine, in aufsteigender Reihenfol-ge: »I Classici«, »I Vigneti« und »Le Selezioni«.

Cantina Produttori Termeno/Tramin ☆–☆☆☆

Tramin, Bozen. www.tramin-wine.it

Gewürztraminer ist die Spezialität dieser Kellerei, der auch zu einer bemerkenswerten Passito-Version verarbeitet wird.

Cantina Produttori Valle Isarco/Eisacktaler ☆

Klausen, Bozen. www.cantinavalleisarco.it

Angesehene Genossenschaft mit verlässlichen Weinen der DOC Isarco.

La Vis ☆–☆☆☆

Lavis, Trient. www.la-vis.com

Bedeutende Genossenschaft, die 10 % aller Trentino-DOC-Weine produziert. Die besten Weine kommen unter den Namen »Ritratti« (aus Spitzenlagen) und »Ceolan« (Reben aus Südtirol) heraus.

Elena Walch ☆☆☆

Tramin, Bozen. www.elenawalch.com

Mittelgroßer Betrieb mit wunderschönen Weinbergen ober-halb des Kalterersees. Die Weine kommen von den Gütern Castel Ringberg und Kastelaz.

Hofkellerei W. Walch ☆–☆☆☆

Tramin, Bozen

Die Familie Walch kauft örtliche Trauben auf und verarbeitet sie zu einer Reihe von sortenreinen Weinen, von denen die besten unter dem Namen »Janus« herauskommen.

Venetien

Das Hinterland von Venedig ist zu einem Drittel gebirgig und zu zwei Dritteln flach. Im Norden grenzt es hoch oben in den Dolomiten an Österreich, im Süden reicht es bis zur Po-Ebene. Alle wichtigen Weine Venetiens entstehen in den Ausläufern der Alpen und in einzelnen Hügelgebieten vom Gardasee ostwärts bis Conegliano. Verona, nicht weit vom Gardasee entfernt, ist das Zentrum des Weinbaus und produziert größere Mengen an DOC-Weinen, z. B. Soave, Valpolicella und Bardolino, als jedes andere italienische Anbaugebiet. Diese drei Weine spielen für den Export eine so große Rolle, dass Verona auf dem internationalen Markt als die eigentliche Weinhauptstadt Italiens gelten darf. Hier findet auch jedes Jahr im April die größte italienische Weinmesse, Vinitaly, statt. Das weiter östlich gelegene Conegliano beansprucht seinerseits den Titel des italienischen Zentrums der Weinbautechnik und -forschung.

In den Gebieten um Verona und Conegliano hat der Anbau ganz spezieller Rebsorten eine lange Tradition: Die Soave-Traube Garganega, die Valpolicella-Traube Corvina und die Prosecco-Traube, von der in Conegliano ausgezeichneter Schaumwein gewonnen wird, kommen sonst nirgendwo vor. Gebiete mit weniger Tradition und Selbstbewusstsein wie Colli Berici, Colli Euganei und die fruchtbare Piave-Ebene an der Grenze zum Friaul versuchen ihr Glück mit verschiedenen internationalen Rebsorten: den Pinots, den Cabernets und ihresgleichen. Merlot ist der Standardrotwein der Region und mausert sich rasch von annehmbar zu köstlich.

In den bekanntesten Gebieten wie Soave und Valpolicella wird seit Jahren ein erbitterter Kampf ausgefochten. Die übermächtigen Genossenschaften üben Druck auf die Behörden aus, um höhere Erträge zu erzwingen, als ob diese nicht schon hoch genug wären. Gleichzeitig widersetzt sich eine wachsende Anzahl von qualitätsbewussten Erzeugern diesen Forderungen und erlegt sich selbst immer strengere Richtlinien auf, um höchstmögliche Qualität zu gewährleisten. Daher werden in diesen DOC-Bereichen sowohl ausgesprochen nichtssagende Weine als auch einige der besten Gewächse Italiens erzeugt.

Die Weine Venetiens

Amarone Siehe Valpolicella.

Arcole DOC. Der im Jahr 2000 neu geschaffene Bereich erstreckt sich über zwei Gebiete südöstlich von Verona: Schwemmlandebene für Verschnitte und höhere Lagen für sortenreine Weine von Chardonnay, Sauvignon, Garganega, Merlot, Cabernet franc, Cabernet Sauvignon, Raboso und Corvina.

Bagnoli di Sopra DOC. Die neuere DOC umfasst 15 Gemeinden in der Provinz Padua. Hauptsächlich Verschnitte sowie Raboso.

Bardolino DOC. Rotwein und Rosé. Provinz: Verona. Gemeinden: Bardolino und 15 andere. Rebsorten: Corvina veronese 35–65 %, Rondinella 10–40 %, Molinara 10–20 %, Negrara bis zu 10 %, Rossignola, Barbera, Garganega und Sangiovese bis zu 15 %.

Ein heller Rotwein und ein noch hellerer Chiaretto: eine leichtere Variante des Valpolicella (bestenfalls) mit derselben Lebendigkeit. Der Bardolino entsteht auf Gletscherschutt, der sich nicht so gut erwärmt wie der Kalksteinboden in Valpolicella. Am frischesten und besten ist er im Jahr nach der Ernte. Eine eigene DOC gilt für Weine, die kurz nach der Ernte als Bardolino Novello auf den Markt kommen.

Bianco di Custoza DOC. Weißwein. Provinz: Verona. Rebsorten: Trebbiano toscano 35–45 %, Garganega 20–40 %, Tocai friuliano 5–30 %, Cortese, Riesling italico und Malvasia toscano 20–30 %.

Der Weißwein aus dem im Süden an Soave angrenzenden Bereich ist immer häufiger anzutreffen. Auch Spumante (meist nach dem Charmat-Verfahren).

Breganze DOC. Rot- und Weißwein. Provinz: Vicenza. Gemeinden: Breganze, Marostica und Teile von 13 weiteren. Rebsorten für B. Bianco: Tocai sowie bis zu 15 % Pinot bianco, Pinot grigio, Riesling italico, Sauvignon und Vespaiolo; B. Rosso: Merlot sowie bis zu 15 % Marzemino, Groppello, Cabernet franc, Cabernet Sauvignon, Pinot nero und Freisa; B. Cabernet: Cabernet Sauvignon und franc; B. Pinot nero: Pinot nero; B. Pinot bianco: Pinot bianco, Pinot grigio; B. Pinot grigio: Pinot grigio; B. Vespaiolo: Vespaiolo.

Leichte, gefällige sortenreine Weine aus dem Geburtsort des großen Architekten Palladio. Pinot bianco, Cabernet und spät gelesener Vespaiolo sind am besten (siehe Maculan unter Erzeuger).

Campo Fiorin Ein ungewöhnlich seriöser Valpolicella von Masi (siehe dort). Der Wein wird nach dem Pressen mit Schalen von Recioto/Amarone (siehe Valpolicella) gemaischt. Prototyp der Ripasso-Weine.

Colli Berici DOC. Rot- und Weißwein. Provinz: Vicenza. Gemeinden: 28 südlich von Vicenza. Rebsorten: sieben Sorten mit geringen Anteilen (10–15 %) anderer einheimischer Trauben, von denen Garganega, Tocai bianco, Sauvignon, Pinot bianco, Merlot, Tocai rosso (säuerlich-fruchtiger junger Rotwein) und Cabernet entstehen.

Die vulkanischen Hügel zwischen Verona und Padua haben eindeutig Potenzial für Qualitätsweine, der beste Beweis ist der Cabernet.

Colli di Conegliano DOC. Die Hänge rund um Conegliano liefern Weißweine von Incrocio Manzoni, Riesling und anderen Rebsorten sowie Rotweine von Cabernet Sauvignon, Merlot und Marzemino.

Colli di Conegliano Refrontolo Passito DOC. Passito von Marzemino.

Colli di Conegliano Torchiato di Fregona DOC. Weißwein von Prosecco, Verdiso und Boschera.

Colli Euganei DOC. Rot-, Weiß- und Schaumwein. Provinz: Padua. Gemeinden: 17 südlich von Padua. Rebsorten, rot: Merlot 60–80 %, Cabernet franc, Cabernet Sauvignon, Barbera und Raboso veronese 20–40 %; weiß: Garganega 30–50 %, Serprina 10–30 %, Tocai und/oder Sauvignon 20–20 %, Pinella, Pinot bianco und Riesling italico bis zu 20 %. Moscato bianco kann Still- oder Schaumwein sein.

Der Wein aus den Colli Euganei war trotz seiner langen Geschichte früher recht flach, wird nun aber, da die Erzeuger das schöne Herbstwetter und die lange Reifeperiode ausnutzen, ernster genommen.

Gambellara DOC. Weißwein. Provinz: Vicenza. Gemeinden: Gambellara, Montebello Vicentino, Montorso, Zermeghedo. Rebsorten: Garganega 80–90%, Trebbiano di Soave bis zu 20%. Höchstertrag: 98 hl/ha (87 hl/ha für Classico). Auch als Recioto di Gambellara und als Vin Santo di Gambellara mit zwei Jahren Reifezeit.

Der östliche Nachbar des Soave, den man durchaus einmal probieren kann. Die Recioto-Version ist süß (und manchmal perlend), der Vin Santo süß und stark.

Lessini Durello DOC. Weißwein. Provinzen: Verona, Vicenza. Gemeinden: 7 in Verona, 21 in Vicenza. Rebsorten: Durello mind. 85%, Garganega, Trebbiano di Soave, Chardonnay und Pinot nero bis zu 15%.

Stahlige trockene Weine in stiller und schäumender Version.

Lison-Pramaggiore DOC. Rot- und Weißwein. Provinzen: Venedig, Treviso, Pordenone. Gemeinden: 11 in Venedig, 2 in Treviso, 5 in Pordenone. Rebsorten: Chardonnay, Pinot bianco und grigio, Riesling italico, Sauvignon, Tocai italico, Verduzzo, Cabernet franc und Sauvignon, Merlot, Refosco del Peduncolo Rosso.

Die DOC umfasst die ehemaligen Erzeugungsgebiete Tocai di Lison, Cabernet und Merlot di Pramaggiore. Es werden zwölf Weintypen produziert; Pinot bianco und Riesling italico sind auch als Spumante zugelassen.

Merlot Die Hauptrotweintraube im östlichen Venetien ist in den wichtigsten DOC-Bereichen anerkannt, wird aber oft auch ohne offizielle Klassifizierung verarbeitet. Die besten Merlot-Weine sind dunkel und angenehm fruchtig, häufig mit strengen Noten im Abgang. Andere Beispiele sind leichter und geben sich grasig.

Montello e Colli Asolani DOC. Rot- und Weißwein. Provinz: Treviso. Gemeinden: 17. Rebsorten: Prosecco für Weißwein, Cabernet-Sorten oder Merlot für Rotwein (Beimengungen bis zu 15% erlaubt).

DOC mit kleinen Mengen Cabernet, etwas mehr Merlot und Prosecco, der meist perlend und häufig süß ist. Die Hügel um Asolo waren bei den venezianischen Adligen als Sommerfrische beliebt und sind berühmt für die Villen des Architekten Palladio. Das bekannteste Weingut der Gegend ist Venegazzù (siehe dort).

Piave oder **Vini del Piave** DOC. Rot- und Weißwein. Provinzen: Venedig, Treviso. Gemeinden zwischen Conegliano und der Adria: 50 in Treviso, 12 in Venedig. Rebsorten: Cabernet, Merlot, Pinot bianco, Pinot grigio, Pinot nero, Raboso, Tocai oder Verduzzo.

Das riesige Gebiet erstreckt sich entlang des Laufs der Piave, die bei Jesolo nördlich von Venedig ins Meer mündet. Cabernet und Merlot gedeihen hier gut und erbringen recht trockene Weine, denen eine längere Lagerung gut tut. Die Weißweine sollten hingegen jung getrunken werden.

Pinot bianco, grigio, nero In Venetien werden alle drei Pinot-Trauben angebaut, doch keine von ihnen erreicht ein so hohes Qualitätsniveau wie weiter östlich im Friaul. Guter Pinot Spumante wird von Maculan erzeugt, Chardonnay Spumante von Venegazzù (siehe jeweils dort).

Pramaggiore Siehe Lison-Pramaggiore.

Prosecco di Conegliano-Valdobbiadene DOC. Weißwein. Provinz: Treviso. Gemeinden: Vadobbiadene, Conegliano, Vittorio Veneto und 12 weitere. Rebsorten: Prosecco 85–100%, Verdiso, Pinot bianco, Pinot grigio und Chardonnay bis zu 15% oder nur Verdiso bis zu 10%. Mindestalkoholgehalt: Frizzante 10,5%, Spumante 11%.

Die einheimische Prosecco-Traube erbringt einen recht herben, wenig reizvollen, gelblichen trockenen Wein, eignet sich aber gut für die Herstellung von vor allem süßem oder lieblichem Perl- und Schaumwein. Die Weine aus einem kleinen Kerngebiet in der Nähe von Valdobbiadene zeichnen sich durch ein feineres Gefüge und mehr Nachhaltigkeit am Gaumen aus und dürfen die Zusatzbezeichnung Superiore di Cartizze tragen. Im weiteren Sinne wird Prosecco überall in Italien als Synonym für weißen Perlwein verwendet.

Raboso del Piave Die in der Gegend heimische Raboso-Traube erbringt einen strengen Rotwein, den es zu probieren lohnt, vor allem wenn er 4–5 Jahre in der Flasche gelegen hat. Siehe Piave.

Recioto Siehe Valpolicella.

Soave und **Recioto di Soave** DOC(G). Weißwein. Provinz: Verona. Gemeinden: Soave und 12 weitere. Rebsorten: Garganega 70–90%, Chardonnay, Trebbiano di Soave und Trebbiano toscano bis zu 30%.

Der populärste Weißwein Italiens entsteht auf 5500 ha Rebland. Der einfache Name passt zu seiner einfachen Art: mild, leicht und angenehm zu trinken. Von einem guten Erzeuger und vor allem frisch bereitet, ist er ungemein verführerisch. Der DOC-Bereich liegt unmittelbar östlich von Valpolicella und trägt wesentlich zur Versorgung des durstigen Verona bei. Ein hügeliges Kerngebiet mit 1300 ha Rebland darf die Zusatzbezeichnung Classico führen. Es gibt Pläne, eine DOCG für Weine von ertragsarmen Anbauflächen sowie eine IGT mit höheren Ertragsgrenzen zu schaffen. Recioto di Soave ist eine konzentrierte, liebliche, körperreiche Version aus halbgetrockneten Trauben und ist als DOCG klassifiziert.

Tocai di Lison Siehe Lison-Pramaggiore.

Valpolicella – Recioto/Amarone della Valpolicella DOC. Rotwein. Provinz: Verona. Gemeinden: 19 in den Hügeln nördlich von Verona; die am weitesten westlich gelegenen fünf Gemeinden bilden den Classico-Bereich. Rebfläche: 5600 ha. Rebsorten: Corvina veronese 40–70%, Rondinella 20–40%, Molinara 5–25%, Rossignola, Negrara, Barbera und Sangiovese bis zu 15%. Recioto hat einen potenziellen Akoholgehalt von 14%, üblich sind jedoch 12%.

Das Qualitätsspektrum ist bei Valpolicella ähnlich wie bei Chianti so breit, dass man es schwer auf einen Nenner bringen kann. In Bestform ist Valpolicella einer der verführerischsten leichten Rotweine Italiens, erinnert stets an Kirschen und vereint Geschmeidigkeit mit Lebendigkeit und der leichten Bittermandelnote im Abgang, die fast alle roten Gewächse Nordostitaliens auszeichnet. Der Valpolicella im Regal der Supermärkte ist oft ein armseliges, blasses, lasches Getränk. Der Classico ist besser: Die Spitzenlagen befinden sich in den mit Villen gesprenkelten Hügeln, die im Süden und Westen von der Etsch begrenzt werden, auf deren anderer Seite der Bereich Bardolino liegt.

In Verona wird bei jedem festlichen Anlass zum krönenden Abschluss eine Flasche Recioto serviert, entweder in der süßen Form oder in der wuchtigen, trockenen, samtigen, aber manchmal strengen Amarone-Version. Recioto wird von ausgelesenen Trauben bereitet, die teilweise getrocknet werden, um den Zuckergehalt zu erhöhen, und im neuen Jahr einem langsamen Gärungsprozess unterzogen werden. Wird die Gärung bis zum »bitteren Ende« durchgezogen, entsteht Amarone. Dieser lange in Vergessenheit geratene Wein erlebt inzwischen ein stürmisches Comeback, und neuere Versionen bieten Fülle ohne Strenge. Recioto gibt es auch als Spumante.

Venegazzù della Casa Das Gut des Conte Loredan (siehe dort) im DOC-Bereich Montello e Colli Asolani ist hauptsächlich für den nicht unter die DOC fallenden Bordeaux-artigen Cabernet Merlot Verschnitt berühmt, den man mit einem kraftvollen, rustikalen St-Emilion vergleichen könnte, sowie für den Spumante *metodo tradizionale*.

Die führenden Erzeuger in Venetien

Allegrini ☆☆☆–☆☆☆☆
Fumane di Valpolicella, Verona. www.allegrini.it
Walter, Marilisa und Franco, die drei Kinder des verstorbenen Giovanni Allegrini, betreiben heute das Gut mit Spitzenlagen im Valpolicella-Classico-Bereich. Für den »Palazzo della Torre« werden an Pergolen erzogene Reben nach der Ripasso-Methode verarbeitet. »La Grola« ist ein fassgereifter Valpolicella ohne Ripasso. »La Poja« kommt aus einer ausschließlich mit Corvina bestockten Lage auf der Spitze eines Hügels und ist einer der elegantesten Rotweine Italiens. Auch ausgezeichneter Recioto und Amarone.

Anselmi ☆☆–☆☆☆
Monteforte d'Alpone, Verona
Roberto Anselmi leistete Pionierarbeit bei der Erzeugung von erstklassigem Soave, verwendete als einer der Ersten Barriques (für den Cru »Capital Croce«) und schuf »I Capitelli«, einen Recioto di Soave, der in seiner Fülle einem Sauternes gleichkommt. Seit 1986 produziert er einen feinen Cabernet Sauvignon namens »Realdà«.

Bertani ☆☆–☆☆☆
Arbizzano di Negrar, Verona. 200 ha. www.bertani.net
Der 1857 gegründete Familienbetrieb erzeugt ein breites Spektrum an Weinen aus Anbaugebieten um Verona. Von dem eigenen Rebland und zugekauften Trauben bereitet das traditionsreiche Weingut mustergültige Weine, v. a. Valpolicella, Recioto Spumante, den Cabernet »Albion« von dem Gut Villa Novare und klassischen Amarone.

Bolla ☆–☆☆
Verona
Der 1883 in Soave gegründete Betrieb wurde 1999 von dem amerikanischen Unternehmen Brown-Forman erworben. Von über 400 Winzern werden Trauben angekauft und in hochmodernen Anlagen in der Umgebung von Verona zu rund 2,5 Mio. Kisten Wein verarbeitet. Bolla, in den USA gleichbedeutend mit Soave, hat mit der Sergio-Bolla-Stiftung aber auch eine führende Rolle in der Weinbauforschung inne. Zum Besitz gehört zudem die Schaumweinkellerei Valdo in Valdobbiadene. Bolla erzeugte als einer der Ersten Einzellagenweine, deren Qualität die der normalen Abfüllungen um einiges übersteigt.

Corte Sant'Alda ☆☆☆
Mezzane di Sotto, Verona. 15 ha. www.santalda.it
Das Gut wird seit 1978 von Marinella Camerani geführt. Sie erzeugt sehr guten Barrique-gereiften Valpolicella, üppigen Amarone und guten Recioto. Aufgrund der geringen Mengen sind die Preise gesalzen.

Romano dal Forno ☆☆☆☆
Cellore di Illasi, Verona
Seit 1983 hat sich dal Forno nach dem Vorbild des großen Quintarelli (siehe dort) zu einem der ehrgeizigsten Erzeuger von Valpolicella und Amarone – mit winzigen Produktionsmengen – entwickelt. Die meisten Weine werden in französischer Eiche ausgebaut. Sie sind teuer, vom Stil her umstritten, aber herrlich konzentriert.

Gini ☆☆☆
Monteforte d'Alpone, Verona
Familie Gini erzeugt eine Reihe frischer, cremiger Soave-Weine, auch Recioto, von ausgelesenen Trauben, die entweder in Tanks oder in Barriques ausgebaut werden. Der Pinot nero ist äußerst vielversprechend.

Guerrieri-Rizzardi ☆☆–☆☆☆
Bardolino, Verona. 80 ha.
Im 18. Jh. gegründeter Familienbetrieb mit einem kleinen, aber interessanten Museum. Von den Rebflächen in Bardolino, Valpolicella und Soave entstehen schöne, anmutige Veroneser Weine. Der Bardolino ist wunderbar lebendig und einer der besten der hellen Art.

Inama ☆☆–☆☆☆
San Bonifacio, Verona. www.inamaaziendaagricola.it
Giuseppe und Stefano Inama sind schnell in die Spitzenriege der Soave-Erzeuger aufgestiegen und ebenso erfolgreich mit sortenreinem Sauvignon und Chardonnay. Kurioserweise ensteht ihr bester Wein, »Vigneto du Lot«, auf einem ertragreichen Weinberg, der von dem australischen Weinbau-Guru Richard Smart angelegt wurde.

Lamberti ☆☆
Lazise, Verona. 170 ha. www.giv.it
Gehört zum Konzern Gruppo Italiano Vini. Von eigenem Weinbergbesitz in Bardolino und Valpolicella sowie zugekauften Trauben werden Rot- und Weißweine guter kommerzieller Qualität erzeugt. Außerdem leistete Lamberti Pionierarbeit beim Bardolino Novello.

Maculan ☆☆☆☆
Breganze, Vicenza
Fausto Maculan ist ohne Frage Venetiens vielseitigster Erzeuger. Er beweist sein feines Händchen bei Cabernet Sauvignon (der »Fratta« ist überragend), Merlot und dem in Eiche ausgebauten Chardonnay »Ferrata«, erzeugt jedoch auch tadellose sortenreine Weine von Pinot grigio, Pinot nero und der einheimischen Vespaiolo-Traube. Vespaiolo ist auch die Hauptzutat in dem berühmten Barrique-gereiften Süßwein »Torcolato« und im von edelfaulen Trauben bereiteten »Acini Nobili«.

Masi ☆☆☆
Gargagnago, Verona. www.masi.it
Der Wissenschaftler Sandro Boscaini steht diesem herrlichen Weingut vor. Seit vielen Jahren ist der »Campo Fiorin« ein mustergültiges Beispiel für einen Valpolicella Ripasso; die Recio-

to- und Amarone-Crus sind stets hervorragend. Boscaini widmet seine Forschungstätigkeit auch einheimischen, teilweise fast ausgestorbenen Reben und hat ihnen in Weinen wie dem »Osar« auf Oseleta-Basis und dem »Grandarella« von halbgetrockneten Refosco- und anderen Trauben neue Geltung verschafft. Der dunkelrote »Toar« ist eine weitere Ripasso-Version von Valpolicella. Der Betrieb ist auch für die Vermarktung der ausgezeichneten Weine von Serego Alighieri zuständig.

Pieropan ☆☆☆–☆☆☆☆
Soave, Verona. www.pieropan.it

Leonildo Pieropan geht im Weinbau und bei der Weinbereitung keine Kompromisse ein. Sein erstklassiger Soave »La Rocca« ist so gut, wie Soave nur irgend sein kann, und der »Calvarino« ist ihm dicht auf den Fersen. Köstlicher Recioto di Soave und andere Spätlesen runden das Angebot ab.

Quintarelli ☆☆☆☆
Negrar, Verona

Niemand erzeugt feineren Recioto und Amarone mit mehr Geschmackstiefe als der bescheidene Giuseppe Quintarelli. Die Qualität beginnt im Weinberg mit Trauben, die reichhaltig genug sind, um die Trocknung zu überstehen, und geht weiter mit einer verlängerten Gärungsphase und einem jahrelangen Ausbau in großen Fässern. Der individuellste unter den handgearbeiteten Weinen ist der Amarone »Alzero« von Cabernet franc, doch selbst das einfachste Quintarelli-Gewächs hat noch eine ausgeprägte Persönlichkeit.

Le Ragose ☆☆–☆☆☆☆
Arbizzano, Verona. 15 ha. www.leragose.com

Maria Marta Galli erzeugt zusammen mit ihrem Mann Arnaldo eindrucksvollen, überaus beständigen Valpolicella und Amarone von eigenem Weinbergbesitz.

Santa Margherita ☆
Fossalta di Portogruaro, Venedig

Sehr großer Betrieb, der Weine aus allen Anbaugebieten in Nord- und Nordostitalien produziert. Der ehemals führende Erzeuger von Pinot grigio hat jedoch seine Spitzenstellung verloren. Einer der etwas ungewöhnlicheren Weine ist ein fruchtiger Malbec.

Cantina di Soave ☆
Soave, Verona. 3500 ha. www.cantinasoave.it

Zweifellos der größte Soave-Erzeuger mit 1200 Mitgliedern und Rebland, das zu 80 % im Bereich Soave liegt. Daneben werden Valpolicella, Bardolino und Schaumweine erzeugt. In den letzten Jahren war ein gewisser Qualitätsanstieg zu verzeichnen, doch den Weinen fehlt es häufig an Persönlichkeit.

Tedeschi ☆☆☆
Pedemonte, Verona. www.tedeschiwines.com

Renzo Tedeschi und seine Familie sind Meister aller Arten von Valpolicella. Seine Spitzenweine enthalten sowohl Corvinone als auch Corvina, was sie von den meisten anderen Valpolicella-Gewächsen abhebt. Valpolicella Ripasso »Capitel San Rocco« und »Rosso della Fabriseria« auf Corvina-Basis sind ebenfalls köstlich.

Venegazzù – Conte Loredan-Gasparini ☆☆
Volpago del Montello, Treviso. 80 ha. www.venegazzu.com

Das Gut wurde 1950 von Piero Loredan, Abkömmling einer venezianischen Dogenfamilie, gegründet und 1974 an Giancarlo Palla verkauft. Zu den feinen Rotweinen gehören der »Venegazzù della Casa« und der »Capo di Stato«: Bordeaux-Verschnitte mit großartigem Charakter und außerordentlicher Klasse, vergleichbar mit einem vollen, nicht unbedingt vornehmen St-Emilion. Nach einer längeren Flaute deutet sich jetzt ein Wiederaufschwung an.

Zonin ☆–☆☆☆☆
Gambellara, Vicenza. 1800 ha. www.zonin.it

Der 1821 gegründete Familienbetrieb darf mit seinem riesigen Landbesitz und einer jährlichen Produktion von 3 Mio. Kisten für sich in Anspruch nehmen, die größte Privatkellerei Italiens zu sein. Das Stammhaus befindet sich in Venetien, doch seine elf Güter sind über ganz Norditalien verteilt; am bekanntesten sind Castello d'Albola im Chianti-Classico-Bereich und Ca' Bolani im Friaul. Zonin ist einer der wenigen Erzeuger von Recioto di Gambellara.

Weitere Erzeuger in Venetien

Adami ☆–☆☆
Cobertaldo di Vidor, Treviso. www.adamispumante.it

Verlässlicher Erzeuger von Prosecco und Cartizze, beide *frizzante* oder schäumend.

Bepin de Eto ☆–☆☆
San Pietro di Feletto, Treviso

Ein bedeutender Erzeuger von Rot- und Weißweinen verlässlicher Qualität aus den Colli di Conegliano.

Desiderio Bisol ☆☆
Santo Stefano di Valdobbiadene, Treviso

Ein zu Recht renommierter Erzeuger von Cartizze und Prosecco di Valdobbiadene.

Boscaini ☆☆
Valgatera, Verona. www.boscaini.it

Die Familie Boscaini bereitet seit 1978 für ihre Art typische Weine aus den meisten Anbaugebieten rund um Verona.

Brigaldara ☆☆–☆☆☆
San Pietri in Cariano, Verona

Stefano Cesari ist ein kompetenter Spezialist für Amarone und Recioto.

Brunelli ☆☆–☆☆☆
San Pietri in Cariano, Verona

Luigi Brunelli bereitet alle Arten von Valpolicella in Spitzenqualität.

Tommaso Bussola ☆☆☆
Negrar, Verona

Spezialist für erstklassigen Recioto und Amarone.

Ca' La Bionda ☆☆
Marana di Valpolicella, Verona

Weniger berühmt als andere Valpolicella-Güter, aber ein Lieferant gut bereiteter Weine aller Stilrichtungen.

Ca' Lustra ☆
Cinto Euganeo, Padua.
www.calustra.it

Gute Adresse für sortenreine Weine aus den Colli Euganei.

Ca' del Monte ☆☆
Negrar, Verona
Verlässliche Quelle für Valpolicella und Amarone.

Ca' Rugate ☆☆–☆☆☆
Monteforte, Verona. www.carugate.it
Seit 1986 hat sich die Familie Tessari in die Spitzenriege der Erzeuger von Soave Classico hinaufgearbeitet.

Canevel ☆
Valdobbiadene, Verona. www.canevel.it
Sehr verlässlicher Prosecco.

La Cappuccina ☆☆–☆☆☆
Monteforte d'Alpone, Verona. www.lacappuccina.it
Guter Soave und ungewöhnlicher Barrique-gereifter Cabernet franc »Campo Buri«.

Carpenè Malvolti ☆
Conegliano, Treviso
Der Familienbetrieb wurde 1868 von Etile Carpenè gegründet und wird heute von dessen Nachkommen geleitet. Ein führender Name in der italienischen Schaumweinherstellung, doch die Qualität der Produkte ist selten überragend.

Case Bianche ☆
Pieve di Soligo, Treviso
Ansprechender Prosecco und weißer Colli di Conegliano.

Castellani ☆☆–☆☆☆
Marano di Valpolicella, Verona
Sergio Castellani erzeugt guten Valpolicella Ripasso und einen üppigen Recioto.

Cantina del Castello ☆☆–☆☆☆
Soave, Verona. www.cantinacastello.it
Arturo Stocchettis Soave ist sehr sorgfältig bereitet, v. a. der fassgereifte »Acini Soavi«.

Cavalchina ☆–☆☆
Sommacampagna, Verona
Guter Bianco di Custoza und Merlot vom Gardasee.

Coffele ☆☆
Soave, Verona. www.coffele.it
Aufstrebender mittelgroßer Betrieb mit verlässlichem Soave.

Col Vetoraz ☆☆
Santo Stefano di Valdobbiadene, Treviso
Sehr verlässlicher Prosecco und Cartizze.

Villa dal Ferro – Lazzarini ☆☆
San Germano dei Berici, Vicenza
Die Weinberge und Keller dieser Villa aus dem 16. Jh. wurden liebevoll restauriert und sind nun eine gute Quelle für Weiß- und Rotweine aus den Colli Berici.

Foss Marai ☆
Valdobbiadene, Treviso. www.fossmarai.it
Verlässliche Produktion von Prosecco und Cartizze.

Fraccaroli ☆
San Peschiera del Garda, Verona. www.fraccarolivini.it
Guter Lugana.

Le Fraghe ☆☆–☆☆☆
Cavaion Veronese, Verona.
www.fraghe.it
Ein kleines Gut mit schönem Bardolino und einem kraftvollen Cabernet (franc und Sauvignon) namens »Quaiare«.

Nino Franco ☆☆
Valdobbiadene, Treviso
Der 1919 gegründete und heute von Primo Franco geführte Betrieb erzeugt ausgezeichneten Cartizze und Prosecco di Valdobbiadene (Still- und Schaumwein).

Lonardi ☆☆
Marano di Valpolicella, Verona. 7 ha.
www.lonardivini.it
Guter traditioneller Valpolicella und Amarone.

Masottina ☆☆
Castello Roganzuolo, Treviso. www.masottina.it
Guter Prosecco sowie rote und weiße Verschnitte aus den Colli di Conegliano.

Roberto Mazzi ☆☆
Sanperetto Negrar, Verona
Der Amarone ist meist der Spitzenwein dieses kleinen Guts.

Merotto ☆☆–☆☆☆
Col San Martino, Treviso. www.merotto.it
Hier werden v. a. Prosecco und Cartizze, aber auch ein körperreicher Cabernet namens »Rossodogato« erzeugt.

La Montecchia ☆☆
Selvazzano Dentro, Padua
Gute Weine aus den Colli Euganei und rarer Fior d'Arancio Passito.

Montresor ☆☆–☆☆☆
Verona. www.montresorwines.com
Der alteingesessene, große Betrieb erzeugt ein breites Spektrum regionaler Weine mit hohem Qualitätsstandard.

Musella ☆☆
San Martino Buon Albero, Verona. www.musella.it
Außer für guten Amarone ist Musella wohl v. a. für den Corvina-Cabernet-Verschnitt »Monte del Drago« bekannt.

Pasqua ☆☆
Verona. www.pasqua.it
Erzeugt 18 Mio. Flaschen Valpolicella und andere Weine, immer verlässlich, selten überragend.

Piovene ☆☆
Porto Godi Villaga, Vicenza
Kleiner Erzeuger von immer schmackhafteren sortenreinen Rot- und Weißweinen aus den Colli Berici.

Umberto Portinari ☆☆–☆☆☆
Monteforte d'Alpone, Verona. 4 ha
Überragender Soave eines sehr kleinen Betriebs.

Prà ☆☆–☆☆☆
Monteforte d'Alpone, Verona
Ausgezeichneter Soave, v. a. »Monte Grande« aus einer Einzellage.

Raimondi ☆☆–☆☆☆
Gargagnago, Verona

Das kleine Gut wurde erst vor kurzem gegründet, produziert aber schon feinen Valpolicella und Amarone.

Castello di Roncade ☆
Roncade, Treviso

Imposante Festung, in der ein hochwertiger Cabernet-Merlot-Verschnitt erzeugt wird.

Ruggeri ☆☆
Valdobbiadene, Treviso. www.ruggeri.it

Ausgezeichneter Prosecco und ein rarer Marzemino Spumante.

Le Salette ☆☆
Fumane, Verona

Die Familie Scamperle ist seit langem ein verlässlicher Lieferant für Valpolicella, Amarone und Recioto.

Le Vigne di San Pietro ☆☆–☆☆☆
Sommacampagna, Verona

Der Besitzer Carlo Nerozzi erzeugt anmutigen Bardolino und Bianco di Custoza sowie den eichigen Cabernet Sauvignon »Refolà«.

Tenuta Sant'Antonio ☆☆–☆☆☆
Colognola ai Colli, Verona

Aufstrebendes Valpolicella-Gut mit köstlichem Recioto, intensivem Cabernet Sauvignon und einem raren Chardonnay Passito.

Santa Sofia ☆–☆☆
Pedemonte, Verona. www.santasofia.com

Dieses Gut bietet eine reichliche Auswahl an Weinen – Valpolicella, Soave, Bardolino – verlässlicher Qualität; der Amarone kann herausragend sein.

Santi ☆☆
Illasi, Verona, www.giv.it

Die 1843 gegründete Kellerei gehört inzwischen zum Konzern Gruppo Italiano Vini. Überraschend guter Soave und Lugana.

Sartori ☆–☆☆
Negrar, Verona.
www.sartoriwinery.com

Trotz der stolzen Produktionsmenge von fast 1 Mio. Kisten sind die Weine, v. a. der Amarone, oft eindrucksvoll und von fester Struktur.

Serafini & Vidotto ☆☆–☆☆☆
Nervesa della Battaglia, Treviso

Erstklassiger Erzeuger im Piave-Gebiet mit köstlichen Bordeaux-Verschnitten.

Speri ☆☆–☆☆☆
Pedemonte, Verona. www.speri.com

Valpolicella und Amarone stetig steigender Qualität.

Suavia ☆☆–☆☆☆
Soave, Verona. www.suavia.it

Giovanni Tessari erzeugt geringe Mengen von köstlichem Soave aus verschiedenen Einzellagen.

Tommasi ☆☆
Pedemonte, Verona. 45 ha. www.tommasiwine.it

Dario Tommasis Gut hat sich in letzter Zeit sehr verbessert und erzeugt einen Amarone verlässlicher Qualität.

Valdo ☆☆
Valdobbiadene, Treviso. www.valdo.com

Im Besitz von Bolla (siehe dort); guter Prosecco.

Cantina Produttori di Valdobbiadene ☆–☆☆
Valdobbiadene, Treviso. www.valdoca.com

Die große, aber verlässliche Genossenschaft produziert rund 5 Mio. Flaschen Cartizze und Prosecco.

Venturini ☆☆
San Floriano, Verona

Kleiner, bisweilen unterschätzter Erzeuger von Valpolicella und Amarone.

Vignalta ☆☆
Torreglia, Padua

Wunderschöne Rotweine auf Merlot-Basis aus den Colli Euganei.

Viviani ☆☆☆
Negrar, Verona

Ausgezeichneter Recioto und Amarone, aber leider in geringen Mengen – nur etwa 40 000 Flaschen – erzeugt und deshalb schwer aufzutreiben.

Zardetto ☆☆
Conegliano, Treviso

Der 1969 gegründete Betrieb hat sich mit Cartizze und Prosecco einen Namen gemacht.

Zenato ☆–☆☆☆
Peschiera del Garda, Verona

Das bekannte Gut am Ufer des Gardasees erzeugt ausgezeichneten Lugana und Valpolicella.

Friaul–Julisch Venetien

Die DOC-Regelungen in Friaul–Julisch Venetien zeichnen sich durch eine Übersichtlichkeit aus, die wohl darauf zurückzuführen ist, dass es erst vor relativ kurzer Zeit als einer der Hauptakteure des italienischen Weinbaus hervorgetreten ist. Einer Einteilung in geographische Gebiete, deren Weine nach Rebsorten benannt sind, standen daher kaum Traditionen im Wege.

Sechs Anbauzonen und rund ein Dutzend Rebsorten sorgen dennoch für eine verwirrende Vielzahl von Weinen. Man kann sie leichter einordnen, wenn man weiß, dass es eine sehr große DOC gibt, die sich auf fast die ganze Region erstreckt, ferner zwei erstklassige Hügelgebiete, die das Wort »Colli« im Namen tragen, und drei kleinere, neuere Bereiche mit geringerer Bedeutung in der Küstenebene.

Die große DOC heißt Friuli Grave (oder Grave del Friuli); sie zieht sich durch das gesamte Hinterland von der Grenze zu Venetien ostwärts bis über Udine hinaus, wo die Alpen bis nach Triest hinunterreichen. Die Hügel um Gorizia (Görz) direkt an der slowenischen Grenze sind das älteste und beste Anbaugebiet der Region, heute schlicht Collio genannt. Nördlich davon liegt die DOC Colli Orientali del Friuli (»östliche Hügel des Friaul«) mit ähnlichen Anbaubedingungen. Die Küstenbereiche sind, von Westen nach Osten, Latisana, Aquileia und Isonzo; letzterer grenzt an das Collio und gilt als der vielversprechendste der drei. In den DOCs an der Küste wird vorwiegend Rotwein erzeugt, während die Hügelgebiete ihren Ruf vor allem dem Weißwein verdanken, ob er nun von traditionellen Trauben wie Tocai friulano, Malvasia, Picolit und Verduzzo stammt oder von den Importreben Pinot bianco und grigio, Sauvignon blanc und Rheinriesling.

Neben Südtirol ist das Friaul wohl die Region mit den besten Weißweinen, insbesondere die Gebiete abseits der wärmeren Küste. Natürlich kam auch hier Ende der 1980er-Jahre der Ausbau in Barriques in Mode, doch die friaulischen Weißweine haben im Bestfall einen so reintönigen Geschmack, dass die Fassreifung häufig überflüssig erscheint. Die Region ist auch für ihre zarten Süßweine bekannt und macht sich zunehmend einen Namen mit Rotweinen von Merlot und anderen Rebsorten. Der Qualitätsstandard ist in den hügeligen Bereichen durchweg sehr hoch, und es werden hohe Preise erzielt.

Die Weine von Friaul–Julisch Venetien

Carso DOC. Rot- und Weißwein. Provinzen: Gorizia (Görz), Triest. Gemeinden: jeweils 6 in den genannten Provinzen. Rebsorten: Terrano (85%), Pinot nero und Piccola Nera bis zu 15%, Malvasia istriana (85%), andere zugelassene helle Sorten bis zu 15%.

Kleines Hügelgebiet. Carso und Carso Terrano sind praktisch dasselbe: Beide Weine werden vorwiegend von Terrano (einer mit Refosco verwandten Traube) erzeugt. Der Carso Malvasia ähnelt den von Malvasia istriana gekelterten Weinen anderer DOCs.

Collio oder **Collio Goriziano** DOC. Weiß- und Rotwein. Provinz: Gorizia (Görz). Gemeinden: westlich von Gorizia (Görz). Rebsorten: Riesling italico, Sauvignon, Tocai friulano, Traminer aromatico, Malvasia istriana, Merlot, Pinot bianco, Pinot grigio, Pinot nero, Cabernet franc, Cabernet Sauvignon, Chardonnay, Müller-Thurgau, Picolit, Ribolla gialla, Riesling renano.

Eine DOC mit einer solchen Vielfalt von Weinen und Stilen, dass man unwillkürlich an Kalifornien denkt. Die fruchtigen, früh reifenden Rotweine von Bordeaux-Trauben sind nicht so interessant wie die weißen Spezialitäten, vor allem der würzige Tocai sowie Pinot bianco und Pinot grigio, deren beste Vertreter eine geradezu ungarische »Steifheit« und Stärke mit echter Delikatesse ausgleichen. Lehm- und Kalksteinböden überwiegen. Collio ohne Rebsortenbezeichnung ist ein leichter trockener Weißwein von Ribolla und anderen einheimischen Trauben. Der Pinot bianco enhält manchmal Chardonnay und kann sich nach Fassalterung zu burgundischer Fülle entfalten.

Colli Orientali del Friuli DOC. Weiß- und Rotwein. Provinz: Udine. Gemeinden: 14. Rebsorten: Tocai friulano, Verduzzo, Ribolla, Pinot bianco, Pinot grigio, Sauvignon, Riesling renano, Picolit, Merlot, Cabernet, Pinot nero, Refosco, Malvasia istriana, Schioppettino. Rebfläche: 2000 ha.

Die an das Collio angrenzende DOC mit ähnlichen Weißweinen ist vielleicht nicht ganz so prestigeträchtig, außer beim einheimischen Verduzzo (siehe dort) und dem raren weißen Dessertwein Picolit (siehe dort). Merlot und Tocai sind im Anbau am weitesten verbreitet. Die prachtvollen rustikalen Rotweine Refosco und Cabernet sind besser als die Collio-Rotweine. Siehe auch Verduzzo.

Friuli Annia DOC. Rot-, Weiß- und Roséwein. Provinz: Udine. Gemeinden: 8 an der südlichen Küste. Rebsorten: Cabernet franc, Cabernet Sauvignon, Refosco, Tocai, Pinot bianco, Pinot grigio, Verduzzo, Traminer, Sauvignon, Chardonnay, Malvasia.

1995 eingeführte DOC. Noch nicht so glanzvoll wie F. Aquileia oder F. Latisana und wahrscheinlich am besten bei jung zu trinkenden Weiß- und Rotweinen.

Friuli Aquileia DOC. Rot- und Weißwein. Provinz: Udine. Gemeinden: Aquileia und 17 weitere. Rebsorten: Merlot, Cabernet, Refosco, Tocai friulano, Pinot bianco, Pinot grigio, Riesling renano, Sauvignon, Traminer aromatico, Verduzzo.

Die nach der alten römischen Stadt benannte DOC deckt das breit gestreute Angebot der Genossenschaft in Cervignano und anderer Weingüter ab. Das Land ist flach, das Klima mild und das Qualitätsbewusstsein eben erst erwacht. Leichte, fruchtige Rotweine wie Cabernet und Merlot sind am vielversprechendsten.

Friuli Grave DOC. Rot- und Weißwein. Provinzen: Udine, Pordenone. Rebsorten: Merlot, Cabernet, Refosco, Tocai, Pinot bianco, Pinot grigio, Verduzzo, Riesling renano, Pinot nero, Sauvignon, Traminer aromatico, Chardonnay. Rebfläche: 6000 ha.

Größte DOC der Region, deren Produktion zur Hälfte aus Merlot besteht. Grave Merlot ist weich, dunkel und trocken mit einem Anflug von Grasigkeit – nicht so gut wie der Cabernet Sauvignon, der sich durch mehr Persönlichkeit und Lebendigkeit auszeichnet, und auch nicht so gut wie der fruchtige, bittere Refosco. Grave Pinot bianco (manchmal Chardonnay) und Tocai können so gut sein wie die aus dem Collio.

Friuli Latisana DOC. Rot- und Weißwein. Provinz: Udine. Gemeinden: 12. Rebsorten: Merlot, Cabernet, Refosco, Tocai friulano, Pinot bianco, Pinot grigio, Traminer aromatico, Chardonnay, Verduzzo friulano.

In dieser DOC haben Merlot, Cabernet Sauvignon und Tocai das Sagen, aber der Refosco ist robuster und langlebiger.

Isonzo DOC. Weiß- und Rotwein. Provinz: Gorizia (Görz). Gemeinden: 20 um Gradisca d'Isonzo. Rebsorten: Tocai, Sauvignon, Malvasia istriana, Pinot bianco, Pinot grigio, Verduzzo friulano, Traminer aromatico, Riesling renano, Merlot, Cabernet, Chardonnay, Franconia, Pinot nero, Refosco dal Peduncolo Rosso. Verschnitte: Bianco, Rosso und Pinot Spumante. Rebfläche: 1000 ha.

Der DOC-Bereich zwischen dem Collio und dem Golf von Triest ist ebenfalls auf Merlot spezialisiert, der hier besser ausfallen kann als in der DOC Friuli Grave, sowie auf jung zu trinkenden Cabernet. Die Weißweine sind leicht und gefällig, aber der Qualitätsstandard ist selten so hoch wie im Collio.

Picolit Die in den Colli Orientali del Friuli heimische Traube liefert einen Dessertwein, der im 19. Jh. ebenso berühmt und beliebt war wie der Constantia vom Kap, aber im Gegensatz zu diesem bis heute überlebt hat. Der Wein ist wuchtig, geschmeidig, fast dickflüssig und nicht unbedingt sehr süß, hat aber den für die Region typischen leicht bitteren Nachgeschmack.

Was ich von diesem Wein bisher kostete, war eindeutig noch zu jung, um das grandiose Bukett und die Geschmacksfülle bieten zu können, von denen andere berichten. Er ist selten und außerordentlich teuer – meist zu teuer.

Schioppettino Die in den Colli Orientali del Friuli heimische dunkle Traube liefert Weine, die etwas von der kraftvollen Fruchtigkeit eines guten Barbera aus dem Piemont haben.

Verduzzo Die einheimische helle Traube wird entweder zu einem frischen, trockenen, gut zu Fisch passenden Wein verarbeitet oder zu einer Art Recioto, einem lieblichen Wein von teilrosinierten Trauben: am bekanntesten ist der DOCG Ramandolo aus den Colli Orientali.

Verduzzo ist übrigens nicht identisch mit Verdiso, einer hauptsächlich in Venetien angebauten Weißweintraube.

Die führenden Erzeuger in Friaul–Julisch Venetien

Collavini ☆–☆☆
Corno di Rosazzo, Udine. www.collavini.it
Manlio Collavini vertritt die dritte Generation von Winzern auf diesem berühmten Gut, das seine Trauben aus fast allen Teilen des Friaul bezieht. Die Qualität ist verlässlich, aber noch steigerungsfähig. Die besten Weine tragen den Namen »Collezione Privata«.

Livio Felluga ☆☆☆
Brazzano di Cormons, Gorizia (Görz). 135 ha.
www.liviofelluga.it
Der alteingesessene Familienbetrieb mit 160 ha Rebland, wovon 135 ha bewirtschaftet werden, besitzt vier verschiedene Güter. Der fassgereifte weiße Verschnitt »Terre Alte« ist sehr angesehen; Merlot Riserva und Picolit sind meist großartig, aber sehr teuer.

Marco Felluga – Russiz Superiore ☆☆–☆☆☆
Gradisca d'Isonzo, Gorizia (Görz). www.marcofelluga.it
Livio Fellugas (siehe dort) Bruder Marco gründete 1956 sein eigenes Unternehmen und 1967 das Gut Russiz Superiore. Außerdem gehören ihm zwei weitere Besitzungen, von denen das Castello di Buttrio das bekanntere ist.

Unter dem Namen Marco Felluga laufen die üblichen sortenreinen Weine und Verschnitte, etwa »Molamatta«, aus der DOC Collio; die Trauben werden zum Großteil von bewährten Zulieferern im Collio gekauft. Das Musterweingut Russiz Superiore verfügt über 60 ha terrassierte Weinberge. Hier haben Rotweine wie Cabernet franc und die »Riserva degli Orzoru« auf Cabernet-Sauvignon-Basis einen festen Platz neben den klassischen Weißweinen.

Walter Filiputti ☆☆☆
Rosazzo di Monzano, Udine
Nachdem er jahrzehntelang als Berater für die besten Erzeuger der Region tätig gewesen war, gründete der erfahrene Filiputti 1995 seinen eigenen Betrieb. Wie nicht anders zu erwarten, sind die Weine ausgezeichnet, aber teuer. »Ronco degli Agostiniani« ist ein in Barriques ausgebauter Weißwein auf Chardonnay-Basis, »Ronco dei Domenicani« sein rotes Pendant von Cabernet. Unter den Raritäten Filiputtis finden sich ein 100%iger Pignolo und ein Barrique-vergorener Picolit.

Jermann ☆☆☆☆
Villanova di Farra, Gorizia (Görz). 76 ha
Der 1880 gegründete und immer größer gewordene Familienbetrieb wird seit vielen Jahren von Silvio Jermann geführt. Bereits als junger Mann bewies Jermann sein feines Händchen für die Weißweinbereitung. Es sind Weine mit üppiger Frucht, aber perfekter Ausgewogenheit. Jermann erteilte den DOC-Regulierungen schon vor vielen Jahren eine Absage und erzeugt jetzt nur noch IGT-Weine. Neben einem tadellosen Sortiment von sortenreinen Weinen entstehen auch köstliche Verschnitte, z. B. der »Vinnae« auf Ribolla-Basis und der zu Recht gefeierte »Vintage Tunina« (von Chardonnay, Sauvignon, Malvasia, Ribolla, Picolit), dem man 23 ha der Rebfläche reserviert hat. Wer italienischen Weißweinen skeptisch gegenübersteht, sollte ihn unbedingt probieren. Jermann ist darüber hinaus auch ein Meister hintersinniger Namensgebung: Sein teurer fassgereifter Chardonnay war lange Zeit als »Where the Dreams Have No End …« bekannt und wurde mittlerweile in »Were Dreams, Now It Is Just Wine!« umbenannt. Trotz dieser Wortspielereien sind alle Weine ernsthafte, aber nie schwerfällige Tropfen.

Puiatti ☆☆–☆☆☆
Capriva del Friuli, Gorizia (Görz). www.puiatti.com
Giovanni Puiatti führt inzwischen den von seinem angesehenen Vater Vittorio gegründeten Betrieb. Etwas verwirrend ist, dass er zwei verschiedene Etiketten verwendet: bei Collio-Weinen »Puiatti«, bei Isonzo-Weinen »Giovanni Puiatti«. Die Puiattis sind überzeugte Verfechter von eichenfrei ausgebauten Weißweinen, und die Reihe »Archétipi« beweist, dass sich Weine auch in der Flasche gut entfalten können – wenn sie mit der Sorgfalt bereitet werden, die die Puiattis allen ihren Weinen angedeihen lassen.

Rocca Bernarda ☆☆☆
Ipplis, Udine. www.roccabernarda.com
Die Familie Perusini hat ihr Weingut dem Malteserorden vermacht. Der Qualität hat das keinen Abbruch getan: Es ist weiterhin einer der führenden Erzeugerbetriebe in den Colli Orientali del Friuli und eine äußerst verlässliche Quelle für sortenreine Weißweine und herrlichen Picolit.

Schiopetto ☆☆☆☆
Capriva del Friuli, Gorizia (Görz). www.schiopetto.it

1965 von Mario Schiopetto auf einem 30-ha-Gelände im Besitz des Erzbistums Gorizia (Görz) gegründet.

Schiopetto, dem inzwischen sein Sohn Giorgio zur Seite steht, ist einer der tüchtigsten und mutigsten Winzer Italiens. Seine Weißweine, v. a. Pinot bianco und Sauvignon, gehören zu den besten überhaupt. Bis auf wenige Ausnahmen sind sie nicht in Eiche ausgebaut und zeichnen sich durch einen bewundernswert reinen Geschmack aus.

Borgo del Tiglio ☆☆☆
Brazzano di Cormons, Gorizia (Görz)
Nicola Manferrari bereitet auf seinem kleinen Gut v. a. guten Tocai und Malvasia sowie feinen »Rosso della Centa« (Merlot/Cabernet). Spitzenreiter ist jedoch der kraftvolle weiße Verschnitt namens »Studio di Bianco« (Tocai/Riesling/Sauvignon).

Torre Rosazza ☆☆–☆☆☆
Oleis di Manzano, Udine. 80 ha
Das historische Gut in der DOC Colli Orientali del Friuli wurde ursprünglich von dem Versicherungskonzern Generali aufgebaut und stand unter der Leitung von Walter Filiputti. Inzwischen ist Donato Lanati hier Kellermeister wie auch auf dem anderen Gut des Unternehmens, Borgo Magredo (siehe dort). Die Rotweine sind erfolgreich, v. a. »Ronco della Torre« (Cabernet/Merlot) und »L'Altromerlot«.

Vie di Romans ☆☆☆
Mariano del Friuli, Gorizia (Görz). 30 ha
Gianfranco Gallo übernahm 1978 die Leitung dieses Isonzo-Guts und machte es zu einem der besten Erzeugerbetriebe im Friaul. (Gallo gab dem ursprünglich nach ihm selbst benannten Gut seinen heutigen Namen, nachdem ein gewisser kalifornischer Erzeuger ihn gerichtlich belangt hatte.) Die Weißweine sind ungemein gehaltvoll und ihr Alkoholgehalt erreicht in der Regel fast beunruhigende Höhen. Der Chardonnay wird zum Teil ohne Eiche, zum Teil in Barriques ausgebaut.

Le Vigne di Zamò ☆☆–☆☆☆
Manzano, Udine. www.levignedizamo.com
Ein neuer Stern am Himmel der Colli Orientali, dem der Berater Franco Bernabei zu Anerkennung verhalf. Tocai ist häufig der eindrucksvollste Wein, aber Tullio Zamò wirkt auch mit Malvasia Wunder.

Villa Russiz ☆☆☆
Capriva del Friuli, Gorizia (Görz).
www.villarussiz.it
Das 1869 von dem französischen Adligen Comte de la Tour gegründete Gut wird seit einigen Jahren von Gianni Menotti geführt. Ausgezeichnetes Sortiment von Collio-Weinen, u. a. außergewöhnlich eleganter Sauvignon, Chardonnay und Merlot.

Volpe Pasini ☆☆☆
Togliano di Torreano, Udine. 34 ha.
www.volpepasini.net
Das Gut ist heute im Besitz von Emilio Rotolo und wird von Riccardo Cotarella, einem der Top-Önologen Italiens, beraten. Tocai und Pinot bianco sind häufig die feinsten dieser Colli-Orientali-Weine, deren Spitzenriege unter dem Namen »Zuc di Volpe« herauskommt. »Le Roverelle« (Picolit/Sauvignon/Pinot bianco/Chardonnay) und der Merlot »Focus« sind besonders bemerkenswert.

Weitere Erzeuger in Friaul–Julisch Venetien

Angoris ☆–☆☆
Cormons, Gorizia (Görz)
Die Famlie Locatelli produziert gute Weißweine von ihrem Gut aus dem 17. Jh. in den Colli Orientali del Friuli.

Attems ☆
Lucinico, Gorizia (Görz)
Ein Gut, dessen Ursprünge auf das Mittelalter zurückgehen und das jetzt mit dem toskanischen Unternehmen Frescobaldi zusammenarbeitet. Zurzeit sind die Weine noch nicht besonders aufregend, doch die Zeichen stehen auf Besserung.

Beltrame ☆☆
Bagnaria Arsa, Udine
Ein führender Erzeuger in Friuli Aquileia mit schönen Rotweinen von Merlot und Tazzelenghe sowie fruchtigen Weißweinen.

Borgo San Daniele ☆☆☆
Cormons, Gorizia (Görz)
Füllige Weißweine, die auf ihrem feinen Hefesatz reifen, sowie weiße und rote Verschnitte mit dem Namen Arbis.

Rosa Bosco ☆☆–☆☆☆
Manzano, Udine
Nur zwei Weine: Sauvignon blanc und köstlicher Merlot »Boscorosso«.

Branko ☆☆–☆☆☆
Cormons, Gorizia (Görz)
Igor Erzetic erzeugt nur 2000 Kisten, u. a. recht eichige Weißweine und den Merlot »Red Branko«.

Buzzinelli ☆–☆☆
Cormons, Gorizia (Görz)
Gute Collio-Weißweine; wenn sie teilweise oder ganz im Fass ausgebaut wurden, tragen sie das »Ronc dal Luis«-Etikett.

Ca' Bolani ☆
Cervignano del Friuli, Udine. www.cabolani.it
Wie das nahe gelegene Ca' Vescovo und mehrere andere friaulische Güter mit insgesamt 600 ha im Besitz von Zonin (siehe Venetien). Ca' Bolani erzeugt vornehmlich stilvolle Aquileia-Weine guter Qualität.

Ca' Ronesca ☆☆
Dolegna del Collio, Gorizia (Görz). www.caronesca.it
Sergio Comunello erzeugt eine große Auswahl von sortenreinen Weinen und feinen Picolit.

La Castellada ☆☆☆–☆☆☆☆
Oslavia, Gorizia (Görz)
Giorgio und Nicolò Bensa produzieren feine Collio-Weißweine in winzigen Mengen.

Borgo Conventi ☆☆–☆☆☆
Farra d'Isonzo, Gorizia (Görz). www.borgoconventi.it
Das 1876 gegründete Gut in einem ehemaligen Kloster gehört Gianni Vescovo. Von dem großen Besitz werden frische Collio-Weißweine und ein eichiger Bordeaux-Verschnitt namens

»Braida Nuova« erzeugt. 2002 wurde das Gut an das toskanische Unternehmen Ruffino verkauft.

Dario Coos ☆☆
Ramandolo, Udine
Bekannt für eleganten Ramandolo und Picolit.

Girolamo Dorigo ☆☆–☆☆☆
Buttrio, Udine
Das bedeutende Gut arbeitet eng mit dem Önologen Roberto Cipresso zusammen. Konzentrierte Weißweine, v. a. Chardonnay, Tocai und Picolit, sind seine Stärke. Die Spitzenweine werden unter dem Namen »Ronc di Juri« abgefüllt.

Giovanni Dri ☆☆☆–☆☆☆☆
Ramandolo, Udine. www.drironcat.com
Auf dem 22-ha-Gut Il Roncat erzeugt Dri seit langem exquisite Süßweine: nicht nur Picolit, sondern auch den intensiven Ramandolo sowie gelegentliche Sonderabfüllungen.

Le Due Terre ☆☆–☆☆☆
Prepotto, Udine
Anders als die meisten Güter in den Colli Orientali del Friuli produziert dieses hauptsächlich rote und weiße Verschnitte, meist von einheimischen Reben.

Fantinel ☆–☆☆
Pradamano, Udine
Frische Collio-Weißweine. Gianfranco Fantinel gehört auch das Gut Santa Caterina, auf dem er ebenfalls eindrucksvollen Collio erzeugt.

Conti Formentini ☆☆
San Floriano del Collio, Gorizia (Görz). www.giv.it
Die Burg aus dem 16. Jh. samt Ländereien war lange im Besitz der Familie Formentini; seit 1996 gehört der Betrieb zum Konzern Gruppo Italiani Vini und bietet eine verlässliche Auswahl sortenreiner Collio-Weine. In der Burg befinden sich eine Enoteca, ein Restaurant und ein Museum.

Villa Frattina ☆☆
Ghirano, Pordenone
Ein führender Erzeuger in Lison-Pramaggiore.

Viticoltori Friulani – La Delizia
Casarsa della Delizia, Pordenone. 1500 ha
Die Genossenschaft produziert Weine aus den DOC-Bereichen Friuli Aquileia und Grave und ist außerdem in der Spumante-Herstellung tätig. Die jährliche Produktion beläuft sich auf über 1 Mio. Kisten.

Friulvini ☆
Zoppola, Pordenone. 600 ha. www.friulvini.it
Ein Zusammenschluss von fünf Genossenschaften im Bereich Friuli Grave. Weiche, gefällige Weine.

Isola Augusta ☆☆
Palazzolo della Stella, Udine. www.isolaugusta.com
Fruchtiger Chardonnay, Cabernet und andere Latisana-Weine.

Kante ☆☆☆
Aurisina, Triest
Führender Erzeuger im Carso. Sehr hohe Qualität, aber sehr geringe Mengen und stolze Preise.

Edi Keber ☆☆☆
Cormons, Gorizia (Görz)
Ein Großteil der Produktion beruht auf Verschnitten, der Rotwein ist meist in älteren Barriques ausgebauter Merlot. Der herrliche Tocai ist oft besser als der Verschnitt.

Lis-Neris ☆☆☆
San Lorenzo Isontino, Gorizia (Görz). www.lisneris.it
Alvaro Pecorari erzeugt brillante Weißweine von Pinot grigio und Chardonnay sowie den bemerkenswerten Süßwein »Confini« auf Pinot-grigio-Basis.

Livon ☆–☆☆☆
Dolegnano, Udine. www.livon.it
Eine große Kellerei, die ihre Weine nach burgundischem Vorbild in die drei Qualitätsstufen Classica, Cru und Gran Cru einteilt. Der beste weiße Verschnitt ist der im Barrique vergorene »Braide Alte«.

Borgo Magredo ☆–☆☆
Tauriano, Pordenone. www.borgomagredo.it
Das Gut im Besitz eines Versicherungskonzerns zeigt Anzeichen einer Verbesserung, seitdem der Önologe Donato Lanati verpflichtet wurde.

Masut da Rive ☆☆–☆☆☆
Mariano del Friuli, Gorizia (Görz). www.masutdarive.com
Erst 1995 gegründet und schon jetzt einer der besten Erzeuger in Isonzo.

Miani ☆☆☆
Buttrio, Udine
Erstklassiges Gut unter der Leitung von Enzo Pontoni; geringe Mengen und astronomische Preise.

Vigneti le Monde ☆☆
Prata, Pordenone. 25 ha. www.vignetilemonde.com
Das Gut im Besitz der Familie Pistoni Salice erzeugt ansprechende sortenreine Weine aus dem Bereich Friuli Grave sowie recht tanninherben Cabernet Sauvignon und »Querceto« (Cabernet Sauvignon/franc).

Moschioni ☆☆–☆☆☆
Cividale del Friuli, Udine. 11 ha
Feine Auswahl an Weinen, u. a. rarer Barrique-gereifter Pignolo und Schioppettino.

Pierpaolo Pecorari ☆☆–☆☆☆
**San Lorenzo Isontino, Gorizia (Görz). 20 ha.
www.pierpaolopecorari.it**
Erstklassige Isonzo-Weine, deren Erträge niedrig gehalten werden, und geschmeidiger Merlot IGT.

Petrucco ☆☆
Buttrio, Udine. www.petrucco.com
Tadellose sortenreine Weine von einem Gut in bester Lage.

Pichéch ☆☆–☆☆☆
Cormons, Gorizia (Görz)
Körperreiche Weine, v. a. der Collio Bianco von Ribolla, Tocai und Malvasia.

Pighin ☆☆
Risano, Udine. www.pighin.it

Bekannter Familienbetrieb mit verschiedenen Collio- und Grave-Weinen. Durchweg mehr als akzeptable Qualität.

Vigneti Pittaro ☆☆
Codroipo, Udine. 75 ha. www.vignetipittaro.com
Piero Pittaro ist der Vorsitzende des italienischen Önologenverbands. Von seinem Gut kommen geschmeidige Rotweine und frische sortenreine Weiße aus Lagen in Friuli Grave.

Plozner ☆☆
Spilimbergo, Pordenone. www.plozner.it
Ordentliche sortenreine Weine aus dem Bereich Friuli Grave.

Isidoro Polencic ☆☆–☆☆☆
Cormons, Gorizia (Görz). www.polencic.com
Tadellose und sehr beständige Collio-Weißweine.

Primosic ☆☆
Madonnina di Oslavia, Gorizia (Görz). www.primosic.com
Der ausgezeichnete Bordeaux-Verschnitt »Metamorfosis« stellt die verlässlichen Weißweine manchmal in den Schatten.

Alessandro Princic ☆☆☆
Pradis di Cormons, Gorizia (Görz)
Die kleine Collio-Kellerei produziert großartigen Tocai.

Dario Raccaro ☆☆☆
Cormons, Gorizia (Görz)
Geringe Mengen, deshalb schwer aufzutreiben, aber sowohl der Tocai als auch der Merlot sind überragend.

Radikon ☆
Oslavia, Gorizia (Görz)
Ein ehemals angesehener Collio-Erzeuger, dessen Ruhm verblasst ist.

Rodaro ☆☆–☆☆☆
Spessa di Cividale, Udine
Klassische Weißweine aus den Colli Orientali und ein exotischer Verschnitt namens »Ronc« (Pinot bianco/Sauvignon/ Tocai).

Roncada ☆☆
Cormons, Gorizia (Görz)
Silvia Mattioni erzeugt eine verlässliche Auswahl sortenreiner Collio-Weißweine.

Il Roncat
Siehe Giovanni Dri

Ronchi di Cialla ☆☆–☆☆☆
Prepotto, Udine. www.ronchidicialla.com
Die Familie Rapuzzi leistete Pionierarbeit bei der Verarbeitung von in Vergessenheit geratenen einheimischen Trauben wie Schioppettino, Refosco dal Peduncolo Rosso und Verduzzo und erzeugt nach wie vor mustergültige Weine.

Ronco del Gelso ☆☆–☆☆☆
Cormons, Gorizia (Görz)
Giorgio Badin bereitet erstklassige Isonzo-Weine: außergewöhnliche sortenreine Weiße und sehr gute Rote von Cabernet franc und Merlot.

Ronco del Gnemiz ☆☆☆
San Giovanni al Natisone, Udine

Geringe Erträge sind das Markenzeichen von Enzo Palazzolos Gut in den Colli Orientali del Friuli. Das beste Pferd im Stall ist nach dem Gut benannt: ein Cabernet-Merlot-Verschnitt, der vier Jahre in der Flasche reift, bevor er auf den Markt kommt.

Ronco dei Tassi ☆☆☆
Cormons, Gorizia (Görz)
Das 1989 gegründete kleine Gut hat einen großen Sprung nach vorne gemacht und produziert ausgesprochen verlässliche Collio-Weißweine, v. a. den teilweise in Eiche ausgebauten Verschnitt »Fosarin«, hauptsächlich von Tocai und Pinot bianco.

Roncus ☆☆–☆☆☆
Capriova del Friuli, Gorizia (Görz)
Volle, körperreiche Weißweine in geringen Mengen.

Scubla ☆–☆☆☆
Premariacco, Udine. www.scubla.com
Roberto Scubla hat sich durch seinen erstklassigen »Pomèdes« einen Namen gemacht, einen in neuer Eiche ausgebauten Verschnitt aus Pinot bianco, Tocai und Riesling.

Specogna ☆☆
Corno di Rosazzo, Udine
Leonardo Specogna ist ein verlässlicher Lieferant von Weinen aus den Colli Orientali del Friuli. Die Weißweine sind meist besser als die Rotweine.

Castello di Spessa ☆☆–☆☆☆
Capriva del Friuli, Gorizia (Görz). www.castellospessa.com
Dieses Collio-Gut beginnt seinem berühmten Nachbarn Schiopetto (siehe dort) Konkurrenz zu machen.

Subida di Monte ☆–☆☆
Cormons, Gorizia (Görz)
Guter Chardonnay und Merlot, v. a. aus der Reihe »Selezione«.

Valle ☆
Buttrio, Udine. www.valle.it
Cabernet und Merlot sowie sortenreine Weißweine aus den Colli Orientali del Friuli.

Vazzoler ☆
Mossa, Gorizia (Görz)
Guter Pinot grigio und Pinot bianco aus dem Collio.

Venica ☆☆–☆☆☆
**Dolegna del Collio, Gorizia (Görz).
www.venica.it**
Kräftige Collio-Weißweine und ein gehaltvoller Bordeaux-Verschnitt namens »Ronco delle Cime«.

La Viarte ☆☆☆
Prepotto, Udine. www.laviarte.it
Neben sortenreinen Weinen aus den Colli Orientali del Friuli bietet die Familie Ceschin auch Raritäten, z. B. reinen Tazzelenghe und einen Verschnitt aus Picolit und Verduzzo. Durchweg hohe Qualität.

Tenuta Villanova ☆☆
Farra d'Isonzo, Gorizia (Görz)
Altes Gut; ausgezeichneter Chardonnay und andere Weine.

Emilia-Romagna

Es nimmt nicht wunder, dass die kulinarisch in jeder Hinsicht üppigste Region Italiens beim Wein mehr Wert auf Quantität als auf Qualität legt. Alle Bemühungen, Besseres als einfache Durstlöscher zu produzieren, sind jüngeren Datums und auf wenige auserlesene Weine beschränkt.

Bologna, die Hauptstadt der italienischen Küche, ist der Mittelpunkt der Region, an dem auch ihre beiden Hälften aufeinander treffen. Einen wesentlichen Teil der Emilia-Romagna macht die flache Po Ebene aus, die sich zwischen Ravenna und Venedig zur Adria hin erstreckt. Alle wichtigen Weinbaugebiete liegen in den Ausläufern der Apenninen im Süden, die die Grenze zur Toskana bilden. Der perlende rote Lambrusco ist der Wein, der nicht nur in der Emilia, sondern in ganz Italien die höchsten Produktionszahlen vorzuweisen hat. Er ist ein einfaches und effizientes Mittel, um auf den schweren Böden der Ebene, wo Qualität im herkömmlichen Sinn kaum zu erwarten ist, zu Ruhm und Ehren zu gelangen.

Der Romagna fehlt ein solches Aushängeschild. Ihr bekanntester Wein ist der weiße Albana, der sich erst noch profilieren muss. Fortschritte sind jedoch in den Colli Bolognesi und Piacentini, den Hügelgebieten bei Bologna und Piacenza, zu verzeichnen.

Die Weine der Emilia-Romagna

Albana di Romagna DOCG. Weißwein. Provinzen: Ravenna, Forlì, Bologna. Rebsorte: Albana (in den Stilen *secco, amabile, dolce* und Passito.

Der Standardweißwein in Bologna und östlich davon bis zur Küste. Die milde, um nicht zu sagen neutrale Albana-Traube bringt einen zur Flachheit neigenden trockenen Wein mit einem den örtlichen Geschmacksvorlieben geschuldeten bitteren Abgang hervor. Als *amabile* und/oder Spumante oder Passito hat er mehr Charakter.

Barbarossa di Bertinoro Die sonst nirgends anzutreffende Rebe wird in Bertinoro, dem Zentrum des Weinbaus in der Romagna, in kleinen Mengen angebaut und erbringt einen guten, vollen Rotwein, der sich über längere Zeit schön hält. Siehe Fattoria Paradiso.

Barbera Die allgegenwärtige Rotweintraube wird verbreitet um Piacenza sowie in den Colli Bolognesi und den Colli d'Imola angebaut, wo sie auch über den DOC-Status verfügt.

Bianco di Scandiano DOC. Weißwein. Emilia. Gemeinden: Scandiano und 5 weitere südwestlich von Reggio. Rebsorten: Sauvignon bis zu 85%, Malvasia di Candia und Trebbiano romagnolo bis zu 15%.

Eine weiße Alternative zu Lambrusco (siehe dort), lieblich oder ausgesprochen süß, perlend oder voll schäumend.

Bosco Eliceo DOC. Rot- und Weißwein. Emilia. Provinzen: Ferrara, Ravenna. Rebsorten: Trebbiano romagnolo, Sauvignon, Malvasia di Candia, Fortana, Merlot.

Fortana ist ein rustikaler Rotwein aus dieser DOC, die sich über trockengelegtes Marschland erstreckt.

Cagnina di Romagna DOC. Rotwein. Provinzen: Forlì, Ravenna. Gemeinden: 16 in Forlì, 5 in Ravenna. Rebsorten: Cagnina, andere Sorten bis zu 15%.

Ein süßer Rotwein, der 1989 das DOC-Siegel erhielt. Er wird in sehr geringen Mengen produziert und in der Gegend gern zu heißen Maroni getrunken.

Chardonnay Der ehemalige illegale Einwanderer ist inzwischen in verschiedenen DOCs der Region zugelassen.

Colli Bolognesi DOC. Rot- und Weißwein. Emilia. Provinzen: Bologna, Modena. Rebsorten, weiß: Albana 60–80%, Trebbiano romagnolo mind. 20%, andere weiße Sorten bis zu 20%. Für Weine mit Rebsortenbezeichnung: Barbera, Merlot, Riesling italico, Pinot bianco, Cabernet Sauvignon, Sauvignon blanc 85% plus 15% neutrale Sorten.

Umfassende DOC für die Alltagsweine von Bologna. Bessere Weine werden in demselben Anbaugebiet von Winzern erzeugt, die mit hochwertigeren Rebsorten experimentieren, u. a. Sauvignon blanc, Cabernet Sauvignon und Chardonnay. Die Anbaubedingungen sind ausgezeichnet.

Colli di Parma DOC. Rot- und Weißwein. Emilia. Provinz: Parma. Rebsorten, rot: Barbera 60–75%, Bonarda oder Croatina 25–40%, andere dunkle Sorten bis zu 15%; Malvasia: Malvasia di Candia 85–100%, Moscato bianco bis zu 15%; Sauvignon: Sauvignon blanc 100%.

Der Rotwein dieser DOC ähnelt dem Oltrepò Pavese Rosso; der Malvasia, trocken oder lieblich, ist meist perlend, der Sauvignon blanc normalerweise still.

Colli Piacentini DOC. Rot- und Weißwein. Emilia. Provinz: Piacenza. Gemeinden: 20. Der Bereich ist für eine Reihe von Verschnitten bekannt, u. a. die Weißweine Monterosso Val d'Arda und Trebbianino Val Trebbia sowie roten Gutturnio von Barbera und Bonarda. Rebsorten: Malvasia di Candia, Ortrugo, Pinot grigio, Sauvignon blanc, Trebbiano romagnolo; Barbera, Bonarda, Pinot nero.

Ein produktionsstarker Bereich, in dem von unzähligen Rebsorten Weine in allen Farben und Stilen erzeugt werden.

Gutturnio dei Colli Piacentini Siehe Colli Piacentini.

Lambrusco Der Lambrusco aus der Emilia war in den 1970er-Jahren der absolute Hit des italienischen Weinbaus und verkaufte sich in den USA (in mehrerlei Hinsicht) wie Coca-Cola.

Er ist nichts weiter als ein süßer oder lieblicher, manchmal auch trockener perlender Rot-, Rosé- und gelegentlich sogar Weißwein, den jeder Winzer produzieren könnte, wenn er die Nachfrage voraussähe. Die normalen Versionen sind für einen anspruchsvollen Weinliebhaber kaum genießbar, aber darum geht es ja auch gar nicht. Der Markt ist ein ganz anderer. Verwöhntere Gaumen entscheiden sich für einen Lambrusco mit Herkunftsbezeichnung, am besten aus Sorbara.

Auf Lambrusco entfallen rund 5% der italienischen Weinproduktion. Etwa 10% davon hat DOC-Qualität, aber, um ehrlich zu sein, nur ein Bruchteil ist wirklich trinkenswert. Einige wenige Erzeuger beweisen bei diesem Wein echtes Talent.

Lambrusco Grasparossa di Castelvetro DOC. Rotwein und Rosé. Emilia. Provinz: Modena. Rebsorten: Lambrusco Grasparossa 85%, andere Lambrusco-Arten und Uva d'Oro 15%.

Dunkler, tanninherber, recht starker und immer leicht süßer Rotwein aus den Hügeln südwestlich von Modena.

Lambrusco Reggiano DOC. Rotwein und Rosé. Emilia. Provinz: Reggio Emilia. Rebsorten. Lambrusco Marani und Salamino, Montericco und Maestri, einzeln oder im Verschnitt; bis zu 20% Ancellotta sind ebenfalls zugelassen.

Der gängigste, leichteste und meist am stärksten schäumende Lambrusco.

Lambrusco Salamino di Santa Croce DOC. Rotwein. Emilia. Provinz: Modena. Rebsorten: Lambrusco Salamino 90%, andere Lambrusco-Arten und Uva d'Oro 10%.

Salamino di Santa Croce ist eine örtliche Unterart von Lambrusco, deren Traubenbüschel angeblich aussieht wie eine kleine Salami. Dunkel, weich, fruchtig, in trockener Version am besten.

Lambrusco di Sorbara DOC. Rotwein und Rosé. Emilia. Provinz: Modena. Rebsorten: Lambrusco di Sorbara 60%, Lambrusco Salamino bis zu 40%.

Ein guter Lambrusco di Sorbara verbreitet gute Laune mit seiner saftigen, blassroten, rassigen, anregenden Art – vielleicht kein ernst zu nehmender Wein, aber ein herrlicher Durstlöscher zu schwerem Essen, außerordentlich angenehm zu trinken und auch in (rosa) schäumender Hinsicht pures Vergnügen. Leider hat auch dieser bessere Lambrusco allzu oft einen unangenehmen chemischen Beigeschmack. Lagern sollte man ihn ebenso wenig wie alle anderen.

Merlot In der Emilia-Romagna weit verbreitet angebaut, vor allem für Verschnitte. DOC in den Colli Bolognesi.

Montuni del Reno DOC. Weißwein. Emilia. Provinz: Bologna. Rebsorten: Montuni, andere nichtaromatischen Sorten bis zu 15%.

Der trockene oder liebliche Wein ist meist perlend.

Pagadebit di Romagna DOC. Weißwein. Provinzen: Forlì, Ravenna. Rebsorten: Pagadebit, andere weiße Sorten bis zu 15%. Der Name heißt so viel wie »Schuldenzahler« und spielt auf die reichen Erträge dieser Rebsorte an.

Eine in der Toskana rar gewordene Weißweintraube, die jetzt um Bertinoro in der Romagna wiederbelebt wird und eine moderne Prägung erhält. Sie wird zu mild-trockenem Wein oder als *amabile* vinifiziert. Die Gemeinde Bertinoro ist ein Unterbereich der DOC.

Pinot bianco In der Emilia-Romagna weit verbreitet angebaut. DOC-Status in den Colli Bolognesi.

Pinot grigio Zunehmend angebaut. DOC in den Colli Piacentini.

Pjcol Ross Ein esoterischer trockener Lambrusco *metodo classico* hoher Qualität von nur einem einzigen Erzeuger: Moro – Rinaldini in Sant'Ilaria d'Enza.

Sangiovese di Romagna DOC. Rotwein. Provinzen: Ravenna, Bologna, Forlì. Rebsorte: Sangiovese di Romagna.

Die Romagna hat ihre eigene Sangiovese-Variante, die sich deutlich von der toskanischen, aus der Chianti gewonnen wird, unterscheidet. Sie liefert gefälligen, leichten bis mittelschweren Rotwein, oft mit einem leicht bitteren Nachgeschmack, der in riesigen Mengen produziert und in der Region jung, meist als Sonntagswein, getrunken wird.

Sauvignon blanc Die Weißweintraube ist in diesem Teil Italiens stark im Kommen; sie liefert den wohl besten Wein der

DOC Colli Bolognesi und stellt den Hauptanteil im Bianco di Scandiano DOC.

Trebbiano di Romagna DOC. Weißwein. Provinzen: Bologna, Forlì, Ravenna. Rebsorte: Trebbiano di Romagna.

Setzt sich in der Gegend immer mehr als Alltagswein durch. Sauber im Geschmack und unaufdringlich in der Art.

Trebbianino Val Trebbia Siehe Colli Piacentini.

Die führenden Erzeuger in der Emilia-Romagna

Castelluccio ☆☆☆
Modigliana, Forlì, www.ronchidicastelluccio.it
»Ronco dei Ciliegi« und »Ronco delle Ginestre« von Sangiovese sowie »Ronco del Re« von Sauvignon blanc entwickeln sich unter der Ägide des erfahrenen önologischen Beraters Vittorio Fiore mit zu den feinsten Weinen der Romagna.

Cavicchioli ☆☆
San Prospero, Modena. www.cavicchioli.it
Sandro Cavicchioli erzeugt 1 Mio. Kisten sehr verlässlichen Lambrusco aus verschiedenen DOCs. Der beste Sorbara ist nach der 7-ha-Lage »Vigna del Criston« benannt.

Drei Donà – Tenuta la Palazza ☆☆☆
Massa di Vecchiazzano, Forlì
Eine kleine Kellerei, die vornehmlich sortenreine Weine hoher Qualität produziert, u. a. einen reichhaltigen Barrique-gereiften Sangiovese, den konzentrierten Cabernet Sauvignon »Magnificat« und einen Chardonnay IGT namens »Il Tornese«. Franco Bernabei ist der önologische Berater.

Giacobazzi ☆
Nonantola, Modena. www.giacobazzi.it
Einer der größten Erzeuger, Abfüller und Exporteure von Lambrusco, der jetzt jedoch leichte Perlweine und eine Reihe einfacher Stillweine wie Trebbiano und Sangiovese erzeugt.

Fattoria Paradiso ☆☆☆
Bertinoro, Forlì. 75 ha. www.fattoriaparadiso.com
Ein Gut, das Mario Pezzi und seine Familie in ein Weinbauparadies verwandelt haben. Pezzi erzeugt 40 000 Kisten vorbildlicher Weine, u. a. den einzigartigen roten Barbarossa (von einer Rebe, die nur er anbaut), einen Bordeaux-Verschnitt namens »Mito«, Albana Passito und lieblichen weißen Pagadebit. Eine Enoteca, ein Museum und ein kleines Lokal stehen den Besuchern offen.

Riunite ☆
Campegina, Reggio Emilia.
www.riunite.it
1950 gegründet und als Zusammenschluss von 26 Genossenschaften, darunter sieben außerhalb der Provinz Reggio, einer der größten Erzeugerbetriebe der Welt mit zwei Abfüllanlagen. Corrado Casoli steht dem Verbund vor, dem 10 000 Winzer angehören. Es wird hauptsächlich Lambrusco produziert, daneben aber auch lokale Spezialitäten wie Gutturnio und Sangiovese di Romagna.

San Patrignano Ospedaletto di Rimini ☆☆☆
Rimini. www.sanpatrignano.org

Die Qualität hat sich deutlich verbessert, seitdem Riccardo Cotarella 1997 als Kellermeister einstieg. Die Highlights sind der Sangiovese Superiore und ein dichter Barrique-gereifter IGT-Bordeaux-Verschnitt namens »Montepirolo«.

La Stoppa ☆☆–☆☆☆
Ancarano di Rivergaro, Piacenza. www.lastoppa.it
Führender Erzeugerbetrieb in den Colli Piacentini im Besitz der Familie Pantaleoni. Ansprechender Cabernet Sauvignon, Barbera und süßer Malvasia.

Terre Rosse (Vallania) ☆☆–☆☆☆
Zola Predosa, Bologna
1965 von dem inzwischen verstorbenen Enrico Vallania gegründet, einem Arzt, dessen Genie und Beharrlichkeit der italienische Weinbau viele neue Anstöße verdankt. Colli-Bolognesi-Weine, u. a. Sauvignon, Cabernet Sauvignon, Chardonnay und Malvasia.

Tre Monti ☆☆☆
Imola, Bologna, www.tremonti.it
Bedeutendes Gut, das mit Unterstützung des Önologen Donato Lanati stetig Fortschritte macht. Die Weißweine sind oft am besten: natürlich Albana, aber auch Chardonnay und Trebbiano.

La Tosa ☆☆–☆☆☆
Vigolzone, Piacenza
Ein aufstrebender Betrieb mit guten Colli-Piacentini-Weinen von Cabernet Sauvignon und Sauvignon blanc sowie saftigem Malvasia von teilrosinierten Trauben.

Fattoria Zerbina ☆☆☆
Faenza, Ravenna. www.zerbina.com
Der von Maria Cristina Geminiani geführte Familienbetrieb ist einer der besten Erzeuger in der Romagna. Der »Scacco Matto« ist ein außergewöhnlicher Albana und eine Rarität. Außerdem gibt es »Marzieno« von Sangiovese mit etwas Cabernet Sauvignon und den verheißungsvollen Sauvignon-Chardonnay-Verschnitt »Tergeno«.

Weitere Erzeuger in der Emilia-Romagna

Conte Otto Barattieri ☆☆
Vigolzone, Piacenza
Guter Colli Piacentini und ein rarer Vin Santo, der lange im Fass reift.

Francesco Bellei ☆–☆☆
Bomporto, Modena
Hoch angesehener Lambrusco di Sorbara und Spumante *tradizionale* von Pinot und Chardonnay.

La Berta ☆☆–☆☆☆
Brisighella, Ravenna
Sangiovese ist der Protagonist auf diesem Gut, aber man bekommt auch einen raren Alicante und einen eichigen Cabernet-Sangiovese-Verschnitt namens »Ca' di Berta«.

Bonfiglio ☆☆
Monteveglio, Bologna
Seriöser Pignoletto aus den Colli Bolognesi.

Bonzara ☆☆
Monte San Pietro, Bologna
Kleines, stetig besser werdendes Gut mit einer guten Auswahl von Colli-Bolognesi-Weinen.

Le Calbane ☆☆
Meldola, Forlì
Guter Sangiovese Superiore und Calbanesco, ein roter *vino da tavola* von einer geheimnisvollen Traube, die in den Weinbergen dieses kleinen Guts wächst.

Cansetto dei Mandorli ☆☆
Predappio Alta, Forlì
Gute DOC-Weine aus der Romagna, u. a. Sangiovese und Albana.

Casali ☆–☆☆
Scandiano, Reggio Emilia
Einer der besten Lambrusco-Reggiano-Weine entsteht auf diesem Gut. Auch Schaumweine mit Flaschengärung.

Celli ☆☆–☆☆☆
Bertinoro, Forlì. www.celli-vini.com
Die mittelgroße Kellerei nimmt Albana ernst und erzeugt Weine verschiedener Stilrichtungen. Außerdem reichhaltiger Chardonnay und Sangiovese.

Cesari ☆☆–☆☆☆
Castel San Pietro, Bologna.
www.umbertocesari.it
Großer Betrieb. Zu den Spezialitäten zählen Albana, Sangiovese und Trebbiano di Romagna. Der Sangiovese Riserva ist köstlich.

Cinti ☆☆
Pontecchio Marconi, Bologna.
www.collibolognesi.com
Stets verlässliche sortenreine Weine aus den Colli Bolognesi.

Ferrucci ☆☆–☆☆☆
Castelbolognese, Ravenna
Kleiner Betrieb mit sehr gutem süßem Albana und Sangiovese Riserva sowie süßem Malvasia namens »Stefano Ferrucci«.

Cantina Sociale di Forlì ☆
Forlì
Guter Sangiovese Superiore.

Luretta ☆☆–☆☆☆
Gazzola, Piacenza. 25 ha
Weingut in den Colli Piacentini mit sehr gutem Chardonnay und Cabernet Sauvignon.

Madonia ☆☆–☆☆☆
Bertinoro, Forlì
Das kleine Gut erzeugt Albana und Sangiovese Superiore beständiger Qualität.

Moro – Rinaldini ☆☆–☆☆☆
Calerno di Sant'Ilario d'Enza, Reggio Emilia.
www.rinaldinivini.it
Rinaldo Rinaldini erzeugt Chardonnay und Cabernet, ist jedoch hauptsächlich für seine Auswahl von Lambrusco-Weinen bekannt, u. a. die rare Spezialität des Hauses »Pjcò339 l Ross«.

Mossi ☆☆
Ziano Piacentino, Piacenza
Luigi Mossi hat viele Weine aus den Colli Piacentini im Programm, ist aber v. a. auf Gutturnio spezialisiert. »Infernotto« ist ein ungewöhnlicher Verschnitt von Barbera, Pinot nero und Bonarda.

Pasolini Dall'Onda ☆☆
Montericco di Imola, Bologna
Die Familie Pasolini Dall'Onda, Winzer seit dem 16. Jh., besitzt Weingüter in der Romagna und der Toskana.

Poderi dal Nespoli ☆☆
Civitella di Romagna, Forlì.
www.poderidalnespoli.com
Ein herrliches Weingut mit feinem Albana Passito und einem IGT von Sangiovese und Cabernet namens »Borgo dei Guidi«.

Il Poggiarello ☆☆–☆☆☆
Travo, Piacenza
Feine sortenreine Still- und Schaumweine aus den Colli Piacentini. Spitzenreiter aber ist der Verschnitt »La Barbona« (Barbera/Bonarda).

Cantine Romagnoli ☆
Vigolzone, Piacenza
Umfassendes Sortiment von Weinen der DOC Colli Piacentini sowie Spumante.

Spalletti ☆☆–☆☆☆
Savignano sul Rubicone, Forlì
Diese Kellerei hat ihren Sitz in dem alten Castello di Ribano. Sie erzeugt eine breite Auswahl an Spezialitäten der Romagna, von Pagadebit über Albana bis zu Sangiovese. Der »Rocca di Ribano Riserva« zählt häufig zu den besten Sangiovese di Romagna.

Tre Rè ☆
Faenza, Ravenna. www.trere.com
Verlässliche Auswahl an Weinen aus der Romagna, von Albana bis zu Sangiovese und perlendem Pagadebit.

Uccellina ☆☆
Russi, Ravenna
Das Gut bietet das übliche Programm an Weinen aus der Romagna, aber auch zwei Spezialitäten: den »Ruchetto« von Pinot nero und den nach der seltenen tanninherben gleichnamigen Rebe benannten »Burson«.

Vallona ☆☆–☆☆☆
Castello di Serravalle, Bologna
Aufstrebendes Gut in den Colli Bolognesi mit einem großen Weinsortiment, u. a. eindrucksvollem Pignoletto und Cabernet Sauvignon.

Venturini Baldini ☆☆
Roncolo di Quattro Castella, Reggio Emilia.
www.venturinibaldini.it
Feiner, körperreicher Lambrusco Reggiano, Spumante *tradizionale* »Cuvée di Pinot« und Cabernet Sauvignon.

Zerioli ☆☆–☆☆☆
Ziano Piacentino, Piacenza.
www.zeriolivini.com
Die Familie Zerioli erzeugt viele verschiedene Weine der DOC Colli Piacentini sowie einen guten Vin Santo von Malvasia.

Toskana

In einem von so großer Uneinheitlichkeit geprägten Land wie Italien eine nationale Identität ausfindig zu machen ist einfacher, als man meint. Denn es gibt die Toskana. Zumindest für Ausländer ist die toskanische Landschaft mit ihren Villen und Zypressen, Wäldern und Tälern, in denen Reben und Olivenbäume das Bild beherrschen, der Inbegriff Italiens.

Dasselbe gilt für den toskanischen Wein. Neun von zehn Personen würden, nach einem italienischen Wein gefragt, wohl zuallererst den Chianti nennen. Allerdings hätten sie (wenn überhaupt) sehr unterschiedliche Vorstellungen davon, wie er schmeckt, denn kaum ein Wein ist in einer solchen Vielfalt von Stilen und Qualitätsstufen – von überragend bis dürftig – zu haben, und das obwohl diese Region die erste in Italien, ja vielleicht in ganz Europa war, die sich um eine Definition und den Schutz ihrer Weine bemühte, und obwohl das Konsortium ihrer Erzeuger einen entscheidenden Beitrag zur Entstehung des italienischen DOC-System geleistet hat.

Die Geschichte des Chianti beginnt im Mittelalter, als das kleine Gebiet Schauplatz ständiger Unruhen und Kriege zwischen Florenz und Siena war. Heute ist es der größte und komplexeste DOCG-Bereich Italiens, der trotz der Unterschiede in Boden, Mikroklima und Traditionen eine Einheit bildet, weil überall dieselbe rote Traube, wenn auch in mehreren Unterarten, angebaut wird. Sangiovese hält das Chianti zusammen, doch das bedeutet keineswegs Eintönigkeit. Individuelle Vorlieben machen sich deutlich in der Zusammensetzung der Verschnitte, der Art der Gärung, den Bereitungstechniken sowie in Dauer und Methode des Ausbaus bemerkbar.

Das Chianti hat viele Zusatzbezeichnungen und Unterbereiche, von denen Chianti Classico, das Kerngebiet zwischen Florenz und Siena, am angesehensten ist. Es hat auch einige Nachbarn, die behaupten, ihr eigener, dem Chianti nicht unähnlicher Wein, namentlich Brunello di Montalcino und Vino Nobile di Montepulciano, sei besser als dieser. Und vor allem ist es das Schussfeld einer Armee ehrgeiziger Erzeuger, die glauben, dass etwas Cabernet, ein paar Fässer aus neuer Eiche, eine Designerflasche und das entsprechende Etikett sich zu dem neuen italienischen Spitzenwein schlechthin summieren. Ihr Feldmarschall Piero Antinori hat bewiesen, dass diese Rechnung aufgehen kann.

Weißwein ist in dieser Gegend relativ ungewöhnlich. Es gibt keinen weißen Chianti. Nur einige kleine traditionelle Anbaugebiete haben einen Weißwein im Angebot; der wichtigste ist der populäre Vernaccia di San Gimignano. Vermentino erfreut sich an der toskanischen Küste wachsender Beliebtheit.

Überhaupt sind die toskanische Küste, die Maremmen, und ihre DOC-Bereiche (Bolgheri, Montescudaio, Scansano usw.) rasch zum angesagtesten Weinbaugebiet der Region aufgestiegen. Bordeaux-Rebsorten gedeihen hier prächtig, und die Erfolgsgeschichte des Sassicaia hat inzwischen viele Nachahmer gefunden, unter anderem Ornellaia, Guada al Tasso und Tassinaia. Keiner kann dem toskanischen Weinbau vorwerfen, dass er sich auf seinen Lorbeeren ausruhen würde.

Die Weine der Toskana

Barco Reale DOC. Siehe Carmignano.

Bianco dell'Empolese DOC. Weißwein. Provinz: Florenz. Gemeinden: Empoli und 6 weitere. Rebsorten: Trebbiano toscano mind. 80 %, andere weiße Sorten bis zu 20 %.

Neue DOC, die außerhalb der Hügel um Empoli noch weitgehend unbekannt ist.

Bianco Pisano di San Torpè DOC. Weißwein. Provinzen: Pisa, Livorno. Gemeinden: 17 in Pisa und Collesalvetti in Livorno. Rebsorten: Trebbiano toscano 75 %, andere weiße Sorten bis zu 25 %.

Die DOC ist nach einem der ersten christlichen Märtyrer benannt, der 68 n.Chr. in Pisa enthauptet wurde. Ein heller, trockener Wein mit einigem Körper und einem Hauch Bitterkeit.

Bianco di Pitigliano DOC. Weißwein. Provinz: Grosseto. Gemeinden: Pitigliano, Sorano, Teile von Scansano und Manciano. Rebsorten: Trebbiano toscano 50–80 %, Greco (Grechetto), Sauvignon, Chardonnay, Pinot bianco und Riesling zusammen 30 %, aber jede einzelne nicht mehr als 15 %.

Pitigliano liegt ganz im Süden der Toskana in der Nähe des Bolsena-Sees, der Heimat des Est! Est!! Est!!! (siehe Latium). Der weiche, trockene, leicht bittere Weißwein ist nicht weiter bemerkenswert.

Bianco della Valdinievole DOC. Weißwein. Provinz: Pistoia. Gemeinden: Buggiano, Montecatini Terme, Uzzano. Rebsorten: Trebbiano toscano mind. 70 %, Malvasia del Chianti, Canaiolo bianco, Vermentino bis zu 25 %, andere weiße Sorten bis zu 5 %.

In kleinen Mengen produzierter einfacher, trockener, manchmal perlender Weißwein aus der Gegend westlich von Florenz. Vin Santo in noch geringeren Mengen.

Bianco Vergine Valdichiana DOC. Weißwein. Provinzen Arezzo, Siena. Gemeinden: 6 in Arezzo, 4 in Siena. Rebsorten: Trebbiano toscano 60–80 %.

Angenehmer, wenngleich ziemlich milder, mitteltrockener Weißwein aus der östlichen Toskana, der im Chianti oft als Aperitif getrunken wird. Ein leicht bitterer Nachgeschmack verleiht ihm etwas Charakter.

Bolgheri DOC. Rot-, Weiß- und Roséwein. Provinz: Livorno. Rebsorten, B. Bianco: Trebbiano toscano 10–70 %, Vermentino 10–70 %, Sauvignon 10–70 %, andere bis zu 30 %; B. Rosso: Cabernet Sauvignon 10–80 %, Merlot bis zu 70 %, Sangiovese bis zu 70 %, andere bis zu 30 %.

Kleiner Bereich an der Küste südlich von Livorno. Bis 1994 galt die DOC nur für Weißwein und Rosé, heute erstreckt sie sich auch auf einen der gefragtesten und teuersten Rotweine. Auch guter, frischer Vermentino. Rund 700 ha.

Brunello di Montalcino DOCG. Rotwein. Provinz: Siena. Gemeinde: Montalcino. Rebsorte: Brunello di Montalcino.

Ein großer trockener Rotwein, der seit vielen Jahren von der Familie Biondi Santi nach dem Motto des Château Pétrus – keine Mühe ist zu viel – erzeugt wird. Verkauft wird er allerdings eher im Geiste der Romanée-Conti: Kein Preis ist zu hoch. 1980 zur DOCG gekürt. Brunello ist eine Unterart von Sangiovese, die auf dem Boden dieser Gegend dunkle, hochkonzentrierte Weine erbringt. Die einstige Vorschrift einer sehr langen Fassreifung wurde grundlegend geändert: Jetzt lagern die meisten Weine rund zwei Jahre in großen Fässern und/oder Barriques. Brunello braucht immer noch eine lange Zeit in der Flasche, um seiner gehaltvollen, kraftstrotzenden Tiefe ein bemerkenswertes Bukett zu entlocken. Er wird von rund 150 Erzeugern gekeltert. In Bestform gehört er zur Spitzenriege der Rotweine in Europa.

Candia dei Colli Apuani DOC. Weißwein. Provinz: Massa-Carrara. Gemeinden: Carrara, Massa, Montignoso. Rebsorten: Vermentino bianco 70–80%, Trebbiano und Malvasia bis zu 20%.

Ein Weißwein, der außer an der Küste mit den Marmorsteinbrüchen selten anzutreffen ist.

Carmignano DOCG. Rotwein. Provinz: Florenz. Gemeinden: Carmignano, Poggio a Caiano. Rebsorten: Sangiovese 45–70%, Canaiolo nero 10–20%, Cabernet franc und Sauvignon 6–15%, andere Sorten bis zu 5%.

Am besten zu beschreiben als ein Chianti, der ein wenig nach Cabernet schmeckt, trotzdem mit eigenständiger Persönlichkeit und verlässlich guter Qualität. Siehe auch Tenuta di Capezzana. Darüber hinaus gibt es eine früher genussreife Version (DOC Barco Reale) und eigene DOCs für Carmignano *rosato* und (oft superben) Vin Santo.

Chianti DOCG. Rotwein. Provinzen: Siena, Florenz, Arezzo, Pistoia und Pisa. Gemeinden: 103. Rebsorten: Sangiovese 75–100%, Canaiolo bis zu 10%, Trebbiano toscano, Malvasia del Chianti bis zu 10%. Höchstertrag: 75 hl/ha.

Es gibt zwei Grundtypen von Chianti: Der eine wird für den Verbrauch in Italien so fruchtig und frisch wie möglich bereitet und jung getrunken (und manchmal immer noch in die stroh- oder plastikumflochtenen *fiaschi* abgefüllt); der andere ist trockener, tanninreicher und seriöser, in Fässern oder Tanks gealtert und für längere Lagerung in der Flasche gedacht – er wird deshalb in stapelbaren Bordeaux-Flaschen verkauft. Die traditionelle Traubenmischung ist für beide die gleiche: hauptsächlich Sangiovese mit unterschiedlich großen Anteilen der dunklen Canaiolo-Rebe.

Trebbiano und Malvasia werden beigemischt, wenn der Wein früher trinkreif sein soll, doch ernsthafte Erzeuger haben alles in ihrer Macht Stehende getan, um die Vorschrift, nach der ein gewisser Anteil weißer Trauben enthalten sein muss, auszuhebeln. Mit *governo* bezeichnet man die im Chianti gängige Praxis, dem Wein nach vollendeter Gärung Most von sehr süßen, getrockneten Trauben (meist Colorino) zuzusetzen, um eine Nachgärung auszulösen, den Alkoholgehalt zu steigern, die Herbheit zu mildern und ein angenehmes Perlen hervorzurufen, das jungen Chianti zu einem köstlichen Genuss macht. Heutzutage wenden wenige Erzeuger die Governo-Methode bei Weinen an, die vor dem Abfüllen gelagert werden sollen.

Eine feine alte Chianti Riserva hat deutliche Ähnlichkeit mit Bordeaux-Wein, vor allem im Hinblick auf das leichte Gefüge und die entschiedene, aber sanfte Herbheit, die sich im Mund so angenehm lebhaft anfühlt. Geruch und Geschmack aber sind unverwechselbar – mich erinnern sie bisweilen entfernt an Glühwein mit Orangen und Gewürzen, an Kastanien, an Gummi. Auch eine frische pfefferminzartige Note wie bei jungem Burgunder habe ich gelegentlich schon im Geschmack wahrgenommen. Die Farbe eines reifen Chianti ist ein ausgeprägtes, fast glühendes Granatrot.

Die Zukunft des Chianti ist Gegenstand einer konstruktiven Debatte. Viele Erzeuger »würzen« ihren Chianti systematisch mit ein wenig Cabernet oder Merlot und lassen die besten Weine in neuen, statt in mehrfach benutzten Eichenfässern reifen. Das Anbaugebiet als Ganzes profitiert weiterhin von den Bemühungen der Forschung, die angebauten Sangiovese-Varianten zu verbessern und die bereits vor Jahrzehnten angepflanzten ertragsstarken Klone zu ersetzen. Der ultimative Chianti kann erst erzeugt werden, wenn die ultimative Sangiovese-Art (wie in Montalcino) gefunden und vermehrt wurde und alle Probleme ihrer Verarbeitung gelöst sind. Die Zukunft des Chianti steht und fällt mit dieser althergebrachten Rebsorte.

Innerhalb der DOCG Chianti gibt es sieben Unterbereiche:

Chianti Colli Aretini Gebiet im Osten, in der Provinz Arezzo; gute Quelle für frische, junge Weine.

Chianti Colli Fiorentini Gebiet unmittelbar nördlich des Chianti Classico um Florenz, vor allem entlang des Arno. Einige Güter hier liefern mindestens so gute Qualität wie die besten im Chianti Classico.

Chianti Colline Pisane Isoliertes Gebiet südlich von Pisa, das leichtere, meist weniger gehaltvolle Weine hervorbringt. Die Schaffung einer neuen DOC namens Terre di Pisa ist derzeit im Gespräch.

Chianti Colli Senesi Unzusammenhängender und uneinheitlicher Bereich, der u. a. die Westflanke des Chianti Classico südlich von Poggibonsi, die südlichen Zipfel um Siena und die separaten Gebiete von Montepulciano und Montalcino im Süden umfasst. Sehr unterschiedlich in Art und Qualität.

Chianti Montalbano Gebiet westlich von Florenz, in dem auch die eigenständige DOC Carmignano liegt. Gute, aber weniger bekannte Chianti-Weine.

Chianti Montespertoli 1997 zur DOCG erhoben, offenbar zum Vorteil eines einzelnen Erzeugers: Fattoria Sonnino.

Chianti Rufina Kleines Gebiet 24 km östlich von Florenz. Rufina liegt am Sieve, einem Nebenfluss des Arno. Auf den Hügeln hinter dem Ort, zwischen denen sich die Benediktinerabtei Vallombrosa verbirgt, finden sich einige der besten Chianti-Lagen (siehe Frescobaldi und Selvapiana).

Chianti Classico DOCG. Rotwein. Provinzen: Florenz, Siena. Gemeinden: Radda, Gaiole in Chianti, Greve, San Casciano, Castelnuovo Berardenga. Rebsorten: Sangiovese 75–100%, Canaiolo nero bis zu 10%, Trebbiano und Malvasia bis zu 6%, andere rote Sorten (u. a. Cabernet und Merlot) bis zu 15%. Höchstertrag: 52,5 hl/ha. Seit 1966 von Chianti abgegrenzt und inzwischen ein eigenständiger Bereich zwischen Florenz und Siena. Die meisten Erzeuger gehören dem rührigen *Consorzio del Marchio Storico* mit Sitz bei San Casciano an und kennzeichnen ihre Flaschen mit seinem Symbol, dem schwarzen Hahn.

Das Chianti Classico hat in den letzten 20 Jahren unter allen italienischen Anbaugebieten mit die beeindruckendsten Fortschritte gemacht. Als 1930 die Kategorie der *vini tipici* eingeführt wurde, konnte das ursprüngliche Chianti (das heutige Classico-Gebiet) die enorme Nachfrage nach seinen Weinen nicht befriedigen. Deshalb erhielten die benachbarten Untergebiete, die von jeher den Stil des Chianti imitierten, die offizielle Erlaubnis, alle ihre Weine Chianti zu nennen.

Bei der Schaffung der DOCs 1963 wurde dementsprechend fast die Hälfte der Toskana zu einem riesigen Chianti-Bereich zusammengefasst, was zur Folge hatte, dass der ursprüngliche Stil verwässert wurde und die großen Unterschiede in Charakter und Qualität zwischen den einzelnen Untergebieten und Erzeugern verloren gingen.

Chianti Classico – mit eigenem Status seit 1966 – ist in der Regel der beste und teuerste Chianti-Wein, doch auch die neuen alten Unterbereiche Rufina und Colli Fiorentini bringen guten Chianti hervor.

Colline Lucchesi DOC. Rot- und Weißwein. Provinz: Lucca. Gemeinden: Lucca, Capannori, Porcari. Rebsorten, rot: Sangiovese 45–70% plus Canaiolo, Ciliegiolo und Merlot; weiß: Trebbiano bis zu 70%.

Ein Cousin des Chianti, der näher an der Küste entsteht und ebenfalls mit einjähriger Reifezeit und als Riserva produziert wird. Der Weißwein ist bis jetzt noch eine unbekannte Größe.

Elba DOC. Weiß- und Rotwein. Provinz: die Insel Elba. Rebsorten, weiß: Trebbiano toscano (hier Procanico genannt) mind. 90%, andere weiße Sorten bis zu 10%; rot: Sangiovese mind. 75%.

Die Insel vor der südlichen toskanischen Küste, auf der Napoleon im Exil lebte, verfügt über trockene Weißweine, die ideale Begleiter zu Fischgerichten abgeben, sowie Chiantiartige Rotweine mit immer besserer Struktur von äußerst tüchtigen Erzeugern. Elbas Spezialität ist ein exquisiter roter Passito von der Aleatico-Traube, bisweilen auch von Ansonica.

Galestro Ein hochmoderner Weißwein, den eine Gruppe von Chianti-Erzeugern durch kühle Gärung bereitet, was dem Trebbiano-Wein die ihm sonst oft fehlende Spritzigkeit und fruchtige Frische verleiht. Der Name leitet sich von einer Bodenart ab. Galestro ist der einzige italienische Wein, bei dem ein Höchstwert für den Alkoholgehalt (10,5%) festgelegt ist.

Montecarlo DOC. Weiß- und Rotwein. Provinz: Lucca. Gemeinden: in den Hügeln um Montecarlo. Rebsorten, weiß: Trebbiano toscano 70%, Sémillon, Pinot grigio, Pinot bianco, Vermentino, Sauvignon und Roussanne 30%; rot: Sangiovese 50–75%, Canaiolo nero 5–15%, Ciliegiolo, Colorino, Malvasia nera und Syrah 10–15%.

Ein gutes Beispiel dafür, wie sich toskanischer Weißwein verbessern lässt, wenn man dem an sich recht neutralen Trebbiano aromatischere Trauben beimischt. Der milde, sanfte, aber interessante Weißwein aus Montecarlo kann nach 2–3 Jahren in der Flasche ein sehr ansprechendes Bukett entfalten.

Montecucco DOC. Provinz: Grosseto. Die Weine aus einem Gebiet südwestlich von Montalcino sind rustikaler als Brunello. Colle Massari ist ein führender Erzeuger.

Monteregio di Massa Marittima DOC. Provinz: Grosseto. Gemeinden: Massa Marittima, Monterotondo Marittima. Rebsorten, rot: Sangiovese mind. 89%; weiß: Trebbiano mind. 50%, Vermentino, Malvasia und/oder Ansonica bis zu 30%.

Ein Bereich in den Maremmen, dessen Bedeutung wächst. Château Lafite und der Chianti-Erzeuger Castellare (siehe jeweils dort) sind die Hauptinvestoren.

Montescudaio DOC. Rot- und Weißwein. Provinz: Pisa. Gemeinden: Montescudaio und 6 weitere. Rebsorten, rot: Sangiovese 65–85%, Trebbiano toscano und Malvasia 15–25%, andere rote Sorten bis zu 10%; weiß: Trebbiano toscano 70–85%, Malvasia del Chianti und Vermentino 15–30%, andere weiße Sorten bis zu 10%.

Leichter Weißer und besser werdender Roter aus einem küstennahen Gebiet westlich von Siena, in dem allerdings viele Spitzenerzeuger lieber teuren Cabernet und Merlot IGT abfüllen. Es wird auch ein charaktervoller, starker Vin Santo erzeugt.

Morellino di Scansano DOC. Rotwein. Provinz: Grosseto. Gemeinden: Scansano und 6 weitere im äußersten Süden der Toskana. Rebsorten: Sangiovese plus bis zu 15% andere rote Sorten.

Der Rotwein auf Sangiovese-Basis erfreut sich wachsender Wertschätzung. In Bestform besitzt er Körper und Fülle, aber auch eine bemerkenswerte Finesse. Viele Erzeuger produzieren bereits einen äußerst saftigen Wein und bauen ihn in Barriques aus. Banfi, Frescobaldi, Fonterutoli, Rocca delle Macìe, Biondi Santi und Poliziano (siehe jeweils dort) verfügen seit neuestem über Weinbergbesitz in Scansano.

Moscadello di Montalcino DOC. Weißwein. Proviz: Siena. Gemeinde: Montalcino. Rebsorten: Moscato plus andere weiße Sorten bis zu 15%.

Die Wiederbelebung dieses süßen Moscato als DOC ist in erster Linie Banfi zu verdanken. Es gibt auch einen noch süßeren *liquoroso,* der jedoch selten anzutreffen ist.

Parrina DOC. Rot-, Weiß- und Roséwein. Provinz: Grosseto. Gemeinde: Orbetello. Rebsorten, Rotwein und Rosé: Sangiovese mind 80%, Canaiolo nero, Montepulciano, Colorino bis zu 20%; Weißwein: Trebbiano 30–50%, Ansonica und/oder Chardonnay bis zu 50%.

Lebhafte Rot- und Weißweine aus der Gegend der Argentario-Halbinsel in der Südtoskana. Ein junger Parrina Bianco kann einen guten Begleiter für Meeresfrüchte abgeben.

Pomino DOC. Rot- und Weißwein. Provinz: Florenz. Gemeinde: Pomino in der Gemeinde Rufina. Rebsorten, weiß: Pinot bianco und/oder Chardonnay 60–80%, Trebbiano bis zu 30%, andere weiße Sorten bis zu 15%; rot: Sangiovese 60–75%, Canaiolo und/oder Cabernet Sauvignon und/oder Cabernet franc 15–25%, Merlot 10–20%.

Für die Anerkennung des Bereichs als DOC setzte sich vor allem Frescobaldi ein. Sie gilt für Pomino Bianco von Pinot bianco und Chardonnay mit Trebbiano. Die Gegend wurde 1716 als eines der besten Anbaugebiete im Großherzogtum Toskana erwähnt.

Rosso di Montalcino DOC. Rotwein. Provinz: Siena. Gemeinde: Montalcino. Rebsorten: Brunello di Montalcino. Höchstertrag: 70 hl/ha.

Wein von Brunello-Trauben, die nicht gut genug für Brunello di Montalcino sind. Die Qualität ist sehr unterschiedlich. Manche Erzeuger nutzen die DOC als eine Art Resteverwertung, andere nehmen sie durchaus ernst und reservieren eigene Anbauflächen für den Wein. In feinen Jahrgängen kann er sich gut entfalten und bietet einiges für seinen Preis.

Rosso di Montepulciano DOC. Rotwein. Provinz: Siena. Gemeinde: Montepulciano. Rebsorten: Sangiovese (Prugnolo gentile) 60–80%, Canaiolo nero 10–20%, andere Sorten bis zu 20%, aber nicht mehr als 10% weiße. Höchstertrag: 70 hl/ha.

Die DOC bietet Erzeugern die Möglichkeit, den Vino Nobile aufzuwerten, indem einfachere Traubenqualität zu Rosso verarbeitet wird. Meist empfehlenswerter Wein für wenig Geld, vor allem in reifen Jahren.

Sant'Antimo DOC. Rot- und Weißwein. Provinz: Siena. Gemeinde: Montalcino. Rebsorten: Chardonnay, Sauvignon, Pinot grigio, Cabernet Sauvignon, Merlot, Pinot nero.

Die 1996 geschaffene DOC soll der bunten Vielfalt von innovativen und experimentellen Weinen, die neben den ehrwürdigen Brunello-di-Montalcino-Gütern ein Schattendasein fristen, eine Heimstatt geben.

Sassicaia DOCG. Ein bemerkenswerter Wein, der den toskanischen Weinbau am entscheidendsten geprägt hat. Der inzwischen verstorbene Marchese Incisa della Rocchetta erzeugte

Antinori – Wegbereiter für die Zukunft der Toskana

Der Marchese Piero Antinori wird vielleicht für den Chianti des 21. Jahrhunderts genau das sein, was der Barone Ricasoli für den Chianti des 19. und 20. Jahrhunderts war: derjenige, der das Rezept schrieb. Antinori besitzt die Eloquenz eines Aristokraten und überzeugt, ohne dafür die Stimme heben zu müssen. Er und sein ehemaliger Kellermeister Giacomo Tachis machten das alte Florentiner Unternehmen mit Sitz im Palazzo Antinori, im Herzen der Stadt, zum Trendsetter – nicht nur für vorbildlichen Chianti, sondern in noch prophetischerer Weise für

Tignanello, einen Sangiovese mit Cabernet Sauvignon, der nach Bordeaux-Art in neuen Barriques reift. Damit legte er den Grundstein für die Weine, die als Supertoskaner bekannt werden sollten.

Doch das war erst der Anfang. Seitdem hat die Familie Antinori ihren Grundbesitz auf fast 1300 ha in der Toskana (Santa Cristina, Peppoli, Badia a Passignano und Chianti Classico in Bolgheri), in Umbrien (Castello della Sala), im Piemont (Prunotto) und in Apulien ausgedehnt. Darüber hinaus werden Trauben und Weine von Vertragspartnern zugekauft. Renzo Cotarella ist in diesem stetig wachsenden Imperium der Supervisor der Weinbereitung. Die hochmoderne Kellerei steht in San Casciano (bei Santa Cristina); im Palazzo Antinori in Florenz gibt es Verkostungsräume. Die herrliche Villa Antinori, die auf den Etiketten des Jahrgangs-Chianti-Classico prangt, wurde im Zweiten Weltkrieg zerstört. Zum Besitz des Marchese zählt auch das Gut La Braccesca in Montepulciano, auf dem Vino Nobile und Rosso di Montepulciano erzeugt werden.

Doch Antinoris Tatendrang ist nicht auf Italien beschränkt. Beträchtliche Summen flossen in die Atlas Peak Vineyards oberhalb des kalifornischen Napa Valley, wo der Traum, der Neuen Welt ihren eigenen großen Sangiovese zu schenken, noch seiner Erfüllung harrt. In einem kühnen Joint Venture mit Château Ste Michelle im Staat Washington wurde ein prachtvoller Bordeaux-Verschnitt namens »Col Solare« geschaffen. Trotz der außergewöhnlichen Errungenschaften des Unternehmens wissen Piero Antinori und seine Kinder nur zu gut, dass sie es sich nicht leisten können, die Hände in den Schoß zu legen.

an der Küste bei Bolgheri südlich von Livorno – außerhalb aller offiziell anerkannten Anbaugebiete – sortenreinen Cabernet Sauvignon. Was als verrückte Idee begann, wurde zur Sensation. Der Wein wurde wie Bordeaux in Barriques ausgebaut und zunächst vom Cousin des Marchese in Florenz, Antinori, abgefüllt und verkauft, bis sein Sohn Niccolò die Abfüllung nach Bolgheri verlegte. Man sollte mal eine Flasche in eine Prämierung von Spitzen-Cabernets einschmuggeln (der 1975er schlägt jeden Bordeaux dieses Jahrgangs). Der seit 1994 in der DOC Bolgheri anerkannte Wein hat inzwischen seine eigene DOCG.

Tignanello Das Unternehmen Antinori wurde mit diesem außergewöhnlichen Wein (und mit seinem Chianti) zum Wegbereiter einer modernen Auffassung von Chianti, der Weinbereitung nach Bordeaux-Art und des Ausbaus in Barriques. Der Tignanello, ein Sangiovese-Cabernet-Verschnitt, schließt die Lücke zwischen dem sehr individuellen Sassicaia und dem traditionellen Chianti; er war der Auslöser für die toskanische Revolution in den 1980er-Jahren.

Val d'Arbia DOC. Weißwein. Provinz: Siena. Gemeinden: 10 entlang des Flusses Arbia zwischen Radda in Chianti und Buonconvento. Rebsorten: Trebbiano toscano 70–90% plus Malvasia del Chianti und Chardonnay.

Frischer, leichter, typisch toskanischer Weißwein.

Val di Cornia DOC. Rot-, Weiß und Roséwein. Provinzen: Livorno, Pisa. Gemeinden: Campiglia Marittima, San Vincenzo, Piombino und Suvereto im Südwesten der Toskana. Rebsorten, Rotwein und Rosé: Sangiovese 70–100%, Canaiolo nero, Ciliegiolo, Cabernet Sauvignon und/oder Merlot bis zu 30%, aber jede

einzelne nicht mehr als 15%; Weißwein: Trebbiano toscano 60–70%, Vermentino 15–30%, andere weiße Sorten bis zu 20%.

Wie in Bolgheri erbringt Sangiovese hier nur mittelmäßige Weine; viele Güter erzielen mit Cabernet und Merlot beachtlichen Erfolg.

Vernaccia di San Gimignano DOCG. Weißwein. Provinz: Siena. Gemeinde: San Gimignano. Rebsorte: Vernaccia di San Gimignano.

Traditioneller Vernaccia wird so stark wie möglich bereitet, auf den (goldgelben) Schalen vergoren und so lange in Fässern gelagert, bis ein leicht firner, oxidativer Geschmack entsteht. Neben dieser alten Art, wie sie bereits Michelangelo liebte, wird heute auch eine modernere helle Version erzeugt, die gut, aber kaum unverwechselbar zu nennen ist. Es gibt auch eine DOC San Gimignano für Rotwein, Rosé und Vin Santo.

Vin Santo Wein von Trauben, die bis Weihnachten oder länger auf dem Dachboden getrocknet werden, damit sie rosinieren und süßer werden, gibt es überall in Italien, vor allem aber auf jedem Gut in der Toskana. Er ist unter verschiedenen DOCs anerkannt, doch die Winzer erzeugen ihn nach ihren eigenen Regeln. Der Wein wird in sehr kleinen Fässern (*caratelli*) vergoren, die dann verschlossen bis zu sieben Jahren unter dem Dach ihrem Schicksal überlassen werden. Nach einer so langen Reifezeit wird mancher zu Essig, mancher aber auch zu einem Madeira-artigen Nektar. Traditioneller Vin Santo ist süß, daneben gibt es trockene Versionen.

Vino Nobile di Montepulciano DOCG. Rotwein. Provinz: Siena. Gemeinde: Montepulciano. Rebsorten: Sangiovese (Prugnolo gentile) 60–80 %, Canaiolo 10–20 %, andere Sorten bis zu 20 %.

Vino Nobile würde gerne dem Brunello di Montalcino Konkurrenz machen, der ebenfalls im Süden des Chianti erzeugt wird. Umstritten ist, ob er genauso Außergewöhnliches zu bieten hat wie Brunello. Eigentlich ist er ein Chianti, doch inzwischen bemühen sich kompetente Kellermeister verstärkt um ihn, und die DOCG ist durch die wachsende Anzahl ausgezeichneter Weine gerechtfertigt.

Die führenden Erzeuger in der Toskana

Castello d'Albola ☆☆–☆☆☆
Radda, Siena. 150 ha.
www.albola.it
Der Stützpunkt von Zonin (siehe Venetien) im Chianti Classico ist eine ehrwürdige Burg. Das Gut erzeugt neben Chianti auch »Le Elere«, einen sortenreinen Sangiovese aus einer Einzellage, und den eichigen Sangiovese-Cabernet-Verschnitt namens »Acciaiolo«.

Altesino ☆☆–☆☆☆
Montalcino, Siena
Dieser hoch angesehene kleine Betrieb wechselt immer mal wieder den Kurs: Manchmal bestimmen Supertoskaner das Bild, manchmal steht der Brunello im Vordergrund. »Palazzo Altesi« ist ein Barrique-gereifter Sangiovese, der eine fast burgunderähnliche Geschmeidigkeit und Fruchtigkeit entwickelt. Der beste Brunello ist »Montosoli« von einer Einzellage, oft von außergewöhnlicher Qualität. Bisweilen wird auch köstlicher Passito »Moscadello Ambro« produziert.

Castello di Ama ☆☆–☆☆☆
Lecchi in Chianti, Siena. 80 ha. www.castellodiama.com
Kellermeister Dr. Marco Pallanti ließ das Gut in die Spitzenriege des Chianti Classico aufsteigen, indem er sich auf erstklassige (und sehr teure) Einzellagenweine wie »Bellavista Riserva« konzentrierte. Das Gut bemüht sich seit Jahren um internationale Rebsorten wie Chardonnay, Merlot (»L'Apparita«) und Pinot nero (»Il Chiuso«), aber mit wechselndem Erfolg.

Marchesi Antinori ☆☆–☆☆☆☆
Florenz. www.antinori.it
Der jetzige Besitzer Piero Antinori blickt auf eine Familientradition zurück, die 1385 begann, und seine Töchter werden das Unternehmen weiterführen, wenn er sich irgendwann zur Ruhe setzt. Von seinem Stammsitz in der Toskana aus hat Antinori seinen Besitz um Güter in Umbrien, Piemont und Apulien erweitert. Siehe Seite 341.

Argiano ☆☆☆
Montalcino, Siena
Dieses alte Gut hat oft den Besitzer gewechselt und gehört heute einem Mitglied der Familie Cinzano. Unter Kellermeister Sebastiano Rosa, der 2002 ausschied, um eigene Wege zu gehen (siehe Guidalberto), stieg die Qualität enorm. Der Brunello ist außergewöhnlich reichhaltig, das Gleiche gilt für den großartigen »Solengo«, einen Verschnitt aus Cabernet, Merlot und Syrah, der größtenteils in neuen Barriques ausgebaut wird. Alle Brunello-Trauben werden zunächst auf die gleiche Weise verarbeitet, weniger überzeugende Partien dann zu Rosso di Montalcino abgestuft.

Avignonesi ☆☆–☆☆☆☆
Montepulciano, Siena. 218 ha. www.avignonesi.it
Der Palazzo Avignonesi aus dem 16. Jh. im Herzen von Montepulciano beherbergt in seinen Kellern aus dem 13. Jh. den fassgereiften Vino Nobile der Familie. Der Betrieb wird heute von den drei Falvo-Brüdern geleitet. Im Mittelpunkt ihres Interesses steht der Vino Nobile; der Merlot-Cabernet-Verschnitt »Desiderio« und der Chardonnay »Il Marzocco« können voll und eichig ausfallen. Ein zweites Gut nahe Cortona erzeugt außergewöhnlichen trockenen Bianco Vergine Valdichiana sowie Chardonnay und Sauvignon blanc. Kaum einer wird bestreiten, dass der Vin Santo von Avignonesi der feinste der Toskana ist: sowohl der normale als auch der seltene und sehr teure »Occhio del Pernice«. In einem vor kurzem erworbenen Sovana-Gut in der Nähe von Pitigliano entsteht außerdem ein feiner süßer Aleatico.

Badia a Coltibuono ☆☆☆
Gaiole in Chianti, Siena. 70 ha. www.coltibuono.com
Vielleicht waren die Möche dieser mitten im Wald gelegenen märchenhaften Abtei aus dem 11. Jh. die ersten Chianti-Erzeuger. Gebäude, Keller und Park (mit einem ausgezeichneten Restaurant) werden von der Familie Stucchi Prinetti, der das Gut seit 1846 gehört, hervorragend instand gehalten. Da die hiesigen Berge zu hoch für den Weinbau sind, liegt das gutseigene Rebland weiter südlich in Monti. Man trifft nur selten auf so beständig erstklassige Chianti-Weine wie hier, was die bis auf 1958 zurückgehenden Riserva-Bestände beweisen. Spitzenwein ist meist der »Sangioveto«, ein kompromisslos in Barriques gereifter sortenreiner Sangiovese, der Jahre braucht, bis sich seine jugendliche Anmaßung gelegt hat.

Villa Banfi ☆–☆☆☆
Montalcino, Siena. www.castellobanfi.com
1977 von dem größten amerikanischen Weinimportunternehmen in der alten Heimat gegründet. Banfi legte 650 ha Weinberge an und produziert heute ein großes Sortiment von Weinen. Der beste Brunello di Montalcino ist »Poggio all'Oro«, daneben werden seriöse sortenreine Weine von Pinot nero (»Belnero«), Cabernet Sauvignon (»Tavernelle«) und Syrah (»Colvecchio«) sowie zwei reichhaltige Verschnitte erzeugt: »Excelsus« (von Bordeaux-Rebsorten) und der in neuer Eiche ausgebaute »Summus «von Sangiovese, Cabernet und Syrah. Die in großen Mengen produzierten Weißweine sind weitgehend uninteressant. Der Betrieb etablierte sich unter der Leitung von Ezio Rivella; heute ist Rudy Buratti für die Weinbereitung zuständig. Im Piemont befindet sich eine weitere Kellerei von Banfi.

Fattoria dei Barbi ☆☆
Montalcino, Siena. www.fattoriadeibarbi.it
Das Gut ist seit 200 Jahren im Besitz der Familie Colombini Cinelli und genießt einen ausgezeichneten Ruf. Neben verlässlichem Brunello di Montalcino wird auch früher genussreifer Wein erzeugt, u. a. »Brusco dei Barbi«, ein nach der Governo-Methode bereiteter Sangiovese. Das Gut verfügt außerdem über Weinberge in Scansano.

Biondi Santi – Il Greppo ☆☆☆
Montalcino, Siena. www.biondisanti.it
1840 von Clemente Santi gegründet, dessen Enkel Ferruccio Biondi Santi als Erfinder des Brunello di Montalcino gilt. Ältere Jahrgänge dieses Guts, die immer noch einen höchst lebendigen Eindruck in der Flasche machen, gehören zu den Juwe-

len der italienischen Weine. In den 1980er-Jahren brach die Qualität jedoch ein, und in den 1990er-Jahren hatte der Betrieb mit Pilzbefall in den Weingärten zu kämpfen. Familienzwiste taten ein Übriges. Zu Beginn des neuen Jahrtausends war das Gut zwar zu seiner alten Form zurückgekehrt, doch aufgrund der enormen Qualitätssteigerungen in der ganzen Region liegt Biondi Santi nicht mehr so weit über dem Durchschnitt wie früher. Die Familie besitzt mittlerweile auch Rebland an der toskanischen Küste, auf dem ansprechende und relativ preisgünstige Weine entstehen, u. a. »Sassoalloro«, ein Barrique-gereifter Sangiovese.

Boscarelli ☆☆–☆☆☆
Montepulciano, Siena. 13 ha. www.poderiboscarelli.com
Seit 1962 im Besitz von Paola de Ferrari Corradi. Das Gut gehört zu den besten in Montepulciano, sein Vino Nobile ist ein Wein mit Tiefe, Charakter und muskulösem Gefüge. Auch der feine Supertoskaner »Boscarelli« entsteht unter der Ägide des Kellermeisters Maurizio Castelli.

La Brancaia ☆☆☆
Radda, Siena. 20 ha. www.brancaia.it
Das Weingut im Besitz der Familie Widmer erzeugt köstlichen Chianti ausschließlich von Sangiovese und den IGT-Supertoskaner »Brancaia« von Sangiovese, Merlot und Cabernet. Die Weine sind gehaltvoll, konzentriert und geschmeidig.

Castello di Brolio Barone Ricasoli ☆☆–☆☆☆
Florenz. 227 ha. www.ricasoli.it
Seit 1141 im Besitz der Familie Ricasoli. In dem großen düsteren Backsteinbau »erfand« der ebenso große und düstere Bettino Ricasoli, der zweite Premierminister Italiens, den Chianti, d. h. seine Traubenmischung und das Bereitungsverfahren. 1971 gab die Familie die Leitung des Guts an Seagram ab, was sich auf Dauer aber nicht bewährte. Schließlich griff Francesco Ricasoli ein, um dem historischen Gut wieder auf die Beine zu helfen und seinen angeschlagenen Ruf aufzupolieren. Seine erste Amtshandlung war die Entsorgung Tausender von Flaschen, deren Qualität er für unzulänglich hielt. Inzwischen ist er recht erfolgreich, v. a. mit dem nach dem Castello benannten erstklassigen Chianti Classico und einem IGT-Supertoskaner namens »Casalferro«.

Ca' Marcanda
Bolgheri, Livorno
Angelo Gaja aus dem Piemont hat nun auch in der Toskana einen Stützpunkt für seine Unternehmungen. Er erwarb 65 ha Rebland im Herzen von Bolgheri und bestockte es mit Bordeaux-Rebsorten und Syrah. Der erste Wein des Guts war »Magari« von 50 % Merlot sowie Cabernet Sauvignon und Cabernet franc; der »Ca' Marcanda« wird ähnlich sein, aber mehr Cabernet Sauvignon enthalten.

Tenuta Caparzo ☆☆–☆☆☆
Montalcino, Siena.
www.caparzo.com
Unter der Geschäftsführung von Nuccio Turone wurde Caparzo zu einem der beständigsten Erzeugerbetriebe in Montalcino. Erzeugt wird natürlich feiner Brunello, v. a. der Cru »La Casa«, aber auch köstlicher Chardonnay »Le Grance« und ein Brunello-Cabernet-Verschnitt namens »Ca' del Pazzo«. 1999 wurde der Besitz an Elisabetta Gnudi verkauft, die auch das Gut Borgo Scopeto in Castelnuovo Berardenga erwarb, auf dem vornehmlich Chianti Classico produziert wird.

Tenuta di Capezzana ☆☆☆
Carmignano, Florenz. 110 ha. www.capezzana.it
Im 15. Jh. gegründet, im Besitz und geführt von Ugo Contini Bonacossi und seiner Familie. Die ehemalige Medici-Villa der Bonacossis mit ihren Rebflächen ist vermutlich der Ort, an dem erstmals in der Toskana Cabernet Sauvignon angebaut wurde. Die Vorzüglichkeit ihres Carmignano führte zur Schaffung einer »fremden« DOC(G) im Herzen des Chianti. Die feinsten Carmignano-Auslesen werden je nach Herkunft als »Villa Capezzana« bzw. »Villa di Trefiano« abgefüllt.

Weitere neue Kreationen sind der Rosé »Vin Ruspo«, der rote »Barco Reale« und ein fruchtiger Cabernet-Merlot-Verschnitt namens »Ghiaie della Furba«. Außerdem wird ein stiller Chardonnay erzeugt, interessanter ist jedoch der makellose Vin Santo. Der feinste Wein ist und bleibt der fest strukturierte, langlebige Carmignano.

Casanova di Neri ☆☆–☆☆☆☆☆
Montalcino, Siena. 35 ha. www.casanovadineri.com
Giacomo Neri erfreut sich wachsender Anerkennung in Montalcino. Er bereitet normalen Brunello und zwei ausgezeichnete Einzellagenweine: »Cerretalto« und den sensationellen »Tenuta Nuova«. Neri folgt keinem festen Schema, sondern stimmt die Fassreife auf die Qualität und die Beschaffenheit jedes einzelnen Jahrgangs ab. Es gibt auch einen sortenreinen, aber überteuerten Cabernet namens »Pietradonice«.

Castelgiocondo ☆☆☆
Montalcino, Siena. 150 ha. www.frescobaldi.it
Das Gut gehört der Familie Frescobaldi, die 1975 ihren ersten Jahrgang herausbrachte. Erzeugt werden Brunello und Rosso di Montalcino sowie verschiedene andere Weine, u. a. der robuste Merlot »Lamaione«.

Castellare ☆☆☆
Castellina in Chianti, Siena. 21 ha. www.castellare.it
Im Besitz von Paolo Panerai erzeugt Castellare ausgezeichneten Chianti und eine Palette anderer Weine, u. a. einen sortenreinen Cabernet Sauvignon (»Coniale«), einen sortenreinen Merlot (»Poggio ai Merli«) und einen Barrique-gereiften Supertoskaner namens »I Sodi di San Niccolò«. Das Schicksal von Castellare ruht seit 20 Jahren in den Händen des önologischen Beraters Maurizio Castelli.

Cecchi & Villa Cerna ☆☆
Castellina in Chianti, Siena. www.cecchi.net
Beide Güter sind im Besitz des Handelsunternehmens von Luigi Cecchi. Erzeugt werden in erster Linie Chianti Classico und ausgezeichnete Riserva sowie eine Reihe von Weinen aus anderen Gebieten, u. a. Scansano und San Gimignano.

Agricoltori del Chianti Geografico ☆☆
Gaiole in Chianti, Siena. 570 ha.
www.chiantigeografico.it
1961 gegründete Genossenschaft. Unter verschiedenen Namen werden jährlich rund 2 Mio. Flaschen produziert: neben Chianti auch Vernaccia di San Gimignano und Val d'Arbia Bianco sowie mehrere IGT-Weine, u. a. der sortenreine Merlot »Pulleraia«.

Col d'Orcia ☆–☆☆☆
Montalcino, Siena. 130 ha
Das Gut wurde 1973 von Cinzano erworben. In der Spitzenriege ist die Qualität hoch: kraftvoller Brunello, sortenreiner

Cabernet »Olmaia« und Moscadello. In größeren Mengen produzierte Weine wie der »Rosso« sind weniger eindrucksvoll.

Costanti ☆☆☆
Montalcino, Siena

Im Besitz von Andrea Costanti und mit önologischer Beratung von Vittorio Fiore. Seit vielen Jahren eine untadelige Quelle für langlebigen Brunello und Rosso di Montalcino. In den 1990er-Jahren brachte Costanti den Einzellagenwein »Vermiglio« heraus, der neben Sangiovese etwas Merlot und Cabernet enthält.

Fattoria di Cusona ☆☆–☆☆☆
San Gimignano, Siena. 70 ha.
www.guicciardinistrozzi.it

Die Anfänge des Guts im Besitz von Girolamo Strozzi und Roberto Guicciardini gehen auf das 16. Jh. zurück. Unter der Leitung des Önologen Vittorio Fiore wird hervorragender Vernaccia di San Gimignano erzeugt. Außerdem Chianti dei Colli Senesi und Sangiovese IGT »Sòdole«.

Fattoria di Felsina ☆☆☆
Castelnuovo Berardenga, Siena

Unter der Geschäftsführung von Giuseppe Mazzocolin und Kellermeister Franco Bernabei steht dieses Gut fest an der Spitze der Chianti-Erzeuger, v. a. mit der Riserva »Vigneto Rancia«. Der sortenreine Sangiovese »Fontalloro« ist erstklassig, genauso wie der fassgereifte Chardonnay »I Sistri« und der Vin Santo.

Castello di Fonterutoli ☆☆☆–☆☆☆☆
Castellina in Chianti, Siena. www.fonterutoli.it

Das Gut, seit 1435 im Besitz der Familie Mazzei, erlebt zurzeit ein Comeback. Filippo und Francesco Mazzei, beraten von dem Önologen Carlo Ferrini, sind von den Supertoskanern abgerückt, um sich ganz auf modernen Chianti Classico zu konzentrieren. Die Qualität ist überragend. Außerdem hat die Familie Mazzei das Gut Belguardo in Scansano aufgebaut, auf dem ein köstlicher, unkomplizierter Sangiovese Morellino erzeugt wird.

Fontodi ☆☆☆–☆☆☆☆
Panzano, Florenz. www.fontodi.com

Die Mitglieder der Familie Manetti waren seit dem 18. Jh. Ziegelbrenner; das Gut ist seit 1969 in ihrem Besitz. Giovanni Manetti hat Fontodi mit der Unterstützung des Önologen Franco Bernabei zu einem Spitzenerzeuger gemacht. Der Chianti Classico ist von beständiger Qualität, v. a. der »Vigna del Sorbo«. Der Barrique-gereifte »Flaccianello« (sortenreiner Sangiovese) bestätigt die Spitzenposition des Guts. Syrah und Pinot nero sind verheißungsvoll, können den traditionellen Weinen aber bisher nicht das Wasser reichen.

Marchesi de' Frescobaldi ☆☆☆–☆☆☆☆☆
Florenz. 550 ha. www.frescobaldi.it

Die Frescobaldis machen den Antinoris als im toskanischen Weinbau führende Adelsfamilie Konkurrenz: Ihr Stammbaum reicht bis ins Jahr 1300 zurück und sie produzieren Weine, deren Qualität, Verlässlichkeit, Preis-Leistungs-Verhältnis und Originalität außergewöhnlich sind. Alle Frescobaldi-Weine entstehen auf den acht Gütern der Familie in Rufina östlich von Florenz. »Castello di Nipozzano« ist der berühmteste Rotwein (eine Auslese trägt den Namen »Montesodi«). Zum Besitz gehören außerdem die Güter Pomino und Poggio in Remo-

le. »Pomino Bianco« ist ein ausgezeichneter, mit Chardonnay verbesserter Weißwein, »Pomino Benefizio« besteht fast nur aus Chardonnay. Frescobaldi leitet auch das Gut Castelgiocondo (siehe dort) in Montalcino und erzeugt im Rahmen eines Joint Ventures mit dem Kalifornier Robert Mondavi einen Wein namens »Luce«.

Grattamacco ☆☆–☆☆☆
Castagneto Carducci, Livorno. 10 ha.
www.grattamacco.com

Der Besitzer Pier Mario Meletti Cavallari hat sich mit diesem Gut in den Hügeln um Bolgheri einiges Ansehen erworben. Sein erster Erfolg war der in Barriques ausgebaute »Grattamacco Bianco« auf Vermentino-Basis. Der »Grattamacco Rosso« von Cabernet, Sangiovese und Merlot ist üppig, aber sehr teuer. 2002 verpachtete Cavallari das Gut für zwölf Jahre an einen Schweizer Unternehmer.

Isole e Olena ☆☆☆–☆☆☆☆
Barberino Val d'Elsa, Florenz. 50 ha

Auf diesem zu Recht bewunderten Weingut erzeugt Besitzer und Kellermeister Paolo de Marchi köstlichen Chianti Classico, den langlebigen Sangiovese »Cepparello« und ausgezeichneten Vin Santo. In der Reihe »Collezione« bringt de Marchi Weine wie Chardonnay und Cabernet Sauvignon sowie einen verheißungsvollen Syrah heraus.

Le Macchiole ☆☆☆–☆☆☆☆
Bolgheri, Livorno. 25 ha. www.lemacchiole.it

Eugenio Campolmi leitete bis zu seinem frühen Tod 2002 dieses bemerkenswerte Weingut. Der »Paleo Rosso« war sein bekanntester Wein, ursprünglich ein Verschnitt auf Cabernet-Basis, später ein sortenreiner Cabernet franc. Mit »Messorio« (Merlot) und »Scrio« (Syrah) schuf Campolmi zwei rare Kultweine. Sie sind großartig und teuer.

Mastroianni ☆☆☆
Montalcino, Siena. 19 ha

Gabriele Mastroiannis Gut liefert ausgezeichnete Qualität. Neben gehaltvollem Brunello und Rosso di Montalcino gibt es einen köstlichen Süßwein (»Botrys«) von Moscato und Malvasia sowie einen frischen Sangiovese-Cabernet-IGT namens »San Pio«. Da Mastroianni vor Ideen und Begeisterung nur so sprüht, wird dieses Gut wahrscheinlich noch eine weitere Stufe nach oben klettern.

Melini ☆☆
Gaggiano di Poggibonsi, Siena. 160 ha.
www.giv.it

Melini gehört inzwischen zum Konzern Gruppo Italiano Vini. In den 1860er-Jahren entwarf Laborel Melini die stabile Chianti-Korbflasche, in der der Wein über weite Strecken transportiert werden konnte, und vergrößerte damit die ausländische Anhängerschaft des Chianti. Bekannt ist Melini v. a. für Chianti Classico, Riserva, Vernaccia di San Gimignano und andere Weine, namentlich den sortenreinen Merlot »Bonorli«.

Monsanto ☆☆–☆☆☆
Barberino Val d'Elsa, Florenz. 70 ha.
www.castellodimonsanto.it

Fabrizio Bianchis stetig besser werdendes Gut produziert markanten Chianti, allen voran »Il Poggio Riserva«. Auch die IGT-Weine sind eindrucksvoll: der Sangiovese-Cabernet-Verschnitt »Tinscvil« und der sortenreine Cabernet Sauvignon »Nemo«.

Montevertine ☆☆☆
Radda, Siena

1967 von Sergio Manetti gegründet und heute von seinem Sohn Martino zusammen mit dem Berater Giulio Gambelli geführt. Ein sorgfältigst gepflegter kleiner Weinberg erbringt Chianti-ähnlichen »Sodaccio«, »Le Pergole Torte«, einen in Eiche gereiften sortenreinen Sangiovese IGT außergewöhnlicher Qualität, und einen merkwürdigen eichigen Weißwein von Trebbiano und Malvasia.

Ornellaia ☆☆☆☆
Bolgheri, Livorno

Das fortschrittliche Gut wurde von Lodovico Antinori aufgebaut; das Kellerdesign stammt von André Tchelistcheff aus Kalifornien und zu den Beratern zählt Michel Rolland. Der »Poggio alle Gazze«, ein bemerkenswert guter Sauvignon blanc, der erstmals 1988 auf den Markt kam, wird nicht mehr erzeugt. Der rote »Ornellaia« ist ein Verschnitt aus Cabernet Sauvignon, Merlot und Cabernet franc, ein überaus üppiger Wein mit herrlicher Geschmackstiefe. »Masseto« ist ein sortenreiner Merlot und meist mächtiger und kraftvoller als der »Ornellaia«. Beide gehören zu den besten (und teuersten) Rotweinen Italiens. Seit 2002 ist Robert Mondavi Hauptanteilseigner.

Il Poggione ☆☆
Montalcino, Siena. www.tenutailpoggione.it

Die Besitzer Clemente und Roberto Francheschi haben das bekannte Gut dem erfahrenen Kellermeister Fabrizio Bindocci anvertraut. Sein Brunello di Montalcino ist ohne Frage fest und strukturiert, aber manchmal weniger intensiv und opulent als andere. Wer einen strengeren und traditionelleren Brunello-Stil bevorzugt, ist bei Il Poggione gut bedient.

Poliziano ☆☆☆
Montepulciano, Siena. www.carlettipoliziano.com

Der Besitzer Federico Carletti erzeugt mit der Unterstützung von Carlo Ferrini saftigen Chianti und Vino Nobile, der zu den feinsten der Region gehört. Ebenfalls eindrucksvoll sind der sortenreine Sangiovese »Elegia« und der »Le Stanze« auf Cabernet-Basis. Von Weinbergen in Scansano wird köstlicher »Lhosa« erzeugt.

Fattoria Le Pupille ☆☆–☆☆☆
Magliano in Toscana, Grosseto. www.elisabettageppetti.com

Das führende Gut in Morellino di Scansano produziert einen bemerkenswerten Wein von der Einzellage Poggio Valente. »Saffredi« ist ein Bordeaux-Verschnitt, ungewöhnlicherweise mit einem Schuss Alicante. Die Spezialitäten sind Vin Santo sowie ein Süßwein von Sauvignon und Traminer namens »Solalto«.

Fattoria Querciabella ☆☆☆
Greve, Florenz. www.querciabella.com

Das Gut der Familie Castiglioni erzeugt sehr guten Chianti, doch die eigentlichen Helden sind der saftige Supertoskaner »Camartina« und der eichenfassgereifte weiße Verschnitt »Batar« (Chardonnay/Pinot bianco). Die Qualität ist tadellos, die Preise aber sind sehr hoch.

Castello dei Rampolla ☆☆☆
Panzano, Florenz

Ein wunderschönes Gut, seit 300 Jahren im Besitz der Familie Di Napoli. Sehr guter Chianti, berühmter aber sind »Sammarco« auf Cabernet-Basis, der schon länger auf der Bestenliste steht als viele andere, und »Vigna di Alceo«, ebenfalls von Cabernet, aber mit Petit Verdot statt mit Sangiovese.

Rocca delle Macìe ☆–☆☆☆
Castellina in Chianti, Siena. 220 ha.
www.roccadellemacie.com

Das in den 1970er-Jahren gegründete Gut der Familie Zingarelli gehört zu den größten im Chianti Classico. Flaggschiffe sind »Chianti Fizzano« Riserva und »Ser Gioveto«, ein in neuer Eiche gereifter sortenreiner Sangiovese. Aufgrund der Größe des Betriebs werden die Weine häufig unterschätzt; die Spitzenriege ist jedoch ausgezeichnet.

Ruffino ☆☆–☆☆☆
Pontassieve, Florenz. www.ruffino.com

Der Besitz gehört seit 1877 der Familie Folinari, wurde aber 2000 aufgeteilt; Ambrogio Folinari führt nun einen eigenen Betrieb. Davon unberührt blieben die ausgedehnten Ländereien in der Toskana und der über Jahrzehnte mit der Riserva »Ducale« erworbene Ruf. Eindrucksvoll sind zudem »Nero del Tondo« (Pinot nero) und »Romitorio di Santedame« (Sangiovese/Colorino). Das Gut Greppone Mazzi in Montalcino gehört ebenfalls zu Ruffino.

San Felice ☆☆☆
San Gusmè, Siena. www.agricolasanfelice.it

San Felice, im Besitz eines großen Versicherungsunternehmens, ist nicht nur ein Weingut, sondern verfügt in schön restaurierten Gebäuden auch über ein vornehmes Hotel und ein teures Restaurant. Der Kellermeister Leonardo Bellacini hat seit seiner Anstellung 1984 die Qualität der Weine stetig verbessert. »Poggio Rosso« aus einer Einzellage gehört zu den feinsten Chianti Classico Riserva; der »Vigorello« ist ein tanninherber, eindringlicher Supertoskaner von Sangiovese und Cabernet Sauvignon.

San Giusto a Rentennano ☆☆☆
Monti, Siena

Besitzer Francesco Martini und sein Bruder erzeugen einen überaus traditionellen Chianti; bekannt sind sie jedoch v. a. für den teuren »Percarlo«, einen Barrique-gereiften, recht starken sortenreinen Sangiovese, den üppigen Merlot »La Ricolma« und herrlichen Vin Santo, der sechs Jahre im Fass reift.

Tenuta San Guido – Sassicaia ☆☆☆☆
Bolgheri, Livorno. www.sassicaia.com

Der verstorbene Marchese Mario Incisa della Rocchetta pflanzte 1944 auf seiner 2500-ha-großen Tenuta San Guido am Meer bei Bolgheri Cabernet Sauvignon an. Der ursprünglich nur für den eigenen Verbrauch bestimmte Sassicaia stieg Ende der 1960er-Jahre zu Italiens feinstem Cabernet auf. Unter der Beratung von Giacomo Tachis, der darauf bestand, den Ausbau in guten Eichen- statt in Kastanienholzfässern vorzunehmen, erklomm der Wein sensationelle Höhen. Seit Mario Incisas Tod 1983 kümmert sich sein Sohn Niccolò persönlich um das Gut. Siehe auch Guidalberto.

Selvapiana ☆☆☆
Pontassieve, Florenz

1827 von der Florentiner Bankierfamilie Giuntini gegründet und heute im Besitz von Francesco Giuntini, dem Federico Masseti zur Seite steht. Mit Unterstützung des Önologen Franco Bernabei wird äußerst traditioneller und langlebiger Chianti Rufina erzeugt. Außerdem zwei schön strukturierte Chianti-

Einzellagenweine, »Bucerchiale« und »Fornace«, sowie großartiger Vin Santo.

Castello del Terriccio ☆☆–☆☆☆☆
Castellina Marittima, Pisa.
www.terriccio.it

Das große Gut südlich von Livorno gehört einem Mann mit dem klangvollen Namen Gian Anibale Rossi di Medelana Serafini Ferri. Die ersten Weine kamen mit fachkundiger Beratung durch Carlo Ferrini (Rotwein) und Hans Terzer (Weißwein) erst Anfang der 1990er-Jahre heraus. Erzeugt werden zwei Chardonnays, »Rondinaia« ohne und »Saluccio« mit Eiche. Ganz oben rangiert der »Lupicaia« auf Cabernet-Basis, der 18 Monate in neuen Barriques reift. Sangiovese ergänzt die Bordeaux-Rebsorten im »Tassinaia«, der meist nicht an den Lupicaia heranreicht, aber trotzdem hohe Qualität besitzt. Zurzeit bastelt das Terriccio-Team an neuen Weinen von Rhône-Rebsorten.

Val di Suga ☆☆☆
Montalcino, Siena

Im Besitz der Familie Angelini, der auch die Tenuta Trerose in Montepulciano und San Leonino im Chianti Classico gehören. Das Montalcino-Gut verteilt sich auf den Norden und den Süden der Region und bietet somit sehr verschiedene Lagen und Rebsorten. Es gibt zwei Einzellagenweine, beide von außerordentlicher Qualität: »Vigna del Lago« und »Spuntali«.

Vecchie Terre di Montefili ☆☆☆
Greve, Florenz

Roccaldo Acuti gründete dieses kleine Gut 1980. Neben feinem Chianti Classico wird dort der interessante Weißwein »Vigna Regis« von Chardonnay, Sauvignon blanc und Traminer erzeugt. Der Cabernet-Sangiovese-Verschnitt »Bruno di Rocca« macht das Gut zu einem neuen Stern der Region.

Castello Vicchiomaggio ☆☆–☆☆☆
Greve, Florenz.
www.vicchiomaggio.it

Das herrliche Gut ist seit 1966 im Besitz der Familie Matta und wird heute von John Matta geleitet. Mit dem Restaurant und den Übernachtungsmöglichkeiten in der Burg ist es ein beliebtes Ziel für Touristen, doch die Weine werden immer eindrucksvoller. Der eleganteste Chianti Classico ist meist der 19 Monate in Barriques gereifte »La Prima«. Von den beiden IGT-Weinen sollte »Ripa delle Mandorle« (Sangiovese/Cabernet) recht jung getrunken werden, wohingegen »Ripa delle More«, ein ähnlicher Verschnitt, länger in Barriques lagert und mehr Fülle und Kraft besitzt. Im Allgemeinen sind die Weine durch einen molligen, zugänglichen Stil gekennzeichnet.

Villa Vignamaggio ☆☆☆
Greve, Florenz. www.vignamaggio.com

Die schöne Villa aus dem 15. Jh., in der Mona Lisa gelebt haben soll, ist auch das Zuhause des Biographen von Michelangelo und eines der angesehensten Chianti-Weine. Mit Unterstützung des Önologen Franco Bernabei hat der Besitzer, der römische Rechtsanwalt Gianni Nunziante, die Qualität der Weinberge und Weine erheblich verbessert.

Der Chianti Classico, v. a. die Riserva, ist gehaltvoll und komplex. Es gibt auch IGT-Weine, u. a. »Gherardino«, ein Verschnitt aus Sangiovese und Cabernet franc, und »Obsession«, was wie ein Parfüm klingt, in Wirklichkeit jedoch ein in neuer Eiche ausgebauter Verschnitt von Merlot, Syrah und Cabernet Sauvignon ist.

Önologische Berater – eine Erfolgsgeschichte

Fast jedes bedeutende Weingut in der Toskana verfügt heute über einen önologischen Berater, der jede einzelne der Weinbau- und Weinbereitungspraktiken genauestens überwacht. Bis zum Ende der 1960er-Jahre lag die Weinbereitung in der Toskana fast vollständig in den Händen großer Unternehmen, doch als in den darauf folgenden Jahren die Weinwirtschaft boomte, beschlossen viele Anbauer, ihre Trauben selbst zu verarbeiten. Zu jener Zeit waren die Gutsbesitzer zwar im Weinanbau recht erfahren, hatten aber kaum Ahnung von der Weinbereitung, und Betriebe, die bereits Wein erzeugten, besaßen oft hoffnungslos veraltete Anlagen.

Sie waren auf Hilfe angewiesen, doch die wirklich kompetenten Kellermeister in der Branche waren meist bei einem einzelnen Unternehmen verpflichtet: Giacomo Tachis bei Antinori und Ezio Rivella bei Banfi. Aus der Nachfrage entstand eine neue Zunft: die der Berater. Und mit dem Renommee der beratenen Betriebe stieg auch das ihrer Berater. Önologen wie Maurizio Castelli, Franco Bernabei und Vittorio Fiore konnten einem Gut zu Ruhm und Ansehen verhelfen, und ihre Dienste waren, koste es, was es wolle, äußerst gefragt. Inzwischen übernimmt nach und nach eine neue Generation das Ruder: Riccardo Cotarella, Carlo Ferrini, Stefano Chioccioli und Luca d'Attoma.

Auch wenn man sich ein Lächeln über die mit ständig klingelnden Handys in schnellen Autos kreuz und quer durch die Tokana rasenden Menschen nicht verkneifen kann, so haben sie doch in unschätzbarem Maße zum Erfolg der toskanischen Weine beigetragen. Sie wissen alles über Weinbereitung, können Fehler beheben, Anlagen auf den neuesten Stand bringen – und kennen die Konkurrenz und den Markt. Befürchtungen, dass die vielen Kunden nach der Beratung alle den gleichen Wein produzieren, haben sich – zum Glück – als völlig unbegründet erwiesen.

Castello di Volpaia ☆☆☆
Radda in Chianti, Siena.
www.volpaia.it

Die mittelalterliche Burg und das dazugehörige Dorf standen im 15. Jh. ganz oben auf der Rangliste der Einzellagen. Heute befinden sich dort ein Weingut und eine Ferienanlage, die beide von Giovanella Stianti Mascheroni geleitet werden. Die Lagen gehören zu den höchsten im Chianti Classico und bedürfen somit einer besonders sorgfältigen Pflege, damit die Trauben voll ausreifen. Der Chianti hier ist immer ein feiner Wein, der einige Jahre zur Entfaltung braucht. Daneben gibt es zwei eindrucksvolle IGTs: »Balifico«, ein Verschnitt von Sangiovese und Cabernet Sauvignon, und »Coltassala«, ein fast sortenreiner Sangiovese. 2002 wurde der führende Önologe Riccardo Cotarella engagiert, sodass die Weine jetzt womöglich noch besser werden.

Weitere Erzeuger in der Toskana

Aia Vecchia ☆☆
Bibbona, Livorno

Ein rasch expandierendes Gut im Besitz von Filippo Pellegrini. Der zurzeit einzige Wein ist der in viel Eiche ausgebaute IGT »Lagone« von Merlot, Cabernet und Sangiovese. Ab 2005 werden weitere Weine herauskommen.

Aiola ☆☆–☆☆☆
Vagliagli, Siena. 34 ha
Im Besitz der Familie Malagodi. Barrique-gereifter Chianti Classico und ein eleganter Cabernet-Sangiovese-Verschnitt namens »Logaiolo«.

Fattoria Ambra ☆☆
Carmignano, Florenz. 18 ha
Familie Rigoli produziert ansprechenden traditionellen Carmignano.

Ambrosini ☆☆–☆☆☆
Suvereto, Livorno
Ein kleines Gut mit einem kraftvollen, eichigen Sangiovese-Merlot-Syrah-Verschnitt namens »Subertum« und dem ungewöhnlichen Montepulciano IGT »Riflesso Antico«.

Jacopo Banti ☆☆
Campiglia Marittima, Livorno. 18 ha. www.jacopobanti.it
Ein Gut in den Hügeln der Maremmen, das sich in seinem großen Weinsortiment am besten auf den »Peccato« aus Cabernet und Merlot versteht und überdies einen reizvollen Ciliegiolo bereitet.

Fattoria di Basciano ☆☆–☆☆☆
Rufina, Florenz
Ein aufsteigender Stern in Chianti Rufina mit feiner Riserva und einem Sangiovese-Cabernet-Verschnitt namens »I Pini«.

Bindella ☆☆
Montepulciano, Siena. www.bindella.it
Der Schweizer Importeur Rudolf Bindella erzeugt feinen Vino Nobile und den Cabernet Sauvignon »Vallocaia«.

Fattoria di Bossi – Marchese Gondi ☆☆–☆☆☆
Pontassieve, Florenz. 17 ha
Das schöne Gut ist seit 1592 im Besitz der Familie Gondi und wird heute von Bernardo Gondi und seiner Schwester Donatella geführt. Es werden drei Arten von Chianti Rufina und ein großartiger Vin Santo erzeugt.

Fattoria del Buonamico ☆☆
Montecarlo, Lucca
Die Familie Grassi erzeugt Montecarlo Bianco und Rosso sowie den Supertoskaner-Verschnitt »Cercatoja«.

Caccia al Piano ☆☆
Bolgheri, Livorno.
www.cacciaalpiano.com
Ein neues Gut, das 1997 von Professor Marianno Franzini gegründet und angelegt wurde. Die beiden Weine sind der »Levia Gravia« auf Merlot-Basis und der von Cabernet dominierte» Ruit Hora«. Beides sind sehr konzentrierte Tropfen, die jedoch Anzeichen von Überreife zeigen.

Castelli del Castelgreve ☆–☆☆
Mercatale Val di Pesa, Florenz
Die Genossenschaft ist mit ihren 185 Mitgliedern der größte Chianti-Classico-Erzeuger. Sie produziert ein Sortiment von Chianti, Morellino di Scansano und Vernaccia di San Gimignano.

Castell' in Villa ☆☆
Castelnuovo Berardenga, Siena
Das 1968 von Riccardo und Coralia Pignatelli della Leonessa gegründete Gut bietet eine beständige Auswahl von gut bereitetem Chianti Classico.

Castello di Cacchiano ☆☆–☆☆☆
Monti, Siena
Ein Gut aus dem 12. Jh. in der Nähe von Gaiole in Chianti. Es gehört Elisabetta Ricasoli Firidolfi, die jedoch die Hälfte des Besitzes an ein anderes Mitglied der Familie verpachtet hat. Verlässlicher Erzeuger von gutem Chianti und ausgezeichnetem Vin Santo.

Villa Cafaggio ☆☆☆
Panzano, Florenz. www.girelli.it
Im Besitz des Großunternehmens Girelli. Feine Chianti Classico Riserva; der sortenreine Sangiovese »San Martino« und der Cabernet »Cortaccio« sind beide erstklassig.

Villa Calcinaia ☆
Greve, Florenz. www.villacalcinaia.it
Das Gut, seit 1523 im Besitz der Familie Caponi, produziert verlässlichen Chianti Classico.

Le Calvane ☆☆
Montespertoli, Florenz
Verlässliche Quelle für Chianti Colli Fiorentini und Chardonnay.

Camigliano ☆☆
Montalcino, Siena. 18 ha. www.camigliano.it
Die Familie Ghezzi bereitet stets zuverlässigen Brunello und Rosso di Montalcino.

Campogiovanni ☆☆☆
Siehe San Felice

Capaccia ☆☆
Radda, Siena. www.poderecapaccia.com
Neben gutem Chianti wird hier der »Querciagrande« erzeugt, ein in Barriques ausgebauter sortenreiner Sangiovese.

Capannelle ☆☆–☆☆☆
Gaiole in Chianti, Siena. 14 ha
Eine Kellerei, die viel bewunderte, aber teure IGT-Weine hervorbringt, u. a. den »Solare« von Sangiovese und Malvasia nera.

Caprili ☆☆–☆☆☆
Montalcino, Siena. www.caprili.it
Ausgezeichneter Brunello und Rosso di Montalcino.

Carpineto ☆–☆☆
Greve, Florenz. www.carpineto.com
Guter Chianti und Vino Nobile sowie sortenreine Weißweine.

Le Casalte ☆☆
Montepulciano, Siena
Die Besitzerin Paola Silvestri erzeugt verlässlichen Vino Nobile.

Castellina Nittardi ☆☆–☆☆☆
Castellina in Chianti, Siena
Peter Femfert bereitet mit Unterstützung des Önologen Carlo Ferrini überaus verlässlichen Chianti Classico.

Cennatoio ☆☆–☆☆☆
Panzano, Florenz. www.cennatoio.it

Das ökologisch bewirtschaftete Gut hat Chianti Classico und verschiedene sortenreine Weine im Angebot.

Cerbaiona ☆☆☆
Montalcino, Siena. 3 ha
Familie Molinari kümmert sich auf ihrem kleinen Besitz um einen glorreichen Brunello (von dem es wenig gibt), um einen komplexen Verschnitt namens »Cerbaiona« und um 15 Katzen.

Fattoria del Cerro ☆☆–☆☆☆
Montepulciano, Siena. www.saiagricola.it
Die Versicherungsgesellschaft SAI Agricola produziert hier erstklassigen Vino Nobile und einen Merlot namens »Poggio Golo«. Siehe auch La Poderina.

Chiappini ☆☆
Bolgheri, Livorno
Giovanni Chiappini ist ein Bauer, dessen Land zufällig im Herzen von Bolgheri liegt. Seit 2000 erzeugt er nun Wein: den ohne Eiche ausgebauten, fruchtigen »Felciaino« und den reichhaltigen Cabernet-Merlot-Verschnitt »Guado de' Gemoli«.

Chigi Saracini ☆
Castelnuovo Berardenga, Siena. 80 ha
Historisches Gut, inzwischen im Besitz einer Bank. Guter Vin Santo.

Ciacci Piccolomini d'Aragona ☆☆☆
Montalcino, Siena. www.ciaccipiccolomini.com
Altes Gut, das mit feinem Brunello di Montalcino und ungewöhnlich reichhaltigem Rosso auf sich aufmerksam macht.

Villa Cilnia ☆☆
Montoncello, Arezzo. 20 ha
Chianti Colli Aretini und andere Weine, u. a. Chardonnay und ein Sangiovese-Cabernet-Verschnitt namens »Vocato«.

Colognole ☆–☆☆
Rufina, Florenz. 27 ha. www.colognole.it
Das Gut im Besitz der Contessa Spalletti produziert mittelschweren Chianti Rufina.

Dei ☆☆
Montepulciano, Siena. 14 ha
Caterina Dei gehört zu den führenden Erzeugerbetrieben von Vino Nobile.

Dievole ☆☆–☆☆☆
Vagliagli, Siena. 100 ha. www.dievole.com
Die Weingärten von Dievole säumen ein Tal nördlich von Siena. Der Chianti Classico heißt »Vendemmia«. Ungewöhnlicher, spät gelesener Sangiovese »Novecento« und seriöser, nach der Governo-Methode erzeugter Chianti »Rinascimento«. Eindrucksvolle Führungen für Besucher.

Fanti ☆☆–☆☆☆
Castelnuovo Abate, Siena
Anspruchsvolles Montalcino-Gut mit stetig steigender Qualität.

Tenuta Farneta ☆☆–☆☆☆
Sinalunga, Siena
Das Gut hat sich mit dem feinen sortenreinen Sangiovese »Bongoverno« einen Namen gemacht.

Fassati ☆☆
Montepulciano, Siena. www.fazibattaglia.it
Seit 1969 im Besitz von Fazi-Battaglia (siehe Marken). Ein bedeutender Erzeuger von Chianti und Vino Nobile di Montepulciano. Zum gleichen Unternehmen gehört Greto delle Fate in Scansano.

Le Filigare ☆☆
San Donato in Poggio, Florenz
Eleganter Chianti Classico und ein stilvoller Sangiovese-Cabernet-Verschnitt namens »Podere Le Rocce«.

Fuligni ☆☆☆
Montalcino, Siena. Knapp 4 ha
Kleines Gut mit großem Namen. Roberto Guerrini trägt Sorge dafür, dass die Qualität auf dem Besitz seiner Familie tadellos ist, sowohl beim Rosso als auch beim Brunello.

Castello di Gabbiano
Mercatale Val di Pesa, Florenz
Chianti-Classico-Gut, das 2000 von Beringer Blass erworben wurde.

Tenuta di Ghizzano ☆☆–☆☆☆
Ghizzano di Peccioli, Pisa. 14 ha. www.tenutadighizzano.com
Kein großes Gut, aber seit dem 14. Jh. in der Hand der Familie Veneroso Pesciolini. Üppige IGT-Rotweine: »Nambrot«, hauptsächlich von Merlot, und »Veneroso« (Sangiovese/Cabernet/Merlot).

Il Greppone Mazzi
Siehe Ruffino

Fattoria di Grignano ☆☆
Pontassieve, Florenz. 40 ha. www.fattoriadigrignano.com
Gute Quelle für Chianti Rufina.

Gualdo del Re ☆☆–☆☆☆
Suvereto, Livorno. www.gualdodelre.it
Die Familie Rossi begann erst 1982 mit der eigenen Abfüllung, konnte jedoch qualitativ nur selten mit den berühmten Nachbarn mithalten. Doch die Aufmerksamkeit der seit 2000 mitwirkenden Önologin Barbara Tamburini scheint Früchte zu tragen mit ansprechenden Weißweinen, aber noch besseren Rotweinen: fleischiger Sangiovese »Gualdo del Re«, der ehemalige Supertoskaner und jetzt sortenreine Cabernet Sauvignon »Federico Primo« und der Merlot »I'Rennero«.

Guidalberto
Bolgheri, Livorno
Joint Venture von Tenuta San Guido (siehe dort) und dem Stiefsohn des Marchese Niccolò, der an Sassicaia angrenzendes Rebland besitzt. 2000 war der erste Jahrgang dieses Merlot-Cabernet-Sangiovese-Verschnitts. Siehe auch Argiano.

Lilliano ☆–☆☆
Castellina in Chianti, Siena. 45 ha. www.lilliano.com
Im Besitz der Familie Ruspoli. Ordentlicher Chianti Classico.

Lisini ☆☆–☆☆☆
Montalcino, Siena. www.lisini.com
Der önologische Berater Franco Bernabei beaufsichtigt die Erzeugung von gehaltvollem, verlässlichem Brunello und köstlichem Rosso.

Mantellassi ☆
Magliano in Toscana, Grosseto. www.fatt-mantellassi.it
Etwas rustikaler Morellino di Scansano.

Fattoria di Manzano ☆☆☆
Manzano di Cortona, Arezzo. 25 ha
Das Gut im Besitz der Familie D'Alessandro erzeugt einen eichigen Chardonnay und den hervorragenden Syrah »Vigna del Bosco«.

La Massa ☆☆☆
Panzano, Florenz. 27 ha
1992 von einem neapolitanischen Unternehmer erworben. Der Spitzenwein ist »Giorgio Primo«, ein in neuen Barriques ausgebauter Chianti Classico.

Massanera ☆–☆☆
Chiesanuova, Florenz
Aromatische Sangiovese-Weine, am besten ist »Prelato«.

Castello di Meleto ☆☆
Gaiole in Chianti, Siena. 180 ha. www.castellomeleto.it
Ein großes Gut, das inzwischen in den Besitz von Viticola Toscana übergegangen ist. Ein 1996 zusammengestelltes neues Team hat Riesenfortschritte gemacht. Der Chianti ist immer sortenreiner Sangiovese, der beste Wein der »Fiore« mit 10% Merlot.

Mola ☆☆
Porto Azzurro, Elba
Ausgezeichnetes Elba-Gut mit eichigem Rotwein auf Sangiovese-Basis und reichhaltigem Aleatico.

Fattoria Montellori ☆☆
Fucecchio, Florenz. 55 ha
Großes Weinsortiment, u. a. ein Sangiovese-Cabernet-Verschnitt (»Castelrapiti«), ein Cabernet-Merlot-Verschnitt (»Salamartino«) und ein sortenreiner Sauvignon blanc. Die Weine werden den eigentlich hohen Ansprüchen des Guts nicht immer gerecht.

Montenidoli ☆☆
San Gimignano, Siena. www.montenidoli.com
Die Besitzerin Elisabetta Fagiuoli erzeugt äußerst süffigen Vernaccia di San Gimignano und andere Weine sehr verschiedener Stile.

Montepeloso ☆☆–☆☆☆
Suvereto, Livorno
Rasch besser werdendes Val-di-Cornia-Gut in Schweizer Besitz. Der »Gabro« besteht hauptsächlich aus Cabernet, »Nardo« ist ein opulenter Sangiovese-Cabernet-Verschnitt.

Moris ☆☆–☆☆☆
Massa Marittima, Grosseto. www.morisfarms.it
Macht sich zunehmend einen Namen mit den Rotweinen, v. a. Morellino di Scansano.

Silvio Nardi ☆☆–☆☆☆
Montalcino, Siena. 75 ha. www.tenutenardi.com
Der traditionelle Brunello wird immer besser.

Siro Pacenti ☆☆☆
Montalcino, Siena

Kraftvoller Rosso und Brunello di Montalcino, aber manchmal packt die Hand aus Eiche sehr kräftig zu.

La Parrina ☆–☆☆
Albinia di Orbetello, Grosseto. www.parrina.it
Einfache Weine von der Küste nahe Orbetello. Die Riserva ist ernster zu nehmen, die überwiegend von Sangiovese bereitet und 18 Monate in neuen Barriques gereift wird.

Petra
Suvereto, Livorno. www.terramoretti.it
Im Besitz der Familie Moretti, der auch Bellavista in der Franciacorta (siehe Lombardei) gehört. An der erstaunlichen neuen Kellerei in San Lorenzo müssen Designer von Satellitenschüsseln ein Wort mitgeredet haben. Anspruch, Geld und Fassproben lassen vermuten, dass man dieses Gut im Auge behalten sollte.

Fattoria di Petroio ☆☆
Quercegrossa, Siena. 13 ha
Pamela und Gian Luigi Lenzi bringen stilvollen Chianti Classico hervor.

Fattoria di Petrolo ☆☆☆
Mercatale Valdarno, Arezzo. www.petrolo.it
Eindrucksvoll und ausgezeichnet sind die Weine von Familie Sanjust: sortenreiner Sangiovese »Torrione« und »Galatrona« aus Merlot.

Agostina Pieri ☆☆☆
Montalcino, Siena. 7 ha
Aus diesem kleinen Gut kommen ein eindrucksvoller Brunello und ein ungewöhnlich reichhaltiger Rosso di Montalcino.

Pieve di Santa Restituta ☆☆☆
Montalcino, Siena
Das 1994 von Angelo Gaja aus Piemont erworbene Gut erzeugt hauptsächlich zwei Brunello-Weine: »Rennino« und den Einzellagenwein »Sugarille«. Sie werden zwei Jahre in großen Fässern und in Barriques ausgebaut und von Jahr zu Jahr besser.

La Poderina ☆☆–☆☆☆
Castelnuovo dell'Abate, Siena. 20 ha. www.saiagricola.it
Das Gut im Besitz der Versicherungsgesellschaft SAI Agricola erzeugt immer stilvolleren Brunello di Montalcino und Moscadello. Siehe auch Fattoria del Cerro.

Poggio Antico ☆☆☆
Montalcino, Siena. www.poggioantico.com
Die Mailänder Bankierfamilie Gloder erwarb diesen Besitz 1984 und produzierte schon bald einen Brunello sehr hoher Qualität. Daneben gibt es einen zugänglicheren Sangiovese namens »Altero«, der ebenfalls einige Jahre lagern kann.

Poggio Gagliardo ☆☆
Montescudaio, Pisa. www.poggiogagliardo.com
Großes Gut mit zu vielen Weinen. Am besten sind der elegante »Vignalontana« von Chardonnay, der konzentrierte Sangiovese-Verschnitt »Rovo« und der eichige Cabernet Sauvignon »Debbio del Falco«.

Poggio San Polo ☆☆–☆☆☆
Montalcino, Siena

Sonia Fertonanis Ehemann leitet das Weingut Val di Suga (siehe dort), dieses hier ist ihre eigene Spielwiese. Die ersten Exemplare von Brunello und Rosso di Montalcino waren sehr gut; außerdem gibt es einen eindrucksvollen Sangiovese-Cabernet-Verschnitt namens »Mezzopane«.

Poggio al Sole ☆☆–☆☆☆
Greve, Florenz
Der Besitzer und Kellermeister Giovanni Davaz erzeugt auf dem 1990 erworbenen Gut ausgezeichneten Chianti Classico. Der beste und reichhaltigste Chianti heißt »Casasilia«. Auch eindrucksvoller Syrah.

Il Poggiolo di Roberto Cosimi ☆☆☆
Montalcino, Siena. www.ilpoggiolomontalcino.com
Rodolfo Cosimi, Sohn des Gründers Roberto, erzeugt erstklassigen Brunello, allen voran den eichigen, aber konzentrierten »Beato«.

Poggiopiano ☆☆–☆☆☆
San Casciano, Florenz
Stefano Bartoli hat hoch gesteckte Ziele: Sehr geringe Erträge verleihen seinem Chianti und dem in neuer Eiche ausgebauten »Rosso di Sera« außerordentliche Konzentration.

Castello di Poppiano ☆☆
Montespertoli, Florenz
Gute Quelle für Chianti Colli Fiorentini; auch Chardonnay und Syrah.

Castello di Querceto ☆☆–☆☆☆
Lucolena, Florenz. www.castello-querceto.it
Der Kellermeister Alessandro François erzeugt verschiedene Weine, entweder sortenreinen Sangiovese oder Sangiovese-Verschnitte, sowie »Cignale«, einen Cabernet mit 10 % Merlot. Die beste Chianti Riserva heißt »Il Picchio«.

La Regola ☆☆–☆☆☆
Riparbella, Pisa. 20 ha.
www.laregola.com
Das Gut im Besitz der Familie Nuti bereitet ausgezeichnete Weine der DOC Montescudaio. »La Regola« besteht zu einer Hälfte aus Sangiovese, zur anderen aus Cabernet und Merlot und wird in größtenteils neuer Eiche ausgebaut. Der zweite Wein, »Vallino delle Conche«, ist fast genauso gut und seinen Preis mehr als wert.

Riecine ☆☆
Gaiole in Chianti, Siena
1971 von dem Engländer John Dunkley gegründet, der 1999 starb. Der Kellermeister Sean O'Callaghan hat die Qualität auf einem hohen Niveau gehalten und erzeugt sehr feine Chianti Classico Riserva.

Rocca di Castagnoli ☆☆
Castagnoli, Siena
Marco Ricasoli hat die 17 ha vom Gut Cacchiano gepachtet. Chianti Classico, ein Bordeaux-Verschnitt namens »Geremia« und sortenreiner Cabernet Sauvignon IGT »Buriano«.

Castello Romitorio ☆☆–☆☆☆
Montalcino, Siena. www.castelloromitorio.it
Feiner Rosso und Brunello von Alessandro Chias beeindruckendem mittelalterlichem Gut.

Russo ☆☆
Suvereto, Livorno
Kleiner Familienbetrieb, dessen Rotweine zunehmend eindrucksvoll geraten: »Sasso Bucato« auf Merlot-Basis und sortenreiner Sangiovese »Barbicone«.

Salicuti ☆☆☆–☆☆☆☆
Montalcino, Siena
Francesco Leanzas Brunello-Gut ist winzig, aber in puncto Qualität sensationell.

Poderi San Luigi ☆☆–☆☆☆
Campo dell'Olmo, Piombino. 4 ha
Das kleine, aber feine Gut produziert einen herrlichen Verschnitt von Cabernet Sauvignon und Cabernet franc namens »Fidenzio«.

San Michele ☆☆
San Vincenzo, Piombino
Kleines Gut in den Maremmen, das sich erfolgreich auf Syrah und Viognier spezialisiert hat.

Sangiusto ☆☆–☆☆☆
Piombino
Pierluigi Bontis warmherzige Art spiegelt sich in seinen Weinen wider. »Sangiusto« ist ein köstlicher Sangiovese-Montepulciano-Verschnitt, der »Rossi degli Appiano« nach ähnlichem Rezept bereitet, aber dichter und mit Eichenaroma.

Santini ☆☆–☆☆☆
Bolgheri, Livorno
Neues Gut, dessen erste, 2000 herausgekommene Weine beeindruckend waren. Enrico Santini erzeugt einen köstlichen, geschmeidigen, jung zu trinkenden Rotwein (»Poggio al Moro«) und einen volleren, eichigeren Cabernet-Merlot-Syrah-Verschnitt namens »Monte Pergoli«.

Michele Satta ☆☆–☆☆☆
Castagneto Carducci, Livorno
Anders als so mancher modernistische Erzeuger in den Maremmen bleibt Satta den örtlichen Traditionen treu. Er bereitet köstlichen Vermentino und den sortenreinen Sangiovese »Vigna al Cavaliere« sowie einen Bordeaux-Verschnitt, der unter dem Etikett »Pastraia« angeboten wird.

Sorbaiano ☆☆
Montecatini, Pisa
Das abgelegene Montescudaio-Gut ist im Besitz der Familie Picciolini. Alle Weine zeichnen sich durch einen guten Säuregehalt aus: »Lucestraia«, ein Verschnitt von Chardonnay, Trebbiano und Vermentino, und der schlanke Sangiovese IGT »Rosso delle Miniere«.

Talenti ☆☆
Montalcino, Siena. 13 ha
Pierluigi Talenti, der früher Kellermeister bei Il Poggione (siehe dort) war, machte sich mit diesem Gut selbstständig. Inzwischen wird es von seinem Sohn Riccardo geführt. Ansprechender Brunello und Rosso di Montalcino.

Terrabianca ☆☆
Radda, Siena. www. terrabianca.com
Der Schweizer Roberto Guldener kaufte dieses alte Gut 1988. Der beste Chianti Classico ist »Vigna della Croce«; bekannt ist

das Gut auch für den »Campaccio« (Sangiovese/Cabernet) und den »Cipresso«, einen sortenreinen Sangiovese.

Teruzzi & Puthod – Ponte a Rondolino ☆☆
San Gimignano, Siena.
84 ha

Enrico Teruzzi und Carmen Puthod waren mit die Ersten, die sich seit der Gründung dieses Guts 1975 ernsthaft um Vernaccia di San Gimignano bemühten. Zu ihrem vorbildlichen Vernaccia gesellt sich die in Holz ausgebaute Riserva »Terra di Tufi«.

Tua Rita ☆☆☆
Suvereto, Livorno

Die bescheidene Familie Besti ist immer wieder überrascht darüber, wie viel Anerkennung ihre Weine regelmäßig ernten. Doch hier sind ausgezeichnete Traubenanbauer am Werk, die wunderbare Früchte ziehen. »Giusto di Notri« ist ein Bordeaux-Verschnitt, »Perlato del Bosco« ein sortenreiner Sangiovese, und an der Spitze steht der großartige Merlot »Redigaffi«.

Castello di Verrazzano ☆☆
Greve, Florenz.
www.verrazzano.com

Die Weinberge breiten sich rund um die Burg aus, in der 1485 der Forscher Giovanni da Verrazzano geboren wurde. Heute gehört das Gut Luigi Cappellini.

Zwei IGT-Weißweine werden von Trebbiano, Chardonnay und anderen Reben erzeugt. Der Chianti Classico ist ordentlich, aber nicht überragend; dafür gibt es einen ausgezeichneten Sangiovese-Cabernet-Verschnitt namens »Bottiglia Particolare«.

Vignole ☆☆
Panzano, Florenz

Feiner Chianti Classico zu vernünftigen Preisen.

Vistarenni ☆
Gaiole in Chianti, Siena. 80 ha.

Recht schlanker Chianti Classico und »Codirosso«, ein Barrique-gereifter Verschnitt von Sangiovese und Cabernet Sauvignon.

Viticcio ☆☆
Greve, Florenz

Ordentlicher Chianti Classico, Sangiovese IGT »Prunaio« und ein eindrucksvoller, in neuer Eiche ausgebauter Cabernet namens »Monile«.

Umbrien

Wenn Umbrien früher auf der Einkaufsliste eines Weinkenners auftauchte, dann nur wegen Orvieto, der goldenen, mildsüßen, manchmal denkwürdigen Spezialität der Region. Mit einem Mal richteten sich die Scheinwerfer auf einen Wein namens Rubesco, ein edler und zu den besten Weinen Italiens gehörender Rotwein aus Torgiano bei Perugia mit ausgezeichnetem Preis-Leistungs-Verhältnis.

Torgiano hat vorgemacht, was doch auch in anderen Hügelgebieten dieser Binnenregion möglich sein müsste. Tatsächlich ist die einheimische Traube Sagrantino in letzter Zeit sehr in Mode gekommen – und das zu Recht. Sie liefert gehaltvolle, körperreiche, langlebige Rotweine, deren Spitzengewächse hohe Preise erzielen.

Die Weine Umbriens

Assisi DOC. Rot-, Weiß- und Roséwein. Provinz: Perugia. Gemeinden: Teile von Assisi, Perugia und Spello. Rebsorten, weiß: Trebbiano, Grechetto; rot: Sangiovese, Merlot.

Eine neue DOC, die 1997 eingerichtet wurde. Ein Urteil steht noch aus.

Colli Altotiberini DOC. Rot-, Weiß- und Roséwein. Provinz: Perugia. Gemeinden: großes Gebiet in Nordumbrien mit Perugia und 8 anderen Gemeinden. Rebsorten, Rotwein und Rosé: Sangiovese 55–70%, Merlot 10–20%, Trebbiano und Malvasia 10%; Weißwein: Trebbiano toscano 75–90%, Malvasia bis zu 10%; andere Sorten bis zu 15%.

DOC für die Hügel am oberen Tiber. Alle Weine, auch der trockene Rotwein mit Merlot, sind für baldigen Genuss bestimmt. Geringe Mengen.

Colli Amerini DOC. Rot-, Weiß-, Roséwein und Novello. Provinz: Terni. Gemeinden: Amelia, Narni und 11 weitere im Tiber- und Nera-Tal zwischen Orvieto und Terni. Rebsorten, Rotwein, Rosé, Novello: Sangiovese 65–80%, Montepulciano, Ciliegiolo, Canaiolo, Barbera und/oder Merlot 20–35% (aber nicht mehr als 10% Merlot); Weißwein: Trebbiano toscano 70–85% plus Grechetto, Verdello, Garganega und/oder Malvasia toscana 15–30% (aber nicht mehr als 10% Malvasia); Malvasia: Malvasia toscana 85–100%.

Die Weine werden erst seit 1990 erzeugt und müssen noch eine eigene Identität entwickeln.

Colli Martani DOC. Rot- und Weißwein. Provinz: Perugia. Gemeinden: von Bettona südwärts bis Spoleto; Gualdo Cattaneo, Giano dell'Umbria und Teile von 12 weiteren Gemeinden. Rebsorten, weiß: Trebbiano mind. 85%, Grechetto oder Grechetto di Todi; rot: Sangiovese mind. 85%.

Recht neue DOC, deren Weine sich bisher vielversprechend anlassen. Von drei sortenreinen Weinen erscheint Grechetto am aussichtsreichsten.

Colli Perugini DOC. Rot-, Weiß- und Roséwein. Provinzen: Perugia, Terni. Gemeinden: 6 in Perugia, San Vananzo in der Provinz Terni. Rebsorten, Rotwein und Rosé: Sangiovese 65–85%, Montepulciano, Ciliegiolo, Barbera und/oder Merlot 15–35% (aber nicht mehr als 10% Merlot); Weißwein: Trebbiano toscano 65–85%, Grechetto, Verdicchio, Garganega und/ oder Malvasia del Chianti 15–35% (aber nicht mehr als 10% Malvasia).

DOC für das Gebiet zwischen Perugia und Todi.

Colli del Trasimeno DOC. Weiß- und Rotwein. Provinz: Perugia. Gemeinden: 9 rund um den Trasimenischen See. Rebsorten, weiß: Trebbiano toscano 60–80% plus Malvasia bianca, Verdicchio bianco, Verdello und Grechetto; rot: Sangiovese 60–80%, Gamay, Ciliegiolo, Trebbiano toscano, Malvasia bianca.

Rot- und Weißwein durchschnittlicher Qualität aus einem Bereich an der Grenze zur Toskana. Gamay und Ciliegiolo verleihen dem Rotwein Esprit, und Grechetto bringt das für Frische nötige Maß an Säure in den Weißwein ein.

Grechetto oder **Greco** Der Name meint »griechisch« und bezeichnet den Ursprung der Traube, die in der DOC Colli del Trasimeno und in den weiter südlich gelegenen Colli Martani eine immer bedeutendere Rolle spielt. Sortenreiner Grechetto ist etwas fruchtiger, fester und interessanter als Trebbiano.

Lago di Corbara DOC. Rotwein. Provinz: Terni. Gemeinden: Baschi, Orvieto. Rebsorten: Cabernet Sauvignon bis zu 70%, Merlot, Pinot nero oder Sangiovese, andere Sorten bis zu 30%.

Die 1998 eingerichtete DOC ist beliebt und erfolgreich.

Montefalco Sagrantino DOCG und **Montefalco Rosso** DOC. Rot- und Weißwein. Provinz: Perugia. Gemeinden: Montefalco und Teile von 4 anderen. Rebsorten, Montefalco Sagrantino: Sagrantino; Montefalco Rosso: Sangiovese 60–70%, Sagrantino 10–15%, andere rote Sorten bis zu 30%; Montefalco Bianco: Grechetto mind. 50%, Trebbiano toscano 20–35%, andere weiße Sorten bis zu 15%.

DOC für ein kleines Gebiet südlich von Assisi, in dem die einheimische Sagrantino-Traube einen sehr dunklen Rotwein mit Brombeergeschmack erbringt. Das Spektrum reicht von trockenen, tanninherben bis zu vollen, üppigen Weinen. Die eigentliche Spezialität ist der süße, starke Passito, ein beachtlicher Dessertwein mit einem Jahr Reifezeit. Der normale rote Montefalco ist dank des würzenden Anteils von Sagrantino ein nicht ganz so origineller, aber angenehm milder Wein. Der Weißwein ist nichts Besonderes.

Orvieto DOC. Weißwein. Provinzen: Orvieto, Terni. Gemeinden: Orvieto und Umgebung sowie 11 in Terni. O. Classico stammt aus der Gemeinde Orvieto. Rebsorten: Trebbiano toscano (Procanico) 40–60%, Verdello 15–25%, Grechetto, Drupeggio und andere weiße Sorten 20–30%, Malvasia toscana bis zu 20%.

Der einfache, einprägsame Name stand einst für einen goldenen, mehr oder weniger süßen Wein, der heute wie viele andere italienische Weißweine eine Identitätskrise durchmacht. Gehaltvolle, leicht oxidierte Weine entsprechen nicht mehr dem Geschmack der heutigen Zeit. Die moderne Weinbereitung löst das Problem mit hellen, sauberen, aber nahezu ausdruckslosen Tropfen. Traditioneller Orvieto wurde mühsam trocken vergoren und dann mit einem Passito so weit gesüßt, bis er *abboccato* war. Ein guter Wein dieser Art war außerordentlich tief und samtig, aber meist nicht allzu stabil – wie Frascati für Reisen ungeeignet.

Moderner Orvieto ist fast immer hell, sollte aber, um typisch für seine Art zu sein, noch einen Anflug von Honig besitzen. Meist ist er trocken und, offen gesagt, langweilig, aber von guten Erzeugern bekommt man durchaus auch frische, charaktervolle Weine. 1997 wurde die neue Kategorie Orvieto Superiore eingeführt, für die niedrigere Erträge und kleinere Anteile von Trebbiano vorgeschrieben sind. Außerdem werden geringe Mengen von botrytisiertem Orvieto erzeugt, der oft die Zusatzbezeichnung *muffa nobile* (Edelfäule) trägt.

Rosso Orvietano DOC. Rotwein. Provinz: Terni. Gemeinden: Alberona, Baschi, Fabro, Orvieto und andere.

Neue übergeordnete DOC für Rotwein aus der Gegend um Orvieto.

Torgiano DOC. Rot-, Weiß- und Roséwein. Provinz: Perugia. Gemeinde: Torgiano. Rebsorten, rot: Sangiovese 50–70%, Canaiolo 15–30%, Trebbiano toscano 10%, Ciliegiolo und/oder Montepulciano 10%; weiß: Trebbiano 50–70%, Grechetto 15–40%, andere Sorten bis zu 15%.

Praktisch eine Ein-Mann-DOC: von Dr. Giorgio Lungarotti (siehe Erzeuger) in ein modernes Gewand gehüllte örtliche Tradition. Das Ansehen dieser ersten DOC Umbriens beruht auf den Lungarotti-Marken »Rubesco« und »Torre di Giano«.

Torgiano Bianco und Rosso genießen beide DOC-Status; Torgiano Rosso Riserva wurde 1990 zur DOCG erhoben: Die Weine haben fast denselben Namen, aber die Produktionsvorschriften sind verschieden (so viel zur italienischen Interpretation des Themas »klare Verhältnisse«). Für Torgiano Rosso Riserva sind die gleichen Rebsorten zugelassen wie für Torgiano Rosso, der Höchstertrag liegt bei 65 hl/ha und der Wein muss drei Jahre reifen. Die Jahresproduktion beläuft sich auf 8800 Kisten. Die DOC umfasst auch sortenreine Weine von Chardonnay, Pinot grigio, Riesling, Cabernet Sauvignon und Pinot nero.

Die führenden Erzeuger in Umbrien

Adanti ☆☆–☆☆☆
Arquata di Bevagna, Perugia. 24 ha. www.cantineadanti.com
DOC: Montefalco Rosso, Sagrantino. Außerdem: Rosso d'Arquata, Bianco d'Arquata, Rosato d'Arquata, Vin Santo.

Das Gut ist v.a. für seine Montefalco-Rotweine bekannt (überwältigender Passito), erzeugt aber auch guten Grechetto und Rosso d'Arquata IGT.

Barberani – Vallesanta ☆☆–☆☆☆
Baschi, Terni. 50 ha. www.barberani.it
Großes Gut mit einem vollständigen Sortiment guter Orvieto-Weine, u.a. eine cremige, pfirsichartige edelfaule Version namens »Calcaia«. Schwungvoller, mineralischer Grechetto IGT und üppiger, wenn auch eichiger Lago di Corbara.

Luigi Bigi ☆☆
Ponte Giulio di Orvieto, Terni. www.giv.it
1881 gegründet und inzwischen im Besitz des Konzerns Gruppo Italiano Vini. Der große Betrieb erzeugt frischen Sangiovese mit Kirschnoten, ist jedoch v.a. für seinen reifen, blumigen Einzellagen-Orvieto »Torricella« bekannt.

Arnaldo Caprai ☆☆☆–☆☆☆☆
Montefalco, Perugia. 90 ha. www.arnaldocaprai.it
Die hier bereiteten Montefalco-Weine umfassen u.a. einen stets feinen trockenen Sagrantino sowie einfachen, aber ausgezeichneten Montefalco Rosso. An der Spitze steht der teure, pflaumenwürzige, toastige Sagrantino »25 Anni«, der 30 Monate in Barriques reift.

Lungarotti ☆☆–☆☆☆
Torgiano, Perugia. 250 ha. www.lungarotti.it
Giorgio Lungarotti war bis zu seinem Tod 1999 die führende Persönlichkeit des umbrischen Weinbaus. Mit der DOC Tor-

giano, unter die rund die Hälfte der Produktion des Guts fällt, wurde die Qualität der Weine dieses Ortes offiziell anerkannt. Der Betrieb wird heute von Lungarottis Töchtern Chiara und Teresa geführt.

Das Spektrum der Weine ist riesig; es wird nach wie vor vom »Rubesco Riserva Monticchio DOCG« angeführt, der viele Jahre in der Flasche reift, bevor er auf den Markt kommt. Sein weißes Gegenstück ist der »Torre di Giano«. Cabernet (in einem ausgezeichneten Verschnitt namens »San Giorgio«) und Chardonnay sind verlässlich und überzeugend. »Giubilante« ist ein neuerer Verschnitt: eine dem Publikumsgeschmack huldigende, aber dennoch köstliche Mischung aus Sangiovese, Cabernet Sauvignon, Montepulciano und anderen Rebsorten. Die Qualität bewegt sich insgesamt auf einem hohen Niveau, ist aber nicht mehr ganz so erstklassig wie zu Giorgio Lungarottis besten Zeiten. Vielleicht werden zu viele Weine produziert. An das Gut angeschlossen sind ein beliebtes Weinmuseum, ein schönes Hotel und ein zweites Museum, in dem sich alles um Oliven und Olivenöl dreht.

Castello della Sala ☆☆–☆☆☆☆
Sala, Terni. 140 ha
Renzo Cotarella führt das große umbrische Antinori-Gut in Eigenregie. An der Spitze rangieren der blumige, manchmal exotische »Cervaro della Sala« (80% Chardonnay, 20% Grechetto) und der großartige edelsüße »Muffato della Sala«. Die weißen Standardabfüllungen des Guts sind Orvieto und ein verlässlicher, zitroniger Chardonnay. Außerdem gibt es einen geschickt in Eiche ausgebauten, herrlich ausgewogenen Pinot nero.

Weitere Erzeuger in Umbrien

Antonelli ☆☆
Montefalco, Perugia. www.antonellisanmarco.it
Das alteingesessene Gut produziert ein komplettes Sortiment von Montefalco-Rotweinen und Grechetto.

La Carraia ☆☆–☆☆☆
Orvieto, Terni
Das 1989 gegründete aufstrebende Gut erzeugt sowohl klassischen Orvieto mit Honignoten als auch einen feinen Bordeaux-Verschnitt namens »Fobiano«.

Cantina dei Colli Amerini ☆☆
Ternio Fornule di Amelia, Terni
Gute Quelle für Rotweine: Sangiovese IGT und ein komplexer, aber preisgünstiger Verschnitt namens »Carbio«. Auch Chardonnay und Grechetto.

Colpetrone ☆☆–☆☆☆
Gualdo Cattaneo, Perugia. 40 ha. www.saiagricola.it
Das seit 1995 im Besitz der Versicherungsgesellschaft SAI Agricola befindliche Gut ist auf Sagrantino und Montefalco Rosso spezialisiert.

Decugnano dei Barbi ☆☆–☆☆☆
Orvieto, Terni. www.decugnanodeibarbi.com
Gute Quelle für Orvieto, von dem es gelegentlich auch eine edelfauleVersion gibt. Decugnano dei Barbi ist aber auch für »IL« bekannt, einen in Barriques ausgebauten Sangiovese-Montepulciano-Verschnitt.

Duca della Corgna ☆–☆☆

Città della Pieve, Perugia

Kleine Genossenschaft mit einer Auswahl typischer Rot- und Weißweine aus den Colli del Trasimeno.

Lamborghini/La Fiorita ☆☆–☆☆☆

Panicale, Perugia. 32 ha

Erzeuger, der v. a. für den komplexen Verschnitt »Campoleone« (Sangiovese und Merlot) bekannt ist.

Milziade Antano ☆☆–☆☆☆

Bevagna, Perugia

Hervorragende Montefalco-Rotweine, v. a. Sagrantino Passito.

La Palazzola ☆☆–☆☆☆

Terni

Kleines Gut mit IGT-Rotweinen, Schaumweinen von Chardonnay und Riesling sowie charaktervollen Süßweinen.

Palazzone ☆☆–☆☆☆

Orvieto, Terni. 25 ha.
www.palazzone.com

Von Giovanni Dubini 1969 erworbenes Gut. Im Angebot sind guter Orvieto, ein honigartiger Süßwein von Sauvignon und Grechetto sowie der konzentrierte Cabernet IGT »Armaleo«.

Pieve del Vescovo ☆☆

Corciano, Perugia

Geschmeidige rote Verschnitte aus den Colli del Trasimeno.

Rocca di Fabri ☆☆–☆☆☆

Montefalco, Perugia. www.roccadifabri.com

Sehr verlässlicher Erzeuger von komplexen Montefalco-Rotweinen mit fruchtigen Pflaumen- und Lakritznoten und robusten Tanninen.

Scacciadiavoli ☆☆

Montefalco, Perugia. 20 ha

Respektables Gut, das ausschließlich roten Montefalco erzeugt.

Sportoletti ☆☆–☆☆☆

Spello, Perugia. www.sportoletti.com

Mit Unterstützung von Riccardo Cotarella (siehe Falesco in Latium) produziert dieses Gut interessante IGT-Weine: einen guten Grechetto sowie »Villa Fidelia«, einen in neuer Eiche ausgebauten Bordeaux-Verschnitt.

Vaglie ☆☆

Baschi, Terni

Erzeugt guten Orvieto, ist aber inzwischen v. a. für IGT-Weine zu vernünftigen Preisen bekannt: »Momenti« (Sangiovese/Merlot) und »Masseo« (Sangiovese/Cabernet).

Cantina Cooperativa Vitivinicola ☆–☆☆

Orvieto, Terni. www.cardeto.com

Die besten Weine des größten Erzeugers von Orvieto Classico (rund 4 Mio. Flaschen) werden unter dem Namen »Cardeto« abgefüllt. Zunehmend kommt jetzt auch Rotwein ins Angebot.

Marken

Das mittlere Stück der Adriaküste, das etwa auf der Höhe von Florenz beginnt und auf der von Orvieto endet, ist wahrscheinlich für seinen trockenen weißen Verdicchio bekannter als für die Strände und Fischerboote, die eine so perfekte Kulisse für den Wein abgeben. Die historischen Städte Urbino im Norden und Ascoli Piceno im Süden locken durchaus den einen oder anderen Besucher in die Region, doch die Ostflanke der Apenninen ist längst nicht so ein Touristenmagnet wie die Toskana.

Die Rotweine aus den Marken, die potenziell (und manchmal auch tatsächlich) an einen guten Chianti heranreichen, sind deshalb weniger bekannt als sie es verdient hätten. Die Montepulciano-Rebe zeigt hier Qualitäten, die den Gewächsen der nördlich angrenzenden Romagna meist abgehen.

Die Weine der Marken

Bianchello del Metauro DOC. Weißwein. Provinz: Pesaro-Urbino. Gemeinden: 18 im Metauro-Tal. Rebsorten: Biancame (Bianchello) 95%, Malvasia 5%.

Angenehm säuerlicher, einfacher Weißwein aus dem Norden der Region, der am besten jung zu Fisch schmeckt.

Colli Maceratesi DOC. Weißwein. Provinzen: Macerata, Ancona. Gemeinden: Loreto und alle in Macerata. Rebsorten: Maceratino mind. 80% plus Trebbiano, Malvasia toscana, Verdicchio und/oder Chardonnay.

Weniger bedeutende DOC, ebenfalls für einen trockenen Weißwein, der gut zu Fisch und Meeresfrüchten passt. Macerata liegt ungefähr in der Mitte zwischen Ancona und Ascoli Piceno.

Colli Pesaresi DOC. Rot- und Weißwein. Provinz: Pesaro-Urbino. Gemeinden: 30 und Teile von 6 weiteren um Pesaro. Rebsorten, rot: Sangiovese mind. 85%; weiß, Trebbiano mind. 85%.

Wenig in Anspruch genommene DOC, u. a. für einen wenig charaktervollen Rotwein. Sangiovese wird häufig zu Weinen ohne DOC-Siegel verarbeitet.

Esino DOC. Weiß-, Rot- und Roséwein. Provinz: Macerata. Gemeinden: 7. Rebsorten, weiß: Verdicchio mind. 50%; rot: Sangiovese und/oder Montepulciano mind. 60%.

1995 eingerichtete DOC. Der Weißwein kann trocken oder perlend sein; den Rotwein gibt es auch als Novello.

Falerio dei Colli Ascolani DOC. Weißwein. Provinz: Ascoli Piceno. Gemeinden: alle in der Provinz. Rebsorten: Trebbiano toscano 20–50%, Passerina 10–30%, Verdicchio, Pinot bianco und/oder Pecorino 10–30%, Malvasia toscana bis zu 7%.

Ein trockener Weißwein, den man oft in den Strandrestaurants bekommt.

Lacrima di Morro d'Alba DOC. Rotwein. Provinz: Ancona. Gemeinden: 6 südlich von Senigallia. Rebsorten: Lacrima mind. 85%, Montepulciano und/oder Verdicchio bis zu 15%. DOC um die alte Stadt Morro d'Alba. Sehr geringe Mengen.

Montepulciano In den Marken wichtiger Bestandteil der besten Rotweine; die Traube wird manchmal auch zu sortenreinen Gewächsen verarbeitet.

Rosso Conero DOC. Rotwein. Provinz: Ancona. Gemeinden: 5 und Teile von 2 weiteren. Rebsorten: Montepulciano mind. 85%, Sangiovese bis zu 15%.

Kraftvoller, geschmacksintensiver Rotwein vom Monte Conero nahe der Adriaküste unmittelbar südlich von Ancona. Eine der erfolgreichsten DOCs in Mittel- und Ostitalien. Guter Rosso Conero zeichnet sich durch schöne Frucht und kräftige Tannine aus.

Rosso Piceno DOC. Rotwein. Provinzen: Ancona, Ascoli Piceno, Macerata. Gemeinden: eine große Anzahl in den genannten Provinzen. Rebsorten: Sangiovese mind. 60%, Montepulciano bis zu 40%, Passerina und/oder Trebbiano bis zu 15%.

Der Standardrotwein in der südlichen Hälfte der Region, dessen Qualität von kaum bemerkenswert bis schön gebaut und zur Lagerung in Fass und Flasche geeignet reicht. In Bestform besitzt er das Gewicht und die Ausgewogenheit eines Chianti.

Verdicchio dei Castelli di Jesi DOC. Weißwein. Provinzen: Ancona, Macerata. Gemeinden: 26 um die Stadt Jesi. Rebsorten: Verdicchio mind. 85%.

Der Verkaufsschlager der Marken. Einfach, trocken, ausgewogen und sauber: einer der ersten italienischen Weißweine nach modernem und internationalem Geschmack, was nicht zuletzt dem Geschick seiner Erzeuger zu verdanken ist, vor allem dem Gut Fazi-Battaglia (siehe dort). Dessen Gespür für effizientes Marketing entsprang auch die amphorenförmige Flasche, die in praktisch jedem italienischen Restaurant überall auf der Welt zwischen der Dekoration aus Fischernetzen zu finden ist – hochwertigere Weine werden allerdings in normalen Bordeaux-Flaschen verkauft. Die Verdicchio-Rebe ist schwierig im Anbau, ihre Qualität ist jedoch unbestritten. Der Wein ist recht kurzlebig, zu lange Lagerung macht ihn häufig ungenießbar. Der aktuelle Trend, etwas Restsüße im Wein zu belassen, ist nicht gutzuheißen. Es gibt auch einen Spumante *tradizionale*.

Verdicchio di Matelica DOC. Weißwein. Provinzen: Macerata, Ancona. Gemeinden: Matelica und 7 weitere. Rebsorten: Verdicchio mind. 85%.

Verdicchio aus höheren Lagen weiter im Landesinneren gilt gemeinhin als besser, ist aber selten im Ausland anzutreffen. Der Verdicchio di Montanello hat einen ähnlichen Ruf, aber keine DOC.

Vernaccia di Serrapetrona DOC. Rotwein. Provinz: Macerata. Gemeinden: Serrapetrona sowie Teile von Belforte del Chienti und San Severino Marche. Rebsorten: Vernaccia nera mind. 85% plus Sangiovese, Montepulciano und/oder Ciliegiolo.

Ein in der Gegend beliebter süßer roter Schaumwein, der seit dem 15. Jh. bekannt ist.

Die führenden Erzeuger in den Marken

Brunori ☆☆–☆☆☆
Jesi, Ancona.
6 ha
Giorgio Brunori bereitet einen ungewöhnlich blumigen, eleganten Verdicchio dei Castelli di Jesi und den raren Lacrima di Morro d'Alba.

Fratelli Bucci ☆☆–☆☆☆
Ostra Vetere, Ancona. 26 ha. www.villabucci.com
Konzentrierter, nach Pfirsich schmeckender Verdicchio dei
Castelli di Jesi und ein guter Rosso Piceno unter dem Etikett
»Tenuta Pongelli«.

Cocci Grifoni ☆☆–☆☆☆
San Savino di Ripatransone, Ascoli Piceno
Guido Cocci Grifoni ist ein bewundernswerter Erzeuger, dessen Rosso Piceno zu den ganz Großen gehört und mit dessen Falerio es nur wenige andere aufnehmen können.

Colonnara ☆☆–☆☆☆
Cupramontana, Ancona. www.colonnara.it
Die Genossenschaft von Cupramontana nennt sich jetzt Colon-
nara und produziert einige ausgezeichnete, duftige stille und
schäumende Verdicchio-Weine.

Fazi-Battaglia ☆☆☆
Castelpiano, Ancona. www.fazibattaglia.it
Der 1949 gegründete Betrieb machte sich als Erster mit Verdicchio dei Castelli di Jesi einen Namen im Ausland. Trotz
einer Gesamtproduktion von über 3 Mio. Flaschen ist der Qualitätsstandard sehr hoch, nicht nur beim trockenen Verdicchio,
sondern auch bei einem reifen Rosso Conero mit Tabakaroma
und einem botrytisierten Verdicchio namens »Arkezia«.

Garofoli ☆☆–☆☆☆
Loreto, Ancona
Der Betrieb, nach 100 Jahren immer noch in Familienbesitz,
erzeugt schönen, erfrischenden Verdicchio dei Castelli di Jesi
beständig hoher Qualität. Der eichenfassgereifte »Serra Fio-
resa« hat vielleicht einen etwas gewöhnungsbedürftigen Geschmack, »Podium« aber ist tadellos. Garofoli war auch ein
Pionier für Verdicchio-Schaumweine mit Jahrgangsangabe.

Enzo Mecella ☆☆–☆☆☆
Fabriano, Ancona
Mecella ist einer der erfahrensten und kreativsten Kellermeister der Region, der aus zugekauften Trauben ein breites Spektrum von DOC-Weinen und den ungewöhnlichen IGT »Brac-
cano« von Ciliegiolo erzeugt.

Monte Schiavo ☆☆
Maiolati Spontini, Ancona. 105 ha. www.monteschiavo.com
Die von Pieralisi, dem Hersteller landwirtschaftlicher Maschinen, mitfinanzierte Genossenschaft kann es qualitativ mit den
besten privaten Kellereien aufnehmen. Von hier kommen guter Verdicchio Classico, Spumante und Passito sowie Rosso
Conero.

Sartarelli ☆☆☆–☆☆☆☆
Poggio San Marcello, Ancona. www.sartarelli.it
Kleiner Familienbetrieb, der ausschließlich hochkonzentrierten, mineralischen Verdicchio erzeugt, u. a. den »Contrada Bal-
ciana« mit Edelfäule. Kellermeister ist Alberto Mazzoni.

Umani Ronchi ☆☆☆
Osimo, Ancona. www.umanironchi.it
1960 von Gino Ronchi gegründet und heute im Besitz der
Familie Bernetti. Eine der meistverkauften Marken der Region
mit über 300 000 Kisten von auf dem Gut abgefüllten Verdicchio und Rosso Conero guter Qualität. Andere Weine werden
von zugekauften Trauben bereitet. Die Kellerei bietet außerdem einige überzeugende IGT-Weine – »Cumaro« (Montepulciano) und »Pelago« (Cabernet Sauvignon/Montepulciano) –
und einen raren süßen Sauvignon blanc namens »Maximo«.
Selbst die einfacheren Weine wie der Rosso Conero »San Lorenzo« sind sehr gut gemachte Tropfen.

Vallerosa Bonci ☆☆–☆☆☆
Cupramontana, Ancona
Körperreicher Verdicchio dei Castelli di Jesi mit Mandelnoten.
Der Wein wird in allen Stilen erzeugt: trocken, schäumend
und als Passito.

Villa Pigna ☆☆–☆☆☆
Offida, Ascoli Piceno. 170 ha. www.villapigna.com
Mit 120 000 Kisten jährlich hat sich das Gut der Familie Rozzi
rasch als mustergültiger Großbetrieb etabliert. Ihr Rosso Pice-
no Superiore erinnert deutlich an einen Bordeaux. Die IGT-
Weine, »Rozzano« von Montepulciano und »Cabernasco« von
Cabernet, überzeugen ebenfalls.

Weitere Erzeuger in den Marken

Belisario ☆☆
Matelica, Macerata
Gute Genossenschaft, die auf Verdicchio di Matelica speziali-
siert ist.

Boccadigabbia ☆☆–☆☆☆
Civitanova Marche, Macerata. www.boccadigabbia.com
Kleines, qualitätsbewusstes Gut, das auf teure rote IGT-Weine von Cabernet (»Akronte«), Merlot, Sangiovese und Pinot
nero spezialisiert ist.

Le Caniette ☆☆–☆☆☆
Ripatransone, Ascoli Piceno. www.lecaniette.it
Reichhaltiger, schokoladiger Rosso Piceno und ungewöhn-
licher Vin Santo von Passerina.

Casalfarneto ☆☆
Serra de' Conti, Ancona. www.casalfarneto.it
Das 1995 gegründete kleine Gut produziert nur Verdicchio.

Coroncino ☆☆☆
Staffolo, Ancona
Sehr geringe Mengen von überragendem, komplexem Verdic-
chio dei Castelli di Jesi.

De Angelis ☆☆–☆☆☆
Castel di Lama, Ascoli Piceno.
www.tenutadeangelis.it
Kirschenduftiger Rosso Piceno, aber bekannt ist das Gut v. a.
für den intensiv fruchtigen IGT-Verschnitt »Anghelos« von Montepulciano und Cabernet Sauvignon.

Lanari ☆☆–☆☆☆
Varano, Ancona
Kleines Gut, das ausschließlich Rosso Conero herausragen-
der Qualität erzeugt.

Mancini ☆☆
Pesaro
Mancini ist ungewöhnlicherweise auf Weine von Pinot nero
spezialisiert.

Marchetti ☆–☆☆
Ancona. www.marchettiwines.it
Ordentlicher Rosso Conero und Verdicchio, aber nur in sehr geringen Mengen.

La Monacesca ☆☆–☆☆☆
Matelica, Macerata
Der Unternehmer Casimiro Cifola befreite dieses Gut Ende der 1960er-Jahre aus seinem Schattendasein und produziert köstlichen Verdicchio di Matelica von alten Reben.

Moncaro/Terre Cortesi ☆☆–☆☆☆
Montecarotto, Ancona. 1700 ha. www.moncaro.com
Sehr gute Genossenschaft mit einem Jahresausstoß von 4 Mio. Flaschen. Eindrucksvoller Verdicchio dei Castelli di Jesi, trocken und als Passito, sowie gut strukturierte Rosso Conero Riserva. Auch sortenreine IGT-Weine.

Moroder ☆☆–☆☆☆
Montacuto, Ancona
Alessandro Moroder erzeugt auf seinem kleinen Gut den reichhaltigen Rosso Conero »Dorico« und (manchmal) einen süßen IGT-Verschnitt von Moscato und Trebbiano.

Oasi degli Angeli ☆☆–☆☆☆
Cupora Marittima, Ascoli Piceno
Das sehr kleine Gut hat nur einen einzigen Wein im Angebot: den in neuer Eiche ausgebauten Montepulciano IGT »Kurni« mit ausgeprägten Kaffee- und Pflaumennoten.

Saladini Pilastri ☆☆
Spinetoli, Ascoli Piceno
Großes Gut, das ökologisch bewirtschaftet wird und geschmeidigen, pflaumenwürzigen Rosso Piceno hervorbringt.

Santa Barbara ☆☆
Barbara, Ancona.
www.vinisantabarbara.it
Ungewöhnlich kraftvoller Verdicchio und ein guter Cabernet-Merlot-Verschnitt namens »Rosso delle Marche«.

Le Terrazze ☆☆–☆☆☆
Numana, Ancona
Antonio Terni bereitet guten Rosso Conero, den leuchtend rosafarbenen *tradizionale* »Donna Giulia« von Montepulciano und einen teuren, aber sehr gefragten roten Verschnitt mit dem interessanten Namen »Chaos«.

Velenosi ☆☆–☆☆☆
Ascoli Piceno.
www.velenosivini.com
Sehr moderne Kellerei mit einem vielfältigen Angebot von Weinen: kraftvoller Rosso Piceno, intensiver Chardonnay und ein Schaumwein nach der klassischen Methode.

Fratelli Zaccagnini ☆☆–☆☆☆
Staffolo, Ancona
Der Einzellagenwein »Salmagina« mit Pfirsicharoma ist der feinste aus dem Sortiment von Verdicchio dei Castelli di Jesi.

Latium

Rom ist wie Wien eine Hauptstadt, die den Wein derart in den Adern hat, dass Flaschen und Korken dort immer Fremdkörper waren. Die römischen Tavernen liegen etwas weiter außerhalb der Stadt als die Wiener Heurigen, sind aber umso verlockender als Ziel für sommerliche Ausflüge, etwa in die kühlen Wälder der Albaner Berge oder zu den Castelli Romani südlich von Rom.

Frascati, das Zentrum dieses Hügelgebiets und seines Weins, nimmt sich aus wie eine Sommerfrische. Die herrliche Villa Aldobrandini mit ihrem wunderschönen Park im Herzen von Frascati zeigt, dass hier der vornehme Patriziergeschmack dicht neben dem Volkstümlichen seinen Platz hat.

Latium, das sich nördlich und südlich von Rom erstreckt, ist mit Vulkankratern übersät, die sich heute in friedliche Seen verwandelt haben. Der fruchtbare vulkanische Boden der Region eignet sich hervorragend für den Anbau von Trauben. Die Wahl der Rebsorten ist vermutlich der Vorliebe der Römer für junge, weiche Weine geschuldet, weshalb sie nur in dieser Gegend kultiviert werden. Der geringe Säuregehalt der Malvasia-Traube verleiht zwar einerseits dem Frascati seine Eigenart, macht ihn aber andererseits auch anfällig für Oxidation, sobald er die kalten, feuchten Keller verlässt, wenn dies nicht mit Verfahren wie beispielsweise Pasteurisierung und neuerdings auch Kältebehandlung, die das Gleichgewicht moderner Weine bewahren helfen, verhindert wird.

Die Weine des Latium

Aleatico di Gradoli DOC. Rotwein. Provinz: Viterbo. Gemeinden: Gradoli, Grotte di Castro, San Lorenzo Nuovo, Latera (in den Hügeln oberhalb des Bolsena-Sees). Rebsorte: Aleatico.

In sehr geringen Mengen hergestellte lokale Spezialität: Ein süßer Rotwein mit zartem Muskateller-Aroma wird hier mit normalem Alkoholgehalt und als *liquoroso* (auf 17,5 % aufgespritet) erzeugt.

Aprilia DOC. Rot-, Weiß- und Roséwein. Provinzen: Latina, Rom. Gemeinden: Aprilia, Cisterna, Nettuno. Rebsorten, Rotwein und Rosé: Merlot oder Sangiovese; Weißwein: Trebbiano.

Ein von Flüchtlingen aus Tunesien nach dem Zweiten Weltkrieg begründetes Anbaugebiet. Ein 2–3 Jahre gereifter Merlot gilt als das beste Gewächs. Der Bereich erhielt als einer der ersten DOC-Status, doch die Weine werden dieser Auszeichnung selten gerecht. Experimente in Weinbergen und Kellern sollen nun zu deutlichen Verbesserungen führen.

Atina DOC. Provinz: Frosinone. Gemeinden: Atina und 12 weitere.

Neue DOC für Rotweine, v. a. Cabernet Sauvignon.

Bianco Capena DOC. Weißwein. Provinz: Rom. Gemeinden: Capena, Fiano Romano, Morlupo, Castelnuovo di Porto. Rebsorten: Malvasia di Candia, M. del Lazio und M. toscana 70–90 %, Trebbiano toscano, T. romagnolo und T. giallo, Bellone und Bombino bis zu 20 %.

Dem Weißwein aus den Castelli Romani (z. B. Frascati) ähnlich, aber aus einem Gebiet nördlich von Rom.

Castelli Romani DOC. Provinzen: Rom, Latina. Bereich in den auch als Colli Albani bezeichneten grünen Hügeln, in denen Frascati und seinesgleichen erzeugt werden. Weißweine von Malvasia und Trebbiano, Rotwein und Rosé von vielen verschiedenen Rebsorten.

Cerveteri DOC. Rot- und Weißwein. Provinzen: Rom, Viterbo. Gemeinden: 8 nordwestlich von Rom. Rebsorten, rot: Sangiovese und Montepulciano mind. 60 %, Cesanese comune 25 %, andere Sorten bis zu 30 %; weiß: Trebbiano (toscano, romagnolo und giallo) mind. 50 %, Malvasia bis zu 35 %, andere Sorten bis zu 15 %.

Trockene Standardweine aus einer Küstengegend nordwestlich von Rom.

Cesanese del Piglio DOC. Rotwein. Provinzen: Frosinone, Piglio. Gemeinden: Piglio, Serrone, Acuto, Anagni, Paliano. Rebsorten: Cesanese mind. 90 % plus Sangiovese, Montepulciano, Barbera, Trebbiano toscano oder Bombino bianco. Trockener oder süßer Still- oder Schaumwein aus einer Gegend links von der Autostrada del Sole, 65 km südöstlich von Rom, wo Agnani auf einer Hügelspitze thront.

Es gibt zwei weitere Cesanese-DOC-Bereiche: Cesanese di Olevano (sehr geringe Mengen) und Cesanese di Affile (praktisch inexistent, weil kein Wein erzeugt wird). Alle drei Bereiche wurden 1973 in einem Anfall von bürokratischem Übereifer geschaffen.

Circeo DOC. Weiß-, Rot- und Roséwein. Provinz: Latina. Gemeinden: Latina, Sabaudia, San Felice, Circeo, Terracina. Rebsorten, Weißwein: Malvasia bianca, Trebbiano und andere; Rotwein und Rosé: Merlot mind. 85 %. Die DOC umfasst auch sortenreine Weine von Trebbiano und Sangiovese.

1996 eingeführte allgemeine DOC für Weine aller möglichen Stile.

Colle Picchioni Erstaunlich guter trockener roter Verschnitt von Merlot, Cesanese, Sangiovese und Montepulciano, der in der traditionellen Weißweingegend (Marino) der Castelli Romani entsteht. Der hochwertige »Vigna del Vassallo« ist ein Cabernet-Merlot-Verschnitt.

Colli Albani DOC. Weißwein. Provinz: Rom. Gemeinden: Ariccia, Albano und Teile von 4 weiteren. Rebsorten: Malvasia bianca di Candia bis zu 60 %, Trebbiano toscano, T. romagnolo, T. di Soave und T. giallo 25–50 %, Malvasia del Lazio 5–45 %, andere Sorten bis zu 10 %.

Der Weißwein aus der Gegend des päpstlichen Sommersitzes in Castelgandolfo (in der gleichen herrlichen Lage mit Blick nach Westen aufs Meer und nach Osten auf den Albaner See residierte auch Kaiser Domitian). Trocken oder süß, still oder schäumend.

Colli Etruschi Viterbesi DOC. Weiß- und Rotwein. Provinz: Viterbo. Gemeinden: 38. Rebsorten, weiß: Malvasia, Trebbiano und andere Sorten; rot: Sangiovese, Montepulciano und andere Sorten.

Der seit 1996 anerkannte große DOC-Bereich umfasst auch Moscatello (mind. 85 % Moscato bianco) und Weine auf Grundlage von Grechetto, Merlot oder Montepulciano. Sehr verschieden im Charakter.

Colli Lanuvini DOC. Weißwein. Provinz: Rom. Gemeinden: Genzano und Teile von Lanuvio. Rebsorten: Malvasia bianca di Candia und Puntinata bis zu 70 %, Trebbiano toscano, T. verde und T. giallo mind. 30 %, andere Sorten bis zu 10 %.

* Ein recht unbekannter, aber empfehlenswerter trockener oder lieblicher Weißwein aus den Castelli Romani. Genzano liegt am Nemi-See südlich des Albaner Sees.

Colli della Sabina DOC. Weiß-, Rot- und Roséwein. Provinzen: Rieti, Rom. Gemeinden: 25. Rebsorten, Weißwein: Trebbiano mind. 40%, Malvasia di Candia oder M. del Lazio mind. 40%, andere bis zu 20%; Rot- und Roséwein: Sangiovese 40–70%, Montepulciano 15–40%, andere Sorten bis zu 30%.

1996 eingerichteter großer Bereich im Landesinneren. Trockene und süße Weine, Spumante und Novello.

Cori DOC. Weiß- und Rotwein. Provinz: Latina. Gemeinden: Cisterna, Cori. Rebsorten, weiß: Malvasia di Candia bis zu 70%, Trebbiano toscano bis zu 40%, Trebbiano giallo, Bellone bis zu 30%; rot: Montepulciano 40–60%, Nero buono di Cori 20–40%, Cesanese 10–30%.

Der Bereich liegt südlich der Castelli Romani in einem sich zum Marschland Pontine hin abflachenden Gebiet. Der Rotwein ist weich und gefällig, leider jedoch, genauso wie der Weißwein, selten anzutreffen.

Est! Est!! Est!!! di Montefiascone DOC. Weißwein. Provinz: Viterbo. Gemeinden: Montefiascone, Bolsena, San Lorenzo Nuovo, Grotte di Castro, Gradoli, Capodimonte, Marta. Rebsorten: Trebbiano toscano 65%, Malvasia bianca 20%, Trebbiano giallo 15%.

Sehr große Mengen unberechenbarer Weine profitieren heute von diesem originellen Namen. Das begeisterte »Der ist es« war das erste Drei-Sterne-Gütesiegel der Welt, das gut 800 Jahre vor der Geburt des berühmten Guide Michelin verliehen wurde. In jüngerer Zeit hatten die Kritiker weniger Grund zur Begeisterung, aber mit Hilfe modernisierter Techniken und Geschmacksauffassungen entsteht inzwischen ein annehmbarer, meist trockener Weißwein.

Falerno oder **Falernum** Der berühmteste Wein des alten Rom entsteht im Süden an der Grenze zwischen Latium und Kampanien. Damals süß und konzentriert, heute ein guter, kräftiger Rotwein von Aglianico und Barbera und ein gefälliger Weißwein mit wenig Säure. Der Rotwein verfügt über eine DOC in Kampanien.

Fiorano Der beste Wein aus Rom selbst stammt von einem Erzeuger: Principe Boncompagni Ludovisi, an der alten Via Appia südlich der Stadt. Der Rotwein ist ein Bordeaux-ähnlicher Verschnitt von Cabernet Sauvignon und Merlot, die Weißweine sind Malvasia di Candia und Sémillon. Alle werden im Fass ausgebaut; der Qualitätsstandard ist um einiges höher als bei den DOC-Weinen der Gegend.

Frascati DOC. Weißwein. Provinz: Rom. Gemeinden: Frascati, Montecompatri, Monte Porzio Catone, Colonna, Grottaferrata. Rebsorten: Malvasia bianca di Candia und/oder Trebbiano toscano mind. 70%, Malvasia del Lazio und Greco bis zu 30%.

Der Sage nach und gelegentlich auch in Wirklichkeit der denkwürdigste Weißwein Italiens, wenn auch der Inbegriff für Weine, die »nicht gern reisen«, d. h. nicht einmal die 30 km bis nach Rom überstehen. Malvasia erbringt auf dem vulkanischen Boden einen herrlichen Geschmack voll ausgereifter Trauben und verleiht dem Wein einen goldenen Schimmer, der dadurch hervorgerufen wird, dass er wie Rotwein auf den Schalen vergoren wird. Die trockene Variante ist mild, aber

von großer Geschmacksfülle, leicht nussig und sogar etwas salzig. Lieblicher *(amabile)* und süßer *(cannellino)* Frascati können darüber hinaus an Honig erinnern, tun dies aber leider nicht immer.

Diese Verkostungsnotizen sind in einem kühlen, feuchten Keller in Frascati entstanden: Die Anmerkungen über abgefüllte Weine reichen von neutral und steril ohne Charakter über flach und oxidiert bis zu (gelegentlich) »annähernd so, wie ein Frascati sein soll«. Was der Unterschied zwischen italienischen Weißweinen alter und neuer Art ist, lernt man am besten verstehen, wenn man in einem Restaurant in Frascati eine Flasche einer guten Marke und eine Karaffe Hauswein bestellt. Leider ist es genau die Üppigkeit des Letzteren, die Reisen nicht übersteht. Den besten Erzeugern gelingt immerhin ein befriedigender Kompromiss, während Restaurants in Rom der ganzen Sache allem Anschein nach überhaupt keine Bedeutung beimessen.

Genazzano DOC. Rot- und Weißwein. Provinzen: Rom, Frosinone. Gemeinden: Genzano, Olevano Romano, San Vito Romano, Cave, Paliano. Rebsorten, weiß: Malvasia bianca di Candia 50–70%, Bellone und Bombino 10–30%, andere Sorten bis zu 40%; rot: Sangiovese 70–90%, Cesanese 10–30%.

Ein unbedeutender Bereich, der 1992 eingerichtet wurde und in dem hohe Erträge erlaubt sind.

Marino DOC. Weißwein. Provinz: Rom. Gemeinden: Marino, Teile von Rom und Castelgandolfo. Rebsorten: Malvasia bianca di Candia bis zu 60%, Trebbiano 25–55%, Malvasia del Lazio 5–45%, andere Sorten bis zu 10%.

Ein naher Verwandter des Frascati. Viele Römer, die in Marino essen gehen, trinken ihn am liebsten frisch und direkt aus dem Fass.

Merlot di Aprilia Siehe Aprilia.

Montecompatri-Colonna DOC. Weißwein. Provinz: Rom. Gemeinden: Colonna, Teile von Montecompatri, Zagarolo und Rocca Priora. Rebsorten: Malvasia bis zu 70%, Trebbiano mind. 30%, Bellone und Bonvino bis zu 10%.

Eine weitere Alternative zu Frascati aus den Castelli Romani.

Sangiovese di Aprilia Starker trockener Rosé. Siehe Aprilia.

Tarquinia DOC. Weiß-, Rot- und Roséwein. Provinzen: Rom, Viterbo. Gemeinden: je 15 in den genannten Provinzen. Rebsorten, weiß: Trebbiano mind. 50%, Malvasia bis zu 35%, andere Sorten bis zu 30%; rot: Sangiovese und Montepulciano mind. 60% (jede mind. 25%), Cesanese bis zu 25%, andere Sorten bis zu 30%.

1996 eingerichteter großer Bereich, in dem hohe Erträge zugelassen sind.

Torre Ercolana Sehr gefragte Spezialität eines einzelnen Erzeugers (siehe Cantina Colacicchi) in Anagni. Ein Rotwein von Cesanese mit Cabernet und Merlot von kraftvoller Persönlichkeit, der zu hervorragender Qualität heranreift.

Trebbiano di Aprilia Recht alkoholstarker einfacher Wein. Siehe Aprilia.

Velletri DOC. Weiß- und Rotwein. Provinzen: Latina, Rom. Gemeinden: Velletri, Lariano und Teile von Cisterna di Latina. Rebsorten, weiß: Malvasia bis zu 70 %, Trebbiano mind. 30 %, Bellone und Bonvino bis zu 10 %; rot: Sangiovese 30–45 %, Montepulciano 30–40 %, Cesanese mind. 15 %, Bombino nero, Merlot und Ciliegiolo bis zu 10 %.

Das südlich des Frascati-Gebiets der Castelli Romani gelegene Velletri hat eine DOC für seinen gefälligen Weißwein und seinen milden Rotwein.

Vignanello DOC. Weiß- und Rotwein. Provinz: Viterbo. Gemeinden: 7. Rebsorten, weiß: Trebbiano 60–70 %, Malvasia 20–40 %; rot: Sangiovese 40–60 %, Ciliegiolo 40–50 %. Auch Greco di Vignanello von mind. 85 % Greco.

Die Weißweine sind typisch für die Gegend, der Rotwein ist wegen des hohen Ciliegiolo-Anteils ungewöhnlich.

Zagarolo DOC. Weißwein. Provinz: Rom. Gemeinden: Zagarolo, Gallicano. Rebsorten: Malvasia und Trebbiano 70–90 %, Bellone und Bonvino bis zu 10 %.

Der kleinste DOC-Bereich in der Gegend um Frascati mit einem ähnlichen Weißwein.

Die führenden Erzeuger in Latium

Castel de Paolis ☆☆–☆☆☆
Grottaferrata, Rom.
www.casteldepaolis.it
Das kleine Gut wurde 1993 gegründet und ist dank seines önologischen Beraters Franco Bernabei in die qualitative (und preisliche) Spitzenriege der Frascati-Erzeuger aufgestiegen. Der blumige »Vigna Adriana« enthält einen gewissen Anteil Viognier. Der Syrah/Merlot-IGT »Quattro Mori« ist einer der feinsten Barrique-gereiften Rotweine Latiums.

Colli di Catone ☆☆
Monte Porzio Catone, Rom
Antonio Pulcini erzeugt unter den Etiketten »Colli di Catone«, »Villa Catone« und »Villa Porzino« guten Frascati Superiore. Seine beiden Frascati-Spezialversionen bestehen zu 100 % aus Malvasia; einer davon, der »Colle Gaio«, wird von ertragsarmen Reben einer Einzellage und nur in guten Jahrgängen erzeugt.

Cantina Colacicchi ☆☆–☆☆☆
Anagni, Frosinone
Ein Familienbetrieb, der durch den inzwischen verstorbenen Luigi Colacicchi berühmt wurde. Bekannt v. a. für »Torre Ercolana«, den großartigen, aber äußerst raren Rotwein von Cabernet Sauvignon, Merlot und Cesanese: intensiv, langlebig und nachhaltig im Geschmack. Es werden nur rund 700 Kisten erzeugt.

Falesco ☆☆☆
Montefiascone, Viterbo
Das eigene Gut des renommierten Önologen Riccardo Cotarella erzeugt guten Est! Est!! Est!!! (u. a. eine Spätlese) und in neuer Eiche ausgebaute IGT-Rotweine von Merlot und Cabernet Sauvignon. Der Merlot »Montiano« ist bemerkenswert komplex mit unterschwelligen Noten von Johannisbeeren und Zimt.

Fontana Candida ☆☆–☆☆☆
Monte Porzio Catone, Rom. www.giv.it
Das zum Konzern Gruppo Italiano Vini gehörende Gut verfügt über ausgedehnte Weinberge, Keller und Abfüllanlagen im DOC-Bereich Frascati. Ein Teil der insgesamt 600 000 Kisten entfällt auch auf den erlesenen »Vigneto Santa Teresa«, einen der besten Frascati-Weine überhaupt.

Paola di Mauro (Colle Picchioni) ☆☆–☆☆☆
Marino, Rom. 10 ha
Das kleine Gut wird von Paola di Mauro und ihrem Sohn Armando geführt, denen Riccardo Cotarella beratend zur Seite steht. Sie erzeugen einen bemerkenswerten traditionellen Marino und einen der wenigen feinen römischen Rotweine: den Bordeaux-Verschnitt »Vigna del Vassallo«.

Sergio Mottura ☆☆–☆☆☆
Civitella d'Agliano, Viterbo. www.motturasergio.it
Im Norden von Latium produziert Mottura Grechetto IGT zweierlei Art: mit und ohne Eiche. Die eichenfassgereifte Version heißt »Latour«, was anmaßend erscheinen mag, aber nur ein Dankeschön an Louis Latour aus Beaune ist, der die Fässer liefert. Bei geeigneten Voraussetzungen, die nicht jedes Jahr gegeben sind, erzeugt Mottura auch einen feinen Wein mit Edelfäule namens »Muffo«.

Villa Simone ☆☆–☆☆☆
Monte Porzio Catone, Rom. 24 ha. www.pieroconstantini.it
Piero Constantini erzeugt von ausgelesenen Trauben beeindruckenden, vollmundigen Frascati Superiore, u. a. den Einzellagenwein »Vigneto Filonardi« und den raren »Cannellino«.

Conte Zandotti ☆☆
Rom. 25 ha. www.cantinecontezandotti.it
Das Gut kam 1734 in den Besitz der Familie und wird heute von Enrico Massimo Zandotti geführt. Die Keller sind in die Gewölbe einer alten römischen Zisterne unter der Villa San Paolo hineingebaut. Neben einem hervorragenden trockenen Frascati Superiore wird auch ein Malvasia IGT erzeugt, der nach tropischen Früchten schmeckt.

Weitere Erzeuger in Latium

Casale del Giglio ☆☆–☆☆☆
Le Ferriere, Latina
Großes Gut, auf dem hauptsächlich IGT-Weine von Syrah, Cabernet Sauvignon und Chardonnay, alle in Barriques ausgebaut, bereitet werden.

Cantina Cerveteri ☆–☆☆
Cerveteri, Rom. 1500 ha
Die Genossenschaft ist ein wichtiger Erzeuger von weißem und rotem Cerveteri.

Cantina Sociale Cesanese del Piglio ☆
Piglio, Frosinone
Ordentlicher Cesanese del Piglio DOC.

Gotto d'Oro ☆–☆☆
Frattocchie di Marino, Rom. 1550 ha
Unter diesem Namen produziert die Genossenschaft in Marino Frascati und perlenden roten Castelli Romani.

Massimi Berucci ☆
Piglio, Frosinone.
www.vignetimassimiberucci.it
Gute Quelle für den raren Cesanese del Piglio.

Italo Mazziotti ☆☆
Bolsena, Viterbo.
www.mazziottiwines.com
Der alteingesessene Familienbetrieb ist v. a. für Est! Est!! Est!!! di Montefiascone und einen geschmeidigen roten IGT-Verschnitt namens »Volgente« bekannt.

L'Olivella ☆☆
Frascati, Rom. 12 ha.
www.racemo.it
Das Gut liegt zwar im Frascati-Gebiet, ist aber v. a. für seine Rotweine bekannt, u. a. den IGT »Racemo« von Sangiovese und Cesanese sowie einen einzigartigen Verschnitt von Syrah und Cesanese.

Principe Pallavicini ☆–☆☆
Colonna, Rom.
70 ha

Seit 1670 im Besitz einer Adelsfamilie. Guter Frascati Superiore.

Palombo ☆☆–☆☆☆
Atina, Frosinone
Familienbetrieb, der auf Weine der DOC Atina und einen körperreichen Sauvignon blanc namens »Somiglio« spezialisiert ist.

Cantina Sant'Andrea ☆☆
Borgo Vodice, Latina
Weingut, das nach ökologischen Richtlinien arbeitet und DOC Circeo sowie feinen süßen Moscato bereitet.

Trappolini ☆☆
Castiglione in Teverina, Viterbo. 20 ha
Familienbesitz mit Est! Est!! Est!!! und dem interessanteren süßen, rosenduftigen roten Aleatico namens »Idea«.

Abruzzen

Mit dem mächtig über L'Aquila, der Hauptstadt der Abruzzen, aufragenden Gran Sasso d'Italia (2700 m) erreichen die Apenninen ihren höchsten Punkt. Erst zur Küste hin, an der Pescara die wichtigste Stadt ist, werden die Berge allmählich flacher. Trotz ihrer Nähe zu Rom sind die Abruzzen eine recht rückständige Region mit sehr einfachen Vorstellungen vom Weinbau, die jedoch ihrer Hauptsorte, dem roten Montepulciano, treu verbunden ist. Diese liefert hier und in dem noch ländlicheren Molise einen kraftvollen Wein mit Stil, wenn nicht gar Finesse. Die Weißweine sind zurzeit nicht weiter bemerkenswert, aber nur weil Trebbiano die Standardtraube ist.

Die Weine der Abruzzen

Cerasuolo Siehe Montepulciano d'Abruzzo.

Controguerra DOC. Rot-, Weiß und Roséwein. Provinz: Teramo. Gemeinden: Controguerra und 4 weitere. Rebsorten, rot: Montepulciano mind. 60 %, Merlot und/oder Cabernet mind. 15 %, andere Sorten bis zu 25 %; weiß: Trebbiano mind. 80 %, Passerina mind. 15 %, andere Sorten bis zu 25 %.

Eine 1996 eingerichtete DOC, die auch eine Reihe von sortenreinen Weinen sowie roten und weißen Passito umfasst.

Montepulciano d'Abruzzo DOC. Rotwein und Rosé. Provinzen: Chieti, L'Aquila, Pescara, Teramo. Gemeinden: viele in den genannten Provinzen. Rebsorten: Montepulciano mind. 85 %.

Das Anbaugebiet dieses ausgezeichneten Rotweins erstreckt sich über weite Teile der Apenninen-Ausläufer an der Küste und den Fluss Pescara entlang in die Berge hinauf, doch der komplexeste Montepulciano kommt aus den Hügeln um Teramo im Norden. In diesem großen Bereich sind die Qualitätsstandards sehr unterschiedlich, aber in Bestform gehört Montepulciano zu den überzeugendsten und geschmeidigsten italienischen Rotweinen: voller Farbe, Lebhaftigkeit und Wärme. Cerasuolo heißt der hübsche Rosé dieser DOC, der viel Geschmack zu bieten hat.

Der vor kurzem anerkannte Unterbereich Colline Teramane umfasst die Hügel im äußersten Norden der Abruzzen; die Höchsterträge sind dort etwas niedriger als im übrigen Bereich.

Trebbiano d'Abruzzo DOC. Weißwein. Bereich: geeignete Lagen (nicht über 500–600 m) in der ganzen Region. Rebsorten: Trebbiano d'Abruzzo und/oder Trebbiano toscano mind. 85 %, andere Sorten bis zu 15 %.

Außer bei Valentini (siehe dort) ein milder trockener Standardweißwein.

Die führenden Erzeuger in den Abruzzen

Marramiero ☆☆–☆☆☆
Rosciano, Pescara. www.marramiero.it
Das Gut wurde zwar erst 1994 gegründet, hat sich aber mit seinem Barrique-gereiften Montepulciano »Inferi«, gutem Trebbiano und einem in neuer Eiche ausgebauten Chardonnay IGT rasch an die Spitze vorgearbeitet.

Masciarelli ☆☆☆
San Martino sulla Marrucina, Chieti. www.masciarelli.it

Die Familie Masciarelli produziert feinen Montepulciano, allen voran »Villa Gemma«, und einen goldenen Trebbiano namens »Marina Cvetic«. Teuer!

Cantina Tollo ☆☆
Tollo, Chieti. www.cantinatollo.it
Die große Genossenschaft produziert 1 Mio. Kisten im Jahr und bietet Montepulciano und Trebbiano d'Abruzzo mit einem ausgezeichneten Preis-Leistungs-Verhältnis.

Valentini ☆☆☆
Loreto Aprutino, Pescara
Valentini erzeugt kunstvoll gearbeitete Weine oberster Güteklasse, u. a. einen einzigartigen gereiften Trebbiano und einen üppigen Montepulciano, die aber sehr teuer sind.

Ciccio Zaccagnini ☆☆–☆☆☆
Bolognano, Pescara.
www.cantinazaccagnini.it
Ein Gut mit wachsendem Ansehen, bekannt für den feinen Montepulciano »Castello di Salle«. Das Angebot wurde um Chardonnay, Riesling, Cabernet franc und andere Weine erweitert.

Weitere Erzeuger in den Abruzzen

Bosco Nocciano ☆☆
Pesaro. www.nestorebosco.com
Bekannt für Montepulciano und einen zarten IGT-Verschnitt von Cabernet und Montepulciano, der als »Linfa« in den Handel kommt.

Cataldi Madonna ☆☆–☆☆☆
Ofena, L'Aquila
Stämmiger, körperreicher Montepulciano (rot und rosé).

Barone Cornacchia ☆–☆☆
Torano Nuovo, Teramo
Ordentlicher Montepulciano und Trebbiano d'Abruzzo sowie ein Cabernet Sauvignon der DOC Controguerra.

Faraone ☆☆
Giulianova, Teramo
Kleiner, aber anspruchsvoller Betrieb mit gutem Montepulciano und Trebbiano sowie einem Moscatello, der geschmacklich an getrocknete Aprikosen erinnert.

Fiarnese Vini ☆☆
Ortona
Erfolgreiches neues Unternehmen, das sehr ordentlichen Montepulciano d'Abruzzo vertreibt.

Filomusi Guelfi ☆☆
Tocca da Causaria, Pescara
Kleines, erst 1982 gegründetes Gut mit kraftvollem, anmutigem Montepulciano.

Dino Illuminati ☆☆–☆☆☆
Controguerra, Teramo.
www.illuminativini.it
Großes, aber sehr angesehenes Gut, das Montepulciano und Trebbiano d'Abruzzo sowie trockene und süße Controguerra-Weißweine produziert.

Elio Monti ☆☆
Controguerra, Teramo

Elio übernahm das Gut 1990 von seinem Vater. Guter Montepulciano, der jetzt, nachdem der allgegenwärtige Berater Riccardo Cotarella engagiert worden ist, noch besser zu werden verspricht.

Camillo Montori ☆☆
Controguerra, Teramo

Hier entstehen Montepulciano und Trebbiano d'Abruzzo in guter Qualität, außerdem lebhafte rote und weiße Controguerra-Weine.

Nicodemi ☆☆
Notaresco, Teramo

Konzentrierter, feiner Montepulciano mit Geschmacksnoten von Pflaumen, Tabak und indischen Gewürzen.

Orlandi Contucci ☆☆–☆☆☆
Roseto degli Abruzzi, Teramo. www.orlandicontucci.com

Der Betrieb erzeugt guten, geschmeidigen Montepulciano, hat sich aber ungewöhnlicherweise hauptsächlich auf sortenreine Weine von Chardonnay, Sauvignon blanc und Cabernet Sauvignon spezialisiert. Önologischer Berater ist Donato Lanati.

Pasetti ☆☆–☆☆☆
Francavilla al Mare, Chieti

Reichhaltiger Montepulciano, sowohl Rotwein als auch Rosé, und ein molliger, eichenwürziger Chardonnay-Trebbiano-Verschnitt namens »Testarossa«.

Kampanien

Auch wenn die Region um Neapel und die Halbinsel von Sorrent bisher wenig Rücksicht auf die kulinarischen Vorlieben der Touristen genommen und bei manchen Besuchern im wahrsten Sinne des Wortes einen schlechten Geschmack im Mund hinterlassen haben mag, eignet sie sich doch in vielerlei Hinsicht geradezu perfekt für den Weinbau: Vulkanische Böden, das milde Seeklima und die Höhe der Berge sorgen für eine ganze Reihe ausgezeichneter Lagen.

Die in der Region heimischen Reben besitzen Charakter und liefern gute Erträge. Die Rotweintraube Aglianico (das Wort ist eine Abwandlung von *ellenico* = hellenisch) und die Weißweintraube Greco verweisen beide mit ihren Namen auf die Griechen, von denen sie vermutlich in vorrömischer Zeit eingeführt oder zumindest bevorzugt verwendet wurden. Fiano und Falanghina sind zwei weitere für Kampanien typische hochwertige weiße Reben. Qualitätsweine entstehen in Ravello auf der Halbinsel von Sorrent, auf der Insel Ischia und vor allem in der Irpinia nördlich von Avellino und östlich von Neapel, wo die Kellerei Mastroberardino mehr für das Ansehen der Region getan hat als irgendjemand sonst. Seit nunmehr zehn Jahren holt eine Reihe von Erzeugern das Beste aus den großartigen Reben und den fabelhaften Böden Kampaniens heraus.

Die Weine Kampaniens

Aglianico del Taburno DOC. Rotwein und Rosé. Provinz: Benevento. Gemeinden: Monte Taburno, Torrecuso und 12 weitere. Rebsorten: Aglianico 85%.

Neuere DOC in einem Gebiet mit besonders guten Voraussetzungen für Aglianico. Bisher sind die Weine jedoch selten anzutreffen. Die DOC Taburno gilt für eine Reihe von sortenreinen Weinen (Greco, Falanghina, Coda di Volpe, Piedirosso) verschiedener Art, u. a. Spumante und Novello.

Asprino oder **Asprinio** Ein willkommenes Erfrischungsgetränk; säuerlicher, perlender Weißwein ohne großen Anspruch, den man in jedem Café in Neapel bekommt.

Aversa DOC. Weißwein. Provinzen: Caserta, Neapel. Gemeinden: Aversa und 21 weitere. Rebsorten: Asprinio mind. 85%.

Campi Flegrei DOC. Rot- und Weißwein. Provinz: Neapel. Gemeinden: Teile von Neapel und 6 weitere. Rebsorten, rot: Piedirosso 50–70%, Aglianico 10–30%, andere Sorten bis zu 30%; weiß: Falanghina 50–70%, Biancolella und/oder Coda di Volpe 10–30%, andere Sorten bis zu 30%.

In dem DOC-Bereich mit ungewöhnlichen sandigen und vulkanischen Böden sind auch sortenreine Weine von Piedirosso (trocken und als Passito) und Falanghina zugelassen.

Capri DOC. Weiß- und Rotwein. Provinz: Neapel. Bereich: die Insel Capri. Rebsorten, weiß: Falanghina und Greco plus Biancolella bis zu 20%; rot: Piedirosso mind. 80%.

Kleine Mengen von sauberem trockenem Weißwein und winzige Kontingente eines leichten, jung zu trinkenden Rotweins erfreuen sich dieses romantischen Namens.

Castel San Lorenzo DOC. Rot-, Weiß- und Roséwein. Provinz: Salerno. Gemeinden: Castel San Lorenzo und 7 weitere. Rebsorten, weiß: Trebbiano 50–60%, Malvasia bianca 30–40%, andere Sorten bis zu 20%; rot: Barbera 60–80%, Sangiovese 20–30%, andere Sorten bis zu 20%.

Meist einfache Gewächse. Die DOC umfasst auch sortenreine Weine von Barbera und Moscato.

Cilento DOC. Rot-, Weiß- und Roséwein. Provinz: Salerno. Gemeinden: Agropoli und 7 weitere. Rebsorten, Aglianico: mind. 85%; Rotwein: Aglianico 60–75%, Piedirosso/Primitivo 15–20%, Barbera 10–20%, andere rote Sorten bis zu 10%; Rosé: Sangiovese 70–80%, Aglianico 10–15%, Piedirosso/Primitivo 10–15%, andere Sorten bis zu 10%; Weißwein: Fiano 60–65%, Trebbiano toscano 20–30%, Greco bianco/Malvasia bianca 10–15%, andere weiße Sorten bis zu 10%.

Die 1989 eingeführte DOC erstreckt sich über einige hervorragende Lagen und ist sehr vielversprechend.

Costa d'Amalfi DOC. Rot-, Weiß- und Roséwein. Provinz: Salerno. Gemeinden: Amalfi und 12 weitere. Rebsorten, weiß: Falanghina mind. 40%, Biancolella mind. 20%; rot: Piedirosso mind. 40%, Aglianico bis zu 60%, andere Sorten bis zu 40%.

Die DOC wurde 1995 eingeführt und umfasst, damit es richtig schön kompliziert wird, drei Unterbereiche.

Falerno del Massico DOC. Rot- und Weißwein. Provinz: Caserta. Gemeinden: Mondragone und 4 weitere. Rebsorten, rot: Aglianico 60–80%, Piedirosso 20–40%, Primitivo und/oder Barbera bis zu 20%; weiß: Falanghina.

Die Weine dieser neueren DOC sind vielversprechend. Sie entstehen im Ursprungsgebiet des berühmten Falerner, haben mit diesem Vorfahren aber wenig gemein. Man sollte sie im Auge behalten. Die Vorschriften lassen auch einen sortenreinen Primitivo zu.

Fiano di Avellino DOC. Weißwein. Provinz: Avellino. Gemeinden: Avellino und 14 weitere. Rebsorten: Fiano mind. 85%, Greco, Coda di Volpe bianco und Trebbiano toscano bis zu 15%.

Einer der besten Weißweine Süditaliens, hellgelb, mit nussigem Duft und Geschmack, lebendig und nachhaltig. Er wird auch Apianum genannt, eine lateinische Anspielung auf die Bienen, die offenbar von den Blüten oder den Trauben – oder vielleicht auch deren Saft – angelockt werden.

Galluccio DOC. Rot-, Weiß- und Roséwein. Provinz: Caserta. Gemeinden: Galluccio und 4 weitere. Rebsorten, Weißwein: Falanghina mind. 70%; Rotwein und Rosé: Aglianico mind. 70%.

1997 eingerichtete kleine DOC. Zu erwarten sind Weine mit einer für diese Gegend ungewöhnlichen Eleganz.

Greco di Tufo DOC. Weißwein. Provinz: Avellino. Gemeinden: Tufo und 7 weitere. Rebsorten: Greco di Tufo mind. 85%, Coda di Volpe bianco bis zu 15%.

Weißwein mit schönem Charakter, ein wenig neutral im Duft, aber vollmundig mit angenehmem Biss: sehr gut zu kräftig gewürzten Speisen. Nach 2–3 Jahren in der Flasche entwickelt der Wein auch ein gewisses Bukett. Die Spumante-Version kommt selten vor.

Guardia Sanframondi DOC. Rot-, Weiß- und Roséwein. Provinz: Benevento. Gemeinden: Guardia Sanframondi und 3 weitere. Rebsorten, Weißwein: Malvasia di Candia 50–60%, Falanghina 20–30%, andere Sorten bis zu 10%; Rotwein und Rosé: Sangiovese mind. 80%.

Die DOC umfasst auch sortenreine Weine von Falanghina (trocken und als Spumante) sowie Aglianico.

Ischia DOC. Rot- und Weißwein. Provinz: Neapel. Gemeinden: auf der Insel Ischia. Rebsorten, rot: Guarnaccia 50%, Piedirosso (Per'e Palummo) 40–50%, andere Sorten bis zu 15%; weiß: Forastera 45–70%, Biancolella 30–55%, andere Sorten bis zu 15%.

Der Standardwein der grünen Insel im Golf von Neapel ist dazu bestimmt, jung und frisch getrunken zu werden; anspruchsvolle Erzeuger versuchen sich neuerdings jedoch an anderen Versionen. Der Weißwein sollte säuerlich genug sein, um den Durst zu löschen. Die DOC umfasst auch sortenreine Weine von Forastera, Biancolella und Per'e Palummo.

Lacrimarosa d'Irpinia Den sehr hellen, kupferfarbenen Rosé guter Qualität mit aromatischem Duft und leicht unreifem Geschmack keltert Mastroberardino (siehe dort) von Aglianico.

Penisola Sorrentina DOC. Rot- und Weißwein. Provinz: Neapel. Gemeinden: Neapel und 12 weitere. Rebsorten, Weißwein: Falanghina mind. 40%, Biancolella und/oder Greco mind. 60%; Rotwein (still und *frizzante*): Piedirosso mind. 40%, mit Sciascinoso und/oder Aglianico mind. 60%.

Der kleine Bereich erstreckt sich über die Halbinsel von Sorrent.

Per'e Palummo Der Zweitname für die Piedirosso-Traube heißt so viel wie »Taubenfuß« und steht für einen der besten Rotweine Ischias, erfrischend tanninherb und leicht grasig im Duft.

Ravello Rot-, Weiß- und Roséwein, jeder in seiner Art gut, von den Weinbergterrassen, die hinauf zu der herrlichen Stadt Ravello führen. Ihre Frische verdanken diese Weine, so könnte man vermuten, der vom Meer her kommenden Feuchtigkeit.

Sannio DOC. Rot-, Weiß- und Roséwein. Provinz: Benevento. Gemeinden: alle in der Provinz. Rebsorten, Weißwein: Trebbiano mind. 50%; Rotwein und Rosé: Sangiovese mind. 50%.

Große allgemeine DOC, in der auch viele sortenreine Weine sowie Schaumwein nach der klassischen Methode zugelassen sind.

Sant'Agata de' Goti DOC. Rot-, Weiß- und Roséwein. Provinz: Benevento. Gemeinde: Sant'Agata de' Goti. Rebsorten, Weißwein: Falanghina 40–60%, Greco 40–60%; Rotwein und Rosé: Aglianico 40–60%, Piedirosso 40–60%.

Kaum bekannte DOC, die auch sortenreine Weine von Falanghina, Greco, Aglianico und Piedirosso umfasst. Mustilli ist der wichtigste Erzeuger (siehe dort).

Solopaca DOC. Rot- und Weißwein. Provinz: Benevento. Gemeinden: Solopaca und 11 umliegende. Rebsorten, rot: Sangiovese 50–60%, Piedirosso bis zu 30%, Aglianico 20–40%; weiß: Trebbiano toscano 40–60%, Malvasia, Coda di Volpe und/oder Falanghina bis zu 20%, andere Sorten bis zu 20%.

Wenig bekannter DOC-Bereich nördlich von Neapel mit ordentlichem Rot-, aber recht tristem Weißwein. Sortenreiner Falanghina und Spumante sind ebenfalls zugelassen.

Taburno DOC. Siehe Aglianico del Taburno.

Taurasi DOCG. Rotwein. Provinz: Avellino. Gemeinden: Taurasi und 15 weitere im Hügelgebiet Irpinia östlich von Neapel. Rebsorten: Aglianico mind. 85%.

Einer der besten Rotweine Süditaliens, zumindest wenn er von Mastroberardino (siehe dort) stammt. Aglianico reift in diesen hoch gelegenen Weinbergen spät und erbringt einen festen Wein mit herrlicher Struktur; auch nach fünf Jahren Reifezeit ist die Farbe noch dunkel. Er hat etwas von der besonderen Fülle eines Portweins, ohne diesem im Geringsten ähnlich zu sein. Erstklassig, aber kaum zu beschreiben und mit nichts zu vergleichen.

Vesuvio (Lacryma Christi) DOC. Weiß-, Rot- und Roséwein. Provinz: Neapel. Gemeinden: Boscotrecase, Trecase, San Sebastiano al Vesuvio und Teile von 12 anderen. Rebsorten, weiß: Coda di Volpe und Verdeca mind. 80%; rot: Piedirosso mind. 80%, Aglianico bis zu 20%.

Diese DOC umfasst normalen Weiß-, Rot- und Roséwein; unter der Bezeichnung Lacryma Christi del Vesuvio laufen vier höherwertige Weine, die sich 3–6 Jahre und länger halten. Der Weißwein ist auch als Spumante zugelassen.

Die führenden Erzeuger in Kampanien

Antonio Caggiano ☆☆☆
Taurasi, Avellino. 20 ha. www.cantinecaggiano.it
Caggiano gründete sein Gut 1991 und räumt den für Kampanien typischen ausgezeichneten Rebsorten absolute Priorität ein. Der Taurasi ist wunderbar, mit feiner Struktur und durchdrungen von dem Geschmack roter Früchte. »Fiagrè« ist ein Verschnitt von Fiano und Greco, genauso wie die süße Spätlese »Mel«.

De Conciliis ☆☆–☆☆☆☆
Prignano Cilento, Salerno
Ein neuer Star in Kampanien. Er erzeugt IGT-Weine, die aber den örtlichen Traditionen absolut treu bleiben: »Zero« und »Naima«, kraftvolle Barrique-gereifte Aglianico-Weine mit üppigen Kirsch- und Pflaumennoten, sowie frischen Fiano.

Feudi di San Gregorio ☆☆☆–☆☆☆☆
Sorbo Serpico, Avellino. www.feudi.com
Die beeindruckendste Erfolgsgeschichte Kampaniens ist der rasche Aufstieg dieses großen Guts in die Spitzenriege der süditalienischen Erzeuger. Die Weißweine – »Campano« und die Barrique-gereifte Spätlese »Privilegio« – sind brillante Interpretationen der Fiano-Traube, und die Rotweine zeigen ungewöhnliche Tiefe: allen voran Taurasi, aber auch der überraschend üppige Aglianico-Merlot-Verschnitt namens »Serpico« und der saftige neue Merlot »Patrimo«. Übrigens weisen die Ercolino-Brüder, Besitzer des Guts, ausdrücklich darauf hin, dass Merlot in dieser Region Tradition hat.

Mastroberardino ☆☆–☆☆☆☆
Atripalda, Avellino. 70 ha. www.mastro.it
1878 als Nachfolger eines alteingesessenen Betriebs gegründet; heute von Antonio Mastroberardino und seinem Sohn Carlo geführt. Von den Rebflächen des Familienbesitzes in der Irpinia sowie von 250 ha seiner Vertragspartner erzeugt das Gut jährlich 200 000 Kisten. Die durch das Erdbeben 1980 zerstörten Keller wurden neu aufgebaut und erweitert, was mit der Einrichtung hochmoderner Anlagen einen Stilwechsel bei

Molise

Molise, eine kleines Stück Mittelitalien zwischen den Apenninen und der Adria, steht noch nicht lange auf der Liste der italienischen Weinbauregionen. Flaschen mit Etiketten sind in dem traditionellen Fassweinland eine Neuheil.

Die ersten DOC-Bereiche in Molise entstanden 1983: Biferno für Rot- und Weißwein aus 42 Gemeinden in der Provinz Campobasso und Pentro für Rot- und Weißwein aus 16 Gemeinden in den Hügeln um Isernia. In beiden ist für Rotwein die Montepulciano-Traube vorgeschrieben; in Biferno ist sie die Hauptrebsorte; in Pentro steht sie gleichberechtigt neben Sangiovese. Beide Weißweine werden hauptsächlich von Trebbiano toscano erzeugt, nicht gerade ein Garant für Qualität. In beiden Bereichen darf Bombino, in Biferno außerdem Malvasia bianca mit verwendet werden.

Ein herausragender Erzeuger in Molise und zugleich eines der modernsten Güter Italiens ist:

Di Majo Norante ☆☆☆
Campomarino, Campobasso
Im Besitz von Alessio di Majo Norante, der von Riccardo Cotarella beraten wird. Der Montepulciano kann sich mit den besten aus den Abruzzen messen; der Greco ist frisch und lebhaft.

Weitere Erzeuger in Molise sind:

Cantine Borgo di Colloredo ☆☆–☆☆☆
Campomarino, Campobasso
Auf einheimische Rebsorten spezialisierter Familienbetrieb mit gutem Aglianico, Montepulciano und Falanghina.

VI.TA – Viticoltori del Tappino ☆
Gambatesa, Campobasso
DOC Biferno mit den Marken »Serra Meccaglia« und »Rocco del Falco« sowie weißer »Vernaccia di Serra Meccaglia«.

den Weißweinen Fiano und Greco einleitete, die seitdem in Edelstahltanks mit Temperaturregelung bereitet werden.

1994 wurde das Unternehmen Mastroberardino geteilt: Antonio ist für die Kellerei in Atripalda zuständig, sein Bruder Walter kümmert sich um die Weinberge. Walter produziert in Montefusco Weine unter dem Etikett »Vignadoria« (siehe Terredora di Paolo). Neuere Jahrgänge des einst legendären Taurasi beeindruckten nicht sonderlich, aber die vielen weißen Mastroberardino-Weine sind nach wie vor aufregend.

Montevetrano ☆☆☆–☆☆☆☆
San Cipriano Picentino, Salerno.
www.montevetrano.com
Die Fotografin Silvia Imparato erzeugt mit Unterstützung von Riccardo Cotarella einen einzigen Wein, der nach dem Gut benannt ist und Kultstatus besitzt: ein Verschnitt von Cabernet Sauvignon, Merlot und etwas Aglianico, der einem feinen Bordeaux nicht unähnlich ist. Der Preis ist entsprechend hoch.

Villa Matilde ☆☆☆
Cellole, Caserta. 62 ha.
www.villamatilde.com
Unter der Ägide von Riccardo Cotarella entstehen hervorragender Falerno del Massico DOC Falanghina und Aglianico sowie ein rarer Falanghina IGT Passito namens »Eleusi« mit

einem Aroma von getrockneten Früchten. Der feinste Rotwein ist der reichhaltige, konzentrierte Aglianico aus der Lage Vigna Camarato.

Weitere Erzeuger in Kampanien

D'Ambra ☆
Forio d'Ischia, Napoli. www.dambravini.com
Das 1888 von Francesco d'Ambra gegründete Gut erzeugt Ischia-DOC-Weine und hält einheimischen Rebsorten wie Biancolella und Forestera die Treue.

D'Ambra Corrado
Ischia
Ein Mitglied der Familie verkauft seine eigenen Weine in seiner Enoteca am Hafen. So könnte die Zukunft aussehen.

D'Antiche Terre ☆☆
Moncalzati, Avellino
Besonders guter Greco und Fiano von einem erst 1993 gegründeten Gut.

Ferrara ☆–☆☆☆
Tufo, Avellino. www.benitoferrara.it
Das kleine Gut produziert ausschließlich eleganten Greco mit Mandelnoten.

Galardi ☆☆☆
San Carlo di Sessa Aurunca, Caserta. www.terradilavoro.com
Der »Terra di Lavoro« ist wie der »Montevetrano« (siehe dort) ein Werk von Riccardo Cotarella, wird aber von den einheimischen Rebsorten Aglianico und Piedirosso erzeugt.

Gran Furor ☆☆–☆☆☆
Furore, Salerno. www.granfuror.it
Ausgezeichnetes Angebot von Weinen des DOC-Bereichs Costa d'Amalfi, für die ausschließlich einheimische Rebsorten verwendet werden.

La Guardiense ☆
Guardia Sanframondi, Benevento. Knapp 1500 ha
Große Genossenschaft, die typische kampanische Weine erzeugt.

De Lucia ☆☆
Guardia Sanframondi, Benevento
Ausgezeichnete Quelle für Falanghina aus der DOC Sannio.

Luigi Maffini ☆☆☆
Castellabate, Salerno
Neues Gut, das einheimische Trauben zu IGT-Weinen verarbeitet. Hervorragender Fiano »Kratos«.

Di Meo ☆
Salza Irpinia, Avellino. www.dimeo.it
Ordentlicher Greco und Fiano.

Michele Moio ☆☆–☆☆☆
Mondragone, Caserta. www.moio.it
Gehaltvoller Primitivo der DOC Falerno del Massico.

Molettieri ☆☆–☆☆☆
Montemarano, Avellino

Kleiner, aber feiner Erzeuger von kraftvollem Taurasi und einem etwas zugänglicheren Aglianico namens «Cinque Querce».

Mustilli ☆☆
Sant'Agata de' Goti, Benevento
Gute Weine von den typischen kampanischen Rebsorten Aglianico, Falanghina und Greco.

Pietratorcia ☆☆
Forio, Neapel
Sehr ansprechende Ischia-Weine.

Cantina del Taburno ☆☆–☆☆☆
Foglianise, Benevento. www.cantinadeltaburno.it

Qualitätsbewusste Genossenschaft mit ausgezeichnetem Aglianico, Falanghina und anderen. Die besten Aglianico-Weine spielen in der ersten Liga in Kampanien.

Terredora di Paolo ☆☆–☆☆☆
Montefusco, Avellino. 150 ha.
www.terredora.com
Der Mastroberardino-Ableger erzeugt sehr guten Taurasi, Fiano und Falanghina.

Antica Masseria Venditti ☆☆
Castelvenere, Benevento. www.venditti.it
Die Qualität der Solopaca- und Sannio-Weine dieses Guts mit ökologischem Anbau steigt seit einigen Jahren stetig.

Apulien

Zwischen Absatz und Sporn des italienischen Stiefels liegen die produktivsten Weinbaugebiete des Landes. Traditionell bestand ihre Rolle darin, den berühmteren, aber zarten Weinen in den Verschnittbottichen weiter im Norden Körper und Farbe zu verleihen. Die Rotweine sind tatsächlich sehr rot, sehr stark und manchmal fast wie Portwein. Die Weißweine, die nur 20% der Produktion ausmachen, geben eine unscheinbare Grundlage für Wermut ab. Bis vor kurzem war Apulien die einzige Region, in der Roséweine – zumindest einige davon – die beste Figur abgaben. Inzwischen ist all das in einem raschen Wandel begriffen.

Die südlich von Tarent gelegene Halbinsel Salento ist das heißeste Gebiet. Einige Erzeuger hier lernen, die Stärke und Dichte ihrer Rotweine so zu zähmen, dass gute, im Winter angenehm wärmende Tropfen entstehen – auch wenn man selten eine zweite Flasche aufmacht. Die einheimischen Trauben sind Primitivo (der kalifornische Zinfandel) und Negroamaro (der »bittere Schwarze«). In den Hügeln nördlich von Tarent gibt es ein paar etablierte DOC-Bereiche für trockene Weißweine, ursprünglich Grundwein für Wermut, aber dank moderner Techniken immer besser als Begleiter zu Fischgerichten geeignet. Wie anderswo in Italien ist auch hier eine DOC eher ein Zeichen für Tradition als für Qualität. Interessanter ist, dass selbst in diesem alles andere als gemäßigten Klima doch Stellen gefunden worden sind, an denen hochwertige Trauben aus nördlicheren Gegenden – sogar Chardonnay – angebaut werden können.

Mit Abstand die bekannteste DOC ist Castel del Monte, was vor allem dem frischen Rosato von Rivera (siehe dort) zu verdanken ist, seit vielen Jahren einer der besten italienischen Rosés. Die Liste der Erzeuger zeigt, dass die Dinge sich ändern: Apulische Rotweine müssen sich ihrer Herkunft nicht mehr schämen, und viele italienische Spitzenerzeuger sind der festen Überzeugung, dass diese Region ausgezeichnete Weine zu niedrigen Preisen hervorbringen kann. Antinori, Pasqua und selbst das kalifornische Unternehmen Kendall-Jackson investieren hier große Summen.

Die Weine Apuliens

Aleatico di Puglia DOC. Rotwein. Bereich: ganz Apulien. Rebsorten: Aleatico mind. 85%. Dessertwein, der in der gespriteten Version *(liquoroso)* an einen Ruby Port heranreicht. Geringe Mengen, nur in der Gegend anzutreffen.

Alezio DOC. Rotwein und Rosé. Provinz: Lecce. Gemeinden: Alezio, Sannicola und Teile von Gallipoli und Tuglie. Rebsorten: Negroamaro mind. 85%.

Der Rotwein vom untersten Teil des Stiefelabsatzes ist so, wie man ihn sich vorstellt: dunkel und stark. Es scheiden sich die Geister darüber, ob man ihn eine Weile lagern oder so nehmen sollte, wie er ist. Der hellere Wein ist wie viele apulische Rosés ansprechender.

Brindisi DOC. Rotwein und Rosé. Provinz: Brindisi. Gemeinden: Brindisi und Mesagna ein Stück landeinwärts. Rebsorten: Negroamaro mind. 70%.

Der Rotwein von Brindisi kann 5–10 Jahre und länger lagern; auch eine gefälligere roséfarbene Version wird produziert. Hervorragend ist der »Patriglione« von Cosimo Taurino (siehe dort).

Cacc'e Mmitte di Lucera DOC. Rotwein. Provinz: Foggia. Gemeinden: Lucera, Troia, Biccari. Rebsorten: Uva di Troia 35–60%, Montepulciano, Sangiovese und Malvasia nera 25–35%, andere Sorten 15–30%.

Experten zufolge bezeichnet der Dialektausdruck eine Art Governo-Methode, bei der dem gärenden Most frische Trauben zugesetzt werden. Die Weine sind meist uninteressant.

Castel del Monte DOC. Rot-, Rosé- und Weißwein. Provinz: Bari. Gemeinden: Minervino Murge und Teile von 9 weiteren. Rebsorten, Weißwein: Pampanuto und/oder Chardonnay und/oder Bombino bianco, andere Sorten bis zu 35%; Rotwein und Rosé: Uva di Troia und/oder Aglianico und/oder Montepulciano. Sortenreine Weine von Chardonnay, Sauvignon blanc, Pinot bianco, Pinot nero, Cabernet (Sauvignon oder franc), Aglianico.

Das Castel del Monte, die achteckige mittelalterliche Burg der Hohenstaufer, liegt 48 km westlich von Bari bei Minervino Murge. Die bedeutendste DOC Apuliens macht diesem Namen mit einem hervorragenden Rotwein und einem berühmten Rosé alle Ehre. Der Rotwein besitzt einen üppigen, verlockenden Duft, beträchtliche Tiefe und Lebendigkeit, hat Biss und anhaltenden Pflaumengeschmack. Der helle Rosé ist in ganz Italien seit langem wegen seiner ausgewogenen Kraft und Frische beliebt.

Copertino DOC. Rotwein. Provinz: Lecce. Gemeinden: Copertino und 5 weitere. Rebsorten: Negroamaro mind. 70%.

Der empfehlenswerte Rotwein wird in größeren Mengen südlich von Lecce erzeugt. Die Riserva ist geschmeidig, mit großer Geschmacksfülle und bitterem Unterton.

Five Roses Kraftvoller trockener Rosé von Leone de Castris (siehe dort). Den Namen bekam er von amerikanischen Soldaten, die ihm eine Rose mehr zuerkannten als einem berühmten Bourbon-Whiskey.

Galatina DOC. Rot-, Weiß- und Roséwein. Provinz: Lecce. Gemeinden: Galatina und 6 weitere. Rebsorten, weiß: Chardonnay mind. 55%; rot: Negroamaro mind. 65%. Auch sortenreine Weine von Chardonnay und Negroamaro.

1997 eingeführte kleine DOC mit geringer Bedeutung.

Gioia del Colle DOC. Rot-, Weiß- und Roséwein. Provinz: Bari. Gemeinden: Gioia del Colle und 15 weitere. Rebsorten, Weißwein: Trebbiano 50–60%; Rotwein und Rosé: Primitivo mind. 50%.

Gioia liegt zwischen Bari und Tarent. Primitivo erbringt in diesem heißen Hügelgebiet einen recht brachialen Rotwein, der im Alter zwar etwas gesitteter wird, aber überwältigend bleibt. Die DOC umfasst auch einen sortenreinen Primitivo und den so gut wie ausgestorbenen süßen Aleatico.

Gravina DOC. Weißwein. Provinz: Bari. Gemeinden: Gravina, Poggiorsini sowie Teile von Altamura und Spinazzola. Rebsorten: Malvasia bianca 40–65%.

Trockener Weißwein aus der Gegend von Gravina, der am besten ist, wenn er größere Anteile von Greco enthält. Auch als Spumante zugelassen.

Leverano DOC. Rot-, Rosé- und Weißwein. Provinz: Lecce. Gemeinde: Leverano. Rebsorten, Rotwein und Rosé: Negroamaro mind. 50%, Malvasia nera und/oder Montepulciano und/oder Sangiovese bis zu 40%, andere Sorten bis zu 30%;

Weißwein: Malvasia bianca mind. 50%, Bombino bis zu 40%, andere Sorten bis zu 30%.

Eine der 1980 eingerichteten DOCs für Weine aus dem Salento. Rotwein und Rosé gehören zu den feinsten Salento-Gewächsen.

Lizzano DOC. Rot-, Weiß- und Roséwein. Provinz: Tarent. Gemeinden: Lizzano, Faggiano und Teile von Tarent. Rebsorten, Rotwein und Rosé: Negroamarao 60–80%; Weißwein: Trebbiano toscano 40–60%, Chardonnay und/oder Pinot bianco mind. 30%, Sauvignon blanc und/oder Bianco di Alessano bis zu 25%, Malvasia bianca Lugna bis zu 10%. Malvasia nera und Negroamaro mit bis zu 13% Alkohol gelten als Superiore.

Die Weine dieser Salento-DOC sind selten anzutreffen.

Locorotondo DOC. Weißwein. Provinzen: Bari, Brindisi. Gemeinden: Locorotondo, Cisternino und Teile von Fasano. Rebsorten: Verdeca 50–65%, Bianco di Alessano 35–50%.

Locorotondo ist für seine runden Steinhäuser bekannt. Wie Martina Franca liegt es östlich von Bari am Eingang zur Halbinsel Salento. Die Erzeuger bemühen sich ernsthaft, den Weinen Frische und Lebendigkeit mitzugeben.

Martina oder **Martina Franca** DOC. Weißwein. Provinzen: Tarent, Bari, Brindisi. Gemeinden: Martina Franca und Teile von 4 anderen. Rebsorten: Verdeca 50–65%, Bianco di Alessano 35–50%.

Rebsorten und Weine sind so ziemlich dieselben wie in der DOC Locorotondo.

Matino DOC. Rosé und Rotwein. Provinz: Lecce. Gemeinden: Matino und Teile von 7 weiteren im Murge Salentino im unteren Teil des Stiefelabsatzes. Rebsorten: Negroamaro mind. 70%, Sangiovese und Malvasia nera bis zu 30%.

Eine der ersten DOCs (1971) der Region, aber immer noch wenig bekannt.

Moscato di Trani DOC. Weißwein. Provinz: Bari. Gemeinden: Trani und 11 weitere. Rebsorten: Moscato bianco mind. 85%. Alkohol: mind. 13% plus 2% Restzucker für *dolce naturale,* 16% plus 2% für *liquoroso.*

Goldener süßer Muskateller guter Qualität von der Nordküste westlich von Bari. Auch andere apulische Muskateller, v. a. aus dem Salento, können sehr angenehm zu trinken sein.

Nardò DOC. Rotwein und Rosé. Provinz: Lecce. Gemeinden: Nardò, Porto Cesareo. Rebsorten: Negroamaro mind. 80%. Neue DOC, deren Rotwein nach 3–6 Jahren am besten ist.

Orta Nova DOC. Rotwein und Rosé. Provinz: Foggia. Gemeinden: Orta Nova und 5 weitere. Rebsorten: Sangiovese mind. 60%, Uva di Troia und Montepulciano 30–40%

Winzige Produktion.

Ostuni und **Ottavianello di Ostuni** DOC. Weiß- und Rotwein. Provinz: Brindisi. Gemeinden: Ostuni, Brindisi und 5 weitere. Rebsorten, Weißwein: Impigno 50–85%, Francavilla 15–50%; roter Ottavianello: Ottavianello mind. 85%.

Die ungewöhnlichen Weißweintrauben liefern einen sehr hellen, milden, trockenen Wein, der gut zu Fisch passt. Die Ottavianello-Traube, der man eine Verwandtschaft mit Cinsault nachsagt, bringt einen munteren, kirschroten trockenen Wein hervor, der gut gekühlt am besten schmeckt.

Primitivo di Manduria DOC. Rotwein. Provinzen: Tarent, Brindisi. Gemeinden: Manduria und 18 weitere entlang der Südküste des Salento. Rebsorte: Primitivo.

Die mit dem kalifornischen Zinfandel identische Primitivo-Traube erbringt hier alkoholstarke Mittelmeerweine, z. T. süß und manchmal sogar gespritet *(liquoroso),* aber 14% Alkohol reichen ja an sich schon. Man kann die Weine reifen lassen oder auch nicht, je nachdem, ob man pralle Fruchtigkeit oder nur ein volles Aroma haben möchte.

Rosato del Salento Roséweine sind wohl alles in allem die besten Erzeugnisse der Halbinsel Salento. Keine DOC, aber als Name weit verbreitet.

Rosso di Barletta DOC. Rotwein. Provinzen: Bari, Foggia. Gemeinden: Barletta und 4 weitere. Rebsorten: Uva di Troia, andere Sorten bis zu 30%. *Invecchiato* nach zwei Jahren Reifezeit.

Manche trinken diesen recht leichten Rotwein jung und kühl, andere lagern ihn eine Weile und behandeln ihn wie einen Bordeaux.

Rosso Canosa DOC. Rotwein. Provinz: Bari. Gemeinde: Canosa. Rebsorten: Uva di Troia mind. 65%, andere Sorten bis zu 35%.

Das zwischen Bari und Foggia gelegene Canosa hieß bei den Römern Canusium (der Zweitname des Weins). Der Wein ist ähnlich wie Rosso di Barletta.

Rosso di Cerignola DOC. Rotwein. Provinz: Bari. Gemeinden: Cerignola und 3 weitere. Rebsorten: Uva di Troia mind. 55%, Negroamaro 15–30%, andere Sorten bis zu 15%. Kräftiger, trockener, alkoholstarker Rotwein mit leichtem Bittergeschmack. So gut wie ausgestorben.

Salice Salentino DOC. Rot-, Weiß- und Roséwein. Provinzen: Brindisi, Lecce. Gemeinden: Salice Salentino und 6 weitere in der Mitte des Salento. Rebsorten, Rotwein und Rosé: Negroamaro mind. 80%, Aleatico; Aleatico: Aleatico mind. 85% (*dolce* 15% Alkohol, *liquoroso* 18,5% Alkohol); Weißwein: Chardonnay mind. 70%; Pinot bianco: Pinot bianco mind. 85%.

Typisch großformatiger Rotwein mit einem Port-ähnlichen Unterton, dem aber ein gewisses Maß an adstringierender Herbheit zum Gleichgewicht verhilft. Ich habe diesen Wein recht plump in Erinnerung, bin aber bereit zu glauben, dass ich einfach nur Pech hatte. Andere Rote aus dem Salento zeigen sich häufig in schöner Ausgewogenheit und mit einem angenehm sauberen Abgang. Die Rosés sind oft frisch und blumig, nach einiger Zeit auch mit komplexeren Zügen ausgestattet und gehören zu den charaktervollsten Weinen ihrer Art in Italien.

San Severo DOC. Weiß , Rot- und Roséwein. Provinz: Foggia. Gemeinden: San Severo, Torremaggiore, San Paolo Civitate und Teile von 5 weiteren nördlich von Foggia. Rebsorten, Weißwein: Bombino bianco 40–60%, Trebbiano toscano 40–60%, Malvasia bianca und Verdeca bis zu 20%; Rotwein und Rosé: Montepulciano d'Abruzzo mind. 70%, Sangiovese bis zu 30%.

Unaufdringliche Weine ohne besondere Qualitäten, aber preiswert.

Squinzano DOC. Rotwein und Rosé. Provinzen: Lecce, Brindisi. Gemeinden: Squinzano und 8 weitere. Rebsorten: Negroamaro mind. 70%.

Salento-Weine bescheidener Qualität. Der Rosé ist angenehmer zu trinken als der Rotwein.

Die führenden Erzeuger in Apulien

Accademia dei Racemi ☆☆–☆☆☆
Manduria, Tarent. www. accademiadeiracemi.it
1999 gegründet und eine Art private Genossenschaft, die fast ausschließlich Primitivo höchster Qualität erzeugt. Die Weine kommen unter verschiedenen Etiketten, z. B. »Pervini« und »Sinfarosa«, heraus. Am interessantesten sind wohl der »Felline«, ein ausgezeichneter Primitivo di Manduria, und ein beachtlicher IGT-Verschnitt namens »Vigna del Feudo« von Primitivo und Malvasia nera.

Carrisi ☆☆–☆☆☆
Cellino San Marco, Brindisi. www. albanocarrisi.com
Das kleine Gut, das Franco Bernabei unter seine Fittiche genommen hat, ist v. a. für den Negroamaro »Don Carmelo« bekannt und erntet großen Beifall für seinen üppigen »Platone« von Negroamaro und Primitivo.

Leone de Castris ☆☆–☆☆☆
Salice Salentino, Lecce. www.leonedecastris.net
Trotz seines ehrwürdigen Alters besitzt das Gut der Familie Leone de Castris eine hochmoderne Kellerei, in der jährlich 300 000 Kisten produziert werden, darunter einige der besten Weine Apuliens: reichhaltige und alkoholstarke, aber keinesfalls grobschlächtige Salice-Salentino-Rotweine. Von hier stammt auch eine der ersten italienischen Roséabfüllungen, der »Five Roses«, der nach wie vor ein Musterexemplar seiner Gattung ist.

Neben einfachen Sortenweinen von Verdeca, Sauvignon blanc und Aleatico bilden meist der »Donna Lisa« (sortenreiner Negroamaro) und der »Illemos«, ein üppiger Verschnitt von Primitivo, Montepulciano und anderen Rebsorten, das Spitzenduo.

Rivera ☆☆–☆☆☆
Andria, Bari. 60 ha.
www.rivera.it
Das Weingut wurde von Familie De Corato gegründet und begann Anfang der 1950er-Jahre mit der Abfüllung. Rivera erzeugt rund 100 000 Kisten Castel del Monte von den Weinbergen der Familie und den Trauben bewährter Zulieferer.

Die Beliebtheit des lebendigen Rosés lässt die Qualität des Riserva-Etiketts »Il Falcone« in den Hintergrund treten, eines der bestbereiteten Rotweine Apuliens. Die Erzeugung von sortenreinem Chardonnay, Sauvignon blanc und Primitivo wird durch Anteile des Unternehmens Asti aus Gancia gefördert. Der Chardonnay »Preludio No. 1« ist zu einem Exportschlager Apuliens geworden.

Rosa del Golfo ☆☆
Alezio, Lecce. www.rosadelgolfo.com
Die Familie Calò verkauft seit 1938 Wein von ihrem Gut bei Gallipoli. Es ist v. a. für den »Rosa del Golfo« bekannt, einen der herrlichsten Rosés in Italien, bringt jedoch auch andere Weine von Verdeca und Negroamaro hervor.

Cosimo Taurino ☆☆☆
Guagnano, Lecce

Nach dem Tod von Cosimo Taurino wurde 1999 sein Sohn Chefkellermeister. Zusammen mit dem Önologen Severino Garofano erzeugt er bewundernswerten DOC Salice Salentino und Brindisi. Besondere Erwähnung verdient der von sehr reifen Trauben gekelterte »Patriglione«. »Notarpanaro« ist ein Verschnitt von Negroamaro und Malvasia nera.

Agricole Vallone ☆☆–☆☆☆
Lecce. 150 ha
Im Besitz von Vittoria und Maria Teresa Vallone. Sie erzeugen feinen Brindisi Rosato und Salice-Salentino-Weine sowie einen herrlichen, duftigen Negroamaro IGT namens »Gratticcaia«, dessen Trauben einige Wochen in der Sonne trocknen, bevor sie vergoren werden.

Weitere Erzeuger in Apulien

Michele Calò & Figli ☆☆
Tuglie, Lecce. www.michelecalo.it
Rot-, Weiß- und Roséweine namens »Mjère« aus der DOC Alezio.

Borgo Canale ☆
Fasano, Brindisi
Guter Locorotondo DOC und Primitivo.

Francesco Candido ☆☆–☆☆☆
Sandonaci, Brindisi. 160 ha. www.candidowines.com
Großes Gut mit robustem Salice Salentino und einem eindrucksvollen Negroamaro-Montepulciano-Verschnitt, der als »Duca d'Aragona« in den Handel kommt.

Ca'ntele ☆☆
Lecce. www.cantele.it
Große Kellerei mit traditionellen Weinen wie Salice Salentino und angesehenem Chardonnay.

Cantina Sociale di Copertino ☆–☆☆
Copertino, Lecce
Die beste Genossenschaft im Salento mit großer Weinauswahl, u. a. Copertino DOC.

Cantina del Locorotondo ☆☆
Locorotondo, Bari. www.locorotondo.com
Die 1932 gegründete mittelgroße Genossenschaft produziert nicht nur lebendigen Locorotondo DOC, sondern auch IGT-Weine von Fiano und Pinot nero sowie verschiedene Verschnitte von einheimischen Rebsorten.

Marco Maci ☆☆–☆☆☆
Cellino San Marco, Brindisi
Maci bietet ein großes Sortiment an Weinen sowohl von internationalen Rebsorten wie Sauvignon blanc und Pinot bianco als auch von einheimischen Trauben. Alle sind als IGT ausgewiesen.

Miali ☆
Martina Franca, Tarent. www.cantine-miali.com
Gute Auswahl von Weinen aus Apulien und der Basilikata.

Rubino ☆☆–☆☆☆
Brindisi. www.tenuterubino.it

Expandierendes Gut mit steigendem Renommee für eine breite Palette von Weinen traditioneller und internationaler Art.

Santa Lucia ☆–☆☆
Corato, Bari. www.vinisantalucia.com
Aufstrebendes kleines Gut mit guten Castel-del-Monte-Beispielen, wozu auch ein fruchtiger Rosé gehört.

Giovanni Soloperto ☆☆
Manduria, Tarent. 50 ha.
www.soloperto.it
Hier hat man sich seit einiger Zeit auf Primitivo spezialisiert: schöne Frucht und schwindelnd hoher Alkoholgehalt.

Cooperativa Svevo ☆☆
Lucera, Foggia. 250 ha

Die Genossenschaft erzeugt den seltenen Cacc'e Mmitte di Lucera DOC und verschiedene rote IGT-Verschnitte von einheimischen Trauben.

Tormaresca ☆☆
San Pietro Vernotico, Brindisi. www.tormaresca.it
Stützpunkt von Marchesi Antinori in Apulien. Chardonnay ist zurzeit der Hauptwein; der bedeutendste Rotwein ist ein Verschnitt von Aglianico und Cabernet.

Conti Zecca ☆☆–☆☆☆
Leverano, Lecce. www.contizecca.it
Die Familie Zecca besitzt über 300 ha im DOC-Bereich Leverano, von denen sie eine sehr große Auswahl an Weinen erzeugt. Das Flaggschiff ist der »Nero«, ein Barrique-gereifter Negroamaro/Cabernet Sauvignon.

Kalabrien

Die große gebirgige Halbinsel, die die Spitze des italienischen Stiefels bildet, hat keinen berühmten Wein vorzuweisen, es sei denn, man möchte den muskulösen Cirò als solchen bezeichnen. Nur 10 % des 25 000 ha großen Reblands liefern Wein, der vor Ort abgefüllt wird. Der Rest geht außerhalb der Region in Verschnitte ein. Die einheimische Rotweintraube ist Gaglioppo, eine Rebe mit dunkler Farbe und einem potenziell sehr hohen Alkoholgehalt, doch die Stellen, an denen sie am erfolgreichsten angebaut wird, liegen (mit Ausnahme von Cirò) so hoch in den kalabrischen Bergen, dass ihr feuriges Temperament abgekühlt wird. Die einheimische Weißweintraube ist Greco; sie liefert im äußersten Süden bei Gerace einen sehr guten Dessertwein, der sich lange hält und einen hohen Preis erzielt.

Weinbautraditionen gibt es in Kalabrien kaum, weshalb wie in Sizilien Modernisierungsmaßnahmen schnell ergriffen werden. Die DOC-Weine entsprechen zwar modernen Anforderungen, machen aber nur magere 4 % der Gesamtweinerzeugung aus und sind dementsprechend unbekannt.

Die Weine Kalabriens

Bivongi DOC. Rot-, Weiß- und Roséwein. Provinzen: Reggio di Calabria, Catanzaro. Gemeinden: Bivongi und 8 weitere. Rebsorten, Weißwein: Greco, Mantonico und Ansonica; Rotwein und Rosé: Gaglioppo und/oder Greco nero 30–50 %, Nocera und/oder Calabrese 30–50 %.

DOC-Bereich an der Küste südlich von Catanzaro.

Cirò DOC. Rot-, Weiß- und Roséwein. Provinz: Catanzaro. Gemeinden: Cirò, Cirò Marina sowie Teile von Melissa und Crucoli. Rebsorten, Rotwein und Rosé: Gaglioppo mind. 95 %; Weißwein: Greco bianco mind. 90 %.

Cirò ist Vollwertkost, wenn auch eher mit einschläfernder als mit belebender Wirkung. Frühere Lese und neue Kellertechniken haben zwar seinen Hang zur Oxidation verringert, doch nur die Riserva hält sich mehr als 3–4 Jahre. Moderner weißer Cirò ist ein ordentlicher, jung zu trinkender trockener Standardwein.

Donnici DOC. Rot-, Weiß- und Roséwein. Provinz: Cosenza. Gemeinden: Cosenza und 10 weitere. Rebsorten, Weißwein: Mantonico mind. 50 %, Greco oder Malvasia bianca bis zu 30 %; Rotwein und Rosé: Gaglioppo mind. 50 %.

Relativ leichter, fruchtiger Rotwein aus einem Hügelgebiet an der Westküste in Mittelkalabrien, den man jung und recht kühl trinken sollte.

Greco di Bianco DOC. Weißwein. Provinz: Reggio di Calabria. Gemeinden: Bianco und Teile von Casignana. Rebsorten: Greco mind. 95 %.

Geschmeidiger, saftiger und verlockend nach Orangen duftender süßer Dessertwein, den einige kleine Güter in Bianco als Spezialität erzeugen. Allerdings lassen sich steigende Produktionszahlen verzeichnen. Bianco liegt an der Südküste der Stiefelspitze. Von hier kommt auch ein fassgereifter trockener Dessert- oder Aperitifwein mit Zitronenaroma, der (nach der Traubensorte) Mantonico genannt wird.

Lamezia DOC. Rot-, Weiß- und Roséwein. Provinzen: Catanzaro. Gemeinden: Teile von 10 Gemeinden um Lamezia Terme.

Rebsorten, Rotwein und Rosé: Nerello mascalese und/oder Nerello Cappuccio 30–50 %, Gaglioppo (hier Magliocco genannt) 25–35 %, andere Sorten bis zu 20 %; Weißwein: Greco bis zu 50 %, Trebbiano bis zu 40 %, Malvasia mind. 20 %, andere Sorten bis zu 30 %; Greco: Greco mind. 85 %.

Einfacher, recht heller trockener Rotwein aus der Gegend um den Golf von Santa Eufemia an der Westküste. Jung und kühl am besten. Lametina heißt der süße oder trockene Weißwein der Gegend ohne DOC.

Melissa DOC. Weiß- und Rotwein. Provinz: Catanzaro. Gemeinden: Melissa und 13 weitere. Rebsorten, weiß: Greco bianco, Trebbiano toscano und Malvasia bianca; rot: Gaglioppo 40–60 %, Nerello 40–60 %, Malvasia nera und andere Sorten.

Leichter, gelber trockener Wein zu Meeresfrüchten aus der Gegend um den Hafen Crotone. Die Weine sind ähnlich wie Cirò, reichen in der Qualität jedoch nicht an diesen heran. Meist in der Gegend getrunken und dort sehr preiswert zu haben.

Pellaro Kraftvolle, aber hellrote bis roséfarbene Weine von importierten Alicante-Reben, die auf der Halbinsel Pellaro im äußersten Süden angebaut werden.

Pollino DOC. Rotwein. Provinz: Cosenza. Gemeinden: Castrovillari, San Basile, Sarancena, Cassano Ionio, Civita, Frascineto. Rebsorten: Gaglioppo mind. 60 % plus Malvasia bianca, Mantonico bianco, Guarnaccia bianca.

Der 2130 m hohe Monte Pollino erhebt sich an der Grenze zwischen Kalabrien und der Basilikata. An seinen Hängen entsteht ein heller, aber kraftvoller Rotwein.

San Vito di Luzzi DOC. Rot-, Weiß- und Roséwein. Provinz: Cosenza. Gemeinde: San Vito. Rebsorten, Weißwein: Malvasia bianca 40–60 %, Greco 20–30 %, andere Sorten bis zu 40 %; Rotwein und Rosé: Gaglioppo bis zu 60 %, Nerello bis zu 40 %, andere Sorten bis zu 40 %.

Kleiner DOC-Bereich unmittelbar nördlich von Cosenza.

Sant'Anna di Isola di Capo Rizzuto DOC. Rot- und Weißwein. Provinz: Crotone. Gemeinden: Isola di Capo Rizzuto sowie Teile von Crotone und Cutro. Rebsorten, rot: Gaglioppo 75–95 %; weiß: Greco bianco 80–95 %.

Heller Rotwein vom östlichsten Kap der kalabrischen Küste; am besten jung und kühl zu trinken. Fast ausgestorben.

Savuto DOC. Rotwein und Rosé. Provinzen: Cosenza, Catanzaro. Gemeinden: 14 in Cosenza, 6 in Catanzaro. Rebsorten: Gaglioppo 35–40 %, Greco nero 30–40 %, Nerello Cappuccio, Magliocco Canino, Sangiovese, Malvasia bianca und Pecorino bis zu 25 %.

Empfehlenswerter, mäßig starker, leicht duftiger Rotwein, am besten als Superiore. Haupterzeuger ist Odoardi (siehe dort).

Scavigna DOC. Rot-, Weiß- und Roséwein. Provinz: Catanzaro. Gemeinden: Nocera Terinese, Falerna. Rebsorten, Weißwein: Trebbiano bis zu 50 %, Chardonnay bis zu 30 %, Greco bis zu 20 % und andere Sorten; Rotwein und Rosé: Gaglioppo bis zu 60 %, Nerello Cappuccio bis zu 40 %, andere Sorten bis zu 40 %.

DOC an der Küste westlich von Catanzaro. Auch hier ist Odoardi der wichtigste Erzeuger (siehe dort).

Verbicaro DOC. Rot-, Weiß- und Roséwein. Provinz: Cosenza. Gemeinden: Verbicaro und 4 weitere. Rebsorten, Weißwein: Greco bianco, Malvasia bianca, Guarnaccia bianca und andere Sorten; Rotwein und Rosé: Gaglioppo und/oder Greco nero 60–80 % plus Malvasia, Greco bianco und andere Sorten.

Küstenbereich im Norden Kalabriens nahe der Grenze zu Kampanien.

Die führenden Erzeuger in Kalabrien

Caparra & Siciliani ☆☆
Cirò Marina, Catanzaro. 200 ha

Ein 1963 gegründetes Gemeinschaftsunternehmen zweier Familien mit Severino Garofano als önologischem Berater, das alle möglichen Rot-, Weiß- und Roséweine der DOC Cirò erzeugt. Die Weißweine werden in Edelstahltanks vinifiziert, die Rotweine reifen traditionsgemäß in großen Fässern.

Dattilo ☆☆
**Marina di Strongoli, Crotone. 12 ha.
www.dattilo.it**

Rasch besser werdender Erzeuger mit frischem Chardonnay und herzhaften roten Verschnitten.

Cantine Enotria ☆–☆☆
Cirò Marina, Catanzaro. 130 ha

Genossenschaft mit 70 Mitgliedern, die ein Programm aller Cirò-Weine bietet. Die rauchige rote Riserva liegt qualitativ deutlich über dem Durchschnitt.

Vincenzo Ippolito ☆–☆☆
Cirò Marina, Catanzaro

1845 gegründet, heute von Antonio und Salvatore Ippolito geführt. Sie erzeugen ein breites Spektrum an Weinen, von denen Cirò der beste ist, v. a. die Riserva, die erst nach vielen Jahren Flaschenalterung auf den Markt kommt.

Cantine Lento ☆☆–☆☆☆
Lamezia Terme, Catanzaro. www.cantinelento.it

Frische Weißweine und geschmeidige Rotweine aus dem DOC-Bereich Lamezia. Spitzengewächse tragen den Namen »Contessa Emburga (IGT)«, darunter ein ungewöhnlicher Sauvignon blanc, der einige Zeit in Barriques reift.

Librandi ☆☆☆
Cirò Marina, Catanzaro. www.librandi.it

1950 von Antonio Cataldo Librandi gegründet und das bekannteste Gut in Kalabrien. Unter der Ägide des Önologen Donato Lanati wird mit modernen Methoden traditioneller Cirò erzeugt; am besten ist die pflaumenwürzige »Riserva Duca San Felice«. Zu den IGT-Weinen zählen der etwas lederne »Gravello« von Cabernet und Gaglioppo, der Chardonnay »Critone« mit Ananasaroma und gelegentlich ein Passito von Mantonico namens »Le Passule«. Die Weine sind nicht billig.

Odoardi ☆☆
Nocera Terinese, Catanzaro. 70 ha. www.odoardi.net

Das fortschrittliche Gut ist auf Weine aus zwei DOC-Bereichen spezialisiert: Savuto und Scavigna. Es ist der einzige nennenswerte Erzeuger von Scavigna. Der weiße Scavigna ist ein aromatischer Verschnitt von Chardonnay, Pinot bianco und Riesling mit üppigen Noten von tropischen Früchten am Gaumen.

Fattoria San Francesco ☆☆☆
Cirò, Catanzaro. www.fattoriasanfrancesco.it

In den letzten Jahren hat die Familie Siciliani ordentlich zugelegt: Sie produziert jetzt einige der besten roten, weißen und rosé Cirò-Weine. Der würzige rote »Ronco dei Quattroventi« besitzt eine für den Bereich ungewöhnliche Komplexität.

Vintripodi ☆☆–☆☆☆
Archi, Reggio Calabria. www.vintripodi.it

Das kleine, 1892 gegründete Gut hat sich voll und ganz den einheimischen Reben verschrieben, namentlich Nerello und Alicante. Die Rotweine sind pfeffrig und gut strukturiert.

Basilikata

Die fast überall von Land umgebene gebirgige süditalienische Region leidet an chronischer Armut und tauchte auf der Weinliste gar nicht auf, wäre da nicht der Wein mit dem romantischen Namen Aglianico del Vulture, ein naher Verwandter des Taurasi und einer der besten Rotweine Süditaliens.

Die Weine der Basilikata

Aglianico dei Colli Lucani Ein empfehlenswerter Rotwein von der Apulien zugewandten Seite der Basilikata. Weine von dieser Rebe lohnt es immer zu probieren.

Aglianico del Vulture DOC. Rotwein. Provinz: Potenza. Gemeinden: 15 nördlich von Potenza. Rebsorte: Aglianico.

Der Monte Vulture, ein erloschener Vulkan, erhebt sich im äußersten Norden der Basilikata, nicht weit entfernt von der Irpinia, in der Kampaniens herrlicher Taurasi entsteht. Die gleichen Trauben liefern auf vulkanischem Boden in großer Höhe einen ausgewogenen Rotwein mit fester Struktur, der manchmal als junger süßer Perlwein verkauft wird, häufiger jedoch als reifer Rotwein mit echter Qualität und viel Charakter.

Die führenden Erzeuger in der Basilikata

Fratelli d'Angelo ☆☆–☆☆☆
Rionero in Vulture, Potenza. 20 ha

Das 1944 gegründete, von dem Önologen Donato d'Angelo und seinem Bruder Lucio geführte Gut ist berühmt für seinen Aglianico del Vulture beständiger Qualität, bringt aber auch einen Barrique-gereiften Aglianico namens »Canneto« hervor, der genauso gut ist, jedoch einen Hauch mehr Eleganz und keine aufdringlichen Eichennoten aufweist.

Basilisco ☆☆☆
Rionero in Vulture, Potenza

Das kleine Gut hoch oben auf den Hängen des Monte Vulture produziert seit 1992 einen einzigen Wein: dunklen, fruchtigen Aglianico del Vulture. Er wird spät gelesen und hat es in sich.

Basilium ☆☆
Acerenza, Potenza

Die mittelgroße Genossenschaft hat sich mit stämmigem Aglianico del Vulture einen Namen gemacht.

Consorzio Viticoltori Associati del Vulture ☆☆
Barile, Potenza

1977 gegründetes Unternehmen, das den besten Aglianico sowie trockenen und süßen Spumante von sechs örtlichen Genossenschaften vertreibt.

Cantina del Notaio ☆☆–☆☆☆
Rionero in Vulture, Potenza.
www.cantinadelnotaio.com

Der Newcomer ist erst seit 1998 im Geschäft, doch der in Barriques ausgebaute Aglianico »La Firma« hat bereits einen hervorragenden Ruf. Für Liebhaber eines traditionelleren Stils gibt es den Aglianico »Il Repertorio«.

Paternoster ☆☆–☆☆☆
Barile, Potenza

Das nach den Besitzern benannte Gut bereitet verschiedene Versionen von Aglianico del Vulture sowie einen Moscato namens »Clivus«. Der Aglianico »Don Anselmo« von alten Reben ist meist der Spitzenreiter.

Le Querce ☆☆
Potenza

Das Gut wurde erst 1997 gegründet, aber zeigt jetzt schon sehr gute Qualität mit einem soliden Aglianico.

Sizilien

Von allen Regionen Italiens hat sich Sizilien in den letzten Jahrzehnten am meisten verändert. Noch vor 35 Jahren war die Insel fast mittelalterlich, überall trat der Gegensatz zwischen einstiger Würde und neuzeitlichem Elend zutage. Die einzigartigen Überreste der griechischen Klassik dümpelten unbeachtet vor sich hin. Syrakus war eine Kleinstadt an einer herrlichen Bucht, an der man sich die dramatische Niederlage der athenischen Flotte so bildhaft vorstellen konnte, als wären seitdem nicht 2000 Jahre vergangen. Palermo war verschlafen, gewalttätig, arm und faszinierend.

Was den Wein anging, gab es Marsala, den jeder kannte, aber keiner trank, und wenige kleine Adelsgüter – die besten lagen auf den vulkanischen Hängen des Ätna und in der Gegend um Syrakus und brachten noch ein paar Tropfen des legendären süßen Moscato hervor. Das Gros der Weine war nahezu ungenießbar, denn alles, was etwas taugte, wurde als Verschnittwein nach Norden exportiert.

Ein offenbar effizient durchgeführtes regionales Entwicklungsprogramm (für das Europa Millionen berappte) räumte mit all dem auf, und Sizilien wurde zur größten Weinbauregion Italiens und einer der modernsten dazu. Riesige neu angelegte Rebflächen beliefern vollautomatisierte Genossenschaftskellereien, die einwandfreie, saubere, ausgewogene moderne Weine vom Band lassen. Drei Viertel des sizilianischen Weins sind weiß. 80 % der gigantischen Mengen werden in den Genossenschaften produziert.

DOCs spielen hier so gut wie keine Rolle: Weniger als 5 % der Weine qualifizieren sich für das Siegel. Es ist eine Tafelweinindustrie, die nicht auf örtlichen Traditionen beruht, sondern in der Getreidefelder in maschinell bewirtschaftete Weinberge verwandelt, die geeigneten Trauben ausgewählt und mit »kühler« Effizienz zu Weinen verarbeitet werden. Nichts davon wäre ohne die (Kühl-) Techniken aus der Neuen Welt – und ohne beträchtliche staatliche Subventionen – möglich gewesen.

Die sizilianische Weinindustrie ist sehr viel schneller gewachsen als der Absatzmarkt. Zwar hat eine Hand voll Marken (allen voran »Corvo«) durch ordentliche Qualität, Verlässlichkeit und bescheidene Preise internationale Bekanntheit erlangt, doch der größte Teil des Weins ist und bleibt namenlose Massenware. Was wirklich in Sizilien steckt, zeigen indes die Klasse und der Erfolg von Erzeugern wie Planeta (siehe dort) und anderen qualitätsbewussten Betrieben.

Die Weine Siziliens

Alcamo oder **Bianco d'Alcamo** DOC. Weißwein. Provinzen: Palermo, Trapani. Gemeinden: um Alcamo. Rebsorten: Catarratto bianco comune oder C. lucido plus Damaschino, Grecanico und Trebbiano toscano bis zu 20 %. Weine von internationalen Rebsorten wie Cabernet Sauvignon und Chardonnay sind seit kurzem in der DOC zugelassen.

Einfacher, recht körperreicher trockener Weißwein. »Rapitalà« ist eine bessere Marke mit leichtem Nussgeschmack und einer gewissen Herbheit. »Rincione Bianco« ist ähnlich.

Cerasuolo di Vittoria DOC. Rotwein. Provinzen: Ragusa, Caltanissetta, Catania. Gemeinden: 10 in Südostsizilien. Rebsorten: Frappato mind. 40 %, Calabrese bis zu 60 %, Grosso nero und Nerello mascalese bis zu 10 %.

Ein ungewöhnlich hell kirschroter Wein mit hohem Alkoholgehalt, den man dem Rat des Experten Luigi Veronelli zu-

Marsala

Der Engländer John Woodhouse rief 1773 die Marsala-Produktion ins Leben; 25 Jahre später wurde Admiral Nelsons Flotte mit diesem Wein ausgestattet. Er ist gewissermaßen Italiens Sherry, besitzt jedoch weder dessen überragende Finesse noch unbegrenzte Haltbarkeit. Für Marsala wird meist konzentrierter und/oder mit Weingeist abgestoppter Most (*cotto* bzw. *sifone*) verwendet, doch der beste Marsala, der *vergine,* kommt ohne diese Zusätze aus: Er entsteht durch eine bestimmte Methode der Fassreifung, die dem Solera-System beim Sherry ähnelt. *Fine,* der einfachste Marsala, ist meist süß und ziemlich scheußlich; *superiore* ist süß oder trocken mit einem ausgeprägten Karamellgeschmack; *vergine* ist trocken mit einem deutlicheren Holzgeschmack. Der feinste und seltenste Marsala ist der *vergine stravecchio* oder *riserva,* der mindestens zehn Jahre im Fass reifen muss und mit einer Jahrgangsangabe versehen sein kann. Die früher häufig anzutreffende mit Eiern oder gar Kaffee versetzte Geschmacksverirrung *speciale* ist nach den aktuellen DOC-Vorschriften nicht mehr zugelassen. Jüngeren Datums sind auch die Zusatzbezeichnungen *oro* (Gold) und *ambra* (Bernsteinbraun) für Weine aus Weißweintrauben sowie *rubino* (Rubinrot) für die seltenere dunkle Version.

Leider ist mit Marsala so viel Schindluder getrieben worden, dass er von vielen nur noch als Kochzutat angesehen wird. Auch die verwirrenden DOC-Vorschriften waren seinem Ansehen und seiner Beliebtheit nicht gerade zuträglich. Es ist der Beharrlichkeit von Marco de Bertoli (siehe dort) zu verdanken, dass es heute wieder einen nicht gespriteten, angemessen gereiften Marsala gibt, der über mehr Komplexität und Feinheit verfügt als die meisten frisierten »traditionellen« Weine dieser Art; zum Leidwesen seines Erzeugers blieb ihm jedoch die DOC-Anerkennung verwehrt. Aber auch industriell hergestellter Marsala kann sehr gut sein, vor allem die trockeneren Versionen von qualitätsbewussten Betrieben. Wie bei den meisten großen Gewächsen bekommt man auch bei Marsala das, wofür man bezahlt hat: Billige Weine sind oft furchtbar, teure können ausgezeichnet sein.

folge 30 Jahre liegen lassen sollte. Kleine Mengen, großes Ansehen.

Contea di Sclafani DOC. Rot-, Weiß- und Roséwein. Provinzen: Palermo, Caltanisetta, Agrigent.

Großer Bereich in der Mitte der Insel, der 1996 als DOC anerkannt wurde und eine breite Auswahl vorwiegend sortenreiner Weine von einheimischen und internationalen Rebsorten bietet.

Contessa Entellina DOC. Weißwein. Provinz: Palermo. Gemeinde: Contessa Entellina. Rebsorten, Weißwein: Grundlage ist Ansonica. Rotwein und Rosé: Grundlage sind Calabrese und/oder Syrah. Zugelassen sind Sortenweine von Catarratto, Ansonica, Grecanico, Chardonnay, Sauvignon, Cabernet Sauvignon, Merlot, Pinot nero.

Neue DOC für die Provinz Palermo. Haupterzeuger ist Donnafugata (siehe dort).

Corvo Der heute wohl bekannteste aller sizilianischen Weine, eine überaus erfolgreiche Marke von Duca di Salaparuta (siehe dort) in Casteldaccia bei Palermo.

Der Weißwein mit grünem Etikett hat einen vollen Körper, ist dabei aber nicht allzu stark und angenehm ausgewogen;

einer mit gelbem Etikett ist sehr hell und zart. Der Rotwein ist ein Meisterstück moderner Weinbereitung: sauber, warm und erfreulich, ohne eine deutliche Erinnerung an Duft oder Geschmack zu hinterlassen. Außerdem gibt es Spumante und gespriteten trockenen Stravecchio Corvo.

Eloro DOC. Rotwein und Rosé. Provinzen: Ragusa, Syrakus. Gemeinden: Noto und 4 weitere. Rebsorten: Nero d'Avola, Frappato und Piganello mind. 90 % (sortenrein oder im Verschnitt). Bereich an der Küste unmittelbar südlich von Ragusa.

Etna DOC. Weiß-, Rot- und Roséwein. Provinz: Catania. Gemeinden: Milo und 20 weitere an den unteren Osthängen des Ätna. Rebsorten, Weißwein: Carricante mind. 60 %, Catarratto bianco bis zu 40 %, andere Sorten bis zu 15 %; Rotwein und Rosé: Nerello mascalese mind. 80 %, Nerello mantellato bis zu 20 %.

Bis vor kurzem das einzige Qualitätstafelweingebiet Siziliens. Der vulkanische Boden des immer noch aktiven Ätna und die Kühle der Höhenlage bringen Rot- und Weißweine mit Wucht und einiger Finesse hervor.

Die Rotweine reifen gut zu Bordeaux-ähnlicher Beschaffenheit heran; die Weißweine sind in der Jugend frisch und schmackhaft. Führender Erzeuger ist Villagrande (siehe dort). Ein seltener Bianco Superiore wird nur in Milo erzeugt und muss 80 % Carricante enthalten.

Faro DOC. Rotwein. Provinz: Messina. Gemeinde: Messina. Rebsorten: Nerello mascalese 45–60 %, Nerello Cappuccio 15–30 %, Nocera 5–10 %, andere Sorten bis zu 15 %.

In geringen Mengen produzierter Rotwein mit deutlicher Klasse, den man am besten drei Jahre liegen lässt. Erlebt ein verhaltenes Comeback.

Malvasia delle Lipari DOC. Weißer Dessertwein. Provinz: Messina. Bereich: Äolische Inseln, v. a. Lipari. Rebsorten: Malvasia delle Lipari bis zu 95 %, Corinto nero 5–8 %.

Bekannte, aber (außer in ihrer eigentlichen Heimat) selten herausragende Weine, die als Passito und *liquoroso* bereitet werden. Sizilien hat jedoch viele wirklich gute Dessertweine zu bieten, die – wie etwa der Moscato – viel interessanter sind als Malvasia.

Marsala DOC. Aperitif/Dessertwein. Provinzen: Trapani, Palermo, Agrigent. Gemeinden: alle in den genannten Provinzen, v. a. aber Marsala. Rebsorten, für *oro* und *ambra*: Catarratto und/oder Grillo plus Inzolia bis zu 15 %; für *rubino:* Perricone, Calabrese, Nerello mascalese plus weiße Sorten bis zu 30 %. Höchstertrag: 75 hl/ha für *oro* und *ambra,* 67,5 hl/ha für *rubino.* Alkoholgehalt: mind. 17 % für *fine;* 18 %, zwei Jahre Lagerung für *superiore* (auch als Garibaldi Dolce oder mit den entsprechenden Initialen bezeichnet); 18 %, fünf Jahre Lagerung für *vergine.*

Siehe Kasten Seite 375.

Menfi DOC. Rot- und Weißwein. Provinzen: Agrigent, Trapani. Gemeinden: Menfi, Sambuca, Sciacca, Castelvetrano. Rebsorten, Weißwein: alle Kombinationen aus Inzolia, Catarratto, Grecanico und/oder Chardonnay zu mind. 75 %; Rotwein: alle Kombinationen aus Nero d'Avola, Sangiovese, Merlot, Cabernet Sauvignon und/oder Syrah zu mind. 70 %.

Der 1997 eingeführte DOC-Bereich grenzt an Sambuca im Westen Siziliens an. Sortenreine Weine sind ebenfalls zugelassen.

Moscato di Noto DOC. Weißer Dessertwein. Provinz: Syrakus. Gemeinden: Noto, Rosolini, Pachino, Avola. Rebsorten: Moscato bianco.

Von diesem köstlichen Moscato wird wenig erzeugt, aber der *liquoroso* ist ein Musterbeispiel dieser üppigen Gattung. Die Griechen führten die Muskateller-Traube vor 2500 Jahren hier ein. Es gibt auch nicht gesprite Versionen und Spumante.

Moscato und **Passito di Pantelleria** DOC. Weißwein. Provinz: Trapani. Bereich: die Insel Pantelleria. Rebsorten: Zibibbo.

Die Insel Pantelleria liegt näher bei Tunesien als bei Sizilien. Die Zibibbo-Traube ist eine Variante des Muskateller mit einem einzigartigen Duft, egal ob sie zu Spumante, *naturale* oder – am besten – zu Passito (auch in einer gespriteten Version) verarbeitet wird. Sie ist zu einem Kultwein geworden. Die Produktionsmenge hat sich in den letzten zehn Jahren verdoppelt.

Moscato di Siracusa DOC. Weißwein. Provinz: Syrakus. Gemeinde: Syrakus. Rebsorten: Moscato bianco.

Der berühmte alte Muskateller-Weinberg von Syrakus, einst die größte Stadt der griechischen Welt und die Heimat von Plato, Theokrit und Archimedes, ist wie die Schönheit der syrakusischen Bucht dahin, beides Opfer der Modernisierung Siziliens. Allerdings wird in jeder Bar ein klebrig-würziger Wein zu einem stolzen Preis als »Siracusa« verkauft.

Regaleali Markenname einer Reihe von Weinen guter Qualität, vielleicht der besten Siziliens, von Tasca d'Almerita (siehe dort). Die »Riserva Rosso del Conte« gehört zu den besten Rotweinen Siziliens; der Weißwein enthält Sauvignon blanc.

Sambuca di Sicilia DOC. Rot-, Weiß- und Roséwein. Provinzen: Agrigent, Palermo. Gemeinden: Sambuca und 17 weitere. Rebsorten, Weißwein: Ansonica 50–75 %, Catarratto und/oder Chardonnay 25–50 %, andere Sorten bis zu 15 %; Rotwein und Rosé: Nero d'Avola 50–75 %, Nerello und/oder Sangiovese und/oder Cabernet Sauvignon 25–50 %, andere Sorten bis zu 15 %.

Kleiner Bereich in Westsizilien, in dem auch sortenreine Weine von Chardonnay und Cabernet Sauvignon zugelassen sind.

Santa Margherita di Belice DOC. Rot- und Weißwein. Provinzen: Agrigent, Palermo, Trapani. Gemeinden: Santa Margherita und 8 weitere. Rebsorten, Weißwein: Ansonica, Grecanico, Catarratto und andere Sorten; Rotwein: Sangiovese und/oder Cabernet Sauvignon 50–80 %, Nero d'Avola 20–50 %, andere Sorten bis zu 15 %.

Kleiner Bereich unmittelbar nördlich von Menfi im Westen Siziliens. Auch einige sortenreine Weine sind zugelassen.

Die führenden Erzeuger in Sizilien

Marco de Bertoli ☆☆☆
Marsala, Trapani

Von ausgelesenen Trauben erzeugt Marco de Bertoli geringe Mengen von »Vecchio Samperi«, seinem nicht gespriteten Marsala, dessen trockenere Versionen alkoholstarke Gewächse mit Walnuss- und Jodgeschmack sind. Doch er brachte die Behörden so sehr gegen sich auf, dass ihm die DOC-Anerkennung versagt wurde – vor kurzem musste er sich gegen falsche

Beschuldigungen zur Wehr setzen, die ihn fast aus dem Markt gedrängt hätten.

Dieser unbeugsame und mutige Mann setzt seine Reihe ausgezeichneter Weine fort, von denen der fast sirupartige Passito di Pantelleria »Bukkuram« der üppigste ist. Sein neuer trockener Catarratto-Tafelwein ist ebenfalls hervorragend.

Cottanera ☆☆–☆☆☆

Castiglione di Sicilia, Catania. 43 ha. www.cottanera.it

Obwohl der Besitz der Familie Cambria nicht klein zu nennen ist, werden nur sehr geringe Mengen produziert, und die (IGT-) Weine, von modischen Rebsorten wie Syrah und Merlot und von ungewöhnlicheren Trauben wie Nerello und Mondeuse, sind teuer und schwer aufzutreiben. Alle werden in Barriques ausgebaut.

Donnafugata ☆☆–☆☆☆

Marsala, Trapani. 230 ha. www.donnafugata.it

Das anspruchsvolle moderne Gut im Besitz von Giacomo Rallo und seiner Famlie verfügt über beträchtliches Rebland. Unter der DOC Contessa Entellina wird ein großes Sortiment von Verschnitten erzeugt, zudem ein feiner Ansonica-Weißwein namens »Vigna di Gabri« und ein reichhaltiger, aprikosiger Passito di Pantelleria. Die Weine sind auf allen Ebenen von beständiger Qualität.

Feudo Principi di Butera ☆☆☆

Butera, Caltanisetta. 180 ha. www.feudobutera.it

Der ambitionierte Betrieb wurde 1997 von Zonin aus Venetien gegründet. Er hat örtlichen Traditionen entschlossen den Rücken gekehrt und produziert sortenreine Weine von internationalen Standardrebsorten – Chardonnay, Merlot, Cabernet – in erstklassiger Qualität.

Firriato ☆☆–☆☆☆

Pacepo, Trapani. www.firriato.it

Trotz einer jährlichen Produktionsmenge von rund 4 Mio. Flaschen bewegt sich dieses relativ neue Gut (1985 gegründet) auf hohem Niveau. Die Weine sind sämtlich IGT und meist Verschnitte von sizilianischen und internationalen Rebsorten. »Altavilla« z. B. ist eine Barrique-gereifte Mischung aus Grillo und Chardonnay und »Santagostino« ein würziger Wein mit Brombeernoten von Nero d'Avola und Syrah. Dennoch sind die Weine bemerkenswert harmonisch.

Florio ☆☆–☆☆☆

Marsala, Trapani. www.cantineflorio.com

1883 von Vincenzo Florio gegründet und heute im Besitz des Konzerns Illva Saronno, dem auch Duca di Salaparuta (siehe dort) gehört. Seinerzeit war Florio der »König des historischen Marsala«, heute hat der Betrieb keine eigenen Reben mehr, produziert aber immer noch Marsala. Nach einer Flaute hat sich die Qualität der Weine wieder beträchtlich gesteigert.

Mit den Jahrgangsweinen »Baglio Florio« und »Terre Arse« – beide *vergine* – sowie dem üppigen, gespriteten Pantelleria »Morso di Luce« hat Florio zu Recht Berühmtheit erlangt.

Carlo Hauner ☆☆☆

Salina, Messina

Nach dem Tod des berühmten Besitzers Carlo Hauner, der den Malvasia delle Lipari in aller Welt bekannt gemacht hatte, führen seine Nachkommen das Gut weiter. Mit seinen reichen Aprikosen- und Orangennoten bleibt der Passito ein bemerkenswerter Wein.

Morgante ☆☆–☆☆☆

Grotte, Agrigent. www.morgante-vini.it

Mit der Unterstützung des Önologen Riccardo Cotarella produziert die Familie Morgante seit 1992 ausgezeichnete Weine von Nero d'Avola, von denen der »Don Antonio« mit roten Früchten und Kaffee im Aroma der konzentrierteste ist.

Salvatore Murana ☆☆☆

Pantelleria, Trapani

1984 verließ Murana die örtliche Genossenschaft, um seine eigenen Weine zu bereiten, heute bietet er eine bewundernswerte Auswahl von Moscato di Pantelleria. Alle Weine sind ausgezeichnet, aber der beste und kostspieligste ist meist der intensive »Martingana«, ein Passito mit wunderbar komplexen Gewürz- und Orangenschalennoten.

Carlo Pellegrino ☆☆–☆☆☆

Marsala, Trapani. 400 ha

1880 gegründet und nach wie vor ein wichtiger Erzeuger von Marsala guter Qualität. Eine zweite Reihe von Weinen wird unter dem Namen »Duca di Castelmonte« herausgebracht. Das Angebot ist enorm und reicht von Chardonnay und Cabernet internationalen Stils bis zu üppigen Süßweinen aus Pantelleria.

Planeta ☆☆☆–☆☆☆☆

Menfi, Agrigent. www.planeta.it

Das Gut der Familie Planeta ist noch jung (1995 gegründet), hat aber v. a. im Ausland schon für Furore gesorgt. Unter der Ägide des Önologen Carlo Corino werden reichhaltige, fruchtbetonte Weine erzeugt, meist im Stil der Neuen Welt, was durchaus positiv zu verstehen ist. Neben kraftvollem, eichigem Chardonnay, Merlot und Cabernet gibt es auch Süditaliener wie Nero d'Avola und Fiano. Vielleicht ist der Barrique-Einsatz manchmal ein wenig übertrieben, aber die Weine sind beeindruckend und von konstanter, erstklassiger Qualität.

Rallo ☆☆

Marsala, Trapani

Rallo ist ein bedeutender Erzeuger von Marsala – sein bester ist der *vergine* »Solera Riserva«. Der Betrieb produziert auch ziemlich viele Tafelweine von Nero d'Avola oder von Rebsorten wie Chardonnay und Merlot.

Rapitalà ☆☆

Palermo

Das Gut ist im Besitz des GIV-Konzerns und wird von dem Franzosen Comte Hugues de la Gatinais geführt. Die Kellerei wurde 1968 durch ein Erdbeben zerstört und 1971 wieder aufgebaut. Die bekanntesten Weine sind der Alcamo DOC mit Mandelaroma und der sehr verlässliche »Rapitalà Rosso«, ein ausgewogener Wein mit Finesse.

Duca di Salaparuta (Corvo) ☆☆–☆☆☆

Casteldaccia, Palermo. www.vinicorvo.it

Von Duca di Salaparuta im Jahr 1824 gegründet und seit kurzem Teil der Illva-Saronno-Gruppe, darf sich dieser Betrieb heute nicht zuletzt seiner ultramodernen Kellerei wegen rühmen.

Seit vielen Jahrzehnten ist »Corvo« die bekannteste sizilianische Marke. Die Produktion beläuft sich auf rund 830 000 Kisten, v. a. Corvo Bianco und Rosso sowie der weiße »Colomba Platino« von Trauben, die aus den Hügeln in der Mitte und im Westen Siziliens zugekauft werden. Beachtung verdienen der »Duca Enrico«, ein fassgereifter sortenreiner Nero d'Avola und einer der erfolgreichsten modernen Rotweine Süditaliens, sowie der in kleinen Eichenfässern ausgebaute »Bianco di Valguarnera« von Inzolia.

Settesoli ☆☆
Menfi, Agrigent
Die Genossenschaft wurde 1958 gegründet und ist heute einer der größten Erzeugerbetriebe Europas. Die Qualitätsstandards wurden von dem renommierten Önologen Carlo Corino gesetzt. Syrah und Nero d'Avola gehören zu den besten Rotweinen im Programm und sind außerordentlich preiswert. »Inycon« ist die bekannteste Marke der Genossenschaft.

Tasca d'Almerita ☆☆☆
Palermo. 360 ha. www.tascadalmerita.it
Der 1830 gegründete Familienbetrieb ist heute im Besitz von Conte Lucio Tasca. Von hier kommen einige der feinsten trockenen Weine Siziliens, u. a. der ausgezeichnete »Rosso del Conte« (vornehmlich Nero d'Avola) und der »Nozze d'Oro« (ein weißer Verschnitt auf Inzolia-Basis). Der Betrieb ist aber nicht nur auf Traditionen bedacht, sondern gibt mit einem der besten Cabernet-Sauvignon-Weine Süditaliens und einem besonders guten Chardonnay auch Innovationen Raum. Hauptmarke des Unternehmens ist »Regaleali«.

Weitere Erzeuger in Sizilien

Abraxas ☆☆
Pantelleria, Trapani
Nur ein Wein: reichhaltiger Passito di Pantelleria mit Honignoten.

D'Ancona ☆☆–☆☆☆
Pantelleria, Trapani
Sehr verlässlicher Erzeuger von Moscato und Passito di Pantelleria.

Benanti ☆☆–☆☆☆
Viagrande, Catania. www.vinicolabenanti.it
Das 1992 gegründete Gut macht sich einen Namen mit IGT-Weinen von internationalen Rebsorten sowie von Nero d'Avola und Nerello.

Calatrasi ☆☆–☆☆☆
San Cipirello, Palermo. www.calatrasi.it
Großes Gut mit zahlreichen Etiketten, u. a. »Terre di Ginestra« und »D'Istinto« für einfachere Weine. Die Weißen sind Verschnitte aus Catarratto und Chardonnay; für Rotweine werden Nero d'Avola und Bordeaux-Rebsorten verwendet.

Cantina Colosi ☆☆
Messina. www.cantinacolosi.com
Neben stämmigen Rotweinen von Nero d'Avola auch Süßweine: guter Malvasia delle Lipari und Passito di Pantelleria.

COS ☆☆
Vittoria, Ragusa. www.cosvittoria.it

Der Name klingt nach einer Genossenschaft, geht aber auf die Initialen des Gründers zurück. Sehr gute traditionelle Weine der DOC Cerasuolo di Vittoria und ein sehr reifer Nero d'Avola IGT namens »Scyri«.

Elorina ☆
Noto, Syrakus
Kleine Genossenschaft mit ordentlichem Nero d'Avola und Moscato di Noto.

Grasso ☆☆
Milazzo, Messina
Gute Auswahl von Weinen einheimischer Sorten aus Nordsizilien und ein Passito di Pantelleria mit Aprikosenaroma.

Palari ☆☆–☆☆☆
Contrada Barna, Messina
1990 gegründete Boutique-Kellerei, die sich mit ihren beiden roten Verschnitten auf Nerello-Basis – »Palari«, einem Faro DOC, und dem weniger komplexen IGT »Rosso del Soprano« – rasch Ansehen erworben hat.

Abbazia Santa Anastasia ☆☆–☆☆☆
Castelbuono, Palermo.
www.abbaziasantanastasia.it
Kleines, sehr ambitioniertes Gut, das nicht nur traditionelle Weine von Nero d'Avola, sondern auch einen angesehenen Cabernet namens »Litra« und den Sauvignon-Chardonnay-Verschnitt »Gemelli« erzeugt.

Spadafora ☆☆–☆☆☆
Palermo. www.spadafora.com
Ordentlicher DOC Alcamo und feinkörniger IGT Cabernet Sauvignon »Schietto«. Fleischiger und vielleicht weniger fein ist der Verschnitt »Don Pietro« von Cabernet, Merlot und Nero d'Avola.

Terre di Ginestra
Siehe Calatrasi

Cantina Sociale di Trapani ☆☆–☆☆☆
Contrada Ospedaletto, Trapani
Die wichtigste Marke dieser guten Genossenschaft ist »Forti Terre di Sicilia« mit sortenreinen Weinen von Chardonnay, Nero d'Avola und Cabernet Sauvignon. Volle, körperreiche Weine.

Cantina Valle dell'Acate ☆
Acate, Ragusa
Das 1981 gegründete Gut hält die Traditionen der DOC Cerasuolo di Vittoria hoch und erzeugt ordentliche sortenreine Weine von Frappato sowie einen Chardonnay-Inzolia-Verschnitt.

Barone di Villagrande ☆–☆☆
Milo, Catania
Ehrwürdiges altes Gut, das bereits respektable Etna-Weine erzeugte, als es sonst nicht viel Respektables in Sizilien gab. Geht mit der Zeit.

Sardinien

Sardinien ist eine seltsame, zeitlose Insel, in der Mitte des Geschehens und doch meilenweit von allem entfernt, ohne die Dramatik Siziliens, ohne die majestätische Gebirgslandschaft und verfahrene historische Situation Korsikas.

Die moderne Welt kommt und kampiert an den Küsten Sardiniens: der Jetset an der Costa Smeralda, die Weinliebhaber an der gegenüber liegenden Küste in Alghero, wo einer der anspruchsvollsten und originellsten Weinbaubetriebe Italiens die idealen natürlichen Bedingungen nutzt, um alle Regeln zu verletzen.

Sardiniens ursprüngliche Weine sind von heldenhafter Stärke, scheinbar für die und von den Supermännern geschaffen, die aus riesigen Steinblöcken die *nuraghe* erbauten, die überall auf der Insel verstreuten runden Festungsbauten. Der charakteristischste Wein der Insel ist der Cannonau von der hier heimischen Rotweintraube gleichen Namens (die, wie man inzwischen weiß, mit Grenache identisch ist) mit einem Alkoholgehalt von mindestens 13,5 %, oft aber viel mehr.

Bei der traditionellen Weinbereitung wird darauf geachtet, dass nicht der gesamte Zucker in Alkohol umgewandelt, sondern Stärke durch Süße ausgeglichen wird – es entsteht etwas, was entfernt an Port erinnert. Dieser süße Rotwein ist am besten als *liquoroso*, das heißt mit Branntwein gespritet, und dann ein richtiger Dessertwein in der Art eines Portweins. Der »Anghelu Ruju« von Sella & Mosca ist ein Cannonau, der ungeübten Gaumen wohl am ehesten zusagt. Aus Girò und Monica werden ähnlich alkoholstarke süße Rote erzeugt.

Mit den sardischen Weißweinen alten Schlags wird man kaum leichter fertig. Nasco, Malvasia und Vernaccia sind drei weiße Rebsorten, aus denen ungeheuer starke Weine entstehen, die wie die Roten oft durch unvergorenen Restzucker süßer und milder gemacht werden.

Süßer Malvasia ist eine ernst zu nehmende Spezialität von häufig sehr guter Qualität. Vernaccia dagegen ist am besten, wenn er trocken ausgegoren und wie Sherry gereift wird. (Er entwickelt sogar die gleiche Florhefe, die eine sanfte Oxidation ermöglicht und dem Wein mit wachsendem Alter ein angenehmes Nussaroma verleiht.) Alter trockener Vernaccia spricht für sich selbst.

Modernität im Weinbau wird in Sardinien hauptsächlich von den Genossenschaften getragen. Den Anstoß aber gab die Kellerei Sella & Mosca in Alghero, die von dem legendären Antinori-Kellermeister Giacomo Tachis Rückendeckung erhielt, der daran erinnerte, dass sardischer Wein seit Tausenden von Jahren dazu verwendet wird, toskanischen Gewächsen Kraft zu verleihen.

Die Weine Sardiniens

Alghero DOC. Weiß-, Rot- und Roséwein. Provinz: Sassari. Gemeinden: Alghero und 7 weitere. Rebsorten: Torbato, Sauvignon, Chardonnay, Cabernet Sauvignon, Cabernet franc, Sangiovese, Cagnulari, Vermentino.

Recht neue und noch nicht bewährte DOC, aber Sella & Mosca (siehe dort) werden, wenn man ihnen etwas Zeit lässt, ihren Wert bestimmt unter Beweis stellen.

Arborea DOC. Rot-, Weiß- und Roséwein. Bereich: viele Gemeinden in der Provinz Oristano. Rebsorten, Rotwein und Rosé: Sangiovese mind. 85 %; Weißwein: Trebbiano romagnolo oder T. toscano mind. 85 %.

Neue DOC mit sehr kleiner Produktion. Weißwein auch als *frizzante* oder *amabile.*

Campidano di Terralba DOC. Rotwein. Provinzen: Cagliari, Oristano. Gemeinden: Terralba und 22 weitere. Rebsorten: Bovale mind. 80 %.

Recht leichter trockener Rotwein, angenehm weich, am besten jung und kühl. Kleine Mengen.

Cannonau di Sardegna DOC. Rotwein und Rosé. Bereich: ganz Sardinien. Rebsorten: Cannonau mind. 90 %. Alkoholgehalt: mind. 12,5 % für Cannonau di Sardegna (ein Jahr Alterung, Riserva drei Jahre); 15 % für *superiore naturale;* 18 % für *liquoroso.*

Aufgrund des komplizierten DOC-Regelwerks wird viel Cannonau als *vino da tavola* (ohne den DOC-Zusatz «di Sardegna«) verkauft, ist aber mit seinem etwas geringeren Alkoholgehalt keineswegs schlechter. Der Wein von der wichtigsten roten Traube Sardiniens ist von jeher stark und süß – also alles andere als erfrischend, aber immer von großer Geschmacksfülle. Der berühmteste Cannonau im alten Stil ist der aus Oliena bei Nuoro im östlichen Teil der Insel, der auch Nepente di Oliena heißen kann.

Carignano del Sulcis DOC. Rotwein und Rosé. Provinz: Cagliari. Gemeinden: 18 an der Südwestküste. Rebsorten: Carignano mind. 85 %.

Sowohl der ordentliche Rotwein als auch der recht geschmeidige und fruchtige Rosé werden in diesem Gebiet aus bergigen Inselchen und Lagunen, dem antiken Sulcis, von der französischen Carignan-Traube erzeugt. Der Rotwein verträgt ein bis zwei Jahre Alterung.

Girò di Cagliari DOC. Rotwein. Provinzen: Cagliari, Oristano. Gemeinden: 72. Rebsorte: Girò.

Girò ist wie Cannonau eine traditionelle Rotweintraube mit sagenhaftem Zuckergehalt und wird meist zu Süßwein verarbeitet; trocken ist er eher beeindruckend als ansprechend. Sehr geringe Mengen.

Malvasia di Bosa DOC. Weißwein. Provinzen: Nuoro, Oristano. Gemeinden: 7 an der Westküste südlich von Alghero. Rebsorte: Malvasia di Sardegna. Alkoholgehalt: mind. 14,5 % plus 0,5 % Restzucker für *secco;* 13 % plus 2 % für *dolce naturale;* 15 % plus 2,5 % für *liquoroso dolce naturale;* 16,5 % plus 1 % für *liquoroso secco.*

Der angesehenste von mehreren bernsteinfarbenen sardischen Weißweinen, die am ehesten mit Sherry zu vergleichen sind – zumindest in der Wirkung. Sie durchlaufen einen kürzeren und einfacheren Reifeprozess, erlangen dabei jedoch Geschmeidigkeit und eine gewisse Geschmackstiefe mit der typisch italienischen Bittermandelnote im Abgang. Gekühlt servierte trockene Versionen eignen sich gut als Aperitif.

Malvasia di Cagliari DOC. Weißwein. Provinzen: Cagliari, Oristano. Gemeinden: dieselben 72 wie bei Girò di Cagliari. Rebsorte: Malvasia di Sardegna.

Ähnlich wie Malvasia di Bosa, aber von weniger erlesenen Lagen im Süden.

Mandrolisai DOC. Rotwein und Rosé. Provinzen: Nuoro, Oristano. Gemeinden: Sorgono und 6 weitere. Rebsorten: Bovale sardo mind. 35 %, Cannonau 20–35 %, Monica 20–35 %, andere Sorten bis zu 10 %.

Neue DOC für nicht ganz so starken Cannonau und Rosé aus modernisierten Genossenschaften.

Monica di Cagliari DOC. Rotwein. Provinzen: Cagliari, Oristano. Gemeinden: dieselben 72 wie bei Girò di Cagliari. Rebsorte: Monica.

Entweder trocken oder *liquoroso*.

Monica di Sardegna DOC. Rotwein. Bereich: ganz Sardinien. Rebsorten: Monica mind. 85%.

Trockener Standardrotwein annehmbarer Qualität, der gut gekühlt am besten schmeckt. Auch als *frizzante*.

Moscato di Cagliari DOC. Weißwein. Provinzen: Cagliari, Oristano. Gemeinden: dieselben 72 wie bei Girò di Cagliari. Rebsorte: Moscato bianco.

Die Muskateller-Traube hat in Sizilien mehr Tradition als in Sardinien. Der hiesige Wein wird v. a. in der Gegend selbst getrunken. Gespriteter *liquoroso* überzeugt am meisten.

Moscato di Sardegna DOC. Weißwein. Bereich: ganz Sardinien. Rebsorten: Moscato bianco mind. 90%.

DOC für leichten, süßen Muskateller-Schaumwein – eine Art sardischer Asti. Er darf die Zusatzbezeichnung »Tempio Pausania« oder »Tempio e Gallura« tragen, wenn die Trauben in der Gallura in der Provinz Sassari im Nordwesten verarbeitet werden.

Moscato di Sorso-Sennori DOC. Weißwein. Provinz: Sassari. Gemeinden: Sorso und Sennori nördlich von Sassari. Rebsorte: Moscato bianco.

Kaum noch in Anspruch genommene örtliche DOC für einen starken, süßen Muskateller, der einen besseren Ruf genießt als der Moscato di Cagliari. Auch als *liquoroso*.

Nasco di Cagliari DOC. Weißwein. Provinzen: Cagliari, Oristano. Gemeinden: dieselben 72 wie bei Girò di Cagliari. Rebsorte: Nasco. Alkoholgehalt: mind. 14,5% plus 2,5% Restzucker für *dolce naturale;* 14,5% plus 0,5% für *secco;* 14% für *liquoroso;* 17,5% plus 2,5% für *liquoroso dolce naturale* bzw. plus 2% für *liquoroso secco.*

Ein rustikaler Weißwein, den die Einheimischen süß und stark trinken, während die Touristen die modernen leichteren und trockeneren Versionen lieber mögen. Der beste Erzeuger ist Argiolas (siehe dort).

Nuragus di Cagliari DOC. Weißwein. Provinzen: Cagliari, Nuoro. Gemeinden: alle in Cagliari, 9 in Nuoro. Rebsorten: Nuragus mind. 85%.

Leichter und weitgehend neutraler trockener Weißwein, bei dem diejenigen Zuflucht suchen, denen die echten Spezialitäten Sardiniens zu heftig sind.

Sardegna Semidano DOC. Weißwein. Bereich: ganz Sardinien. Rebsorten: Semidano mind. 85%.

Semidano gilt als einheimische Traube; die beste Qualität liefert der Unterbereich Mogoro. Trockener Wein, Spumante oder Passito.

Torbato di Alghero Sella & Mosca (siehe dort) sind einigen sardischen Weißweintrauben mit moderner Technik und intelligenten Marketingstrategien zu Leibe gerückt – und das ist das Ergebnis: nicht unbedingt ein aufregendes Gewächs, aber ein äußerst gut ausgebauter trockener Weißwein mit durch-

aus bemerkenswerter Persönlichkeit und genau das Richtige zum sardischen Fisch. Überall preiswert zu haben.

Vermentino di Gallura DOCG. Weißwein. Provinzen: Sassari, Nuoro. Gemeinden: 19 im Norden der Insel. Rebsorte: Vermentino.

Traditionell die Art von starkem trockenem Weißwein mit wenig Säure, die alles andere als durstlöschend ist – der Prototyp ist der Superiore mit 14% Alkohol. Seit neuestem DOCG.

Vermentino di Sardegna DOC. Weißwein. Bereich: ganz Sardinien. Rebsorten: Vermentino mind. 85%.

Trockener Weißwein, auch *amabile* oder als Schaumwein. Die Qualität steigt, reicht jedoch noch nicht an die des Vermentino di Gallura heran.

Vernaccia di Oristano DOC. Weißwein. Provinz: Oristano. Gemeinden: Oristano und 15 weitere. Rebsorte: Vernaccia di Oristano.

Bei der ersten Begegnung habe ich diesen als den ansprechendsten Wein Sardiniens empfunden: ein naher Verwandter des spanischen Montilla oder eines nicht gespriteten Sherry. Man lässt die Trauben vor dem Vergären leicht einschrumpfen; der natürliche Alkoholgehalt verlangsamt die Oxidation, währenddessen entfalten sich subtile, markante Geschmacksnoten – wie etwa der für italienische Weine typische Bittermandelton im Abgang.

Die führenden Erzeuger in Sardinien

Argiolas ☆☆☆
Serdiana, Cagliari. www.cantine-argiolas.com
Guter Cannonau und Vermentino und wirklich überragender IGT »Turriga«: ein Barrique-gereifter Verschnitt von Cannonau, Carignano, Bovale und Malvasia. Außerdem Nasco di Cagliari »Angialis« mit Pfirsicharoma.

Capichera ☆☆–☆☆☆
Arzachena, Sassari
Eine Quelle für hervorragenden, aber sehr teuren Vermentino. Obwohl er unter die DOC Vermentino di Gallura fällt, füllen die Ragnedda-Brüder, denen das Gut gehört, alle Weine als IGT ab. In manchen Jahren wird auch eine trockene Spätlese erzeugt. Carignano gibt die Grundlage für die weniger eindrucksvollen Rotweine ab.

Attilio Contini ☆☆–☆☆☆
Cabras, Oristano. www.vinicontini.it
1898 gegründet. Die Spezialität des Guts ist Vernaccia di Oristano, u. a. »Antico Gregori«, ein ungewöhnlicher Wein mit Nussgeschmack, der viele Jahre nach einem Solera-System reift. Außerdem wird ein kirschiger »Nieddera« von der seltenen gleichnamigen Traube gekeltert.

Cantina Sociale di Santadi ☆☆☆
Santadi, Cagliari. www.cantinasantadi.it
Die Genossenschaft produziert Weine, die es in jeder Hinsicht mit denen privater Güter aufnehmen können. Sehr guter Carignano del Sulcis: am besten ist die Riserva »Rocca Rubbia«. Ferner herausragender IGT »Terre Brune« von Carignano sowie Weißweine von Nasco und Vermentino. Eine Neuentwicklung ist der spät gelesene Nasco »Latinia«.

Sella & Mosca ☆☆–☆☆☆
Alghero, Sassari.
www.sellaemosca.com

1899 von den Piemontesen Emilio Sella und Edgardo Mosca gegründet; heute im Besitz des Konzerns INVEST. Kellermeister ist seit langem Mario Consorte. Das sehr große Gut bringt jährlich 500 000 Kisten von Weinen beständiger Qualität hervor; der Schwerpunkt liegt deutlich auf einheimischen Rebsorten.

Erzeugt werden hauptsächlich Vermentino, Cannonau und schokoladiger Cabernet Sauvignon (»Marchese di Villamarina«) unter der DOC Alghero, trockener Torbato und Torbato Passito sowie der hochgepriesene, Portwein-ähnliche »Anghelu Ruju« von teilgetrockneten Trauben, der viele Jahre im Fass reift.

Weitere Erzeuger in Sardinien

Giovanni Cerchi ☆☆
Usini, Sassari

Frischer, blumiger Vermentino di Sardegna und ein seltener roter Cagnulari.

Cantine di Dolianova ☆
Dolianova, Cagliari

Sehr große Genossenschaft mit verlässlichen, preiswerten Weinen von Vermentino, Cannonau, Monica und anderen Rebsorten.

Cantina Sociale di Dorgali ☆–☆☆
Dorgali, Nuoro. www.csdorgali.com

Kleine Genossenschaft, die auf Cannonau di Sardegna spezialisiert ist. Die gleiche Rebsorte stellt auch den Hauptteil in den IGT-Verschnitten »Noriolo« und »Fùili«.

Giuseppe Gabbas ☆☆
Nuoro

Kleiner Betrieb mit 13 ha, gutem Cannonau di Sardegna »Lillovè« und sehr gutem IGT »Dule«, einem in neuen Barriques ausgebauten Verschnitt von Cannonau, Cabernet, Dolcetto und Sangiovese.

Cantina Sociale Gallura ☆☆
Tempio Pausania, Sassari. www.cantinagallura.it

Gute Quelle für Vermentino di Gallura und Moscato di Sardegna. Die ungewöhnliche Spezialität dieses Guts ist ein Wein von Nebbiolo.

Meloni ☆☆
Serlargius, Cagliari. www.meloni-vini.com

Auf 250 ha wächst eine große Vielfalt von Trauben: Vermentino, Cannonau, Nasco und Malvasia. Ordentliche Qualität.

Il Nuraghe/Cantina di Mogoro ☆–☆☆
Mogoro, Oristano

Mogoro ist das Hauptanbaugebiet für Semidano, und Il Nuraghe produziert den bekanntesten Wein von dieser Rebsorte. Auch guter Cannonau und Vermentino.

Cantine Sardus Pater ☆
Sant'Antioco, Cagliari. www.cantinesarduspater.com

Die Genossenschaft von Sant'Antioco hat einen neuen Anstrich bekommen und ist jetzt nach ihrem bekanntesten Wein benannt: einem Verschnitt von Carignano und Cabernet Sauvignon. Auch ansprechender Vermentino.

Cantina del Vermentino ☆
Monti, Sassari. www.vermentinomonti.it

Von 450 ha erzeugt die Genossenschaft große Mengen an Wein, u. a. Vermentino di Gallura, roten »Abbàia« und den Roséwein »Thaòra«.

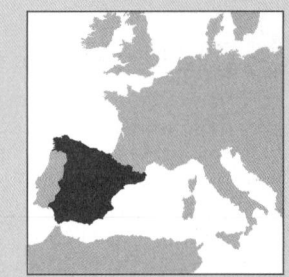

GALICIEN

ASTURIEN

Rías Baixas
Ribeiro
Monterrei

Ribeira
Sacra
Valdeorras

Bierzo

Chacolí de
Guetaria

Bilbao

Chacolí de
Vizcaya

BASKENLAND

Navarra

La Rioja

Somontano

Ampurdán
Costa Brava

Pla de Bages

Costers
del Segre

Alella

Campo de
Borja

Cigales

Toro

Ribera del
Duero

Conca de Barberà

KATALONIEN

Barcelona

Cariñena

Rueda

CASTILLA-LEON

Calatayud

ARAGÓN

Priorato
Tarragona

Penedès

Terra
Alta

Madrid

Mondéjar

Méntrida

Vinos de
Madrid

VALENCIA

CASTILLA-LA MANCHA

La Mancha

Utiel-
Requena

Valencia

Manchuela

Ribera del
Guadiana

EXTREMADURA

Valdepeñas

Almansa
Yecla

Valencia

Alicante

Binissalem

Palma

Plà i
Llevant

Mallorca

Jumilla

Bullas

Murcia

Condado
de Huelva

Sevilla

Montilla-
Moriles

ANDALUSIEN

Jerez-Xérès-Sherry
Manzanilla-Sanlúcar
de Barrameda

Málaga

Málaga

Gibraltar

Spanien

Der spanische Weinbau hat in den vergangenen 15 Jahren ständig an sich gearbeitet und seine Ziele, die er in der Welt verfolgt, immer wieder neu definiert. Alte Vorstellungen wurden verändert, neue Ideen haben sich – wenn auch manchmal zähneknirschend – durchgesetzt, mit dem Ergebnis, dass Spanien heute bessere Weine mit größerer regionaler Glaubwürdigkeit produziert als noch vor fünf Jahren. Und das, ohne groß auf internationale Rebsorten zu setzen.

Zum Teil beruht dies auf dem Wiedererstarken eines echten regionalen Selbstwertgefühls. Unter Franco hatte der Weinbau in einer Art staatlich verordneter Zwangsjacke gesteckt, in der nur die etabliertesten Gebiete wie Rioja und Jerez ihre Individualität bewahren konnten. 25 Jahre nachdem die neue Verfassung den Regionen ein gewisses Maß an Autonomie zurückgegeben hat, legen Katalonien, das Baskenland und Galicien – in der Flasche und in der Wahlurne – wieder Nationalstolz an den Tag. Andere Regionen entdecken ein Erbe neu, das durch Gleichschaltung und mangelnde Investitionsbereitschaft unter dem Franco-Regime verkümmert war.

In der letzten Ausgabe dieses Buchs waren 51 Bereiche mit einer *Denominación de Origen* (DO) verzeichnet. Heute haben 59 Gebiete diesen Status (und einige stehen noch auf der Warteliste), von denen jedes Anspruch auf Eigenständigkeit erhebt. Bestärkt werden sie darin durch einen wiedererwachten Lokalpatriotismus und die Erkenntnis, dass der Kunde König ist und dass man sich, wenn man als Erzeuger auf dem Markt bestehen will, Mühe geben muss, dessen Erwartungen zu befriedigen. Zwei Anbaugebiete sind mit dem Spitzensiegel *DO Calificada* (DOCa) ausgezeichnet: Rioja und Priorato.

Das heißt nicht, dass alle DO-Bereiche Weine mit Exportqualität hervorbringen oder dass die Haltung überall so fortschrittlich ist wie an der Speerspitze der spanischen Weinwirtschaft. Immerhin haben jedoch inzwischen auch die hinterwäldlerischsten Winzer und *bodegueros* gemerkt, dass ihre unternehmungsfreudigeren Kollegen Besseres produzieren, das sich leichter und (das ist das Wichtigste) zu einem höheren Preis verkauft, als sie selbst ihn erzielen können. Das *Instituto Nacional de Denominación de Origen* (INDO) in Madrid bietet von jeher Fortbildungs- und Förderprogramme für Regionen an, die ernsthaft an einer Verbesserung ihrer Weine interessiert sind. Aber ein Blick auf die Geschäftsbilanz des Nachbarn hilft oft mehr als tausend Worte.

Spanien ist nach Frankreich das zweitgrößte Land in Europa und verfügt mit über 1,1 Mio. Hektar über die größte Rebfläche. Da sein heißeres Klima eine geringere Pflanzdichte erfordert und niedrigere Erträge zur Folge hat, produzieren Frankreich und Italien trotzdem mehr Wein. Die Landkarte des spanischen Weinbaus ist durch die zwei großen Flüsse Ebro und Duero geprägt. Sie entspringen beide in der Cordillera Cantábrica, die den feuchtkühlen Nordwesten vom kontinentalen Landesinneren trennt. Der Ebro fließt nach Südosten und mündet in der Provinz Tarragona ins Mittelmeer; der Duero fließt nach Südwesten durch Portugal (wo er Douro heißt) und bei Porto in den Atlantik. Die beiden Flüsse und die Gebirgskette, aus der sie kommen, sind für die meisten Mikroklimata in Nordspanien verantwortlich.

Südlich von Madrid hat die Sonne das Sagen. Der großflächige Anbau widerstandsfähigerer Sorten ist hier die Regel, und Wasser wird, wenn es denn fließt, vom Boden der erfolgreichsten Anbaugebiete wie von einem Schwamm aufgesogen. Die wichtigsten Flüsse im südlichen Zentralspanien sind Guadiana, Tajo, Júcar und Guadalquivír. Der zum Teil unterirdisch verlaufende Guadiana versorgt die weite Mancha-Hochebene mit Wasser und fließt erst west-, dann südwärts zum Golf von Cádiz – sein Unterlauf markiert die Grenze zwischen Spanien und Portugal. Der Tajo, der längste Fluss auf der Iberischen Halbinsel, fließt vom Madrider Hochland westwärts durch Toledo und die Extremadura nach Portugal (wo er Tejo heißt) und mündet bei Lissabon in den Atlantik. Der Júcar entspringt im iberischen Randgebirge östlich von Guadalajara, durchfließt das Anbaugebiet Levante und mündet südlich von Valencia ins Mittelmeer. Der Guadalquivír verläuft von der Meseta in der Landesmitte nach Südwesten am Sherry-Gebiet entlang. Diese Flüsse sind nahezu die einzigen Bewässerungsquellen für die Weinberge im Süden des Landes.

Das Klima ist in den meisten Regionen kontinental, das heißt, einem kalten Winter folgt ein sehr heißer Sommer. Höher oder in der Nähe des Meeres gelegene Regionen kommen jedoch in den Genuss mäßigender klimatischer Einflüsse. Die insgesamt recht unterschiedlichen Klimabedingungen und die große Anzahl einheimischer Trauben (von denen viele aus ihrem jahrelangen Dornröschenschlaf erwacht sind) erklären, wie ein einziges Land ein Spektrum von Weinen hervorbringen kann, das von rassigem Albariño und salzigem Manzanilla bis zu den wuchtigen Rotweinen aus Ribera del Duero und Priorato reicht.

Seit den späten 1990er-Jahren erscheinen einst als mittelmäßig abgetane Gebiete wie Cigales, Priorato und Toro in neuem Licht, denn ihre Spitzenerzeuger treten den Beweis an, dass sie zu weit mehr als faden Weinen fähig sind. Doch auch berühmte Bereiche wie Rioja ruhen sich keineswegs auf ihren Lorbeeren aus. Sie haben auf Expertenkritik und das abnehmende Interesse auf dem Weltmarkt reagiert und ergreifen nun konkrete Maßnahmen zur Verbesserung der Qualität. Jerez bleibt am Ball und produziert weiterhin prachtvolle gespritete Weine, von rassigstem Manzanilla bis zu tiefgründigstem Oloroso.

Spanische Anbaugebiete

Trotz der unvermeidlichen Komplizierung durch das System der Denominación de Origen (das die jahrelange Kleinarbeit der spanischen Behörden durchaus gelohnt hat) folgen die verschiedenen spanischen Weinstile immer noch einer gewissen geographischen Logik. Ganz Spanien (inklusive der Inseln) ist in acht Anbaugebiete unterteilt, die in Bezug auf ihre Geschichte, ihre Küche und das Klima jeweils eine Einheit bilden. Und diese drei Faktoren waren ja schließlich für die Entwicklung des Weinbaus überall in der Alten Welt bestimmend.

Der Nordwesten

Das Anbaugebiet erstreckt sich über die linke obere Ecke Spaniens, oberhalb von Portugal und entlang der Küste des Golfs von Biskaya bis zur französischen Grenze. Seine Südgrenze bildet das Kantabrische Gebirge, das das übrige Spanien gegen die extreme Atlantikwitterung abschirmt. Das Klima ist vergleichsweise kühl und feucht, die Landschaft üppig grün und die Kultur nicht spanischen Ursprungs. In Galicien dominieren keltische Einflüsse, Asturien war und ist ein an den spanischen Kronprinzentitel gebundenes eigenes Fürstentum, und das Baskenland verfügt über eine der ältesten vorchristlichen Kulturen in Europa. Die Gastronomie dieser Gegenden dreht sich nur um eines, nämlich Fisch, und so wundert man sich nicht, dass hier vorwiegend leichte, frische, spritzige trockene Weißweine erzeugt werden. Galicien hat fünf, das Baskenland zwei DO-Bereiche:

Region	DO	ha
Galicien:	Monterrei	550
	Rías Baixas	2292
	Ribeira Sacra	1550
	Ribeiro	3000
	Valdeorras	1300
Baskenland (Nord):		
	Chacolí de Guetaria	123
	Chacolí de Vizcaya	80

Der obere Ebro

Im Schutz des Kantabrischen Gebirges ist das Klima eher kontinental; nur die am höchsten gelegenen Rebflächen (Rioja Alavesa, Navarra Estella) unterliegen dem mildernden Einfluss des Golfs von Biskaya. Das Gebiet ist zwischen dem spanischen Kernland Castilla-Léon und dem ausgesprochen unspanischen Katalonien eingeklemmt.

Im 15. und 16. Jahrhundert verlegte, nachdem die Herrscher von Kastilien, Katalonien und Aragonien untereinander geheiratet und ihre Reiche vereinigt hatten, das Königshaus seinen Sitz mehrmals innerhalb der Region, sodass es an wohlhabenden und mächtigen Abnehmern für guten Wein nie mangelte. Auf dem Speiseplan steht vornehmlich Fleisch – von Zucht- oder Wildtieren –, was erklärt, dass Rotwein die Hauptrolle spielt.

Als am Ende des 19. Jahrhunderts die Reblaus die französischen Weinberge jenseits der Grenze verwüstete, tat sich ein großer, aber auch sehr anspruchsvoller Exportmarkt für die nahe der französischen Grenze gelegene Region auf, was der Weinqualität sozusagen den letzten Schliff gab. Das Gebiet hat insgesamt sechs DO-Bereiche:

Region	DO	ha
La Rioja:	Rioja DOCa	59 000
Navarra:	Navarra	14 800
Aragón:	Calatayud	7300
	Campo de Borja	6270
	Cariñena	17 135
	Somontano	2914

Das Duero-Tal

Das Anbaugebiet hat viele Gemeinsamkeiten mit dem oberen Ebro: ein kontinentales Klima – allerdings aufgrund der Höhe etwas kühler –, jede Menge Fleisch von den Weiden und aus den Wäldern und eine wohlhabende, einflussreiche Bevölkerung in Valladolid und Zamora, einst königliche Residenzen, und in Salamanca, wo sich Spaniens älteste Universität befindet. Auch hier wurde von Fürsten, Bischöfen und Professoren guter Rotwein verlangt. Trotzdem ist der Weinstil der beiden Gebiete unterschiedlich, was mit der Bedeutung des Exportmarkts im Zusammenhang steht: Am oberen Ebro dachte man an französische und einheimische Abnehmer, im Duero-Tal nur an letztere. Hier entstanden Weine mit traditionell weniger Eichenholzaroma, dafür mehr Frucht und mehr Alkohol. Dieser Unterschied gilt bis heute. Im Duero-Tal gibt es fünf DO-Bereiche:

Region	DO	ha
Castilla-León:	Bierzo	3700
	Cigales	2533
	Ribera	
	del Duero	15 265
	Rueda	6600
	Toro	3575

Katalonien & die Balearen

Die Kultur dieser Region war und ist auf Unabhängigkeit bedacht. Katalonien und die Balearen hatten im Mittelalter nach dem Zusammenschluss mit Aragonien eine Vormachtstellung am westlichen Mittelmeer, und von jeher blickt man hier eher aufs Meer hinaus als in Richtung Binnenland und Madrid.

Die Küche ist ausgesprochen mediterran und der des französischen Roussillon sehr ähnlich. Natürlich spielt Fisch eine große Rolle und deshalb entstanden hier vor allem einfache Weiß- und Roséweine (rosados).

Die ausgeprägten Unabhängigkeitsbestrebungen dieser Region führten schon früh zu Experimenten mit ausländischen Rebsorten. In Katalonien sind deshalb heute moderne sortenreine Weine ebenso stark vertreten wie traditionelle Gewächse. Auch der Cava – Spaniens bester Schaumwein – kommt zum größten Teil von hier. In Katalonien gibt es zwölf, auf den Balearen zwei DO-Bereiche:

Region	DO	ha
Katalonien:	Alella	330
	Ampurdán-Costa	
	Brava	2475
	Conca	
	de Barberà	6000
	Costers del	
	Segre	4165
	Montsant	1700
	Penedès	27 540
	Pla de Bages	500
	Priorato	1400
	Tarragona	11 000
	Terra Alta	9000
	Cava	32 000
Balearen:		
	Binissalem	
	(Mallorca)	300
	Plà i Llevant	
	(Mallorca)	210

Die Levante

Noch stärker als in Katalonien ist die Exportkultur der Levante entwickelt. Das heiße, mediterran-maritime Klima ist ideal für die Erzeugung einfacher Weine, was – zusammen mit der Vorliebe für Fischgerichte genommen (hier wurde die Paella erfunden) – zu einer reichen Auswahl an sauberen, umkomplizierten Weiß- und Roséweinen führte. Ihre eigentliche Bedeutung erlangte die Region freilich durch ihre entschlossene Hinwendung zum offenen Meer. Mit Hilfe der modernen Technik ist die Levante zur Drehscheibe des Exports billiger Weine, und Valencia zum größten Weinhafen des Landes geworden. Von hier aus geht Wein in Tanks, auch in Flaschen und Fässern, auf Straße, Schiene und Seeweg in alle Welt hinaus. Valencia und Murcia haben je drei DO-Bereiche:

Region	DO	ha
Valencia:	Alicante	13 820
	Utiel-Requena	41 000
	Valencia	17 500
Murcia:	Bullas	2300
	Jumilla	41 280
	Yecla	4200

Die Meseta

Weinbau in der Meseta bedeutete immer Überlebenskampf. Es gab bis zur Gründung Madrids im Jahr 1561 für die Weine von der Hochebene in Spaniens Mitte keinen Absatzmarkt und keine Möglichkeit, sie an die Mittelmeerküste zu transportieren, weil im Süden bis 1492 die (aus Glaubensgründen abstinenten) Mauren herrschten.

Zu essen gab es reichlich, aber die Zubereitungsmethoden waren einfach. Das Klima ist im Sommer so glühend heiß und im Winter so klirrend kalt, dass nur die widerstandsfähigsten Reben überleben konnten. Der Wein war entsprechend schlicht und rustikal und wurde in Behältern aus dem billigsten vor Ort verfügbaren Material (Tonkrügen) bereitet, weil seine Abnehmer in der unmittelbaren Umgebung lebten.

Die wichtigste Verbindung zur Außenwelt war die große Straße von Madrid nach Granada. Eine der Stationen für Angehörige und Gesandte des Königshofs war die Stadt Valdepeñas, die als gut gehender Absatzmarkt für bessere Weine bis heute prägend gewirkt hat. Die niedrigen Bodenpreise der isolierten Region führten zu ihrer massiven Erschließung in den 1970er- und 1980er-Jahren mit der Folge, dass heute viele Alltagsweine mit der DO La Mancha auf den Markt kommen.

Die relativ neue DO Mondéjar gab sich bis vor kurzem mit der Produktion einfacher Fassweine zufrieden, doch inzwischen haben einige Kellereien das Potenzial des Gebiets erkannt. Die Meseta hat sieben DO-Bereiche:

Region	DO	ha
Madrid:	Vinos de Madrid	11 760
Castilla-La Mancha:		
	Almansa	7600
	La Mancha	193 130
	Méntrida	13 000
	Mondéjar	3000
	Ribera del Guadiana	3390
	Valdepeñas	29 100

Andalusien

Dieses Gebiet ist der Schmelztiegel des Weinbaus für Spanien und weite Teile Westeuropas. Griechen und andere Weinbau treibende Völker aus dem östlichen Mittelmeerraum siedelten hier bereits vor 3000 Jahren und erzeugten Weine levantinischer oder griechischer Tradition: Gewächse aus einem glutheißen, an der Küste gemäßigten Klima, die auf die Bedürfnisse eines blühenden Exportmarkts im gesamten Mittelmeerraum – vor allem zu Zeiten des Römischen Reichs – und an der westeuropäischen Küste abgestimmt waren.

Die Griechen mochten kräftige süße Weine mit viel Alkohol. Ihr Vermächtnis ist noch heute in den gespriteten Tropfen Andalusiens erhalten. Zu Shakespeares Zeiten waren die Weine aus Südspanien dann als *sack* berühmt, nach dem spanischen Wort *saca* für »Entnahme«, das heißt Abzug aus dem

Fass. Heute verkörpert sie einer der großartigsten Weine der Welt: der Sherry. Andalusien hat vier DO-Bereiche:

Region	DO	ha
Andalusien:		
	Condado de Huelva	5880
	Jerez/Xérès/Sherry	10 500
	Málaga	1030
	Montilla-Moriles	10 000

Die Kanarischen Inseln

Die Kanarischen Inseln liefern in mancher Hinsicht ein Abbild dessen, wie der spanische Wein vor 500 Jahren, als die Inseln wiederentdeckt und der spanischen Krone unterworfen wurden, aussah. Hier werden Rebsorten angebaut, die auf der Iberischen Halbinsel schon seit Jahrhunderten ausgestorben sind. Die Produktion ist klein, aber den zu Zeiten Shakespeares bekannten »Canary-Sack« gibt es immer noch. Der größte Teil des Weins entstand für den Eigenbedarf und richtete sich dann nach dem Geschmack der Touristen. Die wirklich anspruchsvollen Bodegas scheitern häufig an den Transportkosten zum Festland oder gar nach Nordeuropa. Die Kanaren haben neun DO-Bereiche:

Region	DO	ha
Kanarische Inseln:	Abona (Teneriffa)	1050
	El Hierro	250
	Lanzarote	3270
	La Palma	880
	El Monte	450
	Tacoronte-Acentejo	1715
	Valle de Güímar	530
	Valle de la Orotava	430
	Ycoden-Daute-Isora	875

Nordwestspanien

Galicien

Galicien und die Nordküste am Golf von Biskaya haben ein feuchteres, kühleres Klima als das übrige Spanien, und die Weine fallen dementsprechend leichter und frischer aus. Es wird hauptsächlich Weißwein, aber auch viel Rot- und Roséwein erzeugt. Auf der Suche nach dem Prototyp eines spanischen Weißweins gilt dieses Gebiet als aussichtsreichster Kandidat.

Monterrei

Kleiner Bereich für Weißwein von den Rebsorten Godello und Doña blanca. Die Qualität ist potenziell gut, aber da nur wenige Bodegas dem Consejo Regulador angeschlossen sind, ist es schwierig, einen allgemeinen Überblick zu geben. Die Bodegas Ladairo sollte man im Auge behalten.

Rías Baixas

In der Provinz Pontevedra an der Atlantikküste zwischen Santiago und der portugiesischen Grenze. Am besten sind hier die Weißweine von Albariño-Trauben, aber da sie auf steilen Hängen und in kleinen Parzellen wachsen, sind sie nur in geringen Mengen verfügbar und entsprechend teuer. Die meisten Weißweine werden in Tanks bereitet; manche Erzeuger versuchen jedoch mit der malolaktischen Säureumwandlung und gelegentlich mit dem Ausbau in kleinen Eichenfässern mehr Komplexität zu erreichen.

Ribeira Sacra

Schöner Bereich am Zusammenfluss der Flüsse Sil und Miño. Die meisten Weine werden auf einfache Weise in bescheidenen Mengen erzeugt, doch es gibt auch Winzer, die in moderne Technik investiert haben. Vieles bleibt noch zu tun, wenngleich Albariño und Godello schon jetzt zum Teil ausgezeichnete Ergebnisse liefern. Viele Erzeuger produzieren allerdings Rotwein von einer Traube namens Mencía, aber nur wenige machen ihre Sache gut. Einer von ihnen ist Adegas Moure.

Ribeiro

Etablierter Bereich in der Provinz Orense östlich von Rías Baixas. Die Weinberge liegen größtenteils in den Tälern der Flüsse Miño, Avía und Arnoya. Ribeiro ist für seine leichten, fruchtigen Weißweine bekannt, aber neuerdings entstehen auch einige Spitzenweine, vor allem von Albariño und der viel verbreiteter angebauten (und preisgünstigeren) Treixadura. Caíño ist die Hauptrotweintraube. Insgesamt guter preiswerter Weißwein, sozusagen der Rías Baixas für Arme.

Valdeorras

Erzeugt werden säuerliche, frische Weiß- und leichte Rotweine: die Weißen von der ausgezeichneten Godello, die Roten von der eigentlich guten, aber allzu oft unzulänglich verarbeiteten Mencía-Traube.

Das Baskenland

Chacolí de Guetaria (auf Baskisch Getariako Txakolina) und Chacolí de Vizcaya (Bizkaiko Txakolina) heißen die beiden im Baskenland heimischen Weine. Meist sind es Weiße von der örtlichen Traube Ondarribi Zuri, die in Bestform säuerlich-herb, traubig und durstlöschend sind, aber in so geringen Mengen erzeugt werden, dass sie praktisch nicht exportiert werden.

Die führenden Erzeuger Nordwestspaniens

Bodegas Chaves ☆
Barrantes, Pontevedra
Kleiner Familienbetrieb mit einem typisch säuerlichen, spritzigen Albariño, der als »Castel de Fornos« vermarktet wird.

Fillaboa ☆☆–☆☆☆
El Condado. www.fillaboa.es
Ein Pionier von fassgereiftem Albariño sowie langer Hefesatzlagerung. Sehr beständige Qualität. 2000 wurde ein neuer Spitzenwein namens »Selección de Familia« eingeführt.

Galegas ☆☆–☆☆☆
Salvatierra de Miño, Pontevedra
Die 1995 gegründete Kellerei ist auf verschiedene Arten von Albariño spezialisiert, u. a. fassgereiften »Veigadares« und »Gran Veigadares«. Der von streng ausgelesenen Trauben erzeugte blumige »Gran Veigadares« mit Zitrusnoten gilt als einer der feinsten spanischen Weißweine.

Godeval ☆☆
O Barco, Orense. www.godeval.com
Kleiner Betrieb in dem mittelalterlichen Kloster Xagoaza mit hervorragendem Weißwein von Godello.

Lagar de Fornelos ☆☆
O Rosal
Die Bodega nahe der portugiesischen Grenze erzeugt frischen, nach Apfel schmeckenden Wein namens »Lagar de Cervera« von 72 ha mit Albariño bestockten eigenen Rebflächen. 1988 wurde sie von La Rioja Alta (siehe dort) erworben, die große Summen investiert hat.

Martín Códax ☆
Cambadox.
www.martincodax.com
85 Winzer mit insgesamt 190 ha schicken ihre Albariño-Trauben in die moderne Edelstahlkellerei nördlich von Vigo. Gute, saubere, duftende trockene Weine werden unter dem Namen »Martín Códax« abgefüllt.

Gerardo Méndez Lázaro ☆☆–☆☆☆
Meaño, Pontevedra
Eine Boutique-Kellerei, die hervorragenden, nachhaltigen Albariño von sehr alten Reben bereitet.

Cooperativa Jesús Nazareno ☆
O Barco, Orense
Die große Genossenschaft bewirtschaftet 2000 ha und füllt unter dem Etikett »O Barco« sehr ordentliche stille Rot- und Weißweine (DO Valdeorras) ab. Der Spitzenwein ist ein in Barriques ausgebauter sortenreiner Mencía namens »Menciño«.

Palacio de Fefiñanes ☆☆–☆☆☆
Fefiñanes, Pontevedra
Der Aristokrat unter den galicischen Weinen kommt aus der modernen kleinen Bodega im Palacio de Fefiñanes bei Cambados im Besitz des Marqués de Figueroa. Er besteht zu 100 % aus Albariño und reift bis zu sechs Jahre (für Reserva) in Eiche. Außer seiner bemerkenswerten Frische hat er keinerlei Ähnlichkeit mit Vinho verde.

Rebolledo ☆–☆☆
A Rúa, Orense
Ein Valdeorras-Gut mit sortenreinem Mencía und einem erfolgreichen Cabernet-Merlot-Verschnitt, dessen außerordentliche Fruchtigkeit es nahe legt, ihn jung zu trinken.

Cooperativa del Ribeiro ☆
Ribadavia
Die größte Genossenschaft in Galicien mit 800 Mitgliedern, die 670 ha bewirtschaften, und sehr moderner Ausstattung. Der beste Weißwein ist frisch, sauber, zart duftend und nur leicht perlend wie ein portugiesischer Vinho verde. Der rote »Alén de Istoria« ist würzig, herb und gewöhnungsbedürftig.

Emilio Rojo ☆–☆☆
Arnoia, Orense
Das winzige Ribeiro-Gut hat die fast ausgestorbene Rebsorte Lado wiederbelebt, die in den einzigen Verschnitt des Hauses eingeht.

Santiago Ruiz ☆☆–☆☆☆
O Rosal

Kleiner Betrieb mit Weißwein hoher Qualität, der seinen Preis hat. Der ungewöhnliche Verschnitt aus Albariño, Loureira und Treixadura ist ein äußerst aromatischer, blumiger trockener Weißwein.

Salnesur ☆–☆☆

Cambados, Pontevedra. www.salnesur.es
Die 360 Mitglieder der Genossenschaft bewirtschaften 165 ha, v. a. mit Albariño bestockter Rebfläche, der unter dem Namen »Condes de Albarei« abgefüllt wird.

Terras Gaudas ☆–☆☆

O Rosal. www.terrasgaudas.com
Seit 1990 ist dieses Gut zu einem führenden Erzeuger in Rías Baixas aufgestiegen. Produziert werden ein sortenreiner Albariño und ein komplexerer Verschnitt aus Albariño, Caiño und Loureira.

Valdeorra ☆–☆☆

Vilmartín de Valdeorras. www.valdeorra.com
Ökoweingut mit grasigem Rotwein von Mencía und einem sortenreinen Godello namens »Valdesil«.

Der obere Ebro

Hier entstehen die meisten (aber beileibe nicht alle) feinen Rotweine, für die Spanien berühmt ist. Verständlicherweise spielt Rioja die tragende Rolle, aber durch neuere Entwicklungen in Navarra und besonders im Bereich Somontano in Aragón hat sich das ganze Gebiet mit Nachdruck in die erste Riege der spanischen Qualitätsweinerzeugung vorgearbeitet.

La Rioja

Rioja blickt als Weinbaugebiet auf eine längere Geschichte zurück als Bordeaux. Einige französische Historiker sind sogar der Meinung, dass die Römer vielleicht in diesem Teil Spaniens auf den Ahnen des Cabernet gestoßen seien. Sicherlich folgten die Römer dem Ebro vom Mittelmeer aufwärts genauso wie der Rhône – als einem Korridor mit ihnen vertrauten klimatischen und natürlichen Gegebenheiten hinauf in eine kältere und abweisendere Gegend. Im Quellgebiet des Ebro auf über 600 m um den kleinen Nebenfluss Río Oja fanden sie ideale Bedingungen für Wein guter Qualität vor – und möglicherweise sogar die dafür erforderlichen Reben.

Die weitere Geschichte von Rioja verlief ähnlich wie die anderer römischer Weinbaugebiete: ein rascher Niedergang (der in Spanien durch den Einfall der Mauren beschleunigt wurde), unter der Vorherrschaft der Kirche ein langsames Wiederaufleben im 16. Jahrhundert, doch keine nennenswerten Veränderungen bis zum 18. bzw. Anfang des 19. Jahrhunderts. Dann erst erreichte unter dem Einfluss von Bordeaux die neue Idee, die besten Weine im Fass reifen zu lassen, auch Rioja. Erstmals wurde sie 1787 erprobt, dann durch fortschrittsfeindliche Ludditen unterdrückt und schließlich von den reformbewussten adligen Grundbesitzern eingeführt – etwa zur selben Zeit »erfand« Barone Ricasoli in Italien den Chianti.

Die ersten kommerziellen Bodegas der Neuzeit wurden in Rioja 1860 und 1872 von Marqués de Riscal und Marqués de Murrieta gegründet; als Vorbild diente das Château-System von Bordeaux. Beide verarbeiteten (und verarbeiten noch heute) Trauben aus ihrer unmittelbaren Umgebung. Sie verkauften ihren Wein in Flaschen und verbreiteten den guten Ruf des Gebiets in einem sehr günstigen Augenblick: In Bordeaux wütete die Reblaus, und französisches Kapital und französische Technik waren auf der Suche nach einem neuen Wirkungsbereich. Als das Jahrhundert zu Ende ging, war ein Dutzend neuer, viel größerer Bodegas entstanden, die Trauben aus einem viel weiteren Umkreis bezogen – alle drei Regionen von Rioja mussten zu ihrer Versorgung beitragen.

Die Eisenbahnstation in Haro wurde zum Umschlagplatz für diesen blühenden Handel, und die Bodegas in ihrer Umgebung sind noch heute ein Beispiel für den Geist und die Technik der damaligen Zeit. Die pompösen Gebäude erinnern an Epernay, die Champagnerhauptstadt, die zur gleichen Zeit ihrer Blüte entgegenstrebte.

Anfang des 20. Jahrhunderts kam die Reblaus auch nach Rioja. Durch diesen Rückschlag, den anschließenden Ersten Weltkrieg und den spanischen Bürgerkrieg blieb es den Bodegas verwehrt, den auf dem Auslandsmarkt eroberten Platz gewinnbringend zu nutzen, obwohl Rioja 1926 als erstes spanisches Anbaugebiet ein Kontrollgremium (Consejo Regulador) eingerichtet hatte. In dieser Zeit entstanden und reiften in Rioja einige hervorragende Jahrgänge (von denen es immer noch die eine oder andere Flasche gibt). Dennoch blieb Rioja ein Geheimtipp für Kenner aus Spanien und Lateinamerika bis zum internationalen Weinboom in den 1970er-Jahren. Dieser Zeitraum war durch eine Welle von Neugründungen und Übernahmen sowie eine enorme Vergrößerung der Rebflächen und der Produktionsmengen gekennzeichnet. Veränderte Kellertechniken erweiterten zudem das ohnehin schon breite Spektrum an Weinstilen.

Rioja besteht eigentlich aus drei Regionen mit insgesamt mehr als 59 000 ha Rebfläche, die sich entlang des Ebro-Tals von den Conchas de Haro, einer felsige Schlucht in der Sierra Cantábrica, bis zum wesentlich breiteren Tal bei Alfaro, 95 km weiter östlich und fast 300 m tiefer, erstreckt.

Die offizielle Hauptstadt der am höchsten gelegenen Region La Rioja Alta ist Logroño, aber die Hauptstadt des Weinbaus ist das viel kleinere Haro. Bodegas befinden sich auch in Cenicero, Fuenmayor und Navarrete. Die Rebfläche beläuft sich auf 24 450 ha. Der Boden ist eine Mischung aus kreidehaltigem und eisenreichem Lehm sowie sandigem Schwemmland. Das Klima ist kühl, die Niederschlagsmenge relativ hoch. Der Mindestalkoholgehalt für Weine aus Rioja Alta beträgt nur 10 %. Sie haben den höchsten Säuregehalt, aber auch den feinsten Geschmack, die beste Struktur, Finesse und so »griffige« Tannine, dass sie manchmal geradezu unbegrenzt haltbar sind.

Rioja Alavesa nördlich des Ebro in der baskischen Provinz Alava verfügt über mehr Südhänge und einen einheitlicheren Lehmboden. Die 12 050 ha Rebfläche sind überwiegend mit Tempranillo bestockt, der hier besonders duftige, geschmeidige, fast schon üppige, meist sehr helle und rasch ausreifende Weine liefert. Der Mindestalkohlgehalt beträgt 11–11,5 %. Ein Dutzend Bodegas verteilt sich auf vier Orte: Labastida, Elciego, Laguardia und Oyon.

Rioja Baja, die am tiefsten gelegene Region mit 20 900 ha, hat bei weitem das wärmste und trockenste Klima. Der Boden besteht aus Schwemmsand und eisenreichem Lehm; die Hauptrebsorte ist Garnacha tinta, die einen schwereren, breiteren, weniger feinen Wein mit mindestens 12–12,5 % Alkohol erbringt. Nur sechs Bodegas, die ihre Weine selber ausbauen, sind hier ansässig, aber fast alle Bodegas in Rioja kaufen hier Wein ein, und einige pflanzen bessere Reben in den höheren Lagen der Region.

Wahrscheinlich sind die meisten Rioja-Rotweine Verschnitte aus Weinen aller drei Bereichen, aber die alteingesessenen

Bodegas beziehen den größten Anteil aus den Gebieten, in denen sie gegründet wurden, und einige in Rioja Alavesa legen besonderen Nachdruck auf die regionale Eigenart ihrer Weine.

Rioja DOCa

Seit dem Jahrgang 1991 steht Rioja der neue Spitzenrang einer Denominación de Origen Calificada (qualifizierte Ursprungsbezeichnung) zu. Das Wort »qualifiziert« soll dabei, genau wie bei der DOCG in Italien, dem Verbraucher eine zusätzliche Garantie für die Qualität des Weins liefern. Und genau wie bei der DOCG in Italien wurde die Einführung dieser Kategorie von Ärger, Anfeindungen, Streit, Schmähungen und der Unterstellung, es handle sich um nichts weiter als einen Werbetrick, begleitet. Natürlich hätte man es besser machen können, natürlich hätte man die Sache konsequenter durchziehen und das Image von Rioja von Grund auf ändern können. Doch dem war nicht so. Die einzige von außen erkennbare Folge ist, dass der Wein nicht mehr en gros verkauft wird, sondern sämtlich im Bereich selbst abgefüllt wird. Und es kommt, zumindest sieht es bisher so aus, unter dem Namen Rioja inzwischen weit weniger Wein minderer Qualität auf den Markt. Und das ist doch immerhin etwas.

Lange Alterung in Bordeaux-ähnlichen Fässern ist das Merkmal von traditionellem Rioja. Sie verleiht rotem wie weißem Wein einen deutlich wahrnehmbaren Vanilleton in Duft und Geschmack. Die besten Weine vertragen mit ihrem konzentrierten Geschmack nach reifen Früchten erstaunlich viel von dieser Eichennote. Weniger gute Weine werden davon überrollt, verlieren ihre fruchtige Süße und werden trocken und fad. Der spanische Geschmack legt großen Wert auf Eichenholzaroma, der internationale Geschmack dagegen neigt bei Rotweinen zu einer kürzeren, bei Weißweinen zu einer sehr kurzen oder gar keiner Lagerung im Eichenfass. Viele Bodegas gehen deshalb von der früheren Praxis ab, den Wein erst abzufüllen, wenn er ihrer Meinung nach voll ausgereift ist. Indem sie Fass- durch Flaschenreife ersetzen, verringern sie den Eichengeschmack zugunsten des subtileren Buketts der Flaschenalterung.

Auf Rotwein entfallen drei Viertel der Gesamterzeugung des Bereichs. Eine typische Bodega in Rioja bietet in etwa folgende Auswahl:

Vinos blancos

Die meist sehr trockenen und erfreulich alkoholschwachen (10–11%) Weißweine werden vorwiegend von Viura (alias Macabeo) mit oder ohne Malvasía und/oder Garnacha blanca erzeugt. Säuregehalt und Oxidationsbeständigkeit sind gut; nach traditioneller Art bereitete Weine hatten wenig Traubenaroma, waren aber oft schön strukturiert und ausgewogen.

Bessere Weißweine wurden früher stets drei bis zwölf Jahre in alten Eichenfässern gelagert – die besten am längsten. Hervorragende Beispiele dieser Reservas bleiben hell zitronengelb und bewahren eine erstaunliche Frische, Rundheit und Kraft unter einer schweren Decke aus Eichenholz. Sie sind mit den besten weißen Graves alter Jahrgänge zu vergleichen. Leider weicht dieser äußerst individuelle, wenn auch altmodische Stil zunehmend dem modernen Trend zu frischen, säuerlichen Weißweinen.

Heute erzeugen viele Bodegas ihre Weine durch lange, langsame Gärung. Danach werden sie beinahe sofort abgefüllt, um das ursprüngliche Aroma der Trauben in höchstmöglicher Frische zu gewinnen. So verarbeitet, erbringt die Viura-Trau-

be köstliche Weine, die durch eine gewisse Flaschenalterung vermutlich noch besser werden. Die meisten Bodegas produzieren außerdem durch kühle Gärung und kurze Eichenfasslagerung einen Wein, der als Kompromiss zwischen Tradition und Moderne aufzufassen ist.

Süßer weißer Rioja ist selten ein Erfolg. Edelfäule ist in der trockenen Hochlandluft äußerst selten, weshalb meist nur halbgetrocknete, überreife Trauben verarbeitet werden. Doch in besonderen Jahren entstehen wunderbar feine und aromatische süße Weine mit anscheinend unbegrenzter Haltbarkeit.

Vinos rosados

Die in herkömmlicher Weise erzeugten Roséweine sind meist trocken, hell und nicht in Eiche ausgebaut.

Vinos tintos

Viele Bodegas nennen heute alle ihre Rotweine Vinos tintos. Früher unterschied man üblicherweise *clarete,* hellen Rotwein mit relativ geringem Alkoholgehalt (10–11,5%) in Bordeaux-Flaschen, von *tinto* (manchmal auch *borgoña*) in Burgunderflaschen. Vino tinto im ursprünglichen Sinn ist viel dunkler, fruchtiger, voller und alkoholreicher. Beide Stile werden aus einer Mischung von Tempranillo, der Hauptrotweintraube, und dem üppigen, aromatischen Graciano sowie der alkoholstarken Garnacha tinta (Grenache an der Rhône) bereitet, wobei oft noch etwas Mazuelo (alias Cariñena), ein Verwandter des Carignan aus dem Midi, hinzukommt. Cabernet Sauvignon gilt als »experimentelle« Rebsorte, wird jedoch gelegentlich beigemischt. Einige Bodegas produzieren sortenreinen Tempranillo, die meisten aber Verschnitte, und ein *clarete* kann bisweilen Anteile der weißen Viura-Traube enthalten. Beide Arten gibt es auch als Reserva und Gran Reserva, wenngleich die besten Rioja-Weine meist Versionen des ursprünglichen *tinto* sind. Er übersteht den Fassausbau besser, ohne dabei dünn zu werden, und kann – obwohl weniger duftig – in der Flasche eine herrliche Samtigkeit entfalten.

Alle Weine kommen entweder *joven* (jung), das heißt ohne Eichenfassausbau, oder *con crianza,* mit Eichenfassausbau auf den Markt. Ein *vino de crianza* aus Rioja wird entweder nach drei oder nach vier Jahren abgefüllt *(3 años, 4 años),* von denen er mindestens eines in der *barrica,* einem 225-l-Fass, verbracht haben muss; den Rest der Zeit lagert er in großen Eichenfässern. Dies gilt für Weine bescheidener, mittlerer und guter Qualität. Reservas sind ausgewählte Weine, die mindestens drei Jahre, davon eines in der *barrica,* gereift sind. Heute darf die vorgeschriebene Fasslagerzeit durch jeweils die doppelte Zeit in der Flasche ersetzt werden. Weiße Reservas müssen mindestens sechs Monate in Eichenfässern altern.

Die Gran Reservas haben mindestens fünf Jahre Lagerung hinter sich, davon mindestens zwei in der *barrica* oder die doppelte Zeit in der Flasche. Die vorgeschriebenen Lagerzeiten wurden in den letzten Jahren erheblich verkürzt, was einerseits dem veränderten Geschmack der Verbraucher und andererseits kommerziellen Gesichtspunkten der Erzeuger Rechnung tragen soll. Auf ihren Ruf bedachte Bodegas lassen natürlich nur Weine feiner Qualität zu Reservas und Weine bester Qualität zu Gran Reservas ausreifen, obwohl das nicht ausdrücklich in den Bestimmungen festgelegt ist.

Die ausgezeichneten Jahrgänge 1994 und 1995 ließen das Interesse an dem berühmten, den Erwartungen aber häufig nicht gerecht werdenden Bereich wieder steigen. Während die großen Bodegas weiter auf bewährten Pfaden wandeln und zum Teil immer noch große Mengen gut bereiteter, aber recht ausdrucksloser Weine produzieren, nähern sich kleinere, innovativere Erzeugerbetriebe einem internationaleren Stil an, verwenden französische statt amerikanische Eiche und nur kleine Fässer. Auch auf die Qualität des Rebguts wird mehr Wert gelegt, das heißt, es werden Weine von reiferen Trauben aus Weinbergen mit niedrigen Erträgen erzeugt. Traditionalisten mögen beklagen, dass es diesen üppigen und häufig hochpreisigen Gewächsen an *typicité* mangelt, doch bisher ist die Vielfalt innerhalb des Anbaugebiets noch so groß, dass für jeden etwas dabei ist.

Die führenden Erzeuger in Rioja

AGE Bodegas Unidas ☆☆
Fuenmayor

Große moderne Bodega, die 1967 durch den Zusammenschluss der Bodegas Romeral und Las Veras entstand und heute im Besitz von Allied Domecq ist. Trotz eigenem Weinbergbesitz müssen die meisten Trauben zugekauft werden. Die besten Rotweine sind die traditionellen Reservas »Marqués del Romeral«, »Fuentemayor« und »Siglo«. Die Weißweine sind alle im neuen fruchtigen Stil gehalten und werden jung abgefüllt.

Finca Allende ☆☆☆
Briones. www.finca-allende.com

Das kleine Gut wird von Miguel Angel de Gregorio geführt, dem Qualität im Weinberg alles bedeutet. Für den in Barriques ausgebauten Weißwein werden Viura und Malvasía verwendet. Der äußerst aromatische »Calvario« mit einem Duft nach roten Früchten kommt aus einer Einzellage; »Aurus« ist ein Spitzenverschnitt, der zwei Jahre, vielleicht etwas zu lang, in Barriques reift. Die Produktion beläuft sich auf 20 000 Kisten, und die Preise sind hoch.

Artadi/Cosecheros Alaveses ☆☆☆
Laguardia, Alava. www.artadi.com

Die 1985 gegründete Kellerei ist in kurzer Zeit zu einem Großbetrieb geworden. Obwohl 1 Mio. Flaschen im Jahr produziert werden, ist die Qualität hervorragend. Alle Weine bestehen zu 100 % aus Tempranillo; die besten werden in neuen Barriques ausgebaut. Es sind Einzellagenweine oder Verschnitte von sehr alten Reben, deren großartige Struktur die Eichenholzwürze wunderbar einzubinden weiß. Erstklassige, wenngleich toastige, schokoladige Tropfen, die so manchem Rioja-Fan untypisch erscheinen mögen. Große Nachfrage, hohe Preise.

Berberana ☆–☆☆
Cenicero. www.arcobu.com/berberana

Nach einer Zeit bei Rumasa und anschließender Verstaatlichung jetzt wieder in Privatbesitz (Arco Bodegas Unidas). Die große Bodega in Cenicero mit stolzen 34 000 Fässern wurde 1970 gegründet. Die Trauben stammen von den eigenen 130 ha in Rioja Alta; ein gewisser Anteil wird zugekauft. Es gibt zwei Exportweine: »Carta de Oro« mit 20 % Garnacha im Verschnittrezept und »Viña Alarde« in verschiedenen Stilen von Crianza bis zu vollen, samtigen Gran Reservas. Der neue Viura-Weißwein wird 6 Monate in neuer amerikanischer Eiche ausgebaut.

Bilbainas ☆–☆☆☆
Haro. www.grupocodorniu.com

Die Bodega wurde 1901 gegründet und ist heute im Besitz des Cava-Herstellers Codorníu. 70 % der Trauben werden auf den eigenen 260 ha in Haro (Rioja Alta) sowie in Elciego, Leza und Laguardia (Alavesa) angebaut. Der Jahresausstoß beträgt 200 000 Kisten. Eine große Auswahl an Weinen hat auf diesem Gut mehr Priorität als ein unverwechselbarer Stil, wenngleich alle Weine in ihrer Art konservativ und nach modernen Maßstäben recht karg sind. »Viña Zaco« ist ein erstklassiger *clarete,* »Viña Pomal« sein körperreicheres Vino-tinto-Pendant. Die Reservas der Reihe »Pomal« sind die vollsten und langlebigsten Weine, eine neue Serie mit Barrique-Ausbau heißt »La Vicalanda«.

Marqués de Cáceres ☆–☆☆
Unión Viti-Vinicola, Cenicero

1970 von Enrique Forner (mit seinem Bruder zusammen Besitzer von Château de Camensac in Bordeaux) gegründet, mit der Hilfe von Professor Emilie Peynaud geplant und inzwischen eine der modernsten Kellereien. Die Trauben stammen von Dutzenden örtlicher Winzer und der Genossenschaft Cenicero. Die Rotweine reifen 15–18 Monate im Fass und genauso lange in der Flasche (Reserva und Gran Reserva verbringen bis zu 36 Monate im Fass und halten sich zehn Jahre in der Flasche). Sie fallen weniger eichig aus als traditioneller Rioja, aber sind ausgewogen und fruchtig. Der Weiße kommt jung und ohne Fassreife auf den Markt und war einer der ersten dieses neuen Weißweinstils; er gehört mit seiner fruchtigen Frische immer noch zu den besten. Wie viele andere Kellereien in Rioja hat auch Marqués de Cáceres einen Spitzenwein herausgebracht: einen vollen, tanninreichen Verschnitt von Garnacha, Graciano und Tempranillo namens »Gaudium«.

Campo Viejo ☆–☆☆
Logroño

Eine der größten Bodegas in Rioja und im Besitz von Allied Domecq. 50 % der Weine entstehen aus Genossenschaftsweinen, 25 % aus zugekauften Trauben und 25 % aus Trauben der eigenen 500 ha. »Campo Viejo« ist stets eine empfehlenswerte Wahl unter den Rioja-Rotweinen der Mittelklasse; »Marqués de Villamagna« ist die Gran Reserva der Bodega; »Alcorta« heißt der reichhaltige, fassgereifte Weiße.

Viñedos del Contino ☆☆–☆☆☆
Laguardia, Alava.
www.cvne.com

Das 1974 von CVNE (siehe dort) gegründete 62-ha-Gut produziert 30 000 Kisten oft hervorragender Reservas und Gran Reservas aus eigenen Trauben. »Viña del Olivo«, ein zwei Jahre in kleinen Fässern ausgebauter Einzellagenwein, vereint würzigen Wohlgeschmack mit seidigem Gefüge.

CVNE (Compañía Vinícola del Norte de España) ☆–☆☆☆
Haro. www.cvne.com

Einer der besten Erzeugerbetriebe in Rioja, 1879 von den Brüdern Real de Asúa gegründet und noch immer im Besitz der Familie. Die eigenen 540 ha liefern 65 % des Traubenbedarfs für Rotwein. Weitere Rebflächen stehen unter Vertrag. Die Weine sind gleich bleibend gut. Zu den Roten zählen der ausgezeichnete, kräftige »Cune«, der elegante, samtige »Imperial« (eine Reserva aus Rioja Alta) und der bemerkenswert körperreiche, würzige »Viña Real« aus Alavesa (in Elciego erzeugt). Beim Weißwein war CVNE früher für den traditonellen, nach Eiche schmeckenden »Monopole« von Viura bekannt, der heute aber nur noch wenig an diese Zeiten erinnert, wohingegen weißer »Viña Real« in neuen Eichenfässern vergoren wird. Die 1989 für umgerechnet 15 Mio. Euro erbaute Kellerei war damals eine der modernsten der Welt.

Domecq ☆–☆☆
Elciego, Alava. www.domecq.es
1970 von dem Sherry-Erzeuger Pedro Domecq (siehe dort) und dem kanadischen Getränkekonzern Seagram gegründet. Als sich die beiden Firmen 1974 trennten, errichtete Domecq eine moderne Bodega, legte neue Weinberge an und kaufte alte in Alavesa auf. Heute umfasst der Besitz 300 ha, aber es wird immer noch ein großer Teil der Trauben zugekauft. Weißer und roter »Marqués de Arienzo« sowie der preiswertere »Viña Eguia« sind die Hauptmarken. Ersteren gibt es auch als Reserva, Gran Reserva und Reserva Especial. Jährlich werden 450 000 Kisten verkauft.

Faustino ☆☆
Oyón, Alava. www.bodegasfaustino.es
1860 gegründet, heute noch Familienbesitz. Alle Trauben stammen aus der Umgebung von Oyón in Rioja Alavesa, 40 % von den eigenen 650 ha. Die rote Reserva »Faustino V«, die Gran Reserva »Faustino I« und der aromatische, an Zitronen erinnernde Weißwein im neuen Stil werden größtenteils von eigenen Trauben aus erstklassigen Lagen erzeugt. Die Rotweine werden lieber etwas länger in der Flasche als zu lange im Fass gelagert. Ein Neuzugang ist der »Faustino de Autor«, eine Reserva im neuen Stil, die zwei Jahre in französischer Eiche verbringt. Auch guter Roséwein.

Lopez de Heredia ☆☆☆–☆☆☆☆
Haro
Eines der großen Bollwerke der Tradition in Rioja. Der Familienbetrieb wurde 1877 von Don Raphael Lopez de Heredia y Landeta gegründet; die heutige Kellermeisterin Maria-José Lopez de Heredia vertritt die fünfte Generation. Die Gebäude nahe der Eisenbahngleise in Haro sind ein Musterbeispiel für Jugendstil-Architektur, mit einem wagnerianisch anmutenden unterirdischen Verkostungsraum und feuchten, kalten Kellern. Etwa die Hälfte der Trauben stammt aus den eigenen Weinbergen in Rioja Alta, der Rest wird weitgehend von kleinen örtlichen Betrieben angekauft. Alle Weine gären und lagern mindestens drei Jahre in Eichenfässern – das Unternehmen verfügt über eine eigene Böttcherei. Neben einem gewichtigen Roséwein gibt es »Tondonia« (feine Rot- und Weißweine nicht unter *4 años*), »Bosconia« (vollerer, in Bestform üppiger Roter), »Gravonia« (ein eichenholzwürziger Weißer) und »Cubillo«, der mit *3 años* der jüngste Rotwein ist. Ein 1964er »Tondonia Blanco« war 2002 noch herrlich frisch.

Martínez Bujanda ☆☆–☆☆☆
Oyón, Alava. www.bujanda.com
Die rund 100 Jahre alte Bodega in Familienbesitz wurde 1988 neu gegründet und erzeugt bereits hervorragende Weine im modernen Stil von den eigenen 400 ha. Die Spitzenweine kommen unter dem Namen »Conde de Valdemar« heraus. Im Angebot ist auch ein sortenreiner Garnacha, ein ausdrucksvoller Einzellagen-Rioja von der 80 ha großen Finca Valpiedra, sowie ein Verschnitt von Tempranillo und Cabernet Sauvignon.

Muga ☆☆–☆☆☆
Haro. www.bodegasmuga.com

Der kleine Familienbetrieb wurde 1932 von Don Isaac Muga gegründet und nach seinem Tod von Sohn Don Isaac Muga Caño übernommen, der zwei Jahre später in eine neue Bodega am berühmten Bahnhof von Haro umzog. Muga ist nach eigenem Bekunden der einzige Erzeuger in Rioja, der für die Vergärung und den Ausbau ausschließlich amerikanische Eiche verwendet. Die eigenen 70 ha liefern 40% des Traubenbedarfs, der Rest wird von Winzern in Rioja Alta gekauft. Muga-Weine sind unglaublich hell und ätherisch, aber sehr duftig. Nach meinem Geschmack ist der bei weitem beste Wein des Hauses die dunklere und vollere »Gran Reserva Prado Enea«, die in ihrer samtigen Eindringlichkeit einem Burgunder ähnelt. Es wird auch erstklassiger traditioneller Weißwein erzeugt. Noch weiter an Profil gewonnen hat die Kellerei mit der Spitzen-Cuvée »Torre Muga«, einem reichhaltigen, eichenwürzigen, fruchtigen Wein, der ein langes Leben vor sich hat. Jährlich werden 100 000 Kisten verkauft.

Marqués de Murrieta ☆☆☆–☆☆☆☆
Logroño. www.marquesdemurrieta.com
Die 1872 von Don Luciano de Murrieta y García-Lemoine gegründete und damit nach Marqués de Riscal zweitälteste Bodega in Rioja genießt immer noch einen besonderen Ruf und hat sich in all der Zeit bemerkenswert wenig verändert. 1983 wurde sie von dem inzwischen verstorbenen Vicente Cebrián, Conde de Creixell, übernommen. Der eigene Rebbesitz in Ygay bei Logroño liefert mittlerweile den größten Teil des Traubenbedarfs, denn der neue Besitzer hatte umfangreiche Neuanlagen vorgenommen, um die Bodega mit nunmehr 300 ha von Zukäufen unabhängig zu machen. Die Weinbereitung ist durch und durch traditionell, der Qualitätsstandard sehr hoch. Die kleine Auswahl umfasst den fruchtigen »Etiqueta Blanca« *4 años* und den seltenen und teuren »Castillo Ygay«, der mindestens zehn Jahren reift, bevor er auf den Markt kommt. In der Mini-Kellerei Dalmau entstehen die gleichnamigen Barrique-gereiften Weine mit enormer Konzentration.

Bodegas Olarra ☆☆
Logroño. www.bodegasolarra.es
Das ultramoderne Kellereigebäude in Rioja, das aus drei Flügeln besteht, die die Rioja-Regionen symbolisieren, würde im Napa Valley wohl weniger Aufsehen erregen als auf seinem Industriegelände außerhalb von Logroño. Die Bodega verfügt über keinen eigenen Rebbesitz, hat sich aber mit stilvollen, typischen Rot- und Weißweinen (letztere haben eine leichte Eichennote und entfalten sich außerordentlich gut in der Flasche) rasch einen Namen gemacht. »Cerro Añon« heißen die gehaltvolleren, dunkleren Reservas, »Reciente« ist ein moderner Weißwein und »Añares Crianza« der Bestseller der letzten Jahre. In außergewöhnlichen Jahren wie etwa 1995 wird ein reichhaltiger, geschmeidiger Verschnitt (Tempranillo-Mazuelo-Graciano) namens »Summa« erzeugt.

Palacios Remondo ☆☆☆
Alfaro. www.vinosherenciaremondo.com
1947 von Don José Palacios Remondo gegründet und noch immer in Familienbesitz. Nach dem Tod des Gründers wurde das Unternehmen umstrukturiert und mit dem brillanten Alvaro Palacios ein Kellermeister ins Haus geholt, der Maßnahmen zur Verbesserung der Qualität durchsetzen konnte. Zugekaufte Trauben, überwiegend aus Rioja Baja, ergänzen den Ertrag der gutseigenen 100 ha. Erzeugt werden »Herencia Remondo«, »Placet« (ein Barrique-gereifter Viura-Weißwein) und der elegante, konzentrierte »2 Viñedos Vino de Guarda«.

Remelluri ☆☆–☆☆☆
Labastida, Alava

Eine ungewöhnliche Bodega, die nach ökologischen Richtlinien arbeitet. Ihr 105 ha umfassender Weinbergbesitz liegt in großer Höhe, was den Weinen zu einer außerordentlich guten Säurestruktur verhilft. Nach der Gärung werden die Rotweine für zwölf Monate in Großfässer abgefüllt, danach reifen sie zwei Jahre in Barriques. Trotzdem sind sie nicht übermäßig eichig, dafür tiefdunkel, üppig fruchtig und haben geschmeidige Tannine. Viognier und Chardonnay werden zu einem unorthodoxen fassgereiften Weißwein verarbeitet.

La Rioja Alta ☆–☆☆☆
Haro. www.riojalta.com

Einer der Spitzenbetriebe in der Nähe des Bahnhofs in Haro, 1890 aufgebaut und heute noch unter der Leitung von Nachkommen der Gründer. Der Rebbesitz umfasst 300 ha in verschiedenen Lagen in Rioja, außerdem wird Lesegut örtlicher Winzer dazugekauft. Die Rotweine des Guts sind charaktervoller als seine Weißen. »Viña Alberdi« ist ein gefälliger roter Crianza, »Viña Arana« ein feiner leichter Roter (und ein uninteressanter Weißer) und »Viña Ardanza« eine üppige, volle Reserva, die Lagerung lohnt. Die Spitzengewächse sind »Reserva 904« und »Reserva 890«, besondere Auslesen mit Tiefe und kräftiger Farbe, die nach fünf bzw. acht Jahren in amerikanischer Eiche perfekte Ausgeglichenheit erreichen. Zum Besitz gehört auch die Bodega Lagar de Fornelos im Bereich Rías Baixas in Galicien (siehe dort).

Riojanas ☆☆
Cenicero. www.bodegasriojanas.com

Eine große, konservative Bodega in Rioja Alta, die 1890 als eine Art spanisches Château von Familien gegründet wurde, in deren Besitz sie sich heute noch befindet. Ein Teil der Trauben wird zugekauft, der Rest stammt von den eigenen 200 ha in Cenicero. Die Reserva-Weine »Viña Albina« und »Monte Real« werden mit traditionellen Methoden bereitet, wobei Letzterer ein besonders beachtlicher, äußerst eindringlicher Roter ist. Weiter Marken sind »Puerta Vieja« und »Canchales«.

Marqués de Riscal ☆☆–☆☆☆
Elciego, Alava. www.marquesderiscal.com

Die älteste noch bestehende Bodega in Rioja wurde 1860 von Don Camilo Hurtado de Amezaga, Marqués de Riscal, gegründet. Sie wurde von einem *vigneron* aus Bordeaux aufgebaut, und die meisten Weine zeichnen sich noch heute durch einen leichten, eleganten Bordeaux-ähnlichen Charakter aus – Gipfel und Inbegriff des Rioja Alavesa. 40 % der Trauben stammen aus den eigenen 210 ha, von denen 20 ha mit Cabernet Sauvignon bestockt sind. Für die auf lange Lagerung ausgelegten Verschnitte wird seit jeher ein hoher Anteil dieser Rebsorte verwendet: Eine 1970er Reserva etwa enthält 60 % Cabernet Sauvignon, ein erstaunlicher 1938er, der 1982 immer noch Kraft besaß, sogar 80 %. Die Weine reifen bis zu vier Jahre im Fass und dann mindestens drei, manchmal aber auch zehn Jahre in der Flasche. »Baron de Chirel«, ein Wein von den einmaligen alten Cabernet-Beständen der Bodega, wurde erstmals 1986 erzeugt, und um den Consejo Regulador nicht in Verlegenheit zu bringen, werden als Rebsorten 54 % Tempranillo und 46 % »sonstige« angegeben. Die Weißen von Riscal sind keine Rioja-Weine, sondern kommen aus Rueda.

Riscal war eine der ersten großen Bodegas, die auf die immer lauter werdende Kritik an der nachlassenden Qualität in der Region reagierte. Ertragsverringerung und Auslese von

Hand, die Verpflichtung Paul Pontalliers von Château Margaux als Berater und der Bau einer nagelneuen Kellerei nach Entwürfen des Stararchitekten Frank Gehry, die Ende 2004 fertig gestellt sein soll, waren die Konsequenzen.

Roda ☆☆–☆☆☆
Haro. www.roda.es

Eine in Rioja eher selten anzutreffende Boutique-Kellerei im Besitz der Familie Rotllant. Die wichtigsten Weine sind »Roda I« und »Roda II«, beide von 50-jährigen Reben; »Roda I« ist ein sortenreiner Tempranillo, der längere Zeit in größtenteils neuer Eiche reift. Fans von 100 % neuer Eiche sei der »Cirsion« empfohlen, der von noch älteren Reben, aber nur in sehr geringen Mengen erzeugt wird.

Weitere Erzeuger in Rioja

Alavesas ☆
Laguardia

Im Besitz der Alter-Gruppe. Der eigene Rebbestand umfasst 360 ha, von örtlichen Winzern werden aber Trauben zugekauft. Die Bodega erzeugt typische helle, leichte, duftige Alavesa-Weine, auch Reservas, unter dem Namen »Solar de Samaniego«; weitere Etiketten sind »Solar de Iriarte« und »Solar de Berbete«.

Barón de Ley ☆☆
Mendavia, Navarra. www.barondeley.com

Stetig besser werdendes Gut, eines der führenden in Rioja Baja mit 150 ha Rebbesitz. Neben den verlässlichen Standardweinen wird ein kraftvoller Barrique-gereifter Einzellagenwein namens »Finca del Monasterio« bereitet.

Beronia ☆
Ollauri. www.beronia.com

Im Besitz von González Byass (siehe dort). Verlässlicher Erzeuger von frischem Crianza und weißem Rioja.

Ramón Bilbao ☆☆
Haro. www.bodegasramonbilbao.es

Der 1924 gegründete Familienbetrieb kauft einen Großteil des Weins und der Trauben von privaten Gütern an. Die Rotweine bestehen zu 100 % aus Tempranillo, der Barrique-gereifte Weißwein ist ein sortenreiner Viura.

Bretón ☆☆
Logroño

Die große Kellerei mit 100 ha Rebbesitz erzeugt gute Rotweine: »Loriñón«, »Dominio de Comte« und den Barrique-gereiften »Alba de Bretón«.

Campillo ☆☆
Laguardia, Alava

Gehört zu Faustino und erzeugt ausgezeichnete Reserva und Gran Reserva. In die Reserva Especial gehen rund 25 % Cabernet Sauvignon ein.

El Coto ☆–☆☆
Oyón, Alava. www.elcoto.com

Der 1970 gegründete und seither beträchtlich erweiterte Betrieb besitzt 150 ha Rebland in Cenicero und Mendavia. »Coto de Imaz« und »El Coto«, weiche, fruchtige Rotweine, werden fast ausschließlich von Tempranillo erzeugt; der weiße »El Coto« wird im neuen Stil und fast zu 100 % von Viura bereitet.

Franco-Españolas ☆–☆☆

Logroño. www.francoespanolas.com

Große Kellerei im Besitz von Marcos Equizábel Ramirez. Die Weinberge wurden verkauft; Trauben und Wein werden aus Rioja Alta und Alavesa bezogen. Der traditionelle, eichenfassgereifte Weißwein »Viña Soledad« wird nun durch den nicht in Eiche ausgebauten halbtrockenen weißen »Diamante« ergänzt. Zu den traditionellen Rotweinen zählen der dunkle, volle (wenn auch etwas raue), besonders preiswerte »Rioja Bordon« und die Gran Reserva »Excelso«.

Marqués de Griñon ☆☆–☆☆☆

Ollauri

Reichhaltige, fruchtige Weine in modernem Stil enstehen in einem komplizierten Joint Venture mit Lagunilla und Berberana (siehe jeweils dort).

Lagunilla ☆

Fuenmayor. www.lagunilla.com

Moderne Bodega, aber jahrhundertealter Betrieb im Besitz des Arco-Konzerns, dem auch Berberana (siehe dort) gehört. Angekaufte Weine werden zu frischen Weiß- und langlebigen Rotweinen ausgebaut, zu denen auch eine kraftvolle Reserva-Abfüllung zählt.

LAN ☆–☆☆☆

Fuenmayor. www.bodegaslan.com

Die große und sehr moderne Bodega wurde 1974 von baskischen Investoren gegründet. Tempranillo, Mazuelo und Viura aus den eigenen 70 ha in El Cortijo (Rioja Alta) liefern einen Teil des Rebbedarfs. Der Rest wird größtenteils von kleinen Winzern, v. a. in Rioja Alavesa, zugekauft. Durch die Bereitschaft, hohe Preise für gute Trauben zu zahlen, konnte die Qualität gesteigert werden. Erzeugt werden »Lan«, »Viña Lanciano« (Reserva) und der hochpreisige »Culmen de Lan«, der trotz des Barrique-Ausbaus Frucht und Komplexität besitzt.

Montecillo ☆☆

Fuenmayor

Im Besitz des Sherry-Unternehmens Osborne. »Viña Monty« und »Viña Cumbrero« heißen die angenehm zu trinkenden, fruchtigen, nicht sehr komplexen, aber äußerst beständigen Riojas.

Palacio ☆☆

Laguardia, Alava

1894 von Don Angel Palacio gegründet und 1998 von Hijos de Antonio Barceló, den Besitzern der Viña Major in Ribera del Duero (siehe dort), erworben. Einst berühmt für den herrlichen »Glorioso«, der langsam wieder an seinen alten Ruhm anknüpft. Auf der kleinen eigenen Rebfläche in Laguardia werden Tempranillo und Viura angebaut, aber die meisten Trauben für den »Glorioso« und die stilvollen, eichenfassgereiften Weiß- und Rotweine der Reihe »Cosme Palacio«, die mit Beratung durch Michel Rolland aus Bordeaux entstand, werden zugekauft.

Federico Paternina ☆

Haro. www.paternina.com

Eine der größten Bodegas, heute im Besitz von Marcos Equizábal Ramirez (siehe Franco-Españolas). Paternina kauft alle Trauben von Genossenschaften und Winzern an. Zu den Weinen zählen »Banda Azul« (ein nicht sehr beständiger, aber beliebter junger Rotwein), »Viña Vial« (volle, fruchtige Reserva),

eine Gran Reserva und die Reserva Especial »Conde de los Andes«.

Primicia ☆☆

Laguardia, Alava

Die mittelgroße Kellerei mit 45 ha machte Ende der 1990er-Jahre mit komplexen, flaschengereiften Reservas unter verschiedenen Etiketten von sich reden: »Diezmo«, »Julián Madrid« und »Carravalseca«. Außerdem gibt es einen raren Einzellagenwein von Mazuelo.

Vinícola Real ☆☆–☆☆☆

Albelda de Iruega

Der neue Star südlich von Logroño wurde erst 1991 gegründet und ist v. a. mit der geschmeidigen »Monges Reserva« ein Musterbeispiel für einen kleinen, auf die Qualität im Weinberg konzentrierten, aber fortschrittlichen Familienbetrieb.

Viña Salceda ☆

Elciego, Alava

Die Bodega mit 40 ha Rebbesitz erzeugt mit modernen Methoden gute Rotweine, die dem weichen Alavesa-Stil nachempfunden sind: »Viña Salceda« heißt der normale Wein, »Conde de la Salceda« die Gran Reserva. Weißwein gibt es nicht.

Union de Cosecheros de Labastida ☆–☆☆

Labastida, Alava

Die 1965 gegründete Genossenschaft mit 175 Mitgliedern verfügt über 500 ha ausgezeichneter Lagen in Rioja Alavesa und kann mit den besten Bodegas mithalten. Die kraftvollen Rotweine reichen von dem sortenreinen Tempranillo-Alltagswein »Solagüen« bis zur Reserva »Manuel Quintano«, die mindestens vier Jahre in amerikanischer Eiche reift. Der weiße »Montebuena« ist nach modernem Geschmack nicht in Eiche ausgebaut und einer der besten seiner Art.

Viña Villabuena ☆☆

Villabuena, Alava. www.izadi.com

1987 gegründet und damit noch relativ neu im Geschäft. Die Weine kommen unter dem Namen »Viña Izadi« heraus. Die normalen Versionen sind süffig, die in neuer Eiche gereiften Abfüllungen »Expresión« und »Selección« hoch angesehene, elegante Weine, die sich lange halten.

Navarra

Die Provinz Navarra schließt im Osten an Rioja an; einige Weinberge von Rioja Baja liegen offiziell auf ihrem Gebiet. Sie wird im Osten von Katalonien, im Süden vom Ebro und im Norden von den Pyrenäen begrenzt. Navarra verfügt über eine Rebfläche von rund 15 000 ha, auf der die gleichen Rebsorten wie in Rioja wachsen; allerdings hält die schwere, alkoholstarke Garnacha mehr als die Hälfte der Fläche besetzt.

Die besten Weinberge liegen südlich der Provinzhauptstadt Pamplona, wo sich der kühlende Einfluss der Pyrenäen bereits bemerkbar macht. Die rund 7000 Winzer werden bei der Wiederanpflanzung von Tempranillo unterstützt; manche experimentieren auch mit kleinen Mengen von Cabernet Sauvignon.

Durch die vorbildliche Arbeit der regionalen Versuchsanstalt EVENA (*Estación de Viticultura y Enología de Navarra*) ist Navarra zu einem Zentrum der spanischen Weinbauforschung geworden. Überall in der Gegend finden sich Versuchspflanzungen der wichtigsten Rebsorten. Die Innovationsfreude erstreckt sich auch auf Fassgärung bei Weißwein, etwa Chardonnay, Verschnitte von Tempranillo und Cabernet Sauvignon und die Bereitschaft, es bei den Qualitätsrotweinen selbst mit dem mächtigen Rioja aufzunehmen.

Trotzdem entfällt immer noch ein Drittel der Produktion auf Roséwein. Die Anzahl der Genossenschaften hat sich in den letzten 20 Jahren um mehr als die Hälfte verringert, weil immer mehr Winzer eigene Betriebe gründen.

Die führenden Erzeuger in Navarra

Borgia ☆☆
Los Arcos

Kellerei mit einer Produktion von 50 000 Kisten im Besitz von Faustino in Rioja (siehe dort). Der mittelschwere »Marqués de Valcarlos« ist ein in neuer amerikanischer Eiche gereifter Cabernet-Tempranillo-Verschnitt. Das Spitzengewächs ist »Fortius«, ein frischer, nicht allzu extraktreicher sortenreiner Cabernet Sauvignon.

Castillo de Monjardín ☆☆–☆☆☆
Villamayor. www.monjardin.es

1988 gegründetes 160-ha-Gut. Chardonnay, mit und ohne Ausbau in Eiche, ist die Spezialität des Hauses. Der fruchtige Rosé wird von Merlot bereitet; neben modernen Verschnitten aus Cabernet Sauvignon, Merlot und Tempranillo gibt es auch einen sortenreinen Cabernet und einen ungewöhnlichen Pinot noir namens »El Cerezo«.

Julián Chivite ☆☆–☆☆☆
Cintruenigo. www.bodegaschivite.com

Der größte Privatbetrieb in Navarra wurde 1860 gegründet und besitzt heute 550 ha. Crianza und Reserva »Gran Fuedo« sind angenehm, körperreich und eichenholzwürzig. Der weiße »Gran Fuedo« ist ein nicht eichenfassgereifter Chardonnay. 1988 wurde das Gut Señorío de Arinzano bei Estella erworben, und von dort kommen die größtenteils in Barriques ausgebauten Spitzenweine der Reihe »Colección 125«, die v. a. von Tempranillo und ihre weißen Vertreter von Chardonnay bereitet werden. Der großartige »Vendimia Tardía« ist zwar ein Moscatel, könnte aber leicht für einen edelfaulen Sémillon gehalten werden.

Guelbenzu ☆–☆☆☆
Cascante. www.guelbenzu.com

Der kleine Familienbetrieb wird von dem Rechtsanwalt Ricardo Guelbenzu geführt, der aus dem Consejo Regulador von Navarra ausgetreten ist, um Trauben aus seinen Weinbergen, die in anderen Anbaugebieten liegen, verwenden zu können. Gran Reserva »Evo« ist ein Barrique-gereifter saftiger Cabernet-Tempranillo-Verschnitt. Ganz oben steht der elegante, aber teure »Lautus«, vorwiegend von Tempranillo.

Irache ☆☆
Ayegui. www.irache.com

Der traditionelle Betrieb erzeugt eine große Auswahl an mittelschweren, frischen Rot- und Roséweinen von den eigenen 50 ha in Tierra Estella und zugekauften Trauben.

Viña Magaña ☆☆
Barillas. www.vinamagana.com

Der 120-ha-Familienbetrieb hat in größerem Umfang als alle anderen in Navarra Garnacha durch Cabernet Sauvignon, Merlot, Cabernet franc und Syrah ersetzt. Die Weine erinnern mehr als flüchtig an Bordeaux-Gewächse.

Vinícola Navarra ☆
Campanas

100-jähriger Betrieb französischen Ursprungs und großes Exporthaus, heute im Besitz von Allied Domecq. Die Weine zeichnen sich nicht durch besondere Feinheit aus, sind aber verlässlich und werden in den oberen Rängen geschmacklich immer besser. »Castillo de Tiebas« ist eine körperreiche Reserva, die mit ihrer Eichenwürze an Rioja-Weine erinnert.

Nekeas ☆–☆☆
Valdizarbe

Die private Genossenschaft wurde 1994 von acht Familien gegründet und verfügt über 230 ha. Der Weißwein ist ein Viura-Chardonnay-Verschnitt, der Rotwein ein Tempranillo mit Merlot.

Bodegas Ochoa ☆☆–☆☆☆
Olite. www.bodegasochoa.com

Eine in der Gegend beliebte private Bodega in Olite, der ehemaligen Hauptstadt des Königreichs Navarra. Die Rotweine (u. a. sortenreiner Tempranillo sowie Barrique-gereifter Cabernet Sauvignon/Merlot) und Rosés sind tadellos; Viura-Weißwein und Moscatel sind ebenfalls ausgezeichnet. Javier Ochoa unterstützte EVENA nach Kräften und trug daher entscheidend dazu bei, dass die Qualität in Navarra wieder zunahm.

Bodega del Señorío de Otazu ☆☆
Echauri

Der nördlichste Betrieb in Navarra wurde 1989 von Carlos Biurrun gegründet. Die Barrique-gereiften Rotweine sind Cabernet-Merlot-Verschnitte mit etwas Tempranillo. Der Weißwein ist ein eichenfassgereifter sortenreiner Chardonnay.

Palacio de la Vega ☆–☆☆
Condesa de la Vega. www.palaciodelavega.com

Der 1991 gegründete Betrieb ohne eigene Rebflächen ist im Besitz von Pernod-Ricard. Von angekauften Trauben wird preiswerter, fruchtiger Tempranillo und Cabernet Sauvignon erzeugt.

Príncipe de Viana ☆☆
Murchante. www.principedeviana.com

Das mit Hilfe der Regionalverwaltung 1983 gegründete Unternehmen bringt es heute auf 280 ha Weinbergbesitz. Früher brachte es seine Weine unter dem Etikett »Cenalsa« auf den Markt, doch seit einiger Zeit heißen die preiswerten Normalabfüllungen »Agramont«. Der Name »Principe« ist u. a. für Barrique-gereiften Chardonnay und einen feinen Cabernet Sauvignon vorbehalten.

Señorío de Sarría ☆☆
Puente la Reina. www.senoriosarria.com

Das schönste Weingut in Navarra, einzigartig in der Region (und beinahe in ganz Spanien) durch seine Bordeaux-ähnlichen Methoden und Erzeugnisse. 1981 wurde das alte Gut von einer Bank übernommen, die Weinberge und Keller generalüberholen ließ, und seit 2001 ein neues Team verpflichtet hat, um die Qualität weiter zu verbessern. Die 150 ha große Rebfläche ist v. a. mit Tempranillo und Cabernet Sauvignon bestockt. Die Spitzen-Reservas sind besser als die meisten Rioja-Weine und selbst ein leichter *joven* ist schön ausgewogen.

Aragón

Südlich und östlich von Navarra, auf beiden Seiten des Ebro, liegt Aragón mit seinem schon stärker mediterranen Klima. Seine früher bekannteste DO Cariñena steht für schweren, dunklen Rotwein mit rustikaler Strenge, die sich aber nach zwei Jahren im Eichenfass zu einem angenehm geschmeidigen Gefüge wandelt. Auch hier ist Garnacha tinta die meistangebaute Rebe, obwohl die Region immerhin der großen Traube des französischen Midi, Carignan, ihren Namen gab.

Cariñena liegt im Süden der Provinz Zaragoza und umfasst 17 135 ha Rebfläche. Die kleine DO Campo de Borja (mit 14 Kellereien und 6270 ha) befindet sich zwischen Cariñena und Rioja Baja. Borja (die Heimat der Borgias) bringt einen noch rustikaleren und alkoholstärkeren Roten hervor, der aber eher als Verschnittwein gefragt ist. Catalayud südlich von Borja liefert ähnliche Weine. Am interessantesten ist wohl die 1985 geschaffene und 1993 aktualisierte DO Somontano in den Pyrenäen. Zugereiste Weinerzeuger entdeckten, dass die verschlafene örtliche Genossenschaft eigentlich ganz ausgezeichnete Weine hervorbrachte und dass Boden und Mikroklima sich hervorragend für ernsthaften Weinbau eigneten. Heute wachsen dort die Weißweintrauben Macabeo, Garnacha blanca und Chardonnay neben der großartigen heimischen Alcañón und die roten Sorten Tempranillo, Garnacha und Cabernet Sauvignon neben den heimischen Trauben Parraleta und Moristel (trotz vieler gegenteiliger Behauptungen nicht mit Monastrell identisch). Die Genossenschaft wurde modernisiert, und neue Kellereien experimentieren jetzt mit allem – von Pinot noir bis Gewürztraminer. Die ersten Ergebnisse sind außerordentlich vielversprechend.

Die führenden Erzeuger in Aragón

Viñedos del Alto Aragón ☆☆
Salas Bajas. www.enate.es
Die Kellerei in Somontano wurde 1991 von der Familie Nozaleda Arenas gegründet, besitzt 400 ha eigenes Rebland und erzeugt Weine der Marke »Enate«. Der eichenfassgereifte Chardonnay ist ein sauberer und pikanter Tropfen. Die Rotweine sind komplexe Verschnitte von Tempranillo mit Cabernet Sauvignon und Merlot; die Reserva Especial wird in neuer Eiche ausgebaut, genauso wie ein neuer Wein mit dem sprechenden Namen »Merlot-Merlot«. Der Anspruch ist hoch, aber die Ergebnisse sind nicht so konzentriert, wie es die hohen Preise erwarten lassen, wahrscheinlich weil die Reben noch jung sind. Trotzdem spielt der Betrieb eine führende Rolle bei der Modernisierung des Gebiets und seiner Weine.

Aragonesas ☆
Fuendejalón. www.bodegasaragonesas.com
Der große traditionelle Betrieb bezieht Trauben von den 3500 ha zweier örtlicher Genossenschaften. Die Kellerei bietet eine Auswahl an preiswerten Weinen aus Campo de Borja mit dem Namen »Coto de Hayas«. Garnacha und Tempranillo sind die Hauptrebsorten.

Blecua ☆☆
Barbastro
Die Boutique-Kellerei gehört zu Viñas del Vero (siehe dort) und produziert seit 2000 nur einen tiefdunklen, schwarzfruchtigen Verschnitt von Cabernet, Garnacha und anderen Sorten.

Bodegas Borsao ☆–☆☆
Borja. www.bodegasborsao.com
Die Genossenschaft in Campo de Borja erzeugt preiswerte Weine von 1000 ha mit Cabernet Sauvignon, Garnacha und Tempranillo bestockter Rebfläche.

Enate
Siehe Viñedos del Alto Aragón

Grandes Vinos y Viñedos ☆
Cariñena.
www.grandesvinos.com
Ein 1997 gegründetes sehr großes, neues Unternehmen mit mehr als 5500 ha Besitz. Jahresausstoß sind rund 1 Mio. Kisten Wein aus der DO Cariñena.

Pirineos ☆–☆☆
Barbastro.
www.bodega-pirineos.com
Das 1000-ha-Gut ist einer der Haupterzeuger in Somontano, eine ehemalige Genossenschaft, in der die Trauben von 200 Winzern verarbeitet werden. Die Kellerei ist modern ausgestattet, wahrt aber die Tradition, indem sie neben Cabernet Sauvignon, Merlot und Tempranillo auch Trauben wie Moristel und Parraleta verarbeitet. Die Weine kommen unter verschiedenen Etiketten wie »Montesierra«, »Alquézar« oder »Señorío de Lazán« in den Handel.

Cooperativa San José ☆
Aguaron
Die 1955 gegründete Genossenschaft mit 500 Mitgliedern ist technisch auf dem neuesten Stand. Sehr ordentliche eichenfassgereifte Weine. Unter den Namen »Monasterio de las Viñas« und »Valdemadera« werden typische rote Cariñena-Gewächse und Weißweine von Macabeo erzeugt.

Cooperativa San Valero ☆
Cariñena. www.bodegasanvalero.com
Große Genossenschaft mit 700 Mitgliedern, die 4000 ha bewirtschaften. »Don Mendo« und »Monte Ducay« sind in Spanien sehr gefragt. Die tadellosen Rotweine werden überwiegend von Cabernet Sauvignon und Tempranillo erzeugt.

Viñas del Vero ☆–☆☆
Barbastro.
www.vinasdelvero.es
Hieß früher Compañia Vitivinícola Aragonese. In der seit 1993 existierenden hochmodernen Kellerei wird eine große Auswahl an sauberen Somontano-Weinen von so verschiedenen Rebsorten wie Gewürztraminer, Pinot noir, Merlot, Chardonnay und Viura produziert. Der hohe Säuregehalt mancher Gewächse verlangt nach ein paar Jahren Flaschenreifung.

Das Duero-Tal

Castilla-León

Erstaunlicherweise bringt ausgerechnet das Kerngebiet der Hochebene Altkastiliens mit seinen selbst für Spanien extremen Klimabedingungen heute Qualitätsweine hervor, die Rioja ernsthaft Konkurrenz machen. Die roten Tafelweine vom oberen Douro in Portugal und aus Ribera del Duero in Spanien, beides schwere Gewächse aus heißen Gefilden, sind in ihrer feinen Beschaffenheit eng verwandt. Sie weisen die Struktur, die Sauberkeit und den Zuschnitt eines wuchtigen Bordeaux auf – etwas, was man meines Wissens anderswo in Spanien nicht findet.

Einige der großartigsten und bei weitem teuersten Rotweine Spaniens entstehen an den Ufern des Duero – auf Spanisch Ribera del Duero – östlich von Valladolid nach Peñafiel hin. Sie waren die große Entdeckung der 1980er-Jahre, und ihre Anbauflächen vergrößerten sich während der 1990er-Jahre stetig. Die DO Ribera del Duero umfasst heute 15 265 ha. Die Hauptrebsorte ist Tempranillo, hier Tinto fino genannt. Der zehn Jahre im Fass ausgebaute Vega Sicilia ist das Kronjuwel, aber selbst in den Reservas der Genossenschaft von Peñafiel kommt die Qualität dieses Bereichs zum Ausdruck. Infolge der raschen Ausweitung der Anbauflächen werden viele Weine von noch jungen Reben erzeugt und sind nicht immer für eine längere Fassreife geeignet, weshalb die grundsätzlich hohen Preise häufig nicht angemessen sind. Die vollfruchtigen Crianzas sind oft angenehmer zu trinken als tanninherbe, allzu extraktreiche Gran Reservas.

Erstaunt ist man auch, eine aufstrebende DO mit Weißwein nur etwa 30 km südlich von Valladolid in einer Region vorzufinden, die so massive Rotweine hervorbringt. Der kleine Bereich Rueda hatte sich mit einer Art Sherry einen Namen gemacht, einem starken, Florhefe bildenden gelben Wein von der Palomino-Traube, die auf kalkhaltigem Lehmboden, ähnlich dem *albariza* von Jerez, wächst. Doch die moderne Weißweintechnik revolutionierte den Rueda. Marqués de Riscal aus Rioja war der erste einer Reihe von Investoren, die hier eine Chance witterten und mit Hilfe von Ratgebern aus Frankreich einen neuen Rueda »erfanden«: einen körperreichen, frischen trockenen Weißwein, der Spanien schon lange gefehlt hatte. Die traditionelle Rebsorte ist Verdejo; sie muss mindestens 40 % des Verschnitts ausmachen, der häufig auch den hier gut gedeihenden Sauvignon blanc enthält.

Alle anderen Weine in Altkastilien sind rot. Der Toro ist der nächste Nachbar des Rueda: ein massiver Wein aus dem staubigen Duero-Tal zwischen Valladolid und Zamora. Dank moderner Kellereien rückt der Bereich, der früher vornehmlich Weine zu Verschnittzwecken lieferte, unaufhaltsam in die Spitzenriege spanischer DO-Bereiche vor.

In Cebreros jenseits der Berge im Süden, zwischen Avila und Madrid, werden kraftvolle *claretes* erzeugt. Cigales nördlich von Valladolid war früher für rauen *clarete* bekannt, verzeichnet mittlerweile aber einen stetigen Qualitätsanstieg, an dem rund 40 Kellereien mitwirken.

León selbst ist das Handelszentrum der Provinz. Seine Weinberge liegen im Westen, in Bierzo, jenseits der Berge an der Grenze zum kühlen Galicien. Villafranca del Bierzo ist der Hauptort eines Anbaugebietes mit 3700 ha. Die Weine aus Bierzo sind die leichtesten von León, mit einem guten Säuregehalt und nicht allzu stark.

Die führenden Erzeuger in Castilla-León

Abadía Retuerta ☆☆–☆☆☆
Sardón de Duero
Ein ehrgeiziges Projekt, das 1996 außerhalb der DO Ribera del Duero ins Leben gerufen wurde. Produziert werden 1 Mio. Flaschen einer reichen Auswahl an teilweise preiswerten Weinen von Tempranillo und Cabernet Sauvignon. Berater ist Pascal Delbeck aus St-Emilion.

Alión ☆☆☆
Peñafiel
Das 38-ha-Gut ist ein Ableger von Vega Sicilia (siehe dort); die modernen Weine sind im Stil ganz anders als die des Stammbetriebs. Verantwortlich für die Produktion sind dieselben Leute unter der Ägide von Kellermeister Javier Ausás. Der Wein ist in neuen Barriques ausgebauter sortenreiner Tempranillo bester Qualität: natürlich eichig, aber mit feinen Tanninen und außerordentlicher Nachhaltigkeit im Geschmack.

Ismael Arroyo ☆☆–☆☆☆
Sotillo. www.valsotillo.com
Die Familie Arroyo begann 1979 mit der Abfüllung ihrer Weine. Aus der DO Ribera del Duero kommt sortenreiner Tempranillo, der größtenteils in amerikanischer Eiche ausgebaut wird. Die einfacheren Weine werden als »Mesoneros«, die Spitzenweine als »Val Sotillo« etikettiert. Die Crianza-Gewächse sind köstlich, die Gran-Reserva-Abfüllungen zu teuer für ihre Qualität.

Belondrade y Lurton ☆☆
Camino del Puerto
Der Betrieb wurde 1994 in Rueda auf Initiative von Didier Belondrade und Brigitte Lurton aus der berühmten Bordeaux-Familie gegründet. Hauptwein ist ein fassgereifter, körperreicher und ausgesprochen toastiger Verdejo.

Viños Blancos de Castilla ☆☆
Rueda. www.vinosblancosdecastilla.es
Das 170-ha-Gut ist das Produktionszentrum für Weißwein des Unternehmens Marqués de Riscal aus Rioja, das dort keine Weißen erzeugt. Der Verdejo bekommt ein bisschen Eiche ab, der Sauvignon blanc reift ohne Holz.

Bodegas de Crianza de Castilla la Vieja ☆☆–☆☆☆
Rueda. www.bodegasdecastilla.com
Die Kellerei im Besitz von Ricardo Sanz, Mitglied einer prominenten ortsansässigen Familie, erzeugt fassgereiften Rueda sortenrein von Verdejo und rassigen, nicht in Eiche ausgebauten Sauvignon blanc, gelegentlich auch eine Sauvignon-Spätlese. Verwirrenderweise werden die Weine unter dem Namen »Palacio de Bornos« vertrieben.

Condado de Haza ☆☆–☆☆☆
Roa de Duero
Alejandro Fernández (siehe dort) aus Pesquera gründete 1993 dieses 250-ha-Gut. Die Weine, ausschließlich von Tempranillo, werden 15 Monate in amerikanischer Eiche ausgebaut und sind vollfruchtige, pfeffrige Beispiele des weniger extraktreichen Stils von Ribera del Duero.

Fariña ☆☆
Casaseca de las Chanas. www.bodegasfarina.com
Manuel Fariña wurde in den 1980er-Jahren zum Inbegriff des Bereichs Toro mit einem reichhaltigen Tempranillo namens »Gran Colegiata«, der noch immer zu den verlässlichsten und langlebigsten Weinen des Gebiets zählt.

Alejandro Fernández ☆☆–☆☆☆
Pesquera del Duero
Mit »Pesquera«, einem zwei Jahre in neuer amerikanischer Eiche ausgebauten Tinto fino, avancierte Fernández zum Star der 1980er-Jahren. Insbesondere amerikanische Kritiker bewunderten seinen dichten, kernigen Stil und seine kräfti-

ge, tanninreiche Struktur. Fernández fackelte nicht lange, vergrößerte Produktion und Rebflächen (auf 200 ha) und gründete 1993 das Gut Condado de Haza (siehe dort). Die Weine sind nicht 100%ig beständig, können aber in den oberen Rängen hervorragend ausfallen. Die Top-Reserva heißt »Janus«.

Fuentespina ☆☆
Fuentespina, Burgos. www.avelinovegas.com

Die Zweigstelle der Avelino-Vegas-Gruppe in Ribera del Duero mit einer Rebfläche von knapp 400 ha bietet eine ordentliche Auswahl an Weinen von Tinto fino. Eine zweite Marke ist »Vega de Castilla«.

Mauro ☆☆☆
Tudela de Duero. www.bodegasmauro.com

Das viel bewunderte Gut, das nicht unter die DO Ribera del Duero fällt, ist im Besitz von Mariano García, der lange Zeit Kellermeister bei Vega Sicilia (siehe dort) war. Erzeugt werden u. a. die Crianza »Vendimia Seleccionada« und der Prestigewein »Terreus« von niedrigen Erträgen (25–40 hl/ha).

Viña Mayor ☆☆
Quintanilla de Onésimo.
www.habarcelo.es

Das 130-ha-Gut im Besitz von Hijos de Antonio Barceló erzeugt große Mengen von sehr verlässlichem Ribera del Duero.

Hacienda Monasterio ☆☆☆
Pesquera de Duero

1992 gegründetes, qualitätsbewusstes Gut mit Peter Sisseck von Pingus (siehe dort) als beratendem Kellermeister. In wechselnden Anteilen kommen neue Barriques und ältere Fässer zum Einsatz; Letztere werden von Château Margaux bezogen. Alle Weine enthalten außer Tinto fino etwas Cabernet Sauvignon, Merlot und Malbec. Nach einer unbeständigen Phase ist die Qualität jetzt wieder einwandfrei.

Bodegas Emilio Moro ☆☆☆
Pesquera de Duero.
www.emiliomoro.com

Seit 1989 erzeugt Moro traditionellen Ribera del Duero sortenrein von Tinto fino. Die Weine sind auf allen Stufen hervorragend. Mit der 2001 fertig gestellten neuen Kellerei wird die Qualität wohl noch weiter steigen. 1998 wurde der Spitzenwein »Malleolus« eingeführt, der, anders als die übrigen Gewächse, ausschließlich in französischer Eiche reift.

Pago de Carraovejas ☆☆–☆☆☆
Peñafiel

Erfolgreiches Gut im Besitz eines Konsortiums Madrider Gastronomen. Die 1990 angelegte Rebfläche von 70 ha verfügt über Böden mit gutem Wasserabzug und leidet selten unter den für die Reben in Ribera del Duero so bedrohlichen Spätfrösten. Die Weine der oberen Qualitätsstufe werden ausschließlich in französischer Eiche ausgebaut; alle aber enthalten einen gewissen Anteil Cabernet Sauvignon. Die Qualität schwankte anfänglich ein wenig, ist jetzt aber viel beständiger.

Descendientes de J. Palacios ☆☆–☆☆☆
Villafranca del Bierzo

Der berühmte Kellermeister Alvaro Palacios und sein Cousin haben dem Bereich Bierzo mit pflaumenwürzigen Weinen von sehr alten Mencía-Reben Bedeutung verschafft, v. a. mit der hochpreisigen Cuvée »Corullon«.

Viña Pedrosa – Pérez Pascuas Hermanos ☆☆–☆☆☆
Pedrosa de Duero. www.vinapedrosa.com

Das 1980 gegründete 100-ha-Gut ist im Besitz der Brüder Pérez Pascuas. Ihre Weine sind klassische Ribera-del-Duero-Gewächse, die 14–28 Monate in älteren Fässern aus amerikanischer Eiche reifen. Die Gran Reserva stammt von 40-jährigen Reben, »Gran Selección« aus einer Einzellage mit noch älteren Reben. Es sind ausgezeichnete, keineswegs billige Weine mit ausgeprägten Noten von schwarzen Früchten, die nur hin und wieder zu sehr einem Portwein ähneln.

Bodegas Peñalba-López – Torremilanos ☆☆–☆☆☆
Aranda de Duero. www.torremilanos.com

1903 gegründeter Familienbetrieb, dessen 200 ha Rebfläche mit Tinto fino sowie etwas Cabernet Sauvignon und Merlot bestockt sind. Die fruchtigen, schön ausgewogenen Weine namens »Torremilanos« sind recht leicht im Stil und gehören zu den besten aus diesem aufstrebenden Gebiet.

Geplant sind massive Erweiterungen, einschließlich einer neuen Kellerei und Tausender neuer *barricas,* was von dem Vertrauen der Familie in diesen Bereich zeugt. Die Reserva »Torre Albéniz« enthält einen großen Anteil Cabernet Sauvignon und Merlot. Da Familie Peñalba-López ein Fan von neuer Eiche ist, fallen die Weine manchmal robust und übertrieben holzig aus.

Estancia Piedra ☆☆–☆☆☆
Toro.
www.estanciapiedra.com

Der neue Starbetrieb in Toro mit einer Rebfläche von 45 ha ist im Besitz des Amerikaners Grant Stein. Die Weine sind dicht und tanninreich, aber keineswegs unzugänglich, was dem lebhaften Geschmack nach schwarzen Früchten zu verdanken ist.

Dominio de Pingus ☆☆☆
Peñafiel

Der gebürtige Däne Peter Sisseck kam 1990 nach Ribera del Duero und übernahm die Leitung der Hacienda Monasterio (siehe dort), der er noch immer beratend zur Seite steht. Mit Dominio de Pingus begründete er den ersten »Garagenwein« des Bereichs: Er kaufte 4 ha mit sehr alten, ertragsarmen Tempranillo-Reben und baute die Weine bis zu zwei Jahre in neuen Barriques aus.

Begeisterte Urteile von Robert Parker trieben zu Sissecks eigener Verwunderung die Preise in schwindelnde Höhen. Der zweite, geringfügig erschwinglichere Wein ebenfalls bester Qualität heißt »Flor de Pingus«.

Protos ☆☆
Peñafiel. www.bodegasprotos.com

Eine alteingesessene Genossenschaft (1927 gegründet) mit 230 Mitgliedern, deren Rotweine aus einem berühmteren Gebiet stammen könnten: Ihre Qualität liegt weit über dem Genossenschaftsstandard. »Ribera Duero« ist ein nicht in Eiche ausgebauter, brombeeriger Rotwein, »Cosecha« geringfügig eichenfassgereift. Die Reserva ist manchmal sensationell, mit tiefer Farbe und vollem Duft nach Eiche und Maulbeeren reicht sie mit zehn Jahren an einen ausgezeichneten Rioja heran: nachhaltig, weich und köstlich. In Spitzenjahren wird eine Gran Reserva Especial erzeugt.

Rodero ☆☆–☆☆☆
Pedrosa de Duero. www.bodegasrodero.com

Seit 1991 ist Carmelo Roderos 80-ha-Gut ein neuer Stern am Himmel von Ribera del Duero mit bukettreichen Weinen, die immer eine sehr eigene kirschige Fruchtigkeit bewahren, reich an Tanninen, aber nie unausgewogen sind.

Telmo Rodriguez ☆☆–☆☆☆
Burgos

Dieser nimmermüde, begabte Erzeuger bereitet auch kleine Mengen hervorragenden Ribera del Duero sortenrein von Tinto fino. Der Hauptwein heißt »Valderiz«; der dichtere, würzigere, konzentriertere »Matallana« wird ausschließlich in französischer Eiche ausgebaut. Auch aus Toro kommen ausgezeichnete Weine, u. a. »Gago« (Crianza) und der komplexe, hochkonzentrierte, 17 Monate in neuen Barriques ausgebaute »Pago La Jara«.

Señorío de Nava ☆–☆☆
Nava de Roa.
www.senoriodenava.es

Die ehemalige Genossenschaft in Roa wurde 1986 von VILE aus León übernommen und modernisiert. Die neuen Besitzer rüsteten die Weinberge auf maschinelle Lese um und pflanzten neben dem traditionellen Tinto fino auch Cabernet Sauvignon und Merlot an. Hier entstehen dichte, stämmige Tropfen, die zwar nicht besonders fein, aber reichhaltig und schokoladig sind.

Valduero ☆☆–☆☆☆
Gumiel del Mercado, Burgos.
www.valduero.com

Etabliertes Gut, das auf seiner 150 ha großen Rebfläche ausschließlich Tinto fino kultiviert und köstliche Weine hervorbringt, die vom geschickten Einsatz neuer, meist amerikanischer Eiche, in denen Reserva und Gran Reserva reifen, zeugen.

Vega Sicilia ☆☆☆☆
Valbuena de Duero

Das prestigeträchtigste Weingut in Spanien mit legendärem Ruf für die Qualität (und die Preise) seiner Weine. Es wurde 1864 auf Kalksteinhügeln 730 m über dem Meeresspiegel am Südufer des Duero errichtet. Sein Gründer importierte Bordeaux-Reben (Cabernet Sauvignon, Merlot und Malbec) als Ergänzung zu den heimischen Trauben Tinto fino, Garnacha und Albillo.

Die Rebfläche umfasst knapp 20 ha. Die Erträge sind sehr niedrig, die Weinbereitung äußerst traditionell. Es wird nur ungepresster *vin de goutte* verwendet, der 15 Tage lang vergoren und dann in Fässern verschiedener Größe ausgebaut wird: für die großartige Reserva »Unica« (der eigentliche Vega Sicilia) bis zu sechs Jahre, für den »Valbuena« zwischen drei und fünf Jahren. Das Ergebnis sind Weine mit enormer Kraft und unverkennbarer Klasse.

Mit seinem umwerfenden rassigen Geschmack und berauschenden Duft gehört »Vega Sicilia« zu den noblen Exzentrikern unter Europas Weinen, aber schon der »Valbuena« ist Beweis genug dafür, dass der Bereich Ribera del Duero sehr feine Rotweine auch im herkömmlichen Stil hervorbringen kann. Von der ungewöhnlichen »Reserva Especial«, einem Verschnitt ohne Jahrgangsangabe aus alten »Unica«-Beständen und jüngeren Weinen, werden nur 1000 Kisten erzeugt. 1998 verließ der langjährige Kellermeister Mariano García das Gut, um sich seinem eigenen Betrieb Mauro (siehe dort) zu widmen, was für Vega Sicilia einige – bis jetzt aber keine einschneidenden – Veränderungen bedeutet.

Weitere Erzeuger in Castilla-León

Aalto
Roa de Duero.
www.aalto.es

Zwei einflussreiche Persönlichkeiten haben sich 1999 zusammengeschlossen, um einen Ribera del Duero von alten Reben zu erzeugen: Mariano García, ehemaliger Kellermeister von Vega Sicilia und Besitzer von Mauro (siehe jeweils dort), und Javier Zaccagnini, der ehemalige Vorsitzende des Consejo Regulador.

Palacio de Arganza ☆
Villafranca del Bierzo

Seit 1805 ist die Bodega im Palast der Fürsten von Arganza aus dem 15. Jh. die bedeutendste in Bierzo; sie produziert jedoch erst seit 1992 innerhalb der DO. Die kraftvollen Reservas werden in Eichenfässern ausgebaut.

Luna Beberide ☆–☆☆
Cacabelos

Gute, vorwiegend sortenreine Weine der DO Bierzo von Chardonnay, Gewürztraminer, Cabernet Sauvignon und anderen Trauben.

Bodegas Frutos Villar ☆–☆☆
Cigales

Bedeutender Betrieb mit Rebflächen in Ribera del Duero und Toro (»Muruve«) sowie 110 ha in Cigales (»Calderona«). Einfache moderne Gewächse von Tinto fino.

Matarromera ☆☆
Valbuena de Duero.
www.gourmetel.com

Das 80-ha-Gut im Besitz einer Gruppe unter Leitung von Carlos Moro erzeugt Jahr für Jahr sehr beständige, robuste Weine mit reicher Tempranillo-Frucht.

Teofilo Reyes ☆☆
Peñafiel

Reyes war Kellermeister des »Pesquera« (siehe Alejandro Fernández) und gründete 1994 seinen eigenen Betrieb, der fast den gesamten Traubenbedarf ankauft. Die Weine sind erstaunlich üppig, mit reichem Bukett und intensivem Brombeergeschmack.

Traslanzas ☆☆
Mucientes

Die Boutique-Kellerei zeigt seit 1998, welches Potenzial in der DO Cigales steckt.

Vega di Toro ☆☆☆
Toro

Die Familie Eguren in Toro besitzt eine 20 ha große Anbaufläche mit alten Reben, von denen sie kleine Mengen eines herrlichen, wenn auch sehr eichigen Weins namens »Numanthia« erzeugt.

Finca Villacreces ☆☆
Quintanilla de Onésimo

Die Freizeitbeschäftigung von Peter Sisseck (siehe Pingus). Das 50-ha-Gut neben Vega Sicilia erzeugt nur einen Wein, der vor roter Fruchtigkeit nur so strotzt und genug Fülle für gute Haltbarkeit besitzt.

Katalonien & die Balearen

Der Katalane von heute ist stolz auf die Autonomie seiner privilegierten Provinz. Sie erfreut sich eines gemäßigten Klimas mit milden Wintern und ohne die für Spanien typischen Extreme. Katalonien liegt auf demselben Breitengrad wie die Toskana, wird im Norden von den Pyrenäen geschützt, öffnet sich im Süden zum Mittelmeer hin und kann als die Verlängerung des besten Anbaugebiets der französischen Côtes du Roussillon angesehen werden. Beide Gebiete können gewichtige, kraftvolle Rotweine hervorbringen und überraschen immer wieder mit ihren hellen Trauben von erstaunlicher Qualität.

Katalanische Weine verblüffen durch ihre Vielfalt. Aus Priorato (katalanisch Priorat), einer Enklave im Landesinneren, kommen seit jeher Rotweine mit sagenhafter Farbe und Stärke, die heute zu Recht zu den großartigsten Weinen Spaniens zählen. Auf der anderen Seite entdeckte vor über 100 Jahren die Familie Raventós in Penedès, wie sehr sich die einheimischen Weißweintrauben mit ihrem hohen natürlichen Säuregehalt für die Schaumweinerzeugung eignen. Heute liefert Penedès 90 % des spanischen Schaumweins.

Die in jüngerer Zeit wohl bedeutendste Entwicklung war die erfolgreiche Erprobung der klassischen deutschen und französischen Reben in den höheren Lagen von Penedès. Die alteingesessene Winzerfamilie Torres leistete hier Pionierdienste mit einer wohl überlegten Mischung dieser ausländischen Sorten mit den besten und bewährtesten katalanischen Trauben.

Die einheimischen weißen Rebsorten sind Parellada und Xarel-lo mit frischer Säure und wenig Akohol, Malvasía mit breiter Fruchtigkeit und wenig Säure sowie Macabeo (Viura in Rioja) mit schöner Ausgewogenheit und großer Haltbarkeit.

In Katalonien wachsen Spaniens beste Rotweintrauben: an erster Stelle Tempranillo (hier Ull de Llebre genannt) Garnacha tinta sowie die tiefe und gerbstofffreie Monastrell. Cariñena (alias Carignan) tut sich hier ebenso wenig hervor wie anderswo.

Inzwischen haben elf Bereiche in Katalonien DO-Status, und auf den Balearen kann Mallorca zwei DO-Bereiche vorweisen.

Katalonien

Alella

Tal an der Küste unmittelbar nördlich von Barcelona, dessen Rebfläche durch die wildwuchsartige Ausdehnung des Stadtgebiets auf 330 ha geschrumpft ist – leider, denn der Boden ist ideal für den Weinbau. Die meisten der vielen kleinen Winzer liefern ihre Ernte bei der Genossenschaft ab. Der Bereich war früher für einen mildfruchtigen lieblichen Xarel-lo bekannt, von dem nur noch kleine Mengen produziert werden. Dafür gibt es guten trockenen Chardonnay. Der Rotwein ist passabel; mittlerweile wird auch mit Cabernet Sauvignon und Pinot noir experimentiert.

Ampurdán-Costa Brava

Die nördlichste DO, die Katalanen nennen sie Empordà-Costa Brava, liegt um Perelada in der Provinz Girona (Gerona) hinter den Klippen und Stränden der Costa Brava an der Grenze zum Roussillon. Die 2475 ha große Rebfläche bringt vorwiegend Roséweine von Cariñena sowie Riesling, Syrah, Tempranillo und Garnacha hervor.

Conca de Barberà

Die DO umfasst 6000 ha Rebfläche in geschützter Lage zwischen den Bereichen Tarragona im Südosten und Costers del Segre im Nordwesten. Ein Großteil der Trauben wird für die Schaumweinproduktion angebaut, aber es setzen sich auch neue Ideen durch, und der Bereich verfügt über große Chardonnay-Bestände, von denen etwa Miguel Torres das Lesegut für seinen fassvergorenen Spitzenwein »Milmanda« bezieht (der dann aber verwirrenderweise unter der DO Penedès auf den Markt kommt). Macabeo und Parellada sind nach wie vor die meistangebauten Reben. Ein viel versprechender Bereich.

Costers del Segre

Die DO wurde 1988 im Wesentlichen auf Betreiben der Kellerei Raïmat eingerichtet. Sie liegt im hügeligen, fruchtbaren Westen um Lérida (Lleida) und besteht aus den vier geographisch ungleichen Unterbereichen Raïmat, Artesa, Valls de Riu Corb und Les Garrigues. Es werden hauptsächlich traditionelle Rebsorten, aber auch Cabernet Sauvignon, Merlot und Chardonnay angebaut. Die meisten Rebflächen sind im Besitz von Genossenschaften und werden v. a. für die Erzeugung des traditionellen Weißweins der Gegend genutzt; allmählich sind jedoch auch neuartige Methoden und moderne Technik auf dem Vormarsch. Die Qualität der Weine ist unterschiedlich; Raïmat ist bei weitem der beste.

Montsant

Die erst 2001 geschaffene DO grenzt an Priorato an und war früher unter dem Namen Falset ein Unterbereich von Tarragona. Manche Teile sind Priorato ähnlich, andere sind weniger steil. Die meistangebauten Rebsorten sind Cariñena, Garnacha und Syrah.

Penedès

Die größte DO in Katalonien erstreckt sich von der Küste bei Sitges bis in die 600 m hohen Kalksteinhügel hinein. Die Hauptorte sind Vilafranca del Penedès, bekannt durch die dort beheimateten großen Stillwein-Bodegas (darunter Torres), und Sant Sadurní d'Anoia (San Sadurní de Noya), rund 30 km westlich von Barcelona, das Zentrum des spanischen Schaumweins und Sitz der Riesenunternehmen Codorníu und Freixenet.

Die Stillweine aus Penedès haben sich in den letzten 25 Jahren ganz und gar verändert und machen inzwischen dem Rioja ernsthaft Konkurrenz. Die Rotweine sind im Allgemeinen dunkler und fruchtiger, es fehlt ihnen aber die Finesse eines wirklich großen Rioja, dafür haben sie diesem einiges an Konzentration voraus. Die besten Beispiele, besonders wenn sie einen gewissen Anteil Cabernet enthalten, genügen höchsten internationalen Maßstäben. Bei den Weißweinen, die nach wie vor 80 % der Produktion ausmachen, haben sich überall moderne Methoden durchgesetzt. Der moderne katalanische Standardweiße ist trocken und fruchtig, sehr befriedigend, aber nicht aufregend. Anders als die besten Rioja-Weißweine vertragen die katalanischen die Lagerung in Eiche (zumindest für meinen Geschmack) nicht besonders gut, wahrscheinlich aufgrund der weniger konzentrierten Frucht, die zum Teil auf höhere Erträge zurückzuführen ist.

Pla de Bages

Der Bereich liegt rund 100 km nordwestlich von Barcelona um Manresa. Ein Großteil des Ertrags geht in die Cava-Produktion ein; es gibt nur wenige Kellereien. Neben einheimischen Rebsorten werden auch etwas Cabernet und Merlot angebaut.

Die Familie Torres

Diese katalanische Familie hat sich so sehr um den spanischen Weinbau verdient gemacht, dass sie in manchen Kreisen ebenso bekannt ist wie die berühmtesten Anbaugebiete des Landes. Dafür war zweierlei maßgeblich.

Zum einen reisten der inzwischen verstorbene Miguel Torres Carbó und seine Frau Doña Margarita in den 1950er-Jahren, als sich die Menschen überall langsam vom Krieg erholten, in alle Herren Länder – von Belgien bis Bali –, verkauften Torres-Weine und trugen den Namen der Familie in die Welt hinaus. Zum anderen studierte ihr Sohn Miguel A. Torres Chemie an der Universität von Barcelona und bildete sich dann in Montpellier in moderner Weinbautechnik aus, bevor er 1962 die Aufgaben des Kellermeisters übernahm.

Diese Verknüpfung von weltweiter Marktpräsenz und fortschrittlichem kellertechnischem Know-how trug dazu bei, dass der Torres »Mas la Plana« (damals noch »Gran Coronas Black Label«) bei einer berühmt gewordenen Blindverkostung vorwiegend auf Cabernet Sauvignon beruhender Weine im Jahr 1979 alle Mitbewerber (auch den Château Latour) aus dem Feld schlug.

Heute steht Miguel Torres einem Imperium vor, zu dem auch die Weinberge seiner Schwester Marimar im kalifornischen Sonoma Valley und sein eigenes großes Gut in Curicó, Chile, gehören. Doch sein Herz schlägt nach wie vor für seine Heimat Penedès, wo er neben den Klassikern Cabernet, Merlot, Sauvignon und Chardonnay, deren Weine den internationalen Ruf der Familie begründeten, mehr als hundert katalanische Rebsorten anbaut.

Die Torres-Familie weiß nur zu gut, dass gute Weine das eine sind; der andere, genauso wichtige Teil sind die Kunden, die Qualität zu schätzen wissen, und diese Menschen gilt es nicht nur heute, sondern auch morgen an sich zu binden. Zu diesem Zweck bietet Torres Kellerbesichtigungen und Weinrundfahrten, gründete Kulturzentren und andere Informations- und Bildungseinrichtungen.

Miguel Torres hat sich seine bescheidene Art bewahrt und freut sich jedes Jahr auf die Lese, wenn er neue Weine verkosten und Verschnittrezepte entwickeln kann. Inzwischen gibt es andere kostspielige Weine, die den besten Gewächsen von Torres in nichts nachstehen, doch die qualitative Beständigkeit seiner Weine, vom billigsten bis zum teuersten, ist bisher keinem anderen gelungen.

Priorato

Dem langen Lauf des Ebro, der bei Haro in Rioja Alta seinen Anfang nimmt, wird im Westen von Tarragona mit diesem denkwürdigen Wein ein wahrhaft rühmlicher Abschluss beschert. Die kleine, gebirgige Enklave Priorato (katalanisch Priorat) liegt innerhalb der viel größeren DO Tarragona und erstreckt sich über rund 1400 ha steiler vulkanischer Hanglagen um den kleinen Ebro-Nebenfluss Montsant. Ihr Ruhm gründet sich auf die fast schwarze Farbe des hier erzeugten Rotweins, eines herrlich körperreichen Verschnitts von Garnacha und Cariñena mit 16 % Alkohol oder mehr, der nicht nur in der Farbe, sondern auch im Geschmack an Brombeeren erinnert.

Entwicklung und Wandel traten ein, als sich eine Hand voll innovativer Kellermeister in dem winzigen Bergdorf Gratallops niederließen, jeweils 7 ha erwarben und die terrassierten Weinberge wieder aufbauten. Sie arbeiteten zusammen, brachten ihre Weine jedoch jeweils unter ihrem eigenen Namen heraus. Bald erzeugte ein halbes Dutzend Betriebe überwältigende Weine von Garnacha, Cabernet Sauvignon, Merlot und Syrah, deren Erträge niedrig gehalten wurden und die auf Böden mit schieferhaltigem Untergrund wuchsen. Clos Mogador, Clos de l'Obac, Clos Dofí, Clos Martinet und insbesondere Clos l'Ermita mit einer erstaunlichen Komplexität. 1992 löste sich die Gruppe auf, aber die meisten Erzeuger sind noch in der Gegend tätig.

Tarragona

Die Weine dieser DO haben meist Verschnittqualität und verfügen nicht über den Charakter der Weine aus Priorato. Die feinsten sind gespritete Dessertweine von Garnacha und Moscatel, aber der Großteil der exportierten Weine ist eher bescheiden.

Terra Alta

Die DO schließt jenseits des Ebro südwestlich an den Bereich Tarragona an. Mora und Grandesa sind die Hauptorte des 9000 ha großen Anbaugebiets, das sich zu den Bergen der Provinz Teruel hinaufzieht. Ein Großteil der Trauben wird für Cava verwendet, doch allmählich wird das Potenzial des Bereichs mit gutem Boden und einem ausgezeichneten Wasserabzug erkannt und genutzt.

Cava

Formell eine DO, aber kein geographisches Anbaugebiet. Cava ist die amtliche Bezeichnung für Schaumwein nach dem traditionellen Verfahren. Die Produktion liegt vorwiegend in Penedès, aber auch in anderen Gebieten Spaniens gibt es Cava-Kellereien.

Vermutlich führte die charakteristische Körperarmut des katalanischen Weißweins zur Entstehung von Cava. Xarel-lo, Parellada und Viura (hier Macabeo genannt) erbringen säurereichen Most mit wenig Eigengeschmack, der sich ideal als Grundmaterial eignet: Der Geschmack der Champagnerhefe kommt mit ihrer Fülle und Weichheit deutlich zur Geltung. Weine, die in großen Holzfässern gelagert wurden (was zum Teil heute noch geschieht), nahmen außerdem einen leichten Harzgeschmack an, der ihnen zusätzlichen Charakter verlieh. Heute findet Chardonnay sowohl in Cuvées als auch in erstklassigen »sortenreinen« Cavas zunehmend Verwendung.

Das Spektrum der heutigen Cavas aus Penedès reicht von äußerst eleganten, delikaten bis zu dicken, schwerfälligen Weinen. Die feinsten zählen zweifellos zu den besten Schaumweinen der Welt. Nur dem unvermeidlichen Vergleich mit Champagner halten sie dann doch nicht stand, denn dessen kraftvolle geschmackliche Harmonie ist einfach nicht zu übertreffen.

Die Balearen

Binissalem & Plà i Llevant

Der Weinbau auf den Balearen blickt auf eine lange Geschichte zurück, auch wenn heute nur noch die Insel Mallorca über Rebflächen verfügt. Binissalem, die erste DO außerhalb des spanischen Festlands, wurde 1991 eingerichtet, nachdem die Bodega Ferrer (siehe dort) eine Initiative zur Anerkennung der Qualität ihrer Weine gestartet hatte. 1999 wurde im Osten der Insel die neue DO Plà i Llevant geschaffen, die man zusammen mit dem Erzeuger Son Bordils im Auge behalten sollte. Mallorquinische Weine sind entweder sehr ursprünglich oder modern.

Die führenden Erzeuger in Katalonien & auf den Balearen

Masía Bach ☆–☆☆

Sant Esteve Sesrovires. www.codorniu.es

Masía bedeutet Gutshof, und Bach war der Name zweier Brüder, die 1920 das Vermögen, das sie mit der Herstellung von Uniformen gemacht hatten, in den Bau eines Prachtgebäudes in Penedès steckten, mit Garagen für 40 Autos und einer Kellerei, deren Größe mit ihrem Renommee wuchs, bis 8500 Fässer in den Kellern lagen. Sie wurde 1975 von Codorníu (siehe dort) erworben, erzeugt aber weiterhin die Spezialität des Hauses: einen eichenfassgereiften süßen Wein namens »Extrísimo Bach«. Das Angebot wurde um sortenreine Qualitätsweine von Tempranillo und französischen Rebsorten erweitert. Die rote Reserva »Extrísima« kann hervorragend ausfallen.

René Barbier ☆–☆☆

Sant Sadurní d'Anoia, Barcelona. www.renebarbier.com

Alteingesessene Bodega, heute im Besitz von Freixenet (siehe dort), mit einer großen Auswahl an sortenreinen Weinen von katalanischen und internationalen Rebsorten. Cabernet und Chardonnay der Spitzenserie »Selección« sind oft eindrucksvoll.

Celler de Capçanes ☆☆

Capçanes

Die Montsant-Genossenschaft mit 80 Mitgliedern und 300 ha Rebfläche wurde zu einer fortschrittlichen Privatkellerei umfunktioniert, die Großartiges aus den alten Reben und den ausgezeichneten Lagen der Mitglieder herausholt. Der Großteil des Ertrags wird inzwischen weiterverkauft; nur die besten Weine werden im Haus ausgebaut und abgefüllt. Viele sind Verschnitte, »Mas Torto« ist dagegen ein sortenreiner Garnacha mit herrlicher Kraft. Der gespritete »Pansal del Calas« knüpft an örtliche Traditonen an und schmeckt lebendig und rosinig.

Castell del Remei ☆☆–☆☆☆☆

Lleida (Lérida).

www.castelldelremei.com

Alteingesessener Betrieb in Costers del Segre. Auf der Rebfläche von 80 ha wachsen u. a. Cabernet Sauvignon und Sémillon; die Weine genießen Ansehen. Die weißen und roten Gewächse namens »Gotim Bru« und »Oda« sind sehr gut gemacht, haben jedoch einen süßlichen Einschlag vom Ausbau in amerikanischer Eiche.

Clos Mogador ☆☆☆

Gratallops

René Barbier (der Sohn des René Barbier, nach dem die jetzt im Besitz von Freixenet befindliche Bodega benannt ist) trug neben Alvaro Palacios maßgeblich zur Wiederbelebung von Priorato bei. Sein Wein ist nach wie vor einer der besten: ein Verschnitt von Cabernet, Cariñena, Garnacha und Syrah mit satten Aromen von roten Früchten und sehr nachhaltigem Geschmack, der Ähnlichkeit mit einem Châteauneuf-du-Pape der Spitzenklasse hat.

Costers del Siurana ☆☆–☆☆☆☆

Gratallops. www.costersdelsiurana.com

Carles Pastrana erzeugte den berühmten »Clos de l'Obac« erstmals 1989; der Verschnitt aus Cabernet, Merlot und traditionellen Rebsorten ist und bleibt ein beeindruckendes Beispiel für einen Priorato in modernem Stil. Ende der 1990er-Jahre war die Qualität etwas unbeständig. Mit dem »Dolç de l'Obac«, einem wärmenden Verschnitt aus Garnacha, Cabernet und Syrah, setzt Pastrana die örtliche Tradition gespriteter Weine fort.

José L. Ferrer ☆

Binissalem, Mallorca

Die bekannteste Bodega der Balearen gehört zum Unternehmen Franja Roja. Die Rebfläche von 70 ha liegt in der Mitte der Insel. Die örtliche Traube Manto negro erbringt lebendige Rotweine, die als Reservas wirklich gut ausfallen können. Außerdem gibt es einen trockenen Blanc-de-Blancs-Schaumwein.

Jean León ☆☆☆

Torrelavid, Barcelona. www.jeanleon.com

Im Jahr 1964 begann Jean León die Rebflächen in Penedès, inzwischen sind es 60 ha, anzulegen und mit Cabernet Sauvignon und Chardonnay zu bestocken. Seine Weine waren erstklassig und zudem preiswert. 1993 erwarb Torres das Gut, das jedoch weiterhin selbstständig geführt wird. Der Cabernet lagert zwei Jahre im Fass und drei Jahre in der Flasche, bevor er auf den Markt kommt. Unter Torres wurde die Auswahl um Merlot ergänzt, und die Qualität hat sich eher noch verbessert.

Alvaro Palacios ☆☆☆–☆☆☆☆

Gratallops

Palacios war und ist die treibende Kraft in Priorato und erzeugt den teuersten Wein dieses Bereichs: »L'Ermita« ist ein intensiver mit etwas Cabernet Sauvignon verschnittener Garnacha, der 20 Monate in neuen Barriques reift. Zum Glück erzeugt Palacios auch erschwinglichere Weine, etwa den konzentrierten, nachhaltigen »Finca Dofí« und den weniger strukturierten, aber sehr erfreulichen »Les Terrasses«, vorwiegend von Garnacha und Cariñena. Niedrige Erträge und eine rigorose Auslese der Trauben sind das Geheimnis dieser prachtvollen Weine.

Parxet ☆☆

Tiana. www.parxet.es

Der führende Erzeuger in Alella, von dessen 200 ha Rebfläche ausschließlich Weiße unter dem Namen »Marqués de Alella« herauskommen. Der lebendigste Wein besteht zu 100 % aus der Rebsorte Pansà. Außerdem wird verlässlicher Schaumwein von einheimischen Trauben erzeugt.

Raïmat ☆–☆☆☆☆

Segrià, Lleida (Lérida)

Die Familie Raventós von Codorníu hat die Weinberge von Schloss Raïmat in den trockenen Hügeln um Lérida in großem

Stil neu angepflanzt (2200 ha) und die Anfang des 20. Jhs. erbaute, dann aufgegebene prachtvolle Bodega wieder eröffnet. Die Arbeit auf dem Gut unterliegt zwar industriellen, aber technisch ausgereiften Verfahren, etwa maschinelle Lese bei Nacht.

Cabernet Sauvignon, Merlot und Chardonnay werden sowohl mit einheimischen Trauben verschnitten als auch sortenrein verkeltert. Das Ergebnis sind äußerst verlässliche Weine, denen es allerdings etwas an Persönlichkeit fehlt, was neuerdings spezielle Abfüllungen von Chardonnay und Cabernet korrigieren sollen.

Cellers de Scala Dei ☆☆
Scala Dei

Scala Dei, einst ein herrliches Kartäuserkloster, ist heute eine Ruine. Die Bodega im Besitz von Codorníu befindet sich in einem alten Steingebäude ganz in der Nähe und erzeugt eichenfassgereiften Priorato hoher Qualität: tief, dunkel und stark, aber schön ausgewogen mit vollem, weich-fruchtigem Geschmack.

Zum Programm zählen »Cartoixa Scala Dei«, eine Gran Reserva aus 100 % Garnacha, und der weniger überwältigende, kürzer im Fass gereifte »Negre«.

Torres ☆☆–☆☆☆
Vilafranca del Penedès.
www.torres.es

Das alte, 1870 gegründete Familienunternehmen veränderte die spanische Weinbaulandschaft in den letzten 30 Jahren nachhaltig und etablierte Katalonien als ein Rioja ebenbürtiges Ursprungsgebiet erstklassiger Weine. Die Familie besitzt 2000 ha, die mit Chardonnay, Gewürztraminer, Riesling, Sauvignon blanc, Cabernet Sauvignon, Merlot und Pinot noir sowie den von Torres nach Kräften bewahrten und vermehrten traditionellen Penedès-Sorten bestockt sind.

»Viña Sol« ist ein frischer Parellada-Weißwein, »Gran Viña Sol« ein Verschnitt mit Chardonnay, »Fransola« vorwiegend von Sauvignon blanc und »Milmanda« ein fassgereifter Einzellagen-Chardonnay.

Zu den Rotweinen zählen »Tres Torres«, ein körperreicher Verschnitt aus Garnacha und Cariñena, »Gran Sangre de Toro«, eine ältere Reserva desselben Verschnitts, »Coronas«, vorwiegend von Tempranillo, »Gran Coronas Reserva«, von Tempranillo und etwas Cabernet Sauvignon, »Mas Borras«, ein Pinot noir, »Atrium«, ein Merlot, und der Spitzenwein »Mas la Plana« (früher »Black Label«), ein wuchtiger, langlebiger Cabernet Sauvignon.

Miguel Torres widmet sich nun ganz der Aufgabe, bedrohte katalanische Rebsorten zu retten. Das Ergebnis seiner Bemühungen ist der außergewöhnliche »Grans Muralles« aus Conca de Barberà. Die ersten Jahrgänge dieses reichhaltigen, erdigen, würzigen Weins mit dichten, weichen Tanninen versprechen enormes Alterungspotenzial. Das Unternehmen verkauft insgesamt 2,5 Mio. Kisten pro Jahr. (Siehe auch Seite 399.)

Jané Ventura ☆☆–☆☆☆
El Vendrell.
www.janeventura.com

Kleines, aber sehr qualitätsorientiertes Gut, das spanischen (weißen und roten) Rebsorten die Treue hält, aber auch einen Cabernet Sauvignon bietet. Die eleganten, tanninreichen Einzellagenweine sind unverkennbar im Eichenfass gereift. Auch gute Cava-Abfüllungen.

Weitere Erzeuger in Katalonien & auf den Balearen

Albet i Noya ☆☆
Vilafranca del Penedès.
www.albetinoya.com

Zwei Brüder führen dieses Ökoweingut, das v. a. für Cava und saftigen, frischen Tempranillo bekannt ist, aber auch guten Cabernet und »Núria«, einen Barrique-gereiften Merlot erzeugt.

Alella Vinícola Cooperativa ☆
Alella

Die alteingesessene Genossenschaft (seit 1906) des schrumpfenden Bereichs Alella. Die lieblichen Weißweine sind recht erfreulich, die trockenen ziemlich langweilig.

Cavas del Ampurdán ☆
Perelada

Das Schwesterunternehmen von Castillo de Perelada (siehe dort) erzeugt gefällige stille Rot-, Weiß- und Roséweine von zugekauften Trauben. Die Schaumweine werden in Tankgärung hergestellt. 1960 unterlag das Unternehmen in einem spektakulären Londoner Gerichtsprozess den Behörden der Champagne und musste auf die Verwendung der Bezeichnung »Spanischer Champagner« verzichten.

Joan d'Anguera ☆☆
Darmós

Altes, 1825 gegründetes Gut in Tarragona im Besitz der Anguera-Brüder. Sein Aushängeschild ist der hohe Anteil von Syrah in den Weinen. Am feinsten ist der in neuer Eiche ausgebaute »El Bugader« mit 70 % Syrah.

Anima Negra
Felanitx, Mallorca

Die Boutique-Kellerei erzeugt einen Wein namens »An« von der örtlichen Rotweintraube Callet.

Can Rafols del Caus ☆☆
Avinyonet del Penedès

Kleines Gut, das sich auf französische Rebsorten spezialisiert hat und daraus gute Weine bereitet. Am besten sind der volle Merlot und ein ungewöhnlich toastiger Chenin blanc namens »La Calma«.

Finca Carbonell ☆
Conca de Barberà

Die 1988 privatisierte ehemalige Genossenschaft erzeugt unter der Ägide des australischen Kellermeisters Richard Osborne fruchtbetonte Weine.

Cims de Porrera ☆☆–☆☆☆
Porrera

Die Genossenschaft von Porrera bereitet mit »Classic« einen kraftvollen, gut strukturierten Priorato, der über die Klasse der anerkannten Spitzenweine des Bereichs verfügt.

Clos Martinet ☆☆–☆☆☆
Falset

Ein weiterer Priorato in modernem Stil von José Luis Pérz, einem der Pioniere in Gratallops. Seine besten Weine heißen meist »Martinet Especial«.

Cooperativa Agricola de Gandesa ☆
Gandesa, Tarragona

Seit 1919 bestehende Genossenschaft mit 400 Mitgliedern, jetzt in der DO Terra Alta. Am besten sind die einfacheren, fruchtigeren Weine.

Masies d'Avinyò ☆
Avinyò, Pla de Bages. www.roqueta.com

Ansprechende, mittelschwere Weine von Chardonnay und den Bordeaux-Sorten, alle unter dem Namen »Abadal«.

De Muller ☆☆
Tarragona

Ein großer Name für klassische süße Tarragona-Weine. Der 1851 gegründete Familienbetrieb hat seinen Sitz immer noch in der alten Bodega am Hafen. Der Stolz des Hauses sind die Messweine, die u. a. an den Vatikan geliefert werden, und die samtigen, nach dem Solera-System gereiften Moscatel-, Pajarete- und anderen Dessertweine.

Naverán ☆☆–☆☆☆
Torrelavit. www.naveran.com

Mittelgroßes Gut, das auf Rotwein von Bordeaux-Rebsorten und Syrah spezialisiert ist. Auch Cava.

Rotllan Torra ☆☆
Torroja del Priorat. www.rotllantorra.com

Von 24 ha erzeugt Jordi Rotllan verschiedene Cuvées der DO Priorato; am interessantesten sind die Barrique-gereiften Weine »Amadis« und »Tirant«.

Pedro Rovira ☆
Móra la Nova

Alter Familienbetrieb mit Solera-gereiftem Tarragona-Dessertwein und Alltagsweinen.

Puig Ruca ☆☆
El Vendrell

Kleines Gut, das mit seinem fassgereiften Chardonnay und anderen sortenreinen Weinen unter dem Namen »Augustus« Aufsehen erregte. Gute Qualität.

Jaume Serra ☆
Vilanova i la Geltrú

Ein einfacher, aber verlässlicher Erzeuger von frischen Weiß- und Roséweinen aus Penedès sowie kleinen Mengen von Cava.

Celler Vall-Llach ☆☆
Porrera

Ein Newcomer in Priorato, der bemerkenswert kraftvollen Wein erzeugt, wenn man bedenkt, dass die Hauptrebsorte die alles andere als bemerkenswerte Cariñena ist. Schwarze Kirschen und Gewürze sind geschmacklich tonangebend.

Die führenden Erzeuger von Cava

Conde de Caralt ☆–☆☆
Sant Sadurní d'Anoia.
www.condedecaralt.es

Berühmte alte Schaumwein-Bodega, heute Teil von Freixenet (siehe dort). Der Name ziert nun auch einige Stillweine, u. a. delikate rote Reservas.

Castillo de Perelada ☆☆
Perelada. www.perelada.com

Berühmter Cava-Betrieb in einem malerischen Schloss aus dem 14. Jh., das heute eine schöne Bibliothek, eine Glas- und Keramiksammlung, ein Weinmuseum und ein Kasino beherbergt. Die Hälfte des Traubenbedarfs kommt aus den eigenen Weinbergen. An der Spitze steht »Gran Claustro«, eine der erfreulichsten Cavas aus Katalonien, die ihren Namen auch einem feinen, in neuen Barriques ausgebauten roten Verschnitt von katalanischen und französischen Rebsorten leiht. Der Schwesterbetrieb Cavas del Ampurdán erzeugt mit Tankgärung den billigen, gefälligen Schaumwein »Perelada«.

Codorníu ☆–☆☆☆
Sant Sadurní d'Anoia. www.codorniu.es

Der zweitgrößte Schaumweinhersteller der Welt mit 3000 ha Rebbesitz war der erste spanische Betrieb, der mit der klassischen Methode arbeitete. Die Familie Raventós treibt seit dem 16. Jh. in Penedès Weinbau; 1872 brachte Don José aus der Champagne das dortige Herstellungsverfahren mit. Das Unternehmen ist inzwischen riesig und hat mächtige Fin-de-Siècle-Gebäude und sich über 30 km erstreckende Keller sowie ein Weinmuseum, die in einem Park mit wunderschönen Zedern liegen. Jahr für Jahr lockt der Betrieb wahre Massen von Besuchern an. Zu Codorníu gehören weitere Güter in Spanien (Raïmat, Masía Bach), Mexiko, Argentinien und Kalifornien. Das Angebot reicht von einfachen, fruchtigen Weinen (»Anna de Codorníu«) zu hochfeinen Gewächsen. »Non Plus Ultra« und »Gran Codorníu« liegen im mittleren Bereich, an der Spitze steht »Jaume Codorníu«, dem 50 % Chardonnay Eleganz verleihen.

Freixenet ☆☆
Sant Sadurní d'Anoia.
www.freixenet.es

Das größte spanische Cava-Unternehmen und inzwischen der größte Schaumweinhersteller der Welt hat auch den Riesen Codorníu überholt. Die Spitzenprodukte des Hauses sind Jahrgangsschaumweine. Aus dem Standardprogramm sind die Reihen »Brut Barroco« und »Brut Nature« am besten, »Cordón Negro« ist der Bestseller und »Carta Nevada« eine billigere Marke. Daneben wird ein Brut Rosé produziert. Zu Freixenet gehört auch die verlässliche Marke »Castellblanch«.

Gramona ☆–☆☆☆
Sant Sadurní d'Anoia.
www.gramona.com

Der 1921 gegründete Familienbetrieb bereitet seit kurzem auch eine Auswahl ungewöhnlicher Stillweine, u. a. einen Barrique-gereiften Sauvignon blanc, einen Roséwein von Pinot noir und einen Eiswein. Von außerordentlicher Qualität sind die Jahrgangs-Cavas »Celler Batlle« und »III Lustros«, beide traditionelle Cuvées aus Xarel-lo und Macabeo, die lange auf dem Hefesatz reifen.

Juvé y Camps ☆☆
Sant Sadurní d'Anoia

Das große Familienunternehmen erzeugt hochwertige, teure Cava von Trauben, die teils auf den eigenen 300 ha wachsen, teils von sorgfältig ausgewählten Winzern zugekauft werden. Die Spitzen-Cuvées sind der Jahrgangs-Cava und der »Gran Juvé y Camps«. »Reserva de la Familia« ist ein fruchtiger Schaumwein, der in großen Mengen produziert wird. Juvé y Camps bietet auch einige Stillweine.

Segura Viudas ☆–☆☆
Sant Sadurní d'Anoia. www.seguraviudas.com

Alle drei Cava-Betriebe im Besitz von Freixenet (siehe dort) benutzen dieselben Keller. Segura Viudas ist die Prestigemarke, die in einer modernen Kellerei inmitten von 200 ha Rebland bereitet wird, das einen Teil der Trauben liefert. Der beste Wein ist »Reserva Heredad«, der ausschließlich von katalanischen Rebsorten erzeugt und in eine hässliche Flasche mit eingebautem Untersetzer abgefüllt wird.

Weitere Erzeuger von Cava

Cavas Hill ☆
Moja. www.cavashill.com

Die englische Familie Hill kam 1660 nach Penedès. 1884 errichtete Don José Hill Ros die mittlerweile kommerzielle Bodega, die Cava und Stillweine erzeugt, u. a. den sehr trockenen »Brut de Brut«. Spitzenrotwein ist die Gran Reserva.

Cavas Antonio Mascaró ☆
Vilafranca del Penedès. www.mascaro.es

Alter Familienbetrieb mit 40 ha, bekannt für Cava und einen feinen Brandy. Auch einfache sortenreine Weine wie Sauvignon blanc stehen auf dem Programm.

Marqués de Monistrol ☆
Sant Sadurní d'Anoia. www.marquesdemonistrol.com

Alteingesessenes, verlässliches Cava-Haus, heute im Besitz des Arco-Konzerns (dem auch Berberana in Rioja gehört). Erzeugt werden außerdem gute Penedès-Stillweine von französischen Rebsorten.

Levante & Meseta

Bei weitem am dichtesten sind die Anbauflächen Spaniens südlich und südöstlich von Madrid konzentriert: ein gewaltiger Block vom Mittelmeer bei Valencia im Norden bis Alicante im Süden. Dieses mittlere Band, um das herum einige verstreute Vorposten weiter im Westen nach Portugal hin in der Extremadura liegen, hatte keine großen Namen aufzuweisen, keine herrschaftlichen Güter, keine Ansätze einer herausragenden Weinkultur. Die Weine vereinten früher einen mehr oder weniger hohen Alkoholgehalt mit einem mehr oder weniger hohen Maß an Schlichtheit, nur an Körper fehlte es ihnen im Allgemeinen nicht. In den letzten zehn Jahren hat sich vieles geändert. Durch Spaniens Mitgliedschaft in der EU wurden die traditionsverhafteten Genossenschaften mit der Realität des Wettbewerbs konfrontiert, und die Erfordernisse des modernen Marktes verlangten den Erzeugern Investitionen in moderne Technik ab. Obwohl die klimatischen Bedingungen in Zentralspanien wie im kalifornischen Central Valley extrem sind, sind sie dennoch berechenbar. Önologen haben deshalb durch die Wahl des Lesezeitpunkts und Temperaturregelung bei der Gärung auf die »Gestaltung« ihrer Weine Einfluss.

Noch immer wird ein Großteil in mitgliederstarken Genossenschaften erzeugt, doch kleinere Bodegas sind auf dem Vormarsch. Der Cabernet Sauvignon des Marqués de Griñon aus Toledo setzte Zeichen, dasselbe gilt für die Weine der Vinícola de Castilla in La Mancha. In Versuchspflanzungen werden französische Rebsorten erprobt und geschickten Kellermeistern gelingt es, aus einheimischen Trauben ungeahnte Geschmacksnuancen herauszuholen. Zentralspanien hat noch einen weiten Weg vor sich, doch es ist längst nicht mehr das große Land des Mittelmaßes.

Aus dem Unterbereich Tierra de Barros in der Provinz Badajoz kommen mit die besten Weine der Extremadura, trotzdem wurde er nicht als eigenständige DO anerkannt, sondern wie viele andere 1997 der DO Ribera del Guadiana zugeschlagen. Seine Rebfläche von rund 40 000 ha ist weitgehend mit der einfachen Weißweintraube Cayetana bestockt, die trockene, säurearme, aber alkoholreiche Weine liefert, mit denen Spanien nur allzu reichlich gesegnet ist. Die selteneren Rotweine haben dagegen etwas mehr zu bieten.

Die Provinz Toledo südwestlich von Madrid schließt die DO Méntrida ein, die auf 13 000 ha Garnacha-Reben kultiviert und schwere Rotweine hervorbringt. Bis zu den 1980er-Jahren war für sie ein Mindestalkoholgehalt von 14 % vorgeschrieben, manch einer brachte es bis auf 18 %. Heute sind die Weine ausgewogener, aber immer noch weit vom Idealziel entfernt.

Das mit Abstand größte Anbaugebiet Spaniens, wenn auch nicht offiziell als solches abgegrenzt, ist La Mancha, die karge Ebene des Don Quijote. Die Rebfläche beträgt 193 310 ha und ist fast ausschließlich mit der Weißweintraube Airén besetzt, deren Weinen man leider nachsagen muss, dass sie außer nach ihren 13–14 % Alkohol nach gar nichts schmecken. Doch einigen Erzeugern gelingt es inzwischen durch sorgfältige Verarbeitung und Bereitung, auch dieser Traube einiges an Geschmack und Aroma zu entlocken.

Das einzige etwas bessere Teilgebiet von La Mancha ist die DO Valdepeñas 160 km südlich von Madrid, wo die weiße Airén (die Traube hält fast 80 % der Rebfläche besetzt) traditionell mit einer kleinen Menge eines dunklen Rotweins von Tempranillo (hier Cencibel genannt) und Garnacha verschnitten wird. Dieser Rotwein ist so dunkel, dass ein Anteil von 10 % ausreicht, um den als *aloque* bezeichneten Wein farblich wie *clarete* aussehen zu lassen, obwohl er eigentlich ein weicher Wein mit wenig Rückgrat ist, weil arm an Säure und Tanninen. Nach alter Art wurde er in *tinajas*, hohen Tongefäßen, vergoren, die möglicherweise von den Römern oder aus noch früheren Zeiten stammen. Moderne Verfahren verhelfen zu weit Besserem. Erzeuger wie Los Llanos und Félix Solís lassen ihren Weinen jetzt kühle Gärung und Eichenfassreife angedeihen und erzielen damit Ergebnisse, die auch dem Vergleich mit renommierteren Gegenden in Nordspanien standhalten.

Über die DOP (provisorische DO) Manchuela östlich von La Mancha gibt es nichts weiter zu berichten, als dass auf ihren 8000 ha Weiß- und Rotwein entsteht. Die kleine DO Almansa um Albacete schließt die Reihe der kastilischen Bereiche ab. Auf den 7600 ha wachsen Rotweinreben, vor allem Monastrell.

Mit der Bezeichnung Levante sind sechs zurzeit noch recht uninteressante DOs gemeint, in denen sich jedoch einiges tun könnte, wenn moderne Methoden noch mehr Terrain gewännen. Im Norden an der Küste liegt Valencia (und das frühere Cheste), wo alkoholstarker Weißwein in großen Mengen und in geringerem Umfang auch Rotwein produziert wird. Einige Erzeuger beweisen inzwischen, dass das Gebiet durchaus das Zeug zu aromareichen Rotweinen von guten Rebsorten hat.

Landeinwärts von Valencia schließt sich Utiel-Requena an, ein Hügelgebiet mit dunklen Trauben (die wichtigste, Bobal, ist schwarz wie die Nacht), die erklärtermaßen als färbende Zutat in Verschnitten verwendet werden. Dazu wird der Maische vor dem Vergären die Hälfte des Safts entzogen, sodass die doppelte Menge Schalen Farbe und Tannine liefert; das Ergebnis heißt *vino de doble pasta*. Als Nebenprodukt entsteht aus dem abgezogenen Most, der kaum mit den Schalen in Kontakt gekommen ist, die zweite Spezialität der Gegend: ein rassiger heller Rosé, der eher dem modernen Geschmack entspricht.

Die DO Alicante erstreckt sich einerseits über Rebflächen an der Küste, die süßen Moscatel hervorbringen, andererseits über Hügellagen für Rotweine, *vino de doble pasta* und Rosés. Der wenige Weißwein des Bereichs ist (vergleichsweise) teuer. Hinter Alicante liegen in der Provinz Murcia drei DO-Bereiche: Bullas (vorwiegend Rosé), Yecla und Jumilla, deren Genossenschaften sich Mühe geben, ihren tintigen Weinen moderne Manieren beizubringen. Jumilla scheint in dieser Hinsicht bisher am erfolgreichsten zu sein; manche Weine entfalten sich erstaunlich gut in der Flasche.

Die bahnbrechenden Erfolge des Marqués de Griñón in Castilla-La Mancha brachten die DO-Behörden derart aus dem Konzept, dass ihnen nichts anderes einfiel, als ihm 2002 eine eigene Appellation zuzuerkennen (siehe Dominio de Valdepusa).

Die führenden Erzeuger in der Levante & in Meseta

Ayuso ☆
Villarrobleda, Albacete. www.bodegasayuso.es
Familienunternehmen mit Sitz in Manchuela. Die La-Mancha-Weine, die unter dem Namen »Estola« herauskommen, waren früher dünn und blass, haben jedoch an Körper und Frucht gewonnen.

Miguel Carrión ☆
Alpera, Almansa
Aufsteigender Erzeuger in der DO Almansa östlich von La Mancha.

Casa de la Viña ☆
Alhambra, Ciudad Real
Bedeutender Erzeuger von angenehmem, mittelschwerem Valdepeñas. Das Gut gehört zum Konzern Bodegas y Bebidas, ist also im Besitz von Allied Domecq.

Castaño ☆☆
Yecla. www.bodegascastano.com
Das führende 350-ha-Gut in Yecla ist technisch gut ausgestattet und erzeugt eine große Auswahl an Weinen, v. a. sortenreinen Monastrell, aber auch Verschnitte mit Merlot und Cabernet. Die meisten Weine reifen nicht in Eiche, nur ein paar wenige bekommen etwas amerikanische Eiche mit auf den Weg. Sie sind alle sehr preiswert. Die besten Gewächse werden unter dem Namen »Pozuelo« abgefüllt.

Vinícola de Castilla ☆☆
Manzanares, Ciudad Real. www.vinicoladecastilla.com
Die große Hightech-Kellerei mit einer Produktion von 1 Mio. Kisten gehörte früher zu Rumasa. Die einfachen jungen Weine sind insgesamt erfreulicher als die Gran Reservas, denen es bisweilen an Frucht fehlt. Hinter dem Namen »Señorío de Guadineja« verbirgt sich ein angenehmer Chardonnay.

Centro-Españolas ☆
Tomelloso. www.allozo.com
Die moderne, gut ausgestattete La-Mancha-Kellerei verarbeitet fast ausschließlich einheimische Rebsorten und füllt ihre Weine unter dem Namen »Allozo« ab.

Dehesa del Carrizal ☆
Retuerta del Bullaque, Ciudad Real.
www.dehesadelcarrizal.com
Das kleine Gut ist auf eine einzige Rebsorte spezialisiert: Cabernet Sauvignon wird zu einem eleganten, aber eichigen Wein verkeltert.

Jesús Díaz e Hijos ☆
Comenar de Oreja
Eines der bekanntesten Güter in der DO Vinos de Madrid. Erzeugt werden v. a. jung zu trinkende Weine.

Gandía ☆–☆☆
Chiva, Valencia. www.gandiawines.com
Der riesige Betrieb erzeugt 4 Mio. Kisten, v. a. für den Export. Viele der besseren Weine kommen vom Gut Hoya de Cadenas, das Gandía Anfang der 1990er-Jahre erworben hat. Cabernet Sauvignon spielt die erste Geige in den besten Weinen, z. B. »Ceremonia«.

Gutiérrez de la Vega ☆☆
Parcent, Alicante
Der 1978 gegründete kleine Familienbetrieb macht vor, welch ausgezeichnete Weine man aus einheimischen Trauben wie Monastrell und Moscatel erzeugen kann.

Bodegas Huertas ☆
Jumilla. www.bodegashuertas.es
Saubere, gut gebaute Rot- und Roséweine von Monastrell beweisen, dass Jumilla nicht unbedingt ein Kraftprotz sein muss.

InViOSA (Industrias Vinícolas del Oeste) ☆
Almendralejo, Badajoz
Die beste Bodega der DO Ribera del Guadiana mit rotem und weißem »Lar de Barros«, jedoch nicht von den typischen Trauben der Gegend. Seit Anfang der 1990er-Jahre werden hier internationale Rebsorten kultiviert.

Cooperativa Jesús del Perdón ☆
Manzanares, Ciudad Real. www.yuntero.com
Große Genossenschaft, die v. a. für trockene Weißweine bekannt ist, aber auch ihre Roten in den letzten Jahren deutlich verbessern konnte. Markenname ist »Yuntero«; »Mundo de Yuntero« heißen die Weine von Airén und Tempranillo aus ökologischem Anbau.

Los Llanos ☆☆–☆☆☆
Valdepeñas, Ciudad Real.
www.losllanos.com
Füllte als erster Betrieb in Valdepeñas seine Weine selbst ab. Die eichenfassgereiften Reservas und Gran Reservas setzten neue Maßstäbe für das Anbaugebiet. Der »Señorío de Los Llanos« (Gran Reserva) ist ein feiner, aromatischer, seidiger Wein; der nur in Spitzenjahren erzeugte »Pata Negra« (Gran Reserva) ist noch feiner.

Finca Luzón ☆☆
Jumilla. www.fincaluzon.com
Weine in modernem Stil von einem neuen Unternehmen in Jumilla, das die Produktion rasch auf 1 Mio. Flaschen im Jahr

gesteigert hat. Alle Rotweine sind Verschnitte von Monastrell, Tempranillo und Cabernet Sauvignon.

Manuel Manzaneque ☆☆
El Bonillo, Albacete

Kleines Gut in der Meseta mit einigen der höchsten Lagen Spaniens. In die Rotweine gehen Cabernet und Tempranillo zu wechselnden Anteilen ein; der beste Weißwein ist ein körperreicher, eichenfassgereifter Chardonnay.

Luis Megía ☆
Valdepeñas

Sehr moderne Anlage zur Massenproduktion von ordentlichen, sehr kommerziellen Weinen unter verschiedenen Namen.

Enrique Mendoza ☆☆–☆☆☆
Alfás del Pí.

www.bodegasmendoza.com

Mittelgroßes Gut in Alicante mit Rotweinen im internationalen Stil: körperreichem Cabernet, Merlot und Shiraz sowie französischen Verschnitten. Und natürlich Moscatel.

Piqueras ☆
Almansa

Großer Betrieb und so gut wie der einzige in Almansa, der etwas auf Qualität hält. 2002 wurde eine neue Kellerei errichtet. Die Rotweine sind zweifellos am besten.

Salvador Poveda ☆☆–☆☆☆
Monóvar, Alicante. www.salvadorpoveda.com

Hervorragende Bodega in Alicante, v. a. bekannt für ihren reichhaltigen Dessertwein *fondillón,* einen gespriteten Monastrell, der lange im Fass reift. »Viña Vermeta« heißt der feinste Monastrell des Guts.

Cooperativa La Purísima ☆
Yecla. www.calpyecla.com

Der größte Erzeuger der DO Yecla. Die riesige Bodega, die den Ertrag von 4500 ha verarbeitet, bemüht sich, Weine mit mäßiger Stärke zu erzeugen, aber das Ergebnis ist eine Mischung überreifer und unreifer Geschmacksnuancen in einem recht dünnen Wein. Es gibt auch einen Monastrell aus ökologischem Anbau.

Agapito Rico ☆–☆☆
Jumilla

Das 100-ha-Gut hat sich von dem traditionellen muskulösen Jumilla abgewandt und produziert nun fruchtige, einfache Rotweine, meist nicht in Eiche ausgebaut, von Rebsorten wie Merlot und Syrah.

Cooperativa San Isidro ☆
Jumilla

Die größte Genossenschaft des Gebiets verarbeitet den Ertrag von 20 000 ha und verkauft den meisten Wein im Tank. Unter dem Namen »Sabatcha« abgefüllte Weine sind jedoch oft guter Qualität.

Señorío del Condestable ☆
Jumilla

Gehört zum Konzern Bodegas y Bebidas, der im Besitz von Allied Domecq ist. Bekannt v. a. für den Rotwein »Señorío de Robles«, einen gut gebauten Alltagswein von Monastrell, hell und leicht im Geschmack, aber mit einem frischen, fast kirsch-

artigen Duft. Einige der Weine stammen aus anderen spanischen Anbaugebieten.

Félix Solís ☆☆
Valdepeñas. www.felixsolis.es

Die Kellerei in Familienbesitz hat rund 1000 ha eigene Rebfläche, kauft aber zusätzlich Trauben und Most an. Sie erzeugt große Mengen von Rotwein und Rosé und ist besonders für eichenfassgereifte Rote, v. a. »Viña Albali Reserva«, bekannt.

Dominio de Valdepusa ☆☆☆
Malpica de Tajo, Toledo.

www.marquesdegrinon.com

Der Marqués de Griñón gründete dieses Gut 1989 und pflanzte Bordeaux-Rebsorten sowie Syrah an. Die Weine sind von außergewöhnlicher Qualität und erklärtermaßen in französischem Stil gehalten, haben aber trotzdem eine eigene Persönlichkeit und mehr Kraft als die meisten Bordeaux- oder Rhône-Weine. Heute gehört die Bodega zum Arco-Konzern (siehe Berberana), aber der Marqués hat sich deswegen nicht aus dem Geschäft zurückgezogen.

El Vínculo ☆☆
Campo de Criptana

Alejandro Fernández aus Pesquera (siehe dort) hat sich mit der Gründung dieses Guts 1999 mutig nach La Mancha vorgewagt. Der Wein ist dem »Pesquera« sehr ähnlich: voll, tanninhaltig und lange in amerikanischer Eiche gereift.

Cooperativa Virgen de las Viñas ☆
Tomelloso, Ciudad Real

Eine der größeren Genossenschaften, bekannt für die Marke »Tomillar« und die Cencibel-Reserva.

Andalusien

Der Ruhm und der Erfolg des Sherry kam zum Teil auf Kosten der anderen andalusischen Anbaugebiete zustande. Die Sherry-Erzeuger konnten aufgrund ihrer starken Marktposition die besten Erzeugnisse ihrer Nachbarn zur Ergänzung ihrer eigenen Bestände aufkaufen. Sherry ist vielleicht der beste *vino generoso* Andalusiens, aber keineswegs der einzige. Montilla kann mit ganz ähnlichen Weinen aufwarten und Málaga mit Alternativen der süßeren Art.

Málaga

Die Stadt Málaga an der Costa del Sol ist eher ein Ort, an dem Wein gelagert wird, als ein Weinbauort im eigentlichen Sinne. Die Trauben für den süßen (gelegentlich auch trockenen) braunen Málaga wachsen entweder 40 km östlich oder genauso weit nördlich der Stadt. In den Weinbergen von Axarquía im Osten wird Moscatel angebaut, im Norden um Mollina – genauer gesagt in Richtung Mollina – die Pedro-Ximénez-Traube (auch kurz PX geschrieben). Den Vorschriften entsprechend müssen die Weine zur weiteren Verarbeitung beziehungsweise zum Ausbau und Verschneiden in die Bodegas nach Málaga gebracht werden. Zur Erhöhung des Zuckergehalts und der Konzentration bedient man sich verschiedener Methoden, vom Trocknen der Trauben in der Sonne bis zum Eindicken des unvergorenen Mosts zu *arrope* wie in Jerez. Das Spektrum der Produktion reicht von trockenem Pedro-Ximénez-Weißwein, der dem Amontillado von Montilla ähnlich ist, bis zu dem dunklen, schweren, stark mit *arrope* versetzten und deshalb süßen *dulce color*. Die feinste Qualität nennt sich Lágrima (Träne) und wird ähnlich wie der ungarische Tokaji Eszencia aus unzerkleinerten Trauben gewonnen, nur dass nicht Edelfäule, sondern die Sonne für das Einschrumpfen der Trauben sorgt. Weitere Málaga-Varianten sind der Pajarete, ein dunkler, nicht ganz so süßer Aperitif, der hellere *semidulce* und der vollaromatische Moscatel. Die feineren Weine werden wie Sherry nach einem Solera-System bereitet, wobei älterer Wein mit jüngerem aufgefrischt wird. Die große Rarität, der 1875 abgefüllte Jahrgangs-Málaga vom Gut des Herzogs von Wellington, war 1995 immer noch ein grandioser, delikater, aromatischer süßer Dessertwein.

Seine Blütezeit hat Málaga jedoch hinter sich. Die großen kommerziellen Kellereien bestehen zwar weiter, aber Spezialisten wie Scholtz Hermanos mit ihren herrlichen alten Soleras mussten sich dem Wandel des Geschmacks beugen und ihre Pforten schließen.

Montilla-Moriles

Der Wein aus Montilla ist dem Sherry so ähnlich, dass man ihn leicht mit diesem verwechseln – oder als diesen ausgeben – kann. Der Boden ist hier wie dort *albariza,* aber in Montilla ist das Klima rauer und heißer, und die hier mehr als Palomino angebaute PX-Traube liefert bei kleineren Erträgen Weine mit höherem Alkohol- und etwas geringerem Säuregehalt. Die Gärung findet in *tinajas,* hohen Tonbehältern, statt, und wie beim Sherry bildet sich rasch eine Florhefeschicht. Auch die Unterscheidung der Weine in Fino, Oloroso und Palo Cortado teilt sich Montilla mit Sherry. Der Fino stammt aus der ersten, leichten Pressung und wird mit zunehmendem Alter zu einem Amontillado (»Montilla-ähnlich«). Leider haben jedoch die Sherry-Händler in Großbritannien (dem wichtigsten Exportmarkt für Montilla) die klassischen Bezeichnungen gesetzlich schützen lassen. Deshalb darf auf den Montilla-Etiketten nicht, wie es nur recht und billig wäre, Fino, Amontillado oder Oloroso stehen, sondern nur Dry, Medium oder Cream.

Montilla hat als Alternative zum Sherry vieles für sich. Insbesondere die Finos zeichnen sich durch eine ausgeprägte trockene Weichheit aus; sie sind zwar weniger »zupackend« als Sherry, aber keineswegs weniger frisch. Eine gut gekühlte Flasche Montilla leert sich mit erstaunlicher Geschwindigkeit.

Condado de Huelva

Die letzte andalusische DO ist der Küstenbereich um Huelva nahe der portugiesischen Grenze. Sie steht am meisten im Schatten von Jerez. Condado de Huelva, das ehemalige Lepe, exportiert seine alkoholstarken Weißweine seit mehr als 1000 Jahren, doch die Handelsmacht Jerez hielt es mit Erfolg klein: Bis in die 1960er-Jahre hinein wurde der in Huelva erzeugte Wein zu Sherry verarbeitet und als solcher verkauft. Im Wettbewerb mit dem einstigen Zahlmeister zu bestehen, ist nicht einfach, weshalb der Bereich zunehmend leichte Weißweine hervorbringt.

Die führenden Erzeuger in Andalusien

Alvear ☆☆–☆☆☆
Montilla. www.alvear.es

Das 1729 von der Familie Alvear gegründete selbstständige Unternehmen ist heute immer noch in deren Besitz und wird von ihr geleitet. Es verfügt über 130 ha in Montilla-Moriles, v. a. in der ausgezeichneten Gegend von Sierra, und über einen Lagerbestand von 17 000 Fässern mit reifendem Wein. Hier entstehen hochwertige Tropfen, die nach alter Montilla-Tradition in *tinajas* vergoren werden und nach dem Solera-System altern. »Fino C.B.« ist der Verkaufsschlager des Betriebs, etwas voller als andere seiner Art. Hinzu kommen der Amontillado »Carlos VII«, der Oloroso »Ansunción« und der *dulce* »Pedro Ximénez 1830«.

Cobos ☆
Montilla
Weine wechselhafter Qualität; »Pompeyo« und »Tres Pasa PX« sind jedoch verlässlich.

Gracia Hermanos ☆–☆☆
Montilla
Bodega mit hohem Standard im Besitz von Pérez Barquero (siehe dort). Der Fino »María del Valle« ist leicht und erfrischend, der »Montearruit« ein konzentrierter Amontillado.

Larios ☆–☆☆
Málaga
In Spanien ist diese Bodega eher für ihren Gin bekannt, obwohl sie einen ausgezeichneten süßen Moscatel und einen Oloroso namens »Benefique« erzeugt. Im Besitz von Pernod-Ricard.

López Hermanos ☆–☆☆
Málaga
Seit dem traurigen Ende von Scholtz 1996 nun die führende Bodega in Málaga. Das Unternehmen hat sich sehr bemüht, das Interesse in- und ausländischer Händler an Málaga-Weinen wieder zu wecken. »Trajinero« ist wohl der beste trockene Málaga, »Cartojal« der Pale Cream *(pálido)* des Hauses und das Flaggschiff der einfache »Virgen«, der zwei Jahre ohne Auffüllen im Fass reift.

Bodegas Pérez Barquero ☆
Montilla
Gut ausgestattete Kellerei mit einer verlässlichen Auswahl an Weinen der Marke »Gran Barquero«.

Viños Telmo Rodríguez ☆☆
Burgos
Der allgegenwärtige spanische Erzeuger bereitet von Lesegut ausgewählter steiler Lagen einen Málaga, den er selbst als »Mountain Wine« (Bergwein) bezeichnet – ein alter Name für Málaga in Großbritannien: ein öliger Moscatel, dessen Geschmeidigkeit durch lange Fassreife entsteht.

Toro Albala ☆☆–☆☆☆
Aguilar de la Frontera
Bemerkenswerte Weine aus Montilla; am besten sind zweifellos der Amontillado und der sehr süße, herrlich konzentrierte und erhabene Pedro Ximénez.

Cooperativa Vinícola del Condado ☆
Bollullos del Condado
Die wichtigste Genossenschaft in Huelva mit einer Rebfläche von 4500 ha erzeugt große Mengen von Brandy, einige Tafelweine und gute Solera-gereifte *generosos* im Sherry-Stil.

Sherry-Glossar

Almacenista Großhändler oder Lagerhalter von Weinen zur Alterung. Im übertragenen Sinne auch die von ihm verkauften alten unverschnittenen Weine, die gelegentlich als Sammlerstücke angeboten werden.

Amontillado Wörtlich »Montilla-ähnlich«, tatsächlich aber alles andere als das, nämlich ein gealterter Fino, der durch die Reife im Eichenfass einen nussigen Geschmack entwickelt hat. Im weiteren Sinn auch der Begriff für jede Art von Medium-Sherry.

Añada Der Wein eines Jahrgangs, solange er in einem eigenen Fass gelagert und nicht in eine Solera eingebracht wird.

Arroba Das gängige Maß in der Sherry-Bodega. Ein 500-l-Standardfass enthält 30 *arrobas*.

Arrope Ein *vino de color*. Auf ein Fünftel seines ursprünglichen Volumens eingekochtes, sehr süßes, tiefbraunes Mostkonzentrat, das nur als Zuckerungs- und Farbzusatz verwendet wird. *Sancocho* ist etwas Ähnliches.

Bristol Historisches Zentrum des britischen Sherry-Handels; der Name erscheint als Qualitätssiegel auf Etiketten, verweist aber nicht auf einen bestimmten Stil.

Brown Sherry Verschnitt aus Oloroso und *raya*, süßer und dunkler als Cream Sherry.

Cream Sherry Verschnitt aus gesüßtem Oloroso mit oder ohne Farbzusatz. Der Bristol Cream von Harvey's war der erste dieser Art. Croft brachte in den 1970er-Jahren erfolgreich einen hellen (ungefärbten) so genannten Pale Cream heraus.

Dulce apagado Sehr süßer Wein, bei dessen Herstellung durch die Zugabe von Branntwein die Gärung gestoppt wird. Wird nur zum Süßen von Medium-Sherry verwendet.

Dulce de almíbar Gemisch aus jungem Wein und Invertzucker; wird verwendet, um hellen Sherry zu süßen, ohne dass er dabei dunkler wird.

Dulce pasa Dunkler Süßwein. Normale Sherry-Trauben werden in der Sonne getrocknet, um ihre Konzentration zu erhöhen; die Gärung des Mosts wird dann durch Branntwein gestoppt. Wird zum Süßen guter Cream Sherrys verwendet.

East India Heute ein Fantasiename für süßen, meist dunklen Sherry, der sich aus der früher üblichen Praxis herleitet, Sherry (und Madeira) als Schiffsballast auf Seereisen nach Indien mitzunehmen, um die Alterung zu beschleunigen.

Entre fino Junger Wein mit Fino-Charakter, der nicht die für die feinsten Soleras erforderliche Qualität besitzt.

Fino Der leichteste, zarteste und buchstäblich feinste aller Sherrys. Er entwickelt von Natur aus eine Florhefeschicht, die seine helle Farbe bewahrt und sein frisches Aroma intensiviert.

Fino Amontillado Ein Fino während der Reife zum Amontillado.

Fino viejo, viejísimo Manchmal wandelt sich ein älterer Fino nicht zum Amontillado, sondern intensiviert seine geradezu aristokratische Finesse und wird herrlich kraftvoll, staubig, trocken und herb, behält aber seine helle Farbe.

Jerez quinado Bitterlikör oder Aperitif, der aus mit Chinin versetztem Sherry bereitet wird.

Macharnudo Die berühmteste Lage *(pago)* nordwestlich von Jerez; wird manchmal auf dem Etikett angegeben.

Manzanilla Die Spezialität von Sanlúcar de Barrameda. Sherrys aus den dortigen Bodegas am Meer nehmen eine eigentümlich scharfe, fast salzig zu nennende Note an, die sie besonders wohlschmeckend macht. Manzanilla wird meist als heller, ungesüßter Fino getrunken. Im Alter wird er zu Pasada, dunkler, leicht nussig und mit einer fast buttrigen Fülle. Gelegentlich wird er ein Manzanilla Amontillado mit ausgeprägtem Nussgeschmack – einer der lebendigsten und intensivsten Sherrys.

Moscatel Süßwein aus sonnengetrockneten Moscatel-Trauben, der süßen Verschnitten noch mehr Süße und fruchtigen Geschmack verleiht.

Oloroso In natürlichem Zustand ein körperreicher, trockener Sherry ohne die Delikatesse, die Duftigkeit und die pikante Art des Fino, dafür mit besonders viel Fülle und Tiefe. Im Fass bildet sich weniger Florhefe, aber der Wein nimmt Farbe und Eichenholzgeschmack an. Alte unverschnittene Olorosos sind erstaunlich dunkel und geschmacklich so eindringlich und konzentriert, dass sie einem den Mund zu verbrennen scheinen. Oloroso wird fast immer als Grundlage für süße Sherrys, vor allem Creams, verwendet.

Palma Besonders zarter und duftiger Fino. »Tres Palmas« ist der Markenname eines besonders feinen Fino.

Palo Cortado Ein Sherry-Typ zwischen Oloroso und Amontillado, der die guten Eigenschaften von beiden vereint. Eine hoch geschätzte Rarität, die fast immer für sich gelagert und höchstens leicht gesüßt als unverschnittener Solera-Wein abgefüllt wird.

Pata de galina Ein Oloroso, der in natürlichem Zustand aufgrund von Glyzerin eine gewisse Süße aufweist. Wird manchmal so abgefüllt, wenn er besonders gut ausfällt.

Paxarete Anderer Ausdruck für *vino de color*.

Pedro Ximénez (PX) Die Traube, die an der Sonne getrocknet und zum süßesten aller Sherrys verarbeitet wird. Wird häufig in Verschnitten verwendet, manchmal aber auch sortenrein abgefüllt – dann schmeckt der Wein wie verdünnter Sirup.

Raya Ein Oloroso zweitrangiger Qualität; Hauptzutat in Verschnitten mittlerer Qualität.

Vino de color Zum Färben verwendeter dunkler Wein, z. B. *arrope*.

Vino de pasto Tischwein: leichter, mitteltrockener Sherry wechselhafter Qualität; heute selten anzutreffen.

Sherry

Wie viele Weine aus dem Mittelmeerraum wurde früher auch Sherry in den nordeuropäischen Ländern wegen seiner Stärke, seiner Süße und seiner Haltbarkeit geschätzt – alles Eigenschaften, durch die er sich grundlegend von den mittelalterlichen Rotweinen unterschied. Zu Shakespeares Zeiten, in denen es noch keine Spirituosen gab, war *sack* (wie der mit Alkohol angereicherte Wein damals in England genannt wurde) das stärkste Getränk überhaupt und sehr beliebt. Die wärmende Wirkung eines *cup of sack* mit rund 17 % Alkohol reizte nicht nur Sir John Falstaff (in Shakespeares *König Heinrich IV.*), sondern jeden Wirtshausbesucher. *Sack* kam aus Málaga, von den Kanarischen Inseln, ja sogar aus Griechenland und Zypern. Doch der König dieser Weine war der *sherris,* so benannt nach der andalusischen Stadt Jerez de la Frontera.

Jerez ist seit dem Mittelalter ein internationaler Handelsplatz. Bis zum Aufstieg von Rioja gab es nirgendwo sonst in Spanien so riesige Bodegas mit derart millionenschweren Lagerbeständen. Die Entwicklung des Sherrys vom zunächst derben Produkt, das ohne jegliche Reifung in alle Welt verschickt wurde, bis zu den ausgefeilten Stilen heutiger Weine nahm im 18. Jahrhundert ihren Anfang, und wie beim Champagner (mit dem der Sherry mancherlei gemeinsam hat) begann seine Blütezeit mit dem Wohlstand und den technischen Errungenschaften des 19. Jahrhunderts.

Dabei taten die Sherry-Erzeuger eigentlich nichts anderes, als die naturgegebene Anpassungsfähigkeit eines alkoholstarken Weißweins, der nicht weiter außergewöhnlich, ja sogar recht flach und neutral war, bis an die äußerste Grenze zu treiben. Sie nutzten geschickt sein Potenzial zur Fassalterung in Berührung mit Luft, das heißt seine Eigenschaft, durch die sonst gefährliche Oxidation Geschmacksnoten hervorzubringen, die auf ihre Art so unterschiedlich sind wie Zitronen und Datteln. Und sie perfektionierten die Kunst des Verschneidens, mischten die Elemente ihrer Palette so, dass sie jede nur denkbare, immer gleichmäßige Schattierung erhielten.

Abgesehen von folkloristischen Details unterscheidet sich die Sherry-Herstellung heute nur wenig von der Bereitung anderer Weißweine. Ein recht leichter Wein wird schnell gekeltert und vergoren. Er kann einen natürlichen Alkoholgehalt von 12–16 % erreichen. Dann wird er mit Weingeist aufgespritet, je nach Qualität und Eigenschaften auf 15–18 %. Erst danach beginnt der dem Sherry eigentümliche Alterungsprozess.

Es liegt in der launischen Natur des Sherry, dass sich verschiedene Fassfüllungen (500 l), selbst wenn sie aus derselben Lage stammen, verschieden entwickeln können. Der Hauptunterschied besteht darin, dass die einen das kräftige Wachstum einer bestimmten Hefe, der Florhefe, begünstigen und die anderen nicht. Alle Jungweine werden in der *criadera* (Kinderstube) in zu vier Fünfteln gefüllten Fässern gelagert. Auf den feinsten und delikatesten Weinen, die nur leicht gespritet werden, damit ihre Finesse erhalten bleibt, entsteht rasch eine gelblich-weiße Haut, die im Frühling zu einer 1–2 cm dicken Schicht heranwächst. Das Besondere an dieser Florhefeschicht ist, dass sie den Wein vor Oxidation schützt, zugleich aber selbst eine Reaktion mit ihm eingeht und ihm einen subtilen Anflug von Reife verleiht. Die so entstehenden Finos sind früher trinkreif als schwerere Sherrys. Sie bleiben hell, weil sie nicht in Berührung mit Sauerstoff kommen. Nach etwa fünf Jahren sind sie voll ausgereift, doch ihr genaues Alter ist unerheblich, weil sie in einer Solera (siehe Seite 409) verschnitten werden, um über Jahre hinweg Gleichmäßigkeit zu erzielen.

Jungweine mit einem schwereren, ausgeprägteren Stil entwickeln weniger oder gar keinen Flor. Eine höhere Dosis Alkohol zum Aufspriten unterbindet jegliche Florbildung. Ein so klassifizierter Sherry wird, wenn er gewisse Qualitätskriterien erfüllt, Oloroso genannt. Da diese Weine ohne die schützende Florhefeschicht im Fass reifen, kommen sie in Berührung mit Luft. Ihr Reifeprozess ist also ein Oxidationsvorgang, bei dem der Wein dunkler und geschmacksintensiver wird.

Ein dritter, ausgefallenerer und seltenerer Sherry-Typ ist Palo Cortado. Er vereint die Fülle und Tiefe eines erstklassigen Oloroso mit der Duftigkeit, der Finesse und der Würze eines Fino (Amontillado). Palo Cortado wird wie die beiden anderen bereits als Jungwein als solcher klassifiziert

Diese drei von Grund auf verschiedenen Weine bilden das Ausgangsmaterial der Bodega. Ihre Aufgabe ist es nun, sie so zu behandeln, dass diese Unterschiede akzentuiert werden und durch Verschneiden ein weit größeres Spektrum an Stilen entsteht. Ein über die Lebensdauer der Florhefe hinaus gealterter Fino nimmt meist einen breiteren Geschmack an und wird dunkler, seine Farbe wandelt sich von Strohgelb über Bernsteinbraun zu (in hohem Alter) einem satten Schwarzbraun. Jede Bodega hat ihre Soleras mit altem Fino, der alle Stadien von einem frischen Fino über einen reichhaltigeren, konzentrierteren Fino Amontillado bis zu einem intensiv nussigen, kraftvollen alten Amontillado durchlaufen hat.

Solche echten, unverschnittenen Amontillados sind allerdings kaum im Handel erhältlich. Der Begriff wird inzwischen verallgemeinernd auf jede Art von Medium-Sherry angewandt, der zwischen trockenem Fino und dickem altem Oloroso angesiedelt ist, jedoch selten über die Qualität dieser beiden verfügt. Im ursprünglichen Zustand sind alle Sherrys knochentrocken.

Anders als Portwein wird Sherry erst aufgespritet, wenn die Gärung abgeschlossen und der Zucker vollständig aufgebraucht ist. Reiner, unverschnittener Sherry hat daher einen asketischen, herben Geschmack – im Handel eine Seltenheit. Die einzige Ausnahme ist *dulce,* ein konzentrierter Wein, der zum Süßen von Verschnitten verwendet wird.

Während der Alterung in der Bodega steigt infolge der Verdunstung des Wassergehalts sowohl der Alkoholgehalt als auch die Konzentration der Geschmacksstoffe an. Sehr alte, noch im Fass befindliche Sherrys sind für sich oft ungenießbar – aber im Hinblick auf die Geschmackstiefe, die sie in Verschnitte einbringen können, von unschätzbarem Wert. Das Verschneiden von Sherry ist klassischerweise das Metier des Händlers, aber jeder kann sich einmal selbst darin versuchen, indem er, sagen wir, eine Flasche sehr alten trockenen Sherry, z. B. einen Domecq »Río Viejo« oder einen González Byass »Duque«, kauft und ein Gläschen davon in eine Karaffe mit normalem Medium-Sherry gießt. Was ein ganz alltäglicher Wein dadurch an Geschmack gewinnt, ist eine Offenbarung.

Früher war es üblich, dass für jeden Händler nach dessen Vorgaben eine eigene Auswahl von Verschnitten in Jerez produziert wurde. Heute läuft das etwas rationeller ab, und die Händler in Jerez führen ihre eigenen Marken. Die besten stammen aus einer einzigen erstklassigen Solera und sind meist mit etwas *arrope* gesüßt, häufig wird ihnen auch ein wenig von dem fast schwarzen, aber nahezu geschmacklosen *vino de color* zur Abstimmung der Farbe beigegeben. Möglicherweise kommt dann noch eine kleine Menge von jüngerem Wein desselben Stils dazu, um dem Verschnitt zusätzliche Frische zu verleihen.

Kommerzielle Verschnitte bestehen dagegen weitgehend aus billigen, nur kurz gealterten *rayas* oder *entre finos* (zweitklassige Weine im Oloroso- bzw. Fino-Stil). Diesen wird ein kleiner Anteil Wein aus einer guten Solera beigemengt, um den Geschmack zu verbessern, und dann noch eine ordentliche Menge Süßwein, um die Fehler der Grundweine zu kaschieren. Nach dieser Rezeptur bereitete Weine haben Sherry leider den Ruf eines anspruchslosen Aperitifs eingetragen.

Und leider werden deshalb auch die wirklich großartigen Weine aus Jerez, die in ihrer Klasse den Vergleich mit großen weißen Burgundern und Champagnern nicht zu scheuen brauchen, phänomenal unterschätzt. In den letzten Jahren haben viele bedeutende Händler neue Weine herausgebracht, um das Interesse an Sherry insgesamt wieder zu beleben. So kamen Sherrys mit Jahrgangs- oder Altersangabe und winzige Mengen aus den ältesten Soleras auf den Markt. Seit dem Jahr 2000 ist Sherry mit Altersangabe eine offiziell anerkannte Kategorie. Für Kenner sind diese Weine ein Genuss, doch auf die Verkaufszahlen haben sie wenig Einfluss – das negative Image des Sherry besteht weiter.

Die Sherry-Region

Jerez liegt rund 15 km landeinwärts von der Bucht von Cádiz in Südwestspanien. Die Weinberge erstrecken sich rund um die Stadt, doch die besten Lagen befinden sich auf dem kreidehaltigen Boden dünenartiger Erhebungen im Norden und Westen zwischen den Flüssen Guadelete und Guadalquivír. Letzterer, der auch durch Sevilla fließt und von dem sowohl Kolumbus zur Entdeckung Amerikas, Magellan zu seiner Weltumsegelung als auch Pizarro zur Eroberung Perus aufbrachen, begrenzt das Sherry-Anbaugebiet im Norden. Die Hafenstadt Sanlúcar de Barrameda, Jerez de la Frontera und Puerto de Santa Maria sind die drei Sherry-Hauptorte. Das zwischen ihnen liegende Gebiet heißt Jerez Superior und ist das Kernland der Sherry-Erzeugung.

In der Region gibt es drei Bodenarten, doch nur der blendend weiße *albariza,* mit bis zu 80% reiner Kreide durchsetzter Lehm, bringt Spitzenweine hervor. Er ist ein guter Wasserspeicher und widersteht somit der sommerlichen Trockenheit und dem von Afrika herüberwehenden ausdörrenden Wind Levante. Außerdem reflektiert er das Sonnenlicht hinauf in die in niedriger Buschform erzogenen Reben, sodass die Trauben wie in einem Ofen mit Ober- und Unterhitze langsam heranreifen. *Barro,* der braune, kreidehaltige Lehmboden, ist fruchtbarer, liefert aber schwereren, nicht so feinen Wein. *Arena* (Sand), der dritte Bodentyp, wird kaum noch für den Weinbau genutzt.

Jeder der niedrigen Weinberge hat einen eigenen Namen: Carrascal, Macharnudo, Añina und Balbaina sind die berühmtesten der *pagos* (Lagen), die sich in einem Bogen nördlich und westlich von Jerez auf *albariza*-Boden erstrecken. Auf einem weiteren Stück hervorragendem Boden liegen die *pagos* südlich und östlich von Sanlúcar, etwa 20 km von Jerez entfernt, von denen Miraflores der bekannteste ist.

Nach den Bestimmungen des Consejo Regulador von Jerez muss jede Bodega einen gewissen Anteil ihrer Weine aus den Superior-Lagen beziehen – eine Vorschrift, die heute eigentlich hinfällig ist, da 85% des Gebiets als Superior eingestuft sind; die abgelegeneren Weinberge minderer Qualität werden kaum noch bewirtschaftet. Seit Beginn des Exportrückgangs 1979 musste die Sherry-Branche beträchtliche Veränderungen hinnehmen. Es wurden Prämien für die Rodung überschüssiger Anbauflächen gezahlt, und zahlreiche Betriebe wechselten den Besitzer oder schlossen sich zusammen. Vom Mittelalter bis 1979 hatte der Sherry mit Ausnahme der Kriegszeiten stets einen Boom verzeichnet, und in den Anpflanzungen spiegelte sich die allgemeine Erwartung wider, dass dies so weitergehen würde. Seit 1997 ist die Umstellung der Sherry-Industrie abgeschlossen. Die Rebfläche beläuft sich heute auf 10 500 ha.

Die führenden Erzeuger von Sherry

Antonio Barbadillo ☆☆☆
Sanlúcar de Barrameda.
www.barbadillo.com
Die größte Bodega in Sanlúcar mit großen Anteilen am Manzanilla-Geschäft und herrlichen alten Weinen. Sie wurde 1821 von Don Benigno Barbadillo gegründet. Fünf Generationen später ist sie noch immer in Familienbesitz, aber auch Harvey's hält Anteile. Die Büros (im ehemaligen Bischofspalast) und die ursprünglichen Bodegas liegen mitten in der Stadt.

Der Betrieb verfügt über 500 ha in den umliegenden *albariza*-Weinbergen von Cádiz, Balbaina, San Julian, Carrascal und Gibaldin. Erzeugt wird eine große Auswahl an Manzanilla und anderen Sherrys: »Solear«, »Eva«, »Pastora«, »Tío Río«,

Das Solera-System

Solera ist das System, mit dem eine Bodega vollkommene Kontinuität ihrer Produkte erzielt, nämlich eine Reihe von Weinen mit ganz eigenem Charakter. Es handelt sich um ein »Teilverschnittsystem«, das aus mehreren Stufen besteht: Der zur Abfüllung bestimmte Wein wird aus dem Fass, in dem sich der älteste Wein befindet (die Solera im engeren Sinne), entnommen, dieses wird dann aus dem Fass mit dem zweitältesten Wein sofort wieder aufgefüllt, und so geht es weiter, bis das Fass der letzten Stufe mit Sherry des jüngsten Jahrgangs aufgefüllt wird, der den anderen Weinen des Systems so ähnlich wie möglich sein muss. Dieses Abziehen und Wiederauffüllen eines Teils (meist eines Drittels) aus einem Fass bewirkt, dass der neu zugefüllte Wein rasch den Charakter des älteren annimmt. Ein winziger Bruchteil des ältesten Weins der Solera bleibt also immer im Fass der ersten Stufe (beziehungsweise Fässern, denn eine Stufe kann bis zu 50 Fässer umfassen). Gleichzeitig steigt, solange das Solera-System nicht unterbrochen wird, das Durchschnittsalter der Weine auf jeder Stufe immer weiter an, und die Eigenart der Solera wird immer ausgeprägter. Manche berühmten Soleras in Jerez, die beispielsweise den »Tío Pepe« oder »San Patricio« produzieren, wurden vor mehr als 100 Jahren angefangen. Das Wort »produzieren« ist in diesem Zusammenhang eigentlich irreführend, richtiger wäre wohl der Ausdruck »Charakter verleihen«, denn Weine einer Solera werden so gut wie nie »direkt« abgefüllt.

»Pedro Rodríguez«, »Príncipe«, »Ducado de Sanlúcar« und »Villareal«. Barbadillo produzierte als einer der Ersten einen trockenen weißen Palomino (»Castillo de San Diego«), der in Spanien ungemein erfolgreich war. Seit Ende der 1990er-Jahre gibt es den Manzanilla »En Rama«, der mit minimaler Filterung direkt aus dem Fass abgefüllt wird, und »Reliquias«, eine Reihe außerordentlich alter, seltener und kostspieliger Sherrys aus alten Soleras.

Agustín Blázquez ☆–☆☆
Carretera de la Cartuja
Die 1795 gegründete, relativ kleine, qualitätsbewusste Bodega ist Teil des Domecq-Konzerns (siehe dort), steht jedoch unter eigener Leitung. Die bekanntesten Erzeugnisse sind der gut ausgereifte Fino »Carta Blanca«, der Oloroso »Carta Roja«, ein Palo Cortado namens »Capuchino« und der edle alte Amontillado »Carta Oro«.

Bobadilla ☆
Jerez de la Frontera
Großer Betrieb, 1872 gegründet. Die ursprüngliche Bodega war Teil eines Klosters in Jerez; inzwischen ist sie jedoch in moderne Gebäude umgezogen. 1990 wurde sie von Osborne (siehe dort) übernommen und ist heute eher für Brandy als für Sherry bekannt.

John William Burdon ☆☆
Puerto de Santa María

Früher in englischem Besitz und von Mitte bis Ende des 19. Jhs. eine der größten Bodegas überhaupt. Heute gehört sie Luís Caballero (siehe dort). Die Weine, »Burdon Fino« im Puerto-Stil, »Don Luís Amontillado« »und Heavenly Cream«, sind in den letzten Jahren besser geworden.

Luís Caballero ☆
Puerto de Santa María

Der Betrieb, der um 1830 mit Weinbeständen der Herzöge von Medina gegründet wurde, ist seit 1932 im Besitz der Familie Caballero und wird heute von Don Luís Caballero geführt. Alle Trauben stammen aus eigenen Weinbergen. Zu den Hauptmarken zählen »Troubadour« und die Serie »Benito«. Für Fino hat Don Luís ein Spezialrezept: Der aus der Solera abgezogene Wein wird mit ein wenig ganz jungem Wein verschnitten. Ebenfalls zum Besitz gehören die Firmen Burdon und Lustau (siehe jeweils dort).

Croft ☆☆
Jerez de la Frontera

Das 1768 ursprünglich als Port-Handelshaus gegründete Unternehmen wurde 1970 die Sherry-Abteilung der International Distillers and Vintners. 2001 wurde der Betrieb von González Byass (siehe dort) übernommen. Rancho Croft, ein großer Komplex alter traditioneller Gebäude am Stadtrand, beherbergt hochmoderne Produktionsanlagen und 70 000 Fässer. Croft verfügt über 350 ha selbst angelegter Rebflächen auf *albariza*-Boden in Los Tercios und Cuartillos. Der Pale Cream Sherry »Croft Original« ist eine auf Marktforschungen gestützte Erfindung des Unternehmens. »Croft Particular« ist ein klassischer Amontillado Medium-Dry und »Delicado« ein echter Fino. Erzeugt wird auch ein feiner Palo Cortado.

Delgado Zuleta ☆☆–☆☆☆
Sanlúcar de Barrameda

1744 gegründeter und immer noch selbstständiger Familienbetrieb. Der bekannteste Wein ist »La Goya«, ein Manzanilla Pasada. Daneben werden u. a. der Amontillado »Zuleta« und ein Fino namens »Don Tomás« erzeugt.

Díez-Mérito ☆
Jerez de la Frontera

Ein Zusammenschluss von Bodegas, die auf die Lieferung von Hausmarken für Handelshäuser spezialisiert sind. 1884 in Frankreich unter dem Namen Díez Hermanos gegründet und heute mehrheitlich im Besitz von Marcos Eguizábal Ramirez. Der Name wurde 1979 bei der Übernahme des alten Betriebs Mérito geändert. Díez-Mérito verfügt über 175 ha, eine riesige neue Bodega in Jerez und eine in Puerto de Santa María. Zu den Weinen zählen »Fino Imperial« (ein sehr alter Amontillado), der herrliche Oloroso »Victoria Regina« und die Serie »Díez Hermanos«. Díez-Mérito übernahm auch Don Zoilo und Celstino Díez de Morales und vertreibt nun den sehr feinen »Don Zoilo« Fino, Amontillado und Cream.

Pedro Domecq ☆☆–☆☆☆
Jerez de la Frontera. www.domecq.es

Das älteste, das größte und mit das renommierteste Handelsunternehmen. Es wurde 1730 von irischen und französischen Familien gegründet und ist heute Teil des Diageo-Imperiums. Es besitzt 1600 ha Rebland. Der ehemalige Chef des Hauses, Don José Ignacio Domecq, war weltweit im eigentlichen und übertragenen Sinne als »die Nase« bekannt. Am feinsten sind der sanfte Fino »La Ina«, »Sibarita«, ein alter Palo Cortado, »Rio

Viejo«, ein dunkler, reichhaltiger, aber trockener Oloroso und der üppige »Double Century«. Jedes Jahr kommen sehr kleine Mengen sehr alter Weine unter Namen wie »Amontillado 51-1A« (Durchschnittsalter 51 Jahre) und »Venerable PX« heraus.

Duff-Gordon
Siehe Osborne

Garvey ☆–☆☆☆
Jerez de la Frontera. www.grupogarvey.com

1780 gründete der Ire William Garvey diese berühmte Bodega, die mit einer Länge von 170 m lange Zeit auch die größte in Spanien war. Sie gehört heute der Familie Ruiz-Mateos. Am Stadtrand von Jerez wurden eine neue Kellerei und Lager-Bodegas errichtet. Garvey besitzt 500 ha Rebland in verschiedenen *albariza*-Lagen, die beständig gute Weine hervorbringen. Neben dem bekanntesten Sherry »San Patricio« (nach dem irischen Nationalheiligen St. Patrick), einem vollmundigen Fino, werden »Tío Guillermo« Amontillado, »Ochavico«, ein trockener Oloroso, und der Manzanilla »La Lidia« erzeugt. Die Weine sind insgesamt ordentlich, es fehlt ihnen jedoch an Konzentration.

González Byass ☆☆–☆☆☆
Jerez de la Frontera. www.gonzalezbyass.es

Eines der besten Sherry-Unternehmen, 1835 von Don Antonio González y Rodríguez gegründet, dessen Londoner Agent Robert Blake Byass 1863 Teilhaber wurde. Das Unternehmen wird heute noch weitgehend selbstständig von der Familie González geführt. Es besitzt 1200 ha Rebland und einen Lagerbestand von 132 000 Fässern. Der bekannteste Sherry ist »Tío Pepe«, der meistverkaufte Fino der Welt und von herausragender Qualität. Daneben werden »La Concha« Amontillado, »San Domingo« Pale Cream und »Nectar« Cream in alle Welt exportiert. Zu den prachtvollen alten Sherrys zählen »Amontillado del Duque« und der trockene Oloroso »Apóstoles«. González Byass brachte als erster Betrieb Sherrys mit Jahrgangsangabe heraus (seit 1963). Außerdem werden »Matúsalem«, der herrlichste Dessert-Sherry überhaupt, und ein erstaunlicher Pedro Ximénez namens »Noë« produziert. González Byass ist u. a. an den Bodegas Beronia in Rioja beteiligt.

John Harvey ☆–☆☆
Jerez de la Frontera. www.domecq.es

Das berühmte Handelshaus in Bristol wurde 1796 gegründet. 1822 trat der erste John Harvey ins Unternehmen ein. Heute ist es Teil von Allied Domecq und arbeitet eng mit seinem Partner in Jerez, Pedro Domecq (siehe dort), zusammen. Berühmt wurde das Unternehmen mit süßen Sherrys, allen voran mit dem einstigen Luxus-Sherry »Bristol Cream«, der zwar inzwischen die meistverkaufte Marke der Welt ist und riesige Exporterlöse einfährt, aber qualitativ nur noch als gut zu bezeichnen ist. Andere Marken sind »Bristol Milk«, »Club Amontillado«, »Bristol Dry« (der tatsächlich halbtrocken ist) und »Luncheon Dry«, ein trockener Fino. Erst seit 1970 verfügt Harvey über – mittlerweile ausgedehnten – Weinbergbesitz.

Hidalgo ☆☆☆
Sanlúcar de Barrameda. www.vinicola-hidalgo.es

Kleine Bodega, 1792 gegründet und noch immer im Besitz und unter der Leitung der Familie Hidalgo. Sie besitzt 200 ha *albariza*-Lagen in Balbaina und Miraflores. Die Hauptmarken sind u. a. der hefige, lebendige Manzanilla »La Gitana«, der Palo Cortado »Jerez Cortado«, ein trockener Amontillado namens

»Napoleon« und der ausgezeichnete Manzanilla Pasada »Pastrana«.

Los Infantes de Orleans-Borbón ☆☆
Sanlúcar de Barrameda
Die dänische Königsfamilie besitzt Weinberge in Südwestfrankreich; die spanische Königsfamilie hat zusammen mit Barbadillo (siehe dort) ihre eigene Bodega in Andalusien. Gute Weine, v. a. Manzanilla »Torre Breva«, Amontillado »El Botánico« und »Carla PX«.

Bodegas Internacionales ☆
Jerez de la Frontera
Die 1974 von Rumasa gegründete Firma, heute im Besitz der Familie Medina, soll mit rund 50 000 m² und Lagerbeständen von 68 000 Fass die größte Bodega der Welt sein. Williams & Humbert gehörten ebenfalls zum Unternehmen.

Emilio Lustau ☆☆–☆☆☆
Jerez de la Frontera. www.emilio-lustau.com
1896 gegründet und seit 1990 im Besitz von Luís Caballero (siehe dort). Der Betrieb besitzt über 200 ha Rebfläche und erzeugt Sherry guter Qualität unter dem Etikett »Solera Reserve«. Dazu gehören u. a. der seltene Amontillado »Escuadrilla« und der trockene Oloroso »Don Nuno«. Alle Weine aus Caballeros eigener Bodega kommen nun unter dem Namen »Lustau« heraus. Das Prachtvollste, was das Haus zu bieten hat, ist die Reihe seltener *almacenista*-Sherrys aus den Beständen kleiner Einzelwinzer, die en gros an die Händler verkauften, deren Bedeutung als *almacenistas* aber schwand, als die Handelshäuser ihre eigenen Rebflächen anzulegen begannen. Es war eine geniale Idee von Lustau, 1981 eine Auswahl dieser ausgezeichneten, sozusagen von Hand gefertigten Weine abzufüllen und auf den Markt zu bringen. Alle Stile sind vertreten, von äußerst delikaten Manzanillas bis zu den »Landed Age Rare Sherries«.

Marqués de Real Tesoro ☆☆
Jerez de la Frontera
Das bis in die 1990er-Jahre verschlafene Unternehmen wurde durch Investitionen endlich aufgeweckt. Die neuen Besitzer erwarben »Tío Mateo« von John Harvey. Eine Bodega, die man auf jeden Fall im Auge behalten sollte.

Osborne ☆☆–☆☆☆
Puerto de Santa María. www.osborne.es
Großer und stetig wachsender Familienbetrieb, der 1772 von Thomas Osborne Mann aus Devon gegründet wurde. Heute ist die Familie durch und durch spanisch; der Titel Conde de Osborne wurde von Papst Pius IX. geschaffen. Bereits 1872 übernahm Osborne das Unternehmen Duff-Gordon, dessen Name immer noch verwendet wird. Osborne verfügt über ausgedehnte Weinberge und Lagerbestände. Zu den Sherry-Marken zählen »Quinta« Fino, »Coquinero« Fino Amontillado und »10RF« Oloroso. Die feinsten Sherrys sind limitierte Solera-Abfüllungen mit dem Namen »Rare«. Die Familie Osborne besitzt Lebensmittel- und Weinunternehmen in ganz Spanien und ist der größte Hersteller von spanischem Brandy.

Rainera Pérez Marín ☆☆–☆☆☆
Sanlúcar de Barrameda
Kleiner Betrieb mit erstklassigem Manzanilla, v. a. »La Guita« (auch der Zweitname des Betriebs). Außerdem Manzanilla »Hermosilla« und Fino »Bandera«.

Sanchez Romate ☆☆
Jerez de la Frontera. www.romate.com
Angesehene kleine Bodega, 1781 gegründet und immer noch ein eigenständiger Betrieb mit 80 ha Rebland. Zu den Marken zählen »Marizmeño Fino«, »NPU« (Non Plus Ultra) Amontillado und »Cardenal Cisneros PX«.

Sandeman ☆☆
Jerez de la Frontera. www.sandeman.com
Eines der großen Portwein- und Sherryhandelsunternehmen, das der Schotte George Sandeman 1790 in London gründete. Es gehört inzwischen zu Sogrape, doch Geschäftsführer ist George Sandemann, ein Nachkomme des Gründers. Nachdem Sandemann lange mit Sherry gehandelt hatte, errichtete die Firma ihre eigene Bodega und besitzt nun 650 ha Rebland mit *albariza*-Boden. Mit traditionellen Methoden werden feine Sherrys erzeugt; die Spitzenweine stammen aus alten Soleras, u. a. der herrliche Palo Cortado »Royal Ambrosante« sowie die überaus reichhaltigen Dessert-Sherrys »Royal Corregidor« und »Imperial Corregidor«.

Terry ☆
Puerto de Santa María.
www.domecq.es
Ehemals berühmter Betrieb, heute im Besitz von John Harvey und damit von Allied Domecq. Terry erzeugt immer noch kleine Mengen Sherry, ist aber v. a. für Brandy bekannt.

Valdespino ☆☆☆–☆☆☆☆
Jerez de la Frontera
Lange Zeit galt dieser sehr traditionelle Betrieb als der beste Sherry-Erzeuger überhaupt. Liebhaber rühmten den kompromisslosen Stil seiner Weine, etwa den reichhaltigen trockenen Palo Cortado »El Cardinal« oder den Amontillado »Tío Diego«. »Coliseo« war der Amontillado für wahre Kenner: so trocken, dass sich einem alles zusammenzieht, aber explosiv und intensiv im Geschmack.

1999 wurde das Unternehmen an den Estévez-Konzern verkauft. Für die Produktion und den Stil der Weine sind immer noch dieselben Leute zuständig, und man kann nur hoffen, dass das so bleibt.

Williams & Humbert ☆☆
Jerez de la Frontera.
www.williams-humbert.com
1877 von Alexander Williams und seinem Schwager Arthur Humbert gegründet, heute im Besitz des Medina-Konzerns, dem auch die Bodegas Internacionales (siehe dort) gehören. *Albariza*-Lagen in Carrascal, Balbaina und Los Tercios bringen gute Weine hervor. Am bekanntesten ist der »Dry Sack«, ein leichter Oloroso und seinem Namen zum Trotz nicht trocken; »Pando« ist ein frischer Fino Amontillado. Weitere Marken sind »Canasta Cream«, »Walnut Brown«, »A Winter's Tale« und der eindrucksvolle Palo Cortado »Dos Cortados«. Seit 2000 kommen seltene und teure Weine mit Jahrgangsangabe heraus.

Wisdom & Warter ☆☆
Jerez de la Frontera.
www.wisdomwarter.es
Wisdom und Warter, heute ein Synonym für preiswerten Sherry, waren die beiden Engländer, die das Unternehmen 1854 gründeten. Es gehört seit langem zu Gonázales Byass, steht aber unter eigener Leitung. Die Hauptmarken sind »Olivar« Fino, »Royal Palace« Amontillado und »Tizon« Palo Cortado.

Die Kanarischen Inseln

Die Weinerzeugung der Kanarischen Inseln liegt zum Teil in der Hand kleiner Betriebe, die sehr geringe Mengen ausgezeichneter Weine von Rebsorten produzieren, die auf dem Festland längst ausgestorben sind, zum Teil bei großen Kellereien mit Ambitionen auf den Exportmarkt. Doch selbst die größte Kellerei in der größten DO (Bodegas Insulares in Tacoronte-Acentejo) muss zugeben, dass das unzureichende Angebot an Lesegut auf den Inseln, der unstillbare Durst der Touristen und nicht zuletzt die Kosten für den Transport zum Festland bislang gegen sie arbeiten. Das Gleiche galt aber auch einmal für Australien und Neuseeland – und was hat sich dort inzwischen nicht alles getan.

DO-Wein entsteht auf vier der sieben Hauptinseln, auf einigen anderen nur Landwein. Drei der DO-Bereiche gelten jeweils für eine ganze Insel.

Abona (Teneriffa)

Der DO-Bereich im südwestlichen Viertel der Insel ist mit Listán blanco und negro sowie Bastardo negro bestockt. Leichte Weine in allen drei Farben ohne Bedeutung für den Export.

El Hierro

Die ersten Reben auf dieser Insel pflanzte 1526 der Engländer John Hill. Heute wachsen Trauben in drei Unterbereichen auf steilen Hängen bis zu 610 m Höhe. Neben den Standardsorten Listán, Negramoll, Pedro Ximénez und Verdello werden die seltenen Bujariego, Bremajuelo, Gual, Baboso und Mulata angebaut, von denen manchmal Weine außergewöhnlicher Qualität erzeugt werden, v. a. im süßen Stil und als *rancios*. Zu kleine Mengen, um Bedeutung zu haben.

El Monte (Gran Canaria)

Die DO erstreckt sich zwar über die ganze Insel, aber die Produktion konzentriert sich auf den nordöstlichen Teil. Listán negro ist die wichtigste Rebsorte, daneben wird aber auch eine ganze Reihe anderer Trauben angebaut. Gran Canaria ist v. a. für den »Bergrotwein« von Listán bekannt.

Lanzarote

Herrlicher schwarzer Vulkanboden ist das Markenzeichen dieser Insel, auf der die Reben in tiefen Mulden kultiviert werden, um sie vor dem ständigen Wind zu schützen. Der Löwenanteil entfällt auf Malvasía, die weitgehend zu einem süßen, leicht gespriteten Wein, einem Nachfahren des einst berühmten »Canary-Sack«, verarbeitet wird, aber auch in trockenen Versionen vorkommt. Daneben gibt es eine wachsende Anzahl trockener Weißweine von Listán blanco und Diego sowie geringe Mengen Rot- und Roséwein.

La Palma

Die *isla bonita* ist für ihre Bananenplantagen genauso berühmt wie für ihren Wein, der in drei Unterbereichen in einer Vielfalt von Stilen – von rustikalen, handwerklich bereiteten Weinen im Norden bis zu einigen achtbaren Gewächsen im Süden – erzeugt wird. Angebaut werden die Rebsorten Malvasía, Listán, Bujariego, Gual, Verdello, Bastardo, Sabro und Negramoll, die Weine in allen drei Farben erbringen.

Tacoronte-Acentejo (Teneriffa)

Die erste und größte DO der Kanarischen Inseln erstreckt sich über den Nordwesten Teneriffas und hat von allen die besten Chancen auf dem Exportmarkt. 30 Bodegas erzeugen gute Rotweine von Listán negro und einige gefällige Weißweine, hauptsächlich von Listán blanco und Malvasía. Seit der Anerkennung der DO ist die Produktion kontinuierlich gestiegen.

Valle de Güímar (Teneriffa)

Praktisch die Verlängerung der Rebfläche von Abona entlang der Südostküste der Insel. Es wird vorwiegend Listán blanco für hauptsächlich weiße Weine guter Alltagsqualität kultiviert. Daneben werden kleinen Mengen Rosé von Listán negro und süßer Moscatel erzeugt.

Valle de la Orotava (Teneriffa)

An der Nordwestküste zwischen Tacoronte und Icod in einem Tal, das vom Vulkan zum Meer hin abfällt, entstehen gefällige leichte Weiß- und Rotweine zu etwa gleichen Anteilen sowie ein wenig Rosé. Rebsorten sind Listán blanco und negro.

Ycoden-Daute-Isora (Teneriffa)

Die DO erstreckt sich über den äußersten Westen der Insel und ist nach der Stadt Icod de los Vinos benannt, wo der berühmte 1000 Jahre alte Drachenbaum steht. Es werden vorwiegend Listán blanco und negro angebaut. Die Produktion besteht zu etwa zwei Dritteln aus guten Weißweinen in sauberem, frischem Stil; außerdem wird leichter Rotwein und Rosé bereitet.

Die führenden Erzeuger auf den Kanarischen Inseln

El Grifo ☆☆
San Bartolomé
Die älteste Bodega auf der Insel, 1775 gegründet und 1980 neu eröffnet. Vornehmlich Weißwein, u. a. ein ausgezeichneter süßer Malvasía.

Vinícola del Hierro ☆
Frontera
Gut ausgestattete Kellerei mit fruchtigem Weißwein von Vijariego und Rotwein von Listán negro.

Bodegas Insulares Tenerife ☆☆
Tacoronte
Hochmoderne Bodega mit jeder Menge Platz zum Wachsen. Die besten Weine sind der mit Kohlensäuremaischung von Listán negro und Negramoll erzeugte »Viña Norte Tinto Maceración« und der von den gleichen Sorten gewonnene, aber vier Monate in Eiche ausgebaute »Viña Norte Tinto Madera«.

Cueva del Rey ☆☆
Icod de los Vinos
Die herrliche Boutique-Kellerei wird von Fernando González betrieben, einem Englischlehrer mit einer Passion für Weißwein. Seine winzige Bodega ist mit Glasfasertanks ausgestattet. González bewirtet seine Gäste mit ausgezeichneten Tapas und zeigt ihnen gern sein Museum. Seine Weiß- und Rotweine gehören derzeit zu den besten der DO.

Monje ☆☆
El Sauzal
Kleine, aber angesehene Bodega in Tacoronte-Acentejo. Das Spektrum der Weine reicht von dem mit Kohlensäuremaischung erzeugten »Hollera Monje« bis zu dem eichenfassgereiften »Monje d'Autour«.

Portugal

D as sonst so konservative Portugal war die erste Weinbau-nation der modernen Zeit, die einen Wein von ganz neu-er Art für den Export erfand und ihn dermaßen gut hinbekam, dass er einer der größten Verkaufsschlager der Welt wurde. Die Rede ist natürlich vom Mateus Rosé. Zusammen mit seinen Art-genossen macht er einen Großteil des portugiesischen Wein-exports aus.

Wie konservativ die Portugiesen sind, kann man daran er-messen, dass weder die Weine im Stil des Mateus noch der Portwein in ihrem eigenen Land je wirklich Fuß fassten. Infol-ge der raschen Entwicklung einer städtischen Mittelschicht und einer Supermarktgesellschaft außerhalb Lissabons und Portos sind die Portugiesen mittlerweile an Weine von eher interna-tionalem Stil gewöhnt. Diese werden jedoch immer noch weit-gehend von einheimischen Traubensorten (siehe Seite 16–17) gewonnen, deren Eigenart und Vielfalt zu Recht Portugals Stolz und seine Stärke auf dem internationalen Markt sind.

Portugal ist alles andere als ein kleines Licht. Es bringt 6 bis 7 Mio. Hektoliter Wein pro Jahr hervor und steht damit in der Rangliste der Weinbau treibenden Länder an achter und neunter Stelle, obwohl auf dem Inlandsmarkt weniger Wein als früher abgesetzt wird. Der dritte Platz im Verbrauchsran-king gehört der Vergangenheit an, doch der durchschnittliche Pro-Kopf-Verbrauch beträgt immer noch stattliche 50 Liter.

Sie mögen vielleicht konservativ sein, aber immerhin waren die Portugiesen die Ersten, die so etwas wie ein System kon-trollierter Herkunftsbezeichnung einführten: Bereits 1756 wur-den die Grenzen eines »bestimmten Anbaugebiets« am Douro festgesetzt. Ein wahrer Sturm von geographischen Festlegun-gen brach 1908 mit dem Vinho verde los. Für alle besseren Weine erließ Portugal damals Vorschriften über Bereichsgren-zen, Rebsorten, Bereitungstechniken und Mindeststandards.

Leider hemmten diese Vorschriften lange Zeit fortschritt-liche Tendenzen und verzerrten die portugiesische Wein-landkarte derart, dass nicht mehr klar war, wo tatsächlich die besten Weine des Landes entstanden. Glücklicherweise berei-tete die gesetzliche Neuordnung, die mehr oder weniger mit Portugals EU-Beitritt einherging, der Verwirrung über die Regionalgrenzen ein Ende. Heute hat Portugal ein vierstufiges Appellationssystem, das dem Frankreichs ähnelt. Den obers-ten Rang bilden die Weine, die den derzeit 24 DOC-Gebie-ten (Denominação de Origem Controlada) zugeordnet sind. Es folgen neun Bereiche mit dem Status IPR (Indicação de Proveniência Regulamentada), die nach einer fünfjährigen Probezeit zur DOC aufgestuft werden können. 1992 wurden acht ausgedehntere Bereiche für vinhos regionais eingeführt. Alle übrigen Weine fallen in die Kategorie der vinhos de mesa (Tafelweine).

In der langen Zeit, in der das ursprüngliche Regionalsys-tem überholt wurde, führten viele der besseren Betriebe Mar-kennamen ein, die keinen Hinweis mehr auf die Herkunft der Weine gaben. Heute muss jedoch außer bei den vinhos de mesa ohne Jahrgangsangabe bei allen Weinen das Ursprungs-gebiet auf dem Etikett angegeben werden.

Eine weitere Besonderheit in Portugal war die Vormacht-stellung der Handelsfirmen gegenüber den eigentlichen Erzeu-gern. Durch EU-Subventionen hat sich die Situation inzwi-schen umgekehrt, und nun profilieren sich in hohem Maße Einzelbetriebe. In den letzten 25 Jahren haben die so genann-ten Quintas stark an Bedeutung gewonnen, Weingüter also, die ihren eigenen Wein von eigenem Lesegut erzeugen. Sie sind vor allem im Vinho-verde-Land sowie in Bairrada, Dão und Alentejo auf dem Vormarsch.

Außer am Douro, dem Portweingebiet im Norden, gibt es immer noch vergleichsweise wenige wirklich große Güter, obwohl vor allem in den Anbaugebieten im Süden, etwa um Palmela, in Alentejo und in Ribatejo, die Zahl größerer Unternehmen wächst. Esporão beispielsweise ist ein Gut mit über 485 ha Rebland. Portugal ist trotzdem nach wie vor ein Land der Kleinbauern; die überwiegende Mehrzahl seiner 180 000 Winzer bewirtschaftet kleine Familienbesitzungen. Etwa die Hälfte von ihnen liefert das Lesegut bei einer der über 100 Genossenschaftskellereien ab, so gut wie alle anderen verkaufen ihre Weine an Händler, vorausgesetzt, der Bedarf ihrer Familien und Freunde ist gedeckt. Die meisten der größeren und besseren Handelshäuser beziehen und füllen Weine aus allen wichtigen Anbaugebieten des Landes ab – den Herkunftsgebieten wird auch auf dieser Ebene wenig Bedeutung beigemessen.

Traditionell wurden in Portugal alle Weine einer der zwei Kategorien *verde* und *maduro* zugeordnet, und diese Unterscheidung findet sich noch heute auf den Weinkarten vieler Restaurants. Vinho verde ist die Bezeichnung für nicht gealterten Wein, die per Gesetz aber nur noch in der Provinz Minho im Norden verwendet werden darf, obwohl eigentlich auch Rosé-Schaumweine zu dieser Kategorie gehören. *Maduro* bedeutet »reif« und verweist auf eine lange Lagerung im Fass (oder – häufiger – in Betontanks) und in der Flasche. Doch die Unterschiede zwischen *verde* und *maduro* werden nun, da immer mehr junge Rot- und Weißweine auf den Markt kommen, zunehmend verwischt.

Die wahre Tugend des traditionellen portugiesischen Weins ist seine Struktur, die ihm jahrzehntelange Haltbarkeit schenkt. Seine anfänglich gaumenaufrauende Adstringenz weicht mit der Zeit einer höchst angenehmen Beschaffenheit, in der sich Festigkeit zu samtiger Geschmeidigkeit abrundet, ohne dass der Wein seine ihm innewohnende »eiserne Faust« verlieren würde. Seine Schwäche aber ist der Mangel an Geschmack und das für einen so kraftvollen Wein oft verschwindend zarte Bukett.

Diese Weine sind auf dem Inlandsmarkt zwar weiterhin sehr gefragt, aber die meisten fortschrittsbewussten Quintas und Händler entscheiden sich für einen eher internationalen Stil: bereits in der Jugend trinkreife Weine, die sich in der Flasche halten.

Eine spezielle Bezeichnung gibt es für ausgewählte, lange gealterte Weine. Das Wort *garrafeira* hat eine ganz ähnliche Bedeutung wie Reserva, verweist jedoch zusätzlich darauf, dass man es mit dem besten »privaten« Wein des Händlers zu tun hat, der einige Jahre im Fass und danach in der Flasche gelagert wurde, um nach dem Verkauf sofort trinkreif zu sein. Der Alkoholgehalt dieser Weine muss mindestens 0,5 % über dem gesetzlichen Mindestwert liegen.

Anbaugebiete & Weine in Portugal

Im Folgenden werden die portugiesischen Weine (außer Portwein) so weit wie möglich in ihrer Reihenfolge von Norden nach Süden beschrieben. Die Überschriften entsprechen den Namen der offiziell anerkannten Anbaugebiete beziehungsweise DOC-Bereiche. Zu Portwein siehe Seite 420–425.

Vinho verde

Auf das größte Anbaugebiet entfallen rund 20 % der portugiesischen Ernte; es erstreckt sich über fast die gesamte Provinz Minho im Norden, von Porto bis zur spanischen Grenze. Das Gebiet heißt genauso wie der Wein, den es hervorbringt: der wohl originellste und erfolgreichste Beitrag Portugals zum großen Weinkeller dieser Welt. »Grün« ist am Vinho verde nicht seine Farbe (55 % sind rot; der Weißwein sieht aus wie Wasser mit Zitronensaft), sondern seine Frische, die direkt aus den grünen Pergolen zu entspringen scheint, wo er in Mischkultur mit Mais und Gemüse wächst.

Traditionell hängen die Reben wie Girlanden zwischen Bäumen oder werden an Pergolen mit Granitpfeilern und Querbalken aus Kastanienholz erzogen. Trauben so hoch über dem Boden wachsen zu lassen, hat mehrere Vorteile: Es verlangsamt ihre Reife und sorgt für das gewünschte Gleichgewicht zwischen Zucker und Säure; es wirkt dem drohenden Pilzbefall in einem kühlen, regnerischen Klima entgegen; darunter und dazwischen können andere Produkte angebaut werden. Neuere Weinberganlagen werden dennoch niedriger gehalten, weil sie so leichter maschinell zu bearbeiten sind und Weine mit einem ausgewogeneren Säuregehalt erbringen.

Bei der traditionellen Methode zur Erzeugung von Vinho verde wird eine aktive malolaktische Säureumwandlung gefördert. Das kühle Klima sowie die Besonderheiten der einheimischen portugiesischen Rebsorten und ihrer Erziehung führen zu einem hohen Gehalt an Apfelsäure. Die natürliche bakterielle Umwandlung der Apfelsäure in Milchsäure nimmt der Säure ihre Rauheit und sorgt durch das Nebenprodukt Kohlensäure für ein angenehmes Prickeln. In manchen Landgasthöfen ist der offene Weine einem sehr trockenen, perlenden und recht trüben Apfelwein nicht unähnlich.

Heute werden jedoch nur noch einige einfache Weine auf traditionelle Weise bereitet, und kaum ein Vinho verde wird der malolaktischen Säureumwandlung in der Flasche unterzogen, weil sich dabei ein Bodensatz bildet. Die meisten kommerziellen Kellereien bauen ihre Weine zu vollkommener bakterieller Stabilität aus und füllen ihn dann mit einem Schuss Kohlensäure ab – das Ergebnis ist ungefähr dasselbe. Mit dieser Methode kann der Kellermeister den Wein auch (mit unvergorenem Most) nachsüßen, ohne dass die Gefahr der Nachgärung besteht.

Da der absolut trockene und ausgeprägt scharfe »echte« Vinho verde nicht jedermanns Geschmack ist, sind viele exportierten Weine äußerst süß. Die rote Version, die mit Stielen, Schalen und Kernen vergoren wird, bringt es auf einen so hohen Tanningehalt, dass sich einem beim Trinken alles zusammenzieht; eine Erfahrung, auf deren Wiederholung Nichtportugiesen keinen gesteigerten Wert legen.

Auf den Etiketten der Händler ist normalerweise nicht angegeben, aus welchem Teil des großen Bereichs der jeweilige Wein stammt. Von den neun Unterbereichen liefern Amarante und Penafiel im Hinterland von Porto vor allem Weißwein. In Braga, in der Mitte der Provinz Minho, wird frischer Rot- und Weißwein guter Qualität erzeugt. Lima am gleichnamigen Fluss nördlich von Braga ist auf etwas körperreichere Rotweine spezialisiert. Melgaço und Monção am Fluss Minho an der spanischen Grenze im Norden sind für sortenreinen weißen Alvarinho bekannt, einer der teuersten (und alkoholstärksten) Weine des Bereichs. Wenn überhaupt, geht er nur mit viel gutem Willen als Vinho verde durch. Alvarinho ist ein milder Stillwein, der manchmal im Holzfass ausgebaut wird und ein zartes Bukett von Aprikosen oder Freesien hat; frisch und spritzig-fruchtig ist er selten. Er wird meist jung abgefüllt, kann jedoch – anders als normaler Vinho verde – zwei oder drei Jahre in der Flasche gelagert werden.

Einige der besten Vinhos verdes kommen heute von Weingütern, die der APEVV *(Associação dos Produtores-Engarrafadores de Vinho Verde)*, einem freiwilligen Zusammenschluss von Erzeugern, angehören.

Dão

Der Bereich Dão um die alte Domstadt Viseu, 80 km südlich des Douro, ist bei weitem der größte, etablierteste und erfolgreichste Erzeuger von *vinhos maduros* mit Ursprungsbezeichnung. Er erstreckt sich über die mit Pinienwäldern bedeckten Täler der drei Flüsse Alva, Mondego und Dão zwischen Hügeln aus Granitfelsen mit sandigem Boden. Der weitaus größte Teil des 20 000 ha großen Reblands ist mit dunklen Trauben bestockt (zum Teil die gleichen wie am Douro).

Roter Dão bleibt trotz der Mühe und Sorgfalt, die viele Händler auf seinen Ausbau verwenden, ein recht trockener, harter Wein, eigenartig schwach im Bukett und arm an nachhaltiger Süße. Da die Nächte kühl sind und die Trauben nicht immer voll ausreifen, kann der Tanningehalt hoch ausfallen.

Dennoch sind viele Beobachter überzeugt, dass Dão eines Tages wirklich großartige Weine hervorbringen wird, und durch eine gewissenhaftere Wahl der Lagen und Auslese der Trauben werden schon jetzt beeindruckende Ergebnisse erzielt.

Der Hauptgrund für das schlechte Image des Bereichs ist, dass die zehn örtlichen Genossenschaften praktisch ein Monopol auf die Weinerzeugung hatten, bis die EU dieser Praxis 1990 einen Riegel vorschob. Lange Zeit gab es nur einen einzigen Dão, der tatsächlich von den eigenen Trauben eines Weinguts stammte: Conde de Santar. Mittlerweile hat er von einer ganze Reihe von Quintas Gesellschaft bekommen, die sehr gute Weine produzieren. Einmal aus dem Würgegriff der Genossenschaft befreit, hatten sich eine Anzahl von Erzeugerbetrieben entschlossen, Trauben anzukaufen und ihre eigenen Weine zu keltern.

Sogrape nimmt nach Investitionen von rund 6 Mio. Euro in eine neue Kellerei der Quinta dos Carvalhas wohl die beherrschende Stellung ein. Die Qualität der Weine hat sich stetig verbessert. Früher war Dão ein Verschnitt; heute wird eine seiner Zutaten, Touriga nacional, zunehmend zu sortenreinem Wein verarbeitet, der bisweilen ebenfalls sehr eindrucksvoll ist.

Bairrada

Obwohl Bairrada erst 1979, also rund 70 Jahre nach Dão, als Ursprungsbereich anerkannt wurde, ist es durch die Qualität seiner Weine zu einem ernsthaften Konkurrenten für Dão geworden. Der Name kennzeichnet ein Gebiet zwischen Dão und dem Atlantik nördlich von Coimbra und südlich von Porto; die Hauptorte sind Mealhada und Anadia. Auf den niedrigen Hügeln mit schwerem, kalkreichem Boden ist mehr Platz für Reben als in Dão; auch hier überwiegen die Rotweintrauben (90 % der Rebfläche). Doch das Klima ist milder, es wachsen andere Rebsorten und die *adegas* (Kellereien) haben einen individuelleren Stil.

Zwei sonst nicht anzutreffende Lokalreben sind von außergewöhnlicher Qualität. Die rote Baga ist eine spät reifende Sorte mit hohem Tannin- und Säuregehalt, die einem Verschnitt Charakter und Ausdruck verleiht. Ist sie der Hauptbestandteil eines Weins, so braucht dieser zwischen 15 und 20 Jahren

Reife, um dann bisweilen die Duftfülle eines feinen Bordeaux zu erreichen. Bical ist das weiße Pendant, eine aromatische Traube, die ein besonders gutes Gleichgewicht zwischen Säure und Extraktstoffen zu haben scheint, aprikosenduftig und frisch sowie nachhaltig im Geschmack ist. Eine neutralere Sorte, Maria Gomes, bildet die Grundlage für Bairradas Schaumweine, von denen einige inzwischen recht schmackhaft sind.

Die *garrafeira*-Weine fast aller portugiesischer Handelshäuser bestehen zum Teil, oft zum größten Teil, aus Weinen von Bairrada. Gute Adressen im Bereich selbst sind Luis Pato (mit Weinen vom eigenen Gut), Casa de Saima, São João und Sogrape (bezieht einen Großteil der Grundweine für Mateus aus Bairrada).

Douro

Einer Legende zufolge schmeckte der Wein vom Douro so scheußlich, dass die Händler gar keine andere Wahl hatten als ihn mit Branntwein zu versetzen – und so den Portwein erfanden. Vielleicht war das wirklich so, aber seit 1991 hat der Bereich enorme Fortschritte gemacht und bringt heute bewundernswerte Tischweine hervor, u. a. »Duas Quintas« (von Ramos Pinto), »Redoma« (von Niepoort), »Quinta de Gaivosa« und »Quinta do Vale da Raposa« (von Domingos Alves e Sousa) sowie die Weine der Quinta do Crasto und Quinta do Vale Meão.

Aus dem Bereich kommt auch eine Anzahl von *garrafeira*-Weinen bekannter Händler und in Gestalt des »Barca Velha« ein altmodischer Rotwein von Weltrang, der sich ohne weiteres mit dem 160 km weiter flussaufwärts entstehenden spanischen Vega Sicilia messen kann.

Zwei der neuen Gebiete für *vinhos regionais,* Trás-os-Montes nördlich und Beira Alta südlich des Douro, haben schön ausgewogene, nicht allzu starke Rotweine zu bieten. (Beiras ist ein übergeordneter Bereich, der sich auch über Dão, Bairrada und die gesamte Mitte Portugals erstreckt.) Lafões im feuchteren Westen von Beira Alta wurde erst vor kurzem als Bereich anerkannt und bringt einen dem Vinho verde ähnlichen Wein namens Verdasco hervor.

Estremadura

Zu der größten, 32 000 ha umfassenden Weinregion unmittelbar nördlich von Lissabon gehören drei der vier historischen Anbaugebiete. Carcavelos ist auf eine einzige Lage zusammengeschrumpft, von der die Quinta dos Pesos seit 1990 Wein gewinnt. Seine Qualität lohnt den Aufwand der Suche: Er ist ein hell bernsteinfarbener, samtiger, nicht allzu süßer, leicht aufgespriteter Dessertwein oder Aperitif, der wie ein weicher, nussiger und buttriger Verdelho oder Bual Madeira schmeckt.

Etwas mehr von sich reden macht Bucelas, dessen 160 ha Rebland rund 15 km nördlich von Lissabon liegt. Trotz der Nähe zur Hauptstadt weht hier ein frischer Wind. Bis vor kurzem produzierte ein einziger Erzeuger einen recht altmodischen, oxidierten Weißwein, doch jetzt gibt es vier Betriebe. Der beste ist die Quinta da Romeira mit ihrem »Prova Regia«, einem markanten, frischen, duftigen trockenen Weißen von der aromatischen Arinto-Traube.

Noch mehr von sich reden macht Colares – nicht weil es seine Weine in größeren Mengen gäbe, sondern weil sie echte Originale sind. Sie entstehen auf einer nicht genau abgrenzbaren Fläche in den Dünen am Atlantik westlich von Lissabon zwischen Sintra und dem Meer und werden von der Rebsorte Ramisco erzeugt. Sie hat kleine, kugelrunde, knackige dunkelblaue Beeren, mit deren dicker Schale man Kuhhaut gerben könnte. Die Weinstöcke wachsen auf purem Sand (für die Pflanzungen müssen tiefe Gräben ausgehoben werden, die dann nach und nach aufgefüllt werden) und erbringen unerhört tintigen, adstringierenden Wein. Pfropfen ist unnötig, denn Sand bedeutet Schutz vor der Reblaus. Die Produktion verringert sich zusehends.

Die Estremadura ist die Heimat riesiger Genossenschaften wie Torres Vedras, Arruda und São Mamede de Ventosa, aber auch von kleineren, qualitätsbewussten Erzeugern wie Quinta de Abrigada und Quinta de Pancas bei Alenquer. Alenquer ist der zurzeit vielversprechendste Bereich.

Terras do Sado

Jenseits des Tejo, zwischen der Brücke und Setúbal am anderen Ende der Halbinsel Arrabida, liegt ein Bereich mit knapp 20 000 ha Rebfläche, der sowohl guten einfachen Rotwein als auch den vollaromatischen Muskateller von Setúbal hervorbringt, einen gespriteten Wein mit mindestens 17 % Alkohol. Er ist wohl eine Erfindung des Betriebs José Maria da Fonseca (siehe dort) in Azeitão, der ursprünglich so etwas wie ein Monopol in der Gegend hatte. Inzwischen gibt es weitere Erzeuger, allen voran J.P. Vinhos.

Der Setúbal in dieser Form ist eine Art Vin doux naturel: Die Gärung wird durch die Zugabe von Weingeist abgestoppt, der durch das Einmaischen von stark aromatischen Muskateller-Traubenschalen den Duft reifer Tafeltrauben angenommen hat. Nach der Fassreife wird der Wein ohne weitere Lagerung in der Flasche (obwohl eine solche nicht schadet) getrunken, entweder nach sechs Jahren (dann ist er noch erstaunlich frisch und traubig) oder nach 25 Jahren und mehr (dann hat er pikantere Duftnoten – ich roch Geranienblätter – und die tabakbraune Farbe sowie das seidige Gefüge eines feinen Tawny Port angenommen).

Ribatejo

Das früher nicht klassifizierte zentrale Küstengebiet nördlich von Lissabon ist jetzt ein Regionalbereich und umfasst eine Reihe von IPRs. Das sich von hier aus ostwärts zu den fernen Ufern des Tejo jenseits von Santarém erstreckende Ribatejo brachte früher große Mengen von einfachem Wein hervor, genießt aber einen guten Ruf als Erzeugungsgebiet und hat das Interesse einer neuen Generation junger Kellermeister auf sich gezogen. Außerdem ist es eine der wenigen Regionen in Portugal, in denen internationale Rebsorten, etwa Cabernet Sauvignon, Merlot und Chardonnay, in nennenswerter Zahl angebaut werden. Mit der Tradition wurde deswegen nicht gebrochen, was die guten Weine der Quinta do Casal Branco (siehe dort), insbesondere der »Falcoaria«, beweisen.

Alentejo

Das ausgedehnte Gebiet südlich des Tejo wurde erst in den 1990er-Jahren für den Weinbau entdeckt. Auf seinen braunen Hügeln wachsen dunkle Korkeichen, die die besten Flaschenkorken der Welt liefern.

Das Anbaugebiet als Ganzes verzeichnete in den letzten zehn Jahren einen beträchtlichen Qualitätsanstieg seiner Weine. Bestimmte Bereiche haben sich dabei als die besten entpuppt, namentlich die DOCs Reguengos (die Heimat von Esporão und José da Sousa), Redondo und Borba in Richtung Elvas (berühmt für seine Pflaumenkonserven). In Borba sind

eine gute Genossenschaft und die Quinta do Carmo ansässig. Evora (mit Cartuxa an der Spitze) und Granja-Amareleja (mit einer ausgezeichneten Genossenschaft) heißen die beiden guten IPR-Bereiche der Region. Die Weine von Herdade do Mouchão und Tapada do Chaves in Portalegre fallen oft hervorragend aus.

Auch den großen Handelshäusern ist das Potenzial von Alentejo nicht verborgen geblieben. Caves Aliança tätigte Investitionen in Borba, Sogrape engagiert sich in Vidigueira. Diese Bereiche sind praktisch Nachbarn der spanischen Extremadura, und ihre Weine haben einen entsprechend hohen Alkoholgehalt.

Algarve

Auch die Weine des Anbaugebiets Algarve an der Südküste sind alkoholstark, doch das ist die einzige Gemeinsamkeit mit Alentejo. Nur ein rauer, Sherry-artiger Weißwein hat sich einen gewissen Ruf erworben – allerdings einen schlechten. Aufgrund der dürftigen Qualität ihrer Weine laufen die vier DOC-Bereiche Gefahr, abgestuft zu werden. Seit Beginn des neuen Jahrtausends bemüht sich der Sänger Cliff Richards, der Algarve etwas von dem dringend benötigten Glanz zu verleihen, indem er auf seinem dortigen Gut einen Wein namens »Vida Nova« produziert.

Roséweine

Dem fabelhaften Erfolg des Mateus und anderer halbtrockener, perlender portugiesischer Roséweine lag der Gedanke (nicht die traditionelle Bereitungstechnik) zugrunde, einen Vinho verde von Rotweintrauben aus einem Gebiet zu bereiten, dessen Weine kein besonderes Ansehen genossen: gemeint sind die Hügel nördlich des Douro um die Stadt Vila Real. Dabei spielten geographische Festlegungen keine Rolle, im Gegenteil: Wenn die Trauben vor Ort nicht ausreichten, konnte man sich in anderen Gebieten Nachschub besorgen.

Heute wird Rosé von Lesegut aus fast allen Teilen Portugals erzeugt, führend sind Bairrada und die Halbinsel Setúbal südlich von Lissabon. Das gemeinsame Merkmal dieser Weine ist ein bestimmtes Verfahren und nicht ein bestimmtes Herkunftsgebiet. Nach dem Keltern wird der Most nur ganz kurz auf den Schalen belassen, damit der Wein seine charakteristische rosa Farbe annimmt, anschließend wird er wie Weißwein vergoren. Die Gärung wird bei einer Restsüße von etwa 18 g/l gestoppt, und der Wein unter Zugabe von Kohlensäure unter Druck abgefüllt.

Die führenden Erzeuger in Portugal

Caves Aliança ☆—☆☆
Sangalhos.
www.caves-alianca.pt
Einer der bedeutendsten portugiesischen Still- und Schaumweinerzeuger. Die Gesellschaft im mehrheitlichen Besitz der Familie Neves hat ihren Sitz in Bairrada, erzeugt aber Vinho verde (den trockenen »Casal Mendes«), Dão und Douro Rosé sowie den bewundernswerten Bairrada-Rotwein »Aliança Tinto Velho« und sehr ordentlichen Schaumwein nach dem traditionellen Verfahren. Durch die beträchtlichen Investitionen in Borba (Alentejo) wird sich der Rebbesitz auf 600 ha vergrößern. Mit Unterstützung des französischen Önologen Michel

Rolland brachte Aliança eine anspruchsvolle Auswahl an Weinen von einzelnen Gütern, z. B. Quinta da Terrugem in Alentejo, heraus.

Domingos Alves e Sousa ☆☆–☆☆☆
Santa Marta de Penagulão
Der kleine Betrieb mit fünf Besitzungen im Douro-Unterbereich Baixo Corgo erzeugt einige Spitzenrotweine von örtlichen (Portwein-) Trauben. Der eichenfassgereifte »Quinta da Gaivosa« ist reichhaltig und konzentriert genug, um sich lange zu halten. Unter dem Namen »Quinta da Vale de Raposa« wird eine Reihe von Einzellagenweinen herausgebracht, in sehr guten Jahren auch der in neuer Eiche ausgebaute »Grande Escolha«.

Quinta da Aveleda ☆
Penafiel. www.aveleda.pt
Dieses Gut erzeugt jedes Jahr 1 Mio. Kisten der berühmtesten Vinho-verde-Marken »Casal Garcia« und »Aveleda«, beide halbtrocken. »Quinta da Aveleda« ist ein traditionellerer, sehr trockener Wein, »Grinalda« ein duftiger, frischer trockener Tropfen von Loureiro und Trajadura, zwei der besten Traubensorten der Region.

Adega Cooperativa de Borba ☆–☆☆
Borba
Eine der fortschrittlichsten Genossenschaften Portugals liegt am Rand der kleinen Stadt Borba in Alentejo. Ausgewogene, fruchtige Rot- und frische Weißweine werden als »Borba« abgefüllt; ein zweiter Wein heißt »Convento da Vila«.

Bright Brothers ☆☆
Estoril
Der australische Kellermeister Peter Bright verließ J.P. Vinhos, um seinen eigenen Betrieb zu gründen. Nun ist er einer der *flying winemakers,* die überall auf der Welt Weine erzeugen. Die Reihe »Bright Bros« umfasst Gewächse aus den Bereichen Douro, Beiras, Ribatejo und Estremadura.

Casa Cadaval ☆☆
Muge
Auf diesem großen Gut in Ribatejo erzeugt Kellermeister Rui Reguinga eine große Auswahl an Weinen von portugiesischen und internationalen Rebsorten. Der würzige, konzentrierte Trincadeira ist hervorragend.

Quinta do Carmo ☆☆
Borba
Das Gut in Alentejo, einst im Besitz der Familie Bastos, gehört nun den Rothschilds von Château Lafite-Rothschild. Früher wurde auf den Rebflächen vornehmlich Alicante Bouschet angebaut, die sehr langlebige Weine erbrachte, doch die neuen Besitzer haben ihren Anteil verringert und erzeugen nun Weine, die zwar eleganter, aber nicht mehr so kräftig sind wie frühere Jahrgänge. Sie haben nicht die Typenechtheit berühmter Alentejo-Gewächse.

Fundação Eugenio de Almeida – Herdade de Cartuxa ☆–☆☆☆
Evora
Das als karitative Stiftung geführte riesige Gut besitzt auch 200 ha Rebland bei Evora. Eine recht strenge Auslese ist die Grundlage für den süßen, eichigen roten Hauptwein »Cartuxa«, die besten Trincadeira- und Aragonez-Trauben bleiben

jedoch dem »Pera Manca« vorbehalten, der sich rasch als einer der führenden Weine Portugals etabliert hat und nur in außergewöhnlichen Jahren erzeugt wird. Die Roten sind insgesamt erfolgreicher als die Weißen, wenngleich weißer »Pera Manca« oft ebenfalls großartig ist. Die restliche Produktion wird als Vinho regional abgefüllt oder an eine örtliche Genossenschaft verkauft.

Quinta do Casal Branco ☆☆
Almeirim
Das Ribatejo-Gut mit 160 ha füllt seit 1990 seine eigenen Weine ab. Die besten Rot- und Weißweine kommen unter dem Namen »Falcoaria« heraus. 1996 wurde ein Cabernet Sauvignon namens »Capucho« eingeführt.

Cortes de Cima ☆☆–☆☆☆
Vidigueira. www.cortesdecima.pt
Der erste Jahrgang dieses 95-ha-Guts in Alentejo war 1996, das bald mit einem offiziell nicht zugelassenen Syrah (mit dem passenden Namen »Incognito«) Aufsehen erregte. Er ist weiterhin der bekannteste Wein des Guts, doch der »Cortes Reserva« und der sortenreine Aragonez sind ebenso reichhaltig und stilvoll.

Quinta do Côtto ☆☆–☆☆☆
Cidadelha. www.quinta-do-cotto.pt
Das Gut mit seinem herrlichen Herrenhaus aus dem 18. Jh. war schon auf Douro-Tischweine spezialisiert, bevor deren Erzeugung in Mode kam. Der Besitzer Miguel Champalimaud produziert auch Port, der jedoch weniger beständig ist als der Rotwein. Die Spitzen-Cuvée heißt »Grande Escolha«.

Quinta do Crasto ☆☆–☆☆☆
Sabrosa
Schön gelegenes Gut in Familienbesitz am Douro mit einigen herrlichen nicht gespriteten Douro-Weinen sowie Port. Kellermeister David Baverstock hat es geschafft, die harten Tannine zu zähmen, die so viele rote Douro-Tropfen ungenießbar machen. Sein Erfolg lässt sich in Form eines fruchtigen jungen Weins und einer vollen, fleischigen Reserva bewundern. Zu den Neuzugängen zählen ein Touriga nacional und der unglaubliche, in neuer Eiche gereifte »Vinha Maria Teresa«.

D.F.J. Vinhos ☆
Valada
Der unternehmungsfreudige Betrieb produziert fast ausschließlich für den Export, und zwar Weine aus allen portugiesischen Anbaugebieten außer Alentejo. Ansässig ist es aber in Ribatejo. Sein wichtigstes Kapital ist der nicht unumstrittene Kellermeister José Neiva, der auf reichhaltige Hightech-Weine mit einer ordentlichen Dosis Alkohol setzt. Die Spitzenserie heißt »Grand'Arte«.

Herdade do Esporão ☆–☆☆☆
Reguengos de Monsaraz. www.esporao.com
Das riesige Gut Esporão bei Reguengos de Monsaraz in Alentejo gehört einer Gesellschaft namens Finagra. Die in den 1970er-Jahren angelegten Weinberge erstrecken sich über 650 ha; weitere 350 ha stehen unter Vertrag. Die Anfänge des Unternehmens waren etwas wechselhaft, doch seit sein scharfsinniger Besitzer José Roquette das Management übernommen hat, tragen die Bemühungen Früchte. Die unter den drei Namen »Alandra«, »Monte Velho« und »Esporão« abgefüllten Rot- und Weißweine finden im In- und Ausland reißenden

Absatz. Am interessantesten sind die sortenreinen Weine, die Reservas und die Reihe »Private Selection«. Viel von seinem Erfolg verdankt Esporão dem australischen Kellermeister David Baverstock (siehe Quinta do Crasto).

A. A. Ferreira ☆☆
Vila Nova de Gaia

Der in den 1950er-Jahren vom Portweinerzeuger Ferreira herausgebrachte »Barca Velha« etablierte sich rasch als Portugals angesehenster Rotwein mit einer Produktion von rund 4000 Kisten im Jahr. Die Trauben, hauptsächlich Tinta Roriz, wurden früher auf der Quinta do Vale do Meão (siehe dort) angebaut und in großen steinernen *lagares* gestampft. »Barca Velha« wird nur in den besten Jahren erzeugt (ʼ91, ʼ85, ʼ83, ʼ78, ʼ66, ʼ65); weniger gute Jahrgänge werden zu »Ferreirinha Reserva Especial« herabgestuft. 1999 wurde Quinta do Vale do Meão verkauft und Ferreira damit seiner besten Trauben beraubt. Zukünftig wird Quinta da Leda die Hauptquelle sein, die seit 1987 im Besitz von Sogrape (siehe dort) ist.

José Maria da Fonseca ☆☆☆
Azeitão. www.azeitao.net

Die 1834 gegründete Weinfirma ist führend in Portugal und wird von Nachkommen des Gründers, den Brüdern Antonio und Domingos Soares Franco, geleitet. Fonseca ist berühmt für seinen hervorragenden gespriteten Setúbal, von dem aber im Vergleich zu den Rotweinen nur verschwindend kleine Mengen produziert werden. Die bekanntesten Etiketten sind »Periquita«, ein Verschnitt von örtlichen Trauben dieses Namens (inzwischen überall in Portugal Castelão genannt), »Quinta da Camarate«, ein reifer, an schwarze Johannisbeeren erinnernder Verschnitt von Castelão, Cabernet und Touriga nacional sowie »Tinto Velho«, der von der *adega* José da Sousa in Alentejo stammt, wo Fonseca Anteile hält. Letzterer ist ein in großen irdenen Amphoren vergorener guter, pfeffriger Verschnitt von lokalen Sorten. Zum Besitz gehört darüber hinaus eine Kellerei in Dão, die Weine der Marke »Terras Altas« abfüllt. Das Angebot umfasst außerdem *garrafeiras,* deren Buchstabenkombinationen (wie RA oder TA) das Herkunftsgebiet oder die Rebsorten anzeigen, sowie Weine internationaler Rebsorten wie Sauvignon blanc und Syrah in der Reihe »Colleccion Privada«.

J. M. da Fonseca Internacional
Azeitão

Der Betrieb gehörte eine Weile zu dem amerikanischen Unternehmen Heublein, wurde 1996 jedoch von der Familie Soares Franco zurückgekauft, die ihn auch leitet. Bekannt ist er v. a. für den in großen Mengen verkauften halbtrockenen, perlenden »Lancers Rosé«.

Quinta da Lagoalva de Cima ☆☆☆
Alpiarça

Der Großvater der Campilho-Brüder, denen dieses große Gut in Ribatejo gehört, war einst Botschafter in London. Hier entstand der erste portugiesische Syrah; die meisten Weine werden jedoch von heimischen Rebsorten wie Castelão, Touriga nacional und der weißen Arinto erzeugt. Hohe Qualität und erfreulich elegante Weine.

Caves Messias ☆
Mealhada

1926 gegründetes Handelshaus mit Sitz und 160 ha Rebland in Bairrada, u. a. der Quinta do Valdoeiro, die einen apfelfrischen trockenen Wein hervorbringt. Von der Quinta do Cachão kommt ein voller, würziger roter Douro. Außerdem entstehen Vinho verde der Marke »Santola«, robuste *garrafeiras* aus Bairrada und eine Reihe von Schaumweinen.

Herdade de Mouchão ☆☆☆–☆☆☆☆
Sousel

Das kleine Gut in Alentejo mit 25 ha Rebland bringt wuchtige Rotweine hervor, die ihre Farbe und Struktur v. a. ertragsarmen Alicante-Bouschet-Reben verdanken. Wenn Mouchão in Form ist, zeigt sich Alentejo hier von seiner besten Seite: stämmige, langlebige Weine mit einem langen, würzigen Abgang.

Niepoort ☆☆☆–☆☆☆☆☆
Porto

Das Portweinhandelshaus im Besitz einer Familie niederländischen Ursprungs hat sich unter Dirk Niepoort von einem Gipfel zum nächsten aufgeschwungen. »Redoma« heißt sowohl der monumentale rote Douro als auch der kraftvolle, eichige Weißwein von alten Reben. 1999 kam »Batuta« hinzu, ein ebenso intensiver Rotwein von ertragsarmen Reben, der vorwiegend in neuer Eiche ausgebaut wird. Sie gehören zu den eindrucksvollsten trockenen Weinen Portugals.

Palace Hotel do Buçaco ☆–☆☆
Mealhada

In den Kellern dieses extravaganten Hotels reift einer der ungewöhnlichsten Weine Europas. Die Weinberge des Hotels liegen bei Luso am Rand des Bereichs Bairrada und sind mit dessen typischen Reben bestockt. Die roten und weißen Trauben werden in einem steinernen *lagar* gestampft und danach noch genau so wie im 19. Jh. weiterverarbeitet: Gärung im Fass, Abfüllung der Rotweine nach 4–5, der Weißweine nach 2–3 Jahren. Die im Hotel erhältlichen weißen Jahrgänge gehen bis 1944, die roten bis 1945 zurück und zeigen sich in bester Verfassung; herausragende Exemplare (weiß z. B. ʼ85, ʼ84, ʼ66, ʼ65, ʼ56; rot z. B. ʼ82, ʼ78, ʼ70, ʼ63, ʼ60, ʼ58, ʼ53) zeugen von ausgefeilter handwerklicher Qualität. Hin und wieder trifft man aber auch auf oxidierte Jahrgänge. Die Weine können nur in der Bar oder im Restaurant des einstigen königlichen Jagdhauses erworben werden, das sich über mangelnde Gäste sicher nicht beklagen muss.

Palacio de Brejoeira ☆☆–☆☆☆
Monção

Der angesehenste Erzeuger von Alvarinho-Weißwein aus der Region Minho.

Quinta de Pancas ☆☆–☆☆☆
Alenquer

Herrliche Quinta aus dem 16. Jh. nördlich von Lissabon, die als eine der ersten in Portugal Cabernet Sauvignon anbaute und verarbeitete. Zu den Weißweinen zählen ein schöner Arinto (»Quinta de Dom Carlos«) und ein weicher, toastiger Chardonnay. Die Spitzenrotweine namens »Special Selection« sind hochpreisige sortenreine Gewächse von Cabernet Sauvignon, Tinta Roriz und Touriga nacional.

Luis Pato ☆☆☆
Anadia

Luis Pato begann 1980 mit der Bereitung eigener Weine und hat sich seitdem als einer der führenden unabhängigen Erzeuger Portugals etabliert. Er bewirtschaftet 62 ha im Herzen von Bairrada und stützt sich v. a. auf die örtliche rote Baga-Traube, die er fortwährend auf einer Vielfalt von Böden erprobt. Daraus entstanden die zwei ausgezeichneten Einzellagenweine »Vinha Pan« und »Vinha Barrosa«, Letzterer von sehr alten, ertragsarmen Reben. Alle Spitzenrotweine werden in französischer Eiche ausgebaut. Ihr hoher Tannin- und Säuregehalt qualifiziert sie für eine lange Alterung.

Aufgrund der langjährigen Experimente in Weinberg und Keller unterscheiden sich Pato-Weine von einem Jahrgang zum nächsten beträchtlich. 1994 kam der bemerkenswerte Rote »Quinta de Ribeirinho Pe Franco« heraus, der in limitierter Auflage von außerordentlich ertragsarmen ungepfropften Baga-Reben erzeugt wird. Außerdem entstehen ansprechende trockene weiße Verschnitte von den örtlichen Trauben Arinto, Cerceal und Cercealinho sowie ein reinsortiger Bical namens »Vinha Formal«. Der kleine Bestand an Cabernet Sauvignon und Touriga nacional wird normalerweise mit Baga verschnitten. Im Jahr 2001 trat Pato offiziell aus der DOC Bairrada aus, um sich bürokratischen Zwängen zu entledigen.

J.P. Vinhos ☆–☆☆☆
Azeitão.
www.jpvinhos.com
Der Australier Peter Bright ist beratender Kellermeister bei J.P. Vinhos (früher João Pires & Filhos), und dieser Einfluss der Neuen Welt ist bei Weinen wie dem »Cova da Ursa«, einem fassgereiften Chardonnay, dem »Quinta da Bacalhoa« auf Cabernet-Basis und dem sortenreinen Syrah »Sô« deutlich zu spüren. Daneben gibt es auch robuste Weine von portugiesischen Rebsorten, u. a. »Meia Pipa«, ein Periquita-Cabernet-Verschnitt, und »Tinto da Anfora«, ein wärmender, würziger Rotwein aus Alentejo. Anspruchsvolle Schaumweine werden auf der Quinta dos Loridos in Estremadura erzeugt.

Quinta de Pellada ☆☆
Seia
Die Quinta in Dão hat denselben Besitzer wie Quinta de Sães (siehe dort) und ist auf volle, tanninreiche Einzellagenweine von Touriga nacional, Tinta Roriz und Baga spezialisiert.

João Portugal Ramos ☆☆☆
Estremoz
Der dynamische Kellermeister machte sich einen Namen als Berater für viele portugiesische Spitzengüter und qualitätsbewusste Genossenschaften. 1999 ließ er eine moderne Kellerei errichten, in der nun eine wachsende Anzahl von Weinen seiner 100 ha Rebfläche in Alentejo entsteht. Alle zeichnen sich durch lebendige Frucht, zarte Eichennoten und ein tadelloses Gleichgewicht aus. Am ansprechendsten sind »Vila Santa«, ein Verschnitt von örtlichen Rebsorten, und die üppige Reserva »Marques de Borba«. Außerdem gibt es würzige sortenreine Weine, u. a. einen herrlichen Syrah und Trincadeira.

Ramos Pinto ☆☆–☆☆☆
Vila Nova de Gaia.
www.ramospinto.pt
Unter der Leitung von João Nicolai d'Almeida bringt der Portweinerzeuger Ramos Pinto auch eigene Douro-Stillweine der Marke »Duas Quintas« heraus: Die aus dem Lesegut der beiden Quintas Bom Retiro und Ervamoira erzeugten Weine (v. a. die Reservas) sind kräftig und ansprechend. Das Einzelgut Quinta dos Bons Ares bereitet einen Verschnitt von Touriga nacional und Cabernet Sauvignon im Verhältnis 80:20. Ramos Pinto erzeugte 1999 eine sehr konzentrierte Reserva von den ältesten Reben.

Real Companhia Vinícola do Norte de Portugal ☆
Vila Nova de Gaia
Das auch als Royal Oporto bekannte alte Portweinmonopol aus dem 18. Jh. ist bekannt für seine große Auswahl an Weinen, die zum Teil aus den vier zu seinem Besitz gehörenden Quintas stammen. Dazu zählen ein Vinho verde namens »Lagosta« und die Marken »Evel« sowie »Porca de Murça« für Douro-Weine.

Quinta dos Roques ☆☆–☆☆☆
Abrunhosa do Mato
Ein in Familienbesitz befindliches 40-ha-Gut in Dão, das aus der örtlichen Genossenschaft ausgetreten ist. Anspruchsvolle Rotweine von Touriga nacional und Jaen setzten Maßstäbe für die Zukunft des Bereichs. Zum Besitz gehört auch die Quinta das Maias.

Quinta de la Rosa ☆☆
Pinhão.
www.quintadelarosa.com
Die Familie Bergqvist hat 1988 die Beziehungen zum Portweinunternehmen Sandeman gelöst und ein eigenes Unternehmen gegründet. Das 40-ha-Gut bringt inzwischen eine schöne Auswahl von auf dem Gut abgefüllten Port- und Douro-Weinen hervor, Letztere unter der Ägide von Kellermeister David Baverstock.

Quinta de Sães ☆☆–☆☆☆
Seia
Kleines Gut in Dão im Besitz von Alvaro Castro. Die Rot- und Weißweine von örtlichen Trauben sind feine, anspruchsvolle Tropfen. Spitzenwein ist der »Estagio Prolongado«, der bis zu 18 Monate in Barriques reift. Zum Besitz gehört auch die Quinta de Pellada (siehe dort).

Casa de Saima ☆☆–☆☆☆
Sangalhos
Auf dem 20-ha-Gut in Bairrada erzeugt Kellermeister Rui Moura Alves hervorragende Rot- und Weißweine, v. a. von den örtlichen Rebsorten Baga (rot) und Bical (weiß). Die in *lagares* gestampften *garrafeiras* altern gut.

Caves São João ☆☆
Anadia
Familienbetrieb mit 20 ha Rebland im Herzen von Bairrada, in dem die beiden Brüder Alberto und Luis Costa einige der eindrucksvollsten Weine des Bereichs und des benachbarten Dão ausbauen, verschneiden und abfüllen. Die mit einem Korketikett versehenen Reservas namens »Frei João« bzw. »Porta dos Cavaleiros« besitzen große Tiefe und herrliches Entfaltungspotenzial. Vor kurzem kam »Quinta do Poço do Lobo« auf Cabernet-Basis von den betriebseigenen 35 ha heraus.

Soalheiro ☆☆☆
Megaço
Herausragender Erzeuger eines Vinho verde von Alvarinho-Trauben, der in geringen Mengen erzeugt wird..

Sogrape ☆–☆☆☆
Porto
Portugals größter Erzeugerbetrieb und Produzent von Mateus Rosé, der jährlich mehr als 2,5 Mio. Kisten absetzt. Sogrape-Weine sind durchweg von beeindruckender Qualität. Familie Guedes, die das Unternehmen 1942 gründete, ist noch immer

mehrheitlich im Besitz der Firma und hat auch die Portwein-erzeuger Ferreira und Offley (siehe Seite 423–424) erworben. Beträchtliche Investitionen flossen in die Quinta dos Carvalhais in Dão und in Herdade do Peso in Alentejo. Weitere Weine sind »Grão Vasco«, ein in der betriebseigenen Kellerei bei Viseu erzeugter guter Dão, der verlässliche »Vinha do Monte« aus Alentejo, »Vila Regia«, ein reifer roter Douro, und »Terra Franca«, ein weicher, fruchtiger Bairrada. Eine köstlich eichenholzwürzige trockene weiße Reserva wird von Trauben erzeugt, die jenseits des Flusses Douro wachsen. Neuzugänge sind Touriga nacional aus Dão und sortenreine Weine aus Alentejo.

Quinta do Vale Meão ☆☆☆
Alto Douro

Das historische Gut gehörte zu Ferreira (siehe dort), bevor es 1999 an einen ehemaligen Vorstand des Unternehmens, Francisco Olazabal, verkauft wurde. Von hier stammten die Trauben für den legendären »Barca Velho«. Jetzt wird das Lesegut der Quinta für einen eigenen, in neuer Eiche ausgebauten Rotwein verwendet, der zum Superstar am Douro gekürt wurde.

Weitere Erzeuger in Portugal

Alentejo: Ervideira (Evora), Herdade Grande (Vidigueira), Genossenschaft Reguengos de Monsaraz (Reguengos)

Bucelas: Quinta da Romeira

Dão: Boas Quintas/Quinta Donte do Ouro (Mortagua)

Douro: Brunheda (Tua), Chryseia, Pintas, Poeira, Quinta do Fojo (alle in Pinhão), Quinta do Portal (Sabrosa), Quinta de Roriz (São João de Pesqueira)

Estremadura: Casa Santos Lima (Alenquer)

Minho: Anselmo Mendes (Melgaço), Adega Cooperativa Regional de Monção, Paço de Teixeiró

Palmela: Hero do Castanheiro (Aguas de Moura)

Ribatejo: Quinta da Alorna, Falua (Almeirim)

Portwein

Champagner, Sherry und Portwein – die Engländer nennen ihn kurz Port, die Portugiesen Porto – bilden das ursprüngliche Trio der großen »weiterverarbeiteten« Weine. Sie alle sind Veredelungen der natürlichen Erzeugnisse ihrer jeweiligen Region, um die ihnen innewohnende Qualität noch zu steigern. Da sie kapitalintensiv sind und die Lagerhaltung großer Bestände über eine lange Zeit hinweg erfordern, haben Handelsunternehmen sich dieses Gewerbes angenommen. Portweine aus Einzellagen, ja sogar aus einzelnen Jahrgängen, sind Ausnahmen in einer Branche, die von altbewährten, unveränderlichen Mischungen lebt.

Anders als Champagner und Sherry entstand Portwein aus politischen Zwängen heraus. Ende des 17. Jahrhunderts mussten sich die Briten aus Gründen der Staatsräson nach einer Alternative für den beliebten französischen Rotwein umsehen. Sie wandten sich nach Portugal, einem verlässlichen alten Verbündeten. Da sie jedoch in den bestehenden Weinbergen nichts fanden, was ihren Vorstellungen entsprach (was immer noch verwundert, denn wenn es vielleicht auch in Porto keinen passenden Wein gab, so doch in Lissabon), drangen die rührigen Händler von Porto aus am Douro flussaufwärts in das wilde Hinterland vor. Weiß der Himmel, was sie davon überzeugte, sich ausgerechnet dort niederzulassen, denn sie hätten sich für ein neu zu erschließendes Weinbaugebiet kaum eine schwierigere, unzugänglichere Gegend mit extremeren klimatischen Bedingungen aussuchen können. Sie begannen bei Régua, etwa 95 km (oder drei Tagesreisen mit dem Maultier) stromaufwärts von Porto, wo der Corgo in den Douro mündet. Als sie merkten, dass der Wein umso besser wurde, je höher hinauf sie kamen, errichteten sie Terrassen auf den steilen Berghängen am Douro und an seinen Nebenflüssen Távora, Torto, Pinhão und Tua. Bald waren die Hänge mit geweißelten *quintas* (Landgütern) übersät, denn es zeigte sich, dass der dünne, trockene Boden aus Granit und Schiefer, wenn er erst einmal bewirtschaftet wurde, außerordentlich fruchtbar war. Heute sind nicht nur die Trauben, sondern auch die Nüsse, Orangen, Mandeln und sogar das Gemüse aus dem Douro-Tal berühmt.

Der erste Portwein muss ein starker, trockener Rotwein gewesen sein, der noch stärker wurde durch die ein, zwei Eimer Branntwein, die ihn für die Schiffsreise wappneten. Bei den britischen Rotweinliebhabern fand er keinen Anklang; sie beklagten sich bitterlich. Die Händler bemühten sich weiter und kamen irgendwann im 18. Jahrhundert auf die Idee, die Gärung mit Branntwein zu stoppen, solange der Wein noch süß und fruchtig war. Es ist historisch nicht gesichert, wann dies gängige Praxis wurde, denn noch in den 1840er-Jahren drängte der einflussreichste britische Portweinhändler aller Zeiten, James Forrester – der für seine Verdienste in den portugiesischen Adelsstand erhoben wurde –, auf die Rückkehr zu nicht gespriteten (also trockenen) Weinen. Moderne Trends geben überraschenderweise Forrester Recht: Heute liefert das Douro-Gebiet einige der besten trockenen Tafelrotweine Portugals. Ob süß oder trocken, Portwein war jedenfalls von Anfang des 18. bis Anfang des 20. Jahrhunderts der meistgetrunkene Wein in Großbritannien.

Heute ist er einer der am strengsten kontrollierten Weine. Eine Reihe von Behörden reglementiert und überwacht jede einzelne Phase seiner Bereitung. Der Besitz von jedem der 33 000 Winzer ist registriert; jeder Weinberg der insgesamt 40 000 ha wird unter Berücksichtigung der Lage, der Höhe, des Bodens, der Neigung, der Rebsorten, des Kultivierungszustands, der Fruchtbarkeit und des Rebenalters einer von acht Qualitätsstufen zugeordnet und bekommt eine Jahresquote zugeteilt. Durchschnittlich dürfen nur 40 % des Leseguts am Douro zu Portwein verarbeitet werden; aus dem Rest wird Rotwein erzeugt. Der für Weinberge der Qualitätsstufe A zugelassene Höchstertrag liegt bei 700 l pro 1000 Rebstöcke.

Früher wurden unzählig viele verschiedene einheimische Rebsorten zusammen in einem Weinberg kultiviert, und kaum ein Anbauer wusste über die genaue Zusammensetzung seines Mischbestands Bescheid. In den 1970er-Jahren führte vor allem Ramos Pinto umfangreiche Forschungsarbeiten durch, um die besten Sorten herauszufiltern: Touriga nacional, Touriga francesa, Tinta Roriz, Tinta barroca, Tinto Cão, Tinta amarela und Sousão werden heute in getrennten Beständen angebaut und später miteinander verschnitten.

Zur Lesezeit, am Douro Ende September, rückt die Bürokratie in den Hintergrund. Die anstrengende Ernte und das mühsame Hinuntertransportieren des Traubenguts von den steilen Terrassen zu den Kelterhäusern wird von den Dorfbewohnern mit erstaunlich fröhlicher, ja sogar von Gesang begleiteter Tatkraft bewältigt. Auf den abgelegenen kleinen Höfen werden die Trauben noch in der Nacht in offenen *lagares* aus Granit mit bloßen Füßen gestampft (so verfahren auch einige der größeren Quintas wenigstens mit ihren besten Trauben) und dann in den *lagares* vergoren, bis der Wein für das Abstoppen mit Branntwein bereit ist. Bei den meisten Portweinerzeugern wird heute jedoch der größte Teil der Trauben maschinell gekeltert und mittlerweile in Edelstahltanks vergoren. Sie ermöglichen eine bessere Temperaturregelung als die alten (in Algerien entwickelten) geschlossenen Autovinifikationstanks aus Beton, in denen der gärende Most durch ein einfaches Umwälzsystem, das von dem bei der Gärung entstehenden CO_2-Druck betätigt wird, in ständiger Zirkulation über die Schalen geführt wird.

Unabhängig von den verschiedenen Verfahren hat sich zu einem gewissen Zeitpunkt etwa die Hälfte des Traubenzuckers in Alkohol umgewandelt. Der halb vergorene Wein wird anschließend in Fässer abgezogen, die zu einem Viertel mit Branntwein gefüllt sind. Die Gärung bricht sofort ab.

Nach dem ersten Abstich von den groben Trubstoffen wandert der meiste Wein in die Lagerhäuser der Händler, um dort weiterzureifen. Viele davon liegen in Vila Nova de Gaia, gegenüber von Porto am anderen Ufer des Douro. Früher wurden die Fässer auf den schönen, Wikingerschiffen ähnlichen *rabelos* flussabwärts transportiert. Doch seitdem die Fluss zur Elektrizitätsgewinnung gestaut wurde, ist dies nicht mehr möglich. Auch die einstige Vorschrift, dass Portwein von Vila Nova de Gaia aus verschifft werden muss, hat keine Gültigkeit mehr. Das große Portweinhaus Noval verbringt seine Fässer heute flussaufwärts in klimatisierte Lagerhäuser; Sandeman und Cockburn belassen große Mengen ihres Portweins im Douro-Gebiet.

Im Lagerhaus wird der Portwein dann wie Sherry nach Geschmackskriterien in Gruppen eingeteilt; Qualität und Entfaltungspotenzial entscheiden über sein weiteres Schicksal. Die meisten Portweine werden in eine Art fortlaufendes Verschnittsystem eingespeist, mit dem gewährleistet wird, dass am Ende immer das gleiche Produkt herauskommt.

Einfache, fruchtige und eher leichte Weine ohne große Fülle werden zu Ruby ausgebaut; sie lagern etwa zwei Jahre im Fass und werden abgefüllt, solange die leuchtend rote Farbe und die volle Süße noch keine Anzeichen von Reife erkennen lassen. Dies ist die billigste Kategorie eines Portweins.

Junge Weine mit ausgeprägterem Charakter und mehr Konzentration – manche von außerordentlich guter, manche von nur mäßiger Qualität – werden zurückbehalten und dürfen sich zu Tawny weiterentwickeln (der Name kommt von der nach vielen Jahren Fassreife gelbbraunen Farbe). Zu den Tawnys zählen einige der großartigsten Portweine, die bis zu 40 Jahre im Fass gelagert und dann (meist) mit etwas jüngerem Wein bester Qualität aufgefrischt werden, aber auch einige sehr gewöhnliche Exemplare, denen der Charakter der Fassreife fast gänzlich abgeht und die durch Verschneiden junger roter und weißer Portweine hergestellt werden (in Frankreich sind sie als Aperitif sehr beliebt). Die Preise sind entsprechend unterschiedlich. Bei den besten Tawnys ist das Alter auf dem Etikett angegeben. 20 Jahre sind bei den meisten genug; was man für einen 30- oder 40-jährigen Tawny mehr bezahlt, lohnt sich selten. Spitzen-Tawnys können intensiv und üppig sein (z. B. der »Duque de Bragança« von Ferreira) oder ausgefeilt mit trockenem Abgang (etwa der 20 Jahre alte Tawny von Taylor). Es ist gesetzlich nicht vorgeschrieben, dass alle Verschnittweine beispielsweise in einem zehnjährigen Tawny dieses Alter haben müssen, sondern der Wein insgesamt muss

den für dieses Alter typischen Geschmack aufweisen, der von einem Verkostungsgremium ermittelt wird. Obwohl dieses System zum Missbrauch einlädt, halten die besten Portweinhäuser einen hohen Qualitätsstandard aufrecht, um ihren Ruf nicht zu gefährden.

Die meisten Portweine fallen in eine der beiden oben genannten Kategorien, für die auch die Sammelbezeichnung »Wood Port« verwendet wird, weil sich der gesamte Reifeprozess im Holzfass abspielt.

Vintage Port ist dagegen das Produkt eines einzelnen Jahrgangs, in dem die Weine den Idealvorstellungen des Händlers entsprechen – das geschieht in einem Jahrzehnt vielleicht drei- oder viermal –, mithin so viel Geschmack und Individualität besitzen, dass es Verschwendung wäre, wenn man sie anonymen Verschnitten einverleibte. Wann ein Händler einen Jahrgang »deklariert«, ist ganz allein seine Entscheidung, und es kommt selten vor, dass alle es in ein und demselben Jahr tun. Die geographischen und klimatischen Bedingungen im Douro-Gebiet sind zu unterschiedlich.

Vintage Port wird jeweils in einem bestimmten Stil verschnitten, den der Händler im Lauf vieler Jahre entwickelt hat, wobei er die besten Weinposten seiner regelmäßigen Zulieferer und natürlich den besten Wein aus seinen eigenen Weinbergen verwendet. Sie werden mindestens 22 und höchstens 31 Monate im Fass ausgebaut, damit ihre Bestandteile eine harmonische Beziehung eingehen, und dann abgefüllt, wenn sie noch ungenießbar tanninherb, scharf und konzentriert im Geschmack sind. Der weitere Reifeprozess findet also unter Luftabschluss und den »reduktiven« Bedingungen einer schwarzen Flasche mit langem Korken statt, in der der Wein jahrzehntelang von jeden äußeren Einflüssen abgeschirmt ist und sich währenddessen sozusagen selbst »erzieht«. Seine Tannine und Pigmente reagieren miteinander und bilden eine feste, hautartige Kruste, die sich an der Flaschenwand ablagert. Seine Farbe verblasst und sein aggressiv süßer, harter Geschmack wird vornehm süß, duftig und mild. Hinter dieser Milde aber steht immer eine gewisse zupackende Art, die für diesen Wein von entscheidender Bedeutung ist.

Zwischen diesen beiden Extremen – Wood Port und Vintage Port – gibt es eine ganze Reihe von Kompromissen, die dem Vintage Port nahe kommen sollen, aber dessen extrem lange Kellerzeiten vermeiden: Vintage Character (oder Vintage Reserve) ist ein Ruby in Spitzenqualität. Seine Grundweine entsprechen fast Vintage-Standard, werden aber nur vier bis fünf Jahre im Fass gelagert. Dieser kraftvolle, schmackhafte Wein ist bei der Abfüllung bereits trinkreif, entwickelt sich jedoch weiter und bildet sogar eine dünne Kruste in der Flasche, wenn man ihn zu lange aufbewahrt. Für die gleiche Art von Portwein wird manchmal auch die (in Portugal nicht offiziell anerkannte) Bezeichnung Crusted Port oder Crusting Port verwendet. LBV (Late Bottled Vintage) ist ähnlich, wird aber aus Wein eines Jahrgangs erzeugt, der doppelt so lange wie Vintage Port, das heißt dreieinhalb bis sechs Jahre, im Fass reift. Auf dem Etikett sind sowohl das Erntejahr als auch das Jahr der Abfüllung angegeben. Der Wein ist viel heller und leichter im Geschmack als Vintage Port, sollte aber etwas von seiner Festigkeit besitzen. Je nachdem wie reif er bei der Abfüllung war und in welchem Maß der Händler ihn gekühlt und filtriert hat, um ihm Stabilität zu verleihen, bildet sich ein Depot (Bodensatz) in der Flasche oder nicht. LBV mit Depot ist auf dem Etikett meist als »traditional« ausgewiesen. LBV von Warre oder Smith Woodhouse ist meist ungefiltert.

Colheita ist ein seltener, aber manchmal üppiger Portwein. Nach jahrzehntelanger Reife im Fass erwirbt er eine feine Intensität und Eleganz, muss jedoch sorgfältig behandelt werden, damit er nicht oxidiert. Wenn er nicht von Meistern dieses Stils wie Cálem, Burmester und Niepoort stammt, ist er ein riskanter Kauf, denn weniger gute Weine schmecken oft flach und karg.

Weißer Portwein wird auf dieselbe Weise bereitet wie roter, aber von weißen Trauben, und meist trocken ausgegoren, bevor er aufgespritet wird. Er ist eher ein Aperitif als ein Dessertwein, hat aber nie die Finesse etwa eines Fino Sherry. Die unterschwellige Schwere bedarf der Belebung, und manchmal schmeckt er als Longdrink mit Tonic, Wasser, Eis und einer Scheibe Zitrone viel besser als pur.

Eine immer beliebtere Art ist der Single Quinta Vintage Port. Einige Güter (im Unterschied zu Händlern, die ihre Weine aus verschiedenen Quellen beziehen) deklarieren fast jedes Jahr einen Portwein dieses Stils; das bekannteste Beispiel ist wohl die Quinta de la Rosa. Doch seit einiger Zeit bringen auch die großen Handelshäuser Single-Quinta-Weine heraus, und zwar in weniger guten Jahren, in denen unter ihrem Namen kein Vintage Port entsteht; herausragende Beispiele sind der »Quinta de Vargellas« von Taylor und der »Quinta da Roeda« von Croft. Möglich ist das, weil ihre eigenen besten Quintas auch in weniger guten Jahren immer noch ausgezeichnete Weine hervorbringen, die, wäre es ein Spitzenjahr, den Hauptanteil für Vintage Port ausmachen würden. Single Quinta reift schneller als klassischer Vintage Port und hat dennoch häufig einen ausgeprägten, charmanten Charakter. Wenn diese Weine in der Flasche gelagert werden, bilden sie ein Depot und müssen dekantiert werden.

Die Anzahl der Single-Quinta-Portweine nimmt von Jahr zu Jahr zu, was zur Folge hat, dass der Einfluss der berühmten britischen Handelshäuser abnimmt, wenn auch bisher nur geringfügig. Güter wie die Quinta do Crasto, die früher die großen Händler belieferten, sind dazu übergegangen, ihre Weine selbst zu altern und abzufüllen. Einige dieser Weine sind sehr fein, lassen aber auch häufig die Beständigkeit und die Verlässlichkeit ihrer namhaften Konkurrenten vermissen.

Die führenden Erzeuger von Portwein

A. A. Cálem & Filho ☆–☆☆
Porto. Jahrgänge: 1935, 1948, 1955, 1958, 1960, 1963, 1966, 1970, 1975, 1977, 1980, 1982, 1983, 1985, 1991, 1994, 1997, 2000
Der 1859 von einer schon lange im Portweinhandel tätigen Familie gegründete Betrieb wurde 1989 an eine Gruppe örtlicher Geschäftsleute verkauft. Die Familie behielt die ausgezeichnete Quinta da Foz in Pinhão, sodass die neuen Besitzer ohne die besten Trauben des Betriebs auskommen müssen. Der Colheita von Cálem war angesehen, doch den Vintage Ports fehlte es manchmal an Beständigkeit.

Churchill ☆☆–☆☆☆
Porto. Jahrgänge: 1982, 1985, 1991, 1994, 1997, 2000. www.churchills-port.com
1981 von John Graham gegründet und nach seiner Frau benannt; das erste in den letzten 50 Jahren errichtete unabhängige Portweinhandelshaus. Es heimste einen Erfolg nach dem anderen ein und erzeugt einige herrlich konzentrierte Weine aus einer Reihe von gut gelegenen Quintas der Familie Borges de Sousa. Quinta da Agua Alta wird von Churchill als Single-Quinta abgefüllt. Außerdem produziert Churchill einen

feinen LBV und einen ausgezeichneten trockenen weißen Portwein, der rund zehn Jahre im Fass reift. Es ist eines der wenigen Häuser, die über Bestände an köstlichem, reifem Crusted Port verfügen.

Cockburn ☆☆
Vila Nova de Gaia. Jahrgänge: 1900, 1904, 1908, 1912, 1927, 1935, 1945, 1947, 1950, 1955, 1960, 1963, 1967, 1970, 1975, 1977, 1983, 1985, 1991, 1994, 1997, 2000. www.cockburns-usa.com
Das 1815 gegründete Unternehmen ist eines der renommiertesten im Portweinhandel, heute im Besitz von Domecq Allied, aber immer noch unter der Leitung von Nachfahren der schottischen Gründer. Zum Besitz zählen die Quintas do Tua (30 ha), da Santa Maria bei Régua (18 ha), do Val do Coelho und do Atayde bei Tua, wo 250 ha neu angelegt werden, und seit 1989 die Quinta dos Canais am oberen Douro. Cockburn-Weine haben einen deutlich trockenen Abgang; den Vintage Ports fehlt es bisweilen an Fülle. Das angeschlossene Unternehmen Martinez Gassiot (siehe dort) macht Cockburn in puncto Qualität manchmal Konkurrenz.

Quinta do Cotto ☆
Cidadelha
Die Familie Champalimaud, seit dem 17. Jh. im Besitz des Guts bei Régua, ist der bekannteste Erzeuger und Abfüller der neuen Generation. Ihr Single-Quinta wird vor Ort produziert und auch zum Ausbauen und Abfüllen nicht nach Vila Nova de Gaia geliefert. Neuere Jahrgänge waren weniger süß, als man es von einem Jahrgangs-Port erwarten würde. Auch einer der besten Douro-Rotweine entsteht hier.

Croft ☆☆–☆☆☆
Vila Nova de Gaia. Jahrgänge, Croft: 1900, 1904, 1908, 1912, 1917, 1920, 1922, 1924, 1927, 1935, 1942, 1945, 1950, 1955, 1960, 1963, 1966, 1970, 1975, 1977, 1982, 1985, 1991, 1994, 2000; Quinta da Roêda: 1967, 1970, 1978, 1980, 1983, 1987, 1995. www.croft.com
Vielleicht das älteste Portweinunternehmen, das 1678 gegründet wurde und ursprünglich unter dem Namen Phayre and Bradley bekannt war. 2001 wurde Croft von Taylor und dem Sherry-Unternehmen González Byass erworben. Sein bestes Stück ist die herrliche Quinta da Roêda mit 63 ha in Pinhão. Die Trauben von dieser Quinta sorgen für die ausgeprägte Blumigkeit der Vintage-Weine, die regelmäßig zu den allerfeinsten gehören, früh reifen und ausgewogen im Stil sind. Von Croft stammen auch die Marken Delaforce (siehe dort) und Morgan. Croft ist darüber hinaus als Sherry-Erzeuger bekannt (siehe dort).

Delaforce ☆☆
Vila Nova de Gaia. Jahrgänge: 1908, 1917, 1920, 1921, 1922, 1927, 1935, 1945, 1947, 1950, 1955, 1958, 1960, 1963, 1966, 1970, 1975, 1977, 1982, 1985, 1994, 2000; Quinta da Corte: 1978, 1980, 1984, 1987, 1992, 1994, 1995, 1997
Das 1868 gegründete Unternehmen wird immer noch von den Delaforces geführt, obwohl es 2001 (wie Croft) von Taylor und González Byass erworben wurde. Die feinsten Weine des Hauses, die große Frische und Eleganz besitzen und etwas trockener sind als die Croft-Weine, stammen aus der unter Vertrag stehenden Quinta da Corte im Rio-Torto-Tal. »His Eminence's Choice« ist ein herrlich saftiger zehn Jahre alter Tawny.

Dow ☆☆☆☆

Vila Nova de Gaia. Jahrgänge: 1904, 1908, 1912, 1920, 1924, 1927, 1934, (1942 & 1944), 1945, 1947, 1950, 1955, 1960, 1963, 1966, 1970, 1972, 1975, 1977, 1980, 1983, 1985, 1991, 1994, 1997, 2000. www.dows-port.com

Seit 1961 wird diese von Silva & Cosens vertriebene ehrwürdige Marke von der allgegenwärtigen Familie Symington geführt. Die Quinta do Bomfim mit 76 ha in Pinhão, von der bisweilen ein Single-Quinta erzeugt wird, ist eines der besten Güter am Douro. Unterstützt durch die Quinta Santa Madelana etwas flussaufwärts am Rio Torto und die Quinta da Senhora da Ribeira liefert Bomfim ungeheuer tanninreichen und konzentrierten Vintage Port, der nach dem Ausreifen an seinem trockenen Abgang zu erkennen ist. Dow verkauft auch eine komplette Auswahl an Ruby, Tawny und weißem Portwein.

A. A. Ferreira ☆☆–☆☆☆

Vila Nova de Gaia. Jahrgänge: 1945, 1947, 1950, 1958, 1960, 1963, 1966, 1970, 1975, 1977, 1978, 1980, 1982, 1983, 1985, 1991, 1994, 1995, 1997, 2000

Das historische portugiesische Handelshaus war Mitte des 19. Jh. das reichste am Douro, damals unter der Leitung der berühmten Dona Antónia, die die herrlichen Quintas do Vesuvio und do Vale de Meão errichten ließ: riesige Güter in den entlegensten Winkeln am oberen Douro. Das Unternehmen wurde 1987 an Sogrape (siehe dort) verkauft, aber viele Weinberge sind noch im Besitz der Familie. Heute verkauft Ferreira mehr abgefüllten Portwein als jedes andere Unternehmen. Die Vintage-Weine sind meist recht leicht im Stil und werden von den großartigen Tawnys meist übertroffen: »Superior«, »Dona Antónia« und v. a. der überragende 20 Jahre alte »Duque de Bragança«. Ferreira erzeugte auch als einer der Ersten Douro-Tafelweine, allen voran den legendären »Barca Velha«.

Fonseca Guimaraens ☆☆☆☆

Vila Nova de Gaia. Jahrgänge: 1904, 1908, 1912, 1920, 1922, 1927, 1934, 1945, 1948, 1955, 1960, 1963, 1966, 1970, 1975, 1977, 1980, 1983, 1985, 1992, 1994, 1997, 2000. www.fonseca.pt

Seinem Namen zum Trotz war Fonseca über ein Jahrhundert lang ein englisches Familienunternehmen und ist seit den 1940er-Jahren mit Taylor verbunden. Es begann im 18. Jh. unter dem Namen Fonseca, wurde dann aber 1822 von Manuel Pedro Guimaraens erworben. Die Weinberge der Quintas Cruizeiro (65 ha) und Santo António (40 ha) sind herrlich gelegen (beide im Mendiz-Tal in der Nähe von Alijo); ihre besten Gewächse werden immer noch mit bloßen Füßen gestampft. Fonseca Guimaraens ist regelmäßig einer der feinsten und reichhaltigsten Vintage Ports, und »Bin No. 27« ein bewundernswerter Premium Ruby. Außerdem gibt es einen LBV und den Single-Quinta »Quinta do Panascal«.

Gould Campbell

Siehe Smith Woodhouse

W. &. J. Graham ☆☆☆☆

Vila Nova de Gaia. Jahrgänge: 1904, 1908, 1912, 1917, 1920, 1924, 1927, 1935, 1942, 1945, 1948, 1955, 1960, 1963, 1966, 1970, 1975, 1977, 1980, 1983, 1985, 1991, 1994, 1997, 2000. www.grahams-port.com

Der heute (neben Warre, Dow u. a.) zum Imperium der Familie Symington gehörende Betrieb ist für einige der reichhaltigsten und süßesten Vintage Ports bekannt. Seine Quinta dos Malvedos bei Tua am Douro liefert außerordentlich reife Trau-

ben, die zu einmalig üppigen Weinen mit schöner Farbe, großartigem Körper und voller Kraft ausreifen. Ein Teil der Trauben wird noch gestampft. »Malvedos« war früher der Zweitwein, kommt jetzt aber auch als Single-Quinta heraus. Tawny und LBV sind ebenfalls in dem für das Haus typischen körperreichen und vollmundigen Stil gehalten. Besonders gut ist der »Six Grapes« Premium Ruby.

Kopke ☆

Vila Nova de Gaia. Jahrgänge: 1934, 1935, 1942, 1945, 1952, 1955, 1958, 1960, 1963, 1966, 1970, 1974, 1975, 1977, 1978, 1979, 1980, 1982, 1983, 1985, 1987, 1991, 1992, 1995, 2000

Zumindest dem Namen nach das älteste aller Portweinhäuser, das 1638 von einem Deutschen gegründet wurde und jetzt zu Barros Almeida (siehe dort) gehört. Es besitzt 60 ha Rebland und verwendet die Namen »Quinta de São Luiz« für Vintage Ports, »Old World« für Tawny und »Bridge« für Ruby.

Niepoort ☆☆☆

Porto. Jahrgänge: 1927, 1945, 1955, 1960, 1963, 1966, 1970, 1975, 1977, 1978, 1980, 1982, 1983, 1985, 1987, 1991, 1992, 1994, 1997, 2000

Das 1842 gegründete kleine niederländische Familienunternehmen wird heute von der fünften Niepoort-Generation geführt. Verkauft werden jährlich rund 50 000 Kisten erstklassiger robuster Portweine, u. a. eine als *garrafeira* bezeichnete Spezialabfüllung. Manche ihrer Tawnys reifen in Glasballons weiter. Dirk Niepoort erzeugt auch einen Single-Quinta von der Quinta do Passadouro, einem Gut seines Freundes Dieter Bohrmann. Niepoort ist darüber hinaus ein führender Erzeuger erstklassiger und teurer Tafelweine.

Quinta do Noval ☆☆☆☆

Vila Nova de Gaia. Jahrgänge: 1904, 1908, 1912, 1917, 1920, 1924, 1927, 1931, 1934, (1941 & 1942), 1945, 1950, 1955, 1958, 1960, 1963, 1966, 1967, 1970, 1978, 1980, 1982, 1983, 1985, 1987, 1991, 1994, 1995, 1997, 2000. www.quintadonoval.com

Wohl die berühmteste und eine der schönsten Quintas am Douro hoch über Pinhão. Bis zum Verkauf an AXA-Millésimes im Jahr 1993 gehörte es der Familie van Zeller. 1982 wurden die alten Listen und Aufzeichnungen des Hauses sowie Teile der Lagerbestände bei einem Brand vernichtet. Alte Vintage-Jahrgänge gehören zu den großartigsten Portweinen überhaupt: etwa der sagenhafte 1931er und der noch bessere 1927er. Heute bringen kleine Pazellen mit ungepfropften Reben immer noch einen erstaunlich konzentrierten Vintage Port namens »Nacional« hervor. Die neuen Besitzer haben das eigentlich Unmögliche geschafft und die Qualität noch weiter verbessert; sie installierten 1995 elektronisch gesteuerte, roboterähnliche *lagares,* in denen die Trauben wie mit den Füßen gestampft werden. Zum Besitz gehört auch die Quinta do Silval.

Offley ☆

Vila Nova de Gaia. Jahrgänge: 1945, 1950, 1954, 1960, 1962, 1963, 1966, 1967, 1970, 1972, 1975, 1977, 1980, 1982, 1983, 1985, 1987, 1994, 1995, 1997, 2000

1737 von William Offley gegründet; 1803 trat James Forrester ein. Sein Neffe, Baron Joseph James Forrester, wurde dadurch berühmt, dass er den oberen Douro kartographisch erfasste und in den 1850er-Jahren die Weinberge vor einer Pilzkrankheit rettete. Das Unternehmen mit dem offiziellen Namen Forrester & Co. wurde 1929 verkauft und ging 1983 an Martini

& Rossi, die inzwischen an Sogrape verkauften. Der Vintage ist selten etwas Besonderes; der beste Wein ist der »Baron Forrester Tawny«. Die Weine galten allgemein als früh genussreif, fett und schön abgerundet.

Poças ☆
Vila Nova de Gaia. Jahrgänge: 1960, 1963, 1970, 1975, 1985, 1991, 1994, 1995, 1997, 2000

1918 gegründetes unabhängiges Familienunternehmen mit zwei traditionell geführten Gütern am Douro, den Quintas das Quartas und Santa Barbara. Die Marken »Poças Junior«, »Pousada«, »Terras«, »Almiro« und »Pintão« finden in Belgien und Frankreich großen Absatz. Vintage Ports werden erst seit dem Jahrgang 1960 deklariert. Ordentliche, mittelschwere Weine.

Quarles Harris ☆☆
Vila Nova de Gaia. Jahrgänge: 1908, 1912, 1920, 1927, 1934, 1945, 1947, 1950, 1955, 1958, 1960, 1963, 1966, 1970, 1975, 1977, 1980, 1983, 1985, 1991, 1994, 1997, 2000

Neben Warre, Graham, Dow u. a. gehört Quarles Harris inzwischen zum beachtlichen Besitz der Familie Symington. Es verfügt über keine eigenen Weinberge, aber durch seit langem bestehende Verträge mit guten Winzern am Rio Torto wird intensiver, voller Vintage Port mit kraftvollem Bukett beständiger Qualität erzeugt. »Harris« (ohne Quarles) ist die Marke für Tawny, Ruby und weißen Portwein.

Ramos Pinto ☆☆–☆☆☆
Vila Nova de Gaia. Jahrgänge: 1924, 1927, 1935, 1945, 1950, 1952, 1955, 1960, 1961, 1970, 1975, 1980, 1982, 1983, 1985, 1991, 1994, 1995, 1997

1880 gegründet und eines der vornehmsten Häuser, heute Eigentum von Louis Roederer. Zum Besitz gehören die berühmte Quinta Bom Retiro mit 50 ha im Rio-Torto-Tal, die Quinta da Bons Ares und die Quinta da Ervamoira, die Quelle für viele der feinen Tawnys. Tawny ist die Spezialität des Hauses, aber es werden auch zwei äußerst erfolgreiche weiße Portweine und ein verlässlicher Vintage erzeugt. Daneben gibt es ausgezeichnete Tafelweine (siehe »Die führenden Erzeuger in Portugal«).

Royal Oporto ☆
Vila Nova de Gaia. Jahrgänge: 1908, 1941, 1943, 1944, 1945, 1947, 1954, 1955, 1958, 1960, 1962, 1963, 1967, 1970, 1977, 1978, 1979, 1980, 1985, 1987, 1995, 1997

»Royal Oporto« ist die berühmte Marke der Real Companhia Vinícola do Norte de Portugal, die 1756 vom Marquis de Pombal zur Beherrschung des Portweinhandels gegründet wurde und infolge eines mittlerweile berüchtigten Deals heute zum Teil der Casa do Douro gehört, die ihrerseits als Kontrollgremium für den Portweinhandel eingerichtet wurde. Sie befasst sich mittlerweile zur Hälfte mit Portweinen und zur Hälfte mit anderen Weinen (davon wiederum zur Hälfte mit Schaumweinen). Lange Zeit war die Qualität nicht besonders, doch seit Ende der 1990er-Jahre sind deutliche Anzeichen einer Verbesserung zu verzeichnen.

Sandemann ☆☆
Vila Nova de Gaia. Jahrgänge: 1904, 1908, 1911, 1912, 1917, 1920, 1927, 1934, 1935, 1942, 1945, 1947, 1950, 1955, 1960, 1963, 1966, 1967, 1970, 1975, 1977, 1980, 1982, 1985, 1994, 2000.
www.sandeman.com

1790 gegründet und eines der größten Portwein- und Sherry-Handelsunternehmen, bekannt für sein Logo, den »Don Sandeman« im schwarzen Umhang. Es wurde 1980 von Seagram erworben und 2001 an Sogrape weiterverkauft; Geschäftsführer ist jedoch weiterhin George Sandeman, ein direkter Nachkomme des Gründers. Der Weinbergbesitz umfasst die Quintas de Confradeiro und Casal in Celeirós (48 ha am Pinhão) sowie Quinta Laranjeira (214 ha in Moncorvo), eine große neue Anlage am oberen Douro nahe der spanischen Grenze. Die Vintage-Weine sind fruchtig, aber nicht besonders voll und auf eine mittellange Lagerungszeit ausgelegt. Single-Quinta entsteht von der Quinta do Vao bei Pinhão. Der Tawny ist angenehm nussig, v. a. der zehn Jahre alte »Royal«. Mit Sandeman verbunden sind die Unternehmen Robertson, Forrester, Diez Hermanos und Rodriguez Pinho.

Smith Woodhouse ☆☆–☆☆☆
Vila Nova de Gaia. Jahrgänge: 1904, 1908, 1912, 1917, 1920, 1924, 1927, 1935, 1945, 1947, 1950, 1955, 1960, 1963, 1966, 1970, 1975, 1977, 1980, 1983, 1985, 1991, 1994, 1997, 2000.
www.smithwoodhouse.com

Zusammen mit Graham, Warre u. a. im Besitz der Familie Symington. Smith Woodhouse vertreibt auch Vintage Ports von Gould Campbell. Beide kommen hauptsächlich vom Rio Torto. Die Gould-Campbell-Vintages sind voll, dunkel, kräftig und sehr langlebig, die Smith-Woodhouse-Weine eher duftig und fruchtig, v. a. der Tawny. Die Trauben werden zum Teil noch gestampft. Die Vintage Ports spiegeln die Qualität des jeweiligen Jahrgangs sehr genau wider, sind nicht so teuer wie die Flagschiffmarken des Symington-Imperiums und bieten viel für ihr Geld.

Taylor, Fladgate & Yeatman ☆☆☆–☆☆☆☆
Vila Nova de Gaia. Jahrgänge: 1904, 1906, 1908, 1912, 1917, 1920, 1924, 1927, 1935, 1938, 1940, 1942, 1945, 1948, 1955, 1960, 1963, 1966, 1970, 1975, 1977, 1980, 1983, 1985, 1992, 1994, 1997, 2000. www.taylor.pt

1692 gegründet und eines der ältesten und besten Handelshäuser, noch immer im Besitz von Nachkommen der Familie Yeatman. Der Stil der großartigen Vintage-Weine, unvergleichlich in Reife, Tiefe und jeder anderen Dimension, verdankt sich weitgehend der berühmten Quinta de Vargellas (220 ha) am oberen Douro, noch flussaufwärts von São João de Pesqueira.

1973 kaufte das Unternehmen die Quinta de Terra Feita (100 ha) in Celeirós im Pinhão-Tal und 1998 zwei weitere Güter bei Pinhão. Die Trauben für Vintage Port werden mit den Füßen oder in roboterähnlichen *lagares* gestampft. In der Ruby-Kellerei bei Régua wird mit Edelstahlgärtanks experimentiert. Sowohl Vargellas als auch Terra Freita kommen manchmal als Single-Quinta Vintage heraus. Fonseca (siehe dort) ist dem Unternehmen angeschlossen. Der LBV von Taylor ist der meistverkaufte Wein seiner Art. Auch der Tawny (v. a. der 20 Jahre alte) ist herausragend.

Quinta do Vesuvio ☆☆☆
Vila Nova de Gaia. Jahrgänge: 1990, 1991, 1992, 1994, 1995, 1996, 1997, 1998, 1999, 2000.
www.quinta-do-vesuvio.com

Das herrliche Gut am oberen Douro war früher im Besitz von A. A. Ferreira, wurde 1989 jedoch von der Familie Symington erworben. Der Wein, eigentlich ein Single-Quinta, wird vollständig in *lagares* erzeugt und mit der gleichen Sorgfalt verarbeitet wie die anderen Vintage Ports von Symington. Vesuvio hat sich zum Ziel gesetzt, jedes Jahr einen Vintage herauszubringen, außer wenn, wie 1993, die Bedingungen es wirklich nicht zulassen.

Warre ☆☆☆☆
Vila Nova de Gaia. Jahrgänge: 1904, 1908, 1912, 1920, 1922, 1924, 1927, 1934, (1942,) 1945, 1947, 1950, 1955, 1958, 1960, 1963, 1966, 1970, 1975, 1977, 1980, 1983, 1985, 1991, 1994, 1997, 2000.
www.warre.com

Das älteste englische Portweinhaus (1670 gegründet) ist heute eines der größten Unternehmen des Symington-Konzerns. Die Vintage-Weine kommen von den 40 ha der Quinta da Cavadinha bei Pinhão und werden mit modernen Methoden produziert; ihr Single Quinta wurde erst vor kurzem eingeführt. Der Stil ist äußerst fruchtig mit einem frischen, fast kräuterwürzigen Bukett und einem festen Abgang. Neuere Jahrgänge sind herrlich ausgewogen und nachhaltig. »Warrior« ist ein guter Vintage Character, »Nimrod« ein feiner Tawny. Besonders guter LBV.

Weitere Erzeuger von Portwein

Barros Almeida ☆
Vila Nova de Gaia.
www.porto-barros.pt

1913 gegründetes großes Handelshaus im Familienbesitz mit Portwein mittlerer Qualität. Zum Besitz gehören auch Kopke und Feuerheerd (siehe jeweils dort).

Borges E. Irmão ☆
Vila Nova de Gaia. Jahrgänge: 1945, 1955, 1958, 1960, 1963, 1970, 1979, 1980, 1982, 1983, 1985, 1994

Die 1884 von den Borges-Brüdern gegründete Portweinfirma hat auch Verbindungen zur Bankenbranche und hält beträchtliche Anteile in der Tafelwein-Produktion. Am besten sind »Quinta do Junço«, »Soalheira« und »Ronçao«. Die schnell reifenden Vintages sind äußerst durchschnittliche Weine.

J. W. Burmester ☆☆–☆☆☆
Porto. Jahrgänge: 1900, 1910, 1920, 1922, 1927, 1929, 1934, 1935, 1937, 1940, 1944, 1948, 1950, 1955, 1958, 1960, 1963, 1970, 1977, 1980, 1984, 1985, 1992, 1995, 1997, 2000

Kleines portugiesisches Unternehmen in Familienbesitz, 1750 von Engländern und Deutschen gegründet. Trauben aus den eigenen Weinbergen und ausgewählte Weine aus der Umgebung von Pinhão liefern herrlichen Tawny und tadellose Vintage Ports. Auf den Lagerbestandslisten stehen noch Colheita Tawnys von 1900.

Feuerheerd ☆
Vila Nova de Gaia

1815 gegründet. Das ehemalige britische Unternehmen gehört jetzt zu Barros Almeida (siehe dort).

Martinez Gassiot ☆☆
Vila Nova de Gaia

Altes Unternehmen, 1790 gegründet und 1961 von Harvey erworben, heute mit Cockburn (siehe dort) assoziiert. Am besten sind die feinen Tawnys; außerdem gibt es einen ansprechenden Single Quinta von der Quinta da Eira Velha.

Rebello Valente ☆
Vila Nova de Gaia. Jahrgänge: 1945, 1947, 1955, 1963, 1966, 1967, 1970, 1972, 1975, 1977, 1980, 1983, 1985

Robertson Bros., eine Tochtergesellschaft von Sandeman (siehe dort), vertreibt die Vintage Ports von Rebello Valente. Die Weine sind von durchschnittlicher Qualität.

Quinta de la Rosa ☆☆
Pinhão. www.quintadelarosa.com

Das schöne Gut bei Pinhão bringt kleine Mengen eleganter Vintage Ports hervor, die ideal für eine mittellange Lagerzeit sind. Das Lesegut der Spitzenweine wird gestampft. Anders als die meisten Handelshäuser ist La Rosa bestrebt, jedes Jahr einen Vintage herauszubringen, aber auch hier waren 1993 die Bedingungen zu schlecht.

Rozès ☆
Vila Nova de Gaia. Jahrgänge: 1987, 1991, 1994, 1995, 1997, 1998, 1999, 2000. www.rozes.pt

Das Handelshaus, seit 1987 im Besitz von LVMH, verkauft hauptsächlich nach Frankreich. Bescheidene Qualität.

Wiese & Krohn ☆
Vila Nova de Gaia. Jahrgänge: 1957, 1958, 1960, 1961, 1963, 1965, 1967, 1970, 1975, 1978, 1982, 1984, 1985, 1991, 1995

Kleines unabhängiges Unternehmen ohne eigene Weinberge.

Madeira

Die Existenz von Madeira steht seit gut 150 Jahren auf des Messers Schneide. Kein anderes berühmtes Weinbaugebiet war einer so geballten Ladung von Schicksalsschlägen ausgesetzt, darunter Schädlingsbefall, Krankheiten, desillusionierte Winzer und allgemeine Missachtung.

Was Madeira am Leben erhält, ist die einzigartige Qualität seiner alten Weine, die über Jahrzehnte oder gar Jahrhunderte hinweg immer besser werden. Die Flaschen, die heute noch aus der Zeit vor der Krise übrig geblieben sind, liefern den Beweis dafür, dass die Insel die langlebigsten Weine der Welt hervorbringen kann. Nach 100 Jahren hat sich ihr Geschmack zu einer solchen Kraft verdichtet, dass er einen schlichtweg umhauen würde, wäre nicht so viel Frische darin. Sie hinterlassen ein wunderbar sauberes und angenehmes Gefühl im Mund – Wasser könnte nicht belebender sein. Eine vollkommenere Harmonie zwischen Süße und Säure gibt es nicht.

Madeira ist die größte Insel eines Archipels rund 640 km westlich der marokkanischen Küste. Im 15. Jahrhundert setzten die Portugiesen nach ihrer Landung auf der Insel die dichten Baumbestände, die die Hänge bedeckten, in Brand. Das Feuer wütete jahrelang, und die Asche ganzer Wälder düngte den ohnehin schon fruchtbaren vulkanischen Boden.

Seine Blüte erlebte Madeira als portugiesische Kolonie. Heinrich der Seefahrer ließ die süße Malvasia-Traube aus Griechenland und Zuckerrohr aus Sizilien kultivieren. Nach der Entdeckung der Westindischen Inseln wurden Bananen zu einem wichtigen Anbauprodukt. Wie damals werden die Anpflanzungen auch heute noch wie in einem Garten in Mischkultur auf steilen Terrassen angelegt, die sich bis auf die halbe Höhe des über 1800 m hohen Inselbergs hinaufziehen. Die Reben werden wie in Nordportugal an Pergolen erzogen, damit darunter andere Nutzpflanzen wachsen können. Das warme Klima machte Madeira wie Jerez und die Kanaren zu einer natürlichen Quelle von *sack*. Sein Schicksal wurde 1665 besiegelt, als in England ein Gesetz erlassen wurde, das den Export von europäischen Weinen in britische Kolonien nur mehr von britischen Häfen aus und auf britischen Schiffen zuließ. Wahrscheinlich galt Madeira damals als ein Teil Afrikas und wurde deshalb zur Zwischenstation für Schiffe auf dem Weg nach Westen: Ende des 17. Jahrhunderts tranken die britischen Kolonisten in Amerika und auf den Westindischen Inseln nur noch Madeira.

Der Wein verdarb nicht etwa auf der langen, heißen Reise über den Atlantik, sondern schien im Gegenteil noch besser zu werden. Als die Briten später ihre Fühler auch nach dem Fernen Osten ausstreckten, entdeckte man, dass ihm die Reise nach Indien noch viel besser bekam. Der auf See gereifte Madeira war so gut, dass man die Fässer als Ballast nach Indien und zurück transportierte, um den Liebhabern in Europa einen noch größeren Genuss zu bieten. Im 18. Jahrhundert wurde wie beim Portwein zur Süßung und Stabilisierung Branntwein zugesetzt.

In Amerika wuchs sich die Begeisterung für Madeira zu einem wahren Kult aus: Im Süden pflegten sich die Herren zu einem einfachen Dinner zu treffen und anschließend einige Karaffen alter Weine zu »besprechen«, die manchmal nach den Traubensorten benannt waren, manchmal nach den Schiffen, auf dem sie transportiert worden waren, und manchmal nach den Familien, in deren Kellern sie gelagert hatten und bereits zum Erbstück geworden waren. So mochte auf einen Bual ein Constitution und auf diesen ein Francis, ein Butler oder ein Burd folgen. Ein beliebter heller Verschnitt, den man bisweilen heute noch antrifft, hieß Rainwater, weil er im Geschmack offenbar an Regenwasser erinnerte. Nahezu dieselbe Wertschätzung erfuhren die Madeira-Qualitäten in England, wo sie bei den wenigen, die solche Weine gekostet haben, nach wie vor hoch im Kurs stehen.

Natürlich waren die Mengen bald zu groß für Spazierfahrten in den Tropen. Ab 1790 machte darüber hinaus Napoleons Kriegsflotte den Handelsschiffen Schwierigkeiten. Als Ersatz ging man dazu über, den Madeira je nach Qualität mehrere Monate lang in Wärmetanks, so genannten *estufas*, zu behandeln. Die einfachsten Weine wurden am kürzesten aber stärksten erhitzt, die besseren über längere Zeit bei gemäßigteren Temperaturen. (Die besten Weine wurden keiner künstlichen Hitze ausgesetzt, sondern lagerten drei bis fünf Jahre in sonnenheißen Dachräumen.) Heute sind 45 °C als Mindesttemperatur für die Erwärmung vorgeschrieben.

Die verschiedenen Madeira-Arten leiten ihren Namen von den vier Hauptrauben und drei bis vier weniger wichtigen Sorten ab, die früher verwendet wurden. Der ursprüngliche Stil basiert auf der Malvasia-Traube (auch Malmsey), die den vollsten Wein liefert; Bual steht für einen weniger vollen, eleganteren, aber ebenso duftigen Wein; ein Madeira aus Verdelho ist weicher und viel trockener, mit leicht bitterem Abgang; von der Sercial-Traube (die für eine Riesling-Klon gehalten wurde) kommt ein feiner, leichter Wein mit ausgeprägter Säure. Tinta negra mole, angeblich ein alter Vorfahre des Pinot noir, wurde für den einst als Tent bezeichnete Rotwein angebaut. Daneben gab es kleinere Bestände an Bastardo, Terrantez und Moscatel.

Madeira befand sich auf dem Gipfel des Wohlstands, als eine doppelte Katastrophe über die Insel hereinbrach: In den 1850er-Jahren befiel der Echte Mehltau die Reben, 1873 kam die Reblaus. 2400 ha Rebland wurden vernichtet und nur 1200 ha mit echten Madeira-Reben neu bestockt. Um sich das Pfropfen auf resistente Unterlagen zu sparen, wurde der Rest,

wenn überhaupt, mit französisch-amerikanischen Hybridreben bepflanzt, deren Weine keinen Anspruch mehr auf die Bezeichnung Madeira haben.

Seitdem zehrt Madeira von seinem alten Ruf, der durch Erinnerungen wach gehalten wird, durch ein mageres Rinnsal erstklassiger Weine und durch die Vorliebe der Franzosen für *sauce madère,* die allerdings auch mit jedem anderen maderisierten, also »erwärmten« Wein zubereitet werden könnte. Der Hälfte der Inselweine steht heute nichts weiter als ein Platz im Küchenregal zu. Leider wurden bei der Neuanpflanzung auch die vier europäischen klassischen Madeira-Sorten zugunsten der vielseitigen Tinta negra mole links liegen gelassen.

Über 85 % der Ernte (abgesehen von den Hybridreben) entfallen gegenwärtig auf Tinta negra mole. Sie muss in allen außer den teuersten Weinen für Malmsey, Bual, Verdelho und Sercial (3,5–1,8, 1,6 und 1,9 % des Ertrags) einspringen: So werden Tinta-Trauben früher oder später gelesen, wird der Wein während oder nach der Gärung gespritet, mehr oder weniger erhitzt, gefärbt und gesüßt, je nachdem, ob er als Sercial, Verdelho, Bual oder Malmsey verkauft werden soll.

Durch den EU-Beitritt Portugals im Jahre 1986 wurde dieser Praxis ein Ende bereitet. Nach den neuen Bestimmungen muss ein Wein nun zu 85 % aus der genannten Rebsorte bestehen. Malmsey ist also nicht mehr einfach ein Stil, sondern muss wirklich aus Malvasia-Trauben bereitet werden. Das Alter des Weins kann ebenfalls auf dem Etikett angegeben werden: Die Zahlen 3, 5, 10 oder 15 stehen für die entsprechenden Jahre. Mit 3 und 5 gekennzeichnete Weine sind häufig enttäuschend, weil sie keine sortenreinen Gewächse sind, sondern auf dem Etikett mit Stilmerkmalen wie »Finest Medium Rich« oder »Finest Dry« beschrieben werden. Der geringe Aufpreis für 10 oder 15 Jahre lohnt sich in jedem Fall.

Im Einklang mit den EU-Bestimmungen sind die 4000 Winzer der Insel eifrig dabei, Reben umzupfropfen: 100 000 Stück im Jahr werden auf die klassischen Sorten umgestellt. Das ist Madeiras einzige Chance. Mit Billigweinen und niedriger Qualität ist kein Wohlstand zu erwerben. Ein Madeira muss immer erst altern. Und die *estufas* sind teuer im Betrieb. Frühreife Weine, die sofort Geld brächten, gibt es nicht.

Weil es mit Madeiras Ruf und seinen Weinen stetig bergab ging, gilt seit 2002 die radikale gesetzliche Vorschrift, dass sie nicht mehr offen exportiert werden dürfen.

Auch nicht mehr zulässig ist die einst gängige Praxis der datierten Soleras nach dem Vorbild von Jerez, aber alte Solera-Abfüllungen tauchen hin und wieder noch bei Auktionen auf und können unglaublich preiswert sein. Gelegentlich deklarieren die Händler noch einen Jahrgang, was aber bei Madeira sowieso viel seltener vorkommt als bei Portwein. Außerdem geschieht dies nicht gleich nach der Ernte, sondern erst rund 30 Jahre später.

Vintage Madeira wird mindestens 20 Jahre im Fass, anschließend eventuell noch in 20-l-Glasballons gelagert und erst abgefüllt, wenn er als genussreif angesehen werden kann. Auch dann ist er eigentlich noch ein recht junger Wein, der weitere 20 bis 50 Jahre in der Flasche ruhen muss, bis er seine wirklich sublimen Qualitäten erreicht.

Zu Beginn des neuen Jahrtausends führten die Handelshäuser einen neuen Madeira-Stil ein: den so genannten Colheita mit Jahrgangsangabe. Blandy's machte mit einem 1994er Malmsey den Anfang und Henriques & Henriques sowie Justino Henriques folgten mit 1995er Weinen.

Der verstorbene Noël Cossart aus der fünften Generation des alten Madeira-Hauses Cossart Gordon empfahl seinerzeit, nie einen billigen Sercial oder Malmsey zu kaufen, weil diese Trauben zaghaft wüchsen und daher teuer sein müssten. Bual und Verdelho hingegen lieferten üppigere Erträge, ihr Wein entwickle sich schneller und könne also billiger und trotzdem gut sein.

Jahrgänge

Die berühmtesten Madeira-Jahrgangsweine bis 1900, von denen gelegentlich noch die eine oder andere Flasche zu haben ist, waren 1789, 1795 (v. a. Terrantez), 1806, 1808 (Malmsey), 1815 (v. a. Bual), 1822, 1836, 1844, 1846 (v. a. Terrantez und Verdelho), 1851, 1862, 1865, 1868, 1870 (Sercial), 1880 (v. a. Malmsey).

Seit 1900 kamen knapp 30 Jahrgangsweine heraus: 1900 (das letzte Jahr, in dem Moscatel erzeugt wurde), 1902 (v. a. Verdelho und Bual), 1905 (v. a. Sercial), 1906 (v. a. Malmsey), 1907 (v. a. Verdelho und Bual), 1910, 1914 (Bual), 1915 (Bual, Sercial), 1916, 1920, 1926 (v. a. Bual), 1934 (Verdelho), 1940, 1941 (v. a. Bual), 1950, 1954 (v. a. Bual), 1956, 1957, 1958, 1960 (Bual, Terrantez), 1965 (Bual), 1966 (Bual, Sercial), 1968 (Verdelho), 1969 (Terrantez), 1971, 1972 (Malmsey, Verdelho), 1973 (Verdelho), 1974 (Terrantez).

Die führenden Erzeuger von Madeira

Barbeito ☆☆
Funchal
Zu 52 % im Besitz eines japanischen Handelsunternehmens. Eindrucksvolle Lagerbestände alter Jahrgangsweine, von denen einige nach der Gründung des Unternehmens erworben wurden.

Henriques & Henriques ☆☆☆
Camara de Lobos
Das größte unabhängige Haus (noch in Familienbesitz) und das einzige mit eigenem Weinbergbesitz (dem größten auf Madeira). Die Keller sind die modernsten der Insel. Reiche Auswahl an gut strukturierten, vollen, schmackhaften Weinen, u. a. sehr feinen alten Reserves und Vintages.

Madeira Wine Company ☆☆☆
Funchal.
www.madeirawinecompany.com

1913 schlossen sich eine Reihe von Handelshäuser der bedrängten Branche zur Madeira Wine Association zusammen, um Mittel und Anlagen gemeinsam zu nutzen. Das 1981 unter dem Namen Madeira Wine Company neu gegründete Unternehmen (seit 1989 im Besitz des Portweinhauses Symington) umfasst 26 Betriebe und bestreitet rund 60 % des Madeira-Absatzes.

Die Hauptkellerei befindet sich in einer alten Kaserne; die Verschnitte für die 120 verschiedenen Weine werden in den Arbeitsräumen des Unternehmens zusammengestellt. Eines der alten Lagerhäuser neben der Touristeninformation in Funchal steht Besuchern zur Besichtigung und für Weinproben offen.

Hier kann man Jahrgangsweine kaufen, die noch aus dem 19. Jh. stammen. Die Weine werden gemeinsam gelagert, bewahren jedoch den Stil des jeweiligen Hauses.

Die bedeutendsten Marken sind:
• In der wichtigsten Reihe Blandy's sind die verschiedenen drei Jahre alten Weine von Tinta negra mole nach britischen Adligen benannt (»Duke of …«). Fünf Jahre alte Gewächse sowie ältere Verschnitte tragen den Namen ihrer jeweiligen Rebsorte. Eine Neuheit aus dem Jahr 2000 ist der Colheita »1994 Harvest Malmsey«. Die herrlichen alten Jahrgänge findet man meist auf Auktionen.
• Cossart Gordon, 1745 gegründet und einst das führende Madeira-Handelshaus. Die Weine sind etwas weniger voll als die von Blandy's.
• Leacock's and Miles (ehemals Rutherford & Miles) sind weitere Marken der Company und liegen in Bezug auf ihre Süße zwischen Cossart Gordon und Blandy's.

Weitere Erzeuger von Madeira

Artur Barros e Sousa
Verkostungsraum in Funchal
Sehr kleiner Betrieb.

H. M. Borges
Verkostungsraum in Funchal

Justino Henriques
Canico

Pereira D'Oliveira
Funchal

Schweiz

Schweizer Weine sind so selten außerhalb ihrer Heimat anzutreffen, dass man meinen könnte, sie seien nicht mit internationalen Maßstäben zu messen und entsprächen lediglich dem Geschmack einer selbstbezogenen Minderheit. Doch dem ist beileibe nicht so. Viele Schweizer sind große Weinkenner und -liebhaber, und die meisten sind wohlhabend – zum Glück, denn Schweizer Weine sind teuer. Die Bodenpreise und die Kosten für die Bewirtschaftung der steilen Weinberge sind hoch. Um die entsprechend stolzen Weinpreise zu rechtfertigen, müssten die Winzer eigentlich auf Qualität bedacht sein. In der Praxis waren sie allerdings bis vor kurzem durch Subventionen und protektionistische Maßnahmen gegen die Konkurrenz des freien Markts abgeschirmt. Rotwein wird in großen Mengen importiert, da die heimische Produktion die Nachfrage nicht befriedigen kann. Die Weißweinerzeugung hingegen übersteigt die Inlandsnachfrage, weshalb in der Vergangenheit sehr niedrige Importquoten angesetzt wurden, um die eigenen Winzer zu schützen.

Inzwischen pfeift jedoch der raue Wind des Wettbewerbs durch die Weinberge. So sind beispielsweise die Importquoten für Weißwein gelockert worden, und die importierten Weine unterbieten die Preise der heimischen Produkte beträchtlich.

Die Erzeuger haben spät erkannt, dass sie exportieren müssen, um zu überleben, und machen erste zaghafte Versuche, ihre Weine im Ausland abzusetzen. Doch aufgrund der hohen Preise sind sie nicht konkurrenzfähig – viele sehen einer ungewissen Zukunft entgegen.

Vor gut 150 Jahren lag in der Schweiz der Schwerpunkt auf Rotwein, und der beste kam damals aus Graubünden. Die besten Weißweine entstanden am Nordufer des Genfer Sees zwischen Lausanne und Montreux im Kanton Waadt, auf dessen steilen Südhängen die heimische Chasselas-Traube voll ausreifte. Weiter die Rhône aufwärts, in den Alpentälern des Wallis, wurde der Weinbau meist als Nebenerwerb ausgeübt. Die Weinberge waren mit Lokalrebsorten besetzt, die sich im trockenen, sonnigen Alpenklima durch ihre überwältigende Süße und Kraft bewährt hatten.

Der moderne Weinbau begann Form anzunehmen, als die Chasselas-Traube das Rhône-Tal aufwärts wanderte, weil die sonnigen Hänge am Genfer See als Bauland erschlossen und damit die Rebflächen in der Waadt halbiert wurden, und als bestimmte Pinot-noir- und Gamay-Varianten von Frankreich über Genf ostwärts gelangten. Unterdessen begann der Müller-Thurgau, die Ende des 19. Jahrhunderts von dem Thurgauer Weinbauforscher Hermann Müller in Geisenheim gezüchtete Rebe, die in der Schweiz fälschlicherweise Riesling × Sylvaner genannt wird, die östlichen Kantone zu erobern. Im italienischsprachigen Tessin wurde ab 1945 Merlot als Haupttraube etabliert.

Obwohl die Gesamtrebfläche in den letzten 100 Jahren stark zurückgegangen ist, haben einige Gebiete, darunter die deutschsprachige Schweiz, das Wallis, die Waadt und der Kanton Genf, zugelegt. Auch Rotweintrauben sind auf dem Vormarsch. Trotzdem bleibt die Schweiz mit 15 000 ha und nur 0,2 % der Weltweinproduktion ein kleines Erzeugerland.

Was auf den oft recht wortkargen, dafür aber umso schmuckvolleren Schweizer Etiketten stehen muss, ist in der ODA (*Ordonnance sur les Denrées Alimentaires*) gesetzlich festgelegt. Weißweine bestehen im Allgemeinen, wenn keine andere Reb-

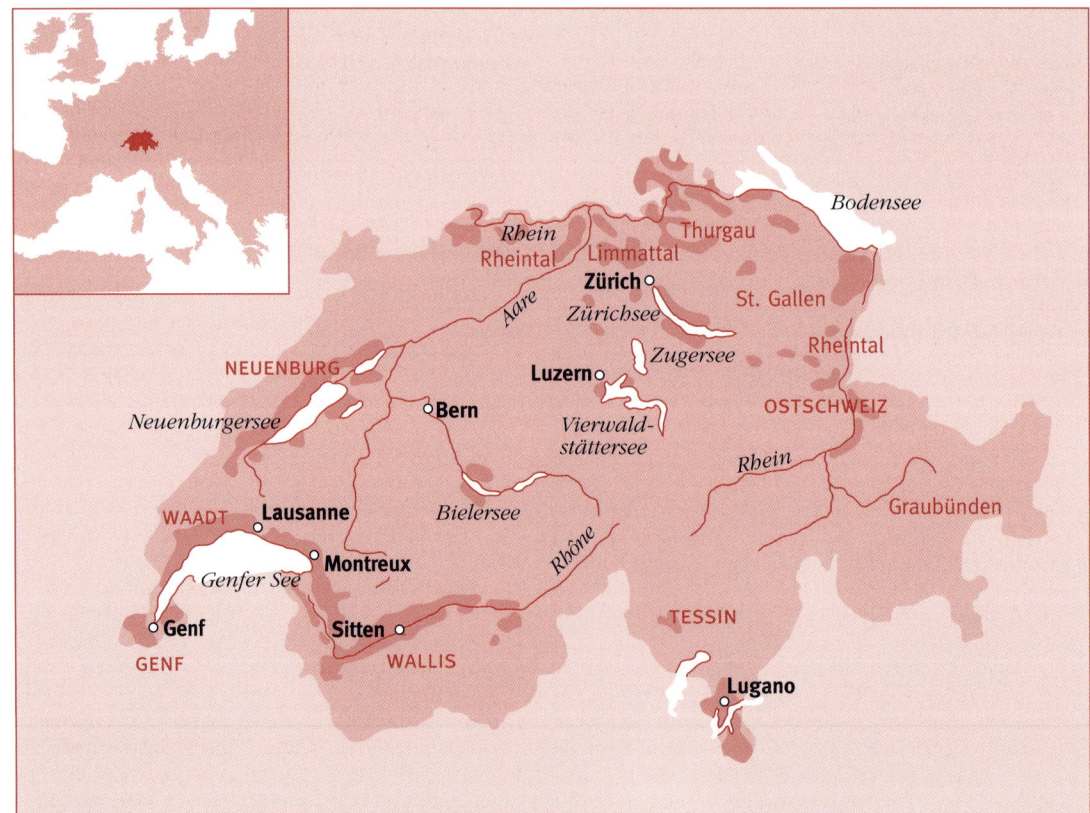

sorte angegeben ist, aus Chasselas, Rotweine meist aus Pinot noir und/oder Gamay. In der deutschen Schweiz werden häufig Bezeichnungen verwendet, die im Ausland nicht verständlich sind, aber schließlich kommen die Weine ja auch nicht über die Landes-, meist sogar nicht einmal über die Kantonsgrenzen hinaus. In der italienischen Schweiz sind die Etiketten insofern recht einfach gehalten, als es grundsätzlich nur zwei Weine gibt: Merlot und den aus mehreren Hybridreben verschnittenen, immer seltener anzutreffenden Nostrano.

Den Namen der Erzeuger scheinen die Schweizer offenbar wenig Bedeutung beizumessen, denn sie sind auf den Etiketten häufig ganz unten versteckt und sehr klein gesetzt. Viel Platz nimmt ein Marken- (»Les Murailles«), Guts- (Château d'Allaman) oder Ortsname (St-Saphorin) ein, aber es ist oftmals schwierig zu wissen, was was ist.

Obwohl Anreicherung erlaubt und auf den unteren Qualitätsstufen auch gängige Praxis ist, gelten Schweizer Weine grundsätzlich als trocken, wenn nicht ein spezieller Hinweis auf dem Etikett erscheint: *mi-flétri* oder *flétri* (wörtlich »eingeschrumpft«) in der französischen Schweiz beziehungsweise Spätlese in den deutschsprachigen Landesteilen. Die vielsprachige Schweiz kommt übrigens gut damit zurecht, die meisten Dinge mit mindestens zwei verschiedenen Namen zu bezeichnen. Außerdem verwendet sie für früh genussreife Weine – dazu gehören die meisten Chasselas-Tropfen – verbreitet Schraubverschlüsse statt Korken.

Die französischsprachigen Kantone

Die wichtigsten Rebflächen der französischsprachigen Westschweiz (Suisse romande) liegen am rechten, nach Süden geneigten Rhône-Ufer; dort, wo der Fluss ins Wallis (ein auf beiden Seiten von hohen Alpengipfeln geschütztes sonnendurchflutetes Tal) eintritt, entlang des Genfer Sees bis zu den sanften Hügeln des Kantons Genf, wo die Rhône ihren Weg nach Frankreich nimmt. Zu diesem Gebiet gehören auch die günstigen Südhanglagen am Ufer des Neuenburgersees, des Bielersees und des Murtensees. Drei Viertel aller Schweizer Weine entstehen in der französischen Schweiz und die meisten von ihnen sind weiß.

Wallis (Valais)

Geographisch beginnt das Wallis am Grimselpass und endet in St-Maurice auf dem rechten beziehungsweise bei St-Gingolph auf dem linken Rhône-Ufer. Es hat das trockenste und sonnigste Klima der Schweiz – häufig wird es als eine Kreuzung zwischen spanischen und provenzalischen Verhältnissen beschrieben. In den steileren, auf terrassierten Felsenhängen geschmiegten Lagen war die Bewässerung über hölzerne Kanäle *(bisses)* früher gang und gäbe. Heute darf nur noch bei anhaltender Trockenheit und nur während der Wachstumsperiode bewässert werden.

Das Gebiet, in dem Weinbau in ernst zu nehmendem Umfang betrieben wird, beginnt zwischen Visp und Siders/Sierre; den Höhepunkt erreicht er um Sitten/Sion, der Hauptstadt des Kantons, und nimmt nach der scharfen Rechtskehre der Rhône bei Martigny langsam wieder ab. Der Ort Vispertermine oberhalb von Visp erhebt den Anspruch, Europas höchst-

gelegene Weinberge (knapp 800 m über dem Meeresspiegel) zu haben. Im Oberwallis sind die wichtigsten Weinorte Salgesch/Salquenen, Siders/Sierre und St-Léonard, im Unterwallis Vétroz, Ardon, Leytron, Chamoson, Saillon und Fully.

Dem dringenden Bedürfnis nach einer Klassifizierung wurde im Wallis endlich Folge geleistet. Allzu lange kam der Fendant (Chasselas), auf den der größte Teil der Produktion im Wallis entfällt, ohne Angabe eines Orts- oder Lagennamens auf den Markt. Da die Qualität vieler dieser Weine zu wünschen übrig ließ und für den Verbraucher äußerlich keine Unterschiede erkennbar waren, bekamen alle Fendants den Billigstempel aufgedrückt. Heute wird häufig ein Orts- oder Lagenname genannt, und die Bezeichnung Fendant kann sogar ganz weggelassen werden. Sylvaner, hier Johannisberg (manchmal auch Petit oder Gros Rhin) genannt, liefert aromatische, körperreiche trockene Weine, die als Spätlesen außerordentlich eindrucksvoll ausfallen können.

Chasselas-Weinseen sind die eine Seite, die so genannten Walliser Spezialitäten, die gemeinhin als das große, noch unentdeckte Potenzial des Schweizer Weinbaus gelten, die andere Seite der Medaille. An erster Stelle ist die unvergleichliche Petite Arvine zu nennen, deren Name angeblich aus dem Lateinischen stammt und »hellgelb« bedeutet. Sie zeichnet sich durch ein feines Bukett und einen leicht salzigen Nachgeschmack aus und wird meist zu trockenem Wein verarbeitet; manche Winzer lesen einen Teil der Trauben spät und erzeugen einen *mi-flétri* oder *flétri*. Humagne (lat. »kräftige Rebe«) erbringt einen nervigen, anregenden Weißwein, der früher jungen Müttern im Wochenbett als Stärkungsmittel verabreicht wurde. Die Traube braucht sehr gute Lagen, trägt unregelmäßig und reift spät; aus diesen Gründen war sie im Schwinden begriffen, ist jetzt aber glücklicherweise wieder auf dem Vormarsch. Von der auf nur noch 20 ha bestockten Amigne-Traube, die vor allem in und um Vétroz angebaut wird, entstehen sehr geringe Mengen eines reichhaltigen, samtigen Weins, fast immer mit etwas Restsüße, aber genügend Säure und Rückgrat, um eine gute Haltbarkeit zu gewährleisten.

Noch seltener sind einige sehr alte Rebsorten mit merkwürdigen Namen, die hauptsächlich im Oberwallis um Visp anzutreffen sind. Einst wurden sie früh gelesen und zu säuerlichen Weinen verarbeitet, die nach der harten Arbeit im Weinberg herrlich den Durst stillten. Die feinste ist Heida (oder Païen), vermutlich verwandt mit Savagnin (der Traube für *vin jaune*) oder mit Traminer. Himbertscha hat nichts mit Himbeeren zu tun, sondern ist wohl ein Oberwalliser Dialektwort für die typische Spalier-Erziehung dieser Rebe; Lafnetscha ist identisch mit Blanchier aus Savoyen. Beide erbringen recht säurereiche Weine mit sauberem Geschmack, die lange brauchen, um zu reifen. Gwäss (Gouais blanc) stammt ebenfalls aus dem Jura; die Weine erinnern in der Jugend stark an Apfelwein.

Nicht einheimisch, aber fest etabliert ist Marsanne, hier Ermitage genannt, von der (vor allem um Fully) ein körperreicher Wein mit auffallendem Bukett und einem flüchtigen Rauchgeschmack erzeugt wird. Malvoisie (alias Pinot gris) wird zu einem trockenen Weißen verarbeitet (und dann auf dem Etikett häufig als Pinot gris ausgewiesen) oder zu einer süßen Spätlese (die dann Malvoisie heißt). Muskateller wird im Wallis schon seit dem 16. Jahrhundert kultiviert und meist trocken ausgegoren; er erinnert an einen Muscat d'Alsace. Zudem sind kleine Bestände von Gewürztraminer, Riesling, Aligoté, Chardonnay, Chenin und Pinot blanc anzutreffen.

Über die Hälfte des Walliser Weins ist rot; zwei Drittel stammen von Pinot noir, der vor allem um Siders/Sierre recht markant ausfällt. Bessere Erzeuger experimentieren mit Klonen aus Burgund und wechselnden Anteilen neuer Eiche. Mit Gamay verschnitten wird er zu Dôle, dessen schlichtere Versionen überall in der Schweiz als Begleiter zu einfachen Gerichten sehr geschätzt sind. Dôle darf er nur heißen, wenn er mindestens 51% Pinot noir enthält und das von der kantonalen Weinkommission festgesetzte Mindestmostgewicht aufweist; andernfalls wird er als Goron etikettiert. Gamay wird auch sortenrein verkeltert, besonders in der Umgebung von Martigny.

Zu den alten Rebsorten zählt Humagne rouge (nicht mit der weißen Humagne verwandt, aber vielleicht mit Oriou aus dem Aostatal identisch), die robusten, angenehm tanninreichen, appetitanregenden Landwein liefert. Cornalin (alias Land roter oder Rouge du pays) ist eine äußerst seltene Rebsorte, die durch ihren unregelmäßigen Ertrag und ihre launische Art im Anbau sehr heikel, wegen ihrer dunklen Weine mit gutem Tanningehalt und herrlicher Frucht bei Weinliebhabern dagegen sehr beliebt ist. Im Oberwallis erbringt der Eyholzer Rote (die Mondeuse in Haute-Savoie) einen rötlich braunen, recht rauen Landwein. Besondere Erwähnung verdient die erst vor kurzem importierte Syrah-Rebe, vor allem aus der Umgebung von Chamoson; auch Nebbiolo wird in geringem Umfang angebaut.

Die führenden Erzeuger im Kanton Wallis

Charles Bonvin ☆–☆☆☆
Sitten/Sion. Besitzer: Familie Bonvin. 22 ha.
www.charles-bonvin.ch
Einige der besten Lagen des 1858 gegründeten Guts befinden sich in 700 m Höhe auf Schiefer- und Kalksteinböden. Es sind drei Chasselas-Crus im Angebot. Der fassgereifte Weißwein ist ein ansprechender Verschnitt aus Pinot blanc, Chardonnay und Petite Arvine. Bei geeigneten Voraussetzungen wird ein bemerkenswerter, zwei Jahre in Barriques ausgebauter süßer Wein von Sylvaner und Amigne namens »Cuvée d'Or« erzeugt.

Oskar Chanton ☆☆–☆☆☆
Visp. Besitzer: Josef-Marie Chanton. 6 ha
Über 20 Weine kann man in dem ehrwürdigen Chanton-Keller in Visp probieren, darunter Raritäten aus dem Oberwallis wie Heida, Himbertscha, Lafnetscha und Gwäss, die Josef-Marie Chanton der Vergessenheit entrissen hat. Der Arvine ist großartig, desgleichen die Malvoisie- und Gewürztraminer-Spätlesen.

Gérald Clavien ☆–☆☆
Miège – Siders/Sierre. Besitzer: Gérald Clavien. 5 ha
Die Weine dieses jungen, engagierten Winzers (der Koch war, bevor er das Gut seines Vaters übernahm) stehen auf den Weinkarten sämtlicher Schweizer Spitzenrestaurants. Siders/Sierre ist das Zentrum des Rotweinanbaus im Wallis. Der reine Pinot noir und die ›Tête de Cuvée‹ sind bemerkenswert, ebenso der »Dôle Blanche« (ein Rosé de Pinot noir). Außerdem wird körperreicher Humagne blanche erzeugt.

Michel Clavien ☆–☆☆☆
Pont-de-la-Morge. Besitzer: Michel Clavien. 25 ha
Michel Clavien, ein Wortführer in der Debatte um die Appellation d'origine und mit Leib und Seele dem Marketing verschrieben, setzt sich unermüdlich dafür ein, das Image der Walliser Weine zu verbessern. Seine eigenen Erzeugnisse sind elegant, ihre Etiketten (v.a. die der Reihe »Fin-Bec«) ein Blick-

fang. »Le Grand Sion« stammt von Chasselas-Trauben aus verschiedenen Lagen um Sitten/Sion; der »Dôle Fin Bec« besteht zu 85% aus Pinot noir und zu 15% aus Gamay; »Pinot noir de la Follie« kommt aus der gleichnamigen Lage.

Germanier-Balavaud ☆–☆☆☆
Vétroz. Besitzer: Familie Germanier. 180 ha.
www.bonpere.com
Der in der Gegend vielleicht eher als Erzeuger von duftigem Williams Christ bekannte Betrieb produziert eine ganze Reihe von Weinen mit Konzentration und Nachhaltigkeit: neben Chasselas auch Malvoisie, Dôle, Dôle blanche, Pinot noir und sehr ansprechenden Amigne de Vétroz. Einer der reichhaltigsten Syrah-Weine des Gebiets entsteht durch eine Begrenzung der Erträge auf 40 hl/ha und den Ausbau in größtenteils neuer Eiche. In den letzten Jahren erregte »Mitis«, eine in neuer Eiche vergorene Amigne-Spätlese, großes Aufsehen.

Adrian Mathier ☆☆
Salgesch/Salquenen. Besitzer: Adrian Mathier. 33 ha.
www.nouveau-salquenen.ch
Interessante Weine mit Persönlichkeit, u. a. »Cépages Nobles Topas« (Pinot gris/Marsanne/Sylvaner) und eine feine Amigne-Spätlese.

Simon Maye et Fils ☆☆–☆☆☆
St-Pierre-de-Clages. Besitzer: Familie Maye. 8 ha
Ein kleiner Spitzenbetrieb mit drei hochpreisigen Fendant-Gewächsen (»Le Fauconnier«, »Trémazière« und »La Mouette«) sowie Johannisberg, Dôle, Pinot noir und Humagne rouge, ferner Chardonnay, Malvoisie und trockenem sowie lieblichem Petite Arvine. Der vollwürzige Syrah gilt allgemein als einer der besten in der Schweiz.

Domaine du Mont d'Or ☆–☆☆☆
Pont-de-la-Morge. Besitzer: eine AG. 31 ha.
www.montdor-wines.ch
Das berühmteste Gut von Sitten/Sion wurde 1847 auf einem steilen, trockenen, geschützten Hang von einem Soldaten aus der Waadt gegründet, einem gewissen Feldwebel Masson, der auch die noch heute betriebene Bewässerungsanlage errichten ließ. Bekannt sind v. a. die Johannisberg-Weine: »du Mont d'Or« als trockene Version und »de la St-Martin« (seltener auch »du 1er Décembre«) als Spätlese. Daneben werden ein muskulöser, gewichtiger Malvoisie, ein schöner Syrah, ein Petite Arvine mit herrlichen Honignoten und ein tanninherber, alkoholstarker Dôle erzeugt.

Provins Valais ☆–☆☆☆
Fédération des Caves des Producteurs du Vins du Valais.
Sitten/Sion. www.provins.ch
Die hoch angesehene Zentralkellerei der Walliser Winzergenossenschaften produziert rund 30% aller Walliser und damit fast 15% aller Schweizer Weine. Zur Reihe »Capsule Dorée« gehören bekannte Marken wie »Pierrafeu Fendant«, »Johannisberg Rhônegold«, »Œil-de-Perdrix Perdizel« (ein Rosé de Pinot noir) und »Pinot Noir St-Guérin«. Das übliche breite Rebsortenspektrum wird durch Pinot blanc, Chardonnay und Cabernet Sauvignon ergänzt. Der »Chasselas St-Léonard« wird (eine Ausnahme in der Schweiz) ohne malolaktische Säureumwandlung exklusiv für Spitzenrestaurants hergestellt. In den letzten Jahren entstanden einige herausragende süße Weine, u. a. der Barrique-gereifte »Profil« von Marsanne und Pinot gris sowie der sortenreine Marsanne »Grains de Malice«.

Marc Raymond & Fils ☆–☆☆
Saillon. Besitzer: Marc und Gérard Raymond. 4 ha

Kleiner Familienbetrieb mit Fendant, Johannisberg, Arvine (der Stolz des Hauses), Muscat, Malvoisie und Dôle blanche. Auch die Roten sind beachtenswert, v. a. Dôle und Pinot noir. Marc Raymond ist einer der wenigen Walliser Winzer, die zudem Nebbiolo-Weine erzeugen.

Eloi & Gérard Roduit ☆☆
**Fully. Besitzer: Eloi und Gérard Roduit.
6 ha**

Kleiner Familienbetrieb (unter der Leitung von Onkel und Neffe) mit dem vollen Programm an Walliser Weinen aus erstklassigen Lagen oberhalb von Fully. Besondere Erwähnung verdienen Ermitage und Petite Arvine (trocken und *flétri*), Gamay, Pinot noir (teils in Eiche ausgebaut) sowie Syrah.

Bernard Rouvinez ☆☆
**Siders/Sierre. Besitzer: Jean-Bernard und Dominique Rouvinez.
4 ha**

Das Gut der Brüder liegt neben einem Nonnenkloster; sie sind die einzigen Männer, die den Besitz betreten dürfen, um sich um die Reben zu kümmern. Auf ihrem eigenen Gut sind zwei Drittel der Reben rot, v. a. Pinot noir. Sie erzeugen ausgezeichneten sortenreinen Pinot noir und Chasselas. Am beachtlichsten sind jedoch »Le Tourmentin«, ein Verschnitt aus Pinot noir, Syrah, Cornalin und Humagne rouge, sowie »Le Trémaille« (Chardonnay/Petite Arvine). Die eleganten und ansprechend dargebotenen Weine lassen Umdenken und Innovationsbereitschaft erkennen – ein Zeichen der Hoffnung in einer manchmal allzu traditionsverhafteten Region.

Varone ☆–☆☆
**Sitten/Sion. Besitzer: Jean-Pierre und Philippe Varone. 8 ha.
www.varone.ch**

Traditioneller Betrieb, der bis jetzt keine modische Rebsorten wie Cabernet oder Syrah im Bestand hat. Der beste Chasselas kommt aus der Lage Uvrier.

Maurice Zufferey ☆☆
**Muraz – Siders/Sierre. Besitzer: Maurice Zufferey. 9 ha.
www.maurice-zufferey-vins.ch**

Siders/Sierre ist Rotweinland, und die Gewächse von Zufferey sind besonders bekannt (obwohl er auch viele andere Weine erzeugt). Drei Pinot-noir-Abfüllungen (davon einer eichenfassgereift), Dôle, ein dunkler Humagne rouge und ein Wein von der launischen, aber äußerst gewinnenden Cornalin-Traube, die Zufferey als einer der Ersten im Wallis wiederbelebte.

Die Waadt (Vaud)

Zum Kanton Waadt gehören alle Rebflächen am Nordufer des Genfer Sees und der Rhône bis hinauf zur Walliser Grenze bei Bex: ein 80 km langer Bogen von Südhängen. Er ist in drei Hauptgebiete unterteilt: Chablais am rechten Ufer der Rhône zwischen Ollon und dem See, Lavaux in der Mitte zwischen Montreux und Lausanne und La Côte zwischen Lausanne und Nyon an der Grenze zum Kanton Genf. Weiter nördlich, fast schon am Neuenburgersee, liegen die kleinen Enklaven Côte de L'Orbe und Bonvillars; auch die Hälfte der Ortschaften im Bereich Vully am Murtensee fallen ins Waadtland. Der Kanton hat sein eigenes Appellationssystem mit festgelegten Herkunftsgebieten, Rebsorten und Mostgewichten.

Die Appellationen im Chablais umfassen die Orte Villeneuve, Yvorne, Aigle, Ollon und Bex, alle mit guten Südwesthanglagen an der Rhône. Der Yvorne mit seinem mineralischen, feuersteinartigen Charakter, echter Kraft, Reife und Nachhaltigkeit gilt gemeinhin als der beste Chablais-Wein. In Bestform ist er (wenn auch in subtiler Weise andersartig) den Spitzengewächsen aus Lavaux ebenbürtig.

Lavaux ist mit seinen hoch über den kleinen Ortschaften am Genfer See aufgetürmten Weinbergterrassen sicherlich der landschaftlich reizvollste Schweizer Bereich. Von hier oben hat man einen herrlichen Blick: Die Savoyer Berge stehen als eine große dunkle Masse mit gezacktem Rand im Gegenlicht, der See unten erscheint als grau schimmernde Fläche, von weißen Dampfern durchpflügt, die von einem Landungssteg zum nächsten gleiten. Bodenerosion ist hier ein ernst zu nehmendes Problem: Ein brauner Fleck im See nach einer Nacht mit schweren Regenfällen ist ein schlechtes Zeichen für die Winzer.

Lavaux hat neben sechs von den insgesamt 26 Appellationen in der Waadt zwei Crus vorzuweisen: Dézaley (seit Jahrhunderten als Spitzenlage für Weißwein berühmt) und das nahe gelegene Calamin. Der Chasselas von den oberen Hängen erlangt eine Lebendigkeit und fast aromatische Art, die ihn von den Weinen der unteren Lagen mit ihrer trockenen Herbheit unterscheidet. Jeder Ort hat seine eigene treue Fangemeinde und entsprechend groß erscheinen Namen wie Epesses, St-Saphorin, Rivaz, Cully, Villette, Lutry, Chardonne und andere auf den Etiketten.

Der Bereich La Côte verfügt über zwölf Appellationen; die bekanntesten sind Féchy, Perroy, Mont-sur-Rolle, Tartegnin, Vinzel und Luins. Die Weine aus den sanfteren, oft nach Südosten gelegenen Hängen besitzen selten die Kraft und den Geschmack der Gewächse aus Lavaux und Chablais, eignen sich aber mit ihrer köstlichen Blumigkeit besonders gut als Aperitifs. Aus unerfindlichen Gründen dürfen alle Weine, die aus einem ummauerten Weinberg *(clos)* stammen, als Grand cru bezeichnet werden, unabhängig von ihrer Qualität.

Die meistangebaute Traube in der Waadt ist Chasselas; kleinere Teile sind mit Pinot gris, Pinot blanc und Riesling × Sylvaner besetzt. Auch Pinot noir und Gamay sind anzutreffen und werden entweder sortenrein verkeltert oder zu Salvagnin verschnitten (einem »Qualitätsetikett«, dessen Ruf allerdings etwas gelitten hat). Überschussproduktion ist seit einiger Zeit ein ernsthaftes Problem in der Waadt: Die Durchschnittserträge liegen nicht selten über 100 hl/ha, und das sowohl für Weiße als auch für Rote.

Anhänger des geradlinigen Geschmacks eines elsässischen oder australischen Tropfens sind immer wieder verblüfft über die Beliebtheit, die vor allem die Chasselas-Weine vor Ort genießen.

Die führenden Erzeuger im Kanton Waadt

Henri Badoux ☆☆
Aigle. Besitzer: Henri Olivier Badoux. 50 ha. www.badoux.com
Großer Familienbetrieb in der zweiten Generation mit Weinbergen in Yvorne, Aigle, Ollon, Villeneuve, St-Saphorin, Féchy, Vinzel und Mont-sur-Rolle. Die beiden führenden Weine sind der berühmte »Aigle les Murailles« (mit dem klassischen Eidechsen-Etikett) und der »Yvorne Petit Vignoble«. »Aigle Pourpre Monseigneur«, ein Pinot noir aus dem Bereich Chablais, gewinnt, wenn man ihn etwas liegen lässt.

Louis Bovard ☆☆
Lavaux. Besitzer: Louis Bovard. 16 ha
Fortschrittliches Gut mit Chasselas aus Spitzenlagen in Epesses, St-Saphorin und Dézaley sowie gutem Sauvignon blanc, Syrah und Merlot.

Jean-Michel Conne ☆☆
Chexbres. Besitzer: Jean-Michel Conne. 10 ha
Durch umsichtigen Erwerb von Weinbergen außerhalb von Lavaux und den geerbten Familienbesitz ist ein beträchtlicher Bestand an guten Lagen rund um den Genfer See zusammengekommen. Besonders berühmt sind »Dézaley Plan Perdu«, »St-Saphorin Le Sémillant« (eine *sur-lie*-Abfüllung) und »Ollon L'Oisement«. Daneben werden mehrere Pinot-noir-Weine erzeugt; der eichenfassgereifte heißt »Cartige«.

Frères Dubois ☆☆
Cully. Besitzer: Jean-Daniel Dubois. 10 ha. www.dubois.ch
Auf diesem Gut hat Chasselas ein Anrecht auf malolaktische Säureumwandlung. Es bietet eine große Auswahl an Crus, u. a. Epesses, St-Saphorin und Dézaley, die sich alle rund 20 Jahre halten und dann eine leichte Honignote aufweisen.

Hammel ☆–☆☆
Rolle. 24 ha
Führendes Gut und Handelshaus im Bereich La Côte mit Chasselas aus verschiedenen Waadter Lagen: Domaine Les Pierrailles und La Bigaire (La Côte), Domaine de Riencourt (Bougy), Clos du Chatelard (Villeneuve) und Clos de la George (Yvorne).

Alain Neyroud ☆–☆☆
Chardonne. Besitzer: Alain Neyroud. 7 ha
Der Familienbetrieb in der fünften Generation verkauft v. a. an Privatkunden in der deutschen Schweiz und an örtliche Restaurants. Der Chasselas heißt »La Petite Combe«, der Gamay »La Perle Rouge«, der Pinot noir »Au Coin des Serpents«. Die Hälfte der Weine ist rot, was für ein Gut in der Waadt ungewöhnlich ist.

Obrist ☆–☆☆
Vevey. Besitzer: Schenk (siehe dort). 40 ha. www.obrist.ch
Einer der größten Erzeuger in der Waadt mit besonders gutem Ruf für Yvorne: »Clos du Rocher«, »Clos des Rennauds« und »Pré Roc«. Ebenfalls berühmt sind der »Cure d'Attalens« und der Salvagnin »Domaine du Manoir«.

Gérard Pinget ☆☆
Rivaz. Verwalter: C. Pinget. 10 ha
Traditionsreiches Gut, zu dessen Spitzenweinen der stahlige »Dézaley Renaud« (mit einem Fuchs auf dem Etikett), »St-Saphorin« und »Soleil de Lavaux« zählen.

Schenk ☆–☆☆
Rolle. Besitzer: André Schenk. 37 ha.
www.schenk.ch
Das größte Schweizer Weinunternehmen wurde 1893 gegründet und ist seitdem in Rolle ansässig. Seine wichtigsten Güter befinden sich in Yvorne, Mont-sur-Rolle, Vinzel und Féchy. Zu den Tochtergesellschaften in der Schweiz zählen Obrist (siehe dort), Maurice Gay und die Cave St-Pierre im Wallis.

J. & P. Testuz ☆☆
Treytorrens-Cully. Besitzer: Jean-Pierre Testuz. 13 ha.
www.testuz.ch

Die Familie Testuz (deren Anwesen in Dézaley liegt) treibt schon seit dem 16. Jh. Weinbau. 1865 verkaufte sie den ersten Flaschenwein in der Schweiz. Ihr Dézaley »L'Arbalète« ist einer der feinsten des Bereichs. Weitere Lavaux-Weine sind die ebenfalls feinen »St-Saphorin Roche Ronde« und »Epesses. Aus dem Chablais kommen »Aigle Les Cigales« und »Yvorne Haute-Combe«.

Genf (Genève)

Der Kanton Genf ist in drei Bereiche unterteilt. Der größte, Mandement, im Norden auf dem rechten Rhône-Ufer umfasst Dardagny, Russin und vor allem Satigny. Südlich der Stadt (und des Flusses) liegt Arve-et-Rhône um Lully-Bernex. Der Bereich auf der anderen Seite des Sees heißt Arve-et-Lac. Auf sanften Hängen mit großen Rebenabständen ist maschinelle Lese möglich, was den Weinen einen nützlichen Preisvorteil einräumt.

Die Rebfläche des Gebiets ist stetig gewachsen, sodass es nun hinter Wallis und Waadt den dritten Rang belegt. Chasselas (häufig Perlan genannt) bestreitet rund die Hälfte der Produktion; ihr leichter, trockener Wein wird meist etwas perlend abgefüllt, um seinen Mangel an Charakter auszugleichen. Inzwischen sind zunehmend brauchbare Formen von Gamay-Weinen entwickelt worden, die sowohl auf die hiesigen Anbaubedingungen als auch auf den durch jahrelange Beaujolais-Importe geprägten Geschmack der Verbraucher abgestimmt sind. Darüber hinaus sind Riesling × Sylvaner, Pinot gris, Pinot blanc und Gewürztraminer anzutreffen; eindrucksvolle Ergebnisse werden mit Aligoté und Chardonnay erzielt.

Die führenden Erzeuger im Kanton Genf

Pierre Dupraz ☆
Lully. Besitzer: Pierre Dupraz. 11 ha
Alle Weine von Dupraz tragen den Namen der Rebsorte (Chasselas, Aligoté, Chardonnay, Gamay und Pinot noir) und der Domaine (»Domaine Les Curiades«). Der Chardonnay wird z. T. in Eiche ausgebaut.

Charles Novelle & Fils ☆☆–☆☆☆☆
Satigny. Besitzer: Jean-Michel Novelle. 7 ha
Als Jean-Michel Novelle in den 1980er-Jahren die Leitung des Guts übernahm, ersetzte er die Chasselas-Bestände größtenteils durch 17 andere, meist internationale Rebsorten. Der stets experimentierfreudige Novelle erzeugt auch süße Weine von künstlich getrockneten Sauvignon- und Petit-Manseng-Trauben.

Claude Ramu ☆–☆☆
Dardagny. Besitzer: Claude Ramu
Im Bereich Mandement westlich von Genf wird eine Reihe von Weinen mit mythologischen Namen erzeugt, von denen der Pinot gris »Domaine du Centaure« mit Abstand der beste ist. Die Weißen umfassen außerdem einen Chasselas (hier Perlan genannt), einen ausgezeichneten Aligoté, Pinot blanc und Gewürztraminer. Neben Rotweinen von Gamay und Pinot noir (teils in Eiche ausgebaut) wird auch ein Crémant namens »Les Compagnons de Vénus« produziert.

Bernard Rochaix ☆–☆☆
Peissy. Besitzer: Bernard Rochaix. 48 ha. www.lesperrieres.ch

Zwei Drittel der Weine sind weiß. Neben duftendem Chasselas und lebendigem Aligoté wird ein ansprechender Chardonnay ohne Eiche bereitet, der oft besser ist als die eichenfassgereifte Version. Das Gleiche gilt für den Gamay. Weder Pinot noir noch Cabernet Sauvignon sind hier besonders erfolgreich.

Neuenburgersee, Bielersee und Murtensee

Reben wachsen überall am Nordufer der drei Seen im Schutz der Jura-Bergkette, die sich von Genf nordwärts bis nach Basel zieht. Die bekanntesten Weinorte am Neuenburgersee sind Cortaillod, Auvernier, Boudry und St-Blaise. Am Bielersee haben Schafis und Twann einen Namen; am Murtensee genießen Prax, Nant und Môtier im Kanton Freiburg (Fribourg) einen gewissen Ruf.

Auch hier herrscht Chasselas vor und erbringt leichte trockene Weine mit einem natürlichen Prickeln (*étoile* genannt), weil sie meist *sur lie* abgefüllt werden. Nördlich von Genf ist ausschließlich Pinot noir als Rotweintraube zugelassen. Die Kalksteinhügel im Norden und Westen des Neuenburgersees bringen zusammen mit dem milden Klima die flüchtige Finesse dieser Sorte schön zur Geltung.

Bei Neuenburger Pinot-noir-Weinen von namhaften Erzeugern darf man durchaus einiges an Charakter erwarten; in einem guten Jahr sind sie wohl die besten ihrer Art in der Schweiz. Der hellrote Œil-de-Perdrix (eine Bezeichnung, die sich von Neuenburg/Neuchâtel aus über die ganze Schweiz ausgebreitet hat) ist ein ansprechender Rosé de Pinot noir.

Die führenden Erzeuger im Kanton Neuenburg

Château d'Auvernier ☆☆
Auvernier. Besitzer: Thierry Grosjean. 30 ha

Ein alteingesessenes Gut mit nervigem Neuchâtel blanc, Œil-de-Perdrix, Pinot noir d'Auvernier, Pinot gris und etwas Chardonnay. Beste Qualität.

Samuel Châtenay ☆–☆☆
Boudry. 85 ha

Große Mengen an Weiß-, Rosé- und Rotweinen; am besten sind Chardonnay und Pinot noir von der 17-ha-Domaine de Château Vaumarcus.

Albert Porret ☆☆
Cortaillod. Besitzer: Pierre André Porret

Der Familie erzeugt in der vierten Generation Chasselas namens »Domaine des Cèdres« (benannt nach den 200 Jahre alten Zedern vor dem Gutshaus). Daneben gibt es Chardonnay, Œil-de-Perdrix und etwas Pinot gris. »Pinot Noir Cortaillod« ist sehr beliebt.

Die deutschsprachigen Kantone ·

Da in den deutschsprachigen Kantonen gleiche Rebsorten und generell auch gleiche Bereitungsmethoden bevorzugt werden, fasst man sie gerne unter der Bezeichnung Ostschweiz zusammen. Wie üblich, konzentriert sich der Weinbau um die Seen (Bodensee, Zürichsee) und Flusstäler (Rhein, Aare, Limmat), wobei hier und dort eine Gegend mit besonderem Mikroklima hinzukommt, namentlich die als Bündner Herrschaft bekannten vier Orte in Graubünden.

In acht Kantonen der Ostschweiz wird Wein angebaut: Graubünden, St. Gallen, Thurgau, Schaffhausen, Zürich, Aargau, Basel-Landschaft und Bern. Am produktivsten sind heute die Kantone Zürich (zwischen Wädenswil, Sitz der Eidgenössischen Forschungsanstalt und Ingenieurschule für Obst-, Wein- und Gartenbau, Winterthur und den Orten am Nordufer des Zürichsees) und Schaffhausen (mit dem Bereich Hallau, dem größten in der Ostschweiz). Der Wein wird fast ausschließlich in der Gegend selbst getrunken.

Hier oben nördlich der Alpen gewinnt Rotwein die Oberhand, und zwar in Gestalt von Pinot noir (alias Blauburgunder oder Clevner am Zürichsee). Riesling × Sylvaner ist die Hauptweißweintraube, die – richtig behandelt (das heißt mit einer scharfen Rebschere) – gut gedeiht und erstaunlich aromatische, lebendige Weine erbringt, die oft interessanter sind als die einfachen Chasselas-Tropfen aus dem Süden.

Blauburgunder bewährt sich vor allem in der Bündner Herrschaft, in deren warmem Herbstklima er zu ordentlichem Gehalt, kräftiger Farbe und samtiger Art heranreift. In anderen Gegenden der Ostschweiz ist eine merkwürdige, kaum nachvollziehbare Vorliebe für blasse, leicht spritzige Blauburgunder zu verzeichnen.

Außer diesen beiden (und etwas Gewürztraminer, Weiß- und Grauburgunder) gibt es in den deutschsprachigen Kantonen noch eine Reihe ganz eigener Spezialitäten. Completer ist eine sehr seltene, spät reifende und daher spät gelesene Traube, die nur in Graubünden (wo sie über einen längeren Reifeprozess zu einem lieblichen Wein ausgebaut wird) und am Zürichsee (wo ein herberer Wein bevorzugt wird) anzutreffen ist. Der Name leitet sich von Komplet ab, dem Abendgebet, nach dem die Mönche wohl gern ein Gläschen oder zwei zu sich nahmen. Räuschling ist eine seit Urzeiten in Zürich heimische Rebsorte, die elegante, spritzige Weißweine liefert. Freisamer ist eine viel versprechende Kreuzung zwischen Sylvaner und Grauburgunder.

Die führenden Erzeuger in der deutschsprachigen Schweiz

Schlossgut Bachtobel ☆☆–☆☆☆
Weinfelden. Besitzer: Hans-Ulrich Kesselring. 6 ha
Erzeugt werden v.a. Blauburgunder und Riesling × Sylvaner sowie kleine Mengen Grauburgunder, Chardonnay und Riesling. Jede der drei verschiedenen Blauburgunder-Cuvées trägt eine andere Nummer.

Donatsch ☆☆–☆☆☆
Malans. Besitzer: Thomas Donatsch. 5 ha
Der schöne holzgetäfelte Gasthof Zum Ochsen in Malans ist seit über 150 Jahren im Besitz der Familie und der geeignete Ort, um Thomas Donatschs herrliche Blauburgunder und fein strukturierte Chardonnays (beide in Barriques ausgebaut) zu probieren, die auch auf den Weinkarten der meisten Schweizer Spitzenrestaurants stehen. Außerdem werden Riesling × Sylvaner, Weiß- und Grauburgunder, ja sogar etwas Cabernet Sauvignon erzeugt.

Daniel Gantenbein ☆☆☆
Fläsch. Besitzer: Daniel Gantenbein. 4 ha
Gantenbeins einträgliches Weinsortiment umfasst Riesling × Sylvaner, Chardonnay und Grauburgunder, doch bekannt ist das Gut v. a. für seinen Barrique-gereiften Weißburgunder und den hervorragenden und kostspieligen Blauburgunder aus Trauben, die nach der Lese getrocknet werden.

Ruedi Honegger ☆
Stäfa/Mutzmalen. Besitzer: Ruedi Honegger
Der Besitzer des herrlich gelegenen Itzikerhüsli ist einer der wenigen Winzer am Zürichsee, die ihren Wein selbst abfüllen. Er bereitet feinen Riesling × Sylvaner, Räuschling, Clevner und Rosé.

Andrea Lauber ☆☆
Malans. Besitzer: Familie Lauber. 2 ha
Die Zwiebeltürme des Guts Plandaditsch sind ein Wahrzeichen von Malans. Besonders bemerkenswert ist der dunkel rubinrote Blauburgunder, der kräftig aromatische Weißburgunder, die Freisamer-Spätlese und der Grauburgunder. Der in kleinen Mengen erzeugte vollmundige Chardonnay verbringt bis zu sieben Monate in neuer Eiche.

Anton Meier ☆–☆☆☆
Würenlingen. Besitzer: Anton Meier. 6 ha
Anton Meier ist nicht nur ein bekannter Winzer, sondern auch Besitzer des Gasthofs Zum Sternen und einer der führenden Schweizer Rebschulen. Er erzeugt sehr fruchtigen Riesling × Sylvaner, guten Grauburgunder, feinen Gewürztraminer, etwas Rosé (Blauburgunder) und einen spritzigen Crémant. Sein ganzer Stolz sind jedoch die Blauburgunder vom Kloster Sitten.

Nussbaumer ☆–☆☆
Aesch. Besitzer: Kurt Nussbaumer. 10 ha
Ein kleiner Betrieb mit Riesling × Sylvaner, Chasselas, Weißburgunder, Gewürztraminer, Räuschling und Blauburgunder aus den Lagen in Aesch und Arlesheim, einen Steinwurf von der Grenze zum Elsass entfernt. Neu eingeführt wurde der »Chrachmost«, ein Chasselas-Schaumwein nach der klassischen Methode.

Hans Schlatter ☆
Hallau. Besitzer: Stefan Schlatter. 10 ha.
www.weinbauschlatter.ch
Mittelgroßes Gut und Handelshaus. »Hallauer Blauburgunder Spätlese«, »16-Fahre Wy« und »Tokayer« (Weißburgunder) sind in der Gegend sehr beliebt.

Hermann Schwarzenbach ☆–☆☆
Meilen. Besitzer: Hermann Schwarzenbach. 6 ha.
www.reblaube.ch
Alteingesessener kleiner Betrieb mit Riesling × Sylvaner (z. T. Beerenauslese), Freisamer, Sémillon, Räuschling, Chardonnay, Grauburgunder und – als einziger am Zürichsee – Completer. Blauburgunder in einfacher Version und als Spätlese wird in Eichenfässern vergoren und hält sich lange.

Die italienisch-sprachige Schweiz

Das Tessin (Ticino) unterteilt sich in vier Hauptbereiche: Sopraceneri und Sottoceneri (nördlich und südlich des Monte Ceneri), Luganese am Luganer See und Mendrisiotto um Mendrisio. Es ist ein wundervoll unkompliziertes Gebiet, in dem vorwiegend Rotwein erzeugt wird. Merlot herrscht über ein gemischtes Volk von dunklen Trauben (Bondola, Freisa, Barbera), die zum Alltagswein Nostrano verschnitten werden.

Eine Expertenkommission vergibt nach einer chemischen Analyse und einer organoleptischen Prüfung das Qualitätssiegel VITI an Merlot-Weine mit einem Jahr Flaschenreife. Einige Winzer bauen Merlot erfolgreich in neuer Eiche aus (und nennen das Ergebnis häufig Riserva), was ihm einen markanten Charakter verleiht und ihn von dem weichen, eindimensionalen Merlot del Ticino unterscheidet.

Für Weißwein ist der Boden eigentlich nicht geeignet und das Klima viel zu mild, dennoch werden kleine Bestände Sémillon, Sauvignon blanc, Pinot gris und Chardonnay kultiviert. Die fuchsige Hybridrebe Americano wird nur noch selten zu Wein verarbeitet.

Die führenden Erzeuger im Tessin

Angelo Delea ☆–☆☆

Losone. Besitzer: Angelo und Leopoldo Delea. 20 ha. www.delea.ch

Der ehemalige Gastronom Angelo Delea erzeugt lang gemaischte, kraftvolle Merlot-Weine im Bereich Sopraceneri. Jedes Jahr ersetzt er 40 % seiner Fässer durch neue, in denen sein bester (als Riserva ausgewiesener) Merlot reift. Außerem werden Chasselas, Pinot blanc und – aus reiner Nostalgie – ein kirschroter und ausgesprochen fuchsiger Americano bereitet.

Werner Stucky ☆☆–☆☆☆

Rivera. Besitzer: Werner und Lilo Stucky. 3 ha

Der fortschrittliche junge Deutschschweizer produziert sehr kleine Mengen an einfachem sowie eichenfassgereiftem Merlot. Die Weine gehen an Privatkunden und eine Hand voll Spitzenrestaurants und sind am Jahresende bereits ausverkauft. Seine zweite Spezialität ist »Conte di Luna«, ein tanninreicher Verschnitt aus Merlot und Cabernet Sauvignon, der durch Flaschenalterung an Opulenz gewinnt.

Eredi Carlo Tamborini ☆–☆☆

Lamone. Besitzer: Claudio Tamborini. 35 ha. www.tamborini-vini.ch

Bedeutendes Tessiner Gut mit stetig besser werdendem Merlot. Der eichenfassgereifte Spitzenwein »Vigna Vecchia« stammt von 30–60 Jahre alten Reben. Gut ist auch »Collivo«, ausgezeichnet sind »Vigneto ai Brughi« und »Castello di Morcote«.

Fratelli Valsangiacomo ☆☆

Chiasso. Leiter: Cesare Valsangiacomo. 22 ha

Cesare Valsangiacomo vertritt die fünfte Generation auf diesem ehrwürdigen Tessiner Weingut und erzeugt mit die angesehensten Gewächse des Gebiets: »Roncobello«, »Dioniso«, »Rubro«, »Riserva di Bacco«, »L'Ariete«, »Pedrinate del Piccolo Ronco« (alle Merlot), »Cagliostro« (ein Rosé von Merlot) und zwei Merlot-Schaumweine. Ein verwegener Brigant schmückt das Etikett des fruchtigen Verschnitts von Chasselas, Sémillon und Sauvignon »Il Mattirolo«.

Vignattieri Ticinesi ☆–☆☆

Ligornetto. Besitzer: Luigi Zanini. 43 ha. www.zanini.ch

Mitglieder der Familie Zanini haben in großem Stil in Weinberge und Kellerei investiert. Die besten Merlot-Abfüllungen tragen Lagennamen (und z. T. schöne gezeichnete Karten auf dem Etikett), darunter »Ligornetto«, »Tenuta ai Ronchi« und »Roncaia«, die alle eine gewisse Zeit in Eiche ausgebaut werden. Die anderen Rotweine sind aus Syrah und Pinot noir. Von einigen guten Lagen mit Kalksteinboden bringt das Gut sogar achtbare Weißweine namens »Verdor« und »Due Vitigni« zustande.

Österreich

Österreichs Weinbaugeschichte reicht mindestens 2000 Jahre zurück bis auf die Zeit, kurz nachdem die Römer um 16 v. Chr. die Donauprovinzen erobert hatten. Es ist eine interessante Frage, warum der moderne Weinbau in diesem Land viel später Einzug hielt als überall sonst in Westeuropa. Noch in den 1920er- und 1930er-Jahren kamen nur die allerfeinsten österreichischen Weine in Flaschen auf den Markt und bis zum heutigen Tag wird ein beträchtlicher Teil der österreichischen Erzeugung von den Winzern selbst in Heurigen und Buschenschenken verkauft. Der Diäthylen-Glykol-Skandal von 1985 bedeutete das vorübergehende Aus für den kommerziellen Erfolg lieblicher und süßer Weine (die gemäß eines 1972 erlassenen Weingesetzes nach deutschem Vorbild erzeugt wurden). Viele große Abfüllbetriebe hatten diesen Weinen Diäthylen-Glykol zugesetzt. Zwar konnte nicht nachgewiesen werden, dass diese illegale Praxis gesundheitliche Schäden verursacht hätte – was beim italienischen Methanol-Skandal im darauf folgenden Jahr sehr wohl der Fall war –, doch der gute Ruf des österreichischen Weins war erheblich beschädigt.

Die österreichischen Behörden reagierten darauf mit einem im Eilverfahren erlassenen neuen Weingesetz. Das (ein Jahr später abgeänderte) Gesetz von 1985 wird durch ein Kontroll- und Überwachungssystem ergänzt, das den Weinbau des Landes zu dem am strengsten regulierten der Welt macht.

Der Skandal hatte hatte aber noch andere, völlig unerwartete Folgen. Die österreichischen Verbraucher kehrten den heimischen Weinen nicht etwa den Rücken, sondern schwenkten lediglich von Massenware auf handgefertigte Produkte aus Familienbetrieben um. Gleichzeitig kamen trockene Weißweine in Mode, die zu einer Renaissance von Anbaugebieten wie Wachau und Kamptal führte, deren Winzer zuvor von einem größeren Publikum unbeachtet gute trockene Weißweine erzeugt und an treue Privatkunden verkauft hatten. In der Steiermark entstand Ende der 1980er-Jahre eine völlig neue Weinbaukultur, weil eine Reihe von Erzeugern von Alltagsweinen in Dopplerflaschen (2 l) auf sortenreine Qualitätsweine umstellte.

Anfang der 1990er-Jahre folgte die Rotweinrevolution: Dutzende junger Winzer, vor allem im Burgenland, machten sich einen internationalen Rotweinstil zu Eigen, der viele Impulse aus Italien erhielt, und dem französische Rebsorten zugrunde lagen. Cabernet Sauvignon, Merlot und in geringerem Maße auch Syrah werden jedoch meist mit einheimischen Trauben zu raffinierten Cuvées (ein Wort, das mittlerweile zum Standardvokabular vieler junger österreichischer Kellermeister gehört) verschnitten. Anders als die meisten feinen Weine Österreichs, die unter dem Namen der Lage (Ried) herauskommen, tragen diese Cuvées nach dem Vorbild des italienischen »Sassicaia« oder »Darmagi« Fantasienamen wie beispielsweise »Comondor«, »Bella Rex« oder »Perwolf«. Österreich bleibt dennoch vornehmlich ein Weißweinland, und in dieser Hinsicht halten die meisten Winzer an den Weinbautraditionen ihres Landes fest.

Das Fundament der österreichischen Weinkultur bilden leichte bis körperreiche trockene Weißweine von der einheimischen Traube Grüner Veltliner. Auf sie entfällt etwas mehr als ein Drittel der 57 105 ha großen Rebfläche; ihr Wein besitzt ein ausgeprägtes Aroma von weißem Pfeffer. Manchmal weist Grüner Veltliner auch Linsen- oder andere pflanzliche Noten auf, die jedoch in sehr reifen Weinen durch rauchige Nuan-

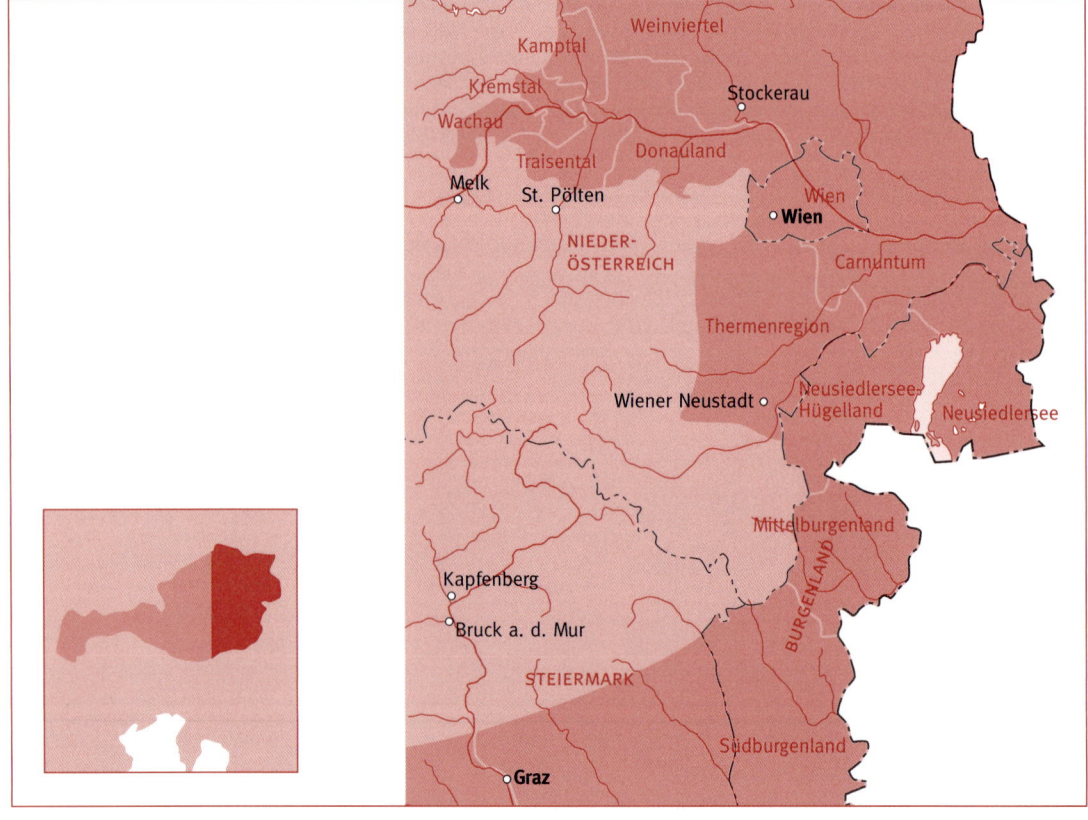

cen, ja sogar einen Geschmack nach exotischen Früchten verdrängt werden. Die Vielseitigkeit der Traube – sie liefert trockene Weine mit 10–15 % natürlichem Alkohol und eindrucksvolle Dessertweine – ist ihre größte Stärke. Bei internationalen Blindverkostungen konnte sich Grüner Veltliner neben einigen der besten Chardonnays der Welt durchaus behaupten.

Die Weißweine aber, die in letzter Zeit international den meisten Anklang gefunden haben, sind die Rieslinge. Die edle deutsche Traube kam wohl Ende des 19. Jahrhunderts nach Österreich, bis heute sind jedoch nur 1220 ha mit ihr bestockt. Auf den Urgesteinsböden der Wachau, der herrlichen Felsenschlucht, durch die sich die Donau zwischen Melk und Krems ihren Weg bahnt, erbringt sie großartige trockene Weine, die sich mit den besten Riesling-Gewächsen aus dem Elsass und Deutschland messen können. Die Inlandsnachfrage ist so groß, dass ausländische Importeure bei den Spitzenerzeugern der Wachau um jede einzelne Flasche betteln müssen. Namen wie Franz Hirtzberger, Emmerich Knoll, F. X. Pichler und Franz Prager (siehe jeweils dort) werden von österreichischen Weinliebhabern mit großer Ehrfurcht ausgesprochen. Ähnlich feine trockene Rieslinge kommen aus Teilen anderer Anbaugebiete in Niederösterreich, allen voran Senftenberg und Stein im Kremstal und Langenlois-Zöbing im Kamptal. Eine vergleichbare Diskrepanz zwischen Angebot und Nachfrage besteht bei den besten Sauvignon- und Morillon-Weinen aus der Steiermark (Morillon ist ein anderer Name für den seit dem 19. Jahrhundert dort angebauten Chardonnay), wo Erzeuger wie Polz und Tement (siehe jeweils dort) nahezu ständig ausverkauft sind.

Obwohl vor allem Dessertweine von dem Skandal 1985 betroffen waren, hat sich auch in diesem Bereich in den letzten Jahren einiges getan. Im Anbaugebiet Neusiedlersee-Hügelland im Burgenland, das lange Zeit zu Ungarn gehörte, wird nachweislich seit 1617 Dessertwein erzeugt. Die Hochburg dieser Tradition ist Rust am Ostufer des flachen Neusiedler Sees, von dem die der Edelfäule förderlichen Herbstnebel aufsteigen. In den 1990er-Jahren machten hingegen die Weine aus Illmitz am gegenüber liegenden Ufer von sich reden. Die Namen der Illmitzer Erzeuger Alois Kracher und Willi Opitz sind inzwischen weltbekannt. Die meisten österreichischen Dessertweine tragen die in den 1960er-Jahren aus Deutschland übernommenen Bezeichnungen Trockenbeerenauslese und Beerenauslese. Heute werden sie zum Teil wie Sauternes in neuen Eichenfässern ausgebaut. Rust hat eine eigene Spezialität: einen im Gewicht zwischen Beerenauslese und Trockenbeerenauslese angesiedelten süßen Wein, der einen höheren Alkoholgehalt (und daher weniger Restsüße) als vergleichbare Weine aus Illmitz aufweist. Seit einigen Jahren orientieren sich die Spitzerzeuger aus Rust jedoch an den von Kracher gesetzten Maßstäben für äußerst intensive und süße Weine. Daher ist ein moderner Ruster Ausbruch praktisch kaum von einer Trockenbeerenauslese aus Illmitz zu unterscheiden – was jedoch kein Nachteil ist.

Leider ist der weltweite Trend zu Chardonnay auch an Österreich nicht vorübergegangen. Einige Winzer (namentlich Velich im Anbaugebiet Neusiedlersee) bringen zwar durchaus kraftvolle Weine im internationalen Stil hervor, aber die meisten sind den von traditionellen Trauben wie Weiß- und Grauburgunder oder aromatischen Sorten wie Muskateller und Traminer erzeugten Gewächsen unterlegen. Der größte Teil der feinen trockenen Weiß- und Dessertweine Österreichs entsteht weiterhin von diesen Reben. Zum Glück schwingt das Pendel nun wieder zurück in Richtung Tradition. Selbst stilbewusste Wiener Yuppies verbringen inzwischen wieder gerne einen Abend im Heurigen mit Schrammelmusik und einfa-

---

Das österreichische Weingesetz

QUALITÄTSSTUFEN

Tafelwein/Landwein mind. 13° KMW (63° Öchsle); Tafelwein muss aus einem bestimmten Anbaugebiet stammen; max. 11,5 % Alkohol, max. 6 g/l Restzucker.

Qualitätswein aus einem bestimmten Anbaugebiet; mind. 15° KMW (73° Öchsle), angereichert bis max. 19° KMW (94° Öchsle).

Kabinett mind. 17° KMW (83,5° Öchsle), max. 19° KMW (94° Öchsle), max. 9 g/l Restzucker, keine Anreicherung.

Prädikatswein Qualitätswein von besonderer Reife oder aus einer besonderen Ernte, ohne Anreicherung.

  Spätlese: mind. 19° KMW (94° Öchsle).

  Auslese: mind. 21° KMW (105° Öchsle).

  Eiswein: von gefrorenen Trauben mit mind. 25° KMW (127° Öchsle).

  Beerenauslese: von überreifen Trauben mit mind. 25° KMW (127° Öchsle).

  Ausbruch: von überreifen, edelfaulen, auf natürliche Weise eingetrockneten Trauben mit mind. 27° KMW (138° Öchsle).

  Trockenbeerenauslese: rosinierte, edelfaule Trauben mit mind. 30° KMW (150° Öchsle).

Die Wachau hat ein eigenes, von der Vinea Wachau geschaffenes Klassifizierungssystem. Steinfeder ist ein nicht angereicherter Qualitätswein mit bis zu 10,7% Alkohol. Eine Stufe darüber steht der Federspiel, ein trockener Kabinett mit maximal 11,9% Alkohol. Die reifsten Weine heißen Smaragd und entsprechen dem, was sonst in Österreich eine Spätlese oder Auslese ist.

---

chem Wein aus rustikalen Gläsern. Die Qualitätsrevolution in den 1980er- und 1990er-Jahren hat eine größere Vielfalt besserer Weine gezeigt.

Österreich hat vier große Anbauregionen: Wien (860 ha im Stadtgebiet), Burgenland (14 560 ha), Steiermark (3300 ha) und Niederösterreich (30 000 ha). Das Burgenland ist in vier Anbaubiete unterteilt: Neusiedlersee (8325 ha) mit allen Rebflächen nördlich und östlich des Sees, Neusiedlersee-Hügelland (3900 ha) westlich des Sees mit den Hauptorten Rust und Eisenstadt sowie die Rotweinbereiche Mittelburgenland (1875 ha) und Südburgenland (450 ha) südlich des Sees entlang der Grenze zu Ungarn. Die Steiermark umfasst drei Anbauzonen: Südsteiermark (1740 ha), Oststeiermark (1115 ha) und Weststeiermark (435 ha). Die Steiermark ist vornehmlich eine Weißweinregion, aber in der Weststeiermark entsteht auch ein säurereicher Rosé namens Schilcher, der sich in Österreich einer großen Anhängerschaft erfreut. Niederösterreich ist die komplizierteste Region. Mehr als die Hälfte der Produktion kommt aus dem Weinviertel (15 890 ha) nördlich von Wien, die jedoch bis auf wenige Ausnahmen von bescheidener Qualität ist. Besseres bieten die drei Gebiete westlich von Wien nahe der Donau: Aus der Wachau (1390 ha), dem Kremstal (2175 ha) und Kamptal (3870 ha) kommen die feinsten österreichischen Weißen. Zwischen diesen drei Bereichen und Wien erstrecken sich die weniger bedeutenden Gebiete Traisental (685 ha) und Donauland (2735 ha). Unmittelbar südöstlich von Wien liegt Carnuntum (890 ha), das zum Teil ausgezeichnete Rotweine hervorbringt, südlich von Wien die Thermenregion, die unter anderem die einst berühmten schweren Weißweine aus Gumpoldskirchen liefert.

Die nachfolgenden Listen der Erzeuger sind nach den vier großen Regionen unterteilt. Das Anbaugebiet ist in jedem Eintrag nach dem Ortsnamen aufgeführt.

Die führenden Erzeuger in Niederösterreich

Leo Alzinger ☆☆☆
Unterloiben, Wachau. 8 ha. www.alzinger.at
Von Riesling und Grünem Veltliner aus Spitzenlagen in Dürnstein und Unterloiben erzeugt der Autodidakt Alzinger elegante Weine mit feiner Säurestruktur, schlank, aber fruchtig, rassig, aber nie streng, die es sich immer zu lagern lohnt.

Bründlmayer ☆☆☆
Langenlois, Kamptal. 60 ha.
www.bruendlmayer.at
Willi Bründlmayer führt eines der größten und modernsten Güter Österreichs. Bekannt ist er v. a. für fassgereiften Chardonnay und Blauburgunder nach Burgunder Vorbild, aber der größte Teil der Produktion entfällt auf trockene Weißweine im traditionellen Stil. Die Qualität der eindrucksvollen Auswahl ist durchweg ausgezeichnet; die sublimen Rieslinge von alten Reben aus der Lage Heiligenstein und der gebieterische Grüne Veltliner aus der Lage Lamm gehören zu den großartigsten Weinen Österreichs.

Winzergenossenschaft Dinstlgut Loiben ☆☆
Unterloiben, Wachau/Kremstal. 2000 ha.
www.dinstlgut.at
Seit Walter Kutscher die Leitung der ehemals berühmten Genossenschaft übernahm, ist die Qualität beträchtlich gestiegen. 2002 trat Rolf Clemens an seine Stelle. Kutschers prachtvolle Dessertweine ernteten zu Recht viel Anerkennung; trockener Riesling und Grüner Veltliner sind lediglich gut bereitet.

Freie Weingärtner Wachau ☆☆–☆☆☆☆
Dürnstein, Wachau. 600 ha. www.fww.at
Seit langem eine der besten Winzergenossenschaften Europas. Nachdem Fritz Miesbauer und Willi Klinger gemeinsam die Leitung übernommen hatten, machte die Qualität erneut einen Riesenschritt nach vorne. Klinger trat 2000 ab, doch Rainer Wess führt seine Arbeit weiter. Ausgezeichnete Rieslinge aus den erstklassigen Lagen Achleiten in Weißenkirchen und Singerriedel in Spitz sowie Grüne Veltliner vom Kellerberg in Dürnstein sind die Spitzenreiter des großen Angebots. Aber auch die einfacheren Weine sind sauber bereitet und charaktervoll. Das barocke Kellerschlössel am Eingang zu den ausgedehnten Kellern wurde 1715 erbaut, aber die Geschichte der Freien Weingärtner reicht mindestens bis ins 12. Jh. zurück.

Schloss Gobelsburg ☆☆
Gobelsburg, Kamptal. 35 ha. www.gobelsburg.at
Willi Bründlmayer (siehe dort) und Michael Moosbrugger haben seit 1996 das Klostergut gepachtet, das nun ökologisch bewirtschaftet wird. Es gibt guten Riesling aus den Lagen Heiligenstein und Gaisberg; Grüner Veltliner aus den Lagen Lamm und Grub ist bisweilen wuchtig, reichhaltig und ungeheuer alkoholstark.

Franz Hirtzberger ☆☆☆–☆☆☆☆
Spitz, Wachau. 17 ha

Franz Hirtzbergers Optimismus und seine Überzeugungskraft sind in hohem Maß für den Erfolg der Winzervereinigung Vinea Wachau, deren Vorsitzender er ist, verantwortlich. Talent hat er aber auch für die Erzeugung eleganter trockener Weißweine. Sein Riesling aus der großartigen Lage Singerriedel und sein Grüner Veltliner aus der erstklassigen Lage Honivogl gehören zu den feinsten und gefragtesten Weinen Österreichs. Das Guthaus aus dem 13. Jh. ist eines der ältesten und schönsten im Donautal.

Josef Högl ☆☆–☆☆☆
Spitz, Wachau. 5,5 ha.
www.weingut-hoegl.at
Seine Tätigkeit auf den Weingütern Prager und F. X. Pichler (siehe jeweils dort) haben dem bescheidenen, fast schüchternen Josef Högl schnell das Wesentliche beigebracht. Seit er sich selbstständig gemacht hat, ist er mit trockenen Weißweinen, in denen sich Kraft mit Reintönigkeit und feinem Schliff verbindet, in die Spitzenriege der Wachauer Erzeuger aufgestiegen.

Josef Jamek ☆☆–☆☆☆☆
Joching, Wachau. 25 ha.
www.jamek.cc
Josef Jamek war seit den 1950er-Jahren ein Pionier der Bereitung trockener, nicht angereicherter Weine in der Wachau und blieb auch in den 1980er-Jahren einer ihrer führenden Erzeuger. Sein Restaurant bereicherte die Gastronomie der Gegend und wurde zur Institution. 1996 übernahmen Schwiegersohn Hans Altmann und Tochter Jutta das Weingut, für das damit eine neue Ära begann.

Am besten sind die berühmten Rieslinge aus der Weißenkirchener Lage Klaus und der trockene Weißburgunder. Das Jamek'sche Markenzeichen waren von jeher eher Eleganz als Wucht. Nach einer Phase, in der es den Weinen an Biss und Mineralität fehlte, hat sich die Qualität Ende der 90er-Jahre wieder deutlich gebessert.

Emmerich Knoll ☆☆☆☆
Unterloiben, Wachau.
13,5 ha
Vier Generationen der Familie Knoll, alle mit dem Vornamen Emmerich, sind für die Erzeugung der einzigartigen Weine dieses Guts verantwortlich. Es sind äußerst langlebige Gewächse, die viele Jahre Flaschenreife brauchen, bis ihr voller, mineralischer Charakter zum Vorschein kommt. Die trockenen Rieslinge aus den Lagen Schütt, Loibenberg und Kellerberg gehören zu den feinsten Weißweinen Österreichs. In Jahren, in denen die Trauben von Edelfäule befallen werden, werden auch üppige süße Weine bereitet.

Malat ☆☆
Palt, Kremstal. 35 ha
Bekannt für kraftvolle trockene Weißweine, aber auch Cabernet und Blauburgunder sind vielversprechend. Die anspruchsvollsten Veltliner und Rieslinge kommen unter dem vertrauenerweckenden Namen »Das Beste« heraus.

Mantlerhof ☆☆
Brunn im Felde, Kremstal. 14 ha
Josef Mantler ist v. a. für die seltene Traube Roter Veltliner (Malvasia) bekannt, von der er reichhaltige und geschmeidige Weine erzeugt. Auch seine Grünen Veltliner sind großartig und langlebig.

Markowitsch ☆☆☆
Göttlesbrunn, Carnuntum. 20 ha.
www.markowitsch.at
Gerhard Markowitsch ist der dynamischste Winzer in Carnuntum und weiß sowohl mit Weiß- als auch mit Rotwein umzugehen. Sein Chardonnay ist toastig und kraftvoll; der beste Rotwein ist die »Cuvée Rosenberg«, ein intensiver, tiefgründig strukturierter Verschnitt von Zweigelt, Merlot und Cabernet Sauvignon. Auch beim Blauburgunder macht Markowitsch Fortschritte.

Sepp Moser ☆☆
Rohrendorf, Kremstal. 50 ha.
www.sepp-moser.at
Die Ursprünge dieses Guts reichen bis 1848 zurück, doch in seiner heutigen Form ist es aus der Teilung des Betriebs Lenz Moser hervorgegangen. Mit Hilfe seines Sohns Nikolaus machte Sepp Moser es rasch zu einem der führenden Weißweinerzeuger des Landes. Im Jahr 2000 übernahm Nikolaus Moser die alleinige Regie bei der Weinbereitung. Der fassvergorene Chardonnay gehört zu den besten in Österreich, aber der eigentliche Star ist der vollmundige, komplexe trockene Riesling aus der erstklassigen Lage Gebling. Hinzu kommen immer besser werdende Rotweine aus dem Burgenland.

Martin Nigl ☆☆☆
Senftenberg, Kremstal. 25 ha. www.weingutnigl.at
1986 traten die Nigls aus der örtlichen Genossenschaft aus und übertrugen Sohn Martin die Verantwortung für die Weinbereitung. Seitdem haben seine schlanken, mineralischen trockenen Rieslinge dem Gut eine führende Rolle im Kremstal eingetragen. Spitzenreiter sind die herrlichen Gewächse aus den erstklassigen Lagen Kremsleiten und Piri.

Nikolaihof ☆☆–☆☆☆
Mautern, Wachau/Kremstal. 18 ha
Die urkundlich belegte Geschichte des Ökoweinguts der Familie Saahs reicht mehr als 1000 Jahre zurück; die schönen Gebäude stehen auf römischen Fundamenten. Die Qualität ist etwas wechselhaft, aber die besten trockenen Rieslinge sind großartig, sowohl die Kremstal-Weine aus der steinigen Lage Steiner Hund in Krems als auch die Wachau-Gewächse aus Mautern, die sich allesamt im Alter herrlich entfalten. Die ausgezeichnete Weinstube ist zu Recht genauso berühmt wie das Gut selbst.

F. X. Pichler ☆☆☆☆
Oberloiben, Wachau. 10 ha
Der als Nummer eins der österreichischen Winzer angesehene Franz Xaver Pichler – meist kurz F. X. genannt – ist ein fanatischer Perfektionist. Seine großartigen trockenen Weißweine sind ebenso konzentriert wie individuell. Die spektakulärsten Rieslinge und Grünen Veltliner kommen vom erstklassigen Kellerberg in Dürnstein. Einige der vollsten Weine heißen recht großspurig »M« (für »monumental«) oder »U« (für den »unendlich« langen Abgang) und sind in ihrer Kombination aus Alkoholstärke, Extraktreichtum und etwas Restsüße manchmal wuchtiger, als es ihnen gut tut. Die ihnen innewohnende Qualität und Komplexität stehen jedoch außer Frage.

Rudi Pichler ☆☆–☆☆☆
Wösendorf, Wachau. 8 ha
Rudi Pichler jr. – einer der aufsteigenden Stars in der Wachau – hat mit seinen vollmundigen, kraftvollen, aromatischen trocke-

nen Rieslingen aus den Lagen Achleiten und Kirchweg sowie dem mineralischen Grünen Veltliner vom Hochrain einen Gipfel nach dem anderen erklommen.

Franz Prager ☆☆☆
Weissenkirchen, Wachau. 14 ha.
www.weingutprager.at
Seit seiner Heirat mit Ilse Prager hat Toni Bodenstein mit außerordentlicher Gewissenhaftigkeit den ausgezeichneten Ruf dieses Guts, das seit über 300 Jahren erstklassige Lagen (Achleiten, Klaus, Steinriegel) besitzt, immer weiter gefestigt. Die trockenen Rieslinge vereinen verführerische Frucht mit mineralischer Tiefe, und was ihre Eleganz betrifft, stehen die Grünen Veltliner in nichts nach.

Weitere Erzeuger in Niederösterreich

Peter Dolle ☆☆
Strass, Kamptal. 28 ha. www.dolle.at
Dynamisches Gut und Heuriger mit einer großen Auswahl an Weißweinen, allen voran Riesling vom Gaisberg.

Ludwig Ehn ☆☆
Langenlois, Kamptal. 12 ha.
www.ehnwein.at
Ehn ist auf exotischen trockenen Riesling aus der erstklassigen Lage Heiligenstein und reichhaltigen »Ried Panzaun« von alten Reben verschiedener Sorten spezialisiert.

Forstreiter ☆☆
Krems, Kremstal. 14 ha
Meinhard Forstreiter kultiviert viele verschiedene Rebsorten, aber seine besten Weine sind die rassigen Grünen Veltliner, namentlich »Alte Reben« und »Exclusiv«. Auch charmanter Gelber Muskateller.

Weinberghof Fritsch ☆☆
Oberstockstall, Donauland. 13 ha. www.fritsch.cc
Führender Erzeuger von lebendigem trockenem Grünen Veltliner und einem roten Verschnitt namens »Foggathal« mit üppigen Brombeernoten.

Walter Glatzer ☆☆
Göttlesbrunn, Carnuntum. 17 ha
Maßgebliches Gut östlich von Wien, das österreichischen Rebsorten die Treue hält. Der beste Zweigelt heißt »Dornenvogel«; der feine Verschnitt auf Zweigelt-Basis namens »Cuvée Gotinsprun« wird größtenteils in neuen Barriques ausgebaut.

Schlossweingut Graf Hardegg ☆☆
Seefeld-Kadolz, Weinviertel. 43 ha.
www.grafhardegg.at
Die Nähe zur tschechischen Grenze liefert vielleicht die Erklärung für den Namen des meistverkauften Weins, des Grünen Veltliners »Veltlinsky«. Bemerkenswert sind darüber hinaus der Blauburgunder und der exotische Viognier. Gelegentlich wird ausgezeichneter Eiswein von Riesling-Trauben erzeugt.

Hiedler ☆☆–☆☆☆
Langenlois, Kamptal. 17 ha. www.hiedler.at
Hiedlers Weißweine sind eher auf lange Alterung als auf sofortigen Genuss ausgelegt. Seine trockenen Rieslinge aus der

erstklassigen Lage Heiligenstein, der kraftvolle Veltliner »Maximum« und der Chardonnay gehören zu den feinsten Gewächsen des Gebiets.

Jurtschitsch ☆☆
Langenlois, Kamptal. 55 ha. www.jurtschitsch.com
Verlässlicher Erzeuger von sehr sauberen modernen Weißweinen aus der Gegend um Langenlois. Guter Sauvignon blanc und Chardonnay, aber die Stars sind Riesling und Grüner Veltliner.

Stift Klosterneuburg ☆☆
Klosterneuburg, Donauland. 100 ha.
www.stift-klosterneuburg.at
Die Augustinermönche treiben schon seit neun Jahrhunderten Weinbau, doch heute ist Stift Klosterneuburg ein kommerzieller Betrieb im Besitz des Klosters. Die Trauben aus den eigenen Weinbergen von Tattendorf südlich von Wien bis zur Stadtgrenze werden durch die Lieferungen kleiner Winzer im Burgenland und in Niederösterreich ergänzt. Spitzenweine aus Einzellagen kommen unter dem Namen »Domäne« heraus. Bekannt ist das Gut für seine Weißweine, u. a. Weißburgunder, und neuerdings auch für einige herrliche Rotweine, z. B. einen Barrique-gereiften St-Laurent. Die viergeschossigen Keller beherbergen 3 Mio. Flaschen und das staatliche Weinarchiv.

Loimer ☆☆☆
Langenlois, Kamptal. 21 ha.
www.loimer.at
Der dynamische Fred Loimer erzeugt sein weißes Sortiment von traditionellen Rebsorten. Am feinsten sind der fassvergorene Grüne Veltliner von alten Reben aus der Lage Spiegel und der Riesling aus der Lage Steinmassl.

Lenz Moser ☆–☆☆
Rohrendorf, Kremstal. Besitzer: GHG. Güter: Klosterkeller Siegendorf, Siegendorf, Neusiedlersee-Hügelland, 24 ha; Schlossweingut Malteser Ritterorden, Mailberg, Weinviertel, 50 ha. www.lenzmoser.at
Dr. Lenz Moser (gest. 1978) war eine führende Persönlichkeit des österreichischen Weinbaus und wurde durch das nach ihm benannte Rebenerziehungssystem bekannt. Der Betrieb wird heute von seinem Urenkel Lenz Moser V. geleitet.

Anfang der 1990er-Jahre stieg es zum bedeutendsten österreichischen Weinbauunternehmen auf. Der Grundstock des umfangreichen Programms sind die trockenen Weiß- und Rotweine aus dem Burgenland namens »Servus«. Die nächsthöhere Stufe bilden die sortenreinen Weine der »Lenz Moser Selection«, wie die »Servus«-Weine von Trauben erzeugt, die von vertraglich verpflichteten Winzern geliefert werden. Insgesamt kann das Unternehmen auf über 2500 ha Rebland zurückgreifen. An der Spitze stehen die Gutsabfüllungen, von denen die rote Cuvée »Kommende Mailberg« (Cabernet/Merlot) einen besonders guten Ruf genießt.

Ludwig Neumayer ☆☆–☆☆☆
Inzersdorf, Traisental. 8 ha
Das Gebiet ist u. a. durch Neumayers raffinierte trockene Rieslinge, Weißburgunder und Grüne Veltliner bekannt. Die Spitzenserie heißt »Der Wein vom Stein«.

Pfaffl ☆☆–☆☆☆
Stetten, Weinviertel. 30 ha.
www.pfaffl.at

Roman Pfaffls trockener Grüner Veltliner, Sauvignon blanc, nicht in Eiche gereifter Chardonnay und Riesling, die unmittelbar nordöstlich von Wien entstehen, sind zweifellos die feinsten Tropfen aus dem Weinviertel.

Pitnauer ☆☆
Göttlesbrunn, Carnuntum. 17 ha.
www.pitnauer.com
Die Weine kommen von Rebflächen nahe der slowakischen Grenze. Am besten ist der kraftvolle Zweigelt-Cabernet-Verschnitt »Franz Josef«; daneben gibt es einen verlockenden Syrah-Verschnitt namens »Pegasos«.

Robert Schlumberger ☆
Bad Vöslau, Thermenregion. 10 ha.
www.schlumberger.at
Robert Schlumberger, Abkömmling einer Seitenlinie der elsässischen Familie, erzeugte 1842 den ersten österreichischen Sekt nach dem traditionellen Verfahren. Der Sektzweig des Unternehmens hat seinen Sitz in Wien; der Familienbetrieb erzeugt hauptsächlich Rotweine im Bordeaux-Stil.

Schmelz ☆☆
Joching, Wachau. 8 ha
Verlässlicher, stetig besser werdender Erzeuger von saftigem, gehaltvollem trockenem Riesling und Grünem Veltliner.

Schmidl ☆☆–☆☆☆
Dürnstein, Wachau. 8,5 ha
Die Hälfte der Weinberge von Franz Schmidl, der auch der Bäcker vor Ort ist, liegen am berühmten Kellerberg. Von hier stammen Schmidls weit unterschätzter Riesling und Grüner Veltliner.

Stadlmann ☆–☆☆
Traiskirchen, Thermenregion. 12 ha.
www.stadlmann-wein.at
Einige der besten Weine der Thermenregion aus Weinbergen südlich von Gumpoldskirchen. Am besten sind der trockene Weißburgunder und der Zierfandler (gelegentlich gibt es auch eine Zierfandler Trockenbeerenauslese).

Hofkellerei Stiftung Fürst Liechtenstein ☆–☆☆
Wilfersdorf, Weinviertel. 42 ha. www.hofkellerei.at
Fürstliches Gut mit tadellosen Weinen von Grünem Veltliner und Zweigelt, u. a. der Barrique-gereifte Zweigelt »Profundo«.

Weingut Salomon – Undhof ☆☆–☆☆☆
Stein, Kremstal. 20 ha. www.undhof.at
Einige der besten Weine aus einer erstklassigen Lage in Stein, dem mit Bauten aus Gotik und Renaissance geschmückten Vorort von Krems. Der Boden ist hier fast der gleiche wie in der benachbarten Wachau. Erzeugt werden v. a. Riesling und Grüner Veltliner. Der Betrieb genießt einen guten Ruf für delikate Spätlesen, die als »Reserve« abgefüllt werden. Das Gutshaus von 1792 steht neben dem von Erich Salomon gegründeten Weinzentrum des Klosters Und.

Die führenden Erzeuger im Burgenland

Feiler-Artinger ☆☆☆
Rust, Neusiedlersee-Hügelland. 26 ha. www.feiler-artinger.at

Ruster Ausbruch der Superlative, am feinsten ist der intensive »Essenz«. Das Kontrastprogramm dazu sind die schmackhaften roten Cabernet-Merlot-Verschnitte sowie »Cuvée Solitaire« von österreichischen Rebsorten.

Gesellmann ☆☆–☆☆☆

Deutschkreuz, Mittelburgenland. 25 ha.
www.gesellmann.at

Albert Gesellmann hat auf dem durch seinen Vater begründeten Ruf aufgebaut und einem bereits angesehenen Gut noch weiter Aufwind gegeben. Am eindrucksvollsten sind die zwei kraftvollen Verschnitte »Opus Eximium« (Blaufränkisch/St-Laurent/Blauburgunder) und »Bella Rex« (Cabernet/Merlot).

Martin Haider ☆–☆☆☆

Illmitz, Neusiedlersee. 12 ha

Der bescheidene Martin Haider ist auf Weine von edelfaulen Trauben verschiedener Sorten spezialisiert. Die von Sauvignon blanc und Weißburgunder sind oft herausragend. Die trockenen Versionen sind weniger erfolgreich.

Gernot Heinrich ☆☆☆

Gols, Neusiedlersee. 15 ha

Gernot Heinrich ist einer der Stars der neuen Winzergeneration im Burgenland. Seine Weinberge sind zwischen weißen und roten Trauben aufgeteilt. Letztere erbringen fleischige, geschmeidige Weine, allen voran den Einzellagenwein »Gabarinza«. Dieser Verschnitt aus österreichischen und französischen Rebsorten ist reich an schwarzbeerigen Geschmacksnoten. Fast ebenso gut ist der »Pannobile« auf Zweigelt-Basis (der Name wird auch von anderen Mitgliedern des Pannobile-Winzerverbands verwendet).

Juris (G. Stiegelmar) ☆☆☆

Gols, Neusiedlersee. 16 ha.
www.juris.at

Georg Stiegelmar ist den alten ungarischen Traditionen des Burgenlands verpflichtet, hat sich jedoch seinem in Kalifornien ausgebildeten Sohn Axel nicht in den Weg gestellt. Am besten sind die Rotweine: St-Laurent, »Ina'mera« (Blaufränkisch mit Cabernet und Merlot) und »St. Georg« (St-Laurent/Blauburgunder). Der sortenreine Cabernet ist erstaunlich voll; der Blauburgunder hat mehr Frucht als Finesse. Im Gegensatz zu vielen anderen Erzeugern im Burgenland packen die Stiegelmars in ihre Weine nicht mehr Tannin, als deren Frucht verträgt, und den Barrique-Ausbau beherrschen sie mit seltener Perfektion. Auch köstliche Trockenbeerenauslesen.

Kollwentz ☆☆

Großhöflein, Neusiedlersee-Hügelland. 20 ha.
www.kollwentz.at

Andi Kollwentz ist einer der talentiertesten jungen Kellermeister in Österreich und spielte eine bedeutende Rolle in der Rotweinrevolution der vergangenen Jahre. Seine trockenen Weißweine sind sauber und frisch, aber nicht so herausragend wie die Roten. »Eichkogel« ist ein schöner Verschnitt von Blaufränkisch und Zweigelt. Die »Cuvée Steinzeiler« enthält etwas Cabernet Sauvignon und ist konzentrierter.

Alois Kracher ☆☆☆☆

Illmitz, Neusiedlerseee, 15 ha. www.kracher.net

Ein Perfektionist mit kosmopolitischer Einstellung, der seinen Wurzeln im Sandboden von Illmitz treu bleibt. In den letzten Jahren erfuhren Krachers herrlich gebaute Dessertweine, die honigsüße Fülle und vollendetes Gleichgewicht vereinen, jede erdenkliche Anerkennung. Die Weine der Reihe »Zwischen den Seen« entstehen traditionell in Tanks oder alten Fässern, die der Reihe »Nouvelle Vague« wie Sauternes in neuer Eiche. »Grande Cuvée« heißt der jeweils beste Wein eines Jahrgangs.

Krutzler ☆☆☆

Deutsch-Schützen, Südburgenland. 10 ha.
www.krutzler.at

Reinhold und Erich Krutzlers seidige Rotweine sind die feinsten und elegantesten aus dem Südburgenland. Blaufränkisch ist die Hauptrebsorte, die sich in den Krutzler-Weinen zu ungewöhnlich reintönigen Brombeer- und Kirschnoten aufschwingt. Spitzenreiter ist der verführerische »Perwolff«, dem etwas Cabernet Sauvignon ein Mehr an Struktur verleiht.

Helmut Lang ☆☆☆

Illmitz, Neusiedlersee. 14 ha

Ein weiterer Meister raffinierter Süßweine aus dem Burgenland. Chardonnay, Sauvignon blanc und Welschriesling liefern die besten Ergebnisse, obgleich Lang auch Bewunderung für seinen Scheurebe-Wein erntet. Besondere Aufmerksamkeit widmet er dem Blauburgunder, der in dichtem, eichigem Stil erzeugt wird, ganz anders als in Burgund, aber auf seine Art eindrucksvoll.

Weingut Anita & Hans Nittnaus ☆☆

Gols, Neusiedlersee. 22 ha. www.nittnaus.at

Die immer raffinierteren Rotweine, die Hans Nittnaus seit Ende der 1980er-Jahre erzeugt, sind sinnbildhaft für die Rotweinrevolution im Burgenland. Der reichhaltige, kraftvolle Bordeaux-Verschnitt »Comondor« ist eine ernst zu nehmende Konkurrenz für klassifizierte Gewächse aus Bordeaux.

Josef Pöckl ☆☆☆

Mönchhof, Neusiedlersee. 20 ha.
www.poeckl.com

Pöckl ist ein großer Verehrer der Zweigelt-Traube, die in seinem herrlichen, beständigen Verschnitt »Admiral« die Hauptrolle spielt. Der reichhaltige Syrah-Zweigelt-Verschnitt »Rêve de Jeunesse« ist ganz anders gestrickt. Als Meister seines Fachs erweist sich Pöckl auch bei Trockenbeerenauslesen.

Engelbert Prieler ☆☆–☆☆☆

Schützen, Neusiedlersee-Hügelland. 20 ha.
www.prieler.at

Die Prielers bereiten einige der besten Weine aus dem Hügelland. Der ohne Eiche ausgebaute Weißburgunder hat mehr Schwung und Individualität als der eichenfassgereifte Chardonnay im internationalen Stil. Der Blaufränkisch ist köstlich, v. a. vom Ried Goldberg. Ebenfalls erzeugt werden kleine Mengen Cabernet Sauvignon mit leicht kräuterwürziger Note. Tochter Silvia entwickelt ihre eigenen Weine, namentlich einen vollen, recht tanninreichen Blauburgunder.

Heidi Schröck ☆☆–☆☆☆

Rust, Neusiedlersee-Hügelland. 8 ha.
www.heidi-schroeck.com

Als Anhängerin der Ruster Tradition erzeugt Heidi Schröck mustergültigen Ausbruch; Weine von vollsüßen Trauben heißen »Elysium«. Sie trug zur Wiederbelebung von Furmint in Rust bei, allerdings ist die trockene Version sehr herb – die Traube macht sich im Ausbruch besser. Der beste Rotwein ist der von Blaufränkisch bereitete »Kulm«.

Ernst Triebaumer ☆☆☆
Rust, Neusiedlersee-Hügelland. 15 ha.
www.triebaumer.at

Ernst Triebaumer bewies im Alleingang, dass die Blaufränkisch-Traube großartige Rotweine erbringen kann, wenn sie an der richtigen Stelle angebaut wird. Sein dunkler, voller, tanninreicher Blaufränkisch ist einer der gefragtesten österreichischen Roten. Auch seine füllige Harmonie ausstrahlenden Dessertweine Ruster Ausbruch sind eindrucksvoll. Chardonnay und Sauvignon blanc am entgegengesetzten Ende des Spektrums gehören zu den besten in Österreich.

Umathum ☆☆☆
Frauenkirchen, Neusiedlersee. 25 ha.
www.umathum.at

Josef Umathums Rotweine könnte man leicht mit französischen verwechseln, obwohl er fast ausschließlich traditionelle österreichische Trauben verwendet. Am eindrucksvollsten ist die rote Cuvée aus der Lage Hallebühl, ein kraftvoller, tanninreicher Verschnitt von Zweigelt, Blaufränkisch und Cabernet Sauvignon. Die Zweigelt-Merlot-Cuvée vom Haideboden ist ebenso voll, aber geschmeidiger.

Velich ☆☆
Apetlon, Neusiedlersee. 9 ha.

Das Gut gilt als einer der führenden Weißweinerzeuger Österreichs. Eindrucksvoll ist die ganze Palette, doch der verführerisch volle, fassvergorene Chardonnay »Tiglat« ist einsame Spitze, obwohl er manchem vielleicht allzu schwer erscheint. Auch ausgezeichnete Trockenbeerenauslesen.

Weitere Erzeuger im Burgenland

Paul Achs ☆☆
Gols, Neusiedlersee. 20 ha.

Vollfruchtige Rotweine im modernen Stil; besonders gut sind Blauburgunder und rote Cuvées.

Braunstein ☆
Purbach, Neusiedlersee-Hügelland. 20 ha.
www.braunstein.at

Die besten Weine jedes Jahrgangs reift Birgit Braunstein in Eiche und nennt sie »Oxhoft«. Der Chardonnay wirkt manchmal etwas matt, aber sowohl der St-Laurent als auch die »Cuvée Oxhoft« sind häufig kraftvoll, fast fleischig.

Schlossweingut Esterházy ☆
Eisenstadt, Neusiedlersee-Hügelland. 45 ha.
www.esterhazy.at

Die alte Fürstenfamilie Esterházy, Mäzene von Haydn und Bezwinger der Türken, erzeugt seit dem 17. Jh. mit die besten Weine des Burgenlands. Die Weinberge erstrecken sich rund um Rust, St. Georgen, St. Margarethen, Großhöflein und Eisenstadt. In den Kellern unterm Schloss lagern 140 große Fässer. Mit dem schwungvollen Chardonnay »Klassik« hat das Gut gezeigt, dass Weine dieser Rebsorte nicht viel Eiche brauchen, um ein Genuss zu sein. Einige der besten Dessertweine des Burgenland, z. B. der Strohwein, tragen den Namen »Esterházy«.

Gsellmann & Gsellmann ☆☆
Gols, Neusiedlersee. 22 ha. www.gsellmann.at

Zwei Brüder produzieren mit vereinten Kräften eine große Auswahl an Weinen, von buttrigen weißen Pannobile-Verschnitten bis zu aprikosigen Trockenbeerenauslesen von Scheurebe. Die mit eindringlichen Noten von Kirschkompott und Vanille bestückten Rotweine zeugen von zu viel Eiche.

Hafner ☆☆
Mönchhof, Neusiedlersee. 22 ha

Feine Süßweine, v. a. von Chardonnay, und ein Zweigelt-Blaufränkisch-Verschnitt namens »Kashmir«. Hafner ist auch Österreichs führender Erzeuger von koscheren Weinen.

Schlosskellerei Halbturn ☆
Halbturn, Neusiedlersee. 48 ha

Ein vornehmes Gut und ein Synonym für Mittelmäßigkeit, bis 2002 ein neuer Leiter kam, der nun alles umkrempelt.

Hans Igler ☆
Deutschkreuz, Mittelburgenland. 20 ha.
www.weingut-igler.at

Hans Igler war ein Wegbereiter für die Erzeugung anspruchsvoller eichenfassgereifter Rotweine. Seit seinem Tod 1994 bewirtschaften Tochter und Schwiegersohn die vornehmlich mit roten Trauben bestockten Weinberge. Am bekanntesten ist die feine, mittelschwere »Cuvée Volcano« von Blaufränkisch und Cabernet Sauvignon. In dem Bestreben, dem Gut wieder zu der Anerkennung zu verhelfen, die es vor zehn Jahren genoss, wurde 1999 der »Ab Ericio«, ein Verschnitt auf Merlot-Basis, herausgebracht.

Kerschbaum ☆☆
Horitschon, Mittelburgenland. www.kerschbaum.at

Paul Kerschbaum ist ein Meister des Blaufränkisch, und der außerordentlich reintönige »Ried Hochäcker« ist oft besser als der häufig von neuer Eiche überladene »Ried Dürrau«. Die herrliche »Cuvée Impresario« ist ein ungemein eleganter Verschnitt von Blaufränkisch, Zweigelt und Cabernet Sauvignon.

Heidi & Josef Lentsch – Gasthaus-Weinbau zur Dankbarkeit ☆☆
Podersdorf, Neusiedlersee. www.dankbarkeit.at

Das kleine Gut gehört zum gleichnamigen Restaurant mit erstklassiger regionaler Küche. Ausgezeichneter Blau- und Grauburgunder sowie feine Dessertweine.

Münzenrieder ☆☆
Apetlon, Neusiedlersee. 18 ha

Das Gut, das erst 1991 mit der Abfüllung begann, hat sich einen guten Ruf für volle, körperreiche Trockenbeerenauslesen erworben.

Gerhard Nekowitsch ☆☆
Illmitz, Neusiedlersee. 4 ha. www.nekowitsch.at

Nekowitsch hat sich mit so genanntem Schilfwein aus Trauben, die auf Schilfrohr vom Neusiedler See trocknen, eine Nische geschaffen. Der »Tradition« mit Pfirsichnoten ist im Allgemeinen empfehlenswerter als die etwas übersättigte rote Version »The Red One«.

Willi Opitz ☆–☆☆☆
Illmitz, Neusiedlersee. 10 ha. www.willi-opitz.at

Willi Opitz, ein Meister der Selbstdarstellung, erzeugt einige bemerkenswerte Dessertweine, doch den trockenen Weinen fehlt es an Flair.

Pittnauer ☆–☆☆☆
Illmitz, Neusiedlersee
Als Mitglied der Vereinigung Pannobile erzeugt Pittnauer einen vollen Verschnitt dieses Namens auf Zweigelt-Basis. Aber der herrliche St-Laurent »Alte Reben« mit seiner ungewöhnlichen, an Syrah erinnernden Pfeffernote ist genauso gut. Die Weißweine haben nicht die gleiche Klasse.

Peter Schandl ☆☆
Rust, Neusiedlersee-Hügelland. www.schandlwein.com
Bekannt für reichhaltigen traditionellen Ausbruch, u. a. von Furmint. Aber auch Schandls Weißweine von Chardonnay und Weißburgunder sind ein Genuss.

Schwarz ☆
Andau, Neusiedlersee
In enger Zusammenarbeit mit Alois Kracher erzeugt Hans Schwarz zwei Weine: einen reichhaltigen Zweigelt namens »Rot« und einen toastigen, alkoholstarken Weißwein (Grüner Veltliner/Chardonnay). Die Weine im internationalen Stil sind am schwersten zu verdauen.

Sommer ☆☆
Donnerskirchen, Neusiedlersee-Hügelland.
www.weingut-sommer.at
Gute Quelle für köstliche Weißweine, v. a. den cremigen Grünen Veltliner »Premium Reserve«.

Tinhof ☆–☆☆
Eisenstadt, Neusiedlersee-Hügelland
Der in Frankreich ausgebildete Erwin Tinhof erzeugt ein gutes Sortiment an trockenen Rot- und Weißweinen, die in der Jugend sehr eichig sind.

Wenzel ☆☆
Rust, Neusiedlersee-Hügelland
Robert Wenzel war ein extremer Traditionalist, aber sein Sohn Michael hat den Stil etwas aufgefrischt und moderne trockene Weine eingeführt, u. a. einen in österreichischer Eiche ausgebauten Grauburgunder im elsässischen Stil und einen dichten, tanninreichen Blauburgunder. Unbedingt im Auge behalten.

Zantho ☆
Andau, Neusiedlersee. www.zantho.com
Ungewöhnliches Gemeinschaftsprojekt von Josef Umathum (siehe dort) und der Andauer Genossenschaft, aus dem beträchtliche Mengen traditioneller österreichischer Rotweine, v. a. Zweigelt, hervorgehen. »Reserve« ist köstlich, aber das Unternehmen steht und fällt mit dem Zweigelt »Classic«.

Die führenden Erzeuger in Wien

Johann Kattus ☆
Das 1857 gegründete große Wiener Handelshaus ist auf Sekt der Marke »Hochriegel« spezialisiert. Die nach dem traditionellen Verfahren von Riesling und Grünem Veltliner erzeugte »Alte Reserve« ist leicht fruchtig mit sauberem Abgang. Zu den Spezialitäten zählt ein Gewürztraminer vom Nussberg am Stadtrand von Wien.

Mayer am Pfarrplatz ☆☆
Heiligenstadt. 30 ha. www.mayer.pfarrplatz.at
Franz Mayer führt den größten Erzeugerbetrieb in Wien und einen beliebten, ursprünglichen Heurigen. In den modernen Kellern wird eine Auswahl von Weinen bereitet, an deren Spitze der Riesling vom Nussberg und ein schwungvoller Grüner Veltliner stehen.

Schlumberger ☆–☆☆
Der beste Wiener Sekthersteller bietet einen besonders fruchtigen Blanc de Noirs mit guter Säure-Struktur.

Wieninger ☆☆–☆☆☆
Stammersdorf. 21 ha. www.wieninger.at
Das führende Wiener Gut produziert alles: von traditionellem trockenem Riesling bis zu fassvergorenem Chardonnay und tiefdunklem Cabernet/Merlot. Das Lesegut stammt aus erstklassigen Lagen wie Nussberg und Bisamberg.

Weitere Erzeuger in Wien

Die große Anzahl von Heurigen in allen Weinorten des Anbaugebiets Wien sorgt für eine große Vielfalt von Weinen. Die meisten verschwinden in den durstigen Kehlen von einheimischen und auswärtigen Gästen, aber die besten Heurigen füllen ihre Weine auch ab. Sie sind qualitativ oft sehr gut und meist recht preiswert. Zu den besten Heurigen in Wien gehören Hengl-Haselbrunner (Döbling), Reinprecht (Grinzing), Edlmoser (Mauer), Zahel (Mauer), Fuhrgassl-Huber (Neustift), Christ (Jedlersdorf) und Schilling (Strebersdorf).

Die führenden Erzeuger in der Steiermark

Gross ☆☆
Ratsch, Südsteiermark. 20 ha. www.gross.at
Alois Gross ist einer der verlässlichsten Erzeuger in der Steiermark und bereitet elegante, aromatische Weine von vielen verschiedenen Rebsorten. Am besten sind Sauvignon, Gewürztraminer und der in neuer Eiche ausgebaute Grauburgunder.

Erich & Walter Polz ☆☆☆
Spielfeld, Südsteiermark. 45 ha. www.polz.co.at
Die Polz-Brüder sind Protagonisten der Weinrevolution, die die Steiermark Mitte der 1980er-Jahre erfasste. Sie waren unter den Ersten, die von süßen Weinen und Massenware auf trockene Qualitätsweine umstellten. Erzeugt werden zwei Arten von Wein: ein leichter, sehr frischer Stil unter dem Namen »Steirische Klassik« und ein vollerer, langsamer reifender mit Einzellagenbezeichnung. Spitzenreiter unter den Letzteren sind Weißburgunder, Morillon und Sauvignon blanc aus der erstklassigen Lage Hochgrassnitzberg direkt an der Grenze zu Slowenien. »Obegg« ist ein ungewöhnlicher eichenfassgereifter Verschnitt von Chardonnay und Sauvignon blanc.

E. & M. Tement ☆☆☆
Berghausen, Südsteiermark. 35 ha. www.tement.at
Manfred Tements Weißweine gehören zu den besten der Steiermark. Kein anderer österreichischer Winzer setzt beim Vergären und Ausbauen neue Eichenfässer so geschickt ein wie er. Die Sauvignon-blanc- und Morillon-Gewächse aus der erstklassigen Lage Zieregg sind Meisterwerke dieses Stils: gleichzeitig voll und ausgefeilt. Im Gegensatz dazu sind die sortenreinen Weine namens »Steirische Klassik« lebhaft fruchtig, sehr sauber und spritzig.

Weitere Erzeuger in der Steiermark

Lackner-Tinnacher ☆☆
Gamlitz, Südsteiermark. 16 ha.
www.tinnacher.at
Das Ehepaar erzeugt in Teamarbeit durchweg gute, wunderbar gebaute traditionelle steirische Weißweine, u. a. herausragenden trockenen Gelben Muskateller und reichhaltigen Grauburgunder.

Burgweinbau Riegersburg ☆
Wildon, Südoststeiermark
Das ehemalige Spitzengut kommt unter Andreas Tscheppe langsam wieder in Form. Guter Sauvignon blanc und nicht in Eiche ausgebauter Morillon (Chardonnay) von 4 ha innerhalb der Mauern der mittelalterlichen Riegersburg.

Sabathi ☆
Leutschach, Südsteiermark. www.sabathi.com
Aufstrebendes Gut mit ausgezeichneten Steillagen, z. B. Pössnitzberg. Köstlicher Sauvignon und cremiger Chardonnay mit überwältigender Finesse.

Sattlerhof ☆☆–☆☆☆
Gamlitz, Südsteiermark.
20 ha.
www.sattlerhof.at
Wilhelm Sattler war in der Steiermark maßgeblich an der Umstellung auf trockene Weine beteiligt und erzeugte einige wunderbar reichhaltige Weiße. Heute wird das Gut von seinem Sohn Willi geführt, der weiterhin langlebigen Sauvignon, Chardonnay und Grauburgunder produziert.

Eduard & Stefan Tscheppe ☆☆
Pössnitz, Südsteiermark.
www.tscheppe.com
Breites Angebot an sauberen Weißweinen, u. a. eleganter Gewürztraminer und schwungvoller Muskateller.

Winkler-Hamarden ☆☆
Kapfenstein, Südoststeiermark.
www.winkler-hamarden.at
Schönes Gut in einem alten Schloss, dem auch ein Hotel und Restaurant angeschlossen sind. Die Weinberge liegen auf vulkanischen Hängen. Erzeugt werden hauptsächlich traditionelle Weißweine, aber auch »Olivin«, der beste Zweigelt der Steiermark.

Mittel- & Osteuropa

Ungarn

Das Ende der kommunistischen Herrschaft in Osteuropa hatte (und hat) tief greifende Auswirkungen auf den jahrzehntelang staatlich gelenkten Weinbau. Die bestehenden Absatzkanäle, die sich weitgehend auf die anspruchslosen Ost-

blockländer beschränkt hatten, verschwanden 1989 gleichsam über Nacht. Mit Ausnahme von Bulgarien bestanden für die meisten Staaten keinerlei Handelsverbindungen mit dem Westen. Ein Neubeginn war also unumgänglich.

Das von jeher westlich orientierte Ungarn war das erste Land, das Unterstützung aus dem Westen und fachliches Knowhow von *flying winemakers* anforderte. Ungarn hat in jeder Hinsicht, historisch wie kulturell, die Führungsrolle in der Region inne. In ganz Europa besitzen nur Frankreich und Deutschland ältere und höher entwickelte Traditionen in der Qualitätsweinerzeugung als die berühmtesten ungarischen Anbaugebiete. Ob es den Ungarn gelingt, ihre einstige Stellung in der Welt des Weins zurückzuerobern, hängt zum Teil davon ab, ob die Welt weiterhin den »internationalen« Rebsorten vor allen anderen den Vorzug gibt oder ob wie in Ita-

lien auch Raum für echte ethnische Traditionen bleibt. Die Wörter, mit denen die Ungarn ihre Anerkennung für die traditionellen Weine ihres Landes ausdrücken, geben deren Charakter und Reiz deutlich wieder. Ein guter Weißwein ist in Ungarn »feurig« und »stark« – maskuline Begriffe, die einen passenden Begleiter für die in der dortigen Küche allgegenwärtige Paprika verheißen.

Solche Weine sind an den historischen Stätten des ungarischen Weinbaus, den vereinzelten Hügelgebieten rund um den lang gestreckten Plattensee, sowie weiter nach Norden hin und entlang der slowakischen Grenze von kurz hinter Budapest bis Tokaj, nach wie vor anzutreffen.

Trotz Rodung der alten Rebbestände und sehr umfangreicher Neuanpflanzungen von internationalen Rebsorten in den 1960er-Jahren und Anfang der 1970er-Jahre ist das Land immer noch reich an charaktervollen einheimischen Trauben, die Liebhabern überall auf der Welt herrliche Weine bescheren können – und die einfach nirgendwo anders gedeihen. Die bemerkenswerteste unter ihnen ist die kraftvolle Furmint, die Hauptzutat im Tokajer, die nicht nur zur Edelfäule neigt, sondern auch äußerst saftige und schmackhafte trockene Weine liefert. Hárslevelű (Lindenblättriger) ist kaum weniger beachtlich: eine ausgezeichnete, spät reifende Sorte für trockenes Klima, die reichliche Erträge und einen guten Säuregehalt erbringt sowie widerstandsfähig gegen Pilzkrankheiten ist. Szürkebarát (Grauer Mönch) ist gar nicht so fremd, wie er sich anhört, sondern eine im vulkanischen Badacsony angebaute Art Grauburgunder, die herrliche Weine hervorbringt. Kéknyelű (Blaustängler) liefert in denselben Weinbergen nördlich des Plattensees bei bescheidenen Erträgen konzentrierte, komplexe goldgrüne Weine, die gut zu Fischgerichten passen. Weiter verbreitet sind drei andere ungarische Weißweintrauben: Ezerjó (Tausendgut), ein guter Massenträger in der Großen Tiefebene, aus dem nur in Mór im Norden feiner Wein erzeugt wird, Leányka (Mädchentraube), deren delikater trockener Weißwein wohl in Eger, ebenfalls im Norden, am besten ist, und Mézesfehér (Weißer Honig), für viele Ungarn der Inbegriff eines guten Weins. Am weitesten verbreitet ist Olaszrizling (identisch mit dem österreichischen Welschriesling), von dem der größte Teil des Weins aus der Großen Tiefebene gewonnen wird und der in Badacsony ein Höchstmaß an Geschmacksfülle und Konzentration erreicht.

Die bedeutendste ungarische Rotweintraube ist Kadarka, die in der Großen Tiefebene einen festen Wein mit leichtem, aber überzeugendem Biss und in Eger und Szekszárd kräftige, schwere, würzige und langlebige Tropfen erbringt. Leider reift sie spät und unzuverlässig und wurde aufgrund ihrer niedrigen Erträge mehr und mehr durch den leichteren Kékfrankos (Blaufränkisch in Österreich) verdrängt. Der neu hinzugekommene österreichische Zweigelt bewährt sich durch Weichheit, dunkle Farbe und einen angenehmen, süßen Duft. Lange Tradition hat der Anbau von Pinot noir in Südungarn um Villány und von Merlot um Eger im Norden. Hinzu kommen viele Rebsorten, die leicht zu identifizieren sind: Szilváni, Cabernet (Sauvignon und franc), Sauvignon blanc, Pinot blanc, Rajnairizling, Tramini, Muscat Ottonel oder Muskotály.

Alle besseren ungarischen Weine werden mit einer einfachen Kombination aus Ortsnamen und Rebsortenbezeichnung benannt; an den Ortsnamen wird ein »i« angehängt: Ein Ezerjó aus Mór heißt also Mori Ezerjó.

Die Rebfläche Ungarns umfasst rund 110 000 ha. Auch unter dem alten Regime und selbst in Tokaj, dem wichtigsten und berühmtesten Anbaugebiet, gab es noch viele kleine Privatbesitzungen (höchstens 10 ha), deren Trauben allerdings bei

Die Klasse der »großen« Tokajer

Tokaji Szamorodni Tokajer, »wie er gewachsen ist«, d.h. einfacher Wein, je nach der Menge der verarbeiteten Aszú-Trauben süß (édes) oder trocken (száraz).

Tokaji Aszú Wie Tokaji Szamorodni kann auch Aszú-Wein nur in den Jahren erzeugt werden, in denen es genügend hochwertige Aszú-Trauben, d.h. von Edelfäule (Botrytis cinerea) befallene Trauben gibt. Die entrappten, handverlesenen Aszú-Beeren werden sechs bis acht Tage gelagert und dann zu einer süßen Paste geknetet, die einem Grundwein bzw. Most buttenweise (eine Butte, auf Ungarisch puttony, fasst 20–25 kg) zugegeben wird. Der Süßegrad des Weins hängt davon ab, wie viele Butten (puttonyos) einem Göncer (gönci) Fass (136–140 l) Grundwein hinzugefügt wurden – meist sind es drei, vier oder fünf, in Ausnahmefällen auch sechs. (Das Butten-System beschreibt heutzutage jedoch nur noch ein bestimmtes Verhältnis von Paste und Wein.) Dann geht es folgendermaßen weiter:
- 24- bis 48-stündige Maischung mit Hefesatzaufrühren
- Absetzen und Abstechen des Mosts
- Gärung (Dauer je nach Anzahl der puttonyos)
- Abziehen, Schönen und Filtrieren
- mindestens drei Jahre Reife in Eichenfässern
- Filtrieren und Abfüllen
- bei der Einlagerung in den Kellern von Tokaj werden die Flaschen nicht gelegt, sondern aufrecht hingestellt; die Korken werden alle 15 bis 20 Jahre ausgetauscht.

Tokaji Aszú Eszencia Wird nur in außergewöhnlichen Jahren von einzeln handverlesenen Aszú-Beeren aus den besten Lagen erzeugt. Die Bereitung erfolgt wie beim Tokaji Aszú, aber
- die Qualität kann nicht nach der Anzahl der puttonyos bemessen werden, weil der Zuckergehalt höher ist als von sechs puttonyos.
- der Gärprozess dauert mehrere Jahre (mit der Spezialhefe Tokaji 22).
- die Mindestreifezeit im Eichenfass beträgt zehn Jahre.

Tokaji Eszencia Während der Lagerung der entrappten, handverlesenen Aszú-Beeren (siehe Tokaji Aszú) sammelt sich durch den Druck des Eigengewichts der Beeren eine winzige Menge hochkonzentrierten Mosts am Boden des Behälters (eine Butte ergibt nur 142 ml dieser eszencia). Dieser Vorlauf wird dann über Jahre hinweg ganz langsam in Eichenfässern vergoren. Praktisch gärt er kaum, weil der Zuckergehalt zu hoch ist.

den staatlichen Gütern abgeliefert werden mussten. Heute sind immer noch einige Weinberge in staatlichem Besitz, doch die meisten wurden ganz oder teilweise privatisiert. Weite Flächen gehören Großbetrieben oder Genossenschaften, aber ein beträchtlicher Anteil ist Eigentum kleiner Winzer, die, oft mit Unterstützung von Kapital oder Partnern aus dem Ausland, in eigene Kellereien und Abfüllanlagen investiert haben.

Zurzeit gibt es 22 festgelegte Herkunftsgebiete (wobei auch außerhalb dieser äußerst annehmbarer Wein entsteht). Die Verwaltung und die Kontrolle der Appellationen obliegen dem so genannten Hegyközség (einem Gremium nach dem Vorbild des französischen Comité Interprofessionel) innerhalb der jeweiligen Weinbaugemeinde und auf regionaler Ebene sowie einer nationalen Aufsichtsbehörde. Die Qualität wird durch das unabhängige Institut OBI in Budapest geprüft.

Bereits 1990 konnten ausländische Interessenten mit Gruppen kleiner Grundbesitzer Gemeinschaftsunternehmen gründen (das erste entstand in Mád bei Tokaj) und ihre Weine ohne Beteiligung der staatlichen Kellereien abfüllen. Ausländische Unternehmen investierten massiv in Großbetriebe, vor allem in der Vorzeigeregion Tokaj, wo sich unter anderem französische Versicherungen, Vega Sicilia aus Spanien und der japanische Konzern Suntory einkauften.

Die Große Tiefebene

Die Donau schneidet Ungarn ziemlich genau in zwei Hälften. Östlich des Flusses erstreckt sich der ungarische Teil des Pannonischen Beckens, die Große Tiefebene (in Ungarn Alföld genannt): ein weites, sandiges, steppenartiges Gebiet, das eine lange Weinbautradition besitzt, weil die Reben zur Festigung des Bodens beitragen.

Der Bereich Csongrád umfasst 5800 ha, auf denen fast nur Weine für den Inlandsmarkt entstehen. Die meistangebauten Rebsorten sind Rajnarizling, Zöldveltelini (Grüner Veltliner) und Kékfrankos (die österreichische Blaufränkisch). Der warme Bereich Hajós-Baja mit mehr Löss als Sand im Boden und rund 4000 ha bringt höherwertige Weine hervor, von denen etwa die Hälfte exportiert wird. Die Hauptsorten sind Chardonnay, Cabernet Sauvignon und Kadarka.

Bei weitem der größte Bereich der Großen Tiefebene ist Kunság mit einer Rebfläche von 30 000 ha. Bodenqualität und Grundwasserpegel sind unterschiedlich, die Sommer trocken, die Niederschlagsmengen gering und die Winter frostreich. Ein Viertel der ungarischen Gesamtproduktion kommt aus diesem Bereich. 70 % davon entfallen auf einfachen Weißwein, von dem nur wenig nach Westeuropa geht. Still- und Schaumweine (Letztere spiegeln die Vorliebe des Inlandsmarkts für süßere Weine wider) werden von einheimischen und internationalen Trauben erzeugt, u.a. Kadarka, Kövidinka, Ezerjó, Olaszrizling, Kékoporto, Kékfrankos, Cabernet Sauvignon und franc, Zweigelt, Zöldveltelini und Ottonel Muskotály.

Das nördliche Transdanubien

Das große Gebiet umfasst weite Teile der traditionellen Anbaubereiche an den Hängen der vulkanischen Hügel, die sich vom Plattensee zur Donau beziehungsweise zur slowakischen Grenze hinaufziehen; dazu kommen aber auch neuere Bereiche.

Der 2000-ha-Bereich Aszár-Neszmély wird von einer renovierten und neu ausgestatteten Weißweinkellerei in Neszmély beherrscht, die ausschließlich für den Export produziert. Das gemäßigte Klima und der gute Boden lassen duftige, säure- und körperreiche, gut haltbare Weiße entstehen. Die Haupttrauben sind u. a. Olaszrizling, Rizlingszilváni (alias Müller-Thurgau), Leányka, Sauvignon blanc, Chardonnay, die muskatellerartige Irsai Olivér und Tramini.

Etwa genauso groß ist Badacsony, eine Reihe vulkanischer Südhänge am Nordufer des 78 km langen Plattensees. Es ist den Ungarn nach Tokaj das zweitliebste Anbaugebiet; der Basaltboden bringt wärmende – manchmal feurige –, volle, fruchtige Weißweine hervor. Die Trauben werden von Genossenschaften und kleinen Betrieben angebaut, die Weine größtenteils im Inland abgesetzt. Eine wachsende Anzahl von Kellereien steht den vielen Touristen, die Urlaub am See machen, zur Besichtigung offen. Die besten Weine stammen wohl von Olaszrizling, Szürkebarát und dem herben Kéknyelű, aber auch Rizlingszilváni und Ottonel Muskotály werden verbreitet angebaut. Der führende Erzeuger ist Huba Szeremley.

Weiter östlich am Nordufer des Sees liegt Balatonfüred-Csopak, rund 2800 ha auf rotem Sandboden, weniger hügelig als Badacsony, aber ebenfalls von Genossenschaften und kleineren Winzern bewirtschaftet. Ein etwas wärmeres Mikroklima lässt rundere, nicht so nervige Weine entstehen. Olaszrizling erbringt beachtliche Ergebnisse, doch auch Rizlingszilváni, Rajnairizling, Chardonnay, Sauvignon blanc, Tramini und Ottonel Muskotály sind verbreitet.

Hinter Badacsony, sozusagen in der zweiten Reihe nördlich des Sees, liegt der kleinere Bereich Balaton-Felvidék (2000 ha). Auch hier wachsen die Reben auf vulkanischen Südhängen, sie kommen aber nicht mehr in den Genuss der von der Oberfläche des Sees reflektierten Sonnenstrahlen. Hauptsächlich kleine Betriebe erzeugen ausgezeichneten Olaszrizling, Grauburgunder und Rizlingszilváni, vor allem für den Inlandsmarkt.

Rund 30 km westlich von Budapest liegt der kleine Bereich Etyek-Buda (1620 ha). Vor 100 Jahren wurde der in der Champagne ausgebildete Jószef Törley auf das Potenzial des hiesigen Klimas und der Löss- und Schwarzerdeböden für den Chardonnay-Anbau und damit für die Schaumweinherstellung aufmerksam. Törleys Nachfolger sind Hungarovin (heute im Besitz von Henkell & Söhnlein) sowie einige kleine Winzer, die unter anderem Sauvignon blanc, Zenit, Zefir, Weißburgunder und Zengő anbauen.

Noch kleiner ist Mór, ein 1200-ha-Bereich, der vor allem für den robust markanten Móri Ezerjó bekannt ist, einer der besten trockenen Weißweine des Landes. Auf den quarzreichen Böden über Kalkstein entstehen auch Sauvignon und Rajnairizling mit Säure und »Feuer«.

Weiter nördlich und näher an der österreichischen Grenze liegt die 1000 ha große Rebfläche von Pannonhalma-Sokoróalja am Fuß des Bakony-Gebirges südlich von Györ. Ein Viertel der Fläche gehört einer Genossenschaft; praktisch die gesamte Erzeugung wird im Land selbst verbraucht. Die Hauptrebsorten sind Olaszrizling, Rajnairizling, Chardonnay, Ottonel Muskotály, Rizlingszilváni und Tramini.

Ungarns kleinster Anbaubereich ist Somló, nicht mehr als 400 ha auf den Hängen eines Vulkankegels. Der Weinbau liegt hier vor allem in der Hand kleiner Erzeuger mit manchmal nur 1 ha Rebfläche, die fast ausschließlich den heimischen Markt beliefern. Charaktervolle Weine entstehen von Olaszrizling, Furmint, Tramini, Hárslevelű, Chardonnay und, am interessantesten, dem scharfen, lebhaften Juhfark. Béla Fekete und István Inhauser sind die besten Erzeuger.

Der letzte Bereich im nördlichen Transdanubien ist Sopron, dessen 1800 ha sich bis an die Grenze zu Österreich erstrecken. Ein milderes Klima als im übrigen Ungarn und unterschiedliche Böden sind der Rotweinerzeugung zuträglich. Kékfrankos ist die Hauptrebsorte, aber auch Zweigelt, Merlot und Cabernet werden angebaut. Daneben entstehen Weißweine von Tramini, Leányka, Zöldveltelini und etwas Chardonnay.

Das südliche Transdanubien

Das Gebiet südlich des Plattensees und westlich der Donau beherbergt vier der berühmtesten ungarischen Anbaubereiche. Der jüngste unter ihnen ist Dél-Balaton (was soviel heißt wie »Süd-Plattensee«), 3000 ha auf Braunerde und sandigem Löss in einem submediterranen Klima. Das Frühjahr beginnt zeitig, die Sommer sind lang und warm, Frost gibt es selten, dafür regnet (und hagelt) es reichlich. Rot- und Weißweine entstehen von Olaszrizling, Chardonnay, Sauvignon blanc, Kiráylánky, Kékfrankos, Merlot und Cabernet Sauvignon. Der größte Teil der Rebfläche ist in der Hand der Kellerei Balatonboglár (mit der Exportmarke »Chapel Hill«, im Besitz von Henkell & Söhnlein), der Rest gehört kleinen Winzern.

Weiter im Süden um die Stadt Pécs liegt Mecsekalja mit 1315 ha, der wärmste Bereich in Ungarn. Es wird vor allem Weißwein erzeugt von einheimischen und Importreben, u. a. respektabler lieblicher Olaszrizling, guter Weißburgunder, Furmint, Cirfandli (eine Spezialität), Chardonnay und Sauvignon.

Einer der ältesten und renommiertesten Anbaubereiche Ungarns ist Szekszárd. Auf sandigen Lösshängen entlang der Donau entstehen die besten Rotweine Ungarns. Mit Ausnahme von Eger darf nur hier Bikavér (Stierblut) erzeugt werden. Den guten Ruf für Rotweine (die mit Bordeaux-Gewächsen verglichen wurden) erwarb sich das Gebiet mit der Kadarka-Traube, doch inzwischen stützt sich Szekszárd weitgehend auf Merlot und die Cabernet-Sorten sowie Kékfrankos. Weißweine werden von Chardonnay und Olaszrizling bereitet. Ausländische Investoren zeigen sich langsam interessiert. Die bekanntesten Erzeuger sind Vesztergombi, Dúszi, Vida und Takler.

Villány-Siklós ist ein Doppelname für zwei nach ihren Hauptstädten benannte historische Anbaugebiete. Um Villány wird vor allem Rotwein produziert. Auf den Hügeln mit festem Lössboden wurde Kadarka von Kékoporto verdrängt, der dank der milden Winter und langen, heißen Sommer körperreiche, für den Ausbau in Eiche geeignete Weine erbringt. Ebenfalls angebaut werden die beiden Cabernet-Sorten, Merlot, Blauburgunder (der hier teilweise unverkennbar burgundische Weine liefert), Zweigelt und Kékfrankos. Villány-Siklós ist zweifellos das beste ungarische Anbaugebiet für gute Weine im Bordeaux-Stil. Um Siklós bauen kleine Winzer vorwiegend Weißweintrauben an, vor allem Olaszrizling, Tramini, Chardonnay und Hárslevelű. Die hier ansässigen besten Rotweinerzeuger zählen zu Ungarns Spitze: Es sind Bock, Attila Gere, Tamás Gere, Vylyan und Tiffan.

Nordungarn

Auf den unteren Hängen des Bükk-Gebirges und der das Gebiet nach Norden hin abschirmenden Mátra-Berge entstehen einige der bekanntesten Weine Ungarns. Zwischen Eger und der Industriestadt Miskolc kommen die 2700 ha der Region Bükkalja (-alja bedeutet »Ausläufer«) in den Genuss eines günstigen Mikroklimas und für den Weinbau idealer Böden auf Tuffsteingrund. Cabernet Sauvignon, Leányka, Olaszrizling, Zweigelt und Kékfrankos sind die Hauptrebsorten. Die meisten Weine werden von großen Kellereien in Eger oder Budapest produziert.

Südlich der Barockstadt Eger liegt der gleichnamige Bereich, der sich mit dem berühmten Egri Bikavér (Stierblut) einen Namen als Erzeuger wuchtiger Rotweine machte. Bikavér ist keine Marke, sondern ein Weinstil: ein Verschnitt von Kékfrankos, Merlot, Cabernet Sauvignon und franc sowie Kékoporto – Kadarka ist nicht mehr die dominierende einheimische Rebsorte im Verschnitt. Heute gibt es verschiedene Varianten von Bikavér, weil jeder Erzeuger die Mischung und die Dauer des Ausbaus auf seinen Rebbestand abstimmt. Nach langer Kellerreife entstehen in der Regel außergewöhnlich kraftvolle Weine, wenngleich einige Exportversionen – vielleicht notgedrungen – viel zu wechselhaft ausfallen.

Daneben bringt Eger feine, frische Weißweine hervor, die besten von der Leányka-Traube, eine Spezialität des Bereichs, andere von Chardonnay, Riesling, Olaszrizling, Tramini sowie kleine Mengen von Ottonel Muskotály. Vielleicht ist der Tuffstein das Geheimnis der Qualität der Egri-Weine. Dem größ-

ten Erzeuger Egervin gehören heute die eindrucksvollen Tuffsteinkeller in der Stadt, in denen die gewaltigen, mit roten Reifen versehenen Fässer aufgereiht sind. Die besten Erzeuger in Eger mit einer stetig wachsenden Palette von Rebsorten und Verschnitten sind G.I.A. (Tibor Gál), Thummerer und Béla Vincze. Der Sommelier des Restaurants Tulipanka hat stets alle neuen Weine im Angebot.

Weiter westlich um die Stadt Gyöngyös liegt der Bereich Mátraalja, auf dessen 7000 ha fast ausschließlich Weißwein entsteht. Die größten Erzeuger sind derzeit die beiden Genossenschaften Nagyréde und Danubiana. Nagyréde allein verarbeitet ein Fünftel der gesamten Ernte. Unter dem neuen deutschen Besitzer erwarb Danubiana eine riesige Kellerei in Gyöngyös, stattete sie neu aus und holte mit Hugh Ryman den ersten »fliegenden Weinmacher« nach Ungarn. Französische und australische Investitionen in der Region folgten. Die Hälfte der Weine geht in den Export. Zu den Hauptsorten zählen Olaszrizling, Grau- und Weißburgunder, Rizlingszilváni, Zöldveltelini, Leányka, Tramini, Hárslevelű (am berühmtesten aus der Stadt Debrö), Chardonnay, Sauvignon blanc und die duftige Ottonel-Muskotály-Traube, aus der die trockene Muskateller-Spezialität gewonnen wird.

Schließlich ist Tokajhegyalja zu nennen, meist kurz Tokaji genannt, im äußersten Nordosten Ungarns nahe der slowakischen Grenze. Viele meinen, Tokaji Aszú (siehe Seite 446) sei der einzige Wein dieses Bereichs, tatsächlich aber gibt es mehrere weiße Tischweine von den vier für den »großen« Tokajer zugelassenen Rebsorten: Furmint, Hárslevelű, Sárgamuskotály (Gelber Muskateller oder Muscat Lunel) und die erst 1994 in den Tokajer-Kanon aufgenommene Sorte Oremus, eine Kreuzung zwischen Furmint und Bouvier. Auch etwas Chardonnay wird angebaut.

Tokaji

Als Produzent eines einmalig prachtvollen, legendären Weins überragt Tokaji die anderen Anbaugebiete Mittel- und Osteuropas um Längen. Der spät gelesene, ölig volle Tokaji (auf Deutsch Tokajer) war der Lieblingswein der russischen Zaren, der polnischen Könige und der österreichischen Kaiser, ja sogar Ludwigs des XIV.

Er war mit ziemlicher Sicherheit der erste bewusst von edelfaulen Trauben erzeugte Wein. Soweit bekannt, entstand der Tokajer Mitte des 17. Jahrhunderts, also mindestens ein Jahrhundert früher, bevor am Rhein ähnlich süße Weine produziert wurden. Auch süßer Sauternes ist jünger, obwohl seine Ursprünge im Dunkeln liegen.

Um 1700 hatten die Weine aus Tokaji bereits so große Bedeutung erlangt, dass der Fürst von Siebenbürgen (aus der Familie Rákóczi), der die Oberherrschaft über das Gebiet ausübte, die erste urkundlich belegte Weinbergklassifizierung schuf, indem er die Lagen von Tokaji in *primae*, *secundae* und *tertiae* einteilte.

In mancher Hinsicht ähnelt Tokajhegyalja (der offizielle Name bedeutet »Hügel von Tokaj«) der Côte d'Or in Burgund. Wie dort liegen die Rebflächen auf Hängen im unteren und mittleren Bereich, allerdings sind die Erhebungen insgesamt viel höher. Die besten Lagen befinden sich in der unteren Mitte, manche auf rein vulkanischem Boden, andere auf warmem, leichtem Löss. Zudem entsprechen die erst-, zweit- und drittklassigen Gewächse den Grands crus, Premiers crus und Village-Weinen Burgunds.

Wie die Côte d'Or hat auch Tokaji ausgezeichnete Keller: Hier sind es tief in das Tuffgestein getriebene enge, bis zu

3 km lange Stollen, deren Wände dick mit feuchtem, dunklem Schimmel überzogen sind. In ihnen lagern ein- oder zweireihig die kleinen, meist altersschwarzen 136-l-Fässer *(gönci)*. Die Lese findet sehr spät statt; sie wird nach Möglichkeit hinausgezögert, bis die Sonnenwärme im Wechsel mit nächtlichen Nebeln (aus den Flüssen Bodrog und Tisza) starken Edelfäulebefall hervorgerufen hat. Doch anders als Sauternes oder ein anderer Wein dieser Art wird Tokaji Aszú anschließend in zwei Stufen erzeugt: Zunächst entsteht ein voll ausgegorener Grundwein, dann werden die getrockneten edelfaulen oder einfach geschrumpften, rosinierten Trauben (Aszú) gelesen, im Grundwein beziehungsweise Most als Paote eingemaischt und mit diesem erneut vergoren, damit ihre Süße und ihre hochkonzentrierten Geschmacksstoffe in ihn übergehen.

Die einem Fass Grundwein beigemischte Menge Aszú wird herkömmlicherweise in Butten gemessen. Eine Butte *(puttony)* fasst 20–25 kg. Am häufigsten werden Weine mit 3-, 4- und 5-*puttonyos* bereitet, 6-*puttonyos* sind die Ausnahme. Heute jedoch ist das tatsächliche Maß der Zucker- und Extraktgehalt nach der Gärung. Ein 6-*puttonyos*-Tokajer muss mindestens 150 g/l Restzucker und 45 g/l Extrakt enthalten.

In der Jugend können diese Weine aufgrund ihres intensiv süßen und ungemein konzentrierten Geschmacks nach getrockneten Früchten, der durch einen extrem hohen Säuregehalt im Gleichgewicht gehalten wird, ungeheuer durchdringend sein und am Gaumen trotz ihres hohen Zuckergehalts ein Gefühl strenger Schärfe zurücklassen. Mit der Zeit reifen sie zu magischer Komplexität und Rundheit heran, ohne ihren sauberen, frischen Nachgeschmack einzubüßen. Selbst ein Jahrhundert ist für sie offenbar kein allzu hohes Alter.

Größere Bedeutung als dem Süßegrad kommt am Ende aber der Qualität der einzelnen Lagen zu. Eine Hand voll wird seit Jahrhunderten gerühmt, und das wird vermutlich wieder so sein, wenn ihre unverschnittenen Weine erneut auf dem Weltmarkt erscheinen. Zwei Weinberge in der Gemeinde Tarcal rangieren von jeher an der Spitze: Szarvas (in staatlichem Besitz) und Mezés Mály.

Doch schließlich kann der Tokaji Aszú ebenso wenig das einzige Produkt einer Region sein wie in Deutschland die Auslese. Das Alltagsgetränk ist ein trockener Tafelwein, vorwiegend von Furmint, der bewundernswert lebendig und feurig ausfallen kann. Der weniger luxuriöse Aperitif oder Dessertwein ist Tokaji Szamorodni – wörtlich »wie gewachsen« –, der von nicht ausgelesenem Rebgut erzeugt wird. Er ist entweder *édes* (süß) oder *száraz* (trocken), je nachdem, wie viele der Trauben am Stock eingetrocknet waren. Mit dem ihm eigenen markanten Biss sind die besten Versionen wohl am ehesten mit Sherry vergleichbar.

Für Leute, denen selbst das Beste noch nicht gut genug ist, gibt es einen Wein, der noch voller ist als 6-buttiger Tokaji Aszú: Tokaji Aszú Eszencia. Seine süße Intensität ist überwältigend; viele Jahre der Reife sind nötig, um sie zu zähmen.

Der Zuckergehalt dieser legendären »Essenz« ist so hoch (bis zu 800 g/l), dass die Hefen ihr nichts anhaben können. Die sich im Schneckentempo ewig hinziehende Gärung wurde früher schließlich durch die diskrete Zugabe von etwas Branntwein gestoppt. Die *eszencia* ist der frei ablaufende Saft (Vorlauf) aufgehäufter Aszú-Trauben, der ohne Pressen allein durch das Eigengewicht der Traubenmasse austritt und höchstens ein paar Eierbecher füllt. Da angeblich aber ein Eierbecher dieses Elixiers ausreichte, um einem hochherrschaftlichen Sterbebett neues Leben einzuhauchen, ist Eszencia seit Hunderten von Jahren der kostbarste Wein überhaupt – und praktisch nicht zu bekommen.

Die Wiederbelebung des Anbaugebiets Tokaji ist in vollem Gang; ein gutes Dutzend Unternehmen, darunter einige große ausländische Investoren, sind daran beteiligt. Es wird viel über den »wahren« Stil des Tokajers debattiert. Unter dem kommunistischen Regime wurden die Weine häufig pasteurisiert und manchmal leicht gespritet, was (zusammen mit den unvermeidlichen Einstellungen in einer Planwirtschaft) dazu führte, dass die Weine vorzeitig oxidierten. Moderne Methoden, etwa das regelmäßige Auffüllen der Fässer, das Vergären mit Most statt mit Grundwein und früheres Abfüllen, zeitigen frischere Weine, die weniger von dem ausgeprägten Kellercharakter des Tokajers haben. Die Diskussionen und die Veränderungen haben dem Gebiet gut getan, das auch weiterhin Raum für verschiedene Interpretationen von Tradition lässt. Große Aszú-Weine müssen wie ein großer Sauternes 20 Jahre und länger lagern. Ein endgültiges Urteil über die »neuen« Tokajer wird noch mindestens zehn Jahre auf sich warten lassen.

Die führenden Erzeuger in Tokaji

János Arvay

Der ehemalige Kellermeister von Disznókő (siehe dort) gründete im Jahr 2000 ein Joint Venture mit einem US-Bürger ungarischer Abstammung. Sie erwarben 50 ha, doch bis jetzt ist noch kein Wein herausgekommen.

Grof Degenfeld ☆☆

Tarca. Besitzer: Familie Degenfeld. 70 ha.
www.grofdegenfeld.com

Die Adelsfamilie Degenfeld landete in den 1950er-Jahren verarmt in Rumänien und wanderte dann nach Deutschland aus, wo sich ihr Schicksal zum Guten wendete. Ins heimische Tokaji zurückgekehrt, erwarb sie Weinberge, bepflanzte große Teile neu und kaufte ihr Gutshaus zurück. Die seit 1996 erzeugten Weine haben einen recht oxidierten Stil. Daneben entstehen auch trockener Furmint und ein Muscat Lunel mit Grapefruitaroma.

Disznókő ☆☆☆

Tokaj. Besitzer: AXA Millésimes. 100 ha.
www.disznoko.hu

Eines der großen alten Güter in Tokaj, bei der Privatisierung 1992 von dem französischen Versicherungskonzern AXA Millésimes erworben; ursprünglich von Jean-Michel Cazes aus Bordeaux und seit 2001 von Christian Seely geleitet. AXA investierte beträchtliche Summen in die herrlichen Weinberge auf vulkanischem Lehmboden und in eine neue Kellerei. Unter der Ägide des Kellermeisters László Mészáros entsteht ein volles Programm an Szamorodni- und Aszú-Weinen in schwungvollem, modernem Stil. Das AXA-Team befasste sich eingehend mit den Tokajer-Bereitungsmethoden und stellte die Ergebnisse ihrer Forschungen anderen Erzeugern zur Verfügung. Für den Ausbau werden französische und ungarische Fässer verwendet, und wenn manche die allzu große Ähnlichkeit der Weine mit Sauternes anprangern, so gehören sie für andere mit zu den besten des Gebiets.

Gundel ☆☆–☆☆☆

Mád. Besitzer: Ronald Lauder und George Lang

Das berühmteste Restaurant in Budapest, in den 1990er-Jahren herrlich restauriert, erzeugt auf diesem Gut seine eigenen Weine. Hohe Qualität, v. a. bei den Aszú-Weinen.

Hétszőlő ☆☆
Tokaj. Besitzer: Grands Millésimes de France, Suntory und andere Investoren. 47 ha

Mit Hilfe massiver Investitionen aus dem Ausland wurden ausgedehnte Weinberge auf den steilen Südhängen in Tokaj neu angelegt. Mit Engagement und modernen Methoden werden feine Aszú-Weine sowie Fordítás erzeugt. Für Fordítás werden die Trester nach dem Pressen der Aszú-Trauben noch einmal gepresst; dann wird trockener Wein zugegeben und das Ganze wird erneut vergoren. Das eher unbefriedigende Ergebnis ist ein Mittelding zwischen Szamorodni und Aszú. Weine aus zugekauften Trauben werden unter dem Etikett »Dessewffy« abgefüllt.

Királyudvar ☆☆
Tarcal. Besitzer: Anthony Hwang. 96 ha

Nachdem der chinesisch-amerikanische Geschäftsmann Anthony Hwang einen von István Szepsy (siehe dort) erzeugten Wein gekostet hatte, reiste er umgehend nach Tokaji und überredete Szepsy zu einem neuen Projekt. Hwang kaufte viele erstklassige Weinberge in der Gegend und ließ eine Kellerei aus dem 17. Jh. in Tarcal wieder herrichten. Szepsy ist für die Weinbereitung verantwortlich; Zoltán Demeter leitet das Tagesgeschäft der Kellerei. Die übliche Auswahl typischer Tokajer wird durch lieblichen Furmint und spät gelesenen Hárslevű ergänzt.

Châteaux Megyer und Pajzos ☆–☆☆
Sárospatak. Besitzer: Jean-Louis Laborde. 140 ha

Großes Joint Venture, ursprünglich zwischen der französischen Versicherung GAN und einem Konsortium unter französischer Leitung, das jedoch 1998 von Jean-Louis Laborde übernommen wurde, dem Besitzer von Château Clinet in Pomerol. Für die Weine werden die Trauben beider Güter verwendet. Im Allgemeinen ist Megyer ein leichterer Wein, Pajzos strebt nach Höherem. Thomas Lászlo, Kanadier ungarischer Abstammung, ist Geschäftsführer und Kellermeister. Die Qualität war bis jetzt wechselhaft; unter dem Namen Pajzos kamen jedoch einige feine Aszú-Weine heraus. Außerdem gibt es trockenen Furmint, Chardonnay (Megyer) und spät gelesene, ohne Eiche ausgebaute sortenreine Weine.

Oremus ☆☆☆
Tolcsva. Besitzer: Bodegas Vega Sicilia. 115 ha.
www.tokajoremus.com

Der Name des ersten Tokaji Aszú von 1630 wurde bei der Privatisierung von Vega Sicilia (Spanien) im Jahr 1993 übernommen. Der ursprüngliche Sitz war in Sárospatak, aber 1999 wurde eine neue Kellerei in Tolcsva errichtet. Die anfänglich im oxidierten Stil bereiteten Aszú-Weine sind neuerdings intensiver und kraftvoller. Es gibt zudem einen guten trockenen Furmint namens »Mandolás«, Fordítás und sortenreine Spätlesen. András Bacsó ist der erfahrene Geschäftsführer und Kellermeister.

Royal Tokaji Wine Company
Mád. Besitzer: private Investoren. 106 ha

Ehrgeiziges englisch-dänisch-ungarisches Gemeinschaftsunternehmen, 1990 als erstes in der neuen Ära des Tokajer gegründet und auf Aszú-Weine spezialisiert. Parzellen in zwei zweit- und vier erstklassigen Lagen in Mád und Tarcal bringen Einzellagenweine von Bojta, Betsek, Birsalmás, Nyulászó, Szt Tamás und Mezés Mály hervor. »Blue Label« ist ein Aszú mit Jahrgangsangabe, »Red Label« ein etwas leichterer Verschnitt.

Das Ziel ist ein möglichst ausgeprägter Lagen- und Kellercharakter bei einem im Vergleich zu anderen Aszú-Weinen niedrigeren Alkoholgehalt und einem höheren Süßegrad. Alle Aszú-Weine des Unternehmens sind auf der Qualitätsstufe von mindestens 5- oder 6-*puttonyos*. Auf eine Wertung wurde verzichtet, da Hugh Johnson an dem Unternehmen beteiligt ist.

István Szepsy ☆☆☆–☆☆☆☆
Mád. Besitzer: István Szepsy. 22 ha

Die Szepsys erzeugen seit dem 16. Jh. Tokajer aus Mád und Tarcal. Einer Legende zufolge erfand ihr Vorfahre Maté Szepsy die Aszú Methode, aber obwohl er sicherlich zumindest daran beteiligt war, weist der bescheidene István Szepsy diese Ehre zurück.

In den 1980er-Jahren wurde Letzterem klar, dass die in großen Mengen auf dem damals staatlichen Gut produzierten Weine eine Karikatur des klassischen Vorbilds waren und stellte klammheimlich echten Tokajer aus den Weinbergen seiner Familie her. Der 1993er, der erste Jahrgang, der auf den Markt kam, erregte großes Aufsehen; noch immer übersteigt die Nachfrage das Angebot. Um damit Schritt zu halten, führte Szepsy ohne die übliche Fassreife abgefüllte Spätlesen ein. Für die Qualität macht er seine Praktiken im Weinberg verantwortlich: niedrig erzogene Reben, ein strenger Rebschnitt, Behangausdünnung und rigorose Auslese von perfekten edelfaulen Beeren. Das mit den Aszú-Trauben vermischte Grundmaterial ist Most aus demselben Weinberg. Der Wein wird so lange, wie Szepsy es für nötig hält, in ungarischer Eiche ausgebaut. Die Produktion ist auf 25 000 Flaschen beschränkt.

Tokaj Kereshkedöház – Tokaj Trading House Co. ☆–☆☆
Sátoraljaújhely. 80 ha.
www.crownestates-tokaji.com

Ehemaliges staatseigenes Gut, dessen Rebfläche von früher 1600 ha erheblich geschrumpft ist, das aber nach wie vor die erstklassige Lage Szarvas besitzt und Trauben von 2600 Winzern ankauft. Erzeugt werden trockene und süße Weine (Furmint, Hárslevelű, Gelber Muskateller, Szamorodni, Aszú und »Museumsweine«, die jahrzehntelang reifen, bevor sie auf den Markt kommen). Der Stil der besten Aszú-Weine hat sich seit dem Ende des Kommunismus nicht wesentlich verändert, doch immerhin bestätigen die feinsten alten Weine seit 100 Jahren seine Verlässlichkeit.

In Großbritannien kommen die Aszú-Weine unter dem eigentlich nicht zutreffenden Namen »Crown Estates« heraus, trockene Versionen werden als »Castle Island« etikettiert.

Márta Wille-Baumkauff ☆☆
Abaújszántó. Besitzerin: Márta Wille-Baumkauff. 7 ha

Márta Wille-Baumkauff verließ Ungarn in den 1970er-Jahren, um einen Deutschen zu heiraten, kehrte jedoch 1991 zurück und baute ihr Gut in Mád wieder auf. Die Qualität ist stetig gestiegen.

Zemplén Ridge (Zemplén Hegyhát)

Ein neues Projekt von István Szepsy (siehe dort) und Anthony Hwang (siehe Királyudvar), das leichteren, weniger konzentrierten Tokajer für ein jüngeres Publikum hervorbringen soll. Die Weine werden in neuen ungarischen 300-l-Fässern ausgebaut. Der erste Jahrgang war 2002; im Jahr 2005 wird eine neue Kellerei gebaut.

Weitere empfehlenswerte Erzeuger: Bene, Bodnàr Bodrog-Varhegy (Château Dereszla), Demeter, Dobogó, Dusóczky, Evinor, Monyók, Tolcsva-Bor und Uri Borok.

Tschechien & Slowakei

Anders als Ungarn, dessen Spitzenweine weltberühmt waren, produzierten diese beiden Länder von jeher nur Wein für den eigenen Bedarf und nicht für den Export. Und das hat sich auch unter den liberaleren politischen Bedingungen nicht geändert.

In Prag, der Hauptstadt der einstigen Tschechoslowakei, wird zwar ein Großteil des Weins konsumiert, doch die Zentren der Weinerzeugung sind das slowkische Bratislava an der Donau, praktisch an der Grenze zu Österreich und Ungarn, und das tschechische Brünn in Mähren, nicht weit von der Grenze zum österreichischen Weinviertel.

Die Slowakei ist von beiden das größere Erzeugerland. Von den rund 36 5000 ha sind etwa 20% mit Riesling, Weißburgunder, Gewürztraminer, Sauvignon blanc, Grauburgunder und Muscat Ottonel und 50% mit nicht ganz so erstklassigen Weißweintrauben (von denen Welschriesling, Grüner Veltliner und Müller-Thurgau die wichtigsten sind) besetzt. Ein Drittel entfällt auf Rotweintrauben mit Frankovka (in Österreich Blaufränkisch, in Ungarn Kékfrankos) und Svatovavrinecké (St-Laurent) an der Spitze. 600 ha sind mit Cabernet Sauvignon bestockt; hinzu kommen kleinere Bestände von Blauburgunder in den Hügeln zwischen Bratislava und Pezinok. Die großen alten staatlichen Abfüllbetriebe in Raca (am Rand von Bratislava), Pezinok (20 km weiter nordöstlich) und Nitra (nochmals etwa 60 km weiter) verarbeiteten früher den größten Teil der gesamten Produktion.

Modra unmittelbar nördlich von Pezinok verfügt über eine eigene Weinbaufachschule und einen unabhängigen Abfüllbetrieb. Nenince im Osten an der slowakisch-ungarischen Grenze belegt wohl den ersten Rang in der Qualitätsweinproduktion. Auch Kosice ganz im Osten ist von Weinbergen umgeben. Zu den aufstrebenden unabhängigen Kellereien zählen Topolcany, Hurbanovo, Gbelce, Hlohovec und Trnava, die alle gute Lagen besitzen, aus denen sie schöpfen können. In den 1990er-Jahren entstanden zwar private Kellereien, sie haben jedoch allenfalls regionale Bedeutung.

Der besondere Stolz der Slowakei ist ihr kleiner Anteil am Anbaugebiet Tokaji an der ungarischen Grenze mit 65% Furmint, 25% Hárslevelű und 10% Muscat de Frontignan, die zu einem eigenen Tokajer verarbeitet werden. Leider sind die Weine nur ein müder Abklatsch des echten, man kann deshalb froh sein, dass nur 10% des Gebiets in der Slowakei liegen.

Mährens 11 000 ha großes Rebland erstreckt sich zwischen Brünn und der österreichischen Grenze; viele Rebsorten ähneln denen des Nachbarn. Die Still- und Schaumweinhersteller sind hauptsächlich in den Städten Znojmo, Blatnice, Mikulov und Velké Pavlovice angesiedelt. Viele Winzer haben ihre ehemals für den Eigenverbrauch bestimmte Produktion auf Abfüllungen mit einiger Qualität für den kommerziellen Vertrieb ausgedehnt. Weißweine wie Grüner Veltliner, Riesling, Weiß- und Grauburgunder sind oft lebhaft und äußerst süffig – die erste Wahl in den Prager Weinlokalen. Doch zunehmend wird auch die Qualität der Rotweine von St-Laurent, Zweigelt und sogar Cabernet Sauvignon besser. Mährens Weine glänzen durch Preiswürdigkeit und Vielfalt.

Böhmen, die Provinz im Westen mit Prag in ihrer Mitte, verfügt über lediglich 1000 ha, von denen unter anderem Rieslinge in ordentlicher Qualität und einige interessante Rotweine auf Blauburgunder-Basis kommen. Die Trauben reifen hier nicht immer voll aus, deshalb sind mährische und slowakische Weine beliebter. Die Rückkehr (seit 1989) einiger adliger Familien auf ihre Erbgüter hat den Weinbau angekurbelt, aber das Qualitätssegment ist bisher noch relativ klein.

Das ehemalige Jugoslawien

Die meisten ehemaligen jugoslawischen Teilrepubliken treiben Weinbau – die einen auf traditionellere, die anderen auf interessantere Weise. Einzig die Produktion des gebirgigen Bosnien und Herzegowina ist vernachlässigbar. Nur zwei blieben von den Verwüstungen in den 1990er-Jahren verschont und exportieren weiterhin nennenswerte Mengen von Wein: Slowenien im Nordosten und Makedonien im Südosten. Kroatien und Serbien verfügen zwar über den Hauptteil der Rebfläche des ehemaligen Jugoslawien, doch der Weinbau hat sich von den Folgen des Kriegs noch nicht erholt.

Jugoslawien stand sowohl bei den Erzeuger- als auch bei den Exportländern an zehnter Stelle: eine beachtliche Leistung für ein Land, das seinen Weinbau nach dem Zweiten Weltkrieg quasi aus dem Nichts neu erschaffen musste. Die Tradition reicht so weit zurück wie in Italien, wurde jedoch durch die lange Herrschaft der Türken im Osten des Landes unterbrochen.

Beim Wiederaufbau nach dem Krieg verschmolzen österreichisch-ungarische Traditionen im Norden mit italienischen Einflüssen entlang der Küste und echten balkanischen Traditionen im Osten und Süden. Vor allem die dalmatinische Küste in Kroatien und Mazedonien verfügt über gute einheimische Rebsorten, deren Ursprünge bis in die Antike zurückverfolgt werden können. In dem Bestreben, Anteile auf dem Exportmarkt zurückzugewinnen, werden diese alten Sorten jedoch wie in den anderen Ländern des ehemaligen Jugoslawien auch durch die bewährten internationalen Rebsorten ersetzt.

Früher war der Weinbau staatlich gelenkt, bestand aber zu fast gleichen Teilen aus kleinen unabhängigen Erzeugern und staatseigenen Betrieben. Die kleinen Erzeuger (denen das Gesetz 10 ha Grundbesitz zugestand) brachten ihr Lesegut zu den riesigen örtlichen Genossenschaften, diese belieferten wiederum die noch größeren regionalen Betriebe. Seit den 1990er-Jahren sind viele kleine private Erzeugerbetriebe entstanden.

Slowenien

Das an Italien, Österreich und Ungarn angrenzende Slowenien erzeugt die besten und teuersten Weine im ehemaligen Jugoslawien. Die Rebfläche von 24 200 ha ist durch einen schmalen Streifen Niemandsland ohne Reben, der von der Grenze in den Alpen über Ljubljana bis hinunter zur kroatischen Grenze reicht, in zwei Teile geschnitten. Es gibt drei Hauptanbaugebiete: Primorska (6500 ha) zwischen Italien und Kroatien an der Küste, Podravje (10 200 ha) südlich der Grenze zu Österreich und Ungarn sowie Posavje (7500 ha) östlich von Ljubljana. Die ansprechendsten Weine im nördlichen, deutsch-österreichischen Stil kommen aus der Gegend um Maribor, Ptuj, Ljutomer und Ormoz zwischen den Flüssen Mura (der zum Teil die Grenze zu Österreich und Ungarn bildet), Sava und Drava, die alle in die Donau münden. Die interessantesten trockenen Weiß- und Rotweine nach italienischer Tradition entstehen im Norden der Halbinsel Istrien und in den Bergen an der Grenze zum Friaul.

Slowenien bemüht sich heute sehr um die Klassifizierung seiner Weine. Ende der 1990er-Jahre waren drei Viertel der Weinberge in Privatbesitz, und die Erzeuger erzielen von Jahr zu Jahr bessere Ergebnisse. Außerdem wird das Land zunehmend für Touristen attraktiv.

Die Einflüsse der Adria, der Alpen und der ungarischen Tiefebene sorgen gemeinsam für ein gemäßigtes Klima; Kalkstein im Unterboden ist günstig für die Weißweinerzeugung. Die Wirkungen der Adria verhelfen zu besseren Reifebedingungen für kräftige trockene Weiße und fördern höherwertige Rote; der lange, kühle Herbst der alpinen Gegend um Maribor und die nur geringfügig wärmeren Hänge südlich von Ungarn erbringen leichtere, aromatischere und traubigere Weine, von denen die besten oft als slowenische Pendants der bekannten Kategorien Kabinett, Spätlese, Auslese, Beerenauslese und Trockenbeerenauslese auf den Markt kommen.

Die Hügel zwischen Ljutomer und Ormoz, nur 80 km vom Westende des Plattensees entfernt, bergen eine Lage, die fast genauso berühmt ist wie Badacsony und seit der Zeit der Kreuzzüge Jerusalem heißt. Leider ist der meiste aus diesem bemerkenswerten Gebiet exportierte Wein Laski Rizling, obwohl auch Weiß- und Grauburgunder, Gewürztraminer, Sylvaner und Riesling angebaut werden. Man kommt nicht umhin, es für Verschwendung zu halten, dass eine so erstklassige Lage mit einer eben doch nur zweitklassigen Rebe bestockt ist, so ordentlich sie sich hier auch machen mag – und einige der Spätlesen sind mehr als ordentlich.

Die Haloze-Hügel südlich der Drava bringen eine ähnliche Palette an Weißweinen hervor. Das sich noch weiter südlich nach Kroatien hinein bis Zagreb erstreckende Sava-Tal liefert leichten roten Cvicek von örtlichen Trauben.

Am westlichen Ende von Slowenien, an der Grenze zu Italien, kommen vier kleinere, unter dem Namen Primorska zusammengefasste Bereiche in den Genuss des milden Mittelmeerklimas. Ihr bekanntester Wein ist ein kräftiger, frischer, pikanter Rotwein namens Kraski Teran. Teran ist die italienische Refosco-Traube, und Kraski weist darauf hin, dass sie auf dem kalkhaltigen Karst an der Küste wächst. Merlot, die beiden Cabernets und Barbera sind anzutreffen und werden meist zu relativ säurereicheren Weinen im italienischen Stil verarbeitet. Ernsthafte internationale Anerkennung jedoch verdienen Qualität und Gewicht der besten trockenen Weißen von Sauvignon blanc, Weiß- und Grauburgunder bis hin zu dem erdigen, leicht cremigen, gelben Ribolla beziehungsweise Rebula, ebenfalls italienischer Herkunft.

In diesem Teil des Landes haben Namen wie Vipava (vor allem frische, delikate Weißweine), Brda (mit einigen ausgezeichneten Privatgütern) und Koper (südlich von Triest) einen viel versprechenden Klang. Bei Verkostungen im Jahr 2002 machte eine Anzahl kleiner Güter auf sich aufmerksam, die bei aller stilistischen Vielfalt ganz eindeutig um Qualität bemüht sind, auch wenn diese in vielen Fällen mit einem hohen Alkoholgehalt und langen Reifezeiten in vorwiegend neuen Eichenfässern gleichgesetzt wird. Führende Erzeuger sind unter anderem Cotar im Anbaugebiet Kras, die Genossenschaft in Goriska Brda, Movia (Primorska), Batic (Primorska), Princic und Vinakoper in Koper (Primorska) sowie Vinag (Podravje). Sie werden nicht unter sich bleiben.

Serbien & Montenegro

Die Teilrepublik Serbien erstreckte sich früher über das gesamte östliche Drittel Jugoslawiens von Ungarn bis Mazedonien. Die heutige Föderation Serbien und Montenegro umfasst Serbien einschließlich der Provinz Woiwodina im Norden und dem zwischen Albanien und Makedonien eingezwängten Kosovo sowie Montenegro an der Küste. Ein beträchtliches Stück des ehemaligen Serbien ist heute die Republik Makedonien. Die Weinwirtschaft wird von dem Unternehmen Navip beherrscht, das über 2200 ha Rebland und zahlreiche Kellereien verfügt und eine komplette Auswahl von Weinen sowie andere Getränke herstellt.

Serbien und Montenegro, einschließlich der Woiwodina und dem Kosovo, ist mit seinen rund 90 000 ha wohl immer noch das größte Erzeugerland. Bei den Rebsorten ist es recht konservativ: Am weitesten verbreitet sind die dunkle Prokupac und die selten bemerkenswerte helle Smederevka (nach Smederevo bei Belgrad benannt), von der häufig liebliche Weine erzeugt werden. Der älteste und berühmteste Weinberg ist Zupa, 130 km südlich der Hauptstadt zwischen Svetozarevo und Kruabzevac. Zupsko Crno (»Rotwein aus Zupa«) ist ein Verschnitt aus Prokupac und der leichteren Plovdina. Prokupac wird auch häufig zu Rosé (ružica) verarbeitet. Inzwischen wächst der Bestand an Cabernet, Merlot und Gamay. Einzelne Fässer Sauvignon blanc, Gewürztraminer, Cabernet Sauvignon und Merlot, die nur selten unversehrt aus dem Land hinausgelangen, lassen vermuten, dass all diese Rebsorten hier einmal auf fruchtbaren Boden stoßen werden.

Die Woiwodina ist ein historisches Erzeugungsgebiet für Rotwein (ein berühmtes Beispiel war Carlowitz). Heute liefern viele verschiedene, hauptsächlich weiße Trauben herrlich aromatische und ausgewogene Weine, die besten im Hügelgebiet Frušča Gora an der Donau nördlich von Belgrad. Gewürztraminer und Sauvignon blanc fallen besonders schmackhaft aus, aber ich befürchte, sie sind weniger verbreitet als Laski Rizling. Weiter nördlich und östlich schließen sich die Bereiche Subotica und Banat an der Grenze zu Ungarn beziehungsweise Rumänien an, beide mit dem Sandboden der ungarischen Tiefebene und leichten Weinen; in Subotica werden die rote Kadarka und der weiße Ezerjó aus Ungarn angebaut.

Das Kosovo konnte als ein relativ neues Exportgebiet bemerkenswerte Erfolge feiern. Sein heller Blauburgunder, für den deutschen Geschmack lieblich bereitet und als »Amselfelder« etikettiert, verließ Belgrad früher in Tanklastzügen. Seit der Krieg die Nachschubwege abgeschnitten hat, wird der weiche, nichts sagende Stil in ganz Osteuropa für den deutschen Markt schamlos kopiert. Im Jahr 2002 ist die Weinwirtschaft des Kosovo völlig zusammengebrochen.

Die herzhaften Vranac-Rotweine aus Montenegro waren früher ausschließlich russischen Kehlen vorbehalten. Seit 1990 werden vereinzelte Versuche unternommen, auch im Westen Absatzmärkte zu erschließen. Erfolg wäre ihnen zu gönnen, denn diese Weine können ausgewogen, reif und recht intensiv sein und scheinen gut auf Fassausbau anzusprechen.

Dieses südliche Ende des Landes an der bosnischen Küste hält eine ungewöhnlich gute, noch unbekannte weiße Sorte als Überraschung bereit. In ihren Weinen habe ich Anflüge des Aprikosendufts der Zilavka-Traube entdeckt und bin mir deshalb nicht sicher, ob hinter der Leichtigkeit nicht ein geschickter Verschnitt steht.

Kroatien

Mit 52 000 ha verfügt Kroatien über die zweitgrößte Rebfläche der ehemaligen jugoslawischen Teilrepubliken. Sie besteht aus zwei getrennten und sehr unterschiedlichen Gebieten: Slawonien erstreckt sich im Norden zwischen Slowenien und Serbien, das heißt zwischen den Flüssen Drava und Sava; das zweite Gebiet reicht an der Küste von der Halbinsel Istrien im Norden bis hinunter nach Bosnien und Herzegowina und schließt Dalmatien und seine herrlichen Inseln mit ein.

Slawonien stellt die Hälfte der kroatischen Rebfläche, aber die dortigen Weine sind weder so ansprechend wie die slo-

wenischen Weißen – so nah sie ihnen auch sind –, noch wie einige der neueren Gewächse aus der Woiwodina im Osten. Der früher nicht näher bestimmte jugoslawische Laski Rizling stammte häufig aus dieser Gegend. Auch Traminer, Riesling und Zweigelt werden angebaut.

Kroatiens beste Weine kommen aus Istrien und Dalmatien. In Istrien werden die gleichen Trauben angebaut wie in Westslowenien: Merlot, Cabernet, Blauburgunder und Teran für Rotwein – der Merlot ist besonders gut – sowie Muskateller, Malvasier und Weißburgunder für vollmundige Weißweine, aus Letzterem entsteht auch Schaumwein.

Dalmatien hat im ehemaligen Jugoslawien die reichste Auswahl an – vor allem roten – ursprünglichen Rebsorten zu bieten. Am weitesten verbreitet ist Plavac mali (der Namen scheint unübersetzbar zu sein), gefolgt von Plavina, Vranac, Babič, Cabernet, Merlot und Modra frankija (Blaufränkisch). Plavac vollbringt durchaus Glanzleistungen. Eine davon ist Postup, ein hochkonzentrierter süßer Rotwein, der mehrere Jahre in Eiche reift und auf der Halbinsel Pelješac nördlich von Dubrovnik hergestellt wird. Ein 15 Jahre alter Postup ist noch immer leuchtend rot, in seiner eigentümlichen Art eine Mischung aus Portwein- und Retsina-Anteilen. Der schwere (14,2% Alkohol), ausgewogene und strukturierte Wein dürfte Liebhabern des Recioto della Valpolicella zusagen. Dingač ist ganz ähnlich, und Faros von der Insel Hvar ist eine Spur leichter als Postup, eher sanft trocken als süß: ein körperreicher, warmer, angenehmer Wein ohne Rauheit. Der normale Rotwein von der Küste heißt schlicht Plavac. Manche halten Babič nach drei bis vier Jahren Alterung für besser. Opol ist ein an der Küste von verschiedenen Rebsorten bereiteter trockener Rosé.

Weißwein gibt es in Dalmatien seltener, aber in größerer Vielfalt als Rotwein. Maraština ist die geläufigste weiße Rebsorte mit einer eigenen Appellation: Cara Smokvica. Grk ist eine oxidierte, Sherry-ähnliche Spezialität der Insel Korčula. Pošip (biisweilen mit Furmint gleichgesetzt) liefert schweren, aber keineswegs flachen Wein. Bogdanuša kann, besonders auf den Inseln Hvar und Brač, erstaunlich leicht, frisch und aromatisch ausfallen. Der auf der abgelegenen Insel Vis entstehende Vugava ist ähnlich. Beide kommen sortenrein und als Verschnitte auf den Markt, und es ist schwer zu sagen, ob es sich nicht nur um verschiedene Namen für ein- und dieselbe Traube handelt. Auf jeden Fall besitzen sie Charakter im alten Stil und heben sich dadurch von dem immer gleich korrekten Laski Rizling ab.

Dessertweine aus Dalmatien, egal ob von roten oder weißen Trauben oder aus einer Mischung von beiden, heißen immer Prošek. Am feinsten ist hausgemachter Prošek, der in einem kleinen Fass gehegt und gepflegt und Gästen – zu Recht mit Stolz – in einem Becher kredenzt wird.

Mazedonien

Die Kulisse bilden 30 000 ha, die vorwiegend mit Rotweintrauben, allen voran Vranac und Kratosija, bestockt sind und hauptsächlich zu Verschnitten verarbeitet werden. Als Würze dienen Cabernet und Merlot, die vor dem Kosovo-Krieg recht gut Fuß gefasst zu haben schienen. Prokupac ist wie in Serbien die beste rote Rebsorte. Besonders die in der Kellerei Povardarie erzeugten Roten sind empfehlenswert.

Aus der Masse von Smederevka-Weißweinen, deren einziges Heil in reichlich Mineralwasser zu sehen ist, ragen ein, zwei gute Weine heraus. Daneben gibt es leicht krautigen, aber recht ausgewogenen und intensiven Chardonnay und neuerdings hört man von guten Zilavka-Tropfen.

Rumänien

Die bewährte Qualität und Individualität der rumänischen Weine hat in der sozialistischen Ära sehr gelitten. Das Land weist – nicht nur wegen der romanischen Sprache – kulturelle und auch klimatische Ähnlichkeiten zu Frankreich auf. Moldau-Weine wurden einst in Paris getrunken. Viele Weißweine aus dem westlichen Teil des Landes, vor allem aus dem hügeligen Siebenbürgen, trugen als Zugeständnis an Rumäniens größten westlichen Absatzmarkt deutsche Bezeichnungen auf dem Etikett, was der Entwicklung und dem Verständnis dieses Landes unnötigerweise immer noch armen und unbekannten Landes nicht gerade förderlich war. Rumänien verfügt über eine Rebfläche von mehr als 200 000 ha, die seit der Privatisierung auf Kleinbesitzer verteilt sind. Das macht es ehrgeizigen Investoren schwer, große Flächen zu erwerben und sie mit modernen Methoden zu bewirtschaften.

Seit 1990 haben sich die erfolgreichsten und einstmals im Export führenden rumänischen Erzeuger- und Abfüllbetriebe mit ihren wichtigsten ausländischen Vertretern in einer privaten Exportvertriebsgesellschaft zusammengeschlossen. Aber auch die Investitionen ausländischer Unternehmen in bestehende Kellereien, etwa Halewood International aus Großbritannien und Reh-Kendermann aus Deutschland, haben wie einige französische Joint Ventures den Exportmarkt im Blick. Doch obwohl darüber hinaus ausländische Kellermeister als Berater engagiert wurden, findet man bisher doch eher nichts sagende, charakterlose Verschnittweine vor, deren Qualität so schwer zu steigern ist, weil die Kellereien keinen Zugriff auf besseres Traubengut haben und ihre eigenen neu angelegten Rebflächen noch nichts abwerfen. Ein weiterer Hemmschuh für den rumänischen Export ist die weit verbreitete Erwartungshaltung, dass rumänischer Wein extrem billig sein müsse. Trotzdem lässt sich anhand vereinzelter Beispiele erahnen, was aus den herrlich gelegenen Weinbergen herauszuholen wäre.

Die rumänischen Anbaugebiete konzentrieren sich rund um den mittleren Teil der Karpaten. Die bedeutendsten Bereiche sind Târnave auf 488 m im Siebenbürgischen Hochland im Norden, Cotnari in Moldau im Nordosten, Vrancea (mit den einst berühmten Gebieten Panciu, Odobești, Cotești und Nicorești) im Osten, Dealul Mare im Südosten, Murfatlar im äußersten Südosten am Schwarzen Meer sowie Stefănești, Drăgășani und Segarcea im Süden. In einem Teil der sandigen Banat-Ebene westlich von Temesvar (wo 1989 der Volksaufstand begann) in Westrumänien setzen sich die Weinbautraditionen der ungarischen Tiefebene fort. In Miniș östlich von Arad und in Recaș östlich von Temesvar finden sich gute Bestände an internationalen roten Sorten, darunter Blauburgunder. Der Rest ist eine Mischung aus vor allem Merlot und Sauvignon blanc sowie Rumäniens eigenen Weißweintrauben Fetească albă und regală, Grasă und Tămâioşă sowie den Rotweintrauben Băbească und Fetească neagră. Die seltsamerweise geringen Mengen an Chardonnay sind hauptsächlich in Murfatlar anzutreffen, wo die Traube ein außergewöhnliches, aber selten genutztes Potenzial zeigt.

Cotnari bringt den individuellsten Wein hervor, der mittlerweile allerdings eine Seltenheit geworden ist. Trotz der Lage im äußersten Norden der Moldau an der Grenze zur Ukraine werden die Weißweintrauben dank des lange anhaltenden schönen und nebeligen Herbstwetters überreif, schrumpfen ein und werden in manchen Jahre sogar von der begehrten Edelfäule befallen. Die einheimischen Reben Tămâioşă romanească, Grasă (mit Furmint verwandt und wahrscheinlich die bessere der beiden Sorten), Fetească albă und Frâncusa werden zu Dessertweinen verarbeitet, die in alten Eichenfässern reifen.

Aus Târnave kommt ein ordentlicher weißer Verschnitt namens Perla de Târnave sowie sortenreiner Fetească und so genannter Riesling (leider meist Welschriesling, nicht echter Riesling). Am besten sind hier zweifellos die selteneren Weißburgunder und Gewürztraminer. Muscat Ottonel erbringt kurzlebige, aber äußerst duftige, teils gesüßte Weine.

Vrancea hat neben einer Fülle nichts sagender Weißweine und (in der weniger gängigen Brut-Version) oft guter Schaumweine aus Panciu als bemerkenswertestes Gewächs den hellen, säuerlichen, spritzigen Băbească aus Nicorești vorzuweisen.

Auf den auf einer Länge von 60 km von der Bukarester Ebene aufsteigenden Südhängen des Bereichs Dealul Mare wachsen Merlot, Cabernet Sauvignon und – in geringerem Umfang, aber guter Qualität – Blauburgunder. Auch Urlati, Tohani und Sahateni verfügen über einiges Potenzial. Britische Investoren haben hier die Kellerei Prahova aufgebaut, die den Exportmarkt beherrscht.

Murfatlar westlich von Constanza am Schwarzen Meer ist traditionell ein Weiß- und Dessertweingebiet. Die Erträge sind niedrig, die Fruchtqualität ist hoch, aber allzu oft bleiben gute weiße Trauben bis zur Überreife am Stock, so entstehen schwerfällige, süßliche dessertweinähnliche Weine von Chardonnay und Weißburgunder. Es gibt auch erstklassige Rotweintrauben in diesem Bereich.

Von den Anbaugebieten im Süden an den Nebenflüssen der Donau, beispielsweise der in den Karpaten entspringenden Olt, sind Stefănești und Drăgășani für Weißwein (unter anderem Sauvignon blanc), Segarcea und Sadova hingegen für Rotwein, auch Cabernet Sauvignon, bekannt. Die Weinberge von Sâmburești sind mit die gepflegtesten und bringen alle Klassiker außer Chardonnay hervor.

Alles in allem ist Rumänien, mit Ausnahme vielleicht der flachen, staubigen Ebenen rund um die Hauptstadt, ein schönes Land. Es bietet beste Voraussetzungen für die Landwirtschaft und verfügt über Kohle-, Erdöl- und Erdgasvorkommen. Von seiner Stahlindustrie profitieren viele Kellereien: Edelstahltanks sind hier viel verbreiteter als im übrigen Osteuropa. Seine Infrastruktur jedoch, vor allem das Verkehrsnetz, ist auch mehr als zehn Jahre nach dem Sturz Ceaușescus völlig unterentwickelt.

Fehlende Anreize in einer Kollektivwirtschaft und Landflucht sind die Gründe für den drastischen Rückgang der landwirtschaftlichen Produktion. Es wäre tragisch, wenn in einem Weinbauland, das zu den besten in den kühleren Gefilden Europas zählen könnte, die Orientierungslosigkeit noch mehr Opfer fordern würde.

Bulgarien

Von allen Staaten Mittel- und Osteuropas hatte Bulgarien stets seinen Weinbau am geschicktesten darauf abgestellt, Devisen aus dem Westen einzubringen. Seit Ende der 1970er-Jahre war bulgarischer Wein kein exotischer Außenseiter, sondern fester Bestandteil auf den westlichen Märkten, da bis zu 85 % der Produktion exportiert wurde.

Dank großzügiger staatlicher Subventionen konnten die bulgarischen Weinerzeuger äußerst preiswerte Weine in vertrauten Geschmacksrichtungen anbieten, vor allem reichhaltigen Merlot und Cabernet Sauvignon, der an roten Bordeaux gewöhnten Gaumen sehr zusagte.

Die Privatisierung nach dem Sturz des kommunistischen Regimes, häufige Regierungswechsel (inklusive politischer Kehrtwendungen) und der Zusammenbruch des Bankensystems setzten dem ein Ende und führten zum Niedergang der Weinwirtschaft.

Weinbau treibt so ziemlich das ganze Land. Über 110 000 ha sind mit (geringfügig mehr roten als weißen) Reben bestockt. Bei den Rotweintrauben überwiegen Cabernet und Merlot, die zusammen 40 000 ha besetzt halten. Der Rest entfällt auf Pamid und andere traditionelle Rebsorten wie Gamza (Kadarka in Ungarn), Melnik und Mavrud sowie etwas Blauburgunder und Gamay.

Die weißen Reben liefern vor allem Alltagsweine und den Grundstoff für Branntwein – fast die Hälfte stellt die leicht pfirsichwürzige russische Rkatsiteli-Traube; es folgen Ugni blanc, Rizling (verwirrenderweise häufig als Riesling bezeichnet), Misket, Dimiat (oder Smederevka), Muscat Ottonel, wachsende Mengen an Chardonnay, echtem Riesling, Sauvignon blanc und Aligoté sowie kleine Bestände an Tamianka und Gewürztraminer.

Neuere Fortschritte in der Kellertechnik, etwa Temperaturregelung, haben deutlich gezeigt, dass die besseren weißen Rebsorten hier genauso zu Hause sein können wie ihre roten Pendants. Chardonnay stellt zunehmend seine natürliche Überlegenheit unter Beweis, und zwar mit und ohne Einsatz neuer Eichenfässer.

Von den fünf Anbauregionen liegen die drei größten um das Balkangebirge, das von Serbien bis zum Schwarzen Meer reichende Rückgrat des Landes; die vierte erstreckt sich über die hoch gelegenen Täler in der Landesmitte; die fünfte ist ein kleines Gebiet um Melnik an der Südwestgrenze. In den nördlicheren Gebieten ist es kühler, aber sowohl der Norden als auch der Süden können gutes, reifes Lesegut hervorbringen.

Seit 1978 sind zu den ersten 20 offiziell anerkannten Appellationen *(Controliran Regions)* für eine oder mehrere Rebsorten weitere Bereiche hinzugekommen; die Zahl wird mit wachsender Qualität und Beständigkeit noch steigen. Die Weine müssen gesetzlichen Vorschriften im Hinblick auf Rebsorten, Anbaumethoden und Kellertechnik genügen. Der Alkohol-, Säure- und Zuckergehalt wird kontrolliert; nach der organoleptischen Prüfung werden die Weine durch ein staatliches Gremium abgesegnet. 1985 wurde für in Eiche ausgebaute Weine mit Alterungspotenzial die neue Kategorie Reserve eingeführt.

Als langfristige Folge der Privatisierung ging das ausgetüftelte System der Traubenlieferung an die Kellereien verloren, die bis dahin ein garantiertes Zugriffsrecht auf das Lesegut bestimmter Weinberge hatten. Inzwischen kommt es auf dem Traubenmarkt im Herbst jedesmal zum Gerangel, und viele Rebflächen laufen Gefahr, ganz aus der Produktion herauszufallen. Darüber hinaus musste eine Reihe von Kellereien das ganze Jahr über die Winzer subventionieren, um sich dadurch das Recht auf die zu erwartende Ernte zu sichern. Nicht alle konnten sich das leisten.

Unter diesen alles andere als günstigen Bedingungen ist es einigen Kellereien, darunter Lovico Suhindol, Pavlikeni, Sliven und Iambol, in zähem Ringen gelungen, sich selbstständig zu machen. Einige von ihnen wurden von den boomenden Boyar Estates erworben, die zudem rund 14,5 Mio. Euro in ihre neue Kellerei Blueridge investiert hat.

Bislang wird bulgarischer Wein im internationalen Weingeschäft allerdings mit sehr niedrigen Preisen in Verbindung gebracht, die den für neue Investitionen erforderlichen Gewinn schmälern. Eine Herausforderung, der sich die neuen Betriebe und ihre ausländischen Förderer stellen müssen.

Ostregion

Die kühle Region zwischen den Bergen und dem Schwarzen Meer verfügt über 30 % der bulgarischen Rebfläche und bringt vor allem Weißwein, Schaumwein und Branntwein hervor. Sie umfasst zahlreiche bekannte Anbaugebiete, namentlich Varna, Shumen, Targovischte und Razgad. Die Hauptrebsorten sind Riesling, Rkatsiteli, Aligoté, Chardonnay, Misket, Muscat Ottonel, Ugni blanc, Dimiat und Fetiaska.

Der Bereich Varna am Schwarzen Meer wurde 1986 als Appellation für Chardonnay anerkannt. In den drei Bereichen des Gebiets Shumen, in dem Chardonnay versuchsweise in kleinen Eichenfässern vergoren wird, wird zudem Gewürztraminer und Sauvignon blanc erzeugt. Die Chardonnays aus Preslav, Khan Krum und Targovischte sind derzeit wohl am vielversprechendsten.

Nordregion

Die im Norden von der Donau begrenzte Region ist für ihre Qualitätsrotweine bekannt, die vor allem von Gamza, Cabernet Sauvignon und Merlot bereitet werden. Die ehemalige Staatskellerei in Russe an der Donau (inzwischen mit Boyar fusioniert) bezieht brauchbares rotes Traubengut aus der ganzen Region. Die Kellereien Lovico Suhindol, Pavlikeni (heute eine private Genossenschaft mit eigenem Weinbergbesitz) und insbesondere Pleven produzieren eine Menge verlässlicher Cabernet-Sauvignon- sowie gute Merlot-Weine und seidigen, eichenfassgereiften Gamza.

Eine weitere Spezialität der Region ist Schaumwein, der von dem relativ hohen Säuregehalt der Trauben profitiert. In der Region entstehen mehrere Appellationsweine: Am besten sind Gamza, Cabernet Sauvignon und Merlot aus Suhindol und der Aligoté aus Lyaskovets – ein Bereich, der wie Targovischte inzwischen eher für seinen Chardonnay bekannt sein dürfte.

Südregion

Hier wird Cabernet sowie etwas Blauburgunder und Merlot angebaut, es entstehen aber auch traditionelle Weine wie Mavrud, der Stolz Bulgariens: ein gehaltvoller, dunkler Rhône-artiger Tropfen, der vier Jahre Reife braucht. Der Mavrud aus der Kellerei in Assenovgrad bei Plovdiv hat einen guten Ruf. Die traditionelle Rebsorte Pamid erbringt einen recht blassen Alltagswein. Das in jeder Hinsicht größte Potenzial bieten jedoch die vollreifen Merlot-Weine aus Stambolovo, Liubimetz und Sakar.

Südwestregion

Die sehr kleine und sehr eigene Region liegt im Südwesten Bulgariens, jenseits der Rhodopen an der serbischen Grenze. Der Controliran-Bereich Melnishki wurde 1979 für die Erzeugung von Melnik aus Harsovo eingerichtet. Melnik genießt bei den Bulgaren höchstes Ansehen: Der Rotwein, so behaupten sie, ist so konzentriert, dass man ihn in einem Taschentuch davontragen kann. Er braucht fünf Jahre Reife und hält sich 15 Jahre lang. Leider nur schwer aufzutreiben.

Balkanrand-Region

Zu dem schmalen Streifen südlich des Balkangebirges gehören das berühmte Sungurlare-Tal, wo der rote Misket wächst, und das Tal der Rosen, wo neben Rosenöl auch Muskateller entsteht – »Hemus« lautet der Markenname, nach dem man sich umschauen sollte.

Recht verbreitet angebaut wird auch die Rkatsiteli-Traube, von der ein kühler, zarter Weißwein mit dem Aroma von weißen Pfirsichen bereitet wird.

Die GUS-Staaten

Die ehemalige Sowjetunion war einst das drittgrößte Weinerzeugerland der Welt. Heute verfügen die GUS-Staaten über eine Rebfläche von knapp 1 Mio. Hektar. In der Zeit der kommunistischen Herrschaft wurde viel Wein importiert; auch heute noch wird die Produktion weitgehend im Inland abgesetzt. Den jüngeren Entwicklungen des Weinbaus liegen zwei einschneidende Ereignisse zugrunde: Zunächst mussten in den Jahren 1985/86 im Rahmen der Gorbatschow'schen Reformen fast die Hälfte des Reblands gerodet werden, mit dem Ziel, den Alkoholkonsum zu drosseln (als Folge davon stieg der Wodka-Umsatz). Dann brach die kommunistische Sowjetunion auseinander, und ehemalige Unionsrepubliken wie das heutige Moldova und die Ukraine wurden unabhängig.

Obwohl sich seitdem viele Einzelpersonen und Firmen um eine Zusammenarbeit mit Weinerzeugern aus diesen Ländern bemühen, hat man im Westen, wenn überhaupt, doch noch recht wenig von den dortigen Weinen zu sehen bekommen und weiß nichts von den historischen Traditionen und dem zweifellos vorhandenen Potenzial. Das liegt vor allen Dingen daran, dass es an der nötigen Infrastruktur für eine geregelte, wirtschaftliche Qualitätsweinproduktion und für den Transport fehlt. Der Weinbau nimmt zwar langsam Gestalt an, wird jedoch erst einmal weiterhin auf den Inlandsmarkt ausgerichtet sein: Die Einheimischen sind nicht bereit, ihre traditionellen Weinstile dem westlichen Geschmack zu opfern.

Die Rebflächen liegen in einem Streifen, der sich erst am Schwarzen, dann am Kaspischen Meer entlangzieht: mit Moldova (162 000 ha), der Ukraine (162 000 ha), Weißrussland (105 000 ha) sowie Georgien (60 000 ha) und schließlich weiter ostwärts mit den muslimisch geprägten Staaten Aserbaidschan, Kasachstan, Tadschikistan, Usbekistan, Kirgistan und Turkmenistan (zusammen 270 000 ha). Auch Armenien bringt Wein hervor, ist jedoch eher für seinen ausgezeichneten Branntwein bekannt.

Die süßen Weine, die besonders lange in großen Fässern reifen, verdienen Beachtung, denn sie können sich durchaus mit feinem französischem Vin doux naturel messen.

Ein Hauch des Ruhms vergangener Zeiten war 1990 in London zu verspüren, als bei Sotheby's Dessertweine von den Gütern der Zaren- und anderer Adelsfamilien von der Krim versteigert wurden. Die Muskateller des Zarenguts Massandra ragten in der langen Reihe alter Portweine, Sherrys, Madeiras, ja sogar Cahorskis besonders heraus.

Die Russische Föderation ist (einschließlich der heute zur Ukraine gehörenden Krim) mit Abstand der größte Erzeuger von Weinen aller Qualitätsstufen sowie Schaumwein als besonderer Spezialität. Russlands Vorliebe für Süßes ist bekannt, aber auch das technische Know-how, das sich vor allem in trockeneren Cuvées äußert, ist unbestritten.

Moldova

Breschnew verbrachte gerne seine Wochenenden im einstigen Moldawien, um nicht nur den dort erzeugten langlebigen Cabernet Sauvignon, sondern auch die im Krieg in Deutschland erbeuteten feinen Bordeaux-Weine zu genießen. (Heute sind die alten emaillierten Tanks leider in einem so schlechten Zustand, dass große Mengen Wein durch den Kontakt mit Metall verderben.) Schon ein Blick auf das hügelige Rebland mit dunklem Boden über feinem Kalksteingrund und ein Schluck des noch unreifen Weins lassen erkennen, dass dies ein erstklassiges Erzeugerland sein könnte, was für seine östlichen Nachbarn ebenso gilt. Das durch die Nähe des Schwarzen Meers gemäßigte Klima sorgt für geradezu ideale Anbaubedingungen auf den 105 000 ha. Eine Flasche des duftigen Cabernet-Verschnitts »Negru de Purkar« räumt endgültig jeden Zweifel an Moldovas Potenzial aus. Die einheimischen Rebsorten ähneln denen Rumäniens; daneben werden in beträchtlichem Umfang Aligoté, Rkatsiteli, Sauvignon blanc, Chardonnay, Merlot, Cabernet Sauvignon und Blauburgunder kultiviert. Rund 70 % der Produktion entfällt auf Weißwein.

Die ersten erfolgreichen Weine im westlichen Stil wurden mit kurzzeitiger Unterstützung des australischen Giganten Penfolds von der Kellerei Hincesti (im Besitz von Vino Vitis) produziert. 2002 wurde eine Reihe von mit westlicher Hilfe erzeugten neuen Weinen angekündigt. Wer nach Moldova reist, kann sich auf wirklich beachtlichen Schaumwein von Aligoté, »Sherry« und andere Dessertweine gefasst machen.

Georgien

Obwohl winzig im Vergleich zu Russland, besitzt Georgien eine viel ältere und ursprünglichere Weinkultur mit mindestens 500 einheimischen Rebsorten. Das bekannteste Anbaugebiet ist Kachetien östlich von Tiflis, wo das Klima am stärksten kontinental geprägt ist. Das fürstliche Weingut Tsinandali wurde im 19. Jahrhundert für die Bereitung allerfeinster, für ihr Bukett und ihren Biss berühmter kachetischer Weine aufgebaut – die der Dichter Puschkin lieber mochte als Burgunder.

Heute ist »Tsinandali« der Markenname eines ordentlichen trockenen Weißweins; andere heißen »Gurdzhani« und »Mkuzani«. Von den einheimischen Rebsorten ist vor allem Saperavi, die 70 % der mit Rotweintrauben bestockten Fläche besetzt, beachtenswert, denn sie bringt eine Syrah-ähnliche Reife mit solider, pfeffriger Intensität hervor. Auf den Weinkarten russischer Restaurants finden sich Saperavi-Weine verschiedener Qualitätsstufen, die mitunter ausgezeichnet sind.

Imeretien weiter westlich in Richtung Schwarzes Meer verfügt über ein feuchteres, weniger extremes Klima und eigene Weinbautraditionen mit zahlreichen alten einheimischen Rebsorten und vorwiegend weißen Weinen.

Die Gesamtrebfläche Georgiens hat sich von 112 000 ha im Jahr 1990 auf gegenwärtig 60 000 ha verringert. Überall in Georgien sind Winzer anzutreffen, die mit geradezu urzeitlichen Methoden arbeiten. Auf vielen Gütern gibt es beispielsweise noch *kewevri*, im Boden vergrabene Gärbehälter aus Ton. Der darin entstehende ungemein tanninreiche Wein ist nichts für empfindliche Gaumen.

Im Übrigen ist Georgien die Heimat einer blühenden Schaumweinindustrie. Die meisten Schaumweine sind dem Geschmack der Einheimischen entsprechend süß und werden in rauen Mengen getrunken. Ihrem Ruf ist es zu verdanken, dass Unternehmen aus dem Westen, darunter Champagner- und Cava-Hersteller, sich zu Joint Ventures entschlossen. Einige davon scheiterten an bürokratischen Hürden, Korruption und fehlender Infrastruktur. Einen gewissen Erfolg kann Georgian Wines and Spirits mit Pernod-Ricard im Hintergrund verbuchen.

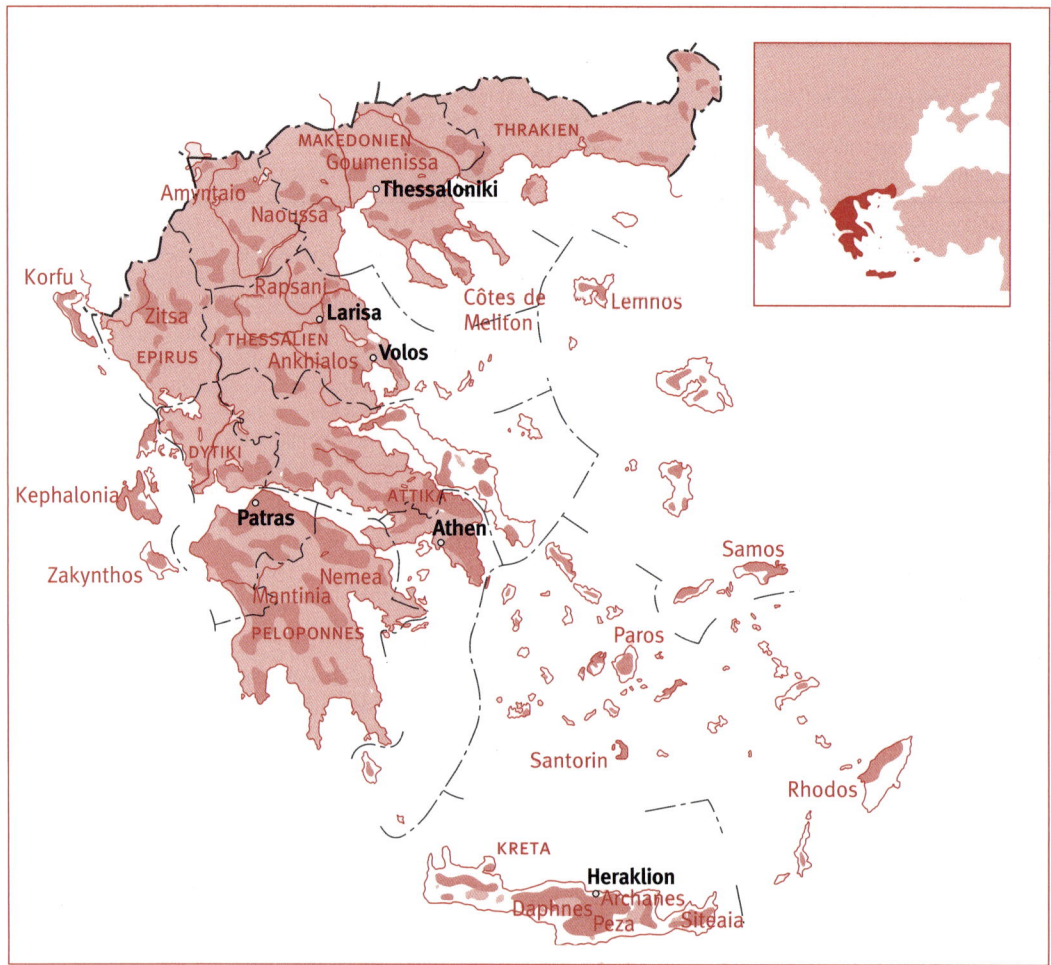

Griechenland

Die alten Griechen brachten dem Mittelmeerraum und dem Schwarzen Meer die Rebe; ihre Weine exportierten sie im Austausch gegen ägyptisches Getreide, spanisches Silber und kaukasisches Holz. Im Mittelalter waren der Peloponnes und Kreta geschätzte Lieferanten von süßem Malvasier für Nordeuropa. Unter der langen Herrschaft der Türken wurde der Weinbau jedoch fast vollständig unterdrückt, sodass nach der Befreiung Griechenlands im 19. Jahrhundert außer einer Hand voll interessanter Rebsorten nicht mehr viel übrig war.

Die meist alkalischen (an manchen Stellen vulkanischen) Böden und die vielfältigen Mikroklimata machen Griechenland zu einer natürlichen Heimat für Reben. Mit 163 000 ha Rebfläche (nicht nur für Wein) ist es ein bedeutendes Erzeugerland. Bereits vor dem EU-Beitritt wurden durch Auswahl geeigneter Rebsorten und Kontrollsysteme die ersten Schritte in Richtung Qualitätswein vollzogen, und seitdem ist vieles in Gang gekommen.

Unter den früheren sehr bescheidenen Bedingungen, allen voran warme Gärung, konnten bestenfalls hochwertige Süßweine erzeugt werden. Die Griechen waren außerdem einer scheinbar uralten Tradition verhaftet, nach der dem gärenden Most Pinienharz zugesetzt wurde. Daraus entstand der Retsi-

na, der vor allem für die Touristen viel zu gut zur griechischen Küche passt, als dass man heute ganz auf ihn verzichten möchte. Die Griechen selbst wenden sich immer mehr den feinen Weinen zu. Einige Erzeuger bemühen sich um einen Retsina hoher Qualität, um zu zeigen, dass dies kein Widerspruch in sich ist.

Der heutige griechische Wein lässt sich in drei Kategorien einteilen: zum einen landesweit verbreitete Marken (meist Verschnitte), zum zweiten Retsina und andere traditionelle Landweine für anspruchslosen, sofortigen Genuss und zum dritten Weine aus den derzeit 28 festgelegten Herkunftsgebieten, die der Kontrolle eines Appellationssystems nach EU-Bestimmungen unterliegen. Neuerdings experimentieren kleine, qualitätsbewusste Betriebe auch mit Rebsorten, die innerhalb der festgelegten Bereiche nicht zugelassen sind; diese Weine müssen als Tafel- oder Landwein verkauft werden.

Der Peloponnes verfügt über mehr als die Hälfte der griechischen Rebfläche und bringt mehr als ein Drittel der Gesamtproduktion hervor. Patras im Norden ist das Zentrum des Weinbaus auf der Halbinsel und hat vier Appellationen: Muskateller, Muskateller von Rion, Mavrodaphne und Patras. Am bemerkenswertesten ist Mavrodaphne, ein süßer, dunkler Rotwein mit bis zu 16 % Alkohol in der Art des Recioto della Valpolicella, der durch lange Reife viel gewinnt. (Der ausgezeichnete »Nyx« von Spiliopoulos besitzt große Ähnlichkeit mit einem alten Tawny Port.) Einfacher Patras-Weißwein ist für den baldigen Verbrauch bestimmt. Darüber hinaus sind zwei weitere Bereiche interessant: Nemea für einen langlebigen, starken Rotwein von Agiorghitiko-Trauben und Mantinia für zarten, würzigen Weißwein.

Die 18 000 ha Rebland in Nordgriechenland, von Thrakien im Osten über Makedonien nach Epirus, weisen wohl das größte Qualitätspotenzial auf. Die wichtigsten Appellationen sind Naoussa (westlich von Thessaloniki) für starken, aber ausgewogenen und angenehm tanninhaltigen Rotwein, Amyndeo auf 600 m in den Bergen Makedoniens für leichteren Rotwein und Zitsa (bei Ioannina in Epirus) für einen leichten Bergwein von Debina-Trauben. Die wichtigste Entwicklung in jüngerer Zeit war die Bepflanzung der Halbinsel Sithonia, des mittleren der drei Finger von Chalkidike, mit Cabernet und anderen Reben durch die Domaine Carras (siehe dort).

Die Insel Kreta besitzt nach dem Peloponnes die zweitgrößte Rebfläche, belegt jedoch in der Produktion nur den dritten Platz (Attikas Weinberge werfen viel mehr Ertrag ab). Es gibt vier Appellationen für dunklen, mehr oder weniger schweren und süßen Rotwein: Daphnes, Archanes, Siteaia und Peza. In Peza sitzt auch der größte Erzeugerbetrieb der Insel, eine Genossenschaft. Auf Kreta werden nur einheimische Trauben verwendet: Kotsifali, Mandelaria und Liatiko.

Attika ist (einschließlich Böotien und der Insel Euböa) das ertragreichste Anbaugebiet Griechenlands, das fast ausschließlich Retsina hervorbringt – inzwischen gibt es jedoch eine wachsende Anzahl an Qualitätserzeugern, darunter Hatzimichalis, Evharis, Semeli und Strofilia. Neben der Hauptrebsorte Savatiano für Retsina sind vor allem auch Assyrtiko, Cabernet Sauvignon und Syrah im Bestand.

Der Rebfläche und Qualität nach an nächster Stelle steht Kephalonia, das zusammen mit den anderen Ionischen Inseln über 10 000 ha verfügt. Es ist für trockenen weißen Robola, roten Mavrodaphne sowie Muskateller bekannt. Zakynthos im Süden bringt einen weißen Verdea hervor.

Thessalien im östlichen Mittelgriechenland hat ebenfalls 10 000 ha, aber nur eine bedeutende Appellation vorzuweisen – Rapsani, einen mittelschweren Rotwein vom Olymp –, ferner Weine aus Ankhialos und Messenikola.

Berühmter sind die Weine der Ägäischen Inseln – der Dodekanes und der Kykladen –, namentlich der blassgoldene Muskateller von Samos, der üppige »Vin Santo« (siehe Boutari) und der frische, kräftige trockene Weißwein von der Vulkaninsel Santorin (mit den am schwierigsten zu kultivierenden Weinbergen Europas), der Muskateller von Lemnos sowie der süße Malvasier und Muskateller von Rhodos. Die besten Rhodos-Weine sind der weiße »Villare« und der rote »Cava Emery«.

Malvasier entsteht auf vielen Inseln und ist oft deren bestes Erzeugnis. Andere Inselweine mit besonderem Ruf sind der sehr dunkle Rotwein Paros und der Santa Mavra von Leukas, der von nur hier angebauten Vertzani-Trauben gewonnen wird.

Die Qualität der griechischen Weine steigt so rasant an, dass Besucher sich die Gelegenheit zur Verkostung neuer Gewächse nicht entgehen lassen sollten.

Die führenden Erzeuger in Griechenland

Achaia-Clauss ☆
Patras
Der einst größte und berühmteste griechische Weinbaubetrieb, der bis zu 2 Mio. Kisten im Jahr produziert, hat inzwischen mit starker Konkurrenz von anderen aufstrebenden Erzeugern zu kämpfen. Der bekannteste Wein ist »Demestica«. Daneben wird eine reiche Auswahl an trockenen und süßen Weinen vom Peloponnes und Kreta sowie Mavrodaphne produziert.

Antonopoulos ☆☆–☆☆☆
Patras
Das aufstrebende Gut wird von den Cousins des Gründers Konstantin Antonopoulos geleitet. Elegante Weißweine von Chardonnay und einheimischen Rebsorten wie Moschofilero. Ebenfalls ausgezeichnet der in Eiche ausgebaute Chardonnay.

Biblia Hora ☆☆
Kavala, Makedonien
Das Gemeinschaftsprojekt zweier Persönlichkeiten des griechischen Weinbaus, Vassilis Tasktsarlis und Evanghelos Gerovassilou (früher bei der Domaine Carras), steckt noch in den Kinderschuhen: Mit der Anpflanzung wurde erst 1999 begonnen. Bis jetzt kamen ein weißer Verschnitt von Sauvignon und Assyrtiko, ein Cabernet-Merlot-Verschnitt und ein Syrah-Rosé heraus.

J. Boutari & Son ☆–☆☆☆
Naoussa, Thessaloniki
Alteingesessenes Unternehmen, das in den letzten Jahren rasch expandierte und in Kellereien vor Ort Weine verschiedener Appellationen produziert. Die Hauptbetrieb in Naoussa ist auf die dortigen Gewächse spezialisiert und erzielt gute Ergebnisse mit Xynomavro. Die Auswahl ist riesig; neben dem bekannten Spitzenrotwein »Grande Reserve« gibt es ausgezeichnete Beispiele aus Santorin, u. a. einen herrlichen »Vin Santo«, und sortenreine Weine von einheimischen Rebsorten.

Cambas ☆☆
Kantza bei Athen
Alteingesessener Erzeuger mit Kellereien in Kantza und Mantinia und einer großen Auswahl an Tisch- und Schaumweinen sowie Ouzo und Branntwein. Seit 1991 ist Cambas im Besitz von Boutari, steht aber unter eigener Leitung. Der blumige Mantinia ist ausgezeichnet, der »Nemea Reserve« vielleicht eine Spur zu tanninherb für den modernen Geschmack.

Domaine Carras ☆☆
Sithonia, Chalkidike
Das große Gut wurde vorwiegend in den 1960er-Jahren von John Carras mit Unterstützung von Professor Emile Peynaud aus Bordeaux aufgebaut. Der bekannte »Château Carras« ist ein in französischer Eiche ausgebauter Verschnitt von den zwei Cabernet-Sorten mit Merlot und Limnio. Daneben gibt es verschiedene Weine der Appellation Côtes de Meliton. In den 1990er-Jahren geriet das 450-ha-Gut samt Hotelanlage in finanzielle Schwierigkeiten und musste 1999 verkauft werden. Seine Zukunft ist ungewiss, und die Qualität gesunken, seitdem die Familie die Leitung abgegeben hat.

Gaia ☆☆–☆☆☆
Nemea. www.gaia-wines.gr
Das 1994 gegründete Gut hat sich mit »Thalassitis« einen Namen gemacht, einem Weißwein von alten Reben aus Santorin mit allerdings sehr ausgeprägter Eichennote. Der Agiorghitiko-Rosé ist wunderbar fruchtig; der herrliche Nemea namens »Gaia Estate« braucht Zeit, um seine jugendlichen Tannine in den Griff zu bekommen.

Gentilini ☆☆
Minies, Kephalonia. www.gentilini.gr
Kleiner Familienbetrieb im Besitz von Nicholas Cosmetatos
mit feinen Weinen von der einheimischen Robola und einem
frischen Sauvignon blanc. Außerdem wird ein fassgereifter
Sauvignon-Chardonnay-Verschnitt namens »Gentilini Fumé«
produziert.

Gerovassiliou ☆☆☆
Epanomi, Makedonien. www.gerovassiliou.gr
Der ehemalige Kellermeister bei Carras erzeugt auf seinem
eigenen 33-ha-Gut hervorragende Weißweine von Malagou-
sia, Viognier und Chardonnay. Die Rotweine, u. a. mehrere
Verschnitte mit Syrah und sortenreiner Syrah, werden stetig
besser.

Hatzimichalis ☆☆
Atlantes, Athen-Lamia
Privates 80-ha-Gut im Besitz von Dimitri Hatzimichalis mit
Weinen von einheimischen und internationalen Rebsorten.
Aus eigenen und zugekauften Trauben werden rund 1 Mio.
Flaschen produziert. Insgesamt sind die Rotweine besser als
die Weißen.

Kokotos ☆☆
Stamata, Attika
Die Rebflächen des kleinen Guts nordöstlich von Athen lie-
gen 450 m über der attischen Ebene. Die meisten Weine kom-
men unter dem Markennamen »Semeli« heraus. Ordentliche
Savatiano- und Roditis-Weißweine sowie feine Rotweine mit
Tabakduft von Agiorghitiko und Cabernet Sauvignon.

Kourtakis ☆–☆☆
Athen. www.kourtakis.net
Familienhandelshaus mit den Marken »Kouros« und »Calligas«
und einer Produktion von 3 Mio. Kisten. Erzeugt werden neben
sehr erfolgreichen roten und weißen kretischen Weinen auch
Mavrodaphne aus Patras sowie große Mengen Retsina von
der Savatiano-Traube aus Attika. Angesichts der Quantität ist
die Qualität sehr ordentlich.

Kir-Yanni ☆☆–☆☆☆
Naoussa
Nachdem Yannis Boutari den Familienbetrieb verlassen hatte, brachte er sein Know-how in dieses 50-ha-Gut ein, wo er
mit Rebsorten wie Xynomavro und Merlot arbeitet. Der brom-
beerduftige Syrah ist etwas streng, aber der Xynomavro ist
ein feiner, tanninherber, lerdiger Wein, der eine mehr als flüchtige Ähnlichkeit mit Nebbiolo besitzt.

Château Lazaridis ☆–☆☆
Drama, Nordgriechenland. www.chateau-lazaridis.gr
Das 50-ha-Gut eines der zwei Brüder, die in Drama feine Weine erzeugen. Sie verwenden internationale Rebsorten wie Sauvignon blanc und Cabernet Sauvignon, brachten aber auch
Rebsorten aus Süditalien in deren ursprüngliche Heimat Griechenland zurück.

Domaine Kostas Lazaridis ☆☆–☆☆☆
Drama, Nordgriechenland
Rot-, Weiß- und Roséweine unter dem Markennamen »Ame-
thystos«, von denen v. a. die rote Version einen sehr eigenen,

saftigen, würzigen Charakter hat. Auch erstklassiger Tsiporou
und ein zunehmend sicherer Umgang mit Barriques, v. a. bei
Sauvignon-blanc- und Cabernet-Weinen.

Mercouri ☆–☆☆☆
Bei Olympia, Westpeloponnes
Alter Familienbetrieb mit interessantem Weinmuseum. Ausge-
zeichnete Rotweine von Mavrodaphne und von der 1870 aus
dem Friaul mitgebrachten Refosco-Traube. Auch guter weißer
Roditis.

Oenoforos ☆☆
Selinous bei Korinth
Kleines, relativ neues Gut mit frischen, langlebigen Weißweinen, v. a. »Asprolithi«, deren Weinberge hoch über dem Golf
von Korinth liegen.

Genossenschaft Samos ☆☆–☆☆☆
Samos
Ein Gemeinschaftsunternehmen von rund 300 Winzern, das
in zwei Kellereien beachtliche, entweder natursüße oder gespritete und in großem Umfang exportierte Muskateller-Wei-
ne produziert. Spitzenreiter ist der reichhaltige goldene »Samos
Nectar« von in der Sonne getrockneten Trauben, der in der Flasche schön weiterreift und dunkler wird.

Skouras ☆☆☆
Argos.
www.skouras.gr
Der Besitzer George Skouras, ein höchst kreativer und talentierter, in Frankreich ausgebildeter Kellermeister, erzeugt vortrefflichen Agiorghitiko und Nemea, experimentiert aber auch
erfolgreich mit Cabernet, Chardonnay und Viognier. Der Spitzenrotwein ist meist der »Megas Oenos«, ein kirschfruchtiger
Agiorghitiko/Cabernet mit ausgeprägter Eichennote.

Strofilia ☆☆
Anavissos, Attika
Sehr interessante Rot-, Weiß- und Roséweine von einem Gut
bei Kap Sounion. Die drei Besitzer, alle Ingenieure von Beruf,
betreiben auch das ausgezeichnete gleichnamige Weinlokal
nahe des Zentrums von Athen. Die einstige Boutique-Kellerei hat ihre Produktion in den letzten Jahren erheblich ausgeweitet, doch die Qualität ist nach wie vor hoch.

Tsantalis ☆☆
Agios Pavlos, Chalkidike
Makedonisches Handelshaus in der zweiten Generation, das
sich mit Ouzo einen Namen gemacht hat. Verschiedene Appellationen liefern ein großes Sortiment an Weinen, z. B. feinen
Rapsani und Agiorghitiko aus Nemea. Um das Traubenange-
bot zu verbessern, wurden vor kurzem 200 ha neu mit Reben
bestockt. Erzeugt werden auch ordentliche Weine von internationalen Rebsorten (Chardonnay, Merlot, Syrah).

Genossenschaft Vaeni Naoussa ☆–☆☆
Naoussa
Die große Genossenschaft in Westmakedonien kommt für
70 % der Naoussa-Weine auf, hauptsächlich starke, über-
durchschnittliche Rotweine von Xynomavro. Die früher recht
rauen Weine sind in den letzten Jahren weicher und reifer
geworden.

Zypern

Der Weinbau der östlichsten Mittelmeerinsel hatte über Jahrhunderte hinweg ein sehr wechselhaftes Schicksal. In der klassischen und byzantinischen Zeit und im frühen Mittelalter war der zypriotische Wein berühmt. In dem altfranzösischen Gedicht *La bataille des vins* geht er als Sieger aus einer Verkostung am französischen Königshof hervor. Dann kamen 300 Jahre islamischer Herrschaft, und die Produktion ging drastisch zurück. Schließlich sorgte die britische Verwaltung ab 1878 wieder für Stabilität – und für einen neuen Absatzmarkt. In jüngerer Zeit bewegte sich Zypern im unteren Marktsegment und verkaufte große Mengen an Wein in den Ostblock sowie Traubenkonzentrat nach Großbritannien. Diese beiden Märkte verloren jedoch zunehmend an Bedeutung, und die zypriotische Weinwirtschaft musste die Messlatte etwas höher anlegen.

Das heutige Zypern hat eine zwar kleine, dafür aber durchaus feine Auswahl an Weinen zu bieten: preiswerte trockene und süße »Sherrys« nach spanischem Vorbild (die innerhalb der EU nicht mehr Sherry genannt werden dürfen), anständige trockene rote und weiße Tafelweine und den äußerst üppigen Likörwein Commandaria, ein moderner Nachfolger des klassischen Nama aus am Stock getrockneten Trauben, der schon vor mehr als 2500 Jahren hoch geschätzt war. Commandaria ist für Zypern das, was Constantia für Südafrika und der Tokajer für Ungarn ist.

Bis vor kurzem war Zypern im Hinblick auf seine Rebsorten außerordentlich konservativ. Da die Reblaus nie bis hierher vorgedrungen war und man auch weiterhin vor ihr verschont bleiben wollte, machten die Winzer einen großen Bogen um die »neumodischen« Sorten und bauten nur drei Trauben an: Mavro, die Schwarze, Xynisteri, die Weiße, und Muscat of Alexandria.

Heute werden in geringem, aber steigendem Umfang sortenreine Weine von internationalen Rebsorten und Wein aus bestimmten Herkunftsgebieten erzeugt. Im Jahr 1990 wurden nach 30 Jahre währenden, streng überwachten Versuchen einige nicht einheimische Rebsorten für den Anbau freigegeben. Grenache, Carignan, Syrah, Merlot und kleine Bestände von Cabernet Sauvignon erbringen inzwischen sortenreine Weine; Malvasia grossa und Palomino werden meist mit einheimischen weißen Trauben verschnitten. Der Ruf nach besseren Weinen hat neues Interesse an den weniger verbreiteten einheimischen dunklen Trauben Maratheftiko und Opthalmo geweckt; Erstere ist schwierig im Anbau, kann jedoch hervorragende Weine liefern, Letztere ist weniger interessant. Auch die traditionellen Sorten können gute Weine hervorbringen: Mavro vor allem dann, wenn das Lesegut aus hoch gelegenen Weinbergen stammt und die Erträge beschränkt werden; Xynisteri-Trauben müssen mit größter Sorgfalt gelesen werden, weil sie oxidationsanfällig sind.

Alle Anbauflächen der Insel liegen auf den größtenteils aus Kalkstein bestehenden Südhängen des Troodos-Gebirges in 240 bis knapp 1500 m Höhe, die besten oberhalb von 1000 m, zum Teil auf vulkanischem Boden. Seit 1990 ist die Gesamtrebfläche von einem Spitzenwert von 50 000 ha wieder auf 20 000 ha geschrumpft, weil Zypern der Überproduktion Herr werden und die Konsequenzen aus einer sinkenden Auslands-

nachfrage nach gespriteten Weinen und einfachen Tafelweinen ziehen musste. Der Löwenanteil der Produktion entfällt nach wie vor auf wenige sehr große Kellereien in den (für den Export günstig gelegenen) Küstenstädten Limassol und Paphos, doch im Rahmen ihrer Qualitätsoffensive fördert die Regierung die Errichtung kleiner, moderner Kellereien in den Anbaugebieten selbst. Deren Weine kommen nun auf den Markt.

Der markanteste Wein der Insel, Commandaria, erlangte 1993 vollen gesetzlichen Schutz sowohl für seine geographische Herkunft als auch für seine Bereitungstechnik. Der genau definierte Anbaubereich umfasst 14 der höher gelegenen Weinbauorte an den Hängen des Troodos; die berühmtesten sind Kalo Khorio, Zoopiyi und Yerasa. Der beste Commandaria wird sortenrein von Xynisteri bereitet und ist ein schon in der Jugend genussreifer hellbrauner Wein mit beträchtlicher Finesse.

In kommerzieller Hinsicht bedeutender sind die dunkelbraunen Verschnitte aus Xynisteri und Mavro, die nach mindestens fünf Jahren Fassreife manchmal ganz wunderbar ausfallen. Die Trauben werden im Weinberg wenigstens eine Woche lang in der Sonne getrocknet, gekeltert und vergoren. Lange bevor der gesamte Zucker in Alkohol umgewandelt worden ist, kommt die Gärung auf natürliche Weise zum Erliegen; so entsteht ein Wein mit mindestens 10 % Alkohol. Nach abgeschlossener Gärung wird der Wein gespritet, meist auf 15 %, obwohl der gesetzlich zugelassene Höchstwert 20 % beträgt. Der Ausbau erfolgt in Eichenfässern in Limassol und Paphos über einen Zeitraum von mindestens zwei Jahren. Leider sind die Preise – und damit die Qualität – weiterhin niedrig.

Vier Großunternehmen beherrschen auf Zypern die Weinwirtschaft: KEO mit geschmeidigem rotem »Othello«, dem Commandaria »St. John«, dem »Keo Fino«, einem der besten »Sherrys«, sowie leichten Tafelweinen namens »Laona«. Der perlende »Bellapais« ist ein erfrischender Weißwein dieser Firma. ETKO produziert in der Reihe »Emva« eine Anzahl gespriteter Weine, einen guten Weißwein von Xynisteri namens »Nefeli« und kleine Mengen des Cabernet-Gutsweins »INO«, der zu den besten Roten der Insel zählt. Das Unternehmen Loel bietet ordentlichen roten »Hermes«, Commandaria »Alasia« und einen trockenen weißen Palomino. Auch einige der besten zypriotischen Branntweine werden von Loel hergestellt. Die Genossenschaft SODAP mit 10 000 Mitgliedern bereitet neben dem roten Anführer »Afames« auch trockene Weißweine der Marke »Arsinoe« sowie den Commandaria »St. Barnabas«.

All diese Weine gehören jedoch weitgehend der Vergangenheit an. Die großen Erzeugerbetriebe haben erkannt, dass sie ihre Vorgehensweise ändern müssen, wenn sie auf dem Weltmarkt bestehen und Terrain gewinnen wollen. Bei KEO beispielsweise ist inzwischen ein neuseeländischer Kellermeister verpflichtet, der innerhalb kürzester Zeit die Produktion modernisiert hat und bestrebt ist, das bemerkenswerte Potenzial der besten Lagen voll auszuschöpfen. Gleichzeitig intensiviert das Unternehmen die Zusammenarbeit mit den unter Vertrag stehenden Anbauern, denn natürlich kann der Wein immer nur so gut sein wie seine Trauben. Als Genossenschaft tut sich SODAP etwas schwerer mit den neuen Herausforderungen. ETKO und Loel werden neue Produktreihen einführen in der Hoffnung, damit ein breiteres Publikum anzusprechen. Kleine qualitätsbewusste Betriebe wie Vouni Panayia wachsen sich zu einer ernsthaften Konkurrenz für die vier Großen aus, aber bis jetzt nur auf dem Inlandsmarkt.

Türkei

Wenn Noahs Weinberg an den Hängen des Ararat wirklich der allererste war, dann darf sich die Türkei als wahre Heimat des Weins bezeichnen. Die Kunst der Hethiter von 4000 v.Chr. ist wahrscheinlich ein greifbarerer Beweis dafür, dass Anatolien bereits in frühester Zeit Weinbau in hochkultivierter Form gekannt hat. Im Vergleich mit solchen Zeitspannen ist die »lange Nacht des Islam« ein kaum bedeutenderes Intermezzo als die Prohibition in den USA. Seit 1920 wird in der Türkei wieder Wein erzeugt, der viel besser ist als sein Ruf. Eine der größten Überraschungen, die mir je mit feinen Weinen widerfahren ist, erlebte ich einmal in Bordeaux, wo ich bei einem Freund einen türkischen Rotwein von 1929 für einen Bordeaux desselben Jahrgangs hielt.

Die Türkei verfügt über 600 000 ha Rebland, doch nur 3% der Ernte wird zu Wein verarbeitet, der Rest sind Tafeltrauben. Kemal Atatürk begründete in seinem Bestreben, das Land zu modernisieren, den türkischen Weinbau des 20. Jahrhunderts, der jedoch an der mangelnden Inlandsnachfrage krankt: 99% der türkischen Bevölkerung sind Moslems. Das staatliche Unternehmen Tekel ist mit sechs Kellereien, die Weine aus allen Anbaugebieten verarbeiten, bei weitem der größte Erzeuger und beherrscht auch den Export, vor allem mit beliebten Massenweinen für Skandinavien. Außerdem gibt es 25 Privatbetriebe, mindestens zwei davon mit sehr hohen Qualitätsstandards. Die Produktion ist in den letzten zehn Jahren gestiegen und belief sich im Jahr 2002 auf 48 Mio. Liter.

Die Hauptanbaugebiete sind Thrakien (das Gebiet Trace-Marmara auf der europäischen Seite des Bosporus), die Ägäisküste um Izmir, Zentralanatolien um Ankara und Ostanatolien. Es werden hauptsächlich einheimische Rebsorten (insgesamt mehr als 1000) angebaut, deren Namen im Westen unbekannt sind; nur in Thrakien werden die bekanntesten Rot- und Weißweine von Cinsaut, Gamay und Sémillon (unterstützt von Clairette) gewonnen. Doluca importiert erst seit Anfang der 1990er-Jahre Stecklinge von Chardonnay und Cabernet Sauvignon. Der Gamay-Rotwein namens »Hosbag« (von Tekel) ist nicht weiter bemerkenswert, aber »Trakya Kirmisi« von den türkischen Trauben Papazkarasi und Adakarasi ist ein guter, kräftiger Wein. *Kirmisi* bedeutet »rot«, *beyaz* »weiß« und *sarap* »Wein«. »Trakya Beyaz« (ein trockener Sémillon) ist ein beliebter Exportwein.

Doluca und Kavaklidere sind die führenden privaten Erzeugerbetriebe. Doluca in Mürefte am Meer von Marmara, 1926 gegründet, hat gut bereitete Rote, darunter »Villa Doluca« von Gamay, Papazkarasi und Cabernet, den ich persönlich für den besten türkischen Rotwein halte. Ferner hat die Firma Weißweine von Sémillon, Sauvignon blanc und Riesling im Programm. Kavaklidere, das größte selbstständige Unternehmen, sitzt in Ankara, verarbeitet jedoch (vor allem einheimische) Trauben aus allen möglichen Gebieten, von Thrakien bis Ostanatolien. Erzeugt werden »Yakut« und »Dikmen«, rote Verschnitte von Bogazkere, Kalecik Karese und Oküzgözü (Yakut enthält manchmal auch etwas Cabernet), sowie süße und trockene Weißweine von Narince, Emire, Sultanine (mit einem sehr frischen Primeur) und Cankaya.

Aus Ostanatolien stammt der bekannteste türkische Rotwein, der schwere, kraftvolle »Buzbag«, der bei Elazig von Bogazkere erzeugt wird. Er ist ein Produkt des Staatsbetriebs Tekel und nach wie vor der ursprünglichste und interessanteste Wein der Türkei. Die Kellerei Turasan in Kappadokien bereitet vorwiegend trockene und süße Verschnitte.

An der Ägäis werden Rotweine unter anderem von Cabernet und Merlot (meines Wissens dort Bordo genannt) sowie Carignan und Calkarasi erzeugt. Der Weißwein wird zum größten Teil von Sultana gewonnen, der kernlosen Tafeltraube, die sich nicht besonders gut für die Weinbereitung eignet. Außerdem werden etwas Sémillon und Muskateller produziert; Letzterer ist wohl der bessere der beiden.

Die Levante

Libanon

Darüber, was es in der Levante an Wein gäbe, wenn dort nicht die Anhänger des Propheten säßen, lässt sich trefflich spekulieren. Der englische Weinschriftsteller Cyrus Redding hatte 1840 davon gehört (er war sicherlich nicht selbst dort gewesen), dass Syrien Rot- und Weißwein in der Qualität von Bordeaux hervorbringe. Heute wissen wir, dass im östlichen Mittelmeerraum großartiger Wein entstehen kann. Noahs altes Kanaan, heute das Bekaa-Tal, tat sich in den 1970er-Jahren als Anbaugebiet hervor, dessen Erzeugnisse tatsächlich, wie Redding berichtet hatte, mit Bordeaux-Weinen vergleichbar waren.

Anfang des 19. Jahrhundert war das Gebiet für trockenen weißen *vin d'or* bekannt. 1857 errichteten Jesuiten in Ksara nordöstlich von Beirut eine unterirdische Kellerei mit kilometerlangen Felsengängen, in denen sich ein Fass ans andere reihte. Die älteste (und immer noch die größte) libanesische Kellerei erzeugt einen sehr guten frischen Weißwein. Für Aufruhr in der Welt des Weins sorgte hingegen Château Musar in Ghazir, 25 km nördlich von Beirut. Das Gut mit Weinbergen im Bekaa-Tal wurde in den 1930er-Jahren von Gaston Hochar gegründet, auf dem 1959 sein Serge nach einer Ausbildung in Bordeaux Kellermeister wurde. Um diese Zeit tauchten in London die ersten Flaschen auf. 1982 konnte Château Musar bereits auf eine lange Reihe von Jahrgängen verweisen, die bis in die 1940er-Jahre zurückreichte und keinen Zweifel mehr daran ließ, dass die Gegend außerordentlich feinen und langlebigen, in Barriques ausgebauten Rotwein von Cabernet Sauvignon mit etwas Cinsaut und Carignan hervorbringen kann – der einem kraftvollen Bordeaux aus einem reifen Jahrgang nicht unähnlich ist. Der eichenfassgereifte Weißwein des Château von der einheimischen Obaideh-Traube, die an Chardonnay erinnert, bleibt zehn Jahre und länger erstaunlich entfaltungsfähig. Während des Bürgerkriegs in den 1980er-Jahren wurde Hochar in der internationalen Weinwelt als Held gefeiert, da er unbeirrt von den syrischen Panzern in seinen Weinbergen weiterhin feine Weine erzeugte. Bei einigen neueren Jahrgängen entsteht allerdings der Eindruck, dass der kommerzielle Erfolg die Qualität verwässert.

Der zweite bekannte Erzeuger im Bekaa-Tal ist das 300-ha-Gut Kefraya mit einem Cinsaut-Carignan-Verschnitt namens »Rouge de K« (»Château de Kefraya« bleibt den besten Jahrgängen vorbehalten) sowie Rosé- und Weißweinen. Die Prestige-Cuvée ist »Comte de M«, ein in neuer Eiche ausgebauter Verschnitt von Cabernet, Syrah und Mourvèdre. Seit 2000 steigt die Qualität.

Das Ende des libanesischen Bürgerkriegs ermutigte einige Unternehmer zum Aufbau neuer Weingüter. Eines der ehrgeizigsten ist Massaya, das 1998 von dem Architekten Sami Ghosn gegründet wurde und von Hubert de Boüard, dem Besitzer von Château l'Angélus in St-Emilion, und Daniel Brunier aus Châteauneuf-du-Pape beraten wird. Die ersten Reserve-Weine waren beeindruckend.

Domaine Wardy macht seit 2000 mit Sauvignon blanc und Chardonnay von sich reden und plant, ihr Angebot an sortenreinen Weinen zu vergrößern. Die alte Kellerei in Ksara wiederum hat mit Unterstützung eines französischen Kellermeisters aus Margaux ihre Auswahl auf zwölf Weine, darunter ein Bordeaux-artiger Verschnitt, erweitert. Und Kefraya hat einen neuen Nachbarn bekommen: Cave Kouroum de Kefraya.

Die libanesische Gesamtrebfläche beträgt derzeit lediglich 1100 ha; in quantitativer Hinsicht bleibt die Erzeugung also vorerst beschränkt. Doch der Libanon hat als Weinbauland jetzt wieder eine Zukunft.

Israel

Der Weinbau in Israel reicht bis ins Altertum zurück, aber eine Weinwirtschaft etablierte sich erst am Ende des 19. Jahrhunderts durch ein Geschenk des Barons Edmond de Rothschild an den Staat: Er gründete zwei Kellereien in Rishon Le Zion bei Tel Aviv und in Zichron Jaacov südlich von Haifa. Sie sind mit einem Marktanteil von 60% immer noch die größten israelischen Erzeugerbetriebe und vertreiben ihre Weine unter dem Namen »Carmel«.

Israel hat heute eine Rebfläche von 3000 ha. Die ersten Weinberge waren auf die heißen Küstengebiete Samson und Samaria (nach wie vor das größte Anbaugebiet) konzentriert und vorwiegend mit Carignan, Grenache und Sémillon bestockt, die zu süßen Weinen für religiöse Zwecke verarbeitet wurden. Das Interesse galt vor allem koscheren Tropfen.

Mitte der 1970er-Jahre erkannte Cornelius Ough, der damalige Leiter der University of California in Davis, dass die Golanhöhen mit ihrem kühlen Klima ideale Bedingungen für den Traubenanbau bieten. Inzwischen werden dort und in Obergaliläa auf vulkanischen Basaltböden in bis zu 1100 m Höhe Reben angebaut, aus denen Israels beste Weine entstehen.

Die Einführung klassischer Rebsorten in den 1980er-Jahren, zunächst Cabernet Sauvignon, dann Merlot und Chardonnay, markierte den Beginn eines Qualitätsweinbaus und der Produktion international konkurrenzfähiger trockener

Koscherer Wein

Die meisten, aber längst nicht alle israelischen Weine sind koscher. Koschere Weine müssen unter strenger rabbinischer Aufsicht bereitet werden, was einerseits zu Einschränkungen führen, andererseits höhere Kosten verursachen kann.

Es beginnt schon im Weinberg, der eigentlich alle sieben Jahre für ein Jahr brachliegen müsste; in der Praxis aber wird er meist für dieses eine Jahr an einen Nichtgläubigen verkauft. Die vorgeschriebene Ruhe am Sabbat wird strikt eingehalten. In der Kellerei dürfen nur orthodoxe Juden in direkten Kontakt mit dem Wein kommen. Bestimmte Materialien, die normalerweise bei der Weinherstellung verwendet werden, sind verboten, beispielsweise Fischleim, das aus nicht koscherem Stör gewonnene Schönungsmittel. Manche Rabbiner bestehen auf *maaser*, einem Ritual, das auf den einst an den Tempel von Jerusalem entrichteten Zehnten zurückgeht. Die Kellerei Carmel befolgt diese Vorschrift und vernichtet 1% der jährlichen Ernte. Sie unterzieht ihre Weine auch der Schnellpasteurisierung, die einem rabbinischen Gebot zufolge dann erforderlich ist, wenn der Wein von nicht orthodoxen Juden ausgeschenkt wird; andernfalls wäre er nicht mehr koscher.

Solche Bestimmungen haben nichts mit der Qualität des Weins zu tun. Güter wie die Domaine du Castel geben sich – mit Blick auf den Exportmarkt – deshalb auch gar nicht erst den Anschein, koschere Weine zu erzeugen.

Tisch- und Schaumweine. Die Golan Heights Winery in der kleinen Stadt Katzrin hoch oben im Golan weist mit eichenfassgereiftem Chardonnay und Cabernet (»Yarden« ist die Spitzenmarke), Schaumweinen nach der klassischen Methode und komplexem Merlot den Weg. Barkan, Israels drittgrößte Kellerei, erzeugt Sauvignon blanc und Cabernet Sauvignon annehmbarer Qualität. Die Produktion beläuft sich auf 4,5 Mio. Flaschen im Jahr. In Zusammenarbeit mit einem Kibbutz wurde eine zweite Kellerei in den Golanhöhen gegründet, Galil Moun-

tain, die hauptsächlich mit internationalen Rebsorten arbeitet. Newcomer sind unter anderem Dalton an der libanesischen Grenze mit eichenfassgereiftem Cabernet, Merlot und Chardonnay; Tishbi, die umbenannte und aufpolierte Kellerei des Barons; Recanati in Emek Hefer und Cfar Tabor in Untergaliläa. Domaine du Castel ist das ehrgeizigste Unternehmen: Der Rotwein wird zwei Jahre in neuer französischer Eiche ausgebaut. Der zweite Wein, »Petit Castel«, ist fast genauso gut, weniger eichenlastig und nicht so teuer.

Nordafrika

Vor etwa 50 Jahren kamen Tunesien, Algerien und Marokko für nicht weniger als zwei Drittel der weltweiten Weinproduktion auf. Algerien war von den dreien das mit Abstand bedeutendste Erzeugerland, dessen gewaltige Weinmengen größtenteils als Verschnittmaterial nach Europa (vor allem nach Frankreich) gingen. Seine Unabhängigkeit von Frankreich hatte den unmittelbaren Niedergang der Weinwirtschaft zur Folge, weil es praktisch keinen Inlandsmarkt gab. Dazu kam, dass die instabile politische Lage und religiöser Fundamentalismus die dringend notwendige Instandsetzung von Weinbergen und Kellereien verhinderten. Rebflächen wurden entweder gerodet oder zu Brachland. Mittlerweile sind jedoch Bestrebungen im Gang, die Qualität der Weine aus den besten Lagen für den Export zu verbessern.

Tunesien

Mit der Einrichtung eines *Office du Vin* im Jahr 1970 nahm Tunesiens dezidierter Plan, Weine in Exportqualität zu erzeugen, Gestalt an. Die Weinbaufläche hat sich von einst 50 000 ha, dem Höchststand, auf 15 000 ha in der unmittelbaren Umgebung von Tunis (und dem alten Karthago) an der Nordküste reduziert. Am typischsten sind hier wie auf den nicht weit vor der Küste liegenden sizilianischen Inseln die Muskat-Weine. Rot-, Rosé- und Weißweine werden, häufig mit moderner Technik, von Trauben aus dem französischen Midi gewonnen. Wie in Algerien sind die hellen Rosés oft am ansprechendsten; auf sie entfallen rund zwei Drittel der Produktion. Zu den nach französischem Vorbild festgelegten AOC-Bereichen zählen Mornag (die größte), Grand Cru Mornag, Coteaux d'Ultique (am Meer nördlich von Tunis), Tébourba, Sidi Salem und Kelibia.

Der größte Erzeuger ist die Union des Caves Coopératives Viticoles (UCCV) in Djebel Djelloud, die 65 % des tunesischen Weins erzeugt, unter anderem den ungewöhnlichen trockenen weißen »Muscat de Kelibia« von Rebflächen an der Spitze des Cap Bon im Nordosten: ein hocharomatischer, nicht zu starker Tropfen, der aber trotzdem nicht ganz das Richtige zum Essen ist. Der beste Rotwein ist »Magon« aus Tébourba im Tal des Oued Medjerdah, dem Fluss westlich von Tunis. Cinsaut und Mourvèdre verleihen diesem Wein mehr Rundheit und Charakter als sie der Standardwein »Coteaux de Carthage« besitzt. Ebenfalls von der Union stammt die Reihe »Château Mornag« (mit Rotwein und Rosé) aus den Mornag-Bergen östlich von Tunis, der helle trockene »Gris de Tunisie«, ein Grenache-Cinsaut-Verschnitt aus Tébourba, sowie der trockene muskatduftige Rosé namens »Sidi Rais«.

Die bemerkenswertesten Weine des staatlichen *Office des Terres Domaniales* sind die erdigen Roten der Domaine Thibar, etwa 140 km westlich von Tunis im oberen Medjerdah-Tal, und »Sidi Salem« aus Kanguet bei Mornag. Weitere beachtenswürdige Erzeuger sind die Société Lamblot mit ihrem roten »Domaine Karim« aus den Coteaux d'Ultique, ferner Château Feriani mit einem der schmackhaftesten tunesischen Rotweine aus demselben Bereich, Domaine Magon, jetzt mit deutschen Investoren im Hintergrund, Héritiers René Lavau mit »Koudiat«, ebenfalls ein starker Rotwein aus Tébourba, und die Société des Vins Tardi in Aïn Ghellal nördlich von Tébourba mit dem »Royal Tardi«, der ein wenig Pinot noir enthält.

Am besten jedoch sind die starken süßen Muskat-Dessertweine der Appellation Vin Muscat de Tunisie.

Die deutsche Firma Langguth produziert in Tunesien seit den 1960er-Jahren für den Exportmarkt. Calatrasi aus Sizilien investierte in jüngerer Zeit in große Rebflächen südlich von Tunis und erzeugt unter dem Namen »Selian« herzhaften, fruchtbetonten Carignan und Syrah. Unternehmen wie diese müssten dem tunesischen Weinbau eigentlich die dringend notwendigen Impulse verleihen.

Algerien

In der größten und für den Weinbau bedeutendsten der ehemaligen französischen Kolonien in Nordafrika sank die Rebfläche von 365 000 ha in den 1960er-Jahren (als Algerien das sechstgrößte Erzeugerland der Erde war) auf derzeit rund 35 000 ha; die Produktivität verringerte sich in noch höherem Maße auf 1% des Werts von vor 1962. Kellereien wurden – häufig unter massiven Drohungen – zu Tausenden stillgelegt: ihre Zahl ging in 40 Jahren von 3000 auf 50 zurück. Viele der älteren Anbauflächen in den fruchtbaren Ebenen, die ohnehin nie guten Wein hätten liefern können, wurden zu Getreideland; der Weinbau zog sich auf die Hügellagen zurück, die schon unter den Franzosen bessere Weine hervorbrachten. Ein Dutzend Crus erhielt vor der Unabhängigkeit den VDQS-Status.

Sieben davon wurden vom *Office National de Commercialisation des Produits Viticoles* (ONCV) als Qualitätsbereiche anerkannt. Sie liegen alle 80 km von der Küste entfernt in den Bergen der beiden westlichen Provinzen Alger und Oran. Letztere verfügt über drei Viertel der algerischen Reben und liefert deshalb von jeher den größten Teil der Massenweine. Das ONCV, das für die algerische Massenweinproduktion verantwortlich ist, vergibt Standardetiketten, aus denen nichts weiter als der regionale Ursprung eines Weins hervorgeht – bei der Prestigemarke »Cuvée du Président« nicht einmal das. »Le Président« ist ein gereifter, entfernt Bordeaux-ähnlicher Wein, den ich bei der letzten Kostprobe nicht so gut fand wie die besten Angebote aus den Regionen.

Der westliche Qualitätsbereich Coteaux de Tlemcen liegt nahe der marokkanischen Grenze in 760 m Höhe an Nordhängen auf Sandstein. Die Rot-, Rosé- und Weißweine sind gut bereitet: stark, sehr trocken, aber weich, in einem Stil, den die Algerier beherrschen. Insbesondere die Rosés und Weißweine sind durch die Einführung der kühlen Gärung um einiges besser geworden.

Die Monts du Tessalah in Sidi-bel-Abbès im Nordosten erwiesen sich als weniger markant, auf jeden Fall weniger als die Coteaux de Mascara, deren Rotweine zur Kolonialzeit häufig als Burgunder durchgingen. Mascara-Rotweine sind kräftig und dunkel mit echtem Körper, reichem Gefüge und – fassgereift, wie sie heute verkauft werden – einem ausgeprägten Eichen- und Gewürzaroma. Der Abgang zeichnet sich durch eine gewisse Rauheit aus, die ich beim Mascara-Weißwein nicht vorfand. Dieser ist jedoch so trocken, dass er in Südfrankreich durchaus Anerkennung fände, dabei angenehm fruchtig, nicht aromatisch, aber geschmeidig und individuell – vielleicht einer der besten Weißen aus Nordafrika.

Bei Dahra rücken die Berge ans Meer heran. Von den ehemaligen französischen VDQS-Crus Robert, Rabelais und Rénault (heute Tanghrite, Aïn Merane und Mazouna genannt) kommen milde, dunkle, körperreiche Rotweine und ein beachtlicher Rosé mit frischem, fast kirscharten Duft: ein leichtes, erfrischendes Getränk und ein Meisterwerk der Weinbereitung.

Weiter östlich und landeinwärts in der Provinz Al-Jazair (Algier) liefern die Coteaux du Zaccar etwas leichtere, weniger fruchtige Weine. Auch hier gibt es gut bereiteten Rosé, wenn auch nicht so fruchtig wie der Dahra. Südlich von Zaccar liegen die höher gelegenen (1200 m) Médéa-Berge mit kühlerem Klima. Hier werden neben den Standardtrauben Cinsaut, Carignan und Grenache auch feinere Rebsorten angebaut. Cabernet und Pinot noir gehen in die Médéa-Verschnitte ein, die weniger Körper, aber mehr Finesse besitzen als Dahra oder Mascara. Der östlichste Qualitätsbereich ist Aïn Bessem-Bouira mit relativ leichten Rotweinen und Rosés, die manche für die besten Algeriens halten.

Marokko

Die Weinanbauflächen Marokkos mit einst stattlichen 50 000 ha sind seit der Unabhängigkeit von 1956 auf nur mehr 8000 ha zusammengeschrupft. Es verfügt über die straffste Organisation und den höchsten Qualitätsstandard der drei nordafrikanischen Erzeugerländer. Die wenigen mit einer AOG *(Appellation d'Origine Garantie)* ausgezeichneten Weine unterliegen ähnlichen Kontrollen wie französische Appellationsweine, und sie werden streng gehandthabt. Produziert werden sie von dem staatlichen Betrieb SODEVI und der bedeutenden Genossenschaft Les Celliers de Meknès. Es gibt einige ansprechende Cabernet-Syrah- und Cabernet-Merlot-Verschnitte. Die Qualität nimmt zu.

Vier marokkanische Anbaugebiete liefern recht ordentliche Weine; das bei weitem beste und größte ist Meknès/Fès auf 460 bis 610 m Höhe in den nördlichen Ausläufern des mittleren Atlasgebirges mit den festgelegten Bereichen Saiss, Beni Sadden, Zerkhoune, Beni M'tir und Guerrouane. Die letzten beiden bringen bemerkenswerte Rotweine von Cinsaut, Carignan und Grenache hervor, die im Ausland als »Tarik« beziehungsweise »Chantebled« (in Marokko als »Les Trois Domaines«) verkauft werden. »Tarik« ist kräftiger und geschmeidiger, aber beide sind mild, nachhaltig und eindrucksvoll. Der 2400 ha große Bereich Guerrouane bietet auch einen *vin gris* mit AOG: Der sehr helle trockene Rosé von Cinsaut und Carignan ist ein Ersatz für die Weißweine, die es in Marokko bis vor kurzem nicht gab. Inzwischen lässt ein annehmbarer Sauvignon blanc auf Besseres hoffen.

Etwas Wein – allerdings nichts Besonderes – wird im Bereich Berkane/Oujda nahe der algerischen Grenze im Osten erzeugt. Die übrigen bedeutenden Bereiche liegen um Rabat in der Küstenebene in den Gebieten Gharb, Chellah, Zemmour und Zaër. Die Markennamen »Dar Bel Amri«, »Roumi« und »Sidi Larbi«, die früher für gefällige weiche Rotweine aus diesen Gebieten standen, wurden zugunsten von Gebiets- und Rebsortenbezeichnungen aufgegeben.

Die Region Casablanca weiter südlich an der Küste hat drei Bereiche vorzuweisen: Zenata, Sahel und Doukkala. Ersterer liefert einen starken Rotwein namens »Ourika«. Südlich von Casablanca produziert Sincomar das Standardgetränk aller durstigen Touristen, den »Gris de Boulaouane«. Er ist der Prototyp eines erfrischenden nordafrikanischen Weins: sehr hell mit einem Stich ins Orange, trocken, leicht fruchtig, außerordentlich sauber und genau das Richtige für die schwülen Nächte in Casablanca.

Weitere Erzeuger sind Castel Fréres', Atlas Vineyards, Domaine Ain Amhajir, Domaines Delorme in französischem Besitz und Domaine de Sahari im Besitz des Négociant Williams Pitters aus Bordeaux.

Asien

Seit Hunderten von Jahren werden im Orient Reben kultiviert. Chinesische Gärtner wussten bereits im 2. Jahrhundert, wie man Wein herstellt, ebenso die Araber, bis sie – zumindest theoretisch – im 8. Jahrhundert dem Alkohol abschworen. Afghanische Weinberge belieferten im 16. Jahrhundert den indischen Hof der Moguln. Doch anders als im Westen wurde in diesen Ländern der Wein nie ein Bestandteil des täglichen Lebens. Der Grund dafür ist vielleicht in der Eigenheit der dortigen Küche zu sehen. Stark gewürzte Speisen spült man am besten mit einem einfachen, erfrischenden Getränk hinunter – auch wenn jeder Gang durch den ortsüblichen Branntwein bereichert wird. Trotz alledem gibt es in mehreren asiatischen Ländern Ansätze eines modernen Weinbaus. Gewächse aus Japan, Indien und China gelangen auf die westlichen Märkte; der sich anbahnende Weinbau in Thailand, Südkorea, Vietnam und Indonesien ist hingegen hauptsächlich auf den heimischen Verbrauch ausgerichtet. Selbst Nepal verfügt – auf dem höchstgelegenen Weinberg der Welt – über einen 2-ha-Bestand von *Vinifera*-Reben, und auch der winzige Himalaya-Staat Bhutan versucht sich in der Weinerzeugung.

China

Reben wuchsen in China bereits 200 Jahre lang, bevor sie nach Frankreich kamen. Die Weine, oft süß und gespritet, werden seit Jahrhunderten bei Banketten gereicht und, mit Pflanzen, Kräutern, seltener auch tierischen Organen, Nagetieren und Reptilien versetzt, darüber hinaus als Medizin verwendet.

Der Weinbau breitete sich im Laufe der Zeit über ganz Mittel- und Nordwestchina aus. Die autonome Region Xinjiang (Sinkiang) kommt für fast ein Viertel der Rebfläche von 140 000 ha auf und für ein Drittel der 1,5 Mio. Tonnen Trauben, die derzeit produziert werden; fast die gesamte Ernte wird frisch oder als Rosinen verzehrt. Die Hauptanbaugebiete liegen im Nordosten in den Provinzen Shandong (Shantung), Hebei und Jiangsu sowie um Beijing (Peking) und Tianjin (Tientsin).

Die moderne chinesische Weinwirtschaft ist weitgehend das Ergebnis ausländischer Initiativen. Im Rahmen des Ende der 1970er-Jahre eingeleiteten wirtschaftlichen Modernisierungsprogramms förderte die chinesische Regierung aktiv die ausländische Beteiligung an der Modernisierung des Weinbaus. Der erste Investor war Rémy Martin, der 1980 zusammen mit einer landwirtschaftlichen Provinzbehörde eine große, moderne Kellerei in Tianjin errichtete. Deren Marke »Dynasty« machte bald dem schon länger bestehenden und inzwischen ebenfalls durch einen ausländischen Partner unterstützten Marke »Great Wall« Konkurrenz. Inzwischen ist sie mit einem Absatz von jährlich 13 Mio. Flaschen Marktführer bei den einheimischen Weinen im westlichen Stil.

Mitte der 1980er-Jahre wurden auf Initiative zweier weiterer ausländischer Joint Ventures große Flächen mit erstklassigen europäischen Rebsorten bepflanzt. Die Kellerei Huadong in Qingdao (Tsingtau) an der Nordostküste der Provinz Shandong wurde von Investoren aus Hongkong aufgebaut; ausländischer Partner ist heute Allied Domecq. Das Unternehmen produziert rund 200 000 Kisten, und seine Weine sind bisweilen von erstaunlich guter Qualität. Dragon Seal Wines, ein Gemeinschaftsunternehmen von Pernod-Ricard und der Beijing Friendship Winery, erzeugt verlässlichen Chardonnay und Cabernet Sauvignon. Sowohl »Huadong« als auch »Dragon Seal« sind inzwischen führende Marken. Die Marco Polo Winery in Hangzhou, ein Gemeinschaftsprojekt italienischer Investoren und eines örtlichen Reisweinherstellers, produziert Weine der Marke »Summer Palace«. Mit dem Spitzenschaumwein »Imperial Court« gelang Rémy 1992 der entscheidende Vorstoß in eine neue Qualitätsklasse. Er wird von klassischen Champagnerrebsorten gewonnen, die auf dem Rémy-Weingut Shen Ma bei Shanghai wachsen.

Die Weintraubenernte Chinas beläuft sich derzeit auf rund 300 000 t mit Tendenz nach oben. Knapp ein Viertel der Gesamtmenge entfällt auf fünf große, alteingesessene Kellereien. Die größte ist Changu Yu Winery in Yantai (Provinz Shandong), die ihre Weine unter dem Namen »Marco Polo« abfüllt. Die anderen – Beijing Yeguangbei, Lianyungang (Jiangsu), Great Wall und Tong Hua (Jilin) – bringen zusammen etwa die gleiche Menge hervor. Die Weine werden im traditionellen und neuerdings auch westlichen Stil bereitet. Mittlerweile werden Tankweine für Verschnitte oder für lokale Abfüllungen importiert. Insgesamt gibt es mindestens 200 Kellereien, von denen, wenn überhaupt, meist nur die mit ausländischer Beteiligung außerhalb Chinas bekannt sind.

Der größte Teil des chinesischen Weins wird von einheimischen Trauben gewonnen. Am bekanntesten ist Drachenauge, aus dem auch »Great Wall« erzeugt wird. Beichun, eine Hybride der in Nordchina beheimateten Gattung *Vitis amurensis,* hat sich dem rauen Klima der Grenzregion angepasst. Auch andere Rebsorten werden erprobt, darunter Rkatsiteli, Muscat Hamburg (die Hauptzutat im »Dynasty«) und Welschriesling. Am eindrucksvollsten sind die Weine von den erst vor kurzem eingeführten klassischen Rebsorten: Chardonnay, Riesling, Pinot noir, Pinot Meunier, Cabernet Sauvignon und Gamay. Von Gesetzes wegen muss Wein in China nur 70 % vergorenen Traubenmost enthalten, doch »Weine« dieser Art werden praktisch nur auf dem Inlandsmarkt abgesetzt.

Ein Neuzugang im chinesischen Weinbau ist der von dem Franzosen Gregory Michel geführte und von Hongkonger Investoren mitfinanzierte Betrieb Lou Lan in der Wüste Gobi mit einer Produktion von 400 000 Kisten. 1998 wurden importierte Stecklinge, darunter Cabernet, Merlot, Syrah, Chenin und Riesling, angepflanzt. Die besten sortenreinen Gewächse kommen unter dem Namen »Turpan Basin« heraus. Im Jahr 2002 brachte die Kellerei Maotai Changli Weine von Cabernet franc und anderen Rebsorten auf den Markt. Die österreichische Familie Swarovski, Besitzer von Norton in Argentinien, investierte in Shang-Li, wo nun auf 300 ha vor allem Merlot und Cabernet kultiviert werden sollen.

Indien

Der erste moderne Weinbaubetrieb Indiens war die Andhra Winery and Distillery, die 1966 in Hyderabad in der Region Andhra Pradesh gegründet wurde. Er ist nach wie vor der größte des Landes. Problematisch sind die meisten indischen Weine deshalb, weil sie von Tafeltrauben bereitet werden, obwohl seit den 1990er-Jahren zunehmend internationale Rebsorten angebaut werden: Schätzungsweise 13 000 ha sind mit diesen Sorten bestockt.

Der erste Wein, der Aufsehen erregte, war der 1985 von Château Indage, ursprünglich ein Joint Venture mit Piper-Heidsieck, herausgebrachte »Omar Khayyám«, ein Schaumwein von Chardonnay, der bei Pune in den Hügeln von Maharashtra südöstlich von Bombay produziert wird. Es folgten der süßere »Marquise de Pompadour« für den heimischen Markt und ein Jahrgangsschaumwein nach der traditionellen Methode namens »Celèbre«. Der trockene Rotwein des Guts wird von der einheimischen Arkawati-Traube gewonnen, der Weißwein von Ugni blanc und Chardonnay. Aus den Trauben von fast 250 ha Rebland werden außerdem zwei Verschnitte auf Cabernet-Basis erzeugt: »Soma« und »Anarkali«. Indage-Weine der Reihe »Chantilli« werden in französischer Eiche ausgebaut. Von dem 40-ha-Gut Grover Vineyards am Fuß der Nandi-Berge bei Bangalore kommen Weine, die überall in Indien erhältlich sind. Michel Rolland war hier 1995 als Berater tätig. Der Weißwein des Guts stammt hauptsächlich von Clairette, und seit kurzem wird auch ein mittelschwerer Cabernet produziert. Eine Rebfläche von 15 ha (mit Sauvignon und Chenin blanc sowie etwas Zinfandel) wurde Ende der 1990er-Jahre auf dem Gut Sula bei Nasik, 190 km nordöstlich von Bombay, von dem in Amerika ausgebildeten Rajiv Samant angelegt.

Indonesien

Der einzige Weinbaubetrieb in Indonesien, Hatten Wines, sitzt auf Bali und verarbeitet überwiegend die dunkle Isabella-Traube *(Vitis labrusca)*, die wenige Kilometer von der Stadt Singaraja entfernt im Norden wächst, wo die Hanglagen die tropische Hitze und Feuchtigkeit etwas lindern. Bisher werden kleine Mengen eines halbtrockenen Rosés produziert, doch der französische Kellermeister experimentiert inzwischen auch mit Schaumwein.

Japan

Der Daizenji-Tempel in Katsunuma in der Präfektur Yamanashi westlich von Tokio ist die geistige Heimat des japanischen Weinbaus. Einer Legende zufolge wurden die ersten Reben hier im 8. Jahrhundert von einem Erleuchteten gepflanzt, wobei sein Interesse wohl vor allem den Heilkräften der Traube galt. Der Weinbau entwickelte sich erst im 19. Jahrhundert, doch das Zentrum blieb Yamanashi, und dort befindet sich heute auch der Großteil der rund 30 ernst zu nehmenden modernen Betriebe. Reben wachsen außerdem in Nagano, eine im Westen angrenzende Präfektur, in Yamagata weiter nördlich auf der Insel Honshu und auf Hokkaido.

Die Anbauer haben mit widrigen Bedingungen – Monsun (in der Mitte und im Süden), lange, strenge Winter (im Norden), schlechter Wasserabzug, saure Böden – und hohen Kosten zu kämpfen. Der Weinbau in Japan ist in erster Linie auf Tafeltrauben und nicht auf erstklassige Rohstoffe für die Weinerzeugung ausgerichtet. Dies spiegelt sich in den Rebsorten und in den Anbaumethoden wider.

Vitis-labrusca-Sorten und deren Hybriden, die im 19. Jahrhundert aus Nordamerika eingeführt wurden, halten knapp 80 % der japanischen Rebfläche von rund 25 000 ha besetzt. Kôshû, die einheimische weiße Rebe und ein *Vitis-vinifera*-Abkömmling der im 8. Jahrhundert in Katsunuma gepflanzten Reben, ist für die Identität des japanischen Weinbaus am bedeutendsten, liefert aber nicht die Hauptmenge an Wein. Sie trägt reichlich große, runde rosafarbene Beeren, denen die Erzeuger meist nur mit Mühe Farbe, Geschmack und Körper abtrotzen.

Europäische Rebsorten werden seit den 1960er-Jahren erprobt. Seibel, die sich bei Versuchen bewährt hatte, wurde

erfolgreich mit einer einheimischen Rebe gekreuzt. Die neue Sorte Kiyomi erbringt einen konventionelleren, äußerst säurehaltigen Wein, der eine gewisse Ähnlichkeit mit Pinot noir aufweist. In weiteren Versuchen wurde Kiyomi mit der einheimischen Rebe rückgekreuzt, wodurch die kommerziell verwendbare Hybride Kiyomai entstand, die zum Schutz vor den strengen Wintern nicht mit Erde bedeckt werden muss wie viele andere Rebsorten, darunter auch Kiyomi. Nordeuropäische Sorten wie Müller-Thurgau und Zweigelt könnten sich als geeignet für das rauen Winter auf Hokkaido erweisen.

Überraschenderweise werden in dem Bestreben, mit den Importweinen Schritt zu halten, inzwischen einige erstklassige Weine (Sémillon, Chardonnay, Cabernet, Merlot und Kôshû) erzeugt. Fünf große Getränkekonzerne, die zusammen für drei Viertel der Gesamtproduktion aufkommen, beherrschen die Weinindustrie. Suntory erzeugt die interessantesten (und teuersten) Weine – »Château Lion«, einen roten Bordeaux-Verschnitt, und einen sehr guten Sémillon-Dessertwein – und konkurriert mit dem Softdrink-Giganten Sanraku, der unter dem Namen »Mercian« besonders guten Chardonnay, Merlot und Cabernet vertreibt. Mit einer Jahresproduktion von jeweils über 3 Mio. Kisten dominieren diese beiden Unternehmen den Inlandsmarkt. Manns Wine verarbeitet hauptsächlich die einheimischen Rebsorten Kôshû und Drachenauge sowie mit dem regnerischen Klima Japans gut zurecht kommende Kreuzungen aus einheimischen und europäischen Reben; daneben entstehen Chardonnay und ein in französischer Eiche ausgebauter Cabernet. Weitere wichtige Erzeuger sind Sapporo (»Polaire«) und Kyowa Hakko Kogyo (»Ste. Neige«). Zu den ebenfalls in Yamanashi ansässigen kleineren Familienbetrieben zählen Marufuji (»Rubiat«), Shirayuri (»L'Orient«), Maruki und das qualitätsbewusste Château Lumière. Deren Qualitätsstandards sind allerdings Ausnahmen und werden es wohl auch bleiben: Die meisten »japanischen« Weine sind Verschnitte mit südamerikanischen und osteuropäischen Tropfen.

Südkorea

Mit einer Rebfläche von rund 4000 ha ist Südkorea ein kaum nennenswertes Erzeugerland. *Majuang* ist die gängige Bezeichnung für alle einheimischen Weine, die meist aus minderwertigen Importweinen bestehen, denen der »Echtheit« wegen einige im Land angebaute Seibel- und Muscat-Hamburg-Trauben beigemischt werden.

Thailand

Der wachsende Weinmarkt in Thailand hat einige Erzeugerbetriebe entstehen lassen. Château de Loei ist ein 120-ha-Gut mit einer Kellerei in Phurua in einem kühleren Gebiet am Fluss Loei in Nordthailand. Der 1995 herausgekommene erste kommerzielle Wein wurde von Chenin blanc erzeugt. Der zweite Jahrgang, 1996, erbrachte kleine Mengen an Rotwein, vor allem von Shiraz. Derzeit werden weniger als 4000 Kisten pro Jahr erzeugt, doch eine beträchtliche Ausweitung der Produktion ist geplant. Hohe Steuern und Prohibitivzölle auf importierte Weine bieten einen großen Anreiz, sich den Herausforderungen des Tropenweinbaus zu stellen. Die Siam Winery erzeugt unter dem Namen »Chatemp« Rotwein von der grasigen Pok Dum und Weißwein von Malaga blanc. Die neue Domaine Saint-Lo hat Cabernet Sauvignon in 300 m Höhe angepflanzt; Traubenernte ist im Februar.

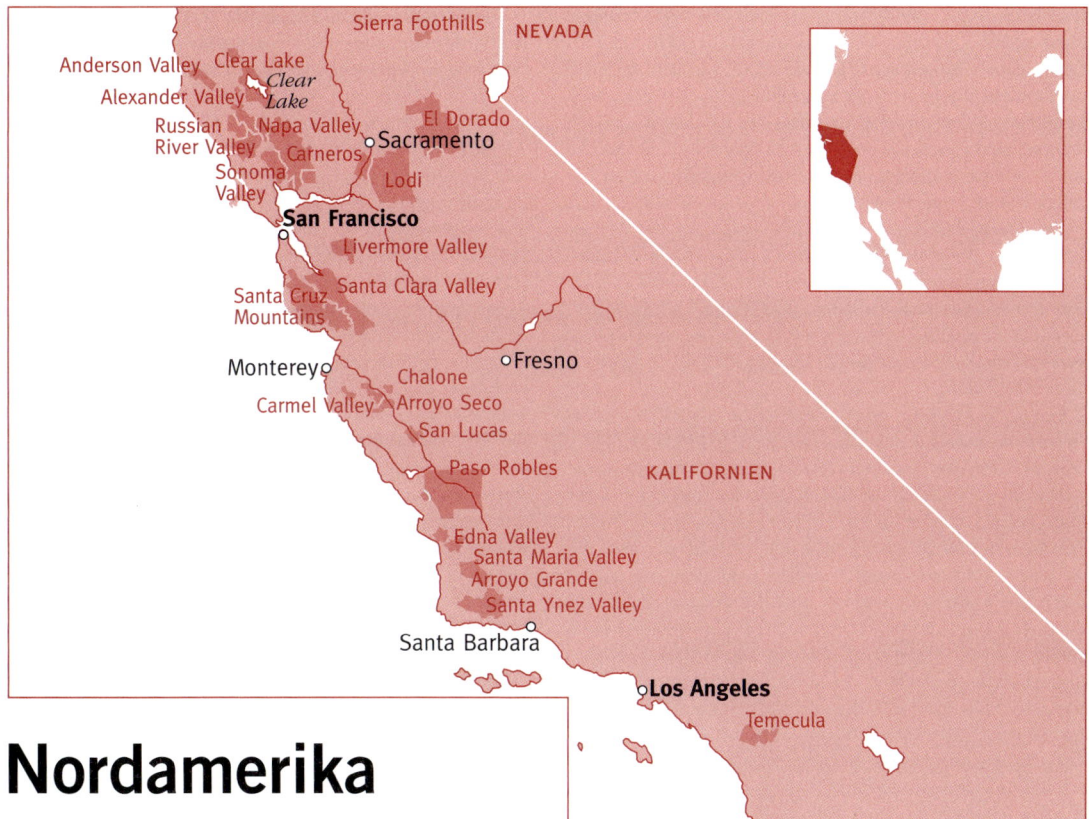

Nordamerika

Bis zum Ende der 1960er-Jahre konnte mit Recht gesagt werden, dass Weinbau zu treiben in den USA eine exotische Berufswahl war und sich nur am Rand des Kontinents einen Platz erobert hatte. Der Weinhandel unterlag damals wie heute den Bestimmungen des *Bureau of Alcohol, Tobacco und Firearms,* ganz so, als ginge es um etwas Brennbares oder gar um Sprengstoff. Weintrinken war eine ungewöhnliche, seltene, ja sogar einigermaßen suspekte Angelegenheit. Die Prohibition hatte der Vorstellung, dass gesunde Amerikaner unbelastet von Neurosen das lebensfrohe Erbe der Mittelmeerkulturen genießen könnten, fast gänzlich den Garaus gemacht.

In den letzten 45 Jahren stiegen dann die Produktion und der Verbrauch von Wein enorm an. Heute stehen die USA in der Weltliga der Erzeugerländer auf dem vierten Platz. Kalifornien allein trägt 95% dazu bei und erzeugt regelmäßig rund ein Viertel der Weinproduktion Frankreichs oder Italiens. Der Pro-Kopf-Verbrauch hat sich von knapp zweieinhalb auf beständig elf Flaschen jährlich vervierfacht.

Die Ziffer ist noch immer bescheiden, und auch die Neurosen sind durchaus noch nicht verschwunden, doch der Wein hat sich endlich als wesentlicher Teil des guten Lebens einen Platz in der Seele Amerikas erobert. Ehrgeizige Winzer gibt es heute in fast jedem Bundesstaat, und in einem Dutzend davon kann man schon von einer regelrechten Weinindustrie sprechen. Aber es ist der Stellenwert des Weins in Restaurants und Hotels, in Publikationen und in der Werbung, der beweist, dass ein großer Wandel stattgefunden hat.

Amerika hat endlich eine eigene Weinkultur entwickelt, mit eigenen Bezeichnungen, eigenen Appellations- und Bewertungssystemen und eigenen Vorstellungen von Wein und Speisen. Und was noch mehr zählt: Es exportiert bereits mit Erfolg Aspekte dieses neuen Denkens in die übrige Welt.

Kalifornien

Es erscheint inzwischen so selbstverständlich, den Namen Kaliforniens in der kurzen Liste der weltbesten Weinländer zu finden, dass man sich ins Gedächtnis zurückrufen muss, wie relativ neu dieser Status doch ist: Erst in den 1970er-Jahren hat Kalifornien mit Entschiedenheit seinen Platz in der Welt des Weins eingenommen. Schon ein Jahrhundert zuvor hatte es einen Anlauf dazu gemacht, der sich jedoch als Fehlstart, wenn auch als viel versprechender, herausstellte. Amerikas Weinverstand war noch nicht entwickelt und noch nicht bereit für das, was der Westküstenstaat (und der Wein überhaupt) zu bieten hatte. Nach der Aufhebung der Prohibition schuf eine neue Winzergeneration die Grundlage für einen Wirtschaftszweig, dem zuerst wenig Sympathie entgegengebracht wurde. Kaum jemand war deshalb auf den Ansturm vorbereitet, als die Amerikaner gegen Ende der Sechzigerjahre ihre Gewohnheiten zu ändern und nach neuen Ideen Ausschau zu halten begannen, als sie anfingen, über ihre Umwelt, ihre Ernährung und Gesundheit nachzudenken und zu entdecken, dass eine Quelle des besten Getränks der Welt in ihrem eigenen Hinterhof entsprang.

Vom Anfang der Siebzigerjahre an fand ein so rasches Wachstum und ein so atemberaubender Wandel statt, dass Bob Thompson, der die Entwicklung in Kalifornien aus nächster Nähe beobachten konnte, den Versuch, ihr zu folgen, mit einer »Volkszählung im Kaninchenstall« verglich. In den Zahlen kommt das ganze Ausmaß der Entwicklung kaum richtig zum Ausdruck: 1970 gab es 220 Weinbaubetriebe, 1982 waren es 591 und im Jahr 2000 bereits mindestens 850 (diese Zahlen beziehen sich auf die physisch tatsächlich vorhandenen Kellereien; hinzu kommen Gemeinschaftsbetriebe sowie Erzeuger ohne eigene Kellerei, was die Gesamtzahl der Produzenten noch einmal kräftig erhöht). Im Jahr 2000 hatte sich die Weintraubenanbaufläche – 68 000 ha im Jahr 1970 – auf 194 000 ha vergrößert. Hinter dieser eindrucksvollen Fassade aus Zahlen war indessen alles in Gärung: Trauben, Menschen, Methoden, Anbaugebiete, Einrichtungen und Einstellungen – und der Gärungsprozess ist noch nicht zu Ende.

Erwartungsgemäß traten auch andere Zweige der Getränkebranche – Brauereien, Brennereien und die Softdrink-Industrie – auf den Plan, um sich an Massenproduktion zu sichern, was nur möglich war. Trotzdem wird Gallo, das Unternehmen mit dem größten Marktanteil in den USA, noch heute von den Familien der beiden Brüder geführt, die den Betrieb gegründet haben.

Das andere Extrem, dessen Folgen man schnell und etwas unfreundlich unter dem Namen »Boutique-Kellerei« abtat, war, dass die Kellereien von einem Modewein zum nächsten getrieben wurde. Es war die Zeit, in der für den größten Teil der Konsumenten, anders als für die Erzeuger, der Wein ein neues und faszinierendes Getränk war, und sie sich einerseits darüber klar werden mussten, welche Art sie denn nun eigentlich haben wollten, andererseits herausfinden mussten, wo es diese zu kaufen gab und ob sie auch im nächsten Jahr noch produziert wird. Nirgendwo sonst auf der Welt wird ein ähnlicher Kult um die Person des Kellermeisters gemacht wie in den USA. Eine Hand voll, darunter viele Frauen, haben es zu so viel Ruhm und Ehre gebracht, dass die Weinpreise eines Guts, für das sie arbeiten, in abenteuerliche Höhen schießen. Ich will damit keineswegs ihre Qualifikation in Zweifel ziehen, sondern lediglich feststellen, dass der Ruf des beratenden Kellermeisters zum kommerziellen Erfolg eines Weinunternehmens mehr beiträgt als solch unwägbare Faktoren wie Lage oder Terroir.

Es gibt zweifellos Felsen in dieser Brandung, aber sie stehen vereinzelt und weit verstreut. Im Wesentlichen hat der Weinbau keine Struktur und nur sehr wenige Regeln.

Vier wichtige Dinge gilt es zu beachten – und man muss sie alle beachten –, um in Kalifornien zu finden, was man sucht: Der Name steht über allem, sei es Marke oder Weingut; die Traubensorte ist der einzige Anhaltspunkt dafür, was sich in der Flasche befindet; der Herkunftsbereich mag einiges über den Stil des Weins aussagen, meistens jedoch nichts über seine Qualität, und anhand des Jahrgangsdatums erfährt man zumindest, wie alt er ist – oft auch noch mehr. Die wesentlichen Informationen über den kalifornischen Wein sind deshalb in diesem Kapitel in drei alphabetische Verzeichnisse unterteilt, die Weinbaubetriebe und Marken, Traubensorten und Weinstile und schließlich die Herkunftsbereiche auflisten.

Wie gut sind diese Weine, und wo stehen sie im internationalen Vergleich? In den letzten 25 Jahren hat die Spitzenklasse der kalifornischen Weine bei Blindverkostungen immer wieder gerade diejenigen europäischen Weine in den Schatten gestellt, die ihre Vorbilder waren. Warum ihr dies mit schon fast monotoner Regelmäßigkeit gelingt, liegt in ihrer Natur begründet. Es ist die voll ausgereifte Traube, die den kalifornischen Wein mit den großen Jahrgängen und den besten Lagen in Europa vergleichbar macht.

Freilich gehen auch der schnelle Reifeprozess der Trauben und der Einfluss des Bodens in die Rechnung mit ein. Beides hat für die langfristige Qualität des Weins mehr Bedeutung, als man in Kalifornien derzeit zugeben möchte. Der unvermeidliche Nachteil der hochreifen Traube liegt in der durchdringenden Kraft des Geschmacks, den sie abgibt.

Die Amerikaner mögen das Herzhafte – wenigstens die heutigen Amerikaner, und vielen andere Weintrinkern in aller Welt geht es genauso. Diese Grundeinstellung mag sich zwar kurzfristig verschieben, kehrt dann jedoch wieder zuverlässig zum Ausgangspunkt zurück. Noch vor nicht allzu langer Zeit wurde höchstes Lob in Ausdrücke wie »eindrucksvolle Frucht«, »ungemein sortentypischer Charakter«, »kraftvoller Eichenholzgeschmack« gefasst. Dann folgte eine Phase der leiseren Töne mit Wörtern wie »Harmonie«, »Delikatesse«, »Ausgeglichenheit« und »Eleganz«. Heute schallt es wieder »stark« und »eindrucksvoll«, und das lauter als je zuvor.

Der amerikanische Weinjournalismus entscheidet in unverhältnis hohem Maße über den Erfolg oder Misserfolg eines Weinguts. Nur noch in Bordeaux erwartet man mit ähnlicher Spannung das Urteil der Kritiker. Bei Hunderten von Kellereien, die teure Cabernets aus Sonoma und dem Napa Valley auf den Markt bringen, ist der Verbraucher natürlich auf Entscheidungshilfen angewiesen. Man sollte es ihm nachsehen, wenn er glaubt, dass der von der Weinpresse zum »besten« oder »tollsten« gekürte Wein dies auch wirklich sei. Die amerikanischen Journalisten neigt dazu, Kraft und Fülle höher zu bewerten als Finesse. Oft haben sogar Mondavis wunderbare Weine bei ihnen nur mittelmäßig abgeschnitten – einfach deshalb, weil sie weniger Fülle (doch meist mehr Eleganz) als ihre Konkurrenten hatten.

Die Besitzer vieler Weinbaubetriebe in Kalifornien sind sehr darauf bedacht, dass ihre Weine große Wellen schlagen. So wird man selten einen Erzeuger antreffen, der sich mit einem soliden Cru bourgeois zufrieden gäbe – diejenigen, für die nichts anderes als der Premier-cru-Status in Frage kommt, findet man hingegen jeden Tag. Oft sind es die Menschen der nachgerückten Winzergeneration, und sie handeln daher wie Unternehmer, denen Umsatzzahlen mehr bedeuten als das Vermächtnis ihrer Väter oder die Bedürfnisse ihrer oft noch jungen Weinberge. Wenn die Gesellschaft auf Größe schaut, soll sie Größe bekommen – und so ist der kalifornische Wein in letzter Zeit eindeutig kopflastig geworden und enthält mehr Alkohol als je zuvor, bei Preisen, die oft schamlos sind.

Doch gibt es auch eine stetig wachsende Gemeinde von Erzeugern, oft mit nur kleinen Gütern, die nach ein, zwei Lehrjahren in Gevrey-Chambertin oder St-Julien versuchen, ihren Weinen *élégance* zu verleihen und diese mit der üppigen Fülle zu vereinigen, die das Markenzeichen Kaliforniens ist. Einfach ist das nicht, auch wenn kalifornische Winzer von ihren »kühlen Klimazonen« reden – das Klima Kaliforniens ist nun einmal mediterraner als in Bordeaux oder Burgund.

Der persönliche Geschmack ist in jedem Fall die letzte Instanz – das wurde mir klar, als ich einmal in New York eine Gesellschaft von Weintrinkern fragte, ob sie es denn begrüßen würden, wenn alle Bordeaux-Rotweine so wären wie der größte unter den modernen Jahrgängen, der 1961er. Natürlich wollten sie das! Und wie ich nur so dumm sein könnte, nicht den allerkonzentriertesten und geschmacklich allerüberwältigensten (und damit freilich auch den am wenigsten erfrischenden) Wein zu jeder Mahlzeit trinken zu wollen? Da war wohl etwas dran, denn schließlich nimmt sich ein 61er Bordeaux neben den kalifornischen Kraftprotzen wie ein schüchterner Schuljunge aus.

Das Klima

Seit dem Ende der Prohibition oder genauer gesagt, seit die University of California in der Weinforschung hohen Rang erlangte, schaut Kalifornien mehr zur Sonne als auf den Boden, wenn es um die Frage geht, welche Rebsorten wo gepflanzt werden sollen.

Zwischen 1940 und 1960 entwickelten die Wissenschaftler in Davis ein System von fünf Klimaregionen, nach dem sich jahrzehntelang alle Neuanpflanzungen in Kalifornien richteten; doch heute ist es kaum noch in Gebrauch. Es beruht auf der Wärmesumme im Verlauf der Wachstumsperiode vom 1. April bis zum 31. Oktober, und sein Maß ist die Wärmezahl (dabei wird von allen durchschnittlichen Tagestemperaturen in Grad Fahrenheit jeweils der Wert 50 abgezogen und die Gesamtsumme gebildet).

Die fünf Regionen entsprechen ungefähr Burgund (Region 1, bis zu Wärmezahl 2500), Bordeaux (Region 2, 2500–3000), der Rhône (Region 3, 3000–3500), dem Sherry-Gebiet (Region 4, 3500–4000) und Nordafrika/Nahost (Region 5, über 4000).

Das System bewährte sich gut genug, um in den 1970er-Jahren die Weinbaubetriebe nach Monterey und in das Santa Maria Valley im Santa Barbara County zu locken, doch die wachsende Erfahrung mit den Klimaregionen förderte ebenso viele Unzulänglichkeit wie Vorzüge zutage. So gedeiht der Chardonnay oft an Stellen, wo er es dem Wärmezahlsystem nach nicht dürfte, und der Cabernet verweigert sich in Lagen, wo er gedeihen müsste.

Die Böden

Als sich in Kalifornien noch alles um Klimaregionen drehte, war die einzige Frage, die man sich bezüglich des Bodens stellte, ob er gut oder schlecht wasserdurchlässig sei. Zwar scheint es inzwischen einer größeren Anzahl von Weinerzeugern zu dämmern, dass neben der Drainagefähigkeit noch mehr im Boden stecken könne, doch sind sie noch weit davon entfernt, ihm dieselbe Bedeutung zukommen zu lassen, die er in Europa hat.

So geht es mit dem Fortschritt nur langsam voran. In den Küsten-Countys, wo es am meisten um Feinheiten geht, sind die Böden uneinheitlich, weil sich die geologisch noch jungen Küstengebirge Kaliforniens ständig neu formieren. Zwei Beispiele mögen genügen:

Mehr als alles andere markiert der San-Andreas-Graben die Trennungslinie zwischen zwei tektonischen Großplatten. Die Böden beiderseits dieser berühmten Quelle kalifornischer Erdbeben können völlig unterschiedlich sein und zwar schon im Abstand von wenigen Zentimetern, wie es am deutlichsten in den Santa Cruz Mountains der Fall ist.

Etwas weniger spektakulär ist die Tatsache, dass der heutige Russian River früher durch das Napa Valley in die San Francisco Bay floss. Als sich jedoch der Mount St Helena hoch

schob und ihm den Weg versperrte, drehte er nach Westen ab und fließt nun direkt zum Pazifischen Ozean, was die Entwicklung von Alexander Valley und Napa Valley nachhaltig beeinflusst haben dürfte.

Auch darf man nicht vergessen, dass die Winzer von St-Emilion, von Meursault und Chianti Jahrhunderte Zeit hatten, um herauszufinden, welche Rebsorten am besten zu ihren Böden passen. Dort, wo man in Kalifornien schon seit 100 Jahren Weinbau betreibt, kann man ebenfalls die besseren von den weniger guten Terroirs unterscheiden. Doch zu wissen, dass beispielsweise in Rutherford ein wunderbarer Cabernet entsteht, bedeutet noch lange nicht, dass man auch verstanden hat, warum dies so ist.

Das Terroir ist in Kalifornien wie überall ein unendlich komplexes Gefüge aus den unterschiedlichsten Faktoren. Dazu gehören Klima, Boden, Untergrund, Drainage, Wind, Sonneneinstrahlung, ja sogar die verwendeten Klone und vieles mehr. So gering das Verständnis der Kalifornier für ihr Terroir auch sein mag, umso bemerkenswerter sind ihre Anbauerfolge, und wer weiß, um wie viel größer sie erst sein werden, wenn sich in Jahrzehnten dieses Wissen einmal gebildet haben wird und in den Weinbau einfließt.

American Viticultural Areas (AVAs)

Während das Klima als Richtwert an Bedeutung verlor und der Boden keine gewann, drängten die amerikanischen Traubenanbauer – angeführt von kalifornischen – die US-Regierung, ein rudimentäres System von Herkunftsappellationen einzurichten, das Anfang der 1970er-Jahre Gestalt annahm.

Seine Bestimmungen ziehen freilich nur Grenzlinien um mehr oder weniger homogene Gebiete, implizieren aber keinen Qualitätsrang. Sie stellen auch keine Einschränkungen hinsichtlich der Rebsorten oder Anpflanzungspraktiken oder gar Erträge auf. Und selbst ein Wein, dessen Traubenmaterial nur zu 85 % aus einer Appellation stammt, darf den entsprechen den Gebietsnamen tragen.

Dessen ungeachtet erweisen sich die 86 kalifornischen AVAs in gewissem Umfang als nützlich. Sie veranlassen die Reblandbesitzer dazu, darauf zu achten, welche Rebsorten besser gedeihen als andere, und nur diese zu pflanzen. Carneros und sein Chardonnay können als Beispiel dienen, ebenso das Russian River Valley mit Pinot noir. Infolgedessen bilden die AVAs auch den brauchbarsten Rahmen für jede *tour d'horizon* im heutigen Kalifornien.

Im der folgenden Auflistung sind die wichtigsten AVAs mit einem Punkt vor dem Namen gekennzeichnet. AVA-Unterbereiche sind eingerückt.

North Coast AVA Das Gebiet umfasst den größten Teil der großen Weinbau-Countys nördlich der San Francisco Bay: Lake, Mendocino, Napa, Sonoma und Marin.

• Napa County/Napa Valley AVA Das am stärksten genutzte und prestigeträchtigste Weinbaugebiet mit 14 800 ha und fast 300 Kellereien. Das kühlere Südende (Carneros) des 40 km langen Tals öffnet sich zur San Francisco Bay; das wärmere Nordende (Calistoga) ist vom Mount St Helena geschützt. Dazwischen liegen – von Süden nach Norden – die Städte Napa, Yountville, Oakville, Rutherford und St Helena. Unterschiedliche Böden und Klimazonen sorgen für Vielseitigkeit, doch seit eh und je wird hier Cabernet Sauvignon allen anderen Rebsorten vorgezogen. Neure Bestandsziffern lauten: 6350 ha Cabernet Sauvignon, 3000 ha Merlot, 1150 ha Pinot noir, 225 ha

Sangiovese, 315 ha Syrah, 710 ha Zinfandel, 3320 ha Chardonnay und 830 ha Sauvignon blanc.

Atlas Peak AVA Kleines Hochtal östlich von Stags Leap; erst kürzlich vor allem für Sangiovese erschlossen.

Carneros AVA Ein Gebiet am unteren Ende des Tals, das sich Napa mit dem Sonoma County teilt. Es wurde ursprünglich für Pinot noir geschaffen, doch bewährt sich Chardonnay hervorragend; Merlot und Syrah sind im Kommen. Die besondere Stärke liegt bei Schaumwein.

Howell Mountain AVA In den Bergen östlich von St Helena; Heimat des Zinfandel, jetzt stärker mit Cabernet und Chardonnay bestockt.

Mount Veeder AVA In den Bergen westlich von Napa und Yountville; hauptsächlich Cabernet.

Oakville AVA Grenzt südlich an Rutherford und erweiterte die Cabernet-Zone, aber auch alle anderen Rebsorten von Chardonnay bis Zinfandel gedeihen überaus gut. Unter den Weißweinen ist Sauvignon blanc am besten.

Rutherford AVA Das Herzstück des Tals; hier gedeiht Cabernet schon am längsten und – wie es heißt – am besten.

Yountville AVA Die südliche Talebene des Napa Valley. Für Cabernet eher zu kühl, für Chardonnay ideal.

St Helena AVA Grenzt im Norden an Rutherford; hauptsächlich mit Cabernet Sauvignon bestockt.

Chiles Valley AVA Östlich von Howell Mountain, bekannt für Cabernet und Zinfandel.

Diamond Mountain AVA In den Hügeln von Calistoga gelegen. Außergewöhnlich robuster Cabernet.

Spring Mountain AVA In den Bergen westlich von St Helena wachsen Cabernet und Chardonnay; es sollte mehr Riesling angebaut werden.

Stags Leap District AVA In der Südostecke der Talsohle; fast ausschließlich Cabernet Sauvignon vorbehalten, der hier geschmeidiger gerät als anderswo in Napa.

Wild Horse Valley AVA Relativ kühles Hochtal östlich von Carneros. Nur etwa 50 ha sind bestockt.

Weitere AVAs sind beantragt, vor allem Calistoga und Pope Valley (direkt nördlich von Chiles Valley bis an die Grenze zum Lake County; sehr gut für Sauvignon blanc).

• **Sonoma County** Napas nächster Nachbar und härtester Konkurrent liegt zwischen Pazifik und dem Napa Valley, ist aber an Fläche größer und sowohl geologisch als auch topographisch vielfältiger.

Eine übergreifende AVA-Bezeichnung für die 14 600 ha Rebfläche und über 200 Weinbaubetriebe existiert nicht. Auch gibt es hier keine Hauptrebsorte. Über die größten Rebflächen verfügen: Cabernet Sauvignon (4600 ha), Merlot (2960 ha), Pinot noir (3960 ha), Syrah (616 ha), Zinfandel (1970 ha), Chardonnay (6260 ha), Sauvignon blanc (800 ha).

Alexander Valley AVA Das Gebiet erstreckt sich von Healdsburg nordwärts bis an die Grenze zum Mendocino County; ein warmes Tal, in dem Cabernet Sauvignon und Zinfandel am besten gedeihen.

Carneros AVA Mehr als das halbe Areal dieser Region, die sich Sonoma mit Napa teilt, liegt in Sonoma, aber etwas weniger als die Hälfte der Rebfläche. Siehe Napa.

Dry Creek Valley AVA Das von Healdsburg nordwestwärts verlaufende und dabei immer wärmer werdende Gebiet ist für Zinfandel ideal und vielversprechend für rote und weiße Rhône-Sorten.

Rockpile AVA Seit 2002 für 65 ha Rebfläche auf dem hügeligen Küstenstreifen nordwestlich von Sonoma.

Knights Valley AVA Nördlich von Calistoga (Napa); hauptsächlich Cabernet, der meist außerhalb der dünn bevölkerten Gegend verarbeitet wird.

Russian River Valley AVA Das von Nebeln gekühlte breite Gebiet erstreckt sich von Healdsburg südwärts bis Santa Rosa und südwestwärts bis Forestville und Sebastopol; beste Ergebnisse mit Pinot noir und Chardonnay für Still- und Schaumwein, aber auch erfolgreich mit Zinfandel. Sonoma Green Valley (Chardonnay und Schaumwein) ist ein kühlerer, Chalk Hill (Chardonnay und Sauvignon blanc) ein wärmerer Unterbereich von Russian River Valley. Am bekanntesten ist das Tal für seine vollen, würzigen und eleganten Pinot-noir-Weine, die mit zuverlässig guter Qualität seit über 20 Jahren erzeugt werden.

Sonoma Valley AVA Erstreckt sich von Santa Rosa südwärts über Kenwood und Glen Ellen bis zur Stadt Sonoma und öffnet sich dort zur San Francisco Bay. Eine bevorzugte Rebsorte gibt es hier nicht. Ein Unterbereich von Sonoma Valley ist der von Cabernet dominierte Sonoma Mountain; ferner überschneidet sich die Appellation Sonoma Valley mit dem zu Sonoma gehörenden Teil von Carneros.

Northern Sonoma AVA Erfasst das gesamte Einzugsgebiet des Russian River. Eine weitere übergreifende Appellation ist die Sonoma Coast AVA, zu der aber noch einige für Chardonnay und Pinot noir bestens geeignete Hochlagen im küstennahen Bergstreifen gehören.

• **Mendocino County/Mendocino AVA** Das direkt nördlich von Sonoma gelegene Mendocino County und seine AVA sind wahrhaft widersprüchlich: Vom Redwood Valley südwärts bis Ukiah und Hopland ist es zwar wärmer und trockener als irgendein Teil Sonomas, die Saison ist jedoch deutlich kürzer. Das in Küstennähe gelegene Anderson Valley ist mit das kühlste und regenreichste aller Weinbaugebiete Kaliforniens. Im Mendocino County gibt es rund 40 Weingüter und 5670 ha Rebfläche. Die Hauptrebsorten sind: Cabernet Sauvignon (980 ha), Zinfandel (770 ha), Chardonnay (1900 ha) und Sauvignon blanc (295 ha). Im Anderson Valley spielen trotz geringerer Anbauflächen auch Gewürztraminer (78 ha) und Riesling (17 ha) eine Rolle.

Anderson Valley AVA Seit der Wiederbelebung seines Weinbaus gegen Ende der 1960er-Jahre erzeugt das Gebiet um Boonville, am kühlen Westende des County, einen Gewürztraminer, der zu den besten Kaliforniens zählt, sowie langlebigen Chardonnay und Champagner-ähnlichen Schaumwein.

McDowell Valley AVA Das im Wesentlichen aus einem einzigen Weinbaubetrieb bestehende Gebiet in der Südostecke des County ist mit roten und weißen Rhône-Sorten erfolgreich.

Mendocino Ridge AVA Die erst kürzlich zur AVA erhobene Region liegt zwischen Anderson Valley und dem Pazifik. Die Appellation ist auf küstennahe Hochlagen beschränkt.

Kleinere AVAs in Mendocino sind das Cole Valley und die Yorkville Highlands.

Potter Valley AVA Das dünn besiedelte Hochtal nordöstlich von Ukiah lässt sein Lesegut meist außerhalb des Bereichs verarbeiten. Chardonnay scheint die Spitze zu halten.

Redwood Valley AVA Warmes Binnenlandgebiet nördlich von Ukiah, am besten für Cabernet und Petite Sirah geeignet.

• **Lake County AVA** Die Gegend nördlich von Napa und östlich von Mendocino bildet das kleinste, wärmste und trockenste Anbaugebiet an der Nordküste. Die Hauptrebsorten auf der Rebfläche von 2880 ha sind Cabernet Sauvignon (1155 ha), Chardonnay (280 ha) und – zurzeit am erfolgreichsten – Sauvignon blanc (555 ha).

Benmore Valley AVA Eine kleines, hoch gelegenes Chardonnay-Gebiet.

Clear Lake AVA Die größten Anbauflächen (1250 ha) liegen am Ufer des Sees, der dem Gebiet den Namen gab. Sauvignon blanc entwickelt sich hervorragend zwischen Lakeport und Middletown.

Guenoc Valley AVA Der auf einen einzigen Weinbaubetrieb zugeschnittene, dünn besiedelte Bereich grenzt an Napa. Hier überwiegt Cabernet, dagegen überrascht Chardonnay.

• **Central Coast** Während die North Coast ein kompaktes, wenn auch leicht aus den Fugen geratenes Rechteck bildet, ist die Central Coast eher eine Kleinausgabe Chiles: ein über 560 km lang gestreckter Streifen vom Süden der San Francisco Bay bis zum Santa Barbara County. Darin sind die wichtigsten Weinbau-Countys (von Norden nach Süden): Monterey, San Luis Obispo und Santa Barbara. Die Countys Alameda und San Benito spielen untergeordnete Rollen.

• **Santa Barbara County** Obwohl moderner Weinbau hier erst seit Anfang der 1970er-Jahre betrieben wird, hat sich Santa Barbara in der kurzen Zeit bereits als eigenständiges Gebiet herausgeschält. Es gibt nach wie vor nur knapp 50 Weinbaubetriebe auf einer Rebfläche von rund 8000 ha, an der Chardonnay (3680 ha) und Pinot noir (1060 ha) die größten Anteile haben. Auch in Syrah (370 ha) und Merlot (410 ha) wird große Hoffnung gesetzt.

Santa Maria Valley AVA Das von Küstennebeln gekühlte Tal erstreckt sich in exakt westöstlicher Richtung von der Stadt Santa Maria aus landeinwärts. Pinot noir ist hier die erfolgreichste Traube.

Santa Rita Hills AVA Die kühle Region am westlichen Ende des Santa Ynez Valley erhielt 2001 die AVA-Zulassung.

Santa Ynez Valley AVA Pinot noir gedeiht großartig im nebelkühlen Teilstück zwischen Lompoc und Buellton; im sonnigeren, viel wärmeren Teil in den Solvang und Los Olivos Countys landeinwärts von Buellton hingegen herrscht Cabernet, Sauvignon blanc und seltsamerweise auch Riesling vor.

• **San Luis Obispo County** Der Weinbau hat hier eine lange Geschichte, aber in den Bergen westlich von Paso Robles war allein Zinfandel dauerhaft zu Hause. Mit dem Weinboom der 70er-Jahre hielt Vielfalt Einzug, sowohl bei den Rebsorten als auch bei den Anbaugebieten, insbesondere in der kühlen Ebene südlich der Stadt San Luis Obispo. Das County verfügt über knapp 64 Weinbaubetriebe und mehr als 9700 ha Rebfläche. Cabernet Sauvignon (2890 ha), Zinfandel (895 ha) und Syrah (725 ha) herrschen bei den roten Trauben vor, für Weißwein wird vorwiegend Chardonnay angebaut (1725 ha). Neben den im Folgenden aufgeführten AVAs gibt es noch die kleine Bergregion York Mountain.

Arroyo Grande AVA Die Gegend um die gleichnamige Stadt am Südzipfel des Arroyo Grande County war ursprünglich Schaumwein vorbehalten, inzwischen aber bewähren sich Pinot noir und Chardonnay auch für Stillweine.

Edna Valley AVA Das Gebiet zwischen den Städten San Luis Obispo und Arroyo Grande ist fast ausschließlich mit Chardonnay besetzt.

Paso Robles AVA Ein von Bergen geschütztes, sonnengedörrtes Hochtal im Landesinneren; in den Hügeln westlich der Stadt Paso Robles wächst weiterhin schwerer Zinfandel heran; die wellige Ebene östlich der Stadt hat sich neuerdings mit mildem Cabernet einen Namen gemacht. Muscat blanc wurde gerade erst entdeckt, Syrah ist die Hoffnung der Zukunft.

• **Monterey County/Monterey AVA** Mit der Erschließung dieser Region versuchte man Ende der 1960er-Jahre in erster Linie der zunehmenden Urbanisierung der alten Weinbaubereiche in den Countys Alameda und Santa Clara zu begegnen, doch dann vergrößerte sich die Rebfläche zu Beginn der 70er-Jahre explosionsartig auf 15 000 ha. Die meisten Reben stehen im Salinas Valley von Gonzales südwärts über Soledad und Greenfield bis King City. Da es an Kellereien fehlt, wird das Lesegut größtenteils in andere Gebiete verkauft, wo es die Grundlage für einfache *coastal wines* bildet. Neben den Hauptrebsorten Chardonnay und Cabernet Sauvignon wächst hier Merlot, Pinot noir und Sauvignon blanc.

Arroyo Seco AVA Auf der Talsohle im Salinas Valley zwischen Soledad und Greenfield gedeihen weiße Rebsorten gut, vor allem Chardonnay.

Carmel Valley AVA Monterreys einziges Anbaugebiet in Meeresnähe. In geschützten, hoch gelegenen und daher meist nebelfreien Weinbergen entsteht ein faszinierender, dunkler Cabernet.

Trauben & Gattungsweine

Der in den USA gebräuliche Begriff *generic wine* (Gattungswein) bezeichnet einen bestimmten Weintyp, der häufig einen aus Europa entlehnten (Orts-) Namen trägt.

Alicante Bouschet Eine rote Verschnittsorte, die Struktur und Farbe verbessert. Ein paar wenige Betriebe erzeugen auch Sortenwein daraus. 620 ha.

Barbera Rebsorte mit hohem Säuregehalt, angebaut vor allem im heißen San Joaquin Valley für Verschnittzwecke; besonders erfolgreich in den Sierra Nevada Foothills. 4220 ha.

Burgundy Nur noch selten verwendete allgemeine Bezeichnung für Rotwein, verbunden mit der vagen Vorstellung, dass dieser dunkel und körperreich sei (also ganz anders als der wirkliche Burgunder). Kalifornischer Burgundy ist meist etwas süßlich.

Cabernet franc Zunehmende Anpflanzung, vor allem an der Nordküste und in Santa Barbara; meist für Verschnitte mit Cabernet Sauvignon und Merlot verwendet, immer mehr aber auch für sortenreine Weine. 1415 ha.

Cabernet Sauvignon Liefert die besten Rotweine Kaliforniens: fruchtig, duftig, gerbstoff- und körperreich. Sie brauchen Reifezeit in Eichenholzfässern und danach mindestens vier Jahre in der Flasche. Die besten Cabernets kommen aus dem mittleren Napa Valley, aus Teilen von Sonoma und den Santa Cruz Mountains. 29 945 ha.

Carignane Alte Rebstöcke sind vereinzelt noch anzutreffen in Mischpflanzungen der Weinberge von Sonoma und Mendocino sowie in den weniger guten Lagen des San Joaquin Valley. Der Bestand geht allmählich zurück. 3400 ha.

Carnelian Eine 1973 eingeführte rote Kreuzung. Sie bringt Farbe, aber keinen Geschmack in Verschnitte ein, und ist im Rückgang.

Charbono Eine rote Traube unbekannter Herkunft, die tiefdunkle Weine von fester Struktur erbringt; auch in sortenreinen Versionen anzutreffen.

Chardonnay Kaliforniens erfolgreichste Weißweintraube. Sie liefert großartige Weine in burgundischer Tradition, die in Eichenholzfässern ausgebaut und manchmal auch vergoren werden. Die Winzer müssen sehr darauf achten, dass die Weine nicht zu intensiv und schwerfällig werden (besonders in Napa). In Teilen von Sonoma und an der Central Coast (Monterey) wird meist ein leichterer Stil hervorgebracht. Die absoluten Spitzen-Chardonnays kommen aus Carneros und dem Anderson Valley. Exzellent sind sie auch im Russian River Valley, dem kühleren Teil des Napa Valley und (in etwas eigenartigem Stil) im Edna Valley. Auch in Ukiah und sogar in Lodi können sie überraschend gut gelingen. Mit 41 700 ha Anbaufläche und riesigen Produktionsmengen – viel zu viel davon wird für Alltagswein verwendet – ist Chardonnay die meistgebaute Rebsorte Kaliforniens. Als Folge des Überangebots werden seit 2002 die ersten Weinberge bereits wieder gerodet.

Chenin blanc Eine erstaunlich populäre Weißweintraube. In sortenreinen Versionen ist sie meist recht nichtssagend, wird aber wegen des hohen Ertrags, eines guten Säuregehalts und des sauberen, anpassungsfähigen Geschmacks in früh trinkreifen Verschnitten geschätzt. Angenehm auch in lieblichen Versionen, am besten jedoch trocken. Die Rebfläche hatte 1990 mit 12 500 ha ihren Höchststand erreicht und ist inzwischen auf 7280 ha zurückgegangen.

Dolcetto Die Traube aus Piemont wird zurzeit von einem guten Dutzend Güter erprobt. Die Weine zeigen aber noch wenig Ähnlichkeit mit dem schmackhaften Original.

Flora Eine stark duftende weiße Traube. Für Sortenweine wird sie so gut wie nicht mehr verwendet.

French Colombard Eine säurereiche weiße Verschnittsorte, meist in den heißeren Gegenden des San Joaquin Valley wegen ihrer hohen Erträge kultiviert. Die Rebfläche ist von rund 25 000 ha auf 16 060 ha zurückgegangen.

Fumé blanc Siehe Sauvignon blanc.

Gamay Beaujolais Dies ist nicht die Traube der Beaujolais-Weine, sondern eine Pinot-noir-Unterart, die allmählich aufgegeben wird. 216 ha.

Gewürztraminer Nach anfänglichen Schwierigkeiten heute in Kalifornien ein großer Erfolg. Aus nicht genau bekannten Gründen ist der Wein hier weicher und weniger würzig als im Elsass. Die besten Weine kommen aus dem Anderson Valley; die Regionen Russian River Valley und Salinas Valley folgen knapp dahinter. 620 ha.

Gray Riesling Keine Riesling-Sorte, sondern die zweitrangige französische Traube Chauché gris, eine Verwandte von Trousseau aus dem Jura. Sie geht weiter stark zurück und dürfte demnächst aufgegeben werden.

Grenache Eine Quelle schmackhafter Rot- oder Roséweine in den wärmeren Gegenden von Monterey. Am meisten wird sie in San Joaquin angebaut, oft für Port-ähnliche Stile. Grenache spielt eine wichtige Rolle bei der Wiederbelebung der Rhône-Sorten. 4585 ha.

Grignolino Eine kaum empfehlenswerte Rotweintraube, vermutlich aus Italien. Sie wird von einigen Betrieben in kühleren Regionen zu unkonventionellen Rot- und Roséweinen verarbeitet.

Johannisberg Riesling (auch White Riesling). Trotz eindrucksvoller Erfolge in trockener Version und als Spätlese, besonders im Anderson Valley, in Spring Mountain und Sonoma, konnte sich Riesling am US-Markt nicht durchsetzen. 780 ha.

Malbec In Kalifornien meist für Verschnitte im Meritage-Stil (siehe dort) verwendet. Die beste sortenreine Version kommt aus Arrowood. 390 ha.

Malvasia bianca Die in Italien weit verbreitete Traubensorte empfiehlt sich für Dessertweine in heißeren Regionen wie dem südlichen Monterey, erbringt aber auch in kühleren Gegenden angenehme, weiche Tafelweine. 400 ha.

Marsanne Von Mendocino bis Santa Barbara erproben Winzer die Marsanne-Traube. Keiner der Weißweine war bis jetzt sehr erfolgreich. 24 ha.

Meritage Ein 1988 per Wettbewerb gefundener Marketingname für kalifornische Bordeaux-Verschnitte. Steht aber keineswegs immer auf den Etiketten.

Merlot Die Traube aus Pomerol ist als sortenreiner Wein ein Erfolgsschlager, insbesondere wenn er mild bereitet und preiswert abgegeben wird. 20 700 ha.

Mission Die derbe alte Rebe der Franziskanermissionare, von der in den heißesten Regionen noch rund 310 ha vorhanden sind. Ein paar Betriebe in den Sierra Foothills erzeugen daraus halbtrockene und gespritete Weine.

Mourvèdre/Mataro In ihrer provenzalischen Heimat Bandol gibt es keinen Weinstock dieser Sorte, der so alt wäre wie in den 100-jährigen Mourvèdre-Beständen im Contra Costa County. Sie stehen nur wenigen Erzeugern zur Verfügung, doch die machen brillante Weine daraus.

Muscat oder **Moscato** Am besten geeignet ist die Sorte Muscat de Frontignan oder Moscato di Canelli für weißen Tafelwein in

Trauben & Gattungsweine

den kühleren oder für Dessertweine in den wärmeren Regionen. Die besten Versionen sind süße alkoholschwache Weine, die so instabil sind, dass sie gekühlt werden müssen. Die Anbaufläche ist nur 480 ha groß. Muscat of Alexandria ist eine hauptsächlich in heißen Klimazonen angebaute Tafeltraube.

Napa Gamay Um Verwechslungen mit Gamay Beaujolais (siehe dort) zu vermeiden, wurde diese mit der echten Gamay-Traube möglicherweise entfernt verwandte Sorte inzwischen umbenannt: Sie heißt nun Valdiguié. 270 ha.

Nebbiolo Die edle Traube Piemonts wächst heute auf 75 ha Rebfläche in Kalifornien. Bis jetzt sind die Ergebnisse nicht sehr überzeugend.

Petit Verdot Nicht sehr häufig angebaut, aber beliebt in Bordeaux-Verschnitten. 330 ha.

Petite Sirah Der kalifornische Name für die normalerweise nicht sehr hochwertige französische Sorte Durif und ähnlich unbedeutende Sorten. Trotzdem kann sie mit guten Ergebnissen überraschen, vor allem in Sonoma, Napa und Mendocino. Am brauchbarsten ist Petite Sirah jedoch als Farb- und Tanninspender in Rhône-ähnlichen Verschnitten. 1670 ha.

Pinot blanc Ähnlich wie Chardonnay, doch von milderer Art, ganz gleich ob es sich um die Melon-Traube (bei den meisten Pinot-blanc-Stecklingen, die nach Kalifornien kamen, handelte es sich eigentlich um Melon) oder echten Pinot blanc handelt. 355 ha.

Pinot gris Einige Winzerfamilien italienischer Abstammung erproben Weine im Stil des Pinot grigio, doch in Oregon war man bis jetzt mit dieser Sorte viel erfolgreicher als in Kalifornien. 1145 ha.

Pinot noir Die edle Rotweintraube aus Burgund stellt für Kaliforniens Kellermeister immer noch die größte Herausforderung dar – die ersten Weine waren zu stark, schwer und glanzlos. In letzter Zeit sind bessere Ergebnisse aufgetaucht, vor allem im Russian River Valley, im Santa Maria Valley, in Carneros, Arroyo Grande und den Santa Lucia Highlands. Ein Großteil des Leseguts wird jedes Jahr zu Schaumwein nach der klassischen Methode verarbeitet. 9330 ha.

Port Ein aus der Alten Welt übernommener Gattungsname für süße Dessertweine aus Kalifornien. Ähnlichkeiten mit dem portugiesischen Original sind zwar rein zufällig, doch der Wein kann durchaus seine eigenen Qualitäten haben. Die meisten Versionen sind von Zinfandel oder Petite Sirah, einige wenige von den Douro-Sorten, die auch für den echten Portwein verwendet werden.

Roussanne Es war schon ziemlich peinlich, als sich herausstellte, dass einige schmackhafte Roussanne-Tropfen der späten 1990er-Jahre in Wirklichkeit von falsch bezeichneten Viognier-Reben stammten. Die echte Roussanne-Traube wächst mit besten Erfolgen in San Luis Obispo.

Ruby Cabernet Eine Züchtung von H. P. Olmo in Davis, dazu gedacht, auch in den wärmsten Klimazonen ausgewogene, Cabernet-ähnliche Weine hervorzubringen. Ruby Cabernet verzeichnet Erfolge im San Joaquin Valley, doch die besten Ergebnisse kommen aus Monterey, Lodi und Madera. 3330 ha.

Sangiovese Die große Rotweintraube der Toskana hat die Hoffnungen der späten 80er-Jahren nicht enttäuscht: Sie zeigt sich in Amador von ihrer besten Seite und ist fast ebenso erfolgreich in Mendocino (Ukiah-Hopland), Sonoma (Alexander Valley) und Napa (Atlas Peak). 1190 ha.

Sauvignon blanc Bei den kalifornischen Erzeugern ist der Neuseeland- oder Sancerre-Stil wenig beliebt, vielleicht auch, weil sie ihn nicht in den Griff kriegen. Stattdessen lassen sie ihren Sauvignon blanc in Eichenfässern reifen, um Weine im Stil eines Graves zu erzeugen. Mondavi erfand für diese eichenwürzige Variante den Namen Fumé blanc. Oft sind die besten Sauvignon-blanc-Weine aber gerade die frischeren Versionen, die also gar nicht erst versuchen, ein »Chardonnay des kleinen Mannes« zu sein. 5700 ha.

Sémillon Die in Bordeaux für süßen und in Australien für trockenen Wein verwendete Sorte wird in Kalifornien noch wenig angebaut, da sie hier viel zu hohe Erträge bringt. 550 ha.

Sherry Was in Kalifornien als »Sherry« entsteht, kommt nicht an die Qualität etwa von südafrikanischen Imitationen geschweige denn an die seines spanischen Originals heran. Durch Erwärmung wird bei der Weinbereitung versucht, den oxidativen Stil des echten Sherry nachzuahmen.

Syrah 1986 betrug die kalifornische Gesamtrebfläche dieser Traube nur 50 ha. Heute sind es fast 6000 ha. Syrah gedeiht fast überall: in Napa, den Sierra Foothills, Paso Robles und Santa Barbara und erbringt volle, pfeffrige Weine von immer besserer Qualität.

Thompson Seedless Eine neutrale weiße Tafel-, Dessert- und für Branntwein verwendete Traube. Obwohl ihr Name nie auf dem Etikett erscheint, ist sie darüber hinaus in vielen Weißweinen allereinfachster Art *(jug wine)* und Charmat-Schaumweinen enthalten. Hauptsächlich wird sie für die Rosinenproduktion angebaut; etwa ein Drittel des Ertrags wird in Weinen, beispielsweise »Sherry«, verarbeitet.

Valdiguié Siehe Napa Gamay

Viognier Die Rhône Rangers mussten natürlich auch diese widerspenstige Weißweintraube ausprobieren. Kaum einer hatte Erfolg. Die Weine sind allgemein zu eichenlastig oder zu alkoholreich. 720 ha.

Zinfandel Kaliforniens eigene Rotweintraube kroatischen Ursprungs und identisch mit dem italienischen Primitivo. Zinfandel ist ungeheuer erfolgreich und populär für Weine aller Art, von billigen Verschnitten über frische und leichte Versionen bis hin zu schwerfälligem, klebrigem Sirup. Die besten zeichnen sich durch schöne Ausgewogenheit, lebendiges Himbeeraroma und ein kräftiges Rückgrat aus. »White« Zinfandel (hellrosé beziehungsweise *blush*) ist ein großer Verkaufsschlager. 20 120 ha.

Chalone AVA Hoch in den Gabilan-Bergen östlich des Salinas Valley bei Soledad hat der Weinbaubetrieb Chalone (siehe dort) praktisch ein Monopol.

Santa Lucia Highlands AVA Die Hanglagen am Westrand des Salinas Valley von Gonzales bis Greenfield wurden erst kürzlich neu bestockt, erbringen aber schon einige exzellente Pinot-noir-Weine.

Zwei weitere kleine AVAs sind das Hames Valley und San Lucas.

• Alameda County Das historische Livermore Valley ist durch die Ausweitung der Stadtgebiete praktisch zur letzten Zuflucht für den Weinbau geworden. Livermore selbst ist der Hauptweinort, Pleasanton der Nebenschauplatz. Als Hauptrebsorten stehen auf 600 ha Rebfläche Chardonnay (242 ha), Caber-

André Tchelistcheff & die neuen Berater

Lange bevor er 1994 im Alter von 92 Jahren verstarb, hatte die Weinwelt Kaliforniens André Tchelistcheff stillschweigend zu ihrem Doyen gemacht. Geboren in Russland und ausgebildet in Frankreich, überspannte seine Karriere die gesamte Geschichte des kalifornischen Weinbaus – von der Prohibition bis in das letzte Jahrzehnt des 20. Jahrhunderts. 36 Jahre (von 1937–1973) war er als Kellermeister für Beaulieu tätig und anschließend als Berater für viele der besten Weinbaubetriebe in Kalifornien und darüber hinaus. Bereits Anfang der 40er-Jahre hatte er für Rotwein den Ausbau in kleinen Eichenfässern eingeführt, später folgten kühle Gärung für Weiß- und malolaktische Säureumwandlung für Rotwein. Sein Reserve Cabernet aus den besten Lagen von Rutherford, der zum Gedenken an Georges de Latour dessen Namen trägt, nimmt für Kaliforniens Winzer eine bis heute unerreichte Vorbildfunktion ein. Zu den vielen Kellermeistern, die ihr Wissen und Können zumindest zum Teil Andre Tchelistcheff verdanken, gehören Größen wie Joe Heitz, Mike Grgich von Grgich Hills, Warren Winiarski von Stag's Leap, Richard Peterson von Folie à Deux und Judy Matulich-Weitz.

Heute gibt es eine neue Elite von beratenden Önologen, deren zumeist ausgiebig publizierte Empfehlungen jedem der von ihnen betreuten Weine höhere Weihen verleihen. Sie sind gleichermaßen Experten in Weinberg und Keller und nicht selten auch in Marketingfragen. Einige der bekanntesten Namen lauten gegenwärtig Helen Turley, Heidi Peterson Barrett, Philippe Melka, Tom Eddy und Marco di Giulio.

net Sauvignon (140 ha), Merlot (55 ha) und Sauvignon blanc (28 ha). Die San Francisco Bay AVA ist die übergeordnete Appellation für das Alameda County und das Gebiet südlich von San Francisco.

Livermore Valley AVA Im geschichtsträchtigen Gebiet östlich der San Francisco Bay um die Stadt Livermore liefern Sauvignon blanc und Sémillon unnachahmliche Weine. Den Löwenanteil am Markt hält jedoch Chardonnay.

• **Santa Clara County/Santa Cruz Countys** Im 19. Jahrhundert, in der Zeit der großen Weingüter von Almaden und Paul Masson, rang Santa Clara noch mit Napa um die Vorherrschaft im Weinbau. Doch das ist längst Geschichte, heute regieren hier keine Trauben mehr, sondern Computerchips. Der größte Teil der noch verbliebenen Rebfläche fällt in die hoch geschätzte Santa Cruz Mountains AVA.

Santa Cruz Mountains AVA Das Gebiet umfasst Teile der Countys San Mateo, Santa Clara und Santa Cruz. Die ohnehin schon winzige, von 40 Betrieben bewirtschaftete Rebfläche schrumpfte infolge von Rebkrankheiten noch weiter und liegt heute bei nur noch rund 330 ha.

Es gibt einige kleinerer AVAs: Santa Clara Valley, San Ysidro (östlich von Gilroy) sowie Ben Lomond. Hecker Pass, westlich von Gilroy, hat nie den AVA-Status erhalten und wird ihn auch nicht mehr bekommen, da die wenigen Weinberge Bebauungsmaßnahmen zum Opfer fallen.

• **San Benito County** In seiner großen Zeit bepflanzte das Weingut Almaden eine Tausende von Hektar große Rebfläche in San Benito und erwarb dafür mehrere AVA-Zulassungen, verließ dann aber das Gebiet. Die meisten AVAs sind ebenso wie viele Weinberge in Vergessenheit geraten. Als einziger AVA-Bereich wird Mount Harlan noch bewirtschaftet. Die anderen sind Cienega Valley, Lime Kiln Valley, Pacheco Pass und Paicines.

Mount Harlan AVA Hoch oben in den Gavilan-Bergen auf dem Gebiet der Calera Winery (siehe dort) grenzt Mount Harlan an das Rebland von Chalone Vineyard (siehe dort).

• **South Coast AVA** Der Bereich umfasst die subtropischen bis steppenartigen Countys südlich der Techachapi Mountains, vor allem Riverside, wo Temecula mit 565 ha Rebfläche die Region beherrscht. Verstreute kleinere Rebflächen befinden sich auch in den Countys Los Angeles, Orange und San Diego, größere in San Bernardino (wo das historische Weinbaugebiet von Cucamonga unter dem Wachstumsdruck von Los Angeles dahinschwindet).

San Pasqual AVA Der auf einen einzigen Weinberg beschränkte Bereich östlich von San Diego wurde zu oft von der Pierce'schen Krankheit heimgesucht, als dass er sich hätte bewähren können.

Temecula AVA In der Südwestecke des Riverside County entlang der Nordgrenze San Diegos. Das Gebiet entstand gegen Ende der 1960er-Jahre und ist auf bescheidene Art vielseitig. Mehrere seiner 20 Weinerzeuger schauen inzwischen über Chardonnay und Sauvignon hinaus und suchen bei italienischen und Rhône-Rebsorten nach Alternativen. Seit den späten 90ern sind viele Weinberge der Pierce'schen Krankheit zum Opfer gefallen.

• **Inneres Kalifornien** Das riesige San Joaquin Valley bildet zusammen mit dem ihm spiegelbildlich gegenüberliegenden etwas kleineren Sacramento Valley das Midi Kaliforniens. »Masse« lautet gewöhnlich die Parole in den Countys (von Norden nach Süden) San Joaquin, Stanislaus, Madera, Fresno und Kern. Doch einige Gebiete sind durchaus beachtenswert.

Clarksburg AVA In mancher Hinsicht eine westliche Verlängerung von Lodi in das Delta des Sacramento River. Hier wächst Chenin blanc mit mehr Charakter als in den meisten anderen Gebieten Kaliforniens, doch die Weinberge werden aufgrund der großen Nachfrage zunehmend auf Chardonnay umgestellt.

Dunnigan Hills AVA Der Erfolg des Weinbaupioniers R. H. Philips lockt weitere Betriebe in die noch junge Region im Windschatten der Küstengebirge bei Woodside im Sacramento County. Chardonnay hält der Rebfläche nach, Sauvignon blanc der Qualität nach die Spitze.

Lodi AVA Der tief gelegene, fruchtbare, zuverlässig sonnige Teil des San Joaquin County am Eingang des San Joaquin Valley. Er ist seit langem durch Zinfandel berühmt und neuerdings auch eine Quelle für große Mengen Chardonnay, Cabernet Sauvignon und Merlot, die meist im Verschnitt zu Alltagsweinen ausgebaut werden.

• **Sierra Foothills AVA** Das Gebiet umfasst nahezu die gesamte Rebfläche der vier Countys Amador, Calaveras, El Dorado und Yuba. Amador in der Mitte hat seit der Zeit des Goldrauschs eine ununterbrochene Weinbaugeschichte. Die bescheidene Rebfläche (2020 ha) mit Zinfandel als Hauptrebsorte wird vor allem von kleinen Betrieben bewirtschaftet.

El Dorado AVA Das Gebiet umfasst die gesamte Rebfläche im gleichnamigen County. Ein Zentrum liegt in den Bergen nördlich und östlich von Placerville. Italienische und Rhône-Rebsorten haben die Bordeaux-Trauben inzwischen aus den Herzen vieler Weinerzeuger verdrängt. Als scheinbare Verlängerung des Shenandoah Valley in das Amador County hinein liegen die übrigen Anpflanzungen der Region meist im Umland von Somerset.

Fiddletown AVA Das Gebiet um den gleichnamigen Ort bildet eine höher gelegene Verlängerung des Shenandoah Valley nach Osten.

Shenandoah Valley-California AVA Der historische Kern des Weinbaus im Goldgräberland erstreckt sich von Plymouth ostwärts bis Fiddletown. Seinen Ruhm hat sich das Gebiet mit schweren Zinfandel-Weinen erworben. Heute treten Syrah und Sangiovese als Wettbewerber auf.

Die führenden Erzeuger im Napa Valley

Es wäre eine geradezu langweilige (und ungewöhnliche) Woche in Kalifornien, würde nicht wenigstens ein neuer Weinbaubetrieb eröffnen. Alles, was dazu nötig ist, sind ein bis zwei Hektar Rebfläche, eine vom Nachbarn geleaste Kellereieinrichtung, ein Etikett, ein Verkaufsleiter und eine gute Bewertung in der Weinpresse.

In der folgenden Aufstellung finden Sie Informationen (soweit diese zu bekommen waren) über den Ort, wo der jeweilige Betrieb ansässig ist, den Besitzer, über Art und Größe der Weinberge (falls überhaupt vorhanden), die Internet-Adresse sowie eine kurze Beschreibung und Bewertung der Firma. Zwar kann ich nicht für Vollständigkeit garantieren, aber die wichtigsten Kandidaten sind auf jeden Fall erwähnt: sowohl die großen Erzeuger mit den besten Weinen als auch eine Auswahl der interessantesten und rührigsten der kleineren Weingüter oder Marken.

Acacia Winery ☆☆–☆☆☆
Napa. Besitzer: siehe Chalone. 20 ha.
www.acaciawinery.com
Der Pinot noir ist erregend frisch und besitzt die weiche Wärme eines Burgunders – eindeutige Anzeichen dafür, dass sich die Sorte im Carneros-Distrikt wohl fühlt. Nachdem für einige Jahre nur Verschnitte angeboten wurden, begann Acacia 1999 wieder mit der Erzeugung lagenspezifischer Weine – sofort stieg die Qualität. Neben den feinen Pinot-Weinen des Hauses sollte man seine Chardonnays nicht übersehen.

S. Anderson Vineyard
Yountville. Besitzer: Familie Signorello. 18 ha.
www.4bubbly.com
In den 1970er-Jahren hatten Carole und der verstorbene Dr. Stanley Anderson ihren Weinbaubetrieb mit der Absicht gegründet, nur Chardonnay-Gutsweine und Schaumweine nach der klassischen Methode zu erzeugen. Aufgrund der sinkenden Nachfrage nach Schaumweinen wurde zwar die Produktion immer kleiner, nicht aber der Qualitätsanspruch der damaligen Besitzerin. Schließlich verkaufte Carole Anderson im Jahr 2002 ihren Besitz an Signorello (siehe dort).

Araujo ☆☆☆☆
Calistoga. Besitzer: Bart Araujo. 16 ha.
www.araujoestatewines.com
Anfang der 1990er-Jahre erwarb Bart Araujo mit der Lage Eisele einen der berühmtesten Weinberge Napas und begann unter seinem eigenen Etikett mit der Weinproduktion. Der Cabernet ist nach wie vor ein Napa-Klassiker, doch es gibt auch hervorragenden Syrah.

Artesa ☆☆
Napa. Besitzer: Codorníu S.A. 70 ha. www.artesawinery.com
Das als Codorníu Napa 1991 vom spanischen Cava-Haus Codorníu gegründete, mit modernistischer Glasarchitektur ausgestattete Gut ist der zweite große Schaumweinerzeuger. Der Weinstil ist nach wie vor konservativ. Ende der 1990er-Jahre wurde der Name der Firma in Artesa geändert und gleichzeitig die Schaumweinproduktion zugunsten von Stillweinen wie Chardonnay, Pinot noir und Merlot zurückgeschraubt.

Atlas Peak Vineyards ☆
Napa. Größter Teilhaber: Piero Antinori. 200 ha.
www.atlaspeak.com
Der erste ernsthafte Versuch, aus dem Cabernet-Land Napa Valley auch ein Sangiovese-Land zu machen, geschah auf Initiative von Piero Antinori und seinen Teilhabern. Antinori hatte sich für die Sangiovese-Variante aus Montalcino entschieden, doch es dauerte viele Jahre, bis daraus Qualitätsweine entstanden, und auch dann waren es nur die »Reserve«-Versionen. «Consenso» ist ein Sangiovese-Cabernet-Verschnitt, und es gibt auch einen Merlot.

Beaulieu Vineyards ☆–☆☆☆
Rutherford. Besitzer: Diageo. 485 ha. www.bvwines.com
Die Gründung der französischen Familie de Latour war in den 1940er-, 50er- und 60er-Jahren unter dem genialen Kellermeister André Tchelistcheff tonangebend im Napa Valley. In Beaulieu war er Pionier der Alterung in kleinen Fässern, der malolaktischen Säureumwandlung bei Rot- und der kühlen Gärung bei Weißweinen, und er entdeckte die Eignung des Carneros-Gebiets für Kühlklimasorten.

Nach dem Verkauf der Firma an Heublein im Jahr 1969 und dem Rückzug Tchelistcheffs 1973 begann eine lange Flaute. Seit 1990 scheint es mit Beaulieu (in Kalifornien kurz BV genannt) jedoch wieder bergauf zu gehen.

Die Weinliste des Hauses ist lang. An der Spitze stehen die Reserve-Weine, darunter Carneros Chardonnay, die Bordeaux-Mischung »Tapestry« und Tchelistcheffs Meisterwerk, der »Georges de Latour Private Reserve Cabernet Sauvignon«. Ebenfalls interessant sind die in limitierter Auflage produzierten Weine der Reihe »Signet Collection«, meist aus italienischen oder Rhône-Sorten. Die Mitte bildet ein großes Sortiment an Sortenweinen aus dem Napa Valley, angeführt von einem kraftstrotzenden Sauvignon blanc. Am unteren Ende der Preisskala stehen die »Coastal«-Weine.

Beringer Vineyards ☆☆–☆☆☆
St Helena. Besitzer: Mildara-Blass. 1000 ha.
www.beringerblass.com
Eine der großen alten Weinkellereien in Napa, aus Stein gebaut und mit alten Kellern, die stollenartig in den Berg getrieben sind. Unter den Beringers brach die Qualität zusehends ein, doch seit dem Verkauf an Nestlé 1969 ist ein beständiger Aufwärtstrend zu verzeichnen. Der inzwischen verstorbene Kellermeister Myron Nightingale hatte seit 1969 einen ruhigen, fast verhaltenen Stil etabliert. Ed Sbragia, der 1984 die Nachfolge antrat, bevorzugt dagegen kraftvolle Weine und kreierte die exzellenten Barrique-gereiften »Private Reserves« aus Cabernet, Chardonnay und Merlot. Das von North-Coast-Sorten bereitete Sortiment »Appellation Collection« rangiert eine Stufe darunter, und die Serie »Founder's Reserve« aus sortenreinen Weinen der Appellation California bildet das untere Ende der Skala. Die Qualität ist auf allen Stufen bemerkenswert zuverlässig.

Biale ☆☆☆
Napa. Besitzer: Familie Biale und Partner. 3 ha
Ein kleines Weingut, das bis zu neun verschiedene Zinfandel-Versionen erzeugt. Eine stammt aus dem eigenen Aldo's Vineyard (1937 bestockt), die anderen von erstklassigen alten Weinbergen in Napa und Sonoma. Sehr beständige Qualität.

Bouchaine ☆
Napa. Besitzer: Gerret Copeland und Investoren. 42 ha.
www.bouchaine.com
Copeland war einer von mehreren Partnern, die 1981 Bouchaine in einer alten Kellerei von 1895 gründeten. Nach einigen Unsicherheiten erzeugt Bouchaine heute hauptsächlich Carneros-Chardonnay und Pinot noir.

Bryant Family Vineyard ☆☆☆
Calistoga. Besitzer: Don Bryant. 4 ha
Einer der Kult-Cabernets von Napa, gehaltvoll und enorm süß. Enorm sind auch die Preise.

Buehler Vineyards ☆
St Helena. Besitzer: John Buehler. 26 ha.
www.buehlervineyards.com
Seit 1978 erzeugt Buehler eine breite Palette von Weinen; die Serie »California« entsteht aus zugekauftem Lesegut.

Burgess Cellars ☆☆–☆☆☆
St Helena. Besitzer: Tom Burgess. 48 ha.
www.burgesscellars.com
Eine oft unterschätzte Weinkellerei, die seit vielen Jahren robusten Cabernet Sauvignon und kraftvollen Zinfandel erzeugt. Das Zweitetikett ist »Bell Canyon Cellars«.

Cain Cellars ☆☆
St Helena. Besitzer: Familie Meadlock. 34 ha.
www.cainfive.com
»Cain Five« ist ein anspruchsvoller, fest strukturierter Verschnitt nach Bordeaux-Art von gutseigenen und aus Nachbarlagen am Spring Mountain zugekauften Trauben. »Cain Cuvée« ist davon die abgestufte preiswerte Version. Der exotische Sauvignon stammt von der Unterart Musqué aus Weinbergen in Monterey.

Cakebread Cellars ☆☆☆
Oakville. Besitzer: Familie Cakebread. 33 ha.
www.cakebread.com
Spezialisten für gewichtigen, trockenen Sauvignon blanc von eigenen Reben. Viel interessanter sind jedoch die Cabernet-Weine, besonders die Versionen von ausgewählten Lagen: »Rutherford Reserve«, »Three Sisters« und »Benchland Select«. Die Qualität ist fein, die Weine sind teuer.

Cardinale ☆☆☆
Oakville. Besitzer: Jess Jackson. 85 ha. www.cardinale.com
Eine Jackson-Marke für Weine, die aus Berglagen in Napa und Sonoma stammen. Es sind sehr volle und sehr teure Cabernet-Merlot-Verschnitte.

Carneros Creek Winery ☆
Napa. Besitzer: Francis Mahoney und Bill Hambrecht. 70 ha.
www.carneros-creek.com
Ein Carneros-Weingut am Südende des Napa Valley, dem mit seinem ersten Pinot noir eine Sensation gelang. Der 77er ist der beste, den ich in Kalifornien je probiert habe. Er ist samtig und fest gefügt wie ein sehr guter Burgunder. Mahoney versuchte in enger Zusammenarbeit mit der University of California den idealen Pinot-noir-Klon zu finden. Zurzeit sind nur seine besten Weine wirklich interessant. Drei Qualitätsstufen werden angeboten: der leichte »Fleur de Carneros«, »Blue Label« und der exzellente »Signature Reserve«.

Caymus Vineyards ☆☆–☆☆☆
Rutherford. Besitzer und Kellermeister: Chuck Wagner. 26 ha.
www.caymus.com
Caymus bot lange Zeit ein großes Repertoire an Weinen an, konzentriert sich aber seit 2000 fast ausschließlich auf Cabernet, besonders auf den eleganten, viel gepriesenen »Special Selection«. Der Sauvignon blanc wird nicht weitergeführt, und der erfolgreiche weiße Verschnitt »Conundrum« in einer anderen Kellerei produziert. Siehe auch Mer Soleil.

Chappellet ☆☆☆
St Helena. Besitzer: Donn Chappellet. 48 ha.
www.chappellet.com
Donn Chappellet war nach Robert Mondavi der zweite Begründer eines modernen Weinbaubetriebs in Napa. Er ist seit langem für seinen kargen, langlebigen Cabernet Sauvignon mit großer Geschmackstiefe von den oberen Hängen seiner in Form eines Amphitheaters angelegten Weinberge bekannt.

In neuerer Zeit haben zwei Cabernet-Sauvignon-Weine von sich reden gemacht: »Pritchard Hill« ist früh genussreif, »Donn Chappellet Signature« hingegen ein würdiger Vertreter der alten Art. Der Cabernet franc ist exzellent, und der Chardonnay für lange Reife geeignet. Chappellet ist auch eine der wenigen zuverlässigen Quellen für trockenen, festen, nachhaltigen Chenin blanc und für außergewöhnlichen *moelleux:* Zur bemerkenswerten Reihe an Dessertweinen gehören ein wunderbar alternder Chardonnay, ein großer, unbeschwerter, charmanter Cabernet franc und ein intensiver Chenin blanc.

Chateau Montelena ☆☆–☆☆☆☆
Calistoga. Besitzer: Jim Barrett. 40 ha. www.montelena.com
Das Weingut im alten Steingebäude nördlich von Calistoga am Fuß des Mount St Helena kann seit 30 Jahren mit einigen der besten Chardonnay- und Cabernet-Gewächse Kaliforniens aus eigenen Weinbergen aufwarten. Die Napa-Weine sind meist gehaltvoller, genau wie die Brieftaschen ihrer Käufer.

Den Stil des Hauses haben zwei Persönlichkeiten geprägt: Mike Grgich war hier bis 1974 und Jerry Luper bis 1981 Kellermeister. Seitdem trägt Bo Barrett die Verantwortung im Weinkeller und hält den Qualitätsstand hoch. Der Chardonnay, schlank und mit nur sehr wenig Eichenwürze, ist für Napa atypisch und viel frischer als die meisten Weine seiner Klasse. »Calistoga Cuvée« aus zugekauften Trauben ist die um einiges günstigere Alternative zum teuren Cabernet.

Chateau Potelle ☆–☆☆
Mount Veeder. Besitzer: Familie Fourmeaux. 120 ha.
www.chateaupotelle.com
Jean-Noël und Marketta Fourmeaux du Sartel kamen im Auftrag der französischen Regierung nach Kalifornien, um den hiesigen Weinbau zu beobachten. Was sie zu sehen bekamen, gefiel ihnen so sehr, dass sie gleich dablieben, zunächst als Négociants tätig waren und schließlich Weinberge und eine Kellerei auf den Höhen des Mount Veeder erwarben. Neben den eigenen Trauben kaufen sie Lesegut aus Paso Robles an. Die Qualität ist unbeständig – die besten Weine erscheinen meist unter dem geheimnisvollen Etikett »VGS«.

Chateau Woltner
Howell Mountain. Besitzer: Ladera Vineyards. 22 ha
Françoise Woltner und Francis Dewavarin-Woltner verkauften ihren Anteil an Haut-Brion in Bordeaux und erwarben einen alten, schon lange stillgelegten Weinbaubetrieb in Napa namens Nouveau Médoc, um hier natürlich Chardonnay zu produzieren, was sonst. Sie teilten die Hochlagen in vier separate Parzellen auf, deren Weine getrennt abgefüllt wurden. Die Qualitätsstandards waren ebenso kompromisslos wie die Preise, doch im Jahr 2000 sahen sie endlich ein, dass Howell Mountain kein Chardonnay-Land ist und verkauften das Weingut.

Chimney Rock ☆☆–☆☆☆
Stags Leap District, Napa. Besitzer: Stella Wilson und die
Terlato Wine Group. 53 ha. www.chimneyrock.com
Kellermeister Doug Fletcher bereitet einen seidigen Cabernet, der seiner Heimat zur Ehre gereicht. Wie sehr der Stags Leap District auf Cabernet eingestellt ist, wird durch die Tatsache verdeutlicht, dass Chimney Rock seine Chardonnay-Trauben aus Carneros bezieht. Hotelier Sheldon Wilson, der Gründer des Guts, starb im Jahr 2001.

Clos du Val ☆☆–☆☆☆
Napa. Besitzer: John Goelet. 120 ha. www.closduval.com
Als Sohn des ehemaligen Geschäftsführers von Château Lafite wuchs Kellermeister Bernard Portet auf dem Weingut auf. Seine Weine sind wie in Bordeaux Verschnitte von Cabernet und Merlot. Gemessen am Napa-Standard sind sie geschmeidig, dennoch von tiefer Farbe, saftig und nachhaltig und können sich im Alter ganz herrlich entfalten. Der Zinfandel ist so stramm, wie ein Wein nur sein kann, Pinot noir und Chardonnay hingegen sind etwas zurückhaltender. Ebenfalls im Besitz von John Goelet ist Taltarni im australischen Bundesstaat Victoria.

Clos Pegase ☆☆
Napa. Besitzer: Jan Shrem. 140 ha. www.clospegase.com
Die Architektur des Weinguts ist das Ergebnis eines Wettbewerbs, den der Amerikaner Michael Graves gewann. Clos Pegase gilt heute als eines der eindrucksvollsten postmodernen Bauwerke der USA. Produziert wird Chardonnay, Merlot und Cabernet in stetig zunehmender Qualität.

Colgin ☆☆☆
Oakville. Besitzer: Familie Colgin. 3 ha
Bekannt für extrem teuren, in neuer Eiche ausgebauten Cabernet Sauvignon.

Corison ☆☆☆
St Helena. Besitzer: Cathy Corison. 4 ha. www.corison.com
Cathy Corison war von 1980–1989 Kellermeisterin bei Chappellet und trug zum guten Ruf des Hauses bei, bevor sie sich selbstständig machte. Sie erzeugt ausschließlich Cabernet Sauvignon in einem vollen, aber eleganten Stil.

Cosentino ☆
Yountville. Besitzer: Mitch Cosentino. 26 ha.
www.cosentinowinery.com
Cosentino bietet den zahllosen Besuchern seines Verkostungsraums ein breites Spektrum von Weinen an, die aus Lesegut entstehen, das er im gesamten North-Coast-Bereich ankauft. Viele davon sind vorzüglich, wenn auch nicht immer von beständiger Qualität.

Robert Craig Wine Cellars ☆☆☆
Napa. Besitzer: Robert Craig. 8 ha.
www.robertcraigwine.com
Das Haus hat sich auf reichhaltige, von Cabernet Sauvignon dominierte Verschnitte spezialisiert, deren Trauben aus den Bergen um das Napa Valley stammen.

Cuvaison ☆☆–☆☆☆
Calistoga. Besitzer: Familie Schmidheiny. 182 ha.
www.cuvaison.com
Mit der Übernahme durch die Schweizer Bankiersfamilie Schmidheiny im Jahr 1979 und den Ankauf einer großen Rebfläche in Carneros nahm das Haus Cuvaison seine gegenwärtige Gestalt an. John Thacher konnte als Kellermeister gewonnen werden – auch dies war eine kluge Entscheidung. Chardonnay, v. a. die Reserve-Abfüllungen, ist nach wie vor der Platzhirsch, doch es entstehen auch sehr gute Merlot- und Pinot-noir-Weine.

Dalla Valle ☆☆☆–☆☆☆☆
Napa. Besitzer: Naoko Dalla Valle. 10 ha
Die kraftvollen Weine aus Hanglagen haben bereits Kultstatus erreicht. Besonders gefragt und gnadenlos teuer sind der Cabernet und der Bordeaux-Verschnitt »Maya«, aber auch der Sangiovese ist nicht zu verachten.

Darioush ☆☆–☆☆☆
Napa. Besitzer: Darioush Khaledi. 16 ha.
www.darioushwinery.com
Der gebürtige Iraner und heutige Supermarktunternehmer Darioush Khaledi gründete dieses aufstrebende neue Weingut. Die ersten Jahrgänge von Chardonnay, Cabernet, Viognier und Shiraz sind äußerst vielversprechend. Das Etikett »Signature« ist den Reserve-Weinen vorbehalten.

Diamond Creek Vineyards ☆☆☆
Calistoga. Besitzer: Al Brounstein. 9 ha.
www.diamondcreekvineyards.com
Die Cabernets aus den vier kleinen Weinbergen Volcanic Hill, Red Rock Terrace, Gravelly Meadow und Lake repräsentieren gleichzeitig vier unterschiedliche Bodentypen – selten genug wird in Kalifornien auf solche »Nebensächlichkeiten« Wert gelegt. Alle sind mächtige, robuste, sagenhaft teure Weine,

Robert Mondavi

Nur die Gebrüder Gallo stellten in der Entwicklung des kalifornischen Weinbaus eine ähnlich treibende Kraft dar wie Robert Mondavi, doch wenn es um innovative Ideen geht, steht er allein an der Spitze. 1966 verließ er die Charles Krug Winery seiner Familie, um einen eigenen Betrieb aufzubauen – es war das erste wirklich moderne Weingut in Napa. Heute wird leicht unterschätzt, wie viel Mut und Ausdauer dazu gehörten, denn oft genug schrammte Mondavi hart am finanziellen Ruin vorbei, bis er nach dem Gewinn eines Rechtsstreits endlich über die nötigen Mittel verfügte, um seine im Aufbau begriffene Firma auf sichere Beine zu stellen. Von Anfang an war Mondavi auf allen Ebenen ein unablässig experimentierfreudiger Vorkämpfer und überzeugter Fürsprecher des Napa Valley als der großartigsten Weinbauregion der Neuen Welt.

In den einer Franziskanermission nachempfundenen Kellereigebäuden in Oakville finden unentwegt Versuche statt. Von all den Ehrfurcht gebietenden Mengen an Napa-Wein, die unter dem Namen Robert Mondavi auf den Markt kommen, posaunen die Cabernet-Sauvignon-Weine (und neuerdings auch Pinot noir) seine Erfolge am lautesten hinaus, am allerlautesten seine sanften und doch gigantischen »Reserves«. Fumé blanc – der Begriff wurde von ihm für in Eiche ausgebauten Sauvignon blanc selbst geprägt und allgemein übernommen – ist ein ureigener, von Mondavi im Alleingang entwickelter kalifornischer Weinstil.

Und doch bilden diese und andere Weine, die seinen Namen tragen, nur die Spitze des Eisbergs, denn der mittlerweile 90-jährige Robert Mondavi hat sich noch längst nicht zurückgezogen. Mit nur einer kurzen Verschnaufpause im Alter von 76 Jahren (1989), die er brauchte, um seine verschlissenen Kniegelenke gegen künstliche ersetzen zu lassen, hält er bis auf den heutigen Tag ein Tempo ein, das einen Marathonläufer außer Atem bringen würde.

Als Baron Philippe de Rothschild 1979 bei »Opus One« sein Partner wurde, holte Mondavi das Prestige eines Premier cru von Bordeaux nach Napa. 1995 vereinigte er in einer umgekehrten Geste seinen Namen mit dem des Hauses Frescobaldi in der Toskana. Zwischendurch verhalf er Mondavi-Woodbridge zu Macht und Ehren auf dem Feld der preiswerten Weine, erwarb über 400 ha Weinberge und die Byron Winery im kalifornischen Santa Barbara County, verwandelte sein Unternehmen in eine Aktiengesellschaft, wurde Teilhaber an einem chilenischen Weinbaubetrieb und übernahm die Arrowood Winery in Sonoma (siehe dort). Wer könnte sagen, was er noch alles vollbracht hätte, wäre er nicht jedes Jahr so viel auf Reisen, um in aller Welt für den Wein als das Getränk der Zivilisation zu werben?

die für eine lange Lebenszeit ausgelegt sind und Geduld belohnen. Zum vorherrschenden Cabernet Sauvignon sind inzwischen auch Cabernet franc, Malbec und Merlot hinzugekommen.

Domaine Carneros ☆☆
Carneros, Napa. Besitzer: Taittinger und Kobrand. 80 ha.
www.domaine.com

Das Gut, dem Château Taittingers in Frankreich nachgeahmt, passt so gar nicht in die Landschaft von Carneros, seine Weine dagegen sind abgespeckte Nachbildungen der Taittinger-Art mit Trauben aus Carneros. Immer mehr Stillweine werden erzeugt, besonders Pinot noir; die Schaumweinproduktion geht zurück.

Domaine Chandon ☆☆
Yountville. Besitzer: LVMH. 445 ha.
www.domainechandon.com

Die Speerspitze des französischen Angriffs auf Kalifornien; ein charakteristisch-stilvoller, erfolgreicher Vorposten von Moët aus der Champagne, der Weinfabrik und Ausflugsziel zugleich ist, mit einem chicen, erstklassigen Restaurant. Alle Weine sind exzellent: »Réserve Cuvée« ist prachtvoll, und »Etoile« eine verführerische Mischung aus alten Reben. Die reine Fruchtigkeit der Napa-Trauben lässt die Weine ziemlich süß schmecken, obwohl sie wesentlich trockener sind als die meisten Brut-Champagner.

Dominus ☆☆☆
Yountville. Besitzer: Christian Moueix. 50 ha.
www.dominusestate.com

Der Erzeuger des Pétrus fand zu Beginn der 1980er-Jahre in Napa seinen idealen Weinberg (ehemals Inglenook). Seine mit Bordeaux-Techniken erzeugten Weine waren anfangs ebenso wuchtig wie schroff. Seit 1991 gehören die harten Bandagen jedoch der Vergangenheit an: Heute rangieren die Dominus-Weine gleich hinter den besten Cabernets von Napa.

Duckhorn Vineyards ☆☆☆
St Helena. Besitzer: Dan Duckhorn. 34 ha.
www.duckhornvineyards.com

Am besten bekannt ist Duckhorn für seine brillanten Merlots, die er schon erzeugte, lange bevor die Sorte so beliebt wurde. Cabernet Sauvignon und Sauvignon blanc sind ebenfalls exzellent. Das Haus Duckhorn vergrößerte sich in den letzten Jahren, doch nicht in Napa, sondern im kühlen Mendocino, wo es auf Goldeneye Estate demnächst Pinot noir erzeugen wird.

Dunn Vineyards ☆☆☆–☆☆☆☆
Howell Mountain. Besitzer: Randall Dunn.
10 ha

Seit 1979 erzeugt der ehemalige Kellermeister von Caymus im eigenen Betrieb strengen, dunklen Cabernet in kleinen Mengen, sowohl aus seinen eigenen Lagen in Howell Mountain, als auch aus zugekauftem Lesegut.

Etude
Napa. Besitzer: Beringer Blass.
Keine eigenen Weinberge

Der kellertechnische Berater Soter brachte eines Tages eigene Weine unter dem Etikett »Etude« heraus, weniger aus wirtschaftlichen Gründen, sondern eher, um potenziellen Auftraggebern seine Fähigkeiten zu demonstrieren. Soter ist Spezialist für Pinot noir aus Carneros und arbeitet mit verschiedenen Klonen der Sorte. 2001 ging der Betrieb an Beringer Blass über.

Evensen Vineyards ☆
Oakville.Besitzer: Richard Evensen. 2 ha.
Spezialisiert auf (manchmal bewundernswerten) Gewürztraminer und Chardonnay.

Far Niente ☆☆☆
Oakville. Besitzer: Gil Nickel. 95 ha.
www.farniente.com
Ein berühmter Name aus der Zeit vor der Prohibition ist in seinem alten Steingebäude in Oakville wieder erstanden. Der alte Weinberg ist neu angelegt und steht inzwischen in Ertrag. Seit 1983 ist Dirk Hampson der Kellermeister und erzeugt extravagante, toastige Chardonnays, üppige, eichenwürzige Cabernets und »Dolce«, einen anspruchsvoll im Yquem-Stil bereiteten Süßwein.

Flora Springs ☆☆–☆☆☆
St Helena. Besitzer: die Familien Komes und Garvey. 242 ha.
www.florasprings.com
Nachdem jahrelang fast ausschließlich die zarten Töne gefördert wurden, vor allem bei den Sauvignons, hat sich der Betrieb bei allen Weinen des Programms wieder der Herzhaftigkeit zugewandt, am meisten bei den Reserve Cabernets aus Rutherford und der Bordeaux-Mischung »Trilogy«. Das jüngste Projekt ist ein Wein im Supertoskaner-Stil mit Namen »Poggio del Papa«.

Folie à Deux ☆
St Helena. Besitzer: Dr. Richard Peterson und Partner. 3 ha.
www.folieadeux.com
Die derzeitigen Besitzer übernahmen den Betrieb 1995 und beauftragten Scott Harvey mit der Weinbereitung. Als Fan der Zinfandel-Versionen aus alten Reben von den Sierra Foothills fügte dieser dem Programm des Hauses ein paar herrliche Einzellagenweine hinzu. Der Rest ist eher leicht und einfach.

Forman ☆☆☆
St Helena. Besitzer und Kellermeister: Ric Forman. 32 ha.
Der frühere Kellermeister von Sterling verarbeitet Lesegut aus den eigenen Berglagen sowie aus fremden Weinbergen bei Rutherford zu klassischem Chardonnay und Cabernet nach französischem Vorbild.

Franciscan ☆☆–☆☆☆
Rutherford. Besitzer: Constellation. 210 ha.
www.franciscan.com
Der mit ungewöhnlich brillanten Weinberglagen in Rutherford und Oakville gesegnete Betrieb setzt mit Rotweinen oft Glanzpunkte, insbesondere mit Cabernet Sauvignon und dem Bordeaux-Verschnitt »Magnificat«. Auch für seinen mit natürlichen Hefen vergorenen »Cuvée Sauvage Chardonnay« ist Franciscan bekannt. Zu den weiteren Besitztümern gehören Mount Veeder (siehe dort) und Estancia (730 ha in Monterey und Paso Robles). Der gute Ruf des Hauses geht auf das Wirken der Familie Huneeus in den 1990er-Jahren zurück, und man wird mit Interesse verfolgen, ob es den neuen Eigner gelingt, den hohen Standard aufrecht zu erhalten.

Freemark Abbey ☆☆–☆☆☆
St Helena. Besitzer: Legacy Estates Group. 120 ha.
www.freemarkabbey.com
Der berühmte Betrieb wurde von einer Gruppe führender Traubenanbauer aus Napa in einer alten Steinkellerei aus dem 19. Jh. nördlich von St Helena gegründet. Einer der Partner (Brad Webb) hatte sich Ende der 1950er-Jahre einen Namen gemacht, als er bei Hanzell (siehe dort) den Ausbau in kleinen Fässern einführte. In kurzer Zeit erwarb sich Freemark Abbey einen glänzenden Ruf für Chardonnay und gehaltvolle Cabernets, darunter ein außergewöhnlich konzentrierter, ausgewogener Wein des Erzeugers Bosché aus Rutherford, nach dem er auch benannt ist. 1973 leistete das Haus Pionierdienste mit einem süßen, edelfaulen Riesling namens »Edelwein«. Aus Altersgründen wurde der Betrieb 2001 verkauft.

Frog's Leap Wine Cellars ☆☆☆
Rutherford. Besitzer: John Williams. 55 ha. www.frogsleap.com
Frog's Leap war ursprünglich eine Teilhabergesellschaft auf dem Gelände einer ehemaligen Froschfarm – daher der Name. Jetzt ist die Firma im Alleinbesitz und auf trockeneres Gelände in Rutherford umgezogen. Aber die Weine, besonders die Cabernets und Zinfandels, sind noch so, wie sie waren, als der Betrieb sich seinen Ruf erwarb. John Williams lässt sich von Napas »Größenwahn« nicht aus der Ruhe bringen und bereitet ausgewogene, höchst erfreuliche Weine aus ökologischem Anbau. Womöglich hilft ihm dabei sein Humor, der von ähnlicher Güte zu sein scheint wie seine Weine: Einen seiner weißen Verschnitte, den es leider nicht mehr gibt, nannte er »Leapfrogmilch«.

Green and Red Vineyard ☆☆–☆☆☆
St Helena. Besitzer: Jay Heminway. 11 ha
Sehr kleiner Betrieb im Chiles Valley, der sich auf konzentrierten Zinfandel und einen Chardonnay spezialisiert hat.

Grgich Hills Cellars ☆☆–☆☆☆
Rutherford. Besitzer: Austin Hills und Mike Grgich. 100 ha.
www.grgich.com
Der gebürtige Kroate Grgich bereitet im Napa Valley schon seit den frühen 1960-Jahren Wein, namentlich für Beaulieu und Chateau Montelena. Seine Stärke ist Chardonnay, doch auch Cabernet und Zinfandel sind zuverlässig gut.

Groth ☆☆
Oakville. Besitzer: Dennis Groth. 66 ha. www.grothwines.com
Das Unternehmen Groth wurde über Nacht berühmt, als sein 85er Reserve-Cabernet von Robert Parker die Höchstpunktzahl erhielt. Doch so hoch die Qualität auch war, so schwer war sie zu halten. Spätere Jahrgänge waren immer noch sehr gut, aber keineswegs mehr atemberaubend.

Hagafen Cellars ☆
Napa. Besitzer: Ernie Weir. Keine eigenen Weinberge.
www.hagafen.com
Der ursprüngliche und noch heute führende Erzeuger koscherer Weine von klassischen *Vinifera*-Rebsorten.

Harlan Estate ☆☆☆☆
Oakville. Besitzer: Bill Harlan. 12 ha. www.harlanestate.com
Nachdem Bill Harlan die Merryvale Winery gegründet hatte, rief er 1987 seinen eigenen, ökologisch bewirtschafteten Weinbetrieb ins Leben. Sein in neuer Eiche ausgebauter Spitzenwein ist ein Kult-Cabernet von makelloser Ausgewogenheit.

Hartwell Vineyards ☆☆☆–☆☆☆☆
Napa. Besitzer: Bob Hartwell. 8 ha.
www.hartwellvineyards.com
Hartwells Stags-Leap-Weinberge erbringen exzeptionellen Merlot und Cabernet Sauvignon.

Heitz ☆–☆☆☆

St Helena. Besitzer: Familie Heitz. 140 ha.
www.heitzcellar.com

Bis zu seinem Tod im Jahr 2000 war Joe Heitz weltweit für seinen Cabernet bekannt und in der näheren Umgebung auch für Chardonnay und außergewöhnliche Tropfen wie z. B. einen Grignolino. In allen spiegelte sich die Persönlichkeit des manchmal schroffen Originals Joe Heitz wider. Die meisten Trauben werden nach wie vor bei befreundeten Winzern zugekauft. Zu ihnen gehört auch Martha May, deren Name durch »Martha's Vineyard« – den Spitzen-Cabernet von Heitz – bereits legendär geworden ist. Es ist ein dicht gefügter, herausfordernder Wein voller Würze, mit Zedernholz- und Eukalyptusnoten am Gaumen. Der »Bella Oaks Vineyard« hat eine ähnliche Statur. Leider gab es in der Kellerei in den 1990er-Jahren einen Bakterienbefall, wodurch viele Weine verdarben. Dieses Problem scheint jedoch inzwischen behoben; die letzten Jahrgänge waren wieder von gewohnter Qualität.

Hess ☆☆–☆☆☆

Napa. Besitzer: Donald Hess. 285 ha. www.hesscollection.com

Der Schweizer Geschäftsmann und Kunstsammler Hess (die Kellerei ist zugleich Museum) will hoch hinaus mit seinen Weinen von 115 ha am Mount Veeder. Das auf seinen noch größeren Weinbergen in Monterey beruhende Programm »Hess Select« ist eher für den Alltag gedacht.

Jade Mountain

Napa. Besitzer: Chalone-Gruppe. 7 ha.
www.chalonewinegroup.com

Gegründet von Douglas Danielak, war Jade Mountain schon früh ein Spezialist für südfranzösische und Rhône-Rebsorten, speziell Mourvèdre und Syrah. 2000 an Chalone verkauft.

Judd's Hill ☆☆–☆☆☆

St Helena. Besitzer: Art Finkelstein. 6 ha.
www.juddshill.com

Finkelstein war einer der Besitzer des erfolgreichen Weinguts Whitehall Lane (siehe dort), verkaufte 1988 jedoch seinen Anteil und begann im Bergland östlich davon seinen eigenen Betrieb aufzubauen. Besonders empfehlenswert ist der Cabernet des Guts.

Robert Keenan ☆

St Helena. Besitzer: Robert H. Keenan. 20 ha.
www.keenanwinery.com

Hoch gelegene kühle Weinberge an der Spring Mountain Road erbringen Chardonnay sowie einen mit Napa-Merlot verschnittenen und in Eiche ausgebauten Cabernet Sauvignon. Sogar der Merlot, für den Keenan heute gefeiert wird, kann tanninherb und adstringierend sein. Der 1999 eingeführte Zinfandel ist um einiges freundlicher.

Charles Krug ☆☆

St Helena. Besitzer: Peter Mondavi und Familie. 485 ha.
www.charleskrug.com

C. Mondavi & Sons heißt die Gesellschaft, zu der die älteste Weinkellerei in Napa gehört; heute wird sie von Peter Mondavi, dem Sohn des Gründers Cesare Mondavi, geleitet. Robert Mondavi (siehe Seite 480) ist Peters Bruder.

Das oft unterschätzte Haus Krug erzeugt eine Reihe tadelloser Sortenweine zu vergleichsweise niedrigen Preisen. Besonders günstig sind die Reserve-Abfüllungen. Chardonnays aus Carneros sowie ein Pinot noir ergänzen das Programm. Wirk-

lich preiswerte Weine erscheinen unter dem Etikett »CK Mondavi«; sie werden aus zugekauftem Lesegut bereitet.

Laird Family Estate ☆☆

Napa. Besitzer: Familie Laird. 810 ha.
www.lairdfamilyestate.com

Bis vor kurzem verkauften die Lairds das Lesegut von ihren über ganz Napa verteilten großen Rebflächen an andere Weinbaubetriebe. Seit 1999 bauen sie ihre Weine selbst, mit Cristina Benz als geachteter Kellermeisterin.

Lewis Cellars ☆☆☆

Napa. Besitzer: Randy Lewis. Keine eigenen Weinberge.
www.lewiscellars.com

Lewis kauft aus Napa Cabernet und Merlot an, vom Russian River kommt das Lesegut für seinen Chardonnay. Dieser kann recht schwer ausfallen, die roten Reserves-Weine sind jedoch superb.

Livingston-Moffett ☆☆☆

St Helena. Besitzer: John Livingston. 4 ha.
www.livingstonwines.com

Langlebige Cabernet-Gewächse kommen aus den gutseigenen Weinbergen; aus zugekauften Cabernet-Trauben entsteht »Stanley's Selection«.

Markham Vineyards ☆–☆☆

St Helena. Besitzer: Sanraku. 140 ha.
www.markhamvineyards.com

Eines der ersten Napa-Weingüter, das sich ernsthaft dem Merlot widmete. Obwohl Markham 1988 in japanischen Besitz überging, werden weiterhin schöne Sortenweine bereitet. Sie sind von beständiger Qualität, wenn auch nicht übermäßig aufregend.

Louis M. Martini ☆–☆☆

St Helena. Besitzer: E. & J. Gallo. 240 ha.
www.louismartini.com

Seit 2002 ist das historische Weingut im Besitz von Gallo. Über drei Generationen hinweg könnte man den Name Martini auf einer kurzen Liste der großen Individualisten unter den Weinerzeugern Kaliforniens finden. Die Martini-Cabernets aus den 1960er-Jahren stehen in der Qualität gleichrangig neben Beaulieu, sind aber von schlankerer Art und erinnern an Bordeaux-Weine. Die Cabernets »Special Selection« sind nach wie vor die besten Weine des Hauses. Bescheidener geben sich die Standardweine, wenn auch der Barbera und der Zinfandel ihre jeweilige Sorte gut zur Geltung bringen.

Mason Cellars ☆☆

Oakville. Besitzer: Randy Mason. Keine eigenen Weinberge.
www.masoncellars.com

Einer der ganz wenigen Sauvignon-blanc-Spezialisten Napas, auch wenn inzwischen Rotweine mit zum Programm gehören.

Mayacamas ☆☆–☆☆☆

Napa. Besitzer und Kellermeister: Robert Travers. 20 ha.
www.mayacamas.com

Mayacamas heißt das Gebirge zwischen Napa und Sonoma. Familie Taylor, die Vorgänger von Travers, pflanzten in den 1940er-Jahren Cabernet- und Chardonnay-Stöcke in einer großartigen, wie ein natürliches Amphitheater aussehenden Lage in 610 m Höhe. Sonne, Nebel, Wind, die Kühle und die Felsen dieser Berge bringen gemeinsam einen so konzentrierten

Traubengeschmack hervor, dass man glaubt, die Weine kauen zu können. Die Travers-Cabernets sind mindestens in den ersten fünf Jahren in Farbe und Biss ehrfurchtgebietend. Wer die dicken, fleischigen Cabernets aus der Ebene gewöhnt ist, wird den Mayacamas-Stil als unannehmbar karg empfinden, für alle anderen kann er als authentisches Beispiel dafür dienen, wie Napa Cabernets früher zu schmecken pflegten. Auch der Chardonnay hat seinen eigenen Charakter: schlank und feuersteinwürzig.

Merryvale ☆☆☆
St Helena. Besitzer: Jack Slatter und Partner.
Keine eigenen Weinberge. www.merryvale.com
Bob Levy und Steve Test, zwei der besten Kellermeister Kaliforniens, halten Merryvale seit den späten 80ern auf einem hohen Qualitätsstand. Die Normalweine sind als »Classic« bekannt, doch wirklich achtunggebietend sind die mit großer Sorgfalt bereiteten Reserve- und Prestige-Weine, wie z. B. der Chardonnay »Silhouette« und der Bordeaux-Verschnitt »Profile«.

Miner Family Vineyards ☆☆–☆☆☆
Oakville. Besitzer: Familie Miner. 35 ha. www.minerwines.com
Ein bombastisch aufgemachtes Kellereigebäude am Silverado Trail ist der Mittelpunkt dieses neuen Weinbaubetriebs im Besitz eines Software-Hauses. Opulente, eichenwürzige Weine, von denen die besten aus Napa stammen.

Robert Mondavi ☆☆–☆☆☆☆
Oakville. Besitzer: Robert Mondavi und Familie.
650 ha in Napa. www.robertmondavi.com
Nicht einmal zehn Jahre hat es gedauert, bis Robert Mondavi mit Energie und Verstand den wichtigsten Beitrag zur Entwicklung des kalifornischen Weinbaus seit der Prohibitionszeit geleistet hatte. Wenn der Begriff Genie überhaupt anwendbar ist, dann auf ihn. Auf industriellem Level Spitzenqualität zu erzeugen, war immer sein erklärtes Ziel, und mit Schöpfergeist und Ausdauer hat er es erreicht (siehe Seite 480).

Die Kellerei ist *state-of-the-art,* wie man hier sagen würde. Zur »Art« gehören dabei nicht nur die fortschrittlichen Analysemethoden und die chromglänzende Technik, sondern auch die persönliche Bekanntschaft mit den besten französischen Fassherstellern. 2001 entstand eine weitere, nochmals verbesserte Kellerei, ausgerüstet mit hölzernen Gärbehältern, wie man sie in den besten Châteaux von Bordeaux findet. Für die Mondavis ist jeder Jahrgang ein Neuland, das sie in gemeinsamer Anstrengung erobern – und jedes Mal stoßen sie dabei auf Unbekanntes und Ungewöhnliches. Auch mit 90 Jahren kommt Mondavi noch täglich ins Büro; die Leitung des Imperiums liegt heute jedoch in den Händen seiner Söhne Tim und Michael.

Ihr bester Wein ist der Cabernet Sauvignon Reserve, ein sanfter Riese, den man mit Genuss nach einem Essen trinken kann – oder noch 20 Jahre im Keller aufbewahrt. Der normale Cabernet ist ein Musterbeispiel von Balance aus Frucht und Holz, und es gibt weiterhin exzellente, wenn auch teure Abfüllungen regionaler Cabernets aus Oakville und Stags Leap, von denen der Letztgenannte die größere Eleganz besitzt. Mit jedem Jahrgang wird der Pinot noir Reserve schöner und samtiger. Bei den Weißweinen ist Mondavi für den Fumé blanc bekannt, ein Sauvignon-Sémillon-Verschnitt mit dem Körper und der Struktur (und der Fassreifezeit) eines erstklassigen Chardonnay. Der Chardonnay des Hauses (besonders die Reserve-Version) kann hingegen etwas zu opulent ausfallen.

Das Imperium der Mondavis reicht über die Grenzen ihres im Stil einer spanischen Mission gestalteten Verwaltungzentrums in Oakville hinaus; weitere Teile finden sich nah und fern: Opus One (siehe dort) liegt praktisch auf der anderen Straßenseite, Byron (siehe dort) im weit entfernten Santa Barbara County. Die preiswerten Weine von Mondavi-Woodbridge sind in Lodi beheimatet, wo Robert Mondavi aufgewachsen ist.

Monticello Vineyards ☆
Napa. Besitzer: Jay Corley. 50 ha.
www.corleyfamilynapavalley.com
»Monticello« ist das Etikett der Basisreihe, »Corley« das der Reserve-Abfüllungen. Die Rotweine sind eher von schlanker Art.

Mont St John Cellars ☆
Napa. Besitzer: Louis Bartolucci. 65 ha
Ziemlich rustikale Weine aus den Weinbergen der Familie in Carneros.

Mount Veeder ☆☆☆
Mount Veeder, Napa. Besitzer: Constellation. 25 ha.
www.franciscan.com
Felsige Lagen erbringen konzentrierte, erdige, tanninstrenge Cabernets. Mitte der 1990er-Jahre wurde die Chardonnay-Erzeugung eingestellt.

Mumm Napa ☆☆
Rutherford. Besitzer: Allied Domecq. 45 ha.
www.mummcuveenapa.com
Seit Jahren ist das Unternehmen ein Teil des Seagram-Imperiums. Die überschäumende Fruchtigkeit der Mumm-Napa-Schaumweine hat sie sowohl in Europa als auch in ihrer Heimat zu kalifornischen Originalen gemacht. »Blanc de Noirs« ist der Grundtyp, mit der Luxus-Cuvée »DVX« ist bisher das obere Ende der stilistischen Messlatte erreicht. Der wahre Ruhm des Hauses baut jedoch auf dem Erfolg seines absolut zuverlässigen Bestsellers »Cuvée Napa« auf.

Newton ☆☆☆
St Helena. Besitzer: Peter und Su Hua Newton. 42 ha
Gehaltvoller, erfreulicher Chardonnay aus zugekauften Trauben. Aus den wunderschön gelegenen Gutsweinbergen auf Spring Mountain kommen hochklassige Cabernet- und Merlot-Weine, die alle in französischer Eiche ausgebaut werden. Der im Graves-Stil bereitete Sauvignon blanc war einer der besten in Kalifornien. Die Produktion musste jedoch eingestellt werden, da die am Markt zu erzielenden Preise die Produktionskosten bei weitem nicht decken konnten. Newton war in den 1960er-Jahren auch der Gründer des im Tal gelegenen Weinguts Sterling.

Niebaum-Coppola ☆☆–☆☆☆
Rutherford. Besitzer: Francis Ford Coppola. 80 ha.
www.niebaum-coppola.com
Der Weinbaubetrieb des Filmregisseurs Coppola hat sich im Napa Valley zu einem ernst zu nehmenden Faktor in der Weinindustrie entwickelt. 1979 kaufte Coppola zuerst die weniger glamouröse Hälfte des historischen Inglenook-Besitzes, 1995 dann auch das Paradestück.

Mit verbesserter Kellertechnik konnte dem auf Cabernet beruhenden »Rubicon« der einst gnadenlose Tanningehalt so weit ausgetrieben werden, dass er allmählich beginnt, Eindruck zu machen. Das meist aus zugekauften Trauben gewonnene, weniger teure Weinsortiment ist zuverlässig unzuverlässig, weshalb man sich auf die Gutsweine (Merlot und Viognier) beschränken sollte.

Opus One ☆☆☆☆
Oakville. Besitzer: Robert Mondavi, Philippine de Rothschild. 42 ha. www.opusonewines.com

Ein 1979 vom inzwischen verstorbenen Philippe de Rothschild und Robert Mondavi auf Fifty-fifty-Basis gegründeter Betrieb. Der vorwiegend aus Cabernet bestehende Rotwein, ehemals im Stil von Mondavis »Reserve of Reserves«, hat inzwischen seine etwas ungewöhnlich gestaltete Heimstatt inmitten eines Gutsweinbergs gefunden, dessen Rebzeilendichte der Bordelaiser Art entspricht. »Opus One« war eigentlich als ein neuer, frankoamerikanischer Weinstil geplant, in der Praxis setzt sich jedoch die volle reife Napa-Traube durch.

Pahlmeyer ☆☆☆
Napa. Besitzer: Jayson Pahlmeyer. 45 ha. www.pahlmeyer.com

Das Weingut hat bereits eine ganze Reihe bekannter Berater kommen und gehen sehen, alle darum bemüht, Pahlmeyers Wunsch nach hochkonzentrierten, starken Weinen zu erfüllen, für die es eine große Anhängerschaft gibt. Kürzlich wurden weitere Weinberge in Atlas Peak und an der Küste von Sonoma hinzugekauft.

Robert Pecota ☆☆
Calistoga. Besitzer: Robert Pecota. 16 ha. www.robertpecotawinery.com

Guter Cabernet Sauvignon und eichenfassgereifter Sauvignon blanc. Der schmackhafte Muscat »Canelli« ist eine Spezialität des Hauses.

Pepi ☆☆
Napa. Besitzer: Kendall-Jackson. www.pepi.com

Robert Pepi gehörte zu den Wegbereitern des Anbaus italienischer Traubensorten in Kalifornien, besonders von Sangiovese. Jetzt ist das Haus Teil von Kendall-Jacksons Artisansand-Estates-Gruppe und bezieht sein Lesegut von weit außerhalb des ursprünglichen Weinbergs in Napa. Der »italienische Geschmack« bleibt den Weinen jedoch erhalten, besonders in »Arneis« und dem Cabernet-Sangiovese-Verschnitt »Due Baci«.

Joseph Phelps ☆☆–☆☆☆☆
St Helena. Besitzer: Joseph Phelps. 140 ha. www.jpvwines.com

Mit untrüglichem Stilgefühl hat sich der ehemalige Bauunternehmer Phelps in den Hügeln östlich von St Helena aus Redwood-Holz einen ansehnlichen Bau errichtet. Seine Erfolgsgeschichte verlief ähnlich wie die Robert Mondavis, nur in kleinerem Maßstab. Alle seine Weine sind gut, und manche zählen zu den besten. Ich mag am liebsten den im Stil ausgesprochen deutschen Spätlese-Riesling, der mit Flaschenalter noch an Reiz gewinnt, den Syrah (echte Rhône-Syrah) und die Cabernets (noch undurchschaubar, aber vielversprechend). Das Etikett »Insignia« steht für einen sehr gerbstoffreichen Cabernet-Merlot-Verschnitt nach Bordeaux-Vorbild. Der »Phelps Chardonnay« hält anfangs seine Qualitäten ebenfalls verborgen, doch insgeheim reift seine Fülle heran. Kellermeister Craig Williams beweist eine äußerst sichere Hand, wenn es um Weine im Rhône-Stil geht, sowohl bei Viognier als auch bei Syrah.

Pine Ridge Winery ☆☆–☆☆☆
Napa. Besitzer: Leucadia. 92 ha. www.pineridgewinery.com

Die getrennt abgefüllten Cabernet-Weine aus Rutherford und Stags Leap erteilen köstliche Lektionen über die feinen Klima- und Bodenunterschiede in Napa. Die Weißen können ziemlich schwer ausfallen.

Plumpjack ☆☆☆
Napa. Besitzer: Gordon Getty und Partner. 21 ha. www.plumpjack.com

Das 1996 gegründete Haus erwarb sich innerhalb kürzester Zeit einen guten Ruf für vollen, eichenwürzigen Cabernet, besonders für die Reserve-Versionen. Aufsehenerregend war die Einführung von Schraubverschlüssen für einen Teil der Weine des 1997er Jahrgangs.

Pride Mountain ☆☆☆–☆☆☆☆
St Helena. Besitzer: Familie Pride. 32 ha. www.pridewines.com

Die hoch auf Spring Mountain gelegenen Weinberge erbringen konzentrierte Gewächse von Chardonnay, Cabernet, Merlot und Viognier. Syrah steht in den Startlöchern.

Quintessa ☆☆☆
Napa. Besitzer: Augustin Huneeus. 68 ha. www.quintessa.com

Nach dem Verkauf des Hauses Franciscan (siehe dort) war Huneeus nur die abgeschiedene Berglage Quintessa verblieben, für die er 2003 einen neuen Betrieb eröffnete. Der einzige Wein ist ein fein geschliffener, teurer Bordeaux-Verschnitt.

Raymond Vineyards ☆☆
St Helena. Besitzer: Familie Raymond und die japanische Brauerei Kirin. 220 ha. www.raymondwine.com

Die gute Qualität der typisch eichenholzwürzigen Serie »Napa Valley Reserve« wird von den »Raymond Generations«-Weinen noch übertroffen. Die Raymonds, alteingesessen im Napa Valley, sind Weinbaupioniere für Pinot noir im American Canyon (am äußersten Südende von Napa) und weiten ihre Produktion mit den preiswerteren Reihen »Amberhill« und »Estate« nun auch nach Monterey aus.

Ritchie Creek ☆
St Helena. Besitzer und Kellermeister: Richard Minor. 3 ha. www.ritchiecreek.com

Die Weinberge in den Spring Mountains erbringen guten Chardonnay und einen schlanken Cabernet Sauvignon.

Rombauer Vineyards ☆
St Helena. Besitzer: Familie Rombauer. www.rombauervineyards.com

Die Rombauers verkaufen das gesamte Lesegut aus den eigenen Weinbergen an andere Betriebe und müssen daher die Trauben für ihre eigenen klassischen Sortenweine ankaufen.

Round Hill Cellars
St Helena. Besitzer: Marko Zaninovitch. 15 ha. www.roundhillwines.com

Aufgebaut von Familie Van Asperen, beliefert Round Hill einen größeren Markt mit empfehlenswerten Weinen von ausgeprägtem Sorten- und Regionalcharakter, besonders Napa-Cabernet und -Merlot unter den Etiketten »Round Hill« und »Rutherford Ranch«. Die weitere Entwicklung des Hauses ist seit dem Besitzerwechsel ungewiss.

Rudd ☆☆☆
Oakville. Besitzer: Leslie Rudd. 18 ha. www.ruddwines.com

Das ehemals Girard genannte Weingut wurde 1996 von Feinkostunternehmer Rudd erworben. Die ersten Versionen von Carneros-Chardonnay und Napa-Rotweinen entstanden unter der Leitung des berühmten Kellermeisters David Ramey, dessen Nachfolge inzwischen Charles Thomas angetreten hat.

Rutherford Hill Winery ☆
St Helena. Besitzer: Terlato Wine Group. 80 ha. www.rutherfordhill.com

Im Jahr 1976 von den Partnern von Freemark Abbey (siehe dort) gegründet. Mit dem anfänglich guten Ruf ging es in den 1980ern bergab. 1996 wurde das Weingut an die jetzigen Besitzer verkauft. Um den ursprünglichen Standard wieder zu erreichen, muss die Qualität noch besser werden. Terlato will sein Bestes geben.

St Clement Vineyards ☆☆–☆☆☆
St Helena. Besitzer: Beringer Blass. 8 ha. www.stclement.com

Kellermeister David Schlottman setzt die Arbeit seines Vorgängers fort: die Produktion von erstklassigem Carneros-Chardonnay, elegantem Merlot und einem Bordeaux-Verschnitt.

St. Supéry ☆☆
Rutherford. Besitzer: Robert Skalli. 260 ha. www.stsupery.com

Die zu moderaten Preisen angebotenen Cabernet- und Sauvignon-blanc-Weine aus den Dollarhide-Ranch-Weinbergen zeigen, was das hoch gelegene Chiles Valley im östlichen Napa mit den roten und weißen Bordeaux-Rebsorten leisten kann. Im Weingut integriert ist auch ein vorbildliches Besucherzentrum.

Saintsbury ☆☆☆
Napa. Besitzer: Richard Ward und David Graves. 22 ha. www.saintsbury.com

Nur Chardonnay und Pinot noir kommen aus diesem eindeutig von Burgund inspirierten Weingut. Der Pinot noir ist außergewöhnlich gut, besonders die Versionen »Reserve« und »Brown Ranch«.

V. Sattui ☆
St Helena. Besitzer und Kellermeister: Daryl Sattui. 60 ha. www.vsattui.com

Guter Cabernet, Zinfandel und Riesling lockt Tausende von Besuchern in die gemütliche Probierstube, zu der auch ein Feinkostverkauf und eine Picknick-Wiese gehören.

Schramsberg ☆☆–☆☆☆
Calistoga. Besitzer: Familie Davies. 26 ha. www.schramsberg.com

Im schmucken weißen Landhaus, das Gründer Jacob Schram 1860 erbauen ließ, trank Robert Louis Stevenson einst »in Flaschen gefüllte Poesie«. In der Ära der Familie Davies hatte ich schon oft dasselbe Glück. Nach der Neugründung im Jahr 1966 begann Jack Davies mit der Produktion von hochwertigen Schaumweinen, von denen der beste die Luxus-Cuvée »J. Schram« ist. 1989 eingeführt, setzte dieser Wein für Kalifornien neue Maßstäbe. Trotzdem war auch der 1984er Jahrgang der alten Cuvée im Jahr 2003 noch wunderschön und bewies, dass in Napa tatsächlich große Schaumweine entstehen können. Nach dem Tod von Jack Davies 1998 übernahm Duckhorn (siehe dort) einen Minoritätsanteil.

Screaming Eagle ☆☆☆☆
Oakville. Besitzer: Jean Phillips. 1 ha. www.screamingeagle.com

Napas teuerster Cabernet ist ein Sammlerstück, das von Heidi Peterson Barrett bereitet wird. Ein dichter, süßer Wein, der sich unablässig zu aromatischen Höhenflügen aufschwingt; er ist körperreich, gehaltvoll und eichenwürzig, aber im Gegensatz zu anderen Napa-Cabernets aus der Riege der Kultweine ist ihm eine bemerkenswerte Reintönigkeit und Fruchtfülle zu eigen. Der 95er ist von allen Jahrgängen der verführerischte, 94er und 98er folgen dicht dahinter.

Sequoia Grove ☆☆–☆☆☆
Napa. Besitzer: Familie Allen. 45 ha. www.sequoiagrove.com

Cabernet Sauvignon ist auf diesem Gut mit Abstand der beste Wein, speziell die »Reserve«-Abfüllungen.

Shafer ☆☆☆–☆☆☆☆
Napa. Besitzer: John Shafer. 80 ha. www.shafervineyards.com

John Shafer erzeugt seit 1978 makellose Cabernet- und Merlot-Weine in der Reihe »Stags Leap«. Spitzenwein ist der in neuer Eiche ausgebaute »Hillside Select Cabernet«; schön sind auch Sangiovese und Syrah. Der Chardonnay aus Carneros wirkt manchmal überladen.

Signorello ☆☆☆
Napa. Besitzer: Familie Signorello. 40 ha. www.signorellovineyards.com

Die Familie Signorello baute lange Zeit nur Trauben an und begann dann, ihre Weiß- und Rotweine selbst zu erzeugen. Der Stil ist verschwenderisch und stark toastwürzig.

Silver Oak Cellars ☆☆
Oakville. Besitzer: Raymond Duncan. 136 ha. www.silveroak.com

Silver Oak erzeugt nur Cabernet Sauvignon; Weine aus Napa und dem Alexander Valley werden separat abgefüllt. Sie unterscheiden sich in der Struktur (der Napa-Wein ist gerbstoffreicher), nicht jedoch im Stil: beide reifen ausschließlich in amerikanischer Eiche und sind vom ersten Tag an mit Genuss zu trinken. Mitbegründer und Kellermeister Justin Meyer gab seinen Geschäftsanteil im Jahr 2000 an seinen Partner ab.

Silverado Vineyards ☆☆–☆☆☆
Napa. Besitzer: Familie Disney. 121 ha. www.silveradovineyards.com

Die Gutsweine von Chardonnay, Sauvignon blanc und Cabernet Sauvignon sind alle reif, geschmeidig und anspruchsvoll und genießen ein wachsendes Renommee. Seit 1981 ist Jack Stuart hier der Kellermeister.

Smith-Madrone ☆–☆☆
St Helena. Besitzer: Stuart und Charles Smith. 13 ha

Die Weinberge liegen in 520 m Höhe auf Spring Mountain und erbringen beachtliche, in einem einfachen Keller bereitete Weine: Der zitronige Riesling in lieblicher und trockener Version ist jung oder alt stets sympathisch. Der Cabernet ist schlank und langlebig.

Spottswoode ☆☆☆
St Helena. Besitzer: Mary Novak. 15 ha. www.spottswoode.com

Einer der elegantesten, ausgewogensten kalifornischen Cabernets kommt aus dem Weingut Spottswoode in der Stadt St Helena. Ein wunderbar beständiger Wein, der sich gut entwickelt, aber auch schon jung trinkbar ist. Auch ein faszinierend reintöniger Sauvignon blanc wird bereitet.

Staglin ☆☆☆

Rutherford. Besitzer: Familie Staglin. 20 ha.
www.staglinfamily.com

Aus ihren herrlichen Rutherford-Weinbergen erzeugen die Staglins feinen, gut strukturierten Cabernet und sehr guten Sangiovese.

Stag's Leap Winecellars ☆☆–☆☆☆☆

Napa. Besitzer: Warren Winiarski. 48 ha. www.cask23.com

Winiarski war Griechischprofessor, bevor er Weinerzeuger wurde. Die Ähnlichkeit seiner Cabernets mit großen Bordeaux-Weinen überraschte selbst die Franzosen, und in meinen eigenen Notizen finden sich Worte wie »Harmonie, Eleganz, feminin, Finesse«. »Cask 23« ist ein reiferer Reserve-Cabernet, und die Fay-Vineyard- Abfüllung ist fast genauso fein. Stag's Leaps Merlot- und Chardonnay-Gewächse bekommen ebenso gute Noten, aber mir bleibt der Cabernet der liebste. Das Zweitetikett »Hawk Crest« bietet ein gutes Preis-Leistungs-Verhältnis.

Stags' Leap Winery ☆☆

Napa. Besitzer: Beringer Blass. 69 ha.
www.stagsleapwinery.com

Ein Weingut, das sich mit Petite Sirah großes Renommee verschaffte, was für Napa ungewöhnlich ist.

Sterling ☆☆

Calistoga. Besitzer: Diageo. 485 ha. www.sterlingvineyards.com

Das lange weiße Gebäude im Stil eines griechischen Klosters steht auf einem Bergrücken, der immerhin so hoch aus der Talsohle aufragt, dass eine Seilbahn auf den Gipfel führt. Das Gut wurde in den 1960er-Jahren mit britischem Geld aufgebaut, 1978 an Coca-Cola verkauft und 1983 von Seagram übernommen. Die Sterling-Spezialität war ein karger Cabernet mit einem gewagten Maß an flüchtiger Säure, der in den letzten Jahren allerdings konventioneller ausgefallen ist. Inzwischen gilt das Hauptinteresse den Einzellagenweinen, v. a. einem Merlot von Three Palms Vineyard, einem Cabernet von Diamond Mountain und einem Chardonnay von Winery Lake. Der starke, trockene Sauvignon blanc kann nach den tropisch-fruchtigen Erzeugnissen des Napa-Tals direkt befreiend wirken.

Stonegate ☆

Calistoga. Besitzer: Bandiera Winery. 87 ha

In den 1980er-Jahren erwarb sich Stonegate für seinen Merlot einen guten Ruf. Leider wurden die Weine, besonders die sortenreinen Gewächse, in den späten 90ern flach und kraftlos.

Stony Hill ☆☆

St Helena. Besitzer: Peter McCrea. 16 ha.
www.stonyhillvineyard.com

Fred McCrea war der erste einer ganzen Flut von Geschäftsleuten, die im Napa Valley eine bessere Alternative zum Büroalltag sahen. Er pflanzte in den 1940er-Jahren Weißweinreben und behielt über 25 Jahrgänge seinen eigenen zurückhaltenden Weinstil bei. Weder die Traubensorte noch der Reifezustand stehen bei den McCrea-Weinen im Vordergrund, ihre Faszination geht allein von der scheinbar grenzenlosen Lebendigkeit und Tiefe aus, ohne dass man darin einen Kunstgriff ihres Erzeugers vermuten würde.

Nach Fred McCreas Tod änderte auch seine Frau Eleanor nicht die Richtung, die inzwischen durch Sohn Peter mit derselben kompromisslosen Einstellung fortgeführt wird. Dieser Weinstil mutet aufgrund des mehr als sparsamen Einsatzes von neuer Eiche heute zwar altmodisch an, besitzt aber durchaus seine eigene Gültigkeit. Das Zweitetikett »SHV« steht für Weine von zugekauften Trauben.

Storybook Mountain Vineyards ☆☆–☆☆☆

Calistoga. Besitzer: Dr. Jerry Bernard Seps. 17 ha.
www.storybookwines.com

Jerry Seps ist ein Zinfandel-Fan ohne Wenn und Aber und erzeugt keine anderen Weine. Es gibt mindestens drei verschiedene Verschnitte, die man alle als brillant bezeichnen darf.

Sutter Home Winery ☆–☆☆

St Helena. Besitzer: Familie Trinchero. 2430 ha.
www.sutterhome.com

Ein Familienbetrieb, benannt nach ehemaligen Besitzern aus der Zeit vor der Prohibition. Spezialität war zunächst roter Zinfandel in kleinen, dann White Zinfandel in großen Mengen, die aus den riesigen Rebflächen des Weinguts stammten. Heute steht die übliche Palette sortenreiner Weine auf dem Programm – die meisten unter der Appellation California –, und alle zu erschwinglichen Preisen. 1995 wurde das Etikett »Trinchero« eingeführt. Es steht für kleine Mengen außergewöhnlich guter Chardonnay- und Cabernet-Gewächse.

Swanson Vineyards ☆☆☆

Rutherford. Besitzer: W. Clarke Swanson. 56 ha.
www.swansonwine.com

Gemäß der immer üblicher werdenden Napa-Praxis verteilen sich die Swanson-Besitzungen von Oakville bis Carneros, um den verschiedenen Rebsorten jeweils die geeignete Heimat bieten zu können. Aber immer noch stützt sich der Weinstil ebenso stark auf Eichenfässer wie auf das Terroir. Zum Besitz des Bankiers Swanson gehört auch Avery's of Bristol. Ein Teil der feinsten Weine ist von Sangiovese und Syrah.

Philip Togni ☆☆☆

St Helena. Besitzer und Kellermeister: Philip Togni. 4 ha

Aus Spring-Mountain-Hochlagen erzeugt der aus Großbritannien stammende Togni üppigen, langlebigen Cabernet und in Kleinstmengen den exquisiten Süßwein »Ca' Togni« aus Muscat Hamburg, der in USA Black Hamburg genannt wird.

Trefethen ☆☆

Napa. Besitzer: Familie Trefethen. 260 ha.
www.trefethenwines.com

1968 kauften die Trefethens die früheren »Eshcol«-Weingärten in der Nähe der Stadt Napa. Die Lagen sind relativ kühl und daher für die eleganten Weine aus Chardonnay, Riesling und Cabernet franc besser geeignet als für den oft mittelschwer ausfallenden Cabernet Sauvignon. Die erst seit kurzem angebotene Serie »Library« zeigt bereits gutes Alterungspotenzial. Die verschnittenen »Eshcol«-Tafelweine bieten eines der besten Preis-Leistungs-Verhältnisse im gesamten Bundesstaat.

Tudal ☆

St Helena. Besitzer und Kellermeister: Arnold Tudal. 3 ha.
www.tudalwinery.com

Ein kleiner Betrieb mit aromatischen, aber ungleichmäßigen Cabernets, die man lagern sollte.

Kalifornische Etiketten

Die nachfolgenden Angaben, die man auf den Etiketten vieler guter kalifornischer Weine findet, geben Auskunft darüber, was man sich vom Flascheninhalt erwarten darf.

Der **Alkoholgehalt** wird in Grad oder Volumenprozent gemessen (die Werte sind dabei die gleichen). Traditionelle Weine liegen etwa zwischen 11,5 und 14 % – eine Spanne, die groß genug ist, um sich in Geschmack und Wirkung bereits deutlich bemerkbar zu machen. Einige modische Zinfandel-Versionen bringen es sogar auf den natürlichen, wenn auch absurden Wert von 16,5 %. Per Weingesetz wiederum dürfen beträchtliche 1,5 % weniger oder mehr Alkohol angegeben werden, als sich tatsächlich in der Flasche befindet. Als praktischer Tipp sei gesagt, dass es durchaus statthaft ist, einem 13,5%igen »Macho«-Chardonnay einfach ein paar Tropfen Wasser zuzusetzen. Naturreines Mineralwasser kann solch schwerfällige Kerle wunderbar in Schwung bringen.

Angaben zum **Restzuckergehalt** sind üblicherweise auf Riesling- und Gewürztraminer-Etiketten zu finden. Es handelt sich um den unvergorenen Zucker, der im Wein verblieben ist oder absichtlich darin belassen wurde, bevor er abgefüllt wird. Unter 5 g/l (0,5 %) ist Zucker nicht mehr zu schmecken, der Wein wird als trocken bezeichnet. Mit über 15 g/l (1,5 %) nennt man ihn im Allgemeinen halbtrocken, mit über 30 g/l (3 %) ist er lieblich und mit über 60 g/l (6 %) süß. Der mit der deutschen Beerenauslese vergleichbare Wein *selected bunch late-harvest* kann bis zu 140 g/l (14 %), *selected berry late harvest* (Trockenbeerenauslese) sogar bis zu 280 g/l (28 %) Restsüße aufweisen.

Was nun den **Wahrheitsgehalt** kalifornischer Etiketten betrifft, sollte man wissen, dass Wein, der nach einer Rebsorte benannt ist, nur zu 75 % aus ihr bestehen muss; dass bei Herkunftsangaben, etwa Sonoma, nur 75 % des Leseguts tatsächlich in dieser Region wachsen muss; dass bei einem Verweis auf eine bestimmte AVA, beispielsweise Howell Mountain, nur 85 % der Weine aus diesem Bereich und Einzellagenweine nur zu 95 % aus der entsprechenden Lage kommen müssen.

Turley ☆☆
St Helena. Besitzer: Larry Turley. 6 ha.
www.turleywinecellars.com
Larry Turley, der ehemalige Partner von John Williams in Frog's Leap (siehe dort), ging 1994 seine eigenen Wege und spezialisierte sich auf Zinfandel und Petite Sirah aus alten Weinbergen. Die ultrareifen, sehr alkoholstarken Weine sind umstritten und für viele »schwer zu schlucken«.

Turnbull ☆☆–☆☆☆
Oakville. Besitzer: Patrick O'Dell. 75 ha.
www.turnbullwines.com
Nach der Übernahme des Betriebs von den Gründern im Jahr 1993 erweiterte O'Dell seine Rebfläche und zeigte Bereitschaft zu neuem Denken; bislang aber ist der Cabernet noch reicher an Minze und Würze als »Martha's Vineyard«. Zu den angenehmeren Gewächsen zählen Syrah, Sangiovese und die Rhône-Mischung »Old Bull Red«.

Viader ☆☆☆
St Helena. Besitzer: Delia Viader. 9 ha.
www.viader.com
Die in Argentinien geborene Delia Viader erzeugt von ihren ökologisch bewirtschafteten Hanglagen nur einen einzigen Wein: einen verführerischen Verschnitt aus Cabernet franc und Cabernet Sauvignon.

Vine Cliff ☆☆☆
Napa. Besitzer: Charles Sweeney. 16 ha. www.vinecliff.com
Das in den 80er-Jahren des 19. Jhs. bedeutende Gut wurde 1984 zu neuem Leben erweckt, und die terrassierten Weinberge nach ökologischen Richtlinien neu bestockt. Die hohe Qualität und der opulente Stil des Hauses zeigten sich erstmals mit dem Jahrgang 1993.

Whitehall Lane Winery ☆☆
St Helena. Besitzer: Thomas Leonardini. 45 ha.
www.whitehalllane.com
Die Merlot-Weine dieses Guts werden übertrieben hoch gelobt, denn manche Jahrgänge fallen etwas dicklich aus.

ZD Wines ☆
Napa. Besitzer: Familie Norman de Leuze. 16 ha.
www.zdwines.com
In amerikanischer Eiche gereifter Pinot noir und Chardonnay sind die Weine des Hauses. Auf die Auswahl der Trauben wird großer Wert gelegt.

Sonoma County

Alder Fels ☆
Santa Rosa. Besitzer und Kellermeister: David Coleman.
Keine eigenen Weinberge
Eine Kellerei in Berglage. Aus angekauften Sonoma-Trauben entstehen Weißweine von großer Geschmackstiefe und ein viel versprechender Sangiovese.

Alderbrook Vineyards ☆–☆☆
Healdsburg. Besitzer: Terlato Wine Group. 25 ha.
www.alderbrook.com
Mit den häufig wechselnden Besitzern änderte sich auch jedes Mal der Weinstil. Generell bietet Alderbrook jedoch knackige Weißweine und mittelschwere Rotweine.

Alexander Valley Vineyards ☆
Healdsburg. Besitzer: Familie Wetzel. 60 ha.
www.avvwine.com
Ein trockener Chardonnay im Stil eines Burgunder ist der bekannteste Wein des Hauses. Daneben gibt es einen drallen Cabernet Sauvignon und einen charmanten Cabernet franc, alle von Trauben aus dem Alexander Valley.

Arrowood ☆☆☆–☆☆☆☆
Kenwood. Besitzer: Mondavi. 12 ha.
www.arrowoodvineyards.com
Richard Arrowood, der langgediente Kellermeister von Château St Jean (siehe dort), machte sich in den späten 1980er-Jahren selbstständig. Seine angekauften Trauben stammen aus bevorzugten Weinbergen in Sonoma. Neben den üblichen Sortenweinen gibt es superben Viognier (manchmal als Spätlese) und Malbec. Im Jahr 2000 erwarb Mondavi die Marke, doch Arrowood bleibt weiterhin am Ruder.

Belvedere ☆
Healdsburg. Besitzer: William Hambrecht. 200 ha.
www.belvederewinery.com
Hambrecht ist ein kalifornischer Finanzier. Zu seinen Besitzungen gehören große Weinberge in Sonoma, die ihm das

Lesegut für seine Weine liefern. Merlot und Chardonnay sind in Belvedere zurzeit die führenden Sorten.

Benziger ☆☆–☆☆☆
Glen Ellen. Besitzer: Familie Benziger. 35 ha.
www.benziger.com

Der 1989 verstorbene Bruno Benziger baute mit seinen fünf Söhnen einen kleinen Weinbaubetrieb mit Sitz in Sonoma auf. Schon nach zehn Jahren setzten sie jährlich über 1 Mio. Kisten einfacher Weine unter den Namen »Glen Ellen Proprietor's Reserve« und »M. G. Vallejo« ab. Zu aller Entsetzen verkauften die Brüder 1993 die beiden Marken an die Firma Heublein und kehrten zu ihrer ursprünglichen Idee zurück, Weine unter dem Namen der Familie zu produzieren. Heute erzeugen sie mit Begeisterung kleine Mengen von ungewöhnlichen Traubensorten und verschiedene Mischungen. Einige davon erscheinen unter dem neuen Etikett »Imagery Series«.

Buena Vista ☆
Sonoma. Besitzer: Allied Domecq. 550 ha.
www.buenavistawinery.com

Ein Weingut von historischer Bedeutung: Es ist der ehemalige Besitz von Agoston Haraszthy, dem »Vater des kalifornischen Weins«. 1943 wurde es von Frank Bartholomew wieder in Betrieb genommen und 1979 an das deutsche Haus Racke verkauft; 2001 wechselte es noch einmal den Besitzer. Die meisten Trauben kommen aus Carneros; Chardonnay ist die wichtigste Sorte. Die Preise sind moderat, die Qualität leider auch.

Davis Bynum ☆☆
Healdsburg. Besitzer. Davis Bynum. 10 ha.
www.davisbynum.com

Der ehemalige Zeitungsreporter Davis Bynum war einer der ersten, die das Potenzial des Russian River Valley für Pinot noir entdeckten. Viele Jahre von Kellermeister Gary Farrell (siehe dort) tatkräftig unterstützt, erzeugt er schmackhafte Pinots von einigen der besten Weinberge der Region. Gegenwärtig ist David Georges Kellermeister.

Carmenet ☆☆
Sonoma. Besitzer: Beringer Blass. 40 ha.
www.carmenetwinery.com

Früher entstand in Carmenet ein schmackhafter Sauvignon aus Edna-Valley-Trauben, heute konzentriert man sich auf die eigenen Berglagen und die daraus gewonnenen Rotweine. »Moon Mountain Reserve« ist die beste unter den Bordeaux-Mischungen, »Dynamite Cabernet« ein einfacher Wein, trotz seines bombastischen Namens.

Chalk Hill ☆–☆☆
Healdsburg. Besitzer: Fred Furth. 120 ha. www.chalkhill.com

Dieses Weingut mit eigener Kellerei ist seit seinem Bestehen auf der Suche nach der eigenen Identität, was sich nicht nur in der Namensänderung 1982 von Donna Maria zu Chalk Hill geäußert hat, sondern auch in den unterschiedlichen Weinstilen, die je nach Ermessen seiner zahlreichen Kellermeister so oder so ausfallen. In den Weinbergen hingegen scheinen sich beständig Sauvignon blanc und Chardonnay am besten zu bewähren.

Chateau Souverain ☆☆–☆☆☆
Geyserville. Besitzer: Beringer Blass. 132 ha.
www.chateausouverain.com

Souverain baut seine eigenen Trauben im Alexander Valley an. Für Chardonnay ist es hier aber zu heiß, weshalb diese Sorte aus dem Russian River Valley bezogen wird. Die Weißen können leicht zu mollig werden, doch die opulenten Roten sind mit großem Genuss zu trinken. Alle Weine, sogar die Reserve-Abfüllungen, werden zu vernünftigen Preisen angeboten.

Chateau St. Jean ☆☆–☆☆☆
Kenwood. Besitzer: Beringer Blass. 100 ha.
www.chateaustjean.com

Eine mustergültige Kellerei, die auf Weißweine spezialisiert ist, deren subtropische Reife eher an das Napa Valley erinnert. In den 1960er- und 70er-Jahren verblüffte ihr langjähriger Kellermeister Richard Arrowood (siehe dort) die Weinwelt mit zahlreichen weißen Einzellagenweinen aus Sauvignon und Chardonnay, von denen die Chardonnays unter dem Etikett »Robert Young« die mächtigsten und üppigsten sind. Ich persönlich ziehe aber häufig die angenehmer zu trinkende Normalabfüllung vor.

Nach Arrowoods Ausscheiden wurden diverse Weißweine aus dem Programm gestrichen und einige Rotweine neu aufgenommen, von denen der feinste der Verschnitt »Cinq Cépages« ist. Arrowood war ebenfalls ein Meister großartiger süßer Spätlesen aus Riesling und Gewürztraminer, die heute nur noch selten bereitet werden.

Cline ☆☆–☆☆☆
Sonoma. Besitzer: Familie Cline. 60 ha. www.clinecellars.com

Die Clines besitzen fabelhafte alte Weinberge im Contra Costa County, die intensiven Zinfandel und Mourvèdre erbringen, und im südlichen Sonoma haben sie Rhône-Sorten angepflanzt. Die besten Weine sind feurig und charakterstark.

Clos du Bois ☆–☆☆☆
Healdsburg. Besitzer: Allied Domecq. 365 ha.
www.closdubois.com

Clos-du-Bois-Weine gab es schon lange, bevor die Kellerei existierte. Am besten sind die Gutsweine, darunter »Marlstone Alexander Valley«, ein auf Merlot basierender Verschnitt, »Briarcrest Alexander Valley Cabernet Sauvignon«, »Calcaire Alexander Valley Chardonnay« und »Flintwood Dry Creek Valley Chardonnay«.

Dehlinger ☆☆☆
Sebastopol. Besitzer und Kellermeister: Tom Dehlinger. 18 ha

Das Haus Dehlinger widmet sich ganz Pinot noir und erzeugt eine Reihe von verschiedenen Weine aus unterschiedlichen Parzellen ihrer Weinberge. Der Stil ist voll und wird hoch gelobt. Es gibt auch kleine Mengen Chardonnay, Syrah und andere Sorten.

De Loach ☆☆–☆☆☆
Santa Rosa. Besitzer: Familie De Loach. 400 ha.
www.deloachvineyards.com

Aus winzigen Anfängen hat Cecil De Loach ein beachtliches Unternehmen aufgebaut, mit Weinen, die in erster Linie nach der Rebsorte und der Lage schmecken. Mit viel Sachverstand »sammelte« er alte Weinberge, die ihren Besitzern wegen der niedrigen Erträge zu unwirtschaftlich geworden waren. Für die einfachen Weine kauft er aber auch Lesegut aus ganz Kalifornien an. Die allerbesten Weine tragen die geheimnisvolle Bezeichnung »O.F.S.«. Sehr guter Zinfandel und Pinot noir. Finanzielle Schwierigkeiten haben 2003 zu einem deutlichen Produktionsrückgang geführt.

Dry Creek Vineyard ☆☆–☆☆☆
Healdsburg. Besitzer: David Stare. 80 ha.
www.drycreekvineyard.com
Erzeuger eines der besten trockenen Fumé-blanc-Weine Kaliforniens. Auch andere Weiße in derselben ausgewogenen, nicht überzogen kräftigen, trockenen, alten Art entstehen hier. Die Reserve-Chardonnays sind fassvergoren und *sur lie* gereift und ebenso schmackhaft wie der eichenfreie Chenin blanc. Die Liste der Rotweine wird angeführt von sehr gutem Zinfandel und Petite Sirah.

Duxoup Wine Works ☆
Healdsburg. Besitzer: Andrew Cutter. Keine eigenen Weinberge
Von Groucho Marx inspirierter Name, aber seriöse, vor fruchtiger Kraft sprühende Rotweine, darunter ein Syrah, der bei einheimischen Weinkennern Anklang gefunden hat, und ein ungestümer Charbono. Alle Trauben stammen aus Weinbergen im Dry Creek Valley.

Everett Ridge ☆☆
Healdsburg. Besitzer: Familie Air. 45 ha. www.everettridge.com
Bis 1996 unter dem Namen Bellerose bekannt, wird auf Everett Ridge heute nach biodynamischen Prinzipien Wein erzeugt. Die meisten Weinberge liegen im Dry Creek Valley, doch es gibt auch Parzellen in Mendocino und Sonoma. Pfeffriger Cabernet, knackiger Sauvignon und würziger Zinfandel von alten Reben.

Gary Farrell ☆☆☆
Healdsburg. Besitzer und Kellermeister: Gary Farrell. 20 ha.
www.garyfarrell.com
Der pfiffige Gary Farrell, ehemaliger Kellermeister von Davis Bynum, produziert hier unter eigenem Etikett eher ungewöhnliche Weine, viele aus namhaften Einzellagen im Russian River Valley. Besonders interessant ist der im Stil eines Burgunder gehaltene Pinot noir »Allen Vineyard«.

Ferrari-Carano ☆☆☆
Healdsburg. Besitzer: Donald und Rhonda Carano. 265 ha.
www.ferrari-carano.com
Ein pompöses Gutsgebäude mit prachtvollen Gärten im Dry Creek Valley; der Weinstil ist entsprechend. Vor allem die Reserve-Versionen übertreffen die größten Erwartungen. Die Rotweine werden mit jedem Jahrgang besser, besonders der einem Supertoskaner nachempfundene »Siena« und die Bordeaux-Mischung »Tresor«.

Gloria Ferrer ☆☆–☆☆☆
Sonoma. Besitzer: Freixenet. 182 ha. www.gloriaferrer.com
Das nach der Frau des Generaldirektors von Freixenet benannte Schaumweinhaus hat seine Wurzeln in Katalonien. Die leistungsfähige Kellerei und die großen Rebflächen zeigen, dass man es mit der Weinbereitung ernst meint. Bislang übertrumpft die »Royal Cuvée« mit Jahrgangsangabe ihrer Tiefe und Reichhaltigkeit wegen den Rest des Programms, aber »Carneros Cuvée« zeigt sich nach sieben Jahre Flaschenreifung auf der Hefe sogar noch toastwürziger. Nach dem landesweiten Niedergang des Schaumweinabsatzes entschloss man sich bei Gloria Ferrer, die Produktionslücke mit der Erzeugung leichterer Tafelweine zu füllen.

Fisher ☆☆
Santa Rosa. Besitzer: Fred Fisher. 30 ha.
www.fishervineyards.com
Volle, ausladende Weine aus Napa und Sonoma. Spitzenrotwein ist üblicherweise der teure »Wedding Vineyard Cabernet«.

Flowers ☆☆☆
Cazadero. Besitzer: Walt und Joan Flowers. 26 ha.
www.flowerswinery.com
Das führende Weingut im Bergland entlang der Küste von Sonoma. Das kühle Mikroklima verleiht zusammen mit der starker Sonneneinstrahlung Chardonnay und Pinot noir Reintönigkeit und Intensität.

Foppiano ☆
Healdsburg. Besitzer: Louis J. Foppiano. 80 ha.
www.foppiano.com
Einer der ältesten Familienbetriebe ist jetzt neu aufgebaut worden und dabei, seine bereits respektablen Qualitätsmaßstäbe noch höher zu stecken. »Foppiano« ist das Standardetikett, »Fox Mountain« heißen die Reserve-Abfüllungen von Chardonnay und Cabernet, die zumeist aus familieneigenen Weinbergen stammen. »Riverside Vineyard« ist ein Zweitetikett.

Fritz ☆–☆☆
Cloverdale. Besitzer: Donald Fritz. 36 ha.
www.fritzwinery.com
Eine Menge Chardonnay entsteht hier, ein Teil davon ist ziemlich überzogen, und auch die Qualität ist nicht immer zuverlässig. Der eindrucksvollste Rotwein ist »Rogers Reserve Zinfandel« aus dem Dry Creek Valley.

Gan Eden ☆
Sebastopol. Besitzer: Craig Winchell. Keine eigenen Weinberge.
www.ganeden.com
Die leichten koscheren Weine, ausschließlich von zugekauften Trauben aus Sonoma, sind hoch gelobt und preisgekrönt.

Geyser Peak Winery ☆☆
Geyserville. Besitzer: Fortune Brands. 485 ha.
www.peakwinesinternational.com
Aus der ehemaligen Essigfabrik wurde 1972 wieder ein Weinbaubetrieb. Die australische Firma Penfolds war kurzfristig Partner der früheren Besitzer. Aus dieser Zeit blieb der für seine sichere Hand bekannte australische Kellermeister Daryl Groom dem Gut erhalten. Fumé blanc und Shiraz (Syrah) sind die Stars des großen Programms fruchtiger Weine, und »Cuvée Alexandre« beweist, dass Groom auch eine üppige Bordeaux-Mischung in den Griff bekommen hat. Ein Zweitetikett lautet »Canyon Road«.

Gundlach-Bundschu ☆☆
Sonoma. Besitzer: Jim Bundschu. 150 ha. www.gunbun.com
Ein berühmtes altes Weinunternehmen, das ehemals in San Francisco ansässig war und beim großen Erdbeben von 1906 zerstört wurde. Die Trauben aus den alten, bis zu 130 Jahre alten Weinbergen wurden bis zur Wiedereröffnung der Kellerei im Jahr 1973 verkauft. Das Angebot ist ausgezeichnet, v. a. Cabernet und Merlot sowie ein spritziger, erfrischender Gewürztraminer im Elsässer Stil. Auch Chardonnay und Riesling sind beachtlich.

Hanna ☆☆
Santa Rosa. Besitzer: Dr. Elias Hanna. 200 ha.
www.hannawinery.com
Nach zögerlichem Beginn fasste der Weinbaubetrieb in den 1990er-Jahren insbesondere mit seinen Weißweinen Tritt. Seit

2000 ist hier der vortreffliche Kellermeister Jeff Hinchcliffe am Werk, weshalb die Qualität sich noch weiter verbessern dürfte.

Hanzell ☆☆–☆☆☆

Sonoma. Besitzer: Alex de Brye. 14 ha. www.hanzell.com

Ende der 1950er-Jahre Schauplatz revolutionärer Entwicklungen, als James D. Zellerbach damit begann, Weine im Burgunderstil in kleinen französischen Eichenfässern zu bereiten. Der steile, nach Süden gelegene Weinberg führt zu hohen Alkoholgraden, aber wegen ihrer Konzentration und Ausgewogenheit gehören der Chardonnay und der Pinot noir (obwohl gelegentlich zu zaghaft) zu den eindrucksvollsten Weinen Kaliforniens. Sie brauchen eine lange Reifezeit. Die Weinkellerei ist so etwas wie das Château du Clos de Vougeot *en miniature*. Von 1973 bis zu seinem Ruhestand im Jahr 2001 war Bob Sessions Hanzells Kellermeister.

Hartford Court ☆☆☆

Forestville. Besitzer: Jackson Family Estates. 20 ha. www.hartfordcourt.com

Don Hartford, ein Schwiegersohn Jess Jacksons, hat hier das immer interessanter werdende Weinsortiment auf die Beine gestellt: Einzellagen-Pinots-noirs und verschiedene Zinfandel-Versionen von alten Reben aus unterschiedlichen Lagen.

Iron Horse ☆☆–☆☆☆

Sebastopol. Besitzer: Familie Sterling. 100 ha. www.ironhorsevineyards.com

Ein Cabernet von Iron Horse hat mir immer vom ersten Schluck an gefallen: anfangs tanninherb, doch im Abgang reife Süße wie ein guter Bordeaux. Mittlerweile stehen ein kraftvoller Chardonnay und die äußerst lebhaften Schaumweine des Hauses im Rampenlicht.

Jordan Vineyard and Winery ☆☆

Healdsburg. Besitzer: Thomas Jordan. 112 ha. www.jordanwinery.com

Bei seiner Gründung im Jahr 1972 war dies der extravaganteste Weinbaubetrieb, den man in Kalifornien bis dahin gesehen hatte. Heute gelten das Château-ähnliche Herrenhaus und seine Kellerei, die ganz auf Rotweine im Médoc-Stil ausgerichtet ist, in einer Szenerie aus dunklen Eichen und goldschimmerndem Grasland selbst für Sonoma-Standards als ungewöhnlich schön.

Cabernet und Chardonnay sind Weine mit Stil, doch es kann ihnen an Persönlichkeit mangeln. Eine Tochterfirma produziert »J«, einen der stilvollsten kalifornischen Brut-Schaumweine nach der klassischen Methode. 1996 erwarb das Unternehmen die Kellerei und die Weinberge von Piper-Sonoma, um mit »J« schneller expandieren zu können.

Kenwood ☆☆

Kenwood. Besitzer: Gary Heck. 142 ha. www.kenwoodvineyards.com

Große Auswahl an sortenreinen Weinen von Lesegut aus Sonoma, darunter die Cabernet-Sauvignon-Gewächse »Jack London Vineyard« und »Artist's Series«. Die Roten gewinnen mit jedem Jahrgang an Stil, und der schnörkellose Sauvignon blanc ist sehr gut.

Kistler ☆☆☆–☆☆☆☆

Sebastopol. Besitzer: Stephen Kistler und Mark Bixler. 50 ha

Berglagen auf der Wasserscheide zwischen Napa und Sonoma sowie Toplagen in Sonoma liefern Chardonnay-Trauben für nach handwerklicher Art bereitete Weine. Zur Philosophie des eigenbrötlerischen Stephen Kistler gehört es, auf die natürlichen Vorgänge im Weinkeller möglichst wenig Einfluss zu nehmen. Damit erzeugt er immer wieder Chardonnay-Weine, die zu den besten Kaliforniens zählen, und die letzten Jahrgänge zeigen, dass er Pinot noir genauso gut im Griff hat.

Korbel ☆

Guerneville. Besitzer: Gary Heck. 400 ha, teilweise gepachtet. www.korbel.com

Bevor die Domaine Chandon in Erscheinung trat, war Korbel die erste Wahl für den weit verbreiteten California »Champagne«, der damals allerdings von Sorten wie Chardonnay oder Pinot noir noch gänzlich unberührt war. Auch heute noch eine nicht nur preislich empfehlenswerte Wahl, v. a. der sehr trockene »Natural«. Spitzenwein ist der fassvergorene »Le Premier Reserve«.

Kunde ☆☆–☆☆☆

Kenwood. Besitzer: Familie Kunde. 325 ha. www.kunde.com

Die alteingesessenen Traubenanbauer im Sonoma Valley begannen erst 1990 mit der Weinerzeugung. Das umfangreiche Programm bietet gut bereitete, zugängliche Tropfen und darüber hinaus einen höchst bemerkenswerten Zinfandel von alten Reben.

La Crema ☆☆–☆☆☆

Geyserville. Besitzer: Kendall-Jackson. 100 ha. www.lacrema.com

La Crema ist dabei, sich für Chardonnay und Pinot noir im Stil von Burgund einen Namen zu machen. Die meisten Trauben stammen aus dem Russian River Valley. »Sonoma Coast Pinot Noir« ist ein treffliches Beispiel für die neue, schlankere Art in Sonoma.

Lambert Bridge ☆

Healdsburg. Besitzer: Familie Chambers. 2 ha. www.lambertbridge.com

Nach einer langen Zeit der Unbeständigkeit ließ Familie Chambers dieses Weingut im Dry Creek Valley wieder aufleben. Die meisten Trauben werden angekauft. Insbesondere der Bordeaux-Verschnitt »Crane Creek Cuvée« spiegelt den gepflegten, anziehenden Stil des Hauses wider.

Landmark ☆☆

Kenwood. Besitzer: Damaris Ethridge. 8 ha. www.landmarkwine.com

Hoch gelobt in Kalifornien, doch häufig ein überdeutliches Beispiel der toastwürzig buttrigen Art, am meisten im Reserve-Wein »Damaris«, am wenigsten in dem Verschnitt »Overlook«.

Laurel Glen ☆☆☆

Glen Ellen. Besitzer: Patrick Campbell. 10 ha. www.laurelglen.com

Nach seinem Philosophiestudium in Harvard arbeitete Campbell in den Weingärten eines Zen-Klosters, bevor er 1981 seine eigene kleine *mountain winery* in Sonoma eröffnete. Sehr solider, langlebiger Cabernet Sauvignon. Das Zweitetikett »Counterpoint« steht für die preisgünstigeren Tropfen.

Limerick Lane ☆☆

Healdsburg. Besitzer: Ted Markoczy. 14 ha. www.wines.com/limericklane

Am bekanntesten ist Limerick Lane für seinen brillanten Zinfandel. Der ungarische Besitzer erzeugt aber auch Kaliforniens einzigen Wein im Stil eines Tokaji Aszú.

Matanzas Creek Winery
Santa Rosa. Besitzer: Jess Jackson. 125 ha.
www.matanzascreek.com
Der Beifall, den sie für ihre ersten Chardonnay-Jahrgänge erhielten, muss ihren früheren Besitzern zu Kopf gestiegen sein, denn die Preise, die sie für ihre »Journey« genannten Luxusversionen von Chardonnay und Merlot verlangten, ließen die besten Bordeaux-Weine vor Neid erblassen. Jess Jackson kaufte den Betrieb im Jahr 2000 und wechselte im Jahr darauf das Kellerteam aus.

Peter Michael ☆☆☆–☆☆☆☆
Calistoga. Besitzer: Sir Peter Michael. 52 ha.
www.petermichaelwinery.com
Der britische Medien-Mogul Peter Michael erschloss unter enormen Kosten erstklassige Weinberge oberhalb von Knights Valley. Das Ergebnis ist sensationell: Chardonnay, Sauvignon und zunehmend auch die Rotweine gehören zur kalifornischen Spitzenriege – auch was die Preise betrifft.

Michel-Schlumberger ☆
Healdsburg. Besitzer: Jacques Schlumberger. 26 ha
Die ehemalige Domaine Michel ist am bekanntesten für ihren Cabernet.

Mill Creek ☆
Healdsburg. Besitzer: Bill Kreck. 30 ha.
www.mcvonline.com
Weiche, angenehme Weine, die sich wenig um die Konkurrenz scheren; Cabernet und Merlot können jedoch gut sein.

Murphy-Goode ☆☆
Geyserville. Besitzer: die Familien Murphy und Goode.
142 ha
Hier entsteht Sauvignon blanc in drei unterschiedlich gehaltvollen Versionen. Die anderen Weine sind ebenfalls gut, wenn auch nicht intensiv.

Nalle ☆☆☆
Healdsburg. Besitzer und Kellermeister: Doug Nalle.
Keine eigenen Weinberge. www.nallewinery.com
Einer von wenigen Erzeugern in Kalifornien, die mehr als Lippenbekenntnisse für das Terroir ablegen. Nalle erzeugt nur einen einzigen Zinfandel aus alten Reben, der sofort erkennen lässt, warum das Dry Creek Valley viel stärker mit dieser Sorte bestockt werden sollte. Der wunderbar abgerundete Wein ist die perfekte Antwort für alle, die behaupten, dass Zinfandel unter 16 % Alkohol nicht genießbar sei.

J. Pedroncelli Winery ☆–☆☆
Geyserville. Besitzer: Familie Pedroncelli. 42 ha.
www.pedroncelli.com
Die bewährte Quelle für einfachen Landwein erzeugt neuerdings auch sehr preiswerte Dry-Creek-Weine von höherer Qualität und besserem Stil: Zinfandel, Gewürztraminer, Chardonnay und Cabernet Sauvignon.

Preston ☆☆
Healdsburg. Besitzer: Lou Preston. 40 ha.
www.prestonvineyards.com
Lou Preston ist in erster Linie Winzer und erst danach Geschäftsmann, weshalb er bei der Weinerzeugung vorwiegend auf Sauvignon und Zinfandel aus seinen eigenen Weinbergen im Dry Creek Valley setzt und erst in jüngster Zeit auch italienische und Rhône-Sorten verwendet. Preston wird demnächst jedoch in den Ruhestand gehen und fährt die Produktion bereits zurück.

Quivira ☆☆–☆☆☆
Healdsburg. Besitzer: Henry Wendt. 30 ha.
www.quivirawine.com
Hier entsteht ein beispielhafter Zinfandel aus dem Dry Creek Valley und der verlässliche Rhône-Verschnitt »Dry Creek Cuvée«.

A. Rafanelli ☆☆☆
Healdsburg. Besitzer und Kellermeister: David Rafanelli. 20 ha
Ein rustikal anmutender Weinbaubetrieb im Dry Creek Valley, dessen köstliche Zinfandel- und Cabernet-Weine jedoch alles andere als rustikal sind.

Ravenswood ☆☆–☆☆☆
Sonoma. Besitzer: Constellation. 5 ha.
www.ravenswood-wine.com
Ein einfacher Schuppen diente Joel Peterson als Produktionsstätte für seine ersten Weine von Zinfandel und anderen roten Sorten. Er kaufte bereits Lesegut in kleinen Mengen von alten Weinbergen an, bevor dies zur allgemeinen Praxis wurde, und bereitete daraus bemerkenswerte Gewächse. In den 1990ern vergrößerte sich der Betrieb um ein Hundertfaches, doch die Spitzenweine blieben so gut wie zuvor. Im Jahr 2001 verkaufte Peterson den Betrieb. Das Motto auf Ravenswood lautete stets: »Schwächlinge verboten!«.

J. Rochioli ☆☆–☆☆☆
Healdsburg. Besitzer: Familie Rochioli. 65 ha
Die Pinot-noir-Erzeuger von Sonoma stehen Schlange, wenn Rochioli seine Trauben verkauft. Davon waren in letzter Zeit jedoch immer weniger zu haben, denn Tom Rochioli baut seine Weine nun selbst. Sie sind teuer und schwer zu finden, außer auf den Weinkarten von Spitzenrestaurants.

St Francis ☆☆–☆☆☆
Kenwood. Besitzer: Kobrand. 162 ha.
www.stfranciswine.com
Merlot ist meist der beste Wein, doch auch die erdigen Cabernets und Zinfandels aus Einzellagen machen Eindruck.

Sausal Winery ☆
Healdsburg. Besitzer: Familie Demostene. 52 ha.
www.sausalwinery.com
Einer der gutseigenen alten Zinfandel-Weinberge wurde im Jahr 1877 bestockt und erbringt für das Haus Sausal den »Century Zinfandel«. Die anderen Weine stammen von ähnlich ehrwürdigen Reben.

Schug ☆☆
Sonoma. Besitzer: Walter Schug. 17 ha.
www.schugwinery.com
Der in Deutschland geborene Walter Schug erwarb sich einen Namen als Kellermeister bei Phelps (siehe dort). Seit 1990 bereitet er nun in seinem eigenen Betrieb Chardonnay und Pinot noir, deren Stil zurückhaltend, aber elegant und nachhaltig ist. Das meiste Lesegut kommt aus Carneros.

Kalifornische Fachsprache

In der modernen kalifornischen Weinliteratur, auf Etiketten und in einschlägigen Weinführern stößt man oft auf einen Fachjargon und neue Wortschöpfungen, die auch dem Kenner der englischen Sprache nicht ohne weiteres verständlich sind.

Botrytized (Die Betonung liegt auf der ersten Silbe). Ausdruck für Trauben, die entweder auf natürliche oder künstliche Weise mit Edelfäule *(Botrytis cinerea)* befallene wurden; auch für den aus ihnen bereiteten, meist ziemlich süßen Wein.

Brix Das amerikanische Maß, auch Balling genannt, für den Zuckergehalt der Trauben (in Deutschland Öchsle) entspricht ungefähr dem doppelten potenziellen Alkoholgehalt des Weins bei restlos vergorenem Zucker. 19,3 Brix entsprechen rund 10 Volumenprozent Alkohol.

Cold stabilization Eine verbreitete Praxis zur Verhinderung der (harmlosen) Weinsteinbildung in der Flasche. Dabei wird der Wein über etwa 15 Tage bei einer Temperatur nahe dem Gefrierpunkt gelagert.

Crush Kalifornischer Ausdruck für die komplette Erntesaison; auch verwendet für die Menge der gekelterten Trauben.

Field-grafting (Umveredelung). Eine häufig verwendete Methode, bereits längere Zeit bestehende Rebstöcke von einer Sorte auf eine andere umzustellen, meist von Rot auf Weiß. Der alte Rebstock wird knapp über dem Boden abgeschnitten und ein Edelreis der neuen Sorte aufgepfropft.

Free-run juice Der aus den angequetschten Trauben vor dem Pressen frei ablaufende »Vorlauf«. Er gilt als besonders hochwertig und wird anschließend normalerweise mit dem abgepressten Most gemischt.

Gas chromatograph Ein teures Gerät zur Ermittlung der chemischen Zusammensetzung von Stoffen, in diesem Fall von Wein.

Gondola Ein großer, offener, von Traktor oder Lastwagen gezogener Anhänger, in dem die Trauben vom Weinberg zur Kelter transportiert werden.

Jug wine Früher wurde offener, also einfacher Wein in Krügen *(jugs)* beim Weinbauern abgeholt und sofort getrunken. Heute gebräuchlicher Ausdruck für Billigwein in Großflaschen.

Ovals Fässer beliebiger Größe von ovaler, nicht runder Form, wie sie in Deutschland eher als in Frankreich gebräuchlich sind. Solche Fässer haben im Keller gewöhnlich einen festen Platz, da sie nicht gerollt werden können.

Polish filtration Die letzte Filtrierung durch einen sehr feinporigen Filter, um den Wein zu höchster Klarheit zu »polieren«.

Pomace (Trester). Die nach dem Pressen übrig gebliebenen festen Bestandteile der Trauben, wie Schalen, Kerne und Stiele.

Skin contact Auf Deutsch Hülsenmaischung. Fachausdruck für ein Verfahren der Weißweinbereitung, bei dem Most und Schalen nicht sofort voneinander getrennt werden. Manche Weißweine gewinnen durch einige Stunden Maischung auf den Schalen vor dem Vergären an Geschmack (sofern die Schalen gesund sind). Heute eher unüblich und durch die Methode des *whole-cluster pressing* (siehe dort) ersetzt.

Whole-cluster pressing Das Pressen ganzer weißer, nicht entrappter Trauben unmittelbar nach Kellereianlieferung. Dabei kann der Wein an Frische gewinnen, aber auch Komplexität einbüßen. Nachteilig ist darüber hinaus, dass mehr Pressen benötigt werden, da die Stiele so viel Raum einnehmen.

Sebastiani

Sonoma. Besitzer: Familie Sebastiani. 165 ha.
www.sebastiani.com

Der Name ist mit der Geschichte der kleinen Stadt Sonoma eng verbunden. Sebastiani hatte sich ziemlich schnell vom Massenweinlieferanten zum Erzeuger von Qualitätsweinen gemausert, nach Familienstreitigkeiten mussten jedoch im Jahr 2000 die bekanntesten Marken des Hauses verkauft werden. Die Zukunft des nun erheblich verkleinerten Betriebs ist ungewiss, die besten Sebastiani-Weine sind aber nach wie vor sehr gut.

Seghesio ☆☆–☆☆☆

Healdsburg. Besitzer: Familie Seghesio. 142 ha.
www.seghesio.com

Der etablierte Betrieb füllt seinen Wein erst seit 1983 selbst ab. Charakteristisch ist der Zinfandel, von dem fünf verschiedene Versionen angeboten werden. Die Sangiovese-Abfüllungen vom alten Familienweinberg und von neueren Lagen gehören zu den besten Kaliforniens. Alle Weine sind ihre Preise wert.

Simi ☆☆–☆☆☆

Healdsburg. Besitzer: Constellation. 145 ha.
www.simiwinery.com

Häufige Besitzerwechsel haben sich auf Image und Weinqualität der historischen Simi-Kellerei nicht unbedingt positiv ausgewirkt. Trotzdem kann der »Alexander Valley Cabernet« ebenso wie der fassvergorene Reserve-Chardonnay noch erstklassig sein. Auch der Sauvignon blanc ist vorzüglich, und aus irgendwelchen Gründen kam in letzter Zeit noch eine Reihe von Carneros-Weinen dazu.

Sonoma-Cutrer ☆☆

Windsor. Besitzer: Brown-Forman. 445 ha.
www.sonomacutrer.com

Jahrelang war Brice Jones mit seinem Weingut der führende Chardonnay-Spezialist Kaliforniens und bot eine ganze Serie von Einzellagenweinen an, darunter »Les Pierres«, »Cutrer« und »Russian River Ranches«, von denen der Erstgenannte meist der beste war. 1994 endete dann die Chardonnay-Alleinherrschaft, als Jones auch Pinot noir ins Programm aufnahm. Die Qualität ist über die Jahre gleich geblieben, aber andere Chardonnay-Gewächse aus der Region konnten inzwischen aufschließen oder die Sonoma-Cutrer-Weine gar übertreffen.

Stonestreet ☆☆☆

Healdsburg. Besitzer: Jess Jackson. 600 ha.
www.stonestreetwines.com

Die Weinproduktion von Stonestreet schöpft aus dem eigenen enormen Reblandbesitz im Alexander Valley. Die Qualität ist vorzüglich: Sehr gut ist der Chardonnay und noch besser der Bordeaux-Verschnitt »Legacy« und der »Christopher's Vineyard Cabernet«.

Rodney Strong ☆
Healdsburg. Besitzer: Klein Foods. 365 ha.
www.rodneystrong.com
Rodney Strong, ein altgedienter Weinerzeuger in Sonoma, hat sich inzwischen aus dem Betrieb zurückgezogen, der noch seinen Namen trägt. Heute sorgt Kellermeister Rick Sayre für Kontinuität. Mit Ausnahme von »Alexander's Crown Cabernet« fehlt es den Weinen an Reiz.

Joseph Swan ☆☆
Forestville. Besitzer und Kellermeister: Rod Berglund. 5 ha.
www.swanwinery.com
Der inzwischen verstorbene Joseph Swan war Wegbereiter für den Dry-Creek-Zinfandel. Heute liegt die Leitung des Betriebs in den Händen seines Schwiegersohns. Stil und Qualität von Pinot noir und Zinfandel sind sehr unbeständig.

Topolos at Russian River ☆
Forestville. Besitzer: Familie Topolos. 10 ha. www.topolos.com
Weine im traditionellen Stil aus ökologischem Anbau sind das Markenzeichen von Topolos. Zinfandel und Alicante sind urwüchsig und robust – nichts für verzagte Seelen.

Marimar Torres ☆☆☆
Sebastopol. Besitzer: Marimar Torres. 32 ha.
www.marimarestate.com
Die betont individualistische Marimar Torres ist sehr darum bemüht, die kalifornische Fruchtigkeit ihres Chardonnay und Pinot noir zugunsten einer optimalen Finesse zu dämpfen. Marimar ist die Schwester des bekannten Miguel Torres aus Spanien.

Trentadue ☆☆
Geyserville. Besitzer: Familie Trentadue. 100 ha.
www.trentadue.com
Familie Trentadue verkauft Trauben an Ridge und andere, baut aber auch ihre eigenen Rotweine aus Zinfandel und Petite Sirah.

Viansa ☆☆
Sonoma. Besitzer: Sam Sebastiani. 36 ha. www.viansa.com
Sam Sebastiani verließ 1986 das Weingut seiner Familie, machte sich selbstständig und kreierte eine große Palette von Weinen im italienischen Stil. Dabei sind die einfacheren Versionen von beispielsweise Arneis und Pinot grigio oft erfolgreicher, als die ehrgeizigen Verschnitte.

Williams & Selyem ☆☆☆–☆☆☆☆
Healdsburg. Besitzer: John Dyson. Keine eigenen Weinberge
Handwerkskunst in Vollendung, doch die Weine gaben sich nie rustikal. Burt Williams und Ed Selyem erzeugten Pinot noir vom Russian River und der Sonoma Coast mit allen Raffinessen. Ihr Vorbild war die Domaine de la Romanée-Conti in Frankreich. Selyem musste wegen großer Rückenprobleme 1998 aus dem Geschäft aussteigen, und die Marke wurde an den Winzer Dyson verkauft. Williams bleibt dem Betrieb jedoch als Kellermeister vorerst erhalten, unterstützt von Bob Cabral.

Die führenden Erzeuger in Mendocino

Claudia Springs ☆☆
Philo. Besitzer: Bob Klindt. 10 ha. www.claudiasprings.com
Ein kleines Unternehmen, doch die Weine, besonders der Viognier, sind höchst erfreulich.

Edmeades ☆☆–☆☆☆
Philo. Besitzer: Jackson Family Estates. 25 ha. www.kj.com
Der Mendocino-Zweig des Familienverbunds von Kendall-Jackson ist auf Einzellagenweine, vor allem Pinot noir und Zinfandel sowie Petite Sirah, spezialisiert. Die Weine sind intensiv und mächtig.

Fetzer ☆☆–☆☆☆
Hopland. Besitzer: Brown-Forman. 800 ha.
www.fetzer.com
Fetzer, im Mendocino County beheimatet, aber weit darüber hinausreichend, war einer der ersten Betriebe in Kalifornien, die guten bis exzellenten Wein in großem Maßstab produzierten. Pionierarbeit leistete er auch mit der Einführung klar unterscheidbarer, nach Preisgruppen gestaffelter Etiketten. »Reserve« steht für den obersten Rang, »Barrel Select« bildet die mittlere Klasse (mit den besten Preis-Leisungs-Verhältnis), und die unteren Gruppen sind durch Markennamen wie »Sundial Chardonnay« und »Eagle Peak Merlot« gekennzeichnet. Der bereits pensionierte Bernard Fetzer hatte den Betrieb als Hobby gegründet. Nach seinem Tod 1981 bauten acht seiner ungeheuer tüchtigen Kinder das Unternehmen auf eine Jahresproduktion von 3 Mio. Kisten aus und verkauften es dann 1992 an Brown-Forman. »Bonterra« ist in Kalifornien die führende Marke für ökologisch angebaute Weine.

Fife ☆☆–☆☆☆
Redwood Valley. Besitzer: Dennis Fife. 15 ha.
www.fifevineyards.com
Dennis Fife besitzt Weinberge in Napa und Mendocino. Er bereitet sehr füllige, intensive Weine aus Zinfandel, Syrah, Petite Sirah und anderen.

Greenwood Ridge ☆☆–☆☆☆
Philo. Besitzer: Allan Green. 6 ha.
www.greenwoodridge.com
Allan Greens beste Weine stammen von Lagen hoch oben auf den Mendocino-Bergen: Riesling, Merlot und Cabernet. Hinzu kommen Chardonnay und Sauvignon aus anderen Rebflächen in Mendocino. Die Trauben für seinen robusten Zinfandel kauft er in Sonoma an.

Handley Cellars ☆☆
Philo. Besitzer und Kellermeister: Milla Handley. 20 ha.
www.handleycellars.com
Als ehemaliger Kellermeister von Chateau St Jean erwarb sich Handley Anerkennung für Chardonnay, Gewürztraminer und klassische Schaumweine.

Husch ☆
Philo. Besitzer: Hugo Oswald. 100 ha.
www.huschvineyards.com
Weinberge im Anderson Valley und in Ukiah liefern die Trauben für ein komplettes Programm, aus dem Pinot noir, Gewürztraminer und Chardonnay hervorstechen.

Lazy Creek ☆
Philo. Besitzer: Josh Chandler.
8 ha

Der Gewürztraminer des kleinen Weinbaubetriebs im Anderson Valley ist hoch angesehen.

Lolonis ☆–☆☆
Redwood Valley. Besitzer: Familie Lolonis. 120 ha.
www.lolonis.com

Die Familie Lolonis beliefert zahlreiche Weinkellereien mit ökologischem Traubengut und begann in den 1990er-Jahren auch ihre eigenen Weine zu erzeugen. Anfangs zu rustikal, werden sie nun allmählich besser.

McDowell Valley Vineyards ☆☆☆
Hopland. Besitzer: Familie Keehn. 135 ha.
www.mcdowellsyrah.com

Mit seinen Weinen beweist das Unternehmen die Eignung des kleinen, fast vergessenen McDowell Valley im Süden von Mendocino für den Anbau von Rhône-Sorten, insbesondere Syrah-Reben, die bereits 1948 und 1959 angepflanzt wurden. Hinzu kommen vorzüglicher Viognier und erfrischender Rosé von Grenache.

Monte Volpe ☆☆
Redwood Valley.
Besitzer: Greg Graziano. 8 ha.
www.domainesaintgregory.com

Graziano, ein alter Kämpe aus Mendocino, leistet intelligente Arbeit mit italienischen Rebsorten, allen voran Barbera. Das Etikett »Enotria« ist ausschließlich den Sorten aus Piemont vorbehalten. Die Marke für die französischen Genossen lautet »Domaine Saint Gregory«.

Navarro ☆☆☆
Philo. Besitzer: Edward T. Bennett und Deborah Cahn.
35 ha. www.navarrowine.com

Ted Bennett nutzt das nebelreiche Klima für ungewöhnlich langlebige Weine, v. a. Chardonnay, Riesling und Gewürztraminer im Elsässer Stil.

Pacific Echo ☆☆
Philo. Besitzer: Champagne Pommery. 40 ha.
www.pacific-echo.com

John Scharffenberger wurde als Schaumweinerzeuger bekannt. Er leitet neben diesem Betrieb, der *sparklers* nach der klassischen Methode produziert, noch das Weingut Lonctrec, wo er körperreichen Zinfandel und andere Weine bereitet.

Parducci ☆
Ukiah. Besitzer: Domain Hill & Mayes. 100 ha.
www.parducci.com

Der älteste Weinbaubetrieb in Mendocino ging 1996 an seine jetzigen Besitzer über. Der erhoffte Aufschwung blieb aus, und seit 2001 steht das Weingut wieder zum Verkauf.

Roederer Estate ☆☆☆
Philo. Besitzer: Jean-Claude Rouzaud. 142 ha.
www.roederer-estate.com

Ein großes Unternehmen im Besitz des bekannten Champagnerhauses mit Weinbergen im kühlen Anderson Valley. Eindrucksvolle Weine vom ersten Jahrgang an. Die Jahrgangs-Cuvée ist »L'Ermitage«, die der Standard-Cuvée »Estate Brut« jedoch qualitätsmäßig meist nur wenig voraus hat.

Die führenden Erzeuger in der San Francisco Bay

Ahlgren ☆☆
Boulder Creek. Besitzer: Dexter Ahlgren. 10 ha.
www.ahlgrenvineyard.com

Ahlgrens großartiger Cabernet stammt von Trauben aus den Santa Cruz Mountains, die anderen Weine von Lesegut aus verschiedenen Teilen der Central Coast.

Bargetto ☆
Soquel. Besitzer: Familie Bargetto. 8 ha. www.bargetto.com

Die besten Weine des Hauses (Chardonnay, Merlot und Cabernet) kommen von den Santa Cruz Mountains; die italienischen Sorten, die bei den Bargettos immer beliebter werden, von der Central Coast. Die Qualität ist ungleichmäßig.

Bonny Doon ☆–☆☆☆
Santa Cruz. Besitzer: Randall Grahm. 56 ha.
www.bonnydoonvineyard.com

Von einer schlichten Scheune in den Santa Cruz Mountains aus operierend, setzte sich Randall Grahm, der hellste Kopf im kalifornischen Weingeschäft, an die Spitze der so genannten Rhône Rangers. Nach wie vor gilt seine Aufmerksamkeit den Rhône-Sorten (Mourvèdre »Old Telegram«, Grenache »Clos de Gilroy«, der rote Verschnitt im Châteauneuf-Stil »Le Cigare Volant« und der köstliche Marsanne/Roussanne »Le Sophiste«), und er vermeidet alles, was ihn zu Cabernet oder Chardonnay führen könnte. Sein Nebbiolo ist wahrscheinlich der beste in Kalifornien, und auch für Riesling zieht er ins Feld. Gleichzeitig produziert er beliebte Verschnitte, die es jedermann gestatten, einen guten, charaktervollen Wein auf den Tisch zu bringen.

David Bruce ☆☆–☆☆☆
Los Gatos. Besitzer: David Bruce. 6 ha.
www.davidbrucewinery.com

Eine Flasche Richebourg reichte aus, um den Dermatologen David Bruce zum Wein zu bekehren und in den Santa Cruz Mountains ein Weingut eröffnen zu lassen. Dort bereitete er brillanten Pinot noir und Chardonnay, bis Rebkrankheiten und TCA-Probleme seinen Ruf schwer belasteten.

Heute ist sein Weinprogramm vielfältiger und wird durch zugekauftes Lesegut aus zahlreichen guten Weinbergen in der Central-Coast-Region ergänzt. Gelegentlich gibt es noch immer Enttäuschungen, doch die Spitzenabfüllungen von Pinot noir und Petite Sirah beweisen, dass Bruce sein Talent nicht verloren hat.

Clos La Chance ☆☆
Saratoga. Besitzer: Bill Murphy. 2 ha. www.closlachance.com

Ein ausgewähltes Weinprogramm, zu dem neben frischem Chardonnay aus Napa und den Santa Cruz Mountains auch eleganter Cabernet franc und Cabernet Sauvignon gehören.

Concannon ☆
Livermore. Besitzer: Familie Wente. 80 ha.
www.concannonvineyard.com

Gegründet von Oberst Joseph Concannon zur Erzeugung von Messwein, im selben Jahr wie die andere große Kellerei im Livermore Valley, Wente Vineyard; seit 1991 im Besitz von Mitgliedern der Familie Wente, aber getrennt geführt. Im Mittelpunkt stehen wieder die Gutsweine von Petite Sirah und

Sauvignon blanc sowie die Reihe »Assemblage« – rote und weiße Verschnitte von Bordeaux-Rebsorten. Das Lesegut für Chardonnay und andere Sortenweine wird weitgehend aus Quellen an der Central Coast bezogen.

Cronin ☆☆–☆☆☆
Woodside. Besitzer und Kellermeister: Duane Cronin.
1,5 ha

Cronin erzeugt den Wein im Keller seines Vorstadthauses: vorwiegend Chardonnay aus den besten Trauben, die er bekommen kann. Probleme bei der Zulieferung führen hin und wieder zu Engpässen, die Qualität bleibt jedoch stets hoch.

Thomas Fogarty ☆☆–☆☆☆
Portola Valley. Besitzer: Dr. Thomas Fogarty. 8 ha.
www.fogartywinery.com

Der Gewürztraminer aus Ventana (Monterey) kann atemberaubend gut sein, ebenso Pinot noir, Chardonnay und Merlot aus den Santa Cruz Mountains.

Kalin Cellars ☆☆
Novato. Besitzer: Terrance Leighton. Keine eigenen Weinberge.
www.kalincellars.com

Der Wissenschaftler und Weinerzeuger, der seine Kellerei ungewöhnlicherweise im Marin County errichtet hat, produziert eichenwürzige Chardonnays und Pinot noir, die nach ihren Lagen benannt sind. Die Weine werden erst zum Verkauf freigegeben, wenn Leighton sie für trinkreif hält.

Kathryn Kennedy ☆☆☆
Saratoga. Besitzer: Kathryn Kennedy. 3 ha.
www.kathrynkennedywinery.com

Kathryn Kennedy und Sohn Marty Mathis erzeugen in erster Linie einen vollen, eichenwürzigen Cabernet. Hinzu kommen Syrah aus den Santa Cruz Mountains sowie ein Verschnitt vorwiegend aus Merlot. Extravagante Preise.

J. Lohr ☆☆
San Jose. Besitzer: Jerry Lohr. 800 ha.
www.jlohr.com

Wenn es in Kalifornien doch nur mehr Weinbaubetriebe wie diesen gäbe, mit gut bereiteten, vollfruchtigen, nicht überteuerten Sortenweinen. Die meisten Trauben kommen aus Monterey und Paso Robles.

Mount Eden ☆☆☆
Saratoga. Besitzer: Jeff und Eleanor Patterson. 16 ha.
www.mounteden.com

Ein Weingut mit bekanntem Namen, gegründet von dem schwierigen Martin Ray, der in den 1970er-Jahren die Kontrolle über seinen Betrieb verlor. Die Reben sind alt und erbringen kleine Mengen vortrefflicher Chardonnay-, Pinot-noir- und Cabernet-Sauvignon-Weine. Die Hauptproduktion besteht jedoch aus Chardonnay vom Edna Valley.

Ridge ☆☆☆☆
Cupertino. Besitzer: Otsuka Co. 210 ha.
www.ridgewine.com

Einer der anerkannten Premiers crus in Kalifornien. Das romantische alte Steingebäude liegt abgeschieden auf einer Bergspitze südlich von San Francisco. Der angrenzende Weinberg liefert »Montebello Cabernet«, jedoch werden Cabernet- und Petite-Sirah-Trauben auch aus York Creek in Napa und Zinfandel-Trauben aus Geyserville in Sonoma und aus Paso Robles

zugekauft. Alle Weine zeichnen sich durch großes Alterungspotenzial, dunkle Farbe und Intensität aus, ohne dabei zu fleischig zu sein. 20 Jahre sind für einen »Montebello« noch kein Alter, wobei die Weine des Médoc den natürlichen Maßstab setzten. Paul Draper ist hier seit über 30 Jahren verantwortlicher Kellermeister. Anders als die meisten anderen in Kalifornien, passt er seine Weinbereitungstechnik dem Lesegut des jeweiligen Jahrgangs an und zieht amerikanische Eichenfässer den französischen Barriques vor. Wenn es um Beständigkeit und Qualität geht, ist Ridge kaum zu übertreffen.

Roudon-Smith Vineyards ☆
Santa Cruz.
Besitzer: die Familien Roudon und Smith. 5 ha.
www.roudonsmith.com

Ein Zwei-Familien-Unternehmen, das einen stilvollen Chardonnay erzeugt, der wie ein guter Meursault zwischen Festigkeit und Geschmeidigkeit seine ausgewogene Mitte findet. Gut dazu passt der Stil des Cabernet, wohingegen der Zinfandel deftiger auftritt. Den Besitzern steht der Ruhestand ins Haus, weshalb sich die Produktion weiter verringern dürfte.

Santa Cruz Mountain Vineyard ☆☆
Santa Cruz.
Besitzer und Kellermeister: Ken Burnap.
6 ha

Ein in der Region angesehener Spezialist für kraftvolle Pinot-noir- und Cabernet-Tropfen, die manchmal an zu viel Alkoholstärke leiden.

Savannah-Chanelle ☆☆
Saratoga.
Besitzer: Mike Ballard. 6 ha.
www.savannahchanelle.com

Seit der Übernahme durch den jetzigen Besitzer im Jahr 1996 hat sich Savannah-Chanelle zu einem der Spitzenweingüter gemausert. Elegante, eichenwürzige Weine, besonders die von den eigenen Weinbergen stammenden Cabernet-franc- und Zinfandel-Gewächse.

Wente ☆☆
Livermore.
Besitzer: Familie Wente. 1215 ha.
www.wentevineyards.com

Eine der größten Weindynastien Amerikas. Der Gründer, Carl Wente, begann zusammen mit Charles Krug im Napa Valley und zog dann ins steinige Livermore Valley, weil das Land dort billiger war. Die Namen seiner Söhne Herman (gest. 1961) und Ernest (gest. 1981) sowie dessen Sohn Karl (gest. 1977) sind hoch geachtet. Karl war ein kühner Vordenker: Als erster Erzeuger in Kalifornien ließ er Gärtanks aus Stahl im Freien errichten und war darüber hinaus auch einer der ersten, die Monterey als Weinbaugebiet erschlossen. Die vierte Generation erwarb weitere 250 ha potenziellen Reblands und bepflanzte es in den Jahren 1982 und '83.

Der Name Wente steht vor allem für Weißwein. Anfang der 1960er-Jahre war der Sauvignon blanc des Hauses mein Favorit: kräftig, saftig, im alten Bordeaux-Stil. Seither haben sich Riesling und Chardonnay ebenfalls brillant entwickelt, und schließlich wurden auch die Rotweine ein fester Bestandteil des Programms. Die einfachen Weine heißen »Family Selection«, die Gutsweine tragen das Etikett »Vineyard Selections«, und es gibt auch Reserve-Abfüllungen. Die Schaumweine sind ebenso respektabel; sie lagern fünf Jahre auf der Hefe.

Die führenden Erzeuger in den Sierra Foothills

Amador Foothill Winery ☆
Plymouth. Besitzer: Ben Zeitman und Katie Quinn. 4 ha.
www.amadorfoothill.com

Zusammen mit den benachbarten Betrieben, von denen es die Trauben bezieht, erzeugt dieses kleine Unternehmen im Shenandoah Valley einen knorrigen, tanninharten Zinfandel und einen saftigen Sangiovese. Die Weißweine sind enttäuschend.

Boeger Winery ☆–☆☆
Placerville. Besitzer: Greg Boeger. 34 ha.
www.boegerwinery.com

Aus seinen Hochlagen, die bis auf über 900 m hinaufreichen, erzeugt Boeger zahllose Weine von unterschiedlicher Qualität. Beständig gut und teilweise sogar vorzüglich sind Zinfandel, Barbera, Viognier und die Rotweinverschnitte.

Ironstone ☆
Murphys. Besitzer: Familie Kautz. 1780 ha.
www.ironstonevineyards.com

Familie Kautz besitzt in den Foothills nur 28 ha Rebland, aber Tausende mehr in Lodi und im San Joaquin Valley. Aus diesen Weinbergen entstehen mehrere einfache Sortenweine, die sauber, frisch und preiswert sind, nur der Cabernet franc ist etwas Besonderes. Ironstone ist das auffälligste Weingut in den Foothills und ähnelt in vielem einem Vergnügungspark, bei dem sich alles um das Thema Gold dreht.

Karly ☆
Plymouth. Besitzer: Buck Cobb. 8 ha. www.karlywines.com

Schwere, marmeladige Zinfandel-Weine sind das Markenzeichen des Hauses, aber auch der Mourvèdre ist voller Kraft; daneben gibt es noch einen schmackhaften Orange Muscat.

Lava Cap Winery ☆☆
Placerville. Besitzer: Familie David Jones. 24 ha.
www.lavacap.com

Zuverlässig guter Weinstil aus der Kellerei in den Sierra Foothills. Die beste Marke heißt »Stromberg« und stammt aus Lagen in fast 1000 m Höhe.

Madroña ☆☆
Camino. Besitzer: Dick Bush. 14 ha. www.madrona-wines.com

Dick Bush begann 1973 mit dem Anlegen seiner Weinberge in über 900 m Höhe. Nicht in allen Jahren reifen die Trauben voll aus, doch wenn sie es tun, entstehen daraus feine Rot- und Weißweine.

Monteviña ☆
Plymouth. Besitzer: Sutter Home. 160 ha.
www.montevina.com

Familie Trinchero, die Besitzer von Sutter Home, kaufte Monteviña im Jahr 1988 und begann mit der Anpflanzung einer beachtlichen Menge von italienischen Rebsorten. Trotz großen Engagements war die Qualität meist nur passabel. Unter dem Etikett »Terra d'Oro« sind jedoch auch schon diverse brillante Tropfen erschienen.

Renaissance ☆☆
Renaissance. Besitzer: ein Freundeskreis. 150 ha.
www.renaissancewinery.com

Ein ungewöhnliches Weingut mit ungewöhnlichen Weinen: erdige, tanninreiche, langlebige Cabernet- und Zinfandel-Gewächse, außerdem geschmeidiger Sauvignon und ausgezeichnete Spätlesen.

Renwood ☆☆☆
Plymouth. Besitzer: Robert Smerling. 280 ha

Seit 1992 versucht Smerling dem Amador-Zinfandel zu höheren Weihen zu verhelfen, was sich auch in seiner Preisgestaltung ausdrückt. Er bietet bis zu sieben verschiedene Versionen an, alle von alten Reben, die für Amador-Weine bemerkenswert anspruchsvoll sind; Ähnliches gilt für die Barbera-Gewächse. Nun will Smerling gemeinsam mit seinem Team die härteste Nuss von allen knacken: den Nebbiolo.

Shenandoah Vineyards ☆☆
Plymouth. Besitzer: Leon Sobon. 20 ha.
www.sobonwine.com

Shenandoah, im selben Besitz wie das Haus Sobon (siehe dort), führt ein breit gefächertes Sortiment, doch nur die speziellen Reserve-Abfüllungen kommen an die Qualität von Sobon heran. Die gespriteten Weine sind hervorragend.

Sierra Vista ☆☆–☆☆☆☆
Placerville. Besitzer und Kellermeister: John MacReady. 17 ha.
www.sierravistawinery.com

MacReadys Syrahs gehören zu den besten in den Foothills, speziell die vom Red Rock Ridge. Auch sein Viognier und der Rosé »Belle Rose« im Tavel-Stil sind fein, Cabernet und Zinfandel aber eher von der deftigen Sorte.

Stevenot ☆
Murphys. Besitzer: Barden Stevenot. 20 ha.
www.stevenotwinery.com

Ehrgeiziges Unternehmen, mit Chenin blanc und Zinfandel bereits gut eingeführt; jetzt folgen Cabernet und Chardonnay.

Domaine de la Terre Rouge ☆☆☆
Fiddletown. Besitzer: William Easton. 28 ha.
www.terrerougewines.com

Ein aufgehender Stern in den Foothills. Unter dem Namen »Terre Rouge« entstehen Weine im Rhône-Stil, v. a. Syrah; das Etikett »Easton« tragen Zinfandel und Barbera. Die Qualität der Weißen wie Roten ist meist außergewöhnlich, außer wenn die Fruchtigkeit in Eichenwürze untergeht.

Villa Toscano ☆
Plymouth. Besitzer: Jerry Wright. 42 ha.
www.villatoscano.com

Haus und Garten sind Imitationen toskanischer Vorbilder; die Weine dieses Guts zeigen jedoch mehr Raffinesse: saftiger Syrah und würziger Zinfandel.

Die führenden Erzeuger in Monterey

Bernardus ☆☆–☆☆☆☆
Carmel Valley. Besitzer: Bernardus Pon. 20 ha.
www.bernardus.com

Das wohlhabende Gut im Besitz eines niederländischen Weinhändlers ist bekannt für die Qualität seiner klassischen Sortenweine aus Santa Barbara und Monterey und für die köstliche Bordeaux-Mischung »Marinus«.

Chalone ☆☆☆
Soledad. Besitzer: Chalone Group (an der die Rothschilds von Lafite beteiligt sind). 120 ha. www.chalonevineyard.com
50 Jahre lang war Chalone ein einsamer Vorposten des Weinbaus auf einem trockenen Kalksteinhügel nahe dem Pinnacles National Monument; der gesamte Wasserbedarf musste mit Tankwagen herangeschafft werden. Schließlich verblüffte Dick Graff ganz Kalifornien mit seinem Pinot noir und Chardonnay nach dem Vorbild großer Burgunder.

Auch Pinot blanc fühlt sich in diesen Höhen wohl, und der Chenin blanc aus alten Reben zählt zu den besten Kaliforniens. In den 1990ern ließ die Qualität nach – viele Weine litten unter bakteriellen Verunreinigungen. Dem neuen Kellermeister Dan Karlsen gelang es jedoch, die Probleme zu beseitigen, und seit 1999 zeigt sich das Haus Chalone wieder in Bestform. Karlsen erweiterte das Programm auch um prächtige Beispiele von Viognier und Syrah.

Durney Vineyard
Siehe Heller

Heller Estate ☆☆
Carmel Valley. Besitzer: Gilbert Heller. 50 ha.
www.hellerestate.com
Der erste Weinberg, der in Carmel angelegt wurde, liegt an steilen Hängen nicht weit vom Meer. Der Cabernet ist reif, tief und eindrucksvoll, und der Chenin blanc im Stil eines Vouvray bereitet. Mitte der 1990er-Jahre ging das bis dahin als Durney bekannte Weingut an den jetzigen Besitzer über, der ihm seinen Namen gab.

Jekel Vineyards ☆☆
Greenfield. Besitzer: Brown-Forman. 135 ha
Die Weißweine (v. a. Riesling und »Gravelstone Chardonnay«) zählen zu den besten der Gegend. Sie sind reif, aber nicht schwer.

Joullian ☆☆
Carmel Valley. Besitzer: die Familien Sias und Joullian. 16 ha.
www.joullian.com
Viele Jahre lang führte Ridge Watson das Weingut in Vertretung seiner Besitzer aus Oklahoma. Gepflegte, frische Chardonnays und ein reifer, eleganter Cabernet sind hier die besten Weine.

Mer Soleil ☆
Soledad. Besitzer: Charles Wagner. 158 ha
Charles Wagner von Caymus (siehe dort) pflanzte ab 1988 in den Santa Lucia Highlands Reben an und entwickelte eine Reihe außergewöhnlicher Chardonnays. Manche halten sie für überragend, andere für überladen.

Mirassou ☆
San Jose. Besitzer: E. & J. Gallo. 400 ha. www.mirassou.com
Ein rühriger, selbstbewusster Weinbaubetrieb. Da im ständig wachsenden San José der Platz knapp wurde, liegen die meisten Weinberge heute im Salinas Valley, wo Mirassou das Verkeltern im Freiland einführte. Der hohe Bedarf an Trauben und die anfänglichen Schwierigkeiten mit dem Klima in Salinas machten den Zukauf von Lesegut erforderlich. Die Weine waren vor 15 Jahren reizvoller.

Monterey Vineyard ☆
Gonzales. Besitzer: Diageo. 500 ha
Seit Monterey Vineyard 1973 als große Genossenschaft gegründet wurde, gab es zahlreiche Veränderungen. Das Weinprogramm konzentriert sich heute auf tadellose, wenn auch kommerzielle Versionen von Cabernet, Chardonnay und Merlot.

Monterra
Siehe Delicato

Morgan ☆☆
Salinas. Besitzer: Dan Lee. 26 ha. www.morganwinery.com
Seit seiner Gründung 1992 erzeugt Morgan sauberen Chardonnay und Pinot noir sowie diverse Weine von in Sonoma angekauften Trauben.

Paraiso Springs ☆☆–☆☆☆
Soledad. Besitzer: Rich Smith. 730 ha. www.psvWine.com
Rich Smith nimmt die besten Trauben für seine eigene Produktion und verkauft den Rest an andere Betriebe. Die Weine sind eher charmant als gut strukturiert – perfekte Sommergetränke. Syrah und Pinot noir haben bisher die beste Figur gemacht.

Talbott ☆☆
Carmel Valley. Besitzer: Familie Talbott. 225 ha.
www.talbottvineyards.com
Die Talbotts erwarben ihr Vermögen mit der Herstellung von Krawatten. Als Weingutsbesitzer verkaufen sie den größten Teil ihres Leseguts (die Chardonnay-Trauben aus der Lage Sleepy Hollow sind sehr gefragt). Die eigenen Chardonnay-Kreationen sind üppig und eichenwürzig.

Ventana Vineyard ☆☆–☆☆☆
Soledad. Besitzer: Douglas Meador. 120 ha.
www.meadorestates.com
Als eine Art Bilderstürmer des Weinbaus ist Doug Meador überzeugt, trotz hoher Erträge keine Qualitätsverluste in Kauf nehmen zu müssen. Er findet für seine Sauvignon- und Gewürztraminer-Trauben im ganzen Bundesstaat Abnehmer. Seine eigene Kellerei erzeugt die üblichen Sortenweine, und die Spitzenabfüllungen erscheinen unter dem Etikett »Meador Estate«. Der Syrah ist vielversprechend.

Die führenden Erzeuger im San Luis Obispo County

Adelaida ☆☆–☆☆☆
Paso Robles. Besitzer: Familie Van Steenwyck. 30 ha.
www.adelaida.com
Das etwas schrullige, im Bergland versteckte Weingut bereitet Pinot noir aus 35 Jahre alten Reben und einen kraftvollen, fassvergorenen Chenin blanc. Der Riesling wird aus Monterey-Trauben bereitet und ist meistens köstlich.

Alban ☆☆☆–☆☆☆☆
Arroyo Grande. Besitzer: John Alban. 26 ha
John Alban wurde in Condrieu zum Rhône-Wein bekehrt und baut seit 1990 hier in Arroyo Grande die entsprechenden Sorten an. Die Weine gehören zu den besten kalifornischen Rhône-Geschöpfen: kraftvoll und ausgewogen.

Arciero ☆
Paso Robles. Besitzer: die Brüder Arciero. 255 ha.
www.arcierowinery.com

Die Gallo-Familie

Niemand hat die Richtung und das Tempo des amerikanischen Weinkonsums so sehr beeinflusst wie Ernest und der inzwischen verstorbene Julio Gallo. Die Firma E. & J. Gallo, bei weitem der größte Weinerzeuger Amerikas, ja wahrscheinlich der ganzen Welt, ist noch immer ein Privatunternehmen, das von Ernest Gallo und Mitgliedern der zweiten und dritten Generation seiner Familie und der seines Bruders geleitet wird.

Die Brüder wuchsen in Modesto im Herzen des Central Valley als Söhne eines italienischen Einwanderers auf, der dort Weintrauben anbaute. Mit der Weinbereitung begannen sie 1933, als Ernest 24 und Julio 23 Jahre alt waren. Julio war Kellermeister, und Ernest verkaufte den Wein.

Ihre erste eigene Kellerei bauten sie 1935 an derselben Stelle, wo heute die riesige Fabrik steht, und 1940 pflanzten sie ihre ersten eigenen Weinstöcke, um mit besserem Traubenmaterial experimentieren zu können. Sie erkannten bald die Grenzen, die das Central Valley setzte, kauften deshalb Lesegut aus Napa und Sonoma und zahlten höhere Preise als ihre Konkurrenten.

Heute heißt es, dass Gallo jede dritte Traube in Kalifornien entweder selbst zieht oder einkauft.

Mit dem gespriteten »Thunderbird« begann in den 1950er-Jahren die Mode der geschmacksintensiven »Pop«-Weine, gefolgt von Erfolgsschlagern wie dem perlenden »Ripple« und dem »Boone's Farm Apple Wine«, die mit immensem Werbeaufwand populär gemacht wurden. 1964 brachten die Gallos den »Hearty Burgundy« heraus, der zusammen mit dem »Chablis Blanc« neue Maßstäbe für kalifornischen *jug wine* setzte.

Gallo ist immer langsam, aber stetig aufgestiegen, und Amerika ist mitgegangen. 1974 führten sie die ersten sortenreinen Weine ein, und Mitte der 80er kauften und entwickelten sie Tausende von Hektar Rebland in Sonoma, das den Grundstock für ihr neues Unternehmen Gallo-Sonoma bildete. In den 90er-Jahren bewiesen sie mit einer Serie von erstklassigen sortenreinen Weinen aus Einzellagen in Sonoma, dass Qualität im Hause Gallo kein Fremdwort ist, und schafften so den Sprung vom Image eines Billigweinherstellers zum ernsthaften Weinerzeuger. An der Spitze dieser Entwicklung stand die dritte Generation der Familie mit Gina und Matthew, denen die Leitung des Sonoma-Projekts oblag.

So eindrucksvoll die Geschichte der Gallos auch sein mag, ihr Unternehmen bleibt ein kalifornisches Phänomen: dass man nämlich allein so viel Wein erzeugen kann wie ganz Australien.

Ein großer Weinbaubetrieb auf dem Bergplateau östlich von Paso Robles. Die Weine sind tadellos bereitet, aber wenig reizvoll. Ein weiteres Etikett ist »Eos«.

Claiborne & Churchill ☆
San Luis Obispo. Besitzer: Clay Thompson und Fredericka Churchill. Keine eigenen Weinberge.
www.claibornechurchill.com
Hier hat man sich auf den unüblichen Elsässer Weinstil spezialisiert und auf eine außergewöhnliche Chardonnay-Version aus dem Edna Valley. Alle Trauben werden angekauft.

Eberle ☆☆–☆☆☆
Paso Robles. Besitzer. Gary Eberle. 16 ha.
www.eberlewinery.com
Seiner Heimat Paso Robles fest verbunden und ein überzeugter Anhänger von Cabernet Sauvignon und Syrah, war Eberle der Mann, der Letztere hier zum ersten Mal kultivierte. Leider fielen die Weinberge später der Reblaus zum Opfer. Einige der besten Kellermeister von Paso Robles haben bei Gary Eberle die Kunst der Weinbereitung gelernt.

Edna Valley Vineyard ☆☆
San Luis Obispo. Besitzer: Chalone Group und Familie Niven. 400 ha. www.ednavalley.com
Ein Gemeinschaftsunternehmen des Hauses Chalone und der Besitzer der riesigen Paragon Vineyards im Edna Valley. Hier entstehen vorwiegend fassgereifter, kraftvoller Chardonnay sowie kleinere Mengen von Pinot noir, Viognier und, wenn das Klima es zulässt, eine Riesling-Spätlese.

Justin ☆☆☆
Paso Robles. Besitzer: Justin Baldwin. 30 ha.
www.justinwine.com

Bankier im Ruhestand Justin Baldwin kam 1982 mit seiner Frau Deborah in diese verlassene Bergregion und gründete einen Weinbaubetrieb, der sich inzwischen zu einem der besten an der Central Coast entwickelt hat. Alle Weine unter dem Etikett »Justin« sind vortrefflich: lebendiger Sauvignon, ausgewogener Chardonnay, köstlicher Cabernet und daneben noch der Bordeaux-Verschnitt »Isosceles«. Das Zweitetikett ist »Epoch«.

Meridian ☆–☆☆☆
Paso Robles. Besitzer. Beringer Blass. 2835 ha.
www.meridianvineyards.com
Der südliche Vorposten des Hauses Beringer mit einer breiten Palette wunderschöner und trotzdem preisgünstiger Abfüllungen. Nicht einmal die exzellenten Reserve-Weinen sind überteuert. Der kraftvolle Syrah und der pflaumige Petite Sirah sind von Trauben aus Paso Robles.

Peachy Canyon ☆☆☆
Paso Robles. Besitzer: Doug Beckett. 16 ha.
www.peachycanyonwinery.com
Seit 1988 erzeugen die Becketts brillante Zinfandel-Weine aus unterschiedlichen Weinbergen.

Seven Peaks ☆☆
San Luis Obispo. Besitzer: Southcorp. 400 ha.
www.7peaks.com
Australischer Wein aus Kalifornien. Als Gemeinschaftsprojekt mit Familie Niven von Paragon Vineyards entwickelte Southcorp diese Marke für gut bereitete Sortenweine mit australischem »Akzent«. Leider wurden die Erwartungen der Firma Southcorp nicht erfüllt, weshalb sie ihre Anteile 2003 verkaufte.

Stephan Vineyards ☆☆
Paso Robles. Besitzer: Stephan Asseo und Frank Benedict. 14 ha. www.aventurewines.com

Ein 1997 begonnenes, ehrgeiziges Projekt. Das Hauptetikett ist »L'Aventure«; die Preise sind hoch. Syrah, Zinfandel und Viognier geben den Ton an.

Tablas Creek ☆☆
Paso Robles. Besitzer: Familie Perrin. 50 ha. www.tablascreek.com

Die Brüder Perrin, Besitzer von Beaucastel in Châteauneuf-du-Pape, legten hier Weinberge an in der Absicht, wertvolles, authentisches Rebmaterial ihrer Heimat zu kultivieren. Sie beliefern andere Betriebe mit dem Traubengut, erzeugen aber inzwischen auch weiße und rote Rhône-Verschnitte. Die ersten Jahrgänge waren enttäuschend, doch ist es für ein abschließendes Urteil noch zu früh, und man sollte die Entwicklung weiter beobachten.

Talley ☆☆☆
Arroyo Grande. Besitzer: Brian Talley. 56 ha. www.talleyvineyards.com

Cabernet reift hier nicht, das haben die Talleys inzwischen herausgefunden, Burgund-Sorten jedoch umso besser, und daraus bereiten sie eine Reihe prächtiger, eleganter Chardonnay- und Pinot-noir-Tropfen. »Bishop's Peak« ist das Zweitetikett.

Wild Horse Winery ☆–☆☆☆
Templeton. Besitzer und Kellermeister: Ken Volk. 20 ha. www.wildhorsewinery.com

Ein weiterer Pinot-noir-Spezialist mit eindrucksvollen Weinen vorwiegend von Trauben aus San Luis Obispo und Santa Barbara. Ken Volk probiert fast jede Sorte aus – wenn jemand in Kalifornien nach Negrette oder Trousseau sucht, hier wird er fündig. Die Qualität mag unbeständig sein, doch langweilig sind die Weine des Hauses Wild Horse nie.

Die führenden Erzeuger im Santa Barbara County

Au Bon Climat ☆☆–☆☆☆☆
Santa Maria. Besitzer: Jim Clendenen. 36 ha

Nur wenigen ist es besser als dem unverwüstlichen Jim Clendenen gelungen, von der großen Entdeckung zu profitieren, nach der Pinot-noir-Reben in Kalifornien im Küstennebel stehen müssen, damit der Wein Delikatesse und Tiefe erlangt. Seine Einzellagen-Pinots aus dem Santa Maria und dem Santa Ynez Valley sind oft superb, aber der Wein mit dem eigenwilligen Namen »La Bauge au-Dessus« kann wirklich die Seele anrühren. Mit Burgund im Herzen strebt Jim Clendenen nach Ausgeglichenheit und Eleganz in seinen Weinen. Vielleicht liegt darin der Grund, warum er in Europa angesehener ist als in seiner Heimat.

Babcock ☆☆–☆☆☆☆
Lompoc. Besitzer: Bryan Babcock. 35 ha. www.babcockwinery.com

Babcock war schon lange bekannt für seinen verlässlich guten Sauvignon blanc, doch auch seine Rotweine gewinnen an Beachtung, speziell der Syrah »Black Label Cuvée« und der Bordeaux-Verschnitt »Fathom«.

Beckmen ☆☆
Los Olivos. Besitzer: Tom Beckmen. 70 ha. www.beckmenvineyards.com

Beckmen reagiert auf die zunehmende Beliebtheit der Rhône-Sorten in Santa Barbara. Er bietet ihre Trauben zum Verkauf und erzeugt in immer größerem Umfang auch seine eigenen Weine.

Brander ☆
Los Olivos. Besitzer: Frederic Brander. 17 ha. www.brander.com

Fred Brander produziert ausgezeichnete Sauvignon-blanc-Weine sowie Chardonnay und Merlot.

Byron ☆☆☆
Santa Maria. Besitzer: Mondavi. 260 ha. www.byronwines.com

Kenneth Brown, Weinbaupionier aus Santa Barbara, verkaufte 1990 den von ihm gegründeten Betrieb an Robert Mondavi, führt ihn aber bis heute. Der klassische Chardonnay und Pinot noir aus Santa Barbara sind charakterstark und frisch. Dabei können die Normalabfüllungen durchaus den eichenlastigen Reserve-Weinen vorgezogen werden. Die Qualität der Weine ist extrem verlässlich. Das Etikett »Io« ist für saftige Verschnitte im Rhône-Stil reserviert.

Cambria ☆☆–☆☆☆
Santa Maria. Besitzer: Kendall-Jackson. 565 ha. www.cambriawines.com

Jess Jackson erwarb 1987 einen großen Teil des riesigen Tepusquet Weinbergs, der ihm nun als Hauptquelle für diese in Santa Barbara ansässige Marke dient. Der Reserve-Chardonnay hat manchmal eine schwerfällige Art, weshalb die einfachen Tropfen oft empfehlenswerter sind. Weitere Weine sind ein charmanter Pinot noir und ein makelloser Syrah.

Curtis ☆☆
Los Olivos. Besitzer: Kate Firestone. 26 ha. www.curtiswinery.com

Kate Firestone erwarb 1987 dieses Weingut samt seiner Weinberge im Santa Ynez Valley. In jüngerer Zeit hat sich Curtis auf Rhône-Sorten spezialisiert: Die »Heritage Cuvée« etwa beweist, dass es möglich ist, äußerst trinkbare Verschnitte im Stil der südlichen Rhône zu einem vernünftigen Preis anzubieten.

Firestone Vineyard ☆☆
Los Olivos. Besitzer: Suntory. 216 ha. www.firestonewine.com

Firestone (die Reifenfirma) leistete Pionierarbeit im klimatisch launischen Teil des Santa Ynez Valley um Los Olivos, wo Cabernet und Merlot besser gedeihen als Pinot noir und doch auch gleichzeitig schöner Riesling und würziger Gewürztraminer wachsen. Bei den Rotweinen stellen viele (ich allerdings nicht) Merlot über Cabernet. Die süßeren Rieslinge sind ansprechender als die trockenen. Alle Weine sind für ihre Qualität sehr preiswert.

Foxen ☆–☆☆☆
Santa Maria. Besitzer: Richard Dore und Bill Wathen. 4 ha

Ein kleines Weingut, das sich seit 1987 von Jahr zu Jahr verbessert, mit gigantischen und dabei doch seidigen Pinots und geschmacklich reichhaltigen Chardonnays aus Einzellagen.

Jaffurs ☆☆
Santa Barbara. Besitzer: Craig Jaffurs.
Keine eigenen Weinberge. www.jaffurswine.com
Craig Jaffurs erzeugt seine außergewöhnlichen Syrah- und andere Weine aus angekauften Trauben von Spitzenlagen. Der Stil kann üppig sein und betont die Süße von amerikanischer Eiche.

Koehler ☆☆
Los Olivos. Besitzer: Familie Koehler. 40 ha.
www.koehlerwinery.com
Schon seit langem Traubenanbauer in Santa Yncz, begannen die Koehlers erst kürzlich mit der Bereitung ihrer eigenen Weine. Der Stil ist erfreulich frisch und kräftig, kann sich mit dem neuen Kellermeister Doug Scott aber wieder ändern.

Richard Longoria ☆☆
Los Olivos. Besitzer: Richard Longoria. 3 ha.
www.longoriawine.com
Richard Longoria, ein Veteran unter den Weinerzeugern in Santa Barbara, bietet unter seinem eigenen Namen eine breite Palette von Weinen von eher fruchtigem als eichenwürzigem Stil an.

Mosby ☆
Buellton. Besitzer: Bill Mosby. 30 ha. www.mosbywines.com
Bill Mosby konzentriert sich auf italienische Sorten; Sangiovese ist dabei die wichtigste unter vielen anderen.

Andrew Murray ☆☆☆
Los Olivos. Besitzer: James Murray. 20 ha.
www.andrewmurrayvineyards.com
Seit 1990 kultiviert James Murray Rhône-Sorten auf seinen herrlichen Hanglagen, und Sohn Andrew macht daraus wunderschöne opulente Weiß- und Rotweine. Die Erträge sind niedrig, die Weine daher hochkonzentriert und eindrucksvoll.

Fess Parker ☆☆
Los Olivos. Besitzer: Fess Parker. 265 ha. www.fessparker.com
Fess Parker, Wildwestheld in zahlreichen Hollywood-Filmen der 1950er-Jahre, produziert heute zusammen mit seinem Sohn Eli Wein. Die Normalabfüllungen führen die Appellation California, aber auch Gutsweine sind im Programm. Der Stil ist körperreich und eichenwürzig und findet großes Lob bei den zahllosen Besuchern, die Parkers Kellerei und das daran angeschlossene Restaurant besuchen.

Qupé ☆☆☆
Santa Maria. Besitzer und Kellermeister: Bob Lindquist. 5 ha
Bob Lindquist war einer der ersten Weinerzeuger, die sich auf Rhône-Sorten spezialisierten. Sein Syrah und die Marsanne-Roussanne-Mischung gehören nach wie vor zu den feinsten dieser Art in Kalifornien.

Rancho Sisquoc ☆
Santa Maria. Besitzer: James Flood. 130 ha.
www.ranchosisquoc.com
In einer kleinen Ecke der riesigen Ranch von 15 400 ha liegen die Weinberge. Die Weißweine sind allgemein besser als die Roten, doch seit den personellen Veränderungen in der Kellerei ist die Qualität unbeständig.

Sanford ☆☆–☆☆☆
Buellton. Besitzer: Richard Sanford. 145 ha
Richard Sanford hat sich mit charaktervollem Chardonnay und saftigem Pinot noir einen Namen gemacht. Als ehemaliger Teilhaber des berühmten Hauses Sanford & Benedict Vineyard erwarb er vor kurzem La Rinconada Vineyard, das seit 1999 exzellenten Pinot noir erzeugt.

Santa Barbara Winery ☆☆
Santa Barbara. Besitzer: Pierre Lafond. 38 ha.
www.sbwinery.com
Die Kellerei wurde bereits 1962, in der grauen Vorzeit des Weinbaus dieser Region, von Pierre Lafond gegründet. Chardonnay und Pinot noir sind sehr verlässlich, und manchmal gibt es köstliche Spätlesen von Sauvignon blanc und Riesling.

Lane Tanner ☆☆–☆☆☆
Santa Maria. Besitzer: Lane Tanner. Keine eigenen Weinberge
Mit viel Talent interpretiert Lane Tanner Pinot noir und Syrah aus Santa Barbara in Verschnitten und Einzellagenweinen.

Zaca Mesa ☆☆–☆☆☆
Los Olivos. Besitzer: John Cushman. 182 ha.
www.zacamesa.com
Zusammen mit Firestone (siehe dort) einer der ersten Weinbaubetriebe im Santa Ynez Valley. Die Weinberge auf der flachen, knapp 460 m hohen *mesa* (früher Weideland) sind reblausresistent und tragen ungepfropfte Reben. Knackiger Chardonnay und Riesling waren zuerst erfolgreich, doch in den 1990er-Jahren hat sich der Schwerpunkt auf Rhône-Rebsorten verlagert. Syrah spielt dabei die größte Rolle, Viognier wird nur in geeigneten Jahren erzeugt. »Cuvée Z« ist ein Verschnitt gutseigener Rhône-Sorten.

Weitere Erzeuger in Kalifornien

Arcadian ☆☆☆–☆☆☆☆
Santa Ynez. Besitzer: Joseph Davis. Keine eigenen Weinberge.
www.arcadianwinery.com
Dass Joe Davis das Weinhandwerk in Burgund erlernte, merkt man seinen Weinen an. Sie stammen aus gepachteten, aber selbst bewirtschafteten Rebflächen, deren Erträge niedrig gehalten werden. Die Weine, Chardonnay und Pinot noir, sind konzentriert und fein ausbalanciert.

Bogle ☆
Clarksburg. Besitzer: Warren V. Bogle. 500 ha.
www.boglewinery.com
Ein Standardprogramm von Sortenweinen, fast ausschließlich unter der Appellation California, die gebietsübergreifende Verschnitte ermöglicht. Vorzüglicher Petite Sirah.

Calera ☆–☆☆☆
Hollister. Besitzer: Josh Jensen. 20 ha
Für Josh Jensen ist Burgund das gelobte Land, und die Wege dorthin müssen kalkhaltig sein – zumindest die der Weinberge. Deshalb suchte und fand er eine der wenigen Kalksteinzonen Kaliforniens und bestockte sie mit Pinot noir. Zum Programm gehören schwungvolle Vertreter bestimmter Lagen, preiswerte Verschnitte und ein sagenhafter Viognier.

Callaway ☆
Temecula. Besitzer: Allied Domecq. 300 ha.
www.callawaycoastal.com

Bedeutendster Pionier sortenreiner Tafelweine in Südkalifornien. In den 1980er-Jahren produzierte der Betrieb fast nur eichenfreien Chardonnay und Chenin blanc. In den 90ern wurden viele Weinberge von der Pierce'schen Krankheit befallen, weshalb zur Deckung des Traubenbedarfs von außerhalb Lesegut zugekauft werden muss.

Constellation

Früher bekannt als Canandaigua, vertreibt diese Firma unter ehemals so berühmten Namen wie Inglenook, Paul Masson und Almaden nicht nur mittelmäßige Weine, sondern hat sich auch noch renommierte Betriebe wie Franciscan, Simi, einen Großteil von Sebastiani und Ravenswood (siehe jeweils dort) einverleibt.

Delicato ☆–☆☆

Manteca. Besitzer: Familie Delicato. 3650 ha.
www.delicato.com
Im Besitz des Hauses ist die riesige Lage San Bernabe im südlichen Monterey. Die eigene Weinproduktion begann erst kürzlich mit der einfachen, aber sauberen »Blue Label«-Serie und den hervorragenden »Monterra«-Weinen: schöne Frucht zum kleinen Preis.

Ficklin Vineyards ☆☆–☆☆☆

Madera. Besitzer: Familie Ficklin. 14 ha. www.ficklin.com
Kaliforniens anerkanntester Spezialist für Port-ähnlichen Wein, der nach der Solera-Methode ausgebaut wird. Dem Charakter nach zwar weder vergleichbar mit einem Vintage Port noch mit Tawny, ist er dennoch unbegrenzt haltbar wie ein Jahrgangs-Port und muss wie dieser sorgfältig und häufig frühzeitig dekantiert werden. Neuerdings hat Ficklin wieder Jahrgangsweine eingeführt.

E. & J. Gallo ☆–☆☆☆

Modesto. Besitzer: Familie Gallo. 2450 ha.
www.gallo.com
Das größte Weinunternehmen der Welt steht noch immer unter der Leitung eines der beiden Brüder, die es gegründet haben: Ernest Gallo (Julio kam 1994 bei einem Autounfall ums Leben). Bei Gallo scheint alles den Rahmen zu sprengen. So gehören der Firma die beiden größten Kellereien der Welt, die das unglaublich große Tanklager mit einem Fassungsvermögen von über 10 Mio. hl (darunter ein einzelner Tank von fast 40 000 hl und Lagerhallen mit 10 ha Fläche) beliefern. Am Anfang der Abfüllanlage steht eine Glasfabrik.

In den 1960er-Jahren wurde der »Hearty Burgundy« und das bizarre »Chablis«-Sortiment (Blanc, Pink, Golden, Ruby usw.) mit Geduld und Gründlichkeit für die jeweils riesigen Absatzmärkte maßgeschneidert. Das galt auch für die Gallo-Schaumweine (»Andre«, »Ballatore«), die Dessertweine (»Livingston Cream«) und die Brandys (»E & J«).

In den 70er-Jahren sah Gallo den Markt für diese Gattungsweine zugunsten von Sortenweinen schwinden und begann in die neue Richtung einzuschwenken. Dabei entstanden zahlreiche neue Etiketten: »Anapauma«, »Zabaco« und »Turning Leaf« sind nur ein paar der neueren Namen. Gallo-Sonoma heißt das Programm, das bei den Gallos inzwischen die stärkste Aufmerksamkeit findet. Das zugehörige Tochterunternehmen hat seinen Sitz in eigenen Gebäuden im Dry Creek Valley und vertreibt Einzellagenweine aus den ständig anwachsenden firmeneigenen Sonoma-County-Rebflächen (zuletzt 1000 ha). Einige davon sind von durchaus guter Qualität, was man von den Standard-Sortenweinen nicht unbedingt behaupten kann,

ganz zu schweigen von den Abfüllungen in Großflaschen. Siehe auch Seite 498.

Guenoc ☆–☆☆

Middletown. Besitzer: Familie Magoon. 150 ha.
www.guenoc.com
Ein großer Besitz auf der County-Grenze zwischen Lake und Napa, wo Lillie Langtry im 19. Jh. die ersten Reben pflanzte. Chardonnay und Petite Sirah gelingen oft gut; zum Programm gehören ferner rote und weiße Bordeaux-Mischungen.

Kendall-Jackson ☆☆–☆☆☆

Santa Rosa. Besitzer: Familie Jackson. 5100 ha.
www.kj.com
Seit den frühen 1990er-Jahren stieg Kendall-Jackson von einem durchschnittlichen Weinbaubetrieb im Lake County zu einem der größten Unternehmen Kaliforniens und damit der ganzen Welt auf. Die Firmenstruktur ist komplex, mit Weinbergen in unterschiedlichem Besitz, zahlreichen Tochterbetrieben und über die Jahre hinzugekauften Weingütern. Kendall-Jackson ist stolz darauf, nur *coastal*-Trauben zu verarbeiten, zu denen man alles zu zählen scheint, was nicht aus dem sengend heißen San Joaquin Valley kommt.

»Vintners'-Reserve«, eine Reihe fruchtiger Sortenweine, wurde zum Erfolgsschlager. Die Kendall-Jackson-Weinberge gelten als *flavour domaines,* mit anderen Worten, sie bieten das Lesegut für alle Verschnittversionen der wichtigsten Markenweine.

Der faszinierendere Teil der Entwicklung geschah in jüngerer Zeit, als Besitzer Jackson fast ein Dutzend bestehender Weingüter und Namen aufkaufte – und gleich noch einige mehr erfand – um anschließend unter dem Firmennamen Artisans & Estates aufzutreten. Ende 1996 gehörten dazu: Cambria, La Crema, Edmeades, Hartford Court, Pepi, Lokoya, Matanzas Creek und Stonestreet (siehe jeweils dort). Zu den selbst kreierten Namen für Kleinauflagen besonderer (und sehr teurer) Weine zählen »Cardinale« (siehe dort), »Vérité«, »Atalon« und »Carmel Road«.

Leeward ☆

Ventura. 2 ha
Leeward kauft Chardonnay-Trauben aus unterschiedlichen Weinbergen an der Central Coast. Das jährliche Weinprogramm ist abhängig von der Zulieferung des Leseguts. Gelegentlich gibt es Cabernet aus Napa und Pinot noir aus Santa Barbara.

Littorai ☆☆☆

St Helena. Besitzer: Ted Lemon.
Keine eigenen Weinberge
Ted Lemon war der erste kalifornische Kellermeister, der für ein berühmtes Haus in Burgund, Roulot in Meursault, die Weine bereitete. Sein in Frankreich erworbenes Können kommt nun den Trauben zugute, die er aus verschiedenen Lagen in Sonoma und Mendocino ankauft. Das Ergebnis ist erstaunlich: prachtvolle Weine, elegant und geradezu ätherisch.

Lucas ☆☆☆

Lodi. Besitzer und Kellermeister: David Lucas. 8 ha.
www.lucaswinery.com
Der Spitzenerzeuger von Zinfandel in Lodi. Die besten Weine stammen von 80 Jahre alten Reben.

Moraga ☆☆☆

Los Angeles. Besitzer: Tom Jones. 6 ha

Moraga liegt versteckt in den Tälern von Bel-Air, dort, wo viele Hollywood-Stars zu Hause sind, und das Mikroklima gerade richtig ist für üppigen (und teuren) Cabernet Sauvignon.

Patz & Hall ☆☆–☆☆☆
Rutherford. Besitzer: Donald Patz, James Hall und Ann Moses. Keine eigenen Weinberge. www.patzhall.com

Ein angesehener Weinbau- und Weinhandelsbetrieb, der sich auf Pinot noir und Chardonnay von hochwertigen North-Coast-Weinbergen spezialisiert hat. Die Weine sind ungemein üppig: viel (zu viel) neue Eiche und Alkohol.

R. H. Phillips ☆
Esparto. Besitzer: Vincor. 650 ha. www.rhphillips.com

Der ehemals einsame Weinbaupionier in den Dunnigan Hills nordwestlich von Sacramento hat inzwischen Nachbarn bekommen – angelockt durch seine beständig gefälligen Rot- und Weißweine von Rhône-Rebsorten. Im Jahr 2000 verkaufte die Gründerfamilie Giguiere den Besitz an die Firma Vincor of Canada.

Quady ☆
Madera. Besitzer und Kellermeister: Andrew Quady. 6 ha. www.quadywinery.com

Quady verarbeitet Zinfandel aus dem Amador County, baut aber auch klassische portugiesischen Sorten an, aus denen er eine Reihe von Dessertweinen gewinnt sowie »Port«. Der berühmte »Essensia« wird von Orange Muscat gekeltert; der rote »Elysium« von Muscat Hamburg. Mit ausgefallenen Verpackungen und intelligentem Marketing werden Weintrinker auf der ganzen Welt zum Kauf von Quady-Weinen ermuntert.

Ramey ☆☆☆
Glen Ellen. Besitzer: David Ramey. Keine eigenen Weinberge

David Ramey, der ehemalige Kellermeister von Matanzas Creek und Dominus, erzeugt im eigenen Betrieb fein nuancierten Chardonnay und einen Bordeaux-Verschnitt.

Rosenblum ☆☆–☆☆☆
Alameda. Besitzer: Kent Rosenblum. 14 ha. www.rosenblumcellars.com

Rosenblum ist ein leidenschaftlicher Zinfandel-Liebhaber. Aus kleinen, über das gesamte Weingut verstreuten Einzellagen lässt er bis zu zehn verschiedene Versionen pro Jahrgang entstehen.

Siduri ☆☆☆
Santa Rosa. Besitzer: Adam Lee. Keine eigenen Weinberge. www.siduri.com

Lee kauft Pinot-noir-Trauben sowohl aus Oregon als auch aus Kalifornien. Er bereitet daraus intensive, viel gelobte Weine und greift so wenig wie möglich in den natürlichen Vinifikationsprozess ein.

Sine Qua Non ☆☆–☆☆☆
Ventura. Besitzer: Manfred Krankl. Keine eigenen Weinberge

Ein etwas exzentrischer Betrieb im Besitz eines österreichischen Gastronomen. Er produziert kleine Mengen ausgefallener Weine, die im Abonnement an Sammler verkauft werden. Gemeinsam mit einem Landsmann, dem Süßweinspezialisten Alois Kracher (siehe dort), entwickelte Krankl eine Reihe von Dessertweinen.

Steele ☆☆
Kelseyville. Besitzer: Jed Steele. 26 ha. www.steelewines.com

Jed Steele arbeitete für Kendall-Jackson, bis es zu einem spektakulären Zerwürfnis kam. Für seine eigenen Weine kauft er das meiste Lesegut an, wobei er Trauben aus dem Lake County und aus Mendocino bevorzugt. Die Weine sind im Allgemeinen vollmundig und jung genießbar.

Testarossa ☆☆☆
Los Gatos. Besitzer: Rob und Diana Jensen. Keine eigenen Weinberge. www.testarossa.com

Von Trauben aus Spitzenlagen in Monterey und Santa Barbara erzeugen die Jensens eine Reihe eichenwürziger, aber eleganter Weine, die ihre jeweilige Herkunft eindeutig erkennen lassen. Chardonnay und Pinot noir sind die Hauptsorten des Hauses, doch Syrah ist auf dem Vormarsch.

Sean Thackrey ☆☆☆
Bolinas. Besitzer und Kellermeister: Sean Thackrey. Keine eigenen Weinberge

Während der letzten beiden Jahrzehnte bereitete Kunsthändler und Weinerzeuger Thackrey außergewöhnliche Syrah-Weine und Verschnitte im Rhône-Stil.

Leider kommt es häufig vor, dass seine Traubenlieferanten ihre Preise erhöhen und an finanzkräftigere Erzeuger verkaufen, sobald ihre Lagen durch Thackreys Weine berühmt geworden sind – Lieferschwierigkeiten sind die Folge. Die Weine können gelegentlich etwas zaghaft wirken, sind aber nie ausdruckslos.

Der pazifische Nordwesten

Während man Anfang der 1970er-Jahre die enorme Qualität der Weine aus Napa und Sonoma zu entdecken begann, pries die Avantgarde bereits gegen Ende des Jahrzehnts den Pazifischen Nordwesten als Amerikas Weingarten der Zukunft. Es gab starke Anzeichen dafür, dass in dieser Region Weine entstehen könnten, die den europäischen Vorbildern sehr nahe kamen: Weine von nicht so überreifer Art wie die kalifornischen. Viel von diesem Potenzial hat sich inzwischen realisiert.

Zu Beginn der Sechzigerjahre schrieb sich ein junger Mann aus Salt Lake City, Utah, für das Weinbaustudium an der University of California in Davis ein. Dieser Mann hieß David Lett, und Pinot noir war seine Lieblingssorte; doch irgendwie hatte er den Verdacht, dass Kalifornien mit ihr nicht richtig umzugehen wusste. Deshalb studierte er die klimatologischen Daten des Willamette Valley in Oregon und war schließlich überzeugt, dass dort die beste Gegend für den Anbau von Pinot noir außerhalb Burgunds sei. So zog er 1965 nach Oregon und bepflanzte einen Weinberg. Die Eyrie Vineyards, Letts Weinbaubetrieb, produzierten 1970 die ersten Weine.

Um dieselbe Zeit begann eine Gruppe von Professoren der University of Washington in einer Garage in Seattle als Hobby mit Wein zu experimentieren. Bereits 1967 konnten sie einige sehr schmackhafte Gewächse von Trauben vorweisen, die im Yakima Valley im mittleren Washington gewachsen waren. Als André Tchelistcheff, damals Kellermeister bei Beaulieu Vineyard im Napa Valley, die Weine probiert hatte, ermutigte er die Männer dazu, mehr davon zu erzeugen. So entstanden die Associated Vintners (heute Columbia Winery).

Bereits 1979 erhielt der Pinot noir aus Oregon die erste internationale Auszeichnung, als David Letts 1975er Jahrgang bei einer von Robert Drouhin aus Beaune organisierten Blindverkostung in Paris den zweiten Platz errang. Drouhins eigener 59er Chambolle-Musigny gewann den Wettbewerb, doch Drouhin war von dem amerikanischen Wein so beeindruckt, dass er in der Folge mehrfach Oregon bereiste und schließlich 1988 dort ein eigenes Weingut ins Leben rief, nicht weit entfernt von Letts Besitz.

In weniger als 30 Jahren ist der Weinbau im Pazifischen Nordwesten regelrecht aufgeblüht, und die Anbaufläche vergrößerte sich um ein Vielfaches. Im Staat Washington gibt es heute über 200 Weinbaubetriebe, die zusammen 11 300 ha Rebland bestellen. In Oregon sind es 180 Betriebe und über 4000 ha Weinberge, von denen die Hälfte mit Pinot noir bestockt ist. Die beiden Wirtschaftsregionen sind dabei so unterschiedlich wie ihre jeweiligen geographischen Eigenheiten.

Nördlich der kalifornischen Grenze bewährt sich im westlichen Oregon das Küstengebirge als Regenschutz für das Umpqua Valley im Süden und das Willamette Valley weiter im Norden, wo allein 70 % der Rebflächen Oregons beheimatet sind. Umpqua ist trockener und wärmer als Willamette und Cabernet gedeiht dort meist noch gut, doch weiter nördlich nicht mehr.

Die jährlichen Niederschläge halten sich mit 750 bis 1000 mm in vernünftigen Grenzen, und der Breitengrad ist derselbe wie in Bordeaux. Meist herrscht ein sanft maritimes Klima, das sich am besten für Kühlklimasorten eignet. Zwar ist derzeit Pinot noir hier der Star, aber in den letzten Jahren haben die Neuanpflanzungen von Pinot gris, Chardonnay und Pinot blanc zugenommen. Der Gewürztraminer erreicht im Allgemeinen eine hohe Qualität, und darüber hinaus entstehen auch sehr erfreuliche Schaumweine

Oregons gelegentliche Probleme werden meist von unerwünschten herbstlichen Regenfällen ausgelöst, die oft unmittelbar vor oder gar während der Ernte niedergehen und deutliche Jahrgangsunterschiede bewirken können.

Im völligen Gegensatz dazu liegt die Rebfläche Washingtons durch zwei Gebirgsketten vom Pazifik getrennt, östlich der viel höheren Cascade Mountains in einer Gegend mit nur 200 mm jährlichem Niederschlag: im Becken des Columbia River und darin wieder im für den Traubenanbau besonders geeigneten Yakima Valley. Der tiefgründige Sandboden, die langen Sommertage und die große Sonnenwärme haben sich auch für Weinreben als ideal erwiesen.

Die geographische Breite – 160 km weiter nördlich als das Willamette Valley – und die kontinentalen Temperaturextreme (sehr kalte Winter und selbst im Sommer erstaunlich kühle Nächte) eignen sich insbesondere für die Bordeaux-Rebsorten Sémillon, Sauvignon blanc, Cabernet Sauvignon, Cabernet franc und Merlot; Syrah und Sangiovese sind viel versprechende Anwärter. Aber auch Chardonnay, Riesling und Gewürztraminer gedeihen im Osten Washingtons außerordentlich gut. Die Trauben reifen voll aus, bewahren dabei jedoch erstaunlich viel Säure und daher große Geschmacksintensität.

Auf Oregon-Etiketten sind vier regionale Herkunftsbezeichnungen gestattet: Willamette Valley (AVA: neun Countys von Portland 160 km südwärts bis Eugene), Umpqua Valley (AVA: Douglas County mit dem Mittelpunkt Roseburg, nochmals 80 km weiter südlich), Rogue Valley (Jackson County und Josephine County mit Grant's Pass als Mittelpunkt, weitere 80 km südwärts) und schließlich Applegate als Unterbereich des Rogue Valley.

Die Weinbaugebiete des Bundesstaats Washington liegen hauptsächlich im Yakima Valley, die älteren Weinkellereien dagegen um Seattle herum, in Vororten wie Woodinville, das nach wie vor den Mittelpunkt für viele der größten und berühmtesten Erzeugerbetriebe bildet. Die fünf AVAs heißen Puget Sound (vorwiegend mit Hybriden bepflanzt), Columbia Valley, Yakima Valley, Walla Walla Valley und Red Mountain. In der Vergangenheit wurden die Trauben rund 250 km über die Cascade Mountains nach Seattle transportiert, inzwischen aber haben sich einige Kellereien auch in der Nähe des Anbaugebiets angesiedelt. Unterbereiche werden entwickelt und namentlich definiert. Auf Betriebe wie Ahtanum Ridge, Gold Creek, Wahluke Slope und Canoe Ridge gilt es besonders zu achten.

In den 1980er-Jahren ging man davon aus, dass Washington mit seinem der Säureproduktion förderlichen Klima für weiße Trauben besser geeignet wäre als für rote. Das hat sich inzwischen geändert: 75 % der Produktion ist Rotwein. Da die roten Sorten hier deutlich weniger Alkohol produzieren als in Kalifornien, kann man sich beim Anbau der Trauben und beim Ausbau der Weine mehr auf Qualitäten wie Reife und Finesse konzentrieren. Merlot galt lange als die wichtigste Rebsorte, Cabernet Sauvignon und Syrah haben ihn aber mittlerweile überholt.

Noch wichtiger sind jedoch die Erfahrungen, die von Jahrgang zu Jahrgang mehr werden und mit zunehmender Sicherheit Aussagen darüber erlauben, welche Sorte für die jeweilige Lage am besten geeignet ist und warum. Eine große Bandbreite von Einzellagenweinen ist die Folge: Gewächse mit eigener Persönlichkeit.

Idaho, dessen Weinberge östlich von Oregon entlang des Snake River liegen, besitzt 16 Weinbaubetriebe, die sich mit ihren Chardonnays bereits einen Namen machen konnten.

Oregon

Die führenden Erzeuger im Willamette Valley

Adelsheim Vineyard ☆☆
Newberg. Besitzer: David und Virginia Adelsheim. 65 ha.
www.adelsheimvineyard.com
Hier wurde 1978 zum ersten Mal gekeltert, hauptsächlich Trauben aus Washington. Heute liegt der Schwerpunkt auf Pinot noir von eigenem Lesegut bzw. von zugekauften Trauben aus Nachbarweinbergen. Ferner werden Chardonnay, Pinot gris und frischer Pinot blanc produziert.

Amity Vineyards ☆
Amity. Besitzer und Kellermeister: Myron Redford. 6 ha.
www.amityvineyards.com
Der 1976 gegründete Betrieb produziert jährlich rund 15 000 Kisten Wein. Die besten Gewächse sind derzeit Riesling in trockener Version und als Spätlese sowie Pinot blanc. Bei Pinot noir schwankt die Qualität.

Archery Summit ☆☆☆
Dayton. Besitzer und Kellermeister: Gary Andrus. 45 ha.
www.archerysummit.com
Gary Andrus aus Kalifornien, der Besitzer von Pine Ridge Vineyards im Napa Valley, begann 1992 hier im Willamette Valley Weinberge zu kaufen. Der Schwerpunkt liegt auf Pinot noir, der in zahlreichen Varianten angeboten wird. Weine wie »Red Hills Estate« werden in neuer Eiche ausgebaut und sind entsprechend teuer, doch ihre Qualität ist ohne Zweifel ausgezeichnet. »Vireton« ist ein vortrefflicher, von Pinot gris dominierter Weißweinverschnitt.

Argyle ☆☆☆
Dundee. Besitzer: Petaluma. 200 ha. www.argylewinery.com
Der Betrieb wurde 1987 als Gemeinschaftsunternehmen mehrerer Partner, darunter Brian Croser und Bollinger, mit der Absicht gegründet, Schaumweine nach der *méthode traditionnelle* zu produzieren. Inzwischen sind auch ein schöner Chardonnay, Pinot noir (besonders beachtenswert »Nuthouse« und »Spirithouse«) und ein delikater trockener Riesling hinzugekommen.

Beaux Frères ☆☆☆
Newberg. Besitzer: Michael Etzel und Robert M. Parker. 13 ha.
www.beauxfreres.com
Dieser Betrieb ist zurzeit das Lieblingskind des Weinbaus in Oregon und konzentriert sich auf die Produktion kleiner Mengen intensiver, eichenwürziger Pinot-noir-Weine aus dem gutseigenen 6,5-ha-Weinberg. Miteigentümer Parker ist nichts weniger als der berühmte amerikanischer Weinkritiker, Kellermeister Etzel sein Schwiegersohn. Die ersten Jahrgänge (ab 1992) waren zu wuchtig, inzwischen fallen sie stilvoller aus.

Bethel Heights ☆–☆☆
Salem. Besitzer: Familie Casteel. 20 ha.
www.bethelheights.com
Seit 1984 ist Bethel Heights einer der beständigsten Erzeugerbetriebe Oregons für Pinot noir und bekannt sowohl durch seinen ausgezeichneten Weinberg in den Eola Hills als auch durch seine feinen Weine, zu denen Chardonnay, Pinot gris und Pinot blanc zählen. Späte Lese soll Terry Casteels Weinen ein breites Profil geben. Neben dem eigenen Lesegut werden auch zugekaufte Pinot-noir-Trauben verarbeitet.

Brick House ☆☆
Newberg. Besitzer: Doug Tunnell. 11 ha.
www.brickhousewines.com
Doug Tunnell tauschte ein Leben als Auslandskorrespondent gegen den Beruf des *vigneron*. Er erzeugt kleine Mengen von kraftvollem Pinot noir aus ökologisch bewirtschafteten Weinbergen.

Broadley ☆☆–☆☆☆
Monroe. Besitzer: Familie Broadley. 8 ha
Die Broadleys vertreiben nur Pinot-noir-Weine von hoher Qualität in relativ kleinen Mengen.

Chehalem ☆☆
Newberg. Besitzer und Kellermeister: Harry Peterson-Nedry.
70 ha. www.chehalemwines.com
Seit dem ersten Jahrgang 1990 ist Chehalem für seine tiefen, intensiven Pinot-noir-Weine von eigenem Lesegut bekannt. Der Jahrgang 1994 entstand erstmals in Zusammenarbeit mit Kellermeister Patrice Rion aus Burgund, zu dessen Ehren der Spitzenwein des Hauses »Rion Reserve« genannt wurde. Chehalem erzeugt auch Pinot gris, Chardonnay und Riesling.

Cooper Mountain ☆
Beaverton. Besitzer: Dr. Robert Gross. 40 ha.
www.coopermountainwine.com
Ein großes Weingut, das erst kürzlich von ökologischen auf biodynamischen Anbau umgestellt hat. Das Engagement für die naturverbundene Weinbereitung scheint man seit 1999 aus den Weinen herauszuschmecken.

Cristom ☆☆–☆☆☆
Salem. Besitzer: Paul Gerrie. 27 ha. www.cristomwines.com
Als die Gerries 1992 ihren Betrieb einrichteten, engagierten sie einen der klügsten und besten Kellermeister Kaliforniens: Steve Doerner, der früher bei Calera Vineyards verpflichtet war.

Cristom erzeugt jährlich etwa 7000 Kisten köstlicher Weine aus Pinot noir, Pinot gris und Chardonnay.

Cuneo Cellars ☆–☆☆
Carlton. Besitzer und Kellermeister. Gino Cuneo. 24 ha.
www.cuneocellars.com
Die frühere Hidden Springs Winery produziert Pinot noir von eigenem Lesegut sowie Nebbiolo und einen Bordeaux-Verschnitt. Die besten Weine werden unter dem Etikett »Cana's Feast« abgefüllt.

Domaine Drouhin ☆☆☆
Dundee. Besitzer: Robert Drouhin. 35 ha.
www.domainedrouhin.com
Der einzigartige Vorposten Burgunds im Nordwesten wurde 1987 von dem Franzosen Robert Drouhin gegründet. Seine Tochter Véronique ist für die Bereitung der zuverlässig guten Weine verantwortlich. Schon die Normalabfüllungen sind von hoher Qualität; noch besser sind jedoch die beiden Auslesen »Laurène« und »Louise«. Domaine Drouhin gilt, was kaum ver-

wundern wird, als das burgundischste aller Weingüter in Oregon. 1997 kam Chardonnay zum Sortiment hinzu.

Elk Cove ☆☆
Gaston. Besitzer: Familie Pat Campbell. 40 ha.
www.elkcove.com
Das 1977 gegründete Elk Cove war eines der ersten Weingüter in Oregon. Neben dem Pinot noir, der in letzter Zeit enorm an Qualität zugelegt hat, gibt es eichenwürzigen Chardonnay, Riesling, Pinot gris und den ultrasüßen Dessertwein »Ultima«.

Eola Hills Wine Cellars ☆
Rickreall. Besitzer: eine Investorengruppe unter Leitung von
Tom Huggins. 42 ha. www.eolahillswinery.com
Das Weingut bei Salem erzeugt gute und preisgünstige Sortenweine aus den eigenen und benachbarten Eola-Hills-Weinbergen.

Erath ☆☆–☆☆☆
Dundee. Besitzer: Dick Erath. 54 ha. www.erath.com
Mit dem neuen Kellermeister Rob Stuart kam wieder Schwung in das vormals Knudsen Erath genannte Weingut. Der langlebige, trockene Riesling ist so schmackhaft wie immer, und da die neuen Dijon-Klone aus Burgund nun Frucht tragen, hat auch Chardonnay Tritt gefasst. Es gibt mehrere Versionen von Pinot noir, kleinere Mengen von Pinot gris und Pinot blanc und nur ganz wenig von Arneis und Dolcetto.

Evesham Wood ☆☆
Salem. Besitzer und Kellermeister: Russell Raney. 4 ha
Der kleine, 1986 gegründete Weinbaubetrieb produziert rund 3000 Kisten. Zum Weinprogrammm gehören ein ausdrucksstarker, intensiver Pinot noir, Chardonnay, Pinot gris und ein ausnehmend feiner, trockener Gewürztraminer.

Eyrie Vineyards ☆☆–☆☆☆
Dundee. Besitzer und Kellermeister: David Lett. 20 ha
Zarter, schöner Pinot noir, eichenwürziger Chardonnay und köstlich fruchtiger Pinot gris sind kennzeichnend für diesen Weinbaupionier Oregons. Seit seinem ersten Jahrgang 1970 ist David Lett ein Einzelgänger, der seinem Stil treu bleibt, obwohl sich alles um ihn herum verändert hat. Seine Weine haben sich jedenfalls auf köstliche Weise als äußerst dauerhaft erwiesen. Pinot Meunier und trockener Muscat werden ebenfalls angeboten.

Flynn ☆
Rickreall. Besitzer: Familie Flynn. 45 ha.
www.flynnvineyards.com
Die ersten Weinberge wurden 1982 angelegt, die ersten Weine 1984 produziert und 1990 schließlich eine große neue Kellerei gebaut; seither konzentrieren die Flynns ihre Bemühungen v. a. auf Schaumwein sowie auf stillen Pinot noir und Chardonnay. Beim Ausbau der preisgünstigen Serie »Cellar Select« werden zum Teil Eichenspäne verwendet.

Hinman ☆
Eugene. Besitzer: Carolyn Chambers. 3 ha.
www.silvanridge.com
Hinman ist einer der größten und fortschrittlichsten Weinbaubetriebe Oregons mit Chardonnay, Pinot noir und Pinot gris. Da der Name Hinman unter dem Vorbesitzer keinen guten Ruf hatte, werden die besten Weine des Hauses unter dem Etikett »Silvan Ridge« angeboten. Die Chardonnays haben toastige Aromen, die Pinot-gris-Tropfen sind drall und würzig und die Pinot-noir-Gewächse stilvoll.

King Estate ☆☆–☆☆☆
Eugene. Besitzer: Familie King. 75 ha. www.kingestate.com
Die neue, solide finanzierte und von Ed King geleitete Firma ist der größte Weinbaubetrieb in Oregon. Mit dem Ankauf des Leseguts von 50 Traubenanbauern wird die eigene Produktion ergänzt. Die Château-ähnliche Kellerei befasst sich vorwiegend mit Pinot gris – Kings bester Wein bisher –, Pinot noir und Chardonnay, deren Reserve-Versionen oft exzellent sind. Der erste Jahrgang war der 92er, das Zweitetikett ist »Lorane Valley«.

Lange ☆
Dundee. Besitzer und Kellermeister. Don Lange. 6 ha.
www.langewinery.com
Die aus Santa Barbara in Kalifornien stammenden Langes haben einen schönen Familienbetrieb aufgebaut. Sie produzieren seit 1987 exzellente Weine, aber leider ist die Qualität nicht beständig. Das meiste Interesse finden die Reserve-Abfüllungen von Pinot gris und Pinot noir.

Lemelson ☆☆
Carlton. Besitzer: Eric Lemelson. 37 ha.
www.lemelsonvineyards.com
1999 war der Eröffnungsjahrgang für dieses Weingut, und die ersten Pinot-noir-Weine sind bereits sehr vielversprechend.

Montinore ☆☆
Forest Grove. Besitzer: Leo und Jane Graham. 115 ha.
www.montinore.com
Ein prachtvolles Weingut, dessen Rebfläche zu Anfang der 1980er-Jahre mit einem Dutzend verschiedener Rebsorten bepflanzt wurde. Heute konzentriert sich unter der Leitung des französischen Kellermeisters Jacques Tardy die Produktion auf mittelschwere Rot- und Weißweine und gelegentlich auf Spätlesen.

Oak Knoll ☆
Hillsboro. Besitzer: Familie Vuylsteke.
Keine eigenen Weinberge. www.oakknollwinery.com
Oak Knoll, eine der ehrwürdigsten Weinkellereien Oregons, befasste sich anfänglich mit Obst- und Beerenweinen (der aromatische Himbeerwein ist nach wie vor im Programm). Die meisten wurden inzwischen durch Sortenweine von zugekauftem Traubengut verdrängt. Der Pinot noir ist manchmal recht derb, doch die Weißweine, besonders der Pinot gris, sind meistens vorzüglich.

Panther Creek ☆☆–☆☆☆
McMinnville. Besitzer: Ron Kaplan. Keine eigenen Weinberge.
www.panthercreekcellars.com
Früher war Ken Wright, der heute ein eigenes Weingut besitzt (siehe dort), für die Weinbereitung dieses Guts zuständig. Zurzeit ist Michael Stevenson der Kellermeister. Kaplan kauft das Lesegut von erstklassigen Weinbergen, die von seinem eigenen Team zum Teil auch mit bewirtschaftet werden. Die Produktion besteht weiterhin aus exzellentem Pinot noir mit großer Geschmackstiefe, daneben eine kleine Menge Pinot gris.

Ponzi ☆☆
Beaverton. Besitzer: Familie Ponzi.
Kellermeisterin: Luisa Ponzi. 30 ha. www.ponziwines.com

Der Pionierbetrieb in Oregon wird nunmehr von der zweiten Generation der Ponzis geführt; Luisa macht den Wein. Das Unternehmen genießt nach wie vor hohes Ansehen für trockenen Riesling, öligen Chardonnay und Pinot gris sowie wuchtigen Pinot noir. Ponzi experimentiert auch mit Arneis und Dolcetto.

Rex Hill ☆☆–☆☆☆
Newberg. Besitzer: Paul Hart und Jan Jacobsen. 102 ha.
www.rexhill.com
Aus mehreren Lagen im Yamhill County produziert Kellermeisterin Lynn Penner-Ash jährlich über 30 000 Kisten Wein. Die Reihe »Kings Ridge« steht für unkomplizierten Trinkgenuss, die Pinots und Chardonnays mit Lagenbezeichnung fallen dagegen kräftiger aus. Am besten sind die Reserve-Weine von Pinot gris, Pinot noir und Chardonnay.

St Innocent ☆–☆☆
Salem. Besitzer: St Innocent. Keine eigenen Weinberge.
www.stinnocentwine.com
Der seit 1988 bestehende Betrieb ist beliebt wegen seines vollen Pinot noir und Chardonnay sowie eines erfreulichen Schaumweins. Kellermeister Mark Vlossak stehen Trauben von verschiedenen Weinbergen in den Eola Hills zur Verfügung.

Domaine Serene ☆☆☆
Dayton. Besitzer: Ken Evenstad. 62 ha.
www.domaineserene.com
Ken Wright (siehe dort) war hier Kellermeister, bevor er sich selbstständig machte. 1998 trat Tony Rynders seine Nachfolge an. Die Pinot-noir-Gewächse waren schon immer eindrucksvoll, und mit der 2001 eröffneten neuen Kellerei könnte sich die Qualität weiter steigern.

Shafer ☆
Forest Grove. Besitzer und Kellermeister: Harvey Shafer. 13 ha.
www.shafervineyardcellars.com
Shafer ist fest davon überzeugt, dass Qualität im Weinberg beginnt. Seine Chardonnays und Rieslinge finden viel Beifall, aber die Qualität ist unbeständig.

Silvan Ridge
Siehe Hinman

Sokol Blosser ☆☆
Dundee. Besitzer: Bill und Susan Sokol Blosser. 17 ha.
www.sokolblosser.com
Einer der größeren Betriebe in Oregon, mit mehr Erfahrung als die meisten anderen. Er geriet Ende der 1980er-Jahre trotzdem etwas ins Schwimmen durch den Wechsel seines Kellermeisters und andere Probleme. Inzwischen steht er wieder auf festen Beinen. Russ Rosner produziert heute für Sokol Blosser die exzellenten Weine.

Soter ☆
Yamhill. Besitzer: Tony Soter. 9 ha
Tony Soter ist einer der besten beratenden Kellermeister Napas. Seine kalifornische Marke »Etude« (siehe dort) wurde kürzlich verkauft.

Torii Mor ☆☆–☆☆☆
McMinnville. Besitzer: Don Olson. 4 ha.
www.toriimorwinery.com
Der erste Wein aus eigenen Weinbergen in den Dundee Hills kam 1993 auf den Markt. Kellermeisterin Patricia Green hat inzwischen Joe Dobbes Nachfolge angetreten. Die Preisgestaltung auf Torii Mor wird nicht von Bescheidenheit getrübt: Die Einzellagen-Pinots kosten bis zu 100 Dollar.

Tualatin ☆
Forest Grove. Besitzer: Willamette Valley Vineyards. 60 ha.
www.wvv.com
Alle Weine dieses Betriebs stammen von Trauben aus dem 1973 angelegten eigenen Weinberg. Besonderes wird schon seit langem mit Riesling und Chardonnay geleistet; unter Kellermeister Joe Dobbes hat sich inzwischen aber auch der Pinot noir prächtig entwickelt.

Tyee Wine Cellars ☆☆
Corvallis. Besitzer: Familie Buchanan und Barney Watson.
4 ha. www.tyeewine.com
Das Haus Tyee glänzt mit Pinot gris, Pinot blanc und Gewürztraminer, erzeugt aber auch Pinot noir und Chardonnay.

WillaKenzie Estate ☆☆–☆☆☆
Yamhill. Besitzer: Bernard Lacroute. 48 ha.
www.willakenzie.com
Bernard Lacroute hat seit 1995 ein Vermögen in dieses treffliche Weingut und die moderne Kellerei gesteckt. Sein junger französischer Kellermeister Laurent Montalieu überzeugt mit schmackhaftem Pinot gris und Pinot blanc sowie diversen, höchst erfreulichen Versionen von Pinot noir.

Willamette Valley Vineyards ☆–☆☆
Turner. Besitzer: WWV. 40 ha.
www.wvv.com
Einer der größten Erzeuger in Oregon. Die meisten Weine sind unbedeutend; an der Spitze der Weinliste finden sich jedoch erstklassige Einzellagen-Pinots aus der Hand von Kellermeister Joe Dobbes.

Ken Wright ☆☆☆–☆☆☆☆
Carlton. Besitzer und Kellermeister: Ken Wright.
Keine eigenen Weinberge. www.kenwrightcellars.com
Wright erzeugt mit jedem Jahrgang nicht weniger als zwölf verschiedene Versionen von Pinot noir aus Rebparzellen, die er zwar bewirtschaftet, aber nicht selbst besitzt. Die Weine sind von großer Finesse und sehr konzentriert, und sie bestätigen Ken Wrights Ruf als einer der erfahrensten und talentiertesten Kellermeister Oregons.

Yamhill Valley Vinyards ☆
McMinnville. Besitzer: Denis Burger und Partner. 36 ha.
www.yamhill.com
Das 1983 gegründete Haus hat sich mit seinen tadellosen Weinen aus der Pinot-Familie einen guten Ruf erworben.

Die führenden Erzeuger im Rogue Valley

Bridgeview ☆
Cave Junction. Besitzer: Robert Kerivan. 90 ha.
www.bridgeviewwine.com
Laurent Montalieu aus dem Haus WillaKenzie Estate (siehe dort) machte in den frühen 1990er-Jahren Bridgeview, das große Weingut im südlichen Oregon, durch Pinot gris, Pinot

noir, Chardonnay, Riesling und Gewürztraminer bekannt. Die Serie »Blue Moon« erfreut sich einer beträchtlichen Anhängerschaft, besonders der preiswerte Riesling.

Foris ☆☆–☆☆☆
Cave Junction. Besitzer: Ted Gerber. 25 ha.
www.foriswine.com

Die Gerbers begannen 1983 mit der kommerziellen Weinproduktion. Inzwischen hat Kellermeisterin Sarah Powell das Haus Foris mit ihren feinen Sortenweinen an die Spitze der Rogue-Valley-Betriebe geführt.

Valley View ☆
Jacksonville. Besitzer: Familie Wisnovsky. 12 ha.
www.valleyviewwinery.com

In den letzten Jahren hat der Betrieb große Fortschritte mit Rot- und Weißweinen von Bordeaux-Rebsorten gemacht. Die Reserve-Weine der Serie »Anna Maria« werden nur in besonders guten Jahren aufgelegt. Weinbaupionier Peter Britt hatte hier bereits um 1850 einen Versuchsweinberg mit 200 Rebsorten bepflanzt.

Die führenden Erzeuger im Umpqua Valley

Henry Estate ☆
Umpqua. Besitzer und Kellermeister: Scott Henry. 18 ha.
www.henryestate.com

Scott Henry ist bekannt als Erfinder eines Rebenerziehungssystems, das in den Weinbergen der ganzen Welt angewendet wird. Sein auf dem fruchtbaren Talgrund gelegenes Weingut hat sich auf unkomplizierten Chardonnay, Gewürztraminer, Pinot gris und Pinot noir spezialisiert. Die Weine »Barrel Fermented« und »Select« zeugen deutlich vom Ausbau in amerikanischer Eiche. Der Gewürztraminer ist wahrscheinlich Scott Henrys bester Wein – wirklich stolz ist er jedoch auf seinen halbtrocknen Müller-Thurgau.

Washington

Die führenden Erzeuger im Columbia Valley

Barnard Griffin ☆☆–☆☆☆
Richland. Besitzer: Deborah Barnard und Rob Griffin. Keine eigenen Weinberge.
www.barnardgriffin.com

Rob Griffin arbeitete früher für das Haus Hogue Cellars (siehe dort), doch da er schon immer den Wunsch nach einem eigenen kleinen Weingut hatte, wo er nach Herzenslust experimentieren kann, machte er sich bei passender Gelegenheit selbstständig. Seine Erfolge mit Cabernet Sauvignon, Merlot, Sauvignon blanc (im Fumé-blanc-Stil) und Chardonnay sind legendär.

Columbia Crest ☆☆–☆☆☆
Paterson. Besitzer: Stimson Lane. 1200 ha.
www.columbia-crest.com

Keller sind rar im Nordwesten: 90 % von Columbia Crest, Washingtons größter Kellerei, liegen unterirdisch. Doug Gore nimmt es mit der Qualität seiner Weine sehr ernst. Die besten *varie-*

tals sind Merlot, Cabernet Sauvignon, Sauvignon blanc und Chardonnay. Seine geschickte Hand für die Trauben Washingtons, kombiniert mit dem effizienten Marketingkonzept des Hauses Stimson Lane, sind für Columbia Crest die Erfolgsgarantie.

Preston ☆
Pasco. Besitzer: Familie Preston. 72 ha.
www.prestonwines.com

Seit 1976 erzeugt Bill Preston in seinem qualitätsbewussten Betrieb eine breite Palette von zuverlässigen, preiswerten Sortenweinen.

Die führenden Erzeuger im Yakima Valley

Chinook ☆
Prosser. Besitzer: Kay Simon und Clay Mackey. 1 ha

Ein kleiner Weinbaubetrieb mit achtenswertem, aber manchmal krautigem Merlot, Sauvignon blanc und Chardonnay. Kay Simon ist die frühere Kellermeisterin von Chateau Ste Michelle (siehe dort).

Covey Run ☆
Zillah. Besitzer: Constellation. 320 ha.
www.coveyrun.com

Ein attraktives Weingut mit beliebten, preiswerten Sortenweinen.

Hedges Cellars ☆☆☆
Benton City. Besitzer: Tom und Anne-Marie Hedges. 26 ha.
www.hedgescellars.com

Gegründet 1990 von Tom Hedges, einem Kartoffelfarmer mit Weitblick, der heute dieses schöne Château-ähnliche Weingut bewohnt. Der Verschnitt aus Cabernet und Merlot ist saftig und preiswert. Spitzenweine sind jedoch »Three Vineyards« und der kräftig strukturierte »Red Mountain Reserve«.

Hogue Cellars
Prosser. Besitzer: Vincor. 160 ha.
www.hogue-cellars.com

Der von einer etablierten Farmerfamilie gegründete Weinbaubetrieb traf bereits mit seinen ersten Jahrgängen ins Schwarze. 1997 wurde mit »Barrel Select« eine neue Richtung mit guten Sortenweinen eingeschlagen. Das Etikett »Genesis« ist für kleine Mengen von Syrah, fassvergorenem Sémillon, Pinot gris und andere Weine reserviert.

Auf allen Qualitätsstufen waren die Hogues um preiswerte Weine bemüht, und gegen Mitte der 1990er-Jahre hatten die Rotweine ein wahrlich beeindruckendes Niveau erreicht. 2001 wurde der Betrieb verkauft.

Kiona ☆☆
Benton City. Besitzer: Familie Williams. 30 ha

Ein gemütlicher Weinbaubetrieb, der als einer der ersten Trauben am Red Mountain anbaute. Tiefer, dunkler Cabernet Sauvignon und Merlot sowie köstliche Riesling- und Gewürztraminer-Spätlesen sind heute die Spezialitäten des Hauses, aber auch den ungewöhnlichen Lemberger sollte man probiert haben. 1997 wurde auch Syrah ins Programm aufgenommen.

Paul Thomas ☆
Sunnyside. Besitzer: Constellation. 55 ha.
www.paulthomaswinery.com

Paul Thomas erzeugt ein volles Programm recht preisgünstiger Sortenweine. Die Weißen enthalten häufig zu viel Restzucker, und die Roten müssten konzentrierter sein.

Washington Hills Cellars ☆☆–☆☆☆
Sunnyside. Besitzer: Harry Alhadeff. 45 ha.
www.washingtonhills.com

Brian Carter ist einer der begabtesten Kellermeister im Bundesstaat Washington. Seit 1990 arbeitet er mit Alhadeff zusammen, was den Washington Hills Cellars schon bald eine treue Anhängerschaft einbrachte. Carter bereitet für das Gut auch die besonders hochpreisigen »Apex«-Weine von Chardonnay, Cabernet, Sauvignon blanc sowie Spätlesen.

Die führenden Erzeuger in Walla Walla

Canoe Ridge ☆☆☆
Walla Walla. Besitzer: Chalone-Gruppe und Partner. 65 ha.
www.canoeridgevineyard.com

Die erstmals 1989 bestockte und ständig anwachsende Rebfläche liegt am Columbia River neben Chateau Ste Michelle (siehe dort), doch die zugehörige Kellerei befindet sich 50 Meilen entfernt in der Stadt Walla Walla. John Abbott bereitete die ersten Weine – faszinierenden Merlot und Chardonnay – im Jahr 1993. Der Schwerpunkt liegt weiterhin auf diesen Sorten.

Cayuse ☆☆–☆☆☆
Walla Walla. Besitzer und Kellermeister: Christophe Baron.
14 ha. www.cayusevineyards.com

Der Franzose Christophe Baron war als *flying winemaker* in Australien tätig, bevor er sich 1997 hier niederließ. Für seine Weine erhielt er seitdem viel Anerkennung. Der Syrah ist exzeptionell; den Tempranillo sollte man im Auge behalten.

Dunham ☆☆–☆☆☆
Walla Walla. Besitzer: Eric Dunham. 1 ha.
www.dunhamcellars.com

Dunham war Kellermeister bei L'Ecole 41 (siehe dort) und begann 1995 mit der Produktion seiner eigenen Weine, deren Stil kraftvoll und eichenwürzig ist.

L'Ecole 41 ☆☆–☆☆☆
Lowden. Besitzer: Marty Clubb. 10 ha. www.lecole.com

Mit zum größten Teil aus Walla Walla zugekauftem Traubengut erzeugt dieser in einem ehemaligen Schulgebäude eingerichtete Betrieb opulente, schön aufgemachte Weine wie Merlot, Cabernet und einen kräftigen, fassvergorenen Sémillon.

Glen Fiona ☆☆☆
Walla Walla. Besitzer: Berle ›Rusty‹ Figgins.
Keine eigenen Weinberge. www.glenfiona.com

Berle Figgins, dessen Bruder Gary Besitzer und Kellermeister von Leonetti (siehe dort) ist, hat sich auf konzentrierten Syrah spezialisiert, ohne dabei dem Eichen-Boom zu verfallen: Seine Weine reifen ausschließlich in alten Fässern.

Leonetti ☆☆☆
Walla Walla. Besitzer und Kellermeister: Gary Figgins. 20 ha.
www.leonetticellar.com

Figgins Ruf ist legendär und basiert auf seinen brillanten, tiefdunklen Rotweinen aus den 1980er-Jahren, die noch heute sehr beliebt sind. Ausgewählte Trauben von zahlreichen Weinbergen und reichlich neues Eichenholz erbringen Merlot- und Cabernet-Weine, die zwar teuer, ihren Preis aber mehr als wert sind. Sie werden an eine lange Liste von Abonnenten verkauft und sind daher so gut wie nicht erhältlich.

Pepper Bridge
Walla Walla. Besitzer: Norm McKibben. 110 ha.
www.pepperbridge.com

Nachdem Norm McKibben einige der besten Weinberge Washingtons angelegt hatte, wurde er 1999 selbst zum Weinerzeuger. Man darf auf hohe Qualität hoffen.

Waterbrook ☆☆
Walla Walla. Besitzer und Kellermeister: Eric Rindal. 5 ha.
www.waterbrook.com

Die Weine zeichnen sich durch stilistisch klare Art und sauberen, mit amerikanischer Eiche gewürzten Sortengeschmack aus. Qualität und Preis-Leistungs-Verhältnis sind größtenteils einwandfrei. Der Schwerpunkt liegt auf Cabernet Sauvignon, Merlot, Sauvignon blanc und Chardonnay, zu denen sich inzwischen diverse Rotweinverschnitte aus Red-Mountain-Lagen gesellt haben.

Woodward Canyon ☆☆☆
Lowden. Besitzer und Kellermeister: Rick Small. 11 ha.
www.woodwardcanyon.com

Rick Small ist eine Art Weinbaupionier von Walla Walla: Seine ersten Weine baute er hier bereits im Jahr 1981. Neben toastwürzigem Cabernet Sauvignon und Merlot erzeugt Woodward Canyon reifen, vollen Chardonnay mit Holzaroma – nach wie vor eine Frage des Geschmacks.

Ehemals bekannt für kraftvolle Weißweine, basiert der gute Ruf des Hauses heute auf seinem »Old Vines Cabernet«.

Weitere Erzeuger im Columbia Valley

Arbor Crest ☆☆
Spokane. Besitzer: Jim und Christina van Loben Sels.
Keine eigenen Weinberge. www.arborcrestwinery.com

Gute Weinbereitung und reichlich Kapital haben diesem Betrieb frühe Erfolge beschert, der ausschließlich mit angekauften Trauben arbeitet. 1999 übernahm eine neue Generation die Geschäftsleitung, was einen raschen Qualitätsanstieg zur Folge hatte.

Chateau Ste Michelle ☆☆–☆☆☆
Woodinville. Besitzer: Stimson Lane. 500 ha.
www.ste-michelle.com

Mit Abstand der größte Weinbaukonzern im Nordwesten (Jahresproduktion: 800 000 Kisten) und mit seinen Spitzenweinen auch einer der besten. Die große, mustergültige Kellerei in Woodinville, 25 km nordöstlich von Seattle, war 1983 zu klein geworden, und wurde durch die dreimal so große und 26 Mio. Dollar teure River-Ridge-Anlage bei Paterson am Columbia River ersetzt. Die Weine sind tadellos bereitet und decken das gesamte Spektrum ab: Riesling, Chardonnay, Sauvignon blanc, Gewürztraminer, Chenin blanc, Sémillon, Merlot, Cabernet Sauvignon und »Port«, wobei die Weißweine vor Ort besonders erfolgreich sind.

Während der letzten Jahrgänge wurde besonderes Augenmerk auf die Sortenweine aus eigenen, auf dem Etikett angegebenen Lagen gelegt: Chardonnay, Cabernet Sauvignon und Merlot, die zu den feinsten im gesamten Nordwesten zählen. Seit den späten 1990er-Jahren hat die Firma mehrere interessante Gemeinschaftsprojekte auf den Weg gebracht: Mit dem italienischen Haus Antinori kreierte sie »Col Solare«, einen exklusiven Rotweinverschnitt von Trauben aus der Lage Horse Heaven Vineyard, und mit Ernst Loosen aus Deutschland den sensationellen Riesling »Eroica«.

Nicht nur aufgrund seiner Größe, seiner professionellen Technik und seiner Marketingmöglichkeiten ist Ste Michelle ein würdiges Aushängeschild für den Weinbau des gesamten Nordwestens.

Columbia Winery ☆☆☆
Woodinville. Besitzer: Constellation. 150 ha.
www.columbiawinery.com

Einer der Pionierbetriebe des Nordwestens, 1962 von einer Gruppe von Professoren der University of Washington gegründet, und nach wie vor eines der besten Weingüter der Region. Seit 1976 steht es unter der Leitung des Engländers David Lake, der den Titel »Master of Wine« führt. Das Angebot umfasst heute eine reiche Auswahl exzellenter Weine, darunter Gewürztraminer, Cabernet Sauvignon, Syrah, Merlot, Sémillon, Chardonnay und Riesling. Es bestehen Lieferverträge mit sehr guten Traubenanbauern wie Otis Vineyards, Red Willow und Wyckhoff im Yakima Valley.

DeLille Cellars/Chaleur Estate ☆☆☆
Woodinville. Besitzer: Familie Lill und Partner. 8 ha.
www.delillecellars.com

Schon mit dem ersten Jahrgang 1992 war der gute Ruf geschaffen. Kellermeister Chris Upchurch zielte von Anfang an auf Rot- und Weißweinverschnitte von absoluter Spitzenklasse im Bordeaux-Stil, deren Trauben von ausgewählten Lagen im östlichen Teil Washingtons stammen. »Chaleur Estate« ist eine komplexe, alkoholstarke Mischung ausgesuchter Weinposten. Der Weiße des Hauses ist im Graves-Stil bereitet, und »Doyenne« ist ein reiner Syrah, der ausnahmslos in neuer Eiche aufwächst.

DiStefano ☆☆
Woodinville. Besitzer und Kellermeister: Mark Newton.
Keine eigenen Weinberge. www.distefanowinery.com

Ursprünglich als Schaumweinfirma gegründet, ist Mark Newton auf gehaltvolle Rotweine umgeschwenkt: Cabernet franc, Cabernet Sauvignon, Merlot und neuerdings auch Syrah.

Latah Creek ☆
Spokane. Besitzer und Kellermeister: Mike Conway.
Keine eigenen Weinberge. www.latahcreek.com

Das 1982 gegründete Weingut erzeugt mittelschweren Merlot, Cabernet Sauvignon, Lemberger und Chardonnay, alle zu moderaten Preisen.

Quilceda Creek ☆☆☆
Snohomish. Besitzer: Alex Golitzin. 11 ha.
www.quilcedacreek.com

In dem 1979 ins Leben gerufenen Betrieb baut Kellermeister Paul Golitzin guten, in neuer Eiche gereiften Cabernet im Médoc-Stil. Die Produktion ist klein, und die Preise sind hoch.

SilverLake ☆
Woodinville. Besitzer: Washington Wine und Beverage Co.
92 ha. www.washingtonwine.com

Es war eine weise Entscheidung der Geschäftsführung dieses 1989 gegründeten Hauses, Cheryl Barber-Jones zu engagieren, den ehemaligen leitenden Kellermeister von Chateau Ste Michelle (siehe dort). Er bereitet Sorten- und Schaumweine aus Yakima-Weinbergen.

Snoqualmie Winery ☆
Snoqualmie. Besitzer: Stimson Lane. 97 ha.
www.snoqualmie.com

Der seit 1983 bestehende Betrieb ging bereits 1990 in Konkurs und wurde im Folgejahr von seinen jetzigen Besitzern erworben. Die Jahresproduktion besteht aus 50 000 Kisten gleichmäßig guter, erschwinglicher Sortenweine, die im Schwesterbetrieb Columbia Crest (siehe dort) von Joy Anderson bereitet und ausgebaut werden.

Andrew Will ☆☆☆
Vashon. Besitzer und Kellermeister: Chris Camarda. 18 ha

Ein kleines Weingut mit kleiner Produktion an hochkonzentriertem Cabernet Sauvignon und Merlot sowie fassvergorenem Chenin blanc. Es gibt inzwischen fünf Merlots mit Lagenbezeichnung und die Bordeaux-Mischung »Sorella«. Chris Camarda baut seinen eigenen Rebbestand immer weiter aus.

Idaho

Die führenden Erzeuger in Idaho

Ste Chapelle ☆☆
Caldwell. Besitzer: Corus Brands.
www.stechapelle.com

Der ruhelose Bill Broich, Gründer des Betriebs und Meister der Weinbereitungskunst, schied 1985 aus, nachdem er sich mit Riesling, Chardonnay, Gewürztraminer sowie Schaumweinen von Riesling, Chardonnay und Pinot noir einen guten Namen gemacht hatte.

Ste Chapelle nahm 1970 den Betrieb auf und ist nach wie vor das älteste und bei weitem größte der zwölf Weingüter Idahos, das allein auf fast die Hälfte der 400 ha großen Rebfläche des Bundesstaates Zugriff hat und jährlich 150 000 Kisten Wein erzeugt. Darüber hinaus werden Trauben aus Washington angekauft. Der Weinstil – frisch, elegant und leicht floral – wird vom vorherrschenden Klima bestimmt, unter dem die Trauben nicht immer zuverlässig ausreifen.

Indian Creek Winery ☆☆
Kuna. Besitzer: Bill Stowe und Partner

Eines der sechs Weinunternehmen in der Region Caldwell südwestlich von Boise und gleichzeitig eines der interessantesten im gesamten Staat Idaho. Aus über 80 ha Rebfläche erzeugt Bill Stowe einen überdurchschnittlichen Pinot noir, darunter eine stilvolle, trockene weiße Version, sowie kleinere Mengen Riesling und Chardonnay. Der erste Jahrgang des Hauses war 1987.

Weitere Erzeuger in Idaho

Camas Winery ☆
Die älteste Kellerei für Wein der gehobenen Preisklasse in Nord-Idaho bietet 14 verschiedene Abfüllungen an.

Cana Vineyards ☆–☆☆

1990 auf dem Gelände der früheren Lou Facelli Winery gegründet. Hauptsächlich Cabernet und Merlot.

Carmela Vineyards ☆–☆☆

Verfügt über 20 ha in Hagerman. Bekannt für Cabernet franc.

Cocolalla Winery ☆

Die nördlichste Kellerei Idahos produziert jährlich rund 400 Kisten Brut-Schaumwein.

Hell's Canyon Winery ☆–☆☆

Der 1980 gegründete Betrieb erzeugt jährlich aus 15 ha Rebfläche 3000 Kisten Chardonnay und Cabernet Sauvignon.

Parma Ridge ☆–☆☆

Parma. www.parmaridge.com

Ein neuer Betrieb. Die Rebflächen wurden 1998 bestockt, die Kellerei 2000 fertig gestellt. Schwerpunkt sind klassische internationale Sorten.

Petros Winery ☆

1983 von Lou Facelli gegründet.

Rose Creek Vineyards ☆

Ein seit 1984 bestehender Familienbetrieb. Nach verheerenden Frostschäden musste Besitzer Jamie Martin Trauben aus anderen Lagen in Idaho ankaufen. Bekannt für Riesling und Chardonnay.

Sawtooth ☆

Ehemals Pintler Cellar mit 6 ha Riesling, Sémillon, Chardonnay, Pinot noir und Cabernet Sauvignon.

Vickers Vineyard ☆☆

Kirby Vickers erzeugt im Snake River Valley guten Chardonnay in kleinen Mengen.

Weston Winery ☆

Die zu den ältesten und höchst gelegenenWeingütern Idahos zählende Weston Winery befindet sich auf 840 m Höhe.

Andere Regionen Nordamerikas

Jahrhundertelang konnte die echte Weinrebe *Vitis vinifera* im Klima des größten Teils von Nordamerika nicht gedeihen. Die Gründe waren die extreme winterliche Kälte im Norden und in der Mitte – im eisigen Frost sterben die Reben einfach ab – sowie die sommerliche Hitze und Feuchtigkeit im Süden, die wuchernden Mehltau bringt und zum Wildwuchs der Reben führt: Anstatt in den Nächten zu ruhen und Zucker aufzubauen, wächst die Pflanze ständig weiter; der Zucker wird in übertriebenen Laubwuchs umgesetzt, und trotz monatelanger brütender Hitze werden die Trauben kaum reif.

Zwei Regionen, der Nordosten (angeführt vom Bundesstaat New York) und der Südosten (angeführt vom Staat Virginia), haben eine eigene Weintradition, die gerade in großartiger Weise zu neuem Leben erwacht. Noch bis vor kurzem beruhte dort der Weinbau auf an das Klima angepassten einheimischen Reben, heute aber konzentrieren sich die meisten Betriebe auf Vinifera-Sorten. Die Traube des Südostens ist die Muscadinia oder Scuppernong, die sehr wenig mit der klassischen Weinrebe zu tun hat (sie hat große kugelige Beeren, deren harte Schale sich leicht vom Fruchtfleisch lösen.) Der aus ihr gewonnene kräftig aromatische Süßwein war früher in Amerika sehr populär; eine berühmte Marke hieß »Virginia Dare«. Der Scuppernong ist nach wie vor beliebt, aber mit den Weinen der übrigen Welt hat er nichts gemein.

Heute gibt es hoffnungsvolle Winzer in fast allen Bundesstaaten der USA, auch außerhalb dieser Regionen. Hoffnungsfroh deshalb, weil sie den Weinbau – mancherorten gerade erst flügge werdend, anderswo schon ein Jahrhundert alt – im amerikanischen Weinboom aufblühen und feste Wurzeln schlagen sehen. Nur die Staaten Alaska, North Dakota und Wyoming sind rebfreie Zonen.

Viele seit langem schon bestehende Betriebe haben ihre festen Absatzmärkte in der näheren Umgebung. Ambitionen, mit neuen Traubensorten zu experimentieren, kamen früher deshalb gar nicht erst auf. Da so lange das unumstößliche Dogma galt, dass *Vitis vinifera* hier nicht gedeihen könne, musste wohl ein unerschrockener Winzer sein, wer mehr als ein paar Hektar Rebland für Versuchsanpflanzungen verwendete. Mit der Umsetzung neuer Erkenntnisse stellen sich nun aber bei diesen Unerschrockenen mehr und mehr Erfolge ein. Zweifellos gibt es (sogar große) Bereiche, wo sich die Weinrebe aufgrund der mikroklimatischen Verhältnisse heimisch fühlt. Auch gibt es mittlerweile Hybridreben, Kreuzungen zwischen *Vitis vinifera* und amerikanischen Gewächsen, die über die Klimahärte der einheimischen Sorten verfügen, nicht aber deren eigentümlichen Geschmack haben. Diese französisch-amerikanischen Hybriden sind in den vergangenen Jahren stark verbessert worden, doch ihre Bedeutung auf den Märkten der Bundesstaaten im Osten steht inzwischen im Schatten der neuen Erfolge mit den reinen Vinifera-Sorten.

Der Weinboom geht vor allem von den Metropolen aus, wo die Namen der *varietals* aus Kalifornien wie ein Blitz eingeschlagen haben. Riesling, Chardonnay und Cabernet Sauvignon sind zu festen Begriffen geworden, doch von den besten Hybridreben (Seyval blanc, Vidal blanc, Chambourcin) hat kaum jemand gehört. Die Traubenanbauer in den östlichen und mittleren Staaten fahren zurzeit dreigleisig: mit den alten amerikanischen Varietäten der *Vitis labrusca*, den inte-

ressanten, aber risikoreichen Vinifera-Sorten und schließlich mit den Kreuzungen dieser beiden, den Hybriden. Im Osten werden Hybrid- und Labrusca-Reben also auch weiterhin eine Rolle spielen, doch die Mehrheit der Weinerzeuger setzt immer mehr auf Vinifera-Sorten.

Der umfangreichste und besteingeführte Weinbau besteht in den Staaten New York und Virginia, doch die Annahme, dass die natürlichen Bedingungen dort besser als andernorts wären, sind falsch. Was den anderen Regionen fehlt, ist lediglich ein intelligentes Marketingkonzept, das die wachsende Auswahl ihrer Weine dem kritischen Großstadtpublikum schmackhaft zu machen versteht.

Der Staat New York

Für den im Gebiet der Finger Lakes südlich des Ontario-Sees längst fest etablierten Weinbau im Staat New York hat die Mehrzahl der Weinfreunde bis heute nur ein mildes Lächeln übrig. Die gesamte Produktion beruhte ursprünglich auf verschiedenen Sorten und Zufallshybriden der einheimischen *Vitis labrusca,* die den Weinen jenes eigentümliche Labrusca-Aroma gibt, das auch als »Fuchsigkeit« bezeichnet wird. Häufig war auch der Säuregehalt sehr hoch, den man aber hinter einer ebenfalls beträchtlichen Süße verbarg.

Die nicht mit Fuchsgeschmack behafteten französisch-amerikanischen Hybriden ersetzten fast 40 Jahre lang *Vitis labrusca* in allen Weinbaubetrieben außer den konservativsten. Obwohl deren Wein annehmbar und gelegentlich sehr gut sein kann, ist der größte Teil davon nach europäischen und kalifornischen Maßstäben kaum interessant. Manche Betriebe in New York und anderen Gebieten im Osten der USA schätzen diese Rebe trotzdem, weil sie an die Besonderheiten des östlichen Klimas gut angepasst und zuverlässig ist. Außerdem erhoffen sie sich von dem markanten Geschmack ihrer Weine eine modeunabhängige Marktnische. Heute entfallen etwa 40 % des Weins in New York auf Hybriden und 40 % auf Labrusca (vor allem die billigeren Konsumweine). Für die Weine der gehobenen Preisklasse werden bevorzugt Vinifera-Sorten verwendet und nur in kleinem Umfang Hybriden kultiviert. Noch vor 20 Jahren waren nur 2 % der Rebflächen mit Vinifera-Sorten bestockt, heute sind es 20 %.

Seit Mitte der 1950er-Jahre bemüht sich eine einflussreiche Interessengruppe, damals unter der Führung von Dr. Konstantin Frank, nachzuweisen, dass Vinifera-Sorten auch im Bereich der Finger Lakes angebaut werden können. Ihre zumindest mit Weißweinreben erzielten Erfolge konnten weitgehend überzeugen. Die meisten der älteren Betriebe haben inzwischen zumindest einen Teil ihrer Anbauflächen mit Vinifera-Reben bepflanzt, und was an viel versprechenden neuen Betrieben hinzukommt, kultiviert fast ausschließlich Vinifera.

Der Weinboom in Amerika begann sich Mitte der 1970er-Jahre auch auf New York auszuwirken. Gegen Ende der Achtzigerjahre kam es dann zu strukturellen Veränderungen in der Getränkeindustrie, die nicht ohne Einfluss für den Weinbau des Staates bleiben sollten. Zunächst erkannte Seagram und später Coca-Cola, welche Expansionsmöglichkeiten im Weingeschäft steckten. Seagram kaufte Gold Seal, und Coca-Cola erwarb Taylors und Great Western – die größten und bedeutendsten Betriebe in der Region. Inzwischen haben alle drei dicht gemacht, und Seagrams und Coca-Cola den Weinbau an den Finger Lakes aufgegeben. Eine neue Generation von Weinerzeugern (darunter viele Nachkommen der ursprünglichen Traubenanbauer, die Taylor's beliefert hatten) konzentriert sich heute auf jene Vinifera-Sorten, die in kühlem Klima gut gedeihen: Riesling, Chardonnay und Pinot noir.

1976 wurde das Weingesetz des Staats New York geändert, um die so genannten *farm wineries* zu fördern. Dabei wurde die Lizenzgebühr für Unternehmen mit einer jährlichen Produktion von weniger als 21 000 Kisten gesenkt und die Umsatzbeschränkungen zum großen Teil aufgehoben.

Die Folge war ein rasches Anwachsen gerade der kleinen, zukunftsorientierten Erzeuger, wie sie im Staat New York gebraucht wurden, um das Image des Weinbaus zu verbessern. Rund drei Dutzend kleine Betriebe entstanden neu oder wurden wieder eröffnet, hauptsächlich im Bereich der Finger Lakes, doch ebenso im Hudson River Valley nördlich von New York City – auch diese Gegend kann als Weinregion auf eine lange Geschichte zurückblicken –, sowie auf Long Island, wo ein maritimes Klima sehr viel mildere Bedingungen schafft als im Binnenland.

Von den vier Weinbaugebieten des Staats ist vor allem Long Island im Aufschwung, dessen Erzeuger von drei AVAs profitieren: Hamptons, North Fork und Long Island selbst. Aus kleinen Anfängen in den Siebzigerjahren, als die Hargraves auf North Fork Reben pflanzten, haben sich bis heute 28 über den gesamten Bereich verteilte Firmen entwickelt. Besonders zu nennen sind Pindar (einer der größten), Palmer, Paumanok, Pellegrini, Peconic Bay und Bedell Cellars. Die Hargraves begannen mit Cabernet, Pinot noir, Sauvignon und später Chardonnay, der neben Merlot bei den Verbrauchern den größten Anklang zu finden scheint. Es gibt darüber hinaus Versuche mit Riesling, Gewürztraminer, Chenin blanc und Cabernet franc.

Im Bundesstaat New York gibt es heute mindestens 125 Weinbaubetriebe und eine Rebfläche von 13 000 ha.

Die führenden Erzeuger im Staat New York

Benmarl Wine Company ☆
Marlboro. Besitzer: Mark Miller. 15 ha. www.benmarl.com
Der historische Weinberg im Hudson River Valley, wo im 19. Jh. die Hybride Dutchess gezüchtet wurde, gehört zu dem von Mark Miller neu eröffneten Weingut. Es wird als Gemeinschaftsunternehmen geführt, in dem rund 1000 Weinliebhaber die so genannte Société des Vignerons bilden, die bei der Finanzierung ebenso wie bei der Lese und beim Absatz der verschiedenen sortenreinen Weine – Seyval, Baco noir und seit kurzem auch Merlot, Syrah, Cabernet Sauvignon und Zinfandel – mithilft.

Bully Hill Vineyards ☆
Hammondsport. Besitzer: Walter S. Taylor. 52 ha.
www.bullyhill.com
Das einzige Mitglied der Familie Taylor, das heute noch Wein baut – auf dem ursprünglichen Familienbesitz am Lake Keuka. Die Produktion besteht vorwiegend aus Gewächsen von Hybridreben und Schaumwein. Prächtig gestaltete Etiketten.

Castello di Borghese
Cutchogue. Besitzer: Marco und Anne Marie Borghese. 22 ha.
www.castellodiborghese.com
Die Weinbaupioniere Hargraves fanden am Nordende von Long Island, rund 110 km östlich von New York City, ideale Voraussetzungen für Vinifera-Reben, weil hier das Meer auf drei Seiten ganz nahe ist. Ihr Chardonnay, Sauvignon blanc

und Pinot noir lassen sich ohne weiteres mit Spitzenweinen aus Kalifornien oder Oregon vergleichen. 1999 verkauften sie ihren Besitz. Unter den neuen Eignern sollen italienische Sorten wie Sangiovese und Nebbiolo in den Weingärten Einzug halten.

Dr Konstantin Frank's Vinifera Wine Cellars ☆☆
Hammondsport. Besitzer: Willy Frank. 45 ha.
www.drfrankwines.com
1962 von Dr. Konstantin Frank gegründet und heute von seinem Sohn geleitet. Vinifera Wine Cellars erzeugt feine, manchmal brillante Weißweine, darunter Rkatsiteli und ausgesuchte Riesling-Spätlesen. Die Rotweine von Merlot und Pinot haben enorm an Qualität zugelegt. Schaumweine erscheinen unter dem Etikett »Chateau Frank«.

Fox Run Vineyards ☆☆–☆☆☆
Penn Yan. Besitzer: Scott Osborne und Andy Hale. 28 ha.
www.foxrunvineyards.com
Die heutigen Besitzer, die Fox Run 1990 erwarben, sind überzeugt, aus Vinifera-Reben an den Finger Lakes so exzellenten Wein hervorbringen zu können, dass die Region bald zur Weltspitze der Weinbaugebiete aufsteigen kann. Ihre neuesten Beispiele von Riesling, Chardonnay und Merlot sind tatsächlich äußerst vielversprechend. Pinot noir, Cabernet Sauvignon und Cabernet franc entwickeln sich gut, und auch die wenig bekannte Lemberger-Traube wird erprobt.

Glenora Wine Cellars ☆–☆☆
Dundee. Besitzer: Gene Pierce und Partner. 6 ha.
www.glenora.com
Einer der meistgeschätzten kleineren Weinbaubetriebe im Finger-Lakes-Bereich ist auf Schaumweine spezialisiert. Die Weine sind sowohl von Hybriden als auch von Vinifera-Reben. Zu letzteren zählen Chardonnay, sehr guter Riesling sowie Merlot und Cabernet Sauvignon.

Hargrave Vineyard
Siehe Castello di Borghese

Knapp Vineyards ☆–☆☆
Romulus. Besitzer: Doug Knapp. 32 ha.
www.knappwine.com
Doug Knapps Tochter Lori Knapp bereitet Vinifera-Weine von Chardonnay, Sangiovese und den Bordeaux-Sorten.

Lamoreaux Landing Winery ☆☆
Lodi. Besitzer: Mark Wagner. 60 ha.
www.lamoreauxwine.com
Einer der besten Erzeuger der jüngeren Generation im Staat New York. Die Hybridreben laufen aus; die Produktion konzentriert sich auf Chardonnay, Cabernet franc, Pinot noir und Cabernet Sauvignon.

Millbrook Vineyards & Winery ☆☆
Millbrook. Besitzer: John Dyson. 20 ha.
www.millbrookwine.com
Neben Chardonnay (die Hälfte der Anbaufläche), Cabernet Sauvignon und Pinot noir baut Dyson versuchsweise auch Merlot, Zinfandel, Viognier und andere Sorten an. Der Betrieb ist heute im Hudson Valley einer der bahnbrechenden Erzeuger von Weinen im europäischen Stil, mit deutlichem Interesse gerade auch an italienischen Trauben wie Tocai, Pinot grigio und Sangiovese.

Palmer ☆☆

Aquebogue. Besitzer: Robert Palmer. 48 ha.
www.palmervineyards.com

Der 1986 gegründete Weinbaubetrieb ist Vorreiter dessen, was man als den klassischen Long-Island-Stil bezeichnen könnte: saubere, kraftvoll-fruchtige Weine, speziell aus Chardonnay, und ein Cabernet franc im Loire-Stil.

Standing Stone Vineyards ☆

Valois. Besitzer: Martha und Tom Macinski. 15 ha.
www.standingstonewines.com

Trockener, ausgewogener Riesling und Gewürztraminer sowie die Hybride Vidal blanc sind hier die besondere Stärke, doch auch für Cabernet franc und Merlot sieht die Zukunft rosig aus. Eiswein von Riesling und Vidal sind die Spezialität des Hauses.

Wagner ☆−☆☆

Lodi. Besitzer: Bill Wagner. 100 ha. www.wagnervineyards.com
Ein hübscher Betrieb an den Finger Lakes. 85 % der Erzeugung besteht aus sortenreinen trockenen Tafelweinen von Hybrien und Vinifera-Sorten. Der Chardonnay, auch die fassvergorene Version, ist vorzüglich, ebenso Gewürztraminer und Merlot.

Widmer's Wine Cellars ☆

Naples. Besitzer: Constellation. 90 ha. www.widmerwine.com
Ein großes Weingut, am bekanntesten durch seinen fassgereiften »Sherry«, die sehr lieblichen Labrusca-Weine »Lake Niagara« und Hybriden der Marke »Widmer«, die meist als Gattungsweine (generic wines) angeboten werden. Vor einiger Zeit sind auch trockene Vinifera-Arten (Cabernet Sauvignon, Chardonnay und Riesling) sowie koschere Weine hinzugekommen.

Hermann J. Wiemer Vineyard ☆−☆☆

Dundee. Besitzer: Hermann J. Wiemer. 70 ha.
www.wiemer.com

Der in Bernkastel in Deuschland geborene ehemalige Kellermeister von Bully Hill (siehe dort) hat durchschlagenden Erfolg mit Riesling (auch Spätlesen und eine Schaumweinversion) und mit Chardonnay, der in neuen französischen Fässern vergoren wird. Er schreibt dem Seneca Lake, dem größten und tiefsten der Finger Lakes, das günstige Mikroklima zu. Auch mit Pinot noir macht er Versuche; der Gewürztraminer leidet zu sehr unter der strengen Winterkälte.

Weitere Erzeuger im Staat New York

Cascade Mountain Vineyards ☆

Amenia. Besitzer: Familie Wetmore. www.cascademt.com
Neben den Hybriden aus 5 ha Rebfläche wird Lesegut bei anderen Anbauern im Staat New York gekauft. Sorgfältig bereitete knackig-trockne Weißweine und Rosés sowie frische junge Rote. Ferner ein gealterter Reserve-Rotwein.

Gristina ☆−☆☆

Cutchogue. Besitzer: Vince Galluccio. 40 ha.
www.gristinawines.com

Geschäftsmann Vince Galluccio erwarb den Betrieb im Jahr 2000 und konnte Michel Rolland als Berater gewinnen. Mit neuen Sorten wird zurzeit die Produktion erweitert: Malbec, Carmenère, Petit Verdot und Viognier.

Johnson Estate ☆

Westfield. Besitzer: Familie Johnson. 55 ha.
www.johnsonwinery.com

Erzeugerabfüllungen von guter Qualität, darunter ein trockener weißer Delaware. Die Weißweine von Hybriden gehören zu den besten ihrer Art.

Lenz Winery ☆☆

Peconic, Long Island. Besitzer: Peter Carroll. 27 ha.
www.lenzwine.com

In der Nähe des Weinguts Hargrave (siehe dort). Sehr guter Merlot und Cabernet, ausschließlich in französischen Eichenfässern gereift und selbst abgefüllt.

North Salem Vineyard ☆

North Salem. Besitzer und Kellermeister: Dr. George W. Naumburg. www.northsalemwine.com
7 ha Seyval blanc, Maréchal Foch, Chancellor und De Chaunac. Ein Betrieb am Hudson River mit frischen, leichten Weiß- und Rotweinen für baldigen Verbrauch.

Woodbury Vineyards ☆−☆☆

Fredonia. Besitzer: Familie Woodbury Failie. 12 ha.
www.woodburyvineyards.com

Eine alte Farmerfamilie, die 1970 als Erste im Chautauqua County Vinifera-Reben auf einem Kieshang am Erie-See anpflanzte.

Neuengland

In Neuengland steckt der Weinbau noch im Versuchsstadium. In den Anfangsjahren der Weinindustrie im Nordosten herrschte die Überzeugung vor, ein regionaler Charakter könne allein durch Förderung der besten Hybriden gefestigt werden. Zwar hat sich diese Meinung in den letzten Jahren zugunsten der Vinifera-Reben gewandelt, die Hybriden werden aber wegen der schwierigen Anbaubedingungen in Neuengland immer eine gewisse Rolle spielen.

An der Küste von Massachusetts mildert der Ozean das Klima derart, dass Chardonnay, Merlot und sogar Zinfandel bei Chicama auf Martha's Vineyard, der Insel mit dem treffenden Namen, gut gedeihen können.

Der Staat Rhode Island, in den das Meer mit zahllosen Meeresarmen eindringt, zählt ein halbes Dutzend kleine Rebflächen; auf der größten von ihnen, Sakonnet, wachsen Hybriden und Vinifera-Reben. Chardonnay, Gewürztraminer, Cabernet franc und Vidal von Sakonnet haben nicht nur in der Umgebung eine treue Anhängerschaft, sie machen sich auch in anderen Teilen des Ostens, ja sogar in Kalifornien, einen Namen. Prudence Island Vineyard auf der gleichnamigen Insel in der Naragansett Bay hat 7 ha Vinifera-Rebland; am besten sind dort Chardonnay und Gewürztraminer.

Der erste Weinbaubetrieb in Connecticut, Haight Vineyards bei Litchfield westlich von Hartford, baute sowohl Vinifera-Reben (Chardonnay) als auch die Hybride Seyval an. Mehrere Betriebe folgten diesem Beispiel: Chamard und Stonington Vineyards gehören zu den wichtigsten, beide an der Küste gelegen. Chamard, gegründet 1980, kultiviert auf 8 ha nur Vinifera-Reben (Chardonnay, Cabernet Sauvignon, Pinot noir und Merlot), und seine Weine zählen zu den besten von Neuengland. Stonington Vineyards produziert sowohl Vinifera- als auch Hybridweine, darunter Chardonnay, Pinot noir und Seyval.

Die mittlere Atlantikküste

Immer größer wird die Überzeugung, dass der Bundesstaat Virginia mit die besten Zukunftsaussichten für den Weinbau im Osten hat. Andere mittelatlantische Regionen wie Maryland, das südliche Pennsylvania und vielleicht auch ein Streifen landeinwärts nach West Virginia, Kentucky und Tennessee, geben gleichermaßen zu Hoffnungen Anlass. Viel wurde darüber geschrieben, wie Thomas Jefferson mit seinen Weinbauversuchen hier gescheitert ist, doch das ist lange her, und mit modernen Rebsorten, Pflanzenschutzmitteln und Know-how stellen sich die ersten Erfolge ein. Auch das Kapital ausländischer Investoren hat dazu beigetragen, dass der Region und besonders Virginia eine gehörige Portion Optimismus entgegengebracht wird.

Maryland & Pennsylvania

In den 1940er-Jahren schrieb Philip Wagner bei Ryderwood in Maryland ein Stück Geschichte, als er für die Boordy Vineyards die ersten französisch-amerikanischen Hybridreben der USA anbaute. Es waren französische Züchtungen, von denen man sich in ihrer Heimat genügend Widerstandskraft erhoffte, um der Reblausplage Herr zu werden, und es mutet wie Ironie an, dass nun Amerika in den Genuss der anderen Vorzüge dieser Sorten kam: Winterhärte und Lebenskraft.

Boordy hat inzwischen auch Chardonnay (für klassischen Schaumwein) und Cabernet Sauvignon in seine Sortenliste aufgenommen, auf der bis dahin nur die Hybriden Seyval blanc, Vidal und Chambourcin zu finden waren, und erzeugt heute jährlich 10 000 Kisten Wein.

Derzeit gibt es zwölf Weinbaubetriebe in Maryland, die sowohl Hybriden als auch Vinifera-Sorten verarbeiten. Die Basignani Winery verfügt über Cabernet, Chardonnay und Riesling neben Vidal und Seyval. Elk Run Vineyards rühmt sich seiner reinen Vinifera-Bestände und erzeugt unter anderem Schaum- und Dessertweine.

Die südöstliche Ecke von Pennsylvania, einem Staat mit über 70 Weinbaubetrieben, hat vieles mit Maryland gemeinsam. Boden und Klima sind sehr unterschiedlich, aber natürlich gibt es auch hier gute Stellen für den Weinbau.

Die Firma Mazza Vinyards, die ihre Versuche mit Vinifera-Reben am anderen Ende von Pennsylvania am Erie-See aufgeben musste, als eine 8-ha-Anlage einging, ist mit Chardonnay und Riesling im Süden von Pennsylvania zufrieden, aber noch zufriedener mit den weißen Hybriden. Twin Brook, östlich von Philadelphia, kommt sehr gut mit Pinot gris zurecht, und Nachbar Eric Miller von der Chaddsford Winery produziert neben exzellentem Chardonnay und Chambourcin auch einen Rotweinverschnitt im Bordeaux-Stil, den er »Merican« nennt.

Tim und John Crouch von den Allegro Vineyards besaßen 5 ha Chardonnay, Pinot gris und Cabernet Sauvignon, und erzeugten den Bordeaux-Verschnitt »Cadenza«, doch nach Tims Tod wurde das Weingut verkauft. Richard Naylor ist in York nahe der Grenze zu Maryland mit Riesling und Cabernet Sauvignon zufrieden, aber Vidal, Seyval, De Chaunac, Chambourcin und eine ganze Reihe anderer Hybriden behagen ihm doch besser.

Allgemein herrscht die Überzeugung, die Hybriden seien hier für die natürlichen Voraussetzungen besser geeignet, doch die Verbraucherwünsche drängen die Weinerzeuger immer mehr zu Vinifera-Reben.

Virginia

Der aussichtsreichste Weinbaustaat im Osten liegt zwischen den kalten Witterungsextremen im Nordosten und dem ständig von der verheerenden Pierce'schen Rebenkrankheit bedrohten, intensiv feuchtheißen Süden. 65 Weinbaubetriebe arbeiten derzeit in Virginia – eine ansehnliche Zahl, wenn man bedenkt, dass hier die ersten gut gelungenen Vinifera-Weine erst vor rund 25 Jahren herausgekommen sind. Im Jahr 2002 standen etwa 890 ha unter Reben. Zu diesem Erfolg beigetragen hat neben der ausgesprochen förderlichen Gesetzgebung vor allem das zahlungskräftige Bildungsbürgertum der Bundeshauptstadt Washington, das mit seinem Weinkonsum den Anbau in der Region stützt.

Ausländische Investoren zeigten als erste Zutrauen. Es war 1976 ein viel beachtetes Ereignis, als Zonin, eine große Weinfirma aus dem italienischen Veneto, in Barboursville 280 ha Land kaufte und Vinifera-Reben, darunter Cabernet Sauvignon, Cabernet franc, Gewürztraminer und italienische Klassiker wie Pinot grigio, Nebbiolo und Barbera, anpflanzte. Ähnlich erfolgreich wie Barboursville ist auch das in französischem Besitz befindliche Weingut Prince Michel mit Chardonnay, Riesling, Merlot, Cabernet franc und Cabernet Sauvignon. Auch Ingleside Plantation, Oasis und Linden haben bewiesen, wie gut sich Vinifera-Rebsorten in Virginia bewähren können. Horton Vineyards im Orange County kultiviert Marsanne, Mourvèdre und die stets heikle Viognier-Traube und ist mit Sicherheit der erste Weinbaubetrieb in Virginia, der nun auch Tannat und Touriga nacional anbaut.

Heute sind mindestens 80 % der Anbaufläche in Virginia mit Vinifera-Sorten bestockt.

Über ihre Zukunft wird neben der Gesundheit der Reben auch der Preis für ihre Weine entscheiden, den der Verbraucher zu zahlen bereit ist.

Der Mittlere Westen

Der Michigan- und der Erie-See bilden die Wärmespeicher, die in den Bundesstaaten Ohio und Michigan der Weinrebe das Leben erträglich machen. Diese großen, relativ flachen Gewässer mäßigen das Klima so sehr, dass gleich mehrere Traubenfamilien angebaut werden können, darunter die widerstandsfähigeren Vinifera-Sorten sowie Hybriden wie Vidal blanc, Seyval blanc und Chambourcin. Die im flachen westlichen Becken des Erie-Sees gelegenen Inseln (dort als *wine islands* bekannt) haben besondere Bedeutung. Seit einem Dutzend Jahren erbringen hier einige hundert Hektar Weinreben auf dem kalkreichen Boden mit Erfolg Chardonnay, Cabernet Sauvignon, Cabernet franc, Riesling, Pinot noir und Gewürztraminer. Die Trauben werden größtenteils von der Firelands Winery in Sandusky, Ohio, und von Meier's Wine Cellars südlich von Cincinnati verarbeitet, der ältesten und größten Kellerei des Staates. Auch das mittlere Becken des Erie-Sees östlich von Cleveland bietet ein für die Weinrebe freundliches Mikroklima. Chalet Debonné Vineyards in Madison und Ferrante Winery in Geneva produzieren Weine von Vinifera-Sorten und Hybriden. Weiter im Osten, nahe der Grenze zu Pennsylvania, kann Markko Vineyards in Conneaut hochwertigen Chardonnay, Cabernet und einen Mosel-ähnlichen Riesling vorweisen. Das Harpersfield Vineyard im Grand River Valley hat für seine Weißweine im Elsässer Stil bereits viel Lob geerntet, aber auch für den Pinot noir und den Cabernet franc.

In Michigan liegen die meisten Weinberge und Weinkellereien nicht weit von Chicago an der südöstlichen Ecke des Michigan-Sees. Zu erwähnen sind unter anderem Tabor Hill, Fenn Valley Vineyards und – bei weitem der größte Betrieb – St Julian. Alle diese Familienfirmen produzieren gute Vinifera- und Hybridweine, wobei sie die eigenen Erträge mit in Washington oder Kalifornien zugekauften Trauben ergänzen. Chateau Grand Traverse baut nur Vinifera-Sorten an und wird für seine unterschiedlichen Riesling-Stile gelobt.

Außerdem gibt es im nördlichen Mittelwesten Weinbaubetriebe in Indiana, Illinois, Wisconsin und sogar Minnesota, wo die kleinen Anpflanzungen und die Weinerzeuger oft mit bitterkalten Wintern und anderen ungünstigen Wachstumsbedingungen zu kämpfen haben. Ein großer Teil der Produktion von Indiana und Süd-Ohio fällt in das Appellationsgebiet Ohio River Valley, das sich von West Virginia bis zur Mündung in den Mississippi am Ohio entlangzieht.

Auch wenn man in Missouri und Arkansas kaum Rebflächen erwarten würde, gibt es in beiden Staaten doch seit langem Weinberge. Missouri darf sich sogar der allerersten offiziellen Appellation rühmen, die je in den USA einem Weinbaugebiet zugesprochen wurde: Im Jahr 1980 erklärte das *Bureau of Alcohol, Tobacco und Firearms* das unmittelbar westlich von St Louis gelegene Augusta zur »geographisch festgelegten Region«. Die ersten Reben waren dort in den 1830er-Jahren in den Bergen über dem Missouri gepflanzt worden. In beiden Staaten werden an den Universitäten staatlich geförderte Forschungsprogramme durchgeführt. Die Stone Hill Wine Company in Hermann, Missouri, hat sich vor allem dadurch einen Namen gemacht, dass sie Jahr für Jahr bei nationalen Weinprämierungen Gold- und Silbermedaillen sammelt. Zwar ist es hier für die meisten Vinifera-Sorten viel zu kalt, dafür kultivieren Weinbaubetriebe wie Stone Hill und Mount Pleasant in Augusta exzellente Hybridreben wie Seyval und Vidal und produzieren körperreiche Weine, die sich merklich von den fruchtigeren Gewächsen, wie sie an den Great Lakes oder den Finger Lakes im Staat New York entstehen, unterscheiden.

Südlich davon, in Arkansas, trifft man unerwartet Vinifera-Reben im ganz besonderen Mikroklima des Bergplateaus Altus an. Dort hatten sich um 1870 Einwanderer aus der Schweiz, aus Österreich und Bayern niedergelassen, die sich auf das Gebirge gut verstanden. Al Wiederkehr, dessen Schweizer Vorfahren 1880 hier ein Weingut gründeten, erläutert, dass Wärmeinversionsströmungen ein sehr erträgliches Klima entstehen lassen, in dem sich Riesling, Chardonnay, Sauvignon blanc, Muscat Ottonel, Cabernet, Pinot noir und Gamay mehr oder weniger heimisch fühlen. Der größte Teil von Wiederkehrs Anbaufläche ist mit diesen Reben besetzt, obwohl er daneben auch weiterhin noch an den Hybriden festhält.

Der Südwesten

Zum größten Teil ist der Südwesten zu feucht und, wie der Süden, von der Pierce'schen Krankheit bedroht, sodass die Bedingungen für den Traubenanbau im Allgemeinen nicht günstig sind. Und doch gab es hier schon Weinbau, bevor er sich in Kalifornien etablierte. Die Weinberge im südlichen New Mexico und im westlichen Texas sind die ältesten gewerblichen Anbaugebiete Amerikas. Katholische Priester errichteten um 1600 eine Mission mit Weinbergen in El Paso am Rio Grande in Texas und erzeugten Messwein von der Mission-Traube. Dennoch gab es erst im Lauf der beiden letzten Jahrzehnte ernsthafte Bemühungen um einen modernen Weinbau in angemessener Qualität.

Unter den Weinbau treibenden Staaten im Südwesten liegt Texas eindeutig an der Spitze und ist mit 27 Kellereien und 1255 ha Rebfläche der fünftgrößte in den USA. New Mexico hat 22 Weinbaubetriebe, Colorado 38, Arizona 19, Oklahoma 14, Utah 6 und Nevada 2.

In Texas sind die Weinberge über das weite Land verteilt, dessen Gesamtfläche größer ist als ganz Frankreich. Die Größe der Weinbaubetriebe ist unterschiedlich und reicht von sehr klein bis beachtlich. Ste Genevieve bei Fort Stockton hat Verbindungen zur University of Texas und zur Domaine Cordier und verfügt über die größte Rebfläche der Region: 400 ha Vinifera-Reben, die nur mit Tropfbewässerung und sorgfältiger Pflege dem Wüstenklima standhalten. Sie ist mit einer Jahresproduktion von 750 000 Kisten bei weitem die größte Kellerei im Bundesstaat.

Weitere viel versprechende Weinbaubetriebe in Texas sind unter anderem Sister Creek im Texas Hill Country mit Pinot noir, Chardonnay, Cabernet Sauvignon, Cabernet franc und Merlot, Grape Creek Vineyard, ebenfalls im Hill Country, mit preisgekröntem Chardonnay und empfehlenswertem Cabernet, Fall Creek Vineyards nördlich von Austin sowie die Messina Hof Wine Cellars von Paul Bonarrigo, die bei nationalen und internationalen Prämierungen Medaillen gewinnen. Im kühlen, trockenen Klima der Hochfläche um Lubbock entstand eine der ersten erfolgreichen Weinanpflanzungen in Texas. Aufmerksamkeit erregte die Region durch die hochwertigen Weine aus der Llano Estacado Ranch, wo die Familie McPherson und ihre Partner für den Anbau der Vinifera-Reben Pionierarbeit leisteten. Kim McPherson war bis 1992 Kellermeister in Cap Rock, einem weiteren nennenswerten Betrieb.

Einige kleinere Erzeuger kultivieren in schwierigeren Gegenden auch noch mit Erfolg Hybridreben, obwohl sich fast überall der Schwerpunkt auf Vinifera-Sorten verlagert. Im »alkoholfreien« Springtown County bot die La Buena Vida Winery unter der Leitung des Kellermeisters Steve Smith lange der Vinifera-Welle die Stirn, bringt inzwischen aber auch guten Chardonnay und Cabernet hervor.

In New Mexico gibt es heute 22 Weinunternehmen, darunter die La Chiripada Winery nördlich von Santa Fe, wo Familie Johnson preisgekrönte Gewächse von Vinifera- und Hybridreben produziert; dasselbe gilt für die Madison Winery, ein kleiner Familienbetrieb östlich von Santa Fe. Gruet (die Kellerei liegt am Rand von Albuquerque, die Weinberge im Süden New Mexicos) repräsentiert den französischen Einfluss in New Mexico mit preisgekrönten Schaumweinen von Chardonnay und Pinot noir. Sehr guten Chardonnay erzeugt auch La Viña, einer der ältesten Weinbaubetriebe New Mexicos im Süden des Staates.

Die Produktionskapazität von Colorado ist am Wachsen. Die 165 ha Rebfläche sind zu 85 % mit *Vitis vinifera* besetzt, vorwiegend mit Chardonnay, aber auch Merlot, Cabernet Sauvignon, Pinot noir, Riesling und Sauvignon blanc bewähren sich, und ein Erzeuger, Grande River Vineyards, erprobt darüber hinaus Viognier. Die Plum Creek Winery ist durch ihren Chardonnay bekannt geworden und hat nun auch Sangiovese angepflanzt.

Callaghan Vineyards in Arizona hat das Sortiment um Syrah, Mourvèdre, Grenache, Malvasia, Petit Verdot und Zinfandel erweitert, aber vor allem der Verschnitt »Buena Suerte« aus Cabernet Sauvignon, Merlot und Zinfandel findet Beifall.

Der einzige Weinbaubetrieb Nevadas, Pahrump Valley Vineyards bei Las Vegas, erzeugt neben Merlot und Chardonnay auch leichte Weine für den Fremdenverkehr.

Kanada

Die Entdeckung Kanadas fand – was feinen Wein betrifft – in den 1970er-Jahren statt, als alte Befürchtungen und Vorurteile hinsichtlich der Reben, die hier überleben können, beiseite geschoben wurden. Die umfangreichen Erkenntnisse, die in den neuen Weinbaugebieten überall in der Welt gesammelt worden waren, brachten Lösungen für Probleme, die vorher als unüberwindlich galten. Ein massives Rodungsprogramm im Jahr 1988 in den beiden führenden Provinzen Ontario und British Columbia ermutigte die Weinerzeuger, ihre alten Hybridreben zugunsten klassischer Vinifera-Sorten auszuhauen. Insgesamt hat Kanada heute eine Rebfläche von rund 5670 ha.

Ontario

Seinen Platz an der Ehrentafel der Kühlklimaspezialisten unter den Weinerzeugerländern nahm Ontario in den 1980er-Jahren ein. Im Süden der Provinz, auf der Halbinsel Niagara, liegt Kanadas naturgegebenes Weinbauland von Seen eingeschlossen und von einem Steilabbruch geschützt auf demselben Breitengrad wie Nord-Oregon. Es ist eines der festgelegten Gebiete im kanadischen Appellationssystem VQA *(Vintners' Quality Alliance),* das für alle führenden Weinbaubetriebe die Standards festlegt. Die bitterkalten Winter bieten die Möglichkeit zur Erzeugung von Eiswein (in Kanada *icewine* geschrieben), der zu den großartigsten der Welt zählt. Früher eine rare Spezialität, machen sie heute immerhin 5% der Gesamtproduktion Ontarios aus. Daneben produziert Niagara Chardonnay, Riesling, Pinot noir und einige Hybridweine. In den 90er-Jahren begann die Region den Stil Ihrer Weine zu verfeinern, ihre besten Lagen zu benennen und sich einen weltweit anerkannten Ruf zu erwerben. Gegenwärtig gibt es 90 Weinbaubetriebe in Ontario.

Die führenden Erzeuger in Ontario

Cave Spring Cellars ☆☆–☆☆☆
Jordan. Besitzer: Leonard Pennachetti. 20 ha.
www.cavespringcellars.com
1978 wurden hier Vinifera-Sorten angepflanzt; der Kellereibetrieb begann 1986. Kellermeister Angelo Pavan ist bekannt für seine Weißweine, besonders für die außergewöhnlichen Rieslinge und Chardonnays, sowie Dessert- und Eisweine.

Chateau des Charmes ☆☆
St David's. Besitzer: Paul-Michel Bosc. 110 ha.
www.chateaudescharmes.com
Paul-Michel Bosc ist Erzeuger in der fünften Generation; er kam in den 1960er-Jahren als Einwanderer nach Kanada und war einer der ersten, der seine Rebfläche ganz mit Vinifera-Sorten bestockte. Zu seinen preisgekrönten VQA-Weinen von eigenem Lesegut zählen Eiswein, Spätlesen, eine eindrucksvolle Reihe roter und weißer Sortenweine sowie Schaumweine nach der *méthode traditionnelle* (Sec und Brut). Getreu seiner Philosophie pflanzte Bosc kürzlich weitere ungewöhnliche Sorten an, darunter Auxerrois und Savagnin.

Clos Jordan
Niagara Peninsula. Besitzer: Vincor und Boisset. 55 ha
Ein eindrucksvolles neues Unternehmen – oder besser gesagt, dies wird es sein, wenn Architekt Frank Gehry die Kellerei fertig gestellt hat. Nur Pinot noir und Chardonnay sollen hier entstehen, was auf Boissets burgundische Herkunft hinweist. Die ersten Flaschen dürften nicht vor 2006 angeboten werden.

Creekside Estate ☆☆
Jordan Station. Besitzer: Peter Jensen. 40 ha.
www.creeksideestate.com
Ein Unternehmen im Annapolis Valley, das ebenfalls das Haus Paragon Estate auf der Niagara-Halbinsel aufbaut. Creekside Estate ist für den feinen Sauvignon blanc bekannt und erzeugt auch guten Pinot noir, Verschnitte im Bordeaux-Stil und Vidal-Eiswein.

Henry of Pelham Family Estate ☆–☆☆☆
St Catharines. Besitzer: Familie Speck. 70 ha.
www.henryofpelham.com
Ein Weingut auf dem Land der Nachkommen von Henry Smith, der nach dem amerikanischen Revolutionskrieg mit Kronland bedacht wurde, weil er dem Empire treu geblieben war. Seit einigen Jahren bereitet Kellermeister Ron Giesbrecht eindrucksvolle Sortenweine von Weinbergen auf der Niagara Bench. Der Cabernet-Merlot-Verschnitt ist ebenfalls ganz außergewöhnlich, und es gibt auch einen sehr feinen Baco noir. Der beste Dessertwein ist ein Riesling-Eiswein.

Hillebrand Estates ☆☆
Niagara-on-the-Lake. Besitzer: Andrés. 40 ha.
www.hillebrand.com
Kanadas führender Erzeugerbetrieb von VQA-Weinen wurde 1993 von Andrés erworben, arbeitet aber unter der Leitung von Kellermeister Jean-Laurent Groulx unabhängig weiter. Die Spitzenweine werden unter dem Etikett »Showcase Collection« angeboten. Von feiner Qualität ist auch die Serie »Trius«, darunter ein roter Verschnitt im Bordeaux-Stil.

Inniskillin ☆☆–☆☆☆
Niagara-on-the-Lake. Besitzer: Vincor. 52 ha.
www.inniskillin.com
Die Gründer, Donald Ziraldo und Karl Kaiser, waren einst die Wegbereiter des modernen Weinbaus in Ontario. Von Anfang an konzentrierte sich Inniskillin auf Sortenweine von Trauben aus Niagara. Die Kellerei befindet sich jetzt in einer Scheune aus dem Jahr 1920 auf dem Brae Burn Estate, die Frank Lloyd Wright entworfen haben könnte. Alle Weine von Inniskillin haben im In- und Ausland Lob und Anerkennung erhalten, insbesondere der *icewine* und die Vidal-Spätlese. 1999 wurden nicht weniger als fünf verschiedene Einzellagen-Chardonnays aufgelegt. Ebenfalls im Programm ist eine Ausleseversion der Vidal-Spätlese. Siehe auch Inniskillin Okanagan in British Columbia.

Konzelmann ☆☆–☆☆☆
Niagara-on-the-Lake. Besitzer: Herbert Konzelmann. 34 ha.
www.konzelmannwines.com
Die Konzelmanns stammten von einer alten deutschen Winzerfamilie ab. Herbert Konzelmann wählte für seine Reben die besten Uferlagen am See wegen ihres einzigartigen Mikroklimas aus. Das Haus ist bekannt für die mit viel Sachverstand bereiteten Rieslinge, die drallen, exotischen Chardonnays und den wuchtigen Vidal-Eiswein.

Magnotta ☆☆
Vaughan. Besitzer: Gabe und Rossana Magnotta.
www.magnotta.com

Die Magnottas sind Spezialisten für Eisweine, die sie nicht nur aus Riesling und Vidal, sondern auch aus Cabernet franc bereiten. Sie erzeugen auch eine schäumende Eiswein-Version.

Malivoire ☆☆–☆☆☆
Beamsville. Besitzer: Martin Malivoire. 20 ha.
www.malivoirewineco.com
Für Malivoire arbeitet die angesehene Kellermeisterin Ann Sperling und bereitet die ebenso vollen wie teuren Chardonnays und Gewürztraminer der Marke »Moira Vineyard« sowie den exzellenten Maréchal Foch (französische Hybridrebe).

Pillitteri Estates ☆☆
Niagara-on-the-Lake. Besitzer: Familie Pillitteri. 21 ha.
www.pillitteri.com
Ein Teil der Weinberge ist 50 Jahre alt. Die roten Sortenweine aus Bordeaux-Trauben sind erfreulich, die Spezialität des Hauses ist jedoch Eiswein aus Riesling, Vidal und Gewürztraminer.

Thirty Bench Wines ☆☆–☆☆☆
Beamsville. Besitzer und Kellermeister: Tom Muckle, Yorgos Papageorgiou, Franz Zeritsch. 23 ha. www.thirtybench.com
Eine Boutique-Kellerei, deren Ruf auf drastisch reduzierten Erträgen und extrem später, d. h. den Klimabedingungen gerade noch abgetrotzer Lese beruht. Das Ergebnis sind hochkonzentrierte Weine – manchmal vielleicht zu hoch.

Vineland Estates ☆☆
Vineland. Besitzer: John Howard. 30 ha. www.vineland.com
Hermann Weis pflanzte 1979 Vinifera- und Hybridreben an den Hängen des Niagara Escarpment. Die ersten Weine wurden 1984 abgefüllt. Vineland behauptet, die beste Riesling-Lage zu besitzen, bringt darüber hinaus aber auch ein breites Programm an Rot- und Weißweinen in trockener, halbtrockener und lieblicher Version hervor. Weis verkaufte den Betrieb 1992 an den Geschäftsmann John Howard.

British Columbia

In »BC« gibt es zwei deutlich unterscheidbare Weinbauregionen: die Täler von Okanagan und Similkameen im mittleren Südteil der Provinz sowie die Küstenbereiche Fraser Valley und Vancouver Island. Fast die gesamte Produktion stammt aus dem 160 km langen Okanagan Valley, wo der 1550 ha großen Vinifera-Rebfläche die Nähe des riesigen Sees zugute kommt. Okanagan ist ein trockenes Land; das Südende ist vor allem mit klassischen Rotweinreben (Pinot noir, Merlot und Cabernet Sauvignon) bestockt; im nicht ganz so trockenen Norden genießen Weißweinreben den Vorzug (Riesling, Chardonnay, Pinot blanc, Pinot gris, Gewürztraminer und Sémillon). In der Provinz sind derzeit 60 Weinbaubetriebe ansässig.

Die führenden Erzeuger in British Columbia

Burrowing Owl ☆☆–☆☆☆
Oliver. Besitzer: Jim Wyse. 46 ha. www.bovwine.com
Die mit einem Schwerkraftsystem ausgestattete Kellerei wurde 1997 hier in Okanagan errichtet. Die Weine entstehen unter Anleitung des beratenden Kellermeisters Bill Dyer aus dem Haus Sterling im Napa Valley (siehe dort). Die ersten Weine waren Pinot gris, Merlot und Cabernet; Syrah und Pinot noir werden folgen. Die Bordeaux-Rotweine sind gegenwärtig die Spitzenabfüllungen des Hauses.

Calona ☆☆
Kelowna. Besitzer: Cascadia Brands. www.calona.kelowna.com
Die älteste Kellerei im Okanagan Valley wurde bereits 1932 unter einem anderen Namen gegründet. Howard Soon ist hier seit 1980 Kellermeister. Guter Pinot blanc und Pinot gris sowie ein seltener Eiswein von Pinot noir.

Gray Monk Estate ☆☆–☆☆
Okanagan Centre. Besitzer: Familie Heiss. 13 ha.
www.graymonk.com
Ein Familienbetrieb am Okanagan Lake. Kellermeister George Heiss jr. konzentriert seine Arbeit ausschließlich auf Sortenweine. Zum Programm gehören Ehrenfelser Spätlese und Gewürztraminer Reserve.

Inniskillin Okanagan ☆☆
Oliver. Besitzer: Vincor. 9 ha. www.inniskillin.com
Die Besitzer von Inniskillin in Ontario (siehe dort) setzen ihre Pionierarbeit im Okanagan Valley fort, wo sie den ersten Chenin-blanc-Eiswein Kanadas produzierten. Die Weinberge liegen im Süden des Tals, knapp nördlich der Grenze zu den USA, in einem Gebiet, das als Golden Mile bekannt ist. Die eichenfassgereiften Reserve-Weine werden als »Pearl Label« abgefüllt, Einzellagenweine als »Silver Label«.

Mission Hill ☆☆
Westbank. Besitzer: Anthony von Mandl. 300 ha.
www.missionhillwinery.com
Der große, extravagante Weinbaubetrieb liegt in einer der schönsten Landschaften der Provinz. John Simes war früher Kellermeister der Montana Winery in Neuseeland (siehe dort) und führte neben innovativen Kellertechniken auch den verstärkten Einsatz von Eichenfässern für Gärung und Ausbau ein. Der beste Rotwein ist der Verschnitt »Oculus«. 1997 wurde Syrah angepflanzt.

Quails Gate ☆☆
Kelowna. Besitzer: Ben und Tony Stewart. 50 ha
Quails Gate ist eine der ältesten bewirtschafteten Weinberglagen in Okanagan. Die Stewarts führten als Erste die Chasselas-Rebe im Tal ein und pflanzten sie 1961 auf dem günstigen Südhang am Okanagan Lake. Kellermeister Jeff Martin bringt mit Hilfe sorgfältiger Weinbergpflege und einer Kombination von Weinbereitungsmethoden der Alten und der Neuen Welt exzellente Weine hervor.

Sumac Ridge ☆☆
Summerland. Besitzer: Vincor. 40 ha
Die größte Kellerei in British Columbia produzierte 1980 ihren ersten Jahrgang und ergänzt das eigene Lesegut mit Trauben anderer Anbauer im Okanagan und Similkameen Valley. Neben Vinifera-Sortenweinen erzeugt Sumac Ridge auch Schaumwein, Weine im Port-Stil und Eiswein von Pinot blanc.

Tinhorn Creek ☆
Oliver. Besitzer: die Familien Shaunessy und Oldfield. 65 ha.
www.tinhorn.com
Die in den USA ausgebildete Kellermeisterin Sandra Oldfield bereitet vollfruchtigen Pinot gris und Chardonnay. Die Weine sind im kalifornischen Stil gehalten und werden größtenteils in amerikanischer Eiche ausgebaut.

Lateinamerika

Viele Länder Lateinamerikas hatten zu Beginn des neuen Jahrtausends mit wirtschaftlichen Problemen zu kämpfen, die die rasanten Entwicklungen der 1990er-Jahre zum Stillstand brachten. Chile ist nach wie vor ein gute Quelle für preiswerte Weine, aber das außergewöhnliche Potenzial Argentiniens ist bei weitem noch nicht ausgeschöpft, auch wenn einige Kellereien bereits erstklassige Weine erzeugen. Auch der Einfluss von Mexiko, Brasilien, Peru und Uruguay auf den wichtigsten Weltmärkten ist bisher klein. Nichtsdestotrotz hat der Weinbau auf diesem Kontinent noch einiges in petto und könnte in den nächsten Jahren für so manche Überraschung gut sein.

Chile

Als Weinbauland entwuchs Chile in den 1990er-Jahren den Kinderschuhen. Neue Anbaugebiete bereicherten die Vielfalt chilenischer Weine, und Scharen von gut ausgebildeten Kellermeistern, die häufig auch Auslandserfahrung mitbrachten, übernahmen in vielen neuen Kellereien das Steuer. An der Qualität der chilenischen Trauben bestand nie ein Zweifel, doch lange Zeit verhinderten ein anspruchsloser Inlandsmarkt und eine recht unbedarfte Herangehensweise an die moderne Weinerzeugung, dass die Geschmacksfülle aus dem Weinberg in die Flasche gelangte. Inzwischen hat sich Chile jedoch fest auf dem Weltmarkt etabliert und macht rasch Fortschritte.

Wein wird in Chile produziert, seit die Missionare Mitte des 16. Jahrhunderts Reben ins Land gebracht hatten, aber Qua-

lität wurde erst ein Thema, als die durch den Abbau von Kupfererz reich gewordenen Grundbesitzer im 19. Jahrhundert mit Weinbergen ihren Wohlstand demonstrierten. Französische Rebenstecklinge wurden 1851 nach Chile verschifft, kurz bevor die Reblaus in Europa zuschlug, was den nachfolgenden Generationen einen Vorrat an gesunden Rebstöcken und damit einen einmaligen Marktvorteil verschaffte. Den entscheidenden Sprung nach vorn machte Chile in den 1980er-Jahren, als, nicht zuletzt durch das Engagement von Erzeugern wie Miguel Torres, in großem Stil in moderne Kellerausstattungen investiert wurde.

Die Qualitätsanbaugebiete mit insgesamt 100 000 ha befinden sich in drei Hauptregionen: in Aconcagua mit Casablanca, im Großen Längstal (Valle Central) und in der Südregion (Regíon Del Sud). Aconcagua umfasst das in Ost-West-Richtung verlaufende Tal nördlich von Santiago, profitiert aber weniger vom Einfluss der Küste als das relativ neue Gebiet Casablanca, aus dem Chiles beste Weine kommen. Das Valle Central ist (von Norden nach Süden) in die vier Gebiete Maipo, Rapel, Curicó und Maule unterteilt, in denen die gleichnamigen aus den Anden kommenden Flüsse für Wasserzufuhr sorgen; die Bewässerung über Kanäle wird heute immer mehr durch die besser zu kontrollierende Tropfbewässerung ersetzt. Aufgrund ihrer beträchtlichen Ausdehnung lässt sich allgemein kaum mehr über diese Gebiete sagen, als dass Maipo und Rapel wärmer sind als die anderen beiden. Nun, da sich die chilenischen Anbauer intensiver mit ihrem Terroir befassen, werden zunehmend kleinere Bereiche abgegrenzt. Zwei der interessantesten sind Colchagua und Apalta innerhalb des Gebiets Rapel.

Das Klima in Chile ist perfekt – fast zu perfekt, da die Reben selten kämpfen müssen. Die Niederschlagsmenge nimmt in

Richtung Süden zu, aber die Durchschnittstemperaturen in Maipo und Maule unterscheiden sich kaum. Die größten Schwankungen ergeben sich von Westen nach Osten abhängig von der Nähe zu den Anden beziehungsweise zum Küstengebirge, aber Unterschiede im Stil der Weine sind eher innerhalb der Täler festzustellen. Gebiete südlich von Maule, etwa Bío-Bío und Triaguén, machen – vor allem mit Chardonnay – auf sich aufmerksam, wenngleich starke Niederschläge die Ernte häufig beeinträchtigen.

Die Flut von Wissen, neuen Ideen und technischen Errungenschaften, die nach dem Ende des isolationistischen Pinochet-Regimes über das 4000 km lange Land hereinbrach, ermöglichte es dem chilenischen Weinbau, seine Ressourcen zu mobilisieren. Der Glaube, dass ein an internationalen Standards gemessener guter Wein nichts weiter braucht als Edelstahl und neue Eiche, wich dem Motto »erst der Weinberg, dann der Keller«, und nun stehen Themen wie Laubpflege, Bewässerung und Bodenkunde ganz oben auf der Tagesordnung. Statt Talböden mit allzu fruchtbaren Böden werden günstige Hanglagen bepflanzt, und die Winzer geben sich nicht mehr damit zufrieden, die großen Bodegas zu beliefern, sondern gehen ihren eigenen Weg.

Bei den Rotweinen erfreut sich Merlot inzwischen ebenso großer Beliebtheit wie der süffige Cabernet Sauvignon, von jeher Chiles erfolgreichster Exportartikel. In den 1990er-Jahren kam heraus, dass es sich bei einem Großteil der vermeintlichen Merlot-Reben um Carmenère handelt, die nun als chilenische Spezialität Berühmtheit erlangt hat (siehe Kasten Seite 520). Einigen wenigen Erzeugern ist die Zähmung des Pinot noir gelungen, und Malbec verfügt über großes Potenzial. Bei den Weißweinen sind Chardonnay und Sauvignon blanc, vor allem aus Casablanca, die Spitzenreiter. Neben anderen Rebsorten erweisen sich Syrah und Viognier als vielversprechend.

Auf dem Inlandsmarkt werden allerdings immer noch 70 % der Produktion als billige Kartonweine verkauft, deren Qualität niedrig ist. Der Preis für Massenwein ist sogar fallend. Umso mehr sind die Kellereien inzwischen zwingend auf den Export großer Mengen angewiesen, denn mit einem Absatz von weniger als 100 000 Kisten jährlich kann ein chilenischer Weinbaubetrieb kaum überleben – darin unterscheidet sich der Weinbau in Chile von dem in anderen Ländern der Neuen Welt. Gleichzeitig hat sich durch die Entstehung neuer großer Unternehmen der Wettbewerb verschärft, und man darf darüber hinaus erhebliche Zweifel anmelden, ob es für die steigenden Produktionsmengen überhaupt noch einen entsprechend großen Markt gibt.

Was manchen Kellereien ernsthafte Probleme bereiten wird, ist ein Segen für die Verbraucher, die weiterhin gute, häufig sogar ausgezeichnete Weine zu äußerst attraktiven Preisen bekommen.

Die führenden Erzeuger in Chile

Francisco de Aguirre ☆☆
Limari. Besitzer: Pisquera Elqui. 420 ha.
www.vinafranciscodeaguirre.cl
Ein gewagtes Unternehmen in einem abgelegenen, teilweise ariden Tal im Norden, wo 1992 mit den Anpflanzungen begonnen worden war. Die Qualität der Weine ist gemischt; der ausgeprägte Eichenton der Reservas überdeckt nicht immer die mangelnde Reife.

Almaviva ☆☆☆☆
Maipo. Besitzer: Concha y Toro und Baronesse Philippine de Rothschild. 40 ha. www.bpdr.com
Ein faszinierendes Joint Venture, das einen einzigen Wein hervorbringt: den von Cabernet Sauvignon dominierten »Almaviva«. Er stellt mühelos das Potenzial der besten Lagen von Maipo – diese wurden vor 25 Jahren angelegt – unter Beweis, und man könnte höchstens einwenden, dass er eher ein Bordeaux als ein chilenischer Wein ist. Seit dem ersten Jahrgang 1996 stets ausgezeichnet.

Aresti ☆–☆☆
Curicó. Besitzer: Vicente Aresti. 360 ha. www.arestichile.cl
Der bekannte Obstbaubetrieb verfügt seit 1952 über Rebflächen, die vor kurzem erweitert wurden und aus vier einzelnen Weinbergen bestehen. Gelesen wird per Hand; 1999 war der erste Jahrgang. Die normalen Weine laufen unter dem Etikett »Montemar«, die Spitzengewächse in der Reihe »Family Collection«. Der Stil ist fruchtbetont, recht eichig und im Wesentlichen weich und gefällig – nur der »Family Collection Cabernet Sauvignon« verfügt über die nötige Konzentration und Kraft. Aber vielleicht ist es für ein Urteil noch zu früh.

Viña Bisquertt ☆–☆☆
Colchagua. Besitzer: Familie Bisquertt. 800 ha. www.bisquertt.cl
Der lange Zeit auf Massenweine abonnierte Betrieb wurde 1993 neu ausgerüstet und verlagerte den Schwerpunkt auf Flaschenweine der Marke »Casa La Joya«. Bis jetzt sind sie noch wechselhaft, aber Don Osvaldos Sohn Felipe legt derzeit neue Rebflächen in El Rulo an, die höhere Qualität versprechen. Der Chardonnay ist ansprechend, aber besser sind die Merlot Reserva und der sehr volle, pflaumenwürzige »Carmenère Cuvée Premium«. »Zeus I« ist ein eleganter, in neuer Eiche ausgebauter Cabernet-Carmenère-Verschnitt mehrerer Jahrgänge, der in einer Art Solera-System entsteht.

Château Los Boldos ☆☆
Requinoa. Besitzer: Familie Massenez. 285 ha. www.chateauboldos.com
Das aus dem 19. Jh. stammende Gut wurde 1990 von einer Elsässer Familie erworben. Die Weiß- und Rotweine sind gut, aber reichhaltig und etwas ermüdend. Der Spitzenwein ist ein dunkler Cabernet-Merlot-Verschnitt namens »Château Los Boldos Grand Cru«.

Caliterra ☆☆–☆☆☆
Colchagua. Besitzer: die Familien Chadwick und Mondavi. 300 ha. www.caliterra.com
Seit 1995 ist Mondavi gleichberechtigter Partner dieser dynamischen Kellerei, die vor kurzem ein Gut in Colchagua (und eine Marke) namens »Arboleda« begründete. Sauvignon blanc und Chardonnay sind verlässlich, aber nicht hervorragend, die Rotweine hingegen äußerst markant, sowohl der pflaumenwürzige Carmenère als auch der opulente Syrah.

José Cánepa ☆☆–☆☆☆☆
Colchagua. Besitzer: Familie Cánepa. 550 ha. www.canepa.cl
Das Cánepa-Rebland wurde 1996 geteilt (siehe Terramater), doch die Nachkommen von José Cánepa verfügen immer noch über beträchtliche Flächen, die durch langfristig gepachtete Weinberge ergänzt werden. Die Reservas können ausgezeichnet ausfallen: geschmeidiger, saftiger Syrah, samtiger Malbec und kräftiger, toastiger Casablanca Chardonnay. Spitzen-

reiter sind der elegante Maipo Cabernet »Finísimo« und der üppige, vollreife »Magnificum«, eine perfekte Mischung aus Cabernet, Merlot, Malbec und Carmenère.

Viña Carmen ☆☆☆
Maipo. Besitzer: Claro-Gruppe. 475 ha. www.carmen.cl

Der älteste Markenname in Chile, jetzt mit einer hochmodernen Kellerei in Maipo. Der Betrieb gehört zwar zum gleichen Konzern wie das Nachbargut Santa Rita, aber im Hinblick auf Technik und Weinbereitungsphilosophie sind sie Welten voneinander entfernt. Der ehemalige Kellermeister Alvaro Espinoza maß dem Weinberg ebenso große Bedeutung zu wie dem Keller. Er war ein Pionier des ökologischen Weinbaus und einer der ersten, der das Potenzial von Carmenère erkannte. 2002 trat María del Pilár González seine Nachfolge an.

»Nativa Chardonnay«, der nach ökologischen Richtlinien bereitet wird, ist der beste Weiße; die fassgereiften roten Reservas sind äußerst empfehlenswert. An der Spitze steht der überaus üppige, tanninreiche »Gold Reserve Cabernet Sauvignon«.

Viña Carpe Diem ☆☆–☆☆☆
Itata. Besitzer: Fundación Chile. 170 ha.
www.vinosdelsur.cl

Führendes Gut in Maule und den Anbaugebieten weiter im Süden mit reichhaltiger, eichiger roter Gran Reserva und Chardonnay. Hier entstand Chiles erster Syrah.

Viña Casablanca ☆☆–☆☆☆
Casablanca. Besitzer: Santa Carolina. 280 ha

Die Kellerei, die 1992 das kühle Casablanca-Tal als Anbaugebiet etablierte. Der erste Kellermeister Ignacio Recabarren machte sich mit pikantem Sauvignon blanc und zitruswürzigem Chardonnay weltweit einen Namen. Für die Weine mit weißem Etikett werden Trauben aus verschiedenen Gebieten verwendet, die besten Gewächse sind jedoch nach dem Gut Santa Isabel benannt. Ganz oben rangieren die Weißweine aus Casablanca, aber auch der Merlot kann hervorragend ausfallen. Der eichenfassgereifte Cabernet-Carmenère-Verschnitt »Neblus« ist die Ikone der Kellerei, fällt aber bisweilen ziemlich grasig aus.

Concha y Toro ☆–☆☆☆
Santiago. Besitzer: die Familien Larraín und Giulisasti.
3740 ha. www.conchaytoro.com

1883 gegründet und seit langem Chiles größter Weinbaubetrieb. Nach beträchtlichen Neuanpflanzungen stehen nun Trauben aus 17 verschiedenen Lagen zur Verfügung. Die Spitzenrotweine sind Cabernet-Sauvignon- oder Merlot-Abfüllungen unter dem Etikett »Casillero del Diablo«. Von Trauben aus Casablanca werden die Weine des »Trio«-Sortiments erzeugt, und »Terruyo« steht für eine Reihe innovativer Einzellagenweinen – für beide ist Ignacio Recabarren zuständig. Flaggschiff des Hauses ist »Don Melchor« von saftigen Cabernet-Trauben aus Maipo.

Cono Sur ☆☆–☆☆☆
Chimbarongo. Besitzer: Concha y Toro. 300 ha.
www.conosur.com

Wer hätte gedacht, dass eine chilenische Kellerei sich mit Pinot noir einen Namen machen könnte? Cono Sur bietet sortenreinen Pinot noir (von Trauben aus Casablanca und Bío-Bío) in vier Versionen an: nicht eichenfassgereift, Reserva, »20 Barrels« und »20 Barrels Limited Edition«. Unter dem Namen »Vision« ist eine neue Reihe herausgekommen, u. a. ein Riesling aus Bío-

Carmenère

Die unbedeutende Rebsorte Carmenère, die in ihrer Heimat Bordeaux von der Reblaus praktisch ausgerottet wurde, gedieh prächtig in Chile, wo es den Schädling nicht gab. Allerdings wurde sie über viele, viele Jahre für Merlot gehalten und als solcher verkauft, obwohl Carmenère ganz andere Wuchseigenschaften hat, und auch ihr Wein überhaupt nicht wie Merlot schmeckt. Erst 1993 entdeckten findige Ampelographen aus Montpellier die Verwechslung. Einige Erzeuger taten, als hätten sie nichts gemerkt, andere, namentlich Carmen, füllten Carmenère stolz als sortenreinen Wein ab.

Carmenère ist sehr wuchskräftig und reift drei Wochen später aus als Merlot. Damit zum Zeitpunkt der Lese tatsächliche Reife garantiert ist, muss der Ertrag begrenzt werden. Bedauerlicherweise sind unreif geerntete Carmenère-Trauben weit verbreitet: Der Wein verrät es durch ein Aroma von grüner Paprika. Reife Carmenère-Trauben jedoch lassen saftige Weine mit Kirscharoma entstehen, das von Kaffee- und Schokoladennoten unterlegt ist. Aufgrund des geringen Säuregehalts halten sich Carmenère-Tropfen nicht lange, aber ein gekühlter junger Carmenère ist ein köstlicher Genuss.

Bío und der wohl beste Viognier Chiles. Ab 2003 soll es auch Ökoweine geben.

Cousiño Macul ☆☆
Santiago. Besitzer: Familie Cousiño. 550 ha.
www.cousinomacul.cl

Das in gefährlicher Nähe der Vororte und des Smogs von Santiago gelegene Gut ist eines der ältesten und schönsten in Chile. Die Lage Macul liegt außerdem sehr dicht an den Anden und ist daher großen Temperaturschwankungen zwischen Tag und Nacht ausgesetzt. Die städtebauliche Erschließung führte zum Verkauf vieler Rebflächen und zum Erwerb neuer Weinberge in Buin, im Süden der Stadt. Der neue Cabernet-Verschnitt »Finis Terrae« zeugt von einem moderneren, würzigeren Rotweinstil als dem der renommierten, aber altmodischen »Antiguas Reservas«, die sich über Jahrzehnte hinweg entfalten.

De Martino
Siehe Santa Ines

Echeverría ☆☆–☆☆☆
Curicó. Besitzer: Familie Echeverría. 80 ha.
www.echewine.com

Seitdem sich Echeverría von der Massenproduktion ab- und erstklassigen sortenreinen Weinen zugewandt hat, zählt das Gut zu einer der führenden Boutique-Kellereien des Landes. Das Lesegut, das nur aus den eigenen rund um den Betrieb liegenden Weinbergen stammt, ermöglicht genaueste Qualitätskontrollen. Der Cabernet Sauvignon ist hervorragend, v. a. aus der Reihe »Family Reserve«, außerdem stilvoller Sauvignon blanc und buttriger Chardonnay »Family Reserve«. Die Weine zeichnen sich insgesamt durch einen eher zarten als üppigen Stil aus und sind als Begleiter zum Essen konzipiert. Das Marketingkonzept zielt auf Restaurants in aller Welt ab.

Luís Felipé Edwards ☆–☆☆☆
Colchagua. Besitzer: Luís Felipé Edwards. 300 ha.
www.lfewines.com

Das 1976 gegründete schöne Gut, ein weiterer aufstrebender Erzeuger in Colchagua, füllt erst seit 1994 eigene Weine ab. Die sortenreinen Gewächse sind uninteressant, nur der neue Syrah ist vielversprechend; die Reservas sind voll und reif. Der Flaggschiffwein ist »Doña Bernarda«, ein von neuer Eiche geprägter Cabernet Sauvignon.

Viña Errázuriz ☆☆–☆☆☆
Aconcagua. Besitzer: Eduardo Chadwick.
540 ha.
www.errazuriz.cl
Der abseits im Norden von Santiago gelegene Betrieb ist v. a. für den kraftvollen, markanten Cabernet Sauvignon »Don Maximiano« bekannt. Der kalifornische Kellermeister Ed Flaherty arbeitet u. a. mit Wildhefen, um lokalspezifische Charakteristika hervorzuheben. Rebflächen in Casablanca und im Valle Central steuern Chardonnay, Sauvignon blanc und Merlot zu. Die meisten Weine sind weich und einfach gestrickt, aber es gibt auch Einzellagenweine mit mehr Charakter. 1999 schuf Eduardo Chadwick einen nach ihm benannten hochpreisigen Wein von Trauben aus einer Lage in Maipo in der Nähe von Almaviva. Er ist voller und würziger und hat eine üppigere Eichennote als »Don Maximiano«.

Viña Gracia ☆☆–☆☆☆
Cachapoal. Besitzer: Córpora-Gruppe. 1000 ha.
www.gracia.cl
Die 1993 gegründete Kellerei kauft Trauben aus verschiedenen Gebieten an, von Aconcagua im Norden bis Bío-Bío im Süden. Am besten sind die Weine der Reihe »Reserva Superior«: fleischiger Merlot, mittelschwerer, stilvoller Cabernet und sehr ausgewogener Chardonnay aus Bío-Bío. Das jüngst herausgekommene Aushängeschild der Firma ist der »Caminante« aus Aconcagua: ein dichter, rauchiger Verschnitt von Cabernet, Merlot und Carmenère. Zum Córpora-Konzern gehört auch der Betrieb Viña Porta, der u. a. ausgezeichneten Merlot erzeugt.

Haras de Pirque ☆☆☆
Pirque. Besitzer: Eduardo Matte. 142 ha.
www.harasdepirque.com
Eduardo Matte bepflanzte die Hänge rund um sein erfolgreiches Gestüt in Maipo – passenderweise in Hufeisenform – mit Reben. Eine funkelnagelneue Kellerei, ebenfalls hufeisenförmig und Opus One in Napa nachempfunden, wurde mit dem Jahrgang 2000 eingeweiht. Die einfachen Weine der Reihe »Equus« bewegen sich auf einem weit höheren Niveau als die meisten ihrer Art in Chile; die sehr konzentrierten Gewächse namens »Character« und »Elegance« gehören schon jetzt zu den angesehensten Weinen des Landes. Der neue Kellermeister Philippe Dardenne ist entschlossen, seine Weine in höchste Höhen zu führen.

Casa Lapostolle ☆☆–☆☆☆☆
Colchagua. Besitzer: die Familien Rabat und
Marnier-Lapostolle. 300 ha.
www.casalapostolle.cl
Die Kellerei in Rapel unter der Leitung des Önologen Michel Rolland aus Pomerol und des Kellermeisters Michel Friou erntete vom ersten Jahrgang 1994 an höchste Anerkennung. Erwartungsgemäß ist Rollands Hauptwein ein Merlot (»Cuvée Alexandre«), der 30 Tage gemaischt wird und 16 Monate in neuer Eiche reift. Ihm steht nun der äußerst elegante Cabernet »Alexandre« zur Seite. Von sehr alten Reben in Apalta entsteht seit kurzem ein teurer, voller, tanninreicher Verschnitt namens »Clos Apalta«. Insgesamt zeichnen sich die Weine durch eine in Chile seltene Bordeaux-artige Eleganz aus.

Viña Misiones de Rengo ☆☆
Rengo. Besitzer: Compañía Chilena da Fosforos
Die neue Kellerei im gleichen Besitz wie Viña Tarapacá (siehe dort) hatte raschen Erfolg mit ihren gut gebauten, preislich korrekten Weinen, von denen die besten die Bezeichnung »Gran Cuvée« tragen.

Montes ☆☆–☆☆☆☆
Curicó. Besitzer: Aurelio Montes und Partner. 550 ha.
www.monteswines.com
Aurelio Montes ist einer der talentiertesten Kellermeister in Chile und bezieht nun einen Großteil des besten Traubenguts aus Apalta. Sein »Montes Alpha« Chardonnay, Cabernet Sauvignon und neuerdings Syrah ist seit vielen Jahren hervorragend. Doch Montes ruht sich nicht auf seinen Lorbeeren aus, sondern brachte inzwischen auch den herrlichen roten Verschnitt »Alpha M« heraus und den wohl reichhaltigsten und kraftvollsten Syrah in ganz Chile, den hochpreisigen »Folly« aus Apalta.

Mont Gras ☆–☆☆☆
Colchagua. Besitzer: Familie Gras. 3000 ha. www.montgras.cl
Die normalen sortenreinen Weine und die Reservas unterscheiden sich nicht wesentlich von denen anderer großer Erzeugerbetriebe in Chile; Casablanca Chardonnay und Merlot Reserva sind jedoch durchaus etwas Besonderes. Der Stolz des Betriebs ist die 90 ha große Lage Ninquén auf einem flachwelligen Hochplateau. Von hier stammt der Spitzenwein, ein Cabernet Sauvignon mit ausgeprägten Pflaumen- und Lakritznoten.

Viña Morandé ☆☆–☆☆☆
Casablanca. Besitzer: Pablo Morandé. 360 ha. www.morande.cl
Pablo Morandé, einst Kellermeister bei Concha y Toro (siehe dort), erkannte als Erster das Potenzial des Casablanca-Tals. Heute hat er eine eigene Kellerei in Rapel, aber die Hälfte seiner Rebflächen liegt in Casablanca. Die (vorwiegend weißen) Weine von Trauben aus Casablanca besitzen die für die Gegend typische Reintönigkeit und Eleganz; daneben gibt es einige eindrucksvolle v. a. rote Reservas von Trauben aus Maipo. Spitzenreiter sind der »House of Morandé Cabernet Sauvignon« und der edelfaule »Golden Harvest Sauvignon Blanc«.

La Palmería ☆–☆☆
Cachapoal, Rapel. Besitzer: Familie Ossa. 700 ha.
www.larosa.cl
Der in der Gegend unter dem Namen La Rosa bekannte Betrieb, einer der ältesten in Chile, hat erst vor kurzem von Massenweinen auf erstklassige Flaschenweine umgestellt. Von ausgedehnten Rebflächen in Cachapoal und in einer neuen Kellerei entstehen ordentliche sortenreine Weine. Einige der besten Roten kommen von den 120 ha des Guts Palmería, auf dem neben Reben auch über 1000 chilenische Palmen wachsen. Ebenfalls sehr gut sind der z. T. eichenfassgereifte Chardonnay Gran Reserva, der volle Merlot Gran Reserva und der fruchtige Rosé von Merlot/Cabernet.

Paul Bruno ☆☆
Maipo. Besitzer: Paul Pontallier und Bruno Prats. 22 ha.
www.aquitania.cl
Die beiden Stars aus dem Médoc entdeckten 1990 zufällig eine interessante Lage, die schließlich zu diesem Gemeinschaftsprojekt geführt hat. Die Rotweine reifen in 300-l-Fässern aus französischer Eiche und sind gut, aber nicht so aufregend, wie man hätte hoffen können. Die Weinberge liegen nah bei

Santiago, sind aber durch die Stadterweiterung bedroht, weshalb ihre Besitzer nach neuem Rebland suchen. Eine zweite Marke ist »Sol de Sol«, die v. a. für Chardonnay aus dem feuchtkühlen Gebiet Triaguén steht.

Viña Pérez Cruz
Maipo. Besitzer: Familie Pérez Cruz. 140 ha

In der Ausläufer der Anden schmiegt sich eine der spektakulärsten Kellereien Südamerikas. Bisher wurden nur wenige Weine abgefüllt, doch der minzige 2001er Malbec hat Konzentration. Wenn man aus den 2002er Fassproben Schlüsse ziehen darf, müssten die Carmenère- und Syrah-Abfüllungen hervorragend ausfallen.

Portal del Alto ☆–☆☆
Alto Jahuel. Besitzer: Alejandro Hernández. 170 ha.
www.portaldelalto.cl

Professor Hernández ist einer der bekanntesten Weinbauforscher und -lehrer Chiles. Auf seinem eigenen Gut in Maipo erzeugt er mit Kellermeisterin Carolina Arnello ein breites Angebot an Weinen. Erstaunlicherweise fehlt es den Weinen an Beständigkeit und Konzentration. Der 2001er Syrah aus Colchagua ist vielversprechend.

San Pedro ☆–☆☆☆
Curicó. Besitzer: Compañía Cervecerías Unidas. 2500 ha.
www.sanpedro.cl

Seit 1994 ist der Betrieb im Besitz von Chiles größter Brauerei, die beträchtliche Summen in die moderne Kellerei investiert hat. Die umliegenden 1200 ha gehören zu einem der größten Güter im Valle Central. In den 1990er-Jahren verbesserte der renommierte Berater Jacques Lurton die Reihen »Gato Negro« und »Castillo de Molina« erheblich; seit 2000 hält die talentierte Irene Paiva die Qualität auf hohem Niveau. Trotz der Größe des Betriebs wird der Flaggschiffwein »Cabo de Hornos« auf so altmodische Weise erzeugt, dass er genauso gut aus einem kleinen Keller in Burgund stammen könnte.

Viña Santa Carolina ☆–☆☆
Santiago. Besitzer: private Holdinggesellschaft. 650 ha.
www.vscwines.com

Eine für Besucher bequem zu erreichende Kellerei: Die schönen alten Gebäude liegen in der Nähe von Santiago; die ehemaligen Weinberge sind jetzt allerdings ein Wohngebiet. Aber es wurden ausgedehnte Rebflächen in allen wichtigen Tälern angelegt und damit vielfältige Quellen für Traubengut geschaffen. Chardonnay, Malbec und Cabernet Sauvignon kommen aus der Nähe der Cordillera in Maipo. Ausgezeichneter Merlot wächst großflächig bei San Fernando, und in Casablanca wird Chardonnay kultiviert.

Santa Helena ☆–☆☆
Colchagua. Besitzer: Compañía Cervecerías Unidas. 1100 ha.
www.santahelena.cl

Die größte Kellerei in Colchagua gehört denselben Besitzern wie San Pedro. Die Spitzenreihe »Selección del Directorio« bietet Weine tadelloser, aber nicht außergewöhnlicher Qualität.

Santa Inés ☆☆–☆☆☆
Isla de Maipo. Besitzer: Familie De Martino. 300 ha.
www.santainesvineyards.com

Das traditionelle Gut wird seit 2002 ökologisch bewirtschaftet. Die Weine sind reichhaltig, eichig sowie kraftvoll und himmelweit entfernt vom nichts sagenden Angebot anderer chilenischer Erzeuger. Der Stolz des Guts ist unerklärlicherweise der untypische »Enigma Pinot Noir«, Carmenère und Cabernet dagegen können hervorragend ausfallen. Die Spitzenreihe heißt »Reserva de la Familia«. Manche Weine erscheinen auch unter dem Namen »De Martino«.

Santa Mónica ☆–☆☆
Rancagua. Besitzer: Familie Solminihac. 10 ha.
www.santamonica.cl

Der Betrieb stellte 1981 von Masse auf Klasse um, doch ernsthaft investiert wurde erst in den 1990er-Jahren. Viele der Weine sind flach und haben wenig Persönlichkeit; die Aufrüstung der Kellerei im Jahr 2000 könnte Verbesserungen bewirken. Der Cabernet der Marke »Tierra de Sol« ist zwar ansprechend, aber ohne wirkliche Finesse.

Viña Santa Rita ☆–☆☆☆
Buin, Maipo. Besitzer: Claro-Gruppe. 2200 ha.
www.santarita.cl

Durch unbeständige Qualität büßte der alteingesessene Riesenbetrieb seine Spitzenposition ein, doch nach der Erweiterung des Guts in Buin und der Modernisierung der Kellerei hat sich das Blatt wieder gewendet. Die Weißweine sind nach wie vor nicht besonders ansprechend, aber hinter »Medalla Real« verbergen sich einige überzeugend fruchtige Rote, und auch die Reihe »Floresta« bietet ausgezeichnete Gewächse, allerdings nur in kleinen Mengen. Aushängeschild ist der geschmeidige, üppige Cabernet »Casa Real«, noch komplexer ist der neue »Triple C« von Cabernet Sauvignon, Cabernet franc und Carmenère.

Seña ☆☆☆
Aconcagua. Besitzer: die Familien Errázuriz und Mondavi. 16 ha

Seit 1995 erzeugen zwei führende Weinbaufamilien vom Pazifik gemeinsam einen eleganten Cabernet Sauvignon mit Eukalyptusnoten aus einer Lage am kühleren Ende des Aconcagua-Tals. Ed Flaherty, Kellermeister bei Errázuriz, hat die Oberaufsicht, und die Ergebnisse sind stets beeindruckend.

Viña Siegel ☆
Curicó. Besitzer: Alberto Siegel. 600 ha. www.siegelvinos.com

Alberto Siegel ist seit langem Chiles führender Weinhändler, aber seine Versuche, selbst Wein zu erzeugen, waren bisher nicht von Erfolg gekrönt. Seit 2001 sind seine Weinberge und die Kellerei verpachtet; für sich selbst pachtete er dann 2002 andere Weinberge und eine andere Kellerei. 2001 war das Angebot uninteressant; die Weine der Spitzenmarke »Gran Crucero« sind zu eichenlastig.

Casa Silva ☆☆☆
Colchagua. Besitzer: Mario Silva. 800 ha. www.casasilva.cl

Die Familie Silva erzeugt seit 1977 Massenweine aus verschiedenen Weinbergbesitzungen; 1997 begann sie, beraten von Kellermeister Mario Geisse, mit der Kreation eigener Weine. Die ersten Ergebnisse sind beeindruckend. Hier wird der einzige Sauvignon gris in Chile produziert, dessen Trauben voller und saftiger als Sauvignon blanc sind. Der blumige Verschnitt »Quinta Generación« zählt zu den komplexesten südamerikanischen Weißen. Die Basisreihe »Classic« bietet ein gutes Preis-Leistungs-Verhältnis, mit Reserve-Abfüllungen, die um einiges gehaltvoller als die Standardweine sind. Die rote Spitzenliga umfasst geschmeidigen »Quinta Generación« (Cabernet/Carmenère) und ausgefeilten »Altura« (Cabernet/Carmenère/Merlot).

Viña Tarapacá ☆–☆☆
Isla de Maipo. Besitzer: Compañía Chilena da Fosforos. 600 ha. www.tarapaca.cl

1996 verlegte der Betrieb seine Tätigkeit von der Westseite des Maipo-Tals auf die Isla del Maipo, modernisierte die Kellerei und erwarb neue Weinberge in Casablanca. Die Lagen in Maipo haben so verschiedene Böden und Mikroklimata, dass sie dem Kellermeister Sergio Correa Material für sechs Weine der Reihe »Terroir« liefern. Das Spitzengewächs ist der Bordeaux-Verschnitt »Zavala«. Insgesamt gute Weine.

Terramater ☆–☆☆
Maipo. Besitzer: die Schwestern Cánepa. 460 ha. www.terramater.cl

1996 wurde das Gut Cánepa (siehe dort) aufgeteilt: Die Weinberge in Maipo blieben im Besitz von drei Schwestern, die auch über Lagen in Curicó und Maule verfügen. Hier ist man stolz auf den Zinfandel, der aber kaum mit den besseren Beispielen aus Kalifornien mithalten kann. Die anderen Weine sind saftig und geschmeidig, aber charakterlos.

Terranoble ☆☆–☆☆☆
Talca. Besitzer: Mario Geisse, Patricio de Solminihac und Investoren. 90 ha. www.terranoble.cl

Der kleine Betrieb in Maule wurde 1994 gegründet und beeindruckt mit seiner hochkonzentrierten Gran Reserva Cabernet und Merlot.

Torreón de Paredes ☆☆–☆☆☆
Rengo. Besitzer: Familie Paredes. 150 ha. www.torreon.cl

Familienbetrieb mit Weinbergen in Cachapoal. Die Rotweine (Merlot und Cabernet Sauvignon) sind eindrucksvoller als die Weißweine; der eichenfassgereifte Sauvignon blanc ist jedoch gut. Alvaro Paredes verwendet größte Sorgfalt auf die Verbesserung des Anbaus – mit stetig wachsendem Erfolg. Die Weine, für deren Erzeugung seit 1996 der Franzose Yves Pouzet zuständig ist, sind geschmeidig und elegant. Bestes Pferd im Stall ist der nach dem Gründer benannte »Don Amado«.

Miguel Torres ☆☆☆
Curicó. Besitzer: Familie Torres. 400 ha. www.migueltorres.cl

Als Miguel Torres vor 20 Jahren seinen hiesigen Betrieb gründete, leitete er eine neue Ära des chilenischen Weinbaus ein. In modernen Anlagen, u.a. mit Edelstahltanks, konnten die Weißweine kühl vergoren werden, und die alten, *rauli* genannten Fässer wurden durch importierte Eichenfässer ersetzt. Seine Neuerungen öffneten den Chilenen die Augen für das Potenzial ihrer Weinberge. In dem umfassenden Angebot sind selbst die einfachen Weine gut gemacht. In der Oberliga spielen der fassgereifte Chardonnay »Maqueha«, der kräftige Cabernet »Manso de Velasco« von sehr alten Reben und der »Cordillera«, ein Verschnitt auf Carignan-Basis.

Undurraga ☆☆
Talagante. Besitzer: Familie Undurraga. 1000 ha. www.undurraga.cl

Der äußerst traditionelle Betrieb erlebt zurzeit so etwas wie eine Renaissance. Auf den Rebflächen in Maipo und Colchagua wachsen Sauvignon blanc, Chardonnay, Merlot, Cabernet Sauvignon und Pinot noir. Die Weißweine sind enttäuschend, aber die roten Reservas sind vollfruchtig und zeugen von wohldosiertem Eicheneinsatz. An der Spitze stehen der »Founder's Collection Cabernet« und der fast zu reife »Altazor«, ein in neuer Eiche ausgebauter Cabernet von alten Reben.

Valdivieso ☆☆
Curicó. Besitzer: Mitjan-Gruppe. 100 ha. www.vinavaldivieso.cl

Der größte chilenische Schaumweinhersteller hat in den letzten Jahren auch bei Stillweinen Fortschritte gemacht. Die Trauben werden aus verschiedenen Tälern angekauft; mit die besten kommen aus nicht bewässerten Weinbergen nahe des Küstengebirges. Die Weißen sind nichtssagend und den Roten fehlt es meist an Kraft und Persönlichkeit, aber der Ende 2001 verpflichtete neuseeländische Kellermeister Brett Jackson könnte ihnen auf die Sprünge helfen. Der Premium-Verschnitt »Caballo Loco« wird nach einem Solera-Verfahren erzeugt und trägt daher keine Jahrgangsangabe.

Los Vascos ☆☆
Colchagua. Besitzer: die Familien Eyzaguirre und Echenique sowie Domaines Barons de Rothschild-Lafite. 500 ha

Die französisch-chilenische Partnerschaft hat sich zum Ziel gesetzt, aus chilenischen Trauben »Bordeaux« zu gewinnen. Bisher stehen die Ergebnisse, auch die Spitzen-Reserva von Cabernet Sauvignon, noch hinter den durchaus nicht unberechtigten Erwartungen zurück. Im Jahr 2001 nahm ein neues Kellerteam seine Arbeit auf und brachte den Qualitätswein »Dix« heraus – ein erstes Anzeichen dafür, dass man sich über die bisherige Mittelmäßigkeit im Klaren ist.

Ventisquero ☆–☆☆
Rancagua. Besitzer: Agrosuper-Gruppe. 1500 ha. www.agrosuper.com

Mit erstaunlicher Geschwindigkeit legte Chiles größte Hühnerfarm Weinberge an und unter Namen wie »Yali« und »Southern Wind« mehrere Weinreihen für unterschiedliche Märkte auf. Berater ist Aurelio Montes. Die ersten, 2001 herausgekommenen Weine sind ordentlich und fruchtig, aber nur auf der Stufe der Gran Reserva bemerkenswert; dort stechen v.a. Carmenère und Cabernet heraus.

Veramonte ☆–☆☆
Casablanca. Besitzer: Constellation Wine Group. 400 ha. www.veramonte.cl

Der 1996 am warmen Ende des Casablanca-Tals gegründete Betrieb baut sogar Cabernet und Merlot an, kauft jedoch auch Rotweintrauben aus Maipo zu. Die Weißen sind frisch und zitrusfruchtig, die Roten, mit Ausnahme des würzigen, lebhaften »Primus«, hingegen enttäuschend.

Villard ☆☆
Casablanca. Besitzer: Thierry Villard und Partner. 20 ha. www.villard.cl

Ein Gemeinschaftsprojekt von Thierry Villard und zwei chilenischen Anbauern. Die Basisreihe heißt »Esprecíon«; die besseren Weine sind der Barrique-gereifte »Esencia« und der dichte, tanninreiche Bordeaux-Verschnitt »Equis«.

Viu Manent ☆☆–☆☆☆
Colchagua. Besitzer: Familie Viu. 400 ha. www.viumanent.cl

Die Rotweine dieses besucherfreundlichen Guts sind alle ordentlich, doch besondere Erwähnung verdienen die Malbec-Abfüllungen, die man hier – einzigartig in Chile – in vier verschiedenen Versionen anbietet. Alle sind ansprechend, zwei hervorragend: der körperreiche, würzige »Special Selection« und der intensive, in neuer Eiche ausgebaute »Viu One«. Zurzeit werden neue Rebflächen mit ausgezeichnetem Potenzial angelegt – man sollte das Gut also im Auge behalten.

Argentinien

Argentinien ist mit seinen spanisch-italienischen Traditionen das einzige Land außerhalb Europas mit einer natürlichen Weinkultur und das fünftgrößte Erzeuger- und Verbraucherland der Erde. Rund 40 schwierige Jahre lang, erst unter Perón, dann unter verschiedenen Militärregimes, war es praktisch von der Welt abgeschnitten. Doch der Inlandsmarkt war so begierig nach Wein (der Pro-Kopf-Verbrauch betrug 90 l, bevor er in jüngerer Zeit wie anderswo auch auf etwa die Hälfte zurückging), dass niemand auf die Idee kam, Wein zu exportieren – außer der Massenware, auf der Japans imaginärer Weinbau beruhte.

In den 1990er-Jahren begann sich all das zu ändern. Die Anbindung des Peso an den Dollar verschaffte dem Land Stabilität. Mit Blick auf den Exportmarkt erwarben ausländische Investoren große Rebflächen und errichteten Kellereien. 2000 gab es 1200 Erzeugerbetriebe, die meisten in der Provinz Mendoza. Dennoch stieg der Exportanteil nie auf mehr als 7%.

Ende 2001 brach die Wirtschaft zusammen; eine der Folgen war die Abwertung des Peso. Unabhängig von den Entbehrungen, die dies für die ärmere Bevölkerung bedeutete, hätte es der Exportwirtschaft eigentlich nützen müssen, wovon anfangs aber wenig zu spüren war. Die neuen einheimischen und ausländischen Investoren ließen sich nicht entmutigen und sind nach wie vor von der Qualität und dem Marktpotenzial argentinischer Weine überzeugt.

Die wichtigsten Anbaugebiete sind (von Norden nach Süden): Salta, Mendoza (mit mehreren Unterbereichen), San Rafael und Río Negro. In Salta liegen die Weinberge bis zu 2000 m hoch in den Ausläufern der Anden; das dortige Cafayate-Tal bringt bemerkenswert aromatische, nicht allzu schwere Weine hervor.

Die Stadt Mendoza ist nicht weit von Santiago de Chile entfernt, doch dazwischen erhebt sich der höchste Berg der Anden, der Aconcagua. Die Rebfläche in ihrer Umgebung erstreckt sich von der sehr warmen Ebene von Guaymallén im Osten über das traditionelle Anbaugebiet Luján de Cuyo unmittelbar südlich der Stadt, wo die bedeutendsten Bodegas sitzen, bis auf eine Höhe von 1500 m in den Tupungato-Bergen im Südwesten, wo ein kühles Klima herrscht.

Immer noch in der Provinz Mendoza, aber weit im Süden, jenseits der Wüste, liegen die von den Flüssen Atuel und Diamante bewässerten Weinberge von San Rafael. Noch weiter südlich, auf dem 39. Breitengrad, d. h. auf gleicher Höhe wie die Hawkes Bay in Neuseeland, erstreckt sich das Obstanbaugebiet Río Negro, in dem der Weinbau bislang nur die zweite Geige spielte; vor kurzem herausgekommene Weine sind aber vielversprechend.

In all diesen Gebieten sind Niederschläge selten. Die trockene Luft verringert die Mehltau- und Schädlingsgefahr auf ein Minimum. Hagel ist dagegen ein häufiges Übel. Bewässerung der Rebflächen durch Überflutung aus dem ausgedehnten Kanalsystem ist die Regel. Bei geschicktem Einsatz führt sie zu perfekten Trauben (und macht der Reblaus den Garaus), aber viele Anbauer installieren jetzt Tropfbewässerungssysteme, mit denen man die Mengen besser dosieren kann. Teilweise werden die Reben noch an Pergolen erzogen, die bei gewissenhafter Pflege gute Ergebnisse zeitigen.

Auf Rotwein versteht sich Argentinien am besten – bis jetzt. Primitive Trauben wie Criolla werden durch neu angepflanzte internationale Rebsorten verdrängt; daneben gibt es große Bestände an italienischen Trauben wie Bonarda, Barbera, San-

giovese und etwas Nebbiolo. Doch bekannt ist Argentinien für Cabernet, Syrah, Merlot und insbesondere Malbec. Warum ausgerechnet der im 19. Jahrhundert zugunsten der Cabernet-Sorten aus Bordeaux verbannte Malbec hier so erfreuliche, saftige Weine erbringt, weiß niemand zu sagen. Eine Erklärung könnte sein, dass Malbec in den 1850er-Jahren, also vor der Reblausplage in Frankreich, hier eingeführt wurde, und das Rebmaterial daher einfach besser ist als das heute noch in Frankreich vorhandene. Dort reift Malbec im Gegensatz zu Argentinien manchmal nicht ganz aus, weshalb argentinischer Malbec selten raue Tannine hat und – je nach Verarbeitung – Geschmacksnoten entfalten kann, die von Heidelbeere bis Mokka, von Pflaume bis Schokolade reichen.

Die einzige Weißweintraube Argentiniens ist die mit Muskateller verwandte und außerordentlich aromatische Torrontés, die meist zu trockenen, bei Tisch allerdings eher unverträglichen Weinen verarbeitet wird.

Die besten Bodegas aber bringen hochinteressante Malbec- und Cabernet-Verschnitte und guten Chardonnay zuwege. Einsame Spitze ist Nicolás Catena, doch viele andere Erzeuger machen in ihrem Bemühen, die Qualität auf ein vergleichbares Niveau anzuheben, rasch Fortschritte. Wieder andere setzen den Schwerpunkt auf gut bereitete, preislich attraktive Weine für den Exportmarkt.

In Bestform übertrifft argentinischer Wein sicherlich das Gros der chilenischen Weine an Lebhaftigkeit und Charakter. Doch es kommen immer noch zu viele nichts sagende oder sogar fehlerhafte Weine in den Export, die sich meist als neue »Markenweine« tarnen und auf Abnehmer zielen, die ohnehin nur möglichst billig einkaufen wollen: ansonsten alle Angaben ohne Gewähr.

Die führenden Erzeuger in Argentinien

Achaval Ferrer ☆☆☆
Luján de Cuyo, Mendoza.
Besitzer: ein Konsortium. 64 ha.
www.achaval-ferrer.com
Achaval Ferrer bringt ausschließlich Gutsweine auf den Markt, die teilweise von den ältesten Reben in Mendoza stammen. Roberto Cipresso (aus Montalcino) ist für die Weinbereitung zuständig und hat mit seinen hochkonzentrierten, teuren Rotweinen, v. a. Malbec von der Finca Altamira, viele Anhänger gewonnen.

La Agrícola ☆☆
Maipú, Mendoza. Besitzer: Familie Zuccardi. 580 ha.
www.familiazuccardi.net
Das Gut wurde in den 1960er-Jahren von Alberto Zuccardi gegründet und bekam 1998 eine neue Kellerei. Ein Teil des Besitzes wird ökologisch bewirtschaftet. Der innovative Betrieb experimentiert erfolgreich mit modernen Kellertechniken wie Mikrooxidation und mechanisch gesteuertem Untertauchen. Die Auswahl an Weinen ist groß und auf verschiedene Exportmärkte zugeschnitten (die Reihe »Santa Rosa« ist am bekanntesten); Spitzenweine wie »Q« sind originell verpackt. Gut bereitete kommerzielle Weine, selten enttäuschend, selten erhebend. Tempranillo ist eine Spezialität des Hauses.

Alta Vista ☆☆☆
Luján de Cuyo, Mendoza. Besitzer: Familie Aulan. 115 ha.
www.altavistawines.com

Französischer Familienbesitz mit ausgezeichnetem Malbec aller Qualitätsstufen. »Alto« ist einer der besten Weine Argentiniens: 80 % Malbec, 20 % Cabernet Sauvignon, von 60 Jahre alten Reben und in neuen Barriques ausgebaut. Teuer, aber großartig.

Altos Las Hormigas ☆–☆☆☆
Mendoza. Besitzer: Antonio Morescalchi. 40 ha.
www.altolashormigas.com
Relativ kleiner Betrieb mit köstlichem Malbec, allen voran die Reserva mit Heidelbeernoten.

Anubis ☆☆–☆☆☆
Luján de Cuyo, Mendoza. Besitzer: Dominio del Plata Winery.
45 ha
Eine Auswahl an Weinen guter Qualität von der argentinischen Starkellermeisterin Susana Balbo und dem italienischen Önologen Alberto Antonini. Gute, saftige, leicht dickliche sortenreine Rotweine. Susana Balbos Eigenkreation ist der kraft- und stilvolle »Brioso« auf Cabernet-Basis, und ihr Mann Pedro Marchevsky bringt ebenfalls unter der »Schirmherrschaft« von Anubis »BenMarco« heraus, einen ungewöhnlichen Verschnitt von Malbec mit Bonarda, Syrah, Cabernet und Tannat mit leichtem Wildgeschmack.

Bodegas Balbi ☆–☆☆
San Rafael, Mendoza. Besitzer: Allied Domecq. 100 ha.
www.bodegasbalbi.com
Gute, solide Auswahl an sortenreinen Weinen mit weichem Gefüge und für sofortigen Trinkgenuss. Balbi wurde 1930 gegründet.

Valentín Bianchi ☆☆
San Rafael, Mendoza. Besitzer: Familie Bianchi. 345 ha.
www.vbianchi.com
Bedeutender Erzeuger mit verschiedenen Marken, darunter »Elsa«, »Los Primos« und »Famiglia Bianchi«. Am besten sind meist »Famiglia Bianchi« Cabernet Sauvignon und Chardonnay, Letzterer leicht lieblich und »international« bereitet.

Luigi Bosca ☆–☆☆
Luján de Cuyo, Mendoza. Besitzer: Familie Arizú. 650 ha.
www.luigibosca.com.ar
Ein außergewöhnlicher Traubenanbauer mit nahezu ökologischen Weinbergen. Die billigsten Gewächse laufen unter dem Etikett »La Linda«, Besseres bietet die Reihe »Viña Paraíso«, u. a. mit einem ansprechenden Viognier. Die Qualität der Rotweine ist gemischt.

Bodegas Humberto Canale ☆–☆☆
Río Negro, Mendoza. Besitzer: Familie Barzi. 170 ha.
www.bodegahcanale.com
1913 gegründet und der führende Betrieb in Río Negro mit sehr ordentlichem Sémillon, einem Öko-Merlot und Malbec. Die Spitzenexportmarken sind »Black River« und »Diego Murillo«.

Catena Zapata ☆☆☆
Agrelo, Mendoza. Besitzer: Dr. Nicolás Catena. 425 ha.
www.catenazapata.com
Der 1902 gegründete Betrieb war Argentiniens größter Massenweinerzeuger. Während seiner Zeit als Wirtschaftsprofessor in Berkeley lernte Dr. Nicolás Catena die kalifornischen Spitzenweine kennen und machte sich sofort daran, seine eige-

nen Weine zu verbessern. Er war ein Pionier der Weinbauforschung, identifizierte die besten Malbec-Klone und experimentierte mit dicht gepflanzten Rebzeilen.

Catena exportiert seit 1991 und hat sich als führender Erzeuger argentinischer Qualitätsweine etabliert. Es gibt drei Bodegas: In der Aufsehen erregenden, im Stil der Maya-Baukunst gehaltenen neuen Kellerei in Agrelo werden die Weine der Marken »Alamos« (sehr preiswerter Chardonnay), »Catena« und »Catena Alta« produziert; in den Bodegas Esmeralda wird die größte Marke »Argento« und in La Rural Weine für den heimischen und den amerikanischen Markt bereitet, u. a. »Rutini« und »Trumpeter«. Die beiden Flaggschiffweine sind »Nicolás Catena«, ein herrlich üppiger, eichiger Cabernet im Napa-Stil, und der in Zusammenarbeit mit dem Château Lafite zum ersten Mal im Jahr 2000 erzeugte »Caro«, der geschmeidiger ist. Für die Zukunft ist u. a. eine Reihe mit Malbec-Gewächsen aus Einzellagen geplant.

Finca La Celia ☆☆
San Carlos, Mendoza. Besitzer: San Pedro (Chile). 600 ha
2002 wurde eine neue Kellerei für diese aufstrebende Marke eröffnet. Volle, saftige Malbec Reserva aus dem Uco-Tal.

Bodegas Chandon ☆–☆☆
Agrelo, Mendoza. Besitzer: LVMH. 500 ha
Unter der Aufsicht von Moët & Chandon entstehen die Schaumweine »Baron B.« und »M. Chandon«. Einen Sprung nach vorn machte der Betrieb 1995 mit dem ersten schäumenden Chardonnay-Pinot-noir-Verschnitt. Außerdem werden ein großes Sortiment stiller Roter und Weißer für den Inlandsmarkt und die ausgezeichneten Weine der Exportmarke »Terrazas« (siehe dort) erzeugt.

Colomé ☆☆–☆☆☆
Salta. Besitzer: Donald Hess (Kalifornien). 30 ha
Von sehr alten, hoch im Calchaquíes-Tal im Bereich Cafayate gelegenen Weinbergen erzeugt Kellermeister Randle Johnson seit 2001 einen vollen, komplexen Malbec/Cabernet/Tannat.

Bodegas Escorihuela ☆–☆☆
Mendoza. Besitzer: ein Konsortium. www.escorihuela.com
Die letzte Kellerei innerhalb des Stadtgebiets von Mendoza. Dr. Nicolás Catena gehört zum Besitzerkonsortium. Das Weinsortiment umfasst u. a. recht preisgünstige Marken wie »Candela«, »Gascon« und »High Altitude«.

Bodegas Esmeralda
Siehe Catena Zapata

Etchart ☆☆
Cafayate in Salta und Luján de Cuyo in Mendoza.
Besitzer: Pernod-Ricard. 400 ha
Das ehrwürdige Gut wurde 1850 gegründet und führte als eines der ersten Betriebe in Argentinien die Tropfbewässerung ein. Die einfachen Weine heißen »Río de Plata«; Spitzenwein ist der Cabernet-Merlot-Verschnitt »Arnaldo B. Etchart«, eines der besten Beispiele für einen altmodischen, aber eleganten Stil.

Fabre Montmayou ☆☆–☆☆☆
Vistalba, Mendoza. Besitzer: Hervé Joyaux. 85 ha
Der aus Pomerol stammende Kellermeister Arnaud Meillan verleiht dem Betrieb eine ausgesprochen französische Prägung. Ausgezeichneter Malbec und würziger, eichiger »Grand

Vin« von 90 Jahre alten Reben. Der Betrieb besitzt auch Rebflächen in Río Negro, die unter dem Namen »Infinitus« immer eindrucksvollere Weine von Merlot und Malbec/Syrah hervorbringen.

Finca Flichman ☆–☆☆
Mendoza. Besitzer: Sogrape (Portugal). 300 ha.
www.flichman.com
Das 1997 von Sogrape erworbene Gut vergrößert seine Anbauflächen auf das Doppelte. Die Reservas von Merlot und Syrah sind enttäuschend leichtgewichtig, aber auch der Spitzenverschnitt von Cabernet Sauvignon und Syrah namens »Dedicado« ist zurückhaltend und mager.

Lagarde ☆
Luján de Cuyo, Mendoza. Besitzer: Familie Pescarmos. 220 ha.
www.lagarde.com.ar
Anständiger kommerzieller Merlot und Malbec sowie viel versprechender Viognier. Das 100 Jahre alte Gut pflanzte die Viognier-Rebe übrigens als erstes in Argentinien an.

Bodegas Lopez ☆
Maipú, Mendoza. Besitzer: Familie Lopez. 1060 ha.
www.bodegaslopez.com
Wer den lebhaften, fruchtigen Stil der meisten argentinischen Exportweine satt hat, sollte einen »Casona Lopez« dieses sehr traditionellen Betriebs probieren: Seine sortenreinen Rotweine schmecken leicht oxidiert, weil sie über viele Jahre in großen alten Fässern reifen. Sie sind zweifelsohne alles andere als reichhaltig und nicht jedermanns Geschmacks.

Bodegas Lurton ☆
Godoy Cruz, Mendoza. Besitzer: Jacques und François Lurton. 140 ha
Die allgegenwärtigen Lurton-Brüder sind seit Ende der 1980er-Jahre auch in Argentinien als Weinerzeuger tätig. Dennoch fehlt es ihren sortenreinen Gewächsen immer noch an Konzentration, und nicht einmal der Spitzenwein »Gran Lurton«, ein Cabernet-Malbec-Verschnitt, vermag zu begeistern.

Navarro Correas ☆–☆☆
Maipú, Mendoza. Besitzer: Diageo. 300 ha
Das Gut wurde 1798 gegründet, füllte aber erst zwei Jahrhunderte später, um genau zu sein seit 1984, eigene Weine ab. Nach dem Erwerb durch die internationale Gesellschaft Diageo wurde Jeff Stambor von Beaulieu Vineyards in Napa (siehe dort) beordert, die Qualität zu verbessern – das tat er bis 2002. Das qualitativ deutlich unterscheidbare Weinsortiment umfasst in aufsteigender Reihenfolge »Los Arboles«, »Collección Privada«, »Gran Reserva« und »Ultra«. Alles in allem sind es kommerzielle, mittelschwere Weine, völlig akzeptabel, aber nichtssagend. Der neue eichenfassgereifte Bordeaux-Verschnitt »Ultra« ist außerdem zu teuer.

Nieto y Senetiner ☆☆–☆☆☆
Luján de Cuyo, Mendoza. Besitzer: das Energieunternehmen Perez. 300 ha. www.nietosenetiner.com
Weine guter Qualität in allen Preisstufen – selbst der billige Barbera »Ola« ist ausladend fruchtig. Der Spitzen-Malbec heißt »Cadus«; der Bordeaux-Verschnitt »Don Nicanor«, ebenfalls ein Spitzenwein, ist reif, stilvoll und ausgewogen. Annehmbare Massenweine werden im Inland unter dem Namen »Santa Isabel« vertrieben und als »Valle de Vistabel« exportiert.

Norton ☆☆–☆☆☆
Luján de Cuyo, Mendoza. Besitzer: Gernot Langes-Swarovski. 1265 ha. www.norton.com.ar
Die klassische Mendoza-Bodega wurde 1989 von Österreichern erworben. Die einfachen sortenreinen Weine sind fade, die eichenfassgereiften Reservas hingegen sehr verlässlich, v. a. der lebhafte, pflaumenwürzige Malbec. Der beste rote Verschnitt heißt »Privada«, ein geschmeidiger Wein, der sich ein paar Jahre hält. In Kürze wird ihm der sehr eichige »Pedriel«, ein Verschnitt auf Merlot-Basis, Gesellschaft leisten.

Viña Patagonia
Siehe Trivento

Peñaflor
Maipú, Mendoza. Besitzer: das Konsortium DLJ. 2000 ha
Das größte Weinbauunternehmen des Landes mit vier modernen Bodegas und einer riesigen Auswahl an Weinen. Die bekanntesten Markenweine sind »Michel Torino« (siehe dort), »Santa Ana« und »Trapiche« (siehe dort).

Finca El Retiro ☆–☆☆
Rivadavia, Mendoza. Besitzer: Pacífico Tittarelli. 650 ha
Die Exportmarke des großen Unternehmens Pacífico Tittarelli. Der önologische Berater Alberto Antonini sorgte bis 2001 für einen beständig hohen Qualitätsstand, der seit seinem Weggang vielleicht doch etwas gesunken ist. Zu den besten sortenreinen Weinen zählen Tempranillo, Bonarda und Malbec.

Bodega La Riojana ☆–☆☆
La Rioja, Salta. 4200 ha.
www.lariojana.com.ar
Riesige Genossenschaft mit 600 Mitgliedern, die sich mit Hilfe von Beratern einen Namen gemacht hat, v. a. für aromatischen Torrontés. Mehr als die Hälfte der Weine sind weiß, darunter »Santa Florentína«, »Río Santo« und »Far Flung«.

Bodegas La Rural
Siehe Catena Zapata

Bodegas Salentein ☆☆–☆☆☆
Tupungato, Mendoza. Besitzer: Salentein Argentina. 340 ha. www.bodegasalentein.com
Der ehrgeizige moderne Betrieb wurde 1998 gegründet und hat ein erstklassiges Team um sich gesammelt, das von Carlos Pulenta, dem ehemaligen Besitzer von Trapiche (siehe dort), geleitet wird. Die einfachen, kommerziellen Weine heißen (je nach Absatzmarkt) »El Portillo« oder »La Pampa«; darüber hinaus gibt es die Reihe »Salentein« und Reserva-Abfüllungen unter dem Etikett »Primus«. Die Stars des »Salentein«-Sortiments sind Merlot und Malbec, gefolgt von Cabernet Sauvignon. Kellermeister Laureano Gómez ist Pinot-noir-Fan und hat Rebflächen auf 1500 m anlegen lassen, um die Pinot-Bestände der wärmeren Lagen des Betriebs zu erweitern. Die ersten Jahrgänge sind vielversprechend, aber ob dem Unternehmen gelingt, was viele andere erfolglos versucht haben, bleibt abzuwarten.

Santa Julia
Siehe La Agrícola

Bodegas Septima ☆
Agrelo, Mendoza. Besitzer: Codorníu. 300 ha.
www.bodegaseptima.com.ar

Seit dem ersten Jahrgang 2000 hat Kellermeister Ruben Calvo eine Reihe sauberer, lebhafter, unkomplizierter sortenreiner Weine herausgebracht.

Tapiz ☆–☆☆
Valle de Uco, Mendoza. Besitzer: Kendall-Jackson. 1400 ha.
Das argentinische Gut des riesigen kalifornischen Weinbauunternehmens. In der im Jahr 2000 fertig gestellten neuen Kellerei erzeugt Antonio Bravo tadellose sortenreine Weine. Manche kamen früher unter dem Namen »Mariposa« heraus.

Terrazas ☆☆–☆☆☆
Perdriel, Mendoza. Besitzer: LVMH.
www.terrazasdelosandes.com
Von Trauben aus Lagen in 750 bis 1200 m Höhe erzeugt das Team unter Leitung von Roberto de la Mota Weine ausgezeichneter Qualität. Die einfachen Gewächse werden unter dem Etikett »Alto« geführt, aber die vorwiegend in französischer Eiche ausgebaute Spitzenreihe der Reserva- und »Gran«-Weine ist den Aufpreis wert: Der »Gran Malbec« zeichnet sich durch ein konzentriertes Aroma von Schwarzkirschen aus, der »Gran Cabernet Sauvignon« ist ein rauchiger und komplexer Tropfen.

Michel Torino ☆–☆☆
Cafayate, Salta. Besitzer: Peñaflor. 720 ha.
www.micheltorino.com.ar
Der Betrieb profitierte von beträchtlichen Investitionen wechselnder Besitzer, die 1999 in der Übernahme durch Peñaflor gipfelten. Obwohl das Gebiet Cafayate für seine weiße Torrontés-Traube bekannt ist, sind die Roten inzwischen deutlich besser als die Weißweine. Die uninteressante Reihe einfacher Abfüllungen heißt »Collección«, Spitzengewächse kommen unter dem Etikett »Don David« heraus, von denen ein ungewöhnlich schwungvoller, würziger Malbec besonders hervorsticht. Die Produktionsmenge des Hauptbetriebs von Peñaflor beträgt jährlich knapp 2 Mio. Kisten.

Pascual Toso ☆☆
Guaymallén, Mendoza. Besitzer: Enrique Toso. 300 ha.
www.toso.com.ar
Der kleine Familienbetrieb ist v. a. für Cabernet von sehr alten Reben bekannt und für 1 Mio. Kisten Schaumweine, von denen manche nach der klassischen Methode erzeugt werden.

Trapiche ☆☆
Maipú, Mendoza. Besitzer: das Konsortium DLJ. 900 ha.
www.trapichewinery.com
Trapiche, einst ein stolzer, eigenständiger Betrieb, ist seit vielen Jahren eine Marke des Unternehmens Peñaflor. Auf der obersten Qualitätsstufe produziert der langjährige Kellermeis-

ter Angel Mendoza einige sehr gute Weine, etwa den geschmeidigen »Medalla« Cabernet, den breiten, pflaumenwürzigen »Broquel« Malbec und den hochpreisigen Malbec-Merlot-Verschnitt »Iscay«, ein Werk mit Hilfe des ehemaligen Beraters Michel Rolland.

Trivento ☆☆
Maipú, Mendoza. Besitzer: Viña Patagonia,
seinerseits im Besitz von Concha y Toro (Chile). 460 ha.
www.trivento.com
Trivento ist die wichtigste Exportmarke des argentinischen Kellereiablegers von Concha y Toro. Die Weine sind alles andere als komplex, aber nicht teuer und gut bereitet; zu den besten zählen ein frischer, saftiger Chardonnay und eine pflaumenwürzige Malbec-Reserva.

Viniterra ☆–☆☆
Luján de Cuyo.
Besitzer: Adriano Senetiner und Walter Bressia. 40 ha.
www.viniterra.com.ar
Das relativ kleine Gut wurde 1997 von den ehemaligen Besitzern von Nieto y Senetiner (siehe dort) gegründet. Weine von jungen Reben werden unter dem Namen »Omnium« abgefüllt, der Rest findet sich im Sortiment von »Terra« und »Viniterra«. Im unteren Bereich ist die Qualität wechselhaft, aber es gibt einen eindrucksvollen »Viniterra« Malbec mit ausgeprägten Pflaumen- und Kaffeenoten.

Domaine de Vistalba
Siehe Fabre Montmayou

Valle de Vistalba
Siehe Nieto y Senetiner

Bodegas Weinert ☆–☆☆
Luján de Cuyo, Mendoza. Besitzer: Bernardo Weinert. 35 ha.
www.bodegaweinert.com
Mittelgroßer Betrieb mit ungemein altmodischen Weinen, die jahrelang, wenn nicht jahrzehntelang in alten Fässern reifen: Sie sind gleichermaßen bewundernswert wie im eigentlichen Sinne unbeschreiblich.

Yacochuya ☆☆☆
Cafayate, Salta. Besitzer: Michel Rolland und Arnaldo Etchart
Michel Rolland, Gutsbesitzer in Pomerol, Berater und langjähriger Fan argentinischer Weine ist begeistert von dieser Lage auf 2035 m Höhe, aus der er einen Wein auf Malbec-Basis gewinnt, der zwölf Monate in neuen Barriques reift. Er ist dicht und extraktreich und hat viel mehr Wucht und Tannine als es für Malbec-Weine üblich ist. Ein Wein mit langem Atem.

Mexiko

Angesichts der Weltklasseweine seines nördlichen Nachbarn wäre es verwunderlich, wenn Mexiko nicht auch Beachtliches hervorbrächte. Der älteste Weinbau in Amerika wird heute mit Investitionen aus dem Ausland und technischer Beratung durch die University of California in Davis wiederbelebt. Die Rebfläche umfasst 50 000 ha.

Weinberge sind ein fester Bestandteil der Landschaft im Norden von Baja California, seitdem die Bodegas de Santo Tomás in den 1880er-Jahren dort ihre Pforten öffneten. Im Guadalupe-Tal nördlich und in San Vicente südlich von Ensenada gibt es inzwischen ausgedehnte Anbauflächen, und die modischen europäischen Rebsorten verdrängen sowohl die einheimische Mission als auch andere verbreitet angebaute, aber weniger beliebte Trauben wie Chenin blanc und Grenache. Ein Großteil des Weins wird exportiert, weil die Inlandsnachfrage bescheiden ist: Die Weinliebhaber in den Städten bevorzugen renommierte Gewächse aus dem Ausland.

Wente Vineyards aus Kalifornien und Santo Tomás produzieren neuerdings gemeinsam einen Cabernet Sauvignon: Gleiche Mengen an Wein von beiden Seiten der Grenze gehen in den für den Export bestimmten Bordeaux-Verschnitt »Duetto« ein. Ein weiterer Pionier des modernen mexikanischen Weinbaus ist L. A. Cetto mit einer Rebfläche von knapp 3000 ha und erfolgreichen Weinen von Chardonnay, Nebbiolo (Cetto stammt aus dem Piemont), Cabernet Sauvignon und Petite Syrah. Ausschlaggebend für den neuen Kurs waren jedoch die Investitionen von Pedro Domecq. Das spanische Unternehmen besitzt große Rebflächen im Guadalupe-Tal. Der Spitzenwein »Château Domecq« ist ein Nebbiolo-Merlot-Verschnitt, sein weißes Pendant ein Sauvignon blanc. Freixenet ist der zweite große spanische Investor mit 40 ha Rebland und legt – natürlich – den Schwerpunkt auf Schaumwein. Zwei erwähnenswerte neue Betriebe im Tal sind Monte Xanic (1988 gegründet) mit körperreichem Chardonnay, Merlot und reichhaltigem fassvergorenem Chardonnay sowie Château Camou, das seit 1995 unter anderem preisgekrönten Fumé blanc und Chardonnay hervorbringt. Die kleinsten Erzeuger in Mexiko sind Mogor Badan in Schweizer Besitz mit einem tanninreichen Bordeaux-Verschnitt und Cavas Valmar, ein qualitätsbewusster Familienbetrieb, der 1985 am Stadtrand von Ensenada entstand und dessen Cabernet Sauvignon besonders gut ist. Im Süden, in den Bergen von Querétaro nahe der Hauptstadt Mexiko City, haben sich Domecq und Freixenet dem Pionierbetrieb Caves de San Juan angeschlossen.

Mexiko verfügt zweifellos über ein großes Potenzial, auch wenn der Geschmack der Einheimischen noch weit hinter dem Anspruch seines modernen Weinbaus liegt.

Brasilien

Der riesige Binnenmarkt des größten südamerikanischen Landes hat einige der bedeutendsten internationalen Getränkekonzerne – Cinzano, Domecq, Heublein, Martini & Rossi, Moët & Chandon, Suntory und National Distillers – zu Investitionen in Brasilien veranlasst.

Das größte und wichtigste Anbaugebiet liegt im Bundesstaat Rio Grande do Sul, hoch oben im Hügelland um die Städte Bento Gonçalves und Garibaldi. Das subtropische Gebiet 215 m über dem Meeresspiegel wurde im 19. Jahrhundert von Einwanderern aus Norditalien besiedelt. Jede Familie legte an den Steilhängen des ihr von der brasilianischen Regierung zugewiesenen Landes einen kleinen Weinberg an. Kleine Besitzungen spielen in diesem großen Land nach wie vor eine wichtige Rolle: 16 000 Winzer bewirtschaften ihre eigenen Flächen.

Etwa 80 % der insgesamt 60 000 ha sind mit nicht zur Gattung Vinifera gehörenden Reben (die widerstandsfähiger gegen Krankheiten sind) bestockt, von denen Weine für den Inlandsmarkt gewonnen werden. Die besten Erzeuger produzieren inzwischen auch annehmbare Weine von klassischen Rebsorten, namentlich Chardonnay, Cabernet und Merlot, und experimentieren mit besseren Klonen sowie Spaliererziehung. Andere nehmen die überhohen Erträge hin – und erzeugen entsprechend uninteressante Weine.

Das im Allgemeinen heiße, sonnige Klima ist der Rebe zuträglich, auch wenn die häufig wolkenbruchartigen Niederschläge hohe Krankheitsrisiken bergen. Die Trauben werden deshalb früh gelesen, was zu leichten, recht säurereichen Weinen führt.

Der brasilianische Weinbau wird von der großen Genossenschaft Vinicola Aurora in Bento Gonçalves beherrscht, die das Lesegut von 1300 Anbauern mit insgesamt 1350 ha verarbeitet. Die Schaumweinherstellung ist erstaunlich erfolgreich: Salton, De Lantier (im Besitz von Martini & Rossi) und Chandon do Brasil erzeugen alle recht süffige Tropfen.

Insgesamt passt sich Brasilien jedoch nur zögerlich an internationale Produktions- und Etikettierungsstandards an. Damit es nicht ein für alle Mal den Anschluss an die dynamischeren Nachbarländer verliert, ist ein rascher Wandel vonnöten.

Peru

Es ist wohl verzeihlich, wenn man nicht weiß, dass es überhaupt einen peruanischen Weinbau gibt, aber immerhin wurde in der Nähe von Cuzco schon im Jahr 1560 Wein bereitet. Die geographische Lage (nur 10° vom Äquator entfernt) und die wirtschaftlichen und sozialen Bedingungen in Peru (politische Unruhen und eine galoppierende Inflation) scheinen der hedonistischen Welt des Traubenanbaus und der Weinerzeugung nicht gerade zuträglich zu sein. Der größte Teil des Ertrags der 11 000 ha wird denn auch zu Pisco gebrannt, der als Pisco Sour die Hitze und den Staub des Tages hinunterspülen hilft. In dieser kargen Mondlandschaft auf der »falschen« Seite der Anden müssen die Reben bewässert werden, um gedeihen zu können.

Knapp 300 km südlich von Lima liegt am Pan American Highway die Stadt Ica, das Zentrum des peruanischen Anbaugebiets. Von dem halben Dutzend hiesiger Kellereien bringt bislang nur eine Qualitätswein hervor: Viña Tacama ist mit Abstand der größte, beste und bedeutendste peruanische Erzeugerbetrieb. Er wurde im 16. Jahrhundert gegründet und ist seit 1889 im Alleinbesitz der Familie Olaechea. Der französische Kellermeister Robert Niederman produziert seit 1961 guten Chenin blanc, Sauvignon, Malbec und sogar Schaumwein; Professor Emilie Peynaud war als Berater tätig. Weitere qualitätsbewusste Erzeuger sind Tabernero und Santiago Queirolo. Auch in anderen Gebieten, darunter Chincha, Moquegua und Tacha, sind Fortschritte zu verzeichnen.

Uruguay

Uruguay wird häufig als Südamerikas Belgien bezeichnet: Das kleine, flache Land mit nur 3 Mio. Einwohnern steht sowohl physisch als auch önologisch unter der Knute seiner mächtigen Nachbarn Brasilien und Argentinien. Der Weinbau verdankt seine Existenz nicht zuletzt einer durstigen Bevölkerung, die fast so viel Wein verbraucht wie die Argentinier.

In Uruguay wird unter dem wechselnden Einfluss Frankreichs, Spaniens, Deutschlands und Italiens seit Anfang des 18. Jahrhunderts Wein erzeugt. Aufgrund des Klimas, das dem am Mittelmeer ähnlich ist, scheint es für den Anbau von Qualitätstrauben geradezu prädestiniert. Derzeit überwiegen französische Rebsorten: Neben erstklassigem Chardonnay, Sauvignon blanc, Cabernet Sauvignon und Merlot wird auch Tannat (aus Südwestfrankreich) verbreitet – in größeren Mengen als in jedem anderen Land – angebaut; Merlot und Tannat sind besonders vielversprechend. Die fünf Anbaugebiete werden schlicht als südliches, südwestliches, mittleres, nordwestliches und nördliches Gebiet bezeichnet. Das größte Qualitätspotenzial hat die älteste und größte Anbauregion vorzuweisen: das südliche Gebiet im Süden der Hauptstadt Montevideo.

Der größte Erzeugerbetrieb Dante Irurtia bedient hauptsächlich den inländischen Massenmarkt. Der zweitgrößte, Castillo Viejo, produziert derzeit vor allem Rosé in Kartonverpackungen (rund 2,1 Mio. Liter im Jahr), streckt im Rahmen eines Joint Ventures mit einem französischen Unternehmen seine Fühler jedoch auch nach sortenreinen Qualitätsweinen aus. Die besseren Weine werden unter dem Namen »Catamayor« abgefüllt. Weitere erstklassige Erzeuger sind Pisano, Juanico, Pizzorno, Stagnari, De Lucca und Cerro Chapeu.

Uruguay hat das Zeug dazu, Qualitätsweine für den Export zu produzieren. Die ersten Schritte in diese Richtung lassen sich vielversprechender an, als man gedacht hätte.

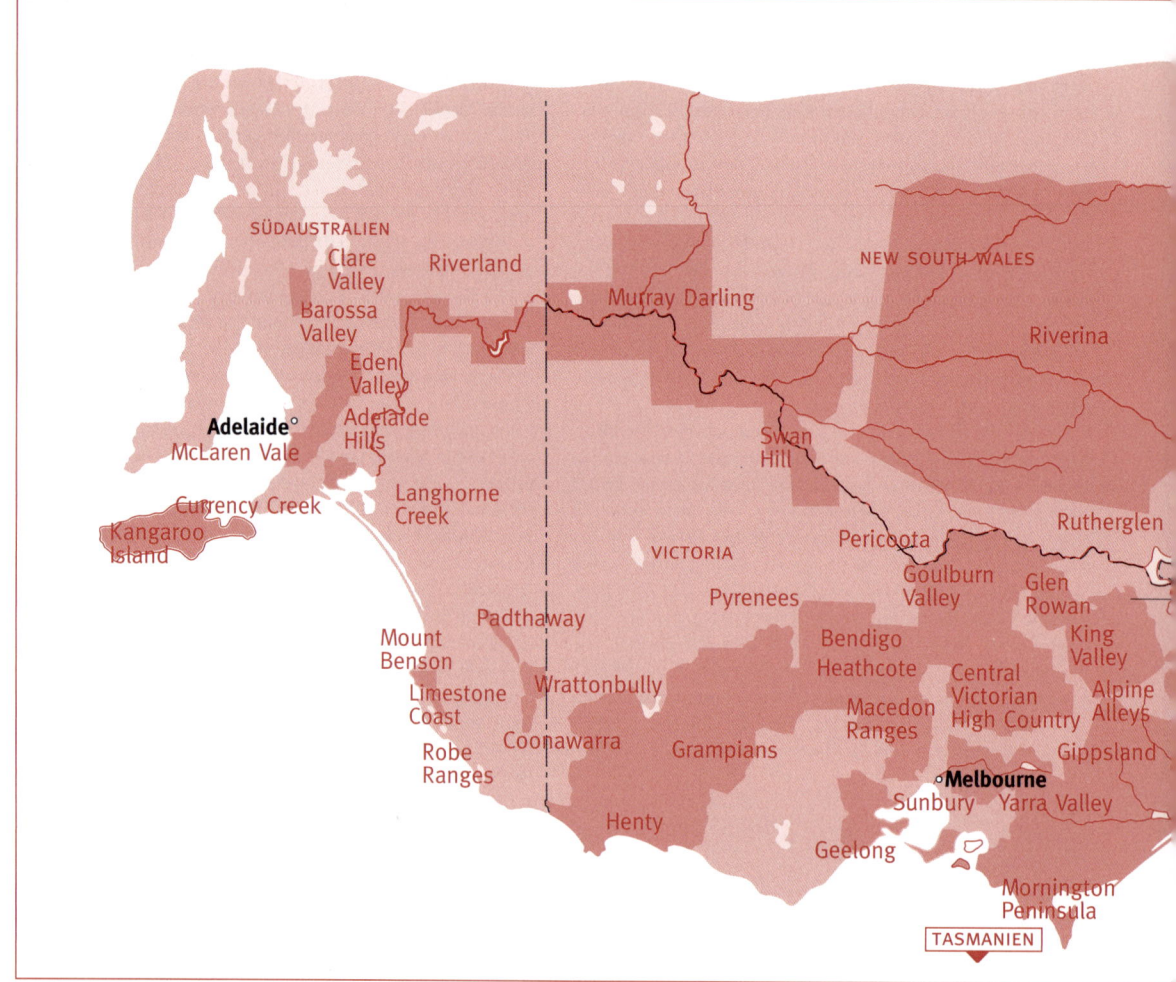

SÜDAUSTRALIEN
Clare Valley
Riverland
Barossa Valley
Murray Darling
NEW SOUTH WALES
Eden Valley
Riverina
Adelaide
Adelaide Hills
McLaren Vale
Swan Hill
Currency Creek
Langhorne Creek
Rutherglen
Kangaroo Island
Pericoota
VICTORIA
Goulburn Valley
Glen Rowan
Pyrenees
Padthaway
King Valley
Mount Benson
Bendigo
Heathcote
Central Victorian High Country
Alpine Alleys
Limestone Coast
Wrattonbully
Macedon Ranges
Gippsland
Robe Ranges
Coonawarra
Grampians
Melbourne
Sunbury
Yarra Valley
Henty
Geelong
Mornington Peninsula
TASMANIEN

Australien

Der australische Wein trat um die Mitte der 1980er-Jahre rund um den Erdball mit solcher Plötzlichkeit in Erscheinung, dass fast alle davon überrascht wurden. Die Welt war auf derart intensiv fruchtige, verschwenderisch mit Eichenholz gewürzte Chardonnays und Cabernets zu Preisen, die weit unter denen ähnlicher Weine aus Frankreich oder Kalifornien lagen, in keinster Weise gefasst. Über Generationen hinweg war die Qualität des australischen Weins einfach nicht zur Kenntnis genommen worden.

Bis zu den Offenbarungen der letzten 15 Jahre staunten Besucher Australiens sehr darüber, wie viel Bedeutung dem Wein dort im Alltagsleben zukommt, wie viel Fachwissen und Kennerschaft viele Australier an den Tag legen, wie viele Weinbaubetriebe, Weinbauregionen und »Stile« (der in Australien meistgebrauchte Weinbegriff) dieser relativ dünn besiedelte Kontinent gewinnbringend tragen kann. Vom geschäftigen Treiben des australischen Weinbaugewerbes wusste man außerhalb des Landes nur wenig, vor allem wohl, weil die besten Weine dort zwar in ungeheurer Vielfalt, jedoch jeweils nur in kleinen Mengen entstehen, zum Teil aber auch, weil durch das Fehlen jeglicher zentralen Aufsicht die australischen Weinetiketten zu einem undurchdringlichen Dschungel gewuchert waren.

Schon zu Beginn der 1980er-Jahre hatten weitsichtige Fachleute im Ausland erkannt, wie exzellent Australiens beste Weine waren: Sie schmeckten zwar anders als die kalifornischen, standen ihnen aber in nichts nach und besaßen zudem eine weit größere stilistische Vielfalt. Seit Jahrzehnten werden in Australien Shiraz (an der Rhône Syrah genannt), Sémillon (den man in Australien ohne Akzent schreibt, was wir im Folgenden ebenso tun) und Riesling mit bestem Erfolg verarbeitet, und in den 1970er-Jahren kamen erstklassige Chardonnay- und Cabernet-Gewächse hinzu. Seit den 1990er-Jahren haben die australischen Kellertechniker auch mit Pinot noir Erfolg, und immer interessanter werden die Weine im Rhône-Stil auf der Basis von Grenache, Shiraz und Mourvèdre (hier als Mataro bekannt).

Der frische Wind des Wandels und der Innovation weht in Australien durchaus nicht schwächer als in Kalifornien, doch der Weinbau, den er durchlüftet, ist hier weit älter. Bis noch vor kurzem gehörte eine erstaunlich große Zahl von Betrieben nach wie vor den Familien, die sie vor über 100 Jahren gegründet hatten. Die Traditionen sind noch immer stark, und wenn auch fast alle Unternehmen inzwischen den Besitzer gewechselt haben und der größte Teil ihrer Produktion als Massen- oder Kartonwein auf den Markt kommt, so keltern sie doch auch weiterhin von ihren besten Trauben besonders feinen Wein, wenigstens in kleinen Partien. Mittelgroße Wein-

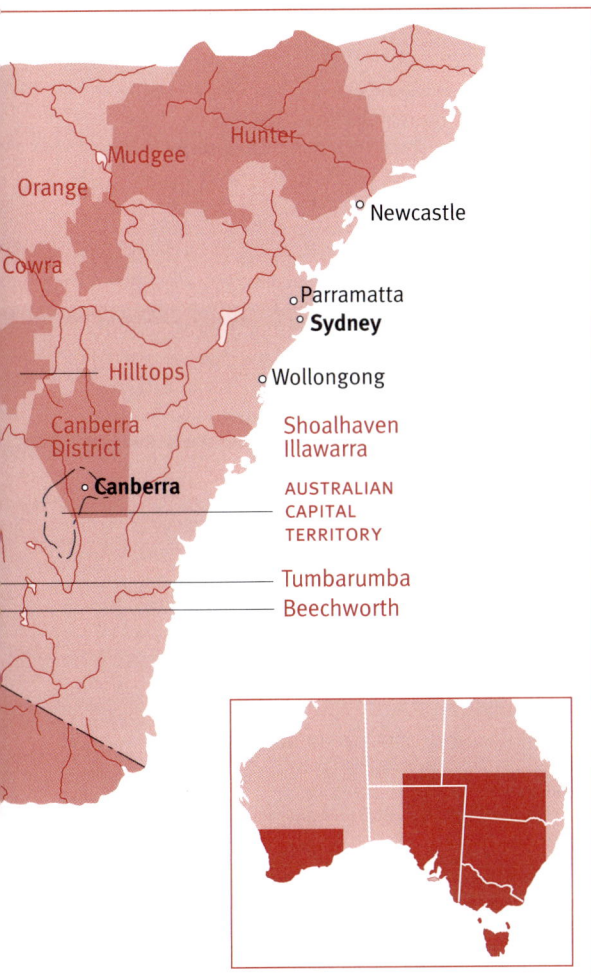

beherrscht. Inzwischen sind in einer ganzen Reihe von Distrikten weitere Rebflächen erschlossen worden, die entweder ganz neu sind und kühlere Wachstumsbedingungen versprechen, oder, wie in vielen Teilen Victorias, schon vor einem Jahrhundert als Rebland genutzt worden waren. Das südöstliche Australien von Adelaide bis Sydney beginnt auf der Karte bereits wie ein einziges großes Weinbaugebiet auszusehen. Für den Südwesten, so scheint es wenigstens, ist eine ähnliche Entwicklung absehbar.

Diese explosive Entstehung neuer Weinbaugebiete wird von zwei bedeutsamen Entwicklungen begleitet, die eng miteinander verflochten sind: einem leidenschaftlichen Interesse an regionaler Identität und ersten Schritten in der Formulierung eines australischen Appellationssystems.

Die australischen Weinerzeuger erkennen immer mehr, wie vorteilhaft es sowohl unter Marketing- als auch Qualitätsaspekten ist, bestimmte Rebsorten oder Stile mit bestimmten Regionen zu verknüpfen. Edelfauler Semillon aus Griffith, Cabernet Sauvignon vom Margaret River, Riesling aus dem Clare, Semillon aus dem Hunter, Shiraz aus dem Barossa Valley – alle diese und noch weitere Zuordnungen setzen sich immer stärker im Bewusstsein des Verbrauchers fest. Überdies sind die Weinerzeuger nun auch bereit einzuräumen, dass am Konzept des Terroir wohl doch etwas dran sein könne.

So ist ein Gremium mit dem Titel *Geographical Indications Committee* (GIC) eingerichtet worden, das die mühselige Arbeit auf sich nehmen soll, Australiens unterschiedliche Weinbaugebiete zu definieren. Ist dieser Plan erst verwirklicht, werden die auf australischen Etiketten erscheinenden Regionalbezeichnungen endgültig festgeschrieben sein und (so hofft man wenigstens) dem Verbraucher eine klare Vorstellung von dem vermitteln, was er erwarten darf, wenn er den Korken zieht.

Was die Entwicklung der letzten Jahre betrifft, ist eine Konsolidierung der australischen Weinindustrie zu verzeichnen, da immer mehr kleine und große Weinbaubetriebe in Konzerne wie Southcorp und BRL Hardy aufgehen. Viele befürchten nicht zu Unrecht, dass sich daraus eine Hinwendung zu standardisierten Markenweinen ergeben könnte, doch zurzeit scheinen die Großfirmen die individuellen Stile und unverwechselbaren Charaktere der einzelnen Güter noch zu respektieren, die sie geschluckt haben. Man kann nur hoffen, dass es dabei bleibt.

Australische Weinbaugebiete

New South Wales

Canberra Eine 500 ha große Region mit kleinen neueren Weinbaubetrieben um die australische Hauptstadt, viele relativ hoch gelegen an ausgesprochen kühlen Stellen.

Hunter Valley Australiens älteste Weinbauregion. Lower Hunter um Pokolbin rund 150 km nördlich von Sydney gilt seit langem als Quelle für seriösen Shiraz und alterungsfähigen Semillon. Eine Wolkendecke mildert die extreme sommerliche Hitze, aber die Lese verregnet oft. Chardonnay und Cabernet erweisen sich seit rund 25 Jahren als gleichermaßen erfolgreich. Upper Hunter wird seit den 1960er-Jahren erschlossen und ist in erster Linie eine Weißweingegend, die sich besonders für Chardonnay eignet.

güter und kleine Boutique-Kellereien sind neben den etablierten Klassikern entstanden und tragen zu der erstaunlichen Zahl guter Weine bei, die hier zur Wahl stehen.

In Australien hat man schon lange alle Hemmungen abgelegt – sofern man überhaupt je welche hatte –, wenn es um das Verschneiden von Trauben unterschiedlicher Sorten und aus weit auseinander liegenden Regionen geht. Bis zum großen Boom hatten die vier wichtigsten Weinbau treibenden Staaten Australiens nur etwa ein halbes Dutzend Qualitätsbereiche von einiger Bedeutung. In New South Wales gab es das damals alles andere als florierende Hunter Valley nördlich von Sydney. Victoria hatte Rutherglen mit seinen Nachbargebieten im Nordosten, Great Western im Westen und das einsame Château Tahbilk in der Mitte. Südaustralien, im 20. Jahrhundert der größte Erzeugerstaat, konnte das Barossa Valley, Southern Vales und das Clare Valley vorweisen, die alle um Adelaide herum gelegen sind, dazu noch Coonawarra weit im Süden; und Westaustralien schließlich besaß das Swan Valley bei Perth. Hinzu kam noch der Murray River, der sich zwischen den drei östlichen Staaten hindurchwindend und große bewässerte Anbauflächen bot, auf denen vor allem billiger Wein für Destillierzwecke entstand.

In jedem dieser Gebiete wuchsen höchstens vier Traubensorten, die gut gepflegt wurden und feinen Wein ergaben, und jedes wurde von etwa vier bis fünf großen Erzeugern

Mudgee Kleines, schon lange bestehendes Gebiet 160 km westlich vom Hunter Valley und rund 350 m höher gelegen, mit einer sonnigeren, längeren Saison. Die besten Weine sind aromareich und meistens von Chardonnay.

Orange 2750 km westlich von Sydney gelegen, wurde diese Region in den 80er-Jahren auf vulkanischen Böden angelegt. Wegen der Höhe von 365 m ist das Ausreifen der Trauben oft problematisch. Am bekanntesten ist das rund 1000 ha große Gebiet für Shiraz, Chardonnay und Riesling.

Riverina Sehr fruchtbares, flaches Obstbauland um Griffith, knapp 500 km westlich von Sydney. Vorwiegend für uninteressante Massenweine bekannt, bis Mitte der 80er-Jahre ein außergewöhnlicher botrytisierter Semillon als Spezialität auftauchte. Bessere Bewässerungsmethoden kommen nun auch den Tafelweinen zugute.

Sonstige Bereiche Eine Hand voll interessanter neuer Weinbaubereiche ist in den letzten 25 Jahren in New South Wales in Erscheinung getreten, darunter das warme Hastings Valley im Norden und die kühlen Gegenden von Cowra und Hilltops in der Mitte. Südwestlich von Canberra erweist sich Tumbarumba als gut geeignet für Chardonnay und andere Sorten, aus denen Schaumwein bereitet wird.

Victoria

Central Victoria Eine nicht genau umgrenzte Region im Umkreis der alten Goldgräberstädte Bendigo und Ballarat, zu der der Bereich Heathcote gehört. Alle Weinbaubetriebe sind relativ neu; es entstehen einige exzellente Weine, darunter besonders minzwürzige, intensive, wuchtige Shiraz-Stile.

Geelong Der kühle Bereich im Südwesten von Melbourne war einst der vielversprechendste in Victoria. Er fiel der Reblaus zum Opfer, wurde aber in den 1960er-Jahren wieder aufgebaut. Pinot noir ist hier sehr erfolgreich.

Goulburn Valley Bedeutender, kleiner historischer Bereich 160 km nördlich von Melbourne. Die Spezialität der Region ist Marsanne.

Grampians Eine Region gut 200 km westlich von Melbourne, mit sowohl alten als auch relativ neuen Erzeugerbetrieben, beispielsweise in Great Western. Der Shiraz ist voll und geschmacksintensiv.

Macedon Ranges Kleine, kühle, bergige Region nördlich von Melbourne mit einer wachsenden Zahl von Weinunternehmen und wirklich sehr gutem Schaumwein. Sunbury im Süden ist etwas wärmer als der Rest und deshalb für Rotwein besser geeignet.

Mornington Peninsula Viel beachtete kühle Küstenregion südlich von Melbourne mit einer überraschend großen Zahl von kleinen Erzeugern.

Northeast Victoria Bekanntes Gebiet zwischen Milawa und Rutherglen an der Grenze zu New South Wales, berühmt für vorzüglichen Dessertwein, vor allem Muscat. Neuere Entwicklungen umfassen unter anderem große Rebflächen im King Valley sowie kleinere im Ovens Valley, in Beechworth und den Victorian Alps.

Die wichtigsten Rebsorten

Chardonnay Die bei weitem populärste weiße Traube Australiens wird fast überall angebaut und in verschiedenen Stilen verarbeitet: von leichten, spritzigen, ohne Holz ausgebauten Weinen mit grünlichem Schimmer bis hin zu den tiefgelben, fassvergorenen Gewächsen, die ebenso gehaltvoll wie cremig sind. Ein Ende der Beliebtheit des Chardonnay ist hier nicht abzusehen.

Shiraz Die Rotweintraube Australiens schlechthin erfreut sich größter Anerkennung, nicht nur im Land selbst. Die Stile reichen von gehaltvollen, tiefen, schokoladigen Weinen aus warmen Klimazonen wie Barossa Valley und McLaren Vale über milde, sanfte, relativ zarte Weine aus dem Hunter Valley bis hin zu den staubig-pfeffrigen, eleganten Beispielen aus kühleren Gegenden, zum Beispiel aus dem südlichen Victoria und aus Westaustralien.

Cabernet Sauvignon Wie Chardonnay wird auch diese Rebsorte in ganz Australien angebaut, in den meisten Gegenden mit gutem Erfolg. Am besten geraten ihre Weine in modischen Regionen wie Margaret River, Coonawarra und Yarra Valley, meist in Verbindung mit Merlot und Cabernet franc in so genannten Bordeaux-Verschnitten, die allerdings wenig Ähnlichkeit mit Bordeaux aufweisen.

Semillon In seiner Bestform aus dem Lower Hunter ein absoluter (und völlig unterbewerteter) Triumph des australischen Weinbaus: ein leichter, trockener Weißer, in der Jugend mit der für Chablis typischen grünlichen Farbe, lebendig und mit bis zu 20 Jahren superber Entfaltung. Am Margaret River darüber hinaus vielversprechend grasig, im Barossa und im Clare Valley jedoch meist durch zu viel Eichenholz seines Charakters beraubt. Auch in preiswerteren Schaumweinen weit verbreitet und oft mit Chardonnay verschnitten.

Riesling Trotz wachsender Zuversicht bei den Erzeugern, die sogar zum Wegfall des Namensbestandteils »Rhine« führte, muss das viel beschworene Wiedererstarken des Verbraucherinteresses am Riesling erst noch Fuß fassen. Daher ist ein Teil der besten Weißweine Australiens – markant duftig, knackig trocken und wunderbar entfaltungsfähig – auch erstaunlich preiswert. Überragend im Clare und Eden Valley.

Northwest Victoria Seit langem etabliertes, zum größten Teil bewässertes Gebiet am Murray River; es erstreckt sich von den riesigen Rebfeldern von Mildura und Robinvale über Swan Hill bis Echuca. Hier entsteht ein großer Teil des preiswerten australischen Massenweins.

Pyrenees Bergiges Land um die Stadt Avoca, knapp 200 km nordwestlich von Melbourne. Eine Hand voll Weinbaubetriebe erzeugt solide, recht erdige Weine.

Strathbogie Ranges Rund 1000 ha Rebfläche mit steinigen Granitböden in 350 m Höhe. Gut geeignet für Riesling und Chardonnay und mit Potenzial für Pinot noir.

Yarra Valley Seit dem 19. Jahrhundert ein Weinbaugebiet, ist Yarra Valley, 50 km östlich von Melbourne, jetzt wieder erstanden und zu vollem Potenzial erwacht. Kleine Weinbaubetriebe konkurrieren mit einigen der größten im Staat bei der

Weitere Rebsorten

Cabernet franc Ursprünglich nur für Verschnitte mit Cabernet Sauvignon angebaut und dafür auch heute hauptsächlich verwendet. Gelegentlich wird die Traube jedoch auch zu purpurroten, im Geschmack höchst lebendigen Sortenweinen verarbeitet.

Chenin blanc Ebenfalls vorwiegend als Verschnittsorte gebraucht – und ebenfalls gelegentlich in sortenreiner Ausführung als frischer Weißwein.

Durif Eine Shiraz-ähnliche Traube, die in Northeast-Victoria zuweilen zu interessanten dunklen Weinen verkeltert wird.

Gewürztraminer Die Sorte wird meist zu billigem, lieblich-traubigem Weißwein verarbeitet oder mit Riesling verschnitten, aber einige Erzeuger behandeln sie auch mit mehr Respekt und haben damit großen Erfolg.

Grenache Heute von Shiraz überflügelt, doch alte, bewässerungsfrei kultivierte Reben im Barossa Valley und dem McLaren Vale erbringen Rotweine im Rhône-Stil voll Saft und Kraft.

Marsanne Früher fast ausschließlich auf die Rebflächen von Tahbilk beschränkt, wo die Traube bemerkenswert langlebige, aromatische Weißweine lieferte; inzwischen profitiert auch sie vom Interesse an Weinen im Rhône-Stil und taucht an vielen Stellen auf.

Merlot Die Rotweintraube, die allmählich in die Liste der australischen Hauptrebsorten aufrückt, fristete ihr Dasein zunächst nur als Verschnittsorte, bewährt sich aber zunehmend auch eigenständig. Seit 1998 ist ein enormer Zuwachs an Merlot-Rebland zu verzeichnen.

Mourvèdre Die ebenfalls im Zuge des Rhône-Booms wiederentdeckte Sorte (als sie noch weniger modern war, hieß sie Mataro) ist oft in Verschnitten mit Shiraz und Grenache anzutreffen.

Muscat Gelegentlich in trockenen weißen Verschnitten mit verarbeitet, am eindrucksvollsten aber als »Tokay«: ein dunkler, üppiger Dessertwein von Northeast-Victoria.

Pinot gris In kühleren Gebieten zunehmend angebaut, doch muss seine Rolle als Erfolgstraube erst noch unter Beweis gestellt werden.

Pinot Meunier Für die Schaumweinherstellung bedeutende, aber nicht sehr verbreitete Sorte.

Pinot noir Nach jahrelangen, viel versprechenden und gelegentlich brillanten Anläufen gelingt es den Erzeugern endlich seit Anfang der 1990er-Jahre, die Traube mit stetig wachsendem Erfolg zu verarbeiten. Auch Pinot noir ist ein Anwärter für die Liste der Hauptrebsorten.

Sauvignon blanc Nirgendwo sonst auch nur annähernd so erfolgreich wie in Neuseeland, erbringt die Traube doch an manchen Stellen, zum Beispiel in den Adelaide Hills, im mittleren Victoria, am Margaret River und in Coonawarra, markante, rassige Weine.

Trebbiano Der auch als Ugni blanc bekannte Trebbiano wird vorwiegend als Verschnittsorte für billige Massenweißweine verwendet.

Verdelho Überraschend gute, sanft aromatische Weißweintraube, oft übersehen, aber durchaus köstlich.

Sonstige Rebsorten Derzeit nur in sehr geringem Umfang, manchmal nur von kaum mehr als einem Weinbaubetrieb kultiviert, gelten die folgenden Rebsorten dennoch als interessante Anwärter auf eine führendere Rolle: Barbera, Dolcetto, Nebbiolo, Roussanne, Petit Verdot, Sangiovese, Viognier und Zinfandel.

Erzeugung außergewöhnlicher Kühlklimaweine, die zu den besten Australiens gehören.

Sonstige Bereiche Sowohl die vielen verstreuten Betriebe in Gippsland südöstlich von Melbourne als auch jene entlang der Great Dividing Range, dem Gebirge, das sich durch Central Victoria bis hinauf nach New South Wales hineinzieht, bilden weitere regionale Farbtupfer im Weinbau des Bundesstaats.

Südaustralien

Adelaide Hills Nach wie vor eine der erfolgreichsten australischen Weinregionen mit kühlem Klima um die Mount Lofty Ranges südöstlich von Adelaide; beachtlicher Sauvignon blanc, Pinot noir und Chardonnay.

Adelaide Plains Ein früher bedeutendes Gebiet für Weinbau (unter anderem mit Penfolds kürzlich wieder in Betrieb genommenen Magill Estate), das aber nach und nach von den Vororten der nahen Großstadt verschlungen wird.

Barossa Valley Die älteste und bedeutendste Weinregion, rund 50 km nordöstlich von Adelaide, in den 1840ern von Deut-

schen besiedelt. Gutes, vielseitiges Land, Sitz zahlreicher großer australischer Weinbaubetriebe, bekannt für kräftigen Shiraz.

Clare Valley Kleinerer Bereich, etwa 60 km nördlich von Barossa, mit einer langen Geschichte. Berge um 450 m Höhe verleihen ihm ein kühleres Klima, das den Riesling besonders begünstigt; Semillon, Shiraz und Cabernet zeigen oft feine Ergebnisse.

Coonawarra Abgelegener Bereich 400 km südöstlich von Adelaide mit einer ungewöhnlichen flachen Schicht roter Erde über Kalkstein und hohem Grundwasserstand. Infolge der äquatorfernen geographischen Breite ist das Klima recht kühl; der Boden ist ungeheuer fruchtbar. Hier entstehen einige der besten Weine Australiens; Cabernet Sauvignon hat in manchen Jahren jedoch Schwierigkeiten auszureifen.

Eden Valley Ein recht kühles Gebiet südlich von Barossa, in dem einige Firmen mit hoher Weinqualität beheimatet sind und das als Quelle für hochwertiges Traubengut bekannt ist.

Langhorne Creek Winziger historischer Bereich knapp 80 km südöstlich von Adelaide auf fruchtbarem Schwemmlandboden. Die Rotweine sind mild und wunderbar reichhaltig.

MacLaren Vale Warme Region unmittelbar südlich von Adelaide mit einer Kombination von alten, traditionellen und jüngeren, modernen Weinbaubetrieben, von denen die meisten ausgesprochen gute Rotweine hervorbringen.

Riverland Wo der Murray River aus Victoria kommend die Grenze überschreitet, heißt die Region Riverland. Der größte Teil des australischen Massenweins stammt aus den riesigen Weinfeldern und Kellereien dieser Gegend, aber auch preiswerte Flaschenweine werden produziert.

Sonstige Bereiche Coonawarra ist nicht die einzige für Weinbau geeignete Gegend im weiten Land südlich von Adelaide. Auch das benachbarte Wrattonbully verfügt über ähnliche Böden, und Padthaway ist schon lange eine bedeutende Quelle für gute Trauben aus kühlerem Klima. Inzwischen kommen große neue Rebflächen zum Beispiel in Koppamurra nördlich von Coonawarra sowie am Mount Benson an der südaustralischen Kalksteinküste hinzu.

Westaustralien

Geographe Neuer Name für die lang gestreckte Küstenebene zwischen Perth und dem Margaret River, wo sich eine Hand voll unterschiedlicher Weinbaubetriebe angesiedelt hat.

Great Southern Ausgedehntes Gebiet mit unterschiedlicher Topographie und Bodenbeschaffenheit, zu der die Regionen Mount Barker und Frankland River gehören. Eine wachsende Zahl von Betrieben wird vom kühlen Klima angezogen.

Margaret River Westaustraliens Spitzenweinbauregion, 300 km südlich von Perth auf einem Vorgebirge mit ausgeprägt ozeanischem Klima gelegen. Die Region kann mit einer großen Auswahl an Weinen aufwarten, vor allem mit fantastischem Cabernet und Chardonnay.

Pemberton Neue, viel gepriesene Region mit großem Potenzial. Das kühle Klima hat bereits ausnehmend guten Pinot noir und Chardonnay hervorgebracht, und die Trauben dieser Gegend sind bei Weinkellereien in den östlichen Staaten bereits sehr gefragt.

Swan Valley Altes, heißes Weinbaugebiet am Rand von Perth, früher bekannt für dickliche Rote, Dessertweine und den berühmten Houghton »White Burgundy«; neuerdings entstehen hier jedoch überraschend gute Weine.

Queensland

In diesem Bundesstaat wird nur wenig Wein produziert. Der größte Teil der Rebfläche liegt im Bereich Granite Belt an der Grenze zu New South Wales. Zwar trägt Queensland nicht umsonst den Beinamen *sunshine state,* doch die besseren Weinbaubetriebe verfügen über kühlere Höhenlagen.

Tasmanien

In konsequenter Suche nach kühlen Klimazonen hat sich eine Reihe neuer Betriebe in Tasmanien bei Launceston im Norden der Insel und bei Hobart im Süden niedergelassen. Die Schaumweine sind – wie bei den relativ kühlen Bedingungen nicht anders zu erwarten – sehr gut; dasselbe gilt für Pinot noir, Riesling und Chardonnay.

Northern Territory

Die Region ist stolz auf ihren einzigen Weinbaubetrieb Chateau Hornsby in Alice Springs, der mit hartnäckigem Bewässern gegen die sengende Hitze ankämpft und dabei noch passable Weine hervorbringt.

Die führenden Erzeuger in New South Wales

Die folgenden Angaben zu den Weinbergbesitzungen sind möglicherweise irreführend, da die Erzeuger üblicherweise ihre eigenes Lesegut durch in der Nachbarschaft oder in gänzlich anderen Gebieten hinzugekauftes ergänzen. Zusätzlich kompliziert wird die Situation durch die Tatsache, dass viele Weingüter, bedingt durch die Fusionen und Übernahmen der letzten Jahre, zahlreiche Lagen gemeinsam benutzten.

Canberra

Clonakilla ☆☆
Murrambateman. Besitzer: Familie Kirk. 7 ha.
www.clonakilla.com.au
Einer der ersten und gleichzeitig besten Erzeugerbetriebe im Bezirk Canberra. Guter Riesling und interessante Versuche mit Viognier, doch der beste Wein ist der Shiraz mit Wildgeschmack.

Lark Hill ☆☆–☆☆☆
Bungendore. Besitzer: Familie Carpenter. 10 ha.
www.larkhillwine.com.au
Der höchstgelegene und mit der beste Weinbaubetrieb in Canberra. Zu den von Kellermeisterin Sue Carpenter bereiteten Weinen gehören Chardonnay, Shiraz, delikater Riesling im deutschen Stil und ein oft bemerkenswerter Pinot noir.

Hunter Valley

Allandale ☆☆–☆☆☆
Pokolbin. Besitzer: Wally Attallah. 7 ha.
www.allandalewinery.com.au
Seit den späten 1980er-Jahren erzeugt Bill Sneddon gute Weine aus verschiedenen Quellen: von gutseigenen Weinbergen und anderen Anbauern im Hunter Valley, in Mudgee und der kühlen Region Hilltops.

Arrowfield ☆☆
Upper Hunter. Besitzer: Hokuriku. 60 ha.
www.arrowfieldwines.com.au
Das Haus hat sich einen guten Namen mit preiswerten Weinen gemacht. Am besten sind der rauchige, zedernholzwürzige Shiraz, der vollmundige Chardonnay im kalifornischen Stil und die kraftvollen Weine unter dem Etikett »Show Reserve«. Arrowfield sollte jedoch einen eigenen Stil finden.

Brokenwood ☆☆☆
Pokolbin. Besitzer: Iain Riggs und Partner. 15 ha.
www.brokenwood.com.au
Ursprünglich eingerichtet von einer Personengesellschaft von Weinliebhabern aus Sydney, zu der auch der Weinbuchautor James Halliday gehörte, steht Brokenwood heute unter der Leitung des besonnenen Iain Riggs. Hier entstehen multiregionale Verschnitte; am eindrucksvollsten sind jedoch die Weine aus eigenem Lesegut: v. a. der superbe, zitrusfruchtige

Semillon »ILR Reserve« und der (für die Region atypisch kräftige) Shiraz »Graveyard Vineyard«. Das mit Abstand berühmteste Gewächs ist jedoch der sanft eichenwürzige Sauvignon-Semillon-Verschnitt »Cricket Pitch«.

Drayton's Family Wines ☆–☆☆
Pokolbin. Besitzer: Familie Drayton. 55 ha.
www.draytonswines.com.au
Der alte Familienbetrieb produziert schon seit Mitte des 19. Jhs. Wein. Der traditionelle Hunter-Stil überwiegt; der beste Shiraz wird mindestens fünf Jahre gelagert und erst freigegeben, wenn er seinen Höhepunkt erreicht hat (zu einem entsprechend hohen Preis). Die Grundweine erscheinen unter dem Etikett »Oakey Creek«.

Evans Family Wines ☆☆–☆☆☆
Pokolbin. Besitzer: Len Evans und Familie.
8 ha
Australiens »Mr. Wine«, Len Evans, erzeugt mit seinem Sohn Toby aus dem kleinen Familienweinberg beliebte Einzellagenweine von Semillon, Chardonnay, Pinot noir und Gamay, die zum größten Teil exportiert werden.

Hope Estate ☆☆
Broke. Besitzer: Michael Hope. 90 ha.
www.hopeestate.com.au
Hunter-übliche Sortenweine sowie Merlot, alle frisch und nicht zu extraktreich.

Hungerford Hill ☆☆
Pokolbin. Besitzer: James Kirby. Keine eigenen Weinberge.
www.hungerfordhill.com.au
Nach vielen Jahren der Zugehörigkeit zu Southcorp wurde das Weingut 2002 wieder verkauft. Unter der Leitung von Kellermeister Phillip John werden flott aufgemachte Weine angeboten, deren Trauben ausschließlich aus neueren Anbaugebieten im mittleren und südlichen New South Wales stammen, darunter Young, Cowra und Tumbarumba. Zu den erfolgreichsten zählen »Tumbarumba Sauvignon Blanc«, »Clare Valley Riesling« und »Hilltops Cabernet Sauvignon«.

Kulkunbulla ☆☆
Pokolbin. Besitzer: Gavin Lennard und Partner. 7 ha.
www.kulkunbulla.com.au
Nachdem Gavin Lennard seines Managerdaseins überdrüssig geworden war, gründete er Kulkunbulla, das aus den eigenen, ehemals zu Rothburys Weingut Brokenback gehörenden Rebflächen und aus zugekauftem Lesegut schöpft. Seit 1997 wird Wein erzeugt. Das bisher begrenzte Sortiment wird zunehmend größer: Um den klassischen Semillon »Glandore«, extrem buttrigen Chardonnay »Brokenback« und einen würzigen, toastigen Petit Verdot ist das Angebot bereits erweitert worden.

Lake's Folly ☆☆☆
Pokolbin. Besitzer: Peter Fogarty. 12 ha.
www.lakesfolly.com.au
Hier fanden Hobby und Passion des prominenten Chirurgen Max Lake aus Sydney zusammen. Die damals erste Neugründung im Hunter Valley nach 40 Jahren bewies entgegen aller Traditionen, dass Cabernet und Chardonnay hier genauso gut gedeihen wie anderswo. Im Jahr 2000 wurde das Weingut verkauft, dem Lakes Sohn Stephen jedoch weiterhin als Berater verpflichtet ist, sodass der Weinstil wohl erhalten bleiben dürfte.

McGuigan Brothers ☆–☆☆☆
Pokolbin. Besitzer: eine Aktiengesellschaft.
4000 ha (selbst bewirtschaftet). www.mcguiganwines.com.au
Nach dem Verkauf von Wyndham Estate (siehe dort) an Orlando bauten die Brüder McGuigan ein eigenes neues Imperium auf. Neil hat die Firma inzwischen verlassen, während Marketinggenie Brian den Betrieb mit großem Engagement weiterführt. Die Weinberge sind über ganz New South Wales und Südaustralien verstreut, daher gibt es ein riesiges Angebot an unterschiedlichen Weinen. »Black Label« ist das Etikett für die Normalabfüllungen, gefolgt von der Serie »Bin«. »Personal Reserve« heißen die Gewächse der Oberklasse.

Meerea Park ☆☆
Windella. Besitzer: Familie Eather. Keine eigenen Weinberge.
www.meereapark.com.au
Die Eathers waren Traubenanbauer, verkauften jedoch ihre Weinberge, um eine Kellerei zu finanzieren. Kellermeister Rhys Eather kauft seine Trauben nun hauptsächlich im Hunter Valley. Zu den Weißweinen gehören frischer, sauberer Verdelho und aprikosenfruchtiger Viognier. Die besten Rotweine sind Shiraz-Versionen: »The Aunt's« aus zwei alten Weinbergen und »Munro« von alten Reben, der vor dem Verkauf in der Flasche reift. Beide sind für Hunter-Shiraz ungewöhnlich gehaltvoll und pflaumenwürzig.

Petersons ☆☆
Mount View. Besitzer: die Familie Peterson. 20 ha.
www.petersonswines.com.au
Ein vollendeter kleiner Weinbaubetrieb, dessen erste Gewächse 1981 herauskamen. Die Produktion umfasst außergewöhnlichen Shiraz, Chardonnay sowie guten Semillon und Cabernet Sauvignon.

Reynolds ☆☆
Cudal. Besitzer: Cabonne Limited. 900 ha.
www.reynoldswines.com.au
Trotz der geänderten Besitzverhältnisse erzeugt John Reynolds, der frühere Kellermeister von Wyndham Estate, nach wie vor auf diesem Gut die Weine. Dazu verwendet er Trauben, die vorwiegend aus der Region Orange stammen. »Little Boomey« heißt die preisgünstige Weinserie, Besseres wird unter den Etiketten »Moon Shadow« für Chardonnay und »Jezebel« für erdigen, eichenwürzigen Cabernet Sauvignon angeboten.

Rosemount Estate ☆–☆☆☆
Denman. Besitzer: Southcorp Wines und die Familie Oatley.
1500 ha. www.rosemountestates.com
Eines der zukunftsträchtigsten Unternehmen des Landes mit einigen der populärsten Exportweine Australiens. In die Kellerei im Upper Hunter (wo sich auch die berühmte Lage für Roxburgh Chardonnay befindet) holte sich bisher Kellermeister Philip Shaw das Lesegut aus dem ganzen Land für eine enorme Auswahl an guten Weinen. Inzwischen wurde Shaw mit der Überwachung der Weinbereitung bei Southcorp beauftragt, und Andrew Koerner hat in Rosemount das Amt des obersten Kellermeisters übernommen. Zu den jüngeren Erfolgen zählen u. a. volle, eichenwürzige Chardonnays von Roxburgh und aus der Region Orange sowie köstlicher, starker Shiraz, insbesondere »Balmoral« aus dem McLaren Vale (der auf dem Etikett ungewöhnlicherweise als Syrah bezeichnet wird). Neuerdings sind auch regionale Weine in den Mittelpunkt des Interesses gerückt, wie beispielsweise die Serie »Hill

of Gold« aus Mudgee, der Grenache/Syrah/Mourvèdre »GSM« aus dem McLaren Vale und, aus der gleichen Region, der Bordeaux-Verschnitt »Traditional«. Die populären Sortenweine für den Massenmarkt erscheinen unter dem Etikett »Diamond«.

Rothbury Estate ☆–☆☆☆
Pokolbin. Besitzer: Beringer Blass. 300 ha.
www.beringerblass.com
Langlebiger Semillon im echten Hunter-Stil begründete das Renommee des eindrucksvollen Weinbaubetriebs, als er noch im Besitz von Len Evans und seinen Partnern war, aber auch Shiraz trug zum guten Ruf bei. 1995 wurde Rothbury Opfer einer feindlichen Übernahme, die viel Bitterkeit hinterlassen hat. Heute konzentriert sich die Erzeugung auf fassvergorenen und -gereiften Chardonnay. Shiraz ist der wichtigste Rotwein. Die Spitzenabfüllungen, darunter ein würziger, vollaromatischer Chardonnay, tragen das Etikett »Reserve«. Neil McGuigan ist der Kellermeister, und viele seiner Weine, besonders die Semillons, sind von hoher Qualität.

Saddler's Creek ☆–☆☆
Pokolbin. Besitzer: John Johnstone. 12 ha.
www.saddlerscreekwines.com.au
Im Besitz des Pferdezüchters John Johnstone. Die meisten Weine entstehen aus angekauften Trauben von Langhorne Creek und dem Hunter Valley. Die bekannteste Marke ist »Bluegrass« mit Shiraz und Cabernet Sauvignon, die in amerikanischer Eiche reifen. Durch ihre holzwürzige Süße sind sie bereits jung trinkbar. Es sind kommerzielle und dennoch anspruchsvolle Tropfen, manchmal aber etwas eintönig.

Scarborough ☆☆
Pokolbin. Besitzer: Familie Scarborough. 40 ha.
www.scarboroughwine.com.au
Ungewöhnlich für die Region, liegt der Schwerpunkt hier auf Chardonnay. Der zitronenfruchtige »Blue Label« stammt von früh gelesenen Trauben, der gehaltvollere »Yellow Label« wird größtenteils in neuer Eiche ausgebaut.

Tempus Two ☆☆
Pokolbin. Besitzer: Familie McGuigan. www.tempustwo.com.au
Ein Zweitetikett des Hauses McGuigan (siehe dort). Die imposante neue Kellerei sollte planmäßig 2003 mit der Produktion begonnen haben. Zur Spitzenklasse gehörte bisher der feine Cabernet Sauvignon »Hollydene«.

Tower ☆☆☆
Pokolbin. Besitzer: Len Evans und Partner. Keine eigenen Weinberge. www.towerestatewines.com.au
Seit 1999 beziehen Len Evans und Kellermeister Dan Dincen ihre Trauben von ausgewählten Parzellen im Hunter Valley, Clare, den Adelaide Hills, Tasmanien und anderen Regionen. Ziel des Unternehmens ist die Produktion von außergewöhnlich guten Weinen, von denen maximal 1000 Kisten angeboten werden. Die Stars des Jahrgangs 2001 waren Sauvignon blanc und Chardonnay von den Adelaide Hills, der Shiraz aus dem Hunter Valley und der Cabernet Sauvignon aus Coonawarra: alles üppige, duftige Weine von hoher Eleganz.

Tyrrell's ☆☆–☆☆☆☆
Pokolbin. Besitzer: Familie Tyrrell.
470 ha im Hunter Valley und Südaustralien.
www.tyrrells.com.au

Murray Tyrrell war einer der Väter des Wiederaufbaus im Hunter-Valley in den 1970er-Jahren. Er stützte sich auf traditionellen Semillon und Shiraz, überraschte dann aber mit seinem ausgewogenen »Vat 47 Chardonnay«, der dieser Rebsorte in Australien den Weg bereitete. Trotz seiner Erfolge mit »Vat 9 Pinot Noir« liegt Tyrrells Stärke heute bei Shiraz (»Vat 9 Shiraz«), in Einzellagenweinen wie »Stevens Semillon« und dem zuverlässigen »Old Winery« sowie den recht einfachen Tropfen der kommerziellen Serie »Long Flat«. Kellermeister ist seit den 1970er-Jahren Andrew Spinaze.

Wyndham Estate ☆–☆☆☆
Dalwood. Besitzer: Orlando Wyndham. 150 ha.
www.wyndhamestate.com.au
Einer der ältesten Weinbaubetriebe Australiens und mittlerweile einer der populärsten. Früher, unter der energischen Führung von Brian und Neil McGuigan, waren Wyndham-Weine überall anzutreffen. Heute ist die Qualität der Kellerei, die inzwischen zur riesigen Orlando-Wyndham-Gruppe gehört, zwar noch genauso zuverlässig, doch scheint ein Teil des alten Glanzes verloren gegangen zu sein. Während die Weine der Serie »Bin« kaum beeindrucken können, sind die »Show Reserves« reizvoll.

Mudgee

Botobolar ☆–☆☆
Mudgee. Besitzer: Kevin und Trina Karstrom. 22 ha.
www.botobolar.com
Ein ökologisch wirtschaftender Weinbaubetrieb, der speziell mit Shiraz einige der reizvollsten Weine von Mudgee erzeugt.

Huntington Estate ☆☆–☆☆☆☆
Mudgee. Besitzer: Familie Roberts. 40 ha
Einer der seriösesten Erzeuger von Qualitätsweinen in Mudgee. Kellermeister Bob Roberts Tochter Susie hat inzwischen seine Nachfolge angetreten und bereitet die unverändert wundervollen Weine, v. a. feine, aber kräftige Cabernet-Verschnitte und Shiraz.

Miramar ☆
Mudgee. Besitzer: Ian MacRae und Partner. 33 ha.
www.miramarwines.com.au
Einer der kompetentesten Betriebe in Mudgee. Miramar gelingt es immer wieder, das Charakteristische der einzelnen Sorten deutlich herauszuarbeiten, besonders bei Chardonnay, einem Chardonnay-Semillon-Verschnitt, bei Cabernet und Shiraz. Weiterhin im Angebot: ein sauberer Rosé und ein »Vintage Port«.

Orange

Bloodwood Estate ☆☆
Orange. Besitzer: Stephen Doyle. 8 ha.
www.bloodwood.com.au
Stephen und Rhonda Doyle haben als Pioniere die Anfänge der hoch gelegenen Weinbauregion Orange mitgestaltet. Toastwürziger Chardonnay, außergewöhnlicher Riesling, würziger Cabernet Sauvignon und ein wunderbar saftiger Roséwein von Malbec.

Brangayne ☆–☆☆
Orange. Besitzer: Don Hoskins. 25 ha.
www.brangayne.com

Weingut mit Rebflächen hoch oben in Orange. Neben einem ziemlich schweren, toastwürzigen Chardonnay bereitet Kellermeister Simon Gilbert auch einen Pinot noir von leichterem Stil.

Highland Heritage ☆
Orange. Besitzer: Familie D'Aquino. 15 ha

Die ersten Weine erschienen 1997, und am erfolgreichsten war bisher der gehaltvolle, toastwürzige Chardonnay.

Logan ☆–☆☆
Northbridge. Besitzer: Familie Logan. 14 ha.
www.loganwines.com.au

Seit 1997 spezialisiert sich dieser Betrieb auf Weine aus der Region Orange, von denen der Chardonnay gewöhnlich der beste ist.

Riverina

De Bortoli Wines (Griffith) ☆–☆☆☆
Bilbul. Besitzer: De Bortoli. Keine eigenen Weinberge.
www.debortoli.com.au

Der größte Teil der Produktion besteht aus den einfachen Weinen der Reihe »Sacred Hill«. Bekannt ist das Gut jedoch für seinen bemerkenswerten edelfaulen Semillon »Noble One«.

McWilliam's ☆☆–☆☆☆☆
Chullora. Besitzer: Familie McWilliam. 140 ha.
www.mcwilliams.com.au

Ein zielorientiertes Familienunternehmen mit drei Betriebszentren in New South Wales. Der Hauptteil der Produktion – Massenwein und gelegentliche Besonderheiten wie edelfauler Semillon – entsteht in Hanwood in Riverina, dagegen werden die Spitzengewächse, z.B. die eindrucksvollen, langlebigen Semillons »Elizabeth« und »Lovedale«, in der legendären Kellerei Mount Pleasant im Hunter Valley erzeugt. Der neue Besitz in Barwang im kühlen mittleren Teil des Staates bringt ermutigende Versionen eines geschmacksintensiven, »kühlen« Stils hervor. Zu den außerordentlichen Leistungen der beiden Kellermeister Philip Ryan und Jim Brayne zählt außerdem, dass sie die beispielhafte Qualität der Hunter-Semillon- sowie der Shiraz-Weine von alten Reben dauerhaft aufrecht zu erhalten wissen: Sie gehören, wenn auch oft unterschätzt, zu den großen Klassikern Australiens.

Sonstige Bereiche

Cassegrain ☆–☆☆
Port Macquarie. Besitzer: Gerard Cassegrain. 154 ha.
www.cassegrainwines.com.au

Ein faszinierendes Projekt in der warmen Region Hastings Valley im Norden von New South Wales, bei dem ein Teil der Rebfläche nach biodynamischen Prinzipien bestellt wird. Die Weine sind oft sehr eindrucksvoll, insbesondere ein sanft würziger, gehaltvoller Merlot und ein außergewöhnlicher, lebendiger, purpurroter Chambourcin.

Trentham Estate ☆
Mildura. Besitzer: Anthony und Patrick Murphy. 50 ha.
www.trenthamestate.com.au

Zwar nur ein Zwerg im Vergleich zu den riesigen Betrieben auf der anderen Seite des Murray River in Victoria, dennoch ein beliebter und zuverlässiger Erzeuger. Die Weißweine sind sauber und schmackhaft, die Roten – besonders gut sind Merlot und Shiraz – von milder, zugänglicher und süßer Frucht gekennzeichnet.

Die führenden Erzeuger in Victoria

Central Victoria

Balgownie ☆☆
Maiden Gully. Besitzer: Familie Forrester. 33 ha.
www.balgownieestate.com.au

1986 von Mildera erworben, wurde der Betrieb im Jahr 2001 wieder verkauft. Gründer Stuart Anderson hatte sich in Australien einen der besten Namen für seinen im Château-Latour-Stil bereiteten Cabernet Sauvignon erworben. Die neueren Jahrgänge waren etwas ungleichmäßig, mit jedoch teilweise hervorragendem Cabernet Sauvignon. Nach Neuinvestitionen könnte sich die Beständigkeit verbessern.

Jasper Hill ☆☆☆–☆☆☆☆☆
Heathcote. Besitzer und Kellermeister: Ron Laughton. 18 ha

Bemerkenswerte Weine eines nach ökologischen Richtlinien geführten Guts. Der Riesling ist so duftig, wie man ihn sich nur wünschen kann, die Rotweine («Georgia's Paddock«, ein reiner Shiraz, und »Emily's Paddock«, ein Verschnitt aus Shiraz und Cabernet franc) sind trotz ihrer massiver Struktur wunderbar zugänglich. Die Nachfrage übersteigt das Angebot bei weitem.

Yellowglen ☆☆
Smythesdale. Besitzer: Beringer Blass. 14 ha.
www.yellowglen.com.au

Der Betrieb war ursprünglich darauf ausgerichtet, den besten Schaumwein Australiens zu produzieren. Dieses Ziel wurde nicht erreicht, doch immerhin gelang es, den preisgünstigsten des Landes zu erzeugen. Während der 1990er-Jahre stieg die Qualität jedoch merklich an, und v. a. die spritzige »Cuvée Victoria« mit Biskuitnoten ist inzwischen bemerkenswert.

Geelong

Bannockburn Vineyards ☆☆–☆☆☆
Bannockburn. Besitzer: Stuart Hooper. 25 ha

Kellermeister Gary Farr sammelte über mehr als zehn Jahre hinweg Erfahrungen im burgundischen Weinbau, die heute dem außergewöhnlichen Chardonnay und dem straffen, langlebigen Pinot zugute kommen. Ein von Alain Graillot aus Crozes-Hermitage beeinflusster neuerlicher Weinstil erbringt nun auch einen interessanten, pfeffrigen, Rhône-ähnlichen Shiraz. Siehe auch den nächsten Eintrag.

By Farr ☆☆☆
Bannockburn. Besitzer und Kellermeister: Gary Farr. 5 ha

Gary Farr, Kellermeister von Bannockburn Vineyards (siehe dort), besitzt seit 1999 für zwei Weine ein eigenes Etikett: »Chardonnay by Farr« und »Pinot Noir by Farr«. Beide sind erstklassig, wenn auch stark eichenwürzig.

Scotchman's Hill ☆☆–☆☆☆
Drysdale. Besitzer: Familie Brown. 50 ha.
www.scotchmanshill.com.au

Ein vorbildlicher Betrieb auf der Halbinsel Bellarine südlich von Geelong und ein Favorit in den chicen Bistros von Melbourne. Das intensive Fruchtaroma des von Robin Brockett bereiteten Chardonnay und Pinot noir hat Scotchman's Hill den raschen Aufstieg zur Spitze ermöglicht.

Goulburn Valley

Mitchelton ☆☆
Mitchellstown, Nagambie. Besitzer: Petaluma. 120 ha.
www.mitchelton.com.au
Ein ausgefallenes Gebäude im Stil eines modernistischen Klosters am Ufer des schönen Goulburn River. Ein Aussichtsturm, eine Voliere und ein Restaurant wurden als Touristenattraktionen gebaut und haben mit der Weinerzeugung selbst wenig zu tun. Das Etikett »Mitchelton« steht für Gutsabfüllungen: pfirsichfruchtiger Marsanne, fassgereift und für diese Sorte erstaunlich aromatisch, gut bereiteter Riesling, deftiger Chardonnay und der exzellente Shiraz »Print«. Weitere Etiketten sind u. a. »Blackwood Park« und »Preece«.

Tahbilk ☆☆–☆☆☆
Tahbilk. Besitzer: Familie Purbrick. 168 ha.
www.tahbilk.com.au
Das geschichtsträchtigste und attraktivste Weingut in Victoria und zugleich eines der besten Australiens. Die alte Farm im Schatten großer Bäume liegt in einer bezaubernden Landschaft am Goulburn River und wirkt mit ihren Scheunen und Kellern wie die Szenerie für einen alten australischen Heimatfilm. Der trockene weiße Marsanne, der sich anfangs so leicht gibt, reift zu subtiler Rundheit heran. Der Riesling ist frisch, voll im Geschmack und reift ebenfalls schön heran. Eines der besten Preis-Leistungs-Verhältnisse in Australien bietet der Shiraz des Betriebs, der in der Version »1860 Vine« (aus den noch verbliebenen Rebzeilen des ursprünglichen Weinbergs) bemerkenswerterweise deutlich im Stil der Alten Welt gehalten ist. Etwas erdiger, doch ebenfalls langlebig ist der Cabernet Sauvignon.

Grampians

Best's Wines ☆☆–☆☆☆
Great Western. Besitzer: die Familie Thomson. 50 ha.
www.bestswines.com
Ein berühmter alter Name in Victoria und ein Weingut mit höchst malerischen alten Gebäuden in Great Western. Der Shiraz »Bin 0« ist zuverlässig gut und überraschend elegant; eine weitaus gewichtigere Angelegenheit ist der Shiraz »Thompson Family« (ausschließlich von 130-jährigen Reben): dunkel, vollmundig und einfach überwältigend.

Mount Langi Ghiran ☆☆–☆☆☆
Buangor. Besitzer: Yering Station. 95 ha.
www.langi.com.au
Das ökologisch bewirtschaftete Gut ist einer der hervorragendsten australischen Vertreter für reichhaltigen, pfeffrigen, Rhône-ähnlichen Shiraz. Weiterhin angeboten werden ein Cabernet aus Limestone Coast, Pinot gris und Riesling. Wie sich der Besitzerwechsel des Jahres 2002 auf die Qualität auswirkt, ist noch nicht absehbar.

Seppelt Great Western ☆☆–☆☆☆☆
Great Western. Besitzer: Southcorp Wines.
www.seppelt.com.au
Die historische Kellerei in Great Western beherbergt nun auch eine ganz neue Anlage für die Schaumweinproduktion von Southcorp. Im Mittelpunkt der Produktion stehen jedoch noch immer die Seppelt-Schaumweine, vom preiswerten »Great Western« bis zum Flaggschiff »Saliger«. Eine neu aufgelegte Serie von Seppelt-Tischweinen, alle von Trauben aus Victoria, belebt das Image der Firma. Die exzellenten Einzellagenabfüllungen (darunter »Great Western« Shiraz, »Drumborg« Cabernet und andere aus den Weinbergen des Hauses in Südaustralien) kommen erst in den Handel, wenn sie genussreif sind. In einer weiteren Kellerei in Barossa erzeugt Seppelt eine vortreffliche Reihe gespriteter Tropfen aus Rutherglen und Südaustralien: Muscat, »Port« und »Sherry« sind alle erstklassig.

Macedon Ranges

Bindi ☆☆☆
Gisborne. Besitzer: Familie Dhillon. 5 ha.
Das Gut erzeugt kleine Mengen von sehr gefragten Chardonnay- und Pinot-noir-Weinen. Um höchste Fruchtkonzentration zu gewährleisten, werden die Erträge niedrig gehalten, und trotz ausgedehnter Reifezeit in Eichenfässern sind sie kaum jemals schwer oder zu dicht.

Cope-Williams ☆☆
Romsey. Besitzer: Familie Cope-Williams. 20 ha.
www.cope-williams.com.au
Dieses Weingut gleicht einem südenglischen Landhaus-Idyll. Die aus England stammende Familie Cope-Williams erzeugt delikate Weine aus kühlen Klimazonen, darunter einen der schönsten Schaumweine Australiens.

Craiglee ☆☆☆
Sunbury. Besitzer: Familie Carmody. 10 ha.
www.craiglee.com.au
Hinter dem bescheidenen Wesen von Pat Carmody verbirgt sich ein sachkundiger Traubenanbauer und Weinerzeuger. Sein Chardonnay ist ein straffer, mild-toastiger Tropfen, der höchst elegante, verlockend pfeffrige Shiraz der eigentliche Glanzpunkt des historischen Guts.

Hanging Rock ☆☆
Newham. Besitzer: Familie Ellis. 12 ha.
www.hangingrock.com.au
Zuverlässige Weine der (preiswerten) Marken »Rock« und »Victoria«, jedoch außergewöhnliche Qualität bei den Abfüllungen von eigenem Lesegut. Der Sauvignon blanc »Jim Jim« wirkt mit seiner grasigen Intensität fast scharf, und der Shiraz »Heathcote« ist eine kraftvoll eichenwürzige Interpretation dieser Sorte.

Virgin Hills ☆☆
Kyneton. Besitzer: Michael Hope. 12 ha
Der gleichnamige Weinberg in kühler Lage und einstige Traum seines Gründers Tom Lazar, Gastronom in Melbourne, ist nach mehreren Eignerwechseln jetzt im Besitz von Michael Hope, dem auch Hope Estate im Hunter Valley gehört (siehe dort). Der einzige Wein ist ein Verschnitt von Cabernet Sauvignon, Shiraz und Merlot.

Mornington Peninsula

Dromana Estate ☆–☆☆☆
Dromana. Besitzer und Kellermeister: Garry Crittenden. 30 ha.
www.dromanaestate.com.au

Ein weiterer Aspekt ist die Nachhaltigkeit: die Frage, wie lange der letzte Geschmackseindruck bestehen bleibt. Wirklich große Weine begeistern vor allem am Anfang mit der Schönheit ihres Buketts und am Schluss, wenn sie noch Minuten nach ihrem »Abgang« im Atem spürbar sind. In ihrem Bestreben, auch das kleinste Detail zu erfassen, haben französische Wissenschaftler sogar eine Maßeinheit für die Nachhaltigkeit erfunden: Eine Sekunde Geschmack nach dem Schlucken entspricht einer *caudalie*. Einer Theorie zufolge steht die Hierarchie der Burgunderweine in direktem Zusammenhang mit ihrem *caudalie*-Wert.

Die Reihenfolge beim Verkosten

Bei Verkostungen ist, genauso wie bei verschiedenen Weinen, die zum Essen serviert werden, ein Crescendo des Geschmacks angesagt: Wer nach einem kraftvollen, geschmacksintensiven Wein ein leichteres Gewächs probiert, so gut es auch immer sein mag, wird es unweigerlich als blass und unbedeutend empfinden. Üblicherweise kommt jung vor alt, leicht vor schwer, trocken vor süß und Weiß- vor Rotwein. In Bordeaux verkostet man allerdings oft erst Rot-, dann Weißwein. Man sollte beides ausprobieren.

Vertiefende Lektüre

In den letzten Jahren ist eine Vielzahl von Büchern erschienen, die alle Aspekte des Verkostens im Detail beleuchten. Michael Broadbents *Weine prüfen, kennen, genießen* ist der prägnant geschriebene Klassiker, Michael Schusters *Der Weinkenner* eine der besten Abhandlungen zum Thema, die ich kenne, und in Jancis Robinsons *Der Degustationskurs* findet der Leser einen praxisnahen, unterhaltsamen Einstieg in die Welt des Weinverkostens.

Eine Quelle für prächtigen Cabernet, Pinot noir und Chardonnay. Die ebenfalls guten Weine von zugekauften Trauben werden unter dem Etikett »Schinus« angeboten. Hinzu kommt eine Reihe *varietals* von italienischen Rebsorten (darunter Arneis, Dolcetto und Nebbiolo) aus dem King Valley, die als Garry-Crittenden-Marke mit einem großen kleinen »i« auf dem Etikett gekennzeichnet ist. Bei einem derart großen Angebot ist die Qualität zwangsläufig uneinheitlich, doch Garry Crittendens Mut und Enthusiasmus verdienen höchste Anerkennung.

Hickinbotham ☆–☆☆
Dromana. Besitzer: Familie Hickinbotham. 6,5 ha.
www.hickinbothamwinemakers.com.au
Eine Familie innovativer Weinerzeuger, die mit den bedeutendsten Entwicklungen im australischen Weinbau in enger Beziehung stehen. Die ehemals anspruchsvollen Pläne sind inzwischen zugunsten von Weinen aus meist angekauften Trauben von der Mornington Peninsula weitgehend aufgegeben worden.

Paringa Estate ☆☆☆
Red Hill South. Besitzer und Kellermeister: Lindsay McCall.
4 ha. www.paringaestate.com.au
Reputation und Erfolg des Betriebs stehen in keinem Verhältnis zu seiner unscheinbaren Größe. Die hervorragend gelegenen Weinberge, in denen die Reben an Unterstützungssystemen erzogen werden, erbringen außergewöhnliche Frucht. Der Chardonnay ist intensiv und nachhaltig, der Pinot unbändig und würzig, und der Shiraz will sich zunächst fast ein wenig unreif geben, wäre da nicht sein hinreißend pfeffriger Stil, der diesen Eindruck sofort verfliegen lässt.

Stonier ☆☆–☆☆☆
Merricks. Besitzer: Lion Nathan. 20 ha. www.stoniers.com.au
Heute wohl der führende Weinbaubetrieb der Region und gleich bleibend erfolgreich. Aus der Hand Tod Dexters stammt ein komplexer, wunderbar bereiteter Chardonnay und ein seidiger, himbeerfruchtiger Pinot noir. Kein Wunder, dass die Reserve-Abfüllungen die bereits guten Standardweine um einiges überragen.

T'Gallant ☆☆–☆☆☆
Main Ridge. Besitzer und Kellermeister: Kevin McCarthy und
Kathleen Quealy. 25 ha
Das talentierte Paar erbringt Pionierleistungen mit ungewöhnlichen, pfiffig aufgemachten Weinen, z. B. sehr reifem, würzigem Pinot gris, hefewürzigem, leicht bronzefarbenem, weil weiß gekeltertem Pinot noir, frischem, holzfrei ausgebautem Chardonnay sowie einem guten trockenen Rosé namens »Holystone«. Höchst erfolgreich in den chicen Lokalen von Melbourne.

Northeast Victoria

All Saints ☆–☆☆☆
Wahgunyah. Besitzer und Kellermeister: Peter Brown.
65 ha
1864 gegründeter, traditionsbewusster Weinbaubetrieb mit einer reichen Palette an Tisch-, Schaum- und gespriteten Weinen, 1991 von den Brüdern Brown (siehe dort) erworben und aufwendig renoviert. Seit 1998 ist Peter Brown alleiniger Besitzer. Herrliche alte, nach dem Solera-Prinzip gereifte Muskateller- und »Tokay«-Dessertweine unter dem Etikett »Museum«.

Bailey's ☆☆–☆☆☆
Glenrowan. Besitzer: Beringer Blass. 60 ha.
www.beringerblass.com.au
Berühmter Erzeuger von erhabenem, schwerem Shiraz, barockes Sinnbild des australischen Weins, der mit seinem schwarzroten Etikett zu warnen scheint vor seiner dickflüssig fruchtigen Art, die über 20 Jahre hinweg zu unwahrscheinlicher Subtilität heranreift. Noch besser (und erstaunlich preiswert) sind die Muskateller- und »Tokay«-Dessertweine: enorm fruchtig, intensiv süß und samtig.

Brown Brothers ☆☆
Milawa. Besitzer: Familie Brown. 160 ha.
www.brownbrothers.com.au
Der alte Familienbetrieb scheint sich ständig zu vergrößern und zu erneuern. Neben einer breiten, zuverlässigen Palette konventioneller Weine experimentiert Brown Brothers auch mit neuen Rebsorten und Weinstilen (meist nur im Gutsverkauf): exzellenter Sauvignon blanc aus sehr kühlen Klimazonen und sortenreine Weine von italienischen Trauben. Das neue Restaurant »Epicurean Centre« mit Probierraum ist ein Erfolg.

Bullers ☆–☆☆☆
Rutherglen in Victoria und Beverford. Besitzer: Familie Buller.
32 ha in Rutherglen, 33 ha in Beverford. www.buller.com.au
Der alte Familienbetrieb produziert in Rutherglen superbe Muskateller- und »Tokay«-Dessertweine. Aus Beverford kommen enorm schmackhafte, überaus alkoholstarke Rote.

Campbells of Rutherglen ☆☆–☆☆☆
Rutherglen. Besitzer: Familie Campbell. 56 ha.
www.campbellswines.com.au
Unter Colin Campbell begann der traditionelle Betrieb in Rutherglen sein Image zu verbessern und seine Methoden zu modernisieren. Herrlicher Muskateller und »Tokay« (v. a. »Merchant Prince« und »Isabella«) bilden nach wie vor das Rückgrat der Firma, aber auch der wundervoll würzige Shiraz »Bobbie Burns« und der stramme, eindrucksvolle Durif »The Barkly« sind sehr gut.

Chambers Rosewood ☆–☆☆☆
Rutherglen. Besitzer: Familie Chambers. 50 ha
Bill Chambers ist ein Veteran unter den Kellermeistern, exzentrisch, aber hoch angesehen wegen seiner alten Muskateller- und »Tokay«-Dessertweine: In der Serie »Rare« finden sich über 90 Jahre alte Tropfen. Die trockenen Versionen sind jedoch nur mittelmäßig.

Morris Wines ☆☆☆
Rutherglen. Besitzer: Orlando Wyndham.
90 ha
Dave Morris' Liqueur Muscat ist Australiens Geheimwaffe, ein aromatisches, seidig-süßes Gewächs, das selbst Skeptikern wohlige Seufzer entlockt. Das betagte wellblechverkleidete Kellereigebäude ist eine Schatzkammer voll uralter Fässer mit Muskateller und »Tokay«, die im Lauf der Zeit durch Verdunstung eine derart hohe Konzentration angenommen haben, dass sie vor dem Abfüllen mit jungem Wein aufgefrischt werden müssen.

Stanton & Killeen ☆☆–☆☆☆
Rutherglen. Besitzer und Kellermeister: Chris Killeen. 45 ha.
www.stantonandkilleen.com.au

Ein kleines, alteingesessenes Familienunternehmen, das beständig sein Angebot und seine Produktion erweitert. Die »Moodemere«-Rotweine von Cabernet, Shiraz und Durif gehören heute zu den besten in Nordost-Victoria. Muscat, »Tokay« und »Port« sind nicht so üppig, wie man es in dieser Region erwarten könnte, dafür aber leicht und elegant.

Northwest Victoria

Deakin Estate ☆
Red Cliffs. Besitzer: Freixenet. 300 ha.
www.deakinestate.com.au
Die recht schlichte, aber erfolgreiche Marke »Sunnycliff« wurde 1995 in »Deakin Estate« umbenannt und mit attraktiven Etiketten und besserem Marketing neu aufgelegt. Der Wandel zahlte sich aus: Die Deakin-Weine gehören inzwischen zu den populärsten – und preiswertesten – im ganzen Land. Die Reserve-Serie trägt das Etikett »Deakin Select«.

Lindemans ☆–☆☆☆
Karadoc. Besitzer: Southcorp. Weinberge im Hunter Valley,
Sunraysia, Coonawarra und Padthaway. www.lindemans.com
1870 im Hunter Valley gegründet, ist Lindemans eines der bedeutenden alten Weinunternehmen Australiens und gehört nun zu Southcorp, dem größten des Landes. Lindemans-Weine erscheinen heute unter vielen Etiketten und stammen aus unterschiedlichen Quellen. Die Kellerei im Hunter Valley ist in schlechtem Zustand, weshalb der Großteil der Produktion hier nach Victoria verlagert wurde. Der Chardonnay »Bin 65«, der am unteren Ende der Qualitätspyramide rangiert, ist weltweit einer der Weißweine mit dem höchsten Wiedererkennungswert. Ebenfalls im Angebot sind solide Tropfen aus Padthaway und das rote Coonawarra-Sortiment mit »Limestone Ridge« (eine Shiraz/Cabernet), Cabernet Sauvignon »St. George« sowie der Verschnitt »Pyrus«.

Pyrenees

Blue Pyreenes ☆–☆☆
Avoca. Besitzer: Bill Anderson und John Ellis. 185 ha.
www.bluepyrenees.com.au
Ursprünglich unter dem Namen Chateau Remy für die Brandy-Herstellung eingerichtet, erzeugt der Betrieb heute ein breites Angebot an sortenreinen und Reserve-Abfüllungen. Auch die Qualität der Schaumweine (insbesondere des »Midnight Cuvée«, ein Blanc de Blancs von bei Nacht und Scheinwerferlicht handgelesenen Trauben) hat sich wesentlich verbessert. 2002 wurde das Weingut zwar verkauft, aber auch die neuen Besitzer wollen das nicht wirklich aufregende, aber preisgünstige Sortiment beibehalten.

Dalwhinnie ☆☆☆–☆☆☆☆
Moonambel. Besitzer und Kellermeister: David Jones. 18 ha.
www.dalwhinnie.com.au
Der vielleicht beste Erzeugerbetrieb in der Region Pyrenees produziert wunderbar kraftvollen, mit toastiger Eichenwürze abgerundeten Chardonnay, stämmigen, reifen, dunklen Cabernet und lebendigen, harzigen, nachhaltigen Shiraz. Im Jahr 2000 wurde auch ein eleganter Pinot noir in das ohnehin schon beeindruckende Angebot aufgenommen.

Redbank ☆☆–☆☆☆
Redbank. Besitzer und Kellermeister: Neill Robb. 15 ha.
www.redbankwines.com

Die Weine von Neill Robb zeigen manchmal die harte, verschlossene Art, wie sie die Region Pyrenees hervorbringen kann, doch sein Spitzenwein »Sally's Paddock«, ein Verschnitt auf Cabernet-Shiraz-Basis, ist in guten Jahren einer der besten Rotweine der Gegend: komplex, würzig und sehr erfreulich.

Taltarni ☆☆
Avoca. Besitzer: John Goelet. 115 ha; weitere 20 ha in Clover
Hill im tasmanischen Pipers Brook für Schaumwein.
www.taltarni.com.au
Ein Schwesterbetrieb von Clos du Val im kalifornischen Napa Valley (siehe dort), der außerordentlich fortschrittlich und modern ausgestattet ist. Seit 1976 erzeugte Dominique Portet hier muskulösen Cabernet Sauvignon und Shiraz mit viel Kraft und reichlich Tannin, beide für lange Lagerung geeignet. In neueren Jahrgängen kamen zunehmend Cabernet-Merlot-Verschnitte hinzu, die einen zugänglicheren Stil etablieren sollten. Die Weißen standen auf weniger sicheren Beinen, aber zumindest der Sauvignon blanc war gut. Seit Portet den Betrieb im Jahr 2000 zugunsten seiner eigenen Kellerei im Yarra Valley (siehe dort) verlassen hat, scheint man sich nun insgesamt auf einen geschmeidigeren und verbraucherfreundlicheren Stil zu konzentrieren.

Warrenmang Vineyard ☆☆
Moonambel. Besitzer: Familie Bazzani. 10 ha.
www.bazzani.com.au
Das passionierte Unternehmen des ortsansässigen italienischen Gastronomen Luigi Bazzani, ein attraktives, einladendes Weingut, produziert seit einigen Jahren guten, wuchtigen, erdigen Shiraz sowie schokoladigen Cabernet Sauvignon und neuerdings auch leichtere, gefälligere Bistro-Weine unter dem Etikett »Bazzani«.

Yarra Valley

Coldstream Hills ☆☆–☆☆☆
Coldstream. Besitzer: Southcorp. 180 ha.
www.coldstreamhills.com.au
Der von James Halliday, dem führenden Weinpublizisten Australiens, gegründete Betrieb fiel 1996 an Southcorp. Die Produktion wurde umfassend erweitert, u.a. ein Sauvignon blanc ins Programm aufgenommen. Coldstream Hills erzeugt aber weiterhin einen der stilvollsten Pinot noir und Chardonnay in Australien sowie eleganten Cabernet Sauvignon und Merlot. Kellermeister Andrew Fleming wird von James Halliday beratend unterstützt.

De Bortoli (Yarra Valley) ☆☆–☆☆☆
Dixons Creek. Besitzer: Familie De Bortoli. 155 ha.
www.debortoli.com.au
Der im Yarra Valley ansässige Zweig der erfolgreichen Weinbaufamilie aus New South Wales produziert Wein von Trauben aus ganz Victoria unter den preiswerten Etiketten »Windy Peak« und »Gulf Station«. Die Abfüllungen aus Lagen im Yarra Valley sind von besserer Qualität, insbesondere der zitrusduftige Chardonnay, der fruchtig-trockene Roséwein von Cabernet und der dunkle, beerenfruchtige Cabernet.

Diamond Valley ☆☆☆
St. Andrews. Besitzer und Kellermeister: David Lance. 4 ha
David Lance bereitet hervorragenden Pinot noir sowie Chardonnay und Cabernet. Zu Recht wird er für seinen kräftigen, vielschichtigen Pinot noir »Close-Planted« gelobt, mit erdigem

Duft und reichhaltigen, pflaumigen Geschmacksnoten. Die Weine von zugekauften Trauben erscheinen unter dem Etikett »Blue Label«.

Domaine Chandon ☆☆☆
Coldstream. Besitzer: LVMH. 100 ha. www.chandon.com
Ein spannendes Projekt im Yarra Valley, das mit Hilfe des ausländischen Expertenwissens von Moët und der einheimischen Sachkenntnis eines Tony Jordan, dem bedeutendsten önologischen Berater in Australien, entstanden ist. Die Schaumweine werden aus eigenem und zugekauftem Lesegut bereitet und zwei Jahre auf der Hefe belassen. Eine erste Version nach dem klassischen Verfahren kam 1989 auf den Markt und stieg bald in die scharf umkämpfte Spitzengruppe der australischen Schaumweinhierarchie auf. Kleinere Produktionen an außergewöhnlichem Blanc de Blancs, Blanc de Noirs und einer Jahrgangs-Cuvée-Prestige (sechs Jahre Flaschenreifung) sind Beispiele von außergewöhnlicher Qualität. Große Erfolge hat das Haus Chandon auch mit den Stillweinen von Chardonnay und Pinot noir unter dem Etikett »Green Point«.

Mount Mary ☆☆☆
Lilydale. Besitzer: Dr. John und Marli Middleton. 12 ha
Aus der ehemaligen Freizeitbeschäftigung eines enthusiastischen Arztes wurde inzwischen ein vollwertiges Weinbauunternehmen. Sein Cabernet »Quintet« ist wie ein klassischer Bordeaux: mittelschwer, komplex und intensiv fruchtig. Die Chardonnays sind stark, voll und golden: in neuen Eichenfässern vergoren und wie die Cabernets bis zu zehn Jahre entfaltungsfähig. Weiterhin, doch nicht in jedem Jahr, entsteht ein außergewöhnlicher Pinot noir. Für modische Trends ist Dr. Middleton genauso unempfindlich wie für kritische Töne, doch für seine teuren Weine gibt es keinen Mangel an Nachfrage.

Dominique Portet ☆–☆☆
Coldstream. Besitzer und Kellermeister: Dominique Portet. 1,5 ha. www.dominiqueportet.com
Nach der Beendigung seiner Arbeit für Taltarni (siehe dort) nahm sich Dominique Portet eine Auszeit, bevor er im Yarra Valley seinen eigenen Betrieb eröffnete. Das Angebot ist gegenwärtig noch sehr begrenzt, doch die ersten Jahrgänge waren zugänglicher und charmanter als seine Geschöpfe bei Taltarni. Ein Weingut, das man im Auge behalten sollte.

St Huberts ☆☆
Coldstream. Besitzer: Beringer Blass. 35 ha. www.beringerblass.com.au
Eines der Prunkstücke aus dem 19. Jh. in Yarra ist wieder erstanden. Seit Beringer Blass (siehe dort) das Gut erwarb, ist die Qualität gleich bleibend gut, obwohl sich die Produktion verdreifacht hat.

Seville Estate ☆☆☆
Seville. Besitzer: Brokenwood. 5 ha
Kleiner Weinbaubetrieb im südlichen Yarra Valley. 1997 ging es an Brokenwood im Hunter Valley über (siehe dort), weshalb nun Ian Riggs für die Weinbereitung verantwortlich zeichnet. Besonders elegante Weine, u. a. saftiger Cabernet, würziger Shiraz und angenehmer Chardonnay mit großer Geschmackstiefe.

Tarrawarra ☆☆☆
Yarra Glen. Besitzer: Familie Besen. 75 ha. www.tarrawarra.com.au

Die eindrucksvolle, aufwendig ausgestattete Kellerei ist sehr darum bemüht, den besten Chardonnay und Pinot noir der Region zu erzeugen, und kommt ihrem Ziel gelegentlich auch nahe. Kellermeisterin Clare Halloran achtet darauf, dass übermäßiger Extraktreichtum, wie er bei einigen zurückliegen Jahrgängen aufgetreten war, in Zukunft vermieden wird.

Yarra Burn ☆☆–☆☆☆
Yarra Junction. Besitzer: Constellation-Hardy. 10 ha. www.brlhardy.com.au
Der bekanntermaßen gute Erzeugerbetrieb dient BRL Hardy als Produktionsbasis für den Weinberg Hoodles Creek im kühlen Klima von Yarra, eine Hanglage, die derart steil abfällt, dass man nach ihr eine neue Weinserie scherzhaft »Bastard Hill« benannte. Der toastwürzige, aber kraftvolle Chardonnay »Bastard Hill« ist erstklassig. Auch Pinot noir und Shiraz sind feine Weine.

Yarra Ridge ☆☆
Yarra Glen. Besitzer: Beringer Blass. 80 ha. www.beringerblass.com.au
Nachdem der von Rechtsanwalt Louis Bialkower aufgebaute Betrieb Mitte der 1990er-Jahre von Mildara Blass (siehe dort) erworben worden war, kam es zu anfänglichen Qualitätseinbußen – Probleme, die inzwischen jedoch behoben sind. Die mittelschweren Weine sind gut gebaut, sollten aber jung getrunken werden.

Yarra Yarra ☆☆–☆☆☆
Steels Creek. Besitzer und Kellermeister: Ian Maclean. 9 ha. www.yarayarravineyard.com.au
Ob der Doppelname für doppelte Qualität stehen soll? Ein kleines Weingut, das auf überraschend gut alternde Sauvignon-Semillon-Verschnitte und eine »Cabernets« genannte Mischung aus Cabernet franc und Cabernet Sauvignon spezialisiert ist. Sie reift in französischer Eiche und ist mittelschwer, elegant und unaufdringlich. Im Jahr 2000 wurde erstmals auch ein runder, pflaumiger Shiraz bereitet.

Yarra Yering ☆☆☆
Coldstream. Besitzer und Kellermeister: Dr. Bailey Carrodus. 34 ha
Das Yarra Valley verdankt das Wiederaufleben seines Weinbaus zum großen Teil dem individualistischen Besitzer dieses Betriebs. Seine bewässerungslosen Rebflächen erbringen kleine Erträge an hochwertiger Frucht. Eine sortengemäße Etikettierung ist nicht nach Dr. Carrodus' Geschmack: Seinen Verschnitt im Bordeaux-Stil nennt er lapidar »Dry Red No. 1«, den im Rhône-Stil bereiteten »Dry Red No. 2«. Beide Weine werden ihrer harmonischen Komposition wegen viel bewundert. Der Pinot noir ist sortenrein, und seit den späten 1990ern ist Viognier, Sangiovese und ein Wein im Port-Stil hinzugekommen. Alle zeichnen Lebendigkeit und kräftiges Aroma aus.

Yeringberg ☆☆–☆☆☆
Coldstream. Besitzer und Kellermeister: Guillaume de Pury. 2 ha
Aus einem wunderschönen alten Landgut bei Melbourne entstand dieser Betrieb, der sich nach wie vor im Besitz der Schweizer Gründerfamilie befindet; hier wird ganz ausgezeichneter Wein produziert: Pinot noir, Marsanne, Chardonnay, Cabernet und Merlot zeichnen sich durch Delikatesse und Charme aus. Trotz der kleinen Mengen sind sie repräsentativ für das Potenzial, das hier schlummert.

Yering Station ☆☆–☆☆☆
Yarra Glen. Besitzer: Familie Rathbone und Champagne Devaux. 115 ha. www.yering.com

Der nun komplett modernisierte historische Weinbaubetrieb gehörte zu den ersten in Victoria, und sein Wiedererstehen zu Beginn der 1990er-Jahre erregte Aufsehen. Die Weinqualität war leider weniger spektakulär. Auf Initiative der Familie Rathbone entstand ein Projekt mit dem Champagnerhaus Devaux, das einen Schaumwein namens »Yarrabank« zur Folge hatte. Alle Weine sind gut bereitet und ausgewogen, doch nur die Reserve-Abfüllungen spielen in einer Klasse für sich.

Sonstige Bereiche

Bass Phillip ☆☆☆
Leongatha South. Besitzer und Kellermeister: Phillip Jones. 15 ha

Der kleine Betrieb in Gippsland erinnert an eine Domaine in Burgund: in der Größe, den Methoden, im passionierten Einsatz und oft genug auch im Glas. Nur wenigen Erzeugern in Australien gelingt ein Pinot noir, der dem von Phillip Jones auch nur annähernd gleichkäme. Für alle drei Qualitätsstufen, in denen er erzeugt wird, besteht begierige Nachfrage.

Delatite ☆–☆☆☆
Mansfield. Besitzer: Familie Ritchie. 25 ha.
www.delatitewinery.com.au

Ros Ritchie erzeugt eindrucksvolle Weißweine und charakteristisch minzwürzige Rote aus kühlen Lagen. Riesling und Gewürztraminer gehören zu den Besten im Sortiment; daneben wird Pinot noir, Malbec und Sauvignon blanc angeboten.

Giaconda ☆☆☆–☆☆☆☆
Beechworth. Besitzer und Kellermeister: Rick Kinzbrunner. 6 ha. www.giaconda.com.au

Kleine modische Kellerei in Northeast-Victoria mit gutem Pinot noir und einem Chardonnay, der zu den edelsten und komplexesten in Australien zählt und bei Blindverkostungen oft mit feinem weißem Burgunder verwechselt wird. Zu den weiteren Weinen zählen die Mischung »Nantua Les Deux« aus Chardonnay und Roussanne sowie ein reiner Roussanne namens »Aeolia«. Die Produktionsmengen sind sehr gering; die Weine werden an Abonnenten und Spitzenrestaurants verkauft.

Weitere Erzeuger in Victoria

Elgee Park ☆☆
Merricks North. www.elgeeparkwines.com.au

Der älteste Betrieb auf der Mornington Peninsula produziert sehr gute Weine in sehr kleinen Mengen. Viognier und Chardonnay sind besonders beeindruckend.

Kooyong ☆☆
Shoreham. www.kooyong.com

Ein Weingut auf der Mornington Peninsula mit 34 ha, dessen erste Weine im Jahr 2001 erschienen. Seitdem findet es Beifall für leichten, eleganten Pinot noir und Chardonnay.

Oakridge Estate ☆☆
Seville

Eine Kellerei im Yarra Valley, die trotz ihrer guten Weine (Shiraz, Merlot und Chardonnay) in eine nicht zu lösende Finanz-

krise geriet und schließlich im Jahr 2001 an Evans & Tate (siehe dort) in Westaustralien überging.

Turramurra ☆☆
Dromana

Der Erzeuger auf der Mornington Peninsula bietet gehaltvollen Pinot noir und Sauvignon blanc in begrenzten Mengen.

Wantirna Estate ☆
Wantirna South

Ein winziges Gut in den Außenbezirken Melbournes. Besitzer und Kellermeister Reg Egan erzeugt einen hervorragenden Pinot noir, einen sanften, charmanten Cabernet-Merlot-Verschnitt und kleine Mengen anderer gekonnt bereiteter Weine.

Die führenden Erzeuger in Südaustralien

Adelaide Hills

Knappstein Lenswood Vineyards ☆☆☆
Lenswood. Besitzer und Kellermeister: Tim Knappstein. 25 ha. www.knappsteinlenswood.com.au

Seitdem sich Knappstein 1995 von seinem früheren Betrieb Tim Knappstein Wines im Clare Valley trennte, konzentriert er sich auf Weine aus seinen exzellenten Lagen im kühlen Klima von Lenswood: tiefer, fruchtiger Pinot noir mit Steinobst- und Wildnoten, sehr reichhaltiger Chardonnay und unglaublich intensiver Sauvignon blanc, womöglich der beste Australiens.

Nepenthe ☆☆–☆☆☆
Lenswood. Besitzer: Familie Tweddell. 60 ha. www.nepenthe.com.au

Kellermeister Peter Lenske sammelte in Burgund ausgiebig Erfahrung, bevor er dieses Weingut in der Mitte der 1990er-Jahre zur Spitze führte. Der knackige Riesling und der anspruchsvolle Chardonnay sind die Stars unter den Weißen; ähnlich hochwertige rote Vertreter sind der laubduftige Pinot noir sowie der Cabernet-Merlot-Verschnitt »The Fugue«. Die Weine sind von festem, elegantem Stil und sollten eine Zeit lang gelagert werden.

Petaluma ☆☆☆–☆☆☆☆
Piccadilly. Besitzer: Lion Nathan. 500 ha in den Adelaide Hills, in Coonawarra und im Clare Valley. www.petaluma.com.au

Trotz der Übernahme dieses wundervollen Weinguts durch eine neuseeländische Brauerei, bleibt es einer der führenden Betriebe Australiens. Alle Weine tragen die Handschrift des genialen Kellermeisters Brian Croser, nach dem auch der erstklassige Schaumwein »Croser« benannt ist. Zum Programm der Stillweine zählen ein glanzvoller, zitrusfruchtiger Riesling aus Clare und der immer wieder brillante, langlebige Chardonnay aus dem Piccadilly Valley. »Coonawarra«, ein Cabernet-Verschnitt, ist sauber, straff und entfaltet sich langsam. Zuletzt kamen ein Shiraz und mit »Tiers« ein sehr vielschichtiger (und sehr teurer) Einzellagen-Chardonnay hinzu. Zum Zweitetikett »Bridgewater Mill« gehören zugänglichere, unkomplizierte Weine, und Crosers »Sharefarmers Vineyard« nördlich von Coonawarra umfasst je einen Rot- und Weißwein von tadelloser Qualität.

Shaw & Smith ☆☆–☆☆☆
Balhannah. Besitzer: Martin Shaw und Michael Hill-Smith. 26 ha

Aus dem glücklichen Zusammenwirken von Kellermeister Martin Shaw und Cousin Michael Hill-Smith, Gastronom und Master of Wine, ging einer der besten Weinbaubetriebe in den Adelaide Hills hervor. Der durch und durch spritzige, apfelfruchtige, holzfrei ausgebaute Chardonnay ist einer der besten des Landes. Am anderen Ende des Spektrums stehen der Reserve-Chardonnay mit seinen kraftvollen, sahnigen Eichenholznoten, und der Sauvignon blanc, der mit seiner köstlichen Fruchtigkeit oft den besten Marlborough-Weinen gleichkommt. Unter den Rotweinen ist der Merlot bemerkenswert.

Geoff Weaver ☆☆☆
Lenswood. Besitzer und Kellermeister: Geoff Weaver. 11 ha.
www.geoffweaver.com.au
Geoff Weaver, ehemals der verantwortliche Kellermeister bei Hardy's, leitet nun seine eigene Kellerei in den Adelaide Hills, wo er wundervolle, hochklassige Weine entstehen lässt. Pikantfruchtiger Sauvignon, brillanter Chardonnay, blumiger, zitrusduftiger Riesling und ein ungewöhnlich eleganter Cabernet-Merlot-Verschnitt – ausnahmslos Weine von makelloser Reinheit und Balance.

Adelaide Plains

Primo Estate ☆☆☆
Virginia. Besitzer und Kellermeister: Joe Grilli. 40 ha.
www.primoestate.com.au
Joe Grilli ist ein Mann der leisen Töne. Weniger zurückhaltend sind hingegen seine Weine, die mit ihrer Qualität und Geschmacksintensität nicht hinter dem Berg halten. Köstlich fruchtiger Colombard, seidiger Shiraz und der nachhaltig trockene »Sparkling Red« gehören ebenso zu den Spitzenweinen des Hauses wie der im Amarone-Stil gehaltene seriöse Cabernet.

Barossa Valley

Barossa Valley Estates ☆☆–☆☆☆
Marananga. Besitzer: Valley Growers Cooperative und Constellation-Hardy. Lesegut von 65 Anbauern im Barossa Valley. www.bve.com.au
Der Betrieb produziert und exportiert Standardweine der Marke »Barossa Valley Estates« und exklusivere Abfüllungen unter dem Etikett »E & E«. Typischer Barossa-Shiraz: ungemein voll und mit süßlichen Geschmacksnoten, die vom Ausbau in amerikanischer Eiche stammen. Die Spitzenweine sind die Shiraz-Versionen »E & E Black Pepper« und »Ebenezer«.

Basedow ☆☆
Tanunda. Besitzer: Hill International.
Keine eigenen Weinberge. www.basedow.com.au
Ein oftmals erstklassiger Betrieb in Barossa. Die Weine entstehen aus angekauftem Lesegut, da die eigenen Weinberge 1982 verkauft wurden. Ende der 70er-Jahre zeigte der Shiraz Höhepunkte an Fülle und Vielfalt, in den 90ern waren Chardonnay und Semillon die Stars. Shiraz »Johannes« wurde erst vor kurzem ins Programm aufgenommen.

Beringer Blass
Barossa. www.beringerblass.com
Ein australischer Weinkonzern, der aus einer Vielzahl von Fusionen hervorgegangen ist: Es begann mit Mildara, einer Kellerei in Coonawarra, mit der beliebten Marke »Jamieson's Run«. Aus ihrem Zusammenschluss mit Wolf Blass entstand die neue

Firma Mildara Blass, die in der Folge die große Beringer Company in Napa schluckte. Unter dem neuen Namen Beringer Blass wurden weitere Weingüter erworben. Zum Imperium gehören heute so bekannte Etiketten bzw. Marken wie »Quelltaler«, »Saltram«, »Annie's Lane«, »Rothbury«, »Yellowglen«, »Baileys«, »Coldstream Hills«, »Yarra Ridge«, »Krondorf« und natürlich »Wolf Blass« selbst. Um die unterschiedlichen Weinstile und besonderen Charaktere der einzelnen Marken zu erhalten, hat jeder Betrieb seinen eigenen Kellermeister.

Bethany ☆☆
Tanunda. Besitzer: Familie Schrapel. 37 ha.
www.bethany.com.au
Traditionsbewusster Winzer und Erzeuger mit zurückhaltendem Stil, der einen übertriebenen Port-Charakter in seinen Weinen vermeidet. Guter Riesling aus dem Eden Valley und stilvoller Grenache, der mit zunehmendem Alter Kirsch- und Tabaknoten entwickelt.

Leo Buring ☆☆–☆☆☆
Nuriootpa. Besitzer: Southcorp. 60 ha.
www.australianwines.com/leoburing
Zwar ist aus der ursprünglichen Leo Buring Winery im Barossa Valley inzwischen Richmond Grove (siehe dort) geworden, nicht weit davon entfernt jedoch, hier bei Penfolds, entstehen nach wie vor Weine unter dem Etikett »Leo Buring«. Die Roten sind beeindruckend, ebenfalls der Chardonnay; Glanzpunkte setzt jedoch der Riesling, zweifellos einer der besten Australiens.

Elderton ☆☆
Nuriootpa. Besitzer: Familie Ashmead. 30 ha.
www.eldertonwines.com.au
Neil Ashmead stellt sein Licht nicht gerade unter den Scheffel, aber die Qualität seines Sortiments gibt ihm meistens Recht. Seine traditionell mächtigen, schokoladigen, alkoholreichen Rotweine haben schon viele Medaillen gewonnen, darunter auch die begehrte Jimmy Watson Trophy für besonders gehaltvollen Cabernet. Der Shiraz »Command« entsteht aus Reben, die zwischen 1895 und 1905 gepflanzt wurden; er wird in amerikanischer Eiche ausgebaut und ist so voll und reichhaltig, wie man es sich nur vorstellen kann.

Grant Burge ☆☆–☆☆☆
Tanunda. Besitzer: Grant und Helen Burge. 400 ha.
www.grantburgewines.com.au
Nachdem ihr Weingut Krondorf 1986 von Mildara geschluckt worden war, begannen die Burges mit diesem Projekt von Neuem. Trotz großer eigener Rebflächen wird Lesegut zugekauft. Riesling und Chardonnay stammen aus dem Eden Valley. Am bekanntesten ist der Betrieb für seinen großartigen Verschnitt aus Grenache, Shiraz und Mourvèdre namens »Holy Trinity«, der 1995 zum ersten Mal angeboten wurde. Mit seinem geschmeidigen Gefüge und seiner lebendigen Fruchtigkeit erinnert er an einen mittelschweren Zinfandel. Auch den Erfolgs-Shiraz »Meshach«, der einem »Grange« (siehe Penfolds) nicht unähnlich ist, sollte man kennen lernen, und ebenso den eichenfassgereiften Cabernet Sauvignon »Shadrach«, der von Trauben aus Coonawarra und Barossa bereitet wird.

Greenock Creek ☆☆☆
Seppeltsfield. Besitzer: Michael und Annabelle Waugh
Ein Gut mit Kultstatus, seit amerikanische Weinkritiker seinen Shiraz mit Lobeshymnen überhäuften. Bewässerungsloser

Anbau und niedrig gehaltene Erträge ergeben Weine mit so viel Kraft und Konzentration, wie man sich nur wünschen kann. Zahlreiche Cuvées von Shiraz und Cabernet werden bereitet. Im Direktvergleich erscheint der »Seven Acre Shiraz« als der vollkommenste Wein.

Henschke ☆☆☆–☆☆☆☆
Keyneton. Besitzer: Familie Henschke. 110 ha.
www.henschke.com.au
Ein Familienbetrieb in der fünften Generation mit zwei berühmten Shiraz-Marken: »Hill of Grace« (ein tiefgründiger Wein von alten Reben) und »Mount Edelstone« (milder und eleganter). Hinzu kommen neben einem frischen, feinen trockenen Riesling auch elegante Verschnitte wie »Keyneton Estate« von Shiraz, Cabernet und Malbec sowie »Johann's Garden« von Grenache, Mourvèdre und Shiraz. Der intensive Cabernet »Cyril Henschke« stammt nicht aus Barossa, sondern aus dem Eden Valley. Die Spitzenrotweine können sich 15 Jahre und länger halten. Seit das »Traumpaar« aus Kellermeister Stephen Henschke und Weinbergspezialist Prue Henschke vor zehn Jahren zusammenfand, hat es keine Schwächen gezeigt.

Kaesler ☆☆
Nuriootpa. Besitzer: Familie Hueppauff. 24 ha.
www.kaesler.com.au
Mittelschwere Weine, die besten werden unter dem Etikett »Old Vine« vertrieben. Am beeindruckendsten ist der »Old Bastard Shiraz«, von 1893 gepflanzten Reben. Kellermeister Reid Boswald hat die Tannine seiner roten Geschöpfe gut im Griff, die mit zunehmendem Alter eine ledrige Wärme annehmen.

Peter Lehmann ☆☆–☆☆☆
Tanunda. Besitzer: eine Aktiengesellschaft. 50 ha.
www.peterlehmannwines.com.au
Peter Lehmann ist einer der großen Propagandisten und Förderer von Barossa, der seine Kellerei in einer Zeit gründete (1978), als die Marktlage für Trauben alles andere als günstig war. Alle Lehmann-Weine zeigen mit Deutlichkeit ihren Lagencharakter. Die Rieslinge aus dem Barossa und dem Eden Valley können wunderbar sein; Cabernet und Shiraz sind oft so reichhaltig und voll, wie man es sich nur wünschen kann. »Clancy's« heißt ein preiswerter roter Verschnitt, und die Spitzenweine »The Mentor« (ein Cabernet-Verschnitt), »Stonewell« (Shiraz) und »Seven Surveys« (eine saftige Mischung von Shiraz, Mourvèdre und Grenache) sind würdige Neuankömmlinge im Pantheon der legendären Barossa-Weine.

Charles Melton ☆☆☆
Tanunda. Besitzer und Kellermeister: Charlie Melton. 28 ha.
www.charlesmeltonwines.com.au
Charlie Melton, einer der nettesten Menschen im Barossa Valley, produziert einige der besten Weine der Region: Cabernet und Shiraz, voll gepackt mit reifer Frucht, »Rosé of Virginia«, ein interessantes Mittelding zwischen schwerem Rosé und leichtem Rotwein, sowie »Nine Popes«, ein Verschnitt von Shiraz, Grenache und Mataro (Mourvèdre), der einst den Anstoß zur Wiederbelebung des Interesses an Rhône-Weinen gab.

Orlando ☆☆
Rowland Flat. Besitzer: Pernod-Ricard. www.orlando.com.au
Eine der größten Weinfirmen Australiens, weltweit durch den phänomenalen Erfolg des von Philip Laffer und seinem Kellerteam bereiteten »Jacob's Creek« bekannt geworden. Neben dieser Marke hat Orlando jedoch noch weit bessere Weine zu bieten. Die Serie »Gramp« ist reich an saftiger Frucht, der Schaumwein »Carrington« ist gut (der etwas teurere »Trilogy« noch besser), der Riesling »Steingarten« aus einer felsigen Einzellage wundervoll stahlig und straff, und die Coonawarra-Cabernets wie »St Hugo« und »Jacaranda Ridge« sind zwar stark eichenholzwürzig, oft aber auch sehr süffig. Die Häuser Morris Wines in Rutherglen, Richmond Grove in Barossa und Wyndham Estate im Hunter Valley (siehe jeweils dort) gehören ebenfalls zum Imperium.

Penfolds ☆☆–☆☆☆☆☆
Nuriootpa. Besitzer: Southcorp. 8000 ha.
www.penfolds.com
Möglicherweise ist der »Grange« nicht mehr der einzige wirkliche Premier cru der südlichen Hemisphäre (zumindest Henschkes »Hill of Grace« ist dafür ein weiterer Kandidat), doch Penfolds bleibt der angesehenste Rotweinerzeuger in Australien (siehe Kasten Seite 546). Zu den klassischen Penfolds-Weinen gehören die beiden Shiraz-Abfüllungen »Kalimna« und »Magill Estate« sowie der Cabernet Sauvignon »Bin 707«. Die »Portweine« sind exzellent – »Grandfather« ist legendär –, aber auch die Weißen werden immer besser. An ihrer Spitze steht der viel gelobte straffe, zitrusfruchtige Chardonnay »Yattarna«, wenn auch sein hoher Preis von vielen als ungerechtfertigt angesehen wird. Nachdem John Duval jahrzehntelang als Kellermeister tätig war, übernahm 2002 der gleichermaßen kompetente Peter Gago seine Stelle.

Richmond Grove ☆☆–☆☆☆
Tanunda. Besitzer: Orlando Wyndham. 10 ha.
www.richmondgrovewines.com
Richmond Grove hat jetzt im Herzen von Barossa seine Heimat gefunden, und zwar in dem alten, von Leo Buring gegen Ende des 19. Jhs. gegründeten Chateau Leonay Winery. Passend dazu hat John Vickery, der in den 1960er-, 70er- und 80er-Jahren so manchen denkwürdigen, schier unsterblichen Riesling unter dem Etikett »Leo Buring« hervorbrachte, nun nach kurzem Ruhestand in Chateau Leonay seine Tätigkeit als Kellermeister wieder aufgenommen. So kann es nicht überraschen, dass die neuen Rieslinge gut sind; Gleiches gilt jedoch auch für die anderen Weine unter dem wiedererstandenen Etikett »Richmond Grove«.

Rockford ☆☆☆
Tanunda. Besitzer: Tanunda Vintners.
Keine eigenen Weinberge.
www.rockfordwines.com.au
Kleiner Erzeuger in Barossa mit einem echten Original am Ruder, dem kantigen Kellermeister Rocky O'Callaghan. Der Stil ist regionstypisch und durch und durch traditionell: verlockend kraftvoll und stämmig der Grenache und der Shiraz »Basket Press«, ebenso der außerordentlich seltene, aber hochinteressante »Sparkling Black Shiraz«, dem fast Kultstatus zukommt.

St Hallett ☆☆–☆☆☆
Tanunda. Besitzer: Lion Nathan. 40 ha.
www.sthallett.com.au
Die von Kellermeister Stuart Blackwell bereiteten Weine sind über die gesamte Palette hinweg gut. Beständig an der Spitze steht jedoch der Shiraz »Old Block« (dessen Marketingkonzept sich erstmals auf die alte Shiraz-Tradition des Barossa Valley stützte).

Saltram ☆☆–☆☆☆
Nuriootpa. Besitzer: Beringer Blass. 18 ha

In den 1960er- und 70er-Jahren unter Kellermeister Peter Lehmann produzierte Saltram eine Zeit lang klassische Rotweine, beispielsweise den Cabernet »Mamre Brook« und den Shiraz-Cabernet »Metala«. In den 80er-Jahren – nun im Besitz von Seagrams – waren die Weine zwar von zuverlässiger Qualität, aber eintönig. Nachdem in den 90er-Jahren ein Vorgänger von Beringer Blass (siehe dort) den Betrieb übernommen hatte, musste man eine Weile um Saltrams Zukunft fürchten, doch mit Kellermeister Nigel Dolan hat das Haus zu seiner gewohnten Spitzenform zurückgefunden, besonders was den Shiraz betrifft.

Seppelt
Seppeltsfield. Siehe Victoria, Grampians

Tollana ☆☆
Nuriootpa. Besitzer: Southcorp. 130 ha.
www.australianwines.com.au/tollana

Zwar findet die Weinproduktion im Barossa Valley statt, doch die Trauben werden größtenteils aus dem Eden Valley und den Adelaide Hills bezogen. Infolgedessen neigen die Weine, so der Tollana Cabernet, der Shiraz, der Sauvignon blanc und der botrytisierte Riesling, zu lebendiger, fruchtiger Eleganz und einer erfrischend leichten Art.

Torbreck ☆☆☆
Tanunda. Besitzer: David Powell. 36 ha.
www.torbreck.com

Seit 1995 spezialisiert sich Torbreck auf kleine Produktionsmengen von Verschnitten mit unterschiedlichen Anteilen von Shiraz und Viognier und den aus Grenache und Mourvèdre gewonnenen »The Steading«. Die teuerste Abfüllung heißt »The Factor«, doch ebenso gut ist »Run Rig« von 120 Jahre alten Shiraz-Reben. Die Weine sind so tanninreich und pflaumenwürzig, wie ein Shiraz sein sollte, der aus alten Weinstöcken gewonnen wird, doch niemals überreif, und auch die Eichenwürze ist gekonnt eingebunden. Familienprobleme führten 2002 zum Konkurs, doch die Banken zeigen genügend Vertrauen, um David Powell und sein Team weiterarbeiten zu lassen.

Veritas ☆☆–☆☆☆
Tanunda. Besitzer und Kellermeister: Rolf Binder. 28 ha

Rolf Binders österreich-ungarische Herkunft drückt sich in den Namen seiner Weine aus. In jeder anderen Hinsicht sind sie typische Vertreter Barossas, besonders der feine Grenache und Shiraz aus Weinbergen, die Binder für besonders geeignet hält. Seine Experimentierfreude bedeutet aber auch, dass die meisten Weine nur in sehr kleinen Mengen vorhanden sind, weshalb manche von ihnen bereits Kultstatus angenommen haben.

Wolf Blass ☆–☆☆☆
Nuriootpa. Besitzer: Beringer Blass. 140 ha.
www.wolfblass.com.au

Wolf Blass kam vor rund 40 Jahren nach Australien und nutzte seine Talente im Verschneiden und im Marketing so gut, dass er ein weithin anerkanntes Weinimperium aufbauen konnte. Er ist der wahre Pionier dessen, was man unter *fruit-driven wines* versteht. Zwar hat er sich inzwischen aus dem Tagesgeschäft der Firma zurückgezogen, doch sein Wirken macht sich noch immer in jeder Flasche Wein bemerkbar, die seinen Namen trägt (und davon werden jedes Jahr 20 Mio. erzeugt). Die Popularität von Wolf Blass ist ungebrochen, und

manche seiner Weine – eindrucksvolle Rieslinge und sehr eichenholzwürzige Rote – verblüffen selbst die schärfsten Kritiker. Betonte Fruchtigkeit und Eichenwürze stehen eindeutig im Mittelpunkt, nicht Finesse und Lagencharakter.

Yalumba ☆☆☆
Angaston. Besitzer: Familie Hill-Smith. Rebflächen in Coonawarra, Koppamurra und Oxford Landing am Murray River. Außerdem drei Weingüter im Eden Valley: Heggies, Pewsey Vale und Hill-Smith Estate. www.yalumba.com

Der fast aristokratisch anmutende Betrieb im Stil eines Gestüts wird heute in der sechsten Generation von Familie Hill-Smith geführt. Früher waren die feinsten Gewächse »Portweine«, seit in den 1960er-Jahren aber höher gelegenes, kühleres Land bepflanzt wurde, sind die trockenen Weißweine sehr gut und höchst populär. Yalumba-Weine reichen vom billigen Schaumwein »Angas Brut« über zuverlässige Tropfen wie »Galway Shiraz«, den eleganten Coonawarra-Cabernet »The Menzies« und »The Signature« von Cabernet/Shiraz bis hin zum Spitzenwein »Octavius« (ein Shiraz, der in amerikanischen 90-l-Fässern, so genannten *octaves*, ausgebaut wird). Die Weine aus den kühler gelegenen Hill-Smith-Gütern sind ebenfalls sehr gut: Der Sauvignon blanc »Hill Smith« ist frisch und grasig, der Riesling »Pewsey Vale« ein honigwürziger, langlebiger Klassiker; »Heggies« Cabernet und Merlot sind brombeerfruchtig und fein, und der »Heggies« Viognier ist bis heute die beste australische Interpretation dieser Rebsorte. Bei der neu hinzugekommenen Serie »Vinnovation« experimentiert das Kellerteam mit Traubensorten, die für Australien ungewöhnlich sind, wie z. B. Nebbiolo und Petit Verdot.

Clare Valley

Tim Adams ☆☆
Clare. Besitzer und Kellermeister: Tim Adams. Keine eigenen Weinberge. www.timadamswines.com.au

Alle Weine des talentierten Tim Adams zeigen soliden Regionalcharakter. Der Riesling ist frisch und limonenartig, der schön in Eichenholzwürze eingebundene Semillon führt Zitrusnoten mit sich, Shiraz »Aberfeldy« bietet kräftige rotfruchtige Aromen, und »Fergus« (85 % Grenache) ist von erhabenem Stil.

Jim Barry ☆☆–☆☆☆
Clare. Besitzer: Jim Barry. 240 ha.
www.jmbarry.com

Einer der größten Weinbaubetriebe in Clare mit einem von Kellermeister Mark Barry bereiteten Weinprogramm. Zu den Weißen gehören u. a. Chardonnay, Sauvignon sowie trockene und liebliche Rieslinge, zu den Roten ein feiner Cabernet »McCrae Wood« und mit »The Armagh« ein interessanter Einzellagen-Shiraz: würzig und voll mit Pflaumen- und Kirscharomen.

Grosset ☆☆☆–☆☆☆☆☆
Auburn. Besitzer und Kellermeister: Jeffrey Grosset. 7 ha.
www.grosset.com.au

Einer der besten kleinen Weinbaubetriebe Australiens. Jeffrey Grosset ist ein anspruchsvoller, aber aufgeschlossener Kellermeister: neben schönen Rieslingen (»Watervale« sollte jung getrunken, »Polish Hill« gelagert werden) produziert er aus eigenen und anderen Clare-Valley-Lagen einen Cabernet-Verschnitt namens »Gaia«. Weiterhin entstehen aus Weinbergen in den Adelaide Hills kleinere Mengen an intensivem Chardonnay und Pinot noir mit Wildnoten.

Penfolds

Nur wenige Weinunternehmen auf der Welt können unangefochten den ersten Platz in ihrem jeweiligen Land für sich allein beanspruchen. Penfolds hat in Australien zweifellos diesen Rang inne.

Seit 1844, als Christopher Rawson Penfold zusammen mit seiner Frau Mary in Magill am Rand von Adelaide einen Weinberg anlegte, ist der Name Penfold Symbol für Beständigkeit und Qualität im Weinbau. Bis zur Mitte des 20. Jahrhunderts, nachdem das Haus Penfolds bereits in die heutige, riesige Kellerei im Barossa Valley umgezogen war, bestand der größte Teil der Produktion freilich aus gespriteten Weinen.

Spätestens seit den 1950er-Jahren jedoch, als Kellermeister Max Schubert seinen »Grange Hermitage« auf den dafür gänzlich unvorbereiteten Markt brachte, wird das Banner von Penfolds durch volle, eichenholzwürzige, durch und durch südaustralische Rotweine hochgehalten. In neuerer Zeit haben zwar auch die Weißen des Programms gleichmäßig hohe Qualität bewiesen, nach wie vor aber ist es Rotwein, den der Weinliebhaber mit dem Namen Penfolds verknüpft.

Der Grundpfeiler des Erfolgs ist die außerordentlich große Auswahl an erlesenen – oft alten und ertragsschwachen – Weinbergen, die das Haus im Lauf der Jahre zusammengestellt hat. Diese Ressourcen ermöglichen fast unbegrenzte Flexibilität beim Zusammenstellen der Verschnitte (dem eigentlichen Wesen der Weinbereitung nicht nur bei Penfolds, sondern in ganz Australien) und gewährleisten Jahr für Jahr eine erstaunliche Gleichmäßigkeit im Stil, die noch durch ein weiteres Penfolds-typisches Markenzeichen gestützt wird: den verschwenderischen Gebrauch neuer amerikanischer Eiche.

Penfolds hat über die Jahre eine ganze Reihe von Besitzerwechseln erlebt und sich vom Familienimperium über den Status einer Tochterfirma mehrerer großer Brauereien bis hin zum Flaggschiff von Southcorp Wines entwickelt, wobei dieses Unternehmen selbst wieder nur Teil der Milliarden Dollar schweren Southcorp Holdings ist. Der Southcorp-Konzern, zu dem noch weitere bedeutende Erzeugerbetriebe wie Seppelt, Lindemans und Wynns, aber auch hervorragende kleinere wie Coldstream Hills gehören, ist der größte Weinproduzent Australiens (und einer der zehn größten der Welt), aber der Name Penfolds steht unverrückbar an der Spitze der Southcorp-Hierarchie.

Knappstein Wines ☆☆–☆☆☆
Clare. Besitzer: Lion Nathan. 100 ha.
www.knappsteinwines.com.au

Der ehemals unter dem Namen Enterprise Wines bekannte Betrieb in Clare befindet ist heute im Besitz von Petaluma (siehe dort), Kellermeister ist Andrew Hardy. Obwohl Tim Knappstein selbst nicht mehr beteiligt ist – er hat mit seinem Betrieb Knappstein Lenswood Vineyards (siehe dort) vollauf zu tun –, liegt der von ihm geschaffene gut Ruf des Hauses in besten Händen. Riesling und Gewürztraminer sind nach wie vor duftig und blumig, und der Cabernet ist so stämmig und mit Frucht voll gepackt wie eh und je. Das Gleiche gilt für den wuchtigen Shiraz »Enterprise«.

Leasingham ☆☆–☆☆☆
Clare. Besitzer: Constellation-Hardy. 260 ha.
Kellermeister: Richard Rowe. www.leasingham-wines.com.au

Eine unter den neuen Besitzern wiedererstarkte berühmte alte Kellerei in Clare. Alte Etiketten wie der Cabernet-Malbec-Verschnitt »Bin 56« und der Riesling »Bin 7« wurden wieder eingeführt und mit »Classic Clare« eine neue Serie von Spitzenweinen ins Programm aufgenommen. Der Riesling ist exzellent, ebenso der Shiraz, v.a. der harzige, dickliche »Classic Clare«.

Mitchell ☆☆–☆☆☆
Sevenhill. Besitzer und Kellermeister: Andrew Mitchell.
65 ha

Ein äußerst zuverlässiger Erzeuger im Clare Valley mit dem beeindruckenden zitrusfruchtigen Riesling »Watervale« sowie gutem Semillon und den kraftvollen »Peppertree«-Gewächsen (Shiraz und Cabernet). Alle Weine des Hauses gehören zu den besten aus Clare.

Mount Horrocks ☆☆–☆☆☆
Auburn. Besitzer und Kellermeister: Stephanie Toole. 3 ha.
www.mounthorrocks.com

Als einer der hervorragendsten Vertreter des Clare Valley auf internationalem Parkett erzeugt Mount Horrocks neben makellos trockenen Versionen von Riesling auch den faszinierend süßen »Cordon Cut«, für den abgeschnittene Traubenbüschel zum Dehydrieren am Weinstock belassen werden. Auch die Rotweine werden immer feiner, besonders der dralle, beerenfruchtige Cabernet-Merlot-Verschnitt.

Sevenhill Cellars ☆☆
Sevenhill. Besitzer: Manresa Society. 53 ha.
www.sevenhillcellars.com.au

Die alte Jesuitenkirche und das daran angeschlossene Weingut sind einer der größten Anziehungspunkte in Clare, und die hier von Bruder John May produzierten Weine mögen zwar im Stil etwas altmodisch sein, gehören aber zu den besten der Region. Mächtig in der Statur und reich gesegnet mit Würze und Frucht, sind die Rotweine auf Basis von Shiraz, Cabernet, Malbec und Grenache in der Jugend schon erstaunlich gut trinkbar, entfalten sich aber auch schön während ihrer langen Lebenszeit. Ebenfalls gut sind die Weißen, darunter ein ungewöhnlicher trockener Verdelho und ein duftiger Riesling.

Taylor ☆–☆☆☆
Auburn. Besitzer: Familie Taylor. 560 ha.
www.taylorswines.com.au

Die riesigen Rebflächen und die entsprechend große Kellerei sind außergewöhnlich für die Region. Die Taylors erzeugen beträchtliche Mengen durchschnittlicher Weine, nur der

Riesling kann beeindruckend sein. Seit 1999 werden die besseren Gewächse, von denen Cabernet und Shiraz eindeutig die interessantesten sind, unter dem Etikett »St Andrews« abgefüllt; ihre Qualität liegt weit oberhalb der Standardreihen. Auf manchen Absatzmärkten wird der Name »St Andrews« durch »Wakefield« ersetzt, um Rechtskonflikte mit einem bekannten Portweinhaus zu vermeiden.

Wendouree ☆☆–☆☆☆☆
Clare. Besitzer und Kellermeister: Tony Brady. 10 ha

Der kleine alte Betrieb bringt seit Jahrzehnten einige der kraftvollsten und konzentriertesten Rotweine Australiens hervor. Daran wird sich auch glücklicherweise nichts ändern, denn Tony Brady sieht sich lediglich als Hüter einer großen Tradition und greift in die Prozesse zwischen Weinberg und Flasche so wenig wie möglich ein. Wegen der großen Anhängerschaft in Australian sind diese Weine kaum erhältlich.

Coonawarra

Bowen Estate ☆☆–☆☆☆
Coonawarra. Besitzer und Kellermeister: Doug Bowen. 25 ha

Doug Bowen, ehemals Kellermeister im Hause Lindemans, bietet einen vorbildlichen Coonawarra Cabernet, der hervorragend altert. Der Shiraz »Ampelon« ist für Coonawarra ein ungewöhnlich opulentes Beispiel dieser Sorte. Bowen baute sich 1982 eine schöne neue Kellerei, die er 1995 nochmals erweitert hat.

Hollick ☆☆
Coonawarra. Besitzer: Ian und Wendy Hollick. 72 ha. www.hollick.com

Kleiner Erzeuger in Coonawarra mit einer Reihe erfolgreicher Sortenweine: Cabernet und Pinot noir bei Rot-, Chardonnay, Sauvignon und Riesling bei Weißwein. Für seinen Cabernet wurde Hollick bereits mit dem bedeutenden Jimmy-Watson-Preis ausgezeichnet; »Ravenswood« ist der Spitzen-Cabernet des Hauses.

Katnook Estate ☆☆–☆☆☆
Coonawarra. Besitzer: Freixenet. 150 ha. www.katnookestate.com.au

Bis 2001 im Besitz der großen Wingara Wine Group, die dann an den spanischen Konzern Freixenet überging. Katnook Estate ist eines von Coonawarras ungewöhnlichsten Gütern, da seine besten Weine weiß und nicht wie üblich rot sind. Fein sind fraglos auch der Cabernet und ein sortenreiner Merlot, doch der Chardonnay, der schmackhafte Riesling und der außergewöhnliche, langlebige Sauvignon blanc sind meistens die besten Abfüllungen. Das Zweitetikett »Riddoch« bietet Gutes zum kleinen Preis. Ein ganz hervorragender Rotwein entsteht jedoch auch unter diesem Namen: der zedernholzwürzige Cabernet »Odyssey«.

Leconfield ☆☆–☆☆☆
Coonawarra. Besitzer: Familie Hamilton. 32 ha

Unter den Händen des erfahrenen Kellermeisters Ralph Fowler verbesserte sich die Weinqualität bei Leconfield erheblich und wird heute von Paul Gordon auf hohem Stand gehalten. Der feine Riesling »Old Vines« gehört nach wie vor zum Programm, doch die eigentliche Stärke liegt bei den roten Sorten Cabernet und Merlot: Sie sind straff, elegant und äußerst stilvoll.

Majella ☆☆
Coonawarra. Besitzer: Familie Lynn. 60 ha. www.majellawines.com.au

Ein Großteil des Leseguts geht an andere Erzeuger, doch es entstehen auch immer mehr Gutsweine. An der Spitze steht der eichenwürzige, aber stilvolle Shiraz-Cabernet-Verschnitt »Mallea«.

Parker Estate ☆☆☆
Coonawarra. Besitzer: die Familien Parker und Fairfax. 20 ha

Parker spezialisiert sich auf Coonawarra-Weine im Bordeaux-Stil. Der feinste nennt sich »First Growth« – ein Name, den man als überheblich abzutun geneigt ist, bis man den Wein gekostet hat. Der zweite in der Rangfolge ist ein johannisbeerfruchtiger reiner Cabernet, der dem »First Growth« an Qualität kaum nachsteht. Chris Cameron ist der vertrauenswürdige Kellermeister dieses Betriebs, dem die Weinbereitung leicht von der Hand geht.

Penley Estate ☆☆–☆☆☆
Coonawarra. Besitzer und Kellermeister: Kym Tolley. 90 ha. www.penley.com.au

Der in eine Erzeugerfamilie hineingeborene Kym Tolley absolvierte seine Lehrzeit bei Penfolds und machte sich dann selbstständig. Jetzt produziert er in Coonawarra einige wahrhaft gute Weine, v. a. einen dunklen, dichten, vielschichtigen Cabernet.

Rouge Homme ☆☆
Coonawarra. 90 ha

Der alte Weinbaubetrieb, gegründet von einer Familie namens Redman (daher die Wortspielerei mit dem Namen), gehörte zwischenzeitlich zu Southcorp, wurde aber 2002 wieder verkauft. Der Cabernet ist großartig, die Zukunft des Weinguts jedoch ungewiss.

Rymill ☆☆
Coonawarra. Besitzer: Peter und Judy Rymill. 165 ha. www.rymill.com.au

Von ausgedehnten, erstklassigen Rebflächen kommt das Lesegut für Kellermeister John Innes, der in einem Schmuckstück von einer Kellerei sehr gute, relativ preisgünstige Weine bereitet, die in elegant aufgemachten Flaschen in den Handel kommen.

Wynns ☆☆–☆☆☆
Coonawarra. Besitzer: Southcorp. 850 ha. www.wynns.com.au

Familie Wynn aus Melbourne hat im Weinbau Südaustraliens größten Einfluss erlangt. Sie übernahm die alte Riddoch Winery in Coonawarra und verschaffte der Region mit spektakulärem Shiraz und Cabernet einen guten Namen. Beide sind zuverlässig brillant (wobei der Erstere zudem ein hervorragendes Preis-Leistungs-Verhältnis bietet); inzwischen sind Chardonnay, Riesling und ein Cabernet/Merlot/Shiraz hinzugekommen. Gekrönt wird das Angebot jedoch von zwei Spitzenweinen, dem Cabernet »John Riddoch« und dem Shiraz »Michael«, beide mächtig strukturiert, enorm reif und opulent. Für die riesige Produktion von rund 250 000 Kisten ist die Qualität überraschend hoch.

Zema Estate ☆☆–☆☆☆
Coonawarra. Besitzer: Familie Zema. 60 ha. www.zema.com.au

Während das gesamte Umland mehr und mehr vom Einfluss der großen Weinfirmen geprägt wird, hält die liebenswürdige Familie Zema stoisch an einem Weinstil fest, der die reichhaltigsten und wuchtigsten Gewächse der Region hervorbringt.

Eden Valley

Mountadam ☆☆–☆☆☆

High Eden Ridge. Besitzer: Cape Mentelle (Veuve Clicquot). 50 ha.
www.mountadam.com

Adam Wynn, dessen Familie das in Coonawarra ansässige, heute im Besitz von Southcorp befindliche Weingut gleichen Namens gegründet hatte, verbrachte seine Ausbildungszeit in Bordeaux, um dann mit Hilfe seines Vaters David diesen hoch gelegenen Betrieb aufzubauen. Die hier geernteten Trauben gehen in die Spitzenserie sortenreiner Weine ein. Ein Zweitetikett »David Wynn« umfasst Chardonnay, Cabernet, Shiraz und Riesling. Sie werden von Trauben bereitet, die im Eden Valley zugekauft werden, und reifen nur kurz in Eichenfässern. Auch die Serie »Eden Ridge« aus ökologischem Anbau ist erfolgreich. Trotz des Besitzerwechsels im Jahre 2002 bleibt Adam Wynn am Ruder.

Langhorne Creek

Bleasdale Vineyard ☆☆

Langhorne Creek. Besitzer und Kellermeister: Michael Potts. 55 ha. www.bleasdale.com.au

Die fünfte Generation der Pionierfamilie Potts betreibt dieses Stück australischer Geschichte und verwendet noch immer die riesige alte Kelter aus Eukalyptusholz. Im dürren Langhorne-Creek-Gebiet werden die Weinberge mit Überflutungskanälen aus dem Bremer River bewässert. Die Weine sind preisgünstig und stets empfehlenswert.

Bremerton ☆☆

Langhorne Creek. Besitzer: Familie Willson. 120 ha.
www.bremerton.com.au

1985 von Craig Willson gegründet, liegt die Weinbereitung heute in den fähigen Händen seiner Tochter Rebecca. Die besten Weine sind erwartungsgemäß die roten: die feine Bordeaux-Mischung namens »Tamblyn« und der volle Shiraz »Old Adam«.

McLaren Vale

Andrew Garrett ☆☆

McLaren Vale. Besitzer: Beringer Blass. 200 ha.
www.andrewgarrett.com.au

Ein höchst erfolgreiches Unternehmen, das heute zu Beringer Blass gehört (siehe dort). Es produziert eine Bestseller-Serie an sortenreinen Weinen, einen Cabernet-Merlot-Verschnitt und empfehlenswerten Shiraz. Ein weiteres Etikett des Hauses ist »Ingoldby«.

Chapel Hill ☆☆–☆☆☆

McLaren Vale. Besitzer: Familie Schmidheiny. 44 ha.
www.chapelhillwine.com.au

Das bekannte Weingut wurde im Jahr 2000 an die Schweizer Besitzer des Hauses Cuvaison im Napa Valley verkauft (siehe dort). Pam Dunsford blieb dem Betrieb jedoch als beratender Kellermeister erhalten und kreiert in der modernen Kellerei einige der besten Weine im McLaren Vale, auch wenn es sich dabei oft um multiregionale Verschnitte handelt. Der Riesling ist gut, der Chardonnay mit und ohne Fassbehand-

lung sehr gut, und die Rotweine, v. a. der milde, hochkonzentrierte Shiraz, sind sogar außergewöhnlich.

Clarendon Hills ☆☆☆

Blewitt Springs. Besitzer und Kellermeister: Roman Bratasiuk. 1 ha

Der Apotheker Roman Bratasiuk bezieht Trauben aus alten, bewässerungsfrei kultivierten, ertragsreduzierten Weinbergen im McLaren Vale und produziert mit traditionellen Techniken, z. B. Naturhefen und minimaler Schwefelgabe, mächtige, konzentrierte Weine. Beeindruckender Shiraz und Grenache; nur der Pinot noir will nicht ganz zur stilbetonten Philosophie des Hauses passen.

Coriole ☆☆☆

McLaren Vale. Besitzer: Familie Lloyd. 40 ha

Wundervoll reifer Shiraz steht bei Coriole im Mittelpunkt der Weinerzeugung, und Semillon und Chenin blanc können erfrischend grasig sein. Auch die Pionierarbeit mit Sangiovese (und Olivenöl) ist höchst interessant. Der Spitzen-Shiraz ist der üppige, minzwürzige »Lloyd Reserve«, mit der ganzen Kraft und Konzentration, die man sich von einem McLaren-Vale-Rotwein nur wünschen kann.

d'Arenberg ☆☆–☆☆☆

McLaren Vale. Besitzer: Familie Osborn. 60 ha.
www.darenberg.com.au

Ehemals einer der traditionellsten Erzeugerbetriebe im McLaren Vale mit guten, rustikalen Weinen und bekannt für den Grenache-Shiraz-Verschnitt »d'Arry's Original Burgundy«. Seit mit Kellermeister Chester Osborn ein Vertreter der jüngeren Generation ans Ruder kam, ist der Familienbetrieb etwas innovationsfreudiger geworden und unternimmt Abstecher in die Welt unvertrauter Sortenweine (Chambourcin-Schaumwein, Mourvèdre) und mächtiger Rotweine. Der Shiraz »Dead Arm« ist besonders eindrucksvoll, und ebenso gut ist der wildwürzige, kraftvolle »Laughing Magpie« aus Shiraz und Viognier. In manchen Jahrgängen lässt Osborn auch den faszinierend rosinigen Riesling »Noble« entstehen.

Edwards & Chaffey ☆–☆☆

McLaren Vale. Besitzer: Southcorp. 150 ha.
www.edwardsandchaffey.com.au

Edwards & Chaffey entstand aus den Resten des ehemaligen Weinguts Seaview und ist heute ein Zentrum der Schaumweinerzeugung für die beiden Marken »Seaview« und »Edwards & Chaffey«. Gute Weine, vorwiegend auf Chardonnay-Basis.

Simon Hackett ☆–☆☆

McLaren Vale. Besitzer und Kellermeister: Simon Hackett. 40 ha

Hackett erzeugt ein breites Spektrum von Weinen, darunter den Grenache »Old Vine«, den Cabernet »Foggo Road« und den Shiraz »Anthony's Reserve« – alle gut bereitet, doch es fehlt ihnen an Konzentration und persönlicher Note.

Hardy's ☆–☆☆☆

McLaren Vale. Besitzer: Constellation-Hardy. Kellermeister: Peter Dawson, Tom Newton, Steve Parnell und Ed Carr. 1200 ha in Padthaway, Coonawarra, Koppamurra, Elgin Valley, Langhorne Creek und Hoddler Creek (Yarra Valley).
www.brlhardy.com.au

Eine der großen alten Familiendynastien von Adelaide, die sich Anfang der 1990er-Jahre mit der Berri-Renmano-Gruppe zu BRL Hardy vereinigt hat. Die Ursprünge liegen im McLaren Vale, wo noch immer reichhaltige, fruchtige Rotweine erzeugt werden – darunter die Spitzenabfüllungen »Eileen Hardy« (Shiraz) und »Thomas Hardy« (Cabernet). In Padthaway und anderen Regionen Südaustraliens neu entstandene Rebflächen liefern jedoch inzwischen die Trauben für eine Vielzahl weiterer bekannter Gewächse, darunter die »Nottage Hill«-Sortenweine und die Serie »Stamp«. Mittlerweile gehören viele namhafte Weingüter der BRL-Hardy-Gruppe an, darunter Houghton, Leasingham, Yarra Burn und Chateau Reynell (siehe jeweils dort). 2003 erfolgte der Zusammenschluss mit dem amerikanischen Konzern Constellation.

Hillstowe ☆☆
Hahndorf. Besitzer: Lion Nathan. 30 ha.
www.hillstowe.com.au

Unter Familie Lawrie, den ehemaligen Eignern, war die Qualität der Hillstone-Weine meist vorbildlich: sauber, frisch und lebendig. Jetzt, in neuem Besitz, erscheint die Zukunft des Hauses eher ungewiss.

Geoff Merrill Wines ☆☆–☆☆☆
Woodcroft.
Besitzer und Kellermeister: Geoff Merrill. 60 ha.
www.geoffmerrillwines.com

Geoff Merrill ist eine der profiliertesten australischen Erzeuger. Unter seinem gleichnamigen Etikett entstehen seriöse, elegante, überraschend tiefgründige Weine. »Mount Hurtle« hingegen ist die Marke für die zugänglicheren, fruchtigeren Abfüllungen. Shiraz hat sich zur Spezialität des Hauses entwickelt, mit gleichermaßen kräftigen wie feinen Reserve-Versionen. Der teure »Henley McLaren Vale Shiraz« steht an der Spitze des Programms.

Pirramimma ☆–☆☆
McLaren Vale. Besitzer: Familie Johnston.
180 ha

Ein alteingesessenes Weingut, das nach wie vor große Menge an Massenwein produziert. Unter dem Etikett »Pirramimma« entstehen inzwischen aber auch saubere, brombeerfruchtige Cabernets, aromatische Rieslinge und ein kraftstrotzender, schokoladiger Petit Verdot.

Reynell ☆☆
Reynella. Besitzer: Constellation-Hardy. 10 ha.
www.brlhardy.com.au

Das ehemalige Chateau Reynella mit der historischen Kellerei und dem alten Weinberg südlich von Adelaide wurde 1982 von Thomas Hardy erworben. Seit Steve Pannell die Weinbereitung übernommen hat, wird für die mit einer Korbpresse (*basked press*) gekelterten Rotweine das Etikett »Reynell« geführt.

Richard Hamilton ☆☆
Willunga. Besitzer: Familie Hamilton. 68 ha.
www.hamiltonwines.com

Erzeuger voller, reichhaltiger Weine aus alten Weinbergen im McLaren Vale und jüngeren in Coonawarra. Unter den Weißweinen finden sich Chardonnay und Semillon, die Rotweine basieren auf Cabernet, Shiraz und Grenache; neuerdings sind auch kleinere Mengen an interessantem Merlot hinzugekommen.

Seaview
Siehe Edwards & Chaffey

Tatachilla ☆☆–☆☆☆
McLaren Vale. Besitzer: Lion Nathan.
Keine eigenen Weinberge. www.tatachillawinery.com.au

Tatachilla kauft Trauben aus vielen Teilen Südaustraliens an. Die Weinbereitung obliegt dem begeisterungsfähigen Michael Fragos, dessen Kellergeschöpfe einiges von ihm abgeschaut haben müssen: Sie haben etwas Prahlerisches an sich, ohne je überheblich zu sein. Die Rotweine, besonders der pfeffrige Grenache-Shiraz-Verschnitt und der ultrareife Merlot »Clarendon«, sind meist deutlich besser als die Weißen.

Wirra Wirra ☆☆–☆☆☆
McLaren Vale. Besitzer: Greg und Roger Trott. 40 ha.
www.wirra.com.au

Seit dem Wiederaufbau des schönen alten Steingebäudes 1969 entstehen hier wesentlich anmutigere Weine, als es normalerweise dem muskulösen Stil des McLaren Vale entspricht. Früher war das Weingut v. a. wegen seiner Weißweine bekannt, doch hat sich Wirra Wirra inzwischen auch einen guten Ruf für Rote erworben. »Church Block« heißt ein Verschnitt aus Cabernet, Merlot und Shiraz. Der Shiraz »RSW« ist dunkel und harzig, und »The Angelus« ist ein Verschnitt von Cabernet-Gewächsen aus Coonawarra und McLaren Vale: ein bemerkenswert harmonischer Wein, mit der Beerenfrucht der erstgenannten Region und der schokoladigen Dichte der zweiten.

Woodstock ☆–☆☆
McLaren Flat. Besitzer und Kellermeister: Scott Collett. 75 ha.
www.woodstockwine.com.au

Woodstock begann 1982 mit der Weinerzeugung und produziert inzwischen eine breit gefächerte Auswahl an sortenreinen Weinen, darunter Cabernet, Shiraz und Chardonnay, sowie einen exzellenten süßen, edelfaulen Weißwein und einen Tawny-farbenen »Port«.

Weitere Erzeuger in Südaustralien

Angove's ☆
Renmark. www.angoves.com.au

Ein konservativer alter Familienbetrieb mit 500 ha Rebfläche im bewässerten Bereich Riverland, bekannt für sein preiswertes Sortiment.

Annvers ☆☆
Kangarilla.
www.annvers.com.au

1998 war der erste Jahrgang für diesen Betrieb in den Adelaide Hills, der eigene und aus anderen Regionen in Südaustralien zugekaufte Trauben verarbeitet. Dralle, voller Cabernet und Shiraz.

Burge Family Winemakers ☆☆
Lyndoch, Barossa

Rick Burge mag Weine im Rhône-Stil. Seine besten Abfüllungen sind die beiden kraftvollen, pfeffrigen Grenache- und Shiraz-Gewächse unter dem Etikett »Old Vine«.

Cape Jaffa ☆☆
Cape Jaffa. www.capejaffawines.com.au

Dieser vor kurzem eröffnete Betrieb ist der erste, der in Mount Benson Wein produziert. Die anfänglichen Abfüllungen von Sauvignon-Semillon- und Cabernet-Merlot-Verschnitten erwiesen sich als stilvoll, doch ist es noch zu früh für ein Gesamturteil.

Crabtree of Watervale ☆☆–☆☆☆
Clare

Eine feine, wenn auch nur wenig bekannte Quelle für eleganten Riesling und Shiraz.

Dowie ☆☆
Doole

Ein Betrieb im McLaren Vale mit drei Partnern. Der Shiraz ist bis jetzt der beste Wein.

Dutschke ☆–☆☆
Lyndoch, Barossa

Nur für Fans des portweinartigen, eichenwürzigen Shiraz-Stils von Barossa.

Fox Creek ☆☆
Willunga, McLaren Vale. www.foxcreekwines.com

Als relativ neuer Betrieb, dessen erste Weine im Jahr 1995 erschienen, hat sich Fox Creek schnell einen guten Ruf mit seinen vollen, kräftigen Reserve-Abfüllungen von Shiraz und Cabernet erworben.

Glaetzer ☆☆
Tanunda. www.glaetzer.com

Ben Glaetzer besitzt keine eigenen Weinberge, kauft jedoch Trauben aus guten Lagen in Barossa und bereitet daraus kraftvollen Shiraz.

Haan ☆☆
Nuriootpa. www.haanwines.com.au

Ein ehrgeiziger Betrieb in Barossa mit dem hellen, dicklichen Merlot »Prestige« und der Bordeaux-Mischung »Wilhelmus« voll Kraft und Konzentration.

Henry's Drive ☆☆
Padthaway

Der erste Jahrgang hier war 1998 mit dem in amerikanischer Eiche ausgebauten Shiraz als Spitzenwein.

Hewitson ☆☆
Unley

Dean Hewitson war Kellermeister bei Petaluma, bevor er als Négociant tätig wurde. Aus dem Lesegut von erstklassigen Lagen entsteht eine breite Palette von Weinen mit hervorragender Qualität.

Stephen John ☆☆
Watervale

Gute Weine, vorwiegend aus dem Clare Valley, u. a. saftiger Riesling und Merlot.

Lake Breeze ☆☆
McLaren Vale

Greg Follett bereitet Rotweine von guter Qualität; besonders erwähnenswert ist der Cabernet Sauvignon.

Normans Wines
Clarendon

Der 2001 in Konkurs gegangene Betrieb ist nun im Besitz von Xanadu (siehe dort) in Westaustralien.

Penny's Hill ☆
McLaren Vale. www.pennyshill.com.au

Eine tadelloses Angebot sortenreiner Weine, deren dickliche Frucht jedoch besser strukturiert sein müsste.

Pertaringa ☆–☆☆
McLaren Vale

Ein Gemeinschaftsunternehmen von Geoff Hardy und dem Weinbauspezialisten Ian Leask. Neben dem etwas kantigen Shiraz wird auch Cabernet, Sauvignon blanc und Semillon angeboten.

Skillogalee ☆☆–☆☆☆
Sevenhill

Ein feines Weingut im Clare Valley, das von seinen eigenen, 1970 bestockten Weinbergen das Lesegut für konzentrierten Riesling und einen vollen Cabernet-Verschnitt bezieht.

Turkey Flat ☆☆–☆☆☆
Tanunda. www.turkeyflat.com.au

Volle, würzige Rotweine, oft von sehr alten Weinstöcken aus Barossa. Beispielhafter Shiraz und ein feiner Grenache/Mataro/Shiraz namens »Butchers Block«.

Die führenden Erzeuger in Westaustralien

Great Southern

Alkoomi ☆☆–☆☆☆
Frankland. Besitzer: Mervyn und Judith Lange. 70 ha. www.alkoomiwines.com.au

Schrittmacher im neuen Bereich Frankland; am besten ist der dichte, vollaromatische Cabernet und der saubere, tanninreiche Shiraz. Der Riesling ist leicht und im Abgang oft lieblich.

Frankland Estate ☆☆
Frankland. Besitzer und Kellermeister: Judi Cullam und Barrie Smith. 30 ha. www.franklandestate.com.au

Frankland Estate hielt in Westaustralien über viele Jahre dem Riesling die Stange, und sein »Isolation Ridge« ist einer der besten davon: zitronig mit mineralischen Untertönen. »Olmo's Reward« (eine Bordeaux-Mischung) ist anfänglich straff und faszinierend karg.

Goundrey ☆–☆☆
Mount Barker. Besitzer: Vincor. 185 ha. www.goundreywines.com.au

Einer der ambitioniertesten Betriebe in der Great Southern Region. Gewaltige Investitionen und akribische Weinbereitungsmethoden erbringen gute Ergebnisse, v. a. den tiefen »Reserve Shiraz«. Im Jahr 2002 wurde der Betrieb an Vincor of Canada verkauft, weshalb seine Zukunft unbestimmt ist.

Howard Park ☆☆–☆☆☆
Denmark. Besitzer: Jeff und Amy Burch. 230 ha. www.howardparkwines.com.au

Neben den Trauben aus eigenen Beständen bezieht Howard Park auch Lesegut von Vertragslieferanten und bereitet daraus Verschnitte, zu denen die besten Anbauflächen verschiedener westaustralischer Regionen beitragen. Zu den Weinen gehören duftiger, teilweise herber Riesling, intensiver Shiraz und strafer, langlebiger Cabernet. Die Jahrgangsunterschiede sind hier beträchtlich; in manchen Jahren kann der Säuregehalt enorm sein. Das Etikett für die einfacheren Weine lautet »Madfish«.

Plantagenet Wines ☆☆–☆☆☆
Mount Barker. Besitzer: Lionel Samson und Co. sowie Tony Smith. 40 ha.
www.plantaganetwines.com
Der älteste Betrieb am Mount Barker; seit 1994 mit Kellermeister Gavin Berry. Chardonnay (sowohl der exzellente, holzfrei ausgebaute »Omrah« als auch der würzige »Plantagenet« mit Fassbehandlung) und der duftige Riesling sind unter den Weißweinen die Erfolgsschlager; der Shiraz mit staubigkantigen Aromen kommt dem Geschmack echter Rhône-Weine erstaunlich nahe. Der Cabernet Sauvignon ist straff, geradezu herb in der Jugend, entfaltet sich jedoch wunderbar nach acht Jahren Flaschenreifung.

Wignall ☆☆
Albany. Besitzer: Familie Wignall. 16 ha
Ein von den anderen Anbaugebieten isoliertes Weingut nahe der abseits gelegenen Stadt Albany, das sich aber mit einigen der besten Pinot-noir-Gewächse des Bundesstaates einen guten Ruf geschaffen hat. Der Shiraz ist vielversprechend.

Geographe

Capel Vale ☆☆–☆☆☆
Capel. Besitzer: Dr. Peter und Elizabeth Pratten. 200 ha.
www.capelvale.com
Die erfolgreiche Weinkellerei bezieht ihre Trauben aus mehreren Regionen. Der ehemalige Radiologe Dr. Pratten will nach eigener Aussage aus den Trauben der Neuen Welt Weine im Stil der Alten Welt bereiten. Das Zweitetikett »CV« steht für preiswerte, das Etikett »Capel Vale« für häufig sehr gute Weine, v. a. was die Einzellagenabfüllungen betrifft. Dazu zählen der schmackhafte Chardonnay »Frederick« mit nuancierter Mandarinennote, der robuste, fast Port-ähnliche Merlot »Howecroft« und der seidige, rotfruchtige Shiraz »Kinnaird«.

Peel Estate ☆☆
Baldivis. Besitzer: Will Nairn und Partner. 15 ha.
www.peelwine.com.au
Das blühende Weingut zeigt starken kalifornischen Einfluss. Der im Eichenfass gereifte Chenin blanc ist dem Chappellet-Wein aus dem Napa Valley nachempfunden. Sauberer, aromatischer Zinfandel und ein Shiraz, der nach 15 Monaten in französischer und amerikanischer Eiche wohl eher für eine lange Reifezeit ausgelegt sein dürfte.

Margaret River

Amberley Estate ☆☆
Yallingup. Besitzer: eine Investorengruppe. 32 ha.
www.amberley-estate.com.au
Das mittelgroße Unternehmen hat sich mit sauberen, zuverlässigen, teilweise sogar sehr guten Weinen profiliert, darunter fruchtig-frischer halbtrockener Chenin blanc sowie mittelschwere, saftige Cabernet-Verschnitte. Seit dem Jahr 2000 wird mit »Charlotte Street« ein Wein angeboten, dessen Trauben aus dem gesamten Staat stammen.

Ashbrook Estate ☆☆☆
Willyabrup. Besitzer und Kellermeister: Brian und Tony Devitt. 12 ha
Ein weltabgelegener Familienbetrieb mitten in einem Eukalyptuswald. Hier entstehen exzellente, beliebte Weißweine, darunter der »Gold Label Riesling«, voller Semillon, spritziger Sauvignon blanc und reichhaltiger, intensiver Chardonnay. Die Weine werden vorwiegend im Abonnement verkauft und sind daher schwer erhältlich.

Brookland Valley ☆☆–☆☆☆
Willyabrup. Besitzer: Malcolm Jones und Constellation-Hardy. 16 ha. www.brooklandvalley.com.au
Eines der neueren Erfolgsunternehmen am Margaret River. Jones versteht es mit Geschick, eine populäre Form des Weintourismus in seinem Restaurant Flutes mit der Erzeugung geradezu köstlicher Weine zu kombinieren. Der eichenfreie Semillon/Sauvignon mit seinem intensiven, an Gras und Erbsen erinnernden Geschmack ist besonders gut. Cabernet/Merlot und Reserve-Cabernet sind oft vortrefflich: würzig und wunderschön strukturiert. Neben den Gutsweinen gibt es seit 1998 die preiswertere Serie »Verse 1«.

Cape Mentelle ☆☆☆
Margaret River. Besitzer: Veuve Clicquot-Ponsardin. 150 ha. www.capementelle com.au
Ein erfolgreiches Weinbauunternehmen am Margaret River. David Hohnen, Gründer und ehemaliger Kellermeister von Cape Mentelle, erhielt seine Ausbildung in Kalifornien, was sich in seinem Elan und Engagement heute noch bemerkbar macht. Cape Mentelle produziert nicht nur den besten Cabernet am Margaret River, sondern führte auch den Semillon-Sauvignon-Verschnitt in diesem Gebiet ein und bringt exzellenten Chardonnay, eleganten, würzigen Shiraz und vollmundigen, sehr eigenwilligen Zinfandel hervor. Darüber hinaus gründete Hohnen den bekannten Betrieb Cloudy Bay in Neuseeland und erwarb kürzlich das Weingut Mountadam (siehe dort) in Südaustralien. Seit langem sorgt Kellermeister John Durham für beständig hohe Qualität.

Clairault ☆☆
Willyabrup. Besitzer: Bill Martin. 230 ha.
www.clairaultwines.com.au
Clairaults Weine sind nicht so vordergründig fruchtig wie die mancher Nachbarn und umfassen u. a. einen exzellenten Cabernet Sauvignon sowie einen Semillon/Sauvignon – ein Verschnitt, der sich in der Region zunehmend als besonders geeignet etabliert.

Cullen ☆☆☆
Cowaramup. Besitzer: Diana Cullen. 30 ha.
www.cullenwines.com.au
Der gute Ruf des Hauses beruht auf seinem Cabernet-Merlot-Verschnitt, doch darüber hinaus produziert der ökologisch bewirtschaftete Betrieb, der erste am Margaret River, unter den wachsamen Augen von Vanya Cullen auch exzellenten und sehr geschmacksintensiven Chardonnay sowie eichenfassgereiften Sauvignon/Semillon. Zuletzt zum Angebot hinzugekommen ist der delikate, spritzige »Mangan«: eine ungewöhnliche Mischung aus Petit Verdot und Malbec.

Devil's Lair ☆☆☆
Margaret River. Besitzer: Southcorp. 114 ha.
www.southcorp.com.au

Phil Sexton ist der Gründer der enorm erfolgreichen Brauerei Matilda Bay in Perth und verwendete seine unternehmerischen Fähigkeiten auch auf den Aufbau dieses Weinguts, bevor er es 1997 verkaufte. Die extravagant aufgemachten Weine sind ganz vorzüglich, mit knackigem, zitrusfruchtigem Chardonnay und hocharomatischem, eichenwürzigem Cabernet an der Spitze. Trotz der Übernahme durch den riesigen Southcorp-Konzern ist die Qualität immer noch sehr hoch. Unter dem Zweitetikett »Fifth Leg« werden preisgünstigere Weine angeboten.

Edwards Vineyard ☆☆–☆☆☆
Cowaramup. Besitzer: Familie Edwards. 40 ha.
www.edwardsvineyard.com.au

Ein relativ neues Weingut mit den Weinstilen, die man bereits als Margaret-River-Klassiker bezeichnen kann: ein zitrusfruchtiger Semillon/Sauvignon, ein eleganter Shiraz und ein robuster Cabernet Sauvignon mit dem Aroma schwarzer Früchte.

Leeuwin Estate ☆☆☆–☆☆☆☆☆
Margaret River. Besitzer: Familie Horgan. 130 ha.
Kellermeister: Bob Cartwright und Philip Tubb.
www.leeuwinestate.com.au

Ein großer, moderner Betrieb (bei dessen Aufbau Robert Mondavi aus Kalifornien beratend mithalf) in den grünen Bergen und Wäldern am Margaret River und nur einen Katzensprung von der Küste entfernt. Die Chardonnays sind sensationell, mit Aromen, Lebendigkeit, Fülle und Biss wie kein anderer in Australien und kaum einer in Kalifornien. Die Rieslinge variieren von köstlich stahlig bis melonenfruchtig, die Cabernets sind gehaltvoll, aber nicht überreif. Nach einer Zeit der Ungewissheit strahlt Leeuwins Stern wieder so hell wie eh und je. Und auch hinter dem Zweitetikett »Prelude« verbergen sich keineswegs mittelmäßige Weine – auch hier kann man hohe Qualität finden.

Moss Wood ☆☆–☆☆☆
Margaret River. Besitzer und Kellermeister: Keith Mugford.
18 ha. www.mosswood.com.au

Mit diesem Betrieb stieg der Bereich Margaret River zu den Spitzenanbaugebieten Australiens auf. Der Cabernet des Hauses Moss Wood scheint der Inbegriff des Stils der Region zu sein: wunderbar sauber, etwas grasig, außerordentlich tiefgründig und kompakt – sogar fast dickflüssig, aber ohne alle Schwerfälligkeit; lange Reifezeit ist unabdingbar. Auch ein guter Chardonnay und ein recht anspruchsloser Pinot noir sind im Angebot. Die Cabernets, darunter der getrennt abgefüllte »Glenmore«, bleiben den anderen Weinen jedoch haushoch überlegen.

Pierro ☆☆–☆☆☆
Margaret River.
Besitzer und Kellermeister: Dr. Michael Peterkin.
18 ha

Ein Weinbaubetrieb mit hoher Qualität, der kleine Mengen an sehr begehrten Weinen erzeugt, darunter ein fassvergorener Chardonnay, der zu den besten vom Margaret River gezählt wird. Der Verschnitt aus Sauvignon und Semillon kann krautig sein. Der beste Rotwein ist ein Cabernet-Merlot-Verschnitt mit Zedernholzaroma.

Suckfizzle ☆☆–☆☆☆
Augusta. Besitzer: John Britton und Partner.
Keine eigenen Weinberge

Im 1997 gegründeten Betrieb mit dem geistvoll-frechen Namen bereiten Janice McDonald und Stuart Pym die Weine. Zum umfangreichen Programm zählen ein eleganter, eichenwürziger Semillon/Sauvignon, ein sauberer, intensiver Cabernet Sauvignon im Margaret-River-Stil, ein ungewöhnlicher Sangiovese/ Cabernet und ganz besonders ein rosenduftiger Pink Muscat.

Vasse Felix ☆☆–☆☆☆
Cowaramup. Besitzer: Familie Holmes à Court. 170 ha.
www.vassefelix.com.au

Einer der ersten Betriebe am Margaret River und noch immer einer der besten; unter der Leitung von Clive Otto, der hier seit 1992 die Weine bereitet. Die Serie der einfachen, preiswerten Rot- und Weißweine nennt sich »Classic Dry«. Im Chardonnay, besonders in der Spitzenabfüllung »Heytesbury«, kann die Eichenwürze überdeutlich hervortreten. Der Verschnitt aus Cabernet und Merlot ist ein körperreicher Wein, kommt aber nicht an die sortenreinen Cabernets mit ihrer üppigen, brombeerfruchtigen Geschmacksfülle und leichter Minzenote heran.

Voyager ☆☆☆–☆☆☆☆
Margaret River. Besitzer: Michael Wright. 100 ha.
www.voyagerestate.com.au

Trotz der beachtlichen Größe dieses Guts gibt es kein Zweitetikett. Weine, die den Besitzer oder seinen Kellermeister Cliff Royle nicht vollauf zufrieden stellen, werden fassweise verkauft. Royle bereitet einen ganz vortrefflichen Chardonnay, bei dem die toastwürzigen Noten immer von schöner Säure ausgeglichen werden. Der Shiraz erinnert im Stil eher an die Rhône als an Barossa, und der opulente Verschnitt aus Cabernet und Merlot bietet neben einem Aroma von schwarzen Johannisbeeren einen langen erdigen Abgang. »Tom Price« steht für eine rote und weiße Spitzen-Cuvée, die von ausgewählten Posten der Gutsweine zusammengestellt werden; die weiße Version ist ein Verschnitt im Graves-Stil. Mehr als alles andere scheinen diese Weine darauf ausgerichtet zu sein, Eindruck zu machen, und ihre schiere Kraft bringt sie oft genug aus dem Gleichgewicht.

Xanadu ☆☆
Margaret River. Besitzer: Familie Lagan. 130 ha.
www.xanaduwines.com.au

Der bekannte Weinbaubetrieb am Margaret River (der Name ist von einem Gedicht von Coleridge inspiriert) hat enorme Fortschritte gemacht. Feiner Semillon und mit die schönsten, erdigsten Cabernets der Region. 1999 vergrößerten die Lagans ihren Besitz und erwarben das Weingut Normans (siehe dort) in Südaustralien. Ihre einfachen, fruchtbetonten Gewächse heißen »Secession«; mehr Komplexität bieten die Etiketten »Show Reserve« und »Lagan Estate«. Die Qualität ist wechselhaft, könnte sich in Zukunft aber verbessern und stabilisieren.

Pemberton

Picardy ☆☆–☆☆☆
Pemberton. Besitzer: Bill und Sandra Pannell. 7 ha.
www.picardy.com.au

Die Pannells sind die Gründer von Moss Wood (siehe dort), Picardy ihr Ruhestandsprojekt. Hier konzentriert man sich in der Hauptsache auf intensiven Chardonnay und Pinot noir im Burgund-Stil, aber auch hervorragender Shiraz ist anzutreffen. Die ersten Abfüllungen erschienen 1997. Die feinsten Weine tragen das Etikett »Tête de Cuvée«, werden jedoch nur in sehr kleinen Mengen erzeugt.

Salitage ☆☆

Pemberton. Besitzer: John Horgan. 20 ha.
www.salitage.com.au

Was Dennis Horgan mit Leeuwin Estate (siehe dort) für den Margaret River geleistet hat, hofft sein Bruder John mit Salitage für die neue kühle Weinbauregion Pemberton in Westaustralien vollbringen zu können. Kellermeister Patrick Coutts erzeugt in der modernen Kellerei komplexen Chardonnay im Stil Burgunds und genussreichen, vollen Pinot noir.

Swan Valley

Paul Conti ☆☆

Woodvale. Besitzer: Familie Conti.
17 ha

Ein stilbildendes Swan-Valley-Weingut mit zwei guten Lagen in Marginiup und Yanchep. Eleganter Shiraz und sauberer, ausgewogener Chardonnay.

Evans & Tate ☆–☆☆

Jindong. Besitzer: eine Aktiengesellschaft. 190 ha.
www.evansandtate.com.au

Das größte Weinunternehmen Westaustraliens und, seit es 2002 von Cranswick erworben wurde, auf dem besten Weg eines der größten des ganzen Landes zu werden. Die Serie der Standardweine nennt sich »Gnangara«, die Prestige-Abfüllungen tragen das Etikett »Redbrook«. Im Großen und Ganzen sind die Weine zwar ordentlich bereitet, aber doch recht langweilig. Mit der Ankunft der jungen Kellermeisterin Virginia Willcock dürften sie jedoch an Persönlichkeit gewinnen. Der fassgereifte, aber zurückhaltende Semillon ist immer wieder erfreulich, ebenso der Cabernet »Redbrook«.

Houghton ☆☆–☆☆☆

Middle Swan. Besitzer: Constellation-Hardy. 500 ha.
www.houghton-wines.com.au

Der berühmteste Name in Westaustralien; 50 Jahre lang bereitete der legendäre Jack Mann die Weine dieses Betriebs. Nunmehr erstrahlt unter den Fittichen der Constellation-Hardy-Gruppe und dank neuer Rebflächen in kühleren Lagen, etwa am Margaret River und in Pemberton, der Glanz von Houghton neu. Der mit ausgiebiger Erfahrung im Bordeaux-Weinbau ausgestattete Larry Cherubino leistete in den letzten Jahren wunderbare Arbeit. »Moondah Brook« heißen die einfachen Weine aus Great-Southern-Lagen; »Crofters« ist eine Serie aus Kühlklimazonen. 1999 führte Houghton regionsspezifische Weine ein, darunter den eleganten »Frankland River Shiraz«, den saftigen, konzentrierten »Margaret River Cabernet« und den nach Milchschokolade schmeckenden »Gladstones Shiraz«. Der eigentliche Spitzenwein ist jedoch der Cabernet/Malbec »Jack Mann«: tiefdunkel und vom Aroma der Damaszenerpflaume geprägt.

Sandalford ☆☆

Caversham. Besitzer: Peter und Debra Prendiville. 182 ha.
www.sandalford.com

Der alte Weinbaubetrieb am Swan River arbeitet jetzt fast ausschließlich mit Lesegut aus seinen südlicheren Weinbergen und produziert daraus exzellente Weine. Die besten Weißen sind Chardonnay und Verdelho, bei den Roten teilen sich der würzige, elegante Shiraz und der straffe, erdige Cabernet Sauvignon die Meriten. Preiswertere Weine bietet das Etikett »Elements«. »Sandalera« ist ein wunderbarer, lang gereifter Dessertwein, der aus Spanien kommen könnte. Nach einer Flaute in

den 1990er-Jahren sorgt der 2001 zum Kellermeister ernannte Paul Boulden heute wieder für gute Qualität.

Westfield ☆☆

Baskerville. Besitzer und Kellermeister: John Kosovich. 24 ha.
www.westfieldwines.com.au

Ein Mini-Weingut im Swan Valley, angesehen für hervorragenden Semillon, guten Cabernet und Verdelho sowie interessante Weine unter dem Etikett »Bronze Wing« aus dem Weinberg in Pemberton. Kosovich, der im Jahr 2002 seinen 50. Jahrgang erzeugte, bietet auch gespritete Tropfen an, beispielsweise den »Liqueur Verdelho«, die jedoch recht derb sein können.

Weitere Erzeuger in Westaustralien

Ferngrove Vineyards ☆

Frankland. www.ferngrove.com.au

Seit 1997 hat Murray Burton nicht nur eine 400 ha große Rebfläche bepflanzt, sondern auch eine neue Kellerei und einen daran angeschlossenen Hotelbetrieb eingerichtet. Die ersten Weine waren mittelschwer und lebendig.

Lenton ☆☆–☆☆☆

Brae

Ein kleines Weingut am Margaret River mit überraschend gutem Chardonnay sowie stilvollem Cabernet und Cabernet/Merlot.

Palandri ☆

Cowaramup. www.palandri.com.au

Ein ehrgeiziges neues Unternehmen am Margaret River mit 350 ha Rebfläche. Die ersten Weine waren zwar gut gemacht, aber nicht überwältigend. Man muss abwarten, was die Zukunft bringt.

West Cape ☆☆

Howe, Denmark

Gute Sortenweine aus Great-Southern-Weinbergen.

Die führenden Erzeuger in Queensland

Ballandean Estate ☆

Ballandean. Besitzer: Angelo und Mary Puglisi.
18 ha

Angelo Puglisi wird als der Pate des Weinbaus in Queensland angesehen; sein Weingut Ballandean Estate war nicht nur der erste Weinbaubetrieb in der Region Granite Belt, er ist immer noch einer der besten. Zum breit gefächerten Angebot gehören Shiraz und Merlot, gespritete Weine und ein ungewöhnlicher lieblicher Weißwein von der in Australien seltenen Silvaner-Traube.

Die führenden Erzeuger in Tasmanien

Domaine A ☆☆

Campania. Besitzer: Peter Althaus. 11 ha.
www.domaine-a.com.au

Bordeaux-Weine sind die große Leidenschaft des Schweizer Ingenieurs Peter Althaus, und trotz des hier für Bordeaux-Sorten ungünstigen Klimas erzeugt er einen konzentrierten, eichenwürzigen Cabernet, der extrem niedrigen Erträgen abgetrotzt ist. Quasi als Kontrapunkt entsteht auch ein eichenfrei ausgebauter, knackiger Sauvignon. Das Zweitetikett des Hauses heißt »Stoney Vineyard«.

Freycinet ☆☆☆
Tasman Highway, East Coast.
Besitzer: Familie Bull.
9 ha

Einer der Spitzenbetriebe in Tasmanien mit erfrischendem Riesling und superbem, komplexem Pinot noir, der das reife Aroma von Roter Bete hat.

Heemskerk
Siehe Piper's Brook

Stefano Lubiana ☆☆
Granton. Besitzer: Steve Lubiana. 6 ha.
www.stefanolubiana.com

Trotz des relativ kleinen Rebbesitzes erzeugt Lubiana eine breite Palette von Weinen: nach traditioneller Methode bereitete Schaumweine, Pinot noir, Riesling und Pinot grigio. Die Weine sind zwar gut bereitet, lassen aber Persönlichkeit vermissen.

Moorilla Estate ☆☆–☆☆☆
Berriedale. Besitzer: eine private Teilhabergesellschaft. 26 ha.
www.moorilla.com.au

Einer der ersten Betriebe, die sich 1958 in Tasmanien auf Qualitätssuche begaben, noch dazu in einer deutlich kühlen Ecke der Insel. Frost, Vogelfraß und ungenügende Reife sind die immer gleichen Probleme. Riesling gedeiht am besten und liefert Mosel-ähnliche Weine; der Gewürztraminer kann so stahlig wie im Elsass, der Pinot noir so geschmeidig wie an der Côte d'Or sein. Cabernet Sauvignon und Syrah fallen oft bemerkenswert dicht und fruchtig aus.

Pipers Brook ☆☆–☆☆☆
Piper's Brook. Besitzer: Kreglinger. 220 ha.
www.pbv.com.au

Der prüfende Verstand des Dr. Andrew Pirie, der auf der Suche nach idealen Voraussetzungen war, führte nach Tasmanien: hier war es kühl, doch nicht zu kühl. Dr. Pirie betonte stets, dass Reben dort am besten gedeihen, wo die Verdunstung nicht zu stark ist – »wo das Gras grün bleibt«. Die Berglagen in Sichtweite der Nordküste der Insel und in Reichweite der Seewinde erbringen superben, trockenen Riesling und kargen Chardonnay, dazu typischen Pinot noir, Cabernet mit lebendigen und intensiven Geschmacksnoten und einen der komplexesten Schaumweine Australiens. Das Zweitetikett ist »Ninth Island«: Die Weine sind weniger intensiv, aber nicht weniger ansprechend. 1998 erwarb Pipers Brook das bekannte Weingut Heemskerk sowie Rochecombe, wurde 2001 jedoch selbst von einer belgischen Gesellschaft aufgekauft. Dr. Pirie hat den Betrieb inzwischen verlassen.

Spring Vale ☆☆
Cranbrook, East Coast. Besitzer: Rodney und Lyn Lyne. 4 ha

Auch dieser Betrieb beweist, wie gut die Ostküste Tasmaniens für Pinot noir geeignet ist. Der »Spring Vale Pinot« ist rund, erdig und köstlich würzig.

Der führende Erzeuger im Northern Territory

Chateau Hornsby ☆
Alice Springs. Besitzer: Denis und Miranda Hornsby. 3 ha

Ein Einzelgänger unter den Erzeugern in der Gluthitze des australischen Outback, der mit starker Bewässerung arbeitet und neben einem Restaurant auch touristisch orientierte Freizeiteinrichtungen bietet. Die Rotweine sind vollmundig und sauber im Geschmack.

Neuseeland

Während in Australien fast jeder Siedler Weinreben angepflanzt zu haben schien, waren die Neuseeländer viel weniger darauf bedacht, das gemäßigte Klima und den fruchtbaren Boden ihrer Inseln für den Weinbau zu nutzen. Deshalb gab es hier, außer in ein paar vereinzelten Missionen und Privatgütern, keinen ernst zu nehmenden Rebenanbau, bis dalmatinische Kautschuk-Arbeiter und libanesische Einwanderer am Anfang des 20. Jahrhunderts in der Gegend von Auckland für ihren Eigenbedarf zu sorgen begannen. Ihre Erzeugnisse waren jedoch kaum mehr als primitiv und beruhten auf minderwertigen Traubensorten, die sich für die Wärme und Feuchtigkeit Aucklands nicht eigneten. Hinzu kam die Reblausplage, die es bald erforderlich machte, Hybridreben zu pflanzen. Zum größten Teil war der Wein gespritet und verdiente wahrscheinlich nur allzu sehr die abfälligen Namen, die man ihm gab. Überdies bildete die kleine, angelsächsisch-puritanische Bevölkerung, die häufig genug die Einführung der Prohibition forderte, kaum einen geeigneten Absatzmarkt. So gab es beispielsweise neben einer Vielzahl anderer kleinlicher Einschränkungen bis 1961 ein gesetzliches Konsumverbot für Wein in Restaurants.

Gegen Ende der 1960er-Jahre stellte sich dann ziemlich rasch ein Wandel ein, als die Neuseeländer nämlich einerseits einen Exportmarkt in Australien und England zu wittern begannen, andererseits auch selbst Geschmack am Wein fanden. Noch 1960 lag fast die Hälfte der Gesamtrebfläche von 390 ha in Auckland, der größte Teil der anderen Hälfte um die Hawkes Bay an der Ostküste der Nordinsel. In den 60ern verdreifachte sich dann die Rebfläche von Auckland, während rund 60 km weiter südlich die neue Weinregion Waikato erschlossen wurde. Die Weinberge an der Hawkes Bay verdoppelten ihre Fläche, und an der Poverty Bay bei Gisborne, nördlich der Hawkes Bay, entstand ein bedeutender neuer Bereich.

Die Resultate waren ermutigend, obwohl den ersten Massenanpflanzungen durchaus kein übertriebener Ehrgeiz zugrunde gelegen hatte. Der Markt war in erster Linie an billigen, gespriteten Weinen interessiert, die durch das verbotene Beimischen von Wasser noch um einiges billiger wurden. Unter den Tafelweinen galt allgemein der Müller-Thurgau als das Höchste, was Neuseeland je mit Gewinn zu erzeugen imstande war. Bei den ersten Anpflanzungen war man der irrigen Auffassung gefolgt, das neuseeländische Klima sei dem deutschen ähnlicher als dem französischen.

Experimente mit Sauvignon blanc und bald auch mit Chardonnay bewiesen dann jedoch in den 70er-Jahren, dass sich das Klima an der Ostküste der Nordinsel, wo die wichtigste Obstbauregion liegt, eher mit den Verhältnissen in Mittelfrankreich vergleichen lässt. Im daran anschließenden Aufschwung verfünffachte sich die dortige Rebfläche, während die bei Auckland bereits zu schrumpfen begann. Zur gleichen Zeit fand die Weinrebe jedoch auch ihren Weg auf die Südinsel. Um 1980 verfügte deren Region Marlborough bereits über fast 800 ha Rebfläche, während Versuchspflanzungen südwärts bis nach Canterbury und Central Otago vorgedrungen waren.

Das wahre Potenzial Neuseelands als Quelle feiner Weine wurde der Welt aber erst gegen Mitte der Achtzigerjahre bewusst, genauer gesagt, im Februar 1985, als die britische Weinelite zu einer (heute jährlich stattfindenden) Weinprobe im New

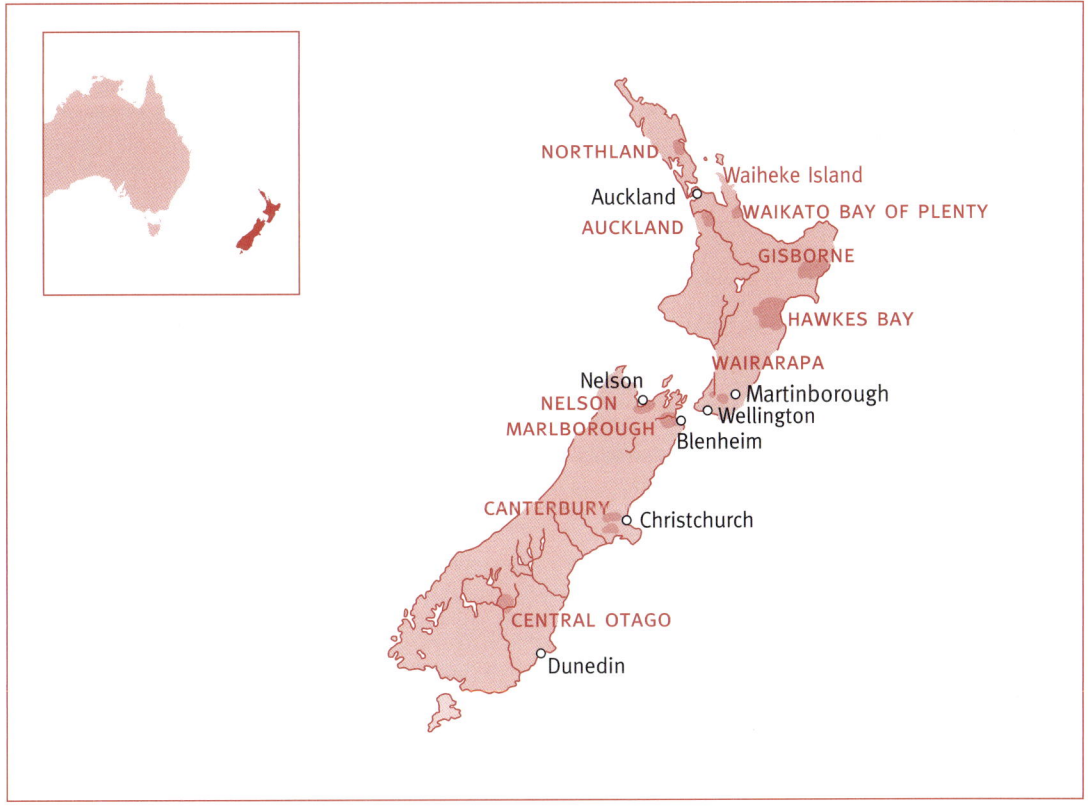

Zealand House in London geladen war. Keiner der Anwesenden wird je diesen besonderen Morgen vergessen, an dem sich herausstellte, dass ein Dutzend neuseeländischer Weinbaubetriebe Weißweine von einer derart rassigen Lebendigkeit und brillanten Fruchtigkeit hervorgebracht hatte, wie man sie auf der Welt nur selten antrifft. Am denkwürdigsten waren die Besten unter den Sauvignon-blanc-Gewächsen, die dieser eigentlich zweitrangigen Traubensorte eine neue, ganz besondere Dimension verliehen. Das Urteil war einmütig: Neuseeland hatte sich in die erste Liga der Weißwein produzierenden Länder dieser Erde aufgeschwungen.

Spätere Weinproben konnten dies nur bestätigen. Mittlerweile waren aber auch überaus saubere Chardonnays, einige Rieslinge, Chenin-blanc- und Gewürztraminer-Weine in unbestreitbarer Spitzenqualität hinzugekommen sowie schließlich ein paar viel versprechende Rote. Deren anfängliche Mängel ließen sich viel eher auf die Unerfahrenheit ihrer Erzeuger zurückführen als auf mindere Traubenqualität. Bedeutende Neuanlagen, vor allem mit Pinot noir, dem das kühle Klima im südlich gelegenen Martinborough sehr behagt, und die Weiterentwicklung der Vinifikationstechniken haben dies unter Beweis gestellt. Auch die Verschnitte von Cabernet Sauvignon und Merlot, vor allem von der Hawkes Bay, sind heute schmackhafter denn je – wiederum dank besserer Kellertechniken, besserer Weinbergpflege und besserer Lagenwahl. Generell hat sich die neuseeländische Palette an Rebsorten beträchtlich erweitert. Mehrere Weinbaubetriebe haben mit der Produktion von Syrah begonnen, ebenso mit Zinfandel, der die Zeit der Quarantäne endlich hinter sich hat. Viognier ist fest etabliert, und großes Interesse besteht an Pinot gris, Sangiovese und anderen Sorten.

Ein enormes Wachstum ist bei den Rebflächen zu verzeichnen: Bestehende Betriebe legen neue Weinberge an, die Zahl der Kellereien wächst beständig, neue Anbaugebiete werden projektiert, und einzelne Pionierbetriebe tauchen an unvermuteten Stellen auf. Dass damit auch Fehlplanungen einhergehen können, wird in Randgebieten von Marlborough und Hawkes Bay deutlich, wo mehrere Täler stark frostgefährdet sind.

Seit den späten 90er-Jahren haben die besten Weinerzeuger den manchmal übertrieben krautigen, vegetabilen Charakter ihrer Weine, besonders der Cabernets und Merlots, in den Griff bekommen. Inzwischen ist aber auch klar geworden, dass Pinot noir die Spitzenstellung unter den Rotweinen beansprucht, speziell in Martinborough und Central Otago, wo die Rebfläche im Jahr 2003 auf über 2000 ha angewachsen war. Doch noch sind es die Weißweine, die Neuseelands Fahne hochhalten. Sollte der internationale Geschmack eines Tages der kraftvoll aromatischen Marlborough-Sauvignons müde werden, stehen bereits die superben Rieslinge in den Startlöchern.

Neuseeland ist von Natur gegeben, wonach Erzeuger in Australien und Kalifornien ständig suchen: Wachstumsbedingungen, die langsam gereifte, vollaromatische Frucht entstehen lassen. Die Weine entfalten die Kraft, Struktur und Finesse wie etwa jene von der Loire, aus dem Elsass, vielleicht auch aus dem Médoc und der Champagne – und das mit einer Frische und Lebenskraft, wie sie nur in Neuseeland zu finden sind.

Das beträchtliche Potenzial für Schaumwein wird unter Anwendung der klassischen Methode und fast ausschließlich der klassischen Sorten Pinot noir und Chardonnay gepflegt. Einfuhrschutzmaßnahmen der EU verbieten zwar den Import von neuseeländischen Süßweinen, doch die Besucher des Landes können sich jederzeit selbst von der hervorragenden Qualität der edelfaulen Rieslinge und Semillons überzeugen.

Die Nordinsel

Auckland

464 ha. Bis 1970 die größte Weinbauregion Neuseelands; allerdings war das fast subtropische Klima mit starker Wolkendecke und häufigem Niederschlag im Herbst für die Weinrebe niemals ideal.

Als Traubenanbaugebiet wird Auckland inzwischen von Gisborne, der Hawkes Bay und Marlborough im Süden an Quantität und Qualität übertroffen. Obwohl die sich ausbreitende Großstadt heute die Rebflächen in Serie schluckt, haben viele bedeutende Weinbaufirmen hier noch immer ihren Sitz (siehe auch Waiheke Island).

Zu den Weinbaubetrieben gehören: Babich, Collard Brothers, Coopers Creek, Corbans, Delegat's, Kumeu River, Lincoln Vineyards, Matua Valley, Montana, Nobilo, Selak's, Soljans, Villa Maria und West Brook.

Gisborne

1800 ha. Eine sonnenreiche, fruchtbare Region an der Ostküste der Nordinsel, die für weiße Traubensorten, vor allem Chardonnay, besonders geeignet ist. Allerdings leidet sie unter herbstlichen Regenfällen, die eine frühe Ernte erforderlich machen, und wird von der Reblaus heimgesucht, was bereits zu mehr oder weniger kompletten Neuanpflanzungen geführt hat. Kellereien sind nur spärlich vorhanden, die meisten Trauben werden zur Weiterverarbeitung in die Großbetriebe nach Auckland geschickt.

Zu den Weinbaubetrieben gehören: Matawhero, Millton und Montana.

Hawkes Bay

3600 ha. Einer der großen Qualitätsbereiche auf der Nordinsel, an deren Ostküste südlich von Gisborne und im Regenschatten des vulkanischen Zentralgebirges gelegen. Viel Sonnenschein und ein herrliches Bodengemisch aus Schwemmsand, Kies und Lehm bieten ein enormes Potenzial für Weiß- und Rotweinreben; die Zahl der Weinbaubetriebe wächst stetig. Neben Waiheke Island ist die Hawkes Bay auch eines der wenigen Gebiete, in denen Bordeaux-Sorten vollständig ausreifen. Mittlerweile hat man damit begonnen, die besten Unterbereiche zu definieren, darunter Gimblett Gravels und das Ngatarawa Triangle.

Zu den Weinbaubetrieben gehören: Brookfields, Craggy Range, Kim Crawford, Esk Valley, Kemblefield, Matariki, Mission, Montana Church Road, Ngatarawa, C. J. Pask, Sacred Hill, Sileni, Te Mata, Trinity Hill und Vidal.

Northland

Das regnerische, feuchte Gebiet im äußersten Norden der Insel war 1819 die Heimat des ersten Weinbergs in Neuseeland. Obgleich Northland für den Weinbau wenig geeignet erscheint, versucht eine wachsende Anzahl von Betrieben das Gegenteil unter Beweis zu stellen, vor allem im Matakana Valley. Vereinzelte Unternehmen haben sich sogar noch weiter im Norden angesiedelt: Longview in Whangarei und Okahu Estate in Kaitaia.

Zu den Weinbaubetrieben gehören: The Antipodean, Ascension, Heron's Flight und Ransom.

Waikato Bay of Plenty

136 ha. Der kleine, regenreiche Bereich erstreckt sich ostwärts von Waikato, das etwa 70 km südlich von Auckland liegt, bis zur Bay of Plenty. Viele der hier ansässigen größeren Weinbaubetriebe wie Morton Estate beziehen ihre Trauben von der Hawkes Bay, aus Gisborne und aus anderen Gegenden Neuseelands.

Zu den Weinbaubetrieben gehören: Firstland, Morton Estate und Rongopai.

Wairarapa

600 ha. Eine Region am Südende der Nordinsel, unmittelbar nördlich von Wellington, deren Zentrum die kleine Stadt Martinborough bildet. Guter Boden, herbstlicher Sonnenschein und geringe Niederschläge veranlassten erstmals 1978 die Anpflanzung von Trauben.

Vier Weinbaubetriebe brachten 1984 den ersten Jahrgang heraus; drei von ihnen, Martinborough Vineyard, Dry River und Ata Rangi, haben sich inzwischen eine beständige Reputation für ihre Pinot-noir-Weine von ertragsschwachen Reben geschaffen.

Seit 2000 sind umfangreiche Neuanpflanzungen in Te Muna, nicht weit von Martinborough, hinzugekommen. Sauvignon und Chardonnay sind ebenfalls gut, weniger gleichmäßig fallen jedoch die Ergebnisse bei den roten Bordeaux-Sorten und bei Syrah aus.

Zu den Weinbaubetrieben gehören: Alana, Ata Rangi, Dry River, Escarpment, Gladstone, Martinborough Vineyards, Palliser und Te Kairanga.

Waiheke Island

Kleine Insel im Hauraki Gulf. Das Klima ist mit einem um 30 % geringeren Niederschlag viel trockener als in Auckland. Auch die Bodenzusammensetzung ist besser, weil sie leichter und durchlässiger ist.

Die ersten Rebflächen wurden 1978 von den Goldwaters angelegt, später von Stephen White in Stonyridge. Inzwischen sind auch andere ihrem Beispiel gefolgt und pflanzen vorwiegend Bordeaux-Sorten an.

Zu den Weinbaubetrieben gehören: Goldwater Estate, Mudbrick und Stonyridge.

Die Südinsel

Canterbury

520 ha. Einer von mehreren neueren Weinbaubereichen auf der Südinsel um Christchurch an der mittleren Ostküste. Das sehr kühle, niederschlagsarme Klima lockte in den 1980er-Jahren eine Reihe von Unternehmen hierher und ließ bereits eindrucksvolle Rieslinge und Pinots noirs entstehen. Die Ebenen um Christchurch sind allerdings sehr frostgefährdet, was zu Problemen führt. Deutlich besser ist die Lage um Waipara nördlich von Christchurch, wo das Klima merklich wärmer ist und sich der kalkreiche Boden sehr gut für Pinot noir und Chardonnay eignet. Auch hier wächst die Zahl neuer Kellereien und Anbauflächen stetig.

Zu den Weinbaubetrieben gehören: Giesen, Kaituna Valley, St Helena und Waipara Springs.

Central Otago

570 ha. Hier, am 45. Breitengrad, liegen die südlichsten Weinberge der Welt, wo das Gibbston Valley bei Queenstown mit einer eindrucksvollen Landschaft aufwartet; weitere Rebflächen erstrecken sich an den Ufern des Wanaka-Sees oder liegen auf schiefrigem Gelände um die Stadt Alexandra. Otago ist derzeit das am schnellsten wachsende Weinbaugebiet Neuseelands, besonders im Umkreis der Stadt Cromwell.

Das Klima ist kontinentaler als in den anderen Regionen, und die Jahrgänge können sehr unterschiedlich ausfallen. Central Otago hat sich als herausragendes Gebiet für reichhaltigen, schmackhaften Pinot noir erwiesen, aber auch Chardonnay und Riesling fallen gut aus.

Zu den Weinbaubetrieben gehören: Akarua, Black Ridge, Chard Farm, Felton Road, Gibbston Valley, Mount Difficulty, Mount Edward, Peregrine, Quartz Reef, Rippon und Waitiri Creek.

Marlborough/Blenheim

6400 ha. Das sonnige Marlborough mit seinen steinigen Sandböden im Nordosten der Südinsel um die Stadt Blenheim hat sich als Glückstreffer für den neuseeländischen Weinbau herausgestellt. Seit Montana im Jahr 1973 seine Pioniertätigkeit aufnahm, sind hier mit die besten Sauvignons blancs der Welt entstanden; der Bereich ist inzwischen die größte Weinbauregion das Landes.

Ausgezeichneter Boden, geringe Niederschlagsmengen (zumindest die jungen Reben müssen bewässert werden), kühle Herbstwitterung und die Tatsache, dass dies die sonnigste Gegend Neuseelands ist, stellen ideale Voraussetzungen für Frucht mit großer Geschmacksfülle dar, besonders bei Weißwein: Sauvignon blanc, Chardonnay und Riesling haben sich bereits mit bestem Erfolg bewährt, darüber hinaus gibt es schmackhaften Pinot noir. Nur der Wind und in manchen Tälern auch der Frost machen den Traubenanbauern von Marlborough Kopfzerbrechen.

Zu den Weinbaubetrieben gehören: Cellier Le Brun, Cloudy Bay, Forrest, Framingham, Fromm, Highfield, Huia, Hunter's, Isabel, Jackson Estate, Montana, Mount Riley, Mud House, Nautilus, Saint Clair, Allan Scott, Seresin, Vavasour, Wairau River und Wither Hills.

Nelson

425 ha. Ein kleines, relativ unzugängliches Gebiet westlich von Marlborough, das sich mit dieser Region einige Vorzüge teilt, aber auch unter herbstlichen Regenfällen zu leiden hat. Die Weinberge liegen auf hügeligem Land, und bei den meisten der in wachsender Anzahl vertretenen Betriebe handelt es sich um kleine Boutique-Kellereien. Die Weinqualität ist exzellent.

Zu den Weinbaubetrieben gehören: Greenhough, Neudorf, Seifried Estate und Te Mania.

Die führenden Erzeuger in Neuseeland

Ata Rangi ☆☆☆
Martinborough. Besitzer: Clive und Alison Paton sowie Oliver Masters. 20 ha. www.atarangi.co.nz

Brillanter Pinot noir aus Martinborough: komplex, intensiv und mit seidiger Struktur. Ata Rangi erzeugt Chardonnay von der Hawkes Bay und aus Martinborough sowie »Celebre«, einen Cabernet-Merlot-Syrah-Verschnitt mit wechselnden Mischungsverhältnissen, abhängig vom jeweiligen Jahrgang. Ein 2001 erschienener pfeffriger Syrah zeigt viel versprechende Ansätze.

Babich ☆☆–☆☆☆
Henderson, Auckland. Besitzer: Familie Babich. 240 ha.
www.babichwines.co.nz

Ein großer alter Familienbetrieb in Auckland, der für seine beständige Qualität und fairen Preise hoch angesehen ist. Der gute Ruf des Hauses beruht hauptsächlich auf Chardonnay, v. a. aus der Lage Irongate. Das Sortiment bietet ferner einen Cabernet/Merlot aus Irongate sowie mit Cabernet Sauvignon und Chardonnay zwei Weine der Spitzenserie »Patriarch«. Ungewöhnlichere Sorten wie Syrah und Pinotage werden unter dem Etikett »Winemaker's Reserve« abgefüllt.

Cellier Le Brun ☆☆–☆☆☆
Renwick, Marlborough. Besitzer: Tony Nightingale. 26 ha.
www.lebrun.co.nz

Daniel Le Bruns Familie erzeugte Champagner in Epernay und brachte die *méthode traditionnelle* nach Marlborough. Angeboten wird ein jahrgangsloser Brut, ein Jahrgangswein, verschiedene Jahrgangs-Blanc-de-Blancs und ein Roséschaumwein – alle von reiferen Trauben als die entsprechenden französischen Vorbilder. Die Stillweinserie »Terrace Road« ist vielfältig und preisgünstig.

Chard Farm ☆☆–☆☆☆
Gibbston, Queenstown. Besitzer: Rob und Greg Hay. 27 ha.
www.chardfarm.co.nz

Der Betrieb ist nach einer Familie Chard benannt, die aus dem gleichnamigen englischen Ort in Somerset stammt. Riesling und Pinot noir sind die Spezialitäten des Hauses, Ersterer ist spritzig und limonenfruchtig, Letzterer sehr duftig und geschmeidig.

Cloudy Bay ☆☆☆
Blenheim, Marlborough. Besitzer: Veuve Clicquot-Ponsardin
und David Hohnen. 150 ha. www.cloudybay.co.nz

1985 vom Australier David Hohnen gegründet, dessen westaustralischer Betrieb Cape Mentelle bereits viel Anerkennung gefunden hatte. Ende der 1980er-Jahre wurde Cloudy Bay rasch zum Vorreiter des neuseeländischen Weinbaus auf dem internationalen Markt. Der pikante, scharf konturierte Sauvignon blanc von Trauben, die auf dem steinigen Boden Marlboroughs in einem nahezu idealen Weißweinklima wachsen, gilt bei vielen Kennern als der allerfeinste Ausdruck des Charakters dieser Sorte – ein Wein, der häufig schon wenige Wochen nach seinem Erscheinen weltweit komplett ausverkauft ist; er enthält etwas Semillon und zeigt leichte Eichennoten. Mit Bedacht führte das Kellermeisterteam aus Kevin Judd und James Healy weitere Weine ein: den fassvergorenen Sauvignon »Te Koko«, einen exzellenten, eichenwürzigen Chardonnay, Pinot noir und saftigen Gewürztraminer. Zu den weiteren erfolgreichen Neuerscheinungen im Weinprogramm gehören der nach der klassischen Methode bereitete Schaumwein »Pelorus« und der erstklassige »Late Harvest Riesling«.

Coopers Creek ☆☆
Huapai, Auckland. Besitzer: Andrew und Cynthia Hendry.
40 ha. www.cooperscreek.co.nz

Erfolgreicher kleiner Betrieb mit hochwertigen Sortenweinen und beliebten Verschnitten. Bekannt für seinen Chardonnay, erzeugt Coopers Creek ebenfalls gehaltvolle Rotweinverschnitte von der Hawkes Bay.

Craggy Range ☆☆☆
Havelock North, Hawkes Bay. Besitzer: Terry Peabody. 165 ha.
www.craggyrange.co.nz

Aus der weitsichtigen Investition des Unternehmers Terry Peabody aus Brisbane, kombiniert mit Kellermeister Steve Smiths Sachverstand in Weinberg und Keller, entstand dieses neue, großzügig ausgestattete Weingut, das gleich von Anbeginn mit eindrucksvollen Weinen aufwarten konnte. Zahlreiche Abfüllungen von Sauvignon, Chardonnay, Riesling und Merlot repräsentieren jeweils verschiedene Lagen, sowohl in Te Menu bei Martinborough als auch an der Hawkes Bay. Erste Auflagen von Syrah und Cabernet Sauvignon im Jahr 2001 zeigten bemerkenswerte Konzentration und Struktur. Die Serie »Prestige« dürfte zweifellos demnächst in die Spitzenklasse neuseeländischer Weine aufsteigen.

Delegat's ☆☆–☆☆☆
Henderson, Auckland. Besitzer: Jim und Rosemari Delegat.
1200 ha. www.delegats.co.nz

Eine Straffung der Produktion Mitte der 1980er-Jahre und die gute Sachkenntnis der Kellermeister (zuerst Brent Marris, heute Michael Ivicevich) brachten deutliche Verbesserungen. Der Familienbetrieb hat das einzige Bruder-Schwester-Team im Weinbau Neuseelands vorzuweisen. Die besten Weine sind die Reserve-Abfüllungen von der Hawkes Bay und die unter dem Etikett »Oyster Bay« angebotenen Weine aus Marlborough.

Dry River ☆☆☆–☆☆☆☆
Martinborough. Besitzer und Kellermeister: Neil McCallum.
18 ha

Kleines Gut mit sehr fein ausgearbeiteten, vorbildlichen Weinen. Der komplexe Pinot noir, der aus verschiedenen Weinpartien mit unterschiedlichen Bereitungsverfahren zusammengestellt wird, der üppige Pinot gris und die schönen Rieslinge und Gewürztraminer gehören zu den besten Weinen Neuseelands.

Esk Valley ☆☆–☆☆☆☆
Napier, Hawkes Bay. Besitzer: Villa Maria (siehe dort).
Teilt sich Rebflächen mit Villa Mariz.
www.eskvalley.co.nz

Esk Valley, ehemals ein großer Familienbetrieb, erzeugt unter Kellermeister Gordon Russell einige der besten Rotweine des Landes. Es werden ausschließlich Trauben von der Hawkes Bay verwendet. Das Programm ist breit gefächert: Die Basisreihe erscheint unter dem Etikett »Black Label«, Spitzenabfüllungen unter »Reserve«, und der bemerkenswerte »The Terraces« ist eine rare Mischung roter Bordeaux-Sorten, die nur in erstklassigen Jahrgängen entsteht.

Felton Road ☆☆☆
Bannockburn, Central Otago. Besitzer: Nigel Greening. 30 ha.
www.feltonroad.com

Weine aus dem Hause Felton Road gibt es erst seit 1997, trotzdem gehören sie bereits zu den gefragtesten in Neuseeland. Blair Walter, Kellermeister seit Anbeginn, erzeugt zwei Rieslinge (trocken und weniger trocken), zwei Chardonnays (eichenfrei und in Barriques gereift) und eine Serie superber, unter minimaler Einflussnahme bereiteter Pinots noirs. Die besten Pinot-Abfüllungen sind die viel gelobten Weine »Block 3« und »Block 5«; zu einem Bruchteil ihres Preises erhält man jedoch die Normalversionen, die ihnen nur wenig nachstehen. Das Schwesteretikett »Cornish Point« steht für die Weine aus dem gleichnamigen Weinberg bei Cromwell.

Fromm ☆☆–☆☆☆
Blenheim, Marlborough. Besitzer: Georg Fromm und Familie. 21 ha. www.frommwineries.com
Ungewöhnlich für ein Weingut in Marlborough, spezialisiert sich Fromm seit 1992 auf Pinot noir – und der »Clayvin Vineyard« kann ganz hervorragend sein. Die Weine sind geschmeidig, elegant und gut alterungsfähig. Der Riesling ist drall und kräftig, doch der Reserve-Chardonnay zu eichenwürzig.

Gibbston Valley ☆☆☆
Gibbston, Queenstown. Besitzer: Mike Stone. 60 ha. www.gvwines.co.nz
Der aus Ulster stammende Alan Brady war 1981 der erste Traubenanbauer in Central Otago und errichtete diese bald sehr erfolgreiche Kellerei. Er verkaufte sie jedoch im Jahr 1997, um mit Mount Edward (siehe dort) ein für ihn geeigneteres Unternehmen zu gründen. Kellermeister Grant Taylor bereitet schmackhaften Riesling und eindrucksvollen Chardonnay. Der beste Wein ist jedoch der Pinot noir, speziell die in neuer Eiche ausgebaute Reserve-Version im Burgund-Stil.

Giesen ☆☆
Christchurch. Besitzer: Marcel, Alex und Theo Giesen. 435 ha. www.giesen.co.nz
Die Brüder Giesen stammen ursprünglich aus der Pfalz, wo ihr Vater als Hobbywinzer einen winzigen, 1 ha großen Weinberg bewirtschaftete. Heute besitzen sie das größte Weingut in Canterbury, auch wenn ihre Rebflächen vorwiegend in Marlborough liegen. Sie erzeugen stilvollen, trockenen Riesling, der sich in der Flasche bestens entfaltet, und in guten Jahren kommen mehrere schöne Spätlesen hinzu. Sie verstehen sich darüber hinaus auf Chardonnay und sind inzwischen auch mit der Entwicklung eines Pinot noir beschäftigt. Ihr erster Pinot noir/Chardonnay-Schaumwein erschien 1995.

Goldwater Estate ☆☆
Waiheke Island. Besitzer: Kim und Jeanette Goldwater. 10 ha. www.goldwaterwine.com
Die Goldwaters pflanzten ihre ersten Reben 1978 auf einem Inselweinberg an, der durch ein warmes, trockenes Mikroklima begünstigt wird. Heute erzeugen sie duftige, schmackhafte Bordeaux-Verschnitte, Sauvignon blanc und Chardonnay. Das Lesegut für Sauvignon und einen Teil des Chardonnay kommen aus Marlborough.

Grove Mill ☆–☆☆☆
Renwick, Marlborough. Besitzer: lokale Investoren. 85 ha. www.grovemill.co.nz
Aus kleinen Anfängen ist Grove Mill inzwischen zu einem beachtlichen Unternehmen herangewachsen und verfügt über eine nagelneue Kellerei. Der Pinot noir kann streng ausfallen, doch Sauvignon blanc und Reserve-Riesling sind vorbildlich. Einfachere, preisgünstigere Weine werden unter den Etiketten »Sanctuary« und »Frog Haven« angeboten.

Huia ☆☆–☆☆☆
Renwick, Marlborough. Besitzer: Claire und Mike Allan. 20 ha. www.huia.net.nz
Ein 1996 gegründeter qualitätsbewusster Betrieb, der einen überdurchschnittlich großen Teil seines Weins mit natürlichen Hefen vergären lässt. Alle Weine sind herrlich gebaut und makellos abgerundet. Eine äußerst zuverlässige Quelle für Sauvignon blanc und Pinot noir.

Hunter's ☆☆–☆☆☆
Blenheim, Marlborough. Besitzer: Jane Hunter. 37 ha. www.hunters.co.nz
Seit dem Tod des Gründers Ernie Hunter im Jahr 1987 führt seine Frau Jane den Betrieb, der nach wie vor einer der besten auf der Südinsel ist. Zu den angebotenen Sortenweinen zählen fassgereifter Chardonnay, reifer, fruchtiger Sauvignon blanc, Riesling und eichenwürziger Pinot noir. Der exzellente Schaumwein »Miru Miru« wird ausschließlich für den Export erzeugt.

Isabel Estate ☆☆☆
Renwick, Marlborough. Besitzer: Michael und Robyn Tiller. 54 ha. www.isabelestate.com
Die Rebflächen des Hauses Isabel sind viel dichter bepflanzt als in Neuseeland üblich. Michael Tiller, der in Weinberg und Keller das Sagen hat, verwendet wilde bzw. Umfeldhefen, wann immer dies möglich ist. Seine Weine sind knackig und konzentriert; an der Spitze steht der Chardonnay und der würzige, vielschichtige Pinot noir.

Jackson Estate ☆☆–☆☆☆
Blenheim, Marlborough. Besitzer: John und Warwick Stichbury. 100 ha. www.jacksonestate.co.nz
Jackson ist bekannt für seinen pikanten Sauvignon blanc, zitrusfruchtigen, würzigen Chardonnay und eleganten Riesling, der sowohl in trockener als auch edelfauler Version angeboten wird. In den späten 1990ern pflanzten die Stichburys neue Pinot-noir-Klone an, die nun feine, charmante Weine erbringen.

Kumeu River ☆☆☆
Kumeu, Auckland. Besitzer: Familie Brajkovich. 25 ha. www.kumeuriver.co.nz
Kumeu River ist auf seriösen Chardonnay spezialisiert, der vom gutseigenen Weinberg Maté bis in die Flasche nach burgundischen Prinzipien bereitet wird. Kellermeister Michael Brajkovich, ein Master of Wine, hat auch bei den weniger hochwertigen Sorten, darunter Pinot gris und Pinot blanc, eine geschickte Hand, und bietet darüber hinaus stilvolle Bordeaux-Mischungen an, etwa den Merlot/Malbec »Melba«. Michael kämpft leidenschaftlich für die Erhaltung der Anbauflächen in Auckland, auch wenn er dabei zunehmend auf Schwierigkeiten stößt. Das Zweitetikett des Hauses heißt »Brajkovich«.

Martinborough Vineyards ☆☆☆
Martinborough. Besitzer: Duncan und Derek Milne. 22 ha. www.martinborough-vineyard.co.nz
Einer der ersten Betriebe in Martinborough, der mit seinem Burgund-erfahrenen Kellermeister Larry McKenna elegante Weine voll Intensität und Delikatesse produzierte. Seit McKenna mit dem eigenen Betrieb Escarpment (siehe dort) beschäftigt ist, zeichnet Claire Mulholland für die Weinbereitung verantwortlich. Wegen des guten Rufs für Pinot noir werden die ebenfalls exzellenten anderen Weine des Hauses oft übersehen: Chardonnay, Riesling und der gehaltvolle, fassvergorene Pinot gris.

Matariki ☆☆☆
Hastings, Hawkes Bay. Besitzer: John O'Connor. 55 ha. www.matarikiwines.co.nz

Das Weingut Matariki und der größte Teil seiner Rebflächen liegen im Herzen der Region Gimblett Gravels. Bis 1997 erzeugte John O'Connor Massenweine, bereitet aber seitdem ein ständig wachsendes Programm reichhaltiger, geschmacksintensiver Sortenweine. Der spritzige Normal-Chardonnay ist manchmal der mächtigen, eichenwürzigen Reserve-Version vorzuziehen, doch die Reserve-Abfüllungen von Merlot und Syrah sind hervorragend, und ein neuer Sangiovese macht sich vielversprechend. Spezialität des Hauses ist der konzentrierte und kraftstrotzende Bordeaux-Verschnitt »Quintology«. Das Zweitetikett heißt »Stony Bay« und bietet einen schmackhaften Chardonnay.

Matua Valley ☆–☆☆☆
Auckland. Besitzer: Beringer Blass. 148 ha. www.matua.co.nz
Ein Betrieb im kalifornischen Stil nördlich von Auckland, 1974 von Ross und Bill Spence gegründet. Ross ist die Isolierung und Vermehrung jenes bestimmten Sauvignon-Klons zu verdanken, der seit gut 20 Jahren in Neuseeland angebaut wird. Das Spitzenetikett für Chardonnay und Cabernet Sauvignon ist »Ararimu«. Daneben gibt es ausgezeichnete Weine von der Hawkes Bay (»Matheson«) und aus Marlborough (»Shingle Peak«). Nach dem Verkauf an Beringer Blass im Jahr 2001 ist die Zukunft des Hauses ungewiss, auch wenn die Spences weiterhin am Ruder sind.

Millton ☆☆–☆☆☆
Gisborne. Besitzer: James und Annie Millton. 20 ha. www.millton.co.nz
Es bedarf Mut dazu, ein Weingut in einem Gebiet wie Gisborne nach biodynamischen Prinzipien zu führen, doch James Millton hat sie sorgfältig studiert und zweifelt nicht an ihrer Effizienz. Er erzeugt ein interessantes Weinprogramm, zu dem ein frischer Viognier, ein üppiger, in Eiche ausgebauter Chenin und ein feiner, botrytisierter Riesling gehören.

Mission ☆☆
Taradale, Hawkes Bay. Besitzer: Catholic Society of Mary. 50 ha. www.missionestate.co.nz
Mission, 1851 gegründet, ist das älteste Weingut an der Hawkes Bay, wunderschön gelegen am Fuß grasbewachsener Hügel. Neben den zuverlässigen Reserve-Abfüllungen wird unter dem Etikett »Jewelstone« eine Spitzenreihe angeboten: Chardonnay, Cabernet-Merlot-Verschnitte, jugendlicher Syrah und nobler Riesling.

Montana Wines ☆–☆☆☆
Auckland. Besitzer: Allied Domecq. 2900 ha. www.montanawines.com
Die über viele Jahre hinweg größte Weinfirma Neuseelands ist durch den Ankauf von Cooks und Corbans (siehe Ngatarawa) kürzlich noch einmal um ein ganzes Stück gewachsen und heute verantwortlich für fast 60 % der Gesamtproduktion des Landes. Montana war in den 1970er-Jahren maßgeblich an der Erschließung der neuen Region Marlborough beteiligt, wo es noch heute ein Vorzeigeweingut unterhält. Weitere Kellereien stehen in Auckland, Gisborne und Hawkes Bay. Zu den Weinen aus Marlborough zählen ein sehr trockener Sauvignon blanc, leicht würziger Riesling und ein exzellenter Chardonnay. In Montanas Church Road Estate in Hawkes Bay stehen Chardonnay und rote Sortenweine im Mittelpunkt, besonders Verschnitte im Bordeaux-Stil. Über mehrere Jahre unterhielt Montana ein Gemeinschaftsprojekt mit dem Champagnerhaus Deutz zur Erzeugung der »Deutz Cuvée Marl-

borough«, die dem hauseigenen Schaumwein »Lindauer« deutlich überlegen ist. Die Weine erscheinen unter zahlreichen Etiketten, von denen die bekanntesten »Brancott«, »Church Road«, »Tongridge« und »Stoneleigh« sind. Bedenkt man die enorme Größe des Unternehmens, so überrascht die teilweise hohe Qualität umso mehr.

Morton Estate ☆–☆☆☆
Katikati, Bay of Plenty. Besitzer: John Coney. 420 ha. www.mortonestatewines.co.nz
Das im attraktiven kapholländischen Stil gestaltete Weingut profitierte in den 1990er-Jahren beträchtlich vom Talent John Hancocks, einem der besten Kellermeister Neuseelands, der inzwischen Trinity Hill leitet (siehe dort). Der Ruf des Hauses Morton beruht auf Chardonnay mit dessen Spitzenabfüllungen »Black Label« und (seit 1998) »Conchiglie«. Ihnen folgen die Weine mit den Etiketten »Reserve« und »White Label«.

Mount Difficulty ☆☆–☆☆☆
Bannockburn, Central Otago. Besitzer: vier Weinbergbesitzer. 40 ha. www.mtdifficulty.co.nz
Seit dem ersten Jahrgang 1998 bereitet Matt Dicey delikaten Chardonnay und Pinot noir. Beide sind große Weine mit Stil und Format.

Mudbrick ☆☆–☆☆☆
Waiheke Island. Besitzer: Nick Jones. 10 ha. www.mudbrick.co.nz
Ein Großteil des Leseguts wird aus Marlborough bezogen, die Rotweine stammen jedoch vorwiegend von den gutseigenen Weinbergen auf Waiheke Island. Neben einem intensiven, pfeffrigen Syrah ist »Shepherds Point« zu empfehlen, ein geschmeidiger, konzentrierter, eichenwürziger Cabernet-Merlot-Verschnitt.

Neudorf ☆☆–☆☆☆
Upper Moutere, Nelson. Besitzer: Tim und Judy Finn. 23 ha. www.neudorf.co.nz
Einer der führenden Weinbaubetriebe in Nelson, im Besitz des freundlichen Ehepaars Finn. Die Kellerei ist in einem 100 Jahre alten Schindelgebäude untergebracht. Der beste Wein ist ein in neuen Eichenfässern ausgebauter, sehr komplexer Chardonnay. Auch Riesling und Sauvignon sind gut, und Pinot noir wird immer besser.

Ngatarawa ☆–☆☆☆
Hastings, Hawkes Bay. Besitzer: Alwyn und Brian Corban. 23 ha. www.ngatarawa.co.nz
Die Corban-Familie erzeugen seit über 100 Jahren in Neuseeland Wein, auch wenn die Kellerei, die ihren Namen trägt, heute zum Haus Montana (siehe dort) gehört. Ngatarawa ist in einem attraktiven Kellereigebäude beheimatet, alte Pferdeställe stehen gleich nebenan. Das Spitzenerzeugnis des Hauses ist »Alwyn Reserve«, ein teurer Wein, der nur in Ausnahmejahren entsteht. Ebenfalls von hoher Qualität sind die »Glazebrook«-Weine, zu denen ein Merlot/Cabernet, Chardonnay und ein edelfauler Riesling gehören. Die Serie »Stables« ist von zugänglicherem Stil.

Nobilo ☆☆
Kumeu, Auckland. Besitzer: Constellation-Hardy. 670 ha. www.nobilo.co.nz
Die aus Dalmatien stammenden Nobilos arbeiten gekonnt mit roten Traubensorten, die im feuchtwarmen Klima von Auck-

land gut ausreifen. Seit der Übernahme durch den Weinkonzern BRL Hardy hat sich Nobilo zum drittgrößten Weinerzeuger Neuseelands entwickelt. Das Angebot ist breit gefächert, die Qualität ebenfalls. Einige der besten Weine kommen von Nobilos Schwesterbetrieb Drylands in Marlborough.

C. J. Pask ☆☆–☆☆☆
Hastings, Hawkes Bay. Besitzer: Chris Pask, John Benton und Kate Radburnd (auch Kellermeisterin). 90 ha.
www.cjpaskwinery.co.nz

Der ehemalige Pilot Chris Pask war der Erste, der in Gimblett Road Reben anpflanzte, dem heute hoch bewerteten Weinbaubereich mit Schwemmsandböden auf dem Kiesgrund eines alten Flussbetts. Pask konzentriert sich auf Bordeaux-Sorten sowie Chardonnay, Merlot und Syrah. Die Visitenkarte des Hauses ist »Declaration«, eine konzentrierte, pfeffrige Mischung von Cabernet Sauvignon und Malbec. Die Reserve-Weine sind voll und kräftig und werden in neuen Eichenfässern ausgebaut.

Pegasus Bay ☆☆–☆☆☆
Amberley, Waipara.
Besitzer: Ivan und Christine Donaldson. 30 ha.
www.pegasusbay.com

Das Kellerteam, bestehend aus Matt Donaldson und Lynette Hudson, hat in diesem Betrieb in Waipara wahre Wunder vollbracht. Die Weißweine, sogar der Sauvignon blanc, sind wunderbar sahnig und geschmeidig, und es gibt außergewöhnliche Spätleseversionen von Riesling und Chardonnay. Der wahrscheinlich bekannteste Wein des Hauses ist jedoch der Spitzen-Pinot-noir »Prima Donna«. Weine, die nicht aus in Waipara gewachsenen Trauben bereitet werden, erscheinen unter dem Etikett »Main Divide«.

Rippon ☆☆☆
Wanaka. Besitzer: Lois Mills. 15 ha.
www.rippon.co.nz

Rolfe Mills planzte 1976 die ersten Reben in dieser Region (wenn man von den Siedlern des 19. Jhs. einmal absieht) und wählte dafür eine hervorragende Lage am Ufer des Wanaka-Sees. Pinot noir und Riesling sind am besten. Die Weine von jungen Pinot-Reben werden unter dem Etikett »Jeunesse« angeboten; die Spitzenversion dieser Sorte ist delikat und trotzdem langlebig. Gleiches gilt für den kräftigen Riesling. 1999 entstand ein erstaunlicher Riesling im Stil einer Trockenbeerenauslese mit Namen »La Nina« – leider nur als einmalige Auflage. Nach dem Tod von Rolfe Mills im Jahr 2002 übernahm sein Sohn Nick, der in den besten Weingütern Burgunds sein Handwerk gelernt hat, die Leitung des Unternehmens.

Sacred Hill ☆☆☆
Napier, Hawkes Bay.
Besitzer: Familie Mason. 145 ha.
www.sacredhill.com

Aus verschiedenen Weinbergen an der Hawkes Bay und in Marlborough (darunter die Rebflächen des hinzugekauften Weinguts Cairnbrae) erzeugt Kellermeister Tony Bish eine ganze Reihe von eindrucksvollen Weinen. Tadellose Qualität bietet bereits die preisgünstige Basisreihe »Whitecliff«, weit eindrucksvoller sind jedoch die »Special Selection« etikettierten Weine. Dazu gehören der stilvolle Sauvignon »Sauvage« (mit Wildhefen in Barriques vergoren), der toastwürzige, pfirsichfruchtige Chardonnay »Rifleman's«, die kraftvolle und doch harmonische Bordeaux-Mischung »Helmsman's« und der rauchige, üppige Merlot »Broken Stone«.

Saint Clair ☆☆–☆☆☆
Blenheim, Marlborough. Besitzer: Neal Ibbotson. 55 ha.
www.saintclair.co.nz

Das Sortiment dieses rührigen Betriebs unterteilt sich in Normalabfüllungen, Einzellagen- und Reserve-Weine aus Marlborough. Die Einzellagenweine bringen deutlich das unterschiedliche Terroir der verstreut liegenden Rebflächen zum Ausdruck. Alle Gewächse sind tadellos und werden seit 1996 von Matt Thomson bereitet. Zu den besten zählen der Riesling »Fairhall«, der Sauvignon »Wairau Reserve« und der »Omaka Reserve« als Chardonnay oder Pinot noir.

Allan Scott ☆☆–☆☆☆
Blenheim, Marlborough. Besitzer: Allan Scott. 60 ha.
www.allanscott.com

Nachdem Allan Scott bereits viel Erfahrung im Traubenanbau gesammelt hatte, begann er 1990 auch mit der Weinerzeugung. Heute ist seine Firma eines der größten in Privatbesitz befindlichen Unternehmen der Region. Die Weine, stilvoll und von zuverlässig hoher Qualität, sind Paradebeispiele für die erfrischend säuerliche Marlborough-Frucht.

Seifried Estate ☆☆
Appleby, Nelson. Besitzer: Hermann und Agnes Seifried.
150 ha. www.seifried.co.nz

Ein rasch wachsendes, ehrgeiziges Unternehmen, das neben einer neuen Kellerei auch über ein Restaurant und Tagungsräume verfügt. Heute ist der Sohn der Familie, Chris Seifried, für die Weinbereitung verantwortlich. Einfache Tropfen kommen unter dem Etikett »Old Coach Road«, Spitzenabfüllungen als »Winemaker's Collection« auf den Markt. Guter Riesling in trockener Version und als Spätlese, ebenfalls guter Chardonnay und Pinot noir. Auf ungewöhnlich steinigem Boden ist in Brightwater ein neuer Weinberg entstanden, der eines Tages die Trauben für erstklassige Rote liefern soll.

Seresin ☆☆☆
Blenheim, Marlborough. Besitzer: Michael Seresin und Brian Bicknell. 98 ha. www.seresin.co.nz

Der in London ansässige und im Filmgeschäft tätige Michael Seresin ist mit Kellermeister Brian Bicknell einem gemeinsamen Ziel verpflichtet: ein ökologisch (später biodynamisch) ausgerichtetes Weingut zu führen und – wann immer möglich – nur natürliche bzw. Umfeldhefen zum Einsatz zu bringen. Hier entstehen herrliche Tropfen: rassiger Riesling, eleganter Sauvignon, trockener Pinot gris und Chardonnay (mit und ohne Eichenausbau). Der Schaumwein »Moana« reift drei Jahre auf der Hefe. Der Pinot noir ist reichhaltig, jedoch arm an Finesse. Qualität hat im Hause Seresin einen hohen Stellenwert.

Stonyridge ☆☆☆
Waiheke Island. Besitzer und Kellermeister: Stephen White.
5 ha. www.stonyridge.co.nz

In Stonyridge stehen die Bordeaux-Sorten im Mittelpunkt: »Larose«, eine ebenso exzellente wie teure Cabernet-Mischung, ist der feinste Wein. Das Zweitetikett heißt »Airfield«. Das Markenzeichen des Hauses ist eine professionelle, qualitätsorientierte Weinerzeugung unter fast perfektionistischer Beachtung auch der kleinsten Details.

Te Kairanga ☆☆–☆☆☆
Martinborough. Besitzer: zahlreiche Teilhaber. 30 ha.
www.tkwine.co.nz

Neben einer Reihe von Sorten- und Reserve-Abfüllungen bringt Te Kairanga preisgünstige Weine unter dem Etikett »Castlepoint« hervor. Der gute Ruf des Hauses geht auf die Arbeit des ehemaligen australischen Kellermeisters Chris Buring zurück, dessen Nachfolge inzwischen Peter Caldwell angetreten hat. Die Qualität ist beeindruckend, besonders bei Pinot noir und Syrah.

Te Mata ☆☆☆

Havelock North, Hawkes Bay. Besitzer: John Buck, Michael Morris und Partner. 156 ha. www.temata.hb.co.nz

Eines der ältesten Weingüter in Neuseeland. Bei einer unlängst durchgeführten Modernisierung entstand ein neuer Kellereikomplex mit einem Fasskeller, der sich im Médoc sehen lassen könnte. »Coleraine« ist einer der besten Cabernet-Merlot-Verschnitte des Landes. Kellermeister Peter Cowley strebt langlebige Weine mit einem festen Säurerückgrat an. Alle Weine des Hauses sind äußerst zuverlässig, die besten Abfüllungen sind jedoch meistens der Sauvignon »Castle Hill«, der Cabernet-Merlot-Verschnitt »Coleraine«, der ebenfalls aus Cabernet und Merlot bestehende, aber leichtere und zugänglichere »Awatea« und der Chardonnay »Elston«. Der Syrah »Bullnose« wurde erst vor kurzem ins Programm aufgenommen. Seit 1996 sind weitere Weine aus Te Matas neuem, florierendem Weingut Woodthorpe Terraces an der Hawkes Bay hinzugekommen.

Trinity Hill ☆☆–☆☆☆

Hastings, Hawkes Bay. Besitzer: John Hancock und Partner. 60 ha. www.trinityhillwines.com

John Hancock erwarb sich einen guten Ruf als Kellermeister bei Morton Estate (siehe dort), bevor er 1996 seinen eigenen Betrieb gründete. Das Gros der besten Weine stammt aus Weinbergen im Bereich Gimblett Road. Hancock hat eine Vorliebe für (zumindest in Neuseeland) exotische Rebsorten wie Montepulciano und Tempranillo. »Trinity« ist eine gut geratene Mischung von Merlot, Cabernet franc und Syrah; die richtig großen Weine sind aber immer wieder der Syrah und der Cabernet-Merlot-Verschnitt. Die besten Abfüllungen erkennt man am schwarzen Etikett.

Vavasour ☆☆–☆☆☆

Awatere Valley, Marlborough. Besitzer: zahlreiche Teilhaber, darunter Peter Vavasour. 30 ha. www.vavasour.com

Ungewöhnlich an diesem Standort ist die Wahl des Standorts: das Awatere Valley, ein Paralleltal zum Wairau Valley südlich von Blenheim, wo andere Betriebe nur Rebflächen unterhalten. Im Mittelpunkt der Produktion steht Sauvignon blanc, doch Chardonnay ist ebenfalls erfolgreich, und inzwischen widmet man sich auch Pinot noir. Das Zweitetikett heißt »Dashwood«. Hier wird auf Eleganz mehr Wert gelegt als auf Stärke.

Vidal ☆☆–☆☆☆

Hastings, Hawkes Bay. Besitzer: Villa Maria (siehe dort). 78 ha. www.vidal.co.nz

Mit einer Geschichte, die bis in das Jahr 1905 zurückgeht, zählt dieser Betrieb zu einem der ältesten an der Hawkes Bay. Heute im Besitz der Villa-Maria-Gruppe, bietet Vidal aromatischen Gewürztraminer, zurückhaltenden Chardonnay, viel versprechenden Pinot noir und einen Cabernet mit lieblichem, lebendigem Geschmack. Das Haus hat sich mit Rotwein, v. a. Reserve-Versionen, einen guten Namen erworben und kürzlich einen neuen, ökologisch bewirtschafteten Weinberg auf den Gimblett Gravels angelegt, dessen Trauben für Spitzenabfüllungen bestimmt sind. Seit 1994 erzeugt Vidal auch eine Serie üppiger edelfauler Semillons.

Villa Maria ☆☆☆

Auckland. Besitzer: George Fistonich. 1150 ha. www.villamaria.co.nz

Villa Maria ist Neuseelands größtes Weingut in Privatbesitz. Nach Qualität und Produktionsmenge geordnet, lautet die absteigende Rangfolge der Weine: »Reserve«, »Cellar Selection« und »Private Bin«. Aus Gisborne, von der Hawkes Bay (für die guten Rotweine) und aus Marlborough kommt das Lesegut. Bedenkt man die großen Produktionsmengen, ist die Qualität überraschend hoch, besonders was die Weine der Etiketten »Cellar Selection« und »Reserve« betrifft; trotzdem sind die Preise nicht überzogen. Sauvignon blanc, Riesling, Chardonnay, Pinot noir und edelfauler Riesling sind oft vortrefflich. Die Eröffnung eines neuen Kellereigebäudes mit einem daran angeschlossenen Besucherzentrum in der Nähe des Flughafens von Auckland ist für 2004 geplant.

Wairau River ☆☆–☆☆☆

Blenheim, Marlborough. Besitzer: Chris und Phil Rose. 120 ha. www.wairauriverwines.com

Phil Rose war früher Traubenanbauer und belieferte anfänglich v. a. das Haus Montana mit Lesegut. Seit vielen Jahren ist John Belsham der Kellermeister von Wairau River und richtet seine Aufmerksamkeit speziell auf Marlborough-typischen Sauvignon und Chardonnay, zu denen sich jetzt auch Riesling, Pinot noir und Pinot gris gesellt haben. Der fassvergorene Reserve-Sauvignon ist einer der erfolgreicheren Weine des Betriebs.

Wither Hills ☆☆☆

Blenheim, Marlborough. Besitzer: Lion Nathan. 150 ha. www.witherhills.co.nz

Für Brent Marris gab es 2002 allen Grund zur Freude: Die Brauerei Lion Nathan hatte ihm gerade viel Geld für sein Weingut bezahlt, das er in nur acht Jahren gemeinsam mit seinem Vater John aufgebaut hatte. Keiner missgönnte ihnen diesen Geschäftserfolg, hatten sie doch mit Sachkenntnis und harter Arbeit, speziell in den Weinbergen, einen der besten Erzeugerbetriebe Neuseelands geschaffen. Die einfache Erfolgsformel lautete: Sortenweine (Sauvignon, Chardonnay und Pinot noir) von vorbildlicher Reinheit und Ausgewogenheit.

Weitere Erzeuger in Neuseeland

Akarua ☆–☆☆

Bannockburn, Central Otago. Besitzer: Sir Clifford Skeggs. 50 ha. www.akarua.com

Ein neu gegründetes Weingut, das sich auf Pinot noir und Chardonnay konzentriert. Die Qualität ist tadellos und dürfte sich mit zunehmendem Alter der Weinstöcke noch verbessern.

Alana ☆☆

Martinborough. Besitzer: Ian Smart. 20 ha. www.alana.co.nz

Der erste Jahrgang war 1997. Die Weißweine, sowohl Sauvignon blanc als auch Chardonnay, sind frisch und appetitlich; der Pinot noir ist zwar leicht, hat aber jede Menge Charme.

Alpha Domus ☆☆
Hastings, Hawkes Bay. Besitzer: Familie Ham. 30 ha.
www.alphadomus.co.nz
Seriöse, wenn auch extraktreiche Rotweine von der Hawkes Bay. Die Bordeaux-Verschnitte werden unter den Etiketten »Aviator« und »Navigator« angeboten.

Black Ridge ☆☆
Alexandra, Central Otago. Besitzer: Sue Edwards und Verdun Burgess. 7 ha
Burgess ist ein Pionier des Weinbaus in einer rauen Gegend mit Schiefergestein und dünnen Bodenschichten. Er konzentriert sich auf feste, trockene, alterungsfähige Rieslinge, frischen Chardonnay und einen etwas erdigen Pinot noir.

Brookfields ☆☆
Taradale, Hawkes Bay. Besitzer: Peter Robertson. 24 ha.
www.brookfieldsvineyards.co.nz
Der Produktionsschwerpunkt liegt auf Rotweinen, die für Flaschenreifung geeignet sind: ein reiner Cabernet, eine Cabernet-Merlot-Mischung und Syrah. Der wuchtige, eichenwürzige Chardonnay »Marshall Bank« vergärt und reift in Barriques.

Carrick ☆☆
Bannockburn, Central Otago. Besitzer: eine Partnerschaft lokaler Weinbergbesitzer. 25 ha. www.carrick.co.nz
Im Jahr 2000 gegründet, erzeugt Carrick spritzige, säurereiche Weißweine und sanft eichenbehandelten Pinot noir.

Collard Brothers ☆☆
Henderson, Auckland.
Besitzer: Familie Collard. 20 ha
Ein kleines, gut eingeführtes Familienunternehmen. Geoffrey kümmert sich um die Weinberge und Lionel führt die Geschäfte. Chardonnay aus der Lage Rothesay ist einer der besten Weine des Hauses und entkräftet alle Behauptungen, dass Auckland für den Weinbau nicht geeignet sei. Sehr viel Sorgfalt wird auch auf den Chenin blanc von der Hawkes Bay aufgewendet. Der Riesling ist stilvoll und elegant, und der Pinot noir zeigt Potenzial.

Kim Crawford ☆☆
Hastings, Hawkes Bay. Besitzer und Kellermeister: Kim Crawford. 56 ha.
www.kimcrawfordwines.co.nz
Crawford verfügt über mehrere Lagen in Marlborough, den größten Teil seiner Trauben kauft er jedoch in Gisborne und an der Hawkes Bay zu. Er bereitet eine große Palette von Négociant-Weinen.

Escarpment
Martinborough. Besitzer: Larry McKenna. 24 ha.
www.escarpment.co.nz
Larry McKenna trennte sich 2001 von Martinborough Vineyards (siehe dort), um mit Weinbergen in der Region Te Muna seinen eigenen Betrieb aufzubauen. Erste Fassproben des Jahrgangs 2002 sind vielversprechend.

Forrest ☆☆
Renwick, Marlborough. Besitzer: Dr. John Forrest. 60 ha.
www.forrest.co.nz
Eine mit Recht viel beachtete Quelle für typischen Riesling und Sauvignon aus Marlborough, und seit 2000 auch für Pinot noir.

Framingham ☆–☆☆☆
Renwick, Marlborough. Besitzer: Rex Brooke-Taylor und Partner. 30 ha. www.framingham.co.nz
Framingham verfügt über die ältesten Riesling-Stöcke in Marlborough und kann daher einige der feinsten Weine dieser Sorte in Neuseeland vorweisen: »Dry« ist trocken, »Classic« halbtrocken, beide sind vorbildlich. Anderen Weißweinen des Hauses und Pinot noir kann es jedoch an Konzentration mangeln. Der Montepulciano – wie kommt diese Sorte nach Marlborough? – ist attraktiv und saftig.

Gladstone ☆☆
Carteton, Wairarapa. Besitzer: Christine und David Kernahan. 14 ha. www.gladstone.co.nz
Weißweine stehen hier im Mittelpunkt, speziell rassiger Sauvignon und knackiger Pinot gris.

Greenhough ☆☆–☆☆☆
Hope, Nelson. Besitzer: Andrew Greenhough und Jennifer Wheeler. 9 ha. www.greenhough.co.nz
Ein neues Weingut in Nelson mit gutem Chardonnay und einem herrlich würzigen Pinot noir.

Heron's Flight ☆☆
Matakana. Besitzer: David Hoskins und Mary Evans. 6 ha. www.heronsflight.co.nz
David Hoskins Arbeit beweist entgegen vorgefasster Meinungen, dass Northland für Weinreben nicht zu feucht ist. Er erzeugt Chardonnay und einen Cabernet-Merlot-Verschnitt, beschäftigt sich seit 1996 aber vorwiegend mit italienischen Sorten wie Sangiovese und Dolcetto.

Highfield ☆–☆☆
Blenheim, Marlborough. Besitzer: Tom Tenuwera und Shin Yokoi. 5 ha. www.highfield.co.nz
Gute, ehrliche Sortenweine, besonders erwähnenswert der Chardonnay. Der »Elstree Brut«, ein voller, toastwürziger, nach der traditionellen Methode bereiteter Schaumwein, ist einer der besten Neuseelands. Fast alle Trauben werden zugekauft.

Kemblefield ☆☆
Hastings, Hawkes Bay. Besitzer: John Kemble und Kaar Field. 80 ha. www.kemblefield.co.nz
John Kemble, dem ehemaligen Teilhaber bei Ravenswood im kalifornischen Sonoma Valley (siehe dort), ist die Einführung von Zinfandel in Neuseeland zu verdanken. Seine besten Weine sind bekannt unter dem Etikett »The Distinction«. Darüber hinaus bietet er eine Reihe von Reserve-Weinen an, die allerdings nur in Spitzenjahrgängen entstehen: Die Weißen sind sehr gut, den Roten fehlt es jedoch an Tiefe, mit der gelegentlichen Ausnahme des Reserve-Cabernet.

Lake Chalice ☆☆
Renwick, Marlborough.
Besitzer: Phil Binnie. 49 ha.
www.lakechalice.com
Herrlicher Sauvignon und schmackhafter, eichenfreier Chardonnay. In außergewöhnlichen Jahren werden die besten Weine – meistens Chardonnay, Merlot und Cabernet Sauvignon – unter dem Etikett »Platinum« angeboten.

Lawson's Dry Hills ☆☆–☆☆☆
Blenheim, Marlborough. Besitzer: Ross und Barbara Lawson. 44 ha. www.lawsonsdryhills.co.nz

Die ehemaligen Traubenanbauer begannen 1992 mit der Weinerzeugung und kaufen heute die Hälfte ihres Bedarfs an. Am besten sind die Weißen: üppiger Gewürztraminer, vorbildlicher Sauvignon und apfelfruchtiger Chardonnay. Auch der Pinot noir ist äußerst vielversprechend.

Lincoln Vineyards ☆–☆☆☆

**Henderson, Auckland. Besitzer: Peter Fredatovich.
Keine eigenen Weinberge.
www.lincolnwines.co.nz**

Da Lincoln über keine eigenen Weinberge verfügt, werden die Trauben in Auckland, Marlborough und Gisborne angekauft. Die »Heritage Collection« reift in amerikanischer Eiche, die »President's Selection« in französischer. Lincoln war für seine gespriteten Weine bekannt, und die ehrwürdigen »Archive«-Abfüllungen im Port-Stil sind in Kennerkreisen berühmt, doch leider gibt es immer weniger davon.

Matawhero ☆–☆☆

Gisborne. Besitzer und Kellermeister: Denis Irwin. 30 ha.

Ein sehr individuelles kleines Familienunternehmen, dessen handbereitete Weine immer wieder gelobt werden, speziell der trockene, aromatische Gewürztraminer, der zurückhaltende Chardonnay und die verschiedenen Bordeaux-Verschnitte. Die Qualität ist jedoch unbeständig.

Mills Reef ☆☆–☆☆☆

**Tauranga, Bay of Plenty. Besitzer: Familie Preston. 20 ha.
www.millsreef.co.nz**

Vorzügliche Weine unter dem Spitzenetikett »Elspeth«, besonders der üppige Syrah, der vollmundige Merlot und Malbec sowie die beeindruckende Cabernet-Merlot-Mischung mit Anklängen von Pflaumen und Brombeeren.

Mount Edward ☆☆–☆☆☆

**Gibbston, Central Otago. Besitzer und Kellermeister:
Alan Brady. Keine eigenen Weinberge**

Alan Brady verkaufte das von ihm gegründete Weingut Gibbston Valley (siehe dort), als es ihm zu groß geworden war. Stattdessen baute er diese Boutique-Kellerei auf, wo er alles selbst in der Hand hat. Mit der geringstmöglichen Technik und Einflussnahme bereitet er gepflegten, konzentrierten Pinot noir.

Mount Riley ☆☆

**Blenheim, Marlborough. 120 ha.
www.mountriley.co.nz**

Die erstmals 1996 erschienenen Weine sind zuverlässig frisch und sogar elegant. Chardonnay und Pinot noir der Marke »Seventeen Valley« sind die Spitzengewächse des Hauses, beide ausgewogen und extrem schmackhaft.

Mud House ☆☆

**Renwick, Marlborough. Besitzer: John Joslin. 24 ha.
www.mudhouse.co.nz**

Eine schönes Weinsortiment, das von Kellermeister Matt Thomson zusammengestellt wird: mineralischer Sauvignon, leichter Pinot noir und eichenwürziger Merlot. Einen pikanteren Charakter zeigen die ersten Pinot-Gewächse aus der Lage Terravin Vineyard. »Le Grys« ist das Etikett für Exportweine.

Nautilus ☆☆

**Renwick, Marlborough. Besitzer: Yalumba. 38 ha.
www.nautilusestate.com**

Ein sich rasant vergrößerndes Weingut in Marlborough. Der Chardonnay ist schmackhaft, und der Pinot noir wird immer besser.

Olssens ☆☆

**Bannockburn, Central Otago. Besitzer: John Olssen. 13 ha.
www.olssens.co.nz**

Frische, geschmeidige, ausgewogene Weine von Chardonnay und Pinot noir.

Palliser ☆☆–☆☆☆

Martinborough. Besitzer: eine nicht notierte Aktiengesellschaft. 60 ha. www.palliser.co.nz

Einer der führenden Betriebe in Martinborough und eine Quelle für guten Riesling und Sauvignon. Kürzlich wurde auch Pinot gris im Elsässer Stil ins Programm aufgenommen, und der Pinot noir macht von Jahr zu Jahr gewaltige Fortschritte.

Peregrine ☆☆–☆☆☆

**Queenstown, Central Otago. Besitzer und Kellermeister:
Greg Hay. 50 ha. www.peregrinewines.co.nz**

Ein aufgehender Stern in Central Otago mit wuchtigem Pinot gris, würzigem, kirschrotem Pinot noir und einem kräftigen, lebendigen trockenen Riesling.

Pleiades ☆☆

**Blenheim, Marlborough. Besitzer und Kellermeister:
Winston Oliver. 1,5 ha**

Winston Oliver macht nur eines, aber das macht er richtig: einen dichten, pflaumigen Malbec-Merlot-Verschnitt namens »Maia«.

Quartz Reef ☆☆

**Cromwell, Central Otago. Besitzer und Kellermeister:
Rudi Bauer. 15 ha www.quartzreef.co.nz**

Rudi Bauer aus Österreich lebt seit fast 20 Jahren in Neuseeland und eröffnete 1998 sein Weingut Quartz Reef. Neben schönem Pinot gris und Pinot noir erzeugt er, gemeinsam mit dem gleichnamigen Champagnerhaus, den schmackhaften Schaumwein »Chauvet«.

St Nesbit

**Papakura, Auckland. Besitzer und Kellermeister:
Anthony Molloy. 5 ha**

Die von Bordeaux-Sorten gewonnenen Rotweine des Hauses hatten eine große Anhängerschaft. Nach Rebkrankheiten mussten die Anbauflächen jedoch komplett neu bestockt werden; 2002 wird der erste neue Jahrgang sein.

Selak's

Kumeu, Auckland

Jetzt im Besitz von Nobilo (siehe dort).

Sileni ☆☆–☆☆☆

**Hastings, Hawkes Bay.
Besitzer: Graeme Avery und Partner. 100 ha.
www.sileni.co.nz**

Gemeinsam mit Craggy Range (siehe dort) der beeindruckendste Weinbaukomplex an der Hawkes Bay. Durch den hohen Investitionsaufwand und nach einer Reihe von Frostperioden ist das Unternehmen jedoch in Schwierigkeiten geraten. Die Weine sind sauber bereitet und ausgewogen. Viel Aufmerksamkeit wird ungewöhnlicherweise Semillon gewidmet, der in lieblicher und trockener Version angeboten wird.

Staete Landt ☆☆

Blenheim, Marlborough. Besitzer: Ruud Maasdam und Dorien Vermaas. 21 ha. www.staetelandt.co.nz

Das ambitionierte Paar aus Holland strebt nach Perfektion und führt neben exakten Bodenanalysen auch strikte Auslese bei der Ernte durch. Im Jahr 2000 erschienen ihre ersten Weine, von denen besonders der Sauvignon und Pinot noir vielversprechend sind. Aber für ein endgültiges Urteil ist es noch zu früh.

Stonecroft Wines ☆☆

Hastings, Hawkes Bay. Besitzer: Alan Limmer. 16 ha. www.stonecroft.co.nz

Alan Limmer war der Wegbereiter des Syrah in Neuseeland. Der erste Jahrgang 1987 wurde 1990 freigegeben und konnte seinen Erfolg in den darauf folgenden Jahren wiederholen. Limmer experimentiert gern mit verschiedenen Rebsorten, vor allem mit Rhône-Gewächsen, und hat von Kemblefield (siehe dort) auch Zinfandel übernommen. Sein Gewürztraminer kann gleichfalls exzellent ausfallen.

Te Mania ☆–☆☆☆

Richmond, Nelson. Besitzer: Jon Harrey. 8 ha. www.temaniawines.co.nz

Ein kleines Weingut mit vielfältigem Angebot. Der Riesling stammt aus Marlborough und Nelson: Beide sind höchst erfreuliche Weine, wobei sich in Letzterem ein schöneres Gleichgewicht zwischen Süße und Säure zeigt. Der Chardonnay ist pikant und zitrusfruchtig, und der Reserve-Pinot-noir überraschend voll und konzentriert.

Valli ☆☆☆

Gibbston, Central Otago. Besitzer und Kellermeister: Grant Taylor. Keine eigenen Weinberge

Grant Taylor, Kellermeister im Hause Gibbston Valley (siehe dort), erzeugt hier seine eigenen, schmackhaften, handbereiteten Einzellagenweine von Pinot noir.

Waipara Springs ☆☆

Waipara, North Canterbury. Besitzer: Familie Grant und Partner. 26 ha. www.waiparasprings.co.nz

Waipara Springs, einer der Pionierbetriebe dieser Region, konzentriert sich auf Pinot noir, Chardonnay und Gewürztraminer.

Waitiri Creek ☆☆

Arrowtown, Central Otago. Besitzer: Paula Ramage und Alistair Ward. 8 ha. www.waitiricreek.co.nz

Ein neues Weingut mit viel versprechenden ersten Jahrgängen von Pinot noir.

West Brook ☆

Waimauku, Auckland. Besitzer und Kellermeister: Anthony Ivicevich. 8 ha. www.westbrook.co.nz

Da die Rebflächen in Auckland unwiederbringlich verloren gehen, muss Anthony Ivicevich sein Lesegut mit Lieferungen aus Marlborough und von der Hawkes Bay ergänzen. Er erzeugt eine breite Palette von Weinen, die jung getrunken werden sollten.

Südafrika

Trotz einer bis ins Jahr 1660 zurückreichenden Weinbautradition nahm Südafrika seinen Platz unter den Weinnationen der Neuen Welt erst gegen Mitte der 1970er-Jahre ein – rund ein Jahrzehnt später als Kalifornien und Australien. (Nur ein einziger Wein vom Kap hatte bis dahin Berühmtheit erlangt: der Muskateller-Dessertwein Constantia, der zu Napoleons Zeiten als einer der teuersten Weine der Welt gehandelt wurde, doch bereits im 20. Jahrhundert nur noch eine ferne Erinnerung war.) Südafrika tat sich schwer, mit den anderen Ländern der Neuen Welt Schritt zu halten, doch seine Probleme waren zum Teil hausgemacht.

Die südafrikanischen Behörden haben lange Zeit absichtlich sowohl das Angebot an guten Rebstöcken als auch das Land, auf dem sie angebaut werden durften, beschränkt. Zwar wurde die Einrichtung des Appellationssystems *Wines of Origin* (WO) im Jahr 1973 allgemein begrüßt, konnte sich zuerst jedoch kaum positiv auswirken, da Südafrikas Wirtschaft unter der Apartheitsregierung von den Außenmärkten weitgehend abgeschnitten war. Internationale Handelssanktionen verhinderten den Import qualitativ hochwertiger Edelreiser oder Stecklinge, und die Weinerzeuger des Landes verloren trotz ihres Könnens und guten Willens zusehends den Anschluss an die weinbautechnischen Entwicklungen der restlichen Welt.

Seit Südafrika jedoch als volles Mitglied in die internationale Staatengemeinschaft zurückgekehrt ist, wird auch das Potenzial seiner Weinberge allmählich ausgeschöpft.

Vielen war freilich schon immer klar gewesen, dass die natürlichen Bedingungen für den Traubenanbau am Kap so gut sind, wie man sie sich nur wünschen kann, und seit 1998 kommen mehr und mehr Weine auf den Markt, die dafür den Beweis antreten. Denn endlich werden auch die für feinen Wein unabdingbaren Traubensorten angepflanzt, aus denen die vorbildlichen Weingüter von Stellenbosch und Franschhoek, aber auch von den abgelegenen Regionen Robertson und Swartland, spektakulare Ergebnisse erzielen.

Die natürlichen Voraussetzungen in den Küstengebieten am Kap sind beeindruckend. Ideale Lagen findet man hier überall. Die Wachstumsperiode beträgt acht Monate, und es gibt nie Frost, nie Hagel, kaum Regen im Herbst und nur sehr wenige der Krankheiten, die alle anderen Anbaugebiete regelmäßig heimsuchen. Besonders günstig wirken sich die hiesigen Temperaturunterschiede auf die Qualität der Trauben aus: Kühle Nächte nach heißen Tagen sind am Kap die Regel und verringern die nächtliche Respirationsrate des Weinlaubs. Die Pflanze kann den tagsüber angesammelten Zucker nicht verbrauchen und speichert deshalb umso mehr davon in den Trauben. Freilich sind diese Faktoren allein noch keine Garantie für guten Wein, zusammengenommen aber und von fachkundiger Hand in Weinberg und Kellerei unterstützt, geben sie allen Grund zu Optimismus.

Auf der Negativseite stehen die Weinbergböden, von denen die meisten in der Küstenregion einer pH-Abstimmung bedürfen, und – in weit größerem Umfang – das minderwertige Pflanzenmaterial, mit dem sich die südafrikanischen Winzer in den letzten 20 Jahren herumschlagen mussten. Erst um die Mitte der 1980er-Jahre nämlich lockerte die Regierung die Einfuhrbeschränkungen für Reben als direkte Folge des so genannten Chardonnay-Skandals. Diese Affäre machte klar, dass der Avantgarde des Weinbaus aufgrund der drakonischen Gesetz-

gebung und in Ermangelung von besseren Sorten in den Rebschulen nichts anderes übrig geblieben war, als die gewünschten Sorten einzuschmuggeln. Darüber hinaus war der vorhandene Rebbestand – allen voran Cabernet – weitgehend von Viren infiziert, die das Ausreifen der Trauben verhinderten und oft zu tanninscharfen Weinen führten. Die neueren Anlagen sind alle mit virusfreiem Pflanzenmaterial bestockt, doch erst in jüngster Zeit können die Rebschulen die Nachfrage tatsächlich decken.

Viele Winzer Südafrikas waren keine Weintrinker. Man trank Brandy. Im Jahr 1962 endete das Alkoholverbot für Nichtweiße, der Lebensmitteleinzelhandel darf seit 1979 Wein verkaufen. Durch gesetzliche Maßnahmen wurde der Anbau von Trauben gefördert, die für die Brennereien oder die Produktion billiger gespriteter Weine geeignet waren. Als Südafrika schließlich aus dem Alptraum der Apartheit zu erwachen begann, fand es seine Weinberge mit Reben bestockt – vorwiegend Chenin blanc und Colombard –, die für die Erzeugung feinen Weins normalerweise nicht geeignet sind.

Vor diesem geschichtlichen Hintergrund ist es umso erstaunlicher, wie rasch sich Südafrika weiterentwickelt hat. Der Inlandsmarkt wächst in erstaunlichem Maß, und immer mehr minderwertige Rebflächen werden durch neue, sorgfältig ausgesuchte und mit modernen Klonen bepflanzte Weinberge ersetzt.

Als Bastion des Protektionismus und Konservatismus für den jungen südafrikanischen Weinbau erwies sich die 1918 gegründete staatliche Genossenschaft *Kooperatieve Wijnbouwers Vereniging* (KWV), die einst zum Schutz der Traubenanbauer gegen den Verfall der Weinpreise eingerichtet worden war. Sie hatte ein monopolistisches Netz von Preisabsprachen und Anbauquoten übers Land gespannt und gab Produktionsüberschüsse an Brennereien ab. Im Laufe der 1990er-Jahren wurde sie dieser Macht weitgehend enthoben. Die solchermaßen von Altlasten befreite Weinindustrie kann nun viel besser auf die Erfordernisse des internationalen Markts reagieren. Markennamen etablieren sich, die die Nachfrage nach preiswerten, sauberen Weinen befriedigen, gleichzeitig schießen neue Betriebe wie Pilze aus dem Boden. Im Jahr 2002 etwa konnte man davon ausgehen, dass alle acht Tage ein neuer Weinbaubetrieb eröffnet, auch wenn es sich bei vielen nur um winzige Boutique-Kellereien handelte. Zudem blühen die so genannten Empowerment-Projekte auf, mit denen Reblandbesitzer ihren (zum größten Teil schwarzen) Arbeitern nicht nur gute Lebens- und Arbeitsbedingungen zur Verfügung stellen, sondern sie auch zunehmend aktiv an der Betriebsgestaltung beteiligen.

Die alte Standardsorte Südafrikas ist der Steen, der einheimische Name für Chenin blanc. Eine Traube, die für alle Zwecke herhalten musste: von den einfachen Durstlöschern (für die sie sich wegen ihres hohen Säuregehalts anbot und durchaus angenehme Weine erbrachte) bis zum »Sherry«, der einst den größten internationalen Erfolg des Landes darstellte. Die halbwegs damit vergleichbare rote Sorte ist Pinotage, eine eigenartige Kreuzung von Pinot noir und Cinsault, die man nur in der Kap-Region antrifft und aus der ein dunkler, stark duftender Wein entsteht, der nicht jedermanns Geschmack ist. Heute ist Sauvignon blanc die Traube der Wahl, für deren Weine auf den In- und Auslandsmärkten große Nachfrage besteht, und Chardonnay (am Kap bis 1970 unbekannt) ist im Kommen. Ebenfalls wird versucht, Chenin blanc und Semillon von noch nicht gerodeten alten Weinbergen neues Leben einzuhauchen, da sie vorzügliche Weine erbringen können, wenn man ihre Erträge nur niedrig hält. Cabernet und Pinotage bilden das Hauptkontingent der Rotweine, doch aus Walker Bay kommt ein immer eleganter werdender Pinot noir, aus Stellenbosch ein üppiger Merlot und aus allen anderen Regionen herrlicher Shiraz. Dutzende junge Kellermeister, kaum 30 Jahre alt, haben in so unterschiedlichen Regionen wie dem katalanischen Priorat oder in Burgund ihr Handwerk erlernt und bringen ihre Erfahrungen und ihr Können nun in den Weinbau des eigenen Landes ein. Wenn auch die wahren Leistungen Südafrikas derzeit noch nicht ganz dem entsprechen, was seine Protagonisten uns glauben machen wollen, besteht kein Zweifel daran, dass wir aus diesem Land schon bald mit wirklich großen Weinen zu rechnen haben.

Wines of Origin (WO)

Das WO-System trat 1973 in Kraft und unterteilt die Herkunftsgebiete in vier Regionen (Breede River Valley, Coastal Region, Olifants River und Klein Karoo), 14 Distrikte und 43 Bezirke. Die wichtigsten seien hier genannt.

Breede River Valley Eine riesige Region, zu der die wichtigen Distrikte Worcester, Robertson und Swellendam gehören.

Cape Point Eine sehr kühle, geographisch festgelegte Zone mit einem einzigen Weinbaubetrieb auf der Kap-Halbinsel.

Coastal Region Eine übergeordnete Appellation für alle Weine von Trauben aus Stellenbosch, Durbanville, Swartland, Paarl, Constantia und Tulbagh.

Constantia Einst der Name des berühmtesten Muskateller der Welt vom Kap der Guten Hoffnung. Das Gebiet, in dem er entstand, ist heute ein hoch angesehener Bezirk mit kühlem Klima. Es gibt nur fünf Weinbaubetriebe, alle mit sehr guter Qualität.

Durbanville Ein kleiner Distrikt nördlich von Kapstadt. Durbanville Hills ist mit Abstand der wichtigste Erzeuger in dieser deutlich kühleren Zone.

Elgin Ein kühler Bezirk mit Lehm- und Schieferböden östlich von Kapstadt. Paul Cluver ist derzeit noch der einzige Erzeuger. Weitere Betriebe befinden sich im Aufbau.

Elim Eine kleines Gebiet östlich von Walker Bay, das für Sauvignon und andere Kühlklimasorten einen guten Ruf genießt.

Franschhoek Ein wunderschönes enges Tal östlich von Stellenbosch, das nach den ehemals hier lebenden Hugenotten benannt ist. Heute ist der Bezirk der selbst ernannte gastronomische Mittelpunkt Südafrikas und die Heimat vieler ambitionierter Spitzenweingüter.

Klein Karoo Der östlichste der WO-Distrikte, ein großes, lang gestrecktes Gebiet mit sehr geringen Niederschlagsmengen, sodass die Rebflächen bewässert werden müssen. Am besten für Dessertwein und Brandy geeignet, doch eine geringe Menge von gutem Chenin blanc entsteht hier ebenfalls.

Olifants River WO-Distrikt im Norden mit warmem, trockenem Klima und den Bezirken Koekenaap, Lutzville Valley, Spruitdrift und Vredendal. Ehemals vorwiegend für Destillierwein aus bewässerten Anbauflächen bekannt, kommt nun auch eine wachsende Reihe annehmbarer, preiswerter Weine aus diesem

Südafrika in runden Zahlen

Südafrika ist das siebtgrößte Erzeugerland der Welt mit einem Anteil von 3 % an der Weltweinproduktion. Seiner Anbaufläche nach (106 331 ha beziehungsweise 1,5 % der Weltrebfläche) steht das Land an 17. Stelle. 59 % entfallen auf weiße Sorten. Die Weinproduktion betrug im Jahr 2001 74,6 Mio. hl, von denen 75 % als Wein verkauft wurden, der Rest wurde für die Branntweinherstellung und für Traubensaftkonzentrat verwendet. Auf alkoholangereicherte Weine entfallen 7 % des Inlandsverbrauchs. Südafrika hat 67 Genossenschaften und 340 Weingüter und Privatkellereien.

Gebiet, insbesondere von der großen Genossenschaft von Vredendal.

Overberg Südlicher WO-Distrikt an der Küste. Er umfasst die Bezirke Walker Bay und Elgin (siehe jeweils dort) mit besonders kühlen Lagen.

Paarl Eine Region von wachsender Bedeutung, 80 km nordwestlich von Kapstadt. Sie kann einige der besten Lagen des Landes vorweisen, sowohl für Rot- als auch für Weißwein, und umfasst die Bezirke Franschhoek (siehe dort) sowie Wellington, dem wärmsten Teil von Paarl.

Piketberg Ein kleiner WO-Distrikt im Westen nördlich von Tulbagh zum Olifants River hin. In warmem, trockenem Klima entstehen vor allem Dessert-, in letzter Zeit aber auch zunehmend Tafelweine.

Robertson WO-Distrikt östlich und landeinwärts von Kapstadt. Bewässerte Weinfelder auf Schwemmland- und Kalkböden entlang der Flüsse Kogmanskloof und Breede liefern qualitativ hochwertige weiße, stark verbesserte rote sowie feine gespritete Weine.

Stellenbosch Die schöne alte Burenstadt 50 km östlich von Kapstadt mit ihrem festgelegten Anbaubereich, der sich nach Süden bis zum Ozean bei False Bay erstreckt. Die meisten Spitzenweingüter Südafrikas, besonders die Rotweinerzeuger, liegen in den Gebirgsausläufern des WO-Distrikts, zu dem die Bezirke Bottelary, Devon Valley, Jonkershoek Valley, Papegaaiberg und Simonsberg gehören.

Swartland Warmer WO-Distrikt um Malmesbury zwischen Tulbagh und der Westküste. Die meisten Traubenanbauer beliefern die Genossenschaften, doch die gerade für mediterrane Rebsorten idealen Bedingungen ermutigen immer mehr Betriebe, ihre Weine selbst zu erzeugen. Das an der Küste gelegene Darling ist die einzige kühlere Zone.

Tulbagh Ein WO-Distrikt in geschützter Lage in den Bergen nördlich von Paarl; am bekanntesten durch seine Weißweine.

Walker Bay Südöstlich von Kapstadt nahe der Küste bei Hermanus liegt der Bezirk Walker Bay, der sich für seine Burgund-Sortenweine bereits einen guten Namen gemacht hat.

Worcester Ein DO-Distrikt im Breede und Hex River Valley, der im Osten an Robertson angrenzt. Gewöhnlich fällt genug Regen, um gute Tafelweine zu erbringen; im südöstlichen Teil Richtung Swellendam ist jedoch Bewässerung nötig. Worcesters 19 Genossenschaften erzeugen rund 25 % des südafrikanischen Weins.

Die führenden Erzeuger in Südafrika

Allesverloren ☆☆
Swartland. Besitzer und Kellermeister: Danie und Fanie Malan. 180 ha. www.allesveloren.co.za
Obwohl hier auch feiner Cabernet und Shiraz erzeugt werden, ist der Betrieb für seine zuverlässig guten, saftigen »Portweine« bekannt.

Alto ☆☆–☆☆☆
Stellenbosch. Besitzer: Distell. 93 ha
Ein langlebiger Cabernet und die rote Mischung »Alto Estate« kommen von diesem herrlich gelegenen Weinberg, der in Meeresnähe fast 3 km einen Hang hinaufläuft und dabei um rund 300 m ansteigt.

L'Avenir ☆☆–☆☆☆
Stellenbosch. Besitzer: Marc Wiehe. 56 ha
Ein 1992 ins Leben gerufenes, recht ungewöhnliches Gemeinschaftsunternehmen des weltgewandten Zuckermaklers Marc Wiehe aus Mauritius und dem begeisterten Kellermeister Naudé. Chardonnay, samtweicher Pinotage und johannisbeerfruchtiger Cabernet Sauvignon sind außergewöhnlich.

Backsberg ☆–☆☆
Paarl. Besitzer: Michael Back. 180 ha. www.bàcksberg.co.za
Der vom verstorbenen Sydney Back, einem Pionier des Gutsweins am Kap, errichtete Betrieb hat sich eine beneidenswerte Reputation für Weine von hoher Qualität, gemessen an ihrem Preis, geschaffen. Die Betonung liegt auf gut bereiteten Weinen, die ab dem Verkauf trinkbar sind.

Beaumont ☆☆
Walker Bay. Besitzer: Raoul und Jayne Beaumont. 50 ha. www.beaumont.co.za
Seit 1993 eine verlässliche Quelle für aromatischen Pinotage, Shiraz und Chenin blanc.

Graham Beck ☆☆–☆☆☆
Robertson. Besitzer: Graham Beck. 165 ha. www.grahambeckwines.co.za
Becks Besitz ist zweigeteilt: Der größere Teil liegt in Robertson, in einer zweiten kleineren Kellerei in Franschhoek werden Trauben aus den kühleren Küstenlagen verarbeitet. Obwohl das Haus Beck in erster Linie für seine vorzüglichen Schaumweine bekannt ist, werden auch die Tafelweine immer interessanter, speziell die aus Einzellagen stammenden Gewächse »Ridge«, ein Shiraz, »Old Road«, ein Pinotage, und der intensive, tanninreiche Cabernet Sauvignon »Cornerstone«.

Beyerskloof ☆☆–☆☆☆
Stellenbosch. Besitzer: Beyers Truter, Simon Halliday und Familie Krige. 5 ha. www.beyerskloof.com
Beyers Truter ist der verdiente Kellermeister im Hause Kanonkop (siehe dort); mit seinem eigenen Betrieb ist er auf

tanninreichen, strukturstarken Cabernet und üppigen Pinotage spezialisiert. Seit 2001 gibt es einen neuen Verschnitt aus Pinotage, Merlot und Cabernet.

Boekenhoutskloof ☆☆☆
Franschhoek. Besitzer: Boekenhoutskloof Investments Ltd. 20 ha

Marc Kent, der seit der Gründung dieses Weinguts im Jahr 1996 Kellermeister ist, wurde für seine großartige Arbeit mit einer Geschäftsbeteiligung entlohnt. Er greift so wenig wie möglich in den natürlichen Weinbereitungsprozess ein, verwendet vorwiegend natürliche Hefen und vermeidet beim Fassausbau häufiges Abstechen. Sein in Barriques vergorener Semillon ähnelt einem üppigen, wächsernen weißen Graves und altert hervorragend. Auch der Syrah ist bemerkenswert und oft komplexer als der hochkonzentrierte Cabernet Sauvignon. Diese Weine entstehen nur in sehr geringen Mengen. Weit mehr, aber immer noch von exzellenter Qualität, wird unter dem Etikett »Porcupine Ridge« vertrieben.

Le Bonheur ☆☆
Stellenbosch. Besitzer: Distell. 50 ha

An den Nordhängen des Klapmutskop wurden die Weinberge in den letzten 20 Jahren weitgehend neu bestockt. Le Bonheur erzeugt einen erstklassiger Cabernet, die Bordeaux-Mischung »Prima« sowie guten, holzfrei ausgebauten Sauvignon blanc.

Boplaas ☆☆
Klein Karoo. Besitzer und Kellermeister: Carel Nel. 65 ha. www.boplaas.co.za

Einer der führenden Erzeuger von Weinen im Port-Stil und eine gute Quelle für Pinotage und gespriteten Muskateller.

Boschendal ☆–☆☆
Franschhoek. Besitzer: Anglo American Farms. 300 ha. www.boschendal.com

Eines der größten Güter am Kap, mit kühlen Weinbergen entlang des Simonsbergs. Viele der Weine sind Verschnitte und sind selten etwas Besonderes. Obwohl Boschendal seit einiger Zeit zum Verkauf steht, wird die Weinqualität allmählich besser, besonders beim roten »Grand Reserve«.

Bouchard Finlayson ☆☆☆
Walker Bay. Besitzer: Peter Finlayson und Partner. 16 ha. www.bouchardfinlayson.co.za

Peter Finlayson, früher Kellermeister bei Hamilton Russell Vineyards (siehe dort), engagiert sich seit 1990 in einer Gemeinschaftsunternehmung mit Paul Bouchard (früher bei Bouchard Aîné). Ein Teil des Leseguts wird zugekauft, doch die eigenen Anpflanzungen kommen zunehmend in Ertrag. Die Weine sind charakterstark und typisch für das kalte Klima. Der recht zitrusfruchtige Chardonnay »Kaaimansgat« aus Lagen in 700 m Höhe und der Pinot noir »Galpin Peak« gehören zu den feinsten Beispielen dieser Rebsorten am Kap.

J.P. Bredell ☆–☆☆☆
Stellenbosch. Besitzer und Kellermeister: Anton Bredell. 95 ha

Seit 1991 werden hier einige der besten Kap-»Portweine« erzeugt; die Roten gewinnen beständig an Qualität.

Buitenverwachting ☆☆–☆☆☆
Constantia. Besitzer: Richard Mueller und Lars Maack. 95 ha. www.buitenverwachting.com

Das Gut ist Bestandteil von Van der Stels ursprünglicher Constantia-Farm und ein hochrangiger Erzeugerbetrieb am Kap. Hermann Kirschbaum bereitet hier seit 1993 die Weine. »Buiten Blanc« ist sein beliebter weißer Verschnitt; eindrucksvoller sind jedoch der volle Sauvignon blanc und die vorzügliche Mischung »Christine« aus Cabernet und Merlot.

Cabrière ☆–☆☆
Franschhoek. Besitzer und Kellermeister: Achim von Arnim. 30 ha. www.cabriere.co.za

Der schillernde Achim von Arnim gilt am Kap seit langem als einer der führenden Erzeuger von Schaumweinen nach der *méthode traditionnelle,* die unter dem Etikett »Pierre Jourdan« erscheinen. Der gute Ruf des Hauses Cabrière für seinen Pinot noir ist weniger zu verstehen.

Cape Point ☆☆
Noedhoek. Besitzer: Sybrand van der Spuy. 36 ha. www.cape-point.com

Ein beachtliches Mosaik aus Weinbergen entlang der äußerst kühlen Küste südlich von Kapstadt. Kellermeister Emmanuel Bolligers erste Sauvignon- und Chardonnay-Jahrgänge waren beeindruckend mineralisch, aber zu eichenwürzig. 2002 trat Anneke Burger, die früher bei Boschendal tätig war, Bolligers Nachfolge an. Rote Sortenweine wie Merlot und Shiraz stehen kurz vor Produktionsbeginn. Die köstliche Semillon-Spätlese schmeckt nach Quitten.

Clos Malverne ☆☆–☆☆☆
Stellenbosch. Besitzer: Seymour Pritchard. 25 ha. www.closmalverne.co.za

Schöner Sauvignon und Pinotage und der brombeerfruchtige Verschnitt »Auret« aus Cabernet, Merlot und Pinotage.

Paul Cluver ☆☆
Elgin. Besitzer: Dr. Paul Cluver. 84 ha. www.cluver.com

Derzeit der einzige Erzeuger in Elgin. Bis 1997 wurden die Trauben an Nederburg verkauft (siehe dort). Cluvers Schwiegersohn Andries Burger ist Kellermeister und war für Château Margaux tätig. Der apfelfruchtige Chardonnay und der seidige Pinot noir sind beachtlich, der Cabernet Sauvignon kann jedoch herb ausfallen.

Constantia Uitsig ☆☆
Constantia. Besitzer: David McCay. 31 ha. www.constantiauitsig.co.za

1988 als abgewirtschafteter Betrieb gekauft, wurde Constantia Uitsig inzwischen komplett neu bestockt. Einige der Wei-

---

Cape Independent Winemaker's Guild

Eine nicht allzu fest gefügte Verbindung von über 30 ambitionierten Erzeugern, die 1983 gegründet wurde. Zwei Jahre später wurde eine von da an jährlich stattfindende Weinauktion ins Leben gerufen, bei der die Mitglieder kleine Mengen ihrer besten Weine anbieten (oft nicht mehr als ein einziges Fass). Immer wieder waren es gerade die hier verkauften Sonderabfüllungen, die das wahre Potenzial der Kap-Region unter Beweis stellten und neue Maßstäbe für Qualität und Stil setzten. An der ähnlich bekannten Nederburg-Auktion kann nur der Weinhandel teilnehmen; die Auktion der Winemaker's Guild steht dagegen allen offen.

ne erscheinen jeweils in einer eichenbehandelten und einer eichenfreien Version. Obwohl der Merlot hier sehr erfreulich ist, liegt die Stärke des Hauses bei den weißen Sortenweinen wie Sauvignon, Semillon und Chardonnay.

Cordoba ☆☆–☆☆☆

Stellenbosch. Besitzer: Jannie Jooste. 31 ha. www.cordoba.co.za

Eine Boutique-Kellerei, die sich auf eine stilvolle, eichenwürzige Mischung aus Cabernet franc und Merlot namens »Crescendo« spezialisiert hat.

Darling Cellars ☆☆

Darling, Swartland. Besitzer: ein Konsortium von Anteilseignern. 1500 ha. www.darlingcellars.co.za

Kellermeister Abé Beukes erzeugt aus den großflächigen Gutsweinbergen zwei unterschiedliche Weinserien: die Einzellagenweine »DC« und die Spitzenreihe »Onyx«. In beiden Reihen sind jeweils Cabernet und Shiraz die Stars.

Delaire Vineyards ☆☆–☆☆☆

Stellenbosch. Besitzer: Masud Alikhani. 22 ha. www.delairewinery.co.za

Ein ehemals kränkelndes Gut, das an den in London ansässigen internationalen Geschäftsmann Masud Alkhani überging. Unter Kellermeister Bruwer Raats erwarb sich Delaire Vineyards einen guten Ruf für Chardonnay, in neuer Eiche ausgebauten Merlot und andere gehaltvolle Rote.

Delheim ☆☆

Simonsberg, Stellenbosch. Besitzer: Familie Sperling. 150 ha. www.delheim.com

Delheim erzeugte lange Zeit Rotweine im traditionellen Kap-Stil, tanninreich und fruchtarm, sowie liebliche Weißweine von Riesling und Gewürztraminer. Die letzten Jahrgänge zeigten mehr Reife, speziell der pflaumenwürzige Shiraz »Vera Cruz«.

De Toren ☆☆☆

Stellenbosch. Besitzer: Emil den Dulk. 20 ha. www.de-toren.com

Die einzige Abfüllung des Hauses ist der 1999 erschienene dichte, üppige Bordeaux-Verschnitt »Fusion V«, ein ganz außergewöhnlicher Wein, bereitet von Kellermeister Albie Koch, der trotz seines jugendlichen Alters bereits in Kalifornien und Frankreich Erfahrungen sammeln konnte. Ein neuer Star am Kap.

De Trafford ☆☆–☆☆☆

Stellenbosch. Besitzer und Kellermeister: David Trafford. 5 ha. www.detrafford.co.za

Der ehemalige Architekt David Trafford erzeugt die meisten seiner Weine aus angekauften Trauben und lässt sie ohne Zugabe von künstlichen Hefen vergären. Neben reichhaltigem, kraftvollem Cabernet und Merlot bereitet er einen üppigen Chenin blanc mit komplexen Aromen eingekochter Äpfel. Sein aprikosenfruchtiger »Strohwein« ist ebenfalls von Chenin blanc.

De Wetshof ☆☆–☆☆☆

Robertson. Besitzer und Kellermeister: Danie de Wet. 208 ha. www.dewetshof.co.za

Danie de Wet erhielt seine Ausbildung in Deutschland und brachte von dort eine grenzenlose Begeisterung für Weißweine von einer Art mit, wie sie bis dahin in Südafrika nicht zu finden war. Seine Experimente mit Riesling, Sauvignon blanc und Chardonnay sowie mit seinem edelfaulen Süßwein »Edeloes« erschütterten die alten Vorstellungen über das Weinbaugebiet Robertson und den südafrikanischen Weißwein überhaupt. De Wetshof ist einer der führenden Chardonnay-Erzeuger in Robertson mit mehreren Cuvées: von der leicht holzbehandelten »Finesse« bis zu den fassvergorenen Gewächsen »d'Honneur« und »Bateleur«. Diese Weine sind von außergewöhnlich zitrusfruchtiger Frische und frei von jeder Schwerfälligkeit.

Auch die 12 ha große, mit Pinot noir bestockte Rebfläche steht inzwischen in Ertrag und bringt duftende Weine mit Erdbeeraroma hervor, die großes Potenzial haben.

Diemersfontein ☆–☆☆

Wellington. Besitzer: David und Susan Sonnenberg. 48 ha. www.diemersfontein.co.za

Die Sonnenbergs kauften diese Farm im Jahr 1942 und verwandelten sie in den 1990ern in ein Luxushotel mit angeschlossenem Weingut. Die meisten Abfüllungen erscheinen unter dem Etikett »Diemersfontein«, die Spitzenweine unter »Carpe Diem«. Das Hauptinteresse gilt Pinotage, Merlot und Shiraz, die im Stil an manchen australischen Wein erinnern, mit einem Übermaß an vordergründiger, dicklicher, eichenwürziger Frucht. Ein beachtlicher kommerzieller Erfolg ist diesen Weinen jedoch nicht abzusprechen.

Distell

Stellenbosch. www.distell.co.za

Ein großer Konzern, der aus der Fusion der Firma Distillers und der Stellenbosch-Farmers-Gruppe hervorgegangen ist. Zum Unternehmen gehören die Weingüter Alto, Le Bonheur, Uitkyk, Neethlingshof und Stellenzicht, außerdem betätigt man sich bei Nederburg, Zonnebloem, Fleur du Cap, Le Roux und Durbanville Hills. Zusammengenommen kontrollierte Distell im Jahr 2002 rund 30% der Weinproduktion am Kap.

Dornier

Stellenbosch. Besitzer: Christoph Dornier. 60 ha. www.dornierwines.co.za

Ian Naudé ist der Kellermeister dieses Weinguts, das sich auf reichhaltige Rotweine spezialisieren will. Die ersten Abfüllungen von Merlot und Cabernet im Jahr 2001 waren überreif und arm an Finesse. Man muss abwarten.

Durbanville Hills ☆–☆☆☆

Durbanville. Besitzer: Distell. 770 ha. www.durbanvillehills.co.za

Ein ambitioniertes Gemeinschaftsunternehmen der Mehrheitseignerin Distell und einer Gruppe führender regionaler Traubenanbauer. Die neuen Weinkeller wurden rechtzeitig für den 99er Jahrgang fertig gestellt, und Kellermeister Martin Moore (früher bei Groot Constantia; siehe dort) mit der Bereitung der Weine beauftragt, die in drei Reihen angeboten werden: einfache Sortenweine, die vorwiegend eichenbehandelten Weine der Serie »Rhinofields« sowie Einzellagenweine, die in neuer französischer Eiche ausgebaut werden. Die einfachen Sortenweine sollten jung getrunken werden, unter denen der Sauvignon blanc vegetabile Noten aufweist. Die Einzellagenweine »Caapmans« (Cabernet/Merlot) und »Luipardsberg« (Merlot) sind voll und fleischig.

Eikendal ☆–☆☆

Stellenbosch. Besitzer: Substantia Company. 65 ha. www.eikendal.com

Die Weine dieses in Schweizer Besitz befindlichen Betriebs waren immer einwandfrei, wenn auch oft reizlos. Mit der neuen Kellermeisterin Liselle Gerber dürfte sich die Qualität aber verbessern.

Neil Ellis ☆☆☆
Stellenbosch. Besitzer: Neil Ellis und Hans Pieter Schroeder. 105 ha. www.neilellis.com

Seit 1988 hat sich Neil Ellis als führender Weinerzeuger und Négociant an die Spitze des Weinmarkts am Kap befördert. Sein Lesegut kommt von Lagen mit ganz unterschiedlichen Mikroklimata, die alle Weine des Sortiments zu Individualisten machen. Die »Premium«-Reihe ist sehr verlässlich, Gewächse der »Vineyard Selection« oft überragend, wenn auch teuer. Neben mehreren, darunter betont grasigen Cuvées von Sauvignon blanc haben auch diverse Spitzen-Cabernets den Ruf des Hauses gefestigt.

Ernie Els ☆☆
Stellenbosch. Besitzer: Ernie Els. Keine eigenen Weinberge. www.ernieelswines.com

Auch wenn die absurd teuren Bordeaux-Verschnitte den Namen des berühmten südafrikanischen Golfspielers tragen, so sind sie doch Weine des Guts Rust-en-Vrede (siehe dort), das für die Trauben und die Bereitung sorgt: gepflegte, eichenwürzige Rote im internationalen Stil.

Fairview ☆☆–☆☆☆
Paarl. Besitzer: Charles Back. 350 ha. www.fairview.co.za

Keiner kennt die Ansprüche des internationalen Markts an die Weine aus der Kap-Region besser als Charles Back, der mit Shiraz große Erfolge erzielt hat. Die Serie »Goats do Roam« (seine persönliche Interpretation des Côtes-du-Rhône-Stils) verbindet ein fröhliches Erscheinungsbild mit guter Qualität. Back gibt gerne zu, dass er die Struktur seiner Firma kaum noch kennt, seit sie sich ständig vergrößert. Er ist ebenfalls der alleinige Besitzer des ehemaligen Gemeinschaftsprojekts Spice Route (siehe dort).

Flagstone ☆☆
Kapstadt. Besitzer und Kellermeister: Bruce Jack. Keine eigenen Weinberge. www.flagstonewines.com

Bruce Jack bezieht sein Traubengut von 40 verschiedenen Lagen und produziert eine große Palette von Weinen, darunter einen markanten, grasigen Sauvignon blanc aus Elim, Pinotage und den komplexen roten Verschnitt »Longitude«.

Ken Forrester ☆☆–☆☆☆
Stellenbosch. Besitzer: Ken Forrester. 33 ha. www.kenforresterwines.com

Der ehemalige Gastronom Forrester ist ein glühender Verfechter von Sortenweinen aus den heute allgemein weniger gefragten Trauben von Chenin blanc und Grenache. Bei Martin Meinert (siehe dort) werden sie bereitet. Die trockenen Chenins blancs gehören zu den feinsten am Kap, und die edelfaule Version »T« ist ein Gedicht aus Aprikosen und Sahne. Beachtenswert ist der schmackhafte Sauvignon blanc und die frische, würzige Grenache-Syrah-Mischung.

Glen Carlou ☆☆–☆☆☆
Paarl. Besitzer: die Familien Finlayson und Hess. 65 ha. www.glencarlou.co.za

Unter Kellermeister David Finlayson ist Glen Carlou zur Spitze der Erzeugerbetriebe in Paarl aufgestiegen. Zu den besten Weinen des Hauses zählen der Chardonnay Reserve und der feine Bordeaux-Verschnitt »Grande Classique«.

Grangehurst ☆☆☆
Stellenbosch. Besitzer und Kellermeister: Jeremy Walker. Keine eigenen Weinberge. www.grangehurst.co.za

Der begabte Jeremy Walker konzentriert seine Arbeit lange auf nur zwei Weine: einen eleganten Pinotage und eine feine Cabernet-Merlot-Mischung. In den 1990er-Jahren kam »Nikela« hinzu, ein konzentrierter, kraftvoller Verschnitt aus Cabernet, Pinotage und Merlot.

Groot Constantia ☆☆
Constantia. Besitzer: Groot Constantia Trust. 90 ha. www.grootconstantia.co.za

Die 1685 vom ersten Gouverneur am Kap, Simon van der Stel, gegründete Farm war im 18. und 19. Jh. die Quelle des legendären Dessertweins Constantia. Ein umfangreiches Neubestockungsprogramm und die Restaurierung der Keller haben erheblich zur Verbesserung der Weine beigetragen, aber die Direktiven der Geschäftsführung lassen dem Team in der Kellerei wenig Spielraum für Eigeninitiative. Der beste Wein ist gewöhnlich der in neuer Eiche gereifte »Gouverneurs Blend«.

Groote Post ☆☆
Darling. Besitzer: Nick Pentz. 100 ha. www.grootepost.com

Aus relativ kühlen Lagen kommen Sauvignon, Chardonnay und Merlot.

Hamilton-Russell Vineyards ☆☆–☆☆☆
Walker Bay. Besitzer: Anthony Hamilton-Russell. 65 ha

Der erste Erzeugerbetrieb der neuen Generation von Kühlklimaspezialisten konzentriert sich auf Pinot noir und Chardonnay. Bis zum Jahr 1998 waren alle mittelmäßigen Reben durch moderne Klone ersetzt worden und festigen heute die Spitzenposition Hamilton-Russells unter den mit diesen Sorten arbeitenden Erzeugern. Die Weine sind wahrscheinlich die burgunder-ähnlichsten Pinots aus der Kap-Region, mit großer Reintönigkeit und Nachhaltigkeit. Der Erfolg des Hauses ist zu gleichen Teilen der weitsichtigen Planung der Hamilton-Russells und dem Können des langjährigen Kellermeisters Kevin Grant zu verdanken.

Hartenberg ☆–☆☆
Stellenbosch. Besitzer: Hartenberg Holdings. 85 ha. www.hartenbergestate.com

Ein größeres Investitionsprogramm hat in den letzten fünf Jahren zu einem beachtlichen Qualitätsanstieg der ehemals recht rustikalen Weine beigetragen. Guter Shiraz und Merlot, doch die Weißweine sind verbesserungsbedürftig.

Havana Hills ☆☆–☆☆☆
Tygerberg. Besitzer: Kobus du Plessis und Nico Vermeulen. 48 ha

Ein neuer Stern am Kap, besonders was die Serie »Du Plessis Reserve« angeht: Rotweine mit Eleganz und moderaten Eichentönen.

Iona ☆☆
Grabouw. Besitzer: Andrew Gunn. 14 ha. www.ionawines.com

Ein neues Unternehmen in der Nähe von Elgin. Der 2001er Sauvignon blanc war der delikate, sanft kräuterwürzige erste Jahrgang des Guts, und ein Merlot-dominierter Rotwein soll demnächst folgen.

Jordan ☆☆–☆☆☆
Stellenbosch. Besitzer und Kellermeister: Gary und Kathy Jordan. 100 ha. www.jordanwines.com
Nach einem Arbeitsaufenthalt bei Iron Horse in Kalifornien kehrten die Wirtschaftswissenschaftlerin Kathy und der Geologe Gary Jordan wieder auf das Familiengut in Stellenbosch zurück und machten es in kurzer Zeit zu einem fortschrittlichen Qualitätsbetrieb. Gesunde, virusfreie Rebbestände und sorgfältigste Kellerpraktiken tragen zu ihrem Erfolg bei. Das gesamte Weinprogramm ist von hoher Qualität. Spitzenwein ist der konzentrierte, schokoladige »Cobbler's Hill Reserve«: ein Cabernet-dominierter, in neuer Eiche ausgebauter Verschnitt.

Kanonkop ☆☆☆
Stellenbosch. Besitzer: Familie Krige. 100 ha
Kellermeister Beyers Truter hat sich dem Pinotage verschrieben und erzeugt zuverlässig eine der vollsten und besten Versionen am Kap. Gleichermaßen bemerkenswert ist sein langlebiger Bordeaux-Verschnitt »Paul Sauer«: rustikal im besten Sinne, da es ihm trotz seiner Robustheit nie an Frucht mangelt. Seit langem bewährte Weinberge und traditionelle Vinifizierungstechniken, beispielsweise die Vergärung in flachen Fermentierbehältern, gewährleisten gleichmäßige Qualität.

Kanu ☆☆–☆☆☆
Stellenbosch. Besitzer: Hydro Holdings. 150 ha. www.kanu.co.za
Der erste Jahrgang entstand 1998 unter Teddy Hall. Der wichtigste Wein des Hauses ist ungewöhnlicherweise der knackige Chenin blanc mit lebendiger Säure. Sauvignon und Chardonnay sind ebenfalls schön, und es gibt den üppigen, rauchigen Cabernet-Merlot-Verschnitt »Keystone«.

Klein Constantia ☆☆–☆☆☆
Constantia. Besitzer: Familie Jooste. 75 ha. www.kleinconstantia.com
Ein historisches Gut, früher ein Teil der ursprünglichen Constantia-Farm Van der Stels. Kühle Lagen, moderne Rebpflege und sorgfältige Kellertechnik sichern den Weinen des Guts einen hohen Qualitätsstand. Sauvignon, Semillon und Chardonnay sind kraftvoll und verführerisch, doch die Rotweine fallen manchmal zu mager aus. Lowell Jooste und Ross Gower haben den berühmten Süßwein von Constantia zu neuem Leben erweckt und verkaufen ihn unter dem Etikett »Vin de Constance«. Er ist ein spät gelesener, nicht gespriteter Muscat à petits grains, der hier seit 1982 wieder kultiviert wird, und besitzt das Aroma von getrockneten Aprikosen und manchmal von Orangenmarmelade. Inwieweit er seinem berühmten Vorgänger ähnelt, kann niemand wirklich sagen, doch es ist ein sehr sauberer, intensiver Wein, der sich zweifellos über viele Jahre entwickeln kann.

KWV International ☆–☆☆
Paarl. www.kwv-international.com
Die 1918 gegründete staatliche Winzergenossenschaft besaß früher weitgehend die Kontrolle über den südafrikanischen Weinbau, obwohl sie ursprünglich nur dazu gedacht war, die Traubenanbauer vor den Preisdiktaten des Großhandels zu schützen. Heillos verstrickt in Interessenskonflikte und politische Streitigkeiten, wurde sie während des letzten Jahrzehnts komplett umstrukturiert.

Als Erzeuger brachte die Genossenschaft große Mengen einfacher Sortenweine unter den Marken »KWV« und »Roodeberg« auf den Markt; der Chenin blanc war immer ein guter Wein zu einem fairen Preis. Mit der Neueinführung der Reihe »Cathedral Cellars« – in neuer Eiche ausgebaute Weine, angeführt von der Bordeaux-Mischung »Triptych« – stieg die Qualität. 1996 erschien »Perold«, ein dichter Shiraz von guter Qualität, aber unerhört teuer.

Laborie ☆–☆☆
Paarl. Besitzer: KWV International. 35 ha. www.kwv-international.com
Ein sehr schönes Weingut an den Hängen des Paarlbergs im Besitz der KWV, das auch als Gästehaus genutzt wird. Die von Gideon Theron bereiteten Weine sind unkompliziert und tadellos, wenn auch nicht sehr konzentriert.

Land's End ☆☆
Elim. Besitzer: private Investoren. 35 ha
Die Marke für die Weine der wenigen Anbauer, die 1997 im kalten Elim Reben anpflanzten. Die ersten Jahrgänge sind vielversprechend: exotischer Sauvignon und schwungvoller Semillon.

Landskroon ☆–☆☆
Paarl. Besitzer: Familie de Villiers. 275 ha. www.landskroonwines.com
Die achte Generation einer Hugenottenfamilie, die schon seit drei Jahrhunderten am Kap Wein baut. Ein altetabliertes Gut mit einer Reputation für ständig besser werdende Rotweine und einen exzellenten »Port«.

Lievland ☆☆
Stellenbosch. Besitzer: Paul Benadé. 65 ha
Unter Kellermeister Abé Beukes wurde Lievland zu einem führenden Shiraz-Erzeuger und ebenfalls erfolgreich mit seinem Cabernet-Merlot-Verschnitt »DVB«. Jean Pienaar ist inzwischen der Nachfolger Beukes, der zu Darling Cellars (siehe dort) gewechselt ist.

Longridge ☆☆
Stellenbosch. Besitzer: Winecorp. www.winecorp.co.za
Ein Weinerzeuger und -handelsbetrieb mit verlässlich guten Rotweinen für frühen Trinkgenuss.

Meerlust ☆☆☆
Stellenbosch. Besitzer: Hannes Myburgh. 160 ha. www.meerlust.co.za
Hannes Myburgh bewohnt noch dasselbe alte Herrenhaus von 1756 wie seine Vorfahren. Der temperamentvolle Norditaliener Giorgio Dalla Cia ist seit 1978 der Kellermeister des Hauses. Er teilte seine Vorliebe für Weine im Bordeaux-Stil mit dem damaligen Besitzer Nico Myburgh, der in den 60er-Jahren Cabernet Sauvignon und in den 70ern Merlot, Cabernet franc und Pinot noir angepflanzt hatte. Der beste Wein des Hauses Meerlust ist die Bordeaux-Mischung »Rubicon«, doch der Merlot und der eigenwillige Pinot noir sind fast ebenso fein. Dalla Cia brauchte elf Jahre, um mit seinem 1995 zum ersten Mal angebotenen Chardonnay, dem Ebenbild eines Meursault, endlich zufrieden zu sein. Auch sein »Grappa« gleicht dem bekannten italienischen Vorbild aufs Haar. Alle Weine, der Chardonnay eingeschlossen, können fünf Jahre Flaschenreifung gut vertragen. »Rubicon« kann in seiner Jugend noch deutlich von derben Tanninen geprägt sein, wird mit der Zeit aber harmonischer und entwickelt schöne Zedernholzaromen.

Meinert Wines ☆☆☆

Stellenbosch. Besitzer und Kellermeister: Martin Meinert.
13 ha. www.meinertwines.com

Martin Meinert begründete einst den guten Ruf des Hauses Vergelegen (siehe dort). Seit den späten 1990ern bereitet er seine eigenen Weine. Sowohl Cabernet als auch Merlot sind gehaltvolle, tiefe Tropfen, und man kann sich darüber streiten, ob ihnen der rote Spitzenverschnitt »Synchronicity« tatsächlich überlegen ist.

Middelvlei ☆☆

Stellenbosch. Besitzer: Familie Mornberg. 130 ha.
www.middelvlei.co.za

Das Weingut hat schon lange einen guten Ruf für Pinotage und neuerdings auch für Cabernet Sauvignon und Shiraz.

Mont du Toit ☆☆–☆☆☆

Wellington. Besitzer: Stephan du Toit, Bernd Philippi und
Bernhard Breuer. 28 ha. www.montdutoit.co.za

1997 gegründet, hat dieses deutsch-südafrikanische Unternehmen ein Jahr darauf mit einer kraftvollen Mischung aus Syrah, Cabernet und Merlot erste Zeichen gesetzt.

Morgenhof ☆☆–☆☆☆

Stellenbosch. Besitzer: Alain und Anne Cointreau-Huchon.
60 ha. www.morhgenhof.com

Seit 1993 haben die Cointreau-Huchons Haus und Weinberge gründlich renoviert und einen massiven unterirdischen Fasskeller eingerichtet. Die Weine sind äußerst zuverlässig und preiswert, besonders die üppige Bordeaux-Mischung »Première Sélection«.

Morgenster ☆☆

Somerset West. Besitzer: Giulio Bertrand. 40 ha.
www.morgenster.co.za

Giulio Bertrand, ein Industrieller aus Piemont, kaufte 1993 diesen abgewirtschafteten Besitz, um darauf Oliven anzubauen. Schließlich wurden jedoch auch Reben gepflanzt, mit dem erklärten Ziel, einen Wein im Stil eines St-Emilion zu kreieren, bei dessen Bereitung der bekannte Kellermeister Pierre Lurton von Cheval Blanc tatkräftig mithelfen sollte. 2000 war der erste Jahrgang: reif, eichenwürzig und stilvoll. Der Zweitwein ist der leichtere, kirschfruchtige »Lourens River Valley«.

La Motte ☆☆

Franschhoek. Besitzer: Hannelie Koegelenberg. 108 ha.
www.la-motte.com

Die Ursprünge des Guts gehen auf die Hugenotten zurück. Unter der jetzigen Besitzerin Hannelie Koegelenberg, Tochter von Dr. Anton Rupert, wurde es vollständig restauriert und ist jetzt einer der führenden Shiraz-Erzeugerbetriebe im Land. Der altgediente Kellermeister Jacques Borman hat auch mit dem Cabernet-Merlot-Verschnitt »Millenium« großartigen Erfolg.

Mulderbosch ☆☆☆

Stellenbosch. Besitzer: Hydro Holdings. 27 ha.
www.mulderbosch.co.za

Mulderbosch gilt als die Antwort des Kaps auf Cloudy Bay in Neuseeland: Mehrere höchst erfolgreiche Sauvignon-blanc-Jahrgänge haben neben exzellentem Chardonnay zu diesem Image beigetragen. Allerdings ist Kellermeister Mike Dobrovic eine zu eigenwillige Persönlichkeit, als dass er mit einem derart simplen Vergleich einverstanden wäre. Sein Sauvignon ist mit Sicherheit die schmackhafteste Version dieser Sorte,

der man am Kap begegnen kann. Der Chenin blanc, so erquickend wie ein Biss in einen frisch gepflückten Apfel, und der pflaumige Merlot-Cabernet-Verschnitt »Faithful Hound« runden das beeindruckende Programm ab.

Nederburg ☆–☆☆☆

Paarl. Besitzer: Distell. Keine eigenen Weinberge.
www.nederburg.co.za

Obwohl die meisten Weine dieses großen Guts eindeutig kommerziell geprägt sind, ist Nederburg für seine jährliche Auktion berühmt geworden, in der sowohl die besten Weine des Hauses als auch Spitzenweine aus der gesamten Kap-Region angeboten werden. Ebenfalls bekannt ist Nederburg für seine unter dem Etikett »Edelkeur« angebotenen vollen Süßweine aus edelfaulen Chenin-blanc-Trauben.

Neethlingshof ☆–☆☆

Stellenbosch. Besitzer: Distell. 210 ha.
www.neethlingshof.co.za

Hans Joachim Schreiber, ein deutscher Bankier im Ruhestand, kaufte Neethlingshof 1985. Nach umfangreichen Neuinvestitionen erwarb er sich einen Ruf für tadellosen Chardonnay und Shiraz sowie für einen vorzüglichen, edelfaulen Riesling. Heute gehört das Haus zur Distell-Gruppe.

Nitida ☆☆

Durbanville. Besitzer und Kellermeister: Bernhard Veller.
12 ha. www.nitida.co.za

Nach dem ersten Jahrgang 1996 erwarb sich Nitida bald eine wohlverdiente Reputation für seinen Sauvignon blanc. An der Spitze des Programms steht der Merlot-Cabernet-Verschnitt »Calligraphy«, der in manchen Jahrgängen streng und herb ausfallen kann.

L'Ormarins ☆☆

Franschhoek. Besitzer: Familie Rupert. 200 ha.
www.lormarins.co.za

Das Weingut in Franschhoek wurde umfassend neu bepflanzt und renoviert. Gute Rotweine auf Cabernet-Basis (besonders der mit neuer Eiche behandelte »Optima«), feiner Cabernet und ein sehr beliebter Blanc Fumé.

Overgaauw ☆☆–☆☆☆

Stellenbosch. Besitzer: Familie van Velden. 75 ha

Das etablierte Familiengut bringt einen der besten »Portweine« sowie den einzigen Silvaner des Landes hervor. Merlot und Cabernet werden immer eindrucksvoller, und das Gleiche gilt für den Bordeaux-Verschnitt »Tria Corda«, der noch vor einem Jahrzehnt grimmig adstringierend war.

Plaisir de Merle ☆☆

Franschhoek. Besitzer: Distell. 380 ha.
www.plaisirdemerle.co.za

Lange Zeit nur ein Zulieferbetrieb für Nederburg (siehe dort), hat sich Plaisir de Merle dann unter Beratung von Paul Pontallier, Direktor von Château Margaux, als eines der »Premier-cru«-Güter des Landes einen Namen gemacht. Cabernet und Merlot können exzellent sein.

Rudera ☆☆–☆☆☆

Somerset West. Besitzer: Teddy Hall. 18 ha.
www.rudera.co.za

Dies ist die eigene Marke des Kellermeisters von Kanu (siehe dort), der seine Trauben vorwiegend aus gepachteten Weinbergen bezieht und daraus schmackhaften Chenin blanc in trockener Version und als Süßwein bereitet.

Rupert & Rothschild ☆☆–☆☆☆

Paarl. Besitzer: die Familien Benjamin de Rothschild und Rupert. 50 ha. www.fredericksburg.co.za

Einem Weingut, das als Gemeinschaftsprojekt zweier Multimillionäre gegründet wurde, fehlt es an nichts. Als sich die ersten Weine 1997 jedoch als dürftig erwiesen, stellte man das Programm um, und die Qualität verbesserte sich rasch. Trotz des frühzeitigen Todes von Anthonij Rupert im Jahr 2001 fährt der von ihm mitgegründete Betrieb einen Erfolg nach dem anderen ein, speziell mit der üppigen »Baron Edmond«-Abfüllung.

Rust-en-Vrede ☆☆–☆☆☆

Stellenbosch. Besitzer: Familie Engelbrecht. 50 ha. www.rustenvrede.com

Bis in die späten 1990er-Jahre erzeugte das historische Gut hoch angesehene Kap-Rotweine mit so kräftigem Tannin, dass sie in ihrer Jugend häufig streng und hart waren. 1998 übernahm Jannie Engelbrechts Sohn Jean den Betrieb und beauftragte Kellermeister Louis Strydom mit der Erzeugung von Weinen in einem fleischigeren, zugänglicheren Stil. Unter dem prestigeträchtigen Etikett »Rust-en-Vrede« wird demnächst nur ein Wein angeboten werden: ein eleganter Verschnitt von Gutsweinen, der nichts mehr mit den rustikalen, erdigen Weinen der Vergangenheit zu tun hat. Das übrige Sortiment des Hauses soll unter dem Namen »Guardian Peak« erscheinen.

Rustenberg ☆☆☆–☆☆☆☆☆

Stellenbosch. Besitzer: Simon Barlow. 100 ha. www.rustenberg.com

Das vielleicht schönste Weingut am Kap mit flachen, weißen Holländhäuser im Schatten gewaltiger Bäume sowie wertvollen Südhanglagen. Ein inzwischen durchgeführtes Neubestockungsprogramm, kräftige Investitionen in die Kellereiausrüstung und ein neuer Kellermeister (Adi Badenhorst) sichern Rustenbergs Platz in der vordersten Reihe der Weinbaubetriebe Südafrikas. An der Spitze der Rotweine steht der superbe Cabernet-Verschnitt »Peter Barlow«; der beste Weiße ist der Chardonnay »Five Soldiers«. »Brampton« ist das Zweitetikett.

Sadie Family Vineyards ☆☆☆

Swartland. Besitzer: Eben Sadie und Familie. 6 ha

Der jugendliche Eben Sadie war der hoch gelobte Kellermeister des Hauses Spice Route (siehe dort), geht aber seit 2002 endgültig seine eigenen Wege. »Columella« ist sein einziger Wein, der in kleinen Mengen aus dem Lesegut gepachteter, aber selbst bewirtschafteter Rebflächen entsteht. Sadie ist vom Potenzial des Shiraz aus den alten Reben begeistert, die in den Swartland-Tälern wachsen, und auch »Columella« ist vorwiegend von Shiraz, mit einer kleinen Beimischung von Mourvèdre. Die Erträge sind extrem gering, die Weinbereitung geschieht mit großer Sorgfalt und geringstmöglicher Manipulation. Der üppig-reife erste Jahrgang 2000 erwies sich als einer der körperreichsten Weine, die je in Südafrika entstanden sind.

Saxenburg ☆☆–☆☆☆

Stellenbosch. Besitzer: Adrian Bührer. Keine eigenen Weinberge. www.saxenburg.co.za

Saxenburg ist für seine Rotweine weithin bekannt, speziell für die Reserve-Abfüllungen »Private Collection«. Besonders erfolgreich waren in dieser Reihe Shiraz und Cabernet. Kellermeister Nico van der Merwe ist ein Ausnahmekönner, doch

einige Weine bieten für ihren Preis nicht die Qualität, die man erwartet.

Simonsig ☆☆–☆☆☆

Stellenbosch. Besitzer: Familie Malan. 200 ha. www.simonsig.co.za

Nach der anfänglichen Begeisterung für die sortenreinen Weine des Guts hatte Frans Malan mit seinen drei Söhnen einen Riesenerfolg mit fassgereiften weißen Verschnitten und stellte als erster Erzeuger am Kap einen echten Schaumwein nach der *méthode traditionnelle* her. Simonsigs Reputation für Rotwein beruht hauptsächlich auf Pinotage, aber inzwischen ist das Programm um neue Rote erweitert worden: »Frans Malan Reserve« von Pinotage, Cabernet und Merlot sowie die charmante, zedernholzwürzige Bordeaux-Mischung »Tiara«.

Spice Route ☆☆–☆☆☆

Malmesbury. Besitzer: Charles Back. 110 ha

Von einer Gruppe von Erzeugern und Weinjournalisten 1990 gegründet, ist die erfolgreiche Marke heute im Alleinbesitz von Charles Back aus dem Hause Fairview (siehe dort). Unter Kellermeister Eben Sadie erwarb sich Spice Route schnell einen Ruf für körperreiche, vollaromatische, leicht wildwürzige Weine von mediterranen Sorten, die bevorzugt als unbewässerte Buschreben angebaut werden. Im Jahr 2002 trat Charl du Plessis die Nachfolge von Sadie an und wird das Programm um Weißweine aus Darling erweitern sowie um einen neuen roten Spitzenwein, der unter dem Namen »Caldera« herauskommen soll.

Springfield ☆☆☆

Robertson. Besitzer und Kellermeister: Abrie Bruwer. 140 ha. www.springfield-estate.com

Bis 1995 belieferte Springfield die Erzeuger von Massenweinen, dann schlug Abrie Bruwer eine andere Richtung ein und kann seitdem einen Erfolg nach dem anderen verbuchen. Der Qualität wegen wurde die Produktion um zwei Drittel reduziert, die Weinbereitung nimmt – außer bei den rassigen Sauvignons – so wenig Einfluss wie möglich, was u. a. das Vergären der ganzen Beeren mit Naturhefen und keine Filtration vor der Abfüllung bedeutet. Bruwers imposanteste Weine heißen »Cuvée Ancienne«: Die rote ist ein reiner Cabernet, minzig und pfefferwürzig, die weiße ein voller Chardonnay. Aus reinem Spaß wird nebenbei noch eine ordentliche Reproduktion des ungarischen Tokaji Aszù erzeugt.

Stark-Condé ☆☆–☆☆☆

Stellenbosch. Besitzer und Kellermeister: José Condé. 40 ha

Ein neuer Star in Stellenbosch. Der Amerikaner Condé erzeugt seit 1998 kleine Mengen von üppigem, konzentriertem, kräuterwürzigem Cabernet Sauvignon und Pinotage.

Steenberg ☆☆

Constantia. Besitzer: Adrian Gardiner. 64 ha. www.steenberg-vineyards.co.za

Ein relativ neuer Betrieb in der geschichtsträchtigen Region, auch wenn die ursprüngliche Steenberg-Farm bereits 1682 bepflanzt worden war. In den 90er-Jahren wurde der Besitz als Tourismus- und Erholungseinrichtung wiedereröffnet, eine Kellerei kam 1996 hinzu. Große Erfolge waren dem melonenfruchtigen Semillon und dem aromatischen Sauvignon beschieden. Zusätzlich gibt es diverse erfreuliche Rotweine, u. a. die Cabernet-Merlot-Mischung »Catharina« und einen mutigen Versuch mit Nebbiolo.

Stellenbosch Farmers' Winery
Siehe Distell

Stellenbosch Vineyards ☆☆
Stellenbosch. Besitzer: ein privates Konsortium. 1000 ha. www.stellvine.co.za

Eine neue Firma mit enormen Resourcen, die aus der Vereinigung von vier Genossenschaften hervorgegangen ist. »Kumkani« ist ihre bekannteste Marke, »Versus« das Etikett für Großflaschen, und »Genesis« steht an der Spitze.

Stellenzicht ☆☆
Stellenbosch. Besitzer: Distell. 123 ha. www.stellenzicht.co.za

Unter Kellermeister Andre van Rensburg erwarb Stellenzicht internationale Anerkennung, besonders für seinen Shiraz. Seit 1998 bereitet Guy Webber die Weine. Das Haus gehört nun zur Distell-Gruppe, doch Pinotage und Shiraz sind weiterhin die Favoriten. Die Hauptreihe sortenreiner Weine läuft unter dem Namen »Golden Triangle«. Außergewöhnliches gelingt häufig unter dem Etikett »Stellenzicht Vineyards«, das einen Syrah, einen Semillon und einen Verschnittwein umfasst.

Thelema ☆☆☆
Stellenbosch. Besitzer: die Familien Webb und McLean. 52 ha

Ein wunderschönes Weingut hoch in den Bergen. Obwohl die Böden relativ fruchtbar sind, ist es das Können von Kellermeister Gyles Webb, auf dem Thelemas weltweiter Ruf für fein strukturierten Cabernet Sauvignon, Sauvignon blanc, Chardonnay und einen Cabernet Sauvignon/Merlot aufbaut. Die Qualität der Weine ist von Jahr zu Jahr ausgesprochen zuverlässig, und der Reserve-Merlot – ein wunderbares Ensemble von schwarzen Früchten, Eiche und Schokoladennoten – einer der besten am Kap.

Tokara
Stellenbosch. Besitzer: G.T. Ferreira. 40 ha

Unter der Aufsicht von Gyles Webb aus dem Haus Thelema (siehe dort) hatte das junge Unternehmen im Jahr 2002 bereits eine großzügig ausgestattete neue Kellerei und ein Restaurant vorzuweisen, doch keine Weine. Die erscheinen so lange noch unter dem Zweitetikett »Zondernaam«, bis Besitzer Ferreira und Kellermeister Miles Mossop der Ansicht sind, dass sie den Namen »Tokara« verdienen.

Uiterwyk ☆–☆☆☆
Stellenbosch. Besitzer: Familie de Waal. 115 ha. www.uiterwyk.co.za

Ein schönes (wohltuend unauffälligeres)Weingut, das einen kleinen Teil seiner besten Weine in einem traditionellen Keller selbst abfüllt. Beständig gute Rote, darunter der Uiterwyk-Verschnitt, ein Pinotage und besonders der aus alten Reben gewonnene »Top of the Hill«. Seit 2001 erscheinen die besseren Gewächse alle unter dem Namen »DeWaal«.

Van Loveren ☆
Robertson. Besitzer: Familie Retief. 250 ha

Einer der wichtigeren Erzeuger im Gebiet Robertson mit sauberen, süffigen Weinen, u. a. guter Chardonnay, und einer reichen Palette an so interessanten Rebsorten wie Fernão Pires.

Veenwouden ☆☆☆
Paarl. Besitzer: Deon van der Walt. 15 ha

Veenwouden, im Besitz des berühmtesten Tenors von Südafrika, lieferte 1993 ein eindrucksvolles Debüt. Schon beim Anlegen der Weinberge hatten Deon van der Walt und sein für die Weinbereitung verantwortlicher Bruder Marcel im Sinn, einen Wein im Pomerol-Stil zu erzeugen. Zwar wird man Veenwoudens Merlot und Cabernet/Merlot »Classic« kaum je mit einem echten Pomerol verwechseln, doch es sind zweifellos wunderbare Weine, gehaltvoll und konzentriert, und weit eleganter als die meistem Kap-Gewächse desselben Stils.

Vergelegen ☆☆☆–☆☆☆☆
Somerset West. Besitzer: Anglo American Farms. 120 ha. www.vergelegen.co.za

Vergelegen geht als eines der ältesten Weingüter am Kap auf das Jahr 1700 zurück. Seit es 1987 an die Besitzer von Boschendal (Anglo American Farms) überging, ist es umfassend renoviert worden. Kellermeister Martin Meinert begründete den guten Ruf des Hauses, und seit 1997 sorgt Andre van Rensburg für dessen Erhaltung. Obwohl Vergelegen für Sauvignon und Chardonnay am bekanntesten ist, zeigen sich die Rotweine von Cabernet, Merlot und der vorzügliche, nach dem Gut benannte Verschnitt zunehmend voll und vielschichtig. Im Cabernet vereinigen sich Anklänge von Pflaumen, Gewürznelken und Lakritz, der Merlot ist etwas süßer und draller und die Gutsmischung ist rauchiger und nachhaltiger als alle anderen.

Vergenoegd ☆☆
Stellenbosch. Besitzer: Familie Faure. 100 ha

Das 300 Jahre alte Gut war früher Traubenlieferant für den Großhandel, etwa für KWV, füllt seine Weine heute jedoch selbst ab. Seit den 1990er-Jahren hat die Qualität enorm zugenommen mit einem festen, tanninreichen Cabernet, einem alterungsfähigen Merlot und einem guten Kap-»Port«.

Villiera ☆☆
Stellenbosch. Besitzer: Familie Grier. 300 ha

Das kühler als andere gelegene Gut in Paarl konzentriert sich auf qualitativ hochwertige Weine zu erschwinglichen Preisen. Villiera ist besonders erfolgreich mit Merlot und Merlot-Cabernet-Verschnitten sowie mit einem großen Programm an Schaumweinen, die nach der klassischen Methode bereitet werden.

Vredendal
Siehe WestCorp

Vriesenhof/Talana Hill/Paradyskloof ☆☆–☆☆☆
Stellenbosch. Besitzer: Jan Boland Coetzee und Partner. 35 ha. www.paradys.co.za

Eines der führenden Weingüter auf der Helderberg-Seite von Stellenbosch, dessen Hanglagen durch die von der False Bay hereinwehenden Meeresbrisen gekühlt werden. Das Haus hat eine gute Reputation für Cabernet und Verschnitte auf Cabernet-Basis, die entweder unter dem Premiumetikett »Talana Hill« oder als »Vriesenhof« erscheinen. Die Bordeaux-Mischung »Kallista« kann ziemlich derb sein, doch es gibt feinen Chardonnay und Pinotage und bei Kellermeister Coetzee auch eine wachsende Begeisterung für Pinot noir. Im Jahr 2002 wurden die drei Marken unter dem Namen »Domaines Paradyskloof« zusammengefasst.

Warwick Estate ☆☆–☆☆☆
Stellenbosch. Besitzer: Familie Ratcliffe. 75 ha. www.warwickwine.co.za

Ein führendes Weingut, das als reines Familienunternehmen mit Energie und Charme von Norma Ratcliffe und ihrem Sohn Michael geleitet wird. Der erfolgreiche Bordeaux-Verschnitt »Trilogy« war jahrelang der Spitzenwein des Hauses, hat aber seit kurzem Konkurrenz bekommen durch den Cabernet/Merlot/Pinotage »Three Cape Ladies« sowie einen Chardonnay und einen Sauvignon blanc. Warwick ist auch bekannt für seinen heidelbeerduftigen Cabernet franc.

Waterford ☆☆–☆☆☆
Stellenbosch. Besitzer: Jeremy Ord. 50 ha.
www.waterfordwines.com
Auf seinen 1998 erworbenen Hanglagen errichtete Jeremy Ord seine Kellerei im Stil eines toskanischen Klosters und beauftragte den ehemals für Rust-en-Vrede (siehe dort) tätigen Kevin Arnold mit der Weinbereitung. Die ersten Abfüllungen waren vielversprechend, besonders die Roten von Cabernet und Shiraz.

Welgemeend ☆☆–☆☆☆
Paarl. Besitzer: Louise Hofmeyr. 16 ha
Nach südafrikanischen Maßstäben ein winziges Weingut, durch seine Pionierarbeit mit Rotweinen aber von großem Einfluss. Billy Hofmeyr hat sich diese Meriten durch frühe Lese, das Verschneiden der beiden Cabernet-Sorten mit Merlot, Malbec und Petit Verdot und eine bis zu 18 Monate dauernde Reifung in kleinen neuen Eichenfässern verdient. Tochter Louise, die inzwischen seine Nachfolge angetreten hat, tut es ihm heute nach. Welgemeend war das erste Weingut am Kap mit Verschnitten im traditionellen Bordeaux-Stil und bietet heute davon mehrere unterschiedliche Versionen an. Der Standardwein besteht vorwiegend aus Cabernet Sauvignon, der »Douelle« enthält hauptsächlich Merlot und Malbec. Bei den neueren Jahrgängen des »Amadé« stehen Rhône-Sorten, aber auch Pinotage im Rezept.

WestCorp ☆
Olifants River. 4600 ha
Die große und erfolgreiche Genossenschaft Vredendal war bekannt für die Eroberung des britischen Marktes mit Etiketten wie »Goiya Kgeisje«. 2002 erfolgte die Vereinigung mit Spruitdrift, ebenfalls in Olifants River ansässig, zu dem jetzigen Unternehmen WestCorp. Die Weine sind äußerst kommerziell, aber doch gute Beispiele ihrer Art.

Wildekrans ☆☆
Walker Bay. Besitzer: Bruce Elkin und Eric Green. 40 ha.
Eine gute Quelle für Chenin blanc, Semillon und Pinotage, alle in frischem, elegantem Stil bereitet.

Zandvliet ☆–☆☆
Robertson. Besitzer: Familie Paul de Wet. 155 ha.
www.zandvliet.co.za
Der Shiraz dieses Guts war einer der ersten Rotweine aus Robertson, inzwischen erzeugt Zandvliet drei Versionen. Die Serie »Astonvale« besteht aus Sortenweinen mit gutem Preis-Leistungs-Verhältnis.

Zevenwacht ☆–☆☆
Stellenbosch. Besitzer: Harold Johnson. 150 ha.
www.zevenwacht.co.za
Die Weinberge am Kuils River werden von der Meeresbrise aus der False Bay gekühlt und erbringen süffige Rotweine mit mehr Geschmack als Gewicht sowie etliche erfolgreiche Weiße, speziell Chenin blanc.

Simbabwe

Das Land im südlichen Afrika liegt auf derselben geographischen Breite wie ein großer Teil Boliviens und das südliche Brasilien. Die klimatischen Bedingungen sind also alles andere als ideal, um Qualitätstrauben für die Weinbereitung anzubauen (Wärme und Sonne im Überfluss, aber auch Frost während der Wachstumsperiode und sommerlicher Regen, der die Ernte beeinträchtigt). Eine rudimentärer Weinbau nahm 1965 seinen Anfang. Die ersten Ergebnisse waren armselig und stammten von zweifelhaften Gewächsen – Jacques, Issor und Farrazza –, die seither durch edlere, aus Südafrika importierte Sorten ersetzt wurden. Der größte Teil der Rebflächen liegt nördlich von Harare auf rund 1200 m Höhe.

Seit den frühen 1980er-Jahren hat Simbabwe enorme Fortschritte gemacht: Künstliche Bewässerung, kühle Gärung, moderne Kellereieinrichtungen, in Deutschland, Australien und Südafrika ausgebildete Kellermeister und die Beratung durch *flying winemakers* trieben die Qualität in ungeahnte Höhen.

Politische Unruhen und gewalttätige Übergriffe in den ersten Jahren des neuen Jahrtausends machten den wenigen in Produktion stehenden Weinbaubetrieben das Leben nicht gerade leichter, darunter Worringham, wo in den 1960er-Jahren der erste Wein erzeugt worden war. Mukuyu in Marondera, 60 km von der Hauptstadt entfernt, kultiviert auf 100 ha Rebfläche Trauben und erzeugte jährlich 185 000 Kisten, unter anderem von Merlot und Cabernet Sauvignon, bis die Produktion als Folge der Unruhen zurückging. Die Weine bereitet der in Australien ausgebildete Sam Pfidzayi. Die Firma African Distillers (Stapleford Wines) hat ihren Sitz in Gweru, nördlich von Harare, und erzeugt aus 180 ha Gesamtrebfläche in Bulawayo, Gweru, und Odzi rund 555 000 Kisten (Sauvignon blanc, Muscat, eine Cabernet-Merlot-Mischung und einen sehr erfreulichen Pinotage). Sie kauft auch Trauben von privaten Anbauern an. »Private Cellar« ist das Spitzenetikett des Stapleford-Programms.

England & Wales

Die Tatsache, dass England und Wales am äußersten Nordrand der Zone liegen, in der Trauben überhaupt reif werden können, hat rund 350 Gutsbesitzer nicht davon abhalten können, kleine und große Rebflächen anzulegen. Die Wiederbelebung des britischen Weinbaus, der vermutlich von den Römern eingeführt wurde und im Mittelalter florierte, begann ganz langsam in den 1950er-Jahren und zog in den 1970er-Jahren rasch an. Der herrliche Sommer 1976 ließ manche zu der Überzeugung gelangen, dass Weinbau in England mehr als ein Hobby sein könnte. Trotz einer Reihe verregneter Herbste und entsprechend dürftiger Ernten Ende der Siebzigerjahre hat der englische Weinbau seine Stellung festigen können, wozu die Erderwärmung in den 1990er-Jahren sicherlich ihren Teil beigetragen hat.

Die Rebfläche beläuft sich heute auf insgesamt 850 ha in Südengland und Wales mit Schwerpunkt in den traditionellen Obstanbaugebieten von Kent, Sussex, Essex und Suffolk, entlang der Südküste durch ganz Hampshire bis nach Cornwall und nordwärts durch Berkshire, Wiltshire und Somerset bis nach Hereford und Worcester. Die Jahresproduktion beträgt durchschnittlich 18 000 hl, das heißt rund 2,4 Mio. Flaschen und fast ausnahmslos Weißwein.

Es ist noch zu früh, um etwaige regionale Stile erkennen zu wollen. Englischer Wein ist ein leichtes, erfrischendes, oft etwas herbes Sommergetränk. Seine besten Eigenschaften sind Blumigkeit, eine zarte Fruchtigkeit und eine spritzige, saubere Frische. Die Säure sollte spürbar sein und bei allen Weinen, trockenen wie lieblichen, durch duftige, fruchtige Aromen ausgeglichen werden. Inzwischen entstehen auch Schaumweine mit Flaschengärung, die nach zwei bis drei Jahren Lagerung guten Hefecharakter entfalten, sowie in Eiche ausgebaute Stillweine. Je älter die Reben werden und je mehr Geschick die Kellermeister entwickeln, desto komplexer wird der Geschmack der Weine. Gute englische Gewächse gewinnen eindeutig durch Flaschenalterung, mehr noch: Sie ist geradezu unerlässlich, besonders in Jahrgängen, in denen der Säuregehalt hoch ist.

In dem kühlen Klima mit unbeständiger Witterung sind frühe Reife und Widerstandsfähigkeit gegen Fäulnis zwei bei der Wahl der Rebsorten ausschlaggebende Faktoren. Manche Erzeuger, vor allem die größeren Betriebe, kommen jedoch von bewährten Trauben wie Müller-Thurgau und Schönburger ab und erzeugen überdies eher Verschnitte als sortenreine Weine. Weit verbreitet sind noch immer deutsche Neuzüchtungen, die auch bei kühler Witterung zuverlässig reifen, sowie die (ausgezeichnete) Hybride Seyval blanc, aber auch französische Rebsorten finden zunehmend Verwendung. Außerdem werden einige durchaus ernst zu nehmende Dessertweine produziert, hauptsächlich von edelfaulen Bacchus- und Huxelrebe-Trauben.

Die britische Weinbaubehörde *United Kingdom Vineyards Association* zeichnet Weine von Nichthybriden mit einem potenziellen Alkoholgehalt von über 15% mit einem Qualitätssiegel aus, das jedoch praktisch kaum zum Einsatz kommt, weil es Seyval blanc ausschließt. Mehr Bedeutung hat, dass seit 1996 Regionalweine – analog zu den französischen Vins de pays – produziert werden dürfen. Diese *regional wines* von Vinifera- und Nicht-Vinifera-Reben umfassen auch Tafelweine *(table wines)*, die nun nicht mehr als solche etikettiert werden müssen.

Die führende Erzeuger in England & Wales

Breaky Bottom ☆–☆☆
East Sussex. Besitzer und Kellermeister: Peter Hall. 2 ha.
www.breakybottom.co.uk
Von Seyval blanc und Müller-Thurgau auf Kreideboden erzeugt Peter Hall unter geringstmöglicher Einflussnahme äußerst beliebte Weine. Seit 1994 gibt es einen sehr guten Schaumwein nach der klassischen Methode von Seyval blanc. Schlanke Weine, die durch Flaschenalterung klar gewinnen.

Chapel Down Winery ☆☆
Kent. Besitzer: Chapel Down Wines Ltd.
www.chapeldownwines.co.uk
Einer der größten Erzeuger des Landes, der Trauben aus dem ganzen Südosten verarbeitet (keine eigenen Weinberge); seit 1995 im Besitz von Tenterden (siehe dort). Der »Epoch« ist einer der besten englischen Roten, und der Schaumwein von ausgezeichneter Qualität. British Airways bietet einige der Weine auf ihren Flügen an.

Chiddingstone ☆☆
Kent. Besitzer: Familie Quirk. 15 ha
Der Pinot noir kann gut ausfallen, ähnelt französischem Wein und wird bei Banketten im Königshaus gereicht. Lieferant für mehrere Fluggesellschaften.

Denbies ☆☆
Surrey. Besitzer: Adrian White. 106 ha.
www.denbiesvineyard.co.uk
Das größte Gut in England mit der wohl modernsten Kellerei des Landes ist mit 20 Rebsorten, v. a. Müller-Thurgau, bestockt. Umfassende Auswahl an Weinen, darunter einige preisgekrönte, namentlich Bacchus und Dessertwein. Dornfelder und Pinot noir werden zu einem fülligen, ansprechenden Rotwein verschnitten.

Halfpenny Green ☆
Staffordshire. Besitzer: Martin Vickers. 6 ha
Eine Auswahl an Rot- und Weißweinen verschiedener Stile, u. a. sortenreine Weine von Huxelrebe und Madeleine Angevine.

Hidden Spring ☆–☆☆
East Sussex. Besitzer: Graham und Sue Mosey. 3 ha
Gut mit einer Reihe von Rebsorten, u.a. Pinot noir, Seyval blanc, Ortega, Müller-Thurgau und Faber. Auffällige Etiketten und gute Weine, v. a. eichenfassgereifte Rote.

Llanerch ☆
Vale of Glamorgan, Wales. Besitzer: Peter und Diana Andrews. 2 ha. www.llanerch-vineyard.co.uk
Das größte und kommerziellste Gut in Wales mit Reben (u. a. Reichensteiner, Bacchus, Kernling, Huxelrebe, Seyval blanc und Triomphe) auf Südhängen im Ely Valley. Zu den Gutsweinen, die unter dem Namen »Cariad« herauskommen, zählen mehrere Weiße, ein Rosé und ein Schaumwein mit internationalen Auszeichnungen.

Northbrook Springs ☆
Hampshire. Besitzer: Brian Cable. 5 ha
Viel versprechende Hanglagen mit Kreideboden. Die mit Unterstützung durch Berater John Worontschak erzeugten Wei-

ne sind gut und werden immer besser, u. a. ausgezeichnete Spätlesen und ein Fumé-ähnlicher Verschnitt aus Reichensteiner und Bacchus.

Nyetimber ☆☆–☆☆☆

West Sussex. Besitzer: Andy Hill. 20 ha.
www.nyetimber-vineyard.co.uk

Das Gut beweist seit 1992, dass England Schaumwein von traditionellen Champagnerrebsorten hervorbringen kann, und wurde mit unzähligen Auszeichnungen bedacht. 2002 traten Stuart und Sandra Moss den Besitz ab, behielten aber die Leitung. Chardonnay, Pinot noir und Pinot Meunier werden ausschließlich für Schaumwein angebaut.

Penshurst ☆

Kent. Besitzer und Kellermeister: David Westphal. 5 ha.
www.penshurst.co.uk

Etabliertes Gut mit moderner Kellerei und einer guten Auswahl, v. a. Müller-Thurgau und Seyval blanc. Alle Weine werden nicht geschönt und kommen frühestens zwei Jahre nach der Abfüllung auf den Markt.

Ridge View Estate ☆☆–☆☆☆

East Sussex. Besitzer und Kellermeister: Mike Roberts. 6,5 ha.
www.ridgeview.co.uk

Wie bei Nyetimber werden nur Chardonnay, Pinot noir und Pinot Meunier für Schaumwein nach der traditionellen Methode angebaut. Seit dem ersten Jahrgang 1993 ist die Qualität gleich bleibend hoch und wird einhellig gerühmt. Der englische Wein, der Champagner geschmacklich am nächsten kommt.

Sandhurst ☆

Kent. Besitzer: J. und C. Nicholas. 5,5 ha

Bauernhof mit gewissenhaft gepflegten Weinbergen. Guter eichenfassgereifter Bacchus und Pinot-Schaumwein. Die Rotweinerzeugung wird ausgeweitet.

Tenterden ☆

Kent. Besitzer: Chapel Down. 7,5 ha.
www.chapeldownwines.co.uk

1979 angepflanzte Müller-Thurgau- und Seyval-blanc-Reben bringen sehr trockene bis süße Weine, einen Rosé und Schaumwein hervor. Hier findet man einen preisgekrönten eichenfassgereiften Seyval. Das Gut ist zudem Sitz von New Wave Wines, eines Unternehmens, das Weine von Tenterden, Lamberhurst und Chapel Down vertreibt, u. a. eine neue Reihe sortenreiner Weine von englischen Reben unter dem Namen »Curious Grape«.

Three Choirs ☆

Gloucestershire. Besitzer: Ltd. 30 ha.
www.threechoirs.com

Der größte Betrieb im Westen Englands, aber die Qualität der Weine, v. a. der roten, ist wechselhaft. Erzeugt werden u. a. Jahrgangsschaumwein, Weißwein (auch eichenfassgereifter), Rosé, Rotwein und Dessertwein sowie ein ungewöhnlicher »Nouveau«.

Valley Vineyards ☆☆–☆☆☆

Berkshire. Besitzer: Jon Leighton. 8 ha.
www.valleyvineyards.com

Auf dem achtbaren Gut erzeugt Kellermeister John Worontschak gute bis sehr gute Weine. Besonders empfehlenswert sind die eichenfassgereiften Weißen und Roten sowie die Schaumweine. Nur wenige englische Kellereien können ähnlich viele Medaillen vorweisen. Weitere Etiketten sind »Clocktower« und »Heritage«.

Weitere Erzeuger in England & Wales

Bearsted ☆

Kent. www.bearstedwines.co.uk

Die Familie Gibson produziert von nicht mehr als 2 ha Rebfläche acht verschiedene Weine, darunter einen frischen Rosé und Schaumwein.

Boze Down ☆

Oxfordshire

Verschiedene Rebsorten auf 2 ha Anbaufläche und eine interessante Auswahl guter eichenfassgereifter Rotweine.

Bruisyard ☆

Suffolk

1974 wurden 4 ha mit Müller-Thurgau bestockt, von dem die Berwicks ein breites Spektrum an Stilen erzeugten. Seit 2002 sind sie im Ruhestand und haben das Gut zum Verkauf angeboten.

Cane End ☆

Berkshire. 5 ha

Rosé und Bacchus-Dessertwein können gut ausfallen.

Carr Taylor ☆

East Sussex. 8 ha

Der bekannte Schaumweinhersteller fusionierte 2000 mit Chapel Down (siehe dort). Die Weine werden jetzt auf dem Gut Tenterden (siehe dort) erzeugt.

Chilford Hall ☆

Cambridgeshire.
www.chilfordhall.co.uk

Alteingesessener Betrieb mit vielen deutschen Reben und großem Erfolg auf Messen.

Dunkery ☆

Somerset.
Besitzer und Kellermeister: Derek Pritchard

Weingut im Exmoor National Park. Die Spezialitäten sind Pinot noir und Schaumwein.

Gifford's Hall ☆

Suffolk. 4 ha.
www.giffordshall.co.uk

Gute Weine. Der »Medium Dry« gewinnt regelmäßig Preise.

Lamberhurst ☆

Kent. 11 ha

Das 1971 von Kenneth McAlpine gegründete Gut hatte sich einen guten Ruf erworben, doch als sich McAlpine zurückzog, wurde es verkauft. Seit 2000 gehört es zu Chapel Down (siehe dort).

New Hall ☆

Essex. 36 ha.
www.newhallwines.co.uk

Großes Gut, das auch Trauben an andere Kellereien verkauft. Bacchus und Schaumweine bekommen regelmäßig Preise.

Sedlescombe ☆
East Sussex

Gut mit ökologischem Anbau und vielen Weinen verschiedener Rebsorten, die von eigenen 3 ha kommen.

Sharpham ☆–☆☆
Devon. Besitzer und Kellermeister: Mark Sharpham. 4 ha.
www.sharpham.com

Rotweine von Dornfelder, Pinot noir und anderen Sorten. Gelegentlich auch preisgekrönter Dessertwein.

Wickham ☆
Hampshire. Besitzer: Angela Baart und Gordon Channon.
www.wickhamvineyard.com

Unter John Charnley machte sich das Gut einen Namen mit Rosé-Schaumwein, einem Verschnitt von Pinot noir und Triomphe sowie einem eichenfassgereiften Weißwein, mit dem das englische Unterhaus beliefert wird. 2000 wurde es an die jetzigen Besitzer verkauft.

Wyken ☆
Bury St. Edmunds, Suffolk

Von der 1988 angelegten, 2 ha großen Rebfläche werden ein preisgekrönter Bacchus und ein beachtlicher Rotwein erzeugt.

Wein genießen

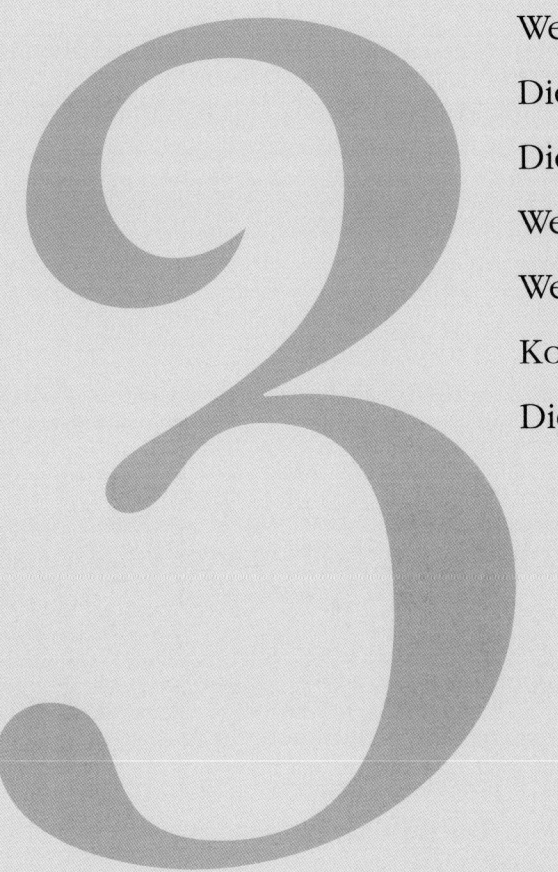

Wein genießen

Es sind die Wissbegierigen, die den meisten Genuss am Wein haben. Das Schönste an der Sache ist ja die Abwechslung: Man könnte ein ganzes Leben lang jeden Tag einen anderen Wein probieren und würde doch immer noch dazulernen. Jeder Wein entwickelt sich im Lauf der Zeit weiter, und immer wieder gibt es neue Weine, neue Kombinationen von Wein und Speisen, die man noch nicht probiert hat. Auch über sich selbst, über den eigenen Gaumen und seine Empfindungen erfährt man beständig Neues.

Mit vorgefassten Meinungen und festen Regeln kommt man beim Wein nicht weit, der ja ein einfaches Nahrungsmittel wie Brot und Käse, ein extravagantes Luxusgut oder irgendetwas zwischen diesen beiden Extremen sein kann. Manche gehören in Blechkrüge, andere in Kristallgläser, und es führt zu nichts, so zu tun, als gäbe es diese Unterschiede nicht.

In diesem Kapitel wird beschrieben, wie man Weine auswählt, kauft, lagert, serviert und genießt, die mehr sind als gewöhnliche Tropfen. Wenn ein Wein einen namentlich genannten Ursprung hat (also kein anonymer Verschnitt ist), kommen in ihm ein bestimmter Boden, ein Klima, eine Anbaumethode und eine Tradition zum Ausdruck: Er hat, auf die eine oder andere Weise, einen Charakter.

Ein Weinkenner zu sein bedeutet, diesen Charakter herauszuspüren, zu erkennen und den größten Gewinn davon zu haben. Ich habe der Definition André Simons nichts hinzuzufügen, wenn er sagt, ein Kenner sei »jemand, der einen guten Wein von einem schlechten unterscheiden kann und die charakteristischen Verdienste unterschiedlicher Weine zu schätzen weiß«. Dem Himmel sei Dank, dass nicht jeder Weißwein ein Sauvignon blanc ist, so frisch, blumig und duftig er auch sein mag, und nicht jeder Rotwein ein großer, wuchtiger Cabernet.

Es zeugt von einer grundlegenden (aber nicht seltenen) Verkennung des Wesens und der Vielfalt von Wein, wenn jemand sagt, ein Barolo sei besser als ein Rioja oder ein Pauillac besser als ein Napa Cabernet. Die eigentliche Kunst besteht darin, jeden Wein – so wie er ist – begreifen und genießen zu lernen.

Nur eines möchte ich jedem ans Herz legen, der vorhat, etwas mehr auszugeben und etwas bessere Weine zu kaufen: nämlich das aufmerksame Verkosten. Achten Sie darauf, was Ihnen Nase und Mund vermitteln, nicht nur beim Wein, sondern bei allem, was Sie essen und trinken. Suchen Sie nach neuen Geschmacksempfindungen und werden Sie sich ihrer bewusst.

Bei weitem der größere Teil aller feinen Weine – womöglich sogar der allerbesten – wird einfach verschwendet, weil man nichts weiter tut, als sie zu trinken. Ein großartiger Wein verfehlt mit Sicherheit seinen Daseinszweck, wenn man nicht über ihn spricht oder zumindest versucht, die so wundervollen flüchtigen Eindrücke des Dufts und des Geschmacks im eigenen Bewusstsein festzuhalten.

Wein einkaufen

Dass man beim Weinkauf genau das bekommt, was man sich vorgestellt hat, ist eher die Ausnahme denn die Regel. Wein ist ein bewegliches Ziel, ein sich stetig veränderndes Kaleidoskop von Erzeugern und Jahrgängen. Wen das stört, hat nur eine Möglichkeit: bei einer bestimmten Marke zu bleiben. Doch damit lässt man sich das Faszinierendste am Wein entgehen,

nämlich seine unendliche Vielfalt, und nicht zuletzt die Freuden der Jagd: die Befriedigung, ein Prachtexemplar aufgetrieben zu haben (oder aber die Enttäuschung über einen Schuss in den Ofen).

Auf einem so weiten Feld – mal kauft man im Supermarkt um die Ecke, das nächste Mal vielleicht über den Versandhandel und ein anderes Mal direkt beim Erzeuger – gibt es wenige allgemein gültige Regeln. Eine lautet jedoch, sich vor dem Kauf gut zu überlegen, was man kaufen will, selbst wenn man einfach nur einen ordentlichen Tropfen braucht, den man seinen Gästen am Abend zum Essen servieren kann. Eine zweite Regel lautet: Machen Sie Ihren Weineinkauf nicht von aktuellen Bedürfnissen abhängig, sondern kaufen Sie auf Vorrat ein.

Niemand kann das Angebot eines gut sortierten Weinladens auf einmal überblicken. Kaufen Sie deshalb Wein, wenn Sie in der Stimmung dazu sind und genug Zeit und Muße haben, sich umzusehen, Preise zu vergleichen, nachzurechnen oder Ratgeber zu konsultieren. Der beste Platz dafür ist zu Hause. Machen Sie einen Bogen um Händler, die keine Preislisten haben, und nur darauf zählen, dass Sie auf ihre »besonderen Angebote« hereinfallen.

Ihr Wein braucht ebenfalls Zeit und Ruhe. Viele moderne Weißweine und leichte Rotweine sind so stabil, dass man mit ihnen Kegel schieben könnte, ohne dass ihnen das etwas ausmachen würde, doch alle reifen Rotweine brauchen eine »Pause« von mindestens ein paar Tagen, nachdem sie transportiert worden sind. Die Chancen, einen Wein in bester Verfassung zu servieren, sind um einiges größer, wenn man ihm und sich die nötige Zeit zu Hause gegönnt hat.

Sich Zeit zu nehmen und auf Vorrat zu kaufen, bedeutet im Übrigen auch, Rabatte in Anspruch nehmen zu können. Kistenweise kaufen Sie billiger als flaschenweise.

Früher mussten sich Weinkäufer entweder auf ihr eigenes Wissen und ihre Erfahrung oder auf die Kenntnisse des Händlers verlassen. Heute gibt es weitaus mehr Möglichkeiten, sich kundig zu machen. In dieser Ausgabe des *Großen Johnson* sind erstmalig die Internetadressen der Erzeuger verzeichnet, die eine solche haben. Nicht alle Homepages sind gleich gut gemacht, aber die meisten bieten detaillierte Auskünfte über die Art der Weine und eine E-Mail-Adresse, über die man direkt beim jeweiligen Erzeuger weitere Informationen einholen kann. Außerdem gibt es jede Menge Internetseiten mit Hinweisen für Verbraucher in Form von Verkostungsnotizen, Jahrgangsempfehlungen, Berichten über neue Entwicklungen im Weinbau und Ähnlichem, die teilweise auch mit den Seiten der jeweiligen Händler und Vertriebspartner verlinkt sind. Bis auf wenige exklusive Ausnahmen sind diese Informationen kostenlos zugänglich.

Eine gute Investition

Kaum eine Investition ist in mehr als einem Sinne so gewinnbringend wie die in künftigen Genuss: Von der Inflationsrate einmal abgesehen, ist der Wein zu dem Zeitpunkt, an dem Sie ihn schließlich aufmachen, ja nur besser geworden, die Ausgaben sind längst abgeschrieben, das Trinkvergnügen ein Geschenk der Götter. Und so viel Geld braucht man gar nicht, um vom Einzelflaschenkäufer zum stolzen Besitzer eines Weinkellers zu werden. Rechnen Sie sich einmal aus, was sie in drei Monaten, in zwei Monaten, zur Not auch in einem Monat für Wein aufwenden und geben Sie diesen Betrag bei einem gut überlegten Großeinkauf aus. Packen Sie den Wein weg. Danach kaufen Sie wieder genauso viel Wein ein wie vorher, trinken diesen aber nicht sofort, sondern stocken damit Ihren

Vorrat auf. Sie haben nichts weiter getan, als das Geld für drei Monate, zwei Monate oder einen Monat Weingenuss vorzuschießen; der einzige Verlust sind die Zinsen für dieses Geld. Die Rendite ist sorgfältig ausgewählter und gut gelagerter Wein, den Sie trinken können, wann Sie wollen, unabhängig davon, ob und wann Sie zum Einkaufen gekommen sind.

Bemühen Sie sich, sachlich abzuschätzen, was Sie wirklich brauchen. Geben Sie nicht mehr aus, als Sie sich bequem leisten können. Wägen Sie ab, ob es sich lohnt, unbekannte Weine als Teil eines Pakets zu erwerben. Kaufen Sie keine größeren Mengen an Wein, den Sie nicht gekostet und für gut befunden haben. Überlegen Sie sich, ob Sie sich den Wein nach Hause liefern lassen sollen: Ist jemand da, um ihn entgegenzunehmen? Können Sie eine 20 oder 25 kg schwere Weinkiste tragen?

Die cleverste Methode, seinen Aktionsradius zu vergrößern, ist, sich mit Gleichgesinnten zusammenzutun. Als Gruppe kann man Geld sparen, indem man in größeren Mengen einkauft, und an Spitzenweine kommen, deren Preis jedem Einzelnen monatelang schlaflose Nächte bescheren würde. Drei oder vier Freunde, die noch nie einen Château Latour oder einen Romanée-Conti probiert haben, werden ihn umso mehr genießen, wenn sie ihn gemeinsam kaufen und öffnen, sich über ihn austauschen – und sich gegenseitig das schlechte Gewissen ausreden.

Handel & Wandel

Die Struktur des Weinhandels hat sich in den letzten Jahren grundlegend geändert. Aus einem recht starren System von Maklern, Spediteuren, Handelsvertretern, Groß- und Einzelhändlern hat sich ein kompliziertes, aber flexibles Gemisch aus alten und neuen Akteuren entwickelt. Es überrascht nicht, dass ein so angenehmer Beruf mehr Freiwillige vermeldet als die Armee. Den stärksten Zuwachs haben die »Experten«, Autoren und Berater zu verzeichnen, und immer einfallsreicher werden die Methoden, wie man Wein verkaufen kann – ob mit oder ohne eigenen Laden.

In Amerika hat sich der Wein von der Liebhaberei einer – nicht selten skeptisch beäugten – Minderheit zum Nationalsport gemausert. Der Weinhandel verpflichtete Regimenter von Spezialisten auf allen Ebenen. Vor Ort spielen die Einzelhändler eine führende Rolle, landesweit die Marketingfachleute. Was nach wie vor gilt (und worüber Ausländer den Kopf schütteln), sind jedoch die von Bundesstaat zu Bundesstaat unterschiedlichen Handelsgesetze. In New York, Kalifornien, Texas, Florida und einigen anderen Staaten besteht eine relativ große Freiheit, die gebotenen Möglichkeiten zu nutzen. Überall sonst ist der Weinhandel reglementiert oder starken Einschränkungen unterworfen; eine davon ist das Verbot, Wein über bestimmte Bundesgrenzen zu transportieren. Einerseits hindert das die Verbraucher daran, ihren Wein direkt einzukaufen oder liefern zu lassen, andererseits dient es dem Schutz der örtlichen Einzelhändler. In manchen Fällen bestimmen sogar die County-Behörden mit, was man trinken darf und was nicht. In letzter Zeit ist die Macht der Einzelhändler auf den inneramerikanischen Warenverkehr allerdings etwas kleiner geworden oder wurde von entschlossenen Gesetzgebern gebrochen, und daher müsste es, sofern sich keine neue Prohibition Bahn bricht, in Zukunft für Weinliebhaber eher einfacher als schwieriger werden, den Wein ihrer Wahl aus der Quelle ihrer Wahl zu beziehen.

In England geht es den Weintrinkern vergleichsweise gut. Ein Wandel trat in den 1960er-Jahren ein, als die mächtigen Brauereien in der Angst, die wachsende Beliebtheit des Weins könnte den Bierabsatz schmälern, reihenweise örtliche Weinfachgeschäfte aufkauften und sie durch Ladenketten ersetzten, die an landesweite Markenkonzepte gebunden waren. Viele von ihnen waren jedoch derart miserabel, dass die aufstrebende Generation berufener Weinhändler – die an die Stelle bloßer Buchhalter traten – nichts mit ihnen zu tun haben wollte und einem jungen, reisefreudigeren und kundigeren (wenn auch weniger wohlhabenden) Weinklientel einen Gefallen tat, indem sie den alten individuellen Einzelhandel wieder aufbaute. Heute gibt es für fast jedes Anbaugebiet der Erde einen Fachhändler und gut ausgestattete, unabhängige Händler in Städten und kleineren Orten.

Traditionelle Weinhändler bieten persönliche Betreuung, Lagerung oder Lieferung frei Haus sowie Kredit (zum entsprechenden Preis). Die persönliche Betreuung besteht hauptsächlich in mündlichen Empfehlungen, die sich auf die Kenntnis der Vorlieben und der Mittel von Stammkunden stützen. Manche Firmen übernehmen die gesamte Kellerhaltung: Sie empfehlen Weine, lagern diese ein und teilen dem Kunden mit, wann sie trinkreif sind. Viele Händler bieten Wein *en primeur* an, das heißt mehrere Monate, bevor er abgefüllt wird und in den Verkauf kommt. Abgesehen vom Preisvorteil kann der Käufer sich auf diese Weise die Erzeugnisse der gefragtesten Güter im Voraus sichern. Der Nachteil ist, dass man bereits lange vor der Lieferung für etwas zahlen muss, was man weder probieren noch beurteilen konnte. Diese Händler verstehen es geschickt, die besten Weine eines Jahrgangs zu einem frühen Zeitpunkt, wenn sie noch im Keller ihres Erzeugers liegen und bevor sie überhaupt abgefüllt sind, zu einem »Einführungspreis« anzubieten, den sie normalerweise rasch anheben, sobald die Weine offiziell auf den Markt kommen.

Am anderen Ende des Spektrums stehen die Supermärkte, die den Weinkauf für jeden möglich und attraktiv machen. Aus der anfangs recht einfachen und beschränkten Auswahl oft eigener Marken ist eine ansehnliche Sammlung geworden, die mit feinen Weinen und echten Entdeckungen aufwartet. Europäische Weinliebhaber decken sich inzwischen weitgehend in Supermärkten und Filialen großer Handelsketten ein. Manche dieser Unternehmen wählen die Weine sorgfältig aus und sorgen so für ein interessantes und preiswertes Angebot; bei den meisten steht jedoch der Einkaufspreis im Vordergrund, und die Qualität ihres Sortiments lässt zu wünschen übrig. Eine weitere Bezugsquelle – insbesondere in England – sind Wein- oder Feinschmeckerclubs. Sie arbeiten häufig mit Fachzeitschriften zusammen und offerieren teilweise eine Vielfalt von Leistungen.

In Weinbaugebieten ist es üblich, direkt beim Erzeuger einzukaufen. So ziemlich jeder Weintrinker in Tours, Stuttgart oder Wien stattet seinem Lieblingswinzer regelmäßig einen Besuch ab und verbringt ein angenehmes Stündchen in dessen Keller, während der neueste Jahrgang ins Auto verladen wird. In Regionen, in denen Reben nur spärlich oder gar nicht wachsen, wendet man sich besser an Händler oder bestellt per Internet. Der virtuelle Weinkauf ist einfach und praktisch. Die Auswahl ist oft gut und breit gefächert, und es fehlt auch nicht an durchaus lohnenden Sonderangeboten und Preisnachlässen. Die Nachteile sind die jedes Online-Shoppings: das Risiko der Kreditkartenzahlung und der anonyme Ansprechpartner, falls etwas schief geht. Wenn eine Lieferung mit großer Verspätung eintrifft, die Weine nicht die sind, die man bestellt hat, oder Flaschen kaputt gegangen sind, bekommt man zwar in der Regel Entschädigung, doch meist sind Beanstandungen mit viel Ärger (und Zeit) verbunden. Für manche Kunden überwiegen dennoch die Vorteile.

Es lebe das Marketing!

Vergessen wir nicht, dass der Wein für viele große Unternehmen der Branche kein edler Trank, sondern eine »Ware« ist, die in riesigen Mengen produziert wird und daher so aggressiv wie möglich vermarktet werden muss. Supermärkte und Niederlassungen überregionaler Handelsketten verfügen meist nicht über geschulte Mitarbeiter, weshalb sich Empfehlungen meist auf vorgedruckte Schildchen oder bestenfalls ein paar Highlights von Weinbesprechungen beschränken, die in den seltensten Fällen verlässliche Hinweise auf die Qualität des Weins geben. Viele Flaschen werden zu Schnäppchenpreisen oder im Rahmen von Aktionen angeboten – daran ist nichts Schlimmes, außer dass die Branchenriesen sich damit einen erbitterten Kampf um jeden Meter Regal liefern.

Die Verpackung ist ein wesentlicher Bestandteil des Marketings. Ein stilvolles Etikett ist nicht zu verachten, aber es ist bei weitem nicht das Wichtigste an einer Flasche Wein. Hüten sollte man sich vor »originellen« Flaschen, etwa solchen mit einer künstlichen Staubschicht, und albernen Namen wie »Armer Tropf« oder »Alter Schwerenöter«. Wenn so viel Mühe auf so unwichtige Details verwandt wird, kann es mit dem Inhalt nicht weit her sein.

Learning by Drinking

Genauso wichtige Informationsquellen wie die bereits erwähnten Internetseiten sind die in stetig wachsender Anzahl veröffentlichten Bücher zu allen erdenklichen Aspekten des Weinbaus und den verschiedenen Ursprungsgebieten. Man kann sein Wissen und seine Erfahrung jedoch auch auf individuellere und direktere Art und Weise ausbauen. Weinclubs und führende Händler liefern jede Menge Informationen zu den Weinen, die sie verkaufen, und manche veranstalten regelmäßig Verkostungen, bei denen man sozusagen während des gemeinsamen Trinkens viel lernt. Sie werden häufig unter der Anleitung namhafter Fachleute durchgeführt, die den Teilnehmern auch persönlich Rede und Antwort stehen.

Darüber hinaus gibt es eine Vielzahl von Weinmessen, die zwar in den meisten Fällen einem reinen Fachpublikum vorbehalten sind, sich manchmal aber auch an das allgemeine Publikum richten. Die Organisatoren sind häufig große Händler oder Fachzeitschriften. Ein vergleichsweise geringes Eintrittsgeld verschafft einem Zugang zu einer riesigen Auswahl von Qualitätsweinen, die häufig von den Erzeugern oder Gutsbesitzern ausgeschenkt werden, sodass man auch hier die Möglichkeit hat, seine Fragen direkt an die jeweiligen Experten zu richten.

Solche Verbrauchermessen erfreuen sich dies- und jenseits des Atlantik wachsender Beliebtheit. Oft finden in diesem Rahmen auch Kurse statt, bei denen renommierte Persönlichkeiten der Weinwelt ihre Weine zur Probe anbieten und darüber Auskunft geben. Die Teilnahmegebühr ist zwar hoch, doch es ist eine einmalige Gelegenheit, seltene alte Jahrgänge im Beisein des Erzeugers zu verkosten.

Wer nach einem Tag auf der Messe Lust auf mehr hat, kann sich zu einer organisierten Weinreise anmelden, bei der man in kleinen Gruppen von einem Experten mit einem bestimmten Anbaugebiet vertraut gemacht wird. Näher kann man als Amateur der Realität der professionellen Weinerzeugung kaum kommen: Man geht durch die Weinberge, kostet Proben aus Fässern im Keller, befragt die Kellermeister und bekommt zweimal am Tag ein Schlemmermahl mit ausgezeichneten Weinen serviert.

Zum Ersten, zum Zweiten, zum ... Dritten!

In den letzten 20 Jahren haben sich Weinauktionen zu einem Forum für Know-how und Show entwickelt. Michael Broadbent von Christie's war Vorbild für eine ganze Reihe von Versteigerern, die sich bei Sotheby's und in anderen Auktionshäusern als medienwirksame Präsentatoren mit ausgesuchtem Weinfachwissen hervortaten. Inzwischen werden Versteigerungen außer in Großbritannien auch in den USA, Deutschland, Südafrika und vielen anderen Ländern regelmäßig zum Verkauf und zur Werbung genutzt. Doch in London haben Auktionshäuser auch die Aufgabe, private Kellerbestände, überschüssige Vorräte und kleine Posten, die Händlern das Leben schwer machen, an den Mann zu bringen – ein steter Fluss von reifem Wein, jungem Wein und manchmal gutem, aber nicht angesagtem Wein zu unglaublich niedrigen Preisen. Jeder kann mitsteigern, doch die wahren Schnäppchen sind meist so große Posten, dass Einzelpersonen passen müssen, wenn sie sich nicht mit anderen zusammentun und die Weine nach der Ersteigerung untereinander aufteilen.

Man sollte sich jedoch darüber im Klaren sein, dass viele der Weine aus gutem Grund versteigert werden: Womöglich entledigt sich ein Restaurant oder ein privater Sammler der Weine, nach denen keine Nachfrage besteht. Oder ein Sammler will loswerden, was er einst begehrte, weil es ihn enttäuscht hat: Wenn eine Kiste mit elf Flaschen angeboten wird, ist das ein sicheres Zeichen dafür, dass die zwölfte Flasche bereits getrunken wurde und nicht auf Gegenliebe stieß. Der Weinkauf bei Auktionen birgt immer ein gewisses Risiko (wer weiß zum Beispiel, ob der Wein nicht unter schlechten Bedingungen gelagert wurde), kann aber auch zu äußerst vorteilhaften Geschäften verhelfen. Bevor man mitsteigert, sollte man sich über die aktuellen Preise für Spitzenweine informieren. Entsprechende Listen findet man in einschlägigen Fachzeitschriften.

Spekulation mit hohem Einsatz

Die Auktionshäuser schufen einen florierenden Markt für alte Weine, deren Wert zuvor unbekannt war. In ihrem Kielwasser entstand eine neue Kategorie von »Secondhand«-Weinhändlern und -maklern, allen voran Farr Vintners in London. Ihr Geschäft ähnelt dem des Antiquars: Sie treiben im Auftrag von Sammlern seltene Weine auf. Heute muss man richtigerweise wohl von Anlegern sprechen, im Gegensatz zu früher, als es einfach zum guten Ton gehörte, seinen Keller mit Grands crus zu füllen. Wer solche Spitzenweine in größeren Mengen kauft, tut dies inzwischen meist der Spekulation wegen. Wein ist eine Ware, die man billig erwerben und teuer veräußern kann – eine Kapitalanlage, die aber glücklicherweise keine Garantie auf Erfolg verspricht.

Je teurer der Wein ist, desto besser stehen die Chancen seiner Wertsteigerung. Doch auch andere Aspekte spielen eine Rolle: der Jahrgang und sein Ansehen (das sich im Laufe der Zeit in nicht immer vorhersehbarer Weise ändert), die allgemeine Finanzlage, der Ruf des betreffenden Guts oder Erzeugers sowie, vielleicht mehr als alles andere, die nachweisliche Haltbarkeit des Weins. Bordeaux-Crus und Vintage Port gelten als die langlebigsten Weine – und daher als die sicherste Wette für einen Wiederverkauf mit Gewinn. Bei modernem Burgunder und deutschem Wein, ja sogar bei Champagner, wird das Risiko – zu Recht oder zu Unrecht – relativ hoch angesetzt. Die besten italienischen, australischen und kalifornischen Weine sowie Raritäten wie Tokaji Eszencia sind ebenfalls beliebte Spekulationsobjekte.

Der Weinkritiker – das Maß aller Dinge?

Früher war, wer über Wein schrieb, Historiker, Kenner oder Dilettant. Heute gibt es dafür eine eigene Berufssparte: die des Weinkritikers, dessen Hauptaufgabe darin besteht, einzelne Weine zum Nutzen der Verbraucher zu bewerten. Der Amerikaner Robert Parker führte das inzwischen weit verbreitete System der Benotung mit maximal 100 Punkten ein. Die Nachteile eines solchen Systems liegen auf der Hand, doch seine größte Schwäche ist, dass es den Eindruck vermittelt, eine Verkostungsnotiz sei ein endgültiges Urteil und nicht nur die Momentaufnahme eines Produkts, das sich ständig weiterentwickelt und verändert. Es suggeriert Gewissheit, wo es keine Gewissheit gibt.

Dennoch finden viele, wenn nicht gar die meisten Weintrinker, solche Benotungssysteme praktisch, weil sie ihnen als Entscheidungshilfe dienen. Bewertungen werden für gewöhnlich durch irgendeine Art von Kommentar zum Geschmack oder zum Stil des Weins ergänzt, der oft nützlicher ist als die Benotung selbst. Kaum ein Weintrinker kann Dutzende oder gar Hunderte von Weinen pro Woche probieren; man ist also den professionellen Verkostern dankbar, die bereit sind, diesen Härtetest über sich ergehen zu lassen.

Jede Benotung ist so verlässlich wie der Kritiker, der sie abgibt. Wenn Sie mit einem Kritiker oder einem Kolumnisten öfter einer Meinung sind als mit anderen, so ist das ein Zeichen dafür, dass Sie seinem Urteil trauen können. Benotungssysteme sind vereinfachende, aber durchaus nützliche Hilfsmittel. Man darf sie nur nicht für unfehlbar halten.

Die Wahl des Weins

Zu den vielen Vorteilen, die man genießt, wenn man in einem Land lebt, in dem Wein wächst, gehört auch, dass einem die Wahl des Weins leichter gemacht wird. In der Regel trinkt man den Wein der Gegend, vorzugsweise den von einem Winzer aus dem Bekanntenkreis, und man stimmt seinen Speiseplan darauf ab: Ist der Wein zart im Geschmack, dosiert man die Gewürze zurückhaltend; ist er kräftig, kocht man mit Knoblauch, Pfeffer und Paprika. In Kalifornien ist diese Regel außer Kraft gesetzt – dort gibt die Kellerei eines Nachbarn alles her, vom recht fragilen Sauvignon blanc bis zum polternden Zinfandel oder Chardonnay. In den meisten Weinregionen aber hat sich im Laufe der Zeit ein perfektes Gleichgewicht zwischen Speisen und Wein herausgebildet.

Die Sache wird komplizierter, wenn ein Land oder eine Gegend nicht über solche Traditionen verfügt. In England und im Osten der USA bieten die Fachgeschäfte alle Weine der Welt an, und man fragt sich zu Recht, wo man anfangen soll. Die viel gepriesene wundervolle Vielfalt des Weins wird zur Qual.

Ein vernünftiger Ausgangspunkt ist natürlich der Preis. Je weniger man ausgeben kann, desto leichter ist die Entscheidung. Weitere Kriterien sind die Gesellschaft und der Anlass. Interessieren sich die Mittrinker genauso für Wein wie man selbst, wird man die Gelegenheit nutzen, um gemeinsam mit ihnen einen guten Tropfen zu probieren. Wenn sie nichts dafür übrig haben, lohnt es sich auch nicht, ihnen etwas Besonderes zu kredenzen, egal wie gern man sie hat.

Die Partnersuche

Bevor Sie also einen Wein auswählen, überlegen Sie, ob er wenigstens für einen Augenblick im Scheinwerferlicht stehen wird und wer außer Ihnen selbst ihn trinken soll. Wie sympathisch ist Ihnen Voltaire, der seinen Gästen einfachen Beaujolais vorzusetzen pflegte, während er selbst sich den feinsten Burgunder genehmigte?

Die nächste Frage ist, ob der Wein oder das Essen Priorität hat. Idealerweise sind sie gleichberechtigte Partner auf der Bühne – keiner von beiden sollte dem anderen die Schau stehlen. Im Restaurant sollte man erwarten können, dass Speise- und Weinkarte zusammen vorgelegt werden.

Praktisch heißt es dann entweder »Was trinken wir heute Abend zum Lammfilet?« oder »Was sollen wir zu dieser Flasche Pomerol speisen?« Man braucht also eine Vorstellung vom Geschmack der Speise und dem des Weins, um beides aufeinander abstimmen und bestmöglich zur Geltung bringen zu können.

Überraschend oft werde ich im Tonfall der Entrüstung gefragt, ob man den zu Fleisch wirklich unbedingt Rotwein und zu Fisch Weißwein trinken müsse – als käme diese Faustregel einer unzumutbaren Einschränkung der persönlichen Freiheit gleich. Natürlich muss man nicht. Aber man tut sich einen Gefallen, wenn man sich an solche durchaus begründeten, aus jahrhundertelanger Erfahrung erwachsenen Regeln hält. Die Gründe sind sowohl chemischer als auch ästhetischer Art. Die appetitanregende und erfrischende Art eines Weißweins liegt an seinem Säuregehalt, der dem Geschmack von Fisch Nachdruck verleiht; im Gegenzug betont die Salzigkeit des Fischs den fruchtigen Traubengeschmack des Weins. Die »einschneidene« Wirkung eines Rotweins hat indes nichts mit dem Säuregehalt, sondern mit seinen Tanninen zu tun, die zusammen mit dem Salz eine bittere Note und mit der Öligkeit des Fischs einen anhaltenden metallischen Geschmack im Mund hervorrufen. Freilich gibt es Ausnahmen. Bestimmte Arten von Fisch (vor allem Neunauge) werden mit Rotwein zubereitet und dazu passt ein vollmundiger Roter ganz vorzüglich – kein Beaujolais, sondern ein St-Emilion. Tanninarmer Pinot noir ist inzwischen fast ein Muss zu Lachs oder Thunfisch, das heißt eigentlich zu jedem Fisch, der nicht besonders fetthaltig ist. Doch auch in ästhetischer Hinsicht ist die Kombination von Weißwein mit hellem Fisch – und übrigens auch hellem Fleisch – kein Zufall. Jede Speise hat ihre eigene Farbe, die dem Auge bereits verrät, welche Geschmacksnoten zu erwarten sind. Und zu hellem Essen findet das Auge ein helles Getränk nun einmal optimal.

Manche traditionellen Kombinationen haben noch simplere Gründe. So trinkt man trockene Weiße zu Ziegenkäse einfach deshalb, weil der trockene, salzige Käse durstig macht. Manche Zusammenstellungen sind überdies einfach nicht möglich: Man trinkt keinen Rotwein zu Süßspeisen, weil Zucker genauso wie Salz in Kombination mit Tannin bitter schmeckt. Deftiges, saftiges, eiweißreiches Fleisch und Wild sind die idealen Partner für einen kräftigen Rotwein, denn hier finden seine Tannine den passenden Gegengeschmack und seine Farbe die passende Gegenfarbe. Leichte, traubige Rotweine verlangen hingegen nach einem weniger aufdringlichen Begleiter, zum Beispiel Geflügel, Kalb oder helles Lammfleisch. Von den Franzosen so sinnfällig als *cuisine douce* bezeichnete gehaltvolle Speisen mit mildem Geschmack wie Gänseleberpastete, Bries, Fleischklößchen und Rahmkäse haben eine Affinität zu ähnlich lieblichen oder zumindest fetten, öligen Weißen.

Selbstverständlich gibt es auch die große Kategorie von Weinen, die als Essensbegleiter mehr oder weniger austauschbar sind. Sie können mit unterschiedlichen Speisen von ähnlicher Art kombiniert werden und harmonieren mit diesen auf befriedigende, wenn auch nicht unbedingt vollendete Weise. Aber es gibt weitere wichtige Geschmacksdimensionen, die es zu berücksichtigen gilt.

Eine davon ist Intensität: Ein deftiger Geschmack, so gut er auch sein mag, macht sanfteren, zurückhaltenden Geschmacksnoten unweigerlich den Garaus. Das ist der Grund, warum sich selbst herrliche volle Rotweine mit vielen kräftigen Käsesorten nicht vertragen. Eine weitere ist der Stil: Es gibt herzhafte, rustikale Geschmacksnuancen und ausgesprochen raffinierte – einerseits Knoblauch, andererseits Trüffeln, wenn man den Unterschied auf den Punkt bringen möchte. Wein und Speise sollten demselben »Milieu« angehören. Die Gesellschaft des Bauern gereicht dem Adligen nicht zum Vorteil und umgekehrt; das Gleiche gilt für Brot und Käse und einen großen Bordeaux.

Auch die Bedingungen, unter denen ein Essen stattfindet, sind von Bedeutung. Isst man langsam oder hat man es eilig? Für einen guten Wein braucht man Zeit. Ist es heiß oder kalt? Selbst mit Klimaanlage ist ein wuchtiger Rotwein in tropischer Hitze nicht unbedingt das Richtige.

Einige Gerichte ruinieren den Geschmack von Wein völlig. Das häufigste Beispiel ist mit Essig angemachter Salat. Erstaunlicherweise wird selbst in den besten französischen Restaurants Salat mit Unmengen von Essig serviert. Am besten, man meidet Essig ganz; Zitronensaft macht sich in einer Salatsauce sowieso besser. Auch das in Amerika übliche rote »Cocktail«-Dressing enthält Essig. Schokolade beherrscht und verdirbt ebenfalls den Geschmack der meisten Weine. Meiner Ansicht nach sollte man zu Nachspeisen überhaupt keinen Wein trinken: Cremige, geschmacks- und geruchsintensive Kreationen treten eher in Konkurrenz zum Wein, als dass sie ihn ergänzten. Das Gleiche gilt für süße Fruchtdesserts; besonders ungeeignet sind Zitrusfrüchte.

Der einzige Wein, der dieser Empfehlung spottet, ist der vor kurzem wiederbelebte ungarische Tokaji Aszú. Die Besten seiner Art sind so reichhaltig und eindringlich, dass sie jedem Nachtisch Paroli bieten. Zu Torte trinke ich manchmal ein Glas Madeira oder sogar Weinbrand. Himbeeren und Erdbeeren, vor allem Walderdbeeren, passen dagegen hervorragend zu feinem Rotwein. In Bordeaux werden sie anstatt mit Schlagsahne mit Wein serviert.

Manchmal gibt es keinen Wein, der alle Anforderungen erfüllt, beispielsweise wenn im Restaurant jeder etwas anderes wählt: einer Muscheln, ein anderer Wild, der dritte ein Gericht mit Sahnesauce. Die Kompromisslösung ist ein neutraler Wein, der allen schmeckt. Liebfrauenmilch, kalifornischer *blush* (Weißwein aus roten Trauben) und portugiesischer Rosé verdanken ihren Erfolg der Tatsache, dass sie zu allen Speisen passen. Eine verwegenere (wenngleich weniger bekömmliche) Alternative wäre Champagner. Mein Vorschlag ist, mit einer Flasche Weißwein zu beginnen, die als Begleiter zu fast jeder Vorspeise taugt, und anschließend (wenn man mindestens zu viert ist) eine Flasche Rot- und eine Flasche Weißwein zu bestellen. Es gibt keinen Grund, warum nicht beides gleichzeitig auf dem Tisch stehen sollte.

Ein mehrgängiges Menü mit verschiedenen Weinen ist eine besondere Herausforderung. Eine harmonische Abstufung der aufeinander folgenden Geschmacksnoten ist durchaus der Mühe wert. Die Grundregeln sind einfach: Auf Leichtes, Zartes folgt Schwereres, Kräftigeres – sowohl beim Wein als auch beim Essen. Der unberührte, hungrige Gaumen ist für feine Geschmacksnuancen empfänglich; das Essen stumpft ihn ab und deshalb muss man im Lauf des Mahls »die Dosis« erhöhen.

Die Einzigartigkeit eines Weins bringt man manchmal am besten dadurch zur Geltung, dass man ihn zusammen mit einem ähnlichen und doch andersartigen Gewächs serviert, etwa mit einem aus einem anderen Jahrgang oder von einem benachbarten Gut.

Zehn Grundtypen von Wein

Ich habe den Versuch gewagt, die unendliche Vielfalt der Weine in zehn grundlegende Stile zu unterteilen und jedem eine Auswahl von Gerichten zuzuordnen. Diese Liste soll bei der Zusammenstellung von Essen und Wein als Leitfaden dienen, egal ob man von der Speise oder vom Wein ausgeht. Eine solche Verallgemeinerung wird freilich nicht jedem Einzelfall oder Detail gerecht, aber bestimmte Geschmacks-, Alters- und Qualitätskriterien erheben in allgemeiner Form Gültigkeit. Manche Weine könnten ohne weiteres in zwei der folgenden Kategorien auftauchen, um der Klarheit willen habe ich sie jedoch in derjenigen erfasst, zu der sie meiner Ansicht nach am ehesten gehören.

Trockene Weißweine neutraler, einfach »weiniger« Art
Hierzu gehören die billigsten Weine, die im Allgemeinen ganz anständig sind, aber zu einfach, um wirklich interessant zu sein, und nur geschmacklich aufgepeppt (mit Grenadine oder Johannisbeersirup) als Aperitif zu gebrauchen sind.

Sie passen am besten zu einfachen Speisen, vor allem wenn diese einen ausgeprägten Eigengeschmack haben oder stark gewürzt sind, zum Beispiel Vorspeisen, Aïoli oder geschmorter Fisch, Muscheln, Hering und Makrele (die aufgrund ihres Fettgehalts nach einem säurereichen Wein verlangen), Salat Nizza, Seebarbe, gegrillte Sardinen, Pasteten und Würstchen, Curry oder chinesische Gerichte (letzteren beiden tut ein Wein mit einem Hauch Süße gut, etwa australischer Chardonnay oder Pinot gris aus dem Elsass). Alle sollten gut gekühlt – mit etwa 8 °C – serviert werden.

Dazu gehören die meisten einfachen Markenweißweine sowie Entre-Deux-Mers, Gaillac, Muscadet (Gros Plant du Pays Nantais oder Aligoté, wenn mehr Säure erforderlich ist), Schweizer Weißweine wie Fendant, die meisten italienischen einfachen Weißen (Soave, Verdicchio, trockener Orvieto, Frascati, Pinot bianco und Pinot grigio), die meisten spanischen und portugiesischen Standardweißen, Welschriesling und Weißburgunder aus Mittel- und Osteuropa, viele Chenin-blanc-Gewächse sowie südafrikanischer Sauvignon blanc.

Leichte, frische, traubige Weißweine mit fruchtigen, manchmal blumigen Aromen
Dieser Weißweinstil hat in den letzten Jahren auf Kosten der trockenen Weine am meisten Zuwachs erhalten. Moderne Technik, insbesondere die kühle Gärung, holt alles aus der Traube heraus, was sie geschmacklich zu bieten hat (in manchen steckt deutlich mehr als in anderen), und fügt möglichst wenig hinzu. Weine von den hocharomatischen deutschen Rebsorten fallen fast immer in diese Kategorie oder in die der süßen Weißweine.

Alle diese Tropfen geben vorzügliche Aperitifs ab und sind vor allem im Sommer erfrischende Getränke für zwischendurch oder abends. Mit einem hohen Säuregehalt passen sie auch zu vielen als erster Gang servierten Speisen; von sehr schmackhaften Gerichten werden sie jedoch erdrückt, und um zu mehreren aufeinander folgenden Gängen gereicht zu werden, sind sie nicht gehaltvoll genug. Geeignete Begleiter sind zum Beispiel Forelle blau, Krabbensalat und kaltes Hühnchen. Diese Weine müssen nicht ganz so kühl getrunken werden wie die der ersten Kategorie.

Der Alkoholgehalt

Der Alkoholgehalt der Weine schwankt beträchtlich. In vielen Weinen ist der Alkohol für einen Großteil des »Körpers« verantwortlich, der aber durch bestimmte Geschmackselemente ein Gegengewicht braucht: Zucker, Säuregehalt, Tannine und Extrakte sorgen im Zusammenspiel mit dem Alkohol für Fülle und Geschmack des Weins. Ohne sie würde der Wein unangenehm »hitzig« und streng schmecken. In der folgenden Tabelle ist für jeden Wein der durchschnittliche Alkoholgehalt in Volumenprozent angegeben.

Deutscher Kabinett	8.0 – 9.0
Französischer Tafelwein	9.0 – 12.0
Deutsche Beerenauslese	9.0 – 14.0
Deutscher Qualitätswein	10.0 – 12.0
Deutsche Auslese	10.0 – 10.5
Beaujolais	10.0 – 13.5
Bordeaux Cru classé	10.5 – 13.0
Roter Bordeaux	11.0 – 12.0
Chablis Premier cru	11.0 – 13.0
Beaune	11.0 – 13.5
Elsässer Riesling	11.5 – 13.5
Kalifornischer Chardonnay	11.5 – 14.5
Valpolicella	11.5 – 13.0
Kalifornischer Cabernet	12.0 – 15.0
Muscadet	12.0
Montrachet	12.0 – 13.5
Chianti	12.0 – 13.0
Kalifornischer Zinfandel	12.5 – 16.0
Chambertin	12.5 – 13.0
Rioja Reserva	12.5 – 13.0
Châteauneuf-du-Pape	12.5 – 14.5
Australischer Shiraz	12.5 – 14.5
Barolo	13.0 – 14.0
Sauternes	13.0 – 15.0
Château d'Yquem	13.5 – 15.0
Fino Sherry	15.0 – 16.0
Oloroso Sherry	18.0 – 20.0
Vintage Port	19.0 – 20.0

Dazu gehören deutsche Qualitätsweine, die meisten Kabinette und manche Spätlesen, leichter französischer Sauvignon aus Bergerac und der Touraine, Savoyer Weißwein (Crépy, Apremont), portugiesischer Vinho verde und spanischer Albariño, bestimmte Chenins blancs aus Kalifornien, australischer Riesling, teilweise neuseeländischer Sauvignon blanc, englischer Müller-Thurgau und Seyval blanc sowie einfacherer österreichischer Grüner Veltliner.

Weißweine mit Körper und Charakter, von aromatischen Traubensorten oder mit reifem Bukett

Alle trockenen französischen Weißweine fallen in diese Kategorie. Durch ihr starkes Aroma schmecken sie oft mild, auch wenn sie ganz trocken sind.

Für sich allein können diese Weine fast aufdringlich wirken; am besten trinkt man sie zu einem Gericht mit ausgeprägtem Eigengeschmack und heller Farbe, etwa Austern, Muscheln, Hummer und Krebs, Räucherfisch, Froschschenkeln, Schnecken, Zwiebel- oder Lauchkuchen, Rouladen, Schinken, Lachs, Steinbutt und anderem Fisch mit Butter, Sauce Hollandaise oder ähnlich gehaltvollen Saucen, Geflügel, Bries und Schwei-

zer Hartkäse. Sie sollten nur leicht gekühlt, zwischen 10 und 13 °C, serviert werden.

Dazu gehören alle guten, reifen französischen Chardonnays (beispielsweise weißer Burgunder, je nach Qualität mit zwei oder mehr Jahren Alterung), ihre Pendants aus Kalifornien und Australien, Elsässer Riesling, Gewürztraminer und Pinot gris, Sancerre, Pouilly-Fumé und Savennières von der Loire, feiner weißer Graves, reife weiße Rhône-Weine (etwa Hermitage) und junger Condrieu, hervorragende italienische Weiße (die besten Versionen von Frascati, Soave Classico, Verdicchio, Cortese di Gavi, Pomino, Chardonnay), erstklassiger reifer weißer Rioja, Rueda und Penedès, Manzanilla oder Montilla Fino aus Spanien, ungarischer Szürkebarát, österreichischer Rotgipfler und erstklassiger Grüner Veltliner, Ruländer aus Baden, australischer Semillon, trockener Riesling aus Barossa und Coonawarra mit drei bis vier Jahren Reife.

Liebliche Weißweine

Das Spektrum reicht von zarter Frucht und leichter Süße bis zu überwältigender Üppigkeit. Diese Weine trinkt man mit Ruhe und ohne etwas dazu zu essen, weil es einfach keine Speise gibt, die den Genuss noch steigern könnte.

Sehr reichhaltige Desserts mit starkem Eigengeschmack, so köstlich sie auch sein mögen, buttern liebliche Weine unter. Nachspeisen mit Schokolade und Kaffee sind fatal. Wenn man unbedingt etwas dazu essen will, dann noch am ehesten französische Apfel- oder Himbeer-Tarte, Crème brûlée, einfachen Biskuitkuchen oder Obst wie Pfirsiche und Äpfel. Normalerweise werden liebliche Weißweine nach dem Essen getrunken, in Frankreich auch als Aperitif. Sie sollten gut gekühlt sein.

Die feinsten natursüßen Weine entstehen durch die Wirkung der Edelfäule. Dazu gehören Sauternes, Barsac sowie erstklassiger Ste-Croix-du-Mont und Monbazillac, außerdem weißer Vouvray und Anjou mancher Jahrgänge, Spätlesen aus dem Elsass und aus Österreich sowie deutsche Beerenauslesen und Trockenbeerenauslese (die neuerdings mit einigem Erfolg in der Neuen Welt nachgeahmt werden). Deutsche Weine bieten jede erdenkliche Abstufung, vom leichten, blumigen Weißwein bis hin zu intensiv süßen Versionen, alle mit zarter Säure. Keiner von ihnen taugt wirklich als Begleiter zum Essen. Tokaji Aszú hingegen macht sowohl am Anfang eines Menüs zu Foie gras als auch am Ende mit fruchtigen und/oder cremigen Desserts eine gute Figur. Süße Muskateller gibt es in den meisten Weinerzeugerländern: Der alkoholarme Grundwein für Asti Spumante ist federleicht und köstlich, die gespriteten Vins doux naturels aus Beaumes-de-Venise in Südfrankreich sind reichhaltiger. Schwerere Muskateller kommen aus Languedoc-Roussillon (Rivesaltes), aus Süditalien (vor allem Sizilien), von der spanischen Ostküste, aus Setúbal in Portugal, aus Griechenland und Russland sowie (die besten) aus dem Nordosten von Victoria, Australien.

Roséweine

Rosés sind meist recht einfache Weine, Kompromisslösungen ordentlicher Qualität, für die der Most von roten Trauben kurze Zeit auf den Schalen vergoren, dann von diesen getrennt und wie Weißwein weiterverarbeitet wird. Eine Ausnahme hiervon ist lediglich rosé Champagner, der durch Hinzufügen von stillem Rotwein zu normalem weißem Champagner (bevor er einer zweiten Gärung in der Flasche unterzogen wird) hergestellt wird. Es gibt kaum etwas Köstlicheres.

Roséweine lassen sich grob in zwei Lager einteilen: erstens die leichten, hell purpurroten, meist etwas lieblichen Weine im Loire-Stil und zweitens die trockeneren, ins Orange spielenden, schwereren, mehr von der Sonne verwöhnten Weine provenzalischer Art. Die mit Kohlensäure versetzten portugiesischen Rosés und kalifornischer *blush* gehören zur ersten Gruppe, Tavel von der Rhône sowie die meisten spanischen und italienischen Rosés sind schwerer und trockener. Eine dritte Gruppe ist die der *vins gris,* aus Rotweintrauben gewonnene Weißweine mit einer ganz leichten, eher grauen als rötlichen Färbung; die Rosés der vierten Gruppe, *pelure d'oignon* (Zwiebelhaut) genannt, zeichnen sich durch ein helles Orangebraun aus. Beide werden meist sehr trocken bereitet; *vin gris* ist fruchtiger, *pelure d'oignon* alkoholstärker.

Roséweine trinkt man am besten im Sommer zu Salaten und bei Picknicks, die provenzalischen auch zu fetten, mit Knoblauch gewürzten oder gar orientalischen Gerichten. Sie eignen sich als Begleiter zu Vorspeisen wie Artischocken, Rohkost, Salami oder Taramas. Sie müssen wirklich kalt serviert werden, kühler als die meisten Weißweine. Wenn das (etwa bei einem Picknick) schwer zu bewerkstelligen ist, sollte man lieber einen leichten Rotwein wählen.

Traubige junge Rotweine mit eigenem Charakter, nicht für lange Lagerung geeignet

Beaujolais ist der Urtyp eines leichten Rotweins, der jung getrunken werden soll, solange das Traubenaroma noch frisch und lebhaft ist. Beaujolais Villages ist eine Stufe besser, schwerer und schmackhafter. Einfacher junger Bordeaux, Burgunder und Rhône-Wein, Cabernet aus Anjou und Savoyer Mondeuse sind ebenso ansprechend. Ähnliche Weine werden inzwischen im Midi (Corbières, Minervois, Roussillon, St-Chinian) mit der für Beaujolais typischen Kohlensäuremaischung von den meisten gängigen Rotweintrauben erzeugt: jung genussreife, leichte Gewächse.

Valpolicella und Bardolino, Barbera und Dolcetto aus Italien, ja sogar Chianti können, wenn sie jung genug sind, frisch und fruchtig ausfallen. Perlender roter Lambrusco ist in gewisser Weise eine Karikatur dieses Weinstils. Spanien hat in dieser Kategorie wenig vorzuweisen; einzig Valdepeñas kommt in Frage und wird in Zukunft bestimmt frischer bereitet. Roter portugiesischer Vinho verde ist ein extremes Beispiel und nicht jedermanns Geschmack. Die Hitze in den kalifornischen, australischen, südafrikanischen und südamerikanischen Weinbergen hat sich diesem Weinstil als abträglich erwiesen. Leichter Zinfandel und Gamay aus Kalifornien können manchmal dazugerechnet werden.

Mit ihrer Lebendigkeit und Frische sind sie vielleicht die besten Allround-Rotweine zum Essen; sie wirken appetitanregend zu allem, von Pastete bis Obst, und passen zu kräftigem Käse oft besser als ein »seriöses« oder älteres Gewächs. Es sind Weine, die zu ordentlichen Schlucken einladen, weshalb sie auch ohne Essen unkompliziertes Trinkvergnügen bescheren. Sie werden am besten kühl serviert. Idealerweise begleiten sie Fleisch- und Gemüsepasteten, Quiches, Salate, Hamburger, Leber, Schinken, gegrilltes Fleisch, Käse jeder Art und Obst wie Himbeeren, Pflaumen, Pfirsiche oder Nektarinen.

Einfache Alltagsrotweine

Diese Kategorie anspruchs- und namenloser Verschnitte mit wenig Körper und Geschmack umfasst französischen *ordinaire,* italienische, portugiesische und spanische Landweine sowie kalifornischen *jug wine.* Um den Mangel an Körper zu kaschieren, lässt man ihnen häufig etwas Süße.

Die meisten billigen Importweine aus Süd-, Mittel- und Osteuropa, Nordafrika, Argentinien, Chile, Südafrika und Australien fallen in die noch folgenden Kategorien.

Wie die »neutralen« billigen Weißweine sind diese Roten in erster Linie als Getränk zu Mahlzeiten geeignet: bekömmliche, belebende Begleiter zu jeder Art von Hausmannskost. Am besten serviert man sie gekühlt. Für sich allein kann man sie im Sommer mit Eiswürfeln (als Sangria mit Orangensaft), im Winter mit Zucker und Gewürzen erwärmt als Glühwein genießen.

Leichte bis mittelschwere reife Rotweine

In diese Kategorie fällt der größte Teil der feinen Rotweine aus aller Welt. Repräsentative Beispiele sind roter Bordeaux sowie die typischen Weine aus Burgund und von der Rhône, wenn auch einige zur nächsten Kategorie zu zählen sind, je nachdem, welche Reife ein Jahrgang erreicht hat. Diese Weine müssen beim Servieren mit größerer Sorgfalt behandelt werden als alle anderen, weil sich während der Flaschenreife häufig ein Bodensatz bildet.

Sie passen zu sparsam gewürzten Fleisch- und Wildgerichten mit erstklassigen Zutaten: Lamm, Rind, Kalb (auch Bries und Zunge), Huhn, Ente, Rebhuhn und Fasan. Wildgeflügel mit ausgeprägtem Eigengeschmack verlangt aber häufig nach Weinen der nächsten Kategorie. Nur milder Käse sollte zu diesen relativ delikaten Tropfen gereicht werden. Die ideale Serviertemperatur beträgt 15–18 °C.

Dazu gehören (außer den französischen Weinen) erstklassiger Rioja und Penedès aus Spanien, Chianti Riserva, toskanische Gewächse wie Tignanello, Carmignano und Venegazzù, traditionelle portugiesische Rotweine aus Dão, Alentejo und Bairrada, Cabernet und Pinot noir der Spitzenklasse aus Kalifornien, Oregon und Washington (mit wenigen in der nächsten Kategorie erfassten Ausnahmen), Rotweine aus Coonawarra und Westaustralien sowie einige aus dem Hunter Valley, die Roten von südafrikanischen Spitzengütern, argentinischer Malbec, chilenischer Cabernet, Château Musar aus dem Libanon sowie neuseeländische Bordeaux-Verschnitte.

Außerordentlich konzentrierte, gehaltvolle, schwere Rotweine, die meist (aber nicht immer) eine gewisse Reife brauchen

Bei europäischen Weinen hängt die Zugehörigkeit zu dieser Kategorie eher vom Jahrgang als vom Erzeuger ab. Ziemlich regelmäßig gehören dazu: Château Pétrus in Pomerol, Chambertin und Corton in Burgund, Hermitage und Châteauneuf-du-Pape (Côte Rôtie fällt öfter in die vorhergehende Kategorie), außergewöhnlicher Roussillon (nicht für lange Lagerung), Barolo und Barbaresco, Brunello di Montalcino, Recioto und Recioto Amarone aus Valpolicella, spanischer Vega Sicilia, Pesquera und Priorato, portugiesischer Barca Velha und andere Rotweine vom Douro sowie Posip und Postup aus Dalmatien. Manchmal bringt ein Jahrgang wie der 1961er in Bordeaux, 1971er in Burgund und 1990er in beiden Gebieten solche Weine in großer Zahl hervor.

In Kalifornien, Australien und Südafrika ist es geradezu schwierig, andere als solche schweren Rotweine zu produzieren. Bei den meisten der besten Weine sind die Erzeuger dieser Länder sorgsam bemüht, die Reife auf ein verhaltenes Maß zu beschränken, aber in Kalifornien entstehen vor allem Zinfandel-Weine, die überlebensgroß anmuten. Australien erzeugt viele Weine dieses schweren Stils, insbesondere in Victoria, in Barossa und den Southern Vales. Die herausragendsten Beispiele sind erstklassige Shiraz-Gewächse wie der »Grange« von Penfolds und der »Hill of Grace« von Henschke.

Gut abgehangenes Wild und kräftiger Käse sind die idealen Begleiter für diese Weine; in der entsprechenden Preisklasse kann man sie aber auch zu Gegrilltem und bei Picknicks ge-

Reifezeiten im Vergleich

Jeder Wein hat in seiner Entwicklung in der Flasche zur Reife hin sein eigenes Tempo. Zwischen der schnellsten und der langsamsten gibt es auch bei ganz ähnlichen Weinarten und Traubensorten aus einander sehr ähnlichen Gegenden und Jahrgängen ganz unglaubliche Unterschiede.

Es ist interessant, die Lebensdauer verschiedener Weine grafisch darzustellen. In den folgenden Schaubildern gehe ich von einem theoretischen (nicht messbaren) Optimum aus: der Zeitpunkt, zu dem sich das gesamte Potenzial eines Weins verwirklicht hat. Je besser ein Wein, desto länger verweilt er auf diesem »Plateau der Vollkommenheit«. Die senkrechten Achsen der Schaubilder stellen die Entwicklung der Trinkreife dar. Die waagrechten Achsen markieren die Zeit ab der Lese in Monaten beziehungsweise Jahren.

BEAUJOLAIS 1979

Nouveau · Fleurie · Lese · Optimum

Monate 12 18 24 30 36 42 48

WEISSER BURGUNDER 1971

Mâcon Viré · Montrachet · Lese · Optimum

Jahre 5 10 15 20

ROTER BORDEAUX 1966

Lese · Cru bourgeois · Premier cru · Optimum

Jahre 5 10 15 20 25

---

nießen – vorausgesetzt, es gibt einen tüchtig dem Mineralwasser zusprechenden Autofahrer, der Sie nach Hause bringt.

Gespritete Weine

Eine Kategorie von Weinen, deren natürliche Stärke durch den Zusatz von Alkohol erhöht wurde, entweder während der Gärung, um die natürliche Süße zu erhalten (wie bei Portwein), oder nachdem sie trocken ausgegoren worden sind, um sie haltbar zu machen (wie bei Sherry). Da die Rolle dieser Weine weitgehend von ihrem – dem Ermessen des jeweiligen Kellermeisters überlassenen – Süßegrad abhängt, kann man nicht viel mehr sagen, als dass trockene Versionen (von Portwein, Sherry, Madeira oder ihren Artgenossen aus anderen Gebieten) als Aperitif gedacht sind, während süße alkoholangereicherte Weine je nach Geschmack und Vorliebe entweder vor oder nach dem Essen getrunken werden.

Franzosen beispielsweise bevorzugen süße, Italiener bittere und die stets zu Zugeständnissen bereiten Briten mal süße, mal trockene Aperitifs. In jedem Fall braucht man kleinere Gläser, weil der Alkoholgehalt höher ist als bei Tischweinen.

Gespritete Weine empfehlen sich auch für bestimmte Speisen. In Spanien wird trockener Sherry zu Tapas getrunken, und er ist mit die beste Wahl zu Räucheraal oder feinem spanischen Schinken. Alter Oloroso Sherry, egal ob trocken oder mit zusätzlicher Süße, passt sehr gut zu Kuchen, Nüssen und Rosinen. Portwein, sowohl Vintage als auch Tawny, wird oft zu Käse gereicht. Zu Madeira gibt es einen speziellen Kuchen. In diese Kategorie fallen außerdem spanischer Málaga und Tarragona, sizilianischer Marsala, der Commandaria aus Zypern, französische Vins doux naturels (etwa Banyuls) und eine ganze Reihe von Weinen aus der Neuen Welt, die meist nach europäischen Vorbildern benannt sind.

Die Lagerung

Die größte Revolution in der Geschichte des Weins war die Entdeckung, dass seine Lebensdauer durch Luftabschluss erheblich verlängert werden kann und dass er, was noch besser ist, im Laufe der Zeit ganz unerhörte Geschmacksnuancen und einen anderen, weniger traubigen, unendlich feineren und interessanteren Duft entfaltet.

Die Erfindung, die die luftdichte Lagerung ermöglichte, war der Korken, der irgendwann im 17. Jahrhundert in Gebrauch kam. Möglicherweise kannten bereits die alten Griechen das Geheimnis, doch das ganze Mittelalter hindurch bis ins 17. Jahrhundert war man auf neuen, nicht auf alten Wein aus. Für den neuesten Jahrgang wurde oft doppelt so viel bezahlt wie für den Rest des vorhergehenden, der mit hoher Wahrscheinlichkeit zu Essig geworden war.

Die einzige Ausnahme waren die starken und wohl auch süßen, *sack* genannten Gewächse, die in der heißen Sonne des östlichen Mittelmeerraums, Südspaniens und später auch der Kanarischen Inseln entstanden. Dank ihrer Konstitution konnten sie im Kontakt mit Luft in Fässern reifen und den nussigen, warmen Geschmack entwickeln, den wir mit Sherry verbinden.

Die Alterung in mit Korken verschlossenen Flaschen ist ein völlig anderer Vorgang. Anstatt zu oxidieren, also Sauerstoff aufzunehmen, ist der Wein in »Reduktion« begriffen: Der wenige in ihm enthaltene Sauerstoff (der beim Abziehen von einem Fass auf das andere oder beim Abfüllen in die Flasche hineingelangt ist) wird durch die Lebensvorgänge im Wein aufgebraucht (reduziert). Solange der Wein lebt (und Wein ist lebende Materie mit bemerkenswerter Lebensdauer), ist er ein Schlachtfeld für Bakterien, ein Spielplatz für Pigmente, Tannine, Enzyme und beherbergt eine Fülle von Organismen und Molekülen, die Jagd aufeinander machen. Durch einen guten Korken dringt, solange er feucht gehalten wird, keine Luft an den Wein, und so besteht keine Gefahr, dass er sich in Essig verwandelt. Ob und wie lange sich der Reduktionsprozess günstig auf den Wein auswirkt, ist maßgeblich für die Entscheidung, wann ein Wein in der Flasche am besten ist.

Heute werden bei immer mehr Weinen anstelle von Korken Schraubverschlüsse verwendet. Die meisten sind für raschen Verbrauch bestimmt, manche, etwa australische Riesling-Gewächse, können hingegen bis zu zehn Jahre aufbewahrt werden. Wenn sie unter geeigneten Bedingungen gelagert werden, entwickeln sie sich gut, sie bleiben aber grundsätzlich frischer als vergleichbare Weine in verkorkten Flaschen.

Lagern oder nicht lagern?

Die allermeisten Weine werden so bereitet, dass sie möglichst bald trinkreif sind. Dies gilt für alle im Fass oder im Tank verkauften Weine, für einen Großteil der Weißweine außer sehr süßen und körperreichen, für fast alle Rosés und sämtliche Rotweine in der Art von Beaujolais, dessen Eigenart und Charme auf dem ursprünglichen Aroma der Traube beruht. Reduktion würde ihre einfache Fruchtigkeit verderben. Die einzigen Tafelweine, die durch Lagerung gewinnen, sind die wenigen süßen oder sehr konzentrierten, intensiv aromatischen Weißen und Roten, die besonders lange mit Schalen und Kernen gemaischt wurden, damit sie möglichst viele konservierende Pigmente und Tannine aufnehmen – hierzu gehören natürlich die Spitzenweine der Welt.

Wie viele dieser Bestandteile in den Saft der Trauben übergehen und wie gut sie als Konservierungsmittel wirken, liegt nur teilweise in der Hand des Kellermeisters. Der alles entscheidende Faktor ist der Jahrgang, und kein Jahrgang gleicht dem anderen. Die Analyse der Trauben zur Erntezeit mag noch gleich ausfallen, aber sie haben seit der Rebenblüte 100 Tage lang draußen im Weinberg zugebracht, und keiner dieser Tage war wie der andere. Die Anzahl und die Größe der Beeren, die Form der Trauben, die Dicke der Schalen und die Hefen, die sich gebildet haben, sind immer in feinster Weise anders. Kein Jahrgang entwickelt sich in derselben Weise oder mit genau derselben Geschwindigkeit wie ein anderer. Aber stets sind die besseren Weine eines Jahrgangs langlebiger und reifen weiter zu köstlicheren Geschmacksnuancen aus als die weniger guten.

Das Einlagern von Wein ist deshalb immer auch eine Sache, zu der Forschergeist und Entdeckungsdrang gehören. Wenn Fachleute etwa sagen, dass ein 1990er Bordeaux je nach Qualität fünf bis 15 Jahre bis zu seinem Höhepunkt braucht, ist das zwar ein schöner Anhaltspunkt, hilft aber konkret selten weiter. Man sollte daran denken, dass spät gelesene Trauben mit einem höheren Reifegrad – nicht nur in Bordeaux, sondern in allen Anbaugebieten der Erde – vollere, geschmeidigere Weine mit weicheren Tanninen erbringen. Es besteht kein Grund zu der Annahme, dass diese Weine sich in der Flasche nicht ebenso gut entfalten wie die besten aus den 1960er- und 1970er-Jahren, obwohl sie auch schon in jüngeren Jahren genussreif sind. Früher erforderten viele Rotweine eine sehr lange Flaschenreife, da sie in ihrer Jugend von strengen, das heißt unreifen Tanninen beherrscht und deshalb ungenießbar waren. Weißweine wurden häufig mit Schwefeldioxid behandelt und waren daher jung ebenfalls nicht sehr ansprechend. Die heutigen Weine sind viel zugänglicher, und ob man einen feinen Burgunder, Bordeaux oder Shiraz lieber jung und frisch oder reifer und subtiler mag, ist letztlich eine Frage des Geschmacks.

Weinhändler & Weinmakler

In der Vergangenheit waren nur die größten Erzeugerbetriebe in der Lage, ihre Weine mit befriedigenden Ergebnissen reifen zu lassen und selber abzufüllen; mit der Vermarktung hatten allerdings auch sie nicht das Geringste zu tun. Die Verbindung zum Kunden hielten allein die Händler: Sie verschnitten den Wein so, dass er dem Geschmack ihres Klientels entsprach. Durch den Direkteinkauf beim Erzeuger hat sich der Markt von Grund auf verändert.

Ein Makler muss sein Anbaugebiet genauestens kennen und ist eine Art Hausarzt für kleine Winzerbetriebe: Er berät sie, nimmt gemeinsam mit ihnen Kostproben und bringt diese zum richtigen Händler. Für den Händler ist der Makler eine Art Headhunter, der die geeigneten Weine ausfindig und verfügbar macht. Die traditionelle Funktion des Händlers besteht darin, den Ausbau der Weine zu finanzieren, sicherzustellen, dass er dem Geschmack der Kunden entspricht, ihn abzufüllen und zu vertreiben. In vielen Fällen gestaltet der Händler zusammen mit seinen Vertretern sowohl den Wein als auch den Markt. Seine Vertreter stellen den Kontakt zu den Großhändlern her, die die Lagerhaltung für die Einzelhändler übernehmen. Der Variation dieses Systems sind keine Grenzen gesetzt. Sein Vorteil ist, dass für jedes Glied der Kette zwischen Winzer und Weintrinker ein erfahrener Spezialist zuständig ist, ob es nun um den idealen Abfüllungszeitpunkt geht oder um den abendlichen Umsatz einer Bar.

Wann soll probiert werden?

Zum Glück öffnen ständig viele andere Leute Flaschen eines Jahrgangs und vergrößern den über Weinbücher, Zeitschriften und Kataloge zugänglichen allgemeinen Bestand an Informationen. Man muss selten lange nach Hinweisen suchen, ob der Wein im Kellerregal schon probiert werden kann. Einiges über den Reifezustand eines Rotweins kann man auch erfahren, ohne die Flasche zu öffnen, indem man den Flaschenhals vor eine starke Lichtquelle hält: Die Tiefe und Beschaffenheit der Farbe kann man durch das Glas hindurch ganz gut erkennen.

Weit schwieriger ist die Entscheidung, wie viel Wein welcher Jahrgänge man einlagern soll. Es ist sicherlich nicht besonders geschickt, sich zu sehr auf einen einzelnen Jahrgang zu kaprizieren – schließlich kann man nie wissen, ob der nächste nicht besser sein wird. Vernünftiger ist es, sich regelmäßig einzudecken, wenn ein guter Jahrgang herauskommt. In Bordeaux war das in den 1980er-Jahren in jeweils zwei von drei Jahren der Fall, in den 1990er-Jahren aber nur noch in einem von jeweils drei Jahren, in Burgund in jedem dritten Jahr, an der Rhône in zwei von drei Jahren, ebenso in Kalifornien zumindest bei den Rotweinen, von denen hier die Rede ist.

Da die räumlichen (und finanziellen) Kapazitäten grundsätzlich begrenzt sind, lohnt es sich zu überschlagen, bei wie vielen Gelegenheiten man eigentlich wie viel Wein braucht, was wiederum davon abhängt, wie viele Freunde man hat, die passionierte Weintrinker sind. Nehmen wir einmal an, dass Sie durchschnittlich einmal im Monat acht Gäste zum Abendessen einladen und jedes Mal (zusätzlich zu dem üblichen jungen Weißwein und gegebenenfalls Schaumwein oder Champagner) vier Flaschen eines reifen Rotweins getrunken werden – der Jahresverbrauch beliefe sich auf 48 Flaschen. Vielleicht trinken Sie eine weitere Flasche pro Woche in der Familie (oder allein) – dann kommt man auf rund acht Dutzend Flaschen im Jahr.

Der ideale Vorratsbestand ergibt sich, wenn man den Jahresverbrauch mit der Zahl der Jahre multipliziert, die der Wein im Keller lagert. Da diese Zahl zwischen zwei für feine Weißweine und zehn und mehr für Spitzenrotweine schwankt, muss man noch genauer rechnen. Gehen wir einmal davon aus, dass zwei der acht Dutzend für zwei Jahre, vier für fünf Jahre und zwei für zehn Jahre aufbewahrt werden, dann ergeben sich: 2 x 2 + 4 x 5 + 2 x 10 = 44 Kisten mit je zwölf Flaschen.

Neben Tischweinen sind zwei weitere Arten von Wein es wert, dass man sie eine Zeit lang liegen lässt: Champagner und Vintage Port. Die Lagerung von Champagner ist eine relativ kurzfristige Angelegenheit. Jahrgangs-Champagner gewinnt mit zwei bis drei Jahren merklich an Geschmackstiefe. Liebhaber alter Champagner bewahren ihn bis zu zehn oder gar 20 Jahre auf, bis seine Farbe dunkler wird und er nur noch ganz schwach schäumt. Beim Vintage Port sieht es völlig anders aus. Wie sich nahezu die gesamte Entwicklung dieses Weins in der Flasche vollzieht, wird im Kapitel zu Portwein erläutert. Er muss länger als jeder andere Wein gelagert werden – mit Ausnahme des so gut wie nicht erhältlichen Jahrgangs-Madeira. Alle guten Jahrgänge brauchen 20 Jahre oder mehr, bis sie in vollem Glanz erstrahlen.

Die praktischen Voraussetzungen für die Lagerung von Wein zu schaffen, ist für die meisten Weinliebhaber eine Herausforderung. Ideal ist ein unter der Erde liegender Keller, aber geeignete Bedingungen lassen sich auch (zumindest in gemäßigten Klimazonen) im Erd- oder Obergeschoss herstellen, sofern genug Raum vorhanden ist. Wenn Geld kein Thema ist, kann man im Haus oder im Garten auch ein spezielles Lagersystem

Flaschen – Größen, Formen & Farben

Jedes europäische Weinbaugebiet hat seine traditionelle Flaschenform mit hohem Wiedererkennungswert. Meist werden Weine, die in der Neuen Welt von europäischen Rebsorten erzeugt werden, ebenfalls in den entsprechenden Flaschen verkauft, weil damit auf den ersten Blick klar ist, um welche Art von Wein es sich handelt.

Die Farbe des Glases ist genauso wichtig wie die Form. Alle Rheinweine werden in braune, alle Moselweine in grüne Flaschen abgefüllt. Weißer Bordeaux kommt in durchsichtigen, roter Bordeaux in grünen Flaschen auf den Markt.

Einfache Tafelweine, deren Ursprung keine Rolle spielen, kommen häufig als Kartonweine in den Handel: In einem Karton befindet sich ein mit dem Wein gefüllter Plastikschlauch, der beim Abzapfen des Weins unter dem Luftdruck zusammenfällt und so theoretisch den verbleibenden Inhalt vor schädlicher Sauerstoffzufuhr schützt. Wirklich gut und angemessen ist dieser Behälter allerdings für keinen Wein.

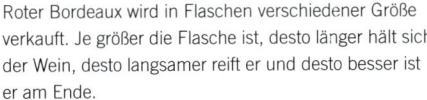

Roter Bordeaux wird in Flaschen verschiedener Größe verkauft. Je größer die Flasche ist, desto länger hält sich der Wein, desto langsamer reift er und desto besser ist er am Ende.

Nur bei Champagner gibt es eine ähnliche Vielfalt an Flaschengrößen – in diesem Fall geht es aber mehr um den äußeren Eindruck, den man damit schinden kann, als um die »inneren Werte«.

einbauen lassen, in dem Temperatur und Luftfeuchtigkeit automatisch geregelt werden. Wein muss im Dunkeln, erschütterungsfrei, bei recht hoher Luftfeuchtigkeit und möglichst gleichmäßiger Temperatur gelagert werden. Dunkel muss es sein, weil UV-Licht auch durch grünes Flaschenglas dringt und die Alterung beschleunigt. Erschütterungen gelten als schädlich (allerdings bedürfte es meiner Ansicht nach ganz schön heftiger Vibrationen, um den Bodensatz ständig aufzuwirbeln). Die Luftfeuchtigkeit trägt dazu bei, dass der Korken luftdicht bleibt – viel wichtiger ist allerdings, dass der Wein den Korken ständig feucht hält. Deshalb müssen Weinflaschen immer liegend aufbewahrt werden, auch wenn sie nur für kurze Zeit im Keller sind. Zu viel Feuchtigkeit kann aber stören: Die Kartons verrotten und die Etiketten werden schnell unlesbar. Letzterem kann man dadurch abhelfen, dass man sie mit geruchlosem Haarspray einsprüht.

Temperatur & Zeit

Die meisten Schwierigkeiten machen die Temperaturverhältnisse. Ideal ist eine gleichmäßige Temperatur zwischen 7 und 18 °C. Am besten ist ein Kellerraum mit 10 °C, weil darin gelagerte Weißweine bereits mehr oder weniger die richtige Trinktemperatur haben. Sehr wahrscheinlich reifen Weine in kalten Räumen langsamer und halten sich länger als in wärmeren.

Chemiker sagen, dass die Rate chemischer Reaktionen sich pro 10 °C mehr verdoppelt. Wenn das Reifen des Weins nichts weiter als eine chemische Reaktion wäre, hieße das, dass bei 20 °C gelagerter Wein doppelt so schnell reift wie bei 10 °C gelagerter Wein. Doch so einfach ist es nicht: Wein lebt, das heißt der Reifeprozess ist nicht nur chemischer, sondern auch biologischer Art.

Die Auswirkungen von Temperaturschwankungen sollten aber auch nicht überschätzt werden. In meinem eigenen (unterirdischen) Keller verändert sich die Temperatur nach und nach von rund 8 °C im Winter auf über 15 °C im Sommer, ohne dass der Wein in erkennbarer Weise Schaden davontrüge. Die größten Schwierigkeiten, ein gleichmäßig kühles Plätzchen für den Wein zu finden, hat man meist in einem Haus oder einer Wohnung, in denen die Raumtemperatur im Winter durch Heizen auf 21 °C oder mehr gebracht wird, während die Außentemperaturen zwischen 15 °C plus und einem Wert weit unter Null liegen können. Als Lösung bietet es sich an, einen kleinen Raum oder großen Schrank in der Nähe einer Außenwand zu isolieren. Ansonsten sind zur Lagerung guter Weine auch zugemauerte Kamine, ein Besenschrank unter der Treppe oder der Boden eines Kleider- oder Garderobenschranks geeignet – der Fantasie sind da keine Grenzen gesetzt.

Das Gleiche gilt für Weinregale beziehungsweise so genannte Gefächer. Gefächer sind lange, nicht unterteilte Regalbretter (oder der freie Platz auf dem Kellerboden), auf denen größere Mengen desselben Weins Flasche an Flasche nebeneinander liegen können. Für kleine Bestände vieler verschiedener Weinen verwendet man am besten in unterschiedliche Fächergrößen unterteilte Regale, in die jeweils eine oder mehrere Flaschen passen. Ich persönlich finde Regale am praktischsten, in die man Flaschen sowohl einzeln als auch im Dutzend einsortieren kann.

Kniffliger ist es, bei einer stetig wachsenden Sammlung nicht den Überblick zu verlieren. Unterteilt man sie in Blöcke gleichartiger Weine, vergeudet man unter Umständen kostbaren Platz. Nutzt man hingegen jedes frei gewordene Fach, ist die Ordnung bald dahin, und man findet sich nur noch zurecht, wenn man fleißig Buch führt.

Sehr gute Weine – zum Beispiel die meisten Bordeaux-Crus – werden in Holzkisten geliefert, die perfekte Lagerstätten abgeben. Wenn man solche Weine kistenweise kauft, muss man sie eigentlich erst auspacken, wenn man Grund zur Annahme hat, dass der Wein seinen optimalen Reifezustand erreicht hat.

Wenn möglich, sollte man seinen Lagerraum so einrichten, dass auch größere Flaschen Platz finden. Die 0,75-l- bzw. 75-cl-Flasche ist seit Generationen die Standardgröße – ob sie ursprünglich für eine oder zwei Personen gedacht war, ist schwer zu sagen. Doch in größeren Flaschen hält sich der Wein noch besser. Lebensdauer, Reifezeit und Qualität stehen in direktem Verhältnis zur Flaschengröße. Manchmal sind halbe Flaschen zweckmäßig, insbesondere bei schweren und teuren Weinen wie Sauternes oder Beerenauslesen, wo man mit sehr wenig sehr lange auskommt. Sonst sind normale Flaschen besser und Magnumflaschen noch besser. Doppelmagnumflaschen sind dann so langsam etwas unhandlich (und wann kann man schon einmal genug Gleichgesinnte um sich scharen, um solche Mengen an Wein gebührend zu würdigen?). Wer es perfekt machen will, lagert auf jeweils zwölf Flaschen eines Weins, von dem er sich wirklich etwas verspricht, sechs Magnumflaschen ein.

Es sind nicht nur die teuren Weine, die eine Lagerung lohnen. Viele australische Rote zum Beispiel entwickeln sich von einer kraftstrotzenden Jugend hin zu einer äußerst angenehmen Reife. Einer meiner größten Erfolge war ein Fass mit drei Jahre altem chilenischem Cabernet, den ich auf meine amateurhafte Weise in meinem eigenen Keller abfüllte. Er erreichte seinen köstlichen Höhepunkt zehn Jahre später.

Mit kraftvollen, dunklen, tanninreichen Rotweinen egal welchen Ursprungs können Sie also bedenkenlos Kellerexperimente durchführen. Seien Sie aber umso vorsichtiger bei Weißen. Die meisten, die erwiesenermaßen von einer Lagerung über ein oder zwei Jahre hinaus profitieren, sind bereits teure Gewächse: die besseren weißen Burgunder, die Spitzen-Chardonnays und -Sauternes der besten Châteaux sowie herausragende deutsche Auslesen (heute ohne Frage die Weine, die ihr Geld am meisten wert sind). Hinzu kommen einige, die weniger im Rampenlicht stehen: feiner Chenin blanc von der Loire (sowohl süß als auch trocken), erstklassige Elsässer Weiße und der Wein, der einst als der langlebigste Weißwein überhaupt galt, der seltene weiße Hermitage von der Rhône.

Weingläser

Jedes Weinbaugebiet hat seine eigenen Vorstellungen davon, wie ein perfektes Weinglas auszusehen hat. Meistens ist ihre Form gastronomischen Anforderungen geschuldet, und sie eignen sich genauso gut für Weine aus anderen Gegenden. Am hübschesten und am vielseitigsten einsetzbar ist wohl das in Bordeaux verwendete Glas. Manche Gläser sind die reinste Folklore: nett in ihrer traditionellen Umgebung, aber sonst so fehl am Platz wie ein Dirndl bei einem edlen Diner. Der Römer vom Rhein zum Beispiel, mit seinem dicken, manchmal geriefelten und verzierten Stiel aus grünem oder braunem Glas, stammt noch aus der Zeit, als man Rheinwein bevorzugt alt und oxidiert trank, und die Rheinländer gern etwas Stabiles in der Hand hatten, das sie mit Schwung auf dem Tisch absetzen konnten. Moselwein wird hingegen in einem flachen geschliffenen Glas serviert, das seine Leichtigkeit und Anmut betont. Elsässer Gläser haben einen sehr langen grünen Stiel, der dem Wein einen grünlichen Schimmer verleiht. Solche

Gläser tragen zum Lokalkolorit der jeweiligen Gegend bei, aber man muss sie nicht unbedingt zu Hause haben.

Die internationale Normierungsorganisation ISO ist weiteren Diskussionen zuvorgekommen, indem sie die Eigenschaften eines perfekten Probierglases festgelegt hat. Die nach oben verjüngte Form erhöht wie ein umgedrehter Trichter die Konzentration des zur Nase des Verkosters aufsteigenden Dufts. Bei einem normalen Weinglas muss die Verjüngung nicht so ausgeprägt sein. In jeder anderen Hinsicht entspricht es den Anforderungen, die alle guten Gläser aufweisen sollten: Es ist durchsichtig, unverziert, relativ dünnwandig, mit einem Stiel, der so lang ist, dass man ihn gut festhalten kann, und einem ausreichenden Fassungsvermögen. Das Fassungsvermögen ist wichtig. Ein Weinglas bei Tisch sollte nie mehr als halb voll geschenkt werden, und ideal sind Gläser mit einem Fassungsvermögen von 0,2 bis 0,3 l. Alles was größer ist, wirkt nur protzig – und kann leichter umgestoßen werden.

»Korrekte« Gläser sind in manchen Weinkreisen zu einer Art Obsession geworden. Der österreichische Glaswarendesigner Georg Riedel hat unzählige Formen entworfen, die jeweils einen bestimmten Weinstil in vollendeter Weise ergänzen sollen. Vielleicht tun sie das ja, aber wer will schon zehn oder 20 verschiedene Gläsertypen im Schrank stehen haben? Mehr als die auf der nächsten Doppelseite abgebildeten braucht es nicht, damit sich jeder Wein von seiner besten Seite zeigen kann.

Perlen zeigt euch!

Schaumwein serviert man am besten in einem etwas kleineren, verhältnismäßig hohen und schmalen Glas, das man zu etwa drei Vierteln füllt, damit die Perlen schön aufsteigen können – einen hübscheren Anblick hat Wein kaum zu bieten. Unter keinen Umständen sollte man Sektschalen verwenden, die aber ohnehin kaum noch anzutreffen sind.

Dessertweine schenkt man, weil sie alkoholstärker sind, in kleineren Mengen in kleinere Gläser, die zur Hälfte oder zu zwei Dritteln gefüllt sein sollten. Ihr Duft ist intensiver als der von Tischweinen und würde einen, wenn man seine Nase in einen großen Kelch Portwein tauchte, glatt überwältigen.

Werden zu einer Mahlzeit mehrere Weine gereicht, ist es hilfreich, wenn die Gläser sich im Aussehen unterscheiden. Auf jeden Fall sollte man die Gäste darauf hinweisen, dass die Weine von links nach rechts eingeschenkt werden (also als Erstes das Glas gefüllt wird, das am weitesten links steht). Ich nehme an, der tiefere Sinn dieser Regel besteht darin, dass ein Rechtshänder dann nicht sein erstes Glas umstößt, wenn er nach dem zweiten greift. Werden zwei oder mehr ähnlich aussehende Weine serviert, kann man die Gläser außerdem durch ein Bändchen am Stiel markieren.

Weingläser sollten so sauber wie irgend möglich sein – was leider die Fähigkeiten einer Geschirrspülmaschine übersteigt. Ihre Reinigungsmittel hinterlassen einen Film auf dem Glas, den man nicht unbedingt riecht oder schmeckt, beim Anfassen aber durchaus spürt. Sie beeinträchtigen sogar das Schäumen eines Champagners. Brillant klar wird ein Glas nur, wenn man es mit Seife oder Spülmittel von Fettresten befreit, gründlich in sauberem heißem Wasser abspült und dann nicht abtropfen lässt, sondern mit heißem Wasser füllt und erst kurz vor dem Abtrocknen ausleert. Ein warmes, noch nasses Glas lässt sich mit einem sauberen Leinen- oder Baumwolltuch im Nu auf Hochglanz bringen, während auf einem kalten Glas Streifen und Fusseln zurückbleiben.

Der beste Aufbewahrungsort für Gläser ist ein geschlossener Schrank, in dem sie aufrecht stehen sollten. Auf einem offenen Regal stauben sie ein; stellt man sie mit der Öffnung nach unten, nehmen sie den Geruch des Holzes oder des Lacks an. Als Alternative zum geschlossenen Schrank ist auch ein Gestell denkbar, in das die Gläser mit dem Fuß eingehängt werden. Allerdings ist Staub auf dem Glas auch nicht besser als Staub im Glas.

Wein servieren

Wenn man um das Servieren von Wein kein Aufhebens macht, kostet es nicht viel Zeit und Mühe: Die Flasche ist entkorkt, ehe das Gespräch richtig begonnen hat. Natürlich gibt es Gelegenheiten und Weine, bei denen ein so prosaisches Vorgehen gerechtfertigt ist. Ich möchte an dieser Stelle jedoch eine Lanze dafür brechen, das Öffnen jeder Flasche zu zelebrieren. Weil Vorfreude die schönste Freude ist, sollte man sich die ausgiebige Lektüre des Etiketts gönnen, die Flasche ruhig einmal vom Esszimmer in die Küche und zurück ins Esszimmer tragen, das Entfernen der Kapsel richtig auskosten und genüsslich den Korkenzieher ansetzen. Wein dient allein dem Zweck, die Sinne zu erfreuen. Und dieser Zweck ist erfüllt, wenn man jeden einzelnen Schritt, von der Wahl des Weins bis zum ersten Schluck, in vollen Zügen genießt. Die Kunst des Servierens besteht darin, einen Wein so zu kredenzen, dass seine Qualitäten bestmöglich zur Geltung kommen.

Nichts ist so ausschlaggebend für Erfolg oder Misserfolg wie die Temperatur. Der typische Duft und Geschmack eines Weins setzt sich aus flüchtigen Stoffen zusammen, deren Molekulargewicht bei »leichten« Weißen gering ist und in Richtung »schwerer« roter Tropfen immer weiter ansteigt. In welchem Maße diese Stoffe ihrer Flüchtigkeit nachgeben, also verdunsten und auf den Geruchssinn treffen, hängt von der Temperatur ab.

Jede Rebsorte verhält sich in dieser Hinsicht anders. Der Duft des Rieslings ist äußerst flüchtig; ein Moselwein sendet seine blumige Botschaft bereits aus, wenn er noch zu kalt zum Trinken ist. Der kräftige Geruch des Champagners nach Trauben und Hefe ist durch Kälte kaum zu zügeln (und doch kenne ich Leute, die es immer wieder versuchen). Sauvignon blanc verströmt seinen Geruch fast so großzügig wie Riesling, Chardonnay hingegen sehr viel weniger und auch weniger als Gamay: Beaujolais duftet bei niedrigen Temperaturen außerordentlich stark. Pinot noir verdampft sein ätherisches Aroma sogar in einem kalten burgundischen Keller, während die Cabernets ihren Duft, vor allem in jungen Jahren, für sich behalten: In einem *chai* in Bordeaux riecht es eher nach Eichenholz als nach Wein. Cabernets aus Kalifornien und anderen warmen Gegenden sind entgegenkommender.

Ist Aroma alles?

Das eben Gesagte stimmt in etwa mit den in der Tabelle auf Seite 597 verzeichneten allgemein anerkannten Serviertemperaturen überein. Das Aroma ist aber keineswegs alles. Von Weißweinen erwarten wir, dass sie erfrischend kühl sind, und Rotweine sollen den Gaumen mit Kraft und Fülle reizen. Es ist interessant auszuprobieren, wie sehr das Geschmacksempfinden durch die Temperatur beeinflusst wird: Kostet man einen guten reifen Meursault und einen Volnay der gleichen Qualität (also einen Weiß- und einen Rotwein aus benachbarten Weinbergen, deren Trauben viel gemeinsam haben) bei gleich kühler Temperatur mit geschlossenen Augen, kann man kaum einen Unterschied feststellen.

Das Schlagwort »Zimmertemperatur« als Richtwert für das Servieren von Rotwein können Sie getrost über Bord werfen. Egal welche Temperatur in Esszimmern herrschte, als es geprägt wurde (und eigentlich müsste diese auch damals schon zwischen eiskalt und kaminfeuerwarm geschwankt haben) – die Chancen, dass eine Flasche die richtige Temperatur bekommt, wenn man sie in das Zimmer stellt, in dem sie getrunken werden soll, sind relativ gering. Ein amerikanisches Esszimmer mit 21 °C ist zu warm für Wein; bei dieser Temperatur steigt der Alkohol unangenehm zu Kopf. Mein Esszimmer ist mit 15 °C gut für Burgunder, aber zu kalt für Bordeaux.

Jeder hat in seinem Kühlschrank ein Plätzchen, um Weißwein zu kühlen, aber niemand in meiner Bekanntschaft hat einen Ofen, den man auf 16 °C aufheizen kann. Doch wenn ein Eiskübel ein brauchbares (genau genommen sogar das beste) Mittel zum Kühlen von Weißwein ist, warum sollte es dann nicht auch ein Warmwasserkübel für Rotwein tun? Wasser mit 21 °C lässt die Temperatur einer Flasche in etwa acht Minuten von 15 auf 18 °C steigen; ebenso lange würde es dauern, die Temperatur einer Flasche Weißwein in einem Kübel mit Eiswasser von 18 auf 13 °C zu reduzieren.

Es gilt auch zu berücksichtigen, dass sich die Umgebungstemperatur nicht nur auf den Wein in der Flasche, sondern auch auf den Wein im Glas auswirkt. An einem heißen Tag sollte man Wein deshalb erheblich kühler ausschenken, als man ihn trinken will. Lassen Sie nie eine Flasche oder ein Glas in der Sonne stehen, sondern sorgen Sie mit einem Sonnenschirm für Schatten, zur Not auch behelfsmäßig mit der Speisekarte oder einem Buch oder indem Sie das Glas unter ihren Stuhl stellen. In Südafrika erlebte ich einmal, dass bei einem luxuriösen Büffet im Freien der Weißwein zwar wunderbar kühl war, der Rotwein aber auf dem Tisch in der prallen Sonne stand. Er war nicht nur völlig verdorben, sondern ich verbrannte mir zudem fast die Zunge. In manchen Situationen ist selbst für einen Rotwein ein Eiskübel angebracht.

Kühlgefäße

Wenn man keinen kühlen Keller hat, in dem Weißwein immer bei idealer Serviertemperatur lagern kann, dann kühlt man ihn am besten und am schnellsten, indem man die ganze Flasche in eiskaltes Wasser taucht. Im Kühlschrank dauert es ungefähr zehnmal so lange, den gleichen Grad an Kühlung zu erzielen. Ganze oder zerstoßene Eiswürfel alleine kühlen nicht gut; das Eis muss mit kaltem Wasser vermischt werden, damit die Wärme der Flasche rasch abgeleitet werden kann. Der Eis-

Die Tulpe verjüngt sich nach oben, um das Bukett zu konzentrieren. Sie ist das klassische Glas für Bordeaux.

Roter Burgunder der Spitzenklasse wird üblicherweise in einem Glas mit nach außen gewölbtem Rand serviert. Manche dieser Gläser sind so groß, dass eine halbe Flasche bequem hineinpassen würde.

Glasformen

Natürlich kann man sich auf den Standpunkt stellen, dass es nur ein perfektes Weinglas gibt, das sich gleichermaßen für alle Tischweine eignet. Aber aus guten Gründen erfreuen sich viele Weintrinker an den traditionellen, manchmal ausgefallenen oder stilvollen Glasformen, die für den unverwechselbaren Genuss bestimmter Weine erdacht wurden.

kübel sollte so hoch sein, dass die Flasche bis zum Hals im Wasser steht; ist dies nicht der Fall, muss man sie kopfüber hineinstellen, denn die kühlende Wirkung muss am Flaschenhals einsetzen.

Auch isolierte Kühlmanschetten, die man im Eisfach aufbewahrt und bei Bedarf über die Flasche streift, leisten gute Dienste. Es gibt darüber hinaus oben offene Thermosbehälter, die eine bereits kalte Flasche durch einen isolierenden Mantel kühl halten.

Welcher Dekantiertyp sind Sie?

Weinliebhaber finden meist einen gemeinsamen Nenner, wenn es um die Belange ihres begehrten Objekts geht, nur beim Dekantieren scheiden sich die Geister.

Manche halten unerschütterlich an der traditionellen Ansicht fest, dass der Wein mindestens einige Minuten, wenn nicht Stunden oder gar Tage »atmen« muss, damit er tatsächlich sein Bestes geben kann. Die Verfechter der entgegengesetzten Auffassung behaupten unter Berufung auf wissenschaftliche Erkenntnisse, das Dekantieren habe keinerlei Wirkung auf den Wein, und eine dritte Gruppe warnt vor den Schäden, die der Wein beim Dekantieren davontragen kann. Jede Fraktion hat in Bezug auf bestimmte Weine (und auf ihren persönlichen Geschmack) Recht. Aber keine dieser Meinungen sollte dogmatisch genommen werden.

Es gibt drei Gründe, die für das Dekantieren sprechen. Der wichtigste ist, den Wein von seinem Bodensatz zu befreien. Ein zweiter, dass die massive, rötlich schimmernde Dekantierflasche auf dem Tisch schön aussieht. Und der dritte ist, dass der Wein atmen kann. Gegen die ersten beiden hat niemand etwas einzuwenden, uneinig ist man sich nur darüber, wann Letzteres stattfinden soll.

Der berühmte Emile Peynaud, der sich durch seinen Beitrag zur Weinkunde im Allgemeinen und zu Bordeaux im Besonderen große Autorität verschafft hat, schreibt in *Le Goût du Vin:* »Wenn es (überhaupt) nötig ist zu dekantieren, dann sollte man es zum spätestmöglichen Zeitpunkt tun, unmittelbar bevor man zu Tisch geht oder bevor man (den Wein) serviert; niemals aber längere Zeit vorher.«

Die einzige Berechtigung, die Peynaud dem Belüften oder Atmenlassen zuerkennt, ist, dass dadurch hin und wieder auftretende geringfügige Fehler behoben werden können. Sonst, sagt er, schadet das Dekantieren nur. Es macht den Wein weicher und lässt die Brillanz des über lange Zeit entwickelten Buketts verblassen.

Weißwein serviert man in kleineren Gläsern als Rotwein. Wenn zu einem Essen mehr als ein Wein gereicht wird, sollte man zueinander passende Rot- und Weißweingläser haben.

In der schlanken Tulpe kommt das Perlen von Champagner oder anderen Schaumweinen besonders gut zur Geltung.

In dieser kleineren Version des Burgunderglases kann Weißwein zum Essen oder als Aperitif serviert werden. Es eignet sich gut für aromatische Gewächse wie Chardonnay und Riesling.

Portwein, Sherry und Madeira werden gewöhnlich in einem Glas serviert, das sich nach oben verjüngt und so das Bukett konzentriert.

Dekantieren

Es ist heftig umstritten, ob und wann man Weine dekantieren soll, ob es gut ist, den Wein »atmen« zu lassen, oder nicht. Wissenschaftliche Erkenntnisse sprechen eher dagegen. Was das Dekantieren bewirkt, ist schwer vorauszusagen, aber ich schlage als Faustregel Folgendes vor:

Kräftigen jungen (»jung« bezieht sich in diesem Zusammenhang auf den Jahrgang; ein großer Jahrgang ist mit zehn Jahren jung, ein weniger guter mit vier oder fünf) roten Bordeaux, Cabernet, roten Rhône-Wein, Barolo und Barbaresco, schweren Zinfandel, australischen Shiraz, portugiesischen Rotwein und andere ähnlich tanninreiche Weine mindestens eine Stunde und probehalber bis zu sechs Stunden vor dem Servieren dekantieren.

»Jungen« roten Burgunder, Pinot noir und spanischen Wein unmittelbar vor dem Servieren.

Der Wein, den man dekantieren will, sollte möglichst waagrecht liegen. Ein Korb dient dazu, die Flasche während des Öffnens in dieser Position zu halten. Er sollte nie zum Ausschenken des Weins bei Tisch verwendet werden.

Mit dem hier abgebildeten Korkenzieher namens Screwpull lässt sich der Korken relativ leicht herausziehen. Dank des teflonbeschichteten Wendels wird der Korken durch eine einzige, kontinuierliche Drehbewegung herausgezogen.

Man gießt den Wein in einer gleichmäßigen Bewegung in die Dekantierflasche und hält den Flaschenhals dabei gegen eine Lichtquelle, damit man den Bodensatz beobachten kann. Kurz bevor er den Hals erreicht, setzt man ab.

Der speziell für diesen Zweck entwickelte Silbertrichter hat einen Siebeinsatz, und der Ausguss ist so gekrümmt, dass der Wein nicht mit allzu großem Schwung in die Dekantierflasche »platscht«.

Die richtige Serviertemperatur

Nichts entscheidet so über Wohl und Wehe eines Weins wie seine Temperatur. In der folgenden Tabelle ist für jeden Weintyp die ideale Serviertemperatur angegeben. Ich bin allerdings weit davon entfernt, hierbei dogmatische Standpunkte zu vertreten. Manche mögen Rotwein eben lieber, wenn er die von mir vorgeschlagene frische Temperatur um ein paar Grad übersteigt; anderen reicht die mäßige Kühle eines Weißweins, die ich für einen optimalen Genuss von Duft und Geschmack empfehle, nicht aus.

Bedenken Sie bitte auch, dass die »Zimmertemperatur« an heißen Tagen unter Umständen erheblich höher ist als unten angegeben, und Rotwein deshalb ein kurzes Bad im Eiskübel vergönnt sein sollte.

KÜHLSCHRANK-TEMPERATUR		KELLERTEMPERATUR/ ▼ IDEALER WERT		ZIMMER-TEMPERATUR ▶
SÜSSER WEISSWEIN	TROCKENER WEISSWEIN	LEICHTER ROTWEIN		SCHWERER ROTWEIN

°C 4	5	6	7	8	9	10	11	12	13	14	15	16	17	18
		MUSCADET			CHABLIS									
				MACON			CHINON	WEISSER SPITZEN-BURGUNDER & GRAVES			ROTER BURGUNDER			
			BORDEAUX BLANC					BEAUJOLAIS CRU						
	SAUTERNES			BEAUJOLAIS NOUVEAU										
	GEWÜRZTRAMINER							ROTER CÔTES DU RHÔNE			RHÔNE-SPITZENROTWEIN			
	SANCERRE/POUILLY											VINTAGE PORT		
GROS PLANT		ELSÄSSER RIESLING						ROTWEIN AUS DEM MIDI: CORBIERES USW.						
MUSKATELLER		SILVANER									NORMALER ROTER BORDEAUX			
ALIGOTE				FINO SHERRY			TAWNY PORT	CREAM SHERRY						
TOKAJER		CHAMPAGNER OHNE JAHRGANGSANGABE					AMONTILLADO	MADEIRA			CAHORS	FEINER ROTER BORDEAUX		
							MONTILLA				MADIRAN			
						VIN JAUNE						BANDOL		
SCHAUMWEIN SEKT, CAVA USW.			SPITZEN-CHAMPAGNER											
EISWEIN			GUTER ÖSTERREI-CHISCHER UND DEUTSCHER WEIN			TROCKENER DEUTSCHER SPITZENWEIN		SÜSSER DEUTSCHER SPITZENWEIN						
LIEBFRAUENMILCH														
SÜSSER CHENIN BLANC VON DER LOIRE														
	FRASCATI						VALPOLICELLA							
	ORVIETO							FIASCO CHIANTI						
				SOAVE				ROTWEIN AUS SIZILIEN						
			VERDICCHIO			UNGARISCHER WEISSWEIN		STIERBLUT						
VINHO VERDE								BARBERA						
		FENDANT					VALDEPENAS							
				DOLE				LEICHTER ZINFANDEL						
RETSINA		LAMBRUSCO												
		JUGOSLAWISCHER RIESLING												
		CHENIN BLANC AUS SÜDAFRIKA									PINOT NOIR AUS KALIFORNIEN/AUSTRALEN/OREGON			
LEICHTER MUSKATELLER		CHARDONNAY			SPITZEN-CHARDONNAY AUS KALIFORNIEN/AUSTRALIEN									
	NEUSEELÄND. SAUVIGNON										SPITZEN-CABERNET & -ZINFANDEL AUS KALIFORNIEN			
JOHANNISBERG RIESLING			CALIFORNIA											
BAROSSA RIESLING		SAUVIGNON BLANC					REIFER WEISSWEIN AUS DEM HUNTER VALLEY							
			LIQUEUR MUSCAT								SPITZEN-CABERNET & -SHIRAZ AUS AUSTRALIEN			
ROSEWEIN														

| °C 4 | 5 | 6 | 7 | 8 | 9 | 10 | 11 | 12 | 13 | 14 | 15 | 16 | 17 | 18 |

Wie es die Franzosen mit Burgunder halten

Folgt man dem Beispiel der Franzosen und verzichtet beim Burgunder aufs Dekantieren, hat man ein Problem. In Restaurants wird häufig aus einer Wiege eingeschenkt, was eigentlich die schlechteste Lösung überhaupt ist, weil jedes Mal, wenn die Flasche nach unten und dann wieder nach oben kippt, der Bodensatz im restlichen Wein aufgewirbelt wird. In Burgund hat man deshalb eine Vorrichtung entwickelt, mit der die Flasche nach und nach immer weiter gekippt wird, genau wie beim Dekantieren, nur dass hier der Wein direkt ins Glas fließt. Da ich nicht über ein solches Wunderding verfüge, dekantiere ich Burgunder so spät wie möglich und auch nur, wenn überhaupt ein Depot vorhanden ist – außer bei sehr alten Jahrgängen sind sie oft bis zum letzten Tropfen völlig klar.

Amerikaner, die das Thema wissenschaftlich angegangen sind, kommen zu einem ganz ähnlichen Schluss; ihrer Meinung nach hat das Dekantieren keine zuverlässig nachweisbaren Auswirkungen. Meine Erfahrung ist, dass fast alle Weine sich in einer Dekantierflasche spürbar verändern; ob zu ihrem Vorteil oder Nachteil, ist teils vom Wein, teils vom persönlichen Geschmack abhängig.

Manche Weinliebhaber mögen ihren Wein lieber etwas weicher und blasser; speziell Vintage Port wird oft früh dekantiert, um sein feuriges Temperament zu bändigen, weil die »volle Ladung« einfach zu viel des Guten wäre. Für diese Gruppe ist Milde gleich Qualität. Für traditionsbewusste Spanier dagegen ist der Eichengeschmack (wie auch bei Rioja) das Maß für Qualität. Und wer wollte einem von beiden Geschmacksverirrung unterstellen?

Die Engländer haben von jeher sehr eigene Vorstellungen darüber gehabt, wie ihr Wein schmecken muss. Vor 100 Jahren gossen sie Rhône-Weine oder spanische Gewächse in ihren Bordeaux, der ihnen sonst zu fade und dünn war. Es gibt bestimmt heute noch Leute, die den Burgunder aus den Zeiten vor der strikten Anwendung der Appellationsvorschriften lieber mochten, als den authentischen, direkt vom Erzeuger stammenden Burgunder, den wir heute trinken. Auch die Kalifornier haben ihren eigenen Geschmack. Sie mögen offenherzige, stark aromatische Weine, die oft schmecken, als hätten sie den Übergang vom Fruchtsaft zum Wein nicht ganz geschafft. Kein Wunder, dass die Meinungen über das Dekantieren auseinander gehen.

Bei manchen Weinen hat man den Eindruck, dass sie sich beim Öffnen der Flasche zusammenrollen wie ein Igel, der sich angegriffen fühlt. Der tanninreiche piemontesische Barolo zeigt eine oder mehrere Stunden lang nur seine Stacheln. Wenn man ihn in dieser Zeit trinkt, hat man nicht mehr davon, als dass er auf der Zunge brennt und einem die Röte ins Gesicht treibt. Doch dann taucht ein zartes Bukett auf, das immer stärker wird, bis man schließlich von Himbeeren, Veilchen, Trüffeln und Herbstlaub umgeben ist.

Burgunder wird in französischen Restaurants normalerweise nicht dekantiert. Und wenn es stimmt, dass Pinot noir flüchtiger ist als Cabernet, dann hat das auch seinen Sinn: Bordeaux wird aufgeweckt, wenn er beim Umgießen von der Flasche in die Karaffe in Berührung mit Luft kommt; Burgunder braucht das nicht.

Wer an das Dekantieren glaubt, wird einen jungen Wein mehrere Stunden, einen reifen Wein eine oder zwei Stunden atmen lassen (wobei »jung« und »reif« relativ zur prognosti-zierten Reifezeit des jeweiligen Weins zu verstehen sind) und einen alten Wein wie einen Kranken behandelt, den man besser nicht dem Zug aussetzt. Merkwürdigerweise machen Leute, die sehr alte und sehr große Weine probieren (der 1803er Château Lafite ist ein gutes Beispiel), jedoch immer wieder die Erfahrung, dass diese mit jeder Stunde an Bukett und Geschmack zulegen – und in manchen Fällen sogar am folgenden Tag besser schmecken als je zuvor. Ich trinke Weine meist am Abend nach dem Öffnen aus. Die einzige allgemeine Regel, die ich aus meinen Erfahrungen ableiten kann, lautet: Je besser der Wein in Bezug auf Usprung und Jahrgang ist, desto mehr bekommt ihm ein längerer Kontakt mit Luft.

Manchmal ist ein Wein beim Öffnen eine herbe Enttäuschung und wandelt sich danach vollkommen. Eine Flasche 1961er Château Pontet-Canet hatte 1982 einen schlechten, harten, lose sitzenden Korken und bei der ersten Kostprobe einen dürftigen Geruch und äußerst wenig Geschmack, obwohl die Farbe ansprechend war. 24 Stunden später schien er seine Batterien aufgeladen zu haben: Er erschloss sich mir als der vollblütige Wein mit reichhaltigem Geschmack, den ich erwartet hatte. Die Moral der Geschichte ist, dass auch auf dem Feld des Dekantierens Experimentierfreude und Aufgeschlossenheit das Beste sind.

Die Diskussion des Für und Wider ist viel langwieriger als die Sache selbst. Es geht einfach nur darum, den Wein ohne den Bodensatz in ein anderes Gefäß umzufüllen (das kann ein spezieller Dekanter einfacher oder dekorativer Machart sein oder auch eine gut ausgespülte normale Flasche).

Wenn man weiß, wann eine Flasche »dran« ist, nimmt man sie mindestens zwei Tage vorher aus dem Regal und stellt sie aufrecht hin. Dann müsste das Depot eigentlich genug Zeit haben, auf den Boden der Flasche zu rutschen. Muss man aus einer Flasche dekantieren, die bis zur letzten Minute gelegen hat, braucht man einen Korb oder eine Wiege, damit die ursprüngliche Position der Flasche möglichst wenig verändert wird, wobei der Wein kurz unterhalb des Korkens stehen sollte (siehe Seite 596).

Man entfernt die Kapsel ganz und zieht den Korken vorsichtig mit einem Korkenzieher, der einen Gegendruck auf den Flaschenhals ausübt. Dann hält man die Dekantierflasche in der einen Hand und gießt den Wein in einer gleichmäßigen Bewegung hinein, bis man das Depot in einem dunklen Strahl auf den Flaschenhals zuströmen sieht. Wenn es den Absatz unterhalb des Halses erreicht, setzt man ab.

Der Bodensatz ist leichter zu erkennen, wenn man den Flaschenhals gegen das Licht einer Kerze oder einer Taschenlampe oder – das finde ich am besten – ein gut beleuchtetes weißes Blatt Papier oder eine Serviette hält. Da Vintage-Port-Flaschen aus sehr dunklem Glas (und außerdem meist staubig) sind, ist das Depot darin schlecht zu sehen. Wenn die Flasche jahrelang am gleichen Platz lag, ist es so dick und zusammenhängend, dass eigentlich nichts passieren kann. Wurde sie kurz zuvor bewegt, kann sich die Sache schwieriger gestalten und der Wein muss vielleicht sogar gefiltert werden. Ein Stück sauberer, feuchter Musselin ist dazu am besten geeignet; verwendet man Kaffeefilter, schmeckt der Wein, so habe ich festgestellt, hinterher deutlich danach.

Den Korken (nicht) knallen lassen

So öffnet man eine Schaumweinflasche:
1. Vom Korken die Folie entfernen, unter der sich der Drahtkorb verbirgt. Die Flasche schräg halten – aber ohne auf jemanden zu »zielen« – und die Drahtschlinge aufdrehen.

2. Den Drahtkorb abnehmen. Die Flasche wieder schräg halten, den einen Daumen fest auf den Korken drücken und diesen mit dem anderen Daumen vorsichtig lockern.

3. Den gelockerten Korken gut fest halten und ein wenig drehen. Die Flasche weiter schräg halten und ein Glas bereit stellen, in das man den ersten Schaum abgießen kann.

4. Für sehr fest sitzende Korken oder wenn man mehrere Flaschen nacheinander öffnen muss, empfiehlt sich der Gebrauch einer Spezialzange.

5. Professionelle Champagnerkellner stecken beim Einschenken den Daumen in die Vertiefung am Boden der Flasche, sodass deren Gewicht auf den Fingern ruht.

Oft wird eine Flasche Sekt oder Champagner ganz spontan aufgemacht, um auf ein freudiges Ereignis anzustoßen. Bei guten Tropfen sollte man einen speziellen Verschluss besitzen, mit dem man das sprudelnde Getränk frisch halten kann, wenn es nicht auf einmal ausgetrunken wird.

Wie man Vintage Port öffnet

Die Flaschen von Vintage Port, der älter ist als 20 Jahre, sind schwierig zu öffnen, weil der Korken weich geworden ist und sofort zerbröselt, wenn man einen Korkenzieher hineindreht. Es bleibt einem tatsächlich nichts anderes übrig, als den Flaschenhals abzuschlagen. Dies kann auf zweierlei Weise geschehen.

Erstens gibt es für diesen Zweck spezielle Portweinzangen. Man hält sie solange über eine Flamme, bis sie glühen, und umschließt den oberen Teil des Flaschenhalses eine Minute lang fest mit der Zangenenden. Dann fährt man mit einem feuchten Tuch rasch über den heiß gewordenen Flaschenhals: Er bricht sauber ab und das Stück mit dem Korken lässt sich leicht abnehmen.

Die zweite Methode ist genauso effektiv und um einiges spektakulärer. Mit der einen Hand hält man die Flasche fest, in die andere nimmt man ein schweres Küchenmesser. Man fährt mit dem Messerrücken am Flaschenhals aufwärts und schlägt ihn gezielt und mit Schwung gegen den Wulst am oberen Ende: Der Hals bricht sauber ab. Bevor man den Trick vor versammelter Gesellschaft vorführt, sollte man vielleicht ein bisschen üben, aber eigentlich ist es ganz einfach: Man darf nur nicht zu zaghaft sein.

Wenn der Korken zerbröselt und in die Flasche fällt, kann man den Wein durch einen mit Musselin ausgelegten Glas- oder Kunststofftrichter oder einen der schönen alten Silbertrichter mit Sieb gießen.

Korken & Korkenzieher

Die ersten Korken müssen Stopfen gewesen sein, die nur zur Hälfte in den Flaschenhals getrieben wurden, denn die ersten bekannten Abbildungen von Korkenziehern stammen aus einer Zeit, zu der Korken bereits 100 Jahre lang in Gebrauch gewesen waren. Obwohl heute Schraubkappen, Kronkorken und Kunststoffkorken billigere und einfachere Möglichkeiten bieten zu verhindern, dass der Wein aus der Flasche hinaus und Luft in die Flasche hinein gelangt, werden gute Weine weiterhin mit Korken verschlossen.

Warum ist Kork das ideale Material zum Verschließen einer Weinflasche? Zuallererst sind sein geringes Gewicht, seine Reinheit und die Tatsache, dass er in großen Mengen verfügbar ist, zu nennen. Er ist nahezu luftundurchlässig. Er ist glatt und

bleibt trotzdem im Flaschenhals stecken. Er ist temperaturunempfindlich. Er fault sehr selten. Er ist äußerst schwer brennbar. Vor allem ist er außerordentlich elastisch und nimmt, wenn man ihn zusammendrückt, fast genau seine ursprüngliche Form wieder an. Diese Eigenschaft wird beim maschinellen Verkorken ausgenutzt: Man kann einen Korken so weit zusammendrücken, dass er ganz leicht in den Flaschenhals hineinpasst; danach dehnt er sich jedoch sofort wieder aus und dichtet die Öffnung perfekt ab. Seine Lebensdauer ist hoch, denn er wird erst im Lauf von 20 bis 50 Jahren allmählich morsch und bröselig.

In besonders gewissenhaft geführten Weinkellern (zum Beispiel den großen Châteaux in Bordeaux) werden bei den alten Jahrgängen etwa alle 25 Jahre die Korken ausgetauscht und manche entsenden sogar Spezialisten, die die alten Weine des Château in den Kellern der Kunden neu verkorken. Aber viele Korken halten sich bis zu 50 Jahre tadellos.

Das einzig Unangenehme an Korken ist, dass sie gelegentlich einen schimmeligen Geruch entwickeln. Bei der Herstellung werden sie zwar sorgfältig sterilisiert, aber hin und wieder werden dennoch eine oder zwei der vielen Zellen, aus denen sich Kork zusammensetzt (20 bis 30 auf einen Quadratmillimeter), von Schimmel befallen. Wenn diese Zellen in Berührung mit dem Wein kommen, nimmt er den »Korkgeschmack« an. Das passiert relativ selten, aber wenn der Wein »korkelt«, merkt man das sofort – und das ist natürlich eine Enttäuschung. Man kann nichts anderes tun, als eine neue Flasche zu öffnen. Manchmal ist der Korkgeschmack auch so leicht, dass man ihn nur erkennt, wenn man weiß, wie der betreffende Wein in diesem Entwicklungsstadium eigentlich schmecken müsste. Der »Schuldige« ist in jedem Fall der Korken, aber der Genuss des Weins ist einem natürlich erst einmal verleidet.

Mit Korken guter Qualität hat man sonst keine Probleme, mit schlechten hingegen schon. Bei vielen billigeren Weinen stecken harte, kleine Korken in Flaschenhälsen, die enger sind als üblich: schwierige Bedingungen für den Korkenzieher, der deshalb den Korken manchmal hineindrückt, anstatt ihn herauszuziehen, was aber, wenn man vor dem Ansetzen des Korkenziehers das obere Ende des Korkens mit einem feuchten Tuch abgewischt hat, nicht weiter schlimm ist. Auch Kunststoffkorken machen Korkenziehern zu schaffen; manchmal ist rohe Gewalt das einzige Mittel – mit dem Ergebnis, dass man den Korkenzieher abbricht, nur um einen nicht einmal besonders guten Wein zu öffnen. Es gibt ein spezielles Werkzeug – drei an einem Holzgriff befestigte dicke Drähte – zum Herausfischen des Korkens. Es funktioniert ganz gut, aber man kann den Korken auch einfach in der Flasche lassen und ihn beim Ausgießen mit einem Messer oder einem Spieß nach unten drücken, damit er die Öffnung nicht verstopft.

Auch die Art des Korkenziehers ist alles andere als unerheblich. Ganze Generationen von Erfindern haben sich an der Vervollkommnung dieses Geräts versucht. Die einfache Spirale mit Griff wurde längst von Modellen abgelöst, die einen Gegendruck auf die Flasche ausüben. Das freihändige Ziehen des Korkens ist etwas für Muskelprotze: Man braucht dazu in etwa genauso viel Kraft wie um 40 kg zu heben. Verschiedene Vorrichtungen sorgen für die Hebelwirkung, aber das Wichtigste ist die Spirale, der Wendel, der sich in den Korken bohrt und ihn fasst. Überhaupt nicht zu gebrauchen sind dünne Handbohrer und zur Spirale gebogener Draht: Der Bohrer bohrt nur ein Loch in den Korken, die Drahtspirale wird beim Ziehen auseinander gebogen. Der Wendel muss so breit sein, dass er einen guten Halt im Korken findet, und eine scharfe Spitze und zwei Schneidkanten aufweisen.

Korkenzieher

Viel Erfindergeist wurde schon darauf verwandt, eine Vorrichtung zu ersinnen, mit dem ein Korken in einer Flasche gefasst und ohne Kraftaufwand herausgezogen werden kann. Die einzige Anforderung an einen Korkenzieher ist, dass er durch den Druck gegen den Flaschenhals eine Form von Hebelkraft bewirkt. Mit dem Kapselschnelder (ganz unten In der Mitte) lässt sich der Foliendeckel sauber abtrennen, bevor man den Korkenzieher in den Korken dreht. Hier sind die beliebtesten und praktischsten der heute gebräuchlichen Korkenzieher abgebildet.

Weinreste

Sobald die Flasche geöffnet ist und Luft hineinkommt, verdirbt der Wein relativ schnell. Damit man eventuell übrig gebliebenen Wein auch am nächsten Tag noch genießen kann, empfiehlt sich eine spezielle Vorrichtung, mit der der Sauerstoff aus der Flasche gepumpt werden kann und diese gleichzeitig mit einem Gummistopfen verschließt. Solche Verschlüsse sind nicht ideal, aber nützlich. Man kann den Weinrest auch in eine kleinere Flasche umfüllen – dann muss weniger Sauerstoff abgepumpt werden. Eine weitere Möglichkeit ist Stickstoffspray: Der Stickstoff schirmt den Wein gegen den darüber liegenden Sauerstoff ab.

Geöffnete Flaschen bewahrt man am besten im Kühlschrank auf, und das gilt für Rotwein genauso wie für Weißwein. Ob und wie lange sich der Wein in einer geöffneten Flasche hält, hängt jedoch nicht nur von den äußeren Bedingungen ab, sondern auch von der Art des Weins. Schwerer, eichiger Chardonnay oxidiert leichter als ein intensiver, reduktiver Riesling: Das sind Erfahrungswerte, keine bewiesenen Tatsachen.

Für Schaumweinflaschen braucht man spezielle Verschlüsse, die in den meisten Fachgeschäften erhältlich sind. Einen (silbernen) Löffelstiel in den Flaschenhals zu stecken, ist keine verlässliche Methode.

Am gewinnbringendsten macht sich übrig gebliebener Wein in Saucen oder Eintopfgerichten. Auch »korkelnden« Wein kann man übrigens ohne weiteres zum Kochen verwenden, denn der muffige Geschmack des Weins verfliegt.

Die Weinprobe

Weinproben können eine ernsthafte Angelegenheit oder ein unbeschwertes Vergnügen sein, aber einen Wein gründlich zu verkosten, um hinterher ein fundiertes Urteil darüber abgeben zu können, erfordert immer ein hohes Maß an Konzentration. Ein professioneller Verkoster hat im Rahmen einer Ausbildung gelernt, einen Wein nicht einfach nur zu genießen, sondern ihn nach allen Regeln der Kunst zu analysieren.

Obwohl ich beileibe kein professioneller Verkoster bin, ertappe ich mich manchmal dabei, wie ich ein Glas Leitungswasser so aufmerksam behandle, als müsste ich seine Qualität beurteilen. Wenn ich es auch vielleicht nicht gegen das Licht halte, so rieche ich doch daran und behalte es einen Moment lang im Mund, um abzuwägen, inwieweit es den Ansprüchen, die man an gutes Wasser stellt, entspricht. Und natürlich spucke ich es dann aus.

Auch wenn man es nicht darauf anlegt, seinen Geschmack zu schulen (das hat nämlich auch Nachteile: Man schluckt fehlerhaften oder uninteressanten Wein nicht mehr kritiklos), hat es jedenfalls keinen Sinn, für teures Geld einen charaktervollen Wein zu kaufen und ihn dann gedankenlos hinunterzukippen.

Es ist ein verbreiteter Irrglaube, dass einem ein »besserer« Wein automatisch einen höheren Genuss beschert. Um bestimmte Qualitätsmerkmale erkennen und würdigen zu können, braucht man klare, aufmerksame Sinne und ein Wissen darüber, wie man in den Weinen methodisch das suchen und finden kann, worauf es wirklich ankommt.

Der beredte Pierre Poupon aus Burgund schrieb einmal: »Wenn Sie Wein kosten, dann schauen Sie nicht auf die Flasche, nicht auf das Etikett, auch nicht auf Ihre Umgebung, schauen Sie vielmehr in sich hinein, damit Ihnen keine Empfindung entgeht, die sich entfaltet und sich zu einem erinnerungswürdigen Eindruck formt.« Er rät sogar, die Augen zu schließen, damit man sich ganz auf das konzentrieren kann, was einem Nase und Mund übermitteln.

Bevor jetzt jedoch jedes Essen mit Freunden zur Andacht gerät, sei angemerkt, dass man sich nicht immer und überall völlig versenken muss: Wenn man diese Konzentrationsübung hin und wieder in geeigneten Momenten praktiziert, hat man das nötige Rüstzeug, um einen Wein auch auf »sozialverträglichere« Weise zu verkosten.

Was aber soll überhaupt gesucht und gefunden werden? Eine Art Einsteiger-Weinprobe könnte aus fünf Weinen bestehen, mit denen der Anfänger zuallererst die unglaubliche Vielfalt des Weins erleben kann: ein trockener und ein süßer Weißwein, ein leichter, junger und ein feiner, reifer Rotwein sowie ein Sherry oder ein Portwein. Weine also, die nichts miteinander gemein haben. Eine ähnlich grundlegende Erfahrung wäre, typische Beispiele für die fünf oder sechs Rebsorten zu probieren, die einen besonders ausgeprägten und leicht erkennbaren Charakter besitzen.

Meistens werden bei Weinproben Weine verglichen, die eine wichtige Gemeinsamkeit haben, etwa den Ursprung, das Alter oder die Rebsorte. So kann man, wenn man Rieslinge aus zehn oder zwölf verschiedenen Ländern kostet, hervorragend feststellen, was ihr gemeinsamer Nenner – der Riesling-Geschmack – ist, und beurteilen, wie er auf unterschiedlichen Böden und unter verschiedenen klimatischen Bedingungen ausfällt. Noch spezieller wäre der Vergleich von Rieslingen derselben Qualitätskategorie (Kabinett oder Spätlese) aus den wichtigsten deutschen Anbaugebieten.

Vertikale & horizontale Verkostungen

Probiert man verschiedene Jahrgänge des gleichen Weins, spricht man von einer »vertikalen« Verkostung; der Vergleich unterschiedlicher Weine (ähnlicher Art) des gleichen Jahrgangs heißt »horizontale« Verkostung. Professionelle Verkostungen, die dazu dienen, Weine zum Kauf auszuwählen, sind fast immer horizontal. Wichtig ist hierbei, dass man nur vergleicht, was sich auch vergleichen lässt. Im professionellen Rahmen ist es nicht von Interesse, einen Bordeaux mit einem Burgunder zu vergleichen oder einen Chablis mit einem Meursault: Wenn der Chablis ein guter Meursault ist, ist er ein schlechter (weil untypischer) Chablis. Ein Médoc, der wie ein Wein aus dem Napa Valley schmeckt, ist ein schlechter Médoc – auch wenn ein Erzeuger aus dem Napa Valley schwer davon zu überzeugen ist, dass dies umgekehrt genauso gilt.

Da normale Menschen den Wein meist zum Essen trinken, beurteilen sie ihn zum Teil danach, wie gut er zu den Gerichten passt, die sie besonders gern mögen. Berufsverkoster und Preisrichter bewerten den Wein hingegen entweder für sich allein oder im Vergleich zu anderen und haben daher einen

Das Glas verjüngt sich nach oben, um das Aroma zu konzentrieren.

Man schwenkt den Wein so, dass er die Wände des Glases benetzt. Wenn er zähflüssig oder zuckerhaltig ist, hinterlässt er beim Hinabfließen »Tränen«.

Zum Verkosten braucht man nur wenig Wein.

Nach der ISO-Norm *(International Standards Organization)* ist das ideale Probierglas rund 15 cm hoch und fasst 0,2 l. Bei Weinproben wird es meist nur zu einem Fünftel gefüllt. Durch seine hohe Form und Verjüngung am oberen Ende werden die flüchtigen Aromen beziehungsweise das Bukett »eingefangen« und konzentriert an die Nase des Verkosters weitergegeben. Der Stiel muss so lang sein, dass man das Glas anfassen kann, ohne die Schale, in der sich der Wein befindet, zu berühren (professionelle Verkoster halten das Glas meist am Fuß fest). Je dünnwandiger das Glas (ohne dass es allzu zerbrechlich ist), desto besser.

Der Vorgang des Weinkostens

Um Wein richtig genießen zu können, muss man wissen, dass Schmecken und Riechen eng zusammenhängen: Für die Unterscheidung von Geschmacksnuancen sind die Nase und die Geruchsnerven zuständig, nicht die Zunge, die Lippen oder der Gaumen. Der Mund erkennt, ob etwas süß, sauer, salzig, bitter, scharf, mild, ölig oder adstringierend ist. Die Färbung und der Charakter des Geschmacks aber liegen in den flüchtigen Bestandteilen, die allein durch die Nase wahrgenommen werden. So dreht sich beim Verkosten alles um den Moment des Inhalierens: Das erste Schnuppern ist entscheidend, weil die Intensität der Geruchsempfindungen schnell nachlässt.

Zuerst betrachtet man die Farbe, die Klarheit und die Konsistenz des Weins. Am besten hält man dazu das Glas vor ein weißes Blatt Papier.

Man schwenkt den Wein, damit die Duftstoffe freigesetzt werden. Das Glas sollte nur zu etwa einem Fünftel gefüllt sein.

Dann konzentriert man sich und schnuppert. Die ersten Eindrücke sind entscheidend und setzen sofort den »Erkennungsprozess« in Gang.

Man nimmt einen ordentlichen Schluck, der Mund sollte etwa zu einem Drittel voll sein, und »kaut« den Wein, damit er sich im ganzen Mund verteilt.

Das endgültige Urteil wird gefällt, wenn die flüchtigen Bestandteile in die obere Nasenhöhle aufsteigen.

Bei einer professionellen Verkostung muss man den gesamten Wein ausspucken: Es ist wichtig, einen klaren Kopf zu behalten!

differenzierteren und wohl auch klareren Blickwinkel. Am klarsten ist er, wenn man Hunger hat und nicht müde ist; der späte Vormittag ist deshalb der bevorzugte Zeitpunkt für eine professionelle Weinprobe.

Die idealen Bedingungen für eine Verkostung sind relativ nüchtern: ein sauberer, gut beleuchteter Raum ohne jede Atmosphäre, ohne den durchdringenden Geruch nach Weinfässern, ohne Ablenkung durch nettes Geplauder und vor allem ohne die Käsewürfel, die gegrillten Würstchen und das ofenfrische Brot, mit denen seit Menschengedenken die meisten zweitklassigen Weine ihren Abnehmern schmackhaft gemacht werden.

Ob es besser ist zu wissen, was man probiert, oder blind zu verkosten und erst hinterher zu erfahren, womit man es zu tun hatte, ist ein ewiges Streitthema. Die Macht der Suggestion ist gewaltig. Es ist schwer, sich selbst gegenüber ehrlich zu sein, wenn man das Etikett gesehen hat. Häufig werden die Eindrücke, ob man sich dessen bewusst ist oder nicht, von dem geprägt, was man erwartet, anstatt von dem, was man wirklich wahrnimmt.

Wenn ich die Wahl habe, verkoste ich am liebsten alles zuerst blind. Es ist die sicherste Methode, das höchste Maß an Konzentration aufzubieten und sich dazu zu zwingen, die richtigen Fragen zu stellen, analytisch und unvoreingenommen an die Sache heranzugehen. Ich notiere mir meinen Eindruck und frage dann, was es für ein Wein war, oder schaue aufs Etikett. Wenn ich richtig gelegen habe, freue ich mich: Ich weiß, dass die Vorstellung, die ich mir von dem Wein gemacht habe (oder die Erinnerung, wenn ich ihn schon einmal gekostet habe), der Wirklichkeit sehr nahe kam. Wenn ich (was sehr viel häufiger der Fall ist) falsch lag oder überhaupt keine Ahnung hatte, ist das meine Chance, den Wein kennen zu lernen, ihn erneut aufmerksam zu verkosten und zu versuchen zu verstehen, warum diese Rebsorte in diesem Weinberg in diesem Jahr dieses Ergebnis geliefert hat. Dies ist der richtige Zeitpunkt, um sich mit anderen Verkostern auszutauschen.

Es ist immer interessant zu sehen, in welchem Maß Übereinstimmung zwischen mehreren Leuten herrscht, die den gleichen Wein probieren. Geruchs- und Geschmacksempfindungen sind in so geringem Umfang messbar und nicht im

Geringsten reproduzierbar. Die Sprache dient eher als Krücke denn als Stütze und zieht für fast alles, was an Erhellendem gesagt werden kann, Vergleiche und Metaphern heran.

Ein auch bei Weinprämierungen häufig gewählter Ausweg aus dieser Misere ist der des statistischen Mittelwerts. Bittet man eine Gruppe von Verkostern, ihren Genuss zu quantifizieren und rechnet ihre Bewertung in Punkte um, so ist der Wein mit der durchschnittlich höchsten Punktzahl der »beste«. Der Nachteil dieses Verfahrens ist, dass die Aspekte, in denen die Meinungen auseinander gehen, unter den Tisch fallen, die guten und schlechten Noten von Verkostern, die den Stil des betreffenden Weins mögen oder nicht, und der unterschiedliche Sachverstand der Juroren. Bei einer anspruchsvollen Verkostung wird der Vorsitzende der Jury daher auch einen Einspruch gegen den Durchschnittswert anerkennen und darauf drängen, dass in der Diskussion eine Einigung erzielt wird – besonders wenn das Ergebnis über die Verleihung von Goldmedaillen entscheidet.

Auf diese Weise gelangt man wohl zu dem genauesten Urteil über die Qualität eines Weins, das die von Natur aus fehlbaren Menschen überhaupt fällen können. Und doch gibt es lediglich darüber Aufschluss, welchen Wert eine bestimmte Personengruppe einem einzigen der an diesem Tag von ihr verkosteten Weine zumisst, ohne Berücksichtigung anderer Weine, die im Rahmen dieser Verkostung nicht probiert wurden. Alles, was man über Medaillengewinner sagen kann, ist, dass sie in ihrer Art gut sind.

Bei Wettbewerben, bei denen die Teilnehmer gegeneinander antreten, muss zwangsweise blind verkostet werden: Sieger ist die Person (oder das Team) mit der größten Erfahrung und dem besten Geschmacksgedächtnis. Bei Wettbewerben, bei denen Weine gegeneinander antreten, ist es das einzige faire Verfahren. Dennoch kann es auch dabei zu irreführenden Ergebnissen kommen, weil die unmittelbare Wirkung stärker berücksichtigt wird als weniger auffällige, aber letztendlich wichtigere Eigenschaften: Wenn kalifornischer Cabernet mit rotem Bordeaux ähnlichen Alters verglichen wird, tragen die Kalifornier fast immer den Sieg davon. Sie sind wie Tennisspieler, die durch ihren unerhörten Aufschlag gewinnen.

Die ganze Fülle

Viele Experten haben sich schon über das Wesen der Verkostung Gedanken gemacht. Für mich gibt es fünf Aspekte, die Aufschluss über einen Wein geben und die mir helfen, seine Qualität zu bewerten, seinen Ursprung, sein Alter, die beteiligten Rebsorten, und vorauszusagen, wie lange er sich halten wird (und ob er noch besser wird). In ihnen äußert sich gewissermaßen die ganze Fülle eines Weins, mit Ausnahme vielleicht seiner berauschenden Wirkung. Es sind – in der Reihenfolge ihres Auftretens – das Aussehen, der Geruch, der erste Eindruck im Mund, der Geschmack, während man den Wein im Mund hat, und der Nachgeschmack. Ich berücksichtige jeden einzelnen dieser Aspekte, notiere mir zu jedem etwas (die Notiz dient nicht nur als Gedächtnisstütze, sondern zwingt einen auch dazu, sich auf einen Eindruck festzulegen) und ziehe dann einen allgemeinen Schluss. Das Verkosten ist eine anspruchsvolle Tätigkeit und etwas ganz anderes, als wenn man einen Wein einfach nur trinkt. Manchmal beschränkt sie sich auf eine kurze, private Zeremonie, zum Beispiel auf einer Party, wo der Wein nicht im Mittelpunkt des allgemeinen Interesses steht. Trotzdem kann man Wein eigentlich nur angemessen genießen, wenn man diesen Anspruch zur Gewohnheit macht und mit Methode vorgeht.

Aussehen ist sehr viel mehr als nur Farbe. Guter Wein ist von funkelnder Klarheit. Durch das Dekantieren stellt man sicher, dass auch ein alter Wein mit Depot glänzt wie ein Edelstein und das Licht mit einer solchen Intensität reflektiert, dass es schon ein Vergnügen ist, ihn nur zu betrachten. Je nachdem, wie zähflüssig ein Wein ist, hinterlässt er, wenn man das Glas schwenkt, schwere, langsam zurückrinnende »Tränen« an der Glaswand oder bildet wie Wasser sofort wieder eine ebene Fläche. Je dichter er ist, desto mehr Geschmacks- und Extraktstoffe und/oder Zucker enthält er – was an sich weder gut noch schlecht ist, sondern nur dem jeweiligen Wein angemessen sein muss. Kristallablagerungen (Weinstein) in Weißwein sind kein Zeichen für schlechte Qualität und unter keinen Umständen ein Fehler.

»Die Farbe«, ich zitiere Emile Peynaud, »ist gewissermaßen das Gesicht des Weins. Sie verrät viel über sein Alter und einiges über seinen Charakter.« Dazu braucht man allerdings noch weitere Informationen, die einem bald der Geruch liefert. Am besten erkennt man die Farbe, wenn man das Glas vor einen weißen Hintergrund – etwa ein Stück Papier – hält und es ein wenig von sich weg neigt, sodass man durch den Rand der Flüssigkeit schaut. In Teilen Frankreichs, vor allem in Burgund, wo der Wein in dunklen Kellern lagert, verwendet man flache Silberschalen als Probiergefäße, weil man vor dem reflektierenden Hintergrund die Farbe von Rotwein besser beurteilen kann als in einem tiefen Glas. Der an einem Band um den Hals getragene *tastevin* ist zum Symbol burgundischer Verkostungszeremonien geworden.

Weißwein wird im Alter dunkler; Rotwein verblasst langsam von purpurfarben über rot zu rotbraun (was man auch durch das grüne Glas der Flasche sehen kann, wenn man den Hals gegen das Licht hält). Bei jungen Weinen ist die Farbe im Glas von Rand zu Rand fast gleichmäßig (nur dort, wo man durch mehr Wein hindurchschaut, natürlich tiefer). Bei älteren Weinen ist der Rand meist deutlich heller. Ein bräunlicher Rand ist bei Rotwein ein sicheres Zeichen für Reife.

Intensive Röte ist eher ein Hinweis auf Qualität als eine Tugend an sich. Der berühmte 1961er Bordeaux ist in einem Raum oft auf den ersten Blick durch sein funkelndes Dunkelrot zu erkennen – selbst im Alter noch eine Farbe voller Kraft und Zauber. Roter Burgunder hat selten eine so kräftig Farbe und nie genau den gleichen Ton wie Bordeaux. Rioja ist im Allgemeinen recht hell, was jedoch an der langen Fassreife liegt, während Beaujolais auf eine andere Art hell ist: Er hat eher die durchsichtige purpurne Farbe von Traubensaft.

Im Allgemeinen haben Weine von guten Rebsorten aus heißen Gegenden, etwa aus Australien, Kalifornien und Südafrika, eine intensivere Farbe als ihre Pendants aus kühleren Gefilden. Vintage Port ist dunkel purpurrot, Ruby Port hat eine viel hellere, wässrigere Farbe und Tawny Port, der viele Jahre lang in Holzfässern reift, liegt irgendwo zwischen dem Braunrot von altem Bordeaux und einem klaren, hellen Bernsteinton, wenn er sehr alt ist – das extremste Beispiel dafür, dass Rotwein im Alter verblasst.

Bei Weißwein ist die Vielfalt kaum geringer. Chablis hat einen grünen Schimmer in seiner hell goldgelben Farbe, was bei anderen weißen Burgundern ungewöhnlich ist. Auch Moselwein hat einen Anflug von Grün, aber weniger Gold, während Rheinwein eher strohgelb ist, alte süße Weine sogar fast orange. Sherry erhält seine Farbe durch die Oxidation: Bei jungen Finos ist sie noch schwach, alte Olorosos sind mahagonibraun. Wenn großer süßer Sauternes alt wird, nimmt er nacheinander alle Schattierungen von Gold bis hin zu einem satten Goldbraun an.

Die Nase schmeckt mit

Man muss sich nur einmal beim Trinken die Nase zuhalten, um zu merken, dass sie den größten Teil zu den Geschmacksempfindungen beiträgt. Leider ist der Geruchssinn der unzuverlässigste und unbeständigste unserer Sinne. Während der Geschmackssinn wie Gehör und Auge ständig hellwach ist, ermüdet der Geruchssinn schnell: Wenn man mehr als fünfmal kurz hintereinander an einem Glas Wein (oder einer Rose) riecht, lässt die Empfindung nach; die Nase braucht einen neuen Reiz.

Deshalb verlassen sich Verkoster in hohem Maße auf ihren ersten Eindruck. Sie schwenken den Wein ein- oder zweimal, sodass er die Wände des Glases benetzt und so viele Duftstoffe wie möglich freigesetzt werden. Dann blenden sie alle anderen Gedanken aus und schnuppern. Die Geruchsnerven haben direkten Zugang zum Gedächtnis (sie liegen unmittelbar daneben im Gehirn), und so wird beim ersten Schnuppern sofort der »Erkennungsprozess« in Gang gesetzt und gegebenenfalls die Erinnerung daran geweckt, dass dieser Wein bereits gekostet wurde. Wenn der Geruch nicht bekannt ist, so wird dieser negative Befund weitergegeben und in der Datenbank des Gedächtnisses nach ähnlichen Gerüchen gesucht.

Der Geruch ist auch das erste Alarmsignal, wenn etwas mit dem Wein nicht stimmt: eine Spur Essig, die scharfe Note von zu viel Schwefel oder der schimmelige Geruch eines morschen Korkens oder eines verunreinigten Fasses. Die meisten Weine haben einen mehr oder weniger angenehmen, aber einfachen Geruch nach Trauben und Gärung, manchmal auch Fassholz, den man allgemein als »weinig« bezeichnet. Je besser ein Wein ist, desto markanter und charakteristischer ist sein Duft und desto verlockender ist es, ein zweites Mal daran zu schnuppern.

Jetzt machen sich auch bestimmte Rebsorten bemerkbar. Die acht »Klassiker« drücken dem Geruch eines Weins alle einen unverkennbaren Stempel auf. Mit dem Alter wandelt sich dieser Primärgeruch, den Verkoster »Aroma« nennen, zu einem komplexeren, weniger genau definierbaren, angenehmeren Duft. Der Geruch eines reifen Weins wird analog zu dem eine Fülle von Düften ausströmenden Blumenstrauß als »Bukett« bezeichnet.

Es ist das Wesen eines feinen Buketts, dass man es nicht dingfest machen kann. Es scheint immer in Bewegung zu sein, wandelt sich etwa von Zedernholz zu Wachs, zu Honig, zu Wildblumen, zu Pilzen. Reifer Riesling kann zum Beispiel nach Zitronen und nach Benzin riechen, Gewürztraminer nach Grapefruit, Chardonnay nach Butter – oder vielmehr ist es so, dass man flüchtig an diese unter vielen anderen Dingen erinnert wird.

Bis das Glas die Lippen berührt, sind also die meisten Fragen zum Wein schon beantwortet, oder man hat zumindest erste Hinweise auf seine Qualität, sein Alter, die Rebsorten (und dadurch vielleicht auch seinen Ursprung) bekommen. Wenn alles gut geht, bestätigt der Geschmack den Geruch wie ein Orchester, das das Motiv eines Solisten aufnimmt und es mit dem Klang, den Tönen unterfüttert, die noch fehlten. Erst in diesem Stadium kann man die Harmonie zwischen Süße und Säure beurteilen, die Stärke des Alkohols und ob er das nötige Gegengewicht durch intensiv fruchtige Geschmacksnoten erhält, sowie die Menge und Qualität der Tannine.

Bei jedem Wein treten diese Elemente in einer bestimmten Kombination auf; seine Qualität wird danach beurteilt, ob die Elemente auf angenehme und für die jeweilige Art von Wein typische Weise harmonieren – wobei typisch vor angenehm kommt. Ein junger Rotwein kann unangenehm gerbstoffhaltig und adstringierend sein; ausschlaggebend für das Urteil des Verkosters ist die latente Fruchtigkeit, die später mit den Tanninen zusammenwirkt.

Die einzelnen Geschmackselemente werden an verschiedenen Stellen im Mund wahrgenommen. Weil die Zungenspitze Süße erkennt, ist Süße der erste Geschmackseindruck. Sauer und salzig schmeckt man an den Zungenrändern und am Gaumen, bitter am Zungengrund. In der gleichen Reihenfolge klingen die Geschmacksempfindungen wieder ab: süß schon nach etwa zwei Sekunden, salzig und sauer etwas später. Der bittere Geschmack, den man als Letztes wahrnimmt, hält an – eine Eigenschaft, die man in Italien schätzt: Viele italienische Rotweine (zum Beispiel Valpolicella) haben einen leicht bitteren Nachgeschmack.

Viele (nicht alle) der chemischen Stoffe, die diese Empfindungen hervorrufen, können wissenschaftlich nachgewiesen werden; in Wein hat man bis jetzt über 400 gefunden. Aber ihre Wahrnehmung ist bei jedem Menschen anders. Es mag Verkoster geben, die vergleichbar mit dem Gehörsinn eines Musikers einen »absoluten Geschmackssinn« besitzen, aber die meisten Menschen haben gewisse »blinde Flecken«: Wer drei Löffel Zucker in seinen Kaffee gibt, hat wohl eine hohe Wahrnehmungsschwelle für Süße; wenn man sein Essen immer kräftig nachsalzen muss, kann man kaum die feinen salzigen Nuancen in einem Wein erkennen.

Süß, sauer, salzig und bitter können die Vielfalt der Empfindungen, die sich im Mund entfalten, jedoch nur ansatzweise beschreiben. Am intensivsten ist der Geschmack, wenn der Wein den weichen Gaumen erreicht und man zu schlucken beginnt. Die Dämpfe steigen durch die Verbindungskanäle zwischen Mund und Nase direkt zu den Geruchsnerven auf. Bei einer professionellen Verkostung, bei der man den Wein ausspucken muss, um einen klaren Kopf zu bewahren, kann man diesen Moment bewusst auskosten, indem man eine kleine Menge Wein ganz hinten im Mund behält und durch die leicht geöffneten Lippen einatmet. Die Grimasse, die man dabei schneidet, und das gurgelnde Geräusch sind ein geringer Preis für die erhöhte Geschmackskonzentration.

Rotwein enthält eine gewisse Menge an Tanninen, den Gerbstoffen also, die auch bei der Herstellung von Leder verwendet werden. Sehr tanninreicher Wein ist so adstringierend (wie Walnüsse oder Schlehen), dass sich der Mund »pelzig« anfühlt und man kaum noch etwas schmeckt. Auch der Geschmack von Tannin ist unterschiedlich; er reicht von vollreifer, angenehmer Herbheit über die den Mund zusammenziehende Strenge von Eichenholz bis zu unreifer, grüner Härte.

Die Säure im Wein kann streng bis angenehm anregend sein, nicht nur in der Konzentration oder der Stärke (die sich im pH-Wert ausdrückt), sondern auch im Geschmack. Im Wein sorgen Apfel- und Zitronensäure für Frische, Weinsäure ist streng, Essigsäure ihrem Namen entsprechend und Milchsäure mild. Winzige Spuren der als Nebenprodukt bei der Gärung anfallenden Bernsteinsäure sind für den saftigen, appetitanregenden Geschmack des Weins verantwortlich.

Der Alkohol selbst hat in geringer Konzentration lediglich einen leicht süßen Geschmack; ab einem Gehalt von 11 % erzeugt er im Mund die typische weinige Wärme (die leichteren Weinen, zum Beispiel vielen deutschen Gewächsen mit 8 bis 9 % Alkohol, abgeht).

Wenn man dann noch die Fähigkeit der Zunge hinzunimmt, zwischen Dick- und Dünnflüssigkeit zu unterscheiden, dem Gehirn mitzuteilen, dass ein Wein sich wie Seide und ein anderer sich wie Samt anfühlt, wird die Vielfalt der Geschmacksempfindungen langsam wirklich beeindruckend.

BORDEAUX & SEINE CHATEAUX

SACHREGISTER & ERZEUGER

Das Register zu Bordeaux & seine Châteaux finden Sie auf den Seiten 606–612.

B

G

H

I

J

M

X/Y/Z

Dank

Zahlreiche Menschen, Organisationen und Institutionen haben dazu beigetragen,
die Neuausgabe des *Großen Johnson* auf den bestmöglichen und aktuellsten Stand zu bringen.
Etwaige Fehler oder Unterlassungen habe ich selbstverständlich alleine zu verantworten.

Mein besonderer Dank gilt:

Sophie Waggett, Dalene Steyn und Meryl Weaver von Wines of South Africa,
Hazel Murphy und den Kollegen von Wines of Australia,
Sara Hately und Marie-Ann McKenzie von der New Zealand Wine Growers Alliance,
John Belsham von Air New Zealand Wine Awards,
Alessandra Bottaro von der italienischen Handelskammer,
Maureen Halley-Harris von Wines of Chile,
Catherine Manach von Sopexa,
Susanne Staggl und Iris Kovacs vom Österreichischen Weinmarketingservice
Dr. Joseph Schüller von der Weinakademie Österreich in Rust,
Florence Raffard von CIVB in Bordeaux,
Christine Ontivero als der Repräsentantin der wichtigsten Erzeugerverbände
in Corbières und in den Coteaux du Languedoc,
den Organisatoren der ViniSud in Montpellier,
João Costa vom portugiesischen Handelsbüro ICEP,
Françoise Peretti und ihrem Team vom Champagne Bureau in London,
Orhan Cakiroglu von der Handelskammer der türkischen Botschaft.

In Argentinien stellte sich die Bodega Salentein als stets gastfreundlicher und effizienter Partner heraus,
was ich im Besonderen Marie Gewirtz von Healdsburg zu verdanken habe.

Viele Weinhändler haben mich großzügig mit Kostproben und Informationen versorgt,
allen voran Joseph Berkmann, Liberty Wines, Enotria, die Big Red Wine Company,
Oddbins, die Vignobles Germain in Anjou und Bordeaux – und nicht zu vergessen Duval-Leroy.

Wie man in einer zwanglosen Atmosphäre Lernen mit Vergnügen verbinden kann,
haben mich insbesondere Bob und Marion Campbell aus Auckland, Neuseeland,
Peter und Elaine Forrestal aus Perth, Australien,
und abermals Christine Ontivero beziehungsweise Michel Smith in Perpignan gelehrt,
denen ich dafür herzlich danke.

Ein solches Buch erfordert die perfekte Koordinierung all der verschiedenen Menschen,
die hinter den Kulissen wirken,
was auf ebenso brillante wie hilfreiche Weise das Team von Mitchell Beazley für mich geleistet hat,
namentlich Hilary Lumsden, Emma Rice und Yasia Williams.

Rebecca Hull, Master of Wine, ist es zu verdanken,
dass meine Texte einer kompetenten und kritischen Revision unterzogen wurden.

Stephen Brook

Hugh Johnson: Ein Muss für wahren Weingenuss

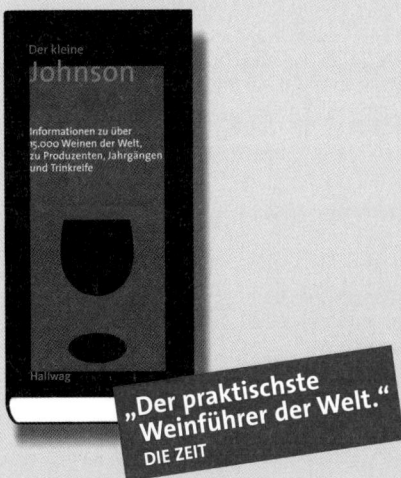

„Der praktischste Weinführer der Welt."
DIE ZEIT

„Bestes Weinbuch des Jahres"
Historia Gastronomica Helvetica

Der kleine Johnson
Informationen zu über 15 000 Weinen der Welt, zu Produzenten, Jahrgängen und Trinkreife

- Das meistverkaufte Weinbuch der Welt mit über 7 Millionen verkauften Exemplaren, übersetzt in 12 Sprachen!
- Profitieren Sie von dieser umfassenden Übersicht über die wichtigsten und besten Weine der Welt, ihre Erzeuger sowie ihre ideale Trinkreife – jährlich in gründlich überarbeiteter, aktualisierter Neuausgabe!
- Mit aktuellen Informationen über die neuesten Entwicklungen in der Weinwelt bis hin zur Bewertung spezieller Weine.
- Praktische Tipps zur Kombination von Essen und Wein runden das Werk ab.
- „Das wichtigste Nachschlagewerk in Sachen Wein." (WEIN GOURMET)

H. Johnson
Der kleine Johnson
416 Seiten, Hardcover
€ [D] 19,90/€ [A] 20,50/sFr 34,90

Der Weinatlas
Die ganze Welt des Weins

- Hugh Johnson und Jancis Robinson illustrieren und beschreiben mit brillanten und detaillierten Lagenkarten, Informationen zu Weinen, Winzern und zum Terroir alle Weinanbaugebiete der Welt.
- Außerdem erhalten Sie eine umfassende Einführung in die Welt des Weins mit Wissenswertem zu Rebsorten, Degustation und Lagerung.
- Dieses konkurrenzlose Werk wurde in 14 Sprachen übersetzt und erhielt von Weinexperten in aller Welt begeisterte Kritiken.
- Ideal als Geschenk und unverzichtbar für jeden Weinliebhaber und -kenner!
- „Das Standardwerk" (FAZ)

H. Johnson/J. Robinson
Der Weinatlas
352 Seiten, Hardcover mit Schutzumschlag
€ [D] 69,90/€ [A] 71,90/sFr 113,–

Änderungen und rrtum vorbehalten.

 Hallwag Wein lesen